제 2 판

법인세법

송 동 진

SAMIL | 삼일인포마인

이 책은 익금·손금의 세무조정을 주로 다루는 일반적 실무서보다 더 심도 있게 법인세법을 다루기 위하여 쓰여졌습니다. 이를 위하여 이 책은 다음과 같은 방법을 채택하였습니다.

첫째, 법인세법을 크게 손익거래 부분과 자본거래 부분으로 나누고, 각 부분을 다시 주제별로 구분하여 논리적 흐름에 따라 서술하였습니다. 가령, 자본거래에서는 '출자→이익의 분배 등→주식의 소각 등→자기주식→합병과 분할→청산'의 순서로 정리하였습니다.

둘째, 법인세법과 관련된 회계기준과 상법, 소득세법 등 관련 법령을 소개함으로써 관련 법령 등을 손쉽게 확인할 수 있도록 하였습니다.

셋째, 법인세법의 가장 중요한 선례인 방대한 양의 대법원 판례를 주제별로 정리하였습니다. 판례의 사안 자체가 중요한 경우(가령, 부당행위계산 부인, 정상가격 조정), 해당 사안의 쟁점과 내용을 상세히 소개하였습니다.

넷째, 국제조세 관련 부분에서 대법원 판례와 OECD 주석을 상당한 정도로 소개하였고, 법인세법과 국제조세 간의 상호관련성이 드러나도록 하였습니다.

이번 제2판에서 제1판에 비하여 크게 바뀐 부분은 다음과 같습니다.

첫째, 제1편 총론에 실질과세원칙에 관한 내용을 추가하였습니다. 실질과세원칙은 국세기본법 제14조에 규정된 것이지만, 법인세법에서도 부당행위계산 부인 및 조세조약의 해석 등과 관련하여 매우 중요한 기능을 하기 때문입니다.

둘째, 국제조세, 특히 조세조약과 관련한 내용을 상당한 정도로 보강하였고, 관련 판례를 추가로 정리·소개하였습니다. 그 외에도 제1판을 전반적으로 검토하여 수정이 필요한 부분은 고치고, 미흡한 부분은 내용을 보완하였습니다.

이 책의 개정판이 출간될 수 있게 해주신 것에 대하여 먼저 하나님께 감사드립니다. 그리고 어려운 출판시장의 상황에도 불구하고 개정판의 출간을 결정해주신 삼일인포마인의 이희태 대표이사님, 조원오 전무님, 김동원 이사님, 성심껏 편집작업을 해주신 임연혁 차장님 등 관계자분들께 감사드립니다.

2023. 5.
송 동 진

이 책을 쓸 수 있게 해주신 하나님께 감사드리고, 그분께 이 책을 바칩니다.

법인세법은 경제학, 회계학, 상법, 재무관리를 비롯한 여러 학문과 지식이 복합적으로 교차하는 분야입니다. 법인세를 비롯한 세금은 경제학의 한 분야인 재정학을 이론적 토대로 삼습니다. 법인의 과세대상 소득은 회계학과 세법적 조정을 통하여 계산됩니다. 법인의 증자와 감자, 합병과 분할 등 자본거래에 관하여 회사법이 적용되고, 비영리법인에 대하여 민법이 적용됩니다. 외국법인의 소득에 대하여는 조세조약의 해석·적용이 문제됩니다. 또한, 소득의 발생원인인 거래는 과거에는 주로 전통적 의미의 상품과 용역에 관한 것이었지만, 현대에는 파생상품 등 복잡한 금융거래를 포함합니다. 이와 같이 여러 학문분야를 망라하여 다루는 법인세법의 복합적 성격은, 예술로 비유하면 성악, 기악, 연극과 무용을 통합한 종합예술인 오페라(opera)와 같습니다. 법인세법의 해석과 적용은 이러한 다양한 학문과 지식들이 서로 조화되어 하모니(harmony)를 이루도록 조정하는 작업입니다.

한편, 법인세법은 다른 세법들과의 유기적 관련 하에 적용되므로, 법인세법의 실제 작동 모습을 온전하게 파악하기 위해서는 다른 세법들 가령, 소득세법, 상속세 및 증여세법, 그리고 국제조세 조정에 관한 법률('국조법') 등을 함께 들여다보아야 합니다. 이는 더 이상 법인세법만의 서술로는 법인세법의 온전한 작동 모습을 그려내기 어렵다는 것을 의미합니다.

이와 같이 법인세법과 관련된 다양한 문제들을 효율적으로 서술하기 위하여 이 책은 다음과 같은 방식을 취하였습니다.

첫째, 법인세법의 내용을 크게 법인의 활동영역 및 주제에 따라 구분하고 관련된 항목을 통합적으로 다루었습니다. 구체적으로, 내국법인에 대한 과세를 크게 내국영리법인에 관한 과세와 내국비영리법인에 대한 과세로 구분하고, 전자를 다시 손익거래와 자본거래로 나누어 서술하였습니다. 그리고 해당 항목에서 법인뿐만 아니라 주주나 채권자 또는 채무자 등에 대한 과세도 함께 다루었습니다.

둘째, 국조법에 규정된 정상가격조정 등과 조세조약은 형식적 의미의 법인세법에 속하지는 않지만, 실질적 의미의 법인세법을 구성합니다. 따라서 이 책은 국제거래에 대한 정상가격조정 등 국조법에 관한 내용까지 포함하였고, 외국법인의 소득에 대한 과세와 관련하여 조세조약 및 OECD 주석을 상당한 비중으로 다루었습니다.

셋째, 각 해당 주제와 관련하여 이 책은 가급적 많은 대법원 판례를 소개하였고, 판례와 개정된 세법의 관계를 언급함으로써 종전의 판례가 현재도 유효하게 적용되는지 여부와 관련 규정의 입법경위를 쉽게 파악할 수 있도록 하였습니다.

마지막으로 사랑하는 아내 남은과 딸 혜원에게 감사합니다. 그리고 이 책에 관하여 여러 가지 유익한 조언을 해준 이중교 교수, 박성현 회계사님, 장보원 세무사님에게 감사합니다.

2020. 6.
송 동 진

명 칭	약 어
법인세법	법
법인세법 시행령	시행령
법인세법 시행규칙	시행규칙
법인세법 기본통칙	기본통칙
조세특례제한법	조특법
국제조세조정에 관한 법률	국조법
상속세 및 증여세법	상증세법
자본시장과 금융투자업에 관한 법률	자본시장법
채무자 회생 및 파산에 관한 법률	채무자회생법
독점규제 및 공정거래에 관한 법률	공정거래법
주식회사 등의 외부감사에 관한 법률	외부감사법
한국채택국제회계기준	K-IFRS
일반기업회계기준	일반기준
Internal Revenue Code	미국 세법 또는 IRC
U.S. Treasury Regulation	U.S Treas. Regs.
OECD Model Tax Convention on Income and on Capital	OECD 모델조약

책의 약어

- 강석규, 조세법 쟁론, 삼일인포마인(2017) ➡ 강석규, 조세법 쟁론(2017)
- 김건식 · 노혁준 · 천경훈, 회사법, 박영사(2020) ➡ 김건식 · 노혁준 · 천경훈, 회사법(2020)
- 김완석 · 박종수 · 이중교 · 황남석, 국세기본법 주석서, 삼일인포마인(2017) ➡ 김완석 · 박종수 · 이중교 · 황남석, 국세기본법 주석서(2017)
- 김동수 · 황남석 · 이민규, 조직재편세제의 이론과 실무, 세경사(2019) ➡ 김동수 · 황남석 · 이민규, 조직재편세제의 이론과 실무
- 김완석 · 황남석, 법인세법론, 삼일인포마인(2021) ➡ 김완석 · 황남석, 법인세법론(2021)
- 김완석 · 정지선, 소득세법론, 삼일인포마인(2019) ➡ 김완석 · 정지선, 소득세법론(2019)
- 대법원판례해설, 법원도서관 ➡ '대법원판례해설'의 뒤에 호수(號數) 및 발행연도를 덧붙여 표기
- 삼일회계법인, 법인세 조정과 신고 실무, 삼일인포마인(2017) ➡ 삼일회계법인, 법인세 조정과 신고 실무(2017)
- 송동진, 법인세법, 삼일인포마인(2020) ➡ 송동진, 법인세법(2020)
- 송동진, 신탁과 세법, 삼일인포마인(2021) ➡ 송동진, 신탁과 세법(2021)
- 송옥렬, 상법강의 제12판, 홍문사(2022) ➡ 송옥렬, 상법강의(2022)
- 신현걸 · 최창규 · 김현식, IFRS 중급회계 제6판, 탐진(2018) ➡ 신현걸 · 최창규 · 김현식, IFRS 중급회계(2018)
- 신현걸 · 최창규 · 김현식, IFRS 고급회계 제8판, 탐진(2018) ➡ 신현걸 · 최창규 · 김현식, IFRS 고급회계(2018)
- 이경근, 국제조세의 이해와 실무, 영화조세통람(2016) ➡ 이경근, 국제조세의 이해와 실무(2016)
- 이창희, 세법강의, 박영사(2020) ➡ 이창희, 세법강의(2020)
- 이창희, 국제조세법, 박영사(2020) ➡ 이창희, 국제조세법(2020)
- 이철송, 회사법강의, 박영사(2019) ➡ 이철송, 회사법강의(2019)
- 이태로 · 한만수, 조세법강의, 박영사(2018) ➡ 이태로 · 한만수, 조세법강의(2018)
- 임승순, 조세법, 박영사(2020) ➡ 임승순, 조세법(2020)
- 주석 상법, 회사(1) ~ (7), 한국사법행정학회(2014) ➡ 주석 상법, 회사(1) ~ (7)
- 황남석, 회사분할 과세론, 한국학술정보(2011) ➡ 황남석, 회사분할 과세론
- Boris I. Bittker & James S Eustice, Federal Income Taxation of Corporations and Shareholders, Warren, Gorham & Lamont (7th Edition) ➡ Bittker & Eustice

- Brian J. Arnold, International Tax Primer 제4판, Wolters Kluwer(2019) ➡ Brian J. Arnold, International Tax Primer 제4판(2019)
- D tch/Geiger/Klingebiel/Lang/Rupp/Wochinger, Verdeckte Gewinnaussch ttung/ Verdeckte Einlage Kommentar, Sch fer–Poesche Verlag Stuttgart(2004) ➡ D tch/Geiger/Klingebiel/Lang/Rupp/Wochinger
- Klaus Vogel on Double Taxation Conventions 5th Edition, Wolters Kluwer(2022) ➡ Vogel/(집필자)
- Marvin A. Chirelstein & Lawrence Zelenak, Federal Income Taxation, 12th edition, Foundation press ➡ Chirelstein & Zelenak
- OECD Transfer Pricing Guidelines for Multinational Enterprises and Tax Administrations (2017. 7.) ➡ OECD 이전가격지침 또는 OECD TPG
- Tipke/Lang, Steuerrecht, 21. Auflage, Dr. Otto Schmidt K ln(2013) ➡ Tipke/Lang
- 金子 宏, 租稅法, 弘文堂(2019) ➡ 金子 宏, 租稅法(2019)
- 增井良啓・宮崎裕子, 조윤희・지일진・이재호(번역), 국제조세법, 세경사(2017) ➡ 增井良啓・宮崎裕子, 국제조세법

- [법령 등의 약어표] 중

U.S. Treasury Regulation	"Treas. Reg." 또는 "재무부 규칙"

차 례

차 례

차 례

차례

차 례

제4편   내국비영리법인의 소득에 대한 과세

제1장   비영리법인에 대한 과세제도와 비영리법인의 범위 ····················· 957

제2장   비영리법인에 대한 출연 ··· 969

제 **1** 편

총 론

법인세의 존재이유

1 ▶ 법인을 납세의무자로 삼는 이유

법인세는, 법인의 소득에 대하여 법인에게 부과되는 세금이다. 법인의 소득은 궁극적으로 그 출자자인 자연인에게 귀속되므로, 법인의 소득에 관하여 법인을 과세하지 않고 그 출자자만을 과세하는 것도 충분히 생각할 수 있다. 그리고 법인에 대하여 그 출자자와 별개로 세금을 부과하는 것은 조세제도를 복잡하게 하고, 양자의 세금 간의 조정을 비롯한 여러 가지 문제를 발생시킨다. 그렇다면 왜 세법은 법인의 소득에 대하여 법인에게 법인세를 부과하는 것인가? 세법이 법인을 법인세의 납세의무자로 정한 이유는, 첫째로 법인이 납세의무자로 삼기에 적합하고, 둘째로 법인에게 납세의무를 부담시킬 필요성이 인정되기 때문이다. 이를 더 자세히 설명하면 다음과 같다.

1-1. 법인의 납세의무 감당능력

어떤 단체(entity)를 납세의무자로 삼기 위해서는, 그 단체를 상대로 세법상 의무의 이행을 강제할 수 있어야 하고, 이를 위해서는 그 단체에 납세의 재원이자 강제집행의 대상이 되는 재산을 소유할 수 있는 법적 능력, 즉 권리능력(權利能力, Rechtsfähigkeit)이 있어야 한다. 그런데 법인에게는 권리능력이 있으므로, 법인은 납세의무자가 되기에 적합한 조건을 갖추고 있다.

1-2. 법인에게 납세의무를 부담시킬 필요성

법인의 대표적 예인 주식회사는, 불특정다수의 투자자들로부터 자금을 집적하여 대규모 투자를 하기 위하여 고안된 법형식이다. 그리고 증권시장에 상장된 대규모 주식회사의 경우 수많은 주주들이 존재한다. 그런데 만일 이러한 법인의 소득을 직접 주주들에게 귀속시켜 그들로 하여금 개별적으로 법인 자체의 소득과 그중에서 자신들에게 귀속되는 소득을 계산하도록 할 경우, 이는 막대한 납세협력비용을 야기할 뿐만 아니라 동일한 법인의 소득에 관하여 주주별로 계산을 달리할 경우 혼란이 초래될 수 있다. 따라서 법인의 소득에 관하여는 그 법인으로 하여금 소득을 계산하도록 하고, 그 소득계산에 누락이나 착오가 있는 경우에도 그 법인을 중심으로 수정 또는 경정하는 것이 효율적이다.[1]

그리고 ① 법인의 소득을 곧바로 그 주주에게 귀속시켜 주주를 과세한다면, ㉮ 법인이 주주에게 배당을 하지 않는 경우, 주주들은 세금납부의 재원 마련을 위하여 보유하는 주식의 일부를 매각하여야 할 수 있다. 이는 주주들의 조세저항을 불러일으킬 수 있고,[2] 법인이 가진 투자수단으로서의 매력과 효용을 감소시키므로, 법인에 대한 투자 및 그것을 통한 자본의 집적을 저해한다. 한편, ㉯ 법인이 소득을 얻는 경우 주주에게 그가 세금으로 납부할 금액을 배당한다면, 법인 내에 재투자를 위한 유보금이 줄어들게 된다.

이러한 결과를 피하기 위하여 ② 법인의 소득을 주주에게 귀속시키면서도 주주가 법인으로부터 배당받는 시점에 비로소 주주를 과세하는 방법을 생각할 수 있다. 그러나 위 경우에는 소득을 얻은 법인이 주주에게 배당을 하지 않음으로써 그 소득에 대한 과세를 무한정 이연할 수 있게 되어, 주주가 직접 투자한 경우와의 과세형평이 과도하게 훼손되므로, 위 방법은 수용되기 어렵다.

또한, 법인의 소득이 나중에 주주에게 분배되어 과세되는 단계에서 이중과세조정에 따라 법인의 납부세액이 주주가 납부할 세액에서 정산되는 경우에도, 일단 법인 단계에서 법인세를 과하는 것은 세금을 효율적으로 징수할 수 있는 방법이다.

이러한 이유로 법인의 소득에 관하여 법인을 납세의무자로 삼을 필요가 있다. 이 경우, 주주는 법인의 소득을 배당받을 때까지는 과세되지 않는 과세이연(tax deferral)의 혜택을 누릴 수 있고, 이는 법인에 대한 투자로 이끄는 중요한 유인(incentive)이며, 대규모 자본이 법인에 집적되는데 기여한다.

한편, 법인의 소득에 관하여 법인을 납세의무자로 삼아 과세한다고 하더라도, 이는 그 소득의 궁극적 귀속자인 주주들 개개인의 주관적 사정을 고려하지 않은 것이므로, 별도로 주주에 대한 누진세율 과세(납세자 간의 수직적 공평)가 관철될 수 있는 방안이 강구되어야 한다.

---

1) 이러한 점을 고려하여 미국 세법은 파트너십에서 발생한 소득에 관하여 파트너십을 납세의무자로 하지 않으면서도(IRC § 701) 파트너십에게 소득을 계산하여 신고할 의무를 지운다[IRC § 6031(a)].
2) 이것은 손익의 인식에서 실현주의가 채택된 배경이기도 하다.

1-3. 현행 세제의 개요

위에서 본 여러 사정을 고려하여 세법은, 법인에게 발생한 소득에 관하여 ① 1차적으로 법인 단계에서 법인세를 과세하고, ② 2차적으로 법인이 주주에게 배당소득을 지급하는 시점에 소득세를 원천징수하도록 하며, ③ 마지막으로 주주 단계에서, 주주의 배당소득이 종합과세기준금액을 초과하는 경우 그 초과 부분을 다른 소득과 합산하고 누진세율을 적용하여 산출세액을 계산하고(종합소득합산과세)[3] 그 과정에서 이중과세조정[4]을 통하여 법인 단계의 세액납부 효과 중 일부가 제거된다. 현행세법은, 과세의 공평, 세금의 신고·납부·징수의 효율성과 주주에 대한 누진세율 과세를 종합적으로 고려한 타협과 절충의 산물이다.

2 ▶ **법인세법의 적용대상**

사법(私法)상 권리의무의 주체에는 법인(法人)뿐만 아니라, 법인 아닌 사단(社團)[5] 및 재단(財團)도 포함된다. 상법상 회사나 민법상 비영리법인 등의 법인(法人)은, 권리의무의 주체인 단체 중에서 법률에 그 설립요건, 절차와 운영방법 등이 정해져 있는 것이다. 법인은, ① 그 설립등기 등에 의하여 권리능력이 확인되므로, 권리의무주체성에 대한 별도의 증명이 필요하지 않고, ② 그 운영, 이익분배, 청산 등이 법률에 구체적으로 규정되어 있는 점에서, 다른 단체와 차이를 보인다. 그리고 단체 중에서 어느 범위까지 법인으로 할 것인지는 입법정책의 문제이다. 가령 독일법상 offene Handelsgesellschaft와 Kommanditgesellschaft는 법인이 아닌 조합(Gesellschaft)의 일종인데, 우리 상법은 그와 유사한 합명회사, 합자회사를 각각 법인으로 규정한다.[6] 법인세법의 적용대상은 원칙적으로 법인이다.

---

3) 소득세법 제62조

4) 소득세법 제56조(배당세액공제), 출자자가 법인인 경우에는 수입배당금액의 익금불산입(법 18조의2, 18조의3)

5) 어떤 단체가 고유의 목적을 가지고 사단적 성격을 가지는 규약을 만들어 이에 근거하여 의사결정기관 및 집행기관인 대표자를 두는 등의 조직을 갖추고 있고, 기관의 의결이나 업무집행방법이 다수결의 원칙에 의하여 행하여지며, 구성원의 가입, 탈퇴 등으로 인한 변경에 관계없이 단체 그 자체가 존속되고, 그 조직에 의하여 대표의 방법, 총회나 이사회 등의 운영, 자본의 구성, 재산의 관리 기타 단체로서의 주요사항이 확정되어 있는 경우에는 비법인사단으로서의 실체를 가진다(대법원 1999. 4. 23. 선고 99다4504 판결 : 회사의 채권자들이 구성한 채권단을 비법인사단으로 인정한 사례).

6) 다만, 2011년 상법개정에 의하여 상법상 기업조직으로 합자조합(상법 86조의2 이하)이 추가되었고, 이에 따라 유한책임이 인정되는 구성원과 무한책임을 지는 구성원으로 이루어진 단체는 합자회사와 합자조합

다만, 법인을 출자자와 별개의 납세의무자로 삼을 필요성은 다수의 출자자가 있는 주식회사 등의 경우에 주로 인정되고, 출자자의 수가 적거나 제한된 회사의 경우에는 반드시 그렇게 해야 할 필요는 없다. 그리하여 세법은, 합명회사와 합자회사의 경우에는 법인세의 납세의무자이지만 조합(도관)과세(pass-through) 방식을 선택할 수 있도록 규정한다(조특법 100조의14 이하).[7] 이는, 법인세 납세의무자로 삼아야 할 단체의 범위가, 그 사법적(私法的) 성질만으로 결정되는 것이 아니라 조세정책적 관점에서 판단되어야 하는 문제임을 잘 보여준다.[8]

한편, 법인이 아닌 단체라고 하더라도, 그 구성권과 별개로 존재하는 실체이면서 권리능력이 있는 것은, 납세의무자로 되기에 적합하다. 세법은, 그러한 법인 아닌 단체 중에서 ① 국세기본법 제13조 제4항에 따라 법인으로 보는 단체는 비영리법인으로 취급하여 법인세 과세대상으로 정하고(법 2조 2호 다목), ② 그 외의 법인 아닌 단체는 소득세 과세대상으로 규정한다(소득세법 2조 3항, 소득세법 시행령 3조의2[9]).

<table>
<tr><td>3</td><td>경제적 이중과세의 조정</td></tr>
</table>

법인의 소득에 관하여 법인을 납세의무자로 삼는 경우, 이후 그 소득이 주주에게 분배되었을 때 다시 주주를 과세한다면, 경제적 효과 면에서 동일한 소득에 관한 이중과세가 발생한다. 이러한 결과를 방치한다면, 회사를 통한 투자의 세후수익률이 주주가 직접 투자한 경우에 비하여 하락하게 되므로, 회사를 통한 투자가 기피되고, 조세의 중립성이 훼손된다.[10] 따라서 법인을 납세의무자로 삼는 것은 필연적으로 법인에 대한 과세와 출자자에 대한 과세 간의 조정을 요청하게 된다.

중에서 선택할 수 있게 되었다.

7) 미국 세법의 경우, 주법 등에 따라 설립된 회사(corporation) 중에서 일정한 요건을 갖춘 것은 도관과세 방식인 Subchapter S의 적용을 선택할 수 있다(IRC § 1362).

8) 미국 세법에서는 ① 증권시장 등에서 지분이 거래되는 파트너십은 세법목적상 회사로 취급되고(IRC § 7704), ② 그 외의 파트너십은 association 또는 partnership으로 분류되는 것을 선택할 수 있으며[미국 재무부 규칙 § 301.7701-3(a)], 이에 따라 association으로 분류되는 것을 선택한 경우 회사로서 소득에 대한 납세의무를 지게 된다[미국 재무부 규칙 § 301.7701-2(b)(2)].

9) 그러한 단체에 관하여 ① 구성원 간 이익의 분배방법이나 분배비율이 정해져 있거나 사실상 이익이 분배된 경우에는 해당 구성원이 공동으로 사업을 영위하는 것으로 보아 구성원별로 과세하고, ② 그렇지 않은 경우에는 해당 단체를 1 거주자 또는 1 비거주자로 보아 과세한다.

10) 미국에서 투자기구의 형태로 주식회사가 아닌 파트너십이 다른 국가들에 비하여 더 많이 이용되었던 것은, 개인 주주의 배당소득에 관하여 회사 단계의 법인세와의 이중과세조정이 인정되지 않는 것과 관련이 있다.

이를 고려하여 세법은 먼저, 일정한 경우 법인의 소득을 그 구성원들에게 귀속시키거나 법인이 출자자에게 지급한 배당을 법인의 소득금액에서 제외함으로써 법인 단계의 과세가 일어나지 않도록 정한다.

① 합자회사·합명회사 등이 동업기업과세특례를 적용받는 경우 그 동업기업에 대하여는 법인세가 부과되지 않는다(조특법 100조의16 1항).

② 유동화전문회사 등이 배당가능이익의 90% 이상을 배당한 경우, 그 배당금액은 소득금액에서 공제되므로(법 51조의2), 유동화전문회사 등은 이에 대한 법인세를 부담하지 않는다.

다음으로, 법인 단계의 과세가 이루어지는 경우에는, 그 법인이 납부한 세액을 주주의 소득이나 산출세액에 반영함으로써 주주 단계에서 이중과세가 조정된다.

① 거주자인 주주의 배당이 종합과세대상인 경우, 그 총수입금액에 100분의 11[증액환원(gross-up)금액]을 더한 금액을 배당소득금액으로 하고(소득세법 17조 3항 단서), 이를 기초로 계산된 종합소득세 산출세액에서 증액환원금액을 공제한다(소득세법 56조). 소득세법은, 개인 주주의 배당금액에 증액환원금액을 더하여 법인세가 과세되지 않았을 경우의 상태로 환원시킨 후 증액환원금액을 법인 단계에서 선납(先納)된 소득세로 보아, 종합소득세 산출세액에서 증액환원금액을 공제한다.

② 법인 주주가 받은 수입배당금액은, 그 법인의 지분 비율에 따라 그 금액의 전부 또는 일부가 익금에 불산입된다(법 18조의2, 18조의3).

제2장

법인세의 납세의무자와 납세의무의 범위

1 납세의무자의 종류

1-1. 내국법인과 외국법인

(1) 법인세법의 정의

내국법인은 본점, 주사무소 또는 사업의 실질적 관리장소가 국내에 있는 법인을 말한다(법 2조 1호).[1] 그리고 외국법인은, 본점, 사무소 또는 사업의 실질적 관리장소가 국내에 있지 않은 단체로서 대통령령으로 정하는 기준에 해당하는 것을 말한다(법 2조 3호).

내국법인과 외국법인의 구별기준이 될 수 있는 요소로는 ① 설립준거법,[2] ② 본점 소재지,[3] ③ 관리장소[4]가 있다. 상법학에서는 설립준거법을 기준으로 내국법인과 외국법인을 구별한다.[5] ① 설립준거법을 기준으로 하는 방법은, 그 기준이 명확하기 때문에 예측가능

---

1) 법인세법은 당초 국내에 본점 또는 주사무소 소재지만을 기준으로 내국법인 여부를 판단하였으나, 2005. 12. 31. 법인세법 개정으로 사업의 실질적 관리장소가 내국법인의 인정기준으로 추가되었다. 그 입법취지로는 ① 기업의 본점이나 주사무소를 중심으로 내·외국법인을 구별하기 때문에 조세피난처 등에 명목회사(paper company)를 두고 실질적으로 국내에서 주된 업무를 수행하는 경우 조세회피 우려가 있는 점, ② 법인의 거주지의 결정기준으로 관리장소를 적용하는 외국의 입법례와 조세조약 체결 시 관리장소 기준을 채택하는 국제관행과 상충되는 문제점 등이 제시된다[법인세법 개정안(의안번호 2840)에 대한 국회 재정경제위원회 전문위원의 검토보고, 23쪽].

2) 미국 세법은 내국법인(domestic corporation)을 연방 또는 주(州)의 법에 따라 설립된 법인으로 규정한다[IRC § 7701(a)(4)]. 다만, 외국법인이 내국법인과 결합된 실체(stapled entities)를 이루는 경우 내국법인으로 취급된다[IRC § 269B(a)(1)].

3) 일본 법인세법 제2조 제3호는 내국법인을 '국내에 본점 또는 주된 사무소를 가진 법인'으로 규정한다.

4) ① 독일 법인세법 제1조 제1항은 무제한 납세의무를 부담하는 법인을 '국내에 관리장소 또는 주소를 가진 법인(Körperschaften … die ihre Geschäftsleitung oder ihren Sitz im Inland haben)'으로 규정한다.
   ② 영국 법원은 1906년 De Beers 사건에서 남아프리카공화국에서 설립된 법인(De Beers)에 관하여 주된 관리 및 지배(central management and control)가 영국에서 이루어졌다는 이유로 위 법인을 영국 거주자로 판단하였고[De Beers Consolidated Mines v. Howe], 위 판례는 현재도 유효하게 적용되고 있다.

5) 상법상 내국회사와 외국회사의 구별은 그 설립준거법에 따른다는 것이 상법학계의 통설이다[이철송, 회사법

성과 법적 안정성을 보장할 수 있지만, 납세자가 법인의 설립준거법의 선택을 통하여 법인세법상 내국법인의 해당 여부를 좌우할 수 있어, 조세회피에 이용될 여지가 있다. 이에 비하여 ③ 관리장소를 기준으로 하는 방법은, 법인의 조세회피를 방지할 수 있는 반면에, 그 기준이 불명확하고 내국법인 해당 여부가 구체적인 사안에 따라 결정되므로, 법인의 세법상 지위가 불안정해지는 단점이 있다. 법인세법은 내국법인의 기준으로 본점 등의 소재지와 실질적 관리장소를 병용한다.[6]

(2) 본점 등

내국법인과 외국법인의 구별기준 중 '본점'은 회사의 본점(상법 171조)을, '주사무소'는 비영리법인의 주된 사무소(민법 33조)를 말한다. 본점은, 영업의 전체적인 지휘가 행해지는 주된 영업소를 의미한다.[7] 회사의 본점 소재지는 정관의 절대적 기재사항이고(상법 179조 5호, 270조, 289조 1항 6호, 543조 2항 5호), 등기사항이다.[8]

(3) 실질적 관리장소

(가) 판단기준

대법원은 실질적 관리장소에 관하여 다음과 같이 판시하였다(매지링크 사건).[9]

① '실질적 관리장소'는, 법인의 사업 수행에 필요한 중요한 관리 및 상업적 결정이 실제로 이루어지는 장소를 뜻하고, 법인의 사업수행에 필요한 중요한 관리 및 상업적 결정이란, 법인의 장기적인 경영전략, 기본 정책, 기업재무와 투자, 주요 재산의 관리·처분, 핵심적인 소득창출 활동 등을 결정하고 관리하는 것을 말한다.

② 법인의 실질적 관리장소가 어디인지는, 이사회 또는 그에 상당하는 의사결정기관의 회의가 통상 개최되는 장소, 최고경영자 및 다른 중요 임원들이 통상 업무를 수행하는 장소, 고위 관리자의 일상적 관리가 수행되는 장소, 회계서류가 일상적으로 기록·보관되는 장소 등의 제반 사정을 종합적으로 고려하여 구체적 사안에 따라 개별

강의(2019), 1225쪽]. 다만, 외국에서 설립된 회사라도, 대한민국에 그 본점을 설치하거나 대한민국에서 영업할 것을 주된 목적으로 하는 때에는, 대한민국에서 설립된 회사와 같은 규정에 따라야 한다(상법 617조).

6) 헌법재판소는, 사업의 실질적 관리장소를 내국법인의 판단기준으로 규정한 구 법인세법(2010. 12. 30. 개정되기 전의 것) 제1조 제1호 및 제3호가 조세법률주의, 과잉금지원칙 및 조세평등주의에 위배되지 않는다고 결정하였다[헌법재판소 2020. 2. 27. 선고 2017헌바159 결정(시도카캐리어서비스 사건)].

7) 이철송, 회사법강의(2019), 238쪽

8) 김완석·황남석, 법인세법론(2021), 82쪽은, 법인의 등기부상 본점과 실질상의 본점이 다른 경우, 법인세법이 내국법인의 판단기준으로 '실질적 관리장소'를 별도로 규정하는 점에 비추어, 본점은 등기부상 본점을 의미하는 것으로 해석하여야 한다고 본다.

9) 대법원 2016. 1. 14. 선고 2014두8896 판결

적으로 판단하여야 한다.[10]

조세회피의 목적은 실질적 관리장소의 요건은 아니지만, 실질적 관리장소의 판단에 고려될 수 있다.[11] 법인세법상 실질적 관리장소의 존부는 국내에서 법인에 관한 중요한 관리 및 상업적 결정이 이루어졌는지에 따라 정해지고, 그러한 결정의 내용 및 횟수가 다른 국가에서 이루어진 것과 비교하여 더 중요하거나 많아야 할 필요는 없다.[12]

(나) 구체적 사례

법원이 국내에 실질적 관리장소를 둔 내국법인으로 판단한 사례는 다음과 같다.

① 내국법인이 중국법인과 공동출자하여 영국령 버진 아일랜드(BVI)에 설립한 법인[13]

② 국내 거주자가 자동차해상운송사업을 위하여 홍콩에 설립한 법인(선박왕 사건)[14]

③ 내국법인이 해외자원개발사업을 위하여 버뮤다에 설립한 특수목적법인(SPC)[15]

위 ①, ③은 법인이 그 설립지국에 인적·물적 시설을 보유하지 않은 사안임에 비하여, ②는 설립지국에 직원과 사무실을 보유한 사안이다.

---

10) OECD 모델조약 제4조의 주석 문단 24.1은, 이중거주자(dual residence)의 해소를 위한 기준인 실질적 관리장소(place of effective management)의 판단과 관련하여, 법인의 이사회 또는 그와 동등한 기구가 통상적으로 개최되는 장소, 대표이사 등이 직무를 수행하는 장소, 법인의 고위급 일상적 관리가 행해지는 장소, 법인의 본점이 소재한 장소, 회계기록이 보관되는 장소 등이 고려될 것으로 예상된다고 한다. OECD 모델조약 제4조 제3항은 이중거주자의 거주지국 결정기준으로서, 법인세법상 내국법인 여부의 판단기준과 그 기능을 달리하지만, 위 모델조약 조항의 위 주석에서 언급한 고려사항들은 상당 부분 법인세법상 '실질적 관리장소'의 판단요소로 참고할 수 있다.

11) 서울고등법원 2017. 2. 7. 선고 2014누3381 판결, 대법원 2021. 3. 25. 선고 2017두237 판결(상고기각)

12) 서울고등법원 2017. 2. 7. 선고 2014누3381 판결 : 우리나라에 실질적 관리장소를 둔 법인이 외국에도 실질적 관리장소를 둔 것으로 판단되는 경우, 이중거주자에 해당하고 조세조약상 거주자결정조항에 따라 어느 한 국가의 거주자로 결정될 수 있을 뿐이다. 대법원 2021. 3. 25. 선고 2017두237 판결(상고기각)

13) 서울고등법원 2014. 7. 10. 선고 2013누49496 판결 : ① 내국법인인 원고는 중국법인과 함께 1/2씩 출자하여 영국령 버진 아일랜드에 합작법인(BVI 법인)을 설립한 후 BVI 법인을 통하여 원유를 운송하는 사업을 하였다. BVI 법인은 별도의 인적 조직이나 물적 시설을 갖추지 않았고, 그 이사회는 원고와 중국법인이 각 2인씩 선임한 이사로 구성되었으며, 이사회 또는 주주총회는 서면으로 갈음되거나 서울에서 개최되었다. 이후 BVI 법인은 운송업무를 계속하기 어려운 상황에 처하자 그 자산의 대부분(99.02%)을 원고와 중국법인에게 중간배당으로 지급하였고, 실질적인 영업활동을 중단하였다. ② 과세관청은 BVI 법인이 국내에 실질적 관리장소를 둔 내국법인이고 해산 및 청산을 한 것으로 보아 국세기본법 제38조에 따라 원고에게 BVI 법인의 법인세에 대한 제2차 납세의무자로서 위 법인세액을 납부하라는 통보를 하였다. ③ 서울고등법원은, BVI 법인이 ㉮ 내국법인에 해당하지만, ㉯ 아직 상당한 자산을 보유하면서 재산을 정리하지 않았고, 향후 새로운 사업을 모색할 가능성이 있으므로, 국세기본법 제38조의 '해산'을 하였다고 볼 수 없고, 원고에게 제2차 납세의무를 지을 수 없다고 판단하였다. 이에 대하여 과세관청인 피고만이 위 ㉯의 점에 대하여 상고하였고, 대법원은 상고를 기각하였다(대법원 2015. 11. 27. 선고 2014두40272 판결).

14) 대법원 2016. 2. 18. 선고 2014도3411 판결

15) ① 서울고등법원 2019. 12. 20. 선고 2019누30739 판결[대법원 2020. 4. 29. 선고 2020두31842 판결(심리불속행)], ② 서울행정법원 2020. 3. 27. 선고 2019구합55651 판결, 서울고등법원 2021. 8. 25. 선고 2020누39268 판결[대법원 2022. 1. 27. 선고 2021두52471 판결(심리불속행)]. 위 ① 사건의 원고는 버뮤다 SPC에 자금을 대여한 내국법인(현대종합상사)이고, ② 사건의 원고는 버뮤다 SPC이다.

대법원 2016. 1. 14. 선고 2014두8896 판결(매지링크 사건)

① 사실관계

㉮ 원고(Magilink Pte. Ltd.)는 2000. 3. 2. 싱가포르 회사법에 따라 설립되고 싱가포르에 본점을 둔 회사이다. 원고는 이후 2008년경까지 주로 싱가포르 내의 특급호텔에 인터넷 서비스를 제공하는 사업을 영위하면서 상당한 매출액을 얻어 왔고, 2009년 크레딧 스위스 은행 홍콩지점으로부터 국내회사 발행의 사채('CS채권')를 매수하고 국내에서 이를 상환받아 2009 사업연도에 소득을 얻었다.

㉯ 원고는 홍콩에서 CS채권의 거래조건에 관한 협상을 진행하고 그 대금 결제도 해외결제기관을 통해 이루어졌으며, 원고의 2009 사업연도 이사회 구성원은 싱가포르 영주권자, 국내 거주자, 미국 거주자 3인인데, CS채권 투자에 관한 이사회는 그들이 국내외에서 이메일을 주고받는 방식으로 이루어졌고, 원고의 대표이사 소외 1이 CS채권 투자에 관한 의사결정을 한 장소는 국내외에 걸쳐 있었다. 원고는 CS채권 관련 회계자료만을 국내에 보관하고 그 외의 회계자료의 보관이나 세금의 납부를 싱가포르에서 하였고, 2009. 1. 5.부터 2009. 9.경까지 CS채권의 매입과 회수 사업을 행한 외에도 2009년에 케냐에서 에너지 사업, 미국 및 싱가포르에서 부동산 투자 사업 등을 추진하였다.

② 피고는, 원고가 사업의 실질적 관리장소를 국내에 두고 있으므로 내국법인에 해당한다고 보아 2010. 7. 2. 원고에게 2009 사업연도 법인세를 부과하는 처분을 하였다.

③ 대법원은, CS채권 매입과 회수업무의 일부가 국내에서 단기간 수행되었다는 사정만으로는 원고의 사업수행에 필요한 중요한 관리 및 상업적 결정이 국내에서 지속적으로 이루어진 것으로 볼 수 없고, 원고가 싱가포르에 두고 있던 실질적 관리장소를 국내로 이전한 것으로 보기도 어렵다고 판단하였다.

 대법원 2021. 2. 25. 선고 2017두237 판결(선박왕 사건)

1. 사실관계

① 원고 법인(시도카캐리어서비스)은 2005. 12.경 홍콩에서 설립되었고, 자동차해상운송사업과 용대선사업을 영위하였으며, 원고 법인의 홍콩 소재 사무실에는 4~8명의 직원이 근무하면서 관리·회계 등 업무를 수행하였다.[16]

② A는 원고의 주식을 사실상 100% 소유하는 원고의 대표이사로서 국내 거주자이고, 내국법인인 B해운을 통하여 원고의 자동차해상운송사업에 관하여 업무보고를 받거나 업무지시를 함으로써 실질적으로 원고의 중요한 의사결정을 하였으며, 원고의 이사회는 개최된 적이 없다.

③ 원고의 업무계획 수립, 영업업무, 대리점 및 자회사의 관리, 주요 영업에 관한 분석·검토, 경리·회계업무, 인사 등 관리업무도 B해운의 직원들에 의하여 이루어졌고, 원고와 B해운은 사실상 1개의 회사처럼 인사교류를 하였다.

---

16) 1심인 서울행정법원 2012구합9420 판결문 24쪽, 관련 형사사건의 1심인 서울중앙지방법원 2013. 2. 12. 선고 2011고합1291 판결문 52~56쪽

④ 원고가 올린 매출의 대부분은 자동차해상운송업 부문에서 발생하였고, 용대선 업무의 매출 비중은 상대적으로 적었다. A는 원고의 용대선 업무에 관하여는 일본법인 C 등의 협력을 받아 일방적 의사결정으로 수행하였다.

2. 법원의 판단

원심은 다음과 같이 판단하였다(서울고등법원 2017. 2. 7. 선고 2014누3381 판결).

① B해운은 원고의 중요한 관리 및 상업적 의사결정에 관하여 A를 보조하거나 A로부터 위임받은 업무가 이루어진 곳이다. 따라서 원고는, 국내에서 중요한 관리와 상업적인 의사결정이 이루어지는 법인으로서, 국내에 실질적 관리장소를 둔 내국법인에 해당한다.

② 법인세법상 실질적 관리장소는 국내에서 중요한 관리 및 상업적 의사결정이 이루어지는지에 따라 결정되고, 위 사정을 외국에서 이루어진 행위와 비교하여 그 다과에 따라 결정되는 것은 아니다.

③ 외국법인의 국내사업장 규정은 대상법인이 외국법인임을 전제로 하므로, 원고의 실질적 관리장소가 국내에 있다고 보아 원고를 내국법인으로 인정하는 이상, 외국법인의 국내사업장 규정은 적용될 여지가 없다.

④ 한편, 2006. 1. 1.부터 2006. 3. 31.까지의 기간에 대하여는 실질적 관리장소를 내국법인의 요건으로 규정한 구 법인세법(2005. 12. 31. 개정된 것) 제1조 제1호가 적용되지 않으므로,[17] 위 기간('2006 사업연도')에 관하여는 원고는 내국법인인 B해운을 국내사업장으로 가진 외국법인에 해당한다.

대법원은 원심의 위 판단을 정당한 것으로 수긍하였다(대법원 2021. 2. 25. 선고 2017두237 판결).[18]

서울고등법원 2019. 12. 20. 선고 2019누30739 판결(버뮤다 SPC)[19]

① 사실관계 및 쟁점

㉮ 예멘 공화국은 1995. 2. 8. D 광구 및 인근 광구에 매장된 액화천연가스(LNG)를 채굴하여 판매하는 사업('이 사건 사업')의 주계약자로 프랑스 석유회사인 E를 선정하였고, 이후 예멘 정부와 E는 이 사건 사업을 수행하기 위하여 버뮤다에 특수목적법인 C를 설립하였는데, F공사의 전신인 G 및 E가 이 사건 사업을 수행하기 위하여 설립한 특수목적법인 H가 C의 주주로 참여하였다.

---

17) 개정된 구 법인세법 제1조 제1호는 2006. 1. 1. 이후 최초로 개시되는 사업연도분부터 적용되는데(부칙 2조), 위 일자 이후 원고의 사업연도는 2006. 4. 1.부터 개시되었다.

18) 원심은 원고 법인의 실질적 관리장소가 일본에 있는지에 관하여 명시적으로 판단하지 않았으나, 대법원은 원심의 판단에 '일본에도 원고의 실질적 관리장소가 있다'는 주장을 배척한 취지가 포함되어 있는 것으로 보았다. 만일 우리나라뿐만 아니라 일본에도 원고의 실질적 장소가 있다면, 한·일 조세조약 제4조 제2항의 거주자결정조항에 따라 어느 국가의 거주자인지가 가려져야 할 것이다. 한편, 대법원은 A가 국내사업장을 가진 외국법인에 해당하는 기간(2006 사업연도)에 관하여 '선박의 외국항행으로 발생하는 소득'에 관하여 구 법인세법 제91조 제1항 제3호의 상호면세규정이 적용되는지 여부에 관하여 원심이 심리·판단하지 않은 잘못이 있음을 이유로 원심을 파기·환송하였다.

19) 대법원 2020. 4. 29. 선고 2020두31842 판결(심리불속행)

㉯ C와 그 주주들 사이에 1997. 1. 19. C가 이 사건 사업에 필요한 자금의 60%는 금융기관으로부터 차입하고, 나머지 40%는 주주들로부터 차입하기로 하는 내용의 협약을 체결하였고, 이에 따라 C의 주주들은 C 또는 F의 자금요청시 지분율에 비례하여 C의 어드밴스(Advances)채권을 인수하고 F에게 사업자금을 대여할 의무를 부담하였다.

㉰ 원고(현대종합상사)는 탄광·유전개발 등의 자원개발사업을 목적으로 하는 내국법인이고, 위 협약 무렵 해외 LNG 개발사업에 참여할 목적으로 F로부터 C의 지분 약 5.88%를 취득한 후 주주 간 협약에 따라 C 및 F에게 금융제공 의무를 이행하였다. 그러던 중 원고는 2003년부터 신용등급이 하락하여 위 협약에 따른 완공보증 제공의무를 이행할 수 없게 되자, 우수한 신용등급을 보유한 I공사로 하여금 완공보증을 제공하게 하기 위하여, 2006. 1. 19. 자본금 100%를 출자하여 버뮤다에 자회사 B를 설립한 후, 2006. 8. 2. 보유하고 있던 C의 지분 및 C에 대한 채권 등 일체를 B에 양도하고, 같은 날 원고의 B에 대한 지분 및 위 양도대금채권 중 각 49%를 I공사에 양도하였다.

㉱ 원고는 B에게 B가 C 등에 대하여 부담하는 채무상 약정 이율과 동일한 이율을 적용하여 자금을 대여하였고, B는 C의 채권을 매입하거나 F에 자금을 대여하는 방법으로 C와 주주들 사이의 협약에 따른 금융제공 등의 의무를 이행하였다.

㉲ 피고는, 원고가 특수관계인 B(버뮤다 SPC)에게 양도대금 및 C 등에 대한 금융제공의무를 이행하는데 필요한 금원을 시가보다 낮은 이율로 대여한 것이 부당행위계산에 해당한다고 보아 그에 대한 인정이자를 익금산입하여 원고에게 법인세 부과처분을 하였다. 이에 대하여 원고는, B가 법인세법상 내국법인에 해당하지 않으므로, 원고와 B 사이의 거래에 대하여 부당행위계산부인 규정이 적용되지 않는다고 주장하였다.

② 법원의 판단

버뮤다 SPC인 B는 다음과 같은 이유로 국내에 실질적 관리장소를 둔 내국법인에 해당한다.

㉮ B는 버뮤다에 주소를 두고 있으나, 위 주소지에는 물적 시설과 상근 인력 등 실질적이고 독자적인 영업설비가 존재하지 않고, B의 관리업무는 원고의 위탁을 받은 내국법인인 O가 수행하였으며, B는 국내에 개설한 계좌를 통해 원고와 I공사로부터 지분비율에 따른 금원을 대여금 명목으로 지급받아 C의 주주로서 부담하는 금융제공의무에 필요한 비용 및 B의 운영에 필요한 비용을 지출하였다.

㉯ B의 주된 자산은 C의 지분과 C에 대한 채권이고, B의 주된 사업은 C의 주주로서의 권리 행사 및 의무 이행이며, C의 지분의 양수, C에 대한 대부계약 등의 체결, B의 각 사업연도의 예산 및 결산 재무제표의 승인, 배당 등 B의 사업과 관련한 중요한 의사결정이 B의 이사회를 통해 이루어졌는데, B의 이사회는 서면으로 갈음하거나 서울에서 개최되었고, B의 사업장이 있는 버뮤다나 그 밖의 다른 국가에서 어떤 종류의 의사결정이나 관리활동이 이루어진 바 없다.

㉰ B 이사 5명의 거주지가 모두 국내이고, 이 사건 과세처분 당시 B의 대표이사였던 P는 원고의 위탁을 받아 B의 관리업무를 수행하는 O의 직원이며, B의 회계서류가 작성되어 보관되는 장소도 국내에 있는 O의 사무실이다.

㉱ 내국법인의 판단기준인 '실질적 관리장소'와 관련하여 조세회피목적이 있을 것은 요구되지 않는다. 다만, 원고가 B에게 C 및 F에 대한 금융제공의무를 이행하기 위한 자금을 시가보다 낮은 이율로 대여한 것은 경제적 합리성을 결여한 것으로 보기 어려우므로, 부당행위계산에 해당하지 않는다.

(다) 실질적 관리장소와 외국법인의 국내원천소득 및 특정외국법인 배당간주의 관계

외국법인의 국내원천소득을 과세하는 규정(법 91조 이하)과 특정외국법인의 유보소득에 관한 배당간주 규정(국조법 27조)은, 해당 법인이 외국법인임을 전제로 한다. 따라서 외국에 본점을 둔 법인이 국내에 실질적 관리장소를 둔 경우, 내국법인에 해당하므로, 위 규정들은 적용되지 않고, 내국법인으로서 법인세 납부의무를 부담한다.[20)21)]

(라) 실질적 관리장소와 기지회사의 관계

내국법인이 외국에 설립한 법인이, 우리나라의 조세를 회피할 목적으로 설립되고 사업활동을 수행할 능력이 없는 기지회사인 경우,[22)] 그 실질적 관리장소가 국내에 있는 경우가 많다. 외국에 설립된 법인이 기지회사에 해당하는 경우, 그 법인의 소득은 실질과세원칙에 따라 그 주주인 내국법인에게 귀속되고, 이는 그 외국의 법인이 내국법인인지 여부와 별개로 적용된다.[23)]

(4) 이중거주자와 조세조약상 거주자결정(경합해소)조항

법인세법상 내국법인에 해당하는 법인이 동시에 다른 국가의 거주자(resident)에 해당하는 경우, 우리나라와 그 다른 국가와 사이에 조세조약이 체결되어 있다면, 그 조세조약의 거주자결정(경합해소)조항(tie-breaker rule)에 따라 그 법인의 거주지국이 결정된다.

(5) 내국법인이 외국법인으로 되는 경우

내국법인이 국내의 본점을 외국으로 옮기고 국내에 실질적 관리장소를 두지 않은 경우, 외국법인으로 될 것이다. 소득세법은, 일정한 거주자가 비거주자로 되는 경우 그가 보유하던 국내 주식 등을 양도한 것으로 보아 과세한다(소득세법 118조의9 이하). 그러나 법인세법에는 그러한 규정이 아직 없다.[24)]

---

20) 서울고등법원 2017. 2. 7. 선고 2014누3381 판결(법인이 외국법인에 해당할 경우 그 국내사업장으로 볼 수 있는 인적·물적 시설이 국내에 있다는 사정은, 사업의 실질적 관리장소가 국내에 있다고 인정하는 것을 방해하지 않는다), 대법원 2021. 2. 25. 선고 2017두237 판결(상고기각)

21) 특정외국법인에 유보된 소득의 배당간주 규정에 관하여는 제2편 제4장 제3절 1-2. 참조

22) 울산지방법원 2020. 10. 29. 선고 2019구합5926 판결, 부산고등법원 2021. 5. 28. 선고 2020누23124 판결(항소기각), 대법원 2021. 10. 28. 선고 2021두45022 판결(심리불속행)

23) 문제되는 외국에 설립된 법인의 실질적 관리장소가 국내에 있어서 그 법인이 내국법인에 해당하더라도, 그 법인이 기지회사라면 그 법인의 소득은 실질과세원칙에 따라 그 주주인 내국법인에게 귀속되어야 할 것이다. 다만, 외국에 설립된 법인이 별도의 인적·물적 시설을 갖추지 못하고 국내에서 사실상 관리되는 경우, ① 그 법인이 내국법인으로 취급되어 그 명의로 취득한 소득에 관하여 국내에서 법인세 납부의무를 부담하게 될 것인지, 아니면 ② 국내에서 그 법인을 관리한 내국 모회사 등이 그 소득의 실질적 귀속자로서 납세의무를 부담하게 될 것인지의 구분이 반드시 분명한 것은 아니다.

24) 미국 세법은 법인의 설립준거법을 기준으로 내국법인(domestic corporation) 여부를 판정하므로, 미국 법에 따라 설립된 법인이 본점 등을 이전하는 것은 내국법인 여부에 영향을 미치지 못한다. 그 대신 미국 세법

1-2. 영리법인과 비영리법인

영리내국법인은, 내국법인 중에서 비영리내국법인을 제외한 것을 말한다. 그리고 비영리내국법인은 ① 민법 제32조에 따라 설립된 법인, ② 사립학교법이나 그 밖의 특별법에 따라 설립된 법인으로서 민법 제32조에 규정된 목적과 유사한 목적을 가진 법인,[25] ③ 국세기본법 제13조 제4항에 따른 법인으로 보는 단체를 말한다(법 2조 2호).

영리외국법인은, 외국법인 중에서 비영리외국법인을 제외한 것을 말하고, 비영리외국법인은 외국법인 중 외국의 정부·지방자치단체 및 영리를 목적으로 하지 않는 법인(법인 아닌 단체를 포함한다)을 말한다(법 2조 4호).

---

2 납세의무의 범위

내국영리법인은 ① 각 사업연도의 소득, ② 청산소득, ③ 토지등양도소득(법 55조의2)에 대한 법인세를 납부할 의무가 있다(법 3조 1항 1호, 4조 1항 본문). 여기서 각 사업연도 소득은 국내원천소득과 국외원천소득을 포함하므로, 내국법인은 원칙적으로 전세계소득에 대한 납세의무를 진다. 다만, 예외적으로 내국법인이 외국자회사로부터 받은 수입배당금액의 95%는 각 사업연도 소득에서 제외된다(법 18조의4).

내국비영리법인은 ① 각 사업연도의 소득 중 수익사업에서 생기는 소득, ② 토지등양도소득에 대한 법인세를 납부할 의무가 있다(법 3조 1항 1호, 4조 1항 단서, 3항). 다만, 국가와 지방자치단체(지방자치단체조합을 포함한다)는 비영리내국법인에 해당하지만, 그 소득에 대한 법인세를 납부할 의무가 없다(법 3조 2항).[26]

상 내국법인을 외국법인에 합병하여 소멸시키는 방법으로 그 법인에 귀속된 소득에 대한 전세계소득 과세를 피하려는 시도들이 있었다. 이에 대응하여 미국 세법은, ① 외국법인이 내국법인의 모든 재산을 실질적으로 직접적 또는 간접적으로 취득하고, 그 취득 후 그 외국법인의 주식 중 80% 이상이 내국법인의 종전 주주들에 의하여 보유되는 경우에는, 그 외국법인을 내국법인으로 취급하고, ② 위 ①에서 주식 보유비율이 60% 이상 80% 미만인 경우에는 대리 외국법인(surrogate foreign corporation)으로서 국외전출기업(expatriated entity)의 한 종류로 보아 특별한 취급을 한다[IRC § 7874(a), (b)].

25) 대통령령으로 정하는 조합법인 등이 아닌 법인으로서 그 주주(株主)·사원 또는 출자자(出資者)에게 이익을 배당할 수 있는 법인은 제외한다.

26) 이에 비하여 부가가치세의 경우에는, 국가·지방자치단체와 지방자치단체조합도 그 납세의무자가 될 수 있다(부가가치세법 3조). 다만, 국가 등의 활동 중 부가가치세법상 재화 또는 용역의 공급에 해당하는 것의 상당 부분은 부가가치세 면세대상이다(부가가치세법 26조 19호, 같은 법 시행령 46조).

외국영리법인은 ① 각 사업연도의 국내원천소득, ② 토지등양도소득에 대한 법인세를 납부할 의무가 있다(법 3조 1항 2호, 4조 4항).

외국비영리법인은 ① 각 사업연도의 국내원천소득 중 수익사업에서 생기는 소득, ② 토지등양도소득에 대한 법인세를 납부할 의무가 있다(법 3조 1항 2호, 4조 4항, 5항).

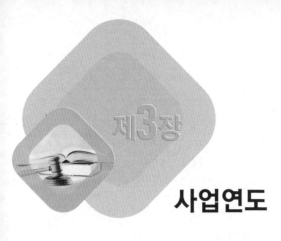

사업연도

1 **사업연도의 의의**

  법인의 사업연도는, 법인세 과세표준과 세액을 산정하기 위한 시간적 과세단위를 말한다.[1] 법인의 소득은 그 설립시부터 청산시까지 계속 발생할 수 있지만, 법인세법은 사업연도라는 일정한 기간을 단위로 법인의 소득을 구획하여 과세표준과 세액을 산정한다(기간과세).

2 **사업연도의 결정**

2-1. 사업연도를 정하는 기준

  ① 사업연도는, 법령이나 법인의 정관 등에서 정하는 1회계기간으로 한다(법 6조 1항 본문). 다만, 그 기간은 1년을 초과하지 못한다(법 6조 1항 단서).

  ② 법령이나 정관 등에 사업연도에 관한 규정이 없는 내국법인은, 따로 사업연도를 정하여 법인설립신고 또는 사업자등록과 함께 관할 세무서장에게 사업연도를 신고하여야 한다(법 6조 2항).[2]

  ③ 국내사업장이 있고, 법령이나 정관 등에 사업연도에 관한 규정이 없는 외국법인은, 따로 사업연도를 정하여 국내사업장 설치신고 또는 사업자등록과 함께 관할 세무서

---

1) 국세기본법은 세법에 따라 국세의 과세표준 계산의 기초가 되는 기간을 "과세기간"이라고 하고(국세기본법 2조 13호), 소득세법 제5조도 "과세기간"이라는 용어를 사용한다.
2) 이와 달리 소득세법의 경우에는 과세기간이 1월 1일부터 12월 31일까지 1년으로 획일적으로 규정되어 있다(소득세법 5조 1항).

장에게 사업연도를 신고하여야 한다(법 6조 3항).

④ 국내사업장이 없고, 국내원천 부동산소득 또는 부동산등양도소득이 있는 외국법인은, 따로 사업연도를 정하여 그 소득이 최초로 발생한 날부터 1개월 이내에 관할 세무서장에게 사업연도를 신고하여야 한다(법 6조 4항).

⑤ 위 ② 내지 ④의 법인이 사업연도 신고를 하지 않은 경우에는, 매년 1월 1일부터 12월 31일까지를 그 법인의 사업연도로 한다(법 6조 5항).

2-2. 최초사업연도의 개시일

법인의 최초사업연도의 개시일은 다음과 같다(시행령 4조 1항).

① 내국법인(법인으로 보는 단체는 제외) : 설립등기일

② 법인으로 보는 단체

㉠ 법령에 의하여 설립된 단체에 있어서 그 법령에 설립일이 정해진 경우 : 설립일

㉡ 설립에 관하여 주무관청의 허가 또는 인가를 요하는 단체와 법령에 의하여 주무관청에 등록한 단체 : 허가일·인가일 또는 등록일

㉢ 공익을 목적으로 출연된 기본재산이 있는 재단으로서 등기되지 않은 것 : 기본재산의 출연을 받은 날

㉣ 국세기본법 제13조 제2항에 의하여 관할 세무서장의 승인을 얻은 단체 : 승인일

③ 외국법인 : 국내사업장을 가지게 된 날(국내사업장이 없는 경우에는 국내원천 부동산소득 또는 부동산등양도소득이 최초로 발생한 날)

최초사업연도의 개시일 전에 생긴 손익이 사실상 그 법인에 귀속하는 경우, 조세포탈의 우려가 없을 때에는, 최초사업연도의 기간이 1년을 초과하지 않는 범위 내에서, 이를 당해 법인의 최초사업연도의 손익에 산입할 수 있고, 이 경우 최초사업연도의 개시일은 당해 법인에 귀속시킨 손익이 최초로 발생한 날로 한다(시행령 4조 2항). 법인의 설립 전에 지출원인이 생긴 비용이 법인세법 제19조 제2항의 손비의 요건을 갖춘 경우에는,[3] 위 규정에 따라 손금에 산입할 수 있을 것이다.[4]

---

3) 대법원 2013. 9. 26. 선고 2011두12917 판결

4) 미국 세법은, 법인의 설립비용(organization expenditure) 중 일정 금액은 최초의 사업연도의 소득에서 공제하고, 나머지는 사업을 개시한 달부터 180개월에 걸쳐 비례하여 소득에서 공제한다(IRC § 248).

사업연도를 변경하려는 법인은, 직전 사업연도 종료일부터 3개월 이내에 사업연도변경 신고서를 관할 세무서장에게 제출하여야 한다(법 7조 1항, 시행령 5조). 법인이 위 기한까지 사업연도변경신고를 하지 않은 경우에는 사업연도는 변경되지 않은 것으로 한다(법 7조 2 항 본문). 다만, 법령에 따라 사업연도가 정해지는 법인의 경우 관련 법령의 개정에 따라 사업연도가 변경된 경우에는 위 기한까지 사업연도변경신고를 하지 않은 경우에도 사업연 도가 변경된 것으로 본다(법 7조 2항 단서).

사업연도가 변경된 경우에는 종전의 사업연도의 개시일부터 변경된 사업연도 개시일 전 날까지의 기간을 1사업연도로 하되, 그 기간이 1개월 미만인 경우에는 변경된 사업연도에 그 기간을 포함한다(법 7조 3항).

4 **사업연도의 의제**

(1) 해산한 법인

내국법인이 사업연도 중에 해산(합병·분할에 따른 해산과 조직변경은 제외한다)한 경 우, 다음 각 기간을 각각 1사업연도로 본다(법 8조 1항).

① 그 사업연도 개시일부터 해산등기일(파산으로 인하여 해산한 경우에는 파산등기일을 말하며, 법인으로 보는 단체의 경우에는 해산일을 말한다)까지의 기간

② 해산등기일 다음 날부터 그 사업연도 종료일까지의 기간

(2) 청산 중인 법인

청산 중인 내국법인의 잔여재산가액이 사업연도 중에 확정된 경우, 그 사업연도 개시일 부터 잔여재산가액 확정일까지의 기간을 1사업연도로 본다(법 8조 4항 1호).

청산 중인 내국법인이 상법 제519조 등에 따라 사업을 계속하는 경우, 다음 각 기간을 각각 1사업연도로 본다(법 8조 4항 2호).

① 그 사업연도 개시일부터 계속등기일(계속등기를 하지 않은 경우에는 사실상의 사업 계속일)까지의 기간

② 계속등기일 다음 날부터 그 사업연도 종료일까지의 기간

(3) 합병 또는 분할

내국법인이 사업연도 중에 합병 또는 분할에 따라 해산한 경우에는, 그 사업연도 개시일부터 합병등기일 또는 분할등기일까지의 기간을 그 해산한 법인의 1사업연도로 본다(법 8조 2항). 위 규정은 소멸하는 피합병법인 또는 분할법인에 관한 것이므로, 합병 또는 분할 후에 존속하는 합병법인 또는 분할합병의 상대방법인의 사업연도에는 영향을 미치지 않는다.

(4) 조직변경

내국법인이 사업연도 중에 조직변경을 한 경우에는, 조직변경 전의 사업연도가 계속되는 것으로 본다(법 8조 3항).

(5) 연결납세방식의 적용

내국법인이 사업연도 중에 연결납세방식을 적용받는 경우에는, 그 사업연도 개시일부터 연결사업연도 개시일 전날까지의 기간을 1사업연도로 본다(법 8조 5항).

(6) 외국법인

국내사업장이 있는 외국법인이, 사업연도 중에 국내사업장을 전혀 가지지 않게 된 경우에는, 그 사업연도 개시일부터 그 사업장을 전혀 가지지 않게 된 날까지의 기간을 1사업연도로 본다(법 8조 6항 본문).[5]

국내사업장이 없는 외국법인이, 사업연도 중에 국내원천 부동산소득 또는 국내원천 부동산등양도소득이 발생하지 않게 되어 관할 세무서장에게 그 사실을 신고한 경우에는, 그 사업연도 개시일부터 신고일까지의 기간을 1사업연도로 본다(법 8조 7항).

---

5) 외국법인이 수개의 국내사업장을 가지고 있다가 그중 일부를 상실하였더라도 나머지를 가지고 있다면 여기에 해당하지 않는다(법 8조 6항 단서).

제4장

납세지

1 의의

납세지는, 납세의무자인 법인에 대한 법인세의 결정·경정 및 징수, 환급 등을 하는 관할 관청을 정하는 기준이 되는 장소를 말한다.[1] 따라서 납세지는, 법인이 납세의무를 이행하는 장소를 의미함과 동시에, 과세관청 간의 권한배분의 기준이 된다.

2 일반적 납세지

2-1. 내국법인

내국법인의 법인세 납세지는, 그 법인의 등기부에 따른 본점이나 주사무소(국내에 본점 또는 주사무소가 있지 않은 경우에는 사업을 실질적으로 관리하는 장소)의 소재지이다(법 9조 1항 본문).

법인으로 보는 단체의 경우에는, ① 그 단체의 사업장 소재지로 하되, ② 주된 소득이 부동산임대소득인 단체의 경우에는 그 부동산의 소재지로 하고, ③ 2 이상의 사업장 또는 부동산을 가지고 있는 단체의 경우에는 주된 사업장 또는 주된 부동산의 소재지[2]로 한다 (법 9조 1항 단서, 시행령 7조 1항). ④ 사업장이 없는 단체의 경우에는 그 단체의 정관 등에

---

1) 부가가치세의 납세지는 각 사업장의 소재지이고(부가가치세법 6조 1항), 사업장마다 사업자등록을 신청하여야 한다(부가가치세법 8조 1항 본문). 다만, 사업자는 납부할 세액을 주된 사업장에서 총괄하여 납부할 수 있고(부가가치세법 51조 1항), 사업자단위로 사업자등록을 신청할 수 있다(부가가치세법 8조 3항).
2) 주된 사업장 또는 주된 부동산의 소재지는, 직전 사업연도의 사업수입금액이 가장 많은 사업장 또는 부동산의 소재지를 말한다(시행령 7조 2항).

기재된 주사무소(정관 등에 주사무소에 관한 규정이 없는 단체의 경우에는 그 대표자 또는 관리의 주소)의 소재지로 한다(시행령 7조 1항).

2-2. 외국법인

외국법인의 법인세 납세지는 국내사업장의 소재지[3]이다(법 9조 2항 본문).[4] 국내사업장이 없고 국내원천 부동산소득 또는 부동산등양도소득이 있는 외국법인의 법인세 납세지는 각 자산의 소재지로 한다(법 9조 2항 단서). 둘 이상의 자산이 있는 외국법인의 납세지는, 국내원천소득이 발생하는 장소 중 그 외국법인이 납세지로 신고하는 장소로 한다(시행령 7조 4항). 위 신고는 2 이상의 국내원천소득이 발생하게 된 날부터 1월 이내에 납세지 관할 세무서장에게 하여야 한다.

2-3. 원천징수한 법인세의 납세지

원천징수한 법인세의 납세지는 대통령령(시행령 7조 6항)으로 정하는 해당 원천징수의무자의 소재지로 한다(법 9조 4항 본문). 원천징수의무자가 국내에 그 소재지를 갖지 않은 경우의 납세지는 대통령령(시행령 7조 7항)으로 정하는 장소이다(법 9조 4항 단서).

| 3 | 납세지의 지정 |

법인세법 제9조에 따른 납세지가 그 법인의 납세지로 적당하지 않다고 인정되는 경우로서 대통령령으로 정하는 경우[5]에는, 관할 지방국세청장 또는 국세청장은 법인세법 제9조

---

3) 둘 이상의 국내사업장이 있는 외국법인의 납세지는, 직전 사업연도의 사업수입금액이 가장 많은 사업장의 소재지로 하되, 주된 사업장 소재지의 판정은 최초로 납세지를 정하는 경우에만 적용한다(시행령 7조 3항).
4) 건설업 등을 영위하는 외국법인의 국내사업장이 영해에 소재하는 이유 등으로 국내사업장을 납세지로 하는 것이 곤란한 경우에는, 국내의 등기부상 소재지를 납세지로 한다(시행령 7조 5항 본문).
5) 다음 각 호의 어느 하나에 해당하는 경우를 말한다(시행령 8조 1항).
   1. 내국법인의 본점 등의 소재지가 등기된 주소와 동일하지 아니한 경우
   2. 내국법인의 본점 등의 소재지가 자산 또는 사업장과 분리되어 있어 조세포탈의 우려가 있다고 인정되는 경우
   3. 둘 이상의 국내사업장을 가지고 있는 외국법인의 경우로서 법인세법 시행령 제7조 제3항에 따라 주된 사업장의 소재지를 판정할 수 없는 경우
   4. 법인세법 제9조 제2항 단서에 따른 둘 이상의 자산이 있는 외국법인의 경우로서 법인세법 시행령 제7조 제4항에 따른 신고를 하지 않은 경우

에도 불구하고 그 납세지를 지정할 수 있다(법 10조 1항).[6] 관할 지방국세청장 또는 국세청장이 납세지를 지정한 경우, 그 법인의 당해 사업연도 종료일부터 45일 이내에 해당 법인에게 지정통지를 하여야 한다(법 10조 2항, 시행령 8조 3항). 위 통지를 기한 내에 하지 않은 경우에는 종전의 납세지를 그 법인의 납세지로 한다(시행령 8조 4항).

4 납세지의 변경

납세지에 해당하는 법인의 본점 소재지 등이 변경된 경우, 법인은 그 변경된 날부터 15일 이내에 변경 후의 납세지 관할 세무서장에게 납세지변경신고서를 제출하여야 한다(법 11조 1항). 납세지변경신고서가 관할 세무서장에게 제출된 경우 그때 납세지변경의 효력이 발생한다. 납세지변경신고서가 신고기한 후에 제출되었더라도 납세지변경신고의 효력에 영향을 미치지 않는다(시행규칙 3조).[7]

납세지인 본점 소재지 등이 변경된 법인이 그 변경신고를 하지 않은 경우에는 종전의 납세지를 그 법인의 납세지로 한다(법 11조 2항). 다만, 이는 납세지 지정의 사유가 될 수 있다(시행령 8조 1항 1호 등). 위 경우, 납세지지정절차를 거치치 않은 채, 변경된 본점 등의 소재지를 관할하는 과세관청이 과세권을 행사하는 것은 위법하다.[8]

외국법인이 국내사업장 등의 납세지를 갖지 않게 된 경우에는 그 사실을 납세지 관할 세무서장에게 신고하여야 한다(법 11조 3항).

내국법인이 사업연도 중에 합병 또는 분할로 인하여 소멸한 경우, 피합병법인·분할법인 또는 소멸한 분할합병의 상대방법인의 각 사업연도의 소득(합병 또는 분할에 따른 양도손익을 포함한다)에 대한 법인세 납세지는, 합병법인·분할신설법인 또는 분할합병의 상대방법인의 납세지(분할의 경우에는 승계한 자산가액이 가장 많은 법인의 납세지)로 할 수 있다(시행령 9조 3항 전문). 이 경우 납세지의 변경을 신고하여야 한다(시행령 9조 3항 후문).

---

6) 새로 지정되는 납세지의 관할 지방국세청장이 종전의 납세지를 관할하지 않는 경우에는, 국세청장이 그 납세지를 지정할 수 있다(시행령 8조 2항).
7) 대법원 1983. 9. 27. 선고 83누300 판결
8) 대법원 1983. 9. 27. 선고 83누300 판결

법인세는 법인의 납세지를 관할하는 세무서장 또는 지방국세청장이 과세한다(법 12조). 관할권이 없는 세무서장 등의 과세처분은 위법하지만, 그 흠이 객관적으로 명백한 경우가 아닌 한 당연무효가 아니라 취소사유에 해당한다.[9]

---

9) ① 대법원 2001. 6. 1. 선고 99다1260 판결(관할 위반의 소득세 부과처분), ② 대법원 2003. 1. 10. 선고 2002다61897 판결(관할 위반의 증여세 부과처분), ③ 대법원 2015. 1. 29. 선고 2013두4118 판결(관할 위반의 소득금액변동통지)

제5장

실질과세의 원칙

실질과세원칙의 의의와 기능

국세기본법 제14조는 과세대상 소득의 귀속 및 과세표준의 계산 등에 관하여 실질과세의 원칙을 규정한다. 실질과세원칙은 헌법 제11조의 평등원칙을 세법영역에서 구현하여 담세력에 상응한 과세가 이루어지도록 하는 것이다.[1][2] 국세기본법 제14조는 헌법 제11조의 평등원칙을 세법영역에서 확인하고 구체화한 것이므로, 창설적 규정이 아니다.[3]

현대의 다양하고 복잡한 거래형태를 고려할 때, 입법자가 모든 조세회피행위에 대하여 개별적 · 구체적 부인 규정을 마련하는 것은 거의 불가능하기 때문에 다양한 유형의 조세회피행위에 공통적으로 적용될 수 있는 일반적 조세회피방지 규정(General Anti-Avoidance Rule, GAAR)이 필요하다.[4] 국세기본법 제14조는 일반적 조세회피방지 규정에 해당한다. 한편, 세법에는 특정한 대상만을 규율하는 개별적 조세회피방지 규정이 있고, 대표적 예는 부당행위계산의 부인 규정(법 52조)이다.[5]

---

1) 대법원 2012. 1. 19. 선고 2008두8499 전원합의체 판결은, 실질과세의 원칙은 헌법상 기본이념인 평등원칙을 조세법률관계에 구현하기 위한 실천적 원리이고, 그 주된 목적은 조세를 회피할 목적으로 과세요건사실에 관하여 실질과 괴리되는 비합리적인 형식이나 외관을 취하는 경우 실질에 따라 담세력이 있는 곳에 과세함으로써 조세회피행위를 규제하고 과세의 형평을 제고하기 위한 것이라고 판시하였다.
2) 헌법재판소는, 실질과세의 원칙은 헌법 제11조 제1항에서 유래된 조세평등주의를 실현하기 위하여, 법적 형식과 경제적 실질이 서로 부합하지 않는 경우 그 경제적 실질을 기준으로 조세를 부과하여야 한다는 원리를 말한다고 판단하였다. 헌법재판소 2009. 3. 26. 2005헌바107 결정, 헌법재판소 2015. 9. 24. 2012헌가5 결정
3) 김완석 · 황남석, 법인세법론(2021), 100쪽
4) 주요 국가들의 일반적 조세회피방지 규정에 관하여는 홍성훈 · 박수진 · 이형민, "주요국의 조세회피방지를 위한 일반규정 비교연구", 한국조세재정연구원(2016), 45~86쪽 참조
5) 다른 예로, 소득세법은, 거주자가 자산의 양도 전에 특수관계인에 대한 증여를 끼워넣음으로써 양도소득세를 줄이는 것을 방지하기 위하여 특수관계인에 대한 증여의 세법적 효과의 전부 또는 일부를 부인하는 규정을 두고 있다. 즉, ① 거주자의 배우자 또는 직계존비속이 거주자에게 토지 · 건물 등을 증여하고 그로부터 5년 내에 거주자가 이를 양도하는 경우 그 토지 등의 취득가액을 증여자인 배우자 또는 직계존비속의

민법상 허위표시(가장행위)는 사법상 무효이므로(민법 108조 1항), 세법상 실질과세원칙을 적용할 필요 없이 무시된다. 가장행위 여부의 판단은 실질과세원칙이 적용되기 전의 단계에서 이루어지므로, 양자는 구별된다. 대법원은, 과거에 일부 사건들에서 민법상 허위표시로 보기 어려운 거래를 '가장행위'로 보아 세법상 부인하였으나,[6] 최근에는 더 이상 그러한 판단을 하지 않고 있다.

대법원은, 조세법규를 해석할 때 엄격해석의 원칙에 따라 문언대로 해석하여야 한다고 본다.[7][8] 그런데 조세법규를 문언대로만 해석한 결과 담세력에 따른 과세가 제대로 이루어지지 못하여 과세의 형평이 무너진다면, 이는 헌법상 평등원칙을 위배할 우려가 있다. 그러한 경우 실질과세의 원칙은 조세법규를 일정한 범위에서 합목적적으로 해석함으로써 조세법규의 경직된 문언해석이 위헌적 결과에 이르는 것을 방지하는 기능을 한다.[9][10]

취득 당시를 기준으로 계산한다(소득세법 97조의2 1항, 이른바 이월과세). ② 거주자가 특수관계인에게 자산을 증여하고 그로부터 5년 내에 특수관계인이 그 자산을 타인에게 양도한 경우 증여자인 거주자가 그 자산을 직접 양도한 것으로 본다(소득세법 101조 2항). 이러한 규정들은 국세기본법 제14조 제3항과 궤를 같이 한다.

6) ① 대법원 1991. 12. 13. 선고 91누7170 판결 ; ② 대법원 2009. 3. 12. 선고 2006두7904 판결은, 원고 법인이 말레이시아 라부안에 페이퍼컴퍼니인 PCGL을 설립하였고, PCGL은 원고 법인의 지급보증하에 외국은행으로부터 미화 5,000만 달러를 차입한 후 위 차입금으로 원고의 외국인전용수익증권을 취득한 사건에서, PCGL과 외국은행 간의 금전차입계약은 가장행위에 해당하고, 실질적으로는 원고가 PCGL을 통하여 외국은행으로부터 위 금전을 차입한 주채무자로서 외국은행에 지급된 이자에 관한 원천징수의무가 있다고 판단하였다. 그러나 PCGL의 금전차입계약을 민법상 허위표시(가장행위)로 보기는 어려울 것이다.

7) 대법원 1983. 12. 27. 선고 83누213 판결, 대법원 2004. 5. 27. 선고 2002두6781 판결, 대법원 2009. 8. 20. 선고 2008다11372 판결, 대법원 2017. 9. 7. 선고 2016두35083 판결, 대법원 2019. 12. 27. 선고 2018두37472 판결, 대법원 2021. 4. 29. 선고 2020두52689 판결

8) 법관에 의한 법 해석은 크게 ① 포괄적이거나 불분명한 문언을 구체화하는 것, ② 전체 법체계와의 조화를 고려하여 문언을 그 의미보다 넓게 또는 좁게 해석하는 것(체계적 해석 또는 합목적적 해석)으로 구분될 수 있다. 그런데 문언해석 또는 엄격해석은, 비록 '해석'이라는 용어를 포함하지만, 위 ①의 경우가 아닌 한, 위 ②의 '해석'을 하지 말고 문언대로 적용하라고 지시하는 것(해석의 배제)에 불과하므로, 그것을 엄밀한 의미의 '해석'으로 볼 수 있을지 의문이다.

9) 대법원 2012. 1. 19. 선고 2008두8499 전원합의체 판결의 다수의견은, 실질과세의 원칙은 조세법의 기본원리인 조세법률주의와 대립관계에 있는 것이 아니라 조세법규를 다양하게 변화하는 경제생활관계에 적용함에 있어 예측가능성과 법적 안정성이 훼손되지 않는 범위 내에서 합목적적이고 탄력적으로 해석함으로써 조세법률주의의 형해화를 막고 실효성을 확보한다는 점에서 조세법률주의와 상호보완적이고 불가분적인 관계에 있다고 보았다.

10) 대법원은, 조세법률주의의 원칙상 조세법규의 해석은 특별한 사정이 없는 한 법문대로 해석하여야 하고 합리적 이유 없이 확장해석하거나 유추해석하는 것은 허용되지 않지만, 법규 상호 간의 해석을 통하여 그 의미를 명백히 할 필요가 있는 경우에는 조세법률주의가 지향하는 법적 안정성 및 예측가능성을 해치지 않는 범위 내에서 입법 취지 및 목적 등을 고려한 합목적적 해석을 하는 것은 불가피하다고 판시하였다(대법원 2008. 2. 15. 선고 2007두4438 판결, 대법원 2020. 7. 29. 선고 2019두56333 판결).

2-1. 소득의 실질적 귀속자

국세기본법 제14조 제1항은, 과세대상 소득에 관하여 그 귀속자가 명의만 있을 뿐이고 사실상 귀속되는 자가 별도로 있는 경우 '사실상 귀속되는 자'를 납세의무자로 한다고 규정하여 소득의 귀속자가 법적 명의와 별개로 정해짐을 명시한다. 그리고 국세기본법 제14조 제3항은, 제3자를 통한 간접적 방법으로 부당하게 조세회피목적으로 거래를 한 경우 당사자가 직접 거래를 한 것으로 볼 수 있다고 규정한다.[11] 명의와 실질의 괴리가 심한 경우에는(가령 명의신탁) 조세회피목적에 관계없이 경제적 실질에 따라 소득 명의인의 실질귀속자 지위가 부인되지만, 명의와 실질의 괴리가 그러한 정도에 이르지 않은 경우에는 조세회피목적이 있는 경우에 한하여 소득명의인의 실질귀속자 지위가 부인될 수 있다.[12]

대법원은, ① **명의신탁**의 경우 조세회피목적과 관계없이 실질과세원칙에 따라 소득의 명의인을 실질귀속자가 아닌 것으로 판단하였지만,[13] ② **외국법인**에 대한 소득의 귀속이 문제되는 경우에는 조세회피목적이 있는 경우에 한하여 소득의 명의인에 대한 귀속을 부인하였다.[14][15] 또한 대법원은, ③ 거주자나 내국법인이 우리나라의 조세를 회피하기 위하

---

11) 국세기본법 제14조 제3항은 같은 조 제1항의 내용을 재확인하는 성격을 가진다. 대법원 판례는, 국세기본법 제14조 제3항의 신설 이전에도 같은 조 제1항을 해석할 때 일정한 경우 실질과세원칙의 적용을 위하여 조세회피목적이 있어야 한다고 판시하였다(대법원 2012. 4. 26. 선고 2010두11948 판결).

12) 이렇게 보면, 국세기본법 제14조 제1항의 규율대상에는 ① 명의와 실질의 괴리가 심하여 조세회피목적에 관계없이 명의인에 대한 소득의 귀속이 부인되는 경우와 ② 명의와 실질의 괴리가 그러한 정도에 이르지 않아서 조세회피목적이 있어야 소득명의인의 실질귀속자 지위가 부인될 수 있는 경우의 2가지가 있다고 할 수 있고, 같은 조 제3항은 위 ②의 경우를 확인하는 규정이 된다. 위 ②의 경우, 납세의무자가 스스로 선택한 거래의 명의와 다른 실질을 주장하여 소득 명의인의 귀속자 지위가 부인되어야 한다고 주장하는 것은, 원칙적으로 인정되지 않는다고 보아야 할 것이다. 송동진·전병욱, "실질과세원칙과 거래의 재구성 -국세기본법 제14조의 해석론을 중심으로-", 조세법연구 [19-1](2013. 4.), 한국세법학회, 93쪽

13) ① 대법원은, 「부동산 실권리자명의 등기에 관한 법률」이 시행되기 전의 사안에서, 부동산의 명의신탁자가 자신의 의사에 의하여 그 부동산을 양도한 경우, 실질과세의 원칙상 양도소득세의 납세의무자는 명의신탁자라고 판시하였다(대법원 1997. 10. 10. 선고 96누6387 판결). ② 대법원 2017. 10. 26. 선고 2015두53084 판결은, 원고 법인이 다른 법인 등으로부터 입금받은 141억여 원으로 그 법인의 주식을 매수하여 양도하였는데, 과세관청이 원고가 143억 5,000만 원의 자산수증이익을 얻었다고 보아 법인세를 과세한 사건에서, 위 금액이 원고에게 실질적으로 귀속되었다고 보기 어렵다고 판단하였다. 위 사건에서 원고는 위 다른 법인 주식의 실제 소유자로부터 위 주식의 명의를 신탁받은 것으로 볼 여지가 있다.

14) 대법원 2012. 4. 26. 선고 2010두11948 판결(라살레 사건). 위 판결은 국세기본법 제14조 제1항을 근거로 들었지만, 그 판단내용은 실질적으로 국세기본법 제14조 제3항을 적용한 것과 같다.

15) 이에 대하여 국제거래의 경우에도 국내거래와 마찬가지로 실질귀속자의 인정요건으로 명의와 실질의 괴리 외에 조세회피목적은 필요하지 않다고 보아야 한다는 견해로, 유철형, "조세조약상 실질과세의 원칙에 관한 연구" 조세학술논집 제34집 제2호(2018), 24~28쪽

여 조세피난처에 사업활동을 수행할 능력이 없는 외형뿐인 **기지회사**(base company)를 설립하여 두고 실질적 지배·관리자에게 유보되어야 할 소득을 부당하게 유보하여 두는 경우 실질과세원칙이 적용될 수 있다고 판시하였다.[16] 한편, 법원은, ④ 선박 1척의 소유를 목적으로 편의치적국에 설립된 법인(**단선회사**)이 해당 선박의 운항에 의하여 발생한 소득의 실질적 귀속자에 해당한다고 판단하였다.[17]

대법원은, 동일한 납세의무자가 지배·관리하는 당사자들 간의 거래에서 그 하나를 양도인으로 내세운 것에는 조세회피의 목적이 있고, 다른 하나를 양수인으로 내세운 것에는 조세회피의 목적이 없는 경우, 납세의무자와 양수인 간에 직접 양도거래가 이루어진 것으로 보아 과세할 수 있다고 판단하였다.[18]

실질과세원칙의 적용요건, 즉 소득의 명의인과 실질적 귀속자가 다르다는 점에 관한 증명책임은 과세관청에게 있다.[19]

---

16) ① 대법원 2015. 11. 26. 선고 2014두335 판결[내국법인인 원고(매지링크)가 말레이시아 라부안에 설립된 투자지주회사로서 원고의 완전모회사인 PGC에게 콜옵션 포기 및 저가양도를 통하여 이익을 분여하였는데, 위 이익이 PGC의 주주로서 PGC를 지배한 소외 1, 2에게 귀속되었다고 본 사례], 대법원 2018. 11. 9. 선고 2014도9026 판결, ② 대법원 2018. 12. 13. 선고 2018두128 판결[원고(선박왕)가 버진아일랜드에 설립한 법인의 계좌에 수수료 등 명목으로 입금된 금액이 원고에게 귀속되었다고 본 사례], ③ 부산고등법원 2021. 5. 28. 선고 2020누23124 판결(한국동서발전), 대법원 2021. 10. 28. 선고 2021두45022 판결(심리불속행)

17) 서울고등법원 2017. 2. 7. 선고 2016누324 판결, 대법원 2021. 2. 25. 선고 2017두244 판결 : 그 이유로 ① 단선회사를 통하여 선박을 소유하는 것은 선박운항으로 인한 책임을 단선회사로 제한하려는 해운업계의 관행에서 비롯되었고, ② 선박을 통한 해상운송소득을 단선회사에 귀속시키더라도 특정외국법인 배당간주 과세제도가 적용되는 한 단선회사를 통한 소득에 대하여 국내조세가 회피되지 않는다는 점을 들었다.

18) 대법원 2015. 7. 23. 선고 2013두21373 판결은, 아랍에미리트연합국 법인(IPIC)이 핀란드 법인(Flagellum OY)의 주식 100%를, Flagellum OY가 네덜란드 법인(Hanocal)의 주식 100%를 각 보유하고, IPIC가 오스트리아 법인(IPIC Holdings GmbH)의 주식 100%를, IPIC Holdings GmbH가 네덜란드 법인인 원고(IPIC International B.V.)의 주식 100%를 각 보유하는 상태에서, Hanocal이 1999. 12.경 현대오일뱅크 주식회사가 발행한 우선주 122,541,122주를 1주당 5,000원에 취득하여 2006. 2. 9. 그중 20%를 원고에게 1주당 4,500원에 양도하였는데, 과세관청인 피고가 위 주식의 정상가격을 1주당 11,890원으로 보고 위 주식양도로 인하여 양도인인 Hanocal(네덜란드)이 얻은 소득은 IPIC(UAE)에게 귀속된다는 이유로 양수인으로서 원천징수의무자인 원고(네덜란드)에게 원천징수세액의 부과처분을 한 사건에서, 주식양도소득이 귀속되는 납세의무자인 IPIC가 Hanocal을 양도인으로 내세운 것에는 조세회피의 목적이 있지만, 원고를 양수인으로 내세운 것에는 조세회피의 목적이 없다고 보아, 납세의무자인 IPIC와 양수인인 원고 사이에 양도가 이루어진 것으로 보아 과세할 수 있다고 판단하였다. 이후 원고(IPIC International B.V.)는 2010. 8. 12. 현대중공업 주식회사에 위 우선주 20%를 1주당 15,000원에 양도하였고, 대법원은 그 양소소득의 귀속주체는 형식적 양도인인 원고가 아닌 IPIC라고 판단하였다(대법원 2015. 8. 19. 선고 2014두40166 판결).

19) 대법원 2014. 5. 16. 선고 2011두9935 판결, 대법원 2017. 10. 26. 선고 2015두53084 판결

2-2. 소득의 실질적 계산

(1) 거래재구성의 요건

국세기본법 제14조 제2항은, '세법 중 과세표준의 계산에 관한 규정은 소득, 수익, 재산, 행위 또는 거래의 명칭이나 형식에 관계없이 그 실질 내용에 따라 적용한다'고 규정한다. 국세기본법 제14조가 조세평등원칙의 구현을 위하여 담세력의 기준이 되는 경제적 실질을 조세법률관계에 반영하기 위한 것인 점을 고려하면, 여기의 '실질'은 경제적 실질을 의미한다고 보아야 할 것이다. 한편, 납세의무자가 한 거래를 그 사법적 형식과 관계없이 그 경제적 실질만을 기준으로 과세할 경우 법적 안정성과 예측가능성을 침해할 우려가 있다. 따라서 ① 거래의 사법적 형식은 세법상 원칙적으로 존중되어야 하지만,[20] ② 당사자가 경제적 실질과 불일치하는 형식의 거래를 선택한 **주된 목적**이 **조세회피**에 있고 거래형식에 관한 **선택가능성의 남용**[21]에 해당하는 경우에는, 그 형식은 세법상 부인되고,[22] **경제적 실질**에 따라 세법적 효과가 부여되어야 할 것이다(제한적인 경제적 실질설).[23]

국세기본법 제14조 제3항은 '세법의 혜택을 부당하게 받기 위하여 둘 이상의 행위 또는 거래를 거친 경우 그 경제적 실질 내용에 따라 연속된 하나의 행위 또는 거래를 한 것으로

---

20) 대법원 2000. 9. 29. 선고 97누18462 판결(A 법인이 실질적으로 주도하여 특수관계에 있는 B 법인으로 하여금 그 명의로 사채를 발행하게 한 후, B로부터 위 사채발행으로 납입받은 금액을 차용하고 B에게 이자를 지급한 사건에서, A를 위 사채의 실질적 발행자 또는 채무자로 볼 수 없다고 한 사례), 대법원 2001. 8. 21. 선고 2000두963 판결, 대법원 2017. 12. 22. 선고 2017두57516 판결(TNT Express Korea 사건) : 납세의무자는 동일한 경제적 목적을 달성하기 위하여 여러 가지 법률관계 중 하나를 선택할 수 있고, 과세관청은 원칙적으로 당사자들이 선택한 법률관계를 존중하여야 한다.

21) 당사자가 거래형식의 선택가능성을 남용하였는지의 판단과 관련하여 영국의 2013년 재정법(Finance Act) 중 일반적 조세회피방지 규정을 참고할 수 있다. 위 법은, 조세이득(tax advantage)을 주된 목적 또는 주된 목적들 중 하나로 하는 방안을 조세 방안(tax arrangements)이라 하고[section 207(1)], 남용적(abusive)인 조세 방안으로부터 생기는 조세이득은 부인될 수 있다고 규정한다(section 209). 위 법에 따르면, 조세 방안이 모든 사정을 고려하여 관련된 조세규정상 합리적인 행동방법(reasonable course of action)으로 취급될 수 없는 경우 남용적(abusive)인 것이고, 여기서 고려되는 사정은 다음의 것들을 포함한다[section 207(2)]. ① 그 방안의 실질적 결과가 관련 조세규정이 기초한 원리나 그 규정의 정책목적과 부합하는지 여부, ② 그러한 결과를 얻는 수단이 부자연스럽거나(작위적) 비정상적인 단계(조치)들(contrived or abnormal steps)과 관련되는지, ③ 그 방안이 그 규정의 결점을 이용하려고(to exploit the any shortcomings in those provisions) 의도된 것인지

22) 당사자가 한 거래에 관한 법적 안정성과 예측가능성은 무제한으로 보호될 수 없다. 당사자가 조세회피 목적의 거래를 한 경우 그 거래 당시 이미 그 거래가 세법상 부인되어 과세될 가능성을 인식하는 경우가 많고, 그럼에도 불구하고 세법적 효과가 예측가능하지만 불리한 거래를 하는 대신 과세위험을 감수하면서 조세회피의 이익을 얻을 수 있는 거래를 함으로써 과세 여부가 불확실한 영역(grey zone)으로 스스로 걸어 들어가 그 위험을 인수·창출한 것이다. 위와 같은 거래의 세법상 재구성을 인정하더라도, 과세관청이 거래재구성의 범위를 과도하게 확장하는 것은 법원의 사법심사에 의하여 합리적인 수준으로 통제될 것이므로, 거래의 세법상 재구성이 반드시 과세관청의 자의(恣意)를 야기하는 것은 아니다.

23) 송동진·전병욱, 앞의 글, 75~81쪽

보아 세법을 적용한다'고 규정한다.[24] 국세기본법 제14조 제2항을 위에서 본 바와 같이 제한적 경제적 실질설에 따라 이해한다면, ① 제14조 제3항은 그 중 한 유형을 예시·확인한 규정에 해당하고,[25] ② 국세기본법 제14조 제2항은, 같은 조 제3항에 규정되지 않은 유형, 가령 납세의무자가 조세회피목적으로 여러 단계의 거래를 하나의 거래로 축약한 것을 세법상 여러 단계의 거래로 재구성하는 것[26]도 포함한다고 볼 수 있다.

한편, 납세의무자가 스스로 선택한 거래형식과 다른 내용으로 거래의 재구성을 주장하는 것은 원칙적으로 허용되지 않거나 제한적으로만 인정된다고 보아야 할 것이다.[27][28]

(2) 대법원 판례

대법원은, 종래 실질과세의 원칙에 의하여 납세의무자의 거래행위를 그 형식에도 불구하고 조세회피행위라고 하여 효력을 부인할 수 있으려면 조세법률주의의 원칙상 법률에 개별적·구체적 부인 규정이 있어야 한다고 판시하였다.[29] 이는 직접 국세기본법 제14조

---

24) 여러 단계의 거래를 거친 후의 결과에는 손실 등의 위험 부담에 대한 보상과 외부적인 요인이나 행위 등이 개입될 수 있으므로, 그 여러 단계의 거래를 거친 후의 결과만을 가지고 그 실질이 하나의 행위 또는 거래라고 쉽게 단정해서는 안 된다. 대법원 2017. 12. 22. 선고 2017두57516 판결

25) 송동진·전병욱, 앞의 글, 82쪽 ; 대법원 2012. 4. 26. 선고 2010두11948 판결은, 영국의 유한파트너십인 원고들이 한국 내 부동산투자에서 발생하는 소득에 대하여 한·벨기에 조세조약을 적용받기 위하여 룩셈부르크에 법인들을 설립하고 그 법인들을 통하여 벨기에에 법인들을 설립한 후, 벨기에 법인들로 하여금 내국법인의 주식을 인수하게 하고, 그 내국법인을 주체로 내세워 국내 부동산을 매수한 다음, 2004년 그 내국법인 주식을 양국법인에 매각하여 양도소득을 얻은 사건에서, 위 사건 당시 아직 국세기본법 제14조 제3항이 도입되기 전이었음에도, 같은 조 제1항을 근거로 위 주식 양도소득이 원고들에게 귀속된다고 판단하였다. 이는 위 사건에서 벨기에 법인들 등을 통한 간접적인 거래를 부인하고 원고들이 직접 거래를 한 것으로 재구성한 것이고, 국세기본법 제14조 제1항에 같은 조 제3항의 내용이 포함되어 있다는 취지로 볼 수 있다. 이는 국세기본법 제14조 제2항과 제3항 사이에도 마찬가지로 인정되어야 할 것이다. 국세기본법 제14조 제2항과 제3항 간의 관계를 제1항과 제3항 간의 관계와 달리 볼 합리적 이유는 없기 때문이다.

26) 그 예로, 법인이 그 업무와 아무런 관련이 없이 지배주주의 자녀에게 이익을 분여한 경우, 법인의 지배주주에 대한 배당과 지배주주의 자녀에 대한 증여로 재구성하는 것을 들 수 있다. 제2편 제3장 4-2-3. 및 제6장 제2절 4-1-1. (1) (나) 참조

27) 대법원 1998. 5. 26. 선고 97누1723 판결, 대법원 2000. 9. 29. 선고 97누18462 판결, 대법원 2005. 1. 27. 선고 2004두2332 판결, 대법원 2014. 11. 13. 선고 2014두39142 판결 ; 이태로·한만수, 조세법강의 (2018), 47쪽 ; 송동진·전병욱, 앞의 글, 93쪽. 한편, 납세의무자가 국세기본법 제14조 제1항에 따른 실질 귀속자의 주장을 하는 것은 신의칙에 반하지 않는 한 더 유연하게 인정할 여지가 있을 것이다. 대법원 2014. 5. 16. 선고 2011두9935 판결 ; 납세의무자에 의한 실질과세원칙의 주장을 원칙적으로 인정하는 견해로 이동식, 일반조세법 제9판(2022), 준커뮤니케이션즈, 184쪽 및 이중교, 조세법개론, 삼일인포마인 (2023), 77쪽

28) 납세의무자의 거래재구성 주장을 허용하거나 그렇게 보이는 것으로 대법원 2017. 10. 26. 선고 2015두53084 판결과 대구고등법원 2021. 1. 15. 선고 2020누2418 판결이 있다. 전자의 판결의 사안은 거의 허위 표시에 가까운 것으로 보이고, 후자의 판결은 입법론상 문제가 있는 법인세법 제19조의2 제2항 제1호의 적용범위를 제한하기 위한 예외적인 사례로 볼 여지가 있다[제2편 제2장 제1절 3-2-2. (2) (가) 참조].

29) 대법원 1991. 5. 14. 선고 90누3027 판결, 대법원 1999. 11. 9. 선고 98두14082 판결, 대법원 2009. 4. 9.

제2항에 대하여 판단한 것은 아니지만, 간접적으로 '국세기본법 제14조 제2항은 경제적 실질을 기초로 해석될 수 없으므로 조세회피행위의 부인을 위한 일반규정이 될 수 없다'는 취지를 묵시적 전제로 한 것으로 보이고, 이에 따라 국세기본법 제14조 제2항이 적용된 예는 거의 찾아보기 어려웠다.[30] 그리고 2007년 정면으로 경제적 실질에 따른 재구성을 규정한 국세기본법 제14조 제3항이 신설되었으나, 대법원은 국세기본법 제14조 제2항 또는 제3항을 통한 거래의 재구성에 매우 소극적인 태도를 보였다.[31]

그러던 중 대법원 2012. 1. 19. 선고 2008두8499 전원합의체 판결은, 외국모회사가 구 지방세법상 과점주주의 간주취득세를 피하기 위하여 그 자회사들 명의로 내국법인의 주식을 분할하여 취득한 사건에서,[32] 납세의무자가 조세회피목적으로 경제적 실질과 괴리된 법적 형식을 취한 경우 국세기본법 제14조 제2항에 따라 거래가 세법상 재구성될 수 있음을 시사하였다.[33][34] 그러나 대법원은, 위 판결 이후에도 한동안 국세기본법 제14조 제2항 또는 제3항 대신 가장행위 개념을 이용하여 당사자의 거래를 세법상 부인하였다.[35]

선고 2007두26629 판결, 대법원 2011. 4. 28. 선고 2010두3961 판결

30) 대법원 1993. 5. 25. 선고 92누18320 판결은, 법인이 자산을 무상 또는 시가보다 낮은 가액으로 양도한 경우, 그 시가와 장부가액의 차액 상당의 수익이 법인에 실현됨과 동시에 그 수익을 상대방에 제공함에 따른 손실이 발생하였다고 파악하여 그 손실을 기부금이라고 판단하였다. 위 사건은 대법원이 매우 드물게 거래의 재구성을 인정한 사례인데, 그 근거로 국세기본법 제14조 제2항을 언급하지 않았다.

31) 대법원 2011. 5. 26. 선고 2008두9959 판결은, 해외수출자가 해외수입자에게 재화를 매도하고 해외수입자로부터 매도대금을 지급받는 것이 이미 정해진 상태에서 원고 법인이 자금조달 목적으로 개입하여 해외수출자로부터 연지급조건 신용장 방식(Shipper's Usance L/C)으로 재화를 수입하여 해외수입자에게 전신환 송금 방식 등으로 수출하는 중계무역 형식의 거래를 함으로써 해외수출자로부터 자금을 차입한 사안에서, 원고가 해외수출자에게 지급한 Usance 이자는 해외수출자의 국내원천 이자소득으로서 원천징수대상에 해당한다고 판단하였다. 위 사건은 그 판단근거로 국세기본법 제14조 제2항 또는 제3항이 언급되지 않았지만, 위 규정들이 사실상 적용된 드문 사안으로 볼 수 있다.

32) 국세기본법 제14조 제3항이 신설되기 전의 사안이다.

33) 대법원은, 외국모회사인 원고가 지방세법상 간주취득세를 회피하기 위하여 그 자회사들을 통하여 내국법인들의 주식을 간접적으로 분할하여 취득한 사건에서, 원고가 자회사들에 대한 완전한 지배권을 통하여 내국법인들의 주식을 실질적으로 지배·관리하고 있으므로, 그 실질적 귀속자로서 위 주식들의 취득에 관하여 구 지방세법 제105조 제6항에 의한 취득세 납세의무를 부담한다고 볼 여지가 상당하다는 이유로, 이와 달리 판단한 원심판결을 파기하였다. 위 사건은 2010. 3. 31. 제정된 지방세기본법 제17조에 실질과세원칙이 규정되기 전의 사안인데, 당시는 구 지방세법 제82조에 따라 국세기본법 제14조의 실질과세원칙에 관한 규정이 준용되었다.

34) 위 사건에 적용된 구 지방세법(2005. 12. 31. 개정되기 전)에는 실질과세원칙에 관한 규정이 없었음에도, 대법원은 국세기본법 제14조의 실질과세원칙이 헌법의 기본이념인 평등의 원칙을 조세법률관계에 구현하기 위한 실천적 원리라고 보면서, 실질과세원칙을 지방세인 취득세에 관하여 적용하였다. 이는 실질과세원칙이 헌법상 평등원칙에서 파생되어 명문규정 여부와 별개로 조세법률관계 전반에 적용되는 규범임을 잘 보여준다. ; 이태로·한만수, 조세법강의(2018), 40쪽은, 위 판결이 종래의 법형식 기준설에서 벗어나 절충설적 입장을 취한 것으로 본다.

35) 대법원 2013. 12. 26. 선고 2013두15583 판결, 대법원 2014. 1. 23. 선고 2013두17343 판결(제3편 제3장 제4절 2-2-1. 참조) ; 그러나 가장행위 개념은 그 세법상 근거가 박약하고 요건도 불분명하므로, 국세기본법 제14조 제3항의 적용이 가능한 사안이라면 위 규정을 적용하는 것이 합리적이다. 대법원은, 최근에

국세기본법 제14조 제3항 등에 따른 거래의 재구성에 관한 판례는 다음과 같다.

① A 주식회사의 1인 주주이자 대표이사인 원고가 소외인에게 A 주식 전부를 대금 105억 원에 양도하는 계약을 체결하고 그 대금을 전부 지급받은 날 A 법인의 유일한 자산인 부동산의 소유권을 소외인에게 이전하자, 과세관청이 A 법인이 소외인에게 위 부동산을 양도한 것으로 보아 A 법인에게 법인세를 경정·고지하면서 위 대금이 원고에게 귀속되었다는 이유로 상여로 소득처분을 하고 원고를 위 법인세에 대한 2차 납세의무자로 지정하고 원고에게 그 납부통지를 한 사안에서, 법원은 위 주식양도계약이 가장행위 또는 조세회피행위에 해당한다고 볼 수 없으므로 A 법인이 소외인에게 위 부동산을 양도한 것으로 볼 수 없다고 판단하면서 원고에 대한 위 납부통지를 취소하였다.[36]

② 甲 주식회사의 주주들로서 남매 사이인 A, B 및 B의 배우자가 각자 소유 중인 주식을, A는 B 부부의 직계비속들에게, B 부부는 A의 직계비속들에게 각각 교차하여 증여한 사안에서, 대법원은 구 상증세법 제2조 제4항[37]에 따라 재구성하여 A와 B 부부가 각자의 직계비속들에게 직접 증여한 것으로 볼 수 있다고 판단하였다.[38]

③ 네덜란드에 최종 모회사를 둔 TNT 그룹의 국내 자회사인 원고가 위 그룹 내 모회사에게 유상증자로 조달한 금액 등으로 위 그룹 내 다른 관계회사들에 대한 채무를 상환하자, 과세관청이 위 그룹 내 다른 관계회사들은 도관회사에 불과하고 위 유상증자 및 채무상환은 원고와 최종 모회사 간의 채무의 출자전환이라고 보아 주식발행액면초과액[39]을 채무면제이익으로 취급하여 원고에게 법인세를 과세한 사건에서, 대법원은, 원고의 위 유상증자 및 채무상환이 조세회피목적에서 비롯되고 그 경제적 실질이 채무의 출자전환행위에 해당한다고 보기 어렵다고 판단하였다.[40]

는 더 이상 당사자의 거래를 세법상 부인하기 위하여 가장행위 개념을 사용하지 않는 것으로 보인다.

36) 대법원 2015. 3. 26. 선고 2013두9267 판결 ; 위 사건에서 계약의 당사자는 A 법인이 아닌 원고이므로, 설령 원고의 조세회피목적이 인정된다고 하더라도, A 법인을 소외인에게 부동산을 양도한 주체로 삼기는 어렵고, ① 원고가 A 법인으로부터 부동산을 현물로 배당받은 후 소외인에게 양도하는 거래 또는 ② 소외인이 원고로부터 주식을 양수하여 A 법인의 주주로 된 후 A 법인으로부터 부동산을 현물로 배당받은 거래로 재구성할 여지가 있다. ; 위 대법원 판결에 따라 원고에 대한 2차 납세의무의 납부고지가 취소되자 과세관청은 원고에게 A 주식의 양도소득에 대한 소득세 부과처분을 하였으나, 대법원 2020. 8. 20. 선고 2017두30757 판결은 위 소득세 부과처분이 선행 확정판결에 따른 경정결정이나 그에 부수하는 처분이라고 보기 어려우므로 구 국세기본법 제26조의2 제2항의 특례제척기간이 적용되지 않는다고 판단하였다.

37) 2013. 1. 1. 개정되기 전의 구 상증세법 제2조 제4항은 증여세 과세대상인 증여에 관하여 국세기본법 제14조 제3항과 같은 내용을 규정하였다.

38) 대법원 2017. 2. 15. 선고 2015두46963 판결(교차증여 사건)

39) 당시 원고는 결손법인이어서 원고의 주식의 시가는 0원이었다.

40) 대법원 2017. 12. 22. 선고 2017두57516 판결(TNT Express Korea 사건)

④ 원고 법인이 자신이 발행한 전환사채를 현물출자받고 주식을 발행한 경우 전환사채의 장부가액과 현물출자가액의 차액을 손금산입할 수 있는지가 문제된 사건에서, 원심은 원고가 자신의 전환사채를 현물출자받은 것은 사채권자의 전환권행사와 동일하므로, 위 차액은 손금에 산입될 수 없다고 보았으나, 대법원은 원고가 위 전환사채를 현물출자받은 것으로 보아야 한다고 판단하였다.[41]

⑤ 원고들의 아버지인 D가 운영하는 C 법인은 그 영업 및 설계 부서를 원고들이 주주인 E 법인에게 이전하여 E로 하여금 약 2년 8개월간 이익을 얻게 한 후 E를 흡수합병하였고, 이에 따라 원고들에게 C의 합병신주가 교부되어 C에 대한 원고들의 지분율이 상승하고 D의 지분율이 낮아진 사건에서, 대법원은, 구 상증세법[42] 제2조 제3항, 제4항에 따라 위 일련의 거래들을 연속된 하나의 거래로 보아 증여세 과세대상인 증여로 판단하였다.[43]

⑥ 상법 제341조 제1항에 의한 법인의 자기주식취득 한도 및 의제배당에 따른 종합과세를 회피하기 위하여, 주주가 주식을 다른 법인에게 양도한 후 주식의 발행법인이 그 다른 법인을 흡수합병하여 자기주식을 취득하고 이를 소각하는 다단계거래를 한 사안에서, 법원은 국세기본법 제14조 제3항에 따라 주주가 직접 주식의 발행법인에게 주식을 양도한 것으로 재구성하여야 한다고 판단하였다.[44]

⑦ 소외인과 그 자녀들이 주주인 A 법인이 그 소유 부동산을 B에게 양도하고 그 계약금 및 중도금을 지급받은 후 인적분할로 C 법인을 설립하여 C에게 위 계약금 등의 자산을 이전한 다음, 소외인과 그 자녀들이 원고의 주식을 전부 인수한 후 A 법인을 원고에게 흡수합병시킨 다음 원고가 B에게 위 부동산을 인도하고 잔금을 지급받음으로써 위 부동산의 장부가액을 높이고 위 부동산의 양도에 대한 법인세를 회피한 사건에서, 법원은, 위 부동산을 A 법인이 B에게 이전한 것으로 재구성하여 위 부동

---

41) 대법원 2018. 7. 24. 선고 2015두46239 판결 : 대법원이 그 이유로 든 사정들은 다음과 같다. ① 전환사채를 보유한 소외 회사는 아직 전환권 행사기간이 도래하지 않아 전환권을 행사할 수 없는 상태에서 위 전환사채를 원고에게 현물출자하는 방법을 선택하였다. ② 전환사채의 현물출자계약 당시 원고와 소외 회사는 특수관계에 있지 않았고, (당초 위 전환사채는 엔화로 표시되어 발행되었는데) 원고는 당시 엔화의 환율이 급격히 상승함에 따라 향후 전환사채를 현금으로 상환하거나 전환권이 행사될 경우 그로 인한 손실이 확대될 수 있으므로, 이를 방지하기 위하여 위 전환사채를 조기에 현물출자받은 것으로 보인다. 위 전환사채의 현물출자에 앞서 소외 회사에 발행된 외화표시 전환사채도 전환권 행사 없이 현금으로 조기상환되었다. ③ 원고는 위 전환사채의 현물출자에 관한 이사회 결의 등을 거치고, 위 전환사채의 가액 등에 관하여 감정인의 감정을 받고 법원의 심사를 받는 등 상법에서 정한 절차를 모두 갖추었다.

42) 2020. 1. 1. 개정되기 전의 것

43) 대법원 2019. 1. 31. 선고 2014두41411 판결

44) 서울행정법원 2020. 4. 23. 선고 2019구합59806 판결, 서울고등법원 2021. 4. 8. 선고 2020누41377 판결 (항소기각), 대법원 2021. 8. 26. 선고 2021두38505 판결(심리불속행)

산의 장부가액을 분할 전 A의 장부가액으로 보아 원고에게 법인세를 부과한 처분은 적법하다고 판단하였다.[45]

 대법원 2022. 8. 25. 선고 2017두41313 판결에 의한 거래재구성의 내용

대법원 2017두41313 판결의 원심인 서울고등법원 2017. 3. 29. 선고 2016누53076 판결은, 위 사건에서 A의 분할 및 합병의 효력이 세법상 부인되고 쟁점 부동산의 양도계약에 따른 계약금 및 중도금은 분할 후 A에게 존재하는 것으로 재구성할 수 있다고 보았다. 대법원은 원심의 판단을 수긍하였다. 그러나 위 사건은 A가 쟁점 부동산을 인도하고 잔금을 지급받은 후, 즉 부동산양도소득의 익금이 A에게 귀속된 후 원고에게 흡수합병된 것으로 발생순서를 재구성하면 족하고, 원심과 같이 A의 분할 및 합병 자체를 세법상 부인하거나 계약금 및 중도금의 자산이 분할 후 A에게 존재하는 것으로 취급할 필요는 없다. 원심과 같이 A의 합병 자체를 부인하면 A의 부동산양도소득에 관하여 원고에게 과세처분을 하는 근거를 설명하기 어려워진다. 한편, 만일 A의 분할에 관하여 A를 무자력으로 만들고 별다른 자력이 없는 원고 법인에 흡수합병시킴으로써 쟁점 부동산의 양도소득에 대한 법인세를 면탈하려는 목적이 인정된다면, A는 쟁점 부동산을 인도하고 잔금을 지급받은 후 분할 및 합병을 한 것으로 재구성하면 될 것이다. 위 경우 A로부터 분할된 C 법인은 A의 부동산양도소득에 관한 법인세에 대하여 연대납세의무를 진다(국세기본법 25조 2항 2호). 만일 분할을 통하여 조세를 회피하려는 목적이 인정되지 않는다면 분할의 순서를 재구성할 필요는 없을 것이다. A에게 부동산양도소득이 귀속된 이후 A가 원고에게 합병된 것으로 재구성하는 이상, 위 시점 이후 A가 분할된 것으로 보든 아니든, 부동산에 관한 A의 분할 전 취득가액은 양도시점까지 그대로 유지되고, 합병법인인 원고는 피합병법인인 A의 법인세 납부의무를 승계한다(국세기본법 23조). 따라서 원심의 판단이유는 다소 부적절하지만 그 결론은 타당하다고 볼 여지가 있다.

⑧ C 법인이 일부 사업부문을 분할하여 원고 법인에게 합병한 후 주주총회 특별결의로 해산하는 2단계 거래를 하였고, 그것이 C 법인의 정상가격 조정 등에 따른 법인세가 원고 법인에게 승계되는 것을 피하려는 목적에서 행해진 것으로 인정되는 사건에서, 법원은 위 존속분할합병 및 해산은 국세기본법 제14조 제3항에 따라 흡수합병 또는 소멸분할합병으로 재구성되어야 한다고 판단하였다.[46]

---

45) 서울고등법원 2017. 3. 29. 선고 2016누53076 판결(장미트레이딩 사건), 대법원 2022. 8. 25. 선고 2017두41313 판결
46) 서울행정법원 2017. 7. 14. 선고 2016구합51856 판결, 서울고등법원 2018. 4. 19. 선고 2017누65038 판결(항소기각), 대법원 2023. 1. 12. 선고 2018두45084 판결(일부 각하, 나머지 상고기각) : C의 분할합병에 따른 양도손익을 계산할 때, 과세관청은 존속분할합병에 관한 법인세법 제46조의5를 적용하였으나, 흡수합병에 관한 법인세법 제44조가 적용되어야 한다.

제 **2** 편

내국영리법인의 손익거래

익금과 손금의 일반론

제 1 절

세법상 자산, 부채와 자본

> 1 세법상 자산과 부채의 일반론

1-1. 익금, 손금과 자산, 부채의 관계

법인세법의 정의(定義)에 따르면, 익금은 법인의 순자산을 증가시키는 거래로 인한 수익이고, 손금은 법인의 순자산을 감소시키는 거래로 인한 손비이므로(법 15조 1항, 19조 1항), 익금과 손금은 모두 순자산의 변동과 관련된다. 그리고 법인의 순자산은 자산에서 부채를 차감한 것이다. 따라서 익금과 손금을 발생시키는 것은 자산과 부채의 변동이고, 익금과 손금은 자산 또는 부채의 증감과 동시에 발생한다.[1] 즉, 익금과 손금은 자산과 부채의 궤적이자 그 운동량(변동분)이다. 결국 세법상 익금, 손금과 자산, 부채는 서로 표리(表裏)의 관계에 있다.

1-2. 법인세법과 회계기준의 관계

법인세법 제40조 제1항은 "익금과 손금의 귀속사업연도는 그 익금과 손금이 확정된 날이 속하는 사업연도로 한다."고 규정한다. 익금·손금과 자산·부채의 밀접한 관련성을 고려하면, 위 조문은 자산·부채의 인식기준을 규정하는 것으로도 볼 수 있다. 이 점에서 법

---

1) K-IFRS 재무보고를 위한 개념체계 문단 4.47, 4.49

인세법의 자산·부채는 회계기준에 의한 자산·부채와 구별된다. 한편, 법인세법 제43조는, 자산·부채의 취득 및 평가에 관하여 법인이 일반적으로 공정·타당하다고 인정되는 기업회계기준을 적용하여 온 경우에는, 법인세법과 조특법에서 달리 규정하는 경우를 제외하고는, 그 기업회계기준에 따른다고 규정한다.

이와 같이 법인세법은, 제40조 제1항에서 손익확정주의를 규정함으로써 그와 관련된 자산·부채의 판단기준에 관하여 기업회계기준과 별개의 원칙을 선언하면서도, 법인세법에 규정이 없는 경우에는 보충적으로 기업회계기준의 판단기준을 받아들이고 있다. 따라서 법인세법상 자산·부채의 해당 여부를 판단할 때는 법인세법과 기업회계기준을 종합적으로 고려하여야 한다.

2 ▶ 자산의 의의와 인식기준

2-1. 회계기준

자산(asset)은, 과거 사건의 결과로 기업이 통제하고 있고, 미래 경제적 효익[2]이 유입될 것으로 기대되는 자원이다.[3] 자산은 법적 의미의 재산과 일치하지 않는다. 따라서 기업이 지출한 연구개발비가 내부적으로 창출한 무형자산의 정의를 충족하는 경우에는 자산으로 인식될 수 있다.[4]

2-2. 세법

자산은 크게 ① 거래상대방으로부터 현금 등 자산을 수취하는 기능을 하는 것(매출채권 등)과, ② 원가를 그 지출시기의 비용으로 하지 않고 그와 관련된 수익의 발생시기에 귀속시키거나 체계적인 방법으로 비용화하기 위하여 자산화(자본화)한 것(제품제조원가, 건설자금이자 등)으로 구분된다.

위 두 가지 중에서 ① 거래상대방으로부터 현금 등 자산을 수취하는 기능을 하는 자산은 권리(權利)의 형식을 띤다. 그러한 권리가 세법상 자산으로 인식되기 위해서는 ㉮ 과세

---

2) 미래 경제적 효익(future economic benefits)이란 직접으로 또는 간접으로 특정 기업의 미래 현금 및 현금성 자산의 유입에 기여하게 될 잠재력을 말한다. K-IFRS 재무보고를 위한 개념체계 문단 4.8
3) K-IFRS 재무보고를 위한 개념체계 문단 4.4(1)
4) K-IFRS 1038호 문단 57

소득 계산의 기초로 할 수 있을 정도의 확실성과 안정성을 가져야 한다(權利의 確定). 그러한 경우에 해당하는지 여부는, 일반적으로 회계기준보다 좀 더 엄격한 기준에 따라 판단하여야 할 것이고,[5] 이는 개개의 사안별로 구체적으로 판단할 수밖에 없다. 그리고 권리를 세법상 자산으로 인식하기 위해서는 ㉯ 그 취득가액을 상당한 정도의 확실성으로 측정(測定)할 수 있어야 한다.[6]

대법원은, 보증보험회사인 원고가 보험사고 발생으로 보증보험금을 지급함에 따라 취득한 구상채권 중에서 과거 회수율을 기초로 장차 회수될 것으로 추정한 금액을 자산(익금)으로 계상한 사안에서, 원고가 구상권을 취득한 사업연도에 그 실질적인 자산가치를 평가하기 어려우므로 권리의 실현가능성이 성숙되었다고 보기 어렵고, 구상채권 중 과거 회수율을 기초로 장차 회수될 것으로 추정한 금액도 추정치에 불과하여 그 권리의 실현가능성이 성숙되었다고 보기 어렵다고 판단하였다.[7] 한편, 법원은 '상표를 영구적·독점적으로 사용할 수 있는 권리'를 무형자산으로 인정하였다.[8]

가상자산[9]도 세법상 자산에 포함된다(시행령 73조 6호, 77조, 89조 2항 1호 단서, 상증세법 시행령 60조 2항).

---

5) 그 이유는 다음과 같다.
　① 회계기준이 이해관계자들에게 기업의 재무정보를 공시하기 위한 것이라면, 세법은 법인의 과세소득을 파악하여 조세를 부과하기 위한 것이므로, 서로 목적과 기능을 달리한다.
　② 세법상 자산의 인정 여부는 법인의 과세소득과 세액에 영향을 미치고, 이는 과세처분이라는 고권적(高權的)이고 침익적인 행정작용을 통하여 집행될 수 있으므로, 세법상 자산 여부의 판단은 객관적인 기준에 따라 신중하게 할 필요가 있다.
　③ 법인세법상 자산의 인식은 익금의 인식과 직결되는데, 법인세법은 익금을 그것이 확정(確定)되는 시점에 인식하도록 규정한다(법 40조 1항).
6) 위와 같은 자산의 인식요건을 익금확정의 요건과 비교하면 양자는 거의 동일함을 알 수 있다. 이는, 종래 자산의 인식요건에 관한 논의와 익금의 인식시기에 관한 논의가 분리되지 않고, 전자가 후자에 포함되어 한꺼번에 이루어졌기 때문이다.
7) 대법원 2011. 9. 29. 선고 2009두11157 판결
8) 서울행정법원 2019. 11. 21. 선고 2018구합58998 판결, 서울고등법원 2020. 9. 11. 선고 2020누30582 판결, 대법원 2021. 1. 28. 선고 2020두51570 판결(심리불속행). 상세한 내용에 관하여는 뒤의 글상자 '상표의 영구적·독점적 사용권이 무형자산인지 여부' 참조
9) '가상자산'은, 경제적 가치를 지닌 것으로서 전자적으로 거래 또는 이전될 수 있는 전자적 증표(그에 관한 일체의 권리를 포함한다)를 말한다(특정 금융거래정보의 보고 및 이용 등에 관한 법률 2조 3호 본문). 다만, 화폐·재화·용역 등으로 교환될 수 없는 전자적 증표 등으로서 발행인이 사용처와 그 용처를 제한한 것 등을 제외한다(위 법률 2조 3호 단서).

> ### 상표권의 영구적·독점적 사용권이 무형자산인지 여부
>
> **1. 처분의 경위**
>
> ① 스위스법인 A는 2014. 5. 22. 원고에게 A가 보유하는 상표에 관하여 무상으로 '영구적·독점적 (A 및 그 자회사에 대해서도 같다)으로, 로열티가 없는, 양도 및 2차 라이선스가 불가하고, 오로지 허가된 지역에서만 사용가능한' 사용권을 부여하는 계약을 체결하였다.
>
> ② 과세관청은 위 무상사용권을 원고의 자산수증이익으로 보아 원고에게 법인세 과세처분을 하였다.
>
> ③ 원고는 위 자산수증이익에 관하여 기획재정부에 질의를 하였고, 이와 관련하여 한국회계기준원은 기획재정부에 '위 상표계약은 IFRS 제1038호(무형자산) 문단 10의 요건을 모두 충족하는 무형자산에 해당하고, 무형자산을 무상 취득하는 경우 원가를 영(0) 또는 공정가치로 측정할 수 있다.'고 회신하였다.
>
> **2. 법원의 판단[10]**
>
> ① 원고가 취득한 상표의 무상사용권은 상표권 자체와 구별되는 별도의 독립한 재산권이다.
>
> ② 위 무상사용권은 기업회계기준서에 따른 무형자산의 조건을 모두 충족한다.
>
> ③ 위 무상사용권은 법인세법 제23조 및 같은 법 시행령 제24조에 따른 무형자산은 아니지만, 위 규정들은 무형자산 중 감가상각의 대상인 것을 규정할 뿐이고, 일반적인 무형자산의 범위를 정의하거나 확정하는 규정이 아니다.
>
> ④ 위 무상사용권은 무체재산권에 해당하고, 그 객관적 교환가치를 적정하게 반영한 거래 실례 또는 감정결과가 존재하지 않으므로, 그 평가에 관하여는 상증세법 시행령 제59조 제5항이 적용된다.

② 원가를 적절한 시기에 비용화하기 위한 자산은 대외적 권리의 확정과 관련이 없고, 세법상 자산으로 취급할 합리적 필요성이 인정되면 족하다. 가령 개발비는, 특허권 등 권리의 형식으로 존재하지 않더라도 법인세법상 감가상각대상 자산에 해당한다(시행령 24조 1항 2호 바목).

한편, 법인이 영업을 양도하는 경우, 그 영업과 관련된 어떤 항목이 그 법인 내에서 자산으로 인식되어 있더라도, 그 영업을 양수한 법인에게 자산으로 인식되기 위해서는 별도로 세법상 자산의 인식요건을 충족하여야 한다.[11][12]

---

10) 서울행정법원 2019. 11. 21. 선고 2018구합58998 판결, 서울고등법원 2020. 9. 11. 선고 2020누30582 판결, 대법원 2021. 1. 28. 선고 2020두51570 판결(심리불속행)

11) 대법원 2008. 9. 11. 선고 2006두2558 판결 : 구 법인세법(1998. 12. 31. 개정되기 전의 것) 시행령 제38조의2에 정한 환율조정계정은, 급격한 환율변동으로 인한 기업의 대외신인도 하락 및 자금차입의 어려움 등을 해소하기 위하여, 장기 화폐성 외화자산·부채에 대한 외화환산손익을 잔존 회수·상환기간에 걸쳐 균등하게 안분하여 손익에 반영하기 위한 것으로서 대차대조표상의 가공자산에 불과하므로, 영업양도의 양도대상이 되는 자산으로 볼 수는 없다.

12) 기업회계에서, 사업결합의 경우 취득자가 식별할 수 있는(identifiable) 자산과 부채를 인식하려면, 취득 자산과 인수 부채는 ① 취득일에 '재무제표의 작성과 표시를 위한 개념체계'의 자산과 부채의 정의를 충족하

3-1. 부채의 의의와 인식기준

3-1-1. 회계기준

부채(liability)는, 과거 사건으로 생겼고, 기업이 가진 경제적 효익을 갖는 자원의 유출을 통해 이행될 것으로 예상되는 현재의무(present obligation)이다.[13]

지출하는 시기 또는 금액이 불확실한 **충당부채**(provision)[14]도 부채에 포함된다. 충당부채는, ① 과거 사건의 결과로 현재의무(present obligation)[15]가 존재하고, ② 현재의무를 이행하기 위하여 경제적 효익이 있는 자원을 유출할 가능성이 높으며, ③ 해당 금액을 신뢰성 있게 추정할 수 있는 경우에 인식된다.[16] 충당부채의 예로는, 하자보수충당부채, 제품보증충당부채, 복구충당부채, 손실부담계약(onerous contracts)[17] 등이 있다. 위와 같은 부채의 인식조건을 충족하지 못하는 의무를 우발부채(contingent liabilities)라고 한다.[18]

금융보증계약은 ① K-IFRS에서는 금융부채에 해당하지만,[19] ② 일반기업회계기준에서는, 그 의무를 이행하기 위하여 자원이 유출될 가능성이 높고, 그 금액을 신뢰성 있게 추정할 수 있는 경우에 한하여 충당부채로 처리된다.[20]

여야 하고, ② 별도 거래의 결과가 아니라 사업결합 거래에서 취득자와 피취득자 사이에 교환한 항목의 일부이어야 한다(K-IFRS 1103호 문단 11, 12).

13) K-IFRS 재무보고를 위한 개념체계 문단 4.4(2)

14) K-IFRS 1037호 문단 10

15) 현재의무는 법적 의무(legal obligation)와 의제의무(constructive obligation)를 포함한다(K-IFRS 1037호 문단 14). 의제의무는, 과거의 실무관행, 발표된 경영방침, 구체적이고 유효한 약속 등으로 기업이 특정 책임을 부담할 것이라고 상대방에게 표명하고, 그 결과 기업이 해당 책임을 이행할 것이라는 정당한 기대를 상대방이 갖도록 한 것을 말한다(K-IFRS 1037호 문단 10).

16) K-IFRS 1037호 문단 14

17) K-IFRS 1037호 문단 68 : 계약상 의무의 이행에 필요한 회피불가능한 원가가 그 계약에서 받을 것으로 예상되는 경제적 효익을 초과하는 계약을 말한다. ; 일반기업회계기준 14장 문단 14.16

18) K-IFRS 1037호 문단 10

19) K-IFRS 제1109호에 의하면, 금융보증계약(financial guarantee contract)은 발행자의 금융부채에 해당하므로 ① 최초에 공정가치로 인식하고(문단 5.1.1), ② 후속적으로 [㉮ 손상 규정에 따라 산정한 손실충당금, ㉯ 최초 인식금액에서 K-IFRS 제1115호에 따라 인식한 이익누계액을 차감한 금액] 중 큰 금액으로 측정한다[문단 4.2.1 (3)]. 따라서 금융보증계약에 따른 금융보증부채는 후속적으로, ⓐ 차입자의 신용위험이 유의적으로 증가하지 않거나, 유의적으로 증가하더라도 그로 인한 손실충당금(㉮)이 위 ㉯의 금액보다 적은 경우에는, 위 ㉯의 금액으로 측정되지만, ⓑ 차입자의 신용위험이 유의적으로 증가하고 그로 인한 손실충당금(㉮)이 위 ㉯의 금액보다 큰 경우에는, 위 ㉮의 금액으로 측정된다.

20) 일반기업회계기준에 따르면, 금융보증계약에 대하여는 「제6장 금융자산·금융부채」가 적용되지 않고[6장 문단 6.2(11)] 「제14장 충당부채, 우발부채, 우발자산」이 적용되고[14장 문단 14.2(4)], 보증은 그 의무를

3-1-2. 세법

세법상 부채(負債)의 인식은 손금의 인식과 직결된다. 법인세법 제40조 제1항은 손금의 귀속시기를 손금이 확정(確定)되는 사업연도로 규정하고, 손금의 확정은 채무의 확정과 채무금액의 특정(特定)을 전제로 한다. 그리고 기업회계에서는 기업의 재무적 위험을 이해관계자들에게 알리기 위하여 발생 여부 및 금액이 불확실한 충당부채를 인식하는 것이 정당화될 수 있지만, 세법에서는 이를 인정할 경우 납세의무자인 법인의 의사에 따라 손익의 조작이 가능하게 될 우려가 있다. 따라서 세법상 부채로 인정하기 위해서는 원칙적으로 ① 법률상 채무가 확정되고 그 금액이 특정되어야 한다. 그리고 ② 거래로 인하여 부담하는 금전채무가 상대방의 급부와 대가관계에 있는 경우(매매대금, 용역대금 등)에는, 그 상대방의 급부가 이행됨으로써 그 거래가 일정한 단계에까지 진행되어야 할 것이다.[21][22]

충당부채는 원칙적으로 세법상 부채에 해당하지 않고, 다만 일정한 충당금 또는 준비금(대손충당금, 퇴직급여충당금, 책임준비금 등)은 조세정책적 고려에 따라 예외적으로 세법상 부채로 인정된다. 그러므로 법인세법상 인정된 예외에 해당하지 않는 하자보수충당부채, 제품보증충당부채, 복구충당부채, 손실부담계약은 세법상 부채에 해당하지 않는다.

그리고 **보증채무**는, 주채무자의 도산이나 채무불이행 등에 따라 채권자로부터 현실적 이행청구를 받았거나 받을 만한 객관적 상황에 이르게 되었을 때, 세법상 부채로 인식된다고 보아야 한다. 행정해석은, 법인이 지급보증의 대가로 받는 수수료 수입은, 보증기간에 걸쳐 인식되는 것이 아니라, 약정에 따라 지급보증수수료를 받기로 한 날이 속하는 사업연도에 귀속된다고 한다.[23]

이행하기 위한 자원의 유출 가능성이 거의 없더라도, 그 내용을 주석으로 기재한다[14장 문단 14.21(1)].

21) 가령 다른 기업으로부터 물건을 매수하는 계약을 체결한 기업은, 미지급금(매매대금) 부채를 매매계약 체결의 시점이 아니라 그 물건을 인도받은 시점에서 인식하여야 한다.

22) 미국 세법 제461조(h)는 ① 경제적 이행(economic performance) 이전에는 "all events test"가 충족된 것으로 취급되어서는 안 되고, ② 경제적 이행은, 납세자의 채무가 납세자에 대한 용역의 공급에서 비롯된 경우에는 그 용역의 공급에 따라, 납세자에 대한 재산의 공급에서 비롯된 경우에는 그 재산의 공급에 따라 발생한다고 규정한다.

23) 서면인터넷방문상담2팀 - 579, 2005. 4. 22. : [질의내용] 계약서상 지급보증기간이 '2004. 10. 1.~2005. 9. 30.'로 되어 있고 계약일자는 2004. 10. 1.이며, 계약과 동시에 계약금액을 전액 지급하는 조건인 경우에, 지급보증수수료의 수입귀속시기를 계약서상 지급하기로 한 때로 보아야 하는지 또는 보증기간 동안 손익을 인식하여야 하는지 / [회신] 지급보증에 대한 수수료 수입의 귀속시기는 지급보증용역을 제공하고 약정에 의하여 당해 지급보증수수료를 받기로 한 날이 속하는 사업연도로 함.

3-2. 자본과 부채의 구별

3-2-1. 회계기준

(1) K-IFRS

금융상품은 법적 형식(legal form)이 아니라 **실질**(substance)에 따라 재무상태표에 분류하여야 한다. 어떤 금융상품은 지분상품의 법적 형식을 갖고 있지만, 실질적으로는 금융부채에 해당하는 경우가 있다. **우선주** 중에서 ① 확정되었거나 결정가능한(fixed or determinable) 미래의 시점에 확정되었거나 결정가능한 금액을 발행자가 보유자에게 의무적으로 상환해야 하는(mandatory redemption) 것이나, ② 보유자가 발행자에게 특정일이나 그 후에 확정되었거나 결정가능한 금액으로 상환해줄 것을 청구할 수 있는 권리(right)가 있는 것은 금융부채이다.[24] 금융상품의 보유자가 발행자에게 그 금융상품의 환매를 요구하여 현금 등 금융자산을 수취할 권리가 부여된 금융상품(puttable instrument)은 금융부채이다.[25] 기업이 계약상 의무를 결제하기 위한 현금 등 금융자산의 인도를 회피할 수 있는 무조건적인 권리를 가지고 있지 않다면, 이러한 의무는 금융부채의 정의를 충족한다.[26]

(2) 일반회계기준

자본은 기업의 자산에서 모든 부채를 차감한 후의 잔여지분을 나타내며, 주주로부터의 납입자본에 기업활동을 통하여 획득하고 기업의 활동을 위해 유보된 금액을 가산하고, 기업활동으로부터의 손실 및 소유자에 대한 배당으로 인한 주주지분 감소액을 차감한다.[27] 주주로부터 현금을 수령하고 주식을 발행하는 경우에 주식(상환우선주 등 포함)의 발행금액이 액면금액보다 크다면 그 차액을 주식발행초과금으로 하여 자본잉여금으로 회계처리한다.[28] **부채**는 과거의 거래나 사건의 결과로 현재 기업실체가 부담하고 있고 미래에 자원의 유출 또는 사용이 예상되는 의무이다.[29]

일반기업회계기준은 **상환우선주**를 자본으로 분류하는 한편 K-IFRS와 같이 상법상 자본의 형식을 띠더라도 회계상 부채로 분류될 수 있는 예외를 규정하지 않으므로, 부채와 자본의 구별에 관하여 **법률적 형식**을 기준으로 하는 입장으로 볼 수 있다.

---

24) K-IFRS 1032호 문단 18
25) 개방형 뮤추얼펀드 등의 경우 지분보유자는 그 지분을 언제든지 현금으로 상환받을 권리를 보유하므로, 그 지분은 부채로 분류된다.
26) K-IFRS 1032호 문단 19
27) 일반기업회계기준 15장 문단 15.2
28) 일반기업회계기준 15장 문단 15.3
29) 일반기업회계기준 재무회계개념체계 문단 97

3-2-2. 세법

(1) 구별의 필요성

법인이 자금을 조달하는 방법에는 출자를 받는 것도 있고, 차입하는 것도 있다. 그런데 양자는 세법상 판이하게 다른 효과를 발생시킨다. 전자(자본)의 경우 법인이 출자한 주주에게 지급한 배당은 자본거래에 속하므로, 손금에 산입되지 않지만, 후자(부채)의 경우 법인이 자금대여자에게 지급하는 이자는 손익거래로서 손금에 산입된다. 따라서 일반적으로 법인은 자금조달수단에 관하여 회계적으로는 자본으로 인정받고자 하고, 세법상으로는 부채로 인정받으려는 유인이 있다. 과거에는 자본과 부채가 대체로 전형적 형태를 띠었지만, 최근에는 자본과 부채의 성격을 모두 가지는 혼합적·중간적 성격의 금융상품이 빈번하게 거래되고 있고, 이러한 경우 자본과 부채 중 어느 것으로 취급할 것인지가 문제된다.

(2) 일반적인 구별기준

(가) 자본과 부채의 일반적 속성

확정금리부 사채와 보통주를 비교하면 현금흐름의 관점에서 부채와 자본의 속성은 다음과 같이 대별될 수 있다.[30]

① 확정금리부 사채의 경우 ㉠ 회사는 경영성과에 관계없이 사채권자에게 미리 정해진 지급시기에 미리 정해진 이자를 지급하여야 하고, ㉡ 만기 전에 중도상환할 수 있음이 사채의 발행조건으로 정해진 경우에는 중도상환할 수 있으며, ㉢ 만기에 사채금액을 상환하여야 한다.

② 보통주의 경우 ㉠ 회사는 배당가능이익이 존재하고 주주총회 등의 배당결의가 있는 경우에 한하여 그 배당결의에서 정해진 금액을 주주에게 배당하고, ㉡ 회사가 주주로부터 자기주식을 취득하여 소각할 경우, 자기주식의 취득은 배당가능이익의 범위 내에서만 가능하며(상법 341조 1항, 462조 1항), ㉢ 보통주에 관하여는 만기의 개념이 존재하지 않고, 회사가 해산한 경우 모든 채무가 변제된 후에 비로소 잔여재산의 분배를 받을 수 있으므로(상법 538조) 채권보다 후순위(後順位)이다.

이상과 같은 부채와 자본의 일반적인 속성을 정리해보면, 전자는 미리 정해진 이율에 따른 확정적(確定的) 투자수익(이자)을 지급하고 만기에 원금을 상환할 의무가 있음에 비

---

30) 회계주체이론에는 자본주이론(소유주이론, proprietary theory), 실체이론(entity theory) 등이 있다. 자본주이론은 기업실체를 소유주(주주 또는 출자자)의 대리인으로 보고, 실체이론은 기업실체를 자본주와 독립한 실체로 본다. 실체이론에서는 자본주의 지분이든 타인자본인 부채이든 모두 자본이다. 현대의 회계는 자본주이론에 입각하고 있다. 신현걸·최창규·김현식, IFRS 중급회계(2018), 86쪽 ; 이용호·심충진, 일반기업회계기준 제8판, 한국금융연수원(2014), 301쪽

하여, 후자는 그 투자수익의 발생 여부와 범위 및 투자금의 반환 여부가 회사의 경영성과에 의존하는 불확정적(不確定的)인 성격을 가진다.

(나) 혼합적·중간적 항목의 세법상 분류기준

상법과 파생상품 등을 이용하면 다양한 수준의 위험과 보상이 발생하는 금융상품을 만들어낼 수 있고, 부채(확정금리부 사채)와 자본(보통주)은 무수한 금융상품으로 이루어진 스펙트럼의 양 극단을 나타낼 뿐이다.[31] ① 사채의 이율이 반드시 확정이율이어야 하는 것은 아니므로 불확정적인 조건으로 정해질 수 있고, 이를 이용하여 자본의 속성을 가지는 사채가 발행될 수 있다. 가령 이익참가부사채는 이익배당에 참가할 수 있는 사채로서(상법 469조 2항 1호) 불확정적인 이익을 받기로 하는 것이므로 주식의 속성을 가진다. 그리고 후순위사채나, 만기가 무제한으로 연장될 수 있는 이른바 신종자본증권도 주식에 근접한 성격을 가진다.[32] ② 한편, 회사는 이익배당 등에 관하여 보통주와 내용이 다른 종류주식과, 회사의 이익으로 소각할 상환주식을 발행할 수 있다(상법 344조, 345조). 이에 따라 발행된 주식 중에서 의결권이 없는 비참가적·누적적 우선주는 사채에 매우 근접한다. 이외에도 상법상 여러 가지 다양한 주식과 사채가 존재하고, 여기에 파생상품까지 결합될 경우 그 종류는 더욱 다양해진다.

이러한 중간적·혼합적 성격의 증권(hybrid securities)을 세법상 자본과 부채 중 어느 것으로 분류할 것인지에 관하여 법인세법은 명시적 기준을 규정하지 않는다.[33] 따라서 위 문제는 국세기본법 제14조의 실질과세원칙과 보충적 법원(法源)인 회계기준을 종합하여 판단하여야 할 것이다.

국세기본법 제14조의 실질과세원칙에 의하면, 당사자가 취한 거래의 법형식은 원칙적으로 존중되고, 간접적·우회적 방법으로 부당하게 조세회피를 한 것으로 인정되는 경우에 한하여 그 경제적 실질에 따라 세법을 적용하여야 한다. 한편, 납세의무자인 법인이 여러 가지 거래의 방식 중 어느 하나를 선택하여 거래를 하였다면 그로 인한 조세는 그 법률관

---

31) Bittker & Eustice, pp.4~12

32) 박준·한민, 금융거래와 법, 박영사(2018), 296쪽은, 만약 사채의 조건에 상환기한을 두지 않고 발행회사가 청산·파산하는 경우에도 발행회사의 상환의무가 없도록 계약에 정해놓고 투자자에게 이익에 참가할 수 있는 권리를 부여한다면, 그러한 내용의 증권은 사채로 볼 수 없고, 주식과 유사한 속성을 가지는 증권을 발행한 것으로 취급하여야 한다고 한다.

33) 다만, 소득세법 시행령 제26조의3 제1항 제3호는, 상법 제469조 제2항 제3호의 파생결합사채(유가증권이나 통화 또는 그 밖에 대통령령으로 정하는 자산이나 지표 등의 변동과 연계하여 미리 정하여진 방법에 따라 상환 또는 지급금액이 결정되는 사채)로부터 발생한 이익을 소득세법 제17조 제1항 제5호의2의 배당소득으로 분류한다. 그러나 파생결합사채를 발행한 법인이 이를 자본으로 처리해야 하고 지급금액을 이자로 손금산입할 수 없게 되는지는 불분명하다.

계에 맞추어 결정되고,[34] 납세의무자가 세법상 실질과세원칙을 이유로 스스로 선택한 법적 형식과 다른 거래로 재구성할 것을 주장하는 것은 원칙적으로 인정되지 않는다.[35] 따라서 자본과 부채의 분류는 원칙적으로 거래당사자인 법인이 취한 법적 형식을 기준으로 하되, 법인이 선택한 거래의 경제적 실질이 그 법적 형식과 크게 괴리되고 부당한 조세회피목적이 인정되는 경우 등에 한하여 그 경제적 실질에 따라야 할 것이다. 따라서 우리 세법상 자본과 부채의 분류가 그 사법적 형식과 다르게 행해지는 경우는 매우 제한적일 것이다.

그리고 자본과 부채의 분류기준에 관하여 법인세법에 규정이 없으므로, 법인세법 제43조에 따라 회계기준이 보충적으로 그 기준으로 될 여지가 있다. 다만, 회계기준이 자본과 부채의 분류기준이 되기 위해서는 조세법률관계의 안정성을 저해하지 않아야 하므로, ① 각 회계기준이 정하는 요건이 세법상 기준으로 적용되기에 적합한 명확성과 일반성을 갖추어야 하고, ② 회계기준들 간의 통일성이 존재하여야 할 것이다.

 미국 세법상 자본과 부채의 구별

미국 법원은, 당사자의 의사, 해당 권리의 보유자가 경영에 참여하는 정도, 자본과 부채의 비율, 해당 권리 보유자의 의결권, 고정된 이자율의 조항 등 여러 가지 요소를 종합적으로 고려하여, 자본과 부채를 구별하여 왔다.[36] 그러나 고려할 사항의 범위나 우선순위에 관한 통일적 기준이 존재하지 않았기 때문에 유사한 사건들이 법원별로 다르게 판단되는 문제점이 있었다.

미국 국회는 1969년 재무부장관에게 자본과 부채의 구별기준에 관한 세부규정을 제정할 것을 위임하면서 5가지 요소[37]를 제시하였다[IRC § 385(a)].[38] 이에 따라 1980년 재무부는 규칙 초안을 마련하였으나 수 차례 시행시기를 미루다가 1983년 철회하였다. 이후 2016년 제정된 미국 재무부 규칙은, 회사에 관한 지분(interest)을 주식 또는 채무 중 어느 것으로 취급할 것인지는 원칙적으로 판례에

---

34) 대법원 1998. 5. 26. 선고 97누1723 판결

35) 이태로·한만수, 조세법강의(2018), 47쪽 ; 송동진·전병욱, "실질과세원칙과 거래의 재구성 - 국세기본법 제14조의 해석론을 중심으로 -", 조세법연구[19 - 1](2013. 4.), 92쪽

36) Fin Hay Realty Co v. U.S., 398 F.2d 694(1968) : 미국 법원은, 1972년 Mixson 사건에서는, 부채와 자본의 구별 문제에 관하여 ① 증서에 붙여진 명칭, ② 확정된 만기의 존재 여부, ③ 지급의 원천(source of payments), ④ 원리금의 지급을 강제할 권리, ⑤ 경영참여의 증가, ⑥ 일반적인 회사채권자들과 동순위 또는 후순위인지, ⑦ 당사자들의 의도, ⑧ 부채와 자본의 비율(thin or adequate capitalization), ⑨ 주주별 주식의 보유비율과 지급금액의 비율이 상응하는지(in proportion to) 여부, ⑩ 이자의 지급 여부 및 원천, ⑪ 회사가 외부 금융기관으로부터 대출을 받을 수 있는 능력, ⑫ 회사에 지급된 돈이 고정자산을 취득하는 데 사용된 정도, ⑬ 회사가 만기에 돈을 반환하였는지 여부의 13가지 요소를 기준으로 판단하였다[Estate of Mixson v. U.S., 464 F.2d 394(1972)].

37) 5가지 요소는 ① 고정된 비율의 이자를 지급하고, 적절한 보수의 대가로 청구에 따라 또는 특정한 날에 고정된 금액의 현금을 지급하기로 하는 무조건적인 서면 약속이 있는지 여부, ② 다른 채권보다 열후하거나 우선하는지 여부, ③ 부채와 자본의 비율, ④ 채권을 주식으로 전환할 수 있는지 여부, ⑤ 주식과 문제된 지분의 관계이다.

의하여 정립된 common law에 기초하여 결정되어야 한다고 규정함으로써, 통일적 기준의 수립을 사실상 포기하였다[재무부 규칙 § 1.385-1(b)]. 이에 따라 미국 세법상 자본과 부채의 구별은 결국 법원의 개별적·구체적 판단에 맡겨지게 되었다.

(3) 구체적 사례의 검토

(가) 주주가 상환을 청구할 수 있는 상환주식

상환주식은 회사의 이익으로 소각(상환)할 수 있는 종류주식이다(상법 345조 1항). 상환주식 중 주주가 회사에 상환을 청구할 수 있는 주식(상법 345조 3항)은 사채와 매우 유사한 기능을 한다. 주주에게 상환청구권이 있는 상환주식은, 상환청구권이라는 풋옵션의 일종 또는 그와 유사한 권리가 주식과 결합된 것으로 볼 수 있다. 그렇다면 상환청구권부 상환주식은, 증권의 환매조건부 매매와 유사한 것으로서(소득세법 16조 1항 8호, 12호) 금전대차의 매개수단 기능을 하므로, 상환으로 인한 주주의 차익은 이자소득으로 취급되어야 하는 것이 아닌지가 문제된다.

그러나 다음과 같은 이유로 상환청구권부 상환주식은 세법상 자본으로, 주주의 상환차익은 의제배당으로 취급하는 것이 합리적이다. ① 풋옵션의 기초자산이 그 발행법인의 주식인 경우, 즉 풋옵션 행사의 결과 그 발행법인이 매수하여야 할 대상이 자기주식인 경우에는 상법상 자기주식 취득의 요건과 방법, 절차에 따라야 한다(상법 341조). 이는 법인의 자기주식 매입이 실질적으로 자본의 환급 또는 이익배당에 해당하기 때문이다. 따라서 위와 같은 상법상 요건, 절차 등과 관계없이 무조건부로 행사할 수 있는 풋옵션을 발행하는 것은 원칙적으로 허용되지 않는다. 위와 같은 상법상 요건, 절차 등에 따라서만 풋옵션을 행사할 수 있도록 행사조건을 붙일 경우, 확정적 지급의무라는 부채의 성격에서 멀어지게 되어 부채의 측면이 약화된다.[39] ② 상환청구권부 상환주식은 그 주식의 발생법인에 대한 풋옵션을 일정한 조건으로 상법상 제도화한 것으로 볼 수 있다. 그런데 상환주식의 상환은 회사에 배당가능이익이 있는 경우에 한하여 가능하고,[40] 주주의 상환청구가 있더라도 회사에 배당가능이익이 없으면 회사는 현실적 상환의무를 부담하지 않으며 상환지연에 따른 손해배상의무도 없으므로, 상환청구권부 상환주식이 확정적 부채의 성격을 가진다고 보기

---

38) Bittker & Eustice, ¶ 4.02[8][a]

39) 한편, 풋옵션이 그 발행법인이 아닌 다른 법인의 발행주식을 대상으로 하는 경우에는, 위와 같은 상법상 제한이 없으므로, 풋옵션을 매개로 한 금전대차거래로 취급될 수 있는 여지가 훨씬 크다.

40) 상법은, 주주가 상환청구권을 가지는 상환주식에 관하여, 회사가 상환권을 가지는 상환주식(상법 345조 1항)과 달리, 이익으로써만 상환할 수 있음을 명시적으로 규정하지 않지만(상법 345조 3항), 마찬가지로 보아야 할 것이다. 주석 상법, 회사(2), 528쪽, 김건식·노혁준·천경훈, 회사법(2020), 167쪽

는 어렵다. ③ K - IFRS는 보유자(주주)가 상환을 청구할 수 있는 상환주식을 금융부채로 보지만,[41] 일반기업회계기준은 이를 자본으로 취급한다.[42] 즉, 회계기준들 간에 주주가 상환을 청구할 수 있는 상환주식을 어떻게 취급할 것인지가 통일되어 있지 않다.

법원도 같은 취지로 판단하였다.[43] 행정해석은, ① 상환우선주의 상환을 자본의 환급으로 보아, 주주에게 당초의 납입금액을 초과하는 금액을 지급하였더라도 손금에 산입하지 않는다고 함으로써[44] 원칙적으로 상환우선주를 자본으로 취급하지만, ② 전환우선주의 풋옵션 행사차익을 환매조건부 매매차익과 유사한 소득으로서 금전사용에 따른 대가인 이자소득으로 본 것도 있다.[45]

(나) 전환사채, 신주인수권부사채

기업회계에서 전환사채 또는 신주인수권사채의 발행법인은 전환사채 등을 자본요소와 부채요소로 구분하여 회계처리하여야 한다.[46] 행정해석은 전환사채 등의 자본요소인 전환권대가 등을 세법상 부채로 처리하도록 정한다(기본통칙 40 - 71…1). 그러나 ① 전환권대가 등은 주식으로 전환되거나 주식을 인수할 수 있는 권리이므로, 잠재적 자본의 성격을 가지는 점, ② 법인세법상 전환권대가의 취급에 관한 명문규정이 없고, K - IFRS와 일반기업회계기준이 공통적으로 전환권대가를 자본요소로 취급하는 점, ③ 전환권대가를 부채로 볼 경우 전환권조정 중 사채할인발행차금에 해당하는 부분의 손금산입이 일반사채의 경우와 균형이 맞지 않게 되는 점을 고려하면, 전환권대가 등은 세법상 자본요소로 처리하는 것이 타당하다.

(다) 신종자본증권

신종자본증권은, 일반적으로 상법상 사채로서 만기가 매우 길고 만기의 계속적 연장이 가능하여 상환을 미룰 수 있는 것을 말하고,[47] 영구채(永久債)라고 불리기도 한다.[48] 신

---

41) K - IFRS 1032호 부록 A. 적용지침 AG18(1)
42) 일반기업회계기준 15장 문단 15.3 ; 일반기업회계기준 15장 문단 15.18, 실15.4
43) 서울행정법원 2020. 9. 10. 선고 2019구합91350 판결은, 원고 법인(포스코에너지)이 투자자가 상환청구권을 가지는 상환전환우선주에 관하여 투자자의 상환청구에 따라 이를 소각하고 상환한 사건에서, 이를 이자의 지급이 아닌 자본거래로 판단하였다[서울고등법원 2021. 7. 14. 선고 2020누57822 판결 : 항소기각(확정)].
44) 법규법인 2010 - 0015, 2010. 2. 11.
45) 법인세과 - 522, 2012. 8. 28.
46) K - FIRS 1032호 문단 29~32 및 적용사례 IE34
47) 신종자본증권은, 일반적으로 상법상 사채이면서 영구적 만기연장이 가능한 증권을 지칭하지만, 광의로는 우선주의 형식으로 발행되는 경우도 포함한다. 우선주형 신종자본증권에 관하여는, 최규환, "현행세법상 부채와 자본의 분류에 대한 연구 - 신종자본증권을 중심으로 -", 조세학술논집 제31집 제2호(2015. 6.), 한국국제조세협회, 4쪽 참조. 2002년 하나은행은 싱가포르에 설립한 SPC를 통하여 우선주형 신종자본증권을 간접발행하였는데, 그 거래는 하나은행이 SPC로 하여금 투자자에게 상환우선주를 발행하여 출자받은

종자본증권은, 처음에는 은행법에 따른 자기자본의 산정 시 보완자본으로 인정되면서 은행 등 금융기관의 자기자본비율을 높이기 위한 목적으로 발행되었으나, 이후 점차 일반기업도 이를 발행하게 되었다.

한국회계기준원은 ① 두산인프라코어가 발행한 신종자본증권[49]에 대하여, 실질에 따라 자본과 부채를 구분하는 K-IFRS에 따르면, 현금 등 금융자산을 인도할 계약상 의무가 존재하는 것이 아니라는 등의 이유로, 자본으로 회계처리해야 한다고 결정하였으나,[50] ② 거의 유사한 내용의 신종자본증권에 대하여, 법률적 형식을 기준으로 자본과 부채를 구분하는 일반기업회계기준에 따르면, 상법상 사채로서 납입자본에 해당하지 않아서 자본의 정의를 충족하지 않으므로 부채로 분류해야 한다고 판단하였다.[51]

위와 같은 조건에 의한 신종자본증권의 경우, 국세기본법 제14조의 재구성 요건이 충족된다고 단정하기 어려운 점, K-IFRS와 일반기업회계기준에 따른 구분결과가 상이한 점 등을 고려하면, 세법상 자본에 해당한다고 보기는 어려울 것이다. 행정해석은, 상법상 사채에 해당하는 신종자본증권을 발행한 법인이 그 투자자에게 이자를 지급하고 K-IFRS에 따라 이익잉여금의 감소로 회계처리한 경우, 그것이 세법상 이자의 지급임을 전제로, 신고조정으로 손금에 산입할 수 있다고 본다.[52][53]

자금을 SPC로부터 차입하고 SPC에 이자비용을 지급하는 구조로 되어 있다.
48) 실제 발행조건을 보면, 발행자가 계속 만기를 연장하여 상환을 미룰 수 있으나, 상환을 하지 않은 채로 일정한 기간이 경과하면 표면금리가 인상되어(step-up) 이자의 지급부담이 가중되므로, 사실상 영구적으로 상환을 미루기 어렵게 되어 있다.
49) 주요 발행조건은 ① 만기는 30년이고 연장가능하며(revolving), ② 발행자는 발행 후 5년이 되는 시점 및 이후의 매 이자지급일에 중도상환을 할 수 있고(콜옵션), ③ 발행 후 5년이 경과한 시점에 발행자가 중도상환을 하지 않는 경우, 보유자(투자자)는 제3자인 SPC에게 발행증권의 매수를 청구할 수 있으며(풋옵션), ④ 표면금리는 발행 5년 후에 스프레드 500bp, 7년 후에 스프레드 200bp를 상향조정하고, ⑤ 이자의 지급은 연기할 수 있지만 누적이자는 복리를 적용하고 보통주의 배당을 지급할 수 없는 것 등이다.
50) 2013. 9. 30.자 질의회신 : '신종자본증권' 회계처리
51) 2015. 8. 13.자 질의회신 : [2015-G-KQA006] 신종자본증권 발행자 회계처리에 관한 질의
52) 법인세과-636, 2011. 8. 31.(은행이 발행한 경우), 법인세과-1012, 2011. 12. 19.(일반 법인이 발행한 경우) 위 행정해석들에서 문제된 신종자본증권의 주요 발행조건은 다음과 같다.
　① 상환기일 : 발행일부터 30년 만기로 하되, 만기도래시 발행법인의 선택에 따라 동일한 조건으로 만기연장 가능
　② 중도상환 : 발행법인은 발행일부터 5년 후 콜옵션을 행사하여 상환가능
　③ 후순위특약 : 발행법인이 파산·회생절차·청산절차 진행시 기한부후순위채권 등의 보완자본보다 후순위로 변제
53) 법인이 결산서에 신종자본증권의 보유자에게 지급할 기간경과분 이자를 이익잉여금의 처분으로 회계처리한 경우, 법인세법 시행령 제70조 제1항 제2호의 '이미 경과한 기간에 대응하는 이자'에 해당할 수 있는지가 문제되는데, 위 행정해석들은 신고조정으로 손금에 산입할 수 있다는 태도를 취한다.

(라) 이익참가부사채

행정해석은, 이익참가부사채의 발행법인이 지급하는 이자를 배당으로 보지 않고,[54] 그 보유자가 지급받는 이자를 이자소득으로 판단하였다.[55]

제 2 절
자산과 부채의 세법상 가액

1 ▶ 자산의 취득가액

1-1. 자산의 최초 취득가액

1-1-1. 타인으로부터 매입한 자산

(1) 일반원칙

(가) 회계기준

① 재고자산(inventories)은, 취득원가(cost)와 순실현가능가치(net realizable value) 중 낮은 금액으로 측정한다.[56] 재고자산의 취득원가는, 매입원가(cost of purchase) 및 재고자산을 현재의 장소에 현재의 상태로 이르게 하는데 발생한 기타 원가 모두를 포함한다.[57] 재고자산의 매입원가는, 매입가격에 수입관세와 제세금, 매입운임, 하역료 그리고 완제품, 원재료 및 용역의 취득과정에 직접 관련된 기타 원가를 가산한 금액이다. 매입할인, 리베이트 및 기타 유사한 항목은 매입원가를 결정할 때 차감한다.[58]

---

54) 서면법규과-388, 2014. 4. 21. : 프로젝트금융회사가 이익참가부사채에 따라 지급하는 이익배당은 배당의 소득공제(법 51조의2) 요건인 "배당가능이익의 100분의 90 이상을 배당한 경우"를 판단할 때 배당금액에 해당하지 않음.
55) 서면-2016-법령해석소득-5001, 2017. 3. 14. : 거주자가 보유하는 이익참가부사채에 따라 이익배당으로 지급받은 분배금은 소득세법 제16조의 이자소득에 해당하고, 위 이자소득은 채권의 보유기간이자 상당액에 대한 원천징수(시행령 113조)의 대상이 아님.
56) K-IFRS 1002호 문단 9
57) K-IFRS 1002호 문단 10
58) K-IFRS 1002호 문단 11

② 유형자산(property, plant and equipment)은 원가(cost)로 측정한다.[59] 원가는, 자산을 취득하기 위하여 자산의 취득시점이나 건설시점에서 지급한 현금 또는 현금성 자산이나 제공한 기타 대가의 공정가치이다.[60]

③ 금융자산이나 금융부채는, 매출채권이 거래가격으로 측정되는 경우[61]를 제외하고는, 공정가치로 측정한다.[62] 최초 인식시점에 금융상품의 공정가치는 일반적으로 거래가격이다.[63] 다만, 공정가치변동을 당기손익으로 인식하는 금융자산(FVPL)의 거래원가는 당기비용으로 인식한다.

(나) 법인세법

타인으로부터 매입한 자산의 취득가액은, 매입가액에 취득세·등록면허세 및 그 밖의 부대비용을 가산한 금액이다(시행령 72조 2항 1호). 다만, 기업회계기준에 따라 단기매매항목으로 분류된 금융자산 및 파생상품의 취득가액은 매입가액이고(시행령 72조 2항 5호의2), 여기에 거래비용은 포함되지 않는다. 여기의 매입가액은 자산의 매입대가로 인수한 채무의 금액도 포함한다. 법인이 토지와 그 토지에 정착된 건물 및 그 밖의 구축물 등을 함께 취득하고 각각의 가액의 구분이 불분명한 경우 시가에 비례하여 안분계산한다.[64] 한편, 토지 등에 대한 재산세는 해당 사업연도의 손금에 산입되고, 토지 등의 취득가액에 포함되지 않는다.

(2) 취득가액에 포함되는 금액

(가) 특수관계인으로부터 저가로 매입한 유가증권의 시가와 거래가액의 차액

법인이 특수관계인인 개인으로부터 유가증권을 시가보다 낮은 가액으로 매입한 경우 그 시가와 그 매입가액의 차액은 익금에 해당하고(법 15조 2항 1호), 취득가액에 포함된다(시행령 72조 3항 1호). 따라서 위 경우 유가증권의 취득가액은 시가가 된다.

(나) 건설자금이자

사업용 유형자산 및 무형자산의 매입에 소요되는 차입금 등의 이자(건설자금이자)는 취득가액에 포함된다(시행령 72조 3항 2호, 법 28조 1항 3호). 세법의 문언상 재고자산과 투자자

---

59) K-IFRS 1016호 문단 15
60) K-IFRS 1016호 문단 6
61) K-IFRS 1109호 문단 5.1.3
62) K-IFRS 1109호 문단 5.1.1
63) K-IFRS 1109호 문단 B5.1.1. 최초 인식시점에 금융상품 공정가치의 최선의 증거는 일반적으로 거래가격 (제공하거나 수취한 대가의 공정가치, 기업회계기준서 제1113호 참조)이다(K-IFRS 1109호 문단 B5.1.2A).
64) 토지와 건물을 함께 양도하고 각각의 가액이 불분명한 경우에 관하여는 소득세법과 부가가치세법에 특칙이 있다(소득세법 100조 2항, 부가가치세법 29조 9항 단서).

산에 대한 건설자금이자는 그 취득가액에 포함되지 않는다.[65] 그러나 차입원가의 자본화와 관련하여 유형자산·무형자산과 투자부동산·재고자산을 다르게 취급할 합리적 이유는 찾기 어렵다. 따라서 입법론으로는 재고자산과 투자부동산 등의 취득에 사용된 차입금의 이자도 자본화대상에 포함시킬 필요가 있다.[66]

(다) 유형자산의 취득과 함께 매입한 국·공채의 매입가액과 현재가치의 차액

유형자산의 취득과 함께 국·공채를 매입하는 경우 기업회계기준에 따라 그 국·공채의 매입가액과 현재가치의 차액을 그 유형자산의 취득가액으로 계상한 금액은 그 유형자산의 취득가액에 포함된다(시행령 72조 3항 3호).

(3) 취득가액에 포함되지 않는 금액

(가) 장기할부조건 등으로 취득한 자산의 현재가치할인차금

자산을 장기할부조건 등으로 취득하여 발생한 채무를 기업회계기준에 정하는 바에 따라 현재가치로 평가하여 현재가치할인차금으로 계상한 경우, 그 현재가치할인차금은 취득가액에 포함되지 않는다(시행령 72조 4항 1호, 68조 4항). 법인이 선박을 장기할부조건과 동일하게 취급되는 국적취득조건부 용선계약으로 취득하였더라도, 현재가치할인차금을 계상하지 않은 경우에는 그 취득가액에서 현재가치할인차금을 제외할 수 없다.[67]

(나) 연지급수입에서 취득가액과 구분하여 지급이자로 계상한 금액

연지급수입(延支給輸入)으로 취득한 자산에 관하여 취득가액과 구분하여 지급이자로 계상한 금액은 취득가액에 포함되지 않는다(시행령 72조 4항 2호). 연지급수입은, 은행이 신용을 공여하는 기한부 신용장방식 등에 의한 수입방법에 의하여 그 선적서류나 물품의 영수일부터 일정기간이 경과한 후에 당해물품의 수입대금 전액을 지급하는 방법에 의한 수입 등을 말한다(시행규칙 37조 3항).

(다) 고가매입으로 취득한 자산의 시가초과액

자산을 시가보다 높은 가액으로 매입한 것이 부당행위계산에 해당하는 경우, 자산의 매입가액 중 시가초과액은 자산의 취득가액에 포함되지 않는다(시행령 72조 4항 3호, 88조 1항

---

65) 대법원도, 부동산 매매업자의 판매용 토지는 재고자산이고 고정자산에 해당하지 않으므로, 건설자금이자의 계산대상에서 제외된다고 한다(대법원 1997. 7. 25. 선고 95누16950 판결).

66) 이창희, 세법강의(2020), 934쪽 ; K－IFRS는 재고자산 중에서 '단기간 내에 제조되거나 다른 방법으로 생산되는' 것이 아닌 것은 차입원가의 자본화대상인 적격자산으로 정하고, 다만 '반복해서 대량으로, 제조되거나 다른 방법으로 생산되는 재고자산'에 대하여는 반드시 K－IFRS 1023호를 적용하여야 하는 것은 아니라고 정한다(K－IFRS 1023호 문단 4, 7, BC6). 세법에서도 특히 장기간에 걸쳐 제조되는 재고자산(가령 선박 등)에 관하여는 차입원가의 자본화를 인정할 필요가 있다.

67) 대법원 2009. 1. 30. 선고 2006두18270 판결

1호). 자산을 시가보다 높은 가액으로 매입하였더라도, 부당행위계산에 해당하지 않는 경우에는, 법인세법 시행령 제72조 제4항 제3호가 적용되지 않는다. 대법원도, 위 규정이 적용되기 위해서는 부당행위계산에 해당하여야 하는 것으로 본다.[68]

법인이 특수관계인 외의 자로부터 정당한 사유 없이 자산을 정상가격(시가에 그 30%를 더한 금액)보다 높은 가액으로 매입한 경우, 매입가액 중 정상가격을 초과하는 금액은 기부금으로 간주된다(법 24조 1항, 시행령 35조). 위와 같은 고가매입에 의한 간주기부금도 부당행위계산의 경우와 마찬가지로 자산의 취득가액에 포함되지 않는다고 보아야 한다.[69]

(라) 의제매입세액

사업자가 다른 사업자로부터 공급받은 재화의 대가로 지급한 금액 중 부가가치세 매입세액은 그 금액만큼 부가가치세 계산에서 공제·환급받을 수 있으므로, 재화의 취득가액에 포함되지 않는다. 사업자가 면세사업자로부터 재화를 공급받은 경우에는 매입세액을 공제·환급받을 수 없으므로, 그 매입세액은 재화의 취득가액에 포함된다.[70] 그러나 부가가치세 제42조[71]에 따라 공제받는 의제매입세액과 조특법 제108조[72]에 따라 공제받는 매입세액은 해당 원재료의 매입가액에서 공제한다(시행령 22조 2항).[73]

(4) 대물변제로 취득한 자산

채권자가 채권의 대물변제로 자산을 취득한 경우, 그 채권의 금액으로 그 자산을 매입한 것과 실질적으로 동일하므로, 그 자산의 가액은 원칙적으로 매입가액에 해당하는 소멸한 채권액이다.[74] 대물변제로 취득한 자산의 시가가 소멸한 채권액에 미달하는 경우는 자산의 고가매입에 해당하므로, 부당행위계산 또는 간주기부금에 해당하는 때[75]에는 그 자

---

68) 대법원 2010. 11. 11. 선고 2008두8994 판결
69) 법인 46012-3921, 1999. 11. 8. ; 김완석·황남석, 법인세법론(2021), 521쪽
70) 재화를 공급받은 자가 면세사업자인 경우에도 매입세액을 공제·환급받을 수 없으므로, 그 매입세액은 재화의 취득가액에 포함된다(기본통칙 23-31…1 8호).
71) 사업자가 부가가치세 면세대상인 농산물 등을 원재료로 하여 제조·가공한 재화 등의 공급에 대하여 부가가치세가 과세되는 경우, 면세농산물 등을 공급받거나 수입할 때 매입세액이 있는 것으로 보아 공제할 수 있다(부가가치세법 42조 1항).
72) 재활용폐자원 및 중고자동차를 수집하는 사업자가 세금계산서를 발급할 수 없는 자 등 대통령령으로 정하는 자로부터 재활용폐자원을 2021년 12월 31일까지, 중고자동차를 2019년 12월 31일까지 취득하여 제조 또는 가공하거나 이를 공급하는 경우에는 취득가액에 일정한 비율을 곱하여 계산한 금액을 매출세액에서 매입세액으로 공제할 수 있다(조특법 108조 1항).
73) 기본통칙 42-74…4 【의제매입세액이 공제되는 재고자산의 평가】의제매입세액이 공제되는 원재료의 기말재고에 대한 평가는 공급받은 가액에서 의제매입세액 상당액을 차감하여 평가한다.
74) 법인 46012-3261, 1996. 11. 12.
75) 제2장 제1절 4-2-2. (1) 참조

산의 시가와 소멸한 채권액의 차액은 그 자산의 취득가액에 포함되지 않는다.[76]

(5) 외국자회사의 주식 등

내국법인이 외국자회사(법 18조의4 1항)로부터 받은 수입배당금액이 다음의 각 요건을 모두 갖춘 경우, 외국자회사 주식 등의 취득가액은 그 주식 등의 매입가액에서 해당 수입배당금액을 뺀 금액이다(법 41조 1항 1호의2, 시행령 72조 2항 1호의2).

① 내국법인이 외국자회사의 의결권 있는 발행주식총수 등의 10%[77] 이상을 최초로 보유하게 된 날의 직전일 기준 이익잉여금을 재원으로 한 수입배당금액일 것

② 법인세법 제18조의4 제1항에 따라 익금에 산입되지 않을 것

따라서 외국자회사 지분의 10% 보유일 이전에 생긴 이익잉여금을 재원으로 한 외국자회사의 수입배당금액이 내국법인의 익금에 불산입되는 경우, 그 금액은 해당 주식의 취득가액에서 차감되고, 이후 그 주식의 처분 시에 그 금액만큼 소득이 증액되므로, 과세의 시점이 뒤로 미루어질 뿐 과세가 완전히 면제되는 것은 아니다.

1-1-2. 제조 · 생산 · 건설한 자산

(1) 회계기준

재고자산의 전환원가(costs of conversion)는 직접노무원가 등 생산량과 직접 관련된 원가를 포함하고, 또한 원재료를 완제품으로 전환하는데 발생하는 고정 및 변동 제조간접원가의 체계적인 배부액을 포함한다.[78] 자가건설한 유형자산의 원가는 외부에서 구입한 유형자산에 적용하는 것과 같은 기준을 적용하여 결정한다.[79]

(2) 세법

(가) 일반원칙

자기가 제조 · 생산 · 건설 기타 이에 준하는 방법에 의하여 취득한 자산의 취득가액은, 원재료비 · 노무비 · 운임 · 하역비 · 보험료 · 수수료 · 공과금(취득세와 등록세를 포함한다) · 설치비 기타 부대비용의 합계액이다(시행령 72조 2항 2호).

---

76) 법인-1364, 2009. 12. 3.
77) 해외자원개발사업을 하는 외국법인의 경우에는 5%
78) K-IFRS 1002호 문단 12 : 고정제조간접원가는 공장 건물이나 기계장치의 감가상각비와 수선유지비 및 공장 관리비처럼 생산량과는 상관없이 비교적 일정한 수준을 유지하는 간접 제조원가를 말한다. 변동제조간접원가는 간접재료원가나 간접노무원가처럼 생산량에 따라 직접적으로 또는 거의 직접적으로 변동하는 간접 제조원가를 말한다.
79) K-IFRS 1016호 문단 22

(나) 건설자금이자

사업용 유형자산 및 무형자산의 건설 등에 소요되는 차입금 등의 이자(건설자금이자)는 취득가액에 포함된다(시행령 72조 3항 2호, 법 28조 1항 3호). 재고자산과 투자자산에 대한 건설자금이자는 취득가액에 포함되지 않으나, 입법론으로는 그 취득가액에 포함시킬 필요가 있다.

1-1-3. 합병, 분할, 물적분할 및 현물출자와 관련된 자산

(1) 합병·분할

(가) 합병·분할에 따라 취득한 자산

적격합병 또는 적격분할에 의하여 취득한 자산의 취득가액은 합병등기일 현재 피합병법인의 장부가액 또는 분할등기일 현재 분할법인 등의 장부가액이다(시행령 72조 2항 2호 가목, 80조의4 1항, 82조의4 1항). 그 외의 합병 또는 분할에 의하여 취득한 자산의 취득가액은 합병 또는 분할 당시의 시가이다(시행령 72조 2항 3호 나목).

(나) 합병 또는 분할의 대가로 취득한 주식 등

피합병법인의 주주가 합병대가로 받은 합병법인 주식의 취득가액은 ① 피합병법인 주식의 장부가액에 의제배당금액(법 16조 1항 5호[80])을 더한 금액, 즉 합병대가에 ② 부당행위계산인 합병으로 받은 이익(시행령 11조 8호)을 더한 금액에서 ③ 합병대가 중 '금전이나 그 밖의 재산가액', 즉 합병법인 주식의 가액 외의 부분(합병교부금 등)을 뺀 금액이다(시행령 72조 2항 5호). 따라서 합병법인 주식의 취득가액은 그 주식의 시가(①-③)에 부당행위계산으로 받은 이익(②)을 더한 금액이다. 그리고 분할신설법인 주식의 취득가액도 그 주식의 시가에 부당행위계산으로 받은 이익을 더한 금액이다(시행령 72조 2항 5호). 그러나 입법론으로는 합병 또는 분할의 대가인 합병법인 주식 또는 분할신설법인 주식의 취득가액은 그 시가로 정하는 것이 합리적이다.[81]

합병에 소요되는 부대비용은, 법인세법 시행령 제72조 제2항 제5호에 합병법인 주식의 취득가액의 구성요소로 규정되어 있지 않으나, 수익비용대응의 원칙을 고려할 때 합병법인 주식의 취득가액에 포함된다.[82]

---

80) 의제배당금액 = 합병대가(합병법인 주식 및 합병교부금 등의 가액) - 피합병법인 주식의 장부가액

81) 제3절 1-2-8. 참조

82) 대법원 2014. 3. 27. 선고 2011두1719 판결은, 자산을 타인으로부터 매입한 경우와 그 밖의 방법으로 취득한 경우에 취득가액의 범위를 다른 기준에 의하여 정할 합리적 이유가 없고, 구 법인세법 시행령(2006. 2. 9. 대통령령 제19328호로 개정되기 전의 것) 제72조 제1항 제4호(현행 시행령 72조 2항 5호)가 수익비용대응의 원칙에 대한 예외를 정한 것으로는 볼 수 없다고 판단하였다.

(2) 물적분할

물적분할에 따라 분할법인이 취득하는 주식 등의 취득가액은 물적분할한 순자산의 시가이다(시행령 72조 2항 3호의2). 물적분할에 따라 분할신설법인 등이 분할법인으로부터 승계하는 자산의 취득가액은 시가이다(시행령 72조 2항 3호 나목).

(3) 현물출자

법인이 현물출자에 따라 취득한 자산의 취득가액은 시가이다(시행령 72조 2항 3호 나목). 현물출자에 따라 출자법인이 취득한 주식 등의 취득가액은 ① 출자법인(특수관계인이 아닌 내국인 또는 외국인과 공동으로 출자하는 경우를 포함한다)이 현물출자로 피출자법인을 새로 설립하면서 그 대가로 주식 등만 취득하는 경우에는 현물출자한 순자산의 시가, ② 그 외의 경우에는 해당 주식 등의 시가이다(시행령 72조 2항 4호).

법인이 자산을 시가보다 높은 가액으로 현물출자받은 것이 부당행위계산에 해당하는 경우 그 자산의 현물출자가액 중 시가초과액은 취득가액에 포함되지 않는다(시행령 72조 4항 3호, 88조 1항 1호).

(4) 채무의 출자전환

채무의 출자전환으로 취득한 주식 등의 취득가액은 시가이다. 다만, 법인세법 시행령 제15조 제1항 각 호의 요건을 갖춘 채무(대손금이 인정되지 않는 채권은 제외한다)의 출자전환으로 취득한 주식 등은 출자전환된 채권의 장부가액으로 한다(시행령 72조 2항 4호의2).

1-1-4. 정부로부터 무상으로 할당받은 온실가스 배출권

온실가스 배출권의 할당 및 거래에 관한 법률 제12조에 따라 정부로부터 무상으로 할당받은 배출권의 취득가액은 영(0)원이다(시행령 72조 2항 6호).[83] 타인으로부터 매입한 온실가스 배출권의 취득가액은 매입가액에 부대비용을 가산한 금액이다(시행령 72조 2항 1호).

1-1-5. 그 밖의 방법으로 취득한 자산

그 밖의 방법으로 취득한 자산의 취득가액은 취득 당시의 시가이다(시행령 72조 2항 7호).

---

83) 온실가스 배출권 및 배출부채의 회계처리에 관하여는 일반기업회계기준 제33장이 규정한다.

(1) 증여로 취득한 자산

증여로 취득한 자산은 '그 밖의 방법으로 취득한 자산'에 해당하므로, 그 취득가액은 그 시가이다. 증여로 취득한 자산의 취득가액을 어떻게 인식할 것인지는 자산수증이익의 인식 여부와 표리의 관계에 있는데, 세법은 '무상으로 받은 자산의 가액'을 익금으로 본다(시행령 11조 5호).[84] 그리고 법인세법 제18조 제6호가 '무상으로 받은 자산의 가액' 중 이월결손금 보전금액에 충당한 금액을 익금불산입하는 것은, 무상으로 받은 자산을 취득대가인 영(0)으로 보지 않음을 전제로 한다.

한편, 취득가액을 취득에 소요된 원가로 보는 논리를 일관한다면, 증여로 취득한 자산에 대하여는 아무런 원가가 지출되지 않았으므로, 입법론상 그 취득원가를 영(0)으로 규정하는 것도 고려할 수 있다. 그리고 매입한 자산의 취득원가는 매입원가에 부대비용을 가산한 것으로 보면서 증여받은 자산의 취득원가는 그 시가로 본다면, 시가보다 낮은 가액으로 매입한 자산의 취득가액과의 균형이 어긋나게 되는 문제점이 있다. 그러나 개인이 무상으로 자산을 증여받은 경우 그 자산이 시가로 평가되어 증여세가 과세되는 것[85]과의 균형상, 법인이 무상으로 증여받은 자산의 취득가액을 영(0)으로 규정하는 것은 곤란할 것이다.

(2) 교환으로 취득한 자산

교환으로 취득한 자산은 '그 밖의 방법으로 취득한 자산'에 해당하므로, 그 취득가액은 시가이다.[86] 따라서 교환으로 취득한 자산의 시가에서 이전한 자산의 장부가액을 차감한 금액만큼 자산의 양도손익이 생긴다.[87]

---

84) 무상으로 취득한 유형자산에 관하여 일반기업회계기준은 공정가치로 그 취득원가를 측정하고(일반기준 10장 문단 10.8), K-IFRS는 아무런 규정을 두지 않고 있다.

85) 이론적으로는 개인이 무상으로 얻은 이익에 대한 증여세를 폐지하는 대신 개인이 현금이 아닌 자산을 증여받은 시점에서는 취득가액을 영(0)으로 인식하고, 이후 그 자산을 양도하는 시점에 양도차익을 과세하는 것도 생각할 수 있다. 그러나 이는 현금의 증여에 대한 증여세 과세와의 형평을 깨뜨릴 수 있고, 상속세의 폐지라는 더 근본적인 주제와 관련된다.

86) 대법원 2011. 7. 28. 선고 2008두5650 판결

87) K-IFRS에 의하면, 유형자산을 다른 비화폐성 자산과 교환하여 취득하는 경우 ① 교환거래에 상업적 실질(commercial substance)이 있고 취득한 자산 또는 제공한 자산의 공정가치를 신뢰성 있게 측정할 수 있는 경우에는, 취득한 자산 또는 제공한 자산 중 더 명백한 금액을 공정가치로 하여 취득원가를 인식하고, ② 교환거래에 결여된 경우 또는 취득한 자산과 제공한 자산 모두의 공정가치를 신뢰성 있게 측정할 수 없는 경우에는, 손익이 발생하지 않는 단순교환으로 보아 교환으로 제공한 자산의 장부금액을 취득원가로 측정한다(K-IFRS 1016호 문단 24, BC20). 위 ①의 경우에는 교환으로 취득한 자산의 취득원가와 제공한 자산의 장부가액의 차이가 유형자산처분손익으로 인식된다.

📖 교환으로 취득한 자산의 취득가액과 양도손익의 배분

① A 법인이 소유한 장부가액 80원, 시가 120원인 자산과, B 법인이 소유한 장부가액 100원, 시가 130원인 자산을 서로 교환하고, 각각 취득한 자산을 곧바로 제3자에게 양도하는 경우를 상정하자. 현행세법에 의하면, A는 교환에 따라 취득한 자산의 취득가액을 그 시가인 130원으로, 그 금액과 양도한 자산의 장부가액 80원의 차액인 50원을 익금으로 인식한다. 그리고 B는 교환에 따라 취득한 자산의 취득가액을 그 시가인 120원으로, 그 금액과 양도한 자산의 장부가액 100원의 차액 20원을 익금으로 인식한다. 그 상황에서 A, B가 각각 취득한 자산을 제3자에게 양도한다면 A, B가 양도한 자산들은 이미 시가로 인식되어 있으므로, 양도차익은 발생하지 않는다. 따라서 A, B의 양도차익 합계금액은 70원(50원+20원)이 된다.

② 입법론으로, 교환으로 취득한 자산의 취득가액을, 마치 재고자산을 매입하는 경우와 같이, 그 취득에 소요된 가액, 즉 교환으로 이전한 자산의 시가로 하는 것을 생각할 수 있다. 이에 의하면, A가 취득한 자산의 취득가액은 이전한 자산의 시가인 120원이고, A는 40원(=120원-80원)을 익금으로 인식한다. 그리고 B가 취득한 자산의 취득가액은 이전한 자산의 시가인 130원이고, B는 30원(=130원-100원)을 익금으로 인식한다. A, B가 취득한 자산들을 각각 제3자에게 양도할 경우 A는 10원(=130원-120원)의 양도차익을, B는 (-)10원(=120원-130원)의 양도차손을 얻게 된다. 결국 A는 B와의 교환에서 40원, 제3자에 대한 양도에서 10원의 익금을 인식하므로, 전체 거래로 인한 익금은 50원으로 위 ①의 경우와 같고, 다만 그 구성내역이 달라질 뿐이다. 그리고 B는 A와의 교환에서 30원, 제3자에 대한 양도에서 (-)10원의 익금을 인식하므로, 전체 거래로 인한 익금은 20원으로 위 ①의 경우와 같다. 그리고 A, B의 양도차익을 합하면 70원(=50원+20원)이 된다.

③ 이러한 결과는, 교환으로 취득한 자산의 취득가액을 이전한 자산의 장부금액으로 하는 경우에도 마찬가지이다.

④ 결국 자산의 취득가액을 취득한 자산의 시가와 이전한 자산의 시가 중 어느 것으로 할 것인지에 따라 양도손익의 총금액은 영향을 받지 않지만, 교환거래의 당사자 별로 양도손익의 귀속시기가 달라질 뿐이다. 교환으로 취득한 자산의 취득가액을 무엇으로 볼 것인지는, 자산교환의 경우 기존 자산의 '양도'라는 가치실현의 계기와 새로운 자산의 '취득' 중 어디에 중점을 둘 것인지의 선택이고, 입법정책의 문제이다.

(3) 기타

법원은, 원고 법인들이 경상남도가 시행하는 관광유통단지개발사업에 민간개발자로 참여하여 경상남도와 공동으로 사업비를 분담하고 토지의 개발을 진행한 후 경상남도로부터 개발된 토지를 이전받은 사안에서, 위 토지의 취득은 법인세법 제41조 제1항 제1호 및 제2호에 해당하지 않고, 같은 항 제3호에 해당하므로, 위 토지의 취득가액은 법인세법 시행령 제72조 제2항 제6호의 시가로 정해져야 한다고 판단하였다.[88]

---

88) 서울행정법원 2020. 5. 15. 선고 2019구합51208 판결, 서울고등법원 2021. 5. 26. 선고 2020누42431 판결,

1-2. 자산의 평가

1-2-1. 원칙 : 평가의 불인정

법인이 보유하는 자산과 부채의 장부가액을 평가에 의하여 증액 또는 감액하는 것은 원칙적으로 허용되지 않는다(법 42조 1항). 이에 대응하여 자산의 평가이익은 원칙적으로 익금에 포함되지 않는다(법 18조 1호). 법인세법 제42조 제1항의 입법취지는, 자산 및 부채의 평가에 따른 미실현(未實現) 손익은 원칙적으로 당해 사업연도의 소득금액 계산에 반영하지 않고, 자산을 처분하거나 부채를 상환하는 등의 거래로 그 손익이 확정되어 실현되는 시점에 이를 소득금액 계산에 반영하게 함으로써 과세소득을 획일적으로 파악하여 과세의 공평을 기함과 동시에 납세자의 자의를 배제하려는 것이다.[89] 위 조문은 자산의 보유기간 중 발생한 시가변동에 따른 손익을 자산처분 등의 실현시점까지 인식하지 않도록 함으로써(원가법) 간접적으로 실현주의(實現主義)를 규정한다.

그러나 납세의무자는 가치가 하락한 자산을 매각하여 손실을 실현시킴과 동시에 같은 종류의 자산을 매수함으로써 사실상 보유 중인 자산을 평가한 것과 같은 효과를 얻을 수 있다.[90] 이를 규제하기 위하여 행정해석은, 일정한 자전(自轉)거래로 인한 손익을 익금 또는 손금에 산입되지 않는다고 본다.[91]

한편, 화폐성 외화자산 등의 평가가 인정되는 예에서 보듯이, 자산의 평가를 인정할 것

대법원 2021. 9. 30. 선고 2021두42184 판결(심리불속행) : 1심과 2심은 그 주된 이유로, 원고들이 개발된 토지를 취득한 것은 개발이익을 분배받은 것이라는 점을 들었다.

89) 대법원 2009. 12. 10. 선고 2007두19683 판결 ; 헌법재판소 2007. 3. 29. 2005헌바53·65·79, 2006헌바 27(병합) 결정은, 법인세법이 자산의 평가손익을 원칙적으로 과세에 반영하지 않는 것은, ① 자산의 평가 손익이란 미실현 이익 내지 손실로서 유동적 상태에 있어 확정적인 것이 아니고, 미실현 손익에 대하여 과세하기 위하여서는 과세기간 말 현재 자산의 시장가치를 정확하게 평가하여야 하는데, 과세대상에 해당 하는 모든 자산을 객관적·통일적으로 파악·평가하기는 과세기술상 거의 불가능하며, ② 만약 그와 같은 평가손익을 손금 또는 익금으로 산입하는 것을 원칙적으로 허용하게 되면, 과세소득의 자의적인 조작수단 으로 악용될 여지가 있어 이를 방지할 정책적인 필요도 있고, 경우에 따라 자산가치의 상승이 있다고 하여 원칙적으로 익금산입을 무제한하게 허용하게 되면 그에 대한 불필요한 조세저항을 부를 우려가 있기 때문 이라고 한다.

90) 미국 세법은, 납세자가 보유하는 주식이나 증권의 판매 또는 처분으로 손실이 발생하였고, 그 판매 또는 처분의 날부터 30일 전 이내 및 그 날부터 이후 30일 이내에 납세자가 종전의 것과 실질적으로 동일한 (substantially identical) 주식이나 증권을 취득하거나 취득할 수 있는 계약을 체결한 경우를 "wash sales"라 하고, 그러한 손실은 소득에서 공제되지 않는다고 규정한다[IRC § 1091ⓐ].

91) 기본통칙 42-75…1【투자유가증권 등의 자전거래로 인한 손익의 처리】
경쟁제한적 시장상황 등으로 제3자가 개입할 여지가 없는 자전거래나 제3자가 개입하였을지라도 공정가 액에 의한 거래를 기대하기 어려운 상황에서 보유 중인 투자유가증권 등을 매각하고 동시 또는 단기간 내에 재취득함으로써 매매가격이 일치하는 등 그 거래의 실질내용이 사실상 당해 유가증권의 장부가액을 시가에 의하여 평가하기 위한 것이라고 인정되는 경우에는 당해 유가증권의 보유 당시의 장부가액과 매각 가액의 차액은 이를 익금 또는 손금에 산입하지 아니한다.

인지 여부는 기본적으로 조세정책적 선택의 문제이다. 따라서 입법론으로는 미실현손익의 소득금액 반영을 유보하게 하는 선결적 문제들이 해결되는 경우 제한적 범위에서 자산과 부채의 평가를 인정하는 것도 고려할 수 있다. 그러한 예로는 시가의 측정이 쉽고 환금성이 높은 상장주식을 들 수 있다.[92][93] 다만, 이는 실현주의의 예외이므로 소득세법과의 균형을 고려하여 신중하게 결정해야 할 것이다.[94][95]

1-2-2. 예외

(1) 유형자산 및 무형자산

① 보험업법이나 그 밖의 법률[96]에 따른 유형자산 및 무형자산 등의 증액평가는 허용된다(법 42조 1항 1호).

② 유형자산이 천재지변 또는 화재, 법령에 의한 수용 등, 채굴예정량의 채진으로 인한 폐광[97]으로 멸실된 경우에는, 그 사유가 발생한 사업연도에 해당 사업연도 종료일 현재 시가로 평가한 가액으로 해당 자산의 장부가액을 감액하고, 그 감액한 금액을 손비로 계상할 수 있다(법 42조 3항 2호, 시행령 78조 3항 2호).

(2) 재고자산

(가) 재고자산의 범위

평가대상인 재고자산[98]은 다음 중 하나에 해당하는 것을 말한다(법 42조 1항 2호, 시행령

---

92) 미국 세법 제475조(a)는, 증권딜러(dealer in securities)가 보유하는 증권 중 재고자산인 것은 공정시장가치(fair market value)로 평가하고, 재고자산이 아닌 것도 마치 과세기간 말에 공정시장가치로 매각된 것처럼 손익을 인식하여야 한다고 규정한다[시가주의(mark to market)]. 이는, 종전에 증권딜러들이 재고자산인 증권에 관하여 저가법을 사용하여 미실현이익의 인식을 회피하면서 파생상품을 이용하여 미실현손실을 조기에 인식하는 손익조작의 사례가 빈번하였기 때문에, 이를 방지하기 위하여 제정된 것이다[이미현·정영민·설윤정·조석희·이익재, 파생금융상품 조세제도 개관(2017), 201쪽].

93) 상장주식처럼 시장성도 있고 시가도 분명한 주식에 대해 원가법을 쓰는 것은 입법론상 옳지 않다는 견해로 이창희, 세법강의(2020), 905쪽

94) 미국 세법의 제475조(a)의 시가주의(mark to market) 규정도, 시가의 측정이 가능하고 환금성이 높다는 이유만으로 곧바로 실현주의의 예외를 인정하여 평가손익을 인식하게 한 것이 아니라, 파생상품을 통한 손익조작을 방지하기 위한 필요가 있었기 때문에 비로소 도입된 것임을 감안할 필요가 있다.

95) 일본 법인세법은 2007년(평성 19년) 및 2010년(평성 22년) 개정을 통하여 시가주의의 적용범위를 단기매매상품, 매매목적유가증권 등에까지 확대하였다. 金子 宏, 租税法(2019), p.362

96) 자산재평가법은, 2000. 12. 31.까지 재평가신고를 한 것에 한하여 고정자산의 증액평가를 인정한다(자산재평가법 41조, 5조 1항 본문).

97) 토지를 포함한 광업용 유형자산이 그 고유의 목적에 사용될 수 없는 경우를 포함한다.

98) K-IFRS에 의하면, 재고자산은 ① 통상적인 영업과정에서 판매를 위하여 보유 중인 자산과 생산 중인 자산, ② 생산이나 용역제공에 사용될 원재료나 소모품을 말한다(K-IFRS 1002호 문단 6).

73조 1호).

① 제품 및 상품 : 이는 부동산매매업자가 매매 목적으로 소유하는 부동산을 포함한다. 유가증권에 관하여는 별도의 규정이 있으므로(시행령 75조), 금융회사가 매매를 목적으로 보유하는 유가증권에 대하여는 법인세법 시행령 제74조가 적용되지 않는다.

② 반제품 및 재공품

③ 원재료

④ 저장품

(나) 재고자산의 평가방법(원가배분)

① 평가방법의 종류

세법상 재고자산의 평가방법의 종류는 다음과 같다(시행령 74조 1항).

㉮ 원가법

　㉠ 개별법 : 재고자산의 개별적 취득가액을 평가액으로 하는 방법

　㉡ 선입선출법 : 재고자산 중 먼저 입고된 것부터 출고되고, 사업연도 종료일부터 가장 가까운 날에 입고된 것부터 남아 있는 것으로 하여 산출한 취득가액을 평가액으로 하는 방법

　㉢ 후입선출법 : 재고자산 중 사업연도 종료일부터 가장 가까운 날에 입고된 것부터 출고되고 가장 먼 날에 입고된 것부터 남아 있는 것으로 하여 산출한 취득가액을 평가액으로 하는 방법

　㉣ 총평균법 : 재고자산의 품종별·종목별로 당해 사업연도 개시일 현재의 재고자산에 대한 취득가액의 합계액과 그 사업연도 중에 취득한 재고자산의 취득가액의 합계액의 총액을 그 재고자산의 총수량으로 나눈 평균단가에 따라 산출한 취득가액을 평가액으로 하는 방법

　㉤ 이동평균법 : 재고자산을 취득할 때마다 장부시재금액을 장부시재수량으로 나누어 평균단가를 산출하고 그 평균단가에 의하여 산출한 취득가액을 평가액으로 하는 방법

　㉥ 매출가격환원법 : 재고자산의 품종별로 당해 사업연도 종료일에 판매될 예정가격에서 판매예정차익금을 공제하여 산출한 취득가액을 평가액으로 하는 방법

위 방법들은, 엄밀하게는 재고자산의 평가(valuation)라기보다는, 재고자산에 투입된 원가의 총량을, 출고되어 매출원가로 변환된 재고자산과 남아 있는 재고자산에 배분하는 과정으로서 단위원가 결정방법(cost formulas)[99]에 해당한다.

---

99) K-IFRS 1002호 문단 23 이하

㉮ 저가법 : 원가법에 의한 가액과 시가로 평가한 가액 중 낮은 것을 평가액으로 하는 방법

② 평가방법의 결정

재고자산의 평가방법은 법인이 원가법과 저가법 중 관할 세무서장에게 신고한 방법에 의한다(시행령 74조 1항). 법인은 재고자산을 법인세법 시행령 제73조 제1호 각 목의 자산별로 구분하여 종류별·영업장별로 각각 다른 방법에 의하여 평가할 수 있다(시행령 74조 2항 전문).[100] 법인이 재고자산의 평가방법을 신고 또는 변경하고자 하는 때에는 일정한 기한 내에 재고자산 등 평가방법신고(변경신고)서를 관할 세무서장에게 제출하여야 한다(시행령 74조 3항 전문).

법인이 다음의 어느 하나에 해당하는 경우에는, ㉮ 매매를 목적으로 소유하는 부동산의 경우에는 개별법으로 평가하고, ㉯ 그 외의 경우에는 선입선출법으로 평가하되, 아래 ㉡, ㉢에 해당하는 경우로서 신고한 평가방법으로 평가한 가액이 선입선출법으로 평가한 가액보다 큰 경우(매매를 목적으로 소유하는 부동산은 제외)에는 신고한 가액으로 평가한다(시행령 72조 4항).

㉠ 정해진 기한 내에 재고자산의 평가방법을 신고하지 않는 경우
㉡ 신고한 평가방법 외의 방법으로 평가한 경우
㉢ 정해진 기한 내에 재고자산 평가방법의 변경신고를 하지 않고 그 방법을 변경한 경우

③ K-IFRS의 최초 적용에 따른 재고자산평가차익의 과세이연

법인이 K-IFRS를 최초로 적용하는 사업연도에 재고자산평가방법을 후입선출법에서 다른 재고자산평가방법으로 관할 세무서장에게 변경신고한 경우에는, 그 사업연도의 소득금액을 계산할 때, 그 사업연도의 기초 재고자산 평가액에서 그 직전 사업연도의 기말 재고자산 평가액을 뺀 금액(재고자산평가차익)을 익금에 산입하지 않을 수 있고, 이 경우 재고자산평가차익은 그 다음 사업연도 개시일부터 5년간 균등하게 나누어 익금에 산입한다(법 42조의2, 시행령 78조의2). 이는, K-IFRS는 후입선출법을 인정하지 않기 때문에,[101] 종전에 후입선출법을 채택한 법인이 K-IFRS에 따라 재고자산을 평가하면서 평가차익이 일시에 과세되어 조세부담이 증가하는 것을 완화해주기 위한 특례이다.

---

100) 이 경우 수익과 비용을 영업의 종목별 또는 영업장별로 각각 구분하여 기장하고, 종목별·영업장별로 제조원가보고서와 포괄손익계산서를 작성하여야 한다(시행령 74조 2항 후문).
101) 후입선출법을 채택하지 않은 이유에 관하여는 K-IFRS 1002호 BC9~BC20. 한편, 일반기업회계기준은 후입선출법을 인정한다(일반기준 7장 문단 7.13).

(다) 재고자산의 파손·부패 등

재고자산으로서 파손·부패 등의 사유로 정상가격으로 판매할 수 없는 것은, 그 사유가 발생한 사업연도에 사업연도 종료일 현재 처분가능한 시가로 평가한 가액으로 감액하고 그 감액한 금액을 손비로 계상할 수 있다(법 42조 3항 1호, 시행령 78조 3항 1호). 재고자산의 장부금액을 감액하기 위해서는 재고자산의 감액사유가 발생한 사업연도에 장부금액의 감액과 손비의 계상이 이루어져야 하므로, 그 이후의 사업연도에 장부금액을 감액하고 손비로 계상하는 것은 인정되지 않는다.[102] 다만, 법인세법 시행령 제78조 제3항 제1호는 재고자산을 보유한 상태에서 그 장부금액을 감액할 수 있도록 하는 규정이므로, 위 규정에 따라 장부금액을 감액하고 손비를 계상하지 않았다고 하더라도, 이후 그 재고자산을 처분하는 시점에는 그 장부금액을 손금에 산입할 수 있다.[103]

(3) 유가증권

(가) 유가증권의 범위

법인세법상 평가가 허용되는 유가증권은 다음의 것들을 말한다(시행령 73조 2호).

① 주식 등

② 채권

③ 자본시장법 제9조 제20항의 집합투자재산 : 집합투자기구의 재산으로서 투자신탁재산, 투자회사재산 등을 말한다.

④ 보험업법 제108조 제1항 제3호의 특별계정에 속하는 재산

(나) 유가증권의 평가방법

주식 등과 채권은 개별법(채권의 경우에 한한다)·총평균법 또는 이동평균법 중에서 법인이 관할 세무서장에게 신고한 방법에 의하여 평가한다(시행령 75조 1항).[104] 법인이 보유한 다른 법인의 주식 등에 대하여, 회계기준에서는 유의적인 영향력 또는 지배력 여부에 따라 지분법을 적용하거나 연결재무제표를 작성하지만,[105] 세법에서는 원칙적으로 원가

---

102) 서울행정법원 2006. 8. 31. 선고 2005구합30662 판결(서울고등법원 2007. 5. 18. 선고 2006누22493 항소기각, 대법원 2007. 9. 21. 선고 2007두12729 상고기각)

103) 다만, 파손·부패 등으로 가치가 상실된 재고자산을 폐기처분한 경우 그 사실 및 시점이 입증되지 못하면 손금산입이 어려울 수 있다. 서울행정법원 2006. 8. 31. 선고 2005구합30662 판결

104) 법인이 주식 등과 채권의 평가방법을 신고하지 않은 경우에는, 원칙적으로 총평균법이 적용된다(시행령 75조 2항, 74조 4항).

105) ① 기업이 공동기업에 대한 공동지배력(joint control)이나 관계기업에 대한 유의적인 영향력(significant influence)을 갖는 경우 그 투자에 대하여 지분법(equity method)을 적용한다(K-IFRS 1028호 문단 16). 지분법에서 기업은 ㉮ 공동기업이나 관계기업에 대한 투자자산의 최초 취득일 이후 발생한 피투자자의 당기순손익 중 투자자의 몫에 해당하는 금액만큼 장부금액을 가감하고, ㉯ 피투자자로부터 받

법(법 42조 1항)을 토대로 총평균법 또는 이동평균법에 의하여 주식 등의 취득가액이 정해진다.

투자회사 등이 보유한 집합투자재산에 해당하는 유가증권은 시가법에 따라 평가한다(시행령 75조 3항 본문).[106] 다만, 환매금지형 집합투자기구(자본시장법 230조)가 보유한 시장성 없는 자산(자본시장법 시행령 230조 2항)은, 「법인세법 시행령 제75조 제1항 각 호의 평가방법 중 하나 또는 시가법 중 환매금지형 집합투자기구가 관할 세무서장에게 신고한 방법」에 따라 평가하되, 그 방법을 이후 사업연도에 계속 적용하여야 한다(시행령 75조 3항 단서). 보험회사가 보유한 특별계정에 속하는 재산의 평가는, 환매금지형 집합투자기구가 보유한 시장성 없는 자산의 평가와 같이 처리한다(시행령 75조 4항).

(다) 주식 등의 장부가액 감액

대통령령으로 정하는 주식 등으로서, 해당 주식 등의 발행법인이 다음의 어느 하나에 해당하는 경우에는, 그 사유가 발생한 사업연도에 사업연도 종료일 현재 시가[107]로 평가한 가액으로 그 장부가액을 감액하고 그 감액한 금액을 손비로 계상할 수 있다(법 42조 3항 3호 가목 내지 다목, 시행령 78조 3항 3호).

① 부도가 발생한 경우
② 채무자회생법에 따른 회생계획인가의 결정을 받은 경우
③ 기업구조조정 촉진법에 따른 부실징후기업이 된 경우
④ 파산한 경우

여기서 '대통령령으로 정하는 주식 등'은, 위 ① 내지 ③의 경우 다음의 어느 하나에 해당하는 것을 말하고, ④의 경우 '주식 등'을 말한다(시행령 78조 2항 1호).

㉮ 주권상장법인이 발행한 주식 등
㉯ 중소기업창업투자회사 또는 신기술사업금융업자가 보유하는 주식 등 중 창업자 또는 신기술사업자가 발행한 것

은 분배액만큼 투자자산의 장부금액을 감소시킨다(K-IFRS 1028호 문단 10).
② 한 기업(지배기업)이 다른 기업(종속기업)을 지배하는 경우, 지배기업과 종속기업의 자산, 부채, 자본, 수익, 비용 등을 하나의 경제적 실체로 표시하는 연결실체의 재무제표가 작성되어야 한다(K-IFRS 1110호 문단 2, 부록 A. 용어의 정의). 이에 따르면, 지배기업의 종속기업 투자자산 장부금액은 제거되고 지배력 취득 이후의 종속기업의 수익과 비용이 연결재무제표에 표시된다. 따라서 지배기업의 종속기업 투자자산은 실질적으로 종속기업의 자산과 부채로 변환되어 표시된다.
106) 투자회사의 회계처리는 '투자신탁의 회계처리와 공시'에 관한 회계기준을 적절히 수정하여 적용하여야 하는데, 위 회계기준에 의하면, 운용자산은 공정가치로 평가하고 공정가치 변동은 당기손익으로 인식한다(기업회계기준서 제5003호 문단 49, 46).
107) 주식 등의 발행법인별로 보유주식총액을 시가로 평가한 가액이 1,000원 이하인 경우에는 1,000원으로 한다.

㉰ 주권상장법인이 아닌 법인 중 특수관계인이 아닌 법인이 발행한 주식 등[108]

(4) 화폐성 외화자산·부채 등

기업회계기준에 따른 화폐성 외화자산과 부채, 금융회사 등이 보유하는 통화선도 등, 금융회사 등 외의 법인이 화폐성 외화자산·부채의 환위험을 회피하기 위하여 보유하는 통화선도 등에 대하여는 평가가 인정된다(법 42조 항 2호, 시행령 73조 3호 내지 5호).[109]

(5) 가상자산

가상자산(특정 금융거래정보의 보고 및 이용 등에 관한 법률 2조 3호)의 평가손익은 익금 또는 손금에 산입되고(시행령 73조 6호), 가상자산은 선입선출법에 따라 평가된다(시행령 77조).

---

2 ▶ 부채의 가액

2-1. 부채의 최초 가액

(1) 원칙

세법상 부채의 최초 가액(인식금액)은 원칙적으로 그 명목금액(名目金額)이다. 따라서 변제기가 장래인 부채라고 하더라도, 그 가액을 현재가치로 인식하는 것은 원칙적으로 허용되지 않는다.

대법원은, 채무자인 원고 법인이 채무를 현재가치로 평가하여 현재가치할인차금과 평가이익을 계상하였다가 그 채무를 중도 상환한 사건에서, 법인세법상 채무를 현재가치로 평가하는 것이 인정되지 아니하는 이상, 그 채무를 중도 상환하는 경우에도 그 채무를 현재가치로 평가하기 전의 가액, 즉 현재가치할인차금을 차감하기 전의 장부가액을 기준으로 상환에 따른 소득금액을 계상하여야 하므로, 현재가치할인차금 미상각잔액은 익금에 산입되어야 한다고 판시하였다.[110]

---

108) 주식 등의 발행법인의 발행주식총수 또는 출자총액의 5% 이하를 소유하고 그 취득가액이 10억 원 이하인 법인은 소액주주 등으로 보아 특수관계인의 해당 여부를 판단한다(시행령 78조 4항).
109) 이에 대하여는 뒤의 3.에서 살펴보기로 한다.
110) 대법원 2009. 12. 10. 선고 2007두19683 판결

(2) 예외 : 장기할부대금과 사채

법인세법은 장기할부대금채무와 사채의 경우 현재가치평가의 예외를 인정한다.

① 자산을 장기할부조건 등으로 취득하여 발생한 채무를 기업회계기준에 따라 현재가치로 평가하여 현재가치할인차금으로 계상한 경우, 그 현재가치할인차금은 자산의 취득가액에 포함되지 않으므로(시행령 72조 4항 1호), 이에 대응하여 그 자산의 매입채무는 명목금액에서 현재가치할인차금을 뺀 금액으로 인식된다.

② 사채를 발행한 법인은, 상환할 사채금액의 합계액에서 사채발행가액의 합계액을 공제한 금액(사채할인발행차금)을 기업회계기준에 의한 사채할인발행차금의 상각방법에 따라 손금에 산입하므로(시행령 71조 3항), 사채의 가액은 상환할 사채금액의 합계액(명목금액)이 아니라 사채발행가액의 합계액으로 인식되어야 한다.

2-2. 부채의 평가

법인세법상 부채의 장부가액을 평가에 의하여 증액 또는 감액하는 것은 원칙적으로 인정되지 않는다(법 42조 1항 본문). 장기할부대금채무와 사채의 경우, 현재가치할인차금과 사채할인발행차금이 상각되면서 각각 장부금액이 증액될 수 있으나, 이는 엄밀하게 보면 유효이자율에 의한 이자비용의 기간별 배분이고 시가에 따른 평가는 아니다.

화폐성 외화부채 등에 관하여는 예외적으로 시가에 의한 평가가 인정된다(시행령 76조).

---

3   **외화자산 · 부채 등**

3-1. 외화자산 · 부채 등의 평가

3-1-1. 금융회사 등

(1) 화폐성 외화자산 · 부채

금융회사 등이 보유한 화폐성 외화자산 · 부채는, 사업연도 종료일 현재의 기획재정부령으로 정하는 매매기준율 또는 재정(裁定)된 매매기준율('매매기준율 등')[111]로 평가한다(시행령 76조 1항 1호).

---

111) '외국환거래규정에 따른 매매기준율 또는 재정된 매매기준율'을 말한다(시행규칙 39조의2).

(2) 통화선도 등

금융회사 등이 보유한 통화선도, 통화스왑 및 환변동보험('통화선도 등')은 다음의 방법 중 관할 세무서장에게 신고한 방법에 따라 평가한다(시행령 76조 1항 2호 본문).
① 계약의 내용 중 외화자산 및 부채를 계약체결일의 매매기준율 등으로 평가하는 방법
② 계약의 내용 중 외화자산 및 부채를 사업연도 종료일 현재의 매매기준율 등으로 평가하는 방법

3-1-2. 금융회사 등 외의 법인

금융회사 등 외의 법인이 보유하는 화폐성 외화자산·부채(보험회사의 책임준비금은 제외한다)와 그 환위험을 회피하기 위하여 보유하는 통화선도 등('환위험회피용 통화선도 등')은 다음의 방법 중 관할 세무서장에게 신고한 방법에 따라 평가한다(시행령 76조 2항 본문).
① 화폐성 외화자산·부채와 환위험회피용 통화선도 등의 계약 내용 중 외화자산 및 부채를 취득일 또는 발생일 현재의 통화선도 등을 계약체결일 현재의 각 매매기준율 등으로 평가하는 방법
② 화폐성 외화자산·부채와 환위험회피용 통화선도 등의 계약 내용 중 외화자산 및 부채를 사업연도 종료일 현재의 매매기준율 등으로 평가하는 방법

3-1-3. 외화자산·부채 등의 평가손익

화폐성 외화자산·부채, 통화선도 등 및 환위험회피용 통화선도 등의 평가에 따라 발생하는 평가한 원화금액과 원화기장액[112]의 차익 또는 차손은 해당 사업연도의 익금 또는 손금에 산입한다(시행령 76조 4항 전문).

3-2. 외화채권·채무의 상환손익

법인이 상환받거나 상환하는 외화채권·채무의 원화금액과 원화기장액의 차익 또는 차손은 당해 사업연도의 익금 또는 손금에 산입한다(시행령 76조 5항 본문).

---

112) 통화선도 등 환위험회피용 통화선도 등의 계약 당시 원화기장액은, 계약의 내용 중 외화자산 및 부채의 가액에 계약체결일의 매매기준율 등을 곱한 금액을 말한다(시행령 76조 4항 후문).

익금과 손금

1 ▷ **익금**

1-1. 익금의 정의

1-1-1. 회계기준상 수익의 정의

(1) K-IFRS

수익(income)은, 자산의 유입이나 증가 또는 부채의 감소에 따라 자본의 증가를 초래하는 특정 회계기간 동안에 발생한 경제적 효익의 증가로서, 지분참여자에 의한 출연(contributions from equity participants)과 관련된 것은 제외한다.[113]

(2) 일반기업회계기준

수익이란, 기업실체의 경영활동과 관련된 재화의 판매 또는 용역의 제공 등에 대한 대가로 발생하는 자산의 유입 또는 부채의 감소이다.[114]

1-1-2. 법인세법상 익금의 정의

익금은, 법인의 순자산(純資産)을 증가시키는 거래로 인하여 발생하는 이익 또는 수입[수익(收益)] 중 자본 또는 출자의 납입 및 법인세법에서 규정하는 것을 제외한 것을 말한다(법 15조 1항).[115] 소득세법에 열거된 소득만을 과세하는 소득세법과 달리, 법인세법은 법인의 순자산증가를 포괄적으로 과세대상으로 규정한다.

---

113) 재무보고를 위한 개념체계 문단 4.25(1)

114) 재무회계개념체계 문단 117

115) 법인세법 제15조 제1항과 제19조 제1항의 "거래"가 하나의 거래 전체(가령, 매매로 인한 대금의 수령과 상품의 인도)를 의미한다고 보는 경우에는, 그 문언 자체로는 익금은 하나의 거래로 인한 전체 손익이 양수인 경우, 손금은 그것이 음수인 경우를 말한다고 해석할 여지도 있다. 이 경우 순액법적 접근법을 취하는 미국 세법과 같게 된다[미국 세법 § 61(a)(2), 재무부 규칙 § 1.61-3(a)]. 그러나 법인세법의 위임에 따른 법인세법 시행령 제11조와 제19조는 거래로 인하여 수취한 대가와 교부한 급부를 각각 별개로 인식하는 총액법적 태도를 취한다.

익금은 순자산의 증가이므로 세법상 자산의 증가 또는 부채의 감소를 의미한다. 익금은 자산·부채의 가치변동분을 어느 시점에 인식할 것인지와 밀접하게 관련된다.

익금은, 원칙적으로 실제로 발생한 순자산의 증가를 의미하지만, 예외적으로 세법에 특별한 규정이 있는 경우에는 법인이 얻을 수 있었던 가정적 순자산의 증가도 포함한다(부당행위계산의 부인에 의한 인정이자 등).[116]

1-2. 익금의 범위

법인세법 제15조 제3항의 위임에 따라 법인세법 시행령 제11조는 익금의 구체적 유형을 규정한다. 위의 위임사항은, 법인세법 제15조 제1항이 정한 익금뿐만 아니라, '소득처분을 위한 조세정책상 이유 등으로 익금으로 보는 것'도 포함한다.[117] 이하에서는 법인세법 시행령 제11조를 중심으로 법인세법 및 조세특례제한법에서 익금으로 규정하는 구체적 유형에 관하여 살펴본다.

1-2-1. 사업수입금액

(1) 사업수입금액의 범위

이는 한국표준산업분류에 따른 각 사업에서 생기는 사업수입금액을 말하고(시행령 11조 1호 본문), 상품 또는 용역의 매출액 등이 이에 해당한다. 법인의 판매직원이 법인 모르게 판매한 대금을 횡령한 경우에도 그 금액은 원칙적으로 법인의 익금에 산입된다.[118] 매출에누리금액[119]과 매출할인금액[120]은 사업수입금액에서 제외된다(시행령 11조 1호 본문). 법인의 부가가치세 매출세액은 국가에 납부하여야 하는 부채(예수금)이므로, 익금에 해당하지 않는다(법 18조 5호).

---

116) 이는 일종의 기회비용적 성격(회계학이 아니라 경제학적 의미의 비용)의 이익이다.

117) 대법원 2021. 7. 29. 선고 2020두39655 판결, 대법원 2021. 8. 12. 선고 2018두34305 판결

118) 대법원 2022. 1. 14. 선고 2017두41108 판결은, 원고들이 운영하는 클럽의 종업원들이 클럽의 입장권을 위조·판매하여 그 대금을 횡령한 사건에서, 원고들이 종업원들에게 입장권을 판매하고 그 대가를 수령할 수 있는 권한을 부여한 이상, 종업원들이 입장권을 위조하여 판매하였더라도 그 대금 수령의 효과는 원고들에게 귀속되었다는 이유로, 원고들에 대한 종합소득세 부과처분이 적법하다고 판단하였다.

119) 매출에누리는 매출한 상품 또는 제품에 대한 부분적인 감량·변질·파손 등으로 매출가액에서 공제하는 금액 등을 말한다(소득세법 시행규칙 22조 1항).

120) 매출할인은 외상거래대금을 결제하거나 외상매출금 또는 미수금을 그 약정기일 전에 영수하는 경우 할인하는 금액을 말한다(소득세법 시행규칙 22조 2항).

(2) 자산 · 용역을 무상 · 저가로 양도 · 제공한 경우

법인이 특수관계인에게 자산 · 용역을 무상 또는 시가보다 낮은 가액으로 양도 · 제공한 것이 부당행위계산에 해당하는 경우 시가와 거래가액의 차액은 법인의 익금에 산입된다(법 52조 1항).

법인이 특수관계인 외의 자에게 정당한 사유 없이 자산을 정상가액(시가에서 시가의 30%를 차감한 가액)보다 낮은 가액으로 양도한 경우, 정상가액과 거래가액의 차액은 기부금으로 의제된다(시행령 35조). 이에 대하여 대법원은, 법인이 그 차액을 손비로 계상하지 않았더라도 그 차액 상당의 수익이 법인에 실현됨과 동시에 그 수익을 상대방에게 제공함에 따른 손실이 발생한 것으로 관념하여 그 손실을 기부금으로 보는 것이라고 한다.[121]

(3) 간주임대료

(가) 과세표준 등을 추계에 의하여 결정 · 경정하는 경우

부동산임대를 사업으로 하는 법인[122]의 법인세 과세표준과 세액을 추계방법에 따라 결정 또는 경정하는 경우, 부동산임대로 받은 전세금 또는 임대보증금('보증금 등')에 대한 사업수입금액은, 기획재정부령으로 정하는 정기예금이자율[123]을 적용하여 계산한 금액으로 한다(시행령 11조 1호 단서).

(나) 부동산임대업을 주업으로 하는 차입금과다보유 법인

자기자본의 2배에 상당하는 금액을 초과하는 차입금을 보유하고 부동산임대업을 주업으로 하는 영리내국법인이, 대통령령으로 정하는 주택을 제외한 부동산 또는 그 부동산에 관한 권리 등을 대여하고 보증금, 전세금 또는 이에 준하는 것을 받은 경우에는, 다음의 산식에 의하여 계산한 금액을 익금에 가산한다(조특법 138조 1항, 조특법 시행령 132조).

(당해 사업연도의 보증금등의 적수−임대용부동산의 건설비상당액의 적수) × 1/365[124] × 정기예금이자율−당해 사업연도의 임대사업부분에서 발생한 수입이자와 할인료 · 배당금 · 신주인수권처분익 및 유가증권처분익의 합계액

---

121) 대법원 1993. 5. 25. 선고 92누18320 판결
122) 대상 법인이 부동산임대를 사업으로 한다는 것은 법인세법 시행령 제11조 제1호 단서에 명시되지 않았으나, 그 법인이 받은 보증금 등에 관한 익금이 사업수입금액이 되기 위해서는 부동산임대가 그 법인의 사업에 포함되어야 할 것이다.
123) "기획재정부령으로 정하는 정기예금이자율"은 연간 2.9%를 말한다(시행규칙 6조).
124) 윤년인 경우에는 366으로 한다.

소득세법에도 이와 유사한 규정이 있다(소득세법 25조 1항). 위 규정들의 취지는, 부동산을 임대하고 받은 보증금을 다시 새로운 부동산의 취득자금으로 사용하는 것을 방지하여 부동산의 과다보유를 억제하기 위한 것이다.[125]

간주임대료 제도의 위헌 여부

① 헌법재판소는, 부동산의 임대보증금에 대한 간주임대료를 규정한 구 소득세법(1993. 12. 31. 개정되기 전의 것) 제25조에 관하여, 임대차보증금은 차임의 특수한 지급방법으로 지급되는 것이고, 보증금과 월세가 대체관계에 있으며, 월세로 받는 임대료에 대하여는 전액 과세하면서 보증금으로 받는 임대료에 대하여 과세하지 않는다면 과세의 형평을 저해하게 된다는 이유로, 합헌결정을 하였다(헌법재판소 1996. 12. 26. 94헌가10 결정).

② 법인이 ㉮ 자기 자금으로 부동산을 매수하여 직접 사용한 경우와 ㉯ 기존의 임대차계약이 체결된 부동산을 매수하여 그 보증금반환채무를 승계한 경우를 비교하면, 위 ㉮의 경우에는 과세되지 않는데, 위 ㉯의 경우에는 보증금에 대한 간주임대료가 과세되므로, 차별에 해당한다. 그런데 ㉰ 보증금 없이 차임만을 지급받는 임대차계약이 체결된 부동산을 법인이 매수하면서 임대인 지위를 승계한 경우와 위 ㉮를 비교해보면, 이 경우에도 과세상 차이가 발생한다. 따라서 위와 같은 과세상 차별은 간주임대료에 국한된 것이 아니고, 「귀속소득(imputed income)[126]의 과세제외」라는 세법의 더 근본적인 한계에서 비롯된 부득이한 것이다. 그러므로, 간주임대료 제도가 위 ㉯를 ㉮보다 세법상 불리하게 취급한다는 이유만으로 위헌이라고 보기는 어렵다.

③ 한편, 법인이 부동산을 임대하고 보증금을 받은 것은, ㉮ 부동산을 임대하고 차임을 지급받는 거래와 ㉯ 차임에 기초하여 계산되는 보증금을 임차인으로부터 차입하면서 차임 상당 이자를 지급하는 거래가 하나로 합쳐진 것으로 볼 수 있다. 위 ㉮, ㉯의 거래는, 헌법재판소가 비교대상으로 삼은 월세로 임대료를 받는 거래(㉮)에, 차임 상당 이자를 지급하는 조건으로 보증금 상당액을 차입하는 거래(㉯)가 추가된 것에 불과하다. 그리고 위 ㉮, ㉯의 거래에 따른 소득금액의 증가가 없는 것은 ㉮의 임대거래에 따른 익금이 ㉯의 차입거래에 따른 손금과 상쇄되었기 때문이다. 그렇다면, 위 ㉮의 거래에 따른 임대료에는 과세하면서 위 ㉮, ㉯의 거래에 따라 보증금이 지급된 경우에는 과세하지 않는다고 하여 과세의 형평을 저해한다고 보기는 어렵고, 이는 위 ㉮, ㉯의 거래를 하나로 합쳐서 부동산을 임대하고 보증금을 받은 거래만을 한 경우에도 마찬가지이다. 따라서 위 헌법재판소 결정의 논리는 동의하기 어렵다.

④ 다만, 법인이 부동산을 임대하고 보증금을 받은 경우 간주임대료를 익금으로 인정하는 것은, 위 ㉮, ㉯의 거래로 분해하여 보면, ㉯의 차입거래에 대한 이자를 손금불산입하는 것과 같다. 즉, 보증금에 대한 간주임대료는 그 외관과 형식상으로는 익금을 의제하는 것이지만, 그 실질은 보증금 거래에 숨어있는 차입금 이자의 손금불산입이다. 간주임대료 제도는, 임차인으로부터 보증금의

---

125) 간주임대료를 규정한 구 소득세법(1993. 12. 31. 개정되기 전의 것) 제29조 제1항(현행 소득세법 25조 1항)에 관한 대법원 1995. 2. 10. 선고 94누5731 판결

126) 귀속소득은, 주택의 소유자가 그 주택에 거주함으로써 얻는 서비스의 가치와 같이, 납세자가 시장, 즉 타인과의 거래를 통하지 않고 얻는 소득을 말한다[김동건·원윤희, 현대재정학(2012), 321쪽].

형식으로 금융을 제공받은 경우[127] 및 제3자로부터 차입하여 부동산을 구입하는 경우와 달리, 이자를 손금불산입하여 불리하게 취급하는데, 그에 대한 합리적인 이유를 찾기 어렵다. 입법자가 조세법 분야에서 광범위한 입법형성의 재량을 갖는 점[128]을 고려하면, 간주임대료 제도가 헌법위반이라고 단정하기는 어렵지만, 적절한 입법인지 의문스럽다.[129]

1-2-2. 자산의 양도금액

(1) 자산의 양도

(가) 자산양도의 범위

자산의 양도금액은 익금에 포함된다(시행령 11조 2호). 재고자산의 판매금액은 사업수입금액에 해당하므로, 여기의 자산은 재고자산을 제외한 모든 자산을 말한다. 그리고 자산의 양도는 자산을 법률상 이전하는 것으로서 매매, 교환뿐만 아니라 현물출자, 합병,[130] 분할[131] 등도 포함한다.

(나) 자산의 교환과 대물변제

자산을 교환하는 경우 교환으로 취득하는 자산의 취득가액은 그 취득 당시의 시가이므로(시행령 72조 2항 7호), 기존 자산의 양도금액은 특별한 사정이 없는 한 교환으로 취득하는 자산의 취득 당시 시가이다.[132] 법인이 채무의 대물변제로 채권자에게 자산을 이전한 경우, 자산양도의 대가는 채무의 소멸이므로, 소멸한 채무의 금액을 자산의 양도금액으로 보아야 할 것이다.[133]

---

127) 법인이 사실상 부동산의 임차인으로부터 차입한 자금(보증금반환채무의 인수)으로 그 부동산을 구입하거나, 부동산의 임대보증금으로 다른 부동산을 구입하는 것
128) 헌법재판소 1996. 6. 26. 93헌바2 결정
129) ① 김완석·황남석, 법인세법론(2021), 235쪽은, 조특법상 간주임대료 제도는 '실제로 가득한 소득'이 아니라 '가득하였어야 할 소득 또는 가득할 수 있었던 소득'을 과세대상으로 하는 것이므로, 헌법상 재산권의 보장에 위반된다고 본다. ② 이창희, 세법강의(2020), 422쪽은 간주임대료를 규정한 소득세법 제25조 제1항이 위헌이라고 본다.
130) 법인세법 제44조 제1항
131) 법인세법 제46조 제1항
132) 대법원 2010. 3. 25. 선고 2007두18017 판결, 대법원 2011. 7. 28. 선고 2008두5650 판결, 대법원 2013. 6. 14. 선고 2011두29250 판결
133) 대법원 1998. 3. 10. 선고 97누19809 판결(원고가 처와 이혼소송을 하던 중 위자료의 대물변제로 부동산을 양도하기로 재판상화해를 하고 이에 따라 부동산을 양도한 경우, 위자료채무 중 소멸한 금액을 실지양도대금으로 판단한 사안). 박정수, "교환에 있어서 양도가액 및 취득가액", 재판자료 제120집 행정재판실무연구 Ⅲ, 686쪽 참조

(2) 자기주식의 양도금액

자기주식은 법인이 자기가 발행한 주식으로서 자기의 계산으로 취득한 것을 말한다(상법 341조 1항).[134] 법인이 취득한 자기주식을 제3자에게 양도하는 경우 그 양도금액은 익금에 포함된다(시행령 11조 2호의2 1문). 주식매수선택권의 행사(시행령 19조 19호의2)에 따라 법인이 자기주식을 양도하는 경우, 양도금액은 그 행사 당시의 시가로 계산한 금액으로 한다(시행령 11조 2호의2 2문).[135]

법인이 자기주식을 합병을 통하여 취득한 경우, 즉 합병에 따라 피합병법인이 보유하던 합병법인의 주식을 취득한 경우에도 그 자기주식의 양도금액은 익금에 해당하고,[136] 위와 같은 자기주식의 양도차익은 익금에서 제외되는 합병차익(법 17조 1항 5호)에 해당하지 않는다.[137] 이는, 합병법인이 합병에 따라 피합병법인으로부터 자기주식을 승계함과 동시에 이를 합병대가로 교부한 경우에도 마찬가지로 볼 여지가 있다.

한편, 합병법인이 기존의 자기주식을 합병대가로 교부한 경우, 행정해석은, 이를 자본거래로 보아 그 시가와 장부가액의 차이가 익금 또는 손금에 산입되지 않는다고 본다.[138] 그러나 현행세법상 합병법인의 기존 자기주식은 일반적으로 자산에 해당하므로,[139] 기존

---

134) 법인이 자신이 발행한 주식을 타인의 명의로 취득하였더라도 자신의 계산에 의한 것이면 자기주식에 포함된다(대법원 2011. 4. 28. 선고 2009다23610 판결).

135) 주식매수선택권의 세법상 효과에 관하여는 제3편 제2장 제4절 3-2. 참조

136) 당초 대법원은, 합병법인이 합병으로 인하여 피합병법인이 보유하던 합병법인의 주식을 취득하여 처분하는 것은 자본거래로서 합병차익에 포함되어 과세대상이 아니라고 판시하였다(대법원 1992. 9. 8. 선고 91누13670 판결). 이에 대하여 2009. 2. 4. 개정된 법인세법 시행령은 그러한 경우도 익금에 포함되는 것으로 명시하였다.

137) 대법원 2022. 6. 30. 선고 2018두54323 판결 : ① ㉮ 원고 법인은 2012. 11. 30. A 회사를 흡수하는 적격합병을 하면서 A가 보유하던 원고의 주식을 승계한 후, 2014. 8. 6. 위 자기주식 중 일부를 양도하였다. 원고는 위 자기주식의 양도금액을 익금에 산입하여 법인세 신고를 하였다가, 이후 위 자기주식의 양도가 자본거래이므로, 그 양도차익은 익금에서 제외된다는 이유로 경정청구를 하였으나, 거부처분을 받았다. ㉯ 원고는 위 경정거부처분에 대한 취소소송에서 ㉠ 법인세법 시행령 제11조 제2호의2는 법인세법의 위임범위를 벗어나 무효이고, ㉡ 위 주식의 당초 취득가액과 합병기일 당시 시가의 차액은 익금불산입대상인 합병차익이므로, 익금에 산입되는 금액은 위 주식의 양도차익 중 양도가액과 합병기일 당시 시가의 차액에 한정되어야 한다고 주장하였다. ② 대법원은 다음과 같이 판단하였다. ㉮ 합병법인이 합병에 따라 취득한 자기주식은 피합병법인의 자산으로서 합병차익(법 17조 1항 5호)을 산정하는 요소이지만, 합병 이후 합병법인이 이를 처분하는 행위는 합병과 구별되는 후속거래로서 순수한 자본거래에 해당한다고 보기 어려우므로, 위 자기주식의 처분이익이 법인세법 제15조 제1항에 익금에서 제외되는 것으로 규정된 대상이나 합병차익(법 17조 1항 5호)에 해당한다고 볼 수 없다. ㉯ 위 합병 당시 피합병법인인 A가 적격합병에 따라 양도손익이 없는 것으로 법인세 신고를 하였고, 원고도 위 자기주식을 A의 기존 장부가액으로 승계하였으므로, 위 자기주식의 양도로 익금에 산입될 금액은 과세이연된 부분을 포함한 위 자기주식의 양도금액에서 원고가 승계한 위 자기주식의 장부가액을 차감한 금액 전체이다.

138) 서이46012-10447, 2003. 3. 7. ; 법규법인 2013-471, 2014. 4. 1. ; 기획재정부 법인세제과-939, 2016. 9. 27.

139) 현행세법상 법인의 자기주식은 소각 목적으로 취득한 것이 아닌 한 자산으로 취급된다(제3편 제3장 제5

의 자기주식을 합병대가로 교부한 것은 합병교부금의 지급으로서 자본거래에 수반되는 손익거래(자산의 양도)이고, 그 차익은 익금에 산입된다고 볼 여지가 있다.[140]

법인이 자기주식을 제3자에게 양도하고 그 대금을 받는 것은 실질적으로 출자를 납입받는 것이므로, 입법론으로는 법인세법 시행령 제11조 제2호의2를 삭제하고 자기주식의 양도금액을 익금에 산입되지 않는 출자의 납입(법 17조 1항 1호)으로 규정하는 것이 타당하다.[141]

1-2-3. 자산의 임대료

자산의 임대를 사업으로 하는 법인이 받는 임대료는 사업수입금액(시행령 11조 1호)에 해당한다. 따라서 법인세법 시행령 제11조 제3호의 자산의 임대료는 자산의 임대를 사업으로 하지 않는 법인이 일시적으로 임대하고 받은 대가를 말하는 것으로 보아야 한다.[142]

1-2-4. 자산의 평가차익

(1) 원칙

법인세법상 자산의 장부가액을 증액하는 것은 원칙적으로 허용되지 않으므로(법 42조 1항 본문), 자산의 평가이익은 익금에 산입되지 않는다(법 18조 1호 본문).

(2) 예외

다음 자산의 평가이익은 예외적으로 익금에 산입된다(시행령 11조 4호).
① 보험업법 등에 따른 유형자산 및 무형자산 등(법 18조 1호 단서, 42조 1항 단서)
② 투자회사 등이 보유한 집합투자재산에 해당하는 유가증권(시행령 75조 3항)
③ 보험회사의 특별계정에 속하는 자산의 평가방법으로 시가법을 신고한 경우(시행령 75조 4항)
④ 화폐성 외화자산·부채 등(시행령 76조)

절 1-3.). 따라서 합병법인이 종전부터 보유하다가 합병대가로 교부한 자기주식은, 당초 소각 목적으로 취득되었다가 소각되기 전에 우연히 합병대가로 지급되는 등 예외적인 경우가 아니면, 일반적으로 자산에 해당할 것이다.
140) 자본거래가 그와 관련된 모든 거래의 손익을 소득계산에서 제외시키는 것은 아니고, 자본거래에 수반하여 손익거래가 행해진 경우, 후자와 관련된 손익이 세법상 인식되어야 한다. 가령, 현물배당의 경우 법인은 현물의 시가와 장부가액의 차액을 손익으로 인식하여야 한다. 제3편 제3장 제2절 2-2. 참조
141) 상세한 내용에 관하여는 제3편 제3장 제5절 6. 참조
142) 김완석·황남석, 법인세법론(2021), 199쪽

1-2-5. 무상으로 받은 자산의 가액

무상으로 받은 자산의 취득가액은 그 취득 당시의 시가이고(시행령 72조 2항 7호), 익금에 해당한다(시행령 11조 5호). '무상으로 받은 자산의 가액'은 수증자산과 같이 대가를 지급하지 않고 취득하여 증가된 자산을 의미한다.[143][144]

한편, 법인이 무상으로 받은 자산은 증여세법상 증여에 해당하지만, 법인의 자산수증이익에 대하여 법인세 외에 추가로 증여세까지 부과하는 것은 과도하고 불필요하다. 이에 따라 상증세법은 법인의 자산수증이익에 대하여 증여세를 부과하지 않는 것으로 규정하고, 이는 법인세가 법인세법이나 다른 법률에 따라 비과세되거나 감면되는 경우에도 같다(상증세법 4조의2 3항).[145]

법인이 자산을 시가보다 낮은 가액으로 매입한 경우 그 매입액과 시가의 차액을 '무상으로 받은 자산의 가액'이라고 볼 수 있는지 문제된다. ① 법인이 자산을 매입한 경우의 취득가액은 매입가액에 부대비용을 가산한 금액이고(시행령 72조 2항 1호), 이는 그 매입가액이 시가보다 낮은 경우에도 적용된다. 그리고 자산의 취득가액을 시가로 규정하는 법인세법 시행령 제72조 제2항 제7호는 같은 항 제1호 내지 제6호에 해당하지 않는 경우에 비로소 적용된다. 따라서 저가로 매입한 자산의 매입가액과 시가의 차액을 익금에 산입하는 것은 취득가액 관련규정에 부합하지 않는다. ② 법인세법 제15조 제2항 제1호는 법인이 유가증권을 특수관계에 있는 개인으로부터 저가로 매입하는 경우 시가와 매입가액의 차액을 익금으로 본다고 규정하는데,[146] 이는 그 외의 경우에는 위 차액이 익금으로 되지 않음을 전제로 한 것이다. 따라서 현행세법의 해석론으로는 매입가액과 시가의 차액을 '무상으로 받은 자산의 가액'이라고 보는 것은 무리이다.[147] 다만, 입법론으로는, 상대방이

---

143) 대법원 1983. 7. 12. 선고 81누86 판결 ; 대법원 1995. 7. 28. 선고 94누3629 판결은, 원고 법인과 특수관계에 있는 소외 회사가 신주를 발행하는 것과 관련하여, 원고의 주주이자 소외 회사의 주주인 소외인들이 그들에게 배정된 소외 회사의 신주 중 일부의 인수를 포기하였고, 원고가 그 부분 신주를 시가보다 낮은 가액에 인수한 경우, 그 시가와 인수가액의 차액은 원고의 무상수증익에 해당한다고 판단하였다. 위 사건에서 원고가 얻은 이익은, 현행 세법상으로는 '자본거래로 인하여 특수관계인으로부터 분여받은 이익'(시행령 11조 8호)에 해당할 것이다.

144) 서울행정법원 2019. 9. 17. 선고 2018구합86818 판결은, 은행이 지방자치단체와의 협약에 따라 지방자치단체가 추천하는 중소기업 등에게 일반금리보다 낮은 금리로 대출을 하고, 지방자치단체로부터 받은 이차보전금(일반금리와 고객 적용금리의 차액)은, 대출에서 발생한 이자수익의 일부이고, '무상으로 받은 자산'에 해당하지 않는다고 판단하였다[서울고등법원 2019. 10. 29. 선고 2019누61979 판결(항소기각), 대법원 2021. 1. 14. 선고 2020두49492 판결(심리불속행)].

145) 따라서 법인이 자산수증이익을 이월결손금의 보전에 충당하여 익금에 산입하지 않았더라도, 그 자산수증이익은 증여세 과세대상에 해당하지 않는다.

146) 법인세법 시행령 제72조 제3항 제1호는 이 경우 매입가액과 시가의 차액을 취득가액에 포함시키는 특칙을 규정한다.

147) 김완석·황남석, 법인세법론(2021), 201쪽은, 양도인이 양수인에게 차액을 증여할 의사가 있는 경우와 같

법인에게 자산을 저가로 양도한 것이 상대방의 부당행위계산 또는 간주기부금에 해당하는 경우에는, 그 상대방이 시가를 기준으로 과세되므로, 자산의 취득가액과 시가의 차액을 익금으로 인정하는 것을 고려할 필요가 있다.

무상으로 받은 자산의 가액[국고보조금 등(법 36조)은 제외한다[148]] 중 대통령령으로 정하는 이월결손금의 보전에 충당된 금액은 익금에 산입되지 않는다(법 18조 6호).

한편, 국고보조금[149]도 자산수증이익으로서 익금에 해당하지만, 국고보조금 등으로 사업용 자산을 취득한 경우에는 일시상각충당금 등을 계상하여 손금에 산입할 수 있다(법 36조, 시행령 64조).

1-2-6. 채무의 면제·소멸이익

채무자인 법인이 채무를 면제받거나[150] 그 밖의 원인으로 채무가 소멸하는 경우 그 금액은 익금에 해당한다(시행령 11조 6호). 채무소멸이익의 대표적인 경우는 **소멸시효**의 완성이다. 채무자가 소멸시효의 완성 전에 채무를 승인한 경우에는 소멸시효가 중단되고(민법 163조 3호), 소멸시효가 완성된 후에도 그 이익을 포기할 수 있다.[151][152] 대물변제나 채무의 출자전환에 따라 채무자인 법인이 채권자에게 이전하는 재산이 소멸하는 채무액에 미달하는 경우에도, 채무의 면제·소멸이익이 발생할 수 있다.

이 일부유상·일부무상거래에 있어서의 일부무상취득(teilweise unentgeltlicher Erwerb)부분(증여부분)에 한하여 무상으로 받은 자산의 가액에 포함된다고 본다. 한편, 일본 법인세법은 자산의 무상양수와 관련된 수익액을 익금으로 규정하는데(일본 법인세법 제22조 제2항), 일본 법원은 법인이 주식을 저가로 양수한 경우 시가와 거래가액의 차액은 익금에 포함된다고 본다[金子 宏, 租稅法(2019), p.340].

148) 위 규정의 입법취지는 다소 불분명하다. ① 국고보조금은 일반적으로 그 사용처가 엄격하게 정해지고, 그에 따른 사용이 손금에 해당하는 경우에는, 국고보조금을 익금에 산입하더라도 같은 금액이 손금에 산입되므로, 실질적 조세부담이 없게 된다. 그런 상황에서 추가로 국고보조금을 공제시한이 경과한 이월결손금의 보전에까지 충당할 수 있게 하는 것은 과도한 혜택이라고 판단되었을 여지가 있다. ② 다만, 국고보조금은 통상 공익적 기능을 하는 법인에게 교부되는데, 영리법인이 특수관계인으로부터 받은 자산수증이익도 이월결손금의 보전에 충당될 수 있는 것에 비하여, 공익적 기능을 하는 법인에게 교부된 국고보조금에 대하여 이월결손금의 보전충당을 제한하는 것은 균형이 맞지 않는 면이 있다.

149) 보조금 관리에 관한 법률 제2조 제1호

150) 채무의 면제는 채권자가 채권을 포기하여 소멸시키는 것을 말한다(민법 506조).

151) 대법원은, 농협이 소멸시효의 완성 전에 휴면예금의 계좌에 이자를 정기적으로 입금한 것은 소멸시효의 중단사유인 승인에 해당하므로, 은행의 예금반환채무에 관하여 소멸시효가 완성되었다고 볼 수 없고, 소멸시효가 완성된 공제금에 관하여 공제계약자 및 공제수익자에게 공제금을 찾아가라는 내용의 개별 안내서를 발송한 것은 시효이익 포기의 의사표시를 한 것으로 볼 수 있으므로, 예금반환채무 및 공제금지급채무가 소멸하였다고 보아 이를 익금에 산입하여 한 과세처분은 위법하다고 판단하였다. 대법원 2012. 8. 17. 선고 2009두14965 판결, 대법원 2012. 8. 23. 선고 2010두12996 판결

152) 소멸시효의 완성과 대손사유에 관하여는 제2장 제1절 3-2-2. (2) (가) 참조

채무의 면제·소멸이익 중 대통령령으로 정하는 이월결손금[153]의 보전에 충당된 금액은 익금에 산입되지 않는다(법 18조 6호). 회생계획 등에 따른 채무의 출자전환으로 인한 채무면제익은, 해당 사업연도의 익금에 산입하지 않고 그 이후의 사업연도에 발생하는 결손금의 보전에 충당할 수 있다(법 17조 2항, 시행령 15조 1항).[154]

1-2-7. 손금산입금액 중 환입된 금액

손금에 산입한 금액 중 환입된 금액은 익금에 산입된다(시행령 11조 7호). 이는 해당 사업연도 전에 손금에 산입된 금액이 해당 사업연도에 환입된 것을 의미한다. 그 예로는 해당 사업연도 전에 납부한 재산세 등을 해당 사업연도에 환급받은 경우, 과거의 사업연도에 대손금으로 손금에 산입된 채권을 그 이후의 사업연도에 회수한 경우(법 19조의2 3항) 등이 있다. 해당 사업연도 전에 손금에 산입되지 않은 금액(가령, 법인세 등)이 환급된 경우는 이에 해당하지 않는다.

1-2-8. 자본거래로 인하여 특수관계인으로부터 분여받은 이익

법인이 자본거래로 인하여 특수관계인으로부터 분여받은 이익은 익금에 해당한다(시행령 11조 8호).[155] 여기서 이익을 분여한 특수관계인인 다른 주주에는 법인 주주뿐만 아니라 개인 주주도 포함된다.[156] 법인이 특수관계인으로부터 분여받은 이익은 그 특수관계인이 법인에게 분여한 이익에 대응하고 그 실질적인 대상이 동일하므로, 전자의 계산에 관하여는 후자의 계산에 관한 규정(시행령 89조 6항)을 준용할 수 있다고 보아야 한다.[157]

대법원은, 법인이 불공정합병의 합병당사법인들 주식을 함께 보유함에 따라 위 합병으로 인하여 이익을 분여하기도 하고 분여받기도 한 경우, ① 주가가 과소평가된 합병당사법인의 주주로서 입은 손실과 주가가 과대평가된 합병당사법인의 주주로서 얻은 이익을 통산하여 실질적으로 분여받은 이익이 있는 경우에 한하여 법인세법 시행령 제11조 제8호를

---

153) 상세한 내용은 제5장 제1절 2-2-2. (1) 참조
154) 금융채권자가 일정한 시기까지 회생채무자 또는 부실징후기업인 내국법인의 채무를 일부 면제한 경우, 내국법인은 채무면제익을 3년 거치 3년 균등분할의 방법으로 익금에 산입할 수 있다(조특법 44조 1항).
155) 김완석·황남석, 법인세법론(2021), 206쪽은, 불공정합병 등의 자본거래로 인하여 다른 주주로부터 분여받은 이익은 평가이익인데, 법인세법 제42조는 유가증권에 대하여 시가법에 의한 평가이익의 계상을 허용하지 않고, 불공정합병 등의 자본거래로 분여받은 이익은 아직 성숙·확정되지 않은 미실현이익이므로, 이를 익금의 유형으로 예시한 법인세법 시행령 제11조 제9호는 상위 법률의 위임 없이 과세소득의 범위를 부당하게 확장한 것이라고 한다.
156) 서울고등법원 2011. 11. 3. 선고 2011누19828 판결(대법원 2012. 3. 29. 선고 2011두29779 판결로 확정)
157) 대법원 2013. 12. 26. 선고 2011두2736 판결

적용하고, ② 부당행위계산부인 규정과 자본거래로 분여받은 이익의 익금산입 규정 중 어느 하나만을 적용하여야 한다고 판시하였다.[158] 이는 불공정합병 외의 다른 자본거래를 통한 부당행위계산의 경우에도 마찬가지로 보아야 할 것이다.

부당행위계산에 해당하는 합병에 따라 피합병법인의 주주가 의제배당을 받음과 동시에 합병법인의 주주로부터 이익을 분여받은 경우, 양자의 금액은 동일한 대상인 합병법인 주식을 놓고 다른 관점에서 소득을 파악하여 계산한 것에 불과하다.[159] 따라서 '의제배당 중 합병교부금(금전 등)을 제외하고 계산된 부분'과 '합병으로 인하여 분여받은 이익'은 중첩되므로, 양자를 별도로 파악하여 각각 익금에 산입할 것이 아니라 그중 큰 금액만을 익금에 산입하면 족하다.[160] 그런데 세법은 불공정합병에 따라 피합병법인의 주주가 받은 합병신주의 취득가액을 합병신주의 시가에 위 주주가 분여받은 이익을 더하여 산정하도록 규정한다(시행령 72조 2항 5호). 이는 합병에 따른 의제배당과 분여받은 이익이 각각 별도로 익금에 산입됨을 전제로 후자의 금액을 합병법인 주식의 취득가액에 가산함으로써 사후적으로 그 주식의 처분 시 손금에 산입하도록 해주기 위한 것으로 보인다. 그러나 입법론으로는, 위 경우 합병으로 분여받은 이익과 의제배당의 조정을 통하여 이중과세를 피하고, 합병법인 주식의 취득가액은 그 시가로 정하는 것이 합리적이다.[161]

---

158) 대법원 2022. 12. 29. 선고 2018두59182 판결

159) 피합병법인 주주의 의제배당은 합병대가인 합병신주의 가액에서 피합병법인 주식의 취득가액을 차감하는 방식으로 계산되고(법 16조 1항 5호, 2항), 피합병법인 주주가 합병으로 인하여 분여받은 이익도 합병법인 주식의 가액을 기준으로 계산된다(시행령 89조, 상증세법 시행령 28조 3항 1호).

160) 이에 따르면, 피합병법인의 주주에게 유리하게 부당행위계산에 해당하는 합병이 이루어진 경우, 피합병법인의 주주인 법인의 익금에 산입되어야 하는 금액은 MAX(① 주주가 분여받은 이익, ② 의제배당소득)가 된다. 가령, 부당행위계산에 해당하는 비적격합병 당시 피합병법인 주주 A가 보유한 피합병법인 주식의 취득가액이 90원, 위 주식의 시가가 100원, A가 합병대가로 받은 합병법인 주식의 가액(시가)이 120원이고, A가 위 합병을 통하여 특수관계인인 합병법인의 주주로부터 분여받은 이익이 20원인 경우, 의제배당 30원(= 120원 - 90원)은 위 이익 20원보다 크므로, 의제배당 30원만 익금에 산입된다. 한편, 만일 위 사례에서 합병 당시 피합병법인 주식의 취득가액이 110원이었다면, 의제배당은 10원(= 120원 - 110원)이 되고, A가 분여받은 이익 20원이 의제배당보다 크므로, 위 이익 20원만이 익금에 산입된다.

161) ① 가령, 부당행위계산에 해당하는 합병 당시 피합병법인 주주 A가 보유한 피합병법인 주식의 취득가액이 90원, 위 주식의 시가가 100원, A가 합병대가로 받은 합병법인 주식의 가액(시가)이 120원이고, A가 위 합병을 통하여 특수관계인인 합병법인의 주주로부터 분여받은 이익이 20원인 경우를 상정하자. ② 현행세법에 의하면, A가 받은 합병법인 주식의 시가는 120원이지만, A는 의제배당 30원(= 120원 - 90원)을 얻고, 20원을 분여받은 것으로서 합계 50원이 A의 익금에 산입된다. 그리고 A가 받은 합병법인 주식의 취득가액은 그 시가인 120원에 분여받은 이익 20원을 가산한 140원이 되고, 위 20원은 위 주식의 처분시에 손금에 산입된다. ③ 본문에서 입법론으로 제시한 방법에 따르면, A의 의제배당(30원)이 A가 합병으로 분여받은 이익(20원)보다 크므로, 의제배당 30원만 익금에 산입하고, 위 분여이익 20원은 익금에 산입하지 않는 한편, 합병법인 주식의 취득가액은 그 시가인 120원으로 처리하게 된다.

1-2-9. 특수관계의 소멸 시 등까지 회수하지 않은 가지급금 및 그 이자

(1) 익금산입의 요건

다음에 해당하는 업무무관 가지급금 및 그 이자는 익금에 산입된다(시행령 11조 9호 본문).

① 특수관계인에 대한 업무무관 가지급금의 이자를 그 발생일이 속하는 사업연도 종료일부터 1년이 되는 날까지 회수하지 않은 경우, 그 이자(나목)[162] : 여기서 '이자'는 실제로 발생한 이자채권을 의미하고, 부당행위계산에 따른 인정이자, 즉 법인이 시가인 이율로 대여하였다면 지급받았을 가정적 이자는 포함하지 않는다.[163] 위 규정은 의제적 성격을 가지므로, 법인이 위 규정에 따라 익금에 산입된 미회수 이자를 이후 실제로 회수하더라도, 당초의 익금산입이 없게 되는 것은 아니고,[164] 그 금액은 나중에 회수한 시점에 '이미 과세된 소득'(법 18조 2호)으로서 익금에 불산입되어야 할 것이다. 법인이 특수관계인에 대한 가지급금의 이자를 가지급금의 원본에 가산한 경우 가지급금 이자의 회수가 있었다고 볼 것인지가 문제된다.[165]

② 특수관계가 소멸하는 날까지 회수하지 않은 업무무관 가지급금 등(위 ①에 따라 익금에 산입한 이자는 제외된다)(가목)[166] : 이에 해당하기 위해서는 법인과 가지급금 등의 채무자 간의 모든 특수관계가 소멸하여야 한다.[167] 법인이 사업을 영위하지 않

---

162) 대법원은, 구 법인세법 시행령(2019. 2. 12. 개정 전) 제11조 제9호의2(현행 : 제9호) (나)목은 구 법인세법 제15조 제3항의 위임범위를 벗어난 것으로 볼 수 없다고 판시하였다. 대법원 2021. 8. 12. 선고 2018두34305 판결

163) 법인세법 시행령 제11조 제9호는 법인이 가지급금 등의 자산을 포기한 것으로 간주하여 손금불산입(익금산입)하는 규정이므로, 그 전제로 가지급금 등이 법인의 자산으로 존재하여야 한다. 그런데 법인의 가지급금에 대하여 부당행위계산부인으로 인정이자가 계산되는 경우 그 금액은 익금에 산입될 뿐 자산으로 인식되지 않으므로[해당 금액은 곧바로 사외유출된 것으로 처리되고, 미수이자가 자본금과 적립금 조정명세서(을)에 유보로 기록되지 않는다], 위 규정의 전제조건이 충족되지 않는다.

164) 서울행정법원 2021. 11. 5. 선고 2017구합73341 판결

165) 서울행정법원 2021. 11. 9. 선고 2017구합79820 판결은, 법인이 특수관계인에 대한 가지급금의 이자를 가지급금의 원본에 전입하였더라도, 그 이자를 회수한 것으로 볼 수 없다고 판단하였다. 서울고등법원 2022. 6. 7. 선고 2021누71993 판결(항소기각) ; 한편, 서울고등법원 2018. 5. 18. 선고 2017누84879 판결은, 법인이 특수관계인으로부터 가지급금 이자를 입금받은 후 그 특수관계인에게 다시 가지급금으로 지급하였더라도, 그 이자를 회수한 것으로 보아야 한다고 판단하였다.

166) 대법원 2021. 7. 29. 선고 2020두39655 판결은, 구 법인세법 시행령(2019. 2. 12. 개정 전) 제11조 제9호의2(현행 : 제9호) (가)목은 구 법인세법 제15조 제3항의 위임범위를 벗어난 것으로 볼 수 없다고 판시하였다.

167) 법인과 가지급금 채무자 간의 특수관계 중 어느 한 유형이 소멸하였더라도 다른 유형이 존재하면 '특수관계가 소멸'한 경우에 해당하지 않는다. 서울고등법원 2020. 8. 26. 선고 2020누33628 판결은, 법인의 지배주주인 대표이사가 대표이사의 직을 사임하고 사내이사에서 퇴임한 후 그 보유 주식을 친족에게 양도함에 따라 대표이사 및 주주로서의 특수관계는 소멸하였으나, 주주인 친족을 통한 특수관계가 새로 생긴 경우, 위 시점에 구 주주와 법인 간의 특수관계가 소멸하지 않았다고 보고, 이와 달리 위 시점에 특수관계가 소멸하였음을 전제로 한 소득금액변동통지는 그 하자가 중대·명백하므로 무효라고 판단하였다.

아서 직권 폐업된 사정만으로는 법인과 임원 간의 특수관계가 소멸하지 않는다.[168]
대법원은, 법인이 주주에 대한 가지급금을 회수하지 않은 채 폐업신고를 하여 사실상 청산된 사안에서, 법인의 미회수 가지급금채권은 그 주주에게 잔여재산의 일부로 분배된 것으로 볼 여지가 있으므로, 사외로 유출된 것이 불분명하다고 보았다.[169]

다만, 다음의 사유가 있는 경우에는, 회수하지 않은 업무무관 가지급금 등은 익금에 산입되지 않는다(시행령 11조 9호 단서, 시행규칙 6조의2).

① 채권·채무에 대한 쟁송으로 회수가 불가능한 경우
② 특수관계인이 회수할 채권에 상당하는 재산을 담보로 제공하였거나 특수관계인의 소유재산에 대한 강제집행으로 채권을 확보하고 있는 경우
③ 해당 채권과 상계할 수 있는 채무를 보유하고 있는 경우[170]
④ 그 밖에 ①부터 ③까지와 비슷한 사유로서 회수하지 않는 것이 정당하다고 인정되는 경우[171]

(2) 익금산입의 효과 및 시기

법인이 특수관계인에 대한 업무무관 가지급금 등을 특수관계의 소멸시점 등까지 정당한 사유 없이 회수하지 않은 경우 이를 포기한 것으로 간주되어 익금에 산입된다.[172] 다만,

---

168) 대법원 2021. 8. 12. 선고 2020두51723 판결. 다만, 법원의 판결 중에는, 법인이 사업을 하지 않아서 폐업신고를 한 이후 가지급금 채무자인 주주가 소득세 부과처분을 받게 되자, 주주총회에서 해산결의를 하고 청산종결등기를 마친 사안에서 폐업신고 당시 사실상 청산되었다고 본 것도 있다[대구고등법원 2020. 4. 24. 선고 2019누4098 판결, 대법원 2020. 9. 3. 선고 2020두38768 판결(심리불속행)].

169) 대법원 2012. 6. 28. 선고 2011두30205 판결

170) 대구고등법원 2020. 4. 24. 선고 2019누4098 판결은, 법인이 주주인 원고에 대한 가지급금을 회수하지 않은 채 폐업신고를 하여 사실상 청산된 사안에서, 법인이 정상적 청산절차를 거쳤다면 주주인 원고가 법인에 대한 잔여재산분배채권으로 법인의 원고에 대한 가지급금채권과 상계할 수 있었으므로, 원고가 법인에 대하여 위 잔여재산분배채권을 행사하지 않는 대신 법인도 원고에 대하여 위 가지급금채권을 행사하지 않기로 정리한 것으로 볼 여지가 있는 점을 고려하여, 위 가지급금에 관하여 익금산입배제사유인 법인세법 시행규칙 제6조의2 제3호 또는 제4호의 사유가 있으므로, 위 가지급금을 익금에 산입할 수 없다고 판단하였다(대법원 2020. 9. 3. 선고 2020두38768 판결 : 심리불속행).

171) 서울행정법원 2021. 11. 5. 선고 2017구합73341 판결은, 가지급금채무자인 대표이사가 법인에 가지급금의 이자를 변제할 자력이 있었다는 사정은 법인이 미수 이자를 회수하지 않은 정당한 사유에 해당하지 않는다고 판단하였다.

172) 국세청, 개정세법 해설(2010), 213쪽 ; 대법원 2021. 7. 29. 선고 2020두39655 판결 ; 당초 ① 구 법인세법 기본통칙(2001. 11. 1. 개정되기 전의 것) 1-2-7···3 제1항은 특수관계가 소멸할 때까지 회수하지 아니한 가지급금 등은 익금산입액으로 소득처분한 것으로 본다고 규정하였다. ② 그러나 대법원 2007. 2. 8. 선고 2005두5611 판결은, 법인이 특수관계인인 원고에 대한 대여금채권을 특수관계가 소멸할 때까지 회수하지 않은 사안에서, 위 기본통칙의 법규성을 부인하면서, 법인이 위 대여금채권을 포기하여 원고에게 이익을 분여한 것으로 볼 수 없다고 판단하였다. 또한, 대법원 2007. 4. 26. 선고 2005두10644 판결은, 법인이 결산서에 대지급금으로 계상되어 있는 금액을 특수관계가 소멸할 때까지 회수하지 않았다는 사정만으로 그 금액을 익금산입할 수 없다고 판단하였다. ③ 이후 위 기본통칙의 내용은 2010. 2. 18. 개정된

법인이 가지급금 채무자의 특수관계가 소멸하는 사업연도에 그 가지급금을 장부에서 제거하지 않는 경우, 그 가지급금에 관하여 (-)유보의 세무조정만 행해지고,[173] 이후 그 가지급금이 장부에서 제거되는 시점에 익금산입(손금불산입)이 이루어진다.[174]

익금산입에 따른 소득처분의 종류는, 특수관계의 소멸 직전에 존재한 법인과 가지급금 등 채무자 간의 관계에 따라 정해진다(시행령 106조 1항 1호).[175]

1-2-10. 그 밖의 수익으로서 그 법인에 귀속되었거나 귀속될 금액

(1) 예시적 규정

그 밖의 수익으로서 법인에게 귀속되었거나 귀속될 금액은 익금에 해당한다(시행령 11조 11호). 이는 법인세법 시행령 제11조가 예시적 규정이고 법인세법의 익금이 포괄적 소득개념에 토대를 둔 것임을 잘 보여준다. 이자소득, 배당소득 등이 이에 해당한다.

(2) 위법소득

위법한 원인에 의한 경제적 이익인 위법소득이 과세대상인지에 관하여 세법은 명시적으로 규정하지 않는다. 미국,[176] 독일,[177] 일본[178]에서는 위법소득도 과세대상에 포함된다.

법인세법 시행령 제11조 제9호의2로 규정되었고, 위 규정은 2019. 2. 12. 같은 조 제9호로 옮겨졌다.

173) △유보(업무무관 가지급금의 제거)/손금산입 + 익금산입(손금불산입)/소득처분(배당 등) = △유보/소득처분 ; 누락된 매출대금이 사외유출된 경우에는 법인의 장부에 인식되지 않은 자산을 장부에 인식하는 단계에 대한 익금산입 효과가 남는다(① 유보/익금산입 + ② △유보/손금산입 + ③ 손금불산입/소득처분 = 익금산입/소득처분). 이에 비하여 미회수 업무무관 가지급금을 익금산입하는 경우에는 기존에 법인의 장부에 존재하던 자산이 세법상 제거되는 것이므로, 위 ①(유보/익금산입)의 단계가 존재하지 않는다.

174) 그러나 익금산입액의 소득처분 및 소득금액변동통지는, 법인이 장부상 가지급금채권을 제거하는 시기와 관계없이, 언제나 특수관계의 소멸시점이 속하는 사업연도에 관하여 이루어져야 한다.

175) 이와 달리 수원지방법원 2022. 1. 13. 선고 2019구합74103 판결은, 법인에 대한 가지급금 채무자로서 당초 주주 겸 임원으로 있던 자가 먼저 임원의 지위를 잃은 후 주주의 지위를 잃은 사안에서, 위 가지급금은 대표이사의 지위를 이용하여 발생시킨 것이므로, 상여로 소득처분되어야 한다고 판단하였다[수원고등법원 2022. 12. 16. 선고 2022누10692 판결(항소기각)]. 그러나 이는 법인세법 시행령의 문언에 반하는 해석일 뿐만 아니라, 현행세법이 징세의 편의를 위하여 지배주주인 임원에게 귀속된 금액을 상여로 처분하는 것이 입법론상 타당하지 않음에도[제6장 4-1-1. (1) (나)] 그 적용범위를 확장하는 것이어서 바람직하지도 않다.

176) 미국 연방대법원은 ① 1946년 CIR v. Wilcox 사건에서 권리에 의하여 뒷받침되지 않은 횡령금액은 과세대상소득에 해당하지 않는다고 판단하였으나[327 U.S. 404 (1946)] 이후 ② 1952년 Rutkin v. US 사건에서는 사기(fraud)에 의한 이득과의 균형상 납세자가 갈취한 금액(extortion)도 과세대상이 된다고 보았고 [343 U.S. 130 (1952)], ③ 1961년 James v. US 사건에서는 정면으로 Wilcox 사건의 판례를 변경하여 횡령금액이 과세대상소득이라고 판단하였다[366 U.S. 213 (1961)]. 미국 세법 제162조(a)는 총소득(gross income)을 "원천에 관계없이 모든 소득(all income from whatever source derived)"이라고 규정함으로써 위법소득도 과세소득에 포함시킬 수 있도록 규정한다.

177) 독일 조세기본법 제40조는, 과세대상인 행위가 법령의 규제 또는 금지를 위반하거나 사회질서에 반하는지 여부는 과세에 영향을 미치지 않는다고 규정하고, 제41조 제1항은, 법적 거래가 무효이거나 무효로

법인세법은 익금을 순자산 증가로 인한 '수익(收益)'이라고만 규정할 뿐 그 수익이 적법한 권원에 의한 것임을 요구하지 않으므로, 위법소득도 익금에 포함될 여지가 있다. 그리고 위법소득을 과세하지 않을 경우 적법한 원인에 의한 소득보다 세법상 우대하는 불공평한 결과에 이르게 된다. 이러한 점들을 고려하면, 위법소득도 과세대상이라고 보는 것이 타당하다. 제한적 소득개념에 기초한 소득세법도 위법소득인 뇌물 등을 기타소득으로 과세한다(소득세법 20조 1항 3호, 21조 1항 23, 24호).[179]

대법원도 일찍부터 위법소득이 과세대상에 해당한다고 판시하여 오고 있다.[180][181][182] 판례에 따르면, 법인이 밀수금괴를 매입하여 판매한 매출금액도 과세의 대상이 되고,[183] 법인이 공정거래법을 위반하는 부당한 공동행위의 대가로 받은 담합사례금은 익금에 포함된다.[184][185] 다만, 위법소득에는 경제적 이익의 상실가능성이 내재되어 있으므로, 위법소

되는 것은, 관련 당사자들이 그 법적 거래의 경제적 결과를 발생시키고 유지하는 범위와 기간 내에서는 과세에 영향을 미치지 않는다고 규정한다.

178) 일본 소득세법 기본통달 36-1은 소득세법 제36조 제1항에 규정하는 「수입금액으로 해야 할 금액」 또는 「총수입금액에 산입할 금액」은 그 수입의 기초가 된 행위의 적법(適法) 여부를 묻지 않는다고 규정한다. 일본 법원도 위법소득이 과세소득에 포함되는 것으로 판단해오고 있다.

179) 거주자가 정치자금법에 따라 정당에 정치자금을 기부한 경우 그 기부금액 중 일정한 금액을 종합소득산출세액에서 공제하고, 상속세 또는 증여세를 부과하지 않으나, 그 외의 정치자금에 대하여는 그 기부받은 자가 상속받거나 증여받은 것으로 보아 상속세 또는 증여세를 부과한다(조특법 76조).

180) 대법원 1983. 10. 25. 선고 81누136 판결(회사의 부사장이 회사 소유 부동산을 매각하여 그 처분대금을 횡령한 사건) : "소득세법은 개인의 소득이라는 경제적 현상에 착안하여 담세력이 있다고 보여지는 것에 과세하려는데 그 근본취지가 있다 할 것이므로 과세소득은 이를 경제적 측면에서 보아 현실로 이득을 지배관리하면서 이를 향수하고 있어서 담세력이 있는 것으로 판단되면 족하고 그 소득을 얻게 된 원인관계에 대한 법률적 평가가 반드시 적법하고 유효한 것이어야 하는 것은 아니라 할 것이다. …(중략)… 원심변론종결시까지도 원고의 위법소득에 대한 환원조치를 취하고 있지 않으니 이는 과세소득에서 제외시킬 수 없다"

181) 대법원 1991. 12. 10. 선고 91누5303 판결은, 상호신용금고의 대표이사가 상호신용금고 명의로 부금을 수입하거나 금원을 차입하여 부외(簿外)부채로 관리·유용한 사건에서, 그러한 차입행위가 구 상호신용금고법 제17조를 위반한 것으로서 사법상 무효라고 하더라도, 그 부외부채의 상대계정인 현금은 일단 법인의 수익으로 보아야 하고, 그 현금이 법인의 장부에 기장되지 않은 이상 사외유출되었다고 보아야 한다고 판시하였다. 엄밀하게 보면, 위 사건에서 문제된 현금은 법인의 수익이라기보다는 자산이므로, 위 사건은 위법소득의 문제가 아니라 사법상 무효인 행위로 취득한 자산을 세법상 자산으로 인식할 수 있는지의 문제로 보아야 한다. 그리고 위 사건에서 법인의 자산인 현금이 사외유출됨으로써 비용(자산의 감소)이 발생함과 동시에 손금불산입되고, 그 금액이 소득처분된다고 보아야 할 것이다.

182) 한편, 대법원은, 구 변리사법상 법인의 형태로 변리사업무를 수행할 수 있다는 근거 규정이 없는 이상, 변리사들이 별개의 법인을 설립하여 그 업무수행에 따른 소득을 그 법인에 귀속시키는 행위는 허용될 수 없고, 그와 같은 소득은 변리사업무의 수행에 따른 소득으로서 변리사 개인에게 귀속된다고 보아야 한다고 판시하였다(대법원 2003. 9. 5. 선고 2001두7855 판결). 그러나 소득이 법인의 형태를 통하여 발생한 경우에 그 소득의 원인이 되는 사업활동이 법령에 위반된다는 이유로 그 법인의 소득이 아니라고 할 수 있는지는 의문이다.

183) 대법원 1994. 12. 27. 선고 94누5823 판결

184) 대법원 2017. 10. 26. 선고 2017두51310 판결

185) 대법원 2020. 6. 25. 선고 2017두58991 판결은, 원고가 상대방에게 자금을 대여하고 이자를 수취하자,

득의 지배·관리라는 과세요건이 충족되어 그에 관한 납세의무가 성립한 후 그러한 가능성이 현실화되어 몰수·추징 등으로 납세의무자가 그 위법소득을 상실하였다면 국세기본법 제45조의2 제2항 등에 따라 후발적 경정청구를 할 수 있다.[186]

1-2-11. 익금의 의제

(1) 유가증권의 저가매입

법인이 특수관계인인 개인으로부터 유가증권을 시가보다 낮은 가액으로 매입하는 경우 시가와 그 매입가액의 차액에 상당하는 금액은 익금으로 본다(법 15조 2항 1호). 일반적으로 법인이 자산을 시가보다 낮은 가액으로 매입하더라도, 그 취득가액은 시가가 아닌 매입가액이고, 시가와 매입가액의 차액은 그 자산의 처분시점에 비로소 익금에 산입된다. 이를 이용한 우회적·간접적 증여에 대처하기 위하여, 법인세법 제15조 제2항 제1호는 자산의 저가매입시점에 곧바로 시가와 매입가액의 차액을 법인의 익금에 산입하도록 규정한다. 위 규정에 해당하기 위해서는 ① 법인이 특수관계 있는 개인으로부터 매입한 경우이어야 하고, ② 매입대상이 유가증권이어야 한다. 위 규정에 따라 법인의 익금에 산입된 금액은 해당 유가증권의 취득가액에 포함된다(시행령 72조 3항 1호).

그러나 위 규정은 ① 매도자가 특수관계 있는 개인인 경우와 법인인 경우, 그리고 매매목적물이 유가증권인 경우와 그 외의 자산인 경우를 각각 구별하여 다르게 취급할 합리적 이유를 찾기 어렵고, ② 상증세법 제45조의5의 특정법인과의 거래를 통한 증여의제 규정을 통하여 법인을 이용한 우회적·간접적 증여에 대한 증여세 과세가 가능하게 되어, 법인세법에 익금을 조기에 인식하는 예외규정을 둘 필요성이 줄어들었으므로, 입법론으로는 폐지하는 것이 바람직하다.

(2) 외국자회사의 외국법인세액

내국법인이 외국자회사로부터 받은 수입배당금액이 있는 경우, 외국납부세액공제를 위한 증액환원으로서, 그 외국자회사의 소득에 대하여 부과된 외국법인세액으로서 대통령령

피고가 원고에게 종합소득세 과세처분을 하였고, 이후 원고가 상대방의 기망을 이유로 위 대여계약을 취소하는 의사표시를 한 후 후발적 경정청구를 한 사건에서, 원고가 위 이자를 반환하지 않고 계속 보유하고 있다면 원고의 이자소득이 여전히 존재한다고 보아야 한다고 판단하였다.

186) 대법원 2015. 7. 16. 선고 2014두5514 전원합의체 판결 : 위법소득의 지배·관리라는 과세요건이 충족됨으로써 일단 납세의무가 성립하였다고 하더라도 그 후 몰수나 추징과 같은 위법소득에 내재되어 있던 경제적 이익의 상실가능성이 현실화되는 후발적 사유가 발생하여 소득이 실현되지 아니하는 것으로 확정됨으로써 당초 성립하였던 납세의무가 전제를 잃게 되었다면, 특별한 사정이 없는 한 납세자는 국세기본법 제45조의2 제2항 등이 규정한 후발적 경정청구를 하여 납세의무의 부담에서 벗어날 수 있다.

으로 정하는 바에 따라 계산하여 세액공제의 대상이 되는 금액은 익금으로 의제된다(법 15조 2항 2호). 그리고 그 다음 단계로 그 금액은 외국납부세액으로서 세액에서 공제된다(법 57조).

(3) 동업기업으로부터 배분받은 소득금액

동업기업의 동업자군별 배분대상 소득금액은 각 과세연도의 종료일에 해당 동업자군에 속하는 동업자들에게 동업자 간의 손익배분비율에 따라 배분한다(조특법 100조의18 1항 본문). 법인인 동업자가 동업기업 과세특례에 의하여 동업기업으로부터 배분받은 소득금액은 익금으로 본다(법 15조 2항 3호).

1-2-12. 의제배당

주주가 그 주식의 소각 등에 따라 받는 대가 등은, 그 주식의 발행법인에 누적된 이익잉여금을 배분받는 것으로서 실질적으로는 배당과 같다. 이러한 점을 고려하여 세법은, 주식 등의 소각에 따라 주주가 받는 대가 중에서 그 주식의 취득가액을 초과하는 금액을, 배당금 또는 분배금으로 의제하여 과세한다(법 16조 1항). 이에 관하여는 자본거래에 관한 부분에서 자세히 다루기로 한다.

1-3. 익금불산입

1-3-1. 자본거래로 인한 순자산증가

법인의 자본거래로 인한 수익, 즉 ① 주식발행액면초과액, ② 주식의 포괄적 교환차익, ③ 주식의 포괄적 이전차익, ④ 감자차익, ⑤ 합병차익, ⑥ 분할차익은 원칙적으로 또는 언제나 익금에 산입되지 않는다(법 17조 1항). 이에 관하여는 자본거래에 관한 부분에서 자세히 다루기로 한다.[187]

1-3-2. 자산의 평가이익 등

(1) 자산의 평가이익

법인세법은 원칙적으로 자산의 평가를 인정하지 않으므로(법 42조 1항 본문), 자산의 평가이익은 익금에 산입되지 않는다(법 18조 1호 본문). 다만, ① 보험업 등에 따른 유형자산 및

---

187) 제3편 제1장 2-1. 참조

유형자산 등(법 42조 1항), ② 투자회사 등이 보유한 유가증권(시행령 75조 3항), ③ 보험회사의 특별계정에 속하는 자산에 관하여 시가법을 신고한 경우(시행령 75조 4항), ④ 화폐성 외화자산·부채 등의 경우(시행령 76조) 예외적으로 평가가 인정되고, 자산의 평가차익은 익금으로 인정된다(시행령 11조 4호).

(2) 이미 과세된 소득(이월익금)

각 사업연도의 소득으로 이미 과세된 소득(법인세법과 다른 법률에 따라 비과세되거나 면제되는 소득을 포함한다)은 다시 이후 사업연도의 익금에 산입될 수 없다(법 18조 2호).

(3) 법인세 또는 법인지방소득세의 환급액

법인세와 법인지방소득세는 손금에 산입되지 않는다(법 21조 1호). 따라서 이미 납부한 법인세 또는 법인지방소득세를 환급받았거나 환급받을 금액은 익금에 산입되지 않는다(법 18조 3호).

(4) 국세 또는 지방세의 과오납금(過誤納金)의 환급금에 대한 이자

국세 또는 지방세의 과오납금의 환급금에 대한 이자는 익금에 산입되지 않는다(법 18조 4호). 여기서 환급금에 대한 이자는 국세환급가산금(국세기본법 52조), 지방세환급가산금(지방세기본법 62조)을 의미한다. 그리고 국세 또는 지방세의 환급금이 익금에 산입되는 경우이든 산입되지 않는 경우이든, 모두 그 환급가산금은 익금에 산입되지 않는다. 환급가산금은, 국세 또는 지방세의 과오납으로 인한 부당이득에 대한 법정이자(法定利子)의 성격을 가진다.[188] 환급가산금의 익금불산입은, 국가가 부과처분 또는 경정처분에 의하여 과다한 세액을 징수한 경우에는 국가의 잘못으로 과오납이 발생하였으므로, 그에 대한 정책적 보상의 성격을 가진다.[189]

(5) 부가가치세의 매출세액

법인이 거래상대방으로부터 대금의 일부로 수령(거래징수)한 부가가치세 매출세액은, 그 금액만큼 국가에 납부할 부채(예수금)가 발생하므로, 익금에 산입되지 않는다(법 18조 5호).

---

188) 대법원 2009. 9. 10. 선고 2009다11808 판결
189) 다만, 납세의무자가 스스로 과다한 세액을 신고·납부하였다가 경정청구에 의하여 환급받은 경우까지 환급가산금을 익금에 산입하지 않는 이유는 다소 불분명하다.

(6) 이월결손금의 보전에 충당된 자산수증이익과 채무면제이익

자산수증이익과 채무소멸이익 중 이월결손금의 보전에 충당된 금액은 익금에 산입되지 않는다(법 18조 6호). 이월결손금이 자산수증이익 등에 의하여 보전되는 것은, 15년의 공제시한의 적용을 받지 않고, 과세표준 신고에 의하여 확정되지 않았더라도 회생계획인가의 결정을 받은 법인 등의 경우 법원의 확인 등이 있으면, 허용된다(시행령 16조 1항).

(7) 연결자법인 또는 연결모법인으로부터 지급받았거나 지급받을 법인세비용 등

연결자법인이 연결법인세액의 납부를 위하여 연결모법인에게 지급하였거나 지급할 법인세액(법 76조의19 2항)은 연결자법인의 손금 및 연결모법인의 익금에 산입되지 않는다(법 21조 6호, 18조 7호). 그리고 연결모법인이 연결자법인의 결손금 소멸을 보전하기 위하여 연결자법인에게 지급하였거나 지급할 법인세액(법 76조의19 3항)은 연결모법인의 손금 및 연결자법인의 익금에 산입되지 않는다(법 21조 6호, 18조 7호).[190]

(8) 자본준비금의 감액에 따른 배당

회사는 적립된 자본준비금 및 이익준비금의 총액이 자본금의 1.5배를 초과하는 경우 그 초과한 금액의 범위에서 자본준비금과 이익준비금을 감액할 수 있다(상법 461조의2). 이에 따라 감액된 자본준비금을 재원으로 한 배당(법인이 보유한 주식의 장부가액을 한도로 한다)은 자본의 환급에 해당하므로 익금에 산입되지 않는다(법 18조 8호 본문). 다만, 의제배당을 구성하는 자본준비금을 재원으로 하는 배당은 익금에 산입된다(법 18조 8호 단서).[191]

1-3-3. 수입배당금액의 익금불산입

법인이 다른 법인에 대한 주주 등으로서 그 다른 법인으로부터 수입배당금액을 받은 경우, 법인이 보유하는 주식 등의 비율에 따라 그 수입배당금액의 전부 또는 일부가 익금에 불산입된다(법 18조의2). 그리고 법인이 외국자회사로부터 받은 수입배당금액 중 95%에 해당하는 금액은 익금에 불산입된다(법 18조의4). 이에 관한 상세한 내용은 자본거래에 관한 부분에서 다루기로 한다.

---

190) 위 규정은 2024. 1. 1.부터 시행된다.
191) 행정해석은, 자본준비금을 감액한 금액과 당기순이익으로 구성된 미처분이익잉여금을 가진 법인이 배당을 하는 경우에는 먼저 발생한 잉여금을 먼저 배당한 것으로 보아 법인세법 제18조 제8호를 적용하여야 한다고 본다(서면-2015-법령해석법인-2052, 2016. 1. 18.).

2 손금

2-1. 손금의 개념

2-1-1. 회계기준상 비용의 정의

(1) K-IFRS

비용(expenses)은, 자산의 유출이나 소멸 또는 부채의 증가에 따라 자본의 감소를 초래하는 특정 회계기간 동안에 발생한 경제적 효익의 감소로서, 지분참여자에 대한 분배(distributions to equity participants)와 관련된 것은 제외한다.[192]

(2) 일반기업회계기준

비용이란, 기업실체의 경영활동과 관련된 재화의 판매 또는 용역의 제공 등에 따라 발생하는 자산의 유출이나 사용 또는 부채의 증가이다.[193]

2-1-2. 법인세법상 손금의 정의

손금은, 자본 또는 출자의 환급, 잉여금의 처분 및 법인세법에서 규정하는 것을 제외하고, 법인의 순자산을 감소시키는 거래로 인하여 발생하는 손실 또는 비용[손비(損費)]이고(법 19조 1항), 손비는 법인의 사업과 관련하여 발생하거나 지출된 손실 또는 비용으로서 일반적으로 인정되는 통상적인 것이거나 수익과 직접 관련된 것이다(법 19조 2항).

회계기준은 기업의 재무상태를 있는 그대로 공시하는 것을 목표로 하므로, 자산의 감소 또는 부채의 증가가 있으면 그 발생원인에 관계없이 비용으로 인식한다. 그러나 회계상 비용을 모두 세법상 손금으로 인정할 경우 사업관련성이 없거나 약한 비용을 통하여 법인의 과세대상소득이 부당하게 감소할 수 있으므로, 법인세법은 일정한 요건을 갖춘 비용에 한하여 손금으로 인정한다.

법인세법의 손금은 실제로 발생한 비용을 기초로 한다. 따라서 법인이 어떤 선택을 하였다면 얻을 수 있었던 가정적 수익을 얻지 못한 것은, 경제학적 의미의 비용[기회비용(opportunity cost)]이지만, 법인세법의 손금에 해당하지 않는다.[194]

---

192) 재무보고를 위한 개념체계 문단 4.25(2)
193) 재무회계개념체계 문단 120
194) 서울고등법원 2019. 11. 6. 선고 2019누31589 판결

2-2. 손금의 요건

법인세법 제19조 제1항의 순자산 감소 요건은 법인의 순자산 증가를 포괄적으로 익금으로 보아 과세하는 것에 대응한다. 법인세법 제19조 제2항에 손금의 요건으로 규정된 세 가지 요소, 즉 사업관련성, 통상성 그리고 수익관련성의 관계에 관하여는 견해가 엇갈린다.

영리법인의 존립목적은 수익(이윤)의 창출이므로, 손금의 1차적 요건은 수익관련성이고, 수익과 직접 관련된 비용은 당연히 법인의 사업과 관련된 것으로 볼 수 있다. 따라서 수익관련성에는 사업관련성이 내포되어 있고, 수익관련성이 인정되는 경우에는 별도로 사업관련성 여부를 따질 필요가 없다. 법인세법 제19조 제2항은, 수익과의 직접적 관련성이 인정되지 않는 비용이라도 사업관련성과 통상성이 인정되면 손금으로 인정할 수 있다는 취지로 보아야 한다.[195] 결국 법인세법 제19조 제2항이 규정하는 손금의 요건은 ① 사업관련성과 통상성 또는 ② 수익관련성으로 보면 족하다.[196]

2-2-1. 사업관련성과 통상성

(1) 사업관련성

사업관련성을 판단할 때, 법인의 '사업'은 1차적으로는 정관에 기재되고 법인등기부에 등재된 목적사업(상법 289조 1항 1호, 317조 1항 1호)을 의미하지만, 반드시 그에 국한되지 않고, 영리법인의 특성과 위법소득 등을 고려할 때 그 외의 수익사업도 포함될 수 있다고 보아야 할 것이다. 수익의 발생에 기여하기 때문에 사업에 필요한 비용뿐만 아니라 사업의 수행과정에서 법인의 의사에 의하지 않고 발생하는 비용의 경우에도 사업관련성이 인정될 수 있다. 법인세법 제27조는 업무와 관련이 없어서 손금에 불산입되는 비용을 구체적으로 규정한다.

(2) 통상성

법인세법 제19조 제2항의 '일반적으로 용인되는 통상적'인 비용은, 납세의무자와 같은 종류의 사업을 영위하는 다른 법인도 동일한 상황 아래에서는 지출하였을 것으로 인정되는 비용을 의미한다.[197][198]

---

195) 이는, 수익관련성이 손금의 요건의 원형(原型)이지만, 그것을 직접적으로 입증하는 것이 반드시 쉽지 않기 때문에 그에 대신하여 통상성과 사업관련성이 입증되면 수익관련성이 입증되지 않아도 손금으로 인정해주는 것으로 볼 수 있다.
196) 미국 세법 제162조(a)는 소득에서 공제되는 비용의 요건으로 거래 또는 사업을 수행하는데 지급되거나 발생한 모든 "통상적이고 필요한(ordinary and necessary) 비용"을 규정한다.
197) 대법원 2009. 11. 12. 선고 2007두12422 판결

2-2-2. 수익관련성

수익과 직접 관련된 손비라면 그것으로 사업관련성은 증명된 것이고, 그 경우 통상적일 필요는 없다.[199] 그리고 여기의 수익은 익금을 구성하는 것이어야 한다.

한편, 익금불산입항목과 관련한 비용도 사업관련성과 통상성이 인정되면 손금에 해당할 수 있다. 가령 신주발행비용의 경우, 신주발행으로 인한 출자의 납입이 익금불산입항목이 므로 수익관련성은 인정되지 않지만, 법인의 자금을 조달하기 위한 사업상 필요와 관련되어 있으므로, 사업관련성과 통상성이 인정되어 손금으로 될 수 있다.

2-2-3. 문제되는 사안들

(1) 위법비용

위법소득을 얻기 위하여 지출한 비용이나 지출 자체에 위법성이 있는 비용을 위법비용 이라고 한다. 위법비용 중에는 세법이 명시적으로 손금불산입 항목으로 규정하는 것들이 있다. 가령 법인이 공여한 뇌물(시행령 50조 4호), 노동조합 및 노동관계조정법 제24조를 위 반하여 노동조합의 전임자에게 지급하는 급여(시행령 50조 5호) 등이다. 이와 같이 세법에 규정되지 않은 위법비용을 손금에 산입할 수 있는지가 문제된다.

법인의 과세대상 소득을 정확하게 측정하기 위해서는 손금의 요건을 충족하는 비용을 빠짐없이 소득의 계산에 반영하여야 한다. 그리고 위법소득이 익금에 포함되므로, 그에 대 응하여 위법비용도 손금에 포함시킬 필요가 있다. 한편, 위법비용을 무제한으로 손금에 포 함시킬 경우 법인의 위법한 활동에 대하여 조세절감액만큼의 보조금을 지급하는 것과 같

---

198) ① 미국 연방대법원은, 원고가 자신이 근무하던 회사가 파산하자 그 회사의 고객을 인수하여 독자적으로 사업을 할 목적으로 그 회사의 기존 고객에 대한 채무를 대신 변제한 사안에서, 원고가 지출한 비용은 자산의 사업에 필요한(necessary) 비용이지만 통상적인(ordinary) 비용으로 볼 수 없다고 판단하였다 [Welch v. Helvering, 290 US 111 (1933)]. 이에 대한 비판적 견해로 Chirelstein & Zelenak, ¶ 6.04 ② 미국 조세불복위원회(Board of Tax Appeals)는, 증권 딜러가 미국 대통령이 사망할 경우 증권시장이 붕 괴할 것을 염려하여 미국 대통령 Roosevelt에 관한 생명보험계약을 체결하고 그 보험료를 지출한 사안에 서, 그 생명보험료는 통상적인(ordinary) 비용으로 볼 수 없다고 판단하였다[Goedel v. CIR, 39 BTA 1 (1939)]. ③ 미국 연방대법원은, 원고가 증권거래법위반으로 기소되어 지출한 변호사비용에 관하여, 비록 그가 유죄로 인정되었다고 하더라도, 자신의 방어를 위하여 변호인을 선임하는 것은 헌법적 권리이므로, 원고가 지출한 비용을 공공정책이론(public policy theory)을 이유로 공제하지 않는 것은 허용되지 않는다 고 판단하였다[CIR v. Teiler, 383 US 687 (1966)].

199) 가령, 제조업을 하는 법인이 보유한 전체 자산으로 복권을 구입한 경우, 통상성을 인정받기 어려울 것이 다. 그런데 그 복권이 전혀 당첨되지 않았다면, 그 복권의 구입비용은 수익과 직접 관련된 것이 아니므로 손금에 산입될 수 없지만, 만일 그 복권이 당첨되었다면 그 당첨금과 관련된 비용은 수익과 직접 관련된 것이므로, 손금에 산입될 수 있을 것이다(다만, 그 범위를 당첨된 복권의 매입비용만으로 할지, 아니면 전체 복권의 매입비용으로 할 것인지 등의 문제는 있다).

은 결과를 가져옴으로써 다른 국가적 정책이나 제도의 실효성을 반감시킬 수 있고, 위법비용의 손금산입을 부인하여 위법한 행위를 억제할 필요도 있다. 위법비용을 손금으로 인정할 것인지는 법인소득과세의 관점과 국가정책적 요청 간의 선택의 문제이다. 미국,[200) 독일,[201) 일본[202)은 위법비용의 손금산입 여부에 관하여 조금씩 입장을 달리한다.

대법원은, 1998. 12. 28. 개정 전의 법인세법[203)이 적용되는 사건에서, 법인세는 원칙적으로 다른 법률에 의한 금지의 유무에 관계없이 담세력에 따라 과세되어야 하고, 순소득이 과세대상으로 되어야 하는 점 등을 이유로, 위법비용도 그 손금산입을 인정하는 것이 사회질서에 심히 반하는 등의 특별한 사정이 없는 한 손금으로 산입하여야 한다고 판시하였다.[204) 위 대법원 판결은, 폐기물처리업을 하는 원고 법인이 법령에 따른 특정산업폐기물을 법령의 처리방법에 따르지 않고 불법으로 매립하기 위하여 지출한 비용에 관하여 손금산입을 인정하였다.

1998. 12. 28. 개정된 법인세법에 손금의 요건으로 통상성 또는 수익관련성이 규정된 이후에는, 대법원은, 사회질서를 위반하여 지출된 비용은, 특별한 사정이 없는 한 통상성이 인정되지 않고,[205) 수익과 직접 관련된 비용으로 볼 수도 없다고 판시하였다.[206)이에

---

200) 미국 세법 제162조(a)는 손금의 요건으로 "통상적이고 필요한 비용(ordinary and necessary expenses)"이라고만 규정할 뿐 위법비용의 포함 여부에 대하여 규정하지 않는다. 미국 법원은 과거부터 이른바 공공정책이론(public policy doctrine)을 근거로 위법비용의 손금산입을 인정하지 않았다. 미국 세법은 1969년 뇌물[제162조(c)], 벌금[제162조(f)], 독점금지법 위반에 따른 3배 배상금 중 2/3 부분[제162조(g)] 등의 손금산입을 부인하는 조항을 도입하였고, 1982년 마약 등 통제약물의 거래와 관련된 비용의 손금산입을 부인하는 내용(제280조E)을 규정하였다. 그리고 재무부 규칙은, 미국 세법 제162조에 의하여 손금산입될 수 있는 비용은 그 손금산입이 엄격하게 정의된 공공정책을 저해할 것이라는 이유로 손금불산입되지 않는다고 규정한다[§ 1.162－1(a)]). 이에 따라 미국 법원은 위법비용의 손금산입 여부를 미국 세법 제162조(a)의 요건을 충족하였는지를 기준으로 판단하는 것으로 보인다.

201) 독일 소득세법 제4조 제4항은, 사업경비는 '사업을 통하여 발생한 지출(die Aufwendungen, die durch den Betrieb veranlasst sind)'이라고 규정한다. 어떤 행위가 법령이나 사회질서에 어긋남은 사업경비의 손금산입에 영향을 주지 않는다[이창희, "손금산입 요건으로서의 통상경비(대법원 1998. 5. 8. 선고 96누6158 판결)", 상사판례연구 제5권(2000), 박영사, 444쪽]. 다만, 독일 소득세법 제4조 제5항 제10호 1문은, 이익의 공여가 형법 등의 처벌대상인 불법적 행위를 이루는 경우 그와 관련된 경비의 공제를 부인한다.

202) 일본 세법은 당초 위법비용의 손금산입 여부에 관하여 명시적 규정을 두지 않았다. 그리고 일본 법원은 주주우대금, 탈세협력금, 폭력단에 대한 상납금, 범죄행위의 적발을 막기 위한 뇌물의 손금산입을 부인하였다. 일본 세법은 2013년 탈세경비, 뇌물 등의 손금산입을 부인하는 규정을 명시적으로 도입하였다(일본 법인세법 제55조, 소득세법 제45조 제2항).

203) 1998. 12. 28. 개정 전의 구 법인세법 제9조 제3항(현행 법인세법 제19조 제1항)은, 「"손금"이라 함은 자본 또는 지분의 환급, 잉여금의 처분 및 이 법에서 규정하는 것을 제외하고 그 법인의 순자산을 감소시키는 거래로 인하여 발생하는 손비의 금액을 말한다.」고만 규정하였고, 그 외에 통상성 등을 손금의 요건으로 규정하지 않았다.

204) 대법원 1998. 5. 8. 선고 96누6158 판결

205) 대법원 2009. 11. 12. 선고 2007두12422 판결

206) 대법원 2017. 10. 26. 선고 2017두51310 판결

따라 대법원은, ① 의약품 도매업체가 약국 등 소매상에게 의약품의 판매촉진을 위하여 지급한 리베이트,[207] ② 허위 세금계산서의 발급대가로 지급된 수수료,[208] ③ 공정거래법에 위반된 담합의 대가로 지급한 담합사례금[209]의 손금산입을 부인하였다.[210]

대법원은, 사회질서에 반하여 지출된 비용이 '수익과 직접 관련된 비용'에 해당하지 않는다고 판단하였으나, 사회질서에 반하여 지출된 비용은, 적법하게 지출된 비용에 비하여, 더 강한 수익획득의사를 나타내고, 많은 경우 수익획득의 가능성을 높이며 더 큰 수익을 얻을 수 있게 하므로, 위 판단의 타당성은 의문스럽다.[211] 다만, 대법원이 사회질서에 반하여 지출된 비용이 수익과 직접 관련된 것이라고 볼 여지가 있는 사건들에서 결론적으로 그 손금산입을 부정한 것은, 사회질서위반을 사실상 손금의 일반적 요건(법 19조 2항)과 별개의 독자적 손금불산입 사유로 인정하는 취지로 볼 여지가 있다.[212][213] 그렇게 볼 경우

---

207) 대법원 2015. 1. 15. 선고 2012두7608 판결

208) 대법원 2015. 5. 29. 선고 2014도13121 판결

209) 대법원 2017. 10. 26. 선고 2017두51310 판결

210) 서울행정법원 2021. 12. 21. 선고 2020구합77671 판결은, 해상화물운송업을 영위하는 원고 법인이 A와 장기운송계약을 체결하고, 그와 관련하여 A의 임원인 甲이 지배하는 중개업체들에게 중개수수료 명목으로 약 146억 원을 지급한 사건에서, 위 금액은 원고가 위 중개업체들로부터 실제로 중개용역을 제공받지 않았음에도 중개업체들에게 리베이트 등으로 지급한 것으로서 가공비용일 뿐만 아니라 사회질서에 위반된 비용으로서 손금의 통상성 요건을 갖추지 못하였다고 판단하였다.

211) ① 대법원 2015. 1. 15. 선고 2012두7608 판결의 사건에서 의약품 도매업체인 원고 법인이 약국 등 소매상에 지급한 리베이트는 수익과 직접 관련된 것으로 보이고, 원고가 위 리베이트를 지급하지 않았다면 해당 사업연도에 발생한 소득과 동일한 소득을 얻을 수 있었을지 불분명하다. ② 대법원 2017. 10. 26. 선고 2017두51310 판결의 사건에서 원고는 담합사례금을 지급한 덕분에 공사를 더 확실하게, 그리고 담합이 없었던 경우보다 더 높은 금액으로 낙찰받을 수 있었다고 볼 여지가 있고, 그 경우 그 담합사례금과 공사수익 간의 직접적 관련성을 가진다. 그리고 원고가 지급한 담합사례금은 적어도 원고가 수령한 담합사례금(수익)과 직접적 관련성을 가진다고 볼 여지가 있다. ③ 위 사안들의 경우 원고 법인은 수익을 얻기 위하여 위법한 비용의 지출까지 감행하였으므로, 수익을 지향하는 목적이 더 강하게 표현된 것으로 볼 수 있다. 그리고 경험칙상 수익의 획득을 위하여 위법한 비용이 지출된 경우 그에 따라 기재되는 수익이 적법하게 지출된 비용으로 인하여 발생할 것보다 더 크거나 확실한 경우도 상당수 있으므로, 위법한 비용과 수익 간의 관련성이 적법한 비용과 수익 간의 관련성보다 더 클 수 있다.

212) 소득세법은 사업소득의 필요경비를 '총수입금액에 대응하는 비용으로서 일반적으로 용인되는 통상적인 것의 합계액'으로 규정한다(소득세법 27조 1항). 대법원 2015. 2. 26. 선고 2014도16164 판결은, 유흥주점을 운영하는 피고인이 성매매알선의 수익을 얻기 위하여 지출한 성매매 수당 등이 필요경비로 인정될 수 있는지가 문제된 사건에서, 범죄행위로 인한 위법소득을 얻기 위하여 지출한 비용이 사회질서에 심히 반하는 등 특별한 사정이 있는 경우라면 필요경비로 인정할 수 없고, 위 성매수수당 등은 그러한 경우에 해당한다고 보아 필요경비의 요건인 '일반적으로 용인되는 통상적인 것'에 해당하는지에 대한 판단 없이 손금산입을 부인하였다. 한편, 위 사건에서 문제된 성매매 수당 등 비용은 수익관련성이 인정될 여지가 있었지만, 소득세법은 법인세법과 달리 수익관련성을 필요경비의 독자적 요건으로 규정하지 않으므로, 수익관련성이 있는 비용이라도 통상성이 없으면 필요경비로 인정되지 않는다.

213) 위법비용이라도 매출원가 등은 수익과 직접 관련된 비용이므로 손금으로 인정되어야 한다는 견해로 김완석·황남석, 법인세법론(2018), 267쪽

그러한 해석이 반드시 불가능하다고 보이지는 않지만,[214] 이는 세법에 규정되지 않은 손금불산입 사유를 인정하는 것이고, 이에 따르면 수익관련성이 인정되는 비용의 경우 그로 인하여 창출된 수익이 과세대상인 소득에 포함되어 있음에도 비용의 공제만을 부인하여 실질적인 소득을 초과하는 과세에 이르게 되는 점을 고려할 때, 그 인정범위는 신중하게 제한적으로 정해져야 할 것이다.

대법원은, 사회질서에 위반하여 지출된 비용에 해당하는지 여부는, 제반 사정을 종합적으로 고려하여 사회통념에 따라 합리적으로 판단하여야 하고, ① 관계 법령에 따라 금지된 행위가 아니라고 하여 곧바로 사회질서에 위반하여 지출된 비용이 아니라고 단정할 수는 없고,[215] ② 한편, 법령에 의하여 지출이 금지된 비용이라고 하여 곧바로 사회질서에 위반된 것으로 볼 수는 없음을 전제로, 신탁업과 은행업을 겸영하는 원고 은행이, 거액의 투자 손실을 입은 신탁상품의 수익자로서 그 신탁상품을 해지하고 원고의 정기예금으로 재예치한 고객에게 추가 우대금리를 제공한 사안에서, 신탁업 감독 규정을 위반하여 신탁계정에서 발생한 고객의 손실을 은행계정 지출액으로 보전하는 결과를 초래하였더라도, 이는 신탁고객들의 이탈을 방지하기 위한 것 등 사업상 필요에 따른 것이므로 사회질서에 반한다고 보기 어렵다고 판단하였다.[216]

법인의 불법행위로 인한 손해배상금을 손금에 산입할 수 있는지 여부도 위법비용의 손금산입 문제에 속하는데, 이에 관하여는 '세금과 공과금 등'에서 다루기로 한다.[217]

(2) 기타

법원은, 원고 법인이 종전 거래업체들과의 사이에 중간 공급자를 형식적으로 개입시킨

---

214) 이른바 조세법률주의의 관점에서 위와 같은 해석을 비판하는 견해가 있을 수 있다. 그러나 대법원은 ① 1998. 12. 28. 법인세법의 개정 이전에는 별다른 근거 규정이 없음에도 사회질서에 반하는 비용의 손금산입이 부인된다고 판시하였고, ② 세법의 해석에서도 제한적인 범위에서 유추적용을 인정하거나[1999. 9. 17. 선고 97누9666 판결(대표이사에게 사외유출된 금액을 근로소득으로 소득처분하는 규정이 없는 시점에 이루어진 대표이사의 횡령금액을 근로소득으로 판단함)], 법창조적인 해석(대법원 2015. 5. 28. 선고 2013두7704 판결) 및 세법의 문언과 다른 해석(대법원 2021. 2. 18. 선고 2017두38959 전원합의체 판결을 한 바 있다. 그리고 ③ 세법도 국법질서의 일부를 구성하므로, 전체 국법질서의 체계적·종합적 해석의 관점에서 필요한 경우 제한적인 범위에서 법원의 유추적용 또는 법창조를 인정할 필요가 있다. 형사법과 같이 법적 안정성이 극도로 중시되는 법을 제외한다면, 법 해석에서 유추적용이나 법창조가 완전히 배제되어야 한다고 보기 어렵고, 다만 그 허용되는 정도의 차이가 있을 뿐이라고 보아야 한다.
215) 대법원 2015. 1. 15. 선고 2012두7608 판결 : 의약품 도매업체인 원고 회사가 약국 등 소매상에 의약품을 판매하면서 추후 매출 실적에 따라 일정 비율을 현금으로 지급하기로 사전 약정하고, 이에 따라 2004년부터 2008년에 걸쳐 이른바 리베이트를 지급하였는데, 약사법 시행규칙이 2008. 12. 1. 개정되어 그 시행일인 2008. 12. 14.부터 비로소 도매상과 약국 등 개설자 간에 의약품 판매촉진 목적의 '금전' 제공행위가 금지된 사안에서, 대법원은 2008. 12. 14. 전에 지급된 리베이트에 대하여도 사회질서에 위반하여 지출된 것으로 판단하여 손금에 산입할 수 없다고 보았다.
216) 대법원 2015. 12. 10. 선고 2013두13327 판결
217) 제8절 4. 참조

끼워넣기 거래를 한 경우, 원고가 중간 공급자에게 지급한 매입대금과 중간 공급자가 종전 거래업체들에게 지급한 매입대금의 차액은 손금을 요건을 충족하지 못하므로, 손금에 불산입된다고 판단하였다.[218]

2-3. 손금의 범위

법인세법 제19조 제3항의 위임에 따라 법인세법 시행령 제19조는 손금의 구체적 유형에 관하여 규정한다. 다만, 법인세법 시행령 제19조는 손금을 구체적으로 예시(例示)하는 규정으로 보아야 하고, 이를 반영하여 법인세법 시행령 제19조 제22호는 '그 밖의 손비로서 그 법인에 귀속되었거나 귀속될 금액'을 손금으로 규정한다. 따라서 법인세법 시행령 제19조에 개별적으로 규정되지 않은 비용도 법인세법 제19조에 의한 손금의 요건을 충족하면 손금에 해당할 수 있다.

2-3-1. 매출원가와 판매부대비용

판매한 상품 또는 제품에 대한 원료의 매입가액(기업회계기준에 따른 매입에누리금액[219] 및 매입할인금액을 제외한다)과 그 부대비용은 손금에 산입된다(시행령 19조 1호). 이는 판매한 재고자산(在庫資産)인 상품 또는 제품의 매출원가와 판매부대비용을 말한다.

매출원가는, 기초상품(제품)재고액과 당기매입액(당기제품제조원가)의 합계액을 매출원가와 기말상품(제품)재고액으로 배분하는 과정을 통하여 계산된다. 따라서 매출원가는 기말 재고자산의 평가와 밀접한 관련을 가진다.

판매부대비용은, 판매한 상품 또는 제품의 보관료, 포장비, 운반비, 판매장려금 및 판매수당 등 판매와 관련한 부대비용을 말하고, 사전약정 없이 지급하는 판매장려금[220] 및 판매수당도 판매부대비용에 포함된다(시행령 19조 1호의2). 여기서 판매와 관련한 부대비용은 기업회계기준에 따라 계상한 판매 관련 부대비용을 말한다(시행규칙 10조).

---

218) 서울행정법원 2017. 3. 30. 선고 2016구합75425 판결, 서울고등법원 2017. 11. 22. 선고 2017누45959 판결(항소기각), 대법원 2021. 12. 30. 선고 2017두75415 판결 ; 유성욱, "사실과 다른 세금계산서의 판단방법, 증명서류 수취 불성실 가산세의 부과제척기간에 관하여", 대법원판례해설 제130호(2022), 167~170쪽

219) 대법원 2015. 9. 10. 선고 2013두6862 판결 : 원고(주식회사 포스코)가 철광석 등 원재료 공급자들과 1년 단위로 원재료 구입계약을 체결하고 원재료를 공급받으면서 사전에 약정한 연간 구매물량 등의 조건이 충족됨에 따라 계약기간 종료 직후 원재료 공급자들로부터 받은 인센티브는 법인세법 시행령 제19조 제1호에서 정한 매입에누리에 해당한다고 판단한 사례

220) 대법원 2013. 12. 12. 선고 2003두6559 판결은, 종이류의 제조·판매 등을 목적으로 하는 회사가 대리점 등 거래처에 화장지 등 정품을 제공하여 고객사은행사 등의 용도에 사용하게 한 사안에서 이를 사전약정 없이 지출된 판매장려금으로서 판매부대비용에 해당한다고 판단하였다.

판매부대비용과 기업업무추진비의 구분이 문제된다. 대법원은, 법인이 사업을 위하여 지출한 비용 가운데 ① 상대방이 사업에 관련 있는 자들이고, 지출의 목적이 접대 등의 행위에 의하여 사업관계자들과의 사이에 친목을 두텁게 하여 거래관계의 원활한 진행을 도모하는데 있는 것은 접대비(기업업무추진비)이고, ② 비용의 지출경위나 성질, 액수 등을 건전한 사회통념이나 상관행에 비추어 볼 때, 상품 또는 제품의 판매에 직접 관련하여 정상적으로 소요되는 비용은 판매부대비용이라고 본다.[221]

2-3-2. 양도한 자산의 장부가액

양도한 자산의 양도 당시 장부가액은 손금에 해당한다(시행령 19조 2호). 여기서 양도한 자산은 재고자산 외의 일체의 자산을 의미한다. 재고자산의 장부가액은 매출원가로서 손금에 산입된다. 자산의 장부가액은 회계기준이 아닌 세법상 가액을 의미하고,[222] 그 취득가액에 자본적 지출액 및 법인세법상 평가증·감이 인정되는 금액을 가감하고, 감가상각 누계액을 차감한 금액을 말한다.

2-3-3. 인건비

인건비[223]는 임원 또는 직원에게 지급하는 급여·상여금·퇴직금 등을 말하고, 원칙적으로 손금에 산입된다(시행령 19조 3호). 다만, 인건비 중 과다하거나 부당하다고 인정하는 금액은 손금에 산입되지 않고(법 26조 1호), 이에 관하여는 법인세법 시행령 제43조, 제44조가 규정한다.

---

221) 대법원 2007. 10. 25. 선고 2005두8924 판결 : 증권회사인 원고가 투자자문회사들에게 지급한 투자자문 수수료 명목의 금액이 ① 실질적인 투자자문에 대한 대가와, ② 투자자문회사들이 자기 고객의 투자자금을 원고의 증권계좌를 통하여 운용함으로써 원고에게 거래수수료 수입을 올려준 것에 대한 대가로 이루어져 있어, 접대비가 아닌 판매부대비용에 해당한다고 본 사례
222) 대법원 2017. 7. 11. 선고 2016두64722 판결 : 구 법인세법 시행령 제19조 제2호에서 정한 '양도한 자산의 양도 당시의 장부가액'이란 취득 당시 매입가액 등을 기초로 하되, 기업회계에 따른 장부가액이 아니라 세무회계에 따른 장부가액을 의미하고, 자산의 취득 후 기업회계상 평가차익이 발생하였더라도 이를 '자산의 장부가액'에 반영할 수 없다.
223) 내국법인[중소기업(조특법 시행령 2조) 및 중견기업(조특법 시행령 6조의4 1항)]이 발행주식총수 또는 출자지분의 100%를 직접 또는 간접 출자한 해외현지법인에 파견된 임원 또는 직원의 인건비(해당 내국법인이 지급한 인건비가 해당 내국법인 및 해외출자법인이 지급한 인건비 합계의 50% 미만인 경우로 한정한다)도 손금산입대상인 인건비에 포함된다.

2-3-4. 유형자산의 수선비

유형자산의 수선비는 유형자산의 원상을 회복하거나 유지하기 위하여 지출된 수익적 지출을 말하고, 손금에 산입된다(시행령 19조 4호). 이에 비하여 유형자산에 대한 자본적 지출(시행령 31조 2항)은 유형자산의 내용연수를 연장시키거나 그 가치를 증가시키는 것이므로, 곧바로 그 전액이 손금에 산입되는 것이 아니라 유형자산의 취득가액을 구성하였다가(시행령 72조 5항 2호) 감가상각을 통하여 손금에 산입된다.

2-3-5. 유형자산 및 무형자산의 감가상각비

법인이 유형자산 및 무형자산의 감가상각비를 손비로 계상한 경우 상각범위액의 범위에서 손금에 산입된다(시행령 19조 5호, 법 23조).

한편, 법인이 특수관계인으로부터 양수하여 기업회계기준에 따라 장부에 계상한 자산의 가액이 시가에 미달하는 경우, 다음 각 금액에 대하여 감가상각 관련 규정을 준용하여 계산한 감가상각비 상당액은 손금에 산입된다(시행령 19조 5호의2).[224]

① 실제 취득가액이 시가를 초과하는 경우에는 시가와 장부에 계상한 가액과의 차이
② 실제 취득가액이 시가에 미달하는 경우에는 실제 취득가액과 장부에 계상한 가액과의 차이

2-3-6. 자산의 임차료

자산의 임차료는 손금에 산입된다(시행령 19조 6호). 리스료에 관한 리스이용자·리스제공자의 익금과 손금의 귀속사업연도는 기업회계기준에 따른다(시행규칙 35조 1항).

2-3-7. 차입금이자

차입금이자는 손금에 해당한다(시행령 19조 7호). 다만, 채권자가 불분명한 사채(私債)의 이자, 업무무관자산 등에 대한 지급이자는 손금에 산입될 수 없다(시행령 51조, 53조). 유형자산 등의 건설자금에 충당한 차입금의 이자는 그 귀속사업연도에 곧바로 손금에 산입되지는 않지만(시행령 52조), 유형자산 등의 취득가액에 포함되어 감가상각비 등으로 손금에 산입된다.

---

224) 이 규정의 입법취지는 감가상각 부분에서 다루기로 한다.

2-3-8. 회수할 수 없는 부가가치세 매출세액 미수금

재화 또는 용역을 공급받은 자에게 부도·파산 등의 대손사유가 발생하여 사업자가 부가가치세 매출세액의 미수금을 회수할 수 없게 된 경우, 그 금액을 대손이 확정된 날의 매출세액에서 뺌으로써 대손세액공제를 받을 수 있다(부가가치세법 45조). 법인이 회수할 수 없게 된 부가가치세 매출세액의 미수금에 관하여 대손세액공제를 받는 경우에는, 그 금액만큼 부가가치세의 공제·환급을 받을 수 있으므로, 손금에 산입할 여지가 없지만,[225] 대손세액공제를 받지 못한 경우에는 그 대손세액은 손금에 산입된다(시행령 19조 8호).[226]

2-3-9. 자산의 평가차손

법인세법상 자산의 평가는 원칙적으로 인정되지 않고(법 42조 1항 본문), 자산의 평가손실은 손금에 산입되지 않는다(법 22조 본문). 다만, 예외적으로 재고자산, 유형자산 등에 관하여 평가가 인정되는 경우가 있고(법 42조 1항 단서, 3항), 이에 따른 평가차손은 손금에 산입된다(법 22조 단서, 시행령 19조 9호).

2-3-10. 세금과 공과금

(1) 세금과 공과금의 정의

세금은 ① 국가 또는 지방자치단체가 ② 재정수요를 충족하기 위하여 ③ 반대급부 없이 ④ 법률상 과세요건에 해당하는 모든 자에 대하여 부과하는 ⑤ 금전적 부담을 의미한다.[227] 그리고 공과금은 국가 또는 공공단체가 그 구성원에게 강제적으로 부과하는 공적 부담을 뜻한다.[228]

(2) 손금에 산입되는 것

① 부가가치세 매입세액 중 면세사업자의 매입세액과 비영업용 소형승용차의 구입과 임

---

225) 위 경우, 대손세액(부가가치세 매출세액의 미수금채권)만큼 부가가치세 예수금 부채가 감소하므로, 별도로 대손금의 문제는 생기지 않는다.

226) 법인이 부가가치세 매출세액의 미수금채권에 관하여 대손금으로 손금에 산입한 후에도 대손세액공제를 받을 수 있지만(조심 2010. 6. 17. 2009서4187 결정), 그 경우 당초의 손금산입액은 대손세액공제가 이루어진 사업연도의 익금에 산입되어야 할 것이다(시행령 11조 7호).

227) 독일 조세기본법(AO) 제3조 제1항은, 조세는 "특정한 급부에 대한 반대급부(Gegenleistung)가 아니고 공법상의 단체가 수입을 얻을 목적으로 급부의무에 관하여 법률이 정하는 요건에 해당하는 모든 사람에게 과하는 금전급부(수입획득은 부수적 목적일 수 있다)를 말한다"고 규정한다.

228) 대법원 1990. 3. 23. 선고 89누5386 판결 ; 헌법재판소 1997. 7. 16. 96헌바36 등 결정

차 및 유지에 관한 매입세액 등은 손금에 산입된다(법 21조 1호 괄호 안, 시행령 22조).

② 주권을 양도한 자가 납부한 증권거래세와 금융·보험업자가 수익금액에 대하여 납부한 교육세는 손금에 산입된다.

③ 관세 중 환급받는 부분은 손금에 해당하지 않고, 환급받지 못한 부분은 해당 수입물품의 매입부대비용으로서 취득가액에 포함되어(시행령 72조 2항 1호) 나중에 손금으로 될 수 있다.

④ 자산의 취득세는 취득가액에 포함되고(시행령 72조 2항 1호) 그 자산의 처분 등 시점에 손금에 산입된다.

⑤ 재산세, 지역자원시설세는 원칙적으로 손금에 산입되지만, 업무와 관련이 없는 자산에 대한 것인 경우에는 손금에 불산입된다(법 27조 1호, 시행령 49조).

⑥ 외국자회사로부터의 수입배당금액에 대한 익금불산입(법 18조의4)과 외국납부세액공제(법 57조 1항)를 모두 적용하지 않는 경우의 외국법인세액은 손금에 산입된다(시행령 19조 10호).[229]

(3) 손금에 불산입되는 것

법인세, 부가가치세 매입세액(면세사업자 등 제외), 가산세, 벌금, 법령위반에 대한 제재로서 부과되는 공과금 등은 손금에 산입되지 않는다(법 21조). 세금과 공과금의 손금산입 여부에 관하여는 별도의 항목에서 상세히 다루기로 한다.

2-3-11. 주식매수선택권 등과 관련한 비용

(1) 주식매수선택권 등을 부여한 법인에 행사 또는 지급비용으로 보전하는 금액

법인의 임직원이 다음의 어느 하나에 해당하는 주식매수선택권을 행사하거나 또는 주식이나 주식가치에 상당하는 금전으로 지급받는 상여금으로서 기획재정부령으로 정하는 것('주식기준보상')을 지급받는 경우, 법인이 그 주식매수선택권 또는 주식기준보상('주식매수선택권 등')을 부여하거나 지급한 법인에 그 행사 또는 지급비용으로서 보전하는 금액은 손금에 산입된다(시행령 19조 19호).

① 금융지주회사법에 따른 금융지주회사로부터 부여받거나 지급받은 주식매수선택권 등(주식매수선택권은 상법 제542조의3에 따라 부여받은 경우만 해당한다)

---

229) 반면에, 외국법인세액(법 57조 1항) 중 ① 익금불산입의 적용대상인 외국자회사로부터 받은 수입배당금액(법 18조의4)에 대한 세액과 ② 외국납부세액공제(법 57조 1항)의 대상인 세액은 손금에 불산입된다(법 21조 1호).

② 기획재정부령으로 정하는 해외모법인으로부터 부여받거나 지급받은 주식매수선택권 등으로서 기획재정부령으로 정하는 것

(2) 주식매수선택권 등의 행사에 따른 보상비용

법인이 상법 제340조의2, 벤처기업육성에 관한 특별조치법 제16조의3, 소재·부품·장비산업 경쟁력강화를 위한 제56조에 따른 주식매수선택권, 근로복지기본법 제39조에 따른 우리사주매수선택권을 부여하거나 금전을 지급하는 경우로서 다음의 금액은 손금으로 인정된다(시행령 19조 19호의2). 다만, 발행주식총수의 10% 범위에서 부여하거나 지급한 경우로 한정한다.

① 주식매수선택권 또는 우리사주매수선택권을 부여하는 경우로서 다음의 어느 하나에 해당하는 경우 해당 금액

㉮ 약정된 주식매수시기에 약정된 주식의 매수가액과 시가의 차액을 금전 또는 해당 법인의 주식으로 지급하는 경우의 해당 금액

㉯ 약정된 주식매수시기에 주식매수선택권 또는 우리사주매수선택권 행사에 따라 주식을 시가보다 낮게 발행하는 경우 그 주식의 실제 매수가액과 시가의 차액

② 주식기준보상으로 금전을 지급하는 경우 해당 금액

2-3-12. 조합회비 등

① 영업자가 조직한 단체로서 법인이거나 주무관청에 등록된 조합 또는 협회에 지급한 회비(시행령 19조 11호)

② 광업의 탐광비(탐광을 위한 개발비를 포함한다)(시행령 19조 12호)

③ 보건복지부장관이 정하는 무료진료권 또는 새마을진료권에 의한 무료진료의 가액(시행령 19조 13호)

④ 식품 및 생활용품의 제조업·도매업 또는 소매업을 영위하는 내국법인이, 해당 사업에서 발생한 잉여 식품 등을 무상으로 기증하는 경우, 해당 잉여 식품 등의 장부가액(이 경우 그 금액은 법인세법 제24조 제1항에 따른 기부금에 포함하지 않는다)(시행령 19조 13호의2)

⑤ 업무와 관련 있는 해외시찰·훈련비(시행령 19조 14호)

⑥ 근로청소년을 위한 특별학급 또는 산업체 부설 중·고등학교의 운영비 등(시행령 19조 15호)

⑦ 우리사주조합에 출연하는 자사주의 장부가액 또는 금품(시행령 19조 16호)

⑧ 장식·환경미화 등의 목적으로 사무실·복도 등 여러 사람이 볼 수 있는 공간에 항상 전시하는 미술품의 취득가액을, 그 취득한 날이 속하는 사업연도의 손비로 계상한 경우에는 그 취득가액(취득가액이 거래단위별로 1천만 원 이하인 것으로 한정한다)(시행령 19조 17호)

⑨ 광고선전 목적으로 기증한 물품의 구입비용[230](시행령 19조 18호)

⑩ 중소기업 및 중견기업이 「중소기업 인력지원 특별법」 제35조의3 제1항 제1호에 따라 부담하는 기여금(시행령 19조 20호)

⑪ 임원 또는 직원[지배주주 등(시행령 43조 7항)인 자는 제외한다]의 사망 이후 유족에게 학자금 등으로 일시적으로 지급하는 금액으로서 기획재정부령으로 정하는 요건을 충족하는 것(시행령 19조 21호)

⑫ 사내복지기금(근로자복지기본법 50조) 등에 출연하는 금품(시행령 19조 22호)

⑬ 보험회사가 보험업법 제120조에 따라 적립한 책임준비금[231]의 증가액으로서 보험감독회계기준에 따라 비용으로 계상한 금액(시행령 19조 23호)

2-3-13. 그 밖의 손비로서 그 법인에 귀속되었거나 귀속될 금액

법인세법 시행령 제19조 제1호 내지 제21호에 규정된 것에 해당하지 않는 비용도 법인세법 제19조의 손금요건을 충족하면 손금에 산입된다(시행령 19조 24호). 이는 법인세법 시행령 제19조가 법인세법 제19조가 규정하는 손금의 유형을 예시한 규정임을 나타낸다.

(1) 법인의 설립 전에 지출된 비용

법인의 설립 전에 지출원인이 발생한 비용이 그 법인의 설립목적과 설립 후의 영업 내용 등에 비추어 손금의 요건(법 19조 2항)을 갖춘 경우에는, 손금에 산입될 수 있다.[232]

(2) 소송비용

법인이 대표이사 등 임직원의 민·형사 사건에 관하여 지출한 소송비용을 지출한 경우, ① 해당 사건이 법인의 사업과 관련이 있고, 법인의 이익을 위하여 해당 사건을 수행할 필요가 있다면, 그 소송비용은 사업관련성과 통상성을 가진 것으로서 손금에 산입될 여지

---

230) 특정인에게 기증한 물품(개당 3만 원 이하의 물품은 제외한다)의 경우에는 연간 5만 원 이내의 금액에 한정한다.

231) 할인율의 변동에 따른 책임준비금 평가액의 증가분은 제외한다.

232) 대법원 2013. 9. 26. 선고 2011두12917 판결(유동화전문회사인 원고가 자산유동화 목적으로 취득할 자산에 관한 자문 및 컨설팅 서비스, 유동화증권을 인수할 금융기관의 물색과 인수조건에 대한 협상 및 관련 서류의 준비 등, 관련 법률자문 용역에 관한 비용)

가 있지만,[233] ② 그렇지 않은 경우에는 손금에 산입되기 어려울 것이다.[234][235]

2-4. 자본거래로 인한 순자산감소의 손금불산입

2-4-1. 출자의 환급

주주 등의 법인에 대한 출자가 법인의 익금에 산입되지 않으므로(법 15조 1항), 이에 대응하여 법인의 주주 등에 대한 자본 또는 출자의 환급도 법인의 손금에 산입되지 않는다(법 19조 1항).

2-4-2. 잉여금의 처분

잉여금은 법인의 순자산 가액이 자본금을 초과하는 금액을 말하고, 자본잉여금과 이익잉여금으로 구성된다. 이익잉여금의 처분방법에는 ① 이익준비금, 기타 법정적립금, 임의적립금 등으로 적립하는 방법, ② 주주에 대한 배당 등으로 사용하는 방법, ③ 주식할인발행차금, 자기주식처분손실 등 자본조정과 상계하는 방법이 있다. 그중에서 법인의 순자산을 감소시키는 것은 주주에게 현금 또는 현물 배당을 하는 경우이다. 자본잉여금은 결손의 보전 또는 자본금전입 등에 사용될 수 있고(상법 460조, 461조), 그중 자본준비금은 일정한 경우 감액되어(상법 461조의2) 배당가능이익에 포함되고 배당될 수 있다.

법인세법은 잉여금의 처분에 의한 순자산감소를 손금에서 제외하고(법 19조 1항), 결산을 확정할 때 잉여금의 처분을 손비로 계상한 금액은 손금에 산입되지 않는다(법 20조 1호). 법인이 그 임원 또는 직원에게 이익처분에 의하여 지급하는 상여금은 손금에 산입하지 않는다(시행령 43조 1항 전문).[236] 이익잉여금의 처분은, 법인의 손익계산이 끝난 이후의 단계

---

233) 법인의 이사에 대한 직무집행정지가처분 사건의 소송비용을 법인이 지출한 경우, 이사의 자격이 없음이 객관적으로 명백하여 법인이 항쟁할 필요가 인정되지 않는 한, 형법상 횡령죄에 해당하지 않는데(대법원 2003. 5. 20. 선고 2003도1174 판결), 세법상 손금 요건의 충족 여부도 이와 마찬가지로 볼 여지가 있다.

234) 대법원 2006. 6. 27. 선고 2006도1187 판결은, 회사의 임직원이 업무수행을 하면서 관계 법령을 위반하여 받게 된 형사재판의 변호사비용 및 벌금을 대표이사가 회사의 자금으로 지급한 경우, 업무상 배임죄에 해당한다고 판시하였다. 위 경우의 변호사비용 등은 세법상 법인의 손금으로 인정되기 어려울 것이다.

235) 서울행정법원 2020. 4. 3. 선고 2019구합81261 판결 : 대부업체인 원고 법인의 대표이사가 변호사법 위반의 영업행위를 하는 개인회생 브로커들과 제휴업체 거래약정을 체결하여 대출업무를 함으로써 변호사법 위반을 방조하였다는 점으로 기소된 것과 관련하여 원고 법인이 변호사비용으로 1억 7,900만 원을 지출한 사건에서, 법원은 위 지출금액이 원고 법인에게 손해를 가하는 배임적인 지출로서 원고 법인과 동종 업체라면 같은 상황에서 지출하였을 비용이라고 보기 어려우므로, 손금으로 인정될 수 없고, 위 금액은 원고 법인의 대표이사에게 귀속되었다고 판단하였다[서울고등법원 2020. 12. 18. 선고 2019누39794 판결(항소기각), 대법원 2021. 4. 29. 선고 2021두30204 판결(심리불속행)].

236) 다만, 애초에 우리 상법상 회사의 이익잉여금을 주주가 아닌 임직원에 대한 상여금으로 처분하는 것이

에서 이루어지므로, 성질상 손비로 계상될 수 없다. 대법원은 상법 또는 회계적 개념의 잉여금처분과 별개로 '실질적 이익처분'의 개념을 도입하여 법인세법 시행령 제43조의 적용범위를 확대하고 있다.[237]

2-4-3. 주식할인발행차금

신주를 액면미달의 가액으로 발행한 경우, 그 미달하는 금액과 신주발행비의 합계액(주식할인발행차금)은 손금에 산입되지 않는다(법 20조 2호).

제 4 절

익금과 손금의 귀속시기

1 귀속시기의 의의와 기능

1-1. 기간과세와 소득의 귀속시기

법인은 그 설립시부터 청산시까지 계속적으로 비용을 지출하고 수익을 얻는 영리활동을 하는 단체이다. 법인세법은 법인의 소득을 일정한 기간(사업연도)을 단위로 소득을 계산하여 과세하는 기간과세 방식을 채택하고 있기 때문에, 법인이 얻은 수익과 지출한 비용이 어느 사업연도의 익금과 손금으로 되는지를 정할 필요가 있다. 익금과 손금은 세법상 자산과 부채의 가치변동분이므로, 손익의 귀속시기는 세법상 자산·부채의 가치변동을 어느 시점에 인식할 것인지의 문제이다.

1-2. 귀속시기의 세법상 기능

법인의 어떤 소득이 어느 사업연도에 귀속되는지에 따라 그 소득에 대한 법인세의 성립

가능한지에 관하여는 상당한 의문이 있다. 황남석, "법인세법상 이익처분에 의한 상여금의 손금불산입 재고", 조세법연구 [19-2], 한국세법학회(2013), 350~351쪽 : 송동진·박훈, "사외유출소득의 과세 및 반환에 관한 연구" 조세법연구 [23-3], 한국세법학회(2017), 22~24쪽

237) 대법원 2017. 9. 21. 선고 2015두60884 판결

시기가 결정되고, 그에 따라 법인세 법령이 개정된 경우 적용될 법령이 정해진다.[238)239)]
그리고 소득의 귀속 사업연도에 의하여 그에 대한 법인세의 신고·납부기한이 결정되고
(법 60조 1항), 위 신고·납부기한의 다음 날은 법인세 부과제척기간의 기산일이 된다(국세기
본법 26조의2 1항, 국세기본법 시행령 12조의3 2항 1호). 또한 소득의 귀속시기는 그 소득이 포함
된 과세표준 등의 신고에 대한 경정청구기간(국세기본법 45조의2) 및 이월결손금의 공제기간
(법 13조 1항 1호 가목)에도 영향을 미친다.

과세처분의 적법성에 대한 입증책임은 과세관청에 있으므로, 어느 사업연도의 소득에
대한 과세처분의 적법성이 다투어지는 경우 과세관청은 과세소득의 존재 및 그 소득이 그
사업연도에 귀속된다는 사실을 입증하여야 하고,[240)] 그 소득이 어느 사업연도에 속한 것
인지 확정하기 곤란하다 하여 과세대상 소득의 확정시기와 관계없이 과세관청이 그 과세
소득을 조사·확인한 대상 사업연도에 소득이 귀속되었다고 할 수는 없다.[241)]

1-3. 귀속시기와 실현주의

1-3-1. 실현주의와 익금의 확정

보유 중인 자산의 가치가 증가하는 경우, 그 자산의 양도를 기다리지 않고 자산가치의
증가시마다 곧바로 소득으로 인식하여 과세하는 것이 바람직하다고 보는 견해가 있을 수
있다(Haig-Simons의 소득개념[242)]). 그러나 ① 자산에 관하여 공개시장의 가격이 존재하지
않는 경우 그 가치변동분을 정확하게 측정하는 것은 매우 어렵고, ② 자산가치의 변동 시
에 곧바로 과세하는 것은, 납세의무자에게 현금 등 유동성이 없는 경우 세금납부의 재원을
마련하기 위하여 자산을 매각하도록 강제하게 되는 문제점이 있다. 따라서 납세의무자가
보유하는 자산의 가치증가에 대하여 그 발생시마다 과세하는 것은 현실적 실행가능성이
낮다. 이러한 이유로 많은 국가들은 자산이 매각되는 등으로 거래를 통하여 그 가치변동분

---

238) 조세법령이 개정되면서 그 부칙에서 개정조문과 관련하여 별도의 경과규정을 두지 않은 경우에는 납세의
무가 성립한 당시에 시행되던 법령을 적용하여야 한다(대법원 2005. 4. 15. 선고 2003두13083 판결).

239) 법인세는 과세기간인 사업연도 개시와 더불어 과세요건이 생성되어 사업연도 종료시에 완성하고, 그때
납세의무가 성립하며 그 확정절차도 과세기간 종료 후에 이루어지므로, 사업연도 진행 중 세법이 개정되
었을 때에도 그 사업연도 종료시의 법에 의하여 과세 여부 및 납세의무의 범위가 결정되는바, 이에 따라
사업연도 개시시부터 개정법이 적용된다고 하여 이를 법적 안정성을 심히 해하는 소급과세라거나 국세기
본법 제18조 제2항이 금하는 납세의무 성립 후의 새로운 세법에 의한 소급과세라 할 수 없고, 신의성실
의 원칙에 위배되는 것이라 할 수도 없다(대법원 2006. 9. 8. 선고 2005두50 판결).

240) 대법원 2000. 2. 25. 선고 98두1826 판결

241) 대법원 2007. 6. 28. 선고 2005두11234 판결

242) 이창희, 세법강의(2020), 284, 302쪽 ; 김완석·정지선, 소득세법론(2019), 43~44쪽

이 실현되는(realized) 시점을 과세시기로 정하고 있고, 이를 실현주의(實現主義, realization principle)라 한다.[243] 실현주의에는, 실효세율의 차이로 인한 투자의 왜곡, 동결효과(lock-in effect),[244] 손익의 조작가능성, 불필요한 거래의 유인 등 여러 가지 문제점이 있다.[245] 그럼에도 불구하고 실현주의는 소득과세의 근간(根幹)을 이루고 있다.

법인세법은 익금의 확정(確定)시기를 익금의 귀속시기를 결정하는 일반적 기준으로 규정한다. 이는 법인세법이 소득의 인식기준으로 실현주의를 법률적 관점에서 정의하여 채택한 것으로 볼 수 있다.

1-3-2. 미실현이득의 과세

법인세법은 익금의 귀속시기에 관하여 실현주의를 원칙으로 채택하였지만, 미실현(未實現) 상태의 이득을 과세하는 규정들도 상당수 두고 있다.

헌법재판소는, 과세대상인 자본이득의 범위에 미실현이득을 포함시킬 것인가의 여부는, 과세목적·과세소득의 특성·과세기술상의 문제 등을 고려하여 판단할 입법정책의 문제일 뿐, 헌법상의 조세개념에 저촉되거나 그와 양립할 수 없는 모순이 있는 것으로 볼 수 없지만, 미실현이득에 대한 과세제도는 과세대상이득의 공정하고 정확한 계측 등의 제반 문제점이 합리적으로 해결되는 것을 전제로 하는 극히 제한적·예외적인 제도라고 판단하였다.[246]

따라서 미실현이득의 과세 여부는 입법정책적 선택의 문제이므로, 실현주의의 도입배경이 되는 문제점들 특히 ① 과세소득 측정의 곤란, ② 유동성 조달의 어려움 등의 문제점이 존재하지 않거나 경미한 경우에는 미실현이득을 과세하는 것도 가능하다.[247] 다만, 이는

---

243) 실현주의는 회계기준의 발생주의를 세법 영역에서 구체화한 것으로 볼 수 있다. 일반기업회계기준에 의하면, 발생주의 회계의 기본적인 논리는 발생기준에 따라 수익과 비용을 인식하는 것이고, 발생기준은 기업실체의 경제적 거래나 사건과 관련된 수익과 비용을 그 현금유출입이 있는 기간이 아니라 그 거래나 사건이 발생한 기간에 인식하는 것을 말한다(일반기준 재무회계개념체계 문단 67).

244) 납세의무자가 어떤 거래를 계기로 그 때까지 발생한 미실현이익이 한꺼번에 과세되어 무거운 세금을 부담하는 것을 피하기 위하여 그 거래를 꺼리게 되는 것을 말한다.

245) 이창희, 세법강의(2020), 790~800쪽

246) 헌법재판소 1994. 7. 29. 92헌바49, 52 결정(토지초과이득세법에 대한 위헌소원 사건) : 헌법재판소는 "이득이 실현되었건 실현되지 않았건 납세자에게 소득의 증대에 따른 담세력의 증대가 있었다는 점에서는 실현이득이나 미실현이득 양자가 본질적으로 차이가 없고, 그와 같이 증대된 소득의 실현 여부, 즉 증대된 소득을 토지자본과 분리하여 현금화할 것인지의 여부는 당해 납세자가 전체 자산구성을 어떻게 하여 둘 것인가를 선택하는 자산보유형태의 문제일 뿐 소득창출의 문제는 아니"라고 한다.

247) 일본 법인세법은 2000년 제한적 범위에서 시가주의를 도입한 후 2010년까지 여러 차례의 개정을 통하여 그 적용대상을 확대하였다. 일본 법인세법상 단기매매상품, 단기매매증권 등의 평가손익은 익금 또는 손금에 산입된다(일본 법인세법 61조 3항, 61조의3 1항, 2항 등). 이에 관한 개요는 金子 宏, 租税法(2019), pp.362~364 참조

실현주의의 일반원칙에 대한 예외를 인정하는 것이므로 소득세법과의 균형을 고려하여 신중하게 결정해야 할 것이다.[248]

1-3-3. 실현된 소득의 과세이연

실현주의로 인한 동결효과 등을 완화시키기 위하여, 세법은 때로는 어떤 거래로 실현된 손익을 인식하지 않음으로써(non-recognition) 그에 대한 과세를 미래의 다른 사건으로 인한 과세시점까지 이연한다(tax deferral). 이는, 자산의 보유기간 중 가치증가시마다 과세하여야 한다고 보는 이상적 소득세제의 관점에서는 문제를 해결하는 것이 아니라 더욱 가중시키는 면이 있지만(과세시점이 본래 과세되어야 할 시점보다 더 멀어졌으므로), 실현주의가 거래 여부의 의사결정에 미치는 부정적 효과를 완화하는 효과를 가지기 때문에, 조세정책상 특정한 거래를 장려하거나 촉진할 필요가 있을 때 채택된다.

1-3-4. 소득의 실현 후 회수불능 등에 따른 조정

실현주의는, 거래의 중요한 부분이 이행되었을 때 법인이 그 대금을 실제로 수령하지 않았더라도 익금의 확정을 인정하기 때문에, 소득의 실현 이후 대금의 회수가 곤란하게 되거나 대금이 감액되는 경우 또는 계약이 해제되는 경우에는, 실현된 소득을 대손금 또는 후발적 사유에 따른 경정에 의하여 조정할 필요가 있다.[249]

---

2 ▶ **귀속시기의 판단기준**

2-1. 회계기준

2-1-1. K - IFRS

수익(income)은 자산의 증가나 부채의 감소와 관련하여 미래 경제적 효익(future economic

---

248) 미국 세법 제475조(a)는, 증권딜러(dealer in securities)가 보유하는 증권의 평가손익을 인식하도록 규정하지만, 이는 단순히 미실현 평가손익의 과세가 가능하기 때문이 아니라 파생상품을 통한 손익조작을 방지하기 위한 필요가 더해졌기 때문에 제정된 조문이고, 위 규정의 적용대상도 딜러에 한정된다. ; 상장주식의 경우 시장성도 있고 시가도 분명하므로 원가법을 쓰는 것은 입법론상 옳지 않다는 견해로 이창희, 세법강의(2020), 905쪽

249) 이에 관하여는 2-2-2. (2) 참조

benefits)이 증가하고 이를 신뢰성 있게 측정할 수 있을 때 포괄손익계산서에 인식한다.[250]
비용(expenses)은 자산의 감소나 부채의 증가와 관련하여 미래 경제적 효익이 감소하고 이
를 신뢰성 있게 측정할 수 있을 때 포괄손익계산서에 인식한다.[251]

2-1-2. 일반기업회계기준

(1) 수익의 인식시점

수익은 아래의 실현요건과 가득과정완료 요건을 모두 충족하는 시점에 인식된다.[252]

① 수익은 실현되었거나 또는 실현가능한 시점에서 인식한다. 수익은 제품, 상품 또는
기타 자산이 현금 또는 현금청구권과 교환되는 시점에서 실현된다. 수익이 실현가능하다
는 것은 수익의 발생과정에서 수취 또는 보유한 자산이 일정액의 현금 또는 현금청구권으
로 즉시 전환될 수 있음을 의미한다.

② 수익은 그 가득과정이 완료되어야 인식한다. 기업실체의 수익 창출활동은 재화의 생
산 또는 인도, 용역의 제공 등으로 나타나며, 수익 창출에 따른 경제적 효익을 이용할 수
있다고 주장하기에 충분한 정도의 활동을 수행하였을 때 가득과정이 완료되었다고 본다.

(2) 비용의 인식시점

비용은 경제적 효익이 사용 또는 유출됨으로써 자산이 감소하거나 부채가 증가하고 그
금액을 신뢰성 있게 측정할 수 있을 때 인식한다.[253]

2-2. 세법

2-2-1. 법인세법 제40조 제1항 : 익금과 손금의 확정

법인세법 제40조 제1항은 "익금과 손금의 귀속사업연도는 그 익금과 손금이 확정된 날
이 속하는 사업연도로 한다."고 규정한다.

대법원과 통설적 견해는 이를 권리의무확정주의를 채택한 것으로 본다.[254] 판례는, 소

---

250) K-IFRS 재무보고를 위한 개념체계 문단 4.47. 기업은 현금흐름 정보를 제외하고는 발생기준 회계
(accrual basis of accounting)를 사용하여 재무제표를 작성하고, 발생기준 회계를 사용하는 경우 개념체
계의 정의와 인식요건을 충족할 때 수익(income)과 비용(expenses)을 인식한다(K-IFRS 1001호 문단
27, 28).

251) K-IFRS 재무보고를 위한 개념체계 문단 4.49

252) 일반기업회계기준 재무회계개념체계 문단 144

253) 일반기업회계기준 재무회계개념체계 문단 145

254) 대법원 2018. 8. 30. 선고 2016두51696 판결. 김완석·황남석, 법인세법론(2021), 482쪽 ; 이태로·한만

득이 발생하였다고 하려면, 소득이 현실적으로 실현되었을 필요는 없으나, 소득이 발생할 권리가 그 실현의 가능성에 있어 상당히 높은 정도로 성숙·확정되어야 하고, 권리가 이런 정도에 이르지 않고 단지 성립된 것에 불과한 단계에서는 아직 소득발생이 있다고 볼 수 없다고 한다.[255] 그리고 판례는, 구체적으로 어떠한 사실을 가지고 소득이 발생할 권리가 성숙·확정되었다고 할 것인가는 반드시 일률적으로 말할 수는 없고, 다만 개개의 구체적인 권리의 성질과 내용 및 법률상·사실상의 여러 조건을 종합적으로 고려하여 이를 결정하여야 한다고 한다.[256] 판례가 말하는 권리의 '확정'은, 구체적 거래에서 채권이 발생하여 변제되기까지의 여러 단계 중에서, 그 실현가능성이 상당한 정도에 이르러서 이를 세법이 익금으로 파악하여 과세하기에 적합한 상태라는 의미로 이해할 수 있다.[257]

그러나 법인세법 제40조 제1항은 익금의 귀속사업연도를 '익금이 확정된 날'로 규정하는데, '익금'이 '권리'와 반드시 동일한 의미가 아님에도 '익금이 확정된 날'을 굳이 '권리가 확정된 날'과 동일시할 이유는 없다. 권리의 확정은, 익금의 확정을 구성하는 여러 요소 중에서 중요한 것이지만, 유일한 기준은 아니다. 그리고 손금의 귀속사업연도에 관해서도, '손금이 확정된 날'은, 수익비용의 대응과 의무의 확정 등 여러 가지 요소를 고려하여 정해진다고 이해하면 족하다.[258]

법인세법 제40조 제1항을 권리의무확정주의로만 해석하는 것은 여러 가지 문제를 야기한다. 그 예를 들어보면 다음과 같다. ① 법인세법 제40조 제1항을 권리의무확정주의로만 이해할 경우에는, 법인세법 시행령 제69조 제1항의 작업진행률에 따른 익금·손금의 인식은, 그 예외에 해당하게 되므로,[259][260] 모법의 위임범위를 벗어난 것이 아닌가 하는 문제

수, 조세법강의(2018), 554쪽 ; 임승순, 조세법(2020), 720쪽 ; 대법원은, 법인세법이 권리의무확정주의를 취한 것은, 납세자의 과세소득을 획일적으로 파악하여 법적 안정성을 도모하고 과세의 공평을 기함과 동시에 납세자의 자의를 배제하기 위한 것이라고 본다(대법원 2017. 3. 22. 2016두51511 판결).

255) 대법원 1967. 7. 20. 선고 67누25 판결은 이에 관한 최초의 선례로 보이는데, 이는 일본 大阪高等裁判所 1962.(昭和 37년) 12. 21., 昭37 (ネ) 121호 판결의 내용과 같다.

256) 대법원 1981. 2. 10. 선고 79누441 판결

257) 이창희, 세법강의(2020), 775쪽은, 판례가 말하고자 하는 바는 소득의 과세시기(=확정시기=실현시기)는 재산의 양도에 따른 대금채권 내지 노무의 대금채권이라는 권리가 發生하는 시점에서부터 消滅되는 시점 사이의 적당한 시점이고, 구체적 사건에서 어느 시점을 실현시기로 볼 것인가는 개개의 具體的 권리의 성질이나 내용 및 법률상·사실상의 여러 사항을 綜合的으로 고려하여 결정해야 한다는 말이라고 한다.

258) 법인세법 제40조 제1항을 권리의무확정주의로 이해하는 견해는, 손금의 귀속사업연도에 관하여 의무확정의 기준을 일관할 경우 수익비용대응의 원칙과의 충돌이 있게 되므로, 의무확정주의는 수익비용대응의 원칙이 적용되지 않는 간접비용(기간비용)의 경우에만 적용된다고 설명한다. 이창희, 세법강의(2020), 784쪽 ; 임승순, 조세법(2020), 725쪽.

259) 김완석·황남석, 법인세법론(2021), 487쪽

260) 권리의무확정주의는 세법상 여러 가지 손익의 귀속시기를 설명하기 위한 도구개념임에도 오히려 설명대상을 배척하고 밀어내는 상황이다.

를 일으킨다.[261][262] ② 권리의무확정주의는 이른바 권리주장의 원칙이 적용되는 사안과 위법소득의 사안을 설명하지 못한다.[263] ③ 손금의 귀속시기를 정하는 기준인 수익비용의 대응은 의무의 확정으로는 설명하기 곤란하다. 가령 2×18년에 상품의 판매계약이 체결되고 2×19년에 그 상품이 인도된 경우, 2×19년에는 이미 그 상품의 인도채무가 변제로 소멸되어 존재하지도 않으므로, 무슨 의무의 확정이 있다고 볼 수 없다.[264] 그리고 감가상각 등 원가의 배분과 관련된 손금은 기업내부의 회계처리에 불과하여 대외적 의무가 애초에 존재하지 않으므로, 의무의 확정에 의한 귀속시기의 결정이 불가능하다.[265]

법인세법 제40조 제1항은 손익귀속시기의 판단기준을 '익금과 손금의 확정'으로 규정하여 다양한 요소를 포괄할 수 있도록 유연한 태도를 취하는데, 이를 굳이 권리 또는 의무의 확정으로 좁게 한정하여 위와 같은 문제점들을 야기할 필요는 없다.[266] 따라서 법인세법 제40조 제1항은 그 문언에 충실하게, 익금과 손금의 귀속사업연도는 익금과 손금이 확정된 날이 속하는 사업연도로 하되, 익금과 손금의 확정은 다양한 요소를 기준으로 정해지고, 익금의 확정에 관하여는 권리의 확정이, 손금의 확정에 관하여는 수익비용의 대응과 의무(채무)의 확정이 각각 중요한 요소라고 이해하는 것이 합리적이다.[267] 이와 같이 권리

---

261) 법인세법 시행령 제69조 제2항은, 건설 등의 경우 해당 사업연도의 작업진행률을 기준으로 계산한 수익과 비용을 그 사업연도의 익금과 손금에 산입하는 것으로 규정하는데, 이때 그 작업진행률(기성고)에 따라 계산된 공사대금채권의 변제기가 도래하였는지 여부는 불문한다. 따라서 아직 기성고대금채권의 변제기가 도래하지 않았거나 거래 당사자 사이에 기성고대금의 정산조차 이루어지지 않은 상태이더라도, 그 건설 등을 하는 법인은 작업진행률에 따른 익금과 손금을 인식하여야 한다. 이는 권리확정주의에 의해서는 설명이 불가능하므로, 만일 법인세법 제40조 제1항을 권리의무확정주의로 파악한다면 법인세법 시행령 제69조 제2항이 모법의 위임범위를 벗어난 것이 아닌가 하는 문제가 생긴다. 김완석·황남석, 법인세법론(2021), 488쪽

262) 장기할부조건부 판매의 대금 중에서 아직 변제기가 도래하지 않은 부분까지 인도시점에 익금으로 인식하는 것도 권리의무확정주의로는 설명할 수 없다.

263) 법인세법 제40조 제1항을 권리의무확정주의로 파악하는 견해는 이를 권리의무확정주의의 예외(例外)라고 보는데, 이에 의할 경우 그 예외의 세법상 근거가 없게 된다.

264) 이것을 굳이 설명하려면 의무가 확정됨과 동시에 소멸하였다고 하는 식의 기교적인 논리를 동원해야 할 것이다.

265) 따라서 감가상각 등은 권리의무확정주의에 의하여 설명될 수 없다. 김완석·황남석, 법인세법론(2021), 486쪽

266) 이창희, 세법강의(2020), 816쪽은, 법인세법 제40조 제1항의 익금과 손금의 확정이라는 기준은 권리의무라는 私法的 기준보다 한결 큰 개념이므로, 손익의 귀속시기에 대한 획일적 기준을 만들어내기에 필요한 범위 안에서는 기업회계의 규범도 고려할 수 있다고 본다.

267) 이중교, "소득세법상 권리확정주의의 위상에 대한 재정립", 저스티스 제142호(2014. 6.), 한국법학원, 177~185쪽은, 소득세법 제39조 제1항은 손익확정주의를 규정하고, 소득세법 제24조 제1항은 손익확정주의를 구성하는 권리확정주의, 현금주의를 규정하며, 소득세법 시행령 제45조 내지 제50조는 권리확정주의, 현금주의 등이 적용된 수입의 귀속시기를 구체적으로 규정한 것이라고 파악한다. 그리고 현금주의는 채권의 존부와 범위에 대하여 다툼이 있는 경우, 위법한 원인으로 소득을 보유하고 있는 경우 등 권리확정주의를 적용하기 어려운 영역에서 적용된다고 한다. 이창희, 세법강의(2020), 774쪽은 법인세법 제40조 제1항을 손익확정주의라고 부른다.

의무의 확정 외에도 다양한 요소가 법인세법 제40조 제1항에 의한 익금과 손금의 확정시기를 결정한다고 보는 경우, 위와 같은 문제들이 자연스럽게 해결되거나 설명될 수 있다.

미국 세법

과세소득은, 납세자가 정기적으로 소득을 장부에 기장하는 데 사용하는 회계처리방법에 따라 계산되어야 하고, 납세자는 현금주의(cash receipts and disbursements method), 발생주의(accrual method), 그 밖에 세법과 재무부 규칙에 규정된 방법 등 중에서 회계처리방법을 선택할 수 있다(IRC § 446). 발생주의에 의하는 경우 일반적으로 ① 소득을 수령할 權利를 確定할 수 있는 모든 사건이 발생하고(all events have occurred that fix the right to receive the income), ② 그 소득의 금액이 합리적 정확성(reasonable accuracy)으로 결정될 수 있는 때의 과세기간에 소득이 귀속된다[재무부 규칙 § 1.446 – 1(c)(1)(ii)(A)]. 이를 "all events test"라고 부른다.

회계처리방법이 국세청장의 의견에 따르면 명확하게 소득을 반영하지 못하는 경우 인정될 수 없다. 납세자가 소득을 계산하는 방법이, 일반적으로 인정되는 회계원칙들(generally accepted accounting principles)에 부합하고, 매년 지속적으로 납세의무자에 의하여 사용되며, 재무부 규칙과 합치하는 경우, 그 방법은 일반적으로 인정된다.[268]

일본 세법

일본 소득세법 제36조 제1항은 '그 연도분의 각종 소득금액의 계산상 수입금액으로 할 금액 또는 총수입금액에 산입할 금액은 특별한 정함이 있는 것을 제외하고 그 해에 있어서 수입할 금액(…)으로 한다.'고 규정한다. 일본 소득세법 제37조 제1항은 '그 연도분의 부동산소득금액, 사업소득금액 또는 잡소득금액의 계산상 필요경비에 산입할 금액은 특별한 정함이 있는 것을 제외하고 이들 소득의 총수입금액에 관계되는 매출원가 기타 당해 총수입금액을 얻기 위해 직접 소요된 비용금액 및 그 해의 판매비, 일반관리비 기타 이들 소득을 발생시킨 업무에 대하여 발생한 비용(상각비 이외의 비용이고 그 해에 있어서 채무가 확정되지 않은 것은 제외한다)의 금액으로 한다.'고 규정한다.

最高裁判所 1973.(昭化 48년) 6. 22. 판결은, 소득이 발생하였다고 하기 위하여 소득이 발생할 권리가 소득실현의 가능성이 높은 정도로 성숙·확정할 것을 요한다고 판시하였다.

일본의 다수 학설은 일본 소득세법 제36조 제1항이 權利確定主義[269]를 취한 것으로 본다.[270] 金子

---

268) 그 예로, 제조업을 영위하는 납세자는, 그의 정기적 장부의 기장에 사용된 방법에 따라서는, 그 제품이 선적된 때, 그 제품이 고객에게 인도되거나 수령된 때 또는 제품의 소유권이 고객에게 이전된 때에, 대금을 청구하였든 아니든, 그 제품의 판매를 처리할 수 있다[Treas. Reg. § 1.446 – 1(c)(1)(ii)(C)].

269) '권리확정주의'라는 용어는 미국 세법상 발생주의를 나타내는 표현인 "when the right to receive an amount becomes fixed, the right accrues"를 번역한 것이라고 한다[忠佐 市, "權利確定主義からの脫皮", 税經通信, 20권 11호(1965), pp.65~70, p.76(김재승, "법인세법상 익금의 귀속시기에 관한 규정의 문제점 및 개선방안", 조세법연구 [19 – 3], 226쪽에서 재인용)]. "권리의무확정주의"라는 용어는 1954년 일본의 회계사업계 및 회계학자들이 제출한 "세법과 기업회계원칙과의 조정에 관한 의견서"에서 당시의 소득세법기본통달의 입장을 지칭한 것에서 비롯한다[이창희, 세법강의(2020), 776쪽 각주 145)].

270) 金子 宏, 租税法(2019), p.310

宏은 權利의 確定이라고 하는 법적 기준만으로 모든 경우를 규율하는 것이 타당하지 않고 경우에 따라서는 管理支配基準을 적용하는 것이 타당한 경우가 있다고 한다.[271)]

일본 법인세법 제22조 제3항은, 각 사업연도의 소득금액의 계산상 손금에 산입할 금액으로 '당해 사업연도의 수익과 관계되는 매상원가, 완성공사원가 그 밖에 이에 준하는 원가의 액' 등을 규정하고, 같은 조 제4항은 수익·비용의 계산에 관하여 '일반적으로 공정타당하다고 인정되는 회계처리의 기준에 따라서 계산되어야 한다고 규정한다. 그리고 법인세법기본통달 2-1-1 내지 2-1-48은 구체적인 거래유형별로 수익의 귀속시기를 정한다.

最高裁判所 1993.(平成 5년) 11. 25. 판결은, 수익을 어느 사업연도에 계상할 것인지는 일반적으로 공정타당하다고 인정되는 회계처리의 기준에 따라야 하고, 이에 의하면 수익은 그 실현이 있을 때, 즉 그 수입할 權利가 確定된 때가 속하는 연도의 익금에 계상하여야 한다고 판시하였다.

2-2-2. 익금확정의 기준

(1) 일반론

익금의 확정은 거래로 인한 수익이 세법상 익금으로 취급하여 과세하기에 적합한 상태에 이른 것을 말한다.[272)] 익금확정의 기준은 아래의 세 가지 요소로 구성된다.

① 거래가 그로 인한 수익이 세법상 실현된(realization)[273)] 것으로 볼 수 있는 단계까지 진행(이행)되었을 것

② 수익의 원인이 되는 권리(權利)가 확정적으로 발생하였고, 그 존재 여부 또는 범위에 관하여 다툼이 없으며, 그 금액(金額)의 합리적 측정이 가능할 것

③ 수익을 구성하는 경제적 이익을 지배·관리할 것

위 요소들 중에서 ①, ②가 주된 기준이고, ③은 ②가 불완전하거나 부존재하는 경우 이를

---

271) 金子 宏, 租稅法(2019), p.312. 그러한 예로, ① 이자제한법을 초과하여 사법상 무효인 이자채권의 경우, 변제기가 도래하더라도 법적 수단으로 이행청구를 할 수 없으므로, 관리지배기준을 적용하여 변제에 의하여 납세자의 지배하에 들어간 때에 소득으로 실현된 것으로 보는 것[최고재판소 1971.(昭和 46년) 11. 9. 판결], ② 임료의 증액청구소송이 제기되고 가집행선고부 판결에 기하여 재판이 확정된 연도보다 전의 연도에 증액분 임료를 지급받은 경우[최고재판소 1978.(昭和 53년) 2. 24. 판결] 등을 든다.

272) 김완석·황남석, 법인세법론(2021), 483쪽은, 일정한 경제적 이익이 그 금액·안정성 등의 면에서 보아 과세하기에 적합하다고 보여질 정도로 확정된 상태에 있어야만 비로소 그 권리가 확정된 것으로 볼 수 있다고 한다.

273) 여기의 실현은, 채권의 회수(변제의 수령)가 아니라 상품이 현금 또는 현금청구권과 교환되는 등으로 과세의 계기로 삼기에 적합한 사건의 발생을 의미한다(일반기준 문단 144). 따라서 상품을 매출하고 고객에게 인도한 이상 아직 그 매출채권을 회수하지 못하였더라도 수익(익금)이 실현된 것이다. 한편, 판례는 "소득세의 과세대상이 되는 소득이 발생하였다고 하기 위하여는 소득이 현실적으로 실현되었을 것까지는 필요 없고"라고 하였는데(대법원 1981. 2. 10. 선고 79누441 판결), 위 판례에서 말하는 "실현"은 채권의 변제를 수령하는 것을 말하는 것으로 보인다.

보완하는 요소이다. ①에 관하여는 법인세법 시행령 제68조 내지 제71조가 규정한다. 그리고 ②는 종전에 권리확정주의의 내용으로 거론된 것 중 '권리의 발생 및 다툼 없음과 관련된 부분'을 의미한다. ①은 법인세법 시행령 제68조 이하에 규정되어 있으므로 해당 부분에서 검토하고, 이하에서는 먼저 ②(권리의 확정)와 ③(지배·관리)에 관하여 살펴보기로 한다.

(2) 권리의 확정

(가) 권리가 확정적으로 발생하였고, 그 가액의 합리적 측정이 가능할 것

① 권리의 발생

계약상 권리의 발생에 **정지조건**(停止條件)이 붙어 있는 경우, 법인세법 시행령 제68조 이하의 수익실현시기가 도래하였더라도, 그 권리의 발생 여부는 장래의 불확실한 사실에 의존하므로, 이를 익금으로 보기 어려울 것이다. 채무자가 채무의 일부 변제를 조건으로 나머지 채무를 면제받기로 정한 경우, 그 조건의 성취 시점에 채무면제익이 확정된다.[274] 법인이 채권자에게 채무의 양도담보로 자산을 양도한 경우, 이후 채무의 불이행에 따라 그 자산이 채권자에게 귀속되거나 제3자에게 매각되는 시점에 비로소 채무자의 양도손익이 확정된다.[275]

한편, **해제조건**(解除條件)이 있는 권리의 경우에는, 원칙적으로 그 해제조건이 존재한다는 이유만으로 권리의 확정을 부인할 수 없고, 그 확정을 저해하는 다른 사정이 없는 한 일단 익금으로 인식하였다가, 이후 그 해제조건이 성취되면 후발적 경정청구 등으로 처리하여야 할 것이다.

변제기의 도래는 일반적으로 권리의 확정을 뒷받침하는 사정이지만, 그 필수적 요건은 아니다.[276] 특히 법인세법 시행령 제68조 이하에 따른 익금의 귀속시기 요건이 충족된 경우, 아직 변제기가 도래하지 않았다는 이유로 반드시 권리의 확정이 없다고 볼 것은 아니다. 가령 어느 사업연도에 상품을 판매하고 인도하면서 그 대금을 다음 사업연도에 받기로 한 경우에도 그 상품의 판매대금은 그 인도시점이 속하는 사업연도의 익금으로 귀속된다.[277]

---

274) 법인-291, 2010. 3. 25.(채무자가 채권의 양수인과 상환약정을 체결한 경우) ; 법인-275, 2013. 6. 10.(법원의 회생절차에서 채무의 일부 변제를 조건으로 나머지 채무를 면제하는 것으로 정한 경우)

275) 소득세법 시행령 제151조 제1항은 채무의 담보를 위한 자산의 양도를 양도소득세 과세대상인 '양도'에서 제외한다.

276) IFRS 1115호 문단 38도 같은 취지로 보인다[수익을 인식하기 위해서는 현재의 지급청구권(present right) 이 있어야 하지만, 그 청구권의 변제기가 도래하였는지 여부는 묻지 않는다].

277) 부가가치세법 시행령 제28조 제2항은 기한부 판매의 경우 기한이 지나 판매가 확정되는 때를 재화의 공급시기로 본다. 여기의 기한은, 대금의 지급기한이 아니라, 재화를 인도받은 상대방이 재화를 반환하거나 매입거절 등의 의사표시를 할 수 있는 기한을 의미한다[나성길·신민호·정지선, 부가가치세법론(2019), 128쪽].

② 권리에 관한 분쟁이 없을 것

채권의 존재 여부 및 범위에 관하여 다툼이 있어 소송으로 나아간 경우, 그 분쟁이 경위 및 사안의 성질 등에 비추어 명백히 부당하다고 할 수 없다면, 소득이 발생할 권리가 확정되었다고 할 수 없고, **판결이 확정**된 때에 그 권리가 확정된다.[278] 채권에 관한 분쟁으로 인하여 소득의 발생 여부가 불확실하여 그에 대한 신고·납부를 객관적으로 기대하기 어려운 상황에서 납세의무자에게 신고·납부의무를 부과하는 것은 불합리하기 때문이다. 한편, 권리의 존재와 범위에 관하여는 다툼이 없고 단지 채무자가 채무금액을 지급하지 않아서 소가 제기된 경우에는, 소득이 확정되기 위하여 판결이 확정되어야 할 필요가 없다.[279]

분쟁 중인 권리가 판결 등으로 확정된 경우, ㉮ 당초 그 권리의 실체법적 익금확정요건(세법상 수익의 실현 및 권리의 발생)이 충족된 시점(즉, 법률적 다툼이 없었다면 귀속되었을 사업연도)의 소득으로 귀속시킬 것인지, ㉯ 분쟁이 종료한 시점의 소득으로 귀속시킬 것인지는, 정확한 기간별 소득 측정의 필요성과 과거기간 소득의 소급적 수정에 따른 비용을 교량하여 결정할 정책적 선택의 문제이다. 이에 관하여 판례는, 그 분쟁이 명백히 부당한 경우가 아닌 한 후자(㉯)의 입장으로 해석한다.[280]

③ 채권의 회수가능성의 고려 여부

거래로 인한 수익이 익금으로 확정되었다면, 이후 그 수익의 기초가 되는 채권이 회수불능으로 되더라도, 이는 그 회수불능으로 된 때 대손금으로 처리할 사유에 해당할 뿐이고, 종전에 이루어진 익금의 확정 및 소득의 귀속시기에 영향을 미치지 않는다.[281]

한편, 판례는, 소득의 원인이 되는 채권이 발생하였더라도, 그 채권이 채무자의 도산 등으로 인하여 회수불능이 되어 장래 그 소득이 실현될 가능성이 전혀 없게 된 것이 객관적

---

278) 대법원 1993. 6. 22. 선고 91누8180 판결, 대법원 1997. 4. 8. 선고 96누2200 판결 ; 부동산의 점유취득시효 완성에 따른 익금의 귀속시기는 점유자가 해당 부동산의 소유권이전등기를 하거나 소유권이전등기청구소송을 하여 승소한 시점이다[대구고등법원 2018. 12. 14. 선고 2017누4612 판결, 대법원 2019. 4. 25. 선고 2019두31082 판결(심리불속행)].

279) 대법원 2001. 11. 13. 선고 99두4082 판결 ; 위 판결의 해설인 이상인, "가. 사업소득의 계산에 있어서 … ", 대법원판례해설 제39호(2002), 163쪽

280) 대법원 1997. 4. 8. 선고 96누2200 판결 : 원고가 소외 회사와 사이에 소외 회사 소유의 상가건물에 대한 분양대행계약을 체결하고 1990. 5. 31.까지 총분양면적의 95% 정도를 분양하였으나, 소외 회사로부터 분양대행수수료 일부를 지급받지 못하자 소외 회사를 상대로 분양대행수수료의 지급을 구하는 소를 제기하여 1992. 1. 31. 일부 승소판결을 받고 이후 소외 회사의 항소취하로 위 판결이 확정된 사안에서, 대법원은, 위 소송의 원인이 명백히 부당한 분쟁으로 보이지 않는다는 이유로, 원고가 수수료 수입을 얻을 권리는, 분양대행사무를 종료한 1990. 5. 31.이 아니라 판결이 확정된 1992년도에 확정되었다고 판단하였다.

281) 대법원 2004. 2. 13. 선고 2002두11479 판결, 대법원 2005. 5. 13. 선고 2004두3328 판결, 대법원 2019. 9. 9. 선고 2017두47654 판결(매매계약의 체결에 따라 중개수수료 채권이 확정적으로 발생한 후, 중개인이 매도인과 사이에 매매대금이 감액될 경우 중개수수료도 감액하기로 약정하고, 이후 매매대금의 감액에 따라 중개수수료가 감액된 경우)

으로 명백한 때에는, 그와 같은 소득을 과세소득으로 하여 법인세를 부과할 수 없다고 한다.[282] 위 판례는, 채권의 발생시점이 속하는 사업연도에 채권의 회수불능이 객관적으로 명백한 경우를 간명하게 처리하기 위한 것으로 보인다.

 채권의 회수불능과 소득세법상 이자소득, 양도소득 등

대법원은, 후발적 경정청구 제도가 없던 과거에, 소득세법상 이자소득, 양도소득 등의 경우, 법인세와 달리 채권의 회수불능을 대손금으로 과세소득에 반영할 장치가 없는 점을 고려하여, 그 채권이 객관적으로 회수불가능하게 된 경우에는 소득세를 부과할 수 없다고 보았다.[283] 현재는 국세기본법에 후발적 경정청구 제도가 도입되어 있고, 이자소득에 대하여는 소득세법 시행령 제51조 제7항에 회수불능시의 특칙이 규정되어 있으므로, 이에 따라 처리해야 할 것이다.[284]

④ 가액의 합리적 측정가능성

일반적으로 계약상 권리는 그 발생시점에 그 가액의 합리적 측정이 가능하다. 그러나 예외적으로 부작위채권 등과 같이 그 발생시점에 세법상 가액의 측정이 곤란한 경우도 있다. 권리의 발생이 인정되더라도, 그 가액의 합리적 측정이 곤란한 경우에는, 익금이 확정된 것으로 볼 수 없다.

대법원은, 보증보험업 등을 영위하는 원고 법인이 보험사고 발생으로 보증보험금을 지급하고 취득하는 보험계약자 등에 대한 구상채권에 대하여, 그 실질적 자산가치를 평가하기 어렵고, 과거의 회수율을 기초로 장차 회수할 것으로 추정한 금액도 추정치에 불과하므

---

282) 대법원 2004. 11. 25. 선고 2003두14802 판결(한보철강 사건) : ① 원고(한미캐피탈 주식회사)는 1995. 3. 1. 한보철강공업 주식회사('한보철강')와 사이에 공동리스계약의 형식으로, 리스물건 '냉연강판제조설비'. 리스기간 '1995. 3. 1.부터 84개월간'으로 하는 리스계약을 체결하였는데, 한보철강에 대하여 1997. 8. 27. 회사정리개시결정이 내려졌고, 이후 회사정리계획인가결정에 따라 원고의 리스료 원금 중 일부를 2004년부터 2018년까지 차등 분할상환받기로 정해졌다. ② 원심은, 위 리스료가 원고의 결산일(1998. 3. 31.) 당시 수익이 발생할 권리로서 실현가능성이 높은 정도로 확정되지 않았다고 판단하였다. 그러나 ③ 대법원은, 원고의 결산일 당시 위 리스료 채권이 이미 발생하였고, 채무자인 한보철강이 회사정리개시결정을 받았다는 사실과 그 무렵 한보철강의 재정상태가 악화되었다는 사정만으로는 위 리스료가 객관적으로 회수불능이 되었다고 할 수 없으므로, 원고의 결산일 당시 위 리스료가 수익이 발생할 권리로서 실현가능성이 높은 정도로 성숙·확정되지 않았다고 보기는 어렵다고 판단하였다.

283) 대법원 1989. 9. 12. 선고 89누1896 판결(이자소득), 대법원 2002. 10. 11. 선고 2002두1953 판결(양도소득). 위 판결들은 납세의무자에게 불공평한 결과를 방지하기 위하여 권리확정의 개념을 탄력적으로 해석한 것이다(하태흥, "권리확정과 채권의 회수불능 – 대법원 2013. 9. 13. 선고 2013두6718 판결 –", 민사재판의 제문제, 한국사법행정학회, 1158쪽).

284) 판례는, 회사의 배당결의에 의하여 개인 주주의 배당소득이 성립하였으나, 이후 회사의 도산으로 그 소득의 실현가능성이 전혀 없게 된 경우, 국세기본법 시행령 제25조의2 제4호의 후발적 경정청구사유에 해당한다고 보았다(대법원 2014. 1. 29. 선고 2013두18810 판결).

로, 그 금액만큼 권리의 실현가능성이 성숙되었다고 보기 어렵다고 판단하였다.[285]

(나) 권리확정 후의 사정변경

법인이 가지는 권리가 세법상 익금의 확정 단계에 이르러 익금으로 인식된 후 그 내용이 변경되거나 해제 등으로 소멸하는 경우가 있다. 이 경우 ㉮ 당초 익금이 인식된 사업연도로 소급하여 그 사업연도의 익금을 감액하여야 하는 것인지(후발적 경정청구), ㉯ 그러한 사후적 사유가 발생한 사업연도의 손금에 산입하여야 하는 것인지가 문제된다. 후자의 방법에 의하면, 그러한 사후적 사유가 발생한 사업연도 및 그 이후에 법인에게 충분한 소득이 발생하지 않는 경우, 해당 법인은 그 사유로 인한 소득의 감소를 세액에 반영할 방법이 없게 된다. 이는, 법인이 어떤 권리로 인하여 얻는 소득을, 그 권리에 따른 급부의 종국적 보유 요건이 완결되기 전에 세법상 인식하기 때문에 발생하는 문제이다. 위 두 가지 중 어느 방법에 따를 것인지는, 법인세법이 기초로 삼는 기간과세의 원칙과, 법인의 전 사업기간에 걸친 과세대상소득을 적정하게 계산할 필요성을 종합하여, 판단되어야 한다.

① 귀속시기 도래 후의 변제기 유예

법인세법상 익금의 귀속시기가 도래한 후 변제기 유예의 합의가 있더라도, 이미 발생한 법인세 납세의무에 영향을 미칠 수 없다.[286]

② 계약의 해제 및 대금의 감액

대법원은, 소득의 원인이 되는 권리가 확정적으로 발생하여 과세요건이 충족됨으로써 일단 납세의무가 성립하였다 하더라도, 일정한 후발적 사유의 발생으로 말미암아 소득이 실현되지 않는 것으로 확정되었다면, 당초 성립하였던 납세의무는 그 전제를 상실하여 원칙적으로 그에 따른 법인세를 부과할 수 없고, 그러한 후발적 사유에는 '사업상의 정당한 사유로 당초의 매매대금이나 용역대금을 감액한 경우'도 포함된다고 판시하였다.[287] 이러한 경우 후발적 경정청구를 인정하지 않는다면, 후발적 사유가 발생한 사업연도에 휴·폐업 중이거나 후발적 사유로 발생한 손금을 상쇄할 충분한 익금이 없는 경우 납세자의 권

---

285) 대법원 2011. 9. 29. 선고 2009두11157 판결 : 이는, 원고의 구상채권이 그 발생원인(피보증인은 대부분 무자력)의 성질상 그 채권의 발생 당시에 이미 그 전액을 회수하기는 곤란함이 객관적으로 명백한 경우로서, 그 회수곤란이 객관적으로 명백한 금액 부분을 특정할 수 없는 경우로 볼 수 있다.

286) 대법원 2015. 8. 19. 선고 2015두1588 판결 : 중간지급조건부 용역(도시환경정비사업 전문관리용역)의 공급에 관한 사안

287) 대법원 2013. 12. 26. 선고 2011두1245 판결 : 원고가 토지를 매도하는 계약을 체결하면서 일정시점까지 그 토지의 용도변경이 안 되는 것으로 결정된 경우 등에는 매수인이 매매계약을 해제하거나 환매할 수 있는 것으로 정하였고, 이후 원고는 위 기한 내에 위 토지의 용도변경이 이루어지는 것이 불가능하다고 보고 매수인과 사이에 매매대금 중 일부를 감액하기로 합의하고 이를 매수인에게 반환한 사안

리구제를 도모할 수 없는 문제가 생기기 때문이다.[288] 그 결과 법인세법과 부가가치세법 사이에 대금감액의 효과가 귀속하는 과세기간이 달라질 수 있다.[289]

다만, 대법원은 ㉮ 법령이, 특정한 후발적 사유의 발생으로 말미암아 실현되지 않은 소득금액을 그 후발적 사유가 발생한 사업연도의 소득금액에 대한 차감사유 등으로 별도로 규정하거나,[290] ㉯ 경상적·반복적으로 발생하는 매출에누리나 매출환입과 같은 후발적 사유에 대하여, 납세의무자가 기업회계의 기준이나 관행에 따라 그 사유가 발생한 사업연도의 소득금액을 차감하는 방식으로 법인세를 신고해 왔다는 등의 특별한 사정이 있는 경우에는, 그러한 후발적 사유의 발생은 당초 납세의무가 성립한 사업연도의 소득금액에 영향을 미칠 수 없다고 판시하였다.[291]

③ 계약의 해제

'해제권의 행사나 부득이한 사유로 인한 계약의 해제'는 원칙적으로 후발적 경정청구사유에 해당한다(국세기본법 시행령 25조의2 2호).[292] 계약이 해제권의 행사에 의하여 해제되었음이 당해 소송에서 증명된 이상, 관련 소송에서 계약의 해제 여부가 판결로 확정되지 않았더라도, 후발적 경정청구사유에 해당한다.[293] 다만, 위 ②의 ㉮, ㉯와 같은 특별한 사정이 있는 경우에는, 계약의 해제는 당초 성립하였던 납세의무에 영향을 미칠 수 없으므로 후발적 경정청구사유가 될 수 없다.[294] 해제된 계약이 건설 등의 용역을 제공하는 것인 경우에는, 작업진행률에 의한 익금 또는 손금과 계약해제로 인하여 확정된 금액의 차액을 해약일이 속하는 사업연도의 익금 또는 손금에 산입하는 특칙이 있다(시행령 69조 3항).

---

288) 조윤희, "법인세와 후발적 경정청구", 사법 제27호(2014. 3.), 사법발전재단, 318쪽

289) 부가가치세법 시행령 제70조 제1항은, 처음 공급한 재화가 환입(還入)된 경우 재화가 환입된 날, 계약의 해제로 재화나 용역이 공급되지 않은 경우 계약해제일, 계약의 해지 등에 따라 공급가액에 추가되거나 차감되는 금액이 발생한 경우 증감 사유가 발생한 날을 각각 수정세금계산서의 작성일로 기재하도록 규정한다. 이에 의하면 부가가치세법상으로는 재화의 환입이나 계약의 해제에 따른 재화공급계약의 소급적 실효는 후발적 경정청구의 사유가 아니고(조윤희, 앞의 글, 328쪽), 당해 사유가 발생한 과세기간의 공급가액에서 차감하는 사유에 그칠 뿐이다.

290) 법인세법 시행령 제69조 제3항은, 작업진행률에 의한 익금 또는 손금이 공사계약의 해약으로 인하여 확정된 금액의 차액은 해약일이 속하는 사업연도의 익금 또는 손금에 산입한다고 규정하는데, 이는 법령이 후발적 사유의 발생에 따른 소득의 변동을 그 사유가 발생한 사업연도의 소득에 반영하도록 규정한 경우에 해당한다.

291) 대법원 2013. 12. 26. 선고 2011두1245 판결

292) 대법원 2014. 3. 13. 선고 2012두10611 판결 ; 일본의 경우, 최고재판소 1987.(소화 62년) 7. 10. 판결은, 법인이 부동산을 매도하고 그로 인한 양도수익에 대한 법인세를 신고·납부하였다가 이후 매수인의 잔대금지급채무 불이행을 이유로 매매계약을 해제하고 당초 익금에 산입한 매매대금을 해당 사업연도의 소득금액에서 감액해달라는 후발적 경정청구를 한 사안에서, 후발적 경정청구를 부정하였다.

293) 대법원 2020. 1. 30. 선고 2016두59188 판결

294) 대법원 2014. 3. 13. 선고 2012두10611 판결, 대법원 2017. 9. 21. 선고 2016두60201 판결, 대법원 2020. 1. 30. 선고 2016두59188 판결(한국철도공사)

한편, 매매계약의 해제가 실질적으로 투자수익의 보장 등을 위한 별개의 매매로 평가될 수 있는 경우에는, 후발적 경정청구가 부인될 것이다.[295]

(3) 지배·관리

(가) 권리주장(claim of rights)기준

법인이 분쟁 중인 권리를 주장하면서 소를 제기하고 가집행선고부 판결에 의하여 이행을 받은 경우, 아직 그 소송이 종료되지 않아서 권리의 확정 단계에 이르지 않았더라도, 그 권리에 기초한 익금이 확정된 것으로 볼 수 있다.[296] 이 경우 채권액의 수령은 가집행선고부 판결에 의한 것이어서 권리확정의 면에서는 불완전하지만, 현실적 변제를 수령함으로써 소득에 대한 지배관리가 불완전한 권리확정을 보완하는 것으로 볼 수 있다. 만일 이후 상급심에서 가집행선고 등이 취소되어 법인이 지급받은 채권액을 반환하여야 할 경우에는 후발적 경정청구(국세기본법 45조의2 2항)를 할 수 있다.[297]

---

1. 미국의 판례와 세법

미국 연방대법원은, North American Oil Consolidated v. Burnett, 286 U.S. 417 (1932) 사건에서, 이른바 권리주장의 원칙(doctrine of claim of rights)을 채택하였다.

① 미국 정부는 1916년 납세자를 상대로 토지의 인도를 구하는 소를 제기하였고, 위 소송의 계속 중 법원이 임명한 관리인이 위 토지의 임대료를 수령하였다. 미국 정부가 1917년 1심에서 패소하자, 위 관리인은 수령한 1916년분 임대료를 납세자에게 지급하였다. 이후 위 사건에서 항소심은 1920년 미국 정부의 항소를 기각하였고, 연방대법원은 1922년 상고를 기각하였다.

② 조세소송에서는 납세자가 1917년 수령한 임대료가 해당 사업연도의 과세가능소득인지 여부가

---

295) 대법원 2015. 8. 27. 선고 2013두12652 판결 : ① 원고는 보유하는 주식을 투자자들에게 양도하면서, 주식 발행법인의 일정 기간 당기순이익이 일정한 금액을 상회하는 경우 주식의 양수인들로부터 일정한 산식에 따라 산정된 조정대상 주식을 양수하고, 위 당기순이익이 일정한 금액을 하회하는 경우 주식의 양수인들에게 조정대상 주식수를 추가로 양도하거나 일정한 방식으로 산정된 사후조정 대금을 지급하기로 하는 내용의 투자금 및 투자수익금 약정을 하였다. 이후 위 주식의 가치가 하락하는 등의 사유가 발생하자, 원고는 당초 수령한 양도대금에 약정된 수익금을 가산한 금액을 매매대금으로 하여 주식을 매수(환매)하는 방법으로 투자금 및 투자수익금 지급의무를 이행하였다. ② 대법원은, ㉮ 유효한 매매계약을 토대로 자산의 양도가 이루어진 후 환매약정에 따라 환매가 이루어지더라도, 이는 원칙적으로 새로운 매매에 해당하므로, 양도소득세의 과세요건을 이미 충족한 당초의 매매계약에 따른 자산의 양도에 영향을 미칠 수 없고, ㉯ 위 사건의 경우 환매는 당초 매매계약이 해제 또는 해제조건의 성취 등에 따른 원상회복의무의 이행으로 볼 수 없고, 약정된 투자수익금 등의 지급을 위한 별개의 매매에 해당하므로, 양도소득세 과세대상인 당초의 매매계약이 소멸되거나 주식의 양도가 없어졌다고 할 수 없다고 판단하였다. ③ 법인세의 경우에도 매매계약의 해제가 단순한 원상회복을 목적으로 하는 것이 아니라 위 판결의 사안과 같이 투자수익의 보장을 목적으로 하는 경우에는 실질적으로 당초의 매매계약과 구별되는 별개의 매매로 볼 여지가 있다.
296) 대법원 2011. 6. 24. 선고 2008두20871 판결. 위 판례는 소득세에 관한 것이지만, 법인세에 대하여도 동일하게 적용될 수 있을 것이다.
297) 대법원 2011. 6. 24. 선고 2008두20871 판결

문제되었다. 납세자는 1916년분 임대료가 관리인에 의하여 수령된 1916년 또는 소송이 종료된 1922년의 소득으로 과세되어야 한다고 주장하였다. 그러나 연방대법원은, 납세자가 권리의 주장하에 그의 처분에 대한 제한 없이 수입을 수령하였다면(If a taxpayer receives earnings under a claim of right and without restriction as to its disposition), 아직 그가 그 돈을 수령할 권리가 없음이 주장되고 그 대가를 반환할 의무가 있다고 판단될 여지가 있다고 하더라도, 그는 소득을 수령한 것이므로, 위 임대료는 1917년의 소득으로 되었고, 만일 1922년에 미국 정부가 토지인도청구 사건에서 승소하여 납세자가 수령한 임대료를 반환할 의무가 있게 되었다면 그 금액을 1922년의 소득에서 공제하여야 한다고 판시하였다.

미국 세법에 따르면, 납세자가 제한없는 권리를 가진 것으로 보이는 항목이 이전 과세기간의 총소득에 포함되었는데, 이후의 과세기간에 납세자가 그 항목에 대하여 제한없는 권리를 갖지 않음이 확인되고, 그 항목의 금액이 3,000달러를 초과하는 경우, 세액은 ① 그 항목을 후자의 과세기간에 공제하여 계산한 세액과 ② ㉮ 그 항목을 후자의 과세기간에 공제하지 않고 계산한 세액에서 ㉯ 전자의 과세기간에 공제하였을 경우 세액의 감소액을 차감한 금액 중 작은 금액이다[IRC § 1341(a)].

2. 일본 판례

일본 最高裁判所 1978.(昭化 53년) 2. 24. 판결은, 임대인인 원고가 임료증액청구의 소를 제기하여 임료증액분에 관한 가집행선고부 승소판결을 받고 상고심 계속 중 1962년(소화 37년)에 위 판결에 기한 압류·전부명령 등을 통하여 돈을 지급받은 후, 1965년(소화 40년)에 대법원의 상고기각으로 위 판결이 확정된 사안에서, 임료증액청구가 다투어진 경우 증액분의 임료는 원칙적으로 그 채권의 존재를 인정하는 재판이 확정된 날인 속하는 연도의 소득계산상 수입금액에 산입되어야 하나, 그 증액분 임료의 지급을 명하는 가집행선고부 판결에 기한 지급을 받은 돈은 그 수령일이 속하는 연도의 소득계산상 수입금액에 산입되어야 한다고 판시하였다.[298]

(나) 위법소득

위법소득은 그 근거가 되는 권리가 존재하지 않거나 불완전한 경우이므로, 성질상 권리확정이 존재할 수 없다.[299] 따라서 위법소득의 귀속시기는 권리확정 여부와 무관하게 그 소득을 현실적으로 지배·관리하는 시점이 된다. 법인이 토지거래허가구역 내의 토지를 허가 없이 매도하고 지급받은 대금은, 그 대금의 청산일에 익금으로 확정된다.[300] 한편, 법인이 위법소득을 반환하거나 박탈당하는 경우에는 후발적 경정청구를 할 수 있다.[301]

---

298) 金子 宏은 위 판결이 管理支配基準을 적용한 사례라고 본다[金子 宏, 租稅法(2019), p.312].

299) 대법원 1984. 3. 13. 선고 83누720 판결 : "이자제한법 소정의 제한이율을 초과하는 부분의 이자, 손해금에 관한 약정은 무효이므로 그 약정에 의하여 이자손해금은 발생할 여지가 없고 따라서 미지급된 제한 초과의 이자, 손해금은 가령 약정의 이행기가 도래하였다 하더라도 그 권리가 확정된 것이라고 할 수 없을 것이므로 미지급된 제한 초과의 이자, 손해금은 소득세법 제28조 제1항에서 말하는 "수입할 금액"에 해당하지 아니한다 할 것이다."

300) 서울고등법원 2013. 1. 18. 선고 2012누6393 판결, 대법원 2013. 7. 11. 선고 2013두6640 판결(심리불속행) ; 토지거래허가구역 내 토지를 개인이 양도한 경우의 양도소득세에 관하여는 대법원 2011. 7. 21. 선고 2010두23644 전원합의체 판결

2-2-3. 손금확정의 기준

(1) 일반론

법인은 수익을 얻기 위하여 그 수익의 실현시점 이전 또는 이후에 여러 가지 비용을 지출한다. 가령 법인은, 하나의 제품 또는 상품을 판매하기 전에 제품의 제조비용 또는 상품의 구입비용을 지출하고, 그 판매 이후에도 무상수리비용 등을 지출한다. 그리고 이러한 여러 가지 비용은 판매시점과 동일한 사업연도에 지출되는 경우도 있지만, 서로 다른 사업연도에 지출되기도 한다.

만일 수익과 비용을 그 각각의 발생시점이 속하는 사업연도에 별도로 귀속시켜 과세한다면, 법인의 사업활동 전체를 단일한 과세단위로 삼아 과세하였을 경우에 비하여, 기간과세로 인한 손익의 왜곡이 심해진다. 따라서 서로 관련되는 수익과 비용을 묶어서 하나의 과세기간에 귀속시켜 그로 인한 순소득을 계산함으로써 기간과세의 문제점을 완화할 필요가 있다. 그 구체적 방법으로는, 수익의 발생에 선행하여 발생한 비용을 자산화하는 것이 가능하다면 이를 자산화하였다가(제품제조원가→제품) 이후 관련된 수익의 발생시점에 비용화하는 방식이 사용되고, 이를 수익비용의 대응(matching of expenses with revenues)이라고 한다.[302] 이에 의하면 손금(비용)의 귀속시기는 그와 관련된 익금(수익)의 귀속시기를 따르고 그에 종속된다. 그 외에 수익과의 직접적 관련성을 찾기 어려운 비용은 일정한 기간에 걸쳐 귀속시키는 경우도 있고, 그 발생시점에 귀속시키는 경우도 있다.

한편, 회계적으로 발생한 비용이 세법상 손금으로 하기에 적합한 확실성을 가지지 못하는 경우(의무의 미확정) 손금이 될 수 없다. 따라서 세법상 손금의 귀속시기는 수익비용의 대응과 의무의 확정 등을 모두 고려하여 판단하여야 한다.

(2) 수익비용의 대응 등

(가) 회계기준

① 발생된 원가와 특정 수익항목의 가득 간에 존재하는 직접적인 관련성을 기준으로 포괄손익계산서에 인식한다.[303] 재화의 판매에 따라 수익이 발생됨과 동시에 매출원가를 구성하는 다양한 비용요소가 인식되는 것이 그 예이다.

② 경제적 효익이 여러 회계기간에 걸쳐 발생할 것으로 기대되고 수익과의 관련성이 단

---

301) 대법원 2015. 7. 16. 선고 2014두5514 전원합의체 판결

302) 제품을 판매한 기업이 회계기준에 따라 그 판매시점에 제품보증충당부채를 인식하는 것도 수익비용의 대응과 관련된 것으로 볼 수 있다. 다만, 위와 같은 충당부채에 따른 비용은 세법상 확정된 의무에 해당하지 않기 때문에 세법상 부채(손금)로 인정되지 않는다.

303) K-IFRS 재무보고를 위한 개념체계 문단 4.50 ; 일반기업회계기준 재무회계개념체계 문단 146(가)

지 포괄적으로 또는 간접적으로만 결정될 수 있는 경우, 비용은 체계적이고 합리적인 배분절차를 기준으로 포괄손익계산서에 인식된다.[304] 유형자산 등의 감가상각비가 그 예이다.

③ 미래의 경제적 효익이 기대되지 않는 지출이거나, 미래의 경제적 효익이 기대되더라도 재무상태표에 자산으로 인식되기 위한 조건을 원래 충족하지 못하거나 더 이상 충족하지 못하는 부분은 즉시 포괄손익계산서에 비용으로 인식되어야 한다.[305] 그 예로 판매비와 관리비를 들 수 있다.

(나) 세법

① 수익비용의 대응

㉮ 법인세법의 태도

법인세법 시행령 제68조 제1항은 자산의 양도 등으로 인한 익금과 손금을 동일한 사업연도에 귀속시키도록 규정하고, 같은 조 제2항은 장기할부조건부 판매 등의 경우 특례의 인정대상을 "회수하였거나 회수할 금액(수익)과 이에 대응하는 비용"으로 명시한다. 또한 법인세법 시행령 제69조 제1항은 건설 등 용역의 경우 작업진행률에 따라 계산한 수익뿐만 아니라 비용도 각각 익금과 손금에 산입하도록 규정한다. 여기에 수익비용의 대응이 가지는 합리성과 회계기준상 지위 등을 고려하면, 법인세법은 수익비용의 대응을 손금귀속시기의 일반원칙으로 명시하지 않지만, 이를 손금귀속시기의 기준으로 채택하고 있다고 해석할 여지가 충분하다.[306][307] 대법원도 법인세법이 손익의 귀속시기에 관하여 수익비용대응의 원칙을 채택하였음을 전제로 판단하였다.[308]

㉯ 수익비용의 대응에 관한 대법원 판례

법인이 아파트 건설사업을 위하여 취득한 토지의 일부를 그 사업의 승인조건에 따라 도로로 조성하여 지방자치단체에 기부채납한 경우, 그 도로의 가액 상당의 비용은 기부금이 아니라 수익의 발생에 직접 관련된 비용이므로, 아파트 분양에 따른 수익의 발생이 확정된 사업연도의 손금에 산입하여야 한다.[309] 부동산이 상품 또는 제품으로 판매되는 경우, 그

---

304) K-IFRS 재무보고를 위한 개념체계 문단 4.51 ; 일반기업회계기준 재무회계개념체계 문단 146(다)

305) K-IFRS 재무보고를 위한 개념체계 문단 4.52 ; 일반기업회계기준 재무회계개념체계 문단 146(나)

306) 미국 세법은 제조업, 판매업 등의 총소득(gross income)을 매출액에서 매출원가를 차감한 것(total sales, less the cost of goods) 등으로 정의한다(순액법)[IRC § 61(a)(2), (3), 재무부 규칙 § 1.61-3(a)]. 이에 따라 미국 세법에는 수익비용의 대응이라는 개념은 없지만 물건의 판매가격을 익금산입하는 시기에 가서 원가를 손금산입한다는 결과에는 차이가 없다. 이창희, 세법강의(2020), 782쪽

307) 일본 법인세법 제22조 제3항 제1호는 명시적으로 수익비용의 대응을 규정한다.

308) 대법원 2002. 11. 13. 선고 2001두1918 판결, 대법원 2011. 1. 27. 선고 2008두12320 판결

309) 대법원 2002. 11. 13. 선고 2001두1918 판결

매입가액을 현금으로 지급하였든 지급하지 않아서 매입채무로 남아 있든, 그 매입가액은 그 부동산의 양도금액이 익금으로 귀속되는 사업연도의 손금에 산입되어야 하고, 반드시 현실로 그 가액이 지출되어야만 손금에 산입되는 것은 아니다.[310] 한편, 법인이 상품 매입을 위하여 선급금을 지급하였으나 그 상품을 공급받지 못한 경우, 상품의 판매로 인한 수익은 상품을 판매함으로써 비로소 발생하는 것이어서 당해 상품의 판매로 인한 수익의 발생을 상정할 수 없으므로, 그 수익에 대응하는 비용인 매입가액 또한 발생할 여지가 없어 선급금 상당액을 손금에 산입할 수 없다.[311]

㉰ 수익비용 대응의 전제 : 채무의 확정

채무로 확정되지 않은 비용은, 그에 대응하는 익금(수익)이 확정되었더라도, 그 익금이 속하는 사업연도의 손금에 산입할 수 없다.[312] 그리고 손금이 확정되지 않았다는 사유는 원칙적으로 익금의 귀속시기에 영향을 미치지 못한다. 수익비용의 대응은 손금의 귀속시기를 익금의 귀속시기에 맞추는 것이므로, 거꾸로 손금(비용)이 확정되지 않았다는 이유로 익금의 인식시기를 늦추어야 하는 것은 아니다.[313]

㉱ 수익비용의 대응과 실현주의(발생주의)의 관계

실현주의에 따른 수익의 인식시기인 상품의 인도시점은, 수익의 확실성이 높아지는 시점임와 동시에, 재고자산 상당 금액을 비용으로 인식할 수 있는 최종적 시점이다.[314] 상품의 판매에 따른 수익의 인식시기가 상품의 인도시점을 넘어가는 경우, 가령 판매된 상품의 인도 이후 대금의 수령시점에 수익을 인식하는 경우(현금주의), 수익과 비용의 인식시기가 달라지고 양자를 일치시킬 수 없게 된다. 따라서 수익비용의 대응은 실현주의(발생주의)를 필요로 하고,[315] 현금주의와 조화되기 어렵다.

310) 대법원 2013. 4. 11. 선고 2010두17847 판결

311) 대법원 2009. 8. 20. 선고 2007두1439 판결

312) 이창희, 세법강의(2020), 784쪽

313) 대법원 2003. 7. 11. 선고 2001두4511 판결(원고인 대한주택공사가 토지를 수분양자들에게 분양하고 그 대금을 모두 수령한 사안에서 원고는 그 지상의 기반시설까지 모두 완성할 의무가 있으므로 도시기반시설이 완성되지 않은 상태에서 지급받은 토지의 분양대금은 수익비용대응의 원칙에 비추어 그 매출원가가 확정되는 시점인 도시기반시설 준공시가 속하는 사업연도의 익금에 산입되어야 한다고 주장하였다. 그러나 대법원은, 원고가 분양한 것은 이 사건 토지 자체이지 그와 관련된 도로나 상하수도 시설 등 도시기반시설까지 포함된 것은 아니고, 그 도시기반시설이 반드시 분양대상 토지들만을 위하여 사용되는 것도 아니므로, 이 사건 토지의 양도대금은 도시기반시설공사의 진행 여부와 관계없이 그 수입시에 이미 확정된 것이며, 법인세법상 수익비용대응의 원칙은 기본적으로 수익이 확정되면 거기에 대응하는 원가, 비용 등을 산입하고자 하는 것이지 비용의 확정 여부에 따라 수익의 인식시기가 달라지는 것은 아니라는 이유로 원고의 주장을 배척하였다.), 대법원 2004. 10. 28. 선고 2003두10831 판결

314) 상품의 인도시점을 그에 관한 비용을 인식할 수 있는 최종적 시점이라고 한 이유는, 그 이전의 계약체결 시점에서도 상품인도의무를 부채로 인식함으로써 비용을 인식하는 것이 불가능하지 않기 때문이다.

315) 즉, 실현주의(발생주의)는 수익비용의 대응을 위한 필요조건이다. 반면에 실현주의가 필연적으로 수익·

② 원가의 배분

유형자산의 감가상각비와 같이 여러 과세기간에 걸친 수익에 기여하는 비용은, 합리적이고 체계적인 방법으로 각 사업연도에 손금으로 배분된다. 법인세법 제23조는 상각범위액을 정하는 방법으로 사업연도별 귀속시기를 규정한다. 다만, 감가상각비라고 하더라도 제품의 제조과정에서 발생한 것(공장건물의 감가상각비 등)은 제품제조원가로 배분되어[316] 자산화되었다가 그 제품의 판매시점이 속하는 사업연도의 손금에 산입된다.

③ 기간비용

판매비와 관리비 등과 같이 특정한 매출 등 수익과의 인과관계를 파악하기 곤란한 비용은, 그 발생(채무확정)시점이 속하는 사업연도의 손금에 산입되어야 한다.

④ 현금주의

법인이 지급하는 이자 및 할인액의 손금 귀속시기는 원칙적으로 현금주의에 따라 정해진다(시행령 70조 1항 1호 본문).

(3) 채무의 확정

비용이 대외적 거래에서 발생한 경우, 그 손금산입시기를 정하기 위한 전제로, 그 비용에 관한 채무가 확정되어야 한다. 채무의 확정을 인정하기 위해서는 첫째로, 법적 채무가 존재하고 확정적(確定的)이어야 한다.[317] 따라서 채무가 정지조건부(停止條件附)이거나 채무의 존부 또는 범위에 관한 분쟁이 있는 경우에는 채무의 확정을 인정할 수 없다.[318] 둘째로, 채무의 금액이 특정(特定)되어야 한다. 채무가 확정된 이상 그 실제 지급 여부 및

비용의 대응과 결합되어야 하는 것은 아니다. 가령 제품의 판매로 인한 수익은 그 제품의 인도시점에 인식하면서 그 제품의 제조과정에서 발생한 간접비용은 그 지출시점에 곧바로 인식하거나 제품 판매단계에서 제품인도부채와 함께 비용을 인식하는 것도 논리적으로 불가능하지 않다.

316) K-IFRS 1016호 문단 49, 1002호 문단 12

317) 춘천지방법원 2022. 9. 20. 선고 2021구합30943 판결은, 카지노업을 영위하는 원고 법인(강원랜드)이 슬롯머신 등의 게임기구에서 일정분의 베팅금액을 모아 시상규모를 증대시키면서 시상조건이 충족되면 해당 이용자에게 증대된 시상('프로그레시브 잭팟')을 하는 프로그레시브 방식의 게임을 제공하고, 프로그레시브 잭팟 적립금을 게임이용자의 베팅시점에 부채로 인식한 사건에서, 게임이용자의 베팅 시점에는 프로그레시브 잭팟 적립금의 지급의무가 성숙·확정되어 손금의 인식요건을 충족하였다고 보기 어렵다고 판단하였다.

318) 미국 법원은, ① 납세자가 세금을 납부하지 않고 소송으로 불복한 사건에서 그 세금은 해당 소송에서 최종적 판단이 내려질 때까지 손금에 산입될 수 없다고 판결하였고[Dixie Pine Products Co. v. Commissioner 320 U.S. 516 (1944)], ② 납세자가 불복 중인 세금을 납부한 사건에서도 손금산입을 부정하였다[U.S. v. Consolidated Edison Co. 366 U.S. 380 (1961)]. 현행 미국 세법은, 익금의 인식시기에 관한 권리주장의 원칙에 대응하여, 납세자가 부채에 관하여 다투는 경우에도(contested liabilities) 그 부채의 변제를 위하여 돈이나 재산을 제공한 때에는 그 부채의 손금산입을 인정한다[IRC § 461조(f)]. 이는 위 Consolidated Edison Co. 판결을 배제하기 위한 것이다(Chirelstein & Zelenak, p.327).

시기는 문제되지 않는다.[319)320)] 대법원은, 취득세 납세의무가 그 성립시기 이후의 사업연도에 부과처분으로 확정되고, 그 취득세가 사업소득의 필요경비로 귀속하는 과세기간이 문제된 사안에서, 그 취득세에 관한 손금은 취득세 납세의무가 확정된 과세기간에 확정된 것으로 판단하였다.[321)]

채무의 발생 여부 및 범위가 불확실한 반품추정부채나 하자보수충당부채 등은 아직 손금으로 확정되지 않은 상태에 있으므로, 그에 대응하는 익금(수익)의 귀속사업연도에 손금으로 산입될 수 없다.[322)] 법인이 사용인에게 지급하는 상여금이 임금의 성질을 가지는 경우, 전체 기간 중 경과일수에 상응하는 상여금의 액수가 가분적으로 확정되지 않는 때에는 이를 경과일수가 속하는 사업연도의 손금으로 처리하는 것은 허용되지 않는다.[323)] 대법원은, 수익(익금)의 확정시기에 장차 그에 대응하는 추가적인 비용지출이 예상되는 경우, 그 예상되는 비용을 미리 익금의 확정시기가 속하는 사업연도의 손금에 산입할 수 있다고 판

---

319) 미국 연방대법원은, 탄약을 제조하는 회사인 납세자가 1916년에 제조·판매한 탄약에 대한 탄약세(munitions tax)로서 1917년에 납기가 도래하는 것을 1916년에 'Reserves for Taxes'로 장부에 기장하고 1917년에 납부한 사안에서, 세액의 결정 이전에 세액을 확정하고 납세자의 납세의무를 결정할 수 있는 모든 사건이 발생할 수 있고(all the events may occur which fix the amount of the tax and determine the liability of the taxpayer to pay it) 1916년에 장부에 기장한 탄약세는 경제적 및 회계적 의미에서 조세가 발생한 것이라는 이유로 1916년의 소득에서 공제된다고 판시하였다[United States v. Anderson, 269 U.S. 422 (1926) 판결].

320) 이외에 이른바 경제적 이행, 즉 채무의 대가에 해당하는 상대방의 반대채무의 이행을 손금확정의 요건으로 볼 것인지 문제된다. 미국 세법 제461조(h)는 ① 경제적 이행(economic performance) 이전에는 "all events test"가 충족된 것으로 취급되어서는 안 되고, ② 경제적 이행은, 납세자의 채무가 납세자에 대한 용역의 공급에서 비롯된 경우에는 그 용역의 공급이 있음에 따라, 납세자에 대한 재산의 공급에서 비롯된 경우에는 그 재산의 공급에 따라 발생한다고 규정한다. 법인이 상품을 매입한 경우 상품의 매입가액은 그 상품을 인도받은 시점에 일단 자산으로 계상되었다가 이후 그 상품을 판매하는 시점에 비로소 매출원가에 산입되므로, 그 손금산입시점 이전에 자동적으로 매입거래에 따른 반대채무가 이행된다. 따라서 반대채무 이행의 요건은 실무상으로는 거의 문제되지 않는다. 따라서 반대채무 이행의 요건은 손금확정의 요건보다는 세법상 부채의 인식요건으로 더 의미를 가진다.

321) 대법원 2012. 5. 24. 선고 2011두33020 판결 : ① 원고는 2005. 1. 28.부터 2005. 3. 17.까지 61필지의 임야를 매수하여 2005. 3. 17. A, B 회사에 총 매매대금 400억 원에 양도하고 2007. 6. 11.까지 위 대금을 모두 지급받았다. 과세관청인 피고는 2009. 7. 1. 위 토지들의 양도에 따른 소득을 사업소득으로 보아 2005년 귀속 종합소득세 부과처분을 하였고, 포항시 북구청장이 2009년 원고에게 위 토지들의 취득과 관련한 취득세 및 농어촌특별세를 과세하자, 원고가 이를 납부하고 위 2005년 사업소득에서 필요경비로 공제되어야 한다고 주장하였다. ② 대법원은, 위 취득세 등은 2009년 포항시 북구청장의 부과처분에 의하여 필요경비로 확정되었으므로, 그것이 2005년도 수입에 대응하는 것일지라도 2009년의 필요경비로 보아야 한다고 판단하였다. ③ 그러나 위 사건에서 2005년에 이미 취득세의 신고납부기한이 도래하였고, 취득세 납세의무에 관한 분쟁이 있었던 것도 아닌데, 굳이 수익비용의 대응을 깨뜨리면서까지 취득세 등의 필요경비를 관련된 소득의 귀속시기와 다른 과세기간에 귀속시켜야 하는 것인지는 의문이다. 송동진, "손익의 확정 및 귀속시기에 관한 몇 가지 문제에 대한 검토", 조세법연구 [22-2](2016), 한국세법학회, 308쪽

322) 행정해석으로 법인 22601-1462, 1987. 6. 1., 법인 46012-1241, 1998. 5. 13.

323) 대법원 1989. 11. 14. 선고 88누6412 판결

단하였다.[324)

세법상 손금은 원칙적으로 채무의 확정을 요구하지만, 채무가 확정되었다고 하더라도 반드시 그 시점이 속하는 사업연도의 손금으로 귀속된다고 볼 것은 아니고,[325) 수익비용의 대응 등 손금귀속시기를 정하는 별도의 기준이 있는 경우에는 그에 따라야 하며, 별도의 기준이 없는 경우에는 그 채무확정시점이 손금귀속시점이 될 것이다.

한편, 법인세법은, 일정한 준비금 및 충당금에 관하여는, 채무가 확정되지 않았더라도 손금에 산입할 수 있는 예외를 인정한다(법 29조 이하).

(4) 신고조정사항과 결산확정(결산조정)사항

(가) 신고조정사항

손금의 요건을 충족하는 손비는, 원칙적으로 손금의 요건이 충족된 사업연도에 법인의 회계장부에 계상되었는지 여부에 관계없이 손금으로 인정된다. 법인이 손금에 해당하는 손비를 결산서에 계상하지 않은 경우 ① 이를 과세표준 신고 시에 세무조정계산서에 기재하는 방법으로(신고조정), ② 과세표준 신고를 할 때 누락하였다면 이후 경정청구에 의하여 그 귀속 사업연도의 손금에 산입할 수 있다.[326) 법인세법상 손금의 대부분이 이에 해당하고, 이러한 손금을 신고조정사항이라 한다.

(나) 결산확정(결산조정)사항

손금 중에는 예외적으로 법인이 결산서에 손비로 계상하여야만 손금으로 인정되는 항목들이 있다.[327) 이를 통상 '결산조정사항'이라고 하는데, 결산서에 의하여 손금산입 여부가

---

324) 대법원 2004. 10. 28. 선고 2003두10831 판결 : 이는 해당 비용의 장래 지출이 확정적이고 그 금액이 상당한 정도로 특정된 경우에 대한 것으로 보아야 할 것이다.

325) 가령, 기업이 재고자산을 구입하여 인도받고 대금을 현금으로 지급한 경우 매입채무가 확정되어 이행까지 되었으나 그 금액은 그 시점의 손금에 산입되지 않고, 이후 그 재고자산이 매각되는 시점의 손금에 산입된다. 그러나 엄밀하게 말하면 후자의 손금은 지급한 현금에 관한 것이 아니라 보유하고 있던 재고자산에 관한 것이다.

326) 과거의 법인세법 기본통칙 4-1-12…26은 '법 및 이 통칙에 특별히 정하는 경우를 제외하고는 인건비는 이를 결산에 반영함이 없이 세무조정계산서에 손금으로 계상할 수 없다'고 정하였다. 그러나 대법원 1995. 5. 23. 선고 94누9283 판결은, 법인세법상 결산조정사항으로 규정되어 있지 않고 그 성질도 결산조정사항에 해당하지 않는 인건비를 결산조정사항으로 규정한 위 기본통칙은 행정규칙에 불과하고, 법원이나 국민을 기속하는 효력이 있는 법규가 아니므로, 그 존재와 금액이 입증된 인건비를 손금으로 인정할 수 없는 것은 아니라고 판시하였다.

327) 1947년(명치 22년) 개정된 일본 법인세법 제18조 제1항은 법인에게 확정된 결산에 의거하여 과세표준 등을 기재한 신고서를 제출할 의무를 규정하였고('확정한 결산에 의거하여'의 표현은 현행 일본 법인세법 제74조 제1항에도 있다), 그때부터 법인세법상 감가상각·압축기장 등의 내부거래나 임원퇴직급여 등 특정한 외부거래는 확정된 결산에서 처리되고 신고조정은 인정되지 않았다. 이를 일본에서는 確定決算主義라고 부른다(前原眞一, "法人税法の損金経理要件において", 税務大學校論叢 48号, p.141, 143). 우리 법인세법의 결산확정(조정)사항은 일본 법인세법의 확정결산주의를 수용한 것이다[김완석·황남석, 법인세

확정되고 이후 신고조정으로 변경할 수 없다는 점에서 '결산확정사항'이라고 하는 것이 더 적절하다.[328]

세법상 결산확정(결산조정)사항으로 인정되는 예는 다음과 같다.

① 유형자산 등의 취득가액과 관련된 것

    ㉮ 유형자산 및 무형자산의 감가상각비(법 23조 1항)[329]

    ㉯ 소액 자본적 지출의 손금산입(시행령 31조 3항)

    ㉰ 소액 자산 등의 손금산입(시행령 31조 4항)

    ㉱ 생산설비 일부의 폐기손실의 손금산입(시행령 31조 7항)

    ㉲ 파손된 재고자산 등의 감액손실의 손금산입(법 42조 3항)

② 대손금, 준비금 및 충당금

    ㉮ 대손금(시행령 19조의2 3항 2호)

    ㉯ 퇴직급여충당금(법 33조 1항), 대손충당금(법 34조 1항), 구상채권상각충당금(법 35조 1항)

    ㉰ 책임준비금과 비상위험준비금(법 30조 1항, 31조 1항)

③ 금전채무의 귀속사업연도 관련

    ㉮ 경과기간에 대응하는 이자 등(시행령 70조)

    ㉯ 경과기간에 대응하는 임대료 등(시행령 71조 1항)

    ㉰ 장기할부대금채무의 이자비용(시행령 72조)

법인이 결산확정(결산조정)사항에 해당하는 손금을 그것이 발생한 사업연도에 손비로 계상하지 않은 경우, 사후에 그 손금이 위 사업연도에 귀속함을 전제로 한 경정청구를 할 수 없다.[330]

(다) 선택적 신고조정 사항

일시상각충당금과 압축기장충당금 및 조특법상 준비금은, 대부분의 경우 회계기준상 충당부채 또는 비용에 해당하지 않으므로, 법인의 결산서에 계상될 수 없다. 법인세법은, 법인이 위 일시상각충당금 등을 세무조정계산서에 계상한 경우 손금산입을 인정한다. 위 항

법론(2021), 142쪽, 각주 8)].

328) 일반적으로 '조정'은 기존에 이미 존재하는 무엇인가를 변경하는 것을 의미하는데, 이른바 결산조정사항의 경우에는 결산서의 계상 여부에 따라 특정한 비용의 손금산입 여부를 최초로, 그리고 종국적으로 정하는 것이므로, '조정'의 용어와 잘 들어맞지 않는다.

329) 다만, 감가상각에 관하여는 신고조정 등의 예외가 상당한 범위에서 인정된다(법 23조 2항, 3항).

330) 대법원 2003. 12. 11. 선고 2002두7227 판결

목들은, 법인이 세무조정계산서에 계상하는 등의 행위를 한 경우에 한하여 손금에 산입된다는 점에서, 일반적 신고조정사항과 구별된다.[331]

① 일시상각충당금과 압축기장충당금

법인이 일시상각충당금 또는 압축기장충당금을 세무조정계산서에 계상하고 손금에 산입한 경우, 그 금액은 손비로 계상한 것으로 본다(시행령 98조 2항).

② 조특법상 준비금

법인이 조특법에 따른 준비금을 세무조정계산서에 계상하고 그 금액 상당액을 해당 사업연도의 이익처분을 할 때 그 준비금으로 적립한[332] 경우에는, 그 금액을 결산을 확정할 때 손비로 계상한 것으로 보아 해당 사업연도의 손금에 산입한다(법 61조 1항). 이와 같이 준비금의 신고조정을 위하여 그 적립을 요구하는 취지는, 손금에 산입한 준비금이 추후 익금에 산입될 때까지 배당 등을 통하여 사외로 유출되는 것을 방지하기 위한 것이다.[333] 이에 따라 손금에 산입된 준비금을 익금에 산입할 때 그 적립금을 처분하여야 하고, 그 준비금을 익금에 산입하기 전에 그 적립금을 처분한 경우에는 손비로 계상한 것으로 보지 않는다(시행령 98조 1항).[334]

대법원은, ① 법인이 당초 조특법상 준비금을 손금으로 계상하지 않은 채 과세표준을 계산하여 그 과세표준신고서를 제출하였다고 하더라도, 경정청구를 통하여 신고조정의 방법으로 해당 준비금을 손금에 산입할 수 있고, ② 당해 사업연도의 처분가능이익이 없거나 부족하여 손금으로 계상한 준비금 상당액 전액을 적립금으로 적립할 수 없는 때에는, 당해 사업연도의 처분가능이익을 한도로 적립할 수 있으며, 이 경우 그 부족액은 다음 사업연도 이후에 추가로 적립할 것을 조건으로 손금산입을 허용하되, 만일 다음 사업연도 이후에 처분가능이익이 발생하였음에도 이를 적립하지 않은 때에는 그 한도 내에서 손금산입을 부인하는 것으로 해석한다.[335]

---

331) 일반적 신고조정사항의 경우, 법인이 해당 항목을 세무조정계산서에 계상하였는지(신고조정) 여부에 관계없이, 해당 항목은 소득금액을 계산할 때 고려되어야 한다. 이에 비하여, 선택적 신고조정사항의 경우, 법인이 해당 항목을 세무조정계산서에 계상하지 않으면, 과세관청이 해당 항목을 손금에 산입하여 과세표준 및 세액을 경정할 수 없다.

332) 이는 법인세의 신고 시 제출되는 이익잉여금처분계산서(법 60조 2항 1호)에 해당 사업연도의 처분가능이익을 적립금으로 기재하는 것을 말한다.

333) 대법원 2009. 7. 9. 선고 2007두1781 판결

334) 조특법상 준비금의 적립금은 상법상 법정준비금이 아니고 임의준비금에 해당하므로[김건식 · 노혁준 · 천경훈, 회사법(2020), 588쪽], 배당가능이익을 계산할 때 공제되지 않는다. 따라서 상법상으로는 조특법상 준비금의 적립금도 배당가능이익에 포함되어 주주에게 배당될 수 있지만, 그 경우 그 준비금을 손비로 계상한 사업연도에 관하여 손금불산입에 의한 과세표준의 경정이 이루어질 것이다(시행령 98조 1항).

335) 대법원 2009. 7. 9. 선고 2007두1781 판결 : 비록 법인세법 제61조 제1항이 손금으로 계상한 준비금 상당

2-2-4. 기업회계기준과 관행

(1) 법인세법의 변천

1994. 12. 22. 개정 전의 구 법인세법은, 기업회계기준이 익금과 손금의 귀속시기를 정하는데 적용될 수 있는지 여부에 대한 규정을 두지 않았다. 대법원은, 국세기본법의 기업회계존중의 원칙 등을 근거로, 익금과 손금의 귀속사업연도에 관하여 구 법인세법의 규정으로 정하기 어려운 경우에는, 법인세법의 손익확정주의에 반하지 않는 한, 기업회계기준상의 손익의 발생에 관한 기준을 적용할 수 있다고 판시하였다.[336] 위 판례에 따라 기업회계기준에 대하여 법인세법의 규정이 없는 경우 보충적으로 익금과 손금의 귀속시기를 정하는 규범의 지위가 인정되었다.

이후 1994. 12. 22. 개정된 법인세법 제17조 제3항은, 내국법인이 계속적으로 익금과 손금의 귀속사업연도에 관하여 기업회계기준 또는 관행을 적용하여 온 경우에는 기업회계기준 등이 법인세법에 우선하여 적용되고, 다만 대통령령으로 정하는 경우에만 그렇지 않은 것으로 규정하였다. 이에 따라 대통령령에서 따로 규정하는 경우[337]에 해당하지 않는 한 기업회계기준 등이 법인세법의 손익귀속시기보다 우선하는 효력을 가지게 되었다.[338]

그러나 1998. 12. 28. 개정된 법인세법 제43조는, 익금과 손금의 귀속시기에 관하여 법인세법 및 조세특례제한법에 규정이 있는 경우에는 그에 의하고, 그 규정이 없는 경우에는 법인이 계속적으로 적용하여온 기업회계기준 또는 관행에 의한다고 규정하였다. 이에 따라 기업회계기준 등은 손익의 귀속시기에 관하여 다시 1994. 12. 22. 개정 전의 구 법인세법의 입장으로 돌아가 법인세법 등에 규정이 없는 경우에 보충적 효력만을 가지게 되었

액을 '당해' 사업연도의 이익처분에 있어서 적립금으로 적립하도록 규정하고 있더라도, 당해 사업연도의 처분가능이익이 없거나 부족하여 적립하여야 할 금액에 미달하게 적립한 때에는 그 미달액 상당액이 배당 등을 통하여 사외로 유출될 여지가 없는 점, 조특법상 준비금의 손금산입제도는 납세자에게 조세를 영구히 면제하여 주는 것이 아니라 추후에 그 목적용도에 사용한 경우 준비금과 상계하거나 상계 후 잔액을 익금에 산입하여 일시적으로 과세를 이연하는 제도인 점 등을 근거로 한다.

336) 대법원 1992. 10. 23. 선고 92누2936, 2943(병합) 판결 : 대법원은, 아파트분양사업자가 아파트를 건설하여 분양하는 것은 기업회계상 예약매출에 해당하는데, 이에 대하여는 당시의 법인세법상 그 귀속시기를 명확히 정한 바가 없으므로, 기업회계기준에 따라 공사진행기준에 의하여 손익의 귀속을 정할 수 있고, 그렇게 하더라도 법인세법상의 손익확정주의에 반한다고 할 수 없다고 판시하였다.

337) 1994. 12. 31. 개정된 구 법인세법 시행령 제37조의2 제1항은 기업회계기준의 적용이 배제되는 경우를 규정하였다.

338) 대법원 2004. 7. 22. 선고 2003두5624 판결은, 1994. 12. 22. 개정된 법인세법을 적용하여, 원고가 1996 사업연도에 운용리스계약의 중도해지로 인하여 리스이용자 또는 보증인으로부터 회수한 금액(규정손실금)을 당해 연도에 익금산입하지 아니하고 그 후의 잔여 리스기간에 걸쳐 균등하게 환입한 것은, 일반적으로 공정·타당하다고 인정되는 기업회계기준에 해당하는 리스회계처리기준에 따른 것이며, 그 밖에 법령상으로는 규정손실금의 익금산입시기에 관하여 다른 규정이 없으므로, 위와 같은 원고의 회계처리 및 이에 따른 법인세 신고는 적법하다고 판단하였다.

다.[339)340)]

(2) 기업회계기준 또는 관행의 적용요건

(가) 기업회계기준 또는 관행

손익귀속시기를 정하는 기준이 될 수 있는 기업회계기준 또는 관행은, 다음 각 호의 회계기준과 그에 배치되지 않는 것으로서 일반적으로 공정·타당하다고 인정되는 관행이다(시행령 79조).

① 한국채택국제회계기준(K-IFRS)[341)]

② 일반기업회계기준 : 외부감사법 제5조 제1항 제2호, 제4항에 따라 한국회계기준원이 정한 회계처리기준

③ 증권선물위원회가 정한 업종별회계처리준칙

④ 공공기관의 운영에 관한 법률에 따라 제정된 공기업·준정부기관 회계규칙

⑤ 중소기업회계기준 : 상법 시행령 제15조 제3호에 따른 회계기준[342)]

⑥ 그 밖에 법령에 따라 제정된 회계처리기준으로서 기획재정부장관의 승인을 받은 것

(나) 적용요건

기업회계기준 또는 관행에 따라 손익의 귀속시기를 정하기 위해서는, ① 당해 손익이 법인세법 시행령 제68조를 비롯한 구체적 예시규정의 적용대상에 포함되지 않고, ② 법인세법 제40조 제1항이 규정하는 손익의 확정기준에 위반되지 않으며, ③ 당해 법인이 그 기업회계기준을 적용하거나 관행을 계속 적용하여 왔어야 한다(법 43조).[343)] 법인세법 시행령 제68조 내지 제71조에 규정되지 않은 손익의 귀속시기는 손익이 확정되는 사업연도이지만(시행령 71조 7항, 시행규칙 36조), 이는 구체적이지 않으므로, 법인세법 제40조 제1항의 손익확정기준에 반하지 않는 한 기업회계기준 또는 관행은 손익의 귀속시기를 정하는

---

339) 다만, 1994. 12. 22. 개정 전의 구 법인세법이 기업회계기준 등의 보충적 효력에 관하여 명시하지 않은 것에 비하여, 1998. 12. 28. 개정된 법인세법은 그에 관하여 명시하는 점에서 양자는 차이가 있다.

340) 과세소득의 계산과 기업회계를 연결함은 좋은 제도가 아니므로, 입법론상 기업회계와 세법을 원칙적으로 독립시키는 현행법이 옛 법(1998. 12. 28. 개정 전)보다 낫다는 견해로, 이창희, 세법강의(2020), 817쪽

341) K-IFRS의 적용대상은 주권상장법인, 금융지주회사, 은행, 자본시장법상 투자매매업자, 집합투자업자, 보험회사, 신용카드업자 등이다(외부감사법 5조 1항 1호, 3항, 외부감사법 시행령 6조 1항).

342) 법무부장관이 금융위원회 및 중소기업청장과 협의하여 고시한 회계기준

343) 대법원은, 기업회계기준상의 손익의 귀속에 관한 규정이 세법의 개별 규정에 명시되어 있지 않다는 이유만으로 곧바로 권리의무확정주의에 반한다고 단정할 수는 없고, 특정 기업회계기준의 도입 경위와 성격, 관련된 과세실무 관행과 합리성, 수익비용대응 등 일반적인 회계원칙과의 관계, 과세소득의 자의적 조작 가능성, 연관된 세법 규정의 내용과 체계 등을 종합적으로 고려하여, 법인세법 제43조에 따라 내국법인의 각 사업연도 소득금액계산에 적용될 수 있는 '기업회계의 기준이나 관행'에 해당하는지를 판단하여야 한다고 한다(대법원 2017. 12. 22. 선고 2014두44847 판결).

기준이 될 수 있다.[344]

대법원 2017. 12. 22. 선고 2014두44847 판결(신계약비 사건)

① 보험업회계처리준칙(1989. 12. 10. 제정) 제31조는, 보험계약 체결과 관련한 보험모집인의 모집수당 등 경비, 영업소의 인건비, 물건비, 진단비, 계약조달비 등('신계약비')을 기타 자산으로 보아 계약의 유지기간(7년을 초과할 경우에는 7년)에 걸쳐 균등하게 상각하여 비용으로 처리하도록 규정하여 왔고, 1999. 3. 12. 개정된 보험업감독규정 제68조도 유사하게 규정하였다.

② 이와 달리 과세관청은 신계약비가 발생한 시점에 전액 손금산입하는 것을 전제로 과세하였다가, 보험회사들로부터 이월결손금의 공제기간이 경과하면 손금산입이 불가능하게 되는 불이익이 발생한다는 민원이 제기되자, 법인세법 기본통칙(2003. 5. 10. 개정된 것) 40-71…23에서 '장기보험계약으로 인하여 발생한 신계약비는 보험료 납입기간(7년을 초과하는 경우에는 7년)에 안분하여 손금에 산입한다'는 규정을 두었다.

③ 이 사건 보험회사는 위 기본통칙 규정에 따라 2003 사업연도(2003. 4. 1.부터 2004. 3. 31.까지)의 법인세를 신고하고, 다른 보험회사들도 마찬가지로 신계약비를 보험료 납입기간에 안분하여 손금에 산입하여 왔다.

④ 원고들은 2005. 3. 31. 특수관계인에게 이 사건 보험회사의 주식을 양도하였는데, 과세관청은 원고들이 위 주식을 저가로 양도하여 양도소득의 부당행위계산을 하였다고 보아 원고들에게 양도소득세 부과처분을 하였고, 이에 따라 이 사건 보험회사 주식의 시가가 소송상 문제되었다. 원고들은 이 사건 보험회사가 지출한 신계약비는 무형고정자산 등에 해당하지 않으므로, 법인세법 제40조 제1항에 따라 발생하는 때에 전액 손금에 산입하여야 한다고 주장하였다.

⑤ 대법원은, 다음과 같은 이유로, 보험업회계처리준칙의 신계약비 조항은 법인세법 제43조에 따른 '기업회계의 기준이나 관행'에 해당하므로, 신계약비는 보험료 납입기간에 안분하여 손금에 산입하는 것이 타당하다고 판결하였다.[345]

㉮ 보험업은 보험계약자의 이익 등 고도의 공공성이 요구되는 업종으로서 회계처리준칙을 엄격하게 준수하여야 할 필요성이 크고, 같은 취지에서 개정된 보험업감독규정도 이 사건 신계약비 조항과 유사한 내용을 두어 보험회사들의 회계처리를 규율 및 감독하고 있다. 또한 보험업계의 요청에 따라 2003. 5. 10. 법인세법 기본통칙 40-71…23이 신설됨에 따라 이 사건 신계약비 조항은 과세실무상 확고한 관행으로 자리잡아 운용되고 있다.

㉯ 구 법인세법 시행령 제70조 제3항은, 금융보험업을 영위하는 법인이 수입하는 보험료의 귀속사업연도를 그 보험료가 실제로 수입된 날이 속하는 사업연도로 정한다. 이러한 보험료의 수입시기에 대응하여 손금을 안분하도록 하는 이 사건 신계약비 조항은 수익비용대응 원칙에 부합하고 합리적이다.

㉰ 신계약비의 손금산입은 매년 균등하게 상각하여 비용으로 처리되고 특별한 평가가 수반되지도 않으므로, 보험업을 영위하는 법인들이 이를 이용하여 과세대상 소득을 자의적으로 조작할 염려가 거의 없다.

㉱ 신계약비가 구 법인세법 시행령 제24조 제2항 제2호 각목에서 나열하는 감가상각의 대상인

---

344) 법인세법 시행규칙 제35조 제1항은 리스료의 익금과 손금의 귀속사업연도에 관하여 기업회계기준으로 정하는 바에 따른다고 규정한다.

무형고정자산에 해당하지 않더라도, 그러한 사정만으로는 신계약비에 대한 기업회계기준이나 관행에 따라 손금을 안분하는 것이 허용되지 않는다고 해석할 수 없다.

2-2-5. 거래의 식별 : 과세대상 거래단위의 구획

(1) 회계기준

(가) K-IFRS

계약 개시시점에 고객과의 계약에서 약속한 재화나 용역을 검토하여 고객에게 ① 구별되는(distinct) 재화나 용역(또는 재화나 용역의 묶음), ② 실질적으로 서로 같고 고객에게 이전하는 방식도 같은 '일련의 구별되는 재화나 용역' 중 어느 하나를 이전하기로 한 각 약속을 하나의 수행의무(a performance obligation)로 식별한다.[346][347][348] 거래가격은 상대적 개별 판매가격[349]을 기준으로 계약에서 식별된 각 수행의무에 배분한다.[350] 계약 개시시점에 계약상 각 수행의무의 대상인 구별되는 재화나 용역의 개별 판매가격을 산정하고 이 개별 판매가격에 비례하여 거래가격을 배분한다.[351]

(나) 일반기업회계기준

수익인식기준은 일반적으로 각 거래별로 적용한다.[352] 거래의 경제적 실질을 반영하기

---

345) 아래 내용의 상세한 검토에 관하여는 정재희, "기업회계존중 원칙과 권리의무확정주의의 관계(신계약비 사건)", 대법원판례해설 제114호(2018), 148~174쪽

346) K-IFRS 1115호 문단 22

347) 다음 기준을 모두 충족한다면 고객에게 약속한 재화나 용역은 구별되는 것이다(K-IFRS 1115호 문단 27).
　(1) 고객이 재화나 용역 그 자체에서 효익을 얻거나 고객이 쉽게 구할 수 있는 다른 자원과 함께하여 그 재화나 용역에서 효익을 얻을 수 있다(그 재화나 용역이 구별될 수 있다).
　(2) 고객에게 재화나 용역을 이전하기로 하는 약속을 계약 내의 다른 약속과 별도로 식별해 낼 수 있다(그 재화나 용역을 이전하기로 하는 약속은 계약상 구별된다).

348) '재화나 용역을 이전하기로 하는 둘 이상의 약속을 별도로 식별해낼 수 없음'을 나타내는 요소는 다음 3가지 경우를 포함하지만, 이에 한정되지 않는다(K-IFRS 1115호 문단 29).
　① 기업이 해당 재화나 용역과 다른 재화나 용역을 통합하는 유의적인 용역을 제공한 경우, 즉 고객에 의하여 특정된 결합산출물(combined output)을 생산하거나 인도하기 위한 투입물로서 그 재화나 용역을 사용하는 경우 : 가령 건설업 및 소프트웨어 통합용역(BC107, 108)
　② 해당 재화나 용역이 계약에서 약속한 다른 재화나 용역을 유의적으로 변형 또는 고객 맞춤화 (signifcantly modified or customized)하거나, 다른 재화나 용역에 의하여 변형되거나 고객 맞춤화되는 경우 : 가령 소프트웨어 산업(BC109, 110)
　③ 재화나 용역이 매우 상호의존적이거나 상호관련적(highly interdependent or highly interrelated)인 경우 : 기업이 고객을 위하여 실험적인 새 제품을 설계하고 시제품을 제작하기로 합의한 경우(BC112)

349) 개별 판매가격(stand-alone selling price)은 기업이 고객에게 약속한 재화나 용역을 별도로 판매할 경우의 가격을 말한다(K-IFRS 1115호 문단 77).

350) K-IFRS 1115호 문단 74

351) K-IFRS 1115호 문단 76

위하여 하나의 거래를 2개 이상의 부분으로 구분하여 각각 다른 수익인식기준을 적용할 필요가 있는 경우가 있다.[353] 반대로 둘 이상의 거래가 서로 연계되어 있어 그 경제적 효과가 일련의 거래 전체를 통해서만 파악되는 경우에는 그 거래 전체에 대하여 하나의 수익인식기준을 적용한다.[354] 하나의 거래에서 판매자가 재화와 용역을 함께 제공하는 경우에는 거래의 주목적을 식별하여야 한다.[355] 공사계약의 병합과 분할에 관하여는 별도의 규정이 있다.[356]

(2) 세법

(가) 판단기준

법인세법에는 과세대상 거래단위의 구획에 관한 별도의 규정이 없다. 거래단위의 구획 기준은 기본적으로 익금과 손금의 귀속시기를 정하는 전제가 되므로, 법인세법 제43조에 따라 기업회계기준과 법인세법의 손익확정을 종합적으로 고려하여 판단하여야 할 것이다.

① 하나의 계약에 다수의 급부(재화 또는 용역)가 포함되어 있는 경우, 그 급부들의 각각의 원가와 수익이 서로 구별될 수 있고, 급부들 간의 원가 및 수익 발생의 시기 및 유형 등의 차이가 손익의 귀속시기를 별도로 정하여야 할 만큼 중요한 경우에는, 각 급부별로 구별하여 손익의 귀속시기를 정하는 것이 합리적이다.[357][358]

② 여러 개로 나뉘어 체결된 계약들의 조건이 일괄하여 협상되고 그 급부들이 동일한 경제적 효과를 목적으로 하며 서로 밀접하게 연관되어 있는 경우에는, 그 급부들을 포괄하여 단일한 손익귀속시기를 정하여야 할 것이다.

(나) 판례

대법원은, 소득세에 관한 사건에서, 사업자가 상품을 판매하거나 용역을 제공하는 등의 거래를 하는 경우 각각의 거래로 인한 소득의 귀속시기는 특별한 사정이 없는 한 하나의

---

353) 예를 들어, 제품판매가격에 제품 판매 후 제공할 용역에 대한 대가가 포함되어 있고 그 대가를 식별할 수 있는 경우에는 그 금액을 분리하여 용역수행기간에 걸쳐 수익으로 인식한다.

354) 예를 들어, 재화를 판매하고 동시에 그 재화를 나중에 재구매하는 약정을 체결하는 경우는 두 거래의 실질적 효과가 상쇄되므로 판매에 대한 수익인식기준을 적용할 수 없으며 거래 전체를 하나로 보아 그에 적합한 회계처리를 한다.

355) 일반기업회계기준 16장 문단 16.9

356) 일반기업회계기준 16장 문단 16.25 – 16.27

357) 이창희, 세법강의(2020), 866쪽

358) 행정해석은, 소프트웨어의 판매대가를 소프트웨어의 사용료와 유지보수용역의 대가로 구분하는 것이 실질적으로 가능한 경우, 소프트웨어의 사용료 부분은 제품의 인도일에, 유지보수용역의 대가 부분은 용역의 제공기간에 따라 안분계산하여 손익의 귀속시기를 정할 수 있다고 보았다(서면인터넷방문상담2팀 – 540, 2004. 3. 23.).

시점으로 정해져야 하고, 그러한 상품판매 등의 행위가 하나의 거래에 해당하는지 아니면 2개 이상의 거래에 해당하는지는 거래의 목적, 거래되는 상품의 특성, 거래의 관행, 당사자의 의사 등을 종합적으로 고려하여 판단하여야 한다고 하였다.[359]

대법원은, 외국법인인 원고가 포항종합제철 주식회사와 사이에 플랜트 건설판매계약을 체결하면서 ① 공장 설계 및 엔지니어링용역, ② 공장건설에 필요한 기자재 일부, ③ 건설공사현장에서의 엔지니어링 및 감독용역, ④ 공장의 건설, 유지 및 가동에 필요한 모든 설계도면·서류 및 교범, ⑤ 포철 기술요원에 대한 훈련용역 등 원고가 수행할 모든 유형별 급부내역과 이행방식에 관하여 그 계약조항을 둔 사안에서, 이는 위 각 급부 유형별로 구분하여 체결된 수개의 계약이 아니라 이러한 모든 유형별 급부내역을 일체로 하여 체결된 하나의 플랜트 건설판매계약이므로, 건설의 완료 정도는 그 급부 유형별로 구분하여 계산할 것이 아니라 그 급부 전체를 일괄하여 계산하여야 한다고 판단하였다.[360] 위 판례는 1986 사업연도에 관한 것인데, 현행세법 하에서라면, 여러 개의 급부가 하나의 계약에 포함되어 있다고 하여 반드시 동일한 기준으로 귀속시기를 정해야 하는 것은 아니고, 급부들 간에 원가나 수익의 구별이 가능한지, 그리고 그 차이가 세법상 중요한지 여부를 따져야 할 것이다.

한편, 국세기본법 제14조의 실질과세원칙을 근거로 여러 거래를 통합하여 그로 인한 익금과 손금의 귀속시기를 하나의 기준으로 결정할 것인지가 문제되는 경우가 있다. 대법원은, 유동성 공급자인 원고가 ELW의 발행사로부터 ELW를 인수하여 투자자들에게 매도하는 거래와 그 가격변동 위험을 회피하기 위하여 ELW 발행사와 사이에 체결한 장외옵션계약을 묶어서 일체로 손익의 귀속시기를 정할 것인지가 문제된 사안에서, 조세회피목적으로 과세요건사실에 관하여 실질과 괴리되는 비합리적인 형식이나 외관을 취하였다고 볼 수 없다는 이유로 이를 부정하였다.[361]

359) 대법원 2009. 4. 23. 선고 2007두337 판결 : 건물신축판매업자가 토지 위에 건물을 신축하여 양도하는 내용의 계약을 체결한 후 양수인에게 토지에 관한 소유권이전등기를 먼저 마친 경우, 토지와 건물의 양도로 인한 사업소득은 양수인이 토지와 건물을 일괄하여 사용·수익할 수 있었던 사업연도에 귀속된다고 본 사례
360) 대법원 1995. 7. 14. 선고 94누3469 판결
361) 대법원 2017. 3. 22. 선고 2016두51511 판결

3 ▶ 거래유형별 손익의 구체적 귀속시기

거래유형별 손익의 구체적 귀속시기에 대하여는 법인세법 제40조 제2항의 위임에 따라 법인세법 시행령 제68조 내지 제71조가 규정한다.

3-1. 자산의 판매손익 등

3-1-1. 상품 등의 판매

(1) 통상의 판매

(가) 회계기준

① K-IFRS

기업은 고객에게 약속한 재화를 이전함으로써 수행의무[362]를 이행하였을 때 수익[363]을 인식한다. 자산은 고객이 그 자산의 지배를 통제(control)하는 때 또는 통제하는 만큼 이전된다.[364] 자산에 대한 통제란 자산을 사용하도록 지시하고 자산의 나머지 효익의 대부분을 획득할 수 있는 능력을 말한다.[365] 기업이 기간에 걸쳐(over time) 재화의 지배를 이전하는 경우에는 기간에 걸쳐 수익을 인식한다.[366] 수행의무가 기간에 걸쳐 이행되지 않는 경우에는 한 시점에(at a point in time) 이행되는 것이다.[367]

② 일반기업회계기준

재화의 판매로 인한 수익은, 재화의 소유에 따른 유의적인 위험과 보상이 구매자에게 이전되는 등의 조건[368]이 모두 충족될 때 인식한다.

---

362) 수행의무(performance obligation)는 고객과의 계약(contract)에서 재화나 용역 등을 고객에게 이전하기로 한 약속을 의미한다(K-IFRS 1115호 부록 A. 용어의 정의).

363) 여기의 수익(revenue)은 광의의 수익(income) 중 기업의 통상적인 활동에서 생기는 것을 말한다(K-IFRS 1115호 부록 A. 용어의 정의).

364) K-IFRS 1115호 문단 31. 종전의 K-IFRS 1018호는 재화의 판매에 대하여는 인도기준을, 용역의 제공에 대하여는 진행기준을 각 적용하여 수익을 인식하였다. 그러나 K-IFRS 1115호는 재화의 판매와 용역의 제공을 구별하지 않고 수행의무를 기간에 걸쳐 이행하는지, 한 시점에 이행하는지에 따라 수익의 인식시점을 다르게 규정한다.

365) K-IFRS 1115호 문단 33

366) K-IFRS 1115호 문단 35

367) K-IFRS 1115호 문단 38

368) 일반기업회계기준 16장 문단 16.10

(1) 재화의 소유에 따른 유의적인 위험과 보상이 구매자에게 이전된다.

(나) 세법 : 인도기준

상품(부동산을 제외한다)·제품 또는 기타의 생산품('상품 등')을 판매함으로 인하여 발생한 익금과 손금은 그 상품 등을 인도한 날이 속하는 사업연도에 귀속된다(시행령 68조 1항 1호).[369]

여기서 '상품 등'이란 판매목적의 재고자산을 의미한다. 다만, 부동산은 상품에서 제외되므로, 부동산 매매업자가 판매목적으로 보유하는 부동산이 재고자산에 해당하더라도, 그로 인한 판매손익의 귀속사업연도는 '상품 등 외의 자산의 양도'에 관한 법인세법 시행령 제68조 제1항 제3호에 따라 정해진다.

상품 등의 '인도'는 민법상 인도, 즉 현실의 인도, 간이인도(민법 188조 2항), 점유개정(민법 189조) 및 목적물반환청구권의 양도(민법 190조)를 모두 포함한다. K-IFRS에서 말하는 미인도청구약정[370]에 따라 법인이 제품을 고객에게 이전하지 않고 계속 점유하면서 고객이 그 제품을 통제하는 시점에 수익을 인식한 경우, 고객으로 하여금 간접점유를 취득시키는 점유개정의 방법으로 인도한 것으로 볼 수 있다.[371] 납품계약 또는 수탁가공계약에 의하여 물품을 납품하거나 가공하는 경우에는 당해물품을 계약상 인도하여야 할 장소에 보관한 날,[372] 물품을 수출하는 경우에는 수출물품을 계약상 인도하여야 할 장소에 보관한 날을 인도한 날로 한다(시행령 68조 7항, 시행규칙 33조).

(2) 시용(試用)판매

상품 등의 시용판매로 인한 손익의 귀속사업연도는 상대방이 그 상품 등에 대한 구입의

---

(2) 판매자는 판매한 재화에 대하여 소유권이 있을 때 통상적으로 행사하는 정도의 관리나 효과적인 통제를 할 수 없다.
(3) 수익금액을 신뢰성 있게 측정할 수 있다.
(4) 경제적 효익의 유입 가능성이 매우 높다.
(5) 거래와 관련하여 발생했거나 발생할 원가를 신뢰성 있게 측정할 수 있다.

369) 동산매매의 경우 매도인이 매수인에게 매매목적물인 동산을 인도하면 매수인은 더 이상 동시이행의 항변권을 행사하여 매매대금의 지급을 거절할 수 없다(민법 536조 1항). 이창희, 세법강의(2020), 835쪽은 인도에 의하여 매수인의 동시이행 항변권이 없어지므로 인도가 권리확정기준의 관점에서 가장 적당한 시점이라고 한다.

370) 미인도청구약정(bill-and-hold arrangement)은, 기업이 고객에게 제품의 대가를 청구하지만, 제품을 미래 한 시점에 고객에게 이전할 때까지 물리적으로 점유하는 계약이다(K-IFRS 1115호 B79). 미인도청구약정의 경우 고객이 언제 제품을 통제하게 되는지를 파악하여 기업이 그 제품을 이전하는 수행의무를 언제 이행하였는지를 판단한다(K-IFRS 1115호 B80).

371) 행정해석은, 법인이 외국법인에게 석유를 판매하는 계약에 따라 그 석유를 소유권 이전일부터 그 법인의 탱크에 저장한 상태로 보관하다가 인도하기로 한 경우, 그 석유의 소유권 이전일이 속하는 사업연도에 그 석유의 판매로 인한 손익이 귀속된다고 보았다(법규과-1001, 2012. 9. 4.).

372) 다만, 계약에 따라 검사를 거쳐 인수 및 인도가 확정되는 물품의 경우에는 당해 검사가 완료된 날

의사를 표시한 날이 속하는 사업연도이다(시행령 68조 1항 2호).[373]

(3) 상품권

(가) 회계기준

K-IFRS에 의하면, 고객이 환불받을 수 없는 선급금을 기업에 지급하고 얻은 미래에 재화나 용역을 받을 권리를 행사하지 않는 것을 미행사 부분(breakage)이라고 하고,[374] 기업이 미행사 금액을 받을 권리를 갖게 될 것으로 예상된다면, 고객이 권리를 행사하는 방식에 따라 그 예상되는 미행사 금액을 수익으로 인식한다.[375]

일반기업회계기준에 의하면, ① 상품권의 판매 시에는 그 대금을 선수금으로 인식하고,[376] ② 물품 등을 제공 또는 판매하여 상품권을 회수한 때에 매출수익을 인식한다.[377]

(나) 세법

법인이 고객에게 판매한 상품권은 그 자체가 종국적 거래의 대상이라기보다는 물품 등의 구입에 사용되기 위한 중간적 수단의 성격을 가지므로, 법인이 물품 등을 제공하고 상품권을 회수하는 시점을 익금의 확정시점으로 보는 것이 합리적이다.[378]

(4) 포인트적립 및 마일리지

(가) 회계기준

K-IFRS에 의하면, 계약에서 추가 재화나 용역을 취득할 수 있는 선택권을 고객에게 부여하고, 그 선택권이 고객에게 중요한 권리를 제공하는 경우, 기업은 사실상 미래 재화나 용역의 대가를 미리 지급받은 것이므로, 나중에 그 미래 재화나 용역을 고객에게 이전하거나 선택권이 만료될 때 수익을 인식한다.[379]

일반기업회계기준에 의하면, 포인트적립·마일리지 제도와 관련된 부채가 충당부채의 요건을 충족하는 경우 충당부채로 회계처리된다.[380]

---

373) 다만, 일정기간 내에 반송하거나 거절의 의사를 표시하지 아니하면 특약 등에 의하여 그 판매가 확정되는 경우에는 그 기간의 만료일로 한다.

374) K-IFRS 1115호 적용지침 B45

375) K-IFRS 1115호 적용지침 B46 : IFRS의 영문 표현은 "If an entity expects to be entitled to a breakage amount in a contract liability, …'이다. 한편, 기업이 미행사 금액을 받을 권리를 갖게 될 것으로 예상되지 않는다면, 고객이 그 남은 권리를 행사할 가능성이 희박해질 때 예상되는 미행사 금액을 수익으로 인식한다.

376) 상품권의 할인 판매 시에는 액면금액 전액을 선수금으로 인식하며, 할인액은 상품권할인 계정으로 선수금의 차감 계정으로 표시하며, 추후 물품 등을 제공 또는 판매한 때 매출에누리로 대체한다.

377) 일반기업회계기준 부록 실16.16

378) 삼일회계법인, 법인세 조정과 신고 실무(2017), 167쪽

379) K-IFRS 1115호 적용지침 B40

380) 일반기업회계기준 14장 문단 14.2, 14.4

(나) 세법

상품의 판매로 인한 세법상 손익의 귀속시기는 그 상품의 인도시점이고, 충당부채는 법률의 규정이 없는 한 세법상 손금으로 확정된 것으로 보기 어렵다. 따라서 포인트 및 마일리지 상당액은 익금에 산입되는 매출액에서 공제할 것은 아니고, 나중에 포인트 및 마일리지가 사용되는 시점에 그 금액을 손금으로 처리하여야 할 것이다.[381]

(5) 반품가능판매

(가) 회계기준

K-IFRS에 의하면, 반품권이 있는 제품의 이전의 경우, ① 거래가격 중에서 반품기간 내에 반품될 것으로 추정되는 금액을 환불부채로, 나머지 금액을 매출로 인식하고, ② 감소된 재고자산 중에서 반품될 것으로 추정되는 부분의 해당 금액을 자산(제품을 회수할 권리)으로, 나머지 금액을 매출원가로 인식한다.[382]

일반기업회계기준은 ① 판매가격이 사실상 확정되었고, ② 구매자의 지급의무가 재판매 여부에 영향을 받지 않으며, ③ 판매자가 재판매에 대한 사실상의 책임을 지지 않고, ④ 미래의 반품금액을 신뢰성 있게 추정할 수 있다는 조건들이 모두 충족되는 경우 수익으로 인식하고, 반품추정액을 수익에서 차감하도록 규정한다.[383]

(나) 세법

법인세법에서는, 상품의 인도 시에 그 판매대금이 익금으로 확정되므로, 법인이 판매한 상품을 인도하였음에도 그 반품가능성이 있다는 이유로 그 판매대금을 익금으로 인식하지 않는 것은 인정되지 않는다. 따라서 법인은 판매한 상품의 반품가능성이 있더라도 그 상품의 인도 시에 일단 그 판매대금을 익금으로 인식하여야 하고, 이후 반품이 발생한 경우, 그것이 경상적·반복적으로 발생하는 사유인 때에는 이를 그 반품이 발생한 사업연도의 익금에서 차감하여야 할 것이다.[384]

(6) 매출할인, 매출에누리와 매출환입

(가) 의의

매출할인은 외상거래대금을 결제하거나 외상매출금 또는 미수금을 그 약정기일 전에 받으면서 할인하는 금액을 말하고,[385] 매출에누리는 매출한 상품 또는 제품의 부분적 감

---

381) 삼일회계법인, 법인세 조정과 신고 실무(2017), 167쪽
382) K-IFRS 1115호 적용지침 B21. 그 회계처리에 관하여는 신현걸·최창규·김현식, IFRS 중급회계(2018), 653쪽
383) 일반기업회계기준 16장 부록 실16.3
384) 대법원 2013. 12. 26. 선고 2011두1245 판결

량·변질·파손 등을 이유로 매출가액에서 공제하는 금액 등을 말한다.[386] 매출환입은 취소된 매출의 금액을 의미한다.

(나) 회계기준

일반기업회계기준은 매출할인, 매출에누리, 매출환입을 총매출액에서 차감한다.[387]

(다) 세법

매출할인금액 및 매출에누리금액은 익금에 산입되는 사업수입금액에서 제외된다(시행령 11조 1호).[388] 매출할인금액은, 상대방과의 약정에 의한 지급기일(지급기일이 정해져 있지 않은 경우에는 지급한 날)이 속하는 사업연도의 매출액에서 차감된다(시행령 68조 5항). 매출에누리금액과 매출환입금액은, 납세의무자가 그것을 기업회계의 기준이나 관행에 따라 그 사유가 발생한 사업연도의 소득금액을 차감하는 방식으로 법인세를 신고해 온 경우에는, 그 사유가 발생한 사업연도의 소득금액에서 차감된다.[389][390][391]

3-1-2. 상품 등 외의 자산의 양도

상품 등 외의 자산의 양도로 인한 손익은 ① 그 대금을 청산한 날,[392] ② 그 이전등기일(등록을 포함한다), ③ 인도일 또는 사용수익일 중 빠른 날이 속하는 사업연도에 귀속된다(시행령 68조 1항 3호).[393]

---

385) 소득세법 시행규칙 제22조 제2항

386) 소득세법 시행규칙 제22조 제1항. 대법원 2009. 7. 9. 선고 2007두10389 판결은, 광고사업 등을 영위하는 법인이 광고주로부터 인쇄품질불량 등의 이의제기를 받고 매출을 취소한 것이 매출에누리 등에 해당한다고 판단하였다.

387) 일반기업회계기준 2장 문단 2.46, 16장 문단 16.5(매출에누리와 할인 및 환입은 수익에서 차감한다)

388) 법인세법 시행령 제11조 제1호는, 같은 시행령 제68조 제5항을 고려하면, 매출할인 등이 발생한 사업연도가 그와 관련된 매출이 발생한 사업연도가 같은 경우를 전제로 한 것으로 보이고, 양자가 불일치한 경우까지 매출할인 등이 관련된 매출이 발생한 사업연도에 귀속되어야 한다는 취지로 보기는 어렵다.

389) 대법원 2013. 12. 26. 선고 2011두1245 판결

390) 매출에누리금액은 그 금액이 확정된 날이 속하는 사업연도의 매출액에서 차감한다는 것이 행정해석이다(법인 46012 – 3117, 1997. 12. 3).

391) 소득세법 시행령은 환입된 물품의 가액은 해당 과세기간의 총수입금액에 산입하지 않는 것으로 규정한다(소득세법 시행령 51조 1항 1호의2).

392) 한국은행이 취득하여 보유 중인 외화증권 등 외화표시자산을 양도하고 외화로 받은 대금으로서 원화로 전환하지 아니한 그 취득원금에 상당하는 금액의 환율변동분은 한국은행이 정하는 방식에 따라 해당 외화대금을 매각하여 원화로 전환한 날

393) 계약당사자 간에 계약금이 수수된 경우, 다른 약정이 없는 한, 당사자의 일방이 이행에 착수할 때까지 교부자는 이를 포기하고 수령자는 그 배액을 상환하여 매매계약을 해제할 수 있다(민법 565조 1항). 따라서 부동산의 매도인이 매수인으로부터 계약금을 수령한 경우, 계약금의 포기 또는 배액상환에 의한 계약해제권이 소멸하는 시점은 이행의 착수, 즉 매수인으로부터 나머지 대금을 지급받는 때 또는 매수인에게 그 부동산의 소유권이전등기를 해주거나 인도하거나 사용수익하게 하는 때이다. ; 이창희, 세법강의

여기의 '상품 등 외의 자산'에는 재고자산인 부동산도 포함된다. 따라서 부동산매매업을 하는 법인이 판매한 부동산의 대금을 완불받았거나, 또는 매수인에게 그 소유권이전등기를 경료하여 주거나 인도하였다면, 그 판매로 인한 손익을 인식하여야 한다. 다만, 건물 등을 신축하여 분양하는 '예약매출'은 여기의 '상품 등 외의 자산의 양도'에 포함되지 않고, 용역의 제공에 해당하므로(시행령 69조 1항), 그 손익의 귀속시기는 용역의 손익인식기준에 따라 정해진다. 유동성공급자(LP, liquidity provider)가 보유한 주식워런트증권(ELW, equity linked warrant)[394]도 '상품 등 외의 자산'에 해당하므로, 그 처분손익은 특별한 사정이 없는 한 대금청산일이 속하는 사업연도에 귀속된다.[395]

자산들 간의 교환으로 자산을 양도하는 경우, 그 양도시기인 '대금의 청산일'은 '교환으로 취득하는 자산의 취득시기'인데, 대법원은 이를 '교환으로 취득하는 자산에 대한 실질적인 처분권을 취득한 때'로 본다.[396]

'소유권이전등기일'과 관련하여, 법률의 규정에 따라 소유권의 이전이 이루어진 후 소유권이전등기가 경료된 경우, 손익의 귀속시기를 언제로 볼 것인지가 문제된다. 판례는, 귀속시기를 소유권이전등기일로 규정한 구 법인세법 규정은 소득의 귀속시기를 획일적으로 정하기 위한 의제규정이므로, 법률행위에 의한 이전이거나 법률의 규정에 의한 이전이거나를 불문하고 위 규정의 문언 그대로 소유권이전등기일을 그 소득의 귀속시기로 보아야 한다고 판시하였다.[397]

(2020), 839쪽은, 계약의 해제가능성이 없어지고 대금청구권이 확정되는 시점은 중도금의 지급시점이라는 이유로 대금청산일이라는 기준을 대금청구권의 확정이라는 법적 기준에서 끌어내기 힘들다고 본다.

394) 자본시장법상 파생결합증권에 해당한다.

395) 대법원 2017. 3. 22. 선고 2016두51511 판결 : 외국계 증권회사인 원고(크레디트스위스증권)는 유동성 공급자로서 ELW의 발행사로부터 ELW를 인수하여 투자자들에게 매도하는 한편, 그 가격변동 위험을 회피하기 위하여 ELW 발행사와 사이에 장외(OTC, over the counter) 옵션계약을 체결하였다. 과세관청인 피고는, 유동성 공급자인 원고가 실질적으로 ELW의 발행사와 동일한 역할을 수행하므로, ELW의 발행사가 유동성 공급자의 역할도 겸하는 경우와 마찬가지로, ELW를 인수한 후 투자자들에게 매도할 때 손실이 생긴 것으로 보지 않고 그 만기에 장외파생상품의 이익과 일체로 손익을 산정함이 국세기본법 제14조 제2항, 제3항의 실질과세원칙상 타당하다는 등의 이유로, 원고가 인수한 ELW를 투자자들에게 최초 매도할 때 인수가격과 시가의 차액 손실 중 당해 사업연도에 만기가 도래하지 않은 것을 당해 연도의 손금에 불산입하고 (만기가 도래한) 그 다음 사업연도의 손금에 산입하는 것으로 세무조정을 한 후 원고에게 법인세 부과처분을 하였다. 대법원은 원고가 대규모의 손실을 조기에 인식하여 조세의 부담을 회피할 목적으로 과세조건사실에 관하여 실질과 괴리되는 비합리적인 형식이나 외관을 취하였다고 볼 수 없다는 이유로 피고의 과세처분이 위법하다고 판시하였다.

396) 대법원 2011. 7. 28. 선고 2008두5650 판결

397) 대법원 1991. 11. 22. 선고 91누1691 판결 : 이에 대하여 법률의 규정에 의하여 소유권이 변동되는 경우에는 소유권이전등기의 시점이 아니라 소유권의 변동시점을 수익의 귀속시기로 하는 것이 타당하다는 견해로, 이태로 · 한만수, 조세법강의(2018), 574쪽

3-1-3. 장기할부조건부 판매 등

(1) 장기할부조건

장기할부조건은, 자산의 판매 또는 양도(국외거래에 있어서는 소유권이전 조건부 약정에 의한 자산의 임대를 포함한다)[398]로서, 판매금액 또는 수입금액을 월부(月賦)·연부(年賦) 기타의 지불방법에 따라 2회 이상으로 분할하여 수입하는 것 중, 당해 목적물의 인도일[399]의 다음 날부터 최종의 할부금의 지급기일까지의 기간이 1년 이상인 것을 말한다(시행령 68조 4항).

장기할부조건부 매매가 되기 위해서는, 매매계약 당시에 자산의 인도일의 다음 날부터 최종 할부금의 지급기일까지의 기간이 1년 이상임이 확정되어 있어야 하고, 계약 당시에는 그렇게 되어 있지 않다가 사후에 계약의 이행과정에서 최종 할부금의 지급이 지연되어 자산의 인도일의 다음 날부터 1년 이상이 경과된 후 지급되었더라도 장기할부조건부 매매에 해당하지 않는다.[400]

(2) 장기할부채권

(가) 현재가치기준

법인이 장기할부조건 등으로 자산을 판매하거나 양도함으로써 발생한 채권에 대하여 기업회계기준에 따라 현재가치로 평가하여 **현재가치할인차금**을 계상한 경우, 그 현재가치할인차금은 그 채권의 회수기간 동안 기업회계기준에 따라 환입하였거나 환입할 금액만큼 각 사업연도의 익금에 산입한다(시행령 68조 6항).

현재가치기준의 적용대상인 '장기할부조건 등'의 '등'은 장기할부조건에 준하는 조건을 의미하는 것으로 보아야 한다. 그런데 현재가치평가를 인정해줄 필요성은 채권의 변제기가 장기라는 사정에서 비롯되는 것이고, 채권이 분할지급조건인지는 현재가치평가의 인정

---

398) 대법원 2009. 1. 30. 선고 2006두18270 판결 : 할부금의 지급방법이 2회 이상으로 분할되어 최종지급기일까지의 기간이 1년 이상인 국적취득조건부 용선계약은, 법인세법을 적용하는 경우 장기할부조건부 매매와 동일하게 취급하여야 한다.

399) 대법원은, 구 소득세법 시행령(1993. 12. 31. 개정되기 전의 것) 108조 2항의 연불조건부 양도에 관하여, 2년의 기간의 기산점이 되는 목적물의 인도시기는, 인도가 현실적으로 이루어진 날은 물론 매매계약의 내용 중 인도 또는 사용수익에 관한 특약으로 정한 인도가 가능한 날을 포함한다고 판시하였다(대법원 2000. 2. 8. 선고 98두9639 판결). 위 구 소득세법 시행령 108조 2항은 그 기간의 기산점을 "인도기일"이라고 규정하는 것에 비하여, 현행세법은 "인도일"이라고 규정하므로, 위 판례를 현행 법인세법상 장기할부조건의 해석에 적용하기는 곤란할 것으로 보인다.

400) 대법원 2014. 6. 12. 선고 2013두2037 판결 : 소득세법상 장기할부조건부 매매에 관한 판례이지만, 법인세법의 경우에도 같은 취지로 볼 수 있다.

여부를 달리할 사유에 해당한다고 보기 어렵다.[401] 따라서 여기의 '등'에는 자산의 인도일 다음 날부터 대금의 지급기일까지의 기간이 1년 이상인 장기대금채권이 포함된다고 볼 여지가 있다.[402] 한편, 법인세법은 '자산의 판매 또는 양도로 인하여 발생한 채권'에 한하여 현재가치평가를 인정하므로, 그 외의 원인으로 발생한 채권(가령 장기대여금채권)에 대하여는 위 규정이 적용되지 않는다.

(나) 회수기일기준

법인이 장기할부조건으로 판매 또는 양도한 자산의 인도일이 속하는 사업연도의 결산을 확정하면서, 그 사업연도에 **회수하였거나 회수할 금액**과 이에 대응하는 비용을 각각 수익과 비용으로 **계상**한 경우에는, 그 장기할부조건에 따라 각 사업연도에 회수하였거나 회수할 금액과 이에 대응하는 비용을 해당 사업연도의 익금과 손금에 산입한다(시행령 68조 2항 본문).[403] 여기서 '회수하였거나 회수할 금액'은 회수기일(변제기)이 도래한 금액을 의미하고, 아직 회수기일이 도래하지 않았으나 미리 회수한 금액은 포함하지 않는다.[404] 인도일 이전에 회수하였거나 회수한 금액은 인도일에 회수한 것으로 보며, 법인이 장기할부기간 중에 폐업한 경우에는 그 폐업일 현재 익금에 산입하지 않은 금액과 이에 대응하는 비용을 폐업일이 속하는 사업연도의 익금과 손금에 각 산입한다(시행령 68조 3항).

중소기업인 법인은, 장기할부조건으로 자산을 판매 또는 양도한 경우, 장기할부조건에 따라 각 사업연도에 회수하였거나 회수할 금액과 이에 대응하는 비용을 해당 사업연도의 익금과 손금에 산입할 수 있다(시행령 68조 2항 단서). 이는, 중소기업인 법인의 경우, 인도일이 속하는 사업연도의 결산에 회수기일이 도래한 금액 및 이에 대응하는 비용을 수익과 비용으로 계상하지 않은 경우에도 **신고조정**으로 회수기일도래기준을 적용할 수 있도록 한 것이다.

(다) 그 외의 경우

장기할부조건 등으로 자산을 판매·양도한 법인이, 현재가치할인차금을 계상하지도 않

---

401) 양도한 자산의 인도일 다음 날부터 1년이 지난 후 그 양도대금 전부를 한꺼번에 지급받는 경우가, 1년 이상의 기간에 걸쳐 분할지급받는 경우에 비하여, 명목금액과 현재가치의 차이가 더 크다.
402) 이창희, 세법강의(2020), 859~861쪽
403) K-IFRS는 회수기일기준을 인정하지 않으므로, 위와 같은 회계처리가 허용되지 않는다. 그러나 일반회계기준은, 중소기업이 토지 또는 건물 등을 장기할부조건으로 처분하는 경우 회수기일기준에 따른 회계처리를 인정한다(일반기준 31장 문단 31.11). 그리고 중소기업회계기준 24조 1항 단서에 의하면, 재화의 판매 또는 용역의 제공에 대가의 회수기간이 1년 이상인 할부매출은 할부금회수기일에 수익을 인식할 수 있다.
404) 재법인 46012-64, 1999. 5. 4. ; 법인세 집행기준 40-68-5 ④ : 회수기일 이전에 회수한 금액은 선수금으로, 회수기일까지 회수하지 못한 금액은 미수금으로 처리한다.

고, 그 자산의 인도일이 속하는 사업연도에 회수기일이 도래한 수익과 그에 대응하는 비용을 계상하지도 않은 경우에는, 그 판매·양도에 따른 손익의 귀속시기는 일반원칙에 따라 정해진다. 이 경우 장차 할부로 지급받을 금액 전부(명목금액) 및 관련된 손금이 법인세법 시행령 제68조 제1항에 따라 정해지는 귀속사업연도에 귀속된다.[405]

(3) 장기할부채무

법인이 장기할부조건 등으로 자산을 취득하여 발생한 채무를 기업회계기준에 따라 현재가치로 평가하여 **현재가치할인차금**으로 계상한 경우, 그 현재가치할인차금은 그 자산의 취득가액에 포함되지 않는다(시행령 72조 4항 1호). 위와 같은 현재가치할인차금은, 그 채무의 상환기간 동안 기업회계기준에 따라 환입하였거나 환입할 금액만큼 각 사업연도의 손금에 산입되어야 한다. 그리고 위 현재가치할인차금의 상각에 따른 이자에 대하여는 수입배당금액의 익금불산입 관련 규정(법 18조의2 1항 2호), 지급이자의 손금불산입 규정(법 28조), 원천징수 관련규정(법 73조, 73조의2, 98조), 지급명세서 관련규정(법 120조, 120조의2)이 적용되지 않는다(시행령 72조).

3-1-4. 자산의 위탁매매

(1) 회계기준

K-IFRS에 의하면, 기업이 대리인(agent)인 경우에는 수행의무를 이행할 때(또는 이행하는 대로) 다른 당사자가 그 정해진 재화나 용역을 제공하도록 주선하고 그 대가로 받을 권리를 갖게 될 것으로 예상하는 보수나 수수료 금액을 수익으로 인식한다.[406] 본인(principal)인 기업은 수행의무를 이행할 때(또는 이행하는 대로) 이전되는 정해진 재화나 용역과 교환하여 받을 권리를 갖게 될 것으로 예상하는 대가의 총액을 수익으로 인식한다.[407]

일반기업회계기준에 의하면, 위탁자는 수탁자가 해당 재화를 제3자에게 판매한 시점에 수익을 인식한다.[408]

---

405) 법인이 20×0 사업연도에 속하는 20×0. 1. 1. 고객에게 상품을 대금 3억 원에 판매하고 인도한 후 그 대금 중 1억 원을 지급받고, 나머지 대금은 20×1. 1. 1. 1억 원, 20×2. 1. 1. 1억 원을 각 지급받기로 한 경우, 유효이자율이 5%라면, 매매대금의 현재가치는 2억 85,941,000원(1+0.95238+0.90703 = 2.85941)이지만, 명목금액인 3억 원 전부가 20×0 사업연도의 익금에 산입된다.
406) K-IFRS 1115호 B36
407) K-IFRS 1115호 B35B
408) 일반기업회계기준 16장 부록 사례 4

(2) 세법

자산의 위탁매매로 인한 손익은, 수탁자가 그 위탁자산을 매매한 날이 속하는 사업연도에 귀속된다(시행령 68조 1항 4호).[409] 따라서 위탁자는, 수탁자에게 자산을 보내면서(적송) 그 판매를 위탁하는 시점에는, 아직 손익을 인식하지 않는다.

3-1-5. 정형화된 유가증권 등의 양도

(1) 회계기준

K-IFRS에 의하면, 금융자산의 정형화된 매입 또는 매도(regular way purchase or sale)는 매매일이나 결제일에 인식하거나 제거한다.[410] 일반기업회계기준에 의하면, 관련 시장의 규정이나 관행에 의하여 일반적으로 설정된 기간 내에 당해 금융상품을 인도하는 계약조건에 따라 금융자산을 매입하거나 매도하는 정형화된 거래의 경우에는, 결제일에 유가증권의 소유권이 이전되더라도, 매매일에 해당 유가증권의 거래를 인식한다.[411]

(2) 세법

증권시장(자본시장법 8조의2 4항 1호)에서 증권시장업무규정(자본시장법 393조 1항)에 따라 보통거래방식[412]으로 한 유가증권의 매매로 인한 손익은, 매매계약을 체결한 날이 속하는 사업연도에 귀속된다(시행령 68조 1항 5호).[413]

3-2. 용역제공 등에 의한 익금

3-2-1. 회계기준

(1) K-IFRS

기업은 고객에게 약속한 용역을 이전함으로써 수행의무를 이행하였을 때 수익을 인식한다.[414] 다음 기준 중 어느 하나를 충족하면, 기업은 용역에 대한 통제를 기간에 걸쳐(over

---

409) 부가가치세와 관련하여 위탁자는 수탁자가 판매한 재화에 관하여 본인이 직접 재화를 공급하거나 공급받은 것으로 본다(부가가치세법 10조 7항 본문).

410) K-IFRS 1109호 문단 3.1.2

411) 일반기업회계기준 6장 문단 6.4의2

412) 유가증권시장 업무규정에 의하면, 매매거래의 종류로 ① 당일결제거래, ② 익일결제거래, ③ 보통거래가 있고, 보통거래는 매매계약을 체결한 날부터 기산하여 3일째 되는 날에 결제하는 매매거래를 말한다(유가증권시장 업무규정 7조 1항).

413) 정형화된 거래방식에 의한 증권매매의 수수료의 귀속사업연도에 관하여는 법인세법 시행령에 별도의 규정이 있다(시행령 70조 3항 단서).

414) K-IFRS 1115호 문단 31

time) 이전하므로, 용역에 대한 통제를 기간에 걸쳐 이전하는 것이고, 기간에 걸쳐 수익을 인식한다.[415)]

① 고객은 기업이 수행하는 대로 기업의 수행에서 제공하는 효익을 동시에 얻고 소비한다.

② 기업이 수행하여 만들어지거나 가치가 높아지는 대로 고객이 통제하는 자산(예 재공품)을 기업이 만들거나 그 자산 가치를 높인다.

③ 기업이 수행하여 만든 자산이 기업 자체에는 대체 용도가 없고, 지금까지 수행을 완료한 부분에 대해 집행 가능한 지급청구권(enforceable right)이 기업에 있다.

기간에 걸쳐 이행하는 수행의무 각각에 대하여 그 수행의무 완료까지의 **진행률**(progress)을 측정하여 기간에 걸쳐 수익을 인식한다.[416)] 적절한 진행률 측정방법에는 산출법과 투입법이 포함된다.[417)]

수행의무가 기간에 걸쳐 이행되지 않는 경우에는 한 시점에(at a point in time) 이행되는 것이다.[418)419)]

(2) 일반기업회계기준

용역의 제공으로 인한 수익은, 용역제공거래의 성과를 신뢰성 있게 추정할 수 있을 때[420)] **진행기준**에 따라 인식한다.[421)]

건설형 공사계약의 경우, 일정한 조건[422)]을 충족하여 공사결과를 신뢰성 있게 추정할 수 있는 때는 진행기준을 적용하여 공사수익을 인식한다.[423)] 당기공사수익은 공사계약금액에 보고기간종료일 현재의 공사진행률을 적용하여 인식한 누적공사수익에서 전기말까

---

415) K-IFRS 1115호 문단 35

416) K-IFRS 1115호 문단 39

417) K-IFRS 1115호 문단 41

418) K-IFRS 1115호 문단 38

419) 기업이 어느 사업연도에 고객에게 용역을 제공하였으나 진행기준에 따른 수익의 인식요건을 충족하지 못하는 경우, 그 기간 중에 발생한 원가를 적절한 항목으로 자산화하였다가 그 수익의 인식시점에 그 자산을 비용화하여야 할 것이다. 신현걸·최창규·김현식, IFRS 중급회계(2018), 327쪽

420) 다음의 조건이 모두 충족되는 경우에는 용역제공거래의 성과를 신뢰성 있게 추정할 수 있다고 본다(일반기준 16장 문단 16.11).
    ① 거래 전체의 수익금액을 신뢰성 있게 측정할 수 있다.
    ② 경제적 효익의 유입 가능성이 매우 높다.
    ③ 진행률을 신뢰성 있게 측정할 수 있다.
    ④ 이미 발생한 원가 및 거래의 완료를 위하여 투입하여야 할 원가를 신뢰성 있게 측정할 수 있다.

421) 일반기업회계기준 16장 문단 16.11

422) 공사결과를 신뢰성 있게 추정하기 위하여 충족되어야 하는 요건으로 ① 정액공사계약에 관하여는 일반기업회계기준 제16장 문단 16.41, ② 원가보상공사계약에 관하여는 같은 장 문단 16.42가 각각 정한다.

423) 일반기업회계기준 제16장 문단 16.40 1문

지 계상한 누적공사수익을 차감하여 산출한다.[424)425)]

3-2-2. 세법

(1) 작업진행률기준

(가) 적용범위

건설·제조 기타 용역(도급공사 및 예약매출을 포함한다, '건설 등')의 경우, 그 목적물의 건설 등의 착수일이 속하는 사업연도부터 그 목적물의 인도일이 속하는 사업연도까지, 그 목적물의 건설 등을 완료한 정도(작업진행률)를 기준으로 계산한 수익과 비용을 각각 해당 사업연도의 익금과 손금에 산입한다(시행령 69조 1항).[426)427)]

예약매출은, 아직 제작·완성되지 않은 물건을 판매하고 대금을 미리 받은 후 그 물건을 제작·공급하기로 하는 조건의 계약을 말한다.[428)] 아파트분양사업자가 장차 건설할 아파트를 미리 분양하는 계약은 예약매출에 해당한다.[429)430)]

(나) 작업진행률

작업진행률은 아래 산식에 따라 계산한다(시행령 69조 1항 본문, 시행규칙 34조 1항 본문).[431)]

$$\text{작업진행률} = \frac{\text{해당 사업연도 말까지 발생한 총공사비 누적액}}{\text{총공사예정비}}$$

---

424) 일반기업회계기준 제16장 문단 16.40 2문

425) 당기공사원가는 당기에 실제로 발생한 총공사비용에 공사손실충당부채전입액(추정공사손실)을 가산하고 공사손실충당부채환입액을 차감하여 다른 공사와 관련된 타계정대체액을 가감하여 산출한다(일반기준 16장 문단 40).

426) ① 2010. 12. 30. 개정되기 전의 법인세법 시행령 제69조는, 용역제공으로 인한 익금과 손금은 원칙적으로 목적물의 인도일이 속하는 사업연도에 귀속하고, 다만 계약기간이 1년 이상인 경우에는 작업진행률을 기준으로 귀속사업연도를 정하도록 규정하였다. ② 2010. 12. 30. 개정된 법인세법 시행령 제69조는, 용역제공으로 인한 익금과 손금은 원칙적으로 작업진행률에 따라 귀속사업연도를 정하고, 예외적으로 중소기업인 법인이 계약기간 1년 미만인 건설 등을 제공하는 경우 목적물의 인도일이 속하는 사업연도에 귀속하는 것으로 규정하였다.

427) 작업진행률에 따른 소득계산은 돈의 시간가치를 무시하고 서로 다른 시기의 돈을 그냥 합산하여 과세하는 방식이므로 담세력을 제대로 재지 못한다고 비판하는 견해로 이창희, 세법강의(2020), 867쪽

428) 이창희, 세법강의(2020), 863쪽은, 예약매출은 제작물공급계약 중에서 수급인이 원재료의 전부 또는 주요 부분을 대는 것을 말한다고 본다.

429) 대법원 1992. 10. 23. 선고 92누2936, 2943(병합) 판결

430) 법인이 분양을 위하여 신축한 아파트 중 ① 완공 전에 분양한 부분은 예약매출에 해당하지만, ② 완공 당시까지 분양하지 못하다가 이후 분양한 부분은 예약매출이 아니므로, 그 손익의 귀속시기는 일반적인 부동산의 양도에 따른 손익의 귀속시기(시행령 68조 1항 3호)에 따라 정해져야 할 것이다.

431) 건설 외의 경우 작업진행률은 건설의 경우를 준용하여 계산한 비율로 한다(시행규칙 34조 1항 2호).

위 산식의 **총공사예정비**는, 기업회계기준을 적용하여 계약 당시에 추정한 공사원가에 해당 사업연도 말까지의 변동상황을 반영하여 합리적으로 추정한 공사원가로 한다(시행규칙 34조 2항). 공사원가에 포함되는 비용이라도 공사의 진행 정도와 무관하게 지출되는 것은 작업진행률의 산정에 고려되지 않아야 한다.[432]

예약매출에 해당하는 아파트 분양사업을 하는 법인이 아파트 건설공사의 전부 또는 일부를 **제3자**에게 **도급**하여 아파트를 건설하는 경우, 작업진행률 계산을 위한 위 산식의 분자인 '해당 사업연도 말까지 발생한 **총공사비 누적액**'에 포함되어야 하는 공사비는, 그 도급계약에 따라 지급의무가 확정된 공사비(또는 수급인이 청구한 공사대금)가 아니라 '수급인의 실제 공사 진행 정도에 따라 그 법인에 사실상 지급의무가 발생한 공사비(=도급금액×수급인의 작업진행률)'이고, 그 법인에게 그 공사와 관련하여 별도로 발생한 비용이 있으면 그 비용도 포함되어야 한다.[433]

다만, 건설의 수익실현이 건설의 작업시간 · 작업일수 또는 기성공사의 면적이나 물량 등('**작업시간 등**')과 비례관계가 있고, 전체 작업시간 등에서 이미 투입되었거나 완성된 부분이 차지하는 비율을 객관적으로 산정할 수 있는 건설의 경우에는, 그 비율을 작업진행률로 할 수 있다(시행규칙 34조 1항 1호 단서).

작업진행률을 기준으로 익금과 손금에 산입되는 금액은 다음 산식에 따라 계산된다(시행규칙 34조 3항).

① 익금 = 계약금액 × 작업진행률 − 직전사업연도 말까지 익금에 산입한 금액
② 손금 = 당해 사업연도에 발생된 총비용

(다) 작업진행률과 공사계약의 해약

작업진행률에 의한 익금 또는 손금이 공사계약의 해약으로 인하여 확정된 금액과 차액이 발생된 경우에는, 그 차액을 **해약일**이 속하는 사업연도의 익금 또는 손금에 산입한다(시행령 69조 3항). 따라서 이 경우 해약일이 속하는 사업연도 이전의 사업연도에 귀속된 익금 또는 손금에 대한 후발적 경정청구는 인정되지 않는다.[434]

---

432) ① 서울고등법원 2019. 1. 23. 선고 2018누35300 판결 : 원고(경기도시공사)가 택지개발사업을 하면서 지출한 각종 부담금[대법원 2019. 6. 13. 선고 2019두35008 판결(심리불속행)] ; ② 수원고등법원 2022. 6. 17. 선고 2021누13557 판결, 대법원 2022. 10. 27. 선고 2022두48547 판결(심리불속행)

433) 대법원 2014. 2. 27. 선고 2011두13842 판결 : 위 사건에서 원고 법인은 '수급인인 시공사가 청구한 공사대금'과 '원고에게 별도로 발생한 공사비용'을 합한 금액을 총공사비 누적액으로 보고 이를 총공사예정액으로 나누어 작업진행률을 산출하였다. 이에 대하여 과세관청인 피고는 '시공사의 작업진행률에 따라 계산한 시공사의 총공사비 누적액'과 '원고에게 별도로 발생한 공사비용'을 합한 금액을 총공사비 누적액으로 보아 작업진행률을 산출하여 이를 기초로 원고에게 법인세 부과처분을 하였다. 대법원은 피고의 과세처분이 적법하다고 판단하였다. 대법원 2015. 11. 26. 선고 2015두1694 판결도 같은 취지이다.

434) 대법원 판례는, 권리의 확정으로 과세요건이 충족되어 납세의무가 성립하였다고 하더라도, 후발적 사유

(2) 인도 · 완료기준

(가) 인도 · 완료기준에 따라야 하는 경우

건설 등의 제공으로 인한 익금과 손금은, 작업진행률를 계산할 수 없다고 인정되는 경우로서 기획재정부령으로 정하는 경우[435]에는, 그 목적물의 인도일(용역제공의 경우에는 그 제공을 완료한 날)이 속하는 사업연도에 귀속된다(시행령 69조 2항).[436]

행정해석은, 법인세법 시행령 제69조의 '인도일'은, '대금청산일, 소유권이전등기일, 입주일 또는 사용일 중 빠른 날'로 한다고 본다.[437]

(나) 인도 · 완료기준의 선택권이 인정되는 경우

다음의 어느 하나에 해당하는 경우에는, 건설 등의 제공으로 인한 익금과 손금은, 그 목적물의 인도일(용역제공의 경우에는 그 제공을 완료한 날)이 속하는 사업연도의 익금과 손금에 산입할 수 있다(시행령 69조 1항 단서).

① 중소기업인 법인이 수행하는 계약기간이 1년 미만인 건설 등의 경우

② 기업회계기준에 따라 그 목적물의 인도일이 속하는 사업연도의 수익과 비용으로 계상한 경우

(다) 작업진행률기준을 적용하기에 부적합하고 법인세법 시행령 제69조 제1항 단서와 제2항에 해당하지 않는 경우

어떤 용역이 작업진행률기준을 적용하기에 부적절하고, 법인세법 시행령 제69조 제1항 단서와 제2항에 해당하지도 않는 경우에는, 법인세법 제40조의 일반원칙에 따라 손익의 귀속시기가 정해져야 한다. 그러한 경우 용역의 제공이 완료된 때 그 보수에 관한 익금이 확정(권리의 확정 및 금액의 특정)되는 것이 일반적이므로, 그 때를 손익의 귀속시기로 보아야 할 것이다.[438] 용역의 종료 여부에 대한 판단을 하기 위해서는 용역의 단위가 정해

의 발생으로 소득이 실현되지 않은 것으로 확정되었다면 당초 성립한 납세의무가 전제를 상실하여 그에 따른 법인세를 과세할 수 없고, 다만, 법령이 특정한 후발적 사유의 발생으로 말미암아 실현되지 않은 소득금액을 그 후발적 사유가 발생한 사업연도의 소득금액에 대한 차감사유 등으로 별도로 규정하는 경우 등에는 후발적 사유의 발생이 당초 성립한 납세의무에 영향을 미칠 수 없다고 판시하는데(대법원 2013. 12. 26. 선고 2011두1245 판결), 법인세법 시행령 제69조 제3항은 후자의 경우에 해당한다. 대법원 2017. 9. 21. 선고 2016두60201 판결

435) '기획재정부령으로 정하는 경우'는 법인이 비치 · 기장한 장부가 없거나 비치 · 기장한 장부의 내용이 불충분하여 당해 사업연도 종료일까지 실제로 소요된 총공사비누적액 또는 작업시간 등을 확인할 수 없는 경우를 말한다(시행규칙 34조 4항).

436) 종전에는 K-IFRS를 적용하는 투자회사 등이 수행하는 예약매출로 인한 익금과 손금은 목적물의 인도일이 속하는 사업연도에 귀속되는 것으로 규정되었으나(구 시행령 69조 2항 2호), 2023. 2. 28. 법인세법 시행령이 개정되면서 해당 내용은 삭제되었다.

437) 기본통칙 40···69-1

438) 이창희, 세법강의(2020), 868쪽 ; 2010. 12. 30. 개정되기 전의 구 법인세법 시행령 제69조 제1항은 용역

져야 한다.[439]

다만, 용역의 대가가 이후 실제로 그 용역이 제공되는 정도나 결과에 상관없이 미리 확정적으로 정해지거나(가령, 변호사의 착수금)[440] 용역제공의 완료 후 별도의 결과가 발생하여야만 그 대가를 수령할 수 있는 경우에는(가령, 변호사의 성공보수),[441] 각각 그 확정적으로 정해진 시기나 결과의 발생시기가 그 용역에 따른 손익의 귀속시기로 될 것이다.

(3) 중간지급조건부 용역

대법원은, 중간지급조건부 용역에 관하여, 작업진행률기준(시행령 69조)을 적용하지 않고, '대가의 각 부분을 **받기로 한 때**'에 그 수입할 권리가 확정되어 익금의 귀속시기가 도래한다고 보았다.[442] 부가가치세법[443]과 달리 법인세법에는 중간지급조건부 용역의 손익귀속시기에 관한 명시적 규정이 없으므로, 작업진행률기준이 적용되어야 하는 것이 아닌지 문제된다. 권리의 확정은 법인세법 시행령 제69조에 못지않게 중요한 익금의 확정기준이고, 분할하여 지급받기로 한 대가의 변제기가 도래한 이상, 당초 예정된 용역이 제공되지 않아서 분쟁이 있는 등의 사정이 없는 한, 그 권리의 확정에 따라 익금이 확정되었다고 볼 수 있을 것이다.

대법원은, 중간지급조건부 용역의 공급의 경우, 그 각 대가의 분할지급시기가 도래하기 전에 **지급유예의 합의**를 하였다면, 그에 따라 익금의 귀속시기가 변경될 수 있지만, 이후 계약이 중도에 해지되어 장래를 향하여 효력을 잃는 경우에는, 계약에 의한 용역제공이 완료되고 원칙적으로 이미 공급한 용역에 관한 대가를 지급받을 권리가 확정되므로, 해지 시까지 이미 공급한 부분에 관한 익금의 귀속시기는 계약 해지 시에 도래한다고 본다.[444]

의 제공으로 인한 익금과 손금의 귀속사업연도는 '용역의 제공을 완료한 날'이 속하는 사업연도로 한다고 규정하였다. 대법원은, 구 법인세법 시행령하에서 법인이 물건(요트)의 판매를 대행하는 용역을 제공한 사건에서, 법인의 중개로 매매계약이 체결됨으로써 용역이 완료되었고, 그 시점에 그 수수료 채권이 확정되었다고 판단하였다(대법원 2019. 9. 9. 선고 2017두47564 판결).

439) 이창희, 세법강의(2020), 869쪽 ; 법인이 제공한 용역을 월별로 정산하여 보수를 지급받기로 한 경우, 일반적으로 각 월에 대한 보수의 청구일이 익금의 귀속시기로 될 것이다.

440) 대법원 1987. 8. 18. 선고 87누46 판결

441) 대법원 2002. 7. 9. 선고 2001두809 판결

442) 대법원 1992. 1. 21. 선고 91누1684 판결(선박해체용역), 대법원 2015. 8. 19. 선고 2015두1588 판결(도시정비사업 관리용역)

443) 부가가치세법에서 중간지급조건부 용역의 공급시기는 대가의 각 부분을 받기로 한 때이다(부가가치세법 시행령 29조 3항 3호).

444) 대법원 2015. 8. 19. 선고 2015두1588 판결

3-3. 이자소득 등

3-3-1. 이자 및 할인액

법인이 수입하는 이자 및 할인액이 익금으로 귀속하는 사업연도는 ① 원칙적으로 그 수입시기(소득세법 시행령 45조)에 해당하는 날(금융보험업을 영위하는 법인의 경우에는 실제로 수입된 날로 하되, 선수입 이자 및 할인액은 제외한다)이 속하는 사업연도이고, ② 예외적으로, 결산을 확정할 때 이미 경과한 기간에 대응하는 이자 및 할인액(원천징수되는 것은 제외)을 해당 사업연도의 수익으로 계상한 경우에는, 그 계상한 사업연도의 익금으로 한다(시행령 70조 1항 1호).

법인이 지급하는 이자 및 할인액이 손금으로 귀속하는 사업연도는 ① 원칙적으로 그 수입시기(소득세법 시행령 45조)에 해당하는 날이 속하는 사업연도이고, ② 예외적으로, 결산을 확정할 때 이미 경과한 기간에 대응하는 이자 및 할인액[445]을 해당 사업연도의 손비로 계상한 경우에는, 그 계상한 사업연도의 손금으로 한다(시행령 70조 1항 2호).

이자수익과 이자비용의 귀속시기에 관한 상세한 내용은 「금전채권과 금전채무」에서 다루기로 한다.[446]

3-3-2. 배당액

(1) 원칙

법인이 수입하는 배당금의 귀속사업연도는, 소득세법 시행령 제46조의 수입시기가 속하는 사업연도이다(시행령 70조 2항 본문). 잉여금의 처분에 의한 배당의 수입시기는 당해 법인의 잉여금 처분결의일이다(소득세법 46조 2호).

(2) 유동화전문회사에 관한 특칙

금융회사 등(시행령 61조 2항 각 호)이, 금융채무등불이행자의 신용회복 지원과 채권의 공동추심을 위하여 설립한 유동화전문회사로부터 수입하는 배당금은, 실제로 지급받은 날이 속하는 사업연도의 익금으로 한다(시행령 70조 2항 단서).[447]

---

445) 차입일부터 이자지급일이 1년을 초과하는 특수관계인과의 거래에 따른 이자 및 할인액은 제외한다.

446) 제2장 제1절 1 - 2 - 3. (1) 참조

447) 이는, 금융기관들이 개인신용회복 지원 및 부실채권 회수를 위하여 설립한 이른바 배드뱅크(희망모아유동화전문 유한회사)가, 부실채권회수에 따른 이익의 과세를 피하기 위하여 배당결의를 하고 지급배당 소득공제를 받는 경우, 실제 배당의 지급은 배당결의일부터 3~4년 후 선순위 및 후순위 채권의 원리금을 상환한 다음에 비로소 가능하고, 실제 배당을 받지 못하는 경우도 있기 때문에, 금융기관들이 실제 배당수입이 없음에도 선과세될 소지가 있음을 고려한 것이다(국세청, 2006 개정세법해설, 255쪽).

법인세법 시행령 제70조 제2항 단서의 예외에 해당하지 않는 유동화전문회사로부터 수입하는 배당금의 귀속시기는 일반원칙에 따라 정해진다. 대법원은, 유동화전문회사들이, 그 사원인 원고의 2002 사업연도(2001. 4. 1.~2002. 3. 31.) 중에 원고 등에 대한 배당을 결의하였으나, 자산유동화계획 및 정관에서 유동화증권 원리금을 전부 상환한 후에 배당금을 지급하도록 규정하기 때문에, 원고에게 배당금을 지급하지 못하다가 그중 하나는 2003. 9. 26. 청산종결되고, 다른 하나는 2009. 6. 29. 파산선고를 받은 사안에서, 원고의 배당금채권의 수입시기는 잉여금처분결의일이 속하는 원고의 2002 사업연도라고 판단하였다.[448]

3-3-3. 보험료 등

보험회사가 보험계약과 관련하여 수입하거나 지급하는 이자·할인액 및 보험료 등으로서 책임준비금 산출에 반영되는 항목은, 보험계약회계기준에 따라 수익 또는 손비로 계상한 사업연도의 익금 또는 손금으로 한다(시행령 70조 6항).

보험회사가 아니면서 금융보험업을 영위하는 법인이 수입하는 보험료·부금·보증료 또는 수수료의 귀속사업연도는 보험료 등이 실제로 수입된 날이 속하는 사업연도로 하되, 선수입 보험료 등[449]은 제외한다(시행령 70조 3항 본문). 다만, 그러한 법인이 결산을 확정하면서 이미 경과한 기간에 대응하는 보험료상당액 등을 해당 사업연도의 수익으로 계상한 경우[450]에는 그 계상한 사업연도의 익금으로 한다(시행령 70조 3항 단서).

자본시장법상 투자매매업자 또는 투자중개업자가 정형화된 거래방식으로 증권을 매매하는 경우 그 수수료의 귀속사업연도는 매매계약이 체결된 날이 속하는 사업연도로 한다(시행령 70조 3항 단서).[451]

---

448) 대법원 2015. 12. 23. 선고 2012두16299 판결 : "법인세법상 어떠한 채권이 발생하였을 경우 이를 익금에 산입할 것인지 여부를 판단함에 있어 그 채권의 행사에 법률상 제한이 없다면 일단 권리가 확정된 것으로서 당해 사업연도의 익금으로 산입되는 것이고 그 후 채무자의 무자력 등으로 채권의 회수 가능성이 없게 되더라도 이는 회수불능으로 확정된 때 대손금으로 처리할 수 있는 사유가 될 뿐이지 이로 인하여 그 채권으로 인한 소득의 귀속시기에 영향을 미치는 것은 아니다" ; 위 판결의 상세한 판단이유에 관하여는 제7장 제3절 3-4. 참조
449) 주택도시보증공사가 결산을 확정할 때 부채로 계상한 미경과보험료적립금을 포함한다.
450) 주택도시보증공사가 결산을 확정할 때 미경과보험료적립금의 환입액을 수익으로 계상한 경우를 포함한다.
451) 정형화된 유가증권의 양도로 인한 손익의 귀속시기에 관하여는 법인세법 시행령에 별도의 규정이 있다(시행령 68조 1항 5호).

3-4. 임대료 등

3-4-1. 임대료

자산의 임대로 인한 익금과 손금의 귀속사업연도는, 계약 등에 의하여 정해진 임대료의 **지급일**(지급일이 정해지지 않은 경우에는 그 지급을 받은 날)이 속하는 사업연도로 한다 (시행령 71조 1항 본문).

다만, ㉮ 법인이 결산을 확정할 때 이미 경과한 기간에 대응하는 임대료 상당액과 이에 대응하는 비용을 당해 사업연도의 수익과 손비로 계상한 경우 및 ㉯ 임대료 지급기간이 1년을 초과하는 경우,[452] 이미 **경과한 기간에** 대응하는 임대료 상당액과 비용은 이를 각 각 당해 사업연도의 익금과 손금으로 한다(시행령 71조 1항 단서).

법인이 타인에게 토지를 임대하면서 임대료로 토지사용기간의 만료 시 토지상 건축물의 소유권을 이전받기로 한 경우, 해당 시점의 건축물의 시가는 후불로 받기로 한 임대료에 해당하므로, 임대료 지급기간이 1년을 초과하는 때에는, '이미 경과한 기간에 대응하는 임 대료 상당액'으로서 각 사업연도의 익금에 산입할 금액은, '토지사용기간의 만료 시의 건 축물의 시가'를 '전체 토지사용기간 중 해당 사업연도에 속하는 기간의 비율'로 안분한 금 액이 된다.[453] 법인세법 시행령 제71조 제1항 단서의 후단은 미수임대료에 대하여만 적용 되고, 선수임대료에 대하여는 적용되지 않는다.[454]

---

452) 이는 1년 이상 장기간의 임대료를 임대 개시 후 1년 이상 경과하여 수수하기로 한 경우 손비만 계상되고 수익은 계상되지 않아 과세가 이연되는 문제점을 해결하기 위한 것이다(대법원 2011. 10. 13. 선고 2008 두21713 판결).

453) 대법원 2022. 1. 27. 선고 2017두51983 판결은, 원고(인천국제공항공사)가 임차인들과 사이에, 임차인들 이 원고 소유 토지에 건축물을 신축하여 일정한 기간 동안 사용하면서 매년 토지사용료를 지급하고 토지 사용기간 만료 후에는 원고에게 위 건축물의 소유권을 무상으로 이전하기로 약정한 사안에서, 2005 내지 2007 사업연도 법인세와 관련하여 후불 임대료의 기간경과분의 계산방식이 문제되었는데, 원심과 같이 '토지사용기간 만료 시 위 건축물의 시가를 해당 사업연도의 현재가치로 할인한 금액'을 각 사업연도의 익금에 산입할 임대료로 계산할 경우 중간이자로 공제된 금액을 추가로 각 사업연도의 익금에 산입하지 않는 이상 그 금액이 과세대상에서 누락되고, 전체 토지사용기간의 임대료로서 각 사업연도의 익금에 산 입된 금액을 합한 금액이 원고가 취득할 당시 위 건축물의 시가에 미달하게 되므로, 토지사용기간 만료 시 위 건축물의 시가 자체를 전체 토지사용기간 중 해당 사업연도에 속하는 기간의 비율로 안분한 금액 을 임대료로 보아 익금에 산입하여야 한다고 판단하였다. ; 위 판결의 사안은 2013. 6. 28. 개정된 부가가 치세법 시행령이 시행되기 전의 것이지만, 현행 세법상으로도 위 판결과 같이 해석하여야 할 것이다. 뒤 의 글상자 'BTO 방식과 BOT 방식' 참조

454) 대법원 2011. 10. 13. 선고 2008두21713 판결

📖 **BTO 방식과 BOT 방식**[455]

1. ① BTO(Build – Transfer – Operate) 방식은 사업자가 타인의 토지 위에 시설물을 신축하여 그 소유권을 토지소유자에게 이전하는 대신 일정기간 해당 시설물을 운영할 권리를 얻는 것을 말하고 [사회기반시설에 대한 민간투자법('민간투자법') 4조 1호], ② BTL(Build – Transfer – Lease) 방식은 사업자가 타인의 토지 위에 시설물을 신축하여 그 소유권을 토지소유자에게 이전하는 한편, 토지소유자에게 해당 시설물을 임대하여 임대료의 형식으로 시설물의 신축비용 등 투자금을 회수하는 방식을 말하며(민간투자법 4조 2호),[456] ③ BOT(Build – Operate – Transfer) 방식은 사업자가 토지 위에 시설물을 신축하여 일정기간 운영한 후 해당 기간의 종료 시에 해당 시설물의 소유권을 토지소유자에게 이전하는 것을 말한다(민간투자법 4조 3호).

2. BTO 방식에서는 건물의 신축시점에 그 소유권이 토지소유자에게 이전되므로, 토지소유자는 ① 건물을 자산으로 계상함과 동시에 부채인 선수임대료로 계상하는 한편, ② 건물의 신축시점의 시가(= 신축비용)를 임대료의 선불로 보아 사업기간에 속하는 각 사업연도별로 안분한 금액을 임대료로 익금에 산입하고(시행령 71조 1항 본문, 72조 2항 7호), ③ 건물은 토지소유자의 감가상각대상이 된다. 부가가치세와 관련하여, ① 사업자는 신축건물(재화) 또는 건축용역을 제공하는 대가로 부동산임대용역을 제공받으므로, 그가 지출한 신축비용(= 건물의 시가)이 그가 공급한 재화 또는 용역에 대한 과세표준으로 되는데,[457] ② 행정해석은 토지소유자가 사업자에게 제공한 부동산임대용역에 대한 과세표준도 신축건물의 시가(= 신축비용)를 기초로 산정하였다.[458]

3. 이에 비하여 BOT 방식에서는 건물의 소유권이 사업기간의 종료 시에 토지소유자에게 이전되므로, 그 사업기간에 안분되는 임대료의 가액 등을 어떻게 정할 것인지가 문제되었다.
   ① 과거의 행정해석은, BOT 방식의 경우에도 BTO 방식과 동일하게 ㉮ 부가가치세에서 사업자의 토지소유자에 대한 건물의 공급 및 토지소유자의 사업자에 대한 임대용역의 공급과 관련한 과세표준을 모두 건물의 신축비용을 기초로 산정하고, ㉯ 법인세에서 사업자는 건물의 취득가액(= 신축비용)을 자산인 선급임차료로 계상하여 이를 사용수익기간 동안 균등하게 안분한 금액을 손금에 산입하며, 토지소유자는 건물의 준공일 등이 속하는 사업연도에 그 건물을 자산으로 계상하여 그 취득가액을 기준으로 감가상각을 하는 한편, 위 안분금액을 익금에 산입한다고 보았다.[459]

---

455) 대법원 2022. 1. 27. 선고 2017두51983 판결에 대한 판례해설인 이준엽, "토지 임대기간 종료 시점에 임차인의 비용으로 건축한 건축물을 무상이전받기로 하는 경우 … 과세표준 산정방법", 대법원판례해설 제132호, 77쪽 이하 참조

456) BTL 방식에 관하여는 ① 이준규・박재환, "임대형 민간투자사업(BTL)에 대한 과세상 문제점과 개선방안", 조세법연구 제16권 제1호(2010), 한국세법학회, 10쪽 이하, ② 이중교, "기부채납과 과세문제 – BTO 방식과 BTL 방식을 중심으로 –", 토지공법연구 제53집(2011), 한국토지공법학회, 295쪽 이하 참조

457) 대법원 1987. 2. 10. 선고 84누465 판결, 대법원 1990. 3. 27. 선고 89누3656 판결

458) 부가46015 – 1518, 2000. 6. 30. ; 이는 임차인과 임대인의 부가가치세 과세표준을 일치시킴과 동시에 법인세와 부가가치세의 세무처리를 통일시키기 위한 것이었다. 이준엽, 앞의 글, 91~92쪽

459) 법인 – 573, 2009. 5. 13.

② 그러나 대법원 2011. 6. 30. 선고 2008두18939 판결은, BOT 방식의 경우 ㉮ 토지소유자의 부가가치세 과세표준에 관하여는 각 과세기간 별로 '당해 과세기간에 실제로 공급한 토지임대용역의 시가(건물과 대가관계가 있는 부분)'를 합산하여야 하고(2010. 1. 1. 개정 전의 구 부가가치세법 13조 1항 2호), ㉯ 토지소유자의 법인세에 관하여는 '사업기간(사용수익기간) 만료 시의 건축물의 시가' 중 해당 사업연도에 대응하는 부분을 익금에 산입하여야 한다고 판단하였다.[460] 이는 토지소유자가 건물의 소유권을 이전받지 않은 상태에서 그에 대한 감가상각을 하는 것을 허용할 수 없다는 점 등을 이유로 한 것으로 보인다.[461] 위 판결은 부가가치세법과 법인세법의 규정에 충실한 것이었지만, 그에 따르면 BOT 방식의 경우 법인세와 부가가치세의 과세표준이 다르게 되고 감정을 거쳐야 하며, BOT 방식의 조세부담이 무겁게 되는 등의 실무상 어려움이 있었다.[462]

③ 이후 2013. 6. 28. 개정되고 2013. 7. 1.부터 적용된 부가가치세법 시행령은, 사업자가 민간투자법 제4조 제3호를 준용하여 설치한 시설에 대하여 둘 이상의 과세기간에 걸쳐 계속적으로 시설을 이용하게 하고 대가를 받는 경우, 용역을 제공받는 기간 지급받는 대가와 그 시설의 '설치가액'을 그 용역제공 기간의 개월 수로 나눈 금액의 각 과세대상기간의 합계액을 기준으로 부가가치세 과세표준을 산정하도록 규정하였다(부가가치세법 시행령 61조 1항, 29조 3항 6호). 한편, 법인세법에는 BOT 방식에 관한 임대료의 계산에 대하여 별도의 특칙이 없다.

④ 위 부가가치세법 시행령의 시행 후, 기획재정부는, 종전의 입장에 따라 BOT 방식의 토지소유자는 부가가치세법 시행령 제61조 제1항 제7호에 따른 시설물의 설치가액을 사업기간 동안 안분하여 임대료로 익금에 산입한다고 보는 한편, 토지소유자가 해당 시설물의 소유권을 이전받기까지는 해당 시설물의 감가상각비를 손금에 산입할 수 없다는 견해를 취하였다.[463]

⑤ 그러나 법인세와 관련하여 구 부가가치세법 시행령의 규정만으로 기획재정부의 위 견해와 같이 해석할 수 있는지는 의문스럽다. 이 문제는 근본적으로 입법으로 해결되어야 할 것이다.

3-4-2. 소매업 등 법인이 금전등록기를 설치·사용하는 경우

소득세법 제162조 및 부가가치세법 제36조 제4항을 적용받는 소매업 등을 영위하는 법인

---

460) 대법원 2011. 6. 30. 선고 2008두18939 판결 : 원고(한국도로공사)가 주식회사 제주랜드 등에게 토지를 제공하고, 제주랜드 등은 그 토지상에 휴게소, 주유소 등을 신축·운영하면서 그 대가로 월매출액에 일정한 사용료율을 곱한 금액('월사용료')을 지급하고 그 사업기간의 만료시점에 원고에게 휴게소 등을 무상으로 이전하기로 하는 협약을 체결한 사건에서, 원고는 토지의 월사용료만을 임대수익으로 계상하여 법인세를 신고하였으나, 과세관청은 휴게소 등의 신축원가도 원고가 제공한 토지의 임대료에 포함된다고 보아 그 신축원가 중 2002 내지 2004 사업연도에 대응하는 부분을 해당 사업연도의 익금에 산입하여 법인세 부과처분을 하였다. 대법원은, 위 사업기간 만료 시의 휴게소 등의 시가 중 2002 내지 2004 사업연도에 대응하는 부분을 익금에 산입하여야 하므로, 위 과세처분은 위법하다고 판단하였다.

461) 이준엽, 앞의 글, 78쪽

462) 이준엽, 앞의 글, 93~97쪽

463) 기획재정부 법인세제과-316, 2014. 5. 15. ; 이와 달리 국세청은, BOT 방식에서 토지소유자가 시설물의 소유권을 이전받기 전에도 해당 시설물을 자산으로 계상하여 감가상각할 수 있다고 보았다. 서면-2018-법인-1540, 2018. 8. 2.

이 금전등록기를 설치·사용하는 경우에는, 그 수입하는 물품대금과 용역대가의 귀속사업연도는 현금주의에 따라 그 금액이 실제로 수입된 사업연도로 할 수 있다(시행령 71조 2항).

3-4-3. 사채할인발행차금

사채할인발행차금은 기업회계기준에 의한 사채할인발행차금의 상각방법에 따라 손금에 산입한다(시행령 71조 3항).

3-4-4. 자산유동화 및 매출채권·받을어음의 양도

자산유동화에 관한 법률 제13조에 따른 방법에 의하여 보유자산을 양도하는 경우 및 매출채권 또는 받을어음을 배서양도하는 경우에는 기업회계기준에 의한 손익인식방법에 따라 관련 손익의 귀속사업연도를 정한다(시행령 71조 4항).

3-4-5. 개발비의 계상 후 개발이 취소된 경우

법인이 개발비로 계상하였으나 해당 제품의 판매 또는 사용이 가능한 시점이 도래하기 전에 개발을 취소한 경우에는 다음의 요건을 모두 충족하는 날이 속하는 사업연도의 손금에 산입한다(시행령 71조 5항).
  ① 해당 개발로부터 상업적인 생산 또는 사용을 위한 해당 재료·장치·제품·공정·시스템 또는 용역을 개선한 결과를 식별할 수 없을 것
  ② 해당 개발비를 전액 손비로 계상하였을 것

3-4-6. 파생상품의 거래손익

계약의 목적물을 인도하지 아니하고 목적물의 가액변동에 따른 차액을 금전으로 정산하는 파생상품의 거래로 인한 손익은 그 거래에서 정하는 대금결제일이 속하는 사업연도의 익금과 손금으로 한다(시행령 71조 6항).

다만, 예외적으로 ① 금융회사 등이 보유하는 통화선도, 통화스왑, 환변동보험과 ② 금융회사 외의 법인이 화폐성 외화자산·부채의 환위험을 회피하기 위하여 보유하는 통화선도 등의 시가변동으로 인한 손익은 그 발생일이 속하는 사업연도의 익금과 손금에 산입된다(법 42조 1항 2호, 시행령 73조 4호, 5호, 시행규칙 37조의2).

3-4-7. 리스료 등

(1) 리스료

리스로 인하여 수입하거나 지급하는 리스료(리스직접개설원가를 제외한다)의 익금과 손금의 귀속사업연도는 기업회계기준으로 정하는 바에 따른다(시행규칙 35조 1항). 상세한 것은 「유형자산과 무형자산」 중 해당 부분에서 다루기로 한다.

(2) 법인이 아닌 조합 등으로부터 받는 분배이익금

법인이 아닌 조합 등으로부터 받는 분배이익금의 귀속사업연도는 당해 조합 등의 결산기간이 종료하는 날이 속하는 사업연도로 한다(시행규칙 35조 2항).

(3) 징발재산매도손익

징발된 재산을 국가에 매도하고 그 대금을 징발보상증권으로 받는 경우 그 손익은 상환조건에 따라 각 사업연도에 상환받았거나 상환받을 금액과 그 상환비율에 상당하는 매도재산의 원가를 각각 해당 사업연도의 익금과 손금에 산입한다. 이 경우 징발보상증권을 국가로부터 전부 상환받기 전에 양도한 경우 양도한 징발보상증권에 상당하는 금액에 대하여는 그 양도한 때에 상환받은 것으로 본다(시행규칙 35조 3항).

3-4-8. 법인의 최초사업연도의 개시일 전에 생긴 손익

법인의 최초사업연도의 개시일 전에 생긴 손익이 사실상 그 법인에게 귀속된 경우, 조세포탈의 우려가 없을 때에는, 최초사업연도의 기간이 1년을 초과하지 않는 범위 내에서, 이를 그 법인의 최초사업연도의 손익에 산입할 수 있다(시행령 4조 2항).[464] 대법원은, 법인설립 전에 지출원이 발생한 비용도 법인세법 제19조 제2항에 규정된 손비의 요건을 갖춘 경우 그 법인에 귀속되는 손비로 볼 수 있다고 판시하였다.[465]

3-5. 법령에 귀속시기에 관한 구체적 규정이 없는 경우

익금과 손금의 귀속사업연도에 관하여 법인세법(제43조를 제외한다), 그 시행령 및 시행규칙과 조특법에 규정이 없는 경우, 그 귀속사업연도는 익금과 손금이 확정된 날이 속하는 사업연도이다(시행령 71조 7항, 시행규칙 36조). 이는 법인세법의 조문구조상 당연한 내용을 확인하는 규정이다.

---

464) 이 경우 최초사업연도의 개시일은 당해 법인에 귀속시킨 손익이 최초로 발생한 날로 한다.
465) 대법원 2013. 9. 26. 선고 2011두12917 판결

4-1. 납세의무자의 수정신고와 감액경정청구

납세의무자가 익금과 손금을 그것이 귀속되어야 할 사업연도가 아닌 다른 사업연도에 산입한 경우, ① 과세표준 및 세액이 과소하게 신고된 사업연도에 관하여 **수정신고**를 하고 (국세기본법 45조), ② 과세표준 및 세액이 과다하게 신고된 사업연도에 관하여 그 감액을 구하는 **경정청구**를 할 수 있다(국세기본법 45조의2 1항).

대법원은, 과세관청이 손금의 귀속시기를 납세의무자가 계상한 것보다 한 달씩 뒤로 늦춘 것이 위법하다는 이유로 1992 내지 1995 사업연도의 법인세 부과처분을 취소한 확정 판결은, 1996 사업연도 법인세의 후발적 경정청구사유에 해당하지 않는다고 보았다.[466]

납세의무자가 손익의 귀속시기를 잘못 판단하여 그것이 귀속되어야 할 사업연도의 소득을 **과소신고**하였더라도, 그 의무해태를 탓할 수 없는 정당한 사유가 있는 때에는, 과소신고가산세를 부과할 수 없다.[467] 납세의무자가 과세기간을 잘못 적용하여 국세를 **납부한** 경우의 효력에 관하여는 국세기본법에 별도의 규정이 있다(국세기본법 47조의4 6항).[468]

한편, 법인이 **분식회계** 및 그 효과의 상쇄를 위하여 여러 사업연도에 걸쳐 소득의 과소 또는 과다 신고를 한 경우, ① 분식회계가 실제로 발생한 익금 또는 손금의 귀속시기를 조작한 것인 경우에는, 손익의 귀속시기와 관련되지만, ② 가공매출액 또는 가공손금 등을 계상한 것인 경우에는, 손익의 귀속시기와 관련이 없다.[469][470]

---

466) 대법원 2008. 7. 24. 선고 2006두10023 판결. 위 판례의 해설은 위와 같은 사안에서 후발적경정청구사유로 인정할 경우 구 국세기본법 제26조의2 제2항(현행 국세기본법 제26조의2 제6항)에 따른 특례제척기간, 구 국세기본법 제22조의2(현행 국세기본법 제22조의3)과의 관계에서 문제가 생긴다는 점을 이유로 든다[손병준, "손익귀속시기의 위법을 이유로 부과처분을 취소한 확정판결이 국세기본법 제45조의2 제2항 소정의 후발적 경정청구사유에 해당하는지 여부", 대법원판례해설 제78호(2009), 154쪽 이하].

467) 대법원 1992. 10. 23. 선고 92누2936, 2943(병합) 판결

468) 국세기본법 제47조의4 제6항 : 국세(소득세, 법인세 및 부가가치세만 해당한다)를 과세기간을 잘못 적용하여 신고납부한 경우에는, 납부지연가산세에 관한 국세기본법 제47조의4 제1항을 적용할 때, 실제 신고납부한 날에 실제 신고납부한 금액의 범위에서 당초 신고납부하였어야 할 과세기간에 대한 국세를 자진납부한 것으로 본다. 다만, 부정행위로 해당 국세의 무신고 또는 과소신고 등을 한 경우에는 그렇지 않다.

469) 대법원은, 법인이 특정 사업연도에 가공매출액을 계상하는 분식회계에 따라 소득을 과다신고한 것을 상쇄하기 위하여 그 이후의 사업연도에 관하여 소득을 과소신고하였다가 후자의 사업연도에 관한 과세처분을 받은 경우, 전자의 사업연도에 관한 후발적 경정청구가 아니라고 판단하였다(대법원 2013. 7. 11. 선고 2011두16971 판결).

470) 분식회계(사실과 다른 회계처리)로 인한 경정의 특례에 관하여는 제5장 제3절 1-6. (1) (나) 참조

4-2. 과세관청의 경정처분과 제척기간

납세의무자가 손익의 귀속시기를 잘못 인식하여 어느 사업연도의 소득을 과대 또는 과소하게 신고한 경우, 과세관청은 그 사업연도의 세액을 **증액·감액경정**할 수 있다.

법인세의 **부과제척기간**은 통상적인 경우 과세표준 신고기한의 다음 날부터 5년이다(국세기본법 26조의2 1항 본문).[471] 심판청구 등에 따른 결정이나 판결이 확정되고, 이에 따라 판결 등의 대상이 된 과세표준 또는 세액과 연동된 다른 과세기간의 과세표준 또는 세액의 조정이 필요한 경우,[472] 부과제척기간은 그 판결 등이 확정된 날부터 1년이다(국세기본법 26조의2 6항 1호의2).

> **판결 등에 따른 특례제척기간에 관한 입법의 경위**
>
> ① 2019. 12. 31. 개정 전의 국세기본법 제26조의2 제2항 제1호는, 이의신청, 심사청구, 심판청구에 따른 결정 또는 판결이 있는 경우, 그 결정 또는 판결이 확정된 날부터 1년이 지나기 전까지, 해당 결정 또는 판결에 따라 경정결정이나 그 밖에 필요한 처분을 할 수 있다고 규정하였고(특례제척기간), 위 규정은 2019. 12. 31. 개정으로 같은 조 제6항 제1호로 옮겨졌다.
> ② 이와 관련하여, ㉮ 대법원 2004. 1. 27. 선고 2002두11011 판결은, 익금의 산입시기가 잘못되었다는 이유로 과세처분을 취소하는 **국세심판결정**이 있는 경우, 과세관청이 그 익금을 이미 부과제척기간이 경과한 사업연도의 익금에 산입하여 재처분을 하는 것은, 국세기본법 제26조의2 제2항 제1호에 해당하지 않는다고 판시하였다. 그리고 ㉯ 대법원 2012. 10. 11. 선고 2012두6636 판결은, 소득의 귀속시기가 잘못되었다는 이유로 과세처분을 취소하는 **판결**이 확정된 경우, 그 판결은, 그 소득이 귀속되어야 하는 과세기간에 대한 과세처분에 관하여 국세기본법 제26조의2 제1항 제1호의 특례제척기간 요건이 되는 '판결'에 해당하지 않는다고 판시하였다.
> ③ 위 2002두11011 판결에 대하여는, 원칙적으로 판결 등에서 다투어진 과세기간과 다른 과세기간에 대한 재처분의 경우에도 특례제척기간을 적용하고, 예외적으로 선행처분 당시 이미 그 다른 과세기간의 통상제척기간이 경과한 경우에는 특례제척기간을 적용하지 않아야 한다는 비판이 있었다.[473]
> ④ 2022. 12. 31. 개정된 국세기본법 제26조의2 제1항 제1호의2는, '결정이나 판결이 확정됨에 따라 그 결정 또는 판결의 대상이 된 과세표준 또는 세액과 연동된 다른 세목(같은 과세기간으로 한정한다)이나 연동된 다른 과세기간(같은 세목으로 한정한다)의 과세표준 또는 세액의 조정이 필요한 경우'를 특례제척기간의 적용대상으로 규정한다. 이에 따르면, 소득의 귀속시기가 잘못되었다

---

471) 다만, 부정행위로 법인세를 포탈한 경우에는 10년, 무신고의 경우에는 7년이다(국세기본법 26조의2 1항).
472) 가령 과세관청이 법인의 소득이 2×15년에 귀속하는 것으로 보아 과세처분을 하였는데, 소송절차에서 그 소득이 2×16년에 귀속됨을 이유로 2×16년 귀속 법인세 부과처분을 취소하는 판결이 확정된 경우, 그와 연동된 2×15년 귀속 법인세 부과처분의 제척기간은 그 판결의 확정일부터 1년이 된다.
473) 윤지현, "이른바 특례제척기간을 통한 과세관청의 재처분의 어느 범위 내에서 허용되는가", 조세법연구 [15-3](2009. 12.), 42~46쪽 ; 이중교, "국세기본법상 특례제척기간에 관한 과세상 논점", 공법연구 제40집 제1호(2011), 한국공법학회, 483쪽

는 이유로 법인세 과세처분을 취소하는 판결이 확정된 경우, 당초 처분과 다른 과세기간의 법인세에 관하여도 특례제척기간이 적용될 것이다. 다만, 판결로 취소된 선행 과세처분이 행해질 당시 이미 나중에 과세하고자 하는 과세기간에 대한 통상의 제척기간이 경과하였다면, 그러한 경우까지 특례제척기간이 적용된다고 보기는 어려울 것이다.[474]

4-3. 전기오류수정손익

(1) 회계기준

K-IFRS는, 중요한(material) 전기오류가 발견된 경우에는 과거기간의 재무제표를 재작성하는 등으로 소급하여 수정하도록 규정한다.[475] 일반기업회계기준은, 당기에 발견한 전기 또는 그 이전기간의 오류는 당기 손익계산서에 전기오류수정손익으로 보고하되, 전기 이전기간에 발생한 중대한 오류의 수정은 자산, 부채 및 자본의 기초금액에 반영한다고 규정한다.[476]

(2) 세법

세법상으로는, 어떤 사업연도에 귀속되어야 할 익금 또는 손금이 누락된 사실이 그 이후의 사업연도에 발견된 경우, 그 중요성 여부를 불문하고 그것이 귀속되어야 할 사업연도의 것으로 귀속시켜 소득금액을 수정하여야 한다.[477] 그와 같이 누락된 익금 또는 손금을 그것이 발견된 사업연도의 소득금액에 전기오류수정손익으로 포함시킬 경우 자의(恣意)에 의한 회계조작과 탈세가 가능하게 되기 때문이다.

---

474) 판결에 의하여 취소된 선행 과세처분 당시 이미 나중에 과세하고자 하는 과세기간에 대한 통상의 제척기간이 경과한 경우에도 후자의 과세에 대하여 특례제척기간을 인정할 경우 이미 부과제척기간이 경과한 소득에 대하여 잘못된 과세기간의 소득에 포함되어 과세되었다는 우연한 사정만으로 다시 과세할 수 있게 되어 불합리하기 때문이다(구 국세기본법 26조의2 1항 1호에 관한 윤지현, 앞의 글, 46쪽의 해석론도 같다).

475) K-IFRS 1008호 문단 42. 한편, 중요하지 않은 오류를 어떻게 회계처리할 것인지에 대하여는 규정이 없다. 재무제표 이용자의 경제적 의사결정에 영향을 미치지 않을 정도의 사소한 전기오류는 전기 재무제표를 재작성할 필요 없이 당기손익으로 인식할 수 있다는 견해로, 신현걸·최창규·김현식, IFRS 중급회계(2018), 1079쪽

476) 일반기업회계기준 5장 문단 5.19

477) 대법원 2006. 9. 8. 선고 2005두50 판결

제2장

개별적 익금과 손금

1 ▷ 금전채권·채무의 최초인식과 후속측정

1-1. 회계기준

1-1-1. K-IFRS

(1) 금융자산, 금융부채의 최초인식

금융자산과 금융부채는, 거래가격으로 측정되는 매출채권[1]을 제외하고는, **공정가치**로 측정한다.[2] 금융상품의 최초 인식시점에 공정가치는 일반적으로 거래가격이다.[3] 그러나 제공하거나 수취한 대가 중 일부가 금융상품이 아닌 다른 것의 대가라면, 금융상품의 공정가치를 측정한다.[4] 해당 금융자산의 취득이나 금융부채의 발행과 직접 관련되는 거래원가는 공정가치-당기손익 측정 금융자산 또는 금융부채가 아닌 한 공정가치에 가감한다.[5]

---

1) K-IFRS 1109호 문단 5.1.3
2) K-IFRS 1109호 문단 5.1.1
3) K-IFRS 1109호 문단 B5.1.1. 최초 인식시점에 금융상품 공정가치의 최선의 증거는 일반적으로 거래가격 (제공하거나 수취한 대가의 공정가치, 기업회계기준서 제1113호 참조)이다(K-IFRS 1109호 문단 B5.1.2A).
4) K-IFRS 1109호 문단 B5.1.1. 예를 들면, 이자를 지급하지 아니하는 장기대여금이나 장기수취채권의 공정 가치는 비슷한 신용등급을 가진 비슷한 금융상품의 시장이자율로 할인한 미래 모든 현금수취액의 현재가치 로 측정할 수 있다. 추가로 지급한 금액이 어떤 형태로든 자산의 인식기준을 충족하지 못하면, 해당 금액은 비용으로 인식하거나 수익에서 차감한다.
5) K-IFRS 1109호 문단 5.1.1 ; 공정가치-당기손익 측정 금융자산의 거래원가는 당기비용으로 인식한다.

채무상품의 공정가치는 미래 현금흐름의 현재가치로 측정될 수 있다.[6)]

매출채권이 유의적인 금융요소를 포함하는 경우[7)]에는 화폐의 시간가치가 미치는 영향을 반영하여 약속된 대가(금액)를 조정한다.[8)] 매출채권이 유의적인 금융요소를 포함하지 않거나 실무적 간편법[9)]을 적용하는 경우에는 거래가격으로 측정한다.[10)]

(2) 금융자산의 후속측정

(가) 상각후원가 측정 금융자산

① 금융자산의 계약조건에 따라 특정일에 원금과 원금잔액에 대한 이자의 지급만으로 (solely payment of principal and interest on the principal amount outstanding, SPPI) 구성되어 있는 현금흐름이 발생하고, ② 계약상 현금흐름을 수취하기 위해 보유하는 것이 목적인 사업모형하에서 금융자산이 보유되는 경우, 그 금융자산은 상각후원가(amortised cost, AC)로 측정한다.[11)]

상각후원가 측정 금융자산의 총 장부금액에 유효이자율(effective interest rate)[12)]을 적용하여 계산한 금액을 이자수익으로 인식한다.[13)] 상각후원가 측정 금융자산에 대하여는 공정가치 변동을 인식하지 않는다.

(나) 공정가치-기타포괄손익 측정 금융자산

① 금융자산의 계약조건에 따라 특정일에 원리금 지급만으로 구성되어 있는 현금흐름이 발생하고, ② 계약상 현금흐름의 수취와 금융자산의 매도 둘 다(both)를 통해 목적을 이루는 사업모형하에서 금융자산이 보유되는 경우, 그 금융자산은 공정가치-기타포괄손

---

6) K-IFRS 재무보고를 위한 개념체계는 재무제표 작성을 위한 측정기준의 하나로 현재가치를 규정하는데[재무보고를 위한 개념체계 문단 4.55(2)], 이에 의하면 부채는 예상되는 미래 순현금유출액의 현재할인가치로 평가된다.

7) 거래가격을 산정할 때, 계약 당사자들 간에 (명시적으로나 암묵적으로) 합의한 지급시기 때문에 고객에게 재화나 용역을 이전하면서 유의적인 금융 효익이 고객이나 기업에 제공되는 경우에는 화폐의 시간가치가 미치는 영향을 반영하여 약속된 대가(금액)를 조정한다. 그 상황에서 계약은 유의적인 금융요소를 포함한다 (K-IFRS 1115호 문단 60).

8) 유의적인 금융요소를 반영하여 약속한 대가(금액)를 조정하는 목적은, 약속한 재화나 용역을 고객에게 이전할 때(또는 이전하는 대로) 그 고객이 그 재화나 용역 대금을 현금으로 결제했다면 지급하였을 가격을 반영하는 금액(현금판매가격)으로 수익을 인식하기 위해서이다(K-IFRS 1115호 문단 61).

9) K-IFRS 1115호 문단 63

10) K-IFRS 1109호 문단 5.1.3

11) K-IFRS 1109호 문단 4.1.2

12) '금융자산이나 금융부채의 기대존속기간에 추정 미래현금지급액이나 수취액의 현재가치를 금융자산의 총 장부금액이나 금융부채의 상각후원가와 정확히 일치시키는 이자율'을 말한다(K-IFRS 1109호 부록 A. 용어의 정의).

13) K-IFRS 1109호 문단 5.4.1

익[14](fair value through other comprehensive income, FVOCI)으로 측정한다.[15]

공정가치－기타포괄손익 측정 금융자산의 총 장부금액[16]에 유효이자율을 적용하여 계산한 이자를 당기손익으로 인식하고, 이에 따라 조정된 장부금액과 공정가치의 차이를 기타포괄손익으로 인식한다.[17]

(다) 공정가치-당기손익 측정 금융자산

상각후원가(AC) 또는 공정가치－기타포괄손익(FVOCI)으로 측정하는 금융자산이 아닌 금융자산은, 공정가치－당기손익[18](fair value through profit or loss, FVPL)으로 측정한다.[19][20]

공정가치－당기손익 측정 금융자산의 손익은, 위험회피회계가 적용되는 경우 등 일정한 예외를 제외하고는, 원칙적으로 당기손익으로 인식한다.[21]

(3) 금융부채의 후속측정

(가) 상각후원가 측정 금융부채

금융부채는, 공정가치－당기손익 측정 금융부채 등 일정한 예외를 제외하고는, 원칙적으로 상각후원가 측정 부채로 분류한다.[22] 상각후원가 측정 금융부채는 금융부채의 총 장부금액에 유효이자율을 적용하여 계산한 이자비용으로 인식한다.

(나) 상각후원가로 측정하지 않는 금융부채

금융부채는, 공정가치－당기손익 측정 금융부채 등 일정한 예외를 제외하고는, 상각후원가로 후속적으로 측정한다.[23] 공정가치－당기손익 측정 금융부채의 손익은, 위험회피회

---

14) K－IFRS 1109호는 "기타포괄손익－공정가치"로 표시하나, 편의상 "공정가치－기타포괄손익"이라고 표시하기로 한다.

15) K－IFRS 1109호 문단 4.1.3

16) 기대신용손실이 손실충당금으로 인식된 경우에도 총 장부금액을 기준으로 계산한다.

17) K－IFRS 1109호 문단 5.7.10, 5.7.11

18) K－IFRS 1109호는 "당기손익－공정가치"로 표시하나, 편의상 "공정가치－당기손익"이라고 표시하기로 한다.

19) K－IFRS 1109호 문단 4.1.4. 다만, 지분상품으로서 단기매매항목(held for trading)이 아니고 사업결합의 취득자가 인식하는 조건부대가(contingent consideration)도 아닌 것의 후속 공정가치 변동은 기타포괄손익으로 표시하는 것을 선택할 수 있다(문단 5.7.5).

20) 상각후원가(AC) 측정 또는 공정가치－기타포괄손익(FVOCI) 측정 금융자산으로 분류될 항목이더라도, 그것을 공정가치－당기손익(FVPL) 측정 항목으로 지정한다면 서로 다른 기준에 따른 자산이나 부채의 측정 또는 손익의 인식에 따른 측정이나 인식의 불일치(회계불일치)를 제거하거나 유의적으로 줄이는 경우에는, 최초 인식시점에 공정가치－당기손익(FVPL) 항목으로 지정할 수 있다. K－IFRS 1109호 문단 4.1.5

21) K－IFRS 1109호 문단 5.7.1

22) K－IFRS 1109호 문단 4.2.1

23) K－IFRS 1109호 문단 4.2.1

계가 적용되는 경우 등 일정한 예외를 제외하고는, 원칙적으로 당기손익으로 인식한다.[24]

(다) 공정가치-당기손익 측정 항목으로 지정된 금융부채

금융부채를 공정가치-당기손익 측정 항목으로 지정하는 것이 회계불일치를 제거하거나 유의적으로 줄이는 경우 등에는 공정가치-당기손익 항목으로 지정할 수 있다.[25]

(4) 복합금융상품과 복합계약

(가) 복합금융상품 : 발행자(issuer)

복합금융상품(compound financial instruments)은, 부채요소와 자본요소를 모두 포함하는 금융상품을 말한다. 자기지분상품으로 결제되는 파생상품이 지분상품에 해당하기 위해서는, '확정(fixed) 수량의 자기지분상품에 대하여 확정(fixed) 금액의 현금 등 금융자산을 교환'하는 것에 의해서만 결제되는 것이어야 한다.[26] 따라서 전환 시 발행될 주식의 수가 미리 정해진 전환사채(상법 514조 1항)는 복합금융상품에 해당할 수 있다. 다만, 전환사채에 전환가액조정(refixing) 조항[27]이 있는 경우는 발행될 주식의 수량이 확정된 것으로 보기 어려우므로, 자본요소를 포함한 복합금융상품이 아닌 금융부채로 분류하여야 할 것이다.[28]

복합금융상품의 최초 장부금액을 부채요소와 자본요소에 배분하는 경우, 복합금융상품 전체의 공정가치에서 부채요소의 금액을 차감한 나머지 금액을 자본요소에 배분한다.[29] 복합금융상품에 해당하는 전환사채의 경우, 최초 인식시점에 부채요소의 공정가치는 계약상 정해진 미래현금흐름의 현재가치이고, 지분상품은 전환권이다.[30] 그리고 주가가 상승하지 않아서 전환권행사에 의한 투자수익을 얻지 못한 투자자에게 일정한 수익률을 보장해주기 위하여, 만기까지 전환권이 행사되지 않을 경우 액면금액에 상환할증금을 더하여 지급하는 조건으로 사채가 발행되는 경우도 있다.

이상의 내용을 사례로 표시하면 다음과 같다. 법인이 20×1. 1. 1. 액면금액 1,000,000원

---

24) K-IFRS 1109호 문단 5.7.1
25) K-IFRS 1109호 문단 4.2.2. 공정가치-당기손익 측정 항목으로 지정한 금융부채의 손익의 표시에 관하여는 문단 5.7.7~5.7.9.
26) K-IFRS 1032호 문단 16, 22
27) 「유가증권의 발행 및 공시에 관한 규정」은 전환가액의 하향조정과 상향조정에 관한 규정을 두고 있다(제5-23조, 제5-23조의2). 리픽싱(refixing) 조항이 있는 신주인수권의 발행회사가 전환가액 조정을 거부하는 경우 신주인수권 행사가액 조정절차의 이행을 구하는 소를 제기할 수 있다(대법원 2014. 9. 4. 선고 2013다40858 판결).
28) 신현걸·최창규·김현식, IFRS 중급회계(2018), 500쪽 ; 신현걸·최창규·김현식, IFRS 고급회계 제8판(2018), 652쪽
29) K-IFRS 1032호 문단 29~32 및 적용사례 IE34
30) K-IFRS 1032호 부록 적용지침 AG31

인 전환사채를 액면금액대로 발행하면서, '만기는 20×3. 12. 31., 이자는 명목이자율 연 2%로 하여 매년 12. 31. 지급하는 조건'으로 하였는데, 그 발행시점에 전환권이 없는 사채의 시장이 자율이 연 3%인 경우, 전환사채의 전체 공정가치(발행가액) 1,000,000원 중 일반사채(부채요소)의 공정가치는 971,712원,[31][32] 전환권대가(자본요소)의 공정가치는 28,288원[33]이다.

전환사채의 부채요소는 공정가치 – 당기손익 측정 금융부채로 분류될 수 없으므로, 유효이자율을 적용하여 상각후원가로 측정한다.[34] 전환사채가 만기 전에 조기상환이나 재매입으로 소멸하는 경우, 조기상환하거나 재매입하기 위하여 지급한 대가와 거래원가를 거래발생시점의 부채요소와 자본요소에 배분한다.[35] 대가를 배분한 결과 부채요소와 관련된 손익은 당기손익으로 인식하고, 자본요소와 관련된 대가는 자본으로 인식한다.[36] 만기 시점에 전환사채가 전환되는 경우 발행자는 부채를 제거하고 자본으로 인식한다.[37]

(나) 복합계약 : 보유자(holder)

복합계약(hybrid contracts)은 주계약에 파생상품이 결합된 금융상품을 말하고,[38] 복합계약에 포함되어 있는 파생상품을 내재파생상품(embedded derivatives)이라 한다.[39]

복합계약의 주계약(host)이 K – IFRS 제1109호의 적용범위에 포함되는 금융자산인 경우에는, 복합계약 전체를 하나의 금융자산으로 회계처리한다.[40] 전환사채나 신주인수권부사채의 주계약인 사채는 K – IFRS 제1109호의 적용범위에 포함되므로, 전환사채나 신주인

---

31) 20,000×2.82861(기간 3, 3%인 경우 연금의 현가이자요소)+1,000,000×0.91514(기간 3, 3%인 경우 현가이자요소) = 971,712

32) 통상 대변에 전환사채의 발행가액 1,000,000원을 표시하면서 차변에 위 금액과 전환사채의 공정가치의 차액 28,288원을 전환사채의 차감평가계정인 '전환권조정'으로 표시하는 방법이 사용된다. 신현걸·최창규·김현식, IFRS 중급회계(2018), 502쪽

33) 1,000,000 – 971,712 = 28,288

34) 신현걸·최창규·김현식, IFRS 중급회계(2018), 505쪽

35) K – IFRS 1032호 부록 적용지침 AG33

36) K – IFRS 1032호 부록 적용지침 AG34

37) K – IFRS 1032호 부록 적용지침 AG32

38) 복합금융상품(compound financial instruments)과 복합계약(hybrid contracts)의 범위가 반드시 일치하는 것은 아니다. 전환사채의 주식전환옵션이 확정수량과 확정금액의 조건을 충족하지 못하는 경우, 발행자는 이를 지분상품으로 분류할 수 없고 금융부채로만 회계처리해야 하므로, 복합금융상품에 해당하지 않는다. 그러나 그 경우에도 보유자의 입장에서는 채무상품에 주식전환옵션이라는 파생상품이 결합되어 있으므로, 복합계약에 해당한다. 신현걸·최창규·김현식, IFRS 중급회계(2018), 500쪽 각주 20)

39) K – IFRS 1109호 문단 4.3.1

40) K – IFRS 1109호 문단 4.3.2 ; 2017년까지 적용된 종전의 K – IFRS 제1039호는, 복합계약의 보유자는 내재파생상품이 분리요건을 충족하면 주계약과 분리하여 회계처리하도록 정하였다(문단 11). 그러나 2018년부터 적용되는 K – IFRS 제1109호는, 복합계약의 주계약이 K – IFRS 제1109호의 적용대상인 자산인 경우, 내재파생상품이 분리요건을 충족하는지 여부와 관계없이 내재파생상품을 분리하지 않고 하나의 금융자산으로 처리하도록 정한다.

수권부사채는 하나의 금융자산으로 회계처리하여야 할 것이다.

한편, 복합계약의 주계약이 K-IFRS 제1109호의 금융자산이 아닌 경우에는, 분리요건[41]을 충족하는 경우에 한하여 내재파생상품을 분리하여 파생상품으로 회계처리한다.[42]

1-1-2. 일반기업회계기준

(1) 금융상품, 금융자산, 금융부채

금융상품은 거래당사자에게 금융자산[43]과 금융부채[44]를 동시에 발생시키는 계약을 말한다.[45] 금융자산이나 금융부채는 최초인식 시 공정가치로 측정한다.[46] 최초인식 시 금융상품의 공정가치는 일반적으로 거래가격(자산의 경우에는 제공한 대가의 공정가치, 부채의 경우에는 수취한 대가의 공정가치)이다. 장기연불조건의 매매거래, 장기금전대차거래 또는 이와 유사한 거래에서 발생하는 채권·채무로서 명목금액과 공정가치의 차이가 유의적인 경우에는 이를 공정가치로 평가한다.[47] 금융자산이나 금융부채는, 당기손익인식지정항목 등 일정한 예외를 제외하고는, 상각후원가로 후속측정한다.[48]

(2) 복합금융상품

자본요소와 부채요소를 모두 가지는 복합금융상품의 발행자는 부채요소와 자본요소를 별도로 분리하여 인식한다.[49] 복합금융상품의 최초 장부금액을 부채요소와 자본요소로 배분하는 경우 복합금융상품 전체의 공정가치에서 부채요소의 금액을 차감한 잔액으로 자본요소에 배분한다.[50] 사채상환할증금은 전환사채의 액면금액에 부가하고, 전환권대가는 기타자본잉여금으로 분류한 후 전환권이 행사되어 추가로 주식을 발행하는 시점에서 주식

---

41) 다음의 요건을 모두 충족하는 경우를 말한다.
　　① 내재파생상품의 경제적 특성·위험이 주계약의 그것과 밀접하게 관련되어 있지 않다.
　　② 내재파생상품과 조건이 같은 별도의 금융상품이 파생상품의 정의를 충족한다.
　　③ 복합계약의 공정가치변동을 당기손익으로 인식하지 않는다(공정가치-당기손익 측정 금융부채에 내재된 파생상품은 분리하지 않는다).
42) K-IFRS 1109호 문단 4.3.3
43) 현금, 소유지분에 대한 증서 및 현금(또는 다른 금융자산)을 수취하거나 유리한 조건으로 금융자산을 교환할 수 있는 계약상의 권리를 말한다(일반기준 6장 부록 용어의 정의).
44) 현금(또는 다른 금융자산)을 지급하거나 불리한 조건으로 금융자산을 교환해야 하는 계약상의 의무를 말한다(일반기준 6장 부록 용어의 정의).
45) 일반기업회계기준 6장 부록 용어의 정의
46) 일반기업회계기준 6장 문단 6.12
47) 일반기업회계기준 6장 문단 6.13
48) 일반기업회계기준 6장 문단 6.14
49) 일반기업회계기준 15장 문단 15.18, 실15.4
50) 일반기업회계기준 15장 문단 15.20

발행초과금으로 대체한다.[51] 전환사채가 조기상환되거나 재매입되는 경우 지급한 대가와 거래원가를 거래의 발생시점의 부채요소와 자본요소에 배분한다.[52]

(3) 복합상품과 내재파생상품

복합상품은 주계약과 파생상품을 포함하는 금융상품을 말하고, 그러한 파생상품을 내재파생상품이라고 한다.[53] 내재파생상품은, 분리요건을 충족하는 경우[54] 주계약과 분리하여 회계처리한다.[55] 내재파생상품을 분리한 이후, 주계약이 금융상품인 경우에는 주계약을 일반기업회계기준 제6장에 따라 회계처리하고, 주계약이 금융상품이 아닌 경우에는 다른 적절한 일반기업회계기준에 따라 회계처리한다.[56]

1-2. 세법

1-2-1. 금전채권·채무의 취득가액

(1) 일반원칙

(가) 계약에 의하여 발생한 금전채권·채무

법인세법상 미래에 지급될 채권·채무의 현재가치평가가 예외적으로 인정되는 점을 고려하면, 법인이 체결한 계약에 의하여 발생한 금전채권·채무의 취득가액은 원칙적으로 그 명목금액(名目金額)이다. 따라서 계약상 금전채권·채무의 지급시기가 미래시점이어서 그 발생시점의 현재가치가 그 명목금액에 미치지 못한다고 하더라도, 그 현재가치평가에 따른 취득가액조정을 인정하는 특별한 규정이 없는 한, 그 취득가액은 원칙적으로 명목금액이다.

(나) 불법행위로 인한 손해배상채권 등

불법행위로 인한 손해배상채권, 부당이득반환채권 등 법률의 규정에 의하여 발생하는

---

51) 일반기업회계기준 15장 실15.6
52) 일반기업회계기준 15장 문단 15.23, 적용사례 중 사례 6
53) 계약상의 명시적 또는 암묵적 조건이 복합계약의 현금흐름이나 공정가치에 파생상품과 유사한 영향을 미치는 경우 그 명시적 또는 암묵적 조건을 말한다(일반기준 6장 부록 용어의 정의).
54) 다음의 요건을 모두 충족하는 경우를 말한다(일반기준 6장 문단 6.41).
　① 내재파생상품의 경제적 특성 및 위험도와 주계약의 그것 사이에 '명확하고 밀접한 관련성'이 없는 경우
　② 주계약과 내재파생상품으로 이루어진 복합계약이 일반기업회계기준에 따른 공정가치 평가(당기손익 반영) 대상이 아닌 경우
　③ 내재파생상품과 동일한 조건의 독립된 파생상품이 일반기업회계기준 제6장 제3절에 따라 파생상품으로 분류되는 경우
55) 일반기업회계기준 6장 문단 6.41 ; 이는 2017년까지 적용된 종전의 K-IFRS 제1039호를 따른 것이다.
56) 일반기업회계기준 6장 문단 6.42

채권의 경우, 그 취득가액은 시가이고(시행령 72조 2항 7호), 이는 원칙적으로 그 명목금액으로 보아야 할 것이다.[57] 불법행위로 인한 손해배상채권 등의 경우 계약상 채권에 비하여 회수가능성에 차이가 있다는 견해가 있을 수 있으나,[58] 채권의 발생원인에 따른 회수가능성의 차이는 일률적으로 논하기 어렵고,[59] 회수가능성의 차이가 존재한다고 하더라도 취득가액의 기준을 달리 정해야 할 정도라고 보기 어렵다.

(다) 타인으로부터 매입·인수한 금전채권·채무

타인으로부터 매입한 금전채권의 취득가액은 ① 원칙적으로 그 매입가액에 부대비용을 가산한 금액이고(시행령 72조 2항 1호), ② 예외적으로 단기금융자산 등의 경우에는 매입가액이다(시행령 72조 1항 5호의2).

타인으로부터 인수한 금전채무의 가액은 그 인수대가에 관계없이 그 채무의 명목금액으로 보아야 한다.

(2) 장기금전채권·채무

(가) 장기할부대금

① 장기할부대금채권 등

장기할부조건 등[60]으로 자산을 판매하거나 양도함으로써 발생한 채권에 대하여 기업회계기준에 따라 현재가치로 평가하여 현재가치할인차금을 계상한 경우, 그 현재가치할인차금 상당액은, 해당 채권의 회수기간 동안 기업회계기준에 따라 환입하였거나 환입할 금액만큼 각 사업연도의 익금에 산입된다(시행령 68조 6항). 이 경우 장기할부대금채권은 그 명목금액에서 현재가치할인차금을 뺀 금액으로 인식된다.

법인이 장기할부조건으로 자산을 판매·양도하여 발생한 채권에 대하여 그 자산의 인도일이 속하는 사업연도에 회수기일기준에 따른 수익과 비용을 계상한 경우(시행령 68조 2항 본문) 그 채권액 중 아직 회수기일이 도래하지 않은 부분은 취득가액에서 제외된다.

---

57) 송동진, "직원의 업무상 불법행위가 법인에 미치는 세법상 효과", 특별법연구, 특별소송실무연구회(2019), 349쪽 ; 서석환, 소득처분제도에 관한 법적 연구, 서울대학교 대학원 법학과 박사학위논문(2014), 126쪽

58) 횡령의 경우, 손해배상채권이 약정에 의한 채권과 유사하게 최소한의 신용·신뢰가 생기고 가액을 평가할 수 있는 때는 和解·判決이 있는 때이므로, 권리의무확정주의에 따른다면 화해 등이 있는 때에 화해 등에 의하여 확정된 채무액만큼 익금에 산입해야 한다는 견해로, 신호영, "임직원 횡령시 상여처분 가부에 대한 판례의 문제점 고찰", 조세법연구 [18-1](2012), 297~301, 304쪽

59) 불법행위로 인한 손해배상채권도 책임보험에 의하여 뒷받침되는 경우에는 계약상 채권보다 회수가능성이 높을 수 있고, 계약상 채권도 계약상대방의 자력이 부족한 경우에는 회수가 보장되지 않는다.

60) 자산의 양도일 다음 날부터 대금의 지급기일까지의 기간이 1년 이상인 것은 '장기할부조건 등'에 포함되는 것으로 볼 여지가 있다[이창희, 세법강의(2020), 859~861쪽]. 제1장 3-1-3. (2) 참조

② 장기할부대금채무 등

자산을 장기할부조건 등으로 취득하여 발생한 채무를 기업회계기준에 따라 현재가치로 평가하여 현재가치할인차금을 계상한 경우, 그 현재가치할인차금은 그 자산의 취득가액에 포함되지 않고(시행령 72조 4항 1호), 이에 대응하여 그 자산의 매입채무도 명목금액에서 현재가치할인차금을 뺀 금액으로 인식된다. 이 경우 현재가치할인차금의 상각액(유효이자율법에 의한 이자비용 중 표시이자를 초과하는 부분)은 원천징수의 대상이 아니다(시행령 72조 6항, 법 73조).

(나) 그 밖의 장기금전채권·채무

법인세법은, 장기할부대금채권·채무 등과 사채를 제외하고는, 미래에 결제될 채권·채무의 현재가치평가를 인정하지 않는다. 따라서 법인이 장기금전대차거래에서 발생하는 채권·채무를 현재가치로 평가하여 명목가액과 현재가치의 차액을 현재가치할인차금으로 계상하여 당기손익으로 처리한 경우 익금 또는 손금에 산입되지 않고, 추후 현재가치할인차금을 상각 또는 환입하면서 이를 이자비용 또는 이자수익으로 계상한 경우 익금 또는 손금에 산입되지 않는다.[61]

법인세법상 현재가치평가가 인정되는 예외에 해당하지 않는 이상, 금전채무의 취득가액은 현재가치할인차금이 반영되지 않은 장부가액(명목금액)이므로, 채무의 상환손익을 판단하는 기준도 그 장부가액이고 그 장부가액에서 현재가치할인차금을 뺀 금액이 아니다.

대법원 2009. 12. 10. 선고 2007두19683 판결

원고는 1994. 5. 2. 정리계획인가결정을 받은 후, 1998 결산기에 당시 개정된 기업회계기준의 유효이자율법에 따라 정리채무를 연 14%의 할인율을 적용하여 현재가치로 평가하고 그 평가액과 장부가액의 차액을 각각 현재가치할인차금과 채무면제이익으로 계상하였다. 이후 원고는 2001. 1. 9. 채권자에게 정리채무의 장부가액에 연 11.75%의 할인율을 적용한 금액을 변제기 전에 중도상환하고 나머지 채무는 면제받았다. 대법원은, 채무를 중도 상환하는 경우 그 채무를 현재가치로 평가하기 전의 가액, 즉 현재가치할인차금을 차감하기 전의 장부가액을 기준으로 상환에 따른 소득금액을 계상하여야 하므로, 채무의 중도상환 시 그 채무의 장부가액과 상환액과의 차액에 해당하는 현재가치할인차금 미상각잔액은 익금에 산입되어야 한다고 판시하였다.

(3) 사채

법인이 사채를 발행한 경우, 그 발행자는 사채를 그 발행가액으로 인식하고(시행령 71조

---

61) 기본통칙 42-0…1

3항), 그 취득자는 사채를 그 납입금액으로 인식한다(시행령 72조 2항 1호 또는 7호). 이에 관하여는 뒤에서 별도로 서술한다.

1-2-2. 금전채권·채무의 평가(후속측정)

(1) 일반원칙

법인세법상 금전채권·채무의 평가는 원칙적으로 인정되지 않는다(법 42조 1항 본문). 따라서 법인세법상 인정되는 예외에 해당하지 않는 한, 금전채권·채무의 증액 또는 감액은 모두 부인된다.

(2) 예외

(가) 장기할부조건 등으로 자산을 판매·양도하거나 취득하여 발생한 채권 또는 채무

법인이 ① 자산을 장기할부조건 등으로 판매하거나 양도하여 발생한 채권 또는 ② 자산을 장기할부조건 등으로 취득하여 발생한 채무에 대하여, 기업회계기준에 따라 계상한 현재가치할인차금을 상각하는 경우, 그 채권·채무의 장부가액은 증액된다(시행령 68조 6항, 72조 4항 1호).

(나) 사채

사채를 발행한 법인이 기업회계기준에 정해진 방법에 따라 사채할인발행차금을 상각한 경우 그 금액은 손금에 산입되고(시행령 71조 3항), 그에 대응하여 사채의 가액은 증액된다. 이에 관하여는 뒤에서 별도로 서술한다.

(다) 유가증권

유가증권(국·공채 및 회사가 발행한 사채)은, 개별법, 총평균법, 이동평균법 중 법인이 관할 세무서장에게 신고한 방법에 의하여 평가한다(시행령 75조 1항). 엄밀하게 보면, 이는 유가증권의 후속측정이라기보다는 원가의 배분에 해당한다.

투자회사 등이 보유한 집합투자재산에 속하는 채권은 시가법에 따라 평가한다(시행령 75조 3항 본문). 다만, 환매금지형 집합투자기구가 보유한 자본시장법 시행령 제243조 제2항에 따른 시장성 없는 자산은 개별법, 총평균법, 이동평균법 또는 시가법 중 관할 세무서장에게 신고한 방법에 의한다(시행령 75조 3항 단서).

(라) 화폐성 외화자산·부채

① 금융회사 등이 보유하는 화폐성 외화자산·부채는, 사업연도 종료일 현재의 기획재정부령으로 정하는 매매기준율 또는 재정된 매매기준율로 평가된다(시행령 76조 1항 1호).

② 금융회사 등 외의 법인은, 화폐성 외화자산·부채에 관하여 ㉮ 그 취득일 또는 발생일 현재의 매매기준율 등으로 평가하는 방법과 ㉯ 사업연도 종료일 현재의 매매기준율 등으로 평가하는 방법 중 하나를 선택하여 관할 세무서장에게 신고할 수 있고(시행령 76조 2항 본문), 후자의 방법을 신고한 경우 그 법인의 외화자산·부채는 사업연도 종료일 현재의 매매기준율 등에 따라 평가된다.

1-2-3. 이자소득과 이자비용

(1) 이자소득

(가) 이자소득의 귀속시기와 원천징수의 관계

이자소득의 귀속시기는 원천징수와 밀접한 관련을 갖는다. 원천징수는 그 속성상 소득의 지급 시점에 이루어지는데, 이자소득의 세법상 귀속시기를 회계기준의 발생주의에 따라 정할 경우, 원천징수의무자에게 원천징수세액의 계산에 관하여 과도한 부담을 지우게 된다.[62] 그렇다고 하여 과세대상인 이자소득과 원천징수대상인 이자소득을 분리하여 별도로 처리할 경우, 양자의 차액에 대한 이자소득자의 과세표준 신고·납부 및 정산이 필요하게 되므로, 개인의 일정한 이자소득을 원천징수에 의한 분리과세로 종결하려는 소득세 과세체계(소득세법 73조 1항 8호)가 흔들리게 된다. 따라서 이자소득에 관한 회계기준의 발생주의는 원천징수 및 분리과세 제도와 조화되기 어렵다. 또한, 법인에 대하여만 개인과 달리 위 차액의 신고·납부 및 정산을 인정하는 것은 세법을 복잡하게 만든다. 한편, 발생주의에 따른 이자소득과 현금주의에 따른 이자소득의 차이는 귀속시기의 상이로 인한 것이므로, 기간의 경과에 따라 자연히 해소된다.

이러한 점을 고려하여 세법은, ① 이자소득이 원천징수대상인 경우에는 법인이 그 이자소득을 지급받는 시기를 그 귀속시기로 규정한다(현금주의, 시행령 70조 1항 1호 본문[63] 및 단서의 괄호 안).[64] 한편, ② 이자소득이 원천징수대상이 아닌 경우에는, 반드시 이자소득의 귀속시기를 그 지급시기와 연계시킬 필요가 없으므로, 법인이 회계기준의 발생주의에 따

---

62) 발생주의에 따라 원천징수를 할 경우, 원천징수의무자는 이전 사업연도에 발생한 이자 중 해당 사업연도에 지급된 금액을 원천징수대상에서 제외하여야 하고, 해당 사업연도에 발생한 이자 중 그 사업연도에 아직 지급되지 않은 부분도 원천징수대상에 포함시켜야 한다.

63) 소득세법도 이자소득의 수입시기(소득세법 시행령 45조)를 그에 대한 원천징수의 시기(소득세법 190조)와 일치시켜 규정한다.

64) 법인세법 시행령이 사채할인발행차금의 상각액과 관련하여 ① 사채의 발행법인에 대하여는 이자비용을 인식하도록 규정하면서도(시행령 71조 3항, 71조 1항 2호 단서) ② 사채권자인 법인에 대하여는 이자소득을 인식하도록 하지 않은 것(시행령 71조 1항 1호)도 이자소득의 귀속시기를 원천징수가 가능한 이자의 지급시기와 일치시키기 위한 것이다.

라 기간경과분 이자를 수익으로 계상한 경우에는 그 이자수익은 계상된 사업연도의 익금에 산입된다(시행령 70조 1항 1호 단서의 괄호 밖).[65]

(나) 원칙 : 소득세법 시행령 제45조의 수입시기(현금주의)
① 금융보험업을 영위하지 않는 법인

금융보험업을 영위하지 않는 법인이 수입하는 이자 및 할인액의 귀속사업연도는, 소득세법 시행령 제45조에 따른 수입시기가 속하는 사업연도이다(시행령 70조 1항 1호 본문). 소득세법 시행령 제45조는 원칙적으로 이자를 실제로 지급받은 날 또는 그에 준하는 사유가 발생한 날을 이자의 수입시기로 규정한다.

법인이 채권을 제3자에게 매도한 경우, 그 채권의 장부가액과 양도가액의 차액은 이자소득인 보유기간이자등상당액(소득세법 시행령 193조의2 3항)과 나머지 금액(양도차손익)으로 구성되는데,[66] 전자는 이자소득으로서 원천징수의 대상이지만(법 73조의2 1항 전문), 후자는 원천징수의 대상이 아니다.[67]

② 금융보험업을 영위하는 법인

금융보험업[68]을 영위하는 법인('금융보험업 법인')이 수입하는 이자 등(선수입 이자 및 할인액은 제외한다)은, 실제로 수입된 날이 속하는 사업연도의 익금에 산입한다(시행령 70조 1항 1호).[69] 이는, 선수입이자 등의 경우 그 수입일이 아니라 해당 이자 등의 발생일이

---

65) 미국 세법에서는 이자소득은 원칙적으로 원천징수대상이 아니기 때문에 반드시 그 지급시기에 이자소득을 인식하도록 할 필요가 없다. 이에 따라 미국 세법은 채무상품(debt instrument)의 액면금액과 발행금액의 차액인 할인액(original issue discount) 중 그 보유자의 보유기간에 해당하는 변동분이 총소득에 포함되는 것으로 규정한다[IRC § 1272(a)(1)]. 여기의 채무상품은 채권(사채)(bond), 무보증사채(debenture), 어음(note), 채무의 증서 또는 그 밖의 증거를 포함한다[IRC § 1275 (a)(1)(A)].

66) 채권의 매도금액에서 보유기간이자등상당액을 뺀 금액이 음수(−)인 경우에는 채권의 매도금액은 보유기간이자등상당액과 채권의 양도차손으로 구성된다. 대법원 2017. 12. 22. 선고 2014두2256 판결

67) 甲 법인이 20×1. 1. 1. 액면가액 1억 원, 발행가액 10,000원, 이율 3%, 만기 20×2. 1. 1.인 사채를 발행하고, A 법인이 이를 인수한 후 20×1. 5. 1. B 법인에게 대금 10,150원에 양도한 경우, A 법인의 보유기간등이자상당액은 100원(= 10,000원×0.03×4/12)이고(시행령 113조 2항) 채권양도 당시 채권의 장부가액 10,100원과 채권양도대금의 차액 50원은 채권양도차익이다. 이 경우 A 법인은 보유기간등이자상당액 100원에 대한 법인세를 원천징수할 의무가 있다(법 73조의2 1항 전문). 만일 위 사례에서 A 법인이 사채를 20×1. 5. 1. B 법인에게 대금 10,150원에 양도하였다면, 보유기간등이자상당액은 마찬가지로 100원이고, 채권양도 당시 채권의 장부가액 10,100원과 채권양도대금의 차액 50원은 채권양도손실이다.

68) 한국표준산업분류상 '금융보험업'(K 64~66)을 영위하는 법인은, ① 자금을 여·수신하는 활동을 수행하는 각종 은행 및 저축기관, ② 증권 발행 및 신탁 등으로 모집한 자금을 자기계정으로 유가증권 및 기타 금융자산에 투자하는 기관, ③ 금융리스·개발금융·신용카드 및 할부금융 등을 수행하는 여신전문 금융기관, ④ 그 외 공공기금 관리·운용기관과 지주회사 등을 포함한다.

69) 대법원은, 은행 등 금융기관이 수입하는 이자의 귀속사업연도에 관하여 그 이자가 실제로 수입된 사업연도로 한다고 규정하고 있는 것은, 은행과 같은 금융기관의 경우 다수의 고객을 상대로 신용공여 및 자금거래를 계속적으로 반복수행하고, 그 상품이 현금이라는 특성을 가지고 있다는 점과 아울러 금융기관의 보

속하는 사업연도의 익금에 산입시키려는 것이므로, 현금주의를 발생주의에 의하여 보수적으로 수정한 것이다.[70] 금융기관이 금전대여와 관련하여 채무자의 이행지체로 인하여 받는 지연손해금은, 실질적으로 당초의 약정이자와 유사한 성질을 가지고 있으므로, 그 익금의 귀속시기는, 이자의 경우와 같이 현금주의에 의하여 실제로 수입한 때가 속하는 사업연도라는 것이 판례이다.[71]

(다) 일정한 금융회사 등이 기간경과분 이자 등을 수익으로 계상한 경우

① 대통령령으로 정하는 금융회사 등

'대통령령으로 정하는 금융회사 등'(시행령 111조 1항)이 그 이자소득 중에서 원천징수대상이 아닌 것에 대한 기간경과분 이자를 해당 사업연도의 수익으로 계상한 경우, 그 사업연도의 익금으로 된다(시행령 70조 1항 1호 단서). 대통령령으로 정하는 금융회사 등이 지급받는 이자 등 중에서 ㉮ 원천징수대상채권 등(법 73조의2 1항 전단)[72]에 대한 이자 등은 원천징수대상이지만, ㉯ 그 나머지는 원천징수대상이 아니다(법 73조 1항, 시행령 111조 1항). 따라서 위 금융회사 등이 원천징수대상채권 등이 아닌 것에 관하여 이미 경과한 기간에 대응하는 이자 등을 해당 사업연도의 수익(미수이자)으로 계상한 경우에는 그 사업연도의 익금으로 된다.[73]

② 투자회사 등의 경우

자본시장법상 투자회사 등이 결산을 확정할 때 증권 등의 투자와 관련된 수익 중 이미 경과한 기간에 대응하는 이자 등을 해당 사업연도의 수익으로 계상한 경우에는, 그 계상한 사업연도의 익금으로 한다(시행령 70조 4항).

(라) 신탁업자의 신탁재산에 귀속되는 원천징수대상인 이자소득

자본시장법상 신탁업자가 운용하는 신탁재산(자본시장법에 따른 투자신탁재산은 제외한다)에 귀속되는 원천징수대상인 이자소득의 귀속사업연도는, 원천징수일이 속하는 사업

수주의적 회계관행을 존중한다는 취지에서 현금주의에 입각하여 익금으로 산입하도록 한 것이라고 한다(대법원 2002. 11. 8. 선고 2001두7961 판결).

70) 김완석·황남석, 법인세법론(2018), 481쪽은 이를 '수정현금주의'라고 한다.
71) 대법원 2002. 11. 8. 선고 2001두7961 판결
72) 원천징수대상채권 등은, ① 국가나 지방자치단체·내국법인·외국법인의 국내지점 등·외국법인이 발행한 채권 또는 채권 또는 증권(소득세법 16조 1항 1호·2호·5호 및 6호)과 ② 타인에게 양도가 가능한 증권으로서 대통령령으로 정하는 것을 말한다(소득세법 46조 1항).
73) 이와 달리 위의 금융회사 등이 원천징수대상채권 등의 이자 등에 관하여 기간경과분 이자를 수익으로 계상한 경우에는, 그 금액은 아직 소득의 귀속시기가 도래하지 않은 것이므로(시행령 70조 1항 1호 단서 괄호 안) 익금불산입된다. 따라서 은행이 보유한 회사의 사채에 관하여 실제로 지급받지 못한 기간경과분 미수이자를 수익으로 계상한 경우, 이는 나중에 그 이자를 지급받아서 그에 대한 법인세가 원천징수되는 시점에 익금으로 인식되어야 한다.

연도로 한다(시행령 70조 5항).

(2) 이자비용

(가) 이자비용의 귀속시기

법인이 지급하는 이자 등이 손금으로 귀속하는 시기는, 소득세법 시행령 제45조의 수입시기가 속하는 사업연도이다. 다만, 법인이 결산을 확정할 때 이미 경과한 기간에 대응하는 이자 등[74]을 해당 사업연도의 손비로 계상한 경우에는, 그 계상한 사업연도의 손금으로 한다(시행령 70조 1항 2호).[75] 이 경우 이자수익과 달리 원천징수대상인지 여부는 고려되지 않는다.

(나) 지급이자의 손금불산입

법인세법 제28조는 채권자가 불분명한 이자 등 일정한 지급이자를 손금으로 인정하지 않는다. 그중에서 중요한 것은 특수관계인에 대한 업무무관 가지급금에 대응하는 지급이자의 손금불산입이다(법 28조 1항 4호 나목).[76] 그리고 국조법은, 출자금액에 비하여 과다한 차입금의 지급이자 또는 소득에 비하여 과다한 지급이자로서 내국법인이 국외지배주주 등에게 지급한 것을 손금불산입한다(국조법 22조, 24조).[77]

1-2-4. 사채

(1) 일반적 사채

(가) 발행자

① 취득가액

사채의 발행법인이 세법상 인식하는 사채의 취득가액은, 상환할 사채금액의 합계액에서 사채발행가액[78]의 합계액을 공제한 금액('사채할인발행차금')을 뺀 금액이다. 세법은 이에 관하여 직접 규정하지 않지만, 사채할인발행차금 상각액의 손금산입에 관한 규정을 고

---

74) 차입일부터 이자지급일이 1년을 초과하는 특수관계인과의 거래에 따른 이자 및 할인액은 제외한다.

75) 대법원 2014. 4. 10. 선고 2013두25344 판결은, 원고 은행이 주가지수연계예금의 현재가치할인차금의 상각액을 이자비용으로 계상한 사건에서, 이는 '이미 경과한 기간에 대응하는 이자 및 할인액을 해당 사업연도의 손비로 계상한 경우'에 해당하지 않는다고 판단하였다. 위 사건에서 현재가치할인차금은 '주가지수에 연계하여 이자를 지급받을 권리'(파생상품)의 가치를 나타낼 뿐이고, 위 예금의 이자는 이후의 주가지수에 따라 정해지므로, 현재가치할인차금의 상각액을 이자비용으로 계상한 것은 '이미 경과한 기간에 대응하는 이자 및 할인액을 해당 사업연도의 손비로 계상한 경우'에 해당한다고 보기 어렵다. 위 판결에 대하여는 뒤의 파생상품에 관한 부분에서 상세히 다루기로 한다.

76) 이에 관한 상세한 내용은 제7절 4-2. 참조

77) 이에 관한 상세한 내용은 제4장 제2절 참조

78) 사채발행수수료와 사채발행을 위하여 직접 필수적으로 지출된 비용을 차감한 후의 가액

려하면 그렇게 보아야 한다.

② 후속처리 : 이자비용 등

사채할인발행차금은 기업회계기준에 의한 사채할인발행차금의 상각방법에 따라 손금에 산입된다(시행령 71조 3항). 사채의 발행법인이 유효이자율로 계산하여 계상한 이자비용 중 지급이자를 초과한 금액(사채할인발행차금 상각액)은, '이미 경과한 기간에 대응하는 이자 및 할인액'(시행령 70조 1항 2호 단서)에 해당한다.[79] 따라서 유효이자율법에 따라 계산된 이자비용 중 실제로 지급되는 금액(지급이자)뿐만 아니라 실제로 지급되지 않은 금액(사채할인발행차금의 상각액)도 손금으로 인정된다.

법인이 자기가 발행한 사채를 조기상환 목적으로 취득하는 경우, 사채의 발행가액과 취득가액의 차액은 사채상환손익으로서 그 취득일이 속하는 사업연도의 손익에 산입된다.[80]

(나) 취득자

① 최초의 취득가액

상법상 사채계약의 성격에 관하여 여러 가지 견해가 있으나,[81] 세법목적상으로는 채권의 매입(시행령 72조 2항 1호)으로 볼 수 있고, 이 경우 사채의 취득가액은 납입금액(매입가액에 부대비용을 가산한 금액)이 될 것이다. 사채의 취득을 사채의 매입으로 볼 수 없다면, 법인세법 시행령 제72조 제2항 제7호의 '그 밖의 방법에 의한 취득'에 해당하게 될 것이고, 그 경우 취득가액은 그 시가가 되는데, 이는 대부분의 경우 납입금액과 같을 것이다. 결국 사채의 취득가액은 일반적으로 그 납입금액이 될 것이다. 만일 사채의 취득을 계약에 의하여 금전채권을 취득하는 경우와 같이 보아 그 장래에 상환받을 원리금의 명목금액을 취득가액으로 인식할 경우, 사채의 취득시점에 장차 발생할 이자를 미리 익금에 포함시키는 결과가 되는데, 이는 채택하기 어렵다.

② 후속처리

실무상 발행되는 사채의 대부분은 무기명사채이고, 무기명사채로부터 발생하는 이자수익의 귀속시기는 그 지급을 받은 날이다(시행령 70조 1항 1호 본문, 소득세법 시행령 45조 2호).

채권(債券)의 평가는, 개별법, 총평균법, 이동평균법 중 법인이 관할 세무서장에게 신고

---

79) 이창희, 세법강의(2020), 892쪽 ; 다만, 법인세법 시행령 제1항 제2호 단서에 의하면, '차입일부터 이자지급일이 1년을 초과하는 특수관계인과의 거래에 따른 이자 및 할인액'은 위 규정에 다라 손비로 계상할 수 있는 금액에서 제외되는데, 위 경우에도 사채의 발행법인은 법인세법 시행령 제71조 제3항에 따라 사채할인발행차금의 상각액을 손금에 산입할 수 있을 것으로 보인다.

80) 기본통칙 19-19…38 ②

81) 주석 상법, 회사(5), 37쪽

한 방법에 의한다(법 42조 1항 2호, 시행령 73조 2항 2호 나목, 75조 1항). 이는 동종 자산들 간 취득가액의 안분에 불과하고, 채권의 가치에 근거를 둔 엄밀한 의미의 평가는 아니다.

법인세법은, 채권의 취득가액에 관하여 투자회사 등의 예외를 제외하고는 원칙적으로 **원가법**을 채택하므로(법 42조 1항 본문), 채권의 평가손익은 인정되지 않는다. 따라서 법인이 사채를 상각후원가 측정 자산으로 분류하고 유효이자율법에 따라 계산된 이자수익 중 수취이자를 초과하는 금액만큼 그 사채의 장부금액을 증액한 경우, 이는 세법상 익금에 해당하지 않는다[(-)유보/익금불산입].[82] 이와 같이 사채의 보유기간 중에 익금에 산입되지 않는 회계상 장부금액의 증액분은 원금 등이 지급되는 만기에 한꺼번에 익금으로 산입된다. 위와 같은 원가법에 의한 평가손익의 부정은 원천징수를 뒷받침하기 위한 것이므로,[83] 원천징수와 결부되어 있다.[84]

한편, 투자회사 등이 보유한 집합투자재산에 속하는 사채는 시가법에 따라 평가되고(시행령 75조 3항), 그에 따른 사채의 평가손익은 익금 또는 손금에 산입된다.

(2) 전환사채와 신주인수권부사채

(가) 발행자

① 회계처리

법인이 20×1. 1. 1. 액면금액 1,000,000원인 전환사채를 액면금액으로 발행하면서, 「만기는 20×3년 12. 31.로 하고, 이자는 명목이자율 연 1%로 하여 매년 12. 31. 지급하며, 만기에 액면금액에 상환할증금 30,604원(보장수익률 2%)[85]을 더한 금액을 일시상환하는」

---

82) 이와 달리 사채를 발행한 법인(채무자)는 사채할인발행차금을 기업회계기준에 의한 상각방법에 따라 손금에 산입할 수 있으므로(시행령 71조 3항), 동일한 사채에 관하여 그 발행 법인(채무자)의 장부가액과 그 보유 법인(채권자)의 장부가액이 다르게 된다. 이는, 사채를 보유하는 법인의 이자수익의 귀속시기를 그 지급받는 시기에 맞춤으로써, 이자를 지급하는 법인이 그 지급시기를 기준으로 세액을 계산하여 원천징수를 할 수 있도록 하기 위한 것으로 볼 수 있다. 그리고 사채의 이자를 지급하는 법인은, 자신의 이자비용(지급이자+사채할인발행차금 상각액)이 아니라 사채보유법인의 이자수익(실제 지급액)을 기준으로 원천징수를 해야 할 것이다.

83) 만일 유효이자율법에 의한 이자수익 중 수취이자를 초과하는 금액을 세법상 익금으로 인정할 경우 원천징수세액이 산정 및 정산이 복잡하게 되어 원천징수가 곤란하게 되기 때문이다. 그 외에는 납세의무자인 법인이 스스로 미수이자를 소득으로 인식하고자 하는 것을 국가가 굳이 부인할 이유를 찾기 어렵다.

84) 내국법인에게 사채의 이자와 할인액을 지급하는 자는 원천징수의무가 있고(법 73조 1항 1호, 소득세법 16조 1항 2호), 원천징수대상인 사채의 이자와 할인액은 '이미 경과한 기간에 대응하는 수익'으로 계상할 수 있는 경우에 해당하지 않는다(시행령 70조 1항 1호 단서).

85) $1,000,000 = \dfrac{10,000}{1+0.02} + \dfrac{10,000}{(1+0.02)^2} + \dfrac{10,000+1,000,000+30,604}{(1+0.02)^3}$

이를 달리 표현하면,

$1,000,000 = [10,000 \times 2.82861(\text{할인율 } 2\%, \text{ 3년간 연금의 현가이자요소}) + 1,000,000 + 30,604]$
$\qquad\qquad\quad \times 0.94232(\text{할인율 } 2\%, \text{ 3년 후 금액의 현가이자요소})$

조건으로 하였고, 발행시점에 전환권이 없는 사채의 시장이자율이 연 3%인 경우, 전환사채의 발행가액 1,000,000원 중 일반사채의 공정가치는 971,433원,[86] 전환권대가의 공정가치는 28,567원[87]이고, 회계기준에 따르면 다음과 같이 회계처리가 이루어질 것이다.

㉮ 전환사채의 발행시점 : 전환사채의 발행금액 중 액면금액 및 상환할증금의 명목금액과 현재가치의 차액을 전환권조정(부채의 차감계정)으로, 전환권대가를 기타자본잉여금으로 각 계상하고, 상환할증금을 전환사채의 액면금액에 더해지는 부채로 인식한다.[88]

㉯ 20×1. 12. 31. 유효이자율로 계산한 이자비용을 인식하고, 그 금액 중 지급이자를 초과하는 금액만큼 전환사채의 차감계정인 전환권조정이 상각되어 부채가 증액된다.[89]

㉰ 20×1. 12. 31. 전환사채 중 40%에 관하여 전환권이 행사되어 보통주 10주(1주당 액면금액 30,000원)가 발행된 경우에는 그 행사된 부분에 해당하는 전환사채 및 상환할증금의 장부가액을 제거하고 자본을 인식한다.[90]

㉱ 만기까지 전환권이 행사되지 않고 전환사채의 액면금과 상환할증금 및 원리금이 상환되는 경우, 유효이자율법에 따른 이자비용을 인식하고, 전환사채의 장부금액을 제거한다.

② 행정해석

행정해석은, 법인이 전환사채 또는 신주인수권부사채('전환사채 등')를 만기에 액면금액에 상환할증금을 부가한 금액을 지급하는 조건으로 발행하면서, 기업회계기준에 따라 전환사채 등의 차감계정으로 전환권조정 또는 신주인수권조정('전환권 등 조정')을 계상하

---

86) 10,000×2.82861(할인율 3%, 3년간 연금의 현가이자요소)+(1,000,000+30,604)×0.91514(할인율 3%, 3년 후 금액의 현가이자요소) = 971,433

87) 1,000,000 - 971,433 = 28,567

88)

(차)	현 금	1,000,000	(대)	전 환 사 채	1,000,000
	전환권조정	59,171		상환할증금	30,604
				전환권대가	28,567

현금 1,000,000원 중 28,567원은 자본요소인 전환권대가에 대한 것이고, 나머지 971,433원은 부채요소인 전환사채 및 상환할증금에 대한 것이다. 그리고 전환권조정 59,171원은 부채(전환사채, 상환할증금)의 명목금액 1,030,604원과 현재가치 971,433원의 차액이다.

89)

(차)	이자비용	29,142	(대)	현 금	10,000
				전환권조정	19,142

이자비용 : 971,433×0.03 = 29,142

90)

(차)	전 환 사 채	400,000	(대)	전 환 권 조 정	16,011
	상환할증금	12,241		자 본 금	300,000
				주식발행초과금	93,429

제거되는 상환할증금 : 30,604×0.4 = 12,241
제거되는 전환권조정 : (59,171 - 19,142)×0.4 = 16,011

고, 기타자본잉여금으로 전환권 또는 신주인수권('전환권 등')을 계상한 경우, 다음과 같이 처리한다(기본통칙 40-71…1).

㉮ 전환사채의 발행 시 전환권 등 조정 금액은 손금산입·유보(-)로 처분하고, 전환권 등 대가는 익금산입·기타로 처분하며, 상환할증금은 손금불산입·유보로 처분한다.

㉯ 전환사채의 발행법인이 만기일 전에 전환권 등 조정 금액을 이자비용으로 계상한 경우, 그 이자비용은 손금불산입·유보로 처분한다.

㉰ 전환권 등이 행사된 경우, 손금불산입된 상환할증금 중 전환권 등이 행사된 전환사채 등에 해당하는 금액은 손금으로 추인되고, 주식발행초과금에 의하여 대체된 금액은 익금산입·기타로 처분하며, 전환권 등 조정 금액과 대체되는 금액은 익금산입·유보로 처분한다.

㉱ 만기일까지 전환권 등이 행사되지 않음으로써 지급하는 상환할증금은 그 만기일이 속하는 사업연도의 손금으로 추인한다.

③ 검토

행정해석에 따르면, 전환사채의 발행시점에 세법상 전환권조정의 금액만큼 부채를 추가로 인식함과 동시에 전환권대가를 자본으로 인식하지 않고, 유효이자율로 계산된 이자비용 중 지급이자를 초과하는 금액(전환권조정의 상각액)을 이자비용으로 처리하지 않는다. 이에 의하면, 위 사례의 경우 전환사채의 세법상 취득가액은 그 발행시점에 이미 액면금액과 같은 1,000,000원이므로 그 현재가치와 액면금액의 차액이 상각될 여지가 없게 되고, 유효이자율로 계산한 이자비용 중 실제로 지급되는 이자 10,000원에 한하여 손금에 산입되며, 나머지는 모두 손금불산입된다. 이러한 행정해석은, 전환권대가를 자본으로 보지 않으면서 그에 상당하는 전환권조정을 세법상 부인함과 동시에 전환권조정 중 사채할인발행차금에 해당하는 부분까지도 세법상 부인하는 것이다.

그러나 ㉮ 전환권대가는 주식으로 전환될 수 있는 권리(옵션)의 발행대가이므로, 잠재적 자본의 성격을 가지는 점, ㉯ 법인세법상 전환권대가에 관한 명문의 규정이 없으므로, 기업회계기준이 그에 관한 처리기준이 될 수 있는데(법 43조), K-IFRS와 일반기업회계기준이 공통적으로 전환권대가를 자본요소로 보는 점, ㉰ 행정해석에 의하면, 일반사채에 관한 사채할인발행차금은 기간경과에 따라 상각되는 금액만큼 손금에 산입되는 것에 비하여, 전환권조정 중 사채할인발행차금에 해당하는 부분은 전환사채의 발행시점에 한꺼번에 손금에 산입되어 균형이 맞지 않는 점을 고려할 때, 위와 같은 행정해석은 불합리하고, 회계기준과 같이 전환권대가를 자본요소로 보고, 전환권조정 중 전환사채의 액면금액에 대한 사채할인발행차금의 실질을 가지는 부분은 전환사채의 취득가액에서 제외할 필요가 있다.

한편, 상환할증금은, 전환사채의 발행시점에는 아직 그 지급의무가 확정되지 않은 조건부 채무에 불과하고, 만기까지 전환권이 행사되지 않는 경우에 비로소 그 지급의무가 확정적으로 발생하므로, 전환사채의 발행시점에서는 세법상 부채로 볼 수 없고, 만기에 가서 비로소 세법상 부채(손금)로 인식하여야 할 것이다.

(나) 취득자

① 취득가액

전환사채를 취득한 법인은 그 매입가액(납입금액)을 취득가액으로 인식하여야 하고, 이후 전환사채의 보유기간 중 그 평가손익은 원칙적으로 인정되지 않는다(법 42조 1항 본문).

② 전환권을 행사한 경우

전환권을 행사하여 전환사채를 주식으로 전환한 경우 원천징수와 관련하여 법인세법 제73조의2 제1항 전단에 따른 이자 및 할인액을 지급받은 것으로 본다(시행령 111조 5항 1호). 전환권의 행사로 법인세법 제73조 및 동법 시행령 제111조 제5항에 의하여 원천징수된 만기보장수익률에 따른 이자상당액은 전환권을 행사한 법인의 익금에 해당하고,[91] 전환권의 행사로 취득하는 주식의 취득가액은 '전환사채의 매입가액+상환할증률(보장수익률)에 의한 보유기간이자상당액'이라는 것이 행정해석이다.[92]

③ 만기에 지급받는 경우

전환청구기간 내에 전환권을 행사하지 않아서 전환사채의 액면금액과 상환할증금을 지급받는 경우, 전환사채의 취득원가와 그 액면금액 및 상환할증금의 차액은 이자 및 할인액으로서 무기명 전환사채의 경우 그 지급을 받은 날이 속하는 사업연도의 익금에 산입된다(시행령 70조 1항 1호 본문, 소득세법 시행령 45조 2호).

---

91) 재경부 법인세제과-704, 2004. 12. 22.
92) 기획재정부 법인세제과-323, 2005. 10. 27.

2-1. 회계기준

2-1-1. K - IFRS

(1) 손실충당금과 제각

상각후원가(AC) 또는 공정가치 - 기타포괄손익(FVOCI) 측정 금융자산에 대하여는, 기대신용손실[93]을 손실충당금(loss allowance)으로 인식한다.[94] 보고기간 말에 K - IFRS 제1109호에 따라 인식해야 하는 금액으로서 손실충당금을 조정하기 위한 기대신용손실액(또는 환입액)은, 손상차손(환입)으로 당기손익에 인식한다.[95] 금융자산의 전부 또는 일부의 회수를 합리적으로 예상할 수 없는 경우에는, 해당 금융자산의 총 장부금액을 직접 줄인다(제각).[96]

(2) 계약상 현금흐름의 변경

상각후원가 측정 금융자산의 계약상 현금흐름이 재협상되거나 변경되었으나 그 금융자산이 제거되지 않는 경우에는, 그 금융자산의 총 장부금액을 재계산하고 변경손익(modification gain or loss)[97]을 당기손익으로 인식한다.[98]

계약상 현금흐름의 재협상이나 변경으로 인하여 해당 금융자산이 제거되고 후속적으로 **변경된 금융자산**을 인식하는 경우, 변경된 금융자산은 새로운 금융자산으로 보므로,[99] 변경된 금융자산에 손상 요구사항을 적용할 때 변경일을 해당 금융자산의 최초 인식일로 본다.[100]

---

93) 계약에 따라 지급받기로 한 현금흐름과 지급받을 것으로 예상하는 현금흐름의 차이(현금부족액)를 최초 유효이자율로 할인한 현재가치를 신용손실(credit loss)이라 하고, 개별 채무불이행(default)의 발생 위험으로 가중평균한 신용손실을 기대신용손실(expected credit loss)이라고 한다. K - IFRS 1109호 부록 A. 용어의 정의

94) K - IFRS 1109호 문단 5.5.1. 공정가치 - 당기손익(FVPL) 측정 금융자산의 경우 신용위험의 증가는 공정가치에 반영되어 당기손익으로 인식되므로 별도로 손상차손을 인식할 필요가 없다.

95) K - IFRS 1109호 문단 5.5.8

96) K - IFRS 1109호 문단 5.4.4. 제각(write-off)은 금융자산을 제거하는 사건으로 본다. 문단 B3.2.16(18)

97) 변경손익은, 재협상되거나 변경된 계약상 현금흐름을 반영하기 위하여 금융자산의 총 장부금액(gross carrying amount)을 조정함에 따라 발생하는 금액을 말한다(K - IFRS 1109호 부록 A. 용어의 정의).

98) K - IFRS 1109호 문단 5.4.3 : 해당 금융자산의 총 장부금액은, 재협상되거나 변경된 계약상 현금흐름을 그 금융자산의 최초 유효이자율 또는 수정 유효이자율(문단 6.5.10)로 할인한 현재가치로 재계산한다.

99) K - IFRS 1109호 부록 B. 적용지침 B5.5.25

100) K - IFRS 1109호 부록 B. 적용지침 B5.5.26 ; 이 경우 새로 인식하는 금융자산의 금액은, 변경된 현금흐름을 변경일의 유효이자율로 할인한 현재가치이고, 위 금액과 제거되는 금융자산의 장부금액의 차이는

금융부채를 인식한 기업은, 기존 **금융부채**의 조건이 실질적으로 **변경**된 경우 최초의 금융부채를 제거하고 새로운 금융부채를 인식한다.[101] 소멸한 금융부채의 장부가액과 지급한 대가(부담한 부채 포함)의 차액은 당기손익으로 인식한다.[102]

2-1-2. 일반기업회계기준

(1) 유가증권

유가증권[103]으로부터 회수할 수 있을 것으로 추정되는 금액(회수가능액)이 채무증권의 상각후원가보다 적은 경우에는, 손상차손의 인식을 고려하여야 한다. 보고기간 말에 손상차손의 객관적 증거가 있는 경우에는 반증이 없는 한 회수가능액을 추정하여 손상차손을 인식하여야 하고, 손상차손은 당기손익에 반영한다.[104]

(2) 유가증권 외의 금융자산

(가) 대손충당금과 대손상각비

유가증권을 제외한 금융자산으로서 회수가 불확실한 것에 대하여는 합리적이고 객관적인 기준에 따라 산출한 대손추산액을 대손충당금으로 설정한다.[105] 대손추산액에서 대손충당금잔액을 차감한 금액을 대손상각비로 계상한다. 회수가 불가능한 채권은 대손충당금과 상계하고 대손충당금이 부족한 경우에는 그 부족액을 대손상각비로 처리한다.

(나) 채권·채무조정

① 공통사항

채권·채무조정은, 채무자의 현재 또는 장래의 채무변제능력이 크게 저하된 경우에 채권자와 채무자 간의 합의 또는 법원의 결정 등의 방법으로 채무자의 부담완화를 공식화하는 것을 말한다.[106]

당기손익으로 인식될 것이다. 신현걸·최창규·김현식, IFRS 중급회계(2018), 412쪽

101) K-IFRS 1109호 문단 3.3.2. 새로운 조건에 따른 현금흐름의 현재가치와 최초 금융부채의 나머지 현금흐름의 현재가치의 차이가 10% 이상이면 계약조건이 실질적으로 달라진 것이다(K-IFRS 1109호 부록 B. 적용지침 B3.3.6).

102) K-IFRS 1109호 문단 3.3.3

103) 유가증권은 재산권을 나타내는 증권을 말하고(일반기준 6장 부록A. 적용보충기준 용어의 정의), 자본시장법 제9조 제7항에서 정의하는 모집 외의 방법으로 발행한 회사채와 자금조달 목적으로 발행된 어음을 발행인으로부터 직접 취득한 경우에는 대여금으로 분류한다(일반기준 6장 부록A. 적용보충기준 6A.1).

104) 일반기업회계기준 6장 문단 6.32

105) 일반기업회계기준 6장 문단 6.17의2

106) 일반기업회계기준 6장 문단 6.84 ; 채권·채무조정의 시점은 채권·채무조정이 실질적으로 완성되는 시점이고, 자산 또는 지분증권을 이전하거나 새로운 계약조건이 확정되는 시점에 채권·채무조정이 완성된

② 대물변제, 출자전환

채무자가 채무를 변제하기 위하여 자산을 채권자에게 이전하는 경우, 변제되는 채무의 장부가액과 이전되는 자산의 공정가치의 차이를 채무조정이익으로 인식한다.[107] 채무자가 채무를 변제하기 위하여 채권자에게 지분증권을 발행하는 경우(출자전환) 지분증권의 공정가치와 채무의 장부금액의 차이를 채무조정이익으로 인식한다.[108]

채권자가 채무자에 대한 채권의 변제로 채무자의 자산 또는 그 지분증권을 받은 경우, 그 자산을 공정가치로 인식한다. 채권자가 받은 자산의 공정가치가 채권의 대손충당금 차감 전 장부금액보다 적은 경우에는, 채권의 대손충당금 차감 전 장부금액을 대손충당금과 우선 상계하고, 부족한 경우에는 대손상각비를 인식한다.[109]

③ 조건의 변경

조건변경으로 채무가 조정되는 경우, 채무자는, 채권·채무조정에 따른 약정상 정해진 미래 현금흐름을 채무 발생시점의 유효이자율로 할인하여 계산된 현재가치와, 채무의 장부금액과의 차이를 채무에 대한 현재가치할인차금과 채무조정이익으로 인식한다.[110]

채권·채무조정을 통하여 채권의 조건이 변경된 경우, 채권·채무조정에 따른 약정상 정해진 미래 현금흐름을 채권 발생시점의 유효이자율로 할인하여 계산된 현재가치와, 채권의 대손충당금 차감 전 장부금액의 차이는, 그 채권의 대손상각비로 한다.[111][112]

2-2. 대손금

2-2-1. 대손금의 의의

대손금(貸損金)은 회수할 수 없는 채권의 금액을 말한다(법 19조의2 1항). 회수할 수 없는 채권에는 법적으로 소멸한 채권과 법적으로 존재하지만 경제적으로 회수불능인 채권이 포

다. 일반적으로 채권·채무조정의 시점은, 채권·채무조정이 합의에 의한 경우에는 합의일, 법원의 인가에 의한 경우에는 인가일이 된다. 일반기업회계기준 6장 문단 6.85

107) 일반기업회계기준 6장 문단 6.86
108) 일반기업회계기준 6장 문단 6.87
109) 일반기업회계기준 6장 문단 6.95
110) 일반기업회계기준 6장 문단 6.90
111) 일반기업회계기준 6장 문단 6.98. 그 채권에 관하여 이미 설정된 대손충당금이 위 대손상각비보다 적은 경우에는, 부족분에 대하여 대손충당금을 추가로 설정하고, 이미 설정된 대손충당금이 위 대손상각비보다 큰 경우에는 초과분에 해당하는 대손충당금을 환입한다.
112) 기존 금융부채의 조건이 실질적으로 변경된 경우, 최초의 금융부채를 제거하고 새로운 금융부채를 인식하여야 하지만, 채무자의 부담이 경감되도록 변경된 것은 그러한 경우에서 제외된다. 일반기업회계기준 6장 문단 6.9

함된다. 대손금이 되기 위해서는 채권이 법적으로 존재하거나 존재하였다가 소멸한 경우이어야 하므로, 애초부터 전혀 존재하지 않았던 채권은 대손금이 될 수 없다.[113]

2-2-2. 대손금의 요건

(1) 대손금에서 제외되는 채권

법인의 채권 중 다음의 어느 하나에 해당하는 것은 대손금으로 인정되지 않는다.

(가) 채무보증으로 인하여 발생한 구상채권(求償債權)

채무보증으로 인하여 발생한 구상채권[114]은 원칙적으로 대손금에서 제외된다(법 19조의2 2항 1호 본문). 이는 채무보증에 의한 과다한 차입으로 기업의 재무구조가 악화되는 것과 연쇄도산으로 인한 사회적 비용의 증가를 억제하여 재무구조의 건설화를 유도하기 위한 것이다.[115] 이러한 입법취지를 고려하면, 여기의 '채무보증'은, 민사상 보증계약에 따른 채무보증에 국한되지 않고, 채권자에게 물적 담보를 제공하거나(물상보증) 약속어음에 배서하는 등으로 실질적 채무보증을 한 경우를 포함한다고 볼 여지가 있다.[116]

예외적으로, 다음의 채무보증으로 인한 구상채권은 대손금으로 인정될 수 있다(법 19조의2 2항, 시행령 19조의2 6항).

① 공정거래법 제24조 각 호의 어느 하나에 해당하는 채무보증[117]

② 금융회사 등(시행령 61조 2항)이 행한 채무보증

③ 법률에 따라 신용보증사업을 영위하는 법인이 행한 채무보증

④ 「대·중소기업 상생협력 촉진에 관한 법률」에 따른 위탁기업이 수탁기업협의회의 구성원인 수탁기업에 대하여 행한 채무보증

---

113) 대법원 2004. 9. 23. 선고 2003두6870 판결 : 원고 법인의 장부에 계상되어 있던 대표이사 및 이사에 대한 가지급금 등 채권이 법원의 채무부존재확인판결에 의하여 가공채권으로 확정됨에 따라 잘못된 회계처리를 바로잡기 위하여 1998 사업연도에 그 채권 상당액을 장부상 소멸시키고 대손금으로 처리한 사안에서, 대법원은, 당초부터 존재하지 않았던 가공의 채권을 기업회계상 바로 잡는다고 하여 이를 법인세법상 손금산입이 허용되는 대손금에 해당한다고 볼 수 없다고 판단하였다.

114) 대손금에서 제외되는 '구상채권'은 채무자가 면책된 날 이후의 법정이자(민법 441조, 425조 2항)를 포함한다. 서울고등법원 2021. 12. 15. 선고 2020누55482 판결(동부건설 사건, 대법원 2022두31570호로 상고심 계속 중)

115) 헌법재판소 2009. 7. 30. 2007헌바15 결정 ; 대법원 2016. 1. 14. 선고 2014두17534 판결 : 위 헌법재판소 결정은, 구 법인세법(1998. 12. 28. 개정되고 2008. 12. 26. 개정되기 전의 것) 제34조 제3항 제1호 중 '채무보증으로 인한 구상채권의 대손금'을 손금불산입하도록 규정한 부분에 대하여 합헌결정을 하였다.

116) 서울고등법원 2021. 12. 15. 선고 2020누55482 판결(대법원 2022두31570호로 상고심 계속 중)

117) 이는 다음의 어느 하나에 해당하는 채무보증을 말한다(공정거래법 24조).
① 조특법에 따른 합리화기준에 따라 인수되는 회사의 채무와 관련된 보증
② 기업의 국제경쟁력 강화를 위하여 필요한 경우 등 대통령령에서 정하는 경우에 대한 채무보증

⑤ 건설업 및 전기 통신업을 영위하는 내국법인이 건설사업[118]과 직접 관련하여 특수관계인에 해당하지 않는 자에 대하여 한 채무보증[119]

⑥ 해외자원개발사업자 또는 해외건설사업자가 해외자원개발사업 또는 해외건설업과 직접 관련하여 해외에 설립된 법인에 대하여 한 채무보증

대법원은, 예외적으로 구상채권 대손금의 손금산입이 허용되는 채무보증의 범위에 관하여 규정한 구 법인세법(2008. 12. 26. 개정 전) 제34조 제3항 제1호 및 그 위임을 받은 구 법인세법 시행령(2006. 2. 9. 개정 전) 제61조 제4항을 한정적 열거조항으로 해석하고, 법인이 사업과 관련된 거래대금을 받기 위하여 채무보증을 하였더라도, 그 채무보증이 위 시행령 조항에서 열거한 유형에 해당하지 않는 경우에는, 그로 인하여 발생한 구상채권의 대손금을 손금에 산입할 수 없다고 판단하였다.[120] 이러한 판례의 태도는 현행세법의 해석에 대하여도 마찬가지일 것으로 보인다.

현행세법은 채무보증으로 인한 구상채권에 대하여 매우 제한적인 범위에서만 대손금을 인정한다.[121] 그러나 ① 모회사가 투자전략 또는 도산방지의 목적으로 자회사를 위하여 하는 보증 등의 경우에는 사업상 필요가 인정될 수 있는 점,[122][123][124] ② 법인이 경제적 합리성이 없음에도 특수관계인의 채무를 보증하는 경우[125] 부당행위계산부인에 의한 통제가 가능한 점[126]을 고려하면, 입법론으로는, 사업상 필요가 인정되는 보증에 대하여 대손금의 인정범위를 확대하는 것을 신중하게 검토할 필요가 있다.

---

118) 미분양주택을 기초로 하는 유동화거래(시행령 10조 1항 4호)를 포함한다.

119) 다만, 「사회기반시설에 대한 민간투자법」 제2조 제7호의 사업시행자 중 기획재정부령으로 정하는 자에 대한 채무보증은 특수관계자에 대한 채무보증을 포함한다.

120) 대법원 2016. 1. 14. 선고 2013두17534 판결

121) 이는 1990년대 말 경제위기에서 대규모기업집단에 속한 기업들 상호 간의 무분별한 채무보증으로 인하여 국가경제 전체가 궤멸적 위기에 몰렸던 것에 대한 반성적 고려에 따른 것으로 보인다.

122) 모회사인 원고가 특수관계에 있는 자회사의 채무에 대한 보증이, 자회사 주식의 가치를 증대시키고 원고와 자회사가 함께 도산할 수 있는 경영상 위험을 회피하기 위한 것이므로, 부당행위계산에 해당하지 않는다고 본 사례로 대법원 2003. 12. 12. 선고 2002두9995 판결

123) 일본 법인세법 기본통달은, 법인이 그 자회사 등의 해산, 경영권의 양도 등에 수반하여 해당 자회사 등을 위하여 채무의 인수 그 외의 손실부담 또는 채권포기 등을 한 경우, 그 손실부담 등을 하지 않으면 이후 더 큰 손실을 입게 되는 것이 사회통념상 명백하다고 인정되기 때문에 어쩔 수 없이 그 손실부담 등을 하게 되는 등 그것에 대하여 상당한 이유가 있다고 인정되는 때에는, 그 손실부담 등에 의하여 제공하는 경제적 이익의 액은 기부금에 해당하는 것으로 보지 않는다고 정한다(일본 법인세법 기본통달 9-4-1).

124) 현행세법은, 모회사의 자회사를 위한 보증으로 인한 구상채권의 대손을, 해외직접투자와 관련하여 국내 금융기관의 해외지점이 행하는 여신에 대한 보증 등 매우 제한적인 경우에 한하여 인정한다(법 19조의2 2항, 시행령 19조의2 6항 1호, 공정거래법 24조, 공정거래법 시행령 31조 2항).

125) 법인이 주채무자의 변제가능 여부가 이미 이행가능 여부가 불분명한 상태에 있음에도 그 채무를 보증하는 경우 또는 보증의 대가를 받지 않거나 보증으로 인수하는 신용위험에 비하여 낮은 대가를 받는 경우

126) 대법원 2006. 11. 10. 선고 2006두125 판결

1. 사실관계

① 원고 A는 다른 법인의 주식을 담보로 이른바 orphan structure 방식으로 자금을 조달하기 위하여 2003. 8. 케이맨 군도에 특수목적법인 B를 설립하고 B에게 위 주식을 매각하였다. ② B는 해외 투자자들에게 위 주식을 교환대상(담보물)으로 하는 교환사채를 발행하면서 B가 위 주식의 교환가치를 한도로 상환의무를 부담하는 것으로 정하였고, A는 해외 투자자들에게 B의 사채상환의무에 대한 지급보증을 하면서 교환사채의 상환금액 중 위 주식의 교환가치를 초과하는 부분에 대하여도 책임을 지는 것으로 정하는 한편, 위 부분에 관하여 B에게 상환청구할 수 없는 것으로 정하였다. B는 위 교환사채의 발행으로 납입받은 금액을 A에게 위 주식의 매각대금 및 지급보증수수료로 지급하였다. ③ 이후 위 주식의 교환가치가 위 교환사채의 상환금액에 미달하자, A는 2011. 8.경 그 차액을 B에게 지급하였고, B는 해외 투자자들에게 위 교환사채를 상환하였다. ④ 과세관청은 A의 지급금액이 '채무보증으로 인하여 발생한 구상채권의 대손금'(법 19조의2 2항 1호)에 해당하므로 손금에 불산입되어야 한다고 보아 A에게 법인세 부과처분을 하였다.

2. 법원의 판단

법원은, ① A의 지급금액은 A가 교환사채의 실질적 주채무자로서 자신의 채무를 이행한 것에 해당하고, ② 채무보증으로 인하여 위 금액을 지급한 것이라고 가정하더라도, A의 지급금액은 B가 구상의무를 부담하지 않는 '담보물인 주식의 교환가치 초과 부분'에 대한 상환의무를 이행한 것이므로, 그로 인하여 A에게 B에 대한 구상채권이 발생한다고 볼 수 없다는 이유로 위 과세처분이 위법하다고 판단하였다.

법인세법 제19조의2 제2항 제1호의 '채무보증으로 인한 구상채권의 대손금 제한'은 입법론상 문제가 있고, 위 판결은 위 규정의 적용범위를 제한하여 구체적으로 타당한 결과를 도출하기 위하여 예외적으로 납세의무자에 의한 거래재구성 주장을 허용한 것으로 볼 수 있다.

한편, 위 판결에 관하여 다음과 같은 의문이 있다. ① 만일 A가 위 교환사채의 주채무자라고 본다면 A는 위 교환사채를 자신의 세법상 부채로 인식하여야 하므로, A의 지급금액 중 이자에 해당하는 금액만 손금에 산입되어야 하고, 나머지 부분은 손금에 산입될 수 없을 것이다. 그런데 위 판결에는 A의 지급금액이 전부 이자인지 여부에 대한 판단이 없다.[127] 그리고 ② 교환사채의 상환금액이 담보물인 주식의 교환가치를 초과하는 범위에서 A가 지급금액을 B에게 구상할 수 없도록 약정한 것은 구상권의 사전포기로 볼 여지가 있다. 만일 그렇게 본다면 A의 지급금액은 구상권의 처분손실로 취급되어 손금산입이 부인될 수 있는데(시행령 50조 3항), 위 판결에는 이에 대한 판단이 없다.

(나) 특수관계인에 대한 업무무관 가지급금

특수관계인에 대한 업무무관 가지급금 등으로서 대통령령으로 정하는 것은 대손금으로

---

127) 위 사건의 심판대상인 2011 사업연도의 소득과 관련된 것은 아니지만, 만일 위 교환사채의 주채무자가 A라고 본다면 담보물인 교환대상인 주식도 A가 계속 보유한 것으로 보아 A의 2003년 주식매각손익을 부정할 것인지도 문제된다. 그리고 교환사채의 거래가 종결된 2011년경 교환대상이었던 주식도 A에게 복귀하거나 다른 방법으로 처분되었을 것으로 보이는데, 그 주식의 처리도 문제된다.

인정되지 않는다(법 19조의2 2항 2호, 28조 1항 4호 나목).

① 업무무관 가지급금

업무무관 가지급금은 법인의 업무와 관련이 없는 자금의 대여액을 말한다(시행령 53조 1항 본문). 여기서 자금의 대여액에는, 순수한 의미의 대여금은 물론 채권의 성질상 대여금에 준하는 것도 포함되고, 적정한 이자율에 의하여 이자를 받으면서 가지급금을 제공한 경우도 포함된다.[128] 법인의 특수관계인에 대한 가지급금은, 금융회사 등이 주된 수익사업으로 대여하는 경우가 아닌 한, 원칙적으로 업무무관 가지급금에 해당한다.[129] 법인으로부터 사외유출되어 특수관계인에게 귀속된 소득에 대한 원천징수세액의 납부금액도 업무무관 가지급금에 해당한다.[130] 한편, 법인의 사용인이 법인의 자금을 횡령하였으나, 법인이 그 회수를 위한 절차를 거치는 등으로 횡령금액이 사외유출에 해당하지 않는 경우, 횡령으로 인한 손해배상채권은 업무무관 가지급금으로 보기 어려우므로, 회수불능으로 된 경우 대손금으로 인정될 여지가 있다.[131]

인정이자의 계산대상에서 제외되는 자금대여는 업무무관 가지급금에 해당하지 않는다(시행령 53조 1항 단서, 시행규칙 28조 1항, 44조). 따라서 귀속이 불분명한 사외유출소득을 대표자에 대한 인정상여로 처분한 금액에 대한 원천징수세액을 법인이 납부한 금액은 업무무관 가지급금에 해당하지 않는다(시행령 53조 1항 단서, 시행규칙 28조 1항, 44조 5호).[132]

② 특수관계의 기준시점

법인과 업무무관 가지급금 채무자 간의 특수관계 여부는 대여시점을 기준으로 판단된다(법 19조의2 2항 2호 2문).[133] 따라서 법인이 특수관계인에게 업무무관 가지급금을 제공한 후

---

128) 대법원 2003. 3. 11. 선고 2002두4068 판결
129) 제7절 4-2. (나) 참조
130) 기본통칙 19의2-19의2…4
131) 기본통칙 19의2-19의2…6 1문 ; 임직원의 업무상 불법행위로 인한 손해배상금의 손금산입에 관하여는 제8절 4. (2) 참조
132) 따라서 법인이 대표자에 대한 인정상여로 인한 원천징수세액의 구상권을 가지급금으로 계상하여 보유하던 중 그 채권에 대한 대손사유가 발생한 경우에는, 대손금으로 손금에 산입할 수 있다. 한편, 인정상여로 인한 원천징수세액의 구상권에 관하여 대손금을 계상하였으나 대손사유가 존재하지 않는 경우에는, 그 금액은 대손금으로 인정되지 않지만, 기타 사외유출로 처분되는 경우(시행령 106조 1항 3호 아목 전단)로 보아야 할 것이다. 제6장 제2절 4-1-1. (1) (라) 참조
133) 위 규정은 대법원 2014. 7. 24. 선고 2012두6247 판결을 입법으로 배제한 것이다. ① 위 대법원 판결은, 법인이 특수관계자에게 업무무관 가지급금을 제공한 후 대손사유가 발생하기 전에 특수관계가 소멸하였다면 더 이상 비정상적으로 자금을 대여하고 있는 것으로 볼 수 없으므로, 특수관계자에 대한 업무무관 가지급금인지 여부는 대손사유가 발생할 당시를 기준으로 판단하여야 한다고 판시하면서, 관련 조항의 입법취지를, 특수관계자에 대한 비정상적인 자금대여관계의 유지를 제한하는 것으로 보았다. ② 그러나 2020. 12. 22. 개정된 법인세법은 위 판결과 달리 특수관계 여부를 대여 당시를 기준으로 판단하도록 규정하였다(법 19조의2 2항 2호 2문). 이에 따르면 관련 조항의 입법취지는 특수관계인에 대한 업무무관

특수관계가 소멸하여 대손사유의 발생시점에는 그 가지급금 채무자와 사이에 특수관계가 없는 경우에도, 위 가지급금은 대손금에서 제외된다.

한편, 법인이 특수관계자에 대한 업무무관 가지급금 채권을 회수하지 못한 상태에서 특수관계가 소멸한 경우, 원칙적으로 특수관계의 소멸시점에 법인이 그 채권을 포기한 것으로 간주되므로(시행령 11조 9호 가목), 그 채권은 법인의 자산에서 제거되고, 이후 그 채권이 회수불능으로 되더라도, 대손금 여부가 문제되지 않는다. 다만, 예외적으로 특수관계의 소멸시점에 업무무관 가지급금 채권의 미회수에 관하여 정당한 사유(시행규칙 6조의2)가 존재하여 그 채권이 법인의 자산에서 제거되지 않는 경우에는, 이후 그 채권이 회수불능으로 된 시점에 대손금의 손금불산입이 이루어진다.

③ 문제점과 입법론

현행세법은 업무무관 가지급금의 범위를 매우 넓게 규정하므로, 법인의 특수관계인에 대한 대여금은 대부분 업무무관 가지급금에 포함되고, 그 경우 회수불능으로 되더라도 대손금에서 제외되므로, 손금에 산입되지 않는다. 입법론으로는, 특수관계인에 대한 대여금이 회수불능된 경우, 일률적으로 대손금에서 제외하기보다는, 개별 사안에서 자금대여의 사업관련성 등을 구체적으로 검토하여 부당행위계산으로 처리하는 것이 합리적이다.[134]

(다) 대손금에서 제외되는 채권의 부수적 효과

대손금에서 제외되는 채권은 대손충당금의 설정대상이 아니고(법 34조 2항) 그 처분손실은 손금에 산입되지 않는다(시행령 50조 3항).[135][136] 그렇지 않으면 대손금에서 제외되는 채

가지급금의 발생 자체를 억제하는 것이 된다. ③ 다만, 위 규정이 도입되기 전에도 법인세법 시행령 제11조 제9호 가목에 의하면, 특수관계인에 대한 업무무관 가지급금이 회수되지 않은 채 특수관계가 소멸한 경우 정당한 사유가 없는 한 법인이 이를 포기한 것으로 간주되었고, 이 경우 그 이후 가지급금의 회수불능으로 인한 대손금 여부는 문제되지 않으므로, 위 대법원 판례는 특수관계의 소멸시점에 정당한 사유가 존재한 경우에 한하여 적용될 여지가 있었다. 송동진, 법인세법(2020), 149쪽 참조

134) ① 일반적으로, ㉮ 법인이 지배주주에게 자금을 대여하는 것은 그 법인의 사업과 관련된 것으로 인정될 여지가 적은 반면, ㉯ 법인이 그 자회사에게 자금을 대여하는 것은 사업관련성이 존재한다고 볼 여지가 많을 것이다. ② 법인이 특수관계인에게 자금을 대여할 당시 이미 특수관계인의 자력이 불확실하였음에도 담보를 제공받는 등 채권확보조치를 하지 않은 경우 또는 채권의 회수를 불합리하게 지연하던 중 그 채권이 회수불능으로 된 경우에는, 부당행위계산에 해당할 여지가 있다.

135) 대법원 2017. 12. 22. 선고 2014두2256 판결은, 원고가 특수관계자에게 업무무관 가지급금을 대여한 후 특수관계가 소멸하였고, 이후 그 채권을 처분한 사건에서, 같은 날 선고된 대법원 2012두6247 판결과 같은 취지로, 특수관계자에 대한 업무무관 가지급금인지는 그 채권을 처분할 당시를 기준으로 판단하여야 하고, 위 채권의 처분 당시 특수관계가 존재하지 않았으므로, 위 채권의 처분손실을 손금에 산입할 수 있다고 판단하였다. 그러나 2020. 12. 22. 개정된 법인세법은, 대손금에서 제외되는 '특수관계인에 대한 업무무관 가지급금'의 특수관계는 대여시점을 기준으로 판단하도록 규정하였고, 이는 처분손실이 제한되는 '특수관계인에 대한 업무무관 가지급금'의 경우에도 마찬가지로 적용된다.

136) 수원지방법원 2018. 8. 23. 선고 2018구합61650 판결은, 원고 법인이 특수관계 법인에 대한 업무무관 가지급금인 대여금을 출자전환하여 취득한 주식을 양도하여 입은 손실의 손금산입 여부가 문제된 사건

권이 회수불능으로 된 경우, 그 처분손실을 통하여 대손금의 손금산입제한을 우회할 수 있기 때문이다.

(2) 대손의 사유

법인세법 제19조의2 제1항과 법인세법 시행령 제19조의2 제1항의 문언을 고려하면, 법인세법 시행령 제19조의2 제1항은 대손사유를 제한적으로 열거한 규정으로 보아야 한다.[137] 다만, 채권의 소멸이 위 규정의 대손사유에 해당하지 않더라도 손금의 요건을 충족하면 손금에 산입될 수 있다.[138]

(가) 소멸시효의 완성(시행령 19조의2 1항 1호 내지 4호)

채권의 소멸시효가 완성된 경우 그 채권은 소멸하므로, 더 이상 자산성을 가질 수 없다.

① 소멸시효기간

㉮ 상법과 민법

상행위[139]로 인한 채권의 소멸시효기간은 원칙적으로 5년이지만, 상법에 다른 규정[140]이 있거나 다른 법령에 규정된 시효기간이 더 짧은 경우에는 그 규정에 의한다(상법 64조). 그런데 민법은 ㉠ 이자, 사용료[141]로서 1년 이내의 정기에 지급되는 채권,[142] ㉡ 수급인 등의 공사에 관한 채권,[143] ㉢ 생산자 및 상인이 판매한 생산물[144] 및 상품의 대가, ㉣ 수

에서, 위 처분손실은 업무무관 가지급금의 대손금으로 보아야 하므로, 손금에 산입될 수 없다고 판단하였다[서울고등법원 2019. 6. 21. 선고 2018누63459 판결(항소기각, 확정)].

137) 김완석·황남석, 법인세법론(2021), 339쪽 ; 강석규, 조세법 총론(2020), 610쪽 ; 예시적 규정으로 보는 견해로 이창희, 세법강의(2020), 873쪽

138) 가령, 채권자가 채무자의 자력부족으로 채권액 전부를 회수할 수 없는 상황에서 ① 그 일부라도 회수하기 위하여 불가피하게 나머지 채권을 포기하거나[3-2-4. (1) 참조] ② 출자전환을 한 경우[제3편 제2장 2-2-2. (1) (나) 참조]가 이에 해당한다.

139) 영리법인은 상법상 상인이고(상법 4조, 5조), 영업으로 하는 재산의 매매나 금융거래 등은 기본적 상행위이다(상법 46조). 상인이 영업을 위하여 하는 행위는 상행위로 보고(상법 47조 1항), 상인의 행위는 영업으로 하는 것으로 추정한다(상법 47조 2항).

140) 상법이 ① 1년의 소멸시효기간을 정한 것으로, 운송주선인 또는 운송인의 책임, 운송주선인 또는 운송인의 위탁자 또는 수하인에 대한 채권(상법 121조, 122조, 147조), 창고업자의 책임, 창고업자의 임치인 등에 대한 채권(상법 166조, 167조), ② 2년의 소멸시효기간을 정한 것으로 보험료청구권(상법 662조), ③ 3년의 소멸시효기간을 정한 것으로 보험금청구권, 보험료 또는 적립금의 반환청구권(상법 662조)이 있다.

141) 부동산의 임료 등이 이에 해당한다.

142) 민법 제163조 제1호에서 3년의 단기소멸시효에 걸리는 것으로 규정한 '1년 이내의 기간으로 정한 채권'은 1년 이내의 정기로 지급되는 채권을 말한다(대법원 2013. 7. 12. 선고 2013다20571 판결).

143) 반대로 도급인이 수급인에 대하여 가지는 채권은 민법 제163조 제3호에 포함되지 않는다(대법원 1963. 4. 18. 선고 63다92 판결).

144) 전기업자가 공급하는 전력의 대가인 전기요금채권도 '생산자 및 상인이 판매한 생산물 및 상품의 대가'에 해당하므로, 3년의 소멸시효에 걸린다(대법원 2014. 10. 16. 선고 2013다84940 판결).

공업자 및 제조자의 업무에 관한 채권의 소멸시효기간을 3년으로 규정한다(민법 163조).[145] 따라서 위와 같은 채권들은 3년의 소멸시효에 걸린다. 다만, 단기의 소멸시효기간에 해당하는 채권이라도 판결에 의하여 확정되면 그 소멸시효기간은 10년으로 된다(민법 165조 1항).[146] 상행위로 인한 채무의 불이행으로 인한 지연손해금,[147] 상행위인 계약의 해제로 인한 원상회복청구권[148]은 상법 제64조의 상사시효의 대상이다. 그러나 불법행위로 인한 손해배상청구권은 상사시효의 대상이 아니고,[149] 민법 제766조(안 날부터 3년, 불법행위 일부터 10년)를 적용받는다.

법인세법 시행령은 대손사유로 '상법에 의한 소멸시효가 완성된 외상매출금 및 미수금'을 규정하는데(시행령 19조의2 1항 1호), 여기의 '미수금'은 외상매출금 외의 것으로서 대여금 등을 포함한 광의의 금전채권을 의미하는 것으로 해석하여야 한다.

㉮ 어음과 수표

약속어음의 발행인과 환어음의 인수인의 지급채무의 소멸시효기간은 만기의 날부터 3년이다(어음법 70조 1항, 77조 1항 8호, 78조 1항). 약속어음의 배서인 및 환어음의 발행인, 배서인에 대한 소구권의 소멸시효기간은, 거절증서의 작성일부터 1년, 거절증서의 작성이 면제된 경우에는 만기의 날부터 1년이다(어음법 46조, 77조 1항 4호).

수표의 배서인·발행인, 그 밖의 채무자에 대한 상환청구권의 소멸시효기간은 제시기간이 지난 후 6개월이다(수표법 51조 1항).

② 소멸시효의 완성

채권의 소멸시효가 완성되려면, 소멸시효가 중단되지 않은 채 소멸시효기간이 경과하여야 한다. 소멸시효기간이 경과하였더라도, 그 전에 소멸시효가 중단된 경우에는, 소멸시효가 완성되지 않는다. 소멸시효의 중단사유로는, 채권자의 청구, 압류 또는 가압류, 가처분, 채무자의 승인이 있다(민법 168조). 변제기 유예의 요청,[150] 채무의 일부 변제[151]는 일반적

---

145) 여관, 음식점 등의 숙박료, 음식료 등의 채권에 대하여는 더욱 짧은 1년의 소멸시효기간이 규정되어 있다(민법 164조).

146) 파산절차에 의하여 확정된 채권 및 재판상의 화해, 조정 기타 판결과 동일한 효력이 있는 것에 의하여 확정된 채권의 소멸시효도 10년이다(민법 165조 2항).

147) 대법원 1979. 11. 13. 선고 79다1453 판결(은행의 대출금에 대한 변제기 이후의 지연손해금). 따라서 은행의 대출금에 대한 변제기까지의 이자로서 1년 이내의 정기에 지급되는 것은 3년의 소멸시효에 걸리고, 변제기 이후의 지연손해금은 5년의 소멸시효에 걸린다.

148) 대법원 1993. 9. 14. 선고 93다21569 판결(매매계약의 해제로 인한 계약금 등의 반환청구권)

149) 대법원 1985. 5. 28. 선고 84다카966 판결

150) 대법원 2016. 8. 29. 선고 2016다208303 판결

151) 대법원 1996. 1. 23. 선고 95다39854 판결 : 시효완성 전에 채무의 일부를 변제한 경우, 그 수액에 관하여 다툼이 없는 한 채무승인의 효력이 있다.

으로 채무승인의 효력이 있다.

특수관계자에 대한 업무무관 가지급금은, 그 소멸시효가 완성되었더라도 대손금으로 인정될 수 없다(법 19조의2 2항 2호). 소멸시효가 완성된 채권이 특수관계자에 대한 것이지만 업무무관 가지급금이 아닌 경우에도(매출채권 등), 법인이 그 채권의 회수를 지연하고 소멸시효중단을 위한 합리적 노력을 기울이지 않음으로써 소멸시효가 완성되게 하였다면, 부당행위계산(시행령 88조 1항 9호)에 해당하므로, 손금에 산입되지 않는다.[152]

(나) 회생계획인가의 결정 또는 법원의 면책결정 등(시행령 19조의2 1항 5호, 5호의2)

① 회생계획인가결정

㉮ 회생계획인가결정의 효력

채무자회생법상 회생절차에서 회생계획인가의 결정이 있는 경우, ㉠ 회생계획에 포함된 회생채권자, 회생담보권자 등의 권리는 회생계획에 따라 변경되므로(채무자회생법 252조 1항), 그 채권의 전부 또는 일부가 소멸(면제)할 수 있다.[153] 한편, ㉡ 회생계획에 포함되지 않은 회생채권과 회생담보권에 관하여 채무자는 원칙적으로 그 책임을 면한다(채무자회생법 251조 본문).[154]

㉯ 회생계획에 따른 채권소멸(채무면제)

회생계획에서 ㉠ 채무의 일부를 조건 없이 즉시 면제하기로 정한 경우에는 회생계획인가결정의 효력발생 시에 곧바로 소멸한 채권에 관하여 대손사유가 발생하지만,[155] ㉡ 채무의 일부 변제를 조건으로 나머지 채무를 면제하기로 정한 경우에는 그 조건의 성취 시점에 나머지 채권에 관한 대손사유가 발생한다.[156]

㉰ 회생계획에 따른 출자전환

㉠ 원칙

회생계획에 따라 회생채권 등의 변제에 갈음하여 신주를 발행하는 출자전환이 이루어진 경우, 채권자가 취득한 주식의 취득가액은 기존 채권의 장부가액이므로(시행령 72조 2항 4호의2 단서, 15조 1항), 그 주식의 시가가 기존 채권의 장부가액에 미달하는 부분은 원칙적으로 대손금으로 인정되지 못한다. 입법론으로는, 회생계획에 따른 출자전환의 경우, 굳이 주식

---

152) 대법원 2010. 8. 19. 선고 2007두21877 판결
153) 회생계획에 따른 출자전환의 경우, 회생채권 등은 회생계획인가결정 시 또는 회생계획에서 정하는 시점에 소멸한다(대법원 2017. 10. 26. 선고 2015다224469 판결).
154) 대법원은, 여기서 면책의 의미에 관하여 '채무는 있으나 책임은 없는 것'이라고 보아 자연채무설을 취한다(대법원 2001. 7. 24. 선고 2001다3122 판결). 따라서 채무자회생법 제252조 제1항의 효과와 제251조의 효과는 구별된다(대법원 2003. 3. 14. 선고 2002다20964 판결).
155) 법인법규 2011-484, 2011. 12. 19.
156) 기획재정부 법인세제과-274, 2013. 4. 9.

의 처분시점까지 기다릴 필요 없이 출자전환시점에 곧바로 위 차액을 손금산입할 수 있도록 하는 것이 합리적이다.[157] 한편, 회생계획 등에 따른 출자전환의 경우, 채권자는 채권의 장부가액과 주식의 시가의 차액에 대한 매출세액에 관하여 부가가치세법상 대손세액공제를 받을 수 있다(부가가치세법 시행령 87조 1항 2호).[158]

ⓛ 출자전환으로 발행된 주식이 무상소각된 경우

회생계획에서 회생채권 등의 변제에 갈음하는 출자전환을 하면서 새로 발행된 **주식 전부를 즉시 무상 소각**하기로 정한 경우, 회생채권자 등은 그 주식에 대한 권리를 행사할 여지가 없고 다른 대가 없이 소각될 것이 확실하므로, 회생채권은 회생계획인가결정에 따라 회수불능으로 확정되었다고 보아야 한다.[159][160] 다만, ⓐ 최초의 회생계획에서는 채권 중 일부의 출자전환만 이루어지고, 상당한 기간 후 **변경된 회생계획**에서 위 출자전환에

---

157) 그 이유는 다음과 같다. ① 일반적 출자전환의 경우 대손사유 또는 채권포기의 경제적 합리성이 인정되면 출자전환시점에 위 차액을 곧바로 손금산입할 수 있다. 그런데 회생계획 등에 따른 출자전환은 그보다 대손사유 등이 더욱 명백하게 인정될 수 있음에도 출자전환시점에 손금산입을 할 수 없도록 하여 불리하게 취급하는 것은 균형이 맞지 않는다. ② 회생계획인가결정이 내려진 경우 회생계획 및 법률의 규정에 의하여 인정되는 권리를 제외하고는 회생채권이 소멸하지만, 위 경우 채무는 존재하되 그 책임만 소멸하는 것이다(대법원 2018. 11. 29. 선고 2017다286577 판결). 따라서 채권자의 대손금산입 여부와 채무자의 채무면제익을 반드시 연계시킬 필요가 없고, 채권자의 대손금을 인정하는 동시에 채무자의 채무면제익을 인식하지 않는 것은 가능하다. 이중교, "채무의 출자전환에 따른 과세문제", 조세법연구 [20-2](2014), 311쪽도 같은 취지이다.

158) 대법원 2018. 6. 28. 선고 2017두68295 판결은, 회생계획에서 출자전환으로 기존 회생채권의 변제에 갈음하기로 하면서 그에 따라 발행된 주식을 무상소각하기로 정한 경우에는, 그 회생채권은 회생계획인가결정에 따라 회수불능으로 확정되었다고 보아 대손세액공제를 인정하였다. 그 주된 이유는, 부가가치세의 경우, 매출채권이 모두 주식으로 (대물)변제되어 소멸하는 것으로 본다면 이후 위 차액을 부가가치세액에 반영해줄 기회가 없게 된다는 점 등이다[임수연, "회생계획에서 출자전환 후 무상소각하기로 정한 회생채권의 대손세액 공제 여부", 대법원판례해설 제116호(2018), 232쪽]. 위 판결 이후 2019. 2. 12. 개정된 부가가치세법 시행령 제87조 제1항 제2호는 회생계획인가 결정에 따른 출자전환을 명시적으로 대손세액공제사유로 규정하였다.

159) 대법원 2018. 6. 28. 선고 2017두68295 판결, 대법원 2018. 7. 11. 선고 2016두65565 판결 : 대법원 2017두68295 판결의 1심의 판결이유에 나오는 회생계획의 내용은 다음과 같다. "원금 및 개시 전의 이자의 2%는 현금변제, 98%는 기명식 보통주식으로 출자전환(1주의 액면가액 5,000원, 1주당 발행가액 5,000원, 출자전환으로 인하여 감소하는 채무액 29,909,134,979원)하고, 출자전환은 신규로 발행하는 주식의 효력 발생일에 당해 회생채권의 변제에 갈음한다. 출자전환에 따라 발행된 주식 전부에 대하여 무상 감자하고, 감자에 따른 자본 감소의 효력은 신주 발행의 효력 발생일의 익영업일에 발생한다. 개시 후 이자는 면제된다."

160) 위와 같은 채권의 출자전환 및 주식의 무상소각은 회생절차의 실무상 법인세법상 채무면제익의 발생을 피하기 위하여 행해진다[전대규, 채무자회생법, 법문사(2020), 630쪽]. 그러나 이는 실질적으로 채무면제익에 해당하는 것으로 볼 여지가 있다[대전고등법원(청주) 2016. 12. 7. 선고 2015누11548 판결]. 제3편 제2장 3-2. (2) 참조. 한편, 회생계획에서 채무자 회사의 독자 생존이 가능한 사업부문을 물적분할하여 분할신설법인으로 만들고 분할법인인 채무자 회사에 관하여 청산절차 또는 파산절차를 밟는 경우, 즉 채무자 회사가 채무를 보유한 채 소멸하도록 하는 경우에는 채무를 면제할 필요가 없으므로, 채무면제익의 과세문제는 생기지 않는다[서울회생법원 재판실무연구회, 회생사건실무(상) 제5판(2019), 796, 800쪽].

따라 발행된 주식의 무상소각이 결정된 경우는, 출자전환주식이 즉시 무상소각된 경우와 달리 보아야 할 것이다.[161] 그리고 ⓑ 회생계획에 따른 출자전환 후 주식병합을 통하여 발행된 주식에 대한 **일부 감자**가 이루어진 경우에는, 출자전환의 전제가 된 회생채권이 회생계획인가의 결정에 따라 회수불능으로 확정된 것으로 볼 수 없다.[162]

② 법원의 면책결정

채무자회생법상 파산절차에서 채무자가 법원의 면책결정을 받은 경우, 파산채권자에 대한 채무에 관하여 책임을 면한다(채무자회생법 566조).[163]

개인채무자[164]가 개인회생절차에서 면책결정을 받은 경우, 채무자는 변제계획에 따라 변제한 것을 제외하고 개인회생채권자에 대한 채무에 관하여 책임을 면한다(채무자회생법 625조 2항 본문). 다만, 이에 대하여는 상당한 범위의 예외가 있다(채무자회생법 625조 2항 단서).

③ 법원의 면책결정 등과 다른 호의 대손사유의 관계

법원의 면책결정 등이 대손사유로 규정되어 있는 것은, 그 시점 이전에 발생한 다른 대손사유를 이유로 대손금을 인정하는 것을 방해하지 않는다. 따라서 파산선고 후 면책결정 이전이라도, 법인세법 시행령 제19조의2 제1항 제8호의 회수불능에 해당함이 객관적 자료에 의하여 증명되는 경우에는, 대손금으로 손금산입할 수 있다고 보아야 한다.[165]

---

161) 수원고등법원 2020. 7. 22. 선고 2019누12940 판결(대법원 2020. 12. 10. 선고 2020두47045 판결 : 심리불속행)

162) 서울고등법원 2018. 12. 5. 선고 2015누60657 판결 : 위 판결은, 출자전환 후 일정한 비율의 주식병합을 통한 일부 감자가 이루어진 경우, 종전 채권자는 주주의 지위를 유지하여 장래에 주식 가치가 상승할 경우 그 이익을 얻을 수 있게 되고, 출자전환된 주식이 다른 대가 없이 그대로 소각되거나 그 가치가 0원으로 떨어질 것이 확실하다고 볼 수 없으므로, 출자전환의 전제가 된 회생채권이 회생계획인가의 결정에 따라 회수불능으로 확정되었다고 보기는 어렵다고 판단하였다(대법원 2019. 5. 10. 선고 2019두31853 판결 : 심리불속행).

163) 여기서 면책은, 채무 자체는 존재하지만 파산채무자에 대하여 이행을 강제할 수 없다는 의미이다. 따라서 파산채무자에 대한 면책결정이 확정되면, 면책된 채권은 통상의 채권이 가지는 소 제기 권능을 상실하게 된다. 대법원 2015. 9. 10. 선고 2015다28173 판결

164) "개인채무자"는, 파산의 원인인 사실이 있거나 그러한 사실이 생길 염려가 있는 자로서 다음 각 금액 이하의 채무를 부담하는 급여소득자 또는 영업소득자를 말한다(채무자회생법 579조 1호).
　① 유치권·질권·저당권·양도담보권·가등기담보권·「동산·채권 등의 담보에 관한 법률」에 따른 담보권·전세권 또는 우선특권으로 담보된 개인회생채권은 10억 원
　② 위 ① 외의 개인회생채권은 5억 원

165) ① 조세심판원 2017중4961(2018. 2. 8.) 결정은, 통상 채무자가 법원의 파산선고를 받은 후 청산절차가 종료되기까지는 상당한 기간이 소요되고, 이 기간 동안 공급자가 거래징수하지도 못한 부가가치세에 관하여 대손세액공제를 받지 못한다면 이는 과중한 경제적 부담을 초래하는 점 등을 이유로, 파산관재인 보고서에 의하면 파산선고일 기준으로 법인의 자산이 재단채권을 변제하기에도 충분하지 않은 경우, 매출채권에 대한 부가가치세액을 파산선고일이 속하는 과세기간의 대손세액으로 공제하여야 한다고 판단하였다. ② 조세심판원 2018구0078(2018. 3. 15.) 결정은, 회생계획인가 결정에 따라 매출채권이 출자전환되어 주식으로 바뀐 경우, 매출채권 장부가액과 주식의 시가 간의 차액은 사실상 회수불능으로 확정된

④ 「서민의 금융생활 지원에 관한 법률」에 따른 채무조정을 받아 같은 법 제75조의 신용
회복지원협약에 따라 면책으로 확정된 채권(시행령 19조의2 1항 5호의2).

신용회복지원협약에 의하면, 채무자가 채무조정에 따른 변제계획 이행을 완료한 경우
채권금융회사에 대한 채무의 변제책임을 면한다(신용회복지원협약 26조 1항).

(다) 남을 가망이 없음에 따라 경매가 취소된 경우(시행령 19조의2 1항 6호)

법원은, 최저매각가격으로 압류채권자의 채권에 우선하는 부동산의 모든 부담과 절차비
용을 변제하면 남을 것이 없겠다고 인정한 때에는, 압류채권자에게 이를 통지하여야 하고,
압류채권자가 그 통지를 받은 날부터 1주 이내에 위 부담과 비용을 변제하고 남을 만한
가격을 정하여 그 가격에 맞는 매수신고가 없을 때에는 자기가 그 가격으로 매수하겠다고
신청하면서 충분한 보증을 제공하지 않으면, 법원은 경매절차를 취소하여야 한다(민사집행
법 102조).

(라) 채무자의 파산 등으로 회수할 수 없는 채권(시행령 19조의2 1항 8호)

채무자의 파산, 강제집행, 형의 집행, 사업의 폐지, 사망, 실종 또는 행방불명으로 회수
할 수 없는 채권은 대손금으로 손금에 산입된다. 위 대손사유는, 반드시 현실적으로 강제
집행이 개시되었거나 이루어진 경우에 한정되지 않고, 채무자의 무자력이 객관적으로 명
백하여 강제집행을 할 수 없는 경우도 포함하는 것으로 보아야 한다.

채무자가 파산선고, 강제집행, 형의 집행을 받았거나 행방불명이라고 하여 곧바로 대손
사유에 해당하는 것은 아니고, 그로 인하여 채권이 회수불능으로 되었다는 것이 증명되어
야만 대손금으로 인정될 수 있다. 다만, 채무자의 파산선고 등은 그 자체로 채권의 회수불
능을 뒷받침하는 유력한 증거가 될 수 있다.

(마) 부도발생일부터 6개월 이상 지난 수표·어음 및 중소기업의 외상매출금(시행령 19조의2 1항 9호, 9호의2)

부도발생일부터 6개월 이상 지난 수표 또는 어음상의 채권 및 중소기업의 외상매출금으
로서 부도발생일 이전에 발생한 것은 대손으로 인정될 수 있다(시행령 19조의2 1항 9호).

부도발생일은, 소지하고 있는 부도수표나 부도어음의 지급기일(지급기일 전에 해당 수
표나 어음을 제시하여 금융회사 등으로부터 부도확인을 받은 경우에는 그 부도확인일)을
말한다(시행령 19조의2 2항 전문). 여기의 부도어음에는, 소지인이 배서받은 어음[166] 및 배서
인이 상환의무를 이행하고 환수한 어음도 포함된다고 보아야 할 것이다. 중소기업의 외상

채권에 해당되어 공급자의 부가가치세 대손세액공제 대상에 해당하므로, 이를 공급받은 자는 부가가치세
법 제45조에 따라 관련 대손세액 상당액을 자신의 매입세액에서 차감함이 타당하다고 하였다.
166) 기본통칙 19의2 – 19의2…7 ①

매출금이 본 호의 대손사유에 해당하려면, 부도발생일 이전에 생긴 것이어야 한다. 위 각 경우 대손금으로 계상할 수 있는 금액은, 사업연도 종료일 현재 회수되지 않은 해당 채권의 금액에서 1,000원[167]을 뺀 금액이다(시행령 19조의2 2항 후문).

다만, 채무자의 부도가 발생하였더라도 채권자인 법인이 채무자의 재산에 대하여 저당권을 가지고 있는 경우, 그에 의하여 담보되는 채권액의 범위에서는 대손금이 인정되지 않는다(시행령 19조의2 1항 9호 단서).[168] 이는 대손금의 성격상 당연한 내용을 확인한 것이므로, 채권자가 제3자 소유의 부동산에 관하여 저당권을 가진 경우에도 이와 같게 볼 여지가 있다.

중소기업의 외상매출금 및 미수금으로서 회수기일이 2년 이상 지난 것(특수관계인과의 거래로 인하여 발생한 외상매출금 등은 제외한다)은 대손금으로 인정된다(시행령 19조의2 9호의2). 특수관계인에 대한 외상매출금 등은, 위 규정의 적용을 받지는 못하지만, 다른 규정에 따른 대손사유를 충족하면 대손금으로 인정될 수 있을 것이다.

(바) 민사소송법에 따른 화해, 화해권고결정, 조정을 갈음하는 결정, 조정에 따라 회수불능으로 확정된 채권(시행령 19조의2 1항 10호, 시행규칙 10조의4)

이는, 채권자가 채무자에 대한 소송에서 화해권고결정 등에 따라 채권의 전부 또는 일부를 포기하는 것을 의미하는 것으로 보이고,[169] 그 경우 채권자가 포기한 채권금액은 원칙적으로 대손금으로 인정된다. 다만, 채권자가 채권을 포기하는 내용의 화해권고결정에 대하여 이를 받아들일 합리적 이유가 없음에도 이의신청을 하지 않음으로써 확정시킨 경우에는, 부당행위계산[170] 또는 기부금에 해당할 수 있다.

(사) 공적 기관의 회수불능 확인을 받은 채권 등
① 물품의 수출 등으로 발생한 채권으로서 기획재정부령으로 정하는 사유에 해당하여 한국무역보험공사로부터 회수불능으로 확인된 채권(시행령 19조의2 1항 7호)
② 금융회사 등(시행령 61조 2항 단서)의 다음 각 채권(시행령 19조의2 1항 12호)[171]

---

167) 이는 대손금으로 처리된 금액에 대한 비망기록이다.

168) 채권자가 저당권을 가지는 채무자의 재산의 가액이 채권액에 미달하고 그 재산 외에 채권을 회수할 수 있는 다른 재산이 없는 경우에는, 채권액 중 위 재산의 가액을 초과하는 금액은 대손금으로 한다(기본통칙 19의2 – 19의2…7 ②).

169) 만일 화해권고결정이 '채무자가 채권자의 채권액 중 일부를 지급하고 채권자는 나머지 청구를 포기한다'는 내용이라면, 채권 중 ① 채권자가 포기한 부분에 관하여는 위 화해권고결정의 확정 시에 대손사유가 있게 되지만, ② 채무자에게 지급을 명한 금액 부분은 원칙적으로 화해권고결정의 확정 이후 별개의 대손사유가 발생하여야 대손금으로 처리될 것이다.

170) 채권자가 화해권고결정에 따라 포기한 채권이 특수관계인에 대한 업무무관 가지급금인 경우에는 부당행위계산 여부에 관계없이 대손금으로 손금산입할 수 없다(법 19조의2 2항 2호).

171) 여신전문금융회사(시행령 61조 2항 13호)인 신기술사업금융업자의 경우에는 신기술사업자에 대한 것에

㉮ 금융감독원장이 기획재정부장관과 협의하여 정한 대손처리기준에 따라 금융회사 등이 금융감독원장으로부터 대손금으로 승인받은 것[172]

㉯ 금융감독원장이 위 ㉮의 기준에 해당한다고 인정하여 대손처리를 요구한 채권으로서 금융회사 등이 대손금으로 계상한 것

③ 중소기업창업투자회사의 창업자에 대한 채권으로서 중소벤처기업부장관이 기획재정 부장관과 협의하여 정한 기준에 해당한다고 인정한 것(시행령 19조의2 1항 13호)

(아) 소액채권(시행령 19조의2 1항 11호)

가액이 30만 원 이하(채무자별 채권가액의 합계액을 기준으로 한다)인 채권으로서 회수 기일이 6개월 이상 지난 것은 대손사유에 해당한다(시행령 19조의2 1항 11호).

2-2-3. 대손금의 손금산입시기

(1) 신고조정사항

법인세법 시행령 제19조의2 제1항 제1호 내지 제6호의 대손금(소멸시효완성, 회생계획 인가결정·면책결정 및 남을 가망이 없어 경매가 취소된 경우)은, 그 사유가 발생한 날이 속하는 사업연도의 손금에 산입된다(시행령 19조의2 3항 1호). 따라서 법인이 소멸시효가 완 성된 채권에 관하여 그 완성일이 속하는 사업연도 이후의 사업연도에 대손으로 회계처리 를 하였더라도 그 회계처리를 한 사업연도의 손금에 산입할 수 없고,[173] 경정청구를 통하 여 그 소멸시효완성일이 속하는 사업연도의 손금에 산입하여야 한다.

(2) 결산확정(조정)사항

법인세법 시행령 제19조의2 제1항 제8호 내지 제13호의 대손금(경제적 회수불능 중 남 을 가망이 없어 경매가 취소된 경우 외의 것)은 결산확정(조정)사항이므로, 법인이 이를 손비(대손금)로 계상한 날이 속하는 사업연도의 손금으로 된다(시행령 19조의2 3항 2호).[174]

한정한다.

172) 조심 2018서2478, 2019. 7. 25. 결정은, 법인이 채권에 관하여 금융감독원장의 대손금 승인을 받은 경우 에, 같은 사업연도에 회생계획인가결정에 따라 변제기를 유예하여 변제받기로 하였더라도, 그러한 사정 만으로 채권의 회수가능성이 높아졌다고 단정하기 어렵다는 이유로, 그 채권을 대손금으로 계상할 수 있 다는 취지로 판단하였다.

173) 대법원 1990. 10. 30. 선고 90누325 판결

174) 과거에 대법원은, 법적으로 소멸하지는 않았으나 채무자의 자산상황 등에 비추어 회수불능인 청구권의 경우, 법인이 대손의 회계처리를 하였을 때 한하여 당해 사업연도의 손금에 산입할 수 있다고 판시하였 다(대법원 1988. 9. 27. 선고 87누465 판결). 1998. 12. 31. 전부 개정된 구 법인세법 시행령 제62조 제3항 은, 위 대법원 판례를 반영하여 대손금의 손금산입시기를 규정하였다.

법인이 위 대손사유가 있는 채권에 관하여 그 사유가 발생한 사업연도의 결산 당시 대손금을 계상하지 않았다면, 이후 회계처리의 잘못을 정정한다는 등의 이유로 경정청구를 할 수 없다.[175] 재판상 화해 등(시행령 19조의2 2항 10호)에 따라 채권의 전부 또는 일부가 소멸하는 경우에는, 그 채권의 소멸일[176]이 속하는 사업연도를 귀속시기로 하는 신고조정사항으로 규정하는 것이 입법론상 합리적이다.[177]

다만, 법인이 다른 법인과 합병하거나 분할하면서, 결산확정(조정)사항에 해당하는 대손금을 합병등기일 또는 분할등기일이 속하는 사업연도까지 손비로 계상하지 않은 경우에는, 그 대손금은 그 법인의 합병등기일 또는 분할등기일이 속하는 사업연도의 손비로 한다(시행령 19조의2 4항).[178][179] 그러므로 합병 당시 피합병법인이 채무자의 사업폐지 등으로 채권 전부를 회수할 수 없다는 사실이 이미 객관적으로 확정되었다면, 그 회수불능채권을 합병등기일이 속하는 사업연도의 손금으로 계상하지 않았더라도, 그 대손금은 합병등기일이 속하는 사업연도의 손금에 산입되어야 하고, 이러한 회수불능채권을 피합병법인이 대손금 처리를 하지 않은 데에 고의 또는 중대한 과실이 없었더라도 마찬가지이다.[180]

(3) 대손금의 회수

법인이 대손사유가 있는 채권에 관하여 대손금으로 손금에 산입한 후 그 채권의 일부를 회수한 경우, 그 회수한 사업연도의 익금에 산입되고(시행령 11조 7호), 그 이전의 사업연도에 손금산입한 대손금이 손금불산입되는 것은 아니다.

---

175) 대법원 2003. 12. 11. 선고 2002두7227 판결

176) 재판상 화해 등에 별다른 조건이나 기한 없이 채권의 포기를 정하는 내용이 포함된 경우, 채권의 소멸일은, ① 재판상 화해·조정의 경우에는 재판상 화해 등의 성립일, ② 화해권고결정·조정을 갈음하는 결정의 경우에는 그 확정일이 될 것이다.

177) 채권의 포기를 정하는 화해권고결정이 확정되었다면, 대부분의 경우 채권자인 법인은 그 확정일이 속하는 사업연도에 그 포기한 채권액을 손금으로 계상할 것이지만, 그렇게 하지 않고 그 이후의 사업연도에 비로소 손금으로 계상한 경우에 문제된다.

178) 2009. 2. 4. 구 법인세법 시행령의 개정으로 위 내용이 도입되기 전에는, 피합병법인이 합병 전에 회수불능채권을 대손충당금으로 계상하여 이월결손금이 발생할 경우 합병법인이 그 이월결손금을 승계하지 못하는 것을 회피하기 위하여 피합병법인으로 하여금 합병 전에 대손충당금을 설정하지 않게 함으로써 그 채권을 장부가액으로 승계한 후 자신이 대손충당금을 설정하여 손금으로 인식하는 사례가 있었다. 그러한 사례에 대하여는 대법원 2015. 1. 15. 선고 2012두4111 판결이 있다.

179) 대법원 2017. 9. 7. 선고 2017두36588 판결은, 위 규정의 입법취지에 관하여, 합병 시까지 피합병법인이 대손금으로 계상하지 않은 회수불능채권의 손금 귀속시기를 세무회계상 인식 여부와 관계없이 일률적으로 정함으로써, 법인세법 제44조에 정하는 합병에 따른 피합병법인의 합병등기일이 속하는 사업연도의 소득금액 계산 방식과 일치시키기 위한 것이라고 본다.

180) 대법원 2017. 9. 7. 선고 2017두36588 판결

2-2-4. 채권의 포기와 재조정

(1) 채권의 포기

(가) 채권의 포기에 합리적 이유가 있는 경우

법인이 채무자의 자력부족으로 채권액 전체를 회수할 수 없는 상황에서 그 일부라도 회수하기 위하여 불가피하게 나머지 채권을 포기한 경우에는, 손금의 일반적 요건(법 19조2항)이 충족된 것으로서 손금으로 인정될 수 있다.[181] 행정해석은, 채권의 일부 포기에 정당한 사유가 있더라도 그 채권이 특수관계자에 대한 것이 아닌 경우에 한하여 손금에 산입될 수 있다는 입장을 취한다.[182] 그러나 특수관계인에 대한 채권이라도 업무무관 가지급금이 아니고(가령, 매출채권 등) 그 일부 포기에 합리적 이유가 있는 경우 손금으로 인정하여야 할 것이다. 한편, 법인이 포기한 채권이 채무보증으로 인한 구상채권이거나 특수관계자에 대한 업무무관 가지급금인 경우에는, 그 채권의 일부 회수를 위한 포기라고 하더라도 대손금으로 인정될 수 없다(법 19조의2 2항).

(나) 채권의 포기에 합리적 이유가 없는 경우

채권의 포기에 관하여 합리적 이유가 인정되지 않는 경우에는, 그 포기된 채권액은 손금에 산입되지 않고, 채무자와의 관계, 채권포기의 동기 및 경위 등을 고려하여 부당행위계산[183] 또는 기부금 등으로 취급되어야 할 것이다.[184][185]

(2) 채권의 재조정

(가) 채권자

법인이 기업회계기준에 따른 채권의 재조정에 따라 채권의 장부가액과 현재가치의 차액을 대손금으로 계상한 경우, 이를 손금에 산입하고, 손금에 산입한 금액은 기업회계기준의 환입방법에 따라 익금에 산입한다(시행령 19조의2 5항).

위 규정은 기업회계기준상 채권·채무조정에 따른 조건변경을 대손금으로 반영하기 위

---

181) 김완석·황남석, 법인세법론(2021), 343쪽 ; 서울고등법원 2021. 12. 15. 선고 2020누55482 판결(대법원 2022두31570호로 상고심 계속 중)

182) 기본통칙 19의2 - 19의2…5

183) 대법원은, 관계회사 사이의 임의적 채권포기를 대손금으로 처리한 것은 부당행위계산에 해당하므로 그 손금산입이 부인되어야 한다고 판단하였다(대법원 1994. 12. 2. 선고 92누14250 판결). 대법원 2020. 3. 26. 선고 2018두56459 판결도, 법인이 특수관계인에 대한 채권을 포기한 것이 경제적 합리성을 결여한 경우 부당행위계산에 해당한다고 보았다.

184) 김완석·황남석, 법인세법론(2021), 342~343쪽

185) 대법원 판례와 행정해석은 채권의 포기가 접대비(기업업무추진비)에 해당할 수 있는 것으로 본다. 그러나 채권의 포기를 기업업무추진비로 보는 것은 부적절하고, 합리적 이유 없는 채권의 포기는 손금의 요건을 갖추지 못한 것으로 보아 손금산입을 부인하면 족할 것이다. 제4절 1-2. (4) 참조

한 것이고, 기업회계기준상 채권·채무조정에 따른 조건변경은 원금의 감액을 포함한다. 그런데 채권의 원금이 감액된 경우는 채권의 일부가 법적으로 소멸한 경우이므로, 이를 대손금으로 계상된 경우에 한하여 대손금으로 인정되는 결산확정(조정)사항으로 보는 것은 부적절하다.[186] 따라서 기업회계기준상 채권·채무조정에 따른 원금의 감액은 법인세법 시행령 제19조의2 제5항의 '채권의 재조정'에 포함되지 않고, 그러한 조건변경 당시 대손사유가 존재하거나 기타 합리적 사유가 있는 경우에는, 대손금으로 계상하였는지 여부와 관계없이, 원금 감액이 발생한 사업연도의 손금에 산입되어야 할 것이다. 행정해석도 같은 견지에서 채권·채무조정에 따른 원금감면을 위 규정의 적용대상에서 제외한다.[187] 결국 위 규정에서 '채권의 재조정'은, 기업회계기준상 채권·채무조정에 따른 조건변경 중에서 원금의 감액을 제외한 이자율이나 변제기 등의 조정·변경을 의미하는 것으로 보아야 한다.[188] 그리고 ① 위 규정이 법인세법상 현재가치평가가 허용되는 채권에 관하여 적용되는 경우에는, 채권의 재조정으로 인하여 변경된 현재가치에 따라 대손금에 해당하는 금액만큼 법인세법상 채권의 취득가액도 감액되지만, ② 그 외의 경우에는, 대손금에도 불구하고 채권의 취득가액이 그대로 유지되어야 할 것으로 보인다.[189]

한편, 일반기업회계기준은, 이미 설정되어 있는 대손충당금이 채권·채무조정에 따라 결정된 대손상각비 금액보다 적은 경우에는 부족분에 대하여 대손충당금을 추가로 설정하

---

186) 만일 채권의 재조정으로 감액된 원금의 액을 그 감액시점이 아닌 손금계상일이 속하는 사업연도의 손금에 산입한다면, 채권의 재조정에 따라 채권 일부가 법적으로 소멸하였음에도 법인은 이를 반영하지 못하고 손금계상일이 속하는 사업연도까지 그 소멸한 부분을 세법상 자산으로 계속 인식하여야 하는 부자연스러운 상황이 만들어진다.

187) 기본통칙 19의2-19의2…8【채권조정시 원금감면분에 대한 처리】채권자인 법인이 기업회계기준에 의한 채권·채무의 조정과 관련하여 원금의 일부를 감면한 경우에는 영 제19조의2 제5항이 적용되지 아니한다. 따라서 동 원금감면분에 대하여는 19의2-19의2…5에 따라 처리한다.

188) 따라서 기업회계기준상 채권·채무조정에 의한 조건변경에 따른 채권의 장부금액과 현재가치의 차액 중 ① 원금의 감액분은 위 규정의 적용대상에서 제외되고, ② 이자율의 변경이나 변제기의 조정 등에 따른 부분만 위 규정의 적용대상에 해당한다.

189) 채권자인 법인이 20×1. 1. 1. 금액 1,000,000원, 변제기 20×3. 12. 31., 이자 연 4%(매년 말 지급)인 채권을 취득하여 유효이자율 연 5%로 상각하던 중, 20×1. 12. 31. 채무자와 사이에 위 채권의 이자율을 연 2%, 변제기를 20×4. 12. 31.로 변경한 경우(유효이자율은 연 10%로 인상됨)를 상정하자. 회계기준에 의하면, 위 채권의 최초 장부금액은 972,770원(= 1,000,000원×0.86384+40,000원×2.72325)이고, 조건변경 시의 장부금액은 981,409원[= 972,770원+(972,770원×0.05－40,000원)]이며, 조건변경 직후의 현재가치는 801,047원(=1,000,000원×0.75131+20,000원×2.48685)이 된다.
법인이 채권의 조건변경 전의 장부가액 981,409원과 조건변경 후의 현재가치 801,047원의 차액 180,362원을 대손금으로 계상한 경우, 법인세법에 따른 효과는 다음과 같다. ① 위 채권이 법인세법상 현재가치 평가가 인정되는 채권인 경우(장기할부대금채권, 사채), 법인은 20×1. 12. 31. 위 채권의 가액을 981,409원으로 인식하고 있던 중 대손금 180,362원을 손금에 산입하면서 그 금액만큼 위 채권의 가액을 감액하여야 할 것이다. ② 위 채권이 법인세법상 현재가치평가가 인정되는 채권이 아닌 경우, 법인은 위 채권의 취득가액을 1,000,000원으로 인식하고 있던 중 대손금 180,362원을 손금에 산입하지만, 이는 위 채권의 취득가액에 영향을 미치지 않는다.

도록 규정한다.[190] 이와 관련하여, 법인세법 시행령 제61조 제5항은, 대손충당금의 손금산입 범위액을 계산할 때, 법인세법 시행령 제19조의2 제5항에 따른 대손금과 관련하여 계상된 대손충당금은 제외한다고 규정한다. 따라서 위와 같이 일반기업회계기준에 따라 설정된 대손충당금은 법인세법 제34조 제1항에 의한 손금산입한도액의 제한을 받지 않는다.

(나) 채무자

① 채무조정약정에 따라 채무의 원금 및 기발생 이자가 감액된 경우, 그 감액된 금액은 채무면제이익에 해당한다(시행령 11조 6호).

② 채무조정약정에 따라 채무의 이자율이 인하되고 만기가 연장된 경우, 법인세법에서 채무의 취득가액은 원칙적으로 그 명목금액이고, 채무조정약정에 관하여 현재가치평가의 예외를 인정하는 특칙이 없으며, 부채의 후속평가는 원칙적으로 인정되지 않는다.[191] 따라서 채무조정약정에 따른 이자율 인하와 만기연장으로 인한 채무의 장부금액과 현재가치의 차액은 세법상 채무면제이익으로 볼 수 없다.[192][193] 그리고 이는 조건변경 전의 채무와 변경 후의 채무 사이에 동일성이 유지되는지 여부와 관계없다고 보아야 한다.[194]

2-3. 대손충당금

2-3-1. 대손충당금의 의의

대손충당금은, 채권이 장래 회수불능이 될 것을 대비하여 미리 계상하는 평가성 충당금이다. 대손충당금을 인정하지 않을 경우 과거 사업연도의 수익에 포함된 채권이 미래시점에 회수불능이 될 경우, 그로 인한 비용 또는 손실은 과거 사업연도의 수익과 관련된 것임에도 다른 사업연도의 손금에 산입됨으로써 수익과 비용의 대응이 무시되는 문제점이 있

---

190) 일반기업회계기준 6장 문단 6.98

191) 회계기준에 의하면, 채무조정약정에 따른 미래 현금흐름을 채무발생시점의 유효이자율로 할인하여 계산한 채무의 현재가치와 장부금액의 차이는, 당기손익으로 인식된다. K-IFRS 1109호 문단 3.3.3, 일반기업회계기준 6장 문단 6.87

192) 기본통칙 19의2-19의2⋯9

193) 원금은 그대로 두고 이자율을 낮추어 차환하는 경우에는 새로운 채무의 현재가치와 당초의 채무부담액 사이의 차액은 채무면제익이라고 보아야 한다는 견해로 이창희, 세법강의(2020), 904쪽

194) 대법원은, 현실적인 자금의 수수 없이 형식적 신규 대출로 기존 채무를 변제하는 이른바 대환은, 특별한 사정이 없는 한 실질적으로 기존 채무의 변제기 연장에 불과하므로, 그 법률적 성질은 기존 채무가 여전히 동일성을 유지한 채 존속하는 준소비대차로 보아야 한다고 판시하였다(대법원 2002. 10. 11. 선고 2001다7445 판결). 변경 전의 채무와 변경 후의 채무 간에 법적 동일성이 인정되지 않는 경우에도, 양 채무의 원금 사이에 차이가 없다면, 세법상 채무면제이익이 발생하였다고 보기 어렵다.

다. 따라서 세법은, 각 사업연도의 채권 잔액을 기준으로 계산한 금액의 한도 내에서 대손 충당금을 인정함으로써, 제한적이나마 수익비용의 대응을 유지한다.[195]

2-3-2. 대손충당금의 설정대상

법인세법상 대손충당금의 설정한도는 전체 채권 중 일정한 것의 잔액을 토대로 산정되므로, 대손충당금의 설정대상은 그러한 계산의 기초인 채권잔액에 포함될 수 있는 채권을 의미한다.

대손충당금의 설정대상인 채권은 다음과 같다(법 34조 1항, 시행령 61조 1항).

① 외상매출금 : 상품·제품의 판매가액의 미수액과 가공료·용역 등의 제공에 의한 사업수입금액의 미수액

② 대여금 : 금전소비대차계약 등에 의하여 타인에게 대여한 금액

③ 그 밖에 이에 준하는 채권 : 어음상의 채권·미수금, 그 밖에 기업회계기준에 따라 대손충당금 설정대상이 되는 채권(부당행위계산인 고가양도에 따른 시가초과액에 상당하는 채권은 제외한다[196]).

대법원은, 법인이 부동산을 할부 또는 연불로 매각하여 그 매각대금을 완불받을 때까지 소유권을 보유하는 경우, 그 거래의 성질상 대손발생이 예상되지 않으므로, 위 거래로 인한 부동산매각대금의 미수금채권은 대손충당금 설정대상이 아니라고 한다.[197]

한편, 대손금으로 손금산입될 수 없는 채권은 대손충당금의 설정대상이 아니다(법 34조 2항, 19조의2 2항).

---

195) 이에 대하여 매출환입이나 매출에누리는 실제로 생긴 시점에 가서 인식하면서 일단 매출이 있은 뒤에 생기는 대손은 매출액을 인식할 때 함께 인식하여야 한다는 생각은 앞뒤가 맞지 않는다고 비판하는 견해로 이창희, 세법강의(2020), 875쪽

196) 가령, 법인이 시가 1억 원인 자산을 특수관계인에게 1억 5,000만 원에 매각한 것이 부당행위계산에 해당하는 경우 그 특수관계인의 무자력 등으로 그 대금채권을 회수할 수 없게 된 때 현행세법에 의하면 그 채권 중 5,000만 원 부분은 대손금으로 손금에 산입되지 못한다. 그런데 위 금액 부분은 이미 법인의 익금에 산입되어 과세되었을 것인데 이에 대하여 굳이 대손금을 부인하는 제재를 가할 필요가 있는지는 의문이다.

197) 대법원 1988. 12. 27. 선고 87누870 판결. 이에 대하여 김완석·황남석, 법인세법론(2021), 314쪽은, 법인 세법이 개별채권별로 대손가능 여부를 검토하여 대손추산액을 산정할 것을 요구하지 않고 매출채권기말 잔액비율에 따라 대손추산액을 산정하도록 규정하므로, 대손의 우려가 없는 채권에 대하여도 대손충당금을 설정할 수 있다고 본다.

2-3-3. 대손충당금의 손금산입범위

대손충당금으로 손금에 산입될 수 있는 금액은 아래 ①, ②의 금액 중 큰 금액이다(시행령 61조 2항 본문).

① 해당 사업연도 종료일 현재의 외상매출금·대여금, 그 밖에 이에 준하는 채권의 장부가액('채권잔액')의 1%에 상당하는 금액

② 채권잔액에 대손실적률을 곱하여 계산한 금액

다만, **금융회사 등**(시행령 61조 2항 1호 내지 4호, 6호 내지 17호의2, 24호)의 경우에는 아래 ①, ②, ③의 금액 중 큰 금액으로 한다(시행령 61조 2항 단서).[198]

① 금융위원회[199]가 기획재정부장관과 협의하여 정하는 대손충당금적립기준에 따라 적립하여야 하는 금액

② 채권잔액의 1%에 상당하는 금액

③ 채권잔액에 대손실적률을 곱하여 계산한 금액

여기서 **'채권잔액'**은 세법상 가액을 의미하므로, 평가가 허용되지 않는 채권의 경우에는 그 평가 전의 가액을 말하고, 대손금으로 계상되었으나 그 요건이 충족되지 않은 경우에는 해당 채권이 존재하는 것으로 보아 계산하여야 한다. 채권잔액을 계산할 때, 법인이 동일인에 대하여 매출채권과 매입채무를 가지는 경우에는, 해당 매입채무를 상계하지 않고 대손충당금을 계상할 수 있다. 다만, 당사자 간의 약정에 의하여 상계하기로 한 경우에는 그러하지 아니하다(시행규칙 32조 2항).

대손실적률은 다음 계산식에 따라 계산한 비율을 말한다(시행령 61조 3항).

$$
대손실적률 = \frac{해당\ 사업연도의\ 법인세법\ 제19조의2\ 제1항에\ 따른\ 대손금}{직전\ 사업연도\ 종료일\ 현재의\ 채권가액}
$$

---

198) 2001. 12. 31. 개정 전의 구 법인세법 시행령 제61조 제2항 단서는, 대손충당금의 설정한도액에 관하여 일반 법인의 경우에는 채권잔액의 1%에 상당하는 금액과 채권잔액에 대손실적률을 곱하여 계산한 금액 중 큰 금액으로 하면서도, 금융기관의 경우에는 금융감독위원회가 재정경제부장관과 협의하여 정하는 대손충당금적립 기준에 따라 적립하여야 하는 금액으로 "할 수 있다."고 규정하였다. 이와 관련하여, 대법원 2012. 8. 17. 선고 2009두14965 판결은, 위 규정은, 금융기관이 각 사업연도에 대한 결산 시 적립한 대손충당금에 관하여 결산 회계목적으로 사용된 적립방법에 관계없이 법인세법의 고유목적을 위해서 손금산입할 수 있는 대손충당금 총액의 한도를 산정할 수 있는 방법을 선택적으로 정한 것으로 보아야 하므로, 금융기관으로서는 결산시 어떠한 방법을 적용하여 대손충당금을 적립하였는지에 관계없이 법인세 산정 시에는 가장 유리한 한도액을 선택하여 그 범위 내에서는 결산 시 적립한 대손충당금액을 손금산입할 수 있다고 판단하였다.

199) 새마을금고중앙회(시행령 61조 2항 24호)의 경우에는 행정안전부

2-3-4. 대손충당금의 처리

대손충당금을 손금에 산입하려는 법인은 결산서에 손비로 계상하여야 한다(법 34조 1항). 따라서 대손충당금은 결산확정사항이다. 손비로 계상된 대손충당금이 손금산입 범위액을 초과하는 경우, 그 초과금액은 손금불산입된다.

대손충당금을 손금에 산입한 법인은, 대손금이 발생한 경우 그 대손금을 대손충당금과 먼저 상계하여야 하고, 대손금과 상계하고 남은 대손충당금의 금액은 다음 사업연도의 익금에 산입된다(시행령 61조 3항, 총액법). 법인이 당해 사업연도의 대손충당금 손금산입 범위액에서 익금에 산입하여야 할 대손충당금을 차감한 잔액만을 대손충당금으로 계상한 경우, 차감한 금액은 각각 익금 또는 손금에 산입한 것으로 본다(시행규칙 32조 1항).

대손충당금을 계상한 법인이 합병하거나 분할하고, 합병법인 등이 대손충당금과 그에 대응하는 채권을 함께 승계한 경우, 합병법인 등이 승계한 대손충당금은 합병법인 등이 합병등기일 또는 분할등기일에 가지고 있는 대손충당금으로 본다(법 34조 4항).

2-4. 신용보증에 따른 구상채권상각충당금

법률에 의하여 신용보증사업을 하는 신용보증기금, 기술보증기금 등이, 사업연도의 결산을 확정할 때 구상채권상각충당금(求償債權償却充當金)을 손비로 계상한 경우에는, 당해 사업연도 종료일 현재의 신용보증사업과 관련된 신용보증잔액에 ① 1%와, ② 구상채권발생률[200] 중 낮은 비율을 곱하여 계산한 금액의 범위에서 그 계상한 구상채권상각충당금을 손금에 산입한다(법 35조 1항, 시행령 63조 1, 3항).

K-IFRS를 적용하는 주택도시보증공사가, 구상채권상각충당금을 세무조정계산서에 계상하고, 그 금액을 해당 사업연도의 이익처분을 할 때 구상채권상각충당금의 적립금으로 적립한 경우, [해당 사업연도 종료일 현재의 신용보증사업과 관련된 신용보증잔액에 ① 1%와, ② 구상채권발생률 중 낮은 비율을 곱하여 계산한 금액]의 범위에서 그 금액을 결산을 확정할 때 손비로 계상한 것으로 본다(법 35조 2항, 시행령 63조 2항, 1항 2호).

구상채권상각충당금을 손금에 산입한 법인은, 대손사유에 해당하는 구상채권 등이 발생한 경우 이를 구상채권상각충당금과 상계할 수 있다(법 35조 3항, 시행령 63조 4항).

---

200) 직전 사업연도 종료일 현재의 신용보증사업과 관련된 신용보증잔액 중 해당 사업연도에 발생한 구상채권의 비율을 말한다.

3-1. 회계기준

3-1-1. K - IFRS

(1) 금융자산의 제거(derecognition)

다음 중 하나에 해당하는 경우에만 금융자산을 제거한다.[201]

① 금융자산의 현금흐름에 대한 계약상 권리가 소멸한(expire) 경우[202]

② 아래 ㉮, ㉯ 중 어느 하나에 해당하고 ㉰의 요건을 충족하는 경우

㉮ 금융자산의 현금흐름을 수취할 계약상 권리를 양도하는(transfer) 경우[203]

㉯ 금융자산의 현금흐름을 수취할 권리를 보유하지만(retain), 그 현금흐름을 하나 이상의 거래상대방에게 지급할 계약상 의무를 부담하고 일정한 조건을 충족하는 계약에 따라 하나 이상의 수취인에게 지급할 계약상 의무를 부담하고, 그 거래가 일정한 조건을 충족하는 경우[204]

㉰ 양도자가 ㉠ 금융자산의 소유에 따른 위험과 보상(risks and rewards)의 대부분을 이전하거나, ㉡ 위험과 보상의 대부분을 이전하지도 보유하지도 않고[205] 금융자산을 통제하지 않는 경우[206][207]

---

201) K - IFRS 1109호 문단 3.2.3~3.2.6

202) K - IFRS 1109호 문단 3.2.3 (1)

203) K - IFRS 1109호 문단 3.2.4

204) K - IFRS 1109호 문단 3.2.4 (2), 3.2.5

205) 양도자가 위험과 보상의 대부분을 보유하는 경우의 예는 다음과 같다(K - IFRS 1109호 B3.2.5).
① 재매입 가격이 고정된(미리 정해진) 가격이거나 판매가격에 대여자(양수인)의 수익을 더한 것인 판매 및 재매입 거래(sale and repurchase transaction)(이 부분은 IFRS의 영어 원문을 직역한 것이다)
② 유가증권대여계약을 체결한 경우
③ 시장위험 익스포저를 양도자에게 다시 이전하는 총수익스왑(total return swap) 체결과 함께 금융자산을 매도한 경우
④ 양도자가 매도한 금융자산에 대한 콜옵션을 보유하고 있거나 양수자가 해당 금융자산에 대한 풋옵션을 보유하고 있으며, 해당 콜옵션이나 풋옵션이 현재까지 깊은 내가격 상태이기 때문에 만기 이전에 해당 옵션이 외가격 상태가 될 가능성이 매우 낮은 경우
⑤ 양도자가 발생가능성이 높은 신용손실의 보상을 양수자에게 보증하면서 단기 수취채권을 매도한 경우

206) 금융자산을 양도한 자가 ① 그 금융자산의 소유에 따른 위험과 보상의 대부분을 보유한다면 그 금융자산을 계속 인식하고, ② 그 위험과 보상의 대부분을 보유하지도 이전하지도 않고 금융자산을 통제하고 있다면 그 금융자산에 지속적으로 관여하는 정도까지(to the extent of its continuing involvement) 그 금융자산을 계속 인식한다. K - IFRS 1109호 문단 3.2.6 (3)㉯

207) 금융자산의 양도는 위험 · 보상의 이전 · 보유 및 금융자산 통제에 따라 다음과 같이 처리된다.

(2) 금융부채의 제거

금융부채는 소멸한 경우(계약상 의무가 이행, 취소, 만료된 경우)에만 재무상태표에서 제거한다.[208] 기존 차입자와 대여자가 실질적으로 다른 조건으로 채무상품을 교환한 경우, 최초의 금융부채를 제거하고 새로운 금융부채를 인식한다. 기존 금융부채의 조건이 실질적으로 변경된 경우(채무자의 재무적 어려움으로 인한 경우와 그렇지 아니한 경우를 포함)에도, 최초의 금융부채를 제거하고 새로운 금융부채를 인식한다.[209] 소멸하거나 제3자에게 양도한 금융부채의 장부금액과 지급한 대가(양도한 비현금자산이나 부담한 부채를 포함)의 차액은 당기손익으로 인식한다.[210]

3-1-2. 일반기업회계기준
(1) 금융자산의 제거
① 매각거래와 차입거래의 구별

금융자산의 양도가 다음 요건을 충족하는 경우에는 금융자산의 매각거래로, 이외의 경우에는 금융자산을 담보로 한 차입거래로 본다.[211]

㉮ 양도인은 금융자산 양도 후 그 양도자산에 대한 권리를 행사할 수 없어야 한다.

㉯ 양수인은 양수한 금융자산을 처분할 자유로운 권리를 갖고 있어야 한다.

㉰ 양도인은 금융자산 양도 후에 효율적인 통제권을 행사할 수 없어야 한다.

금융자산의 이전거래가 매각거래에 해당하면 처분손익을 인식하여야 하며, 매각거래와 관련하여 신규로 취득(부담)하는 자산(부채)가 있는 경우 공정가치로 평가하여 장부에 계상하고 처분손익계산에 반영하여야 한다.[212]

② 대물변제와 출자전환

채권자가 채무자에 대한 채권에 대하여 제3자에 대한 채권, 부동산 또는 기타의 자산을

위험·보상 대부분을 보유	위험·보상 대부분을 보유·이전하지 않은 경우		위험·보상 대부분을 이전
	금융자산을 통제	금융자산을 통제하지 않음	
금융자산 인식	금융자산 인식 (지속적 관여 정도까지)	금융자산 제거	금융자산 제거

208) K-IFRS 1109호 문단 3.3.1
209) K-IFRS 1109호 문단 3.3.2
210) K-IFRS 1109호 문단 3.3.3
211) 일반기업회계기준 6장 문단 6.5
212) 일반기업회계기준 6장 문단 6.6

받거나 채무자의 지분증권을 받은 경우, 그 자산을 공정가치로 회계처리한다. 채권자가 받은 자산의 공정가치가 채권의 대손충당금 차감 전 장부금액보다 적은 경우에는, 채권의 대손충당금 차감 전 장부금액을 대손충당금과 우선 상계하고, 부족한 경우에는 대손상각비로 인식한다.[213]

(2) 금융부채의 제거

① 일반적 처리

금융부채는 다음 중 하나에 해당하는 경우에 소멸한다.[214]

㉮ 채무자가 일반적으로 현금, 그 밖의 금융자산, 재화 또는 용역을 채권자에게 제공하여 부채의 전부나 일부를 이행한 경우

㉯ 채무자가 채권자로부터 또는 법적 절차에 따라 부채의 전부 또는 일부에 대한 1차적 의무를 법적으로 유효하게 면제받은 경우

② 채무상품의 교환 등

기존 차입자와 대여자가 실질적으로 다른 조건으로 채무상품을 교환한 경우, 최초의 금융부채를 제거하고 새로운 금융부채를 인식한다. 기존 금융부채의 조건이 실질적으로 변경된 경우(채무자의 부담이 경감되도록 변경된 경우는 제외)에도, 최초의 금융부채를 제거하고 새로운 금융부채를 인식한다.[215] 소멸하거나 제3자에게 양도한 금융부채의 장부금액과 지급한 대가(양도한 비현금자산이나 부담한 부채를 포함)의 차액은 당기손익으로 인식한다.[216]

③ 대물변제와 출자전환

채무자가 채무를 변제하기 위하여 제3자에 대한 채권, 부동산 또는 기타의 자산을 채권자에게 이전하는 경우에는 변제되는 채무의 장부금액과 이전되는 자산의 공정가치의 차이를 채무조정이익으로 인식한다.[217] 채무자가 채무를 변제하기 위하여 채권자에게 지분증권을 발행하는 경우(출자전환) 지분증권의 공정가치와 채무의 장부금액의 차이를 채무조정이익으로 인식한다.[218]

---

213) 일반기업회계기준 6장 문단 6.95
214) 일반기업회계기준 6장 문단 6.8의2
215) 일반기업회계기준 6장 문단 6.9
216) 일반기업회계기준 6장 문단 6.10
217) 일반기업회계기준 6장 문단 6.86
218) 일반기업회계기준 6장 문단 6.87

3-2. 세법

3-2-1. 환매조건부 채권매매

법인이 채권을 매도하면서 일정시점 또는 당사자의 환매청구가 있는 날에 당초의 매매대금에 이자 상당액을 가산한 금액으로 다시 매수하기로 정한 경우, 그 경제적 실질은 그 채권을 담보로 매매대금 명목의 자금을 차입한 것으로 볼 수 있다.[219]

대법원은, 내국법인이 환매기간에 따라 일정이율에 의하여 계산된 이자를 가산하여 환매하는 조건으로 국·공채를 취득한 경우, 위 거래의 사법적 성질을 중시하여, 이는 국·공채를 담보로 한 소비대차거래가 아니라 채권의 매입이므로, 그 채권으로부터 생기는 이자소득은 이를 보유한 내국법인에게 귀속된다는 취지로 판단하였다.[220][221]

세법은, 금융회사 등이 일정한 환매조건부 채권매매[222]와 채권의 대여를 한 경우, 이를 채권의 '양도'로 보지 않고(법 73조의2 1항 괄호 안, 시행령 114조의2 1항),[223] 채권의 환매조건부 매매차익의 귀속시기를 약정에 의한 환매수일 또는 환매도일[224]로 규정한다(법 40조 2항, 시행령 70조 1항 1호 본문, 소득세법 시행령 45조 7호).

실무상 사용되는 약관에 의하면, 환매조건부 증권매매의 매수자는 그 보유기간 중 해당 증권에서 생기는 수익을 그 지급을 받은 날 매도자에게 지급하여야 하고, 그렇지 않은 경우 그 수익의 금액은 해당 증권의 환매일[225]에 매도자로부터 지급받을 환매대금에서 차감된다.[226] 이에 따라 환매조건부 매매의 대상인 채권 등에서 생기는 이자 등은 실질적으로

---

219) K-IFRS는, 양도자가 유가증권대여계약을 체결한 경우 위험과 보상의 대부분을 보유하는 것으로 보므로 [K-IFRS 1109호 B3.2.5(2)], 양도자는 그 유가증권을 계속 자산으로 인식하여야 한다.

220) 대법원 1988. 3. 22. 선고 87누451 판결 : 위 사건에 적용된 구 법인세법(1982. 12. 21. 개정 전의 것) 제10조, 제10조의2 등은 내국법인이 보유하는 국·공채의 이자 또는 할인액은 비과세하거나 소득금액에서 공제하도록 규정하였는데, 대법원은 위 사건에서 문제된 국·공채를 원고가 보유한 기간에 해당하는 권면이자 상당액은 비과세되거나 소득공제되어야 한다고 판시하였다.

221) 대법원 2006. 9. 28. 선고 2005두2971 판결은, 원고가 주권의 소비대차약정에 따라 차용한 주권을 반환한 것이 주권의 양도에 해당한다고 판시하였다. 위 판례에 의하면 주권의 대여자는 그 차용자에게 그 주권을 양도한 것으로 처리될 것이다.

222) 실무상 "Repo"라고 부른다.

223) 따라서 이 경우 채권의 매도자는 법인세법상 그 채권을 계속 보유하는 것으로 취급된다.

224) 다만, 기일 전에 환매수 또는 환매도하는 경우에는 그 환매수일 또는 환매도일

225) 우리나라의 경우 환매조건부 매매계약의 내용으로 한국금융투자협회에서 제정한 기관간환매조건부매매약관과 대고객환매조건부매매약관이 사용된다. 기관간환매조건부매매약관에 의하면 "환매일"은 매수자가 매도자에게 등가매입증권을 환매하기로 약정한 날 또는 개방형거래(환매일을 미리 약정하지 않은 거래)의 경우 당사자 일방이 환매일로 통지한 날 등을 말한다(2조 12호).

226) ① 기관간환매조건부매매약관에 의하면 ㉮ 매입증권의 발행인이 매수자에게 수익을 지급한 경우 매수자는 그 지급일에 그 금액을 매도자에게 지급하고, 매수자가 매입증권을 처분한 경우에는 그 증권을 처분하지 않았다면 지급받을 수 있었던 금액을, 지급받을 수 있었던 최초의 날에 매도자에게 지급하며(위 약

그 매도자에게 귀속된다.

이를 고려하여 세법은, 금융회사 등과 집합투자업자 등 간의 일정한 채권 등의 환매조건부 매매 또는 채권 등을 대여하는 거래의 경우, 그 매도일 또는 대여일부터 환매수일 또는 반환일까지의 기간 동안 그 채권 등으로부터 발생하는 이자소득에 상당하는 금액은 매도자 또는 대여자[227]에게 귀속되는 것으로 보아 원천징수 규정을 적용한다(시행령 114조의2 2항).

3-2-2. 대물변제

(1) 채무자

법인이 채무의 대물변제로 채권자에게 자산을 이전한 경우, 자산양도의 대가는 채무의 소멸이므로, 소멸한 채무의 금액을 자산의 양도금액으로 보아야 할 것이다.[228]

(2) 채권자

채권자가 채권의 대물변제로 자산을 취득하는 것은, 채권변제 받음과 동시에 그 금액으로 자산을 매입하는 것과 실질적으로 동일하므로, 그 자산의 취득가액은 원칙적으로 소멸한 채권액으로 볼 수 있다(법 41조 1항 1호).[229] 따라서 법인이 채권의 대물변제로 취득한 자산의 시가가 소멸한 채권의 금액보다 큰 경우(저가매입)에도, 익금을 인식하지 않는다.

한편, 법인이 채권의 대물변제로 취득한 자산의 시가가 소멸한 채권액에 미달하는 경우(고가매입), 채무자의 자력부족 등 합리적 사유가 인정되지 않으면, 부당행위계산 또는 간주기부금에 해당할 수 있고, 이 경우 그 채권액과 그 자산의 시가 또는 정상가액의 차액은 그 자산의 취득가액에 포함되지 않으며,[230] 손금에 산입되지도 않는다.[231]

관 8조 1항), ㉯ 환매일에 매수자는 매도자에게 등가매입증권을 교부하고, 이와 동시에 매도자는 매수자에게 환매가(매수인으로부터 수익을 지급받지 못한 경우에는 그 금액을 차감한 잔액)를 지급하여야 한다(위 약관 4조 1항). ② 대고객환매조건부매매약관에 의하면, 회사(또는 고객)가 조건부 매도한 증권을 고객(또는 회사)이 보관하는 경우 조건부 매매의 약정기간 또는 경과기간 중에 해당 증권으로부터 받은 이자(원천징수세액을 차감) 등은 환매수(또는 환매도) 가격에서 정산한다(위 약관 6조 3항).

227) 해당 거래가 연속되는 경우 또는 채권매매 또는 채권대차가 혼합되는 경우에는 최초 매도자 또는 대여자를 말한다.

228) 대법원 1998. 3. 10. 선고 97누19809 판결(원고가 처와 이혼소송을 하던 중 위자료의 대물변제로 부동산을 양도하기로 재판상화해를 하고 이에 따라 부동산을 양도한 경우, 위자료채무 중 소멸한 금액을 실지 양도대금으로 판단한 사안). 박정수, "교환에 있어서 양도가액 및 취득가액", 재판자료 제120집 행정재판실무연구 Ⅲ, 686쪽 참조

229) 행정해석은, 법인이 채권의 대물변제로 취득한 토지의 취득가액은 원칙적으로 취득 당시의 시가이지만, 시가가 채권의 가액을 초과하는 경우에는 채권의 가액이 토지의 취득가액이 된다고 본다(서면법인2020-4855, 2020. 11. 6.).

3-2-3. 채권의 출자전환

이에 관하여는 자본거래 중 채권의 출자전환에 관한 부분에서 다루기로 한다.[232]

4 ▷ 파생상품

4-1. 파생상품 일반론[233]

4-1-1. 파생상품의 의의와 종류

파생상품(derivatives)은 ① 기초변수(underlying)[234]의 변동에 따라 가치가 변동하고 ② 최초 계약 시 순투자금액이 필요하지 않거나 다른 유형의 계약보다 적은 순투자금액이 필요하며, ③ 미래에 결제되는 금융상품이나 그 밖의 계약을 말한다.[235]

파생상품은 계약의 내용 및 거래형태에 따라 선도, 선물, 옵션, 스왑 등으로 구분된다. ① 선도(forward contracts) 및 선물(futures)은 기초자산이나 그 가격·이자율 등을 기초로 하는 지수 등에 의하여 산출된 금전 등을 장래의 특정시점에 인도할 것을 약정하는 계약이다(자본시장법 5조 1항 1호).[236] ② 옵션(option)은, 당사자에게 기초자산이나 그 가격·이자율 등 또는 이를 기초로 하는 지수 등에 의하여 산출된 금전을 수수하는 거래를 성립시킬 수 있는 권리를 부여하는 계약을 말한다(자본시장법 5조 1항 2호).[237] ③ 스왑(swap)은 장

---

230) 제1장 제2절 1-1-1. (4) 참조

231) 행정해석은, 대물변제로 소멸한 채권액 중 채권자가 대물변제받은 자산의 시가를 초과하는 금액은 법인세법 기본통칙 34-62…5(약정에 의한 채권포기액의 대손처리)에 의하여 처리하여야 한다고 본다. 서면2팀-2173, 2004. 10. 27.

232) 제3편 제2장 제3절 참조

233) 이하의 내용은, 송동진, "실질과세원칙과 파생상품에 대한 과세", 서울시립대학교 세무전문대학원 세무학석사학위논문(2013. 2.), 64~72쪽을 요약정리한 것이다.

234) 기초변수는 이자율, 금융상품가격, 일반상품가격, 환율, 가격 또는 비율의 지수, 신용등급 또는 신용지수나 그 밖의 변수를 말한다. 다만, 비금융변수(non-financial variable)의 경우에는 계약의 당사자에게 특정되지 아니하여야(not specific) 한다.

235) K-IFRS 1109호 부록 A. 용어의 정의 ; 일반기업회계기준 6장 문단 6.36

236) 선도의 경우 결제소를 통하지 않고 당사자 간에 체결된 계약에 따라 거래가 이루어지는 것에 비하여, 선물의 경우 당사자가 직접 계약을 체결하지 않고 결제소를 통하여 표준화된 거래조건에 따라 거래가 이루어지는 점에서 차이가 있다.

237) 옵션의 일종으로 시장이자율 변동의 위험을 헤지하기 위한 이자율 Cap과 Floor가 있다. ① 이자율 Cap은, 특정일에 기준이자율이 행사이자율을 초과하는 경우 그 판매자가 구매자에게 일정액을 지급하기로 약정하는 계약이다. ② 이자율 Floor는, 특정일에 기준이자율이 행사이자율에 미달하는 경우 그 판매자가 구

래의 일정기간 동안 미리 정한 가격으로 기초자산이나 그 가격·이자율 등 또는 이를 기초로 하는 지수 등에 의하여 산출된 금전 등을 교환할 것을 약정하는 계약이다(자본시장법 5조 1항 3호).

세법은 파생상품을 '기업회계기준에 따른 선도거래, 선물, 스왑, 옵션, 그 밖에 이와 유사한 거래 또는 계약'으로 규정한다(시행규칙 42조의4).

4-1-2. 파생상품의 기능

파생상품의 기능 중 가장 중요한 것은 위험회피(hedge)이다.

① 선물을 이용한 위험회피 : 당사자는 선물시장에서 현물시장의 포지션과 반대의 포지션을 취함으로써 가격변동의 위험을 회피할 수 있다.[238]

② 옵션을 이용한 위험회피 : 현재 주식을 보유하는 자는 그 주식에 대한 풋옵션을 매입함으로써, 미래에 주식을 매입하려는 자는 그 주식에 대한 콜옵션을 매입함으로써 각각 미래의 주가변동위험을 회피할 수 있다.

③ 스왑을 이용한 위험회피 : 변동금리로 자금을 차입한 기업은, 변동금리와 고정금리의 현금흐름을 교환하는 스왑계약을 체결함으로써 변동금리부채를 고정금리부채로 전환하여 이자율변동의 위험을 회피할 수 있고, 외화채권을 발행한 기업은 통화스왑을 체결함으로써 환율변동에 따른 위험을 회피할 수 있다.

매자에게 일정액을 지급하기로 약정하는 계약이다. ③ 이자율 Collar는, 이자율 Cap을 구매하고 이자율 Floor를 판매하는 것으로서, 이자율 Cap과 이자율 Floor으로 분해하여 과세될 수 있을 것이다. 미국 재무부 규칙 § 1.446-3(c)(1)(i)

238) 가령 미래에 현물시장에서 기초자산을 매입하려는 자는, 선물계약을 매입함으로써 가격상승의 위험을 회피할 수 있고, 반대로 미래에 현물시장에서 기초자산을 매도하려는 자는, 선물계약을 매도함으로써 가격하락의 위험을 회피할 수 있다.

4-1-3. 파생상품의 가격결정

(1) 선물의 가격결정 : 현물-선물 등가

완전시장(perfect market)[239]을 전제로 할 경우 현물가격과 선물가격 간에는 다음과 같은 관계가 성립한다.

> 선물가격(F_t) = 현물가격$(S_t) \cdot (1 + r)^{T-t}$, $(0 \leq t \leq T)$
>
> T : 만기, t : 만기 전 특정시점
> r : 연 무위험이자율

위 식을 현물-선물 등가식(spot-futures parity) 또는 보유비용모형(cost-of-carry model)이라고 하고, 이를 이용하여 여러 가지 금융상품을 복제 또는 합성할 수 있다.[240]

> 선물매도$(-F_t)$ = 대출〔무위험채권 매입, $S(1+r)^T$〕 + 현물매도$(-S)$
>
> 현물매입 = 대출 + 선물매입
> 현물공매 = 차입(무위험채권 발행) + 선물매도
> 대출 = 현물매입 + 선물매도
> 차입 = 현물공매 + 선물매입

위 식에 현물의 보유로 인한 비용(현물구입자금에 대한 이자비용, 창고비용, 보험료 등)과 수익(채권의 표시이자, 주식의 배당 등)을 추가하면 다음과 같은 관계가 성립한다.[241]

> 선물가격(F_t) = 현물가격$(S_t)(1 + r + u - y)^{T-t}$, $(0 \leq t \leq T)$
>
> u : 현물가격에 대한 연 보관비용의 비율
> y : 연 편의수익률[242]

(2) 옵션의 가격결정 : 풋-콜 등가

시장이 균형인 상태에서 기초자산, 만기, 행사가격이 모두 같은 콜옵션과 풋옵션, 그 행

---

239) ① 완전경쟁(perfect competition)이 일어나고, ② 거래비용, 세금, 배당 등이 없고, 매입가-매도가의 차이인 매매스프레드(bid-ask spread)가 0이며, ③ 차입이자율과 대출이자율이 같고, ④ 공매에 대한 제약이 없는 시장을 말한다. 조재호·박종원·조규성, 선물·옵션·스왑, 다산출판사(2011), 84쪽

240) 조재호·박종원·조규성, 앞의 책, 86쪽

241) 조재호·박종원·조규성, 앞의 책, 90쪽

242) 현물을 보유하여 얻게 되는 이득을 편의수익이라 하고, 편의수익과 현물가격의 비율을 나타낸 것이 편의수익률(convenience yield)이다.

사가격이 액면금액인 무위험채권 사이에는 아래와 같은 관계가 성립한다.[243]

주식매입(S) + 풋옵션매입(P) = 콜옵션매입(C) + 무위험채권[244] 매입

위 식을 풋-콜 등가식(put-call parity)이라고 하고, 이를 이용하면 여러 가지 금융상품을 복제 또는 합성할 수 있다. 이를 합성증권(synthetic security) 또는 합성포지션(synthetic position)이라고 하는데, 그 예는 다음과 같다.[245]

콜옵션 매입	+	풋옵션 매도	+	채권[246] 매입(대출)	=	주식매입
C	+	(-P)	+	PV(K)	=	S
주식 매입	+	풋옵션 매입	+	채권 매도(차입)	=	콜옵션 매입
S	+	P	+	(-PV(K))	=	C
콜옵션 매입	+	주식 매도	+	채권 매입(대출)	=	풋옵션 매입
C	+	(-S)	+	PV(K)	=	P
주식 매입	+	풋옵션 매입	+	콜옵션 매도	=	채권 매입(대출)
S	+	P	+	(-C)	=	PV(K)

(3) 스왑 거래조건의 결정

금리스왑(interest rate swap)의 경우, 통상적으로 변동금리부 이자와 고정금리부 이자의 교환이 일어나고,[247] 변동금리의 기준금리(reference rate)로는 LIBOR(London Inter-Bank Offered Rate, 런던 은행 간의 거래금리)가 사용된다. 스왑의 고정금리는 계약시점에서 스왑의 가치가 0이 되도록 고정금리채권의 현재가치와 변동금리채권의 현재가치를 같게 만드는 수준에서 결정된다.[248]

통화스왑(currency swap)의 경우, 쌍방이 변동금리부 이자를 교환하는 경우에는 따로 스왑의 가격을 결정할 필요가 없지만, 그 외의 경우에는 통화스왑의 가격을 결정하는 것은 각국의 금리스왑의 스왑금리를 결정하는 것이고, 스왑거래를 시작할 때 스왑의 가치가 0

---

243) 조재호·박종원·조규성, 앞의 책, 308쪽
244) 그 매입가격은 행사가격(K)의 현재가치가 된다.
245) 조재호·박종원·조규성, 앞의 책, 309~310쪽에 있는 공식을 일부 변형한 것이다.
246) 풋옵션 및 콜옵션의 행사가격이 액면가액인 무위험채권을 말한다. 이하 같다.
247) 금리스왑의 표준형태(plain vanilla IRS)에 관하여는 조재호·박종원·조규성, 앞의 책, 496쪽
248) 조재호·박종원·조규성, 앞의 책, 528~529쪽

이 되도록 스왑금리가 결정된다.[249)]

4-2. 파생상품의 인식과 평가

4-2-1. 회계기준

(1) 파생상품과 금융자산, 금융부채, 지분상품

　기업이 체결한 파생상품 계약에 따라 ① 미래에 금융자산을 수취할 권리 또는 잠재적으로 유리한 조건으로 거래상대방과 금융자산과 금융부채를 교환할 계약상 권리를 갖게 된다면, 그 파생상품은 **금융자산**에 해당하고, 반대로 ② 미래에 금융자산을 인도할 의무 또는 잠재적으로 불리한 조건으로 거래상대방과 금융자산과 금융부채를 교환할 계약상 의무를 부담하게 된다면, 그 파생상품은 **금융부채**에 해당한다.[250)]

　파생상품 중 확정(fixed) 금액의 현금 또는 그 밖의 금융자산을 확정(fixed) 수량의 자기지분상품으로 교환함으로써만 결제되는 것은 **지분상품**이다.[251)]

(2) 복합계약과 복합금융상품

(가) 복합계약과 내재파생상품 : 보유자

　복합계약(hybrid contracts)은, 주계약(host)에 파생상품이 결합된 금융상품을 말하고, 그러한 파생상품을 내재파생상품(embedded derivative)이라 한다.[252)] 가령, 전환사채는 주계약인 사채에 주식으로 전환할 수 있는 콜옵션이 결합된 금융상품이다.

　① 복합계약의 주계약이 K-IFRS 제1109호의 적용범위에 포함되는 자산인 경우에는, 내재파생상품을 분리하지 않고 그 복합계약 전체를 후속적으로 상각후원가, 공정가치-기타포괄손익, 공정가치-당기손익으로 측정되도록 분류한다.[253)]

　② 복합계약의 주계약이 K-IFRS 제1109호의 적용범위에 포함되는 자산이 아닌 경우, 일정한 요건[254)]을 충족하는 경우에는 내재파생상품을 주계약과 분리하여 K-IFRS

---

249) 조재호·박종원·조규성, 앞의 책, 533~534쪽
250) K-IFRS 1032호 부록 A. 용어의 정의
251) K-IFRS 1032호 문단 16(1)(나), 22
252) K-IFRS 1109호 문단 4.3.1
253) K-IFRS 1109호 문단 4.3.2, 4.1.1 ; 복합계약이 SPPI 조건을 충족하기는 곤란하므로, 실제로는 상각후원가로 측정되도록 분류하는 것은 생각하기 어려울 것이다.
254) 다음의 각 요건을 모두 충족하는 경우를 말한다.
　(1) 내재파생상품의 경제적 특성·위험이 주계약의 경제적 특성·위험과 밀접하게 관련되어 있지 않다 (문단 B4.3.5와 B4.3.8 참조).
　(2) 내재파생상품과 조건이 같은 별도의 금융상품이 파생상품의 정의를 충족한다.

제1109호에 따른 파생상품으로 회계처리한다.[255]

(나) 복합금융상품 : 발행자

복합금융상품(compound financial instruments)은, 부채요소와 자본요소를 모두 가지고 있는 금융상품을 말한다.[256] 가령, 확정된 사채원리금을 확정된 수량의 주식으로 전환할 수 있는 전환사채는 복합금융상품에 해당한다. 복합금융상품의 발행자는 부채요소와 자본요소로 분리하여 재무상태표에 표시한다.[257] 위에서 본 복합계약이 금융상품 보유자의 관점에서 본 것이라면, 복합금융상품은 그 발행자의 관점에서 본 것이다.

(3) 파생상품의 최초 인식

파생상품도 금융상품이므로, 기업은 파생상품의 계약당사자가 되는 때에 금융자산 또는 금융부채로 인식한다.[258] 파생상품은 최초 인식시점에 **공정가치**로 측정한다.[259]

① 선도계약은 결제일이 아닌 계약일에 자산이나 부채로 인식하고, 선도계약의 당사자가 되는 때에 일반적으로 권리와 의무의 공정가치는 같으므로 선도계약의 순공정가치는 영(0)이 된다.[260]

② 옵션계약은 그 보유자나 발행자가 계약의 당사자가 되는 때 자산이나 부채로 인식한다.[261]

(4) 파생상품의 후속 측정

파생상품[262]은 단기매매항목(held for trading)으로 분류되고, 단기매매항목의 정의를 충족하는 금융부채는 공정가치-당기손익 측정(FVPL) 금융부채로 분류된다.[263] 따라서 파생상품은 최초 인식 후 **공정가치**로 측정하고, 공정가치변동에 따른 손익은 **당기손익**으로 인식한다.[264]

---

(3) 복합계약의 공정가치 변동을 당기손익으로 인식하지 않는다(당기손익-공정가치 측정 금융부채에 내재된 파생상품은 분리하지 아니한다).

255) K-IFRS 1109호 문단 4.3.3
256) K-IFRS 1032호 문단 28
257) K-IFRS 1032호 문단 28, 29
258) K-IFRS 1109호 문단 3.1.1
259) K-IFRS 1109호 문단 5.1.1
260) K-IFRS 1109호 부록 B. 적용지침 B3.1.2(3) : 권리와 의무의 순공정가치가 영(0)이 아닌 경우에는 해당 계약은 자산이나 부채로 인식한다.
261) K-IFRS 1109호 부록 B. 적용지침 B3.1.2(4) ; 일반기업회계기준에 의하면, 옵션의 경우 일반적으로 시가가치 및 내재가치에 대한 프리미엄을 계약체결시점에 수수하게 되고, 그 금액이 그 옵션의 계약체결시점의 공정가치이므로, 이를 자산·부채로 인식한다(일반기준 6장 문단 6.39, 실6.95).
262) 금융보증계약인 파생상품과 위험회피수단으로 지정되고 위험회피에 효과적인 파생상품을 제외한다.
263) K-IFRS 1109호 부록 A. 용어의 정의
264) K-IFRS 1109호 문단 6.5.11 : 다만, 현금흐름 위험회피수단으로 지정된 파생상품의 공정가치 변동 중 위험회피에 효과적인 부분은 기타포괄손익으로, 효과적이지 않은 부분은 당기손익으로 인식한다.

(5) 위험회피회계(hedge accounting)

(가) 공정가치위험회피(fair value hedge)

공정가치위험회피는, 위험회피대상항목(hedged items)과 위험회피수단(hedging instrument) 간의 회계불일치(mismatch)[265]를 제거하기 위하여, 위험회피대상 항목의 공정가치변동을 위험회피수단의 그것과 마찬가지로 당기손익으로 인식하는 것을 말한다.[266] 이는 위험회피대상항목의 회계처리를 위험회피수단인 파생상품의 회계처리에 맞추는 것이다. 따라서 확정계약(firm commitment)[267]에 대하여 공정가치위험회피를 적용할 경우, 확정계약의 공정가치변동은 당기손익으로 인식된다.[268]

(나) 현금흐름위험회피(cash flow hedge)

현금흐름위험회피는, 특정 위험에 기인하고 당기손익에 영향을 줄 수 있는 것으로서, ① 인식된 자산이나 부채 또는 ② 발생가능성이 매우 큰 예상거래(forecast transaction)[269]의 현금흐름 변동 익스포저에 대한 위험회피를 말한다.[270]

현금흐름위험회피회계는, 위험회피대상의 현금흐름변동과 위험회피수단의 공정가치변동 간의 회계불일치[271]를 제거하기 위하여, 위험회피대상의 현금흐름변동을 당기손익에 반영할 수 있을 때까지, 위험회피수단의 공정가치변동 중 위험회피와 관련된 부분을 당기손익으로 인식하는 것을 보류한다.[272]

---

265) 위험회피대상항목의 공정가치변동 위험을 회피하기 위하여 파생상품 등 위험회피수단이 지정된 경우, 위험회피수단인 파생상품은 공정가치변동을 당기손익으로 인식하는 반면, 위험회피대상항목은 공정가치변동을 인식하지 않거나 인식하더라도 기타포괄손익으로 인식하기 때문에, ① 재무적으로는 공정가치변동의 위험이 제거되지만, ② 회계상으로는 당기손익의 변동이 있을 수 있다.

266) K-IFRS 1109호 문단 6.5.2(1), 6.5.8 : 다만, 위험회피대상이 공정가치변동을 기타포괄손익으로 표시하기로 선택한 지분상품인 경우에는, 그 공정가치변동을 기타포괄손익으로 남겨두고, 그에 대한 위험회피수단의 공정가치변동을 기타포괄손익으로 인식한다.

267) 확정계약은, 미래의 특정일에 거래 대상의 특정 수량을 특정 가격으로 교환하기로 하는 구속력 있는 약정을 말한다(K-IFRS 1109호 부록 A. 용어의 정의).

268) K-IFRS 1109호 문단 6.3.1

269) 이행해야 하는 구속력은 없으나, 앞으로 발생할 것으로 예상되는 거래를 말한다(K-IFRS 1109호 부록 A. 용어의 정의).

270) K-IFRS 1109호 문단 6.5.2(2) ; 확정계약의 외화위험회피에 관하여는 공정가치위험회피회계와 현금흐름위험회피회계 중 하나를 선택할 수 있다(문단 6.5.4).

271) 변동금리부 차입금채무를 부담하는 기업은, 변동금리를 수취하고 고정금리를 지급하는 이자율스왑을 통하여 고정금리부 차입금채무로 전환함으로써, 금리변동에 따른 현금흐름 변동의 위험을 회피할 수 있다. 그리고 발생가능성이 큰 예상거래가 있는 경우, 기업은 해당 미래의 시점을 기준으로 한 선물계약 또는 선도계약을 체결함으로써 미래의 시장가격 또는 환율의 변동으로 인한 현금흐름위험을 회피할 수 있다. 그런데 변동금리부 금융상품의 경우 공정가치 변동을 인식할 수 없고, 예상거래의 경우 아직 발생하지 않은 것이므로, 회계적 인식의 대상이 될 수 없다. 그런 상황에서 위험회피수단의 공정가치변동을 당기손익으로 인식한다면, 재무적으로 현금흐름변동의 위험이 제거된 상태와 회계적 인식 사이에 불일치가 발생한다.

272) 현금흐름위험회피회계를 적용할 경우, 위험회피수단의 공정가치변동으로 인한 손익 중 ① 현금흐름위험

(다) 해외사업장순투자의 위험회피

이에 관하여는 별도로 K-IFRS 제1021호가 규정한다.[273]

4-2-2. 세법

(1) 취득가액

기업회계기준에 따라 **단기매매항목**으로 분류된 파생상품은 단기금융자산 등에 해당하고, 그 취득가액은 매입가액이다(시행령 72조 1항, 2항 5호의2). ① K-IFRS에 의하면, 파생상품 중 금융보증계약인 것 또는 위험회피수단으로 지정되고 위험회피에 효과적인 것을 제외한 나머지는, 단기매매항목에 해당한다.[274] 그리고 ② 일반기업회계기준에 의하면, 단기매매 증권은, 지분증권과 만기보유증권으로 분류되지 않은 채무증권으로서, 주로 단기간 내의 매매차익을 목적으로 취득하였고 매수와 매도가 빈번하게 이루어지는 것을 말한다.[275]

회계기준상 단기매매항목에 해당하는 파생상품의 경우, ① 선도, 선물, 스왑의 취득가액은 계약체결 시에 별도의 대가를 수수하지 않았다면 영(0)이 되고, ② 옵션의 취득가액은 옵션의 발행대가로 수수된 프리미엄(premium)이 될 것이다.

(2) 손익의 인식시기

(가) 원칙

계약의 목적물을 인도하지 않고 목적물의 가격변동에 따른 차액을 금전으로 정산하는 파생상품의 거래로 인한 손익은, 그 거래에서 정하는 대금결제일이 속하는 사업연도의 익금과 손금으로 한다(시행령 71조 6항). 따라서 파생상품 계약의 대가(옵션의 경우 프리미엄)는 그 계약체결시점의 손익에 산입되지 않고,[276] 파생상품의 보유기간 동안 발생한 시가(공정가치)의 변동과 관련된 손익도 익금과 손금에 산입되지 않으며, 파생상품의 결제시점에 가서 한꺼번에 익금과 손금에 산입된다.

회피에 효과적인 부분은, 기타포괄손익인 현금흐름위험회피적립금으로 인식하였다가, 이후 위험회피대상이 당기손익에 영향을 미치는 기간에 현금흐름회피적립금을 당기손익으로 재분류조정 하는 등으로 회계처리하고(K-IFRS 1109호 문단 6.5.11), ② 현금흐름위험회피에 효과적이지 못한 부분은 그 발생한 기간의 당기손익으로 인식한다.

273) K-IFRS 1109호 문단 6.5.2(2)
274) K-IFRS 1109호 부록 A. 용어의 정의
275) 일반기업회계기준 6장 문단 6.27 ; 위험회피수단으로 지정되지 않고 매매목적 등으로 보유하고 있는 파생상품의 평가손익은 당기손익으로 인식한다[일반기준 6장 문단 6.39(1)].
276) 미국 국세청의 해석도 같다(Rev. Rul. 78-182).

(나) 예외 : 통화선도 등

예외적으로 다음의 파생상품의 시가변동으로 인한 손익은 그 결제일 이전이라도 익금과 손금에 산입된다(법 42조 1항 2호).

① 금융회사 등이 보유하는 통화선도, 통화스왑, 환변동보험('통화선도 등')(시행령 73조 4호, 시행규칙 37조의2)

② 금융회사 등 외의 법인이 화폐성 외화자산·부채의 환위험을 회피하기 위하여 보유 하는 통화선도 등(시행령 73조 5호).

(3) 복합계약과 내재파생상품의 처리

복합계약에 포함된 내재파생상품을 주계약과 분리하여 처리할 것인지에 관하여 세법은 규정하지 않으므로, 기업회계기준에 따라 결정되어야 할 것이다(법 43조). K-IFRS에 의하면, ① 복합계약의 주계약이 K-IFRS 제1109호의 적용대상인 자산에 해당하는 경우, 그 보유자는 복합계약 전체를 하나의 금융자산으로 회계처리한다. 행정해석도 복합계약의 주계약과 내재파생상품을 분리하여 처리하지 않아야 한다는 태도를 취한다.[277] 한편, ② 복합계약이 부채요소와 자본요소를 모두 가진 복합금융상품에 해당하는 경우, 그 발행자는 부채요소와 자본요소를 구분하여 표시한다.

대법원은, 원고 은행이 판매한 주가지수연계예금(Equity Linked Deposit)의 현재가치할 인차금(미수금)의 상각액을 이자비용으로 계상한 사건에서, 위 이자비용은 법인세법 시행 령 제70조 제1항 제2호 단서의 '이미 경과한 기간에 대응하는 이자 및 할인액'으로 볼 수 없으므로, 그 계상한 사업연도의 손금에 산입될 수 없다고 판단하였다.[278]

대법원 2014. 4. 10. 선고 2013두25344 판결

① 원고 은행은 2003년 정보통신부 및 교원공제조합에게 「원금을 보장하면서, 가입일의 KOSPI 200 주가지수('주가지수')와 만기(2년) 직전 2영업일의 주가지수를 비교하여, 주가지수 상승률에 따라 금리조건표상 이자(0~14%, 다만 교원공제조합은 0~14.49%, 정보통신부(4차)는 0~13.2%)를 지급하되, 가입기간 중 1회라도 주가지수가 가입일 주가지수 대비 20% 이상 상승하면 총 14%(연

---

277) 법인세과-556, 2012. 9. 13.[한국채택국제회계기준(K-IFRS)을 적용하는 내국법인이 금융상품 중 주계 약과 내재파생상품이 복합된 상품(이하 "복합상품")에 대해 주계약과 내재파생상품을 분리하여 회계처리 하는 경우에도 세무상으로는 복합상품을 하나의 금융상품으로 보는 것임] ; 다만, 위 행정해석은, 법인이 2018년 이전의 K-IFRS에 따른 회계처리에 대하여 세법상 그와 다르게 취급하여야 한다는 것인데, 그와 같이 처리할 수 있는 세법상 근거는 의문이다. 이후 2018년부터 적용되는 K-IFRS의 내용이 변경됨에 따라, 주계약이 금융상품에 해당하는 경우에 관하여는, 위 행정해석과 K-IFRS가 결과적으로 일치하게 되었다.

278) 대법원 2014. 4. 10. 선고 2013두25344 판결

7%, 다만 교원공제조합은 14.49%, 정보통신부(4차)는 13.2%}의 이자를 확정적으로 지급한다.는 내용의 주가지수연계 예금상품('이 사건 정기예금') 4,500억 원을 판매하였다.

② 원고는 정보통신부에 판매한 제1차 정기예금에 대하여 회계처리를 하면서, ㉮ 그 가입일에 옵션계약에 따라 '주가지수에 연계하여 이자를 지급받을 권리'의 대가에 해당하는 4,357,500,000원을 미수금 항목으로 차변에 계상한 다음, ㉯ 2003 사업연도에 1,850,445,200원, 2004 사업연도에 2,184,719,180원, 2005 사업연도에 322,335,620원을 미수금 항목으로 대변에 계상하여 3개 사업연도에 걸쳐 상각함과 동시에 이에 대응하여 같은 금액을 이자비용 항목으로 차변에 계상하였다.

③ 대법원은, 다음과 같은 이유로, 원고가 2003, 2004 사업연도 결산 당시 위 이자비용 항목으로 계상한 금액은, 법인세법 시행령 제70조 제1항 제2호 단서에서 말하는 '이미 경과한 기간에 대응하는 이자 등을 당해 사업연도의 손금으로 계상한 경우'로 볼 수도 없다고 판단하였다.

㉮ 제1차 정기예금의 가입일 당시 미수금 항목으로 계상한 4,357,500,000원은, 원금 500억 원에 미리 정해진 8.715%를 곱하여 산정된 것으로서 이는 예금기간에 비례하여 각 사업연도에 상각되도록 미리 예정된 것일 뿐, 주가지수의 변동에 따라 확정되는 이자율에 의하여 계산된 것이 아니다.

㉯ 2003 내지 2005 사업연도에 이자비용으로 계상된 금액은, 제1차 정기예금의 주계약과 관련하여 원금의 명목가액인 500억 원과 그 현재 가치인 45,642,500,000원(이는 원금 500억 원에서 '주가지수에 연계하여 이자를 지급받을 권리'의 가치에 해당하는 4,357,500,000원을 공제한 금액과 일치한다)의 차액인 4,357,500,000원을 미수금 항목으로 계상한 후 이를 매년 상각한 것으로 볼 수 있다.

㉰ 제1차 정기예금의 만기일 전인 2003. 8. 14. 코스피 200 주가지수가 가입일보다 20% 상승하여 이자율이 14%로 확정됨으로써 만기에 지급할 이자가 7,009,589,040원으로 확정되었으나, 원고는 2003 내지 2005 사업연도 결산 당시 위 이자를 이미 경과한 예금기간에 대응하여 각 사업연도의 손금으로 따로 계상하지 않았다.

④ 원고 은행은, 주가지수연계예금에 따른 이자율변동 위험을 회피(hedge)하기 위하여 그와 반대되는 조건의 옵션을 매수함으로써 스트래들(straddle) 포지션을 구성한 것으로 보인다. 만일 위 주가지수연계예금거래와 헤지거래를 통합하여 하나의 거래단위로 평가할 경우, 그 경제적 실질은 원고 은행이 정기예금의 판매시점에 45,642,500,000원에 수령한 후 주가지수의 변동과 관계없이 만기에 고객에게 500억 원을 상환하는 것이고,[279] 원고 은행이 계상한 비용은 이자비용을 기간경과에 따라 계상한 것에 해당할 수 있다.[280] 미국 세법에서는, 스트래들 포지션 중 어느 하나에서 발생하는 손실은, 그와 상쇄되는 다른 포지션에서 발생한 미실현이익을 초과하는 한도에서만 고려되므로[IRC § 1092(a)], 다른 포지션에서 발생한 미실현이익과 상쇄되는 금액은 손금에 불산입된다. 그러나 우리 세법에는 위와 같은 규정이 없다.

---

279) 오종문, "주식워런트증권 거래와 세법상 거래 단위의 설정", 회계저널 제25권 제2호(2016. 4.), 99~102쪽
280) 이창희, 세법강의(2020), 916쪽

4-3. 파생상품을 이용한 거래와 실질과세원칙

(1) 파생상품에 의한 조세회피

(가) 소득 종류의 변경

현물-선물 등가식(spot-futures parity), 풋-콜 등가식(put-call parity)을 이용하여 다른 금융상품과 동일한 현금흐름을 만들어내는(복제) 합성포지션(synthetic position)을 구성할 경우, 그 합성포지션을 구성하는 자산과 부채는 복제대상 금융상품과 세법상 다르게 취급될 수 있다. ① 이를 이용하여 납세자는 소득의 유형을 과세상 유리한 것으로 전환할 수 있다. 가령, 엔화스왑예금 사건[281]에서는 합성포지션이 엔화예금과 동일한 현금흐름을 갖지만 과세대상인 이자소득이 아닌 비과세대상인 환차익이 발생하도록 구성되었다. ② 납세자는 파생상품을 이용하여 순현금흐름에 변동이 없음에도 손금산입되는 이자비용을 만들어낼 수 있다. 가령, 사채를 발행하여[-PV(K)] 그 발행대금으로 주식을 매입하고(S), 그 주식에 관한 콜옵션을 매도(-C)함과 동시에 풋옵션을 매입하는(P) 경우, 사채의 발행시점과 상환시점의 순현금흐름은 각각 0이지만, 사채의 이자비용을 손금산입할 수 있다.[282)283)]

(나) 소득귀속자의 변경

파생상품은 소득의 귀속자를 변경시킬 수 있다. 가령, 납세자가 유리한 조세조약이 체결된 국가의 거주자인 법인과 총수입스왑(total return swap)을 체결하고 그 법인을 소득의 귀속자로 내세워 그 조세조약을 적용받으려는 시도가 있을 수 있다.[284] 미국 세법은 총수

---

281) 대법원 2011. 4. 28. 선고 2010두3961 판결

282) 다만, 이는 사채를 무위험이자율(risk-free rate)로 발행할 수 있음을 전제로 한다. 그런데 현실세계에서 법인은 무위험이자율에 일정한 가산금리를 더한 이율로 사채를 발행할 수 있고, 사채발행 및 옵션의 구입에 따른 거래비용이 추가로 발생한다. 따라서 실제로 위와 같은 거래를 한다면 사채의 발행시점과 상환시점(옵션행사시점)의 각 순현금흐름이 음(-)의 값을 가지는 경우가 많을 것이다. 그 경우 위와 같은 거래를 함으로 인한 과세상 이익이 순현금흐름의 감소를 상쇄할 정도에 이르지 못한다면, 조세절감의 목적으로 위와 같은 거래가 행해지기는 어렵다. 또한, 위와 같은 거래를 통하여 절감될 것으로 예상되는 세액이 큰 경우에도 과세관청이 거래의 재구성을 통하여 그러한 거래를 부인할 가능성도 있다.

283) 법인이 20×1. 1. 1. 100원의 사채를 이자율 2%(=무위험이자율)에 액면발행하여 그 100원으로 주식을 매입하고(현물매입), 그 주식을 102원에 매도하면서 그 이전 및 대금지급의 시기를 20×2. 1. 1.로 정한 경우, 법인은 20×1 사업연도에 이자비용 2원을 손금에 산입하고, 20×2 사업연도에 주식처분이익 2원을 익금에 산입할 수 있으므로, 위 금액에 대한 세액에 관한 금융이익을 누리게 된다[위 사례는 이창희, 세법강의(2020), 916쪽의 것을 일부 수정한 것이다]. 다만, 실제로는 사채발행법인은 대부분 무위험이자율보다 높은 이율로 사채를 발행하므로, 위와 같은 방식의 거래를 한다면 이를 하지 않은 경우에 비하여 순현금흐름이 감소하는 점, 거래비용의 존재 등을 고려하면, 조세절감 목적으로 위와 같은 거래를 하기는 쉽지 않을 것이다.

284) ① 총수익스왑을 이용하여 조세조약을 적용받은 것이 국조법 제3조 제3항의 우회거래에 해당하는 경우 소득의 명의인에 대한 조세조약의 적용이 부인될 수 있다. 그리고 ② 주식의 보유자가 총수익스왑에 따

익스왑을 이용한 원천징수의 회피에 대응하기 위한 규정을 두고 있다.[285] 총수익스왑을 이용하여 주식을 간접적으로 취득하는 경우 간주취득세의 회피가 문제된다.[286]

(2) 파생상품을 이용한 거래의 세법상 취급

(가) 세법에 별도의 규정이 있는 경우

세법에 파생상품을 이용한 거래에 관하여 별도의 규정이 있는 경우에는 그 규정에 따라 처리된다. 가령 자산을 양도하면서 사후에 원래의 양도대금에 이자 상당액을 가산한 금액으로 환매할 수 있다는 조건을 붙이는 경우, 이는 현물거래와 반대방향의 선물거래가 결합된 것으로서 실질적으로는 자금의 대차에 해당한다. 이와 관련하여 소득세법은, '금융회사 등이 환매기간에 따른 사전약정이율을 적용하여 환매수 또는 환매도하는 조건으로 매매하는 채권 또는 증권의 매매차익'을 이자소득으로 규정한다(소득세법 16조 1항 8호 본문, 소득세법 시행령 24조).

(나) 국세기본법 제14조

파생상품을 이용한 거래에 대하여 세법에서 별도로 규정하지 않는 경우에는 국세기본법 제14조의 실질과세원칙에 따라 판단할 수밖에 없다.

① 엔화스왑예금 사건[287]

대법원은, 이른바 엔화스왑예금 사건[288]에서 고객이 얻은 선물환차익이 이자소득의 대

라 타인에게 주식보유에 따른 손익을 이전할 의무를 부담하는 경우, 배당의 수익적 소유자가 아니라고 볼 여지가 있다. 제5편 제2장 2-2-3. (1) (가) 중 OECD 모델조약의 주석에 관한 부분의 각주 참조

285) 재무부 규칙에 따르면, 증권 대차 거래 또는 판매-환매 거래에서 이전된 증권의 소유자가 거래기간 중 수취할 권리를 가지는 이자액 및 배당금과 같은 금액을 각각 대체적 이자(substitute interest payment), 대체적 배당(substitute dividend payment)이라 하고[재무부 규칙 §§ 1.861-2(a)(7), 1.861-3(a)(6)], 대체적 이자 및 배당액 그 이전된 증권에 대한 이자 및 배당과 같은 소득으로 구분되며[재무부 규칙 § 1.864-5(b)(2)(ii), § 1.871-7(b)(2)], 그 원천은 이전된 증권에 대한 이자 및 배당과 같은 방법으로 결정되고[재무부 규칙 §§ 1.861-2(a)(7), 1.861-3(a)(6)], 조세조약의 이자 또는 배당에 관한 규정은 외국인에게 지급된 대체적 이자 또는 배당으로서 이자 또는 배당과 같은 성질을 가지는 것을 포함한다[재무부 규칙 § 1.894-1(c)(1)].

286) 법인이 다른 법인의 주식을 직접 취득하는 대신 타인으로 하여금 그 주식을 취득하게 하고 그 타인과 사이에 그 주식에 관한 총수익스왑을 체결하는 방법으로 과점주주가 되는 것을 피한 경우, 지방세법상 간주취득세의 회피가 문제된다. 서울고등법원 2021. 8. 19. 선고 2020누45461 판결(대법원 2022. 1. 14. 선고 2021두51980 판결 : 심리불속행)

287) 대법원 2011. 4. 28. 선고 2010두3961 판결

288) 고객인 원고들은 신한은행의 엔화스왑 예금상품에 가입하면서 다음의 3가지 계약을 동시에 체결하였다.
   ① 엔화 현물환의 매수 : 원고들이 계약 즉시 은행에 원화를 지급하고, 은행으로부터 계약 당시의 엔/원 현물환율로 계산된 엔화를 지급받는 계약
   ② 엔화 정기예금 : 원고들이 위 엔화를 은행에 예금하여 만기에 은행으로부터 연 0.25% 전후의 엔화 확정이자를 더한 엔화 원리금을 지급받기로 하는 계약
   ③ 엔화 선물환의 매도 : 원고들이 이 사건 엔화 정기예금계약의 만기에 위 엔화 원리금(엔화 이자 상당

상인지에 관하여, 통화선도계약은 엔화정기예금과 구별되는 별개의 계약이고, 선물환거래로 인한 선물환차익은 예금의 이자(소득세법 16조 1항 3호) 또는 이에 유사한 것으로 보기 어려우며, 채권 또는 증권의 환매조건부 매매차익(소득세법 16조 1항 8호) 또는 이에 유사한 것으로 보기도 어려우므로, 소득세법 제16조 제1항 제3호, 제9호, 제13호에서 정한 이자소득세의 과세대상에 해당하지 않는다고 판단하였다.

그러나 위 사건의 경우 ㉮ 약정 선물환율의 기초가 된 엔/원 스왑포인트는 원화와 엔화 간의 명목이자율 차이를 반영하기 때문에 이를 기초로 선물환율을 정할 경우 자동적으로 통상의 이자를 보장해주는 결과가 되는 점,[289] ㉯ 은행은 위 거래로 인하여 환위험을 부담하지 않고, 엔화이자율 변동에 따른 스왑포인트 변동으로 인한 위험도 없는 점,[290] ㉰ 위 사건의 선물환계약(통화선도계약)은 스왑포인트를 기초로 한 것이고 스왑포인트는 원화와 엔화의 이자율 차이를 반영하므로, 예금주가 위 거래(현물환계약+선물환계약)로 얻은 이익은 기간에 비례하는 확정적 이익이고, 따라서 당초 판매한 원화의 금액보다 더 지급받는 원화의 금액은 실질적으로 '자금사용의 대가'에 해당하는 점 등을 고려하면, 고객이 얻은 선물환차익은 이자소득으로 볼 여지가 충분하다. 따라서 위 판결의 타당성은 의문스럽다.[291]

② 콜옵션 매입 및 풋옵션 매각 사건[292]

14개 금융기관으로 구성된 채권단은, 강원산업 주식회사 및 원고와 체결한 합병기본약정 등에 따라 2000. 1. 12. 강원산업에 대한 대출금채권을 강원산업의 주식으로 출자전환하고, 2000. 3. 15. 원고가 강원산업을 흡수합병함에 따라 원고의 주식을 취득하게 되었다.

액 중 원천징수세액을 제외한 금액)을 은행에 지급하고, 은행으로부터 계약 당시의 약정 선물환율로 계산된 원화를 지급받기로 하는 계약
　　신한은행은 달러/원 선물환율과 달러/엔 선물환율을 산정한 후, 달러/원 선물환율을 달러/엔 선물환율을 나눈 엔/원화 선물환율을 기준으로 약정 선물환율을 정하였다.

289) 선물환율, 현물환율과 이자율 간의 관계를 나타내는 이자율등가정리(interest rate parity theorem)에 의하면 다음의 관계가 성립한다(조재호·박종원·조규성, 앞의 책, 163쪽).

$$F = S \times \left(\frac{1+r}{1+r_f} \right) T$$

　　F : 선물환율, S : 현물환율, r : 국내이자율, r_f : 외국이자율
　　스왑포인트 : $F - S = S \times (r - r_f)$

290) 대전고등법원 2010. 2. 4. 선고 2009누2403 판결
291) 송동진, 앞의 글, 88~97쪽 ; 다만, 2009. 2. 4. 개정된 소득세법 제12조 제1항 제13호는, 제1호부터 제12호까지의 규정 중 어느 하나에 해당하는 소득을 발생시키는 거래 또는 행위와 파생상품이 대통령령으로 정하는 바에 따라 결합된 경우 해당 파생상품의 거래 또는 행위로부터의 이익도 이자소득으로 보는 규정을 신설하였다.
292) 대법원 2013. 5. 23. 선고 2013두673 판결

원고와 채권단은 2000. 7. 31. ㉮ 위 주식 중 12,265,252주(이 사건 주식)에 관하여 2002 회계연도 배당률 확정일부터 6개월 내에, 원고는 채권단에게 기준가액[293]에 매도할 것을 청구할 수 있는 권리(call option)를, 채권단은 원고에게 기준가액에 매수할 것을 청구할 수 있는 권리(put option)를 각각 가지고, ㉯ 원고가 풋옵션 약정을 위반할 경우 이 사건 옵션행사일의 증권거래소 종가 상당액과 기준가액의 차액을 손해배상하기로 약정하였다.[294][295] 채권단은 2003. 5. 29. 풋옵션을 행사하여 원고에게 이 사건 주식을 1주당 기준가액인 8,785원(=당일 증권거래소 종가인 6,700원+기준가액과의 차액 2,085원)에 매수할 것을 청구하였다. 원고는 채권단에게 이 사건 주식의 취득을 위하여 1주당 8,785원을 지급하면서, '이 사건 주식을 1주당 6,700원에 매수하고, 나머지 2,085원은 손해배상금 명목으로 지급한다.'는 내용의 합의를 하였다. 이후 원고는 위 8,785원 중 6,700원은 자기주식의 취득원가로, 나머지 손해배상금 명목으로 지급한 금액(쟁점금액)은 잡손실로 하여 손금에 산입하였다. 한편, 원고는 2003년 정기주주총회에서 주식소각에 의한 감자결의를 하였고, 이에 따라 이 사건 주식을 소각하여 자본금감소절차를 마쳤다. 피고는 이 사건 주식과 관련한 일련의 거래를 자본거래인 자본의 환급으로 보아 쟁점금액을 손금불산입하고 원고에게 2003 사업연도 귀속 법인세를 부과하였다.

위 사건에서 출자전환(−S), 콜옵션 매입(C) 및 풋옵션 매각(−P)의 현금흐름은 차입거래의 그것[−PV(K)]과 같으므로, 만일 출자전환 당시 향후의 콜옵션 매입 및 풋옵션 매각이 합의되었거나 사실상 예정되어 있었다면, 출자전환, 콜옵션 매입 및 풋옵션 매각이라는 일련의 거래를 결합하여 세법상 하나의 자금차입거래로 재구성하는 것을 생각할 여지가 있다. 그러나 대법원은, 원고가 이 사건 주식을 취득한 후 자본감소를 위하여 소각하였다는 사정을 중시하여,[296] 쟁점금액이 자본의 환급에 해당하므로 손금에 해당하지 않는다고

---

293) '출자전환주식대금 및 이에 대한 출자전환일부터 주식매수대금 지급일까지 일정 이율에 의하여 월복리로 계산한 금액'에서 '출자전환대금에 대한 출자전환일부터 주식매수대금 지급일까지의 매년 배당금을 연복리로 계산한 금액'을 공제한 금액

294) 원고의 콜옵션에는 '주식의 시장가격이 기준가액보다 높을 경우'라는 요건이, 채권단의 풋옵션에는 '주식의 시장가격이 기준가액보다 낮을 경우'라는 요건이 각각 붙어 있다. 그런데 콜옵션의 시장가격이 그 행사가격인 주식의 기준가액보다 낮을 경우, 재무적 관점에서만 본다면 원고가 콜옵션을 행사할 이유가 없고(시장에 해당 주식의 물량이 충분하지 않은 상황에서 지배권을 확보하기 위한 목적이 있는 등 특별한 사정이 있는 경우는 예외), 그 반대의 경우 채권단도 마찬가지이다. 따라서 위 요건은 재무적 관점에서는 당연한 내용을 확인한 것이다.

295) 위 사건 당시의 구 상법은 법인이 주식소각을 위하여 자기주식을 취득할 수 있다고만 규정하였을 뿐, 현행 상법과 같이 그 취득의 방법, 절차에 관하여 규정하지 않았다. 현행 상법을 기준으로 위 사건을 본다면 자기주식취득에 관한 요건과 절차, 방법의 제한으로 인하여 위 사건과 같은 풋옵션의 부여약정 자체가 허용되기 어려울 것이다.

296) 거래의 재구성을 납세의무자가 주장하는 것은 원칙적으로 인정되지 않거나 제한적으로만 인정된다는 사정도 고려될 수 있다.

판단하였다.[297)]

③ 주식매매계약 및 풋옵션 계약을 자금차입거래로 재구성한 사안[298)]

현대전자 주식회사('현대전자')는 국민투자신탁증권 주식회사('국민투신')의 주식을 보유하던 중 공정거래법상 출자총액제한 초과분을 해소하고 유동성을 확보하기 위하여, 1997. 6. 4. 캐나다 임페리얼 상업은행(CIBC)에게, 장차 CIBC가 위 주식에 관한 풋옵션을 부여받는 것을 전제로, 위 주식을 미화 175,000,000달러에 매도하는 계약을 체결하였다. 이후 현대중공업 주식회사('현대중공업')는 1997. 7. 23. CIBC에게 위 주식에 관한 풋옵션을 부여하는 계약을 체결하면서[299)] '행사일을 2000. 7. 24., 매수대금을 220,633,598달러'로 정하였다. 위 매수대금은, 당초의 주식매매계약의 대금인 미화 175,000,000달러에 현대전자의 신용도에 따른 차입금리를 기초로 한 이자율을 적용하여 산정된 것이었다. 그 다음 날인 1997. 7. 24. 현대전자는 CIBC에게 위 주식을 인도하였고, CIBC로부터 위 주식의 매매대금을 지급받았으나, 이후 위 주식의 의결권은 CIBC가 아닌 현대증권이 행사하였다. CIBC는 2000. 3. 14. 현대중공업에게 위 풋옵션을 행사하였고, 현대중공업은 2000. 7. 12. CIBC로부터 위 주식을 매수하는 계약을 체결하고 CIBC에게 미화 220,480,000달러를 지급하여 위 주식을 재매수한 후 현대전자[300)]를 피공탁자로 하여 공탁하였다. 대법원은, 현대중공업이 CIBC에 지급한 주식 재매수대금과 CIBC가 현대전자에 지급한 주식 매매대금의 차액은, 외국법인인 CIBC의 국내원천 이자소득에 해당하므로, 현대중공업에게 그에 대한 원천징수의무가 있다고 판단하였다.

---

297) 조세심판원은, 청구법인을 비롯한 건설 출자자들과 재무적 출자자들이 주식회사를 설립한 후, 건설 출자자들이 재무적 출자자들에 대하여 위 회사의 주식을 그 액면가액에 일정한 보장수익을 더한 금액에 매도할 수 있는 권리(풋옵션)을 부여하기로 약정하고, 재무적 출자자들이 위 풋옵션을 행사하자, 청구법인이 위 회사의 주식의 액면가액에 보장수익을 더한 금액을 지급하고 위 회사의 주식을 매수한 다음 위 보장수익을 이자비용으로 손금에 산입한 사건에서, 위 거래는 소비대차이므로, 위 보장수익은 이자비용에 해당한다고 판단하였다(조심 2091중2280, 2020. 12. 15.).

298) 대법원 2013. 11. 28. 선고 2011다105621 판결

299) 당초 CIBC는 주식매매계약의 교섭과정에서 위 주식의 가치하락에 대비하여 매도인 현대전자 단독 또는 신용상태가 양호가 현대중공업이 현대전자와 함께 위 주식에 대한 풋옵션을 부여할 것을 요구하였다. 그런데 주식의 매도인 현대전자가 풋옵션을 부여하는 당사자로 되어 위 주식을 매수하게 될 경우, 실질적인 외자도입에 해당하여 구 외국환관리법 등에 저촉될 우려가 있었기 때문에 현대전자는 풋옵션 부여계약의 당사자에서 제외되었다.

300) 이후 2001. 3.경 현대전자의 상호는 '주식회사 하이닉스반도체'로 변경되었다.

유형자산과 무형자산

1 유형자산 및 무형자산의 의의

1-1. 유형자산, 무형자산의 개념

회계기준에 의하면, 유형자산(property, plant and equipment)은 재화나 용역의 생산이나 제공, 타인에 대한 임대 또는 관리활동에 사용할 목적으로 보유하는 물리적 형태가 있는 자산으로서 한 회계기간을 초과하여 사용할 것이 예상되는 자산을 말하고,[301] 무형자산 (intangible assets)은 물리적 실체는 없지만 식별할 수 있는 비화폐성 자산을 말한다.[302]

법인세법은 유형자산 및 무형자산에 관하여 별도의 정의규정을 두고 있지 않은데, 대체로 회계기준과 같은 취지로 볼 수 있을 것이다.

1-2. 다른 자산과의 구별

유형자산과 무형자산은, 어느 한 사업연도에 판매나 매각 등을 통하여 직접 수익을 창출하는 것이 아니라, 여러 사업연도에 걸쳐 재화나 용역의 제조·공급 과정 등에 사용됨으로써 간접적으로 수익에 기여하는 것이 예정되어 있는 자산이다. 따라서 재고자산이나 시세차익을 얻기 위한 투자목적으로 보유하는 자산은 유형자산에 포함되지 않는다. 부동산 매매업자의 판매용 토지는 재고자산이고 유형자산에 해당하지 않는다.[303]

---

301) K-IFRS 1016호 문단 6

302) K-IFRS 1038호 문단 8

303) 대법원 1997. 7. 25. 선고 95누16950 판결 : 부동산 매매업자의 판매용 토지는 기업의 업무에 사용하지 않는 것으로서 정상적인 영업활동과정에서 판매할 목적으로 보유하거나 생산과정에 있는 자산을 총칭하는 재고자산으로 분류될 뿐이고, 기업의 정상적인 영업순환과정에 사용할 목적으로 취득한 것으로서 장기지속적인 성질을 가진 자산을 총칭하는 고정자산에 해당하지 아니하므로, 건설자금이자의 계산대상에서 제외된다.

2-1. 취득가액의 개요

(1) 일반적 취득가액

유형자산 및 무형자산의 일반적 취득가액은 다음과 같다(시행령 72조 2항).

① 타인으로부터 매입한 경우 매입가액에 취득부대비용을 가산한 금액

② 자기가 제조·생산·건설 등으로 취득한 경우 제작원가에 부대비용을 가산한 금액

③ 합병 등으로 취득한 경우 적격합병 등의 경우에는 피합병법인 등의 장부가액, 그 외의 경우에는 시가

(2) 취득가액에 포함되는 항목

다음의 금액은 취득가액에 포함된다(시행령 72조 3항).

① 사업용 유형자산 및 무형자산의 건설 등에 소요되는 차입금의 이자 등

② 유형자산의 취득과 함께 국·공채를 매입하고 기업회계기준에 따라 그 국·공채의 매입가액과 현재가치의 차액을 해당 유형자산의 취득가액으로 계상한 금액

(3) 취득가액에 포함되지 않는 항목

다음의 금액은 취득가액에 포함되지 않는다(시행령 72조 4항).

① 유형자산 및 무형자산을 장기할부조건 등으로 취득하여 발생한 채무를 기업회계기준에 따라 현재가치로 평가하여 현재가치할인차금을 계상한 경우 그 현재가치할인차금

② 연지급수입에 있어서 취득가액과 구분하여 지급이자로 계상한 금액

③ 법인이 유형자산 및 무형자산을 특수관계인으로부터 고가로 매수한 것이 부당행위계산에 해당하는 경우 시가초과액

2-2. 건설자금이자

2-2-1. 건설자금이자 자본화의 필요성

자산의 취득과 관련하여 지급된 이자가 그 지급된 기간의 손금에 산입되지 않고 그 자산의 취득가액에 포함되는 경우가 있는데, 이를 이자의 자본화(capitalization)라고 한다. 유형자산 및 무형자산의 취득에 사용된 차입금의 이자(건설자금이자)를 기간비용으로 계상할 경우, 그 비용에 대응하는 수익이 아직 발생하지 않았음에도 비용을 먼저 인식하는

것이 되어 수익비용의 대응에 위배될 수 있다.[304] 이를 고려하여 회계기준과 세법은, 건설자금이자를 당기의 비용으로 인식하지 않고 자산의 취득가액에 포함시켜서 장래 발생하는 수익에 대응하여 비용화하도록 규정한다.

2-2-2. 회계기준

K-IFRS는 ① 적격자산(qualifying asset)[305]을 취득하기 위한 목적으로 특정하여 차입한 자금(특정목적차입금)과 ② 일반적인 목적으로 차입되었으나 적격자산의 취득을 위해 사용된 자금(일반목적차입금)의 일정한 차입원가를 모두 적격자산의 취득가액에 포함시키도록 규정하여 자본화를 강제한다.[306]

이에 비하여 일반기업회계기준은, ① 차입원가는 기간비용으로 처리함을 원칙으로 하고, ② 다만 유형자산, 무형자산 및 투자부동산과 취득에 1년 이상이 소요되는 재고자산('적격자산')의 취득을 위한 자금에 차입금이 포함된다면 그 차입원가는 적격자산의 취득원가로 회계처리할 수 있다고 하여 기업의 선택권을 인정한다.[307]

2-2-3. 세법

(1) 자본화의 대상

회계기준과 달리, 법인세법은 자본화 대상을 유형자산 및 무형자산의 건설 등에 사용된 차입금의 지급이자에 한정한다. 따라서 재고자산·투자자산의 취득에 사용된 차입금의 지급이자는 세법상 자본화 대상이 아니다.[308] 자본화의 대상은 반드시 유형자산 중 감가상각 대상인 것에 국한되지 않으므로, 토지의 취득에 사용된 차입금의 이자도 자본화의 대상이다(시행령 52조 6항 1호).[309]

법인세법은, ① 유형자산 및 무형자산의 취득에 사용된 특정차입금의 이자에 대하여는 자본화되어 해당 자산의 취득가액에 포함되는 것으로 하고, ② 그 외의 일반차입금의 이자에 대하여는 법인에게 자본화 여부를 선택할 수 있도록 규정한다(법 28조 2항).[310]

---

304) 대법원 1995. 8. 11. 선고 95누3121 판결
305) 의도된 용도로 사용하거나 판매가능한 상태에 이르게 하는 데 상당한 기간을 필요로 하는 자산을 말한다 (K-IFRS 1023호 문단 5).
306) K-IFRS 1023호 문단 8~15
307) 일반기업회계기준 18장 문단 18.4
308) 대법원 1997. 7. 25. 선고 95누16950 판결. 김완석·황남석, 법인세법론(2021), 465쪽
309) 토지의 취득과 관련하여 자본화된 이자는 토지의 처분 시 손금에 산입될 것이다.
310) 현행세법은 K-IFRS를 채택하기 전 기업회계기준서의 입장을 따른 것이다. 세법의 입법경과에 관하여는

(2) 특정차입금

(가) 유형자산 및 무형자산의 취득에 사용된 차입금

특정차입금은 사업용 유형자산 및 무형자산[311]의 건설 등 취득에 사용된 차입금을 말한다(시행령 52조 1항). 어느 사업연도에 발생한 차입금의 지급이자를 건설자금이자라는 이유로 손금에 불산입하기 위해서는 그 차입금이 유형자산 또는 무형자산의 취득에 사용되었음을 과세관청이 입증하여야 한다.[312] 특정차입금의 일부를 운영자금에 전용한 경우에는 그 부분에 상당하는 지급이자는 손금으로 한다(시행령 52조 3항).

(나) 지급이자 등

자본화의 대상은 특정차입금에 대한 지급이자 또는 이와 유사한 성질의 지출금('지급이자 등')이다(시행령 52조 1항). 행정해석은 ① 금융기관으로부터 차입하는 때에 지급하는 지급보증료,[313] ② 고정자산의 매입대금 중 일부 잔금의 지급지연으로 그 금액이 실질적으로 소비대차로 전환된 경우 지급하는 이자[314]가 지급이자 등에 포함된다고 본다.

특정차입금에 대한 지급이자 등으로서 자본화대상인 것은 자본적 지출로 하여 그 원본에 가산한다(시행령 52조 2항). 특정차입금의 일시예금에서 생기는 수입이자는 원본에 가산하는 자본적 지출금액에서 차감한다(시행령 52조 2항 단서). 특정차입금의 연체로 인하여 생긴 이자를 원본에 가산한 경우 그 가산한 금액은 이를 해당 사업연도의 자본적 지출로 하고, 그 원본에 가산한 금액에 대한 지급이자는 손금으로 한다(시행령 52조 4항). 유형자산 및 무형자산의 취득에 사용된 차입금의 채권자가 불분명하거나, 그 이자를 지급받는 자가 불분명한 채권 등인 경우, 그 차입금의 이자는 손금불산입되고 자본화대상에 포함되지 못한다(법 28조 3항, 시행령 55조).

(다) 자본화기간 : 건설 등이 준공된 날까지 지출된 것

자본화의 대상은 특정차입금에 대한 지급이자 등으로서 건설 등의 준공일까지의 기간에 관한 것에 한한다(시행령 52조 2항 본문).[315] 건설 등의 준공일 이후의 기간에 대한 지급이자 등은 해당 사업연도의 손금에 산입된다.

이창희, 세법강의(2020), 934쪽 참조

311) 축산업을 영위하는 법인이 보유하는 젖소는 고정자산에 해당하므로 건설자금이자의 대상이 된다(법인 22601-3424, 1986. 11. 22.).

312) 대법원 1994. 9. 27. 선고 92누7375 판결

313) 기본통칙 28-52…1

314) 기본통칙 28-52…2

315) K-IFRS는, 적격자산을 의도된 용도로 사용하거나 판매가능한 상태에 이르게 하는데 필요한 대부분의 활동이 완료된 시점에 차입원가의 자본화를 종료하는 것으로 정하고, 적격자산이 물리적으로 완성된 경우 그러한 상태에 있는 것으로 본다(K-IFRS 1023호 문단 22, 23).

'건설 등이 준공된 날'은 다음에 해당하는 날을 말한다(시행령 52조 6항).

① 토지를 매입하는 경우에는 그 대금을 청산한 날과 그 토지가 사업에 사용되기 시작한 날 중 빠른 날 : 건축물 또는 구축물의 부지로 사용하기 위하여 매입된 토지의 경우, 행정해석은 공장 등의 건설에 착공한 날을 토지의 사용개시일로 보지만,[316] 그 토지 상에 건축물 등이 준공되어 사업에 사용되기 시작한 날로 보는 것이 타당하다.[317]

② 건축물의 경우에는 소득세법 시행령 제162조의 규정에 의한 취득일 또는 당해 건설의 목적물이 그 목적에 실제로 사용되기 시작한 날 중 빠른 날

③ 그 밖의 사업용 유형자산 및 무형자산의 경우에는 사용개시일

(3) 일반차입금

일반차입금은 유형자산 및 무형자산의 건설 등에 사용되었는지가 불분명한 차입금을 말한다. 일반차입금의 자본화대상은, 다음 ①의 금액과, ②의 금액과 ③의 비율을 곱한 금액 중 적은 금액이다(시행령 52조 7항 1호).

① 해당 사업연도 중 건설 등에 소요된 기간에 실제로 발생한 일반차입금(해당 사업연도에 상환하거나 상환하지 않은 차입금 중 특정차입금을 제외한 금액)의 지급이자 등의 합계

② 다음 산식에 따라 계산한 금액

$$\frac{\text{해당 건설 등에 대하여}}{\text{해당 사업연도 일수}} - \frac{\text{해당 사업연도의}}{\text{해당 사업연도 일수}}$$

③ 다음 산식에 따라 계산한 비율

$$\text{일반 차입금에서 발생한 지급이자 등의 합계액} \div \frac{\text{해당 사업연도의 일반차입금의 적수}}{\text{해당 사업연도 일수}}$$

---

316) 기본통칙 28-52…1

317) 대법원은, 자본화기간의 종기를 '당해 건설의 목적물이 그 목적에 실제로 사용되는 날'로 정한 구 법인세법 시행규칙 제12조 제2항과 관련하여, 건축물 또는 구축물의 부지로 사용하기 위한 토지매입의 경우 당해 토지를 사업에 직접 제공한 날이라 함은 '당해 건축물 또는 구축물이 준공되어 그 목적에 실제로 사용되는 날'을 말한다고 판시하였다(대법원 2001. 10. 30. 선고 99두4310 판결). 김완석·황남석, 법인세 법론(2021), 467쪽도 같은 취지이다.

일반차입금의 자본화대상 지급이자는, 법인이 이를 건설자금이자로 계상하여 자본화한 경우, 유형자산 및 무형자산의 취득원가에 가산된다(법 28조 2항).[318]

2-3. 자본적 지출

유형자산 및 무형자산에 대한 자본적 지출은 해당 자산의 취득가액에 가산되므로(시행령 72조 5항 2호), 그 자산이 손금화하는 시점에 비로소 손금에 산입된다. 이에 비하여 수익적 지출은 곧바로 그것이 발생한 사업연도의 손금에 산입된다.

(1) 자본적 지출의 의의

자본적 지출은, 감가상각자산의 내용연수를 연장시키거나 해당 자산의 가치를 현실적으로 증가시키기 위하여 지출한 수선비를 말하고, 다음에 해당하는 것에 대한 지출을 포함한다(시행령 31조 2항).[319][320]

① 본래의 용도를 변경하기 위한 개조

② 엘리베이터 또는 냉난방장치의 설치

③ 빌딩 등에 있어서 피난시설 등의 설치

④ 재해 등으로 인하여 멸실 또는 훼손되어 본래의 용도에 이용할 가치가 없는 건축물·기계·설비 등의 복구

⑤ 그 밖에 개량·확장·증설 등 ①부터 ④까지의 지출과 유사한 성질의 것

한편, 수익적 지출은 자산의 원상을 회복하거나 현상유지를 위하여 지출한 수선비를 말한다.[321]

---

318) 법인이 일반차입금의 이자에 관하여 자본화를 선택하지 않았음에도 과세관청이 건설자금이자로 보아 손금불산입하여 과세한 처분을 위법하다고 본 사례로 조심 2017부3638, 2019. 7. 22. 결정

319) K-IFRS에 의하면, 일상적인 수선·유지(day-to-day servicing)와 관련하여 발생하는 원가는 해당 유형자산의 장부금액에 포함하지 않고, 발생시점에 당기손익으로 인식한다(K-IFRS 1016호 문단 12). ① 유형자산의 주요 부품이나 구성요소의 정기적 교체가 필요한 경우(용광로의 내화벽돌, 항공기의 좌석과 취사실 등)와, ② 유형자산의 취득 후 반복적이지만 비교적 적은 빈도로 대체되거나(건물 인테리어 벽) 비반복적으로 대체되는 경우에, 유형자산의 일부를 대체하는 원가가 유형자산 인식기준을 충족하는 경우 해당 유형자산의 장부금액에 포함하여 인식하고, 대체되는 부분의 장부금액은 제거한다(K-IFRS 1016호 문단 13).

320) 일반기업회계기준에 의하면, 유형자산의 취득 또는 완성 후의 지출이 유형자산의 인식기준을 충족하는 경우(예 : 생산능력 증대, 내용연수 연장, 상당한 원가절감 또는 품질향상을 가져오는 경우)에는 자본적 지출로 처리하고, 그렇지 않은 경우(예 : 수선유지를 위한 지출)에는 발생한 기간의 비용으로 인식한다(일반기준 10장 문단 10.14).

321) 다음의 지출은 수익적 지출로서 자본적 지출에 해당하지 않는다(시행규칙 17조).
① 건물 또는 벽의 도장
② 파손된 유리나 기와의 대체

(2) 토지에 대한 자본적 지출

(가) 철거건물의 장부가액과 철거비용 등

행정해석은, ① 토지만을 사용할 목적으로 건축물이 있는 토지를 취득하여 그 건축물을 철거하거나 자기 소유 토지상에 있는 임차인의 건축물을 취득하여 철거한 경우, 철거한 건축물의 취득가액과 철거비용은 토지에 대한 자본적 지출로 보고,[322] ② 그 외의 사유로 토지상의 건물을 철거한 경우 기존 건축물의 장부가액과 철거비용은 수익적 지출로 보며,[323] ③ 토지, 건물만을 취득할 목적으로 첨가 취득한 기계장치 등을 처분함에 따라 손실이 발생한 경우, 토지, 건물의 취득가액에 안분계산한 금액을 각각 토지, 건물에 대한 자본적 지출로 본다.[324]

(나) 진입도로의 개설비용 등

토지의 이용편의를 위하여 그 토지에 이르는 진입도로를 개설하여 국가 또는 지방자치단체에 무상으로 공여한 경우, 그 도로로 된 토지의 가액 및 도로개설비용은 그 토지의 가치를 현실적으로 증가시키는데 소요된 것으로서 그 토지에 대한 자본적 지출에 해당한다.[325] 그리고 골프장에 조성된 그린·티·벙커는 토지와 물리적 구조와 형태가 명확히 분리된다고 할 수 없고, 골프장 부지의 이용편의를 위한 필수적인 시설로서 경제적으로도 독립적인 가치를 가진다고 할 수 없으므로, 그린·티·벙커의 조성비용은 골프장 부지에 대한 자본적 지출에 해당한다.[326]

(다) 폐기물의 처리비용

토지에 적치된 폐기물관리법상 처리대상인 폐기물을 처리하는 비용이 토지의 가치를 증가시키는 경우, 토지에 대한 자본적 지출에 해당한다.[327]

---

③ 기계의 소모된 부속품 또는 벨트의 대체
④ 자동차 타이어의 대체
⑤ 재해를 입은 자산에 대한 외장의 복구·도장 및 유리의 삽입
⑥ 기타 조업가능한 상태의 유지 등 ① 내지 ⑤와 유사한 것

322) 기본통칙 23-31…1 제1호 ; 일반기업회계기준 10장 문단 10.13 단서도 같은 취지이다. K-IFRS에서도 마찬가지로 볼 수 있을 것이다. 신현걸·최창규·김현식, IFRS 중급회계(2018), 154쪽

323) 기본통칙 23-31…2 제5호 ; 일반기업회계기준 10장 문단 10.13 본문도 같은 취지이다. 기존 건물을 철거하는 원가를 새 건물의 설치장소 준비원가로 보고 새 건물의 취득원가에 가산하자는 주장에 관하여는 신현걸·최창규·김현식, IFRS 중급회계(2018), 154쪽

324) 기본통칙 23-31…1 제11호

325) 대법원 2008. 4. 11. 선고 2006두5502 판결 : 토지를 위한 진입도로의 개설비용 등이 특정사업의 면허 또는 사업의 개시 등과 관련하여 지출된 것이라고 하여 달리 볼 것은 아니다.

326) 대법원 2009. 5. 14. 선고 2006두11224 판결

327) 대법원 2020. 4. 9. 선고 2017두50492 판결(OCI 사건) : 원고 법인이 공장에서 각종 화학제품을 생산하는

(3) 자본적 지출의 손금산입 특례

법인이 소액수선비 등[328]을 지출하고, 해당 사업연도의 손비로 계상한 경우에는, 자본적 지출에 포함되지 않는다(시행령 31조 3항).

2-4. 복구충당부채

회계기준에서는, 유형자산의 경제적 사용이 종료된 후 원상회복을 위하여 그 자산을 제거, 해체하거나 부지를 복원하는데 소요될 것으로 추정되는 원가가 충당부채의 인식요건을 충족하는 경우 그 지출의 현재가치를 유형자산의 취득원가로 인식하고,[329] 충당부채를 인식한다.[330]

법인세법에서는, 장래의 복구비용에 대한 충당부채는 부채 및 유형자산의 취득가액으로 인정되지 않고, 따라서 그에 대한 감가상각비도 인정되지 않는다.[331]

과정에서 발생한 폐석회를 공유수면에 매립하였는데, 주민들의 민원이 제기되자, 해당 토지(침전지)에 적치된 폐석회를 공장 내 유수지에 매립한 후 그 매립부지를 녹지 등으로 조성하기로 하였다. 이를 위하여 원고는, 유수지 등에 관하여 폐기물처리시설인 관리형매립시설 설치승인을 받은 후, 2007년 폐석회를 탈수 등의 과정을 거쳐 매립하는 비용으로 197원을 지출하고, 위 금액을 통상적 비용으로 손금에 산입하여 법인세 신고를 하였다. 침전지를 폐석회가 쌓인 상태로 평가할 경우 3,235억 원, 폐석회가 존재하지 않은 상태로 평가할 경우 5,887억 원으로 감정되었으며, 유수지의 경우 매립된 상태의 ㎡당 가격이 매립이 완료되지 않은 상태의 것보다 높았다. 원심은 1심의 판결이유를 원용하여 원고가 지출한 폐석회처리공사 비용은 위 공장 부지에 대한 자본적 지출에 해당하므로, 2007 사업연도의 손금산입이 부인되어야 한다고 판단하였고, 대법원은 이를 수긍하였다.

328) 다음의 어느 하나에 해당하는 경우를 말한다.
   ① 개별자산별로 수선비로 지출한 금액이 600만 원 미만인 경우
   ② 개별자산별로 수선비로 지출한 금액이 직전 사업연도 종료일 현재 재무상태표상의 자산가액(취득가액에서 감가상각누계액을 차감한 금액)의 5%에 미달하는 경우
   ③ 3년 미만의 기간마다 주기적인 수선을 위하여 지출하는 경우

329) K-IFRS 1016호 문단 16(3) ; 일반기업회계기준 10장 문단 10.8(8), 10.9

330) K-IFRS 1037호 문단 19~22 ; 일반기업회계기준 14장 문단 14.2(7), 14.4

331) 서이 46012-11425, 2003. 7. 29.

2-5. 유형자산 및 무형자산의 평가

법인세법상 유형자산 및 무형자산의 평가는 원칙적으로 허용되지 않는다(법 42조 1항).[332] 이에 대하여는 다음과 같은 예외가 있다. ① 보험업법이나 그 밖의 법률[333]에 따른 유형자산 및 무형자산의 증액평가는 허용된다(법 42조 1항 1호). ② 유형자산이 천재지변·화재 등으로 멸실된 경우에는, 그 사유가 발생한 사업연도에 사업연도 종료일 현재 시가로 평가한 가액으로 그 장부가액을 감액할 수 있다(법 42조 3항 2호, 시행령 78조 3항 2호).

---

3 ▶ 감가상각

3-1. 감가상각의 의의

감가상각(depreciation)은, 유형자산 및 무형자산의 취득원가를 그 내용연수에 걸쳐 합리적이고 체계적인 방법으로 배분하여 당기비용으로 인식하는 것을 말한다.[334] 따라서 감가상각은 취득원가의 기간별 배분이고 평가가 아니다.[335][336]

3-2. 감가상각대상 자산

감가상각의 대상은 유형자산과 무형자산이다.

3-2-1. 유형자산

감가상각의 대상인 유형자산은 다음과 같다(시행령 24조 1항 1호).

① 건물(부속설비를 포함한다) 및 구축물(이하 '건축물') : '구축물' 또는 '이와 유사한

---

332) K-IFRS에 의하면, 기업은 공정가치(fair value)를 신뢰성 있게 측정할 수 있는 유형자산에 관하여 재평가모형(revaluation model)을 회계정책으로 선택할 수 있고, 그 경우 유형자산의 재평가액은 재평가일의 공정가치에서 후속 감가상각누계액과 손상차손누계액을 차감한 것이 된다(K-IFRS 1016호 문단 29, 31). 일반기업회계기준도 같은 취지로 규정한다(일반기준 10장 문단 10.24).

333) 자산재평가법은, 2000. 12. 31.까지 재평가신고를 한 것에 한하여 고정자산의 증액평가를 인정한다(자산재평가법 41조, 5조 1항 본문).

334) K-IFRS 1016호 문단 6 ; 일반기업회계기준 10장 문단 10.32

335) 이창희, 세법강의(2020), 944쪽

336) 주요국가들의 감가상각제도에 관한 비교에 대하여는 이상엽·홍성희·이서현, 주요국의 감가상각제도 비교연구, 한국조세재정연구원(2020) 참조

유형자산'에 해당하기 위해서는, 토지에 정착한 건물 이외의 공작물로서 그 구조와 형태가 물리적으로 토지와 구분되어 독립적인 경제적 가치를 가진 것이어야 하고, 그렇지 않은 경우에는 시간의 경과에 따라 가치가 감소하지 않는 자산인 토지와 일체로서 평가되므로 감가상각의 대상이 될 수 없다.[337)338)]

② 차량 및 운반구, 공구, 기구 및 비품

③ 선박 및 항공기

④ 기계 및 장치

⑤ 동물 및 식물

⑥ 그 밖에 ①부터 ⑤까지의 자산과 유사한 유형자산

3-2-2. 무형자산

감가상각의 대상인 무형자산은 다음과 같다(시행령 24조 1항 2호).

(1) 영업권

(가) 관련규정의 개요

K-IFRS에서는, 영업권(goodwill)은 내용연수가 비한정인(indefinite) 무형자산이므로 감가상각의 대상이 아니고, 일정한 경우 그 손상검사를 하여 손상차손을 인식한다.[339)]

이에 비하여 세법은 영업권을 감가상각대상으로 규정한다(시행령 24조 1항 2호 가목). 한편, 합병·분할에서 생기는 합병매수차손·분할매수차손도 그 실질은 영업권과 같지만, 이에 관하여는 별도의 손금산입규정이 있으므로,[340)] 감가상각 관련규정이 적용되지 않는다.

---

337) 대법원 2009. 5. 14. 선고 2006두11224 판결 : 이 사건 골프장을 운영하는 원고 법인이 이 사건 골프장에 조성한 그린·티·벙커('이 사건 자산')는 토지와 물리적 구조와 형태가 명확히 분리된다고 할 수 없을 뿐 아니라 골프장 부지의 이용편의를 위한 필수적인 시설로서 경제적으로도 독립적인 가치를 가진다고 할 수 없는 점, 또한 이 사건 자산의 조성은 이 사건 골프장 부지의 가치를 현실적으로 증가시키는 것으로서 그 조성비용은 골프장의 가치에 흡수될 것으로 보이는 점 등을 종합하면, 이 사건 자산의 조성비용은 이 사건 골프장 부지에 대한 자본적 지출에 해당한다고 판단하였다.

338) 서울고등법원 2017. 8. 31. 선고 2017누36313 판결 : 원고 법인(한국남동발전 주식회사)이 화력발전소에서 나오는 석탄회(연소재) 처리를 위하여 설치한 회처리장 중 제방 부분이 향후 회처리장의 매립완료 후 조성될 토지와 물리적으로 구분되고 독립적 경제적 가치를 가진다고 보아 감가상각대상 자산에 해당한다고 판단한 사례. 대법원 2018. 2. 8. 선고 2017두66121 판결(심리불속행)

339) K-IFRS 1038호 문단 107, 108

340) 합병매수차손, 분할매수차손은 각각 합병등기일, 분할등기일부터 5년간 균등하게 나누어 손금에 산입된다(법 44조의2, 시행령 80조의3 1항, 법 46조의2, 시행령 82조의3 1항). 즉, 그 손금산입기간은 영업권의 내용연수인 5년(시행규칙 별표 3)과 동일하게 규정되어 있다.

(나) 영업권의 정의

대법원은, 영업권이 동종의 사업을 영위하는 다른 기업이 올리는 수익보다 큰 수익을 올릴 수 있는 초과수익력이라는 무형의 재산적 가치를 의미한다고 본다.[341] 그러나 영업권은 ① 영업의 가액 중 개개의 자산·부채의 합계금액을 초과하는 부분과 ② 영업양도와 관련된 경우 양도대상인 영업과 그 양수 법인의 기존 영업 간의 통합으로 인한 시너지(synergy)의 가액으로 구성된다고 보는 것이 합리적이다.[342] 그리고 위 구성요소들은 해당 영업에 초과수익력이 없는 경우에도 존재할 수 있다.

(다) 영업권의 범위

감가상각의 대상인 영업권은 다음 각 항목을 포함한다(시행규칙 12조 1항).

① 사업의 양도·양수과정에서 양도·양수자산과는 별도로 양도사업에 관한 허가·인가 등 법률상의 지위, 사업상 편리한 지리적 여건, 영업상의 비법, 신용·명성·거래처 등 영업상의 이점 등을 감안하여 적절한 평가방법에 따라 유상으로 취득한 금액

여기서 '사업의 양수'는, 양수인이 양도인으로부터 그의 모든 사업시설뿐만 아니라 영업권 및 그 사업에 관한 채권, 채무 등 일체의 인적·물적 권리와 의무를 양수함으로써 양도인과 동일시되는 정도로 법률상의 지위를 그대로 승계하는 것을 의미한다.[343][344] 현물출자를 받은 것도 사업의 양수에 포함된다.[345] 그리고 '양도·양수자산과는 별도로 … 적절한 평가방법에 따라 유상으로 취득한 금액'은, 법인세법 시행규칙 제12조 제1항 소정의 여러 요소를 감안하여 양수하는 다른 자산에 대한 평가와 별도로 적절한 방법에 따른 평가를 거친 후 유상으로 취득한 금액을 의미한다.[346] 내부적으로 창출된 영업권은 감가상각의 대상이 아니다.

 사업의 양수로 취득한 영업권에 관한 판례

① 대법원 2008. 11. 13. 선고 2006두12722 판결
　㉮ 설립 중인 원고 법인의 대표이사가, 소외 회사 소유의 골프장 부지 및 부속건물 등에 대한 임의경매사건에서 원고 명의로 입찰에 참가하여 대표이사 명의로 낙찰허가결정을 받고, 그 직전에 설립된 원고 법인이 소외 회사와 사이에 소외 회사의 잔여 자산 대부분을 양수하고, 골프장

---

341) 대법원 2004. 4. 9. 선고 2003두7804 판결
342) 이에 관한 상세한 내용에 대하여는 합병매수차손에 관한 제3편 제4장 제1절 2-3-3. (2) 참조
343) 대법원 2008. 11. 13. 선고 2006두12722 판결
344) 기존의 프로농구단을 인수하는 것과 관련된 영업권이 문제된 행정해석으로 서면2팀-1427, 2005. 9. 6.
345) 서면-법인-3810, 2016. 7. 12.
346) 대법원 2008. 11. 13. 선고 2006두12722 판결

회원권 입회보증금 반환채무 등을 인수하고, 소외 회사의 기존 근로자의 고용을 승계하기로 하는 내용의 자산양수도계약을 체결하였으며, 이후 소외 회사의 잔여재산에 대한 공매절차에서 골프장 자동차 등을 취득하고 소외 회사의 체육시설업 등의 승계신고를 한 사안

ⓐ 대법원은, 원고가 소외 회사의 골프장 사업에 관한 모든 권리와 의무를 포괄적으로 취득함으로써 사회통념상 전체적으로 보아 양도인인 소외 회사와 동일시되는 정도로 법률상 지위를 그대로 승계한 것이라고 봄이 상당하다는 이유로, 원고가 소외 회사로부터 이 사건 골프장 사업을 양수하였다고 판단하고, 나아가 위 자산양수도계약을 통하여 인수한 부채 약 223억 원에서 자산의 양수가액 약 46억 원을 공제한 금액을 영업권으로 판단하였다.

② 대법원 2014. 11. 27. 선고 2011두9904 판결

ⓐ 원고가 소외 회사 소유의 골프장 부지를 취득하기는 하였으나, 그 임의경매절차에서 직접 낙찰받은 것이 아니라 그 임의경매절차에서 소유권을 취득한 자산관리공사가 시행한 공매절차에서 취득하였고, 소외 회사와 사이에 위 골프장의 설비, 비품 등에 관하여 양도양수계약서를 작성하지 않았으며, 위 골프장의 기존 회원과 관할 행정청에 대하여 '소외 회사로부터 이 사건 골프장 영업을 양수한 것이 아니므로 기존 회원에 대하여 입회금 반환의무가 없다'는 입장을 표명한 사건

ⓑ 대법원은, 원고가 소외 회사로부터 이 사건 골프장 사업을 양수하였다고 할 수 없다는 이유로, 소외 회사 기존 회원에게 부담하고 있던 입회금 반환채무 상당액을 제1호 규정에 따른 원고의 영업권으로 인정할 수 없다고 판단하였다.

② 설립인가, 특정사업의 면허, 사업의 개시 등과 관련하여 부담한 기금·입회금 등으로서 반환청구를 할 수 없는 금액과 기부금 등

여기에는 먼저 ⓐ 국가나 지방자치단체가 발급하는 인·허가의 조건 등을 충족하기 위하여 국가나 지방자치단체에 무상 또는 저가로 공급하는 시설 등이 포함된다.[347] 다만, 그 무상으로 공급된 시설 등이 법인의 다른 자산의 가액을 증가시키는 자본적 지출에 해당하는 경우에는 그 다른 자산의 취득가액에 포함될 수 있다.[348][349] 이에 따라 대법원은, 지방자치단체에 귀속된 골프장 진입도로의 부지매입 및 도로개설비용은, 골프장 부지의 이용 편의에 제공되어 그 자산가치를 증가시키는데 소요된 비용으로서 골프장 부지에 대

---

347) 서면2팀-1338, 2005. 8. 19. : 한국수력원자력 주식회사가 전원개발촉진법에 따라 산업자원부장관으로부터 원자력발전소의 건설을 위한 전원개발실시계획의 승인을 얻으면서 승인처분의 조건 또는 부담에 따라 해당지역 주민을 위한 시설물의 신축을 위한 지원금 등을 지출한 경우 영업권에 해당한다고 본 사례

348) 대법원 2002. 11. 13. 선고 2001두1918 판결 : 법인이 주택건설사업을 위하여 취득한 토지의 일부를 그 사업의 승인조건에 따라 분양토지의 이용편의에 제공하기 위하여 도로로 조성하여 지방자치단체에 기부채납한 경우, 그 도로의 가액 상당의 비용은 수익의 발생에 직접 관련된 필요경비로서 그 귀속시기는 수익의 발생이 확정된 때가 속한 사업연도라고 보아야 한다고 판시한 사례 ; 서면2팀-167, 2006. 1. 20.

349) 서면2팀-1100, 2006. 6. 14. : 법인이 개발사업 실시계획 변경승인 조건으로 국제회의장을 신축하여 지방자치단체에 저가로 공급하여 발생한 손실은 잔여 토지에 대한 자본적 지출이 아니라 영업권이라고 본 사례

한 자본적 지출이라고 판단하였다.[350]

다음으로 ⓙ 사업의 개시 등을 위하여 사인에게 지출하는 유형이 있다. ㉠ 법인이 사업장용 건물을 임차하면서 선점 임차인에게 지급하는 비반환성 권리금으로서 사업상 편리한 지리적 여건 등 영업상의 이점 등을 감안하여 평가된 금액은 영업권에 해당한다.[351] ㉡ '사업 개시 등과 관련하여 부담한 기부금 등'에는 법인이 사업 개시의 조건으로 타인의 채무를 면책적으로 인수하면서 그 채무자 등에 대한 구상권 등을 포기한 것으로 볼 수 있는 금액도 포함된다.[352]

(2) 개발비

(가) 회계기준

K-IFRS는 연구개발을 연구단계(research phase)와 개발단계(development phase)로 구분하여 전자에 대한 지출은 발생시점에 비용으로, 후자에 대한 지출은 일정한 요건을 갖춘 경우[353] 무형자산으로 인식한다.[354]

(나) 세법

개발비는, 상업적인 생산 또는 사용 전에 재료·장치·제품·공정·시스템 또는 용역을 창출하거나 현저히 개선하기 위한 계획 또는 설계를 위하여 연구결과 또는 관련지식을 적

---

350) 대법원 2008. 4. 11. 선고 2006두5502 판결
351) 서이46012-10970, 2002. 5. 7.
352) 대법원 2009. 12. 10. 선고 2007두11955 판결은, 포스코 주식회사의 물품대금을 회수하기 위한 방법으로 거래업체의 임직원에 의하여 설립된 원고 법인이 포스코와 석도강판 판매점계약을 체결하고 종전 거래업체의 포스코에 대한 물품대금채무 등을 대위변제한 사안에서, 대위변제금액 중 종전 거래업체가 물품대금채무의 지급을 위하여 발행된 어음금액 상당액을 '사업개시 등과 관련하여 부담한 기부금 등'으로 보아 영업권에 해당한다고 판단하였다. 그리고 위 판결은, 이러한 영업권은 특별한 사정이 없는 한 면책적 채무인수를 조건으로 사업을 개시한 때에 취득하는 것으로 봄이 상당하다고 한다. 한편, 대법원 2004. 4. 9. 선고 2003두7804 판결은, 이와 유사한 사안에서 원고가 종전 업체를 대신하여 포스코에게 대위변제한 채무에 관하여 영업양수와 관련한 영업권으로 볼 수 없다고 판단하였으나, 위 2007두11955 판결과 마찬가지로 '사업의 개시 등과 관련한 기부금 등'으로 볼 여지가 있다.
353) 다음의 6가지 사항을 모두 제시할 수 있는 경우에만 개발단계에서 발생한 무형자산을 인식한다(K-IFRS 1038호 문단 57).
    (1) 무형자산을 사용하거나 판매하기 위해 그 자산을 완성할 수 있는 기술적 실현가능성
    (2) 무형자산을 완성하여 사용하거나 판매하려는 기업의 의도
    (3) 무형자산을 사용하거나 판매할 수 있는 기업의 능력
    (4) 무형자산이 미래경제적 효익을 창출하는 방법. 그중에서도 특히 무형자산의 산출물이나 무형자산 자체를 거래하는 시장이 존재함을 제시할 수 있거나 또는 무형자산을 내부적으로 사용할 것이라면 그 유용성을 제시할 수 있다.
    (5) 무형자산의 개발을 완료하고 그것을 판매하거나 사용하는데 필요한 기술적·재정적 자원 등의 입수가능성
    (6) 개발과정에서 발생한 무형자산 관련 지출을 신뢰성 있게 측정할 수 있는 기업의 능력
354) K-IFRS 1038호 문단 52 내지 59

용하는데 발생하는 비용으로서, 기업회계기준에 따른 개발비 요건을 충족한 것[355]을 말한다(시행령 24조 1항 2호 바목).[356]

개발비는, 개발이 완료되어 관련 제품의 판매 또는 사용이 가능하게 된 시점부터 감가상각의 대상이 된다(시행령 26조 1항 6호).[357] 한편, 법인이 개발비를 계상하였으나 해당 제품의 판매 또는 사용이 가능한 시점이 도래하기 전에 개발을 취소한 경우에는, 일정한 요건이 충족된 날[358]이 속하는 사업연도의 손금에 산입한다(시행령 71조 5항).

(3) 사용수익기부자산가액

사용수익기부자산가액은, 금전 외의 자산을 국가, 지방자치단체, 법인세법 제24조 제2항 제1호 라목부터 바목까지의 특례기부금 대상단체 또는 법인세법 시행령 제39조 제1항 제1호의 일반기부금 대상단체에 기부한 후 그 자산을 사용하거나 그 자산으로부터 수익을 얻는 경우 해당 자산의 장부가액을 말한다(시행령 24조 1항 2호 사목). 법인이 자산을 사용·수익하는 조건으로 위와 같은 국가, 지방자치단체 등 외의 자에게 이전한 경우에는, 무상의 지출인 기부금(법 24조)이 아니고, 선급임차료에 해당할 수 있다.[359]

(4) 기타 무형자산

그 외에 다음과 같은 권리들이 세법상 무형자산으로 인정된다(시행령 24조 1항 2호).

① 특허권, 디자인권, 실용신안권, 상표권[360] : 법원은 상표권을 영구적·독점적으로 사

---

355) 산업기술연구조합 육성법에 의한 산업기술연구조합의 조합원이 동 조합에 연구개발 및 연구시설 취득 등을 위하여 지출하는 금액을 포함한다.

356) ① 2021. 2. 17. 법인세법 시행령의 개정 전에는, 법인에게 개발비를 감가상각자산으로 할 것인지 여부의 선택권이 인정되었고, 법인이 연구개발 관련 비용을 자산으로 계상하지 않은 경우 그것이 발생한 사업연도의 손금에 전액 산입할 수 있었다. 그러한 사례로 대법원 2022. 7. 28. 선고 2019두58346 판결이 있다.
② 2021. 2. 17. 법인세법 시행령의 개정에 따라 기업회계기준의 요건을 충족하는 개발비는 자산계상 여부에 관계없이 감가상각자산에 해당하고, 개발비의 손금산입은 상각범위액 내에서만 가능하게 되었다.

357) 행정해석은, 관련 제품의 판매 또는 사용이 가능하게 되어 감가상각이 개시된 후 관련 제품의 판매 또는 사용이 중지된 경우에도 개발비는 감가상각을 통하여 손금에 산입되고, 다만 기술의 낙후로 인하여 자산성이 완전히 상실된 경우에는 법인세법 시행령 제31조 제7항에 따라 폐기된 것으로 보아 장부가액에서 1,000원을 공제한 금액을 폐기일이 속하는 사업연도의 손금에 산입할 수 있다고 본다. 법인세과 46012-196, 2003. 3. 21

358) 다음의 요건이 모두 충족된 날을 말한다.
① 해당 개발로부터 상업적인 생산 또는 사용을 위한 해당 재료·장치·제품·공정·시스템 또는 용역을 개선한 결과를 식별할 수 없을 것
② 해당 개발비를 전액 손비로 계상하였을 것

359) 행정해석은, 법인이 일정기간 사용 후 소유권을 무상양도할 것을 조건으로 타인의 토지 위에 건축물을 신축한 경우 그 건축물의 취득가액은 사용계약기간에 안분하여 손금에 산입한다(기본통칙 19-19…12 ①).

360) 무형자산 중 시간의 경과에 따라 그 가치가 감소하지 않는 것은 감가상각의 대상이 아니다(시행령 23조 3항 3호). 그런데 상표권의 존속기간은 10년마다 갱신될 수 있다(상표법 83조 2항). 그리고 현대 기업의 사업활동에서 상표권이 가지는 중요성을 고려하면, 상표권의 가치가 반드시 시간의 경과에 따라 감소한

용할 권리가 감가상각대상 자산에 해당하지 않는다고 판단하였다.[361)]

② 어업권, 해저광물자원 개발법에 의한 채취권, 유료도로관리권, 수리권, 전기가스공급
시설이용권, 공업용수도시설이용권, 수도시설이용권, 열공급시설이용권

③ 광업권,[362)] 전신전화전용시설이용권, 전용측선이용권, 하수종말처리장시설관리권,
수도시설관리권

④ 댐사용권

⑤ 전파법 제14조에 의한 주파수이용권 및 공항시설법 제26조에 의한 공항시설관리권

⑥ 항만법 제16조에 따른 항만시설관리권

법인세법 시행령 제24조 제1항은 감가상각대상 무형자산을 열거하는 규정이므로, 회계
기준에 따른 무형자산이라도 위 규정에 포함되지 않은 것은 감가상각대상이 아니다.[363)]

다고 단정하기 어렵고, 오히려 기업의 광고활동 등에 의하여 증가하는 경우도 있다. 따라서 상표권을 감
가상각의 대상으로 삼는 것은 부적절한 면이 있고, 입법론상 재검토를 요한다. 이창희, 세법강의(2020),
964쪽 ; 미국 세법은 1993년 이전에는 상표권, 영업권 등 일부 무형자산의 상각을 인정하지 않았으나,
자산의 일괄취득 시 상각자산과 비상각자산 간의 취득가액 안분 등에 관한 다수의 분쟁이 발생하였고,
이에 조세제도를 단순화하기 위하여 1993년 개정된 미국 세법은 상표권을 감가상각대상으로 규정하였다
[IRC § 197(d)(1)(F)]. 이상엽·홍성희·이서현, 앞의 책, 48~49쪽

361) ① 서울고등법원 2020. 9. 11. 선고 2020누30582 판결은, 원고 법인이 스위스 법인 A과 사이에 A가 보유
하는 상표에 관하여, '영구적·독점적으로, 로열티가 없는, 양도 및 2차 라이선스가 불가하고, 오로지 허
가된 지역에서만 사용가능한' 사용권을 부여받는 계약을 체결한 사건에서, 원고 법인이 취득한 상표의
사용권은 법인세법 시행령 제24조에 따른 감가상각대상 무형자산은 아니지만, 무형자산에 해당한다고 판
단하였다(대법원 2021. 1. 28. 선고 2020두51570 판결 : 심리불속행). 상세한 내용에 관하여는 제1장 제1
절 2-2.의 글상자 '상표권의 영구적·독점적 사용권이 무형자산인지 여부' 참조. ② 그러나 위 사건에서
상표의 독점적 사용권은 물권적 권리인 상표의 전용사용권(상표법 95조)으로 볼 여지가 있고, 그것이 영
구적인 이상 실질적으로 상표권에 해당한다고 볼 여지가 있다. ③ 조세심판원은, 위 사건의 전심절차에서
위 상표 사용권의 감가상각비에 관하여 법인세법 제23조 제2항 및 같은 법 시행령 제24조 제2항(국제회
계기준상 내용연수가 비한정인 무형고정자산)에 따른 신고조정에 의한 손금산입을 인정하였다(조심
2018서1182, 2018. 8. 2.).

362) 대법원 2015. 6. 24. 선고 2015두424 판결은, 원고 법인이 리비아 소재 광구 내 유전에 투자하여 취득한
채굴권이 감가상각대상인 광업권에 해당함을 전제로, 위 권리의 상각범위액을 판단하였다. 광업법의 규
정들(2조, 15조, 28조)을 살펴보면, 위 법에 따라 설정되는 광업권(탐사권·채굴권)은 원칙적으로 우리나
라 영토에 있는 광물에 대한 것으로 보인다. 위 판결에 따르면, 감가상각대상인 광업권은, 광업법에 따라
설정된 광업권뿐만 아니라, 그와 유사한 권리로서 광업법에 따라 설정되지 않고 외국에 있는 광물을 채
굴할 권리도 포함하는 것으로 해석된다.

363) ① 대법원 2011. 2. 4. 선고 2007두21587 판결 : 원고(문화방송 주식회사)는 1995 사업연도에 위성방송
사업권의 취득 등을 위한 사업단을 구성하고, 그 인건비를 지급한 후, 이를 위 사업연도의 손금에 산입하
였다. 이후 다른 업체가 위성방송사업자로 선정됨에 따라 원고는 위성방송사업권을 취득하지 못하였다.
과세관청은 위 인건비를 당기비용이 아닌 자산의 취득가액으로 보아 손금불산입하여 원고에게 법인세
부과처분을 하였다. 대법원은, 위 인건비가 구 법인세법 시행규칙 제27조 제1항 제2호 [별표 4]의 무형고
정자산에 해당하지 않으므로, 위 인건비의 손금불산입은 위법하다고 판단하였다. ② 서울고등법원 2020.
9. 11. 선고 2020누30582 판결, 대법원 2021. 1. 28. 선고 2020두51570 판결

3-2-3. 감가상각대상이 아닌 자산

유형자산과 무형자산 중에서 시간의 경과에 따라 가치가 감소되지 않는 것은 감가상각대상이 아니다(시행령 24조 3항). 토지는 일반적으로 그러한 경우에 해당하므로, 감가상각대상에서 제외된다(법 23조 1항).[364] 다만, 광업권 또는 폐기물매립시설은 감가상각대상에 포함된다(시행령 26조 2항 3호).[365]

3-2-4. 감가상각의 요건

(1) 자산의 보유

감가상각의 대상인 자산은 세법상 법인이 보유하는 것으로 평가될 수 있어야 한다. 여기에는, 법인 소유의 자산[366]뿐만 아니라 법인이 사실상의 소유권을 취득하여 현실적인 지배력을 행사하고 있는 자산도 포함되고, 그 자산을 취득하게 된 원인행위가 반드시 적법하고 유효한 것이어야 하는 것은 아니다.[367]

법인이 장기할부조건 등으로 매입한 감가상각자산의 가액 전액을 자산으로 계상하고 사업에 사용하는 경우, 그 자산은 그 대금의 청산 또는 소유권의 이전 여부에 관계없이 감가상각자산에 포함된다(시행령 24조 4항). 국적취득조건부 나용선계약(Bare Boat Charter of Hire Purchase)[368]도 장기할부조건부 매매와 동일하게 취급되어야 하므로,[369] 그 대상인

---

364) ① 대법원 2020. 4. 9. 선고 2017두50492 판결은, 원고 법인이 공장 부지 중 침전지에 적치된 폐석회를 유수지에 매립하기 위하여 유수지 등에 관하여 폐기물처리시설의 설치승인을 받은 후 지출한 폐석회처리비용을 공장의 부지에 대한 자본적 지출로 보아[2-3. (2) 참조], 폐석회처리비용의 손금산입을 전부 부인하였다. ② 대법원 2022. 1. 27. 선고 2017두51983 판결 : 토지의 진입도로개설비용 등은 토지에 대한 자본적 지출에 해당하므로, 감가상각대상에 포함되지 않는다.

365) K-IFRS는 ① 채석장이나 매립지, ② 해체, 제거 및 복구 원가가 원가에 포함된 토지의 경우 감가상각을 인정한다(K-IFRS 1016호 문단 58, 59).

366) 대법원 2022. 1. 27. 선고 2017두36045 판결은, 원고(인천국제공항공사)가 신공항건설사업의 일환으로 인천국제공항 내에 자체적으로 조달한 차입금으로 철도역사를 포함한 교통센터를 건설하여 준공한 후 소유권보존등기를 마친 사안에서, 공항공사법 부칙 제8조 제1항 단서 후문에 따라 원고가 사업준공일에 위 철도역사의 소유권을 취득하였으므로, 위 철도역사는 감가상각대상에 해당한다고 판단하였다.

367) 대법원 2009. 7. 9. 선고 2007두4049 판결 : 원고 법인이 금융리스이용자인 특수관계회사로부터 리스물건을 매수하는 계약을 체결하고 그 물건을 인도받아 사용하던 중 특수관계회사의 부도 후 리스회사의 요구에 따라 그 물건을 반환한 사안에서, 원고 법인이 금융리스물건의 매매계약을 체결한 것이 대표권을 남용하거나 이사회결의를 거치지 않은 것이라고 하더라도, 원고가 특수관계회사로부터 리스물건의 대가를 지급하고 구입하여 실제로 제품생산 등에 사용하면서 현실적으로 지배하고 있었던 이상 법인은 리스물건을 구입한 것이고, 그 리스물건은 반환될 때까지는 법인이 현실적인 지배력을 행사하면서 사업에 실질적으로 제공한 자산으로서 감가상각의 대상이 된다고 판단하였다.

368) 용선자가 편의치적국에 등록된 선박을 선체용선으로 용선하고, 용선료의 지급완료 후 그 선박의 소유권을 취득하는 조건의 선체용선(나용선)계약을 말한다.

369) 대법원 2009. 1. 30. 선고 2006두18270 판결

선박은, 용선자인 법인의 자산으로 계상되고 그 법인에 의하여 사용되는 시점부터 그 법인의 감가상각자산으로 된다고 보아야 할 것이다.[370]

리스회사가 대여하는 리스자산 중 ① 기업회계기준에 따른 금융리스의 자산은 리스이용자의 감가상각자산으로,[371] ② 금융리스 외의 리스자산은 리스회사의 감가상각자산으로 한다(시행령 24조 5항). 금융리스는 자산의 소유에 따른 위험과 보상의 대부분이 리스이용자에게 이전되는 리스를 말하고, 운용리스는 그 외의 리스를 말한다.[372]

대법원 2016. 1. 28. 선고 2013두7001 판결

① 원고(베올리아워터산업개발 주식회사)와 현대전자산업 주식회사(2001. 3.경 주식회사 하이닉스반도체로 상호변경, '하이닉스')는 ㉮ 2001. 3. 23. 원고가 하이닉스로부터 수처리시설에 관련된 건물, 구축물, 기계장치 등('이 사건 당초 자산')을 약 1,974억 원에 양수하기로 하는 계약을, ㉯ 2001. 3. 29. 원고가 하이닉스에 12년의 계약기간 동안 이 사건 당초 자산 등을 이용하여 반도체 생산에 필요한 공업용수 및 폐수·하수 처리용역을 제공하고, 계약기간 종료일인 2013. 3. 31. 이 사건 당초 자산과 계약기간 동안 취득한 수처리시설 관련 자산(통틀어 '이 사건 자산')을 1원에 양도하기로 하는 계약을 각 체결하였다.

② 원고는, 이 사건 자산의 가치증감에 따른 투자위험은 하이닉스에 귀속되므로, 이 사건 자산은 그 실질적 소유자인 하이닉스의 감가상각자산에 해당하고, 원고가 하이닉스에 제공한 대가의 실질은 계약기간 동안 이 사건 자산의 사용·수익에 대한 선급임차료이므로, 계약기간에 안분하여 손금에 산입되어야 한다고 주장하였다.

③ 대법원은, 원고가 대가를 지급하고 이 사건 자산을 취득한 후 계약기간 동안 자신이 비용과 위험을 부담하여 이를 배타적으로 관리, 운영, 보수 및 유지하면서 하이닉스에 공업용수 및 폐수·하수 처리용역을 제공하는 점, 하이닉스는 계약기간 동안 원고에게 이 사건 자산의 취득비용을 고려하여 산정한 용역대금 등을 지급하고 계약기간 종료 후 이 사건 자산을 다시 취득하게 되는 점 등에 비추어, 이 사건 자산은 계약기간 동안 원고가 현실적인 지배력을 행사하면서 원고의 사업에 실질적으로 제공한 자산으로서 원고의 감가상각자산에 해당한다고 판단하였다.

④ 위 사건에서 원고는 이 사건 자산의 소유자이므로, 그 자산의 소유에 따른 위험과 보상의 주요 부분을 상실하지 않는 한 그 자산은 원고의 감가상각자산으로 평가되어야 한다. 그런데 원고가 이 사건 자산을 다시 하이닉스에 양도하기까지 12년이나 경과하여야 하고, 그 동안 이 사건 자산의 가치 중 상당 부분이 소실될 것으로 보이는 점을 고려하면, 달리 이 사건 자산의 소유에 따른

---

370) 법인이 국적취득조건부로 나용선계약을 체결하고 인도받아 사용하는 선박을 자산으로 계상한 후 이를 반환하는 경우에도 이미 손금에 산입된 감가상각비는 선박의 반환을 이유로 익금에 산입될 수 없다. 이 경우 반환 당시의 용선료 미지급 잔액과 선박계정 잔액(감가상각누계액을 공제한 잔액)의 차액은 반환일이 속하는 사업연도의 익금 또는 손금에 산입된다. 기본통칙 23-24…4

371) 대법원 2000. 2. 22. 선고 97누3903 판결은, 국제항공운수업을 영위하는 외국법인인 원고(캐세이퍼시픽항공)의 국내사업장의 소득계산과 관련하여 원고가 리스계약에 따라 사용하는 항공기가 금융리스자산으로서 고정자산에 해당한다고 판단하였다.

372) K-IFRS 1116호 문단 62

위험과 보상이 하이닉스에 귀속된다고 볼 사정이 입증되지 않는 한, 이 사건 자산을 하이닉스의 감가상각자산으로 보기는 어려울 것이다.

(2) 사업에 대한 사용이 개시된 자산

감가상각대상 자산은 법인의 사업에 대한 사용이 개시되어 수익창출에 기여하는 것이어야 한다.

① 건설 중인 자산은 아직 사업에 사용되지 않는 것이므로 감가상각대상이 아니다(시행령 24조 3항 2호). 건설 중인 자산은, 설치 중인 자산 또는 그 성능을 시험하기 위한 시운전기간에 있는 자산을 포함한다(시행규칙 12조 4항 본문). 다만, 건설 중인 자산의 일부가 완성되어 사업에 사용되는 경우 그 부분은 감가상각자산에 해당한다(시행규칙 12조 4항 단서).[373] 그리고 취득 후 사용하지 않고 보관 중인 기계 및 장치 등도 아직 감가상각의 대상이 아니다(시행규칙 12조 3항 2호).

② 사업에 사용되지 않는 자산은 원칙적으로 감가상각대상에서 제외된다.[374] 예외적으로 유휴설비는 감가상각자산에 포함된다(시행령 24조 3항 1호). 즉, 일단 사업에 사용되기 시작하여 감가상각대상으로 된 자산은, 일시적으로 유휴 상태에 있더라도 여전히 감가상각대상이다. 다만, 사용 중 철거하여 사업에 사용하지 아니하는 기계 및 장치 등은, 감가상각대상인 유휴설비에 포함되지 않는다(시행규칙 12조 3항). 시설의 개체 또는는 기술의 낙후로 인하여 생산설비의 일부를 폐기한 경우, 그 자산은 더 이상 감가상각의 대상이 아니다(시행령 31조 7항).[375]

---

373) 대법원 2015. 9. 10. 선고 2013두6862 판결은, 원고(주식회사 포스코)가 자가전력생산용 LNG(액화천연가스) 복합발전소들을 건설하고 발전소들의 터빈별 예비승인시험 과정에서 전력을 일부 생산하였으며 예비승인시험을 완료한 후 본격적으로 전력생산을 개시하였고, 법인세신고를 하면서 발전소들의 터빈별로 예비승인시험을 위하여 전력생산을 개시한 날부터 감가상각을 하였는데, 과세관청이 터빈별 예비승인시험 완료일부터 감가상각이 가능한 것으로 보아 원고가 신고한 감가상각비 중 일부의 손금산입을 부인하여 법인세 부과처분을 한 사안에서, 발전소들의 구조와 발전 방식, 검사 절차, 전력생산량 등에 비추어 보면, 발전소들에 대한 예비승인시험 기간 중 터빈을 가동한 것은 발전소의 설비를 정상적으로 사용하기에 앞서 설치 과정의 일환으로 성능시험을 위한 시운전을 실시한 것에 불과하므로, 그 과정에서 전력을 소량 생산하여 생산공정에 투입하였다고 하더라도 발전소들의 일부가 완성되어 사업에 사용된 경우에 해당한다고 보기는 어렵다고 판단하였다.

374) K-IFRS에서는 매각예정(held for sale)으로 분류된 비유동자산(non-current assets)에 대하여 감가상각이 중단되고, 순공정가치와 장부금액 중 적은 금액으로 측정된다(K-IFRS 1105호 문단 1).

375) 이 경우 당해 자산의 장부가액에서 1,000원을 공제한 금액을 폐기일이 속하는 사업연도의 손금에 산입할 수 있다(시행령 31조 7항).

3-3. 감가상각의 한도액

법인세법상 감가상각비는 감가상각 한도액('상각범위액')의 범위에서만 인정된다. 그리고 상각범위액은 ① 감가상각대상 금액, ② 내용연수, ③ 상각방법에 의하여 정해진다.

3-3-1. 감가상각대상 금액

감가상각대상 금액은 감가상각자산의 취득가액에서 잔존가액을 뺀 금액이다.

감가상각자산의 **잔존가액**은 영(0)이다.[376] 다만, 정률법에 의하여 상각범위액을 계산하는 경우에는 취득가액의 5%에 상당하는 금액으로 하되,[377] 그 금액은 감가상각자산에 대한 미상각잔액이 최초로 취득가액의 5% 이하가 되는 사업연도의 상각범위액에 가산한다(시행령 26조 6항).

3-3-2. 내용연수

(1) 내용연수의 의의

내용연수(useful life)는, 감가상각자산을 사업활동에 사용할 것으로 예상되는 기간으로서, 그 취득가액이 감가상각을 통하여 비용으로 배분되는 기간을 의미한다.[378] 회계기준에서는 기업이 스스로의 판단에 따라 감가상각자산의 내용연수를 결정할 수 있지만,[379] 이를 세법상 그대로 수용할 경우 납세의무자의 자의(恣意)에 의하여 사업연도별 과세소득이 조작될 위험이 있다. 이를 방지하기 위하여 세법은 감가상각자산의 종류별로 내용연수를 규정하고 이를 기준으로 일정한 범위에서만 법인의 선택권을 인정한다.

(2) 유형자산

(가) 일반적인 유형자산

① 기준내용연수와 신고내용연수

시험연구용자산을 제외한 유형자산의 경우, 구조 또는 자산별·업종별로 기준내용연수

---

376) 감가상각이 종료된 감가상각자산에 대하여는 취득가액의 5%와 1,000원 중 적은 금액을 그 감가상각자산의 장부가액으로 하고, 그 금액은 손금에 산입하지 않는다(시행령 26조 7항).

377) 정률법의 경우 잔존가액을 0으로 하면 상각률$\left(1-n\sqrt{\dfrac{잔존가액}{취득가액}}\right)$을 계산할 수 없기 때문이다.

　김완석·황남석, 법인세법론(2021), 370쪽

378) K-IFRS에서는, 내용연수는 '기업이 자산을 사용할 수 있을 것으로 예상하는 기간이나 자산에서 얻을 것으로 예상하는 생산량 또는 이와 비슷한 단위 수량'을 말한다(K-IFRS 1016호 문단 6).

379) K-IFRS 1016호 문단 56 : 기업은 자산의 예상 생산능력이나 물리적 생산량을 토대로 한 자산의 예상사용수준 등을 고려하여 자산의 내용연수를 결정한다.

에 그 25%를 가감하여 기획재정부령으로 정하는 내용연수범위 안에서 법인이 선택하여 관할 세무서장에게 신고한 내용연수('신고내용연수')가 적용된다(시행령 28조 1항 2호). 이에 따라 법인세법 시행규칙 별표 5는 '건축물 등의 기준내용연수와 내용연수범위'를,[380] 별표 6은 '업종별 자산의 기준내용연수와 내용연수범위'를 각각 규정한다(시행규칙 15조 3항).

법인이 내용연수를 신고할 때에는 일정한 날[381]이 속하는 사업연도의 법인세 과세표준의 신고기한까지 관할 세무서장에게 내용연수신고서를 제출하여야 한다(시행령 28조 3항).

법인이 감가상각자산에 대하여 해당 내용연수범위 내에서 적용할 내용연수를 관할 세무서장에게 신고하지 않은 경우에는, 기준내용연수[382]가 적용된다(시행령 28조 1항 2호 단서).

② 내용연수의 범위 또는 적용하던 내용연수의 변경

일정한 사유에 해당하는 경우, 법인은 기준내용연수에 일정한 비율을 가감하는 범위에서, 사업장별로 관할 지방국세청장의 승인을 받아, 내용연수범위와 달리 내용연수를 적용하거나 적용하던 내용연수를 변경할 수 있다(시행령 29조 1항). 법인이 신고기한 내에 관할 지방국세청장의 승인을 받지 않은 채 임의로 내용연수범위를 벗어난 내용연수를 선택하여 신고한 경우, 적법한 내용연수의 신고가 없었으므로, 기준내용연수가 적용되어야 한다.[383]

(나) 시험연구용 자산

시험연구용 자산에 대하여는 법인세법 시행규칙 별표 2에서 정하는 내용연수가 적용된다(시행령 28조 1항 1호, 시행규칙 15조).

(3) 무형자산

① 개발비 : 관련 제품의 판매 또는 사용이 가능한 시점부터 20년의 범위에서 법인이 연단위로 신고한 내용연수에 의한다(시행령 26조 1항 6호).[384]

② 사용수익기부자산가액 : 해당 자산의 사용수익기간에 의하고, 그 기간에 관한 특약이 없는 경우에는 신고내용연수에 의한다(시행령 26조 1항 7호).

---

380) 그 주요한 것을 들어보면, ① 철골·철근콘크리트조 건물 등의 경우 기준내용연수 40년, 내용연수범위 30~50년, ② 연와조, 블록조, 콘크리트조 건물 등의 경우 기준내용연수 20년, 내용연수범위 15~25년, ③ 선박 및 항공기의 경우 기준내용연수 12년, 내용연수범위 9~15년, ④ 차량 및 운반구의 경우 기준내용연수 5년, 내용연수범위 4~6년이다.

381) ① 신설법인과 새로 수익사업을 개시한 비영리내국법인의 경우에는 그 영업을 개시한 날
② 위 ① 외의 법인이 자산별·업종별 구분에 따라 기준내용연수가 다른 감가상각자산을 새로 취득하거나 새로운 업종의 사업을 개시한 경우에는 그 취득한 날 또는 개시한 날

382) 기획재정부령(시행규칙 13조의2)으로 정하는 기준내용연수를 말한다(시행령 26조의3 2항 1호).

383) 대법원 2016. 1. 28. 선고 2013두7001 판결

384) 법인이 내용연수를 신고하지 않은 경우, 내용연수는 관련 제품의 판매·사용이 가능한 시점부터 5년으로 한다(시행령 26조 4항 4호).

③ 주파수이용권 및 공항시설관리권 : 주무관청에서 고시하거나 주무관청에 등록한 기간 내에서 사용기간에 의한다(시행령 26조 1항 8호).

④ 개발비 등을 제외한 기타의 무형자산 : 법인세법 시행규칙 별표 3에서 정하는 내용연수가 적용된다(시행령 28조 1항 1호, 시행규칙 15조). 이에 의하면, 영업권의 내용연수는 5년이고, 특허권의 내용연수는 7년이다.[385]

(4) 중고자산의 수정내용연수

법인이 기준내용연수의 50% 이상이 경과된 자산('중고자산')을 다른 법인 또는 소득세법상 사업자로부터 취득한 경우(합병·분할에 의하여 취득한 경우를 포함한다)에는, 그 자산의 기준내용연수의 50%에 상당하는 연수와 기준내용연수의 범위에서 선택하여 관할 세무서장에게 신고한 연수('수정내용연수')를 내용연수로 할 수 있다(시행령 29조의2 1항).[386]

3-3-3. 감가상각방법

(1) 감가상각방법의 종류

감가상각방법의 종류는 다음과 같다(시행령 26조 2항).

① 정액법 : 감가상각자산의 취득가액에 당해 자산의 내용연수에 따른 상각률을 곱하여 계산한 각 사업연도의 상각범위액이 매년 균등하게 되는 상각방법

---

385) 특허권의 존속기간은 특허권의 설정등록일부터 특허출원일 후 20년이 되는 날까지이고(특허법 88조 1항), 일정한 경우에 한하여 5년의 기간까지 1회만 연장될 수 있다(특허법 89조 1항). ① 이창희, 세법강의(2020), 965쪽은, 특허권의 상각기간을 그 존속기간과 달리 잡은 것은 입법론상 옳지 않다고 본다. ② 그러나 ㉮ 갈수록 빨라져가는 현대의 기술발전 양상을 고려하면, 특허권의 경제적 내용연수, 즉 특허권이 수익을 창출하는 기간은 위 법적 존속기간보다 훨씬 짧은 경우가 많을 수 있다. 그리고 ㉯ 국가의 산업정책적 관점에서 특허권의 취득을 장려하기 위하여 그 상각기간을 법적 존속기간보다 짧게 인정하여 법인으로 하여금 조기에 손금산입할 수 있게 할 필요도 있다(가속상각). 따라서 특허권의 상각기간을 반드시 그 존속기간과 일치시켜야 할 필요는 없고, 현행세법이 특허권의 상각기간을 7년으로 정한 것은 입법론상 채택가능한 범위에 속한다고 보인다. 미국 세법은 특허권 등을 포함한 무형자산의 상각기간을 일률적으로 15년으로 규정하는데[IRC § 197(a)], 이는 반드시 그 존속기간과 일치하는 것은 아니라고 보인다. ③ 무형자산의 내용연수에 관한 논의로는, 이상엽·홍성희·이서현, 주요국의 감가상각제도 비교연구, 한국조세재정연구원(2020), 145~147쪽 참조

386) 대법원 2014. 5. 16. 선고 2011두32751 판결은, 분할에 의하여 자산을 승계받은 분할신설법인이 구 법인세법 시행령(2008. 2. 9. 개정 전) 제28조 제3항의 내용연수신고서만 제출하고 구 법인세법 시행령 제29조의2 제2항 제2호의 내용연수변경신고서를 제출하지 않은 경우에는 특별한 사정이 없는 한 구 법인세법 시행령 제28조 제3항의 내용연수 신고에 따른 내용연수를 적용하여야 하고, 분할법인이 적용하여 온 내용연수에 따른 잔존내용연수를 적용할 것이 아니라고 판단하였다.

$$\text{상각범위액 : 취득원가} \times \text{정액법 상각률}$$
$$\text{정액법 상각률 : } 1 \div \text{내용연수}$$

② 정률법 : 감가상각자산의 취득가액에서 이미 감가상각비로 손금에 산입한 금액[387]을 공제한 잔액('미상각잔액')에 해당 자산의 내용연수에 따른 상각률을 곱하여 계산한 각 사업연도의 상각범위액이 매년 체감되는 상각방법

$$\text{상각범위액} = \text{미상각잔액} \times \text{정률법 상각률}$$
$$\text{미상각잔액} = \text{취득가액} - \text{감가상각누계액} + \text{상각부인액}$$
$$\text{정률법 상각률} = 1 - \sqrt[n]{\text{잔존가액}/\text{취득가액}}$$

③ 생산량비례법 : 다음의 어느 하나에 해당하는 금액에 당해 사업연도 중 그 광구에서 채굴한 양을 곱하여 계산한 금액을 각 사업연도의 상각범위액으로 하는 상각방법
  ㉮ 감가상각자산의 취득가액을 그 자산이 속하는 광구의 총채굴예정량으로 나누어 계산한 금액에 해당 사업연도 중 그 광구에서 채굴한 양을 곱하여 계산한 금액[388]
  ㉯ 감가상각자산의 취득가액을 그 자산인 폐기물매립시설의 매립예정량으로 나누어 계산한 금액에 해당 사업연도 중 그 폐기물매립시설에서 매립한 양을 곱하여 계산한 금액

$$\text{상각범위액} = \text{취득가액} \times \frac{\text{해당 사업연도 중 채굴량 또는 매립량}}{\text{총 채굴예정량 또는 총 매립예정량}}$$

---

387) 업무용승용차의 경우에는 법인세법 제27조의2 제2항 및 제3항에 따라 손금에 산입하지 아니한 금액을 포함한다.

388) 대법원 2015. 6. 24. 선고 2015두424 판결은, 생산량비례법에 의하여 광업권에 관하여 감가상각을 하던 중 어느 사업연도에 ① 취득가액이 증가하여 이를 반영하여야 하는 경우에는, 구 법인세법 시행령 제26조 제2항 제3호를 적용할 때 '취득가액'은 기존 취득가액에서 직전 사업연도까지의 누적상각액을 뺀 다음 증가한 취득가액을 더한 금액으로, '총채굴예정량'은 당초 총채굴예정량에서 직전 사업연도까지의 누적채굴량을 뺀 잔존 채굴예정량으로 하고, ② 총채굴예정량이 감소하여 이를 반영하여야 하는 경우에는, '취득가액'은 기존 취득가액에서 직전 사업연도까지의 누적상각액을 뺀 나머지 채굴예정량으로 하여 상각범위액을 계산하여야 한다고 판단하였다.

(2) 감가상각방법의 결정

(가) 신고한 감가상각방법

다음의 자산들에 관하여는 개별 감가상각자산별로 규정된 감가상각방법 또는 그중 법인이 관할 세무서장에게 신고한 방법에 의하여 상각범위액을 계산한다(시행령 26조 1항).

① 건축물과 무형자산(광업권, 개발비, 사용수익기부자산가액, 주파수이용권 등을 제외한다) : 정액법

② 건축물 외의 유형자산(광업용 유형자산은 제외한다) : 정률법 또는 정액법

③ 광업권[389] 또는 폐기물매립시설[390] : 생산량비례법 또는 정액법

④ 광업용 유형자산 : 생산량비례법·정률법 또는 정액법

⑤ 개발비 : 관련 제품의 판매 또는 사용이 가능한 시점부터 20년의 범위에서 연단위로 신고한 내용연수에 따라 매 사업연도별 경과월수에 비례하여 상각하는 방법

⑥ 사용수익기부자산가액 : 해당 자산의 사용수익기간[391]에 따라 균등하게 안분한 금액[392]을 상각하는 방법

⑦ 주파수이용권, 공항시설관리권 및 항만시설관리권 : 주무관청에서 고시하거나 주무관청에 등록한 기간 내에서 사용기간에 따라 균등액을 상각하는 방법

(나) 감가상각방법을 신고하지 않은 경우

법인이 감가상각방법을 신고하지 않은 경우, 감가상각자산에 대한 상각범위액은 법인세법 시행령 제26조 제4항에 정해진 감가상각자산별 상각방법에 따라 계산된다.

(3) 감가상각방법의 변경

법인은 일정한 사유가 있는 경우[393] 관할 세무서장의 승인을 얻어서 감가상각방법을 변경할 수 있다(시행령 27조 1항).

---

389) 해저광물자원 개발법에 의한 채취권을 포함한다

390) 폐기물관리법 시행령 별표 3 제2호 가목의 매립시설을 말한다.

391) 그 기간에 관한 특약이 없는 경우 신고내용연수를 말한다.

392) 그 기간 중에 해당 기부자산이 멸실되거나 계약이 해지된 경우 그 잔액을 말한다.

393) 다음 중 어느 하나에 해당하는 경우를 말한다.
   1. 상각방법이 서로 다른 법인이 합병(분할합병을 포함한다)한 경우
   2. 상각방법이 서로 다른 사업자의 사업을 인수 또는 승계한 경우
   3. 외국인투자촉진법에 의하여 외국투자자가 내국법인의 주식등을 100분의 20 이상 인수 또는 보유하게 된 경우
   4. 해외시장의 경기변동 또는 경제적 여건의 변동으로 인하여 종전의 상각방법을 변경할 필요가 있는 경우
   5. 기획재정부령으로 정하는 회계정책의 변경에 따라 결산상각방법이 변경된 경우(변경한 결산상각방법과 같은 방법으로 변경하는 경우만 해당한다)

3-3-4. 적격합병 등의 특례

(가) 적격합병 등으로 취득한 자산의 상각범위액

적격합병, 적격분할, 적격물적분할 또는 적격현물출자('적격합병 등')에 의하여 취득한 자산의 상각범위액을 정할 때 ① **취득가액**은 적격합병 등에 의하여 그 자산을 양도한 법인('양도법인')의 취득가액으로 하고,[394] ② **미상각잔액**은, 양도법인의 양도 당시 장부가액에서, 적격합병 등에 의하여 자산을 양수한 법인('양수법인')이 이미 감가상각비로 손금에 산입한 금액을 공제한 잔액으로 한다(시행령 29조의2 2항). 그리고 ③ **상각범위액**은 ㉮ 양도법인이 정한 상각방법 및 내용연수에 의하여 계산한 금액을 승계하는 방법과 ㉯ 양수법인이 정한 상각방법 및 내용연수에 의하여 계산한 금액을 적용하는 방법 중에서 선택할 수 있다(시행령 29조의2 2항).[395]

적격물적분할, 적격현물출자의 경우, 양수법인이 양수한 자산의 취득가액(시가)과 상각범위액 계산의 기준이 되는 취득가액(양도법인의 취득가액)이 다를 수 있다. 양수법인이 적격물적분할 등으로 취득한 자산에 관하여 양도법인의 취득가액을 기준으로 계산한 상각범위액이 양수법인의 장부가액(시가)을 초과하는 경우, 그 초과하는 금액을 손금에 산입할 수 있고, 나중에 그 자산이 처분된 경우 위 손금에 산입한 금액의 합계액을 그 자산의 처분일이 속하는 사업연도의 익금에 산입한다(시행령 29조의2 3항).[396]

(나) 적격요건위반의 경우

적격합병 등에 따른 상각범위액 계산의 특례를 적용받은 법인이 적격요건위반사유에 해당하는 경우, ① 아래 ㉮의 금액에서 ㉯의 금액을 뺀 금액을 적격요건위반사유가 발생한 날이 속하는 사업연도의 익금에 산입하고, ② 해당 사유가 발생한 날이 속하는 사업연도

---

394) 종전에는, 적격물적분할의 경우, 법인세법 시행령 제29조의2 제2항의 적용대상에서 빠져 있었기 때문에 분할법인의 자산 양도차익에 대한 과세가 이연됨에도 불구하고 분할신설법인은 승계한 자산에 관하여 그 시가를 취득가액으로 하여 감가상각을 할 수 있었다. 이에 대하여 양도차익에 대한 과세 없이 자산의 평가증을 인정하는 것이 된다는 비판이 있었다[이창희, 세법강의(2017), 656쪽]. 2019. 2. 12. 법인세법 시행령의 개정으로 적격물적분할이 위 규정의 적용대상에 포함됨으로써, 분할신설법인이 적격물적분할에 따라 취득한 자산의 감가상각범위액을 정할 때, 그 자산을 양도한 법인의 취득가액을 그 자산의 취득가액으로 하도록 변경되었다.

395) 대법원 2014. 5. 16. 선고 2011두32751 판결은, 분할에 의하여 자산을 승계받은 분할신설법인이 구 법인세법 시행령(2008. 2. 9. 개정 전) 제28조 제3항의 내용연수신고서만 제출하고 구 법인세법 시행령 제29조의2 제2항 제2호의 내용연수변경신고서를 제출하지 않은 경우에는 특별한 사정이 없는 한 구 법인세법 시행령 제28조 제3항의 내용연수 신고에 따른 내용연수를 적용하여야 하고, 분할법인이 적용하여 온 내용연수에 따른 잔존내용연수를 적용할 것이 아니라고 판단하였다.

396) 위 규정은, 양수법인이 승계한 순자산 전체를 기준으로 양도차익이 발생하여 적격물적분할 등의 과세이연특례가 적용되지만 개별 자산에 관하여 양도차손이 발생하는 경우를 염두에 둔 것으로 보인다. 김완석·황남석, 법인세법론(2021), 388쪽의 주) 76

및 그 후 사업연도에 관하여 위 특례규정을 적용하지 않은 것으로 보고 감가상각비 손금산입액을 계산한다(시행령 29조의2 4항, 26조의2 10항).

㉮ 특례규정을 최초로 적용한 사업연도부터 해당 사업연도의 직전 사업연도까지 손금에 산입한 감가상각비 총액

㉯ 특례규정을 최초로 적용한 사업연도부터 해당 사업연도의 직전 사업연도까지 특례규정을 적용하지 않은 것으로 보고 재계산한 감가상각비 총액

3-4. 감가상각비

3-4-1. 법인이 계상한 감가상각비

(1) 결산확정(조정)사항

감가상각비가 손금에 산입되기 위해서는 법인이 이를 결산을 확정할 때 손비로 계상하여야 한다(법 23조 1항)[결산확정(조정)사항].[397][398] 따라서 법인이 결산을 확정할 때 감가상각비를 손비로 계상하지 않은 경우, 이를 세무조정계산서에 손금산입액으로 포함시켜 신고조정하거나 과세표준의 신고 후 경정청구를 하는 방법으로 손금에 산입할 수 없다. 입법론으로는, 감가상각비를 결산확정사항으로 규정하여 신고조정을 막을 필요가 있는지 의문스럽다.[399]

(2) 손비의 계상

법인이 감가상각비를 '손비로 계상'한 경우는, 계정과목의 명칭에 관계없이 감가상각자산과 관련된 비용을 계상한 것을 의미한다.[400]

법인이 다음의 어느 하나에 해당하는 금액을 손비로 계상한 경우에는, 감가상각비를 계상한 것으로 보아 상각범위액을 계산한다(법 23조 4항).

① 감가상각자산을 취득하기 위하여 지출한 금액

---

397) 이를 '임의상각제도'라고 하기도 한다. 김완석·황남석, 법인세법론(2021), 360쪽

398) 일본 법인세법도, 법인이 해당 사업연도에 상각비로 손금경리를 한 금액 중 일정한 상각방법에 따라 계산한 금액(상각한도액)에 도달할 때까지의 금액을, 세법상 감가상각비로 손금에 산입되는 금액으로 규정한다(일본 법인세법 31조 1항). 이에 비하여 미국 세법은 회계상 감가상각비의 계상을 세법상 감가상각비의 요건으로 규정하지 않는다(IRC § 167).

399) 감가상각비를 결산확정사항으로 정한 것에 대하여는, ① K-IFRS를 적용하는 법인의 신고조정(법 23조 2항), ② 법인세가 감면되는 법인의 감가상각 의제(법 23조 3항) 등 상당한 범위의 예외가 있는데, 이는 감가상각비를 결산확정사항으로 정할 필요가 없거나 작음을 시사한다.

400) 행정해석은, 법인이 전기에 과소 계상한 고정자산의 감가상각비를 기업회계기준에 따라 이월이익잉여금을 감소시키는 전기오류수정손으로 계상한 경우 이를 법인세법 제23조에 의하여 손금에 계상한 것으로 보아 감가상각비 시부인 계산한다(기본통칙 23-0…4 ①).

② 감가상각자산에 대한 대통령령으로 정하는 자본적 지출에 해당하는 금액

감가상각자산이 진부화, 물리적 손상 등에 따라 시장가치가 급격히 하락하여 법인이 기업회계기준에 따라 **손상차손**을 계상한 경우(천재지변·화재 등의 사유로 파손되거나 멸실될 것을 제외한다)에는, 그 금액을 감가상각비로서 손비로 계상한 것으로 본다(시행령 31조 8항).[401)402)]

3-4-2. 감가상각비의 신고조정

(1) K-IFRS를 적용하는 법인

(가) 개요

K-IFRS를 적용하는 법인이 K-IFRS에 따라 계상한 감가상각비가 세법상 인정되는 감가상각비의 한도액보다 적은 경우, 위 감가상각비의 한도액을 모두 활용하는 경우에 비하여 세부담이 증가하게 된다. 이러한 문제점을 해결하기 위하여, 법인세법은 K-IFRS를 적용하는 법인이 감가상각비를 신고조정으로 손금에 산입할 수 있도록 특례를 인정한다(법 23조 2항).

(나) 특례의 내용

K-IFRS를 적용하는 법인이 보유한 감가상각자산 중 '유형자산과 대통령령으로 정하는 무형자산'에 관하여 개별 자산의 취득시기별로 다음 ①, ②의 금액이, 법인이 손비로 계상한 감가상각비로서 상각범위액 내의 금액보다 큰 경우, 그 차액의 범위에서 추가로 신고조정으로 손금에 산입할 수 있다(법 23조 2항).

① 2013년 12월 31일 이전 취득분 : K-IFRS를 적용하지 않고 종전의 방식에 따라 감가상각비를 손비로 계상한 경우 법인세법 제23조 제1항에 따라 손금에 산입할 감가상각비 상당액

② 2014년 1월 1일 이후 취득분 : 기획재정부령으로 정하는 기준내용연수를 적용하여

---

401) 위 규정은 2010. 12. 30. 신설된 것이다. 위 규정이 적용되기 전의 사안에 관하여도 대법원 2014. 3. 13. 선고 2013두20844 판결은, 기업회계기준상 유형자산감액손실과 감가상각비는 그 실질이 유사한 점 등에 비추어, 내국법인이 진부화되거나 시장가치가 급격히 하락한 사업용 유형고정자산에 대하여 기업회계기준에 따라 감액손실을 계상한 경우 감가상각비를 계상한 것으로 보아 당해 사업연도의 상각범위액 내에서 손금에 산입하거나 그 후의 사업연도에 대한 시인부족액을 한도로 하여 손금으로 추인하여야 한다고 판시하였다.

402) 울산지방법원 2021. 9. 9. 선고 2020구합6024 판결 : 원고 법인이 2012년 다른 법인으로부터 원자력발전소 정비사업부 등을 포괄적으로 양수하고 그 양수대금과 위 사업부 등의 순자산가액의 차액을 회계상 영업권으로 계상하였는데, 이후 2017년 정부의 원전축소정책에 따라 위 사업부 등의 공정가치가 하락하자 영업권의 손상차손을 계상한 사안

계산한 감가상각비 상당액

K-IFRS를 적용하는 법인이 법인세법 시행령 제23조 제2항에 따라 신고조정을 하지 않은 경우, 경정청구를 통하여 신고조정의 특례를 적용할 수 있다.[403]

(2) 특수관계인으로부터 양수하여 기업회계기준에 따라 장부에 계상한 자산

법인이 특수관계인으로부터 양수하여 기업회계기준에 따라 장부에 계상한 자산의 가액이 시가에 미달하는 경우, 다음 각 금액에 대하여 감가상각 관련 규정을 준용하여 계산한 감가상각비 상당액은 손금에 산입된다(시행령 19조 5호의2).[404]

① 실제 취득가액이 시가를 초과하는 경우에는 시가와 장부에 계상한 가액과의 차이
② 실제 취득가액이 시가에 미달하는 경우에는 실제 취득가액과 장부에 계상한 가액과의 차이

위 규정의 취지는 다음과 같다.[405] 일반기업회계기준에 의하면, 동일지배하에 있는 기업 간 사업인수도의 경우, 인수자는 인수대상 사업의 자산·부채를 연결장부금액으로 인식하므로,[406] 이에 따라 계상된 자산의 장부금액과 법인세법 시행령 제72조에 따른 자산의 취득가액[407] 사이에 차이가 있을 수 있다. 그런데 법인세법상 감가상각비는 결산확정 사항이어서 결산서에 계상되어야만 손금에 산입될 수 있기 때문에, 위 차이 금액에 대한 감가상각비를 신고조정으로 손금에 산입할 수 있게 한 것이다.

3-5. 감가상각비의 시인과 부인

(1) 감가상각비 시·부인의 단위

감가상각자산의 감가상각비가 상각범위액을 초과하는지 여부는 개별 감가상각자산별로 판단한다(시행령 26조 1항). 따라서 A 자산에 대하여는 상각범위액을 초과하는 감가상각비

---

403) 사전법령법인-337, 2016. 9. 29.
404) 행정해석은, 법인이 특수관계자로부터 영업권을 양수하면서 기업회계기준에 따라 장부에 계상한 금액이 시가에 미달하는 경우에도 위 규정을 적용한다(기본통칙 19-19…46).
405) 김완석·황남석, 법인세법론(2021), 282쪽
406) 일반기업회계기준 32장 문단 32.11. 여기서 연결장부금액은, 거래 발생시점에 최상위 지배기업이 연결재무제표를 작성한다면 연결재무제표에 인식될 해당 자산·부채 금액으로 하고, 해당 사업과 관련된 영업권을 포함한다(일반기준 32장 문단 32.13). 그런데 지배기업이 연결재무제표를 작성할 때 종속기업의 식별가능한 자산·부채의 장부금액과 공정가치의 차액을 비지배금액으로 반영하여야 하는 점(일반기준 4장 실4.14)을 고려하면, '연결재무제표에 인식될 해당 자산·부채 금액'은 그 공정가치(시가)를 말하는 것으로 보인다.
407) 매입가액에 취득세(농어촌특별세와 지방교육세를 포함한다), 등록면허세, 그 밖의 부대비용을 가산한 금액(시행령 72조 2항 1호)

가 계상되고, B 자산에 대하여는 상각범위액에 미달하는 감가상각비가 계상된 경우, A, B의 감가상각비 합계액이 상각범위액 합계액 범위 내라고 하더라도, A 자산의 감가상각비 중 상각범위액을 초과하는 부분은 손금에 불산입된다. 즉, 감가상각비의 시·부인액은 통산되지 않는다.

(2) 상각부인액과 시인부족액

법인이 손비로 계상한 감가상각비 중 상각범위액을 초과하여 손금에 산입되지 않는 금액을 상각부인액이라 하고, 감가상각비가 상각범위액에 미달하는 경우 그 미달액을 시인부족액이라 한다.

상각부인액[(+)유보]은 그 후 사업연도의 시인부족액을 한도로 손금에 산입된다[(−)유보로 추인]. 상각부인액이 있는 법인이 감가상각비를 손비로 계상하지 않은 경우에도, 그 상각부인액은 상각범위액을 한도로 손금에 산입된다(시행령 32조 1항).

한편, 시인부족액은 그 후 사업연도의 상각부인액에 충당되지 못한다(시행령 32조 2항). 따라서 시인부족액에 해당하는 금액은, 그 전의 사업연도에 발생한 상각부인액이 있는 경우가 아니면, 감가상각자산이 폐기 또는 처분되는 시점에 가서 처분손실 등으로 손금에 산입될 수 있을 뿐이다.

(3) 감가상각자산의 평가증

법인이 보험업법 등에 따라 감가상각자산의 장부가액을 증액('평가증')한 경우, ① 해당 감가상각자산의 상각부인액은 평가증의 한도까지 익금에 산입된 것으로 보아 손금에 산입하고, 평가증의 한도를 초과하는 금액은 그 후의 사업연도에 이월할 상각부인액으로 하며, ② 시인부족액은 소멸하는 것으로 한다(시행령 32조 3항).[408]

(4) 감가상각자산의 양도

감가상각자산을 양도한 경우, 그 자산의 상각부인액은 양도일이 속하는 사업연도의 손금에 산입된다(시행령 32조 5항).[409] 이는, 상각부인액이 있는 자산을 양도하는 경우 그 자산의 회계상 장부가액이 세법상 장부가액보다 낮아서 회계상 비용이 세법상 비용보다 과소하게 인식되므로, 그 차액을 추가로 손금에 산입하도록 한 것이다. 이에 비하여 시인부

---

408) 법인이 감가상각자산에 대하여 감가상각과 평가증을 병행한 경우에는 먼저 감가상각을 한 후 평가증을 한 것으로 보아 상각범위액을 계산한다(시행령 32조 4항).
409) 감가상각자산의 일부를 양도한 경우, 그 양도된 자산의 감가상각누계액 및 상각부인액 또는 시인부족액은, ① 전체 감가상각자산의 감가상각누계액 및 상각부인액 또는 시인부족액에 ② 양도된 부분의 취득 당시 장부가액이 전체 감가상각자산의 취득 당시 장부가액에서 차지하는 비율을 곱하여 계산한 금액으로 한다(시행령 32조 6항).

족액이 있는 자산을 양도하는 경우에는, 그 자산의 회계상 장부가액과 세법상 장부가액이 일치하므로, 세무조정이 불필요하다.

3-6. 감가상각의 의제

(1) 제도의 취지

법인세법은 법인에게 감가상각비의 손금산입 여부 및 범위에 관한 선택권을 부여한다. 이를 이용하여 법인은, 그 소득에 관하여 법인세가 면제 또는 감면되는 사업연도에 관하여는 감가상각비를 계상하지 않았다가, 그렇지 않은 사업연도에 이를 계상함으로써 이중으로 법인세의 부담을 줄이려고 하는 유인을 가진다. 감가상각의 의제는, 이러한 문제점을 방지하기 위하여 법인세를 면제받거나 감면받은 법인으로 하여금 상각범위액만큼 감가상각비를 손금에 산입하도록 하는 제도이다(법 23조 3항, 시행령 30조 1항 본문).

(2) 적용요건

법인이 각 사업연도의 소득에 대하여 법인세를 면제받거나 감면받은 경우이어야 한다(법 23조 3항, 시행령 30조 1항 본문).[410] 법인이 실제로 법인세의 면제 또는 감면을 받았어야 하므로, 결손금이 있거나 면제 또는 감면의 요건을 갖추지 못하여 법인세의 면제 또는 감면을 받지 못한 경우에는 감가상각의제 규정이 적용되지 않는다.[411] 그리고 법인세법 제23조 제3항의 문언을 고려하면, 그 적용대상은 '법인세를 면제받거나 감면받은' 경우이므로, 소득공제와 세액공제를 받은 경우는 여기에 포함되지 않는다.[412] 행정해석은, 특정사업에서 생긴 소득에 대하여 법인세가 면제 또는 감면받는 법인을 위 규정의 적용대상으로 본다.[413]

(3) 적용효과

법인은 법인세의 면제 또는 감면을 받는 사업연도에 관하여 상각범위액만큼 감가상각비를 손금에 산입하여야 한다(법 23조 3항, 시행령 30조 1항 본문). K-IFRS를 적용하는 법인은

---

410) 조특법은 중소기업에 대한 특별세액감면(조특법 7조)을 비롯한 여러 가지 법인세의 감면을 규정한다.
411) 대법원 1989. 2. 28. 선고 87누891 판결 : "의제상각규정은 … 법인이 법인세를 면제 또는 감면받는 경우에만 적용되는 것이지 감면기간에 결손이 발생하여 법인세를 면제 또는 감면받은 사실이 없는 경우에는 위 규정은 적용될 수 없다" ; 기본통칙 23-30…1 ③
412) 김완석·황남석, 법인세법론(2021), 394쪽 ; 그러나 행정해석은 소득공제를 받는 법인도 위 규정의 적용대상에 포함되는 것으로 본다(기본통칙 23-30…1 ①).
413) 기본통칙 23-30…1 ① ; 김완석·황남석, 법인세법론(2021), 395쪽도, 같은 취지에서 특정사업이 아니라 특정소득에 관하여 법인세를 면제 또는 감면받는 법인에 대하여는 감가상각의제 규정이 적용되지 않는다고 본다.

법인세법 제23조 제2항에 따라 개별 자산에 대한 감가상각비를 추가로 손금에 산입할 수 있다(시행령 30조 1항 단서).

감가상각의제규정이 적용되면, 해당 자산의 장부가액은 감가상각의제 금액만큼 감액된다. 따라서 감가상각의제 금액은 이후 해당 자산의 감가상각 대상에서 제외된다.[414] 그리고 법인이 감가상각의제가 행해진 자산을 양도하는 경우, 감가상각의제 금액은 그 자산의 장부가액에서 차감되어야 한다.[415]

3-7. 감가상각자산의 일시상각 특례

법인세법은 일정한 감가상각자산에 관하여 그 내용연수에 걸쳐 감가상각을 하지 않고 일정한 시점에 한꺼번에 손금에 산입하는 것을 인정한다(즉시상각의 의제[416]).

(1) 소액수선비 등을 손비로 계상한 경우

① **소액수선비 등** : 법인이 지출한 수선비가 ㉮ 개별자산별 지출금액이 600만 원 미만이거나 자산의 장부가액의 5%에 미달하는 경우,[417] ㉯ 3년 미만의 기간마다 주기적 수선을 위하여 지출되는 경우로서, 해당 사업연도의 손비로 계상한 경우에는, 자본적 지출에 포함되지 않고, 손금에 산입된다(시행령 31조 3항).

② **소액자산** : 취득가액이 거래단위[418]별로 100만 원 이하인 감가상각자산에 대하여 법인이 사업에 사용한 날이 속하는 사업연도의 손비로 계상한 금액은 손금에 산입된다(시행령 31조 4항). 다만, ① 그 고유업무의 성질상 대량으로 보유하는 자산, ② 그 사업의 개시 또는 확장을 위하여 취득한 자산은 제외된다(시행령 31조 4항 1호, 2호).[419]

---

414) 기본통칙 23-30…2
415) 김완석·황남석, 법인세법론(2021), 396쪽
416) 법인세법 시행령 제31조의 제목인 '즉시상각의 의제'는 독일어의 'Sofortabschreibung'을 옮긴 말이다[이창희, 세법강의(2020), 940쪽 주) 87].
417) 창원지방법원 2019. 2. 12. 선고 2018구합53694 판결 : 원고(신대구부산고속도로 주식회사)가 일정한 고속도로 구간을 건설하여 국가에 기부채납하고, 위 고속도로시설의 관리운영권을 취득한 후 아스팔트 포장 보수공사 등 비용을 지출한 사안에서, 법인이 지출한 비용이 기존 감가상각자산에 대한 자본적 지출로서 즉시상각의제의 대상인지, 아니면 새로운 감가상각자산의 취득가액인지가 문제되었다.
418) 거래단위는 그 자산을 취득한 법인이 독립적으로 사업에 직접 사용할 수 있는 것을 말한다(시행령 31조 5항).
419) 대구지방법원 2021. 6. 23. 선고 23928 판결은, 무대의상 대여업 등을 하는 원고 법인이 품목별로 다량의 무대의상을 구입하여 다량으로 대여한 사건에서, ① 품목별 다량의 의상을 거래단위로 보아야 하는데, 그 취득가액은 100만 원을 초과하고, ② 거래단위가 낱개의 의상이어서 그 취득가액이 100만 원 이하라고 보더라도, 대여대상인 의상은 원고의 고유업무의 성질상 대량으로 보유하는 자산에 해당하므로, 즉시상각의제의 대상에서 제외된다고 판단하였다.

③ **개인용 컴퓨터 등** : 법인이 개인용 컴퓨터 등[420]의 취득가액을, 그 자산을 사업에 사용한 날이 속하는 사업연도의 손비로 계상한 경우, 그 자산의 거래단위별 가액에 관계없이, 손금에 산입된다(시행령 31조 6항).

(2) 생산설비의 폐기 및 시설물의 철거

다음의 어느 하나에 해당하는 경우에는, 해당 자산의 장부가액에서 1,000원을 공제한 금액을, 폐기일이 속하는 사업연도의 손금에 산입할 수 있다(시행령 31조 7항).

① 시설의 개체 또는 기술의 낙후로 인하여 생산설비의 일부를 폐기한 경우 : 생산설비의 '폐기'는, 유휴설비와 달리, 철거 등으로 더 이상 사업에 사용할 수 없는 단계에 이른 것을 말한다.[421]

② 사업의 폐지 또는 사업장의 이전으로 임대차계약에 따라 임차한 사업장의 원상회복을 위하여 시설물을 철거하는 경우

4	유형자산 및 무형자산의 양도 등으로 인한 손익

4-1. 일반론

법인이 유형자산 및 무형자산을 양도한 경우, 자산의 양도금액(시행령 11조 2호)에서 양도 당시 장부가액(시행령 19조 2호)을 뺀 금액은 양도손익이 된다. 유형자산 및 무형자산의 양도가 ① 합병 또는 인적 분할에 따라 이루어진 경우 양도금액은 합병 등에 따라 교부받은 주식의 시가에 부당행위계산으로 받은 이익을 더한 금액이고(시행령 72조 2항 5호), ② 물적 분할 또는 현물출자에 따라 이루어진 경우 양도금액은 그 자산의 시가이다(시행령 72조 2항 3호 나목, 4호).

---

420) 다음의 각 자산을 말한다.
　　① 어업에 사용되는 어구(어선용구를 포함한다)
　　② 영화필름, 공구, 가구, 전기기구, 가스기기, 가정용 기구·비품, 시계, 시험기기, 측정기기 및 간판
　　③ 대여사업용 비디오테이프 및 음악용 콤팩트디스크로서 개별자산의 취득가액이 30만 원 미만인 것
　　④ 전화기(휴대용 전화기를 포함한다) 및 개인용 컴퓨터(그 주변기기를 포함한다)
421) 삼일회계법인, 법인세 조정과 신고 실무(2017), 371쪽

4-2. 사업용 자산의 교환으로 인한 양도차익의 손금산입

(1) 과세특례의 취지

법인이 사업용 자산을 교환하는 경우, 종전 사업용 자산의 양도금액은 특별한 사정이 없는 한 교환으로 새로 취득한 사업용 자산의 취득가액은 시가이다(시행령 72조 2항 7호).[422)423)] 이에 따라 종전 사업용 자산의 장부가액과 새로 취득한 사업용 자산의 시가의 차액은 익금으로 과세된다. 그러나 사업용 자산의 교환은 직접 사업수입을 발생시키는 것이 아니므로, 사업용 자산의 교체에 불과한 경우 그로 인한 양도차익을 익금으로 인식하여야 할 필요성이 상대적으로 낮고, 그 양도차익을 과세할 경우 사업용 자산의 교환이 수반되는 구조조정이 저해될 염려가 있다. 이를 고려하여 세법은 사업용 자산의 교환을 통한 구조조정을 지원하기 위하여 과세특례를 인정한다.

(2) 과세특례의 적용요건

(가) 교환의 주체

과세특례의 대상법인은, 소비성서비스업[호텔업 및 여관업, 주점업 등(조특법 시행령 29조 3항)] 및 부동산업[부동산임대업, 부동산중개업, 부동산매매업(조특법 시행령 60조 1항 1호 내지 3호)]을 제외한 사업을 영위하는 내국법인이어야 한다(법 50조 1항, 시행령 86조 1항).

교환의 상대방은 대상법인의 특수관계인이 아니어야 한다. 교환의 상대방이 특수관계인이 아닌 이상, 3 이상의 법인 간에 하나의 교환계약에 의하여 각 법인이 자산을 교환하는 것도 과세특례의 대상에 포함된다(시행령 86조 3항).

(나) 동종의 사업용 자산의 교환

① 대상법인이 2년 이상 소비성서비스업 등을 제외한 사업에 직접 사용하던 자산으로서 대통령령으로 정하는 것[424)]('사업용 자산')과 ② 특수관계인 외의 다른 내국법인이 2년 이상 그 사업에 직접 사용하던 동일한 종류의 사업용 자산('교환취득자산')의 교환이어야 한다(법 50조 1항).

(다) 교환취득자산의 사용

법인이 교환취득자산을 교환일이 속하는 사업연도의 종료일까지 사업에 사용하여야 한

---

422) 대법원 2010. 3. 25. 선고 2007두18017 판결, 대법원 2011. 7. 28. 선고 2008두5650 판결, 대법원 2013. 6. 14. 선고 2011두29250 판결

423) K-IFRS는 유형자산의 교환거래에 상업적 실질이 결여된 경우 취득한 자산을 제공한 자산의 장부금액으로 측정한다(K-IFRS 1016호 문단 24).

424) "대통령령으로 정하는 자산"은, 토지·건축물·조특법 제24조 제1항 제1호에 통합투자세액공제의 대상으로 규정된 자산과 그 밖에 기획재정부령으로 정하는 자산을 말한다(시행령 86조 2항).

다(법 50조 2항).

과세특례 적용대상인 교환을 한 법인은 교환취득자산의 가액 중 교환으로 발생한 사업용 자산의 양도차익에 상당하는 금액을 손금에 산입할 수 있다(법 50조 1항). 손금에 산입하는 금액은 「교환취득자산의 가액」에서 「현금으로 대가의 일부를 지급한 경우 그 금액 및 사업용 자산의 장부가액」을 차감한 금액이고, 그 금액이 당해 사업용 자산의 시가에서 장부가액을 차감한 금액을 초과하는 경우 그 초과한 금액은 제외한다(시행령 86조 4항).[425] 따라서 사업용 자산의 시가에서 장부가액을 차감한 금액을 한도로 양도차익 상당액의 손금산입이 인정된다.

손금에 산입한 양도차익 상당액은 일시상각충당금 또는 압축기장충당금으로 계상하고, 국고보조금 등으로 취득한 사업용 자산의 예에 따라 감가상각비와 상계하거나 익금에 산입한다(시행령 86조 5항, 64조 3항, 4항).

4-3. 보험차익으로 취득한 유형자산가액의 손금산입

법인이 보험대상 유형자산('보험대상자산')의 멸실이나 손괴로 인하여 보험금을 지급받아 그 지급받은 날이 속하는 사업연도의 종료일까지 멸실한 보험대상자산과 같은 종류의 자산을 대체 취득하거나 손괴된 보험대상자산을 개량(그 취득한 자산의 개량을 포함한다)하는 경우에는, 해당 자산의 가액 중 그 자산의 취득 또는 개량에 사용된 보험차익 상당액을 대통령령으로 정하는 바에 따라 손금에 산입할 수 있다(법 38조 1항).

---

5 ▷ 업무용 승용차 관련비용 등에 대한 특례

5-1. 개요

법인이 업무용으로 승용차를 취득하여 업무에 사용하는 경우, 그 감가상각비는 손금에

---

425) 甲 법인이 장부가액 100원, 시가 120원인 사업용 자산(A 부동산)을 B 법인 소유의 시가 150원인 사업용 자산(B 부동산)과 교환하면서 추가로 20원의 현금을 교환대가로 지급한 경우, A 법인이 손금에 산입할 수 있는 양도차익 상당액은, 교환취득자산인 B 부동산의 가액 150원에서 교환대가로 지급된 현금 20원 및 교환대상물인 A 부동산의 장부가액 100원 합계 120원을 차감한 30원 중에서, A 부동산의 시가와 장부가액의 차액인 20원을 초과한 금액(10원)을 제외한 20원이 된다.

산입되고, 업무용으로 승용차를 임차한 경우, 그 임차료는 손금에 산입된다. 그런데 승용차는 그 특성상 법인의 업무뿐만 아니라 법인 운영자의 사적 용도로도 사용될 수 있고, 업무용 승용차가 사적 용도로 전용되었는지 여부 및 그 범위를 판단하기 어려운 경우가 많다. 이를 이용하여 법인의 운영자가 그 법인 명의로 고가의 승용차를 구입하거나 임차하여 실제로는 사적 용도로 사용하는 사례가 상당수 있었다. 세법은 이로 인한 법인소득의 탈루를 막기 위하여 업무용 승용차와 관련된 비용의 손금산입에 대하여 제한을 가하고 있다.

5-2. 적용대상 : 업무용 승용차

특례의 적용대상은 개별소비세법 제1조 제2항 제3호에 해당하는 승용자동차이고, 다음의 것은 제외된다(법 27조의2 1항).

① 운수업, 자동차판매업 등에서 사업에 직접 사용하는 승용자동차로서 대통령령으로 정하는 것
② 연구개발을 목적을 사용하는 승용자동차로서 대통령령으로 정하는 것

5-3. 업무용 승용차 관련비용의 손금산입

업무용 승용차 관련비용은, 「업무용 승용차에 대한 감가상각비, 임차료, 유류비, 보험료, 수선비, 자동차세, 통행료 및 금융리스부채에 대한 이자비용 등 업무용 승용차의 취득·유지를 위하여 지출한 비용」을 말한다(시행령 50조의2 2항).

업무용 승용차 관련비용은 업무용 사용금액('업무사용금액')에 한하여 손금에 산입된다(법 27조의2 2항). 업무사용금액은 ① 업무전용자동차보험[426]에 가입한 경우에는 업무용 승용차 관련비용에 업무사용비율을 곱한 금액이고, ② 업무전용자동차보험에 가입하지 않은 경우에는 0원(전액 손금 불인정)이다(시행령 50조의2 4항). 업무사용비율은 기획재정부령으로 정하는 운행기록 등에 따라 확인되는 총 주행거리 중 업무용 사용거리가 차지하는 비율이다(시행령 50조의2 5항).

업무용 승용차에 대하여는, 정액법을 상각방법으로, 내용연수를 5년으로 하여 계산한 금액을 감가상각비로 하여 손금에 산입하여야 한다(시행령 50조의2 3항).

업무용 승용차의 업무사용금액 중 '업무용승용차별 감가상각비', '업무용승용차별 임차료 중 대통령령으로 정하는 감가상각비 상당액'이 해당 사업연도에 각각 800만 원을 초과

---

426) 해당 법인의 임직원 등이 운전하는 경우만 보상하는 자동차보험. 법인의 주주 등의 가족으로서 임직원 등이 아닌 자가 업무용 승용차를 사용한 경우에는 손금산입을 인정해주지 않기 위한 것으로 보인다.

하는 경우, 그 초과하는 금액은 해당 사업연도의 손금에 산입하지 않고, 대통령령으로 정하는 방법에 따라 이월하여 손금에 산입한다(법 27조의2 3항).

5-4. 처분손실의 손금산입

업무용 승용차를 처분하여 발생하는 손실 중 업무용승용차별로 800만 원을 초과하는 금액은 해당 사업연도의 손금에 산입하지 않고, 대통령령으로 정하는 방법에 따라 이월하여 손금에 산입한다(법 27조의2 4항).

---

6 **리스**

6-1. 회계기준

6-1-1. 리스제공자

(1) 금융리스와 운용리스의 구별

리스제공자는 리스계약에 따라 기초자산을 리스이용자에게 인도하지만, 리스자산의 소유권을 계속 보유한다. 기초자산의 소유에 따른 위험과 보상(risks and rewards)의 대부분을 이전하는 리스는 금융리스(finance lease)로, 그 외의 리스는 운용리스(operating lease)로 분류한다.[427] 리스가 금융리스인지 운용리스인지는 계약의 형식보다는 거래의 실질에 달려 있다.[428][429][430]

---

427) K-IFRS 1116호 문단 62
428) K-IFRS 1116호 문단 63
  리스가 일반적으로 금융리스로 분류되는 상황의 예는 다음과 같다.
  ① 리스기간 종료시점 이전에 기초자산의 소유권이 리스이용자에게 이전되는 리스
  ② 리스이용자가 선택권을 행사할 수 있는 날의 공정가치보다 충분히 낮을 것으로 예상되는 가격으로 기초자산을 매수할 수 있는 선택권을 가지고 있고, 그 선택권을 행사할 것이 리스약정일 현재 상당히 확실한 경우
  ③ 리스기간이 기초자산의 경제적 내용연수의 상당 부분을 차지하는 경우
  ④ 리스약정일 현재, 리스료의 현재가치가 적어도 기초자산 공정가치의 대부분에 해당하는 경우
  ⑤ 기초자산이 특수하여 해당 리스이용자만이 주요한 변경 없이 사용할 수 있는 경우
429) 리스가 금융리스로 분류될 수 있는 상황의 지표는 다음과 같다(K-IFRS 1116호 문단 64).
  ① 리스이용자가 리스를 해지할 수 있는 경우에 리스이용자가 해지에 관련되는 리스제공자의 손실을 부담하는 경우
  ② 잔존자산의 공정가치 변동에서 생기는 손익이 리스이용자에게 귀속되는 경우

(2) 금융리스의 리스제공자

리스료[431]와 무보증잔존가치의 합계액(리스총투자)을 내재이자율로 할인한 금액을 리스순투자라고 한다.[432] 리스제공자는 ① 리스개시일에 기초자산의 장부금액과 리스개설직접원가를 제거하고 리스순투자와 동일한 금액의 수취채권으로 대체하여 표시하고,[433] ② 리스기간에 수령하는 리스료에 관하여는 이를 금융수익과 원금 감소분으로 배분하여 인식한다.[434]

(3) 운용리스의 리스제공자

리스제공자는 정액 기준이나 다른 체계적인 기준으로 운용리스의 리스료를 수익으로 인식한다.[435] 리스제공자는 리스개설직접원가를 기초자산의 장부금액에 더하고 리스료수익과 같은 기준으로 리스기간에 걸쳐 비용으로 인식한다.[436] 감가상각대상인 기초자산의 감가상각 정책은 리스제공자가 소유한 비슷한 자산의 보통 감가상각 정책과 일치해야 한다.[437]

6-1-2. 리스이용자

(1) K-IFRS 제1107호와 제1116호

종전의 K-IFRS 제1107호는, 리스이용자가 금융리스의 경우에는 리스자산 및 리스부채를 인식하도록 하는 반면, 운용리스의 경우에는 이를 인식하지 않도록 하였다. 이에 따

---

③ 리스이용자가 시장리스료보다 현저하게 낮은 리스료로 다음 리스기간에 리스를 계속할 능력이 있는 경우

430) K-IFRS 1116호 문단 63, 64에 해당하는 경우에도, 계약의 다른 속성들을 고려할 때 기초자산의 소유에 따른 위험과 보상의 대부분을 이전하지 않는다는 점이 분명하다면 그 리스는 운용리스로 분류한다(K-IFRS 1116호 문단 65). 그 예는 다음과 같다.
  ① 리스기간 종료시점에 기초자산의 소유권을 그 시점의 공정가치에 해당하는 변동 지급액으로 이전하는 경우
  ② 변동 리스료가 있고 그 결과로 리스제공자가 기초자산의 소유에 따른 위험과 보상의 대부분을 이전하지 않는 경우

431) 리스료는 리스이용자 등이 리스제공자에게 제공하는 잔존가치보증, 리스이용자가 매수선택권을 행사할 것이 상당히 확실한 경우 그 매수선택권의 행사가격 등을 포함한다(K-IFRS 1116호 문단 70).

432) K-IFRS 1116호 부록 A. 용어의 정의

433) K-IFRS 1116호 문단 67, 71 ; 이는 리스자산을 공정가치에 매각하는 것으로 보고 회계처리하는 것이다 (일반기준 13장 실13.15).

434) K-IFRS 1116호 문단 75, 76

435) K-IFRS 1116호 문단 81

436) K-IFRS 1116호 문단 83

437) K-IFRS 1116호 문단 84

라 리스이용자들이 거액의 리스부채를 인식해야 하는 금융리스로 분류되는 것을 꺼리게 되어 다양한 편법을 이용하여 리스가 운용리스로 분류되도록 시도하였다.[438] 이러한 문제점을 해결하기 위하여 종전의 K-IFRS 제1107호를 대체한 K-IFRS 제1116호는, 리스이용자가 금융리스 또는 운용리스의 구분에 관계없이 사용권자산과 리스부채를 인식하는 것으로 정한다.

(2) 사용권자산과 리스부채

리스이용자는, 리스개시일에 사용권자산(right-of-use asset)과 리스부채(lease liability)를 인식한다.[439] 사용권자산은 리스개시일에 원가로 측정되고, 사용권자산의 원가는 리스부채 최초 측정금액 등으로 구성된다.[440] 리스부채는 리스개시일 현재 지급되지 않은 리스료[441]의 현재가치이다.

리스이용자는, 리스개시일 후 사용권자산에 대하여 재평가모형이나 공정가치모형이 적용되는 경우가 아닌 한 원가모형을 적용하여 사용권자산을 측정하고,[442] 감가상각한다.[443] 그리고 리스이용자는 리스개시일 후 리스부채에 관하여 그 이자를 반영하여 장부금액을 증액하고, 지급한 리스료를 반영하여 장부금액을 감액한다.[444]

---

438) 신현걸·최창규·김현식, IFRS 중급회계(2018), 991쪽

439) K-IFRS 1116호 문단 22

440) K-IFRS 1116호 문단 23, 24

441) 리스료는 잔존가치보증에 따라 리스이용자가 지급할 것으로 예상되는 금액, 리스이용자가 매수선택권을 행사할 것이 상당히 확실한 경우 그 매수선택권의 행사가격 등을 포함한다(K-IFRS 1116호 문단 27).

442) K-IFRS 1116호 문단 29. 다만, ① 사용권자산이 재평가모형을 적용하는 유형자산의 유형에 관련되는 경우 재평가모형의 적용을 선택할 수 있고, ② 투자부동산에 공정가치모형을 적용하는 경우, 투자부동산의 정의를 충족하는 사용권자산에도 공정가치모형을 적용한다(K-IFRS 1116호 문단 29, 34, 35).

443) K-IFRS 1116호 문단 31, 32 : ① 리스기간 종료시점 이전에 리스이용자에게 기초자산의 소유권을 이전하는 경우나 사용권자산의 원가에 리스이용자가 매수선택권을 행사할 것임이 반영되는 경우, 리스개시일부터 기초자산의 내용연수 종료시점까지 사용권자산을 감가상각한다. ② 그 밖의 경우에는 리스이용자는 리스개시일부터 사용권자산의 내용연수 종료일과 리스기간 종료일 중 이른 날까지 사용권자산을 감가상각한다.

444) K-IFRS 1116호 문단 36

6-2. 세법

6-2-1. 리스회사

(1) 감가상각대상 자산

운용리스의 자산은 리스회사의 감가상각자산에 속한다(시행령 24조 5항).

(2) 리스료의 귀속사업연도

리스회사가 수입하는 리스료의 익금의 귀속사업연도는 기업회계기준에 따른다(시행규칙 35조 1항).

6-2-2. 리스이용자

(1) 감가상각대상 자산

금융리스의 자산은 리스이용자의 감가상각자산에 속한다(시행령 24조 5항). 유동화전문회사가 자산유동화계획에 따라 금융리스의 자산을 양수한 경우 그 자산은 리스이용자의 감가상각자산으로 한다(시행령 24조 6항).

(2) 리스료의 귀속사업연도

리스이용자가 지급하는 리스료의 손금의 귀속사업연도는 기업회계기준에 따른다(시행규칙 35조 1항 본문). 다만, K-IFRS를 적용하는 법인의 금융리스 외의 리스자산에 대한 리스료는 리스기간에 걸쳐 정액기준으로 손금에 산입한다(시행규칙 35조 1항 단서).

인건비

1 인건비에 대한 과세의 일반론

1-1. 법인세법의 규정체계

인건비는 원칙적으로 법인의 손금에 해당한다(시행령 19조 3호). 회사가 이익을 주주인 임원에게 배당으로 지급하는 경우에는 손금에 산입되지 않지만, 인건비의 형식으로 지급하는 경우에는 손금에 산입되어 과세소득이 감소하므로, 회사는 가급적 배당이 아닌 인건비의 형식으로 처리하려는 유인(誘因)이 있다. 따라서 지배주주인 임원에게 과다하게 지급된 인건비에는 실질적인 배당이 포함되어 있을 수 있다. 인건비에 관한 세법상 규제의 핵심은 인건비로 가장된 실질적 배당을 통제하는 것이다. 이를 위하여 법인세법 제26조 제1호는 과다하거나 부당한 인건비의 손금불산입을 규정하고, 그 위임에 따라 법인세법 시행령 제43조, 제44조는 인건비를 보수, 상여금 및 퇴직급여로 구분하여 손금불산입 요건을 구체화하고 있다.

법인세법 시행령은 임직원의 과다보수 등에 관하여 ① 임직원에 대한 보수 등이 시가 또는 그에 준하는 금액을 초과하여 지급된 경우 손금불산입하는 실체적 규제(시행령 43조 3항, 4항)와, ② 적법한 지급기준 등의 준수 여부에 의한 형식적·절차적 규제를 병행한다.

한편, 과다한 인건비는 임직원이 제공한 용역의 시가를 초과하는 것으로 볼 수 있으므로, 그에 대한 규제는 부당행위계산부인과 밀접한 관련을 가진다. 그러나 임직원의 용역의 시가를 파악하기 어려운 점과 상여의 경영정책적 측면[445]으로 인하여, 인건비에 대한 부당행위계산부인 규정의 적용은 매우 제한적이다.

---

445) 지배주주가 아닌 임직원에게 경영성과를 배분하는 상여의 경우, 임직원에 대한 동기부여의 목적이 있다면, 그 상여의 금액이 임직원에 의하여 제공된 용역의 시가를 초과하더라도, 상당한 범위 내에 있는 한 경제적 합리성이 인정될 수 있다. 이에 비하여 지배주주인 임원의 경우에는 법인의 경영성과가 그가 보유한 주식의 가치에 반영되므로, 그 임원에 대한 동기부여를 위하여 용역의 가액을 초과하는 보수를 지급할 필요성이 크지 않고, 용역의 가액을 초과하는 보수에 관하여 경제적 합리성을 인정할 여지가 작다.

1-2. 인건비의 범위

인건비는, 법인이 임직원의 업무수행과 관련하여 지출하는 비용으로서, 근로의 대가로 지급하는 현금 외에 이른바 변형급여(fringe benefit)[446] 등을 포함한다.

중소기업(조특법 시행령 2조) 및 중견기업(조특법 시행령 6조의4 1항)이 발행주식총수 또는 출자지분의 100%를 직접 또는 간접 출자한 **해외현지법인**에 파견된 임원 또는 직원의 인건비[447]도 손금인 인건비에 포함된다(시행령 19조 3호 괄호 안). 위 규정은 예시적인 성격의 것이다('포함한다'). 따라서 위 규정에 해당하지 않더라도, 해외현지법인에 파견된 내국법인의 임직원이 내국법인의 고유업무를 수행하고 내국법인이 부담한 인건비가 합리적 범위 내에 있는 경우, 그 인건비는 손금에 해당할 수 있다.[448]

1-3. 임원과 직원의 구별기준

법인세법은 과다한 보수 등을 수령할 가능성이 큰 임원에 관하여는 보수 등의 손금산입을 다각도에서 제한하지만, 직원에 관하여는 상대적으로 약한 규제를 가한다. 따라서 인건비의 손금산입 여부와 관련하여 임원과 직원을 구별할 필요가 있다.

임원은 다음의 직무에 종사하는 자를 말한다(시행령 40조 1항).

① 법인의 회장, 사장, 부사장, 이사장, 대표이사, 전무이사 및 상무이사 등 이사회의 구성원 전원과 청산인

② 합명회사, 합자회사 및 유한회사의 업무집행사원 또는 이사

③ 유한책임회사의 업무집행자

④ 감사

⑤ 그 밖에 ①부터 ④까지에 준하는 직무에 종사하는 자[449]

---

446) 변형급여에 관하여는 김완석·정지선, 소득세법론(2019), 57쪽 이하 참조

447) 해당 내국법인이 지급한 인건비가 해당 내국법인 및 해외출자법인이 지급한 인건비 합계의 50% 미만인 경우로 한정한다.

448) 대법원 2010. 3. 25. 선고 2007두18017 판결은, 원고 법인이 특수관계에 있는 해외 현지법인에 파견한 직원이 현지법인의 업무 외에 원고의 고유업무도 수행하였고, 위 직원에게 지급되는 인건비 중 급여는 원고가 부담하고, 나머지 해외체재비용 등은 현지법인이 부담한 사건에서, 원고가 위 직원의 인건비를 부담한 것은 부당행위계산에 해당하지 않는다고 판단하였다. ; 조심 2021서3562, 2022. 3. 2. 결정에서는, 내국법인의 대표이사가 외국에 현지법인을 설립하고 그 대표이사를 겸하였는데, 내국법인이 대표이사에게 지급한 보수 중 내국법인에 안분되는 금액(내국법인과 현지법인의 매출액 비율)을 초과한 금액의 손금산입이 문제되었다.

449) 서울행정법원 2021. 10. 12. 선고 2021구합50574 판결은, 원고가 회사의 '전무이사(법무실장)'로서 법무 관련 업무를 총괄하고 회사의 경영에 속하는 특정한 업무 사항을 위임받아 자신의 책임하에 수행하다가 퇴직한 사안에서, 주주총회에서 이사로 선임되거나 등기된 바 없고 이사회결의에 참여하지 않았다고 하

위 규정은 근로기준법상 근로자와 대비되는 개념으로 임원을 규정한 것이 아니므로, 위 규정의 임원인지는 근로기준법상 근로자 여부를 기준으로 판단할 수 없다.[450]

1-4. 보수와 상여금의 구별기준

법인세법은 보수와 상여금의 구별기준을 명시적으로 규정하지 않는다. 근로기준법상 통상임금의 요건에 관한 대법원 판례[451]는 법인세법상 보수를 판단하는데 참고할 수 있다. 이에 따르면, **보수**에 해당하기 위해서는 ① 정기성(定期性, 일정한 간격을 두고 정기적으로 지급되어야 한다), ② 일률성(一律性, 모든 근로자 또는 일정한 조건 또는 기준에 달한 모든 근로자에게 지급되어야 한다),[452] ③ 고정성(固定性, 근로자가 제공한 근로에 대하여 업적, 성과 기타의 추가적인 조건과 관계없이 당연히 지급될 것이 확정되어 있는 성질)[453] 이 있는 임금 등이어야 하고, 그렇지 않은 것은 **상여금**으로 해당할 것이다.

1-5. 이사·감사의 보수에 관한 상법 규정

이사의 보수는 정관으로 정하고, 정관에서 그 금액을 정하지 않은 때에는 주주총회의 결의로 정한다(상법 388조).[454] 위 규정은 감사에 대하여 준용된다(상법 415조). 따라서 이사는, 정관이나 주주총회의 결의에서 보수를 정한 경우에 한하여 그 범위에서만 회사에 대하여 보수를 청구할 수 있다. 상법 제388조는 강행규정이므로, 정관이나 주주총회결의에 근거하지 않은 이사에 대한 보수의 지급은 사법상 무효이다.[455]

상법 제388조의 '이사의 보수'는, 월급, 상여금 등 명칭을 불문하고 이사의 직무집행에

더라도, 구 법인세법 시행령(2018. 2. 13. 개정되기 전의 것) 제20조 제1항 제4호(현행 시행령 40조 1항)의 '임원'에 해당한다고 판단하였다. 서울고등법원 2022. 5. 19. 선고 2021누67772 판결(항소기각).

450) 서울고등법원 2022. 5. 19. 선고 2021누67772 판결 : 구 법인세법 시행령(2018. 2. 13. 개정되기 전의 것) 제20조 제1항 제4호(현행 시행령 40조 1항)

451) 대법원 2013. 12. 18. 선고 2012다89399 전원합의체 판결

452) 일정 범위의 모든 근로자에게 지급된 임금이 일률성을 갖추고 있는지 판단하는 잣대인 '일정한 조건 또는 기준'은, 통상임금이 소정근로의 가치를 평가한 개념이라는 점을 고려할 때, 작업 내용이나 기술, 경력 등과 같이 소정근로의 가치 평가와 관련된 조건이라야 한다(대법원 2013. 12. 18. 선고 2012다89399 전원합의체 판결).

453) '고정적인 임금'은 '임금의 명칭 여하를 불문하고 임의의 날에 소정근로시간을 근무한 근로자가 그 다음 날 퇴직한다 하더라도 그 하루의 근로에 대한 대가로 당연하고도 확정적으로 지급받게 되는 최소한의 임금'을 말한다(대법원 2013. 12. 18. 선고 2012다89399 전원합의체 판결).

454) 이사의 보수를 정하는 것은 회사의 업무집행에 속하지만, 이사들이 이사회결의를 통하여 스스로 자신들의 보수를 정하는 것은 이해충돌의 우려가 있으므로, 상법은 이사의 보수를 정관 또는 주주총회의 결의로 정하도록 규정한다.

455) 대법원 2020. 4. 9. 선고 2018다290436 판결

대한 보상으로 지급되는 대가를 뜻한다.[456] 여기에는 ① 성과급, 특별성과급 등의 명칭으로 경영성과에 따라 지급하는 금원이나 성과 달성을 위한 동기를 부여할 목적으로 지급하는 금원,[457] ② 퇴직금, 퇴직위로금, 해직보상금 등[458]도 포함된다.

이사의 보수를 구체적으로 정하는 방법에는 ① 보수의 금액을 사전에 확정하는 방법[459]과 ② 보수를 실적에 연동하는 방법[460] 등이 있다. 정관이나 주주총회의 결의에서 이사의 보수의 총액 또는 한도액만을 정하고 개별 이사에 대한 지급액 등 구체적 사항을 이사회에 위임하는 것은 가능하지만,[461] 이사의 보수에 관한 사항을 이사회에 포괄적으로 위임하는 것은 허용되지 않는다.[462]

> ### 📖 미국 세법
>
> 미국 세법 제162조(a)(1)은, 실제로 수행된 인적 용역에 대한 합리적인 급여 또는 기타의 보상(a reasonable allowance for salaries or other compensation for personal services actually rendered)을 소득에서 공제되는 사업경비로 규정한다. 미국 국세청은 위 규정을 급여로 위장한 증여나 배당을 부인하는 경우에만 적용하였고, 상여금(bonus)에 대하여는 적용하지 않았다.[463]
>
> 이에 따라 임직원에 대한 과도한 상여금을 규제하기 위하여 1993년 제정된 미국 세법 제162조(m)은, ① 원칙적으로 공개회사(publicly held corporation)의 적용대상 임직원 보수(applicable employee remuneration) 중 100만 달러를 초과하는 금액에 관하여 사업경비의 공제를 부인하지만[§162(m)(1)], ② 오로지 성과목표의 성취에 근거하여 지급되는 보수는, ㉮ 그 성과목표가 보상위원회에서 결정되고, ㉯ 성과목표를 포함한 보수지급의 주요조건이 주주들에게 공개되며, 그 보수의 지급 전 주주들의 분리 투표에 의한 다수결로 승인되고, ㉰ 보상위원회가 그 보수의 지급 전에 성과목표와 보수지급의 주요조건이 충족되었음을 인증한 경우에는, 적용대상 임직원 보수에서 제외되므로[§162(m)(4)(C)],

---

456) 대법원 2018. 5. 30. 선고 2015다51968 판결

457) 대법원 2020. 4. 9. 선고 2018다290436 판결

458) 대법원 1977. 11. 22. 선고 77다1742 판결, 대법원 2004. 12. 10. 선고 2004다25123 판결

459) 여기에는 다시 ① 이사 개개인의 보수액을 정해놓는 방법과 ② 이사 전원의 보수총액만을 정해놓고 그 구체적인 배분은 이사회 또는 대표이사에게 맡기는 방법이 있는데, 후자가 많이 사용된다고 한다[주석상법, 회사(3)(388조), 240쪽].

460) 대법원 2010. 12. 9. 선고 2009다59237 판결(정관규정에서 회사의 세전이익의 11%를 대표이사에게 지급하는 것으로 규정한 사안)

461) 대법원 2012. 3. 29. 선고 2012다1993 판결 ; 주주총회의 결의에서 이사의 보수한도액만을 정하고 구체적 금액의 결정을 이사회에 위임하지 않은 경우에는 이사에 대한 보수를 지급하기 위하여 주주총회의 결의가 필요하고, 주주총회의 결의 없이 이사에 대한 보수를 지급하였다면 그 지급액이 주주총회의 결정에서 정한 이사의 보수한도액 내라고 하더라도 그 지급은 무효이다(대법원 2020. 4. 9. 선고 2018다290436 판결). 그 경우 이사가 그러한 보수를 지급받을 당시 지배주주였기 때문에 주주총회를 개최하였더라면 그 보수를 지급하는 결의가 이루어졌을 것이 예상된다고 하더라도 그러한 결의가 있었던 것과 같게 볼 수는 없다(위 판결).

462) 대법원 2020. 6. 4. 선고 2016다241515, 241522 판결

463) 황남석, "법인세법상 이익처분에 의한 상여금의 손금불산입 재고", 조세법연구 [19-2](2013), 341쪽

위 100만 달러 상한의 적용을 받지 않는다.

그러나 미국 세법 제162조(m)은, 실제로는 경영자 보수를 손금불산입하는 결과를 이끌어내지도, 경영자 보수의 수준을 감소시키지도 못하였고, 그 대신 회사들은 100만 달러를 초과하는 최고경영자의 보수가 성과목표와 연계된 제162조(m)의 예외에 해당되도록 하였다고 한다.[464]

 일본 법인세법

일본 법인세법은, [1] 임원에 대한 급여에 관하여는 정기동액급여, 사전확정신고급여, 이익연동급여의 3가지에 해당하는 금액에 한하여 손금산입을 인정한다(일본 법인세법 제34조 제1항).

① 정기동액(定期同額)급여는, 지급시기가 1개월 이하의 일정한 기간이고 각 지급시기의 지급액이 동액인 것 기타 이에 준하는 것으로서 정령(政令)으로 정하는 급여를 말한다.

② 사전신고확정(事前確定申告)급여는, 임원의 직무에 관하여 소정의 시기에 확정액을 지급하는 뜻을 정함에 따라 지급하는 급여를 말한다.

③ 이익연동(利益連動)급여는, 동족회사에 해당하지 않는 내국법인이 그 업무집행임원에게 지급하는 이익연동급여로서 다음의 요건을 충족하는 것을 말한다.

㉮ 그 산정방법이 당해 사업연도의 이익에 관한 지표를 기초로 한 객관적인 것일 것(다음의 요건을 충족하는 것에 한한다)

㉠ 확정금액을 한도로 하고, 다른 업무집행임원에 대하여 지급하는 이익연동급여와 관련된 산정방법과 동일한 것일 것

㉡ 정령으로 정하는 날까지 보수위원회(회사법 제400조 제3항)가 결정을 하고 있을 것 기타 이에 준하는 적정한 절차로서 정령으로 정하는 절차를 거칠 것

㉢ 그 내용이 ㉡의 결정 또는 절차의 종료일 후 지체 없이 유가증권보고서에 기재되어 있을 것 기타 재무성령으로 정하는 방법으로 개시되어 있을 것

㉯ 그 밖에 정령(政令)에서 정하는 요건

일본 법인세법은, 임원에게 지급하는 급여 중 부당하게 고액인 부분과 사실을 은폐하거나 가장하여 회계처리를 함으로써 지급한 급여는 손금불산입한다(일본 법인세법 제34조 제2항, 제3항).

한편, 일본 법인세법은 [2] 사용인에 대한 급여는 원칙적으로 손금에 산입하고, 다만, 임원과 특수관계에 있는 사용인에게 부당하게 과다하게 지급한 급여 등을 손금불산입한다(일본 법인세법 제36조, 같은 법 시행령 제72조 내지 제72조의3).

---

464) Chirelstein & Zelenak, ¶6.05, p.165

2-1. 임원 등에 대한 보수

2-1-1. 지배주주 등이 아닌 동일 직위 임원 등에 대한 지급액을 초과한 경우

법인이 지배주주 등(특수관계에 있는 자[465]를 포함한다)인 임원 또는 직원에게, 정당한 사유 없이, 동일한 직위에 있는 지배주주 등 외의 임원 또는 직원에게 지급하는 금액을 초과하여 보수를 지급한 경우, 그 초과금액은 손금에 산입되지 않는다(시행령 43조 3항).

여기서 '지배주주 등'은, 법인의 발행주식총수 또는 출자총액의 1% 이상의 주식 또는 출자지분을 소유한 주주 등으로서 그와 특수관계에 있는 자와의 소유 주식 또는 출자지분의 합계가 그 법인의 주주 등 중 가장 많은 경우 그 주주 등을 말한다(시행령 43조 7항).

법인세법 시행령 제43조 제3항이 적용되기 위해서는, 지배주주 등인 임직원에 대한 보수가 '동일직위에 있는 지배주주 등 외의 임직원'에 대한 보수를 초과하여야 하므로, 다른 지배주주 등인 임직원에 대한 보수를 초과하는 경우는 그에 해당하지 않는다.[466] 그리고 비교대상 임직원이 동일직위에 있는지 여부는, 법인등기부의 기재 또는 법인 내부의 직급뿐만 아니라 실제로 담당하는 업무까지 고려하여 판단하여야 한다.[467][468]

법인세법 시행령 제43조 제3항이 적용되기 위해서는, 법인이 지배주주 등인 임직원에게

---

465) "특수관계에 있는 자"는 다음의 어느 하나에 해당하는 관계에 있는 자를 말한다(시행령 43조 8항).
① 해당 주주 등이 개인인 경우에는 다음의 어느 하나에 해당하는 관계에 있는 자
㉮ 친족(국세기본법 시행령 1조의2 1항에 해당하는 자)
㉯ 법인세법 시행령 제2조 제5항 제1호의 관계에 있는 법인
㉰ 해당 주주 등과 ㉮ 및 ㉯에 해당하는 자가 발행주식총수 또는 출자총액의 30% 이상을 출자하고 있는 법인
㉱ 해당 주주 등과 그 친족이 이사의 과반수를 차지하거나 설립을 위한 출연금의 30% 이상을 출연하고 그중 1명이 설립자로 되어 있는 비영리법인
㉲ 위 ㉰ 및 ㉱에 해당하는 법인이 발행주식총수 또는 출자총액의 30% 이상을 출자하고 있는 법인
② 해당 주주 등이 법인인 경우에는 법인세법 시행령 제2조 제5항 제1호 내지 제4호, 제6호, 제7호의 어느 하나에 해당하는 관계에 있는 자

466) 서울행정법원 2015. 5. 22. 선고 2013구합55147 판결(대법원 2017. 9. 21. 선고 2015두60884 판결의 1심) : 원고 법인의 1인 주주 겸 대표이사 B에 대한 보수가 B의 어머니로서 대표이사인 C에 대한 보수를 초과한 사안에서, 법인세법 시행령 제43조 제3항의 유추적용을 부인하였다.

467) 조심 2014서5782, 2006. 3. 22.

468) 서울고등법원 2022. 4. 19. 선고 2021누39135 판결은, 원고 법인이 지배주주 등인 부회장 A에게 전문경영인인 대표이사(부사장) B의 보수보다 높은 보수를 지급한 사건에서, 원고의 정관상 A가 B보다 높은 직급에 있고 실제로도 A가 B의 상급자로서 결재를 한 점 등에 비추어, B를 법인세법 시행령 제43조 제3항에 규정된 A와 '동일직위에 있는 지배주주 등 외의 임원'으로 보기 어렵다고 판단하였다(위 사건은 2022. 6. 22. 상고심 계속 중 원고의 소취하로 종결되었다).

'정당한 사유 없이' 동일직위에 있는 지배주주 등 외의 임직원에게 지급하는 금액을 초과하는 보수를 지급하여야 한다. 지배주주 등인 임원이 부담하는 법인의 경영상 위험은 일반적으로 주주의 지위와 관련되는데, 법인의 경영성과는 그 주식의 가치에 반영되고, 이로써 지배주주 등인 임원이 부담한 투자위험에 대한 보상이 이루어지므로, 그가 법인의 경영상 위험을 부담한다는 사정이 반드시 지배주주 등 외의 임원보다 높은 보수를 받는 것을 정당화한다고 보기는 어렵다.[469]

2-1-2. 정관·주주총회에서 정한 지급기준을 위반한 경우

법인세법 시행령은, 상여금과 퇴직급여에 관하여는 정관 등에 정해진 금액을 초과하여 지급된 금액의 손금산입을 부인하지만(시행령 43조 2항, 44조 4항), 보수에 관하여는 그러한 규정을 두지 않고 있다. 이에 따라 회사가 주주총회결의로 정해진 임원들의 보수한도액을 초과하여 보수를 지급한 경우, 그 초과하여 지급된 금액이 손금에 산입될 수 있는지 문제된다. 주주총회에서 정해진 기준을 초과하여 지급된 이사의 보수는 상법 제388조를 위반하여 무효인 위법비용이지만, 그 손금산입 여부는 일률적으로 논할 수 없고, 손금의 요건을 갖추었는지에 따라 개별적으로 판단되어야 할 것이다.[470] 법원은, 법인이 이사에게 보수에 해당할 여지가 있는 실적상여금을 주주총회에서 정해진 기준을 초과하여 지급한 경우 그 초과금액은 손금에 산입될 수 없다고 판단하였다.[471]

---

469) 서울고등법원 2022. 4. 19. 선고 2021누39135 판결은, 원고 법인(쇼박스)이 지배주주 등인 부회장 A에게 전문경영인인 대표이사(부사장) B의 보수보다 높은 보수를 지급한 사건에서, A가 원고의 지배주주로서 B보다 더 큰 '경영상의 전반적 위험을 부담하였다'는 이유로 원고가 A에게 B보다 높은 보수를 지급한 것이 경제적으로 합리적이지 않다고 볼 수 없다고 판단하였다. 그러나 위 판결에서 A가 부담하였다고 본 '경영상의 전반적 위험'은 A의 주주 지위와 관련된 것이고, A가 원고에게 제공한 노무의 가치와 직접 관련된 것으로 보이지 않으므로, A가 '경영상의 전반적 위험을 부담하였다'는 사정이 B보다 높은 보수를 지급받은 것을 정당화한다고 보기는 어렵다.

470) 따라서 주주총회에서 정한 기준을 초과하여 지급된 이사의 보수가 합리성을 가진 기준에 따라 지급된 것인 경우에는, 손금산입을 인정할 여지도 있다. 조세심판원은, 다국적 회사의 국내자회사인 청구법인이 이사에게 다국적 회사 그룹 전체의 공통 지급기준에 따라 산정한 기본급여를 지급하였는데, 그 지급액이 청구법인의 주주총회에서 정한 보수한도액을 초과한 사건에서, 위 기본급여 전액을 손금으로 인정하였다 [조심 2016서1418, 2017. 1. 23.(서울행정법원 2018. 4. 5. 선고 2017구합62570 판결의 전심)].

471) 서울고등법원 2019. 8. 16. 선고 2018누67420 판결[대법원 2019. 11. 28. 선고 2019두50786 판결(심리불속행)] : 위 사건에서 원고는, 이사에게 지급한 금액이 임금과 유사한 것으로서 그 실질이 보수이므로, 법인세법 시행령 제43조 제2항이 적용되지 않는다고 주장한 것으로 보이는데(판결문 5쪽), 위 법원은 이사에게 지급된 실적상여금이 임금과 달리 위임사무에 따른 보수라고 판단한 후 곧바로 원고의 주장을 배척하였다. 그러나 이사의 위임사무에 대한 상법상 보수는 ① 법인세법 시행령 제43조 제3항 및 제4항의 '보수'와 ② 같은 조 제1항 및 제2항의 '상여(금)'를 모두 포함하므로, 위 사건에서 법원은 먼저 이사에게 지급된 실적상여금이 그중 어느 것에 해당하는지를 판단하고, 만일 전자('보수')에 해당한다면 그에 대하여 법인세법 시행령 제43조 제2항이 적용되는지 여부에 관하여 나아가 판단하였어야 할 것이다.

한편, 법인이 어느 사업연도에 실제로는 적자가 발생하여 임원에 대한 성과급 지급요건이 충족되지 않았음에도 분식회계로 허위작성된 재무제표를 토대로 임원들에게 성과급을 지급한 사건에서, 법원은 위 성과급의 손금산입이 사회질서에 심히 반하므로 허용되지 않는다고 판단하였다.[472]

2-1-3. 명목상 임원에 대한 보수

(1) 상법

주주총회에서 선임된 이사·감사가 실질적 직무수행을 전혀 하지 않은 경우라도, 오로지 보수의 지급이라는 형식으로 회사의 자금을 개인에게 지급하기 위한 방편으로 이사·감사로 선임한 것이라는 등의 특별한 사정이 없는 한, 정관의 규정 또는 주주총회의 결의로 결정된 보수의 청구권을 가진다.[473]

(2) 세법

실질적 직무수행을 하지 않은 명목상 임원에 대한 보수는 손금의 요건을 갖춘 것으로 보기 어려우므로, 원칙적으로 손금에 산입될 수 없다.[474]

2-1-4. 부당행위계산부인

법인이 임원 또는 직원에게 과다한 보수를 지급하는 것은 부당행위계산(시행령 88조 1항 7호)에 해당할 수 있다. 법인세법 시행령 제43조 제4항은 비상근 임원에 대한 보수가 부당행위계산에 해당할 수 있음을 전제로 하는데, 이는 확인적 규정으로 보아야 한다. 따라서 부당행위계산부인의 대상은 비상근임원의 보수에 한정되지 않고, 상근임원 및 직원에 대

---

472) 창원지방법원 2021. 1. 28. 선고 2019구합53448 판결(대우조선해양 사건), 부산고등법원(창원) 2022. 4. 20. 선고 2021누10173 판결, 대법원 2022두42020호로 상고심 계속 중

473) 대법원 2015. 7. 23. 선고 2014다236311 판결(명목상 이사·감사도 법인인 회사의 기관으로서 회사가 사회적 실체로서 성립하고 활동하는데 필요한 기초를 제공함과 아울러 상법이 정한 권한과 의무를 갖고 의무 위반에 따른 책임을 부담하는 것은 일반적인 이사·감사와 다를 바 없다는 것을 이유로 한다) ; 다만, 실질적 직무수행을 하지 않은 이사·감사에 대한 보수가 합리적인 수준을 벗어나서 현저히 균형성을 잃을 정도로 과다하거나, 오로지 보수의 지급이라는 형식으로 회사의 자금을 개인에게 지급하기 위한 방편으로 이사·감사로 선임하였다는 등의 특별한 사정이 있는 경우에는 보수청구권의 전부 또는 일부에 대한 행사가 제한된다(대법원 2015. 9. 10. 선고 2015다213308 판결).

474) ① 서울행정법원 2013. 6. 21. 선고 2012구합43819 판결, 서울고등법원 2014. 9. 4. 선고 2013누22514 판결, 대법원 2015. 1. 15. 선고 2014두12758 판결(심리불속행), ② 서울행정법원 2016. 6. 3. 선고 2015구합65049 판결, 서울고등법원 2016. 11. 30. 선고 2016누49336 판결(항소기각), 대법원 2017. 3. 31. 선고 2016두63293 판결(심리불속행)

한 보수도 포함한다.

임직원에 대한 보수에 관하여 부당행위계산부인 규정을 적용하려면, 그 임직원이 제공한 용역의 시가가 확인되어야 한다. 그런데 그러한 용역의 시가는 파악하기 어려운 경우가 많기 때문에,[475][476] 임직원에 대한 보수에 관한 부당행위계산부인 규정의 적용은 실제로는 쉽지 않다.[477]

부당행위계산부인 규정과, 지배주주 등인 임원의 보수에 관한 법인세법 시행령 제43조 제3항은, 일반법과 특별법의 관계에 있지 않으므로, 각각 별개로 적용될 수 있다. 따라서 법인이 지배주주 등인 임직원에게 지급한 보수 중 ① 동일직위에 있는 지배주주 등이 아닌 임직원에 대한 지급금액을 초과하는 금액은 법인세법 시행령 제43조 제3항에 의하여 손금불산입되고, ② 그 나머지 금액 중 그 임직원이 제공하는 용역의 시가를 초과하는 금액이 있으면 부당행위계산부인으로 손금불산입될 수 있다.

2-2. 상여금

2-2-1. 주주총회결의 등에 의한 급여지급기준

법인이 임원에게 지급하는 상여금이 정관·주주총회·사원총회 또는 이사회의 결의에 의하여 결정된 급여지급기준을 초과하는 경우 그 초과금액은 손금에 산입되지 않는다(시행령 43조 2항).

① '급여지급기준'은 해당 법인의 주주총회 결의 등에 의하여 결정된 것이어야 한다. 따라서 법인의 모회사에 의하여 정해진 급여지급기준이라도, 해당 법인의 주주총회 결의 등에 의하여 채택되지 않은 것은 여기에 포함되지 않는다.[478]

② '급여지급기준'에 해당하기 위해서는, 정관이나 주주총회 또는 이사회의 결의에서 상여금의 한도액을 정하는 것만으로 족하지 않고,[479] 상여금의 산정에 필요한 구체적 기준이나 성과평가방법 등을 정한 것이어야 한다.

---

475) 부당행위계산이 문제되는 보수를 지급받은 임직원이 제공한 용역과 동일한 용역을 찾기도 쉽지 않고, 동일한 용역을 찾는다고 하더라도, 그에 관하여도 그 제공시점별 기업의 경영상황에 따라 보수가 다르게 책정될 수 있다.
476) 서울행정법원 2015. 5. 22. 선고 2013구합55147 판결에서, 과세관청은, 원고 법인 대표이사가 제공한 용역의 시가로, 원고 법인과 동종의 영업을 하는 대부업체 12개 중 대표이사의 급여가 높은 상위 3개 업체의 대표이사 급여 평균액을 제시하였으나, 법원은 이를 받아들이지 않았다.
477) 상세한 것은 제3장 3-2-2. (2) (나) 참조
478) 서울행정법원 2016. 9. 30. 선고 2015구합58164 판결[서울고등법원 2017. 12. 20. 선고 2016누71302 판결(항소기각), 대법원 2018. 4. 26. 선고 2018두32163 판결(심리불속행)]
479) 대법원 2013. 7. 12. 선고 2013두4842 판결

법인의 주주총회 또는 이사회결의에서 상여금의 한도만 정해지고 구체적 '급여지급 기준'이 없는 상태에서 임원에게 지급된 상여금은, 법인세법 시행령 제43조 제2항의 '급여지급기준을 초과하여 지급된 금액'에 해당하지 않으므로, 위 규정에 의하여 당연히 손금불산입되는 것은 아니다. 대법원은, 위와 같은 상여금이 실질적인 이익처분에 해당하는 경우 손금불산입되어야 한다고 판시하였다.[480]

③ '급여지급기준'은 원칙적으로 사전에, 즉 상여금의 지급 전에 미리 정해진 기준이어야 한다. 법인이 이사에게 정기주주총회에서 정해진 보수지급기준을 초과하는 상여금을 지급하였다가, 그 초과금액이 손금불산입되어 법인세 부과처분을 받게 되자, 사후적으로 임시주주총회에서 보수한도를 소급하여 증액하는 보수지급기준을 결의한 사건에서, 법원은 사후에 결의된 보수지급기준은 위 '급여지급기준'에 해당하지 않는다고 판단하였다.[481]

2-2-2. 이익처분에 의하여 지급하는 상여금

(1) 법인세법 시행령 제43조 제1항

법인이 그 임원 또는 직원에게 이익처분에 의하여 지급하는 상여금은 손금에 산입되지 않는다(시행령 43조 1항 1문). 여기서 이익처분은, 이익잉여금처분계산서에 처분항목으로 기재되어 주주총회의 승인을 얻어 지급되는 것을 의미한다.[482] ① 위 규정은 상법상 이익처분으로 임직원에게 상여금을 지급하는 것이 가능함을 전제로 한다. 그러나 회사법상 이익처분의 상대방은 주주에 국한된다고 보아야 할 것이다.[483][484] 그리고 ② 회사법상 이익처

---

480) 대법원 2013. 7. 12. 선고 2013두4842 판결, 대법원 2017. 4. 27. 선고 2014두6562 판결

481) 서울행정법원 2018. 4. 5. 선고 2017구합62570 판결(서울고등법원 2018. 11. 23. 선고 2018누45369 판결, 항소기각 ; 대법원 2019. 4. 25. 선고 2019두30249 판결, 심리불속행 상고기각)

482) 대법원 2015. 11. 17. 선고 2012두3491 판결(지주회사가 자회사의 임직원에게 부여한 주식매수선택권의 행사비용이 손금에 산입되는지 여부가 문제된 사건)

483) 회사법상 이익배당을 주주총회의 다수결(多數決)로 정하는 것이 정당화되는 이유는, 회사의 이익은 배당을 통해서든, 청산에 의한 잔여배분을 통해서든, 결국 언젠가는 주주에게 배분되기 때문에, 이익배당에 관한 주주총회의 결정은 이익배당의 시기를 언제로 정할 것인지에 그치기 때문이다. 이익배당 여부에 관하여 다수주주에 반대하는 주주가 받는 불이익은, 배당의 시기가 자신의 의사와 다르게 결정되는 것에 불과하므로, 이익배당에 관한 결정을 주주총회의 다수결에 맡겨놓아도 큰 문제가 없다. 그런데 만일 주주총회의 다수결에 의하여 임원 등에게 이익처분에 의한 상여를 할 수 있다고 한다면, 이는 그에 반대하는 주주의 배당받을 권리를 종국적으로 박탈하게 되므로 불합리하다. 따라서 우리 회사법상 회사가 이익처분으로 상여를 지급하는 것은 허용되지 않고, 이익처분의 상대방은 주주에 국한된다고 보아야 한다. 주주총회에서 회사가 임원 등에게 상여금을 지급하는 결의가 이루어지는 경우, 이는 회사의 주주에 대한 배당과 주주의 임원 등에 대한 이익분여가 한꺼번에 단축되어 이루어진 것으로 볼 여지가 있다(황남석, 앞의 글, 351쪽). 그리고 회사의 정관에서 회사가 임원에게 이익잉여금으로 상여금을 지급할 수 있는 것으로 규정하더라도 회사법상 그 효력이 부인될 가능성이 있다. ; 이창희, 세법강의(2020), 970쪽 주 20)은

분으로 상여를 지급하는 것이 가능하다고 보더라도, K-IFRS에 의하면 상여금을 비용으로 회계처리하는 것이 허용되기 때문에[485] 회사는 상여금을 이익처분으로 처리할 필요가 없다. 이로 인하여 기업의 실무상 이익처분으로 상여금을 지급하는 예는 거의 없고,[486] 법인세법 시행령 제43조 제1항의 적용대상은 매우 드문 것으로 보인다.[487]

(2) 실질적 이익처분에 의한 상여

대법원은, 대부업체인 법인이 1인 주주인 대표이사에게 지급한 보수의 손금산입 여부가 문제된 사건에서, 해당 보수가 임원의 직무집행에 대한 정상적인 대가라기보다는 주로 법인에 유보된 이익을 분여하기 위하여 대외적으로 보수의 형식을 취한 것에 불과하다면, 이는 이익처분에 의한 상여금과 그 실질이 동일하므로, 법인세법 시행령 제43조에 따라 손금에 산입할 수 없고, 대표이사에 대한 보수금에 손금산입의 대상인 직무집행의 대가가 일부 포함되어 있다는 점은 납세의무자가 이를 증명할 필요가 있다고 판시하였다.[488]

 대법원 2017. 9. 21. 선고 2015두60884 판결(대부업체 사건)

대법원은, 다음의 사정들을 근거로 원고 법인이 대표이사에게 지급한 보수가 실질적 이익처분에 의한 상여라고 판단하였다.

① 원고는 2002. 11. 27. 설립되어 대부업을 영위하고 있고, 소외 1은 원고의 1인 주주 겸 대표이사이다. 소외 1은 원고의 1인 주주이면서 대표이사로서 원고 회사에서 자신의 보수를 별다른 제약 없이 자유롭게 정할 수 있는 지위에 있고, 다른 임원들과는 달리 기본급, 수당 등 보수의 구성항목이 정해진 연봉계약서를 작성한 사실이 없다.

② 원고는 소외 1에게 월 3,000만 원 이하의 보수를 지급하다가, 2005 사업연도(2004. 4. 1.부터 2005. 3. 31.까지) 중인 2005. 1.부터 월 3억 원으로 인상하는 등 2005 사업연도에는 합계 30억 7,000만 원을 지급하였고, 2006 사업연도부터 2009 사업연도까지는 매년 36억 원을 지급하였다. 2005 사업연도 내지 2009 사업연도 중 소외 1의 보수를 차감하기 전 원고의 영업이익[489]에서 소외 1의 보

이사회가 이익처분을 하는 경우 이익처분으로 상여금을 지급할 수 없다고 본다.

484) 황남석, 앞의 글, 347~351쪽에 의하면, 구 일본 상법의 해석상 임원상여가 이익처분의 한 항목으로 다루어져 왔으나, 이는 일본 에도(江戶)상인의 전통적 이익분배방식의 잔영으로 일본 특유의 제도에 불과하고, 우리 회사법상 이익처분에 의하여 임원에게 직접 상여금을 지급하는 것은 허용되지 않는다고 한다.

485) 이익분배와 상여금 제도(profit sharing and bonus plan)에 따라 기업이 부담하는 의무는 종업원이 제공하는 근무용역에서 생기는 것이지 주주와의 거래에서 생기는 것은 아니다. 따라서 이익분배제도와 상여금 제도와 관련된 원가는 이익분배(distribution of profit)가 아닌 당기 비용(expense)으로 인식한다(K-IFRS 1019호 문단 23).

486) 황남석, 앞의 글, 351쪽 ; 회사의 정관에 따라 이익잉여금으로 지급한 임원상여금의 손금산입 여부가 문제된 드문 사례로 서울고등법원 2019. 8. 16. 선고 2018누67420 판결

487) 황남석, 앞의 글, 354~355쪽은, 법인세법 시행령 제43조 제1항은 구 일본 상법의 해석론을 전제로 한 구 일본 법인세법 제35조 제1항, 제3항을 무비판적으로 답습한 것으로서 삭제되어야 한다고 한다.

488) 대법원 2017. 9. 21. 선고 2015두60884 판결

수가 차지하는 비율은 약 38% 내지 95%에 달하여 동종업체의 평균 수치인 5% 내지 9%에 비하여 비정상적으로 높다.

③ 이 사건 보수는 같은 기간 원고의 또 다른 대표이사인 소외 2, 이사 소외 3의 보수(연 7,000만 원)의 약 50배에 달하고, 원고와 사업규모가 유사한 동종업체 중 상위 3개 업체의 대표이사들의 평균 연봉(약 5억 원에서 8억 원)과도 현격한 차이를 보인다.

④ 소외 1의 보수는 영업이 적자 상태였던 2004 사업연도까지는 월 3,000만 원 이하였으나, 최초로 영업이익이 발생하여 증가하기 시작한 2005 사업연도 중인 2005. 1.부터 갑작스럽게 월 3억 원으로 10배가 인상되었다. 한편 2005 사업연도 말인 2005. 3. 31.에는 별다른 이유 없이 19억 원이 별도의 보수로 책정되었고, 월 보수금 중 상당 부분이 인건비로 계상된 때로부터 1, 2년 뒤에야 실제로 지급되었다.

⑤ 원고는 설립 이래 지속적인 영업이익의 증가에도 불구하고, 단 한 번도 주주에게 배당금을 지급한 바 없다.

⑥ 원고의 직원이 작성한 내부 문건 등에 의하면 '세금 절약을 위하여 미지급이 가능한 사장의 급료를 높인다'는 취지로 기재되어 있고, 본래의 당기순이익에 따른 법인세와 대표이사의 보수금 수준별로 차감된 당기순이익에 따른 법인세를 비교·검토하였던 점 등에 비추어, 소외 1의 보수를 전액 손금으로 인정받아 법인세 부담을 줄이려는 주관적 의도가 뚜렷해 보인다.

그러나 ① 위 대법원 판결과 같이 '실질적 이익처분에 의한 상여'라는 개념으로 법인세법 시행령 제43조 제1항을 사실상 유추적용하여 그 적용범위를 확대하는 것은 바람직하지 않다. 위 사건의 경우 원고 법인이 지급한 보수는 1인 주주에 대한 **실질적 배당**으로 볼 수 있고, 법인세법 제19조 제1항의 '잉여금의 처분'에 해당하므로 손금에 불산입된다고 보는 것이 합리적이다.[490] 그리고 ② 위 사건의 대표이사가 아무런 직무수행을 하지 않은 명목상 대표이사가 아닌 한 일반적으로 그가 지급받은 보수에는 손금산입대상인 직무수행의 대가가 일부라도 포함되어 있다고 보아야 할 것이고, 다만 그 금액의 산정이 문제될 뿐이다. 위 사건에서 대법원이 대표이사의 보수에 포함된 직무수행대가의 존재뿐만 아니라 그 금액까지 납세의무자가 증명할 필요가 있다고 본 것인지는 불분명하다. 만일 그러한 취지라면 그러한 증명은 납세의무자인 법인으로서도 상당히 곤란하기 때문에, 사실상 정당한 직무수행대가를 포함한 보수 전액이 손금불산입되는 결과에 이를 수 있다.[491] 따라

---

489) 위 기간 중 원고의 영업이익은 2006 사업연도에 57억 3,000만 원, 2007 사업연도에 79억 1,700만 원, 2008 사업연도에 93억 7,600만 원, 2009 사업연도에 67억 1,400만 원이었다.

490) 같은 견해로 황남석, "과다한 임원 보수의 손금불산입 - 대법원 2017. 9. 21. 선고 2015두60884 판결 -", 법조(726호)(2017. 12.), 585~594쪽

491) 위 대법원 판결에 따른 환송 후 원심에서 원고는 대표이사가 통상적인 대표이사의 기능과 역할을 넘어 특별한 기여를 하였고, 그로 인하여 원고가 얻은 영업이익 상당액의 보수는 손금에 산입되어야 한다고 주장하였으나, 법원은 이를 인정하지 않았다(서울고등법원 2018. 5. 16. 선고 2017누73923 판결). 위 대법원 판결의 사건에서는, 과세관청인 피고가 원고 대표이사의 보수 중 기준금액(동종의 대부업체 12개의 대표이사 중 급여가 높은 상위 3개 업체의 대표이사 급여 평균액)을 초과한 금액만을 손금불산입하여 과세하였기 때문에, 그 초과금액만이 문제되었고, 원고는 대표이사의 보수 중 기준금액 상당 부분이 대표

서 대법원 판례와 같이 이익처분에 의한 상여처분을 사실상 유추적용하여 그 적용범위를 확대하기보다는, **부당행위계산**의 관점에서 시가의 입증을 완화하는 방향으로 접근할 필요가 있다.[492]

(3) 노무출자사원에 대한 보수

법인세법은, 합명회사 또는 합자회사가 그 노무출자사원에게 지급하는 보수를 이익처분에 의한 상여로 본다(시행령 43조 1항 2문). 그러나 합명회사 등이 그 노무출자사원에게 지급하는 보수는 노무의 제공이라는 출자의 대가이므로, 상여가 아닌 배당으로 취급하는 것이 합리적이다.[493]

2-3. 주식매수선택권

2-3-1. 주식매수선택권의 의의와 부여요건

주식매수선택권(stock option)은, 법인의 임직원 등이 그 법인의 주식을 미래의 일정한 시점 또는 기간에 미리 정한 행사가액으로 인수 또는 매수하거나 그 행사가액과 주식의 시가의 차액을 지급받을 수 있는 권리를 말한다. 회사는, 정관으로 정하는 바에 따라 주주총회 특별결의로 회사의 이사 등에게 주식매수선택권을 부여할 수 있다(상법 340조의2).[494]

2-3-2. 주식매수선택권 행사비용의 손금산입

(1) 법인의 손금산입 요건 및 범위

법인이 ① 임직원에게 상법 제340조의2 등에 따라 주식매수선택권을 부여하거나 주식

이사의 직무집행 대가에 해당한다는 증명을 할 필요가 없었다. 그러나 만일 위 사건에서 과세관청이 원고 대표이사의 보수 전액을 실질적 이익처분에 의한 상여라고 보아 손금불산입하였다면, 원고는 대표이사의 직무집행 대가에 대한 증명을 하는데 상당한 곤란을 겪었을 것으로 보인다.

492) 위 대법원 판결에 따른 환송 후 항소심은, 1심판결의 이유를 인용하여, 기준금액(상위 3개 업체의 급여 평균액)을 원고 대표이사의 직무집행 용역의 시가로 볼 수 없으므로, 대표이사 보수 중 기준금액 초과 부분이 부당행위계산에 해당하지 않는다고 판단하였다. 그러나 대표이사 보수 중 기준금액을 초과하는 부분이 부당행위계산에 해당하기 위하여, 기준금액은 ① 대표이사의 직무집행 용역의 시가와 같거나 ② 그것을 초과하는 금액이면 된다(보수 > 기준금액 ≥ 시가). 따라서 기준금액이 대표이사의 직무집행 용역의 시가와 일치하지 않는다고 하더라도(기준금액 ≠ 시가), 적어도 그 시가를 초과하는 것으로 볼 수 있다면(기준금액 > 시가), 대표이사 보수 중 기준금액을 초과하는 금액(보수 > 기준금액)은 용역의 시가를 초과한 것에 해당한다(보수 > 시가). 그러므로 환송 후 항소심은, 기준금액을 대표이사의 용역의 시가로 볼 수 없다는 이유로 곧바로 대표이사 보수 중 기준금액을 초과하는 부분이 부당행위계산에 해당하지 않는다고 할 것이 아니라, 기준금액이 위 용역의 시가를 초과하는지 여부에 대하여도 나아가 판단하였어야 할 것이다.

493) 김완석·황남석, 법인세법론(2021), 429쪽

494) 상장회사는 관계 회사의 이사 등에 대하여도 주식매수선택권을 부여할 수 있다(상법 542조의3).

기준보상으로 금전을 지급하는 경우, 또는 ② 해당 법인의 금융지주회사 등이 부여한 주식매수선택권 등의 행사비용 등을 보전한 경우, 주식의 매수가액과 시가의 차액 등은 손금에 산입될 수 있다(시행령 19조 19호, 19호의2).[495]

(2) 주식매수선택권과 보수 또는 상여에 관한 규정의 적용

법인이 임직원에게 그 근로의 대가 또는 그와 밀접한 관련하에 부여한 주식매수선택권은 인건비에 포함된다. 따라서 임직원이 부여받은 주식매수선택권은 그 성질에 따라 법인세법상 보수 또는 상여로 구분되고, 법인세법 시행령 제19조의 요건과 별도로 보수 또는 상여에 관한 손금산입제한 규정의 적용을 받을 수 있다.

2-3-3. 임직원의 소득에 대한 과세

법인의 임원 또는 종업원이 그 법인 등으로부터 부여받은 주식매수선택권을 그 법인에 근무하는 기간 중 행사하여 얻은 이익은 근로소득으로 과세된다(소득세법 20조 3항, 소득세법 시행령 38조 1항 17호). 법인의 임원 또는 종업원이 퇴직 전에 부여받은 주식매수선택권을 퇴직 후에 행사하거나, 고용관계 없이 부여받은 주식매수선택권을 행사하여 얻은 이익은, 기타소득으로 과세된다(소득세법 21조 22호).[496]

3 　퇴직급여

3-1. 퇴직급여의 손금산입요건

(1) 현실적인 퇴직

법인이 임원 또는 직원에게 지급하는 퇴직급여는, 임원 또는 직원이 현실적으로 퇴직하는 경우에 지급하는 것에 한하여 손금에 산입된다(시행령 44조 1항).

현실적인 퇴직은, 원칙적으로 법인과 임원 간의 위임계약, 법인과 직원 간의 근로계약 관계가 실제로 종료하는 것을 말한다. 법인의 대표이사가 이사회에서 대표이사직을 사임

---

495) 주식매수선택권을 부여한 법인의 손금산입 요건 및 범위에 관한 상세한 내용은 자본거래 중 주식매수선택권에 관한 부분(제3편 제2장 제4절)에서 다루기로 한다.
496) 주식매수선택권을 부여받은 자에 대한 과세는 자본거래 중 주식매수선택권에 관한 부분(제3편 제2장 제4절) 참조

하고 법인등기부에 사임등기를 하였더라도, 이후 업무의 인수인계에 필요한 범위를 넘어서 실질적으로 대표이사의 직무수행을 계속한 경우는 현실적 퇴직에 해당하지 않는다.[497]

다음의 어느 하나에 해당하는 경우로서 법인이 임원 또는 직원에게 실제로 퇴직금을 지급한 경우도 현실적인 퇴직에 포함된다(시행령 44조 2항).

① 법인의 직원이 해당 법인의 임원으로 취임한 때

② 법인의 임원 또는 직원이 그 법인의 조직변경·합병·분할 또는 사업양도에 의하여 퇴직한 때[498]

③ 근로자퇴직급여 보장법 제8조 제2항에 따라 퇴직급여를 중간정산하여 지급한 때[499]

④ 정관 또는 정관에서 위임된 퇴직급여지급규정에 따라 장기 요양 등 기획재정부령으로 정하는 사유로 그 때까지의 퇴직급여를 중간정산하여 임원에게 지급한 때[500][501]

---

497) 대법원 2013. 7. 12. 선고 2013두4842 판결

498) ① ㉮ 법인의 조직이 변경된 경우 그 법인의 동일성에는 변동이 없으므로, 그 법인과 임직원 간의 위임계약 또는 근로계약은 종료하지 않는다(상법 242조, 269조, 604조, 607조). ㉯ 법인이 다른 법인에 흡수합병된 경우, 소멸한 법인과 임직원 간의 근로계약 등 관계는 합병법인에게 승계되고(상법 530조 2항, 235조), 법인이 분할될 때 기존 법인과 임직원 간의 근로계약 등 관계가 분할계획서에 분할대상으로 기재된 경우, 분할신설법인에게 포괄적으로 승계되므로(상법 530조의10, 530조의12), 위 각 경우 기존 법인과 임직원 간의 근로계약 등은 종료하지 않는다. ㉰ 영업양도에 따라 영업의 인적·물적 조직이 그 동일성을 유지하면서 일체로 이전되는 경우, 반대의 특약이 없는 한 양도인과 근로자 간의 근로관계는 원칙적으로 양수인에게 승계된다(대법원 1994. 6. 28. 선고 93다33173 판결).

② 한편, 근로자가 스스로의 의사에 의하여 전·후 계속근로관계를 단절할 뜻으로 영업양도·합병 전의 기업에 사직서를 제출하고 퇴직금을 지급받은 후 영업양도·합병 후의 기업에 입사하였다면, 종전 근로관계는 일단 단절된 것으로 보아, 근로자는 그 후의 기업에서 근무한 근속시간에 상응하는 퇴직금만을 지급받게 된다[대법원 1991. 5. 28. 선고 90다16801 판결(영업양도), 대법원 1991. 12. 10. 선고 91다12035 판결(합병) ; 해고와 임금, 사법연수원(2013), 235쪽]. 이는 법인의 조직변경·분할에도 동일하게 적용될 수 있다. 법인세법 시행령 제44조 제2항 제2호는 위의 경우들을 규율하는 것으로 보인다. 다만, 2012. 7. 6.부터는 '주택구입 등 대통령령으로 정하는 사유'가 있는 경우에 한하여 중간정산이 가능하므로(근로자퇴직급여 보장법 8조 2항), 위 대법원 판례와 같이 합병 또는 영업양도만을 이유로 사실상 중간정산을 할 수 있을 것인지는 불분명하다.

499) 종전에 퇴직급여를 중간정산하여 지급한 적이 있는 경우에는 직전 중간정산 대상기간이 종료한 다음 날부터 기산하여 퇴직급여를 중간정산한 것을 말한다.

500) 종전에 퇴직급여를 중간정산하여 지급한 적이 있는 경우에는 직전 중간정산 대상기간이 종료한 다음 날부터 기산하여 퇴직급여를 중간정산한 것을 말한다.

501) 이사의 퇴직금도 상법 제388조에 규정된 보수에 포함되고, 퇴직금 중간정산금도 퇴직금과 성격이 같다. 이사가 중간정산의 형태로 퇴직금을 지급받을 수 있는지 여부는 퇴직금의 지급시기와 지급방법에 관한 매우 중요한 요소이다. 정관 등에서 이사의 퇴직금에 관하여 주주총회의 결의로 정한다고 규정하면서 퇴직금의 액수에 관하여만 정하는 경우, 퇴직금 중간정산에 관한 주주총회의 결의가 없는 한, 이사는 퇴직금 중간정산 청구권을 행사할 수 없다(대법원 2019. 7. 4. 선고 2017다17436 판결). ; 서울고등법원 2021. 7. 22.. 선고 2020누42219 판결은, 법인의 대표이사에 대한 퇴직금 중간정산 또는 그 근거로 된 임원퇴직금 지급규정에 관하여 주주총회의 결의가 있었음을 인정할 증거가 없다면, 위 퇴직금 중간정산은 효력이 없고, 퇴직급여의 손금산입한도액을 계산할 때 그 중간정산 대상기간이 종료한 다음 날부터 기산할 수 없다고 판단하였다. 이에 대하여 대법원은 상고기각판결을 하였으나, 원심의 위 판단이 타당하다고 본 것인지, 아니면 다른 가정적 판단을 받아들인 것인지는 불분명하다[대법원 2021. 12. 16. 선고 2021두

법인이 현실적으로 퇴직하지 않은 임원 또는 사용인에게 지급한 퇴직급여는, 그 임원 등이 현실적으로 퇴직할 때까지 업무무관 가지급금으로 본다(시행규칙 22조 2항).

(2) 법인과 특수관계법인의 근무기간을 합산하여 계산한 퇴직급여

법인이 임직원에게 해당 법인[502]과 특수관계인인 법인에 근무한 기간을 합산하여 퇴직급여를 지급하는 경우[503] 그 퇴직급여 상당액을 각 법인별로 안분하여 손금에 산입한다(시행령 44조 3항).[504] 이 경우 그 퇴직급여 전액 중, 특수관계법인으로부터의 전출 또는 특수관계법인으로의 전입을 각각 퇴직 및 신규채용으로 보아 계산한, 해당 법인이 지급할 퇴직급여의 금액을 임직원이 해당 법인에서 퇴직하는 때에 각 법인의 손금에 산입한다(시행규칙 22조 4항).

3-2. 퇴직급여의 손금산입한도액

(1) 정관에 지급할 금액이 정해진 경우

정관에 퇴직급여(퇴직위로금 등을 포함한다)로 지급할 금액이 정해진 경우에는, 정관에 정해진 금액이 퇴직급여의 한도액이 된다(시행령 44조 4항 1호). '정관에 퇴직급여로 지급할 금액이 정해진 경우'는, 정관에 퇴직급여를 계산할 수 있는 기준이 기재된 경우를 포함하며, 정관에서 위임된 퇴직급여지급규정이 따로 있는 경우에는 그 규정에 의한 금액에 의한다(시행령 44조 5항).

대법원은, 임원에게 지급할 퇴직급여의 금액 또는 계산 기준을 정한 정관이나 정관에서 위임된 퇴직급여 지급규정이, 근로 등의 대가로서 퇴직급여를 지급하려는 것이 아니라 퇴직급여의 형식을 빌려 특정 임원에게 법인의 자금을 분여하기 위한 일시적인 방편으로 마련된 것이라면, 이는 법인세법 시행령 제44조 제4항 제1호 또는 제5항에서 정한 임원 퇴직급여 규정에 해당하지 않는다고 본다.[505][506]

49147 판결(심리불속행)]. 4-3-2. (2) 참조

502) 해당 법인은 '임원 또는 직원이 전입하는 때에 퇴직급여 상당액을 인수하지 않은 법인'을 말한다(시행규칙 22조 4항).

503) 근로자가 원래 고용된 회사가 아닌 다른 계열회사의 업무에 종사하게 되는 사유로는 전출과 전적이 있다. ① 전출(轉出)은 근로자가 원래 고용된 기업에 소속해 있으면서 장기출장, 파견 등의 처분에 따라 다른 기업으로 옮겨 그 지휘감독 아래 업무에 종사하는 것임에 비하여, ② 전적(轉籍)은 근로자가 원래 고용된 기업으로부터 그 적(籍)을 옮겨 그 소속이 달라지는 것을 말한다[해고와 임금, 사법연수원(2013), 456쪽].

504) 이 경우 해당 임원 또는 직원이 마지막으로 근무한 법인은, 해당 퇴직급여에 대한 소득세법에 따른 원천징수 및 지급명세서의 제출을 일괄하여 이행할 수 있다(시행령 44조 3항 2문).

505) 대법원 2016. 2. 18. 선고 2015두50153 판결 : 위 판결은 ① 임원 퇴직급여 규정이 종진보다 퇴직급여를 급격하게 인상하여 지급하는 내용으로 제정 또는 개정되고, ② 제정 또는 개정에 영향을 미칠 수 있는

(2) 정관에 지급할 금액이 정해지지 않은 경우

정관에 퇴직급여로 지급할 금액이 정해지지 않은 경우에는, ① 해당 임원의 퇴직일부터 소급하여 1년 동안 그 임원에게 지급한 총급여액의 10분의 1에 ② 기획재정부령으로 정하는 방법으로 계산한 근속연수를 곱한 금액이 퇴직급여의 한도액이 된다(시행령 44조 4항 2호).

(가) 1년간의 총급여액

총급여액은, ① 근로를 제공함으로써 받는 봉급·급료·보수·세비·임금·상여·수당과 이와 유사한 성질의 급여 및 ② 법인의 주주총회·사원총회 또는 이에 준하는 의결기관의 결의에 따라 상여로 받는 소득을 말하고, 소득세법 제12조의 비과세소득과 법인세법 시행령 제43조에 따라 손금에 불산입하는 금액은 제외한다(시행령 44조 4항 2호, 소득세법 20조 1항 1호, 2호).

대법원은, 법인이 특정 임원에게 퇴직급여의 형식으로 법인의 자금을 분여하기 위하여 그 임원의 퇴직 직전에 퇴직급여의 산정 기초가 되는 월 급여를 아무런 합리적인 이유 없이 인상한 경우에는, 인상되기 전의 월 급여를 기초로 하여 산정되는 금액만이 퇴직급여로 손금산입 대상이 된다고 본다.[507]

(나) 근속연수

근속연수는 역년에 의하여 계산하고, 1년 미만의 기간은 월수로 계산하되, 1개월 미만의 기간은 산입하지 않는다(시행규칙 22조 5항).[508] 직원이 임원으로 취임하면서 퇴직급여를 받

지위에 있거나 그와 밀접한 관계에 있는 사람이 퇴직임원으로서 급격하게 인상된 퇴직급여를 지급받게 되며, ③ 그에 따라 지급되는 퇴직급여액이 퇴직임원의 근속기간이나 근무내용 또는 다른 비슷한 규모의 법인에서 지급되는 퇴직급여액 등에 비추어 볼 때 도저히 재직기간 중의 근로나 공헌에 대한 대가라고 보기 어려운 과다한 금액이고, ④ 규정 자체나 법인의 재무상황 또는 사업전망 등에 비추어 그 이후에는 더 이상 그러한 퇴직급여가 지급될 수 없을 것으로 인정되는 등 특별한 사정이 있는 경우에는, 퇴직급여 규정은 실질적으로 근로의 대가로서 퇴직급여를 지급하기 위한 것이 아니라 퇴직급여의 형식을 빌려 임원에게 법인의 자금을 분여하기 위한 일시적 방편에 불과하므로, 이 경우에는 구 법인세법 시행령 제44조 제4항 제2호에 따라 산정되는 금액을 넘는 부분은 퇴직급여로 손금에 산입될 수 없다고 한다.

506) 서울행정법원 2020. 9. 10. 선고 2019구합81100 판결은, 원고 법인이 대표이사의 퇴직일부터 불과 5일 전 긴급하게 임시주주총회를 개최하여, 임원의 지위에 상관없이 일률적으로 2배의 지급률을 적용하도록 한 퇴직금 규정을, 대표이사 겸 사장의 경우 4.5배의 지급률을 적용하도록 개정하고, 이에 따라 최대주주 겸 대표이사인 D에게 약 159억 원의 퇴직금을 지급한 사건에서, ① 개정된 퇴직금 규정은 D에게 퇴직급여의 형식으로 법인의 자금을 분여하기 위하여 마련된 것으로서 법인세법 시행령 제44조 제4항 제1호 또는 제5항의 퇴직급여 규정에 해당하지 않고, ② 개정된 퇴직금 규정이 법인세법 시행령 제44조 제4항 제1호의 퇴직급여 규정에 해당하더라도, 같은 항 제2호의 금액을 초과하는 금액은 부당행위계산(시행령 88조 1항 9호)에 해당한다고 판단하였다.

507) 대법원 2016. 2. 18. 선고 2015두50153 판결

508) 근로자퇴직급여보장법 제8조 제1항에 따라, 사용자는 계속근로기간 1년에 대하여 30일분 이상의 평균임금을 퇴직금으로 퇴직 근로자에게 지급할 수 있는 제도를 설정하여야 한다. 회사의 합병·영업양도, 전출·전적 등의 경우 계속근로기간에 관하여 대법원 판례들이 집적되어 있다[해고와 임금, 사법연수원

았거나 중간정산퇴직금을 받은 경우에는, 임원으로 취임한 날부터 또는 중간정산퇴직금의 정산기간 만료 다음 날부터 근속연수가 기산되어야 할 것이다.

3-3. 임원의 퇴직급여에 대한 과세

퇴직소득은 종합소득금액과 별도로 구분되어 계산되고 과세된다(소득세법 4조 1항 2호, 14조 1항, 15조). 임원의 퇴직급여 중 법인세법 시행령 제44조 제4항의 퇴직급여한도액을 초과하는 금액은, 근로소득으로 과세된다(소득세법 시행령 38조 1항 13호). 주주 등인 임원의 퇴직소득금액이 일정한 계산식에 따라 계산된 금액을 초과하는 경우, 그 초과금액은 근로소득으로 간주된다(소득세법 22조 3항 단서, 소득세법 시행령 42조의2 5항, 시행령 40조 1항).

4   ▶   **퇴직급여충당금과 퇴직연금 등 부담금**

4-1. 퇴직금 제도의 개요

사용자는, 퇴직하는 근로자에게 급여(퇴직급여제도나 개인형퇴직연금제도에 따른 연금 또는 일시금)를 지급하기 위하여 퇴직급여제도 중 하나 이상의 제도를 설정하여야 한다[근로자퇴직급여보장법('퇴직급여법') 4조 1항, 2조 5호]. 퇴직급여제도에는 ① 확정급여형 퇴직연금제도, ② 확정기여형 퇴직연금제도 및 ③ 퇴직급여법 제8조에 의한 퇴직금제도가 있다(퇴직급여법 2조 6호).

퇴직연금은 일시금 위주의 퇴직금에 비하여 근로자의 노후 생활안정에 기여할 수 있다. 그리고 사내적립방식인 퇴직급여충당금의 경우 회사가 도산하면 임직원에 대한 퇴직금의 지급이 곤란하게 되지만, 사외적립방식인 퇴직연금의 경우에는 회사가 도산하더라도 외부의 금융회사 등에 적립된 재원을 통하여 임직원에 대한 퇴직금의 지급이 담보된다.[509] 이러한 사정을 고려하여 법인세법은 퇴직연금 등 부담금에 대한 손금산입범위액을 확대함으로써 퇴직금의 사외적립을 유도하고 있다.

(2013), 232~238쪽]. 이는 법인세법 시행령 제44조 제4항 제2호의 근속기간에도 적용될 수 있을 것이다.
509) 퇴직연금제도의 도입취지에 관하여는 국회환경노동위원회 전문위원의 2004. 11. 근로자퇴직급여보장법안 검토보고서 참조

4-2. 퇴직급여충당금

4-2-1. 의의

퇴직급여충당금은, 미래에 법인의 임직원이 퇴직하는 시점에 지급하여야 할 퇴직금에 충당하기 위하여 적립하는 부채성 충당금이다. 퇴직급여충당금은 아직 확정된 채무가 아니므로, 법인세법상 손금의 원칙적 요건을 충족하지 못한다. 그러나 퇴직급여가 퇴직 이전의 전체 근로기간을 기초로 산정되는 점을 고려하면, 각 사업연도에 추가로 발생한 퇴직급여의 예상부담액을, 통상의 급여와 마찬가지로 당기의 수익에 대응하는 비용으로 인정하는 것이 합리적이다. 이러한 점을 감안하여 법인세법은 퇴직급여충당금을 일정한 범위에서 손금으로 인정한다(법 33조).

4-2-2. 손금산입의 요건과 범위

(1) 손금산입의 요건 : 손비의 계상

퇴직급여충당금이 손금에 산입되기 위해서는, 법인이 결산을 확정할 때 퇴직급여충당금을 손비로 계상하여야 한다(법 33조 1항).

(2) 손금산입의 범위

퇴직급여충당금 중 손금에 산입되는 금액은, 퇴직급여의 지급대상인 임직원(확정기여형 퇴직연금 등이 설정된 자를 제외한다)에게 해당 사업연도에 지급한 총급여액의 5%에 상당하는 금액을 말한다(시행령 60조 1항). 손금에 산입하는 퇴직급여충당금의 누적액은, 「① 해당 사업연도 종료일 현재 재직하는 임직원 전원이 퇴직할 경우에 퇴직급여로 지급하여야 할 금액의 추계액과 ② 법인세법 시행령 제44조의2 제4항 제1호의2 각 목의 금액을 더한 금액 중 큰 금액[510]」에 일정한 비율을 곱한 금액을 한도로 한다(시행령 60조 2항). 그런데 2016. 1. 1. 이후 개시하는 사업연도에 관하여는 그 비율이 0이므로, 추가적 손금산입 한도가 0원이 되어 더 이상 퇴직급여충당금의 손금산입을 할 수 없다. 이는 퇴직금제도를 퇴직연금 등으로 유도하여 퇴직금의 사외적립을 활성화하기 위한 것이다.

4-2-3. 퇴직금과 퇴직급여충당금의 상계 등

퇴직급여충당금을 손금에 산입한 법인이 임직원에게 퇴직금을 지급하는 경우, 그 퇴직

---

510) 법인세법 시행령 제44조에 의하여 손금불산입되는 금액을 제외한다.

급여충당금에서 먼저 지급한 것으로 본다(법 33조 2항). 퇴직급여충당금을 손금에 산입한 법인이 합병하거나 분할하는 경우, 그 법인의 합병등기일 또는 분할등기일 현재의 퇴직급여충당금 중 합병법인 등이 승계한 금액은, 그 합병법인 등이 합병등기일 또는 분할등기일에 가지고 있는 퇴직급여충당금으로 보고(법 33조 3항), 위 규정은 사업자가 그 사업을 법인에게 포괄적으로 양도하는 경우에도 준용한다(법 33조 4항).

4-3. 퇴직연금 등의 부담금

4-3-1. 퇴직연금제도

(1) 퇴직연금제도의 종류

퇴직연금제도는 확정급여형(Defined Benefit) 퇴직연금제도,[511] 확정기여형(Defined Contribution) 퇴직연금제도[512] 및 개인형 퇴직연금제도[513]를 말한다(퇴직급여법 2조 7호).

(2) 퇴직연금 등의 손금산입 요건

임직원의 퇴직을 지급사유로 하고 임직원을 수급자로 하는 연금으로서, 「보험회사, 신탁업자·집합투자업자 등, 은행, 근로복지공단」이 취급하는 퇴직연금 등의 부담금으로 법인이 지출하는 금액은, 손금에 산입되고(시행령 44조의2 2항, 시행규칙 23조), 그 외의 퇴직연금의 보험료 등은 손금에 산입되지 않는다(시행령 44조의2 1항).

4-3-2. 확정기여형 퇴직연금

(1) 회계기준

종업원이 일정기간 근무용역을 제공하는 경우, 기업은 확정기여제도에 납부할 기여금에서 이미 납부한 기여금을 차감한 후 부채(미지급비용)로 인식하고, 이미 납부한 기여금이 납부할 기여금을 초과하는 경우 그 초과 기여금 때문에 미래 지급액이 감소하거나 현금이 환급된다면 그만큼 자산(선급비용)으로 인식한다.[514]

---

511) 확정급여형 퇴직연금제도는, 근로자가 받을 급여의 수준이 사전에 결정되어 있는 퇴직연금제도를 말하고, 그 가입자는 미리 정해진 급여를 5년 이상에 걸쳐 연금으로 지급받거나 일시금으로 지급받는다(퇴직급여법 2조 8호, 17조 1항).

512) 확정기여형 퇴직연금제도는, 급여의 지급을 위하여 사용자가 부담하여야 할 부담금의 수준이 사전에 결정되어 있는 퇴직연금제도를 말하고, 그 가입자는 적립금의 운용방법을 스스로 선정할 수 있다(퇴직급여법 2조 9호, 21조 1항).

513) 개인형 퇴직연금(Individual Retirement Pension) 제도는, 가입자의 선택에 따라 가입자가 납입한 일시금이나 사용자 또는 가입자가 납입한 부담금을 적립·운용하기 위하여 설정한 퇴직연금제도로서 급여의 수준이나 부담금의 수준이 확정되지 않은 퇴직연금제도를 말한다(퇴직급여법 2조 10호).

(2) 세법

근로자퇴직급여보장법에 따른 확정기여형 퇴직연금, 중소기업 퇴직연금기금제도, 개인형 퇴직연금제도 및 과학기술인공제회법에 따른 퇴직연금 중 확정기여형 퇴직연금의 부담금은 전액 손금에 산입한다(시행령 44조의2 3항 본문).

다만, **임원**에 대한 부담금에 관하여는, 법인이 그 임원의 퇴직 시까지 부담한 부담금의 합계액을 퇴직급여로 보아 법인세법 시행령 제44조 제4항을 적용하되, **퇴직일**이 속하는 사업연도의 부담금 중 손금산입한도 초과금액을 손금에 불산입하고, 손금산입한도 초과금액이 퇴직일이 속하는 사업연도의 부담금을 초과하는 경우 그 초과금액은 퇴직일이 속하는 사업연도의 익금에 산입한다(시행령 44조의2 3항 단서). 따라서 법인이 납입한 확정기여형 퇴직연금의 부담금은 일단 그 납입일이 속하는 사업연도의 손금에 산입되고, 이후 퇴직일이 속하는 사업연도에 가서 그 부담금의 합계액이 손금산입한도를 초과하였는지 여부를 판단하여 그 초과금액이 있으면 그 초과금액은 손금에 불산입된다.[515]

법원은, 확정기여형 퇴직연금 부담금의 손금불산입 여부가 가려지는 시기인 '퇴직일'은 퇴직급여의 손금산입시기인 '현실적 퇴직'(시행령 44조 1항, 2항)의 시점과 구별되므로, 확정기여형 퇴직연금의 적립금을 중도인출[516]하는 시점은, 법인세법 시행령 제44조 제2항의 퇴직금 중간정산 사유가 있는 경우에도, 위 '퇴직일'로 보기 어렵다고 판단하였다.[517]

---

514) K-IFRS 1019호 문단 51(1) ; 일반기업회계기준 21장 문단 21.6
515) 대법원 2019. 10. 18. 선고 2016두48256 판결(2010. 12. 30. 개정 전의 구 법인세법 시행령에 관한 사안) : ① 원고 법인은 2010. 12. 15. 임시주주총회의 결의로 정관을 변경하여 임원퇴직금 지급기준을 신설하고, 2010. 12. 30. 위 지급기준에 따라 산정한 대표이사에 대한 퇴직연금부담금 11억 6,000만 원을 퇴직연금 사업자에게 납입한 후, 이를 손금에 산입하여 2010 사업연도 법인세를 신고·납부하였다. 피고는 위 부담금 납입금액 중 근로자퇴직급여보장법의 기준에 따라 산정한 퇴직금 중간정산금액을 초과하는 금액을 손금불산입하여 원고에게 법인세 부과처분을 하였다. ② 원심은 1심의 판결이유를 인용하여, 퇴직연금의 수급자가 퇴직한 날이 속하는 사업연도에 그때까지 법인이 납입한 부담금의 합계액에 대하여 부당행위계산 여부를 판단하여야 하므로, 특정 사업연도에 납입한 부담금의 액수만으로 부당행위계산 여부를 판단할 수 없다고 보았고, 대법원은 위 부담금의 납입이 부당행위계산에 해당하지 않는다고 본 원심의 판단이 정당하다고 보았다.
516) 근로자는 '무주택자인 가입자가 본인 명의로 주택을 구입하는 경우, 6개월 이상 요양을 필요로 하는 가입자 본인 등의 질병이나 부상에 대한 의료비를 부담하는 경우' 등의 사유가 있으면 확정기여형 퇴직연금의 적립금을 중도인출할 수 있다(근로자퇴직급여보장법 22조, 같은 법 시행령 14조, 2조 1항).
517) 서울고등법원 2021. 7. 22.. 선고 2020누42219 판결, 대법원 2021. 12. 16. 선고 2021두49147 판결(심리불속행) : ① 원고 법인은 2014. 6.부터 2015. 12.까지 대표이사인 B의 퇴직연금계좌에 확정기여형 퇴직연금 부담금을 납입하였다. B는 2016. 1.경 퇴직연금사업자에게 근로자퇴직급여보장법에 따른 중도인출 사유가 있다는 이유로 중도인출을 신청하여 이를 수령한 후 다른 용도로 사용하였다. ② 피고는 위 인출금액을 원고의 B에 대한 업무무관 가지급금으로 보아 손금불산입하는 한편, 인정이자를 익금산입하고, 지급이자를 손금불산입하였다. ③ 서울고등법원은 ㉮ 원고가 2007년 이전 B에게 한 퇴직금 중간정산의 효력이 없어서, 손금산입한도를 계산할 때 B의 근속연수를 2008년부터 기산할 수 없으므로, 피고가 B의 근속연수가 2008년부터 기산됨을 전제로 손금산입한도액 및 손금불산입액을 계산한 것은 위법하고, ㉯

4-3-3. 확정급여형 퇴직연금

(1) 회계기준

(가) K-IFRS

확정급여채무의 현재가치에서 사외적립자산의 공정가치를 차감한 금액(순액)을 순확정급여부채 또는 순확정급여자산으로 인식한다.[518] 확정급여채무의 현재가치는, 종업원이 당기와 과거 기간에 근무용역을 제공하여 생긴 채무를 결제하기 위해 필요한 예상 미래지급액의 현재가치로서, ① 보험수리적 기법(actuarial technique)(예측단위적립방식)을 사용한 급여 원가의 추정,[519] ② 급여의 기간 배분,[520] ③ 급여의 할인[521]의 과정을 거쳐 산정된다. 당기에 종업원이 근무용역을 제공하여 생긴 확정급여채무의 현재가치 증가분은 당기근무원가로서 포괄손익계산서에 당기비용으로 인식된다.

(나) 일반기업회계기준

① 퇴직급여와 관련된 부채는 다음과 같이 회계처리한다.[522]

 ㉮ 종업원이 퇴직하기 전 : 보고기간 말 현재 종업원이 퇴직할 경우 지급하여야 할 퇴직일시금에 상당하는 금액을 측정하여 퇴직급여충당부채로 인식한다.[523]

 ㉯ 종업원이 퇴직연금에 대한 수급요건 중 가입기간 요건을 갖추고 퇴사하였으며 퇴직연금의 수령을 선택한 경우 : 보고기간 말 이후 퇴직 종업원에게 지급하여야 할 예상퇴직연금합계액의 현재가치를 측정하여 '퇴직연금미지급금'으로 인식한다.[524]

② 확정급여형 퇴직연금제도에서 운용되는 자산은 기업이 직접 보유하고 있는 것으로 보아 회계처리한다.[525]

가정적 판단으로, 확정기여형 퇴직연금 부담금이 중도에 인출된 경우, 법인세법 시행령 제44조 제2항에 따른 퇴직금 중간정산 사유가 있더라도 손금불산입시기가 도래한 것으로 볼 수 없다고 판단하였다. 대법원이 위 ㉮, ㉯ 중 어느 것을 이유로 상고기각 판결(심리불속행)을 한 것인지는 불분명하다.

518) K-IFRS 1019호 문단 8 ; 기업은 사외적립자산을 인출하거나 운용할 권한이 없기 때문에 이를 사외적립자산 총액을 자산으로 인식할 수 없다. 신현걸·최창규·김현식, IFRS 중급회계(2018), 760쪽

519) K-IFRS 1019호 문단 57

520) K-IFRS 1019호 문단 71

521) K-IFRS 1019호 문단 57

522) 일반기업회계기준 21장 문단 21.10

523) 종업원이 아직 퇴직하지 않았으나 퇴직연금에 대한 수급요건 중 가입기간 요건을 갖춘 경우에도, 보고기간 종료일 현재 종업원이 퇴직하면서 퇴직일시금의 수령을 선택한다고 가정하고 이때 지급하여야 할 퇴직일시금에 상당하는 금액을 측정하여 퇴직급여충당부채로 인식한다.

524) 예상퇴직연금합계액은 퇴직 후 사망률과 같은 보험수리적 가정을 사용하여 추정하고, 그 현재가치를 계산할 때에는 보고기간 말 현재 우량회사채의 시장수익률에 기초하여 할인한다.

525) 일반기업회계기준 21장 문단 21.11 : 재무상태표에는 운용되는 자산을 하나로 통합하여 '퇴직연금운용자산'으로 표시한다.

(2) 세법

확정급여형 퇴직연금 등의 부담금은, 다음의 ①과 ② 중 큰 금액에서 ③을 뺀 금액[Max (①, ②) - ③]을 한도로 손금에 산입되고, 둘 이상의 부담금이 있는 경우에는 먼저 계약이 체결된 퇴직연금 등의 부담금부터 손금에 산입된다(시행령 44조의2 4항).

① [해당 사업연도 종료일 현재 재직하는 임직원 전원이 퇴직할 경우에 퇴직급여로 지급되어야 할 금액의 추계액[526] - 해당 사업연도 종료일 현재의 퇴직급여충당금]에 상당하는 연금에 대한 부담금

② [다음 각 금액을 더한 금액[527] - 해당 사업연도 종료일 현재의 퇴직급여충당금]에 상당하는 연금에 대한 부담금

㉮ 근로자퇴직급여보장법 제16조 제1항 제1호에 따른 금액[528]

㉯ ㉠ 해당 사업연도 종료일 현재 재직하는 임직원 중 확정급여형 퇴직연금제도에 가입하지 않은 사람 전원이 퇴직할 경우에 퇴직급여로 지급되어야 할 금액의 추계액과 ㉡ 확정급여형 퇴직연금제도에 가입한 사람으로서 그 재직기간 중 가입하지 않은 기간이 있는 사람 전원이 퇴직할 경우에 그 가입하지 않은 기간에 대하여 퇴직급여로 지급되어야 할 금액의 추계액을 더한 금액

③ 직전 사업연도 종료일까지 지급한 부담금

5 복리후생비

법인이 임직원을 위하여 지출한 복리후생비 중 다음의 어느 하나에 해당하는 비용 외의 비용은 손금에 산입되지 않는다(시행령 45조). 이 경우 직원은 파견근로자를 포함한다.

① 직장체육비, 직장문화비, 직장회식비

② 우리사주조합의 운영비

③ 국민건강보험법, 고용보험법 및 노인장기요양보험법에 따라 사용자로서 부담하는 보

---

526) 법인세법 시행령 제44조에 따라 손금불산입되는 금액과 확정기여형 퇴직연금 등에 관하여 손금산입되는 금액을 제외한다.

527) 법인세법 시행령 제44조에 따라 손금불산입되는 금액과 확정기여형 퇴직연금 등에 관하여 손금산입되는 금액을 제외한다.

528) 매 사업연도 말일 현재를 기준으로 산정한 가입자의 예상 퇴직시점까지의 가입기간에 대한 급여에 드는 비용 예상액의 현재가치에서 장래 근무기간분에 대하여 발생하는 부담금 수입 예상액의 현재가치를 뺀 금액으로서 고용노동부령으로 정하는 방법에 따라 산정한 금액

험료 및 부담금 : 법인은 임직원에 관하여 사업주로서 국민건강보험법에 따른 보험료 중 100분의 50을 부담하고(국민건강보험법 76조 1항 1호), 일정한 고용보험료를 부담한다(고용보험 및 산업재해보상보험의 보험료징수에 관한 법률 13조 4항).[529]

④ 영유아보육법에 따라 설치된 직장어린이집의 운영비

⑤ 그 밖에 임직원에게 사회통념상 타당하다고 인정되는 범위에서 지급하는 경조사비 등 위 ①부터 ④까지의 비용과 유사한 비용

한편, 법인이 임직원이 아닌 지배주주 등(특수관계에 있는 자를 포함한다)에게 지급한 여비 또는 교육훈련비는 해당 사업연도의 손금에 산입되지 않는다(시행령 46조).

---

529) 국민건강보험법, 고용보험법 등에 따라 사용자가 부담하는 보험료는 소득세법상 비과세대상이다[소득세법 12조 3호 (너)목].

기업업무추진비(접대비)의 의의와 범위

1-1. 기업업무추진비(접대비)의 개념

기업업무추진비는, 접대, 교제, 사례 또는 그 밖에 어떠한 명목이든 상관없이 이와 유사한 목적으로 지출하는 비용으로서, 법인이 직접 또는 간접적으로 업무와 관련이 있는 자와 업무를 원활하게 진행하기 위하여 지출한 금액을 말한다(법 25조 1항).[530] 기업업무추진비의 명칭은 종전에 '접대비'였다가 2022년 법인세법의 개정에 따라 변경되었다.[531] 그러나 그러한 명칭변경이 적절한 것인지는 의문스럽다.[532]

기업업무추진비의 주된 부분은 접대성 비용이다. 특정 사업관계자에 대한 **접대성 비용**은, 불특정 다수인에 대한 광고선전비와 비교할 경우 어떤 면으로는 수익의 실현에 더 근접하고 밀접한 단계에 있다고 볼 수 있음에도, 광고선전비와 달리 손금산입한도가 제한되어 있다. 그 이유는, ① 접대성 비용은 그 성질상 법인의 사업을 위한 지출의 성격과 접대

---

530) ① 2018. 12. 24. 개정되기 전의 구 법인세법 제25조 제5항은 접대비를 "접대비 및 교제비, 사례금, 그 밖에 어떠한 명목이든 상관없이 이와 유사한 성질의 비용으로서 법인이 업무와 관련하여 지출한 금액"으로 넓게 규정하였다. ② 대법원은, 법인이 사업을 위하여 지출한 비용 가운데, 상대방이 사업에 관련 있는 사람들이고 지출의 목적이 접대 등 행위에 의하여 사업관계자들과 사이에 친목을 두텁게 하여 거래관계의 원활한 진행을 도모하는데 있는 것을 접대비라고 판시하였다(대법원 2012. 9. 27. 선고 2010두14329 판결). ③ 2018. 12. 24. 개정된 법인세법 제25조 제1항은, 위 대법원 판례의 판시를 반영하여, 종전의 접대비의 요건 중 "법인이 업무와 관련하여 지출한 금액" 부분을 "내국법인이 직접 또는 간접적으로 업무와 관련이 있는 자와 업무를 원활하게 진행하기 위하여 지출한 금액"으로 개정하였다.

531) 변경된 명칭은 2024. 1. 1.부터 사용된다.

532) ① 종전의 명칭인 '접대비'는, 비록 향응 등을 시사하는 부정적 뉘앙스를 가졌지만, 그 개인소비적 함의(含意)로 인하여 그 대상의 확대를 제한하는, 즉 일반적 손금에 해당하는 항목이 그것에 포함되는 것을 차단하는 방벽의 역할을 하는 측면이 있었다. '접대비'의 명칭을 '기업업무추진비'로 바꾼 것은 그러한 차단장치를 해제하여 그 적용범위를 확대할 가능성을 열어놓을 수 있다. 접대비의 명칭이 기업업무추진비로 변경된 것이 그 명칭에 맞는 의미를 가지려면, 손금산입한도가 증액되어야 할 것이지만, 위 명칭변경에도 불구하고 그 손금산입한도는 종전과 같다. 그리고 ② '접대비'라는 명칭은 그에 해당하는 항목에 대하여 일반적인 손금 항목과 달리 손금산입한도액이 정해져야 하는 이유를 표상하지만, '기업업무추진비'라는 명칭은 그러한 이유를 나타내지 못하고 도대체 왜 '기업업무추진비'가 일반적 비용보다 손금산입이 제한되어야 하는지 의문을 불러일으킨다.

행위자 및 그 상대방 개인을 위한 지출의 성격이 혼재되어 있고, 법인을 위한 지출을 빙자하여 '먹고 마시는' 개인적 소비로 전용(轉用)되거나 그 지출금액이 필요한 범위를 초과할 우려가 있기 때문이다. 또한, ② 접대로 인하여 접대행위자와 상대방이 각각 얻는 소비의 이익을 구분하여 과세하기 어렵기 때문에 접대성 비용을 전액 손금으로 용인할 경우 접대를 통한 과세되지 않는 편법적 소득의 지급과 소비를 장려하는 결과가 될 수 있다.[533] 그리고 ③ 법인의 자금이 '먹고 마시는' 유흥산업 등에 과도하게 흘러들어가는 것은 바람직하지 않다는 사회정책적 고려도 깔려 있는 것으로 보인다.[534]

현행세법은 기업업무추진비를 다소 넓게 정의하지만, 위와 같은 접대성 비용에 대한 손금산입 규제의 배경을 감안할 때 ① 개인적 소비로 전용될 가능성이 없거나 낮은 유형의 지출이나 ② 상대방의 소득에 포함되어 과세되는 지출을 기업업무추진비로 인정하는 것은 신중할 필요가 있다.[535] 업무관련자와 업무를 원활하게 진행하기 위하여 지출한 금액이라도, 개인적 소비와 관련된 접대성 비용이 아닌 경우에는 손금산입한도액을 설정할 이유를 찾기 어렵다. 입법론으로 기업업무추진비의 범위는 개인적 소비와 관련된 접대성 비용에 한정하는 것이 합리적이다.

기업업무추진비도 손금의 하나이므로, 기업업무추진비가 되기 위해서는 기본적으로 손금의 요건(법 19조 2항)을 갖출 것을 요한다. 일반적으로 거래처 등에 대한 접대비, 법인의 사업과 관련하여 지출된 비용으로 볼 수 있으므로, 그것이 '일반적으로 인정되는 통상적인 것'이라면 손금의 요건은 충족될 수 있다.

1-2. 기업업무추진비의 요건

(1) 업무관련성 : 기부금과의 구별

기업업무추진비는 업무와 관련하여 지출된 것이어야 한다. 이 점에서 기업업무추진비는 업무와 무관하게 지출되는 **기부금**과 구별된다. 주주 등이나 임원 또는 직원이 부담하여야

---

533) 이창희, 세법강의(2020), 983쪽은, 현실적으로 접대의 가치를 개인의 소득으로 과세하는 것이 어렵기 때문에 접대비를 손금에 산입할 경우 종업원에게 근로를 제공받고 정상적인 급여를 제공하는 것보다는 종업원이 술을 마시도록 하는 쪽으로 세제가 몰고 가는 결과를 낳게 되므로, 접대비를 손금불산입한다면 기업에 세금부담을 지움으로써 조세중립을 되찾을 수 있다고 한다. 이창희, 위의 책, 984쪽은, 접대비를 개인 단계의 과세를 피하면서 기업의 돈으로 놀고 즐기는 비용(entertainment expense)으로 본다.
534) 이에 따라 상대적으로 장려할 필요가 있는 문화산업과 관련된 기업업무추진비에 관하여는 별도의 손금산입한도가 추가적으로 인정된다(조특법 136조 3항).
535) 대법원 판례 중에는, 손금의 요건이 충족되지 않은 손비와 기업업무추진비(접대비)를 혼동하거나 기업업무추진비의 범위를 과도하게 확대해석함으로써 기업업무추진비 개념을 비대화시킨 것이 있다(가령, 채권의 포기를 접대비로 본 대법원 2018. 12. 11. 선고 2006두18652 판결 등).

할 성질의 접대비를 법인이 지출한 것은 기업업무추진비에 해당하지 않는다(시행령 40조 1항). 그러한 비용은 법인의 업무관련성이 인정되지 않기 때문이다. 한편, 법인이 그 직원이 조직한 조합 또는 단체에 복리시설비[536]를 지출한 경우, 그 조합 등이 법인인 때에는[537] 이를 기업업무추진비로 본다(시행령 40조 2항).[538]

(2) 수익실현과의 관련 정도 : 판매부대비용과의 구별

기업업무추진비는, 구체적 거래 이전의 단계에서 장래의 수익의 실현을 용이하게 하기 위한 여건을 조성하기 위한 것이므로, 구체적 거래를 통한 수익의 실현과 직접 관련된 비용은 판매부대비용으로서 기업업무추진비에 해당하지 않는다. 대법원도 법인이 수익과 직접 관련하여 지출한 비용은 섣불리 접대비(기업업무추진비)라고 단정하여서는 안 된다고 판시하였다.[539]

판례가 접대비(기업업무추진비)가 아닌 **판매부대비용**으로 판단한 사례로는 ① 상가건물을 매수하여 분양하는 영업을 영위하는 회사가 분양업무를 담당하는 그 회사 및 계열회사의 영업부 직원들에게 분양실적에 맞추어 일정 비율의 금원을 영업판촉비 내지 알선수수료 명목으로 지출한 경우,[540] ② 종이류의 제조·판매 등을 목적으로 하는 회사가 대리점 등 거래처에 화장지 등 정품(正品)을 제공하여 고객사은행사 등의 용도에 사용하게 한 사안,[541] ③ 증권회사가 투자자문회사에게 지급한 투자자문 수수료,[542] ④ 담배를 수입·판매하던 회사가 대리점에게 신규시장의 개척과 판매촉진을 위하여 영업지원 인건비 및 차량구입비를 지원한 사안,[543] ⑤ 건설회사인 원고가 원수급인과 건설공사 하도급계약을 체결하면서 계약특수조건으로 재해근로자에게 사고보상비 등을 지급하기로 약정하고 이에 따라 사고보상비를 지급한 사안(공상처리비 약정 사건)[544] 등이 있다.

판례가 **접대비**(기업업무추진비)로 판단한 사례로는 ① 은행이 경비 및 운전업무의 용역계약을 맺은 용역회사의 고용인인 경비원 등에게 매월 일정액씩 지급한 근무보조비,[545]

---

536) 복리시설비는 법인이 종업원을 위하여 지출한 복리후생의 시설비, 시설구입비 등을 말한다(기본통칙 25-40…1).
537) 노동조합 및 노동관계조정법에 의하면, 노동조합은 그 규약이 정하는 바에 따라 법인으로 할 수 있고(6조 1항), 노동조합이 법인이 되려면 대통령령으로 정하는 바에 따라 등기를 하여야 한다(6조 2항).
538) 법인의 직원이 조직한 조합 등이 법인이 아닌 경우 복리시설비를 지출한 법인의 경리의 일부로 본다.
539) 대법원 2012. 9. 27. 선고 2010두14329 판결
540) 대법원 1992. 5. 8. 선고 91누9473 판결
541) 대법원 2003. 12. 12. 선고 2003두6559 판결
542) 대법원 2007. 10. 25. 선고 2005두8924 판결
543) 대법원 2009. 11. 12. 선고 2007두12422 판결
544) 대법원 2012. 9. 27. 선고 2010두14329 판결
545) 대법원 1999. 6. 25. 선고 97누14194 판결

② 신문사인 원고 법인이 거래관계에 있는 모든 지국의 직원들에게 거래수량이나 거래금액과는 관계없이 격려금 및 선물 등을 지급한 사안,[546] ③ 다단계판매업 등을 하는 법인이 판매원들에게 관계 법령 등에서 정해진 지급한도를 초과하는 판매수수료를 지급한 사건[547] 등이 있다.

(3) 지출의 상대방 : 광고선전비와의 구별

일반적으로 기업업무추진비는 특정한 상대방에 대하여 지출되는 반면, **광고선전비**는 불특정 상대방에 대하여 지출된다. 그러나 광고선전비도 특정한 상대방에게 지출되는 경우가 있을 수 있다(일정한 조건에 해당하는 상대방에게 판촉용 상품을 제공하는 경우 등). ① 지출상대방이 사전에 정해진 일반적·공통적 기준에 따라 특정되고, ② 다수의 상대방에게 균일한 조건으로 지출되며, ③ 지출금액도 과도한 개인적 소비로 전용될 정도에 이르지 않은 경우에는 광고선전비로 볼 수 있을 것이다.[548][549]

광고선전비는, 기업업무추진비와 달리 원칙적으로 손금산입한도의 제한을 받지 않는다. 다만, 법인이 광고선전 목적으로 특정인에게 개당 3만 원이 넘는 물품을 기증한 경우 그 손금산입액은 연간 5만 원으로 한정된다(시행령 19조 18호).

법인이 그 직원이 조직한 조합 또는 단체에 복리시설비를 지출한 경우, 해당 조합이나 단체가 법인인 때에는 기업업무추진비로 보고, 해당 조합이나 단체가 법인이 아닌 때에는 그 법인의 경리의 일부로 본다(시행령 40조 2항).

(4) 지출의 방법

기업업무추진비의 손금산입을 제한하는 취지를 고려해보면, 기업업무추진비는 원칙적으로 개인적 소비의 성격을 포함한 것이거나 그 지출의 상대방의 소득에 포함되지 않는 것으로 한정하는 것이 합리적이다.[550] 대법원 판결 중에는, 채권의 포기,[551] 채무의 대위

---

546) 대법원 2008. 7. 10. 선고 2006두1098 판결

547) 대법원 2011. 1. 27. 선고 2008두12320 판결

548) 외판원들이 불특정 다수인을 상대로 호별방문을 하여 시식용 상품을 제공하여 시식케 한 후 건강식품을 판매한 경우 시식용 상품의 가액(대법원 1993. 1. 19. 선고 92누8293 판결) : 위 비용은 판매로 연결된 경우에는 수익과 직접 관련되는 판매부대비용으로 볼 수 있다.

549) 백화점이 판촉활동의 일환으로 거래실적이 우수한 불특정 고객에게 선물을 증정한다고 사전에 홍보하고 사은품을 지급한 경우 그 구입비용(대법원 2002. 4. 12. 선고 2000두2990 판결)

550) 이태로·한만수, 조세법강의(2018), 535, 537쪽

551) ① 대법원 2008. 12. 11. 선고 2006두18652 판결은, 신문발행업을 하는 원고 법인이 광고지사로부터 배서 양도받은 어음이 부도나자 이를 회수할 수 있었음에도 회수하지 않고 대손처리한 사안에서, 위 부도어음 금은 광고지사와의 원활한 업무추진 등의 목적으로 채권을 임의로 포기한 것으로서 접대성 경비이므로 대손금으로 인정될 수 없다고 판단하였다. ② 대법원 2022. 7. 28. 선고 2019두58346 판결은, 농업협동조합중앙회가 채무자들에 대한 대출채권의 이자를 감면(포기)한 사건에서, 위 대출채권을 회수하기 위하여

변제[552)]를 접대비(기업업무추진비)로 본 것이 있다. 그러나 위 항목들은 기업업무추진비로 취급하기보다는 손금의 요건인 통상성 등을 갖추었는지를 따져서 손금산입 여부를 판단하는 것이 합리적이다.[553)] 법인이 직접 생산한 제품 등을 제공하는 것은 손금에 불산입되는 기업업무추진비 지출액에서 제외된다(시행규칙 20조 2항).

> ## 2   기업업무추진비의 규제

2-1. 일정한 금액을 초과하는 기업업무추진비의 증빙

법인이 한 차례의 접대에 지출한 기업업무추진비 중 경조금의 경우 20만 원, 그 외의 경우 3만 원을 초과하는 것은 다음의 하나에 해당하지 않으면 손금에 산입되지 않는다(법 25조 2항 본문, 시행령 41조 1항).

① 법인 명의로 발급받은[554)] 신용카드,[555)] 현금영수증('신용카드 등')을 사용하여 지출하는 것 : 법인이 재화 또는 용역을 공급하는 신용카드 등의 가맹점이 다른 가맹점의 명의로 작성된 매출전표 등을 발급받는 경우 그 지출금액은 신용카드 등을 사용한 기업업무추진비로 보지 않는다(법 25조 3항).

② 법인이 계산서(법 121조, 소득세법 163조) 또는 세금계산서를 발급받아 지출하는 것

③ 법인이 매입자발행세금계산서, 원천징수영수증[556)]을 발행하여 지출하는 것

이자를 포기할 수밖에 없을 정도로 해당 대출채권의 회수가능성이 낮았음을 인정할 증거가 없다는 이유로 위 이자의 감면을 접대비로 보았다. ③ 행정해석도 정당한 사유가 없는 채권의 포기·면제를 접대비 또는 기부금으로 본다(기본통칙 19의2 - 19의2…5).

552) 대법원 2004. 4. 9. 선고 2003두7804 판결은, 원고 법인이 포항제철 주식회사로부터 철강제품을 시중가보다 할인된 가격으로 직접 공급받는 대가로, 포항제철에 대한 채무를 미지급하고 있는 다른 업체의 공장용지 및 건물 등을 매수하고 그 업체의 포항제철에 대한 채무를 대위변제한 사건에서, 채무의 대위변제금액이 새로운 거래관계를 창설하기 위하여 이루어진 것으로서 접대비에 해당한다고 판단하였다. 그러나 위 대위변제금액은 '사업의 개시 등과 관련한 기부금 등'으로서 영업권에 해당하는 것으로 볼 여지가 있고(유사한 사안에서 대법원 2009. 12. 10. 선고 2007두11955 판결은 그렇게 판단하였다), 이를 접대비로 보는 것은 부적절하다.

553) 채권의 포기를 기업업무추진비의 핵심을 이루는 '접대'라는 개념에 포함시키기 어렵다. 그리고 채권의 포기는 채무자의 개인적 소비와 무관하고 채무자 법인의 소득금액에 채무면제이익으로 포함되므로[채무자가 개인인 경우 사업소득에 포함되거나(소득세법 시행령 51조 3항 4호), 증여세로 과세된다(상증세법 36조)], 이를 기업업무추진비로 파악하는 것은 부적절하다.

554) 법인세법 시행령 제41조 제6항

555) 신용카드는 직불카드, 외국에서 발행된 신용카드, 기명식선불카드, 직불전자지급수단, 기명식선불전자지급수단 또는 기명식전자화폐를 포함한다(시행령 41조 3항).

556) 사업자등록을 하지 않은 자로부터 용역을 제공받고 발급하는 원천징수영수증을 말한다(시행령 41조 4항).

다만, 지출사실이 객관적으로 명백한 경우로서 신용카드 등을 사용하여 지출한 기업업무추진비 등에 해당하는 증거자료를 구비하기 어려운 국외지역에서의 지출 및 농어민에 대한 지출 등 대통령령으로 정하는 지출은 그러하지 아니하다(법 25조 2항 단서).

2-2. 기업업무추진비의 손금산입한도

2-2-1. 일반적 법인

법인이 각 사업연도에 지출한 기업업무추진비(신용카드 등을 사용하여 지출한 것 등이 아닌 것을 제외한다) 중 다음 ①, ②의 합계액을 초과하는 금액은 손금에 산입되지 않는다(법 25조 4항).

① 기본한도

$$기본한도금액 = \frac{1,200만\ 원}{(중소기업 : 3,600만\ 원)} \times 해당\ 사업연도의\ 개월\ 수^{557)} \times \frac{1}{12}$$

② 수입금액별 한도

이는 해당 사업연도의 수입금액에 다음 표에 규정된 비율을 곱하여 산출한 금액(법 25조 4항 2호 본문)을 말한다. 다만, 특수관계인과의 거래에서 발생한 수입금액에 대하여는 그 수입금액에 다음 표에 규정된 비율을 적용하여 산출한 금액의 10%에 상당하는 금액으로 한다(법 25조 4항 단서). 여기서 '수입금액'은 기업회계기준에 따라 계산한 매출액[558]을 말한다(시행령 42조 1항 본문).[559]

수입금액	비율
100억 원 이하	0.3%
100억 원 초과 500억 원 이하	3,000만 원+(수입금액 − 100억 원)×0.2%
500억 원 초과	1억 1,000만 원+(수입금액 − 500억 원)×0.03%

---

557) 해당 사업연도의 개월 수는 역(曆)에 따라 계산하되, 1개월 미만의 일수는 1개월로 한다.
558) 사업연도 중에 중단된 사업부문의 매출액을 포함하여 파생결합증권 및 파생상품 거래의 경우 해당 거래의 손익을 통산한 순이익(0보다 적은 경우 0으로 한다)을 말한다.
559) 다만, 자본시장법상 투자매매업자 등의 경우에는 매출액에 영업과 관련한 보수 및 수수료 등의 일정 배수에 해당하는 금액을 합산한 금액으로 한다(시행령 42조 1항 단서).

2-2-2. 부동산임대업을 주된 사업으로 하는 법인 등

부동산임대업을 주된 사업으로 하는 등 대통령령으로 정하는 요건에 해당하는 법인의 기업업무추진비는 일반적 법인의 기업업무추진비 손금산입한도액의 50%로 한다(법 25조 5항, 시행령 42조 2항).

2-2-3. 조특법상 기업업무추진비의 손금불산입 특례

조특법 제136조는, 정부출자기관 등이 지출한 접대비, 내국인이 문화비로 지출한 기업업무추진비 등에 관하여 손금산입한도액의 특례를 규정한다.

2-2-4. 기업업무추진비 한도초과액의 손금불산입

기업업무추진비 중 손금산입한도액을 초과하는 금액은 손금에 불산입되고, 기타 사외유출로 소득처분된다(시행령 106조 1항 3호 나목).[560]

기업업무추진비가 당기의 손비, 건설 중인 자산 또는 유형자산 및 무형자산(고정자산)의 취득가액으로 계상된 경우, 행정해석은, 손금불산입대상 기업업무추진비가 「회사가 당기에 손비로 계상한 기업업무추진비 - 건설 중인 자산 - 고정자산」의 순으로 충당된 것으로 처리함으로써 가급적 조기에 손금불산입을 하려는 태도를 취한다.[561] 그러나 그 경우 기업업무추진비의 발생시기를 따져서, 손금산입한도액에 해당하는 금액 이후에 발생한 손금불산입대상 금액이 당기의 손비나 자산 중 어느 항목에 배분되었는지를 추적하는 것이 가능한 경우에는 그 배분 대상을 손금불산입 또는 (-)유보로 처리하고, 그 추적이 곤란한 경우에는 관련된 비용 및 자산의 가액 비율에 따라 안분하는 것이 합리적이다.[562]

---

560) 접대비와 관련된 매입세액은, 손금산입한도액 내의 접대비에 대한 부분을 포함하여, 전액 매출세액에서 공제되지 않는다(부가가치세법 39조 1항 6호, 부가가치세법 시행령 79조).

561) 기본통칙 25-0…2

562) 김완석·황남석, 법인세법론(2021), 422쪽은 추적가능 여부를 언급하지 않고 항목별 크기에 따라 안분해야 한다고 본다.

기부금

1 기부금의 의의

1-1. 기부금의 일반론

기부금은, 법인이 사업과 직접적인 관계없이 무상으로 지출하는 금액을 말한다(법 24조 1항). 기부금은 손금의 요건을 충족하지 못하므로 원칙적으로 손금에 산입되지 않는다.[563] 그러나 법인의 기부금 중에서 공익적 기능을 가지거나 사회적 보호가치가 있는 목적과 대상에 지출된 것에 관하여는 세법상 혜택을 부여하여 장려할 필요가 있다. 이에 따라 세법은 예외적으로 그러한 성격의 기부금에 관하여 일정한 범위에서 손금산입을 인정한다.

1-2. 기부금의 요건 : 업무무관성

기부금은 사업과 관계없이 무상으로 지출된 금액이다. 따라서 외견상 무상으로 지출된 비용이라고 하더라도, 그것이 사업과 관련된 것이어서 다른 자산의 취득가액에 포함될 수 있거나 독자적으로 자산성을 가지는 경우에는, 기부금에 해당하지 않는다.

가령 ① 회사가 공장신축을 위하여 건설부장관으로부터 공유수면매립면허를 받아 매립한 토지 중 일부를 매립면허의 조건에 따라 기부채납의 형식으로 국가에 기증한 경우, 그 공사비는 회사의 공장부지에 대한 자본적 지출로서 공장부지의 취득원가에 포함되므로, 기부금에 해당하지 않는다.[564] ② 법인이 사업 개시의 조건으로 타인의 채무를 면책적으

---

563) 수익관련성과 통상성이 손금의 요건으로 규정되기 전의 구 법인세법(1990. 12. 31. 개정 전)하에서 대법원 1992. 7. 14. 선고 91누11285 판결은, "기부금이란 … 사업과 직접 관계없이 지출되는 것이어서 수익에 대응하는 비용으로 볼 수도 없을 뿐만 아니라 이를 모두 손금으로 인정하는 경우에는 조세부담을 감소시켜 실질적으로는 국고에서 기부금을 부담하는 결과가 되고 자본충실을 저해하여 주주 등 출자자나 일반채권자의 권익을 침해하게 되므로 법인세법은 그 기부금의 공공성의 정도에 따라 그 종류와 손금산입의 범위를 달리하고 있다"고 판시하였다.

564) ① 대법원 1987. 7. 21. 선고 87누108 판결, ② 대법원 2002. 11. 13. 선고 2001두1918 판결 : 법인이 주택건설사업을 함에 있어서 그 사업을 위하여 취득한 토지의 일부를 그 사업의 승인조건에 따라 분양토지의 이용편의에 제공하기 위하여 도로로 조성하여 지방자치단체에 기부채납한 경우, 그 도로의 가액 상당의 비용은 수익의 발생에 직접 관련된 필요경비로서 그 귀속시기는 수익의 발생이 확정된 때가 속한

로 인수하면서 그 채무자 등에 대한 구상권 등을 포기한 것으로 볼 수 있는 금액은, 영업권인 '사업 개시 등과 관련하여 부담한 기부금 등'에 포함된다.[565] ③ 금전 외의 자산을 국가 등에 기부한 후 그 자산을 사용하거나 그 자산으로부터 수익을 얻는 경우, 그 자산의 장부가액은 '사용수익기부자산가액'으로서 감가상각의 대상이 된다(시행령 24조 1항 2호 사목). ④ 법인이 공공기관으로부터 제공받은 자금으로 건축한 시설을 기부채납한 경우, 그 자금에 해당하는 부분은 무상의 지출이 아니므로 기부금에 해당하지 않는다.[566] ⑤ 한편, 기부금의 형식으로 한 지출이라도 손금의 요건인 수익관련성 또는 통상성을 갖춘 경우에는 손금에 해당할 수 있다.[567]

기부금은 법적 강제에 의하지 않고 법인의 결정에 따라 지출된 것이어야 한다. 행정기관의 권유 등에 따라 기부금을 지출한 경우에도, 법령상 강제된 출연(出捐)이 아니라면 기부금에 해당한다.[568]

1-3. 기부금 지출의 상대방

법인의 지출금액이 기부금에 해당하기 위해서는 그 상대방이 특수관계인 외의 자이어야

사업연도라고 보아야 하고, 그 도로의 가액이 구 법인세법(1996. 12. 30. 법률 제5192호로 개정되기 전의 것) 제18조 제3항 제1호 소정의 법정기부금인 '국가 또는 지방자치단체에 무상으로 기증하는 금품의 가액'에 해당한다고 할 수 없다. ③ 대법원 2008. 4. 11. 선고 2006두5502 판결 : 골프장 사업계획변경승인 및 사도설치허가의 조건에 따라 골프장 진입도로를 개설하여 지방자치단체에 무상으로 공여한 경우, 그 부지매입비용 및 도로개설비용은 골프장 부지에 대한 자본적 지출에 해당한다고 본 사례

565) 대법원 2009. 12. 10. 선고 2007두11955 판결

566) 내국법인이 지방자치단체 및 교육청과 「복합문화도서관(쟁점 건물) 건립사업 시행협약」을 체결하면서 지방자치단체로부터 제공받은 부지에 교육청으로부터 쟁점 건물의 공사비 중 일부(쟁점 사업비)를 지원받아 쟁점 건물을 준공한 후 즉시 복합문화시설은 지방자치단체에, 도서관 시설은 교육청에 기부채납하고 위 사업과 관련하여 아무런 반대급부도 받지 않기로 한 사안에서, 행정해석은, 쟁점 사업비는 위 법인의 익금에 산입되지 않고, 건물 준공 후 기부채납하였을 때 기부금 가액에도 포함되지 않는다고 보았다(사전-법령해석법인-1202, 2021. 9. 17.). 위 사안에서 법인은 ① 쟁점 사업비의 수령 시점에는 그에 상당하는 부채를 인식하여야 하므로, 순자산의 증가는 발생하지 않고, ② 기부채납 시점에는 기부채납의 대가로 위 부채가 소멸하게 되므로, 그 금액은 기부금에 해당하지 않는다. 따라서 위 법인의 기부채납액 중 쟁점 사업비 부분은 기부금산입한도의 제한을 받지 않는다.

567) 대법원 2014. 8. 26. 선고 2014두4719 판결 : 동남아국가들에서 사업을 수행하는 원고 법인이 동남아국가들에 기업의 이미지 제고 등을 위하여 교육시설 등을 기부한 것이 통상성 또는 수익관련성을 갖추지 못하였다고 판단한 사례

568) ① 대법원 1997. 7. 25. 선고 96누10119 판결 : 생명보험업을 영위하는 법인이 재평가적립금 중 과거 계약자들의 몫이라 하여 공익사업출연기금으로 계리한 자산의 운용수익을 재무부장관의 '생명보험회사 잉여금 및 재평가적립금 처리지침'에 따라 공익사업에 출연한 사안
② 대법원 1998. 6. 12. 선고 97누11386 판결 : 서울올림픽체육진흥공단이 국무총리행정조정실의 조정내용에 따라 국민체육진흥광고 수익금 중 일부를 전국자동차 노동조합연맹에 근로자복지장학기금으로 출연한 사안

하는지 문제된다.[569] 법인세법 제24조 제1항은 기부금의 수령자가 법인의 특수관계인 외의 자이어야 한다고 규정하지 않고, 법인과 특수관계인 외의 자 간의 일정한 거래(시행령 35조)가 실질적 증여로 간주되어 기부금에 '포함'될 뿐이다.[570] 한편, 법인이 특수관계인에게 특례기부금 또는 일반기부금을 지출한 경우에도, 그 기부금을 특수관계인 외의 자에게 지출한 경우와 마찬가지로 손금에 산입할 수 있게 할 필요가 있다.[571] 이러한 사정을 고려하면, 적어도 특례기부금 또는 일반기부금에 관하여는 그 지출상대방에 특수관계인도 포함된다고 해석할 여지가 있다.[572] 대법원은, 법인이 그 주주로서 특수관계인인 지방자치단체에 기부한 금액을 법정기부금(특례기부금)으로 인정하였다.[573] 행정해석은 법인이 특수관계인에게 일반기부금을 지출할 수 있다고 본다.[574]

1-4. 기부금 지출의 방법

(1) 일반적인 경우

기부금에는 재단법인에 대한 재산의 출연(出捐), 채권의 포기(채무면제), 면책적 채무인수,[575] 타인 채무의 대위변제[576] 등이 포함된다.[577] 다만, 용역의 무상제공은 법인세법상

---

569) 기부금을 지출한 법인과 그 상대방 간 특수관계의 부존재를 기부금의 요건으로 파악하는 견해로, 김완석·황남석, 법인세법론(2021), 398쪽 ; 임승순, 조세법(2020), 694쪽

570) 따라서 법인이 특수관계인과 사이에 한 저가양도 또는 고가매입이 반드시 기부금에서 제외된다고 볼 것인지 분명하지 않다.

571) 가령, 지방자치단체가 주주인 법인이 그 지방자치단체에 기부하는 경우, 또는 법인이 특수관계에 있는 학교법인이 운영하는 사립학교 또는 대학병원에 기부금을 지출한 경우, 그 금액은 손금의 일반적 요건(법 19조 2항)을 충족하지 못하므로, 특례기부금 또는 일반기부금에 해당한다고 보지 않으면 손금에 산입될 방법이 없다.

572) 법인이 특수관계인에게 기타 기부금에 포함될 수 있는 이익을 분여한 경우, 부당행위계산의 부인으로 처리하면 족하므로, 굳이 기부금으로 취급할 필요가 없다. 따라서 특례기부금 또는 일반기부금의 규정은 부당행위계산 규정보다 우선하고, 부당행위계산 규정은 기타 기부금 규정보다 우선하는 것으로 해석하는 것이 합리적이다. 입법론으로는, 부당행위계산과 기부금 규정의 경계, 즉 특수관계인에 대한 특례기부금 또는 일반기부금의 지출가능 여부를 명확하게 규정하는 것이 바람직하다. 그리고 법인이 특수관계인에 대하여도 특례기부금 또는 일반기부금을 지출한다고 볼 경우, ① 특수관계인에 대한 현물 일반기부금의 가액[법인세법 시행령은 특수관계인이 아닌 자에 대한 현물 일반기부금의 경우에만 장부가액으로 인식하도록 규정하므로(시행령 36조 1항 2호), 특수관계인에 대한 현물 일반기부금은 장부가액과 시가 중 큰 금액이 된다(시행령 36조 1항 3호)], ② 기부금을 받은 법인의 취득가액(시행령 72조 2항 5호의2, 7호)에 관한 규정도 정비할 필요가 있다.

573) 대법원 2018. 3. 15. 선고 2017두63887 판결 : 위 사건에서 원고 법인(강원랜드)이 지방자치단체(태백시)에 대한 기부행위를 할 당시 태백시는 원고의 주식 1.25%를 보유한 특수관계인이었다(원심인 서울고등법원 춘천부 2017. 9. 20. 선고 2017누300 판결 2쪽).

574) 기본통칙 24-39…4

575) 대법원 2004. 1. 29. 선고 2003두247 판결

576) 타인의 채무를 대위변제한 자는 위임, 사무관리, 부당이득에 기하여 채무자에 대한 구상권을 가지게 되므로, 기부금에 해당하는 대위변제는 그러한 구상권을 포기하는 증여의 의사로 한 경우를 의미하는 것으로

기부금의 대상이 아니다.[578)]

(2) 금전 외의 자산의 기부 : 현물기부금

법인이 금전 외의 자산을 기부한 경우 그 자산의 가액은 다음과 같이 산정된다(시행령 36조 1항).[579)]

① 특례기부금 및 특수관계인이 아닌 자에 대한 일반기부금 : 기부했을 때의 장부가액[580)]

② 그 외의 경우 : 기부했을 때의 장부가액과 시가 중 큰 금액. 따라서 법인이 기부한 자산의 시가가 장부가액보다 높은 경우, 법인이 시가와 장부가액의 차액을 손비로 계상하지 않았더라도, 그 차액 상당의 수익이 실현됨(익금산입)과 동시에 그 수익을 상대방에게 기부한 것으로 취급된다.[581)]

(3) 간주기부금 : 저가양도와 고가양수

법인이 정당한 사유 없이, 특수관계인 외의 자에게 자산을 정상가격보다 낮은 가액으로 양도하거나, 특수관계인 외의 자로부터 정상가액보다 높은 가액으로 매입하는 거래를 통하여, 실질적으로 증여한 것으로 인정되는 금액은, 기부금에 해당한다(법 24조 1항, 시행령 35조 전단).[582)]

보아야 할 것이다.

577) 「식품 등 기부 활성화에 관한 법률」 제2조 제1호의 식품 등의 제조업·도매업 또는 소매업을 영위하는 내국법인이 해당 사업에서 발생한 잉여 식품 등을 같은 법 제2조 제4호에 따른 제공자 또는 제공자가 지정하는 자에게 무상으로 기증하는 경우, 기증한 잉여 식품 등의 장부가액은 기부금에 포함되지 않는다(시행령 19조 13호의2).

578) ① 소득세법은, 사업소득을 계산할 때 특별재난지역을 복구하기 위한 자원봉사용역의 가액을 기부금으로 인정한다(소득세법 34조 2항 1호 나목). ② 미국, 일본, 프랑스, 캐나다는 용역의 제공을 기부금으로 인정하지 않는다(권성준·송은주·허윤영, 기부금 조세지원제도에 관한 연구-기부자를 중심으로-, 한국조세재정연구원(2021), 109쪽). 다만, 미국의 경우 적격단체에 용역을 제공함으로써 발생한 비용으로서 환불되지 않는 일정한 비용은 소득에서 공제된다[재무부 규칙 § 1.170A-1 (g)]. ③ 용역 기부금에 관하여는, 김갑순·정지선·임규진, "세법상 기부금 출연대상 범위의 확대 방안에 관한 연구-용역 기부의 기부금 인정 및 가치 산정 방안을 중심으로-", 조세법연구 [16-1](2010), 한국세법학회, 75쪽

579) 대법원은, 자산의 무상양도 또는 저가양도로서 실질적으로 증여되었다고 인정되는 경우가 기부금에 포함된다는 취지로 규정한 구 법인세법 시행령 제40조 제1항 제2호가 모법의 위임없이 기부금의 범위를 부당하게 확대하여 조세법률주의에 위배되는 규정으로 볼 수 없다고 판단하였다(대법원 1993. 5. 25. 선고 92누18320 판결).

580) 소득세법 시행령은, 거주자인 사업자가 기부금으로 제공한 금전 외의 자산의 가액을 원칙적으로 시가로 규정한다(소득세법 시행령 81조 3항).

581) 대법원 1993. 5. 25. 선고 92누18320 판결 ; 이는, 법인이 가상적으로 그 차액 상당의 익금을 실현함과 동시에 그 비용을 계상한 것으로 간주하고(마치 제3자에게 해당 자산을 시가로 매각하여 그 대금을 상대방에게 기부금으로 지급하고 비용을 계상한 것처럼), 이를 전제로 손금불산입을 하는 것이다. 그 결과로 장부가액과 시가의 차액에 관하여는 익금산입의 효과만 남게 된다.

582) 종전에는 구 법인세법상 간주기부금을 규정한 구 법인세법 시행령(2019. 2. 12. 개정 전) 제35조 제2호에 대한 위임근거가 없다는 이유로 무효인지 여부에 관한 논의가 있었으나, 대법원 1993. 5. 25. 선고 92누

① 위 규정이 적용되기 위하여 거래의 상대방은 법인과 특수관계 없는 자이어야 한다. 법인의 저가양도 또는 고가양수의 상대방이 특수관계인인 경우에는, 부당행위계산의 부인 규정이 적용된다. 법인의 간주기부금에 해당하는 거래의 배후에는 법인의 특수 관계인이 드러나지 않게 개입된 경우도 있고, 그 경우 간주기부금은 부당행위계산의 부인을 보완하는 기능을 한다.

② 법인이 금전 외의 자산을 '양도하거나 매입하는 거래'를 하여야 한다. 행정해석은, 법인이 특수관계 없는 자에게 자산을 무상 또는 저가로 임대한 경우, 임대료의 정상 가액과 실제 임대료의 차액이 법인세법 시행령 제35조의 간주기부금에 해당한다고 보지만,[583] 이는 위 규정의 문언을 넘어서는 해석이므로 적절하지 않다.

③ 정상가액은 시가에 시가의 30%를 더하거나 뺀 범위(70~130%)의 금액이다(시행령 35조 후단). 여기서 시가는 법인세법 제52조, 법인세법 시행령 제89조에 따라야 할 것이다.

④ 저가양도 또는 고가양수에 관하여 정당한 사유가 없다는 점의 입증책임은 과세관청 에게 있다.[584]

⑤ 저가양도 등에 관하여 정당한 사유가 없는 경우, 기부금에 해당하는 금액은 거래가액 과 정상가액의 차액[585]이다. 법인이 해당 자산의 거래가액과 장부가액의 차액을 회 계상 수익으로 계상하지 않았다고 하더라도, 세법상 일단 그 차액 상당의 수익이 실 현됨과 동시에 그 수익을 상대방에게 제공함에 따른 손실이 발생한 것으로 취급되어 그 손실을 기부금으로 보게 된다.[586]

1-5. 기부금의 귀속시기

기부금은 현금주의에 따라 실제로 지출된 사업연도에 귀속된다(시행령 36조 2항, 3항).[587]

18320 판결은 조세법률주의에 위반되는 무효의 규정이라고 볼 수 없다고 판시하였고, 2018. 12. 18. 개정 된 법인세법 제24조 제1항은 이에 대한 위임규정을 정면으로 두고 있다.

583) 재법인 46012 - 143, 2002. 9. 6.

584) 서울고등법원 2016. 5. 4. 선고 2015누53222 판결(2016. 8. 4. 선고 2016두39986 판결로 심리불속행 상고 기각) ; ① 정당한 사유가 있다고 본 사안으로 대법원 1984. 12. 11. 선고 84누365 판결, 대법원 1997. 11. 14. 선고 97누195 판결, 대법원 2010. 2. 25. 선고 2007두9839 판결, ② 정당한 사유가 없다고 본 사안으로 대법원 1993. 5. 25. 선고 92누18320 판결, 대법원 2001. 5. 29. 선고 2000두8127 판결

585) 법인이 시가가 100원인 자산을 50원에 양도한 경우에는 20원[= (100 - 30) - 50]이 기부금이고, 140원에 양수한 경우에는 10원[= 140 - (100+30)]이 기부금이다.

586) 대법원 1993. 5. 25. 선고 92누18320 판결

587) ① 미국 세법도, 기부금의 소득공제는 그 기부금이 실제로 지출된(actually paid) 과세연도에 인정된다고 규정한다[IRC § 170(a)(1), 재무부 규칙 § 1.170A - 1(a)]. 일본 세법도, 기부금의 지출은 각 사업연도의 소득금액의 계산에 관하여 그 지불이 될 때까지는 없었던 것으로 본다고 규정한다(일본 법인세법 시행령 78조). ② 기부금의 세법상 인식시기를 현금주의에 따라 정하는 이유로는, 사회일반의 관념상 현실의 재

기부금의 귀속시기는 지출시점에 따라 정해지고, 법인이 지출금액을 기부금으로 계상하였는지 여부와 관계가 없다. 따라서 ① 법인이 아직 지출하지 않은 기부금을 미지급금으로 계상한 경우 실제로 이를 지출할 때까지는 기부금으로 보지 않는다(시행령 36조 3항). 따라서 그 경우 손금불산입·유보로 처분되고, 이후 그 기부금이 지출되는 사업연도에 손금산입·(−)유보로 처리될 것이다. ② 반대로 법인이 이미 기부금을 지출하였음에도 이를 가지급금으로 계상한 경우에는 그 지출한 사업연도의 기부금으로 처리한다(시행령 36조 2항). 법인이 기부금의 지출을 위하여 어음을 발행 또는 배서한 경우에는 그 어음이 실제로 결제된 날에 지출한 것으로 보고, 수표를 발행한 경우에는 당해 수표를 교부한 날에 지출한 것으로 본다(시행규칙 18조). 대법원은, 법인이 타인의 원금 및 이자채무를 인수한 경우 그것이 기부금에 해당하는지 여부 및 비지정기부금에 해당하여 손금불산입되는지 여부는 그 원금 및 이자가 각 지급되는 때를 기준으로 판단하여야 한다고 보았다.[588]

2 **특례기부금과 일반기부금의 처리**

2-1. 특례기부금

(1) 국가나 지방자치단체에 무상으로 기증하는 금품의 가액(법 24조 2항 1호 가목)

법인이 국가나 지방자치단체에 무상으로 기부하는 금품의 가액은 특례기부금이다(법 24조 1호 가목 본문). 법인이 일단 국가 등에 무상으로 금품을 기증한 이상, 국가 등이 이후 그 금품을 어떻게 처리하는지는 원칙적으로 특례기부금 여부에 영향을 미치지 않는다.[589] 다만, 법인이 국가나 지방자치단체에 금품을 기증할 당시 그 금품이 제3자에게 다시 기증되기로 예정되어 있는 경우에는, 실질과세원칙에 따라 제3자에 대한 기부금으로 재구성되어(국세기본법 제14조 제3항) 특례기부금에 해당하지 않게 될 여지가 있다.[590]

산의 인도가 된 시점에 증여가 있다고 인식하는 것이 보통인 것과, 준비되지 않은 기부금의 미지급 계상을 인정하면 경리조작에 의한 부당한 세부담의 조절을 유발하는 폐해가 있다는 점 등이 제시된다[渡辺淑夫, 법인세법, 중앙경제사(2012), 551쪽].
588) 대법원 2004. 1. 29. 선고 2003두247 판결 : 법인이 타인의 원금채무를 인수한 것이 비지정기부금에 해당하는 경우 그 후 이행한 이자지급채무가 법인 자신의 채무가 되어 기부금에 해당하지 않게 된다고 볼 수 없다고 판시하였다.
589) 따라서 법인으로부터 금품을 기증받은 국가 등이 이를 지정된 기증목적에 스스로 제공하지 않고, 다른 유관단체에 인계하여 그 단체로 하여금 기증목적에 제공하게 하였더라도, 그 금품이 특례기부금에 해당하지 않게 되는 것은 아니다. 대법원 1986. 9. 9. 선고 85누379 판결

법인이 개인 또는 다른 법인에게 자산을 기증하고 이를 기증받은 자가 지체 없이 다시 국가 또는 지방자치단체에 기증한 금품은, '국가 또는 지방자치단체에 무상으로 기증하는 금품'에 포함된다(시행령 37조 1항). 이 경우는 중간에 개인이나 다른 법인을 거치기는 하지만 실질적으로 국가 등에 기증하는 것으로 볼 수 있기 때문이다.[591] 위 규정의 적용을 받기 위해서는 법인이 개인 또는 다른 법인에게 금품을 기증할 당시부터 그 금품이 국가 등에게 다시 기증될 것이 예정되어 있어야 할 것이다.

한편, 국가 또는 지방자치단체 등의 출자로 설립된 법인이 국가 등에 무상으로 기부하는 금품은, 「기부금품의 모집 및 사용에 관한 법률」 제5조 제2항 단서에 해당하는 경우에 한하여 특례기부금에 해당한다(법 24조 2항 1호 가목).[592)593]

법인이 국가 등이 출자·출연한 법인 등에 기부한 경우, 국가 등의 권고에 따른 것이라고 하더라도, 원칙적으로 국가 등에 대한 특례기부금에 해당하지 않는다.[594]

(2) 국방헌금과 국군장병 위문금품의 가액(법 24조 2항 1호 나목)

국방헌금은, 예비군에게 직접 지출하거나 국방부장관의 승인을 받은 기관 또는 단체를 통하여 지출하는 기부금을 포함한다(시행령 37조 2항).

---

590) 대법원 2018. 3. 15. 선고 2017두63887 판결. 상세한 것은 제3장 2-1-2. (4) 참조

591) 대법원 1981. 3. 10. 선고 80누289 판결은 그 예로 신문사나 개인에게 교부하는 기부금이 국가기관에 당연히 전달될 것을 전제로 하여 기탁된 후 지체 없이 그 기탁의 취지대로 국가기관에 전달되는 경우를 든다.

592) 이는 국가 또는 지방자치단체의 출연·출자로 설립된 법인·단체의 비자발적이거나 방만한 기부금을 제한하기 위한 것으로 보인다.

593) 대법원 2019. 5. 16. 선고 2016다260455 판결은, 태백시와 민간업체의 공동출자로 설립된 주식회사인 원고 법인(주식회사 강원랜드)이 이사회결의에 따라 태백시에 '태백관광개발공사 정상화 유도를 통한 지역경제 활성화 기여'를 지정기탁사유로 하여 150억 원을 기부하고, 태백시는 위 기부금을 태백관광개발공사에 교부한 사건에서, 원고의 이사들이 위 기부금지출의 결의를 한 것은 선관주의의무 위배에 해당한다고 판단하였다. 위와 같이 주식회사가 공공단체에 지출한 기부금에 관하여 이사의 선관주의의무위반 여부는 특히 지방자치단체 등이 주주인 경우에 문제될 수 있다. 법인의 지방자치단체 등에 대한 기부금이 이사의 선관주의의무 위배에 해당하는 경우, 그러한 기부금에 손금산입의 혜택을 주어 장려하는 것은 바람직하지 않으므로, 입법론으로는 그러한 기부금을 특례기부금에서 제외하는 것을 고려할 필요가 있다.

594) 대법원 1997. 4. 11. 선고 96누9164 판결은, 공공단체 등에 출연한 경우 그 출연금의 손금산입의 범위는 위 법의 규정에 따라 정해져야 하고, 그 출연이 국가의 권고에 따라 행하여진 것이라 하여 국가를 출연의 상대방으로 본다거나 실질적인 수혜자로 보아 이를 국가 등에 출연한 기부금과 같이 취급할 수는 없으므로, 원고(서울이동통신 주식회사)의 통신개발연구원에 대한 출연금을 구 법인세법(1993. 12. 31. 개정 전) 제18조 제3항 제1호 소정의 '국가 또는 지방자치단체에 무상으로 기증하는 금품의 가액'에 해당하지 않고 제1항 소정의 지정기부금(일반기부금)에 해당한다고 보았다.

(3) 천재지변으로 생기는 이재민을 위한 구호금품의 가액(법 24조 2항 1호 다목)

천재지변은 「재난 및 안전관리 기본법」 제60조에 따라 특별재난지역으로 선포된 경우 그 선포의 사유가 된 재난을 포함한다(시행령 38조 1항).

(4) 사립학교 등에 시설비 등으로 지출하는 기부금(법 24조 2항 1호 라목)

이는, 사립학교, 비영리 교육재단,[595] 기능대학 등에 시설비·교육비·장학금 또는 연구비로 지출된 기부금을 말한다. 법인이 사립학교 등에 교육비 등으로 지출한 기부금이 실제로 그 교육비 등으로 사용되었는지는 특례기부금 여부에 영향을 미치지 않는다.[596]

(5) 국립대학병원 등에 시설비 등으로 지출하는 기부금(법 24조 2항 1호 마목)

이는, 국립대학병원 설치법에 따른 국립대학병원, 사립학교법에 따른 사립학교가 운영하는 병원 등에 시설비·교육비 또는 연구비로 지출하는 기부금을 말한다.

(6) 사회복지사업 등의 지원에 필요한 재원을 모집·배분하는 것을 주된 목적으로 하는 비영리법인에 대한 기부금(법 24조 2항 1호 바목)

이는, ① 사회복지사업, 그 밖의 사회복지활동의 지원에 필요한 재원을 모집·배분하는 것을 주된 목적으로 하고 ② 대통령령으로 정하는 요건[597]을 충족하는 비영리법인으로서, ③ 대통령령으로 정하는 바에 따라 기획재정부장관이 지정·고시하는 법인에 지출하는 기부금을 말한다.

2-2. 일반기부금

일반기부금은, 사회복지·문화·예술·교육·종교·자선·학술 등 공익성을 고려하여 대통령령으로 정하는 기부금[598]을 말한다(법 24조 3항 1호).

---

595) 비영리 교육재단은, 국립·공립·사립학교의 시설비, 교육비, 장학금 또는 연구비 지급을 목적으로 설립된 비영리 재단법인으로 한정된다.
596) 대법원 1992. 10. 23. 선고 92누2936, 2943(병합) 판결
597) 법인세법 시행령은 특례기부금 단체로 지정되기 위한 요건으로 ① 기부금 모금액 및 그 활용 실적을 공개할 수 있는 인터넷 홈페이지가 개설되어 있을 것, ② 외부감사인에게 회계감사를 받을 것, ③ 결산서류 등을 해당 비영리법인 및 국세청의 인터넷 홈페이지를 통하여 공시할 것, ④ 전용계좌를 개설하여 사용할 것, ⑤ 특례기부금 단체로 지정되기 위한 신청일 직전 5개 사업연도 평균 기부금 배분지출액이 총 지출금액의 80% 이상이고 기부금의 모집·배분 및 법인의 관리·운영에 사용한 비용이 기부금 수입금액의 10% 이하일 것 등을 규정한다(시행령 38조 4항).
598) 특례기부금을 제외한다.

(1) 공익법인 등의 고유목적사업비로 지출하는 기부금(시행령 39조 1항 1호)

다음 각 비영리법인(단체 및 비영리외국법인을 포함한다, '공익법인 등'[599])의 고유목적 사업비로 지출하는 기부금은 일반기부금이다(시행령 39조 1항 1호 본문).

① 사회복지법인(사회복지사업법)

② 어린이집(영유아보육법)

③ 유치원(유아교육법), 학교(초·중등교육법 및 고등교육법), 기능대학(국민평생 직업능력개발법), 전공대학 및 원격대학 형태의 평생교육시설(평생교육법 31조 4항, 33조 3항)

④ 의료법인(의료법)

⑤ 종교의 보급, 그 밖에 교화를 목적으로 민법 제32조에 따라 문화체육관광부장관 또는 지방자치단체의 장의 허가를 받아 설립한 비영리법인(그 소속 단체를 포함한다)

⑥ 비영리법인(민법 32조), 비영리외국법인, 사회적협동조합(협동조합 기본법 85조), 공공기관(공공기관의 운영에 관한 법률 4조)[600] 또는 법률에 따라 직접 설립 또는 등록된 기관 중 일정한 요건[601]을 충족한 것으로서, 국세청장의 추천을 받아 기획재정부장관이 지정하여 고시한 법인[602] : 일정한 기간(지정기간)[603]에 지출된 기부금에 한정한다(시행령 39조 1항 1호 단서).

고유목적사업비는 해당 비영리법인 또는 단체에 관한 법령 또는 정관에 규정된 설립목적을 수행하는 사업으로서 수익사업(보건업은 제외한다) 외의 사업에 사용하기 위한 금액을 말한다(시행령 39조 3항). 일반기부금에 해당하기 위하여, 법인이 공익법인 등에게 그 고유목적사업비로 사용할 것을 특정하여 지출하였으면 족하고, 기부금이 실제로 그 공익법인 등의 고유목적사업비로 사용되어야 하는 것은 아니다.[604]

위 ① 내지 ④, ⑥의 공익법인 등은, 지출액의 일정 비율을 직접 고유목적사업에 지출하고 외부감사인의 회계감사인의 감사를 받을 것 등의 의무를 이행하여야 한다(시행령 39조 5항, 6항).

---

599) 법인법상 공익법인 등은 일반기부금의 대상단체로서 특례기부금 단체 등을 포함하지 않는 좁은 개념이고, 그에 비하여 상증세법상 공익법인 등은, 법인세법상 특례기부금 단체와 일반기부금 단체인 공익법인 등을 모두 포함하는 넓은 개념이다(상증세법 16조 1항, 상증세법 시행령 12조 1항).

600) 공공기관의 운영에 관한 법률 제5조 제4항 제1호에 따른 공기업은 제외한다.

601) 비영리법인 또는 비영리외국법인의 경우, 정관의 내용상 수입을 회원의 이익이 아닌 공익을 위하여 사용하고 사업의 직접 수혜자가 불특정 다수일 것 등의 요건이 충족되어야 한다(시행령 39조 1항 1호 바목).

602) 다만, 법인세법 시행령 제39조 제5항 제1호의 의무를 위반한 사유만으로 지정이 취소되거나 추천을 받지 못한 경우에는 그렇지 않다(시행령 39조 1항 1호 바목 단서).

603) 지정기간은, 지정일이 속하는 연도의 1월 1일부터 3년간(지정받은 기간이 끝난 후 2년 이내에 재지정되는 경우에는 재지정일이 속하는 사업연도의 1월 1일부터 6년간)을 말한다(시행령 39조 1항 1호 단서).

604) 대법원 2010. 10. 28. 선고 2008두15541 판결

(2) 학교의 장 등이 추천하는 개인에 대한 교육비 등으로 지출하는 기부금 등
    (시행령 39조 1항 2호)

   ① 유치원(유아교육법)의 장, 학교(초·중등교육법 및 고등교육법)의 장, 기능대학(근로자직업능
      력개발법)의 장, 전공대학 형태의 평생교육시설(평생교육법 31조 4항) 및 원격대학 형태
      의 평생교육시설(평생교육법 33조 3항)의 장이 추천하는 개인에게 교육비·연구비 또는
      장학금으로 지출하는 기부금
   ② 공익신탁(상증세법 시행령 14조 1항)으로 신탁하는 기부금
   ③ 공익목적으로 지출하는 기부금으로서 기획재정부장관이 지정하여 고시하는 기부금

(3) 사회복지시설 등에 기부하는 금품(시행령 39조 1항 4호)

   이는 아동복지시설,[605] 노인복지시설,[606] 장애인복지시설,[607] 한부모가족복지시설,[608]
   정신요양시설 및 정신재활시설,[609] 지원시설 및 성매매피해상담소,[610] 가정폭력 관련 상
   담소 및 보호시설,[611] 성폭력피해상담소 및 성폭력피해자보호시설,[612] 사회복지시설 중
   사회복지관과 부랑인·노숙인 시설,[613] 재가장기요양기관,[614] 다문화가족지원센터,[615] 건
   강가정지원센터,[616] 청소년복지시설[617]에 기부하는 금품의 가액을 말한다.

(4) 국제기구에 지출하는 기부금(시행령 39조 1항 6호)

   이는 사회복지, 문화, 예술, 교육, 종교, 자선, 학술 등 공익을 위한 사업을 수행하고, 우
   리나라가 회원국으로 가입한 국제기구로서, 기획재정부장관이 지정하여 고시하는 국제기
   구에 지출하는 기부금을 말한다.

---

605) 아동복지법 제52조 제1항
606) 노인복지법 제31조
607) 장애인복지법 제58조 제1항
608) 한부모가족지원법 제19조 제1항
609) 정신건강증진 및 정신질환자 복지서비스 지원에 관한 법률 제3조 제6호 및 제7호
610) 성매매방지 및 피해자보호 등에 관한 법률 제6조 제2항 및 제10조 제2항
611) 가정폭력방지 및 피해자보호 등에 관한 법률 제5조 제2항 및 제7조 제2항
612) 성폭력방지 및 피해자보호 등에 관한 법률 제10조 제2항 및 제12조 제2항
613) 사회복지사업법 제34조
614) 노인장기요양보험법 제32조
615) 다문화가족지원법 제12조
616) 건강가정기본법 제35조 제1항
617) 청소년복지기본법 제31조

2-3. 손금산입한도액과 한도초과금액

2-3-1. 손금산입한도액

특례기부금과 일반기부금의 손금산입한도액은 다음 표에 따라 산출된다(법 24조 2항 2호, 3항 2호).

구분	손금산입한도액
1. 특례기부금	[기준소득금액(합병, 분할에 따른 양도손익은 제외하고 특례기부금과 일반기부금을 손금에 산입하기 전의 해당 사업연도의 소득금액)[618] − 이월결손금(법 13조 1항 1호)[619]] × 50%
2. 일반기부금	[기준소득금액 − 이월결손금(법 13조 1항 1호)[620] − 특례기부금 손금산입액(이월하여 손금에 산입한 금액을 포함한다)] × 10%[621]

기부금을 지출한 법인이 손금산입을 하고자 하는 경우에는 기부금영수증을 받아서 보관하여야 한다(시행령 39조 4항).[622][623]

2-3-2. 한도초과금액의 이월공제

법인세법 제24조 제4항에 따라 이월되거나 법인이 각 사업연도에 지출한 특례기부금과 일반기부금 중 각각의 손금산입한도액을 초과하는 금액은 손금에 산입되지 않는다(법 24조 2항, 3항). 법인이 각 사업연도에 지출한 특례기부금 및 일반기부금 중 손금산입한도액을 초과하여 손금에 산입되지 않은 금액은, 다음 사업연도 개시일부터 10년 이내에 끝나는 각 사업연도로 이월하여, 그 이월된 사업연도의 소득금액을 계산할 때 특례기부금 및 일반기부금 각각의 손금산입한도액의 범위에서 손금에 산입한다(법 24조 5항). 이 경우 위 이월된 금액을 해당 사업연도에 지출된 기부금보다 먼저 손금에 산입하고, 이월된 금액 중에서

---

618) 법인세 과세표준 및 세액조정계산서상 결산서상 당기순손익에 세무조정을 한 차가감소득금액은 특례기부금 및 일반기부금을 차감한 이후의 가액이다. 따라서 위 차가감소득금액에 특례기부금 및 일반기부금을 더하는 것은 소득금액을 특례기부금 등을 고려하지 않은 상태로 복귀시키기 위한 것이다.

619) 법인세법 제13조 제1항 단서에 따라 각 사업연도 소득의 60%를 한도로 이월결손금 공제를 받는 법인은 기준소득금액의 60%를 한도로 한다.

620) 법인세법 제13조 제1항 단서에 따라 각 사업연도 소득의 60%를 한도로 이월결손금 공제를 받는 법인은 기준소득금액의 60%를 한도로 한다.

621) 사업연도 종료일 현재 사회적 기업(사회적기업육성법 2조 1호)은 20%로 한다.

622) 기부금을 지출한 법인은 특례기부금과 일반기부금을 구분하여 작성한 기부금명세서를 법인세 과세표준 및 세액의 신고와 함께 관할 세무서장에게 제출하여야 한다(시행령 37조 3항).

623) 기부금영수증을 발급하는 법인은 기부자별 발급명세를 작성하여 발급한 날부터 5년간 보관하여야 한다(법 112조의2 1항 본문). 다만, 전자기부금영수증을 발급한 경우에는 그렇지 않다(법 112조의2 1항 단서).

는 먼저 발생한 이월금액부터 손금에 산입한다(법 24조 6항).

특례기부금 또는 일반기부금 중 손금산입한도를 초과하여 손금불산입된 금액은 기타 사외유출로 처분되므로(시행령 106조 1항 3호 가목), 원천징수의 문제를 발생시키지 않는다.

3 기타 기부금의 처리

특례기부금 또는 일반기부금 외의 기타 기부금은, 법인세법상 손금의 원칙으로 돌아가서, 전액 손금에 산입되지 않는다(법 24조 4항).

법인이 사업을 영위하지 않는 개인에게 기타 기부금을 지출한 경우, 그 금액은 기타사외유출로 처분되지 않고(시행령 106조 1항 1호 다목, 3호 가목의 반대해석), 그 개인이 주주 또는 임원이 아닌 때에는 기타소득으로 처분되므로(시행령 106조 1항 1호 라목),[624] 법인은 그에 대한 원천징수의무를 진다.

---

624) 입법론으로, 위와 같은 개인에게 지출된 기타 기부금은 기타 사외유출로 처분하고, 그 개인에게 증여세를 과세하는 것이 합리적이다. 제6장 4-1-1. (라) 참조

업무무관비용

1 개요

법인이 지출한 비용 중 ① 해당 법인의 업무와 직접 관련이 없는 대통령령으로 정하는 자산의 취득·관리비용 등 금액과 ② 업무와 직접 관련이 없는 지출금액으로서 대통령령으로 정하는 금액은 손금에 산입되지 않는다(법 27조). 위와 같은 업무무관비용은 손금의 요건(법 19조 2항)을 충족하지 못하므로, 원칙적으로 손금에 산입될 수 없다. 따라서 법인세법 제27조는 같은 법 제19조 제2항에 따른 손금의 요건을 재확인하고 구체화한 규정으로 볼 수 있다.[625]

법인세법 시행령 제49조 제1항의 재위임에 따라, 법인세법 시행규칙 제26조는, 건축물이 없는 토지로서 투자목적으로 보유하는 것을 업무무관 자산으로 규정한다(시행규칙 26조 3항, 4항). 이는, 과거에 기업의 자금이 생산적 분야에 투자되는 대신 물리적으로 공급이 한정된 토지에 시세차익을 목적으로 과도하게 투입되었고, 이에 따라 토지가격의 상승이 초래됨으로써 국민경제적으로 바람직하지 못한 결과가 야기되었다는 문제의식을 반영한 것으로 보인다.[626] 법인세법 제27조 제1호가 업무와의 관련성을 손금불산입의 기준으로 정하여 손금 요건의 관점에서 규정하는 것에 비하여, 법인세법 시행규칙 제26조는 손금의 요건과 별개로[627] 토지에 대한 경제정책적 규제를 상당부분 반영한다.[628]

다만, 업무무관 토지 등 자산의 보유를 억제하기 위한 입법목적이 정당하다고 하더라도, 그 취득가액 자체를 손금에 산입하지 못하게 할 경우, 과도한 불이익에 해당하여 헌법상 과잉금지원칙에 반할 우려가 있다. 이러한 점을 감안하여 세법은 업무무관 자산의 취득가

---

625) 김완석·황남석, 법인세법론(2021), 446쪽

626) 대법원 2018. 5. 11. 선고 2014두44342 판결은, 업무무관자산에 관한 법인세법 제27조 제1호의 입법취지가 기업이 금융자산으로 부동산 투기 등을 하는 것을 억제하고 기업의 건전한 경제활동을 유도하기 위한 것이라고 한다.

627) 법인의 관점에서는 토지에 투자하여 시세차익을 얻는 것이 그 법인의 수익을 늘리는데 더 유리할 수 있다.

628) 법인세법은, 법인이 투자 목적으로 소유하는 토지에 대하여 그 취득·보유 단계에서는 해당 토지의 취득·관리비용을 손금불산입하고, 그 처분 단계에서는 토지 등 양도소득에 대한 법인세를 추가로 과세한다(법 55조의2).

액 자체에 대하여는 손금산입을 금하지 않고 그 유지비, 수선비 등에 대하여만 손금산입을 불허하는 제한적인 규제를 채택하고 있다.

법인세법 제27조 제1호의 업무무관 자산과 대해서는, 그와 관련된 비용이 손금불산입되는 것 외에 추가로 그에 대응하는 지급이자가 손금불산입되지만(법 28조 1항 4호 가목), 제2호의 업무무관 비용은, 지급이자의 손금불산입액을 계산할 때 고려되지 않는다.

2 · 업무무관 자산의 취득 · 관리에 따른 비용

2-1. 업무무관 자산

법인세법 제27조 제1호는 업무무관 자산의 범위를 법인세법 시행령에 위임하고,[629] 법인세법 시행령 제49조 제1항과 법인세법 시행규칙 제26조는 이에 관하여 상세하게 규정한다.

2-1-1. 업무무관 부동산

(1) 법인의 업무에 직접 사용하지 않은 부동산

업무무관 부동산은, ① 법인이 취득한 후 그 업무에 직접 사용하지 않다가 유예기간 중 양도하는 부동산과 ② 유예기간이 경과할 때까지 법인의 업무에 직접 사용하지 않은 부동산을 말한다(시행령 49조 1항 가목, 나목).

(가) 법인의 업무

법인의 업무는 다음 각 업무를 말한다(시행규칙 26조 2항).

① 법령에서 업무를 정한 경우에는 그 법령에 규정된 업무

② 법인등기부상의 목적사업[630]으로 정해진 업무 : 정관에 목적으로 규정된 사업이라도 법인등기부에 기재되지 않으면, 여기의 목적사업에 포함되지 않는다.

---

629) 헌법재판소 2010. 5. 27. 2008헌바66·130 결정은, 구 법인세법(1998. 12. 28. 법률 제5581호로 개정된 것) 제27조 제1호 등이 비업무용 자산의 범위에 관하여 상당히 구체적으로 범위를 한정하여 하위법규인 대통령령에 위임함으로써 보다 세부적인 유형과 판정기준을 그때그때의 사회경제적 상황에 따라 탄력적으로 대통령령으로 정할 수 있도록 한 것으로서, 누구라도 위 법률조항들로부터 대통령령에 규정될 내용의 대강을 예측할 수 있고, 따라서 위 법률조항들은 헌법이 정한 위임입법의 한계를 준수하고 있으므로, 포괄위임입법금지원칙에 위반되지 않는다고 판단하였다.

630) 행정관청의 인가·허가 등을 요하는 사업의 경우에는 그 인가·허가 등을 받은 경우에 한한다.

(나) 유예기간

유예기간은 다음과 같다(시행규칙 26조 1항).

① 건축물 또는 시설물 신축용 토지 : 취득일[631]부터 5년[632]

② 부동산매매업을 주업으로 하는 법인(시행규칙 26조 7항)이 취득한 매매용 부동산 : 취득일부터 5년

③ 그 외의 경우 : 취득일부터 2년

(다) 부동산을 법인의 업무에 직접 사용하지 않았을 것

① 원칙

법인이 유예기간 중에 업무에 직접 사용하지 않고 양도하는 부동산은 업무무관 부동산에 해당한다(시행령 49조 1항 1호 나목 본문). 다만, **부동산매매업**을 주업으로 하는 법인이 매매용 부동산을 유예기간 중에 양도한 경우 그 부동산을 업무에 직접 사용한 것으로 본다(시행령 49조 1항 1호 나목 단서, 시행규칙 26조 3항 2호).

토지를 취득하여 업무용으로 사용하기 위하여 **건설에 착공**한 경우(착공일이 불분명한 경우에는 착공신고서 제출일을 기준으로 한다) 업무에 직접 사용한 것으로 본다(시행규칙 26조 3항 1호 본문). 다만, 천재지변·민원의 발생 기타 정당한 사유 없이 건설을 중단한 경우에는 중단한 기간 동안 업무에 사용하지 않은 것으로 본다(시행규칙 26조 3항 1호 단서).

한편, **건축물이 없는 토지**(공장·건축물의 부속토지 등 법인의 업무에 직접 사용하던 토지를 임대하는 경우를 제외한다)를 **임대**하는 경우 당해 토지는 업무에 직접 사용하지 않는 부동산으로 본다(시행규칙 26조 4항 본문).[633] 따라서 법인등기부에 토지의 임대가 법인의 사업으로 기재되어 있더라도, 건축물이 없는 토지를 임대하는 경우 업무에 직접 사용하지 않은 것으로 취급된다.

② 예외 : 부득이한 사유

부득이한 사유로 법인의 업무에 직접 사용하지 못한 부동산은 업무무관 부동산에 해당하지 않는다(시행령 49조 1항 1호 단서). 업무무관 부동산에서 제외되는 부득이한 사유에 관하여는 법인세법 시행규칙 제26조 제5항이 규정한다.

---

631) 부동산의 취득일은 소득세법 시행령 제162조에 따라 정해지고, 장기할부조건부 취득의 경우에는 당해 부동산을 사용 또는 수익할 수 있는 날로 한다(시행규칙 26조 6항).

632) 공장용 부지로서 「산업집적활성화 및 공장설립에 관한 법률」 또는 「중소기업 창업지원법」에 의하여 승인을 얻은 사업계획서상의 공장건설계획기간이 5년을 초과하는 경우에는 당해 공장건설계획기간

633) 다만, 당해 토지를 임대하던 중 당해 법인이 건설에 착공하거나 그 임차인이 당해 법인의 동의를 얻어 건설에 착공한 경우 당해 토지는 그 착공일부터 업무에 직접 사용하는 부동산으로 본다(시행규칙 26조 4항 단서).

그중에서 '해당 부동산의 취득 후 **법령**에 의하여 사용이 금지 또는 제한된 부동산'(시행규칙 26조 5항 1호 가목)에 관하여 판례는 ① 법령의 규정 그 자체에 의하여 직접 부동산의 사용이 금지 또는 제한되는 경우뿐만 아니라 행정작용에 의하여 현실적으로 부동산의 사용이 금지 또는 제한되는 경우도 포함되고,[634] ② 법인이 토지를 취득할 당시의 구체적인 목적을 기준으로 법령에 의하여 사용이 금지 또는 제한되었는지 여부를 판단하여야 하며,[635] ③ 부동산의 취득 전에 이미 법령에 의하여 그 사용이 금지 또는 제한된 경우는 포함되지 않는다고 한다.[636]

(2) 업무와 관련이 없는 것으로 보는 기간

(가) 유예기간 중에 법인의 업무에 직접 사용하지 않고 양도한 부동산

법인이 유예기간 중에 업무에 직접 사용하지 않고 양도하는 부동산의 경우, 업무와 관련이 없는 것으로 보는 기간은 부동산의 취득일부터 양도일까지의 기간이다(시행규칙 26조 9항 2호, 시행령 49조 1항 1호 나목).[637]

(나) 유예기간 경과 후에 법인의 업무에 직접 사용하지 않은 부동산

법인이 유예기간 경과 후에 부동산을 법인의 업무에 직접 사용하지 않은 경우, 업무와 관련이 없는 것으로 보는 기간은 '당해 부동산을 업무에 직접 사용하지 않은 기간 중 유예기간과 겹치는 기간을 제외한 기간'[638]이다(시행규칙 26조 9항 1호 본문).

다만, 법인이 부동산을 취득하여 계속하여 업무에 사용하지 않다가 유예기간 경과 후 양도한 경우, 업무와 관련없는 것으로 보는 기간은 '취득일부터 양도일까지의 기간'이다(시행규칙 26조 9항 1호 단서). 즉, 이 경우는 유예기간 중에 업무에 직접 사용하지 않고 양도한 경우와 마찬가지로 취급된다.

부동산매매업을 주업으로 하는 법인이 매매용부동산인 토지를 취득하고 유예기간이 지난 후 양도한 경우, 그 토지를 양도하는 것 자체를 법인의 업무에 직접 사용한 것으로 보아야 하므로, 부동산을 유예기간이 지난 후 업무에 사용한 경우에 해당하고, '유예기간이

---

634) 대법원 1998. 11. 10. 선고 97누12068 판결, 대법원 2004. 3. 26. 선고 2001두10790 판결
635) 대법원 1992. 6. 23. 선고 91누11506 판결
636) 대법원 1998. 11. 10. 선고 97누12068 판결, 대법원 2007. 1. 25. 선고 2005두5598 판결
637) 다만, 부동산매매업을 주업으로 영위하는 법인이 매매목적으로 취득한 부동산을 유예기간 내에 양도한 경우는 제외된다(시행령 49조 1항 단서).
638) ① 법인이 부동산을 유예기간 중 업무에 직접 사용하다가 유예기간 경과 후 업무에 직접 사용하지 않은 경우에는, 최종적으로 업무에 직접 사용한 날 이후의 기간, ② 법인이 부동산을 유예기간 중 업무에 직접 사용하지 않다가 유예기간 경과 후 업무에 직접 사용한 경우에는, 유예기간 경과일 다음 날부터 업무에 직접 사용하기 전날까지의 기간, ③ 법인이 부동산을 유예기간과 그 이후에 걸쳐 계속 업무에 직접 사용하지 않은 경우에는, 유예기간의 마지막 날 이후의 기간을 말한다.

지난 다음 날부터 양도를 통하여 직접 사용하기 전까지의 기간'만을 업무와 관련이 없는 기간으로 보아야 한다.[639]

(3) 소급하여 취득일부터 업무무관 부동산으로 되는 경우 세액납부의 특례

법인이 부동산을 취득하여 업무에 직접 사용하지 않다가 유예기간 중 양도하거나, 계속 업무에 직접 사용하지 않다가 유예기간 후에 양도하는 경우, 그 부동산은 소급하여 취득일부터 업무와 관련없는 부동산이었던 것으로 취급된다. 이 경우 법인은, 그 부동산을 업무무관 부동산으로 처리하지 않았던 유예기간이 속하는 종전 사업연도의 법인세를 재계산하여 미납된 세액을 수정신고하고 추가로 납부하여야 하는데, 이는 매우 번거롭고 불편한 일이다. 법인세법 시행규칙 제27조는, 이러한 경우를 간이하게 처리할 수 있는 세액납부의 특례를 규정한다.

업무무관 부동산이 있는 법인은, 그 부동산을 양도한 날이 속하는 사업연도 이전에 종료한 각 사업연도('종전 사업연도')에 관하여, 업무무관 비용 및 업무무관 자산에 관한 지급이자를 손금에 불산입하는 경우, 다음의 방법 중 하나를 선택하여 계산한 세액을 그 양도한 날이 속하는 사업연도의 법인세에 가산하여 납부하여야 한다(시행규칙 27조).
① 종전 사업연도의 소득금액 및 과세표준 등을 다시 계산함에 따라 산출되는 결정세액에서 종전 사업연도의 결정세액을 차감한 세액(가산세를 제외한다)
② 종전 사업연도의 과세표준과 손금에 산입되지 않는 이자 등을 합한 금액에 법인세법 제55조의 세율을 적용하여 산출한 세액에서 종전 사업연도의 산출세액을 차감한 세액(가산세를 제외한다)

2-1-2. 업무무관 동산

(1) 서화 및 골동품

서화 및 골동품은 원칙적으로 업무무관 자산이다(시행령 49조 1항 2호 가목 본문). 다만, 장식 · 환경미화 등의 목적으로 사무실 · 복도 등 여러 사람이 볼 수 있는 공간에 상시 비치하는 것은 제외한다.

---

639) 대법원 2018. 5. 11. 선고 2014두44342 판결 : 과세관청은 법인세법 시행규칙 제26조 제9항 제1호 단서에 따라 유예기간을 포함한 취득일부터 양도일까지의 기간에 관하여 업무무관자산에 해당한다고 주장하였으나, 위 주장은 배척되었다.

(2) 업무에 직접 사용하지 않는 자동차 · 선박 및 항공기

업무에 직접 사용하지 않는 자동차 · 선박 및 항공기는 원칙적으로 업무무관 자산이다(시행령 49조 1항 2호 나목 본문).[640] 다만, 저당권의 실행 기타 채권을 변제받기 위하여 취득한 자동차 · 선박 및 항공기로서 취득일부터 3년이 경과되지 않은 것은 제외된다(시행령 49조 1항 2호 나목 단서, 시행규칙 26조 11항).

(3) 기타 업무무관 동산

서화 및 골동품, 업무에 직접 사용하지 않는 자동차 등과 유사한 자산으로서 법인의 업무에 직접 사용하지 않는 자산은 업무무관 자산이다(시행령 49조 1항 2호 다목).[641]

2-2. 업무무관 자산의 취득 · 관리비용

손금불산입 대상은, 업무무관 자산의 취득 · 관리로 인하여 생기는 비용, 유지비, 수선비 및 이와 관련되는 비용이다(법 27조 1호, 시행령 49조 3항). 여기에는 업무무관 자산에 대한 재산세 · 종합부동산세 등의 세금과 공과금, 관리업체 수수료, 보험료 등이 포함된다.

그러나 업무무관 자산의 취득가액을 구성하는 비용은 여기에 해당하지 않는다. 따라서 업무무관 자산의 매입가액, 취득세, 등기비용, 중개수수료 등은 그 자산의 취득가액을 구성하므로 손금불산입대상이 아니다. 업무무관 자산의 취득가액이 세법상 인정되는 이상 그 자산의 처분 시에 손금에 산입되어야 하므로, 업무무관 자산을 처분하여 발생한 손실은 손금에 해당한다.[642]

---

640) 대법원 2015. 2. 12. 선고 2014두43028 판결 : 원고 법인이 소유하면서 최대주주이자 공동대표이사에게 제공한 자동차가 원고 법인의 업무에 직접 사용되지 않았다고 보아, 그 감가상각비, 차량유지비, 운전기사 급여를 업무무관비용으로 판단한 사안

641) 대법원 1997. 11. 28. 선고 96누14333 판결은, 구 법인세법 시행령(1990. 12. 31. 개정되기 전의 것)하에서, 원고가 사업을 양수하면서 그 일부로 취득한 기계장치가 사용되지 않다가 약 8개월 후 철거되어 고철로 매각된 사안에서 업무무관자산으로 판단하였다.

642) 김완석 · 황남석, 법인세법론(2021), 455쪽

법인의 업무와 직접 관련이 없다고 인정되는 다음의 지출금액은 손금에 산입되지 않는다(법 27조 2호).

3-1. 타인이 주로 사용하는 장소 등의 유지비 등

법인이 아닌 다른 사람(주주 등이 아닌 임원과 소액주주 등인 임원 및 직원은 제외한다)이 주로 사용하는 장소·건축물·물건 등의 유지비·관리비·사용료와 이와 관련되는 지출금은 업무무관 비용이다(시행령 50조 1항 1호). 그 장소 등의 주된 사용자가 법인의 특수관계인인 경우, 부당행위계산에 해당할 수 있다(시행령 88조 1항 6호 본문).

3-2. 주주 등인 임원 등이 사용하는 사택의 유지비 등

법인의 주주 등(소액주주 등은 제외한다)인 임원 또는 그 친족이 사용하는 사택[643]의 유지비·관리비·사용료와 이와 관련되는 지출금은 업무무관 비용이다(시행령 50조 1항 2호).[644] 법인의 사택에 대하여는, 일정한 경우 업무무관 지출에 관한 법인세법 제27조 제2호가 적용될 수 있을 뿐이고, 비업무용 부동산에 관한 법인세법 제27조 제1호는 적용될 수 없다.[645] 여기의 '사택'은 법인이 소유하는 부동산뿐만 아니라 임차한 부동산도 포함한다고 보아야 할 것이다. 한편, 법인이 주주 등(소액주주 등은 제외한다)인 임원 등에게 사택을 무상 또는 시가보다 낮은 사용료에 제공한 경우 부당행위계산에 해당할 수 있다(시행령 88조 1항 6호 본문).[646]

---

643) 법인이 그 명의로 부동산을 매입하여 주주인 임원에게 거주용 주택으로 사용하게 한 경우, 그 주주가 그 부동산에 대한 실질적 소유자로서 배타적인 사용·수익·처분권을 취득한 경우가 아니라면, 그 부동산의 취득자금을 대여한 것이 아니라 사택의 제공에 해당한다(대법원 2017. 8. 29. 선고 2014두43301 판결).

644) 대법원 2010. 6. 24. 선고 2007두18000 판결은, 언론사인 원고의 대표이사의 자택(사저)에 배치된 경비원, 차량의 운전기사의 급여 등과 위 차량에 대한 자동차세와 관련하여, 위 경비원과 기사들이 사저의 잡다한 일을 처리하거나 대표이사 가족들의 개인적인 업무에 주로 종사하였고, 위 차량을 원고가 직접 사용하지 않고, 대표이사의 가족들이 주로 사용하게 하였으므로, 손금에 산입할 수 없다고 판단하였다.

645) 대법원 2017. 8. 29. 선고 2014두43301 판결

646) 법인이 주주 등이 아닌 임원(소액주주 등인 임원을 포함한다) 및 직원에게 사택을 제공하는 것은 부당행위계산에 해당하지 않는다(시행령 88조 1항 6호 단서 및 나목).

3-3. 업무무관 자산의 취득자금의 차입비용

업무무관 자산을 취득하기 위하여 지출한 자금의 차입과 관련되는 비용은 업무무관 비용으로서 손금에 불산입된다(시행령 50조 1항 3호). 여기에 해당하는 것으로는, 업무무관 자산을 취득하기 위한 자금의 차입과 관련한 지급보증수수료·대출알선수수료·담보설정비용·인지세 등을 들 수 있다. 한편, 그러한 차입금에 대한 이자는, 법인세법 제28조 제1항 제4호에 의하여 손금불산입되므로, 여기의 업무무관 비용에 포함되지 않는다.[647]

3-4. 형법상 뇌물 등

법인이 공여한 「형법」 또는 「국제상거래에 있어서 외국공무원에 대한 뇌물방지법」에 따른 뇌물에 해당하는 금전 및 금전 외의 자산과 경제적 이익의 합계액은 업무무관 비용에 해당한다(시행령 50조 1항 4호). 법인이 공여한 뇌물도 손금의 요건인 '수익과 직접 관련된' 비용에 해당할 수 있다(가령, 관급공사의 수주를 위하여 관계 공무원에게 제공한 뇌물). 그러나 뇌물로 지출된 비용은 사회질서에 위반된 것일 뿐만 아니라 이를 세법상 손금으로 인정해주는 것은 전체 국법질서의 관점에서 용인될 수 없기 때문에, 세법은 이를 손금에 불산입한다.

3-5. 노조전임자에게 지급한 급여

사용자는 노동조합의 업무에만 종사하는 전임자에게 그 전임기간 동안 어떠한 급여도 지급하여서는 안 되고(노동조합 및 노동관계조정법 24조 2항),[648] 다만, 단체협약으로 정하거나 사용자가 동의하는 경우에는 근로시간 면제 한도의 범위에서 노동조합의 업무에 종사한 시간을 근무시간으로 인정하여 급여를 지급할 수 있다(같은 법 24조 4항).

법인이 노동조합 및 노동관계조합법 제24조 제2항 및 제4항을 위반하여 노동조합 전임자에게 지급한 급여는 손금에 불산입된다(시행령 50조 1항 5호). 그리고 노동조합 전임자가 그와 같이 지급받은 급여는 소득세법상 근로소득이 아닌 기타소득에 해당한다(소득세법 시행령 41조 10항 2호).

---

647) 김완석·황남석, 법인세법론(2021), 457쪽
648) 사용자가 노동조합 전임자에게 급여를 지원하는 행위는 부당노동행위에 해당한다(노동조합 및 노동관계 조정법 81조 4호 본문).

지급이자의 손금불산입

1 개요

법인이 지급한 차입금의 이자는 원칙적으로 손금에 해당한다(시행령 19조 7호). 다만, 차입금의 이자 중에는 ① 업무관련성이 없거나 낮아서 손금의 요건을 충족하지 못하거나, ② 손금의 요건을 충족하지만, 그것이 지급된 사업연도가 아닌 다른 사업연도에 귀속되어야 할 것이 있다. 그리고 ③ 조세정책적 관점에서 이자를 지급하는 법인으로 하여금 이자소득의 귀속자인 채권자를 밝히도록 할 필요도 있다. 이에 따라 법인세법 제28조는 일정한 차입금의 이자를 손금불산입항목으로 규정한다.

2 채권자가 불분명한 사채 및 비실명채권 등의 이자

(1) 제도의 취지

채권자가 불분명한 사채의 이자와 비실명채권 등의 이자는 손금에 불산입된다(법 28조 1항 1, 2호). 이러한 채권에 대한 이자를 손금불산입하는 것은 채무자인 법인으로 하여금 그 채권자를 밝히도록 하여 채권자와 관련한 세원(稅源)을 파악하기 위한 것이다.

(2) 채권자가 불분명한 사채의 이자

채권자가 불분명한 사채는 ① 채권자의 주소 및 성명을 확인할 수 없는[649] 차입금, ② 채권자의 능력 및 자산상태로 보아 금전을 대여한 것으로 볼 수 없는 차입금, ③ 채권자와의 금전거래사실 및 거래내용이 불분명한 차입금을 말한다(시행령 51조 1항).[650] 그리고 사

---

[649] 다만, 거래일 현재 주민등록표에 의하여 그 거주사실이 확인된 채권자가 차입금을 변제받은 후 소재불명이 된 경우의 차입금에 대한 이자를 제외한다(시행령 51조 1항 단서). 따라서 차입금의 이자가 손금에 산입되기 위해서는, 채권자가 주민등록표상 주소지에 거주하는 사실이 차입 당시뿐만 아니라 차입금의 변제 시에도 확인되어야 한다.

[650] 위 ②, ③의 유형은 채권자와의 거래사실 여부가 불분명하여 이자의 지급사실 자체가 인정되기 어려운

채의 이자는 알선수수료·사례금 등 명목 여하에 불구하고 사채를 차입하고 지급하는 금품을 포함한다. 위와 같은 사채의 이자는 손금에 산입되지 않는다(법 28조 1항 1호).

(3) 지급받는 자가 불분명한 채권 등의 이자

소득세법 제16조 제1항 제1호·제2호·제5호 및 제8호에 따른 채권·증권의 이자·할인액 또는 차익 중 지급받은 자가 불분명한 것으로서, 당해 채권 또는 증권의 발행법인이 직접 지급하는 경우 그 지급사실이 객관적으로 인정되지 않는 이자·할인액 또는 차익은 손금에 산입되지 않는다(법 28조 1항 2호, 시행령 51조 2항).[651]

(4) 소득처분

법인은 채권자에게 사채나 채권 등의 이자를 지급하면서 그에 대한 소득세 또는 법인세를 원천징수하여야 한다.[652] 채권자가 불분명한 사채 및 지급받는 자가 불분명한 채권 등의 이자로서 손금불산입되는 금액 중에서 원천징수세액은 기타사외유출로 소득처분된다(시행령 106조 1항 3호 라목). 위 손금불산입액 중에서 원천징수세액을 제외한 나머지 금액의 처리가 문제된다. 행정해석은, 채권자가 불분명한 차입금의 이자 중 원천징수세액을 제외한 나머지 금액을 대표자에 대한 상여로 처분한다고 본다.[653] 채권자가 불분명한 이자는, 법인의 자금조달에 기여하는 비용으로서 손금의 요건을 충족하지만,[654] 세원확보의 목적상 손금불산입되는 것이므로, 법인의 사업과 무관하게 사외유출된 금액으로 볼 수 없다. 그럼에도 위 이자를 손금불산입하는 것에서 더 나아가 그 금액 중 원천징수세액을 제외한 나머지 부분을 대표자에 대한 인정상여로 처분하기까지 하는 것은 가혹하다. 입법론으로는, 법인세법 시행령 제106조 제1항 제3호를 개정하여 위 나머지 금액도 기타 사외유출로

경우이므로, 법인세법 제27조 제1항에 규정되지 않더라도 손금요건을 충족하지 않아서 손금불산입되어야 할 것이지만, 편의상 위 조항에 포함된 것으로 보인다.

651) 법인세법 시행령 제51조 제2항의 문언에 의하면, 채권의 이자 등을 지급받은 자가 불분명하더라도 그 지급사실이 객관적으로 인정되면 손금불산입대상이 아니라고 해석될 여지가 있다. 그러나 이자를 지급받은 자가 불분명한 경우는 대부분 그 지급사실이 객관적으로 인정되기 어려울 것이고, 이자를 지급받은 자가 불분명하면서도 그 지급사실이 객관적으로 인정되는 경우는 실제로는 거의 존재하기 어려울 것이다.

652) 거주자의 이자소득에 대한 소득세의 원천징수세율은 ① 비영업대금의 이익에 대해서는 25%, 일반적 이자소득에 대해서는 14%이고(소득세법 129조 1항 1호), ② 금융실명거래 및 비밀보장에 관한 법률 제2조 제4항에 의한 실지명의(실명)가 확인되지 않은 이자소득에 대해서는 42%이며(소득세법 129조 2항 2호), ③ 실명에 의하지 않고 거래한 금융자산에서 발생하는 이자에 대하여는 90%이다(금융실명거래 및 비밀보장에 관한 법률 5조). 영리법인의 이자소득에 대한 법인세의 원천징수세율은 14%이다(법 73조 1항 1호).

653) 기본통칙 67 – 106…3 ①

654) 법인이 채권자에게 이자로 지급하였다고 기장한 금액이 실제로 이자로 지급된 것인지 자체가 불분명한 경우는, 채권자가 불분명한 사채이자(법 28조 1항 1호)에 해당하지 않는다.

처분하는 것이 합리적이다.[655]

3 ▷ 건설자금이자

사업용 유형자산 및 무형자산의 취득에 사용된 차입금의 이자(건설자금이자)를 그 지급된 사업연도의 비용으로 인정할 경우, 그에 대응하는 수익이 아직 발생하지 않았음에도 비용을 먼저 인식하는 것이 되어 수익비용의 대응에 위배될 수 있다.[656] 이를 고려하여 세법은, 건설자금이자를 그 지급된 사업연도의 손금에 산입하지 않고(법 28조 1항 3호), 해당 자산의 취득가액에 포함시켜(시행령 72조 3항 2호) 감가상각 등을 통하여 손금에 산입되도록 규정한다.[657]

4 ▷ 업무무관 자산 등에 대응하는 지급이자

법인이 업무무관 자산(법 27조 1호) 또는 특수관계인에 대한 업무무관 가지급금을 취득하거나 보유하는 경우, 그 법인이 지급한 차입금의 이자 중 일정한 금액은 손금불산입된다(법 28조 1항 4호).

4-1. 비업무용 자산의 취득 또는 보유

차입금의 지급이자 중 업무무관 자산에 대응하는 부분을 손금불산입하는 제도의 취지는 업무무관 자산의 취득·보유에 따른 차입금이자 손금불산입의 경우, 금융자산에 의한 부

---

655) ① 김완석·황남석, 법인세법론(2021), 464쪽은, 이자소득 전액에 대하여 이자소득에 대한 소득세 등을 원천징수하면서 다시 그 이자에서 원천징수세액을 차감한 잔액에 대하여 대표자의 근로소득에 대한 소득세를 원천징수하는 것은 동일한 소득에 대한 이중과세를 가져오기 때문에 불합리하다고 본다. ② 이창희, 세법강의(2020), 991쪽은, 지급액 전체를 이자소득이라고 보고 원천징수를 한 뒤 세액을 뺀 나머지를 다시 근로소득이라 보는 것은 논리적 모순이므로, 지급액 전액을 상여처분하여 대표자의 종합소득에 합산하고 (이자에 대한) 원천징수세액은 기납부세액으로 공제해주어야 할 것이라고 한다.

656) 대법원 1995. 8. 11. 선고 95누3121 판결

657) 건설자금이자에 관한 상세한 내용은 제1장 제2절 1-1-1. (2) (나), 1-1-2. (2) (나) 및 제2장 제2절 2-2. 참조

동산투기 및 비생산적인 업종에 대한 무분별한 기업확장을 억제하여 기업자금의 생산적 운용을 통한 기업의 건전한 경제활동을 유도하며, 아울러 국토의 효율적 이용을 도모하기 위한 것이다.[658]

법인세법 제28조 제1항 제4호 가목이 적용되기 위해서는 법인이 업무무관 자산(법 27조 1호)을 취득하거나 보유하여야 한다.[659] 법인세법은 업무무관 자산의 취득원인이 유상인지 또는 무상인지를 구별하지 않으므로, 여기의 업무무관 자산에는 증여 등 무상으로 취득한 것도 포함된다.[660] 입법론으로는, 업무무관 자산을 무상으로 취득한 경우에는 차입금이 직·간접적으로 전용(轉用)될 여지가 전혀 없으므로, 차입금이자의 손금불산입 대상을 업무무관 자산을 유상으로 취득한 경우에 한정하고, 손금불산입액도 그 취득가액으로 지출된 금액을 기초로 계산하는 것을 검토할 필요가 있다.[661]

4-2. 특수관계인에 대한 업무무관 가지급금

(1) 제도의 취지

업무무관 가지급금과 관련한 지급이자 손금불산입 제도의 취지는, 법인이 차입금을 생산적인 부분에 사용하지 않고 계열사 등 특수관계자에게 대여하는 행위를 제한함으로써 타인자본에 의한 무리한 기업확장으로 기업의 재무구조가 악화되는 것을 방지하고, 기업 자금의 생산적 운용을 통한 기업의 건전한 경제활동을 유도하는데 있다.[662][663]

---

658) 대법원 2004. 3. 26. 선고 2001두10790 판결
659) 업무무관 자산에 관하여는 앞의 2. 참조
660) 김완석·황남석, 법인세법론(2021), 475쪽
661) 현행세법에 의하면, 지급이자의 손금불산입액을 계산할 때 업무무관 자산의 가액은 법인세법 시행령 제 72조의 취득가액이 되는데, 시가보다 낮은 가액으로 매입한 자산의 취득가액은 그 매입가액이 됨에 비하여(시행령 72조 2항 1호) 무상으로 취득한 자산의 취득가액은 시가가 되므로(시행령 72조 2항 7호), 무상으로 취득한 업무무관 자산을 지급이자 손금불산입액의 계산에 포함시킬 경우 저가로 취득한 업무무관 자산보다 더 불리한 취급을 하게 되는 문제점이 있다.
662) 헌법재판소 2007. 1. 17. 2005헌바75, 2006헌바7·8(병합) 결정, 대법원 2007. 9. 20. 선고 2006두1657 판결
663) 업무무관 가지급금에 대응하는 지급이자의 손금불산입에 관한 입법의 경과는 다음과 같다. ① 1985. 12. 23. 개정된 구 법인세법은, 법인의 특수관계자에 대한 업무무관 가지급금이 있는 경우 「그 금액과 총차입 금에서 자기자본의 2배를 공제한 금액 중 적은 금액」이 총차입금에서 차지하는 비율만큼 지급이자를 손 금불산입하는 규정을 도입하였다. 이에 따르면, 총차입금이 자기자본의 2배를 초과하는 경우에 한하여 지급이자의 손금불산입이 이루어진다. ② 이후 1993. 12. 31. 개정된 구 법인세법은, 법인의 특수관계자에 대한 업무무관 가지급금이 있는 경우, 총차입금이 자기자본의 2배를 초과하는지와 관계없이, 위 가지급 금이 총차입금에서 차지하는 비율만큼 지급이자 손금불산입 규정을 적용하도록 규정하였다. ; 업무무관 가지급금에 대한 지급이자 손금불산입 제도의 전반적 검토와 입법론에 관하여는, 윤지현, "'업무무관 가 지급금'이 있는 법인에 적용되는 지급이자 손금불산입 규정의 입법목적과 그에 따른 해석론에 관한 비판 적 고찰 – 대법원의 판례를 중심으로 –", 세무와 회계 연구 제16호(제7권 제3호)(2018), 421쪽

(2) 특수관계인에 대한 업무무관 가지급금의 요건

(가) 업무무관 가지급금

'업무와 관련 없이 지급한 가지급금'(법 28조 1항 4호 나목)은, 명칭 여하에 불구하고 당해 법인의 업무와 관련이 없는 자금의 대여액을 말한다(시행령 53조 1항).

① **가지급금**은 순수한 의미의 대여금뿐만 아니라 구상금채권[664] 등과 같이 채권의 성질상 대여금에 준하는 것도 포함한다.[665] 적정한 이자율에 의한 이자를 받았는지 여부는 업무무관 가지급금을 판단할 때 고려대상이 아니므로, 적정한 이자를 받은 경우도 포함될 수 있다.[666] 여기의 가지급금에 사법상 반환채권이 발생하지 않지만 세법상 자금을 대여한 것으로 간주되는 경우(가령, 무수익자산의 매입)가 포함되는지는 불분명하지만,[667] 포함되지 않는다고 보는 것이 적절하다.

② **업무무관성** : 대법원은, 가지급금의 업무관련성 여부는 법인의 목적이나 영업내용을 기준으로 객관적으로 판단하여야 한다고 판시하였고,[668] 금융회사가 아닌 법인의 가지급금을 대체로 업무와 무관한 것으로 판단하여왔다.[669][670] 그러나 업무무관 가지급급과 관련한 지급이자 손금불산입 제도는 입법론상 문제가 있으므로,[671] 가지급급의 업무무관성은 엄격한 기준으로 판단하여야 하고, 법인의 가지급금이 수익과 관련되거나 사업적 합리성을 갖는 경우 업무관련성이 있다고 보는 것이 합리적이다. 금융회사 등이 대여자인 경우 주된 수익사업으로 볼 수 없는 자금의 대여액은 업무무

---

664) 가령, 법인으로부터 사외유출되어 특수관계인에게 귀속된 소득에 대한 원천징수세액의 납부금액

665) 대법원 1992. 11. 10. 선고 91누8302 판결 ; 대법원 2012. 4. 2. 선고 2011두32119 판결(법인이 상법상 자기주식취득의 요건을 갖추지 않은 채 주주로부터 자기주식을 매수하고 지급한 대금)

666) 대법원 2003. 3. 11. 선고 2002두4068 판결

667) 대법원은, 법인이 무수익자산을 매입한 경우 그 매입대금 상당액을 거래상대방에게 대여한 것으로 취급하여 인정이자를 익금산입하여야 한다고 보았으나[대법원 2000. 11. 10. 선고 98두12055 판결, 대법원 2020. 8. 20. 선고 2017두44084 판결], 업무무관 가지급금으로 보아 지급이자의 손금불산입도 해야 하는지에 관하여는 판단하지 않았다.

668) 대법원 2007. 9. 20. 선고 2005두9415 판결

669) 대법원 1992. 11. 10. 선고 91누8302 판결은, 원고 법인이 도산위기에 몰린 계열회사들에게 지급한 대여금이 구제금융조치에 따라 은행들이 구성한 기업지도반의 자금관리 지도에 의한 것이고 회사의 존속과 소생을 위한 것이었다 할지라도 '업무와 직접 관련 없이 지급한 가지급금'에 해당한다고 판시하였다.

670) 다만, ① 최근 대법원은, 법인이 골프장의 건설·운영을 위하여 설립된 특수관계 법인에게 자금을 대여하여 골프장 건설을 위한 용도로 사용하게 하고, 그 법인으로부터 골프장 건설공사의 대부분을 수주한 사안에서 위 대여금이 업무무관 가지급금에 해당하지 않는다고 본 원심판결에 대한 상고를 기각함으로써 종래의 입장을 다소 완화하는 듯한 태도를 보였는데(대법원 2018. 2. 8. 선고 2017두65548 판결), 향후의 전개를 지켜볼 필요가 있다. ② 최근 조세심판원도, 법인의 특수관계인에 대한 가지급금의 업무관련성을 유연하게 판단하는 것으로 보인다. 가지급금의 업무관련성을 인정한 사례로, 조심 2014서5710, 2015. 9. 25., 조심 2015중3329, 2015. 9. 30., 조심 2019중2471, 2020. 2. 7., 조심 2020서7912, 2022. 1. 27.

671) 4-3. (2) 참조

관 가지급금에 포함된다(시행령 53조 1항 괄호 안).

③ 금전대여 중 **인정이자** 계산대상에서 **제외**되는 것은 업무무관 가지급금에 포함되지 않는다(시행령 53조 1항 단서, 시행규칙 28조 1항, 44조). 그중에서 중요한 것으로, 귀속불분명 사외유출소득을 대표자에게 귀속된 것으로 의제하여 상여처분한 금액에 대한 소득세를 법인이 납부하고 가지급금으로 계상한 금액(시행령 106조 1항 단서, 시행규칙 44조 5호)[672]이 있다. 한편, 사외유출소득이 대표자에게 현실로 귀속됨을 이유로 한 상여처분에 따른 법인의 소득세 대납액(구상권)은 업무무관 가지급금에 포함된다.

대법원 판례에서 업무무관 가지급금으로 판단된 사례는 다음과 같다.

① 특수관계인이 발행한 회사채·기업어음을 취득하는 것[673]

② 법인이 은행에 예탁한 특정금전신탁으로 특수관계인이 발행한 후순위사채를 매입한 경우[674]

③ 특수관계인의 채무를 대위변제하는 것[675]

④ 법인이 특수관계자로부터 지급받아야 할 대금의 회수를 정당한 사유 없이 지연시키는 것[676][677]

대법원 판례상 업무무관 가지급금에 해당하지 않는 것으로 본 사례는 다음과 같다.

① 법인이 특수관계 법인들에 대한 은행 대출을 위하여 정기예금을 예치하여 담보로 제공한 사안[678][679]

---

672) 이는, 귀속불분명인 사외유출소득을 법인의 대표자에게 귀속된 것으로 의제하여 법인에게 원천징수의무의 불이익을 주면서, 추가로 그 원천징수세액의 가지급금와 관련하여 지급이자의 손금불산입까지 하는 것은 가혹할 수 있음을 고려한 것으로 보인다.

673) 대법원 2007. 9. 20. 선고 2006두1647 판결, 대법원 2010. 10. 28. 선고 2008두15541 판결

674) 대법원 2007. 9. 20. 선고 2005두9415 판결

675) 대법원 2000. 8. 22. 선고 99두2208 판결, 대법원 2004. 2. 13. 선고 2002두11479 판결

676) ① 대법원 2006. 5. 12. 선고 2003두7651 판결 : 법인이 특수관계에 있는 자로부터 지급받아야 할 공사대금의 회수를 정당한 사유 없이 지연시키는 것은 실질적으로 공사대금이 계약상의 의무이행기한 내에 전부 회수된 후 다시 가지급된 것과 같은 효과를 가져온다는 점에서 그 공사대금을 회수하여야 할 날에 그 미회수 공사대금을 가지급금으로 지출한 것으로 보아야 할 것이다.

② 대법원 2006. 10. 26. 선고 2005두1558 판결 : 회사가 특수관계자로부터 매매대금을 전혀 지급받지 아니하였음에도 매매목적물에 관하여 특수관계자 명의의 소유권이전등기가 마쳐지게 하고, 약정된 매매대금 지급기일보다 수개월 경과한 후에 비로소 매매대금을 지급받으면서도 지연이자조차 전혀 지급받지 아니한 경우, 매매대금 지연 회수에 있어 정당한 사유가 없다고 한 사례

677) ① 법인이 특수관계인에 대한 채권의 회수를 늦춘 데 정당한 사유가 있으므로 업무무관 가지급금에 해당하지 않는다고 본 사례로 대법원 2013. 7. 11. 선고 2011두16971 판결이 있다. ② 대법원 2010. 10. 28. 선고 2008두15541 판결은 원심이 정당한 사유의 존재 여부에 관하여 판단하지 않았다는 이유로 원심을 파기하였다.

678) 대법원 2009. 4. 23. 선고 2006두19037 판결 : 위 판결은, 원고의 은행에 대한 정기예금 예치와 은행이

② 법인이 특수관계인이 시공한 아파트 및 호텔의 시행사들로부터 그 아파트 및 호텔을 매입함으로써 시행사로 하여금 그 대금을 위 특수관계인에 대한 도급공사대금 등으로 사용하게 한 사안[680]

③ 법인이 골프장의 건설·운영을 위하여 설립된 특수관계 법인에게 자금을 대여하여 골프장 건설을 위한 용도로 사용하게 하고, 그 법인으로부터 골프장 건설공사의 대부분을 수주한 사안[681]

업무무관 가지급금과 인정이자의 관계 : 업무무관 가지급금이 ① 무이자 또는 시가에 미달하는 이율로 제공된 경우에는 인정이자의 계산대상에도 해당하지만,[682] ② 시가인 이율로 제공된 경우에는 인정이자의 계산대상에 해당하지 않는다.[683] 업무무관 가지급금에 해당하지 않지만, 인정이자의 계산대상인 경우도 있다.[684]

(나) 특수관계 및 채권의 존재

법인과 가지급금 채무자 간에 특수관계(법 2조 12호, 시행령 2조 5항)가 존재하여야 한다. 법인과 주주 중 어느 한쪽에 대하여 회사정리절차개시결정이나 파산선고결정이 있었다고 하여 곧바로 그 법인과 주주 사이의 특수관계가 소멸하는 것은 아니다.[685]

그 정기예금을 담보로 특수관계 법인들에 한 대출은 별개로 이루어진 법률행위이므로, 원고의 은행에 대한 담보 제공행위가 특수관계 법인들에 대한 직접적 대여행위 또는 그에 준하는 행위로 볼 수 없다고 판단하였다. 다만, 위 판결은, 원고가 차입금에 대하여 높은 대출이자를 부담하고 있었음에도 불구하고, 그 차입금을 상환하지 않고 상당한 금원을 낮은 이율의 정기예금에 예치한 후 이를 특수관계 법인들의 대출금에 대한 담보로 제공한 행위는, 부당행위계산에 해당한다고 보았다.

679) 위 판결에 대하여는, 가장행위라는 조악한 도구를 이용한 사람보다 더 복잡한 거래를 통하여 조세를 회피하려고 한 납세자를 우대하는 것이라고 하면서 비판하는 견해가 있다(강인철, "업무무관 가지급금의 손금불산입과 실질과세의 원칙에 대한 연구", 조세법연구 [16-2](2010. 8.), 120, 126쪽). 그러나 인정이자와 지급이자의 손금불산입은 어느 정도 중복과세적 성격이 있고, 따라서 후자의 적용범위를 확대하는 것은 바람직하지 않다. 위 판결은 결과적으로 지급이자 손금불산입의 적용범위를 제한하는 것으로서 수긍할 수 있다고 생각된다.

680) 대법원 2014. 4. 10. 선고 2013두20127 판결

681) 서울고등법원 2017. 9. 14. 선고 2017누36627 판결, 대법원 2018. 2. 8. 선고 2017두65548 판결 ; 한편, 그 전의 대법원 2016. 4. 15. 선고 2015두59587 판결은, 원고 법인이 특수관계 법인 A와 공동주택건설 사업시행 추진 협약을, 특수관계 법인 B와 골프장 사업시행 추진 협약을 각 체결하여 A, B로부터 위 각 공사를 수주하는 한편, A, B에게 사업비 등을 무이자로 대여한 사안에서는, A가 위 대여금 중 일부를 사업시행 외의 다른 용도로 사용한 점 등을 이유로, 원고의 A, B에 대한 대여금을 업무무관 가지급금으로 판단하였다.

682) 대법원 2007. 10. 11. 선고 2006두2053 판결(헌법재판소 2005헌바75 결정의 본안사건), 대법원 2008. 9. 25. 선고 2006두15530 판결, 대법원 2009. 12. 10. 선고 2007두15872 판결

683) 대법원 2007. 9. 20. 선고 2005두9415 판결

684) 대법원 2009. 4. 23. 선고 2006두19037 판결, 대법원 2009. 5. 14. 선고 2006두11224 판결 : 법인이 정기예금을 예치하여 특수관계인의 대출금에 대한 담보로 제공한 사안

685) 대법원 2009. 12. 10. 선고 2007두15872 판결 : 채무자인 특수관계자에 대한 회사정리절차개시결정 등으

법인이 특수관계인에 대한 업무무관 가지급금 채권을 포기한 경우, 그 포기행위를 부당행위계산으로 보아 손금불산입하는 것은 별론으로 하고, 그 가지급금 채권은 더 이상 존재하지 않으므로, 지급이자의 손금불산입을 할 수 없다.[686]

4-3. 손금불산입 금액

(1) 손금불산입액의 계산

차입금의 이자 중 손금불산입되는 금액은 다음 산식에 의하여 계산한 금액이다(시행령 53조 2항).

$$\text{지급이자} \times \frac{\text{업무무관 자산 및 가지급금 가액의 합계액 (총차입금을 한도로 한다)}}{\text{총차입금}}$$

위 계산식의 총차입금 및 자산가액의 합계액은 적수로 계산한다(시행령 53조 3항). 그리고 업무무관 자산의 가액은, 법인세법 시행령 제72조에 의한 취득가액이고, 부당행위계산에 의하여 시가보다 고가로 매입한 자산의 경우 시가초과액도 포함한다(시행령 53조 3항 2문).[687] 동일인에 대한 가지급금과 가수금이 함께 있는 경우 업무무관 가지급금의 가액은 양자를 상계하고 남는 가지급금이다(시행령 53조 3항).

다음의 차입금은 위 계산식의 차입금에 포함되지 않는다(시행령 53조 4항).

① 금융회사 등이 공공자금관리기금 등으로부터 차입한 금액, 금융회사 등이 예금증서를 발행하거나 예금계좌를 통하여 일정한 이자지급 등을 조건으로 불특정 다수의 고객으로부터 받아 관리하고 운용하는 자금[688]

로 인하여 가지급금을 제공한 법인이 회사정리절차 등에 의하지 아니하고는 권리행사를 할 수 없게 되었더라도 업무무관 가지급금에 상당하는 차입금의 지급이자는 그 가지급금 채권이 대손금으로 확정되기 전까지 여전히 손금불산입의 대상이 된다. ; 행정해석도 같다. 기본통칙 52-87…3

686) 대법원 2009. 10. 21. 선고 2007두16561 판결

687) 따라서 법인이 특수관계인으로부터 부당행위계산으로 시가보다 높은 가액으로 업무무관 자산을 매입한 경우 그 시가초과액은 취득가액에서는 제외되지만(시행령 72조 4항 3호), 차입금이자의 손금불산입액을 계산할 때는 업무무관 자산의 가액에 포함된다.

688) 대법원 2010. 3. 25. 선고 2007두20867 판결 : 은행이 영업자금의 장기 안정적 조달 및 자산건전성 향상을 목적으로 특정 금융기관을 상대로 하여 총액인수방식으로 사모발행한 사채의 경우, 그 성격이 일반 기업의 차입금과 다를 바 없으며 발행 당시 불특정 다수인에 대하여 채무를 부담한 것도 아니므로, 그 사채의 발행에 의하여 조달한 자금은 구 법인세법 시행령 제53조 제4항 제5호(2000. 12. 29. 개정되기 전의 것)에서 정한 업무무관자산 관련 지급이자 손금불산입 대상의 전제가 되는 차입금에서 제외되는 '수신자금'에 해당하지 않는다고 한 사례

② 내국법인이 한국은행총재가 정한 규정에 따라 기업구매자금대출에 의하여 차입한 금액

(2) 업무무관 가지급금 관련 지급이자 손금불산입의 문제점과 입법론

헌법재판소는, 업무무관 가지급금에 대한 지급이자 손금불산입 제도와 부당행위계산부인에 의한 인정이자 제도가 함께 적용된다고 하더라도, 하나의 행위에 대한 이중제재 또는 동일한 담세물에 대한 중복과세라고는 보기 어렵다고 판단하였다.[689] 그러나 업무무관 가지급금과 관련한 소득과세 측면의 문제는 ① 부당행위계산부인에 따른 인정이자, ② 회수불능 시 대손금의 배제(법 19조의2 2항 2호, 28조 1항 4호 나목)를 통하여 상당한 정도로 해소될 수 있는데, 여기에 추가로 지급이자 손금불산입의 불이익까지 과할 필요가 있는지는 의문스럽다. 입법론으로는, 업무무관 가지급금에 관한 지급이자 손금불산입 제도를 폐지하거나 그 적용대상을 축소하는 것이 합리적이다.[690][691]

특수관계인에 대한 업무무관 가지급금의 세법상 취급

세법은 법인의 특수관계인에 대한 업무무관 가지급금('가지급금')에 관하여 여러 가지 규제장치를 두고 있다.
① 가지급금이 존재하는 경우 그에 대응하는 이자의 손금산입이 부인된다(법 28조 1항 4호 나목). 다만, 인정이자의 계산대상에서 제외되는 가지급금은 이자의 손금산입이 부인되는 가지급금에서 제외된다(시행령 53조 1항 단서, 시행규칙 28조 1항, 44조).
② 법인이 특수관계인에게 가지급금을 시가보다 낮은 이율로 제공한 경우, 부당행위계산에 해당하고 (시행령 88조 1항 6호), 그 시가인 이자와 실제 이자의 차액은 인정이자로 익금에 산입된다.
③ 가지급금 채권이 회수불능으로 된 경우에도 대손금으로 인정될 수 없다(법 19조의2 2항 2호, 28조 1항 4호 나목).
④ 법인과 가지급금 채무자 간의 특수관계가 소멸하는 날까지 가지급금이 회수되지 않은 경우 그 가지급금은 포기된 것으로 간주되어 익금에 산입된다(시행령 11조 9호 가목).

---

689) 헌법재판소 2007. 1. 17. 2005헌바75, 2006헌바7·8(병합) 결정
690) 업무무관 가지급금 관련 지급이자의 손금불산입 제도는, 개별 기업의 재무관리 및 투자의 합리성이라는 미시적 관점에서는 그 정당성의 근거를 찾기 어렵고, 고도성장기에 투자자금의 부족 및 고금리 환경을 배경으로 하여, 기업들이 가능한 최대한의 차입을 일으켜서 무분별하게 문어발식 기업확장을 추구함에 따라 생기는 부작용을 억제하기 위한, 즉 개별 기업의 합리성에 기초한 선택이 경제 전체의 산업적·거시적 측면에서 일으키는 문제에 대처하기 위한 것으로 보인다. 그러나 현재는 당초 위 제도가 도입되던 당시의 거시적 경제환경이 변경되어 오히려 투자를 위한 대기자금이 넘쳐나고 저금리기조가 계속되고 있으므로, 개별 기업의 거래의 합리성 기준에 기초한 미시적 통제로 복귀할 필요가 있다.
691) 김완석·황남석, 법인세법론(2021), 672~674쪽도 같은 견해이다. ; 윤지현, 앞의 글, 479쪽은, 자금대여 법인의 차입금비율이 적정하거나 용인가능한 수준을 넘는 경우에 한하여 지급이자 손금불산입의 불이익을 가하는 것이 바람직하다고 한다. 이는 1993. 12. 31. 개정되기 전의 구 법인세법이 취한 태도이다.

4-4. 지급이자 손금불산입 규정의 적용순서

지급이자 손금불산입 규정은 다음의 순서에 따라 적용된다(법 28조 3항, 시행령 55조).

① 채권자가 불분명한 사채의 이자(법 28조 1항 1호)

② 지급받는 자가 불분명한 채권의 이자 등(법 28조 1항 2호)

③ 건설자금에 충당한 차입금의 이자(법 28조 1항 3호)

④ 업무무관 자산 등에 대한 지급이자(시행령 53조 2항)

한편, 국조법은 ① 과소자본세제에 따라 일정한 경우 내국법인이 국외지배주주로부터 차입한 금액 등의 이자를 손금불산입하고(국조법 22조), ② 내국법인이 국외지배주주에게 지급한 이자가 그 소득에 비하여 과다한 경우 이자를 손금불산입하며(국조법 24조), ③ 내국법인이 국외특수관계인과의 혼성금융상품 거래에 따라 지급한 이자 중 일정한 요건에 해당하는 금액을 익금에 산입한다(국조법 25조). 이에 관한 국조법의 관련규정은 법인세법 제28조에 우선하여 적용된다(국조법 26조 2항, 3항).

세금과 공과금 등

1 > 세금

1-1. 법인세와 법인지방소득세

1-1-1. 손금불산입

법인세와 법인지방소득세는 손금에 불산입된다(법 21조 1호).[692] 그리고 이미 납부한 법인세 또는 법인지방소득세를 환급받았거나 환급받을 금액은 익금에 산입되지 않는다(법 18조 3호).

이는 법인세법에서는 회계기준과 달리 법인세가 법인 소득의 계산에 고려되지 않음을 의미한다. 그 이유는, ① 법인세를 그 과세대상 소득이 속하는 사업연도의 손금으로 할 경우에는 세율의 표시와 계산을 복잡하게 하고,[693] ② 법인세를 그 신고납부일이 속하는 다음 사업연도의 손금에 산입할 경우에는, 법인세가 후속 사업연도의 소득에 반영되고, 그것이 다시 그 다음 사업연도의 법인세액에 영향을 미치는 과정을 통하여 법인세액이 소득의 변동추세와 동떨어지게 산출되어[694] 조세정책상 바람직하지 않기 때문이다.[695] 이를 고려하여 법인세법은, 법인세를 소득계산이 끝난 이후의 단계에서 소득계산과 무관한 이익잉여금의 증감으로 처리한다. 그러므로 법인이 법인세를 납부하거나 환급받는 것은 법인의 소득에 영향을 미치지 못한다.

손금불산입되는 법인세는 그 법인세를 납부한 법인의 소득금액에 대한 것을 의미한다. 따라서 법인이 다른 법인의 과점주주 또는 사업양수인이기 때문에 제2차 납세의무자로서 그 다른 법인의 법인세를 납부한 경우, 그 법인세는 손금불산입되는 법인세에 해당하지 않는다.[696] 다만, 법인이 제2차 납세의무의 이행에 따라 취득하는 주된 납세의무자에 대

---

692) 법인세의 감면세액에 대한 농어촌특별세도 손금에 불산입된다(농어촌특별세법 5조 1항, 13조).

693) 이창희, 세법강의(2020), 971쪽

694) 각 사업연도의 과세 전 소득이 일정한 경우에도 법인세액이 균일하게 않게 된다. 이태로 · 한만수, 조세법강의(2018), 525쪽

695) 김완석 · 황남석, 법인세법론(2021), 346쪽 주 25)

696) 대법원 1987. 9. 8. 선고 85누821 판결 : 원고가, 잔여재산이 전혀 없고 청산절차를 진행 중인 주된 납세

한 구상권이 특수관계인에 대한 업무무관가지급금에 해당하는 경우에는 그 대손금의 손금
산입이 제한될 수 있다(법 19조의2 2항 2호, 28조 1항 4호 나목, 시행령 53조 1항).

1-1-2. 외국법인세액

법인이 납부하였거나 납부할 외국법인세액(법 57조 1항) 중 ① 익금불산입의 적용대상인
외국자회사로부터 받은 수입배당금액(법 18조의4)에 대한 세액[697]과 ② 외국납부세액공제
(법 57조 1항)의 대상인 세액은 손금에 불산입된다(법 21조 1호).[698] 다만, 외국법인세액 중
이월공제기간 내에 세액공제를 받지 못한 금액은 손금에 산입된다(법 57조 2항 단서).

1-1-3. 연결자법인이 연결모법인에게 지급하였거나 지급할 법인세액

연결자법인이 연결법인세액의 납부를 위하여 연결모법인에게 지급하였거나 지급할 법
인세액(법 76조의19 2항)은 연결자법인의 손금 및 연결모법인의 익금에 산입되지 않는다(법
21조 6호, 18조 7호). 그리고 연결모법인이 연결자법인의 결손금 소멸을 보전하기 위하여 연
결자법인에게 지급하였거나 지급할 법인세액(법 76조의19 3항)은 연결모법인의 손금 및 연
결자법인의 익금에 산입되지 않는다(법 21조 6호, 18조 7호).[699]

1-2. 부가가치세

1-2-1. 매출세액

사업자가 재화·용역을 공급하고 상대방으로부터 받은 공급대가 중, 부가가치세 과세표
준인 공급가액[700]을 제외한 나머지 부분은, 부가가치세 매출세액으로서 예수금(부채)이므
로, 익금에 산입되지 않는다(법 18조 5호). 그리고 그 매출세액의 납부는 부채의 변제이므로
순자산의 변동을 가져오지 않는다.

의무자의 과점주주로서 제2차 납세의무를 부담한 사안

697) 법인이 외국자회사로부터 받은 수입배당금액에 관하여 법인 및 외국자회사가 외국에 납부한 세액은 외국
  납부세액공제의 대상에서 제외된다(법 57조 7항). 제5장 제2절 2-1-2. 참조

698) 반면에, 외국자회사로부터의 수입배당금액에 대한 익금불산입(법 18조의4)과 외국납부세액공제(법 57조
  1항)를 모두 적용하지 않는 경우의 외국법인세액은 손금에 산입된다(시행령 19조 10호).

699) 위 규정은 2024. 1. 1.부터 시행된다.

700) 부가가치세법 제29조 제1항

1-2-2. 매입세액

(1) 부가가치세 과세사업자

(가) 원칙적 손금불산입

부가가치세 매입세액은 원칙적으로 손금에 산입되지 않는다(법 21조 1호). ① 이는, 부가가치세 매입세액을 매출세액에서 공제받거나 환급받을 수 있는 경우(부가가치세법 37조 2항) 매입세액만큼 세법상 자산이 발생하기 때문이다. ② 법인이 세금계산서를 발급받지 않거나[701] 사실과 다른 세금계산서를 발급받아서 매입세액을 공제받지 못하는 경우(부가가치세법 39조 1항 2호) 손금산입을 인정하지 않는 것은, 세금계산서의 미수취 등에 대한 제재의 성격을 갖는다.[702] ③ 부가가치세 매입세액이 사업과 직접 관련이 없는 지출에 대한 것이어서 매출세액에서 공제되거나 환급될 수 없는 경우(부가가치세법 39조 1항 4호) 손금의 요건을 충족하지 못하므로 당연히 손금으로 인정될 수 없다.

대법원은, 법인이 세금계산서를 발급받지 않은 **무자료거래**로 매입대금을 지급한 사건에서 그 대금에 부가가치세가 포함되어 있는지 불분명한 경우(부가가치세법 29조 7항)로 보아 그 대금의 1/11에 해당하는 매입세액은 손금에 산입될 수 없다고 판단하였다.[703] 그러나 무자료거래의 대금은, 일반적으로 부가가치세의 징수·납부를 하지 않는 것을 전제로 정해지므로, 거기에는 부가가치세가 포함되어 있지 않다고 보아야 할 것이다.[704]

(나) 예외적 손금산입

다음에 해당하는 부가가치세 매입세액은 손금불산입 대상에서 제외된다(법 21조 1호, 시행령 22조 1항).

---

701) 기본통칙 21-0…1 4호

702) 대법원은, 원고가 거래처로부터 세금계산서를 받지 않고 원재료를 매입하는 무자료거래를 한 사건에서, 부가가치세법 제29조 제7항의 '그 대가로 받은 금액에 부가가치세가 포함되어 있는지가 분명하지 아니한 경우'에 해당하므로, 원고가 거래처에 지급한 매입대금에 100/110을 곱하여 공급가액을 계산하여야 하고, 그 공급가액의 10%(10/110)인 부가가치세 매입세액은 원고의 손금에 산입될 수 없다고 판단하였다(대법원 2020. 10. 29. 선고 2017두51174 판결). 이는 원고가 지급한 대금에 부가가치세 매입세액이 포함된 것으로 처리하는 것이다. 그러나 거래당사자가 세금계산서를 수수하지 않는 무자료거래를 한 경우, 일반적으로 그 거래대금은 부가가치세의 징수·납부를 하지 않는 것을 전제로 정해지므로, 거기에는 부가가치세가 포함되어 있지 않다고 보아야 한다. 따라서 위 사건은 '부가가치세가 포함되어 있는지가 분명하지 아니한 경우'로 보기 어려우므로, 원고가 매입대금으로 지급한 금액은 모두 원재료의 취득원가이고, 부가가치세 매입세액으로 지출한 금액은 존재하지 않는다고 보아야 할 것이다.

703) 대법원 2020. 10. 29. 선고 2017두51174 판결 ; 이에 따르면, 거래대금이 100원인 경우 그중 91원은 공급가액으로, 나머지 9원은 부가가치세액으로 처리된다.

704) 가령 거래대금이 100원인 경우, 그중 91원은 공급가액이고 나머지 9원은 부가가치세액인 것이 아니라 전체 매입대금 100원이 공급가액이고 그와 별도로 10원이 부가가치세액이 될 것이다. 위 경우 법인에게 매출을 한 거래상대방은 그 대금의 10%에 상당하는 10원의 부가가치세 납부의무를 부담한다고 보아야 한다. 매출누락을 한 거래상대방의 처리에 관하여는 제6장 제2절 3-3-1. (2) (나) 참조

① 비영업용 소형승용차의 구입과 임차 및 유지에 관한 매입세액(부가가치세법 39조 1항 5호)

② 기업업무추진비 및 이와 유사한 비용의 지출에 관련된 매입세액(부가가치세법 39조 1항 6호)

③ 그 밖에 해당 법인이 부담한 사실이 확인되는 매입세액으로서 기획재정부령(시행규칙 11조)으로 정하는 것

다만, 위 ①, ②의 매입세액이 손금불산입 대상이 아니라고 하여 당연히 그 전액이 손금에 산입되는 것은 아니고, 해당 항목의 손금산입 요건이 충족되는 것을 전제로, 손금산입 한도 내에서 손금에 산입된다.

(2) 부가가치세 면세사업자

부가가치세 면세사업자는 매입세액을 공제받지 못하므로, 부가가치세 면세사업자가 지출한 매입세액은 손금에 산입된다(법 21조 1호).[705] 그러나 부가가치세 제42조[706]에 따라 공제받는 의제매입세액과 조특법 제108조[707]에 따라 공제받는 매입세액은 해당 원재료의 매입가액에서 공제된다(시행령 22조 2항).[708]

1-3. 반출하였으나 판매하지 않은 제품에 대한 개별소비세 등의 미납액

개별소비세의 과세대상 물품이 제조장에서 반출되는 경우, 그 시점에 판매 여부와 관계 없이 개별소비세 납세의무가 성립한다(개별소비세법 1조 1항, 4조 1호).[709] 그리고 주세법에도

---

705) 부가가치세 면세사업자가 지출한 매입세액이 손금에 산입된다는 것은 그 손금의 귀속시기를 정하는 것이 아니다. 면세사업자가 지출한 매입세액이 자산의 취득가액을 구성하는 경우, 그 매입세액은 해당 자산이 손금화되는 시기에 손금에 산입된다(유형자산에 관하여 기본통칙 23−31…1 8호).

706) 사업자가 부가가치세 면세대상인 농산물 등을 원재료로 하여 제조·가공한 재화 등의 공급에 대하여 부가가치세가 과세되는 경우, 면세농산물 등을 공급받거나 수입할 때 매입세액이 있는 것으로 보아 공제할 수 있다(부가가치세법 42조 1항).

707) 재활용폐자원 및 중고자동차를 수집하는 사업자가 세금계산서를 발급할 수 없는 자 등 대통령령으로 정하는 자로부터 재활용폐자원을 2021년 12월 31일까지, 중고자동차를 2019년 12월 31일까지 취득하여 제조 또는 가공하거나 이를 공급하는 경우에는 취득가액에 일정한 비율을 곱하여 계산한 금액을 매출세액에서 매입세액으로 공제할 수 있다(조특법 108조 1항).

708) 기본통칙 42−74…4【의제매입세액이 공제되는 재고자산의 평가】의제매입세액이 공제되는 원재료의 기말재고에 대한 평가는 공급받은 가액에서 의제매입세액 상당액을 차감하여 평가한다.

709) 개별소비세·주세 및 교통·에너지·환경세의 납세의무는 과세물품을 제조장으로부터 반출하거나 판매장에서 판매하는 때 등에 성립한다(국세기본법 21조 2항 5호). 개별소비세의 과세물품을 제조하여 반출하는 자는, 판매 또는 반출한 날이 속하는 분기의 다음 달 25일까지 관할 세무서장에게, 매 분기 판매장에서 판매하거나 제조장에서 반출한 물품의 물품별 수량, 가격, 과세표준, 산출세액 등을 적은 신고서를 제출하고, 매 분기분의 개별소비세를 납부하여야 한다(개별소비세법 9조 1항, 10조 1항).

주류에 관하여 유사한 규정이 있다(주세법 1조, 2조 1호, 26조 1항, 23조 1항).

법인이 개별소비세 등의 과세대상 물품을 제조장에서 반출한 후 판매한 경우, ① 일반적으로 ㉮ 반출시점에 개별소비세 등의 부채를 인식하고, 그 금액만큼 비용이 아니라 장차 판매대상자로부터 수취할 자산을 인식한 후, ㉯ 판매시점에 판매대금 중 개별소비세 등에 상당하는 금액만큼 위 자산을 제거하는 방법[710]으로 처리하는 것으로 보인다. 한편, ② 반출시점에 개별소비세 등을 제품의 원가에 가산한 후 이를 판매시점에 매출원가로 처리하는 경우[711]도 있을 수 있다.[712] 위 경우 개별소비세 등은 판매시점에 매출원가로 손금에 산입되지만(법 21조 2호 단서), 같은 금액이 매출에 포함되므로, 소득에 영향을 미치지 않는다. 제품의 반출 후 판매 전에 개별소비세 등이 손비로 계상된 경우 그 금액은 손금에 산입될 수 없다(법 21조 2호 본문).

1-4. 교육세

교육세의 과세표준이 되는 세액으로서 법인세법에 따라 손금에 산입되지 않는 세액에 부과된 교육세는, 손금에 산입되지 않는다(교육세법 13조).

1-5. 세법상 의무의 불이행으로 인한 세액

각 세법에 규정된 의무의 불이행으로 인하여 납부하였거나 납부할 세액(가산세[713]를 포함한다)은 손금에 불산입된다(법 21조 1호). 의무불이행은 간접국세의 징수불이행·납부불이행과 기타의 의무불이행을 포함한다(시행령 21조).

원천징수의무자가 원천납세자에게 소득을 지급하면서 원천징수세액을 징수하여 납부하지 않은 경우, 원천징수세액에 원천징수납부 등 불성실가산세(국세기본법 47조의5)를 더한 금액을 납부할 의무가 있다. 이때 ① 원천징수세액(본세) 부분에 관하여는 원천징수의무자

---

710) 개별소비세가 10원인 경우 반출시점과 판매시점의 개별소비세에 관한 분개는 다음과 같다.
　① 반출시점 : (차) 미수세금 10 / (대) 미납세금 10
　② 판매시점 : (차) 현　　금 10 / (대) 미수세금 10 (매출에서 제외)
711) 개별소비세가 10원인 경우 반출시점과 판매시점의 개별소비세에 관한 분개는 다음과 같다.
　① 반출시점 : (차) 제　　품 10 / (대) 미납세금 10
　② 판매시점 : (차) 현　　금 10 / (대) 매　　출 10
　　　　　　　(차) 매출원가 10 / (대) 제　　품 10
712) 일반기업회계기준에 따르면, 개별소비세 등의 소비세는 재고자산의 취득원가에 포함되는 부대비용이 아니다(일반기준 7장 재고자산 실7.11). 따라서 위 방법은 일반기업회계기준에 합치하지 않는다(GKQA04-051, 2004. 10. 13.).
713) 가산세는, 세법에서 규정하는 의무의 성실한 이행을 확보하기 위하여 세법에 따라 산출한 세액에 가산하여 징수하는 금액을 말한다(국세기본법 2조 4호).

가 원천납세의무자에게 구상(求償)할 수 있으므로 그 납부시점에는 손금에 불산입되지만, 이후 그 구상권이 회수불능으로 되는 경우에는 대손금으로 손금에 산입할 수 있고, ② 원천징수납부 등 불성실가산세는 법인세법 제21조 제1호에 따라 손금불산입된다.

1-6. 가산금과 강제징수비

(1) 가산금의 손금불산입

가산금[714]은 손금에 산입되지 않는다(법 21조 3호). 여기서 가산금은 국세(관세 포함), 지방세에 대한 것을 모두 포함한다. 이는 가산금의 대상인 본세가 손금산입대상이라고 하더라도(가령, 재산세 등) 마찬가지이다.

한편, 현행법상 가산금은 세금 외에도 여러 가지 공법상 금전채무에 관하여 규정되어 있는데,[715] 법인세법 제21조 제3호는 그 문언상 가산금을 세금에 대한 것으로 한정하지 않는다. 행정해석은 세금 외의 금전급부에 대한 가산금도 손금불산입되는 가산금에 해당한다는 취지로 보인다.[716] 그러나 가산금의 손금불산입이 국세 과오납금의 환급금에 대한 이자가 익금에 불산입되는 것(법 18조 4호)과의 균형을 고려한 것이라고 본다면, 손금불산입 대상 가산금은 세금에 대한 가산금으로 제한해석하는 것이 합리적이다.[717] 그리고 사법상 계약의 불이행에 따른 지체상금(지연손해금),[718] 산업재해보상보험료의 연체금[719]은 여기의 가산금에 포함되지 않는다.

(2) 강제징수비의 손금불산입

강제징수비[720]는 손금에 산입되지 않는다(법 21조 3호).

---

714) 가산금은, ① 국세를 납부기한까지 납부하지 아니한 경우에 국세징수법에 따라 고지세액에 가산하여 징수하는 금액과 ② 납부기한이 지난 후 일정 기한까지 납부하지 아니한 경우에 그 금액에 다시 가산하여 징수하는 금액(중가산금)을 말한다(국세기본법 2조 5호).

715) 가령, 국민건강보험법 제78조의2

716) 기본통칙 21-0…2 4호, 21-0…3 5호

717) 김완석·황남석, 법인세법론(2021), 352쪽

718) 기본통칙 21-0…2 1호

719) 고용보험 및 산업재해보상보험의 보험료징수 등에 관한 법률 제25조 ; 기본통칙 21-0…2 4호

720) 체납처분비는, 국세징수법 중 체납처분에 관한 규정에 따른 재산의 압류, 보관, 운반과 매각에 든 비용을 말한다(국세기본법 2조 6호).

(1) 벌금, 과료 및 과태료의 손금불산입

벌금, 과료(科料) 및 과태료는 손금에 불산입된다(법 21조 3호). 벌금과 과료는 형벌의 일종이고(형법 41조),[721] 과태료는 질서벌,[722] 징계벌,[723] 조례위반행위에 대한 제재[724] 등의 목적으로 행해지는 행정상 제재를 말한다.[725] 벌금 및 과료는 통고처분(조세범 처벌절차법 15조)[726]에 따른 벌금 또는 과료를 포함한다(법 21조 3호). 과태료는 과료(過料)[727]와 과태금(過怠金)[728]을 포함한다.

벌금 등의 손금산입을 인정하는 것은, 벌금 등의 일부를 국가가 보조금으로 지급한 것과 같은 결과에 이르고, 벌금 등의 제재(制裁)효과를 세법이 경감시켜주는 셈이 되므로, 국법질서의 일관성을 유지하기 위하여 법인세법은 벌금 등을 손금에 불산입한다.[729]

(2) 몰수 · 추징

몰수 · 추징(형법 48조) 금액은 손금불산입 대상인 벌금에 포함되지 않으므로,[730] 손금의 요건을 갖추는 경우에는 손금에 산입될 수 있다. 다만, 몰수 · 추징에 따라 법인이 위법수익을 상실하는 경우에는, 그 금액을 위법수익이 속하는 사업연도의 익금에 불산입하여야 하고,[731] 몰수 · 추징 시점이 속하는 사업연도의 손금에 산입할 수는 없다.[732]

---

721) 벌금은 5만 원 이상이고, 과료는 2천 원 이상 5만 원 미만이다(형법 45조, 47조).

722) ① 사법상 의무 위반에 대한 과태료(민법 97조, 상법 28조 등), ② 소송법상 의무 위반에 대한 과태료(민사소송법 363조 등), ③ 행정법상 의무 위반에 대한 과태료(국조법 31조의4, 35조, 건축법 113조 등)로 구분된다.

723) 변호사법 제90조 제4호, 세무사법 제17조 제2항 제3호 등

724) 지방자치법 제27조 제1항

725) 이동신, "과태료 사건의 실체법 및 절차법상 제문제", 사법논집 제31집(2000), 대법원 법원행정처, 55쪽 이하

726) 법인도 조세범처벌법 제18조의 양벌규정에 해당하는 경우 통고처분의 대상이 될 수 있다(조세범 처벌절차법 시행령 12조 1항).

727) 다만, 현행법상 과료(過料)의 예는 거의 찾기 어렵다.

728) 가령, 한국은행법 제60조 등

729) ① 미국 연방대법원은 1958년 Tank Truck Rentals, Inc. v. Commissioner, 356 US 30 (1958) 사건에서 벌금의 손금산입을 허용하는 것은 벌금의 제재효과를 감소시켜 공공정책(public policy)을 해한다는 이유로 벌금의 손금산입을 부인하였다. 현행 미국 세법 제162조(f)는 사업소득에 관하여 법위반을 이유로 정부에 납부되는 벌금이나 유사한 제재금(fine or similar penalty)의 손금산입을 부인한다. ② 독일 법인세법 제10조 제3호와 일본 법인세법 제55조 제4항 제1호도 각각 벌금을 손금불산입 대상으로 규정한다.

730) 대법원 1990. 10. 23. 선고 89누6426 판결

731) 대법원 2015. 7. 16. 선고 2014두5514 전원합의체 판결은, 위법소득에 대하여 몰수나 추징이 이루어져서

(3) 외국의 벌금

우리나라 세법이 외국 벌금의 제재효과가 감소하지 않도록(외국 형법의 규범력이 유지되도록) 외국 벌금을 손금불산입할 것인지 여부는 입법정책의 문제이다.[733] 법인세법 제21조 제3호가 손금불산입 대상으로 규정하는 '벌금'은, 우리나라 형법에 의한 벌금을 의미하고, 외국의 법률에 따른 벌금까지 포함하는 것으로 보기는 어렵다.[734] 행정해석은, 외국의 법률에 의하여 외국에 납부한 벌금을 손금불산입하는 것으로 본다.[735] 그러나 외국에 납부한 벌금은, 우리 세법에 명시적 규정이 없는 이상, 일률적으로 손금불산입할 것이 아니라, 사회질서에 반하는 등으로 손금의 요건(사업관련성·통상성 또는 수익관련성)을 갖추지 못하였는지 여부를 판단하여 그에 해당하는 경우에만 손금불산입하는 것이 합리적이다.

3 ▶ **공과금**

(1) 원칙적 손금산입

공과금은, 국가 또는 공공단체가 그 구성원에게 강제적으로 부과하는 공적 부담을 뜻한다.[736] 공과금은, 법인이 그 지급을 피할 수 없는 금액이므로 일반적으로 손금의 요건인 통상성이 인정될 수 있고, 따라서 원칙적으로 손금에 산입된다(시행령 19조 10호).[737][738] 국

위법소득에 내재되어 있던 경제적 이익의 상실가능성이 현실화되는 후발적 사유가 발생하여 소득이 실현되지 아니하는 것으로 확정됨으로써 당초 성립하였던 납세의무가 전제를 잃게 되었다면, 특별한 사정이 없는 한 납세자는 후발적 경정청구를 하여 납세의무의 부담에서 벗어날 수 있다고 한다.

732) 대법원 1990. 10. 23. 선고 89누6426 판결은, 원고 법인의 소유물에 대하여 몰수판결이 확정된 경우, 원고 법인이 그 몰수품의 가액을 몰수판결의 확정일이 속하는 사업연도의 손금에 산입할 수 있음을 전제로 판단하였으나, 대법원 2014두5514 전원합의체 판결에 의하면 그것은 허용되지 않을 것이다.

733) ① 미국 세법은 외국에 납부한 벌금의 손금산입을 부인하고[재무부 규칙 § 1.162－21(a)(2)], ② 일본 법인세법도 외국이 부과한 벌금을 손금불산입대상으로 규정한다(일본 법인세법 55조 4항 1호).

734) 김완석·황남석, 법인세법론(2021), 352쪽

735) 기본통칙 21－0…3 6호

736) 대법원 1990. 3. 23. 선고 89누5386 판결 ; 헌법재판소 1997. 7. 16. 96헌바36 등 결정

737) 따라서 공과금의 요건을 충족하는 비용은 원칙적으로 별도로 손금 요건의 충족 여부를 검토할 필요 없이 손금에 산입될 수 있다.

738) ① 1995. 12. 20. 개정되기 전의 구 법인세법 제16조 제5호는 '대통령령이 정하는 것 이외의 공과금'은 손금에 산입되지 않는 것으로 규정함으로써, 공과금 중에서 대통령령으로 정하는 것만이 손금에 산입되는 것으로 하였다. ② 이에 대하여 헌법재판소는, 「공과금은 강제적으로 부과되는 것이기 때문에 사업경비의 성격을 띠는 것으로, 법인세법상 손금에 산입됨이 원칙이고, 예외적으로 그 성질상 비용성을 갖지 않거나 조세정책적 또는 기술적 이유에 의하여 손금에 산입함이 바람직하지 않아 법률이 정한 경우에 한하여 손금산입이 부정되는 것이 소득에 대한 과세로서의 법인세법의 본질 및 구조에 부합한다는 이유

가 또는 공공단체에게 지급한 금액이라도, 법령에 따라 의무적으로 납부하는 것이 아닌 경우 공과금에 해당하지 않으므로(법 21조 4호[739]), 그 금액이 손금의 요건을 갖추었는지를 별도로 검토하여 손금산입 여부가 판단되어야 한다.

(2) 예외적 손금불산입 : 법령위반에 대한 제재

공과금 중에서 법령에 따른 의무의 불이행 또는 금지·제한 등의 위반에 대한 제재(制裁)로서 부과되는 것은 손금에 불산입된다(법 21조 5호). 그 이유는, 벌금 등의 손금불산입과 마찬가지로, 법령위반에 대한 제재인 공과금을 손금에 산입할 경우 그 제재효과가 경감되고 국법질서의 일관성이 깨지기 때문이다. 법령위반에 대한 제재로 부과되는 공과금으로는 각종 과징금(공정거래법 38조) 등이 있다.[740]

4 손해배상금

(1) 계약불이행으로 인한 손해배상금

사법상 계약의 불이행으로 인한 손해배상금은 원칙적으로 손금에 산입된다.[741]

(2) 불법행위로 인한 손해배상금

(가) 손금산입 여부

법인의 불법행위(상법 210조, 389조 3항, 567조) 또는 사용자책임(민법 756조 1항)[742]은 법인

로, 구 법인세법 제16조 제5호가 실질적 조세법률주의에 위반된다」고 판단하였다(헌법재판소 1997. 7. 16. 96헌바36 결정). 위 헌법재판소 결정의 전제가 된 사건에서는, 보험회사들이 보험감독원에 납부한 보험보증기금 출연금의 손금불산입이 문제되었다. ③ 이후 1995. 12. 29. 개정된 법인세법 제16조 제5호는 '대통령령이 정하는 공과금'을 손금불산입 대상으로 규정함으로써, 공과금은 대통령령으로 정하는 예외에 해당하지 않는 한 원칙적으로 손금에 산입될 수 있는 것으로 하였다.

739) 법인세법 제21조 제4호는 마치 공과금 중에 "법령에 따라 의무적으로 납부하는 것이 아닌" 것이 있을 수 있는 것처럼 규정하나, 이는 공과금의 정의에 부합하지 않는다. 또한, 법령에 따라 의무적으로 납부한 것이 아니라고 하더라도, 당연히 언제나 손금불산입 대상이라고 할 것은 아니고, 통상성 등의 손금요건이 충족되면 손금이 될 수 있다고 보아야 한다. 따라서 위 규정은 삭제하거나 그 표현을 고치는 것이 바람직하다.

740) 대법원 1990. 3. 23. 선고 89누5386 판결은, 구 환경보전법 제17조의2 소정의 배출부과금은 공과금의 일종이라고 보았다.

741) 기본통칙 21−0…2

742) 민법 제756조에 따른 사용자책임은 피해자의 피용자에 대한 불법행위책임을 보장하기 위한 대위책임(代位責任)이다. 대법원 1992. 6. 23. 선고 91다33070 전원합의체 판결

의 대표자 또는 임직원의 행위가 위법한 경우에 성립한다.[743] 따라서 법인의 불법행위 또는 사용자책임에 따른 손해배상금을 손금에 산입할 수 있는지 여부는, 위법비용의 손금산입 문제에 속한다.[744]

행정해석은, 법인의 임원 또는 사용인이 법인의 업무수행과 관련하여 타인에게 손해를 가하여 법인이 손해배상금을 지출한 경우, 그 임원 등에게 고의나 중과실이 없는 경우에 한하여 손해배상금을 법인의 손금에 산입한다는 입장을 취한다.[745] 그리고 소득세법은, 업무와 관련하여 고의 또는 중대한 과실로 타인의 권리를 침해한 경우에 지급되는 손해배상금을 사업소득의 필요경비에서 제외하는 것으로 규정한다(소득세법 33조 1항 15호).[746]

그러나 법인세법에는 소득세법 제33조 제1항 제15호와 같은 규정이 없으므로, 법인이 타인에게 지출한 손해배상금이 손금의 요건을 충족한다면 원칙적으로 손금에 산입되어야 할 것이다. 법인은 법률상의 관념적 존재이므로 현실적 사업활동을 위하여 자연인을 임직원으로 사용할 수밖에 없고, 임직원의 업무상 불법행위로 인하여 법인이 피해자인 제3자에게 부담하는 손해배상책임은, 그러한 사용관계에 내재하는 사업상 위험이 현실화한 것으로서 법인의 사업활동과정에서 어느 정도 불가피한 것이다. 따라서 임직원의 고의·중과실로 인한 업무상 불법행위에 따른 법인의 손해배상금도, 손금의 요건(사업관련성·통상성, 수익관련성)을 충족할 수 있고, 그러한 경우에는 손금에 산입되어야 할 것이다.

한편, 대법원은 사회질서위반을 사실상 손금의 일반적 요건과 별개의 독자적 손금불산입 사유로 인정하고 있다고 볼 여지가 있다.[747] 만일 그렇게 본다면, 이는 세법에 규정되지 않은 손금불산입 사유를 인정하는 것이므로, 그 인정범위는 신중하게 제한적으로 정해져야 한다. 그리고 임직원의 업무상 불법행위에 따른 법인의 손해배상금이 사회질서에 반하는지 여부는, 그 불법행위의 내용 및 법인의 관여 정도 등을 고려하여 개별적으로 판단

---

743) 민법 제750조는 불법행위의 요건으로 가해행위가 위법할 것을 요건으로 규정하는 것에 비하여, 회사의 불법행위책임을 규정한 상법 제210조 등에는 가해행위가 위법할 것이 요건으로 명시되어 있지 않지만, 이는 회사의 불법행위와 관련해서도 당연한 내용이라고 보아야 한다.

744) 법인이 임직원의 업무상 불법행위로 인하여 그 피해자에게 손해배상을 한 경우, 해당 임직원에 대하여 구상권을 취득하므로, 그 시점에서는 손금산입이 문제되지 않고, 이후 그 임직원의 무자력 등으로 인하여 그 구상권이 회수불가능하게 되는 경우 그 단계에서 손금산입 여부가 문제될 것이다.

745) 기본통칙 19-19…14

746) 소득세법은, 업무와 관련한 고의 또는 중대한 과실로 인한 손해배상금을 필요경비의 요건(소득세법 27조 1항)과 관계없이 일률적으로 필요경비에서 제외하고 있으나, 그 타당성은 의문이다. 소득세법 제33조 제1항 제15호의 '고의 또는 중과실'은 사업소득자 본인의 것으로 제한적으로 해석하여, 사업에 사용되는 직원의 고의 또는 중과실이 있더라도 사업소득자 본인의 고의 또는 중과실이 없는 경우에는, 해당 손해배상금이 필요경비에 산입될 수 있다고 보는 것이 합리적이다. 춘천지방법원 2022. 9. 20. 선고 2021구합 30943 판결

747) 제1장 2-2-3. 참조

되어야 할 것이다.[748] 법인 대표자의 고의·과실이 인정되지 않아서 법인이 선임·감독의 해태로 인한 사용자책임을 지는데 그치는 경우, 법인의 손해배상금 지출을 사회질서에 반하는 것으로 인정하는데 신중하여야 할 것이다.[749] 특히, 임직원의 업무상 불법행위가 법인의 의사 및 이해관계에 반하는 경우에는,[750] 법인도 해당 임직원에 대한 관계에서 피해자의 지위에 있는 측면을 고려하면, 더욱 그렇다.

경영권 침탈에 가담한 은행의 불법행위로 인한 손해배상금

1. 사실관계

기업구조조정조합인 아람제1호구조조정조합('아람조합')이 신호제지 주식회사('신호제지')의 총 발행주식 중 13.7%인 3,262,055주를 보유하는 상황에서, A가 신호제지의 경영권을 행사하고 있던 중, U 주식회사의 적대적 기업인수 시도에 따라 A와 U 사이에 경영권 분쟁이 발생하였다. 아람조합의 업무집행조합원인 아람파이낸셜 주식회사의 대표인 B는 아람조합의 조합원들의 의사에 반하여 위 신호제지 주식 중 270만 주를 S은행에게 매도함으로써 이를 업무상 횡령하는 한편, 신호제지의 경영권을 U에게 넘기려고 하였고, S은행은 위 주식의 매수 당시 위 사정을 알면서 (U와 사이에 신호제지 주식에 관한 풋옵션계약을 체결하기로 하였다), 위 주식을 매수한 후 U에 유리하게 의결권을 행사함으로써 A는 신호제지의 경영권을 상실하였다.

B는 위 주식의 매각 등과 관련하여 업무상 배임죄로 기소되어 징역 3년을 선고받았다.[751]

A는 S은행을 상대로 불법행위로 인한 손해배상을 청구하였고, 법원은 S은행이 B와 공동불법행위를 하였다고 보아 S은행에 대하여 A에게 손해배상금을 지급할 것을 명하는 판결을 하였다.[752]

2. 법원의 판단

1심은, S은행이 A에게 지급한 손해배상금은 사업관련성, 통상성 및 수익관련성이 인정되지 않는다는 이유로 손금산입을 부인하였고, S은행이 경영권 분쟁 중인 기업의 주식을 취득하여 한쪽 편에 가담하여 의결권을 행사하는 것은 은행법에 따라 적법하게 수행할 수 있는 정상적인 범위를 벗어난 것이므로, 수익과 직접 관련된 것이라고 평가할 수 없다고 보았다(서울행정법원 2020. 6. 4. 선고 2019구합88569 판결).

위 사건의 항소심은, 1심의 판단에 덧붙여, S은행이 위 주식을 매수하여 의결권을 행사한 것은 사회질서에 위반되는 행위이고, S은행이 A에게 지급한 손해배상금도 사회질서에 위반되어 지출된

---

748) 이창희, "손금산입 요건으로서의 통상경비(대법원 1998. 5. 8. 선고 96누6158 판결)", 상사판례연구 제5권, 박영사(2000), 448쪽은, 불법행위는 사회질서를 어기는 행위로 볼 수 없고, 불법행위의 내용이 형법이나 다른 법에 따라 규제되는 경우 그런 법령위반을 이유로 경비가 손금불산입될 수 있다고 한다.

749) 춘천지방법원 2022. 9. 20. 선고 2021구합30943 판결은, 카지노업을 영위하는 원고 법인(강원랜드)의 직원이 카지노 이용자들의 출입제한 해제절차를 위반하여 출입제한을 해제함으로써 위 카지노 이용자들에게 손해를 가하였음을 이유로 원고가 민법 제756조에 따른 사용자책임으로 위 카지노 이용자들에게 손해배상을 한 사건에서, 위 손해배상금이 사회질서를 위반하여 지출된 비용으로 보기 어렵다고 판단하였다.

750) 가령, 금융회사의 직원이, 그 회사의 내부준칙 및 방침에 반하여 개인적 이익의 목적으로, 보관 중인 고객의 금융자산을 고의로 횡령함에 따라, 그 회사가 고객에게 손해배상금을 지급한 경우

751) 대법원 2008. 10. 23. 선고 2007도6463 판결

752) 서울고등법원 2014. 8. 22. 선고 2011나91977 판결

비용이므로, 손금에 산입될 수 없다고 판단하였다[서울고등법원 2021. 1. 15. 선고 2020누46051 판결(항소기각), 대법원 2021두35308호로 상고심 계속 중].

3. 검토

1심은, S은행이 은행법에 따른 정상적 업무범위를 벗어난 행위를 한 것으로 인하여 손해배상금을 지출하였으므로, 그 손해배상금은 수익과 직접 관련되지 않는다고 보았다. 그러나 법인의 수익은 반드시 적법한 활동의 결과에 국한되지 않으므로, S은행의 행위가 은행법상 업무범위를 벗어난 것이더라도 그에 의하여 실제로 수익이 창출되었다면 수익과 직접 관련된 것으로 보아야 할 것이다. 위 사건의 관련 민사사건에 대한 판결에서, 피고 은행의 공동불법행위가 인정되었는데, 피고 은행 대표자의 고의·과실은 구체적으로 판단되지 않았다. 따라서 위 판결문에 나타난 사실만으로는 S은행의 손해배상금 지출이 사회질서위반에 해당하는지 판단하기 어려운 면이 있다. 피고 은행의 대표자가 아니더라도 그에 준하는 특정 부문의 실질적 책임자의 고의·과실이 있다면 그러한 사정도 사회질서위반 여부의 판단에 고려할 수 있을 것이다.

(나) 손금산입의 시기

법인이 임직원의 업무상 불법행위로 인한 피해자에게 손해배상금을 지급한 경우, 일단 그 지급과 동시에 임직원에 대한 구상권을 자산으로 인식하여야 하므로, 그 시점에는 손해배상금을 손금에 산입할 수 없다. 그러나 이후 법인의 구상권이 회수불능으로 되면, 해당 손해배상금이 손금의 요건을 갖춘 경우, 그 시점에 대손금으로 인정될 수 있다.[753]

(3) 징벌적 손해배상금

(가) 징벌적 손해배상과 손금불산입의 취지

법인이 지급한 손해배상금 중 실제 발생한 손해를 초과하여 지급한 금액으로서 대통령령으로 정하는 금액은 손금에 산입하지 않는다(법 21조의2). 종래 우리나라의 손해배상 제도는 실제 발생한 손해의 전보(塡補)를 목적으로 하였으나, 최근에는 피해자의 보호 및 위법행위의 억제 등을 위하여 개별 법률에서 실손해를 넘는 배상을 규정하는 예가 늘어나고 있다.[754] 그러한 법률들은 구체적으로는 배상의무자에게 실제 발생한 손해의 3배를 넘지 않는 범위의 배상책임을 지우는 방식을 취한다. 이는, 영미의 징벌적 손해배상(punitive damages)[755]과 법정손해배상(statutory damages)[756]을 참고하여, 일정한 범위에서 실손해

---

753) 제6장 제2절 3-2-2. (2) 참조. 직원의 횡령 등으로 인한 법인의 직원에 대한 손해배상채권의 귀속시기에 관하여는 송동진, "직원의 업무상 불법행위가 법인에 미치는 세법상 효과", 특별법연구 16권(2019), 사법발전재단, 335~348쪽

754) 2011. 3. 29. 개정된 하도급거래 공정화에 관한 법률 제35조에 최초로 도입되었다.

755) 징벌적 손해배상은, 심한 악의적 행위(outrageous conduct)를 한 자에 대하여, 그 행위를 벌하고(punish) 그 자와 그와 같은 자들이 장래에 유사한 행위를 하는 것을 억지하기(deter) 위하여, 전보적(compensatory) 또는 명목적(nominal) 손해배상 외에, 인정되는 손해배상을 의미한다[Restatement of the law (Second) of Torts § 908]. 이는 영미의 보통법(common law)에서 유래한 것이다.

를 넘는 배상 여부를 법원이 재량으로 결정하도록 하는 완화된 배액배상제도[757]를 채택한 것으로 볼 수 있다.[758] 위와 같은 법률들에 따라 지급된 배상금 중 실손해를 초과하는 부분은, 그 행위의 징벌 및 동종행위의 억제를 목적으로 하는 것으로 볼 수 있다. 이러한 징벌적 목적의 손해배상금을 손금산입하는 경우, 그 징벌적 효과가 감소하여 징벌적 손해배상의 입법취지가 저해되는 문제점이 있으므로, 법인세법은 징벌적 손해배상금 중 징벌적 성격을 가지는 부분의 손금산입을 부인한다.[759]

(나) 손금불산입되는 징벌적 손해배상금의 범위

① 내국법에 따른 징벌적 손해배상금

하도급거래 공정화에 관한 법률 제35조 제2항 등[760]에 따라 지급한 손해배상액 중 실제 발생한 손해액을 초과하는 금액은 손금에 불산입된다(법 21조의2, 시행령 23조 1항 1호). 법인이 지급한 손해배상액 중 실제 발생한 손해액이 불분명한 경우에는, 그 손해배상액 중 3분의 2에 해당하는 금액을 손금불산입 대상으로 한다(시행령 23조 2항).

② 외국법에 따른 징벌적 손해배상금

법인세법 시행령은, 외국의 법령에 따라 지급한 징벌적 손해배상액 중 실제 발생한 손해를 초과하는 금액을 손금불산입한다(시행령 23조 1항 2호). 그러나 외국의 형벌(刑罰)인 벌금도 손금불산입 대상으로 규정되어 있지 않은 마당에, 그보다 규제강도가 약한 외국의 징벌적 손해배상금을 일률적인 손금불산입 대상으로 규정하는 것은, 균형이 맞지 않는

---

756) 법정손해배상은, 권리 자체의 특성상 권리자의 실손해의 증명이 곤란한 경우에 일정한 액수를 손해액으로 의제하여 배상하는 제도를 말한다. 이는 징벌적 손해배상과 달리 보통법이 아닌 법률의 규정에 의하여 인정되고, 손해배상금도 법률에 의하여 일정한 한도가 정해져 있다.

757) 법정손해배상의 유형으로는 ① 손해액의 일정한 배수의 금액을 배상하도록 하는 방식, ② 그러한 금액을 배상액의 상한으로 하여 법원이 증액할 수 있도록 하는 방식, ③ 일정한 금액을 배상액으로 규정하는 방식 등이 있다. 위 ①의 유형으로는 미국 독점금지법(Clayton act) 제4조의 3배 배상(treble damages) 제도가 있고[15 U.S.C. § 15(a) : "…shall recover threefold the damages…"], ②의 유형으로는 미국 특허법 제284조의 손해배상이 있으며[법원은 배심원이 결정한 배상액 또는 법원이 산정한 배상액의 3배까지(up to three times) 증액할 수 있다(35 U.S. Code § 284)], ③의 유형으로는 미국 전자통신사생활보호법 제2520조(b)가 있다. 최나진, "징벌적 손해배상제도에 관한 비판적 고찰", 고려대학교 대학원 법학박사논문 (2014. 6.), 224~227쪽. 우리나라가 채택한 방식은 위 ②의 미국 특허법에 가까운 것으로 볼 수 있다.

758) 김태선, "미국 배액배상제도 및 법정손해배상제도의 도입에 관한 소고", 민사법학 제66호(2014. 3.), 서울시립대학교, 263쪽

759) 미국 세법 제162조(g)는 독점금지법을 위반한 자가 Clayton Act 제4조에 따라 부담하는 3배 손해배상(treble damage) 중 3분의 2(실손해를 넘는 부분)에 대하여 손금산입을 부인한다.

760) ① 가맹사업거래의 공정화에 관한 법률 제37조의2 제2항, ② 개인정보보호법 제39조 제3항, ③ 공익신고자보호법 제29조의2 제1항, ④ 기간제 및 단시간근로자 보호 등에 관한 법률 제13조 제2항, ⑤ 대리점거래의 공정화에 관한 법률 제34조 제2항, ⑥ 신용정보의 이용 및 보호에 관한 법률 제43조 제2항, ⑦ 정보통신망 이용촉진 및 정보보호 등에 관한 법률 제32조 제2항, ⑧ 제조물 책임법 제3조 제2항, ⑨ 파견근로자보호 등에 관한 법률 제21조 제3항, ⑩ 하도급거래 공정화에 관한 법률 제35조 제2항

다.[761] 따라서 입법론으로는 ① 외국의 징벌적 손해배상금을 당연한 손금불산입 대상으로 규정한 법인세법 시행령 제23조 제1항 제2호를 폐지하고, ② 외국의 징벌적 손해배상금이 손금의 요건을 갖추었다면 손금에 산입하되, 그것이 우리나라 세법의 관점에서 광의의 위법비용으로서 사회질서에 반하는 등으로 손금의 요건을 갖추지 못한 경우에 비로소 손금불산입하는 것이 합리적이다.[762]

---

761) 외국 벌금의 손금불산입에 대한 논의와 마찬가지로, 우리나라 세법이 외국의 징벌적 손해배상금에 의한 제재효과를 보장하도록(외국의 정책목표를 달성) 손금불산입할 것인지는 입법정책의 문제이지만, 이를 손금불산입하는 입법을 할 경우에는 그러한 필요성이 훨씬 큰 외국 벌금을 손금불산입하는 규정이 선행하여야 할 것이다.

762) 조세심판원 2015서5462 결정(2017. 3. 21.자)은, 내국법인이 미국에서 독점금지법(Sherman Act) 위반으로 과징금을 납부한 후 그 구매자들로부터 제소당한 손해배상소송(Clayton Act에 따른 3배 손해배상)에서 성립한 화해계약(settle agreement)에 따라 지급한 돈과 이와 관련하여 지출한 법률비용을 손금에 산입하였는데, 과세관청이 위 화해금과 법률비용이 통상성을 결여하여 손금의 요건을 충족하지 못하거나 사회질서에 반하는 것으로 보아 손금불산입한 사건에서 손금산입을 인정하였다. 재법인-623, 2016. 6. 22. 및 서면법령법인-3195, 2016. 6. 23.도 같은 입장이다.

일시상각충당금, 압축기장충당금과 보험회사의 준비금

1 일시상각충당금과 압축기장충당금

1-1. 일시상각충당금 · 압축기장충당금의 기능

일반적으로 세법상 충당금(퇴직급여충당금, 대손충당금 등)은, 회계기준의 충당부채에 대응하는 개념으로, 미래에 발생할 것으로 예상되는 비용에 대비하여 인식되는 항목이다. 그러나 일시상각충당금과 압축기장충당금은, 그러한 일반적 충당금과 성질을 전혀 달리하고, 어떤 사업연도에 익금이 발생한 경우 그에 대한 과세를 그 이후의 사업연도로 이연하기 위한 기술적 장치로서 일종의 가상적 부채(또는 자산의 차감)계정이다.[763]

국고보조금, 공사부담금 및 보험차익은 법인의 순자산을 증가시키므로 익금에 해당한다. 그런데 국고보조금 등이 법인의 사업용 자산을 취득·개량하는데 사용되는 경우에 그 국고보조금 등을 일시에 익금으로 과세한다면, 그 국고보조금 등의 일부가 법인세로 지출됨으로써 국고보조금 등의 효과가 감소할 수 있다.[764] 이러한 문제점을 해결하기 위하여 법인세법은, 법인이 국고보조금 등으로 사업용 자산을 취득·개량하는 경우, 국고보조금 등에 상당하는 일시상각충당금 또는 압축기장충당금을 설정하여 손금에 산입한 후, 사업용 자산의 내용연수 동안 나누어 익금에 산입하거나 그 자산의 처분시점에 익금에 산입하도록 함으로써, 국고보조금 등에 대한 과세를 이연(移延)한다.

---

763) 일시상각충당금과 압축기장충당금은, 세법상 일반적 충당금의 성질을 전혀 갖지 않음에도 '충당금'이라는 용어를 포함하고 있어 혼란을 초래하고, '일시상각'이나 '압축기장'이라는 용어도 해당 항목의 내용을 제대로 표현하지 못한다. 차라리 그 기능과 성질에 따라 '과세이연부채' 또는 '과세이연계정'으로 하거나, 적격합병의 경우와 같이 자산의 차감계정으로 보아 '자산조정계정'이라고 하는 것이 더 합리적이다.

764) 1987. 5. 26. 선고 85누521 판결

1-2. 국고보조금 등으로 사업용 자산을 취득·개량한 경우

1-2-1. 회계기준

(1) K-IFRS

정부보조금[765]은 자산관련보조금과 수익관련보조금으로 구분된다.[766]

① 자산관련보조금은 재무상태표에 이연수익(부채)으로 표시하거나 자산의 장부금액에서 차감하여 표시한다.[767] 보조금을 이연수익으로 표시하는 경우에는 자산의 내용연수에 걸쳐 체계적 기준에 따라 수익으로 대체되고, 자산의 장부금액의 차감으로 표시하는 경우에는 감가상각자산의 내용연수에 걸쳐 감가상각비를 감소시키게 된다.[768]

② 수익관련보조금은 당기손익의 일부로 별도의 계정이나 '기타수익'과 같은 일반계정으로 표시하고, 대체적인 방법으로 관련비용에서 보조금을 차감할 수 있다.[769]

(2) 일반기업회계기준

① 자산관련보조금(공정가치로 측정되는 비화폐성 보조금 포함)을 받는 경우에는 관련 자산을 취득하기 전까지 받은 자산 또는 받은 자산을 일시적으로 운용하기 위하여 취득하는 다른 자산의 차감계정으로 처리하고, 관련 자산을 취득하는 시점에서 관련 자산의 차감계정으로 회계처리한다.[770]

② 수익관련보조금은 대응되는 비용이 없는 경우 회사의 주된 영업활동과 직접적인 관련성이 있다면 영업수익으로, 그렇지 않다면 영업외수익으로 회계처리한다.[771]

---

765) 정부(government)는 지방자치단체, 중앙정부 또는 국제기구인 정부, 정부기관 및 이와 유사한 단체를 말하고, 정부지원(government assistance)은 일정한 기준을 충족하는 기업에게 경제적 효익을 제공하기 위한 정부의 행위를 말하며, 정부보조금(government grants)은 기업의 영업활동과 관련하여 과거나 미래에 일정한 조건을 충족하였거나 충족할 경우 기업에게 자원을 이전하는 형식의 정부지원을 말한다(K-IFRS 1020호 문단 3). 정부보조금은 재무상태표에 부채 또는 자산의 차감으로 표시되지만, 정부지원은 주석으로 공시된다.

766) 자산관련보조금(grants related to assets)은 정부지원의 요건을 충족하는 기업이 장기성 자산을 매입, 건설하거나 다른 방법으로 취득하여야 하는 일차적 조건이 있는 정부보조금을 말하고, 수익관련보조금(grants related to income)은 자산관련보조금 이외의 정부보조금을 말한다(K-IFRS 1020호 문단 3).

767) K-IFRS 1020호 문단 24

768) K-IFRS 1020호 문단 26, 27

769) K-IFRS 1020호 문단 29

770) 일반기업회계기준 17장 문단 17.5

771) 일반기업회계기준 17장 문단 17.7 1문. 반면 수익관련보조금이 특정의 비용을 보전할 목적으로 지급되는 경우에는 당기손익에 반영하지 않고 특정의 비용과 상계처리한다(일반기준 17장 문단 17.7 2문).

1-2-2. 세법

(1) 손금산입의 요건

(가) 사업용 자산의 취득·개량

법인이 ① 국고보조금 등[772]을 지급받아 그 지급받은 날이 속하는 사업연도의 종료일까지 대통령령으로 정하는 사업용 자산[773]을 취득하거나 개량하는데 사용한 경우 또는 ② 먼저 사업용 자산을 취득·개량한 후에 국고보조금 등을 지급받은 경우에는, 그 사업용 자산의 취득·개량에 사용된 국고보조금 등을 그 사업연도의 손금에 산입할 수 있다(법 36조 1항). 법인이 금전 외의 자산을 국고보조금 등으로 받아 사업에 사용한 경우에는 사업용 자산의 취득·개량에 사용한 것으로 본다(법 36조 4항).

국고보조금 등을 지급받은 날이 속하는 사업연도의 종료일까지 사업용 자산을 취득하거나 개량하지 않은 법인이, 그 사업연도의 다음 사업연도 개시일부터 1년 이내에 사업용 자산을 취득하거나 개량하려는 경우에는, 취득 또는 개량에 사용하려는 국고보조금 등의 금액을 그 지급일이 속하는 사업연도의 손금에 산입할 수 있다(법 36조 2항 1문). 이 경우 허가 또는 인가의 지연 등 대통령령이 정하는 사유로 국고보조금 등을 기한 내에 사용하지 못한 경우에는 해당 사유가 끝나는 날이 속하는 사업연도의 종료일을 그 기한으로 본다(법 36조 2항 2문).

(나) 일시상각충당금·압축기장충당금의 계상

법인이 사업용 자산의 취득·개량에 사용된 국고보조금 등을 손금에 산입하려는 경우 ① 그 사업용 자산이 감가상각자산이면 일시상각충당금을, ② 그 외의 자산이면 압축기장충당금을 계상하여야 한다(시행령 64조 3항).[774] 일시상각충당금과 압축기장충당금은 회계기준에서 인정되는 충당부채가 아니므로, 법인세법은 이에 대한 신고조정을 허용한다. 법인이 일시상각충당금 또는 압축기장충당금을 세무조정계산서에 계상하고 손금에 산입한

---

772) '국고보조금 등'은, 보조금 관리에 관한 법률, 지방재정법, 그 밖에 대통령령(시행령 64조 2항)으로 정하는 법률에 따라 받은 보조금 등을 말한다(법 36조 1항).

773) '대통령령으로 정하는 사업용 자산'은 사업용 유형자산 및 무형자산과 석유류를 말한다(시행령 64조 1항).

774) 서울행정법원 2016. 10. 28. 선고 2015구합78571 판결은, 원고 법인(주식회사 문화방송)이 한국방송통신전파진흥원으로부터 콘텐츠 제작지원금 명목으로 국고보조금을 수령하여 선수금(부채)으로 계상하고, 위 국고보조금을 사용하여 제작한 '남극의 눈물' 등 다큐멘터리의 가액을 선급제작원가(유동자산)로 계상한 사건에서, 원고 법인이 일시상각충당금을 계상하지 않았으므로, 일시상각충당금의 손금산입 요건을 충족하지 못하였다고 판단하였다[서울고등법원 2017. 12. 13. 선고 2016누75946 판결(원고의 항소를 기각함), 대법원 2018두33005호로 상고심 계속 중]. 위 사건의 전심절차에서 조세심판원은, 위 다큐멘터리를 사업용 고정자산으로 보기 어려우므로, 애초에 일시상각충당금의 설정대상이 아니라고 보았다(조심 2013서 1752, 2015. 8. 13.).

경우 그 금액은 손비로 계상한 것으로 본다(시행령 98조 2항).

국고보조금 등에 대한 손금산입 규정을 적용받고자 하는 법인은, 법인세 과세표준의 신고와 함께 국고보조금등상당액 손금산입조정명세서 또는 국고보조금등사용계획서를 관할 세무서장에게 제출하여야 한다(법 36조 5항).

(2) 일시상각충당금 · 압축기장충당금의 익금산입

(가) 사업용 자산의 감가상각 또는 처분

일시상각충당금과 압축기장충당금은 다음과 같이 익금에 산입된다(시행령 64조 3항).[775]

① 일시상각충당금은 해당 사업용 자산의 감가상각비와 상계하고, 그 자산을 처분하는 경우에는 상계하고 남은 잔액은 그 처분한 날이 속하는 사업연도에 전액 익금에 산입된다.

② 압축기장충당금은 해당 사업용 자산을 처분하는 사업연도에 전액 익금에 산입된다.

(나) 일정기한까지 사업용 자산의 취득 · 개량에 사용하지 못한 경우 등

장래에 사업용 자산의 취득 · 개량에 사용할 국고보조금 등 상당액을 손금에 산입한(법 36조 2항) 법인이, 손금산입금액을 기한 내에 사업용 자산의 취득 · 개량에 사용하지 않거나 사용하기 전에 폐업 또는 해산한 경우, 그 사용하지 않은 금액은 해당 사유가 발생한 사업연도의 익금에 산입한다(법 36조 3항 본문). 다만, 합병하거나 분할하는 경우로서 합병법인 등이 그 금액을 승계하는 경우는 제외하며, 이 경우 그 금액은 합병법인 등이 법인세법 제36조 제2항에 따라 손금에 산입한 것으로 본다(법 36조 3항 단서).

1-3. 전기사업 등에 필요한 사업용 자산 또는 공사부담금을 받은 경우

(1) 개요

전기사업 등을 하는 법인이, 그 전기 등의 수요자로부터 그 사업에 필요한 사업용 자산을 받거나 사업용 자산을 취득하는데 필요한 금전 등을 받는 경우, 일시상각충당금 등의 계상을 통하여 공사부담금 등에 대한 과세를 이연할 수 있다(법 37조). 이는, 전기사업 등을 하는 법인에게 귀속되는 사업용 자산 등이 실제로는 그 전기 등의 수요자를 위하여 사용되는 점을 고려하여, 그 법인에 대한 과세를 이연하는 것이다.[776]

---

775) 해당 사업용 자산의 일부를 처분하는 경우의 익금산입액은, 해당 사업용 자산의 가액 중 일시상각충당금 또는 압축기장충당금이 차지하는 비율로 안분계산한 금액에 의한다(시행령 64조 5항).

776) 김완석 · 황남석, 법인세법론(2021), 327쪽 ; 渡辺淑夫, 법인세법, 중앙경제사(2012), p.638

(2) 손금산입의 요건

① 적용대상은, 전기사업, 도시가스사업, 액화석유가스 충전사업, 액화석유가스 집단공
급사업 및 액화석유가스 판매사업, 집단에너지공급사업, 초고속정보통신기반구축사
업, 수도사업을 하는 법인이다(법 37조 1항, 시행령 65조 1항).

② 전기사업 등을 하는 법인이, 그 사업에 필요한 시설을 하기 위하여, 해당 시설의 수
요자 또는 편익을 받는 자로부터, 그 시설을 구성하는 사업용 자산(토지 등 유형자산
및 무형자산)을 제공받은 경우 또는 금전 등(공사부담금)을 제공받아, 그 제공받은
날이 속하는 사업연도의 종료일까지 사업용 자산의 취득에 사용하거나 사업용 자산
을 취득하고 공사부담금을 사후에 제공받은 경우이어야 한다(법 37조 1항).[777]

③ 법인이 공사부담금 등을 손금에 산입하려면, 공사부담금상당액 손금산입조정명세서
또는 공사부담금사용계획서를 관할 세무서장에게 제출하여야 한다(법 37조 3항).

(3) 손금산입의 방법

공사부담금 등의 손금산입은, 국고보조금 등에 대한 손금산입의 예에 따라, 일시상각충
당금 또는 압축기장충당금의 계상에 의하여 이루어진다(시행령 65조 3항, 64조 3항 내지 5항).

1-4. 유형자산의 멸실 · 손괴로 인한 보험금으로 다른 유형자산을 취득한 경우 등

(1) 제도의 취지

보험차익은, 보험에 가입된 자산의 멸실 · 손괴로 인하여 지급되는 보험금이 그 자산의
장부가액을 초과하는 금액을 말한다. 보험에 가입한 유형자산이 멸실 · 손괴된 경우의 보
험차익이 과세된다면, 그 보험금으로 다른 유형자산을 대체취득하거나 손괴된 유형자산을
개량하는 것이 저해될 수 있다. 이를 고려하여 법인세법은, 유형자산의 멸실 · 손괴로 인한
보험차익에 대하여 일정한 요건하에서 손금에 산입함으로써 과세를 이연한다(법 38조).

(2) 손금산입의 요건

① 법인이 유형자산('보험대상자산')의 멸실 · 손괴로 인하여 보험금을 지급받아야 한다
(법 38조 1항). 따라서 재고자산이나 투자자산의 멸실 · 손괴로 인하여 지급된 보험금

---

777) 공사부담금을 제공받은 날이 속하는 사업연도의 종료일까지 사업용 자산의 취득에 사용하지 않은 법인
이, 그 사업연도의 다음 사업연도의 개시일부터 1년 이내에 사업용 자산의 취득에 사용하려는 경우에도
그 취득에 사용하려는 공사부담금 상당액을 그 사업연도의 손금에 산입할 수 있다(법 37조 2항, 36조
2항).

은 여기에 해당하지 않는다.

② 법인이 보험금으로 멸실한 보험대상자산과 같은 종류의 자산을 대체 취득하거나, 손괴된 보험대상자산을 개량(대체 취득한 자산의 개량을 포함한다)하여야 한다(법 38조 1항). 여기서 '같은 종류의 자산'은 그 용도나 목적이 멸실한 보험대상자산과 같은 것을 말한다(시행령 66조 1항). 따라서 멸실한 보험대상자산과 대체 취득한 자산이 서로 다른 종류이거나, 같은 종류이더라도 그 용도나 목적이 다른 경우에는 과세이연의 특례가 적용되지 않는다. 그러나 양자가 같은 종류로서 용도나 목적이 동일한 경우에는, 구조·형태 또는 수량 등에서 차이가 있다고 하더라도, 과세이연의 특례가 적용될 수 있다.

③ 법인이 보험금을 지급받은 사업연도의 종료일까지 멸실한 보험대상자산과 동일한 자산을 대체 취득하거나 손괴한 보험대상자산을 개량하여야 한다(법 38조 1항). 보험금을 지급받은 사업연도의 종료일까지 보험대상자산과 동일한 자산을 대체 취득하거나 손괴한 보험대상자산을 개량하지 않은 법인이, 그 다음 사업연도의 개시일부터 2년 이내에 동일한 자산을 대체 취득 등을 하려는 경우에는 그 대체 취득 등에 사용하려는 보험금 상당액을 그 사업연도의 손금에 산입할 수 있다(법 38조 2항, 36조 2항).

④ 법인이 보험차익을 손금에 산입하려면 보험차익상당액 손금산입조정명세서 또는 보험차익사용계획서를 관할 세무서장에게 제출하여야 한다(법 38조 3항, 시행령 66조 4항).

(3) 손금산입의 방법

보험차익의 손금산입은, 국고보조금 등에 대한 손금산입의 예에 따라, 일시상각충당금 또는 압축기장충당금의 계상에 의하여 이루어진다(시행령 65조 3항, 64조 3항 내지 5항). 손금에 산입하는 금액은 보험대상자산의 가액 중 그 취득 또는 개량에 사용된 보험차익에 상당하는 금액이고, 해당 보험대상자산의 가액이 지급받은 보험금에 미달하는 경우 보험금 중 보험차익 외의 금액을 먼저 사용한 것으로 본다(시행령 66조 2항).

(1) 책임준비금, 비상위험준비금 및 해약환급금준비금

(가) 책임준비금, 비상위험준비금

보험회사는 보험업법에 따라 책임준비금[778]과 비상위험준비금[779]을 계상하고 따로 작성한 장부에 각각 기재하여야 한다(보험업법 120조). 보험회사가 아닌 보험사업을 하는 법인은 수산업협동조합법 등 관련 법률에 따라 책임준비금을 적립하여야 한다(수산업협동조합법 60조의2 2항).

(나) 해약환급금준비금

종전의 K-IFRS 제1104호는 보험부채를 '미래현금흐름을 최초 보험계약 시 이율 등을 기초로 할인한 금액'으로 인식하는 것을 허용하였다.[780] 그러나 2023. 1. 1.부터 보험회사에 적용되는 K-IFRS 제1117호는 보험부채를 '미래현금흐름을 현행추정치를 기초로 할인한 금액'으로 평가하도록 정한다.[781] 이에 따라 시장이율의 변동으로 인한 보험회사의 사외유출을 방지하기 위하여, 보험업감독규정은 보험회사가 보험계약 해지에 대한 위험을 고려한 해약환급금준비금을 적립하도록 규정한다.[782]

---

778) 책임준비금은, 보험회사가 장래에 지급할 보험금·환급금 및 계약자배당금의 지급에 충당하기 위하여 계상하는 금액을 말한다(보험업법 시행령 63조 1항). 책임준비금의 계산방법 등 세부사항은 금융위원회가 정하여 고시한다(보험업법 시행규칙 29조 2항). 이에 따라 보험업감독규정은, 보험감독목적의 회계처리에 관하여 위 규정에서 정하지 않은 사항은 한국채택국제회계기준(K-IFRS)을 준용한다(보험업감독규정 제6-1조).

779) 비상위험준비금(Contingency Reserve)은 자연재해 등으로 거대손실이 발생하는 경우 당기의 보험료 수입만으로는 보험금 지급이 어려우므로, 손익안정을 위해 매년 보험료 수입 중에서 일부를 별도 적립해 거대손실에 대비하고자 하는 준비금 제도이다. 김수성, "K-IFRS 도입에 따른 손해보험회사의 비상위험준비금 영향 및 과세 대응방안", 세무학연구 27권 1호(2010. 3.), 한국세무학회, 206쪽 주 14) ; 손해보험업을 경영하는 보험회사는 해당 사업연도의 보험료 합계액의 50%(보증보험의 경우 150%)의 범위에서 금융위원회가 고시하는 기준에 따라 비상위험준비금을 계상하여야 한다(보험업법 시행령 63조 4항).

780) K-IFRS 1104호 문단 24 : "보험자는 현행시장이자율을 반영하여 지정된 보험부채를 재측정하고 … 회계정책을 변경할 수 있으나, 반드시 그러할 필요는 없다."

781) K-IFRS 1117호 문단 33 (3) 및 B55 : 이 추정치는 미래에 대한 측정시점의 가정을 포함하여 그 시점(보고기간 말)에 존재하는 상황을 반영한다.

782) 보험업감독규정 제6-11조의6 ; 이는, K-IFRS 17에 따른 부채의 시가평가로 인하여 금리가 상승하면 보험부채가 감소하게 되는데, 보험부채와 해약환급금의 차액이 지속적으로 사외유출될 경우 계약자에게 해약환급금을 지급하지 못할 가능성이 있으므로, 이에 대비하여 위 차액을 해약환급금준비금으로 적립하도록 한 것이다(금융위원회 2022. 8. 25.자 보도자료).

(다) 보험회사에 대한 K-IFRS 제1117호의 적용에 따른 세법의 개정

종전의 K-IFRS 제1104호는 수익을 보험료의 수취시점에 인식하는 현금주의를 허용하였기 때문에, 구 법인세법은 보험회사 등의 조세부담이 보험료의 수취시점에 집중되지 않도록 책임준비금의 손금산입을 통한 과세이연(과세소득의 기간별 분산)을 인정하였다.

그런데 K-IFRS 제1117호는 보험수익을 보험서비스의 제공 시에 인식하는 것[783]으로 정하였다.[784] 이를 고려하여 2022. 12. 31. 개정된 법인세법은 ① K-IFRS 제1117호를 적용받는 보험회사에 대하여는 책임준비금의 손금산입 대신에 '해약환급금준비금의 손금산입과 종전의 책임준비금을 일정한 기간에 걸쳐 익금에 산입하는 것' 중에서 선택하도록 하는 한편, ② K-IFRS 제1117호를 적용받지 않는, 보험회사가 아닌 보험사업을 하는 법인에 대하여는 종전과 같이 책임준비금의 손금산입 제도를 계속하여 적용한다.

(2) 보험회사의 책임준비금 증감과 관련된 손익

보험회사가 적립한 책임준비금의 감소액으로서 보험감독회계기준에 따라 수익으로 계상된 금액은 익금에 산입되고(시행령 11조 10호), 책임준비금의 증가액[785]으로서 보험감독회계기준에 따라 비용으로 계상된 금액은 손금에 산입된다(시행령 19조 23호). 보험회사가 보험계약과 관련하여 수입하거나 지급하는 이자·할인액 및 보험료 등으로서 책임준비금 산출에 반영되는 항목은, 보험감독회계기준에 따라 수익 또는 손비로 계상한 사업연도의 익금 또는 손금으로 한다(시행령 70조 6항).

(3) 보험회사의 해약환급금준비금의 손금산입 및 전환손익의 처리

(가) 해약환급금준비금의 손금산입

보험업법에 따른 보험회사가 해약환급금준비금(보험회사가 보험계약의 해약 등에 대비하여 적립하는 금액으로서 대통령령으로 정하는 바에 따라 계산한 금액[786])을 세무조정계산서에 계상하고 그 금액을 해당 사업연도의 이익처분을 할 때 해약환급금준비금으로 적립한 경우, 그 금액을 결산을 확정할 때 손비로 계상한 것으로 보아 해당 사업연도의 손금에 산입한다(법 32조 1항). 전환손익 관련 규정(법 42조의3 3항)을 적용받는 보험회사에 대해서는, 해약환급금의 손금산입 규정이 적용되지 않는다(법 42조의3 5항).

---

783) K-IFRS 1117호 문단 41 (1) 보험수익 : 해당 기간의 서비스 제공에 따른 잔여보장부채의 감소분
784) K-IFRS 1104호와 1117호의 비교 및 법인세법의 입법취지에 관하여는 ① 금융감독원, 2023년 IFRS 17(보험계약) 시행 대비 보험감독회계 도입방안(2021. 12.), 12~13쪽, ② 김경호(국회 기획재정위원회 전문위원), "법인세법 일부개정법률안 검토보고"(2022. 11.), 43~54쪽
785) 할인율의 변동에 따른 책임준비금 평가액의 증가분은 제외한다.
786) '대통령령으로 정하는 바에 따라 계산한 금액'은 보험업법 시행령 제65조 제2항 제3호에 따라 해약환급금준비금에 관하여 금융위원회가 정하여 고시하는 방법으로 계산한 금액을 말한다(시행령 59조 1항).

(나) 전환손익의 처리

보험회사가 보험계약국제회계기준[787]을 최초로 적용하는 경우, '최초적용사업연도의 직전 사업연도에 손금에 산입한 보험업법에 따른 책임준비금에 대통령령으로 정하는 계산식을 적용하여 산출한 금액(①)'을 최초적용사업연도의 익금에 산입한다(법 42조의3 1항). 보험회사는 '최초적용사업연도의 개시일 현재 보험업법 제120조 제3항의 회계처리기준에 따라 계상한 책임준비금에 대통령령으로 정하는 계산식을 적용하여 산출한 금액(②)'을 해당 사업연도의 손금에 산입한다(법 42조의3 2항). 보험회사는, '위 ①의 금액에서 ②의 금액을 뺀 금액(전환이익)[788]에 대통령령으로 정하는 계산식을 적용하여 산출한 금액'을 최초적용사업연도의 다음 3개 사업연도의 익금에 산입하지 않을 수 있고, 이 경우 전환이익은 최초적용사업연도의 다음 4번째 사업연도 개시일부터 3년간 균등하게 나누어 익금에 산입한다(법 42조의3 3항).

(4) 보험회사가 아닌 보험사업을 하는 법인의 책임준비금의 손금산입

보험사업을 하는 법인(보험업법에 따른 보험회사는 제외한다)이 각 사업연도의 결산을 확정할 때 수산업협동조합법 등 보험사업 관련 법률에 따른 책임준비금을 손비로 계상한 경우에는, 대통령령으로 정하는 바에 따라 계산한 금액의 범위에서 그 계상한 책임준비금을 해당 사업연도의 손금에 산입한다(법 30조 1항). 이를 적용하려는 법인은, 법인세 과세표준 신고와 함께 책임준비금명세서를 관할 세무서장에게 제출하여야 한다(법 30조 4항, 시행령 57조 6항). 책임준비금은 결산확정사항이므로, 결산서에 계상되지 않은 책임준비금을 세무조정계산서에 기재하는 신고조정의 방법으로 손금에 산입할 수는 없다.

위와 같이 손금에 산입한 책임준비금은, 대통령령으로 정하는 바에 따라 ① 다음 사업연도 또는 ② 손금산입일이 속하는 사업연도의 종료일 이후 3년이 되는 날이 속하는 사업연도의 익금에 산입하여야 한다(법 30조 2항). 책임준비금을 위 ②의 사업연도의 익금에 산입하는 경우, 대통령령으로 정하는 바에 따라 계산된 이자 상당액을 해당 사업연도의 법인세에 더하여 납부하여야 한다(법 30조 3항).

(5) 비상위험준비금

보험사업을 하는 법인이 각 사업연도의 결산을 확정할 때 보험업법이나 그 밖의 법률에 따른 비상위험준비금을 손비로 계상한 경우에는, 대통령령으로 정하는 바에 따라 계산한 금액의 범위에서 그 계상한 비상위험준비금을 해당 사업연도의 손금에 산입한다(법 31조

---

787) 보험계약회계기준은 K-IFRS 제1117호를 말한다(시행령 78조의3 1항).
788) 금액이 양수인 경우로 한정한다.

1항). 이를 적용하려는 법인은, 법인세 과세표준 신고와 함께 비상위험준비금명세서를 관할 세무서장에게 제출하여야 한다(법 31조 3항, 시행령 58조 5항). 다만, K-IFRS를 적용하는 법인이 비상위험준비금을 세무조정계산서에 계상하고 해당 사업연도의 이익처분을 할 때 비상위험준비금으로 적립한 경우에는, 대통령령으로 정하는 바에 따라 계산한 금액의 범위에서 그 금액을 결산을 확정할 때 손비로 계상한 것으로 본다(법 31조 2항).

제3장

부당행위계산의 부인

개요

1-1. 부당행위계산 부인의 의의와 성격

(1) 부당행위계산부인의 의의

부당행위계산의 부인은, 법인이 특수관계자와 사이에 정상적 거래조건과 불일치하고 경제적 합리성이 없는 거래를 함으로써 이익을 분여하는 경우, 해당 거래와 정상적 거래조건에 따른 차이를 과세하는 제도를 말한다.[1] 이는, 부당행위계산에 해당하는 거래를, 정상적 거래조건에 따른 거래와, 정상적 거래조건과 당해 거래조건의 차이에 해당하는 이익을 분여하는 거래의 결합으로 재구성하는 것이다.

(2) 부당행위계산의 부인과 실질과세원칙

부당행위계산의 부인은 기본적으로 국세기본법 제14조 제2항의 실질과세원칙을 구체화한 제도이다.[2][3] 국세기본법 제14조가 일반적 조세회피방지 규정인 것에 비하여, 부당행

---

1) 대법원은, 부당행위계산부인이란 법인이 특수관계에 있는 자와의 거래에 있어 정상적인 경제인의 합리적인 방법에 의하지 아니하고 법인세법 시행령 제88조 제1항 각 호에 열거된 여러 거래형태를 빙자하여 남용함으로써 조세부담을 부당하게 회피하거나 경감시켰다고 하는 경우에 과세권자가 이를 부인하고 법령에 정하는 방법에 의하여 객관적이고 타당하다고 보이는 소득이 있는 것으로 의제하는 제도라고 한다(대법원 2010. 10. 28. 선고 2008두15541 판결).

2) 이는 국세기본법 제14조의 실질과세원칙이 거래의 경제적(經濟的) 실질을 반영하는 제도임을 전제로 한다. 종래 대법원의 주류적 판례는 국세기본법 제14조 제2항의 실질과세원칙을 사법적(私法的) 실질에 따라 해석함으로써(법적 실질설) 사법적 법률관계의 해석에 포함되지 않는 경제적 실질을 고려하지 않았고[제1편 제5장 2-2. (2) 참조], 실질과세원칙을 이러한 의미로 해석한다면 부당행위계산과 이질적인 제도가 되므로 그 기초가 되기 어렵다. 그런데 대법원 2001. 6. 15. 선고 99두1731 판결은, 부당행위계산부인 규정은 실질과세원칙을 구체화하여 공평과세를 실현하고자 하는 데에 그 입법 취지가 있다고 판시하였다.

3) 대법원 2002. 9. 4. 선고 2001두7268 판결은, 부당행위계산부인 규정의 취지는 법인과 특수관계 있는 자와의 거래가 법인세법 시행령에 정한 제반 거래형태를 빙자하여 남용함으로써 경제적 합리성을 무시하였다고 인정

위계산부인 규정은 개별적 조세회피방지 규정에 해당한다.[4] 부당행위계산의 부인과 국세기본법 제14조 제3항에 의한 거래재구성은 적용양상을 달리한다. 부당행위계산의 부인이 단순한 거래를 분해하여 여러 거래의 결합으로 재구성하는 것이라면(저가양도 → '시가양도+시가와 거래가액의 차액의 분여'),[5] 국세기본법 제14조 제3항은 다단계의 간접적·우회적 거래를 축약하여 단순한 거래로 재구성하는 것이다.[6] 대법원은, 부당행위계산에 관하여, 국세기본법 제14조에 의한 거래재구성과 비교할 때, 더 유연한 태도를 보인다.[7]

한편, 여러 단계의 거래가 하나로 축약하여 이루어진 경우, 부당한 조세회피목적이 인정된다면 그 거래는 국세기본법 제14조 제2항[8]에 따라 그 구성요소 별로 분해하여 과세될 여지가 있다.

(3) 부당행위계산의 부인과 손금의 요건

부당행위계산의 부인은 손금의 요건(법 19조 1항)과 밀접한 관련을 가진다. 법인이 특수관계자의 자산을 그 시가보다 높은 가액으로 매입한 경우, 그 매입가액 중 시가를 초과하는 부분은 법인의 수익에 대한 기여 없이 유출된 금액이므로, 장차 그 자산의 처분 시에 손금에 산입되어서는 안 된다. 따라서 법인의 비용 중 손금의 요건을 갖춘 것만을 손금으로 인정하는 체제를 취하는 이상, 부당행위계산부인은 적정한 소득의 계산을 위하여 어떤

되어 조세법적인 측면에서 부당한 것이라고 보일 때 과세권자가 객관적으로 타당하다고 인정되는 소득이 있었던 것으로 의제하여 과세함으로써 과세의 공평을 기하고 조세회피행위를 방지하고자 하는 것이라고 한다.

4) 다만, 양자가 결합되어 적용되는 경우도 있으므로(가령, 법인이 지배주주의 자녀에게 이익을 분여한 경우 국세기본법 14조 2항에 따라 실질적으로 법인이 지배주주에게 이익을 분여하는 거래와 지배주주가 그 자녀에게 이익을 전달하는 거래가 축약된 것으로 보는 것), 반드시 일반법·특별법 관계와 같이 부당행위계산부인 규정이 적용되는 경우, 국세기본법 제14조의 적용이 배제된다고 볼 것은 아니다.

5) 이창희, 세법강의(2020), 1003쪽

6) 부당행위계산에 해당하는 거래가 특수관계인 외의 자와의 거래를 통한 간접적·우회적 형태를 띠는 경우에는, 일반적 부당행위계산의 부인과 국세기본법 제14조 제3항이 결합될 수 있는데, 법인세법 시행령 제88조 제2항은 그러한 간접적·우회적 방식의 거래도 부당행위계산에 포함되는 것으로 규정한다.

7) 대법원 1997. 5. 28. 선고 95누18697 판결(피자헛 영업권 사건), 대법원 2019. 5. 30. 선고 2016두54213 판결. 이는, ① 부당행위계산이 문제되는 것은, 법인이 불리한 거래를 통하여 특수관계인에게 이익을 분여한 경우인데, 그러한 거래는 법인에게 경제적 손실을 야기하여 법인의 영리추구적 속성에 반하기 때문에 비교적 쉽게 경제적 합리성의 부존재를 인정할 수 있는 반면, ② 국세기본법 제14조에 따른 거래재구성이 문제되는 상황 중에서, 특히 법인이 자신에게 유리한 세법적 효과가 인정되는 우회적인 거래방안을 선택한 경우에는, 적어도 경제적 관점에서는 합리적인 것이 되므로, 영리법인의 성격에 부합하는 면이 있고, 그러한 사정만으로 거래형식의 선택가능성을 남용하였다고 단정하기 곤란하여 법인의 거래를 세법상 선뜻 부인하기 어려운 면이 있기 때문으로 보인다.

8) 국세기본법 제14조 제2항은, 제한적 경제적 실질설, 즉 '원칙적으로 당사자가 선택한 거래의 사법적 형식이 세법상 존중되지만, 거래의 법적 형식과 경제적 실질 사이에 괴리가 있고, 부당한 조세회피목적이 인정되는 경우에는, 그 거래는 경제적 실질에 따라 세법상 재구성될 수 있다'는 내용으로 해석하는 것이 합리적이다. 송동진·전병욱, "실질과세원칙과 거래의 재구성 - 국세기본법 제14조의 해석론을 중심으로 -", 조세법연구 [19-1](2013. 4.), 한국세법학회, 75~81쪽 ; 제1편 제5장 2-2. (1) 참조

명칭과 형식으로든 존재하여야 하는 필수적인 제도이다.

1-2. 부당행위계산의 부인과 다른 제도의 관계

세법은 정상적 거래조건과 다른 조건의 거래를 통한 이익분여를 과세하기 위하여 여러 가지 제도를 규정한다. ① 내국법인과 비거주자 또는 외국법인 간의 국제거래에 대하여는 부당행위계산의 부인 규정이 원칙적으로 적용되지 않고(국조법 3조 2항 본문),[9] 정상가격의 조정 규정이 적용된다. ② 그 외에 거래를 통한 이익분여를 과세하는 제도로, 현물기부금 (시행령 35조), 소득세법상 부당행위계산부인(소득세법 41조, 101조), 부가가치세법 제29조 제4 항, 상증세법상 고·저가 양도로 인한 증여(상증세법 35조) 등이 있다.

외국의 입법례

① 미국 세법은, 회사가 주주에게 비공식적 방법으로 가치를 이전하고 그에 상응하는 대가를 받지 않는 것을 회사의 주주에 대한 의제배분(constructive distribution)으로 취급한다.[10] 의제배분의 구체적 예로는 ㉮ 주주에 대한 과도한 급여,[11] ㉯ 저가양도 또는 저가임대, ㉰ 고가매입 또는 고 가임차, ㉱ 주주에 대한 가지급금, ㉲ 주주에 의한 법인재산의 횡령 등이 있다.[12] 한편, 미국 세법 제482조는 국세청장에게 일정한 경우 특수관계인들 사이의 소득을 재배정할 수 있는 권한을 인정 하지만,[13] 위 규정에 따른 소득의 재배정은 대응조정(correlative allocation)을 수반하므로,[14] 위 규정은 내국회사들 간의 거래에 대하여는 제한적으로 적용된다.[15]

② 독일 법인세법 제8조 제3항 제2문은, 숨은 이익처분(versteckte Gewinnausschüttung)은 회사의 소득을 감소시키지 못한다고 규정한다. 숨은 이익처분이 있는 경우, 법인은 그로 인하여 낮은 당

---

9) 예외적으로 국제거래 중 대통령령으로 정하는 자산의 증여 등에 대하여는 부당행위계산부인의 규정이 적용 된다(국조법 3조 2항 단서). 제4장 제1절 1-2-2. 참조

10) Bittker & Eustice, 8-40

11) 회사가 주주의 배우자 등에게 지급한 급여가 그들이 제공한 용역의 가치를 초과하는 경우, 회사가 주주에 게 배분을 한 것으로 취급될 수 있고, 그 경우 회사는 주주에게 배분을 하고, 주주는 다시 그 배우자 등에 게 증여를 한 것으로 처리된다. Bittker & Eustice, 8-43

12) 의제배분의 유형 중 일부는 재무부 규칙에 규정되어 있고[가령 주주에 대한 저가매입의 경우 재무부 규칙 § 1.301-1(j)], 일부는 법원의 판결 또는 행정해석에 의하여 인정된다.

13) 미국 세법 제482조는, 동일한 이해관계에 의하여 직접 또는 간접으로 소유되거나 통제되는 둘 또는 그 이상의 조직 또는 사업들의 경우, 재무부장관은 조세포탈을 방지하거나 그러한 조직 또는 사업들의 소득 을 명확하게 반영하기 위하여 그러한 조직 또는 사업들 사이에서 총소득, 공제 등을 배분, 할당 또는 재배 정할 수 있다고 규정한다.

14) 재무부 규칙 § 1.482-1(g)(i) : 거래와 관련된 특수관계인들 중 한 구성원의 소득이 증가하면 그에 대응하 여 다른 구성원의 소득이 감소되어야 한다.

15) 재무부는 미국 세법 제482조를 이용하여 ① 국내부문에서 한 회사의 최고세율구간에 있는 소득을 다른 회사의 낮은 세율구간(또는 0)으로 옮기거나, ② 국제영역에서 소득을 내국회사로부터 미국에 납세의무를 부담하지 않는 관련된 외국회사로 옮기기 위한 인위적 가격을 정정해왔다. Bittker & Eustice, 13-28.

기순이익을 보고하였다면 그 차액을 세무대차대조표에 가산하여야 하고,[16] 주주는 자본재산 (Kapitalvermögen)으로부터의 수입으로 과세된다(독일 소득세법 제20조 제1항 제1호 2문). 연방 재정법원은 숨은 이익처분을 '회사의 자산감소 또는 회피된 자산증가로서, 회사관계를 통하여 야 기되고(durch Gesellschaftverhältnis veranlasst) 소득금액에 영향을 미치며 공개적인 배당과 관 련이 없는 것'으로 판시한다.[17] 숨은 이익처분의 구체적 유형은 행정규칙인 법인세법 준칙(KStG Richtlinie) H 36에 규정되어 있고, 그 내용은 우리나라 법인세법 시행령 제88조 제1항에 규정된 것과 매우 유사하다.

③ 일본 법인세법 제132조 제1항 제1호는, '세무서장은 동족회사인 법인의 행위 또는 계산을 용인하 는 경우 법인세의 부담을 부당하게 감소시키는 결과로 된다고 인정되는 때에는 그 행위 또는 계 산에 관계없이 법인의 과세표준 등을 계산할 수 있다'고 규정한다. 위 규정에 따라 부인되는 행위 의 구체적 유형은 일본 법원의 판례에 의하여 집적되어 오고 있다.[18]

2   부당행위계산의 요건

2-1. 내국법인과 특수관계인 간의 거래

2-1-1. 내국법인

거래의 주체인 내국법인에는 영리법인과 비영리법인[19] 및 청산 중인 법인[20]도 포함된 다(법 52조 1항, 79조 7항).[21]

2-1-2. 특수관계인

(1) 특수관계인의 범위

특수관계인[22][23]은, 법인과 경제적 연관관계 또는 경영지배관계 등 대통령령으로 정하

---

16) Tipke/Lang, 11장 문단 88, BFH vom 29.06.1994 I R 137/93

17) BFH vom 22.02.1989 I R 44/85, BStBl. 189 Ⅱ 475 ; 연방재정법원의 판례는 통상적이고 양심적인, 주주 아닌 관리자의 주의를 기울였다면 회사가 그 재산적 이익을 주주에게 제공하지 않았을 경우 회사관계를 통한 야기를 인정한다. Dötch/Geiger/Klingebiel/Lang/Rupp/Wochinger, p.130

18) 金子 宏, 租税法(2019), p.533

19) 다만, 비영리법인의 부당행위계산은 수익사업에 속하는 행위 또는 계산에 한한다.

20) 기본통칙 52-88…1

21) 국내사업장을 가지고 있거나 부동산 등의 양도 등으로 인한 소득이 있는 외국법인도 부당행위계산의 주체 가 될 수 있다(법 92조 1항, 91조 1항, 52조).

22) 법인과 특수관계인 간 거래의 가격은, 특수관계인의 법인에 대한 영향력으로 인하여, 정상적인 거래에서의

는 관계에 있는 자를 말한다. 본인도 그 특수관계인의 특수관계인으로 본다(법 2조 12호).[24]

(가) 해당 법인의 경영에 사실상 영향력을 행사하는 자와 그 친족(시행령 2조 5항 1호)

법인의 경영이란 임원의 임면권의 행사, 사업방침의 결정 등을 말한다. 법인의 경영에 대하여 사실상 영향력을 행사하는 자는 자연인뿐만 아니라 법인도 포함한다.[25]

「상법 제401조의2 제1항에 의하여 이사로 보는 자」는 '법인의 경영에 대하여 사실상 영향력을 행사하는 자'에 포함되고, 이는 다음의 어느 하나에 해당하는 자를 말한다.

① 회사에 대한 자신의 영향력을 이용하여 이사에게 업무집행을 지시한 자 : '업무집행을 지시한 자'에는 자연인뿐만 아니라 법인인 지배회사도 포함된다.[26]

② 이사의 이름으로 직접 업무를 집행한 자 : 이는 회사에 대한 영향력을 가진 자이어야 하고,[27] 회사에 대한 영향력을 가진 자가 이사에게 지시하는 대신 이사의 이름으로 직접 업무를 집행하는 경우를 말한다.[28]

③ 이사가 아니면서 명예회장·회장·사장·부사장·전무·상무·이사 기타 회사의 업무를 집행할 권한이 있는 것으로 인정될 만한 명칭을 사용하여 회사의 업무를 집행한 자 : 이사가 아니면서 회장 등의 명칭을 사용하여 회사의 업무를 집행한 자는, 회사에 대한 영향력을 가진 자일 필요는 없다.[29]

친족은, 「6촌 이내의 혈족, 4촌 이내의 인척, 배우자(사실상 혼인관계에 있는 자를 포함한다), 친생자로서 다른 사람에게 친양자 입양된 자 및 그 배우자·직계비속」을 말한다(국

객관적 교환가격과 다르게 결정될 여지가 있으므로, 이를 고려하여 법인세법은 특수관계의 존재를 부당행위계산의 전형적 표지인 요건으로 정한 것으로 볼 수 있다.

23) 내국법인은, 법인세의 과세표준과 세액의 신고를 할 때, 각 사업연도에 특수관계인과 거래한 내용이 적힌 명세서를 납세지 관할 세무서장에게 제출하여야 한다(법 52조 3항, 시행령 90조 1항). 이는 부당행위계산 부인 규정이 실효적으로 적용될 수 있도록 하기 위한 규정이다.

24) 특수관계의 존부를 판단할 때 납세의무자인 법인을 기준으로 특수관계가 있어야 하는지(일방관계설), 그 법인과 거래상대방 중 어느 쪽을 기준으로 해서든 특수관계가 있으면 되는지(쌍방관계설)에 관하여, 대법원 판례는 종래 쌍방관계설을 취하였다가(대법원 1988. 12. 13. 선고 80누466 판결) 일방관계설로 입장을 변경하였다(대법원 2011. 7. 21. 선고 2008두150 전원합의체 판결). 이후 2012. 2. 2. 개정된 법인세법 시행령 제87조 제1항 후단은 입법으로 쌍방관계설을 채택하였고, 이는 다시 2019. 2. 12. 개정된 법인세법 제2조 제12호 후문에 규정되었다.

25) 행정해석은, 미국법인 A가 미국법인 B에 100% 출자하고, 미국법인 B가 내국법인 C에 100% 출자하며, 미국법인 A가 미국법인 D에 100% 출자하고, 미국법인 D가 내국법인 E에 100% 출자한 경우, 구 법인세법 시행령 제87조 제1항 제1호(현행 법인세법 시행령 2조 5항 1호)의 '당해 법인의 경영에 대하여 사실상 영향력을 행사하고 있다고 인정되는 자'는 자연인과 법인 모두를 의미하고, 미국법인 A의 손자회사인 내국법인 C와 E는 특수관계에 있다고 한다(재법인 46012-13,2002. 1. 18.).

26) 대법원 2006. 8. 25. 선고 2004다26119 판결

27) 대법원 2009. 11. 26. 선고 2009다39240 판결

28) 이철송, 회사법강의(2019), 784쪽 ; 주석 상법, 회사(3)(401조의2), 386쪽

29) 대법원 2009. 11. 26. 선고 2009다39240 판결

세기본법 시행령 1조의2 1항).

(나) 소액주주 등이 아닌 주주 등(비소액주주 등)과 그 친족(시행령 2조 5항 2호)

법인의 발행주식총수 또는 출자총액의 1%[30] 이상의 주식 등을 소유한 주주 등과, 1% 미만의 주식 등을 소유하였지만 지배주주 등(국가, 지방자치단체를 제외한다)의 특수관계인인 자는 법인의 특수관계인에 해당한다(시행령 50조 2항, 40조 1항).

법인이 현물출자를 통하여 새로운 법인을 설립하는 경우 당해 법인과 신설법인은 특수관계인에 해당한다.[31] 법인이 설립 중인 자회사에게 자금을 대여하고 아직 그 자회사의 설립등기가 마쳐지지 않은 경우, 아직 주주의 지위가 발생하지 않았으므로, 주주의 지위로 인한 특수관계는 인정되지 않는다.[32]

법인과 그 주주 중 어느 한쪽에 대하여 회사정리절차개시결정이나 파산선고결정이 있었다고 하여 곧바로 그 법인과 주주 사이의 특수관계가 소멸한다고 볼 수 없다.[33]

(다) 임원·직원 등(시행령 2조 5항 3호)

법인의 임원[34]·직원 또는 비소액주주 등의 직원(주주 등이 영리법인인 경우에는 그 임원을, 비영리법인인 경우에는 그 이사 및 설립자를 말한다)이나 법인 또는 주주 등의 금전 기타 자산에 의하여 생계를 유지하는 자 및 이들과 생계를 함께 하는 친족, 법인 또는 그 임원 중 어느 한쪽에 관하여 파산선고가 있는 경우 위임관계는 당연히 종료한다(상법 380조 2항, 민법 690조).[35] 법인에 관하여 회생절차가 개시된 경우, 업무의 수행권 및 재산의 관리처분권은 관리인에게 전속하지만(채무자회생법 59조, 74조, 78조), 그와 관계없는 조직법·사단법적 회사의 활동(주주총회나 이사회의 소집 등)은 기존의 이사 등에 의하여 이루어지므로,[36] 기존 임원의 지위가 당연히 소멸하는 것은 아니다.

---

30) 특수관계 여부의 판단 시 법인이 보유한 자기주식 등 의결권이 없는 주식은 발행주식총수에 포함되지 않는다는 것이 행정해석이다(재법인-249, 2007. 4. 2.).

31) 기본통칙 52-87…3

32) 국심85부0338, 1985. 7. 3.

33) 대법원 2009. 12. 10. 선고 2007두15872 판결은, 채무자인 특수관계자에 대하여 회사정리절차개시결정 등이 있더라도 채권자인 당해 법인이 보유하는 대여금채권에 관한 인정이자 상당액은 익금산입의 대상이 된다고 한다. ; 기본통칙 52-87…3

34) 임원은 다음 중 어느 하나에 해당하는 직무에 종사하는 자를 말한다(시행령 40조 1항).
   ① 법인의 회장, 사장, 부사장, 이사장, 대표이사, 전무이사 및 상무이사 등 이사회의 구성원 전원과 청산인
   ② 합명회사, 합자회사 및 유한회사의 업무집행사원 또는 이사
   ③ 유한책임회사의 업무집행자
   ④ 감사
   ⑤ 그 밖에 ①부터 ④까지의 규정에 준하는 직무에 종사하는 자

35) 대법원 2002. 8. 27. 선고 2001다13624 판결

36) 도산처리법, 사법연수원(2014), 46, 60쪽 이하

(라) 해당 법인이 직접 또는 그 법인의 경영에 대하여 사실상 영향력을 행사하는 자 등을 통하여 다른 법인에 대하여 지배적인 영향력을 행사하는 경우(시행령 2조 5항 4호, 5호)

여기에는 ① 해당 법인이 직접 또는 그와 법인세법 시행령 제2조 제5항 제1호부터 제3호까지의 관계에 있는 자를 통하여 어느 법인의 경영에 대하여 지배적인 영향력(국세기본법 시행령 1조의2 4항)[37]을 행사하고 있는 경우 그 법인, ② 해당 법인이 직접 또는 그와 법인세법 시행령 제2조 제5항 제1호부터 제4호까지의 관계에 있는 자를 통하여 어느 법인의 경영에 대하여 지배적인 영향력을 행사하고 있는 경우 그 법인이 포함된다.

(마) 간접적인 30% 이상 출자관계(시행령 2조 5항 6호)

어떤 법인 또는 개인이 다른 법인에 30% 이상 출자하고, 그 다른 법인이 당해 법인에 30% 이상을 출자하는 경우, 최초의 출자자인 법인 또는 개인은 당해 법인의 특수관계인이다. 법문상 연속적인 30%의 출자로 인하여 곧바로 특수관계가 인정되는 것은 2단계로 제한되고, 그 이상의 단계에 대하여 특수관계가 인정되기 위해서는 법인세법 시행령 제2조 제5항 제1호 내지 제5호 또는 제7호의 요건이 충족되어야 한다.

(바) 공정거래법상 기업집단에 소속된 계열회사 및 그 임원(시행령 2조 5항 7호)

법인이 공정거래법에 따른 기업집단에 속하는 경우, 그 기업집단에 속하는 다른 계열회사 및 그 계열회사의 임원은 해당 법인의 특수관계인이다.

(2) 내국법인 또는 거주자인 특수관계인

부당행위계산에 해당하려면 거래상대방인 특수관계인이 원칙적으로 내국법인 또는 거주자이어야 한다. 거래상대방인 특수관계인이 외국법인 또는 비거주자인 경우는 원칙적으로 부당행위계산부인 규정의 적용을 받지 않고, 국조법상 정상가격 조정의 대상이 되며, 대통령령으로 정하는 자산의 증여 등의 경우에 한하여 예외적으로 부당행위계산부인 규정이 적용된다(국조법 3조 2항).[38]

---

37) 다음의 각 구분에 따른 요건에 해당하는 경우 해당 법인의 경영에 대하여 지배적인 영향력을 행사하고 있는 것으로 본다(국세기본법 시행령 1조의2 4항).
　① 영리법인인 경우
　　㉮ 법인의 발행주식총수 또는 출자총액의 30% 이상을 출자한 경우
　　㉯ 임원의 임면권의 행사, 사업방침의 결정 등 법인의 경영에 대하여 사실상 영향력을 행사하고 있다고 인정되는 경우
　② 비영리법인인 경우
　　㉮ 법인의 이사의 과반수를 차지하는 경우
　　㉯ 법인의 출연재산(설립을 위한 출연재산만 해당한다)의 30% 이상을 출연하고 그중 1인이 설립자인 경우
38) 대법원 2015. 9. 10. 선고 2013두6862 판결

(3) 특수관계 여부의 판단시점

법인과 거래상대방 사이의 특수관계는 판단기준시점은 "행위 당시", 즉 거래 당시에 존재하여야 한다(시행령 88조 2항 본문).[39] 여기에는 거래 이전부터 특수관계가 존재하는 경우뿐만 아니라, 그 거래로 인하여 특수관계가 형성되는 경우로서 그러한 사정이 거래조건에 영향을 미칠 수 있는 경우[40]도 포함된다.[41]

대법원은, ① A 회사의 최대주주인 甲 등이 2007. 8. 9. 원고에게 A 회사의 주식 합계 2,000,000주와 경영권을 대금 120억 원에 매도하고, 본 계약의 체결 이후에는 원고의 서면에 의한 사전 동의 없이는 이 A 회사의 자산이나 영업에 중대한 영향을 미치는 행위 등을 하지 않으며, A 회사로 하여금 원고가 소유한 B 회사의 주식을 30억 원에 취득하게 하기로 약정하고, ② 이에 따라 같은 날 A 회사가 원고로부터 B 회사 주식 24,000주를 1주당 125,000원에 양수한 사안에서, A 회사가 원고로부터 B 회사 주식을 양수할 당시 원고는 A 회사의 경영에 사실상의 영향력을 행사하는 지위에 있었으므로, 구 상증세법 시행령 제26조 제4항 제3호 등에서 정한 특수관계자에 해당한다고 판단한 원심을 수긍하였다.[42] 위 판시내용은 법인세법상 부당행위계산의 요건인 특수관계에 대하여도 적용될 수 있을 것이다.[43]

특수관계의 존재 여부는 형식적인 계약체결일시가 아니라 실질적으로 거래조건이 결정된 시점을 기준으로 판단하여야 한다.[44] 따라서 법인과 그 거래상대방 사이의 거래조건이 실질적으로 결정되는 시점에 특수관계가 존재하였다면, 이후 그 특수관계가 소멸하여 부존재하는 시점에 계약이 체결되었더라도, 그 거래는 부당행위계산이 될 수 있다. 행정해석은, 부당행위계산 여부의 판단기준시점인 '행위 당시'란 주요 거래조건을 확정하고 이에

---

39) 다만, 특수관계인인 법인 간의 불공정한 비율에 의한 합병이 부당행위계산에 해당하는지가 문제되는 경우에는 합병등기일이 속하는 사업연도의 직전 사업연도의 개시일부터 합병등기일까지의 기간에 의한다(시행령 88조 2항 단서).

40) 대법원 2014. 11. 13. 선고 2012두24863 판결, 대법원 2014. 11. 27. 선고 2012두25248 판결

41) 법인이 현물출자를 하여 다른 법인을 신설하는 경우 출자법인과 신설법인은 서로 특수관계인에 해당한다(기본통칙 52-87…4).

42) 대법원 2014. 11. 13. 선고 2012두24863 판결

43) 서울행정법원 2012. 4. 26. 선고 2011구합40387 판결은, 원고 회사의 대주주이자 대표이사인 甲이 자기 소유의 원고 주식(발행주식총수의 32.8%)과 원고에 대한 경영권을 乙 등이 주주인 A, B 회사에게 양도하는 계약을 체결하고, 같은 날 원고가 A, B와 사이에 원고를 완전모회사로 하고 A, B를 완전자회사로 하는 주식의 포괄적 교환계약을 체결하고 이에 따라 A, B의 주주인 乙 등에게 원고의 신주를 발행한 사안에서, 주식의 포괄적 교환계약 당시 A, B 회사의 주주들인 乙 등이 원고의 경영에 사실상의 영향력을 행사하고 있었다고 보아 원고와 특수관계에 있는 자로 판단하였다. 항소심(서울고등법원 2012. 10. 19. 선고 2012누14660 판결)도 같은 취지로 판단하였으나, 대법원 2014. 11. 27. 선고 2012두25248 판결은 다른 쟁점에 관한 이유로 원심판결을 파기하였다.

44) 대법원 1989. 4. 11. 선고 88누8630 판결

대하여 당사자 간 구속력 있는 합의가 있는 시점을 의미하는 것으로 본다.[45)]

대법원 1989. 4. 11. 선고 88누8630 판결

① ㉮ 원고 회사의 대표이사로서 그 발행주식의 22.68%를 소유하고 있던 A는, 나머지 주주들의 위임을 받아 1983. 4. 9. B에게 원고 회사 발행주식 94,000주 전부를 대금 29억 9,554만 원에 매도하는 계약을 체결하였다. ㉯ B는 당시 원고 회사 소유의 부동산 등을 A의 아들인 C에게 8,000만 원에 매도하기로 하는 특약을 하였고, 이후 1983. 6. 21. 원고 회사 주식의 명의개서를 받아서 원고 회사의 대표이사로 취임하게 되자 1983. 6. 30. A에게 주식매매대금 중 위 부동산 등의 매매대금을 공제한 금액을 지급하고 1983. 9. 24. C 명의로 위 부동산의 소유권이전등기를 경료해주었다.

② 원심은, A와 B 간에 주식매매계약을 체결하면서 B가 위 등을 대금 8,000만 원에 C에게 양도하기로 약정한 부분은 제3자를 위한 계약이므로 C가 채무자인 원고 회사에게 수익의 의사를 표시한 때에 효력이 생기는 것인데, C의 수익의사표시는 위 부동산의 등기부상 매매일자인 1983. 8. 13. 이루어진 것으로 보아야 하고, 당시는 A가 원고 회사의 주식을 B에게 명의개서한 후이기 때문에, 원고 회사와 C 간에는 특수관계가 존재하지 않으므로, 원고 회사와 C 간의 매매계약은 부당행위계산에 해당하지 않는다고 판단하였다.

③ 그러나 대법원은, A와 B 간에 위 부동산 등을 C에게 양도하기로 약정을 하고 그 약정에 기하여 B가 원고 회사의 대표이사로 취임한 후 C에게 양도한 것이라면 이러한 우회적인 행위가 조세의 감면 내지 배제효과를 얻기 위한 것일 경우 부당행위계산에 해당할 수 있다는 취지로 판단하면서, 원심을 파기하였다.

부당행위계산 여부가 문제되는 계약의 체결시점에 당사자 간의 특수관계가 존재하지 않았다면, 이후 그 계약의 이행시점에 존재하게 되었더라도, 사후적으로 그 계약이 부당행위계산으로 되는 것은 아니다. 반대로 계약의 체결시점에 당사자 사이의 특수관계가 존재하고, 그 계약이 부당행위계산에 해당하는 경우, 이후 특수관계가 소멸하여 그 계약의 이행시점에 특수관계가 존재하지 않더라도 그 계약은 여전히 부당행위계산에 해당한다.[46)] 옵션계약의 경우, 일반적으로 그 계약일에 행사가격 등 행사조건이 정해지므로, 특수관계의 존재 여부는 옵션계약 당시를 기준으로 판단하여야 하고, 옵션행사일이 그 기준이 되는 것은 아니다.[47)]

---

45) 기획재정부 법인세제과-48, 2016. 1. 18.

46) 강석규, 조세법 쟁론(2020), 658쪽

47) 행정해석(서면-2016-법인-5278, 2016. 12. 15.)은, 법인이 다른 법인의 대표이사이자 최대주주인 A로부터 그 다른 법인의 발행주식을 매수하면서 A에게 그 주식을 당초의 매매가격으로 재매입할 수 있는 콜옵션을 부여하였고, A가 위 콜옵션을 행사하여 위 다른 법인의 발행주식을 당초의 매매가격으로 취득할 예정인 사안에서, 부당행위계산 여부는 콜옵션계약일을 기준으로 판단하여야 한다고 보았다. 풋옵션계약에 관한 행정해석도 같은 취지이다(서면-2014-법령해석법인-21852, 2015. 7. 21.).

(4) 우회적·다단계적 거래

(가) 특수관계인 외의 자를 통한 거래

특수관계인과의 거래는 특수관계인 외의 자를 통하여 이루어진 우회적·다단계적 거래를 포함한다(시행령 88조 2항 괄호 안). 법인이 제3자와의 거래를 통하여 특수관계인으로 하여금 간접적으로 혜택을 받도록 하는 경우, 그것이 제3자를 통한 우회적·다단계적 거래에 해당하는지 여부는 일률적으로 판단하기 어렵고, 거래의 제반 사정을 종합하여 판단하여야 할 것이다.[48][49] 특수관계인 외의 자를 통한 거래를 법인의 특수관계인에 대한 이익 분여로 파악하기 위해서는, 거래의 재구성에 관한 국세기본법 제14조 제3항의 요건을 참고할 필요가 있다.

특수관계인 외의 제3자를 통한 거래가 우회적·다단계적 부당행위계산에 해당하는 전형적 경우는, 법인과 제3자 간의 거래와 제3자와 특수관계인 간의 거래가 모두 경제적 합리성을 결여하고 전자의 거래 당시 후자의 거래가 예정되어 있는 경우이다.[50] 이 경우 전자의 거래와 후자의 거래는 반드시 별도로 이루어질 필요는 없고, 하나의 거래로 결합되어 이루어질 수도 있다.[51] 한편, 법인과 제3자 간의 거래가 경제적 합리성을 갖춘 경우에는, 그 거래로 인하여 특수관계인이 경제적 이익을 얻었다고 하더라도, 원칙적으로 우회적·다단계적 부당행위계산으로 보기 어려울 것이다.[52]

① 우회적·다단계적 부당행위계산으로 인정된 사례

대법원은, 원고 회사와 원고 회사의 이사들이 원고 회사가 보유한 코스닥 상장법인 주식회사 A의 발행주식 전부 및 A에 대한 경영권과 원고 회사의 이사들이 보유한 A의 발행주식 중 약 1/3을 하나의 계약으로 일괄하여 111억 원에 제3자에게 매도하고 위 돈을 지급받아 각자 양도한 주식수의 비율대로 나누어 가진 사안에서, 원고 회사의 이사들은 위 돈 중 경영권 프리미엄에 해당하는 부분을 분배받을 만한 경제적이고 합리적인 이유가 없으므로, 원고 회사의 이사들이 받은 돈 중 그들이 양도한 주식의 한국거래소 종가를 넘는 부분은 원고 회사가 특수관계자인 원고 회사의 이사들에게 원고 회사가 받아야 할 경영권 프리미엄 중 일부를 분여한 것이고, 위와 같은 행위는 구 법인세법 시행령 제88조 제1항

---

48) 대법원 1990. 7. 24. 선고 89누4772 판결, 대법원 1990. 11. 27. 선고 90누5504 판결, 대법원 2018. 3. 15. 선고 2017두63887 판결

49) 대구고등법원 2016. 1. 8. 선고 2014누6464 판결(대법원 2016. 6. 10. 선고 2016두35014 판결)

50) 가령 법인이 제3자에게 시가 10억 원인 토지를 8억 원에 매도하고, 그 제3자는 법인의 특수관계인에게 8억 5,000만 원에 매도하는 경우

51) 대법원 2019. 5. 30. 선고 2016두54213 판결의 사안

52) 대법원 2014. 4. 10. 선고 2013두20127 판결, 대법원 2020. 12. 10. 선고 2017두35165 판결

제9호의 부당행위계산에 해당한다고 판시하였다.[53] 이와 유사한 사례로 부산고등법원 2012. 10. 10. 선고 2012누553 판결,[54] 대구고등법원 2016. 1. 8. 선고 2014누6464 판결[55]이 있다. 이는 경제적 합리성이 없는 법인과 제3자 간의 거래와 제3자와 특수관계인 간의 거래가 실질적으로 하나의 거래로 결합되어 이루어진 예로 볼 수 있다.

② 우회적·다단계적 부당행위계산으로 인정되지 않은 사례

㉮ 대법원 2009. 1. 30. 선고 2008두21003 판결(법인 및 대표이사의 부동산 일괄양도)

원고 법인과 대표이사 등이 각각 소유하는 부동산을 제3자에게 일괄하여 매도하는 계약을 체결한 후 원고가 매도한 부동산의 단위면적당 매매대금을 대표이사 등이 매도한 부동산의 그것보다 낮게 정한 사안에서, 법원은, 위 매매 당시 원고 소유 토지에 철거되어야 할 건물이 있었으므로 그 철거비용을 고려하면 해당 토지는 상대적으로 낮게 평가되어야 하는 사정 등을 이유로, 부당행위계산에 해당하지 않는다고 판단하였다.

㉯ 대법원 2014. 4. 10. 선고 2013두20127 판결(이수건설 사건)

원고는 시행사인 A로부터 원고의 특수관계인인 이수건설이 시공하고 있는 아파트를 매수하는 계약을 체결하고, 시행사인 B로부터 이수건설이 시공하고 있는 호텔을 매수하는 계약을 체결하였으며, A, B에게 각각 매매대금을 지급하였다. 위 매매대금은 A, B의 이수건설에 대한 공사대금채무 등의 변제에 사용되었다. 과세관청은, 원고가 특수관계자인 이수건설에 부당하게 자금을 제공하기 위한 방편으로 A, B로부터 위 아파트와 호텔을 매수하였다는 이유로, 부당행위계산부인 규정 등에 따라 기지급 매매대금에 관한 인정이자를

---

53) 대법원 2019. 5. 30. 선고 2016두54213 판결

54) 부산고등법원 2012. 10. 10. 선고 2012누553 판결은, 원고와 특수관계인이 각각 제3자에게 소유 토지를 매도하는 계약서를 작성한 사안에서 각 매매계약서에 따른 매매계약들이 일괄하여 체결된 것으로 보면서, 매매대금의 분배 시 원고 소유의 토지는 과소평가하고, 특수관계인 소유의 토지는 과대평가함으로써 원고가 특수관계인에게 법인세법 시행령 제88조 제1항 제8호에 따라 이익을 분여하였다고 판단하였다[대법원 2013. 2. 28. 선고 2012두24580(심리불속행)].

55) 대구고등법원 2016. 1. 8. 선고 2014누6464 판결 : 원고 A 법인, B 법인 및 위 각 법인의 대표이사로서 특수관계인인 원고 C는 특수관계가 없는 D 법인에게 인접해 있는 A, B, C 소유의 각 토지를 일괄 매도하면서, A, B 소유 토지의 매매대금은 시가보다 낮게, C 소유 토지의 매매대금은 시가보다 높게 정하였다. 대구고등법원은 위 사건에서, 원고들이 자신들 소유의 각 토지를 함께 매도하는 기회에 원고 A, B 소유 토지의 매매대금을 낮게 평가하는 대신 원고 C 소유 토지의 매매대금을 높여 주는 방식으로 매매계약을 체결하였다면, 이는 법인세법 시행령 제88조 제2항의 '특수관계인 외의 자를 통하여 이루어진 특수관계자 간의 거래'에 해당하고, 특수관계에 있는 원고들이 각자 소유하는 토지를 매수인 D 법인에게 매도하면서 그 대금을 각자 소유하는 부동산의 시가에 따라 적정하게 안분하지 않고, 원고 A, B에 지급되어야 할 대금 중 일부를 특수관계인인 원고 C에게 분배하여 특수관계인으로 하여금 자신이 소유하는 부동산의 시가에 상응하는 금액을 초과하여 대금을 지급받게 한 것은, 원고 A, B가 위 초과금액 상당의 대금을 지급받아 특수관계인인 원고 C에게 무상으로 주어 위 각 법인의 소득에 대한 조세의 부담을 부당하게 감소시킨 것이므로, 법인세법 시행령 제88조 제1항 제3호에 준하는 행위로서 같은 항 제9호 소정의 '이익분여'에 해당한다고 판단하였다(대법원 2016. 6. 10. 선고 2016두35014 판결로 상고기각).

익금에 산입하여 원고에게 법인세 부과처분을 하였다.

대법원은, 법인이 특수관계 없는 자로부터 자산을 매입함으로써 법인과 특수관계에 있는 자가 경제적으로 어떠한 이익을 얻었다고 하더라도, 법인이 매입한 자산이 수익파생에 공헌하거나 장래에 그 자산의 운용으로 수익을 얻을 가능성이 있는 등 수익과 관련이 있는 자산에 해당하고 그와 같은 매입행위가 행위 당시를 기준으로 할 때 건전한 사회통념이나 상관행에 비추어 경제적 합리성을 결여한 비정상적인 행위라고 할 수 없다면, 이를 법인세법 시행령 제88조 제1항 제2호 또는 제9호 소정의 부당행위계산에 해당한다고 할 수 없다고 판시하였다.

㉱ 대법원 2018. 2. 28. 선고 2017두58236 판결(주식 및 분양권의 동시 매매)

A 등은 한국토지공사로부터 토지를 분양받아(대금 440억 원, 계약금 44억 원) B 회사를 설립하고 B 법인에 위 토지의 분양권을 양도한 후, C 법인에게 A 등이 보유하는 B 법인의 주식을 대금 100억 원(쟁점금액)에, B 법인의 분양권을 대금 44억 원에 각각 양도하기로 하는 '토지분양권 및 주식 양도·양수계약'을 체결하였다. 과세관청은 쟁점금액이 토지의 분양권에 대한 프리미엄으로서 B 법인의 자산양도소득에 해당한다고 보아 그 익금에 산입하고 A 등에 대한 상여로 소득처분하였다.

대법원은, 법인 또는 개인이 다른 법인의 부동산을 취득하고자 하는 경우, 거래의 법적형식은 부동산을 법인으로부터 직접 취득하는 방식과 부동산을 소유하는 법인의 주식을 양수하는 방식이 모두 가능하다는 이유로, 위 사건에서 A 등의 주식양도만을 부인하여 위 사건의 거래를 B 법인이 위 분양권만을 양도하는 하나의 거래로 재구성하여 쟁점금액이 B 법인에 귀속되었다가 A 등에게 사외유출된 것으로 볼 수 없다고 판단하였다.

그러나 위 판결은 다음과 같은 이유로 수긍하기 어렵다. B 법인의 부당행위계산 여부는 B 법인의 관점에서 판단되어야 한다. C가 토지분양권을 취득하기 위하여 지출한 총액인 144억 원은 토지분양권의 시가이거나 그에 가까운 금액으로 보이는데,[56] B 법인이 토지분양권을 시가보다 훨씬 낮은 44억 원에 양도할 합리적인 경제적 이유를 찾기 어렵다.[57] C와 A 등은 C가 A 등으로부터 B 법인의 주식을 양수할 것인지, 아니면 B 법인으로부터

---

56) B 법인 주식이 C에게 양도될 무렵 B 법인에는 토지분양권 외에 별다른 재산이 없었으므로(1심 판결문 6쪽), 당시 B 법인 주식의 가치는 B 법인이 보유한 토지분양권의 가치에 의하여 정해진 것으로 보인다.

57) B가 C에게 토지분양권을 양도하면서 당초 지급된 계약금인 44억 원을 초과하는 금액의 프리미엄을 받을 경우 택지개발촉진법 제19조의2 등에 따라 B와 토지주택공사 간의 토지매매계약이 해제될 위험이 있었다(1심 판결문 6쪽). 그러나 위와 같은 사정을 이유로 부당행위계산에 해당하지 않게 하는 경제적 합리성이 있다고 보기는 어렵다. 즉, 사법상으로는 A 등과 C 간의 주식양도계약 및 B와 C 간의 토지분양권 양도계약이 모두 유효하게 성립하여 택지개발촉진법 제19조의2 등에 따른 매매계약 해제의 사유에서 제외될 수 있지만, 세법상으로는 부당행위계산에 해당할 수 있고, 그 경우에도 위와 같은 사법상 효과에는 영향을 미치지 않는다.

토지분양권을 양수할 것인지의 선택권을 갖지만, B 법인이 토지분양권을 C에게 양도하는 계약이 선택되었다면 그 거래조건은 시가에 따라 정해져야 하므로, 거래방법의 선택권을 이유로 시가에 미달하는 조건의 토지분양권 매매계약이 정당화되기 어렵다. 또한 A 등이 체결한 주식양도계약의 대금 및 B가 체결한 토지분양권 양도계약의 대금이 각각 독립적인 경제적 합리성을 가진다고 보기도 어렵다.[58] 위 사건은 B 법인이 C에게 토지분양권을 144억 원에 양도하고 그중 100억 원을 A 등과 C 간의 주식양도계약을 통하여 A 등에게 분여한 것으로 재구성하는 것이 적절하다.[59]

㉒ 대법원 2018. 3. 15. 선고 2017두63887 판결(강원랜드 사건)

카지노업 등을 영위하는 원고(주식회사 강원랜드)는 '태백관광개발공사 정상화 유도를 통한 지역경제 활성화 기여'를 지정기탁사유로 150억 원의 기부금을 태백시에 지급하였고, 태백시는 다시 위 기부금을 태백관광개발공사에 교부하여 운영자금으로 사용하게 하였는데, 원고는 위 기부금을 '지방자치단체에 무상으로 기증하는 금품'으로서 손금에 산입하여 법인세를 신고·납부하였다. 과세관청은 원고가 태백시를 통하여 특수관계인인 태백관광개발공사에 우회지원을 한 것으로 보아, 법인세법 제52조의 부당행위계산부인 규정을 적용하여 위 기부금 전액을 손금불산입하여 강원랜드에 법인세 부과처분을 하였다.

대법원은, 원고의 기부행위는 기부금품의 모집 및 사용에 관한 법률의 규정에 따라 공

---

58) 위 사건에서 A 등의 주식양도대금은 100억 원으로, B 법인의 토지분양권 양도대금은 100억 원으로 정한 것이 세법상 존중될 수 있으려면, 위 두 가지 매매계약을 각각 별도로 체결하였더라도 경제적 합리성을 가져야 한다. 만일 A 등의 주식양도계약과 B 법인의 토지분양권 매매계약이 시차를 두고 별도로 체결되었다면, 그 대금은 위 사건과 같이 정해지지 않고, 144억 원에 가까운 금액이었을 것으로 보인다. C가 B 법인으로부터 100억 원에 토지분양권을 매수하였다면, B 법인의 실질적 가치는 없어졌으므로, 이후 별도로 A 등으로부터 B 법인 주식을 매수할 필요가 없고, 따라서 44억 원을 위 주식을 양수하지 않을 것으로 보인다. 이와 달리 위 사건에서 C가 위 두 계약을 병존적으로 함께 체결하고 144억 원의 일부씩을 나누어 그 대금으로 정한 것은, 경제적 합리성을 가진 것으로 보기 어렵다. 이는 C가 A 등에게 지급한 주식양수대금 100원이 실질적으로 B 법인으로부터 토지분양권을 양수하는 대가의 성격을 가지고 있음을 시사하는 면이 있다.

59) ① 위 사건에서 다른 거래재구성의 방안으로, A 등이 C에게 B 법인의 주식을 144억 원에 매도하고, B 법인은 C에게 토지분양권을 0원에 양도하는 거래로 취급하는 것을 생각할 수 있다. ② 일반적으로 납세의무자의 관점에서 경제적 합리성을 가진 여러 가지의 거래방식이 있는 경우에는, 그중에서 납세의무자가 거래재구성을 예상하였다면 선택하였을 것으로 추정되는 방식에 따라 거래재구성을 하는 것이 합리적이다. 이는 일반적으로 거래재구성의 여러 방법들 중에서 납세의무자에게 상대적으로 유리한 거래방식이 될 것이다[이창희, 세법강의(2020), 1007쪽]. ③ 그런데 위 사건에서 거래형식의 선택가능성을 가지는 납세의무자로는 A 등 외에 B도 있고, A 등의 거래로 인한 이익은 B가 보유한 토지분양권을 토대로 하여 B의 주주 지위와 관련하여 얻은 것으로 보이므로, B의 관점에서 선택하였을 거래를 우선적 기준으로 판단하는 것이 적절할 것이다. 이에 의하면, B는 경제적 합리성의 관점에서 C에게 토지분양권을 0원에 양도하는 거래를 선택하지는 않았을 것으로 보인다. ④ 만일 위 사건을 A 등이 B 법인의 주식을 144억 원에 양도하고, B 법인은 토지분양권을 0원에 양도한 것으로 재구성한다면, B 법인은 C에게 시가 144억 원인 분양권을 0원에 저가로 양도하였으므로, 부당행위계산에 해당할 수 있다.

익적 목적을 달성하기 위하여 상대방 및 수혜자를 태백시로 하여 이루어진 것으로서 거기에 별다른 조세회피의 목적이 있었다고 보기 어려우므로, 위 기부금은 손금산입이 허용되는 법정기부금으로 보아야 한다고 판시하였다.[60] 위 사안은 부당행위계산 여부가 아니라 국세기본법 제14조 제3항의 거래재구성 여부를 검토하는 것이 더 적절할 것이다.[61]

㉮ 대법원 2020. 12. 10. 선고 2017두35165 판결(풋옵션 의무의 이행)

A 법인은 주식회사 신한캐피탈에게 각각 계열회사인 B 법인의 주식을 1주당 20,000원에 매도하고, B의 최대주주이자 원고 법인의 대표이사인 甲은 신한캐피탈에게 '위 주식의 매매가격에 일정한 이자를 가산한 금액'으로 매도할 수 있는 풋옵션을 부여하였다. 이후 신한캐피탈이 풋옵션을 행사하자, 甲은 B 주식을 매수할 자로 원고를 지정하였고, 원고는 신한캐피탈로부터 B 주식을 미리 정한 방식에 따라 산정된 매매대금(1주당 23,518원)에 매수하였다. 원고가 B 주식을 매수할 당시 B의 영업이익률은 호전되는 상황이었고, 이후 B는 당기순이익이 발생하였으며, B 주식은 코스닥시장에 상장되었다.

과세관청은, 원고가 풋옵션계약에 따른 주식매수의무자인 甲을 대신하여 B 주식을 시가인 1주당 20,000원보다 높은 가격에 매입함으로써 甲에게 이익을 분여하였다고 보아, 부당행위계산의 부인에 따라 원고에게 과세처분을 하였다.

대법원은, 원고와 신한캐피탈 간의 거래를 경제적 합리성이 없는 비정상적인 거래로 볼 수 없는 이상, 원고가 위 거래를 통하여 우회적으로 甲에게 이익을 분여한 것으로 볼 수 없다는 취지로 판단하였다.

(나) 특수관계인 간의 다단계 거래의 축약

법인과 특수관계인의 거래가 ① 그 법인과 배후의 다른 특수관계인 간의 거래와 ② 그 다른 특수관계인과 법인의 거래상대방인 특수관계인 간의 거래를 축약한 것으로 볼 수 있

---

60) 위 판결에 대한 해설인 이정원, "지방자치단체에 대한 기부행위와 거래 재구성의 한계", 대법원판례해설 제116호(2018), 146쪽은, 위 기부행위 당시 태백관광개발공사는 사실상 파산상태에 있었고 원고의 기부행위는 위 공사의 채무를 지급보증한 태백시의 사실상 파산을 막기 위한 공익적 목적이 있었던 점 등을 이유로, 원고의 기부행위에 경제적 합리성이 인정되고, 조세회피목적이 인정되지 않는다고 보았다.

61) 부당행위계산은 경제적 합리성을 결여한 법인의 행위 또는 계산을 말하고, 영리법인의 행위의 경제적 합리성은 수익을 추구하는 영리활동과 관련된다. 그런데 기부금은 원칙적으로 영리목적과 관련이 없으므로, 경제적 합리성의 기준으로 판단하기에 적합하지 않다. 따라서 피고가 애초에 위 사건에서 원고의 기부금 제공에 대하여 부당행위계산 여부를 문제삼은 것이 적절한지는 의문이다. 위 사건은 원고가 제3자에 대한 특례기부금의 형식을 빌려서 우회적·간접적 방법으로 기타 기부금을 지출한 것으로서 국세기본법 제14조 제3항에 의한 거래재구성 여부가 문제되는 사안으로 보는 것이 더 적절하다. 그 경우 원고 법인이 특례기부금에 따른 손금불산입의 혜택을 받은 것이 '세법의 혜택을 부당하게 받기 위한 것'에 해당하는지가 문제될 것이다. 한편, 위 판결 이후 선고된 대법원 2019. 5. 16. 선고 2016다260455 판결은, 원고의 기부행위를 위한 이사회결의에 찬성한 이사들에 대하여 선관주의의무 위반에 기한 손해배상책임을 인정하였다. 위 판결의 내용을 고려하면, 대법원 2017두63887 사건의 경우 국세기본법 제14조 제3항에 의한 거래재구성이 인정될 여지가 있다.

는 경우가 있다. 가령, 법인이 지배주주의 가족 등 특수관계인에게 이익을 분여하고 그 이익분여가 지배주주의 의사에 기한 것으로 볼 수 있는 경우에는, ① 법인이 지배주주에게 이익을 분여하는 거래와 ② 지배주주가 그 가족에게 이를 이전하는 거래가 축약된 것으로 볼 여지가 있다.[62] 미국[63]과 독일[64]의 세법도 같다. 법인이 제3자를 통하여 특수관계인에게 한 간접적 이익분여가 특수관계인에 대한 부당행위계산으로 재구성될 수 있는 이상 (시행령 88조 2항), 반대로 다단계 거래의 단축적 실행을 그 구성요소 별로 분해하여 과세하지 못할 합리적 이유는 없다.[65]

2-1-3. 거래

부당행위계산이 문제되는 거래에는 계약, 단독행위(채무면제) 등 작위뿐만 아니라 부작위(채권의 미회수 등)도 포함된다.

법인과 특수관계인 간의 법률행위가 부당행위계산에 해당하기 위해서는 **사법상 유효**한 것이어야 한다. 만일 법인과 특수관계인 간의 계약이 거래의 외형만을 취하였을 뿐이고 허위표시(민법 108조) 등에 해당하여 사법상 무효인 경우에는 그 부당성 여부에 관계없이 세법상으로도 효력이 없다.[66] 따라서 법인과 특수관계인 간의 거래에 허위표시 등 사법상 효력이 문제되는 요소가 있는 경우, 먼저 그 거래가 사법상 유효한 것인지 여부와 그 거래의 실질이 무엇인지를 판단한 후, 그 실질적 거래에 대하여 부당행위계산 여부를 따져야 할 것이다.[67]

---

62) 법인이 지배주주인 대표이사의 아들(주주나 임원 등이 아닌 자)에게 부동산을 시가보다 낮은 가액으로 매도한 경우, 그 지배주주인 아들에 대한 기타소득으로 처분하는 것이 아니라, 법인이 거래상대방의 배후에 있는 특수관계인인 대표이사에게 부동산의 시가와 매매가격의 차액 상당 이익을 분여하고, 대표이사가 이를 다시 그 아들에게 분여한 것(증여)으로 재구성할 수 있다.

63) Bittker & Eustice, 8-41

64) Tipke/Lang, 11장 문단 75, p.646 : 회사가 주주의 특수관계인(nahe stehenden Person), 가령 주주의 친족 (Verwandten)이나 주주가 지배하는 다른 회사에 이익을 분여하는 것도 그 주주에 대한 이익분여에 해당할 수 있다. Dötch/Geiger/Klingebiel/Lang/Rupp/Wochinger, p.645[특수관계인(nahe stehende Personen)], p.710 [삼각관계(Dreiecksverhältnis)]

65) 국세기본법 제14조 제2항도 그 근거가 될 수 있다. 제1편 제5장 2-2. (1) 참조 ; 이에 반대하는 견해로 임승순, 조세법(2020), 81쪽 및 황남석, "단계거래원칙의 역적용에 대한 고찰", 조세법연구[27-3](2021. 9.), 한국세법학회, 31쪽

66) 대법원 1982. 11. 23. 선고 80누466 판결, 대법원 1985. 4. 23. 선고 84누622 판결, 대법원 1986. 11. 11. 선고 86누449 판결

67) 대법원 1995. 2. 10. 선고 94누1913 판결

2-2. 행위계산의 부당성 : 경제적 합리성의 결여

부당행위계산은 사회통념이나 상관행에 비추어 경제적 합리성이 없는 거래를 말한다.[68] ① 법인이 특수관계자와 시가에 따른 정상적인 거래조건보다 불리한 거래를 하였고, ② 그러한 거래를 할 만한 정당한 사유가 인정되지 않는 경우, 그 거래는 경제적 합리성이 없는 것으로 볼 수 있다.[69] 거래의 부당성의 증명책임은 과세관청에 있다.[70]

2-2-1. 시가

(1) 특수관계인이 아닌 자 간의 정상적 거래에서 적용되거나 적용될 가격

(가) 시가의 정의

시가는, 특수관계인이 아닌 자 간의 정상적인 거래에서 적용되거나 적용될 것으로 판단되는 가격을 말한다(법 52조 2항).[71] 해당 거래와 유사한 상황에서 ① 해당 법인이 특수관계인 외의 불특정 다수인과 계속적으로 거래한 가격 또는 ② 특수관계인이 아닌 제3자 간에 일반적으로 거래된 가격이 있는 경우에는 그 가격에 의하여 시가를 정한다(시행령 89조 1항).

법인세법 제52조 제2항의 시가는 정상적인 거래에서 형성된 객관적 교환가격을 의미하고,[72] 법인세법 시행령 제89조는 그러한 가격을 **예시**한 것으로 보아야 한다.[73][74] 따라서 법인세법 시행령 제89조에 규정되지 않은 가격도, 정상적인 거래에서 형성된 객관적 교환가격이라면, 법인세법 제52조 제2항의 시가에 포함된다. 그러므로 법인이 특수관계인이 아닌 자와 1회 거래한 경우에도 객관적 교환가치가 적정하게 반영된 정상적인 거래에 해당하는 때에는, 그 가격은 법인세법 제52조 제1항의 시가로 볼 수 있다.[75] 그러나 특수관

---

68) 대법원 2000. 11. 14. 선고 2000두5494 판결, 대법원 2003. 12. 12. 선고 2002두9995 판결

69) 법인세법 기본통칙 52-88…2는 법인세법 제52조의 "조세의 부담을 부당하게 감소시킨 것으로 인정되는 경우"로 '특수관계자로부터 영업권을 적정대가를 초과하여 취득한 때' 등을 예시하고, 법인세법 기본통칙 52-88…3은 그에 해당하지 않는 경우의 예시를 규정한다.

70) 대법원 1995. 12. 26. 선고 95누3589 판결

71) 대법원은, 시가가 일반적이고 정상적인 거래에 의하여 형성된 객관적인 교환가격을 의미한다고 판시한다(대법원 1993. 2. 12. 선고 92누9913 판결, 대법원 2014. 11. 13. 선고 2012두24863 판결).

72) 대법원 2003. 6. 13. 선고 2001두9394 판결, 대법원 2018. 7. 26. 선고 2016두40375 판결

73) 대법원은, 1998. 12. 31. 개정되기 전의 상증세법 시행령 제49조 제1항에 대하여 상증세법 제60조 제1항의 시가로 볼 수 있는 대표적인 것을 예시한 것이라고 보았고(대법원 2001. 8. 21. 선고 2000두5098 판결), 1998. 12. 31. 개정된 이후의 상증세법 제49조 제1항에 대하여도 같은 취지로 판단하였다(대법원 2007. 9. 21. 선고 2005두12022 판결, 대법원 2010. 1. 14. 선고 2007두23200 판결).

74) 대법원 2018. 7. 20. 선고 2015두39842 판결도 같은 취지로 보인다. 위 대법원 판결에 대한 해설로 김희철·김범준, "민간투자사업 시행자의 후순위차입금과 부당행위계산부인", 대법원판례해설 제118호(2019), 200쪽

75) 상증세법 제60조 제2항의 위임에 따른 상증세법 시행령 제49조 제1항 제1호는 "해당 재산에 대한 매매사

계인이 아닌 제3자 간의 거래가격이라도 자산의 객관적 교환가치를 적정하게 반영하지 못하는 경우에는, 시가에 해당하지 않는다.[76] 한편, 법인과 특수관계인 간의 거래가격은 일반적으로 시가로 보기 어렵지만,[77] 예외적으로, 양자 간에 실질적인 이해관계를 달리하고 그 거래가격이 자유로운 협상을 통하여 정해졌다는 특별한 사정이 있는 경우에는, 시가로 볼 여지가 있다.[78]

시가의 입증책임은 과세관청에게 있다.[79] 시가의 판단기준시점은 "행위 당시"이다(시행령 88조 2항 본문). 행정해석은, 여기의 "행위 당시"란 주요 거래조건을 확정하고 이에 대하여 당사자 간 구속력 있는 합의가 있는 시점을 의미하는 것으로 본다.[80]

(나) 매매사례가액 등

매매사례가액은, 법인세법 시행령 제89조 제1항의 '특수관계인이 아닌 제3자 간에 일반적으로 거래된 가격' 등에 해당하는 경우에는, 시가로 될 수 있다.

상증세법 시행령 제49조 제1항 본문은, 원칙적으로 평가기준일 전·후 일정기간 이내의 평가기간 중에 있었던 매매 등의 가액을 시가로 규정한다.[81] 그런데 위 규정의 위임근거

실이 있는 경우에는 그 거래가액"을 시가의 하나로 규정하는데, 법인세법 시행령 제89조 제5항은 상증세법 제60조 제2항을 준용하지 않는다. 그러나 위와 같은 매매사례가액도 정상적인 거래에 따른 것이면 법인세법 시행령 제52조 제1항의 시가로 볼 수 있을 것이다.

76) 대법원 2005. 6. 23. 선고 2005두3059 판결 : 문제된 주식에 관하여 단기간 내 거래가액이 크게 등락하고, 거래횟수도 많지 않은 사안

77) 대법원 2004. 10. 27. 선고 2003두12493 판결, 대법원 2008. 12. 24. 선고 2008두16445 판결

78) 조심 2015중594, 2015. 9. 8. 결정(청구법인의 대주주와 동업관계에 있는 청구법인의 대표자가 동업관계를 청산하기 위하여 보유 중인 주식을 청구법인에게 양도한 사안) ; ① 상속세가 문제된 것으로 서울고등법원 2006. 10. 17. 선고 2005누24348 판결(원고 등이 상속받은 주식을 그 주식의 발행법인의 대표이사 등에게 전부 양도한 사안), 대법원 2007. 1. 11. 선고 2006두17055 판결(심리불속행), ② 양도소득의 부당행위계산이 문제된 것으로 조심 2013중2120, 2013. 6. 20. 결정(주식양도계약의 양 당사자가 사촌지간이지만, 두 집안 간에 주식발행법인의 경영권에 관한 분쟁이 있었고, 지속적 협상을 거쳐 고소·고발을 취하하는 조건으로 주식양도계약이 체결된 사안. 다만, 특수관계없는 자의 주식이 쟁점 주식과 함께 양도되었으므로, 그 특수관계 없는 자의 거래가격을 시가로 볼 여지도 있다)

79) 대법원 2005. 5. 12. 선고 2003두15287 판결(토지가 골프장 부지로 개발되기 전의 상태를 기준으로 한 시가와 적정 임대료), 대법원 2012. 10. 25. 선고 2012두12006 판결(자동차부품운송용역의 시가), 대법원 2013. 9. 27. 선고 2013두10335 판결(사업부문 전체의 시가), 대법원 2017. 2. 3. 선고 2014두14228 판결(비상장 미국 자회사 주식의 시가)

80) 기획재정부 법인세제과-48, 2016. 1. 18.

81) 일정한 평가기간 중의 매매 등의 가액을 시가로 규정하는 상증세법 시행령 제49조 제1항은 상증세법 제60조의 시가 중 대표적인 것을 예시한 것으로 보아야 한다(대법원 2010. 1. 14. 선고 2007두23200 판결). 상증세법 제60조 제4항은 시가에 포함되는 것을 상증세법 시행령에 위임하였을 뿐, 상증세법 시행령에 규정되지 않은 것은 시가로 보지 않겠다는 취지로 해석되지 않으므로, 만일 위 시행령 규정을 한정적·열거적인 것으로 해석하면 모법의 위임범위를 벗어난다고 볼 여지가 있다[신호영, "상속세 및 증여세법상 비상장주식 평가방법의 합리성", 재판자료 제115집 조세법실무연구(2008), 법원도서관, 693쪽 ; 원익선, "현행세법상 시가에 관한 규정 비교 고찰", 청연논총 제9집(2012), 사법연수원]. 따라서 위 평가기간을 벗어나는 시점에 있었던 매매 등도 정상적인 거래에서 형성된 객관적 교환가격에 해당하는 경우에는 상증세

인 상증세법 제60조 제2항은 법인세법상 부당행위계산 여부의 기준인 시가에 관하여 준용되지 않으므로(시행령 89조 2항 2호), 법인세법상 시가로 되는 매매사례가액은 위와 같은 기간의 제한을 받지 않는다. 다만, 비교대상인 매매사례와 시가산정대상인 거래 사이에 시간적 간격이 있는 경우, 매매사례가액을 시가로 인정하기 위해서는 양 거래시점 사이에 가격의 변동이 없다는 점이 입증되어야 한다.[82]

> **문제되는 거래와 비교대상 거래 사이에 시간적 간격이 있는 경우**
>
> ① 대법원 1996. 5. 10. 선고 95누5301 판결(현대중공업 사건) : 주식의 양도일부터 약 1년 후의 공모가액에 대하여, 상당한 시차를 두고 상대가치 및 주식시장상황 등이 고려되어 발행회사와 주간사 간의 협의에 의하여 결정된 것이므로, 시가로 볼 수 없다고 한 사례
> ② 대법원 1998. 7. 10. 선고 97누10765 판결 : 상속개시일인 1994. 6. 28.로부터 약 4개월 25일 후인 1994. 11. 22. 상속재산인 부동산에 관하여 대금 9,660,000,000원에 매매가 이루어졌으나, 이는 매수인이 추진하던 사업의 일정 등 매수인의 주관적 사정이 작용한 것이라는 이유로, 그 매매가액을 객관적 교환가격을 반영하는 것으로 볼 수 없다고 한 사례
> ③ 대법원 2002. 12. 6. 선고 2000두2976 판결 : 상속개시일과 그로부터 약 3년 8개월 이전에 이루어진 매매계약일 사이에 토지의 시가하락이나 상황의 변화가 있다고 볼 사정이 없다는 이유로 그 매매가격을 상속개시 당시의 시가로 볼 수 있다고 한 사례
> ④ 대법원 2012. 4. 26. 선고 2011두30038 판결 : 쟁점 아파트에 관하여 2005. 9. 21. 상속이 개시된 후 같은 단지 내 같은 면적의 비교대상 아파트에 관하여 2006. 3. 14. 매매가 이루어졌는데, 양 시점 사이에 가격변동이 있었다고 보아 비교대상 아파트의 매매가액을 상속받은 쟁점 아파트의 상속개시 당시 시가로 볼 수 없다고 한 사례

특수관계인 사이의 거래가격은, 객관적 교환가치를 반영하여 결정될 가능성이 낮으므로, 일반적으로 시가로 인정되기 어렵다. 그러나 특수관계인 사이의 거래가격도, 객관적 교환가치를 고려하여 결정되었다는 사정이 입증되는 경우에는, 예외적으로 시가로 될 수 있다. 그러한 사정을 입증할 필요는 그 매매가격이 시가임을 주장하는 자에게 있다.

수용가격 및 공매가격 등도 일반적이고 정상적인 거래에서 형성될 객관적 교환가격에 해당하는 경우 시가로 될 수 있다.[83]

법 제60조 제1항의 시가로 될 수 있다(강석규, 조세법 쟁론(2020), 1376쪽). 반면에 평가기간 내에 있었던 매매사례의 가액이라도 매매사례의 일자와 문제되는 상속개시일 사이에 사정변경이 있었던 경우에는 그 매매사례가액을 시가로 인정할 수 없다(대법원 2012. 4. 26. 선고 2011두30038 판결).

82) 대법원 1996. 1. 23. 선고 95누12408 판결, 대법원 2007. 5. 31. 선고 2005두2841 판결

83) 다만, 시장성이 낮은 비상장주식의 경매가액은, 과세대상 거래의 시점과 경매시점 사이에 상당한 간격이 있는 등 경매가액이 객관적 교환가치를 적정하게 반영한다고 보기 어려운 사정이 있는 경우에는, 시가로 보기 곤란할 것이다. ① 서울행정법원 2015. 9. 24. 선고 2015구합51897 판결[비상장주식의 경매시점이

(다) 상장주식의 시가

상장주식을 자본시장법상 거래소에서 거래한 경우, 일반적으로 그 거래가격은 시가로 인정될 수 있다.[84][85] 다만, 상장주식을 증권시장 외에서 거래하는 방법 또는 대량매매 등 기획재정부령으로 정하는 방법[86]으로 거래한 경우, 그 주식의 시가는 그 거래일의 거래소 최종시세가액[87]으로 하되, 기획재정부령으로 정하는 바에 따라 사실상 경영권의 이전이 수반되는 경우[88]에는, 그 가액의 20%를 가산한다(시행령 89조 1항 단서).[89]

과세대상인 거래의 시점으로부터 약 2년 7개월 내지 4년 4개월 후에 행해진 사건에서 경매가액을 시가로 볼 수 없다고 한 사례 : 서울고등법원 2016. 4. 27. 선고 2015누61681 판결(항소기각), 대법원 2016. 8. 17. 선고 2016두39719 판결(심리불속행)] ② 서울행정법원 2020. 8. 13. 선고 2019구합81643 판결 : 비상장주식의 경매가격이 그 주식의 평가액을 낮출 목적으로 이루어진 경매절차에서 정해진 것이므로, 시가로 인정할 수 없다고 본 사례[서울고등법원 2022. 2. 16. 선고 2020누55505 판결(항소기각), 대법원 2022. 7. 14. 선고 2022두39369 판결(심리불속행)]

84) 2021. 2. 17. 개정 전의 구 법인세법 시행령 제89조 제1항은, 법인이 상장주식을 한국거래소에서 거래한 경우 그 거래일의 한국거래소 최종시세가액을 그 주식의 시가로 간주하였으므로, 상장주식을 한국거래소에서 거래한 가액이 그 거래일의 최종시세가액과 다른 경우 후자의 최종시세가액이 그 상장주식의 시가로 되었다. 그러나 2021. 2. 17. 개정된 법인세법 시행령은 장외거래 등의 경우에 한하여 거래소의 최종시세가액을 상장주식의 시가로 보는데, 이는 거래소에서 장내거래의 방법으로 상장주식을 거래한 경우 그 거래가액이 일반적으로 시가로 인정될 수 있음을 전제로 하는 것으로 보인다. 거래소에서 상장주식의 매매거래는 일반적으로 불특정 다수인에 의한 경쟁매매(유가증권시장 업무규정 22조)의 방식으로 체결되고, 위 경우 법인이 특수관계인과 사이에서만 유리한 조건의 거래를 하기 곤란한 점을 고려하면, 경쟁매매의 방식으로 이루어진 상장주식 거래의 가격은 시가로 보더라도 별다른 문제가 없을 것이다.

85) 상장법인의 최대주주 등인 특수관계인들이 거래소시장에서 각각 매도주문과 매수주문을 동시에 내는 방법으로 주식을 거래함으로써 할증평가액을 기준으로 한 부당행위계산부인에 따른 소득세를 포탈하였다는 혐의로 기소된 사건에서, 법원은, 거래소 시스템의 구조상 위 매도·매수주문에 따라 반드시 그 주문자들 간에 주식거래가 체결된다는 보장이 없고, 그 체결결과를 정확히 확인할 수도 없으므로, 위 매도·매수주문에 따라 이루어진 주식거래를 특정인 간의 매매로 보기 어렵다는 등의 이유로, 위 주식거래는 부당행위계산부인 규정의 적용대상이 아니라고 판단하였다. 서울중앙지방법원 2019. 9. 6. 선고 2018고합932, 1217(병합) 판결, 서울고등법원 2020. 12. 24. 선고 2019노2075 판결(항소기각), 대법원 2021. 6. 24. 선고 2021도436 판결(상고기각)

86) "대량매매 등 기획재정부령으로 정하는 방법"은, 거래소의 증권시장업무규정(자본시장법 393조)에서 일정 수량 또는 금액 이상의 요건을 충족하는 경우에 한정하여 매매가 성립하는 거래방법을 말한다(시행규칙 42조의6 2항).

87) 거래소가 휴장 중에 거래한 경우에는 그 거래일의 직전 최종시세가액

88) 상증세법 시행령 제53조 제8항 각 호(평가기준일이 속하는 사업연도 전 3년 이내의 사업연도부터 계속하여 결손금이 있는 경우 등)의 어느 하나에 해당하는 주식은 제외한다.

89) ① 종전에는, 상장주식이 한국거래소에서 거래된 경우, 그 거래일의 한국거래소 최종시세가액이 간주되었으므로, '시가가 불분명한 경우'에 해당하지 않아서 상증세법 제63조 제3항에 따른 할증평가가 적용되지 않았다. ② 행정해석은, 법인과 그 특수관계인이 상장주식을 장외거래한 경우, ㉮ 경영권 이전이 수반되는 경우에는 법인세법 시행령 제89조 제2항 제2호가 적용되는 것으로 보아 할증평가를 해야 하고(기획재정부 법인세제과-48, 2016. 1. 18.) ㉯ 내국법인이 상장주식을 장외거래한 경우에도 경영권 변동이 수반되지 않은 경우에는 할증평가규정을 적용하지 않는다(서면법령법인-5833, 2017. 2. 7.)는 입장을 취하였다. ③ 2021. 2. 17. 개정된 법인세법 시행령은, 상장주식을 장외거래 등으로 거래한 경우에도 경영권이전이 수반되는 경우에는 할증평가를 하도록 규정한다.

한편, 상증세법은, 법인세법 시행령 제89조 제1항과 달리, 상장주식에 관하여 '평가기준일 전·후 각 2개월 동안 공표된 매일의 자본시장법상 거래소허가를 받은 거래소 최종시세가액의 평균액'을 시가로 간주한다(상증세법 60조 1항 및 63조 1항 1호 가목).[90] 이에 따라 법인이 개인과 사이에 법인세법 시행령 제89조의 시가를 기준으로 상장주식의 거래를 하였기 때문에 부당행위계산에 해당하지 않는 경우에도, 상증세법상으로는 저가양도 또는 고가양수에 의한 이익의 증여에 해당하는 경우가 생길 수 있다. 이러한 문제를 해결하기 위하여 상증세법은, 개인과 법인 간에 재산을 양수하거나 양도하는 경우로서 그 대가가 법인세법 제52조 제2항에 따른 시가에 해당하여 부당행위계산부인 규정이 적용되지 않는 경우에는, 그 개인에 대하여 저가양수·고가양도에 따른 증여에 관한 규정이 적용되지 않는다고 규정한다(상증세법 35조 3항 본문).[91][92]

(라) 비상장주식의 시가

비상장주식이 특수관계인이 아닌 자 간에 일반적으로 거래된 가격은 시가에 해당한다(시행령 89조 1항 본문).[93] 법인이 다른 법인의 비상장주식을 특수관계인이 아닌 자와 1회 거래한 가격은, 법인세법 시행령 제89조 제1항의 가격에 해당하지 않지만, 정상적 거래에 의하여 형성된 객관적 교환가격으로 볼 수 있는 경우, 그 가격을 법인세법 제52조 제1항의 시가로 보아야 하고, 상증세법 시행령 제54조 이하의 보충적 평가방법으로 시가를 산정해서는 안 된다.[94]

---

90) 그 입법취지는, 상장주식의 경우 거래일의 상황에 따라 그 가격변동폭이 크고 시세조작의 가능성이 있고, 거래가 이루어진 당일의 가격(종가 등)을 기준으로 그 시가를 정한다면 불합리한 경우가 발생하기 쉬우므로, 상장주식의 평가에 관하여 자의성을 배제하고 객관성을 확보하기 위한 것이다. 대법원 2011. 1. 27. 선고 2010두4421 판결 ; 박성규, "양도소득의 부당행위계산부인 대상 여부를 판단함에 있어 상장주식의 시가(2011. 1. 13. 선고 2008두4770 판결)", 대법원판례해설 제88호(2011), 60쪽

91) 법인이 개인에게 상장주식을 저가로 양도하거나 개인으로부터 고가로 양수하여 이익을 분여한 경우에는 그 개인의 증여세가 문제되고, 반대로 개인이 법인에게 상장주식을 저가로 양도하거나 개인으로부터 고가로 양수하여 이익을 분여한 경우에는 그 개인의 양도소득에 대한 부당행위계산이 문제된다.

92) 법인이 특수관계인인 개인에게 자산을 시가보다 낮은 가액으로 양도한 거래(저가양도)가 경제적 합리성을 갖추어서 부당행위계산을 구성하지 않는 경우는 상증세법 제35조 제3항의 '법인세법 제52조 제2항에 따른 시가에 해당하여 … 같은 법 제52조 제1항…이 적용되지 않는 경우'에 해당하지 않으므로, 그 개인은 저가양수로 인한 증여세 납부의무를 부담할 수 있다.

93) 대법원 2000. 7. 28. 선고 2000두1287 판결, 대법원 2004. 11. 26. 선고 2003두4447 판결, 대법원 2006. 1. 12. 선고 2005두937 판결

94) 대법원 1997. 9. 26. 선고 97누8502 판결, 대법원 2014. 11. 13. 선고 2012두24863 판결 : 뒤의 판결은, 개인인 원고가 특수관계에 있는 주식회사 엠피씨에 소외 회사의 비상장주식 24,000주를 주당 125,000원에 양도한 날 자신과 특수관계에 있지 않으면서 주식거래를 본업으로 하는 한국투자증권 주식회사에 소외 회사의 발행 주식 75,000주를 주당 100,000원에 양도한 사안에서, 후자의 주식양도는 객관적 교환가치가 적정하게 반영된 정상적인 거래에 해당한다고 보고, 소외 회사 발행 주식의 당시 시가를 실제 거래가격인 주당 100,000원으로 인정하여, 원고가 엠피씨에 소외 회사의 주식을 고가로 양도하여 이익을 증여받은 것으로 판단하였다.

비상장주식을 그 발행법인의 경영권과 함께 양도하는 거래의 가액은, 개개 주식의 가액을 합산한 금액 외에 경영권 프리미엄까지 포함하기 때문에 개개 주식을 따로 양도하는 경우보다 높은 것이 일반적이므로, 주식만을 양도하는 거래의 시가로 볼 수 없다.[95]

비상장법인의 최대주주인 법인이 그 비상장법인의 주식 중 일부를 양도하더라도, 그 거래가액이 주식만을 양도하는 거래의 시가로 인정되고, 경영권 이전을 수반하지 않는 경우, 그 주식의 시가를 산정하기 위하여 상증세법 제63조 제3항에 따른 할증평가를 하여야 한다고 보기 어렵다.[96] 위 경우, 비상장주식의 시가가 상증세법상 시가와 달라질 수 있지만, 거래상대방인 개인은 상증세법 제35조 제3항 본문에 따라 증여세 과세대상에 해당하지 않는다고 볼 여지가 있다.

(마) 소득세법상 부당행위계산과 시가

소득세법은 배당소득(출자공동사업자), 사업소득, 기타소득 및 양도소득에 관하여 부당행위계산의 부인 규정을 두고 있다(소득세법 41조, 101조). 소득세법상 부당행위계산의 판단기준이 되는 시가의 산정에 관하여 ① 배당소득, 사업소득, 기타소득의 경우 법인세법 시행령 제89조 제1항 및 제2항이 준용되고(소득세법 시행령 98조 3항), ② 양도소득의 경우 ㉮ 상장주식의 시가는 법인세법 시행령 제89조 제1항의 시가로 하지만(소득세법 시행령 167조 7항),[97][98] ㉯ 그 외(비상장주식 등)의 시가에 관하여는 법인세법과 달리 언제나 상증세법 제60조 내지 제64조 등이 준용된다(소득세법 시행령 167조 5항).[99] 양도소득의 시가가 법인세법상 시가와 다른 때에도, 개인과 법인 간에 재산을 양수 또는 양도하는 경우로서 그 대가가 법인세법 시행령 제89조의 시가에 해당하는 경우에는, 부당행위계산부인 규정이 적용되지 않는다(소득세법 시행령 167조 6항).[100] 재산을 양도·양수하는 대가가 법인세법 제

---

95) 대법원 2007. 8. 23. 선고 2005두5574 판결, 대법원 2014. 2. 27. 선고 2011두198 판결 ; 경영권을 수반하는 주식을 양도하는 경우의 주식의 시가는, 경영권이 없는 주식만을 양도하는 경우의 주식의 객관적 교환가치와 같이 평가할 수 없다. 대법원 2008. 7. 24. 선고 2008두3197 판결

96) 최대주주가 보유한 주식을 할증평가하도록 규정한 상증세법 제63조 제3항은 '시가가 불분명한 경우'에 한하여 준용되고(시행령 89조 2항), 시가가 존재하는 경우에는 준용되지 않기 때문이다.

97) 다만, 시가와 거래가액의 차액이 3억 원 이상이거나 시가의 5% 이상인 경우로 한정되지 않는다(소득세법 시행령 167조 7항 2문, 3항 단서).

98) 2021. 2. 17. 개정 전의 구 소득세법 시행령은, 상장주식의 시가에 관하여, 법인세법 시행령 제89조 제1항에 따르지 않고, 상증세법 제63조를 준용하여 '평가기준일 이전·이후 각 3개월 동안 공표된 거래소 최종 시세가액의 평균액'으로 규정하였다(구 소득세법 시행령 167조 5항).

99) 법인세법에서는 비상장주식의 시가가 불분명한 경우에 한하여 상증세법 제60조 이하가 준용되고(시행령 89조 2항 2호), 시가가 존재하는 경우에는 상증세법 제60조 이하가 준용되지 않는다.

100) 대법원 2021. 5. 7. 선고 2016두63439 판결은, ① 소득세법 시행령 제167조 제6항이 적용되기 위해서는 개인과 법인 간의 거래가액이 법인세법 시행령 제89조에 따른 시가에 해당하여야 하므로, 그 거래가액이 위 규정에 따른 시가에 해당하지 않는 이상 소득세법 시행령 제167조 제6항은 적용되지 않고, ② 소득세법 시행령 제167조 제6항은 개인에게 적용되는 시가를 법인세법상 시가로 일치시키려는 규정이 아니므

52조의 시가에 해당하여 그 거래에 대하여 소득세법 제101조 제1항[101]이 적용되지 않는 경우에는, 상증세법 제35조 제1항 및 제2항이 적용되지 않는다(상증세법 35조 3항 본문).[102]

> ### 📖 개인이 상장주식을 양도한 경우 소득세법상 시가
>
> 1. 2021. 2. 17. 개정 전의 구 소득세법 시행령
>   ① 2021. 2. 17. 개정 전의 구 소득세법 시행령은, 상장주식의 시가에 관하여, 구 법인세법 시행령 제89조 제1항을 따르지 않고, 상증세법 제63조를 준용하여 '평가기준일 이전·이후 각 3개월 동안 공표된 거래소 최종시세가액의 평균액'으로 규정하였다(구 소득세법 시행령 167조 5항).
>   ② 대법원은, 개인이 특수관계자에게 상장주식을 신고(장중)대량매매 방식으로 양도한 사안[103] 및 시간외대량매매의 방식으로 양도한 사안[104]에서, 부당행위계산 여부의 기준인 시가는 상증세법 제63조 제1항 제1호 (가)목에 의하여 「평가기준일 전·후 각 2개월 동안 공표된 매일의 한국증권거래소 최종시세가액의 평균액」이라고 판단하였다.
>   ③ 대법원 2020. 6. 18. 선고 2016두43411 전원합의체 판결의 다수의견은, 구 소득세법 시행령 제167조 제5항이 상장주식의 시가에 관하여 상증세법의 관련 조항을 준용한 것은 법률의 위임범위를 벗어난 것이 아니고, 구 소득세법 시행령 제167조 제5항 중 ㉮ '거래일 이전·이후 각 2개월 동안 공표된 매일의 종가 평균액'을 상장주식의 시가로 간주하는 부분 및 ㉯ 최대주주 등이 보유한 상장주식을 양도한 경우, 경영권 이전의 결과가 발생하였는지 여부와 관계없이 할증평가를 하도록 규정한 부분에 관하여 각각 합리성과 정당성을 인정할 수 있다고 판시하였다. 이에 대하여 위 판결의 반대의견은, 위 ㉮ 부분은 '자산의 양도가액은 양도 당시를 기준으로 하여야 한다'는 구 소득세법 제96조 제1항에 위배되고, 구 소득세법 제101조 제1항에서 정한 '부당행위계산 여부의 판단 기준시점은 거래 당시'라는 원칙에 반하며, 위 ㉯ 부분은 상장주식의 양도가 경영권 프리미엄의 이전을 수반하지 않는 경우에까지 일률적으로 할증평가한 가액을 시가로 보는 것은 헌법상 조세평등원칙 등에 반한다고 보았다.
> 2. 2021. 2. 17. 개정된 구 소득세법 시행령
>   2021. 2. 17. 개정된 구 소득세법 시행령은 상장주식의 시가를 '법인세법 시행령 제89조 제1항에 따른 시가'로 규정하였다(구 소득세법 시행령 167조 7항). 이에 따라 ① 소득세법상 상장주식의 시가도 법인세법과 같이 원칙적으로 '거래소 최종시세가액'으로 하고, ② 상장주식의 거래에 사실상 경영권의 이전이 수반되는 경우에 한하여 할증평가를 하는 것으로 되었다. 위 ②는 대법원

로, 법인세법상 시가를 기준으로 소득세법 제167조 제3항 단서에 따라 위 시가와 거래가액의 차액이 3억 원 이상 또는 시가의 5% 이상인지를 따져서 부당행위계산 여부를 판단하여야 하는 것은 아니라는 취지로 판단하였다. 위 판결에 따르면, 개인과 법인 간의 거래가액이 법인세법 시행령 제89조에 따른 시가가 아닌 이상, 위 시가에 3억 원 또는 시가의 5%를 가감한 금액의 범위 내에 있더라도, 부당행위계산에 해당하지 않게 되는 것은 아니다.

101) 소득세법 제87조의27에 따라 같은 법 제101조 제1항이 준용되는 경우를 포함한다.
102) 다만, 거짓이나 그 밖의 부정한 방법으로 증여세를 감소시킨 것으로 인정되는 때에는 그렇지 않다(상증세법 35조 3항 단서).
103) 대법원 2011. 1. 13. 선고 2008두4770 판결
104) 대법원 2011. 1. 27. 선고 2010두4421 판결

(2) 시가가 불분명한 경우

시가가 불분명한 경우에는 다음의 각 방법을 차례로 적용하여 계산한 금액에 따른다(시행령 89조 2항). 시가가 불분명하다는 점은 감정가액 또는 상증세법상 평가방법을 적용하기 위한 요건이므로, 그 입증책임은 감정가액 등의 적용을 주장하는 자에게 있다.[105] 시가로 볼 만한 가액이 존재하는 경우에는 감정가액 또는 상증세법상 평가방법을 적용할 수 없다.[106]

(가) 감정가액

「감정평가 및 감정평가사에 관한 법률」('감정평가법')에 따른 감정평가법인 등이 감정한 가액이 있는 경우 그 가액(감정한 가액이 2 이상인 경우에는 그 감정한 가액의 평균액)에 의한다(시행령 89조 2항 1호 본문). 다만, 주식 등 및 가상자산의 감정가액은 제외된다(시행령 89조 2항 1호 단서).

감정평가법인 등은, 감정평가법에 따라 사무소의 개설신고를 한 감정평가사와 설립인가를 받은 감정평가법인을 말한다(감정평가법 2조 4호). 법원이 상법 제298조 또는 제422조에 따라 현물출자의 조사를 위하여 선임한 검사인의 평가액은, 그 검사인이 감정평가법인 등이 아닌 경우에는, 여기의 감정가액에 해당하지 않는다.[107]

감정가액이 시가로 되기 위해서는 감정평가법 등 관련법령에 따라 적법하게 행해진 것이어야 한다. 법인세법 시행령은 상증세법 제60조 제5항[108]을 준용하지 않으므로, 여기의 감정가액은 반드시 둘 이상의 감정기관에 의뢰한 것일 필요가 없고,[109] 다만, 감정한 가액

---

105) 대법원 2015. 2. 12. 선고 2012두7905 판결 : 비록 거래 실례가 있다 하여도 그 거래가액을 상속재산의 객관적 교환가치를 적정하게 반영하는 정상적인 거래로 인하여 형성된 가격이라고 할 수 없는 경우에는 시가를 산정하기 어려운 것으로 보아 구 상증세법 제60조 제3항 등이 정한 보충적 평가방법에 따라 그 가액을 산정할 수 있다.

106) 대법원 2006. 1. 12. 선고 2005두937 판결 : 비상장주식에 관한 매매사례가액을 그 주식의 객관적 교환가치가 적정하게 반영된 정상적인 거래의 가액인 시가로 보아, 보충적 평가방법에 의하여 평가하여야 한다는 피고의 주장을 배척한 사안

107) 기본통칙 52 − 89…1

108) 2015. 12. 15. 신설된 상증세법 제60조 제5항은 같은 조 제2항에 따른 감정가격을 결정할 때 둘 이상의 감정기관에 감정을 의뢰하여야 한다고 규정하므로, 위 규정의 시행 이후에는 조세소송에서 이루어진 감정가액을 상증세법상 시가로 인정하기 위하여 둘 이상의 감정기관에 감정을 의뢰하여야 할 것으로 보인다[강석규, 조세법 쟁론(2020), 1380쪽].

109) 비상장주식의 시가가 불분명한 경우 그 시가는 상증세법 제63조 제1항 제1호 나목 및 상증세법 시행령

이 2 이상인 경우에는 그 평균액에 의한다(시행령 89조 2항 1호 본문).

영업권은 감정평가법 시행령 제2조가 규정하는 감정평가업자의 감정평가대상에 포함되어 있지 않으나,[110] 감정평가에 관한 규칙 제23조 제3항은 영업권의 감정평가방법을 수익환원법[111]으로 규정한다. 이에 따라 과세실무상 영업권의 감정평가액이 시가의 하나로 받아들여지고 있다.[112]

법인세법 시행령은 감정의 시점을 제한하지 않으므로,[113] 거래 이후 이루어진 **소급감정**의 평가액도 위 감정가액에 포함될 수 있다.[114] 그리고 과세관청이 과세처분 당시 존재하

제54조에 따라 정해지므로(시행령 89조 2항 2호), 그 비상장주식을 발행한 법인이 보유한 부동산 등의 시가에 관하여 상증세법 제60조 제5항이 적용될 수 있다. 그런데 상증세법 제60조 제2항은 '수용가격·공매가격 및 감정가격 등 대통령령으로 정하는 바에 따라 시가로 인정되는 것을 포함한다.'고 규정하므로, 위 규정 및 그에 따른 감정가격에 관한 제60조 제5항이 위 규정들에 따른 감정가격 등만을 시가로 한정하는 취지라고 볼 수 없다. 한편, 상증세법 제60조 제5항은 과거에 구 상증세법 시행령 제49조 제1항에 규정되어 있던 내용이 2015. 12. 15. 상증세법에 들어온 것인데, 대법원은, 구 상증세법 시행령 제49조 제1항은 시가에 관한 예시적 규정이므로, 공신력 있는 감정기관의 감정가액도 상증세법 제60조 제1항의 시가로 인정될 수 있다고 판시하였다(대법원 2001. 8. 21. 선고 2000두5098 판결). 따라서 비상장법인이 보유한 부동산 등에 관하여 1개의 감정가액만이 존재하여 상증세법 제60조 제5항의 요건이 충족되지 않는 경우에도, 그 감정가액이 공신력 있는 감정기관에 의하여 객관적이고 합리적인 방법으로 평가된 가액에 해당하는 때에는, 상증세법 제60조 제1항의 시가로 인정될 수 있다. 서울행정법원 2016. 11. 18. 선고 2014구합63664 판결(대법원 2021. 9. 30. 선고 2017두66244 판결의 1심)

110) 영업권은 해당 사업을 구성하는 자산·부채와 분리하여 양도될 수 없으므로, 감정평가법 시행령 제2조 제1호의 "물권에 준하는 권리"로 보기 어렵고, 나머지 각 호에도 해당하지 않는다.

111) "수익환원법(收益還元法)"이란 대상물건이 장래 산출할 것으로 기대되는 순수익이나 미래의 현금흐름을 환원하거나 할인하여 대상물건의 가액을 산정하는 감정평가방법을 말한다(감정평가에 관한 규칙 제2조 제10호).

112) 감정평가업자의 직무에 영업권의 감정평가가 포함되는지에 관한 의문을 해소하기 위해서는 감정평가법 시행령 제2조에 감정평가의 대상으로 영업권을 명시하는 것이 바람직하다.

113) 이에 비하여 상증세법 시행령 제49조 제1항은, 상속·증여재산의 평가기준일 전·후 일정기간 내에 행해진 감정의 평가액을 시가로 인정될 수 있는 감정가액으로 규정하지만, 이는 시가에 '포함'되는 감정가액을 예시적으로 규정한 것일 뿐이고(상증세법 60조 2항), 시가로 인정될 수 있는 감정가액을 제한적으로 열거한 것이 아니다. 따라서 위 규정에 정해진 기간을 벗어난 시점에 행해진 소급감정도 객관성과 신뢰성을 갖춘 것이면 시가로 인정될 수 있다(대법원 2005. 9. 30. 선고 2004두2356 판결, 대법원 2008. 2. 1. 선고 2004두1834 판결).

114) 대법원 2012. 6. 14. 선고 2010두28328 판결 : ① 원고는 2006. 9. 8. 특수관계 법인에게 토지를 그 개별공시지가에 따라 산정한 양도가액에 양도하고 이에 따른 양도소득세를 예정신고·납부하였다. ② 피고는 원고가 대출을 받는 과정에서 A 감정평가법인이 2006. 8. 22. 산정한 감정가액을 위 토지의 시가로 보고 원고가 위 토지를 저가로 양도하였다고 판단하여 양도소득세를 증액고지하였다가 조세심판원의 재조사결정에 따라 B, C 감정평가법인이 2009. 2. 5. 위 토지의 양도일인 2006. 9. 8.을 기준으로 소급감정한 가액의 평균액을 시가로 보아 양도소득세 부과금액을 감액하였다. ③ 대법원은, 소득세법상 부당행위계산 여부의 기준이 되는 소득세법 시행령 제167조 제4항의 '시가'는 원칙적으로 정상적인 거래에 의하여 형성된 객관적인 교환가격을 의미하고, 이는 객관적이고 합리적인 방법으로 평가한 가액도 포함하는 개념으로서 공신력 있는 감정기관의 소급감정가격도 시가로 볼 수 있다고 하면서, 피고의 과세처분 이후 조세심판원의 재조사결정에 따라 이루어진 소급감정액의 평균액을 시가로 볼 수 있다고 판단하였다. ④ 위 판결은 소급감정가액을 소득세법 시행령 제167조 제4항, 상증세법 제60조 제2항의 시가로 볼 수 있다

는 감정가액을 토대로 과세처분을 하였더라도, 이후 그 과세처분에 대한 조세소송에서 행해진 감정가액이 시가를 더 객관적으로 반영한다고 판단되는 경우에는, 법원은 소송상 감정가액에 따라 시가를 판단할 수 있다.[115] 한편, 행정해석은, 시가로 보는 감정가액은 거래 당시 당해 자산의 가액을 감정한 가액이라고 함으로써, 거래 이후 행해진 소급감정의 가액을 시가로 인정하지 않는다.[116] 이에 따라 과세실무상 과세관청이 소급감정의 가액을 시가로 보아 과세하는 것은 예외적인 경우[117]에 국한되고 있다.[118][119] 조세심판원은, 원칙적으로 소급감정의 평가액은 평가의뢰인의 의도가 반영될 개연성 등으로 인하여 객관성과 신뢰성이 없으므로 시가로 볼 수 없고,[120] 예외적으로 그 소급감정의 평가방법에 객관성과 합리성이 인정되는 경우에는 시가로 볼 수 있다는 입장으로 보인다.[121]

는 것이지만, 시가가 불분명한 경우에 관한 보충적 규정인 법인세법 시행령 제89조 제2항 제1호의 감정가액에 대하여도 마찬가지로 볼 수 있을 것이다.

115) 대법원 2001. 6. 15. 선고 99두1731 판결 : 동일한 사실에 관하여 상반되는 수 개의 감정평가가 있고, 그중 어느 하나의 감정평가가 오류가 있음을 인정할 자료가 없는 이상 법원이 각 감정평가 중 어느 하나를 채용하거나 하나의 감정평가 중 일부만에 의거하여 사실을 인정하였다 하더라도 그것이 경험법칙과 논리법칙에 위배되지 않는 한 위법하다고 할 수 없다.

116) 법인 46012−3539, 1999. 9. 20.

117) 대법원 2012. 6. 14. 선고 2010두28328 판결의 사안에서 과세관청은 조세심판원의 재조사결정에 따라 소급하여 감정된 가액을 토대로 과세처분을 하였다.

118) 법인세법 시행령 제89조 제2항 제1호를 그 문언대로만 해석한다면, 거래당사자가 거래 당시 감정가액이 존재하지 않아서 상증세법상 보충적 평가금액을 거래가액으로 정한 경우, 과세관청이 감정평가업자에게 소급감정을 의뢰하여 보충적 평가금액보다 더 높은 가액이 산출되는 경우 그에 따라 과세하는 것도 가능하다고 볼 여지가 있다. 그러나 이는 거래의 시가가 불분명한 경우 거래당사자에게 항상 감정평가를 거쳐서 거래하도록 사실상 강제하는 결과가 될 수 있고, 세법관계의 안정성과 예측가능성을 크게 저해할 우려가 있다. 현재의 과세실무는 소급감정을 인정하지 않는 행정해석 및 예산의 제약 등 여러 가지 이유에 기인한 것으로 보이는데, 위와 같은 세법관계의 불안정성에 대한 우려를 감소시키는 점에서 결과적으로 합리적인 면이 있다.

119) 증여세와 상속세의 경우, 과거에는 감정가액이 시가로 인정되기 위하여 정해져야 하는 기간(평가기간)이 과세표준 신고기한과 매우 가깝게 규정되어 있었고, 대부분의 납세자들은 과세표준 신고기한에 임박하여 신고를 하였기 때문에 과세관청은 납세자가 신고한 재산의 가액이 그 시가보다 낮다고 보이는 경우에도 감정을 의뢰할 시간적 여유가 없었다. 이러한 점을 고려하여 2019. 2. 12. 개정된 상증세법 시행령은, 평가기간이 경과한 후 과세표준 신고에 대한 법정결정기한(상증세법 시행령 78조 1항)까지의 기간 중에 감정가액이 있는 경우에는, 세무서장 등의 신청에 따라 그 감정가액이 평가심의위원회의 심의를 거쳐 시가로 될 수 있는 것으로 규정한다(상증세법 시행령 49조 1항). 이에 따라 향후 증여세와 상속세를 중심으로 과세관청이 감정을 의뢰하는 사례가 점차 증가할 것으로 보인다.

120) 조심 2016전0753, 2016. 6. 20. ; 조심 2016중1623, 2016. 6. 24. ; 조심 2017부0590, 2017. 9. 28. : 그러나 감정을 의뢰한 자의 의도가 감정의 결과에 영향을 미칠 가능성은 거래 당시에 이루어진 감정의 경우에도 마찬가지로 문제된다. 그러한 가능성은 감정의 시점이 아니라 감정의 의뢰자, 목적과 경위 등 감정 당시의 상황에 의하여 더 많이 좌우된다. 법원의 재판절차에서 이루어진 감정의 경우 특별한 사정이 없는 한 객관성과 신뢰성이 인정될 수 있다. 그리고 만일 감정이 세무조사를 전후하여 행해지는 등 세액의 절감을 위한 목적으로 이루어졌을 개연성이 있는 상황이라면 그 감정을 시가로 보기에 부적절할 수 있지만, 그러한 경우가 아닌 한 거래시점 이후 이루어진 소급감정이라는 사정만으로 일률적으로 객관성과 신뢰성이 없다고 보기는 어렵다.

주식 등의 감정가액은 법인세법 시행령 제89조 제2항 제1호의 감정가액에서 제외된 다.[122] 그 취지는, ① 상장주식에 관하여는 별도로 시가를 규정하는 법인세법 시행령 제89조 제1항이 있기 때문에 감정가액에 의할 필요가 없고, ② 비상장주식의 경우에는 감정평가방법을 달리함에 따라 다양한 감정가액이 산출됨으로써 조세공평의 원칙에 반하는 결과가 초래되는 것을 방지하기 위하여 그 평가방법을 상증세법 시행령이 정하는 보충적 평가방법으로 통일하고자 하는데 있는 것으로 보인다.[123] 비상장주식의 감정가액이 법인세법 시행령 제89조 제2항 제1호에서 제외된다고 하더라도 법인세법 제52조 제2항의 시가로 볼 수 있는지 문제되나, 감정인의 주관에 따라 다양한 평가방법이 선택될 수 있어 객관적이고 합리적인 평가방법을 정하기 곤란한 점을 고려할 때, 원칙적으로 부정하여야 할 것이고,[124] 예외적으로 시가의 요건을 충족하는 경우가 있을 수 있으나, 실제로 그에 해당하는 사례는 찾아보기 어렵다.[125] 한편, 비상장주식의 시가를 보충적 평가방법으로 산정하는 경우, 그 주식을 발행한 법인의 순자산가액의 산정에 필요한 개개 자산의 가액은 감정가액으로 평가될 수 있다.[126]

---

121) 조심 2016중0641, 2016. 11. 8. 결정

122) 대법원 2016. 2. 18. 선고 2015두53358 판결은, 상증세법 제49조 제1항 제2호가 비상장주식의 감정가액을 시가에서 제외한 것이 모법인 상증세법 제60조 제2항 후단에 따른 위임의 범위를 벗어난 것이 아니라고 판단하였다.

123) 대법원 2011. 5. 13. 선고 2008두1849 판결. 강석규, "비상장주식의 감정가액이 상속세 및 증여세법 제60조 제2항의 시가에 해당하는지 여부(2011. 5. 13. 선고 2008두1849 판결)", 대법원판례해설 제87호 (2011), 875쪽

124) 대법원 2011. 5. 13. 선고 2008두1849 판결 : 비상장주식의 경우 일반적으로 불특정 다수인 사이에 거래가 이루어지지 않으므로 감정평가에 의하여 상증세법 제60조 제2항 전단 규정의 시가("불특정 다수인 사이에 자유로이 거래가 이루어지는 경우에 통상 성립된다고 인정되는 가액")를 도출하기가 어려운 점 등을 고려하면, 비상장주식에 대한 감정가액은 특별한 사정이 없는 한 상증세법 제60조 제2항의 시가에 해당한다고 할 수 없다.

125) 조세심판원의 결정 중에는 거래당사자가 감정가액에 기초하여 결정한 거래가격을 시가로 인정한 것이 있다(조심 2011서2382, 2013. 6. 24. 합동회의). 위 사건에서는, 청구인이 쟁점주식을 포괄적 주식교환의 방법으로 자신이 최대주주인 다른 법인에 양도하였고, 회계법인의 감정을 토대로 주식의 교환비율이 정해졌는데, 그 양수 법인이 쟁점주식을 고가로 양수하여 청구인에게 이익을 분여하였는지가 문제되었다. 조세심판원은, 위 사건에서 주식의 포괄적 교환에 필요한 주주총회특별결의를 얻기 위하여 객관적 평가를 할 필요가 있었던 점, 회계법인이 증권거래법 등이 정한 절차와 방법에 따라 주식을 평가한 점 등을 고려하여, 주식의 감정가액을 시가로 인정하면서, 상증세법상 보충적 평가방법을 적용하여야 한다는 과세관청의 주장을 배척하였다.

126) 1995. 12. 30. 개정 전의 구 상증세법 시행령 제5조 제6항 제1호 (다)목은, 순자산가액의 평가를 총리령이 정하는 공신력 있는 감정기관의 시가감정서에 의할 수 있다고 규정하였고, 위 규정은 1995. 12. 30. 같은 호 (라)목으로 옮겨져 1996. 12. 31. 구 상증세법 시행령의 전부개정 시까지 존치되었다. 이에 관한 판례로 대법원 2001. 8. 21. 선고 99두8459 판결

(나) 상증세법의 평가방법에 의한 평가액

① 비상장주식

합병·증자·감자·현물출자의 경우 비상장주식의 시가는 상증세법 제38조·제39조·제39조의2·제39조의3를 준용하여 평가한 가액에 의한다.

상증세법상 비상장주식의 보충적 평가방법은 다음과 같다.

㉮ 원칙적으로 1주당 순손익가치[127]와 1주당 순자산가치[128]를 3 : 2의 비율로 가중평균한 가액으로, 부동산과다보유법인(소득세법 94조 1항 4호 다목[129] : 자산총액 중 직·간접적으로 보유하는 부동산 등의 합계액이 차지하는 비율이 50% 이상 80% 미만)의 경우에는 2 : 3의 비율로 각 가중평균한 가액으로 평가하되, 그 가중평균한 가액이 1주당 순자산가치에 80%를 곱한 금액보다 낮은 경우에는 후자의 금액으로 한다(상증세법 시행령 54조 1항).

㉯ 사업개시 후 3년 미만의 법인이거나, 자산총액 중 직·간접적으로 보유하는 부동산 등의 합계액이 차지하는 비율이 80% 이상인 법인 등의 주식은, 1주당 순자산가치만으로 평가된다(상증세법 시행령 54조 4항).

㉰ 보충적 평가방법에 따른 평가액의 70% 내지 130%의 범위 내로서 납세자가 일정한 방법으로 평가한 가액에 대하여 심의를 신청한 경우 평가심의위원회가 심의하여 결정한 가액에 의할 수 있다(상증세법 시행령 54조 6항).

---

127) 1주당 최근 3년간의 순손익액의 가중평균액[={(평가기준일 이전 1년이 되는 사업연도의 1주당 순손익액×3)+(평가기준일 이전 2년이 되는 사업연도의 1주당 순손익액×2)+(평가기준일 이전 3년이 되는 사업연도의 1주당 순손익액×1)}]으로 하되, 그 금액이 음수인 경우에는 영으로 한다(상증세법 시행령 56조 1항). 다만, 일시적이고 우발적인 사건으로 해당 법인의 최근 3년간 순손익액이 증가하는 등 일정한 사유가 있는 경우에는 1주당 최근 3년간의 순손익액의 가중평균액을 신용평가전문기관 등이 기획재정부령으로 정하는 기준에 따라 산출한 1주당 추정이익의 평균가액으로 할 수 있다(상증세법 시행령 56조 2항). 상증세법 시행령 제56조 제4항은 1주당 순손익가치 산정의 기초가 되는 순손익액의 계산방법을 규정하는데, 이는 법인세법 제14조에 의한 각 사업연도 소득에, 수익의 성질을 갖지만 조세정책상의 이유 등으로 익금불산입된 금액을 가산하고, 손비의 성질을 갖지만 조세정책상의 이유 등으로 손금불산입된 금액을 차감하여 순손익액을 산정함으로써 평가기준일 현재의 주식가치를 더 정확히 파악하기 위한 것이다(대법원 2012. 5. 24. 선고 2011두9140 판결). 법원은, 상증세법 시행령 제56조 제4항을 예시적 규정으로 보아 위 규정에 열거되지 않은 수익 또는 비용(과소자본세제에 따라 손금불산입되고 배당으로 소득처분되는 이자)이라도 평가기준일 현재의 주식가치를 정확하게 산정하기 위하여 필요한 경우 각 사업연도 소득에 이를 가산하거나 차감하여야 한다고 판단하였다[서울고등법원 2018. 11. 21. 선고 2018누39043 판결, 대법원 2019. 4. 25. 선고 2019두30546 판결(심리불속행)].
128) 1주당 순자산가치 = 당해법인의 순자산가액÷발행주식총수(상증세법 시행령 54조 2항) ; '순자산가액'은 자산을 상증세법 제60조 내지 제66조에 따라 평가한 가액에서 부채를 차감한 가액으로 하고, 순자산가액이 0원 이하인 경우에는 0원으로 한다(상증세법 시행령 55조 1항 1문). 법인의 자산을 상증세법 제60조 제3항 및 제66조에 따라 평가한 가액이 장부가액(취득가액에서 감가상각비를 차감한 가액)보다 적은 경우에는 장부가액으로 하되, 정당한 사유가 있는 경우에는 그렇지 않다(상증세법 시행령 55조 1항 2문).
129) 법인의 자산총액 중 ① 부동산 등의 가액, ② 해당 법인이 보유한 다른 법인의 주식가액에 그 다른 법인의 부동산 등 보유비율을 곱하여 산출한 가액의 합계액이 차지하는 비율이 50% 이상인 법인

㉗ 최대주주 등의 주식 등[130]에 대해서는 위와 같이 평가한 가액에 그 가액의 20%를 가산(할증)한다(상증세법 63조 3항).[131] 최대주주 등이 보유한 신주인수권의 가액에 관하여는 할증평가 규정이 적용되지 않는다.[132]

> ### 📖 1주당 최근 3년간 순손익가치의 가중평균액을 고려하는 것이 부적당한 경우
>
> 상증세법 시행령 제56조 제2항에 따르면, ① '일시적이고 우발적인 사건으로 해당 법인의 최근 3년간 순손익액이 증가하는 등 기획재정부령으로 정하는 사유'가 있고, ② 과세표준 신고기한까지 1주당 추정이익의 평균가액을 신고할 것 등의 요건이 충족된 경우, 「신용평가전문기관 등이 기획재정부령으로 정하는 기준에 따라 산출한 1주당 추정이익의 평균가액」을 '1주당 최근 3년간의 순손익액의 가중평균액'으로 할 수 있다. 상증세법 시행규칙 제17조의3 제1항은, 위 일시적·우발적 사유로 일정 기간 중 '합병 또는 분할을 하였거나 주요 업종이 바뀐 경우' 등을 규정한다.[133]
>
> ① 대법원 2012. 4. 26. 선고 2010두26988 판결은, 상증세법 시행규칙 제17조의3 제1항 각 호는, '최근 3년간의 순손익액을 산정할 수 없거나 최근 3년간의 순손익액이 비정상적이어서 이를 기초로 1주당 순손익가치를 산정하는 것이 불합리하다고 보이는 사유'를 규정한 것이므로, 여기에 규정된 사유가 있다면 특별한 사정이 없는 한 상증세법 시행령 제56조 제1항 제1호의 '1주당 최근 3년간의 순손익액의 가중평균액'을 기초로 1주당 순손익가치를 산정할 수 없고, 이는 '1주당 추정이익의 평균가액'이 산정되지 않아서 '1주당 추정이익의 평균가액'을 기초로 1주당 순손익가치를 산정할 수 없더라도 마찬가지이며, 위 경우 순자산가치만에 의하여 평가하도록 규정한 상증세법 시행령 제54조 제4항의 방법 등 보충적 평가방법 중에서 객관적이고 합리적인 방법을 준용하여 평가할 수 있다고 판시하였다(사업개시 후 3년 미만인 사안).[134]
>
> ② 서울고등법원 2012. 12. 27. 선고 2012누12268 판결은, 비상장법인이 얻은 특별이익의 최근 3년간

---

130) 대통령령으로 정하는 중소기업, 대통령령으로 정하는 중견기업 및 평가기준일이 속하는 사업연도 전 3년 이내의 사업연도부터 계속하여 법인세법 제14조 제2항에 따른 결손금이 있는 법인의 주식등 대통령령으로 정하는 주식등은 제외한다.

131) 상증세법 제63조 제3항은, 최대주주 등이 보유하는 주식 등이 상속·증여된 경우, 그로 인하여 경영권 프리미엄이 실제로 이전되었는지 여부에 관계없이, 일률적으로 경영권 프리미엄이 이전된 것으로 보아 일정한 비율의 할증평가를 규정한다. 위 규정과 같은 취지의 구 상증세법(1998. 12. 28. 개정되기 전의 것) 제63조 제3항에 관하여 헌법재판소는 합헌결정을 하였다(헌법재판소 2003. 1. 30. 2002헌바65 결정). 입법론으로는, 비상장주식의 거래에 경영권의 이전이 수반되는 경우에 한하여 그 가액을 할증평가하는 것이 합리적이다. 법인세법 시행령 제89조 제1항 단서가 경영권의 이전이 수반되는 경우에 한하여 상장 주식의 할증평가를 하도록 규정한 것과의 균형을 고려하면, 더욱 그렇다.

132) 서울행정법원 2021. 6. 15. 선고 2020구합63801 판결, 서울고등법원 2021. 12. 10. 선고 2021누49811 판결(항소기각), 대법원 2022. 4. 14. 선고 2022두30089 판결(심리불속행) : 상증세법 제63조 제3항에 의한 할증평가의 대상은 최대주주가 현재 보유하는 주식이고, 장래 신주인수권 행사를 통하여 인수할 주식이 아니다(원고 법인이 특수관계인들로부터 다른 법인의 신주인수권을 최대주주 할증평가를 한 가격에 매입 한 것이 고가매입에 해당한다고 판단한 사례).

133) 상증세법 시행규칙 제17조의3의 개정경위 및 그와 관련된 논의에 관하여는 김범준, "추정이익에 의한 비상장주식 평가의 몇 가지 문제점과 해결방안", 조세법연구 [22-2](2016), 한국세법학회, 313쪽 이하

134) 같은 취지로 대법원 2013. 11. 14. 선고 2011두31253 판결

가중평균액이 경상이익의 최근 3년간 가중평균액의 50%를 초과한 사건에서, 그 주식을 순자산가치만으로 평가하여야 한다는 과세관청의 주장(1차 예비적 주장)을 배척하고, 특별손익을 공제한 경상이익만으로 순손익가치를 계산한 후 순손익가치와 순자산가치의 가중평균으로 비상장주식의 가액을 계산하는 것(2차 예비적 주장)이 객관적이고 합리적인 방법이라고 판단하였다[대법원 2013. 5. 24. 선고 2013두2853 판결(심리불속행)].

③ 법원이 상증세법 시행규칙 제17조의3 제1항 제3호에 해당한다고 본 사안으로는 ㉮ 완전모회사인 비상장회사가 자회사를 청산하여 모든 자산·부채를 그대로 승계한 경우,[135] ㉯ 법인이 주상복합건물(149개 호실)을 신축하여 2005, 2006, 2007 사업연도에는 그중 122개 호실을 분양하여 그로 인한 수익을 얻었으나, 2008 사업연도부터는 나머지 27개 호실의 일부를 임대하거나 직접 사용하여 임대 등의 수익을 얻은 경우[136]가 있다.

비상장주식을 상증세법 제63조 제1항 제1호 나목 및 같은 법 시행령 제54조에 따라 평가할 때, 그 비상장주식을 발행한 법인이 보유한 상장주식의 평가금액은, 평가기준일의 거래소 최종시세가액으로 한다(시행령 89조 2항 2호 후문).[137] 비상장주식을 발행한 법인이 다른 법인의 발행주식총수 중 10% 이하의 비상장주식 등을 소유하고 있고 그 시가가 없는 때에는, 보충적 평가방법에 의한 평가액이 아닌 취득가액을 시가로 할 수 있다(상증세법 시행령 54조 3항).

외국 비상장법인의 주식에 대하여는, 상증세법상 보충적 평가방법을 그대로 적용하는 것이 부적당하지 않은 때에 한하여 이를 적용할 수 있고, 보충적 평가방법이 부적당하지 않다는 점의 입증책임은 과세관청에게 있다.[138] 대법원은, 외국 비상장법인의 주식에 관하여 ① 우리나라의 이자율을 반영하는 순손익가치를 고려한 보충적 평가방법은 적용하기에 부적당하지만,[139] ② 순자산가치만을 기초로 한 보충적 평가방법은 일정한 경우 적용

---

135) 대법원 2017. 2. 3. 선고 2014두14228 판결
136) 서울고등법원 2021. 3. 5. 선고 2019누62873 판결, 대법원 2021. 7. 29. 선고 2021두36868 판결(심리불속행)
137) 상증세법 제63조 제2항 제1호·제2호 및 같은 법 시행령 제57조 제1항·제2항을 준용할 때 "직전 6개월 (증여세가 부과되는 주식등의 경우에는 3개월로 한다)"은 각각 "직전 6개월"로 본다.
138) 대법원 2010. 1. 14. 선고 2007두5646 판결
139) ① 대법원 2010. 1. 14. 선고 2007두5646 판결은, 미국 비상장법인 주식의 가액을 구 상증세법 시행령 (2000. 12. 29. 개정 전) 제54조에 따라 순손익가치로 평가할 수 있는지가 문제된 사건에서, 구 상증세법 시행령 제54조 및 구 상증세법 시행규칙(2002. 12. 31. 개정 전) 제17조 제1항 소정의 순손익가치는, 미래의 기대수익률을 우리나라 3년 만기 회사채 유통수익률을 반영한 이자율에 의하여 현재가치로 할인한 것이므로, 이는 원칙적으로 우리나라 비상장법인의 주식을 그 적용대상으로 한다고 판단하였다. ② 부산 고등법원 2021. 5. 12. 선고 2020누20392 판결은, 베트남 비상장법인 주식의 가액을 상증세법상 보충적 평가방법에 따라 순손익가치와 순자산가치의 가중평균으로 산정한 사건에서 위 평가방법을 그대로 적용하는 것이 부적당하지 않다는 점에 대한 입증이 없다고 보았다[대법원 2021. 9. 30. 선고 2021두41945 판결(심리불속행)].

될 수 있다는 취지로 보인다.[140] 외국 비상장법인의 주식에 대하여 상증세법상 보충적 평가방법(상증세법 63조 1항 1호 나목)을 적용할 수 없는 경우,[141] 그 시가는 상증세법상 국외재산 평가규정(상증세법 시행령 58조의3)에 따라 ① 당해 주식의 소재지국[142]에서 조세부과목적으로 평가한 가액,[143] ② 세무서장 등이 2 이상의 국내 또는 외국의 감정기관에 의뢰하여 감정한 가액을 참작한 평가액의 순으로 정해질 것이다.

② 그 밖의 재산권

부동산 등, 무체재산권, 조건부 권리 등의 시가는 상증세법 제61조부터 제66조까지(보충적 평가방법)의 규정을 준용하여 평가한 가액에 의한다. 가상자산의 평가에 관하여는 상증세법 시행령 제60조 제2항에 별도의 규정이 있다.

(다) 금전의 대여 등에 관한 특칙

법인세법 시행령 제89조 제3항, 제4항은 금전의 대여 등의 경우 시가에 관하여 별도의 특칙을 두고 있다. 이에 관하여는 해당 부당행위계산의 유형에서 언급하기로 한다.

(3) 부당행위계산 여부의 안전대(安全帶)

법인세법 시행령 제88조 제1항 제1호·제3호·제6호·제7호·제9호[144]는 시가와 거래가액의 차액이 3억 원 이상이거나 시가의 5% 이상인 경우에 한하여 적용한다(시행령 88조 3항).[145] 다만, 위 규정은 상장주식을 거래한 경우에는 적용하지 않는다(시행령 88조 4항).

---

140) ① 대법원은, 당초에는, 과세관청이 홍콩 비상장법인의 주식에 관하여 그 법인이 '사업개시 후 3년 미만 법인'에 해당한다는 이유로 그 주식을 구 상증세법 시행령(2008. 2. 22. 개정 전) 제54조 제1항에 따라 순자산가치로 평가한 사건에서, 위 보충적 평가방법의 적용이 부적당하지 않음을 인정할 증거가 부족하다는 이유로 이를 적용할 수 없다고 보았다(2015. 2. 12. 선고 2014두43226 판결). ② 그러나 이후 대법원은, '휴·폐업 중인 법인'과 '사업개시 후 3년 미만인 법인'에 각각 해당하는 홍콩 비상장법인들의 주식의 가액을 순자산가치에 의하여 산정한 것은 합리적이고 적절한 조치이고, 위 홍콩법인들의 주식에 '순자산가치에 의한 보충적 평가방법을 적용하는 것이 부적당한 경우'가 아니라고 판단하였다(대법원 2020. 12. 30. 선고 2017두62716 판결). 후자의 판결은 종전의 입장을 사실상 변경한 것으로 볼 여지가 있다.

141) 조세심판원은, 청구법인이 중국자회사에 현물출자할 기계장치에 관하여 중국의 관련 규정에 따라 적정한 평가절차를 거쳐 중국정부로부터 기계장치에 대한 투자승인을 받고 이를 현물출자한 경우, 그에 의하여 취득한 출자지분의 시가는 중국정부의 투자승인가액으로 산정함이 합리적이고, 상증세법상 보충적 평가금액으로 평가해서는 안 된다고 하였다(조심 2010서3831, 2011. 12. 27.).

142) 당해 주식을 발행한 법인의 본점 또는 주된 사무소의 소재지(상증세법 제5조 제1항 제6호)

143) 국세심판원은, 청구인이 상속한 일본법인의 비상장주식의 시가에 대하여, 우리나라 상증세법의 보충적 평가방법을 적용하는 것이 부적당한 경우에 해당한다고 보아, 상증세법 시행령 제58조의3 제1항에 따라 일본에서 상속세 부과목적으로 평가한 가액으로 판단하였다(국심 2005서0038, 2006. 4. 13.).

144) 법인세법 시행령 제88조 제1항 제1호·제3호·제6호·제7호에 준하는 행위 또는 계산에 한한다.

145) 이에 비하여 법인이 특수관계인 외의 자에게 정당한 사유 없이 자산을 정상가액보다 낮은 가액으로 양도하거나 높은 가액으로 매입하는 경우에 인정되는 의제기부금의 기준인 정상가액은 시가에 시가의 30%를 가산하거나 차감한 규정으로 한다(시행령 35조 2호). 이와 같이 의제기부금의 기준인 정상가액에 관하여

2-2-2. 정당한 사유의 부존재

(1) 정당한 사유의 입증

법인이 특수관계자와 시가보다 불리한 조건으로 한 거래는 경제적 합리성이 없는 것으로 **사실상 추정**된다. 따라서 과세관청이 법인이 특수관계자와 한 거래가 시가보다 불리한 조건으로 이루어졌음을 입증한 경우에는, 그럼에도 불구하고 경제적 합리성이 인정될 수 있는 정당한 사유[146]의 존재에 관한 **입증의 부담**이 납세의무자에게 돌아가게 된다. 따라서 1단계로 과세관청은 법인의 거래조건이 시가보다 불리함을 입증하여야 하고, 2단계로 법인은 그 거래에 정당한 사유가 있음을 입증하여야 할 것이다. 법인이 그러한 입증을 하지 못하는 경우 그 거래는 경제적 합리성이 없는 것으로 판단될 가능성이 크다.

시가보다 불리한 조건의 거래를 할 **정당한 사유**는, 그 거래조건으로 인한 경제적 손실을 보전·상쇄할 수 있는, 거래와 관련된 다른 이익 등 여러 가지 형태로 존재할 수 있고, 유형적 거래대가로 포착하기 어려운 무형의 대가인 경우도 있을 수 있으므로, 당해 거래에 관한 제반 사정을 종합적으로 고려하여 판단하여야 한다. 대법원은, 경제적 합리성의 유무에 관한 판단은, 그 거래행위의 대가관계만을 따로 떼어내어 단순히 특수관계자가 아닌 사람과의 거래형태에서는 통상 행하여지지 아니하는 것이라 하여 바로 이에 해당하는 것으로 볼 것이 아니라, 거래행위의 제반 사정을 구체적으로 고려하여 경제적 합리성을 결여한 비정상적인 것인지 여부에 따라 판단하여야 한다고 한다.[147][148] 법인이 한 거래의 조건이 사후적으로 판단되는 최선의 거래조건과 일치하지 않는다는 사정만으로 곧바로 정당한 사유가 없는 것으로 보아 경제적 합리성이 없는 거래라고 단정해서는 안 될 것이다. 당해 거래에 대한 정부의 지시·권유 또는 관여도 정당한 사유 여부의 판단에 고려되어야 한다.[149]

대법원 판례가 정상적 거래조건보다 불리한 거래이지만 경제적 합리성이 있는 것으로 본 사안으로는 ① 합작투자회사에 대한 영업권의 양도가 합작투자계약상의 출자비율에 따른 납입의무를 이행한 것,[150] ② 원고 회사가 신주인수권부사채의 발행회사(서울이동통

는 부당행위계산의 기준보다 안전대(安全帶, safe harbor)가 더 넓게 규정되어 있다.

146) 당해 거래의 조건이 시가보다 불리하다는 사정이 경제적 합리성이 없는 거래라는 사실상 추정을 방해하는 사정

147) 대법원 2010. 1. 14. 선고 2009두12822 판결

148) 법인세법 기본통칙은 부당행위계산에 해당하는 경우와 그렇지 않은 경우에 관한 여러 가지 예시를 규정한다(기본통칙 52-88…2 및 52-88…3).

149) 대법원 1987. 10. 13. 선고 87누357 판결 ; 기본통칙 52-88…3의 5 ; 대법원 2018. 7. 20. 선고 2015두39842 판결도 해당 거래를 정부가 승인하여 관여한 사안이다(김희철·김범준, 앞의 글, 201쪽).

150) 대법원 2001. 11. 27. 선고 99두10131 판결

신)로부터 신주인수권을 무상으로 취득하고, 그로 인하여 침해된 기존 주주들의 권리의 회복을 위해 그들에게 기존 주식지분비율대로 주식을 저가에 양도한 행위,[151] ③ 회수가능성이 거의 없는 계열사(진로건설)에 대한 대여금채권의 출자전환[152] 등이 있다.

한편, 모회사가 자회사에 시가보다 유리한 거래를 통하여 이익을 분여한 경우에도 부당행위계산이 될 수 있다.[153] 다만, 그 경우 모회사가 자회사에 분여한 이익은 실질적 출자에 해당할 여지가 많다.

(2) 부가가치세법상 부당행위계산부인과의 관계

부가가치세법 제29조 제4항은, 사업자가 특수관계인에게 재화 또는 용역을 공급하면서 부당하게 낮은 대가를 받음으로써 부가가치세의 부담을 부당하게 감소시키는 경우, 그 재화 또는 용역의 시가를 공급가액으로 간주한다. 위 규정에 따른 부가가치세법상 부당행위계산의 요건은 법인세법상 그것과 대체로 같고,[154] 법원도 양자를 거의 동일하게 해석하는 것으로 보인다.[155]

(3) 공정거래법상 부당지원행위와의 관계

법인이 특수관계인에게 유리한 조건의 거래를 통하여 지원하는 경우, 공정거래법 제45조 제1항 제9호에 따른 부당지원행위의 해당 여부와 법인세법상 부당행위계산 여부는 별개로 정해진다. 따라서 공정거래법상 부당지원행위에 해당하는 거래도, 부당행위계산의 기준이 되는 시가에 대한 증명이 없는 경우에는, 법인세법상 부당행위계산으로 부인될 수 없다.[156] 그리고 공정거래법상 부당지원행위의 부당성은, 지원객체의 관련 시장을 기준으

---

151) 대법원 2007. 12. 13. 선고 2005두14257 판결

152) 대법원 2010. 1. 14. 선고 2009두12822 판결

153) 대법원 1985. 3. 26. 선고 83누160 판결(모회사가 전액출자하여 특수관계에 있는 자회사에게 당좌대월이자율에 못 미치는 중소기업육성자금 여신율인 연 15%의 이율로 금원을 대여한 사안), 대법원 2006. 1. 26. 선고 2004두5904 판결

154) 부가가치세법 제29조 제4항은 '부당하게 낮은 대가'라는 문언을 사용하므로, 부가가치세법상 부당행위계산은 법인세법상 부당행위계산의 판단기준보다 더 엄격한 기준에 따라 판단되어야 하는 것인지가 문제된다. 법인세법상 부당행위계산도 시가와 거래가액의 차액이 존재하기만 하면 되는 것이 아니라 일정한 정도에 이르러야 성립하므로(시행령 88조 3항), 이는 위 부가가치세법상 '부당하게 낮은 대가'에 포섭될 여지가 있다. 따라서 반드시 부가가치세법상 부당행위계산 여부를 법인세법상 그것보다 더 엄격하게 판단하여야 하는 것은 아니다.

155) 구체적 사건에서 법인세법과 부가가치세법의 부당행위계산이 동시에 문제되는 경우, 일반적으로 법원은 전자를 중심으로 판단한다. 대법원 판례가 법인세법과 부가가치세법의 각 부당행위계산의 요건을 구별하여 달리 판단한 예는 찾아보기 어렵다.

156) 서울행정법원 2011. 12. 9. 선고 2011구합709 판결(대법원 2012. 10. 25. 선고 2012두14255 판결의 1심) : 반대로, 사업경영상의 필요 또는 거래상의 합리성이 있다는 것만으로 공정거래법상 부당지원행위의 성립요건인 부당성 및 공정거래저해성이 부정된다고 할 수 없다(대법원 2004. 10. 14. 선고 2001두2881 판결).

로 공정한 거래가 저해될 우려가 있는 것을 의미하는 것[157]에 비하여, 법인세법상 부당행위계산의 부당성은, 거래당사자인 법인의 관점에서 경제적 합리성을 결여한 것을 의미하므로, 서로 구별된다.

2-2-3. 주관적 요건의 필요 여부

조세를 회피하거나 경감시킬 주관적 의도는 부당행위계산의 요건이 아니다.[158][159] 다만, 주관적 조세회피의도가 있는 경우 행위계산의 부당성이 더 쉽게 인정될 수 있을 것이다.

2-2-4. 부당성의 판단시점

법인과 특수관계인 간의 거래가 부당한 것인지 여부는 **거래 당시**를 기준으로 판단한다.[160] 따라서 법인이 특수관계인으로부터 자산을 매입하는 계약을 할 당시 그 매매대금이 시가를 초과하지 않아서 고가매입에 해당하지 않는다면, 이후 그 **시가가 하락**하여 그 자산의 취득시점[161]에 매매대금이 시가를 초과하게 되었더라도, 그 계약이 사후적으로 고가매입에 해당하게 되는 것은 아니다.

한편, 법인이 특수관계인으로부터 자산을 매입하는 계약을 할 당시에는 매매대금이 시가를 초과하여 고가매입에 해당하였더라도, 이후 그 **시가가 상승**하여 그 취득시점에는 매매대금이 시가를 초과하지 않게 되었다면, 부당행위계산에 해당하지 않게 되었다고 보는 것이 합리적이다.[162] 그러나 자산의 매매계약 및 취득시점을 기준으로 매매대금이 시가를 초과하여 고가매입의 부당행위계산에 해당하는 이상, 그 이후 자산의 시가가 상승하여 결과적으로 처분시점에 손해가 발생하지 않았다고 하더라도, 부당행위계산에 해당하지 않게 되는 것은 아니다.[163]

---

157) 대법원 2004. 3. 12. 선고 2001두7220 판결 등
158) 대법원 2006. 11. 10. 선고 2006두125 판결
159) 미국 세법상 의제배당(constructive dividend)의 요건으로 조세회피 목적은 언급되지 않는다(Bittker & Eustice, 8 – 39). 그리고 미국 세법 제482조도 소득의 재배정 등을 하기 위한 요건으로 조세를 포탈하거나 감소시키려는 등의 의도를 요구하지 않는다. 미국 재무부 규칙 § 1.482 – 1(f)(1)(i)
160) 대법원 2010. 5. 13. 선고 2007두14978 판결 : 고가매입으로 인한 부당행위계산부인의 경우에도 토지 등의 취득이 부당행위계산에 해당하는지 여부의 기준시기는 거래 당시인 반면, 그 익금에 산입하여 소득처분할 금액 산정의 기준시기는 특별한 사정이 없는 한 그 취득시기로 봄이 상당하다.
161) 부동산의 경우 대금청산일 등(시행령 68조 1항 3호)
162) 박성규, "고가매입으로 인한 부당행위계산부인의 경우 토지 등의 취득이 부당행위계산에 해당하는지 여부의 기준시기 및 익금에 산입하여 소득처분할 금액 산정의 기준시기", 대법원판례해설 제84호(2010), 232쪽
163) 대법원 2010. 11. 11. 선고 2008두8994 판결

장기간에 걸쳐 이루어지는 금전대차거래의 경우, 중도에 거래조건의 변경이 가능하거나 그 거래를 해소·대체할 수 있는 가능성이 있는 때에는, 최초의 거래 당시뿐만 아니라 그 이후의 시점을 기준으로도 부당행위계산 여부를 판단할 수 있다.[164]

2-3. 조세부담의 감소

조세부담의 감소 여부는 당해 법인을 기준으로 판단한다. 따라서 법인과 특수관계인의 전체 조세부담이 감소하지 않았다고 하더라도, 부당행위계산이 될 수 있다.[165][166] 조세부담의 감소는 반드시 거래가 있은 당해 사업연도에 발생하여야 하는 것은 아니고, 그 이후의 사업연도에 발생할 수도 있다.[167]

3 ▶ 부당행위계산의 유형

법인세법 제52조 제4항의 위임에 따라 법인세법 시행령 제88조 제1항은 부당행위계산의 구체적 유형을 규정한다.[168][169]

---

164) 대법원 2018. 10. 25. 선고 2016두39573 판결 : 원고가 주주인 군인공제회로부터 연 13.06%의 이자율로 차입하면서 원금은 2002. 12.부터 2017. 9.까지 15년간 매 3개월 단위 말일에 상환하되, 영업성과에 따라 조기상환할 수 있도록 정한 사안에서, 원고가 다른 금융업자로부터 낮은 이율로 자금을 대여받아 위 차입금을 조기상환할 가능성이 있었음에도 하지 않은 것으로 보아 부당행위계산인 고율차용으로 판단하였다.

165) 대법원 1985. 3. 26. 선고 83누160 판결, 대법원 2000. 2. 11. 선고 97누13184 판결

166) 연결납세방식을 적용받는 연결법인 간에 이루어진 금전의 대차나 용역의 제공으로서, 연결법인세액의 변동이 없는 등 기획재정부령을 충족하는 것은, 부당행위계산에서 제외된다(시행령 88조 1항 6호 다목, 7호 단서). 그러나 연결법인 간의 자산양도는 부당행위계산에서 제외되지 않는다(시행령 120조의18 2항 단서). 연결납세법인들 간의 부당행위계산에 관하여는 제7장 3-1-1. (1) 참조

167) 대법원 1997. 11. 28. 선고 96누14333 판결

168) 대법원은, 부당행위계산의 유형을 대통령령으로 정하도록 규정한 구 법인세법(1998. 12. 28. 개정 전) 제20조(현행 법인세법 52조 4항)가 포괄위임금지의 원칙에 위배되었다거나 부당행위계산의 구체적 유형을 규정한 구 법인세법 시행령(1998. 12. 31. 개정 전) 제47조 제2항이 모법의 위임한계를 벗어난 위헌·위법의 규정이라고 볼 수 없다고 한다(대법원 2007. 9. 20. 선고 2005두9415 판결).

169) 헌법재판소는 ① 양도소득에 관한 부당행위계산부인 조항(소득세법 101조 1항)은 납세자의 재산권 또는 평등권을 침해하지 않고, ② 부당행위계산에 필요한 사항을 대통령령에 위임하는 소득세법 조항(소득세법 101조 5항)도 포괄위임입법금지원칙을 위배하지 않는다는 이유로 각 합헌결정을 하였다(헌법재판소 2017. 5. 25. 2016헌바269 결정).

3-1. 고가매입, 저가매도 등

3-1-1. 자산의 고가매입(1호)

(1) 적용범위

(가) 신주의 고가인수

법인이 다른 법인이 발행한 신주를 그 시가보다 높은 가액으로 인수한 경우, 그 시가와 발행가액의 차액은 주식발행법인의 소득(익금)에 포함되지 않고, 위 신주를 인수한 법인으로부터 이익을 분여받은 자는 그 신주의 발행법인이 아니라 다른 주주이다.[170] 따라서 법인이 다른 법인이 발행하는 신주를 시가보다 높은 가액으로 인수하는 것은 법인세법 시행령 제88조 제1항 제1호 또는 그에 준하는 경우로서 제9호에 해당하지 않고, 다만 그로 인한 이익을 분여받은 다른 주주가 특수관계자인 경우 같은 항 제8호 (나)목의 부당행위계산에 해당할 수 있을 뿐이다.[171]

 신주의 고가인수에 관한 판례

① 대법원은, 과거에는 "세무회계상 타법인 발행의 신주인수는 투자자산의 매입에 해당하므로 신주 발행 당시 발행회사의 자산상태 등의 평가에 의한 신주의 정당한 평가가액과 신주인수가액과의 차액을 비교하여 부당행위부인의 대상이 되는 고가매입 여부를 따져 보아야 하는 것"이라고 하여 신주의 고가인수가 자산의 고가매입에 관한 부당행위계산부인 규정의 적용대상인 것으로 판단하였다.[172]

② 그러나 이에 대하여는, 자본거래로 인한 법인자산의 증가와 감소는 익금과 손금에 해당하지 않으므로, 신주의 고가인수는 그 신주를 발행한 법인의 소득에 대한 부당행위계산에 해당하지 않고, 신주를 고가로 인수한 주주인 법인이 자본거래를 매개로 특수관계에 있는 자에게 이익을 분여하는 경우 그 주주인 법인의 소득을 조정할 수 있을 뿐이라는 비판이 있었다.[173]

③ 이후 대법원 2009. 11. 26. 선고 2007두5363 판결은, 원고가 계열회사가 발행하는 실권주를 고가로 인수한 사안에서 이익분여의 상대방을 실권주의 발행법인이 아니라 실권주주로 인정함으로써 종전의 판례를 사실상 변경하였다.[174]

---

170) 대법원 2009. 11. 26. 선고 2007두5363 판결. 다만, 주주들 간의 이익분여는, 일부 주주가 신주를 인수하지 않는(실권) 등으로 주주들이 각자의 지분비율에 따라 신주를 인수하지 않은 경우에 발생하고, 기존 주주들이 각자의 지분비율에 따라 신주를 인수한 경우에는 문제되지 않는다.

171) 대법원 2014. 6. 26. 선고 2012두23488 판결, 대법원 2015. 9. 10. 선고 2013두6206 판결

172) 대법원 1989. 12. 22. 선고 88누7255 판결, 대법원 2004. 2. 13. 선고 2002두7005 판결

173) 한만수, "자본거래의 부당행위계산부인에 관한 연구", 저스티스 제91호(2006. 6.), 166쪽

174) 강석규, 조세법 쟁론(2020), 692쪽

(나) 주식의 포괄적 교환 및 이전

대법원은, 주식의 포괄적 교환은 자산의 유상 양도로서의 성격도 가지므로, 주식의 포괄적 교환에 의하여 완전모회사로 되는 회사가 완전자회사로 되는 회사의 주식을 그 시가보다 높은 가액으로 양수한 경우 법인세법 시행령 제88조 제1항 제1호의 고가매입에 해당한다고 본다.[175] 이는 주식의 포괄적 교환에 의한 이익분여가 현물출자에 준하여 '완전모회사와 완전자회사의 구 주주' 간에 일어난다고 보는 것이다.[176] 이에 의하면 부당행위계산으로 분여되는 것은 완전모회사의 소득이고, 부당행위계산의 요건인 특수관계는 완전모회사와 완전자회사의 주주들 사이에 존재하여야 한다.

그러나 ① 완전모회사가 취득한 완전자회사 주식의 가액이 완전자회사의 종전 주주에게 발행한 신주의 가액에 미달하더라도, 양자가 동일한 경우에 비하여 완전모회사의 소득이 감소하지 않고, 그러한 사정은 완전모회사의 소득에 영향을 미치지 못한다.[177] ② 그리고 주식의 포괄적 교환에 따라 완전모회사가 취득한 완전자회사 주식의 취득가액은 언제나 그 시가이므로(시행령 72조 2항 7호), 완전모회사가 완전자회사의 종전 주주에게 발행한 신주의 가액이 완전자회사의 주식의 시가를 초과하는 경우, 부당행위계산부인 규정을 적용하지 않더라도 완전모회사의 소득이 부당하게 감소하는 일은 생기지 않는다. 또한 ③ 현행 세법상 현물출자에 관한 부당행위계산 규정은 불합리한 면이 있으므로,[178] 그 적용범위를 넓히지 않는 것이 바람직하고, 주식의 포괄적 교환은 현물출자보다 합병에 더 가까운 거래로 볼 여지도 있다.[179] 따라서 주식의 포괄적 교환을 통한 이익분여는 '완전모회사의 구

---

175) 대법원 2014. 11. 27. 선고 2012두25248 판결 : 주식의 포괄적 교환은 자산의 유상 양도로서의 성격도 있기 때문에, 주식의 포괄적 교환에 의하여 다른 회사('완전자회사')의 발행주식의 총수를 소유하는 회사 ('완전모회사')가 되는 회사가 완전자회사가 되는 회사의 주식을 시가보다 높은 가액으로 양수한 경우에는 법인의 자산이 과대계상되므로, 구 법인세법 시행령(2007. 2. 28. 대통령령 제19891호로 개정되기 전의 것) 제88조 제1항 제1호의 부당행위계산부인에 의하여 그 시가 초과액을 자산의 취득가액에서 제외하는 한편, 그 금액을 완전모회사인 법인의 익금에 산입하게 되는 것이다.

176) 이정민, "상법상 주식의 포괄적 교환에 있어서 완전자회사 주식의 고가양도로 인한 이익에 대하여 부당행위계산부인에 따라 그 귀속자에게 상여나 기타소득으로 소득처분을 할 수 있는지 여부", 대법원판례해설 제102호(2014), 43~45쪽

177) 3-1-4. 및 3-4-4. 참조 ; 대법원 2014. 11. 27. 선고 2012두25248 판결은 주식의 포괄적 교환이 자산의 유상 양도로서의 성격도 가진다는 점을 완전모회사인 법인의 부당행위계산에 의한 이익분여로 보는 근거로 든다. 그러나 자본거래의 일반원칙상 주주(완전모회사 주식을 이전받은 완전자회사의 구 주주)의 관점에서 손익거래가 된다고 하여 반드시 법인(완전모회사)의 관점에서도 손익거래가 되는 것은 아니다. 이와 다른 취지로 규정한 현행세법의 현물출자에 관한 부당행위계산부인 규정은 입법론상 문제가 있다.

178) 3-1-3. (2) 참조

179) 대법원 2022. 12. 29. 선고 2019두19 판결은, 코스닥상장법인인 A 법인이 비상장법인인 B 법인과 B 주식을 전부 인수하면서 B의 기존 주주들에게 A 주식을 발행해주기로 하는 주식의 포괄적 교환계약을 체결한 사안에서, 주식의 포괄적 교환의 경제적 실질은 합병과 유사하므로, 주식의 포괄적 교환에 따라 완전자회사로 된 회사의 기존 주주가 얻은 이익을 계산할 때, 합병에 따른 이익의 계산방법 등에 관한 구 상증세법 시행령 제28조 제3항 내지 제6항을 준용하여야 한다고 판단하였다.

주주와 완전자회사의 구 주주 간의 이익분여'로 파악하여 법인세법 시행령 제88조 제1항 제8호의2 또는 법인세법 시행령 제88조 제1항 제9호(합병에 준하는 행위)를 적용하는 것이 타당하다.

(다) 합병

대법원은, 법인세법 시행령 제88조 제1항 제1호와 제4호는 자산의 특정승계를 전제로 한 규정이므로 합병에 의하여 자산이 포괄승계되는 경우에는 적용되지 않는다고 본다.[180]

합병에 의한 자산의 취득이 고가매입인지 여부는 합병대가의 종류에 따라 구분하여 판단할 필요가 있다. ① 합병법인이 합병대가로 신주를 발행한 경우, 이는 합병법인의 관점에서 자본거래이고, 합병대가가 합병법인이 승계한 피합병법인의 순자산(영업권 포함)의 시가를 초과하더라도, 자본거래의 속성상 합병법인의 소득을 감소시킨 것으로 볼 수 없으므로,[181] 위와 같은 합병은 고가매입에 해당하지 않는다.[182] 한편, ② 합병법인이 합병대가로 모회사 주식이나 금전 등을 교부한 경우, 이러한 합병은 손익거래에 해당할 수 있으므로,[183] 위와 같은 합병은 고가매입 또는 그에 준하는 행위(시행령 88조 1항 9호)로 볼 여지가 있다.[184]

---

180) 대법원 2015. 1. 15. 선고 2012두4111 판결 : ① 원고(주식회사 국민은행)는 2003. 9. 30. 자회사인 국민카드 주식회사를 흡수합병하였는데, 국민카드가 합병 당시 보유한 채권('이 사건 채권')에 관하여 대손충당금을 설정할 경우 원고가 국민카드의 이월결손금을 승계하여 공제받을 수 없자, 국민카드가 합병에 따른 의제사업연도(2003. 1. 1.부터 2003. 9. 30.까지)에 관하여 이 사건 채권에 대한 대손충당금을 설정하지 않은 상태로 국민카드를 흡수합병하였고, 합병 이후 2003 사업연도의 결산을 하면서 이 사건 채권에 대하여 설정하여야 할 대손충당금을 '합병관련대손충당금전입액 등'으로 계상하여 손금에 산입하였다. ② 과세관청은 실질과세원칙 및 부당행위계산부인을 이유로 원고에게 2003년 및 2004년 법인세를 증액하는 처분을 하였다. ③ 대법원은, 구 법인세법 시행령(2005. 2. 19. 개정 전) 제88조 제1항 제1호와 제4호가 정한 부당행위계산부인은 자산의 특정승계나 현물출자를 전제로 한 규정이므로 합병에 의한 포괄승계인 이 사건 채권의 승계에는 적용될 수 없다고 판단하였다.
181) 피합병법인의 순자산의 시가에 따라 합병비율이 정해졌을 경우에도, 합병법인이 피합병법인의 주주에게 교부하는 합병대가가 달라질 뿐이고, 출자되는 피합병법인의 순자산의 시가에는 변함이 없다. 따라서 자본거래 방식의 합병에서는 합병법인을 부당행위계산의 주체로 삼는 것은 부적절하다[3-3-4. (1) 참조]. 한편, 불공정한 비율에 의한 합병은 합병법인의 주주들과 피합병법인의 주주들 간의 이익분여를 수반하므로, 법인세법 시행령 제8호 가목은 이를 주주들 간의 부당행위계산으로 보아 부인한다.
182) 비적격합병을 한 합병법인이 영업권을 인식하였으나 영업권이 존재하지 않거나 영업권의 금액이 인식된 금액보다 적은 경우에는 합병매수차손의 손금산입이 부인되지만[제3편 제4장 제1절 2-3-3. (4)], 이는 일종의 가공자산의 손금산입을 제한하는 것이고, 합병법인의 부당행위계산 여부와 별개의 문제이다.
183) 제3편 제4장 제1절 1-2. 참조 ; 합병법인은 피합병법인의 순자산 가액을 초과하는 합병교부금을 교부함으로써 이익을 분여하고 소득을 감소시킬 수 있다.
184) 다만, 다음과 같은 사정을 고려하면, 세법은 교부금합병에 의한 합병법인의 고가양수를 부당행위계산으로 보지 않겠다는 태도에 가까운 것으로 보인다. ① 세법은 합병과 관련하여 주주들 간 부당행위계산의 부인을 규정하므로(시행령 88조 1항 8호 가목), 이에 의하여 합병법인의 고가매입으로 인한 조세회피효과가 어느 정도 제거될 수 있다. 법인세법 시행령은, 교부금합병에 대하여 주주들 간의 이익분여에 관한 법인세법 시행령 제88조 제1항 제8호가 적용됨을 전제로 상증세법 시행령을 준용한다(시행령 89조 6항,

(라) 자기주식의 매입

대법원은, 법인이 자본감소절차의 일환으로 주주로부터 자기주식을 매입하는 것은 자본거래이므로 특별한 규정이 없는 한 부당행위계산부인의 대상이 아니고,[185][186] 법인이 그 외의 경우 자기주식을 취득하는 것은 손익거래에 해당한다고 본다.[187] 이에 의하면, 법인이 자본금감소절차와 무관하게 자기주식을 시가보다 높은 가액으로 취득하는 것은 자산의 고가매입으로서 부당행위계산에 해당할 수 있다. 그러나 입법론으로는, 자기주식의 매입은 자본금감소 여부에 관계없이 언제나 실질적 감자로, 즉 자본금감소 목적이 없는 경우에도 주주에 대한 이익의 분배로 보아 자본거래로 취급하고, 주주가 분여받은 이익은 법인으로부터 손익거래를 통하여 받은 것이 아니라 다른 주주로부터 받은 것으로 구성하는 것이 타당하다.[188]

(2) 거래유형별 구체적 검토

(가) 여러 자산을 포괄적으로 양수한 경우

대법원은, 법인이 여러 자산을 포괄적으로 양수한 경우, 원칙적으로 개개의 자산별로 그 거래가격과 시가를 비교하여 고가양수 등에 해당하는지 여부를 판단할 것이 아니라, 그 자산들의 전체 거래가격과 시가를 비교하여 포괄적 거래 전체로서 고가양수 등에 해당하는지 여부를 판단하여야 한다고 본다.[189]

상증세법 38조 1항, 상증세법 시행령 28조 3항 2호). 따라서 합병교부금이 피합병법인 순자산의 시가에 비하여 과다하게 부여된 경우를 합병법인의 고가매입으로 본다면, 법인세법 시행령 제88조 제1항 제1호와 제8호 가목이 중복하여 적용되는 문제가 생길 수 있다. ② 세법은 피합병법인의 저가양도에 관하여 규정하면서도(시행령 88조 1항 3호의2) 합병법인의 고가양수에 관하여는 별도로 규정하지 않는다.

185) 대법원 1988. 11. 8. 선고 87누174 판결 : ① 서광축산 주식회사는 A 등 8인의 개인주주들이 소유하는 주식 400,000주(1주당 액면금액 500원)를 유상소각하기로 하고, 원고로부터 2억 원을 차입하여 위 개인주주들 소유의 주식을 액면금총액 2억 원에 매입한 후 소각하는 감자절차를 밟았는데, 감자시점에 이월결손금이 존재하여 주식의 시가가 1주당 (-)629원으로 평가되었고, 이후 서광축산은 원고 회사에 흡수합병되었다. 위 사건에서 서광축산이 시가가 1주당 (-)629원인 주식을 1주당 500원에 매입하여 부당하게 조세부담을 감소하였는지가 문제되었다. ② 대법원은, 법인이 주식소각방법에 의한 자본감소절차의 일환으로 상법의 자본감소규정에 따른 적법한 절차를 밟아 당해 법인의 기본자산(차입금)으로 일정량의 자기주식을 액면금액에 취득하여 그 주식을 유상소각하였다면, 이는 자본거래인 자본의 환급에 해당되는 것으로서 법인세법상 그 자체로서는 법인의 손익 내지 소득금액계산에 영향이 없는 것이므로, 구 법인세법 시행령 제46조 제1항 제1호, 제2호의 규정과 같이 자본거래와 관련하여, 부당행위계산부인의 대상으로 들고 있는 특별한 경우를 제외하고는 비록 당해 법인이 결손의 누적으로 자본감소 당시 그 주식시가가 액면금액에 미달하는 것으로 평가되는 데도 이를 액면금액으로 매입하여 자본환급을 하였다 하더라도 이로써 위 초과자본환급액이 손금화하여 법인의 소득금액계산에 영향을 미치지 아니한다고 판단하였다.

186) 행정해석도 법인이 자본금 감소 목적으로 특정주주로부터 자기주식을 매수하여 소각하는 것은 법인세법 시행령 제88조 제1항 제1호, 제3호의 부당행위계산에 해당하지 않는다고 본다(재법인 460212-115, 2002. 6. 20., 서면-017-2805, 2017. 12. 11.).

187) 1980. 12. 23. 선고 79누370 판결, 대법원 1992. 9. 8. 선고 91누13670 판결

188) 제3편 제3장 5. 참조

189) 대법원 2013. 9. 27. 선고 2013두10335 판결

① 주식회사 옥시의 주주들은, 영국 법인인 레킷 뱅키지로부터 옥시의 4개 사업부문 중 생활용품 사업부문만을 인수할 수 있도록 나머지 사업부문을 옥시에서 분리해달라는 요구를 받자, 2001. 3. 8. 각자 옥시의 출자비율과 동일한 비율로 출자하여 원고(주식회사 불스원)를 설립한 후, 2001. 3. 9. 옥시의 발행주식 전부를 레킷 뱅키지에게 양도하는 주식양수도계약을 체결하였고, 이후 2001. 3. 12. 옥시는 생활용품 사업부문을 제외한 나머지 3개 사업부문을 원고에게 대금 351억 원에 양도하는 사업양수도계약을 체결하였다.

② 피고는 2005년, 원고가 특수관계자인 옥시로부터 투자유가증권을 고가로 인수하고 부실 매출채권을 인수하였다는 이유로, 투자유가증권의 장부가액과 상증세법상 보충적 평가액의 차액 및 부실 매출채권의 장부가액을 「손금산입·(-)유보, 익금산입·기타사외유출」로 소득처분하였다.[190]

③ 이후 원고는 2007년경 및 2008년경 위 투자유가증권 중 일부를 처분하고 부실 매출채권을 대손처리하였고, 기존의 (-)유보를 추인하여 2007, 2008 사업연도에 관하여 익금산입(유보)으로 세무조정하여 법인세 신고를 하였다. 원고는 이후 위 익금산입의 세무조정을 취소하고 결손금을 증액하여 달라는 경정청구를 하였으나, 피고는 이를 거부하는 처분을 하였다.

④ 원심은, 원고가 옥시로부터 이 사건 사업부문 전체를 포괄적으로 양수한 것이 아니라 각 사업부문을 구성하는 개별 자산·부채를 별도로 양수한 것이라는 사실을 인정하기에 부족하여 이 사건 사업부문을 구성하는 개별 자산인 투자유가증권과 부실 매출채권만을 따로 떼어 고가양수 여부를 판단할 수 없고, 이 사건 사업부문 전체의 시가에 관한 피고의 입증이 부족하다는 이유로 피고의 거부처분이 위법하다고 판단하였다. 대법원은 원심의 위 판단을 수긍하였다.

그러나 손금의 계산단위는 개별 자산이고, 자산의 취득가액은 장차 손금에 산입될 금액이므로, 개별 자산의 취득가액이 과다 계상되면 장차 손금이 과다 산입되어 법인의 소득금액이 왜곡된다. 법인이 수개의 자산을 포괄적으로 양수한 경우 그 자산들이 반드시 동일한 시기에 동일한 방법으로 손금에 산입되는 것은 아니므로, 전체 자산의 취득가액 합계액은 전체 자산의 시가이지만 일부 자산의 취득가액이 그 시가를 초과하는 금액으로 계상되었다면, 손금에 산입될 총액은 각 자산의 취득가액이 시가로 계상되었을 경우와 같다고 하더라도, 그 개별 자산의 취득가액 중 시가를 초과하는 부분은 기간별 손금의 귀속을 왜곡시키게 된다.[191][192] 따라서 법인이 수 개의 자산을 포괄적으로 양수한 경우에도 부당행위계

---

190) 원고는 이에 불복하여 조세심판원에 심판청구를 하였으나, 조세심판원은 2005. 10. 25. '법인세 과세표준 경정의 효과가 당해 사업연도의 소득금액에 영향을 미치지 않는 한 그 사업연도에는 다툴 수 없고, 추후 투자유가증권 처분손익 등의 산정과 관련하여 효과가 나타나는 사업연도에 다툴 수 있다'는 이유로 위 심판청구를 부적법한 것으로 보아 각하하였다.

191) 가령, 법인이 20×1. 1. 1. 제3자로부터 A(시가 100원), B(시가 100원) 자산으로 구성된 사업을 양수하면서 대가로 250원을 지급하고(50원은 영업권의 대가), A의 취득가액을 130원, B의 취득가액을 120원으로 계상한 후, 20×1. 12. 31. A를 타인에게 양도하여 그 취득가액 130원을 손금에 산입한 경우를 가정하자. 위 경우 정상적으로 A, B의 취득가액을 안분하고 영업권을 인식하였다면, A의 양도로 인한 손금 100원

산 여부는 개개의 자산을 기준으로 판단되어야 한다.[193]

(나) 법인의 노력과 비용에 의한 개발이익의 포함 여부

법인이 특수관계인 소유 토지를 자신의 노력과 비용으로 개발하여 그 시가를 상승시킨 후 상승된 시가에 매수하는 방법으로 개발이익을 특수관계인에게 귀속시키는 경우, 이를 ① 「(원고가 특수관계인을 위하여 토지의 개발비용을 지출하여 이익을 분여한 거래) + (개발된 토지를 매수한 거래)」로 볼 것인지, ② 「(원고가 개발되지 않은 토지를 매수한 거래) + (특수관계인에게 토지의 개발된 상태와 개발되지 않은 상태 간의 시가의 차액을 분여한 거래)」로 볼 것인지가 문제된다. 대법원은, 토지 매매계약이 특수관계인 간의 거래가 아닌 일반적이고 정상적인 거래였다면 법인이 개발되지 않은 토지를 매수한 후 자신의 노력과 비용으로 개발하여 그로 인한 지가상승분을 자신에게 귀속시켰을 것으로 인정되는 사안에서, 토지가 개발되기 전의 시가를 기준으로 고가매입 여부를 판단하였다.[194]

토지의 개발과 시가 산정

① 대법원 2004. 7. 9. 선고 2003두1059, 1066 판결
  ㉮ 원고 회사가 골프장을 건설할 목적으로 토지를 매수하면서 편의상 원고 주주들 명의로 매수한 후 그 토지상에 골프장건설공사를 하여 그 토지의 국토이용계획상 용도지역이 변경되었고, 원고 회사가 원고 주주들에게 토지취득자금 등을 토지취득비용 명목으로 지급하였으며, 이후 매매계약을 체결하고 매매대금에서 이미 지급한 토지취득비용을 제외한 나머지 금액을 지급한 사안
  ㉯ 대법원은, 토지의 정상시가를 산정함에 있어서 골프장조성공사나 국토이용계획의 변경으로 인한 시가상승분을 제외하여야 할 것이라고 판단하였다.
② 2010. 5. 13. 선고 2007두14978 판결
  ㉮ 원고 회사가 연구소 부지를 확보하기 위하여 대주주이자 대표이사인 소외 1로부터 이 사건

과 영업권의 감가상각비 10원을 손금에 산입하였을 것인데, A의 취득가액을 130원으로 과대 계상하였기 때문에 20×1 사업연도의 손금이 20원만큼 과대 계상되는 결과가 되었다. 만일 법인이 20×1. 1. 1. A, B를 합계 200원(각각 시가 100원)에 매입하고, A의 취득가액을 130원, B의 취득가액을 70원으로 각각 계상하였으며, 영업권이 없는 경우에 20×1. 12. 31. A를 양도하였다면 A에 관한 손금은 30원만큼 과대 계상된다.

192) 위 대법원 판결에 의하면, 법인이 양수한 수 개의 자산들 중 조기에 손금산입이 이루어질 자산에 대하여 취득가액을 과대 계상함으로써 손금의 귀속시기를 자신에게 유리하게 정할 수 있게 된다.

193) 한편, 위 대법원 판결은, 수 개의 자산을 일괄 양도한 경우의 저가양도 여부에 관한 대법원 1997. 2. 14. 선고 95누13296 판결을 참조판례로 들었다. 법인이 수 개의 자산을 일괄하여 양도하는 경우에는 그 대가의 수령으로써 그 자산에 관한 세법적 처리가 끝나므로, 어느 자산의 양도가액이 과소 또는 과대 계상되었더라도 전체 양도가액이 시가에 합치하면 원칙적으로 문제가 없다[다만, 이 경우에도 자산별로 소득금액 또는 세율이 다르게 정해지는 경우(가령 법 55조의2)에는 부당행위계산이 문제될 수 있다]. 그러나 법인이 수 개의 자산을 매입한 경우에는 이후 각 자산의 취득가액에 따른 손금산입시기의 문제가 남아 있으므로, 저가양도 여부에 관한 판단기준을 그대로 적용할 수는 없다.

194) 2010. 5. 13. 선고 2007두14978 판결 ; 위 2007두14978 판결에 대한 해설로, 박성규, 앞의 글, 222쪽

토지(지목 : 전)에 관하여 사용승낙을 받아 원고의 비용으로 보전임지전용허가와 농지전용허가를 받은 후, 소외 1과 사이에 이 사건 토지에 관한 매매계약을 체결하면서 매매대금은 추후 원고가 그 부지조성공사를 마친 후 감정평가를 거쳐 결정된 금액으로 하기로 약정하고, 비용을 투입하여 부지조성공사를 마친 다음 이 사건 토지가 대지로 변경되었음을 전제로 한 감정평가액에 따라 매매대금을 정한 사안

④ 대법원은, 위 매매계약이 특수관계자 사이의 거래가 아닌 일반적이고 정상적인 거래였다면 원고가 개발을 전제로 하지 않은 토지 가액을 기준으로 토지를 매수한 후 자신의 노력과 비용으로 이를 개발하여 토지의 가치를 상승시킴으로써 개발로 인한 지가상승분을 자신에게 귀속시키는 형태로 거래를 하였을 것이라고 판단하였다.

한편, 법인이 소유하는 토지를 직접 개발할 경우 상당한 시가상승이 예상되는 상황에서, 충분히 그 개발비용을 부담하여 개발이익을 취득할 능력이 있음에도 그 개발이익을 특수관계인에게 귀속시키기 위하여, 개발되지 않은 상태의 토지를 기준으로 매매대금을 정하여 토지를 특수관계인에게 양도한 후 그 개발자금을 실질적으로 부담하는 경우에는, 저가양도 또는 그에 준하는 부당행위계산(시행령 88조 1항 9호) 여부가 문제될 수 있다.

(다) 기존 사업과의 시너지 또는 자산의 미래가치를 고려한 거래

법인이 매입한 자산이 기존 사업과의 시너지 효과를 발휘할 여지가 있는 경우, 그러한 사정은 고가매입 또는 경제적 합리성 여부에 고려되어야 한다.[195] 그리고 법인이 자산을 법령상 시가보다 높은 가격에 매입하였더라도, 그 자산의 미래가치를 고려한 것이어서 경제적 합리성이 인정되는 경우에는, 부당행위계산에 해당하지 않는다.[196]

---

195) 대법원 2008. 7. 24. 선고 2008두3197 판결 : 종합유선방송사업자인 원고 법인이 특수관계인으로부터 종합유선방송사업을 하는 다른 법인의 주식을 100억 원(1주당 가액 1,092,896원)에 매수한 사안(과세관청이 상증세법상 보충적 평가방법에 따라 산정한 1주당 가액은 81,109원)에서, 대법원은, 위 주식거래 당시 자체 전송망을 보유하지 못한 원고가 위 주식거래로 인하여 자체 전송망을 보유하면서 다수의 가입자를 확보하고 있는 그 다른 법인을 지배할 경우 전송망 등의 설비투자 비용을 절감할 수 있고, 그 다른 법인의 가입자를 흡수할 수 있으며, 독점적 시장 구축을 통하여 가입자 확보를 위한 경쟁을 피할 수 있다는 점 등을 근거로, 위 주식의 양수가 부당행위계산에 해당하지 않는다고 판단하였다.

196) 대법원 2020. 12. 10. 선고 2017두35165 판결 : ① B 법인, 그 최대주주인 A 및 주식회사 신한캐피탈은 2009. 7. 27. B 법인이 신한캐피탈에 계열회사인 C 법인의 주식을 40억 원(1주당 20,000원)에 매도하되, 신한캐피탈은 일정한 날까지 A에게 위 주식의 당초 매수가격에 일정한 비율로 계산한 금액을 더한 금액에 매도할 수 있는 풋옵션을 갖기로 하는 계약을 체결하였다. 그리고 B, A 및 주식회사 신한은행도 같은 날 같은 조건으로 신한은행이 A에 대한 풋옵션을 갖는 계약을 체결하였다. ② 이후 신한캐피탈과 신한은행은 각각 위 풋옵션을 행사하였고, A가 대표이사인 원고 법인은 2010. 11. 23. 신한캐피탈로부터 C 법인 주식을 미리 정한 매매가격 산정방식에 따라 1주당 23,518원에 매수하였고('이 사건 거래'), A도 같은 날 신한은행으로부터 C 법인 주식을 같은 조건으로 매수하였다. ③ 과세관청은 원고가 A의 풋옵션의무를 이행하여 1주당 시가 20,000원인 C 법인의 주식을 1주당 23,518원에 매입함으로써 부당행위계산으로 A에게 이익을 분여하였다고 보아 원고에게 C 주식의 시가와 매입가액의 차액에 관한 법인세 과세처분 및 소득금액변동통지를 하였다. ④ 대법원은, ㉮ 이 사건 거래 이후 C 법인은 지속적으로 그 수익구조가

(3) 부당행위계산 및 익금산입액 산정의 기준시기 : 매매계약 이후의 시가변동

대법원은, 고가매입으로 인한 부당행위계산 여부는 **거래 당시**를 기준으로 판단하지만, 익금에 산입하여 소득처분할 금액 산정의 기준시기는 특별한 사정이 없는 한 자산의 **취득시기**라고 한다.[197] 이에 의하면 ① 부동산을 고가로 매입하는 계약의 체결 이후 그 **시가가 상승**하여 ㉮ 취득시점의 매입가액과 시가의 차액이 매매계약 체결시점보다 감소한 경우에는, 그 취득시점의 차액을 익금산입액으로 하여야 하고, ㉯ 취득시점의 시가가 매입가액과 같거나 매입가액을 초과하게 된 경우에는, 부당행위계산에 해당하지 않게 되었다고 보면 족할 것이다.[198] ② 한편, 부동산을 고가로 매입하는 계약의 체결 이후 그 **시가가 하락**하여 취득시점의 매입가액과 시가의 차액이 매매계약 체결시점보다 증가하고, 매매계약 체결 당시 그러한 사정을 예상할 수 없었던 경우에는, 위의 '특별한 사정'이 있는 것으로 보아 거래 당시(매매계약 체결시점)의 차액을 익금산입액으로 보는 것이 합리적이다.

(4) 고가매입에 따른 세무처리

(가) 자산의 취득가액 및 소득처분

법인이 고가로 매입한 자산의 취득가액은 시가초과액을 포함하지 않는다(시행령 72조 4항 3호). 따라서 자산의 매입가액 중 시가초과액은 세법상 감액되어야 한다[(-)유보]. 고가매입의 경우 매입가액과 시가의 차액이 사외유출되는 시점은 원칙적으로 그 대금을 지급하는 때로 보아야 한다. 그러므로 매입대금 중 시가초과액으로서 ① 거래상대방인 특수관계인에게 지급된 금액은 사외유출된 것이므로 소득처분을 하여야 하지만, ② 지급되지 않은 금액은 아직 사외유출에 이르지 않은 것이므로, 그에 대응하는 미지급채무를 세법상 부인하면 족하다(유보).[199]

개선되었고 2014년 코스닥에 상장되었으며, 원고는 그 직전 C 법인 주식을 매도하여 33억 원의 양도차익을 얻은 점, ㉯ A도 신한은행으로부터 C 법인 주식을 이 사건 거래와 동일한 조건으로 매수한 점 등에 비추어, C 법인 주식의 법령상 시가가 20,000원으로 인정된다고 하더라도, 원고가 장기적 관점에서 C 법인의 미래가치를 평가하여 그 주식을 1주당 23,518원에 매수한 거래가 경제적 합리성이 없다고 단정할 수 없다고 판단하였다.

197) 대법원 2010. 5. 13. 선고 2007두14978 판결

198) 박성규, "고가매입으로 인한 부당행위계산부인의 경우 토지 등의 취득이 부당행위계산에 해당하는지 여부의 기준시기 및 익금에 산입하여 소득처분할 금액 산정의 기준시기", 대법원판례해설 제84호(2010), 232쪽

199) 고가매입의 세무조정은 매입대금의 지급 여부에 따라 다음과 같이 처리된다.
　① 법인이 매입대금 전액을 지급하고 자산을 취득한 경우에는, 매입대금 중 시가초과액을 「(-)유보·손금산입, 손금불산입·소득처분」으로 처리한다(기본통칙 67-106…9 ①).
　② 법인이 매입대금의 일부만을 지급한 상태에서 자산을 취득한 경우 ㉮ 자산의 취득가액 중 시가초과액은 「(-)유보·손금산입」하고, ㉯ 시가초과액 중 지급된 금액은 「손금불산입·소득처분」, 미지급 금액(부채)은 「유보(회계상 부채의 감액)·손금불산입」으로 처리한다. 이 경우 행정해석은, 법인이 매입대

(나) 고가로 매입한 자산의 익금산입(손금불산입)시기

고가로 매입한 자산이 감가상각대상이고 법인이 **감가상각비**를 계상한 경우에는 그 시점에 그 자산의 장부가액에 붙어있는 (-)유보를 추인하여 손금불산입한다.[200]

법인이 고가로 매입한 자산을 **양도**하는 경우에는 그 시점에 시가초과액[(-)유보] 잔액을 추인하여 「유보·손금불산입」한다. 이에 따라 자산의 취득가액 중 시가초과액의 잔액에 상당하는 매출원가 등[201]이 손금불산입된다.

이와 같이 법인의 매입가액 중 시가초과액은, 자산을 매입한 사업연도가 아니라 그 자산의 감가상각, 처분 등으로 손금에 반영되는 사업연도의 소득금액에 영향을 미친다. 따라서 법인이 고가매입을 이유로 한 부당행위계산부인에 대하여 다투고자 하는 경우 그 부인의 효과가 나타나는 사업연도의 소득금액에 관하여 다투어야 한다.[202]

(다) 거래상대방인 거주자의 세무처리

거주자가 양도소득세 과세대상자산을 특수관계 법인에게 시가를 초과하는 대가에 양도한 경우, 거주자의 양도가액으로 과세되는 금액은 시가 부분이고(소득세법 96조 2항 1호), 전체 양도대가 중 시가초과금액은 거주자에 대한 상여·배당 등으로 소득처분된다(시행령 106조 1항).

금 중 시가 상당 금액을 먼저 지급한 것으로 본다(기본통칙 67-106…9 ②). 법인이 매입대금을 전혀 지급하지 않은 상태에서 자산을 먼저 취득한 경우에는, 자산의 취득가액 중 시가초과액은 「(-)유보·손금산입」하고, 미지급 금액(부채)은 「유보·손금불산입」으로 처리한다.
③ 법인이 자산의 매입대금 일부를 지급하였으나 자산을 취득하지 못한 경우에는, 그 지급된 금액은 선급금으로서 일종의 자산에 해당하고, 그 금액이 시가를 초과하는 경우, 시가초과금액에 관하여 「(-)유보·손금산입」하고, 「손금불산입·소득처분」하여야 할 것이다.

200) 이 경우 손금불산입되는 감가상각비는 다음 산식에 따라 계산한다(기본통칙 67-106…9 ③).

$$손금불산입액 = 법인이\ 계상한\ 감가상각비 \times \frac{시가초과\ 부인액\ 잔액}{해당\ 사업연도\ 감가상각\ 전의\ 장부가액}$$

자산의 시가가 3억 원, 매입가액이 4억 원, 내용연수가 5년이고, 법인이 해당 사업연도의 개시일에 매입하여 그 종료일에 감가상각비 8,000만 원을 계상한 경우, 매입가액 중 시가초과액 1억 원에 관하여 「(-)유보·손금산입, 손금불산입·소득처분」하고, 감가상각비 중 손금불산입되는 금액은 2,000만 원(=8,000만 원×1억 원/4억 원)이 된다.
201) 해당 자산이 재고자산인 경우에는 매출원가, 그 외의 자산인 경우에는 '양도한 자산의 양도 당시의 장부가액'(시행령 19조 2호)에 해당하게 될 것이다.
202) 대법원 1989. 12. 22. 선고 88누7255 판결, 대법원 1997. 11. 28. 선고 96누14333 판결

3-1-2. 자산의 무상·저가양도(3호)[203]

(1) 저가양도 여부의 판단

자산의 양도가 저가양도로서 부당행위계산에 해당하는지 여부를 판단하는 기준시기는 거래 당시, 즉 매매계약 체결시점이다.[204] 매매계약 당시 장차 자산의 시가가 크게 상승할 것으로 예상되는 사정이 있는 경우, 그러한 가격상승 예상분도 시가의 판단에 고려되어야 한다.[205][206] 법인이 가까운 시일 내에 자산을 시가보다 높은 가액으로 양도할 수 있는 특별한 사정이 있는 경우에 그 장래의 양도가능한 금액보다 낮은 금액에 양도하는 것은, 저가양도에 해당하지 않더라도, 법인세법 시행령 제88조 제1항 제9호의 부당행위계산에 해당할 수 있다.[207] 한편, 자산의 매매계약 당시 예상할 수 없었던 사후의 사정변경으로 인하여 자산의 가격이 상승한 것은 시가의 판단에 고려되기에 부적절하다.[208]

---

203) 부가가치세법상 사업자가 특수관계인에게 재화 또는 용역을 공급하면서 부당하게 낮은 대가를 받거나 아무런 대가를 받지 않은 경우 공급한 재화 또는 용역의 시가를 공급가액으로 본다(부가가치세법 29조 4항).

204) 대법원 2001. 6. 15. 선고 99두1731 판결

205) 대법원 2006. 8. 26. 선고 2006두5809 판결(질권이 설정된 주식의 양도 당시 질권해제의 요건이 충족되어 향후 질권의 해제가 예상된 사안)

206) 대법원 2018. 9. 13. 선고 2018두42283 판결(인천고속버스터미널 사건)

207) 대법원 2003. 6. 13. 선고 2001두9394 판결(태평양돌핀스 사건) : 원고가 자신이 보유하는 프로야구단 회사의 주식을 다른 계열회사들이 보유하는 프로야구단 회사의 주식과 함께 1주당 시가에 경영권 프리미엄을 붙여 양도할 것을 예상하였음에도, 그 프로야구단 회사의 주식 중 일부를 따로 특수관계인에게 액면가액에 양도한 사안

208) 대법원 2001. 9. 28. 선고 99두11790 판결 : ① 원고 법인은 1995. 2. 21. 소외 회사로부터 토지를 대금 170억 원에 매수하는 계약을 체결하고 그 계약금을 지급한 후 공동주택 건립을 위한 도시계획 변경을 추진하였으나 여의치 않자, 위 토지상에 주택건설사업을 하는 것이 불가능하다고 판단하고, 1995. 6. 위 토지의 매매계약상 매수인의 지위를 원고 법인의 이사이자 실질적 사주인 A에게 이전하는 3자간 계약을 체결하였다. 이에 따라 A는 그 무렵 위 토지 매매계약상 매수인의 지위를 승계하고 그 잔금을 지급한 후 위 토지의 소유권이전등기를 마쳤다. 이후 도시계획 변경 없이 건축조례에 따라 위 토지상의 공동주택 건립이 가능하게 되자, 원고 법인은 한국감정원의 시가감정액을 토대로 1996. 8. 10.경까지 A로부터 위 토지를 대금 260억 원에 매수하는 계약을 체결하였고, 1996. 8. 10.경까지 A에게 그 대금을 모두 지급한 후 1996. 8. 13. 위 토지의 소유권이전등기를 하였다. ② 원심은, 원고 법인이 위 토지를 매수한 후 지가의 급등이 예상되자 특수관계인인 A에게 매수인의 지위를 이전하였다가 지가급등 후 위 토지를 다시 매수하는 방법으로 지가상승분에 해당하는 이익을 분여하였다고 판단하였다. ③ 대법원은, 원고 법인이 위 토지의 매수인 지위를 A에게 이전하였다가 A로부터 위 토지를 매수한 것이 부당행위계산에 해당하려면 위 토지의 매수인 지위를 A에게 이전할 당시 장래의 기대이익이 어느 정도 확정되어 있어야 하는데, 위 사건의 경우 장래의 지가급등의 이익이 확정되어 있었다고 인정할 자료가 없다는 이유로 원심판결을 파기하였다.

대법원 2018. 9. 13. 선고 2018두42283 판결(시가상승이 예상되는 경우)

인천광역시는 지방공기업법에 따라 100% 출자하여 원고 법인(인천교통공사)을 설립하고 1992. 12.경 원고 법인에게 토지 및 건물을 현물출자하였고, 위 부동산들은 고속버스터미널로 사용되었다. 인천광역시는 재원마련을 위하여 위 부동산들을 반환받아 제3자에게 매각하기로 하고 2012. 6. 인천교통공사가 소유하는 고속버스터미널 부지의 용도를 일반상업지역에서 중심상업지역으로 변경하기로 하는 도시관리계획변경안을 공고하였다. 인천교통공사는 2012. 7. 고속버스터미널을 그 부지가 일반상업지역인 상태로 감정평가받아 2012. 8. 대금 5,625억 원에 인천광역시에 매각하였고, 그 직후 인천광역시는 고속버스터미널 부지를 중심상업지역으로 용도변경하여 고속버스터미널의 가액을 8,700억 원으로 감정평가받아 2013. 1. 롯데인천개발 주식회사에게 대금 9,000억 원에 매각하였다.
대법원은, 위 사건에서 인천교통공사가 특수관계인인 인천광역시에 고속버스터미널을 저가로 매각하여 부당하게 조세의 부담을 감소시켰다고 판단하였다.

법인이 수 개의 자산을 포괄적으로 양도한 경우, 저가양도 여부는 개개의 자산별로 그 거래가격과 시가를 비교하여 판단할 것이 아니라 그 자산들의 전체 거래가격과 시가를 비교하여 포괄적 거래 전체로서 판단하여야 한다.[209]

(2) 익금산입액

대법원은, 익금에 산입할 금액, 즉 정상적인 양도차익을 계산하기 위한 기준시기는 그 자산의 양도시점이라고 한다.[210]

(3) 거래상대방인 거주자의 세무처리

거주자가 양도소득세 과세대상자산을 특수관계 법인으로부터 시가에 미달하는 대가로

---

209) 대법원 1997. 2. 14. 선고 95누13296 판결 : 원고는 그 소유의 이 사건 토지상에 다세대주택을 신축하는 공사에 착수하였다가 그 공사 도중인 원고와 그의 처 등을 이사로 하여 소외 회사를 설립하고, 이 사건 토지와 그 지상의 미완성 다세대주택 건물을 포함한 위 다세대주택건축에 관한 사업 일체를 대금 합계 556,630,380원(토지 141,960,330원, 건물 414,670,050원)에 소외 회사에게 포괄적으로 양도하였다. 과세관청인 피고는 위 토지의 개별공시지가 468,420,000원을 그 시가로 보고 위 양도계약을 저가양도의 부당행위계산으로 보아 개별공시지가와 토지의 양도가액과의 차액 326,459,670원을 원고의 사업수입금액에 가산하여 종합소득세 부과처분을 하였다. 위 사안에서 토지의 양도금액 141,960,330원은 시가보다 낮다고 볼 여지가 있는 반면에, 미완성 건물의 양도금액(장부상 공사비) 414,670,050원은 실제보다 과대하게 정해진 것으로 볼 여지가 있었다. 대법원은, 위 사건의 양도행위가 저가양도라고 단정할 수 없다고 판단하였다.
210) 대법원 2001. 6. 15. 선고 99두1731 판결 : 원고들이 1989. 4. 22. 특수관계 법인에게 부동산을 매도하는 계약을 체결하고 1989. 6. 28. 잔금이 청산되지 않은 상태에서 위 부동산에 관하여 소유권이전등기를 마쳐준 사안에서, 매매대금이 매매계약체결일인 1989. 4. 22.을 기준으로 감정인이 평가한 감정가격의 51%에 불과하므로 부당행위계산인 저가양도에 해당하고, 위 부동산의 양도가액은 양도시기인 1989. 6. 28.을 기준으로 감정인이 평가한 금액으로 정하여 세액을 계산한 원심의 판단을 수긍하였다.

양수하는 경우, 시가와 거래가액의 차액은 거주자에 대한 상여·배당 등으로 소득처분된다(시행령 106조 1항). 거주자가 이후 그 자산을 양도하는 경우, 그 취득가액으로 인정되는 금액은, 실제 취득가액에 상여·배당 등으로 소득처분된 금액(실제 취득가액과 취득 당시 시가의 차액)을 더한 금액, 즉 취득 당시의 시가이다(소득세법 97조 1항 1호 가목, 소득세법 시행령 163조 10항 2호).[211]

3-1-3. 무수익자산의 매입·현물출자(2호)

(1) 무수익자산

무수익자산은, 법인의 수익파생에 공헌하지 못하거나 법인의 수익과 관련이 없는 자산으로서 장래에도 그 자산의 운용으로 수익을 얻을 가망성이 희박한 자산을 말한다.[212][213] 무수익자산은, 업무무관 자산(법 27조 1호)과 구별되는 개념으로, 법인의 목적사업과 직접 관련이 없는 자산이더라도, 수익파생에 공헌하는 등의 사정이 있으면 무수익자산에 해당하지 않는다.[214][215]

---

211) 주주가 특수관계 법인으로부터 시가 100원인 자산을 70원에 매입한 것이 부당행위계산에 해당하는 경우, 시가와 매입가액의 차액 30원은 주주에 대한 배당으로 소득처분되고, 이후 주주가 그 자산을 양도하는 경우 그 자산의 취득가액으로 인정되는 금액은 실제 취득가액 70원에 배당으로 소득처분된 30원을 더한 100원이 된다.

212) 대법원 2000. 11. 10. 선고 98두12055 판결 : 원고(고려화학 주식회사)가 직원들의 체력단련 및 접대용으로 이미 충분한 골프회원권을 보유하고 있어 골프회원권을 추가로 구입할 필요성이 없었고, 당시 골프회원권의 시세가 하락추세에 있는 상황에서 일반분양에 실패한 계열사의 골프회원권 100구좌를 구입한 사안에서 무수익자산의 매입으로 인정한 사례

213) 대법원 2020. 8. 20. 선고 2017두44084 판결 : 원고 법인이 사우디아라비아왕국 법인 B에게 신주의 제3자 배정을 하면서 풋백옵션을 부여한 후 그 행사기간이 경과하여 B로부터 자기주식을 매입할 의무가 없었음에도 이를 매입한 것이 무수익자산의 매입에 해당한다고 본 사례

214) 대법원 2006. 1. 13. 선고 2003두13267 판결 : 원고(주식회사 롯데미도파)가 1997. 5. 23. 특수관계자인 소외인 2로부터 주식회사 코리아헤럴드·내외경제신문('코리아헤럴드') 발행 주식 3,862,000주('이 사건 주식')를 193억 1,000만 원에 매수하여 대한종합금융 주식회사에 담보로 제공한 후, 같은 해 8. 23. 대한종금이 이 사건 주식에 대한 담보권을 실행하여 주식회사 ○○에 대한 275억 원의 대출금채권에 변제충당함으로써 위 대출금채무의 연대보증인인 원고도 위 금액 상당의 대한종금에 대한 연대보증채무를 면하게 되었고, 소외인 2가 원고와의 위 매매 당시의 약정대로 이 사건 주식의 매도대금을 원고가 계열사로 있는 ○○그룹의 타 계열사들의 운영자금 및 채무변제금 등으로 사용함으로써 원고가 대한종금에 대하여 부담하고 있던 위 계열사들에 대한 연대보증채무이행의 부담이 그만큼 덜어지는 이익을 얻었으며, 특히 담보로 제공되어 있던 원고 소유의 주식회사 미도파푸드시스템 주식 100만 주를 회수할 수 있게 되어 이를 처분한 대금으로 대한종금에 대한 원고의 대출금채무 220억 원을 변제하게 되는 등의 유·무형의 경제적 이익을 얻었다고 볼 수 있는 점 등을 종합하여 보면, 비록 이 사건 주식의 취득이 원고의 목적사업과는 직접적인 관련성이 없다고 하더라도 위와 같은 수익의 발생에 비추어 이 사건 주식이 원고의 수익파생에 공헌하지 못하였다거나 원고의 수익과 관련이 없는 자산으로서 그 자산의 운용으로 수익을 얻을 가망성이 희박한 무수익자산에 해당한다고 보기는 어렵다 할 것이다.

215) 대법원 2014. 4. 10. 선고 2013두20127 판결

법인이 특수관계인의 거래상대방으로부터 자산을 매입함으로써 법인의 특수관계인이 경제적 이익을 얻었다고 하더라도, 법인이 매입한 자산이 수익파생에 공헌하거나 수익과 관련이 있는 자산에 해당하고, 그 매입행위가 행위 당시를 기준으로 경제적 합리성을 결여한 것이 아니라면, 이를 법인세법 시행령 제88조 제1항 제2호 또는 제9호 소정의 부당행위계산에 해당한다고 할 수 없다.[216]

(2) 인정이자의 익금산입 및 자산 관련비용의 손금불산입

대법원은, 무수익자산의 매입에 해당하면, 무수익자산의 매입은 부인되고 대신 법인이 그 자산의 취득일부터 이를 처분하여 매입대금을 회수할 때까지의 기간 동안 그 **매입대금** 상당액을 법인이 거래상대방(매도인 또는 현물출자자)에게 대여한 것으로 재구성하여 **인정이자**를 익금산입하여야 한다고 본다.[217] 이는 무수익자산의 매입을, 무수익자산을 담보로 제공받고 매매대금 상당액을 무상으로 대여한 경우와 같이 취급하는 것이다.[218] 법인이 특수관계인으로부터 무수익자산을 취득한 경우, 그 매입대금에 대한 인정이자는 무수익자산을 처분하여 매입대금 상당 대여금을 회수할 때까지 익금에 산입되어야 하고, 그 거래상대방의 특수관계가 소멸할 때까지만 익금에 산입되는 것은 아니다.[219]

무수익자산은 담보물로 취급되므로, 세법상 대여금채권과 별개의 자산으로 인식될 수 없다고 보아야 한다.[220] 그리고 무수익자산은, 법인의 사업에 사용되는 자산으로 볼 수 없으므로,[221] 감가상각의 대상이 아니고, 따라서 그 감가상각비는 손금불산입된다. 또한, 무수익자산의 유지관리비용은, 법인세법 제27조 제1호의 업무무관자산 관련비용에 해당

---

216) 대법원 2014. 4. 10. 선고 2013두20127 판결(이수건설 사건) : 원고 법인이 특수관계에 있는 이수건설 주식회사가 시공하는 아파트 및 호텔의 시행사들로부터 아파트 등을 매수하고 시행사들에게 그 대금을 지급하자, 시행사들이 그 대금으로 이수건설에 대한 공사대금채무의 변제 등에 사용한 사안에서, 대법원은, 분양계약 당시를 기준으로 위 아파트와 호텔이 원고의 수익에 기여할 가능성이 없었다고 할 수 없고 위 호텔의 운용수익이나 시세차익을 기대하는 것이 전혀 불합리하다고 볼 수 없으므로, 위 아파트와 호텔을 무수익 자산에 해당한다고 볼 수 없고, 원고가 무수익 자산의 매입에 준하는 행위를 함으로써 우회적으로 특수관계에 있는 이수건설에 이익분여행위를 한 것으로 볼 수도 없다고 판단하였다.

217) 대법원 2000. 11. 10. 선고 98두12055 판결, 대법원 2020. 8. 20. 선고 2017두44084 판결

218) 변희찬, "골프회원권과 무수익자산(2000. 11. 10. 선고 98두12055 판결)", 대법원판례해설 제35호(2000), 798~802쪽

219) 대법원 2020. 8. 20. 선고 2017두44084 판결

220) 따라서 시가 10원인 무수익자산을 대금 100원에 매입한 경우 분개는 「(차) 대여금 100원 / (대) 현 금 100원」이 되고, 회계상 자산으로 인식되는 무수익자산을 세법상 자산으로 인식하지 않는 대신 회계상 인식되지 않는 대여금을 세법상 자산으로 인식하게 될 것이다. 이를 세무조정으로 나타내면 「(-)유보(무수익자산 제거)·손금산입, 손금불산입·유보(대여금 인식)」가 된다. 만일 무수익자산까지 자산으로 인정한다면 대여금과 무수익자산을 동시에 자산으로 인정하는 이상한 상황에 이르게 된다.

221) 만일 무수익자산이 법인의 사업에 사용된다면 이는 "수익파생에 공헌하지 못하거나 법인의 수익과 관련이 없는 자산"이라는 무수익자산의 정의에 반하게 된다.

하거나 법인세법 제19조 제2항의 손금 요건을 충족하지 못할 것이므로, 손금에 산입되지 않는다.[222]

무수익자산이 **처분**될 때 수령하는 양도가액의 범위 내에서 대여금이 반환된 것으로 처리된다. ① 무수익자산의 처분대금이 그 취득대금보다 낮아서 양도차손이 발생한 경우에는 특수관계인에 대한 업무무관 가지급금채권의 처분손실(시행령 19조의2 7항)로서 손금불산입되어야 하고, 반대로 ② 무수익자산의 처분대금이 그 취득대금보다 높아서 양도차익이 발생한 경우에는 법인의 익금에 산입되어야 할 것이다.[223]

법인이 무수익자산을 **현물출자**받은 경우, 그에 따라 발행된 주식에 대한 납입이 행해지지 않은 것으로 취급된다. 따라서 법인이 무수익자산의 유지운용에 소요된 비용을 부담하였다면 이를 그 자산의 출자자에게 분여(배당)한 것으로 보고, 무수익자산이 처분되는 시점에 매각대금과 현물출자의 가액 중 적은 금액이 납입된 것으로 처리되어야 한다.[224]

(3) 고가매입과의 관계

법인이 무수익자산을 그 시가보다 높은 가액으로 매입하는 경우, 매입가액과 시가의 차액은 고가매입으로, 시가 상당액은 무수익자산의 매입으로 구분하여 처리해야 하는지가 문제된다. 자산의 매입금액 중 시가초과 부분을 고가매입으로 취급하는 것은 법인이 그 자산을 세법상 자산으로 인식함을 전제로 한다. 그런데 무수익자산은 세법상 법인의 자산이 아니라 담보물로 취급될 뿐이므로, 그 매입금액 중 시가초과 부분에 대하여는 고가매입으로 부당행위계산부인을 할 수 없고, 전체 매입금액을 대여금으로 처리하여야 할 것이다.[225]

---

222) 강석규, 조세법 쟁론(2020), 669쪽

223) 이태로·한만수, 조세법강의(2018), 604쪽은, 무수익자산의 양도차손이 발생한 경우에는 특수관계인에 대한 업무무관 가지급금채권의 대손금을 부인하는 규정의 취지에 따라 손금불산입되고, 무수익자산의 양도차익이 발생한 경우에는 대여금의 이자로 취급되어 익금에 산입된다고 한다.

224) 이태로·한만수, 조세법강의(2018), 604쪽

225) 법인이 무수익자산을 시가를 초과하는 금액에 매입한 경우에, 그 대금 중 시가초과 부분을 고가매입으로 보지 않고 시가 부분과 마찬가지로 대여금으로 처리한다면, 시가초과 부분은 즉시 익금산입·손금불산입되지 않고 그에 대한 인정이자만이 과세되며, 그 자산의 처분시점에 가서 비로소 시가초과 부분의 익금산입·손금불산입이 행해진다(다만, 그 자산의 처분시점의 시가가 취득시점의 시가와 달라진 경우, 익금산입액도 달라진다). 이에 비하여 법인이 수익창출에 기여하는 자산을 고가로 매입한 경우에는 그 거래가액과 시가의 차액이 즉시 사외유출된 것으로 취급되어 그 차액이 익금산입·손금불산입된다. 그러므로 무수익자산의 고가매입이 수익창출자산의 고가매입보다 더 유리하게 취급되는 경우도 있을 수 있다. 그러나 언제나 그러한 결과가 발생하는 것은 아니고, 이는 무수익자산을 법인의 자산으로 취급하지 않는 것에 따른 논리적으로 부득이한 결과로 보인다.

3-1-4. 불량채권의 양수 등(4호)

(1) 불량자산을 차환한 경우

법인이 보유하는 우량자산과, 그보다 수익력이 낮은 특수관계인 소유의 불량자산을 교환하는 경우, 그 불량자산의 취득가액은 취득 당시의 시가이다(시행령 72조 2항 7호[226]). 이때 기존의 우량자산과 불량자산의 시가 간의 차액은 익금산입·소득처분되어야 한다.[227]

(2) 불량채권을 양수한 경우

법인이 특수관계인으로부터 회수의 가망이 없는 불량채권을 그 명목금액 등 시가를 초과하는 대가로 양수한 경우, 고가매입에 해당하므로, 그 지급대가 중 불량채권의 시가를 초과하는 부분은 취득가액에서 제외되어야 하고(시행령 72조 4항 3호),[228] 그 초과금액을 (−)유보로 처분하여야 한다. 따라서 불량채권의 양수 당시 그 채권액 중 일부라도 회수할 수 있는 경우가 아니어서 그 채권의 시가가 0원인 경우에는, 그 채권의 취득가액(양수대가) 전액을 자산에서 제거하여야 하고[(−)유보], 이후 그 채권의 회수에 소요된 비용은 손금불산입하며, 그 채권이 대손금으로 계상된 경우에는 '손금불산입·유보'로 추인하게 된다.[229]

한편, 불량채권을, 회수가 불확실하거나(회수의 가망이 없는 정도까지는 아닌)[230] 상당한 시간이 비용이 소요되는 채권까지 포함하는 것으로 본다면, 법인이 그러한 채권을 특수관계인으로부터 양수한 경우, 일단 그 양수대가를 그 채권의 취득가액으로 인식하였다가, 이후 그 채권의 회수비용이 지출되거나 채권이 대손금으로 계상되는 시점에 손금불산입으로 처리해야 할 것이다.[231]

---

226) 교환(交換)에 의하여 취득한 자산은 법인세법 시행령 제72조 제2항 제7호의 "그 밖의 방법으로 취득한 자산"에 해당한다.

227) 甲 회사가 소유하는 A 자산(시가 100원, 취득가액 70원)을 특수관계인인 乙이 소유하는 B 자산(시가 60원)과 교환하였을 경우, 甲 회사는 A 자산의 시가 100원과 B 자산의 시가 60원의 차액 40원을 익금에 산입하고 소득처분하며, B 자산의 취득가액을 60원으로 인식하여야 한다.

228) 실제 사안에서 법인이 불량채권을 양수한 경우로서 부당행위계산에 해당하는지 여부는, ① 채무자인 거래처의 휴·폐업, 도산 등 채권액의 전부 또는 일부의 회수불가능이 명백한 객관적 사유가 있었는지, ② 그와 같이 불량채권임을 나타내는 징후가 있었음에도 별도의 가치평가 없이 명목금액 등 시가보다 높은 대가로 양수하였는지, ③ 법인이 특수관계인으로부터 그러한 채권을 양수할 만한 사업적 목적이나 필요성이 있었는지 등 제반사정을 종합하여 판단하여야 할 것이다.

229) 삼일회계법인, 법인세 조정과 신고 실무(2017), 848쪽

230) 이러한 채권의 시가는 그 명목금액보다는 낮고 0보다는 크지만, 구체적으로 산정하기 곤란할 것이다.

231) 김완석·황남석, 법인세법론(2021), 666쪽

3-1-5. 출연금을 대신 부담한 경우(5호)

법인이, 특수관계인이 부담하여야 할 출연금을 부담할 법률상 의무가 없음에도 이를 대신 부담하고 법인의 비용으로 계상한 경우,[232] 그 비용은 손금불산입·소득처분된다.[233]

3-2. 금전, 그 밖의 자산 또는 용역을 무상·저가로 대부·제공하거나 (6호) 고가로 제공받는 경우(7호) 등

3-2-1. 금전의 무상·저율대부 또는 고율차용

(1) 인정이자의 계산대상

(가) 금전의 대부 : 가지급금 등

인정이자의 계산대상인, 특수관계인에 대한 금전의 대부(貸付)는, 엄격한 의미의 소비대차에 한정되지 않고, 그에 준하는 구상금채권 등도 포함한다.

대법원 판례에서 인정이자의 계산대상으로 판단된 구체적 유형은 다음과 같다.

① 특수관계인이 발행한 회사채를 취득하는 행위[234]

② 주금의 가장납입 : 주주가 일시적 차입금으로 법인에 주금을 납입한 후 곧바로 그 납입금을 인출하여 차입금을 변제한 경우, 법인은 주주에 대하여 상환청구권을 가지고,[235] 이는 인정이자의 계산대상이 된다.[236] 다만, 가장납입한 주금을 인출하면서 주주에 대한 가지급금으로 계상하지 않고 가공비용을 계상한 경우에는 사외유출된 것으로 볼 여지가 있고,[237] 이 경우 가지급금은 존재하지 않게 된다.

③ 특수관계인에 대한 채권의 회수를 정당한 사유 없이 지연하는 것[238] : 채권을 늦게

---

232) 만일 법인이 특수관계인에 대한 대여의사로 출연금을 부담하였다면 가지급금 등 대여금채권을 자산으로 계상하였어야 할 것인데, 이를 비용으로 계상하였다면 특수관계인에게 출연금 상당액을 무상으로 이전할 의사로 부담한 것으로 볼 수 있다.

233) 대법원 1990. 2. 27. 선고 87누332 판결은, 원고 법인이 모회사로부터 파견된 임직원에 관하여 모회사가 미국연방보험출연법에 의한 사회보장기금에 출연한 금액을 모회사에 상환한 사건에서, 해당 임직원의 보수수준이 전출 전 소속 회사의 수준에 비하여 지나치게 높은데도 더 나아가 원고가 전출 전의 모회사가 부담한 사회보장성기금 등에 대한 출연금을 상환해주었다면, 부당행위계산에 해당할 여지가 있다고 판단하였다.

234) 대법원 2007. 10. 11. 선고 2006두2053 판결(원고가 다른 증권회사를 통하여 특수관계에 있는 회사의 후순위사채를 매입한 사안), 대법원 2010. 10. 28. 선고 2008두15541 판결

235) 대법원 2004. 3. 26. 선고 2002다29138 판결

236) 대법원 1983. 5. 24. 선고 82누522 판결

237) 대법원은, 주금을 가장납입한 후 그 납입금을 인출하여 차입금을 변제한 경우 원칙적으로 사외유출에 해당하는 것으로 본다(대법원 2016. 9. 23. 선고 2016두40573 판결). 제6장 제2절 3-3-5. 참조

238) 대법원 2010. 1. 14. 선고 2007두5646 판결 : 법인이 특수관계자로부터 지급받아야 할 매매대금의 회수를

회수한 것에 정당한 사유가 있는 경우는 부당행위계산에 해당하지 않는다.[239] 채무
자인 특수관계인에게 변제자력이 없는 경우[240]와, 변제자력이 부족한 경우 그 변제
자력을 넘는 부분[241]에 관하여는, 원칙적으로 정당한 사유 없이 채권회수를 지연하
였다고 보기 어려울 것이다.[242]

④ 정기예금을 특수관계인의 대출금에 대한 담보로 제공하는 것.[243] 다만, 특수관계인

정당한 사유 없이 지연시키는 것은 실질적으로 매매대금이 계약상의 의무이행기한 내에 전부 회수된 후
다시 가지급된 것과 같은 효과를 가져온다는 점에서 그 미회수 매매대금 상당액은 법인세법 제28조 제1
항 제4호 나목이 규정하는 "업무와 관련 없이 지급한 가지급금 등"에 해당하여 그에 상당하는 차입금의
지급이자가 손금에 산입되지 아니한다. 또한 그와 같은 매매대금의 회수지연이 건전한 사회통념이나 상
관행에 비추어 경제적 합리성이 결여되어 조세의 부담을 부당하게 감소시킨 것으로 인정되는 경우에는
법인세법 제52조, 법인세법 시행령 제88조 제1항 제6호의 규정에 의한 부당행위계산부인에 의하여 그에
대한 인정이자가 익금에 산입된다.

239) ① 대법원 2013. 7. 11. 선고 2011두16971 판결 : 원고가 설립한 유동화전문회사가 사원인 원고에게 2002
년, 2003년, 2004년 각각 배당금을 지급하기로 결의하였으나, 투자자가 보유한 유동화증권의 원리금을
상환한 후 원고에게 위 배당금을 지급한 사안에서, 대법원은, 유동화증권을 우선 상환함으로써 유동화증
권에 대한 투자자의 신뢰를 확보할 필요가 있는 점 등을 고려하여, 원고가 배당결의가 이루어진 배당금
을 즉시 수령하지 않은 것은 정당한 사유가 있고, 원고가 배당금채권의 회수를 부당하게 지연하였다고
할 수 없으므로, 위 사건은 인정이자의 계산대상에 해당하지 않는다고 판단하였다. ② 서울고등법원
2020. 11. 12. 선고 2020누31998 판결 : 원고 법인이 특수관계인에 대한 채권의 회수를 지연한 것이 특수
관계인의 실적악화에 기인하고, 지연기간이 1~2개월에 불과한 경우, 정당한 사유 없이 자금을 지원한 것
이라고 볼 수 없다고 판단한 사례

240) 대법원 2000. 11. 14. 선고 2000두5494 판결 : 외국 소재 자회사의 변제자력이 없기 때문에 법인이 외국
자회사에 대한 공사미수금채권을 회수하지 못한 사안

241) 대법원 2010. 5. 27. 선고 2007두23323 판결 : ① 원고는 특수관계자인 주식회사 화양건업으로부터 주상
복합빌딩 신축공사를 도급받아 1999. 7.경 이를 완공하여 인도하는 한편, 화양건업에 차용금 형식으로
자금을 제공하였고, 이후 2001. 4.까지 위 건물 및 그 대지가 경매 또는 분양에 의하여 처분되었으나,
화양건업으로부터 위 공사대금과 차용금을 회수하지 않았다. ② 대법원은, 화양건업이 그 분양대금을 수
령한 이후에도 원고가 공사대금을 회수하지 않은 것은 적어도 회수가 가능하였던 금액의 범위 내에서는
경제적 합리성이 결여된 행위로서 부당행위계산에 해당하지만, 이 사건 건물 등의 분양 외에는 달리 수
익사업이 없었는데, 이 사건 건물은 완공된 후에도 상당 기간 분양이 제대로 이루어지지 않아 그 분양수
입으로는 변제기가 지난 위 공사대금채무도 그 전부를 변제하기 어려웠던 사정에 비추어 보면, 화양건업
의 변제자력을 넘는 부분에 대해서까지 원고가 정당한 사유 없이 공사대금 등의 회수를 지연하였다고
보기 어렵다는 이유로, 원심을 파기하였다. ③ 이후 위 사건을 환송받은 서울고등법원 2011. 4. 26. 선고
2010누15911 판결은, 채권 중 회수가능금액이 확정되지 않은 이상 인정이자의 액수를 확정할 수 없다고
판단하였고, 위 판결은 그대로 확정되었다.

242) 대법원 2010. 10. 28. 선고 2008두15541 판결 : "원고가 해외매출의 대부분을 의존하고 있는 해외 자회사
들은 1999 내지 2001 사업연도 당시 대부분 자본잠식상태로서 변제자력이 충분하지 않았던 점, 원고는
당시 해외 자회사들뿐만 아니라 재무구조가 악화된 국내 자회사나 특수관계가 없는 거래처에 대해서도
동일하게 지급기한을 연장하여 주었던 것으로 보이는 점 등에 비추어 보면, 원심으로서는 당초 거래 시
부터 해외 자회사들의 변제자력이 불충분하였는지 아니면 거래 도중에 변제자력이 불충분해진 것인지
여부, 원고에게 해외 자회사들과 D/A 조건으로 계속 거래를 해야 할 특별한 사정이 있었는지 여부, 해외
자회사들에 대한 매출채권 중 회수지연된 채권의 비율은 어느 정도였는지 등을 심리하여 과연 원고가
해외 자회사들에 대한 D/A 연장이자 및 연체수수료의 회수를 지연한 것이 정당한 사유가 있거나 경제적
합리성에 따른 것인지 여부를 판단하였어야 했다."

243) 대법원 2009. 4. 23. 선고 2006두19037 판결 : 회사가 높은 대출이자를 부담하고 있었음에도 불구하고,

의 대출금이 당해 법인과 관련된 용도로 사용되는 등 경제적 합리성이 인정되는 경우에는, 부당행위계산에 해당하지 않는다.[244)]

특수관계자에 대한 채권이 인정이자의 계산대상이 되기 위해서는 세법상 자산으로 존재하고 있어야 한다. 따라서 ① 특수관계자에 대한 채권이 법인의 **포기** 또는 **소멸시효완성**으로 소멸한 경우에는, 그 채권은 더 이상 존재하지 않으므로, 그 포기 또는 방치행위를 부당행위계산으로 부인하는 것은 별론으로 하고, 인정이자의 계산대상에 해당하지 않는다.[245)246)] ② 법인의 특수관계인에 대한 채권이 **회수불능**상태에 있더라도, 법인이 이를 대손금으로 계상하지 않았다면, 아직 세법상 자산으로 존재하므로 인정이자의 계산대상이 되고,[247)] 이후 위 채권이 대손금으로 계상됨으로써 자산으로 존재하지 않게 되면 그때부터는 더 이상 인정이자의 계산대상이 아니다.

차입금을 상환하지 않고 상당한 금원을 낮은 이율의 정기예금에 예치하여 특수관계 법인들의 대출금에 대한 담보로 제공한 행위는 경제적 합리성을 무시한 비정상적인 거래이므로, 법인세법 시행령 제88조 제1항 제9호에서 정한 부당행위계산의 부인 대상인 '이익 분여'에 해당한다. ; 대법원 2009. 5. 14. 선고 2006두11224 판결 ; 위 판결들은, 법인이 정기예금을 특수관계인의 대출에 대한 담보로 제공한 것을 특수관계인에 대한 자금대여(시행령 88조 1항 6호)로 보기 어려움을 전제로 한다. 대법원 2013. 11. 14. 선고 2011두18458 판결은, 원고의 부(父)가 정기예금을 담보로 제공하여 원고가 대출을 받을 수 있게 한 사안에서, 원고에게 현저하게 낮은 이자율로 자금을 대여하여 이익을 분여한 것으로 보아 원고에게 증여세를 부과할 수 없다고 판단하였다.

244) 서울고등법원 2004. 11. 10. 선고 2003누17650 판결(원고 법인의 정기예금을 담보로 한 특수관계인의 대출금 대부분이 원고의 신주인수대금으로 납입된 사안)[대법원 2006. 5. 25. 선고 2004두13660 판결(상고기각)]

245) 대법원 2009. 10. 29. 선고 2007두16561 판결 : 법인이 특수관계자에 대한 구상금채권을 포기하였다면 그 포기행위가 별도로 부당행위계산부인의 대상이 되고 특수관계자에게는 증여세 등이 부과될 수 있음은 별론으로 하고, 그 후에는 더 이상 그 구상금채권의 보유를 전제로 한 지급이자 손금불산입이나 인정이자 익금산입을 할 수는 없다고 보아야 한다.

246) 대법원 2013. 10. 31. 선고 2010두4599 판결 : 특수관계자에 대한 채권의 회수지연이 건전한 사회통념이나 상관행에 비추어 경제적 합리성이 결여되어 조세의 부담을 부당하게 감소시킨 것으로 인정되는 경우에는 무상의 금전대부에 준하는 것으로서 법인세법 시행령 제88조 제1항 제9호에 해당하여 그에 대한 인정이자를 익금산입할 수 있지만, 이를 위해서는 당해 법인이 채권을 보유하고 있음이 전제되어야 하므로, 만약 법인이 그 채권에 대한 소멸시효 중단을 위한 별다른 조치를 취하지 아니함으로써 소멸시효가 완성된 경우에는 더 이상 그 채권의 보유를 전제로 하는 인정이자 익금산입은 계속할 수 없다.

247) 대법원 2003. 12. 11. 선고 2002두7227 판결 ; 한편, 위 판결은, '익금에 산입되는 인정이자도 회수불능 여부와 관계없이 먼저 익금에 산입된 다음 위 규정 소정의 대손금에 해당되는 경우에는 손금에 산입되어 익금에서 공제된다'고 판시하였다. 그러나 인정이자는, 정상적 거래였다면 취득하였을 가상적 이자를 익금에 산입함과 동시에 이를 세법상 자산으로 인식하지 않고 사외유출된 것으로 보아 소득처분하는 것이다. 따라서 인정이자가 익금산입되는 경우 그 인정이자에 해당하는 채권의 존재를 전제로 하는 대손금은 인정될 여지가 없다. 그러므로 위 판시 부분은 부적절하다[홍용건, "법인의 특수관계자에 대한 파산선고가 당해 법인의 인정이자의 익금산입과 지급이자 손금불산입에 미치는 영향", 재판자료 제121집 : 조세법 실무연구 Ⅱ(2010년 하), 법원도서관, 525쪽].

(나) 특수관계의 존재

법인의 가지급금채권이 인정이자의 계산대상에 해당하기 위해서는 법인과 그 채무자 사이에 특수관계가 존재하여야 한다. ① 법인이 특수관계인인 자회사에 무상으로 돈을 대여한 후 그 자회사에 관하여 **회생절차** 또는 **파산절차**가 개시된 경우, 그것만으로 곧바로 법인과 자회사 간의 특수관계(주주의 지위)가 소멸하는 것은 아니고,[248] 회생계획인가결정 등에 의하여 주주의 지위를 상실할 때까지는 인정이자의 익금산입이 이루어질 것이다.[249] ② 법인이 특수관계인에게 돈을 대여한 후 **특수관계**가 **소멸**한 경우에는, 원칙적으로 그 특수관계인에 대한 가지급금채권을 포기한 것으로 의제하여 익금에 산입하므로(시행령 11조 9호 가목), 위 시점 이후에는 인정이자의 익금산입을 할 수 없다.

(다) 인정이자의 계산대상에서 제외되는 것

일정한 가지급금은 인정이자의 계산대상에서 제외된다(시행령 89조 5항 단서, 시행규칙 44조).[250][251] 그중에서 중요한 것으로는, 귀속불분명인 사외유출소득을 대표자에게 귀속된

---

248) 대법원 1994. 4. 15. 선고 93누20177 판결 : 법인과 그 주주 사이에 특수관계가 있는 경우 그중 어느 일방에 대하여 회사정리절차개시결정이나 파산선고결정이 있었다고 하여 곧 법인의 출자자인 관계까지 소멸하는 것은 아니므로 그 법인과 주주 사이의 특수관계 역시 소멸한다고 볼 수 없다.

249) 대법원 2009. 12. 10. 선고 2007두15872 판결 : 어느 법인이 특수관계자에게 금전을 무상으로 대여한 후 그 특수관계자에 대하여 회사정리절차개시결정 등이 있더라도, 그 전·후를 통하여 당해 법인이 특수관계자에게 무상대여로 인한 이익을 분여하고 있다는 사정은 변함이 없는 점, 위 각 규정에 의한 인정이자는 당해 법인이 특수관계자로부터 그 상당액의 이자를 실제로 지급받지 않았음에도 불구하고 지급받은 것으로 보아 이를 익금에 산입하는 것인 점, 이에 따라 인정이자를 계산함에 있어서 그 이자채권이 존재함을 전제로 한 회수불능 여부는 고려할 필요가 없는 점 등을 종합하여 보면, 채무자인 특수관계자에 대하여 회사정리절차개시결정 등이 있더라도 채권자인 당해 법인이 보유하는 대여금채권에 관한 인정이자 상당액은 익금산입의 대상이 된다고 할 것이다.

250) 인정이자의 계산대상에서 제외되는 가지급금 등은 다음과 같다(시행규칙 44조).

① 소득세법 제132조 제1항, 제135조 제3항의 규정에 의하여 지급한 것으로 보는 배당소득 및 상여금('미지급소득')에 대한 소득세(개인지방소득세와 미지급소득으로 인한 중간예납세액상당액을 포함하며, 다음 계산식에 의하여 계산한 금액을 한도로 한다)를 법인이 납부하고 이를 가지급금 등으로 계상한 금액(해당 소득을 실지로 지급할 때까지의 기간에 상당하는 금액으로 한정한다)

$$\text{미지급소득에 대한 소득세액} = \text{종합소득 총결정세액} \times \frac{\text{미지급소득}}{\text{종합소득금액}}$$

② 국외에 자본을 투자한 내국법인이 해당 국외투자법인에 종사하거나 종사할 자의 여비·급료 기타 비용을 대신하여 부담하고 이를 가지급금 등으로 계상한 금액(그 금액을 실지로 환부받을 때까지의 기간에 상당하는 금액에 한한다)

③ 법인이 우리사주조합 또는 그 조합원에게 해당 우리사주조합이 설립된 회사의 주식취득에 소요되는 자금을 대여한 금액(상환할 때까지의 기간에 상당하는 금액에 한한다)

④ 국민연금법에 의하여 근로자가 지급받은 것으로 보는 퇴직금전환금(당해 근로자가 퇴직할 때까지의 기간에 상당하는 금액에 한한다)

⑤ 귀속이 불분명한 사외유출소득을 대표자에게 귀속된 것으로 의제하여 상여처분한 금액에 대한 소득세를 법인이 납부하고 이를 가지급금으로 계상한 금액(특수관계가 소멸될 때까지의 기간에 상당하는 금액에 한한다).

것으로 의제하여 상여처분한 금액에 대한 소득세를 법인이 납부하고 가지급금으로 계상한 금액(시행령 106조 1항 단서, 시행규칙 44조 5호)[252]이 있다. 한편, 사외유출소득이 대표자에게 귀속된 것이 확인되어 상여처분된 금액(시행령 106조 1항 1호 본문 및 나목)은, 인정이자의 계산대상에서 제외되지 않는다. 행정해석은, 법인이 제2차 납세의무자로서 특수관계인의 국세를 대신 납부하고 가지급금으로 처리한 경우도 인정이자의 계산대상에서 제외한다.[253]

(라) 가지급금과 가수금의 상계 여부

동일인에 관하여 가지급금과 가수금이 모두 있는 경우, 지급이자의 손금불산입과 관련해서는 양자를 상계하도록 하는 규정이 있지만(시행령 53조 3항), 인정이자와 관련해서는 그러한 규정이 없다. 위 경우, 그 가수금에 관하여 이자약정이 없다면, 가지급금 중 그 가수금에 상당하는 금액은 경제적 합리성이 없이 무상 대여된 것이라고 할 수 없으므로, 부당행위계산으로서 인정이자의 익금산입대상으로 보기 어렵다. 행정해석도, 인정이자의 계산 시 가지급금에서 가수금을 상계하되, 가수금에 관하여 이자율 등에 관한 약정이 있는 경우에는 이를 상계하지 않는다는 태도를 취한다.[254]

(마) 인정이자와 지급이자 손금불산입의 관계

인정이자 계산의 요건과 지급이자 손금불산입의 요건은 서로 구별된다.

① 특수관계자에 대한 업무무관 가지급금이 무이자 또는 시가보다 낮은 이율로 제공되고 경제적 합리성이 없는 경우, 위 두 가지에 모두 해당한다.[255]

② 특수관계인에 대한 업무무관 가지급금이 정상적 이자율에 따라 제공된 경우, 지급이자의 손금불산입 대상이지만, 인정이자의 계산대상에 해당하지 않는다.[256]

③ 법인이 높은 대출이자를 부담하고 있음에도 차입금을 상환하지 않고 상당한 금액을

---

⑥ 직원에 대한 월정급여액의 범위 안에서의 일시적인 급료의 가불금

⑦ 직원에 대한 경조사비 또는 학자금(자녀의 학자금을 포함한다)의 대여액

⑧ 중소기업(조특법 시행령 2조)에 근무하는 직원(지배주주 등인 직원은 제외한다)에 대한 주택구입 또는 전세자금의 대여액

⑨ 한국자산관리공사가 출자총액의 전액을 출자하여 설립한 법인에 대여한 금액

251) 인정이자의 계산대상에서 제외되는 가지급금 등은, 지급이자의 손금불산입 대상인 '특수관계인에 대한 업무무관 가지급금'에서도 제외된다. 제2장 제7절 4-2. (2) 참조

252) 이는, 귀속불분명한 사외유출소득을 법인의 대표자에게 귀속된 것으로 의제하여 법인에게 원천징수의무의 불이익을 주면서, 추가로 그 원천징수세액의 가지급금에 대하여 인정이자까지 계산하는 것은 가혹할 수 있음을 고려한 것으로 보인다.

253) 기본통칙 52-88···3의14호

254) 법인 46012-2096, 2000. 10. 12.

255) 대법원 2007. 10. 11. 선고 2006두2053 판결(헌법재판소 2007. 1. 17. 2005헌바75, 2006헌바7·8 결정의 본안사건), 대법원 2008. 9. 25. 선고 2006두15530 판결, 대법원 2009. 12. 10. 선고 2007두15872 판결

256) 대법원 2007. 9. 20. 선고 2005두9415 판결

정기예금으로 예치하여 이를 특수관계인의 대출금에 대한 담보로 제공한 경우, 업무
무관 가지급금이 아니지만, 인정이자의 계산대상에 해당할 수 있다.[257]

(2) 이자율의 시가

(가) 원칙 : 가중평균차입이자율

금전의 대여 또는 차용의 시가는 원칙적으로 가중평균차입이자율이다(시행령 89조 3항 본
문). 가중평균차입이자율은, 자금을 대여한 법인의 대여시점 현재 각각의 차입금 잔액(특
수관계인으로부터의 차입금은 제외한다)에 차입 당시의 각각의 이자율을 곱한 금액의 합
계액을, 해당 차입금 잔액의 총액으로 나눈 비율을 말한다(시행규칙 43조 1항 1문).[258][259]

(나) 예외 : 당좌대출이자율

다음의 경우에는 당좌대출이자율(연 4.6%, 시행규칙 43조 2항)[260]을 시가로 한다(시행령
89조 3항 단서 및 각 호).[261]

① 가중평균차입이자율의 적용이 불가능한 경우로서 기획재정부령으로 정하는 사유[262]
　가 있는 경우 : 해당 대여금 또는 차입금에 한정하여 당좌대출이자율을 시가로 한다.

② 대여기간이 5년을 초과하는 대여금이 있는 경우 등 기획재정부령으로 정하는 경

---

257) 대법원 2009. 4. 23. 선고 2006두19037 판결, 대법원 2009. 5. 14. 선고 2006두11224 판결

258) 이 경우 산출된 비율 또는 대여금리가 해당 대여시점 현재 자금을 차입한 법인의 각각의 차입금 잔액(특
수관계인으로부터의 차입금은 제외한다)에 차입 당시의 각각의 이자율을 곱한 금액의 합계액을 해당 차
입금 잔액의 총액으로 나눈 비율보다 높은 때에는 해당 사업연도의 가중평균차입이자율이 없는 것으로
본다(시행규칙 43조 1항 2문).

259) 변동금리로 차입한 경우에는, 차입 당시의 이자율로 차입금을 상환하고 변동된 이자율로 그 금액을 다시
차입한 것으로 보며, 차입금이 채권자가 불분명한 사채 또는 매입자가 불분명한 채권(債券)·증권의 발행
으로 조달된 차입금에 해당하는 경우에는, 해당 차입금의 잔액은 가중평균차입이자율 계산을 위한 잔액
에 포함하지 않는다(시행규칙 43조 6항).

260) 가중평균차입이자율은, 개별 자금거래의 특성이나 해당 법인의 신용도 등을 고려한 거래의 실상을 반영
할 수 있는 장점이 있지만, 그 계산방법이 복잡하고 자금거래의 횟수가 많을 경우 적용하기 곤란하며
납세협력비용이 많이 소요되는 단점이 있다. 이에 비하여 당좌대출이자율은, 간편하게 통일적인 업무처
리를 가능하게 하는 장점이 있지만, 개별 자금거래의 특성을 반영하기 어려운 단점이 있다(대구지방법원
2018. 11. 16. 선고 2018구합22113 판결).

261) 종전에는, 법인이 특수관계인에게 금전을 대여할 때 법인세법상 시가의 기준인 가중평균차입이자율이 상
증세법상 증여 여부의 판단기준인 적정이자율보다 낮은 경우, 법인세법상 부당행위계산에 해당하지 않음
에도 가중평균차입이자율과 적정이자율의 차이에 해당하는 부분이 상증세법상 증여로 과세되는 문제가
있었다(재재산-443, 2011. 6. 14.). 2014. 2. 21. 상증세법 시행령이 개정되면서, 법인으로부터 대출받는
경우에는 법인세법 시행령 제89조 제3항에 따른 이자율을 적정이자율로 본다는 규정이 신설되었고, 이에
따라 위 문제가 해결되었다.

262) 다음 각 호의 어느 하나에 해당하는 경우를 말한다(시행규칙 43조 3항).
1. 특수관계인이 아닌 자로부터 차입한 금액이 없는 경우
2. 차입금 전액이 채권자가 불분명한 사채 또는 매입자가 불분명한 채권·증권의 발행으로 조달된 경우
3. 제1항 후단에 따라 가중평균차입이자율이 없는 것으로 보는 경우

우[263] : 해당 대여금 또는 차입금에 한정하여 당좌대출이자율을 시가로 한다.

③ 해당 법인이 법인세법 제60조에 따른 신고와 함께 기획재정부령으로 정하는 바에 따라 당좌대출이자율을 시가로 선택하는 경우 : 당좌대출이자율을 시가로 하여 선택한 사업연도와 이후 2개 사업연도는 당좌대출이자율을 시가로 한다. 이는 최초로 당좌대출이자율을 시가로 선택한 경우뿐만 아니라 그 이후에 선택한 경우에도 마찬가지이다.[264]

(다) 가중평균차입이자율 등을 시가로 볼 수 없는 경우

가중평균차입이자율 등을 시가로 규정한 법인세법 시행령 제89조 제3항은, 법인세법 제52조 제2항, 제4항의 위임에 따라 시가를 구체화한 예시규정이다.[265] 따라서 이자율의 시가는 일반적이고 정상적인 거래에서 형성된 객관적이고 합리적인 것이어야 하므로, 가중평균차입이자율 등을 시가로 볼 수 없는 사정이 있는 경우 법인세법 시행령 제89조 제3항은 적용될 수 없고, 법인세법 제52조 제2항에 따라 정상적인 거래에서 적용되거나 적용될 것으로 판단되는 이자율의 시가를 과세관청이 증명하여야 한다.[266]

국세청장이 고시하는 당좌대출이자율은 보통의 채권을 전제로 한 것이므로, 보통의 채권보다 변제순위가 뒤이거나 다른 권리가 붙어있는 경우에 이자율의 시가로 적용될 수 있는지 문제된다.

후순위채권[267]은 보통의 채권보다 변제순위가 뒤라서 더 큰 채무불이행위험을 수반하므로, 이를 반영하여 통상 더 높은 이자율을 필요로 한다. 그런데 가중평균차입이자율의 계산에 사용되는 법인의 차입금 잔액은 보통의 채무인 경우가 많고, 설령 일부 후순위채무가 포함되어 있다고 하더라도, 그 후순위채무에 수반되는 채무불이행위험의 정도가 부당행위계산이 문제되는 후순위채무의 것과 동일하다고 보기 어려운 경우가 많을 것이다. 따

---

263) 대여한 날(계약을 갱신한 경우에는 그 갱신일을 말한다)부터 해당 사업연도 종료일(해당 사업연도에 상환하는 경우는 상환일을 말한다)까지의 기간이 5년을 초과하는 대여금이 있는 경우를 말한다(시행규칙 43조 4항).

264) 서울고등법원 2018. 11. 14. 선고 2018누60474 판결, 대법원 2019. 3. 14. 선고 2019두64870 판결(심리불속행)

265) 이자율은 채무액, 채무의 만기, 채무의 보증 여부, 채무자의 신용 정도 등 여러 가지 사정에 따라 달라질 수 있으므로, 실제로 거래한 이자율이 부당행위계산에 해당하여 부인할 수 있는지 판단하기 어렵다는 점을 고려하여 위 규정이 마련된 것이다(대법원 2018. 7. 26. 선고 2016두40375 판결).

266) 대법원 2018. 7. 26. 선고 2016두40375 판결

267) 후순위 채권·채무는 자산유동화 거래, 은행 등 금융기관의 자기자본 확충을 위한 경우, 인수금융 등에서 자금제공자가 고수익을 원하는 경우 등에 사용된다. 후순위 채권자는 일반채권보다 높은 이자율을 대가로 후순위 위험을 부담하여 채무자의 도산 시 자기자본(주식) 다음 순위로 손실을 흡수하는 역할을 한다. 채무자와 사업의 성격에 따라 후순위에 따른 이자율 할증분이 크게 차이난다[박준·한민, 금융거래와 법 (2018), 113~114쪽].

라서 가중평균차입이자율의 계산에 사용되는 차입금이 후순위채권과 동질적인 것으로 구성되어 있거나, 후순위채권에 내재된 채무불이행위험의 정도가 보통의 채권의 것과 실질적으로 별다른 차이를 보이지 않는[268] 등의 특별한 사정이 없는 한, 원칙적으로 가중평균차입이자율은 후순위채권의 이자율의 시가로 보기에 부적합하다. 그와 같이 법인세법 시행령 제89조 제3항의 가중평균차입이자율 등을 시가로 볼 수 없는 사정이 인정되는 경우에는, 정상적인 거래에서 적용되거나 적용될 것으로 판단되는 이자율의 시가를 과세관청이 증명하여야 한다.[269]

대법원 2018. 7. 20. 선고 2015두39842 판결

1. 사실관계[270]

① 원고(천안논산고속도로 주식회사)는 1997. 7. 22. 사회기반시설인 천안-논산 간 고속도로에 대한 민간투자사업을 위하여 설립된 법인이다. 원고가 2000. 12. 14. 건설교통부와 체결한 변경실시협약에 따라 천안-논산 간 고속도로의 소유권은 준공과 동시에 정부에 귀속하고, 원고는 30년간 무상사용권 및 관리운영권을 갖게 되었으며, 정부로부터 세후실질수익률 9.24%를 기준으로 추정통행료수입의 90%를 보장받았다[최소운영보장수익률(Minimum Rate Guarantee)]. 원고는 위 사업을 위하여 선순위대출자로부터 선순위차입금 약 7,300억 원을 대출받았는데, 그 이자율은 만기에 따라 6.92% 내지 8.62%이다.

② 이후 원고가 2005. 2. 5. 건설교통부장관과 체결한 변경실시협약에 따라 ㉮ 원고는 2005. 5. 20. 자본금 4,500억 원 중 약 3,037억 원을 유상감자하고 같은 금액을 주주들로부터 후순위로 차입하면서[자금재조달(refinancing)[271]], 그 이율을 차입일 또는 전환일부터 2007년 말까지는 연 6%, 그 다음 날부터 2008년 말까지는 연 8%, 그 다음 날부터 2012년 말까지는 연 16%, 그 다음 날부터 최종상환일까지는 연 20%로 정하였으며, ㉯ 정부의 원고에 대한 최소운영보장수익률은 86%로 인하되었다.

③ 피고는 위 후순위차입금에 대한 2009, 2010 사업연도 이자율 연 16%를 부당행위계산으로 보아 그에 따른 이자 중 당시의 당좌대출이자율인 연 8.5%를 초과하는 금액을 손금불산입하여 원고에게 법인세 과세처분을 하였다. 이에 대한 원고의 심판청구에 따라, 조세심판원은, 선순위차입금의 이자율이 연 8.62%이므로, 후순위차입금 이자율의 시가는 최소한 그보다 높아야 함에도

---

268) 현재 채무자의 자력이 충분하고 채무자가 수행하는 사업의 성격상 장래에도 별 문제가 없을 것으로 판단되는 경우에는 후순위채권이라고 하더라도 실질적으로 보통의 채권과 차이가 없다고 볼 수 있다.

269) 대법원 2018. 7. 20. 선고 2015두39842 판결, 대법원 2018. 7. 26. 선고 2016두40375 판결은, 과세관청이 선순위차입금의 이자에 일정한 가산금리(프리미엄)를 더하여 계산한 후순위차입금의 이자를 시가로 볼 수 없다고 판단하였다. 후자의 판결은 국조법에 따른 후순위 ABS 거래의 정상가격산출방법을 시가의 판단에 활용한 사례이다.

270) 이 부분은 대법원 2015두39842 판결에 대한 해설인, 김희철·김범준, 앞의 글, 187쪽 이하의 내용을 일부 수정한 것이다.

271) 민간투자사업에 관한 자금재조달(refinancing) 방법으로서의 후순위차입에 관하여는 이상훈, "민간투자사업 후순위차입 계약이 성질과 고율의 이자", 상사법연구 34권 4호(2016), 한국상사법학회, 191쪽 이하 참조

그보다 낮은 당좌대출이자율 연 8.5%를 그 시가로 적용한 것은 부당하다는 이유로, 선순위차입금의 이자율 연 8.62%에 원고 주장의 이자율 가산요소의 적정성을 재조사하여 그 결과에 따라 경정하라는 결정을 하였다(조심 2011전3455, 2012. 8. 16.). 이에 따라 피고는 위 후순위차입금의 이자를 선순위차입금의 이자 연 8.62%에 원고가 주장한 이자율 가산요소 중 일부(만기프리미엄 연 1.53%, 후순위위험프리미엄 연 1.62%, 연체프리미엄 연 1.64%)를 가산한 연 13.41%로 계산하여 2009, 2010 사업연도 법인세 과세처분을 경정하였다.

④ 한편, 원고는 2011 사업연도의 후순위차입금 이자비용 중 당좌대출이자율 연 8.5%를 초과하는 금액을 손금불산입하여 법인세를 신고·납부하였다. 이후 원고는 피고에게 위 후순위차입금의 이자율 시가가 연 16%라고 주장하면서 2009, 2010, 2011 사업연도의 법인세 과세표준 및 세액에 관한 경정청구를 하였으나, 피고는 이를 거부하는 처분을 하였다.

2. 대법원의 판단

① 민간투자사업은 그 사업기간이 장기여서 사업의 편익 및 비용이 당초 예측과 다르게 실제 사업환경에 따라 변동될 위험이 있는 점을 감안하여 볼 때, 정부와의 실시협약에 따른 최소운영수입보장률이 인하되면 이를 보전해주는 것이 없는 이상 채무불이행 위험이 증가한다고 보는 것이 합리적인 점, ② 이 사건 후순위차입금은 선순위차입금과 그 지급조건, 담보, 상환기간 등에서 차이가 있는 점, ③ 회계법인이 산정한 이 사건 후순위차입금 적정이자율의 범위는 원고가 산정한 연 16%를 상회하는 점, ④ 건설교통부장관이 민간투자지원센터 등의 검토를 거쳐 이 사건 후순위차입금의 이자율이 적정한 것으로 보아 자금재조달계획을 승인하였고, 그 과정에서 원고에 대한 최소운영수입보장률을 90%에서 82%로 인하하여 정부의 재정적 부담을 완화한 점 등을 종합하여 보면, 피고가 주장하는 연 13.41%의 후순위차입금 이자율이 구 법인세법 제52조 제2항의 시가에 해당한다고 단정하기 어렵고, 원고가 후순위차입금 이자율을 연 16%로 정한 것이 건전한 사회통념이나 상관행에 비추어 경제적 합리성이 없는 비정상적인 것이라고 보기 어렵다.[272]

교환사채[273]에는 그 사채를 발행한 법인이 소유하는 주식 등과 교환할 수 있는 권리가 부여되어 있어 그 가치만큼 보통의 사채보다 이자율이 낮은 것이 일반적이다. 따라서 법인의 차입금 잔액이 교환사채 또는 그와 동일시할 수 있는 것으로만 이루어져 있는 등의 특별한 사정이 없는 한, 가중평균차입이자율을 그 교환사채의 이자율의 시가로 볼 수 없다. 따라서 원칙적으로 법인세법 시행령 제89조 제3항의 가중평균차입이자율 등은 후순위채권이나 교환사채의 이자율의 시가로 볼 수 없고,[274][275] 법인세법 제52조 제2항에 따른 이

---

272) 대법원 2018. 10. 25. 선고 2016두39573 판결은, 최소운영수입보장(MRG) 방식을 취한 민간투자사업 시행자인 법인이 자금재조달(refinancing)에 따른 감자 및 차입에 의하지 않고 후순위차입만을 한 사안에서는, 법인세법 시행령 제89조 제3항의 당좌대출이자율이 시가로 적용될 수 있다고 판단하였다(김희철·김범준 앞의 글, 206쪽 ; 1심 판결인 인천지방법원 2015. 8. 27. 선고 2015구합50195 판결문 3쪽).

273) 교환사채는 사채권자가 회사 소유의 주식이나 그 밖의 다른 유가증권으로 교환할 수 있는 사채를 말한다(상법 469조 2항 2호, 상법 시행령 22조 1항).

274) 대법원 2012. 11. 29. 선고 2010두19294 판결(교환사채)

275) 대법원 2018. 10. 25. 선고 2016두39573 판결은, 후순위채권의 이자율로 법인세법 시행령 제89조 제3항의 당좌대출이자율이 시가로 적용될 수 있다고 판단하였는데, 그 원심인 서울고등법원 2016. 4. 19. 선고 2015누

자율의 시가를 과세관청이 증명하여야 할 것이다.

 대법원 2012. 11. 29. 선고 2010두19294 판결(교환사채)

① 원고가 속한 ○○ 그룹에 관한 경영권 분쟁에 대한 합의에 따라, 대성산업 주식회사는 원고의 주식 180만 주와 교환할 수 있는 이자율 8%인 교환사채를 발행하였고, 원고는 이를 인수하여 원고의 실질 사주가 지배하는 한국케이블티비경기방송에 매각하였다.

② 과세관청은, 원고 회사가 특수관계자인 대성산업에게 국세청장 고시 당좌대출이자율보다 낮은 이자율로 금전을 대여하여 조세부담을 부당히 감소시킨 것으로 보아 인정이자를 익금산입하여 원고에게 법인세 부과처분을 하였다.

③ 대법원은, ㉮ 교환사채는 교환청구권이 부여되어 있어 보통의 사채보다 이자율이 낮은 것이 일반적이고, 위 교환사채 발행 당시 대성산업과 동일한 신용평가등급 기업이 발행한 사채의 채권가격 평가기관 공시수익률이 7.73%로서 8%와 차이가 크지 않은 점, ㉯ 위 교환사채의 이자율은 경영권 분쟁과정에서 이해가 상반된 원고의 실질 사주와 대성산업의 실질 사주의 협의를 거쳐 행해진 점, ㉰ 원고 회사는 교환사채 매각과정에서 교환청구권의 가치를 일부 실현한 점 등에 비추어, 원고 회사가 국세청장 고시 당좌대출이자율보다 낮은 이자율로 교환사채를 인수하였다고 하여 이를 경제적 합리성을 결여한 비정상적인 자금의 저율대여로서 부당행위계산부인 대상에 해당한다고 단정하기 어렵다고 판단하였다.

일반적으로 보통의 차입금을 기준으로 한 가중평균차입이자율 등은, 후순위사채의 이자율(할인율)보다는 낮고, 교환사채의 이자율(할인율)보다는 높다고 보아야 할 것이다. 따라서 후순위사채의 할인율이 가중평균차입이자율 등보다 낮거나, 교환사채의 할인율이 가중평균차입이자율 등보다 높다면, 그 후순위사채나 교환사채의 정확한 시가는 산출할 수 없더라도, 적어도 그 할인율과 가중평균차입이자율 등의 차이만큼 자금이 저율로 대여되거나 고율로 차용된 것으로 볼 여지가 있다.

 대법원 2007. 9. 20. 선고 2005두9415 판결(후순위사채)

① 원고(삼성물산 주식회사)가 장기신용은행에 특정금전신탁 400억 원을 예탁하여 1997. 12. 30. 특수관계자(삼성증권 주식회사)가 발행한 상환기한 1년 6개월인 후순위사채 400억 원을 당좌대월이자율(1996. 1. 1. 이후 연 12%)보다 높은 할인율(17.26%)로 매입하였고, 그 직후인 1998. 1. 1.부터 1998. 6. 30.까지의 당좌대월이자율이 연 20%인 사안

② 대법원은, 당시의 구 법인세법 시행령 제47조 제2항 단서가 '특수관계 있는 자(법인 또는 사업을 영위하는 개인에 한한다)에게 금전을 대여한 경우로서 상환기한을 정하여 당좌대월이자율로 이자

57576 판결은 해당 민간투자사업의 위험성이 별로 높지 않아 보인다고 하였고(판결문 9쪽), 이는 후순위채권의 채무불이행 위험의 정도가 일반채권의 그것과 별다른 차이를 보이지 않는다고 판단한 것으로 보인다.

를 수수하기로 약정한 때에 … 그 당좌대월이자율을 차입금의 이자율로 본다.'고 규정하였으므로, 당좌대월이자율보다 높은 이자를 약정한 이상 부당행위계산에 해당하지 않는다고 판단하였다.

③ 위 후순위사채의 채무불이행위험이 보통의 사채의 그것과 실질적으로 차이가 없는 등의 특별한 사정이 인정되는 경우에는, 예외적으로 당좌대출이자율을 기준으로 위 후순위사채의 이자율의 시가를 판단할 수 있겠지만, 대법원이 그와 같이 인정하여 판단한 것인지 여부는 판결문상 불분명하다. 만일 그러한 경우가 아니라면, 위 후순위사채의 할인율이 당좌대출이자율보다 높다는 이유만으로 곧바로 부당행위계산에 해당하지 않는다고 할 것이 아니라, 더 나아가 위 후순위사채의 이자율 시가에 관하여 심리하였어야 할 것이다. 후순위사채의 할인율(이자율)은 보통의 채권에 대한 이자율보다 높은 것이 일반적임에도, 위 후순위사채의 할인율 17.26%가 그 매입 직후 변경된 당좌대출이자율 20%보다도 낮은 점에 비추어, 적어도 그 차이에 해당하는 부분은 저율대여에 해당하는 것으로 볼 여지가 일부 있다.

한편, 법원은, 원고 법인이 특수관계인에 대한 은행대출을 위하여 새로 정기예금을 예치하고 이를 담보로 제공한 것과 관련하여 이는 신용의 무상공여이므로 그 시가는 원고의 보증수수료를 기준으로 산정되어야 한다고 주장하였으나, 이를 받아들이지 않았다.[276]

(라) 장기차입금의 부당행위계산 판단의 기준

법인이 자금을 차용하는 경우 일반적으로 그 거래 당시 정해진 조건이 계속 적용되므로, 그 거래 당시 이자율의 시가를 기준으로 부당행위계산 여부를 판단하여야 한다. 그러나 차용금의 변제기가 **장기간**이고 조기상환이 가능한 경우에는, 최초로 금전을 차용할 당시뿐만 아니라 그 이후 이자를 지급할 당시를 기준으로도 부당행위계산에 해당하는지 여부를 판단할 수 있다.[277]

 대법원 2018. 10. 25. 선고 2016두39573 판결

① 문학산 터널 등의 건설, 관리 및 운영을 목적으로 하는 원고(문학개발 주식회사)가 1999. 12. 3. 주주인 군인공제회로부터 500억 원을 연 13.06%의 이자율로 차입하면서 원금은 2002. 12.부터 2017. 9.까지 15년간 매 3개월 단위 말일에 상환하되, 영업성과에 따라 조기상환할 수 있도록 약정하고, 이에 따라 2009년부터 2012년까지 군인공제회에 이자를 지급하였다.

② 대법원은, ㉮ 위 차입의 약정기간 동안 시중금리가 계속 하락하는 추세에 있었던 점, ㉯ 위 차입약정상 차주인 원고가 높은 이율의 채무를 변제하기 위한 낮은 이율의 채무부담행위가 금지되어 있다고 보기 어려운 점, ㉰ 시중금리가 장기간 낮게 형성되었을 때 원고가 다른 금융업자로부터

---

276) 서울고등법원 2022. 5. 24. 선고 2021누43592 판결, 대법원 2022. 9. 23. 선고 2022두46053 판결(심리불속행) ; 한편, 대법원 2013. 11. 14. 선고 2011두18458 판결은, 원고의 부(父)가 그의 정기예금을 담보로 제공하여 원고가 대출을 받을 수 있게 함으로써 용역 제공으로 인한 이익을 증여한 사건에서, 서울보증보험 주식회사의 신용보증서 발급에 적용되는 수수료율은 위 용역의 시가로 볼 수 없다고 판단하였다.

277) 대법원 2018. 10. 25. 선고 2016두39573 판결

낮은 이율로 자금을 대여받아 조기 상환을 하는 것이 어려웠다고 보이지 않는 점 등을 근거로, 원고의 위 차입의 이자율이 그 시가인 당좌대출이자율보다 높고 경제적 합리성을 결여한 것으로서 부당행위계산에 해당한다고 판단하였다.

(3) 무상·저율 대여와 경제적 합리성

법인이 특수관계인에게 무상·저율로 금전을 대여하는 것은 일반적으로 경제적 합리성이 없는 부당행위계산에 해당하지만, 예외적으로 경제적 합리성이 인정되는 사정이 있는 경우에는 부당행위계산에서 제외된다.[278]

3-2-2. 금전 외 자산·용역의 제공

(1) 금전 외 자산의 제공

(가) 자산의 제공인지 또는 금전의 대여인지

법인이 자산을 취득하여 특수관계인으로 하여금 사용하게 하는 경우, 그것이 부당행위계산의 유형 중 자산·용역의 제공인지 또는 금전의 대여인지는, 그 거래의 내용이나 형식, 당사자의 의사, 계약체결의 경위, 거래대금의 실질적·경제적 대가관계 등 거래의 형식과 실질을 종합적으로 고려하여 판단하여야 한다.[279] 법인이 그 명의로 부동산을 매입하여 특수관계인에게 무상 또는 저가로 사용하게 한 경우, 특수관계인이 부동산의 실질적인 소유자로서 배타적 사용·수익·처분권을 취득한 경우가 아니면, 법인이 특수관계인에게 부동산의 취득자금을 대여한 것으로 볼 수 없고, 부동산을 무상 또는 저가로 제공한 것으로 보아야 한다.[280]

---

278) 서울고등법원 2019. 12. 20. 선고 2019누30739 판결 : 원고 법인이 외국에 매장된 액화천연가스의 개발을 위하여 설립된 외국법인의 주식을 보유하면서 주주 간 협약에 따라 외국법인 등에 대한 금융제공 의무를 이행하던 중, 신용등급의 하락으로 위 협약에 따른 완공보증 제공의무를 이행할 수 없게 되자, 버뮤다에 국내에서 실질적으로 관리되는 자회사를 설립하고 그 자회사에게 금전을 무상대여하여 그 자회사로 하여금 위 외국법인 등에 대한 금융제공 의무를 이행하게 한 사건[대법원 2020. 4. 29. 선고 2020두31842 판결(심리불속행)] ; 상세한 내용은 제1편 제2장 1 - 1. (3) (나) 중 글상자 '서울고등법원 2019. 12. 20. 선고 2019누30739 판결(버뮤다 SPC)' 참조

279) 2017. 8. 29. 선고 2014두43301 판결

280) 2017. 8. 29. 선고 2014두43301 판결 : 원고가 분양받은 토지 및 건물을 최대주주인 소외인에게 2007. 4.경부터 2008. 10. 28.까지는 무상으로 거주하도록 하고, 2009. 10. 29.부터 2010. 12. 31.까지는 임료 연 1,800만 원으로 정하여 임대차계약을 체결한 사안에서, 소외인이 사용인 또는 임차인으로서의 일시적인 사용수익권을 넘어서 실질적인 소유자로서 위 부동산에 대한 배타적인 사용·수익권을 취득하였다고 볼 수 없으므로, 원고는 소외인에게 위 부동산을 무상 또는 저가로 제공한 것으로 봄이 타당하다고 판단하였다.

(나) 금전 외 자산 제공의 시가

① 금전 외 자산의 제공에 대한 시가[281]가 있는 경우 그에 따른다(시행령 89조 1항 본문). 법인이 특수관계인에게 임대한 부동산을 제3자에게 임대한 경우, 뒤의 임대료는 앞의 임대료의 시가로 될 수 있다.[282] 법인이 특수관계인으로부터 임차한 토지와 유사한 다른 토지의 임대사례가액도 시가로 될 수 있다.[283] 법인이 특수관계인에게 건물을 임대하고 특수관계인이 이를 다시 제3자에게 전대한 경우, 전대차의 보증금과 차임은 건물임대용역의 시가를 판단하는 기준이 될 수 있다.[284][285] 다만, 임대차의 조건이 전대차의 조건과 다른 경우에는 달리 보아야 할 것이다.[286] 부가가치세법상 부동산임대용역의 공급가액으로 간주되는 '임대보증금에 정기예금이자율을 곱한 금액'(부가가치세법 시행령 65조)은, 부당행위계산 여부의 기준이 되는 시가로 볼 수 없다.[287]

② 자산의 제공에 대한 시가가 불분명한 경우에는, ㉮ 감정가액, ㉯ 상증세법상 보충적 평가액 등을 차례로 적용하여 계산한 금액에 따른다(시행령 89조 2항).

③ 법인세법 제89조 제1항, 제2항에 의하여 자산제공의 시가를 정할 수 없는 경우에는 다음의 금액을 시가로 한다(시행령 89조 4항 1호, 11조 1호 단서, 시행규칙 6조).[288]

---

281) 시가는, 해당 거래와 유사한 상황에서 해당 법인이 특수관계인 외의 불특정 다수인과 계속적으로 거래한 가격 또는 특수관계인이 아닌 제3자간에 일반적으로 거래된 가격을 말한다.

282) 대구고등법원 2007. 3. 16. 선고 2006누1785 판결, 대법원 2007. 6. 15. 선고 2007두7376 판결(심리불속행)

283) 서울행정법원 2019. 1. 10. 선고 2018구합52655 판결, 서울고등법원 2020. 2. 14. 선고 2019누38320 판결(항소기각), 대법원 2020. 6. 25. 선고 2020두37062 판결(심리불속행)

284) 서울행정법원 2017. 9. 1. 선고 2016구합74187 판결, 서울고등법원 2018. 5. 11. 선고 2017누71118 판결(항소기각), 대법원 2018. 8. 28. 선고 2018두47707 판결(상고이유서 미제출 상고기각). 다만, 이 경우 제3자에 대한 전대차의 차임에서 건물의 관리비는 제외되어야 할 것이다.

285) 대법원 2010. 3. 25. 선고 2007두18017 판결은, 원고(중앙일보사)가 제3자(삼성생명보험 주식회사)로부터 임차한 건물을 특수관계인에게 자신의 임차가격보다 훨씬 낮은 가격으로 전대한 사건에서, 부당행위계산으로 판단하였다.

286) 대법원 2021. 7. 8. 선고 2017두69977 판결 : ① 원고 1은 건물을 보증금 59억 2,000만 원, 임대료 월 7,179만 원에 임대하던 중, 자신이 설립한 A 법인에게 위 건물을 보증금 59억 원, 임대료 월 5,000만 원에 임대하면서 A 법인이 위 건물의 시설보수·유지업무를 담당하고 위 건물에 관한 세금과 공과금 등을 부담하며 세입자와의 분쟁을 해결하고 그에 따른 모든 책임을 지기로 약정하였고, A 법인은 위 건물 중 일부를 기존 임차인들에게 종전과 동일한 조건으로 전대하였다. ② 피고는 원고가 특수관계인인 A 법인에게 시가보다 낮은 가격으로 위 건물의 임대용역을 제공하였다고 보아 그 차액을 원고의 소득에 합산하여 과세하였다. ③ 대법원은, A 법인이 위 건물의 시설보수·유지업무를 담당하기로 하는 등의 사정에 대한 고려 없이 A 법인이 기존 임차인들로부터 원고 1이 종전에 받은 임대료와 같은 금액을 전대료로 받았다는 사정만으로 그 전대료 상당액이 원고 1이 A 법인에게 제공한 위 건물의 임대용역의 시가라고 단정할 수 없다고 판단하였다.

287) 서울고등법원 2012. 9. 27. 선고 2012누2544 판결(대법원 2013. 2. 28. 선고 2012두24269 판결 : 심리불속행) : 구 부가가치세법 시행령(2011. 9. 29. 개정되기 전의 것) 제49조의2 제1항에 관하여 판단한 사안

288) 상증세법 시행령 제27조 제2항은 각 연도의 부동산 무상사용 이익을 다음의 계산식에 따라 계산한 금액으로 규정한다. 부동산 가액 × 연간 100분의 2(상증세법 시행규칙 10조 2항)

$$(당해 \ 자산 \ 시가의 \ 50\% - 전세금 \ 또는 \ 보증금) \times 정기예금이자율(연 \ 2.9\%^{[289]})$$

위 산식에 의하면, 법인이 특수관계인으로부터 받은 임대보증금이 자산 시가의 50% 이상이면 따로 임대료를 받지 않더라도 부당행위계산에 해당하지 않는다.

④ 개별적 거래유형별 검토

㉮ 특허권의 사용료와 직무발명보상금

특허권 등이 법인의 대주주 명의로 등록되었으나, 실질적으로는 법인과 등록명의인의 공동소유인 경우, 법인이 등록명의인에게 지급한 특허권 등의 사용료 중 법인의 지분에 해당하는 부분은 손금으로 인정되지 않는다.[290]

법인의 임직원이 직무발명에 관하여 특허를 받을 권리 또는 특허권을 법인에게 승계하여 주거나 전용실시권을 설정한 경우, 법인이 임직원에게 지급할 직무발명보상금[291]은, 직무발명에 의하여 법인이 얻을 이익과 그 발명의 완성에 법인과 임직원이 공헌한 정도 등을 고려하여 정해지고(발명진흥법 15조 1항, 6항),[292] 위와 같이 산정된 금액은 직무발명보상금의 시가로 될 수 있다.[293]

---

289) 법인세법 시행령 제11조 제1호, 법인세법 시행규칙 제6조

290) 대법원 2005. 5. 29. 선고 2006두13831 판결(귀뚜라미 보일러 사건)은, 원고 법인(주식회사 귀뚜라미 홈시스)이 그 대주주인 소외인으로부터 소외인 명의로 등록된 보일러 관련 특허권 및 실용신안권의 통상실시권을 허락받고 그 사용료로 특허권 등을 사용하여 생산한 제품의 매출액의 2.5%를 지급하였는데, 과세관청이 위 특허권 등을 원고와 소외인의 공동소유로 보아 부당행위계산부인 규정을 적용하여 위 사용료 지급액 중 50%를 손금불산입한 사건에서, 위 특허권 등은 원고 등이 보일러의 생산·판매 과정에서 얻은 아이디어 등을 통대로 한 것이거나 다른 보일러 제조회사와 신제품·신기술 개발을 위하여 경쟁하는 과정에서 획득된 것일 가능성이 높다는 점 등을 근거로, 위 특허권 등은 실제로는 원고가 개발하였거나 소외인과 공동으로 개발한 것으로서 원고와 소외인의 공동소유이고 원고의 지분비율이 최소 50%를 상회한다는 사실이 충분히 추정된다고 판단하였다. ; 위 사건과 유사한 취지로 특허권이 당초부터 법인에게 귀속되었다고 판단한 것으로 대전고등법원(청주) 2022. 9. 15. 선고 2021누50810 판결

291) 법인의 임직원이 직무발명에 관한 특허를 받은 경우, 법인은 당연히 무상의 통상실시권(특허법 102조)을 가지고(발명진흥법 10조 1항), 이는 직무발명보상금의 지급대상이 아니다. 법인의 임직원이 직무발명에 대하여 특허 등을 받을 수 있는 권리나 특허권 등을 계약이나 근무규정에 따라 사용자 등에게 승계하게 하거나 전용실시권을 설정한 경우, 정당한 보상을 받을 권리를 가진다(발명진흥법 15조 1항). 직무발명에 대한 보상액을 산정할 때는 직무발명에 의하여 사용자 등이 얻을 이익과 그 발명의 완성에 사용자 등과 종업원 등이 공헌한 정도를 고려하여야 한다(발명진흥법 15조 6항 단서). 여기서 '사용자 등이 얻을 이익'은, 통상실시권을 넘어 직무발명을 독점적·배타적으로 실시할 수 있는 지위를 취득함으로써 얻을 이익을 의미한다(대법원 2011. 9. 8. 선고 2009다91507 판결).

292) 대법원 2011. 7. 28. 선고 2009다75178 판결, 대법원 2017. 1. 25. 선고 2014다220347 판결 ; 특허청, "개정 직무발명보상제도 해설 및 편람"(2013), 107~150쪽 참조

293) 법인이 임직원의 직무발명을 스스로 실시하여 이익을 얻을 경우 지급할 보상금(실시보상)은 「(법인이 승계한 특허권의 전체 가치 - 법인이 가지는 무상의 통상실시권의 가치)(= 직무발명으로 인한 매출액 × 독점권 기여도 × 실시료율) × 발명자 보상률(임직원의 발명에 대한 공헌도) × 발명자 기여율(공동발명인 경우)

⑭ 상표권 사용료

법인이 상표권을 특수관계인에게 사용하게 하고 사용료를 지급받지 않거나 지급받은 사용료가 시가에 미달하는 경우, 부당행위계산에 해당할 수 있다.[294]

상표권 사용료의 **시가**는 ㉠ 시가로 볼 수 있는 가격이 있으면 그에 의하고(시행령 89조 1항),[295] ㉡ 그러한 가격이 없거나 불분명하면 감정가액에 의한다(시행령 89조 2항 1호).[296] 그리고 ㉢ 시가도 감정가액도 없는 경우에는, 상표권의 사용료에 관하여 상증세법상 보충적 평가방법이 별도로 없으므로, 법인세법 시행령 제89조 제4항 제1호의 방법에 따라 시가를 산정하여야 할 것이다. 이 경우, 상표권의 가액에 관하여 시가가 없으면 그 보충적 평가방법에 관한 규정이 적용될 수 있다.[297]

한편, 법인이 스스로 개발한 상표를 특수관계인 명의로 등록하게 하거나 특수관계인 명의 상표에 대한 광고비를 지출하는 등 그 핵심적 가치를 창출·유지하면서도 특수관계인에게 상표권 사용료를 지급한 경우, 부당행위계산에 해당할 여지가 있다.[298][299] 법인이

」의 산식으로 계산될 수 있다(특허청, 앞의 책, 117쪽 이하). 법인이 지배주주인 대표자에게 직무발명보상금으로 실시료율을 고려하지 않고 '직무발명을 실시한 제품의 매출액 × 특허기여도(30%) × 발명자 보상율(10%)'의 방식으로 계산한 금액을 지급하였는데, 피고의 주장에 따라 위 금액에 실시료율 20%를 곱한 금액을 직무발명보상금의 시가로 인정한 사례로, 창원지방법원 2019. 7. 4. 선고 2018구합52523 판결[부산고등법원(창원) 2020. 1. 22. 선고 2019누11159 판결(항소기각), 대법원 2020. 6. 4. 선고 2020두34476 판결(심리불속행)]

294) 서울고등법원 2017. 2. 7. 선고 2016누66430 판결(대법원 2017. 6. 29. 선고 2017두38461 판결 : 심리불속행) ; 서울고등법원 2017. 12. 13. 선고 2016누75946 판결(대법원 2018두33005호로 상고심 계속 중)

295) 서울고등법원 2017. 2. 7. 선고 2016누66430 판결 : 원고 법인이 2006년부터 2008년까지 특수관계인으로부터 상표권 사용료를 받지 않다가 회계법인의 상표권 사용료에 대한 평가결과를 기초로 2009. 10. 1. 특수관계인으로부터 매출액의 6%를 상표권 사용료로 받기로 약정한 사안에서, 위 상표권 사용료를 원고가 특수관계자 아닌 자와의 정상적인 거래에서도 지급받을 사용료에 해당한다고 보아 시가로 판단하였다(대법원 2017. 6. 29. 선고 2017두38461 판결 : 심리불속행 상고기각).

296) 서울고등법원 2017. 12. 13. 선고 2016누75946 판결(MBC 사건) : 원고(주식회사 문화방송)가 특수관계인인 자회사에게 원고의 상표를 사용하게 하면서 상표의 사용대가를 받지 않았고, 자회사는 제3자로부터 위 상표의 사용대가를 지급받은 사안에서, 위 판결은, 원고가 자회사로부터 상표권 사용료를 받지 않은 것이 경제적 합리성을 결여한 부당행위계산에 해당한다고 보면서, 법원 감정인의 상표권 사용료 감정결과를 토대로 상표권 사용료의 시가를 판단하였다(대법원 2018두33005호로 상고심 계속 중).

297) 보충적 평가방법에 따른 상표권의 가액은 다음의 산식에 의하여 환산한 금액의 합계액이다(상증세법 시행규칙 19조 2항).

$$\frac{각\ 연도의\ 수입금액}{\left(1+\frac{10}{100}\right)^{n}} \qquad n : 평가기준일부터의\ 경과연수$$

298) 특허권과 상표권은 모두 설정등록에 의하여 발생한다(특허법 87조 1항, 상표법 82조 1항). 따라서 사법(私法)상으로는 특허권 및 상표권의 등록명의인이 각각 특허권과 상표권을 보유한다. 그런데 대법원은, 법인이 타인 명의 특허권의 사용료를 지급한 경우 그 손금산입 여부에 관하여 그 특허권의 실질적 소유자가 누구인지를 기준으로 판단하였다(대법원 2005. 5. 29. 선고 2006두13831 판결). 이는 같은 지적재산

상표에 관하여 지출한 광고비를 어떻게 취급할 것인지는, 그 상표의 세법상 실질적 귀속자가 누구인지와 밀접한 관련이 있다.[300]

(다) 임원 · 직원에 제공되는 사택

법인이 주주 등이나 출연자가 아닌 임원(소액주주 등인 임원을 포함한다) 및 직원에게 사택(기획재정부령으로 정하는 임차사택[301]을 포함한다)을 제공하는 것은 부당행위계산에서 제외된다(시행령 88조 1항 6호 나목). 직원들에게 사택의 제공에 갈음하여 행해지는 사택보조금의 지급도 특별한 사정이 없는 한 사택의 제공과 마찬가지로 부당행위계산에서 제외되어야 한다.[302] 법인이 복리후생 등의 목적으로 무연고지에 근무하는 직원들에게 무이자로 전세보증금을 대여한 것은, 직원에 대한 사택의 제공과 동일시할 수 있으므로, 부당행위계산에 해당하지 않는다.[303]

권인 상표권의 사용료에 대하여도 적용될 여지가 있다. 다만, 특허권의 가치 중 핵심적 부분은 특허를 구성하는 기술의 발견과정에서 창출되므로 특허권의 등록 당시 이미 존재하는 경우가 대부분인 것에 비하여, 상표의 경우에는 상표권의 등록 이후에도 해당 상표에 대한 광고비의 지출, 그 상표를 부착하여 판매된 제품의 품질 등에 의하여 후속적으로 그 상표의 핵심적 가치가 창출 · 유지될 수 있는 점에서, 양자는 차이가 있다.

299) 대법원은, ① 법인의 대표자인 피고인이 법인이 기획하고 개발한 상표를 피고인 명의로 등록하고 법인과 상표권사용계약을 체결하여 법인으로 하여금 그 법인 명의로 상표를 등록하였더라면 지출할 필요가 없는 금원을 피고인에게 상표권 사용료로 지급하게 한 것은 업무상배임죄에 해당한다고 판단하였고(대법원 2019. 7. 25. 선고 2019도5380 판결), ② 법인의 대표회사인 피고인 A가, 배우자인 피고인 B와 법인 간의 용역계약에 따라 창작 · 고안된 상표에 관한 권리가 법인에게 귀속함에도, 이를 피고인 B 명의로 등록한 것은 업무상배임죄에 해당한다고 판단하였다(대법원 2021. 5. 13. 선고 2020도14976 판결).

300) ① 만일 해당 상표가 법인이 스스로 개발한 것이어서 세법상 실질적으로 그 법인의 것으로 취급된다면, 그 법인이 그 상표와 관련하여 지출한 광고비는 세법상 자신의 상표에 관한 것이므로, 법인은 원칙적으로 보상을 받을 필요가 없을 것이다. ② 법인이 세법상 실질적으로 타인에게 속하는 상표에 대하여 광고비를 지출한 경우에는, 그로 인하여 상표의 가치를 증가시킨 부분에 대하여 법인이 보상을 받아야 하는 문제가 생긴다(OECD 이전가격지침 문단 6.32, 6.78). ③ 한편, 법인이 상표에 관하여 지출한 광고비는 원칙적으로 그 상표의 실질적 소유자가 누구인지에 따라 그 부담이 정해져야 하고, 상표권의 등록명의인과 사용자의 공동경비(시행령 48조)로 보기 어려울 것이다. 행정해석은, 지주회사가 보유한 상표권 관련 브랜드를 자회사의 제품광고에 사용하도록 약정하고 자회사로부터 매출액의 일정비율에 해당하는 금액을 브랜드 사용료로 지급받는 경우, 자회사가 그 브랜드를 사용하여 지출한 광고선전비용은 공동경비에 해당하지 않는다고 보았다(법인법규 2012-55, 2002. 5. 1.).

301) 법인이 직접 임차하여 임원 또는 직원("직원 등")에게 무상으로 제공하는 주택으로서 일정한 경우를 제외하고는 임차기간 동안 직원 등이 거주하고 있는 주택을 말한다(시행규칙 42조의3).

302) 대법원 2006. 5. 11. 선고 2004두7993 판결 : 청량음료 제조 · 판매회사인 원고(롯데칠성음료 주식회사)가 무연고지에 근무하는 직원들에게 사택보조금을 지급한 것은 부당행위계산에서 제외되는 사택의 제공에 갈음하여 행하여진 것으로서 그 실질에 있어서는 사택의 제공과 동일시할 수 있으므로, 경제적 합리성을 결한 비정상적인 거래라고 할 수는 없다고 한 사례

303) 대법원 2008. 10. 9. 선고 2006두19013 판결

(2) 용역의 제공

(가) 용역의 시가

① 용역의 시가는, 해당 거래와 유사한 상황에서 해당 법인이 특수관계인이 아닌 자와 거래한 가격 또는 특수관계인이 아닌 제3자 간에 거래된 가격이 있으면 그에 따른다(시행령 89조 1항).[304] 해당 거래와 유사하지 않은 거래의 가격은 시가로 될 수 없다.[305]

② 위 ①의 시가가 불분명한 경우, 감정가액, 상증세법상 보충적 평가액을 순차로 적용한다(시행령 89조 2항).

③ 위 규정들을 적용할 수 없는 경우에는 아래 ㉮의 금액과 그 금액에 ㉯의 비율을 곱하여 계산한 금액을 합한 금액을 시가로 한다(시행령 89조 4항 2호).

㉮ 용역의 제공에 소요된 원가(직접비 및 간접비를 포함한다)

㉯ 해당 사업연도 중 특수관계인 외의 자에게 제공한 유사한 용역제공거래 또는 특수관계인이 아닌 제3자 간의 일반적인 용역제공거래의 수익률(기업회계기준에 의하여 계산한 매출액에서 원가를 차감한 금액을 원가로 나눈 비율) : 비교대상인 용역제공거래가 법인의 용역제공거래와 유사하지 않은 경우, 양자의 차이가 합리적인 방법으로 조정될 수 있어야 한다.[306][307]

> 📖 **대법원 2012. 10. 25. 선고 2012두14255 판결(글로비스 사건)**
>
> ① 자동차의 제조·판매를 주된 사업으로 하는 원고 법인은 당초 여러 회사들로부터 부품운송 등의 용역(이 사건 용역)을 제공받아 오다가, 2001. 2.경 원고와 특수관계가 있는 물류전문회사가 설립되자, 위 특수관계 회사로부터 이 사건 용역을 제공받았고, 2001. 10.경 그 용역의 단가를 인상하였다.
> ② 과세관청은, ㉮ 이 사건 용역에 관하여 특수관계가 없는 제3자와의 비교대상거래(법인세법 시행령 89조 1항)를 찾을 수 없고, ㉯ 법인세법 시행령 제89조 제2항을 적용하여 시가를 산정할 수 없자, ㉰ 원고가 특수관계 회사로부터 제공받은 이 사건 용역의 인상 전 단가에 의한 수익률을 기준으로 법인세법 시행령 제89조 제4항 제2호에 의하여 시가를 산출하여[308] 원고가 2004, 2005

---

304) 대법원 2015. 3. 12. 선고 2014두45291 판결 : 원고 법인이 A전자로부터 A전자가 지정하는 단가에 휴대전화 폴더의 조립용역을 도급받은 후 그 용역 전부를 특수관계인인 B법인에게 도급하면서 A전자의 지정단가에 20%를 가산한 대금을 지급한 사건에서, 법원은 원고가 A전자에게 제공하는 용역의 가액(A전자의 지정단가)을 원고가 B법인으로부터 제공받은 용역의 시가로 판단하였다.

305) 대법원 2017. 9. 29. 선고 2017두51167 판결

306) 서울행정법원 2011. 11. 24. 선고 2011구합570 판결(대법원 2013. 2. 28. 선고 2012두25491 판결의 1심)

307) 법인세법 시행령 제89조 제4항 제2호에 의한 과세관청의 시가산정이 배척된 사례로, 대법원 2012. 10. 25. 선고 2012두12006 판결, 대법원 2012. 10. 25. 선고 2012두14255 판결, 대법원 2013. 1. 15. 선고 2012두21277 판결, 대법원 2013. 2. 28. 선고 2012두25491 판결

308) 과세관청은 원고가 특수관계 회사와 사이에 한 단가인상 전 용역거래의 수익률을 원고가 특수관계 없는 자와 사이에 한 용역거래의 수익률과 실질적으로 동일하다고 주장하였다.

사업연도에 이 사건 용역을 시가보다 높은 가격으로 제공받았다는 이유로 부당행위계산부인을 하였다.

③ 원심은, 원고의 2001년 단가 인상 전의 용역 수익률에 의하여 산정한 용역가액이 법인세법 시행령 제89조 제4항 제2호의 '시가'라고 보기 어렵다고 판단하였고, 대법원은 원심의 판단을 수긍하였다.

(나) 임직원에 대한 보수

부당행위계산을 법인의 외부적 사업활동 또는 거래에 국한하거나, 법인과 임직원 간의 위임계약 또는 근로계약에 따라 지급되는 보수나 급여를 부당행위계산에서 제외할 이유는 없다.[309][310] 따라서 법인이 임직원에게 그로부터 제공받는 용역의 시가보다 높은 보수를 지급하는 행위도 부당행위계산에 해당할 수 있다.[311] 법인세법 시행령 제43조 제3항은, 비상근임원에 대한 보수가 부당행위계산에 해당할 수 있음을 전제로 규정하는데, 이를 상근임원과 직원에 대한 보수가 부당행위계산에서 제외된다는 취지로 보기는 어렵다.

그런데 ① 임직원이 제공하는 용역의 시가는 파악하기 어려운 경우가 많다.[312] 또한 ② 그러한 용역의 시가가 파악되었다고 하더라도, 인건비의 책정은 기업의 경영정책에 속하고, 임직원의 동기유발 등을 위하여 임직원이 제공하는 용역의 실제 가치보다 더 높은 보수를 지급하는 경우도 있다.[313] 따라서 법인이 지배주주가 아닌 임직원에게 그 용역의 가액보다 높은 보수를 지급하였다고 하여 곧바로 경제적 합리성이 없는 것이라고 단정하기 어렵다.[314] 이와 같은 이유로 임직원의 보수에 대하여 부당행위계산부인 규정이 적용된 사례는 드물다.

한편, 법인세법 제26조 제1호는 과다한 인건비를 손금불산입하고, 그 위임에 따라 법인

---

309) 회사와 임원 간의 위임계약관계를 법인세법 시행령 제88조 제1항 제7호의 용역제공 관계에 포섭하기 어렵다는 견해로 황남석, "과다한 임원 보수의 손금불산입 – 대법원 2017. 9. 21. 선고 2015두60884 판결 –", 법조 2017. 12.(제726호), 법조협회, 591쪽

310) 미국 세법의 경우, 주주인 임원에 대한 과다보수의 지급은, 우리나라의 부당행위계산부인과 유사한 의제배분(constructive distribution)의 한 유형으로 취급된다(Bittker & Eustice, ¶8.05 [3]).

311) 서울행정법원 2015. 5. 22. 선고 2013구합55147 판결(대법원 2017. 9. 21. 선고 2015두60884 판결의 1심)도 임원에 대한 과다보수의 지급이 부당행위계산에 해당할 수 있음을 전제로, 과세관청이 제시한 금액의 시가 여부를 판단하였다.

312) 서울행정법원 2015. 5. 22. 선고 2013구합55147 판결에서도, 과세관청이 원고 법인과 동종의 영업을 하는 대부업체 12개 중 대표이사의 급여가 높은 상위 3개 업체의 대표이사 급여 평균액을 원고 법인 대표이사가 제공한 용역의 시가로 주장하였으나, 법원은 이를 받아들이지 않았다.

313) 반대로 불황에 대비하여 더 낮은 보수를 지급하는 경우도 있을 수 있다.

314) 지배주주인 임원의 경우에는 법인의 경영성과가 그가 보유한 주식의 가치에 반영되므로, 동기부여를 위하여 용역의 가액을 초과하는 보수를 지급할 필요성이 크지 않고, 용역의 가액을 초과하는 보수를 지급 경제적 합리성을 인정할 여지가 작다. 이에 비하여 지배주주가 아닌 임원의 경우에는 용역의 가액을 초과하는 보수를 지급함으로써 동기부여를 할 필요성이 상대적으로 크다.

세법 시행령 제43조, 제44조는 인건비를 보수, 상여금, 퇴직급여로 구분하여 손금불산입 요건을 구체적으로 규정한다. 부당행위계산부인 규정과 법인세법 시행령 제43조, 제44조는 일반법과 특별법의 관계에 있지 않으므로, 별개로 적용될 수 있다.[315]

(다) 무상의 지급보증

법인이 대가를 받지 않고 특수관계인의 채무를 지급보증하는 용역을 제공한 경우 경제적 합리성이 인정되지 않으면 부당행위계산에 해당할 수 있다.[316]

(라) 연결법인 간의 용역제공

연결납세방식을 적용받는 연결법인 간의 용역제공으로서, 연결법인세액의 변동이 없는 등 기획재정부령의 정하는 요건을 충족하는 것은, 부당행위계산에서 제외된다(시행령 88조 1항 6호 단서 및 다목, 7호 단서).[317]

3-2-3. 파생상품에 관한 권리불행사 등(7호의2)

법인이 파생상품[318]에 근거한 권리를 행사하지 않거나 그 행사기간을 조정하는 등의 방법으로 특수관계인에게 이익을 분여하는 것은 부당행위계산에 해당한다.

특수관계인에 대한 이익의 분여는 ① 특수관계인이 파생상품계약의 상대방인 경우(가령, 옵션의 매도인) 그 특수관계인에 대한 권리의 행사를 포기하는 행위에 국한되지 않고, ② 법인이 특수관계인과 함께 파생상품에 근거한 권리를 보유하다가 자신의 보유비율에 상응하는 권리를 행사하지 않고 특수관계인으로 하여금 권리의 전부를 행사할 수 있게 하는 등의 방법으로 이익을 분여하는 행위도 포함된다.[319]

3-3. 자본거래와 관련된 부당행위계산

3-3-1. 자본거래와 부당행위계산의 일반론

부당행위계산의 부인은, 법인이 시가와 불일치하는 특수관계인과의 거래를 통하여 감소

---

315) 법인이 임원에게 지급한 보수 중 ① 동일직위에 있는 지배주주 등 외의 임원에게 지급하는 금액을 초과하는 금액은 법인세법 시행령 제43조 제3항에 의하여 손금불산입되고, ② 그 나머지 금액 중 그 임원이 제공하는 용역의 시가를 초과하는 금액이 있으면 법인세법 시행령 제89조 제5항에 의하여 익금산입(손금불산입)된다.

316) 법인세과-665, 2013. 11. 29. ; 사전-2017-법령해석법인-0348, 2017. 12. 29.

317) 제7장 제1절 3-1-1. (1) 참조

318) 기업회계기준에 따른 선도거래, 선물, 스왑, 옵션, 그 밖에 이와 유사한 거래 또는 계약을 말한다(시행규칙 42조의4).

319) 대법원 2015. 11. 26. 선고 2014두335 판결

시킨 소득을 과세하는 제도이다. 따라서 법인이 발행한 주식과 관련한 자본거래가 부당행위계산에 해당하기 위해서는, 그 법인이 주식의 시가를 기준으로 자본거래를 하였다면 주주로부터 더 지급받았거나 주주에게 덜 지급하였을 금액이 그 법인의 소득(익금)에 포함될 수 있어야 한다. 그러나 위와 같이 주주로부터 더 지급받았거나 주주에게 덜 지급하였을 금액은 법인의 익금에 해당하지 않으므로, 자본거래는 주식을 발행한 법인의 관점에서 부당행위계산이 될 수 없다.[320] 이를 상세히 설명하면 다음과 같다.

① 주주의 출자는 법인의 소득금액이 발생하기 전의 단계이므로 그 법인의 익금에 해당하지 않는다. 따라서 법인이 주주로부터 출자받은 금액이 주주에게 발행한 주식의 가액보다 낮더라도, 그 주식의 가액과 같은 금액을 출자받았을 경우에 비하여, 법인의 납입자본이 감소한 것에 불과하고, 소득이 감소한 것은 아니다. 법인이 주주들 중 일부에게 그 출자금액보다 높은 가액이 신주를 발행한 경우, 출자금액과 같은 가액의 주식을 발행한 경우와 비교하면, 법인의 순자산에는 변동이 없고, 다른 주주가 보유한 기존 주식의 가액이 희석될 뿐이다.

② 법인이 자산을 그 시가보다 높은 가액으로 평가하여 현물출자받은 경우, 그 현물출자자산의 가액(주식의 발행가액)과 그 시가의 차액은 취득가액에서 제외되므로(시행령 72조 2항 3호 나목), 손금에 산입되지 못한다. 이는 부당행위계산의 부인과 유사하게 보이지만, 현물출자자산이 과대계상된 효과[321]를 제거한 것에 불과하다. 위 경우 현물출자를 한 주주에게 분여된 이익은 위 차액과 직접 관련이 없고, 현물출자자산을 시가로 반영하여 주식의 가치를 재산정한 결과 다른 주주가 보유하는 기존 주식의 가치가 희석된 것에서 유래한다.[322] 따라서 위 차액은, 현물출자 주주에게 분여된 이

---

320) 대법원 2009. 11. 26. 선고 2007두5363 판결, 대법원 2020. 12. 10. 선고 2018두34350 판결(저가발행 신주의 제3자배정), 대법원 2020. 12. 10. 선고 2018두56602 판결

321) 법인이 인식한 현물출자자산의 장부가액 중 그 시가를 초과하는 부분은 일종의 가공자산에 해당한다.

322) 사안을 단순화하기 위하여 주식의 가액은 법인의 순자산을 기초로 정해진다고 가정한다. 가령 순자산 100원, 발행주식 1주(액면금액 50원, 주주 A)인 법인이 B로부터 자산을 현물출자받으면서 1주를 발행하고 위 자산을 100원으로 인식하였는데, 그 시가가 80원인 경우, 법인의 회계상 회계처리와 세무조정은 다음과 같다.

1. 법인의 회계처리

    (차) 자   산   100   (대) 자 본 금   50
                                      자 본 잉 여 금   50

2. 세무조정 : (-)유보(이미 손금에 산입된 금액이 있는 경우 그 금액만큼 손금불산입)

    (차) 자 본 잉 여 금   20   (대) 자   산   20

위 경우 B는 위 현물출자를 통하여 분여받은 이익은 10원[= (100원 + 80원)/(1 + 1) - 80원]이고, 이는 법인이 인식한 현물출자자산의 가액(주식의 발행가액)과 그 시가의 차액 20원과 일치하지 않고, A가 보유한 기존 주식의 가치가 10원(= 100원 - 90원)만큼 희석된 것에서 유래한 것이다.

위 사안과 달리 만일 법인이 B로부터 자산을 매입하면서 대금으로 100원을 지급하였고, 그것이 부당

익을 측정하는데 부적합하다. 이는, 사업의 현물출자 및 비적격합병에서 법인이 인식한 영업권이 존재하지 않거나 영업권의 실제 금액이 인식된 것보다 낮은 경우에도 마찬가지이다.

③ 주주에 대한 자본(자본금, 자본잉여금 및 이익잉여금)의 환급은 납입자본의 반환 또는 이미 과세된 이익잉여금의 처분이므로 법인의 손금에 해당하지 않는다. 따라서 법인이 주주에게 법인의 순자산 중 그 주주의 지분을 초과하는 금액을 감자 등으로 환급한 경우, 이는 법인의 소득을 감소시키는 것이 아니다.

한편, 주주는 법인의 자본거래로 인하여 소득을 얻을 수 있지만,[323] 그 소득은 그 법인이 아닌 다른 주주로부터 유래한 것이다. 따라서 법인세법은 자본거래와 관련한 이익분여가 주식발행법인의 주주들 간에 일어나는 것으로 파악한다.[324]

3-3-2. 고·저가 현물출자(1, 3호)

(1) 현물출자의 성질과 세법적 규율의 방향

현물출자는, 출자대상 자산의 양도라는 손익거래와 신주발행이라는 자본거래가 결합된 거래이다. 법인이 현물출자자에게 발행하는 신주의 가액이 현물출자받는 자산의 가액보다 높은 경우, 법인의 입장에서는 **자산의 고가양수**이자 **신주의 저가발행**에 해당한다.[325] 반대로 전자의 가액이 후자의 가액보다 낮은 경우, 현물출자자는 자산을 저가로 양도한 것이 된다. 이러한 현물출자자산 및 신주 간 시가의 불일치는 1차적으로는 현물출자자의 양도손익에 영향을 미치지만, 주주가 보유한 기존 주식의 가치에 전달되어 궁극적으로 기존 주식의 가치를 높이거나 희석함으로써 신·구 주주들 간의 부(富)의 이전을 일으킨다.[326]

현물출자의 손익거래 요소와 자본거래 요소 중 어느 것을 기준으로 부당행위계산 여부를 판단하는지에 따라, ① 특수관계가 존재하여야 하는 상대방과, ② 현물출자에 의하여 이전되는 이익의 귀속주체가 달라진다. 법인세법은 현물출자의 손익거래 요소를 기준으로 그 부당행위계산을 규정한다. 이에 의하면 ① 부당행위계산의 요건인 특수관계는 현물출

행위계산에 해당한다면(고가매입), 법인이 지급한 자산의 매입대금 중 그 시가를 초과한 20원 부분은 법인이 B에게 분여한 이익에 해당한다.

323) 자본거래로 인한 순자산의 변동이 익금 또는 손금에 불산입된다는 것은 그와 관련된 주식을 발행한 법인에 한하여 적용되는 것이고, 그 주식을 보유한 주주에게까지 적용되는 내용은 아니다.

324) 법인세법 시행령 제88조 제1항 제8호 등

325) 현물출자자의 입장에서는 자산의 고가양도이자 신주의 저가인수에 해당한다.

326) 다만, 상법이 현물출자에 관하여 검사인의 검사를 거치게 하는 등 엄격한 절차를 요구하기 때문에 실제 사례에서 현물출자된 자산이 시가보다 고가 또는 저가로 평가되었다는 이유로 세법상 문제되는 경우는 많지 않은 것으로 보인다.

자자와 그 현물출자를 받는 법인 사이에 있어야 하고, ② 시가와 불일치하는 현물출자로 인한 이익의 분여는 출자자와 법인 사이에 발생하는 것으로 처리된다.

(2) 자산을 시가보다 높은 가액으로 현물출자받은 경우(1호)

(가) 고가의 현물출자의 처리

법인이 특수관계인으로부터 자산을 현물출자받고 그 시가보다 높은 가액의 주식을 발행한 경우, ① 자산의 **고가매입**에 해당하고(시행령 88조 1항 1호), ② 주식의 가액 중 자산의 시가를 초과하는 금액은 자산의 취득가액에 포함되지 않고(시행령 72조 2항 3호 나목, 72조 4항 3호),[327] ③ 그 차액만큼의 이익이 특수관계인에게 귀속된 것으로 보아 소득처분한다(시행령 106조 1항 1호).[328]

한편, 법인이 여러 자산과 부채로 구성된 **영업**을 **현물출자**받고, 그 출자대상에 영업권이 포함되어 있는 경우에는, 법인이 발행한 주식의 가액이 현물출자받은 자산과 부채의 합계액보다 크다는 사정만으로 고가의 현물출자에 해당한다고 볼 수 없고, 고가의 현물출자 여부는 개개 자산과 부채의 합계액뿐만 아니라 영업권의 가액까지 고려하여 판단하여야 할 것이다.

(나) 문제점과 입법론

법인세법 시행령 제88조 제1항 제1호에는 다음과 같은 문제점이 있다. ① 위 규정은, 법인이 자산을 고가로 현물출자받음으로써 소득을 감소시킬 수 있음을 전제로 한다. 그러나 법인이 현물출자로 받은 자산의 취득가액은 언제나 그 시가이고(시행령 72조 2항 3호 나목), 현물출자로 발행된 주식의 시가가 아니므로, 굳이 부당행위계산의 부인으로 자산의 취득가액을 교정할 필요가 없다. ② 현물출자의 자본거래 측면을 고려하면, 법인이 현물출자로 자산을 이전받고 그 시가보다 높은 가액의 주식을 발행하였더라도, 이를 법인 소득의 감소로 보기 어려우므로,[329] 법인을 부당행위계산의 주체로 삼는 것은 부적절하다. ③ 상증세법은 고가의 현물출자로 인하여 현물출자자가 얻은 이익을 현물출자자가 다른 주주들로부터 이전받은 이익의 관점에서 규정한다(상증세법 39조의3 1항 1호, 상증세법 시행령 29조의3 1항 1호, 29조 2항 1호). 그리고 법인세법은, 현물출자의 요소를 포함하는 합병[330]에 관하여,

---

327) 시가초과금액만큼 (-)유보, 손금산입
328) 시가초과금액만큼 손금불산입, 소득처분
329) 3-3-1. 참조
330) 법인세법은 합병을 「피합병법인이 그 영업을 합병법인에게 양도하고 합병대가를 받은 후 해산하면서 위 합병대가를 주주에게 잔여재산으로 분배하는 것」으로 파악한다[제3편 제4장 제1절 1-2. (3)]. 형식상으로는 피합병법인의 주주가 합병법인으로부터 합병대가를 받지만, 이는 그 중간에 피합병법인이 합병법인으로부터 합병대가를 받아서 피합병법인에게 주는 과정이 생략·단축된 것에 불과하다.

합병법인이 피합병법인으로부터 승계한 자산의 시가보다 높은 가액의 합병대가를 지급한 경우, '합병법인의 주주가 피합병법인의 주주에게 이익을 분여한 것'으로 보아 이익분여금액을 계산한다(시행령 88조 1항 8호 가목, 89조 6항, 상증세법 시행령 28조). 고가의 현물출자에 대한 부당행위계산부인 규정은, 위와 같은 다른 세법 규정과의 정합성을 깨뜨린다. ④ 법인이 현물출자로 이전받은 자산의 시가보다 높은 가액의 주식을 현물출자자에게 발행한 경우, 기존 주주의 주식 가치가 희석되므로, 기존 주주로부터 현물출자자에게 부의 이동이 일어난다.

따라서 입법론으로는, 법인세법 시행령 제88조 제1항 제1호에서 현물출자 부분을 삭제하고, 같은 항 제8호에 현물출자를 추가하여 현물출자를 한 주주와 기존 주주들 간의 이익 분여로 취급하는 것이 합리적이다. 그렇게 함으로써, 현물출자로 받은 주식의 가액 중 현물출자한 자산의 시가를 초과하는 차액은 현물출자자가 다른 주주들로부터 분여받은 이익으로 파악하고,[331] 이익을 분여한 주주가 보유하는 주식의 취득가액을 감액하는 규정을 두어 그 취득가액과 시가의 차액을 손금에 산입하지 못하도록 할 필요가 있다.

(3) 자산을 무상 또는 시가보다 낮은 가액으로 현물출자한 경우(3호)

법인이 자산을 다른 법인에게 현물출자하고 그 자산의 시가보다 낮은 가액의 주식을 받은 것은 자산의 **저가양도**이므로, 그것이 부당행위계산에 해당하는 경우, ① 주식 등의 취득가액은 그 시가이고(시행령 72조 4항 3호),[332] ② 현물출자한 자산의 시가와 주식 등의 취득가액의 차액은 익금산입(손금불산입)되며(시행령 88조 1항 3호), ③ 그 이익은 피출자법인에게 귀속된 것으로 보아 기타 사외유출로 소득처분된다(시행령 106조 1항 1호 다목).[333]

3-3-3. 불공정한 비율의 합병·분할을 통한 양도손익의 감소(3호의2)

합병 또는 분할에 의하여 피합병법인 또는 분할법인의 자산이 합병법인 또는 분할신설

---

331) 임상엽, "자본거래와 부당행위계산의 부인-주주-회사 간 이익분여인가, 주주 간 이익분여인가-", 조세법연구[24-1](2018. 4.), 한국세법학회, 81~85쪽도 같은 취지로 보인다. 다만, 위 글은, 법인세법 시행령 제88조 제1항 제1호에서 현물출자 부분을 삭제하지 않고 현물출자자와 법인의 양도소득을 시가를 기준으로 재배분하는 기능으로 제한할 것을 제안한다.

332) 현물출자자인 법인이 현물출자로 취득한 주식 등의 취득가액은, 원칙적으로 ① 출자법인이 현물출자로 피출자법인을 새로 설립하면서 그 대가로 주식 등만 취득한 경우에는, 현물출자한 순자산의 시가이고, ② 그 외의 경우에는 해당 주식 등의 시가이다(시행령 72조 2항 4호). 다만, 현물출자가 부당행위계산에 해당하는 경우, 주식 등의 취득가액은 그 시가이다(시행령 72조 4항 3호).

333) 기획재정부 법인세제과-199, 2005. 3. 28. : 법인이 특수관계자인 부실금융기관의 경영개선약정을 이행하기 위하여 계열그룹 구조조정본부의 지침에 따른 법인간 합의에 의하여 보유주식을 현물출자한 것이 법인세법 시행령 제88조 제1항 제3호에 해당하는 경우에는 법인세법 제52조 규정에 의한 부당행위계산 부인 규정을 적용하는 것임.

법인 등에게 승계되는 경우, 피합병법인 또는 분할법인이 그 자산을 양도한 것으로 본다 (법 44조 1항, 46조 1항, 46조의5 1항). 따라서 합병대가의 가액이 피합병법인의 순자산의 시가보다 낮은 경우, 피합병법인은 그 자산을 저가로 양도한 것이므로, 경제적 합리성이 인정되지 않으면, 부당행위계산에 해당한다.[334] 다만, 자본시장법에 따라 합병(분할합병을 포함한다) · 분할하는 경우에는, 합병 · 분할대가가 피합병법인 또는 분할법인의 순자산의 시가보다 낮더라도, 부당행위계산에서 제외된다(시행령 88조 1항 3호의2 단서). **적격합병**의 경우, 합병대가의 가액이 피합병법인의 순자산의 시가보다 낮더라도, 법인세법 시행령 제88조 제1항 제3호의2의 부당행위계산에 해당하지 않는다.[335] 적격합병의 경우에는, 합병대가인 합병법인 주식 등의 가액은 피합병법인의 순자산의 장부가액으로 인식되므로, 피합병법인의 양도소득은 어차피 합병시점에 과세되지 않기 때문이다.

합병대가의 가액이 피합병법인의 순자산의 시가보다 낮은 경우 피합병법인의 주주가 합병법인의 주주에게 이익을 분여한 것으로서 법인세법 시행령 제88조 제1항 제8호 가목의 부당행위계산에도 해당할 수 있다.[336]

3-3-4. 불공정한 비율의 합병을 통한 주주들 간의 이익분여(8호 가목)

(1) 합병당사법인들 사이 및 주주들 사이의 특수관계

합병당사자인 법인들 사이에 특수관계가 있어야 한다. 합병당사법인의 특수관계 여부는 합병등기일이 속하는 사업연도의 직전 사업연도의 개시일[337]부터 합병등기일까지의 기간을 기준으로 판단한다(시행령 88조 2항 단서). 합병당사법인이 위 기간 중 일시적으로 특수관계에 있었더라도 위 요건은 충족된다. 이는 합병비율 등 주요한 거래조건에 관한 의사결정이 합병등기일부터 상당한 기간 이전에 이루어지는 점을 고려한 규정이다.[338]

한편, 합병당사법인의 주주인 법인과 다른 주주 사이에도 특수관계가 있어야 한다. 위

---

334) 물적분할에 관한 행정해석으로는 기본통칙 47-83…1
335) 기획재정부 법인세제과-56, 2016. 1. 21. : 외국법인이 각각 100% 출자한 내국법인인 완전자회사 간 합병에 있어서 「법인세법」 제44조 제2항 각 호의 요건을 모두 충족하여 피합병법인의 양도손익이 없는 것으로 한 때에는 같은 법 시행령 제88조 제1항 제3의2호에 해당하지 아니하는 것임.
336) 위 경우 동일한 이익분여에 관하여 실질적으로 중복하여 부당행위계산부인에 의한 과세가 이루어질 가능성이 있으므로, 양자 간의 조정 규정을 두는 것이 바람직하다. ① 특수관계에 있는 피합병법인의 주주와 합병법인의 주주가 각각 피합병법인과 합병법인에 대한 지분보유비율이 높은 경우에는, 법인세법 시행령 제88조 제1항 제8호 가목을 적용하여 과세하면 충분할 것이지만, ② 그렇지 않은 경우에는 같은 항 제3호의2를 적용하면 족하고 굳이 제8호 가목은 적용할 필요가 없을 것이다. 합병법인이 교부금합병으로 고가매입을 한 경우 발생하는 동일한 문제에 대하여는 3-1-1. (1) (다) 참조
337) 사업연도의 개시일이 서로 다른 법인들이 합병한 경우에는 먼저 개시한 날을 말한다.
338) 삼일회계법인, 법인세 조정과 신고 실무(2017), 826쪽

특수관계는 합병 당시를 기준으로 판단되므로(시행령 88조 2항 본문), 합병당사법인 간 특수관계의 기준시점에 관한 법인세법 시행령 제88조 제2항 단서는 적용되지 않는다.

(2) 합병비율의 불공정

(가) 자본시장법에 따른 합병의 제외

합병비율은, 합병으로 소멸하는 피합병법인 주식의 가액과 합병대가로 교부되는 합병법인 주식 등의 가액 간의 비율을 말한다. 합병비율은, 합병당사법인 주식 가액의 비율과 불일치하게 결정되는 경우 합병당사법인 주주들 간에 부(富)의 이동을 일으키므로, 합병조건의 가장 핵심적 사항이다.[339] **상법**은 합병비율의 결정기준에 관하여 직접 규정하지 않고, 다만, 반대주주의 주식매수청구권이나 채권자의 이의절차를 규정함으로써 간접적으로 그 공정성을 보장하기 위한 장치를 두고 있다.[340]

자본시장법은 주권상장법인의 합병비율을 정하는 기준에 관하여 규정한다(자본시장법 165조의4,[341] 자본시장법 시행령 176조의5). 이에 따르면, ① 상장법인들 간의 합병비율은 일정한 기간 또는 날의 종가를 산술평균한 가액을 기준으로 산정되고, ② 상장법인과 비상장법인 간의 합병비율은 ㉮ 상장법인의 경우 원칙적으로 위 ①의 방법에 따라 산정된 가격, ㉯ 비상장법인의 경우 자산가치와 수익가치를 가중산술평균한 가액을 기준으로 산정되어야 한다(자본시장법 시행령 176조의5 1항). 비상장법인의 자산가치와 수익가치를 산정하는 방법에 관하여는 금융감독원장이 제정한 「증권의 발행 및 공시 등에 관한 규정 시행세칙」 제4조 내지 제6조가 규정한다.[342][343]

---

339) 합병비율은 합병계약서에 기재되어야 하고(상법 523조 3호, 524조 2호), 합병계약서는 주주총회의 특별결의로 승인되어야 한다(상법 522조).

340) 대법원 2008. 1. 10. 선고 2007다64136 판결 : 합병비율을 정하는 것은 합병계약의 가장 중요한 내용이고, 그 합병비율은 합병할 각 회사의 재산 상태와 그에 따른 주식의 실제적 가치에 비추어 공정하게 정함이 원칙이며, 만일 그 비율이 합병할 각 회사의 일방에게 불리하게 정해진 경우에는 그 회사의 주주가 합병 전 회사의 재산에 대하여 가지고 있던 지분비율을 합병 후에 유지할 수 없게 됨으로써 실질적으로 주식의 일부를 상실케 되는 결과를 초래하므로, 현저하게 불공정한 합병비율을 정한 합병계약은 사법관계를 지배하는 신의성실의 원칙이나 공평의 원칙 등에 비추어 무효이고, 따라서 합병비율이 현저하게 불공정한 경우 합병할 각 회사의 주주 등은 상법 제529조에 의하여 소로써 합병의 무효를 구할 수 있다.

341) 자본시장법
제165조의4(합병 등의 특례)
① 주권상장법인은 다음 각 호의 어느 하나에 해당하는 행위(이하 이 조에서 "합병 등"이라 한다)를 하려면 대통령령으로 정하는 요건·방법 등의 기준에 따라야 한다.
1. 다른 법인과의 합병
2~4. (생략)
② 주권상장법인은 합병 등을 하는 경우 투자자 보호 및 건전한 거래질서를 위하여 대통령령으로 정하는 바에 따라 외부의 전문평가기관(이하 이 조 및 제165조의18에서 "외부평가기관"이라 한다)으로부터 합병 등의 가액, 그 밖에 대통령령으로 정하는 사항에 관한 평가를 받아야 한다.

342) 자본시장법 시행령 제176조의5 제2항은 주권비상장법인의 자산가치·수익가치 및 그 가중산술평균방법

자본시장법 제165조의4에 따른 합병(분할합병 포함)은 부당행위계산에서 제외된다(시행령 88조 1항 8호 가목 단서).[344][345] 자본시장법의 적용대상인 합병이더라도, 자본시장법 제165조의4가 규정하는 요건 및 절차에 따르지 않은 경우는, 부당행위계산에서 제외되지 않을 것이다.

(나) 기준금액 이상의 이익분여

법인세법은, 합병을 통한 이익분여가 부당행위계산에 해당하기 위한 요건에 관하여 상증세법을 준용한다(시행령 89조 6항, 상증세법 39조 1항).[346][347]

합병당사법인 주식 등을 시가보다 높거나 낮게 평가함으로써 그 주주인 법인으로부터 특수관계인인 다른 주주 등에게 분여된 이익이 기준금액 이상이어야 한다(시행령 89조 6항, 상증세법 38조 1항).[348]

에 관한 규정을 금융위원회에 위임하였는데, 금융위원회는 이를 다시 금융감독원장에게 재위임하였다(금융위원회가 제정한 「증권의 발행 및 공시 등에 관한 규정」 제5-13조 제1항).

343) 「증권의 발행 및 공시 등에 관한 규정 시행세칙」에 따르면, ① 「증권의 발행 및 공시 등에 관한 규정」 제5-13조에 따른 자산가치·수익가치의 가중산술평균방법은 자산가치와 수익가치를 각각 1과 1.5로 하여 가중산술평균하는 것을 말하고(4조), ② 자산가치는 분석기준일 현재의 평가대상회사의 주당 순자산가액으로서 「자산가치 = 순자산 / 발행주식의 총수」의 산식에 의하여 산정하며(5조 1항), ③ 수익가치는 현금흐름할인모형, 배당할인모형 등 미래의 수익가치 산정에 관하여 일반적으로 공정하고 타당한 것으로 인정되는 모형을 적용하여 합리적으로 산정한다(6조).

344) 자본시장법에 따르면, 상장법인이 비상장법인과 합병하는 경우 그 합병가액의 적정성에 대하여 외부평가기관의 평가를 받아야 하고(자본시장법 시행령 176조의5 7항), 외부평가기관의 합병에 관한 평가가 현저히 부실한 경우, 금융위원회는 그 평가업무를 제한할 수 있다(자본시장법 165조의4 3항). 법인세법 시행령이 위와 같은 합병을 부당행위계산에서 제외한 것은, 자본시장법이 위와 같이 합병가액의 적정성에 대한 통제장치를 두고 있는 점을 고려한 것으로 볼 수 있다. 다만, 자본시장법에 따르면, 상장법인과 비상장법인 간 합병의 경우, 그 합병비율은 비상장법인의 자산가치와 수익가치를 가중산술평균한 가액으로 정해지는데(자본시장법 시행령 176조의5 1항 2호 나목), 그 수익가치를 산정할 때 미래의 현금흐름 등을 예측하는 과정에서 평가자의 주관이 개입될 여지는 여전히 존재한다.

345) 2001. 12. 31. 개정된 구 상증세법 시행령은, 구 증권거래법에 의한 주권상장법인 또는 협회등록법인과 다른 법인 간의 합병을 증여세 과세대상인 합병에서 제외하였다(구 상증세법 시행령 28조 1항 1호 단서). 그 입법취지는, 상장법인 또는 협회등록법인과 비상장법인 간의 합병비율이 구 증권거래법에 따라 산정되었음에도 상증세법의 증여세 과세대상에 해당하는 문제점을 해소하기 위한 것이다(국세청, 2002 개정세법해설, 101쪽). 이를 반영하여 2006. 2. 9. 개정된 구 법인세법 시행령도 구 증권거래법에 따라 합병비율이 산정된 합병을 부당행위계산에서 제외하였다. 국세청, 2006 개정세법해설, 283쪽

346) 법인세법 시행령은 합병을 통하여 이익이 분여된 경우 익금에 산입할 금액의 계산에 관하여 상증세법 제39조 제1항을 준용한다. 그런데 상증세법 시행령 제39조 제1항 단서는 이익의 금액이 기준금액 미만인 경우를 증여세 과세대상에서 제외하므로, 위 규정은 합병을 통한 이익분여가 부당행위계산에 해당하기 위한 요건에도 해당한다.

347) 1990. 12. 31. 상증세법에 합병을 통한 증여에 대한 증여세 과세 규정이 먼저 도입되었고, 이후 1998. 12. 31. 법인세법에 합병과 관련한 부당행위계산의 부인 규정이 생겼다. 이러한 연혁적 이유로 법인세법 시행령은 합병을 통한 부당행위계산과 관련하여 상증세법 규정을 준용하는 형식을 취한다. 그러나 합병 등 자본거래의 과세는 주로 법인세법에서 규율되므로, 합병 등을 통한 이익분여의 기준도 법인세법에서 규정하고 이를 상증세법에서 준용하는 것이 전체 세법체계의 구조상 자연스러울 것이다.

① 합병당사법인의 주주 등에게 분여된 이익

㉮ 합병대가를 **주식 등**으로 교부받은 경우, 합병당사법인의 주주 등이 분여받은 이익은 아래의 (㉠-㉡)×㉢의 금액이다(상증세법 시행령 28조 3항 1호).[349][350]

㉠ 합병 후 신설 또는 존속하는 법인의 1주당 평가가액

㉡ 주가가 과대평가된 합병당사법인의 1주당 평가가액 × $\dfrac{\text{주가가 과대평가된 합병당사법인의 합병전 주식 등의 수}}{\substack{\text{주가가 과대평가된 합병당사법인의 주주 등이}\\\text{합병으로 인하여 교부받은}\\\text{신설 또는 존속하는 법인의 주식 등의 수}}}$

㉢ 주가가 과대평가된 합병당사법인의 대주주 등[351]이 합병으로 인하여 교부받은 신설 또는 존속하는 법인의 주식 등의 수

위 계산식에 따라 계산된 금액에는, ㉠ 주가가 과대평가된 합병당사법인의 주주가 상대방 합병당사법인의 특수관계 주주인 법인으로부터 분여받은 이익뿐만 아니라, ㉡ 상대방 합병당사법인의 다른 주주로부터 유래한 이익도 포함된다. 위 계산식은, 주가가 과소평가된 합병당사법인의 법인 주주가 다른 주주들로부터 이익을 탈취하여 주가가 과대평가된 합병당사법인의 특수관계 주주에게 분여한 것으로 의제하는 것이다.[352][353][354]

---

348) 부당행위계산의 안전대(시가와 거래가액의 차액이 3억 원 및 시가의 5% 미만)를 규정한 법인세법 시행령 제88조 제3항은, 합병을 통한 주주들 간의 이익분여에 적용되지 않는다.

349) 주가가 과소평가된 합병당사법인을 A, 주가가 과대평가된 합병당사법인을 B, B의 주주를 乙이라고 할 경우, 상증세법 시행령 제28조 제3항 제1호의 산식은 다음과 같이 바꾸어 표현될 수 있다.

[A의 1주당 평가가액 − B의 1주당 평가가액 × ($\frac{\text{乙이 합병 전 보유한 } B \text{ 주식 수}}{\text{乙이 합병대가로 받은 } A \text{ 주식 수}}$)] × 乙이 합병대가로 받은 A 주식 수 = A의 1주당 평가가액 × 乙이 합병대가로 받은 A 주식 수 − B의 1주당 평가가액 × 乙이 합병 전 보유한 B 주식 수

350) 상증세법 시행령 제28조 제3항 제1호의 산식은, 주가가 과대평가된 법인이 피합병법인이어서 그 주주가 합병법인의 주식을 합병대가로 받는 경우에 관한 것이고, 주가가 과대평가된 법인이 합병법인인 경우에 대하여는 상증세법에 규정이 없다.

351) 해당 주주 등의 지분 및 그의 특수관계인의 지분을 포함하여 해당 법인의 발행주식총수 등의 100분의 1 이상을 소유하고 있거나 소유하고 있는 주식 등의 액면가액이 3억 원 이상인 주주 등을 말한다(상증세법 시행령 28조 2항).

352) 이창희, 세법강의(2020), 1017쪽

353) 가령, A 법인(순자산 1,000원)의 총발행주식 10주 중 6주는 甲 법인, 나머지는 乙 등이 보유하고, A와 특수관계에 있는 B 법인(순자산 500원)의 총발행주식 5주를 모두 甲의 특수관계인 丙이 보유하는 상황에서 A 법인이 B 법인을 흡수합병하면서 A 법인의 합병신주 10주(B 법인의 주식 1주당 2주)를 丙에게 교부한 경우, 합병 후 丙이 보유한 A 법인 주식의 가치는 750원{= [(1,000+500)/(10+10)]×10}이 되고, 그로 인하여 丙은 합병 전보다 250원(= 750 − 500)의 이익을 얻게 된다. 위 250원 중 丙이 특수관계에

법인이 불공정합병의 합병당사법인들 주식을 함께 보유한 경우, 주가가 과소평가된 합병당사법인의 주주로서 입은 손실과 주가가 과대평가된 합병당사법인의 주주로서 얻은 이익을 통산하여 실질적으로 분여한 이익을 계산하여야 하고, 합병을 통한 부당행위산의 부인 규정과 자본거래를 통한 익금 규정(시행령 11조 8호) 중 어느 하나만을 적용하여야 한다.[355]

대법원은, 합병당사법인들이 피합병법인의 주식을 시가보다 낮게 평가하여 합병비율을 정하고, 그에 따라 합병법인이 자신이 보유하던 피합병법인의 주식(포합주식) 및 피합병법인이 보유하던 피합병법인의 주식(자기주식)에 대하여 각각 합병신주를 시가에 따른 합병비율보다 적게 발행한 사안에서, ① 피합병법인의 주주인 합병법인(포합주식) 및 피합병법인(자기주식)이 합병법인의 주주들에게 각 이익을 분여한 것으로 판단하고, ② 분여이익을 계산할 때 '합병 후 신설 또는 존속하는 법인의 1주당 평가액'을, '합병법인의 합병 직전 주식 가액'과 '피합병법인의 합병 직전 주식 가액'을 합산한 후 '합병법인의 주식 수'로 나누는 방법(상증세법 시행령 28조 5항)으로 합병법인의 합병 후 1주당 평가액을 산정하였다.[356] 그러나 위와 같이 이익분여액을 계

있는 甲으로부터 분여받은 금액은 150원이고{(1,000/10)×6 − [(1,000+500)/(10+10)]×6 = 150}, 나머지 100원은 A 법인의 특수관계 없는 乙 등으로부터 유래한 것이다. 甲이 보유한 A 법인의 주식은 甲이 위 합병을 통하여 丙에게 분여한 금액인 150만 원만큼 감액되어야 하고[(−)유보, 4−1−2. 참조], 위 금액은 이후 위 주식의 처분 시에 손금불산입된다. 한편, 나머지 100원은 관념적이지만 甲에게 귀속된 것으로 보아 甲의 익금에 산입(유보)됨과 동시에 사외유출되어 丙에게 귀속된 것으로 처리되는데, 丙은 자본거래에 따른 증여세납부의무를 부담하므로(상증세법 38조), '손금산입ㆍ(−)유보, 손금불산입ㆍ기타 사외유출(시행령 106조 1항 3호 자목)'로 처리된다. 결국 위 100원은 '익금산입ㆍ기타 사외유출'로 처리된다.

354) 상증세법은 합병에 따른 이익을 얻은 자의 증여재산가액을 계산할 때 그 이익을 받은 자와 증여한 자와 사이에 특수관계가 있을 것을 요구하지 않으므로(상증세법 38조 1항), 그 증여재산가액을 계산할 때 특수관계 없는 자로부터 유래한 이익도 포함시키도록 규정한다. 증여재산가액은 반드시 특수관계자로부터 증여받은 것에 한정되지 않으므로, 위와 같은 계산방식은 수증자의 관점에서 합병으로 증가한 재산가액을 모두 포함하는 것으로서 수긍할 만한 점이 있다. 그러나 법인세법의 부당행위계산은 이익분여의 주체인 법인의 관점에서 분여한 이익을 판단하는 것이므로, 현행세법과 같이 주가가 과소평가된 합병당사법인의 주주인 법인이 아닌 다른 주주로부터 위 법인의 특수관계인에게 이전된 이익에 대해서까지 위 법인이 분여한 것으로 간주할 필요가 있는지 다소 의문스럽다. 현행 법인세법의 태도는, 먼저 성립한 상증세법상 합병을 통한 증여세 과세규정을 법인세법이 나중에 부당행위계산으로 도입하면서 그 증여재산가액의 계산 규정을 그대로 받아들였다는 연혁적 이유에 기인하는 것으로 보인다. 입법론으로는, 법인이 합병을 통하여 자신이 종전에 보유하던 합병당사법인 주식의 가치를 원천으로 하여 특수관계인에게 분여한 이익만을 부당행위계산의 대상으로 보는 것을 검토할 필요가 있다.

355) 대법원 2022. 12. 29. 선고 2018두59182 판결 ; 제1장 제3절 1−2−8. 참조 ; 위 경우 법인이 주가가 과소평가된 법인의 주주로서 입은 손실에는 '주가가 과대평가된 법인의 주주로서 얻은 이익 중 위 손실을 원천으로 한 부분'이 포함되어 있고(한 합병당사법인 주식에 관한 자신의 손실이 다른 합병당사법인 주식에 관한 자신의 이익으로 변환됨), 반대로 주가가 과대평가된 법인의 주주로서 얻은 이익에는 '주가가 과소평가된 법인의 주주로서 입은 손실 중 위 이익을 원천으로 한 부분'이 포함되어 있으므로, 위 손실과 이익을 통산할 경우 '자신'이 '자신'에게 분여한 이익의 효과는 제거될 것이다.

356) 대법원 2021. 9. 30. 선고 2017두66244 판결

산할 경우, 합병 직전 합병법인이 보유한 피합병법인 주식(포합주식)의 가액과 '피합병법인의 순자산 가액 중 포합주식의 비율에 해당하는 부분'이 중복하여 계산되므로, 후자의 금액을 제외하여 계산의 중복을 피하여야 할 것이다.[357] 위 사건에서 합병법인은 포합주식 및 피합병법인이 보유한 피합병법인 주식에 대한 합병대가로 자기주식을 발행하였지만, 위 자기주식은 합병법인에게 승계된 피합병법인의 순자산과 별개의 실질적 가치를 갖지 못하므로,[358] 위와 같은 계산의 중복이 해소된다고 보기 어렵다.[359] 따라서 대법원의 판단 중 ② 부분의 타당성은 의문스럽다.

 대법원 2022. 12. 29. 선고 2018두59182 판결

1. 사실관계

　① 원고 법인은 2013년경 A 회사의 총발행주식 중 9.01%를, B 회사의 총발행주식 중 13.33%를 각각 보유하고 있었다. A 회사는 2013. 11. 28. B 회사의 문화예술 사업부문을 분할합병하였다.

　② 과세관청은, B의 문화예술 사업부문에 관한 주식의 가치가 시가보다 높게 평가되는 등으로 위 합병이 불공정하게 이루어졌다고 보아, 원고가 A의 주주로서 특수관계인인 B의 주주들에게 분여한 이익에 대하여는 구 법인세법 시행령 제88조 제1항 제8호에 따라 익금에 산입하고, 원고가 B의 주주로서 특수관계인인 B의 주주들로부터 분여받은 이익에 대하여는 구 법인세법 시행령 제11조 제8호(현행 시행령 11조 8호)에 따라 익금에 산입하여 2014. 12. 1. 원고에게 2013 사업연도 법인세를 경정·고지하였다.

2. 대법원의 판단

　불공정합병이 이루어진 경우, 합병당사법인들의 주식을 함께 보유하고 있는 법인에 대해서는, 주가가 과소평가된 합병당사법인의 주주로서 입은 손실과 주가가 과대평가된 합병당사법인의 주주로서 얻은 이익을 통산하여 실질적으로 분여하거나 분여받은 이익이 있는지 밝힌 다음 그 결과에

---

357) 가령 A 법인이 20주(甲, 乙이 각 10주씩 보유)를 발행하고 순자산 2,000원(1주당 100원)을 보유하였으며, B 법인이 30주(A가 18주, 丙이 12주를 보유)를 발행하고 순자산 3,000원(1주당 100원)을 보유한 상황에서 A가 B를 2 : 3의 비율(B 법인 주식 3주에 대하여 A 법인 주식 2주를 발행)로 합병하였고, 편의상 합병법인 및 피합병법인 주식의 시가가 각 순자산의 크기만을 기준으로 정해진다고 가정하자. A 법인의 순자산 2,000원 중 1,800원 부분은 B 법인의 순자산 3,000원 중 A 법인이 보유하는 B 법인 주식의 지분비율 60%에 해당하는 금액이다. 합병 후 A 법인의 주식가치를 계산할 때 합병 전 A 법인의 순자산가액과 B 법인의 순자산가액을 단순합산하면, 위 1,800원 부분이 중복하여 계산에 포함되므로, 위 금액을 빼주어야 한다. 그렇게 할 경우 합병 후 A 법인의 순자산은 3,200원(= 2000원+3,000원−1,800)이 되고, 합병 후 A 법인의 1주당 가액은 80원[= 3,200원/(20+20)]이 된다.

358) 제3편 제3장 제5절 6. 참조

359) 위 대법원 판결의 해설은, 원고 2, 3에 대한 증여재산가액을 계산할 때 합병법인 B가 보유한 포합주식(A 의 주식)을 제외할 수 없는 이유로, 합병법인의 포합주식과 피합병법인의 자기주식에 대하여 합병신주로 교부된 합병법인의 자기주식은 자산임을 전제로, 위 자기주식이 향후 처분될 경우 과세대상 소득이 발생하며, 합병법인의 포합주식과 피합병법인의 자기주식에 대하여 합병신주가 과소교부될 경우 향후의 자기주식처분이익을 감소시킬 수 있는 점 등을 들었다. 이준엽, "합병법인의 포합주식과 피합병법인의 자기주식에 대하여 합병신주가 배정된 경우 … 이익의 산정방법", 대법원판례해설 제130호(2022), 278쪽 이하

따라서 구 법인세법 시행령 제88조 제1항 제8호와 구 법인세법 시행령 제11조 제9호의 익금 규정 중 어느 하나를 적용하여야 한다. 이와 달리 주가가 과소평가된 합병당사법인의 주주로서 분여한 이익에 대하여는 위 부당행위계산부인 규정을, 주가가 과대평가된 합병당사법인의 주주로서 분여받은 이익에 대해서는 위 익금 규정을 각각 적용하여 각 이익 상당액을 모두 익금에 산입하는 것은 허용될 수 없다.

 대법원 2021. 9. 30. 선고 2017두66244 판결

1. 사실관계

① 비상장법인 A(서경)의 주주는 甲의 아들인 원고 2와 甲의 배우자인 원고 3이고, 비상장법인 B(에스텍)의 주주는 甲, 원고 A 및 B(자기주식)이었는데, A는 2010. 4. 27. B를 흡수합병하였고, A가 보유하던 B 주식(포합주식) 및 B가 보유하던 B 주식(자기주식)에 대하여 A의 합병신주를 발행하였다. 위 합병 직전 이루어진 A, B 보유 부동산에 대한 감정평가법인의 감정평가에 따르면, 위 합병에서 A 주식은 시가보다 높게, B 주식은 시가보다 낮게 평가되었고, 시가를 기준으로 합병한 경우와 비교할 때 B 주식에 대하여 A의 합병신주가 적게 교부되었다.

② 과세관청은, 피합병법인 B의 주주들(甲, A, B)이 위 합병을 통하여 합병법인 A의 주주로서 특수관계인인 원고 2, 3에게 이익을 분여하였다고 보아 ㉮ A가 보유하던 B 주식(포합주식) 및 B가 보유하던 B 주식(자기주식)과 관련하여 부당행위계산부인에 따른 A 및 B의 법인세를 합병법인인 원고 A에게 부과하고, ㉯ 원고 2, 3에게 상증세법 제38조 제1항에 따라 증여세를 부과하였다.

2. 원고들의 주장

원고들은 위 법인세 및 증여세 부과처분의 취소소송에서 다음과 같이 주장하였다.

① 합병법인 A가 합병 전 보유하던 피합병법인 B의 주식(포합주식)에 대하여 합병신주를 발행하는 경우, 구 상증세법 시행령 제28조에 따라 합병에 따른 증여이익을 계산하면, 합병법인 A의 합병 전 주식가액에 이미 반영되어있는 피합병법인 B의 주식가액이 다시 반영되는 결과 합병법인 B의 주식가액이 과대평가되므로, 피합병법인 B의 주식가액을 합병법인 A의 주식가액에서 공제하여 합병에 따른 증여이익을 계산하여야 한다.

② 원고 2, 3은 합병 전 원고 A의 주식을 소유함으로써 B의 주식(포합주식 및 자기주식)을 간접적으로 소유하고 있었으므로, A가 보유한 위 포합주식 및 자기주식에 대하여 합병신주가 공정한 합병비율에 따라 배정된 경우에 비하여 적게 배정됨으로써 원고 2, 3이 얻은 이익은 자기로부터 분여받은 이익(자기증여)에 불과하므로, 원고 2, 3에게 증여세를 부과하거나 원고 A에게 부당행위계산부인에 따른 법인세를 부과할 수 없다.

3. 법원의 판단

① 원심은 다음과 같은 이유로 원고들의 위 주장을 배척하였다.

㉮ 원고 A가 위 포합주식에 대하여 합병신주를 배정받아 자기주식으로 상당기간 보유한 이상, 위 포합주식에 대하여 합병신주를 배정받지 않거나 이를 배정받아 합병과 동시에 소각한 경우와 동일하게 취급할 수 없다.

㉯ 법인의 주주가 그 지분범위 내에서 법인이 보유하는 자산 자체를 소유하는 것으로 볼 수

없다.
② 대법원은 원심의 판단에 잘못이 없다고 보아 원고들의 상고를 모두 기각하였다.[360][361]

㉴ 합병대가를 **주식 등 외의 재산**으로 교부받은 경우(합병당사법인의 1주당 평가가액이 액면가액에 미달하는 경우로서 그 평가가액을 초과하여 지급받은 경우에 한정한다), 합병당사법인의 주주 등이 분여받은 이익은 아래의 (㉠ − ㉡) × ㉢의 금액이다(상증세법 시행령 28조 3항 2호).

㉠ 액면가액(합병대가가 액면가액에 미달하는 경우에는 해당 합병대가를 말한다)

㉡ 평가가액

㉢ 합병당사법인의 대주주 등의 주식 등의 수

② 기준금액

기준금액은 ㉮ 합병대가를 주식 등으로 교부받은 경우에는 합병법인 주식 등의 평가가액의 30%와 3억 원 중 적은 금액, ㉯ 합병대가를 주식 등 외의 재산으로 교부받는 경우에는 3억 원이다(상증세법 시행령 28조 4항).

3-3-5. 신주의 고·저가발행 : 불균등증자(8호 나목)

(1) 상법상 주주의 신주인수권과 실권주의 처리

상법상 주주는 그가 가진 주식 수에 따라 신주의 배정을 받을 권리가 있다(상법 418조 1항). 주주는 신주의 배정기준일에 구체적 신주인수권을 가지게 되고(상법 418조 3항), 주식인수의 청약기간 내에 청약을 하지 않거나 납입기일에 주금을 납입하지 않은 경우에는 그 권리를 잃는다(상법 419조 3항, 423조 2항). 이 경우 회사는 그 실권주를 미발행부분으로 유보할 수도 있고, 제3자에게 배정할 수도 있다.[362] 한편, 회사는, 신기술의 도입, 재무구조의

---

360) 위 판결 이전에 자기증여 주장을 부인한 사례로 ① 대법원 2020. 9. 24. 선고 2020두41207 판결[개인인 A(수증자)가 자신이 주주인 법인 B(증여자)로부터 비상장법인 C의 주식을 취득한 후 C 주식이 상장되어 증여세가 과세된 사안], ② 대법원 2020. 10. 15. 선고 2020두42392 판결(A 법인이 B 법인의 신주를 제3자배정으로 시가보다 높은 가액으로 인수하였는데, B의 다른 개인 주주인 C가 A의 주주이기도 한 사안) ; 위 판결 이후 자기증여 주장을 부인한 사례로 대법원 2022. 11. 10. 선고 2020두52214 판결[일감몰아주기 증여세에서 수혜법인의 지배주주 등(수증자)이 특수관계법인(증여자)의 주주인 사안]

361) 행정해석은, 합병에 따른 이익을 계산할 때 동일한 주주가 합병당사법인의 주식을 동시에 소유하는 상태에서 합병이 이루어진 경우, 그 주주가 본인으로부터 증여받은 것에 해당하는 금액(자기증여)은 증여재산가액에서 제외한다(상증세법 기본통칙 38 − 28···3 ②). 위 사건에서는 합병 전에 원고들이 직접 피합병법인의 주식을 소유한 것이 아니라 원고들이 주주인 합병법인이 피합병법인의 주식을 소유하였다.

362) 대법원 2009. 5. 29. 선고 2007도4949 전원합의체 판결의 다수의견은, 회사가 실권주를 제3자에게 배정하

개선 등 경영상 목적을 달성하기 위하여 필요한 경우 정관으로 정하는 바에 따라 주주 외의 자에게 신주를 배정할 수 있다(상법 418조 2항).

(2) 신주의 고·저가발행으로 인한 이익분여의 당사자

신주의 발행은 주주가 법인에 자본을 출자하는 자본거래이므로, 신주의 발행가액이 그 시가보다 높거나 낮더라도, 이는 그 신주를 발행하는 회사의 익금 또는 손금이 될 수 없다. 법인이 신주를 기존 주식의 시가보다 높거나 낮은 가액으로 발행하는 경우, 기존 주식의 가액에 영향을 미쳐 기존 주주의 부(富)를 증가 또는 감소시키고, 이에 따라 주주들 간에 부의 이동, 즉 이익의 분여가 발생한다. 따라서 신주의 고·저가발행은 세법상 주주들 간의 이익분여로 파악되어야 한다.[363] 즉, 신주의 저가발행의 경우에는 그와 같이 유리한 조건의 신주를 인수하지 않은 주주로부터 그 신주를 인수한 주주에게 이익이 분여되고, 신주의 고가발행의 경우에는 그 반대이다.

신주의 발행으로 인하여 주주들 간에 부의 이동이 생기는 것은, ① 그 신주의 발행가액이 기존 주식의 시가보다 높거나 낮고(시가와 불일치), ② 그 신주를 기존 주주가 각자의 지분비율에 따라 인수하지 않는 경우(불균등인수)이다.[364] 신주의 발행가액이 기존 주식의 시가와 불일치하더라도 그 신주가 기존 주주의 지분비율에 따라 인수되는 경우에는, 주주들 간에 이익의 분여가 일어나지 않는다.

법인세법 시행령 제88조 제1항 제8호 (나)목은, 고·저가로 발행된 신주가 기존 주주의 지분비율과 다르게 인수되는 경우를 부당행위계산의 유형으로 규정한다.[365]

는 경우 당초의 발행조건을 변경할 필요는 없다고 한다. 이에 따르면, 당초 주식의 시가보다 낮은 조건으로 발행되는 신주에 관하여 주주가 인수하지 않은 실권주가 발생한 경우, 그 실권주를 당초의 발행조건과 같이 시가보다 낮은 조건으로 제3자에게 배정할 수 있다.

363) ① 대법원은, 종전에는 신주의 인수를 투자자산의 매입으로 보아 신주의 고·저가발행으로 인한 이익분여의 당사자를 「실권주 인수인 → 실권주 발행법인」으로 판단하였다(대법원 1989. 12. 22. 선고 88누7255 판결, 대법원 2004. 2. 13. 선고 2002두7005 판결). ② 이에 대하여는 신주발행의 자본거래의 속성을 무시한 것이라는 비판이 있었다[한만수, "자본거래의 부당행위계산부인에 관한 연구", 저스티스 제91호(2006. 6.), 192~193쪽]. ③ 이후 대법원 2009. 11. 26. 선고 2007두5363 판결은, 실권주의 고가인수로 인한 이익분여의 상대방을 실권주의 발행법인이 아니라 실권주주로 인정함으로써(실권주 인수인 → 실권주주) 종전의 판례를 사실상 변경하였다.

364) 자회사 주식 전부를 소유한 완전모회사가 자회사의 신주를 시가보다 높은 가액으로 인수하는 경우, 이익을 분여받을 다른 주주가 없어 주주들 간의 이익분여가 생길 여지가 없으므로, 부당행위계산에 해당하지 않는다. 조심 2014서1119, 2017. 7. 24.

365) 대법원 2009. 11. 26. 선고 2007두5363 판결은, 법인이 계열사가 신주인수를 포기한 실권주를 고가로 인수한 사안에서(법인세법 시행령 제88조 제1항 제8호가 신설되기 전), 구 법인세법(1998. 12. 31. 개정되기 전) 시행령 제46조 제2항 제4호의 "출자자 등으로부터 자산을 시가를 초과하여 매입한 경우"에 준하는 행위로서, 같은 항 제9호에서 정한 부당행위계산부인 대상에 해당한다고 판시하였다. 강석규, "실권주를 고가 인수하더라도 인수 후 주식가액이 음수인 경우 부당행위계산의 대상이 될 수 있는지 여부"(2008두8994), 대법원판례해설 제86호(2011), 33~34쪽은, 법인세법 시행령 제88조 제1항 제8호 (나)

(3) 저가발행 신주의 인수포기

(가) 부당행위계산

주주인 법인이 시가보다 낮은 가액으로 발행되는 신주를 인수하지 않을 경우, 기존 주식의 가치가 희석되어 손실을 입게 되므로, 저가로 발행되는 신주의 인수를 포기하는 것은 부당행위계산에 해당할 여지가 크다. 그러나 인수자금의 조달에 대한 부담이나 법령상 제한 등 경제적 합리성이 인정되는 사유로 신주인수를 포기하는 것은 부당행위계산으로 볼 수 없다.[366]

주주가 배정·인수를 포기한 신주가 자본시장법 제9조 제7항에 따른 **모집방법**으로 배정되는 경우[367]는 부당행위계산에서 제외된다(시행령 88조 1항 8호 나목 괄호 안). 여기의 모집방법은 자본시장법 제9조 제7항의 '모집'[368]뿐만 아니라 자본시장법 시행령 제11조 제3항의 '간주모집'[369]도 포함한다고 보아야 할 것이다.[370][371]

(나) 익금산입액(분여이익)의 계산

법인세법 시행령은 저가발행신주와 관련한 부당행위계산에 의한 익금산입액의 계산에

목이 창설적 규정이 아니라 확인적 규정이라고 한다.

366) 대법원 1997. 2. 14. 선고 96누9966 판결, 대법원 1997. 6. 10. 선고 96누11693 판결, 대법원 2004. 10. 28. 선고 2004두6280 판결

367) 주권상장법인은, 배정된 신주에 관하여 신주인수의 청약이 없거나 그 가액이 납입되지 않은 경우, 원칙적으로 그 실권주의 발행을 철회하여야 하고, 예외적으로 「금융위원회가 정하여 고시하는 방법에 따라 산정한 가격」 이상으로 신주를 발행하는 경우로서 일정한 사유에 해당하는 경우에만 그 실권주를 다시 배정할 수 있다(자본시장법 165조의6 2항).

368) 자본시장법에서 '모집'은 '대통령령으로 정하는 방법에 따라 산출한 50인 이상의 투자자에게 새로 발행되는 증권의 취득의 청약을 권유하는 것'을 말한다(자본시장법 9조 7항).

369) 청약의 권유를 받은 자의 수가 50인 미만이더라도, 해당 증권이 발행일부터 1년 이내에 50인 이상의 자에게 양도될 수 있는 경우로서 증권의 종류 및 취득자의 성격 등을 고려하여 금융위원회가 정하는 전매기준에 해당하는 경우에는, 모집으로 간주된다(자본시장법 시행령 11조 3항).

370) 대법원 2014. 2. 27. 선고 2011두198 판결 및 같은 날 선고된 2012두25712 판결은, 구 증권거래법 시행령(2008. 1. 18. 개정 전) 제2조의4 제4항에 따른 간주모집도, 신주의 발행절차 및 발행가액 등에 관하여 관련 법령에서 정한 각종 규제를 받는다는 점에서는 같은 조 제1항이 규정한 일반적인 모집과 아무런 차이가 없다는 점 등을 이유로, 위 간주모집도 저가발행 신주의 배정으로 인한 증여세 과세대상에서 제외되는 '유가증권의 모집방법'[구 상증세법(2007. 12. 31. 개정 전) 제39조 제1항 제1호 (가), (다)]에 포함된다고 판시하였다. 대법원 2012두25712 판결에 대한 해설로는, 이경훈, "구 상속세 및 증여세법 제39조 제1항 제1호 가목의 '유가증권 모집방법'에 구 증권거래법 시행령 제2조의4 제4항에 의한 모집이 포함되는지 여부(대법원 2014. 2. 27. 선고 2012두25712 판결)", 대법원판례해설 제100호(2014), 49~74쪽. 이는 실권주의 배정에 의한 부당행위계산의 경우에도 마찬가지로 볼 수 있을 것이다.

371) 2015. 12. 15. 개정된 구 상증세법 제39조 제1항 제1호 (가)목은, 증자를 통한 증여의 방법에서 제외되는 '모집방법'에서 '대통령령으로 정하는 경우'를 제외한다고 규정하였고, 상증세법 시행령 제29조 제3항은 위 '대통령령으로 정하는 경우'는 간주모집(자본시장법 시행령 11조 3항)을 말한다고 규정한다. 이에 따라 상증세법에서는 실권주를 간주모집으로 배정하는 것이 증여세 과세대상에서 제외되지 않는다. 그러나 법인세법에는 그에 해당하는 규정이 없다.

관하여 상증세법 및 그 시행령을 준용한다(시행령 89조 6항).

① 실권주를 재배정하는 경우

부당행위계산에 따른 익금산입액은 일반적으로 거래된 자산의 시가와 거래가액의 차액이다. 그런데 신주의 인수는, 기존 주식을 양수하는 것이 아니라, 새로 발행되는 주식을 인수하는 것이기 때문에, 신주인수를 위하여 납입한 금액이 신주발행법인의 순자산(기존 주식의 시가 합계)과 합쳐지면서 신주발행 후 주식의 시가는 새로이 형성된다. 즉, 신주의 인수행위 자체가 그 주식의 시가에 영향을 미쳐 그 인수 전의 시가와 그 후의 시가를 다르게 만든다. 부당행위계산에 따른 익금산입액은 실제로 발생한 이익분여(소득감소)금액이어야 하므로, **증자 직후 주식의 시가**를 기준으로 계산하여야 한다. 따라서 부당행위계산 여부의 판단은 일반적으로 '증자 직전의 주식의 시가'를 기준으로 하지만,[372] 익금산입액은 '증자 직후 주식의 시가'를 기준으로 계산한다.

신주인수를 포기한 주주인 법인은 실권주를 배정받은 특수관계인에게 [(㉮ − ㉯)×㉰]에 해당하는 이익을 분여한 것으로 보아 그 금액을 익금에 산입한다(시행령 89조 6항, 상증세법 39조 1항 1호 가목, 상증세법 시행령 29조 2항 1호).

㉮ [(증자 전의 1주당 평가가액×증자 전의 발행주식총수)+(신주 1주당 인수가액×증자에 의하여 증가한 주식수)]÷(증자 전의 발행주식총수+증자에 의하여 증가한 주식수)[373] : 이는 순자산만으로 계산한 증자 후의 1주당 평가액을 의미한다.

㉯ 신주 1주당 인수가액

㉰ 배정받은 실권주수(균등한 조건에 의하여 배정받을 수 있는 신주 수를 초과하여 배정받은 자의 경우에는 그 초과부분의 신주 수)

> 인수가액, '증자 직전의 시가' 및 '증자 직후의 시가'의 관계
>
> 재배정된 실권주 인수가 부당행위계산인지의 판단을 '증자 직전 주식의 시가'와 '증자 직후 주식의 시가' 중 어느 것을 기준으로 판단하든, 그 결과는 동일하다. 그 이유는 다음과 같다. 취득한 신주의 시가인 '증자 직후 주식의 시가'는, 인수가액보다 높은 '증자 직전 주식의 시가'의 영향으로 인하여 인수가액보다 높게 된다. 따라서 '증자 직전 주식의 시가'보다 신주의 인수가액이 낮은 경우(증자 직전 주식의 시가 〉 인수가액), '증자 직후 주식의 시가'는 '증자 직전 주식의 시가'보다 낮게 되고, 주식의 인수가액은 '증자 직후 주식의 시가'보다 낮게 되는 관계에 있다(증자 직전 주식의 시가 〉 증자

---

372) 뒤에서 보는 바와 같이 재배정된 실권주의 인수가 부당행위계산인지 여부의 판단을 '증자 직전 주식의 시가'를 기준으로 하든, '증자 직후 주식의 시가'를 기준으로 하든 그 결과는 같다.

373) 다만, 주권상장법인 등의 경우로서 증자 후의 1주당 평가가액이 위 산식에 의하여 계산한 1주당 가액보다 적은 경우에는 당해 가액(상증세법 시행령 29조 2항 1호 가목 단서)

직후 주식의 시가 〉 인수가액). 그러므로 '증자 직전 주식의 시가'와 '증자 직후의 주식의 시가' 중 어느 것을 기준으로 인수가액의 부당행위계산 여부를 판단하더라도 같은 결과에 이르게 되므로 문제가 없다.

가령 A, B가 각 甲 법인(순자산 1,000원)의 주식 5주(1주당 시가 100원)씩 보유하는 상황에서, 甲 법인이 10주의 신주를 1주당 50원에 발행하였는데, B가 자신의 몫인 신주 5주의 인수를 포기하고 A가 신주 10주를 전부 인수하여 500원을 납입한 경우, 증자 직전 주식의 시가는 100원이고, 증자 직후 주식의 시가는 75원[=(1,000원+500원)/(10주+10주)]이 된다. 이 경우 신주의 인수가액 50원은 증자 직전 주식의 시가인 100원보다 낮고, 증자 직후 주식의 시가인 75원보다도 낮다. 위 사안에서 신주의 인수가액을 90원으로 증액시키더라도 여전히 증자 직전 주식의 시가인 100원보다 낮고, 증자 직후 주식의 시가인 95원[=(1,000원+900원)/(10주+10주)]보다도 낮게 된다. 그리고 이러한 관계는 신주의 인수가액이 증자 직전 주식의 시가보다 낮은 경우에는 언제나 성립한다.

② 실권주를 재배정하지 않는 경우

아래 ㉮에서 ㉯를 차감한 가액(㉮-㉯)이 ㉮의 30% 이상이거나 그 가액에 ㉰의 실권주 수를 곱하여 계산한 가액[(㉮-㉯)×㉰]이 3억 원 이상인 경우, 그 금액은 신주인수를 포기한 주주인 법인이 신주를 인수한 특수관계인에게 분여한 이익으로서 익금에 산입된다(시행령 89조 6항, 상증세법 39조 1항 1호 나목, 상증세법 시행령 29조 2항 2호).

㉮ [(증자 전의 1주당 평가가액×증자 전의 발행주식총수) + (신주 1주당 인수가액×증자 전의 지분비율대로 균등하게 증자하는 경우의 증가주식수)]÷(증자 전의 발행주식총수 + 증자 전의 지분비율대로 균등하게 증자하는 경우의 증가주식수)

㉯ 신주 1주당 인수가액

㉰ 실권주 총수 × 증자 후 신주인수자의 지분비율 × $\dfrac{\text{신주인수자의 특수관계인의 실권주수}}{\text{실권주 총수}}$

③ 신주의 제3자 배정

대법원은, 원고 법인이 다른 법인으로부터 저가로 발행되는 신주를 제3자배정 방식으로 인수받자, 과세관청이 원고가 특수관계에 있는 주식발행법인의 기존 주주들로부터 이익을 분여받은 것으로 보고 법인세법 시행령 제88조 제1항 제8호 (나)목에 따라 법인세 부과처분을 한 사건에서, 신주의 제3자 배정은 위 규정의 적용대상에 해당하지 않으므로, 원고가 주식발행법인의 기존 주주들로부터 분여받은 이익은 법인세법 시행령 제11조 제8호의 익금에 해당하지 않는다고 보았다.[374] 다만, 대법원은, 신주의 제3자배정을 통하여 주식발행

---

374) 대법원 2012. 3. 29. 선고 2011두29779 판결

법인의 기존 주주가 그 신주를 인수한 자에게 이익을 분여하는 것은, 법인세법 시행령 제88조 제1항 제8호의2의 부당행위계산에 해당할 수 있다고 판단하였다.[375]

(4) 신주를 시가보다 높은 가액으로 인수하는 경우

증자 전·후의 주식 1주당 가액이 모두 영(0) 이하[376]인 경우는 이익이 없는 것으로 본다(상증세법 시행령 29조 2항 단서).[377][378]

대법원 2010. 11. 11. 선고 2008두8994 판결

① 원고는 1999. 12. 1. 소외 2 주식회사의 유상증자 시 발생한 실권주 876,878주를 1주당 5,000원에 인수하였는데, 당시 소외 2 주식회사는 결손금이 누적되어 그 주식의 1주당 평가액이 유상증자 전에는 (−)14,128원, 유상증자 후에는 (−)12,813원이었다.

② 대법원의 판단 : 신주의 고가인수가 있더라도, 이를 전후하여 실권주주가 보유한 주식의 1주당 가액이 모두 음수로 평가되고 단지 그 음수의 절대치가 감소한 것에 불과하다면, 그 주식의 가액은 없다고 보아야 하므로, 그 주식의 가액이 상승하였다고 할 수 없다. 이러한 경우, 신주의 고가인수로 인하여 신주 발행법인의 일반 채권자들이 이익을 분여받았음은 별론으로 하고, 적어도 실권주주가 이익을 분여받았다고 할 수는 없으므로, 법인세법 시행령 제88조 제1항 제8호 (나)목에 의한 부당행위계산부인의 대상이 될 수 없다.[379]

① 실권주를 재배정하는 경우

익금산입액은 [(㉮의 금액−㉯의 금액)×㉰의 실권주수]이다(상증세법 시행령 29조 2항 3호).

㉮ 신주 1주당 인수가액

㉯ 다음 산식에 의하여 계산한 1주당 가액(증자 후의 1주당 평가액). 다만, 주권상장법

---

375) 대법원 2020. 12. 10. 선고 2018두34350 판결

376) 주주는 회사의 채무에 관하여 주금납입액만을 한도로 하는 유한책임(有限責任)을 지므로(상법 331조), 회사의 부채가 자산을 초과하는 경우에도 주식의 시가는 0보다 낮을 수 없다. 그리고 상증세법상 보충적 평가방법에 의할 때에도 순자산가액이 0원 이하인 경우에는 0원으로 하고(상증세법 시행령 55조 1항), 최근 3년간의 순손익액의 가중평균액이 음수인 경우에는 0으로 하기 때문에(상증세법 시행령 56조 1항) 주식의 가액이 0보다 낮을 수는 없다. 그러므로 위 조문에서 '주식의 1주당 가액'은 위와 같은 유한책임이나 상증세법 시행령의 계산상 특칙을 배제한 상태에서의 평가액을 의미하는 것으로 해석하여야 한다.

377) 대법원 2009. 3. 19. 선고 2006두19693 전원합의체 판결 : 상증세법상 보충적 평가방법에 따라 1주당 가액을 산정한 결과 그 가액이 증여 등 거래를 전후하여 모두 부수(負數)인 경우에는 증가된 주식 등의 1주당 가액은 없는 것으로 보는 것이 합리적이다.

378) 증자 전의 주식 1주당 가액이 영(0)인 경우에는 성질상 저가인수를 할 수 없기 때문에[저가인수를 하려면 영(0)보다 낮은 음(−)의 가액으로 인수하여야 하는데, 이는 주식을 발행받는 자가 오히려 법인으로부터 돈을 받는 것이어서 현행법상 불가능하다] 위 조문은 고가인수의 경우에만 적용된다.

379) 위 판결에 대한 해설로는 강석규, "실권주를 고가 인수하더라도 인수 후 주식가액이 음수인 경우 부당행위계산부인의 대상이 될 수 있는지 여부", 대법원판례해설 제86호(2011), 11∼50쪽

인 등의 경우로서 증자 후의 1주당 평가가액이 다음 산식에 의하여 계산한 1주당 가액보다 큰 경우에는 당해 가액

$$\frac{(증자\ 전의\ 1주당\ 평가가액 \times 증자\ 전의\ 발행주식총수) + (신주\ 1주당\ 인수가액 \times 증자에\ 의하여\ 증가한\ 주식수)}{증자\ 전의\ 발행주식총수 + 증자에\ 의하여\ 증가한\ 주식수}$$

㉓   신주인수를 포기한 주주의 실권주수 $\times \dfrac{신주인수를\ 포기한\ 주주의\ 특수관계인이\ 인수한\ 실권주수}{실권주\ 총수}$

② 실권주를 재배정하지 않는 경우

익금산입액은 다음 산식에 의하여 계산한 금액(그 금액이 3억 원 이상이거나 ①㉮의 가액에서 ①㉯의 가액을 차감한 금액이 ①㉯의 가액의 30% 이상인 경우에 한한다)이다(상증세법 시행령 29조 2항 4호).

$$(①㉮ - ①㉯) \times 신주인수를\ 포기한\ 주주의\ 실권주수 \times \frac{신주인수를\ 포기한\ 주주의\ 특수관계인이\ 인수한\ 실권주수}{증자\ 전의\ 지분비율로\ 균등하게\ 증자하는\ 경우의\ 증자주식총수}$$

③ 제3자 배정 및 지분비율을 초과한 배정

익금산입액은 다음 산식에 의하여 계산한 금액이다(상증세법 시행령 29조 2항 5호).

$$(①㉮ - ①㉯) \times \frac{신주를\ 배정받지\ 않거나\ 균등한\ 조건에\ 의하여\ 배정받을\ 신주수에\ 미달하게\ 신주를\ 배정받은\ 주주의\ 배정받지\ 않거나\ 그\ 미달되게\ 배당받은\ 부분의\ 신주수}{} \times \frac{신주를\ 배정받지\ 않거나\ 미달되게\ 배정받은\ 주주의\ 특수관계인이\ 인수한\ 신주수}{주주가\ 아닌\ 자에게\ 배정된\ 신주\ 및\ 당해\ 법인의\ 주주가\ 균등한\ 조건에\ 의하여\ 배정받을\ 신주수를\ 초과하여\ 인수한\ 신주의\ 총수}$$

3-3-6. 불균등감자(8호 다목)

법인의 감자에 있어서 주주 등의 소유 주식 등의 비율에 의하지 않고 주식 등을 소각하

고 그 대가로 주식 등의 시가보다 높거나 낮은 금액을 지급함으로써 주주 등인 법인이 특수관계인인 다른 주주에게 이익을 분여한 경우 부당행위계산에 해당한다. 다만, 그 이익분여금액이 「① 감자한 주식 등의 평가액의 30%에 상당하는 가액과 ② 3억 원 중 적은 금액」에 미달하는 경우는 부당행위계산에서 제외된다(상증세법 39조의2 1항, 상증세법 시행령 29조의2 2항).

(1) 주식 등을 시가보다 낮은 대가로 소각한 경우

익금산입액은 다음과 같다(상증세법 시행령 29조의2 1항 1호).

$$(\text{감자한 주식의 1주당 평가액} - \text{주식 등 소각 시 지급한 1주당 금액}) \times \text{총 감자 주식 등의 수} \times \text{대주주 등}^{380)}\text{의 감자 후 지분비율} \times \frac{\text{대주주 등과 특수관계인의 감자주식 등의 수}}{\text{감자주식 등의 수}}$$

(2) 주식 등을 시가보다 높은 대가로 소각한 경우

익금산입액은 다음과 같다[주식 1주당 평가액이 액면가액(대가가 액면가액에 미달하는 경우에는 해당 대가를 말한다)에 미달하는 경우로 한정한다](상증세법 시행령 29조의2 1항 2호).

$$(\text{주식 등 소각 시 지급한 1주당 금액} - \text{감자한 주식의 1주당 평가액}) \times \text{해당 주주의 감자한 주식 등의 수}$$

3-3-7. 법인세법 시행령 제88조 제1항 제8호 외의 경우로서 자본거래를 통하여 법인의 이익을 분여하는 경우(8호의2)

(1) 적용대상

법인세법 시행령 제88조 제1항 제8호의2는, '제8호 외의 경우'로서 자본거래를 통하여 법인의 이익을 분여하는 것을 부당행위계산의 유형으로 규정한다.[381] 이는, 위 제8호에 규정되지 않은 유형의 자본거래를 통하여 주식발행법인의 주주들 사이에 이익이 분여되는 것을 과세하기 위한 규정이다.

---

380) 해당 주주 등의 지분 및 그의 특수관계인의 지분을 포함하여 해당 법인의 발행주식총수 등의 100분의 1 이상을 소유하고 있거나 소유하고 있는 주식 등의 액면가액이 3억 원 이상인 주주 등을 말한다(상증세법 시행령 28조 2항).

381) 위 규정은 기존 법령에 규정되지 않은 새로운 변칙행위에 대응하기 위하여 2007. 2. 28. 신설된 규정이다. 국세청, 2007 개정세법해설, 204쪽

한편, 위 제8호의2는, 그 문언상으로는, 합병(분할합병)·증자·감자의 주체인 법인이 (그 주주인 법인이 아니라) 자본거래를 통하여 그 주주에게 이익을 분여한 경우도 포함하는 것으로 해석될 여지가 있다.[382] 그러나 법인이 주식의 시가와 불일치하는 조건의 자본거래를 한 경우, 주식의 시가에 따른 자본거래를 하였을 경우보다 주주로부터 덜 지급받았거나 주주에게 더 지급한 금액은 법인의 소득을 감소시키지 않으므로, 법인의 부당행위계산에 해당하지 않는다.[383] 따라서 제8호의2는, '자본거래의 대상인 주식의 발행법인이 그 자본거래를 통하여 주주에게 이익을 분여하는 부당행위계산을 할 수 있다'는 의미로 해석되어서는 안 된다. 대법원도, 제8호의2에 따라 이익을 분여하는 법인에 주식의 발행법인은 포함되지 않는다고 본다.[384]

(2) 구체적 사례

법인세법 시행령 제88조 제1항 제8호의2에 해당할 수 있는 사례는 다음과 같다.

① **신주의 제3자 배정** : 법인이 저가로 발행하는 신주를 주주의 신주인수권과 무관하게 그 주주의 특수관계인에게 배정하는 경우, 상법 제418조의 경영상 목적[385]이 인정되지 않고, 기존 주주의 의사에 따라 신주의 제3자 배정이 이루어진 것으로 추단할 수 있는 때에는,[386] 법인세법 시행령 제88조 제1항 제8호의2에 따른 부당행위계산에 해당할 수 있다. 대법원도, 법인이 그 발행주식 전부를 보유한 기존 주주의 특수관계인에게 저가로 발행하는 신주를 배정한 사안에서, 제8호의2에 의한 부당행위계산으로 인정하였다.[387] 한편, 법인이 주주에게 처음부터 그의 지분비율을 초과하는 신주

---

382) 대법원 2020. 12. 10. 선고 2018두34350 판결의 원심인 서울고등법원 2017. 12. 20. 선고 2017누47207 판결 및 대구고등법원 2015. 10. 23. 선고 2014누6877 판결, 서울행정법원 2016. 5. 12. 선고 2015구합 72115 판결은 그러한 해석론을 전제로 판단하였다.

383) 3-3-1. 참조

384) 대법원 2020. 12. 10. 선고 2018두34350 판결(저가발행 신주의 제3자배정), 대법원 2020. 12. 10. 선고 2018두56602 판결(신주의 고가인수 : 원고 법인이 중국회사와의 공동출자로 케이맨 군도에 설립한 자회사의 유상증자에 참여하여 미화 88만 달러를 납입한 직후 그 신주를 타 회사에게 미화 10달러에 매각하고 그 차액을 손금에 산입한 사건)

385) 회사가 신주의 제3자 배정을 하기 위해서는 ① 정관에 그에 대한 근거가 있어야 하고, ② 신기술의 도입, 재무구조의 개선 등 회사의 경영상 목적을 달성하기 위하여 필요한 경우에 한한다(상법 418조 2항).

386) 기존 주주 중 신주를 배정받은 자와 특수관계에 있는 자가 주식발행법인의 의사결정을 하거나 그것에 영향을 미칠 수 있는 법률상 또는 사실상 지위에 있는 경우, 신주의 제3자 배정은 그 기존 주주의 의사에 따라 이루어진 것으로 인정할 수 있다.

387) 대법원 2020. 12. 10. 선고 2018두34350 판결 : ① 원고 A 법인의 100% 자회사인 F 법인은 2011. 5. 31. 제3자 배정 방식으로 주주가 아닌 원고 B 등에게 상환우선주 140만 주를, 원고 G 등에게 상환전환우선주 63만 주를 각 1주당 액면가 5,000원에 배정하였고, 원고 B 등과 G 등은 위 각 우선주를 인수하였다(1차 유상증자). ② 이후 F 법인은 이사회결의로 우선주 704,967주를 발행가액 5,000원에 주주에게 1주당 0.057주의 비율로 배정하되, 실권주는 다른 주주 또는 연고모집이나 제3자 배정으로 발행하기로 정한

를 배정하는 것도 신주의 제3자 배정으로 볼 여지가 있고,[388] 그 경우 위와 같이 처리될 것이다.[389]

② **지분비율을 초과한 배당** : 배당도 자본거래에 포함되고(법 19조 1항), 법인세법 시행령 제88조 제1항 제8호의2의 '자본거래'를 주식의 발행·소각 등 자본금의 변동을 초래하는 것에 한정할 이유는 없으므로, 지분비율과 다르게 행해진 배당에 따라 주주인 법인이 특수관계에 있는 다른 주주에게 이익을 분여한 것도 위 규정의 적용대상에 포함된다고 볼 여지가 있다.[390]

③ **출자전환** : 현물출자방식의 출자전환이 부당행위계산인지 여부 및 그 효과는 법인세법 시행령 제88조 제1항 제1호 또는 제3호에 따라 정해질 것이다.[391] 주금납입대금 상계 방식의 출자전환은 자본을 증가시키는 거래이므로, 출자전환된 채권의 가액이 발행되는 주식의 가액보다 높거나 낮은 경우, '법인세법 시행령 제88조 제1항 제8호 (나)목에 준하는 것'으로서 같은 항 제9호의 부당행위계산에 해당할 수 있다.

④ **주식의 포괄적 교환** : 대법원은, 주식의 포괄적 교환에 의하여 완전모회사로 되는 회사가 완전자회사로 되는 회사의 주식을 그 시가보다 높은 가액으로 양수한 경우, 법인세법 시행령 제88조 제1항 제1호의 고가매입에 해당한다고 보았다.[392] 그러나 주식의 포괄적 교환을 통한 이익분여에 대하여는 같은 항 제8호의2 또는 제9호를 적용하는 것이 더 합리적이다.[393]

한편, 법원이 법인세법 시행령 제1항 제8호의2에 해당하지 않는 것으로 본 사례는 다음과 같다.

① 원고가, 지급보증을 한 중국 자회사의 경영이 악화되자, 중국 자회사의 채무를 대위변제하는 대신, 중국 자회사의 **유상증자**에 참여하고 그 신주인수대금을 납입하여 중

후, 2011. 6. 24. 주주들에게 1주당 0.057주의 비율로 신주를 배정하였으나, 원고 A만이 우선주 589,257주만을 청약하고 나머지 주주들은 실권하였다. F의 위 실권주 중 10,743주는 원고 A가 추가로 인수하였고, 10만 주는 주주가 아닌 원고 D가 인수하였다(2차 유상증자). ③ 원심은, 1, 2차 유상증자의 우선주는 모두 그 시가에 미달하게 발행되었고, 그에 관하여 경제적 합리성이 결여되어 있으며, 신주의 제3자배정 방식으로 이루어진 1차 유상증자는 법인세법 시행령 제88조 제1항 제8호의2의 부당행위계산에 해당한다고 판단하였다. 대법원은 원심의 위와 같은 판단을 정당한 것으로 수긍하였다.

388) 이철송, 회사법강의(2019), 907쪽
389) 상증세법은 위와 같은 유형의 증여를 별도로 규정한다(상증세법 39조 1항 1호 라목).
390) 상증세법 제41조의2 제1항은, 법인이 최대주주인 개인의 특수관계인인 다른 주주에게 그 지분비율을 초과하는 배당을 지급한 경우, 그 다른 주주가 초과배당금액에서 소득세 상당액을 증여받은 것으로 보아 과세한다.
391) 제3편 제2장 제3절 3-2-2. 참조
392) 대법원 2014. 11. 27. 선고 2012두25248 판결
393) 3-1-1. (1) 참조

국자회사로 하여금 차입금을 변제하게 한 후, 그 자회사 주식 전부를 처분하면서 입은 손실을 손금에 산입한 사안에서, ㉮ 과세관청은, 원고가 중국자회사의 채무를 대위변제할 경우 손금불산입될 가능성에 주식처분손실로 전환하기 위하여 출자형식을 취한 것이므로, 법인세법 시행령 제88조 제8호의2의 부당행위계산에 해당한다고 주장하였으나, ㉯ 법원은 이를 인정하지 않았다.[394]

② 원고가 자본잠식상태에 있는 특수관계 법인에게 약 165억 원의 자금을 대여하고, 위 **대여금을 출자로 전환**하여 **주식**을 발행받은 후 **처분**하여 약 164억 원의 주식처분손실을 손금으로 계상한 사건에서, ㉮ 과세관청은, 원고가 특수관계자에 대한 채권이 회수불가능한 경우 대손금으로 손금산입하지 못하는 법인세법상 제한을 회피하고자 출자전환의 방법으로 사실상 대여금을 주식처분손실로 손금산입한 것으로서 법인세법 시행령 제88조 제1항 제1호 또는 제8호의2의 부당행위계산에 해당한다고 주장하였으나, ㉯ 법원은 위 주장을 배척하였다.[395][396]

③ 대법원은, 원고 법인이 중국법인과 함께 케이맨 군도에 자회사를 설립하고 그 자회사를 통하여 중국 내 사업에 투자하였다가 중국 내 사업을 정리하기로 하고, 자회사의 유상증자에 참여하여 신주를 인수한 후 제3자에게 미화 10달러에 매각한 사건에서, 신주의 인수인인 원고 법인이 발행법인인 자회사에게 이익을 분여한 것으로 볼 수 없다고 판단하였다.[397]

3-3-8. 주식매수선택권의 부여(3호 단서, 6호 단서 및 가목, 8호의2 단서)

(1) 부당행위계산의 제외규정 및 그 적용대상

상법 제340조의2, 벤처기업육성에 관한 특별조치법 제16조의3, 소재·부품·장비산업 경쟁력강화를 위한 특별조치법 제56조에 따라 부여받은 주식매수선택권 등(시행령 19조 19

---

394) 대구고등법원 2015. 10. 23. 선고 2014누6877 판결(대법원 2016. 2. 18. 선고 2015두56847 판결 : 심리불속행 상고기각)

395) 서울행정법원 2016. 5. 12. 선고 2015구합72115 판결(확정)

396) 2008. 12. 26. 특수관계자에 대한 업무무관 가지급금에 관한 대손금의 손금불산입 규정이 도입되기 전의 사안으로서, 우회적 거래를 통한 회수불능채권의 출자전환이 문제된 것으로, 서울행정법원 2013. 9. 27. 선고 2012구합26647 판결(동양인터내셔널 사건), 서울고등법원 2013누29928 판결(항소기각), 대법원 2015. 5. 14. 선고 2014두15450 판결(상고기각)

397) 대법원 2020. 12. 10. 선고 2018두56602 판결 : 피고는 위 사건에서 원고 법인이 인수한 자회사 주식의 취득가액은 그 시가인 0원이므로, 자회사 주식의 처분손실은 손금에 불산입되어야 한다는 취지로 주장하였다(피고는 부당행위계산의 부인을 주장하였으나, 주식의 취득가액이 0원이라면 당연히 처분손실은 손금에 불산입될 것이다). 그러나 대법원은 위 자회사 주식의 취득가액은 유상증자금액이라고 판단하였다. 제3편 제2장 제1절 1-1. (1) 참조

호의2)의 행사 또는 지급에 따라 법인이 ① 주식을 양도하는 경우(자기주식양도형)는 저가양도에서 제외되고(시행령 88조 1항 3호 단서), ② 금전을 제공하는 경우(현금결제형)는 자산 등의 저가제공에서 제외되며(시행령 88조 1항 6호 단서 및 가목), ③ 신주를 발행하는 경우(신주발행형)는 자본거래를 통한 이익분여에서 제외된다(시행령 88조 1항 8호의2 단서).

위 규정은, 문언상으로는 주식매수선택권의 행사에 따른 이행행위(자기주식의 양도 등)를 부당행위계산에서 제외하는 것처럼 되어 있다. 그러나 부당행위계산 여부가 문제되는 거래는 주식매수선택권의 부여계약이고, 주식매수선택권의 행사에 따른 주식의 양도 등은, 그 계약의 이행에 불과하여 애초부터 별도의 부당행위계산부인의 대상으로 삼기에 부적절하므로, 그 대상에서 제외할 필요도 없다.[398] 따라서 위 조문은 주식매수선택권의 부여계약을 대상으로 한다고 해석하여야 한다. 상법 제340조의2 등의 요건을 갖추지 못한 주식매수선택권의 부여는 위 규정의 적용대상이 아니므로, 부당행위계산에 해당할 수 있다.

(2) 부당행위계산 여부의 판단

주식매수선택권이라는 옵션의 가치는 내재가치(intrinsic value)[399]와 시간가치(time value)[400]의 합이다. 그리고 주식매수선택권의 가액과 급여를 합한 금액은 넓은 의미에서 임직원의 보수(급여)를 구성한다. 따라서 주식매수선택권이 그 시가보다 낮은 가액으로 부여되었는지 여부는 「주식매수선택권의 시가」가 「(임직원이 제공하는 용역의 가치) - 급여」의 가액을 초과하는지에 따라 결정된다. 그런데 일반적으로 '임직원이 제공하는 근로용역의 가치'를 정확히 측정하는 것은 매우 어렵다. 주식매수선택권이 부여되기 전에 상당한 기간 지급된 급여가 있다면 그 급여를 근로용역의 가치로 볼 수 있는 경우도 있지만, 일률적으로 판단하기는 곤란하다.[401]

그리고 「주식매수선택권의 시가」가 「(임직원이 제공하는 용역의 가치) - 급여」의 가액을

---

398) 따라서 법인세법 시행령 제88조의 제외규정이 없더라도 어차피 그 이행행위인 주식의 양도 등에 대하여 부당행위계산부인 규정을 적용하기는 어렵다. 그런데 주식매수선택권의 행사효과만을 부당행위계산에서 제외되는 것으로 보아 그 부여행위를 여전히 부당행위계산부인의 대상으로 놓아둔다면, 위 법인세법 시행령의 제외규정은 불필요한 것만을 규정하는 것이 되어 입법취지에 반하게 될 것이기 때문에 부당한 결과가 된다.

399) 옵션을 곧바로 행사하였을 때 얻을 수 있는 가치를 말한다.

400) 옵션의 시간가치(time value)는 프리미엄 중 내재가치를 초과하는 부분을 가리킨다. 옵션의 시간가치는 ① 만기까지 기초자산의 가격이 유리한 방향으로 움직일 경우의 이익이 불리한 방향으로 움직일 경우의 손실보다 크기 때문에 발생하는 양(+)의 기대가치와 ② 옵션의 기초자산을 매입 또는 매도함으로써 발생하는 현금흐름과 관련된 시간가치로 구성된다. 박진우, 파생상품론, 명경사(2012), 260쪽

401) 임직원에 대하여 애초에 위임계약 또는 근로관계가 성립한 시점부터 주식매수선택권 부여계약이 동시에 체결된 경우에는, 위임계약 등에 따른 보수 또는 급여만이 임직원의 근로용역의 가치를 표시한다고 보기 어려울 것이다.

초과한다고 인정되더라도, 임직원에 대한 동기부여를 통하여 근로의욕을 고취시키고자 하는 주식매수선택권의 부여목적에 비추어, 특히 지배주주가 아닌 임직원에 관하여 정당한 사유가 인정될 수 있는 경우가 있으므로,[402] 그러한 목적에 필요한 범위를 넘지 않는 한, 곧바로 부당행위계산에 해당한다고 보아서는 안 될 것이다.[403]

대법원은, 법인이 임직원 등에게 주식매수선택권을 부여한 경우, 주식매수선택권의 부여가 저가양도로서 부당행위계산부인의 대상이 되는지 여부는, 주식매수선택권의 행사시기가 아니라 그 부여시기를 기준으로 판단하여야 하므로, 만약 주식매수선택권의 부여 당시에 정한 선택권의 행사가격이 부여 당시의 주식의 시가보다 높은 경우에는, 그것이 미공개 내부정보로 인하여 단기간 내에 주가가 상승할 것이 예상되는 경우임에도 이를 반영하지 아니한 채 행사가격을 약정하였다는 등의 특별한 사정이 없는 한, 이를 부당행위계산인 저가양도에 해당한다고 보기는 어렵다고 판시하였다.[404] 위 판례는 상법 제340조의2 등의 요건을 갖추지 못한 주식매수선택권의 경우에 적용될 수 있을 것이다.

 대법원 2010. 5. 27. 선고 2010두1484 판결

1. 사실관계

① 원고 회사(삼성엔지니어링 주식회사)는 2000. 3. 17.경 원고 회사의 임원인 소외 1, 2에게 각 원고 회사의 기명식 보통주 30,000주에 관한 주식매수선택권을 부여하기로 하고 소외 1, 2와 사이에 주식매수선택권 부여계약(이하 '이 사건 계약'이라 한다)을 체결하면서, 당시 구 증권거래법 시행령(2000. 9. 8. 대통령령 제16966호로 개정되기 전의 것) 제84조의9 제2항에 정한 방법에 따라 평가한 원고 회사 주식의 시가가 6,238원이었으므로 행사가격을 주당 6,300원으로 정하고, 행사시기는 2003. 3. 17.부터 2010. 3. 16.까지로 하되, 소외 1, 2가 주식매수선택권을 행사할 경우 원고 회사는 신주를 발행하거나 기존에 취득한 자기주식을 교부하기로 약정하였다.

② 이 사건 계약에 따라 소외 1은 2005. 9. 7. 10,000주에 관하여, 소외 2는 2005. 11. 4. 20,000주에 관하여 각 주당 6,300원에 주식매입선택권을 행사하였고, 이에 원고 회사는 소외 1, 2로부터 행사금액을 납입받은 후 기존에 취득하여 놓은 자기주식 10,000주, 20,000주를 각각 교부하였다.

③ 소외 1, 2가 각 주식매수선택권을 행사한 날 원고 회사 주식의 시가는 각 19,800원, 24,500원이었는데, 원고 회사는 소외 1, 2에게 교부한 주식의 시가와 행사가의 차액에 행사주식수를 곱하

---

402) 지배주주인 임직원의 경우에는, 자신의 업무수행을 통하여 법인의 순자산이 증가하면 그에 따라 자동적으로 법인의 주식가치가 상승하는 이익을 얻게 되므로, 굳이 별도로 주식매수선택권의 부여로 근로의욕을 고취시킬 필요성을 인정할 여지가 적다.

403) 임직원에 대한 주식매수선택권 부여는, 제공되는 용역의 가치와 별개로, 임직원으로 하여금 장래에 발생할 이익의 배분에 참여할 수 있게 함으로써 장래에 더 많은 이익을 발생시키도록 독려하기 위한 것이고, 이를 통하여 동태적 관점에서는 법인의 순이익이 더 증가할 수 있다. 따라서 용역제공일 현재의 용역의 가치만을 기준으로 곧바로 주식매수선택권의 부여에 경제적 합리성이 없다고 단정하기에는 부적절한 면이 있다.

404) 대법원 2010. 5. 27. 선고 2010두1484 판결

여 산정한 499,000,000원을 자기주식처분손실로 회계처리하였다.

2. 대법원의 판단

원고 회사가 소외 1, 2에게 위 각 주식매입선택권을 부여할 당시 원고 회사의 주가가 단기간 내에 급격히 상승할 것이 명확히 예상되었다는 등의 특별한 사정이 엿보이지 아니하는 이 사건에서, 관계 법령 등에 따라 당시의 시가보다 높은 행사가격을 정하여 주식매입선택권을 부여한 것은 부당행위계산인 저가양도에 해당하지 않는다.

3-4. 그 밖에 법인세법 시행령 제88조 제1항 제1호 내지 제8호의2에 준하는 행위 또는 계산 및 그 외에 법인의 이익을 분여하였다고 인정되는 경우(9호)

(1) 적용대상

법인세법 시행령 제88조 제1항 제9호의 전단 부분('그 밖에 제1호부터 … 제8호의2에 준하는 행위 또는 계산')은 이른바 유형적 포괄주의 규정이다. 제9호의 후단 부분은 '그 외에 법인의 이익을 분여하였다고 인정되는 경우'를 부당행위계산으로 규정한다.[405] 대법원 판례 중에는 ① 제9호는 '제1호 내지 제7호, 제7호의2, 제8호 및 제8호의2에서 정한 거래행위 이외에 이에 준하는 행위로서 특수관계자에게 이익분여가 인정되는 경우'를 의미한다고 판시함으로써[406] 후단을 사실상 전단과 같은 의미로 본 것도 있고, ② 제1호부터 제8호의2까지 중 어느 것에 준하는지 판단하지 않고 제9호를 적용하여 그 후단에 독자적 성격을 인정한 것[407]도 있다.

---

405) ① 1998. 12. 31. 개정 전의 구 법인세법 시행령 제46조 제2항 제9호는 "기타 출자자 등에게 법인의 이익을 분여하였다고 인정되는 것이 있을 때"라고 규정하였다. 이에 관하여 대법원은 "제9호의 의미는 제1호 내지 제8호에서 정한 거래행위 이외에 이에 준하는 행위로서 출자자 등에게 이익분여가 인정되는 경우를 의미한다"라고 하여 제한적으로 해석하였다(대법원 1992. 9. 22. 선고 91누13571 판결, 대법원 1997. 5. 28. 선고 95누18697 판결, 대법원 2003. 6. 13. 선고 2001두9394 판결). ② 이후 1998. 12. 31. 개정된 법인세법 시행령 제88조 제1항 제9호는 "그 밖에 제1호 내지 제7호, 제7호의2, 제8호 및 제8호의2에 준하는 행위 또는 계산 및 그 외에 법인의 이익을 분여하였다고 인정되는 경우"라고 규정함으로써 후단 규정을 추가하였다.

406) 대법원 2006. 11. 10. 선고 2006두125 판결, 대법원 2019. 5. 30. 선고 2016두54213 판결

407) 대법원 2010. 10. 28. 선고 2008두15541 판결, 대법원 2020. 3. 26. 선고 2018두56459 판결

(2) 판례

(가) 제9호[408)에 해당하는 것으로 인정된 판례

① 법인이 특수관계 법인에게 우회적인 방법으로 자금을 제공한 사안[409)

② 원고 법인이 그 주주 등이 설립한 다른 법인에 점포에 관한 권리를 양도하면서 영업 권의 대가를 받지 않음으로써 그 주주 등이 그 다른 법인에 대한 출자금을 적게 낼 수 있도록 한 경우[410)

③ 제3자가 원고 법인이 보유한 주식의 발행법인의 경영권 인수를 위하여 그 주식을 시 가보다 높은 가액으로 인수하려 한다는 사정을 알면서도, 원고 법인이 그 주식을 특 수관계인에게 예상되는 양도금액보다 낮은 가액으로 양도한 경우[411)412)

---

408) 1998. 12. 31. 개정 전의 구 법인세법 시행령이 적용되는 사안의 경우에는 구 법인세법 시행령 제46조 제2항 제9호를 말한다.

409) 대법원 1990. 7. 24. 선고 89누4772 판결

410) 대법원 1997. 5. 28. 선고 95누18697 판결 : 원고 회사는 1984. 12. 12. 미국법인인 피자헛 회사와 사이에 상표 및 기술도입계약을 체결하고 1985년부터 국내에서 독점적으로 피자헛 음식점업을 해 왔다. 원고 회사의 주식 전부를 소유한 주주이자 이사들인 A 등은 미국 피자헛 회사의 모회사인 미국 펩시사 및 페람코사와 한국 내에서의 피자헛 음식점업의 공동경영을 위한 합작투자계약을 체결하고 1991. 6. 12. 합작법인인 소외 회사를 설립하였다(주식보유비율은 A 등이 50.9%, 펩시사가 45%, 페람코사가 4.1%). 이후 원고 회사는 1991. 10. 1. 한국피자헛 주식회사에 영업권의 대가는 따로 지급받지 아니한 채 직영점 포 19개의 임차보증금 및 시설물 일체를 대금 6,782,205,922원에 양도한 후 폐업하였다. 위 양도 당시 국내의 피자 수요는 증가추세에 있었고, 원고 회사의 1989년부터 1991년까지의 평균 당기순이익은 약 1,549,000,000원이며 위 피자헛 회사와의 계약기간만료일인 1999. 12. 11.까지의 자체예상 평균 당기순이 익도 약 9,491,000,000원에 이르렀다. 한편 한국피자헛은 1991. 10. 10. 자본금 총액을 603,930,000원으로 증자하였는데, A 등은 각 주식보유비율에 따른 액면가액(1주당 10,000원) 상당의 주금만을 납입한데 비 하여, 펩시사는 주식보유비율에 따른 액면가액 외에 금 5,859,147,753원을 주식발행초과금으로 납입하였 다. A 등은 1993. 10. 19. 그 보유주식 전부를 위 펩시사에 1주당 248,517.5원씩 합계 7,627,747,626원에 양도하였다. 이로써 A 등은 원고 회사의 영업권 상당액을 법인세 및 배당 과세를 받지 않고 배당받아 한국피자헛에 출자한 것과 같은 결과가 되었다.

411) 대법원 2001. 3. 27. 선고 2000두1355 판결 : ① 원고 법인의 대주주인 A 등은 B 회사의 대주주의 지위에 있으면서 대주주로 있는 B 회사의 증자자금을 마련하기 위하여 1996. 8. 19. 원고 법인에게 B 회사 주식 54,000주를 1주당 3만 원에 양도하였다. 이후 B 회사 주식을 인수하여 경영권을 장악하려는 제3자가 1996. 9. 18. 원고 법인과 A 등이 보유하는 B 회사 주식을 인수하기로 결정하였다. 그런데 원고 법인은 1996. 9. 19. A 등에게 B 회사 주식 54,000주를 당초의 매매대금인 162억 원 및 이에 대한 이자를 합한 금액으로 양도하였고, 그 다음 날인 1996. 9. 20. A 등은 위 주식을 포함한 B 회사 주식을 1주당 49,659.06원에 양도하였다. ② 대법원은, 원고 법인이 제3자가 B 회사의 경영권을 장악하기 위하여 B 회사 주식을 시가보다 훨씬 높은 가격에 매수하려는 사실을 알았거나 예상하면서도, A 등에게 B 회사 주식을 양도함으로써 이익을 분여하였고, 이는 구 법인세법 시행령 제46조 제2항 제9호의 이익분여행위 에 해당한다고 판시하였다.

412) 대법원 2003. 6. 13. 선고 2001두9394 판결(태평양돌핀스 사건) : ① 태평양 그룹의 모기업인 원고 회사 (주식회사 태평양)는, 프로야구단을 운영하는 주식회사 태평양돌핀스의 비상장주식 62,800주를 보유하고 있던 중, 1995. 4. 10. 특수관계자인 주식회사 태평양패션에, 1995. 6. 30. 특수관계자인 유미코스메틱 주 식회사에 각각 위 주식 중 일부를 1주당 액면가인 5,000원에 양도하였다. 그로부터 약 2개월 후인 1995. 8. 30.경 태평양 그룹의 회장이던 소외 1은, 현대전자의 회장이던 소외 2와 사이에, 위 프로야구단을 450

④ 법인이 특수관계자인 회사에 파견한 임직원들의 인건비를 지급한 경우[413]

⑤ 회사가 높은 대출이자를 부담하고 있었음에도 불구하고 차입금을 상환하지 않고, 상당한 금원을 낮은 이율의 정기예금에 예치하여 그 정기예금을 특수관계 법인들의 대출금에 대한 담보로 제공한 경우[414]

⑥ 원고가 특수관계자인 회사의 신주를 시가보다 높은 가액으로 인수하여 위 회사로 하여금 자신의 채권자들에 대한 채무를 변제하게 함으로써, 원고의 다른 특수관계자인 소외인이 위 회사의 채권자에 대한 보증채무를 면하게 한 경우[415]

⑦ 법인이 특수관계인에 대한 채권을 포기한 경우[416]

(나) 구 법인세법 시행령 제46조 제2항 제9호[417]에 해당하지 않는 것으로 본 판례

① 무상감자 및 무상증자를 통하여 일부 주주의 주식을 다른 주주에게 우회적으로 이전한 경우[418]

② 원고 법인이 특수관계인에게 다른 회사의 주식을 양도한 후 그 다른 회사와 합병한 경우[419]

억 원에 매각하기로 합의하였고, 이에 따라 원고 회사의 위 특수관계 회사들을 비롯한 태평양 그룹의 계열회사들은 보유하고 있던 태평양돌핀스의 주식 전부를 1995. 9. 15.부터 10. 31.까지 사이에 1주당 375,000원의 가격으로 현대그룹 내 현대전자 등의 회사에게 각 양도하였다. ② 대법원은, 원고 법인이, 현대그룹이 태평양돌핀스의 경영권을 인수하기 위하여 위 주식을 시가보다 훨씬 높은 가격에 매수하려 한다는 사실을 알았거나 적어도 이를 예상한 상태에서, 특수관계자인 태평양패션 등에게 위 주식을 액면가로 양도하여 결과적으로 태평양패션 등에게 이익을 분여하였다고 판단하였다.

413) 대법원 2008. 10. 9. 선고 2006두19013 판결

414) 대법원 2009. 4. 23. 선고 2006두19037 판결

415) 대법원 2015. 9. 10. 선고 2013두6206 판결

416) ① 부산고등법원 2013. 11. 1. 2013누1997 판결(법인이 특수관계인에 대한 채권의 회수가 가능함에도 그 회수를 지연하던 중 특수관계인의 자력악화로 그 채권을 회수하지 못하게 되자 이를 포기한 사안), 대법원 2014. 3. 13. 선고 2013두24501 판결(심리불속행), ② 대법원 2020. 3. 26. 선고 2018두56459 판결

417) 1998. 12. 31. 개정되기 전의 구 법인세법 시행령 제46조 제2항 제9호는 "기타 출자자 등에게 법인의 이익을 분여하였다고 인정되는 것이 있을 때"라고 규정하였다.

418) 대법원 1992. 9. 22. 선고 91누13571 판결 : 원고 회사의 일본국 법인 주주가 원고 회사의 경영에서 탈퇴하기로 하고 1985. 12. 24.경 주식을 포기하겠다는 뜻을 밝히면서 주권을 반환하자, 원고 회사는 1987. 9. 7. 위 주식을 소각하여 그에 상당하는 자본금을 감자처리하기로 결의한 후 그 주식을 무상감자처리한 후 감자차익을 자본준비금으로 적립하였다가 자본에 전입하여 발행하는 무상주를 다른 한국인 주주들에게 그 지분 비율로 분배하였다. 피고는, 원고 회사가 일본국 법인 주주로부터 자기주식을 무상으로 취득하여 한국인 주주들에게 분배한 것으로 보아, 위 주식의 가액을 원고 회사의 익금에 산입하고, 다른 한국인 주주들에 대한 상여 및 배당으로 처분하였다. 대법원은, 위와 같은 무상감자 및 무상증자행위가 우회행위 또는 다단계행위 등 경제적 합리성이 없는 거래형식을 취한 행위로서 조세회피행위라고 주장할 수 있는 여지가 있으나, 이는 구 법인세법 시행령 제46조 제2항 제9호에 해당하는 것으로 볼 수 없다고 판단하였다.

419) 대법원 1996. 5. 10. 선고 95누5301 판결 : 대법원은 ① 거래행위가 만일 구 법인세법 시행령 제46조 제2항 제4호에 해당하지 아니하는 경우에는 특별한 사정이 없는 한 위 제9호가 정하는 행위 유형에도 해당하지 않고, ② 이 사건 주식 양도 당시는 위와 같은 거래행위로 인하여 받게 될 장래의 기대이익이 불확실하거나 미확정적이었다 할 것이므로, 원고가 특수관계자에게 보유주식을 양도한 행위가 위 제4호

4-1. 이익을 분여한 법인

4-1-1. 소득금액의 재계산

법인과 특수관계인 간의 거래가 부당행위계산에 해당하는 경우 시가와 거래가액의 차액 등은 익금에 산입된다(시행령 89조 5항). 부당행위계산의 부인은 사법상 계약의 내용을 변경하거나 그 효력을 소멸시키는 것이 아니고, 세법상 법인의 소득계산에 관하여 그 거래를 시가로 하였을 경우를 기준으로 재구성하는 것이다.[420]

법인세법 시행령 제88조 제3항은, 부당행위계산의 요건과 관련해서는 「시가와 거래가액의 차액이 3억 원 미만이고 시가의 5% 미만인 경우」 부당행위계산에 해당하지 않는 것으로 규정하여 일종의 안전대(安全帶)를 설정하고 있다. 그런데 시가와 거래가액이 위 안전대를 벗어나서 거래가 부당행위계산에 해당하는 경우에는, 위 안전대 부분까지 포함한 시가와 거래가액의 차액 전부가 익금에 산입된다(시행령 89조 5항). 입법론으로는, 시가와 거래가액의 차액 중 안전대 금액[Min(3억 원, 시가의 5%)]을 공제한 금액만을 익금산입액으로 하는 것이 부당행위계산 요건과의 일관성을 유지할 수 있으므로 합리적이다.

4-1-2. 취득가액의 조정 및 손금불산입의 시기

(1) 취득가액의 조정

법인세법 시행령 제88조 제1항 제1호 및 제8호 나목에 규정된 부당행위계산의 경우(자산의 고가매입, 고가현물출자, 신주의 고가인수) 시가초과금액은 자산 또는 신주의 취득가액에 포함되지 않는다(시행령 72조 4항 3호, 88조 1항 8호 나목). 이는 법인세법 제52조에 의한 익금산입·손금불산입에 따르는 필연적 효과이고, 법인세법 시행령 제72조 제4항 제3호는 확인적 규정으로 보아야 한다. 시가초과금액은 법인이 부당행위계산을 통하여 특수관계인에게 분여한 이익금액을 의미하는데, 그 금액만큼 자산의 취득금액을 감액하지 않으면 그 자산의 처분 시에 이익분여금액이 손금에 산입되기 때문이다. 따라서 법인세법 시행령 제

에 규정한 저가양도행위에 해당하지 아니하는 것이라면 양도 이후에 일어난 법인 합병계약과 그에 따른 합병 등의 일련의 행위를 이와 별개의 거래행위의 하나로 파악하여 이를 위 제9호 소정의 이익분여행위로 볼 수는 없다고 판단하였다. 그러나 위 판결의 타당성은 의문스럽다.

420) 미국 세법에서도 제482조에 의한 조정은 거래의 조건을 바꾸거나 고가로 매입한 회사의 채권을 창설하지는 않는다. Bittker & Eustice, 13 - 73

88조 제1항 제1호 및 제8호 나목 외의 경우에도 부당행위계산에 의한 이익분여금액(손금불산입금액)만큼 자산의 취득가액은 감액되어야 한다. 가령, 합병법인의 주주가 불공정한 비율의 합병을 통하여 피합병법인의 주주에게 이익을 분여한 경우, 그 합병법인의 주주가 보유하는 기존 합병법인 주식의 취득가액은 부당행위계산부인의 효과로 이익분여금액만큼 감액되어야 한다.

(2) 손금불산입의 시기

부당행위계산부인의 결과로 자산의 취득가액이 감액되는 경우에는, 그로 인한 손금불산입은 나중에 그 자산의 장부가액이 손금화하는 사업연도에 가서 이루어진다. 이러한 경우 법인이 부당행위계산의 부인을 다투기 위해서는 그 부인의 효과가 나타나는 사업연도의 소득금액에 관하여 불복하여야 한다. 따라서 자산의 고가매입, 무수익자산의 매입,[421] 또는 불균등 자본거래로 자산의 취득가액이 감액된 경우, 법인은 그 자산의 감가상각 또는 처분 등으로 그 취득가액이 손금화하는 사업연도의 소득금액에 관하여 다투어야 한다.

4-2. 이익을 분여받은 상대방

부당행위계산인 거래의 상대방이 분여받은 이익이 어떻게 과세되는지는 그 거래의 종류 및 상대방에 따라 다르다.

4-2-1. 손익거래를 통한 이익분여

(1) 자산의 고가양수

법인이 자산을 고가로 양수한 경우 그 거래상대방(법인 또는 개인)이 받은 이익(시가와 거래가액의 차액)은 그 거래시점에 과세된다. 거래상대방이 ① 개인인 경우에는 위 이익은 그 거래일 등이 속하는 과세기간의 상여·배당·기타소득으로 처분되어 과세되고,[422] ② 법인인 경우에는 법인의 익금에 산입된다.

(2) 자산의 저가양도

법인이 자산을 저가로 양도한 경우 ① 거래상대방이 개인인 때에는 그 거래일 등이 속하는 과세기간의 상여·배당·기타소득으로 처분되어 소득세가 과세된다(시행령 106조 1항

---

421) 대법원 1997. 11. 28. 선고 96누14333 판결
422) 이 경우 그 자산의 시가를 양도 당시 실지거래가액으로 본다(소득세법 96조 3항 1호). 즉, 거래가액 중 시가를 초과하는 부분은 양도소득이 아닌 근로소득·배당소득 또는 기타소득으로 과세되고, 시가에 해당하는 부분만 양도소득으로 과세된다.

1호).[423] ② 거래상대방이 법인인 경우에는, 원칙적으로 그 자산의 처분시점까지는 과세되지 않고 그 처분시점에 가서 비로소 과세되므로, 과세가 이연된다.[424][425] 그러나 그 거래가액과 시가의 차액 상당 이익은 보유기간 중에 발생한 것이 아님에도 그로 인한 익금을 나중에 처분시점에 인식하는 것이 적절한지, 그리고 개인과 법인을 달리 취급할 합리적 이유가 있는지는 다소 의문스럽다.

(3) 자금의 고율차용 · 저율대여

법인이 자금을 시가보다 높은 이율로 차용한 경우에는, 그 시가인 이율과 거래가격인 이율의 차이는 거래상대방의 소득으로 과세된다. 법인이 시가보다 낮은 이율로 대여한 경우에는, 시가인 이율과 거래가격인 이율의 차이에 상당하는 금액이 거래상대방의 손금 또는 비용에 덜 산입된다.

(4) 특정법인에 대한 이익분여에 따른 증여세

법인이 상증세법상 특정법인[426]의 지배주주와 특수관계에 있고, 그 특정법인에게 부당행위계산으로 이익을 분여한 경우, 그 특정법인의 지배주주는 일정한 금액을 증여받은 것으로 간주되어 증여세 납부의무를 진다(상증세법 45조의5).[427]

4-2-2. 자본거래를 통한 이익분여

부당행위계산에 해당하는 자본거래로 인하여 주주 등인 법인이 분여받은 이익은 그 법인의 익금에 산입된다(시행령 11조 8호). 그리고 불공정합병에 따라 합병법인의 주주가 분여받은 이익은 그 주주가 보유한 합병법인 주식의 취득가액에 가산되고(시행령 72조 5항 3호),

---

423) 이 경우 그 자산의 취득가액에 상여 · 배당 등으로 처분된 금액을 더한 금액, 즉 시가를 자산 취득에 든 실지거래가액으로 본다(소득세법 97조 1항 1호 가목, 소득세법 시행령 163조 10항 2호).

424) 만일 법인세법 시행령 제11호 제5호의 자산수증이익에 자산의 저가매입으로 인한 이익을 증여받은 것도 포함된다고 보는 경우에는, 법인이 부당행위계산에 해당하는 저가양도로 상대방법인에게 분여한 이익도 상대방법인의 자산수증이익에 포함된다고 볼 여지가 있고, 그 경우 상대방법인은 자산의 취득시점에 시가와 거래가액의 차액을 익금으로 인식하게 될 것이다.

425) 법인이 특수관계인인 개인으로부터 유가증권을 시가보다 낮은 가액으로 매입한 경우에는, 그 개인의 양도소득에 관한 부당행위계산에 해당할 수 있고(소득세법 101조 1항), 그 법인은 그 매입시점에 시가와 매입가액의 차액을 익금으로 인식하여야 한다(법 15조 2항 1호).

426) 특정법인은 지배주주와 그 친족이 직접 또는 간접으로 보유하는 주식보유비율이 30% 이상인 법인을 말한다(상증세법 45조의5 1항).

427) 이는 특정법인의 지배주주가 그 특정법인에게 이익을 분여한 법인의 지배주주인 경우에도 마찬가지이다(조심 2020부1669, 2021. 12. 31. 결정). 위 조세심판원 결정은, 피합병법인의 주주가 합병법인의 주주이기도 한 경우 불공정한 비율에 의한 합병에 따른 증여세가 문제된 사안에서 자기증여 주장을 배척한 대법원 2021. 9. 30. 선고 2017두66244 판결과 궤를 같이한다.

피합병법인 또는 분할법인의 주주가 분여받은 이익은 합병 또는 분할에 따라 취득한 합병법인 또는 분할신설법인 주식 등의 취득가액에 가산된다(시행령 72조 2항 5호). 입법론으로는, 합병으로 분여받은 이익과 의제배당의 조정을 통하여 이중과세를 피하고, 합병법인 주식의 취득가액은 그 시가로 정하는 것이 합리적이다.[428]

불균등한 자본거래로 인하여 법인 주주가 개인 주주에게 이익을 분여한 경우, 개인 주주에 대하여는 증여세가 과세되고(상증세법 38조 이하), 그 분여된 금액은 기타 사외유출로 처분되며(시행령 106조 1항 3호 자목),[429] 그 증여재산가액은 취득가액에 더해진다(소득세법 시행령 163조 10항 1호). 그러나 입법론으로는 불균등한 자본거래로 법인 주주가 개인 주주에게 분여한 이익은 양자 간의 관계에 따라 배당 등으로 과세하는 것이 합리적이다.[430]

4-2-3. 실질적 배당 또는 출자

부당행위계산으로 분여된 이익이 실질적 배당 또는 출자에 해당하는 경우에는 그에 따른 세법적 효과를 부여하는 것이 합리적이다.[431] 즉, ① 모회사가 자회사로부터 분여받은 이익을 실질적 배당으로 볼 수 있는 경우에는, 모회사에게 그 이익에 관하여 수입배당금액 익금불산입을 인정해줄 필요가 있다.[432][433] 그리고 ② 모회사가 자회사에게 분여한 이익을 자회사에 대한 실질적 출자로 볼 수 있는 경우에는, 자회사가 분여받은 이익은 출자의 납입으로서 자회사의 익금에 불산입하고, 모회사가 보유하는 자회사 주식의 취득가액을 증액시켜 주는 것이 합리적이다. 한편, ③ 동일한 모회사의 지배하에 있는 자회사들 간에 부당행위계산으로 이익을 분여하였는데, 그 이익분여에 관한 의사결정을 실질적으로 그 모회사가 한 것으로 볼 수 있는 경우에는, 1차로 한 자회사가 모회사에게 이익을 분여하고(배당), 2차로 모회사가 다른 자회사에게 이익을 분여한 것(출자)으로 볼 여지가 있다.[434]

---

428) 제1장 제2절 1-1-3. (1) (나) 및 제3절 1-2-8. 참조

429) 불균등한 자본거래에 따라 개인 주주에게 분여된 이익에 대하여 소득세가 부과되지 않으므로, 상증세법 제4조의2 제3항은 적용되지 않고, 증여세를 부과하는데 지장이 없다.

430) 상세한 내용은 제6장 제2절 4-1-1. (1) (라) ② 중 글상자 '자본거래를 통한 이익분여를 배당 등 소득처분대상에서 제외한 것의 문제점' 참조

431) 송동진, 앞의 글, 29쪽 ; 실질적 출자에 관하여는 제3편 제2장 제1절 1-3., 실질적 배당에 관하여는 제3편 제3장 제1절 2-1-1. 참조

432) 소득세법은, 개인 주주가 법인으로부터 부당행위계산으로 분여받은 이익이 배당소득으로 처분된 경우, 그러한 소득도 배당세액공제를 위한 증액환원 대상에 포함시킴(소득세법 17조 3항 단서, 1항 4호)으로써 그에 대한 이중과세조정을 인정한다.

433) 다만, 외국의 입법례 중에는 이러한 편법적 배당이 사회적으로 바람직하지 못하다고 보아 일종의 제재로서 이중과세조정을 인정해주지 않는 경우도 있다(Hugh J. Ault and Brian J. Arnold, COMPARATIVE INCOME TAXATION-A Structural Analysis, third edition, Wolters Kluwer, p.356).

434) 이창희, 세법강의(2020), 1006쪽 ; 제6장 제2절 4-1-1. (1) (나) 참조

미국[435]과 독일[436]의 세법도 같다.

4-2-4. 대응조정 여부 : 취득가액의 증액 또는 소득금액의 감액

　법인의 행위 또는 거래가 부당행위계산에 해당하는 경우, 1차적으로 그 법인은 해당 금액에 관하여 과세되고, 2차적으로 그 이익을 분여받은 상대방은 별도의 대응조정 없이 과세된다. 가령 A 법인이 시가 3억 원인 토지를 특수관계자인 B 법인에게 2억 원에 양도한 경우, A 법인의 양도가액은 부당행위계산부인에 따라 3억 원으로 증액되지만, B 법인의 취득가액은 3억 원으로 증액되지 않고, B 법인이 이후 그 토지를 양도할 때 손금에 산입되는 금액은 2억 원뿐이며,[437] 거래가액과 시가의 차액 1억 원은 토지의 처분시점에 소득금액에 포함된다.[438] 위 경우 거래가액과 시가의 차액을 B 법인의 취득가액에 포함시켜 B 법인으로 하여금 손금에 산입할 수 있게 해주어야 하는 것인지 문제된다.[439][440] 부당행위계산으로 이익을 분여한 법인과 분여받은 상대방은 세법상 별개의 실체이고, 법인이 비정상적 조건의 거래로 특수관계인에게 이익을 분여한 경우를, 정상적 조건의 거래를 하였을 경우보다 더 유리하게 취급할 수는 없으므로,[441] 부당행위계산의 대상인 이익에 관하여

---

435) Bittker & Eustice, 8 - 42, 8 - 56 ; Rev. Rul. 69 - 630 (IRS RRU), 1969 - 2 C.B. 112, 1969 WL 19161

436) Tipke/Lang, p.646, 11장 문단 75[회사가 주주의 특수관계인(nahe stehenden Person ; 가령 주주의 친족이나 주주가 지배하는 다른 회사)에게 이익을 줌으로써 주주에게 간접적인 경제적 이익을 주는 경우 주주에 대한 숨은 이익처분에 해당할 수 있다] ; BFH vom 26.10.1987 GrS 2/86 ; 특수관계는 가족법, 회사법, 채권법 또는 순수하게 사실적인 것일 수 있다(Dötch/Geiger/Klingebiel/Lang/Rupp/Wochinger, p.645). 공통의 모회사를 둔 자회사들 간의 거래[삼각관계(Dreiecksverhältnis)]에 관하여는 Dötch/Geiger/Klingebiel/Lang/Rupp/Wochinger, p.710 이하 참조.

437) 법인이 특수관계인으로부터 자산을 시가보다 낮은 가액으로 양수하여 실질적 증여를 받은 경우 그 자산의 취득가액을 시가로 인식하는 것을 해석론 또는 입법론으로 고려할 수 있으나, 이때에도 시가와 거래가액의 차액은 자산수증이익으로 과세되므로, 이른바 대응조정이 이루어지는 것은 아니다.

438) 만일 상대방의 취득가액을 시가로 증액(step - up)함과 동시에 시가와 실제 취득가액의 차액을 소득금액에 포함시킨다면, 그 차액은 상대방이 저가로 토지를 취득한 시점에 과세되므로, 취득가액의 증액을 하지 않았을 경우보다 과세시기를 앞당기게 된다.

439) 미국 세법은, 제482조에 따라 동일한 이해관계에 의하여 통제되는 群(controlled group)의 한 구성원의 소득이 증액되는 경우 이에 대응하여 다른 구성원의 소득은 감액되는 것으로(correlative allocation) 규정한다[재무부 규칙 § 1.482 - 1(g)(2)]. 그런데 미국 세법 제482조는 국내거래 중에서는 주로 높은 세율이 적용되는 법인으로부터 낮은 세율이 적용되는 법인으로 소득을 이전하는 인위적 거래에 대하여 제한적으로 적용되어 왔으므로(Bittker & Eustice 13 - 28), 그러한 경우가 아니라면 우리나라의 부당행위계산에 해당하는 법인의 이익분여는 의제배분(constructive distribution)으로 처리될 것이고, 그 경우 거래상대방의 소득에 대한 대응(감액)조정은 이루어지지 않는 것으로 보인다.

440) 일본 세법은, 동족회사의 행위·계산의 부인 규정의 적용에 의하여 법인세, 소득세, 상속세, 증여세 등에 관하여 증액경정이 행해진 경우에는, 그것에 연동하여 다른 조세의 경정·결정을 행할 수 있다는 취지로 규정한다(일본 법인세법 132조 3항, 소득세법 157조 3항, 상속세법 64조 2항). 金子 宏, 조세법(2019), p.536은 위 규정을 대응적 조정으로서의 감액경정을 인정하는 취지로 해석한다.

441) ① 위 사례는, A 법인이 B 법인에게 토지를 정상적인 조건으로 대금 3억 원에 양도하고, B로부터 그

양자를 각각 과세하는 것이 그 자체로 불합리하다고 볼 수는 없다. 위 경우 상대방의 취득가액을 증액함과 동시에 그 금액만큼 소득금액에서 제외시켜주는 것은, 특히 법인의 지배주주가 분여받은 이익이 배당의 실질을 가지는 경우 편법적 배당을 정상적 배당보다 우대하는 것이 되어 부당하다.[442] 국조법은, 상호합의에 따른 대응조정으로, 내국법인이 국외특수관계인으로부터 분여받은 이익을 국외특수관계인에게 반환하지 않은 경우에도 내국법인의 소득을 익금에 산입하지 않지만,[443] 이는 외국자회사로부터 내국모회사로 회수된 자본의 국외유출을 세법상 강제하지 않기 위한 정책적 성격의 특수한 예외이므로,[444] 이를 국내거래에 대한 부당행위계산부인에까지 확대적용할 것은 아니다.

대금을 받아서 그중 1억 원을 B에게 반환한 것과 사실상 같다. 이 경우, A 법인은 양도대금 3억 원을 익금에 산입하고, B 법인은 1억 원을 익금에 산입하는 한편, 이후 위 토지의 처분 시에 위 1억 원을 포함한 취득가액 3억 원을 손금에 산입하게 된다. 즉, B가 분여받은 1억 원은 토지의 매입 시점에 과세되지만, 토지의 취득가액에 포함되어 토지의 처분 시점에 B의 손금에 산입된다.

② 만약 본문의 사례와 같이 비정상적인 조건의 거래가 이루어진 경우 B 법인의 취득가액을 3억 원으로 인정해준다면, B 법인은 정상적인 조건에 따라 토지를 3억 원에 매수한 경우에 비하여 1억 원의 익금 산입을 피할 수 있게 되고, 이는 비정상적 거래를 세법상 우대하는 불합리한 결과가 된다.

③ 한편, 부당행위계산의 부인이 이루어지는 경우에는, B는 위 1억 원 부분에 관하여 토지를 매입하는 시점에 과세되지 않고, 이후 위 토지를 처분하는 시점에 손금에 산입할 수 없다. 결국 현행 부당행위계산의 부인 제도는, 위 ①과 같이 거래재구성을 엄격하게 관철한 경우에 비하여 납세의무자에게 다소 유리한 면이 있다.

442) 정상적 배당이었다면 지급금액 중 일부만이 제한적으로 이중과세조정(배당세액공제, 수입배당금액익금불산입)으로 과세대상에서 제외되었을 것임에 비하여, 지배주주가 편법적으로 지급받은 시가와 거래가액의 차액 상당의 배당 전액이 과세대상에서 빠지게 되어 정상적 배당보다 우대하는 결과가 된다.

443) 국조법 제13조 제2항

444) 이는 내국모회사가 외국자회사로부터 정상적 배당을 받은 경우보다 오히려 세법상 혜택을 부여하는 것이므로 그 타당성에 의문이 있다. 제4장 제1절 5-2. 및 송동진, "사외유출소득의 과세에 관한 연구", 서울시립대학교 세무전문대학원 박사학위논문(2017), 29쪽 참조

내국법인의 국제거래

정상가격에 의한 과세조정

1 **서론**

1-1. 이전가격세제

특수관계에 있는 기업 간에 이루어지는 거래의 가격을 이전가격(transfer price)이라 한다. 특수관계기업 간의 이전가격은, 특수관계기업 군(群) 전체의 조세부담을 최소화하기 위하여 또는 경영정책적 판단을 반영하여, 독립된 제3자 간에 이해관계의 대립을 통하여 형성되는 거래가격(arm's length price)과 다르게 결정되는 경우가 많다. 특히 다국적 기업은 서로 다른 국가의 거주자인 소속 기업들 간의 이전가격거래를 통하여 과세소득을 조세부담이 높은 국가로부터 조세부담이 낮은 국가로 이전하여 조세를 회피하려는 경향이 있다.

이전가격거래에 의한 조세회피를 규제하기 위하여, 많은 국가들은 이전가격거래를 일정한 기준가격에 의한 거래로 재구성하여 과세하는 이전가격세제(transfer pricing taxation)를 두고 있다.[1] 그 일환으로 우리나라 국조법도 정상가격에 의한 과세조정을 규정한다.

---

1) ① 미국의 경우에는 미국 세법 제482조 및 재무부 시행규칙 제1.482조가, ② 일본의 경우에는 조세특별조치법 제3장 제7절의2 제66조의4 이하가 규정한다.

1-2. 정상가격조정과 부당행위계산부인의 관계

(1) 공통적 성격

정상가격 조정과 부당행위계산부인은, 법인과 특수관계인의 거래를 가상적 기준가격에 의한 거래로 재구성하여 과세하는 제도라는 점에서 기본적 성격을 같이한다. 부당행위계산의 요건인 부당성(경제적 합리성의 흠결)은 정상가격조정의 요건을 판단할 때도 비교대상거래와의 비교를 통하여 고려된다.[2] 1995. 12. 6. 국조법이 제정되기 전까지는 특수관계인 간의 국제거래에 대하여도 법인세법상 부당행위계산부인 규정이 적용되었고, 많은 국가들은 양자를 동일한 규정으로 규율한다.[3] 따라서 양 제도 간에 어느 한쪽의 규정이나 적용사례를 다른 쪽에 대한 해석론으로 참고하는 것은 가능할 뿐만 아니라 바람직하기도 하다. 그 예로는 후순위사채 이자율의 부당행위계산 여부의 판단에서 후순위 ABS 거래의 정상가격산출방법을 참고한 사례[4] 등을 들 수 있다.

(2) 적용범위의 획정

국제거래에 대하여는 소득세법 및 법인세법의 부당행위계산부인 규정이 적용되지 않는다(국조법 4조 2항 본문). 그러나 다음의 국제거래에 대하여는 부당행위계산부인 규정이 적용된다(국조법 4조 2항 단서, 국조법 시행령 4조).

① 자산을 무상(無償)으로 이전(현저히 저렴한 대가를 받고 이전하는 경우는 제외한다)하거나[5] 채무를 면제하는 경우[6]

② 수익이 없는 자산을 매입하거나[7] 현물출자를 받는 경우 또는 그 자산에 대한 비용을 부담하는 경우

---

2) 뒤의 2-2-2. 참조

3) 미국의 경우 세법 제482조가, 독일의 경우 법인세법 제8조[숨은 이익분여(verdeckte Gewinnausschüttung)]가 특수관계인 간의 국내거래와 국제거래를 모두 규율한다.

4) 대법원 2018. 7. 26. 선고 2016두40375 판결

5) 대법원 2015. 11. 26. 선고 2014두335 판결(매지링크 사건)은, 내국법인이 국외특수관계자와 함께 파생상품에 근거한 권리를 보유하다가 그 보유비율에 상응하는 권리를 행사하지 않고 국외특수관계자로 하여금 권리의 전부를 행사할 수 있게 하는 방법으로 국외특수관계자에게 이익을 분여하는 행위는, 구 국조법 시행령 제3조의2 제1호에서 정한 '자산의 무상이전'에 준하는 것으로서 법인세법 시행령 제88조 제1항 제7호의2의 부당행위계산에 해당한다고 판단하였다.

6) 대법원 2014. 3. 13. 선고 2013두24501 판결, 대법원 2020. 3. 26. 선고 2018두56459 판결

7) 대법원 2020. 8. 20. 선고 2017두44084 판결은, 원고 법인이 사우디아라비아왕국 법인 B에게 신주의 제3자 배정을 하면서 풋백옵션을 부여한 후 그 풋백옵션이 소멸하여 B로부터 그 주식을 매입할 의무가 없었음에도 이를 시가를 초과하는 가액에 매입한 사안에서, 이를 무수익자산의 매입으로서 부당행위계산에 해당하는 것으로 보았다. 위 사건의 경우 B는 법인세법상 특수관계인이었지만 국조법상 국외특수관계인은 아니었는데(B의 지분비율이 50%에 미달한 것으로 보임), 국조법상 국외특수관계인이었다고 가정하더라도, 국조법 시행령 제4조 제2호에 따라 법인세법상 부당행위계산부인의 규정이 적용되었을 것이다.

③ 출연금을 대신 부담하는 경우

④ 그 밖의 자본거래로서 법인세법 시행령 제88조 제1항 제8호 또는 제8호의2에 해당하는 경우

2 정상가격에 의한 과세조정의 요건

2-1. 거주자와 국외특수관계인 간의 거래

정상가격조정의 대상은 거주자와 국외특수관계인 간의 국제거래이다(국조법 6조 1항, 7조 1항).

2-1-1. 거주자와 국외특수관계인

(1) 거주자

정상가격조정과 관련하여 거주자는 내국법인과 비거주자·외국법인의 국내사업장(국조법 2조 2호)[8]을 포함한다(국조법 6조 1항).

(2) 국외특수관계인

국외특수관계인은 거주자, 내국법인 또는 국내사업장과 특수관계에 있는 비거주자 또는 외국법인(국내사업장은 제외한다)을 말한다(국조법 2조 4호). 특수관계에는 주식의 소유를 통한 것과 실질적 지배를 통한 것이 있다.

(가) 지분소유를 통한 특수관계

① 거래당사자의 어느 한쪽이 다른 쪽의 의결권 있는 주식(출자지분을 포함한다)의 50% 이상을 직접 또는 간접[9]으로 소유하는 경우 그 거래당사자 간의 관계(국조법 2조 1항

---

8) 대법원 2014. 9. 4. 선고 2012두1747, 1754 판결은, 로열더치쉘그룹의 계열사로서 홍콩에 본점을 둔 외국법인인 윙고(쉘퍼시픽엔터프라이스)의 한국 지점이 쉘그룹의 다른 계열사 등으로부터 액체 화학제품을 구입하여 국내기업에 판매한 사안에서, 위 한국 지점이 국조법상 거주자에 해당함을 전제로, 피고가 산출한 정상가격의 적법 여부를 판단하였다.

9) ① 거래당사자 중 한쪽 법인이 다른 법인(주주법인)의 의결권 있는 주식의 50% 이상을 소유한 경우에는 주주법인이 거래당사자 중 다른 쪽 법인의 주식을 소유하는 비율을 간접소유비율로 하지만, ② 거래당사자 중 한쪽 법인이 주주법인의 의결권 있는 주식의 50% 미만을 소유한 경우에는 그 소유비율에 주주법인이 거래당사자 중 다른 쪽 법인의 주식을 소유하는 비율을 곱한 비율을 어느 한쪽 법인의 다른 쪽 법인에 대한 간접소유비율로 한다(국조법 시행령 2조 2항 1, 2호).

3호 가목)

② 제3자와 그 친족 등 대통령령으로 정하는 자가 거래당사자 양쪽의 의결권 있는 주식의 50% 이상을 직접 또는 간접으로 각각 소유하는 경우 그 거래당사자 간의 관계(국조법 2조 1항 3호 나목)

(나) 실질적 지배를 통한 특수관계

① 거래당사자 간에 자본의 출자관계, 재화·용역의 거래관계, 금전의 대차관계 등에 따라 소득을 조정할 만한 공통의 이해관계가 있고 거래당사자의 어느 한쪽이 다른 쪽의 사업 방침을 실질적으로 결정할 수 있는 경우 그 거래당사자 간의 관계(국조법 2조 1항 3호 다목)[10]

② 거래당사자 간에 자본의 출자관계, 재화·용역의 거래관계, 금전의 대차관계 등에 따라 소득을 조정할 만한 공통의 이해관계가 있고 제3자가 거래당사자 양쪽의 사업 방침을 실질적으로 결정할 수 있는 경우 그 거래당사자 간의 관계(국조법 2조 1항 3호 라목)[11]

2-1-2. 거주자와 국외특수관계인이 거래당사자일 것

정상가격조정의 대상에 해당하려면, 거주자(외국법인의 국내사업장 포함)와 국외특수관계인(외국법인의 국내사업장 제외) 간의 거래이어야 한다(국조법 6조 1항, 2조 1항 4호). 따라서 외국법인의 국내사업장(지점)과 그 외국법인(본점 또는 다른 외국의 지점) 간의 거래는 정상가격조정의 대상에 해당한다.[12][13] 외국법인의 지점은 사법상 독립한 권리의무의 주

---

10) 국조법 시행령은 그러한 경우의 하나로 '다른 쪽 법인의 대표임원이나 전체 임원 수의 절반 이상에 해당하는 임원이 거래 당사자 한쪽 법인의 임원 또는 종업원의 지위에 있는 경우'를 규정한다(국조법 시행령 2조 2항 3호 가목). 2017. 2. 7. 개정되기 전의 구 국조법 시행령 제2조 제1항 제4호도 같은 내용을 규정하였는데, 법원은 위 규정의 '임원'은 법률상 임원만을 의미하고 사실상의 임원은 포함하지 않는다고 판단하였다(대전지방법원 2020. 7. 2. 선고 2018구합101573 판결, 대전고등법원 2021. 11. 18. 2020누11808 판결). 이에 대하여 대법원은 상고를 기각하였는데[대법원 2022. 3. 31. 선고 2021두60649 판결(심리불속행)], 위 판단을 수긍한 것인지, 아니면 다른 이유로 위 판결의 결론이 타당하기 때문인지는 불분명하다. 국조법상 정상가격조정과 법인세법상 부당행위계산부인은 기본적 성격을 같이하는 제도이고, 법인세법상 부당행위계산의 요건인 특수관계를 구성하는 임원은 사실상 이사(상법 401조의2 1항)를 포함하는 점(시행령 2조 5항 1호)을 고려하면, 국조법상 정상가격조정에 필요한 특수관계의 요건인 '임원'도 사실상 임원을 포함한다고 볼 여지가 있다.

11) 국조법 시행령은 그러한 경우의 하나로 '다른 쪽이 사업활동의 50% 이상을 거래당사자 한쪽으로부터 제공되는 지식재산권에 의존하는 경우'를 규정한다(국조법 시행령 2호 2항 3호 마목). 이에 해당하는지 여부가 문제된 사건에 대한 것으로 대전고등법원 2021. 11. 18. 2020누11808 판결

12) 외국법인의 국내사업장과 본점 간 내부거래에 따른 국내원천소득금액은 정상가격에 의하여 계산한 금액으로 한다(시행령 130조 1항).

13) 2010년 개정된 OECD 모델조약 제7조 제2항은, "각 체약국에 있는 고정사업장에 귀속되는 이익은 그 고

체가 아니지만, 외국법인의 국내자회사와의 형평을 고려하여, 외국법인의 본·지점 간 거래를 정상가격조정대상에 포함시킨 것이다. 한편, 외국법인의 국내사업장(지점)과 그 외국법인의 국내자회사(내국법인) 간의 거래는 정상가격조정이 아니라 부당행위계산부인의 대상이다.[14]

그리고 내국법인의 국외지점[15]과 내국법인 본점 간의 거래는 정상가격조정의 대상이 아니다.[16] 그러나 내국법인의 국외지점과 내국법인의 국외특수관계인(외국모회사 등) 간의 거래는 정상가격조정의 대상이다.

거래당사자의 양쪽이 모두 국내사업장이 없는 비거주자 또는 외국법인인 경우는 원칙적으로 정상가격조정의 대상에 해당하지 않는다. 예외적으로, 국내원천 유가증권양도소득과 관련하여, 국내사업장이 없는 외국법인이 특수관계에 있는 외국법인(비거주자 포함)과 정상가격보다 낮은 가격으로 유가증권을 양도한 경우에는, 그 정상가격을 수입금액으로 하는 특칙이 있다(법 92조 2항 2호).

2-1-3. 국제거래와 실질과세원칙

(1) 조세회피목적 우회거래의 재구성

국제거래에서 국조법 및 조세조약의 혜택을 부당하게 받기 위하여 제3자를 통한 간접적인 방법으로 거래하거나 둘 이상의 행위 또는 거래를 거친 것('우회거래')으로 인정되는 경우에는, 그 경제적 실질에 따라 당사자가 직접 거래한 것으로 보거나 연속된 하나의 행위 또는 거래로 보아 국조법 및 조세조약을 적용한다(국조법 3조 3항).[17][18]

정사업장이 특히 그 기업의 다른 부분과 거래에서, 그 고정사업장과 그 기업의 다른 부분을 통하여 수행된 기능, 사용된 자산, 인수된 위험을 고려하여, 마치 동일하거나 유사한 조건에서 동일하거나 유사한 활동에 종사하는 분리되고 독립적인 기업(separate and independent enterprise)이었다면 얻었을 것으로 예상되는 이익이다."라고 규정한다. OECD 모델조약의 주석은 위 조문에 따라 고정사업장에 귀속될 소득은 OECD 이전가격지침의 유추적용에 의하여 계산되어야 한다고 한다(OECD 모델조약 제7조의 주석 문단 22).

14) ① 외국법인의 국내사업장이 그 외국법인의 국내자회사와의 거래를 통하여 이익을 분여한 것은 부당행위계산부인 규정의 적용대상이다(법 92조 1항, 52조). ② 반대로 외국법인의 국내자회사가 그 외국법인의 국내사업장과의 거래를 통하여 이익을 분여한 경우, 후자는 전자의 국외특수관계인에 해당하지 않으므로 (국조법 2조 1항 4호의 괄호 안), 이 경우에도 부당행위계산부인 규정이 적용된다고 보아야 한다.

15) 비거주자 또는 외국법인이 아니므로 국외특수관계인에 해당하지 않는다.

16) 외국법인의 국내지점(국내사업장)이 외국법인과 별개의 과세실체로 취급되는 것(국조법 2조 4호)과 달리, 그러한 특칙이 적용되지 않는 내국법인의 국외지점은 내국법인의 일부에 불과하기 때문이다.

17) 이는 국세기본법 제14조 제3항의 실질과세원칙을 국제거래 영역에서 재확인한 규정이다.

18) 대전고등법원 2021. 11. 18. 선고 2020누11808 판결 : ① 차량용 에어컨의 제조·판매업을 하는 원고는, 국내관계사들에 의하여 설립된 중국법인 L에게 기술을 제공하는 계약을 체결하고, L로부터 사용료를 지급받았으나, 중국법인 M, N, O와는 각 기술지원계약만을 체결하고, 그에 대한 사용료를 지급받지 않았다. M, N, O는 차량용 에어컨 부품을 제조하여 L에게 공급하였다. ② 피고는, L이 M, N, O를 통하여 우회적

우회거래를 통하여 우리나라에 납부할 조세부담[19]이, 우회거래의 경제적 실질에 따라 계산한 조세부담의 50% 이하인 경우,[20] 납세의무자가 해당 우회거래에 정당한 사업목적이 있다는 사실 등 조세를 회피할 의도가 없음을 입증하지 않으면, 국조법 및 조세조약의 혜택을 부당하게 받기 위하여 거래한 것으로 추정된다(국조법 3조 4항, 국조법 시행령 3조 1항).

(2) 제3자 개입 거래

거주자가 국외특수관계인이 아닌 제3자와 국제거래를 할 때에도 ① 거주자와 국외특수관계인 간에 그 거래에 대한 사전계약[21]이 있고, ② 그 거래의 조건이 해당 거주자와 국외특수관계인 간에 실질적으로 결정되는 경우에는, 거주자가 그 제3자를 통하여 국외특수관계인과 국제거래를 하는 것(제3자 개입 거래)으로 보아 그 거래에 대하여 정상가격조정 규정을 적용한다(국조법 10조).

대법원은, 포스코와 6개 해외 자회사들이 BOA(Bank of America)와 다수당사자 계좌통합계약(Global Cash Management)을 체결하고 각자의 계좌를 개설하여 그 계좌에 입금된 자금을 공동으로 이용한 것이 제3자인 BOA를 통한 포스코 및 그 자회사들 간의 거래에 해당하는지가 문제된 사안에서, 위 계약의 주요 거래조건이 BOA에 의하여 결정된 점 등을 이유로 제3자 개입 거래로 볼 수 없다고 판단하였다.[22]

2-2. 정상가격과 거래가격의 불일치

국외특수관계인 거래가 정상가격조정의 대상이 되기 위해서는 그 거래가격이 정상가격보다 높거나 낮아야 한다.

으로 원고로부터 기술을 제공받은 것이므로, L, M, N, O의 손익을 합산한 금액(결합손익)을 기준으로 정상가격을 산출하여야 한다고 주장하였다. ③ 법원은, L과 M, N, O 간의 거래를, L이 우회적으로 원고로부터 기술을 제공받는 거래로 볼 수 없다고 판단하였다. 대법원 2022. 3. 31. 선고 2021두60649 판결(심리불속행) ; 상세한 것은 뒤의 이익분할방법에 관한 판결례 참조

19) "조세부담"은 「소득세, 법인세, 그 밖에 조세조약의 적용대상이 되는 조세」만 포함하여 산정한다(국조법 시행령 3조 3항).

20) 우회거래의 금액이 10억 원 이하이고 우회거래를 통한 조세부담 감소액이 1억 원 이하인 경우를 제외한다(국조법 시행령 3조 2항).

21) 사전계약은 거래와 관련된 증거에 의하여 사전에 실질적인 합의가 있는 것으로 인정되는 경우를 포함한다.

22) 대법원 2015. 9. 10. 선고 2013두6862 판결

2-2-1. 정상가격의 산출

정상가격은, 거주자, 내국법인 또는 국내사업장이 국외특수관계인이 아닌 자와의 통상적인 거래에서 적용하거나 적용할 것으로 판단되는 가격을 말한다(국조법 2조 1항 5호).

납세의무자나 과세당국에게 정상가격의 결정을 위하여 관련된 모든 거래정보를 탐색하도록 하는 것은 과도한 부담을 지우는 것이므로 채택될 수 없다. 따라서 정상가격은 때로는 제한된 정보를 기준으로 산출되고, 이러한 점에서 정확한 과학이 아니라고(not an exact science) 표현된다.[23] 결국 과세목적상 필요성과 납세의무자 및 과세당국의 부담이 균형을 이루는 수준에서, 합리적 노력으로 접근가능한 정보와, 그 사안에 가장 적합한 정상가격결정방법을 토대로 정상가격을 결정하는 수밖에 없다.

대법원은, 과세관청이 정상가격을 기준으로 과세처분을 하기 위해서는, 납세의무자에 대한 자료 제출 요구 등을 통하여 수집한 자료를 토대로 비교가능성 등을 고려하여 가장 합리적인 정상가격 산출방법을 선택하여야 하고, 비교되는 상황 간의 차이가 비교되는 거래의 가격이나 순이익에 중대한 영향을 주는 경우에는 그 차이를 합리적으로 조정하여 정상가격을 산출하여야 하며, 과세처분의 기준이 된 정상가격이 이와 같은 과정을 거쳐 적법하게 산출되었다는 점에 대한 증명책임은 과세관청에 있다고 판시하였다.[24]

구체적인 정상가격 산출의 방법 및 절차에 대하여는 뒤에서 살펴보기로 한다.

2-2-2. 거래의 부당성 여부

국제거래의 부당성(경제적 합리성의 흠결)은 국조법상 정상가격의 요건으로 규정되어 있지 않지만, 실질적으로는 그 일부를 구성하거나 그와 매우 밀접한 관련을 가진다.[25] ① 특수관계인 간 거래가 경제적 합리성이 없는 경우, 정상가격조정 목적상 부인되거나 다른 거래로 재구성될 수 있다(국조법 8조 3항). ② 특수관계인 간 거래의 가격이 경제적 합리성을 가진 비교대상거래의 가격보다 불리한 경우, 전자의 거래는 결과적으로 경제적 합리성이 없는 거래에 해당하게 되므로,[26] 두 거래를 비교하는 것은 사실상 경제적 합리성 여부

---

23) OECD Transfer Pricing Guidelines for Multinational Enterprises and Tax Administrations, 2022. 1.(이하 'OECD 이전가격지침' 또는 'OECD TPG'이라 한다) 문단 1.13
24) 대법원 2012. 12. 26. 선고 2011두6127 판결
25) 다만, 부당성 여부는 정상가격조정의 검토과정에서 비교가능성 분석 등에 흡수되어 판단되므로, 특별한 사정이 없는 한 별도의 요건으로 판단할 필요는 없을 것이다.
26) 법인이 특수관계인과의 거래의 가격을 일반적인 경우와 다르게 정할 만한 사유가 없다면 비교대상거래의 가격은 경제적 합리성이 있는 시가에 해당할 것이다. 거래의 가격을 일반적인 경우와 다르게 정할 사유의 예로는, 분석대상 기업이 어떤 시장에 진입하거나(market penetration schemes) 그 점유율을 높이기 위한 시장전략에 따라 일반적인 경우보다 낮게 가격을 책정한 경우를 들 수 있다(OECD TPG 문단 1.135,

의 판단으로 귀결된다. 그러므로 정상가격조정의 요건은 실질적으로 경제적 합리성의 흠결을 포함하고,[27] 부당행위계산의 요건과 본질적으로 같다.

2-3. 주관적 요건의 요부

정상가격조정의 요건으로 거래당사자의 조세회피의 목적이나 의사는 필요하지 않다.[28] 다만, 거래당사자의 조세회피목적이 인정되는 경우에는, 거래가격을 일반적인 거래가격과 다르게 정한 근거로 주장되는 사업목적 등의 신빙성이나 설득력이 낮아질 것이므로, 더 용이하게 정상가격조정의 요건이 인정될 수 있다.

---

3 **정상가격의 산출**

3-1. 특수관계 거래의 인식 및 판단대상의 결정

3-1-1. 거래내용의 파악 및 재구성

과세당국은, 거주자와 국외특수관계인 간의 상업적 또는 재무적 관계 및 해당 국제거래의 중요한 거래조건을 고려하여, 해당 국제거래의 실질적인 내용을 명확하게 파악하여야 한다(국조법 8조 2항).[29] 거래조건은, 당사자 간에 계약서가 작성된 경우에는 원칙적으로 계약서에 따라 정해지지만, 계약서 외의 당사자 간 연락내용 등으로 정해지기도 한다.[30]

1.151). 위 경우 비교대상 거래는 분석대상 기업과 같은 상황에 있는 기업의 것이어야 할 것이다.

27) 대법원도 정상가격조정 요건의 판단에서 경제적 합리성을 고려하였다(대법원 2014. 9. 4. 선고 2012두 1747, 1754 판결).

28) 국조법 기본통칙 4-0…1. OECD 이전가격지침과 미국 세법도 같다. OECD TPG 문단 1.2, 미국 재무부 규칙 § 1.482-1(f)(1)(i)

29) 국조법 시행령 제16조(국외특수관계인과의 거래의 실질적 내용과 상업적 합리성)
① 과세당국은 법 제8조 제2항에 따라 거주자와 국외특수관계인 간의 국제거래의 실질적인 내용을 명확하게 파악하기 위하여 다음 각 호의 요소를 고려해야 한다.
1. 계약조건
2. 사용된 자산과 부담한 위험 등을 고려하여 평가된 거래당사자가 수행한 기능. 이 경우 부담한 위험은 거래당사자의 위험에 대한 관리·통제 활동 및 위험을 부담할 재정적 능력 등을 고려하여 기획재정부령으로 정하는 바에 따라 분석해야 하며, 거래당사자가 수행한 기능은 거래 당사자뿐만 아니라 거래당사자와 특수관계에 있는 자 모두를 고려하여 전체적으로 사업활동이 수행되고 있는 방식, 거래 상황 및 관행을 종합적으로 고려해야 한다.
3. 거래된 재화나 용역의 종류 및 특성
4. 경제 여건 및 사업전략

거주자와 국외특수관계인 사이의 거래조건은 원칙적으로 존중되어야 한다. 과세당국이 적법한 거래를 자의적으로 재구성한다면, 국외특수관계인의 거주지국의 과세당국이 의견을 달리하는 경우 이중과세가 초래될 수 있기 때문이다.[31]

그러나 거주자와 국외특수관계인 간의 국제거래가 상업적으로 합리적인 거래가 아니고, 그 국제거래에 기초하여 정상가격을 산출하는 것이 현저히 곤란한 경우, 과세당국은 그 경제적 실질에 따라 해당 국제거래를 없는 것으로 보거나 합리적인 방법에 따라 새로운 거래로 재구성하여 정상가격 조정을 할 수 있다(국조법 8조 3항).[32)33)] 국조법 제8조 제3항은, 같은 법 제3조 제3항의 적용대상이 아닌 거래, 즉 조세회피목적이 입증되지 않더라도 거래의 경제적 합리성이 없는 사안[34]이나, 우회거래 이외의 거래[35]에도 적용될 수 있다는 점에서, 위 규정과 구별되는 독자성을 갖는다.

3-1-2. 거래의 분리와 통합

정상가격은 원칙적으로 개별 거래를 기준으로 산출되어야 한다. 그러나 개별 거래들이 서로 밀접하게 연관되거나 연속되어 있어 거래별로 구분하여 가격·이윤 또는 거래순이익을 산출하는 것이 합리적이지 않을 경우[36]에는, 개별 거래들을 통합하여 평가할 수 있다

---

30) OECD TPG 문단 1.42

31) OECD TPG 문단 1.143

32) 국조법 시행령 제16조(국외특수관계인과의 거래의 실질적 내용과 상업적 합리성)
② 과세당국은 법 제8조 제2항 및 제3항에 따라 거주자와 국외특수관계인 간의 국제거래가 상업적으로 합리적인 거래인지 여부를 판단할 때 다음 각 호의 기준을 고려해야 한다.
1. 특수관계가 없는 독립된 사업자 간에는 해당 거래조건에 대한 합의가 이루어지지 않을 것으로 예상할 수 있을 것. 이 경우 유사한 거래 상황에서 특수관계가 없는 독립된 사업자 간 해당 거래와 유사한 거래가 체결된 사례가 없다는 사실만으로 해당 거래조건에 대한 합의가 이루어지지 않을 것으로 판단해서는 안 된다.
2. 해당 거래를 체결하지 않거나 다른 방식으로 거래를 체결하는 것이 거주자 또는 국외특수관계인에게 사업목적상 유리할 것
3. 해당 거래로 인하여 거주자 또는 국외특수관계인의 조세부담이 상당히 감소하는 등 조세 혜택을 고려하지 않는다면 해당 거래가 발생하지 않을 것으로 예상할 수 있을 것

33) OECD TPG 문단 1.142

34) 조세의 고려 외의 요소들(가령 관세평가, 반덤핑 관세, 교환·가격통제와 관련한 정부의 압력)이 특수관계 기업들 간의 상업적·재무적 관계의 조건들을 왜곡하기도 한다(OECD TPG 문단 1.4).

35) 가령 OECD TPG 문단 1.146~1.148의 사례

36) 거래별로 구분하여 가격·이윤 또는 거래순이익을 산출하는 것이 합리적이지 않을 경우는 다음의 경우를 말한다(국조법 시행규칙 8조).
① 제품라인이 같은 경우 등 서로 밀접하게 연관된 제품군(製品群)인 경우
② 제조기업에 노하우를 제공하면서 핵심 부품을 공급하는 경우 : 다국적기업은 특허권, 노하우의 사용허락 및 생산시설의 임대를 단일한 거래로 묶어 하나의 가격을 책정하는 일괄거래(package deal)를 할 수 있다(OECD TPG 문단 3.11).

(국조법 시행령 15조 2항).[37]

위 규정이 복수의 국외특수관계인들의 거래손익을 합산한 금액을 기초로 한 정상가격의 산출을 허용하는 것인지는 다투어진다.[38][39]

3-1-3. 상계거래

국제거래의 가격이 정상가격과 다른 경우에도, 거주자와 국외특수관계인이 그 차액을 같은 과세연도 내의 다른 국제거래를 통하여 상계하기로 사전에 합의한 경우에는(intentional set-off), 그 상계되는 모든 국제거래를 하나의 국제거래로 보아 정상가격조정 규정을 적용한다(국조법 11조 1항).[40] 이는, 한 국제거래의 조건이 다른 국제거래의 조건과 밀접하게 관련되어 결정되는 경우에는, 두 거래를 분리하여 별개로 정상가격조정 규정을 적용하는 것이 불합리하므로, 이를 하나의 거래로 묶어서 정상가격조정의 여부 및 범위를 정하기 위한 것이다.[41] 여러 거래가 상계거래로 취급되기 위해서는, 사전에 거래당사자가 차액의 상계를 합의하여야 하고,[42] 그 여러 거래가 동일한 과세연도에 이루어져야 한다. 상계거래의

---

③ 특수관계인을 이용한 우회거래(迂回去來)인 경우

④ 한 제품의 판매가 다른 제품의 판매와 직접 관련되어 있는 경우(프린터와 토너, 커피 제조기와 커피 캡슐 등) : 어떤 상품이 다른 상품 또는 관련 용역의 수요를 창출하는 경우 해당 상품을 낮은 이윤 또는 손실의 수준으로 공급하는 것을 포트폴리오 접근법(portfolio approach)이라고 한다. 포트폴리오 접근법은 사업전략(business strategy)이 비교가능성의 분석과 비교대상의 신뢰성을 검토할 때 사용되는 한 예이다(OECD TPG 문단 3.10).

⑤ 그 밖에 거래의 실질 및 관행에 비추어 개별 거래들을 통합하여 평가하는 것이 합리적이라고 인정되는 경우

37) OECD TPG 문단 3.9 ; 미국 재무부 규칙 § 1.482(f)(2)(i)

38) 이재호, "잔여이익분할방법상 결합이익의 기본개념과 적용조건", 조세학술논집 제35집 제3호(2019), 한국국제조세협회, 91쪽 이하

39) 대전고등법원 2021. 11. 18. 2020누11808 판결의 사건에서, 피고는 '원고가 중국관계사들에게 제공한 기술은 최종적으로 자동차 에어콘을 다른 중국법인에게 납품하기 위한 것으로서 서로 밀접한 관련을 가지고 상호의존적이므로, 해당 기술과 관련된 원고와 중국관계사들 간의 개별 거래들은 구 국조법 시행령(2017. 2. 7. 개정되기 전의 것) 제6조 제8항에 따라 통합하여 평가되어야 한다'고 주장하였으나, 법원은 이를 받아들이지 않았다. 그 상세한 내용에 관하여는 3-2-1-5. (4) (다) 참조

40) OECD TPG 문단 3.13~3.17, 미국 재무부 규칙 § 1.482-1(g)(4)

41) OECD 이전가격지침은, 한 기업이 다른 기업에게 특허의 사용을 허락하는 대신 다른 거래에서 노하우를 제공받고 양 거래당사자에게 아무런 손익이 발생하지 않음을 표시하는 경우를 예로 든다(OECD TPG 문단 3.13).

42) 서울행정법원 2020. 4. 23. 선고 2019구합73161 판결 : 원고는, 베트남 및 중국 현지법인들에 파견한 직원에게 지급한 인건비 중 원고와 현지법인들 간의 실제 업무분담비율을 초과한 금액과 관련하여, 위 초과 인건비가 구 국조법 제8조 제1항에 따라 위 현지법인들이 원고에게 제공하는 임가공 용역 등의 대가와 상계되었고, 구 국조법 시행령 제6조 제8항에 따라 위 임가공 용역 등의 거래와 통합하여 평가되어야 한다고 주장하였다. 그러나 법원은 ① 사전의 상계합의가 있었음을 인정할 증거가 없고, ② 위 두 거래를 통합하여 평가할 사유가 존재하지 않는다는 이유로, 위 주장을 받아들이지 않았다. 서울고등법원 2021. 7. 22. 선고 2020누42219 판결(항소기각), 대법원 2021. 12. 16. 선고 2021두49147 판결(심리불속행)

대상 중 원천징수의 대상인 거래와 관련해서는 상계거래가 없는 것으로 보아 원천징수 규정을 적용한다(국조법 11조 2항).

3-2. 정상가격 산출방법의 선택

3-2-1. 정상가격 산출방법의 종류

3-2-1-1. 비교가능 제3자 가격 방법(Comparable Uncontrolled Price method)

(1) 의의

비교가능 제3자 가격 방법은, 거주자와 국외특수관계인 간의 거래와 유사한 거래 상황에서 특수관계가 없는 독립된 사업자 간의 거래가격을 정상가격으로 보는 방법이다(국조법 8조 1항 1호).

제3자 간의 거래(uncontrolled transaction)가 비교가능한 거래로 되기 위해서는 ① 국외특수관계인과의 거래와 비교대상 거래 간의 차이가 가격에 중요한 영향을 미치지 않거나, ② 그 차이의 중요한 영향이 합리적으로 정확한 조정(reasonably accurate adjustment)에 의하여 제거될 수 있어야 한다.[43] 만일 그런 비교가능한 제3자 거래를 찾을 수 있다면, 비교가능 제3자 가격방법은 가장 직접적이고 신뢰할 만한 정상가격 산출방법이고, 다른 방법들보다 선호될 수 있다.[44]

거래대상이 재화인 경우, 재화의 사소한 차이도 가격에 중요한 영향을 미칠 수 있다.[45] 그런데 다국적 기업이 공급하는 재화는 다른 공급자가 없거나 적은 독·과점시장을 구성하고, 최종 소비자에 이르기 전까지 다국적 기업 내부에서 거래가 이루어지는 경우가 많기 때문에, 그러한 거래를 찾을 수 있는 경우는 많지 않다. 따라서 재화 거래의 경우에는 비교가능 제3자 가격방법의 사용빈도가 그리 높지 않다.[46] 한편, 무형자산(특허권, 상표권 등) 사용료의 경우, 전세계 사용료 계약에 대한 자료를 등록해놓은 상용 데이터베이스들이 존재하기 때문에, 비교가능 제3자 가격방법이 실무상 많이 사용된다.[47]

(2) 적합성 판단기준

비교가능 제3자 가격 방법이 정상가격 산출방법으로서 적합성이 높은지를 평가하는 경우, ① 비교대상 재화나 용역 간의 동질성이 있는지 여부를 고려하여야 하고, ② 거래 시

---

43) OECD TPG 문단 2.15
44) OECD TPG 문단 2.15
45) OECD TPG 문단 2.16
46) 최일환, 사례로 배우는 이전가격 실무, 영화조세통람(2018), 262쪽
47) 최일환, 앞의 책, 34쪽

기, 거래 시장(도매상 v. 소매상), 거래 조건(판매수량, 계약기간, 인도·운송·보험의 조건, 외환조건),[48] 무형자산(특허권, 상표권 등)의 사용 여부 등에 따른 차이는 합리적으로 조정될 수 있어야 한다(국조법 시행규칙 6조 2항 1호).[49]

비교대상거래의 재화가 특수관계인 거래의 재화와 동질적이더라도, 거래조건 등의 차이가 재화의 가격에 중대한 영향을 미치는 경우에는, 그 차이로 인한 효과에 대한 합리적 조정이 이루어질 수 없다면, 비교가능 제3자 가격 방법이 정상가격산출방법으로서 적합성이 높다고 보기 어렵다.

(3) 판결례

(가) 긍정한 사례

① 대법원 1997. 6. 13. 선고 95누15476 판결 : Swap 거래 이익률

원고 은행(First National Bank of Chicago) 서울지점('원고 지점')은 국내기업과 9건의 이자율 스왑(swap)거래 및 원고 은행 런던지점과 커버(cover)거래를 하고, 국내기업과 1건의 통화 스왑거래 및 원고 은행 본점과 커버거래를 한 후 이자율 스왑거래의 이익률을 0.038%, 통화 스왑거래의 이익률을 0.046%로 하여 법인세 신고를 하였다.

피고는 원고에게 스왑거래의 정상가격 산정을 위한 구체적인 자료의 제출을 요구하였으나, 원고는 이를 제출하지 않았다. 이에 피고는, 일정한 과세기간 내에 일어난 국내은행 및 외국은행 국내지점과 독립기업 간의 스왑거래 33건 중에서, 원고 지점의 거래와 시장 거래조건이 유사한 외국은행 지점의 국내법인과의 거래인 18건의 평균이익률 0.11%를 기초로 스왑거래의 정상가격을 산출하여 원고 지점에게 법인세 부과처분을 하였다.

대법원은, 피고가 위와 같은 사정에 기하여 '비교가능 제3자 가격 방법'에 토대를 둔 평균이익률에 기초하여 정상가격을 산출한 것은 합리성이 있다고 판시하였다.[50]

② 대법원 2001. 10. 23. 선고 99두3423 판결 : UIP 사건

네덜란드의 영화 배급회사인 UIPBV와 비디오 배급회사인 CIBV는 공동출자하여 영국에 UIP와 CVI를 설립하고, 국내에 내국법인인 원고를 설립하였다. 원고는 1990, 1991 사업연도에 UIP, CVI로부터 각각 영화와 비디오 작품을 공급받고, 영화에 관하여 UIP에게 매출액의 69.47%, 59.92%를, 비디오에 관하여 CVI에게 매출액의 51.13%, 57.89%를 각각 사용료로 지급하였다.

---

48) OECD TPG 문단 2.20
49) 국조법 집행기준 5-0-2
50) 위 대법원 판결에 대한 비판으로는 박진순, "스왑거래의 과세와 이전가격세제의 법리", 조세법연구 Vol. 4(1998), 311쪽

과세관청은 ㉮ 영화의 경우, 홍콩에 UIP 영화를 배급하는 특수관계 없는 팬아시아(Pan Asia)사가 UIP에 지급한 사용료율과 국내의 주식회사 우진필름이 특수관계 없는 외국의 영화 공급사들에게 지급한 사용료율을 산술평균한 수치를 정상사용료율로, ㉯ 비디오의 경우, 대만에 CVI 비디오 작품을 배급하는 독립된 사업자인 킹비디오(King Video)사가 CVI에게 지급한 사용료율과 국내의 주식회사 에스케이시가 특수관계 없는 외국의 비디오 공급사들에게 지급한 사용료율을 산술평균한 수치를 정상사용료율로 보아, 원고가 UIP 및 CVI에게 지급한 사용료 중 위 각 정상사용료율을 초과하는 부분을 부당행위계산으로 부인하여 원고에게 법인세 등의 부과처분을 하였다.[51]

대법원은 다음과 같이 판단하였다. ㉮ 영화의 경우, ㉠ 원고와 팬아시아가 UIP로부터 공급받은 영화는 제품의 질에서 유사하고, 홍콩과 우리나라는 영화선호도가 유사하여 지리적·문화적 시장조건 등의 차이에 따른 거래조건의 차이는 없거나 무시할 수 있는 정도이므로, 팬아시아와 UIP 사이의 사용료율은 지리적·문화적 시장조건 등의 차이를 조정할 필요 없이 원고의 지급 사용료에 대한 비교가능 제3자 가격으로서 정상사용료율로 보아야 하고, ㉡ 우진이 배급한 영화는 원고가 배급한 것과 제품의 질에서 큰 차이가 있고, 거래조건도 흥행위험 부담의 큰 차이가 있으므로, 정상사용료율의 기초자료로 삼을 수 없다. ㉯ 비디오의 경우, ㉠ 킹비디오의 거래사례는 제품의 질과 거래조건의 면에서 원고의 경우와 유사하나, 비디오의 경우 문화수준이나 생활수준 등에 따른 지리적·경제적 시장조건의 차이가 사용료율의 결정에 큰 영향을 미치므로, 그 차이를 조정할 필요가 있는데, ㉡ 에스케이시의 거래사례는 원고의 경우와 큰 차이가 없고, 거래조건에서 다소 차이가 있을 뿐이므로, 위와 같은 지리적·경제적 시장조건의 차이를 조정하기 위하여 킹비디오와 CVI 사이의 사용료율과 에스케이시의 사용료율을 산술평균한 수치를 원고의 지급 사용료에 대한 정상사용료율로 산정한 것은 합리적이다.[52]

③ 대법원 2006. 9. 8. 선고 2004두3724 판결 : KBS 방송프로그램

원고(케이비에스미디어 주식회사)는, 원고가 전액 출자하여 미국에 설립한 미주한국방송에게, 한국방송공사 프로그램 케이블티비 방송권 및 비디오 복제배포권(이하 '한국방송공사 프로그램')을 일괄하여 공급편수나 시간의 제한없이 공급하면서, 부수적으로 미국 및 캐나다 전역에서 한국방송공사 프로그램에 대한 독점공급권을 부여하였다.

과세관청은, ㉮ 한국방송공사 프로그램 중 비디오 부문에 관하여는 원고와 일본 대리점

---

51) 위 사안은 1995. 12. 6. 국조법이 제정되기 전의 것이어서 구 법인세법(1998. 12. 28. 개정 전) 제20조가 적용되었다.
52) 위 판결에 대한 해설은 조인호, "이전가격세제와 정상가격의 산정", 대법원판례해설 제39호(2001년 하반기), 법원도서관(2002), 109쪽 이하

융도기획과의 거래가, ④ 케이블티비 부문에 관하여는 원고와 괌 한인방송국과의 거래가 각각 원고와 미주한국방송과의 거래와 가장 유사하다고 보아, 원고와 일본 융도기획, 괌 한인방송국과의 거래가격을 비교가능 제3자 가격 방법에 의한 정상가격으로 하여 원고에게 법인세 부과처분을 하였다.

대법원은 위 과세처분이 적법하다고 판단하였다.

④ 대법원 2011. 10. 13. 선고 2009두15357 판결 : 사채발행 이자율

론스타펀드에 의하여 설립된 원고는 2000. 8. 31. 국외 특수관계인에게 이자율 19%로 정하여 약 75억 원의 이 사건 사채를 발행하였고, 2001. 9. 7. 및 2002. 8. 13. 국내 은행으로부터 합계 65억 원을 이자율 8%로 차입하면서('이 사건 차입거래') 이 사건 사채의 원리금을 변제하기 시작하여 2002. 10. 15. 그 상환을 완료하였다.

과세관청은, 이 사건 차입거래를 비교가능 제3자 가격 방법에 의한 비교대상 거래로 선정하고, 이 사건 차입거래 당시 그 이자율에 근접한 회사채 이자율이 3년 만기 회사채(공모) BBB+ 등급의 이자율인 7.94%인 점에 착안하여, 같은 조건의 회사채 이자율이 이 사건 사채발행 당시 10.2%였다는 이유로 이를 이 사건 사채발행거래의 정상이자율로 보아 원고가 국외 특수관계인에게 지급한 사채이자 중 10.2%를 넘는 부분을 손금불산입하였다.

대법원은, 이 사건 차입거래는 이 사건 사채발행거래와 유사한 거래상황에서 형성된 것이므로 이 사건 차입거래를 비교대상거래로 삼아 차입시기의 차이에 따른 조정을 거쳐 정상이자율을 10.2%로 산정한 것은 적법하다고 판단하였다.[53]

⑤ 수원지방법원 2018. 1. 23. 선고 2016구합63157 판결 : ASML 판매지원용역

반도체 노광장비 제조업체인 ASML Holding N.V('네덜란드 ASML')의 국내 자회사인 원고(ASML 코리아)는 2005. 4.부터 네덜란드 ASML의 홍콩 자회사('ASML 홍콩')에게 ASML 홍콩의 국내 반도체 제조업체들에 대한 노광장비 등의 판매에 관한 지원서비스를 제공하였다. 원고는, 위 판매지원서비스에 대한 정상수수료의 산출방법으로 2005 내지 2009 사업연도에 관하여 국세청장으로부터 비교가능 제3자 가격방법에 대한 사전승인을 받았고, 승인기간의 종료 후 2010 내지 2012 사업연도에도 기존의 사전승인된 정상가격 산출방법을 계속 적용하였으나, 2013 사업연도에 정상가격산출방법을 거래순이익률방법[매출총이익률법(Berry ratio)]으로 변경하고 이에 따라 법인세 신고를 하였다.

과세관청은, 원고가 2013 사업연도에 홍콩 ASML에게 제공한 판매지원서비스 거래에 대하여 기존의 비교가능 제3자 가격방법에 따라 정상가격을 산출한 후 원고에게 법인세

---

53) 위 판결에 대한 해설은 김석환, "비교가능 제3자 가격 방법에서 비교대상거래의 범위", 대법원판례해설 제90호(2012), 136쪽

부과처분을 하였다. 법원은, 위 판매지원서비스 거래의 정상가격산출방법으로 매출총이익률방법은 적용될 수 없고, 비교가능 제3자 가격방법이 적절하다고 판단하였다.[54]

(나) 부정한 사례

① 대법원 2006. 7. 13. 선고 2004두4239 판결 : 세관의 조사가격

과세관청은 원고가 국외특수관계인으로부터 방위산업용 전자부품을 수입한 거래와 관련하여 세관의 조사가격을 비교가능 제3자 가격으로 보아 정상가격 조정을 하였다.

법원은, 원고의 수입거래는 해외소매상으로부터 소량 다품종의 부품을 일괄하여 구입한 것인 반면, 세관의 조사가격은 부품 제조회사의 국내대리점 등의 수입예정가를 기준으로 하는 등 거래상황이나 조건이 원고의 수입거래와 다른 점 등을 고려하여, 세관의 조사가격을 비교가능 제3자 가격으로 볼 수 없다고 판단하였다.[55][56]

② 대법원 2007. 9. 20. 선고 2007두13913 판결 : 오리지널 원재료 v. 제너릭 원재료

원고는, 국외특수관계법인으로부터 특허기간이 만료된 5개의 오리지널(original) 주성분인 원재료('오리지널 원재료')를 수입하여 셀파라존 등의 의약품('오리지널 완제품')을 생산·판매하였다.

과세관청은, 비교가능 제3자 가격방법에 의하여, 국내 타 제약사들이 특수관계가 없는 자로부터 수입하는 제너릭(generic) 원재료[57]의 수입가격의 중앙값에, 오리지널 완제품과 국내 타 제약사가 제너릭 원재료에 의하여 생산한 의약품('제너릭 완제품')의 의료보험약가 비율을 곱하는 방법으로, 오리지널 원재료의 정상가격을 산정한 후 정상가격 조정을 하였다가, 국세심판원의 재조사결정에 따라 오리지널 완제품과 제너릭 완제품의 의료보험약가 차이를 발생시키는 요인 중 원재료 이외의 제조원가 부분을 차감하는 방식으로 오리지널 원재료의 정상가격을 재산정하였다.

법원은, 오리지널 원재료와 제너릭 원재료 사이에는 소비자의 충성도 등 수입가격에 중대한 영향을 미치는 차이가 있고, 과세관청이 행한 차이조정만으로는 위 차이가 합리적으로 제거되었다고 볼 수 없다는 이유로, 과세관청의 정상가격 조정이 위법하다고 보았다.[58]

---

54) 수원지방법원 2018. 1. 23. 선고 2016구합63157 판결, 서울고등법원 2018. 7. 10. 선고 2018누36341 판결, 대법원 2020. 10. 29. 선고 2018두53221 판결, 서울고등법원 2021. 5. 27. 선고 2020누61166 판결, 대법원 2021. 10. 14. 선고 2021두42481 판결(심리불속행)(실질적인 판단내용은 1심과 환송 후 원심 판결문에 있다)

55) 수원지방법원 2003. 7. 23. 선고 2002구합1527 판결, 서울고등법원 2004. 4. 2. 선고 2003누14842 판결, 대법원 2006. 7. 13. 선고 2004두4239 판결

56) 관세의 과세가격과 정상가격 간의 관계에 대하여는 OECD TPG 문단 1.157

57) 특허기간이 만료된 약품과 화학적 구조식은 동일하나 다른 공법으로 합성한 원재료

58) ① 1심 : 서울행정법원 2006. 9. 20. 선고 2005구합6737 판결, ② 2심 : 서울고등법원 2007. 6. 5. 선고

③ 대법원 2012. 11. 29. 선고 2010두17595 판결 : 유동화증권 이자율

외국법인인 원고들의 국내지점은, 한국자산관리공사 등으로부터 채권을 그 장부가액보다 낮은 가격에 매입한 후 이를 기초자산으로 하여 국외 특수관계인들에게 연 17% 및 15%의 조건으로 유동화증권을 발행하였다.

과세관청은, 14개 국내 유동화전문회사가 공모방식으로 발행한 유동화증권의 이자율을 비교대상거래로 선정하고, 그 이자율을 기초로 발행형식, 신용보강 등의 차이에 대한 조정을 거쳐, 비교가능 제3자 가격 방법에 의한 정상이자율을 연 13.31%로 산정한 후 정상가격 조정을 하였다.

대법원은, 이 사건 유동화증권 발행거래와 비교대상거래 사이에 비교되는 상황의 차이가 정상이자율의 산정에 중대한 영향을 미치고, 피고의 차이조정이 위와 같은 상황의 차이를 제거할 수 있는 합리적 조정이라고 보기 어려우므로, 위 연 13.31%를 정상가격(정상이자율)으로 볼 수 없다고 판단하였다.

3-2-1-2. 재판매가격방법(Resale Price method)

(1) 의의

재판매가격방법은, 거주자와 국외특수관계인 간의 거래의 당사자 중 어느 한쪽인 구매자가 특수관계 없는 자에 대한 판매자가 되는 경우, 그 판매가격에서 그 구매자가 판매자로서 얻는 통상의 이윤(매출총이익)으로 볼 수 있는 금액을 뺀 가격을 정상가격으로 보는 방법이다(국조법 8조 1항 2호).

구매자가 판매자로서 얻는 통상의 이윤은, 구매자가 특수관계 없는 자에게 판매한 금액에 판매기준 통상이익률을 곱하여 계산된 금액이다(국조법 시행령 6조 1항 1문). 판매기준 통상이익률은, 구매자와 특수관계가 없는 자 간의 거래 중 해당 거래와 수행된 기능, 사용된 자산 및 부담한 위험의 정도가 유사한 거래에서 실현된 매출총이익률[59]로 한다(국조법 시행령 6조 1항 2문).[60]

(2) 적합성 판단기준 및 차이조정

재판매가격방법이 정상가격 산출방법으로서 높은 적합성을 가지기 위해서는, 구매자가

2006누25430 판결(항소기각), ③ 대법원 2007. 9. 20. 선고 2007두13913 판결(심리불속행)

59) 매출액에 대한 매출총이익(매출액에서 매출원가를 뺀 금액)의 비율

60) 구매자와 특수관계 없는 자 간의 거래에서 적정한 판매기준 통상이익률을 산출할 수 없는 경우에는, 특수관계가 없는 자들 간의 거래 중 해당 거래와 수행된 기능, 사용된 자산 및 부담한 위험의 정도가 유사한 거래에서 발생한 판매기준 통상이익율을, 통상의 이윤을 산출하기 위한 판매기준 통상이익률로 사용할 수 있다(국조법 시행령 6조 2항).

중요한 가공기능 또는 제조기능 없이 판매 등을 하는 경우이어야 한다(국조법 시행규칙 6조 2항 2호).[61] 이 경우, 거래되는 재화나 용역의 특성보다는, 분석대상 당사자와 비교가능 대상 간에 기능상 동질성이 있는지를 우선적으로 고려하여야 한다.

일반적으로 재화의 경미한 차이가 이윤에 미치는 영향은 가격에 미치는 영향보다 작기 때문에, 재판매가격방법의 경우 비교가능 제3자 가격 방법에 비하여 제품의 차이를 고려한 조정이 적게 요구된다.[62] 다만, 국외특수관계인 거래와 비교대상거래 간에 제품의 차이가 클 경우 이는 두 거래의 당사자가 수행한 기능의 차이로 반영될 수 있다. 또한, 고가이거나 고유한 무형자산(valuable or unique intangible)이 관련된 거래, 가령 높은 브랜드 가치를 가지는 재화의 경우에는 제품의 유사성이 중요할 수 있다.[63]

재판매가격방법을 적용하는 경우, 고유한 무형자산(상표권이나 고유한 마케팅 조직 등)의 사용 등에 따른 차이는 합리적으로 조정될 수 있어야 한다(국조법 시행규칙 6조 2항 2호). 특히 재판매자가 판매촉진을 위한 광고나 마케팅 활동 등을 하는지 여부가 매출총이익에 반영될 수 있으므로,[64] 이에 관한 합리적 차이조정이 이루어져야 한다.

(3) 판결례

(가) 대법원 2008. 12. 11. 선고 2008두14364 판결

① 사실관계

원고(한국다우케미컬 주식회사)는, 폴리우레탄의 주원료인 MDI의 제조업과 아울러, ㉮ 국외특수관계회사로부터 기초화학제품을 직접 수입하여 국내 고객에게 판매하거나(스톡판매), ㉯ 국내 고객으로부터 신용장을 개설받아 원고의 홍콩지점이 국외특수관계회사에 주문한 다음 국외특수관계회사의 국내 보세창고에 입고된 제품을 국내고객에게 인계하고 관세 및 통관비용을 국내고객이 부담하게 하는 방식으로 상품을 통관(신용장판매)하는 도매업 등을 하고 있다.

피고(과세관청)는, 정상가격산출방법으로 재판매가격방법을 선택하고, 비교대상업체로 원고와 동종업종을 영위하는 업체들 중에서 5개 업체를 선정하였는데, 위 비교대상업체들은 국제거래뿐만 아니라 국내거래도 하고 있다. 그리고 피고는 원고의 국외특수관계회사들의 거주지국별로 구분하지 않고 일괄하여 정상가격을 산출하였다.

---

61) 재판매가격방법은 상품을 매입한 후 별다른 변경·가공 없이 단순히 재판매하는 거래형태에 적합하다. : 서울고등법원 2009. 11. 12. 선고 2008누37611 판결(대법원 2011. 10. 13. 선고 2009두24122 판결의 원심)

62) OECD TPG 문단 2.29

63) OECD TPG 문단 2.31

64) 재판매자가 마케팅 활동까지 하는 경우에는 이를 고려하여 그렇지 않은 경우보다 더 높은 매출총이익이 책정될 것이다.

② 대법원의 판단

비교대상업체가 국제거래뿐만 아니라 국내거래를 하는 경우에도, 그로 인한 차이가 거래가격이나 이익에 미치는 영향을 제거할 수 있는 합리적 조정이 가능하다면, 그 국내거래로부터도 통상이익률을 산출할 수 있으므로, 비교대상업체들의 국내거래를 포함한 전체 거래로부터 통상이익율을 산출한 것은 적법하다. 국조법은 이전가격(정상가격)을 국외특수관계 거래의 국가별로 산출하도록 규정하고 있지 않으므로, 국가별로 구별하지 않고 일괄하여 이전가격을 산출한 것도 적법하다.

(나) 서울행정법원 2009. 7. 2. 선고 2007구합21495 판결

원고의 사업은, 국외특수관계인이 국내 고객에게 높은 브랜드가치를 가지는 고가의 전자계측기기 등을 판매하는 것을 중개하고 수수료를 받는 것이었다. 국내 고객이 신용장을 개설하여 제품대금을 결제하고 통관절차를 밟아 제품을 인수하였으므로, 원고는 재고제품 보관, 판매대금채권 관리·회수 등의 사업활동을 하거나 그 위험을 부담하지 않았다.

피고는 재판매가격방법에 따라 원고의 거래에 대한 정상가격을 산출하였는데, 피고가 선정한 비교대상업체들은, 여러 단계의 유통과정을 거쳐 소비자에게 판매되는 저가의 소비재 전자제품을 수입하여 국내 도·소매업체에 판매하는 사업을 하고, 재고제품 보관, 판매대리점 등 확충, 판매대금채권 관리·회수 등의 사업활동을 하며 그 위험을 부담하였다.

법원은, 원고의 사업과 비교대상업체들의 사업 사이에 본질적 차이가 존재하고, 그 차이를 극복할 수 있을 정도의 합리적 조정이 이루어졌음을 인정할 자료가 없다는 이유로, 재판매가격방법을 기초로 한 피고의 정상가격조정이 위법하다고 판단하였다.

3-2-1-3. 원가가산방법(Cost Plus method)

(1) 의의

원가가산방법은, 거주자와 국외특수관계인 간의 거래에서 거래당사자 중 어느 한쪽이 자산을 제조·판매하거나 용역을 제공하는 경우, 자산의 제조·판매나 용역의 제공과정에서 발생한 원가에 자산 판매자나 용역 제공자의 통상의 이윤(매출총이익)으로 볼 수 있는 금액을 더한 가격을 정상가격으로 보는 방법이다(법 8조 1항 3호).

통상의 이윤(매출총이익)은, 다음 각 구분에 따른 **원가**에 원가기준 통상이익률을 곱하여 계산한 금액으로 한다(국조법 시행령 7조 1항 1문).

① 자산 판매자 : 그 자산을 정상가격으로 구입·건설 또는 제조하는데 필요한 원가
② 용역 제공자 : 그 용역을 제공하는 과정에서 정상가격에 의하여 발생한 원가

원가기준 **통상이익률**은, 자산 판매자 또는 용역 제공자와 특수관계가 없는 자 간의 거

래 중 해당 거래와 수행된 기능, 사용된 자산 및 부담한 위험의 정도가 유사한 거래에서 발생한 원가에 대한 매출총이익의 비율로 한다(국조법 시행령 7조 1항 2문).[65]

(2) 적합성 판단기준

원가가산방법의 적합성 판단기준은, 특수관계인 간에 반제품 등의 중간재가 거래되거나 용역이 제공되는지 여부이다(국조법 시행규칙 6조 2항 3호). 이 경우 분석대상 당사자와 비교가능 대상 간에 기능상 동일성이 있는지를 우선적으로 고려하여야 하고, 분석대상 당사자와 비교가능 대상 사이에서 비교되는 총이익은 원가와의 관련성이 높고 동일한 회계기준에 따라 측정될 수 있어야 한다.

원가가산방법은, 반제품 또는 용역이 특수관계자들 사이에 거래되거나, 특수관계자들이 공동설비계약 또는 장기구입공급계약을 체결한 경우 유용하다.[66]

(3) 판결례

(가) 대법원 2013. 11. 14. 선고 2011두25784 판결

원고(론스타어드바이저코리아 주식회사)는, 모회사로서 국외특수관계인인 Lone Star Global Acquisition Ltd.('론스타글로벌')와 사이에, 론스타펀드의 투자대상을 발굴하고 정보를 수집하는 등의 용역을 제공하고 그 대가로 론스타글로벌으로부터 내부발생비용(internal cost)의 110%를 지급받기로 계약하였다.

원고는, 원가가산방법을 정상가격산출방법으로 하고, '내부발생비용'을 「① 판매 및 일반관리비(영업비용) + ② 영업외 비용(이자비용, 외환차손 등) - ③ 영업외 수익(이자수익, 외환차익 등)」으로 계산하여 신고하였다. 피고는, 원고의 내부발생비용을 「① 판매 및 일반관리비 + ② 영업외 비용」으로 계산하고 「③ 영업외 수익」에 110%를 곱한 금액을 익금에 산입하여 법인세 부과처분을 하였다.

대법원은, ② 영업외 비용과 ③ 영업외 수익은 상당 부분 그 발생원인이 공통되는 점 등에 비추어, 피고가 원고의 내부발생비용으로 계산한 「① 판매 및 일반관리비 + ② 영업외 비용」 금액은 국외특수관계자가 아닌 자와의 통상적인 거래에서 적용될 합리적인 용역 대금으로 볼 수 없다는 이유로, 피고의 과세처분을 위법하다고 판단하였다.

---

65) 자산 판매자나 용역 제공자와 특수관계 없는 자 간의 거래에서 적정한 원가기준 통상이익률을 산출할 수 없는 경우에는, 특수관계 없는 자 간의 제3의 거래 중 해당 거래와 수행된 기능, 사용된 자산 및 부담한 위험의 정도가 유사한 거래에서 발생한 원가기준 통상이익률을, 통상의 이윤을 계산하기 위한 원가기준 통상이익률로 사용할 수 있다(국조법 시행령 7조 2항).

66) OECD TPG 문단 2.45 ; 가령 내국모법인이 외국자법인에게 기술 및 노하우를 제공하여 그 외국자법인으로 하여금 일정한 제품을 생산하게 한 후 이를 국내로 수입하여 판매한 경우, 원가가산방법이 적용될 수 있을 것이다. 원가가산방법은 역사적으로, 위와 같은 왕복거래(round-trip transaction)의 경우 외국자법인에게 귀속시킬 소득을 계산하는 방법으로 미국 국세청에 의하여 시작되었다고 한다. 이창희, 국제조세법(2020), 363쪽

(나) 서울행정법원 2020. 4. 23. 선고 2019구합73161 판결 : 현지법인 인건비

원고 법인이 2013 내지 2016 사업연도에 베트남 및 중국 현지법인들에 파견한 직원의 인건비 중 73%는 원고가, 나머지 27%는 현지법인들이 각 부담하였다. 과세관청은, 비교가능기업 9개의 원가기준 이익률 중위값을 적용하여 위 현지법인들의 원가기준 통상이익률을 산출하고, 이를 토대로 정상가격 조정을 하여 원고가 초과 지급한 인건비를 익금에 산입하였다. 법원은 위 정상가격 조정이 적법하다고 판단하였다.[67]

3-2-1-4. 거래순이익률방법(Transactional Net Margin method)

(1) 의의

거래순이익률방법은, 거주자와 특수관계가 없는 자 간의 거래로서 거주자와 국외특수관계인 간의 거래와 유사한 것에서 실현된 통상의 거래순이익률을 기초로 산출한 거래가격을 정상가격으로 보는 방법이다(국조법 8조 1항 4호).

거래순이익률방법은, 매출원가 및 판매비와 관리비 등 영업비용이 반영된 순이익률지표(net profit indicator)에 기초하여 정상가격을 산출한다. 가격이 제품의 차이로 인한 영향을 많이 받고, 매출총이익(gross profit)이 기능의 차이에 따른 영향을 많이 받는 것에 비하여, 영업이익 등에 기초한 순이익률지표는 그러한 영향을 덜 받는다.[68] 거래가격에 기초한 비교가능 제3자 가격방법이나 매출총이익률에 기초한 재판매가격방법 또는 원가가산방법에 비하여, 거래순이익률방법은, 상품의 차이나 사업활동의 기능상 차이 등에 의한 영향을 적게 받고, 주로 영업이익 단계에서 분석하므로, 다른 정상가격 산출방법에 비하여 회계방법의 차이로 인한 영향을 적게 받는 장점이 있다.[69] 이러한 이유로 실무상 거래순이익률방법이 정상가격산출방법으로 가장 많이 사용된다.[70]

다만, 국외특수관계인 거래와 비교대상거래 사이에 상품이나 거래단계의 차이가 현저하여 거래에 수반되는 위험이나 사용되는 자산 등 다른 비교가능성 분석요소의 차이를 야기하고, 그러한 차이가 영업이익률에 중대한 영향을 미친다면, 합리적 조정이 필요하고, 합리적 조정이 이루어지지 않는다면 비교대상거래는 비교가능성이 높다고 할 수 없다.[71]

---

67) 서울고등법원 2021. 7. 22. 선고 2020누42219 판결(항소기각), 대법원 2021. 12. 16. 선고 2021두49147 판결(심리불속행)
68) 대법원 2014. 8. 20. 선고 2012두23341 판결 ; OECD TPG 문단 2.68, 2.75
69) 재판매가격방법과 원가가산방법의 경우 어떤 비용이 매출원가 계정과 판매관리비 계정 중 어디에 속하는지에 따라 정상가격이 달라진다. 거래순이익률방법은 어떤 비용이 매출원가인지 판매관리비인지에 관한 회계방법의 차이로 인한 영향을 받지 않기 때문에, 실무에서는 거래순이익률방법을 선호한다고 한다. 최일환, 앞의 책, 247쪽
70) 2019년까지 처리된 사전승인 사건 508건 중 약 89%인 453건이 거래순이익률방법으로 처리되었고, 그중 과반수인 244건에서 순이익률지표로 영업이익률이 사용되었다. 국세청 2019 APA 연차보고서, 36쪽

한편, 순이익률지표는 신규 시장진입자의 위협, 경쟁상 지위(competitive position) 등의 영향을 받는데,[72] 경쟁상 지위에 따른 영향은 비교가능 제3자 가격방법 등의 경우에는 제품과 기능의 유사성을 높임으로써 자연스럽게 제거될 수 있지만, 거래순이익률방법의 경우에는 그와 같이 손쉽게 제거되지 않는다.[73]

(2) 적합성 판단기준

거래순이익률방법의 적합성을 판단할 때는, 거래순이익률 지표(국조법 시행령 8조 1항)와 영업활동의 상관관계가 높은지 여부를 고려하여야 하고, 다른 정상가격 산출방법보다 더 엄격하게 특수관계 거래와 비교가능 거래의 유사성이 확보될 수 있거나 비교되는 상황 간의 차이가 합리적으로 조정될 수 있어야 한다(국조법 시행규칙 6조 2항 4호). 거래순이익률방법은, 거래당사자가 각자 고유하고 가치 있는 기여(unique and valuable contribution)를 하는 경우에는, 적합하지 않다.[74]

(3) 통상의 거래순이익률의 산출방법

거주자와 특수관계 없는 자 간의 거래에서 실현된 통상의 거래순이익률의 산출방법과 그 적용대상은 다음과 같다(국조법 시행령 8조 1항, 국조법 시행규칙 6조 3항).

① 매출에 대한 거래순이익[영업이익 = 매출총이익(매출 − 매출원가) − 영업비용(판매비와 일반관리비)]의 비율 : 특수관계인으로부터 구매한 제품을 독립된 제3자에게 재판매하는 경우

② 자산에 대한 거래순이익의 비율 : 유형자산 집약적인 제조활동, 자본집약적인 재무활동 등과 같이 분석대상 당사자가 창출한 거래순이익과 자산과의 관련성이 큰 경우

③ 매출원가 및 영업비용에 대한 거래순이익의 비율 : 거래순이익과 매출원가 및 영업비용의 관련성이 높은 경우

④ 영업비용에 대한 매출총이익의 비율(Berry ratio)[75] : 분석대상 당사자가 재고에 대한

---

71) 대법원 2014. 8. 20. 선고 2012두23341 판결 ; OECD TPG 문단 2.80
72) OECD TPG 문단 2.77 : 이에 따라 두 기업이 같은 산업에 있다고 하더라도 그들의 시장점유율과 경쟁상 지위에 따라 이익률은 달라질 수 있다(OECD TPG 문단 2.78).
73) OECD TPG 문단 2.76
74) OECD TPG 문단 2.65 : 그러한 경우에는 이익분할방법이 적합하다(OECD TPG 문단 2.119).
75) 국조법 기본통칙 5−4…1【매출총이익의 영업비용에 대한 비율(Berry Ratio)】
　① berry ratio는 용역을 수행하는 기업이나 단순유통업 등에 적합한 방법이다.
　② 영업비용과 수행된 용역의 정도가 상당한 상관관계가 있어야 한다.
　③ 영업비용 증가에 대응하여 매출총이익이 증가하여야 한다.
　④ 비교가능한 기업과 회계처리방식이 다른 경우에는 동일한 회계처리 방식하에서 비교가 될 수 있도록 조정이 되어야 한다.

부담 없이 단순 판매활동을 하는 경우(특수관계인으로부터 재화를 구입하여 다른 특수관계인에게 판매하는 단순중개활동을 하는 경우 등). Berry ratio를 적용하기 위해서는, 국외특수관계인 거래에서 납세자가 다른 정상가격산출방법이 적용되어야 하는 중요한 기능(가령 제조기능)을 수행하지 않아야 한다.[76][77]

⑤ 그 밖에 합리적이라고 인정될 수 있는 거래순이익률

거주자와 특수관계 없는 자 간의 거래에서 실현된 통상의 거래순이익률을 산출할 수 없는 경우에는, 다음 각 거래 중 거주자와 국외특수관계인 간의 거래와 수행된 기능, 사용된 자산 및 부담한 위험의 정도가 유사한 거래에서 발생한 통상의 거래순이익률을, 정상가격 산출을 위한 통상의 거래순이익률로 사용할 수 있다(국조법 시행령 8조 2항).

① 국외특수관계인과 특수관계가 없는 자 간의 거래
② 특수관계가 없는 자들 간의 거래

(4) 판결례

(가) 대법원 2011. 8. 25. 선고 2009두23945 판결 : 부정

독일 모회사(SAP AG)의 국내자회사인 원고(에스에이피 주식회사)는, 독일 모회사로부터 ERP 소프트웨어의 판매권을 부여받아 이를 국내에 판매하는 이 사건 거래를 하면서, 독일 모회사에게 ERP 소프트웨어의 사용료로 2000년까지는 매출액의 40%, 2001년 이후에는 매출액의 50%를 각 지급하여 2000년에는 영업이익률 7.27%, 2001년에는 영업이익률 −1.67%를 각 기록하였다.

피고는, 거래순이익률방법에 따라 ERP 소프트웨어의 연구개발, 제조, 판매 활동 등을 직접 수행하면서 국제거래 없이 국내거래만을 한 8개의 국내 업체를 비교대상업체로 삼아

---

76) 국조법 집행기준 5−4−3, OECD TPG 문단 2.107 : 이는 Berry ratio가 비용을 영업비용으로 분류할 수 있는지 여부에 매우 민감하고 비교가능성 문제를 일으킬 수 있기 때문이다.

77) Berry ratio의 적용 여부가 문제된 사건으로 수원지방법원 2018. 1. 23. 선고 2016구합63157 판결(ASML 코리아 사건), 서울고등법원 2021. 5. 27. 선고 2020누61166 판결, 대법원 2021. 10. 14. 선고 2021두42481 판결(심리불속행) : ① 반도체 노광장비 제조업체인 ASML Holding N.V('네덜란드 ASML')의 국내 자회사인 원고(ASML 코리아)는 ㉮ 네덜란드 ASML의 홍콩 자회사('ASML 홍콩')에게 ASML 홍콩이 국내 반도체 제조업체들에게 노광장비 등을 판매하는 것에 대한 지원서비스('판매지원서비스')를 제공하는 한편, ㉯ ASML 홍콩을 대신하여 국내 반도체 제조업체들에게 판매된 노광장비의 설치 및 보증기간 내 수리 및 유지관리 서비스('설치 및 보증서비스')를 제공하는 등의 사업을 하였다. ② 원고는 2013 사업연도에 정상가격 산출방법으로 ㉮ ASML 홍콩을 위한 판매지원서비스에 관하여는 Berry ratio가 127%가 되도록 하는 방법을, ㉯ 설치 및 보증서비스에 관하여는 거래순이익률방법 중 '영업이익/총발생원가'가 7.2%가 되도록 하는 방법을 적용하여 정상가격을 산출하여 법인세 신고를 하였다. ③ 법원은, 원고가 판매지원서비스 사업 외에 설치 및 보증서비스 사업 등도 영위하고 있고, 설치 및 보증서비스 사업등에는 Berry ratio가 아닌 총원가가산율법이 적합하다는 이유로, 판매지원서비스 거래에 대하여 Berry ratio가 적용될 수 없다고 판단하였다.

그 영업이익률을 기준으로 정상가격을 산출하여 원고에게 법인세 부과처분을 하였다.

대법원은, 피고가 비교대상으로 삼은 업체들은, 국외의 제3자로부터 판매권을 부여받지 않고 국내에서 직접 연구개발 및 판매 활동 등을 수행한 업체들로서, 그 거래는 국외의 제3자로부터 판매권을 부여받아 판매활동만을 수행한 이 사건 거래와 유사하다고 보기 어렵다는 이유로, 피고의 정상가격조정이 위법하다고 판단하였다.

(나) 대법원 2014. 9. 4. 선고 2012두1747, 1754 판결 : 긍정

로열더치쉘 그룹('쉘 그룹')의 계열회사로서 홍콩법인인 원고(쉘 퍼시픽 엔터프라이시스)의 한국지점('원고 지점')은, 쉘 그룹 계열회사 등으로부터 합성수지 등의 화학제품을 생산하는데 사용되는 스티렌모노머, 솔벤트 등 기초 화학제품을 구입하여 국내기업에 수백 또는 수천 톤 단위로 판매하였고, 2001 사업연도에 관하여 영업이익률 -3.3%, 2002 사업연도에 관하여 영업이익률 -1.5%를 신고하였다.

과세관청은, 거래순이익률방법에 따라 산업용 기초화합물 등의 수입·판매업을 영위하는 7개 업체를 비교대상업체로 선정하여 2001, 2002 사업연도 영업이익률을 계산하고, 이에 대하여 원고 지점과 비교대상업체 간의 재무자료 및 위험수준 등에 대한 차이를 조정하여 정상가격을 산출한 후 원고 지점에게 2001, 2002 사업연도 법인세 부과처분을 하였다.

원심은, 원고 지점과 국외특수관계인 간의 이 사건 거래가 석유화학제품만을 해외에서 우리나라로 수출하는 형태를 띠는 반면, 비교대상업체의 거래는 무기화학제품, 화공약품 등 다양한 품목을 국내로 수입하여 재판매하는 것이어서 취급 제품이나 거래단계에 질적인 차이가 있어 비교가능성이 결여되어 있고, 위와 같은 차이가 가격이나 순이익에 중대한 영향을 미쳤을 것임에도 그에 대한 합리적 조정이 이루어졌다고 볼 수 없다는 이유로, 위 정상가격조정을 위법하다고 판단하였다.

이에 대하여 대법원은 다음과 같이 판단하였다.

① 거래순이익률방법은, 매출원가 및 판매비와 일반관리비 등 영업비용이 반영된 순이익률지표 또는 영업이익률에 기초하여 정상가격을 산정하므로, 거래가격에 기초하는 비교가능 제3자 가격방법이나 매출총이익률에 기초하는 재판매가격방법이나 원가가산방법과 달리, 상품의 차이나 거래단계 등 사업활동의 기능상 차이 등에 의한 영향이 적다. 따라서 정상가격 산출 시 거래순이익률방법을 적용하는 경우, 과세관청이 당해 거래의 조건과 상황이 유사한 거래를 행하는 비교대상업체를 선정하고 최선의 노력으로 확보한 자료에 기하여 합리적으로 정상가격을 산출하였다면, 특별한 사정이 없는 한 거래품목이나 비교대상업체와의 거래단계 등의 차이에 따른 별도의 조정을 하지 않았다는 이유만으로 그와 같이 산출한 정상가격이 틀렸다고 단정할 수는 없다.

② 피고가 선정한 비교대상업체들은, 유기화학품을 비롯한 기초 화학제품이나 기초 화합물을 국내로 수입하여 판매하는 기업들로서, 원고 지점이 행한 이 사건 거래의 조건과 상황이 비슷한 거래를 하였으며, 피고가 거래순이익률방법에 따라 산출한 정상가격은, 영업이익률에 영향을 미칠 수 있는 운전자본 등에 대한 차이도 조정된 것이므로, 피고는 이 사건 거래와 비슷한 거래를 행하는 비교대상업체를 선정하고 최선의 노력으로 확보한 자료에 기하여 합리적으로 정상가격을 산출한 것으로 볼 수 있다. 따라서 일정한 정상가격의 범위가 존재하고, 이 사건 거래의 이전가격이 그 정상가격의 범위 내에 들어 있어 경제적 합리성을 결여한 것으로 볼 수 없다는 특별한 사정을 원고가 증명하지 못하는 한, 피고가 산출한 정상가격이 틀렸다고 단정할 수는 없다.

(다) 대법원 2014. 8. 20. 선고 2012두23341 판결 : 부정

미국법인인 HII의 자회사인 원고(한국허벌라이프 주식회사)는, HII로부터 제공받은 기술정보를 이용하여 국내외 제3자 제조업체를 통한 OEM 방식으로 제조된 체중관리 및 영양제품 등을 구입한 후 이를 국내 다단계판매원에게 판매하는 형태의 다단계판매업을 영위하여 왔고, 이를 위하여 HII와 사이에 라이선스 및 기술지원 계약 등을 체결한 후 HII에게 기술 및 프랜차이즈 사용료를 지급하였다. 그리고 원고는, HII의 다른 자회사인 HIAI와 사이에 경영자문서비스계약을 체결하고, 다단계판매업에 필요한 마케팅 등의 용역서비스에 대한 대가로 HIAI에 경영자문료를 지급하였다.

과세관청은, 거래순이익률방법에 따라 국내의 4개 업체를 비교대상업체로 선정하여 그 영업이익률을 기준으로 정상가격 조정을 하였다.

대법원은 다음과 같은 이유로 정상가격 조정이 위법하다고 판단하였다.

① 국외특수관계자거래와 비교대상거래 사이에 상품이나 거래단계의 차이가 현저하여 양자가 본질적으로 다르고, 그로 인하여 거래에 수반되는 위험이나 사용되는 자산 등 다른 비교가능성 분석요소의 차이를 야기하며, 나아가 그러한 차이가 영업이익률에 중대한 영향을 미친다면, 비교대상거래는 합리적인 차이조정이 이루어지지 않는 한 비교가능성이 높다고 할 수 없어 당해 거래의 조건과 상황이 유사한 거래라고 할 수 없으므로, 그러한 비교대상거래를 기초로 거래순이익률방법에 따라 산출한 가격은 적법한 정상가격이라고 할 수 없다.[78]

② 원고의 취급 제품 중 매출 상위 5개 제품은 건강보조식품(다이어트식품)으로서 전체 매출액의 절반 이상이고, 원고의 거래는 OEM 방식으로 제조·수입한 제품을 다단계판매원

---

78) 위 판결에 대한 해설로는 정광진, "국제조세조정에 관한 법률상 거래순이익률방법에 따른 경영자문료의 정상가격 산정 등", 대법원판례해설 제102호(2015), 3쪽

에게 판매하는 방식인데 비하여, 비교대상업체들 중 하이리빙을 제외한 나머지 업체들은 모두 의류나 화장품 등을 취급하고 건강보조식품을 취급하지 않으며, 다단계판매 방식이 아닌 일반적 도매 또는 소매 방식을 취하고 있는 점, 비교대상업체들 중 하이리빙은 순수하게 국내에 기반을 둔 다단계업체로서 환율변동의 영향을 거의 받지 않는 점 등에 비추어, 원고와 비교대상업체들 간에는 취급제품의 종류 및 거래단계(사업활동의 기능), 환율변동을 비롯한 경제여건 등에 있어서 본질적인 차이가 존재함에도 그로부터 야기되는 차이를 극복할 수 있는 합리적인 차이조정이 이루어지지 않았으므로, 위 정상가격 조정은 위법하다.

3-2-1-5. 이익분할방법(Profit Split method)

(1) 의의

이익분할방법은, 거주자와 국외특수관계인 간의 국제거래에서 거래당사자 양쪽이 함께 실현한 거래순이익(결합이익, combined profits)을 합리적인 배부기준(allocation keys)에 따라 측정된 거래당사자들 간의 상대적 공헌도에 따라 배부하고, 이와 같이 배부된 이익을 기초로 산출한 거래가격을 정상가격으로 보는 방법이다(국조법 8조 1항 5호).

(2) 이익분할의 대상 및 방법

(가) 결합이익

분할대상인 '거래당사자 양쪽이 함께 실현한 거래순이익'은, 제3자와의 거래에서 실현한 거래순이익이다(국조법 시행령 9조 1항 1호). 거주자가 국외특수관계인과 거래를 하고, 그 국외특수관계인이 제3자와 거래를 한 경우, 거주자가 뒤의 거래로 실현된 이익에 대하여 다른 한쪽이 독특하고 가치 있는 기여 등을 하였다면, 그 이익은 결합이익에 해당한다.[79]

분할대상은 일반적으로 영업이익이지만, 매출총이익이 적절한 경우도 있다.[80]

(나) 상대적 공헌도

상대적 공헌도는, 다음의 각 기준과 각 기준이 거래순이익의 실현에 미치는 중요도를 고려하여, 유사한 상황에서 특수관계가 없는 독립된 사업자 간의 거래에 적용될 것으로 판단되는 합리적인 배부기준에 따라 측정되어야 한다(국조법 시행령 9조 1항 2호).

① 사용된 자산 및 부담한 위험을 고려하여 평가된 거래당사자가 수행한 기능의 상대적

---

79) 이론적으로는, 거주자가 제3자와 거래를 한 경우도 결합이익의 대상에 포함될 여지가 있으나, 그렇게 하면 오히려 거주자의 소득이 감소하게 되므로, 그러한 경우에 이익분할방법을 적용하는 것은 생각하기 어렵다. 가령 거주자가 국외특수관계인과의 거래에서 10의 이익을 얻고, 제3자와 거래에서 30의 이익을 얻었으며, 양 당사자의 공헌도가 같은 경우, 두 거래의 이익을 묶어서 이익분할방법을 적용하면, 거주자가 두 거래로 얻은 이익 중 일부가 국외특수관계인에게 배부되어 거주자의 소득이 오히려 감소하게 되므로{40 → 20[= (10+30)/2)]}, 과세당국이 그렇게 할 유인이 없을 것이다.
80) OECD TPG 문단 2.162~2.164

가치

② 영업자산, 유형·무형의 자산 또는 사용된 자본

③ 연구·개발, 설계, 마케팅 등 핵심 분야에 지출·투자된 비용

④ 그 밖에 판매증가량, 핵심 분야의 고용인원 또는 노동 투입시간, 매장 규모 등 거래 순이익의 실현과 관련하여 합리적으로 측정할 수 있는 배부기준

(다) 잔여이익분할방법

이익분할방법은, 거래 형태별로 거래당사자들의 적절한 기본수입을 우선 배부하고 잔여이익(residual profits)을 상대적 공헌도에 따라 배부하는 방법[81]을 포함한다(국조법 시행령 9조 2항). 이에 따르면, 국외특수관계인 거래와 관련된 이익 중 신뢰성 있는 비교대상거래를 찾을 수 있는 덜 복잡한 공헌에 귀속되는 부분에 대하여는 전통적 거래방법 또는 거래순이익률방법이 적용되고, 나머지 부분만이 상대적 공헌도에 따라 배분된다.[82] 실무상 이익분할방법으로 위 잔여이익분할방법이 많이 사용된다.

(3) 적합성 판단기준

이익분할방법은, 특수관계인 양쪽이 특수한 무형자산 형성에 관여하는 등 고도로 통합된 기능을 수행하고, 특수관계가 없는 독립된 당사자 사이에서도 각자의 기여에 비례하여 그 이익을 분할하는 것이 합리적으로 기대되는 경우에, 적합하다(국조법 시행규칙 6조 2항 5호).[83][84]

OECD 이전가격지침은 이익분할방법의 적용대상으로 ① 각 당사자가 독특하고 가치 있는 기여(unique and valuable contribution)[85]를 하는 경우,[86] ② 일방적 방법(one-sided method)이 적절하지 않은 고도로 통합된(highly integrated) 사업활동,[87] ③ 각 당사자가

---

81) 이에 관하여는 ① OECD TPG 문단 2.152 및 p.475(Example 11), ② 이재호, "잔여이익분할방법상 결합이익의 기본개념과 적용조건", 조세학술논집 제35집 제3호(2019), 한국국제조세협회, 97쪽

82) OECD TPG 문단 2.152

83) OECD TPG 문단 2.119

84) 이익분할방법이 적합한 상황에 관하여는 서진욱, "OECD 이전가격지침에 따른 이익분할방법 적용에 관한 연구 - 이익분할방법을 적용하기에 적합한 상황 및 이익분할기준을 중심으로 -", 조세학술논집 제37집 제2호(2021), 한국국제조세협회, 110쪽 이하 참조

85) '특별하고 가치 있는 기여'는 ① 비교가능한 제3자 거래의 당사자들에 의하여 행해지는 기여와 비교가능하지 않고, ② 사업활동에서 현실적 또는 잠재적 경제적 이익의 핵심요소를 나타내는 것을 말한다. OECD TPG Glossary p.27

86) OECD 이전가격지침은, 2017년판까지는 '이익분할방법은, 거래당사자 중 하나가 하청생산(contract manufacturing) 등과 같은 단순한 기능만을 수행하고 중요한 고유한 기여(unique contribution)를 하지 않는 경우에는, 그 당사자의 기능적 분석의 관점에서 적합하지 않으므로, 통상적으로 사용되지 않을 것'이라고 보았으나(2017년 OECD TPG 문단 2.115), 2022년판에서는 해당 내용을 삭제하였다.

87) 고도의 통합은 '한 당사자가 기능을 수행하고 자산을 사용하며 위험을 부담하는 방식이 다른 당사자의

경제적으로 중요한 위험을 공동으로 부담하는 경우[88] 등을 든다.[89]

 독특하고 가치 있는 기여의 예

OECD 이전가격지침은 독특하고 가치있는 기여의 예로 드는 것은 다음과 같다.

① 제약부문 다국적기업의 모회사인 A 회사가 신약의 특허를 보유하고 신약의 임상시험 및 초기단계의 연구·개발을 수행하며, A 회사의 자회사로서 A 회사로부터 특허의 실시를 허여받은 S 회사가 신약의 후속개발 및 중요한 기능향상을 수행하여 관계당국의 인증을 얻은 경우(OECD TPG p.467)

② IT 솔루션을 개발하는 다국적기업의 구성원 중 Web Co는 인터넷에서 가격정보를 효율적이고 빠르게 수집할 수 있는 웹크롤러의 프로그램 소스를 개발하고, Scale Co는 웹크롤러의 부가기능 설계 및 시장과의 격차를 메우는 맞춤화의 전문가로서 웹크롤러를 향상시키고 크롤링 전략을 결정하며, 후자의 기여가 없이는 위 시스템이 잠재적 고객의 요구에 부응할 수 없는 경우(OECD TPG p.470)

③ 전자제품을 판매하는 다국적기업의 구성원 중 A 회사는 신제품의 설계, 개발과 제조를 담당하면서 가치 있는 노하우와 전문성을 사용하는 반면, B 회사는 전세계 마케팅 활동과 판매를 담당하는 경우에, ㉮ B 회사의 마케팅 활동이 다소 제한적이고 상표와 관련된 영업권 또는 평판을 중요하게 향상시키지 못하는 때에는, B 회사는 특별하고 가치 있는 기여를 한 것에 해당하지 않지만(OECD TPG p.470), ㉯ B 회사의 마케팅 활동이 상표 및 관련 영업권을 가치 있게 만들어 신제품이 시장의 경쟁자들과 호의적으로 차별되게 하고, 제품에 대한 고객의 의견을 얻기 위한 정교한 재산적 가치있는 알고리즘을 개발하였으며, 그러한 정보가 수요와 재고를 정확하게 예측하고 고객들이 그들의 주문을 48시간 내에 받을 수 있도록 물류를 하는 데 매우 가치 있는 때에는 독특하고 가치 있는 기여를 한 경우에 해당한다(OECD TPG p.469).

그것과 연계되어(interlinked with) 다른 당사자의 그것으로부터 분리하여 신뢰성 있게 평가될 수 없는 것'을 말한다(OECD TPG 문단 2.133). 그 예로, 특수관계기업들 간 금융상품의 국제적 거래와 같이, 당사자들이 각자의 기여를 분리하여 평가하는 것이 곤란할 정도로 공동으로 기능을 수행하고 자산을 사용하면 위험을 인수하는 것을 들 수 있다(OECD TPG 문단 2.134).

88) 그에 해당하는 예로, OECD 이전가격지침은, A 회사가 B 회사가 개발·제조한 핵심 부품을 이용하여 첨단기술의 산업제품을 개발·제조하는데, B 회사의 핵심 부품은 매우 혁신적이고 독특하고 가치있는 무형자산을 포함하고, A 회사의 신제품은 B 회사의 부품에 크게 의존하지만, 그 부품은 A 회사의 제품을 위한 용도로 특별히 제작되어 다른 제품에는 사용될 수 없는 경우를 든다(OECD TPG p.474).

89) OECD TPG 문단 2.119~2.122, 2.130~2.142

(4) 판결례

(가) 대법원 1998. 7. 24. 선고 97누19229 판결 : 미국 담배회사 사건

미국법인인 R.J.R.은 전액 출자하여 홍콩에 A.P.I. 법인을 설립하였고, A.P.I.는 전액 출자하여 한국에 원고 법인을 설립하였다. 원고는 1989 사업연도부터 1991 사업연도까지 R.J.R.이 제조하는 담배를 A.P.I.를 통하여 수입하여 국내도매상에게 판매하였는데, 주요 판매제품인 입생로랑 담배의 경우 A.P.I.는 R.J.R.로부터 갑당 120원에 매입하여 원고에게 435원에 판매하여 갑당 315원의 차익을 올렸으나, 원고는 이를 국내도매상에 465원에 판매하여 갑당 30원의 차익만을 올린 것으로 매입가격을 신고하였다. 이에 따라 계산된 영업이익률은 A.P.I.는 6.6%에 이르는 반면, 원고는 0.08%에 불과하였고, 이는 국내 담배

---

90) 독점적 경쟁시장은 시장에 무수히 많은 판매자가 있고 진입이 자유롭지만 생산자들이 생산하는 재화는 조금씩 차별화되어 있는 시장을 말하고, 유사한 기업들의 진입과 탈퇴를 통하여 장기적으로 초과이윤이 0으로 접근하는 경향을 보인다. 김영산·왕규호, 미시경제학 제3판(2021), 박영사, 682~685쪽

91) 한편, 국내모회사가 외국자회사와 한 거래와 관련하여 외국자회사를 분석대상으로 삼아 원가가산법 등을 적용할 경우에는 반대의 결과에 이르게 될 것이다.

제조 및 판매업자의 평균소득률 및 다른 미국 담배제조업체 한국현지법인의 이익률에도 미치지 못하는 것이었다. 한국 내 담배판매업무와 관련하여 A.P.I.는 광고비를 부담하고 광고물 결정 등을 하였고, 원고는 광고를 위한 자료 및 경쟁사 활동자료의 수집, 도매상에 대한 판매업무 등을 담당하였다.

과세관청인 피고가 원고에게 소득산정자료의 제출을 요구하였으나, 원고는 피고에게 R.J.R. 및 A.P.I.의 회계서류 등 자료를 제출하지 않았다. 피고는 한국 내 담배제조 및 판매업자의 평균이익률을 기준으로 R.J.R.의 제조분 이익과 A.P.I 및 원고의 도매분 이익을 58 : 42의 비율로 산정하고, 위 도매분 이익 중 1/2이 원고에게 속하는 것으로 보아 원고의 영업이익을 산정하였다. 원고는 피고와의 과세협의 과정에서 위와 같은 이익분할방법의 적용 및 A.P.I와 원고 간의 도매분 이익의 분할에는 동의하면서도 제조분과 도매분의 이익산정비율을 70 : 30이라고 주장하여 협의가 성립되지 않았다.

대법원은, ① 원고와 A.P.I.의 거래는, 원고와 A.P.I.의 판매에 대한 기여도에 별다른 차이가 없음에도, 자산을 시가를 초과하여 매입한 경우로서 경제적 합리성이 없는 것이므로, 부당행위계산에 해당하고,[92] ② A.P.I.는 특수관계자인 R.J.R.로부터만 담배를 구입하여 특수관계자인 원고에게 다시 판매하는 거래만을 하였고, 원고가 R.J.R. 및 A.P.I.의 회계서류 등 객관적인 제조원가나 정당한 판매가격을 산출할 수 있는 자료를 제출하지 않아서 재판매가격법 및 원가가산법을 적용하여 정당한 시가를 산출할 수 없으며, ③ 피고가 위와 같은 방법으로 원고의 영업이익을 산정한 것은 합리성이 있다고 판시하였다.[93]

(나) 대법원 2013. 11. 14. 선고 2011두25784 판결 : 론스타 사건

유한파트너십(limited partnership)인 론스타펀드 Ⅱ, Ⅲ의 무한책임사원(general partner) 인 론스타파트너스는, 론스타펀드 Ⅱ, Ⅲ로부터 한국 내 투자활동에 의한 초과이익 창출의 대가로 무한책임사원 보수(GP Promote)를 수령하여, 원고(론스타어드바이저코리아 주식회사)와 허드슨 어드바이저코리아 주식회사의 임원들인 A 등 론스타파트너스의 파트너들에게 배분하였다.

피고는, 원고가 론스타파트너스와 함께 초과이익 창출을 위하여 펀드매니저 업무를 공동수행하였음에도 그 기여도에 해당하는 부분에 대하여 아무런 보수를 수령하지 못하였다고 보아, 이익분할방법을 적용하여, 원고의 대표이사인 A가 론스타파트너스로부터 수령한 보수의 비율을 원고의 기여도로 간주하여 정상가격 조정을 하였다.

---

92) 위 사건은 국조법이 시행되기 전의 사안이었기 때문에 법인세법상 부당행위계산의 문제로 판단되었다.
93) 위 판결과 미국 법원의 Bausch & Lomb, Inc. and Consolidated Subsidiaries v. Commissioner, 92 T.C. 525 (1989) 판결의 비교에 관하여는 이창희, 국제조세법(2020), 371쪽 이하

대법원은, 원고의 계약 상대방은 모회사인 론스타글로벌이지 론스타파트너스가 아니고, A는 론스타파트너스의 유한책임사원으로서 원고의 업무와 별개인 업무도 수행하였으므로, 원고가 론스타파트너스와 함께 펀드매니저 역할을 수행하였다고 보기 어려우며, 피고가 원고의 상대적 공헌도를 어떻게 측정하였는지에 관한 자료를 제시하지 않았다는 이유로, 피고의 과세처분이 위법하다고 판단하였다.

(다) 대전고등법원 2021. 11. 18. 선고 2020누11808 판결 : 잔여이익분할 사건

원고는 차량용 에어콘을 제조하여 E에 공급하는 내국법인이다. E가 2002년경 중국합작법인 K를 설립하고, 중국에서 완성차를 생산하게 되자, 원고의 국내관계사들은 K에게 차량용 에어콘 완성품을 공급할 업체로 중국법인 L을 설립하였고, 원고의 창업주의 자녀 등은 L에 차량용 에어콘 부품을 공급할 업체로 중국법인 M 등을 각 설립하였다. 원고는 L에게 시스템 모듈화 기술을 제공하고 그 사용료로 사용료 대상 매출액의 0.8%를 받는 계약을 체결하였고, 이에 따라 L로부터 사용료를 지급받았다. 원고는 M 등과 각 기술지원계약을 체결하였으나, 그에 대한 사용료를 지급받지 않았다. M 등은 차량용 에어콘 부품을 제조하여 L에게 공급하였고, L은 K에게 차량용 에어콘을 공급하였다.

과세관청인 피고는, 원고와 L, M 등('중국관계사들') 간의 전체 기술사용거래를 분석대상으로 삼고, 잔여이익분할방법에 따라, 비교대상으로 중국에 소재하는 7개의 자동차 부품 회사들을 선정한 후 거래순이익률방법을 적용하여, 중국관계사들의 손익을 합산한 금액을 기준으로 한 영업이익률이 비교대상회사들의 영업이익률을 초과하는 부분에 해당하는 금액(잔여이익)을 원고가 L로부터 추가로 지급받았어야 하는 사용료로 보아, 원고의 소득금액을 증액하여 원고에게 법인세 부과처분을 하였다.

위 법인세 부과처분에 대한 취소소송에서, 피고는, L은 원고로부터 직접 기술을 제공받는 이외에 나머지 중국관계사들이라는 우회경로를 통하여 기술을 제공받았으므로, 구 국조법 시행령 제6조 제8항(현행 국조법 시행령 15조 2항)에 따라 중국관계사들의 결합손익을 기준으로 정상가격이 산출되어야 한다고 주장하였다.

법원은 다음과 같이 판단하였다. ① 피고가 선정한 비교대상회사들의 비교가능성이 낮으므로 거래순이익률방법의 적용은 합리적이지 않다. ② 중국관계사들도 중국시장에서 거래순이익을 창출하기 위하여 독특하고 가치 있는 기여를 하였고 고유의 유·무형자산을 사용하였으므로, 원고와 중국관계사들이 공동으로 실현한 거래순이익에 대하여 상대적 공헌도에 의한 이익분할방법에 따라 정상가격을 산출하는 것이 타당하다. ③ L과 나머지 중국관계사들 간의 거래를, L이 우회적으로 원고로부터 기술을 제공받는 거래로 볼 수 없으므로, 중국관계사들의 영업이익을 모두 합산한 결합손익을 기준으로 정상가격을 산출해야 할 합리적 이유가 없고, 원고와 L 간의 거래 및 원고와 M 간의 거래에 대하여 각각 이익분할방법을 적용하는 것이 타당하다.[94]

(라) 서울행정법원 2021. 2. 17. 선고 2019구합82554 판결 : 오라클 사건

원고 법인(한국오라클)은 오라클 그룹의 다른 계열사들과 사이에 마스터서비스계약을 체결하고 상호 간에 경영관리용역 등을 제공받거나 제공하고, 그에 소요된 비용을 미국의 Oracle US Inc.를 경유하여 간접적으로 청구·정산하여 그 차액을 경영관리수수료 등으로 지급하고 이를 손금에 산입하여 법인세 신고를 하였다. 이에 대하여 피고들은 이익분할방법을 적용하여 경영관리수수료의 정상가격을 산출한 후 원고에게 법인세를 과세하였다.

법원은, ① 원고와 오라클 그룹의 다른 계열사들이 각 고유의 유·무형자산을 활용하여 공동으로 실현한 거래순이익에 대하여 이익분할방법을 적용하는 것이 합리적이지만(원고는 거래순이익률방법을 적용하였으나, 배척되었다), ② 이익분할방법의 적용과정에서 피고가 분할대상인 거래순이익 및 상대적 공헌도를 잘못 측정하였다고 판단하였다.[95]

3-2-1-6. 기타 합리적 방법

(1) 거래의 실질 및 관행에 비추어 합리적이라고 인정되는 방법

국조법 제8조 제1호 내지 제5호의 방법으로 정상가격을 산출할 수 없는 경우에는, '그 밖에 대통령령으로 정하는 바에 따라 합리적이라고 인정되는 방법'('기타 합리적 방법')이 보충적으로 적용될 수 있다(국조법 8조 1항 단서 및 6호). 기타 합리적 방법은, 거래의 실질 및 관행에 비추어 합리적이라고 인정되는 방법을 말한다(국조법 시행령 10조).

국조법 시행령은, 금전대차거래에 대한 정상이자율, 지급보증 용역거래 및 무형자산거래에 대한 정상가격의 산출을 위한 기타 합리적 방법을 별도로 규정한다(국조법 시행령 11조 2항, 12조 4항, 13조 4항).

그 외에 기타 합리적 방법에 해당하는 예는 다음과 같다.

① 증권거래소에서 거래된 가격은 기타 합리적 방법에 해당한다.[96]

② 상증세법의 보충적 평가방법은 기타 합리적 방법에 해당할 수 있다.[97] 다만, 외국

---

94) 대법원 2022. 3. 31. 선고 2021두60649 판결(심리불속행)

95) 위 사건은 서울고등법원 2021누37641호로 항소심 계속 중이다.

96) 대법원 2017. 12. 13. 선고 2015두1984 판결 : 완전모회사인 외국법인이 완전자회사인 외국법인을 흡수합병하면서 합병신주를 발행하거나 합병대가를 지급하지 않았고, 이에 따라 피합병법인이 보유하던 내국법인 주식이 아무런 양도대가의 지급 없이 합병법인에게 이전된 사건에서, 대법원은, 위 주식의 양도소득은 원칙적으로 법인세법 제92조 제2항 제3호, 법인세법 시행령 제131조 제1항, 제3항에 따라 국조법 제5조 및 그 시행령 제4조의 규정을 준용하여 계산한 금액으로 하여야 하는데, 증권거래소에서 거래된 가격은 구 국조법 시행령 제4조 제3호의 '기타 거래의 실질 및 관행에 비추어 합리적이라고 인정되는 방법'으로 볼 수 있다고 판단하였다.

비상장 법인의 주식에 대하여 상중세법의 보충적 평가방법을 적용하기 위해서는 그
적용이 부적당한 경우가 아니어야 한다.[98][99]

③ 비교대상 업체의 거래에 특수관계자와의 거래가 포함되어 있어 거래순이익률방법을
적용할 수 없는 경우, 그 업체의 거래 중 그 특수관계자와의 거래의 비중이 충분히
낮아서 거래순이익률에 미치는 영향이 적다면, 그 업체의 거래순이익률을 기초로 정
상가격을 산출하는 것은 기타 합리적 방법(국조법 5조 1항 6호)에 해당할 수 있다.[100]
한편, 과거에 정상이자율 및 지급보증수수료에 관하여 국세청이 개발한 모형이 기타 합
리적 방법에 해당하는지가 문제되었으나, 법원은 이를 인정하지 않았다.[101]

(2) 공식배분법(global formulary apportionment method)

공식배분법은, 미리 정해진 공식을 기초로 여러 국가에 있는 다국적기업의 전세계 이익
(global profit)을 관계기업들에게 배분하는 것이다.[102] 공식배분법은 ① 다국적기업 그룹
내의 어떤 자회사 또는 지점이 단일 과세실체를 구성하는지를 정하는 과세단위(taxable
unit) 결정의 문제, ② 전세계 이익(global profit)을 정확히 결정하는 문제, ③ 전세계 이익
을 배분하는데 사용되는 공식(formula)을 정하는 문제의 세 가지 기본요소로 구성된다. 공
식은 대체로 원가, 자산, 급여 또는 매출액 등의 조합에 기초한다.[103]

공식배분법은 거래이익방법(거래순이익률방법, 이익분할방법)과 외견상 유사하지만, 다
음과 같은 차이가 있다. 공식배분법은 모든 납세자들에 대하여 미리 정해진 공식을 이용하

---

97) 서울고등법원 2018. 4. 19. 선고 2017누65038 판결, 대법원 2023. 1. 12. 선고 2018두45084 판결 : 상증세
   법 시행령 제52조 제2항 제2호(예술적 가치가 있는 유형재산의 평가 : 감정가액의 평균액)

98) 대법원 2010. 1. 14. 선고 2007두5646 판결 ; 조심 2012중1980, 2014. 3. 5.

99) 대법원 2010. 2. 25. 선고 2007두9838 판결은, 피고가 버뮤다 법인인 아시아넷의 신주의 정상가격을, 아시
   아넷의 설립 당시 나스닥시장의 상장모델이었던 나스닥시장상장사인 2개 회사들의 주가변동 추세를 고려
   하여 산정한 사건에서, 피고가 비교대상으로 선정한 위 미국상장법인들과 나스닥시장에 상장되지 않은 아
   시아넷의 주가를 단순 비교하는 것은 무리라는 등의 이유로, 위 정상가격산출방법은 기타 합리적 방법에
   해당하지 않는다고 판단하였다.

100) 서울고등법원 2017. 2. 14. 선고 2016누52974 판결(대법원 2017. 6. 15. 선고 2017두38706 판결 : 심리불
   속행 상고기각)

101) ① 정상이자율에 관한 국세청 모형이 문제된 사안으로 부산고등법원(창원) 2018. 1. 24. 선고 2017누
   10015 판결, ② 지급보증수수료에 관한 국세청 모형이 문제된 사안으로 서울고등법원 2017. 11. 29. 선고
   2015누66006 판결. 3-2-1-7. (1) (가), (다) 참조

102) 공식배분법을 기존의 독립기업 원칙(arm's length principle)에 대한 대안으로 주장하는 견해들은, 공식배
   분법이 더 큰 편의성과 확실성을 제공한다고 하고, 그 이유로 ① 다국적기업 그룹 내 관계기업들의 관계
   의 사업적 실질을 반영하기 위해서는 다국적기업은 전체 그룹 또는 통합적으로 파악되어야 하고, ② 다국
   적기업에 속한 개별 기업들이 전체 다국적기업 그룹의 이익에 어떤 기여를 하였는지를 정하기 어렵기
   때문에, 개별 기업을 별도로 분리하여 정상가격을 정하는 것은 부적합하다고 주장한다. OECD TPG 문단
   1.19

103) OECD TPG 문단 1.17

여 이익배분을 하는 것에 비하여, 거래이익방법은 구체적인 사안별로(case-by-case basis) 특수관계 기업의 이익과 비교대상인 제3자의 이익을 비교하여 정상가격을 도출한다.[104]

OECD 이전가격지침은 공식배분법이 독립기업원칙에 대한 현실적 대안이 될 수 없다고 본다.[105] 공식배분법을 국조법 제5조 제1항 제6호의 기타 합리적 방법으로 인정할 수 있을 것인지는 향후 국제적 논의의 전개 등을 고려하여 신중하게 검토되어야 한다.

3-2-1-7. 거래의 종류별 정상가격 산출방법

(1) 금융거래의 정상가격

(가) 금전대차거래의 정상이자율

거주자와 국외특수관계인 간의 금전대차거래[106]의 정상이자율을 산출하는 경우, '채무액, 채무의 만기, 채무의 보증 여부, 채무자의 신용 정도'를 고려하여야 한다(국조법 시행령 11조 1항 1문).[107]

거주자와 국외특수관계인 간의 금전대차거래에 대하여 **기타 합리적 방법**(국조법 8조 1항 6호)[108]을 적용할 때에는, 다음의 각 이자율을 따를 수 있다(국조법 시행령 11조 2항).

① 파생상품(자본시장법 5조) 및 이와 유사한 해외파생상품 중 채무불이행 등 신용위험에 대비하기 위한 신용부도스왑 거래에서 적용되는 보험료율 성격의 율에, 국조법 시행령 제11조 제1항 각 호의 요소를 고려하여 산출한 이자율

② 국제금융시장에서 통용되는 이자율 산정 모형을 기반으로 무위험이자율, 부도위험, 유동성위험, 채무의 만기, 물가상승률 등의 변수를 반영하여 산정한 이자율에, 국조법 시행령 제11조 제1항 각 호의 요소를 고려하여 산출한 이자율

③ 거래금액 및 국제금융시장의 실세이자율 등을 고려하여 기획재정부령으로 정하는 이자율[109]

---

104) OECD TPG 문단 1.18
105) OECD TPG 문단 1.21 ; 그 주된 이유는, 이중과세를 방지하면서도 1회 과세를 확보하기 위해서는 미리 정해진 공식의 사용과 과세단위인 그룹의 구성에 관하여 상당한 국제적 공조와 합의가 필요한데, 그러한 합의는 많은 시간을 요하고 극도로 어렵기 때문이다. OECD TPG 문단 1.22
106) 금전대차거래는, 통상적인 회수기간 및 지급기간이 지난 채권의 회수 및 채무의 지급 등 사실상의 금전대차거래를 포함한다(국조법 시행령 11조 1항 2문).
107) OECD TPG 문단 10.51~10.108
108) 과거에 정상이자율의 산정을 위하여 국세청이 개발한 모형이 기타 합리적 방법에 해당하는지 여부가 문제되었으나, 법원을 이를 인정하지 않았다. 부산고등법원(창원) 2018. 1. 24. 선고 2017누10015 판결. 송동진, 법인세법(2020), 403쪽 참조
109) 이는 다음 각 구분에 따른 이자율을 말한다.(국조법 시행규칙 3조).
  ① 거주자가 국외특수관계인에게 자금을 대여하는 경우 : 당좌대출이자율(시행규칙 43조 2항)
  ② 거주자가 국외특수관계인으로부터 자금을 차입하는 경우 : 직전 사업연도 종료일의 일정한 통화별 지표금리에 1.5%를 더한 이자율

2017. 2. 7. 구 국조법 시행령이 개정되기 전의 것으로, 국세청이 2012년 정상이자율의 산출을 위하여 개발한 국세청 모형 및 무디스 RiskCalc^{TM} 모델이 정상이자율의 산정에 사용될 수 있는지가 문제된 사례는 다음과 같다.

1. 사실관계

① 독일법인의 자회사로서 내국법인인 원고(셰플러코리아 유한회사)는 2006. 8. 30. 위 독일법인의 또 다른 자회사인 중국법인('중국회사')에게 미화 2,700만 달러를 만기 4년, 이자지급일 매년 12월 31일, 최초이자율 연 6.07%, 그 후의 연 이자율은 Libor 금리에 0.5%를 가산한 이율로 하여 대여하였다('쟁점거래'). 원고는 2009 사업연도에 관하여 쟁점거래의 이자수익을 대여원금의 2.50375%(해당 연도 Libor 금리 2.00375% + 0.5%)로 하여 법인세를 신고·납부하였다.

② 피고는, 국세청 모형에 따라 '대여일 현재 1년 만기 국내 정기예금이자율'을 기준금리로 하고 '국외특수관계인에 대한 가산금리'를 더한 것을 정상이자율로 보고, 쟁점거래의 2009 사업연도 정상이자율을 5.0475%(= 국내 정기예금이자율 4.26% + 예상손실률 0.7875%)로 산출한 후 그에 따른 차액을 익금에 산입하여 소득금액을 조정하였다.

③ 국세청 모형은, 국외특수관계인의 재무자료를 기초로 국세청이 마련한 신용평가방법에 따라 신용등급을 결정한 후, 금융감독원의 은행신용평가모형 검증(MIDAS) 시스템에서 사용하는 표준신용등급별 예상부도율 값을 적용하여 부도율을 산출하고, 이에 따라 예상손실률을 산정한다.

④ 1심에서 국세청 모형이 정상가격 산출방법으로 인정되지 않자, 피고는 항소심에서 ㉮ Libor 금리를 기준금리로 하고, ㉯ 무디스 RiskCalc^{TM} 모델을 활용하여 중국회사의 신용등급 및 부도율을 산출하고, 모회사의 지원가능성을 반영하여 신용등급 및 부도율을 조정한 후, 신BIS협약의 국제적 기준에 따라 예상손실률을 산정하여 이를 가산금리로 하는 방법('무디스 모형')을 주장하였다.

2. 법원의 판단

① 부산고등법원(창원) 2018. 1. 24. 선고 2017누10015 판결은 다음과 같이 판단하였다.

㉮ 국세청 모형은 다음과 같은 이유로 정상가격산출방법 중 기타 합리적 방법으로 보기 어렵다.

㉠ 기준금리의 합리성 결여 : 금융감독원의 모범규준에 따른 대출 기준금리는 정기예금이자율이 아니라 CD 91일물 등의 지표금리에 따라 정해진다. 이 사건에서 문제되는 국제금융거래에 대하여 국제적으로 통용되는 기준금리가 아니라 국내은행의 원화정기예금이자율을 사용한 것은 거래의 관행과 합치하지 않는다. 쟁점 대여 당시에는 Libor 금리가 국내 정기예금이자율보다 높았는데 이후 경제사정의 변화로 전자가 후자보다 낮게 되자 해당 부분만을 떼어내어 원화 정기예금이자율을 기준금리로 하여 정상가격을 산정한 것은 불합리하다.

㉡ 국세청 모형의 합리성에 대한 증명의 결여 : 원고가 국세청 모형의 합리성 결여에 관하여 여러 가지 주장을 하고 있는 것에 대하여, 과세관청은 국세청 모형의 구체적인 신용등급, 부도율 및 예상손실률 산정방식 등에 관하여 아무런 주장을 하지 않았고, 국세청 모형의 합리성을 인정할 수 있는 증거를 제출하지 못하였다.

㉯ Libor 금리를 기준으로 하고 무디스 모형에 따라 가산금리를 산정하는 것은 정상가격산출

방법 중 기타 합리적인 방법에 해당한다. 다만, 이 사건에서 예상손실률에 사분위값을 적용하여 가산금리를 산출하는 것은 타당하지 않고, 사분위값을 적용하기 전의 예상손실률과 그에 따른 가산금리의 범위가 정상가산금리의 범위라고 볼 수 있는데, 원고가 적용한 가산금리는 그 범위 내에 있다.

② 대법원은 피고의 상고를 기각하였다(대법원 2018. 6. 15. 선고 2018두35896 판결 : 심리불속행).

(나) 자금통합거래의 정상가격

기업집단의 자금통합거래(cash pooling)[110]에 따른 정상가격의 산출방법에 대하여는 국조법 시행령 제11조의2가 별도로 규정한다.[111]

(다) 지급보증의 정상가격

지급보증의 정상가격에 대하여도 비교가능 제3자 가격방법 등을 규정한 국조법 제8조 제1항 제1호 내지 제5호가 적용될 수 있지만, 실제로 위 방법들이 적용되는 경우는 드물 것이다.[112]

거주자와 국외특수관계인 간 지급보증 용역거래의 정상가격 산출방법으로 **기타 합리적 방법**(국조법 8조 1항 6호)을 적용할 때에는, 다음의 어느 하나에 해당하는 방법에 따른다(국조법 시행령 12조 4항).[113]

① 보증인의 예상 위험과 비용을 기초로 정상가격을 산출하는 방법[114] : 이에 따른 정상가격은 '지급보증에 따른 보증인의 예상 위험'에 '보증인이 보증으로 인하여 실제로 부담한 비용'을 더한 금액[115]으로 한다(국조법 시행규칙 5조 1항 1문).

---

110) '자금통합거래'는, 거주자와 국외특수관계인으로 구성된 기업들의 집단이 유동성을 통합적으로 관리하기 위하여, 그 구성원인 기업 중에서 기업집단의 자금을 통합적으로 관리하는 자를 선정하여 각 구성원인 기업이 보유하는 예금계좌를 기업집단 차원에서 관리함에 따라, 기업집단 내부의 거주자와 국외특수관계인 간에 편익(자금거래에 따른 수수료, 이자비용 감소 등의 이익)이 발생하는 거래로서 일정한 경우에 해당하는 것을 말한다(국조법 시행령 11조의2 1항).

111) OECD TPG 문단 10.109~10.148

112) ① 지급보증의 거래에 관하여 외부적 또는 내부적 비교대상이 있는 경우 비교가능 제3자 가격 방법이 사용될 수 있다. 다만, 은행 대출에 대한 특수관계 없는 자의 보증은 흔하지 않으므로, 충분히 유사한 보증에 관한 공개적으로 이용가능한 정보는 찾기 어렵기 때문에, 비교가능 제3자 가격 방법의 이용에 대한 어려움이 있다(OECD TPG 문단 10.172). 한편, ② 지급보증도 용역거래의 일종이므로, 그 정상가격에 대하여 원가가산 방법 또는 거래순이익률 방법을 적용하는 경우, 국조법 시행령 제12조 제1항이 적용될 수 있을 것이지만, 그러한 경우는 많지 않을 것으로 보인다.

113) 아래의 방법들은 2013. 2. 15. 신설된 구 국조법 시행령 제6조의2 제3항에 규정되었다가 2020. 2. 11. 같은 조 제5항으로 옮겨졌고, 2021. 2. 17. 전문개정된 구 국조법 제12조 제4항으로 이동하였다.

114) 보증인의 예상 위험 등을 기초로 한 정상가격 산출방법은, 장래에 발생할 손실의 가능성을 토대로 한 것이라는 점에서, 실제로 발생한 원가에 기초한 원가가산방법과 구별된다.

115) 이는 OECD 이전가격지침의 비용접근법(cost approach, 문단 10.178)을 도입한 것으로 보인다. 보증인의 예상 위험 등을 추정하기 위하여 옵션가격결정 모형, credit default swap 모형 등이 사용될 수 있다

② 피보증인의 기대편익을 기초로 정상가격을 산출하는 방법 : 이에 따른 정상가격은 '지급보증이 없는 경우의 피보증인의 자금조달비용'에서 '지급보증이 있는 경우의 피보증인의 자금조달비용'을 뺀 금액[116]으로 한다(국조법 시행규칙 5조 2항 1문).

③ 보증인의 예상 위험 및 비용과 피보증인의 기대편익을 기초로 정상가격을 산출하는 방법

거주자가 다음의 어느 하나에 해당하는 금액을 지급보증 용역거래에 대한 정상가격으로 적용한 경우에는, 이를 정상가격으로 본다(safe harbor, 국조법 시행령 12조 5항).

① 지급보증계약 체결 당시 해당 금융회사가 산정한 지급보증 유무에 따른 이자율 차이를 근거로 하여 산출한 수수료의 금액[117]

② 국조법 시행령 제12조 제4항 각 호의 방법으로서 국세청장이 정하는 바에 따라 산출한 수수료의 금액

 지급보증수수료에 대한 국세청 모형 및 무디스 모형의 적용가능 여부

2013. 2. 15. 지급보증용역의 정상가격산출방법에 관한 규정이 도입되기 전의 구 국조법하에서 국세청이 2012년 개발한 국세청 모형 및 신용평가에 사용되는 무디스 RiskCalc^{TM} 모델이 지급보증용역의 정상가격을 산정하는데 적용될 수 있는지가 문제된 사례는 다음과 같다.

1. 사실관계

① 원고(한국전력공사)는 2006. 11. 홍콩에 자회사를 설립한 후 2007 사업연도에 홍콩 자회사를 위하여 금융기관에게 지급보증을 하고 홍콩 자회사로부터 지급보증금액의 0.14%를 지급보증수수료로 수취하였다.

② 피고는 국세청 모형에 따라 산출된 지급보증수수료율인 2.15%에 의한 지급보증수수료와 원고가 수취한 지급보증수수료의 차액을 원고의 2007년 소득금액에 익금으로 가산하였다.

③ 국세청 모형은, 국내 모회사의 해외 자회사에 대한 지급보증 용역의 정상가격이 '국내 모회사의 지급보증이 없는 경우 해외 자회사의 신용등급에 적용될 대출이자'에서 '국내 모회사의 지급보증이 이루어져서 국내 모회사의 신용등급에 따라 적용되는 대출이자'를 뺀 차액이고, 위 금액을 '해외 자회사의 신용등급에 적용되는 대출이자율'에서 '국내 모회사의 신용등급에 적용되는 대출이자율'을 뺀 차이에 지급보증금액을 곱하여 산정된다고 보고, 국내의 외부감사대상업체의 요약

(OECD TPG 문단 10.179).

116) 이는 지급보증이 없었다면 적용받았을 이자율과 지급보증에 따라 적용받는 이자율의 차이를 의미한다(yield approach, OECD TPG 문단 10.174). 지급보증에 의한 혜택의 범위를 결정할 때, 명시적 보증(explicit guarantee)의 효과와 그룹 소속의 결과인 묵시적 지원(implicit support)의 효과를 구별하는 것이 중요하다. 가격에 고려되어야 하는 혜택은, 단독으로 평가된(on a stand-alone basis) 보증되지 않은 차입자에 대한 비용과 명시적 보증이 있는 차입자에 대한 비용 간의 차이가 아니라, 묵시적 지원을 고려하고 난 이후의 차입자에 대한 비용과 명시적 보증이 있는 차입자에 대한 비용 간의 차이이다(OECD TPG 문단 10.175).

117) 해당 금융회사가 작성한 이자율 차이 산정 내역서에 의해 확인되는 것에 한정한다.

재무제표에서 추출하여 만든 5개 재무비율을 토대로 표준신용등급별 가산금리를 산출하였다.

2. 법원의 판단

① 1심은 다음과 같이 판단하였다(서울행정법원 2015. 10. 21. 선고 2014구합65806 판결).

㉮ 국세청 모형은 실제로 형성된 거래가격을 기초로 하지 않으므로, 비교가능 제3자 가격 방법에 해당하지 않는다.

㉯ 국세청 모형은 ㉠ 회사의 재무자료에 대응하는 표준신용등급별 부도율의 범위를 결정하는 과정에서 일반에 공개되지 않은 금융감독원의 은행신용평가모형 검증(MIDAS) 시스템을 사용하므로, 자료의 확보·이용가능성이 높지 않은 점, ㉡ 해외 자회사의 소재지국이 아닌 국내기업의 부도 데이터만을 사용하여 설계된 점, ㉢ 산업별 차이를 무시하고 단일한 모형으로 설계된 점, ㉣ 비재무정보를 무시하고 신용평가를 하는 점, ㉤ 모회사의 암묵적 보증으로 인한 자회사의 신용등급 상승을 고려하지 않는 점 등에 비추어, 정상가격산출방법 중 기타 합리적 방법으로 보기 어렵다.

② 이후 항소심에서 피고는, 무디스 RiskCalc^{TM} 모델을 활용하여 홍콩 자회사의 신용등급 및 부도율을 산출하고, 위험접근법에 기초하여 정상가격을 산출하는 방법('무디스 모형')을 예비적 처분사유로 추가하였다. 무디스 모형에 따르면, 국내 모회사의 지급보증용역의 정상가격은 지급보증에 따른 '예상 위험'에 지급보증으로 인하여 '실제 부담한 비용(운영비 등)'을 더한 금액이다.

③ 2심은 국세청 모형에 관하여 1심의 판결이유를 대체로 인용하는 한편, 무디스 모형에 대하여 다음과 같이 판단하였다(서울고등법원 2017. 11. 29. 선고 2015누66006 판결).[118]

㉮ 피고가 지급보증 정상수수료율을 산출하면서 그 기초가 되는 해외자회사의 신용등급 및 예상 부도율의 산정을 위하여 무디스 모델을 사용한 것은 기타 합리적 방법에 해당한다.

㉯ 다만, 이 사건에서 무디스 모형에서 산출된 지급보증수수료율 범위의 상위 25% 및 하위 25%를 통계적 극단값으로 보아 제외되어야 한다고 보기 어렵고, 홍콩 자회사와 같이 설립 직후의 신생기업(Start-up companies)에 대하여 무디스 모형을 적용하는 것은 합리적 방법이 아니다.

④ 대법원은 피고의 상고를 기각하였다(대법원 2018. 3. 29. 선고 2017두73983 판결 : 심리불속행).

3. 시사점

국세청 모형은 자회사의 입장에서 지급보증으로 인한 편익을 측정하는 편익접근법(yield approach), 무디스 모형은 모회사의 입장에서 지급보증으로 발생한 위험 등을 측정하는 비용접근법(cost approach)에 각각 기초한 것으로 볼 수 있다.[119] 위 판결들은, 현행 국조법 시행령상 지급보증용역의 정상가격산정방법이 적절하게 고안되기 위한 요건을 시사한다.

---

118) 국세청 모형 및 무디스 모형에 대하여 판단한 다른 사례로 ① 서울행정법원 2017. 2. 10. 선고 2014구합73968 판결, ② 인천지방법원 2017. 8. 18. 선고 2016구합54132 판결, 서울고등법원 2018. 7. 18. 선고 2017누72074 판결(확정)

119) 서울고등법원 2017. 11. 29. 선고 2015누66006 판결문(비실명화) 4쪽

(2) 용역거래

(가) 용역거래 비용의 손금산입 요건

거주자와 국외특수관계인 간의 용역거래(경영관리, 금융자문, 지급보증, 전산지원 및 기술지원, 그 밖에 사업상 필요하다고 인정되는 용역의 거래를 말한다)의 비용은, 다음 각 요건을 모두 충족하는 경우에만, 필요경비 또는 손금에 산입될 수 있다(국조법 시행령 12조 7항).[120]

① 용역 제공자가 사전에 약정을 체결하고 그 약정에 따라 용역을 실제로 제공할 것

② 용역을 제공받은 자가 제공받은 용역으로 인하여 추가적으로 수익이 발생하거나 비용이 절감되기를 기대할 수 있을 것

③ 용역을 제공받는 자가 제공받는 용역과 같은 용역을, 다른 특수관계인이 자체적으로 수행하고 있거나, 특수관계 없는 제3자가 다른 특수관계인을 위하여 제공하고 있지 않을 것[121]

④ 위 ①, ②의 사실을 증명하는 문서를 보관·비치하고 있을 것

(나) 용역거래의 정상가격

① 일반적인 용역거래

용역거래의 정상가격은 국조법 제8조 제1항 제1호 내지 제5호의 방법에 따라 산출될 수 있다. 위 방법들 중 원가가산방법 또는 거래순이익률방법에 따라 정상가격이 산출되는 경우에 관하여 국조법 시행령은 별도의 기준을 규정한다(국조법 시행령 12조 1항).[122]

---

120) 법원은, 원고 법인(한국오라클)이 오라클 그룹의 다른 계열사들과 사이에 마스터서비스계약을 체결하고 상호 간에 경영관리용역 등을 제공받거나 제공하고, 그에 소요된 비용을 미국의 Oracle US Inc.를 경유하여 간접적으로 청구·정산하여 그 차액[= 2,362억 원(서비스비용) - 423억 원(서비스수익)] 및 이자[= 15억 원(이자비용) - 10억 원(이자수익)]를 국외특수관계인인 Oracle US Inc.에게 지급하였는데, 과세관청이 위 서비스비용 및 이자비용을 손금불산입하여 과세한 사건에서, 과세관청이 위 서비스비용 및 이자비용이 손금의 요건을 갖추지 못하였다는 점에 대한 증명책임을 다하지 못하였다고 판단하였다. 서울행정법원 2016. 10. 7. 선고 2013구합62039 판결, 서울고등법원 2018. 1. 23. 선고 2016누72022 판결, 대법원 2018. 5. 31. 선고 2018두36479 판결(심리불속행)

121) 다만, 사업 및 조직구조의 개편, 구조조정 및 경영의사 결정의 오류를 줄이는 등의 합리적인 사유로 일시적으로 중복된 용역을 제공받는 경우는 제외한다.

122) 용역거래의 정상가격 산출방법으로 원가가산방법 또는 거래순이익률방법을 적용할 때에는 다음 각 기준에 따라 산정한다(국조법 시행령 12조 1항).
① 발생한 원가에는 그 용역 제공을 위하여 직접 또는 간접으로 발생한 비용 모두를 포함시킬 것
② 용역 제공자가 그 용역을 수행하기 위하여 제3자에게 그 용역의 일부 또는 전부를 대행하여 수행할 것을 의뢰하고 대금을 한꺼번에 지급한 후 이에 대한 비용을 용역을 제공받는 자에게 재청구하는 경우에는, 용역 제공자는 자신이 그 용역과 관련하여 직접 수행한 활동으로부터 발생한 원가에 대해서만 통상의 이윤을 더할 것. 다만, 용역의 내용과 거래 상황 및 관행에 비추어 합리적이라고 인정되는 경우는 제외한다.

② 저부가가치 용역거래[123]

거주자가 저부가가치 용역거래[124]에 대하여 그 용역의 원가[125]에 5%를 가산한 금액을 그 용역거래의 가격으로 적용한 경우에는, 그 금액을 정상가격으로 본다(국조법 시행령 12조 2항 1문).[126]

(3) 무형자산

(가) 무형자산의 정의와 범위

무형자산은, 사업활동에 사용가능한 자산(유형자산 또는 금융자산 외의 것)으로서, 특정 인에 의한 소유 또는 통제가 가능하고, 특수관계가 없는 독립된 사업자 간에 이전 또는 사용권 허락 등의 거래가 이루어지는 경우 통상적으로 적정한 대가가 지급되는 것을 말한다(국조법 시행령 13조 1항).[127] 무형자산은, ① 특허권, ② 실용신안권, ③ 디자인권, ④ 상표권, ⑤ 저작권, ⑥ 서비스표권, 상호, 브랜드, 노하우, 영업비밀 및 고객정보·고객망, ⑦ 계약에 따른 권리 및 채취권, 유료도로관리권 등 정부로부터 부여받은 사업권, ⑧ 영업권 및 계속기업가치를 포함한다(국조법 시행령 13조 1항). 정상가격조정의 목적상 고려되어야 하는 무형자산이 반드시 회계상 무형자산으로 인식되는 것은 아니다.[128]

---

123) OECD TPG 문단 7.43~7.65

124) "저부가가치 용역거래"는 다음 각 요건을 모두 충족하는 용역거래를 말한다(국조법 시행령 12조 2항).
  ① 거래대상 용역은, 다음의 어느 하나에 해당하지 않는 용역으로서, 거주자와 국외특수관계인의 핵심사업활동과 직접 관련되지 않는 지원적 성격의 용역일 것
    ㉮ 연구개발
    ㉯ 천연자원의 탐사·채취 및 가공
    ㉰ 원재료 구입, 제조, 판매, 마케팅 및 홍보
    ㉱ 금융, 보험 및 재보험
  ② 용역이 제공되는 과정에서 다음의 어느 하나에 해당하는 사실이 없을 것
    ㉮ 독특하고 가치 있는 무형자산의 사용 또는 창출
    ㉯ 용역 제공자가 중대한 위험을 부담 또는 관리·통제
  ③ 용역 제공자 및 용역을 제공받는 자는 특수관계가 없는 제3자와 유사한 용역거래를 하지 않을 것

125) 저부가가치 용역의 원가는 국조법 시행령 제12조 제1항의 각 호의 기준에 따라 산정한다(국조법 시행령 12조 2항 2문).

126) 다만, 해당 사업연도에 저부가가치 용역의 원가에 5%를 가산한 금액의 합계가 기획재정부령으로 정하는 금액을 초과하는 경우에는, 국조법 시행령 제12조 제2항이 적용되지 않는다(국조법 시행령 12조 3항).

127) OECD TPG 문단 6.6

128) 내부적으로 연구개발 및 마케팅을 통하여 무형자산을 개발하는 것과 관련된 비용은, 때로는 회계목적상 자본화되기보다는 비용화되기 때문에 대차대조표에 반드시 반영되는 것은 아니다. 그럼에도 그러한 무형자산은 중요한 경제적 가치를 창출하는데 사용될 수 있고 이전가격 목적상 고려될 필요가 있을 수 있다(OECD TPG 문단 6.7). 그러한 예로는 기업이 스스로 창출한 마케팅 무형자산을 들 수 있다. 마케팅 무형자산(marketing intangible)은, 제품 또는 용역의 상업적 이용에서 마케팅 활동·조력과 관련되고(관련되거나) 관련된 제품에 대한 중요한 홍보적 가치를 가진 무형자산을 말한다(OECD TPG Glossary). 마케팅 무형자산은 가령 상표, 상호, 고객 목록, 고객 관계, 고객들에게 물건 또는 용역을 판매하거나 마케팅

(나) 무형자산 거래에 대한 정상가격 산출 시의 고려사항

무형자산 거래에 대한 정상가격을 산출하는 경우에는, ① 해당 무형자산의 법적 소유 여부와 관계없이, 해당 무형자산의 개발, 향상, 유지, 보호 및 활용과 관련하여 수행한 기능 및 수익 창출에 기여한 상대적 가치에 상응하여 특수관계가 없는 독립된 사업자 간에 적용될 것으로 판단되는 합리적인 보상을 받았는지 여부, ② 그 거래의 특성에 따른 ㉮ 무형자산으로 인하여 기대되는 추가적인 수입 또는 절감되는 비용의 크기, ㉯ 권리행사에 대한 제한 여부, ㉰ 다른 사람에게 이전하거나 재사용을 허락할 수 있는지 여부를 고려해야 한다(국조법 시행령 13조 2항).

(다) 무형자산 거래에 대한 정상가격 산출방법

무형자산 거래에 대한 정상가격 산출방법으로는 비교가능 제3자 가격방법, 이익분할방법 중 하나를 우선적으로 적용해야 한다(국조법 시행령 13조 3항).

무형자산 거래에 대하여 국조법 제8조 제1항 제1호 내지 제5호의 방법으로 정상가격을 산출할 수 없어서 기타 합리적 방법(국조법 8조 1항 6호)을 적용할 때에는, 해당 무형자산의 사용으로 창출할 수 있는 미래의 현금흐름 예상액을 현재가치로 할인하는 방법에 따른다(국조법 시행령 13조 4항 1문).

가치측정이 어려운(Hard-to-value) 무형자산[129]에 대하여, 당초 거래가격과 사후에 평가된 가격의 차이가 당초 거래가격의 20%를 초과하는 등 현저한 차이가 발생한 경우, 과세당국은 당초 거래가격이 합리적이지 않은 것으로 추정하고, 해당 무형자산으로부터 실제로 발생한 경제적 편익 등 사후에 해당 무형자산과 관련하여 실제로 발생한 경제적 편익 등 사후에 변경된 거래 상황 및 경제여건 등을 바탕으로 정상가격을 다시 산출할 수 있다(국조법 시행령 13조 5항).[130]

하는데 사용되거나 돕는 독점적 시장 및 고객 정보를 포함한다.

129) "가치측정이 어려운 무형자산"은 다음의 요건을 모두 갖춘 무형자산을 말한다(국조법 시행령 13조 5항).
　① 무형자산을 거래할 당시에 비교가능성이 높은 특수관계가 없는 독립된 사업자 간 거래가 없을 것
　② 개발 중인 무형자산으로서 상업적으로 활용되기 위해 많은 기간이 소요되거나 무형자산의 높은 혁신성 등으로 거래 당시에 해당 무형자산으로부터 예상되는 경제적 편익 등에 대한 불확실성이 높을 것
130) 다음의 어느 하나에 해당하는 경우에는 국조법 시행령 제13조 제5항이 적용되지 않는다(국조법 시행령 13조 6항).
　① 무형자산의 당초 거래가격과 사후에 평가된 가격의 차이가, 당초 거래 시 거래당사자가 합리적으로 예측할 수 없는 사유에 기인한 것으로서, 거래당사자가 당초 거래 시 예측을 위해 고려한 가정이 합리적임을 입증한 경우
　② 무형자산의 당초 거래가격과 사후에 평가된 가격의 차이가 당초 거래가격의 20%를 넘지 않는 경우
　③ 무형자산에 대한 정상가격 산출방법에 대하여 국조법 제14조 제2항 본문에 따라 체약상대국의 권한 있는 당국과의 상호합의절차에 의한 사전승인을 받은 경우

(라) 무형자산 공동개발에 대한 원가분담약정

① 정상원가분담액에 의한 조정

거주자와 국외특수관계인이 사전에 원가·비용·위험('원가 등')의 분담에 대한 약정 (cost contribution arrangement)[131]을 체결하고 이에 따라 무형자산[132]을 공동으로 개발 또는 확보('공동개발')하는 경우, 거주자의 원가 등의 분담액이 정상원가분담액보다 적거나 많을 때에는, 과세당국은 정상원가분담액을 기준으로 거주자의 과세표준과 세액을 결정하거나 경정할 수 있다(국조법 9조 1항).[133]

정상원가분담액은, 거주자가 국외특수관계인이 아닌 자와의 통상적인 원가 등의 분담에 대한 약정에서 적용하거나 적용할 것으로 판단되는 분담액으로서, 무형자산의 공동개발을 위한 원가 등을 그 무형자산으로부터 기대되는 편익('기대편익')[134]에 비례하여 배분한 금액으로 한다(국조법 9조 2항).[135] 다만, 원가 등의 분담 약정 참여자가 소유한 무형자산의 사용대가와 분담액 차입 시 발생하는 지급이자는 정상원가분담액에서 제외된다(국조법 시행령 17조 2항).[136] 이 경우 정상원가분담액에서 제외된 '원가 등의 분담 약정 참여자가 소유한 무형자산의 사용대가'는, 국조법상 일반적인 무형자산의 정상가격 관련 규정에 따라 정해진다.[137][138] 정상원가분담액은, 그에 대한 약정을 체결하고 원가 등을 분담한 경우에

---

131) 원가분담약정은, 약정참여자들이 각자 개별적으로 무형자산을 개발하고 서로 사용을 허여하였을 경우에 이루어질 복잡한 상호허여(cross-licensing) 계약 등을 대체하는 기능을 한다. OECD TPG 문단 8.8

132) 국조법 시행령 제13조 제1항의 무형자산을 말한다(국조법 시행령 17조 1항).

133) OECD TPG 문단 8.34

134) "기대편익"은 무형자산의 공동개발 후 실현될 것으로 추정되는 다음의 어느 하나에 해당하는 편익을 사용하여 산정한다(국조법 시행령 17조 4항).
　① 원가의 절감
　② 무형자산의 활용으로 인한 ㉮ 매출액, ㉯ 영업이익, ㉰ 사용량, 생산량 또는 판매량 중 어느 하나의 증가
　위 규정은 OECD 이전가격지침 문단 8.19를 참고한 것으로 보인다.

135) 다만, 천재지변이나 그 밖의 불가항력적 사유로 원가 등이 당초 약정대로 분담되지 못하였다고 인정되는 경우에는, 해당 사유를 고려하여 재산정한 금액을 정상원가분담액으로 할 수 있다(국조법 9조 2항 단서).

136) 위 규정은, 그것이 처음 도입된 2006년 당시 시행 중이던 미국 재무부 규칙 § 1.482-7(d)(1)을 참고한 것으로 보인다[윤지현, "국조법상 원가분담 약정에 있어서 과세관청의 경정권 행사요건에 관한 고찰", 조세학술논문집 제23집 제2호(2007), 75쪽].

137) 윤지현, 앞의 글, 82쪽 ; 2006년 미국 재무부 규칙 § 1.482-7(g)(2)는, 자신이 소유하는 이미 존재하는 무형자산(pre-existing intangible property)을 원가분담약정하에서 무형자산의 개발을 위하여 다른 참여자들로 하여금 사용할 수 있게 한 참여자에게 그 다른 참여자들은 사용대가(buy-in payment)를 지급하여야 하고, 그 사용대가는 재무부 규칙 §§ 1.482-1, 1.482-4 내지 1.482-6에 따른 그 무형자산의 사용의 독립기업 가격(arm's length charge)에 그 참여자의 합리적 기대편익의 지분을 곱한 것이라고 정하였다.

138) 2010년 OECD 이전가격지침은, 원가분담약정과 관련한 기여(contribution) 또는 조정지급(balancing payment)은, 그것이 기여자 또는 지급자에게 약정참여자의 소유인 무형자산을 사용할 권리만을 부여하고 그 무형자산 자체에 대한 수익적 지분을 얻지는 못하도록 하는 한도를 제외하고는, 무형자산의 사용에 대한 사용료에 해당하지 않는다고 보았다(2010년 OECD 이전가격지침 문단 8.23, 8.25). 다만, 위 내

만 거주자의 손금에 산입한다(국조법 시행령 17조 3항).

② 정상원가분담액의 사후적·주기적 조정

거주자와 국외특수관계인이 공동개발하는 무형자산에 대하여 적정하게 원가 등을 배분하여 각 참여자의 지분을 결정하는 약정을 체결하고 무형자산을 개발한 후 실현되는 '총 기대편익에 대한 거주자의 기대편익 비율'이, 처음 약정 체결 시 예상한 '총 기대편익에 대한 거주자의 기대편익의 비율'에 비하여 20% 이상 증가하거나 감소한 경우, 과세당국은 원래 결정된 각 참여자의 지분을 변동된 기대편익을 기준으로 조정하여 거주자의 과세표준과 세액을 결정하거나 경정할 수 있다(국조법 9조 3항, 국조법 시행령 18조 1항).[139] 이에 따라 과세당국이 참여자인 거주자의 지분을 조정하는 경우, 거주자가 부담한 총원가 등의 분담액을 조정된 거주자의 지분에 따라 다시 계산하여, 초과 부담한 원가 등의 분담액을, 그 변동이 발생한 사업연도의 과세표준을 계산할 때 조정한다(국조법 시행령 18조 2항).[140][141]

③ 원가분담약정에 대한 중도 참여자 및 탈퇴자가 수수하는 대가

원가 등의 분담에 대한 약정에 새로 참여하는 자가 그 참여로 얻게 되는 기대편익의 대가를 지급하거나(buy-in payment), 그 약정으로부터 중도에 탈퇴하는 자가 그 탈퇴로 다른 참여자가 얻게 되는 기대편익의 대가를 지급받은 경우(buy-out payment), 그 대가가 정상가격보다 낮거나 높을 때에는, 과세당국은 정상가격을 기준으로 거주자의 과세표준 및 세액을 결정하거나 경정할 수 있다(국조법 시행령 19조).[142]

(4) 외국법인의 비상장주식의 정상가격

거주자와 국외특수관계인 간에 외국법인의 비상장주식이 거래된 경우, 비교가능 제3자 가격 방법을 비롯한 국조법 제8조 제1항 제1호 내지 제5호의 정상가격 산출방법을 적용하기 어려운 경우가 많다. 그러한 경우, 상증세법의 보충적 평가방법이 부적당하지 않은 때에는[143] 기타 합리적 방법(국조법 8조 1항 6호)으로 고려될 수 있다. 상증세법의 보충적 평

용은 2017년 OECD 이전가격지침에서는 삭제되었다(2017년 OECD 이전가격지침 문단 8.41 이하).

139) OECD 이전가격지침도 사후적·주기적 조정을 인정한다(OECD TPG 문단 8.22, 8.35).

140) 즉, 사후에 변동된 거주자의 지분을 기준으로 재계산하였을 때 그 거주자가 부담하여야 할 원가를 초과하여 분담한 과거의 사업연도로 소급하여 그 사업연도의 소득금액을 조정하는 것이 아니다.

141) 과세당국은 국조법 제9조 제3항에 따라 거주자의 과세표준과 세액을 결정하거나 경정하려는 경우에는, 무형자산을 공동개발한 날이 속하는 과세연도에 대한 과세표준 신고기한의 다음 날부터 5년을 초과하여 거주자의 과세표준과 세액을 결정하거나 경정할 수 없다(국조법 시행령 18조 4항).

142) OECD TPG 문단 8.44~8.46

143) 상증세법의 보충적 평가방법을 적용하는 것이 부적당하지 않다는 점의 증명책임은 과세관청에게 있다(대법원 2010. 1. 14. 선고 2007두5646 판결). 보충적 평가방법의 적용이 부적당하지 않다는 점이 ① 증명되지 않았다고 본 사례로 대법원 2010. 1. 14. 선고 2007두5646 판결, 대법원 2015. 2. 12. 선고 2014두

가방법 중 상증세법 제63조 제1항 제1호 나목의 적용이 부적당한 경우에는, 상증세법상 국외재산 평가규정(상증세법 시행령 58조의3)[144]이 기타 합리적 방법으로 적용될 여지가 있다.

3-2-2. 정상가격 산출방법의 선택기준

(1) 가장 합리적인 방법

정상가격은 '비교가능 제3자 가격방법, 재판매가격방법, 원가가산방법, 거래순이익률방법, 이익분할방법' 중에서 비교가능성 등을 고려하여 가장 합리적인 방법으로 계산한 가격으로 한다(국조법 8조 1항 본문). 위 정상가격산출방법들 상호 간에는 선후관계가 없다.[145]

위 각 정상가격산출방법들로 정상가격을 산출할 수 없는 경우에는 '대통령령으로 정하는 그 밖에 합리적이라고 인정되는 방법'을 적용한다(국조법 8조 1항 단서). 따라서 기타 합리적 방법은, 국조법 제8조 제1항 제1호 내지 제5호의 방법을 적용할 수 없는 경우에 한하여 보충적으로 적용된다.[146] 그러므로 국조법 제8조 제1항 제1호 내지 제5호의 방법을 적용할 수 없다는 점이 입증되지 않는 한, 기타 합리적 방법의 적용을 주장할 수 없다.

(2) 가장 합리적인 방법의 판단기준

정상가격을 산출할 때에는 다음의 각 기준을 고려하여 가장 합리적인 방법을 선택하여야 한다(국조법 시행령 14조 1항).

① 다음의 어느 하나에 해당하여 특수관계가 있는 자 간의 국제거래와 특수관계가 없는 자 간의 거래 사이에 **비교가능성**(comparability)이 높을 것[147]

㉮ 비교되는 상황 간의 차이가 비교되는 거래의 가격이나 순이익에 중대한 영향을

43226 판결, ② 증명되었다고 본 사례로 대법원 2020. 12. 30. 선고 2017두62716 판결('휴·폐업 중인 법인'과 '사업개시 후 3년 미만인 법인'에 각각 해당하는 홍콩 비상장법인들의 주식의 가액을 순자산가치에 의하여 산정한 사건). 상세한 것은 제3장 2-2-1. (2) (나) 참조

144) 제3장 2-2-1. (2) (나) 참조

145) OECD의 1995년 이전가격지침은 전통적 거래 방법(traditional transactional methods)인 '비교가능 제3자 가격방법, 재판매가격방법, 원가가산방법'을 거래이익 방법(transactional profit method)인 거래순이익률방법, 이익분할방법보다 우선적용하도록 하였고, 2010. 12. 27. 개정되기 전의 구 국조법도 같은 취지로 규정하였다. 그러나 OECD의 2010년 이전가격지침은 전통적 거래 방법과 거래이익 방법 사이의 선후관계를 폐지하고 가장 적합한 방법(the most appropriate method)을 적용하는 것으로 방향을 전환하였고 (OECD 2010 TPG 문단 2.1 이하), 2010. 12. 27. 개정된 국조법은 이를 수용하였다. 한편, 미국 세법은 예전부터 the best method rule을 채택해 왔다[Treas. Reg. § 1.482-1(c)]. 2010. 12. 27. 개정된 국조법은 위 전통적 방법들과 거래이익방법인 거래순이익률방법, 이익분할방법 사이의 우열관계를 폐지하였다.

146) OECD TPG 문단 2.9

147) OECD TPG 문단 3.47

주지 않는 경우

㉯ 비교되는 상황 간의 차이가 비교되는 거래의 가격이나 순이익에 중대한 영향을 주지만, 그 영향에 의한 차이를 제거할 수 있는 합리적 조정이 가능한 경우

② 사용되는 자료의 확보·이용 가능성이 높을 것

③ 특수관계 있는 자 간의 국제거래와 특수관계가 없는 자 간의 거래를 비교하기 위하여 설정된 경제 여건, 경영 환경 등에 대한 가정이 현실에 부합하는 정도가 높을 것

④ 사용되는 자료 또는 설정된 가정의 결함이 산출된 정상가격에 미치는 영향이 적을 것

⑤ 특수관계가 있는 자 간의 거래와 정상가격 산출방법의 적합성이 높을 것

 비교가능성의 평가를 위한 분석요소

비교가능성이 높은지를 평가하는 경우에는 다음의 사항을 분석하여야 한다(국조법 시행령 14조 2항, 국조법 시행규칙 6조 1항).

① 재화나 용역의 종류 및 특성[148]

㉮ 유형자산의 거래 : 재화의 물리적 특성, 품질 및 신뢰도, 공급 물량·시기 등 공급 여건

㉯ 무형자산의 거래 : 거래유형(사용허락, 판매 등), 자산의 형태(특허권, 상표권, 노하우 등), 보호기간과 보호 정도, 자산 사용으로 인한 기대편익

㉰ 용역의 제공 : 제공되는 용역의 특성 및 범위

② 사업활동의 기능[149] : 설계, 제조, 조립, 연구·개발, 용역, 구매, 유통, 마케팅, 광고, 운송, 재무 및 관리 등 수행하고 있는 핵심기능

③ 거래에 수반되는 위험[150] : 제조원가 및 제품가격 변동 등 시장의 불확실성에 따른 위험, 유형자산에 대한 투자·사용 및 연구·개발 투자의 성공 여부 등에 따른 투자위험, 환율 및 이자율 변동 등에 따른 재무위험, 매출채권 회수 등과 관련된 신용위험

④ 사용되는 자산 : 자산의 유형(유형자산·무형자산 등)과 자산의 특성(내용연수, 시장 가치, 사용지역, 법적 보호장치 등)

⑤ 계약 조건[151] : 거래에 수반되는 책임, 위험, 기대편익 등이 거래당사자 간에 배분되는 형태(사실상의 계약관계를 포함한다)

⑥ 경제 여건[152] : 시장 여건(시장의 지리적 위치, 시장 규모, 도매·소매 등 거래단계, 시장의 경쟁 정도 등)과 경기 순환변동의 특성(경기·제품 주기 등)

⑦ 사업전략[153] : 시장침투, 기술혁신 및 신제품 개발, 사업 다각화, 위험 회피 등 기업의 전략

---

148) OECD TPG 문단 1.127~1.129

149) OECD TPG 문단 1.51~1.126

150) 거래에 수반되는 위험은 사업활동의 기능과 밀접한 관련을 가진다. 따라서 OECD 이전가격지침은 거래에 수반되는 위험을 사업활동의 기능과 관련된 내용의 일부로 서술한다. OECD TPG 문단 1.51 이하

151) OECD TPG 문단 1.42~1.50

3-3. 분석대상인 거래당사자의 선정

원가가산방법, 재판매가격방법, 거래순이익률방법의 경우에는 국외특수관계인 거래의 당사자 중 일방의 재무지표만이 분석대상이 된다(one-sided methods). 따라서 원가가산방법, 재판매가격방법, 거래순이익률방법을 적용할 때는 국외특수관계인 거래의 당사자 중 어느 기업의 재무지표(원가, 매출총이익, 거래순이익)를 기준으로 분석할 것인지 선택하여야 한다.[154] 분석대상 당사자(tested party)는, 정상가격산출방법이 가장 신뢰성 있게 적용될 수 있고 신뢰할 만한 비교대상을 찾을 수 있는 것이어야 하고, 일반적으로 덜 복잡한 기능을 가진 기업이 선정된다.[155]

한편, 이익분할방법의 경우에는 국외특수관계인 거래의 당사자 쌍방의 재무정보가 모두 사용되므로(two-sided method), 분석대상 거래당사자의 선정 문제는 생기지 않는다.

3-4. 비교대상의 선정

(1) 비교대상의 요건

비교대상거래는 특수관계가 없는 자 간의 거래(uncontrolled transaction)로서 국외특수관계인 거래와의 비교가능성이 높은 것이어야 한다(국조법 시행령 14조 1항 1호).

비교대상거래에는 ① 국외특수관계인 거래의 일방 당사자와 제3자 간의 거래(내부적 비교대상, internal comparable), ② 국외특수관계인 거래의 당사자가 아닌 제3자들 간의 거래(외부적 비교대상, external comparable)가 있다.[156] 외부적 비교대상으로는 상업용 데이터베이스가 많이 이용된다.[157] 비교대상인 기업이 특수관계자와 거래를 하는 경우, 그 기업의 거래순이익을 이용한 정상가격산출은 거래순이익률방법에 해당할 수는 없으나, 기타 합리적 방법으로 인정될 수 있다고 판단한 사례가 있다.[158]

비교대상거래에는 국제거래뿐만 아니라 국내거래도 포함된다.[159] 특수관계가 없는 자 간의 거래가 거래당사자에 의하여 임의로 조작되어 정상적인 거래로 취급될 수 없는 경우

---

152) OECD TPG 문단 1.130~1.133
153) OECD TPG 문단 1.134~1.138
154) OECD TPG 문단 3.18
155) OECD TPG 문단 3.18
156) OECD TPG 문단 3.24
157) 실무상 내부적 비교대상인 거래가 있는 경우에는 대부분 비교가능제3자가격방법, 원가가산방법, 재판매가격방법이 사용되고, 거래순이익률방법은 거의 사용되지 않는다고 한다(최일환, 앞의 책, 227쪽).
158) 서울고등법원 2017. 2. 14. 선고 2016누52974 판결(대법원 2017. 6. 15. 선고 2017두38706 판결, 심리불속행 상고기각)
159) 대법원 2011. 10. 13. 선고 2009두15357 판결, 대법원 2012. 12. 26. 선고 2011두6127 판결

에는 그 거래는 비교가능한 거래가 될 수 없다(국조법 시행령 14조 4항).[160]

비교대상거래의 비교가능성이 높은지 여부를 판단할 때는, 국조법 시행규칙 제6조 제1항의 사유들을 고려하여야 한다.

(2) 비교대상의 선정방법

비교대상 거래 또는 기업의 비교가능성을 높이기 위해서는 비교대상의 선정(검출)이 합리적으로 이루어져야 한다. 비교대상을 선정하는 방법에는 ① 잠재적으로 비교가능한 거래를 수행하는 독립기업들을 파악하고, 그 기업들에 의하여 행해진 거래들의 정보를 수집하여, 미리 정해진 비교가능성 기준에 따라 비교대상에 해당하는지 여부를 판단하는 방법(additive approach), ② 데이터베이스 등을 이용하여 분석대상 기업과 동일한 활동을 하거나 유사한 기능을 수행하는 기업들을 다수 추출한 후 그중에서 선정기준과 공적으로 접근가능한 정보를 이용하여 비교가능성이 낮은 것들을 제거함으로서 비교가능성이 높은 대상을 선정하는 방법(deductive approach)이 있다.[161]

 비교대상거래의 선정에 관한 서울고등법원 2009. 11. 12. 선고 2008누37611 판결[162]의 사례

① 과세관청은 정상가격산출방법으로 재판매가격방법을 선택하고, ㉮ 원고(한국다우케미칼)와 동종업종을 영위하는 1,565개 업체 중 외부감사에서 '적정의견'을 받은 24개 업체를 선정한 후, ㉯ 그중에서 「㉠ 최근 3개 사업연도 이상의 재무자료를 구비하지 못하거나 분석대상 사업연도 중에 합병 또는 화의 등의 특별한 사정이 있는 2개 업체, ㉡ 특수관계 있는 회사와의 거래비율이 총매출(매입)액 대비 20% 이상인 11개 업체, ㉢ 원고와는 달리 2차 도매업을 영위하는 등 사업의 형태 또는 주요 취급품목이 원고와 상이한 6개 업체」를 제외한 나머지 5개 업체를 비교대상업체로 선정하였다.
② 위 판결은 위와 같은 비교대상업체의 선정이 적법하다고 판단하였고, 대법원 2011. 10. 13. 선고 2009두24122 판결은 위 판단을 정당한 것으로 수긍하였다.

(3) 다년도 자료(multiple year data)

정상가격 산출방법을 적용할 때 경제적 여건이나 사업전략 등의 영향이 여러 해에 걸쳐 발생함으로써 해당 사업연도의 자료만으로 가격·이윤 또는 거래순이익을 산출하는 것이 합리적이지 않을 경우에는, 여러 사업연도의 자료를 사용할 수 있다(국조법 시행령 15조 3항).[163]

---

160) 미국 재무부 규칙 § 1.482 – 1(d)(4)(iii)
161) OECD TPG 문단 3.40~3.46
162) 대법원 2008. 12. 11. 선고 2008두14364 판결에 따라 파기환송된 이후의 항소심 판결

이는, 경제 여건의 변화가 여러 사업연도에 걸쳐 제품의 가격에 영향을 미치거나, 시장 침투전략, 제품 수명 주기를 고려한 판매전략 등 사업전략이 여러 사업연도에 걸쳐 제품의 가격에 영향을 미치는 경우 등을 말한다(국조법 시행규칙 9조). 국외특수관계인 거래의 가격이 여러 해에 걸친 시장침투전략이나 제품의 주기 등을 고려하여 정해지는 경우, 과세당국이 그중에 어느 한 사업연도의 것만을 떼어내어 정상가격조정을 하는 것은 불합리하기 때문이다.

3-5. 차이의 조정

해당 국제거래와 특수관계가 없는 자 간의 거래 사이에, 비교가능성 분석요소의 차이로 인하여 가격 · 이윤 또는 거래순이익에 차이가 발생할 때에는, 그 차이를 합리적으로 조정하여야 한다(국조법 시행령 15조 4항).[164] 두 거래 사이에 비교가능성 분석요소의 차이가 있더라도, 그로 인하여 가격 등에 차이가 발생하지 않는 경우에는, 합리적 차이조정의 필요성이 없다.[165]

차이조정의 구체적 방법은 일률적으로 말하기 어렵고, 당해 사안 및 정상가격산출방법에 따라 달라질 수 있다. 일반적으로 차이조정으로 ① 매출채권, 매입채무, 재고자산, 사업용 자산 등의 차이에 대하여 이자율을 사용한 운전자본차이의 조정(working capital adjustment),[166] ② 회계차이의 조정(accounting adjustment),[167] ③ 환율차이의 조정[168] 등이 행해진다. 여러 거래가격의 산술평균에 의하여 비교가능 제3자 가격을 산출하는 경우도 있다.[169]

3-6. 정상가격의 범위

정상가격산출을 위한 최선의 노력을 기울였으나, 그 결과가 비교가능성이 가장 높은 단

---

163) OECD TPG 문단 3.75~3.79, 미국 재무부 규칙 § 1.482 – 1(f)(2)(iii)

164) OECD TPG 문단 3.47~3.54

165) 비교대상 업체의 영업이익률에 매출채권 · 매입채무 · 재고자산 조정을 거친 것을 토대로 정상가격을 산출한 경우, 거래순이익에는 영업이익에 영향을 미치는 요소들이 모두 반영되므로, 거래품목이나 거래단계의 차이, 환율변동위험의 차이에 따른 조정을 하지 않았다고 하더라도 정상가격산출이 잘못된 것이라고 단정할 수 없다고 판단한 사례로 서울고등법원 2017. 2. 14. 선고 2016누52974 판결(대법원 2017. 6. 15. 선고 2017두38706 판결 : 심리불속행 상고기각)

166) 그 사례로는 OECD TPG 부록 "Annex Ⅲ to Chapter Ⅱ : Example of a working capital adjustment"(pp. 489~492) 및 최일환, 앞의 책, 236쪽 참조

167) 그 사례로는 최일환, 앞의 책, 247쪽 참조

168) 그 사례로는 최일환, 앞의 책, 248쪽 참조

169) 대법원 1997. 6. 13. 선고 95누15476 판결, 대법원 2001. 10. 23. 선고 99두3423 판결

일한 수치로 도출되는 것이 아니라 비교가능성이 유사한 여러 비교가능대상 수치들의 범위로 나타나는 경우가 있다. 이러한 경우에는, 특수관계가 없는 자 간에 있었던 둘 이상의 거래를 토대로 정상가격의 범위(arm's length range)를 산정하여, 이를 거주자가 정상가격에 의한 신고 등의 여부를 결정하거나 과세당국이 정상가격에 의한 결정 및 경정 여부를 판정할 때 사용할 수 있다(국조법 시행령 15조 5항).[170]

다수의 비교대상거래의 지표들로 정상가격의 범위를 구성할 때, 적절한 통계적 방법을 이용하여 그러한 분석의 신뢰성을 높일 필요가 있고, **사분위 범위**(interquartile range)[171]는 통상적으로 수용될 수 있는 방법이지만, 더 나은 다른 방법이 있는 경우에는 그 방법도 사용될 수 있을 것이다.[172][173] 비교대상거래들의 비교가능성이 크게 차이나지 않고, 비교대상거래들과 국외특수관계인 거래의 차이가 명확하게 파악되며, 그에 대하여 적절한 조정이 행해진 경우에는, 반드시 사분위 범위를 적용할 필요가 없고, 그 비교대상거래들의 지표는 모두 정상가격의 범위를 구성할 수 있을 것이다.[174][175]

비교가능성 있는 독립된 사업자 간 거래의 가격이 다수 존재하여 정상가격의 범위를 구성하는 경우, 국외특수관계인 거래의 가격이 그 정상가격의 범위 내에 들어있다면, 정상가격조정의 대상에 해당하지 않는다.[176] 국외특수관계인 거래의 가격이 '과세관청이 최선의 노력으로 확보한 자료에 기초하여 합리적으로 산정한 정상가격'과 차이를 보이는 경우에는, 「① 비교가능성이 있는 독립된 사업자 간의 거래가격이 신뢰할 만한 수치로서 여러 개 존재하여 정상가격의 범위를 구성하고, ② 당해 국외 특수관계자와의 이전가격이 정상가격의 범위 내에 들어 있다는 점」에 관한 증명의 필요는 납세의무자에게 돌아간다.[177]

---

170) OECD TPG 문단 3.55("relatively equally reliable")~3.66 : 다만, 정상가격이 비교가능성이 가장 높은 단일한 수치로 결정되지 않고 일정한 범위의 형태로 나타나는 경우에도 검토된 비교대상 거래들 중 비교가능성이 낮은 것은 제거되어야 한다(문단 3.56). ; 미국 재무부 규칙 § 1.482-1(e)

171) 사분위 범위(interquartile range)는, 관측값을 크기의 순서대로 배열하였을 때 상위 100분의 25에 해당하는 값과 하위 100분의 25 사이에 해당하는 값 사이의 범위를 말한다. 국조법 기본통칙 5-6…1 ; 미국 재무부 규칙 § 1.482-1(e)(2)(iii)(C)

172) 미국 재무부 규칙 § 1.482-1(e)(2)(B) ; OECD TPG 문단 3.57

173) 실무상 원가가산방법, 재판매가격방법 및 거래순이익률방법의 경우 사분위 범위가 주로 사용된다. 최일환, 앞의 책, 200쪽

174) 미국 재무부 규칙 § 1.482-1(e)(2)(B)(5) Example 1., 2.

175) 서울고등법원 2017. 11. 29. 선고 2015누66006 판결은, 해외자회사에 대한 지급보증수수료의 정상가격이 문제된 사건에서, 무디스 모형에서 산출된 지급보증수수료율 범위의 상위 25% 및 하위 25%를 통계적 극단값으로 보아 제외되어야 한다고 보기 어렵다고 판단하였다.

176) 대법원 2001. 10. 23. 선고 99두3423 판결 ; OECD TPG 문단 3.60

177) 대법원 2001. 10. 23. 선고 99두3423 판결, 대법원 2014. 9. 4. 선고 2012두1747, 1754 판결

한편, 정상가격의 범위는, 납세의무자의 거래가격이 정상가격조정의 대상인지를 판단하기 위한 기준이지, 과세관청이 산정하거나 납세의무자가 신고한 정상가격이 적법한지를 판단하기 위한 것이 아니다.[178]

국외특수관계인 거래의 가격이 정상가격의 범위를 벗어난 경우, 거주자 또는 과세당국이 그 거래가격에 대하여 신고 또는 결정 및 경정 등을 하는 때에는, 그 정상가격 범위의 거래에서 산정된 평균값, 중위값, 최빈값, 그 밖의 합리적인 특정 가격을 기준으로 하여야 한다(국조법 시행령 15조 6항).[179]

4 ▷ 정상가격의 산출 및 적용 절차

4-1. 내국법인의 정상가격에 의한 신고 등

(1) 정상가격에 의한 신고 및 경정청구

거주자와 국외특수관계인 간의 거래가격이 정상가격보다 높거나 낮은 경우, 거주자는 정상가격을 거래가격으로 보아 조정한 과세표준 및 세액을, 일정한 기한까지 거래가격조정신고서를 첨부하여 관할 세무서장에게 신고하거나 경정청구할 수 있다(국조법 6조). 이는, 납세의무자가 실제 거래가격이 아닌 정상가격을 기준으로 과세표준 등의 신고를 하는 보상조정(compensating adjustment)[180]을 허용하는 것이다.[181]

---

178) 조심 2022서0144, 2022. 12. 7. 결정 : 청구법인이 해외자회사에게 제공한 지급보증용역의 대가로 0.3%의 지급보증수수료를 수취한 후 그 금액과 국세청모형에 따라 계산된 지급보증수수료의 차액을 익금산입하여 법인세 신고를 한 다음, 위 지급보증수수료의 정상가격을 무디스모형에 따라 산정한 금액으로 조정하여 처분청에게 과세표준 및 세액의 감액경정청구를 한 사안에서, 조세심판원은, 경정청구의 인정 여부는 지급보증수수료의 실제 거래가격인 0.3%가 무디스모형에 따라 계산된 정상가격의 범위 내에 있는지 여부에 따라 판단해야 하고, 청구법인이 국세청모형을 적용하여 신고한 가격이 무디스모형에 따라 계산된 정상가격의 범위 내에 있는지에 따라 판단할 것이 아니라고 판단하였다.

179) OECD TPG 문단 3.62 ; 미국 재무부 규칙은, 정상가격 조정의 기준이 되는 값은 통상적으로 ① 정상가격의 범위를 결정하기 위하여 사분위가 사용된 경우에는 전체 값들의 중위값(중앙값, median)이고, ② 그 외의 경우에는 전체 값들의 산술평균(arithmetic mean)이라고 정한다[재무부 규칙 § 1.482-1(e)(3)].

180) OECD TPG Glossary p.21 및 문단 4.38

181) OECD 회원국의 대부분은 과세신고가 실제 거래를 반영하여야 한다는 이유로 보상조정을 인정하지 않는다. 만일 보상조정이 관계기업의 일방이 속한 국가에서는 인정되고, 상대방이 속한 국가에서는 인정되지 않는 경우 1차 조정(primary adjustment)이 이루어지지 않는다면 대응조정(corresponding adjustment)이 불가능하기 때문에 이중과세가 야기될 수 있다. 보상조정에 따르는 문제를 해결하기 위하여 상호합의절차가 사용될 수 있다. OECD TPG 문단 4.39

(2) 정상가격 산출방법에 관한 자료 및 국제거래명세서의 제출

매출액 및 국외특수관계인과의 국제거래 규모 등이 대통령령으로 정하는 요건에 해당하는 납세의무자는 통합기업보고서(master file)[182] 및 개별기업보고서(local file)[183]를, 매출액 등이 대통령령으로 정하는 요건에 해당하는 납세의무자는 국가별보고서(Country-by-Country report)[184]를 각각 일정한 기간 내에 관할 세무서장에게 제출하여야 한다(국조법 16조 1항).

국외특수관계인과 국제거래를 한 납세의무자(통합기업보고서 및 개별기업보고서를 제출하여야 하는 납세의무자는 제외한다)는, 국제거래명세서, 국외특수관계인의 요약손익계산서, 정상가격 산출방법 신고서를, 사업연도 종료일이 속하는 달의 말일부터 6개월 이내에 관할 세무서장에게 제출하여야 한다(국조법 16조 2항 본문).[185]

4-2. 과세당국의 결정 또는 경정

(1) 정상가격산출방법 등의 조사

(가) 자료제출의 요구

과세당국은 대통령령으로 정하는 바에 따라 정상가격조정 규정을 적용하기 위하여 필요한 거래가격 산정방법 등의 관련 자료를 제출할 것을 납세의무자에게 요구할 수 있다(국조법 16조 4항). 이 경우 납세의무자는 자료 제출을 요구받은 날부터 60일 이내에 해당 자료를 제출하여야 한다(국조법 16조 5항 본문). 정상가격과 관련된 자료 제출의 요구는, 과세당국이 직접 접근할 수 없는 국외특수관계인에 대한 자료가 필요한 경우[186]에 특히 문제된다.

---

182) "통합기업보고서"는, 국조법 제16조 제1항 제1호에 해당하는 납세의무자 및 그 납세의무자와 기획재정부령으로 정하는 특수관계에 있는 법인 전체에 대한 '조직구조, 사업내용, 무형자산 내역, 자금조달 활동, 재무현황'을 포함하는 보고서로서 기획재정부령으로 정하는 것을 말한다(국조법 시행령 33조 1호).

183) "개별기업보고서"는, 국조법 제16조 제1항 제1호에 해당하는 납세의무자의 '조직구조, 사업내용, 국외특수관계인과의 거래내역, 위 거래에 관한 가격산출정보, 재무현황'을 포함한 보고서로서 기획재정부령으로 정하는 것을 말한다(국조법 시행령 33조 2호).

184) "국가별보고서"는, 국조법 제16조 제1항 제1호에 해당하는 납세의무자 및 그 납세의무자와 기획재정부령으로 정하는 특수관계에 있는 법인 등에 대한 '국가별 수익 내역, 국가별 세전(稅前) 이익 및 손실 등'을 포함하는 보고서로서 기획재정부령으로 정하는 것을 말한다(국조법 시행령 33조 3호).

185) 다만, 대통령령으로 정하는 경우에는 국제거래명세서, 국외특수관계인의 요약손익계산서, 정상가격 산출방법 신고서의 제출의무가 면제된다(국조법 16조 2항 단서).

186) 가령, 일방적 분석방법(one-sided method)인 원가가산방법·재판매가격방법·거래순이익률방법에서 국외특수관계인이 단순한 기능을 수행하여 분석대상인 경우(우리나라가 자본수출국인 경우) 또는 쌍방적 분석방법(two-sided method)인 이익분할방법이 적용되는 경우

(나) 납세의무자가 정당한 사유 없이 자료를 제출하지 않는 경우

① 자료의 이용에 대한 제한

자료제출을 요구받은 납세의무자가 대통령령으로 정하는 정당한 사유 없이 자료를 기한까지 제출하지 않고, 불복신청 또는 상호합의절차 시 제출한 경우, 과세당국과 관련 기관은 그 자료를 과세자료로 이용하지 않을 수 있다(국조법 16조 6항). 국조법 제16조 제6항은, 납세의무자가 제출하지 않은 자료를 과세 및 행정적 불복 등의 절차에서 유리한 증거로 사용할 수 없도록 하는데 그치고, 나아가 납세의무자가 그 자료를 소송절차에서 증거로 제출하는 것까지 봉쇄하는 취지로 볼 수는 없다.[187] 따라서 납세의무자는 국조법 제16조 제6항에도 불구하고 과세당국에 제출하지 않은 자료를 소송절차에서 증거로 제출할 수 있다고 보아야 한다.[188]

② 다른 자료에 근거한 정상가격 등의 추정

통합기업보고서 및 개별기업보고서를 제출하여야 하는 납세의무자 및 정상가격 산출에 관한 자료의 제출을 요구받은 납세의무자가, 대통령령으로 정하는 정당한 사유 없이 자료를 기한까지 제출하지 않는 경우, 과세당국은, 유사한 사업을 영위하는 사업자로부터 입수하는 자료 등 과세당국이 확보할 수 있는 자료에 근거하여, 합리적으로 정상가격 및 정상원가분담액을 추정하여 국조법 제7조 및 제9조를 적용할 수 있다(국조법 16조 7항).

③ 과태료

자료제출을 요구받은 납세의무자가 대통령령으로 정하는 부득이한 사유 없이 자료를 기한까지 제출하지 않거나 거짓의 자료를 제출하는 경우, 1억 원 이하의 과태료가 부과된다(국조법 87조 1항 2호).[189]

---

187) 대법원 2001. 10. 23. 선고 99두3423 판결 : 원심은, 피고가 원고로부터 제출받은 자료를 기초로 산정한 정상사용료율이 합리적이라고 인정되는 이상, 원고가 소송에서 제출한 자료에 기한 정상가격 범위가 더 합리적이라고 하더라도, 피고의 정상사용료율 산정이 위법하다고 할 수 없다고 하였으나, 대법원은 이러한 판단을 부적절한 것으로 판시하였다. 조인호, "이전가격세제와 정상가격의 산정", 대법원판례해설 제39호(2002), 135쪽 참조.

188) 미국 세법은, 납세의무자가 어떤 사항의 세무조사에 따른 서류제출요구에 응하지 않은 경우, 원칙적으로 그 사항의 과세가 쟁점인 민사소송의 관할법원은 그 납세의무자에 의한 제출요구대상 외국관련 서류(foreign-based documentation)의 제출을 금지하여야 한다고 규정한다(IRC § 982). 납세의무자가 세무관련서류를 소송의 증거로 사용할 수 있는지 여부는 중대한 사항이므로, 이를 금지하려면 미국 세법과 같이 법문에 명확하게 규정되어야 할 것이다.

189) 이 경우 과세당국은 위 과태료를 부과받은 자에게 30일의 이행기간을 정하여 자료를 제출하거나 거짓 자료를 시정할 것을 요구할 수 있고, 그 기간 내에 납세의무자가 자료 제출이나 시정 요구를 이행하지 않는 경우 지연기간에 따라 2억 원 이하의 과태료를 추가로 부과할 수 있다(국조법 87조 2항).

(2) 정상가격에 따른 소득의 조정

거주자와 국외특수관계인 간의 거래가격이 정상가격보다 높거나 낮은 경우, 과세당국은 정상가격을 기준으로 거주자의 과세표준 및 세액을 결정하거나 경정할 수 있다(국조법 7조 1항).

과세당국은, 둘 이상의 과세연도에 대하여 같은 정상가격 산출방법을 적용하여 정상가격을 산출하고 그 정상가격을 기준으로 일부 과세연도에 대한 과세표준 및 세액을 결정·경정하는 경우, 나머지 과세연도에 대하여도 그 정상가격을 기준으로 과세표준 및 세액을 결정·경정하여야 한다(국조법 7조 2항).[190]

4-3. 사전승인과 상호합의

4-3-1. 의의와 개요

(1) 사전승인의 의의

국제거래의 당사자는 장차 과세당국이 어떤 정상가격산출방법을 적용할 것인지 예측하기 어렵고, 나중에 과세당국이 당사자가 선택한 것과 다른 정상가격산출방법을 적용할 경우, 예상하지 못한 불이익을 입을 수 있다. 이러한 문제점을 방지하고 납세의무자의 예측가능성을 보장하기 위하여 각국은 사전가격합의(Advance Pricing Arrangement, APA) 제도를 인정한다.[191] 이러한 견지에서 국조법 제14조는 정상가격산출방법의 사전승인 제도를 규정한다.

(2) 상호합의절차의 의의

국외특수관계인 거래가격의 적정성에 관하여 우리나라와 국외특수관계인의 거주지국의 과세당국은 견해를 달리할 수 있다. 우리나라 과세당국이 거주자의 소득을 증액하는 조정을 하는 경우, 우리나라와 국외특수관계인의 거주지국 간에 조세조약이 체결되어 있더라도, 후자의 과세당국은 그 조정이 독립기업의 원칙에 합치한다고 판단하는 경우에 한하여 대응조정을 할 의무가 있고,[192] 그 반대의 경우도 마찬가지이다. 이에 따라 국제거래의

---

190) 위 규정의 신설 전에도, 조세심판원은, 과세당국이 거래순이익률방법에 따라 청구법인과 국외특수관계인 간 국제거래의 정상가격을 산정한 후, 청구법인의 이익률이 정상가격범위를 초과한 2003 사업연도에 관하여는 청구법인의 소득을 조정하여 익금산입하면서, 청구법인의 이익률이 정상가격범위에 미달한 2004, 2005 사업연도에 관하여는 청구법인의 소득을 감액조정하지 않은 것은 잘못이라고 판단하였다(조심 2008서1588, 2009. 9. 16.).
191) OECD TPG 문단 4.134 이하
192) OECD 모델조약 제9조의 주석 문단 6

정상가격에 관하여 양국 과세당국이 견해를 달리하는 경우 발생가능한 소득을 초과하는 금액이 과세되는 매우 바람직하지 못한 결과가 생길 수 있다.[193] 이러한 문제를 해결하기 위하여 OECD 모델조약 제25조는 양 체약국의 과세당국 간의 상호합의절차(Mutual Agreement Procedure)를 두고 있고, 우리나라도 대부분의 조세조약에서 이를 채택하였다.

(3) 사전승인과 상호합의의 관계

우리나라 과세당국이 거주자와 국외특수관계인 간의 거래에 대한 정상가격산출방법을 사전승인하더라도, 국외특수관계인의 거주지국 과세당국이 그와 다른 견해를 취한다면, 사전승인에도 불구하고 국제적 과잉과세가 발생할 수 있다. 따라서 이를 피하기 위해서는 사전승인과 상호합의가 결합되어 이루어질 필요가 있다. 다만, 사전승인과 상호합의는 서로 구별되는 제도이므로, 과세처분이 이미 이루어졌거나 임박한 경우에는 사전승인신청 없이 상호합의만 행해지기도 하고, 상호합의를 전제로 하지 않는 일방적 사전승인신청도 가능하다.

4-3-2. 사전승인

(1) 사전승인의 대상

국조법 제14조 제1항은 사전승인의 대상을 '정상가격 산출방법'으로 규정한다.[194] 실무상으로는 정상가격산출방법에 기초하여 산정되는 구체적인 정상가격(가령, 거래순이익률방법의 경우에는 거래순이익률)도 사전승인의 대상에 포함된다.

(2) 사전승인의 신청

거주자는, 일정 기간의 과세연도에 대하여 일정한 정상가격 산출방법을 적용하려는 경우, 대통령령으로 정하는 바에 따라 그 과세연도 중 최초의 과세연도 개시일의 전날까지 국세청장에게 사전승인을 신청할 수 있다(국조법 14조 1항).

---

193) 가령, A 법인이 장부가액 80원인 제품을 외국자회사인 B 법인에게 대금 100원에 판매하고, B가 그 제품을 다시 C에게 110원에 판매한 경우, A의 소득은 20원, B의 소득은 10원 총 30원이다. A, B 간에 거래가격을 어떻게 정하더라도 A-B, B-C 간 거래에서 발생하는 소득의 총액은 30원으로 변함이 없다(A가 B에게 90원 또는 110원에 판매했더라도 마찬가지). 그런데 B의 거주지국이 A-B 간 거래의 정상가격을 90원으로 조정한 것에 대하여, A의 거주지국이 이를 받아들이지 않고 위 거래의 정상가격을 계속 100원을 정상가격으로 본다면, A의 소득은 20원, B의 소득은 20원 총 소득은 40원이 되어 발생가능한 총소득의 크기를 초과한다. 여기에 B가 지급한 금액 중 10원은 B의 거주지국에서 A에 대한 배당으로 간주되어 원천징수까지 이루어질 수 있다.

194) OECD 이전가격지침은, 사전승인절차(APA)가 국외특수관계인과의 거래에 앞서 적합한 기준(가령 정상가격산출방법, 비교대상, 적절한 차이조정이나 미래의 사건에 대한 중요한 가정들)의 조합(set of criteria)을 결정하는 것으로 포괄적으로 정한다(OECD TPG 문단 4.134).

신청인이 사전승인 신청 시에 상호합의절차의 개시 신청을 한 경우, 국세청장은 일정한 경우를 제외하고는 체약상대국의 권한 있는 당국에 상호합의절차 개시를 요청하여야 하고, 상호합의가 이루어진 경우 정상가격 산출방법을 사전승인할 수 있다(국조법 42조 2항, 14조 2항 본문). 다만, 신청인이 상호합의절차를 거치지 않고 일방적 사전승인을 해줄 것을 신청하거나, 국조법 시행령 제28조 제8항의 사유로 상호합의절차가 중단된 경우, 국세청장은 상호합의절차를 거치지 않고 정상가격 산출방법을 사전승인(일방적 사전승인)할 수 있다(국조법 14조 2항 단서, 국조법 시행령 29조 1항).

(3) 사전승인의 효과

정상가격산출방법이 승인된 경우, ① 거주자와 국세청장은 그 승인된 방법을 준수하여야 하고, ② 거주자는 매년 과세표준 및 세액의 신고기한까지 그 승인된 방법에 따른 과세표준 및 세액을 관할 세무서장에게 신고하여야 하며, 필요한 경우 대통령령으로 정하는 바에 따라 수정신고 또는 경정청구를 하여야 한다(국조법 15조 1항, 2항).

4-3-3. 상호합의

(1) 상호합의절차의 개시

거주자, 내국법인, 비거주자 또는 외국법인은 다음의 어느 하나에 해당하는 자에게 대통령령으로 정하는 바에 따라 상호합의절차의 개시를 신청할 수 있다(국조법 42조 1항).

① 조세조약의 적용 및 해석에 관하여 체약상대국과 협의할 필요성이 있는 경우 : 기획재정부장관

② 체약상대국의 과세당국으로부터 조세조약의 규정에 부합하지 않는 과세처분을 받았거나 받을 우려가 있는 경우 : 국세청장

③ 조세조약에 따라 우리나라와 체약상대국 간에 조세조정이 필요한 경우 : 국세청장. 위 경우에는, 조세조약에 위반되는 과세처분이 이미 이루어진 경우뿐만 아니라, 그러한 과세처분이 이루어질 개연성이 있는 경우도 포함된다.[195)196)]

---

195) OECD 모델조약 제25조 제1항은, 인이 체약국들의 한쪽 또는 양쪽의 조치가 그 인에 대하여 조세조약의 조항에 부합하지 않는 과세를 초래하거나 초래할 것이라고 판단하는 경우(Where a person considers that the actions of one or both of the Contracting States result or will result for him in taxation not in accordance with the provisions of this Convention) 그 인은 그 사건을 양 체약국의 권한있는 당국에 제출할 수 있다고 정한다. 우리나라가 체결한 대부분의 조세조약도 상호합의절차에 관하여 유사하게 규정한다. OECD 모델조약의 주석은, '조세조약의 조항에 부합하지 않는 과세를 초래할 것'이라는 이유로 상호합의절차가 개시되도록 하기 위하여, 그러한 과세의 위험은 단순히 가능한 것이 아니라 개연성 있는 것(a risk that is not merely possible but probable)이어야 한다고 본다(OECD 모델조약 25조의 주석 문단 14).

196) 내국법인 등이 이미 이루어진 과세처분과 관련하여 상호합의절차의 개시신청을 하려는 경우, 그 과세사

기획재정부장관이나 국세청장은, 상호합의절차 개시의 신청을 받은 경우, 일정한 경우[197]를 제외하고는, 체약상대국의 권한 있는 당국에 상호합의절차 개시를 요청하고, 그 사실을 신청인에게 통지하여야 한다(국조법 42조 2항).

(2) 상호합의의 성립과 효력

상호합의는 문제되는 사업연도의 소득 전부에 대해서뿐만 아니라 일부 항목에 대해서만 이루어질 수도 있다.[198] 권한 있는 당국의 상호합의는 법원을 구속하거나 법원의 판결보다 우선하는 효력이 없다.[199][200] 조세조약의 해석에 관한 상호합의는 비엔나협약 제31조 제3항 (a)호의 후속합의 또는 (b)호의 후속실행에 해당한다고 볼 여지가 있다.[201]

(3) 상호합의에 따른 정상가격 조정 및 대응조정

우리나라와 체약상대국의 권한 있는 당국이 상호합의에 도달하고, 다음의 각 요건이 모두 충족되는 경우, 과세당국이나 지방자치단체의 장은 상호합의 결과에 따라 부과처분, 경정결정 또는 그 밖에 세법상 필요한 조치를 하여야 한다(국조법 47조 3항).[202]

① 신청인이 상호합의 내용을 수락할 것
② 상호합의절차 및 그와 관련된 불복쟁송이 동시에 진행되는 경우에는 납세자가 그 불복쟁송을 취하할 것

실을 안 날부터 3년 내에 위 신청을 하여야 한다(국조법 42조 2항 4호).

197) 다음의 어느 하나에 해당하는 경우에는, 기획재정부장관 등은 체약상대국의 권한 있는 당국에 상호합의절차 개시를 요청하지 않을 수 있다(국조법 42조 2항).
  ① 국내 또는 국외에서 법원의 확정판결이 있는 경우. 다만, 국가 간 대응조정이 필요한 경우 등 대통령령으로 정하는 경우는 제외한다.
  ② 조세조약상 신청 자격이 없는 자가 신청한 경우
  ③ 납세자가 조세회피를 목적으로 상호합의절차를 이용하려고 하는 사실이 인정되는 경우
  ④ 과세 사실을 안 날부터 3년이 지나 신청한 경우

198) 실무상, 우리나라의 권한 있는 당국은, 상대방국가의 권한 있는 당국과 사이에 문제된 항목들 중 일부에 관하여는 동의하지만, 일부에 관하여는 이의가 있는 경우, 상호합의를 전면적으로 거부하기보다는, 상호 동의하는 일부 항목들에 관하여 부분적 상호합의를 하는 경우가 많은 것으로 보인다.

199) 헌법상 개별 사건에 대한 법령의 해석·적용에 관한 최종적 권한인 사법권은 법원에 속하기 때문이다(헌법 101조 1항).

200) 상호합의절차와 별도로 납세의무자가 과세처분을 다투는 소송절차가 진행 중인 경우, 상호합의가 성립하더라도 소송절차에서 그와 다른 판결이 선고되면 그 상호합의는 사실상 무용한 것이 되므로, 권한있는 당국은 소송이 취하되지 않는 한 상호합의절차를 사실상 진행하지 않는 경우가 많은 것으로 보인다.

201) 제5편 제2장 1-3-1. (2) (가) 참조

202) 국조법 제47조 제4항의 문언상으로는, 과세당국 등이 상호합의결과에 따라 조치를 할 의무가 발생하기 위한 요건으로 같은 조 제3항 제1호 및 제2호의 요건이 필요한지 여부가 불분명하지만, 기획재정부장관 등이 상호합의를 이행하기 위한 요건과 과세당국 등이 필요한 조치를 하기 위한 요건을 달리 보는 것은 부적절하므로, 제4항에 따라 필요조치를 하기 위해서는 제3항의 요건이 필요하다고 해석하는 것이 합리적이다.

체약상대국이 거주자와 국외특수관계인의 거래가격을 정상가격으로 조정하고, 이에 대한 상호합의절차가 종결된 경우에는, 과세당국은 그 합의에 따라 거주자의 소득금액 및 결정세액을 조정하여 계산할 수 있다(국조법 12조 1항). 이는 OECD 이전가격지침의 대응조정(corresponding adjustment)을 도입한 것이다.[203]

한편, 내국법인과 국외지점·외국법인 등 간의 거래금액에 관하여 조세조약의 권한 있는 당국 간에 합의가 있는 경우, 관할 세무서장 등은 내국법인의 각 사업연도의 소득금액을 조정하여 계산할 수 있다(법 53조 1항). 위 조항은, 국조법상 정상가격조정 규정이 아닌 부당행위계산부인 규정의 적용대상인 거래에 관하여 상호합의가 성립한 경우 적용될 수 있을 것이다.

상호합의가 조세조약의 적용 및 해석에 관한 것인 경우, 기획재정부장관은 그 합의내용을 즉시 고시하여야 한다(국조법 47조 3항).[204]

(4) 상호합의절차와 부과제척기간

국세의 부과처분이 없는 상태에서 국세기본법상 부과제척기간의 만료 전에 상호합의절차가 개시된 경우, 「① 상호합의절차의 종료일의 다음 날부터 1년과 ② 국세기본법 제26조의2 제1항부터 제4항까지에 따른 부과제척기간」 중 나중에 도래하는 기간의 만료일 후에는 국세를 부과할 수 없다(국조법 51조 1항). 이에 따라 위 ①의 만료일이 ②의 만료일보다 뒤인 경우, 그 차이만큼 부과제척기간이 연장된다.

한편, 국세의 부과처분이 있는 상태에서 일정한 기간 내에 조세조약에 따른 상호합의가 신청되어 상호합의가 성립한 경우, 당초 처분의 경정을 위한 부과제척기간은 그 상호합의절차의 종료일부터 1년이다(국세기본법 26조의2 6항 2호).

---

203) OECD 이전가격지침은 대응조정을 "양국 간의 과세권에 의한 과세소득의 배분이 일관되도록, 1차적 과세권이 있는 과세당국에 의하여 행해진 1차 조정(primary adjustment)에 대응하여, 2차적 과세권이 있는 과세당국에 의하여 행해지는 관계기업의 납세의무에 대한 조정"이라고 정의한다. OECD TPG Glossary p.21

204) ① 과거에는 조세조약의 해석 또는 적용에 관한 상호합의의 공개 여부에 대한 규정이 없었기 때문에 중요한 상호합의임에도 공개되지 않은 예가 상당수 있었다(가령 부동산 과다보유 한국법인 주식의 과세에 관한 1999. 6. 23.자 한국-미국의 상호합의). ② 2011. 12. 31. 개정된 구 국조법 제27조 제2항은 기획재정부장관이 상호합의의 내용을 고시할 수 있다고 규정하여 상호합의의 공개 여부를 기획재정부장관의 재량에 맡겼다. ③ 이후 2018. 12. 31. 개정된 구 국조법 제27조 제2항은 조세조약의 해석 또는 적용에 관한 상호합의는 기획재정부장관이 반드시 고시하도록 규정하였고, 위 규정은 현행 국조법 제47조 제2항으로 옮겨졌다.

5-1. 소득의 증액조정

(1) 임시유보처분

정상가격조정에 따라 익금에 산입되는 금액(이전소득금액)이 있는 경우, 내국법인, 외국법인의 국내사업장('내국법인 등') 또는 과세당국은 그 금액의 반환 여부를 확인하기 전까지는 임시유보로 처분하고, 과세당국은 그 사실을 내국법인에게 임시유보통지서로 통지하여야 한다(국조법 시행령 24조).[205] 임시유보처분은 정상가격과 거래가격의 차액에 해당하는 매출채권 또는 가지급금반환채권을 세법상 인식하는 것이다.

(2) 내국법인 등이 이전소득금액을 반환받은 경우

내국법인 등이, 정상가격을 기준으로 조정한 과세표준 및 세액의 신고일 또는 임시유보처분 통지서의 수령일[206]부터 90일 이내에, 국외특수관계인으로부터 이전소득금액에 반환이자를 더하여 반환받았음을 확인하는 서류(이전소득금액 반환 확인서)를 과세당국에 제출한 경우에는, 임시유보금액은 소멸하고,[207] 추가적 소득처분은 행해지지 않는다.[208]

---

205) 다만, 다음의 어느 하나에 해당하는 경우에는 임시유보로 처분하지 않고, 국조법 시행령 제23조 제1항에 따라 처분하거나 조정한다(국조법 시행령 25조 1항).
　① 해당 내국법인이 이전소득금액 처분 요청서를 과세당국에 제출하는 경우
　② 해당 내국법인이 폐업한 경우(사실상 폐업한 경우를 포함한다)
　③ 과세당국이 국조법 제7조, 제9조, 제12조 및 제15조에 따라 과세표준 및 세액을 결정하거나 경정한 날부터 4개월 이내에 부과제척기간이 만료되는 경우
　④ 내국법인이 과세표준 및 세액을 신고할 당시 국외특수관계인으로부터 내국법인에 반환된 것임이 확인되지 않은 익금산입액을 임시유보로 처분하지 않고 국조법 시행령 제23조 제1항 각 호에 따라 처분하거나 조정하기를 희망하는 경우
206) 임시유보 처분 통지서를 받은 날부터 90일이 되는 날까지 상호합의절차가 개시된 경우에는 그 결과를 통보받은 날을 말한다(국조법 시행령 22조 1항 2호).
207) ① 내국법인 A가 국외특수관계인 B에게 정상가격이 100원인 제품을 80원에 매도한 경우(저가매도), 정상가격과 거래가격의 차액 20원이 내국법인의 익금에 산입되고, 위 금액은 임시유보로 처분되는데, 이는 20원의 매출채권을 세법상 인식하는 것과 같다(20원 익금산입·유보). 이후 A가 B로부터 20원을 반환받으면 같은 금액의 매출채권이 소멸한다[(-)유보]. ② 내국법인 A가 국외특수관계인 B로부터 정상가격이 100원인 제품을 120원에 매입한 경우(고가매입), 정상가격과 거래가격의 차액 20원만큼 제품의 취득가액이 감액되고[(-)유보·손금산입], 같은 금액의 가지급금반환채권이 계상된다(유보·익금산입). 이후 A가 B로부터 위 20원을 반환받은 경우, 가지급금반환채권은 소멸한다[(-)유보]. 결국 제품에 관한 (-)20원의 유보만 남게 된다.
208) OECD TPG 문단 4.75 : 반환된 금액은 이미 1차 조정을 통하여 소득에 반영된 것이므로, 수취인(내국법인 등)의 총소득에서 제외된다.

이전소득금액의 반환방법을 현금의 반환으로 국한할 이유는 없고, 상계 등에 의한 실질적 반환도 포함된다고 보아야 할 것이다.[209)210)] 그러나 단순히 장부에 이전소득금액의 반환채권을 자산으로 계상한 것은 이전소득금액의 반환에 해당하지 않는다.[211)]

(3) 내국법인 등이 이전소득금액을 반환받지 않은 경우

(가) 이전소득금액의 처분 또는 조정

내국법인 등이 일정한 기간 내에 이전소득금액 반환 확인서를 과세당국에 제출하지 않는 경우, 이전소득금액은 다음과 같이 처분되거나 조정된다(국조법 13조 1항).[212)213)]

① 국외특수관계인이 내국법인의 주주인 경우 : 국외특수관계인에게 귀속되는 **배당**(국조법 시행령 23조 1항 2호)

② 외국법인의 국내사업장이 본점 또는 외국지점과 거래를 한 경우, 본점 등으로부터 국내사업장에 반환되지 않은 이전소득금액은 **기타 사외유출**로 처분된다(시행령 106조 1항 3호 차목). 이는, 외국법인의 국내사업장과 본점 등 간 거래와 관련하여 국내사업장의 익금에 산입된 금액을 배당으로 처분하여 원천징수의무를 지우는 것은 조세조약상 추적과세금지에 저촉될 우려가 있음을 고려한 것으로 보인다.[214)] 한편, 적용되는 조세조약에 **지점세**의 근거규정이 있는 경우, 정상가격조정에 따라 외국법인의 국내사업장의 익금에 산입된 금액은 지점세(법 96조)의 과세표준에 포함되어 지점세로

---

209) 조심 2014부4537, 2015. 8. 19. ; 이경근, 국제조세의 이해와 실무(2016), 240쪽

210) 미국 세법도 납세자와 특수관계인 사이의 진정한 채무(bona fide debt) 등과 상계(offset)하는 방법으로 반환하는 것을 인정한다. Rev. Proc. 99 - 32 Section 4.01~4.02

211) 국조법 시행규칙은, 내국법인이 이전소득금액 반환 확인서를 제출하는 경우 국외특수관계인이 내국법인에 실제로 반환한 금액의 송금 명세서를 첨부해야 한다고 규정한다(국조법 시행규칙 14조 2항). 과거의 국조법 기본통칙은, 내국법인이 이전소득반환 확약서를 제출하면서 일정 요건을 충족할 경우 장부상 자산(채권)으로 계상하는 때에도 반환받은 것으로 인정하였으나, 해당 규정은 2009. 2. 2. 삭제되었다[이경근, 국제조세의 이해와 실무(2016), 240쪽 주 111)].

212) 이는 내국법인 등이 일정 기간 내에 이전소득금액을 반환받지 않는 경우 임시유보에 대응하는 매출채권 또는 가지급금반환채권을 포기한 것으로 보는 것이다.

213) 이는 OECD 이전가격지침에서 말하는 2차 조정(secondary adjustment)에 해당한다(OECD TPG 문단 4.68~4.78). OECD 모델조약 제9조 제2항은 2차 조정에 관하여 다루지 않고 체약국의 국내세법에 따른 2차 조정을 금지하지 않는다(OECD 모델조약 제9조의 주석 문단 8, 9). 따라서 2차 조정은 OECD 모델조약상 금지되지도 강제되지도 않고(OECD TPG 문단 4.71), 체약국의 국내세법에 달려 있다.

214) 법인세법은 외국법인의 국내사업장과 본점 간의 거래를 정상가격조정의 대상으로 삼는 등 국내사업장을 일정한 범위에서 외국법인과 별개의 독립한 세법상 실체로 취급하므로, 외국법인 국내사업장의 본점에 대한 소득이전을 배당으로 파악하는 것이 논리적으로 불가능하다고 보이지는 않는다. 외국법인 국내사업장이 본점에 지급한 이자 중 과소자본세제에 따라 손금불산입되는 금액이 배당으로 처분되는 점(국조법 시행령 49조)을 고려하면, 더욱 그렇다. 따라서 외국법인의 국내사업장으로부터 그 본점으로 유출되었으나 반환되지 않은 금액을 기타 사외유출로 처분하는 것은 논리필연적 결론이라기보다는 조세조약의 추적과세금지를 고려한 것으로 보아야 한다. 추적과세의 금지에 관하여는 제5편 제3장 4-2-2. (3) 참조

과세되므로, 배당에 대한 원천징수와 유사하게 취급된다.

③ 내국법인이 국외특수관계인의 출자자인 경우 : 국외특수관계인에 대한 **출자의 증가** (국조법 시행령 23조 1항 1호). 이 경우 내국법인이 보유한 외국자회사 주식의 취득가액은 증액되어야 한다.[215] 따라서 그 금액은 외국자회사 주식을 양도하는 사업연도의 손금에 산입되고, 남은 금액은 외국자회사가 청산되는 경우 손금에 산입된다.[216]

④ 국외특수관계인이 ① 내지 ③ 외의 자인 경우 : 국외특수관계인에게 귀속되는 **배당** (국조법 시행령 23조 1항 3호)

📖 국조법상 소득처분의 문제점

① 국조법은, 내국법인의 거래상대방이 내국법인의 주주인 경우, 이전소득금액이 내국법인의 이익잉여금 범위 내인지 여부에 관계없이, 이전소득금액을 배당으로 취급한다. 그러나 이전소득금액이 내국법인의 이익잉여금 범위를 넘는 경우에는 실질적인 출자의 환급으로서 과세대상이 아니라고 보아야 하므로, 이전소득금액을 배당으로 보는 것은 이익잉여금의 범위 내로 한정하는 것이 합리적이다.

② 국조법 시행령 제23조 제1항에 의하면, 국외특수관계인이 내국법인의 외국자회사(2호)인 경우를 제외한 나머지 경우는 모두 배당으로 처분된다. 그러나 국외특수관계인이 내국법인의 외국자회사가 아닌 경우를 일률적으로 모두 배당으로 보는 것은 불합리하다. 이를 구체적으로 살펴보면 다음과 같다.

㉮ 내국법인 A가 외국자회사 B의 주주이고, B가 외국자회사 C의 주주이어서 A와 C 사이에 간접적 지분소유를 통한 특수관계가 성립하고, A가 외국손회사인 C에게 국제거래를 통하여 소득을 이전한 경우, 국조법 시행령에 따르면, A가 C에게 배당을 지급한 것으로 보게 되는데, 이는 거래의 실질과 부합하지 않고 부자연스럽다. 위 경우는 A가 B에게, B가 C에게 순차로 소득을 이전하는 과정이 축약된 것으로 보아서, A가 자회사인 B에게 한 출자로 소득처분하는 것이 타당하다.

㉯ 내국법인(A)과 국제거래를 한 국외특수관계인(C)이 모두 동일한 법인의 자회사(B)인 경우, 내국법인(A)이 실질적으로 모회사(B)에게 배당을 하고 그 모회사(B)가 다시 국외특수관계인(C)에게 출자를 한 것으로 보는 것이 합리적이다.[217] 이 경우 만일 모회사(B)가 외국법인이라면, 위 국제거래에 대하여는 우리나라와 C의 거주지국 간의 조세조약이 아니라 우리나라와 B의 거주지국 간의 조세조약이 적용되어야 한다. 그리고 모회사(B)가 내국법인이라면, 내국법인과 모회사(A-B) 간의 거래는 국제거래가 아니어서 정상가격조정의 대상이 아니므로, 부당행위계산부인 규정이 적용되어야 할 것이다.

---

215) 송동진·박훈, "사외유출소득의 과세 및 반환에 관한 연구", 조세법연구 [23-3](2017), 40쪽
216) 국조법 기본통칙 9-15…2
217) 미국 세법과 독일 세법도 자회사들 간에 재산의 배분이 있는 경우 자회사가 모회사에 재산을 배분하고 이를 다시 다른 자회사에게 출자한 것으로 본다. ① 미국 : Bittker & Eustice 8-42, 8-56 ; Rev. Rul.

(나) 이전소득금액통지서에 의한 통지

과세당국이 이전소득금액의 처분이나 조정을 하는 경우, 그 사실을 내국법인 등에게 이전소득금액통지서로 통지하여야 한다(국조법 시행령 23조 3항). 내국법인이 배당으로 처분된 금액에 대한 이전소득금액통지서를 받은 경우, 그 받은 날에 배당을 지급한 것으로 의제되고(국조법 시행령 23조 4항), 원천징수의무를 진다(법 98조 1항 2호, 93조 2호 마목).

(다) 정상가격조정에 따라 배당으로 처분된 금액의 취급

정상가격조정에 따라 국외특수관계인의 배당으로 처분된 금액은 외국법인의 국내원천 배당소득에 해당하고(법 93조 2호 마목), 조세조약상 배당으로 볼 여지가 있다.[220]

69-630 (IRS RRU), 1969-2 C.B. 112, 1969 WL 19161, ② 독일 : Tipke/Lang 11장 문단 75, 646쪽 ; BFH vom 26.10.1987 GrS 2/86 ; 송동진·박훈, 앞의 글, 38쪽

218) 그 반환절차는 당초 Revenue Procedure 1965-1 C.B. 833, Rev. Proc. 65-17, 1965 WL 12472로 규정되었고, 이후 Rev. Rul. 99-32, 1999-2 C.B. 135, Rev. Rul. 99-32, 1999 WL 509058 (1999)에 반영되었다.

219) 송동진, "사외유출소득의 과세에 관한 연구", 서울시립대학교 세무전문대학원 박사학위논문, 2017, 29쪽

220) 제5편 제3장 4-2-1. (3) (다) 참조

5-2. 소득의 감액조정

(1) 내국법인이 감액된 소득을 반환하지 않은 경우

내국법인의 소득금액 중 정상가격을 기준으로 한 경정청구 또는 체약상대국의 1차 조정에 대한 대응조정에 따라 감액 조정되었으나 국외특수관계인에게 반환되지 않은 금액은, 익금에 산입하지 않는 소득(법 18호 2호)으로 본다(국조법 13조 2항).[221)222)]

한편, 위 경우 내국법인이 국외특수관계인에게 반환하지 않은 금액은 외국에서 배당 등으로 취급되어 과세될 수 있지만(2차 조정), 이에 따라 외국에 납부된 세액은 외국납부세액 공제의 대상에서 제외된다(시행령 94조 1항). 외국납부세액 공제는 내국법인의 국외원천소득이 국내에서 과세되는 것을 전제로 하는데, 위와 같이 반환하지 않은 금액은 익금에서 제외되어 국내에서 과세되지 않기 때문이다. 그러나 내국모회사가 이전가격거래를 통하여 외국자회사로부터 분여받은 소득은 실질적 배당에 해당하고, 이를 현행세법과 같이 무조건적으로 익금에서 제외하는 것은, 정상적 배당을 받은 경우보다 더 우대하는 것이 되므로,[223)] 불합리하다.[224)] 입법론으로는, 위와 같은 소득도 배당으로 익금에 산입하되, 외국납부세액 공제를 인정하는 것을 검토할 필요가 있다.

(2) 내국법인이 감액된 소득을 반환한 경우

내국법인이 1차 조정에 따라 감액된 소득을 국외특수관계인에게 반환한 경우, 외국에서 2차 조정에 따른 과세가 이루어지지 않을 수 있다.[225)]

---

221) 이는, 내국법인의 외국자회사가 외국 과세당국에 의한 1차 조정을 받아 과세소득이 증가하고 대응조정에 따라 내국법인의 과세소득이 감소하는 경우, 내국법인이 외국자회사에 해당 금액을 반환하지 않는다고 하여 익금에 산입하는 것은 자본의 국외유출을 가져오므로 바람직하지 않다는 정책판단에 따른 것이다 [이경근, 국제조세의 이해와 실무(2016), 249쪽].

222) 가령, 내국법인 A가 장부가액 80원인 제품을 외국자회사 B에게 대금 100원에 판매하였는데(A의 소득은 20원) B의 거주지국이 위 거래의 정상가격을 90원으로 조정하여 A의 소득이 10원만큼 감소하였으나, A가 그 감소한 소득을 B에게 반환하지 않는 경우, 위 금액은 익금에 불산입된다.

223) 내국법인이 외국자회사로부터 받은 수입배당금액은 일정 요건하에서만 익금에 불산입되고(법 18조의4), 그 외의 경우 외국자회사로부터 받은 배당과 관련하여 외국에 납부한 세액은 외국납부세액공제 한도의 적용을 받는다. 이에 비하여 국조법 제13조 제2항에 따른 익금불산입은 별다른 요건이 요구되지 않는다.

224) 송동진, 앞의 글, 101~103쪽

225) 미국 세법상 이전소득금액의 반환에 따른 처리에 관하여는 5-1. (3) (가)의 글상자 참조

국외특수관계인에 대한 이자비용의 손금산입 제한

1 일반론

(1) 자금조달의 방법에 따른 조세부담의 차이

법인이 자금주로부터 자금을 출자받고 지급하는 배당(자기자본에 대한 비용)은 손금에 불산입되지만, 자금을 차입하고 지급하는 이자(타인자본에 대한 비용)는 손금에 산입된다. 이에 따라 법인은 과세소득 및 법인세의 부담을 줄이기 위하여 자금을 출자보다는 차입의 형식으로 조달하려는 유인이 있다.

한편, 법인 단계에서 과세된 소득이 주주에게 배당되는 경우, 주주 단계에서 행해지는 이중과세의 조정[226]은 많은 경우 불완전하므로, 법인 단계에서 주주에게 이자로 지급된 금액이 손금에 산입되고 주주 단계에서만 이자로 과세되는 경우에 비하여, 법인과 주주의 2단계를 합친 전체적 조세부담이 더 무거울 수 있다.

그리고 다국적 기업이 관련된 경우 자금조달수단의 선택은 조세수입의 국제적 분배에도 영향을 미친다. ① 우리나라가 체결한 조세조약 중에는 체약상대방 국가 거주자의 이자소득에 대하여 원천지국인 우리나라의 과세권이 배제되고 그 상대방 국가의 과세권만이 인정되는 경우가 있다.[227] 그리고 ② 문제된 소득에 대하여 조세조약상 우리나라의 과세권이 인정되는 경우에도 이자인지 또는 배당인지에 따라 우리나라가 과세할 수 있는 제한세율이 다른 경우가 많다.[228] 이와 같이 외국모회사가 내국자회사에게 투자를 대여금과 출자 중 어느 방법으로 실행하는지에 따라 우리나라의 과세권의 존부 및 범위가 달라진다. 다국적 기업은 이를 이용하여 자신들의 전세계적 세부담액을 최소화할 수 있는 방향으로 자회사의 자본구조를 설계한다.

이러한 문제에 대응하기 위하여 국조법은 내국법인이 국외지배주주 등에게 지급한 이자

---

226) 배당을 받는 주주가 ① 거주자 또는 내국법인인 경우에는 소득세법과 법인세법의 이중과세조정 규정이 적용되지만, ② 비거주자 또는 외국법인인 경우에는 소득세법과 법인세법의 해당 규정이 적용될 수 없고, 해당 거주지국의 세제에 따른 이중과세조정이 이루어질 것이다.

227) 가령 한·아일랜드 조세조약 제11조 제1항

228) 가령 한·미 조세조약 제12조 제1항, 제13조 제1항

중 일정한 기준을 초과하는 금액을 손금불산입한다.

(2) 손금불산입의 기준 : 부채/자본 비율과 이자/소득 비율

다국적기업의 부채를 통한 자금조달에 따른 과세소득 감소에 대한 대처방안으로는 ①
외국모회사로부터 차입한 금액이 외국모회사의 출자금액의 일정한 배수를 초과하는 경우
그 초과금액에 대응하는 이자를 손금불산입하는 방법(부채/자본 비율 기준)[과소자본세제
(thin capitalization)], ② 차입금 이자가 소득의 일정한 비율을 초과하는 경우 그 초과이자
를 손금불산입하는 방법(이자/소득 비율 기준, earnings-stripping rules) 등이 있는데,[229]
국제적 추세를 보면, 후자의 방법을 채택하는 국가들이 계속 증가하고 있다.[230] OECD
BEPS Action 4 보고서는, 이자의 손금불산입의 결정기준으로 부채/자본 비율보다는 이자/
소득 비율을 권고하였다.[231] 국조법은, 국외지배주주 관련 차입금 이자의 손금불산입 기
준으로 종래 부채/자본 비율을 적용하여오다가, OECD BEPS Action 4 보고서에 따라
2017년 추가적으로 이자/소득 비율을 도입함으로써 양자를 병행하여 적용한다.

(3) 국외특수관계인에 대한 이자의 손금불산입과 조세조약상 차별금지원칙

국조법상 내국법인이 국외특수관계인에게 지급한 이자의 손금불산입 규정은, 내국법인
이 다른 내국법인에게 지급한 이자에 대하여는 적용되지 않으므로, 조세조약의 차별금지
원칙(OECD 모델조약 24조 5항)과 충돌할 우려가 있다.[232] OECD 모델조약의 주석은 과
소자본세제가 일정한 요건하에서 위 모델조약상 금지되지 않는다고 본다.[233] 국조법은 두

---

229) OECD/G20 Base Erosion and Profit Shifting Project "Limiting Base Erosion Involving Interest Deductions
and Other Financial Payments Action 4-2016 Update"('OECD BEPS Action 4 보고서'), 문단 11

230) 미국 세법 제163조(j)는 ① 종전에는, 과세기간 말 부채/자본 비율이 1.5를 초과하는 법인의 경우 조정된
과세소득 및 이월된 한도초과이자의 합의 50%를 초과하는 이자비용(excess interest expense)을 손금불산
입하고, 그 한도초과액은 차기로 이월되도록 정하였으나, ② 2017년 개정으로, 이자비용의 손금불산입
요건에서 부채/자본 비율에 관한 부분, 즉 과소자본세제의 요소를 삭제하였고, 이자비용의 손금산입액은
이자수익 및 조정된 과세소득의 30% 등의 합을 초과하지 못하며, 손금불산입된 이자비용은 후속 과세기
간으로 이월되어 그 과세기간에 지급되거나 발생한 이자비용으로 취급된다고 규정한다.

231) OECD BEPS Action 4 보고서 문단 17, 18, 23 : 부채/자본 비율 기준(과소자본세제)의 경우, 자회사가
외국모회사로부터 출자받은 금액을 다시 외국모회사에게 대여하여 부채/자본 비율을 낮추는 등의 방법으
로 위 기준의 적용을 피할 여지가 있다는 점 등을 이유로 한다(OECD BEPS Action 4 보고서 Annex
I. D Example 1. p.97).

232) ① 미국의 과소자본세제가 조세조약과 충돌하는지의 논의에 관하여는 이재호, 국내세법과 조세조약, 경
인문화사(2007), 114쪽. ② 유럽사법재판소는 회원국의 과소자본세제가 유럽조약(EC Treaty)상 차별금지
에 위반된다고 판결하였다. Lankhorst-Hohorst GmbH v. Finanzamt Steinfurt, Case C-324/00 (2002)
및 Test Claimants in the Thin Cap Group Litigation v. Commission of Inland Revenue, Case C-524/04
(2007). 전자의 판결에 관하여는 이창희, 국제조세법(2020), 625쪽 참조

233) OECD 모델조약의 주석에 의하면, 대여자가 차용자의 위험을 실질적으로 공유하는 경우의 이자를 차용
자의 거주지국이 배당으로 취급하는 것은 OECD 모델조약상 금지되지 않고(제10조의 주석 문단 25), 과

제도 간의 갈등 문제를 해소·완화하기 위하여 과소자본세제에 독립기업원칙의 요소를 도입하였지만(국조법 22조 4항), 여전히 논란의 여지가 있다.[234][235] 다만, 우리나라와 조세조약을 체결한 국가들 중 상당수는 과소자본세제를 입법하였는데, 이는 과소자본세제가 조세조약상 차별금지 규정에 위반되지 않는다는 취지의 후속실행[비엔나협약 31조 3항 (b)호 또는 32조]으로 볼 여지가 일부 있다.[236]

2 ▷ 과소자본세제

2-1. 손금불산입의 요건

과소자본세제의 적용대상은, 내국법인이 ① 국외지배주주 또는 그 특수관계인으로부터 차입한 금액과 ② 국외지배주주의 지급보증에 의하여 제3자로부터 차입한 금액('국외지배주주 관련 차입금')이 국외지배주주의 출자금액의 일정한 배수를 초과하는 경우 그 초과분에 대한 지급이자 및 할인료이다(국조법 22조 2항, 3항, 국조법 시행령 50조 1항).

2-1-1. 차입의 주체 : 내국법인과 외국법인의 국내사업장

과소자본세제의 적용대상인 내국법인에는 외국법인의 국내사업장이 포함된다(국조법 22조 2항). 외국법인의 국내사업장(국내지점)이 본점에게 지급한 이자에 대하여 과소자본세제를 적용하는 것은, 그 이자가 외국법인 국내지점의 손금에 산입될 수 있음을 전제로 한다. 법인의 본점과 지점은 동일한 과세실체(taxable entity)의 일부로서 단일한 인적 과세단위를 구성하므로, 본점과 지점 간의 거래는 원칙적으로 세법상 과세대상이 아니다. 따라서

소자본세제는 독립기업의 원칙(OECD 모델조약 9조 1항, 11조 6항)에 합치하는 한 OECD 모델조약상 금지되지 않는다(OECD 모델조약 제24조의 주석 문단 74). OECD 모델조약 제24조 제4항, 제11조 제6항에 의하면, 특수관계인들 간에 지급된 이자의 금액이 특수관계가 없었을 경우에 합의되었을 금액을 초과하는 경우 그 초과금액의 손금불산입에 관하여는 국적에 따른 차별이 가능하다.

234) 내국법인이 내국모회사로부터 차입한 경우에 대하여는 과소자본세제가 아예 적용되지 않고, 저율대여에 의한 부당행위계산의 경우 차입금의 규모는 문제되지 않는다. 그리고 내국법인이 외국지배주주로부터 차입한 경우에 과소자본세제의 적용을 면하기 위하여 일정한 사항의 증명책임을 부담한다. 이러한 점에서 내국법인의 국내지배주주와 국외지배주주를 차별하는 것이 전혀 없다고 보기는 어렵다.

235) 이창희, 세법강의(2020)는, 과소자본세제를 독립기업 원칙의 일환으로 정당화하기 어렵고 과소자본세제는 독립기업 원칙과 별개의 제도라고 보아야 하며(618쪽), 과소자본세제는 조세조약상 독립기업 원칙 및 차별금지 조항에 어긋난다고 본다(622, 627쪽).

236) 제5편 제2장 1-3-1. (1) 참조

외국법인의 국내지점과 국외본점 등 간의 자금거래에 따른 이자는 원칙적으로 손금에 산입되지 않는다(시행령 130조 2항). 다만, 예외적으로 ① 외국은행 국내지점이 그 본점 등에게 이자를 지급한 경우, ② 외국법인의 본·지점 간의 이자가 조세조약상 손금에 산입되는 경우,[237) 그 이자의 손금산입이 인정된다(시행령 129조의3, 시행규칙 63조의2 2항). 따라서 과소자본세제의 적용대상인 외국법인의 국내사업장은, 위의 예외에 해당하여 이자의 손금산입이 허용되는 외국은행 또는 외국법인의 국내지점을 의미한다.

2-1-2. 내국법인이 국외지배주주로부터 차입한 금액

(1) 국외지배주주와 그 특수관계인

(가) 국외지배주주

내국법인의 국외지배주주는 각 사업연도의 종료일 현재 「① 내국법인의 의결권 있는 주식의 50% 이상을 직접 또는 간접으로 소유하고 있는 외국의 주주·출자자('외국주주'), ② 외국주주가 의결권 있는 주식의 50% 이상을 직접 또는 간접으로 소유하고 있는 외국법인, ③ 내국법인과 국조법 시행령 제2조 제2항 제3호의 관계가 있는 외국주주」를 말한다(국조법 22조 1항 1호, 국조법 시행령 45조 1항).

외국법인의 국내사업장에 대한 국외지배주주는 「① 해당 외국법인의 본점·국외지점, ② 위 외국법인의 의결권 있는 주식의 50% 이상을 직접 또는 간접으로 소유하는 외국주주, ③ 위 ①의 본점 또는 ②의 외국주주가 의결권 있는 주식의 50% 이상을 직접 또는 간접으로 소유하는 외국법인」를 말한다(국조법 22조 1항 2호, 국조법 시행령 45조 2항).

(나) 국외지배주주의 특수관계인

국외지배주주의 특수관계인은, 국외지배주주와 국세기본법 제2조 제20호 가목(혈족·인척 등 대통령령으로 정하는 친족관계) 또는 나목(임원·사용인 등 대통령령으로 정하는 경제적 연관관계)의 관계에 있는 자를 말한다(국조법 22조 2항 2호).

(2) 제3자 개입거래

내국법인이 국외지배주주가 아닌 자로부터 차입한 경우에도, ① 해당 내국법인과 국외지배주주 간에 사전계약이 있고, ② 차입조건을 해당 내국법인과 국외지배주주가 실질적으로 결정한 경우에는, 내국법인이 국외지배주주로부터 직접 차입한 것으로 보아 과소자본세제를 적용한다(국조법 23조 본문). 다만, 내국법인이 국외지배주주가 아닌 국외특수관계

---

237) 2010년 이후의 OECD 모델조약을 따라 체결되거나 그와 유사한 조세조약이 적용되는 경우, 은행이 아닌 외국법인의 국내지점과 본점 간 이자도 국내지점의 손금에 산입될 수 있다[제5편 제4장 3-2-2. (3)].

인으로부터 차입한 경우에는 위 ②의 요건만 해당하더라도 과소자본세제를 적용한다(국조법 23조 단서). 이는 내국법인과 국외지배주주 사이에 형식적으로 제3자를 개입시켜 우회대출(back-to-back loan) 등의 방법으로 과소자본세제를 회피하는 것을 방지하기 위한 규정으로서, 국세기본법 제14조의 실질과세원칙이 과소자본세제에 적용된 것이다.

2-1-3. 내국법인이 국외지배주주의 지급보증하에 제3자로부터 차입한 금액

국외지배주주의 지급보증은 담보의 제공 등 실질적으로 지급을 보증하는 경우를 포함한다(국조법 22조 2항 3호). 여기에는 지급보증서의 유무, 종류 또는 지급보증방법에 불구하고 내국법인 등의 채무불이행 시 국외지배주주가 실질적으로 채무를 이행하여야 하는 모든 형태의 지급보증이 포함된다.[238] 따라서 국외지배주주가 내국법인 또는 외국법인의 국내사업장의 자금차입 시 대주에게 교부하는 이른바 컴포트 레터(letter of comfort)[239]도 지급보증에 해당할 수 있다.[240]

2-1-4. 차입금

과소자본세제의 적용대상인 차입금은 이자 및 할인료를 발생시키는 부채이다(국조법 시행령 46조 1항 본문). 행정해석은, ① 상품 등을 판매하고 받은 상업어음을 국외특수관계자에게 할인한 것이 어음을 담보로 한 차입거래에 해당하는 경우,[241] ② 후순위채,[242] ③ 환매조건부채권의 매도로 계상한 부채[243]를 과소자본세제의 적용대상인 차입금에 해당한다고 보았다. 다만, 외국은행 국내지점의 일정한 외화차입금은 과소자본세제의 적용대상에서 제외된다(국조법 시행령 46조 1항 단서).

---

238) 국조법 기본통칙 14-0…2

239) 컴포트 레터(letter of comfort)는, 자회사나 공공단체가 금전의 차입 등으로 인하여 채무를 부담하는 경우에, 모회사나 정부가 대주에 대하여, 법적 구속력은 없지만 자기의 명예나 신용 등을 고려한 이행을 기대하도록, 자회사 등에 대한 지분 비율의 확인, 자회사 등이 체결하는 계약에 대한 인식 및 승인, 자회사 등의 자력 또는 이행능력을 뒷받침할 방침의 선언 등을 작성·교부하는 서면을 말한다. 대법원 2014. 7. 24. 선고 2010다58315 판결 ; 김연학, "컴포트 레터(Letter of comfort)에 기한 채무불이행책임－대상판결 : 대법원 2014. 7. 24. 선고 2010다58315 판결－", BFL 제70호(2015), 서울대학교 금융·법센터, 91쪽

240) 서이46017-12085, 2003. 12. 8. ; 국제세원관리담당관실-42, 2010. 1. 25.

241) 서이46017-10819, 2001. 12. 27.

242) 서면2팀-331, 2005. 2. 22.

243) 서면2팀-1367, 2007. 7. 24.

2-1-5. 국외지배주주 관련 차입금이 국외지배주주 출자금액의 일정한 배수를 초과할 것

내국법인의 국외지배주주 관련 차입금액이 그 국외지배주주가 출자한 출자금액의 **2배**를 초과하여야 한다(국조법 22조 2항 1문). 다만, 금융업[244][245]에 적용하는 국외지배주주의 출자지분에 대한 차입금의 배수는 **6배**로 한다(국조법 22조 3항, 국조법 시행령 50조).[246]

내국법인의 경우, 국외지배주주의 **출자금액**은, 해당 내국법인의 해당 사업연도 종료일 현재 「① 재무상태표상 자산의 합계에서 부채[247]의 합계를 뺀 금액과 ② 납입자본금[248] 중 큰 금액」에 「총 납입자본금에서 국외지배주주의 납입자본금이 차지하는 비율」을 곱하여 산출한 금액으로 한다(국조법 시행령 47조 1항 본문). 외국법인 국내사업장의 경우, 국외지배주주의 출자금액은, 각 사업연도 종료일 현재 그 국내사업장의 재무상태표상 자산총액에서 부채총액을 뺀 금액으로 한다(국조법 시행령 47조 1항 단서).

2-1-6. 예외 : 국외지배주주 관련 차입금의 규모 및 조건이 특수관계 없는 자 간의 통상적인 차입 규모 및 조건과 같거나 유사한 경우

내국법인이 국외지배주주 관련 차입금의 규모 및 조건이 특수관계자 없는 자 간의 통상적인 차입 규모 및 조건과 같거나 유사한 것임을 대통령령으로 정하는 바에 따라 증명하는 경우에는, 과소자본세제가 적용되지 않는다(국조법 22조 4항).[249] 이는 과소자본세제와 조세조약상 차별금지원칙 간의 충돌 우려를 해소·완화하기 위하여 독립기업원칙 요소를

---

244) 통계법 제22조에 따라 통계청장이 고시하는 한국표준산업분류에 따른 금융업을 말한다(국조법 시행령 46조 5항).

245) 행정해석은, 대금업은 금융업에 해당하지 않으나(서이46017-10241, 2003. 2. 3.) 대부업은 금융업에 해당한다고 본다(서면인터넷방문상담2팀-71, 2005. 6. 3.).

246) 행정해석은, 내국법인이 금융업과 비금융업을 겸영하는 경우, ① 금융업과 비금융업의 자산, 부채, 자본 및 손익이 구분경리된 경우에는 국조법 시행령 제26조에 따라 각각 해당 부분에 대하여 금융업과 비금융업의 배수를 구분하여 적용하지만, ② 구분경리되지 않은 경우에는 주된 업종이 금융업이면 금융업의 배수인 6배, 비금융업이면 비금융업의 배수를 적용하고, 주된 업종의 판단은 업종별 수입금액을 기준으로 한다고 한다(국제세원관리담당관실-241, 2009. 2. 3.).

247) 충당금을 포함하고, 미지급 법인세는 제외한다.

248) 납입자본금은 다음 계산식에 따라 계산한 금액을 말한다.

자본금 + (주식발행액면초과액 및 감자차익) - (주식할인발행차금 및 감자차손)

249) 내국법인이 통상적인 차입에 따른 예외를 적용받기 위해서는, 법인세 신고기한까지 과세당국에 ① 해당 차입금이 사실상 출자에 해당하지 않음을 증명하는 자료(이자율, 만기일, 지급방법, 자본전환 가능성, 다른 채권과의 우선순위 등), ② 해당 내국법인과 같은 종류의 사업을 하는 비교가능한 법인의 자기자본에 대한 차입금의 배수(비교대상배수)에 관한 자료를 제출하여야 한다(국조법 시행령 51조 1항).

도입한 것이다.[250]

2-2. 효과

2-2-1. 이자 및 할인료의 손금불산입

(1) 손금불산입액의 계산

내국법인 또는 외국법인의 국내사업장의 국외지배주주 관련 차입금 중 국외지배주주의 출자금액의 2배(금융업의 경우 6배)를 초과하는 부분에 대한 이자 및 할인료는 손금불산입된다(국조법 22조 2항).[251]

이자 및 할인료는, 국외지배주주 관련 차입금에서 발생한 모든 이자소득으로서, 사채할인발행차금 상각액, 융통어음 할인료 등 그 경제적 실질이 이자에 해당하는 것을 모두 포함한다(국조법 시행령 48조 3항 본문). '경제적 실질이 이자에 해당하는 것'에는 ① 장기할부조건부 자산의 매입채무에 대한 상각액(시행령 68조 6항),[252] ② 이자율 스왑거래에 따른 지급금액이 실질적으로 조달자금에 대한 이자에 해당하는 경우[253][254]가 포함될 수 있다. 건설자금이자는 이자 및 할인료의 범위에서 제외된다(국조법 시행령 48조 3항 단서).[255]

(2) 간주자본 지급이자의 손금불산입과의 관계

외국법인 국내지점의 자본금 계정상 금액이 자본금 추산액에 미달하는 경우, 외국법인의 본점 등으로부터 공급받은 총자금 중 그 미달하는 금액에 상당하는 금액에 대한 지급

---

250) 앞의 1. (3) 참조

251) 서로 다른 이자율이 적용되는 이자 등이 함께 있는 경우에는, 높은 이자율이 적용되는 것부터 먼저 손금에 불산입된다(국조법 22조 6항).

252) 이창희, 국제조세법(2020), 607쪽

253) 서울행정법원 2011. 10. 20. 선고 2011구합5667 판결 : 내국법인인 원고가 원화를 조달하려는 목적으로 ① 국외지배주주 A로부터 엔화를 차입하는 계약을 하고, ② 다른 국외지배주주 B의 지급보증하에 위 엔화를 국내금융기관에게 지급하고 그에 상당하는 원화를 지급받기로 하되, 국내금융기관에게 원화 고정이자율에 따른 이자를 지급하고 엔화 변동이자율에 따른 이자를 지급받기로 하는 스왑계약을 한 후 이에 따라 원화 고정이자율에 따른 이자가 엔화 변동이자율에 따른 이자를 초과하는 금액(스왑차손)을 지급한 사안에서, 법원은 원고가 국외지배주주 A에게 지급한 이자뿐만 아니라 B에게 지급한 스왑차손도 과소자본세제의 적용대상인 이자로 판단하였다.

254) 국조법 기본통칙 14-0…3 : 내국법인이 법 제2조 제1항의 국외지배주주인 해외금융기관으로부터 자금을 차입하면서 환율변동위험 등을 회피하기 위하여 국외지배주주와 관련이 없는 국내은행과 환스왑계약을 체결하고 계약조건에 따라 당해 국내은행에 지급하는 수수료는 법 제14조 제1항에 규정된 지급이자 및 할인료에 해당하지 아니한다.

255) 이는, 건설자금이자가 그 발생 또는 지급 시점에 세법상 손금으로 산입되지 않는 점을 고려한 것으로 보인다. 그런데 건설자금이자는 이후 해당 자산의 감가상각 또는 처분 시점에 결국 손금화하므로, 일단 건설자금이자가 자산화하는 시점에는 그 자산의 취득가액을 세법상 감액하였다가[(-)유보·손금산입/손금불산입·배당] 이후 그 자산이 손금화하는 시점에서 손금불산입·유보로 처리하는 것도 입법론으로 가능할 것이다.

이자('간주자본 지급이자')는 손금에 불산입된다(시행령 129조의3).[256] 다만, 과소자본세제에 따라 손금불산입되는 이자('과소자본 지급이자')가 있는 경우, 간주자본 지급이자는 과소자본 지급이자를 초과한 범위에서만 손금에 불산입된다(시행령 129조의3 3항). 따라서 간주자본 지급이자의 손금불산입은 과소자본 지급이자의 손금불산입에 영향을 미치지 않고, 후자의 금액을 초과한 범위에서 보충적으로 기능한다.

2-2-2. 손금불산입액의 소득처분

(1) 내국법인이 국외지배주주로부터 차입한 경우

(가) 소득처분

국외지배주주로부터 차입한 금액에 대한 이자 중 손금불산입된 금액은 **배당**으로 처분된 것으로 본다(국조법 22조 2항 1문, 국조법 시행령 49조).[257] 이와 같이 배당으로 처분된 금액은 국외지배주주인 외국법인의 국내원천소득을 구성하고(법 93조 2호),[258] 내국법인은 이에 대한 법인세를 원천징수하여 관할 세무서 등에 납부하여야 한다(법 98조 1항 2호).[259] 내국법인이 각 사업연도 중에 지급한 이자와 할인료에 대하여 국외지배주주에 대한 소득세 또는 법인세를 원천징수한 경우에는, 과소자본세제에 따라 간주된 배당에 대한 소득세 또는 법인세로 원천징수할 세액과 상계하여 조정한다(국조법 22조 5항).

(나) 조세조약상 소득구분

OECD 모델조약 제10조 제3항의 **배당**(dividends)은 "분배를 하는 법인이 거주자인 국가의 법에 의하여 주식으로부터의 소득과 동일한 과세상 취급을 받는 그 밖의 법인 권리로부터의 소득"[260]을 포함한다. 이에 의하면, 내국법인의 거주지국인 우리나라의 과소자본세제에 따라 배당으로 취급되는 차입금이자는 위 조항의 배당에 포함될 수 있다.[261] 그러

---

256) 간주자본 지급이자의 손금불산입에 관하여는 제5편 제4장 2-2-2. (3) (다) 참조

257) 일본 세법은, 과소자본세제에 따라 손금불산입된 이자를 배당으로 취급하지 않고 후속 사업연도에 이월되는 것으로 규정한다(일본 조세특별조치법 66조의5).

258) 국조법의 과소자본세제에 따라 배당으로 처분된 금액을 외국법인의 국내원천소득으로 보는 내용은 2005. 12. 31. 법인세법의 개정 시 법인세법 제93조 제2호에 추가되었다. 위 개정된 조항은 창설적 효력을 가지므로, 그 시행 이전의 사안에 대하여는 적용되지 않는다[서울고등법원 2012. 5. 2. 선고 2011누40327 판결(대법원 2012. 9. 13. 선고 2012두11737 판결로 심리불속행 상고기각)].

259) 국제세원관리담당관실-1746, 2008. 9. 24. : 국외지배주주로부터의 차입금에서 발생한 이자가 아직 지급되지 않았음에도 발생주의에 따라 배당으로 간주되어(국조법 시행령 25조 2항) 내국법인이 원천징수의무를 부담한 경우, 나중에 실제로 지급할 때에는 다시 원천징수할 필요가 없다.

260) "income from other corporate rights which is subjected to the same taxation as income from shares by the laws of the State of which the company making the distribution is a resident"

261) 이창희, 국제조세법(2020), 612쪽 ; 곽상민, "과소자본세제에 따른 본·지점 간 초과이자에 대한 배당간주

므로 OECD 모델조약에 따라 체결된 조세조약의 경우에는, 과소자본세제에 따라 배당으로 간주되는 차입금이자도 배당에 해당할 수 있다.

(다) 상대방 체약국의 간접납부세액공제

우리나라와, 내국법인의 국외지배주주인 외국법인의 거주지국 사이에 OECD 모델조약 제23조A의 내용을 포함한 조세조약이 체결된 경우, 상대방 체약국은 우리나라에서 과소자본세제에 따라 배당으로 취급되어 원천징수된 세액에 대한 세액공제를 인정해주어야 한다.[262]

(2) 외국법인의 국내사업장이 그 본점 등으로부터 차입한 경우

(가) 소득처분

과소자본세제상 외국법인의 본점 등은 그 국내사업장의 국외지배주주로 간주되므로(국조법 2조 1항 11호 나목), 외국법인 국내사업장이 그 본점 등으로부터 차입한 금액의 이자 중 손금불산입액은 그 본점 등에 대한 **배당**으로 처분된다(국조법 시행령 49조, 국조법 22조 2항 1호).[263] 세법은 이러한 과소자본세제에 따른 지급이자의 손금불산입액을 지점세의 과세표준에서 제외함으로써(법 96조 1항 4호) 중복과세가 발생하지 않도록 조정한다.

그러나 ① 과소자본세제에 따른 손금불산입액을 배당으로 처분하여 원천징수의무를 부과하는 것은 조세조약상 추적과세금지에 저촉될 우려가 있고, ② 국조법은 과소자본세제에 독립기업원칙의 요소를 도입하였는데, 독립기업원칙에 의한 정상가격 조정에 따른 익금산입액은 기타 사외유출로 처분하면서(시행령 106조 1항 3호 차목) 과소자본세제에 따른 손금불산입액은 배당으로 처분하는 것이 적절한지에 대하여는 논란의 여지가 있다.[264][265]

와 조세조약상 소득구분, 대법원판례해설 제116호(2018), 92쪽 ; OECD 모델조약의 주석은, 대여자가 실효적으로 차입자인 법인의 위험을 분담하는 한 차입금 이자를 과소자본세제에 따라 배당으로 취급하는 것은 OECD 모델조약 제10조 및 제11조에 의하여 금지되지 않는다고 한다(제10조 제3항의 주석 문단 25).

262) OECD 2017년 모델조약 제23조A의 주석 문단 68, 제25조의 주석 문단 9

263) 서울고등법원 2012. 5. 2. 선고 2011누40327 판결(대법원 2012. 9. 13. 선고 2012두11737 판결로 심리불속행 상고기각) ; 대법원 2018. 2. 28. 선고 2015두2710 판결

264) 법인세법은 외국법인의 국내사업장과 그 외국법인 간의 거래를 정상가격조정의 대상으로 삼는 등 국내사업장을 일정한 범위에서 외국법인과 별개의 독립한 세법상 실체로 취급하므로, 국내사업장이 본점 등에게 지급한 이자의 손금불산입액을 배당으로 취급하는 것 자체가 논리적으로 불가능한 것은 아니다. 다만, 조세조약상 추적과세금지 조항 및 정상가격 조정에 따른 익금산입액의 처분과의 균형 면에서 문제가 될 뿐이다.

265) 국조법 시행령이 과소자본세제에 따른 이자의 손금불산입액을 배당으로 처분하도록 정한 이유는 불분명하지만, 기타 사외유출로 처분할 경우, 외국법인 국내사업장이 본점 등에 대한 이자의 지급 시 원천징수한 금액을 외국법인 국내사업장에 전액 환급해주어야 하는 점을 고려한 것으로 볼 여지가 있다.

(나) 조세조약상 소득구분

OECD 모델조약 제10조 제3항은, 소득을 분배하는 주체가 '법인(company)'이고 소득의 수령자는 그와 별개의 과세실체인 경우를 전제로 하므로, 법인의 본점과 지점 간 거래는 그 적용대상에서 제외된다. 따라서 이와 같은 취지로 규정하는 조세조약이 적용되는 경우에는, 외국은행 지점과 본점 등 간의 차입금이자로서 손금불산입된 금액은 그 조세조약상 배당에 해당하지 않는다.

대법원은, 싱가포르에 본점을 둔 원고 법인(DBS은행)의 국내 지점이 싱가포르 본점에 지급한 차입금 중 출자금액의 6배를 초과하는 부분에 대한 이자로서 손금불산입된 금액이 한·싱가포르 조세조약 제10조 제4항의 배당[266]에 해당하는지가 문제된 사건에서, 지점은 위 조세조약상 법인으로 보기 어렵고, 위 조세조약 제10조 제4항은 법인이 아닌 지점 소재지국의 세법에 의한 배당소득은 상정하지 않고 있다는 이유로, 원고 법인 국내 지점이 싱가포르 본점에 지급한 이자의 손금불산입액은 위 조항의 배당에 해당하지 않고, 위 조세조약 제11조 제5항의 이자에 해당한다고 판시하였다.[267][268] 그러나 외국은행 국내지점이 본점에 지급한 이자는 조세조약상 이자소득에 해당한다고 보기 어려우므로,[269] 위 판결의 타당성은 의문스럽다.[270]

(3) 내국법인이 국외지배주주 외의 자로부터 차입한 경우

국외지배주주의 특수관계인으로부터 차입한 금액이나, 국외지배주주의 지급보증에 의하여 제3자로부터 차입한 금액에 대한 이자 중 손금불산입된 금액은, **기타 사외유출**로 처분된 것으로 본다(국조법 22조 2항 2호 및 3호, 국조법 시행령 49조). 따라서 내국법인은 이에 대한 원천징수의무가 없다.

---

266) 한·싱가포르 조세조약 제10조 제4항은 배당을 "주식으로부터 생기는 소득과, 분배를 하는 법인이 거주자로 되어 있는 체약국의 세법에 의하여 주식에서 발생되는 소득과 동일하게 취급되는 다른 소득"으로 정의한다.

267) 대법원 2018. 2. 28. 선고 2015두2710 판결 ; 2018. 12. 31. 개정되기 전의 구 국조법 제28조는 "비거주자 또는 외국법인의 국내원천소득의 구분에 관하여는 소득세법 제119조 및 법인세법 제93조에도 불구하고 조세조약이 우선하여 적용된다."고 규정하였다. 이창희, 세법강의(2017), 685쪽 각주 33)은 구 국조법 제 28조가 국내법의 소득구분을 조약상 소득구분에 적용할 수 없다는 의미에 불과하다고 하고, 대법원도 위 사건에서 같은 견해를 취한 것으로 보인다(곽상민, 앞의 글, 97~100쪽). 구 국조법 제28조는 2018. 12. 31. 개정으로 삭제되었다. 그 개정 경과에 관하여는 김정홍, "국제조세조정법 제28조의 삭제에 관한 소고", 계간 세무사 2018년 가을호, 18쪽

268) 대법원 2022. 5. 12. 선고 2018두58332 판결도 같은 취지로 판단하였다.

269) 송동진, "외국은행 국내지점이 본점에게 지급한 이자의 국내세법 및 조세조약상 취급", 조세학술논집 제 37집 제3호(2021), 한국국제조세협회, 124쪽 이하 ; 제5편 제3장 3-2-1. 참조

270) 제5편 제3장 11-2-1. (1) (가) 참조

3 　**소득에 비하여 과다한 지급이자의 손금불산입**

　내국법인이 국외특수관계인으로부터 차입한 금액에 대한 순이자비용이 조정소득금액의 30%를 초과하는 경우, 그 초과하는 금액은 손금에 산입하지 않는다(국조법 24조 2항).[271]

3-1. 손금불산입의 요건

(1) 적용대상 : 금융·보험업을 하지 않는 내국법인

　소득 대비 과다 지급이자의 손금불산입의 적용대상은, 금융 및 보험업[272]을 영위하지 않는 내국법인[외국법인의 국내사업장을 포함한다(국조법 22조 2항)]이다(국조법 24조 3항, 국조법 시행령 55조).

(2) 순이자비용

　순이자비용은, 국외특수관계인에게 지급한 이자 및 할인료에서 국외특수관계인으로부터 수취한 이자수익을 차감한 금액을 말한다(국조법 24조 1항 1호). 순이자비용은, 내국법인이 모든 국외특수관계인으로부터 차입한 전체 차입금에 대하여 지급하는 이자 및 할인료[273]의 총액에서, 내국법인이 국외특수관계인으로부터 수취하는 이자수익의 총액을 차감한 금액으로 한다(국조법 시행령 54조 1항 1문).[274]

　한편, 과소자본세제와 달리, 소득에 비하여 과다한 이자에 대하여는, 그 차입금의 규모 및 차입조건이 특수관계가 없는 자 간의 그것과 같거나 유사한 경우 손금불산입 대상에서 제외된다는 규정(국조법 22조 4항)이 없다.[275]

(3) 조정소득금액

　조정소득금액은 감가상각비[276]와 순이자비용을 차감하기 전의 소득금액[277]을 말한다

---

271) 이는 OECD BEPS 프로젝트 Action 4를 이행하기 위하여 2017. 12. 19. 국조법의 개정 시 신설된 규정이다.

272) 통계법 제22조에 따라 통계청장이 고시하는 한국표준산업분류에 따른 금융 및 보험업을 말한다.

273) 이자 및 할인료의 범위에 관하여는 국조법 시행령 제48조 제3항을 준용한다(국조법 시행령 54조 2항).

274) 순이자비용이 음수인 경우에는 이를 영(0)으로 본다(국조법 시행령 54조 1항 2문).

275) 입법론으로는, 소득에 비하여 과다한 이자의 경우에도 과소자본세제의 대상인 이자와 마찬가지로 비특수관계인 간의 차입조건 등을 기준으로 한 손금불산입의 예외를 고려할 수 있을 것이다. 이창희, 국제조세법(2020), 629쪽은, 국조법 제22조 제4항(2020. 12. 22. 개정 전의 구 제14조 제3항)은, 조세조약상 독립기업의 원칙이 적용되는 이상 현행 국조법의 해석론으로도 그렇게 볼 수 있다고 한다.

276) 여기서 감가상각비는, 법인세법 제23조에 따라 손비로 계상한 감가상각비를 말한다(국조법 시행령 54조 3항 1호).

277) 여기서 소득금액은, 국조법 제6조, 제7조, 제22조, 제23조, 제25조 및 법인세법 제28조의 규정을 적용하

(국조법 24조 1항 2호).

3-2. 효과

내국법인이 국외특수관계인으로부터 차입한 금액에 대한 순이자비용이 조정소득금액의 30%를 초과하는 경우, 그 초과금액은 손금에 산입하지 않고,[278] 기타사외유출로 처분된 것으로 본다(국조법 15조의2 1항).

---

4 ▶ 혼성금융상품 거래에 따른 지급이자의 손금불산입

4-1. 제도의 취지

내국법인이 국외특수관계인과의 혼성금융상품 거래에 따라 지급한 이자 및 할인료 중 적정기간 내에 그 거래상대방이 소재한 국가에서 거래상대방의 소득으로 과세되지 않는 금액은 해당 사업연도의 소득금액을 계산할 때 내국법인의 손금에 산입되지 않는다(국조법 25조).[279] 이는 양국 간의 세법의 차이를 이용한 차익거래(cross-border tax arbitrage)를 통한 이중비과세(double non-taxation) 또는 장기간의 과세이연을 방지하기 위한 것이다.

4-2. 손금불산입의 요건

(1) 혼성금융상품

혼성금융상품(hybrid financial instrument)은, 자본(equity) 및 부채(debt)의 성격을 동시에 갖고 있는 금융상품으로서, 다음의 각 요건을 모두 갖추고, 금융 및 보험업을 영위하는 내국법인이 발행하는 금융상품이 아닌 것을 말한다(국조법 25조 1항, 국조법 시행령 57조).

　① 우리나라 : 우리나라의 세법에 따라 해당 금융상품을 부채로 보아 내국법인이 해당 금융상품의 거래에 따라 국외특수관계인인 외국법인(거래상대방)에게 지급하는 이

기 전의 각 사업연도의 소득금액을 말한다(국조법 시행령 54조 3항 2호). 조정소득금액이 음수인 경우에는 이를 영(0)으로 본다(국조법 시행령 54조 4항).

278) 이때 서로 다른 이자율이 적용되는 이자나 할인료가 함께 있는 경우에는 높은 이자율이 적용되는 것부터 먼저 손금에 불산입한다(국조법 24조 4항).

279) 이는 OECD BEPS 프로젝트 Action 2(Neutralizing the Effects of Hybrid Mismatch Arrangements)를 이행하기 위하여 2017. 12. 19. 국조법의 개정 시 신설된 규정이다.

자 및 할인료('이자 등')를 이자비용으로 취급할 것

② 거래상대방이 소재한 국가 : 그 국가의 세법에 따라 해당 금융상품을 자본으로 보아 거래상대방이 내국법인으로부터 지급받는 이자 등을 배당소득으로 취급할 것

(2) 내국법인이 지급한 이자가 적정기간 내에 거래상대방의 소재지 국가에서 일정한 비율 이상 과세되지 않을 것

내국법인이 거래상대방에게 지급한 이자 등이, 적정기간 내에, 거래상대방의 소재지국 세법상 거래상대방의 과세소득에 전혀 포함되지 않거나, 그중 10% 미만의 금액만 포함되어야 한다(국조법 시행령 59조 1항). '적정기간'은, 내국법인이 혼성금융상품의 거래에 따라 이자 등을 지급하는 사업연도의 종료일부터 12개월 이내에 개시하는 거래상대방의 사업연도의 종료일까지의 기간을 말한다(국조법 시행령 58조).

4-3. 효과

혼성금융상품 거래에 따른 이자의 손금불산입 요건이 충족된 경우, 국외특수관계인에게 지급한 이자 등 중 일정한 금액은, 적정기간 종료일이 속하는 사업연도의 내국법인의 소득금액을 계산할 때 익금에 산입하고, 기타 사외유출로 처분된 것으로 보며, 대통령령으로 정하는 바에 따라 계산한 이자 상당액을 위 사업연도의 법인세에 더하여 납부하여야 한다(국조법 25조 2항).

위 경우 내국법인이 익금에 산입할 금액은 아래 ①의 금액에 ②의 비율을 곱하여 산출한 금액이다(국조법 시행령 59조 2항).

① 내국법인이 거래상대방에게 지급한 이자 등의 금액

② 거래상대방이 내국법인으로부터 지급받은 배당소득 금액 중 그 소재지국에서 과세되지 않은 금액이 차지하는 비율 : '거래상대방이 소재한 국가에서 과세되지 않은 금액'은, 내국법인이 지급한 이자 등이 거래상대방의 소재지국의 세법에 따라 배당소득으로 취득되어 과세소득에 포함되지 않은 금액으로서, 다음의 구분에 따른 금액을 말한다(국조법 시행령 59조 1항).[280]

---

280) ① 내국법인이 국외특수관계인 A와의 혼성금융상품 거래에 따라 우리나라 세법상 이자에 해당하는 100 원을 지급하면서 그중 14원을 원천징수하고(법 98조 1항 1호 가목), 위 100원을 이자비용으로 손금에 산입한 경우, ② 적정기간 내에 A의 소재지국에서 A가 지급받은 86원 중 10원이 배당소득으로 A의 과세소득에 포함되어 과세되었다면, 국조법 제25조와 관련하여 '거래상대방이 소재한 국가에서 과세되지 않은 금액'은 없는 것이 되고(국조법 시행령 59조 1항), 내국법인의 익금에 산입할 금액도 없게 되므로, 혼성금융상품 거래에 따른 이자의 손금불산입 규정은 적용되지 않는다(국조법 시행령 59조 2항). 한편, 위 ①의 경우에 ③ 적정기간 내에 A의 소재지국에서 A가 지급받은 86원 중 5%인 4.3원만 배당소득으로

㉮ 이자 등의 전부가 거래상대방의 과세소득에 포함되지 않은 경우 : 전체 금액

㉯ 해당 이자 등의 10% 미만의 금액만 거래상대방의 과세소득에 포함되는 경우 : 과세소득에 포함되지 않은 금액

5   **지급이자 손금불산입 규정의 적용순서**

국조법 제22조(과소자본세제에 따른 이자의 손금불산입)와 제24조(소득 대비 과다이자 비용의 손금불산입)가 동시에 적용되는 경우에는 그중 손금불산입액이 크게 계산되는 것 하나만을 적용하고, 그 금액이 같은 경우에는 국조법 제22조를 적용한다(국조법 26조 1항).

국조법 제22조 또는 제24조는, 국조법 제6조(정상가격에 의한 신고 등), 제7조(정상가격에 의한 결정 등), 제25조(혼성금융상품 거래에 따른 지급이자의 손금불산입) 및 법인세법 제28조(지급이자의 손금불산입)보다 우선하여 적용한다(국조법 26조 2항). 국조법 제25조는, 국조법 제6조, 제7조 및 법인세법 제28조보다 우선하여 적용한다(국조법 26조 3항).

과세되었다면, 내국법인이 종전에 손금에 산입한 금액 중 95원[= 100×(86-4.3)/86]이 그 적정기간의 종료일이 속하는 사업연도의 익금에 산입될 것이다.

특정외국법인의 유보소득에 대한 배당간주

1 의의

1-1. 제도의 취지

내국법인이 소득에 대한 세율이 낮거나 세금이 면제되는 조세피난처(tax haven)에 외국 자회사를 설립하고 그 명의로 거래를 하면서 소득을 그 외국자회사에 유보하는 경우, 그 외국자회사는 조세피난처에서 낮은 세율을 적용받거나 세금을 면제받고, 내국법인은 외국 자회사로부터 그 소득을 배당받지 않음으로써 우리나라에서의 과세를 무제한으로 이연시 킬 수 있다.[281]

이로 인한 조세회피에 대응하기 위하여 각국은 이른바 조세피난처 과세제도 또는 피지 배외국법인(Controlled Foreign Corporation, CFC) 과세제도를 두고 있다.[282] 우리나라의 경우, 국조법은 특정외국법인의 유보소득에 대하여 그 주주가 배당받은 것으로 간주하여 과세한다.

1-2. 특정외국법인 유보소득의 배당간주와 다른 제도의 관계

(1) 기지회사와 실질과세원칙

내국법인이 소득의 국외유보를 위한 도구로 조세피난처에 설립하는 회사를 이른바 기지 회사(base company)[283]라고 한다. 대법원은, 거주자나 내국법인이 우리나라의 조세를 회

---

281) 내국법인이 국내의 자회사에 그 소득을 유보한 경우에는 일단 그 자회사의 소득이 우리나라에서 과세된 후 내국법인에 대한 과세가 이연되지만, 조세피난처의 외국자회사에 소득이 유보된 경우에는 그 소득이 우리나라에서 전혀 과세되지 않은 상황에서 내국법인에 대한 과세까지 이연되므로, 우리나라의 과세권이 사실상 차단될 수 있고, 크게 약화된다.

282) ① 미국 세법은 1962년 Subpart F(951조 내지 965조)에서 최초로 피지배외국법인(CFC) 세제를 도입하였 고, 우리나라는 1995년 국조법을 제정하면서 이를 채택하였다. ② OECD는 1998년 '유해한 조세 경쟁 (Harmful Tax Competition)' 보고서에서 회원국들에게 CFC 세제의 도입을 권고하였다. OECD, "Harmful Tax Competition, An Emerging Global Issue", 1998, pp.40~42. ③ 이후 OECD BEPS Project에 따라 2015 년 'Designing Effective Controlled Foreign Company Rules, Action 3 - 2015 Final Report'가 작성되었다.

283) 기지회사에 관하여는 백제흠, "소득의 역외유보를 통한 조세회피의 법적 구조", 조세법연구 [11 -

피하기 위하여 소득세를 비과세하거나 낮은 세율로 과세하는 조세피난처에 사업활동을 수행할 능력이 없는 외형뿐인 기지회사를 설립하여 두고 법인형식만을 이용함으로써 소득을 부당하게 유보하여 두는 경우에는, 국세기본법 제14조 제1항의 실질과세원칙에 따라 그 기지회사의 소득이 실질적으로 거주자나 내국법인에게 귀속된 것으로 취급될 수 있다고 판시하였다.[284] 기지회사에 대하여 특정외국법인 유보소득의 배당간주가 이루어질 수 있다는 이유로 실질과세원칙의 적용이 배제될 수 없고, 기지회사의 소득이 내국법인 등에게 실질적으로 귀속되는 경우에는, 그 소득이 기지회사에게 귀속함을 전제로 한 특정외국법인 유보소득의 배당간주는 적용되지 않는다.[285]

(2) 국외투과단체 과세특례

국외투과단체 과세특례가 적용되는 경우에는, 국외투과단체의 소득이 그 출자자 등에게 귀속된 것으로 간주되어 그 출자자 등이 납세의무를 부담하므로, 특정외국법인 유보소득의 배당간주규정은 적용되지 않는다(국조법 34조의2 2항, 9항).

(3) 피지배외국법인 세제와 조세조약

OECD 모델조약 및 그 주석에 따르면, 피지배외국법인 세제는 조세조약과 충돌하지 않는다.[286]

2](2005. 11.), 한국세법학회, 세경사, 363~364쪽 참조

284) 대법원 2015. 11. 26. 선고 2014두335 판결(매지링크 사건), 대법원 2018. 11. 9. 선고 2014도9026 판결 ; 부산고등법원 2021. 5. 28. 선고 2020누23124 판결[대법원 2021. 10. 28. 2021두45022호 판결 심리불속행)]

285) 대법원 2014도9026 판결에 대한 윤진규, "조세피난처의 특수목적 법인을 이용한 역외탈세 여부와 관련한 실질과세원칙, 출자자에게 귀속된 사외유출 소득의 배당소득 해당 여부, 사기 기타 부정한 행위", 대법원 판례해설, 제118호(2019), 822~823쪽 ; 울산지방법원 2020. 10. 29. 선고 2019구합5926 판결(부산고등법원 2020누23124 판결의 1심)

286) ① 미국 세법에 최초로 CFC 세제가 도입될 당시 그 규정이 조세조약의 고정사업장 규정과 충돌하는지에 관하여 논쟁이 있었는데, ㉮ 충돌 긍정설은, CFC 세제가 실질적으로 피지배외국법인에 대하여 과세하는 것이고 미국 내 고정사업장이 없는 피지배외국법인을 과세하는 것은 조세조약상 고정사업장 규정과 충돌한다고 보았으며, ㉯ 충돌 부정설은 CFC 규정이 피지배외국법인이 아니라 미국인 주주를 과세하는 것이므로 조세조약과 충돌하지 않는다고 보았다(이재호, 국내세법과 조세조약, 경인문화사(2007), 75~82쪽). ② Klaus Vogel은, 미국의 CFC 세제가 조세조약의 일반원칙에 위반되지만, 체약상대국이 수락하였고 이는 비엔나협약 제31조 제3항 (b)호의 후속실행에 해당하므로, 더 이상 이의가 제기될 수 없다고 보았다(Klaus Vogel, "Double Tax Treaties", International Tax & Business Lawyer, 1986, p.84). ③ OECD 모델조약 제1조 제3항은, 위 모델조약이 제7조 제3항 등을 제외하고는 체약국의 거주자에 대한 과세에 영향을 미치지 못한다고 정한다. OECD 모델조약의 주석은, 위 규정은 CFC 세제가 조세조약과 충돌하지 않음을 확인하는 것이고, 위 규정이 없는 조세조약의 경우에도 그러한 결론은 마찬가지라고 본다(OECD 모델조약 1조의 주석 문단 81).

2-1. 특정외국법인

배당간주규정의 적용대상인 특정외국법인은, 외국법인으로서 그 거주지국에서의 실제 부담세액이 '실제발생소득에 법인세법상 최고세율의 70%를 곱한 금액' 이하이고, 내국인과 특수관계에 있는 것을 말한다(국조법 27조 1항).

2-1-1. 외국법인

배당간주규정을 적용하기 위해서는 소득의 귀속자가 외국법인이어야 한다. 국조법은 외국법인의 요건을 별도로 규정하지 않으므로, 외국법인은 법인세법상 정의에 따라 판단된다. 법인세법에 의하면, 외국법인은 국내에 본점 또는 주사무소, 실질적 관리장소가 없는 법인을 말한다(법 2조 3호). 따라서 외국에 설립된 법인이라도 그 실질적 관리장소를 국내에 둔 경우에는 내국법인에 해당하므로, 배당간주규정은 적용되지 않으나, 그 법인은 내국법인으로서 법인세의 신고납부의무를 부담한다(법 4조 1항).

내국인이 '**외국**의 법령에 따라 설정된 **신탁**으로서 법인과세 신탁재산(법 5조 2항)과 유사한 것'의 수익권을 직접 또는 간접으로 보유하는 경우, 신탁재산별로 각각 하나의 외국법인으로 보아 유보소득의 배당간주규정을 적용한다(국조법 27조 3항).

2-1-2. 외국법인의 거주지국에서의 실제부담세액이 일정 금액 이하일 것

(1) 외국법인이 저세율국에 본점, 주사무소 또는 실질적 관리장소를 둘 것

외국법인이 본점, 주사무소 또는 실질적 관리장소를 둔 국가 또는 지역에서 실제 부담하는 세액이 '외국법인의 실제발생소득×법인세법상 최고세율의 70%' 이하이어야 한다(국조법 27조 1항 1호). 국조법상 특정외국법인과 저세율국의 연결점(nexus)으로 규정된 '본점, 주사무소 또는 실질적 관리장소'는 일반적으로 한 국가가 법인에 대하여 거주지국으로서 과세권을 행사할 수 있는 표지에 해당한다. 엄밀하게 보면, 특정외국법인의 요건은, 저세율국인 거주지국의 존재라기보다는, 저세율국이 아닌 거주지국의 부존재, 즉 외국법인에 관하여 실제부담세율이 법인세법상 최고세율의 70%를 초과하도록 과세하는 거주지국이 존재하지 않는다는 것이 되어야 할 것이다.[287]

---

287) 가령, 어떤 외국법인의 본점이 있는 A국이 그 외국법인에 대하여 실제부담세율이 법인세법상 최고세율의

(2) 외국법인의 실제발생소득

외국법인의 실제발생소득은, 그 법인의 본점 또는 주사무소가 있는 국가 또는 지역('거주지국')에서 재무제표 작성 시에 일반적으로 인정되는 회계원칙(우리나라의 기업회계기준과 현저히 다른 경우에는 우리나라의 기업회계기준)에 따라 산출한 해당 사업연도를 포함한 최근 3개 사업연도에 실제로 발생한 소득의 연평균액으로 한다(국조법 시행령 61조 1항 1문). 여기서 '각 사업연도에 실제로 발생한 소득'은 법인세 차감 전 당기순이익[288]에 일정한 사항을 반영하여 조정한 금액을 말한다(국조법 시행령 61조 1항 2문). 외국법인에 관하여 연결재무제표가 작성된 경우에도, 실제발생소득은 각 특정외국법인마다 개별적으로 산정되어야 한다.[289] 특정외국법인의 거주지국에서 일반적으로 인정되는 회계원칙이 우리나라의 기업회계기준과 현저히 다르다는 점의 증명책임은 이를 주장하는 자에게 있다.[290]

(3) 외국법인의 실제부담세율이 법인세법상 최고세율의 70% 이하일 것

외국법인의 실제부담세액[291]이 실제발생소득에 '법인세법 제55조에 따른 세율 중 최고세율의 70%'를 곱하여 산출한 금액 이하이어야 한다.[292]

60%에 그치도록 과세하여 특정국가에 해당하더라도, 그 외국법인의 실질적 관리장소가 있는 B국이 그 외국법인에 대하여 실제부담세율이 법인세법상 최고세율의 80%에 이르도록 과세한다면, 그 외국법인을 배당간주세제의 적용대상으로 보기 어렵다. 따라서 어떤 외국법인에 관한 특정국가의 존재는, 그 특정국가가 그 외국법인의 거주지국으로서 포괄적 과세권을 행사하기 때문에, 특정국가가 아닌 다른 국가가 실제부담세액이 법인세법상 최고세율의 70%를 초과할 정도로 과세권을 행사할 가능성이 없거나 낮다는 사실상 추정의 근거가 될 뿐이다. 따라서 입법론으로는, 특정외국법인의 요건을 '실제부담세율이 법인세법상 최고세율의 70%를 초과하도록 과세하는 국가가 존재하지 않는 외국법인'으로 규정하고, 외국법인의 본점 등이 저세율국에 있는 경우 위 요건이 충족된 것으로 추정(推定)하는 것을 고려할 필요가 있다.

288) 외국법인의 거주지국 세법에 따라 산출된 법인 소득에 대한 조세 및 이에 부수되는 조세의 금액을 빼기 전의 순이익을 말한다.

289) 대법원 2016. 2. 18. 선고 2015두1243 판결

290) 대법원 2017. 3. 16. 선고 2015두55295 판결 : ① 원고는 영국령 버진아일랜드의 법인인 Cordia Global Limited의 지분 100%를 보유한 1인 주주이다. 위 법인이 거주지국에서 재무제표 작성 시 일반적으로 인정되는 회계원칙에 따라 작성한 2009년 재무제표에는 19,935,559달러가 처분 전 이익잉여금으로 기재되어 있다. ② 과세관청은 위 금액을 기초로 산정한 금액을 국조법 제17조 제1항에 따른 위 법인의 배당가능한 유보소득으로 보고 원고에게 종합소득세 부과처분을 하였다. ③ 1심과 원심은, 위 법인이 재무제표에 처분 전 이익잉여금으로 기재한 금액 중 일부가 권리확정주의에 따르면 아직 발생하지 않은 것으로 보아야 한다는 이유로, 위 과세처분이 위법하다고 판단하였다. ④ 대법원은, 위 재무제표가 위 외국법인의 작성되었고, 재무제표 작성 당시 적용된 회계원칙이 우리나라의 기업회계기준과 현저히 다르다는 점이 증명된 바도 없으므로, 우리나라의 기업회계기준 등이 적용될 수 없음을 이유로, 원심판결을 파기하였다.

291) 외국법인의 실제부담세액은, 해당 사업연도를 포함한 최근 3개 사업연도에 실제로 부담한 세액의 연평균액으로서, 해당 외국법인의 거주지국 세법에 따라 산정한 금액으로 한다(국조법 시행령 62조 1문). 이 경우 실제로 부담한 세액은 그 외국법인의 세전이익에 대한 조세를 말하며, 해당 거주지국 외의 국가에서 납부한 세액과 이월결손금 공제로 인한 감소세액을 포함한다(국조법 시행령 62조 2문).

292) 종전에는 특정외국법인에 해당하기 위한 실제부담세액의 기준이 '실제발생소득의 15%'이었으나, 2021. 12. 21. 국조법의 개정에 따라 현재와 같이 변경되었다.

외국법인의 각 사업연도별 소득의 금액에 따라 다른 세율이 적용되거나 세액공제 등으로 인하여, 외국법인의 실제부담세율이 법인세법상 최고세율의 70% 이하인지 여부는 각 사업연도별로 다를 수 있다. 이에 따라 외국법인이 어느 사업연도에 특정외국법인이 아니었다가 그 다음 사업연도에 특정외국법인으로 된 경우, 전자의 사업연도에 발생한 이익잉여금은 배당간주대상 유보소득에서 제외된다(국조법 시행령 66조 1항 5호).

2-1-3. 내국인의 지분보유

(1) 내국인

내국인은 소득세법에 따른 거주자 및 법인세법에 따른 내국법인을 말한다(국조법 2조 2항, 조특법 2조 1항 1호).

(2) 특수관계 및 지분 10% 이상의 보유

외국법인이 특정외국법인에 해당하기 위해서는, 내국인과 사이에 특수관계[293)294)]가 있어야 하고(국조법 27조 1항 2호), 그 내국인은 외국법인의 발행주식총수 또는 출자총액의 10% 이상을 직접 또는 간접으로 보유한 자[295)]이어야 한다(국조법 27조 2항 1문).[296)]

2-2. 배당간주규정 적용의 배제

2-2-1. 특정외국법인의 실제발생소득이 2억 원 이하인 경우

특정외국법인의 실제발생소득을, 각 사업연도 말 현재 외국환거래법에 따른 기준환율 또는 재정환율로 환산한 금액이 2억 원 이하인 경우에는, 배당간주규정의 적용대상에서 제외된다(국조법 28조 1호, 국조법 시행령 64조 1항).

---

293) 특수관계의 내용에 관하여는 제1절 2-1-1. 참조
294) 특수관계 중 '어느 한쪽이 다른 쪽의 의결권 있는 주식의 50% 이상을 보유하는 직접 또는 간접으로 소유하는 경우'(국조법 2조 1항 3호 가목)에 해당하는지를 판단할 때에는, 대통령령으로 정하는 특수관계인이 직접 또는 간접으로 보유하는 주식을 포함한다(국조법 27조 1항 2호).
295) 내국인이 발행주식 등의 10% 이상을 보유하는지를 판단할 때에는, 국세기본법 제2조 제2조 제20호 가목 및 나목에 따른 내국인의 특수관계인이 직접 보유하는 발행주식 등을 포함한다(국조법 27조 2항 2문).
296) 내국인이 외국법인의 주주인 법인(중간법인)의 주식을 소유하는 경우의 외국법인 발행주식의 간접소유비율의 계산에 관하여는 국조법 시행령 제2조 제3항이 적용된다(국조법 시행령 63조 3항). 이에 따르면, ① 내국인이 중간법인의 의결권 있는 주식의 50% 이상을 소유하는 경우, 내국인의 간접소유비율은 '중간법인이 소유하는 외국법인의 주식이 그 총발행주식에서 차지하는 비율'이고, ② 내국인이 중간법인의 의결권 있는 주식의 50% 미만을 소유하는 경우, 내국인의 간접소유비율은 그 소유비율에 '중간법인이 소유하는 외국법인의 주식이 그 총발행주식에서 차지하는 비율'을 곱한 비율이다.

2-2-2. 특정외국법인이 소재지국 등에 고정시설을 가지고 사업을 하는 경우

(1) 배당간주의 배제

특정외국법인이 소재한 국가 또는 지역[297]에 사업을 위하여 필요한 사무소, 점포, 공장 등의 **고정된 시설**을 가지고 있고, 스스로 사업을 관리하거나 지배 또는 운영을 하며, 그 국가 또는 지역에서 **주로 사업**을 하는 경우, 배당간주규정의 적용대상에서 제외된다(국조법 28조 2호).

(2) 배당간주 배제의 예외

위 (1)에 해당하는 특정외국법인이 다음의 어느 하나에 해당하는 경우에는 배당간주규정의 적용대상에서 제외되지 않는다(국조법 29조 1항 본문).

① 한국표준산업분류에 따른 **도매업**,[298] **금융 및 보험업**, 부동산업, 전문, 과학 및 기술서비스업(건축기술, 엔지니어링 및 관련 기술서비스업은 제외한다), 사업시설관리, 사업지원 및 임대서비스업을 하는 특정외국법인으로서, 대통령령으로 정하는 요건에 해당하는 법인[299] : 다만, **도매업**을 하는 특정외국법인이 같은 국가 등에 있는 특수관계가 없는 자에게 판매하는 경우로서 대통령령으로 정하는 요건[300]을 충족하는 경우에는, 배당간주규정을 적용하지 않는다(국조법 29조 1항 단서).[301][302] 즉, 도매업

---

297) 이는 거주지국을 말하는 것으로 보인다.

298) 도매업을 제조업 등 다른 업종과 다르게 취급하는 이유는, 다른 업종에 비하여 많은 직원을 필요로 하지 않거나 자산의 보유만으로 쉽게 소득을 창출할 수 있고, 서류나 컴퓨터의 조작 등으로 쉽게 다른 나라로 소득을 이전할 수 있기 때문이다. 이경근, 국제조세의 이론과 실무(2016), 430쪽

299) "대통령령으로 정하는 요건에 해당하는 법인"은 다음 각 요건을 모두 갖춘 법인을 말한다(국조법 시행령 65조 2항).
   ① 해당 사업연도에 국조법 제29조 제1항 제1호 각 목의 업종에서 발생한 수입금액의 합계 또는 매입가액에 부대비용을 가산한 금액("매입원가")의 합계가 그 특정외국법인의 총 수입금액 또는 총 매입원가의 50%를 초과하는 법인일 것. 다만, 도매업의 경우에는 해당 사업연도를 포함한 최근 3개 사업연도(3개 사업연도에 미달하는 경우에는 해당 사업연도까지의 기간으로 한다)의 평균금액을 기준으로 한다.
   ② 해당 사업연도에 국조법 제17조의3 제1항 제1호에서 열거하는 업종에서 발생한 수입금액의 합계 또는 매입원가의 합계 중 특수관계가 있는 자와 거래한 금액이 이들 업종에서 발생한 수입금액 또는 매입원가의 합계의 50%를 초과하는 법인일 것. 이 경우 특수관계에 관하여 제2조를 적용할 때에는 "내국법인"은 "특정외국법인"으로 본다.

300) "대통령령으로 정하는 요건"은, 도매업을 하는 특정외국법인이 같은 국가 등에 있는 특수관계가 없는 자에게 판매한 금액이 해당 사업연도 총 수입금액의 50%를 초과하는 경우를 말한다(국조법 시행령 65조 1항). 이 경우 특수관계에 관하여 국조법 시행령 제2조를 적용할 때 "내국법인"은 "외국법인"으로 본다(국조법 시행령 65조 1항 2문). 이에 따라 국조법 시행령 제2조를 적용할 때 "내국법인" 부분만을 "특정외국법인"으로 치환(置換)하여 적용하면 되고, 그 밖에 "내국법인"으로 규정되지 않은 부분까지 특정외국법인을 기준으로 치환하여 해석하여야 한다고 볼 수 없다(수원지방법원 2019. 6. 13. 선고 2018구합66211 판결, 서울고등법원 2023. 2. 10. 선고 2022누45199 판결).

301) 이는 도매업을 하는 특정외국법인이 특수관계 없는 자에게 주로 판매하는 경우 조세회피목적이 없는 점

등을 하는 특정외국법인의 경우, 대통령령으로 정하는 요건을 충족하는지에 따라 배당간주세제의 적용 여부가 결정된다(조건부 제외).

② **주식** 또는 채권의 보유, 지식재산권의 제공, 선박·항공기·장비의 임대, 투자신탁 또는 기금에 대한 투자를 **주된 사업**[303]으로 하는 법인 : 다만, 해외지주회사의 요건을 갖춘 특정외국법인에 대하여는 배당간주세제가 적용되지 않는다(국조법 28조 3호).

(3) 수동소득의 배당간주

특정외국법인이 국조법 제28조 제2호 또는 제29조 제1항 단서에 따라 배당간주규정을 적용받지 않는 경우에도, 다음의 행위에서 발생하는 소득[수동소득(passive income)]의 합계가 해당 특정외국법인의 총 수입금액의 5%를 초과하는 경우에는, 그 소득에 대하여 배당간주규정을 적용한다(국조법 29조 2항, 국조법 시행령 65조 4항 본문).

① 주식 또는 채권의 보유, 지식재산권의 제공, 선박·항공기·장비의 임대, 투자신탁 또는 기금에 대한 투자[304]

② 위 ①의 행위에서 발생하는 소득과 관련된 자산[305]의 매각손익

을 고려하여 배당간주 배제의 요건을 완화한 것이다. 재정경제부, 2008 간추린 개정세법, 412쪽

302) ① 수원지방법원 2019. 6. 13. 선고 2018구합66211 판결은, 내국인인 원고들이 홍콩에 법인('홍콩법인')을 설립하였고, 홍콩법인은 100% 출자하여 중국 심천에 유한공사('중국법인')를 설립한 후, 세계적인 수영용품 회사들로부터 수영용품의 주문을 받아 중국법인으로 하여금 수영용품을 생산하게 하고, 중국법인으로부터 수영용품을 매입하여 위 수영용품 회사들에게 판매한 사안에서, 홍콩법인이 도매업을 영위하는 법인에 해당하고, 2010. 12. 30. 개정된 구 국조법 시행령에 의하면 중국법인은 홍콩법인의 특수관계인이므로, 홍콩법인은 배당간주규정의 적용대상이라고 판단하였다. 수원고등법원 2019. 11. 27. 선고 2019누11626 판결(항소기각), 대법원 2020. 4. 9. 선고 2019두62475 판결(심리불속행) ② 서울고등법원 2023. 2. 10. 선고 2022누45199 판결은, 내국법인인 원고(롯데케미칼)가 말레이시아 법인 B의 지분 100%를 인수하였고, 당시 B는 말레이시아에 설립된 석유화학제품 제조법인인 C 및 석유화학제품 판매법인인 D의 각 지분 100%를 모두 보유하고 있었으며, D는 C로부터 석유화학제품을 매입하여 말레이시아 외부의 제3국으로 수출하는 도매업을 하였는데, 2007년부터 10년간 말레이시아에서 조세특례를 적용받아 부담한 세액이 실제발생소득의 15%에 미달하게 되자 과세관청이 특정외국법인 D의 배당가능유보소득을 원고가 배당받은 것으로 간주하여 과세한 사건에서, '특정외국법인과 거래상대방이 서로 다른 국가에 소재하는 경우에만 특수관계가 성립한다'는 원고의 주장을 배척하고, C는 D의 특수관계인에 해당하므로, D는 배당간주규정에서 배제되는 특정외국법인에 해당하지 않는다고 판단하였다.

303) 주된 사업은 해당 특정외국법인의 총 수입금액 중 50%를 초과하는 수입금액을 발생시키는 사업으로 한다(국조법 시행령 33조 3항).

304) 이는 특정외국법인이 주식 또는 채권의 보유 등을 주된 사업으로 하지 않는 경우이다. 특정외국법인이 주식 또는 채권의 보유 등을 주된 사업으로 하는 경우에는 그 법인의 전체 소득이 배당간주규정의 적용대상에 포함된다(국조법 29조 1항 2호).

305) 다만, ① 한국표준산업분류에 따른 금융 및 보험업을 하는 특정외국법인이 '주식 또는 채권의 보유'에서 발생하는 소득과 관련된 자산을 금융 및 보험업의 수행과 관련하여 보유하는 경우 및 ② 특정외국법인이 '선박·항공기·장비의 임대'에서 발생하는 소득과 관련된 자산을 특정외국법인의 사업에 직접 사용하는 경우의 해당 자산은 제외한다.

이와 같이 국조법은, 원칙적으로 특정외국법인의 전체 소득에 대하여, 즉 특정외국법인을 단위로 배당간주규정의 적용 여부를 정하지만[법인기준(entity approach)], 특정외국법인이 배당간주규정의 적용제외 대상에 해당하는 경우에도 일정한 요건을 충족하는 수동소득이 있는 때에는, 그 수동소득에 대하여 배당간주규정을 적용한다(제한적 소득기준).

2-2-3. 해외지주회사에 관한 예외

특정외국법인이 다음의 요건을 모두 갖춘 경우에는 배당간주규정을 적용하지 않는다(국조법 28조 3호).

① 특정외국법인이 주식의 보유를 주된 사업[306]으로 할 것('해외지주회사')

② 해외지주회사가 배당간주규정을 적용받지 않는 외국법인인 자회사의 발행주식총수 등의 40% 이상을 소유하고, 그러한 모든 자회사의 주식을 자회사의 배당기준일 현재 6개월 이상 계속하여 보유하고 있을 것(국조법 28조 3호 가목, 국조법 시행령 64조 3항)

③ 해외지주회사가 ②의 요건을 갖추어 주식을 보유하고 있는 자회사로부터 받은 이자소득, 배당소득 등을 고려하여 일정한 계산식[307]에 따라 계산한 소득금액비율이 각 사업연도 말 현재 90% 이상일 것(국조법 28조 3호 나목, 국조법 시행령 64조 4항)

위의 요건을 충족하는 해외지주회사에 대하여는, 주식 등의 보유에 따른 수동소득의 배당간주규정도 적용되지 않는다(국조법 29조 2항의 반대해석).

---

306) 주된 사업은 해당 특정외국법인의 총수입금액 중 50%를 초과하는 수입금액을 발생시키는 사업으로 한다(국조법 시행령 36조).

307) 이는 다음의 계산식을 말한다(국조법 28조 3호 나목).

$$소득금액비율 = \frac{A}{B - C - D}$$

A : 해외지주회사가 국조법 제28조 제3호 가목의 요건을 갖추어 주식을 보유하는 자회사 중 해당 해외지주회사와 같은 국가 또는 기획재정부령으로 정하는 지역('같은 국가 등')에 본점 또는 주사무소를 두고 있는 자회사로부터 받는 이자소득, 배당소득, 그 밖에 대통령령으로 정하는 소득을 합친 금액

B : 해외지주회사의 소득금액

C : 해외지주회사가 사무실, 점포, 공장 등의 고정된 시설을 가지고 그 시설을 통하여 도매업 등(국조법 29조 1항 각 호) 외의 사업을 실질적으로 운영함에 따라 발생한 소득금액

D : 해외지주회사가 국조법 제28조 제3호 가목의 요건을 갖추어 보유하는 자회사의 주식을 처분하여 발생한 소득금액

유보소득의 배당간주

3-1. 배당간주금액의 계산

(1) 특정외국법인의 전체 소득에 대하여 배당간주규정을 적용하는 경우

내국인이 배당받은 것으로 보는 금액은 「특정외국법인의 각 사업연도 말 현재 배당가능한 유보소득」에 「내국인의 특정외국법인 주식 보유비율」을 곱하여 계산한다(국조법 30조 1항).

(가) 배당가능한 유보소득

특정외국법인의 배당가능한 유보소득은, 아래 ①의 금액에서 ②의 금액을 뺀 금액이다(국조법 시행령 66조 1항).

① 특정외국법인의 거주지국에서 재무제표를 작성할 때에 일반적으로 인정되는 회계원칙[308][309]에 따라 산출한 처분 전 이익잉여금[310]으로부터 기획재정부령으로 정하는 사항[311]을 조정한 금액

② 차감항목

㉮ 해당 사업연도 이익잉여금 처분액 중 ㉠ 이익의 배당금, ㉡ 사외유출금액, ㉢ 거주지국의 법령에 따른 의무적립금 등, ㉣ 주식 등의 미실현 평가이익, ㉤ 2억 원[312]

㉯ 해당 사업연도 전에 내국인에게 배당된 것으로 보아 이미 과세된 금액 중 이익잉여금 처분이 되지 않은 것 : 내국인이 특정외국법인(모회사)을 통하여 지배하는 다른 특정외국법인(자회사)의 배당가능 유보소득이 내국인에게 배당된 것으로 간주되어 과세된 후, 모회사인 특정외국법인에게 배당된 경우, 그 금액은 '내국인에게 배당된 것으로 보아 이미 과세된 금액'으로서 모회사인 특정외국법인의 배당

---

308) 우리나라의 기업회계기준과 현저히 다른 경우에는 우리나라의 기업회계기준을 말한다.

309) 서울고등법원 2017. 2. 7. 선고 2016누324 판결은, 국내 거주자가 조세피난처인 파나마에 설립된 2개의 지주회사의 각 주식 100%를 보유하고, 위 파나마 회사들이 각각 편의치적국인 라이베리아 등에 설립된 단선회사들의 각 주식 전부를 소유하였는데, 위 단선회사들에 관하여 개별 재무제표가 작성되지 않고 위 지주회사들을 기준으로 미국 회계기준에 따른 연결재무제표가 작성된 사건에서, 위 연결재무제표를 기초로 실제발생소득을 계산하는 것을 긍정하였다. 뒤의 글상자 '대법원 2021. 2. 25. 선고 2017두244 판결 (선박왕 사건)' 참조

310) 해당 사업연도 중에 있었던 이익잉여금 처분에 의한 중간배당액이 있는 경우 이를 빼기 전의 금액을 말한다.

311) 해당 사업연도 전의 이익잉여금 처분 명세 중 ① 임의적립금으로 취급되는 금액을 포함시키고, ② 임의적립금 이입액으로 취급되는 금액을 제외시킨다(국조법 시행규칙 9조의2).

312) 여러 특정외국법인에 관하여 연결재무제표가 작성된 경우, 각 특정외국법인의 배당가능 유보소득을 산정할 때마다 2억 원을 차감하여야 한다. 대법원 2016. 2. 18. 선고 2015두1243 판결

가능 유보소득에서 제외되어야 할 것이다.[313]

㉓ 배당간주세제가 적용되지 않을 때 발생한 이익잉여금 중 처분되지 않은 것 : 여기에는 ㉠ 내국인이 주주인 외국법인이 어느 과세기간에는 특정외국법인이 아니었다가 그 다음 과세기간에 특정외국법인으로 된 경우, ㉡ 내국인이 저세율국의 거주자인 외국법인의 주식을 양수한 경우[314]가 포함된다. '배당간주세제가 적용되지 않을 때 발생한 이익잉여금'은, 주주에게 배당되기 전에 미리 배당된 것으로 간주되지 않을 뿐이고, 주주에게 실제로 배당된 경우에는 과세의 일반원칙에 따라 과세대상에 해당한다.[315] 배당간주세제가 적용되지 않을 때 발생한 자회사인 특정외국법인의 이익잉여금이 모회사인 특정외국법인에게 배당되는 경우, 후자의 배당가능 유보소득을 구성할 수 있다.

(나) 내국인의 특정외국법인 주식 보유비율

내국인과 특정외국법인, 그리고 이들 사이의 하나 이상의 법인이 모두 하나의 일련의 주식소유관계를 통하여 연결되어 있는 경우에는, 내국인의 특정외국법인 주식 보유비율은 각 단계의 주식 보유비율을 모두 곱하여 산출한다(국조법 시행령 67조 1항 1호).[316][317] 다만, 내국인과 특정외국법인 사이에 하나 이상의 내국법인이 끼어있는 경우에는 내국인 간 주식 보유비율은 없는 것으로 본다(국조법 시행령 67조 2항).[318]

---

313) 즉, 국조법 시행령 제66조 제1항 제4호의 '해당 내국인에게 배당된 것으로 보아 이미 과세된 금액'은 ① 해당 특정외국법인의 배당가능 유보소득으로서 내국인에게 배당간주된 금액뿐만 아니라, ② 해당 특정외국법인의 자회사인 특정외국법인의 배당가능 유보소득으로서 내국인에게 배당간주된 금액으로서, 해당 특정외국법인 단계에게 유보된 금액까지 포함하는 것으로 보아야 한다. 그렇게 해석하지 않으면, 자회사인 특정외국법인 단계에서 내국인에게 배당된 것으로 간주된 금액이 이후 모회사인 특정외국법인에게 배당되어 그 배당가능 유보소득으로 됨으로써 또 다시 내국인에게 배당간주되어 이중으로 과세되는 불합리한 결과에 이르기 때문이다. 그리고 자회사인 특정외국법인 단계에서 내국인에게 배당된 것으로 간주된 금액이 모회사인 특정외국법인에게 배당되고, 다시 내국인에게 실제로 배당된 경우 그 배당금액이 내국인의 익금에 불산입되는 것(국조법 시행령 68조 2항)과의 형평을 고려할 필요가 있다.

314) 행정해석은, 내국법인이 특정외국법인의 지분을 취득하기 전 사업연도에서 발생한 특정외국법인의 이익잉여금은 배당가능 유보소득에서 제외되는 '법 제17조가 적용되지 아니할 때 발생한 이익잉여금'에 해당한다고 보았다(국제세원관리담당관실-89, 2012. 2. 24.).

315) 울산지방법원 2022. 11. 17. 선고 2021구합7413 판결 ; 그렇게 보지 않으면 특정외국법인의 주주를 일반법인의 주주보다 세법상 우대하는 이상한 결과에 이르게 되기 때문이다.

316) 내국인과 특정외국법인 사이에 주식 보유를 통하여 하나 이상의 내국법인이 끼어있는 경우에는 내국인 간 주식 보유비율은 없는 것으로 본다(국조법 시행령 67조 2항).

317) 내국인과 특정외국법인 사이에 둘 이상의 일련의 주식소유관계가 있는 경우, 내국인의 특정외국법인 주식 보유비율은 국조법 시행령 제67조 제1항 제1호에 따라 산출한 주식 보유비율을 모두 더하여 산출한다(국조법 시행령 67조 1항 2호).

318) 이는, 중간에 끼어있는 내국법인을 통한 주식보유비율을 배당간주금액의 계산에 고려할 경우, 내국법인의 유보소득에 관하여 배당간주를 인정하는 것이 되어 외국법인을 대상으로 한 유보소득 배당간주 제도의 범위를 넘어서기 때문이다(배당간주세제의 목적은 우리나라의 과세권을 벗어나는 외국법인에 유보된

내국인의 특수관계인이 소유한 주식은, 그 내국인과 특정외국법인 사이의 특수관계 여부를 판단할 때는 고려되지만(국조법 17조 1항, 2항, 국조법 시행령 31조), 그 내국인의 배당간주금액을 계산할 때는 고려되지 않는다. 따라서 특수관계 및 지분 10%의 보유 여부를 판단할 때의 간접소유비율과, 배당간주금액 계산 시의 주식보유비율은 다를 수 있다.[319]

법원은, 특정외국법인과 내국인의 중간에 있는 외국법인이 손실을 입었거나 그 주식에 질권이 설정되어, 그 법인이 특정외국법인으로부터 배당을 받더라도 내국인에게 배당할 수 없었다고 하더라도, 특정외국법인의 유보소득에 대한 배당간주세제를 적용하거나 배당가능 유보소득을 계산하는 데 장애가 되지 않는다고 판단하였다.[320]

📖 배당간주금액 계산의 문제점 및 입법론

국조법은, 내국인이 특정외국법인의 주식을 간접소유하는 경우의 배당간주금액을 계산할 때, 중간에 있는 법인의 실제부담세율이 법인세법상 최고세율의 70% 이하인지 여부를 고려하지 않으므로, 특정외국법인의 유보소득 중 배당되었다면 실제부담세율이 법인세법상 최고세율의 70%를 초과하였을 중간단계법인을 통하여 간접적으로 지배하는 부분도 배당간주의 대상으로 취급한다.

이에 따라 내국법인이 연쇄적 출자를 통하여 자회사 및 손자회사를 각각 다른 국가에 설립한 경우, 중간의 자회사가 손자회사로부터 배당을 받았다면 실제부담세율이 법인세법상 최고세율의 70%를 초과하였을 국가에 있더라도, 손자회사가 실제부담세율이 법인세법상 최고세율의 70% 이하인 국가에 있다면,[321] 그 손자회사의 유보소득에 대하여 배당간주규정이 적용될 수 있다.[322]

그러나 위 경우 손자회사가 중간단계의 자회사에 배당을 한 경우, 그 자회사가 다시 모회사인 내국법인에게 배당을 하지 않고 유보하더라도, 그 자회사의 유보소득에 대하여 배당간주규정을 적용할 수 없는 점과의 형평을 고려해 볼 때, 위와 같은 경우까지 배당간주규정의 적용대상으로 할 필요가 있는지 의문이다.[323] 이는, 특정외국법인에서 제외되는 내국법인이 내국인과 특정외국법인의 중간에 끼

소득의 과세이다). 이경근, 국제조세의 이론과 실무(2016), 450쪽. ; 한편, 내국법인의 전단계 외국법인이 내국법인에 대한 관계에서 특정외국법인에 해당하는 경우에는, 위 내국법인이 그 특정외국법인의 유보소득을 배당받은 것으로 간주되어 과세될 것이다.

319) 가령 내국인 A가 법인 B의 주식 50%를 소유하고, B가 다시 법인 C의 주식 40%를 소유한 경우 A와 C 간의 특수관계 여부를 판단할 때는 A는 C의 주식 40%를 간접소유한 것으로 본다. 그러나 위 경우 A가 C의 주식 10%를 보유하는지 여부와 C의 유보소득 중 A에게 귀속되는 배당간주금액을 계산할 때는 A의 B 주식보유비율과 B의 C 주식보유비율을 곱한 비율(50%×40% = 20%)을 기준으로 한다.

320) 서울고등법원 2014. 2. 21. 선고 2013노874 판결, 대법원 2016. 2. 18. 선고 2014도3411 판결(상고기각) : 위 사건에서 배당가능 유보소득의 계산가능 여부는 상고이유가 아니었던 것으로 보인다. 다만, 위 사건은 형사사건이므로 만일 원심의 판단이 잘못된 것이었다면 대법원이 직권으로 바로잡을 수 있었음에도 그렇게 하지 않은 점을 고려하면, 대법원이 원심의 판단을 수긍한 것으로 볼 여지가 있다.

321) 가령, 내국법인이 미국에 자회사를 설립하고 그 미국 자회사가 다시 영국령 버진아일랜드(BVI)에 손자회사를 설립한 경우

322) 이경근, 국제조세의 이론과 실무(2016), 450쪽

323) 그러한 경우에 우리나라의 배당간주규정을 적용한다면 그 중간단계 자회사가 소재한 국가에서 손자회사의 소득에 대하여 별도로 독자적인 배당간주세제를 적용할 여지도 있고, 이 경우 여러 가지 복잡한 문제

어있는 경우, 배당간주금액을 계산할 때 내국인 간 주식보유비율이 없는 것으로 보는 것(국조법 시행령 67조 2항)과도 부합하지 않는 면이 있다.[324]

입법론으로는 주식의 간접소유를 통하여 특정외국법인을 지배하는 경우 특정외국법인의 유보소득 중 배당되었다면 실제부담세율이 법인세법상 최고세율의 70%를 초과하였을 중간단계 법인의 지분에 대응하는 부분을 배당간주의 대상에서 제외하는 것을 검토할 필요가 있다.[325]

 대법원 2021. 2. 25. 선고 2017두244 판결(선박왕 사건)

1. 사실관계

① 국내 거주자[326]인 원고는 2006 내지 2008 과세기간에 조세피난처인 파나마에 설립된 A, B 회사의 각 주식 100%를 보유하였고, A, B는 각각 편의치적국인 라이베리아 등에 설립된 단선회사(선박 1척의 소유를 목적으로 설립된 법인)들(a_1, a_2, … , b_1, b_2, …)의 각 주식 전부를 소유하였다.

② A, B는 단선회사들의 주식을 보유한 지주회사로서 거주지국인 파나마에 사업을 수행할 수 있는 고정된 시설이 없었고, 실질적으로 사업을 수행하지 않고 홍콩 소재 다른 법인에게 선주사업을 포괄적으로 위탁하였다. A, B가 파나마에서, 단선회사들이 라이베리아 등에서 각 실제 부담하는 세액은 실제발생소득의 15% 이하였다.[327]

③ 원고의 위 단선회사들에 관하여 개별 재무제표가 작성되지 않았고, A, B를 기준으로 미국 회계기준에 따른 연결재무제표가 작성되었으며, A, B의 배당가능 유보소득은 없었다.

④ 과세관청인 피고는 A, B에 유보된 소득에 대하여 구 국조법 제17조의 배당간주규정을 적용하여 원고에게 2006년 내지 2008년 귀속 소득세 부과처분을 하였다.

2. 법원의 판단

① 환송 전 원심은, A, B의 연결재무제표를 기준으로 그 자회사인 단선회사들의 처분전이익잉여금을 합산한 금액에서 A, B에 관한 최소금액(1억 원) 등을 공제하여 배당가능 유보소득을 산정할 수 있다고 판단하였다(서울고등법원 2015. 1. 9. 선고 2013누27359 판결).

가 생길 수 있을 것이다.

324) 다만, 내국법인과 위 사안의 중간단계 자회사 사이에는, 전자는 당연히 무조건적으로 특정외국법인에서 제외되는 것에 비하여, 후자는 거주지국에서의 실제부담세율이 법인세법상 최고세율의 70% 이하인 경우에 한하여 특정외국법인에서 제외되는 차이가 있다.

325) 위 방안을 취한다면, 법인의 연쇄적 출자관계의 중간에 있는 법인이 실제부담세율이 15%를 초과하는 국가에 있는 경우, 그 이후 단계의 자회사들에 대하여는 그 거주지국에서의 실제부담세율에 관계없이 배당간주규정을 적용하지 않게 될 것이다.

326) 원고는, 자신이 일본 거주자이므로 한·일 조세조약의 거주자결정 조항에 따라 어느 국가의 거주자인지가 결정되어야 한다고 주장하였으나, 법원은 원고가 일본세법상 거주자에 해당하지 않는다고 판단하였다.

327) 위 사건 당시 적용된 구 국조법은 특정외국법인의 유보소득 배당간주의 요건으로 '특정외국법인의 실제 부담세액이 실제발생소득의 15% 이하일 것'을 규정하였다(구 국조법 17조 1항).

② 대법원은, 특정외국법인의 배당가능 유보소득은 특정외국법인마다 개별적으로 산정하여야 하고, 특정외국법인에 해당하는 외국법인들의 배당가능 유보소득을 산정할 때 최소금액 1억 원을 각각 공제해야 한다는 이유로 원심을 파기·환송하였다(대법원 2016. 2. 18. 선고 2015두1243 판결).

③ 환송 후 원심은 다음과 같은 취지로 판단하였다(서울고등법원 2017. 2. 7. 선고 2016누324 판결).

㉮ 단선회사들은 선박운항에서 생긴 소득의 실질적 귀속자이므로, 특정외국법인에 해당한다.[328]

㉯ 연결재무제표의 작성과정에서 단선회사들 간의 또는 A, B와 단선회사들 간의 내부거래에서 발생한 손익이 제거된다. 위 내부거래에서 손실이 발생한 경우 연결재무제표를 기준으로 산정한 배당가능 유보소득은 단선회사들의 개별 재무제표를 기준으로 산정한 배당가능 유보소득을 초과할 수 있다.[329] 구 국조법 시행령 제37조에 따라 원고는 특정외국법인인 단선회사들의 재무제표 등 자료를 과세관청에 제출할 의무가 있고, 이 사건과 같이 개별 단선회사에 관하여 결산이 이루어진 적이 없는 경우 내부거래로 인한 손실에 대한 증명의 필요는 납세의무자인 원고에게 있다. 원고가 제출한 증거들만으로는 연결재무제표를 기준으로 산정한 배당가능 유보소득이 단선회사들에 대하여 개별적으로 산정한 배당가능 유보소득을 초과하게 하는 내부거래가 있었다고 보기 어렵다. 또한 단선회사들의 배당가능 유보소득에 영향을 미치는 이월결손금의 존재를 인정할 증거가 없다. 따라서 단선회사들의 배당가능 유보소득을 계산하기 위한 처분전이익잉여금 합계액은 위 연결재무제표상의 당기순이익과 같다고 봄이 타당하다.[330]

A, B의 연결재무제표는 파나마 또는 라이베리아 등이 아닌 미국의 회계기준에 따른 것이지만, 위와 같은 방법으로 배당가능 유보소득을 산정하는 자료로 사용될 수 있다.

㉰ 단선회사들의 개별재무제표가 작성되지 않아서 실제발생소득이 1억 원을 초과하는 단선회사의 수를 확정할 자료가 없으나, 위 연결재무제표상 당기순이익에서 단선회사의 개수만큼 최소금액 1억 원씩을 공제하여 계산한 금액은, 처분전이익잉여금이 1억 원 미만인 단선회사를 제외하는 경우 또는 구 국조법 시행령 제34조의2 후단(현행 국조법 64조 1항 단서)에 따라 기간 비율대로 공제하는 경우보다 적게 되므로, 이러한 방식에 따라 계산된 배당가능 유보소득에 대한 세액은 정당한 세액의 범위 내에 있다.

④ 대법원은 위와 같은 원심의 판단을 수긍하였다(대법원 2021. 2. 25. 선고 2017두244 판결).

---

328) 그 이유로 ① 단선회사를 통하여 선박을 소유하는 것은 선박운항으로 인한 책임을 단선회사로 제한하려는 해운업계의 관행에서 비롯되었고, ② 선박을 통한 해상운송소득을 단선회사에 귀속시키더라도 특정외국법인 배당간주 과세제도가 적용되는 한 단선회사를 통한 소득에 대하여 국내조세가 회피되지 않는다는 점을 들었다.

329) 반대로 내부거래로 인한 이익이 있는 경우, 연결재무제표상의 당기순이익은 단선회사들의 개별적 처분전이익잉여금을 합산한 금액보다 적게 된다.

330) 원심은, 지주회사인 A, B도 특정외국법인에 해당하지만 배당가능 유보소득을 계산할 때 최소금액 1억 원을 공제할 회사에는 포함되지 않는다고 판단하였다. 그러나 A, B에게 문제된 과세기간에 최소금액 이상의 소득이 없었던 이상 A, B는 특정외국법인에서 제외된다고 보아야 할 것이다[위 사건 당시 적용된 구 국조법 17조 3항(현행 국조법 28조 1호)].

(2) 특정외국법인의 수동소득에만 배당간주규정을 적용할 경우

특정외국법인의 수동소득에 대하여만 배당간주규정을 적용할 경우 배당간주금액은 다음 계산식에 따른 금액으로 한다(법 30조 2항).

$$\text{특정외국법인의 각 사업연도 말} \atop \text{현재 배당가능한 유보소득} \times \text{해당 내국인의} \atop \text{특정외국법인 주식} \atop \text{보유비율} \times \frac{\text{수동소득의 합계금액} - \text{대통령령으로 정하는 금액}}{\text{특정외국법인의 총수입금액}}$$

3-2. 배당간주금액의 귀속시기

배당간주금액은, 특정외국법인의 해당 사업연도 종료일의 다음 날부터 60일이 되는 날이 속하는 내국인의 과세연도의 익금 또는 배당소득('익금 등')에 산입된다(국조법 31조).

3-3. 배당간주 후 특정외국법인이 실제로 배당하는 경우

(1) 익금불산입

특정외국법인의 유보소득이 배당간주금액으로 내국인의 익금 등에 산입된 후 특정외국법인이 그 유보소득을 실제로 배당[331]한 경우, 그 실제로 배당된 금액은 법인세법상 「각 사업연도의 소득으로 이미 과세된 소득」(법 18조 2호)으로 보거나 소득세법상 배당소득에 해당하지 않는 것으로 본다(국조법 32조 1항).

(2) 외국납부세액공제

특정외국법인이 내국인에게 실제로 배당할 때에 외국에 납부한 세액(원천징수)이 있는 경우, 익금 등에 산입한 과세연도의 배당간주금액은 국외원천소득으로 보고, 실제 배당 시 외국에 납부한 세액은 익금 등에 산입한 과세연도에 외국에 납부한 세액으로 보아 외국납부세액의 공제 규정(법 57조 1항, 소득세법 57조)을 적용한다(국조법 33조 1항). 이는 과거에 배당간주금액이 익금 등에 산입되어 우리나라에서 과세된 과세연도를 기준으로 세액을 조정할 필요가 있기 때문이다. 국조법 제33조 제1항을 적용받으려는 자는, 실제로 배당을 받은 과세연도의 법인세 또는 소득세 신고기한으로부터 1년 이내에 대통령령으로 정하는 바에 따라 관할 세무서장에게 경정을 청구하여야 한다(국조법 33조 2항).

특정외국법인이 그 소득에 관하여 거주지국에 납부한 세액에 대하여 간접외국납부세액

---

331) 법인세법 제16조에 따라 배당금 또는 분배금으로 보는 금액을 포함한다.

공제(법 57조 4항)를 적용할 때, 내국인의 익금 등에 산입한 배당간주금액은, 익금 등에 산입한 과세연도의 수입배당금액으로 본다(국조법 33조 3항).

3-4. 배당간주 후 특정외국법인 주식을 양도한 경우

배당간주금액이 내국인의 익금 등에 산입된 후, 그 내국인이 특정외국법인의 주식을 양도한 경우에는, 양도차익을 한도로 아래 ①의 금액에서 ②의 금액을 뺀 금액[그 금액이 영(0) 이하인 경우에는 영으로 본다]을, 익금에 불산입하는 소득(법 18조 2호)으로 보거나, 양도소득(소득세법 94조 1항 3호 다목)[332]에 해당하지 않는 것으로 본다(국조법 32조 2항).

① 양도한 주식에 대한 배당간주금액의 합계에 상당하는 금액

② 양도한 주식에 대하여 실제로 배당한 금액

이는, 내국인이 향후 배당을 받을 것을 전제로 배당간주되어 과세되었으나 특정외국법인 주식의 양도 시까지 실제로 배당받지 못한 경우, 그 금액만큼 주식의 양도차익을 줄여줌으로써, 배당간주에 따른 조세부담을 조정해주기 위한 규정이다.

---

332) 2023. 1. 1.부터는 금융투자소득(소득세법 87조의6 1항 1호)

국외투과단체 과세특례

1 개요

거주자 또는 내국법인이 출자한 단체가 법인세법상 외국법인에 해당하지만 해당 외국의
세법상 투과과세단체에 해당하는 경우('국외투과단체'), 해당 외국에서 그 국외투과단체를
납세의무자로 보아 과세하는 규정을 두거나[333] 내국법인 등이 국외투과단체로부터 분배
받은 금액이 조세조약의 적용 시 배당으로 취급되어 과세될 우려가 있다.

이러한 점을 고려하여 국조법은, 출자자인 내국법인 등의 신청이 있는 경우 국외투과단
체의 소득이 내국법인 등에게 귀속되는 것으로 보아, 국외투과단체를 법인세법상 외국법
인이 아닌 것으로 취급하되, 내국법인 등이 그 단체의 소득에 대하여 외국에 납부된 세액
에 관하여 세액공제를 받을 수 있는 것으로 규정한다(국조법 34조의2).

2 과세특례의 적용요건

국외투과단체는 다음의 각 요건을 모두 충족하는 단체를 말한다(국조법 34조의2 1항).

① 외국법인(법 2조 3호), 국외투자기구(법 93조의2) 또는 법인 아닌 단체와 유사한 단체(국
   세기본법 13조 1항)로서 국외에서 설립된 단체('외국법인 등')일 것

② 외국법인 등이 설립되었거나 외국법인 등의 본점 또는 주사무소가 소재하는 국가의
   세법에 따라 그 외국법인 등의 소득에 대하여 그 외국법인 등이 아닌 외국법인 등의

---

333) 유럽연합은 2017년 역혼성단체의 불일치(Reverse hybrid entity mismatches)에 관한 지침을 개정하였다
(EU Council Directive 2017/952 of 29 May 2017 Article 9a). 이에 따르면, 하나 또는 그 이상의 비거주
자가 직접 또는 간접으로 회원국에서 설립된 투과단체(transparent entity)의 지분 등의 50%를 보유하고,
비거주자가 소재하는 관할권(jurisdiction)이 그 투과단체를 납세의무자(taxable person)로 취급하는 경우,
그 혼성단체의 소득이 회원국 또는 다른 관할권에서 과세되지 않는 한도에서, 그 혼성단체는 회원국의
거주자로 취급되고, 그 소득에 대하여 과세되어야 한다. 이는 EU의 Anti-Tax Avoidance Directive
(ATAD 2)로 지칭된다. 이를 반영하여 상당수 유럽연합 회원국들이 국내법을 개정하였다.

주주, 출자자 또는 수익자('출자자 등')가 직접 납세의무를 부담할 것[334]

국외투과단체의 출자자 등인 거주자 또는 내국법인[335]이 관할 세무서장에게 과세특례의 적용신청을 하여야 한다(국조법 34조의2 3항, 국조법 시행령 70조의2 2항).

3 ▶ 과세특례의 효과

국외투과단체 과세특례가 적용되는 경우, 국외투과단체에 귀속되는 소득은 그 출자자 등에게 귀속되는 소득으로 보아 소득세법 또는 법인세법을 적용한다(국조법 34조의2 2항). 국외투과단체 과세특례에 따라 출자자 등에게 귀속되는 소득의 구분은 국외투과단체에 귀속되는 소득의 구분에 따르고, 그 소득이 국외투과단체에 귀속될 때 즉시 그 출자자 등에게 귀속되는 것으로 본다(국조법 34조의2 4항).[336] 이에 따라 출자자 등에게 직접 귀속되는 것으로 보는 국외투과단체의 소득에 대하여 외국에서 출자자 등에게 부과된 세액은, 대통령령으로 정하는 바에 따라 세액공제의 적용대상이 되는 외국소득세액 또는 외국법인세액으로 본다(국조법 34조의2 8항).[337] 국외투과단체 과세특례는 그 적용신청을 한 출자자 등인 내국법인 등에 대하여만 적용되고('그 출자자 등'),[338] 그 외의 출자자 등에 대하여는 적용되지 않는다. 국외투과단체의 과세특례가 적용되는 경우, 소득의 귀속시기가 배당시점까지 이연되지 않으므로, 위 과세특례의 적용신청을 하지 않는 출자자 등도 있을 수 있다.

국외투과단체 과세특례가 적용되는 경우, 특정외국법인의 유보소득 배당간주규정은 적용되지 않고(국조법 34조의2 9항), 국외투과단체의 소득이 출자자 등의 총수입금액 또는 익금에 산입된 후 해당 국외투과단체가 출자자 등에게 실제로 분배하는 소득은 총수입금액 또는 익금에 산입되지 않는 소득으로 본다(국조법 34조의2 7항).

---

334) 외국법인 등이 설립되었거나 외국법인 등의 본점 또는 주사무소가 소재하는 국가의 법률에 따라 개인과 법인의 소득 전부에 대하여 납세의무가 없는 경우에는, 국조법 제34조의2 제1항 제2호에 따라 그 외국법인 등의 소득에 대하여 그 주주, 출자자 또는 수익자가 직접 납세의무를 부담하는 것으로 한다(국조법 시행령 70조의2 1항).

335) 자본시장법에 따른 투자신탁, 투자합자조합 및 투자익명조합('투자신탁 등')은 국외투과단체 과세특례와 관련하여 내국법인으로 간주된다(국조법 34조의2 5항).

336) 출자자 등에게 즉시 귀속하는 소득은 국외투과단체에 그 소득이 귀속되는 날이 속하는 거주자 등의 과세연도에 귀속하는 것으로 한다(국조법 시행령 70조의2 9항).

337) 국외투과단체 과세특례가 적용되는 경우의 외국납부세액공제에 관하여는 제5장 2−1−2. (3) (바) 참조

338) 국외투과단체 과세특례를 적용받은 출자자 등은, 그 적용신청 이후 국외투과단체가 국조법 제34조의2 제1항 각 호의 요건을 충족하지 못하게 된 경우를 제외하고는, 국외투과단체 과세특례의 적용을 포기할 수 없다(국조법 34조의2 4항).

과세표준과 세액의 계산, 신고, 납부 및 징수

1 개요

법인세의 과세표준은, 각 사업연도의 소득의 범위에서 이월결손금, 비과세소득, 소득공제액을 차례로 공제한 금액이다(법 13조 1항 본문). 각 사업연도의 소득은 그 사업연도의 익금의 총액에서 손금의 총액을 뺀 금액이다(법 14조 1항). 법인세 과세표준을 계산할 때 이월결손금 등은 각 사업연도의 소득의 범위에서 공제되므로, 이월결손금 등이 각 사업연도의 소득을 초과하는 경우 과세표준은 영(0)이 된다. 그 경우 공제되지 못한 이월결손금은 다음 사업연도 이후로 이월되지만, 비과세소득과 소득공제액은 이월되지 않는다.

2 결손금

2-1. 결손금 공제의 개요

법인세법은 법인의 소득을 각 사업연도별로 집계하여 별도로 과세하고(기간과세), 법인의 소득이 존재하는 경우에는 과세하는 반면 결손금이 있다고 하여 보조금[음(−)의 세액]을 지급하지 않으며, 누진세율구조를 취한다. 이에 따라 두 법인의 전체 존속기간의 소득이 동일하다고 하더라도, 사업연도별 손익의 변동폭이 큰 법인은 그렇지 않은 법인에 비하여 더 높은 조세부담을 지고 불리한 취급을 받게 된다. 법인세가 결손금을 법인의 소득에 반영할 장치를 두지 않을 경우, 법인으로 하여금 위험이 따르는 투자의 선택을 기피하게 할 수 있고, 조세의 중립성이 훼손된다.[1]

이를 고려하여 법인세법은, 어느 사업연도에 관하여 발생한 결손금을 ① 원칙적으로 그 이후 사업연도로 이월하여 해당 사업연도의 소득금액에서 공제하고(carry over), ② 예외적으로 중소기업에 한하여 그 이전 사업연도의 소득금액에서 소급하여 공제하도록(carry back) 규정한다. 이월결손금의 공제는, 결손금이 발생한 사업연도의 소득[음(－)의 소득]과 과세표준의 계산대상인 사업연도의 소득을 합산하여[2] 세액을 계산하는 것으로서, 그 범위에서 기간과세를 일부 제한·후퇴시키는 것이다.

2-2. 이월결손금의 공제와 보전

2-2-1. 이월결손금의 공제

(1) 이월결손금 공제의 요건

이월결손금이 소득금액에서 공제되기 위해서는 다음의 요건을 모두 충족하여야 한다.

① 결손금은, 각 사업연도의 손금의 총액이 익금의 총액을 초과하는 금액을 말하고(법 14조 2항), 과세표준의 계산대상인 사업연도의 개시일 전 **15년 이내**에 개시한 사업연도에서 발생한 것이어야 한다(법 13조 1항 1호 가목).

② 결손금은 ㉮ 과세표준 신고기한 내에 **신고** 또는 **수정신고**되었거나 ㉯ 과세관청에 의하여 **결정·경정**되었어야 한다(법 13조 1항 1호 나목).[3] 따라서 결손금이 존재하더라

---

1) 손실상쇄(loss offset) 장치가 마련되어 있지 않은 경우 법인세가 없는 경우보다 위험투자의 선택이 줄어들게 된다. 결손금의 공제 제도는 기업의 위험부담(risk taking) 행위를 장려할 수 있다. 김동건·원윤희, 현대 재정학 제6판, 박영사(2012), 429, 451쪽

2) 결손금은 음(－)의 소득이기 때문에 다른 사업연도의 소득과 합산될 때 그 절대값이 공제되는 모습을 띠게 된다.

3) ① 대법원은 당초, 법인세 과세표준의 결정은 항고소송의 대상인 처분에 해당하지 않는다는 이유로(대법원 1996. 9. 24. 선고 95누12842 판결) 결손금이 발생한 사업연도 이후의 사업연도에 관하여 결손금이 없음을 전제로 한 과세처분이 확정되었더라도 그 이후 사업연도의 소득금액에서 공제될 수 있다는 취지로 판시하였다(대법원 2002. 11. 26. 선고 2001두2652 판결, 대법원 2004. 6. 11. 선고 2003두13212 판결 등). 이에 따라 대법원은, 이월결손금이 존재함에도 그것이 고려되지 않은 채 과세연도의 과세표준 및 세액이 확정된 경우, 그 이후 사업연도의 과세표준을 산출할 때 전의 사업연도에 공제가능하였던 정당한 이월결손금이 순차로 공제되었음을 전제로 당해 연도에 공제할 결손금을 계산하여야 한다고 판단하였다(대법원 2004. 6. 11. 선고 2003두4522 판결). 그러나 1994. 12. 22. 개정된 국세기본법 제45조의2 제1항 제2호가 결손금의 과소신고를 경정청구의 대상으로 규정한 것은, 납세의무자의 결손금 신고 또는 과세관청의 결손금 감액에 확정력이 인정됨을 전제로 한다고 보아, 결손금의 감액처분이 항고소송의 대상이라고 해석할 여지도 있었

도, 위와 같은 방법을 통하여 확정된 것이 아니면 소득금액에서 공제될 수 없다. 과세관청에 의한 결손금의 **감액경정**은 항고소송의 대상인 행정처분이므로,[4] 결손금 감액경정 통지가 이루어진 단계에서 그 적법성을 납세의무자가 다투지 않은 경우, 특별한 사정이 없는 한 이후 사업연도 법인세의 이월결손금 공제와 관련하여 종전의 결손금 감액경정이 잘못되었다는 주장을 할 수 없다.[5] 어느 사업연도에 대한 결손금의 감액경정이 별도의 통지로 행해지지 않고, 결손금의 감액을 전제로 이후 사업연도 법인세의 부과처분이 행해진 경우, 위 부과처분은 결손금의 감액경정을 포함하는 것으로 볼 여지가 있다.[6]

③ 결손금은 그 발생 후 각 사업연도의 과세표준을 계산할 때 **공제되지 않은 것**이어야 한다(법 14조 3항). 다음의 각 결손금은 각 사업연도의 과세표준을 계산할 때 공제된 것으로 본다(시행령 10조 3항).

㉮ 회생법인 등이 채무의 출자전환으로 얻은 채무면제익(법 15조 1항)으로서 이월결손금의 보전에 충당되지 않고, 그 이후의 각 사업연도에 발생한 결손금의 보전에 충당된 경우 그 충당된 결손금(법 17조 2항, 1항 1호 단서)

㉯ 자산수증이익과 채무의 면제·소멸이익으로 충당된 이월결손금(법 18조 6호)

㉰ 중소기업의 결손금 소급공제에 따라 공제받은 결손금(법 72조, 조특법 8조의4)

④ 합병·분할 및 사업양수와 관련하여 이월결손금 공제에 대한 제한이 있다.

㉮ **합병**의 경우 합병법인이 합병 전에 보유하던 이월결손금은 피합병법인으로부터 승계한 사업에서 발생한 소득에서 공제될 수 없고, 적격합병으로 승계한 피합병법인의 이월결손금[7]은 피합병법인으로부터 승계한 사업에서 발생한 소득에서만 공제될 수 있다(법 45조 1항, 2항, 5항).[8] 법인의 **분할**에 관하여도 위와 유사한 내용

다. ② 2009. 12. 31. 개정된 구 법인세법 제13조 제1호는 소득금액에서 공제되는 이월결손금을 '납세의무자인 법인이 신고 또는 수정신고하거나 과세관청에 의하여 결정·경정된 것'으로 명시적으로 제한하였고, 이후 현재까지 동일한 내용이 유지되고 있다.

4) 따라서 법인이 신고한 결손금을 감액하는 과세관청의 의사표시가 문서 등으로 그 법인에게 통지됨으로써 행정처분의 요건(행정절차법 24조)을 갖추어야 한다. 이와 달리 과세관청의 내부에서만 법인의 결손금을 감액하는 조치가 이루어지고, 해당 법인에게 통지되지 않은 경우에는, 결손금 감액의 효과가 발생하지 않고, 그러한 상태에서 제척기간이 경과하였다면 더 이상 결손금을 감액할 수 없다고 보아야 할 것이다.

5) 대법원 2020. 7. 9. 선고 2017두63788 판결

6) 윤지현, "부가가치세의 환급거부 '처분'과 법인세 결손금의 감액경정 '처분'의 취소청구에 관한 문제", 저스티스 제153호(2016. 4.), 한국법학원, 198쪽

7) 합병법인이 적격합병으로 승계한 피합병법인의 결손금도 공제대상 결손금에 포함된다(시행령 10조 4항).

8) 이는, 이월결손금을 발생시킨 사업부문이 가까운 장래에 수익을 창출할 가망이 없어서 이월결손금을 사실상 공제받을 수 없는 경우, 그 사업부문을 보유한 법인이 다른 법인과의 합병을 통하여 그 다른 법인으로 하여금 그 이월결손금을 공제받을 수 있게 하는 것을 방지하기 위한 것으로 보인다. 만일 위와 같은 편법적 이월결손금의 공제를 허용한다면, 우량 법인들은 결손금이 누적되어 폐업된 법인들을 합병함으로써 소득에

의 규정이 있다(법 46조의4 2항).

    ㉯ 법인이 다른 법인의 **사업을 양수**하는 경우로서 대통령령으로 정하는 경우,[9] 사업 양수일 현재의 이월결손금은 양수법인의 과세표준을 계산할 때 양수한 사업부문에서 발생한 소득금액의 범위에서는 공제되지 않는다(법 50조의2).[10]

한편, 과세표준과 세액을 **추계**하는 경우에는, 원칙적으로 이월결손금의 공제가 인정되지 않는다(법 68조 본문). 이에 따라 공제되지 않은 이월결손금은 그 후 추계에 의하지 않고 과세표준이 계산되는 사업연도의 소득에서 공제된다(시행규칙 4조 2항). 다만, 천재지변 등으로 장부나 그 밖의 증명서류가 멸실되어 대통령령으로 정하는 바에 따라 추계하는 경우에는,[11] 이월결손금의 공제가 인정된다(법 68조 단서).

(2) 공제의 한도

이월결손금의 공제는, 각 사업연도 소득의 80%[12][중소기업(조특법 6조 1항)과 회생계획, 기업개선계획, 경영정상화계획을 이행 중인 법인, 유동화전문회사 등(시행령 10조 1항)의 경우는 100%[13]]를 한도로 한다(법 13조 1항 단서). 이월결손금을 공제할 때는 먼저 발생한 사업연도의 결손금부터 차례대로 공제한다(시행령 10조 2항).

2-2-2. 채무면제이익 등에 의한 보전

법인은 자산수증이익과 채무의 면제·소멸이익을 이월결손금의 보전에 충당할 수 있고, 그 경우 충당된 금액은 익금에 산입되지 않는다(법 18조 6호).

대한 과세를 쉽게 피할 수 있고, 폐업된 법인들의 이월결손금은 세금을 줄일 수 있는 수단으로 거래될 것이기 때문이다.

9) 이는 다음의 각 기준에 모두 해당하는 경우를 말한다(시행령 86조의2 1항).
   ① 양수자산이 사업양수일 현재 양도법인의 자산총액의 70% 이상이고, 양도법인의 자산총액에서 부채총액을 뺀 금액의 90% 이상일 것
   ② 사업의 양도·양수 계약일 현재 양도·양수인이 특수관계인인 법인일 것
10) 그 입법취지는 이월결손금이 있는 법인이 합병한 경우의 공제제한(법 45조)과 같은 것으로 보인다. 제3편 제4장 제1절 2-3-7. 및 3-4-3. 참조
11) 이는 '기장이 가장 정확하다고 인정되는 동일업종의 다른 법인의 소득금액을 고려하여 과세표준을 결정 또는 경정하는 방법'(시행령 104조 2항 2호)에 의하여 추계결정·경정하는 경우를 말한다(시행령 107조).
12) 소득금액의 일정 비율을 이월결손금의 공제한도로 정한 것은, 이월결손금의 공제가 특정 사업연도에 집중되지 않고 흑자법인이 매년 최소한의 법인세를 부담하도록 하기 위한 것이다[국회 기획재정위원회 전문위원의 2015. 11. 검토보고서 22쪽, 제337회 국회 기획재정위원회(조세소위원회)회의록(2015. 11. 11.) 54쪽].
13) 헌법재판소는, 중소기업 등을 제외한 법인에 대하여 이월결손금 공제의 범위를 각 사업연도 소득의 80%로 제한한 구 법인세법(2015. 12. 15. 개정되기 전의 것) 제13조 단서가 조세평등주의에 위반되지 않는다고 판단하였다(헌법재판소 2022. 5. 26. 2020헌바240 결정).

(1) 채무면제이익 등에 의하여 보전될 수 있는 이월결손금

채무면제이익 등에 의하여 보전될 수 있는 이월결손금은, 다음 중 어느 하나에 해당하는 것을 말한다(시행령 16조 1항).

① 결손금[14]이 발생한 후 각 사업연도의 과세표준을 계산할 때 공제되지 않은 금액

② 과세표준 신고기한까지 신고된 각 사업연도의 과세표준에 포함되지 않았으나, 다음의 어느 하나에 해당하는 결손금

㉮ 회생계획인가의 결정을 받은 법인의 결손금으로서 법원이 확인한 결손금

㉯ 기업개선계획의 이행을 위한 약정이 체결된 법인의 결손금으로서 금융채권자협의회가 의결한 결손금

채무면제이익 등으로 보전될 수 있는 이월결손금은, 해당 사업연도의 개시일 전 15년 이내에 개시한 사업연도에서 발생한 것에 국한되지 않고, 그 전에 발생한 것도 포함한다.[15]

(2) 이월결손금 보전의 방법

채무면제이익 등에 의한 이월결손금의 보전은, 일반적으로 자본금과적립금조정명세서(시행규칙 별지 제50호 서식)에 이월결손금의 보전에 충당한다는 뜻을 표시하고 세무조정으로 익금불산입하는 방법에 의한다.[16] 대법원은, 법인이 채무면제익을 그것이 발생한 사업연도의 법인세를 신고할 때 이월결손금의 보전에 충당하지 않고 익금에 산입하였더라도, 이후 그 채무면제익이 발생하기 이전의 사업연도에 발생한 이월결손금에 충당하여 그 채무면제익이 발생한 사업연도의 결손금 증액을 구하는 경정청구를 할 수 있다고 판단하였다.[17]

(3) 이월결손금 보전의 효과

채무면제이익 등으로 충당된 이월결손금은, 사업연도의 과세표준을 계산할 때 공제된 것으로 본다(시행령 10조 3항 2호). 이월결손금을 보전할 때는 먼저 발생한 사업연도의 결손금부터 차례대로 보전한다(시행령 16조 2항, 10조 2항).

---

14) 적격합병·적격분할에 따라 승계한 결손금은 제외한다.

15) 기본통칙 18-18…1

16) 기본통칙 18-18…2

17) 대법원 2012. 11. 29. 선고 2012두16121 판결 : 원고 법인이 2006 사업연도에 발생한 채무면제이익을 그 사업연도의 법인세를 신고하면서 익금에 포함시켰다가, 이후 2010. 3. 31. 피고에게 위 금액을 1999 사업연도부터 2001 사업연도까지 발생한 이월결손금 중 위 금액에 상당하는 부분에 충당한다는 뜻을 기재한 자본금과 적립금 조정명세서를 제출하면서, 위 금액이 익금에 불산입되어야 한다는 이유로, 2006 사업연도의 결손금의 증액을 요구하는 경정청구를 한 사안에서, 위 경정청구를 거부한 피고의 처분이 위법하다고 판단하였다.

2-3. 결손금의 소급공제

법인세법은, 중소기업에 한하여 결손금을 직전 사업연도의 소득금액에 합산하고 세액을 재계산하여 환급하는 제도를 인정한다(법 72조).

(1) 결손금 소급공제의 요건

① 결손금 소급공제의 적용대상은 조특법 시행령 제2조에 규정된 중소기업이다.

② 직전 사업연도의 소득에 대하여 과세된 법인세액이 존재하여야 한다. 따라서 직전 사업연도에 결손금에 발생하였거나, 소득금액이 있었더라도 그 사업연도 이전에 발생한 이월결손금에 의하여 공제됨으로써 법인세가 과세되지 않은 경우에는, 결손금의 소급공제는 적용될 수 없다.

③ 법인이 결손금이 발생한 사업연도와 그 직전 사업연도의 소득에 대한 법인세의 과세표준 및 세액을 각각 과세표준 신고기한 내에 신고하였어야 한다(법 72조 4항).

④ 결손금 소급공제를 적용받으려는 법인은, 과세표준 신고기한 내에 소급공제법인세액환급신청서를 관할 세무서장에게 제출하는 방법으로 법인세액환급신청을 하여야 한다(시행령 110조 2항). 중소기업인 법인이 과세표준 신고기한 내에 법인세액환급신청을 하지 않고, 이후 경정청구의 방법으로 직전 사업연도에 관한 법인세의 환급을 구하는 것은 허용되지 않는다.[18]

(2) 소급공제의 효과

(가) 환급세액결정의 성격

결손금 소급공제에 따른 법인세액환급신청이 있으면, 관할 세무서장은 지체 없이 환급세액을 결정하여 환급하여야 한다(법 72조 3항). 결손금 소급공제를 신청한 법인의 환급세액청구권은, 관할 세무서장이 결손금 소급공제의 실체적 및 절차적 요건을 판단하여 환급세액을 결정함으로써 비로소 발생한다.[19] 따라서 관할 세무서장이 법인의 환급신청을 거부하거나 아무런 조치를 취하지 않는 경우에는, 법인은 관할 세무서장의 환급거부처분에

---

18) 대법원 2003. 7. 25. 선고 2001두10721 판결

19) 대법원 2000. 10. 27. 선고 2000다25590 판결, 대법원 2016. 2. 18. 선고 2013다206610 판결. 한편, 대법원은, 국세기본법 제51조의 국세환급금 결정은 이미 납세의무자의 환급청구권이 확정된 국세환급금에 대하여 내부적 사무처리절차로서 과세관청의 환급절차를 규정한 것에 지나지 않고, 그 규정에 의한 국세환급금결정에 의하여 비로소 환급청구권이 확정되는 것은 아니므로, 국세환급금결정이나 그 결정을 구하는 신청에 대한 환급거부결정은 항고소송의 대상이 되는 처분으로 볼 수 없다고 한다(대법원 1989. 6. 15. 선고 88누6436 전원합의체 판결). 다만, 조세심판원은 국세환급거부처분에 대하여 조세심판청구를 할 수 있다고 보고(조심 2010광0349, 2010. 12. 24.), 법인세법 기본통칙 55-0…3 2호도 같다.

대한 취소소송 또는 부작위위법확인소송을 제기하여야 하고, 이를 거치지 않고 곧바로 국가를 상대로 환급세액의 지급을 구하는 소를 제기할 수는 없다.[20]

(나) 환급세액의 계산

결손금 소급공제에 의한 환급세액은, 아래 ①의 금액에서 ②의 금액을 차감한 금액이고, ③의 금액을 한도로 한다(법 72조 1항, 시행령 110조 1항).

① 직전 사업연도의 법인세액(토지 등 양도소득에 대한 법인세액은 제외한다)

② (직전 사업연도의 과세표준 - 소급공제대상 결손금) × 직전 사업연도의 세율

③ 직전 사업연도의 법인세액(토지 등 양도소득에 대한 법인세액은 제외한다)에서 직전 사업연도의 소득에 대한 법인세로서 공제 또는 감면된 법인세액을 차감한 금액

(다) 세액환급 후의 징수와 추가 환급

관할 세무서장은, 아래 ①, ②의 경우에는 과다 환급세액, ③의 경우에는 환급세액에 대통령령으로 정하는 바에 따라 계산한 이자상당액을 더한 금액을 해당 결손금이 발생한 사업연도의 법인세로 징수한다(법 72조 5항).

① 결손금 소급공제에 의하여 법인세를 환급한 후 결손금이 발생한 사업연도에 대한 과세표준과 세액을 경정함으로써 환급세액이 감소된 경우[21][22]

② 결손금이 발생한 사업연도의 직전 사업연도에 대한 법인세 과세표준과 세액을 경정함으로써 환급세액이 감소된 경우[23]

③ 중소기업에 해당하지 않는 법인이 법인세를 환급받은 경우

위 각 경우에 과다 환급세액 등은, 당초의 환급세액결정을 취소하고 국세기본법 제51조 제9항에 따라 징수하는 방식이 아니라, 결손금이 발생한 사업연도의 법인세로 부과되어 징수된다.[24][25][26]

---

20) 소순무·윤지현, 조세소송 개정8판, 영화조세통람(2016), 701쪽

21) 이 경우 결손금의 감소에 따라 징수하는 법인세액은 다음 산식에 의하고, 결손금 중 일부 금액만을 소급공제받은 경우에는 소급공제받지 않은 결손금이 먼저 감소된 것으로 본다(시행령 110조 3항).

$$당초\ 환급세액 \times \frac{감소된\ 결손금액으로서\ 소급공제받지\ 않은\ 결손금을\ 초과하는\ 금액}{소급공제\ 결손금액}$$

22) 법인의 수정신고에 의하여 결손금이 감소된 경우에도 경정결정의 경우와 동일하게 처리하여야 한다는 견해로, 이규철, "법인세법상 결손금 소급공제에 의한 환급절차에 관하여", 재판자료 제115집(2008), 법원도서관, 71쪽

23) 대법원 2022. 11. 17. 선고 2019두51512 판결 : 중소기업인 원고가 2005 사업연도의 법인세를 신고·납부한 후 2006 사업연도에 결손금이 발생하자 결손금의 소득공제를 신청하여 위 법인세를 환급받았는데, 이후 2005 사업연도의 소득금액을 감액시켜야 하는 내용의 화해권고결정이 확정된 사안

24) 위 ① 내지 ③의 경우 국가가 환급세액 및 이자상당액을 법인세로 징수할 수 있음에도 민사소송으로 부당이득반환청구를 하는 것은 허용되지 않는다고 보아야 한다. 대법원 2016. 2. 18. 선고 2013다206610 판결

관할 세무서장은, 결손금 소급공제 신청에 따라 당초 환급세액을 결정한 후 당초 환급세액 계산의 기초가 된 직전 사업연도의 법인세액 또는 과세표준이 달라진 경우에는, 즉시 당초 환급세액을 경정하여 추가로 환급하거나 과다하게 환급한 세액 상당액을 징수하여야 한다(법 72조 6항). 당초 환급세액을 경정할 때, 소급공제 결손금액이 과세표준금액을 초과하는 경우, 그 초과 결손금액은 소급공제 결손금액으로 보지 않고(시행령 110조 5항), 이후의 사업연도로 이월된다.

법인세법의 개정 경위

1. 2008. 12. 26. 개정되기 전의 구 법인세법 제72조 제5항은 법인세의 환급 후 결손금이 발생한 사업연도의 과세표준과 세액의 경정으로 결손금이 감소된 경우(위 ①의 경우)만을 법인세로 징수할 수 있는 것으로 규정하였다. 이에 따라 중소기업에 해당하지 않는 법인이 결손금 소급공제로 법인세를 환급받은 경우(위 ③의 경우) 구 법인세법 제72조 제5항 및 구 법인세법 시행령(1998. 12. 31. 개정 전) 제110조 제6항을 유추적용하여 환급세액에 이자 등을 가산한 금액을 법인세로 징수할 수 있는지가 문제되었으나, 대법원은 이를 부정하였다(대법원 2007. 4. 26. 선고 2005두13506 판결). 그리고 구 법인세법하에서, 결손금 소급공제에 의하여 법인세를 환급받은 법인이 후에 결손금 소급공제 대상 법인이 아닌 것으로 밝혀진 경우, 대법원 2016. 2. 18. 선고 2013다206610 판결은, 관할 세무서장은 먼저 결손금 소급공제 환급결정을 직권으로 취소한 이후 구 국세기본법 제51조 제7항(현행 국세기본법 제51조 제9항)에 따라 착오환급 또는 과다환급한 세액을 강제징수할 수 있을 뿐이고, 민사소송의 방법으로 부당이득반환을 구할 수는 없다고 보았다.

2. 2008. 12. 26. 개정된 구 법인세법 제72조 제5항은 중소기업에 해당하지 않는 법인이 결손금 소급공제를 받은 경우(위 ③의 경우)를 법인세로 징수하는 경우에 포함시켰고, 직전 사업연도의 법인세 과세표준 및 세액이 달라진 경우(위 ②의 경우)는, 당초 법인세법 시행령 제110조 제6항에 규정되어 있다가, 2013. 1. 1. 개정된 구 법인세법 제72조 제5항 제3호에 법인세로 징수할 수 있는 경우로 추가되었다.[27]

은, 2006. 12. 30. 개정되기 전의 구 국세기본법 및 구 법인세법이 적용되는 사안에 관한 것이지만, 그중 부당이득반환청구를 부정한 부분은 현행 법인세법에서도 그대로 적용될 수 있을 것이다.

25) 대법원 2022. 11. 17. 선고 2019두51512 판결은, ① 구 법인세법(2008. 12. 26. 개정되기 전의 것) 제72조 제5항 등에 따른 처분은 법인세의 부과 및 징수처분에 해당하고, ② 부과제척기간 기산일의 특례 규정인 구 국세기본법 시행령(2009. 2. 6. 개정되기 전의 것) 제12조의3 제2항 제3호('공제·면제·비과세 또는 낮은 세율의 적용 등에 따른 세액을 의무불이행 등의 사유로 인하여 징수하는 경우에는 그 사유가 발생한 날')는 위 법인세의 부과처분에 적용되지 않는다고 판단하였다.

26) 개별세법에 의한 부과처분 요건을 갖추지 못하였거나 부과제척기간의 도과로 부과징수가 불가능한 경우에는 환급세액결정의 직권취소 후 국세기본법 제51조 제8항에 따라 환급세액 등을 강제징수할 수 있다는 견해로, 이예슬, "국가가 납세자에게 착오 내지 과다 환급한 조세 환급금의 환수에 관한 검토", 2016년도 법관연수 어드밴드(Advance) 과정 연구논문집 : 전문 분야 소송의 주요쟁점(조세/지식재산권/노동), 사법연수원(2017), 127~158쪽

27) 대법원 2022. 11. 17. 선고 2019두51512 판결의 원심은, 구 법인세법 시행령(2008. 2. 29. 개정되기 전의

내국법인의 각 사업연도 소득 중 공익신탁의 신탁재산에서 생기는 소득에 대하여는 법인세를 과세하지 않는다(법 51조). 중소기업창업투자회사 및 창업기획자 등이 창업자, 벤처기업 등에 일정한 시기까지 출자하여 취득한 주식 등의 양도차익에 대하여는 법인세를 과세하지 않는다(조특법 13조 1항).

4　　소득공제액

4-1. 유동화전문회사 등의 배당액

유동화전문회사, 투자회사 등이 얻은 소득의 전부 또는 대부분을 곧바로 그 주주 등에게 배당하는 경우, 유동화전문회사 등은 사실상 도관(conduit)에 불과하므로 굳이 별도의 과세실체로서 과세할 필요성은 낮다. 이를 고려하여 법인세법은, 유동화전문회사 등의 소득금액을 계산할 때 배당액을 공제한다(법 51조의2). 유동화전문회사 등의 배당액에 대한 소득공제에 관하여 상세한 것은 「신탁과 집합투자기구」에서 다루기로 한다.[28]

4-2. 조특법에 의한 소득공제

고용유지중소기업, 자기관리 부동산투자회사의 일정한 소득금액은 각 사업연도의 소득금액에서 공제된다(조특법 30조의3, 55조의2).

것) 제110조 제6항이 구 법인세법 제72조의 위임범위를 넘어 무효라고 볼 수 없다고 판단하였다.
28) 제7장 제3절 3-3. 참조

기능통화와 관련한 과세표준 계산특례

5-1. 기능통화 도입기업의 과세표준 계산특례

기능통화(functional currency)는 영업활동이 주로 이루어지는 주된 경제환경의 통화를 말한다.[29] 기업은, 재화와 용역의 공급가격에 주로 영향을 미치는 통화 등을 고려하여 기능통화를 결정한다.[30]

기업회계기준에 따라 원화 외의 통화를 기능통화로 채택하여 재무제표를 작성하는 내국법인의 과세표준 계산은, 다음 중 관할 세무서장에게 신고한 방법에 따른다(법 53조의2 1항 본문).[31][32]

① 원화 외의 기능통화를 채택하지 않았을 경우에 작성하여야 할 재무제표를 기준으로 과세표준을 계산하는 방법

② 기능통화로 표시된 재무제표를 기준으로 과세표준을 계산한 후 이를 원화로 환산하는 방법

③ 재무상태표 항목은 사업연도 종료일 현재의 환율을, 포괄손익계산서(포괄손익계산서가 없는 경우에는 손익계산서를 말한다) 항목은 해당 거래일 현재의 환율[33]을 적용하여 원화로 환산한 재무제표를 기준으로 과세표준을 계산하는 방법

5-2. 해외사업장의 과세표준 계산특례

내국법인의 해외사업장의 과세표준 계산은 다음의 방법 중 관할 세무서장에게 신고한 방법에 따른다(법 53조의3 1항 본문).[34][35]

---

29) K-IFRS 1021호 문단 8 ; 이에 대하여 재무제표를 표시할 때 사용하는 통화를 표시통화(presentation currency)라고 한다.

30) K-IFRS 1021호 문단 9

31) 다만, 최초로 ②, ③의 방법을 신고하여 적용하기 이전 사업연도의 소득에 대한 과세표준을 계산할 때는 ①의 방법을 적용하여야 하며, 같은 연결집단에 속하는 연결법인은 같은 방법을 신고하여 적용하여야 한다(법 53조의2 1항 단서).

32) 아래 ②, ③의 방법을 신고하여 적용하는 법인은, 기능통화의 변경 등 대통령령으로 정하는 사유가 발생한 경우 외에는, 과세표준계산방법을 변경할 수 없다(법 53조의2 2항).

33) 대통령령으로 정하는 항목의 경우에는 해당 사업연도 평균환율로 한다.

34) 다만, 최초로 ②, ③의 방법을 신고하여 적용하기 이전 사업연도의 소득에 대한 과세표준을 계산할 때는 ①의 방법을 적용하여야 한다(법 53조의3 1항 단서).

35) 아래 ②, ③의 방법을 신고하여 적용하는 법인은, 과세표준계산방법이 서로 다른 법인 간 합병 등 대통령령으로 정하는 사유가 발생한 경우 외에는, 과세표준계산방법을 변경할 수 없다(법 53조의3 2항).

① 해외사업장 재무제표를 원화 외의 기능통화를 채택하지 않았을 경우에 작성하여야 할 재무제표로 재작성하여 본점의 재무제표와 합산한 후 합산한 재무제표를 기준으로 과세표준을 계산하는 방법

② 해외사업장의 기능통화로 표시된 해외사업장 재무제표를 기준으로 과세표준을 계산한 후 이를 원화로 환산하여 본점의 과세표준과 합산하는 방법

③ 해외사업장의 재무제표에 대하여 재무상태표 항목은 사업연도 종료일 현재의 환율을, 포괄손익계산서 항목은 대통령령으로 정하는 환율을 각각 적용하여 원화로 환산하고 본점 재무제표와 합산한 후 합산한 재무제표를 기준으로 과세표준을 계산하는 방법

6   해운기업의 과세표준 계산특례

6-1. 개요

노르웨이 등이 1996년 자국 해운산업의 경쟁력 유지를 위하여 이른바 톤세(Tonnage Tax) 제도를 채택한 이후 유럽국가들을 중심으로 위 제도를 도입하는 국가가 확대되었다. 이에 따라 우리나라도 해운산업의 지원을 위하여 2004년 조특법에서 해운기업에 대한 과세특례를 도입한 후 현재까지 이를 연장해오고 있다. 이는, 외항운송사업자의 해운소득에 대한 법인세 과세표준을, 실제 소득금액이 아니라 선박의 순톤수와 운항일수를 기초로 한 선박표준이익을 기준으로 산출하는 제도이다.

6-2. 특례의 적용요건

과세특례의 적용대상은, 다음 중 어느 하나의 사업을 영위하는 기업으로서, 해당 기업이 용선[36]한 선박의 연간운항톤수(선박의 순톤수에 연간운항일수와 사용률을 곱하여 계산한 톤수)의 합계가, 해당 기업이 소유한 선박 등 기획재정부령으로 정하는 기준선박[37]의 연

---

36) 다른 해운기업이 기획재정부령으로 정하는 공동운항에 투입한 선박을 사용하는 경우를 포함한다.

37) 조특법 시행규칙
제46조의3(해운기업에 대한 법인세 과세표준 계산특례)
① 영 제104조의7 제1항 각 호 외의 부분에서 "기획재정부령으로 정하는 기준선박"이란 「국제선박등록법」 제4조의 규정에 의하여 등록한 국제선박으로서 다음 각 호에 해당하는 선박을 말한다.
1. 해당 기업이 소유한 선박
2. 해당 기업 명의의 국적취득조건부 나용선(裸傭船)

간운항순톤수의 합계의 5배를 초과하지 않는 기업을 말한다(조특법 104조의10 1항, 조특법 시행령 104조의7 1항).

① 해운법 제3조에 따른 외항정기여객운송사업 또는 외항부정기여객운송사업
② 해운법 제25조에 따른 외항정기화물운송사업 또는 외항부정기화물운송사업(수산물 운송사업을 제외한다)

과세표준 계산특례를 적용받으려는 법인은 대통령령으로 정하는 바에 따라 과세표준 계산특례 적용을 신청하여야 한다(조특법 104조의10 2항 본문 전단).

6-3. 과세표준 계산특례의 적용효과

(1) 과세표준의 계산

과세특례 계산특례를 적용받는 해운기업의 과세표준은 해운소득과 비해운소득으로 구분하여 계산된다.

(가) 해운소득의 과세표준

① 해운소득의 범위는 다음과 같다(조특법 시행령 104조의7 2항).
   ㉮ 외항해상운송활동(외항해상운송에 사용하기 위한 해운법 제2조 제4호에 따른 용대선(傭貸船)을 포함한다)
   ㉯ 외항해상운송활동과 연계된 활동으로서 화물의 유치·선적·하역·유지 및 관리와 관련된 활동 등
   ㉰ 외항해상운송활동과 관련하여 발생한 이자소득 등
② 해운소득의 과세표준은 선박별로 다음 계산식에 따라 계산한 개별선박이익의 합계액(선박표준이익)이다(조특법 104조의10 1항 1호).

개별선박표준이익 = 개별선박순톤수 × 톤당 1운항일 이익 × 운항일수 × 사용률

위 계산식에 나오는 용어의 정의는 다음과 같다(조특법 시행령 104조의7 3항, 4항).
   ㉮ 순톤수 : 선박법 제3조 제1항 제3호에 따른 순톤수를 말한다.
   ㉯ 운항일수 : 특례적용기업이 소유한 선박의 경우에는 소유기간, 특례적용기업이 용

---

3. 해당 기업이 「여신전문금융업법」 제3조 제2항에 따라 시설대여업 등록을 한 자로부터 소유권 이전 연불조건부로 리스한 선박

선한 선박의 경우에는 용선기간[38]

㉯ 사용률 : ㉠ 특례적용기업이 소유한 선박의 경우에는 100%, ㉡ 특례적용기업이 용선한 선박의 경우에는 용선계약에 의한 용선비율, ㉢ ㉠, ㉡에도 불구하고 특례적용기업이 공동운항에 투입한 선박의 경우에는 공동운항비율

㉰ 톤당 1운항일 이익(조특법 104조의10 8항, 조특법 시행령 104조의7 4항)

개별선박의 순톤수	톤당 1운항일 이익
1,000톤 이하분	14원
1,000톤 초과 10,000톤 이하분	11원
10,000톤 초과 25,000톤 이하분	7원
25,000톤 초과분	4원

(나) 비해운소득의 과세표준

비해운소득은 해운소득 외의 소득을 말한다. 비해운소득의 과세표준은 일반적인 법인세 과세표준 계산규정에 따라 계산된다(조특법 104조의10 1항 2호).

(2) 결손금 및 조세특례의 적용배제 등

과세표준 계산특례를 적용받기 전에 발생한 이월결손금은 해운소득과 비해운소득의 과세표준을 계산할 때 공제하지 않고(조특법 104조의10 5항), 비해운소득에서 발생한 결손금은 해운소득의 과세표준인 선박표준이익과 합산하지 않는다(조특법 104조의10 3항 전단).

해운소득에 대해서는 조특법, 국세기본법 및 조약과 조특법 제3조 제1항 각 호에 규정된 법률에 따른 비과세, 세액면제, 세액감면, 세액공제 또는 소득공제 등의 조세특례를 적용하지 않는다(조특법 104조의10 3항 후단). 해운소득에 원천징수된 소득이 포함되어 있는 경우, 그 소득에 대한 원천징수세액은 법인세의 산출세액에서 기납부세액으로 공제되지 않는다(조특법 104조의10 4항).

(3) 특례의 적용기간 및 구분경리

과세표준계산특례의 적용을 신청한 법인은 그 적용받으려는 사업연도부터 연속하여 5개 사업연도 동안 과세표준 계산특례를 적용받는다(조특법 104조의10 2항 후단).

과세표준계산특례의 적용기업은 해운소득과 비해운소득을 구분하여 경리하여야 하고, 해운소득과 비해운소득에 공통되는 익금과 손금은 기획재정부령으로 정하는 방법에 따라 안분하여 계산한다(조특법 시행령 104조의7 9항).

---

38) 다만, 정비·개량·보수 그 밖의 불가피한 사유로 30일 이상 연속하여 선박을 운항하지 않은 경우 그 기간은 제외한다.

세액의 계산

1 ▶ 법인세 산출세액

1-1. 법인세의 세율

법인의 각 사업연도 소득에 대한 법인세 산출세액은, ① 과세표준(법 13조)에 다음 표의 세율을 적용하여 계산한 금액에 ② 토지 등 양도소득에 대한 법인세액(법 55조의2), ③ 미환류소득에 대한 법인세(조특법 100조의32)를 합한 금액이다(법 55조 1항).

과세표준	세율
2억 원 이하	9%
2억 원 초과 200억 원 이하	1,800만 원 + (2억 원을 초과하는 금액의 19%)
200억 원 초과 3,000억 원 이하	37억 8,000만 원 + (200억 원을 초과하는 금액의 21%)
3,000억 원 이상	625억 8,000만 원 + (3,000억 원을 초과하는 금액의 24%)

사업연도가 1년 미만인 법인의 각 사업연도 소득에 대한 법인세 산출세액은 다음 산식에 의하여 계산한다(법 55조 2항, 시행규칙 45조).[39] 이 경우 월수는 태양력에 따라 계산하되, 1개월 미만의 일수는 1개월로 한다(시행령 92조).

$$산출세액 = \left(\frac{법인세}{과세표준} \times \frac{12}{사업연도의\ 월수} \right) \times 세율 \times \frac{사업연도의\ 월수}{12}$$

---

[39] 법인세법 제55조 제2항은, 사업연도의 기간에 따른 세액불균형의 발생을 막고, 사업연도를 임의로 1년 미만의 짧은 기간으로 정하여 과세표준을 낮추는 방법으로 누진세율의 적용을 회피하는 것을 방지하기 위한 것이다. 피합병법인의 1사업연도로 의제되는 기간이 1년 미만인 경우 법인세법 제55조 제2항이 적용된다. 피합병법인인 청구인이, 합병양도손익은 일시적으로 사업과 관련없이 발생한 익금이므로 이를 12개월간 지속적으로 발생하는 사업활동으로 인한 소득으로 보아 법인세법 제55조 제2항을 적용하는 것은 청구인의 재산권을 침해한다고 주장한 사건에서 헌법재판소는 위 규정이 합헌이라고 결정하였다(헌법재판소 2021. 6. 24. 2018헌바44 결정).

법인세법은 법인의 소득에 관하여 4단계의 누진세율을 규정한다. 그러나 법인의 소득은 궁극적으로 배당을 통하여 개인 주주에게 귀속하므로, 수직적 공평의 달성을 위한 누진세율은 개인 주주 단계에서 적용하면 족하다. 그리고 법인이 높은 누진세율을 적용받는다고 하여 반드시 개인 주주도 높은 누진세율을 적용받는 것은 아니고, 오히려 낮은 누진세율을 적용받을 수도 있다. 따라서 법인세율을 하나의 단일세율로 정하거나 누진세율의 적용단계를 축소하는 것이 바람직하다.[40]

1-2. 토지 등 양도소득에 대한 법인세

법인세법은, 법인의 부동산 투자(투기)를 억제할 필요성, 개인에 대한 고율의 양도소득세[41]와의 형평을 고려하여,[42] 법인이 일정한 부동산을 양도한 경우, 각 사업연도의 소득에 대한 법인세액에 그 양도소득에 관한 일정한 세액을 추가하여 납부하도록 규정한다(법 55조의2 1항).[43]

1-2-1. 적용요건

(1) 양도목적물

(가) 국내에 소재하는 주택 및 별장

이는 국내에 소재하는 주택(이에 부수하는 토지를 포함한다)[44] 및 주거용 건축물로서 상시 주거용으로 사용되지 않고 휴양·피서·위락 등의 용도로 사용하는 건축물(별장)을 말한다(법 55조의2 1항 2호 본문, 시행령 92조의2 2항).[45] 다만, ① 읍 또는 면에 있으면서 대통령령으로 정하는 범위 및 기준에 해당하는 농어촌주택(그 부속토지를 포함한다)(법 55조의2

---

40) 2022년 기준으로 OECD 회원국 38개국 중 우리나라, 룩셈부르크, 네덜란드를 제외한 35개국이 법인세에 관하여 단일세율을 채택하고 있다. 2022 대한민국 조세, 국회예산정책처(2022. 4.), 136쪽

41) 개인의 양도소득에 대하여 적용되는 세율은, 비사업용 토지를 양도한 경우 5억 원 초과액에 관하여 52%, 미등기양도자산을 양도한 경우 70%에 이른다(소득세법 104조 1항). 이에 비하여 법인세의 최고세율은 25%에 불과하므로, 법인세가 부과된 후의 이익을 주주에게 배당할 때 부과되는 소득세를 감안하더라도, 법인 소유의 부동산을 양도하는 경우의 조세부담이 개인 소유 부동산을 양도하는 경우보다 훨씬 낮다.

42) 헌법재판소 2011. 10. 25. 2010헌바21 결정

43) 헌법재판소 2009. 3. 26. 2006헌바102 결정은, 법인이 토지 등을 양도하여 얻은 소득에 대하여 법인세 외에 특별부가세를 부과한 구 법인세법(2001. 12. 31. 개정되기 전의 것) 제99조 제1항 등이 조세법률주의에 위배되거나 재산권을 침해하는 것으로 볼 수 없으므로 헌법에 위반되지 않는다고 판단하였다.

44) 법인이 2012. 12. 31.까지 주택을 양도한 경우에는, 그 주택이 지정지역(소득세법 104조의2 2항)에 있는 경우에 한하여 토지 등 양도소득의 과세대상이 된다(법 55조의2 8항, 1항 1호).

45) 다만, 읍 또는 면에 있으면서 대통령령으로 정하는 범위 및 기준에 해당하는 농어촌주택(그 부속토지를 포함한다)은 제외된다(법 55조의2 1항 2호 단서).

1항 2호 단서), ② 해당 법인이 임대하는 민간매입임대주택(민간임대주택에 관한 특별법 2조 3호) 등으로서 일정한 요건을 갖춘 주택(시행령 92조의2 2항 각 호)은 여기의 주택에서 제외된다.

(나) 비사업용 토지

비사업용 토지(법 55조의2 1항 3호)는, 대통령령으로 정하는 기간 동안 법인세법 제55조의2 제2항 각 호의 어느 하나에 해당하는 토지를 말한다. 비사업용 토지로 될 수 있는 대상은 ① 일정한 농지(논밭 및 과수원), 임야, 목장용지, ② 위 ① 외의 토지[46] 중 일정한 토지를 제외한 것,[47] ③ 주택 부속토지 중 일정한 면적을 초과하는 토지, ④ 별장의 부속토지, ⑤ 그 밖에 위 ① 내지 ④에 규정된 토지와 유사한 토지로서 법인의 업무와 직접 관련이 없다고 인정할 만한 상당한 이유가 있는 대통령령으로 정하는 토지이다(법 55조의2 2항).[48] 비사업용 토지로 취급되기 위해서는 토지가 대통령령으로 정하는 기간 동안 비사업용 토지에 해당하여야 한다(시행령 92조의3).[49]

한편, 토지를 취득한 후 법령에 따라 사용이 금지되거나 그 밖에 대통령령으로 정하는 부득이한 사유가 있어 비사업용 토지에 해당하는 경우에는, 대통령령으로 정하는 바에 따라 비사업용 토지로 보지 않을 수 있다(법 55조의2 3항, 시행령 92조의11 1항).[50]

(다) 조합원입주권 및 분양권

이는 주택을 취득하기 위한 권리인 조합원입주권 및 분양권(소득세법 88조 9호, 10호)을 말한다(법 55조의2 1항 4호).

(2) 적용제외

다음의 어느 하나에 해당하는 토지 등 양도소득에 대하여는 토지 등 양도소득에 대한

---

46) 농지·임야·목장용지 및 그 밖의 토지의 판정은 사실상의 현황에 의하고, 그것이 불분명한 경우에는 공부상의 등재현황에 의한다(시행령 92조의4).

47) 이는 농지, 임야 및 목장용지 외의 토지 중 다음의 각 토지를 제외한 것을 말한다(법 55조의2 2항 4호).
   ① 재산세가 비과세되거나 면제되는 토지
   ② 재산세 별도합산과세대상 또는 분리과세대상이 되는 토지
   ③ 토지의 이용상황, 관계 법률의 이행 여부 및 수입금액 등을 고려하여 법인의 업무와 직접 관련이 있다고 인정할 만한 상당한 이유가 있는 토지로서 대통령령으로 정하는 것(시행령 92조의8 1항)

48) 법인이 2012. 12. 31.까지 비사업용 토지를 양도한 경우에는, 그 토지가 지정지역(소득세법 104조의2 2항)에 있는 경우에 한하여 토지 등 양도소득의 과세대상이 된다(법 55조의2 8항, 1항 1호).

49) 토지 등이 민사집행법에 따른 경매에 따라 양도된 경우, 최초의 경매기일 등을 양도일로 보아 '대통령령으로 정하는 기간'에 관한 규정을 적용하여 비사업용 토지의 해당 여부를 판정한다(시행령 92조의11 2항).

50) 대법원 2014. 2. 27. 선고 2013두12324 판결은, 법인세법 시행령 제92조의11 제1항 제1호의 '토지를 취득한 후 법령에 따라 사용이 금지 또는 제한된 토지'는, 법령의 규정 그 자체에 의하여 직접 부동산의 사용이 금지 또는 제한되는 경우뿐만 아니라 행정작용에 의하여 현실적으로 부동산의 사용이 금지 또는 제한되는 경우도 포함되고, 이와 같은 사용제한에 해당하는지 여부는 법인이 토지를 취득할 당시의 구체적인 목적과 사용제한의 형태 등도 아울러 고려하여 개별적으로 판단하여야 한다고 판시하였다.

법인세가 과세되지 않는다(법 55조의2 4항 본문). 다만, 미등기 토지 등의 양도소득에 대하여는 그렇지 않다(법 55조의2 4항 단서).

① 파산선고에 의한 토지 등의 처분으로 인하여 발생하는 소득

② 법인이 직접 경작하던 농지로서 대통령령으로 정하는 경우에 해당하는 농지의 교환 또는 분할·통합으로 인하여 발생하는 소득

③ 「도시 및 주거환경정비법」이나 그 밖의 법률에 따른 환지(換地) 처분 등 대통령령으로 정하는 사유로 발생하는 소득

2009. 3. 16.부터 2012. 12. 31.까지 취득한 자산을 양도하여 발생하는 소득에 대하여는 2009. 5. 21. 개정된 구 법인세법 제55조의2 제1항 제2호 및 제3호가 적용되지 않는다.[51]

1-2-2. 토지 등 양도소득의 귀속사업연도

토지 등 양도소득의 귀속 사업연도는 법인세법 시행령 제68조에 따라 정해진다(시행령 92조의2 6항 본문). 따라서 그 귀속사업연도는 「대금의 청산일, 소유권 등의 이전등기를 한 날, 당해 토지 등의 인도일, 상대방이 당해 토지 등을 사용수익한 날」 중 빠른 날이고(시행령 68조 1항 3호), 이는 장기할부조건에 의하여 토지 등을 양도하는 경우에도 마찬가지이다(시행령 92조의2 6항 단서).

예약매출에 의하여 토지 등을 양도하는 경우에는 ① 그 계약일에 토지 등이 양도된 것으로 보고(시행령 92조의2 7항), ② 작업진행률을 기준으로 계산한 수익과 비용 중 지정지역(소득세법 104조의2 2항)에 포함되는 기간에 상응하는 수익과 비용을 각각 해당 사업연도의 익금과 손금으로 하여 토지 등 양도소득을 계산한다(시행령 92조의2 8항 본문).

1-2-3. 토지 등 양도소득 및 세액의 계산

(1) 토지 등 양도소득의 계산

토지 등 양도소득은, 토지 등의 양도금액에서 양도 당시의 장부가액을 뺀 금액으로 한다(법 55조의2 6항). 여기서 토지 등의 '장부가액'은, 회계상 장부가액이 아니라 세법상 가액을

---

51) 2009. 5. 21. 개정된 구 법인세법의 부칙 제4조. 위 부칙 규정에 따라 해당 토지 등의 양도는 구 법인세법 제55조의2 제1항 제2호 및 제3호의 적용대상에서 제외되었고, 같은 항 제1호(2010. 12. 31.까지 지정지역 안의 주택 등을 양도한 경우)에 해당하는 경우에 한하여 토지 등 양도소득의 과세대상이 되었다. 이후 위 제1호가 적용되기 위한 양도의 시한은 2012. 12. 31.까지로 한번 연장되었을 뿐(2010. 12. 30. 개정된 구 법인세법), 더 이상 연장되지 않고 있다. 위 부칙과 관련하여, 행정해석은, 분할신설법인이 물적분할 또는 인적분할에 따라 승계한 비사업용 토지의 취득시기를 분할법인이 그 토지를 최초로 취득한 시점으로 본다(사전-법령해석법인-0150, 2018. 6. 15., 서면-2019-0557[법인세과-452], 2019. 2. 27.).

의미하는 것으로서, 그 토지 등의 취득가액에 자본적 지출액 및 법인세법상 평가증·감이 인정되는 금액을 가감하고, 감가상각누계액을 차감한 금액을 말한다.[52] 판매수수료와 같이 '자산을 양도하기 위하여 지출되는 비용'은, 일반적으로 자산과 관련한 자본적 지출로 보기 어려우므로, 장부가액에 포함되지 않고, 따라서 양도가액에서 차감될 수 없다.[53]

법인이 2 이상의 토지 등을 양도하는 경우, 토지 등의 양도소득은 해당 사업연도에 양도한 자산별로 계산한 토지 등 양도소득을 합산한 금액으로 한다(시행령 92조의2 9항 1문).[54]

(2) 세액의 계산

토지 등 양도소득에 대한 법인세의 세율은 다음과 같다. 이 경우 하나의 자산이 아래 항목 중 둘 이상에 해당할 때에는 그중 가장 높은 세율을 적용한다(법 55조의2 1항).[55]

① 주택 및 별장을 양도한 경우 : 20%(미등기 토지 등을 양도한 경우 40%)

② 비사업용 토지를 양도한 경우 : 10%(미등기 토지 등을 양도한 경우 40%)

③ 조합원입주권 및 분양권을 양도한 경우 : 20%

1-2-4. 합병·분할 등과 토지 등 양도소득에 대한 법인세

법인이 합병 또는 분할에 따라 합병법인 또는 분할신설법인 등에게 토지 등을 이전한 경우, 그 토지 등을 양도한 것으로 간주되므로(법 44조 1항, 46조 1항), 토지 등 양도소득에 대한 법인세 납부의무를 진다.

토지의 취득일부터 3년 이내에 합병 또는 분할에 따라 양도된 토지는 비사업용 토지로 보지 않는다(법 55조의2 3항, 시행령 92조의11 3항 1호).[56]

적격분할·적격합병·적격물적분할·적격현물출자 등으로 인하여 발생한 토지 등 양도

---

52) 대법원 2013. 5. 23. 선고 2010두28601 판결

53) 대법원 2013. 5. 23. 선고 2010두28601 판결 ; 위 대법원 판결의 1심을 당해사건으로 하는 헌법재판소 2011. 10. 25. 2010헌바21 결정은, ① 구 법인세법 제55조의2 제6항이 양도비용의 차감을 인정하지 않는 것은 법인의 투기적 부동산 거래를 사전에 억제하기 위한 입법취지를 강력히 구현하고자 한 것이므로 합리성이 인정되고, 청구법인의 재산권을 침해하지 않으며, ② 법인에 대하여 개인과 달리 양도비용의 공제를 부인하여 차별취급하는 것은 합리적 이유가 있으므로, 청구법인의 평등권을 침해하였거나 조세평등주의에 위반한 것이라고 할 수 없다고 판시하였다.

54) 이 경우 양도한 자산 중 양도 당시의 장부가액이 양도금액을 초과하는 토지 등이 있는 경우에는, 그 초과하는 금액(양도차손)을 ① 먼저 양도차손이 발생한 자산과 같은 세율을 적용받는 자산의 양도소득에서 차감하고, ② 다음으로 양도차손이 발생한 자산과 다른 세율을 적용받는 자산의 양도소득에서 차감한다(시행령 92조의2 9항 2문).

55) 법인이 2012. 12. 31.까지 지정지역에 있는 주택, 비사업용 토지 등을 양도한 경우에는 10%의 세율이 적용된다(법 55조의2 1항 1호, 8항).

56) 주택 등(법 55조의2 1항 2호, 4호)은 위 특례의 적용대상이 아니므로, 취득일부터 3년 이내에 합병 또는 분할로 양도되는 경우에도 토지 등 양도소득의 과세대상에 해당할 것이다.

소득에 대하여는 토지 등 양도소득에 대한 법인세가 과세되지 않는다(법 55조의2 4항 본문, 시행령 92조의2 4항). 적격합병 등에 따른 토지 등의 양도소득에 대한 법인세의 비과세는 과세이연이 아니고, 종국적인 것이다.[57] 따라서 분할신설법인이 적격분할로 승계한 토지를 제3자에게 양도한 경우, 분할신설법인이 그 토지를 취득한 시기는 분할등기일이고,[58] 토지 등 양도소득에 대한 법인세가 비과세된 분할법인의 양도차익은 분할신설법인의 토지 등 양도소득에 포함되지 않는다.

1-3. 미환류소득에 대한 법인세

1-3-1. 개요

법인이 사업활동을 통하여 얻은 이익을 그 주주에게 배당할 것인지, 아니면 내부에 유보하여 재투자 등에 사용할 것인지 여부는 기본적으로 그 법인의 재무적 판단에 속한다. 그런데 법인이 소득을 내부에 유보하여 배당을 하지 않는 경우, 그 주주인 개인이 직접 사업을 한 경우와 비교할 때, 주주의 소득에 대한 과세이연이 발생하고, 주주는 법인의 소득을 배당받지 않고 법인에 유보된 채로 주식을 양도함으로써 배당소득을 양도소득으로 전환할 수도 있다. 이로 인한 과세의 불균형을 해소하기 위하여 각 국은 여러 가지 방법으로 법인의 사내유보금에 대하여 과세하는 제도를 두고 있다.[59][60]

이와 궤를 같이하여, 우리나라의 과거 적정유보초과소득에 대한 법인세는, 법인소득의 유보를 통한 주주의 과세이연을 규제하고 배당을 유도하기 위한 것이었고, 2018. 12. 24. 개정 전의 구 법인세법 제56조도, 투자, 임금과 함께 배당을 미환류소득에서 제외함으로써

---

57) 적격합병 · 적격분할 이후 과세특례의 배제사유가 발생하였다고 하여 합병법인 등에 대하여 토지 등 양도소득에 대한 법인세를 과세할 수 없다.

58) 2009. 5. 21. 개정된 구 법인세법 부칙 제4조는 '2009년 3월 16일부터 2012년 12월 31까지 취득한 자산을 양도함으로써 발생하는 소득'에 대하여는 구 법인세법 제55조의2 제1항 제2호 및 제3호를 적용하지 않는다고 규정하였다. 위 부칙규정을 적용할 때 분할신설법인이 분할로 취득한 토지 등의 취득시기는 분할 전 법인의 토지 취득일이 아니라 분할등기일로 보아야 한다(조심 2019서2775, 2019. 12. 19. 결정).

59) 미국 세법은, ① 배당가능이익을 배당하지 않고 유보함으로써 주주에 대한 소득세를 회피하려는 목적(purpose of avoiding)으로 설립되거나 이용되는 법인에 대하여 유보된 과세소득의 20%에 상당하는 유보이익세(accumulated earnings tax)를 추가로 부과하고(IRC § 531), ② 주주에게 배당되지 않은 인적 지주회사 소득에 대하여 20%의 인적지주회사세(personal holding company tax)를 추가로 부과한다(IRC § 541). 인적 지주회사(personal holding company)는, 인적 지주회사 소득이 조정된 통상 총소득의 60% 이상을 차지하고, 주식 중 50%를 초과하는 부분이 5인 이하의 개인에 의하여 직 · 간접적으로 소유되는 회사를 말하고[IRC § 542(a)], 인적 지주회사 소득은 배당, 이자, 임대료, 로열티 등과 같은 수동적 소득을 말한다 [IRC § 543(a)].

60) 일본 법인세법은, 특정동족회사의 각 사업연도의 유보금액이 유보공제액을 초과하는 경우, 그 초과하는 금액에 10~20%의 세율을 곱한 금액을 법인세액에 가산하도록 규정한다(일본 법인세법 67조 1항).

부분적으로 유보소득 과세제도의 성격을 가졌다. 그러나 현행 조특법상 미환류소득에 대한 법인세는, 배당액을 미환류소득의 계산에 고려하지 않음으로써 더 이상 유보소득 과세제도의 성격을 가지지 않고, 법인의 이익을 투자와 임금으로 환류시키기 위한 제도의 성격만을 가지게 되었다.

📖 유보소득 과세와 관련한 세법의 개정경위

① 1967. 11. 29. 개정된 구 소득세법 제22조 제2항은 비공개법인의 유보소득 중 일정한 금액에 대하여는 주주에게 배당한 것으로 의제하여 과세하였다[지상배당(紙上配當)].[61]

② 이후 1985. 12. 23 개정된 구 소득세법 제26조 제1항 제5호는, 비상장주식을 양도하는 경우 그 주식의 취득 시부터 양도 시까지 유보이익잉여금의 증가액을 의제배당으로 과세하였으나, 위 규정은 1990. 12. 31. 삭제되었다.

③ 1990. 12. 31. 신설된 구 법인세법 제22조의2[62]는, 일정한 비상장법인의 각 사업연도의 유보소득이 적정유보소득을 초과하는 경우 그 초과하는 금액(적정유보초과소득)에 15%를 곱하여 산출한 세액을 산출세액에 가산하도록 규정하였으나, 위 제도는 2001. 12. 31. 폐지되었다.

④ 2014. 12. 23. 개정된 구 법인세법 제56조는, 일정한 법인이 각 사업연도의 소득 중 일정액 이상을 투자, 임금 또는 배당 등으로 환류시키지 않은 경우 그 미환류소득의 10%에 상당하는 세액을 본래의 법인세에 추가하여 납부하도록 규정하였는데, 이는 2017. 12. 31.까지 한시적으로 적용되는 제도였다.[63]

⑤ 이후 2017. 12. 19. 신설된 조특법 제100조의32는 '투자·상생협력 촉진을 위한 과세특례'라는 이름으로, 구 법인세법의 미환류소득에 대한 법인세와 유사한 내용을 규정하지만, 주주에 대한 배당액을 미환류소득의 계산에 반영하지 않는다(조특법 100조의32 2항 1호). 이는, 2018. 12. 24. 개정전의 구 법인세법 제56조에 따른 미환류소득 과세를 피하기 위하여 기업들이 투자나 임금을 증액시키지 않고 배당을 함으로써 주주들에게만 이익이 돌아가게 하였다는 비판을 고려한 것으로 보인다. 그러나 법인 소득의 궁극적 귀속자는 주주이므로, 법인이 그 소득을 주주에게 배당하는데 사용하였다고 하더라도, 이는 비난이나 비판을 받을 사유가 아니고, 그 경우 오히려 법인소득의 유보를 통한 과세이연의 문제가 해소된다. 그런데 현행 조특법이 법인 소득의 주주에 대한 배당여부와 무관하게 미환류소득에 대한 법인세를 계산하도록 규정하기 때문에, 법인은 법인세 부과후의 소득을 전액 주주에게 배당한 경우에도 미환류소득에 대한 법인세 납부의무를 부담한다. 이는 법인으로 하여금 소득의 일정 부분을 재투자하거나 임금증액에 사용하도록 세법상 강제하는 것으로서, 헌법상 사유재산제도에 대한 상당한 제한에 해당한다. 따라서 현행 조특법상 미환류소득에 대한 법인세에 대하여, 조특법상 법인의 투자 등에 대하여 인정되는 세액감면 등과 종합하였을 때, 입법적 타당성이 인정되는지를 재검토할 필요가 있다.

---

61) 1974. 12. 24. 구 소득세법의 전부개정으로 조문위치가 구 소득세법 제18조 제1항 제4호로 변경되었고, 1985. 12. 23. 삭제되었다.
62) 1998. 12. 28. 구 법인세법의 전부개정으로 조문위치가 구 법인세법 제56조로 변경되었다.
63) 2018. 12. 24. 구 법인세법의 개정으로 삭제되었다.

1-3-2. 미환류소득에 대한 법인세의 적용대상

미환류소득에 대한 법인세의 납부의무자는 각 사업연도 종료일 현재 **상호출자제한기업집단**(공정거래법 31조 1항)에 속하는 내국법인이다(조특법 100조의32 1항). 미환류소득에 대한 법인세의 계산대상은 2025년 12월 31일이 속하는 사업연도까지[64] 발생한 소득이다(조특법 100조의32 2항 1호).

1-3-3. 미환류소득 또는 초과환류소득의 계산

(1) 계산방식의 선택과 적용

적용대상 법인은, 미환류소득의 계산에 투자 합계액을 고려하는 방식(투자포함방식)과 고려하지 않는 방식(투자제외방식) 중 어느 하나를 선택하여 산정한 금액(미환류소득 또는 초과환류소득)을, 각 사업연도의 종료일이 속하는 달의 말일부터 3개월 이내에 관할 세무서장에게 신고하여야 한다(조특법 100조의32 2항).[65]

(2) 투자포함방법

미환류소득 또는 초과환류소득은, 해당 사업연도의 기업소득에 65%를 곱한 금액에서 일정한 금액의 합계액을 공제하는 방법으로 계산된다(조특법 100조의32 2항 1호, 조특법 시행령 100조의32 5항).

(가) 기업소득

기업소득은 각 사업연도 소득에 국세환급금에 대한 이자 등을 더하고 해당 사업연도의 법인세액 등을 뺀 금액이고, 3,000억 원을 한도로 한다(조특법 시행령 100조의32 4항).

(나) 공제액

① 기계장치 등 자산에 대한 투자 합계액(조특법 100조의32 2항 1호 가목, 조특법 시행령 100조의32 6항 1호)

② 상시근로자의 임금증가금액(조특법 100조의32 2항 1호 나목, 조특법 시행령 100조의32 8 내

---

64) 다만, 조특법 제100조의32 제6항에 따른 차기환류적립금 중 미환류액에 대한 법인세의 추가 납부와 관련해서는 2027년 12월 31일이 속하는 사업연도까지로 한다.

65) 적용대상 법인이 위 방법 중 어느 하나를 선택하여 신고한 경우 해당 사업연도의 개시일부터 3년(투자포함방법) 또는 1년(투자제외방법)이 되는 날이 속하는 사업연도까지 그 선택한 법을 계속 적용하여야 한다(조특법 100조의32 3항, 조특법 시행령 100조의32 15항). 적용대상 법인이 위 방법 중 어느 하나를 선택하지 않은 경우에는 해당 법인이 최초로 적용대상에 해당하게 되는 사업연도에 미환류소득이 적게 산정되거나 초과환류액이 많게 산정되는 방법을 선택하여 신고한 것으로 본다(조특법 100조의32 4항, 조특법 시행령 100조의32 17항).

지 13항 1호)

③ 대·중소기업 상생협력 촉진에 관한 법률 제2조 제3호에 따른 상생협력을 위하여 지출하는 금액 등 대통령령으로 정하는 금액에 300%를 곱한 금액(조특법 100조의32 2항 1호 다목)

(3) 투자제외방법

미환류소득 또는 초과환규소득은, 기업소득에 15%를 곱하여 산출한 금액에서, 기계장치 등 투자금액은 차감하지 않고, 상시근로자의 임금증가금액과 상생협력을 위한 지출금 등에 300%를 곱한 금액만을 공제하여 계산된다(조특법 100조의32 2항 2호, 조특법 시행령 100조의32 5항).

1-3-4. 과세표준 및 세액의 계산

미환류소득에 대한 법인세의 과세표준은, 미환류소득에서 ① 이월된 초과환류액과 ② 차기환류적립금을 공제한 금액이다(조특법 100조의32 5, 7항).

① 초과환류액은, 투자포함방법 또는 투자제외방법에 따라 계산한 금액이 음수인 경우, 음의 부호를 뗀 금액(절대값)을 말한다(조특법 100조의32 2항). 해당 사업연도에 초과환류액[66]이 있는 경우에는, 그 초과환류액을 그 다음 2개 사업연도까지 이월하여 미환류소득에서 공제할 수 있다(조특법 100조의32 7항).

② 어떤 사업연도에 미환류소득이 있는 법인[67]은, 그 미환류소득의 전부 또는 일부를 다음 2개 사업연도의 투자, 임금 등으로 환류하기 위한 금액(차기환류적립금)으로 적립하여 해당 사업연도의 미환류소득에서 공제할 수 있다(조특법 100조의32 5항).

법인이 차기환류적립금을 적립한 경우, 다음 계산식에 따라 계산한 금액(음수인 경우 영으로 본다)을 그 다음다음 사업연도의 법인세액에 추가하여 납부하여야 한다(조특법 100조의32 6항). 따라서 전전(前前) 사업연도에 적립된 차기환류적립금 만큼 해당 사업연도에 초과환류액이 있지 않으면 법인세의 추가 납부의무가 발생한다.

$$(차기환류적립금 - 해당 사업연도의 초과환류액) \times 20\%$$

---

66) 조특법 제100조의32 제6항에 따라 초과환류액으로 차기환류적립금을 공제한 경우에는 그 공제 후 남은 초과환류액을 말한다.

67) 법인세 신고기한까지 미환류소득 또는 초과환류액을 신고하지 않은 법인은 제외한다.

1-3-5. 기타

(1) 사업용 자산에 대한 사후관리

법인이 미환류소득의 계산 시 투자금액이 공제된 자산을 일정 기간 내에 양도·대여하거나 그 자산이 업무용 건축물에 해당하지 않게 되는 등의 사유가 있는 경우, 그 자산에 대한 투자금액의 공제로 인하여 납부하지 않은 세액에, 대통령령으로 정하는 바에 따라 계산한 이자 상당액을 가산하여 납부하여야 한다(조특법 100조의32 8항).

(2) 합병·분할로 인한 승계

합병 또는 분할에 따라 피합병법인 또는 분할법인이 소멸하는 경우, 합병법인 또는 분할신설법인은 기획재정부령으로 정하는 바에 따라 미환류소득 및 초과환류소득을 승계할 수 있다(조특법 시행령 100조의32 23항).

2 　세액공제

2-1. 외국법인세액의 세액공제

2-1-1. 의의

내국법인이 국외에서 사업 또는 투자를 하여 소득을 얻은 경우, 거주지국인 우리나라에서 그에 대한 법인세 납부의무를 부담할 뿐만 아니라(법 2조 1항 1호) 해당 소득의 원천지국에서도 법인세 납부의무를 부담할 수 있다. 이에 따라 내국법인의 소득에 관하여 국제적 이중과세가 발생한다. 이를 해결하기 위하여 법인세법은, 내국법인의 국외원천소득을 일단 법인세 과세대상에 포함시키되, 그 국외원천소득과 관련한 외국 법인세액을 우리나라 법인세액에서 공제할 수 있도록 규정한다. 외국납부세액의 공제는, 내국법인이 국내에 투자하든, 국외에 투자하든 동일한 조세를 부담하는 자본수출중립성(capital export neutrality)을 보장하기 위한 제도이다. 또한, 내국법인이 소득의 원천지인 외국에서 납부한 세액에 관하여 우리나라가 그 외국과 체결한 조세조약에 따라 거주지국으로서 이중과세제거의무를 부담하는 경우,[68] 외국납부세액의 공제는 그러한 조세조약상 의무를 이행하는 기능을 한다.

---

68) OECD 모델조약 제23조B ; 한·일 조세조약 제21조 제1항, 한·중 조세조약 제23조 제1항

한편, 최근 세계적으로, 내국법인이 외국자회사에 보유하는 소득을 배당받아 국내로 환류시키기 위한 목적에서, 내국법인의 일정한 국외원천 배당소득을 과세대상에서 제외하는 세제가 지배적 흐름으로 되었다.[69] 이를 고려하여 2022년 개정된 법인세법은 내국법인이 외국자회사의 수입배당금액을 익금불산입하도록 함으로써 원천지주의(속지주의)를 부분적으로 채택하였다.[70] 위와 같이 익금불산입된 외국자회사의 수입배당금액에 대하여는 외국납부세액공제 제도가 적용되지 않는다(법 57조 5항).

2-1-2. 외국법인세액의 세액공제의 요건

내국법인의 각 사업연도 소득의 과세표준에 국외원천소득이 포함되어 있고, 그에 대하여 대통령령으로 정하는 외국법인세액을 납부하였거나 납부할 것이 있는 경우에는, 그 외국법인세액을 법인세 산출세액에서 공제할 수 있다(법 57조 1항).

(1) 내국법인의 국외원천소득

(가) 국외원천소득의 판단기준

세액공제의 대상인 외국법인세액은 내국법인의 국외원천소득에 대한 것이어야 한다.[71] 내국법인의 소득이 국외에서 발생하였는지(국외원천) 여부는 우리나라 세법에 따라 판단하여야 할 것이다.[72] 이에 관하여 법인세법은 별다른 규정을 두고 있지 않은데,[73] 특별히 불합리한 경우가 아닌 한 외국법인의 국내원천소득에 관한 규정을 유추적용하거나 참고할 수 있을 것이다.[74]

국가별로 소득의 원천지 규정이 다르기 때문에, 외국의 세법상 그 외국에 원천이 있는 것으로 취급되어 과세된 내국법인의 소득이, 법인세법상으로는 우리나라에 원천이 있는

---

69) 주요 국가들의 국외배당소득 과세면제에 관하여는, 전병목 · 김준현 · 장우용, 내국법인의 국외원천소득 과세제도에 대한 국제비교 연구 -이중과세배제 및 CFC 세제를 중심으로-, 한국조세재정연구원(2018), 23~100쪽

70) 상세한 내용에 관하여는 제3편 제3장 제1절 4-1-2. (2) 참조

71) 일본 법인세법은, 외국법인세액이 국외원천소득에 대응하는 것인지 여부를 외국납부세액 공제의 요건으로 규정하지 않고, 공제한도액을 계산할 때 고려한다(일본 법인세법 69조 1항).

72) 기본통칙 57-0…1 ; 황남석, "외국납부세액공제제도에 관한 고찰", 이화여자대학교 법학논집 제22권 제4호 통권 62호(2018. 6.), 134~135쪽

73) 국외원천소득에 관하여 개별적으로 정한 법령으로는 국조법이 있다. 국조법은, 특정외국법인이 내국인에게 실제로 배당할 때에 외국에 납부한(원천징수) 세액이 있는 경우, 유보소득의 배당간주규정에 따라 익금 등에 산입한 과세연도의 배당간주금액을 국외원천소득으로 본다(국조법 33조 1항).

74) 조윤희, "외국납부 법인세액의 공제를 위하여 내국법인의 국외원천소득금액을 계산할 때 무형자산의 사용료를 손금으로 계산하여야 하는지 여부", 대법원판례해설 제87호(2011), 729~733 ; 안경봉, "현행 법인세법상 외국세액공제제도", 계간세무사 제54호(1989년 가을호), 69쪽은, 외국법인의 국내원천소득의 개념을 차용하여 내국법인의 국외원천소득의 개념을 명백히 하여야 한다고 한다.

소득에 해당할 수 있다. 그러나 우리나라 세법상 국내에 원천이 있는 소득에 관하여 외국에 납부된 소득세는 공제대상에 해당하지 않는다.

(나) 조세조약이 체결된 경우

내국법인이 그 소득에 관하여 외국에 법인세를 납부하고, 그 외국과 우리나라 사이의 조세조약에 외국납부세액의 공제 규정(가령 OECD 모델조약 23B)이 있는 경우, 우리나라는 위 조세조약에 따라 외국법인세액에 대한 세액공제를 허용할 의무를 진다. 이를 고려하면, 조세조약상 외국납부세액의 공제 규정은, 일반적으로 국내세법상 외국법인세액공제의 요건에 관한 특별법에 해당한다고 보아야 할 것이다.

① 한·미 조세조약은 공제되는 외국법인세의 과세대상인 소득의 원천지를 직접 개별적으로 규정하므로,[75] 그에 따라야 한다.

② 그 외의 일반적 조세조약[76]의 경우, 조세조약의 체약상대국이 내국법인의 소득에 대하여 그 조세조약에 따라 부과한 세액은, 우리 법인세법상 국외원천소득 여부에 관계없이 외국납부세액공제의 대상이라고 보는 것이 합리적이다.[77][78]

한편, 조세조약상 체약상대국에서만 과세될 수 있는 것으로 규정된 소득[79]에 대하여는 우리나라에 과세권이 없으므로, 그 소득은 내국법인의 각 사업연도 소득에 포함되지 않고, 그 소득에 관하여 외국에서 납부된 세액은 외국납부세액공제의 대상에서 제외된다.[80]

(다) 원천징수세액의 부담과 국외원천소득

내국법인이 외국법인에게 자금을 대여하면서 이자의 수령 시 외국세법에 의하여 원천징수되는 세액을 외국법인이 부담한 경우, 그 외국납부세액은 실질적인 이자소득으로서 내국법인의 국외원천소득에 포함될 수 있다.

---

75) 한·미 조세조약 제5조 제1항 3문 : "미국에 납부한 조세에 관해서 한국의 세액공제를 적용할 목적으로 제6조(소득의 원천)의 제규칙이 소득의 원천을 결정하기 위하여 적용된다." ; 한편, 우리 법인세법이 한·미 조세조약 제5조 제1항 1문과 다르게 간접외국납부세액 공제의 요건을 정한 것에 관하여는 뒤의 (2) (라) 참조

76) 조세조약이 공제대상인 외국법인세액 또는 그 과세대상 소득을 규정한 유형으로는, ① 그 과세대상 소득을 '체약상대국에서' 취득된 것으로 규정한 경우[한·일 조세조약 제23조 제1항 (가)목], ② '체약상대국 내의 원천소득'으로 규정한 경우(한·중 조세조약 제23조 제1항 제1문, 한·영 조세조약 제23조 제1항 제1문), ③ 원천지에 대한 언급이 없이 '체약상대국이 과세할 수 있는 소득'으로만 규정한 경우(한·독 조세조약 제23조 제2항 제1문), ④ 세액공제의 대상을 '체약상대국에 납부하였거나 납부할 조세액'으로 규정한 경우(한·불 조세조약 제23조 제1항 제1문) 등이 있다.

77) 이창희, 국제조세법(2020), 781쪽은, 국외원천소득에 대한 외국세액이라야 공제대상이 된다는 국내법 규정은 조세조약의 수정을 받는다고 본다.

78) 외국법인 국내사업장의 소득에 대한 외국납부세액의 공제에 관하여는 제5편 제3장 3-3-1. 참조

79) 가령 OECD 모델조약 제13조 제3항

80) OECD 모델조약 제23조의 주석 문단 6, 15

(라) 국외원천소득이 존재하지 않는 경우

국가별 소득계산방식의 차이로 인하여 내국법인의 국외원천소득이 외국세법상 존재하더라도 법인세법상 존재하지 않는 경우에는, 국제적 이중과세가 발생하지 않으므로, 그에 관하여 외국에 납부된 세액은 공제대상인 외국법인세액에 해당한다고 보기 어렵다.[81]

 대구고등법원 2020. 11. 6. 선고 2019누3613 판결

1. 사실관계

원고 법인은 2016 사업연도에 베트남에서 올린 매출 등을 토대로 고정비율방법에 따라 외국인계약자세 등 이윤세 12억여 원을 납부한 후, 한국에서는 베트남에 원천을 둔 익금에서 그와 관련된 손금을 공제한 금액을 (-)124억여 원으로, 베트남에 납부한 세액을 차기로 이월되는 외국납부세액으로 신고하였다. 피고는 위 세액을 이월되는 외국납부세액에서 감액하는 처분을 하였다. 베트남의 외국인계약자(Foreign Contractor)에 대한 과세규정(Circular No. 103/2014/TT-BTC)은, 외국인계약자의 부가가치세(VAT)와 법인소득세(corporate income tax : CIT)를 규율한다. 위 규정에 따르면, 외국인계약자는 ㉮ 베트남에 고정사업장을 가지는 등의 요건을 충족하는 경우, 신고한 수입과 비용에 따라 법인소득세 납세의무를 지고[신고방법(declaration method)](제8조), ㉯ 위 요건을 갖추지 못한 경우 법인소득세는 직접방법(direct method)[고정비율(fixed rates)방법]에 따라 산정되는데, 이는 법인소득세 과세대상인 수입(revenue)에 일정한 세율을 곱하여 세액을 계산하는 방법이다(제11조, 제13조).[82]

2. 법원의 판단

① 원고의 국외원천소득이 음수이므로, 법인세법 제57조 제1항의 '내국법인의 각 사업연도 과세표준에 국외원천소득이 포함된 경우'에 해당하지 않고, ② 그에 해당한다고 하더라도, ㉮ 원고가 공제신고방법이 아닌 고정비율방법을 선택한 결과로 위 외국인계약자세를 납부하게 되었고, ㉯ 원고가 국외원천소득의 존재와 상관없이 베트남에 납부한 위 외국인계약자세에 관하여 우리나라에 납부할 법인세액이 발생하지 않아서, 이중과세 문제가 생길 여지가 없으므로, 위 외국인계약자세는 법인세법 제57조 제1항의 '그 국외원천소득에 대하여 납부한 외국법인세액'에 해당하지 않는다.[83]

3. 검토

위 판결은, 내국법인의 국외원천소득이 결손금인 경우, 내국법인이 외국에 납부한 세액은 외국납부세액공제의 대상이 아니라고 보았으나, 위 문제는 이중과세의 발생가능성을 기준으로 판단하여야 할 것이다. ① 위 사건에서는, 한국과 베트남 간의 소득계산방식의 차이로 인하여 원고의 소득이 베트남에서는 존재하였지만, 한국에서는 존재하지 않았고(영구적 차이), 이에 따라 동일한 소득에 관한 이중과세의 가능성은 없을 것으로 보인다. ② 이에 비하여 양국 간에 소득귀속시기의 차이로 과세 여부가 달라지는 경우에는 동일한 소득에 관하여 시차를 두고 이중과세가 발생할 수

---

81) 대구고등법원 2020. 11. 6. 선고 2019누3613 판결, 대법원 2021. 3. 25. 선고 2020두56216 판결(심리불속행)

82) 베트남 외국인계약자세에 관하여는, 이극범·이한나, "베트남 외국인계약자세 납부기업의 이중과세방지에 관한 연구", 조세학술논집 제36집 제1호(2020), 한국국제조세협회, 155쪽 이하 참조

83) 대법원 2021. 3. 25. 선고 2020두56216 판결(심리불속행)

있다. 가령, 동일한 소득에 관한 귀속시기의 차이로 인하여 내국법인의 국외원천소득이 ㉮ 어느 사업연도에 법인세법상 음수이지만, 외국세법상 양수이고(외국에 법인세가 납부됨), ㉯ 그 다음 사업연도에는 외국세법상 음수이지만, 법인세법상 양수인 경우, 그 외국에 납부된 세액은 비록 해당 사업연도에 법인세법상 국내원천소득이 결손금이더라도 외국납부세액공제의 대상이 된다고 보아야 할 것이다.[84]

그리고 위 사건에서 원고의 베트남 법인소득세의 계산에 사용된 고정비율방법은, 법인소득세 계산 대상 매출액에 일정한 비율을 곱하여 계산한 세액을 원천징수방법으로 납부하는 것이므로, 이에 따라 산출된 세액은 '소득 외의 수익금액 기타 이에 준하는 것을 과세표준으로 하여 과세된 세액'(시행령 94조 1항 3호)으로 볼 여지가 있다.

(2) 해당 소득이 국내에서 과세될 것

외국납부세액의 세액공제는 국제적 이중과세를 해소하기 위한 제도이므로, 해당 세액과 관련된 소득이 국내에서 과세되어야 한다. 내국법인은 원칙적으로 소득의 원천지에 관계 없이 전세계 소득에 대한 납세의무를 지므로, 위 요건은 일반적으로 충족된다.

다만, 예외적으로 내국법인이 일정한 외국자회사로부터 받은 배당은 익금에 불산입되어 국내에서 과세되지 않으므로(법 18조의4 1항), 그 배당과 관련하여 내국법인 또는 외국자회사가 외국에 납부한 세액에 대하여는 국제적 이중과세가 발생하지 않고, 따라서 외국납부세액공제가 인정되지 않는다(법 57조 7항, 1항, 4항).[85]

(3) 납부하였거나 납부할 외국법인세액

(가) 외국법인세액

세액공제대상인 외국법인세액은, 외국정부(지방자치단체를 포함한다)에 납부하였거나 납부할 다음 각 세액(가산세는 제외한다)을 말한다(시행령 94조 1항 본문).

① 초과이윤세 및 기타 법인의 소득 등을 과세표준으로 하여 과세된 세액 : 이에 해당하려면 세액이 법인의 소득에 연계하여 정해지고 소득과 관련된 비용을 합리적으로 반영한 것이어야 한다.[86] 우리나라의 부가가치세에 해당하는 소비세는 이에 포함되지

---

84) 본문의 사례와 반대로, 내국법인의 국외원천소득이 ㉮ 어느 사업연도에 외국세법상 음수이지만 법인세법상 양수이고(국내에 법인세가 납부됨), ㉯ 그 다음 사업연도에는 법인세법상 음수이지만 외국의 세법상 양수이어서 그 외국에 법인세가 납부된 경우, 나중에 발생한 외국법인세의 납부금액은 그 이전에 확정된 국내 법인세액에서 공제되는 것으로 경정이 이루어져야 할 것이다.

85) 내국법인의 익금에 불산입되는 외국자회사의 수입배당금액과 관련하여 외국에 납부된 세액은 손금에도 산입되지 않는다(법 21조 1호). 제2장 제8절 1-1-2. 참조

86) 행정해석은, 내국법인의 독일 자회사가 소득에 대하여 납부한 영업세(Gewerbesteuer)와 법인세의 부가세인 통일세(Solidaritaetszuschclag)가, 간접외국납부세액인 법인세법 시행령 제94조 제8항의 '외국 자회사의 해당 사업연도 법인세액'에 포함된다고 보았다(국조, 국제세원관리담당관실-427, 2012. 9. 17.). ; 독일 세법상 영업세에 관하여는 정광진, 외국의 혼성단체(Hybrid Entity)에 대한 조세조약의 적용, 사법 33호

않는다.[87][88]

② 법인의 소득 등을 과세표준으로 하여 과세된 세의 부가세액 : 이는 우리나라의 과거 지방소득세[89]와 같은 부가세(附加稅, sur-tax)를 말한다.

③ 법인의 소득 등을 과세표준으로 하여 과세된 세와 동일한 세목에 속하는 것으로서 소득 외의 수익금액 기타 이에 준하는 것을 과세표준으로 하여 과세된 세액 : 그 예로는 ㉮ 이자·배당 등에 대한 법인세의 원천징수금액(비용을 공제하지 않은 수익 등을 과세표준으로 하는 경우),[90][91] ㉯ 소득과 일정한 관계를 가지는 과세표준에 기하여 산정되고 통상의 법인세를 대체하는 세금[92][가령, 조특법의 해운기업 과세특례(톤세)[93]에 해당하는 외국의 세금[94]] 등을 들 수 있다.

한편, 외국의 세금이 세액공제대상인 외국법인세액에 해당하지 않는 경우에는, 손금에 산입될 수 있다(시행령 19조 10호).[95]

(2015), 사법발전재단, 378~379쪽

87) ① 법인세법 제57조 제1항은 외국납부세액공제의 대상을 '외국법인세액'으로 규정하는데, 우리 세법상 부가가치세는 거래에 따른 순소득이 아닌 거래 그 자체를 과세대상으로 삼는 조세로서 법인세와 구별된다. ② 외국납부세액공제는 조세조약상 국제적 이중과세의 제거의무를 이행하는 의미를 갖는데, 일반적으로 부가가치세와 같은 소비세는 조세조약의 적용대상이 아니다.

88) 서울행정법원 2019. 5. 30. 선고 2018구합76903 판결은, 중국 세법상 증치세는 외국납부세액공제 대상인 외국법인세액에 포함되지 않는다고 판단하였다.

89) 법인지방소득세는 당초에는 법인세에 대한 부가세(附加稅)의 방식을 취하였으나, 2014. 1. 1. 지방세법의 개정으로 독립세(independent-tax) 방식으로 전환되었다(개정된 지방세법 103조의19).

90) 황남석, 앞의 글, 136쪽 ; 김완석·황남석, 법인세법론(2021), 724쪽

91) 행정해석은, 베트남 세법에 따라 고정사업장 수입금액의 일정비율로 원천징수된 외국인계약자세(Foreign Contractor Withholding Tax)에 관하여 ① 당초에는 외국법인세액이 아니라고 보았다가(기획재정부 국제조세제도과-112, 2016. 3. 4.) ② 이후 감사원의 시정지시에 따라 입장을 변경하여 외국법인세액이라고 보았다(기획재정부 국제조세제도과-152, 2018. 2. 6.).

92) ① 미국 세법은 소득세를 대신하여 납부된 세금(tax paid in lieu of a tax on income)도 외국납부세액공제의 대상으로 인정한다(IRC § 903). ② 일본 세법도 '법인의 특정의 소득에 대하여 소득을 과세표준으로 하는 세금에 대신하여 법인의 수입금액 기타 이에 준하는 것을 과세표준으로 하여 과해지는 세금'을 외국법인세로 규정한다(일본 법인세법 시행령 141조 1항 4호).

93) 해운기업은, 해운소득에 관하여 일반적인 계산방식에 따라 산출된 법인세 과세표준 대신에 선박표준이익을 법인세 과세표준으로 할 수 있다(조특법 104조의10 1항 1호).

94) 대법원 1982. 12. 28. 선고 80누316 판결에서는, 원고 회사 소유 선박이 인도네시아와 필리핀의 항구에서 원목을 적재하기 위하여 정박하였다가 출항할 당시, 두 국가의 세법에 의하여 원고 회사가 화주와 선주 간에 운송계약된 적재화물량(원목)의 용량(평방미터당)에 대한 운송수입금액(운임)에 2%(필리핀 income tax의 경우 2.5%)의 세율을 적용한 금액을 법인세, 소득세 등의 명목으로 징수당한 사안에서, 위 세금이 외국법인세액에 해당하는지 여부가 문제되었다. 이창희, 국제조세법(2020), 774쪽은 위 세금이 조특법의 톤세와 유사하고, 해당 외국의 통상의 법인세를 대체하는 것이라고 가정하면 외국법인세액으로 보아야 한다고 한다.

95) 제2장 제8절 1-1-2. 참조

(나) 적법하게 성립·확정된 세액

외국법인세액은 원칙적으로 해당 외국의 세법과 조세조약에 따라 그 납세의무가 성립·확정된 것이어야 한다.

① 내국법인이 외국의 세법에 위반되는 세액을 그 외국에 납부한 경우, 그 세액은 세액공제의 대상인 외국법인세액에 해당하지 않는다.[96]

② 내국법인이 외국에 납부한 세액은 조세조약의 규정에 부합하게 과세된 것이어야 한다.[97] 내국법인의 소득에 대하여 조세조약상 외국에 과세권이 없는 경우 그 외국에 납부된 세액은 조세조약상 이중과세제거의무의 대상에 해당하지 않는다.[98][99]

㉮ OECD 모델조약의 주석은, 원천지국과 거주지국 간 '내국법의 차이'로 인하여 원천지국이 특정한 소득에 대하여 거주지국이 적용하였을 조세조약 규정과 다른 규정을 적용한 경우, 거주지국은 이중과세제거의무가 있다고 본다.[100] 그러나 이는 다음과 같이 구분하여 처리하여야 할 것이다. ㉠ 원천지국과 거주지국 간 내국법의 차이가 조세조약상 정의되지 않은 용어와 관련된 것인 경우, 그 용어는 OECD 모델조약 제3조 제2항에 따라 원천지국의 내국세법을 토대로 해석될 수 있으므로,[101] 원천지국의 과세는 조세조약 규정에 부합하게 이루어진 것에 해당하고, 거주지국은 원천지국의

---

96) 미국 재무부 규칙은, 외국의 과세권에 따라 강제적 납부(compulsory payment)가 요구되는 외국의 부과금 (foreign levy)을 조세라고 규정하고[Treas. Reg. § 1.901－2(a)(2)(i)], 세액이 외국법의 실체적 및 절차적 규정의 합리적인 해석과 적용에 부합하고, 납세자가 모든 유효하고 실제적인 구제방법을 취한 경우 (exhausts all effective and practical remedies) 그 세액은 강제적으로 납부된 것이라고 한다[Treas. Reg. § 1.901－2(e)(5)(i)]. ; 납세의무자가 외국에 납부한 세금에 대하여 가능한 불복절차를 다 밟지 않았기 때문에 외국납부세액의 공제가 부정된 사례로 미국 법원의 Proctor Gamble Co. and Subsidiaries v. U.S. [U.S District Court (Southern District of Ohio), Doc 2010－16268 (July 6, 2010)] 사건이 있다[이창희, 국제조세법(2020), 754쪽].

97) OECD 모델조약 제23조B 1항, 위 모델조약 제23조의 주석 문단 32.1

98) 조세심판원은, 베트남에 고정사업장을 갖지 않은 내국법인이 베트남에 제품 등을 수출하고 받은 대가에 대하여 외국인계약자세를 부담한 경우, 이는 한·베트남 조세조약에 위반된 것이므로, 외국납부세액공제의 대상이 아니라고 판단하였다(조심 2016중0227, 2016. 7. 18.).

99) 서울고등법원 2020. 12. 18. 선고 2019누53770 판결은, 내국법인인 원고가 중국법인에게 지급보증을 제공하고 그 대가로 지급보증수수료를 받으면서 한·중 조세조약상 이자소득에 대한 10%의 제한세율로 원천징수당한 세액에 관하여 외국납부세액공제가 인정되는지 여부가 문제된 사건에서, 지급보증수수료를 이자소득으로 보아 원천징수한 것이 한·중 조세조약에 명백하게 위배되거나, 원천징수세액에 대한 외국납부세액공제를 허용하지 않을 정도로 불합리한 것이라고 보기 어렵다는 이유로, 외국납부세액공제를 인정하였다. 그러나 중국 법원이 지급보증수수료를 한·중 조세조약상 이자소득으로 해석하는 것이 확고한 판례인 경우와 같이 중국에서의 불복에 의한 구제가능성이 사실상 없는 경우가 아니라면, 원고가 위 조세조약에 반하여 원천징수당한 세액에 관하여 외국납부세액공제를 받기 위해서는, 중국에서 그 세액에 대한 불복절차를 거쳤어야 하는 것이 아닌지 문제될 수 있다.

100) OECD 모델조약 제23조의 주석 문단 32.3 ; 다만, 이에 대하여 스위스는 이견을 표명하였다(OECD 모델조약 23조의 주석 문단 81).

101) 제5편 제2장 1－3－2. (3) 참조

과세를 받아들여 이중과세제거조치를 취하여야 할 것이다. ⓛ 한편, 원천지국과 거주지국 간 내국법의 차이가 조세조약상 정의되지 않은 용어와 관련이 없는 경우에는, OECD 모델조약의 주석과 같이 볼 근거를 찾기 어렵다.[102]

㉮ OECD 모델조약의 주석에 따르면, '조약 규정의 해석의 차이'[103] 또는 '사실인정의 차이'[104]로 인하여 거주지국의 판단과 달리 원천지국에서 과세된 경우에는, 거주지국은 그 과세가 조세조약에 부합하게 이루어지지 않았음을 주장할 수 있다.[105]

③ 내국법인이 외국에 납부한 세액이 조세조약에 따른 비과세·면제·제한세율에 관한 규정에 따라 계산한 세액을 초과하는 경우, 그 초과하는 세액은 외국법인세액에서 제외된다(시행령 94조 1항 단서 후단).

④ 내국법인이 외국법인세액의 세액공제를 받기 위해서는, 그 외국법인세액이 확정되어 구체적 납세의무가 발생하였어야 한다. 내국법인의 국외원천소득이 과세된 사업연도의 세액이 확정된 이후 그 국외원천소득이 확정되거나 변동된 경우, 내국법인은 일정한 기간 내에 외국납부세액공제세액계산서를 제출할 수 있다(시행령 94조 4, 5항).[106]

---

102) OECD 모델조약의 주석은, E국에서 결성되고 그곳에 고정사업장을 두고 사업을 하는 파트너십의 파트너인 R국 거주자가 그 파트너십 지분을 양도하였는데, E국은 파트너십을 투시과세하고, R국은 파트너십을 법인과세하는 경우, E국이 파트너 A가 파트너십의 고정사업장을 구성하는 자산을 양도한 것으로 보아 R−E 간 조세조약 제13조 제1항, 제2항에 따라 과세하였다면, R국의 세법에 따른다면 위 파트너십 지분의 양도가 주식의 양도로서 그 소득이 조세조약 제13조 제5항에 따라 E국에서 과세되지 않아야 하더라도, R국은 E국의 과세가 조세조약 규정에 부합하게 이루어진 것으로 보아 이중과세제거조치를 해줄 의무가 있다고 본다(OECD 모델조약 제23조의 주석 문단 32.4). 그러나 위 경우 조세조약상 정의되지 않은 용어가 문제되지 않으므로, OECD 모델조약 제3조 제2항이 적용되지 않고, 거주지국인 R국이 원천지국인 E국의 국내법에 따른 과세에 구속되어 위 모델조약 제23조 A, B의 이중과세제거조치를 하여야 할 근거를 찾기 어렵다. 한편, 네덜란드는 OECD 모델조약의 주석 제23조의 문단 32.4에 대하여 이견을 표명하였다(OECD 모델조약 23조의 주석 문단 80).

103) 이는 가령, 앞의 예에서 E국이 OECD 모델조약 제13조 제2항을 적용하면서 '사업용 자산의 일부를 구성하는'이라는 문구가 특정한 자산을 포함하도록 해석하였는데, R국의 해석에 의하면 위 자산이 위 문구의 적용범위에 포함되지 않는 경우를 말한다. OECD 모델조약 제23조의 주석 문단 32.5

104) 이는 가령, 앞의 예에서 E국은 파트너십이 E국에서 고정사업장을 통하여 사업을 영위하였다고 보지만, R국은 E국에 그 파트너십의 고정사업장이 없었다고 보는 경우를 말한다. OECD 모델조약 제23조의 주석 문단 32.5

105) OECD 모델조약의 주석 문단 32.3~32.5 ; 다만, 네덜란드는 OECD 모델조약의 주석 제23조의 문단 32.4에 대하여, 스위스는 같은 조의 문단 32.3에 대하여 각각 이견을 표명하였다(OECD 모델조약 23조의 주석 문단 80, 81).

106) 이는 일종의 후발적 경정청구로 보인다.

(다) 간주외국납부세액공제(tax sparing credit)

조세조약의 상대국에서 원천소득이 있는 내국법인이 그 상대국에서 해당 국외원천소득에 대하여 감면받은 법인세 상당액은, 그 조세조약으로 정하는 범위에서 세액공제의 대상이 되는 외국법인세액으로 본다(법 57조 3항). 이는, 조세조약의 상대국(개발도상국)에서 내국법인의 투자를 유치하기 위하여 내국법인에 대한 법인세를 감면해주더라도, 그 감면액만큼 우리나라 세법이 외국납부세액공제를 해주지 않고 과세할 경우, 개발도상국의 조세감면을 통한 투자유치효과가 없게 되므로, 개발도상국의 경제발전을 지원하기 위한 조항이다.

위 조항이 적용되기 위해서는, 조세조약이 아니라 그 상대국의 세법에 따라 조세감면이 이루어지고, 조세조약에서 간주세액공제가 인정되는 경우이어야 한다. 상당수 조세조약의 경우 의정서 등에 간주외국납부세액공제에 관한 적용기간이 한정되어 있는데(일몰조항), 그 적용기간이 경과한 후에는 간주외국납부세액공제가 인정될 수 없다.[107]

(라) 간접외국납부세액(deemed-paid-credit)

내국법인이 외국지점을 통하여 사업을 한 경우 부과되는 외국법인세액은 세액공제를 받을 수 있는 반면, 외국자회사를 통하여 사업을 한 경우 그 외국자회사에게 부과되는 외국법인세액은 세액공제를 받지 못한다면, 내국법인의 외국투자방식에 따라 조세부담이 다르게 되고, 내국법인은 외국자회사 형태의 대외투자를 꺼리게 된다. 이를 고려하여 법인세법은, 일정한 요건하에 외국자회사의 소득에 대한 외국법인세액을 내국법인의 외국법인세액으로 간주한다.

내국법인의 각 사업연도 소득금액에 외국자회사로부터 받은 이익의 배당이나 잉여금의 분배액('수입배당금액')이 포함되어 있는 경우, 그 외국자회사의 소득에 대하여 부과된 외국법인세액 중 그 수입배당금액에 대응하는 것으로서 아래 계산식에 따라 계산한 금액은, 세액공제되는 외국법인세액으로 본다(법 57조 4항, 시행령 94조 8항).[108][109]

---

107) 국제세원관리담당관실-408, 2012. 9. 4.

108) 종전의 소득세법은 법인세법과 달리 개인에 대하여 간접외국납부세액의 공제 규정을 두지 않았다. 이와 같이 법인과 개인을 차별하여 간접외국납부세액공제를 법인에만 허용하고 개인에 대하여 부인하는 것에 대한 비판이 있었다[황규영·김유라, "간접외국납부세액공제에 대한 고찰 및 개선", 세무와 회계저널 제14권 제2호(2013), 한국세무학회, 165~166쪽 ; 황남석, 앞의 글, 144쪽]. 2022. 12. 31. 개정된 소득세법은, 개인이 간접투자회사 등으로부터 지급받은 소득과 관련하여 간접투자회사 등이 외국에 납부한 법인세액이 있는 경우 세액공제를 인정하고, 위 규정은 2025. 1. 1.부터 시행된다.

109) 내국법인의 외국자회사인 F가 100원의 소득을 얻고 해당 외국에 법인세로 20원을 납부한 후 나머지 80원 중에서 40원을 내국법인에게 배당으로 지급하면서 4원을 원천징수한 경우, 외국법인세액은 내국법인이 ① 해당 외국에 직접 납부한 법인세액 4원, ② 외국자회사를 통하여 간접적으로 납부한 세액 10원[=20원×40원/(100원-20원)], 합계 14원이다.

$$\text{외국자회사의 해당} \atop \text{사업연도 법인세액} \times \frac{\text{수입배당금액}}{\text{외국자회사의 해당} \atop \text{사업연도 소득금액}} - {\text{외국자회사의 해당} \atop \text{사업연도 법인세액}}$$

위 계산식에서 '**외국자회사**'는, 내국법인이 직접 외국법인의 의결권 있는 발행주식총수 또는 출자총액의 **10%**[110][111] 이상을 그 외국법인의 배당확정일 현재 6개월 이상 계속하여 보유[112]하고 있는 외국법인을 말한다(법 57조 4항, 시행령 94조 9항). 한편, 내국법인이 일정한 외국자회사로부터 받은 배당이 익금에 불산입되는 경우(법 18조의4 1항), 그 배당과 관련하여 외국자회사가 외국에 납부한 세액에 대하여는 외국납부세액공제가 인정되지 않는다(법 57조 7항, 4항). 외국자회사의 수입배당금액이 익금에 불산입되어 국내에서 과세되지 않는 이상 국제적 이중과세가 발생하지 않기 때문이다. 따라서 이하의 '외국자회사'는 수입배당 금액의 익금불산입 규정이 적용되지 않는 것을 말한다.

위 계산식의 '**수입배당금액**'에, 해당 외국의 회사법에 따른 일반적 배당 외에도, 해당 외국에서 ① 정상가격조정이나 ② 과소자본세제에 따라 내국모법인이 외국자회사로부터 배당받은 것으로 취급되는 금액도 포함되는지 문제된다.

① 내국모법인이 **정상가격조정**에 따라 감액 조정된 소득금액[113]을 외국자회사에게 반환하지 않은 경우, 그 금액은 내국모법인의 익금(국외원천소득)에 산입되지 않는다(국조법 시행령 18조 1항). 이에 따라 위 감액 조정된 금액에 대하여는 국제적 이중과세가 발생하지 않으므로, 위와 같이 내국법인에게 유보되는 금액에 대하여 외국정부가 과세한 금액은 공제대상인 외국법인세액에 포함되지 않는다(시행령 94조 1항 단서 전단).[114]

② 내국법인이 외국자회사로부터 지급받은 이자가 외국의 **과소자본세제**에 따라 배당으

---

110) ① 2014. 12. 23. 개정되기 전의 구 법인세법 제57조 제5항은, 외국자회사의 요건을 내국법인이 발행주식 총수의 10% 이상을 출자한 외국법인으로 규정하였으나, ② 2014. 12. 23. 개정되면서 외국법인에 대한 출자비율이 25%로 상향되었다. 이는 단순 지분투자 목적의 외국자회사를 적용대상에서 제외함으로써 내 국자회사로부터의 수입배당금액에 인정되는 익금불산입 제도와의 형평을 유지하기 위한 것이다[김승기, 법인세법 일부개정법률안(정부제출 : 11783) 검토보고(국회 기획재정위원회), 2014. 11., 48쪽]. ③ 이후 2022. 12. 31. 개정된 법인세법은 내국법인의 수입배당금액에 대한 익금불산입률을 전반적으로 올리는 한편, 익금불산입되는 수입배당금액의 요건인 외국자회사에 대한 지분율을 10%로 규정하면서, 간접외국 납부세액공제의 대상인 외국자회사의 지분율도 그와 동일하게 변경하였다.

111) 해외자원개발사업(조특법 22조)을 하는 외국법인의 경우에는 5%

112) 내국법인이 적격합병 등에 따라 다른 내국법인이 보유하고 있던 외국자회사의 주식 등을 승계한 때에는, 그 승계 전 다른 내국법인이 외국자회사의 주식 등을 취득한 때부터 해당 주식을 보유한 것으로 본다.

113) 내국모법인이 외국자회사와 사이에 정상가격보다 유리한 거래를 통하여 소득을 이전받은 경우

114) 입법론으로는, 위와 같은 금액도 내국모법인의 배당으로 취급하여 그 익금에 산입하되, 간접외국납부세 액 공제의 대상으로 삼는 것이 합리적이다[제4장 제1절 5-2. (2) 참조].

로 과세된 경우, 우리나라와 그 외국 사이에 조세조약이 체결된 때에는, 우리나라는 그 외국에서 과세된 세액에 대하여 세액공제를 해줄 의무가 있다.[115] 따라서 위 경우 내국법인이 받은 이자로서 외국에서 배당으로 취급된 금액도 위 산식의 '수입배당금액'에 포함된다고 보아야 한다.

위 계산식에서 '**외국자회사의 해당 사업연도 법인세액**'은, 다음 각 세액으로서 ㉮ 외국자회사가 외국납부세액으로 공제받았거나 공제받을 금액 또는 ㉯ 해당 수입배당금액이나 제3국(본점이나 주사무소 또는 사업의 실질적 관리장소 등을 둔 국가 외의 국가를 말한다) 지점 등 귀속소득에 대하여 외국자회사의 소재지국에서 국외소득 비과세·면제를 적용받았거나 적용받을 경우 해당 세액 중 50%에 상당하는 금액을 포함한다(시행령 94조 8항 후문).

① 외국자회사가 외국손회사[116]로부터 지급받는 수입배당금액에 대하여 외국손회사의 소재지국 법률에 따라 외국손회사의 소재지국에 납부한 세액

② 외국자회사가 제3국의 지점 등에 귀속되는 소득에 대하여 그 제3국에 납부한 세액

위 계산식에서 '**해당 사업연도**'는, 수입배당금이 지급된 사업연도가 아니라 그 원천이 되는 외국자회사의 소득이 발생한 사업연도를 의미하므로,[117] 배당의 원천이 된 소득이 발생한 사업연도의 소득금액 및 외국법인세액을 토대로 간접외국납부세액을 계산하여야 한다.

내국법인이 외국자회사로부터 수입배당금을 지급받을 때 여러 사업연도에 걸쳐 발생한 배당가능이익이 누적되어 있는 경우, 지급된 수입배당금이 어느 사업연도에 발생한 배당가능이익으로부터 지급된 것인지 정할 필요가 있다. 수입배당금액(외국자회사가 외국손회사로부터 지급받는 수입배당금액을 포함한다)은, 이익이나 잉여금의 발생순서에 따라 먼저 발생된 금액부터 배당되거나 분배된 것으로 본다(선입선출법, 시행령 94조 8항).

(마) 외국 혼성단체의 소득에 대한 외국법인세액

외국 혼성단체는, 국내세법상 납세의무자에 해당하지만, 그 거주지인 외국에서는 투과

---

115) OECD 2017년 모델조약 제23조A의 주석 문단 68, 제25조의 주석 문단 9

116) 외국손회사는 다음 각 요건을 모두 갖춘 법인을 말한다(시행령 94조 10항).
　① 해당 외국자회사가 직접 외국손회사의 의결권 있는 발행주식총수 또는 출자총액의 10%(조특법 제22조에 따른 해외자원개발사업을 경영하는 외국법인의 경우에는 5%를 말한다) 이상을 해당 외국손회사의 배당기준일 현재 6개월 이상 계속하여 보유하고 있을 것
　② 내국법인이 법 제57조 제5항에 따른 외국자회사를 통하여 외국손회사의 의결권 있는 발행주식총수 또는 출자총액의 10%(조특법 제22조에 따른 해외자원개발사업을 경영하는 외국법인의 경우에는 5%를 말한다) 이상을 간접 소유할 것. 이 경우 주식의 간접소유비율은 내국법인의 외국자회사에 대한 주식소유비율에 그 외국자회사의 외국손회사에 대한 주식소유비율을 곱하여 계산한다.

117) 이창희, 국제조세법(2020), 792~793쪽 ; 서울행정법원 2017. 7. 21. 선고 2015구합71822 판결

과세되기 때문에, 그 단체의 소득에 대한 납세의무를 그 출자자가 부담한다.[118] 이에 따라 내국법인이 출자한 외국 혼성단체의 소득에 관하여 그 거주지국 또는 소득원천지국에 납부된 세금을, 내국법인이 직접 납부한 외국법인세액 또는 내국법인의 외국자회사가 납부한 간접외국납부세액으로 볼 수 있는지가 문제된다.[119] 이와 관련하여 법인세법은 내국법인이 외국 혼성단체의 소득에 관한 외국납부세액에 관하여 세액공제를 받을 수 있는 요건을 규정한다.

내국법인의 각 사업연도의 소득금액에 외국법인으로부터 수입배당금액이 포함되어 있는 경우로서, 다음의 어느 하나에 해당하는 경우에는, 대통령령으로 정하는 바에 따라 계산한 금액을 세액공제의 대상이 되는 외국법인세액으로 본다(법 57조 6항, 시행령 94조 13항).

① 외국법인의 소득이 그 본점 또는 주사무소가 있는 국가(거주지국)에서 발생한 경우 : 거주지국의 세법에 따라 그 외국법인의 소득에 대하여 해당 외국법인이 아닌 그 주주 또는 출자자인 내국법인이 직접 납세의무를 부담하는 경우[120]

② 외국법인의 소득이 거주지국 이외의 국가(원천지국)에서 발생한 경우 : 거주지국의 세법 및 원천지국의 세법에 의할 때 모두 그 외국법인의 소득에 대하여 해당 외국법인이 아닌 그 주주 또는 출자자인 내국법인이 직접 납세의무를 부담할 것

위 요건이 충족되는 경우 세액공제되는 외국법인세액은, 다음 계산식에 따라 계산한 금액이다(시행령 94조 14항).

---

118) 미국 세법은, 미국 세법상 투과과세되지만 외국 세법상 납세자로 취급되는 단체를 'hybrid entity', 반대로 미국 세법상 납세자이지만 외국 세법상 투과과세되는 단체를 'reverse hybrid entity'라고 부른다. 재무부 규칙 § 1.894-1(2)(i), (3)

119) 대법원 2016. 1. 14. 선고 2015두3393 판결(2007. 12. 31. 개정되기 전의 구 법인세법 제57조가 적용된 사안) : ① 내국법인인 원고는 미국 델라웨어주 법률에 따라 설립된 유한 파트너십(LP)에 투자하고, LP는 미국 유한책임회사(LLC)에 투자하는 등 다단계 거래구조를 통하여 일본에 설립된 특정목적회사(TMK)에 투자하였으며, TMK는 일본에 있는 부동산을 취득하는 등의 투자를 하였다. TMK는 주주인 LLC에게 배당소득을 지급하면서 LLC를 소득자로 하여 배당소득에 대한 법인세를 원천징수하여 일본 국세청에 납부하였고, LLC와 LP는 미국에서 법인과세 방식을 선택하지 않았기 때문에 법인세를 납부하지 않았다. LP는 유한책임사원인 원고에게 그 지분에 따라 배당소득 중에서 위 원천징수세액과 운용비용 등을 공제한 나머지 금액을 배당하였다. ② 원고는 TMK가 LLC에게 지급한 배당소득 중 원고의 지분비율에 해당하는 금액을 원고의 국외원천소득으로 하여 외국납부세액공제의 세액공제를 전제로 하는 경정청구를 하였으나, 피고는 일본에서 원천징수된 세액은 외국납부세액에 해당하지 않는다는 이유로 경정청구를 거부하였다. ③ 원심은, LLC와 LP는 원고와 별개의 독립적 권리·의무 주체이므로, LLC가 일본 TMK로부터 받은 배당소득과 관련하여 일본에서 원천징수된 세액은 원고가 직접 납부하였거나 납부한 것과 동일하게 평가할 수 없다는 이유로 원고의 법인세액에서 일본의 원천징수세액이 공제될 수 없다는 취지로 판단하였고(서울고등법원 2015. 8. 19. 선고 2014누3510 판결), 대법원은 원심의 판단이 정당하다고 보았다. ; 위 판결의 해설은 김희철, "내국법인 외국납부세액공제의 요건", 대법원판례해설 제108호(2016), 70~85쪽

120) S국의 거주자들이 R국에 설립한 단체가 R국에서는 거주자인 납세의무자로 취급되어 과세되지만, S국에서는 투과과세 단체로 취급되어 그 구성원들이 과세되는 경우에 관하여는 OECD 모델조약 제23조의 주석 문단 11.1, 11.2 참조

$$\text{내국법인이 부담한 외국법인의 해당 사업연도 소득에 대한 법인세액} \times \frac{\text{수입배당금액}}{\left(\text{외국법인의 해당 사업연도 소득금액} \times \text{내국법인의 해당 사업연도 손익배분비율}\right)} - \text{내국법인이 부담한 외국법인의 해당 사업연도 소득에 대한 법인세액}$$

(바) 국외투과단체 과세특례가 적용되는 경우

내국법인 등이 출자한 외국법인 등의 소득에 대하여 그 설립지국 또는 본점 등 소재지 국에서 그 외국법인 등이 아닌 출자자 등이 직접 납세의무를 부담하고, 출자자인 내국법인 등이 국외투과단체 과세특례의 적용신청을 한 경우, 외국법인 등(국외투과단체)의 소득은 그 출자자인 내국법인 등에게 귀속되는 것으로 간주된다(국조법 34조의2 2항).[121] 이에 따라 출자자 등에게 직접 귀속되는 것으로 보는 국외투과단체의 소득에 대하여 외국에서 출자 자 등에게 부과된 세액은, 대통령령으로 정하는 바에 따라 세액공제의 적용대상이 되는 외국소득세액 또는 외국법인세액으로 본다(국조법 34조의2 8항). 위 경우 출자자가 내국법인 인 때에는 법인세법 제57조 제1항이 적용되고, 외국 혼성단체에 관한 제57조 제6항은 적 용되지 않는다. 국외투과단체 과세특례는 그 적용신청을 한 출자자인 내국법인 등에 대하 여만 적용되고('그 출자자 등'), 그 외의 출자자 등에 대하여는 적용되지 않는다.

법인세법 제57조 제6항의 세액공제는, 내국법인이 외국 혼성단체로부터 배당을 받은 시 점[122]이 속하는 사업연도에 행해지지만, 국외투과단체 과세특례의 경우, 국외투과단체의 소득발생시점이 속하는 사업연도에 국외투과단체의 소득에 관한 외국법인세액의 세액공 제가 이루어진다.

(4) 외국납부세액공제세액계산서의 제출

내국법인이 외국법인세액의 세액공제를 받기 위해서는, 과세표준신고와 함께 외국납부 세액공제세액계산서를 관할 세무서장에게 제출하여야 한다(시행령 94조 3항 2문).

---

121) 상세한 내용은 제4장 제4절 참조
122) '내국법인의 각 사업연도의 소득금액에 외국법인으로부터 받는 수입배당금액이 포함되어 있는 경우'(법 57조 6항)

2-1-3. 외국법인세액의 세액공제의 효과

(1) 외국법인세액의 공제시기

(가) 원칙적 공제시기

외국법인세액은, 원칙적으로 국외원천소득이 법인세 과세표준에 포함되는 사업연도의 법인세 산출세액에서 공제되어야 한다(시행령 94조 3항 1문).[123] 따라서 특정외국법인의 유보소득이 배당간주되어 내국법인의 익금에 산입된 후 특정외국법인이 그 유보소득을 내국법인에게 실제로 배당할 때 외국에 세액을 납부한 경우(원천징수), 그 외국에 납부한 세액은 '배당간주금액이 내국법인의 익금에 산입된 사업연도'에 대한 세액에서 공제된다(국조법 33조 1항).[124]

(나) 외국법인세액에 변동이 있는 경우

내국법인의 국외원천소득이 과세된 사업연도의 세액이 확정된 이후 그 국외원천소득에 대한 외국법인세액이 확정되거나 변동(증액 또는 감액)된 경우에는, 외국법인세액의 확정·변동 시점이 속하는 사업연도가 아니라, 당초 국외원천소득이 과세된 사업연도의 산출세액을 재계산하여 공제한도금액 내에서 경정하여야 할 것이다.[125] 위 경우, 내국법인은 외국정부의 법인세의 결정 또는 경정 통지를 받은 날부터 3개월 이내에 외국납부세액공제세액계산서에 증빙서류를 첨부하여 제출할 수 있다(시행령 94조 4, 5항).[126]

세액공제대상인 외국법인세액이 해당 외국의 법에 따라 적법하게 성립·확정된 것에 국한된다고 본다면, 외국의 세액 중 그 외국의 법에 따라 과세되어야 할 금액을 초과하는 부분은 애초부터 세액공제대상에 해당하지 않는다. 따라서 외국의 세액이 그 외국의 법에 반하여 과세되었음을 이유로 환급된 경우, 별도의 규정이 없는 이상, 외국법인세액의 감소에 따른 법인세의 **부과제척기간**의 기산일[127]은, 그 환급일[128]이 아니라, 당초 국내원천소득이 과세된 사업연도의 법인세 과세표준 신고기한의 다음 날[129]이 되어야 할 것이다.[130]

---

123) 다만, 외국법인세액이 해당 사업연도의 공제한도금액을 초과하는 경우 그 초과금액은 이후의 사업연도로 이월되어 공제된다(법 57조 2항 본문).

124) 상세한 것은 제4장 제3절 3-3. (2) 참조

125) 이창희, 국제조세법(2020), 780쪽

126) 법인세법 시행령 제94조 제4항, 제5항은 일종의 후발적 경정청구를 간이한 형태로 규정한 것으로 보인다. 그 이유는 다음과 같다. ① 만일 사후에 확정 또는 변동된 외국법인세액을 그 확정·변동일이 속하는 사업연도의 법인세액에서 공제하여야 한다면, 위 사업연도의 법인세 신고기한까지 외국법인세액공제계산서를 제출하도록 규정하였을 것인데, 세법은 그렇게 하지 않고 위 확정·변동일부터 3개월 내에 외국납부세액공제계산서를 제출하도록 규정하였다. 그리고 ② 위 경우의 제출기간인 "3개월"은 후발적 경정청구의 기간과 같다.

127) 해당 국세를 부과할 수 있는 날(국세기본법 26조의2 1항 3호)

128) 부과제척기간은 외국법인세를 환급받은 날부터 기산해야 옳다는 견해로 이창희, 국제조세법(2020), 780쪽

(다) 간접외국납부세액의 공제시기

간접외국납부세액의 공제시기는, 일반적 외국납부세액 공제와 마찬가지로, 내국법인이 외국자회사로부터 배당을 받은 사업연도이다(법 57조 4항, 1항, 시행령 94조 3항 1문).[131] 외국자회사가 배당의 원천이 되는 소득에 대한 외국법인세액을 납부한 시점이 내국법인이 배당을 받은 사업연도의 이전인 경우에도, 내국법인이 외국자회사로부터 배당을 지급받는 사업연도에 비로소 국제적 이중과세가 문제되기 때문이다.

(2) 공제한도금액

공제한도금액을 두는 이유는, 국외원천소득이 발생한 원천지국에서 우리나라보다 높은 법인세율을 규정하는 경우 그에 따른 외국법인세액을 전부 공제할 수 있도록 허용하면, 국내원천소득에 대하여 납부하여야 할 법인세의 일부로 외국법인세액을 납부하도록 하는 결과가 되므로, 이를 막기 위한 것이다.[132]

(가) 공제한도금액의 계산

외국법인세액의 공제한도금액은 다음과 같다(법 57조 1항).[133]

$$공제한도금액 = A \times \frac{B}{C}$$

A : 해당 사업연도의 산출세액(토지 등 양도소득에 대한 법인세액(법 55조의2) 및 미환류소득에 대한 법인세액(조특법 100조의32)은 제외한다)

B : 국외원천소득(조특법이나 그 밖의 법률에 따라 세액감면 또는 면제를 적용받는 경우에는 세액감면 또는 면제 대상 국외원천소득에 세액감면 또는 면제 비율을 곱한 금액'은 제외한다)

C : 해당 사업연도의 소득에 대한 과세표준

---

129) 국세기본법 시행령 12조의3 1항 1호

130) 입법론으로는, 위 경우 외국법인세액의 환급일을 기준으로 부과제척기간을 정하는 것을 고려할 수 있다.

131) 이는 간접외국납부세액을 계산할 때 '외국자회사의 해당 사업연도 소득금액' 중 '해당 사업연도'와 구별되어야 한다. 가령, 외국자회사가 해당 외국에서 20×1년 소득 100원을 얻고 세액 20원을 납부하였으며, 20×2년 소득 200원을 얻고, 세액 50원을 납부한 후 20×3년에 내국모회사에게 140원을 배당한 경우, 위 금액은 20×1년의 이익잉여금 80원과 20×2년의 이익잉여금 중 60원을 배당한 것으로 취급된다(시행령 94조 8항). 위 배당에 대한 외국법인세액을 계산할 때는 위 배당의 재원이 되는 각 이익잉여금의 원천인 소득에 대한 해당 사업연도의 외국법인세를 추적하여 계산하여야 하지만{그 금액은 40원[=20×80/(100 −20) + 50×60/(200 - 50)]이다}, 위와 같이 계산된 외국법인세액은 외국자회사로부터 배당받은 날(배당결의일)이 속하는 20×3 사업연도의 법인세 산출세액에서 공제되어야 할 것이다.

132) 대법원 2015. 3. 26. 선고 2014두5613 판결

133) 외국법인세액을 사업연도의 소득금액에 포함시키는 증액환원(법 15조 2항 2호)은 외국납부세액의 공제한도금액을 계산할 때에도 적용되어야 할 것으로 보인다. 이에 의한다면, 내국법인의 국외원천소득이 50원[=외국법인세액 14원(직접납부세액 10원+간접납부세액 4원) 포함], 과세표준이 200원[=150원(국내원천소득)+50원(국외원천소득)], 산출세액이 40원인 경우, 외국납부세액의 공제한도금액은 10원(= 40원×50원/200원)이다.

법인세법 제57조 제1항이 적용되는 **국외원천소득**은, 국외에서 발생한 소득으로서 내국법인의 각 사업연도 소득의 과세표준 계산에 관한 규정을 준용하여 산출한 금액으로 한다(시행령 94조 2항 1문 전단).[134] 외국납부세액 공제한도금액을 계산할 때, 국외원천소득은 「국외원천소득에 대응하는 다음의 각 비용('국외원천소득 대응비용')으로서, 해당 사업연도의 과세표준을 계산할 때 손금에 산입되고, 국외원천소득이 발생한 국가에서 과세할 때 손금에 산입되지 않은 것」을 뺀 금액으로 한다(시행령 94조 2항 1문 후단).

① 직접비용 : 해당 국외원천소득에 직접적으로 관련되어 대응되는 비용. 해당 국외원천소득과 그 밖의 소득에 공통적으로 관련된 비용은 제외한다.

② 배분비용 : 해당 국외원천소득과 그 밖의 소득에 공통적으로 관련된 비용 중 기획재정부령으로 정하는 배분방법에 따라 계산한 국외원천소득 관련 비용

위 금액은, 외국에서는 과세된 소득이지만 국내에서는 국외원천소득 대응비용에 의하여 차감되어 국외원천소득에 해당하지 않는 금액을 의미한다.[135]

내국법인이 연구개발 관련 비용 등 기획재정부령으로 정하는 비용에 관하여 기획재정부령으로 정하는 계산방법을 선택하여 적용하는 경우에는, 그에 따라 계산한 금액을 국외원천소득에 대응하는 비용으로 한다(시행령 94조 2항 2문).[136]

위 계산식에서 국외원천소득이 해당 외국에서 과세대상이거나 실제로 과세된 것이어야 할 필요는 없다.[137] 위와 같은 국외원천소득의 계산방법은, 내국법인이 국외원천소득이 발생한 외국에 고정사업장을 두었는지 여부에 관계없이 적용된다고 보아야 할 것이다.[138]

---

134) 원천지인 외국의 사업연도와 우리나라의 사업연도가 다른 경우에는, 외국법인세액에 대응하는 국외원천소득이 우리나라의 각 사업연도의 과세표준에 산입된 금액을 기준으로 안분계산하는 것이 합리적이다[이경근, 국제조세의 이해와 실무(2016), 763쪽].

135) 이는 우리나라와 외국 간에 국외원천소득의 계산에 고려되는 비용의 범위가 차이나는 경우이다. 가령 외국에서는 내국법인의 그 외국 내 원천소득이 100원으로 계산되고 국내에서 지출되었지만 국외원천소득에 배분되는 비용 10원이 손금에 산입되지 않아서 내국법인이 법인세 20원을 납부하였는데, 국내에서는 위 배분비용 10원이 손금에 산입되고 위 국외원천소득에 대응하는 경우, 위 10원 부분은 국외에서 과세되었지만 우리나라에서 외국납부세액 공제한도액을 계산할 때 국외원천소득에 포함되지 않는다. 위 경우, 내국법인의 해당 사업연도의 총 소득금액이 200원, 산출세액이 20원이라고 가정하면, 외국납부세액 공제한도액은 9원[= 20원 × (100원 − 10원)/200원]이 된다.

136) 게임프로그램 개발업 등을 하는 내국법인의 외국납부세액 공제액의 한도액을 계산하기 위하여 국외원천소득을 산정할 때 국외원천 수입금액에서 차감되어야 할 비용의 범위가 문제된 사례로 서울고등법원 2019. 5. 15. 선고 2018누47303 판결(대법원 2019. 9. 26. 선고 2019두43023 판결 : 심리불속행)

137) 조심 2019서4334, 2020. 7. 10. 결정, 조심 2019서3067, 2021. 2. 22. 결정

138) 대법원 2015. 3. 26. 선고 2014두5613 판결은, 현재와 같은 국외원천소득의 계산방법에 관한 규정이 없었던 구 법인세법(2010. 12. 30. 개정되기 전의 것) 제57조 제1항 제1호에 따라 외국법인세액 공제한도를 계산할 때 '국외원천소득금액'은 내국법인의 해당 사업연도에 속하는 국외에 원천을 둔 익금의 총액에서 손금의 총액을 공제하여 산정하여야 하고, 이는 내국법인이 국외원천소득이 발생한 원천지국에 고정사업장을 두지 아니하여 그 국외원천소득에 대하여 수입금액에 일정한 원천징수세율을 곱하여 산출된 법인세를 부담하였던 경우에도 마찬가지라고 판시하였다.

각 사업연도의 과세표준 계산 시 공제한 이월결손금·비과세소득 또는 소득공제액 등이 있는 경우의 국외원천소득은, 법인세법 시행령 제96조 각 호를 준용하여 이월결손금 공제액 등을 뺀 금액으로 한다(시행령 94조 6항).

내국법인의 국외사업장이 2 이상의 국가에 있는 경우에는 공제한도금액을 국가별로 구분하여 계산한다(시행령 94조 7항, 국별한도).[139] 따라서 국가별 세액의 교차공제(cross-crediting)는 허용되지 않는다.

(나) 증액환원 및 산출세액 공제

세액공제대상인 외국납부세액은 세액공제의 전단계에서 내국법인의 익금에 산입된다(법 15조 2항 2호). 이는, 외국납부세액이 없었다면 있었을 가상적 국내외원천소득의 합계액을 토대로 세액공제 전의 산출세액을 계산하기 위한 것이다. 그리고 이와 같이 계산된 산출세액에서 내국법인의 외국납부세액이 공제된다.[140]

(3) 공제한도금액의 초과금액

(가) 이월공제

국외원천소득에 대한 외국법인세액이 해당 사업연도의 공제한도금액을 초과하는 경우, 그 초과하는 금액은 해당 사업연도의 다음 사업연도 개시일부터 10년 이내에 끝나는 각 사업연도로 이월하여 그 이월된 사업연도의 공제한도금액 내에서 공제받을 수 있다(법 57조 2항 본문). 다만, 공제한도금액을 초과하는 외국법인세액 중 국외원천소득 대응비용(시행령 94조 2항)과 관련된 외국법인세액[141][142]에 대해서는 이월공제가 적용되지 않는다(시행령

---

139) 당초 법인세법에는 외국납부세액의 공제한도를 국별한도와 일괄한도 중 어느 방법으로 계산할 것인지에 관한 규정이 없었고, 대법원은 국별한도 방법으로 계산하여야 한다고 판시하였다(대법원 1987. 2. 24. 선고 86누651 판결). 1994. 12. 31. 개정된 구 법인세법 시행령 제78조의2 제6항은 내국법인으로 하여금 국별한도와 일괄한도 중에서 선택할 수 있게 하였다가(위 조항은 1998. 12. 31. 개정으로 제94조 제7항으로 옮겨졌다) 2015. 2. 3. 개정된 법인세법 시행령은 전면적 국별한도제로 전환하였다.

140) 내국법인의 국외원천소득이 50원[=외국법인세액 14원(직접납부세액 10원+간접납부세액 4원) 포함], 과세표준이 200원, 산출세액이 40원, 외국납부세액의 공제한도금액이 10원(= 40원×50원/200원)인 경우, 산출세액 40원에서 10원이 공제되어야 한다.

141) '법인세법 시행령 제94조 제2항 전단에 따라 산출한 국외원천소득을 기준으로 계산한 공제한도금액'에서 '법인세법 제57조 제1항에 따른 공제한도금액'을 뺀 금액을 말한다.

142) ① 국외원천소득 대응비용에 대한 외국법인세액도 공제한도금액 내에 있는 경우에는 공제될 수 있다. 가령, 외국에서는 내국법인의 해당 국가 내 원천소득이 100원으로 계산되었고, 국내에서 지출되고 위 국외원천소득에 배분되는 비용 10원이 손금에 산입되지 않아서 내국법인이 법인세 10원(세율 10%)을 납부하였는데, 국내에서는 위 배분비용 10원이 손금에 산입되고 위 국외원천소득에 대응하는 경우, 내국법인의 해당 사업연도의 총 소득금액이 200원, 산출세액이 40원이라고 가정하면, 외국납부세액 공제한도액은 18원[= 40원 × (100원 − 10원)/200원]이고, 그 범위 내에 있는 외국법인세액 10원은 전부 공제될 수 있다. ② 한편, 위 사안에서 우리나라의 산출세액이 20원인 경우, 외국납부세액 공제한도액은 9원[= 20원 × (100원 − 10원)/200원]이고, 법인세법 시행령 제94조 제14항 제1호에서 제2호를 뺀 금액은 1원[= (20원

94조 15항).

법원은, 과세관청이 이월되는 외국법인세액을 감액하는 것을 항고소송의 대상으로 판단하였으나,[143] 그 법적 근거는 의문스럽다.[144] 외국법인세액 이월공제액의 증액을 구하는 경정청구는 국세기본법 제45조의2 제1항의 경정청구에 해당하지 않으므로, 허용되지 않는다.[145]

(나) 손금산입

외국법인세액 중 10년의 이월공제기간 내에 공제받지 못한 금액은, 이월공제기간의 종료일 다음 날이 속하는 사업연도의 손금에 산입될 수 있다(법 57조 2항 단서).

공제한도금액을 초과하는 외국법인세액 중 국외원천소득 대응비용(시행령 94조 2항)과 관련된 외국법인세액은, 세액공제를 적용받지 못한 사업연도의 다음 사업연도 소득금액을 계산할 때 손금에 산입할 수 있다(시행령 94조 15항).

(4) 법인지방소득세와 외국법인세액

법인지방소득세의 과세표준은 '법인세법 제13조에 따라 계산한 법인세의 과세표준[146]과 동일한 금액'으로 한다(지방세법 103조의19 1항). 법인세 과세표준에 국외원천소득이 포함되어 있고 외국납부세액공제를 하는 경우, 법인세 과세표준에서 외국법인세액을 차감한 금액을 법인지방소득세 과세표준으로 한다(지방세법 103조의19 2항).[147][148] 이는 법인세법상

×100원/200원) - 9원]이 되며, 위 금액은 공제한도액을 초과한 금액에 해당하지만, 이월공제되지 않는다.

143) 대구고등법원 2020. 11. 6. 선고 2019누3620 판결은, 과세관청이 납세의무자에게 이월되는 외국납부세액을 감액하는 통보를 한 것은, 결손금의 감액경정과 마찬가지로 항고소송의 대상인 행정처분에 해당한다고 판단하였다[대법원 2021. 3. 25. 선고 2020두56216 판결(심리불속행)].

144) 이월결손금은, 소득에서 공제되기 위하여 신고 또는 경정 등에 의하여 확정되어야 하는 것으로 명시되어 있고(법 13조 1항 1호 나목), 국세기본법상 경정청구의 대상으로도 규정되어 있다(국세기본법 45조의2 1항 2호). 이에 비하여 외국납부세액의 이월공제액에 관하여는 위와 같은 규정이 없다. 과세관청에 의한 외국납부세액 이월공제액의 감액을 항고소송의 대상으로 보지 않더라도, 그 이월공제액의 감액은 그것이 없었다면 세액이 감소하였을 사업연도의 법인세와 관련한 항고소송으로 다투어질 수 있을 것이다.

145) 서울고등법원 2021. 12. 29. 선고 2018누78291 판결(확정) : ① 원고 법인은 2011 내지 2014 사업연도에 중국 자회사로부터 배당을 지급받으면서 원천징수되어 중국에 납부된 세액(직접외국납부세액)에 관하여 세액공제를 하여(직접외국납부세액이 세액공제한도를 초과하였다) 법인세 신고·납부를 한 후 2017. 3. 31. 5%의 간주외국납부세액을 외국납부세액에 포함시켜 계산하면 외국납부세액의 이월공제액이 증가되어야 한다는 이유로 외국납부세액 이월공제액의 증액을 구하는 경정청구를 하였으나 거부처분을 받게 되자, 위 거부처분의 취소를 구하는 소를 제기하였다. ② 법원은, ㉮ 이월결손금의 증액만을 구하는 경정청구는 국세기본법 제45조의2 제1항의 경정청구에 포함되지 않으므로, 그 거부처분의 취소를 구하는 소는 부적법하고, ㉯ 이월공제액의 경정청구를 인정하지 않더라도, 원고는 외국납부세액의 이월공제액을 이월대상 사업연도의 법인세를 신고·납부할 때 공제할 수 있고, 이를 미처 하지 못한 채 경정청구기간이 경과하였다고 하더라도, 이를 구제하기 위하여 이월결손금의 증액을 구하는 경정청구를 허용할 필요가 있다고 보기 어렵다고 판단하였다.

146) 조특법 및 다른 법률에 따라 과세표준 산정과 관련된 조세감면 또는 중과세 등의 조세특례가 적용되는 경우에는 이에 따라 계산한 법인세의 과세표준

147) 해당 사업연도의 과세표준에 법인세법 제57조 제2항 단서에 따라 손금에 산입한 외국법인세액이 있는

세액공제되는 외국법인세액으로서 법인세 과세표준에 포함되어 있는 금액(법 15조 2항 2호)을 제외함으로써 증액환원의 효과를 제거하여 그것이 없는 상태에서 법인지방소득세의 과세표준을 정하기 위한 것이다.[149]

2-1-4. 간접투자회사 등의 외국납부세액공제 및 환급 특례

(1) 제도의 취지

자본시장법상 투자회사나 투자신탁 등의 집합투자기구가 국외의 자산에 투자하여 얻은 소득에 관하여 외국에 납부한 세액이 있는 경우, 투자회사 등은 배당액의 소득공제로 인하여 외국납부세액공제를 실제로 활용하기 어렵고, 투자신탁 등은 법인이 아니므로 외국납부세액공제를 적용받을 수 없다.[150] 이에 따라 투자회사 등을 통하여 외국의 자산에 간접투자를 한 경우의 조세부담이 직접투자를 한 경우보다 무겁게 될 수 있어서 간접투자가 저해되는 문제점이 있다.

이러한 문제점을 해소하기 위하여 법인세법은, ① 투자회사 등에 대하여 외국법인세액을 이월공제하도록 하는 것이 아니라 일정한 범위에서 초과액을 환급해주는 한편, ② 투자신탁 등에 대하여는 법인으로 간주하는 특례를 인정한다.[151] 위 특례는 간접투자회사 등

경우에는 그 금액을 법인지방소득세의 과세표준에 가산한 이후 지방세법 제103조의19 제2항 전단을 적용한다(지방세법 103조의19 2항 후단).

148) ① 2019. 12. 31. 개정되기 전의 구 지방세법은 지방소득세의 과세표준을 '법인세법 제13조에 따라 계산한 금액'으로 규정하였다(구 지방세법 103조의19). 이에 따라 지방세법상 세액공제가 인정되지 않는 외국납부세액이 법인지방소득세의 과세표준에 포함되는지가 문제되었다. ② '법인세법 제13조에 따라 계산한 금액'과 관련하여, 과세관청은 '법인세 과세표준과 동일한 금액'이라는 의미라고 주장하였고, 납세의무자는 '법인세법 제13조를 준용하여 계산한 금액'을 의미하는 것이라고 주장하였다. ③ 서울고등법원 2018. 6. 12. 선고 2018누33038 판결은, 법인세법 제15조 제2항 제2호가 외국법인세액을 익금으로 간주하여 소득금액에 가산하도록 한 것(증액환원)은, 외국법인세액이 세액공제의 대상인 것을 전제로 하는데, 외국법인세액은 지방세법상 세액공제가 인정되지 않으므로, 법인지방소득세의 과세표준에 포함될 수 없다고 판단하였다(대법원 2018. 10. 25. 선고 2018두50000 판결 : 심리불속행).

149) 법인이 국외원천소득과 관련하여 외국에 우리나라의 법인지방소득세에 해당하는 세금을 납부한 경우, 그러한 세액도 법인세법상 외국납부세액공제의 대상에 포함된다[2-1-2. (2) (가) 참조]. 따라서 법인지방소득세에 관하여 별도로 외국납부세액의 세액공제 제도를 둘 필요성은 크지 않다.

150) ① 투자회사 등은, 배당가능이익의 90% 이상을 배당하는 경우, 그 금액이 소득금액에서 공제되어 법인세 산출세액이 거의 없게 되므로 외국납부세액 공제를 받기 어렵고, 투자회사 등으로부터 배당을 받은 투자자인 주주 등은 자신이 그 외국세액을 납부한 것이 아니므로, 외국납부세액공제를 받을 수 없다. ② 투자신탁의 집합투자재산인 국외의 자산에서 생기는 소득은 그 법률상 소유자인 신탁업자(수탁회사)의 과세표준에 포함되지 않으므로(법 5조 4항), 수탁회사는 그 소득을 지급받을 때 원천징수된 세액을 외국납부세액으로 공제받을 수 없다. 그리고 투자신탁의 투자자들이 투자신탁의 소득 중 국외원천소득에 대한 외국납부세액을 구분하여 계산하는 것은 매우 어려우므로, 사실상 외국납부세액공제를 받기 곤란하다. 이태로·한만수, 조세법강의(2018), 639쪽 ; 2006 간추린 개정세법 339쪽

151) 이태로·한만수, 조세법강의(2018), 640쪽은, 위 제도가 네덜란드의 제도를 참고로 한 것이라고 한다.

을 통한 국외투자에서 생긴 소득에 대한 국제적 이중과세를 간접투자회사 등의 단계에서 해소하는 것이지만, 여러 가지 문제가 있다.[152]

이에 따라 2021. 12. 21. 개정된 법인세법은 투자회사 등의 외국납부세액과 관련한 국제적 이중과세를 간접투자회사 등의 원천징수 또는 투자자의 세액공제를 통하여 해결하는 방식을 채택하였고, 2022. 12. 31. 재차 개정된 법인세법은 그 내용을 일부 수정하는 한편, 시행시기를 2025. 1. 1.로 연기하였다.

(2) 간접투자회사 등에 대한 특례의 적용요건

자본시장법에 따른 투자회사, 투자목적회사, 투자유한회사, 투자합자회사(기관전용 사모집합투자기구는 제외한다[153]), 투자유한책임회사 및 부동산투자회사법에 따른 기업구조조정 부동산투자회사, 위탁관리 부동산투자회사 및 법인과세 신탁재산('간접투자회사 등')이 국외의 자산에 투자하여 얻은 소득에 대하여 납부한 외국법인세액(법 57조 1항 및 6항)이 있어야 한다(법 57조의2 1항).[154]

자본시장법에 따른 투자신탁, 투자합자조합 및 투자익명조합의 경우에는, 투자신탁 등을 내국법인으로 보아 간접투자회사 등에 대한 특례규정을 적용한다(법 57조의2 3항 1문).

(3) 특례의 적용효과

간접투자회사 등은, 국외의 자산에 대한 투자로 인한 소득이 발생한 사업연도의 과세표준 신고 시 그 사업연도의 법인세액에서 그 사업연도의 외국 납부세액(국외자산에 투자하여 얻은 소득에 대하여 14%[155]를 곱하여 계산한 세액을 한도로 하고, 이를 초과하는 금액은 없는 것으로 본다)을 빼고 납부하여야 한다(법 57조의2 1항).

국외투자로 인한 소득에 대한 외국 납부세액이 그 소득이 발생한 사업연도의 법인세액

---

152) 2021. 12. 21. 개정되기 전의 구 법인세법 제57조의2에 따르면, ① 투자회사 등이 먼저 국가로부터 외국납부세액을 환급받고, 이후 투자자에게 배당을 지급하면서 원천징수한 세액을 다시 국가에 납부하는 2단계의 절차로 과세가 이루어지므로(그 구체적 사례에 대하여는 정명호, 뒤의 글, 19쪽 참조), 번거로운 면이 있고, ② 투자자가 비영리법인이어서 배당소득에 관하여 고유목적사업준비금을 설정하는 경우 국제적 이중과세가 발생하지 않음에도 간접투자회사 등가 외국에 납부한 세액을 국고로 지원해주는 문제점이 있었다. 정명호, "국회 기획재정위원회 법인세법 일부개정 법률안 검토보고"(2021. 11.), 21쪽 ; 2021 간추린 개정세법, 기획재정부(2022), 340쪽

153) 기관전용 사모집합투자기구는 동업기업 과세특례를 적용받을 수 있고(조특법 100조의15 1항 3호), 그 경우 기관전용 사모집합투자기구가 외국에 납부한 세액은 개별 투자자에게 그 수익·비용의 안분비율에 따라 귀속되므로, 개별 투자자 단계에서 외국납부세액공제를 받을 수 있다는 점을 고려하여, 기관전용 사모집합투자기구는 외국납부세액공제 특례의 대상에서 제외되었다. 김승기, 앞의 글, 42~43쪽

154) 외국법인세액의 환급을 받으려는 간접투자회사 등은, 과세표준 신고기한까지 간접투자회사의 외국납부세액계산서 등을 첨부하여 관할 세무서장에게 환급신청을 할 수 있고(시행령 94조의2 7항), 환급신청을 받은 관할 세무서장은 지체 없이 환급세액을 결정하여 환급하여야 한다(시행령 94조의2 8항).

155) 출자공동사업자의 배당소득에 대하여는 25%(소득세법 129조 1항 2호 가목)

을 초과하는 경우에는, 간접투자회사 등은 아래의 금액을 환급받을 수 있다(법 57조의2 2항, 시행령 94조의2 1항).[156]

$$\left(\begin{array}{c}\text{당해 사업연도의}\\\text{외국법인세액}\\\text{(국외자산투자소득의 14\%}^{[157]}\text{를}\\\text{한도로 한다)}\end{array}\right) \times \frac{\text{당해 사업연도 소득금액 중}\ \text{과세대상소득금액}}{\text{당해 사업연도 소득금액 중}\ \text{국외원천 과세대상소득금액}} - \begin{array}{c}\text{당해}\\\text{사업연도의}\\\text{법인세액}\end{array}$$

위 계산식 중 「국외원천 과세대상소득금액」은 국외원천소득 중 그 소득에 대하여 외국법인세액을 납부한 경우 당해 소득의 합계금액을 말한다(시행령 94조의2 3항). 위 계산식 중 「당해 사업연도 소득금액 중 과세대상소득금액」을 「당해 사업연도 소득금액 중 국외원천 과세대상소득금액」으로 나눈 비율(환급비율)이 0보다 적은 경우에는 0으로, 1보다 큰 경우에는 1로 본다(시행령 94조의2 2항).

투자신탁 등을 내국법인으로 보아 간접투자회사 등에 대한 특례규정을 적용하는 경우 간접투자회사 등의 외국납부세액 공제규정과 관련하여 "사업연도"는 "투자신탁 등의 회계기간"으로, "과세표준 신고 시"는 "결산 시"로 보고(법 57조의2 3항 후문), 해당 사업연도의 법인세액은 없는 것으로 본다(법 57조의2 4항). 그리고 위 경우 투자신탁재산을 운용하는 집합투자업자가 그 투자신탁을 대리하는 것으로 본다(법 57조의2 5항).

(3) 2025. 1. 1.부터 시행되는 원천징수와 외국납부세액공제의 특례

2025. 1. 1.부터 시행되는 세법에 따른 간접투자회사 등으로부터 지급받은 소득에 대한 원천징수 및 외국납부세액 공제는 다음과 같다.

간접투자회사 등[158]이 내국법인에게 투자신탁이익을 지급하는 경우, 그 금액에 대하여 간접투자외국법인세액(법 57조의2 1항 2호)이 납부된 때에는, '투자신탁이익에 대한 원천징수세액'을 한도로 위 금액에서 '간접투자외국법인세액을 세후기준가격을 고려하여 대통령

---

156) 가령, 간접투자회사 등인 A가 외국 채권에 투자하여 이자소득 100을 얻고 외국법인세액 10원이 원천징수된 경우, 위 10원은 이자소득 100원에 대한 14%의 금액 범위 내이므로, A는 국가로부터 위 10원을 환급받은 후 그 투자자인 B, C 등에게 투자신탁의 이익 100원을 지급하면서 그 금액의 14%인 14원을 원천징수하여 국가에 납부하여야 한다(법 73조의2 1항 2호). 정명호, 앞의 글, 19쪽.

157) 법인세법 제57조의2 제1항(출자공동사업자의 배당소득에 대하여는 25%를 곱하여 계산한 세액)

158) '간접투자회사 등'은 다음의 어느 하나에 해당하는 것을 말한다(법 57조의2 1항 1호).
　① 자본시장법에 따른 투자회사, 투자목적회사, 투자유한회사, 투자합자회사(기관전용 사모집합투자기구는 제외한다), 투자유한책임회사, 투자신탁, 투자합자조합 및 투자익명조합
　② 부동산투자회사법에 따른 기업구조조정 부동산투자회사 및 위탁관리 부동산투자회사
　③ 법인과세 신탁재산

령으로 정하는 바에 따라 계산한 금액'을 뺀 금액을 원천징수한다(법 73조 2항).[159]

내국법인의 과세표준에 간접투자회사 등으로부터 지급받은 소득[160]이 합산되어 있고, 간접투자회사 등이 그 소득에 대하여 외국법인세액을 납부한 경우, '간접투자외국법인세액을 세후기준가격을 고려하여 대통령령으로 정하는 바에 따라 계산한 금액'[161]을 해당 사업연도의 산출세액에서 공제할 수 있다(법 57조의2 1항, 2항 2호). 다만, 산출세액에서 공제할 수 있는 금액은 '해당 사업연도의 산출세액 × 간접투자회사 등으로부터 지급받은 소득의 합계액 / 해당 사업연도의 과세표준'의 금액을 한도로 한다(법 57조의2 3항).

2-2. 재해손실에 대한 세액공제

(1) 제도의 취지

법인이 재해로 인하여 자산을 상실하는 경우 납세의무의 이행능력이 감소할 수 있다. 이에 대응하여 세법은 국세기본법과 국세징수법 등에서 여러 가지 특례를 규정한다.[162] 그 일환으로 법인세법은, 내국법인이 재해로 인하여 자산총액의 20% 이상을 상실하여 납세가 곤란한 경우 법인세액 중 자산상실비율에 해당하는 금액을 공제한다(법 58조). 이는 재해로 인하여 납세능력이 감소한 법인의 세부담을 경감시켜 주기 위한 것이다.

(2) 적용요건

천재지변이나 그 밖의 재해로 인하여 일정한 자산총액의 20% 이상을 상실하여 납세가 곤란하다고 인정되는 경우이어야 한다(법 58조 1항 전문).

① 자산총액은 다음 자산의 합계액을 말한다(시행령 95조 1항).

㉮ 사업용 자산(토지를 제외한다)

㉯ 타인 소유의 자산으로서 그 상실로 인한 변상책임이 당해 법인에게 있는 것

---

159) 2025. 1. 1.부터 시행되는 소득세법에 따르면, ① 투자신탁이 개인 투자자에게 지급하는 투자신탁이익과 일정한 금융투자소득, ② 투자회사 등이 개인 주주 등에게 지급하는 배당소득은 원천징수의 대상이므로 (소득세법 127조 1항 2호, 9호), 위와 같은 투자신탁 및 투자회사 등의 간접투자외국납부세액은 투자신탁 및 투자회사 등이 원천징수할 세액에서 차감된다(소득세법 129조 4항).

160) '간접투자회사 등으로부터 지급받은 소득'은 자본시장법 제238조 제6항에 따른 기준가격(간접투자외국법인세액이 차감된 가격을 말한다, '세후기준가격')을 말한다(법 57조의2 2항 1호 본문). 다만, 증권시장에 상장된 간접투자회사 등의 증권의 매도에 따라 간접투자회사 등으로부터 지급받은 소득은 대통령령으로 정하는 바에 따라 계산한 금액으로 한다(법 57조의2 2항 1호 단서).

161) 내국법인이 간접투자회사 등으로부터 지급받은 소득 중 투자신탁이익에 관하여는 이를 지급받는 단계에서 원천징수가 이루어졌으므로, 그에 관하여 산출세액에서 공제될 금액의 계산식은 원천징수대상이 아닌 것에 대한 것과 다르게 규정되어 있다(시행령 94조의2 3항).

162) 신고·납부 등 기한의 연장(국세기본법 6조), 세무조사의 연기(국세기본법 81조의7 2항), 징수유예(국세징수법 15조 항) 등

② 법인이 자산총액 중 재해로 인하여 상실한 자산의 가액[163]이 20% 이상이어야 한다. : 자산상실비율은 재해발생일 현재 그 법인의 장부가액에 의하여 계산하되, 장부가 소실 또는 분실되어 장부가액을 알 수 없는 경우에는 관할 세무서장이 조사하여 확인한 재해발생일 현재의 가액에 의하여 계산한다(시행령 95조 2항). 여기의 상실한 자산은, 법인세법 시행령 제95조 제1항에 규정된 자산의 상실 없이 재해로 인하여 법인이 부담하게 된 채무 등은 포함하지 않는다.[164]

③ 재해손실세액공제를 받으려는 법인은 일정한 기한 내에 관할 세무서장에게 세액공제를 신청하여야 한다(법 58조 2항, 시행령 95조 5항).

(3) 세액공제

재해손실세액공제의 요건이 충족된 경우, 다음 각 법인세액에 「상실된 자산의 가액이 상실 전의 자산총액에서 차지하는 비율을 곱하여 계산한 금액」(상실된 자산의 가액을 한도로 한다)을 그 세액에서 공제한다(법 58조 1항 전문).

① 재해 발생일 현재 부과되지 않은 법인세와 부과된 법인세로서 미납된 법인세(가산금을 포함한다)

② 재해 발생일이 속하는 사업연도의 소득에 대한 법인세

2-3. 사실과 다른 회계처리로 인한 경정에 따른 세액공제

사실과 다른 회계처리를 이유로 하는 법인의 경정청구가 받아들여진 경우에는, 법인은 과다 납부한 세액을 곧바로 환급받을 수 없고, 그 금액은 각 사업연도의 법인세액에서 공제된다(법 58조의3).[165]

---

163) 예금·받을어음·외상매출금 등은 당해 채권추심에 관한 증서가 멸실된 경우에도 상실된 자산의 가액에 포함되지 않는다(시행규칙 49조 2항 전문). 재해자산이 보험에 가입되어 있어 보험금을 수령하는 때에도 그 보험금은 재해로 인하여 상실된 자산의 가액에서 차감되지 않는다(시행규칙 49조 3항).

164) 대법원 2008. 9. 11. 선고 2006두11576 판결(사망자유가족보상금 등)

165) 상세한 내용은 제3절 1-6. 참조

3-1. 세액의 감면

(1) 감면신청의 성질

세법은 법인세액의 감면을 위하여 법인에게 감면신청을 하도록 규정하는 경우가 많다. 이 경우 ① 감면신청이 감면을 받으려는 의사의 표시로서 감면의 필수적 요건이므로, 법정기한 내에 감면신청을 하지 않으면 세액의 감면을 받을 수 없는 것인지,[166] 아니면 ② 감면신청은 감면대상이라는 사실의 보고에 불과하므로, 법정기한 내에 감면신청이 없었더라도 객관적으로 감면대상에 해당하면 세액의 감면을 받을 수 있는 것인지[167]가 문제된다. 이는 일률적으로 말할 수 없고, 해당 세법의 문언과 감면의 목적, 성질 등을 종합하여 구체적으로 판단할 수밖에 없다.

(2) 감면세액의 계산

법인세법 및 조특법에 따른 세액 감면 또는 면제를 하는 경우, 그 감면 또는 면제되는 세액은, 별도의 규정이 있는 경우를 제외하고는, 산출세액[168]에, 그 감면 또는 면제되는 소득이 과세표준에서 차지하는 비율(100%를 초과하는 경우에는 100%)을 곱하여 산출한 금액(감면의 경우에는 그 금액에 해당하는 해당 감면율을 곱하여 산출한 금액)으로 한다 (법 59조 2항). 이는 누진세율 적용의 효과가 감면 후에도 유지되도록 하기 위한 것이다.[169]

3-2. 세액공제와 세액감면의 적용순위

법인세법 및 다른 법률을 적용할 때, 법인세의 감면에 관한 규정과 세액공제에 관한 규정이 동시에 적용되는 경우, 그 적용순위는 별도의 규정이 있는 경우 외에는 다음의 순서에 따른다(법 59조 1항 1문).

① 각 사업연도의 소득에 대한 세액 감면(면제를 포함한다)[170]
② 이월공제가 인정되지 않는 세액공제

---

166) 대법원 1995. 12. 22. 선고 95누10860 판결
167) 대법원 1997. 10. 24. 선고 97누10628 판결
168) 토지 등 양도소득에 대한 법인세액 및 미환류소득에 대한 법인세액(조특법 100조의32)을 제외한다.
169) 김완석·황남석, 법인세법론(2021), 743쪽
170) 가령, 조특법 제121조의2에 따른 외국인투자자에 대한 법인세의 감면

③ 이월공제가 인정되는 세액공제[171]

④ 사실과 다른 회계처리로 인한 경정에 따른 세액공제(법 58조의3)[172]

위 ①, ②를 합한 금액이 법인이 납부할 법인세액[173]을 초과하는 경우에는, 그 초과하는 금액은 없는 것으로 본다(법 59조 1항 2문).

한편, 조특법은, 최저한세의 적용대상인 감면 등과 그 밖의 감면 등이 동시에 적용되는 경우, 전자의 감면 등을 먼저 적용한다고 규정한다(조특법 132조 3항).[174]

3-3. 최저한세

(1) 제도의 개요

조특법에는 익금불산입, 손금산입, 소득공제, 세액공제, 세액감면, 특례세율 등 여러 가지 조세감면 규정이 있다. 이러한 감면규정들의 중복 적용에 따라 법인세액이 그 감면을 적용받지 않은 경우에 비하여 과도하게 낮아지는 것을 방지하고, 법인으로 하여금 최소한 일정한 세액을 부담하도록 하기 위하여, 조특법은 최저한세를 규정한다(조특법 132조).[175][176]

(2) 적용요건

「법인[177]의 각 사업연도의 소득에 대한 법인세(①)에 관하여 최저한세의 적용대상인 감면 등(②)을 적용받은 후의 세액」이, 「손금산입 및 소득공제 등을 하지 않은 경우의 과세표준(③)에 최저한세율(④)을 곱하여 계산한 법인세 최저한세액」에 미달하여야 한다(조특법 132조 1항).

① 최저한세의 비교대상인 '법인세'는, ㉮ 토지 등 양도소득에 대한 법인세(법 55조의2)와 지점세(법 96조), 미환류소득에 대한 법인세(조특법 100조의32), 가산세 및 대통령령으로 정하는 추징세액(조특법 시행령 126조 1항)을 제외하고, ㉯ 대통령령으로 정하는 세액공제 등을 하지 않은 법인세를 말한다. '대통령령으로 정하는 세액공제 등'은 조특법 제132조 제1항 제3호 및 제4호에 열거되지 않은 세액공제·세액감면 및 감면을 말

---

171) 이 경우 해당 사업연도 중에 발생한 세액공제와 이월된 미공제액이 함께 있을 때에는 이월된 미공제액을 먼저 공제한다.

172) 이 경우 해당 세액공제액과 이월된 미공제액이 함께 있을 때에는 이월된 미공제액을 먼저 공제한다.

173) 토지 등 양도소득에 대한 법인세액, 미환류소득에 대한 법인세액(조특법 100조의32) 및 가산세는 제외한다.

174) 조특법 제132조 제3항은, 법인세법 제59조 제1항에서 말하는 감면 등의 적용순위에 관한 '별도의 규정'에 해당할 것으로 보인다.

175) 그 외에도 조특법 제127조는 중복지원의 배제에 관한 규정을 두고 있다.

176) 미국 세법 제55조도 최저한세(alternative minimum tax)를 규정한다.

177) 당기순이익과세 특례를 적용받는 조합법인 등을 제외한다.

한다(조특법 시행령 126조 2항).

② '감면 등'은 조특법 제132조 제1항 제2호 내지 제4호에 규정된 것을 말한다.

③ 최저한세의 '과세표준'은, 조특법 제132조 제1항 제2호에 따른 손금산입 및 소득공제 등을 하지 않은 과세표준을 말한다.

④ 최저한세율은 다음과 같다.

⑦ 중소기업의 경우 : 7%[178]

⑭ 중소기업이 아닌 경우 : 과세표준이 100억 원 이하 부분은 10%, 과세표준이 100억 원 초과 1,000억 원 이하 부분은 12%, 과세표준이 1,000억 원 초과 부분은 17%

(3) 적용효과

(가) 미달세액의 감면배제

법인의 각 사업연도의 소득금액에 대한 법인세를 계산할 때, 조특법에 따른 감면 등을 적용받은 후의 세액이 법인세 최저한세액에 미달하는 경우, 그 미달하는 세액에 상당하는 부분에 대해서는 최저한세의 적용대상인 감면 등을 하지 않는다(조특법 132조 1항).

(나) 감면배제의 순서

이 경우 조특법상 최저한세의 적용대상인 여러 감면규정 중에서 어느 것을 배제할 것인지가 문제된다.

① 납세의무자인 법인이 과세표준신고를 하면서 최저한세를 적용하는 경우, 어떻게 처리할 것인지가 규정상 불분명하나, 감면의 배제순서는 실무상 법인의 선택에 맡겨져 있다고 해석되는 것으로 보인다.[179]

② 납세의무자인 법인이 조특법상의 감면 등을 적용하여 신고한 법인세액이 최저한세액에 미달하여 과세관청이 이를 경정하는 경우의 감면배제 순서는 조특법 시행령 제126조 제5항에 규정되어 있다.

---

178) 중소기업이 대통령령으로 정하는 바에 따라 최초로 중소기업에 해당하지 않게 된 경우에는 그 최초로 중소기업에 해당하지 않게 된 과세연도의 개시일부터 3년 이내에 끝나는 과세연도에는 8%, 그 다음 2년 이내에 끝나는 과세연도에는 9%

179) 삼일회계법인, 법인세 조정과 신고 실무(2017), 2288쪽

과세표준 및 세액의 신고, 납부와 원천징수

1 과세표준 및 세액의 신고

1-1. 신고와 법인세액의 확정

각 사업연도의 소득에 대한 법인세의 납세의무는 사업연도(과세기간)가 끝나는 때에 성립한다(국세기본법 21조 2항 1호). 그러나 법인세 납세의무가 성립하였다고 하여 곧바로 법인의 구체적인 법인세 납세의무가 발생하는 것은 아니고, 이를 위해서는 법인세 납세의무가 확정되어야 한다. 법인세 납세의무의 확정(確定)은, 법인세액이 특정되어 과세관청이 이를 징수(강제집행)할 수 있는 상태로 되는 것을 말한다.

법인세는, ① 납세의무자인 법인이 과세표준과 세액을 신고하였을 때 확정되고[신고납세방식(self-assessment)], ② 법인이 그 신고를 하지 않거나 신고한 과세표준과 세액이 세법에 맞지 않는 경우에는 정부가 과세표준과 세액을 결정하거나 경정하는 때 그 결정 또는 경정에 따라 확정된다(국세기본법 22조 2항 2호).

1-2. 신고의무자

법인은 과세표준 신고기한 내에 법인세의 과세표준과 세액을 신고하여야 한다(법 60조 1항). 이는 법인에게 각 사업연도의 소득이 없거나 결손금이 있는 경우에도 마찬가지이다(법 60조 3항).

1-3. 신고기한

(1) 원칙

법인은, 각 사업연도의 종료일이 속하는 달의 말일부터 3개월(법인이 성실신고확인서를 제출하는 경우에는 4개월) 이내에 법인세의 과세표준과 세액을 관할 세무서장에게 신고하여야 한다(법 60조 1항). 신고기한일에 국세정보통신망이 대통령령으로 정하는 장애로 가동이 정지되어 전자신고를 할 수 없는 경우에는, 그 장애가 복구되어 신고 또는 납부할 수 있게 된 날의 다음 날을 기한으로 한다(국세기본법 5조 3항).

(2) 신고기한의 연장

(가) 천재지변 등의 경우

법인이 천재지변이나 그 밖에 대통령령으로 정하는 사유에 해당하여 관할 세무서장의 승인을 얻은 경우, 신고기한을 연장할 수 있다(국세기본법 6조 1항).

(나) 외부감사인의 감사가 종결되지 않은 경우

외부감사법 제4조에 따라 감사인의 감사를 받아야 하는 법인이, 해당 사업연도의 감사가 종결되지 않아 결산이 확정되지 않았다는 이유로 대통령령으로 정하는 바에 따라 신고기한의 연장을 신청한 경우, 신고기한을 1개월의 범위에서 연장할 수 있다(법 60조 7항).[180]

1-4. 신고방법

(1) 신고서의 제출

법인은, 각 사업연도의 소득에 대한 법인세 과세표준 및 세액신고서(시행규칙 82조 1항 1호, 별지 1호 서식)를 제출하는 방법으로 법인세의 과세표준과 세액을 신고하여야 한다(법 60조 1항, 시행령 97조 1, 2항).

(2) 신고서에 첨부할 서류

법인은 법인세의 과세표준 및 세액신고서에 다음 각 서류를 첨부하여야 한다(법 60조 2항). 법인이 신고서에 아래 ①, ②의 서류를 첨부하지 않은 경우 법인세법에 따른 신고로 보지 않는다(법 60조 5항).

① 기업회계기준을 준용하여 작성한 법인의 재무상태표·포괄손익계산서 및 이익잉여금처분계산서(또는 결손금처리계산서)[181]

② 법인세 과세표준 및 세액조정계산서(시행령 97조 4항)[182]

---

180) 이와 같이 신고기한이 연장된 법인이 세액을 납부할 때는, 기한연장 일수에 국세기본법 시행령 제43조의 3 제2항에 따른 이자율을 적용하여 계산한 금액을 가산하여 납부하여야 한다(법 60조 8항).

181) 기업회계기준에 따라 원화 외의 통화를 기능통화로 채택한 경우에는, 기업회계기준을 준용하여 작성한 기능통화로 표시된 재무제표(기능통화재무제표)를 말한다(시행령 97조 3항). 합병 또는 분할로 인하여 소멸하는 법인의 최종사업연도의 과세표준과 세액을 신고할 때는, 이익잉여금처분계산서(또는 결손금처리계산서)를 제출하지 않은 경우에도 법인세법에 의한 신고를 한 것으로 본다(시행령 97조 8항).

182) 대통령령으로 정하는 외부세무조정 대상법인(시행령 97조의2 1항)의 경우, 세무조정계산서는 다음의 어느 하나에 해당하는 자로서 대통령령으로 정하는 조정반에 소속된 자가 작성하여야 한다(법 60조 9항).
① 세무사등록부에 등록한 세무사
② 세무사등록부 또는 세무대리업무등록부에 등록한 공인회계사

③ 그 밖에 대통령령으로 정하는 서류(시행령 97조 5항 본문)

법인세 과세표준과 세액의 신고를 전자신고로 한 법인은, 위 서류들 중 기획재정부령으로 정하는 서류(시행규칙 82조 3항)를 제출하지 않을 수 있다(시행령 97조 5항 단서). 그 경우 관할 세무서장 등이 그 서류가 필요하여 그 제출을 요구하는 경우에는 이를 제출하여야 한다(시행령 97조 6항).

(3) 성실신고확인서

부동산임대업을 주된 사업으로 하는 등 대통령령으로 정하는 요건에 해당하는 법인 등은, 법인세 과세표준과 세액의 신고를 할 때 위 (2)의 첨부서류에 더하여, 과세표준금액의 적정성을 세무사 등 대통령령으로 정하는 자[183]가 확인하고 작성한 성실신고확인서를 관할 세무서장에게 제출하여야 한다(법 60조의2 1항 본문). 다만, 외부감사법 제4조에 따라 감사인의 감사를 받은 법인은 이를 제출하지 않을 수 있다(법 60조의2 1항 단서).

(4) 보정요구

관할 세무서장 및 지방국세청장은 제출된 신고서 또는 그 밖의 서류에 미비한 점이 있거나 오류가 있을 때에는 보정할 것을 요구할 수 있다(법 60조 6항).

1-5. 수정신고

과세표준신고서를 법정신고기한까지 제출한 법인은, ① 과세표준신고서에 기재된 과세표준 및 세액이 법인세법에 따라 신고하여야 할 과세표준 및 세액에 미치지 못할 때, ② 과세표준신고서에 기재된 결손금액 및 환급세액이 법인세법에 따라 신고하여야 할 결손금액이나 환급세액을 초과할 때, ③ 세무조정과정에서의 누락 등 불완전한 신고를 한 때에는, 일정한 기한까지[184] 과세표준수정신고서를 제출할 수 있다(국세기본법 45조 1항).

법인의 **수정신고**는, 당초의 신고와 마찬가지로, 법인세 납세의무를 확정하는 효력이 있다(국세기본법 22조 2항 2호). 법인이 수정신고를 한 경우, 과소신고·초과환급신고 가산세(국

---

③ 세무사등록부 또는 변호사 세무대리등록부에 등록한 변호사 : 헌법재판소는, '세무사등록부에 등록한 변호사'만을 규정한 구 법인세법(2015. 12. 15. 개정된 것) 제60조 제9항 제3호에 대하여 헌법불합치 결정을 하였고(2018. 4. 26. 2016헌마116 결정), 이에 따라 2021. 11. 23. 개정된 변호사법은 '변호사 세무대리등록부에 등록한 변호사'를 추가하였다.

183) '세무사 등 대통령령으로 정하는 자'는, 세무사(세무사법 제20조의2에 따라 등록한 공인회계사를 포함한다), 세무법인 또는 회계법인을 말한다(시행령 97조의4 1항).

184) '관할 세무서장이 과세표준과 세액을 결정 또는 결정하여 통지하기 전으로서 국세기본법 제26조의2 제1항부터 제4항까지의 부과제척기간이 끝나기 전까지'를 말한다.

세기본법 47조의3)의 일부가 감면된다(국세기본법 48조 2항 1호).[185]

한편, 법정신고기한까지 과세표준신고서를 제출하지 않은 법인이 **기한후신고**를 한 경우에는, 법인세 납세의무를 확정하는 효력이 없고, 관할 세무서장은 과세표준과 세액을 결정하여 신고인에게 통지하여야 한다(국세기본법 45조의3 1항, 3항). 법인이 기한후신고와 함께 세액을 납부하는 경우, 무신고가산세 중 일부가 감면된다(국세기본법 48조 2항 2호).

1-6. 경정청구

법인이 과세표준과 세액의 신고를 한 경우 이를 스스로 철회하거나 취소할 수 없고, 그 신고에 의하여 확정된 과세표준 및 세액을 감액경정할 권한은 과세관청에게 있다.

(1) 통상적 경정청구

(가) 일반적인 경우

과세표준신고서를 법정신고기한까지 제출한 법인 및 기한후과세표준신고서를 제출한 법인[186]은, ① 과세표준신고서 또는 기한후과세표준신고서에 기재된 과세표준 및 세액[187]이 법인세법에 따라 신고하여야 할 과세표준 및 세액을 초과할 때, ② 과세표준신고서 등에 기재된 결손금액 및 환급세액[188]이 법인세법에 따라 신고하여야 할 결손금액이나 환급세액에 미치지 못할 때에는, 법정신고기한이 지난 후 5년 이내에, 관할 세무서장에게 최초신고 및 수정신고한 법인세의 과세표준 및 세액의 경정을 청구할 수 있다(국세기본법 45조의2 1항).[189]

(나) 사실과 다른 회계처리로 인한 경정의 특례

① 제도의 취지

법인이 소득금액을 과대계상하여 법인세를 과다하게 신고·납부한 경우, 그것이 고의의 분식회계로 인한 것일지라도, 국세기본법 제45조의2의 경정청구를 할 수 있다.[190] 그러나

---

185) 다만, 과세표준과 세액을 경정할 것을 미리 알고 과세표준수정신고서를 제출한 경우는 감면대상에서 제외된다(국세기본법 48조 2항 1호의 괄호 안).

186) 종전에는 기한후신고를 한 법인은 국세기본법 제45조의2 제1항에 의한 경정청구를 할 수 없었으나, 2019. 12. 31. 개정으로 위와 같은 법인도 위 규정에 의한 경정청구를 할 수 있게 되었다. 기한후신고를 한 법인은 국세기본법 제45조의2 제2항의 '국세의 과세표준 및 세액의 결정을 받은 자'로서 후발적 경정청구도 할 수 있다.

187) 법인세법에 따라 경정이 있는 경우에는 그 경정 후의 과세표준 및 세액을 말한다.

188) 법인세법에 따라 경정이 있는 경우에는 그 경정 후의 결손금액 또는 환급세액을 말한다.

189) 다만, 결정 또는 경정으로 인하여 증가된 과세표준 및 세액에 대하여는 해당 처분이 있음을 안 날(처분의 통지를 받은 때에는 그 받은 날)부터 90일 이내(법정신고기한이 지난 후 5년 이내로 한정한다)에 경정을 청구할 수 있다(국세기본법 45조의2 1항 단서).

190) 대법원은, 납세의무자가 자산을 과대계상하거나 부채를 과소계상하는 등의 방법으로 분식결산을 하고 이

기업 재무정보의 투명한 공시를 위하여 분식회계를 엄격하게 규제할 필요성이 있는 점, 일시에 세액을 환급할 경우 국가재정에 부담을 지울 수 있는 점 등을 고려하여, 법인세법은, 위 경우 경정청구가 받아들여지더라도 분식회계로 과다 납부된 세액을 즉시 환급하지 않고 향후의 법인세액에서 공제하도록 하는 특례를 규정한다(법 58조의3).[191]

② 적용요건

법인이 다음 각 요건을 모두 충족하는 사실과 다른 회계처리를 하여 과세표준 및 세액을 과다하게 계상하고, 국세기본법 제45조의2에 따라 경정을 청구하여 경정을 받은 경우이어야 한다(법 58조의3).

⑦ 사업보고서(자본시장법 제159조) 및 감사보고서(외부감사법 제23조)를 제출할 때 수익 또는 자산을 과다 계상하거나 손비 또는 부채를 과소 계상할 것

⑭ 법인, 감사인 또는 그에 소속된 공인회계사가 대통령령으로 정하는 경고·주의 등의 조치를 받을 것 : 위 제재는, 반드시 납세의무자인 법인의 경정청구 시점에 존재할 필요가 없고, 과세관청의 경정 당시 존재하면 족하다.[192]

③ 경정에 따른 과다 납부 세액의 세액공제

사실과 다른 회계처리로 인하여 과다 신고·납부된 법인세에 관한 법인의 경정청구에 따라 해당 과세표준 및 세액의 경정이 이루어진 경우, 그 과다 납부한 세액은 환급되지 않고, 그 경정일이 속하는 사업연도부터 각 사업연도의 법인세액에서 공제된다. 이 경우 각 사업연도별로 공제하는 금액은 과다 납부한 세액의 20%를 한도로 하고, 공제 후 남아 있는 과다 납부한 세액은 이후 사업연도로 이월하여 공제된다(법 58조의3 1항).[193][194]

에 따라 과다하게 법인세를 신고·납부하였다가 그 과다 납부한 세액에 대하여 취소소송을 제기하여 다투더라도, 위 납세의무자에게 신의성실의 원칙을 적용할 수 없다고 판단하였다[대법원 2006. 1. 26. 선고 2005두6300 판결(대우전자 사건), 대법원 2006. 4. 14. 선고 2005두10170 판결].

191) 분식회계와 손익귀속시기의 관계에 대하여는 제1장 제4절 4-1. 참조

192) 서울고등법원 2022. 1. 14. 선고 2021누31384 판결 : 원고(대우조선해양)의 당기순이익이 과대계상되었다는 감사원의 통보에 따라 금융감독원이 2015. 12. 10. 원고에 대한 심사감리에 착수한 후 2016. 3. 14. 정밀감리로 전환하자, 원고는 2016. 6. 7. 과세관청에게 과세표준 및 세액의 감액경정청구를 한 후 2017. 3. 8. 금융당국의 제재조치를 받았고, 과세관청이 2017. 12. 15. 감액경정을 한 사건(대법원 2022두33811호로 상고심 계속 중)

193) 내국법인이 사실과 다른 회계처리와 관련하여 그 경정일이 속하는 사업연도 이전의 사업연도에 국세기본법 제45조에 따른 수정신고를 하여 납부할 세액이 있는 경우에는, 그 납부할 세액에서 과다 납부한 세액을 과다 납부한 세액의 20%를 한도로 먼저 공제하여야 한다(법 58조의3 2항).

194) 사실과 다른 회계처리로 과다 납부한 세액이 남아 있는 법인이 해산하는 경우에는 다음과 같이 처리한다(법 58조의3 3항). ① 합병 또는 분할에 따라 해산하는 경우 : 합병법인 또는 분할신설법인(분할합병의 상대방법인을 포함한다)이 남아 있는 과다 납부한 세액을 승계하여 법인세법 제58조의3 제1항에 따라 세액공제한다. ② 위 ① 외의 방법에 따라 해산하는 경우 : 관할 세무서장 또는 지방국세청장은 남아 있는 과다 납부한 세액에서 청산소득(법 77조)에 대한 법인세 납부세액을 빼고 남은 금액을 즉시 환급하여

(2) 후발적 사유에 기한 경정청구

과세표준신고서를 법정신고기한까지 제출하였거나 법인세 과세표준 및 세액의 결정을 받은 법인은, 일정한 후발적 사유가 발생하였을 때에는, 국세기본법 제45조의2 제1항의 기간에도 불구하고, 그 사유의 발생을 안 날부터 3개월 이내에 경정을 청구할 수 있다.

위 각 경정청구를 받은 세무서장은, 그 청구를 받은 날부터 2개월 이내에 과세표준 및 세액을 경정하거나 경정하여야 할 이유가 없다는 뜻을 그 청구인에게 통지하여야 한다(국세기본법 45조의2 3항 본문).

법인이 **분식회계**에 따라 어느 사업연도에 소득을 과다 신고하고, 이를 상쇄하기 위하여 차기 사업연도 이후부터 소득을 과소신고하였는데, 과세관청이 그 차기 사업연도 이후의 기간에 대한 법인세를 증액경정한 경우, 법인은 소득이 과다 신고된 사업연도의 세액에 관하여 국세기본법 제45조의2 제1항에 따른 통상적 경정청구를 할 수는 있지만, 같은 조 제2항 제4호에 따른 후발적 경정청구를 할 수는 없다.[195]

---

2 납부와 원천징수

2-1. 납부

법인은, 과세표준 신고기한까지 각 사업연도의 소득에 대한 법인세 산출세액에서 다음 각 법인세액(가산세는 제외한다)을 공제한 금액을, 각 사업연도의 소득에 대한 법인세로서 납세지 관할 세무서, 한국은행(그 대리점을 포함한다) 또는 체신관서 등에 납부하여야 한다(법 64조 1항).[196]

① 해당 사업연도의 감면세액·세액공제액

② 중간예납세액

③ 수시부과세액

④ 원천징수된 세액

야 한다.

195) 대법원 2013. 7. 11. 선고 2011두16971 판결

196) 법인이 납부할 세액이 1,000만 원을 초과하는 경우에는, 다음 금액을 납부기한이 지난 날부터 1개월(중소기업의 경우에는 2개월) 내에 분납할 수 있다(법 64조 2항, 시행령 101조 2항).
  ① 납부할 세액이 2,000만 원 이하인 경우에는 1,000만 원을 초과하는 금액
  ② 납부할 세액이 2,000만 원을 초과하는 경우에는 그 세액의 50% 이하의 금액

2-2. 중간예납

2-2-1. 제도의 취지

중간예납은, 일정한 법인으로 하여금 사업연도의 일부인 중간예납기간에 대한 법인세 추산액을 납부하도록 하고, 이후 그 사업연도에 실제로 발생한 소득을 토대로 계산된 법인세 산출세액에서 중간예납세액을 공제하여 정산하는 제도를 말한다.

중간예납 제도는, 납세의무자인 법인의 입장에서는 조세부담을 분산시키고, 국가의 입장에서는 조세수입을 조기에 거둘 수 있으며, 조세의 징수를 확보하는 기능을 한다.

2-2-2. 중간예납의무자

사업연도의 기간이 6개월을 초과하는 법인은, 각 사업연도[197] 중 중간예납기간(해당 사업연도의 개시일부터 6개월이 되는 날까지)에 대한 법인세액(중간예납세액)을 납부할 의무가 있다(법 63조 1항 본문, 2항).[198]

2-2-3. 중간예납세액의 계산

중간예납세액은 다음의 두 가지 방법 중 하나를 선택하여 계산한다(법 63조의2 1항).[199]

① 직전 사업연도의 산출세액을 기준으로 하는 방법(법 63조의2 1항 1호)

$$중간예납세액 = (A - B - C - D) \times \frac{6}{E}$$

A : 해당 사업연도의 직전 사업연도에 대한 법인세로 확정된 세액(가산세를 포함하고, 토지 등 양도소득에 대한 법인세액 및 조특법 100조의32에 따른 투자·상생협력 촉진을 위한 과세특례를 적용하여 계산한 법인세액은 제외한다)

---

197) 합병이나 분할에 의하지 않고 새로 설립된 법인의 최초 사업연도는 제외된다.
198) 다만, 직전 사업연도의 중소기업으로서, 직전 사업연도의 산출세액을 기준으로 계산한 중간예납세액이 50만 원 미만인 법인은 중간예납세액의 납부의무가 없다(법 63조 1항 단서 및 2호).
199) 다만, 다음의 경우에는 다음 각 구분에 따라 중간예납세액이 계산된다(법 63조의2 2항).
　① 중간예납의 납부기한까지 중간예납세액을 납부하지 않은 경우(아래 ②에 해당하는 경우는 제외한다) : 직전 사업연도의 산출세액을 기준으로 하는 방법
　② 다음의 어느 하나에 해당하는 경우 : 해당 중간예납기간의 법인세액을 기준으로 하는 방법
　　㉮ 직전 사업연도의 법인세로 확정된 산출세액(가산세는 제외한다)이 없는 경우[유동화전문회사 등(법 제51조의2 1항) 및 프로젝트금융투자회사(조특법 104조의32 1항)은 제외한다]
　　㉯ 해당 중간예납기간 만료일까지 직전 사업연도의 법인세액이 확정되지 않은 경우
　　㉰ 분할신설법인 또는 분할합병의 상대방 법인의 분할 후 최초의 사업연도인 경우

합병법인이 합병 후 최초의 사업연도에 위 방법에 따라 계산한 중간예납세액을 납부하는 경우에는, 합병법인의 직전 사업연도 및 각 피합병법인의 합병등기일이 속하는 사업연도의 직전 사업연도를 모두 위 계산식의 '직전 사업연도'로 본다(법 63조의2 3항).

연결납세방식을 적용하지 않게 된 법인이 연결납세방식을 적용하지 않는 최초의 사업연도에 중간예납세액을 납부하는 경우에는, 직전 연결사업연도의 연결법인별 산출세액을 위 계산식의 '직전 사업연도에 대한 법인세로 확정된 산출세액'으로 본다(법 63조의2 4항).

② 해당 중간예납기간의 법인세액을 기준으로 하는 방법(법 63조의2 1항 2호)

중간예납세액 = A - B - C - D

A : 해당 중간예납기간을 1사업연도로 보고 계산한 과세표준에 법인세법 제55조를 적용하여 산출한 법인세액
B : 해당 중간예납기간에 감면된 법인세액(소득에서 공제되는 금액은 제외한다)
C : 해당 중간예납기간에 법인세로 납부한 원천징수세액
D : 해당 중간예납기간에 법인세로 부과한 수시부과세액

2-2-4. 중간예납세액의 납부와 징수

법인은 중간예납기간이 지난 날부터 2개월 이내에 중간예납세액을 관할 세무서 등에 납부하여야 한다(법 63조 3항).[200] 법인이 중간예납세액을 납부하지 않는 경우, 관할 세무서장은 그 미납된 중간예납세액을 국세징수법에 따라 징수하여야 한다(법 71조 2항 본문).[201] 중간예납기간 중 휴업 등의 사유로 수입금액이 없는 법인에 대하여 그 사실이 확인된 경우에는, 관할 세무서장은 해당 중간예납기간에 대한 법인세를 징수하지 않는다(법 63조의2 5항).

---

200) 법인이 납부할 중간예납금액이 1,000만 원을 초과하는 경우에는 법인세법 제64조 제2항을 준용하여 분납할 수 있다(법 63조 4항).
201) 다만, 중간예납세액을 납부하지 않은 법인이 법인세법 제63조의2 제2항 제2호에 해당하는 경우에는, 중간예납세액을 결정하여 국세징수법에 따라 징수하여야 한다(법 71조 2항 단서).

2-3. 원천징수

2-3-1. 원천징수의 의의와 기능

원천징수는, 납세의무자에게 과세대상소득을 지급하는 자가 그 소득 중 일부의 지급을 유보(withholding)하는 방법으로 세액을 징수하여 납세의무자 대신 과세관청에 납부하는 제도이다. 원천징수된 세액은 이후 납세의무자가 납부할 세액에서 차감되므로(법 64조 1항 4호) 원천징수는 원천납세의무자의 관점에서는 세액의 선납(先納)으로서 세액을 납부하는 방법의 일종으로 볼 수 있다. 원천징수는, 소득의 발생원천 단계에서 세액을 징수하므로 세원포착이 용이하고 탈세를 방지할 수 있으며, 지급유보의 방식으로 징수가 이루어지므로 세액의 징수비용이 낮은 장점이 있다.

2-3-2. 원천징수대상 소득

(1) 이자소득

원천징수대상인 이자소득(소득세법 16조 1항)은 ① 대통령령으로 정하는 금융회사 등이 아닌 법인의 이자소득(법 73조 1항 1문 및 1호)과 ② 위 금융회사 등의 이자소득 중에서 원천징수대상채권 등(법 73조의2 1항 전단)에서 생긴 것이다(시행령 111조 1항). 위 ②의 원천징수대상채권 등은, ㉮ 국가나 지방자치단체·내국법인·외국법인의 국내지점 등·외국법인이 발행한 채권 또는 채권 또는 증권(소득세법 제16조 제1항 제1호·제2호)과 ㉯ 타인에게 양도가 가능한 증권으로서 대통령령으로 정하는 것[202]을 말한다(소득세법 46조 1항). 금융보험업을 하는 법인이 지급받는 이자소득은 사업소득에 해당하지만,[203] 원천징수와 관련해서는 이자소득으로 취급된다(법 73조 1항 1호 괄호 안).

(2) 자본시장법상 투자신탁의 이익

집합투자기구(소득세법 17조 1항 5호) 중 자본시장법에 따른 투자신탁의 이익은 원천징수의 대상이다(법 73조 1항 2호).

---

202) "대통령령으로 정하는 것"은 ① 금융회사 등이 발행한 예금증서 및 이와 유사한 증서[해당 증서의 발행일부터 만기까지 계속하여 보유하는 예금증서(양도성예금증서는 제외한다, 소득세법 시행규칙 53조의2)는 제외한다], ② 어음(금융회사 등이 발행·매출 또는 중개하는 어음을 포함하며, 상업어음은 제외한다)을 말한다(소득세법 시행령 102조 1항).

203) 대법원 1991. 12. 24. 선고 91누384 전원합의체 판결

(3) 비과세·면제 소득 등의 원천징수 제외

법인세가 부과되지 않거나 면제되는 소득 등 대통령령으로 정하는 소득은 법인세의 원천징수대상에 포함되지 않는다(법 73조 4항, 시행령 111조 4항).

2-3-3. 원천징수의무자

(1) 소득의 지급자

법인에게 원천징수대상소득을 지급하는 자는 그 소득에 대한 법인세를 원천징수할 의무가 있다(법 73조 1항). 여기서 '소득을 지급하는 자'는 계약 등에 의하여 자신의 채무이행으로서 소득을 실제 지급하는 자를 의미한다.[204]

(2) 원천징수의무자의 대리인 또는 수임인

원천징수의무자를 대리하거나 그 위임을 받은 자의 행위는, 수권(授權) 또는 위임의 범위에서 본인 또는 위임인의 행위로 본다(법 73조 4항). 원천징수업무의 위임은 명시적 또는 묵시적으로 이루어질 수 있으나, 묵시적 위임을 인정하기 위해서는 명시적 위임과 동일시할 수 있을 정도의 위임 의사를 추단할 만한 사정이 있어야 한다.[205]

대통령령으로 정하는 금융회사 등이 내국법인(거주자를 포함한다)이 발행한 어음이나 채무증서를 인수·매매·중개 또는 대리하는 경우에는, 그 금융회사 등과 그 내국법인 간에 대리 또는 위임의 관계가 있는 것으로 본다(법 73조 5항). 외국법인이 발행한 채권 또는

---

204) ① 대법원 2009. 3. 12. 선고 2006두7904 판결(채무의 보증인이 채권자에게 이자를 지급한 경우 원천징수대상인 이자소득을 지급하는 자'에 해당한다), ② 대법원 2014. 12. 11. 선고 2011두8246 판결(원고가 A회사로부터 자금을 차용하였는데, B 회사가 원고의 동의를 얻어 피공탁자를 A로 하여 원고의 A에 대한 채무원리금을 공탁함으로써 원고의 채무를 대위변제하였고, B가 위 공탁금을 수령하자, 과세관청이 원고에게 위 공탁금에 포함된 이자에 대한 원천징수의무가 있음을 전제로 납부불성실가산세 등을 부과한 사안에서, 대법원은 A에게 실제로 위 이자를 지급한 것은 대위변제자인 B이고 원고가 아니므로, 원고는 원천징수의무자인 '소득금액을 지급하는 자'에 해당하지 않는다고 판단하였다), ③ 대법원 2018. 4. 24. 선고 2017두48543 판결 ④ 서울행정법원 2019. 9. 24. 선고 2018구합68476 판결(대출금채무의 담보를 위한 신탁의 수탁자인 신탁회사가 수익자에게 대출금의 이자에 해당하는 수익금을 지급한 경우, 자신의 채무이행으로서 이자소득을 직접 지급한 자에 해당한다), 서울고등법원 2021. 7. 21. 선고 2019누62316 판결(항소기각), 대법원 2021. 12. 16. 선고 2021두49505 판결(심리불속행)

205) ① 대법원 2014. 7. 24. 선고 2010두21952 판결(소득금액을 지급하여야 할 자를 대리하거나 그로부터 위임을 받아 원천징수대상 소득의 발생 원인이 되는 법률행위 등을 하고 그 소득금액을 지급한 경우, 원천징수업무의 묵시적 위임이 있었다고 봄이 당사자의 의사에 부합한다), 대법원 2014. 7. 24. 선고 2010두27479 판결, ② 대법원 2022. 7. 28. 선고 2019두33903 판결(원고인 비씨카드 주식회사가 미국 마스터카드사의 제휴회원인 국내 은행들을 대신하여 마스터카드사에 지급한 대행사업분 분담금에 관하여, 원천징수의무자인 위 은행들로부터 원천징수업무를 명시적 또는 묵시적으로 위임받았다고 보기 어렵다는 취지로 판단한 사례)

증권에서 발생하는 이자소득을 내국법인에 지급하는 경우에는, 국내에서 그 지급을 대리하거나 그 지급권한을 위임받거나 위탁받은 자가 그 소득에 대한 법인세를 원천징수하여야 한다(법 73조 6항). 자본시장법에 따른 신탁업자가 신탁재산을 직접 운용하거나 보관·관리하는 경우, 그 신탁업자와 원천징수대상 이자소득 또는 투자신탁의 이익을 신탁재산에 지급하는 자 간에 대리 또는 위임관계가 있는 것으로 본다(시행령 111조 7항).

2-3-4. 원천징수의 시기

원천징수의 시기는, 원천징수의무자가 소득자인 법인에게 소득금액을 지급하는 때이다(법 73조 1항). 이자소득금액의 지급시기는 원칙적으로 소득세법 시행령 제190조 각 호에 따른 날로 한다(시행령 111조 6항 본문). 다만, ① 전환사채를 주식으로 교환하는 경우 등은 해당 채권 등의 이자 등을 지급받는 것으로 보고(시행령 111조 5항), ② 각종 은행 등(시행령 61조 2항 1호부터 7호까지)이 일정한 조건(소득세법 190조 1항)의 어음을 발행하여 매출하는 경우에는 그 어음을 할인매출하는 날에 이자 등을 지급한 것으로 보아 원천징수한다(시행령 111조 6항 단서).

원천징수대상 이자소득 등이 자본시장법에 따른 투자신탁재산에 귀속되는 시점에는, 그 소득금액이 지급되지 않은 것으로 보므로, 원천징수의무가 발생하지 않는다(법 73조 3항). 자본시장법상 신탁업자가 운용하는 신탁재산에 귀속되는 소득금액은, 그 소득이 신탁에 귀속된 날부터 3개월 이내의 특정일(동일 귀속연도 이내로 한정한다)에(소득세법 155조의2[206]) 지급하는 것으로 보아 원천징수한다(시행령 111조 6항 단서).[207]

2-3-5. 원천징수세액

원천징수세액은, ① 이자소득의 경우 지급금액의 14%(비영업대금의 이익인 경우 지급금액의 25%[208]), ② 투자신탁의 이익의 경우 지급금액의 14%이다(법 73조 1항).

2025. 1. 1. 이후에는, 간접투자회사 등[209]이 내국법인에게 투자신탁이익을 지급하는

---

206) 소득세법은, 법인과세 신탁재산, 투자신탁 등을 제외한 특정금전투자신탁 등에 관하여, 원천징수대상 이자소득 및 배당소득이 신탁에 귀속된 날부터 3개월 이내의 특정일에 원천징수되어야 한다고 규정한다(소득세법 155조의2 1호).

207) 자본시장법상 신탁업자가 신탁재산을 직접 운용하거나 보관·관리하는 경우, 원천징수대상 소득을 신탁재산에 지급하는 자와 신탁업자 간에 대리 또는 위임관계가 있는 것으로 본다(시행령 111조 7항).

208) 다만, 「온라인투자연계금융업 및 이용자 보호에 관한 법률」에 따라 금융위원회에 등록한 온라인투자연계금융업자를 통하여 지급받는 이자소득에 대해서는 14%의 세율을 적용한다(법 73조 1항 단서).

209) '간접투자회사 등'은 다음의 어느 하나에 해당하는 것을 말한다(법 57조의2 1항 1호).
① 자본시장법에 따른 투자회사, 투자목적회사, 투자유한회사, 투자합자회사(기관전용 사모집합투자기구

경우, 그 금액에 대하여 간접투자외국법인세액(법 57조의2 1항 2호)이 납부된 때에는, '투자신탁이익에 대한 원천징수세액'을 한도로 위 금액에서 '간접투자외국법인세액을 세후기준가격을 고려하여 대통령령으로 정하는 바에 따라 계산한 금액'을 뺀 금액을 원천징수한다(법 73조 2항).

2-3-6. 채권 등의 보유기간에 따른 이자 등에 대한 원천징수의 특례

(1) 개요

내국법인이 소득세법 제46조 제1항의 채권 등 또는 투자신탁의 수익증권('원천징수대상채권 등')을 타인에게 매도하는 경우, 그 내국법인은 원천징수대상채권 등의 보유기간에 따른 이자, 할인액 및 투자신탁이익('이자 등')의 금액에 14%의 세율을 적용하여 계산한 금액에 상당하는 법인세[210]를 원천징수할 의무가 있다(법 73조의2 1항 전문).

소득세법 제46조 제1항의 **'채권 등'**은, ① 소득세법 제16조 제1항 제1호·제2호·제5호 및 제6호에 해당하는 채권 또는 증권[211]과 ② 타인에게 양도가 가능한 증권으로서 대통령령으로 정하는 것[212]을 말한다. 그리고 **'매도'**는 중개·알선과 대통령령으로 정하는 경우[213]를 포함하되, 환매조건부 채권매매 등 대통령령으로 정하는 경우는 제외한다. 법인세법은, 피합병법인이 그 자산을 합병법인에게 '양도'한 것으로 간주하므로(법 44조 1항), 피합병법인의 원천징수대상채권 등이 합병법인에게 이전된 경우도 '매도'에 해당하고, 그

는 제외한다), 투자유한책임회사, 투자신탁, 투자합자조합 및 투자익명조합
② 부동산투자회사법에 따른 기업구조조정 부동산투자회사 및 위탁관리 부동산투자회사
③ 법인과세 신탁재산

210) 1,000원 이상인 경우만 해당한다.

211) 소득세법 제16조(이자소득)
① 이자소득은 해당 과세기간에 발생한 다음 각 호의 소득으로 한다.
1. 국가나 지방자치단체가 발행한 채권 또는 증권의 이자와 할인액
2. 내국법인이 발행한 채권 또는 증권의 이자와 할인액
5. 외국법인의 국내지점 또는 국내영업소에서 발행한 채권 또는 증권의 이자와 할인액
6. 외국법인이 발행한 채권 또는 증권의 이자와 할인액

212) 소득세법 시행령 제102조(채권등의 범위등)
① 법 제46조 제1항에서 "대통령령으로 정하는 것"이란 이자 또는 할인액을 발생시키는 증권(다음 각 호의 증권을 포함하는 것으로 하되, 법률에 따라 소득세가 면제된 채권 등은 제외한다)을 말한다.
1. 금융회사 등이 발행한 예금증서 및 이와 유사한 증서. 다만, 기획재정부령으로 정하는 것은 제외한다.
2. (삭제)
3. (삭제)
4. 어음(금융회사 등이 발행·매출 또는 중개하는 어음을 포함하며, 상업어음은 제외한다)

213) 채권의 매도는, 법인의 고유재산에서 취득하여 보유하는 채권 등을 법인이 관리하는 재산으로 유상이체하는 경우와, 관리하는 재산 간에 유상이체하는 경우 및 관리하는 재산에서 고유재산으로 유상이체하는 경우를 포함한다. 다만, 기획재정부령이 정하는 경우에는 그렇지 않다(시행령 113조 3항).

경우 피합병법인은 원천징수의무를 부담하며,[214] 이는 적격합병의 경우에도 마찬가지라고 보아야 할 것이다.[215]

내국법인이 원천징수대상채권 등을 타인에게 매도하는 경우 그 법인을 원천징수의무자로 보고(법 73조의2 1항 후문), 원천징수의무자인 내국법인이 납부한 법인세액에 대하여 해당 법인을 납세의무자로 본다(법 74조 2항). 따라서 내국법인은 위 이자 등에 대한 법인세에 관하여 납세의무자임과 동시에 원천징수의무자에 해당한다.

(2) 보유기간 이자 상당액의 계산

채권 등에 대한 보유기간에 따른 이자 등은, 채권의 액면가액 등에 ① 채권 등을 보유한 기간[216]과 ② 적용이자율[217]을 적용하여 계산한 금액으로 한다(시행령 113조 2항).[218]

자본시장법에 따른 집합투자증권 중 소득세법 시행령 제26조의2 제4항의 증권을 취득한 법인이 투자신탁이익의 계산기간 중도에 매도(집합투자업자가 취득하여 매도하는 증권

---

214) 원천세과-758, 2011. 11. 22.
215) 김동수·황남석·이민규, 조직재편세제의 이론과 실무, 90쪽 ; 적격분할의 경우에도 자산의 '양도'는 의제되고, 다만 피합병법인의의 양도가액을 순자산 장부가액과 동일하게 정함으로써(법 44조 2항) 양도소득이 발생하지 않게 하는 것에 불과하다.
216) 채권 등을 보유한 기간은 다음과 같다(시행령 113조 2항 1호 가목).
　① 채권 등의 보유기간 원천징수대상채권 등의 이자를 지급받기 전에 매도하는 경우에는 당해 채권 등을 취득한 날 또는 식선 이자소득금액의 계신기간 종료일의 다음 날부터 매도하는 날(매도하기 위하여 알선·중개 또는 위탁하는 경우에는 실제로 매도하는 날)까지의 기간. 다만, 취득한 날 또는 직전 이자소득금액의 계산기간 종료일부터 매도하는 날 전일까지로 기간을 계산하는 약정이 있는 경우에는 그 기간으로 한다.
　② 채권 등의 이자소득금액을 지급받는 경우에는 당해 채권 등을 취득한 날 또는 직전 이자소득금액의 계산기간 종료일의 다음 날부터 이자소득금액의 계산기간 종료일까지의 기간. 다만, 취득한 날 또는 직전 이자소득금액의 계산기간 종료일부터 매도하는 날 전일까지로 기간을 계산하는 약정이 있는 경우에는 그 기간으로 한다.
217) 적용이자율은 다음과 같다(시행령 113조 2항 2호).
　① 당해 채권등의 이자계산기간에 대하여 약정된 이자계산방식에 의한 이자율에 발행시의 할인율을 가산하고 할증률을 차감한 이자율. 다만, 공개시장에서 발행하는 「소득세법 시행령」 제22조의2 제1항 및 제2항의 채권의 경우에는 발행시의 할인율과 할증률을 가감하지 않는다.
　② 만기상환일에 각 이자계산기간에 대한 보장이율을 추가로 지급하는 조건이 있는 전환사채·교환사채 또는 신주인수권부사채의 경우에는 가목의 이자율에 당해 추가지급이율을 가산한 이자율. 다만, 전환사채 또는 교환사채를 주식으로 전환청구 또는 교환청구한 경우로서 이자지급의 약정이 있는 경우에는 전환청구일 또는 교환청구일부터는 기획재정부령이 정하는 바에 따라 당해 약정이자율로 한다.
218) 대법원 2017. 12. 22. 선고 2014두2256 판결은, 구 법인세법(2008. 12. 26. 개정되기 전의 것) 제73조 제8항 등에서는 채권을 취득하여 보유한 기간에 발생한 소득으로서 채권 등의 이자에 대한 원천징수대상이 되는 소득을 '채권의 액면가액 × 보유기간 × 적용이자율'의 산식에 의해 획일적으로 계산하도록 규정함으로써 보유기간별 이자상당액의 총액에 대한 원천징수의 실효성을 확보하고 있는 사정을 고려하면, 위 규정에 따라 원천징수의무를 부담하는 법인은 채권이 타인에게 매도되는 시점에 위 산식에 따라 계산한 금액을 채권의 보유기간 이자상당액에 대한 원천징수대상금액으로 보아 원천징수를 할 의무가 있고, 이는 해당 채권이 매도되는 과정에서 채권의 처분손실이 발생하였다고 하여 달리 볼 수 없다고 판시하였다.

의 경우를 포함한다)한 경우의 보유기간 이자 상당액은, 소득세법 시행령 제26조의2 제4항부터 제10항까지의 규정에 의하여 계산한다(시행령 113조 5항).

2-3-7. 원천징수세액의 납부

원천징수의무자는 원천징수한 법인세를 징수일이 속하는 다음 달 10일까지 관할 세무서 등에 납부하여야 한다(법 73조 1항, 73조의2 1항 전문).[219]

2-3-8. 원천징수세액의 산출세액 공제

(1) 원칙

원천징수대상소득에 대한 법인세로서 원천징수된 금액은 법인세 산출세액에서 공제된다(법 64조 1항 4호, 74조 2항). 소득의 지급 당시 원천징수된 세액은, 이후 원천징수의무자가 이를 관할 세무관서에 납부하지 않았더라도, 원천납세의무자의 법인세 산출세액에서 공제된다.[220]

법인이 선이자지급방식의 채권 등을 취득한 후 사업연도가 종료되어 원천징수된 세액을 전액 공제하여 법인세를 신고하였으나, 그 후의 사업연도 중 해당 채권 등의 만기상환일이 도래하기 전에 이를 매도함으로써, 해당 사업연도 전에 공제한 원천징수세액이 보유기간 이자상당액에 대한 세액을 초과하는 경우에는, 그 초과하는 금액을 해당 채권 등을 매도한 날이 속하는 사업연도의 법인세에 가산하여 납부하여야 한다(법 74조 6항).

(2) 원천징수세액이 과대 또는 과소 징수된 경우

원천징수의무자가 정당한 원천징수세액보다 과대 또는 과소하게 원천징수를 한 경우, 원천납세의무자인 법인의 기납부세액으로 공제되는 금액은, [㉮ 정당한 원천징수세액의 범위 내에서 ㉯ ㉠ 실제로 원천징수된 금액과 ㉡ 납부된 세액 중 큰 금액][221]이라고 보아야 한다. 그 이유는 다음과 같다.

① 원천징수의무자가 원천납세의무자에게 소득을 지급하면서 정당한 원천징수세액의 지급을 유보하여 원천징수를 하였다면, 그 납부 여부와 관련한 위험을 원천납세의무

---

219) 직전 연도의 상시고용인원이 20인 이하인 원천징수의무자(금융보험업을 영위하는 법인을 제외한다)로서, 관할 세무서장으로부터 원천징수세액을 반기별로 납부할 수 있도록 승인을 얻거나 국세청장이 지정하는 바에 따라 지정을 받은 자는, 원천징수한 법인세를 그 징수일이 속하는 반기(半期)의 마지막 달의 다음 달 10일까지 납부할 수 있다(법 73조 7항, 시행령 115조 2항).

220) 대법원 1984. 4. 10. 선고 83누540 판결

221) 즉, Min[㉮ 정당한 원천징수세액, ㉯ Max(㉠ 실제로 원천징수된 금액, ㉡ 납부된 세액)]

자에게 지우는 것은 불합리하므로, 이후 그 원천징수세액이 국가에 납부되지 않거나 그 일부만 납부되었더라도(정당세액 = 원천징수금액 > 납부금액), 적법하게 원천징수 된 세액은 원천납세의무자의 기납부세액으로 공제되어야 한다.[222]

② 원천징수의무자가 원천납세의무자에게 소득을 지급하면서 원천징수를 누락하였거나, 원천징수할 세액에 미달하는 금액을 원천징수하여 납부한 경우에는, 정당한 원천징수세액 중 납부되지 않은 금액은 원천납세의무자의 기납부세액으로 공제되지 않는다.[223] 그러나 원천징수의무자가 원천징수를 누락하였거나 과소하게 원천징수 하였더라도 징수처분 등에 따라 정당한 원천징수세액을 전부 납부한 경우에는(원천 징수금액 < 납부금액 = 정당세액), 원천징수의무자는 국가에 대하여 그 원천징수세 액의 반환을 청구할 수 없고, 국가로서도 납부받은 원천징수세액을 원천납세의무자 의 산출세액에서 공제해주지 않을 이유가 없으므로, 그 납부된 원천징수세액은 원천 납세의무자의 산출세액에서 공제되어야 한다. 그리고 그 금액만큼 원천징수의무자 는 원천납세의무자에게 과다하게 지급한 것이므로, 원천납세의무자에 대하여 구상 할 수 있다.

③ 정당한 원천징수세액을 초과하는 금액이 원천징수되어 국가에 납부된 경우(원천징수 금액 = 납부금액 > 정당세액), 원천납세의무자가 기납부세액으로 인정되는 금액은 정 당한 원천징수세액에 한정된다고 보아야 한다.[224] 그 이유는 다음과 같다. ㉮ 정당한 원천징수세액을 초과하는 납부된 금액이 원천납세의무자의 기납부세액으로 인정되 려면, 그 금액이 원천납세의무자의 법인세 신고납부 시 기납부세액으로 공제되었거 나 공제될 수 있는 경우 원천징수의무자의 경정청구가 부정되어야 할 것이다. 그러 나 국세기본법은, 원천징수의무자가 과다 납부한 원천징수세액의 경정청구를 하기 위한 요건으로 원천납세의무자의 기납부세액 공제 여부를 전혀 언급하지 않는다(국 세기본법 45조의2 4항).[225] 그리고 ㉯ 정당한 원천징수세액을 초과하여 납부된 금액에 대하여 원천납세의무자가 경정청구를 하고 그것이 받아들여지더라도, 그 환급청구권

---

222) 대법원 1984. 4. 10. 선고 83누540 판결
223) 대법원 2001. 12. 27. 선고 2000두10649 판결 ; 이 경우에도 원천납세의무자의 기납부세액으로 공제되어 야 한다는 견해로 김완석·정지선, 소득세법론(2019), 824쪽
224) 행정해석은, 원천징수대상이 아닌 소득에 대하여 원천징수된 세액은, 법인세 산출세액에서 공제되는 기 납부세액에 해당하지 않는다고 본다(기본통칙 64-0…1 ①). ; 과다하게 납부된 원천징수세액을 원천납 세의무자의 기납부세액으로 공제할 수 있다는 견해로 이창희, 세법강의(2020), 207쪽
225) 정당한 원천징수세액을 초과하여 납부된 금액에 관하여 원천납세의무자가 기납부세액으로 공제받는 경 우 원천징수의무자의 경정청구를 불허하는 것은, 현행세법상으로는 그 근거가 부족하고, 입법론으로는 고려할 수 있다.

은 원천징수의무자에게 속한다.[226)227)] 이는, 정당한 원천징수세액을 초과하여 납부된 금액에 대하여는, 원천징수에 따른 세법적 효과가 인정되지 않거나 제한적으로만 인정되어야 함을 뒷받침한다.[228)]

---

226) 대법원 2016. 7. 14. 선고 2014두45246 판결

227) 원천징수한 법인세액 또는 소득세액이 각 사업연도의 소득에 대한 법인세액 또는 종합소득 총결정세액 등을 초과하는 경우 그 초과하는 세액을 다른 국세 등에 충당하여야 한다는 규정(법 71조 3항, 소득세법 85조 4항)은, 그 원천징수가 정당한 원천징수세액이 범위 내에서 이루어진 경우를 전제로 하는 것으로 보아야 한다.

228) 종래의 대법원 판례는, 과다 원천징수한 세액이 납부된 경우 국가는 이를 납부받는 순간 아무런 법률상의 원인 없이 보유하는 부당이득이 된다고 보았다(대법원 2002. 11. 8. 선고 2001두8780 판결). 이후 2003. 12. 30. 국세기본법의 개정으로 원천징수의무자 및 원천납세의무자의 경정청구에 관한 규정이 신설되었다. 이와 관련하여 위 국세기본법 개정 이후에는 경정청구의 배타성 등을 이유로 원천징수의무자의 부당이득반환청구가 허용되지 않는다는 견해가 있다[이창희, 세법강의(2020), 209쪽 주) 259 및 임승순, 조세법(2020), 205쪽 ; 이준봉, 조세법총론(2015), 434쪽은 오납금과 과납금을 구별하여 전자의 경우에는 부당이득반환청구를 인정하지만, 후자의 경우에는 부정한다]. 그러나 국가가 과다하게 납부받은 원천징수세액이 부당이득에 해당하지 않으려면 이를 보유할 법률상의 원인(민법 제741조)이 있어야 하는데, 경정청구 제도의 존재가 그러한 법률상의 원인에 해당할 수 있는지는 의문이다. 윤병각, 조세법상 경정청구 개정판, 박영사(2021), 405쪽도 경정청구의 배타성을 부정한다. 만일 원천징수의무자가 국세기본법상 경정청구와 관계없이 여전히 국가를 상대로 초과 납부한 원천징수세액에 관하여 부당이득반환을 구할 수 있다고 본다면, 그와 같이 원천징수의무자에게 부당이득으로 반환되어야 할 금액을 원천납세의무자의 기납부세액으로 공제하는 것은 더욱 곤란할 것이다.

제6장

세액의 결정 · 경정 및 징수

제 1 절

과세표준 및 세액의 결정 · 경정

1 결정 · 경정의 의의

법인세의 과세표준과 세액은 납세의무자인 법인의 신고에 의하여 확정된다(신고납세방식, 국세기본법 22조 2항 본문 및 2호). 법인이 법정신고기한까지 과세표준신고를 하지 않거나, 신고를 하였으나 오류나 누락이 있는 등 불완전한 경우에는, 과세관청이 정당한 과세표준 및 세액을 결정하거나 경정한다(법 66조 1, 2항). 이에 따라 법인세 납세의무가 새롭게 확정되거나 기존의 신고에 의하여 확정된 납세의무가 경정된다(국세기본법 22조 2항 단서). 이와 같이 과세관청의 결정 · 경정은, 법인의 과세표준 및 세액의 신고를 보충 · 보완함으로써 신고납세방식의 실효성을 유지하는 기능을 한다.

2 과세표준 및 세액의 산정방법

2-1. 실지조사

(1) 실지조사의 원칙

관할 세무서장 또는 지방국세청장은, 법인세 과세표준과 세액을 결정 또는 경정하는 경우 원칙적으로 장부나 그 밖의 증명서류를 근거로 하여야 한다(법 66조 3항 본문).[1] 과세관

---

1) 납세의무자가 세법에 따라 장부를 갖추어 기록하고 있는 경우에는 해당 국세 과세표준의 조사와 결정은

청의 결정 또는 경정은, 과세표준신고서 및 그 첨부서류에 의하거나 비치기장된 장부 또는 그 밖의 증명서류에 의한 실지조사에 의함을 원칙으로 한다(시행령 103조 2항). 수입금액을 추계조사하는 경우에도, 비용을 법인의 장부나 그 밖의 증명서류에 의하여 실지조사할 수 있는 경우에는, 그 비용을 실지조사하여 과세표준을 결정 또는 경정하여야 한다(시행령 105조 2항).

(2) 실지조사의 근거자료

납세의무자의 신고내용에 오류 또는 탈루가 있어 이를 경정할 때는, 장부나 증명서류에 의함이 원칙이지만, 진정성립과 내용의 합리성이 인정되는 다른 자료에 의하여 그 신고내용에 오류 또는 탈루가 있음이 인정되고 실지조사가 가능한 때에는 그 다른 자료에 의하여서도 이를 경정할 수 있다.[2]

(가) 수사 또는 세무조사 과정에서 작성된 자료

① 수사 또는 세무조사 과정에서 작성된 자료들은, 그 작성의 경위 및 내용을 검토하여 당사자나 관계인의 자유로운 의사에 반하여 작성된 것[3]이 아니고 그 내용 또한 과세자료로서 합리적이어서 진실성이 있다고 인정되는 경우에는, 실지조사의 근거가 될 수 있는 다른 자료의 하나로 삼을 수 있다.[4]

② 납세의무자가 제출한 가공거래임을 자인하는 확인서에 가공거래의 구체적 내용이 들어 있지 않아 그 증거가치를 쉽게 부인할 수 없을 정도의 신빙성이 인정되지 아니한다면, 이는 실지조사의 근거로 될 수 있는 장부 또는 증빙서류에 갈음하는 다른 자료에 해당되지 않는다.[5]

그 장부와 이에 관계되는 증거자료에 의하여야 한다(국세기본법 16조 1항).

2) 대법원 1998. 7. 10. 선고 96누14227 판결

3) 대법원 1986. 3. 11. 선고 85누867 판결(납세의무자가 과세관청이 주장하는 소득액을 시인하는 취지의 각서나 신고서를 작성·제출하였다 하더라도, 그것이 합리적이고 타당한 사실에 근거를 둔 것이 아니라 그 소득사실을 부인하는 경우 형사상 또는 세무처리상 불이익이 있을 것을 두려워하여 과세관청의 일방적이고 억압적인 강요로 인하여 자유로운 의사에 반하여 시인한 것에 지나지 않는다면, 이러한 각서나 신고서는 그 작성경위에 비추어 성립과 내용이 진정한 과세자료라고 볼 수 없으므로 과세처분의 적법성을 뒷받침하는 자료가 될 수 없다고 본 사례) ; 대법원 1987. 3. 10. 선고 86누566 판결(원고에 대한 종합소득세 부과처분의 근거가 된 원고의 종합소득세 신고서나 각서가 과세관청 내지 그 상급관청의 일방적이고, 억압적인 강요로 말미암아 원고의 자유로운 의사에 반하여 별다른 합리적이고, 타당한 근거도 없이 작성제출된 것인 경우, 이러한 신고서나 각서는 그 작성경위에 비추어 성립과 내용이 진정한 과세자료라고 볼 수 없으므로 이러한 과세자료에 터잡은 이 사건 부과처분의 하자는 중대한 하자이고, 위와 같은 과세자료의 성립과정에 직접 관여하여 그 경위를 잘 아는 과세관청에 대한 관계에 있어서 객관적으로 명백한 하자이므로, 위 부과처분은 당연무효라고 판단한 사례)

4) 대법원 1991. 12. 10. 선고 91누4997 판결, 대법원 2007. 10. 26. 선고 2006두16137 판결, 대법원 2012. 9. 27. 선고 2010두14329 판결

5) 대법원 1991. 12. 10. 선고 91누4997 판결, 대법원 1998. 7. 10. 선고 96누14227 판결

③ 수사기관 또는 과세관청의 조사과정에서 작성된 납세의무자 아닌 자의 진술이 기재된 전말서 등은, 그 진술내용에 부합하는 증빙자료가 있거나 납세의무자에 대한 사실확인 등의 보완조사가 이루어진 경우가 아니라면, 납세의무자 아닌 자의 일방적 진술을 기재한 것에 불과하여, 다른 특별한 사정이 없는 한 이를 납세의무자에 대한 과세자료로 삼을 수 없다.[6]

(나) 금융기관 계좌

실지조사의 방법에는, 그것이 실제의 수입을 포착하는 방법으로서 객관적이라고 할 수 있는 한 특별한 제한이 없으므로, 납세의무자의 금융기관계좌에 입금된 금액을 조사하는 방법으로 납세의무자의 총수입액을 결정한 것은 객관성이 있는 적법한 실지조사방법에 속한다.[7]

납세의무자의 금융기관 계좌에 입금된 금액이 매출이나 수입에 해당하고, 그것이 신고에서 누락된 금액이라는 과세요건사실은 과세관청이 증명하여야 하는 것이 원칙이다. 납세의무자의 금융기관 계좌에 입금된 금액이 매출이나 수입에 해당한다는 것은, 구체적인 소송과정에서 경험칙에 비추어 이를 추정할 수 있는 사실을 밝히거나 이를 인정할 만한 간접적인 사실을 밝히는 방법으로도 증명할 수 있고, 이는 납세의무자가 차명계좌를 이용한 경우에도 마찬가지이다. 이때 그와 같이 추정할 수 있는지 여부는, 해당 금융기관 계좌에 입금된 금액에 관한 여러 사정들을 종합하여 판단하여야 한다.[8][9]

(다) 전산자료

납세의무자의 컴퓨터에서 발견된 전산자료로서 상당한 기간에 걸쳐 관리된 것은, 그 신빙성이 높으므로, 실지조사에 따른 과세의 근거로 될 수 있다.[10]

---

6) 대법원 2009. 7. 9. 선고 2009두5022 판결
7) 대법원 2004. 4. 27. 선고 2003두14284 판결
8) 대법원 2017. 6. 29. 선고 2016두1035 판결은 고려하여야 할 사정으로 ① 해당 금융기관 계좌가 과세대상 매출이나 수입에 관한 주된 입금·관리계좌로 사용되었는지, ② 입금 일자나 상대방 및 금액 등에 비추어 매출이나 수입에 해당하는 외형을 가지고 있는지, ③ 그 계좌의 거래 중에서 매출이나 수입 관련 거래가 차지하는 비중, ④ 반대로 매출이나 수입이 아닌 다른 용도의 자금이 혼입될 가능성 및 그 정도 등을 든다.
9) 대법원 2015. 6. 23. 선고 2012두7776 판결은, 변호사업을 영위하는 원고의 계좌에 입금된 금액이 종합소득세 신고에서 누락된 수임료인지 여부가 문제된 사건에서, 납세의무자의 금융기관 계좌가 매출이나 수입에 관한 주된 입금·관리계좌로서 그에 입금된 금액이 매출이나 수입에 해당한다고 추정할 수 있는 경우라 하더라도, 개별적인 입금이나 일정한 유형의 입금이 그 일자, 액수, 거래상대방 및 경위 등과 아울러 경험칙에 비추어 이미 신고한 매출이나 수입과 중복되는 거래이거나 매출이나 수입과 무관한 개인적인 거래로 인정될 수 있는 특별한 사정이 있는 경우에는, 이를 신고가 누락된 매출이나 수입에 해당한다고 쉽게 단정할 수는 없다고 판단하였다.
10) 광주지방법원 2021. 3. 25. 선고 2019구합13527 판결, 광주고등법원 2022. 1. 27. 선고 2021누10742 판결 (항소기각), 대법원 2022. 6. 27. 선고 2022두36261 판결(심리불속행)

(3) 비용의 증명

법인세 과세처분 취소소송에서 과세근거인 과세표준의 증명책임은 과세관청에게 있고,[11] 비용의 증명책임도 마찬가지이다.[12] 대법원은, 과세표준에 대한 입증자료의 대부분이 납세의무자에게 있는 점, 과세관청의 증명곤란 등을 고려하여, 일정한 경우 비용의 존재에 관한 증명의 필요를 납세의무자에게 돌림으로써 과세관청의 증명책임을 완화한다.[13]

① 납세의무자가 증명활동을 하지 않고 있는 필요경비는 부존재하는 것으로 사실상 추정되고, 납세의무자에게 그 존재에 대한 증명의 필요성이 있다.[14]

② 납세의무자가 신고한 어느 손금의 용도나 지급의 상대방이 허위라거나 손금으로 신고한 금액이 손비의 요건을 갖추지 못하였다는 사정이 과세관청에 의하여 상당한 정도로 증명된 경우에는,[15] 증명의 난이, 공평의 관념 등에 비추어 그러한 비용이 실제로 지출되었다거나 다른 사정에 의하여 손비의 요건이 충족된다는 점에 관한 증명의 필요는 납세의무자에게 돌아간다.[16]

③ 비용에 대한 증명의 필요를 납세의무자에게 돌리는 경우는, 과세관청에 의하여 납세의무자가 신고한 어느 비용의 용도와 지급의 상대방이 허위임이 상당한 정도로 증명된 경우 등을 가리키고, 그러한 증명이 전혀 없는 경우에까지 납세의무자에게 비용에 대한 증명의 필요를 돌릴 수는 없으므로, 과세관청이 그러한 증명을 하지 못한 경우에는 납세의무자가 신고한 비용을 함부로 부인할 수 없다.[17]

④ 누락된 매출금액에 대응하는 매출원가 등은, 기말의 매출원가 등의 계산과정을 통하여 이미 손금에 포함되어 있는 것이 일반적이므로, 법인이 그러한 비용을 추가로 손금에 산입하기 위해서는 그 비용이 과세표준 신고 시 계상된 손금에 포함되지 않았음을 입증하여야 하고, 이 경우 총손금의 결정방법과는 달리 그 수입누락 부분에 대응하는 손금만을 실지조사가 아닌 추계조사방법에 의하여 산출·공제할 수는 없

---

11) 대법원 2004. 9. 23. 선고 2002두1588 판결 등
12) 대법원 1984. 7. 24. 선고 84누8 판결
13) 이준명, "조세소송에 있어서의 입증책임", 재판자료 : 조세법실무연구(조세법커뮤니티 연구자료집) 제115집(2008), 법원도서관, 265~270쪽
14) 대법원 1988. 5. 24. 선고 86누121 판결, 대법원 2004. 9. 23. 선고 2002두1588 판결
15) 그 대표적인 예는 납세의무자가 신고한 비용 중 일부에 관한 세금계산서가 실물거래 없이 허위로 작성된 것이 판명된 경우이다(대법원 1997. 9. 26. 선고 96누8192 판결, 대법원 2005. 6. 10. 선고 2004두14168 판결, 대법원 2009. 8. 20. 선고 2007두1439 판결, 대법원 2010. 10. 28. 선고 2010두11108 판결).
16) 대법원 2014. 8. 20. 선고 2012두23341 판결(내국법인인 원고가 미국 모회사의 출자로 설립된 또 다른 미국법인에게 지급한 경영자문료가 원고의 사업과 관련하여 발생하였다거나 원고의 수익과 직접 관련된 것으로 보이지 않는다고 판단한 사례)
17) 대법원 1999. 1. 15. 선고 97누15463 판결, 대법원 2015. 6. 23. 선고 2012두7776 판결

다.[18] 법인이 소득금액의 산정 시 손금에 산입한 비용 중 일부가 허위임이 밝혀지더라도, 법인이 그 금액이 다른 비용으로 사용되었음을 입증하는 경우, 이는 손금에 산입될 수 있다.[19]

📖 과세요건의 증명책임에 관한 입법례

① 미국 세법의 경우, 당초 과세요건사실의 증명책임에 관한 규정이 없었으나, 미국 법원은 일찍부터 부족세액 통지(notice of deficiency)에 대하여 적법성의 추정(presumption of correctness)을 인정하였고[Welch v. Helvering, 290 U.S. 111 (1933)], 이에 따라 납세자가 그 위법성의 입증책임을 부담하였다. 이후 1998년 신설된 조항에 따르면, 납세자가 신뢰할 만한 증거(credible evidence)를 제출한 때 등 일정한 사유가 있는 경우에는 국세청장이 과세요건사실에 관한 입증책임을 부담한다[IRC § 7491(a)].

② 독일 세법의 경우, 과세요건사실의 증명책임에 관한 규정이 없고, 독일 연방재정법원은 민사소송의 증명책임 분배기준인 법률요건분류설(Normenbegünstigungstheorie)에 따르며, 이에 의하면, 조세채권자(과세관청)는 조세채권을 근거지우거나 증액하는 사실에 대한 증명책임을 지고, 조세채무자(납세의무자)는 조세채무를 면제 또는 감액하는 사실에 대한 증명책임을 진다.[20] 그 결과 필요경비 등의 증명책임은 납세의무자가 부담한다.[21]

③ 우리나라의 경우, 세법에 과세요건사실의 증명책임에 관한 규정이 없으나, 행정소송의 일종인 조세소송에 민사소송법이 준용된다(행정소송법 8조 2항). 일반적 행정처분의 효과와 비교할 때 조세채권은 공법상 금전채권으로서 민법상 금전채권과 상당한 유사성이 있다. 이러한 점을 고려하면, 세법상 과세요건사실의 증명책임이 민사소송의 법률요건분류설에 따라 분배된다고 해석하는 것도 가능하다. 대법원은, 과세표준(특히 필요경비)의 증명책임이 과세관청에게 있다고 함으로써 법률요건분류설을 배척하였으나,[22] 일정한 경우 소극적 과세요건사실인 필요경비의 존재에 관한 입증의 필요를 납세의무자에게 부담시킴으로써 실제로는 법률요건분류설에 일부 접근하고 있다.

(4) 실지조사의 방법 등

법인세에 관한 사무에 종사하는 공무원은, 그 직무수행에 필요한 경우에는, 납세의무자 등에 대하여 질문하거나 해당 장부·서류 또는 그 밖의 물건을 조사하거나 그 제출을 명할 수 있다(법 122조 전문). 국세청장은, 특수관계인 및 지배주주 등의 판단을 위하여 필요한 경우에는 법원행정처장에게 가족관계의 등록 등에 관한 법률 제11조 제4항에 따른 등록전산정보자료를 요청할 수 있다(법 122조의2 전문).

---

18) 대법원 2003. 11. 27. 선고 2002두2673 판결
19) 대법원 1998. 5. 8. 선고 96누6158 판결
20) Tipke/Lang, 22장 문단 191, p.1224
21) 신호영, "조세소송에서의 증명책임 분배방안에 대한 연구", 안암 법학 Vol. 36, 안암법학회(2011), 147쪽
22) 대법원 1984. 7. 24. 선고 84누8 판결, 대법원 2004. 9. 23. 선고 2002두1588 판결

2-2. 추계(推計)

법인의 장부 또는 증명서류가 없어서 과세표준을 실지조사할 수 없는 경우에 관하여 세법은 추계조사의 방법을 규정한다.

2-2-1. 추계의 요건

다음의 어느 하나에 해당하는 사유로 인하여 장부나 그 밖의 증명서류에 의하여 소득금액을 계산할 수 없는 경우이어야 한다(법 66조 3항, 시행령 104조 1항).

① 소득금액을 계산할 때 필요한 장부 또는 증명서류가 없거나 중요한 부분이 미비 또는 허위인 경우

② 기장의 내용이 시설규모, 종업원수, 원자재·상품·제품 또는 각종 요금의 시가 등에 비추어 허위임이 명백한 경우

③ 기장의 내용이 원자재사용량·전력사용량 기타 조업상황에 비추어 허위임이 명백한 경우

추계의 요건이 충족되어 추계과세의 필요성이 있다는 점의 증명책임은 과세관청에게 있다.[23] 실지조사에 의한 부과처분이 추계과세에 의한 부과처분보다 불리하다거나 납세자 스스로 추계의 방법에 의한 조사결정을 원한다는 사유만으로 추계조사의 요건이 갖추어진 것으로 볼 수 없다.[24]

과세관청이 과세처분 당시에는 장부 또는 증명서류를 제출받지 못하여 추계과세를 할 수 밖에 없었더라도, 이후 그 과세처분의 취소소송의 계속 중 법인의 장부 또는 증명서류가 존재하는 것으로 밝혀졌다면, 과세관청은 그 장부 등을 기초로 실지조사의 방법에 의하여 과세표준을 결정하여야 한다.[25] 이 경우 법원은, 추계의 요건이 흠결되었다는 이유로 곧바로 추계방법에 따른 과세처분을 취소할 것이 아니라, 실지조사방법에 의하여 산출되는 정당한 세액을 심리하여, 그 세액이 추계방법에 따라 부과된 세액보다 많은 경우에는 추계방법에 따른 과세처분을 취소해서는 안 되고, 추계방법에 따라 부과된 세액이 정당한 세액을 초과하는 경우 그 초과부분에 한하여 취소하여야 한다.[26]

---

23) 대법원 1983. 11. 22. 선고 83누444 판결
24) 대법원 1995. 8. 22. 선고 95누2241 판결, 대법원 1999. 1. 15. 선고 97누20304 판결, 대법원 2012. 9. 13. 선고 2011두9560 판결
25) 대법원 1986. 12. 9. 선고 86누516 판결, 대법원 1988. 9. 13. 선고 85누988 판결
26) 대법원 2015. 7. 9. 선고 2015두1076 판결

2-2-2. 추계의 방법

(1) 소득금액의 추계방법

소득금액을 추계하는 경우, ① 사업에서 생기는 소득의 추계액[아래 (가)]과 ② 사업 외에서 생기는 소득[아래 (나)]을 더한 금액이 과세표준으로 된다(시행령 104조 2항, 3항).

(가) 사업에서 생기는 소득의 추계방법

사업[27]에서 생기는 소득의 추계는 다음 중 어느 하나의 방법에 따른다(시행령 104조 2항).

① 원칙 : 기준경비율 방법

이는 사업수입금액에서 다음 각 금액을 공제한 금액을 사업에서 생기는 소득으로 하는 방법이다. 이 경우 공제할 금액이 사업수입금액을 초과하는 경우 그 초과금액은 없는 것으로 본다.

㉮ 매입비용(사업용 유형자산 및 무형자산의 매입비용을 제외한다)과 사업용 유형자산 및 무형자산에 대한 임차료로서 증명서류에 의하여 지출하였거나 지출할 금액

㉯ 대표자 및 임원 또는 직원의 급여와 임금 및 퇴직급여로서 증명서류에 의하여 지급하였거나 지급할 금액

㉰ 사업수입금액에 기준경비율(소득세법 시행령 145조)[28]을 곱하여 계산한 금액

② 동업자 권형(權衡) 등

기준경비율이 결정되지 않았거나 천재지변 등으로 장부나 그 밖의 증명서류가 멸실된 때에는, '기장이 가장 정확하다고 인정되는 동일업종의 다른 법인의 소득금액을 고려하여 그 과세표준을 결정 또는 경정하는 방법'이 추계방법으로 사용된다.

동일업종의 다른 법인이 없는 경우 ㉮ 과세표준신고 후에 장부나 그 밖의 증명서류가 멸실된 때에는 과세표준 및 세액의 신고서 및 그 첨부서류에 의하고, ㉯ 과세표준신고 전에 장부나 그 밖의 증명서류가 멸실된 때에는 직전 사업연도의 소득률에 의하여 과세표준을 결정 또는 경정한다.

③ 단순경비율 방법 등

소기업(조특법 7조 1항 2호)이 폐업한 때[29]에는, 다음 중 적은 금액을 과세표준으로 하여 결정 또는 경정한다.

---

27) 법인세법 시행령 제11조 제1호의 사업을 말한다(시행령 104조 3항 1호, 11조 1호).
28) 국세청장이 규모와 업황에 있어서 평균적인 기업에 대하여 업종과 기업의 특성에 따라 조사한 평균적인 경비비율을 참작하여 기준경비율심의회의 심의를 거쳐 결정한 경비율을 말한다.
29) 조세탈루혐의가 있다고 인정되는 경우로서 기획재정부령으로 정하는 경우는 제외한다.

㉮ 수입금액에서 '수입금액에 단순경비율(소득세법 시행령 145조)을 곱한 금액'을 뺀 금액

㉯ 수입금액에 직전 사업연도의 소득률을 곱하여 계산한 금액

㉰ 기준경비율 방법에 따라 계산한 금액

(나) 사업 외에서 생기는 소득

사업 외에서 생기는 소득은 다음의 각 금액을 더한 금액이다(시행령 104조 3항).

① 사업외수익[시행령 11조(1호는 제외)의 수익]의 금액에서, 그에 직접 대응되고 증명서류나 객관적인 자료에 의하여 확인되는 원가 상당액 등을 뺀 금액

② 특수관계인과의 부당행위계산에 따라 익금에 산입하는 금액

③ 법인세법 제34조 또는 조특법에 따라 익금에 산입하여야 할 준비금 또는 충당금

(2) 사업수입금액의 추계방법

법인의 사업수입금액을 추계하는 방법은 다음과 같다(시행령 105조 1항).

① 기장이 정당하다고 인정되어 기장에 의하여 조사결정한 동일업종의 업황이 유사한 다른 법인의 사업수입금액을 참작하여 계산하는 방법

② 국세청장이 사업의 종류·지역 등을 감안하여 사업과 관련된 인적·물적시설(종업원·객실·사업장·차량·수도·전기 등)의 수량 또는 가액과 매출액의 관계를 정한 영업효율이 있는 경우에는 이를 적용하여 계산하는 방법

③ 국세청장이 업종별로 투입원재료에 대하여 조사한 생산수율이 있는 경우에는 이를 적용하여 계산한 생산량에 당해 사업연도 중에 매출된 수량의 시가를 적용하여 계산하는 방법

④ 국세청장이 사업의 종류별·지역별로 정한 기준[30]에 의하여 계산하는 방법

⑤ 추계결정·경정 대상법인에 대하여 ② 내지 ④의 비율을 산정할 수 있는 경우에는 이를 적용하여 계산하는 방법

⑥ 주로 최종소비자를 대상으로 거래하는 업종에 대하여는 국세청장이 정하는 입회조사 기준에 의하여 계산하는 방법

위 방법에 따라 수입금액을 추계조사하는 경우에도 비용을 법인의 장부나 그 밖의 증명

---

30) 다음 중 어느 하나에 해당하는 것을 말한다.
  ① 생산에 투입되는 원·부재료 중에서 일부 또는 전체의 수량과 생산량과의 관계를 정한 원단위투입량
  ② 인건비·임차료·재료비·수도광열비 기타 영업비용 중에서 일부 또는 전체의 비용과 매출액과의 관계를 정한 비용관계비율
  ③ 일정기간 동안의 평균재고금액과 매출액 또는 매출원가와의 관계를 정한 상품회전율
  ④ 일정기간 동안의 매출액과 매출총이익의 비율을 정한 매매총이익률
  ⑤ 일정기간 동안의 매출액과 부가가치액의 비율을 정한 부가가치율

서류에 의하여 실지조사할 수 있는 경우에는 그 비용을 실지조사하여 과세표준을 결정·경정하여야 한다(시행령 105조 2항).

(3) 추계방법의 합리성

추계의 방법은 소득실액을 반영할 수 있도록 합리성과 타당성을 갖춘 것이어야 하고, 추계방법의 합리성과 타당성에 관한 입증책임은 과세관청에게 있다.[31] 대법원은, 과세관청이 관계 규정이 정한 방법과 절차에 따라 추계하였다면, 추계방법의 합리성과 타당성은 일단 증명되었고, 구체적인 내용이 현저하게 불합리하여 수입금액의 실액을 반영하기에 적절하지 않다는 점에 관하여는 이를 다투는 납세자가 증명할 필요가 있다고 본다.[32]

추계방법에 관한 세법 규정이 예시적인 것인지, 열거적인 것인지가 문제되는데,[33][34] 설령 예시적 규정으로 본다고 하더라도, 법령에 정해진 방법 이외의 방법을 합리성이 있는 추계방법으로 인정할 수 있는 경우는 드물 것이다.

(4) 추계방법과 실지조사의 혼합의 금지

대법원은, 단일한 과세목적물에 대하여 실지조사와 추계조사를 혼합하여 과세표준액을 정하는 것은 법령이 인정하는 과세방법이 아니므로, 일부 누락된 매출누락액에 관하여는 추계의 방법으로, 신고된 매출액에 대하여는 실지조사의 방법으로 과세표준을 산정하여 합산하는 것은 위법하여 허용될 수 없다고 본다.[35][36]

---

31) 대법원 1982. 9. 14. 선고 82누36 판결, 대법원 1993. 5. 14. 선고 92누18139 판결, 대법원 2008. 9. 11. 선고 2006두11576 판결, 대법원 2010. 10. 14. 선고 2008두7687 판결

32) 대법원 1997. 10. 24. 선고 97누10192 판결, 대법원 1998. 5. 12. 선고 96누5346 판결(법령에 의한 추계방법을 적용할 경우 불합리하게 된다고 볼 만한 특별한 사정이 인정된 경우), 대법원 2010. 10. 14. 선고 2008두7687 판결

33) 김완석·황남석, 법인세법론(2021), 783쪽은 열거적 규정으로 보고, 강석규, 조세법 쟁론(2020), 494쪽은 예시적 규정으로 본다.

34) 대법원 2008. 9. 11. 선고 2006두11576 판결은, 과세관청이 법령에 규정되지 않은 추계방법에 따라 추계과세를 한 사안에서, 그 추계방법이 법령에 규정되어 있지 않다는 이유로 곧바로 그 추계방법이 위법하다고 하지 않고, 그 추계방법의 합리성 여부를 판단한 후 그 합리성이 인정되지 않는다는 이유로 그 추계과세를 위법하다고 판단하였는데, 이는 법령에 규정된 추계방법이 예시적인 것임을 전제로 한 것으로 보인다.

35) 대법원 1992. 5. 12. 선고 90누3140 판결, 대법원 2001. 12. 24. 선고 99두9193 판결, 대법원 2007. 7. 26. 선고 2005두14561 판결

36) 강석규, 조세법 쟁론(2020), 498쪽은, 하나의 회사에 여러 개의 사업부가 있고 각 사업부의 성격이 서로 다른 경우, 어느 사업부의 매출액은 추계방법에 의하여, 다른 사업부의 매출액은 실지조사에 의하여 각각 산정한 후 합산하는 것은 허용된다고 한다.

2-2-3. 추계의 효과

추계에 의하여 과세표준을 결정·경정하는 경우 다음과 같은 효과가 발생한다.

① 부동산임대에 의한 전세금 또는 임대보증금에 대한 사업수입금액은 정기예금이자율을 적용하여 계산한 금액으로 한다(시행령 11조 1호 단서).

② 감가상각자산에 대한 감가상각비를 손금에 산입한 것으로 본다(시행령 30조 2항).

③ 이월결손금의 공제 및 외국납부세액공제는 인정되지 않는다(법 68조 본문, 13조 1항 1호, 57조). 다만, 천재지변 등으로 장부나 그 밖의 증명서류가 멸실되어 추계하는 경우에는, 그렇지 않다(법 68조 단서).

④ 추계에 따라 결정된 과세표준과 법인의 대차대조표상 당기순이익 간의 차액(법인세 상당액을 공제하지 않은 금액)은, 대표자에 대한 이익처분에 의한 상여로 소득처분한다(시행령 106조 2항 본문). 다만, 천재지변 등으로 장부나 그 밖의 증명서류가 멸실되어 추계하는 경우에는, 위 차액은 기타 사외유출로 소득처분한다(시행령 106조 2항 단서).

---

3   결정·경정의 시기와 통지

(1) 결정·경정의 시기

과세관청은, 과세표준 및 세액의 결정·경정을 부과제척기간 중 언제라도 할 수 있다.[37] 법인세법 시행령 제103조 제3항은, 과세표준 신고기한으로부터 1년 내에 과세표준 및 세액의 결정을 완료하여야 한다고 규정하지만, 이는 훈시규정이다.

(2) 결정·경정의 통지

과세관청은, 법인의 과세표준과 세액을 결정 또는 경정한 경우에는, 이를 그 법인에게 통지하여야 한다(법 70조). 관할 세무서장은 과세표준 및 세액의 결정 또는 경정에 따라 세액을 통지하는 경우 납부고지서에 그 과세표준과 세액의 계산명세를 첨부하여 고지하여야 한다(시행령 109조 1항 1문).[38] 과세표준과 세액의 결정·경정의 통지는 세액을 확정하는 행

---

37) 다만, 동일한 과세대상에 대하여 중복조사를 하는 것은 원칙적으로 금지된다(국세기본법 81조의4 2항).
38) 관할 지방국세청장이 과세표준과 세액을 결정 또는 경정한 경우, 관할 세무서장은 납부고지서에 관할 지방국세청장이 조사·결정하였다는 뜻을 부기하여야 한다(시행령 109조 1항 2문). 대법원 2020. 10. 29. 선고 2017두51174 판결은, 그러한 뜻이 납세고지서에 부기되지 않은 사건에서 ① 그러한 뜻은 납세고지서의

위이므로, 확정된 세액을 징수하기 위한 납부고지(국세징수법 6조 1항)와 구별되지만, 양자는 실무상 하나의 납부고지서[39]로 이루어진다.[40]

4 ▶ 수시부과

(1) 개요

법인세의 과세표준과 세액은, 1차적으로 사업연도가 종료한 후 납세의무자인 법인의 신고에 의하여 확정되고, 과세표준 신고기한까지 법인의 신고가 없거나 신고에 오류나 누락이 있는 경우에 비로소 과세관청이 결정·경정을 하게 된다. 그러나 과세관청이 과세표준 신고기한의 경과를 기다려 결정·경정을 한다면 조세포탈의 우려가 있는 경우에는, 사업연도 중이거나 과세표준 신고기한 전에도 결정·경정을 할 수 있도록 할 필요가 있다. 이에 따라 법인세법은 일정한 요건하에 수시부과를 인정한다(법 69조).

(2) 수시부과의 사유

다음의 어느 하나에 해당하는 사유로 법인세 포탈의 우려가 있는 경우는 수시부과사유에 해당한다(법 69조 1항 전단, 시행령 108조 1항).

① 신고를 하지 않고 본점 등을 이전한 경우

② 사업부진 기타의 사유로 인하여 휴업 또는 폐업상태에 있는 경우[41]

③ 기타 조세를 포탈할 우려가 있다고 인정되는 상당한 이유가 있는 경우

법인이 주한 국제연합군 또는 외국기관으로부터 사업수입금액을 외국환은행을 통하여 외환증서 또는 원화로 영수한 경우도 수시부과사유이다(시행령 108조 3항).

필수적 기재사항으로 보기 어렵고, 그 기재가 누락되었더라도 납세자가 불복 여부의 결정 및 불복신청에 지장을 받는다고 보기 어려우며, ② 그러한 뜻이 세무조사통지서에 기재됨으로써 납세고지서의 하자는 보완 또는 치유되었으므로, 납세고지가 위법하다고 볼 수 없다고 판단하였다.

39) 국세징수법 시행규칙 별지 제10호 서식(국세징수법 시행규칙 6조 본문)

40) 이러한 경우 납부고지는 법인세의 부과처분과 징수처분의 성격을 모두 가진다(대법원 1985. 10. 22. 선고 85누81 판결).

41) 원고 법인 소유의 사업부동산에 대한 강제경매개시결정이 있자, 과세관청이 법인세 포탈의 우려가 있다고 보아 원고에게 법인세와 방위세를 수시부과하고 강제경매절차에서 가산금과 중가산금을 배당받은 사건에서, 대법원은, 위와 같은 사정만으로는 수시부과사유인 '사업부진 기타의 사유로 인하여 휴업 또는 폐업상태에 있는 경우'로 보기 어렵다고 판단하였다(대법원 1986. 7. 22. 선고 85누297 판결). 위와 같은 경우 수시부과사유에 해당하지 않는다면, 과세관청은 확정 전 보전압류(국세징수법 24조 2항)를 해야 할 것이다.

(3) 수시부과의 과세표준 및 세액의 결정

법인세 포탈의 우려가 있는 수시부과사유의 경우에는, 해당 사유가 발생한 사업연도의 사업연도 개시일부터 그 사유의 발생일까지를 수시부과기간으로 하고(법 69조 2항 본문),[42] 수시부과기간에 대한 과세표준과 세액을 결정한다(시행령 108조 2항, 103조 2항, 104조 2항). 수시부과기간이 1년 미만인 경우의 법인세 산출세액은 다음과 같이 계산된다(시행령 108조 2항, 법 55조 2항).

$$산출세액 = \left(\frac{법인세}{과세표준} \times \frac{12}{수시부과기간의\ 월수} \right) \times 세율 \times \frac{수시부과기간의\ 월수}{12}$$

사업부진 기타의 사유로 휴업 또는 폐업상태에 있는 경우로서 관할 세무서장 등이 조사결과 명백한 탈루혐의가 없다고 인정하는 경우에는, 동업자 권형 방법(시행령 104조 2항 2호 본문)에 의하여 과세표준과 세액을 결정하되, 동일업종의 다른 법인이 없는 경우에는 직전 사업연도의 소득률 방법(시행령 104조 2항 2호 단서)에 의하여 과세표준과 세액을 결정한다(시행령 108조 3항).

법인이 주한 국제연합군 등으로부터 사업수입을 영수하는 경우에는, 소득금액의 추계에 관한 규정(시행령 104조 2항)을 준용하여 계산한 과세표준에 법인세율을 곱하여 계산한 금액을 그 세액으로 한다(시행령 108조 4항).

(4) 수시부과결정의 효과

수시부과결정은, 수시부과기간이 속하는 사업연도에 대한 과세표준 및 세액의 일부를 과세표준 신고기한 전에 미리 결정하는 것이다. 따라서 수시부과기간에 대한 과세표준 및 세액은, 해당 사업연도의 과세표준 및 세액과 통산되어야 한다. 따라서 법인은, 수시부과 결정이 받은 경우에도 각 사업연도의 소득에 대한 과세준 및 세액의 신고의무가 있다(법 69조 1항 후문). 이 경우 수시부과결정에 따라 납부된 세액은, 기납부세액으로서 법인이 납부할 세액에서 공제된다(법 64조 1항 3호).

---

42) 다만, 직전 사업연도에 대한 과세표준 신고기한 이전에 수시부과사유가 발생한 경우(직전 사업연도에 대한 과세표준신고를 한 경우는 제외한다)에는 직전 사업연도 개시일부터 수시부과사유가 발생한 날까지를 수시부과기간으로 한다(법 69조 2항 단서).

1-1. 소득처분의 개념

소득처분은, 기업회계에 따른 손익 또는 법인이 신고한 소득금액과 법인세법상 소득금액의 차이에 해당하는 소득의 귀속자와 종류를 정하는 것을 말한다. 소득의 귀속자와 종류를 판단하는 것은 모든 과세대상 소득에 관하여 일반적으로 필요하지만, 법인세법은 법인의 익금산입금액에 관하여 별도로 소득처분 제도를 규정한다. 사외유출된 소득의 소득처분은, 1차적으로 그 귀속자에 대한 과세의 방향을 결정하고, 2차적으로 소득금액변동통지를 통하여 법인에게 원천징수의무를 과하는 기초가 된다.

소득처분은 ① 법인이 과세표준의 신고 또는 수정신고를 하는 때에 할 수도 있고(법 60조 2항 1, 3호), ② 과세관청이 법인세 과세표준 등의 결정·경정을 하는 때에 할 수도 있다(법 60조 2항 2호).

소득처분은, 과세관청에 의하여 행해지는 경우에는 준법률행위적 행정행위,[43] 법인에 의하여 행해지는 경우에는 사인의 공법행위라고 일컬어지지만,[44] 그 자체만으로는 대외적 법률효과(구체적 납세의무)를 발생시키지 않고, 그것을 전제로 한 소득금액변동통지나 과세처분 등에 의하여 비로소 소득처분의 내용에 따른 대외적 법률효과가 발생한다. 그리고 소득처분의 적법 여부의 판단은 소득금액변동통지 등의 적법 여부의 판단에 포함되어 이루어진다. 따라서 소득처분은 행정소송법 제2조 제1호의 '처분'에 해당하지 않고, 별도로 항고소송의 대상이 되지 않는다.[45]

법인세법 제67조의 위임에 따라 법인세법 시행령 제106조는 소득처분의 구체적 내용에 관하여 규정한다. 국제거래에 관하여는 국조법 제9조, 제14조의 특칙이 있다.

---

43) 이창희, 세법강의(2020), 829쪽은 과거에 있었던 소득유출 사실을 확인하는 확인적 처분이라고 한다.
44) 김완석·황남석, 법인세법론(2021), 148쪽
45) 대법원 2003. 1. 24. 선고 2002두10360 판결. 다만, 위 판결 중 소득금액변동통지도 항고소송의 대상이 아니라고 한 부분은 대법원 2006. 4. 20. 선고 2002두1878 전원합의체 판결에 의하여 변경되었다.

1-2. 소득처분의 대상

소득처분의 대상은, 법인세 과세표준의 신고, 수정신고 또는 결정·경정이 있는 때 '익금에 산입하거나 손금에 산입하지 아니한 금액'이다(법 67조). 소득처분의 대상인 익금산입(손금불산입)금액에는 ① 기업회계와 세법의 차이에 따른 세무조정, ② 누락익금·가공손금, ③ 부당행위계산부인에 의하여 익금에 산입된 금액[46]도 포함된다.

여기에는 ① 소득처분의 대상인 사업연도에 익금산입·손금불산입한 금액뿐만 아니라 ② 그 이후의 사업연도에 익금산입·손금불산입할 금액도 포함된다. 후자의 예로는, ㉮ 자산의 고가매입이 부당행위계산에 해당하는 경우, 거래가액과 시가의 차액은 사외유출된 사업연도에 소득처분되지만, 그 차액에 대한 손금불산입의 세무조정은 이후 그 자산이 처분되는 등으로 그 차액이 손비로 계상될 때 행해지는 것을 들 수 있다. 그리고 ㉯ 법인세법상 인정되지 않는 자산의 평가증이 있는 경우에는, 그 증액된 취득가액은 세법상 부인되고[익금불산입·(-)유보] 이후 그 자산의 가액이 손금화하면서 손금이 과대 계상되는 시점에 손금불산입된다(유보 추인).

2 사내유보

익금에 산입한 금액이 사외에 유출되지 않은 경우에는 사내유보(社內留保)로 처리된다(시행령 106조 1항 2호). 익금산입액이 사내에 유보된 경우에는 관련된 자산의 증가 또는 부채의 감소, 즉 자본의 증가를 인식하여야 하고, 이는 자본금과 적립금 조정명세서(을)[47]에 기재되어 관리된다.

사내유보의 구체적 사례로는 ① 자산이 장부에서 누락되었으나 존재하는 경우(외상매출채권), ② 자산의 취득가액을 과소 계상한 경우(자산의 취득부대비용을 비용으로 계상한 경우, 실제 작업진행률이 법인이 인식한 것보다 더 높은 경우), ③ 세법상 인정되지 않거나 허용범위를 초과한 자산의 감액(자산의 평가손실, 감가상각비의 한도초과) 등이 있다.

유보된 금액에 대하여는 그와 관련된 자산 또는 부채가 손금 또는 익금으로 전환될 때 반대의 세무조정[음(-)의 유보(△유보)]을 하여야 한다. 그렇지 않으면, 세법상 자산의 감소액보다 적은 금액이 손금에 산입되거나 세법상 부채의 감소액보다 많은 금액이 익금에

---

46) 기본통칙 67-106…8, 67-106…9
47) 법인세법 시행규칙 별지 제50호 서식

산입되어, 소득금액이 과다하게 산정되기 때문이다.[48] 이에 따라 회계기준과 법인세법 사이에 손금(비용)이 귀속되는 기간이 달라진다.[49]

한편, 법인의 회계상 소득에 대하여 세법상 손금산입 또는 익금불산입할 금액이 있는 경우에는, 그와 관련된 자산의 감소 또는 부채의 증가[(-)유보]를 인식하여야 하고, 그 금액은 이후 그 자산 또는 부채가 손금화하는 시점에 손금불산입된다.

익금산입액 또는 손금불산입액이 이미 법인의 자산·부채에 반영되어 있는 경우에는, 법인의 회계상 자산·부채의 가액과 세법상 자산·부채의 가액 사이에 차이가 없으므로,[50] 자산과 부채의 회계상 가액을 조정할 필요가 없다. 이를 실무상 '기타'라고 한다.[51]

---

48) 대법원 2017. 10. 12. 선고 2017두169 판결 : ① 원고는 모회사인 주식회사 신한금융지주회사('신한금융지주')가 원고의 임직원들에게 부여한 신한금융지주의 주식에 대한 차액정산방식의 주식매수선택권과 관련하여 2002 내지 2006 사업연도에 장차 신한금융지주에 지급할 주식매수선택권 비용 43억여 원을 기업회계기준에 따라 주식보상비용(장기미지급비용)으로 인식하고, 법인세 과세표준을 계산할 때 이를 '손금불산입(유보)'으로 처리하였다. 원고는 2007년 엘지카드 주식회사에 사업을 양도하면서 기업회계상 부채로 계상되어 있던 29억여 원의 장기미지급비용('이 사건 양도액')을 함께 양도하였다. 원고는 2007 사업연도 법인세를 신고하면서 이 사건 양도액 등을 손금에 산입하지 않았다가, 2011년 이를 손금에 산입해달라는 취지로 경정청구를 하였고, 피고는 거부처분을 하였다. ② 원심은, ㉮ 2007 사업연도에 이 사건 양도액에 대한 주식매수선택권이 아직 행사되지 않았으므로, 이 사건 양도액은 2007 사업연도의 손금에 산입될 요건이 충족되지 않았고, ㉯ 이 사건 양도액은 '익금산입·손금불산입된 금액이 기업회계상 자산·부채와 세법상 자산·부채의 차이가 없는 경우'로서 기타로 처분되어야 한다는 이유로 이 사건 양도액의 손금산입을 부인하였다. ③ 대법원은, 원고가 기업회계상 부채(장기미지급비용)로 계상하면서 손금불산입(유보)으로 세무조정된 이 사건 양도액이 2007 사업연도에 사업양도로 인하여 소멸한 이상 손금산입[(-)유보]으로 처분되어야 한다는 이유로 원심판결 중 해당 부분을 파기하였다. ④ 위 사건에서 기업회계상 이 사건 양도액만큼 부채가 감소하고 이익이 증가한 것으로 계산되었을 것인데, 원심과 같이 볼 경우 세법상 소득금액이 과대하게 인식된다. 따라서 세법상 소득금액을 계산할 때는 회계처리에 포함된 이 사건 양도액 소멸의 효과를 제거하기 위한 반대의 세무조정[음(-)의 유보, 손금산입]이 필요하다.

49) K-IFRS는 이를 차감할 일시적 차이(temporary differences)라고 하고(K-IFRS 1012호 문단 5), 차감할 일시적 차이가 사용될 수 있는 과세소득의 발생가능성이 높은 경우 이연법인세자산(deferred tax assets)을 인식한다고 정한다(K-IFRS 1012호 문단 24).

50) 가령 법인이 주주로부터 대금 100원을 지급하고 취득한 자기주식을 다른 자에게 대금 120원에 매각하고 이를 장부에 계상한 경우, 자기주식처분이익 20원은 기업회계상으로는 자본잉여금이지만, 법인세법에서는 익금에 해당하는데(시행령 11조 2호의2), 이에 대응하는 금액의 자산이 이미 인식되어 있으므로, 자산이나 부채의 회계상 가액을 조정할 필요가 없다.

51) 이 경우에는 소득금액조정합계표(시행규칙 별지 15호 서식)의 소득처분란에 '기타'로 기재한다.

사외유출

3-1. 사외유출의 의의

사외유출(社外流出)은 손금에 산입되지 않는 순자산의 감소를 의미한다.

① 사외유출에 해당하려면 법인의 순자산이 감소하여야 한다. 따라서 법인의 재산이 횡령 등으로 사외유출되었더라도, 그 행위자에 대한 법인의 손해배상채권이나 부당이득반환채권이 세법상 자산으로 인정되는 경우에는 순자산에 변동이 없으므로, 사외유출에 해당하지 않는다.[52] 그러므로 횡령 등이 사외유출에 해당하기 위해서는 그 행위자에 대한 법인의 손해배상채권 등이 세법상 자산으로 인정되지 않는 경우이어야 한다.[53]

② 손금에 산입되지 않고 감소한 법인의 자산이 정상적 자본감소 또는 배당절차를 거치지 않고 주주에게 귀속되는 경우, 이는 은폐된 자본의 환급 또는 이익잉여금의 처분으로서 실질적으로 자본거래의 속성을 가진다.[54]

3-2. 사외유출의 판단기준

3-2-1. 일반적 판단기준

사외유출 여부는 문제된 자산에 대한 객관적 지배와 주관적 지배의사 등 제반 사정을 종합하여 판단하여야 한다. ① 법인의 대표자가 매출금액을 고의로 장부에서 누락하고 장차 그 대금을 개인적으로 사용하려는 의사가 있었더라도(주관적 지배의사), 그 매출채권이 회수되지 않고 있는 경우에는 아직 그 매출대금이 법인의 지배를 이탈하지 않았으므로, 원칙적으로 사외유출에 이르렀다고 보기 어렵다. 그러나 ② 이후 그 매출대금이 회수되어 대표자의 개인적 용도로 사용되거나 대표자의 가수금 명목으로 법인에 입금된 경우에는 대표자의 지배에 속하게 되었으므로, 사외유출에 해당한다. 한편, ③ 법인의 누락된 수입금액이 법인의 채무변제 등 법인을 위한 용도로 사용된 경우에는 사외유출에 해당하지 않는다.[55] 형법상 횡령죄[56]를 구성하는 행위는 세법상 사외유출에 해당하는 경우가 많지만,

---

52) 대법원 1989. 3. 28. 선고 87누880 판결, 대법원 2004. 4. 9. 선고 2002두9254 판결
53) 대법원 2012. 6. 28. 선고 2011두32676 판결
54) 독일 법인세법은 우리 법인세법의 부당행위계산과 유사한 법인의 이익분여를 '숨은 이익처분(versteckte Gewinnauschüttung)'으로 표현한다(독일 법인세법 8조 3항 2문).
55) 대법원 1988. 3. 22. 선고 86누587 판결, 대법원 1990. 9. 28. 선고 90누2222 판결
56) 횡령죄는 타인의 재물을 보관하는 자가 불법영득의 의사를 표현함으로써 성립한다. 불법영득의 의사는,

반드시 그러한 것은 아니다.

3-2-2. 행위자에 따른 구별

대법원은 횡령의 경우 그 행위자가 실질적 경영자인지 여부에 따라 다음과 같이 구별하여 사외유출 여부를 판단한다.

(1) 법인의 실질적 경영자에 의한 횡령

법인의 실질적 경영자인 대표이사 등이 법인의 자금을 유용하는 행위는, 특별한 사정이 없는 한 애당초 회수를 전제로 하여 이루어진 것이 아니기 때문에, 그 지출 자체로서 사외유출에 해당한다. 유용 당시 회수가능성이 있었다고 볼 수 있는 특별한 사정은, 그 대표이사 등의 의사와 법인의 의사를 동일시하거나, 대표이사 등과 법인의 경제적 이해관계가 사실상 일치하는 것으로 보기 어려운 경우인지 여부 등 제반 사정을 종합하여 개별적·구체적으로 판단하여야 하고, 그 입증책임은 법인에게 있다.[57] 법인이 대주주의 횡령사실을 알고서도 사실상 묵인 또는 추인한 경우 사외유출된 것으로 보아야 하고, 횡령 이후 상당한 기간이 경과한 후 법인이 타의에 의하여 그 회수를 위한 조치를 취하였다고 하여 달리 볼 것은 아니다.[58] 대표이사 등의 횡령이 사외유출에 해당하는 경우, 법인의 대표이사 등에 대한 손해배상채권은 세법상 자산으로 인정되지 않으므로, 이후 그 채권이 회수불능으로 되더라도 대손금으로 손금산입할 수 없다.[59]

대법원은, 법인의 대주주 겸 회장이 변칙적인 회계처리를 동원하는 방법으로 쟁점금액의 유용행위를 적극적으로 은폐하였고, 법인의 내·외부에서 회장의 자금유용행위를 실질적으로 통제하거나 감독할만한 사람 등이 존재하지 않으며, 회장의 횡령 등 불법행위에 대하여 형사고발이 이루어지거나 민사상 손해배상청구소송이 제기된 적이 없는 사안에서, 회장에 의하여 유용된 금액이 법인으로부터 사외유출되어 회장에게 귀속되었다고 판단하였다.[60]

자기 또는 제3자의 이익을 꾀할 목적으로 업무상의 임무에 위배하여 보관하고 있는 타인의 재물을 자기의 소유인 것과 같이 사실상 또는 법률상 처분하는 의사를 의미한다(대법원 2002. 2. 5. 선고 2001도5439 판결).

57) 대법원 2008. 11. 13. 선고 2007두23323 판결
58) 대법원 2012. 5. 9. 선고 2009두2887 판결(대한생명보험 사건)
59) 대법원 2012. 6. 28. 선고 2011두32676 판결 : 위 사건에서 원고 법인은 법인세법 제67조가 원고 법인의 재산권인 손해배상채권을 과도하게 침해하므로 헌법에 위반된다고 주장하면서 위헌법률제청신청을 하였으나, 대법원은 이를 기각하였다(대법원 2012. 6. 28. 선고 2012아13 결정). 이에 원고 법인은 헌법재판소에 법인세법 제67조에 대한 헌법소원을 청구하였으나, 각하결정을 받았다(2012헌바290).
60) 대법원 2013. 2. 28. 선고 2012두23822 판결

한편, 대법원은 발행주식 중 소액주주가 보유하는 주식의 비중이 높은 코스닥 상장법인의 대표이사 등이 회사자금을 횡령 사실이 밝혀지자, 임직원 등이 대표이사 등을 횡령으로 형사고소하고 주주들이 주주총회에서 대표이사를 해임하였으며, 법인이 대표이사 등을 상대로 손해배상청구소송을 제기하여 승소판결을 받은 사안에서는, 횡령금액이 사외유출되었다고 보기 어렵다고 판단하였다.[61]

(2) 법인의 피용자에 의한 횡령

법인의 피용자가 법인의 자금을 횡령하는 등 불법행위를 함으로써 법인이 그 피용자에 대한 손해배상채권 또는 부당이득반환청구권을 취득하는 경우에는, 그 금액이 곧바로 사외유출된 것으로 볼 수 없고,[62] 법인이나 그 실질적 경영자 등의 사전 또는 사후의 묵인, 채권회수포기 등 법인이 횡령행위자인 피용자에 대한 손해배상채권을 회수하지 않겠다는 의사를 객관적으로 나타낸 것으로 볼 수 있는 등의 사정이 있는 경우에만 사외유출로 볼 수 있으며, 이는 실질상 피용자의 지위에 있는 대표이사가 횡령을 한 경우에도 마찬가지이다.[63]

피용자의 횡령이 사외유출에 해당하지 않는 경우, 법인은 횡령시점에 피해금액을 손금에 산입하는 동시에 그 금액만큼 피용자에 대한 손해배상채권 등을 세법상 자산으로 인식하면서 익금에 산입하여야 하므로, 손금산입의 효과가 상쇄되고, 그 손해배상채권 등이 회수불능으로 되거나 소멸하는 시점에 가서 대손금으로 손금에 산입할 수 있다.[64] 결국 횡령피해금액의 손금산입은 횡령시점이 아니라 손해배상채권의 회수불능 또는 소멸 시점에

---

61) 대법원 2008. 11. 13. 선고 2007두23323 판결. 같은 취지의 것으로 같은 날 선고된 대법원 2008두1009 판결 ; 그 외에 법인의 피용자 등에 의하여 횡령된 금액이 법인에게 사내유보되었다고 본 사안으로는 대법원 2012. 12. 26. 선고 2011두6127 판결

62) 대법원 1989. 3. 28. 선고 87누880 판결

63) 대법원 2004. 4. 9. 선고 2002두9254 판결(한국까르푸 사건)

64) ① 일본 최고재판소의 주류적 판례도 같다. 最高裁 昭和43(1968)年10月17日 판결은, 횡령행위에 의하여 법인이 손해를 입은 경우 그 損害가 그것이 발생한 사업연도에 관한 損金을 구성함과 동시에 법인이 횡령자에 대하여 취득하는 損害賠償請求權은 같은 사업연도의 益金을 구성하고, 이후 위 損害賠償請求權이 채무자의 무자력 그 밖의 사유에 의하여 實現不能이 명백하게 된 때에 있어서 損金으로 해야 한다는 취지로 판시하였다[이른바 동시양건설(同時兩建設)]. ② 미국 세법은, 횡령 등으로부터 생기는 손실은 납세자가 횡령 등을 발견한 과세연도에 입은 것으로 취급하되, 횡령 등이 발견된 과세연도에 그 회수에 대한 합리적 가망이 있는 상환청구가 있는 경우에는 그 회수 여부가 합리적 확실성으로 확정되는 과세연도까지는 그 손실을 입은 것으로 보지 않고, 손실을 입은 것으로 보는 금액은 그 회수 여부가 확정된 과세연도에 가서 결정된다[IRC § 165(a), (e), 재무부 규칙 §§ 1.165 − 1(d), 1.165 − 8]. ③ 독일 세법은 직원의 횡령으로 인한 손실의 공제에 관하여 명시적 규정을 두고 있지 않다. 독일 연방재정법원은 불법행위에 따른 채권에 대하여 그 법적 성립만으로는 자산성을 인정하지 않는다. 그리고 독일 연방재정법원은, 납세자가 손해배상청구권을 가지는 것과 관계없이 즉시 횡령으로 인한 손실을 사업경비로 공제할 수 있다고 판시하였고(BFH vom 06.05.1976 IV R 79/73, BStBl 1976 II 560), 이는 법인세법 제8조 제1항에 의하여 법인의 경우에도 그대로 적용된다.

이루어진다.

3-3. 구체적 유형별 검토

3-3-1. 매출누락

(1) 사외유출 여부

(가) 원칙

법인이 매출액을 장부에 기재하지 않은 경우, 특별한 사정이 없는 한 그 매출누락액은 사외로 유출된 것으로 보아야 하고, 그 매출누락액 등의 전액이 사외로 유출되지 않았다고 볼 특별한 사정은 이를 주장하는 법인이 입증할 필요가 있다.[65]

(나) 매출채권이 회수되지 않고 남아 있는 경우

매출이 누락되었더라도 아직 매출채권이 회수되지 않고 남아 있는 경우에는, 아직 법인의 지배를 벗어나지 않았으므로, 일반적으로 사외유출로 보기 어렵다.[66] 행정해석도 매출누락액이 외상매출금으로 남아 있는 경우 사외유출이 아닌 것으로 본다.[67]

(다) 매출채권이 회수된 경우

대표이사가 법인의 매출액을 장부에 기재하지 않고 그 대금을 수령하여 법인에 입금하면서 **가수금**을 계상한 경우, 그 가수금채무가 애당초 반제(返濟)를 예정하지 않은 명목만의 가공채무라는 등의 특별한 사정이 없는 이상, 가수금의 계상시점에 **사외유출**이 있었다고 보아야 한다.[68][69][70] 이 경우는, 단순히 가수금이라는 가공부채를 계상한 것이 아니라,

---

65) 대법원 1999. 12. 24. 선고 98두16347 판결, 대법원 2012. 11. 29. 선고 2011두4053 판결

66) 서울고등법원 2005. 10. 13. 선고 2005누2980 판결은, 원고가 대표이사인 A 회사가 B 회사에게 세금계산서를 발급하지 않은 채 물품을 공급하였고, 그 내역이 B 회사의 비밀매입장부에 기재된 것이 발견되었는데, A 회사가 B 회사로부터 매출대금 중 일부는 지급받고 일부는 매출채권으로 가지고 있는 사안에서, A 회사의 매출 중 B 회사로부터 대금을 지급받은 부분에 대하여는 사외유출로 인정하여 원고에 대한 인정상여처분이 적법하다고 보았으나, 아직 B 회사로부터 대금을 지급받지 못하여 매출채권으로 가지고 있는 부분에 대하여는 사외유출에 해당하지 않는다고 판단하였다. 대법원 2006. 4. 28. 선고 2005두14554 판결은 상고를 기각하였다.

67) 기본통칙 67 - 106…11 1호

68) 대법원 2002. 1. 11. 선고 2000두3726 판결, 대법원 2011. 7. 14. 선고 2011두7250 판결(법인이 허위의 매입세금계산서를 수취하고 그 금액을 가공의 매입원가로 지출한 후 그 금액을 입금받으면서 대표이사의 가수금으로 계상한 경우)

69) 대법원 1987. 6. 9. 선고 86누732 판결(누락된 수입금액을 가수금계정에 계상하였으나, 나중에 전기오류수정으로 수입금액으로 대체처리한 사안)은 가수금의 계상에도 불구하고 사외유출에 해당하지 않는 특별한 사정이 있는 경우에 해당하는 것으로 볼 수 있다.

70) 대법원 2021. 7. 29. 선고 2019두45975 판결은, 원고 법인이 2013 사업연도에 가공비용으로 차명계좌에 약 52억 원을 송금하고 다시 대표이사의 개인 계좌로 송금한 후 위 금액을 대표이사로부터 송금받으면서

가수금 계정을 통하여 대표이사가 누락된 매출대금을 자유롭게 인출·사용할 수 있는 지배를 획득하기 때문이다. 법인이 누락된 매출액을 가수금 외의 부채계정에 기장한 경우도 사외유출에 해당할 수 있다.[71]

한편, 법인의 매출이 경리담당자의 과실로 장부에 기재되지 않았으나 법인이 그 대금을 지급받아 운영자금으로 사용한 경우에는, 그 금액은 익금에 산입되어야 하지만 사외유출에는 해당하지 않는다.[72]

(2) 익금산입액과 사외유출금액

(가) 매출누락에 대응하는 매출원가의 공제 여부

① **익금에 산입할 금액** : 매출누락금액에 대응하는 매출원가는 기말의 매출원가의 계산 과정(= 기초재고액+당기매입액－기말재고액)을 통하여 이미 손금에 포함되어 있는 것이 일반적이므로,[73][74] 익금에 산입되는 누락 매출액에 대응하는 매출원가는 익금 산입액에서 제외할 것은 아니다.[75][76] 과세관청이 실지조사방법으로 법인의 신고에

대표이사 가수금으로 계상하였다가 다시 대표이사 단기차입금으로 대체하였고, 이후 2014 사업연도에 대표이사 단기차입금을 전액 감소시키면서 전기오류수정손익으로 대체한 사건에서, 원고 법인이 대표이사에 대한 단기차입금 채무를 면제받는 이익을 얻었다고 판단하였다. 그러나 위와 같이 계상된 단기차입금은 사후에 사외유출금액을 인출·사용하기 위한 합법의 외관에 불과하고, 대차거래의 진의(眞意)를 결여한 가장행위(허위표시)인 경우가 일반적일 것이므로, 위 판결의 타당성은 다소 의문스럽다.

71) 대법원 2020. 8. 13. 선고 2019다300361 판결 : A 주식회사가 2004년부터 2007년까지 일부 매출액을 매출계정이 아닌 외화물품예수금 계좌에 계상한 후 2008년 A의 계좌에서 위 금액이 출금되었는데, 과세관청이 '위 금액이 출금된 2008년에 사외유출되었고 그 귀속이 불분명하다'고 보아 A의 대표이사인 원고에 대한 인정상여로 소득처분을 한 후 소득금액변동통지를 하자, 원고가 2013. 9. 30. 그에 관한 종합소득세를 신고·납부한 다음 종합소득세 부과제척기간이 도과하였으므로 위 신고·납부행위가 무효라고 주장하면서 위 신고·납부금액에 대한 부당이득반환청구를 한 사건에서, 대법원은 누락된 매출액이 부채 계정으로 계상된 2004년 내지 2007년에 사외유출되었음을 전제로 원고의 주장을 받아들였다.

72) 서울고등법원 2012. 7. 26. 선고 2011누39617 판결은 다음과 같다.
[사실관계] 원고는 구두, 핸드백 등의 제조·판매업을 하는 법인인데, 2005 사업연도 법인세 및 2005년 2기분 부가가치세의 과세표준 및 세액을 신고하면서, A쇼핑 주식회사에게 교부한 2005. 12. 31.자 공급대가 4,753만여 원의 세금계산서에 대한 매출을 누락하였다. A쇼핑은 수년간 원고와 거래하였던 원고의 은행계좌로 원고의 누락된 매출금을 입금하였다. 과세관청은 위 매출누락액이 사외유출되었음을 이유로 익금에 산입하고, 2005 사업연도 당시 원고의 대표이사에 대한 상여로 소득처분을 한 후 원고에게 소득금액변동통지를 하였다.
[판단] 원고는 A쇼핑으로부터 지급받은 물품대금 전액을 원고의 운영자금으로 지출하였으므로, 위 세금계산서의 매출금은 모두 사내유보되었으므로, 원고에 대한 소득금액변동통지는 위법하다.
[대법원] 2012. 12. 13. 선고 2012두19199 상고기각 판결(심리불속행)

73) 재고자산의 기초재고와 당기매입액을 합한 금액에서 기말재고액을 뺀 금액이 매출원가가 되므로, 기초재고 또는 당기매입액이 장부에서 누락되지 않는 한, 매출누락액에 대응하는 매출원가는 자동적으로 매출원가로서 비용에 포함된다.

74) 다만, 누락된 수입이 건축공사 등의 용역제공으로 인한 것인 경우에는 그 원가는 상품의 매출원가와 달리 자동적으로 소득의 계산에 반영되지 않으므로, 소득이 과다하게 계산될 가능성이 있다(수원지방법원 2018. 6. 28. 선고 2017구합60827 판결의 사안).

서 누락된 수입금액을 발견한 경우, 납세의무자가 누락수입에 대응하는 비용에 관한 신고를 누락하였다고 하여 그 공제를 받으려면 그 누락사실을 주장·입증하여야 하고, 총손금의 결정방법과 달리 그 누락수입에 대응하는 손금만을 실지조사가 아닌 추계조사방법에 의하여 산출·공제할 수는 없다.[77] 한편, 매출누락금액에 대응하는 경비가 무자료매입 등으로 인하여 법인이 당초 신고된 손금에 포함되어 있지 않음이 밝혀진 경우에는 이를 법인의 손금에 산입하여야 할 것이다.[78]

② **사외유출금액**은, 누락된 매출에 대응하는 경비가 당초 신고된 손금에 포함되어 있는지 여부와 관계없이, 원칙적으로 원료매입비 등 원가 상당액을 포함한 매출누락액 전액이라고 보아야 하고, 그 원가 상당액이 사외로 유출된 것이 아니라고 볼 특별한 사정은 이를 주장하는 법인이 입증하여야 한다.[79] 이는 법인의 부담으로 지출한 비용을 횡령행위자의 소득에서 공제할 이유가 없기 때문이다.[80] 따라서 횡령행위자가 그 매출과 관련한 경비를 실질적으로 부담하였다는[81] 등의 특별한 사정이 증명된 경우에 한하여 그 경비를 사외유출금액에서 제외할 것이고,[82] 그렇지 않은 경우에는 사외유출금액에서 공제할 것이 아니다. 과세관청이 법인세 과세표준 신고 시에 경비로 신고되지 않은 금액을 특별히 법인의 경비로 인정하여 법인의 소득금액 계산에서 공제해 주었다 하더라도, 사외유출되어 대표자 등에게 귀속되는 소득금액에서 법인의 부담으로 지출된 경비를 당연히 공제해야 하는 것은 아니다.[83]

---

75) 대법원 1992. 3. 27. 선고 91누12912 판결 ; 대법원 2003. 11. 27. 선고 2002두2673 판결 : 과세관청이 실지조사방법에 의하여 법인의 소득에 대한 과세표준과 세액을 결정하면서 당해 법인의 당초 신고에서 누락된 수입금액을 발견한 경우에 이에 대응하는 매입원가 등의 손금이 별도로 지출되었음이 장부 기타 증빙서류에 의하여 밝혀지는 등 특별한 사정이 없는 이상 이는 총수입금에 대응하는 총손금에 이미 포함되어 있는 것으로 볼 것이고, 이 경우 누락수입에 대응하는 비용에 관한 신고를 누락하였다고 하여 그 공제를 받고자 한다면 그 비용의 손금산입을 구하는 납세의무자가 스스로 그 누락사실을 주장·입증하여야 한다.

76) 다만, 누락된 수입이 건축공사 등의 용역제공으로 인한 것인 경우에는 그 원가는 상품의 매출원가와 달리 자동적으로 소득의 계산에 반영되지 않으므로, 누락된 소득이 과다하게 계산될 가능성이 있다(수원지방법원 2018. 6. 28. 선고 2017구합60827 판결의 사안).

77) 대법원 2001. 4. 24. 선고 2000두9526 판결, 대법원 2003. 11. 27. 선고 2002두2673 판결

78) 기본통칙 19-19…1【매출누락에 대응하는 장부외 원가의 처리】매출누락에 대응되는 원가상당액이 장부외 처리되었음이 확인되는 경우에는 그 원가상당액을 손금에 산입한다.

79) 대법원 2002. 12. 6. 선고 2001두2560 판결, 대법원 2006. 12. 21. 선고 2005두2049 판결

80) 전수안, "소득처분의 대상과 범위", 사법행정 374호, 한국사법행정학회(1992), 91쪽

81) 법인세법 집행기준 67-106-11

82) 법인 46012-1832, 1994. 6. 23. 질의회신 : 매출누락액에 대응되는 원가상당액이 부외처리되어 당해 법인의 손금으로 계상하지 않은 것이 확인되고 동 매출누락액의 사실상 귀속자가 별도로 부담한 것이 명백히 입증되는 경우에는 원가상당액을 차감하여 소득처분하는 것임(=법인 46012-2101, 1994. 7. 21. 질의회신).

83) 대법원 1999. 5. 25. 선고 97누19151 판결

(나) 매출누락액과 관련된 부가가치세 등

법인이 사업자인 거래상대방의 양해 하에 세금계산서를 발급하지 않는 무자료거래로 매출을 누락하는 경우, 그 대금에 부가가치세가 포함되지 않은 경우가 일반적일 것이다.[84] 이 경우는 '공급대가에 부가가치세가 포함되어 있는지가 불분명한 경우'(부가가치세법 29조 7항)에 해당하지 않으므로, 부가가치세는 누락된 매출대금의 1/11로서 그 일부인 것이 아니라 그와 별개로 그 금액의 10%가 되어야 하고,[85] 위 부가가치세액이 소득처분의 대상인지는 불확실하지만, 이를 소득처분하더라도 기타 사외유출로 처리하여야 할 것이다.[86] 대법원은 위와 같은 사안에서 부가가치세를 부가가치세법 제29조 제7항에 따라 거래대금의 1/11로 판단하였으나,[87] 그 타당성은 의문스럽다.

한편, 법인이 사업자가 아닌 자에게 세금계산서를 발급받지 않고 한 매출을 한 경우 등으로서 그 대금에 부가가치세가 포함되어 있는지가 불분명한 때에는, 매출대금에 그 금액의 1/11에 해당하는 부가가치세가 포함된 것으로 처리된다(부가가치세법 29조 7항). 위 경우 부가가치세 상당액은 법인의 익금에 포함되지 않지만,[88] 그 금액이 유용되었거나 귀속불

---

84) 법인이 매출을 누락하기 위하여 거래상대방에게 세금계산서를 발급하지 않는 경우 그 상대방은 매입세액 공제를 받지 못하게 되므로, 상대방의 양해가 필요하다. 위 경우의 매출대금은, 매출자는 부가가치세를 납부하지 않고 매입자는 매입세액을 공제받지 않는 것을 전제로, 부가가치세를 제외한 순수한 공급가액인 경우가 많을 것이다.

85) 위 경우 법인의 거래상대방이 법인에게 지급한 매입대금은, 손금불산입되는 부가가치세(법 21조 1호)를 포함하지 않으므로, 전액 손금에 산입되어야 할 것이다. 제2장 제8절 1-2-2. (1) 참조

86) 가령, 법인이 거래상대방에게 세금계산서를 발급하지 않기로 하고 한 100원의 매출을 신고누락하였고, 그 대금의 귀속이 불분명한 경우, 먼저 위 누락된 매출금액 100원은 익금에 산입되고, 대표자의 인정상여로 처분되어야 한다. 다음으로, 법인은 위 100원을 부가가치세 과세표준인 공급가액으로 하여 계산된 10원의 부가가치세 납부의무(미지급금)를 인식하여야 하고, 거래상대방에게 부가가치세법 제31조를 근거로 뒤늦게 위 10원의 부가가치세를 청구할 수 없으므로(대법원 2002. 11. 22. 선고 2002다38828 판결), 위 10원을 일단 비용으로 인식하여야 한다. 그런데 위 10원을 손금불산입할 수 있는 근거는 불분명하다[부가가치세의 매출세액을 익금에 불산입하는 규정은 있지만(법 18조 5호), 이는 손금에 불산입하는 규정은 아니다]. 만일 위 부가가치세액을 법인의 비용으로 인식하여야 하고 손금불산입할 수 없다면 이는 소득처분의 대상이 아니게 된다. 설령 위 10원이 손금불산입된다고 보더라도, 위 금액은 애초부터 법인에 귀속되었던 적이 없고, 단지 법인이 위 금액을 부가가치세로 거래징수하지 않았지만 국가에 납부의무를 부담한 것에 불과하며, 위 금액은 국가에 귀속되었음이 분명하므로 기타 사외유출로 처리되어야 할 것이다.

87) 대법원 2020. 10. 29. 선고 2017두51174 판결 : 원고가 거래처로부터 세금계산서를 받지 않고 원재료를 매입하는 무자료거래를 한 사건에서, 대법원은, 부가가치세법 제29조 제7항의 '그 대가로 받은 금액에 부가가치세가 포함되어 있는지가 분명하지 아니한 경우'에 해당하므로, 원고가 거래처에 지급한 매입대금에 100/110을 곱하여 공급가액을 계산하여야 하고, 그 공급가액의 10%(10/110)인 부가가치세 매입세액은 원고의 손금에 산입될 수 없다고 판단하였다. 이는 매입거래를 한 법인에 관하여 법인세법상 손금불산입되는 부가가치세 매입세액에 대한 판단이지만, 동시에 거래상대방이 부담할 부가가치세액 매출세액에 대한 판단이기도 하다.

88) 만일 법인이 매출대금 전액을 수익으로 회계처리하였다면, 그 대금 중 부가가치세 상당액은 익금불산입되어야 하고, 법인은 이를 부가가치세로 국가에 납부하여야 한다.

분명이어서 손금불산입·사외유출로 처리되는 경우 소득처분의 대상에 해당한다.[89][90] 행정해석도, 익금에 산입되는 매출누락액 등으로서 소득처분되어야 할 금액에 부가가치세 등 간접세가 포함된다고 본다.[91]

3-3-2. 가공자산

가공자산은 실제로는 존재하거나 장부가액이 실제 취득가액보다 과대하게 계상되어 있는 것이므로,[92] 그 장부가액을 제거하거나 감액하는 세무조정[(-)유보]이 이루어져야 한다.

① 외상매출금 등의 **가공채권**의 경우, 세무조정으로 가공채권을 제거하고, 사외유출 여부를 검토하여 그에 해당하는 경우 소득처분을 하여야 한다.[93]

② **가공재고자산**의 경우, 그것이 감모손실 등 다른 원인에 의하여 발생하였다는 사정이 입증되지 않는 한, 그 수량에 대응하는 매출이 발생한 것으로 처리될 것이다.[94] 그리고 그 매출이 법인이 신고한 소득금액에 포함되지 않았다면 누락매출로 취급된다.

③ **가공유형자산·무형자산**의 경우, 이를 세무조정으로 제거하는 한편, 그 처분대가를 익금에 산입하여야 하지만, 그 처분대가가 확인되지 않는 경우에는 일반적으로 그 처분시점의 시가로 처분된 것으로 처리될 것이다.[95]

---

89) 대법원 2000. 5. 26. 선고 98두5064 판결은, 법인세 신고 시 누락된 법인의 매출수입금액에 법인이 거래징수한 부가가치세 상당액이 포함되어 있는 경우, 그 매출누락액 중 부가가치세 상당액이 법인의 익금산입액에서 제외되지만, 법인으로부터 사외유출되어 대표자 개인에게 현실적으로 귀속된 소득금액을 계산할 때 당연히 공제되어야 하는 것은 아니라고 판시하였다.

90) 가령, 법인의 누락된 매출금액이 100원인 경우, 그중 약 9원은 부가가치세에 해당하므로, 익금불산입되고, 만일 위 금액이 사외유출되었다면 그 귀속자에 대한 소득처분이 행해져야 한다. 법인의 거래상대방에 관하여는, 위 9원은 손금불산입되는 매입세액에 해당한다. 법인의 거래상대방의 처리에 관하여는 제2편 제2장 제8절 1-2-2. (1) 참조

91) 기본통칙 67-106…11 ; 다만, 일부 과세실무는, 무자료거래 등을 통하여 누락된 매출금액에 부가가치세가 포함되지 않은 것으로 보아야 할 경우에도 법인세법 기본통칙 67-106…11을 적용하는데, 이는 적절하지 않다.

92) 가공자산으로 된 시점을 기준으로 보면, 가공자산은 ① 최초에 장부에 계상되는 시점부터 부존재하는 것(원시적 가공자산)과, ② 이후의 원인으로 인하여 부존재하게 되었거나 그 취득가액이 장부가액보다 낮아지게 된 것(후발적 가공자산)으로 구분될 수 있다.

93) 기본통칙 67-106…12 1호

94) 기본통칙 67-106…12 2호

95) 기본통칙 67-106…12 3호 본문 ; 소득의 귀속사업연도에 대한 입증책임은 과세관청에게 있으므로(대법원 2000. 2. 25. 선고 98두1826 판결), 고정자산의 처분시점은 과세관청이 입증하여야 한다.

3-3-3. 가공비용과 가공부채

(1) 가공비용 명목으로 자금이 지출된 경우

법인이 그 사업과 무관한 대표이사의 개인적 이익 등을 위하여 자금을 지출하고 가공비용을 계상하는 경우, 사외유출에 해당한다. 법인이 가공비용으로 지출한 자금을 법인 계좌에 입금하면서 대표이사 가수금으로 계상한 경우[96]에도 마찬가지이다. 대법원은, 법인이 가공의 비용을 장부에 계상한 경우, 특별한 사정이 없는 한 그 가공비용 상당의 법인의 수익은 사외로 유출된 것으로 보아야 하고, 그 금액이 사외로 유출되지 않았다고 볼 특별한 사정은 이를 주장하는 법인이 입증할 필요가 있다고 본다.[97] 한편, 법인이 부외부채를 변제하면서 가공급료를 계상한 경우에는, 그 가공급료가 손금불산입되어야 하지만 사외유출은 아니다.[98]

법인이 거래상대방에게 실제 약정한 대금보다 과다한 대금을 지급하였다가 사후에 반환받기로 약정하고 이후 그에 따라 반환받은 경우, 그 과다 지급한 금액은 이를 손금으로 계상한 사업연도에 가공비용으로 손금불산입하는 한편, 반환채권을 자산으로 인식하여야 하므로, 이후 위 금액을 반환받은 사업연도의 익금에 산입할 것이 아니다.[99]

(2) 가공비용과 가공부채를 함께 계상한 경우

법인이 가공비용을 계상하면서 이에 대응하는 가공부채를 계상하였는데, 그 가공부채에 해당하는 금액이 현실적으로 지출되지 않았다면, 그 가공비용을 손금불산입할 수는 있으나,[100] 그 단계에서는 당해 법인의 순자산에 아무런 변화가 없으므로, 원칙적으로 사외유출로 보기 어렵다.[101]

---

96) 대법원 2011. 7. 14. 선고 2011두7250 판결

97) 대법원 1999. 12. 24. 선고 98두16347 판결, 대법원 2012. 11. 29. 선고 2011두4053 판결

98) 대법원 1985. 12. 24. 선고 85누180 판결

99) 대법원 2020. 5. 28. 선고 2018도16864 판결 : 피고인 甲 주식회사는 협력업체와 하도급계약을 체결할 때 그 차액을 반환받기로 약정하였고 위 약정에 따라 그 차액을 돌려받은 것이어서, 피고인 甲 주식회사가 부풀린 공사금액을 협력업체에 지급한 사업연도에 그 차액을 반환받을 권리가 실현가능성이 높은 정도로 성숙·확정되었으므로 위 차액의 반환채권은 그 차액이 지출된 사업연도의 자산으로 인식되어야 한다. 피고인 甲 주식회사가 이후의 사업연도에 위 차액을 실제 반환받은 경우, 해당 사업연도에는 반환채권이 소멸하는 대신 그에 대응하는 현금이 들어온 것에 불과하여 순자산에 아무런 변동이 없으므로, 그 차액은 반환받은 사업연도의 익금이 될 수 없다.

100) 대법원 2010. 6. 24. 선고 2007두18000 판결

101) 대법원 2012. 7. 26. 선고 2010두382 판결 : A 법인이 B 법인으로부터 실물거래 없이 매입금액 424,600,000원의 허위 세금계산서를 발급받고 그중 297,220,000원에 대하여 대차대조표에 명목상 미지급금 등 채무를 계상해놓은 사안에서, 대법원은 위 297,220,000원이 가공비용이라고 하더라도 사외유출된 것으로 볼 수 없다고 판시하였다.

(3) 가공부채의 변제를 위하여 자금이 지출된 경우

가공부채의 변제 명목으로 자금이 지출된 경우, 그 지출시점에 원칙적으로 사외유출이 발생하였다고 보아야 한다. 따라서 누락익금을 대신하거나 가공비용의 상대계정으로 가공부채가 계상되었다가 그 변제 명목으로 자금이 지출된 경우, 익금산입 또는 손금불산입은 누락익금이 발생하거나 가공비용이 계상된 사업연도에 관하여 이루어지지만, 사외유출은 이후 자금이 지출된 사업연도에 발생한다. 따라서 이 경우 그 가공부채(허위채무)의 변제 명목으로 지출되어 감소된 자금액만큼 가공부채도 감소하고, 이는 각 사업연도의 소득금액 계산에 영향을 미치지 않으므로, 가공부채의 변제 명목 지출액을 그 지출일이 속하는 사업연도의 익금에 산입하거나 손금에 불산입할 수 없다.[102]

3-3-4. 가지급금(대여금)과 사외유출(횡령)의 구별

대표이사가 법인으로부터 인출한 돈을 법인이 대표이사에게 대여한 것(가지급금)으로 볼 것인지, 아니면 대표이사가 횡령한 것으로서 사외유출로 볼 것인지는, 인출금액, 이사회결의 등 회사법상 절차를 거쳤는지, 변제기 또는 이자 등의 약정 여부, 인출에 따른 회계처리, 인출금액의 용도 등 제반 사정을 종합하여 판단하여야 할 것이다.

대법원은, 법인의 대표자가 이사회결의 등 적법한 절차를 거치지 않고 법인을 위한 지출 외의 용도로 법인 자금을 가지급금 등의 명목으로 인출·사용한 경우 횡령죄의 성립을 인정한다.[103] 그러나 위와 같이 인출된 금액이 법인의 자산인 가지급금으로 회계처리되었다면 곧바로 사외유출되었다고 단정하기 어렵고, 사외유출로 보기 위해서는 그 인출 당시 이미 회수가능성(자산의 실질적 가치)이 상당히 의심스러워 사실상 회수를 전제로 한 것이 아니라고 볼 만한 경우이어야 할 것이다.[104] 대법원은, 법인의 대표자가 법인의 자금을 인출하면서 영수증을 작성하여 주고, 법인의 회계장부에 허무인을 대출명의자로 한 대출사실을 기재하여 인출액 상당의 자산을 계상하였으며, 법인에 일부 변제를 한 적이 있는 사안에서, 위 인출금액을 법인이 대표자에게 대여한 가지급금으로 보아 인정이자의 익금산입 등을 인정하였다.[105]

---

102) 대법원 2010. 6. 24. 선고 2007두18000 판결
103) 대법원 2006. 4. 27. 선고 2003도135 판결, 대법원 2014. 12. 24. 선고 2014도11263 판결
104) 대법원이 법인의 대표자에 의한 가지급금의 인출·사용을 횡령으로 판단한 사례들의 상당수는, 대표자가 인출한 법인의 자금을 주가조작에 사용하거나 거액의 채무를 부담하는 상황에서 주식투자 등에 사용하여 그 자금의 인출 당시 회수가능성이 상당히 불확실한 경우들이었는데(대법원 2006. 4. 27. 선고 2003도135 판결, 대법원 2014. 12. 24. 선고 2014도11263 판결), 이들은 사실상 회수를 전제로 한 것이 아닌 경우라고 볼 여지가 있다.
105) 대법원 2002. 9. 4. 선고 2001두5262 판결 : 과세관청은 원고 법인의 대표자가 원고로부터 인출하여 사용

3-3-5. 가장납입

대법원은, 주금을 가장납입한 후 납입금을 인출하여 차입금을 변제한 경우에는 특별한 사정이 없는 한 그 납입금 상당액이 사외로 유출된 것으로 보아야 한다고 판시하였다.[106] 그러나 주주가 회사에 납입된 주금을 인출하면서 대여금 등으로 회계장부에 기재하였다면, 그 인출된 자금의 회수가능성이 애초부터 희박하다는 등의 특별한 사정이 없는 한, 그 인출행위에 의하여 곧바로 사외유출이 발생한다고 보기 어렵다. 위 판결의 사안은, 법인의 실제 사주인 원고가 소외인과 자금조달에 관한 이면약정을 체결하고 법인의 유상증자를 실시한 후 주식납입대금을 다른 회사의 지분의 취득대금 명목으로 송금하였다가 인출하여 소외인에게 반환한 것으로서, 원고에 대한 대여금 등으로 제대로 회계처리가 되지 않은 경우이므로, 사외유출되었다고 본 위 사건의 개별적 결론은 맞다. 그러나 그 전제로서, 가장납입금을 인출하여 차입금을 변제하는 경우 특별한 사정이 없는 한 사외유출에 해당한다는 일반적 판시는 적절하지 않고,[107] 가장납입금을 인출하면서 회계장부에 대여금 등으로 제대로 회계처리를 한 경우에는, 그 인출 당시부터 회수가능성이 희박하다는 등의 특별한 사정이 있는 경우에 한하여 사외유출에 해당한다고 보는 것이 타당하다.[108]

3-3-6. 가지급금의 미회수와 특수관계의 소멸

법인이 특수관계자에 대한 업무무관 가지급금 및 그 이자를 특수관계가 소멸되는 날까지 회수하지 않은 경우, 그 가지급금 등은 법인의 익금에 산입되고(시행령 11조 9호 본문) 사외유출로서 소득처분된다. 다만, 채권·채무에 대한 쟁송으로 회수가 불가능한 경우 등 기획재정부령으로 정하는 정당한 사유가 있는 경우는 제외한다(시행령 11조 9호 단서).

대법원은, 법인이 주주에 대한 가지급금을 회수하지 않은 채 폐업신고를 하고 사실상 청산에 들어간 경우, 법인과 주주 간의 특수관계가 사실상 소멸할 수 있음을 전제로, ①

한 금액을 원고가 대표자에게 무상으로 대여한 가지급금으로 보아 부당행위계산부인에 따른 인정이자의 익금산입 및 지급이자의 손금불산입을 하였고, 이에 대하여 원고 법인은 위 금액의 인출이 횡령에 해당하고 횡령금에 대한 법인세 부과처분은 위법하다고 주장하였다.

106) 대법원 2016. 9. 23. 선고 2016두40573 판결
107) 대법원은, 가장납입금의 인출시점에 곧바로 사외유출이 성립하지 않음을 전제로, 가장납입금의 인출로 인한 가지급금이 특수관계의 소멸시점에 사외유출되었다고 판단한 바 있는데(대법원 2015. 10. 15. 선고 2015두43995 판결), 대법원 2016두40573 판결은 위 판결과 부합하지 않는 면이 있다.
108) 법인세법 기본통칙 4－0…10 ②는, 일시적인 차입금으로 주금납입의 형식을 취한 후 곧 그 납입금을 인출하여 동 차입금을 변제하는 대신 가공자산을 계상한 경우 그 가공자산은 67－106…12에 따라 처리한다고 정한다. 법인세법 기본통칙 67－106…12는, ㉮ 가공자산을 특정인이 유용하고 있는 것으로서 회수할 것임이 객관적으로 입증되는 경우에는 동인에 대한 가지급금으로 보고, ㉯ 그 외의 경우에는 대여금 등 가공채권을 손금산입·(－)유보, 익금산입·소득처분하여야 한다는 취지로 정한다.

그 가지급금을 그 주주에게 실질적으로 잔여재산으로 분배한 것에 해당한다고 보거나,[109] ② 주주에 대한 가지급금채권과 상계될 수 있는 법인의 잔여재산분배채무가 있다고 보아 (시행령 11조 9호 단서, 시행규칙 6조의2 3호),[110] 그 미회수 가지급금이 법인의 익금에 산입되지 않는다고 판단하였다.

4 사외유출금액의 소득처분

4-1. 소득의 귀속자 및 종류의 결정

법인세법 제67조의 위임에 따라 법인세법 시행령 제106조는 소득의 귀속자에 따른 소득처분의 종류를 규정한다.[111]

4-1-1. 귀속자가 분명한 경우

(1) 귀속자의 결정

(가) 원칙

법인으로부터 사외유출된 금액이 누구에게 귀속되었는지는, 해당 금액의 수령자, 그 자와 법인 간의 관계, 법인의 실질적 경영자, 해당 금액의 용도 등 제반 사정을 종합하여 판단되어야 할 것이다.

---

109) 대법원 2012. 6. 28. 선고 2011두30205 판결 : 위 사건에서 원심은 위 회사가 폐업신고를 할 당시 상법상 해산 및 청산절차를 밟지 않았더라도 그때에 이미 사실상 청산되었고 위 회사와 대표이사인 원고 사이의 특수관계도 함께 소멸하였고, 이후 피고의 과세처분이 있을 때까지 위 회사가 원고에 대한 대여금을 회수하지 않고 있었다면 이는 사실상 그 대여금의 회수를 포기한 것이고, 위 대여금은 원고에게 확정적으로 귀속되었다고 보았다. 그러나 대법원은 청산절차에 따른 잔여재산분배로 볼 여지가 있다는 이유로 원심판결을 파기하였다.

110) 대구고등법원 2020. 4. 24. 선고 2019누4098 판결(대법원 2020. 9. 3. 선고 2020두38768 판결로 심리불속행 상고기각)

111) 구 법인세법(1980. 12. 13. 법률 제3270호로 개정되고 1994. 12. 22. 법률 제4804호로 개정되기 전의 것) 제32조 제5항은 "… 익금에 산입한 금액의 처분은 대통령령이 정하는 바에 의한다."고만 규정하였다. 이에 대하여 헌법재판소 1995. 11. 30. 93헌바32 결정은, 구 법인세법 제32조 제5항이 소득처분과 관련된 과세요건을 정함에 있어서 아무런 기준을 제시함이 없이 대통령령에 포괄적으로 위임하였으므로, 조세법률주의와 위임입법의 한계를 위반하였다는 이유로 위헌결정을 하였다. 이후 구 법인세법이 1996. 12. 20. 개정되면서 구 법인세법 제32조 제5항은 "… 익금에 산입한 금액은 그 귀속자에 따라 상여·배당·기타 사외유출·사내유보 등 대통령령이 정하는 바에 의하여 처분한다."로 변경되었고, 구 법인세법이 1998. 12. 28. 법률 제5581호로 전부 개정되면서 법인세법 제67조로 조문위치를 옮기게 되었다.

형법상 횡령이 세법상 사외유출에 해당하는 경우에도 그 피해금액이 반드시 횡령행위자에게 귀속되는 것은 아니다. 가령 회사의 이사 등이 회사의 자금으로 뇌물을 공여하는 행위는 업무상 횡령죄에 해당하고,[112] 뇌물공여금액은 업무무관비용(법 27조 2호, 시행령 50조 1항 4호)으로서 손금불산입되므로, 세법상 사외유출에 해당하지만, 주로 회사의 이익을 위하여 지출된 것이라면 이를 세법상 그 이사에게 귀속된 것으로 보기는 어렵다.

(나) 실질적 귀속자의 결정

법인이 부당행위계산에 해당하는 거래를 통하여 특수관계인(지배주주의 자녀)에게 이익을 분여하였는데, 그 거래가 실질적으로는 ① 그 법인과 그 법인에 대하여 더 밀접한 영향력을 가진 특수관계인(지배주주) 간의 거래와, ② 특수관계인들(지배주주와 그 자녀) 간의 거래를 결합·축약한 것으로 볼 수 있는 경우가 있다. 가령, 법인이 자산의 저가양도를 통하여 거래상대방인 지배주주의 자녀에게 이익을 분여하였으나, 그와 같이 불리한 계약조건을 실질적으로 결정한 자가 그 배후에 있는 지배주주로 인정되는 경우에는, ① 1차적으로 법인이 지배주주에게 저가양도로 이익을 분여하고, ② 2차적으로 지배주주가 그 자녀에게 그 이익을 증여한 것으로 취급될 수 있다. 다만, 위와 같은 거래의 재구성은 국세기본법 제14조의 적용 문제로서 일률적으로 인정될 수 있는 것이 아니고, 구체적 사안별로 판단되어야 한다.[113] 위와 같은 거래재구성이 인정되는 경우에는 직접 거래의 상대방이 아닌 특수관계인에게 소득금액이 귀속되는 것으로 보아 소득처분을 하여야 한다.

그리고 이러한 거래의 재구성은 법인 간의 거래에서도 인정될 수 있다. 가령, 공통의 모회사를 두고 있는 법인들(자회사 1, 2) 간에 부당행위계산으로 이익을 분여한 경우, 자회사 1이 모회사에게 1차적으로 이익을 분여하고(배당), 모회사가 자회사 2에게 이익을 분여한 것(출자)으로 볼 수 있다.[114]

미국 및 독일 세법도, ① 법인이 주주의 친인척 등 특수관계인에게 재산을 배분한 경우 그 재산이 1차로 법인으로부터 주주에게 이전되었다가 그 주주로부터 친인척 등에게 다시 이전된 것으로 보고,[115][116] ② 자회사들 간에 재산의 배분이 있는 경우 자회사가 모회사에

---

112) 대법원 2013. 4. 25. 선고 2011도9238 판결 : 회사가 기업활동을 함에 있어서 형사상의 범죄를 수단으로 하여서는 안 되므로 뇌물공여를 금지하는 법률 규정은 회사가 기업활동을 함에 있어서 준수하여야 할 것이고, 회사의 이사 등이 업무상 임무에 위배하여 보관 중인 회사의 자금으로 뇌물을 공여하였다면 이는 오로지 회사의 이익을 도모할 목적이라기보다는 뇌물공여 상대방의 이익을 도모할 목적이나 기타 다른 목적으로 행하여진 것이라고 봄이 상당하므로, 그 이사 등은 업무상횡령죄의 죄책을 면하지 못한다.

113) 가령, 지배주주의 자녀라고 하더라도 ① 최대주주는 아니지만 일정한 지분을 가지고 회사의 경영에도 일부 참여하는 경우와, ② 아무런 지분이 없이 회사의 경영에 전혀 참여하지 않는 경우는 달리 보아야 할 것이고, 후자의 경우에는 위와 같은 재구성의 여지가 더 커질 것이다.

114) 이창희, 세법강의(2020), 1006쪽

115) Bittker & Eustice, 8-41 ; 재무부 규칙 § 25.2511-1(h)(1)

재산을 배분하고 모회사가 이를 다시 다른 자회사에 출자한 것으로 본다.[117)118)]

법원의 판결 중에는, 법인으로부터 그 대표자의 특수관계인에게 유출된 소득에 관하여 그 귀속자를 대표자로 본 것도 있고,[119)] 특수관계인으로 본 것도 있다.[120)]

(2) 귀속자에 따른 소득처분

(가) 배당

소득금액의 귀속자가 주주 등인 경우에는 그 귀속자에 대한 배당으로 처분한다(시행령 106조 1항 1호 가목). 다만, 귀속자인 주주 등이 임원 또는 직원인 경우에는 상여로 처분된다. 법인세법에 의하여 배당으로 처분된 금액은 그 귀속자의 배당소득으로 과세된다(소득세법 17조 1항 4호).

대법원은, 법인의 출자자가 사외유출된 법인의 소득을 확정적으로 자신에게 귀속시켰다면, 특별한 사정이 없는 한 이러한 소득은 주주총회의 결의 여부, 배당가능이익의 존부, 출자비율에 따라 지급된 것인지 여부 등과 관계없이 출자자에 대한 배당소득에 해당하는 것으로 추인할 수 있다고 판시한다.[121)] 그러나 법인이 주주에게 이전한 소득을 배당으로 과세하려면, 법인의 세법상 이익잉여금(배당가능이익 및 이익준비금 등) 범위 내이어야 할 것이다.[122)123)124)] 따라서 주주에게 귀속된 소득이 법인의 세법상 이익잉여금을 초과하는

---

116) Tipke/Lang, p.646, 11장 문단 75 ; Dötch/Geiger/Klingebiel/Lang/Rupp/Wochinger, pp.646, 668[법인이 주주의 특수관계인에게 이익을 분여한 것이 주주에 대한 숨은 이익처분에 해당하는 경우 그 주주의 특수관계인에 대한 증여(Schenkung)에 해당할 수 있다]

117) Bittker & Eustice, 8-42, 8-56 ; Rev. Rul. 69-630 (IRS RRU), 1969-2 C.B. 112, 1969 WL 19161

118) Tipke/Lang, p.646, 11장 문단 75 ; 다만, 모회사가 자회사로부터 숨은 이익처분을 받은 금액이 다른 자회사에 대한 숨은 출자에 해당하려면, 출자의 대상이 될 수 있는 경제재(einlagefähiger Wirtschaftsgüter)이어야 한다(Dötch/Geiger/Klingebiel/Lang/Rupp/Wochinger, p.715 ; Tipke/Lang, p.654, 11장 문단 92). 독일 법원은, 공통의 모회사(M)를 둔 자회사들 중 하나(T1)가 다른 하나(T2)에게 무이자 대여를 한 사안에서, T1이 M에게 숨은 이익처분을 하였다고 보는 한편, 무이자 대여의 이익은 세법상 출자의 대여가 될 수 있는 경제재가 아니라고 보아 숨은 출자는 발생하지 않는다고 판단하였다(BFH vom 26.10.1987 GrS 2/86).

119) 서울행정법원 2020. 2. 6. 선고 2018구합73980 판결은, 원고 법인이 대표자인 A의 전 배우자인 B가 실제로 감사로 근무하지 않았음에도 A의 B에 대한 각서에 따라 B에게 보수를 지급한 사안에서, A가 원고 법인으로 하여금 B에게 위 금액을 지급하게 하여 원고 법인의 자금을 사외로 유출시켰으므로, 위 금액은 대표자인 A에게 귀속되었다고 판단하였다(확정).

120) 서울고등법원 2013. 8. 23. 선고 2012누27260 판결 : 법인의 대표자가 법인의 자금을 가공매입원가 명목으로 그의 딸에게 입금하여 횡령한 사안에서, 과세관청은 원고 법인으로부터 사외유출된 금액이 대표자에게 귀속하였다가 그 대표자의 딸에게 이전된 것으로 보아, 원고에게 소득금액변동통지를 하는 한편, 원고 대표자의 딸에게 증여세를 부과하였다. 그러나 법원은, 원고 대표자의 행위가 횡령에 해당한다고 보면서도 그 횡령으로 사외유출된 금액의 귀속자는 원고 대표자의 딸이라고 판단하였다[대법원 2014. 1. 23. 선고 2013두20318 판결(심리불속행)].

121) 대법원 2004. 7. 9. 선고 2003두1059, 1066 판결 : 원고 법인이 주주들로부터 토지들을 시가보다 높은 가액으로 매입하여 부당행위계산으로 이익을 분여한 사안이다.

122) 송동진·박훈, "사외유출소득의 과세 및 반환에 관한 연구", 조세법연구 [23-3](2017), 34~35쪽

경우 성질상 자본의 환급으로서 과세대상이 아니라고 보아야 하므로, 이를 배당으로 처분하지 않아야 할 것이다. 그리고 사외유출된 소득을 배당으로 파악하기 위하여 반드시 그 소득이 주주들이 보유한 주식 수에 비례하여 주주들에게 귀속되거나 주주 전원에게 귀속되어야 한다고 볼 것은 아니지만,[125] 그와 같이 귀속될 경우 그것을 배당소득으로 파악하기가 더 용이할 것이다.

(나) 상여

① 현행세법

소득금액의 귀속자가 임원 또는 직원인 경우 그 귀속자에 대한 상여로 처분한다(시행령 106조 1항 1호 나목). 법인세법에 의하여 상여로 처분된 금액은 근로소득으로 과세된다(소득세법 20조 1항 3호).

② 지배주주인 임직원에 대한 상여처분의 문제점

현행세법은 소득금액의 귀속자가 임직원인 주주 등인 경우 상여로 처분하도록 규정한다. 이와 관련하여 헌법재판소는, 대표이사의 횡령금 등이 상여로 처분된 금액에 포함되어 근로소득으로 의제되도록 규정한 구 소득세법 규정[126]에 대하여 합헌결정을 하면서, 그 근거로 법인에게 애당초 회수의사가 있다고 보기 어려운 경우의 대표이사 횡령금 등은 은폐된 상여금일 가능성이 높다는 점을 들었다.[127] 그러나 위와 같은 횡령금 등은 은폐된

---

123) 미국 세법에서는, 회사의 주주에 대한 재산의 배분 중 법인의 세법상 배당가능이익을 넘는 부분은 자본의 환급(return of capital)으로서 주식의 세무상 조정된 장부가액(the adjusted basis of the stock)을 감소시킨다[§ 301(c)(2)].

124) 독일 세법에서는, 출자의 환급(Rückzahlung von Einlagen)은 회사의 소득에 영향을 미치지 않고(소득세법 제4조 제1항 제1문), 그 주주에 있어서는 자본재산으로부터의 소득을 구성하지 않는다(소득세법 제20조 제1항 제1호 제3문). 회사의 주주에 대한 급부는 배당가능이익(ausschüttbaren Gewinn)을 초과하는 한에서만 출자계정(Einlagekonto)을 감소시키고 과세되지 않는 출자의 환급을 일으킨다(법인세법 제27조 제1항 제3문).

125) 미국 세법의 경우 주주에게 그 주식과 관련하여 이루어진 재산의 배분(distribution)이 배당(dividend)으로 과세되기 위해서는 법인의 세법상 이익잉여금(earnings and profit)에서 나온 것이어야 한다[IRC § 316(a), 301(c)(1)]. 다만, 연방세법상 배분으로 취급되기 위하여 주법(州法)상 적법한 배분에 해당할 필요는 없다. 배분이 지분비율에 따르지 않고(disproportionate) 이루어지는 경우는 그것이 모든 주주들에게 지분비율에 따라(pro rata) 이루어지는 것에 비하여 의제배분으로 취급될 여지가 작지만, 의제배분에 해당하기 위하여 반드시 모든 주주가 관련될 필요는 없다.

126) 구 소득세법(2006. 12. 30. 개정 전) 제20조 제1항 제1호 다목

127) 헌법재판소 2009. 2. 26. 2006헌바65 결정(대법원 2009두2887 판결의 1심이 당해 사건이다). 위 헌법재판소 결정은 그 외에도, 사외유출된 소득의 귀속은 대부분 법인 내부에서 은밀하게 이루어져 과세관청이 이를 입증하기 곤란하므로, 과세관청의 입증부담을 덜어줄 필요가 있다는 점을 근거로 들었다. 그러나 위와 같은 입증부담의 경감이 오로지 횡령금 등의 사외유출소득을 근로소득으로 의제하는 방법으로만 가능한 것은 아니므로, 위와 같은 이유만으로는 근로소득 의제의 합헌성에 대한 충분한 근거가 될 수 없다.

상여금이라기보다는 은폐된 배당[128]으로 보는 것이 합리적이므로, 위 헌법재판소 결정은 수긍하기 어렵다.

지배주주인 임직원에게 귀속하는 사외유출소득은 다음과 같은 이유로 배당으로 과세하는 것이 입법론상 타당하다. ㉮ 사외유출은 대부분 법인의 지배주주인 대표자에 의하여 발생하는데, 이는 지배주주가 그 지위와 영향력을 이용하여 회사법상 정상적 배당절차를 거치지 않고 회사의 이익잉여금을 유출시킨 것으로서, 실질적 배당으로 볼 여지가 충분하다. 미국과 독일 등 외국의 세법도 이러한 경우를 배당으로 과세한다.[129] ㉯ 위와 같은 국제적 흐름을 반영한 것으로 보이는 국조법 제9조는, 정상가격조정에 따라 증액된 소득금액을 국외특수관계인에 대한 배당이나 출자로 처분하도록 규정할 뿐 상여로 처분하는 규정을 두지 않고 있으므로, 국외특수관계인인 비거주자가 임원인 주주라고 하더라도 배당으로 처분된다. 정상가격조정이나 사외유출의 하나인 부당행위계산은, 모두 거래가액과 기준가액의 차이에 대한 과세라는 점에서 기본적 성격을 공유하므로, 소득의 유출원인이 국제거래인지 또는 국내거래인지에 따라 소득처분의 종류를 달리할 합리적 이유가 없다. ㉰ 횡령 또는 배임(고가매입·저가양도 등의 부당행위계산)에 의하여 사외유출된 소득은, 근로제공에 대한 대가성이 없으므로 근로소득의 개념요소를 갖지 못하므로, 근로소득으로 취급하기에 부적절하다.[130] 그러나 현행세법은, 횡령 등에 의한 사외유출소득을 근로소득으로 취급하여 근로소득세액공제(소득세법 59조)를 해줌으로써, 배당으로 보는 경우에 비하여 우대하므로, 불합리하다. ㉱ 그럼에도 불구하고 세법이 임원인 주주에게 귀속된 소득을 상여로 처분하는 것은, 원천징수의무자에 대하여 기본세율에 의한 원천징수를 함으로써, 원천납세의무자로부터 별도로 세액을 징수하여야 하는 조세행정의 부담과 원천납세의무자의 무자력위험을 피할 수 있다는 징세(徵稅)의 편의 때문으로 보이나, 이는 충분한 근거가 되지 못한다. 따라서 지배주주인 임원에게 귀속된 사외유출소득은 배당으로 과세하는 것이 타당하다.[131][132]

---

128) 이러한 경우 미국 세법은 의제배당(constructive dividend)으로 과세하고, 독일 세법은 숨은 이익처분(versteckte Gewinnausschüttung)으로 과세한다.

129) OECD 주요 국가들 중에서 횡령 등으로 사외유출된 소득을 근로소득으로 과세하는 국가는 일본과 그 영향을 받은 한국 외에는 찾기 어렵다.

130) 횡령 등으로 사외유출된 금액을 근로소득으로 과세하는 구 소득세법 규정을 합헌으로 결정한 헌법재판소 2009. 2. 26. 2006헌바65 결정도 이 점을 인정한다.

131) 그 구체적 방법으로 과세관청 및 납세의무자가 지배력 여부의 증명 및 판단에 곤란을 겪지 않도록 국세기본법상의 과점주주 등 일정한 객관적 사실이 존재하는 경우 지배력을 추정(推定)하는 규정을 두는 것을 생각할 수 있다. 송동진·박훈, 앞의 글, 33쪽

132) 위와 같이 회사법상 정상적 배당절차를 거치지 않고 편법적으로 지급된 실질적 배당에 대하여 이중과세조정의 혜택을 부여할 것인지는 조세정책적 선택의 문제이다. 외국의 입법례 중에는 이러한 편법적 배당이 사회적으로 바람직하지 못하다고 보아 일종의 제재로서 이중과세조정을 인정해주지 않는 경우도 있다

사외유출소득을 배당 또는 상여로 과세하는 것의 차이

1. 배당으로 과세하는 경우

   횡령 등으로 사외유출된 소득을 배당으로 과세할 경우, 그 소득이 종합과세기준금액을 초과한다면(금융소득 종합과세대상), 과세관청은 법인으로부터 원천징수대상 소득세액(지급금액의 14%)을 징수하는 것 외에 추가로 소득의 귀속자에 대하여 종합소득세를 부과·징수하여야 한다. 그런데 소득의 귀속자가 무자력인 경우, 과세관청은 소득귀속자의 종합소득세액 중 법인으로부터 원천징수한 부분을 제외한 나머지 금액은 징수할 수 없게 된다. 그러나 이는 그 금액을 법인이 배당으로 지급한 경우에도 마찬가지이므로, 특별히 사외유출소득을 배당으로 과세하는 경우에 특유한 문제는 아니다.

2. 상여로 과세하는 경우

   ① 사외유출 소득을 현재와 같이 근로소득인 상여로 과세하는 경우에는, 과세관청은 법인으로부터 기본세율로 계산한 원천징수세액을 납부받을 수 있다. 과세관청은 법인으로부터 원천징수세액을 모두 징수한 때에는, 별도로 소득의 귀속자에 대하여 종합소득세 부과처분에 나아갈 필요가 없거나(소득의 귀속자가 종합소득과세표준 확정신고의무가 없는 경우) 소득귀속자의 종합소득세액 중 대부분을 법인으로부터 징수하고 소득귀속자에 대하여는 일부만을 징수하면 된다. 이와 같이 과세관청의 입장에서는, 횡령 등으로 사외유출된 금액을 상여로 과세하는 것은, ㉮ 법인으로부터 징수하고자 하는 세액 전부 또는 대부분을 징수할 수 있어 편리할 뿐만 아니라, ㉯ 소득귀속자의 무자력으로 징수불능의 위험을 피할 수 있으므로, 유리한 점이 있다.

   ② 한편, 위 경우에 원천징수세액을 납부한 법인은 소득의 귀속자에게 원천징수세액을 구상(求償)하여야 한다. 법인은 ㉮ 소득의 귀속자로 지정된 자에 대한 구상금청구소송에서 구상의 요건이 흠결되었음을 이유로 구상금채권이 부인되는 절차적 부담을 지고,[133] ㉯ 구상금청구소송에서 승소하였다고 하더라도, 소득의 귀속자가 무자력인 경우에는 그 채권의 회수불능 위험을 떠안게 된다.

 '소득처분' 제도의 필요성 여부

현행세법상 사외유출소득이 누구에게 귀속하고 어떤 소득인지를 판단하려면 '소득처분'이 필요하다는 생각이 있을 수 있다. 그러나 그러한 소득의 귀속자 및 종류의 판단 필요성은 사외유출소득에 국한된 것이 아니고, 다른 소득과 관해서도 마찬가지이다. 가령 부동산의 명의수탁자가 그 부동산을 양도한 소득을 명의신탁자의 것으로 판단하여 과세하는 경우, 명의신탁자의 소득인 것으로 '소득처분'하지 않는다. 또한, 부동산의 판매가 양도소득인지 사업소득인지 문제되는 사안에서 사업소득으로 판단하여 과세하는 경우, 사업소득으로 '소득처분'하지 않는다. 어떤 소득에 대하여서든, 그 과세처분

(Hugh J. Ault and Brian J. Arnold, CORPORATIVE INCOME TAXATION third edition, Wolters Kluwer, p.356). 따라서 위와 같은 배당에 대하여 이중과세조정을 인정해주지 않는 것도 충분히 생각할 수 있다.

133) 대법원 2008. 9. 18. 선고 2006다49789 전원합의체 판결

의 선행단계로 그 소득의 귀속자 및 종류를 확인하고 판단하는 단계는 반드시 필요하기 때문이다. 그리고 그러한 판단은, 과세처분에 이르는 과세관청의 내부적 과정에서 당연히 이루어지는 것이기 때문에, 굳이 세법에서 이에 관한 규정을 둘 필요가 없다.

그럼에도 현행세법이 사외유출소득에 대하여 '소득처분' 제도를 두고 있는 것은, ① 사외유출소득을 그 실질과 부합하지 않는 근로소득(상여)으로 의제하고 ② 귀속불분명 사외유출소득을 대표자에게 귀속시키기 위한 의제적 도구개념이 필요한 것과 관련이 있다고 보인다. 그러나 위 ①과 관련하여, 지배주주인 대표자에 대한 사외유출소득은 배당으로 취급하는 것이 그 실질과 국제적 흐름에 부합하고, 위 ②의 문제는, 귀속의 추정(推定) 규정을 신설하거나 소송절차상 사실상 추정 또는 간접사실에 의한 추인을 적용하면 해결될 수 있다. 이와 같이 사외유출소득을 세법상 실질에 부합하거나 덜 의제적인 방법으로 취급한다면, 굳이 생경한 '소득처분'이라는 중간단계를 설정할 필요가 없고, 다른 소득항목에 대한 처리와 마찬가지로 과세관청의 내부적 판단과정으로 놔두면 족할 것이다.

(다) 기타소득

사외유출금액이 배당, 상여, 기타 사외유출로 처분할 대상이 아닌 경우, 그 귀속자에 대한 기타소득으로 처분한다(시행령 106조 1항 1호 라목). ① 법인세법에 의하여 거주자의 기타소득으로 처분된 금액은 기타소득으로 과세된다(소득세법 21조 1항 20호). 다만, 사외유출금액의 귀속자가 지배주주 등의 특수관계인인 경우, 법인의 지배주주 등에 대한 이익분여와 그 지배주주 등의 특수관계인에 대한 소득이전이 축약된 것인지 검토할 필요가 있다.[134] ② 내국법인의 사외유출 금액이 외국법인(국내사업장의 소득을 구성하지 않는 경우[135]) 또는 비거주자의 기타소득으로 처분된 경우, 국내원천 기타소득에 해당한다(법 93조 10호 아목, 소득세법 119조 12호 아목).

(라) 기타 사외유출

기타 사외유출은, 사외유출금액이 이미 그 귀속자의 과세소득을 구성하는 경우 등 그 소득을 소득세법상 귀속자의 배당, 상여, 기타소득으로 과세하는 것이 부적절한 경우이다.[136]

① 귀속자가 법인이거나 사업을 영위하는 개인인 경우(시행령 106조 1항 1호 다목)

분여된 이익이 내국법인 또는 외국법인의 국내사업장의 각 사업연도 소득이거나 거주자 또는 비거주자의 국내사업장의 사업소득을 구성하는 경우에 한한다.

---

134) 제1편 제5장 2-2. (1) 및 제2편 제3장 2-1-2. (4) 참조
135) 내국법인의 사외유출 금액이 외국법인의 국내사업장의 소득을 구성하는 경우에는 기타 사외유출로 처분된다(시행령 106조 1항 1호 다목 단서).
136) 대법원 2014. 11. 27. 선고 2012두25248 판결

② 그 외의 경우(시행령 106조 1항 3호)

㉮ 특례기부금·일반기부금의 손금산입한도액을 초과하여 익금에 산입한 금액(가목) : 법인세법 시행령의 문언상 특례기부금·일반기부금 외의 기타 기부금은 여기에 포함되지 않는다.[137] 따라서 기타 기부금을 받은 자가 '법인 또는 사업을 영위하는 개인'(시행령 106조 1항 1호 다목)이 아닌 경우에는, '기타 사외유출'로 처분될 수 없고, 그 개인이 법인의 주주·임직원이 아닌 때에는, 그 금액은 기타소득으로 처분되며(시행령 106조 1항 1호 라목), 그 개인은 기타소득에 대한 소득세 납부의무를 부담한다(소득세법 21조 1항 20호, 상증세법 4조의2 3항).[138] 입법론으로, 위와 같은 개인에게 지출된 기타 기부금은 기타 사외유출로 처분하고, 그 개인에게 증여세를 과세하는 것이 합리적이다.[139]

㉯ 기업업무추진비 중 익금산입액(법 25조 및 조특법 136조)(나목) : 여기에는 기업업무추진비 중 적격증빙을 갖추지 않은 것과 손금산입한도액을 초과한 금액이 포함된다. 다만, 기업업무추진비로 처리된 비용이 실제로 기업업무추진비로 지출되었다는 객관적 증빙이 없는 경우는, 귀속이 불분명한 사외유출금액(시행령 106조 1항 1호 단서)으로 처리되어야 할 것이다.

㉰ 업무용승용차의 임차료 중 감가상각비 상당액 한도초과액 및 처분손실 초과액(법 27조의2 3항 2호, 4항)(다목) : 법인세법 제27조의 업무무관 비용은 기타사외유출 대상이 아니므로, 그 귀속자가 확인되는 경우에는 그 귀속자에 대한 배당 등으로 처분되어야 한다.[140]

㉱ 지급이자의 손금불산입액 등(법 28조 1항 1, 2, 4호)(라, 마목) : 채권자가 불분명한 차입금의 이자(법 28조 1항 1호, 시행령 51조)는 소득의 귀속자가 불분명한 경우에 해당한

---

137) 법인세법 기본통칙은, 법인의 비지정기부금(기타 기부금)에 관하여 이를 기부받은 자가 주주·임직원이 아닌 경우에는 기타사외유출로 처분하도록 정한다(기본통칙 67-106…6). 이는 과거에 법인이 지출한 비지정기부금을 기타사외유출로 처분하여야 한다고 본 행정해석과 궤를 같이한다(법인 46012-32, 1999. 1. 5.). 그러나 2020. 2. 19. 개정된 법인세법 시행령은 기타사외유출로 처분되는 대상이 법정기부금과 지정기부금에 한정됨을 명확히 하였다(국세청, 2020 개정세법해설, 154쪽).

138) 행정해석도 같다(기본통칙 67-106…6).

139) 그 이유는 다음과 같다. ① 개인이 법인으로부터 기타 기부금을 받은 경우에는 기타소득으로 과세되지만, 개인으로부터 증여를 받은 경우에는 증여세 납세의무를 부담하는데, 개인이 기부금을 법인으로부터 받았는지, 아니면 개인으로부터 받았는지에 따라 다르게 과세하여야 할 합리적 이유를 찾기 어렵다. ② 소득세법상 기타소득은 대체로 일정한 법률적 또는 사실적 행위의 대가로 얻어지는 것인데(소득세법 21조 1항), 기부행위에 의한 이익은 아무런 대가 없이 취득되는 것이므로, 개인이 법인으로부터 받은 기타 기부금을 기타소득으로 과세하는 것은 부적절하다.

140) 기본통칙 67-106…2 단서

다.[141] 채권자가 불분명한 차입금의 이자 중 원천징수세액은 기타사외유출로, 그 나머지 금액은 대표자에 대한 상여로 처분하여야 한다는 것이 행정해석이다.[142][143]

㉮ 임대보증금 등에 대한 간주임대료(조특법 138조)(사목)

㉯ 귀속자가 불분명한 금액 및 추계방법에 의하여 결정된 과세표준과 재무상태표상 당기순이익의 차액이 대표자에 대한 인정상여로 처분된 경우, 법인이 그 처분에 따른 소득세 등을 대납하고 이를 ㉠ 손비로 계상하거나,[144] ㉡ 그 대표자와의 특수관계가 소멸할 때까지 회수하지 않음에 따라 익금에 산입된 금액(아목)[145]

㉰ 자본거래를 통한 부당행위계산에 의하여 이익을 분여받은 귀속자에게 증여세가 과세되는 금액(자목) : 그러나 이익을 분여받은 자가 법인의 주주 또는 임직원인 경우에는 기타 사외유출로 처분하여 증여세를 과세하는 것은 입법론상 타당하지 않고, 배당 또는 상여로 처분하여 과세하는 것이 합리적이다.[146]

㉱ 외국법인의 국내사업장의 각 사업연도의 소득에 대한 법인세의 과세표준을 신고하거나 결정 또는 경정함에 있어서 ㉠ 익금에 산입한 금액이 그 외국법인 등에 귀속되는 소득과 ㉡ 정상가격조정(국조법 4조, 4조의2 및 6조의2)으로 익금에 산입한 금액이 국외특수관계인으로부터 반환되지 않은 소득(차목) : 정상가격조정 등에 따라 외국법인 국내사업장의 익금에 산입되는 금액은 조세조약상 추적과세금지 등을 고려하여 배당

---

141) 대법원 1993. 1. 26. 선고 92누1810 판결

142) 기본통칙 67 - 106…3

143) 채권자가 불분명한 차입금의 이자 중 원천징수세액을 제외한 나머지 부분도 법인의 자금조달을 위하여 지출된 것으로서 법인의 사업과 무관하게 사외유출된 것으로 보기 어렵다. 그럼에도 위 나머지 부분을 대표자에 대한 인정상여로 처분하는 것은 가혹하므로, 법인세법 시행령 제106조 제1항 제3호를 개정하여 위 나머지 부분도 기타사외유출로 처분하는 것이 합리적이다[제2장 제1절 2 - 2 - 2. (4) 참조].

144) 법인이 귀속자가 불분명하여 인정상여로 처분된 소득에 대한 원천징수액을 납부하는 경우, 원칙적으로 대표자에 대한 구상권을 취득하는데(대법원 2008. 9. 18. 선고 2006두49789 전원합의체 판결), 이를 손비로 계상한다는 것은 위 구상권을 포기하는 것을 의미한다. ① 위 손비의 계상 당시 대표자의 구상권에 관하여 회수불능 등 대손사유가 있는 경우에는 그 손비는 대손금으로 손금에 산입될 수 있다[인정상여로 인한 원천징수세액의 구상권은 대손금에서 제외되는 업무무관 가지급금에 해당하지 않는다(시행령 53조 1항 단서, 시행규칙 28조 1항, 44조 5호)]. ② 위 손비의 계상 당시 구상권에 관하여 대손사유가 존재하지 않는 경우에는 대손금으로 손금에 산입될 수 없지만, 기타 사외유출로 처분됨으로써(시행령 106조 1항 3호 아목 전단) 추가로 원천징수의무를 부담하지는 않는다. 이는 인정상여에 따른 원천징수의무를 부담한 법인에게 과도한 불이익을 주지 않기 위한 규정으로 보인다.

145) 법인세법 시행령 제106조 제1항 제3호 아목은 '귀속자가 불분명하여 대표자에 대한 인정상여로 처분된 금액에 대한 원천징수세액의 구상권('귀속불분명 인정상여 구상권')'에 대하여 법인세법 시행령 제11조 제9호가 적용됨을 전제로 한다. 그러나 귀속불분명 인정상여 구상권은 업무무관 가지급금이 아니므로(시행령 53조 1항 단서, 시행규칙 28조 1항, 44조 5호), 법인이 대표자와의 특수관계가 소멸할 때까지 이를 회수하지 않았다고 하더라도 법인세법 시행령 제11조 제9호에 따라 익금에 산입되지 않는다. 따라서 법인세법 시행령 제106조 제1항 제3호 아목 중 귀속불분명 인정상여 구상권에 관한 부분은 불필요한 규정이므로, 삭제되어야 한다.

146) 뒤의 글상자 '자본거래를 통한 이익분여를 배당 등 소득처분대상에서 제외한 것의 문제점' 참조

등으로 소득처분하지 않고 기타 사외유출로 처리되고,[147] 조세조약에 따라 지점세의 부과가 가능한 경우에는 지점세(법 96조 1항)로 과세된다.[148]

📖 자본거래를 통한 이익분여를 배당 등 소득처분대상에서 제외한 것의 문제점

법인세법 시행령 제106조 제1항 제3호 자목은,「자본거래를 통한 부당행위계산에 따라 익금에 산입한 금액으로서 귀속자에게 증여세가 과세되는 금액」을 '기타 사외유출'로 소득처분하도록 하여 소득세의 과세대상에서 제외한다. 그리고 상증세법 제38조 내지 제40조는, 합병·증자·감자 등의 자본거래를 통하여 이익을 증여받은 자에게 증여세를 부과한다. 결국 현행세법은, 자본거래로 인하여 법인으로부터 이익을 분여받은 개인에 대하여 소득세가 아닌 증여세로 과세한다.[149] 그러나 이는 다음과 같은 이유로 불합리하다.

① 증여세의 과세대상인 증여는 경제적 가치를 계산할 수 있는 유형·무형의 재산을 "무상으로" 이전하는 것 등을 말한다(상증세법 2조 6호). 그런데 자본거래를 통하여 이익을 분여한 주주가 법인이고, 그 이익을 분여받은 주주가 그 법인의 지배주주인 경우, 이는 주주로서의 지배력을 이용한 이익분여로서 실질적으로 배당과 동일시할 수 있고, 주주의 지위에 대한 대가의 성질을 가지므로, 회사로부터 "무상"으로 이전받은 것이라고 보기 어렵다. 그리고 설령 "무상"으로 본다고 하더라도, 왜 손익거래와 자본거래를 달리 취급하여야 하는지 합리적 이유를 찾을 수 없다.

② 부당행위계산 외의 사외유출이나 손익거래에 의한 부당행위계산의 경우에는 소득세가 과세되고, 자본거래를 통한 부당행위계산의 경우에는 증여세가 과세되는데, 소득세의 세율과 증여세의 세율은 그 과세표준의 구간에 따라 다르다. 따라서 동일한 소득금액에 대하여도 위 두 경우에 대한 세액이 다르게 되고, 어떤 소득금액 구간에서는 전자가, 어떤 소득금액 구간에서는 후자가 더 세액이 많을 수 있으며, 일관성이 없다.

③ 상증세법은 소득세의 증여세에 대한 우선성을 규정하는데(상증세법 4조의2 3항), 법인세법 시행령 제106조 제1항 제3호 자목은 자본거래로 이익을 분여받은 자에 대하여 배당 등으로 과세할 수 있음에도, 기타 사외유출로 과세함으로써 그 이익이 증여로 과세되도록 한다. 굳이 그 이유를 찾자면, 위 규정의 신설 이전에 이미 상증세법에 자본거래를 통한 이익을 증여세로 과세하는 규정이 도입되어 있었다는 점을 들 수 있다. 그러나 위와 같은 사정은 연혁적인 선후관계에 불과하고, 상증세법상 소득세의 우선 원칙을 배제할 만한 충분한 사유로 보기 어렵다.

따라서 자본거래를 통한 부당행위계산으로 사외유출된 소득에 대하여 소득세 과세를 배제한 법인세법 시행령 제106조 제1항 제3호 자목을 폐지하여 원칙으로 돌아가 소득세를 과세하는 것이 타당하다. 그리고 상증세법의 자본거래를 통한 이익의 증여 규정은, 이익을 분여받은 자가 이익을 분여한 법인의 주주 또는 임직원이 아닌 경우에 한하여 적용되도록 하는 것이 합리적이다.

---

147) 제4장 제1절 5-1. (3) (가) 참조
148) 지점세에 관하여는 제5편 제4장 2-4. 참조
149) 상증세법 제4조의2 제3항은 '수증자에 대하여 소득세의 과세요건이 충족되어 소득세가 부과되는 경우 증여세를 부과하지 않는다'고 규정한다. 따라서 만일 법인세법 시행령 제106조 제1항 제3호 자목이 없다면, 상증세법 제38조 내지 제40조는 법인세법 시행령 제88조 제1항 제8호 이하의 규정내용과 겹치는 범위 내에서는 적용될 수 없게 것이다. 그러나 법인세법 시행령 제106조 제1항 제3호 자목으로 인하여 자

4-1-2. 귀속자가 불분명한 경우 : 인정상여

사외유출된 소득의 귀속자가 불분명한 경우에는 법인의 대표자에게 귀속된 것으로 본다(시행령 106조 1항 1호 단서). 이를 인정상여(認定賞與)라고 한다. 인정상여 제도의 취지는, ① 사외유출된 소득의 귀속은 대부분 법인 내부에서 은밀하게 이루어지고 그에 관한 대부분의 증거자료는 법인의 수중에 있기 때문에, 이를 기화로 탈세 등이 발생하는 것을 효과적으로 방지할 필요가 있고, ② 귀속자가 불분명한 법인의 사외유출 소득은 대표자에게 귀속하였을 가능성이 높으며, 법인의 사정에 정통하여 사외유출된 소득의 귀속자를 용이하게 입증할 수 있는 지위에 있는 대표자로 하여금 이를 입증하게 함으로써, 과세관청의 입증곤란을 경감시키려는데 있다.[150] 대법원은, 인정상여를 규정한 법인세법 시행령 제106조 제1항 단서가 법인세법 제67조의 위임범위를 벗어난 무효의 규정이 아니라고 본다.[151]

(1) 소득의 귀속자가 불분명한 경우

소득의 귀속자가 불분명한 경우에 해당하지 않으려면 소득의 귀속자가 적극적으로 밝혀져야 한다. 그리고 소득의 귀속이 분명하다는 점의 입증책임은 이를 주장하는 납세자에게 있다.[152] 따라서 ① 소득이 누구에게 귀속되었는지 전혀 입증되지 않은 경우뿐만 아니라, ② 대표자가 자신에게 현실적으로 귀속되지 않았음을 증명하였더라도 적극적으로 누구에게 귀속되었는지까지 증명하지 못하면 인정상여로 처분된다.[153] 사외유출 중 부당행위계산인 거래를 통하는 경우에는 일반적으로 거래상대방이 소득의 귀속자가 될 것이므로, 주로 그 외의 경우가 소득의 귀속자가 불분명한 경우로서 문제된다.

(2) 인정상여의 대상인 대표자

(가) 상법상 대표자로서 법인을 실질적으로 운영한 자

인정상여제도의 취지에 비추어, 인정상여의 대상인 '대표자'(시행령 106조 1항 1호 단서)는, 원칙적으로 상법상 회사의 대표자로서 회사를 실질적으로 운영하는 자를 의미한다고 보아야 한다.[154] 따라서 회사의 법인등기부에 대표자로 등재되어 있더라도 그 회사를 실질적

본거래로 이익을 분여받은 자가 기타 사외유출로 처분되어 소득세를 과세당하지 않게 되기 때문에, 상증세법 제4조의2 제2항을 비껴가서 상증세법 제38조 내지 제40조가 적용되는 것이다.

150) 헌법재판소 2009. 3. 26. 2005헌바107 결정
151) 대법원 2008. 4. 24. 선고 2006두187 판결, 대법원 2010. 4. 29. 선고 2007두11382 판결
152) 대법원 1992. 8. 14. 선고 92누6747 판결, 대법원 2017. 10. 26. 선고 2017두51310 판결
153) 대법원 2008. 9. 18. 선고 2006다49789 전원합의체 판결
154) 회사를 실질적으로 운영하지 않은 명목상 대표자의 경우에는 그에게 사외유출 소득이 귀속하였을 가능성

으로 운영한 사실이 없다면 그 회사의 귀속불분명 소득을 그에게 귀속시켜 종합소득세를 부과할 수 없다.[155] 회사의 법인등기부에 대표자로 등재된 자는 그 회사를 실질적으로 운영하는 것으로 추정되므로, 그 회사를 실질적으로 운영하지 않았다는 점은 이를 주장하는 자가 입증하여야 한다.[156]

회사의 대표자이지만 실질적으로 회사를 운영하지 못하여 인정상여의 대상이 아니라고 판단된 사례로는, ① 법원의 가처분결정으로 직무집행이 정지된 경우,[157] ② 제3자가 회사를 관리하여 임원으로서의 직무수행을 하지 못한 사안,[158] ③ 사실상 대표이사로서의 직무를 수행하지 못하고 있다가 사임한 사안,[159] ④ 실질적으로 권한을 행사하지 못한 대표이사 직무대행자[160] 등이 있다.

한편, 회사의 대표이사가 그 권한을 실제로 행사하고 회사의 경영에 관여한 경우, 그 회사의 지배주주가 따로 있다는 이유만으로 명목상의 대표이사라고 보기는 어렵다.[161]

정리회사 관리인은 ㉮ 일종의 공익적 수탁자의 지위에 있으므로 원칙적으로 인정상여의 대상인 대표자로 볼 수 없으나,[162] 이는 법원의 허가 등을 통한 후견적 감독에 의하여 임무의 공정성이 담보되는 것을 전제로 한다. 따라서 ㉯ 대표이사가 관리인으로 선임되어 종전의 회사 조직을 장악하여 공익적 수탁자의 지위에서 벗어나 적극적으로 매출의 누락 및 원자재 매입의 가장을 지시하는 등으로 자금을 조성하고 사외유출시키는 등의 특별한 사정이 있는 경우에는, 관리인도 인정상여의 대상인 대표자에 해당한다.[163]

인정상여의 대상인 대표자는 '사외유출이 발생한 시점'의 대표자를 말한다. 사업연도 중에 인정상여의 요건을 갖춘 대표자가 변경되고 사외유출금액의 귀속이 불분명한 경우에는 재직기간의 일수에 따라 구분계산하여 대표자 각인에게 상여로 처분한다(시행규칙 54조).

(나) 상법상 대표자가 아니지만 대표자로 보는 경우

상법상 대표자가 아니더라도, ① 소액주주 등이 아닌 주주 등인 임원 및 그와 특수관계에 있는 자가 소유하는 주식 등을 합하여 해당 법인의 발행주식총수 또는 출자총액의 100

이 높지 않고, 그 귀속자를 용이하게 입증할 수 있는 지위에 있지도 않으므로, 인정상여의 대상으로 삼는 것이 부적절하다.

155) 대법원 1989. 4. 11. 선고 88누3802 판결
156) 대법원 2008. 4. 24. 선고 2006두187 판결
157) 대법원 1980. 3. 11. 선고 79누322 판결
158) 대법원 1991. 3. 12. 선고 90누7289 판결
159) 대법원 1989. 4. 11. 선고 88누3802 판결
160) 대법원 1994. 3. 8. 선고 93누1176 판결
161) 대법원 2008. 1. 18. 선고 2005두8030 판결
162) 대법원 1992. 7. 14. 선고 92누3120 판결
163) 대법원 1995. 6. 30. 선고 94누149 판결

분의 30 이상을 소유하고, ② 그 임원이 법인의 경영을 사실상 지배하는 경우, 그 자를 대표자로 한다(시행령 106조 1항 1호 단서 괄호 안).

법인등기부에 등재된 임원이 아니더라도, 사실상 법인의 경영에 참여하여 경영전반의 의사결정과 집행에 적극적으로 참여하거나 회계와 업무에 관한 감독권을 행사한 자는 위 규정의 '임원'에 해당한다.[164] 법인의 경영을 사실상 지배하는 자라고 하더라도, 법인등기 부상 대표자로 등재되어 있지 않고, 임원 및 주식소유 요건(위 ①)을 갖추지 못한 경우[165] 위 규정에서 말하는 대표자라고 할 수 없다.[166]

위 각 요건을 갖춘 대표자가 2명 이상인 경우에는 실제로 대표권을 행사한 자('사실상의 대표자')가 대표자에 해당하고, 만일 수인이 대표권을 공동으로 행사하였다면 그들 모두를 대표자로 보아야 할 것이다.[167]

한편, 법인의 대표자가 아니지만 그 대표자로 간주되어 인정상여의 대상이 되는 임원이 있다고 하더라도, 상법상 대표자는 그 법인을 실질적으로 운영하지 않은 경우가 아닌 한 여전히 인정상여의 대상이고, 양자는 서로 배타적 관계에 있지 않다.[168]

(3) 대표자에 대한 귀속의제

귀속자가 불분명한 사외유출소득은 대표자에게 귀속된 것으로 본다(시행령 106조 1항 1호 단서).

헌법재판소는 대표자 인정상여를 규정한 법인세법 시행령 제106조 제1항을 합헌이라고 결정하였다.[169] 그러나 법인의 대표자가 법인 재산이 어떤 연유로 없어진 것인지 도저히 밝힐 수 없는 경우도 있을 수 있고, 그 경우 그 재산이 대표자에게 귀속되지 않았음을 입 증하는 것은 귀속사실의 부존재라는 소극적 사실의 증명으로서 매우 어렵다.[170] 그런데

---

164) 대법원 2013. 6. 27. 선고 2013두4231 판결

165) 지배주주가 임원이 아니라고 판단한 사례로 대법원 2008. 1. 18. 선고 2005두8030 판결

166) 대법원 2010. 10. 28. 선고 2010두11108 판결, 대법원 2017. 9. 7. 선고 2016두57298 판결

167) 김완석·황남석, 법인세법론(2021), 163쪽

168) 서울고등법원 2020. 10. 23. 선고 2018누73210 판결(법인의 대표자와 대표자로 간주되는 자가 그 법인을 공동으로 운영한 사안) : 위 경우 사외유출된 귀속불분명 금액을 각자에게 1/2씩 안분하여 인정상여처분을 하는 것이 타당하므로, 어느 한 사람에게 그 전부를 귀속시켜 인정상여처분을 한 것은 위법하다. 대법원 2021. 2. 25. 선고 2020두54128 판결(심리불속행)

169) 헌법재판소 2009. 3. 26. 2005헌바107 결정 : 법인의 대표자는 귀속자가 불분명한 법인의 사외유출 소득에 대하여 그 귀속자가 누구인지를 입증함으로써 소득처분을 받지 않을 수 있으므로 최소침해성원칙을 위반하였다고 할 수 없고, 구 법인세법 시행령 제106조 제1항 제1호 단서 등에 의하여 실현되는 공익은 위 조항 등에 의한 대표자의 경제적 불이익에 비하여 적다고 볼 수 없으므로, 법익균형성도 갖추었으며, 따라서 위 조항 등은 과잉금지원칙에 위배하여 법인 대표자의 재산권을 침해하는 것이라고 볼 수 없다고 한다.

170) 그러한 입증은, 가령 ① 소득유출시점에 대표자가 의식불명의 중병으로 입원 중이어서 소득유출에 관여

사외유출금액이 대표자에게 귀속하지 않았음이 예외적으로 증명된 경우까지도 여전히 그 귀속자가 밝혀지지 않았다는 이유로 대표자 귀속을 의제하는 것은, 과잉금지원칙을 위배하여 재산권을 침해하는 것으로서 위헌의 소지가 크다.[171][172] 따라서 대표자 인정상여 제도는 폐지되어야 하고,[173] 그 대안으로 ① 간접사실에 의한 추인을 통하여 대표자에 대한 현실귀속으로 사실인정을 하거나[174][175] ② 귀속불분명 소득이 대표자에게 귀속된 것으로 법률상 추정(推定)하는 규정을 두는 것을 고려할 수 있다.[176] 귀속추정 규정의 경우, 대표자는 사외유출소득이 자신에게 귀속되지 않았음을 증명하면 귀속추정을 번복하여 소득처분대상에서 벗어날 수 있으므로, 현행세법의 귀속의제 규정에 따른 가혹한 결과를 피할 수 있다.

4-2. 추계조사결정의 경우

추계방법에 의하여 결정된 과세표준과 법인의 재무상태표상의 당기순이익 간의 차액(법인세 상당액을 공제하지 않은 금액)은 대표자에 대한 이익처분에 의한 상여로 한다(시행령 106조 2항 본문). 여기서 대차대조표상의 당기순이익은, 당기분 법인세와 전기분 추가 법인세 및 법인세환수액·전기오류수정손익 등을 익금 또는 손금에 가산하지 않은 것을 말한다.[177]

하는 것이 사회통념상 현저히 곤란하였다고 보이는 경우, ② 법인의 자금이 국내에서 소비된(가령 법인카드의 국내 사용) 시점에 대표자가 국외에 있었던 경우 등 예외적인 경우에 한하여 가능할 것이다.

171) 인정상여 제도는, 사외유출된 소득이 대표자에게 귀속되었을 가능성이 높고 대표자가 그 귀속자를 밝히기가 용이하다는 고려에서 나온 것이므로, 그 전제가 무너지는 경우에는 적용해서는 안 될 것이다.

172) 위헌이라는 견해로 ① 주해진, "현행 소득처분 관련규정의 위헌성에 관한 연구", 한양대학교 대학원 법학과 박사학위논문(2012), 131쪽, ② 서석환, 소득처분제도에 관한 법적 연구, 서울대학교 대학원 법학박사학위논문(2014), 203쪽

173) 인정상여에 따른 귀속의제의 문제점을 완화하기 위하여 대법원 판례는 인정상여의 대상인 대표자를 법인을 실질적으로 운영하는 자로 제한하는 것으로 보인다. 그러나 그것만으로는 인정상여의 문제점을 근본적으로 해결하기 어렵다.

174) 대법원 1997. 12. 26. 선고 97누4456 판결은, 소득처분의 근거규정인 구 법인세법(1994. 12. 22. 개정되기 전의 것) 제32조 제5항이 헌법재판소의 위헌결정(93헌바32)으로 효력을 상실함에 따라 인정상여의 근거규정인 구 법인세법 시행령(1993. 12. 31. 개정되기 전의 것) 제94조의2도 효력을 상실한 상황에서, 간접사실에 의한 추인을 통하여 소득의 현실귀속을 인정하였다. 한편, 대법원 2005. 5. 12. 선고 2003두15300 판결은, 법인으로부터 사외유출된 소득의 귀속자가 분명하게 밝혀지지 아니한 경우 그것이 대표이사 등에게 현실적으로 귀속되었다고 추정할 수는 없다고 한다.

175) 일본 최고재판소 1982.(소화 57년) 7. 11. 판결은, 개인회사 또는 동족회사의 대표자 또는 실질적 경영자가 지배관리하고 있는 그 회사의 부외예금이 출금되었으나 그 자금의 용도가 불분명하고 회사를 위하여 지출된 것으로 인정되지 않는 경우에는 당해 실질적 경영자가 이를 취득한 것으로 追認할 수 있다고 판시하였는데, 이는 간접사실에 의한 추인에 해당한다.

176) 서석환, 앞의 글, 206쪽도 같은 견해이다.

177) 기본통칙 67-106…20

다만, 천재지변 등으로 장부나 그 밖의 증명서류가 멸실되어 동업자권형 등으로 과세표준을 추계하는 경우에는, 추계방법에 의하여 결정된 과세표준과 법인의 대차대조표상의 당기순이익 간의 차액은 기타 사외유출로 처분한다(시행령 106조 2항 단서).

추계방법에 따라 결정된 과세표준과 재무상태표상 당기순이익 간 차액이 대표자 상여로 처분되고, 그 금액에 관한 원천징수세액을 법인이 납부한 후 가지급금으로 계상한 경우, 그 가지급금은 인정이자의 계산대상(업무무관 가지급금)에서 제외되지 않는다(시행규칙 44조 5호의 반대해석).[178] 따라서 법인이 위 가지급금을 특수관계의 소멸시까지 회수하지 않은 경우, 그 금액은 익금에 산입되지만(시행령 11조 9호), 기타 사외유출로 처분된다(시행령 106조 1항 3호 아목).

5 　 사외유출금액의 회수

5-1. 수정신고기한 내의 회수 및 익금산입

(1) 원칙 : 사내유보

법인이 수정신고기한 내에 매출누락, 가공경비 등 사외유출된 금액을 회수하고 세무조정으로 익금에 산입하여 신고하는 경우, 사내유보로 처분한다(시행령 106조 4항 본문). 수정신고기한은, 관할 세무서장이 과세표준과 세액을 결정 또는 경정하여 통지하기 전까지를 말한다(국세기본법 제45조 제1항).

사외유출소득의 귀속자가 그 소득을 법인에 반환하였더라도, 그 반환하기까지 보유한 기간 동안 법인이 귀속자에게 사외유출금액을 무상으로 사용하게 한 것과 마찬가지이므로, 그 귀속자가 법인의 특수관계인인 경우에는 부당행위계산부인에 따라 법인에 대하여는 인정이자를 익금에 가산하고,[179] 특수관계인에 대하여는 인정이자 상당액을 소득처분하여야 할 것이다.[180][181]

---

178) 일반적인 사외유출의 경우, 귀속불분명 소득으로서 대표자에 대한 상여로 처분된 금액에 대한 원천징수세액을 법인이 납부한 후 가지급금으로 계상한 경우, 인정이자의 계산대상(업무무관 가지급금)에서 제외된다(시행령 89조 5항 단서, 시행령 44조, 시행령 53조 1항 단서, 시행규칙 28조 1항).

179) 법인세법 시행령 제88조 제1항 제6호

180) 국심 99중926, 2000. 1. 18. ; 법인, 제도46012-11464, 2001. 6. 12. ; 서면2팀-1685, 2005. 10. 20.

181) 국조법은 국제거래에서 국외특수관계인이 내국법인의 익금에 산입되는 금액에 반환이자를 더하여 반환한 경우에 한하여 사내유보로 처분한다(국조법 9조, 국조법 시행령 15조의2 1항, 16조). 이것과의 균형상 국내거래에서도 사외유출소득의 반환 시 법인의 익금에 산입되는 금액에 이자를 더하여 반환하여야만

(2) 경정이 있을 것을 미리 알고 한 경우

다음의 어느 하나에 해당하는 경우로서, 법인이 경정이 있을 것을 미리 알고 사외유출된 금액을 익금산입하는 경우에는, 사내유보로 처분하지 않는다(시행령 106조 4항 단서).

① 세무조사의 통지를 받은 경우

② 세무조사가 착수된 것을 알게 된 경우

③ 세무공무원이 과세자료의 수집 또는 민원 등을 처리하기 위하여 현지출장이나 확인 업무에 착수한 경우

④ 납세지 관할 세무서장으로부터 과세자료 해명 통지를 받은 경우[182]

⑤ 수사기관의 수사 또는 재판 과정에서 사외유출 사실이 확인된 경우[183]

⑥ 그 밖에 ①부터 ⑤까지의 사항과 유사한 경우로서 경정이 있을 것을 미리 안 것으로 인정되는 경우[184]

대법원은, 법인세법 시행령 제106조 제4항 본문은, 법인이 소정 기한 내에 자발적인 노력에 의하여 금액을 회수한 경우에는 그 금액이 사외유출되지 않은 것으로 봄으로써 법인에 자발적인 자기시정의 기회를 준 것이고, 같은 항 단서는, 법인이 사외유출된 금액을 자발적인 노력에 의하지 않고 회수한 경우, 원칙으로 돌아가 소득처분을 하도록 한 것이므로, 그것이 헌법상 보장된 재산권의 본질적인 내용을 침해한다거나 소득세법을 위배하여 소득의 귀속이 없음에도 과세하는 것이라고 볼 수 없다고 한다.[185]

그러나 ① 사외유출소득의 귀속자가 이를 스스로 법인에 반환한 경우를 여전히 사외유출인 상태로 취급하는 것은, 강제적 몰수·추징에 의한 위법소득의 상실을 후발적 경정청구사유로 본 대법원 2015. 7. 16. 선고 2014두5514 판결[186]과 균형이 맞지 않고,[187] 조세

사내유보로 처분되도록 하는 것도 입법론상 가능할 것이다.

182) 대법원 2011. 11. 10. 선고 2009두9307 판결은, 원고 법인이 2005. 4. 6.경 피고로부터 과세자료 해명안내문을 받은 후 2005. 5. 17. 그 대표이사로부터 2003 사업연도에 사외유출된 금액을 회수한 다음 2005. 5. 31. 2003 사업연도 법인세 수정신고를 하면서 이를 익금에 산입한 사안에서, 구 법인세법 시행령 제106조 제4항 단서에 따라 피고가 위 금액을 원고의 대표이사에 대한 상여로 소득처분하고 그에 따른 원천징수분 근로소득세의 납부를 고지한 처분은 적법하다고 판단하였다.

183) 조심 2014서2962, 2017. 3. 16. 결정, 조심 2016중0639, 2017. 3. 29. 결정

184) 법인에게 세금계산서를 발행한 사업자에 대한 세무조사에서 그 세금계산서가 실물거래 없이 발행되었거나 실제 공급가액을 초과하여 발행된 것임이 밝혀지자 법인이 해당 금액을 익금에 산입하여 신고한 경우가 이에 해당한다[춘천지방법원 2019. 5. 14. 선고 2018구합52028 판결, 서울고등법원(춘천부) 2019. 11. 27. 선고 2019누557 판결(항소기각), 대법원 2020. 3. 12. 선고 2019두61342 판결(심리불속행)].

185) 대법원 2011. 11. 10. 선고 2009두9307 판결, 대법원 2016. 9. 23. 선고 2016두40573 판결

186) 대법원 2015. 7. 16. 선고 2014두5514 전원합의체 판결은, 원고가 2008. 7.경 뇌물을 받았고 2010. 4. 9. 그에 대한 유죄판결에서 뇌물금액의 추징을 선고받은 후 그 항소와 상고가 기각되어 판결이 확정되자 2011. 2. 16. 추징금을 납부하였는데, 이후 피고가 2012. 9. 1. 원고에게 2008년 귀속종합소득세 부과처분

평등의 원칙에 반할 여지가 있는 점,[188] ② 국조법상 국외특수관계인이 임시유보처분통지서에 따라 내국법인에게 정상가격조정금액을 반환한 경우 경정을 예상하고 한 것이라도 유보로 처분되는 점, ③ 사외유출금액의 회수가 자발적 노력에 의한 것인지 여부는 일반적인 손익인식기준의 요소가 아닌 점, ④ 반환된 사외유출금액을 사내유보로 처리하더라도, 그 귀속자의 보유기간에 대하여는 인정이자의 계산에 의한 과세가 가능한 점을 고려하면, 법인세법 시행령 제106조 제4항 단서는 과도한 세법상 제재로 보인다.[189][190]

한편, 법인세법 시행령 제106조 제4항 단서에 해당하는 경우 후발적 경정청구가 인정될 수 있는지 문제된다. 위에서 본 사정들을 고려하면, 횡령금액의 반환도 후발적 경정청구사유에 해당한다고 볼 필요가 있다.[191] 다만, 그러한 해석은 법인세법 시행령 제106조 제4항 단서와 갈등하는 면이 있다.

입법론으로는, ① 법인세법 시행령 제106조 제4항 단서를 삭제하고 사외유출소득의 반환을 후발적 경정청구사유로 취급하되, 사외유출소득의 보유기간에 대한 인정이자에 더하

을 한 사건에서 다음과 같이 판시하였다. "위법소득의 지배·관리라는 과세요건이 충족됨으로써 일단 납세의무가 성립하였다고 하더라도 그 후 몰수나 추징과 같은 위법소득에 내재되어 있던 경제적 이익의 상실가능성이 현실화되는 후발적 사유가 발생하여 소득이 실현되지 아니하는 것으로 확정됨으로써 당초 성립하였던 납세의무가 전제를 잃게 되었다면, 특별한 사정이 없는 한 납세자는 국세기본법 제45조의2 제2항 등이 규정한 후발적 경정청구를 하여 납세의무의 부담에서 벗어날 수 있다. 그리고 이러한 후발적 경정청구사유가 존재함에도 과세관청이 당초에 위법소득에 관한 납세의무가 성립하였던 적이 있음을 이유로 과세처분을 하였다면 이러한 과세처분은 위법하므로 납세자는 항고소송을 통해 취소를 구할 수 있다고 할 것이다."

187) 대법원 2015. 7. 16. 선고 2014두5514 전원합의체 판결은, 뇌물 등 범죄행위로 인한 위법소득에 대한 몰수·추징이 후발적 경정청구의 사유라고 보면서도, 횡령금액의 반환에 관하여는 2001. 9. 14. 선고 99두3324 판결을 폐기하지 않음으로써 판단을 유보하였다[이진석, "위법소득과 몰수·추징", 대법원판례해설 제106호(2016), 199쪽].

188) 헌법재판소는, 조세평등주의 또는 조세평등의 원칙이 헌법 제11조의 평등원칙이 조세법영역에서 구현된 것으로서 '평등한 것은 평등하게, 불평등한 것은 불평등하게' 취급함으로써 조세정의를 실현하는 원칙이라고 본다(헌법재판소 2002. 8. 29. 2001헌가24 결정, 2002. 10. 31. 2002헌바43 결정).

189) 미국 세법에서는 주주가 법인의 자금을 횡령하였다가 법인에 반환한 경우 주주의 소득에서 공제된다. Bittker & Eustice 8-56 ; James v. United States, 366 U.S. 213 (1961), p.220

190) 일본 국세통칙법 제71조는 무효인 행위 등에 기한 국세의 경정 등을 인정하고, 일본 법인세법 제132조 제3항 및 소득세법 제157조 제3항은, 동족회사의 행위·계산의 부인 규정의 적용에 의하여 법인세, 소득세, 상속세, 증여세 등에 관하여 증액경정이 행해진 경우에는, 그것에 연동하여 다른 조세의 경정·결정을 행할 수 있다는 취지로 규정한다. 金子 宏, 조세법(2019), p.536은 위 규정을 대응적 조정으로서의 감액경정을 인정하는 취지로 해석한다. 일본의 학설은, 불법이득은 이득자의 지배에 있는 사실상태에 착안하여 과세대상으로 되는 것이므로, 그것이 상대방에 대한 반환에 의하여 상실된 경우 조정이 가해져야 한다고 본다(이진석, 앞의 글, 186쪽).

191) 서울고등법원 2021. 1. 28. 선고 2020누38258 판결은, 원고의 횡령으로 법인으로부터 사외유출된 금액에 관하여 법인에 대한 소득금액변동통지가 행해진 후(수정신고기한의 경과 후) 원고가 횡령금액 중 일부를 반환한 사안에서, 위 횡령금액의 반환은 후발적 경정청구사유에 해당하고, 법인세법 시행령 제106조 제4항이 국세기본법상 후발적 경정청구를 배제하거나 그와 모순되는 규정이라고 볼 수 없다고 판단하였다. 위 사건은 현재 대법원에 계속 중이다(2121두35346).

여 사외유출에 대한 별도의 제재적 가산세[192]를 신설하거나, 수정신고에 따라 납부된 세액을 곧바로 환급하지 않고 향후 납부할 세액에서 공제하는 방안, ② 주주가 사외유출소득을 법인에 반환한 경우, 사외유출로 인한 소득세 납세의무의 성립을 유지하되, 주주의 반환금액을 법인에 대한 출자로 취급하는 방안[193]을 고려할 필요가 있다.[194]

5-2. 과세처분 후의 회수

대법원은, 과세처분이 있은 후(수정신고기한 후) 사외유출소득의 귀속자가 그 소득을 법인에게 환원하더라도 이미 발생한 납세의무에 영향을 미치지 않는다고 본다.[195] 그리고 판례가 후발적 경정청구 사유를 부과처분의 위법사유와 연계하여 파악하는 점[196]에 비추어, 사외유출금액이 수정신고기한의 경과 후에 회수된 경우, 후발적 경정청구도 허용되지 않을 것으로 보인다. 그러나 이는 위 5-1. (2)에서 본 것와 동일한 문제점이 있다. 한편, 사외유출금액이 수정신고기한 후에 회수되었더라도, 이를 법인의 회수기간의 익금에 산입해서는 안 될 것이다.[197]

---

192) 현행세법에 의하더라도, 횡령행위자가 법인의 자금을 횡령한 때부터 이를 법인에 반환할 때까지의 기간에 관하여 사용된 자금에 대한 인정이자가 계산된다(국심 99중926, 2000. 1. 18. 결정 ; 법인, 제도46012-11464, 2001. 6. 12.). 여기에 더하여 일본 세법의 사도비닉금(使途秘匿金)에 대한 과세와 같이 사외유출로 인한 세액의 일정 비율 등을 가산세로 부과하는 방법을 생각할 수 있다.

193) 독일의 연방재정법원이 취하는 입장이다(Tipke/Lang, 11장 문단 91). ; 이 경우 ① 이미 성립한 주주의 납세의무 및 법인의 원천징수의무는 영향을 받지 않지만, ② 주주는 법인에 출자를 한 것으로 되므로, 그가 보유하는 주식의 취득가액이 증액되어 이후 그 주식의 양도 또는 법인청산으로 인한 잔여재산의 분배 시 그 금액은 소득금액에서 공제될 것이다. 그리고 주주로부터 사외유출금액을 반환받은 법인은 출자를 납입받은 것이므로, 그 금액을 익금에 산입하지 않고, 청산소득의 계산 시 공제되는 자기자본의 총액에 산입하게 될 것이다. ; 다만, 위와 같은 처리방안은 지배주주인 경영자에게 유출된 법인의 소득이 배당으로 과세되는 것을 전제로 하므로, 위 소득을 상여로 처분하는 현행세법에서는 채택하기 어려운 면이 있다.

194) 송동진·박훈, 앞의 글, 48~50쪽

195) 대법원 2001. 9. 14. 선고 99두3324 판결

196) 대법원 2015. 7. 23. 선고 2012두8885 판결

197) 대법원 1984. 10. 23. 선고 83누124 판결

소득귀속자의 납세의무

6-1. 납세의무의 성립시기

법인세법에 의하여 배당, 상여, 기타소득으로 처분된 금액은 소득세법상 각 해당 소득으로 과세된다(소득세법 제17조 1항 4호, 20조 1항 3호, 21조 1항 20호). 소득처분에 따른 소득의 귀속시기는 ① 배당의 경우 법인의 당해 사업연도의 결산확정일(소득세법 시행령 46조 6호), ② 상여의 경우 해당 사업연도 중의 근로를 제공한 날(소득세법 시행령 49조 1항 3호), ③ 기타소득의 경우 법인의 해당 사업연도의 결산확정일(소득세법 시행령 50조 1항 2호)이다.

사외유출된 금액이 상여로 소득처분된 경우, 그 소득의 귀속시기는 익금산입대상이 속하는 사업연도 중에 근로를 제공한 날이므로, 소득귀속자의 종합소득세 납세의무는 당해 소득이 귀속된 과세기간이 종료하는 때[198]에 성립한다(국세기본법 21조 2항 1호).[199] 따라서 소득의 귀속자에게 종합소득세 부과처분을 하기 위한 전제조건으로 법인에 대한 소득금액변동통지의 송달이 필요한 것은 아니다.[200]

6-2. 소득의 귀속자에 대한 종합소득세 부과처분

6-2-1. 종합소득세 부과처분의 가능 여부

원천징수의무자가 무자력 등으로 원천징수세액을 국가에 납부하지 않거나 납부할 수 없는 경우, 국가가 원천납세의무자에 대하여 과세처분을 할 수 있게 할 것인지, 어떤 요건 하에서 그렇게 하도록 할 것인지는, 조세정책적 선택의 문제이다. 국가가 원천납세의무자에게 직접 과세처분을 할 수 있는지는, 그 원천납세의무자가 국가에 대하여 직접 세액의 신고·납부의무를 부담하는지와 밀접하게 관련된다.

소득세법에 의하면, 관할 세무서장 등은, ① 종합소득 과세표준 확정신고의무가 있는

---

198) 소득세 과세기간은 1. 1.부터 12. 31.까지이므로(소득세법 5조 1항), 과세기간의 종료일은 12. 31.이다.
199) 대법원 2006. 7. 13. 선고 2004두4604 판결, 대법원 2006. 7. 27. 선고 2004두9944 판결, 대법원 2021. 12. 30. 선고 2017두72256 판결 ; 이에 대하여 소득처분에 따른 원천납세의무자의 소득 귀속시기는 소득처분 시(소득금액변동통지시)로 보아야 한다는 견해가 있다[임승순, "원천징수와 소득처분에 관한 새로운 이해", 조세법연구 [25 – 1], 한국세법학회(2019), 309~311쪽]. 그러나 이는, 그렇지 않아도 인위적인 의제로 인하여 현실의 거래로부터 동떨어진 현행 사외유출 세제를 그로부터 더욱 멀어지게 하는 것이므로, 동의하기 어렵다.
200) 강석훈, "가. 과세관청이 사외유출된 익금가산액이 임원 또는 사용인에게 귀속된 것으로 보고 상여로 소득처분을 한 경우, 그 소득의 귀속자의 종합소득세(근로소득세) 납세의무의 성립시기, 나. 종합소득 과세표준 확정신고"(대법원 2006. 7. 27. 선고 2004두9944 판결), 대법원판례해설 제65호(2007), 268쪽

자[201]가 그 신고를 하지 않거나, ② 연말정산에 따른 소득세의 원천징수에 탈루 또는 오류가 있는 경우로서 원천징수의무자의 폐업 등으로 원천징수의무자로부터 징수하기 어려운 경우 등에는, 그 자에 대하여 종합소득세 부과처분을 할 수 있다(소득세법 80조).

① 소득세법 제80조 제1항에 의하면, 종합소득 과세표준 **확정신고의무**가 있는 자가 그 신고를 하지 않은 경우 그에 대한 직접적 과세처분이 가능함은 명백하다. ② 소득처분된 소득이 **분리과세** 대상인 경우(가령, 종합과세기준금액에 미달하는 배당소득), 과세관청은 그 원천징수의무자로부터 세액을 징수하지 못하였더라도 소득의 귀속자에게 직접 과세처분을 할 수 없다고 보아야 한다. ③ 문제는, 종합소득 과세표준 **확정신고의무**가 **면제**된 자에 대한 원천징수가 제대로 이루어지지 않은 경우이다.

대법원은 구 소득세법하에서, 근로소득세의 원천징수가 누락된 경우, 근로소득만 있어 종합소득 과세표준 확정신고의무가 면제된 자에 대하여도 종합소득세 부과처분을 할 수 있다고 판시하였다.[202][203] 그러나 위 대법원 판결은 구 소득세법에 따른 국가－원천납세의무자 관계의 기본 구조를 벗어났다고 볼 여지가 있고,[204][205] 현행 소득세법 제80조 제2

---

201) 소득처분된 소득의 종류별로 종합소득 과세표준 확정신고의무는 다음과 같다.
　① 근로소득만이 있는 자가 원천징수의무자의 연말정산을 거친 경우에는 그 소득에 대한 과세표준 확정신고의무가 면제된다(소득세법 73조 1항, 4항).
　② 배당소득이 종합과세기준금액을 초과하는 경우, 그 소득의 귀속자는 과세표준 확정신고의무가 있다(소득세법 73조 1항 8호의 반대해석).
　③ 기타소득으로 소득처분된 금액의 경우, 그 금액이 300만 원 이하이고, 그 귀속자가 종합소득과세표준에 그 소득을 합산하지 않는 경우에는, 분리과세로 종결되므로, 그 소득에 대한 과세표준 확정신고의무가 없다(소득세법 14조 3항 8호 가목).

202) 대법원 2006. 7. 13. 선고 2004두4604 판결 : 위 사건에 적용되었을 것으로 보이는 1998. 12. 28. 개정되기 전의 구 소득세법 제80조는, 관할 세무서장 등이 원천납세의무자에게 과세처분을 할 수 있는 경우로 ① 과세표준 확정신고를 하여야 할 자가 하지 아니한 때, ② 과세표준 확정신고를 한 경우 ㉮ 신고내용에 탈루 또는 오류가 있거나 ㉯ 매출·매입처별계산서합계표 또는 지급조서의 전부 또는 일부를 제출하지 아니한 때를 규정하였다.

203) ① 김완석·정지선, 소득세법론(2019), 823～825쪽은, 원천징수가 누락된 소득이 종합소득과세표준 등에 해당하는 경우, 누락된 원천징수세액도 원천납세의무자가 납부할 세액에서 기납부세액으로 공제되어야 하고, 과세관청이 누락된 원천징수세액을 원천납세의무자에게 납부고지할 수 없다고 한다.
　② 강석규, 조세법 쟁론(2020), 1022쪽은, 위 판결이 종합소득신고의무가 없는 경우 중에서 소득세법 제73조 제1항 제1호 내지 7호의 소득만이 있는 자와 같은 항 제8호, 제9호에 해당하는 자를 달리 취급하여 과세관청이 전자에 대하여만 직접 과세권을 행사할 수 있다는 것으로서, 논리가 일관되지 못하다고 비판한다.

204) 위 판결은 대법원 2001. 12. 27. 선고 2000두10649 판결을 근거로 한다. 그러나 2000두10649 판결에 적용된 구 소득세법 시행령(1994. 12. 31. 대통령령 제14467호로 전문 개정되기 전의 것) 제165조는 '근로소득 등만이 있어 과세표준 확정신고의무가 없는 자에 대하여도 통보 또는 보고된 지급조서에 의하여 과세표준과 세액을 서면조사 결정하여야 한다'고 규정하였으나, 2004두4604 판결에 적용된 구 소득세법 시행령(2002. 12. 30. 개정되기 전의 것)과 현행 소득세법 시행령에는 그러한 규정이 없다. ; 한편, 대법원은, 분리과세대상인 국내사업장이 없는 비거주자의 양도소득에 관하여 완납적으로 원천징수가 이루어져야 하는데 누락된 경우, 과세관청은 원천납세의무자에게 직접 양도소득세 부과처분을 할 수 없다고 판시

항은 원천납세의무자에 대한 과세처분이 필요한 상황을 거의 대부분 포함하므로,[206] 위 대법원 판결과 같이 원천징수가 누락된 근로소득이 있는 자에 대하여 언제나 직접 종합소득세 부과처분을 할 수 있다고 볼 필요는 없을 것이다.[207]

위 사건에서 1998 사업연도에 원고 법인으로부터 유출된 소득에 관하여, 관할 세무서장인 피고는 원고 법인의 대표이사인 원고 A에게 귀속된 것으로 보아 상여로 처분한 후, 이미 사업을 폐지한 원고 법인으로부터 원천징수세액을 징수할 가망이 없다고 판단하여, 원고 법인에 대한 소득금액변동통지를 하지 않고 원고 A에게 소득자통지용 소득금액변동통지를 한 다음 종합소득세 부과처분을 하였다. 만일 현행 소득세법에서라면, 위 사건은 '원천징수세액을 원천징수의무자로부터 징수하기 어렵다고 인정되는 경우'(소득세법 80조 2 항 2호)로 볼 여지가 있고,[208] 따라서 피고는 원천납세의무자인 원고 A에게 과세처분을 할 수 있을 것이다.[209]

6-2-2. 종합소득세의 부과제척기간

소득의 귀속자에 대한 종합소득세의 부과제척기간은 과세표준 신고기한의 다음 날부터 기산한다(국세기본법 시행령 12조의3 1항 1호). 따라서 종합소득세의 경우, 과세표준 신고기한 (다음 해 5. 1.~5. 31.)의 다음 날인, 해당 소득이 귀속하는 과세기간의 다음 해 6. 1.이 부과제척기간의 기산일이 된다.[210]

하였다(대법원 2016. 1. 28. 선고 2015두52050 판결).

205) 이창희, 세법강의(2020), 204쪽은, 위 판결에 의하여 원천징수의 법률관계가 근본적으로 흔들리고 완납적 원천징수라는 개념은 아예 없어지는 것 아닌가라는 의문이 생기게 되었고, 대법원 2016. 1. 28. 선고 2015두52050 판결이 비거주자에 대한 완납적 원천징수의 개념을 되살렸다고 본다. 위 판결에 대한 비판으로는 이창희, 국제조세법(2020), 218쪽

206) 여기에 해당하지 않는 경우에도 원천납세의무자인 법인의 과점주주가 제2차 납세의무를 지므로, 그로부터 원천징수세액을 징수할 수 있다.

207) 위 대법원 판결의 사안에 적용된 구 소득세법에는 종합소득 과세표준 확정신고의무가 면제된 자에 대한 과세처분을 할 수 있는 근거규정이 없었고, 그러한 규정은 2006. 12. 30. 개정된 소득세법 제80조 제2항에 도입되었다.

208) 법인의 원천징수의무는 소득금액변동통지에 따라 지급의제 효과가 발생하여야만 비로소 성립하므로, 위 경우에 소득세법 제80조 제2항 제2호를 적용하기 위해서는 법인에 대한 소득금액변동통지를 통하여 법인의 원천징수의무가 현실적으로 발생하여야 한다고 보는 견해가 있을 수 있다. 그러나 어차피 법인에게 소득금액변동통지를 하더라도 법인이 원천징수세액을 납부할 가망이 없는 경우에는, 원천납세의무자에 대한 과세처분을 하기 위하여 그 선행절차로 반드시 법인에 대한 소득금액변동통지가 요구된다고 볼 필요는 없고, 곧바로 원천납세의무자에 대한 과세처분을 할 수 있다고 보는 것이 합리적이다.

209) 만일 대표이사인 원고 A가 사외유출소득이 귀속된 과세기간에 받은 본래의 근로소득에 관하여 원천징수에 따른 연말정산을 거치지 않았다면, 과세관청은 소득세법 제80조 제4항, 제1항에 따라 원고 A에 대한 과세처분을 할 수도 있다.

210) 대법원 2012. 9. 27. 선고 2012두12167 판결

사외유출소득에 대한 소득세의 부과제척기간은 ① 소득의 귀속자가 사기 기타 부정한 행위로 소득세를 포탈하거나, 소득처분된 금액이 사기 기타 부정한 행위로 포탈된 법인세와 관련된 경우에는, 10년,[211][212] ② 그 외의 경우로서 법정신고기한까지 과세표준신고서를 제출하지 않은 경우에는 7년, ③ 그 나머지 경우에는 5년이다(국세기본법 26조의2 2항).

6-2-3. 종합소득세 부과처분의 취소소송

소득처분은 항고소송의 대상이 아니므로, 소득의 귀속자는 소득처분에 대하여 취소소송을 제기할 수 없고,[213] 종합소득세 부과처분을 기다려서 그에 대하여 취소소송을 제기하여야 한다.

대법원은, 상여의 소득금액변동통지를 받은 법인이 원천징수세액을 납부한 후 과세관청이 상여의 귀속자인 원고에게 전체 종합소득세액 중 위 원천징수세액을 제외한 나머지 종합소득세액의 부과처분을 한 사건에서, 원고의 종합소득세 납세의무 중 원천징수세액으로 납부된 부분은 소멸하였으므로, 위 부분에 관하여는 부과처분이 있었다고 할 수 없다고 판단하였다.[214] 그러나 종합소득세 중 일부가 원천징수세액으로 납부되어 그 납부의무가 소멸하였다고 하더라도 그와 별개로 세액확정의 효력은 존재할 수 있고,[215] 위 판결은 판

---

211) ① 대법원 2010. 1. 28. 선고 2007두20959 판결은, 법인의 대표자가 법인의 자금을 횡령하면서 그 사실을 은폐하기 위하여 법인의 회계장부를 조작한 사안에서, 향후 과세관청의 소득처분으로 인하여 자신에게 귀속될 상여에 대한 소득세를 포탈하기 위한 것으로 보기 어려우므로, 국세기본법 제26조의2 제1항 제1호의 '사기 기타 부정한 행위'에 해당하지 않는다고 판단하였다. 대법원 2010. 4. 29. 선고 2007두11382 판결도 같은 취지이다. ② 그리고 대법원 2014. 4. 10. 선고 2013두22109 판결은, 소득처분을 받은 자에게 그 소득이 귀속되는 과세기간에 다른 종합소득이 없는 경우에는, 종합소득 과세표준의 신고납부의무가 유예되므로, 종합소득 과세표준신고서를 제출하지 않더라도 국세기본법 제26조의2 제1항 제2호에 해당하지 않으므로, 같은 항 제3호의 부과제척기간 5년이 적용된다고 보았다. ③ 그러나 위 판결들의 타당성은 의문스럽다. 2011. 12. 31. 개정된 국세기본법은 위와 같은 경우 10년의 제척기간이 적용되는 것으로 명시하였다.

212) 법인이 부당행위계산에 해당하는 거래임을 은폐하기 위하여 적극적으로 서류를 조작하고 장부상 허위기재를 하는 것은 '사기 기타 부정한 행위'에 해당할 수 있다(대법원 2013. 12. 12. 선고 2013두7667 판결). 그러한 예로는 ① 법인이 주식을 고가로 매입하면서 그 매수일자를 해당 주식의 시세가 높았던 시점으로 소급하여 허위로 기재한 매매계약서를 작성한 경우(대법원 2002. 6. 11. 선고 99도2814 판결), ② 법인이 실제로는 특수관계자와 거래하면서도 특수관계인이 아닌 자 명의로 매매계약서를 작성한 경우(대법원 2013. 12. 12. 선고 2013두7667 판결)를 들 수 있다.

213) 대법원 2003. 1. 24. 선고 2002두10360 판결

214) 대법원 2007. 9. 7. 선고 2005두5666 판결

215) 민법상 채권자가 채권의 효과로 채무자로부터 급부를 받은 경우 채권의 실현을 법적으로 강제할 수 있는 힘[공취력(攻取力)]은 소멸하지만, 그 급부를 적법하게 보유할 수 있는 권원으로서의 효력(급부보유력)은 남는다. 따라서 채권이 변제로 소멸한 후에도 그 변제로 행해진 급부는 법률상 원인(민법 746조)을 가지므로 부당이득에 해당하지 않게 된다. 세법에서 종합소득세 중 일부가 원천징수세액으로 납부되었더라도, 그와 관련한 세액확정의 효력이 당연히 상실되는 것은 아니다["납세자의 세액 납부로 인하여 소멸하

례가 취하는 흡수설과도 부합하지 않으므로, 그 타당성은 의문스럽다.[216]

법인이 법인세 부과처분 및 인정상여처분을 대상으로 전심절차를 거쳤더라도, 그 인정상여의 귀속자에 대한 종합소득세 부과처분 취소소송의 전심절차를 거친 것으로 볼 수 없고, 중복하여 전심절차를 거칠 필요가 없는 경우에 해당하지도 않는다.[217]

6-3. 소득처분에 따른 종합소득세의 신고·납부와 경정청구

6-3-1. 소득처분에 따른 종합소득세의 신고·납부

종합소득세 과세표준의 확정신고기한이 지난 후에 법인의 익금에 산입한 금액의 소득처분에 의하여 소득금액에 변동이 발생함에 따라 거주자가 소득세를 추가 납부하여야 하는 경우, 그 법인이 소득금액변동통지를 받은 날[218]이 속하는 달의 다음 다음 달 말일까지 추가 신고·납부한 때에는, 확정신고기한까지 신고·납부한 것으로 본다(소득세법 시행령 134조 1항). 거주자가 위와 같이 추가 납부를 하지 않은 경우 납부불성실가산세는 위 법정 추가납부기한의 다음 날부터 기산하여 산정한다.[219]

6-3-2. 소득귀속자의 경정청구

(1) 경정청구권

소득의 귀속자인 원천납세의무자는 ① 소득세의 과세표준신고서를 법정신고기한까지 제출한 경우, ② 과세표준확정신고의 대상이 아닌 상여 등에 관하여 원천징수의무자가 연말정산에 의하여 소득세를 납부하고 지급명세서를 제출기한까지 제출한 경우 경정청구를 할 수 있다(국세기본법 45조의2 1, 4항).

는 조세채권은 부과권이 아니라 징수권인 것이다” : 최원, “원천징수의무자에 의한 세액 납부가 과세관청의 원천납세의무자에 대한 부과권을 소멸시키는지 여부”, 조세연구 제9-1집(2009), 한국조세연구포럼, 185쪽]. 따라서 세액의 확정은 국가가 납부된 세액을 보유하는 법률상 원인에 해당하므로, 세액의 확정이 존재하는 한, 납세의무자는 납부한 세액의 환급을 구할 수 없고, 그 환급을 구하기 위해서는 부과처분의 취소를 통하여 세액의 확정을 실효시켜야 한다.

216) 최원, 앞의 글, 205쪽 ; 윤지현, “소득금액변동통지 처분을 둘러싼 몇 가지 절차법적 쟁점들 개관 – 대법원 판결들을 중심으로–”, 조세와 법 제15권 제2호(2022), 서울시립대학교 법학연구소, 33쪽

217) 대법원 2006. 12. 7. 선고 2005두4106 판결

218) 여기서 ‘법인이 소득금액변동통지를 받은 날’은, ① 소득세법 시행령 제192조 제1항 단서에 따라 거주자가 소득금액변동통지서에 의한 통지를 받은 경우에는 그 거주자가 통지를 받은 날을 말하고, ② 법인의 신고에 의하여 소득금액이 변동된 경우에는 그 법인의 법인세 신고기일을 말한다.

219) 대법원 2006. 7. 27. 선고 2004두9944 판결 : 소득금액의 각 해당 귀속사업연도 과세표준 확정신고·납부기한 다음 날부터 기산하여 납부불성실가산세를 산정한 피고의 조치가 정당하다고 판단한 원심을 파기하였다.

(2) 경정청구기간

종합소득세 과세표준의 확정신고기간이 경과한 후에 소득처분에 의하여 소득금액이 발생하여 소득세법 시행령 제134조 제1항에 따라 과세표준 및 세액을 추가신고·자진납부한 경우, 그에 대한 국세기본법 제45조 제1항 제1호의 경정청구기간은 소득세법 시행령 제134조 제1항에서 정하는 추가신고·자진납부의 기한 다음 날부터 기산된다.[220]

(3) 경정청구권의 행사범위 및 환급청구권의 귀속

종합소득 과세표준 확정신고기한의 경과 후 소득처분에 의하여 소득금액에 변동이 발생하여 원천납세의무자가 소득세법 시행령 제134조 제1항에 따라 종합소득 과세표준 및 세액을 추가신고한 경우, 원천납세의무자는 그가 실제로 납부한 세액의 한도 내에서가 아니라 추가신고의 대상이 된 과세표준과 세액 전부에 대하여 구 국세기본법 제45조의2 제1항 제1호에 따른 경정청구권을 행사할 수 있다.[221] 다만, 위와 같은 경정청구권의 행사에 따라 환급청구권이 발생하는 경우, 원천납세의무자는 자신 명의로 납부된 세액에 관하여만 환급청구권자가 될 수 있고, 원천징수의무자 명의로 납부된 세액에 관하여는 원천징수의무자가 그 환급청구권자가 된다.[222]

---

220) 대법원 2011. 11. 24. 선고 2009두20274 판결

221) 대법원 2016. 7. 14. 선고 2014두45246 판결 : 원천납세의무자가 소득세법 시행령 제134조 제1항에 따라 추가신고하는 대상은 소득금액변동통지서를 받은 법인이 원천징수세액을 납부하였는지와 관계없이 소득처분에 의하여 소득금액이 변동됨에 따라 늘어나게 되는 종합소득 과세표준 및 세액 전부인 점, 국세기본법 제45조의2 제1항은 경정청구의 요건으로 해당 세액을 납부하였을 것을 요구하지 아니하는데, 소득금액변동통지서를 받은 법인이 그에 따른 소득세를 원천징수하지 아니한 채 납부하였다고 하여 원천납세의무자가 경정청구권을 행사할 수 있는 범위가 자신이 실제로 납부한 세액의 한도로 제한된다고 볼 근거가 없는 점 등을 근거로 한다.

222) 대법원 2016. 7. 14. 선고 2014두45246 판결. 이는 원천징수의무자가 원천징수대상자로부터 원천징수대상이 아닌 소득에 대하여 세액을 징수·납부하였거나 징수하여야 할 세액을 초과하여 징수·납부한 경우에, 그 환급청구권이 원천납세의무자가 아닌 원천징수의무자에게 있다고 한 대법원 2002. 11. 8. 선고 2001두8780 판결의 연장선상에 있는 것이다. 김성환, "소득처분에 따른 원천납세의무자의 경정청구 범위", 대법원판례해설 제110호(2017), 268쪽

소득금액변동통지

1 ▶ 소득금액변동통지의 의의와 절차

1-1. 소득금액변동통지의 의의와 법적 성질

소득금액변동통지는, 법인으로부터 사외유출된 소득의 귀속자 및 종류 등을 법인에게 통지함으로써 법인에게 원천징수의무를 발생시키는 제도이다. 법인의 소득금액을 결정 또는 경정하는 세무서장 등은, 배당·상여 및 기타소득으로 처분한 금액을 소득금액변동통지서에 의하여 당해 법인에게 통지하여야 한다(소득세법 시행령 192조 1항). 법인은, 소득금액변동통지서를 받은 날에 배당 등 소득을 지급한 것으로 보아 소득세를 원천징수하고(소득세법 131조 2항 1호, 135조 4항, 145조의2), 그 다음 달 10일까지 납부하여야 한다(소득세법 128조 1항).

대법원 2006. 4. 20. 선고 2002두1878 전원합의체 판결은, 법인에 대한 소득금액변동통지를 항고소송의 대상이 되는 행정처분이라고 판시하였다. 위 판결의 다수의견은 그 근거로, ① 법인은 소득금액변동통지서를 받은 날에 소득의 귀속자에게 소득금액을 지급한 것으로 의제되어 그때 원천징수하는 소득세의 납세의무가 성립함과 동시에 확정되고, ② 법인이 소득금액변동통지서에 기재된 소득처분의 내용에 따라 원천징수세액의 납부의무를 이행하지 않는 경우에는 가산세의 제재와 형사처벌을 받도록 규정되어 있는 점을 든다.[223]

---

223) 위 전원합의체 판결의 타당성에 관하여는 아직 논쟁의 여지가 있다. 이는 위 판결 이전을 기준으로 소득금액변동통지에 따라 원천징수세액을 납부한 법인이 소득처분이 잘못되었음을 이유로 그 납부금액의 부당이득반환청구를 할 수 있었는지, 그리고 위 판결로 인하여 그러한 구제수단이 봉쇄되었는지의 문제와 연결된다. ① 당초 부당이득반환청구가 허용되었음을 전제로 위 판결을 비판하는 견해로, 대법관 김영란의 반대의견(소득금액변동통지와 관련한 소득세법 규정이 소득의 지급시기에 관한 의제일 뿐 소득의 지급사실에 대한 의제는 아니라는 취지이다) 및 이창희, 세법강의(2020), 829쪽 각주 420)(위법한 통지인 이상 의제가 성립하지 않고, 행정처분이 아니므로 부당이득이 성립한다고 한다). ② 이에 대하여 대법관 이강국, 고현철의 다수의견에 대한 보충의견은 당초 부당이득반환청구가 허용되지 않았다는 견해를 취하였다. ③ 만일 당초 부당이득반환청구가 허용되었다고 본다면, 조세채무부존재확인의 소로써 원천징수처분 이전의 단계에서 세액의 존부 및 범위를 다투는 것도 가능할 것이므로, 납세자의 권리구제에 큰 문제는 없었을 것이다.

한편, 소득금액변동통지서를 법인에게 송달할 수 없는 경우 그 소득의 귀속자에게 하는 통지(소득세법 시행령 192조 1항 단서)는 법인에 대한 소득금액변동통지가 아니고,[224] 그 소득의 귀속자에 대한 행정처분에 해당하지도 않는다.[225]

1-2. 소득금액변동통지의 절차

1-2-1. 소득금액변동통지의 주체

소득금액변동통지의 주체는 법인의 소득금액을 결정 또는 경정하는 세무서장 또는 지방국세청장이다(소득세법 시행령 192조 1항). 따라서 법인의 본점 또는 주사무소의 소재지를 관할하는 세무서장 또는 지방국세청장이 법인에게 소득금액변동통지를 하여야 한다(국세기본법 44조, 법 9조 1항).

관할권이 없는 과세관청의 소득금액변동통지는 당연무효 사유라기보다는 그 하자가 객관적으로 명백하지 않은 것으로서 취소사유로 볼 여지가 크다.[226] 소득세법 시행령 제192조 제1항 단서에 따른 소득금액변동통지가 관할권 없는 과세관청에 의하여 행해진 경우, 그에 따른 신고·납부불성실 가산세 부과처분은 위법하다.[227]

1-2-2. 소득금액변동통지의 기재내용

소득금액변동통지서에 기재되어야 하는 내용은 소득세법 시행규칙 별지 제22호 서식에 규정되어 있고(소득세법 시행규칙 100조 24호), 여기에는 소득자, 소득의 종류, 귀속연도, 금액 등이 포함된다.

법인에 대한 소득금액변동통지를 일정한 사항을 기재한 서면에 의하도록 한 이유는, 법인이 소득금액변동통지서에 의하여 소득종류, 소득자, 소득금액 및 그에 따른 원천징수세

---

224) 대법원 2013. 9. 26. 선고 2010두24579 판결
225) 대법원 2014. 7. 24. 선고 2011두14227 판결
226) 다만, 이는 일률적으로 말하기 어렵고, 구체적 사실관계를 따져보아야 할 것이다. 관할권이 없는 과세관청의 과세처분에 대하여 당연무효로 볼 수 없다고 한 판례들은 과세절차의 중간에 납세의무자의 주민등록이 변경된 사안들에 관한 것이었다(대법원 2001. 6. 1. 선고 99다1260 판결, 대법원 2003. 1. 10. 선고 2002다61897 판결). 그리고 당연무효가 아니라고 판단한 대법원 2013. 3. 29. 선고 2011두15800 판결은, 소득금액변동통지를 행정처분으로 파악하는 대법원 2002두1878 전원합의체 판결이 선고되기 전에 행해진 소득금액변동통지가 관할권이 없는 과세관청에 의한 것인 사안에 대한 것이다.
227) 대법원 2015. 1. 29. 선고 2013두4118 판결. 위 판결의 사안에서 법인의 납세지를 관할하는 과세관청은 동청주세무서장 또는 대전지방국세청이고, 관할권이 없는 중부지방국세청장이 소득금액변동통지를 한 것은 흠이 있는 것으로 판단되었다. 그런데 위 사건에서 소득처분도 중부지방국세청장이 하였으므로, 관할권이 없는 과세관청에 의한 것으로서 흠이 있는지, 그리고 나아가 위 소득처분을 전제로 한 종합소득세 부과처분도 위법한 것이 아닌지 문제될 수 있으나, 대법원은 이에 대하여 판단하지 않았다.

액을 특정하여 원천징수에 따른 법률관계를 명확히 하고 원천징수의무자가 이에 대하여 불복신청을 하는데 지장이 없도록 하려는 것이다.[228) 따라서 과세관청이 소득금액변동통지서에 소득의 귀속자나 소득의 귀속자별 소득금액을 특정하여 기재하지 않은 채 소득금액변동통지를 하였다면, 특별한 사정이 없는 한 그 소득금액변동통지는 위법하다.[229) 다만, 과세관청이 소득금액변동통지서에 기재하여야 할 사항을 일부 누락하거나 잘못 기재하였더라도, 그것이 사소한 누락 또는 명백한 착오에 해당함이 소득금액변동통지서상 분명하거나 소득금액변동통지에 앞서 이루어진 세무조사결과통지 등에 의하여 원천징수의무자가 그러한 사정을 충분히 알 수 있어서, 소득종류, 소득자, 소득금액 및 그에 따른 원천징수세액을 특정하고 원천징수의무자가 불복신청을 하는 데 지장을 초래하지 아니하는 경우라면, 소득금액변동통지를 위법하다고 볼 것은 아니다.[230)

1-2-3. 소득금액변동통지의 상대방

세무서장 등은 소득금액변동통지서를 법인에게 송달하여야 한다(소득세법 시행령 192조 1항 본문).[231) 다만, 법인의 소재지가 불분명하거나 그 통지서를 송달할 수 없는 경우에는, 해당 소득처분을 받은 거주자에게 통지하여야 한다(소득세법 시행령 192조 1항 단서).

---

228) 대법원 2014. 8. 20. 선고 2012두23341 판결
229) 대법원 2013. 9. 26. 선고 2011두12917 판결 : 대법원은, 과세관청이 원고 법인의 용역비용 중 합계 390,202,213원이 사외유출되어 5개의 유한 파트너십에 귀속되었다고 보아 '배당'으로 소득처분을 하고 원고에게 보낸 소득금액변동통지서에 소득의 귀속자가 'Whitehall Street Real Estate Limited Partnership XIII 외 4개 펀드'로, 소득금액이 2001 사업연도분 '335,422,455원', 2002 사업연도분 '54,779,758원'으로 각 기재되어 있을 뿐 나머지 4개 유한 파트너십의 명칭이나 위 5개의 유한 파트너십별 소득금액은 기재되어 있지 않은 사안에서, 위 소득금액변동통지는 소득의 귀속자나 소득의 귀속자별 소득금액이 특정되지 아니하여 위법하다고 판단하였다.
230) 대법원 2014. 8. 20. 선고 2012두23341 판결 : 피고 서울지방국세청장은 손금불산입한 경영자문료가 HIAI에게 귀속되었다고 보아 이를 기타소득으로 소득처분하면서 원고에게 2007. 3. 29. 2002년 귀속분에 대하여, 2007. 5. 7. 2003년 내지 2005년 귀속분에 대하여 각 소득금액변동통지를 하였는데, ① 2007. 3. 29.자 소득금액변동통지서에는 소득종류, 사업연도, 귀속연도, 소득금액은 물론, 소득자의 성명이 'Herbalife International of America, Inc'(HIAI)로 모두 올바르게 기재되었고, ② 2007. 5. 7.자 소득금액변동통지서에는 소득종류, 사업연도, 귀속연도, 소득금액 및 주소가 모두 올바르게 기재되었으나, 단지 소득자의 성명은 'Herbalife International, Inc'(HII)로 잘못 기재된 사안에서, 대법원은, ㉠ 2007. 5. 7.자 소득금액변동통지서는 2007. 3. 29.자 소득금액변동통지서와 마찬가지로 모두 원고가 2002 내지 2004 사업연도에 HIAI에게 지급한 경영자문료를 손금불산입하고 이를 소득처분하는 내용을 담은 소득금액변동통지서인 점, ㉡ 원고는 이미 2006. 3.경 이 사건 경영자문료를 손금불산입하고 그에 관한 소득처분을 하겠다는 내용의 세무조사결과통지를 받은 점 등에 비추어, 비록 2007. 5. 7.자 소득금액변동통지서에 소득자의 성명이 'HIAI'가 아닌 'HII'로 잘못 기재되었더라도 원고로서는 그것이 착오기재임을 충분히 알 수 있어 불복신청에 지장을 받지 아니한 것으로 볼 수 있다는 등의 이유로, 2007. 5. 7.자 소득금액변동통지가 위법하다는 원고의 주장을 배척하였다.
231) 세무서장 등은 소득금액변동통지를 법인에게 송달한 경우, 그 통지사실을 해당 소득처분을 받은 거주자에게 알려야 한다(소득세법 시행령 192조 4항).

1-2-4. 소득금액변동통지와 세무조사결과 또는 과세예고 통지

세무조사결과통지 또는 과세예고통지를 받은 자는 그 통지를 받은 날부터 30일 내에 과세전적부심사를 청구할 수 있다(국세기본법 81조의15 2항). 따라서 세무조사결과통지 또는 과세예고통지에 장차 행해질 소득금액변동통지의 내용이 포함되어 있으면 과세전적부심사 청구의 대상이 될 수 있다.

대법원은, 지방국세청장의 업무감사 결과에 따라 세무서장이 과세예고통지(국세기본법 81조의15 1항 2호)를 한 후 30일이 지나기 전에 한 소득금액변동통지가 무효라고 보았고,[232] 세무조사결과통지 후 과세전적부심사 청구 또는 그에 대한 결정이 있기 전에 이루어진 소득금액변동통지는 절차상 하자가 중대·명백하여 무효라고 판단하였다.[233][234] 한편, 국세기본법 제81조의15 제1항 제3호의 '납부고지'에는 소득금액변동통지가 포함되지 않으므로, 세무서장 등은 세액이 100만 원 이상인 경우에도 과세예고통지 없이 소득금액변동통지를 할 수 있다.[235]

---

232) 대법원 2016. 12. 27. 선고 2016두49228 판결 : 광주지방국세청장의 감사지적에 따라 피고 금천세무서장이 2013. 6. 25. 원고 법인에게 과세예고통지를 한 후 30일이 지나기 전인 2013. 7. 10. 원고의 과세전적부심사청구를 기다리지 않고 소득금액변동통지를 하였는데, 이후 원고가 2013. 7. 22. 서울지방국세청장에게 과세전적부심사를 청구하여 2013. 9. 12. 불채택결정을 받았으며, 2013. 11. 12. 납세고지가 이루어진 사안

233) 대법원 2020. 10. 29. 선고 2017두51174 판결 : ① 비록 소득세법 시행령 제192조 제1항이 세무서장 등이 법인소득금액의 경정일부터 15일 내에 배당 등으로 소득처분된 금액을 소득금액변동통지서에 의하여 해당 법인에게 통지하도록 정하였더라도, 달리 볼 것은 아니다. ② 조세범처벌법 위반으로 고발 또는 통고처분하는 경우 과세전적부심사의 청구가 인정되지 않는데(국세기본법 18조의15 3항 2호), 과세관청이 법인에게 세무조사결과통지를 하면서 익금누락 등으로 인한 법인세 포탈에 관하여 조세범 처벌법 위반으로 고발 또는 통고처분을 하였더라도, 이는 소득처분에 따른 소득금액변동통지와 관련된 조세포탈에 대해서까지 과세전적부심사의 예외사유인 '고발 또는 통고처분을 한 것으로 볼 수 없다.

234) 다만, 대법원 2020두52689 판결의 해설은, 소득금액변동통지는 항고소송의 대상이지만 과세처분이 아니므로, 대법원 2016두49228 판결 및 2017두51174 판결은, 소득금액변동통지 전에 세무조사결과통지나 과세예고통지가 필수적으로 이루어져야 한다는 취지로 볼 수 없고, (장차 행해질 소득금액변동통지의 내용을 포함한) 세무조사결과통지나 과세예고통지가 기왕에 이루어진 경우 과세전적부심사 청구기간 내에 한 소득금액변동통지는 무효라는 취지라고 본다[유성욱, "소득금액변동통지 전 과세예고 통지가 필수적 절차인지 여부", 대법원판례해설 제128호(2021), 34, 39, 45쪽].

235) 대법원 2021. 4. 29. 선고 2020두52689 판결 ; 위 판결의 해설로 유성욱, 앞의 글, 24~47쪽

2-1. 지급의제에 따른 법인의 원천징수의무

법인은, 소득금액변동통지서를 받은 날에 소득의 귀속자에게 소득을 지급한 것으로 보아 소득세를 원천징수하고(소득세법 131조 2항 1호, 135조 4항, 145조의2), 그 다음 달 10일까지 납부하여야 한다(소득세법 128조 1항). 원천징수의무자인 법인은 상여로 처분된 금액에 관하여도 다른 근로소득과 합산하여 연말정산을 하여야 한다.[236]

 소득금액변동통지 제도의 문제점과 입법론

헌법재판소는 ① 법인세법에 의하여 상여로 처분된 금액에 대하여 법인에게 원천징수의무를 부과하는 소득세법 규정에 관하여 합헌결정을 하였고,[237] ② 소득처분되는 상여에 대하여 법인이 소득금액변동통지서를 받은 날 그 소득을 지급한 것으로 의제하는 소득세법 규정에 대하여도 합헌결정을 하였다.[238] 그러나 소득의 귀속자가 불분명한 경우에 법인이 그 소득을 대표자에게 지급하였다고 의제하는 것은 인정상여와 마찬가지로 위헌의 소지가 크므로, 이를 법률상 추정 등으로 변경할 필요가 있다.

---

236) 소득세법 기본통칙 135-192…3. 만일 이미 해당 과세기간에 대한 연말정산이 이루어진 후에 소득금액변동통지가 있는 경우 재연말정산 및 지급조서 제출의 시점에 관하여 ① 일반적인 경우와 같이, 소득금액변동통지를 받은 날의 다음 달 10일까지 간이세율표에 의한 원천징수세액을 징수납부한 후 다음 연도 1월에 가서 연말정산을 하여 징수한 차액을 납부하고 다음 연도 2월 말에 지급조서를 제출하여야 하는지, ② 소득금액변동통지에 따른 원천징수분 소득세의 납부기한인 다음 달 10일까지 연말정산을 하고 지급조서를 작성하여야 하는 것인지가 문제되는데, 과세실무는 연말정산에 관하여는 ②의 견해를 따르면서도 지급조서의 제출기한은 ①의 견해를 따른다고 한다. 조윤희, "상여로 처분된 금액에 대하여 소득금액변동통지를 받은 법인이 소득세를 원천징수하여 납부하고 지급조서를 제출한 경우 경정청구기간의 기산일", 대법원판례해설 제90호(2012), 127쪽

237) 헌법재판소 2009. 2. 26. 2006헌바65 결정은, 구 소득세법(1994. 12. 22. 법률 제4803호로 전부 개정되고, 2006. 12. 30. 법률 제8144호로 개정되기 전의 것) 제20조 제1항 제1호 다목, 제127조 제1항 제4호 중 "법인세법에 의하여 상여로 처분된 금액"에 관한 부분은 헌법에 위반되지 아니한다고 결정하였다(관련 소송사건은 대법원 2009두2887 판결의 1심이다). 헌법재판소 2009. 7. 30. 2008헌바1 결정도 같다.

238) 헌법재판소 1995. 11. 30. 93헌바32 결정은, "법인세법에 의하여 처분되는 상여는 대통령령이 정하는 날에 지급하는 것으로 본다."고 규정한 구 소득세법 제150조 제4항(1994. 12. 22. 개정되기 전의 것)에 대하여, 이와 같은 지급시기의 의제는, 상여로 처분된 금액은 그 지출시기가 여러 사업연도에 걸쳐 있을 수 있어, 실제 지출된 날을 지급시기로 할 경우 납세기간이 나뉘어져 절차가 복잡하여지고 또 납세자 측에 원천징수불이행가산세 등 경제적 손실을 초래하게 되므로, 지출시기를 실제지급일보다 이후인 소득금액변동통지서 수령일로 정함으로써 그러한 불합리 내지 납세자의 불이익을 방지하기 위한 것이라는 등의 이유로, 과잉금지의 원칙에 반하는 것이 아니라고 판단하였다. 이후 1994. 12. 22. 소득세법의 개정으로 위 지급의제에 관한 규정은 소득세법 제135조 제4항으로 조문위치를 옮겼는데, 이에 대하여도 헌법재판소 2015. 5. 28. 2013헌바84 결정[관련사건은 서울고등법원 2012누12691 판결(대법원 2009두2887 판결의 환송 후 원심)]은 조세법률주의와 포괄위임입법의 금지에 위반되지 않는다고 판단하였다.

소득금액변동통지에 의한 지급의제는, 근본적으로 지배주주인 대표자에게 귀속된 소득을 그 실질과 동떨어지게 근로소득인 상여로 취급하는 것에서 연유한다. 지배주주인 대표자에게 횡령 등으로 법인의 재산이 유출되는 것을 도저히 근로소득의 '지급'으로 파악할 수 없기 때문에, 법인에게 그에 대한 원천징수의무를 부과하기 위해서는 부득이하게 법률의 힘으로 이를 '지급'으로 의제(擬制)할 수밖에 없다. 그리고 세법은 그러한 불이익에 대한 보상으로, 신고·납부불성실가산세의 기준일을 사외유출소득이 귀속된 과세기간이 아닌 소득금액변동통지의 송달시점으로 함으로써 신고납부기한유예(경과기간에 대한 가산세의 면제)의 혜택을 주고 있다.[239]

그러나 지배주주인 대표자의 횡령 등으로 사외유출된 금액을 실질적인 '배당'으로 본다면, 지배주주가 회사의 재산을 유출시키는 것을 회사에 대한 지배력의 행사로서 배당의 '지급'으로 볼 여지가 충분히 있다.[240][241] 그리고 지배주주인 대표자에 대한 사외유출금액을 배당의 지급으로 본다면, 굳이 소득금액변동통지 제도로 법인의 지급을 의제할 필요성이 없다.[242] 이에 대하여는, 사외유출시점이 불분명한 경우의 처리가 곤란함을 이유로 소득금액변동통지를 옹호하는 견해가 있을 수 있다. 그러나 사외유출시점의 불분명으로 인한 귀속시기 입증곤란의 문제는, 소득금액변동통지에도 불구하고 원천납세의무에 관하여 여전히 남아 있고, 만일 그러한 입증곤란을 구제하기 위한 목적이라면 지급시점에 관한 추정(推定) 규정을 두는 것으로 족하고, 현재와 같이 지급을 의제하는 규정을 두는 것[243]은 과도한 입법으로서 과잉금지원칙 위반의 소지가 크다. 현행세법은 사외유출된 소득에 대하여, 1차적으로 그 귀속자 및 성질에 관한 의제를 하고, 2차적으로 그 지급의 의제까지 함으로써 과도한 의제를 사용하여 세법체계를 부자연스럽고 불필요하게 복잡한 것으로 만들고 있다. 따라서 입법론으로는, 소득금액변동통지에 의한 지급의제를 폐지하고, 지배주주인 대표자에게 귀속된 사외유출소득의 소득처분을 배당으로 변경하는 한편, 그러한 사외유출을 배당의 지급으로 파악하여 그 시기를 추정하는 규정을 두는 등 덜 의제적인 방향으로 제도를 재설계할 필요가 있다.[244]

---

239) 헌법재판소 1995. 11. 30. 93헌바32 결정

240) 회사법상 절차에 따라 지급된 배당과 지배주주의 횡령금액은, 모두 주주가 회사에 대한 지배력을 이용하여 회사의 재산을 획득한 것이라는 점에서 같은 속성을 공유한다. 판례는, 1인 회사의 경우에 주주총회를 개최하지 않았더라도 그 1인 주주에 의하여 주주총회의사록이 작성된 경우 주주총회결의가 있었던 것으로 보는 등(대법원 2004. 12. 10. 선고 2004다25123 판결) 회사의 운영이 지배주주의 의사에 합치하는 경우 일정한 범위 내에서 회사법상 주주총회 등 의사결정절차에 관한 규정을 완화하여 적용한다. 따라서 주주의 지배력에 의하여 회사의 재산이 유출된 이상, 회사법상 배당절차를 거쳤는지 여부는 세법상 취급을 달리할 절대적 근거가 되지는 못한다.

241) 독일 세법은 숨은 이익처분(versteckte Gewinnauschüttung)을 자본재산으로부터의 소득에 해당하는 것으로 보고(독일 소득세법 제20조 제1항 제1호 제2문), 주주에게 숨은 이익처분을 한 법인은 이에 대한 자본수익세를 원천징수할 의무가 있다고 규정한다(독일 소득세법 제43조 제1항). 일본 최고재판소는, 회사의 재산을 실질적 대표자가 취득한 경우 상여의 지급(支給)으로 보았다[最高裁 昭和57年 7月 1日, 昭56 (行ツ) 161号].

242) 횡령 등으로 유출된 법인의 소득을 근로소득인 상여로 의제한다면 법인은 피해자임에도 전혀 동떨어진 의제규정의 적용을 받는 지위에 있는 것이 된다. 그러나 이를 배당으로 취급한다면 법인이 지배주주에게 비정상적 방법으로 세법상 이익잉여금을 지급한 것으로 사고의 전환이 이루어질 수 있다. 그리고 이 경우 현행세법과 같이 신고납부기한 유예의 혜택을 주는 것은, 비정상적 경로로 유출되어 지배주주에게 귀속된 소득에 대하여 회사법상 적법한 배당절차를 거친 소득보다 오히려 우대하는 것이 되므로 부당하다.

243) 대법원 1993. 8. 27. 선고 93누6058 판결은 소득금액변동통지에 의하여 지급시기만이 의제되는 것은 아니고, 지급(사실)이 의제된다고 한다. 이에 대하여, 이중교, 앞의 글, 233쪽은 소득금액변동통지에 의하여

한편, 법인에게 소득금액변동통지서를 송달할 수 없는 경우 소득귀속자에게 송달하도록 규정한 소득세법 시행령 제192조 제1항 단서는, 법인에게 원천징수의무를 발생시키기 위한 것이 아니라,[245] 소득처분을 받은 거주자에게 종합소득 과세표준의 추가신고 및 자진납부(소득세법 시행령 134조 1항)의 기회를 주기 위한 특칙이다. 따라서 위 규정에 따라 소득의 귀속자에 대한 소득금액변동통지가 이루어졌더라도, 이는 법인에 대한 소득금액변동통지로 볼 수 없으므로, 법인의 원천징수의무가 발생하지 않는다.[246]

2-2. 원천징수의무의 성립시기 및 원천납세의무와의 관계

2-2-1. 원천납세의무의 소멸 후 소득금액변동통지가 이루어진 경우

소득금액변동통지서를 받은 법인의 원천징수의무가 성립하려면, 그 성립시기인 소득금액변동통지서를 받은 때에 원천납세의무자의 소득세 납세의무가 성립하고 존속하여야 한다. 따라서 소득금액변동통지의 송달 시에 원천납세의무자의 소득세 납세의무가 부과제척기간의 도과 등으로 소멸하였다면, 법인의 원천징수의무도 성립할 수 없다.[247][248] 그렇게 보지 않으면, 원천납세의무자의 소득세 납세의무가 부과제척기간의 도과 등으로 소멸하였더라도, 소득금액변동통지에 따라 원천징수세액을 납부한 법인의 구상권 행사 등으로 인하여 원천납세의무자가 납세의무가 소멸한 소득세를 실질적으로 부담하게 되므로, 부과제척기간이 사실상 연장되는 셈이 되기 때문이다.

법인소득의 사외유출이 '사기 그 밖의 부정한 행위'에 해당하는 경우, 소득처분된 금액에 대한 소득세의 부과제척기간은 10년이므로(국세기본법 26조의2 1항 1호 후문), 소득금액변동통지는 위 기간 내에 행해져야 한다.

2-2-2. 소득귀속자의 사망 후 소득금액변동통지가 이루어진 경우

소득귀속자의 원천납세의무는 사외유출에 따른 소득이 귀속된 과세기간 말에 성립하고, 소득귀속자가 사망한 경우 그 소득세 납세의무는 상속인들에게 승계되므로, 그 이후에 소

지급사실까지 의제되는 것은 아니고 지급시기만이 의제되는 것이라고 한다.

244) 상세한 것은 송동진·박훈, "소득금액변동통지 제도의 비판적 검토 및 대안", 조세논총 제3권 제2호 (2018. 6.), 한국조세법학회, 35쪽 이하

245) 법인에게 소득금액변동통지서를 송달할 수 없는 경우, 법인의 원천징수의무를 발생시키기 위해서는, 법인에 대한 공시송달(국세기본법 11조) 등에 의하여야 할 것이다.

246) 대법원 2013. 9. 26. 선고 2010두24579 판결

247) 대법원 2010. 1. 28. 선고 2007두20959 판결, 대법원 2010. 4. 29. 선고 2007두11382 판결

248) 국세기본법 기본통칙 26의2-0…2

득처분 및 소득금액변동통지가 이루어지더라도 원천징수의무의 성립에 장애가 되지 않는다고 보아야 할 것이다.[249] 대법원도, 사외유출된 소득의 귀속자가 사망한 후 소득처분 및 소득금액변동통지가 이루어진 사안에서, 망인의 소득세 납세의무는 소득금액변동통지일 이전에 유효하게 성립하였으므로, 위 소득금액변동통지는 적법하다고 판단하였다.[250]

2-2-3. 원천징수의무에 대한 제2차 납세의무자인 과점주주의 판단시기

원천징수의무도 제2차 납세의무의 대상이 된다.[251] 제2차 납세의무가 성립하기 위하여는 주된 납세의무자의 체납 등 그 요건에 해당하는 사실이 발생하여야 하므로, 그 성립시기는 적어도 '주된 납세의무의 납부기한'이 경과한 이후이다.[252] 소득금액변동통지에 따른 법인의 원천징수의무에 대한 제2차 납세의무를 부담하는 과점주주에 관하여 ① 제2차 납세의무의 요건에 충실하게 원천징수의무의 납부기한이 경과한 후의 과점주주라는 견해[253]와, ② 제2차 납세의무 제도의 취지를 고려하여 사외유출이 속한 과세기간 말 당시의 과점주주[254]라고 보는 견해가 대립한다.

2-2-4. 소득의 귀속자가 소득처분된 소득을 다른 종류의 소득으로 종합소득에 합산하여 종합소득세를 신고·납부한 경우

대법원은, 소득의 귀속자가 그 금액을 사업소득으로 종합소득에 합산하여 종합소득세를 신고·납부한 후 그 금액이 배당소득·기타소득으로 처분된 경우, 소득귀속자의 사업소득에 관한 종합소득세 신고·납부로 인하여 배당소득·기타소득에 관한 종합소득세 납세의무 및 법인의 원천징수의무가 소멸하였다고 볼 수 없다고 판단하였다.[255]

---

249) 강석규, 조세법 쟁론(2020), 1034쪽. 이에 대하여 임승순, 조세법(2020), 532쪽은, 소득금액변동통지 당시 원천납세의무자가 사망하였다면 원천징수의무가 성립하지 않는다고 본다.

250) 대법원 2021. 12. 30. 선고 2017두72256 판결 ; 대법원은 ① 당초에는 소득의 귀속자가 사망한 후 소득금액변동통지가 이루어진 경우, 망인의 원천납세의무가 성립할 여지가 없으므로 그와 표리관계에 있는 법인의 원천징수의무도 성립하지 않는다고 보았으나(대법원 1992. 7. 14. 선고 92누4048 판결), ② 이후 소득귀속자의 원천납세의무는 소득처분 또는 소득금액변동통지의 시기에 관계없이 소득세법 시행령에 따라 당해 소득이 귀속된 과세기간의 종료 시에 성립한다고 봄으로써(대법원 2006. 7. 27. 선고 2004두9944 판결, 대법원 2008. 4. 24. 선고 2006두187 판결) 사실상 입장을 변경하였다.

251) 대법원 1982. 5. 11. 선고 80누223 판결

252) 대법원 2005. 4. 15. 선고 2003두13083 판결, 대법원 2012. 5. 9. 선고 2010두13234 판결

253) 강석규, 조세법 쟁론(2020), 1030쪽

254) 이중교, 앞의 글, 235쪽 : 과점주주에게 제2차 납세의무를 부담시키는 것은 법인의 재산을 징수부족 상태로 만들어 놓은 책임을 추궁하기 위한 것이므로, 사외유출이 속한 과세기간 말 당시의 과점주주에게 제2차 납세의무를 부담시키는 것이 제2차 납세의무 제도의 취지에 부합한다고 한다.

255) 대법원 2021. 12. 30. 선고 2017두72256 판결 : 소득의 귀속자가 사외유출금액을 사업소득으로 종합소득

2-3. 소득처분, 소득금액변동통지 및 징수처분의 관계

법인의 원천징수의무는 과세관청의 소득처분만으로 성립하지 않고 법인에 대한 소득금액변동통지에 의하여 비로소 성립·확정된다. 따라서 과세관청이 내부적으로 소득처분을 하였더라도 법인에게 소득금액변동통지를 하지 않았거나, 소득금액변동통지를 하였더라도 사후에 이를 취소 또는 철회한 경우에는, 법인에게 원천징수의무가 없으므로, 과세관청은 원천징수의무를 전제로 한 징수처분에 나아갈 수 없다.[256]

소득금액변동통지를 받은 법인이 원천징수세액을 그 납부기한(소득세법 128조 1항)까지 납부하지 않은 경우, 과세관청은 그 법인에게 납부고지를 할 것인데, 이는 징수처분의 성격을 갖는다. 위 납부고지에 대하여는 국세기본법상 제척기간과 소멸시효가 적용된다.[257]

2-4. 소득금액변동통지에 따른 원천징수분 조세채권과 회생절차

(1) 소득금액변동통지에 따른 원천징수분 조세채권이 회생채권인지 여부

회생채무자인 법인에 대한 국가의 조세채권이 회생절차개시 전에 성립된 경우, 원칙적으로 '회생절차개시 전의 원인으로 생긴' 회생채권(채무자회생법 118조 1호)에 해당한다.[258] 소득금액변동통지에 따른 원천징수의무는 소득금액변동통지가 법인에게 송달된 때 성립하므로, 소득금액변동통지가 회생절차개시 전에 법인에게 송달된 경우, 그에 따른 원천징수분 조세채권은 원칙적으로 회생채권이다. 다만, 원천징수하는 조세채권이 회생절차개시 당시 이미 성립하였더라도 아직 납부기한이 도래하지 않았으면, 공익채권으로 취급된다(채

에 합산하여 종합소득세를 신고·납부하였더라도, 원천징수가 배제되는 소득세법 제155조의 '소득이 종합소득에 합산되어 종합소득에 대한 소득세가 과세된 경우'에 해당한다고 볼 수 없다.

256) 대법원 2006. 8. 25. 선고 2006두3803 판결

257) 원천징수대상인 소득을 지급한 자가 그 징수일이 속하는 달의 다음 달 10일까지(소득세법 128조 1항) 원천징수세액을 납부하지 않은 경우, 과세관청은 원천징수의무자에게 납부고지를 할 것이다. 원천징수의무자에 대한 납부고지가 이루어진 경우, '납부고지에 따른 납부기한의 다음 날'부터['징수일이 속하는 달의 다음 달 10일'(소득세법 128조 1항)의 다음 날이 아니라] 소멸시효가 진행한다(소득세법 127조 4항 1호). 이와 관련하여 납부고지를 언제까지 할 수 있는 것인지가 문제된다. 국세기본법 시행령 제12조의3 제2항 제1호는, 원천징수의무자에 대하여 '부과'하는 국세의 경우, '해당 원천징수세액의 법정 납부기한의 다음 날'을 제척기간의 기산일인 '국세를 부과할 수 있는 날'로 규정한다. 원천징수세액은 원천징수대상소득의 지급시점에 자동으로 확정되고(국세기본법 21조 3항 1호), 부과처분에 의한 확정을 요하지 않는 점을 고려하면, 국세기본법 시행령 제12조의3 제2항 제1호의 '부과'는 징수처분인 납부고지를 의미하는 것으로 볼 여지가 있다.

258) 대법원 2012. 3. 12. 선고 2010두27523 전원합의체 판결 ; 대법원은, 구 회사정리법하에서도 정리회사에 대한 조세채권이 정리채권인지 아니면 공익채권인지는 회사정리절차의 개시 전에 해당 조세채권이 성립되어 있었는지를 기준으로 하여 결정된다고 판단하였다(대법원 1981. 12. 22. 선고 81누6 판결, 대법원 2002. 9. 4. 선고 2001두7268 판결).

무자회생법 179조 1항 9호 가목 본문).[259][260] 한편, 인정상여로 인한 원천징수분 조세채권은 원천징수된 것에 한하여 공익채권으로 취급된다(채무자회생법 179조 1항 9호 가목 단서).[261]

한편, 법인 소득의 사외유출이 회생절차개시 전에 있었더라도, 소득금액변동통지가 회생절차개시 후에 법인에게 송달된 경우, 그에 따른 원천징수분 조세채권은 회생절차개시 후의 원인으로 생긴 것이므로, 회생채권(채무자회생법 118조 1호)에 해당하지 않는다.[262][263]

---

259) 대법원 2012. 3. 12. 선고 2010두27523 전원합의체 판결은, 다수 이해관계인의 법률관계를 조절하는 회생절차의 특성상 회생채권과 공익채권은 객관적이고 명확한 기준에 의하여 구분되어야 하므로, 채무자회생법 제179조 제1항 제9호의 '납부기한'은 원칙적으로 과세관청의 의사에 따라 결정되는 지정납부기한이 아니라 개별 세법이 규정하는 법정납부기한을 의미하는 것으로 보아야 한다고 판시하였다. 소득금액변동통지에 따라 원천징수할 세액의 법정납부기한은 소득금액변동통지가 법인에게 송달된 날의 다음 달 10일이므로(소득세법 128조 1항), 소득금액변동통지의 송달 후 위 법정납부기한이 경과하기 전까지 사이에 회생절차가 개시된 경우에 한하여 채무자회생법 제179조 제1항 제9호가 적용된다. 따라서 소득금액변동통지로 인한 원천징수분 조세채권에 대하여 위 규정이 적용되는 범위는 그다지 넓지 않다.

260) 채무자회생법 제179조 제1항 제9호의 입법취지는, ① 본래의 실질적 담세자와 법적인 납세의무자가 일치하였다면 회생절차에 의한 징수상의 제약을 받지 않았을 것인데, 징수의 편의를 위한 기술적 장치인 원천징수 등 제도로 인하여 양자가 분리된 결과 회생절차에 따른 징수상의 제약을 받게 됨으로써 국가의 세수 확보에 지장이 초래되어서는 안 된다는 공익적 요청[서울회생법원, 회생사건실무(상) 제5판, 박영사(2022), 490쪽] 및 ② 회생채무자로서 원천징수의무자인 법인이 원천징수할 세액을 국가나 지방자치단체를 위하여 보관하고 있는 것으로 보아 그에 대한 조세채권을 공익채권으로 취급하는 것이라고 설명된다{하태흥, "조세채권을 회생채권과 공익채권으로 구분하는 기준인 '납부기한'의 의미", 대법원판례해설 제92호(2012), 240쪽 ; 일본 최고재판소 판결[最高裁判所 昭和49年(1974) 7. 22. 宣告 判決(昭和46年行ツ第88号)]}. 그러나 ① 국가가 징세의 편의를 위하여 원천징수 등의 제도를 채택한 이상 그로 인한 회생절차상의 제약도 수용하는 것이 회생절차의 취지 및 회생채권자와의 형평의 견지에서 합리적이라고 볼 여지가 있다. 그리고 ② 원천징수하는 금전은 회생채무자의 일반재산으로 혼입되어 특정성을 상실하므로, 이를 회생채무자의 재산이 아닌 제3자의 소유권의 대상으로 볼 수 없다(하태흥, 앞의 글, 257쪽). ③ 채무자회생법 제179조 제1항 제9호의 납부기한을 과세관청의 납부고지에서 정해지는 '지정납부기한'으로 볼 경우 공익채권의 성립범위가 넓어져서 회생계획의 수립 및 수행에 지장을 초래할 위험이 있다. 대법원 2010두27523 전원합의체 판결은 위와 같은 사정을 고려하여 위 규정의 납부기한을 '지정납부기한'이 아닌 '법정납부기한'으로 해석함으로써 위 규정의 적용범위를 사실상 축소시킨 것으로 보인다.

261) 대표자 인정상여로 인한 원천징수 소득세는 회생법인이 미리 징수하여 보관하고 있는 것이 아니라는 점을 고려하여 이미 원천징수된 것에 한하여 공익채권으로 분류되는 것으로 규정되었다고 한다. 이의영, "도산절차에서 조세채권의 지위(상)", 법조 633호(2009. 6.), 법조협회, 58쪽. 그러나 대표자 인정상여로 인한 원천징수 소득세가 원천징수되는 경우는 매우 드물기 때문에 그러한 원천징수세액의 채권이 채무자회생법 제179조 제1항 제9호 단서로 인하여 공익채권으로 되는 경우는 거의 없을 것이다. 위 규정은 대표자에 대한 인정상여 외의 소득처분에 따른 원천징수분 소득세에 대하여도 적용된다고 볼 여지가 있다.

262) 대법원 2010. 1. 28. 선고 2007두20959 판결, 대법원 2013. 2. 28. 선고 2012두23365 판결 ; 사외유출금액의 익금산입에 따른 법인세 채권을 국가가 회생채권으로 신고하지 않아서 회생채무자가 면책되었다고 하더라도, 소득금액변동통지가 회생절차의 개시 후에 송달된 경우 그에 따른 원천징수세액의 채권이 공익채권에 해당하므로, 그 채권이 회생채권으로 신고되지 않았더라도 회생채무자인 법인은 면책되지 않는다[대구고등법원 2021. 10. 8. 선고 2021누2484 판결, 대법원 2022. 2. 17. 선고 2021두56114 판결(심리불속행)].

263) 회생절차개시 전에 사외유출된 금액에 대한 소득금액변동통지가 회생절차개시 후에 송달된 경우, 그에 따른 원천징수분 조세채권이 공익채권인지, 개시후기타채권인지에 관하여, 대법원은 언급하지 않았으나, 공익채권(채무자회생법 179조 1항 2호, 5호)에 해당할 여지가 크다(서울회생법원, 앞의 책, 493쪽). 한편, 조세심판원은, 소득금액변동통지가 회생절차개시 후에 법인에게 송달됨에 따라 성립한 근로소득세의 원

입법론으로는 위와 같은 조세채권은 회생채권으로 취급하는 것이 합리적이다.[264]

회생채권, 공익채권 및 개시후기타채권

회생절차에서 회생채무자인 법인에 대한 채권은 다음의 3가지로 구분된다.
① **회생채권**은 회생절차개시 전의 원인으로 생긴 재산상의 청구권 및 회생절차개시 후의 이자 등 채권을 말한다(채무자회생법 118조). 회생채권에 관하여는, 회생절차가 개시된 후에는, 채무자회생법에 특별한 규정이 있는 경우를 제외하고는, 회생계획에 따르지 않고는 변제하거나 변제받는 행위를 하지 못한다(채무자회생법 131조 본문). 회생채권이 회생채권자에 의하여 신고되어 회생계획에 포함된 경우 회생채권자의 권리는 회생계획에 따라 변경된다(채무자회생법 252조). 회생채권이 회생채권자에 의하여 신고하지 않아서 회생계획에 포함되지 않은 경우, 회생채무자는 그 채권에 대한 책임을 면한다(채무자회생법 251조).
② **공익채권**은 회생절차개시 후의 원인으로 생긴 것으로서 채무자회생법 제179조 제1항에 규정된 재산상의 청구권 및 회생절차개시 전의 일정한 원인으로 발생한 청구권(근로자의 임금 등)을 말한다(채무자회생법 179조 1항). 공익채권은 회생절차에 의하지 않고 수시로 관리인에 의하여 변제되고, 회생채권과 회생담보권에 우선하여 변제되며(채무자회생법 180조 1항, 2항). 그 변제방법은 회생계획에서 정해지는 것이 아니다.
③ **개시후기타채권**은 회생절차개시 후의 원인에 기하여 발생한 재산상의 청구권으로서 공익채권, 회생채권 또는 회생담보권이 아닌 것을 말한다(채무자회생법 181조 1항). 개시후기타채권은 회생계획에 의한 권리변경의 대상에서 제외되지만, 원칙적으로 회생계획으로 정해진 변제기간이 만료할 때까지 변제를 받거나 강제집행 등을 할 수 없다(채무자회생법 181조 1항, 2항).

(2) 지배주주 변경 후의 상여처분에 대한 원천징수의 배제

회생절차에 따라 법인이 특수관계인이 아닌 다른 법인에 합병되는 등 지배주주가 변경된 후 회생절차개시 전에 발생한 사유로 법인의 대표자 등에 대한 상여로 처분된 소득에 대하여는, 소득세를 원천징수하지 않는다(소득세법 155조의4, 소득세법 시행령 206조의2).[265]

천징수분 채권은 '개시후기타채권'에 해당한다고 판단하였다(조심 2014중2449, 2015. 4. 19.).
264) 소득금액변동통지에 따른 원천징수의무의 실질적 원인은 사외유출이고, 소득금액변동통지는 지급의제의 효과를 발생시키기 위하여 고안된 것에 불과하다. 그런데 사외유출이 회생절차개시 전에 있었음에도 과세관청의 소득금액변동통지가 회생절차개시 이전 또는 이후에 있었는지의 우연한 사정으로 원천징수분 조세채권이 회생채권인지 여부를 좌우하게 하는 것은 적절하지 않다. ; 대표자 인정상여와 관련하여 같은 견해로 이중교, "기업회생에 관한 조세제도 합리화 방안 – 조세우선권 및 채무면제를 중심으로 –", 조세법연구 [24 – 3](2018), 한국세법학회, 142쪽. 같은 글, 141쪽은, 위와 같은 원천징수분 조세채권을 공익채권(채무자회생법 179조 1항 2호 또는 5호)으로 보는 것은 채무자회생법 제179조 제1항 제9호 단서의 입법취지에 반한다고 한다.
265) 이는, 회생법인을 인수한 법인에게 원천징수의무를 부과할 경우 기업회생에 지장을 초래할 수 있다는 점을 고려한 것이다. 이중교, 앞의 글, 120쪽 ; 위 규정은, 그 문언상 다소 불분명하기는 하지만, 대표자에 대한 인정상여로 처분된 귀속불분명 소득에 대하여도 적용된다고 해석하는 것이 합리적이다.

한편, 위 경우 소득귀속자의 원천납세의무까지 면제되는 것은 아니다.[266] 그리고 위 규정은, 배당 또는 기타소득으로 처분된 소득에 관한 법인의 원천징수의무에 대하여는 영향을 미치지 않는다.

3 소득금액변동통지에 대한 불복

3-1. 소득금액변동통지에 대한 항고소송

3-1-1. 항고소송의 대상

(1) 법인에 대한 소득금액변동통지

법인에 대한 소득금액변동통지는 항고소송의 대상인 행정처분이다.[267] 따라서 법인은 소득금액변동통지의 취소를 구하는 소를 제기할 수 있다. 소득금액변동통지를 행정처분으로 보는 이상, 그것이 당연무효가 아닌 한, 공정력(公定力)에 의하여 원천징수의무의 부존재확인소송 또는 원천징수세액에 대한 부당이득반반환청구는 허용되지 않는다.

한편, 소득의 귀속자인 원천납세의무자는 법인에 대한 소득금액변동통지에 대하여 취소소송을 제기할 소의 이익이 없다.[268] 다만, 소득의 귀속자는, 법인이 제기한 소득금액변동통지의 취소소송에 보조참가(민사소송법 71조)를 할 수 있을 것이다.

(2) 소득의 귀속자에 대한 소득금액변동통지

법인에게 소득금액변동통지서를 송달할 수 없어서 소득세법 시행령 제192조 제1항 단서에 따라 소득의 귀속자에게 송달한 경우, 이는 법인에 대한 소득금액변동통지로 볼 수

---

266) 위 경우가 소득세법 제80조 제2항 제2호의 '원천징수의무자의 폐업·행방불명 등으로 원천징수의무자로부터 징수하기 어렵거나'에 해당하는지 문제된다. 법인이 소득금액변동통지를 받기 전에는 아직 원천징수의무자가 아니므로, 위 규정은 소득금액변동통지의 송달에 따라 법인의 원천징수의무가 성립한 것을 전제로 한다고 볼 여지가 있다. 과세관청은 법인에게 소득금액변동통지를 하여 법인의 원천징수의무를 성립시키되, 실제로 법인으로부터 원천징수세액을 징수하지 않고 위 규정을 토대로 소득의 귀속자에 대한 과세처분을 할 가능성이 있다.

267) 대법원 2006. 4. 20. 선고 2002두1878 전원합의체 판결

268) 대법원 2013. 4. 26. 선고 2012두27954 판결. 이에 대하여, 소득귀속자가 소득세 부과처분이 행해지기 전의 소득금액변동통지 단계에서 불복할 수 있도록 하는 것이 직접적이고 근본적인 권리구제가 될 수 있는 점 등을 고려할 때, 소득귀속자에게 법인용 소득금액변동통지를 다툴 수 있는 원고적격을 인정할 필요가 있다는 견해로, 이중교, "소득금액변동통지에 대한 과세상 논점", 저스티스 제150조(2015. 10.), 한국법학원, 229쪽

없고, 그에 의하여 법인의 원천징수의무가 발생하지 않는다. 따라서 법인이 소득의 귀속자에 대한 소득금액변동통지의 취소소송을 제기하는 것은 부적법하다.[269] 그리고 소득의 귀속자에 대한 소득금액변동통지는, 그의 지위에 직접적인 법률적 변동을 가져오는 것이 아니므로, 그에 대한 행정처분으로 볼 수 없다.[270]

3-1-2. 소득금액변동통지의 하자와 징수처분에 대한 불복

원천징수의무자인 법인이 원천징수세액을 납부하지 않는 경우, 과세관청의 납부고지는 징수처분에 해당하므로, 선행처분인 소득금액변동통지에 하자가 존재하더라도, 당연무효 사유에 해당하지 않는 한 후행처분인 징수처분에 승계되지 않는다. 따라서 소득금액변동통지의 위법사유는 소득금액변동통지에 대한 항고소송에서 다투어야 하고, 소득금액변동통지가 당연무효가 아닌 한 징수처분에 대한 항고소송에서 이를 다툴 수는 없다.[271] 다만, 조세심판원은, 법인이 소득금액변동통지에 대하여 불복하지 않은 경우 징수처분에 대한 불복절차에서 소득금액변동통지의 위법을 주장하는 것을 허용한다.[272]

3-2. 경정청구

연말정산이 있은 후 상여로 처분된 금액에 대하여 소득금액변동통지를 받은 법인이, 납부기한 내에 다시 연말정산을 거쳐 소득세를 원천징수하여 납부하고 지급조서를 제출한 경우, 그 법인은 국세기본법 제45조의2 제5항 제1호에 따라 경정청구를 할 수 있다.

법인의 경정청구기간에 관하여, 대법원은, 소득금액변동통지에 따른 소득세 납부기한 (소득금액변동통지서를 받은 날이 속하는 달의 다음 달 10일) 다음 날부터 기산된다고 판시하였으나,[273] 이는 2010. 12. 27. 개정되기 전의 구 국세기본법이 적용된 사안에 관한 것이다. 현행 국세기본법하에서는, 행정처분인 소득금액변동통지에 의하여 증가된 원천징

---

269) 대법원 2013. 9. 26. 선고 2010두24579 판결 : 소득세법 시행령 제192조 제1항 단서는 법인에게 원천징수 의무를 발생시키기 위한 규정이 아니라 소득처분을 받은 거주자에게 종합소득 과세표준의 추가신고 및 자진납부(소득세법 시행령 134조 1항)의 기회를 주기 위한 특칙이다.

270) 대법원 2014. 7. 24. 선고 2011두14227 판결

271) 대법원 2012. 1. 26. 선고 2009두14439 판결. 대법원 2002두1878 전원합의체 판결이 있기 전에는 소득금 액변동통지가 행정처분으로 취급되지 않았으므로, 소득금액변동통지를 받은 법인은 징수처분에 대한 불 복절차에서 원천징수세액의 존재 여부 및 금액에 관하여 다툴 수 있었다.

272) 조심 2011서1003, 2011. 11. 18. 결정(조세심판관 합동회의). 납부고지서와는 달리 소득금액변동통지서상 에는 소득금액만 기재되어 있고 과세표준과 세액이 없어서 납세자는 자신이 부담하여야 할 세액을 정확 하게 알 수가 없는 점 등을 이유로 한다.

273) 대법원 2011. 11. 24. 선고 2009두23587 판결

수세액은, 국세기본법 제45조의2 제1항 단서의 '결정 또는 경정으로 인하여 증가된 과세 표준 및 세액'으로 볼 수 있고, 그에 대한 경정청구기간은 위 단서 규정에 따라 '소득금액 변동통지를 받은 날부터 90일 이내'라고 보아야 할 것이다.[274]

4 원천징수세액을 납부한 원천징수의무자의 지위

4-1. 원천납세의무자에 대한 구상권

원천징수의무자가 원천납세의무자로부터 원천징수세액을 원천징수함이 없이 이를 국가에 납부한 경우에는, 원천납세의무자에 대하여 구상권을 행사할 수 있다.[275] 원천징수의무자가 구상권을 행사할 때에는, 국가에 원천징수세액을 납부한 사실뿐만 아니라 원천납세의무자의 납세의무가 존재한 사실까지 증명하여야 한다. 따라서 ① 대표자에 대한 **상여** 소득처분 및 소득금액변동통지에 따라 원천징수세액을 납부한 법인이 구상권을 행사하고자 하는 경우, 법인은 원천납세의무자인 대표자의 납세의무가 존재한 사실(사외유출 및 소득의 귀속)을 증명할 책임이 있다.[276][277] ② 익금산입액의 귀속이 불분명하여 **인정상여**로 처분된 소득금액에 대하여, 대표자는 특별한 사정이 없는 한 그 금액이 현실적으로 자신에게 귀속되었는지 여부에 관계없이 원천징수의무자인 법인에게 그 법인이 납부한 원천징수세액을 지급할 의무가 있고, 법인의 구상금청구를 거절하기 위해서는, 대표자가 인정상여로 처분된 소득금액이 자신에게 귀속되지 않았을 뿐만 아니라 귀속자가 따로 있음(소득의

---

274) 이중교, 앞의 글, 237쪽 ; 윤준석, "소득금액변동통지 불복방법에 관한 연구", 사법논집 제63집(2016), 법원도서관, 24쪽 ; 서울행정법원 2016. 9. 2. 선고 2015구합68659 판결
275) 대법원 2008. 9. 18. 선고 2006다49789 전원합의체 판결
276) 대법원 2016. 6. 9. 선고 2014다82491 판결. 위 판결은, 원고 법인이 대주주가 발행하는 사채를 인수하여 소외인에게 매도하였는데, 그 사채가 중간의 제3자들을 거쳐 원고의 대표자였던 피고에게 매도되었고, 과세관청이 이를 피고에 대한 인정상여로 처분하여 원고에게 소득금액변동통지를 하자, 원고가 그에 관한 원천징수세액을 납부한 후 피고에게 그 세액에 관한 부당이득반환청구를 한 사안에서, 위 사채가 우회적인 거래형식을 통하여 실질적으로 원고로부터 피고에게 저가로 양도된 것이라고 보기 어렵다고 판단하였다.
277) 원천징수의무자가 원천납세의무자의 납세의무의 존재와 범위에 관한 증명책임을 진다고 보는 근거로는, 원천징수의무자는 원천납세의무자에 대하여 국가를 대신하는 징수기관의 지위에 있는데, 원천납세의무자 또는 원천징수의무자가 과세관청에 대한 항고소송을 제기한 경우 과세관청이 원천납세의무의 존재 등에 관한 증명책임을 지는 점이 제시된다. 김영심, "원천징수의무자의 구상금소송에서 원천납세의무의 존부 관련 증명책임의 소재", 대법원판례해설 제108호(2016), 48~51쪽

제3자 귀속)을 밝히는 방법으로 그 귀속이 분명하다는 점을 증명하여야 한다.[278)279)]

원천징수의무자인 법인은, 국가에 원천징수세액을 납부한 후 원천납세의무자에 대한 구상금청구소송에서 원천납세의무의 부존재를 이유로 패소하는 불이익을 방지하기 위하여, 소득금액변동통지에 대한 취소소송 또는 원천징수세액의 납부 후 경정청구에 대한 거부처분의 취소소송에서 원천납세의무자에게 소송고지를 할 수 있고, 원천납세의무자는 위 각 소송에 보조참가를 할 수 있다(행정소송법 8조 2항, 민사소송법 71조, 84조).

4-2. 소득세 대납액(구상권)의 세법상 처리

(1) 대표자 등에게 귀속된 소득

사외유출되고 대표자 등에게 귀속되어 소득처분된 금액에 대한 원천징수세액을 법인이 납부한 경우, 이는 특수관계인에 대한 업무무관 가지급금에 해당한다.[280)] 따라서 위 금액은 ① 지급이자의 손금불산입(법 28조 1항 4호 나목, 시행령 53조 1항) 및 인정이자의 계산대상에 해당하고, ② 회수불능으로 된 경우에도 대손금으로 인정될 수 없으며(법 19조의2, 28조 1항 4호 나목), ③ 특수관계의 소멸일까지 회수되지 않은 경우 포기한 것으로 간주되어 법인의 익금에 산입된다(시행령 11조 9호 가목).

(2) 귀속자가 불분명하여 대표자에 대한 인정상여로 처분된 소득

사외유출되었으나 귀속자가 불분명하여 대표자에 대한 인정상여로 처분된 소득에 대한 원천징수세액을 법인이 납부한 후 이를 가지급금으로 계상한 경우, 그 금액은 업무무관 가지급금에 해당하지 않는다(시행령 53조 1항 단서, 시행규칙 28조 1항, 44조 5호). 따라서 위 금액은 ① 지급이자의 손금불산입 및 인정이자의 계산대상에서 제외되고(시행령 89조 5항 단서, 시행규칙 44조 5호), ② 회수불능으로 된 경우 대손금으로 인정될 수 있으며, ③ 특수관계

---

278) 대법원 2008. 9. 18. 선고 2006다49789 전원합의체 판결. 그 이유로 ① 대표자 인정상여에서 법인이 원천징수의무를 이행하였음에도 그 익금산입액의 귀속이 불분명하다는 사유만으로 법인의 대표자에 대한 구상권행사를 부정한다면, 이는 사실상 원천납세의무는 없고 원천징수의무만 있게 되어 원천징수제도의 기본 법리에 어긋나는 부당한 결과에 이르게 된다는 점, ② 대표자는 법인의 업무를 집행하여 옴으로써 그 내부사정을 누구보다도 잘 알 수 있다는 점 등을 든다.

279) 원천징수의무자는 ① 상여처분이 이루어진 경우에는, 대표자에 대한 구상금청구소송에서 소득이 대표자에게 귀속하였음을 증명하여야 하지만, ② 인정상여처분이 이루어진 경우에는, 구상금청구소송에서 그러한 증명을 할 필요가 없으므로, 상여처분의 경우보다 증명책임 면에서 더 유리할 수 있다.

280) 법인의 원천징수세액의 납부금액이 특수관계인에 대한 업무무관 가지급금인지 여부는 원칙적으로 그 지급시점을 기준으로 판단하여야 한다. 따라서 사외유출소득의 귀속자가 그 귀속 당시에는 법인의 특수관계인이었더라도, 법인이 소득금액변동통지를 받고 원천징수세액을 납부할 당시에는 더 이상 법인의 특수관계인이 아니었다면, 법인의 원천징수세액 납부금액은 "특수관계인에 대한" 업무무관 가지급금에 해당하지 않는다고 볼 여지가 있다.

의 소멸일까지 회수하지 않으면 포기한 것으로 간주되는 업무무관 가지급금(시행규칙 11조 9호 가목)에 해당하지 않고, ④ 위 금액을 손비로 계상한 것이 대손사유 등 손금산입요건을 충족하지 못하여 손금에 산입되지 않는 경우에도, 기타 사외유출로 처분된다(시행령 106조 1항 3호 아목 전단).

제4절

세액의 징수와 환급

1 세액의 징수

(1) 확정신고 세액의 징수

법인이 과세표준 신고기한(법 60조)까지 각 사업연도의 소득에 대한 법인세로서 납부하여야 세액(법 64조)을 관할 세무서 등에 납부하지 않은 경우, 관할 세무서장은 그 미납된 법인세액을 국세징수법에 따라 징수하여야 한다(법 71조 1항).

(2) 중간예납세액의 징수

법인이 중간예납기간이 지난 날부터 2개월 이내에 납부하여야 할 중간예납세액을 관할 세무서 등에 납부하지 않은 경우, 관할 세무서장은 그 미납된 중간예납세액을 국세징수법에 따라 징수하여야 한다(법 71조 2항 본문). 다만, 중간예납세액을 납부하지 않은 법인이 법인세법 제63조의2 제2항 제2호에 해당하는 경우에는, 관할 세무서장은 중간예납세액을 결정하여 국세징수법에 따라 징수하여야 한다(법 71조 2항 단서).

(3) 원천징수세액의 징수

원천징수의무자가 그 징수하여야 할 세액을 징수하지 않았거나 징수한 세액을 기한까지 납부하지 않은 경우, 관할 세무서장은 지체 없이 원천징수의무자로부터 「그 원천징수의무자가 원천징수하여 납부하여야 할 세액에 상당하는 금액에 가산세액(국세기본법 47조의5 1항)을 더한 금액」을 법인세로서 원천징수하여야 한다(법 71조 3항 본문). 다만, 원천징수의무자가 원천징수를 하지 않은 경우로서, 납세의무자가 그 법인세액을 이미 납부한 경우에는, 원천징수자에게 그 가산세만 징수한다(법 71조 3항 단서).

중간예납·수시부과 또는 원천징수한 법인세액이 각 사업연도의 소득에 대한 법인세액 (가산세액을 포함한다)을 초과하는 경우, 관할 세무서장은 그 초과하는 금액을 환급하거나 (국세기본법 51조) 다른 국세, 가산금 및 강제징수비에 충당하여야 한다(법 71조 4항).

제7장

연결납세방식과 동업기업 과세특례 등

제1절

연결납세방식

1 의의

연결납세방식[1]은, 법인세법상 별개의 납세의무자인 모법인과 자법인을 마치 하나의 법인인 것처럼 취급하여 연결집단[2]에 속하는 전체 법인을 기준으로 각 사업연도의 소득을 계산하고 그에 대한 법인세를 납부하도록 하는 제도이다.

법인세법은 개개의 법인을 인적 과세단위로 삼아 그 소득을 계산하여 과세한다. 이에 따라 모법인과 자법인 간에 거래의 손익이 인식되고, 소득금액과 결손금의 통산이 이루어지지 않는다. 결국 법인이 그 내부에 사업부를 두고 있는 경우와 그 사업부를 독립시켜 자회사를 설립한 경우의 과세상 취급이 달라진다. 이에 비하여, 연결납세방식에 의하면, 연결법인들의 손익이 통산되고, 연결사업연도의 소득을 계산할 때 한 연결법인의 결손금이 다른 연결법인의 소득과 상계될 수 있으므로, 자법인이 모법인의 사업부로서 그 일부인 경우와 비교할 때 조세의 중립성이 유지된다.

---

1) "연결납세방식"은 "둘 이상의 내국법인을 하나의 과세표준과 세액을 계산하는 단위로 하여 제2장의3에 따라 법인세를 신고·납부하는 방식"을 말한다(법 2조 6호).
2) "연결법인"은 연결납세방식을 적용받는 내국법인을 말하고, "연결집단"은 연결법인 전체를 말한다(법 2조 7, 8호).

연결납세방식에는 소득통산형과 손익대체형이 있는데,[3] 법인세법은 그중 전자를 채택하였다. 다만, 현행세법의 연결납세방식에 의하면, 연결법인들 간의 내부거래 중 일정한 자산의 양도로 인한 손익만 제거될 뿐이고, 용역거래로 인한 손익은 제거되지 않는다는 점에서, 현행세법에 따른 연결집단 내 소득계산의 통합범위는 다소 제한적이다.[4]

모법인과 자법인 간에 어느 정도의 지배가 존재하여야 연결납세방식을 인정할 것인지는 입법정책의 문제이다.[5][6] 종전에는 모법인이 자법인의 주식을 전부 소유하는 완전 지배의 경우에만 연결납세방식의 적용이 가능하였으나, 2022. 12. 31. 법인세법의 개정에 따라 90% 이상 지배의 경우에도 가능하게 되었다. 이하의 내용은 2014. 1. 1.부터 시행되는 위 개정된 규정에 따른 것이다.

연결납세방식에 따르는 경우, 각 연결법인의 과세표준을 합산한 연결사업연도의 소득에 대하여 법인세율이 적용되므로, 연결납세방식을 취하지 않은 경우보다 높은 세율이 적용될 수 있고, 연결집단 전체를 기준으로 중소기업 여부가 판정된다.[7]

---

3) ① 소득통산형은, 각 연결자법인의 소득을 연결모법인의 소득에 합산하여 하나의 과세표준으로 전체 세액을 계산하고 그 세액을 연결자법인에게 배분하는 방식을 말하고, 연결법인 간 내부거래의 손익은 외부의 처분 시까지 인식되지 않으며, 미국, 일본, 우리나라 등이 여기에 속한다. ② 손익대체형은, 기업집단에 속하는 각 법인의 내부거래손익을 상계하지 않은 채 각 법인의 과세표준을 계산하고, 손익(결손금)만을 다른 법인에 대체시켜 각 연결법인의 소득에 대한 납부세액을 계산하는 방법을 말하고, 영국, 독일 등이 이에 속한다. 최인혁·이형민·이성현, 연결납세제도에 관한 연구, 한국조세재정연구원(2021. 9. 30.), 15~16쪽

4) 이는, 연결납세방식을 적용할 때 기업회계와 같이 연결법인의 내부거래로 인한 손익을 모두 제거할 경우, 세제가 과도하게 복잡해지고 조세회피의 우려가 있음을 고려한 것으로 보인다.

5) 미국 세법은, 연결납세(consolidated return)가 허용되는 관계기업집단(affiliated group)의 요건으로, 공통의 모회사가 연결가능법인(includible corporations) 중 하나 이상의 의결권 있는 주식의 80% 이상 및 주식의 총가치의 80% 이상을 보유하고, 각 연결가능법인의 주식이 하나 이상의 다른 연결가능법인에 의하여 보유될 것을 규정한다[IRC § 1504(a)]. 연결납세의 적용 여부는 관계기업집단의 선택(privilege)에 달려 있다(IRC § 1501). 미국 세법의 연결납세제도에 관하여는 ① 이기옥, "미국에서의 연결납세 이론과 제도", 조세학술논집 제27집 제1호(2011), 211쪽 이하, ② 최인혁·이형민·이성현, 앞의 책, 40쪽 이하 참조

6) 일본 법인세법은 ① 통산완전지배관계(일본 법인세법 2조 12호의7의 7항)가 있는 법인들이 국세청장관의 승인을 얻어 통산납세를 적용받을 수 있는 것으로 정하는 한편, ② 완전지배관계(일본 법인세법 2조 12호의 7의 6항)에 있는 법인들이 연결납세를 선택하지 않은 경우에도 완전지배관계에 있는 법인들 간의 거래에 대하여 일정한 범위에서 과세이연을 인정한다(일본 법인세법 61조의13 1항). 위 2가지를 합쳐 그룹법인세제라고 부른다. 金子 宏, 租稅法(2019), pp.456~482 ; 일본 법인세법이 연결완전지배관계가 있는 경우에 한하여 연결납세방식을 허용한 것은, 모회사의 지분비율이 100% 미만인 자회사를 연결납세의 대상에 포함시킬 경우, 소수주주의 권리 및 의무와 관련하여 연결납세제도가 매우 복잡해질 것이라는 우려 때문이다[이준규·김진수, 손익대체형 기업집단세제의 도입 가능성 -영국 및 미국 기업집단세제의 비교를 중심으로-, 한국조세연구원(2005), 142쪽].

7) 따라서 연결납세방식을 선택하는 법인들은 이미 높은 세율구간에 속하는 소득을 얻고 있고, 중소기업이 아닌 경우가 많을 것이다.

2-1. 적용대상

연결납세방식의 적용대상은 다른 내국법인을 **연결지배**하는 내국법인(연결가능모법인)과 그 다른 법인(연결가능자법인)이다(법 76조의8 1항).[8] 연결지배는 내국법인이 다른 내국법인의 발행주식총수 또는 출자총액의 **90%** 이상을 보유하는 것[9]을 말한다(법 2조 10호의2 1문).

2-2. 적용의 승인 등

2-2-1. 적용신청과 승인

연결가능모법인과 연결가능자법인은 대통령령으로 정하는 바에 따라 연결가능모법인의 관할 지방국세청장의 승인을 받아 연결납세방식을 적용할 수 있다(법 76조의8 1항 1문).[10] 연결가능자법인이 둘 이상일 때에는 해당 법인 모두가 연결납세방식을 적용하여야 한다

---

8) 연결가능모법인은 아래 ① 내지 ⑥의 법인을 포함하지 않고, 연결가능자법인은 아래 ②, ③, ⑤, ⑥의 법인을 포함하지 않는다(법 76조의8 1항 1문, 시행령 120조의12 1, 2항).
　① 비영리법인
　② 해산으로 청산 중인 법인
　③ 배당금액에 대한 소득공제를 적용받는 유동화전문회사 등
　④ 다른 내국법인(비영리법인은 제외한다)으로부터 연결지배를 받는 법인
　⑤ 동업기업 과세특례를 적용하는 동업기업
　⑥ 해운기업의 과세표준 계산특례를 적용하는 법인
9) 보유비율은 다음에서 정하는 바에 따라 계산한다(법 2조 10호의2 2문).
　① 의결권 없는 주식 또는 출자지분을 포함할 것
　② 상법 또는 자본시장법에 따라 보유하는 자기주식은 제외할 것
　③ 근로자복지기본법에 따른 우리사주조합을 통하여 근로자가 취득한 주식 및 그 밖에 대통령령으로 정하는 주식으로서 발행주식총수의 5% 이내의 주식은 해당 법인이 보유한 것으로 볼 것
　④ 다른 내국법인을 통하여 또 다른 내국법인의 주식 또는 출자지분을 간접적으로 보유하는 경우로서 대통령령으로 정하는 경우에는 대통령령으로 정하는 바에 따라 합산할 것
10) 연결납세방식을 적용받으려는 연결가능모법인과 연결가능자법인('연결대상법인 등')은, 최초의 연결사업연도 개시일부터 10일 이내에 연결납세방식 적용신청서를 연결가능모법인의 관할 세무서장을 경유하여 관할 지방국세청장에게 제출하여야 한다(시행령 120조의13 1항). 연결대상법인 등은 연결납세방식 적용신청서의 제출 시에 연결사업연도를 함께 신고하여야 한다(시행령 120조의13 2항 1문). 이 경우 연결사업연도와 사업연도가 다른 연결대상법인 등은 사업연도의 변경을 신고한 것으로 본다(시행령 120조의13 2항 2문). 연결납세방식의 적용신청을 받은 관할 지방국세청장은, 최초의 사업연도 개시일부터 2개월이 되는 날까지 승인 여부를 서면으로 통지하여야 하며, 그 날까지 통지하지 않은 경우에는 승인한 것으로 본다(시행령 120조의13 3항).

(법 76조의8 1항 2문).

2-2-2. 연결자법인의 추가 및 배제

연결모법인이 새로 다른 내국법인을 연결지배하게 된 경우에는, 연결지배가 성립한 날이 속하는 연결사업연도의 다음 연결사업연도부터 해당 내국법인은 연결납세방식을 적용하여야 한다(법 76조의11 1항).[11] 연결모법인의 연결지배를 받지 않게 되거나 해산한 연결자법인에 대하여는, 해당 사유가 발생한 날이 속하는 연결사업연도의 개시일부터 연결납세방식을 적용하지 않는다(법 76조의12 1항 본문).[12]

---

3   연결납세방식의 적용효과

3-1. 과세표준 및 세액의 계산

3-1-1. 연결사업연도의 과세표준

각 연결사업연도[13]의 소득에 대한 과세표준은, 각 연결사업연도 소득의 범위에서 연결사업연도의 이월결손금, 연결법인의 비과세소득 및 소득공제액을 차례로 공제한 금액이다(법 76조의13 1항 본문).

(1) 각 연결사업연도의 소득

각 연결사업연도의 소득은 각 연결법인별로 다음의 순서에 따라 계산한 소득 또는 결손금을 합한 금액이다(법 76조의14 1항).

(가) 연결법인별 각 사업연도 소득의 계산

일반적 법인에 적용되는 방법(법 14조)에 따라 각 연결법인의 각 사업연도의 소득 또는 결손금을 계산한다(법 76조의14 1항 1호).

연결법인들 간에 시가보다 높거나 낮은 조건으로 이루어진 금전대차와 용역제공은 부당

---

11) 다만, 법인의 설립등기일부터 연결모법인이 연결지배하는 내국법인은 설립등기일이 속하는 사업연도부터 연결납세방식을 적용하여야 한다(법 76조의11 2항).
12) 다만, 연결자법인이 다른 연결법인에 흡수합병되어 해산하는 경우에는 해산등기일이 속하는 연결사업연도에 연결납세방식을 적용할 수 있다(법 76조의12 1항 단서).
13) 연결사업연도는 연결집단의 소득을 계산하는 1회계기간을 말한다(법 2조 11호).

행위계산에 해당할 수 있다. 다만, **용역제공**이 다음의 각 요건을 갖춘 경우 **부당행위계산**에서 **제외**된다(시행령 88조 1항 6호 단서 및 다목, 7호 단서, 시행규칙 42조의5).

① 용역의 거래가격에 따른 연결법인세액의 변동이 없을 것[14] : 용역의 거래가격은 그 용역을 제공한 법인에게는 익금(수익)에, 이를 제공받은 법인에게는 손금(비용)에 각 산입되므로, 서로 상쇄되어 일반적으로 연결사업연도의 소득금액 및 연결법인세액에 영향을 미치지 않는다. 다만, 연결법인의 연결납세방식의 적용 전에 발생한 결손금이 연결소득 개별귀속액에서 공제되거나, 특정 연결법인에 대하여 적용되는 세액공제가 있는 경우에는, 용역의 거래가격에 따라 연결법인세액이 달라질 수 있다.[15]

② 용역을 제공하기 시작한 날이 속하는 사업연도부터 그 용역의 제공을 완료한 날이 속하는 사업연도까지 연결납세방식을 적용하는 연결법인 간의 거래일 것

(나) 연결법인별 연결 조정항목의 제거

전체 연결법인을 기준으로 수입배당금의 익금불산입과 기부금 및 기업업무추진비의 손금불산입을 하기 위한 전 단계로, 각 연결법인이 개별적으로 행한 수입배당금액의 익금불산입 등의 효과를 제거할 필요가 있다. 이를 위하여 ① 각 연결법인이 연결집단에 속하지 않는 법인으로부터 받은 수입배당금액으로서 법인세법 제18조의2에 따라 익금에 불산입한 금액을 익금에 산입하고, ② 기부금 및 기업업무추진비의 손금산입한도를 초과하여 손금에 불산입한 기부금 및 기업업무추진비 상당액을 손금에 산입한다(법 76조의14 1항 2호).

(다) 연결법인 간 거래손익의 조정

각 연결법인의 소득 중 다른 연결법인과의 거래에서 생긴 손익이 제거되어야 한다(법 76조의14 1항 3호).

① 연결법인이 다른 연결법인으로부터 받은 수입배당금액 상당액을 익금에 불산입한다.
② 연결법인이 다른 연결법인에 지급한 기업업무추진비 상당액을 손금에 불산입한다.
③ 연결법인이 다른 연결법인에 대한 채권에 대하여 설정한 대손충당금 상당액을 손금에 불산입한다.
④ 연결법인이 유형자산 및 무형자산 등 대통령령으로 정하는 자산(양도손익이연자산)을 다른 연결법인에 양도함에 따라 발생하는 손익을 대통령령으로 정하는 바에 따라

---

14) 다음의 어느 하나에 해당하는 사유로 연결법인세액의 변동이 있는 경우는 변동이 없는 것으로 본다.
  ① 연결 조정항목(법 76조의4 1항 4호)의 연결법인별 배분
  ② 법인세 외의 세목의 손금산입
  ③ 그 밖에 ① 및 ②와 유사한 것으로서 그 영향이 경미하다고 기획재정부장관이 인정하는 사유
15) 따라서 연결법인이, 연결납세방식의 적용 전에 발생한 결손금이 있는 다른 연결법인으로 하여금 그 결손금을 공제받을 수 있도록 그 다른 연결법인으로부터 고가로 용역을 제공받아서 그 다른 연결법인의 소득을 증액시켜준 경우, 부당행위계산에 해당할 수 있다.

익금 또는 손금에 불산입한다(양도손익의 과세이연, 법 76조의14 1항 3호 라목).

양도손익이연자산은 ㉮ 유형자산(건축물은 제외한다), ㉯ 무형자산, ㉰ 매출채권, 대여금, 미수금 등의 채권, ㉱ 금융투자상품(자본시장법 3조 1항), ㉲ 토지와 건축물[16]로서 양도시점에 국내에 소재하는 자산을 말한다(시행령 120조의18 1항 본문).[17] 재고자산 중 양도손익이연자산에 해당하지 않는 것이 연결법인들 간에 양도된 경우, 그 손익의 인식은 이연되지 않는다.[18]

연결법인이 양도손익이연자산을 다른 연결법인에게 양도함에 따라 발생한 양도법인의 양도소득 또는 양도손실은 익금 또는 손금에 산입되지 않고, 양수법인에게 '양도손익이연자산의 감가상각, 양도, 대손·멸실 또는 지급기일 도래'의 사유가 발생한 날이 속하는 사업연도에, 양도법인의 양도소득 등에 일정한 비율을 곱한 금액이 양도법인의 익금 또는 손금에 산입된다(시행령 120조의18 2항 본문).[19]

다만, 양도손익이연자산의 양도에 대하여 부당행위계산부인 규정이 적용되는 경우[20]에는, 위와 같은 양도손익의 과세이연이 인정되지 않는다(시행령 120조의18 2항 단서).[21][22]

(라) 연결 조정항목의 연결법인별 배분

연결집단을 하나의 내국법인으로 보아, 수입배당금액의 익금불산입, 기부금 및 기업업

---

16) 토지와 건축물은 유형자산이 아니라 재고자산인 경우에도 양도손익이연자산에 해당한다.

17) 다만, ㉮, ㉯, ㉰의 자산으로서 거래 건별 장부가액이 1억 원 이하인 자산은 양도손익이연자산에서 제외할 수 있다(시행령 120조의18 1항 단서).

18) 양도손익이연자산에 해당하지 않는 재고자산의 양도로 인한 손익을 과세이연 대상에서 제외한 것은, ① 재고자산의 취득가액에 관한 세법의 규정이 복잡하므로 내부거래 손익의 제거가 납세의무자에게 부담을 줄 수 있고, ② 재고자산은 단기간 내에 외부로 재판매될 것이므로, 내부거래 손익의 제거 효과가 그다지 크지 않을 것이라는 고려에 따른 것으로 보인다. 이준규·김진수, 앞의 책, 142쪽

19) ① 양도법인 또는 양수법인을 다른 연결법인이 합병하는 경우, 합병법인을 양도법인 또는 양수법인으로 보아 법인세법 시행령 제120조의18 제2항을 적용한다(시행령 120조의18 5항). ② 양도법인이 분할하는 경우, 법인세법 시행령 제120조의18 제2항에 따라 익금 또는 손금에 산입하지 않은 금액은, 분할법인 또는 분할신설법인(분할합병의 상대방법인을 포함한다)이 분할등기일 현재의 순자산가액을 기준으로 안분하여 각각 승계하고, 양수법인이 분할하는 경우로서 분할신설법인이 양도손익이연자산을 승계하는 경우에는, 분할신설법인이 해당 자산을 양수한 것으로 보아 법인세법 시행령 제120조의18 제2항을 적용한다(시행령 120조의18 6항).

20) 법인세법 시행령 제120조의18 제2항 단서는, 양도손익이연자산의 '양도'에 대하여 법인세법 제52조 제1항이 적용되는 경우를 과세이연의 대상에서 제외하는데, 위 규정에서 '양도'가 반드시 양도법인의 관점에서 부당행위계산일 것은 요구되지 않으므로, 위 규정의 '양도'에는 저가'양도'뿐만 아니라 고가'양수'도 포함되는 것으로 보아야 할 것이다. 김영환·조태복·권동영, 연결법인세의 실무(2011), 98쪽

21) 따라서 양도법인이 양도손익이연자산을 저가로 양도한 것이 부당행위계산에 해당하는 경우, 양도법인은 양도가액과 시가의 차액을 익금에 산입하여야 한다.

22) 이는, 양도법인과 양수법인이 연결법인의 지위에서 시가에 미달하는 조건으로 양도손익이연자산의 양도를 한 후 연결대상법인에서 제외되는 방법(연결모법인의 연결자법인 주식 처분 등)에 의한 조세회피를 방지하기 위한 것으로 보인다. 김영환·조태복·권동영, 앞의 책, 98쪽

무추진비 규정을 준용하여 익금 또는 손금에 불산입하는 금액을 계산한 후, 해당 금액 중 다음의 방법에 따라 계산한 금액을 각 연결법인별로 익금 또는 손금에 불산입한다(법 76조의14 1항 4호). 연결 조정항목의 연결법인별 배분에 관한 구체적 방법은 법인세법 시행령에 규정되어 있다(시행령 120조의19 내지 120조의21).

(2) 이월결손금의 공제

(가) 이월결손금의 공제 및 한도

공제대상 이월결손금은, 각 연결사업연도의 개시일 전 15년 이내에 개시한 연결사업연도의 결손금(연결법인의 연결납세방식의 적용 전에 발생한 결손금을 포함한다)[23]으로서, 그 후의 각 연결사업연도(사업연도를 포함한다)의 과세표준을 계산할 때 공제되지 않은 금액이다(법 76조의13 1항 1호). 이월결손금의 공제는 연결소득 개별귀속액의 80%[24]를 한도로 한다(법 76조의13 1항 단서).

(나) 이월결손금의 공제 제한

연결법인의 **연결납세방식의 적용 전**에 발생한 **결손금**은, 각 연결사업연도의 소득 중 해당 연결법인에 귀속되는 소득으로서 대통령령으로 정하는 소득금액('연결소득 개별귀속액')[25]을 한도로, 각 연결사업연도의 소득에서 공제된다(법 76조의13 3항 1호).

연결모법인이 적격합병 또는 적격분할합병에 따라 피합병법인 또는 소멸한 분할법인의 자산을 양도받은 경우, 그 **피합병법인 등**의 **결손금**(법 13조 1항 1호)은, 연결모법인의 연결소득 개별귀속액 중 그 피합병법인 또는 소멸한 분할법인으로부터 승계받은 사업에서 발생한 소득을 한도로, 각 연결사업연도의 소득에서 공제된다(법 76조의13 3항 2호, 3호).

---

23) 연결사업연도의 결손금은 ① 각 연결사업연도의 소득이 0보다 적은 경우 해당 금액으로서, 법인세법 제60조에 따라 신고하거나 국세기본법 제45조에 따라 수정신고하거나 법인세법 제66조에 따라 결정·경정된 과세표준에 포함된 결손금과 ② 한도초과로 손금에 불산입한 처분손실을 말한다(법 76조의13 2항).
24) 중소기업과 회생계획을 이행 중인 기업 등 대통령령으로 정하는 연결법인의 경우에는 100%
25) '대통령령으로 정하는 소득금액'은 다음의 각 계산식 중 하나를 선택하여 계산한 금액을 말한다(시행령 120조의17 4항).

법 제76조의14 제1항에 따른 각 연결사업연도의 소득금액 ×	해당 법인의 법 제76조의14 제1항 제1호부터 제4호까지의 규정에 따른 금액(0보다 큰 경우에 한정한다) / 연결집단의 법 제76조의14 제1항 제1호부터 제4호까지의 규정에 따른 금액(0보다 큰 경우에 한정한다)의 합계액
법 제76조의14 제1항에 따른 각 연결사업연도의 소득금액 ×	해당 법인의 법 제76조의14 제1항 제1호부터 제4호까지의 규정에 따른 금액 / 연결집단의 법 제76조의14 제1항 제1호부터 제4호까지의 규정에 따른 금액의 합계액

(다) 내재손실의 공제 제한

연결모법인 또는 연결자법인이 연결납세방식의 적용 전에 취득하여 보유하던 자산을, 연결납세방식의 적용 후 일정한 기간 내에 처분하여 손실을 입은 경우, 그 자산 처분손실은 해당 법인의 연결소득개별귀속액을 한도로 해당 연결사업연도의 손금에 산입된다(법 76조의14 2항 1문 및 1호). 이는, 연결납세방식의 적용 당시 연결법인들의 자산에 내재한 미실현손실을 연결납세방식의 적용 후에 실현시켜 연결사업연도의 손금에 산입함으로써 이월결손금 공제의 제한을 회피하는 것을 방지하기 위한 것이다.

연결모법인이 다른 내국법인을 적격합병한 경우, 일정 기간 내에 발생한 ① 합병 전 연결모법인 또는 연결자법인('기존 연결법인')이 보유하던 자산의 처분손실은 기존 연결법인의 소득금액을 한도로, ② 피합병법인이 보유하던 자산의 처분손실은 연결모법인의 연결소득개별귀속액 중 피합병법인으로부터 승계한 사업에서 발생한 소득금액을 한도로, 각각 해당 연결사업연도의 손금에 산입된다(법 76조의14 2항 1문 및 2호).

위 각 한도를 초과하여 손금에 불산입된 자산처분손실은, 연결사업연도의 결손금으로 보고, 위 금액을 한도로 이후 연결사업연도의 과세표준에서 공제된다(법 76조의14 2항 2문).

3-1-2. 세액의 계산

(1) 연결산출세액

각 연결사업연도의 소득에 대한 법인세(연결산출세액)는, 각 연결사업연도의 과세표준에 법인세법 제55조 제1항의 세율을 적용하여 계산한 금액이다(법 76조의15 1항).[26]

(2) 세액의 감면 및 공제

연결산출세액에서 공제하는 연결법인의 감면세액과 세액공제액은, 각 연결법인별로 계산한 감면세액과 세액공제액의 합계로 한다(법 76조의16 1항).[27]

(3) 중소기업 관련 규정의 적용

각 연결사업연도의 소득에 대한 법인세액을 계산할 때, 법인세법 및 조특법의 중소기업

---

26) ① 연결법인이 토지 등을 양도한 경우(해당 토지 등을 다른 연결법인이 양수하여 그 자산양도손익이 이연되는 경우를 포함한다) 또는 ② 조특법 제100조의32 제2항에 따른 미환류소득(법인세법 제76조의14에 따른 연결법인 간 거래손익의 조정 등을 하지 않고 계산한 소득으로서 대통령령으로 정하는 금액을 말한다)이 있는 경우에는, 토지 등 양도소득에 대한 법인세액 및 조특법 제100조의32의 과세특례를 적용하여 계산한 법인세액을 위 연결산출세액에 합산한 금액을 연결산출세액으로 한다(법 76조의15 2항).

27) 이때 각 연결법인의 감면세액과 세액공제액은, 각 연결법인별 산출세액을 법인세법 제55조의 산출세액으로 보아 법인세법 및 조특법에 따른 세액감면과 세액공제를 적용하여 계산한 금액으로 하며, 연결집단을 하나의 내국법인으로 보아 최저한세(조특법 132조 1항)를 적용한다(법 76조의16 2항).

에 관한 규정은, 연결집단을 하나의 내국법인으로 보아 중소기업에 해당하는 경우에만 적용한다(법 76조의22 본문).[28]

3-2. 과세표준과 세액의 신고와 납부

3-2-1. 과세표준과 세액의 신고

연결모법인은, 각 사업연도의 종료일이 속하는 달의 말일부터 4개월 이내에 대통령령으로 정하는 바에 따라 해당 연결사업연도의 소득에 대한 법인세의 과세표준과 세액을 관할 세무서장에게 신고하여야 한다(법 76조의17 1항 본문).[29][30]

3-2-2. 세액의 납부

(1) 연결중간예납

연결사업연도가 6개월을 초과하는 연결모법인은, 각 연결사업연도 개시일부터 6개월이 되는 날까지를 중간예납기간으로 하여, 「직전 연결사업연도의 산출세액을 기준으로 하는 방법」과 「해당 중간예납기간의 법인세액을 기준으로 하는 방법」 중 하나를 선택하여 계산한 금액(연결중간예납세액)을 중간예납기간이 지난 날부터 2개월 이내에 관할 세무서 등에 납부하여야 한다(법 76조의18 1항).

(2) 연결법인세액의 납부

(가) 연결자법인의 연결모법인에 대한 지급 등

연결자법인은, 연결사업연도 과세표준 신고기한까지 연결법인별 산출세액에서 「해당 법

---

28) 연결납세방식을 적용하는 최초의 연결사업연도의 직전 사업연도 당시 중소기업에 해당하는 법인이, 연결납세방식을 적용함에 따라 중소기업에 관한 규정을 적용받지 못하게 되는 경우에는, 연결납세방식을 적용하는 최초의 연결사업연도와 그 다음 사업연도의 개시일부터 3년 이내에 끝나는 연결사업연도까지는 중소기업에 관한 규정을 적용한다(법 76조의22 단서).

29) 다만, 외부감사법 제4조에 따라 감사인에 의한 감사를 받아야 하는 연결모법인 또는 연결자법인이 해당 사업연도의 감사가 종결되지 아니하여 결산이 확정되지 않았다는 사유로 대통령령으로 정하는 바에 따라 신고기한의 연장을 신청한 경우에는, 그 신고기한을 1개월의 범위에서 연장할 수 있다(법 76조의17 1항 단서).

30) 연결모법인은 연결사업연도의 소득에 대한 과세표준 및 세액의 신고를 할 때 그 신고서에 다음 각 서류를 첨부하여야 하고, 아래 ①, ②의 서류를 첨부하지 않으면 법인세법에 따른 신고로 보지 않는다(법 76조의17 2항, 3항).
① 연결소득금액 조정명세서
② 각 연결법인의 법인세법 제60조 제2항 제1호부터 제3호까지의 서류
③ 연결법인 간 출자현황신고서 및 연결법인 간 거래명세서

인의 감면세액, 연결법인별 중간예납세액 및 해당 법인의 원천징수된 세액」을 뺀 금액에 가산세를 가산하여 연결모법인에게 지급하여야 한다(법 76조의19 2항). '연결법인별 산출세액'은, 과세표준 개별귀속액[31]에 연결세율(연결사업연도의 과세표준에 대한 연결산출세액의 비율)을 곱하여 계산한 금액으로 한다(법 76조의15 4항, 시행령 120조의22 2항).

이에 따라 연결자법인이 연결모법인에게 지급하였거나 지급할 금액은, 연결법인세액으로 납부할 금액 중 일부이므로 연결자법인의 손금에 산입되지 않고(법 21조 6호), 연결모법인의 익금에 산입되지 않는다(법 18조 7호).

한편, 연결자법인의 연결법인별 산출세액에서 해당 법인의 감면세액 등을 뺀 금액이 음수인 경우, 연결모법인은 연결자법인에게 음의 부호를 뗀 금액을 연결자법인에게 지급하여야 한다(법 76조의19 3항). 위 지급액은 연결모법인의 손금 및 연결자법인의 익금에 산입되지 않는다(법 21조 6호, 18조 7호). 이는, 연결모법인으로 하여금 연결자법인의 결손금을 이용하여 다른 연결법인들이 덜 납부하게 된 법인세액 상당액을 그 연결자법인에게 지급하게 함으로써, 연결자회사의 결손금 소멸을 보전해주기 위한 것으로 보인다.[32]

(나) 연결모법인의 납부

연결모법인은, 연결산출세액에서 「감면세액·세액공제액, 연결중간예납세액 및 각 연결법인의 원천징수된 세액의 합계액」(가산세는 제외한다)을 공제한 금액을, 각 연결사업연도의 소득에 대한 법인세로서 연결사업연도 과세표준 신고기한까지 관할 세무서 등에 납부하여야 한다(법 76조의19 1항).

(3) 연결법인의 연대납세의무

연결법인은, 각 연결사업연도의 소득에 대한 법인세(토지 등 양도소득에 대한 법인세 및 조특법 제100조의32의 과세특례를 적용하여 계산한 법인세를 포함한다)를 연대하여 납부할 의무가 있다(법 3조 3항).

---

31) 과세표준 개별귀속액은, 해당 연결법인의 연결소득개별귀속액에서 '각 연결사업연도의 과세표준 계산 시 해당 연결법인의 연결소득개별귀속액에서 공제된 결손금과 해당 연결법인의 비과세소득 및 소득공제액'을 뺀 금액을 말한다.

32) 종전의 법인세법은 완전지배를 연결납세방식의 요건으로 정하였기 때문에, 완전자회사인 연결자법인의 결손금 소멸의 경제적 효과는 모두 완전모회사인 연결모법인에게 귀속하였고, 따라서 완전자회사의 결손금 소멸의 보전은 문제되지 않았다. 그러나 2022. 12. 31. 개정된 법인세법이 90% 이상의 지배만 있어도 연결납세방식을 허용하면서 10% 미만의 소수주주가 있는 연결자법인이 존재할 수 있게 되었고, 이에 따라 연결자법인의 결손금 보전을 위한 규정이 도입되었다. 김경호(국회 기획재정위원회 전문위원), "법인세법 일부개정법률안 검토보고"(2022. 11.), 94쪽 이하

4-1. 승인의 취소

연결모법인의 관할 지방국세청장은, 일정한 사유[33]가 있는 경우 연결납세방식의 적용 승인을 취소할 수 있다(법 76조의9 1항).[34]

4-2. 연결납세방식의 포기

연결납세방식의 적용을 포기하려는 경우,[35] 연결모법인은, 연결납세방식을 적용하지 않으려는 사업연도 개시일 전 3개월이 되는 날까지, 연결납세방식 포기 신고서를 관할 세무서장을 경유하여 관할 지방국세청장에게 제출하여야 한다(법 76조의10 1항 본문).

연결법인이 연결납세방식의 적용을 포기한 경우, 각 연결사업연도의 개시일 전 10년 이내에 개시한 연결사업연도의 결손금 중 각 연결법인에게 귀속하는 금액으로서, 각 연결사업연도의 과세표준을 계산할 때 공제되지 않은 금액은, 해당 연결법인의 결손금으로 본다(법 76조의10 2항, 76조의9 4항, 시행령 120조의14 3항).[36]

---

33) 승인의 취소사유는 다음의 어느 하나를 말한다.
　① 연결법인의 사업연도가 연결사업연도와 일치하지 않는 경우
　② 연결모법인이 연결지배하지 않는 내국법인에 대하여 연결납세방식을 적용하는 경우
　③ 연결모법인의 완전자법인에 대하여 연결납세방식을 적용하지 않는 경우
　④ 추계사유에 해당하는 사유로 장부나 그 밖의 증명서류에 의하여 연결법인의 소득금액을 계산할 수 없는 경우
　⑤ 연결법인에 수시부과사유가 있는 경우
　⑥ 연결모법인이 다른 내국법인(비영리내국법인은 제외한다)의 연결지배를 받는 경우
34) 연결납세방식을 적용받은 연결사업연도와 그 다음 연결사업연도의 개시일부터 4년 이내에 끝나는 연결사업연도 중에 연결납세방식의 적용 승인이 취소된 경우, 각 연결법인은 다음의 구분에 따라 소득금액이나 결손금을 연결납세방식의 적용 승인이 취소된 사업연도의 익금 또는 손금에 각각 산입하여야 한다. 다만, 대통령령으로 정하는 부득이한 사유가 있는 경우에는 그렇지 않다(법 76조의9 2항).
　1. 연결사업연도 동안 다른 연결법인의 결손금과 합한 해당 법인의 소득금액 : 익금에 산입
　2. 연결사업연도 동안 다른 연결법인의 소득금액과 합한 해당 법인의 결손금 : 손금에 산입
35) 연결법인은, 연결납세방식을 최초로 적용받는 연결사업연도와 그 다음 연결사업연도의 개시일부터 4년 이내에 끝나는 연결사업연도까지는 연결납세방식의 적용을 포기할 수 없다(법 76조의10 1항 단서).
36) 연결법인이 연결납세방식을 포기한 경우, 연결납세방식이 적용되지 않는 최초의 사업연도와 그 다음 사업연도의 개시일부터 4년 이내에 종료하는 사업연도까지는, 연결납세방식의 적용 당시와 동일한 법인을 연결모법인으로 하여 연결납세방식을 적용받을 수 없다(법 76조의10 2항, 76조의9 3항).

제 2 절

공동사업 및 동업기업 과세특례

1 ▶ 공동사업에 대한 과세

1-1. 공동사업에 대한 출자

조합원이 조합에 자산을 출자한 경우, 그 자산에 대한 종전의 소유권 중 일부는 자신의 지분으로 변경되고, 나머지는 다른 조합원의 지분에 속하게 된다. 이 경우 ① 세법상 자산의 양도에 해당하는지, ② 만일 자산의 양도로 본다면 양도되는 범위가 ㉮ 출자 조합원의 지분을 제외하고 다른 조합원에게 이전되는 지분에 한정되는지(일부양도설), 아니면 ㉯ 출자 조합원의 지분을 포함한 전체 출자대상 자산이 되는지(전부양도설)가 문제된다. 이는, ㉮ 조합을 세법상 조합원의 집합(aggregation)으로 볼 것인지, 아니면 조합원과 구별되는 독자적 실체(entity)로 볼 것인지, 그리고 ㉯ 조합원의 단독소유권 중 일부가 그의 합유지분으로 변경된 것을 소득의 실현(實現)으로 평가할 수 있는지의 문제와 관련된다. 미국 세법은 조합원의 조합에 대한 자산의 출자를 양도로 보지 않고,[37] 일본 세법은 이를 자산의 양도로 보지만 그 양도의 범위에 관하여 일부양도설을 취한다.[38] 대법원은, 조합에 대한 자산의 출자를 양도소득세 과세대상인 양도로 보고,[39] 그 양도의 범위에 관하여 대체적으로 전부양도설을 취한다.[40]

---

[37] 미국 세법은, 파트너가 그 자산을 파트너십에 출자하는 것에 관하여 손익을 인식하지 않고[§ 721(a)], 그 자산에 관한 파트너의 취득가액은 그대로 파트너십의 취득가액으로 승계되는 것으로 규정한다(§ 723). 미국 세법의 파트너십 과세제도에 관하여는, 이창희, "미국법상 파트너십 세제의 정책적 시사점", 21세기 한국상사법학의 과제와 전망 : 심당 송상현 선생 화갑기념 논문집(2002), 779~825쪽

[38] 일본의 과세실무와 세법(일본 조세특별조치법 41조의2, 67조의12, 동법 시행령 39의31 5항)은 일부양도설을 취한다[김석환, "동업기업 현물출자에 따른 과세문제", 특별법연구 9권(2011. 7.), 사법발전재단, 667쪽]. 일부양도설은 집합적 접근과 조화되고 조합계약의 사법상의 성질과도 잘 부합된다는 장점이 있으나, 조합원의 추가 출자가 있거나 새로운 조합원이 가입함으로써 지분이 변동하거나 조합이 현물출자 자산 등을 양도하는 경우 매우 복잡한 계산구조를 띠게 된다(김석환, "투시과세 제도에 관한 비교연구－미국 및 일본의 제도와의 비교를 중심으로－", 서울대학교 법학박사논문(2010), 94~95쪽).

[39] 대법원 1984. 12. 26. 선고 84누392 판결

[40] 대법원 1990. 2. 23. 선고 89누7238 판결 ; 이창희, 세법강의(2020), 575~576, 613쪽은, 전부양도설을 취한 대법원 판결이 조합원의 탈퇴나 지분양도를 조합재산 가운데 지분만큼의 양도로 보는 다른 대법원 판결과 모순된다고 본다.

📖 조합에 대한 출자의 양도 여부 및 그 범위

조합원이 조합에 출자한 자산 중 ① 다른 조합원이 지분을 갖게 되는 부분은 '양도'에 해당한다고 보아야 한다. 한편, 조합에 출자된 자산 중 ② 출자 조합원의 지분으로 남아 있는 부분은, 아래 ㉮의 이유로 '양도'되었다고(전부양도설) 볼 여지도 있지만, ㉯ 내지 ㉱의 사정을 고려하면 '양도'되지 않았다고(일부양도설) 보는 것이 더 설득력이 있다.

㉮ 개개 조합재산에 대한 지분은 원칙적으로 조합원의 지위와 분리하여 처분될 수 없으므로,[41] 출자 조합원이 출자한 재산에 관하여 일부 지분을 보유한다고 하더라도 이는 종전 소유권의 양적 일부가 남아 있는 것으로 평가하기 어렵고, 종전 소유권이 질적으로 변경된 것으로 보아야 한다.

㉯ 소득세법 제88조의 양도는 타인(他人)에 대한 '이전'을 요건으로 한다. 사법상 조합(組合)은 어느 정도의 단체성을 갖기는 하지만, 기본적으로 조합원 간의 계약관계이므로 그 단체성이 그 조합원과 별개의 타인으로 볼 정도인지는 의문의 여지가 있다.

㉰ 소득세법상 공동사업장 과세에 관한 규정은 조합을 도관으로 보아 그 소득을 조합원들에게 귀속시켜 과세하는데, 조합원이 출자한 자산 중 자신이 지분을 갖는 부분까지 양도된 것으로 보는 것은 그러한 공동사업장 과세의 기본 전제와 부합하지 않는 면이 있다.

㉱ 조특법은 동업자의 동업기업에 대한 자산출자에 관하여 전부양도설을 취한다(조특법 시행령 100조의21 2항 2호). 그러나 ㉠ 동업기업 과세특례는 조합과세의 일반원칙에 대한 특칙으로 볼 수 있는 점, ㉡ 동업기업은 일반적 조합에 비하여 단체성이 다소 강하다고 볼 여지가 있는 점,[42] ㉢ 조특법이 전부양도설을 취한 것은, 동업기업에 대한 자산출자에 관한 논리적 분석에서 비롯된 것이라기보다 조합에 대한 재산출자에 관한 대법원 판례를 중요하게 고려한 것(양자가 괴리되지 않도록)으로 보이는 점[43]을 고려하면, 동업기업 과세특례의 규정을 이유로 조합에 대한 현물출자의 경우에도 반드시 전부양도설을 따라야 한다고 보기는 어렵다.

---

41) 민법 제273조 제1항은 "합유자는 전원의 동의 없이 합유물에 대한 지분을 처분하지 못한다."고 하여 마치 합유자(조합원) 전원의 동의가 있으면 조합원이 개개의 조합재산에 대한 지분을 처분할 수 있는 것처럼 규정한다. 그러나 민법학자들은, 이는 입법의 오류이고, 개개의 조합재산에 대한 처분은 전 조합원의 동의가 있더라도 허용할 수 없다고 한다(민법주해[XIV], 박영사(2001), 64쪽).

42) ① 일반적 조합의 조합원이 조합탈퇴 등으로 전체 조합재산에 대한 지분을 다른 조합원 등에게 양도한 경우, 그 전체 조합재산에 대한 지분의 양도는 양도소득세 등의 과세대상이 아니고, 개개의 조합재산이 양도소득세 등의 과세대상인 경우에 한하여 개개의 조합재산에 대한 지분의 양도만이 양도소득 등의 과세대상이 된다. 이에 비하여 동업자의 동업기업 지분은 그 자체로 주식 등과 마찬가지로 양도소득세의 과세대상으로 취급된다(조특법 100조의21 1항). 그리고 ② 일반적 조합의 조합원이 조합으로부터 배분받은 소득은 그 조합 단계에서 배당이 아닌 한 배당에 해당하지 않지만(다만, 출자공동사업자는 제외), 동업자가 동업기업으로부터 분배받은 자산의 시가가 자산의 지분가액을 초과하면 그 초과금액은 배당으로 과세된다(조특법 100조의22 1항). ③ 조특법은, 법인이 아닌 동업기업의 경우, 과세연도, 토지 등 양도소득에 대한 법인세 등 대통령령으로 정하는 사항에 대하여, 동업기업을 하나의 내국법인으로 보아 법인세법 등을 준용하도록 규정한다(조특법 100조의26 4항).

43) 안종석, 앞의 글, 25쪽

1-2. 공동사업에 관한 소득금액의 계산

1-2-1. 개인 간의 동업

(1) 소득금액의 계산

2인 이상의 거주자가 사업을 공동으로 경영하고 손익을 분배하는 경우에는, 그 사업을 경영하는 장소인 공동사업장[44]을 1 거주자로 보아 공동사업장 별로 그 소득금액을 계산한다(소득세법 43조 1항).[45] 따라서 공동사업에 관한 감가상각비의 계산, 기업업무추진비 및 기부금의 한도 등은 공동사업장을 단위로 계산된다. 공동사업장의 소득금액을 계산할 때 부당행위계산 여부는, 공동사업자를 거주자로 보아 판단한다(소득세법 시행령 150조 7항, 소득세법 41조). 대표공동사업자는 공동사업장의 관할 세무서장에게 공동사업장의 사업자등록을 하여야 한다(소득세법 87조 3항, 소득세법 시행령 150조 3항).[46]

대법원은, 공동사업장이 공동사업자 소유의 토지를 제3자에게 임대한 사건에서 공동사업장이 공동사업자로부터 토지의 임대용역을 제공받은 것으로 보지 않았다.[47] 그러나 이는, 대법원이 조합에 대한 현물출자에 관하여 조합원과 조합의 지위가 별개의 것임을 전제로 전부양도설을 취하는 것과 조화되기 어렵다.

(2) 공동사업자에 대한 분배

공동사업장을 단위로 계산된 공동사업의 소득금액은 공동사업자의 손익분배비율에 따라 각 공동사업자에게 분배되고(소득세법 43조 2항), 각 공동사업자가 그에 대한 납세의무를

---

44) 경영에 참여하지 않고 출자만 하는 출자공동사업자가 있는 사업장, 즉 익명조합(상법 78조)의 사업장을 포함한다.

45) 동업계약에 의하여 공동사업을 하는 공동사업체는 그 구성원과 별개로 사업자등록을 하여야 한다(재소비 46015-65, 2002. 3. 15.). 공동사업체의 구성원이 그 공동사업체에 재화나 용역을 공급하거나 그 반대의 경우도 별개의 납세의무자들 간의 거래로서 부가가치세 과세대상인 재화나 용역의 공급에 해당할 수 있다 (서면3팀-1563, 2005. 9. 20., 서면3팀-897, 2008. 5. 7.).

46) 공동사업에서 발생하는 소득금액의 결정 또는 경정은 대표공동사업자의 주소지 관할 세무서장이 행한다 (소득세법 시행령 150조 2항 본문).

47) 대법원 2005. 3. 11. 선고 2004두1261 판결 : ① 원고가 그 소유의 토지 위에 건물을 신축하여 동생인 A와 각 1/2 지분씩 소유권보존등기를 마친 후 A와 공동으로 위 토지 및 건물을 임대하는 사업을 하면서 위 토지를 위 공동사업장에 무상으로 사용하게 하였다. ② 피고는 원고가 특수관계인 A에게 위 토지 중 1/2을 무상으로 사용하게 함으로써 임대소득을 감소시키는 부당행위계산을 하였다고 보아 원고에게 과세처분을 하였다. ③ 원심은, 원고와 A가 위 토지와 건물을 타인에게 임대하여 얻은 소득에는 위 토지의 임대수입이 포함되어 있으므로, 위 토지의 임대수입을 포함한 공동사업장의 전체 소득에 대하여 공동사업자별 지분 또는 손익분배의 비율에 따라 소득금액을 계산하면 족하다는 취지로 보아, 원고의 공동사업장에 대한 토지의 무상제공에 대하여 부당행위계산부인 규정을 적용한 것은 위법하다고 판단하였다. 대법원은 이러한 원심의 판단이 정당하다고 판시하였다. 위 판결에 대한 해설인 고영구, "특수관계자들이 공동사업을 영위함에 있어…" 대법원판례해설 제55호(2005), 607~609쪽

진다(소득세법 2조의2 1항 본문). 공동사업에서 발생한 소득 중 출자공동사업자가 그의 손익분배비율에 따라 분배받은 금액은 배당소득으로 과세된다(소득세법 17조 1항 8호). 공동사업에 관한 원천징수세액과 가산세도 공동사업자의 손익분배비율에 따라 각 공동사업자에게 분배된다(소득세법 87조 1, 2항).

1-2-2. 법인과 개인 간 또는 법인들 간의 동업

(1) 적용법령

공동사업에 관한 소득세법 규정(소득세법 2조의2, 43조 등)은 개인 간의 공동사업에 대한 것이므로, 법인과 개인 간 또는 법인들 간의 공동사업[48]에 대하여는 적용되지 않는다. 법인과 개인 간 또는 법인들 간의 공동사업과 관련한 자산, 부채 및 수익, 손비는 손익분배비율에 따라 각 공동사업자에게 귀속되고, 각 공동사업자에게 귀속되는 자산, 부채 및 수익, 손비는 각자에 대하여 적용되는 법(법인세법 또는 소득세법)에 따라 처리되어야 할 것이다. 행정해석도 같은 취지이다.[49]

조특법상 동업기업 과세특례의 규정 중에는, 공동사업(조합)에 본래 내재하는 속성 또는 효과를 확인하는 성격의 규정으로 볼 수 있는 것들이 있다. 그러한 규정들은, 공동사업에 관하여 법인세법 또는 소득세법에 규정이 없는 사항의 해석에 참고될 수 있을 것이다.

(2) 공동경비의 손금불산입

(가) 공동경비의 의의

공동경비는, 법인이 다른 자와 동일한 조직 또는 사업 등을 공동으로 운영하거나 영위함에 따라 발생하거나 지출한 손비를 말한다(시행령 48조 1항). 법인이 단독으로 운영하는 조직에 관하여 지출한 비용이더라도, 그 효과를 다른 법인도 공유하고, 각 법인이 공통의 이해관계를 갖는 경우에는, 공동경비로 볼 여지가 있다.[50]

---

48) 공동이행방식의 공동수급체는 기본적으로 민법상 조합의 성질을 가진다(대법원 2000. 12. 12. 선고 99다 49620 판결, 대법원 2012. 5. 17. 선고 2009다105406 전원합의체 판결).

49) 법인 46012-300, 1998. 2. 5.(법인과 개인의 공동사업) ; 법인 46012-3131, 1998. 10. 23.(법인 간의 공동 사업)

50) 공동경비의 분담은, 해당 경비의 효과가 미치는 집단에 속하는 법인들 간에 공통의 이해관계가 존재하여 비용의 분담을 요청하였을 때 정산이 가능함을 전제로 한다. 법인들 간에 공통의 이해관계가 존재하지 않아서 경비의 정산을 기대할 수 없는 경우, 가령 한 법인의 광고선전으로 인하여 그 법인이 영위하는 사업 분야에 대한 소비자의 인식이 개선되어 그 법인과 동종 사업을 하면서 경쟁관계에 있는 다른 법인의 매출이 상승하였다고 하더라도, 그 다른 법인에게 경비의 분담을 요구하기 어려울 것이므로, 위 광고선전비를 공동경비로 보기는 어려울 것이다. ; 정재희, "법인세와 부가가치세 영역에서 공동경비 안분의 제문제", 대법원판례해설 제111호(2017), 517쪽도 같은 취지로 보인다.

대법원은, ① 그룹 내 관계사들의 업무를 조정하고 지원한 경영기획실(구조조정본부)의 운영에 소요된 경비,[51] ② 현대자동차와 기아자동차가 공동연구개발 약정을 체결하고 그 기술개발과 관련하여 지출한 경비[52]를 공동경비로 판단하였다.

법인의 비용부담에 의한 광고선전의 효과가 다른 관계회사에게 미치는 경우, 그 광고선전비가 공동경비인지는 개별 사안의 구체적 사정을 고려하여 결정된다.[53][54]

(나) 공동경비의 분담기준

법인의 공동경비 중 다음 각 기준에 따른 분담금액을 초과하는 금액은 손금에 불산입된다(시행령 48조 1항).

① 출자에 의하여 특정사업을 공동으로 영위하는 경우에는 출자총액 중 당해 법인이 출자한 금액의 비율

② 위 ① 외의 경우로서 해당 조직·사업 등에 관련되는 모든 법인 등('비출자공동사업자')이 지출하는 비용에 대하여는 다음 각 기준

㉮ 비출자공동사업자 사이에 특수관계가 있는 경우 : 직전 사업연도 또는 해당 사업연도의 매출액 총액[55]과 총자산가액[56] 총액 중 법인이 선택하는 금액에서 해당 법인의 매출액(총자산가액 총액을 선택한 경우에는 총자산가액)이 차지하는 비율[57]

---

51) 대법원 2012. 11. 29. 선고 2012두16305 판결
52) 대법원 2017. 3. 22. 선고 2016두57175 판결
53) 행정해석은, ① 지주회사가 보유한 상표권 관련 브랜드를 자회사의 제품광고에 사용하도록 약정하고 자회사로부터 매출액의 일정비율에 해당하는 금액을 브랜드 사용료로 지급받는 경우, 자회사가 그 브랜드를 사용하여 지출한 광고선전비용은 공동경비에 해당하지 않는다고 보았고(법인법규2012-55, 2002. 5. 1.), ② K리그 프로축구단을 운영하는 회사의 모회사가 그 자회사와 광고선전비 지원 협약을 체결하고 그 자회사를 지원한 금액은, 모회사가 속한 그룹의 광고선전비로서 법인세법 시행령 제48조의 공동경비에 해당한다고 보았다(사전-201-법령해석법인-443, 2018. 12. 17.).
54) 법원은, 원고 법인(비엠더블유코리아 주식회사)이 신차의 판매를 증가시키려면 중고차 가격의 유지가 필요하자 이를 위하여 중고차 매입 등의 서비스(BPS 서비스)를 제공하기로 하고, 원고와 위 사업에 참여하는 BMW 한국대리점(딜러)들이 각기 위 서비스와 관련하여 수행한 광고선전비를 부담하기로 약정하고 그에 따라 광고선전비를 부담한 사안에서, 위 광고선전비는 공동경비로 볼 수 없다는 취지로 판단하였다[서울행정법원 2016. 10. 14. 선고 2016구합53715 판결, 서울고등법원 2017. 7. 19. 선고 2016누71791 판결(항소기각), 대법원 2017. 12. 7. 선고 2017두58632 판결(심리불속행)].
55) 대법원 2017. 3. 9. 선고 2016두55605 판결은, 주류 제품의 제조·판매업을 하는 甲 회사와 주류 제품 등의 수입·판매업을 하는 乙 회사가 2000. 2.경 공동경비를 매출액을 기준으로 분담하기로 하는 공동경비 정산계약을 체결한 후 丙 회사가 2006. 4. 14. 乙 회사로부터 사업 일체를 양수하면서 정산계약상 지위를 승계한 사건에서, 2006 및 2007 사업연도의 공동경비 분담액을 계산할 때 丙의 직전 사업연도 매출액에 사업양도자인 乙의 매출액도 포함되어야 한다고 판단하였다. 상세한 판단이유에 관하여는, 위 판결에 대한 해설인 정재희, 앞의 글, 508쪽 이하 참조.
56) 한 공동사업자가 다른 공동사업자의 지분을 보유하고 있는 경우 그 주식의 장부가액은 제외한다.
57) 다만, 공동행사비 및 공동구매비 등 기획재정부령으로 정하는 손비에 대하여는 참석인원수·구매금액 등 기획재정부령으로 정하는 기준에 따를 수 있다.

④ 위 ⑦ 외의 경우 : 비출자공동사업자 사이의 약정에 따른 분담비율. 해당 비율이 없는 경우에는 ⑦의 비율에 따른다.

(3) 이익의 귀속사업연도

법인이 아닌 조합 등으로부터 받는 분배이익금의 귀속사업연도는 당해 조합 등의 결산기간이 종료하는 날이 속하는 사업연도로 한다(시행규칙 35조 2항).[58]

1-3. 공동사업 탈퇴로 인하여 받은 대가

(1) 개인 간의 동업

대법원은, 조합에서 탈퇴한 조합원이 다른 조합원들에게 잔존 조합재산에 관한 자신의 지분을 양도하고 일부 조합재산을 받은 경우, 이는 그 조합원이 전체 조합재산에 대한 합유지분을 다른 조합원들에게 양도한 것이므로,[59] 탈퇴한 조합원이 얻은 소득은 탈퇴 당시 조합재산의 구성내역에 따라 그 조합원의 사업소득 또는 양도소득 등이 되고, 배당소득에 해당하지 않는다고 판시하였다.[60]

한편, 조합이 탈퇴조합원에게 지분계산에 따라 이전한 조합재산은 조합재산의 양도에 해당하므로, 조합 단계에서 양도손익을 계산하여 탈퇴조합원을 포함한 전체 조합원에게 지분비율에 따라 배분한 후 그에 따라 가감조정된 탈퇴조합원의 지분가액을 토대로 탈퇴조합원의 소득이 계산되어야 할 것이다.[61][62]

---

58) 김완석·황남석, 법인세법론(2021), 444쪽은, 법인세법 시행령 제48조 제1항 제1호에 의하면, 공동사업체가 자산·부채 및 손익에 관한 거래를 할 때마다 각 조합원의 출자지분에 따라 안분한 금액을 그의 자산·부채 및 손익으로 인식하여야 하는데, 이와 달리 법인세법 시행규칙 제35조 제2항은 공동사업체가 분배받은 금액에 한하여 구성원의 소득에 포함시키고 그 귀속시기도 조합 등의 결산기간이 종료하는 날이 속하는 사업연도로 규정하므로, 법인세법 시행령 제48조 제1항 제1호에 위배된다고 한다.

59) 소득세법은 전체 조합재산에 대한 조합원의 포괄적 지분의 양도를 과세대상으로 규정하지 않으므로, 개개의 조합재산에 대한 지분의 양도로 인한 소득의 과세가 문제된다.

60) 대법원 2015. 12. 23. 선고 2012두8977 판결 : 조합원인 원고가 조합에서 탈퇴하면서 지분의 계산으로 재고자산인 부동산(원고가 다른 조합원들과 함께 매매 등의 공동사업을 하기 위하여 매수한 상가건물)을 받아서 생긴 소득은 사업소득에 해당하고, 배당소득이 될 수 없다고 판단하였다. 대법원이 조합에 대한 현물출자에 관하여 전부양도설을 취하면서도 조합원이 조합탈퇴의 대가로 받은 자산이 배당소득이 아니라고 보는 도관적 접근을 한 것은, 소득세법에는 조특법과 달리 조합의 소득으로서 조합원들의 손익분배비율에 따라 배분되는 소득을 의제배당소득의 계산 시 '출자를 취득하기 위하여 소요된 금액'으로 간주하는 규정이 없어, 해당 금액이 이중과세될 수 있다는 점 등을 고려한 것으로 보인다. 엄상섭, "동업관계 탈퇴 시 정산받은 소득의 종류", 올바른 재판 따뜻한 재판 : 이인복 대법관 퇴임기념 논문집, 사법발전재단 (2016), 786~788쪽

61) 조특법에 따르면, 동업기업의 동업자가 탈퇴하는 대가로 동업기업의 자산을 분배받은 경우, 동업자의 탈퇴 시점까지 발생한 동업자군별 배분대상 소득금액(탈퇴의 대가로 받은 자산에 관한 양도손익 포함) 등은, 탈퇴(지분의 양도) 시를 기준으로 한 지분양도소득의 계산에는 고려되지 않지만, 그 이후 동업기업의 과세

(2) 법인의 동업

조합원인 법인이 조합에서 탈퇴하면서 받은 대가는 익금에 산입되고, 종전에 계상한 조합지분의 취득가액은 손금에 산입된다.

1-4. 내적 조합과 익명조합의 구분과 취급

1-4-1. 내적 조합과 익명조합의 구분

법인이 다른 법인 또는 개인의 영업에 투자를 하되, 대외적 거래의 명의자로 나타나지 않으면서, 영업의 명의자인 다른 법인 등으로부터 그 영업에 따른 이익을 분배받기로 한 경우, 그 법인과 다른 법인 등 사이에 내적 조합 또는 익명조합이 성립할 수 있다. 개개의 투자약정이 내적 조합인지 또는 익명조합인지는 투자자가 영업에 관한 의사결정 또는 감독권을 가지는지 여부 및 감독권의 범위에 따라 정해질 것이다.[63][64]

1-4-2. 내적 조합과 익명조합의 세법상 취급

(1) 내적 조합

내적 조합의 공동사업으로 인한 소득은 각 조합원의 지분 또는 손익분배비율에 따라 각 조합원에게 분배되고 각 조합원의 소득으로 과세된다.[65]

연도 종료일에 해당 동업자에게 배분된다고 볼 여지가 있다. 2-3-3. (5) 참조

62) ① 이창희, 세법강의(2020), 613쪽은, 지분의 양도는 '조합재산을 지분만큼 양도하는 것'이므로, 조합단계에서 일단 재산의 처분익(손)을 잡고 이 처분익(손)이 조합원에게 배당된 것으로 보아야 한다고 본다. 이는 각 조합원이 조합이 소유하는 재산을 자신의 지분비율만큼 보유하는 것으로 보는 이른바 집합론적 접근에 따른 것으로 보인다(집합론적 접근과 실체론적 접근에 대하여는 이준규·이상도, 앞의 책, 114, 220쪽). ② 조합이 조합원과 별개의 실체임을 전제로 조합에 대한 현물출자에 관하여 전부출자설을 취하는 대법원 판례에 의하더라도, 본문과 같은 결과가 도출되어야 할 것이다. 다만, 대법원 2015. 12. 23. 선고 2012두8977 판결은 조합 단계의 양도손익의 계산 및 탈퇴조합원에 대한 배분에 대하여 언급하지 않았다.

63) ① 익명조합원은 원칙적으로 영업연도 말에 영업시간 내에 한하여 영업자의 회계장부 등을 열람하고 업무와 재산상태를 검사할 수 있는 제한적 감시권을 가진다(상법 86조, 277조 1항). ② 이에 비하여 내적조합의 경우에는 민법상 조합 중 내부관계에 대한 규정이 적용되므로, 내적조합의 조합원은 내적조합의 의사결정에 참여하고(민법 706조 1항) 언제든지 조합의 업무 및 재산상태를 검사하는 방법(민법 710조)으로 조합의 업무집행을 감독할 권리를 가진다.

64) 익명조합에 관한 대법원 판례는 많지 않다. 이는 익명조합 자체가 드물기 때문이라기보다는, 익명조합에 해당하는 거래가 상당수 있지만, 소송실무상 익명조합 여부가 판결의 결론에 영향을 미치지 않는 경우 그 거래를 '익명조합'으로 표시하지 않고 '투자약정' 등의 이름으로 판단하는 예가 많기 때문으로 보인다.

65) 대법원 1995. 11. 10. 선고 94누8884 판결

(2) 익명조합

(가) 소득세법

소득세법은, 공동사업의 경영에 참여하지 않고 출자만 하는 출자공동사업자(익명조합원) 중에서 ① 공동사업에서 발생한 채무에 대하여 무한책임을 부담하는 자[66]는 일반적인 공동사업자와 같이 취급하고(소득세법 43조 1항, 소득세법 시행령 100조 1항), ② 그 외의 자가 익명조합의 영업자로부터 분배받는 소득(소득세법 43조 2항)은 배당소득으로 분류하여 과세한다(소득세법 17조 1항 8호, 43조 1항).[67]

 익명조합원에 대한 소득세법상 취급의 문제점

소득세법에 의하면, 익명조합원이 무한책임을 부담하기로 약정하지 않은 경우, 가령 출자금액을 한도로 영업의 손실을 부담하기로 약정한 경우,[68] 그가 받은 영업자로부터 분배받은 소득은 주주의 소득과 같이 배당으로 취급되므로, 영업에서 손실이 발생하더라도 결손금을 분배받을 수 없다. 그러나 여기에는 다음과 같은 문제점이 있다.

① 일반적 조합이나 내적 조합에서도 조합원이 손실을 분배받지 않는 것으로 정할 수 있으므로,[69] 영업상 손실에 대한 무한책임의 부담 여부는 조합 또는 내적 조합과 익명조합을 구분하는 표지로 보기 어렵다. 그리고 내적 조합과 익명조합 사이에는 영업에 관한 의사결정권 등에 차이가 있기는 하지만, 그것이 양자를 세법상 다르게 취급할 정도의 차이인지는 의문스럽다.

② 주주는 회사에 손실이 발생하여 주식의 가치가 하락하면 주식의 양도를 통하여 손실을 인식할 수 있지만, 익명조합원의 소득을 배당으로 보아 결손금의 분배를 부정할 경우 익명조합원은 출자금액의 손실을 소득에 반영할 장치가 없으므로,[70] 익명조합원의 지위를 주주의 그것과 동일시하기 어려운 면이 있다.

---

66) 소득세법 시행령은, 일반적인 공동사업자와 같이 취급되는 "대통령령으로 정하는 출자공동사업자"로 ㉮ 공동사업에 성명 또는 상호를 사용하게 한 자와 ㉯ 공동사업에서 발생한 채무에 대하여 무한책임을 부담하기로 약정한 자를 규정한다(소득세법 시행령 100조 1항). 공동사업에 성명 또는 상호를 사용하게 한 자는 그 사용 이후의 채무에 대하여 영업자와 연대하여 변제할 책임이 있다(상법 81조).

67) 출자공동사업자가 분배받은 이익은 배당소득으로 과세되지만, 그 소득은 영업자 단계에서 과세되지 않았으므로(소득세법 43조 2항), 그에 대하여는 출자공동사업자 단계에서 이중과세조정을 위한 배당세액공제가 인정되지 않는다(소득세법 56조, 17조 3항 단서).

68) 내적 조합이 아닌 익명조합계약에서 익명조합원이 영업의 손실을 부담하기로 하면서 무한책임을 부담하기로 약정하는 경우는 드물고, 출자금액을 한도로 하는 것이 일반적일 것으로 보인다.

69) 모든 조합원이 이익을 분배받는 것은 조합계약의 핵심적 요소이지만, 모든 조합원이 손실을 분담하여야 하는 것은 아니다[곽윤직 집필대표, 민법주해(14), 박영사(2001), 44~45쪽]. 거래로 인한 대외적 책임에 관하여 보면, 내적 조합의 거래는 조합원 1인의 명의로 하므로 그 행위자만이 대외적 책임을 지고, 따라서 익명조합과 다르지 않다.

70) 조합의 조합원은 조합재산에 대한 합유지분을 가지므로, 조합에서 탈퇴하거나 조합원 지위를 양도하는 경우에는 합유의 대상인 개개의 조합재산에 대한 취득가액과 탈퇴 또는 양도의 대가 간의 차액을 조합재산의 양도차손 또는 사업소득의 손실로 인식할 수 있다. 그러나 익명조합원은 영업자의 영업재산에 대하여

(나) 법인세법

행정해석은, 영업자인 법인이 익명조합원에게 분배하는 이익은 익명조합원의 이자소득에 해당하고,[71] 영업자인 법인의 이자비용으로 손금에 산입된다고 본다.[72] 그러나 소득세법상 익명조합의 영업자가 얻은 소득 중 익명조합원에게 분배되는 부분은 영업자의 소득에서 제외되는 점(소득세법 43조 2항)을 고려하면, 법인인 영업자가 익명조합원에게 분배하는 이익금은 그 법인의 익금에 불산입된다고 볼 여지도 있다. 한편, 익명조합원이 영업자로부터 분배받는 이익금은 배당 또는 의제배당에 해당하지 않는다.[73]

> **미국 세법상 파트너십에 대한 과세**
>
> 미국 세법상 파트너십[74]에 대한 과세는 원칙적으로 Subchapter K에 따라 다음과 같이 처리된다.[75]
> ① 파트너가 파트너십에 재산을 출자한 경우 원칙적으로 손익을 인식하지 않고[IRC § 721(a)], 파트너가 그 출자에 의하여 얻는 파트너십 지분(outside basis)의 가액은 해당 재산의 출자 당시 취득가액이며(IRC § 722), 파트너십도 그 파트너의 출자 당시 취득가액을 그 재산의 취득가액(inside basis)으로 인식한다(IRC § 723). 따라서 파트너의 파트너십에 대한 재산의 출자는 세법상 양도에 해당하지 않는다(과세이연).
> ② 파트너가 파트너십에 이미 제공하였거나 장래에 제공할 노무에 대한 보상으로 파트너십의 자본지분(capital interest)을 받는 경우, 그 파트너가 받은 파트너십 지분의 가치는 통상소득으로 과세되고, 소득의 금액은 그 이전된 지분의 공정시장가치이며, 그 소득이 실현되는 시기는, 파트너가 그 지분을 철회하거나 처분할 권리에 대한 실체적 제한이나 조건을 포함한 모든 사실과 정황에 의존한다.[76]

직접적 권리를 갖지 못하므로, 투자손실을 인식할 적절한 계기를 찾기 어렵다. 그리고 익명조합원 지위의 이전에 따른 손익은 양도소득 과세의 대상이 아니므로, 익명조합원이 익명조합원의 지위를 타인에게 이전하여 손실을 입은 경우, 이를 양도차손으로 소득에 반영할 수 없다.

71) 서면법규과-1001, 2013. 9. 12.(영업자인 내국법인이 익명조합원인 일본 법인에게 이익을 분배한 경우)

72) 서면-2018-법인-2920, 2019. 10. 6.(법인이 익명조합의 영업자이고 개인이 익명조합원인데 동업기업 과세특례의 적용신청을 하지 않은 경우)

73) 대법원 2017. 1. 12. 선고 2015두48693 판결 : 익명조합원의 지위에 있는 내국법인이 영업자의 지위에 있는 다른 내국법인에 출자를 하는 경우에, 내국법인이 출자를 통하여 다른 내국법인의 주식 등을 취득하거나 주주 등의 지위에 있게 되는 것이 아니므로, 출자를 한 내국법인이 영업자의 지위에 있는 다른 내국법인으로부터 지급받는 돈은 익명조합원의 지위에서 출자 당시 정한 손익분배약정에 따라 지급받는 것에 불과할 뿐 주주 등이 받는 배당액이나 구 법인세법 제16조의 의제배당금 등에 해당할 여지가 없다.

74) 미국 세법상 파트너십은, syndicate, group, pool, joint venture 또는 그 밖의 회사로 설립되지 않은 조직(unincorporated organization)으로서 그것을 통하여 사업 등이 수행되고, 신탁 또는 상속재산 또는 corporation이 아닌 것을 포함한다[IRC §§ 761(a), 7701(a)(2)].

75) 다만, ① 파트너십으로서 증권시장 등에서 그 지분이 거래되는 것(publicly traded partnership)은 세법목적상 corporation으로 취급되고(IRC § 7704), ② 그 외의 파트너십이 check-the-box rule에 따라 법인과세(association)를 선택한 경우에도 corporation으로 취급된다[재무부 규칙 § 301.7701-3(a)].

76) 재무부 규칙 § 1.721-1 (b)(1) ; 한편, 파트너가 노무제공의 대가로 이익지분(profit interest)을 받는 경우에는 위 규정의 적용대상이 아니고["(as distinguished form a share in partnership profits)"], 파트너는 일반적

③ 파트너가 자산을 파트너십에 매각하는 것(sale of a property)은 파트너가 파트너 아닌 자격으로 파트너십과 거래한 것이므로[재무부 규칙 § 1.707-1(a)], 파트너십과 파트너가 아닌 자 간에 발생한 것으로 취급된다[IRC § 707(a)].

④ 파트너십을 통하여 얻어진 소득에 관하여 파트너십은 납세의무를 부담하지 않고 그 파트너들이 납세의무를 부담한다(IRC § 701). 파트너십의 소득은 파트너십 단계에서 계산된 후(IRC § 703)[77] 파트너십 계약 또는 각 파트너의 지분에 따라 각 파트너에게 배분(할당)된다(IRC § 704).

⑤ 파트너십의 소득 중 각 파트너에게 배분(할당)된 금액(distributive share)은 그 파트너의 총소득에 포함되고[IRC § 702(c)], 그 배분(할당)금액에 있는 소득의 성격은 파트너십 단계에서 실현되거나 발생한 것처럼(파트너십 단계의 소득구분과 동일하게) 정해진다[IRC § 704(a)]. 한편, 파트너십의 손실 중 파트너에게 배분(할당)되는 금액은 그 파트너의 파트너십 지분의 취득가액의 한도 내에서만 허용된다[IRC § 704(d)]. 이는 파트너십을 이용한 조세회피(tax shelter)를 막기 위한 것이다.

⑥ 파트너십 단계에서 발생한 소득은, 파트너에게 분배되었는지 여부와 관계없이, 파트너에게 배분(할당)되어 파트너의 소득으로 이미 과세되었으므로, 파트너는 파트너십으로부터 현금이나 다른 재산을 분배받는 것에 관하여 원칙적으로 손익을 인식하지 않는다(IRC § 731).[78]

⑦ 파트너가 파트너십 지분의 양도로 얻은 손익은 자본적 자산(capital asset)의 양도로 인한 손익(capital gain/loss)으로 취급된다(IRC § 741).[79]

 미국 세법의 단체분류 및 도관과세 선택 제도 등

1. 미국 세법상 corporation

① 미국 세법상 corporation은 associations, joint-stock companies 및 보험회사를 포함한다[IRC § 7701(a)(3)]. corporation은 ㉮ 연방 또는 주의 법령에 따라 조직된 사업체 등으로서, 법령이 회사, 법인 등으로(as incorporated or as a corporation, body corporate, or body politic) 규정하거나 언급하는 것, ㉯ 재무부 규칙 § 301.7701-3에 의하여 association으로 결정된 것 등을 의미한다[재무부 규칙 § 301.7701-2(b)]. 미국 세법상 corporation은 법인과세되는 단체, 즉 우리 세법의 용어로는 법인세 납세의무자를 말하는 것으로 볼 수 있다.

② 미국 세법상 corporation은 원칙적으로 Subchapter C의 적용을 받지만(C corporation), 일정한 소규모 회사(small business corporation)는 전체 주주의 동의를 얻어 도관과세 제도인 Subchapter S의 적용을 선택할 수 있다(S corporation)[IRC § 1362(a)]. S corporation에서 발생한 소득은

으로 이익지분을 받는 시점에 소득을 인식하지 않는다. Karen C. Burke, Federal Income Taxation of Partners and Partnerships 6th Edition, West Academic Publishing, 2020, p.73, 81

77) 모든 파트너십은 매 과세연도에 그 소득을 계산하여 신고할 의무가 있다[IRC § 6031(a)].

78) 다만, 파트너가 분배받은 금전이 그 파트너의 파트너십 지분의 취득가액을 초과하는 경우 등에는 예외적으로 손익을 인식한다.

79) 다만, 파트너가 파트너십 지분의 양도한 대가 중 파트너십의 미실현 채권 및 재고자산(unrealized receivables, inventory items)에 귀속되는 부분은 자본적 자산 외의 양도로부터 실현된 가액으로 취급되므로[IRC § 751(a)], 통상손익(ordinary income/loss)으로 과세된다.

S corporation의 소득으로 과세되지 않고[IRC § 1363(a)], 그 구성원인 주주 등에게 그 지분 비율로 귀속되어 그 주주 등의 소득으로 과세된다(pass-thru)[IRC § 1366(a)(1)].

2. 미국 세법상 association의 범위 및 선택권

① 미국 재무부 규칙은 1960년부터 1996년까지는 Morrisey v. CIR 판결[80]을 토대로 association의 6가지 속성을 규정하고[81] 그에 해당하는 속성이 그렇지 않은 것보다 더 많은 사업체를 association으로 분류하여 corporation으로 과세되도록 하였다.[82] 그러나 위 규정을 적용하여 사업체를 분류하는데 많은 어려움이 있었다.

② 이에 미국 재무부 규칙은 1996년 말 일정한 사업체에게 association으로 분류될 것인지 여부의 선택권을 부여하는 규정을 도입하였고("check-the-box" rule), 그 주된 내용은 다음과 같다.

㉮ 미국 세법상 corporation[83]에 해당하지 않는 적격사업체(eligible entity)[84]로서 그 구성원이 2인 이상인 것은, association 또는 partnership으로 분류되는 것을 선택할 수 있다 [재무부 규칙 § 301.7701–3(a)].[85]

㉯ 적격사업체가 association으로 분류되기를 선택한 경우 세법상 corporation으로서 그 소득에 대한 납세의무를 부담하지만(IRC § 11), 그러한 선택을 하지 않은 경우 partnership으로 분류되어 도관과세 제도인 Subchapter K의 적용을 받는다[재무부 규칙 § 301.7701–3(b)(1)].

---

80) Morrisey v. CIR, 296 US 344 (1935) 판결 : 신탁이 토지를 골프장으로 개발하기 위하여 설정되었고 그 수익자의 지위가 양도가능한 수익증서로 표시되어 수백 명에게 발행된 사건에서 세법상 association에 해당한다고 판단하였다.

81) ① associates, ② 공동의 수익을 위한 사업을 수행하기 위한 목적, ③ 지속성(continuity of life), ④ 중앙집중적 경영(centralized management in representative capacity), ⑤ 유한책임(limited liability), ⑥ 지분의 자유로운 양도(free transferability of interests)

82) Bittker & Eustice, 2–8~2–12

83) 미국 재무부 규칙 § 301.7701–2(b)의 (1), (3)~(8)

84) 각종 partnership과 유한책임회사(Limited Liability Company) 등이 여기에 해당한다. 다만, 파트너십으로서 증권시장 등에서 그 지분이 거래되는 것(publicly traded partnership)은 세법목적상 corporation으로 취급되므로(IRC § 7704), 여기에서 제외된다.

85) 소유자가 1인(a single owner)인 적격사업체는 ① association으로 분류되거나, 그 소유자로부터 독립한 실체로 취급되지 않는 것(disregarded as an entity)을 선택할 수 있고[재무부 규칙 § 301.7701–3(a)], ② 그러한 선택을 하지 않은 경우 그 소유자로부터 독립된 실체로 취급되지 않는다[재무부 규칙 § 301.7701–3(b)(1)(ii)].

2-1. 과세특례의 개요

동업기업 과세특례는, 동업기업의 소득을 동업기업 단계에서 과세하지 않고, 출자자인 동업자에게 손익분배비율에 따라 배분하여(pass-through) 법인세 또는 소득세를 과세하는 제도이다.[86] 동업기업 과세특례는 ① 일정한 인적 회사들로 하여금 도관과세를 선택할 수 있게 하고, ② 민법상 조합 등에 적용되는 공동사업장에 관한 과세규정을 보완하며, ③ 거주지국에서 투시과세되는 외국 사업체가 우리나라에서도 투시과세될 수 있게 하는 기능을 한다.

동업기업 과세특례는 동업기업에 관하여 기본적으로 도관적 · 투시적 접근방법을 취하는 한편, 동업기업을 독자적 과세실체로 취급하는 요소를 가미함으로써 양자를 절충한다. 후자의 예로는, 동업기업에 대한 현물출자에 관하여 전부양도설을 취하는 점(조특법 시행령 100조의21 2항 1호), 수동적 동업자에게 배분된 소득을 배당으로 구분하는 점(조특법 100조의18 3항 단서), 동업자의 지분 양도소득을 주식 등 양도소득으로 과세하는 점(조특법 100조의21 1항), 동업기업의 과세연도, 세액공제 등에 관하여 동업기업을 하나의 법인으로 취급하는 점(조특법 100조의26) 등을 들 수 있다.

동업자의 관점에서 동업기업 과세특례가 동업기업인 법인에 대한 법인세 과세보다 반드시 언제나 유리한 것은 아니고, 양자 중 어느 것이 더 유리한지는, 법인이 소득을 단기간 내에 배당하는지, 아니면 장기간 유보하는지에 달려있다.[87]

동업기업 과세특례는 동업기업의 소득에 대한 소득세 또는 법인세의 특례이므로, 동업기업의 부가가치세, 취득세, 재산세 등 다른 조세에 대하여는 영향을 미치지 않는다.

2-2. 동업기업 과세특례의 적용요건

2-2-1. 적용대상

동업기업[88]으로서 다음의 어느 하나에 해당하는 단체는 동업기업 과세특례의 적용을

---

86) 우리나라의 동업기업 과세특례는, 미국 세법의 파트너십 및 소규모법인(S Corporation) 과세와 도관과세 선택(check-the-box rule) 제도를 참고로 한 것이다.

87) 법인세 과세를 택할 경우 주주 단계와 법인 단계의 이중과세가 이루어지지만, 법인이 소득을 주주에게 배당하지 않고 유보함으로써 주주의 과세를 이연할 수 있다. 반면에, 동업기업과세는 동업기업 단계와 동업자 단계의 이중과세가 생기지 않지만, 동업기업의 소득은 곧바로 동업자에게 배분되므로, 그에 대한 과세이연이 인정되지 않는다.

신청할 수 있다(조특법 100조의15 1항 본문).

① 민법에 따른 조합

② 상법에 따른 합자조합 및 익명조합(자본시장법의 투자합자조합 및 투자익명조합은 제외한다)

③ 상법에 따른 합명회사 및 합자회사(자본시장법의 투자합자회사 중 기관전용 사모집합투자기구가 아닌 것은 제외한다[89]) : 유한책임회사(상법 287조의2)는 적용대상에 포함되지 않는다. 유한회사는 인적 용역을 주로 제공하는 것(아래 ④)에 한하여 예외적으로 적용대상에 포함된다.[90]

④ 위 ①부터 ③까지의 규정에 따른 단체와 유사하거나 인적 용역을 주로 제공하는 단체로서 대통령령으로 정하는 것[91]

⑤ 외국법인(법 2조 3호) 또는 비거주자(소득세법 2조 3항)로 보는 법인 아닌 단체 중 위 ①부터 ④까지의 단체와 유사한 단체로서 대통령령으로 정하는 기준에 해당하는 외국단체[92] : 외국단체의 경우 국내사업장을 하나의 동업기업으로 보아 해당 국내사업장과 실질적으로 관련되거나 해당 국내사업장에 귀속하는 소득으로 한정하여 동업

---

88) 동업기업은, 2인 이상이 금전이나 그 밖의 재산 또는 노무 등을 출자하여 공동사업을 경영하면서 발생한 이익 또는 손실을 배분받기 위하여 설립한 단체를 말한다(조특법 100조의14 1호).

89) 자본시장법상 투자합자회사로서 기관전용 사모집합투자기구가 아닌 것은 배당의 소득공제를 적용받을 수 있다(법 51조의2 1항 2호). 자본시장법상 투자합자조합, 투자익명조합 및 투자합자회사(전문투자형)에 대한 동업기업 과세특례의 적용을 주장하는 견해로, 임동원, "동업기업 과세제도의 적용대상에 대한 연구", 조세법연구 [20-2], 한국세법학회(2014), 256쪽

90) 유한회사가 원칙적으로 동업기업 과세특례의 적용대상에서 제외된 것은, 무한책임사원이 존재하지 않는 회사를 그 적용대상으로 인정할 경우 조세회피의 수단으로 이용될 가능성이 있기 때문이었다. 안종석, "파트너십 과세제도 도입방안"(2007. 6. 19. 정책토론회 자료), 한국조세연구원, 21쪽

91) 다음 중 어느 하나에 해당하는 단체를 말한다(조특법 시행령 100조의15 1항).
① 변호사법 제40조 및 제58조의18에 따른 법무법인 및 법무조합
② 변리사법 제6조의3 및 같은 법 시행령 제14조에 따른 특허법인
③ 공인노무사법 제7조의2에 따른 노무법인
④ 법무사법 제33조에 따른 법무사합동법인
⑤ 전문적인 인적용역을 제공하는 법인으로서 다음 각 목의 어느 하나에 해당하는 것
㉮ 변호사법 제58조의2에 따른 법무법인(유한)
㉯ 변리사법 제6조의12에 따른 특허법인(유한)
㉰ 공인회계사법 제23조에 따른 회계법인
㉱ 세무사법 제16조의3에 따른 세무법인
㉲ 관세사법 제17조에 따른 관세법인

92) 다음 각 호에 모두 해당하는 외국단체를 말한다(조특법 시행령 100조의15 2항).
1. 조특법 제100조의15 제1항 제1호부터 제4호(제3호에 따른 단체 중 기관전용 사모집합투자기구는 제외한다)까지의 규정에 해당하는 단체와 유사한 외국단체
2. 법인세법 제94조 또는 소득세법 제120조에 따른 국내사업장을 가지고 사업을 경영하는 외국단체
3. 설립된 국가(우리나라와 조세조약이 체결된 국가에 한정한다)에서 동업기업 과세특례와 유사한 제도를 적용받는 외국단체

기업 과세특례를 적용한다(조특법 100조의15 1항 단서).

다만, 동업기업 과세특례를 적용받는 동업기업의 동업자는, 동업기업의 자격으로 동업기업 과세특례를 적용받을 수 없다(조특법 100조의15 1항 단서). 따라서 동업기업의 동업자가 다시 동업기업이 되는 다단계 과세특례는 인정되지 않는다.[93] 다만, 한 동업기업의 동업자가 다른 동업기업의 동업자를 겸하는 것은 가능하다.

2-2-2. 적용신청

동업기업 과세특례를 적용받으려는 기업은, 동업기업 과세특례를 적용받으려는 최초의 과세연도의 개시일 이전[94]에, 동업자 전원의 동의서[95]와 함께 동업기업 과세특례 적용신청서를 관할 세무서장에게 제출하여야 한다(조특법 시행령 100조의16 1항).

2-3. 동업기업 과세특례의 적용효과

2-3-1. 동업기업 전환법인의 준청산소득에 대한 법인세

동업기업 과세특례를 적용받는 내국법인은, 해산에 의한 청산소득의 금액에 준하여 대통령령으로 정하는 바에 따라 계산한 과세표준에 법인세법 제55조 제1항에 따른 세율을 적용하여 계산한 법인세를 납부할 의무가 있다(조특법 100조의16 1항).[96] 이는, 동업기업 과세특례가 적용되기 전에 발생한 자산의 미실현 이득(built-in gain)을 동업기업 과세특례의 적용대상에서 제외하기 위한 것이다.[97]

---

93) 이는 다단계 동업기업의 경우 소득의 최종 귀속자를 파악하기 곤란한 점으로 인한 조세의 회피·일실을 방지하기 위한 것이다. 동업기업 과세특례의 이해, 국세청(2009), 8쪽
94) 기업을 설립하는 경우로서 기업의 설립일이 속하는 과세연도부터 적용받으려는 경우에는 그 과세연도의 개시일부터 1개월 이내에
95) 외국단체의 경우에는 조특법 시행령 제100조의15 제2항 각 호에 해당하는 사항을 입증할 수 있는 서류를 포함한다.
96) 동업기업 전환법인은, 준청산소득에 대한 법인세의 과세표준과 세액을 동업기업 과세특례를 적용받는 최초 사업연도의 직전 사업연도 종료일 이후 3개월이 되는 날까지 관할 세무서장에게 신고하여야 하고(조특법 100조의16 4항), 준청산소득에 대한 법인세의 세액을 위 신고기한부터 3년의 기간 동안 균분한 금액 이상 납부하여야 한다(조특법 100조의16 5항).
97) 준청산소득에 대한 법인세 과세 규정이 없다면, 법인이 동업기업 과세특례를 적용받기 전부터 보유하던 자산을 위 과세특례의 적용 이후 양도함으로써 위 과세특례의 적용 이전에 발생한 자산의 미실현이익에 대하여도 동업기업은 과세되지 않고 동업자(사원)만 과세되는 효과를 얻을 수 있다. 미국 세법 제1374조도 S corporation으로 전환하는 회사에 대하여 유사한 제도를 두고 있다.

2-3-2. 동업기업 소득의 과세

동업기업에 대해서는 소득세법 제3조 및 법인세법 제4조 제1항 각 호의 소득에 대한 소득세 또는 법인세를 부과하지 않는다(조특법 100조의16 1항). 그 대신 동업기업의 소득은 동업자의 군(群)별로 계산되어 동업자에게 배분되고, 동업자가 그에 대한 소득세 또는 법인세의 납세의무를 진다(조특법 100조의16 2항).

(1) 동업기업 소득의 계산

동업기업 소득금액은, 동업자를 거주자, 비거주자, 내국법인 및 외국법인의 4개의 군(群)으로 구분하여, 각 군별로 동업기업을 각각 하나의 거주자, 비거주자, 내국법인 또는 외국법인으로 보아 법인세법 또는 소득세법에 따라 계산된다(조특법 100조의14 4호).

(2) 동업기업과 동업자 간의 거래

동업자가 동업자 아닌 제3자의 자격으로 동업기업과 거래를 하는 경우,[98][99] 동업기업과 동업자는 해당 과세연도의 소득금액을 계산할 때 그 거래에서 발생하는 수익 또는 손비를 익금 또는 손금에 산입한다(조특법 100조의19 1항).[100]

동업자가 제3자의 자격으로 동업기업과 거래를 하는 경우, 동업기업 또는 동업자가 소득을 부당하게 감소시킨 것으로 인정되면, 관할 세무서장은 부당행위계산부인 규정을 준용하여 해당 소득금액을 계산할 수 있다(조특법 100조의19 2항 1문). 이 경우 동업기업과 동업자는 특수관계인으로 본다.

(3) 동업기업 소득의 배분

(가) 배분의 방법

'동업자군별 동업기업 소득금액 또는 결손금'(조특법 100조의14 4호)에 '동업자군별 손익

---

98) '동업자가 제3자의 자격으로 동업기업과 거래를 하는 경우'는, 다음의 어느 하나에 해당하는 거래로서, 동업자가 동업기업으로부터 얻는 거래대가가 동업기업의 소득과 관계없이 해당 거래를 통하여 공급되는 재화 또는 용역의 가치에 따라 결정되는 경우를 말한다(조특법 시행령 100조의20 1항).
　① 동업자가 동업기업에 재화를 양도하거나 동업기업으로부터 재화를 양수하는 거래
　② 동업자가 동업기업에 금전, 그 밖의 자산을 대부하거나 임대하는 거래 또는 동업기업으로부터 금전, 그 밖의 자산을 차입하거나 임차하는 거래
　③ 동업자가 동업기업에 용역(해당 동업기업이 영위하는 사업에 해당하는 용역은 제외한다)을 제공하는 거래 또는 동업기업으로부터 용역을 제공받는 거래
　④ 그 밖에 위 ①부터 ③까지와 비슷한 거래로서 기획재정부령으로 정하는 거래
99) 동업기업이 기관전용 사모집합투자기구인 경우, 그 업무집행사원이 자본시장법 제249조의14에 따라 해당 동업기업에 용역을 제공하는 거래는, 동업자가 제3자의 자격으로 동업기업과 거래하는 경우에 해당하는 것으로 본다. 다만, 성과보수를 지급받는 부분은 제외한다(조특법 시행령 100조의20 1항).
100) 이는, 공동사업자와 공동사업장 간의 거래를 세법상 과세대상 거래로 인식하지 않는 판례(대법원 2005. 3. 11. 선고 2004두1261 판결)와 다른 입장을 취한 것이다.

분배비율[101]'을 곱하여 계산한 금액을 '동업자군별 배분대상 소득금액 또는 결손금'이라 하고(조특법 100조의14 6호), '동업자군별 배분대상 소득금액 또는 결손금'은 각 과세연도의 종료일에 동업자 간의 손익분배비율에 따라 동업자에게 배분된다(조특법 100조의18 4항).[102] 여기서 '배분'은, 동업기업의 소득금액 또는 결손금 등을 각 과세연도의 종료일에 자산의 실제 분배 여부와 관계없이 동업자의 소득금액 또는 결손금 등으로 귀속시키는 것을 말한다(조특법 100조의14 3호). 동업자인 법인이 위와 같이 배분받은 소득금액은 익금으로 간주된다(법 15조 2항 3호).

(나) 손익분배비율

배분의 기준이 되는 손익분배비율은, ① 동업자 간에 서면으로 약정한 해당 사업연도의 손익의 분배에 관한 단일의 비율로서 동업기업의 소득의 계산 및 배분명세서를 제출할 때 관할 세무서장에게 신고한 비율(약정손익분배비율)에 따르고,[103] ② 약정손익분배비율이 없는 경우에는 출자지분의 비율에 따른다(조특법 시행령 100조의17 1항). ③ 조세회피의 우려가 있다고 인정되어 기획재정부령으로 정하는 사유가 발생하면, 해당 사유가 발생한 과세연도에 대하여는 직전 과세연도의 손익분배비율에 따른다(조특법 시행령 100조의17 2항).[104]

(4) 결손금의 배분

(가) 수동적 동업자에 대한 배분제한

동업기업의 경영에 참여하지 않고 출자만 하는 자로서 대통령령으로 정하는 동업자(수동적 동업자)[105]에 대하여는 결손금을 배분하지 않되, 해당 과세연도의 종료일부터 15년 이내에 끝나는 각 과세연도에 그 수동적 동업자에게 소득금액을 배분할 때 배분되지 않은 결손금을 그 배분대상 소득금액에서 대통령령으로 정하는 바에 따라 공제하고 배분한다

---

101) 동업자군별로 해당 군에 속하는 동업자들의 손익배분비율을 합한 비율을 말한다(조특법 100조의14 5호).
102) 거주자인 동업자가 동업기업으로부터 배분받은 소득의 수입시기는 해당 동업기업의 과세연도의 종료일이다(소득세법 시행령 50조의2).
103) 어느 동업자의 출자지분과 그와 특수관계에 있는 자인 동업자의 출자지분의 합계가 가장 큰 경우에는, 그 동업자와 특수관계자인 동업자 간에는 손익분배비율은 출자지분의 비율에 따른다(조특법 시행령 100조의17 3항).
104) 조특법 시행령 제100조의17 제2항 및 제3항에도 불구하고, 동업기업이 기관전용 사모집합투자기구인 경우로서, 정관, 약관 또는 투자계약서에서 정한 비율, 순서 등에 따라 결정된 이익의 배당률 또는 손실의 배분율을 약정손익배분비율로 신고한 때에는, 해당 비율에 따른다(조특법 시행령 100조의17 4항 1문).
105) 수동적 동업자는 다음 각 호의 어느 하나에 해당하는 동업자를 말한다(조특법 시행령 100조의18 1항).
　　1. 다음 각 목의 요건을 모두 갖춘 동업자
　　　가. 동업기업에 성명 또는 상호를 사용하게 하지 아니할 것
　　　나. 동업기업의 사업에서 발생한 채무에 대하여 무한책임을 부담하기로 약정하지 아니할 것
　　　다. 법인세법 시행령 제40조 제1항 각 호에 따른 임원 또는 이에 준하는 자가 아닐 것
　　2. 해당 동업기업이 기관전용 사모집합투자기구인 경우에는 그 유한책임사원

(조특법 100조의18 1항 단서).[106]

(나) 결손금의 배분한도

각 동업자에게 배분되는 결손금은 동업기업의 해당 과세연도의 종료일 현재 해당 동업자의 **지분가액**을 한도로 한다(조특법 100조의18 2항 전문). 동업자에게 배분된 결손금 중 해당 동업자의 지분가액을 초과하는 금액(배분한도 초과결손금)은, 해당 과세연도의 다음 과세연도 개시일 이후 15년 이내에 끝나는 각 과세연도에 이월하여, 이월된 각 과세연도에 배분하는 동업기업의 각 과세연도의 결손금이 지분가액에 미달할 때에만 그 미달하는 금액의 범위에서 추가로 배분한다(조특법 100조의18 2항 후문, 조특법 시행령 100조의18 4항).

(5) 동업자가 배분받은 소득금액 또는 결손금의 구분

동업자가 배분받은 소득금액 또는 결손금은 다음과 같이 구분된다(조특법 100조의18 3항 본문, 조특법 시행령 100조의18 6, 7항).

(가) 거주자인 동업자

거주자인 동업자가 배분받은 소득금액은 이자소득, 배당소득, 사업소득, 기타소득 및 양도소득에 대한 수입금액으로 구분되고, 결손금은 사업소득 및 양도소득에 대한 필요경비로 구분된다.

(나) 비거주자인 동업자

비거주자인 동업자가 배분받은 소득금액은 소득세법 제119조 제1항 각 호의 국내원천소득에 대한 수입금액으로 구분되고, 결손금은 국내사업장이 있는 비거주자 등에 한하여 사업소득 등의 필요경비로 구분된다.

(다) 내국법인인 동업자

내국법인인 동업자가 배분받은 소득금액은 익금으로, 배분받은 결손금은 손금으로 구분된다.

(라) 외국법인인 동업자

외국법인인 동업자가 배분받은 소득금액은 ① 국내사업장이 있는 외국법인 등의 경우에는 익금으로, ② 그 외의 외국법인의 경우에는 법인세법 제93조 제1호, 제2호, 제4호부터 제6호까지 및 제8호부터 제10호까지에 따른 각 소득에 대한 수입금액[107]으로 구분된다.

---

106) 수동적 동업자도 자기 지분의 범위 내에서 손실을 배분받을 수 있도록 하는 것이 타당하다는 견해로, 임동원, "동업기업 과세제도에 관한 연구", 한양대학교 박사논문(2014), 172쪽
107) 동업기업인 기관전용 사모집합투자기구가 자본시장법상 투자목적회사를 통하여 지급받은 소득을 수동적 동업자에게 배분하는 경우, 수동적 동업자가 배분받은 소득금액은 해당 투자목적회사가 지급받은 소득의

외국법인인 동업자가 배분받은 결손금은, 국내사업장이 있는 외국법인 등에 한하여, 손금으로 구분된다.

(마) 수동적 동업자

① 원칙 : 배당소득

수동적 동업자가 배분받은 소득금액을 원칙적으로 배당소득으로 구분된다(조특법 100조의18 3항 단서). 이는 유한책임만을 부담하는 수동적 동업자를 익명조합원 또는 주주와 같이 취급하는 것이다.[108] ㉮ 수동적 동업자인 **내국법인**이 배분받은 소득금액은, 동업기업 단계에서 과세되지 않은 것이므로, 익금불산입 대상인 수입배당금액에서 제외된다(법 18조의2 2항 4호, 시행령 17조의2 4항 2호).[109] ㉯ 수동적 동업자인 **비거주자** 또는 **외국법인**(기관전용 사모집합투자기구의 수동적 동업자인 비거주자 또는 외국법인은 제외된다[110])이 배분받은 소득금액은 국내원천 배당소득으로 본다(조특법 100조의18 3항 단서). 수동적 동업자인 외국법인이 동업기업으로부터 배분받은 소득이 국내세법상 배당소득으로 취급되는 경우, OECD 모델조약상 배당소득으로 볼 여지가 있다.[111]

② 예외

수동적 동업자가 소득을 직접 받지 않고 동업기업을 통하여 받음으로써 소득세 또는 법

소득구분에 따른다.

108) 이태로·한만수, 조세법강의(2018), 689쪽

109) 거주자인 수동적 동업자가 배분받은 소득금액도 배당(소득세법 17조 1항)으로 간주되지만(조특법 100조의18 3항), 이중과세조정을 위한 배당세액공제의 대상에서 제외된다(소득세법 17조 3항 4호, 소득세법 시행령 27조의3 1항 1호).

110) ① 우리나라가 체결한 조세조약 중 상당수는 외국법인의 주식양도소득에 관하여 그 외국법인의 거주지국에만 과세권이 있는 것으로 규정하므로, 그러한 국가의 거주자인 외국법인이 직접 주식을 취득하여 양도하였다면 그 주식양도소득은 우리나라에서 과세되지 않을 수 있다. 그런데 외국법인이 동업기업 과세특례를 적용받는 기관전용 사모집합투자기구에 수동적 동업자로 참여하여, 그 사모집합투자기구의 주식양도소득을 배분받은 경우, 그 소득이 조세조약상 배당으로 취급된다면, 우리나라에서 납세의무를 부담하되, 일정한 제한세율의 혜택을 받을 수 있을 뿐이고, 외국법인은 위와 같은 형태의 투자를 꺼리게 될 것이다. ② 2013. 1. 1. 개정된 구 조특법은, 기관전용 집합투자기구의 수동적 동업자가 일정한 연금·기금 등인 경우, 그에 대한 소득배분금액을 배당간주대상에서 제외하였다(구 조특법 100조의18 3항 단서의 괄호 안). 그 입법취지는, 위와 같은 연금·기금 등이 일률적으로 조세조약상 배당소득으로 과세되지 않고 그 소득원천에 따라 주식양도소득 등으로 처리되도록 하기 위한 것이었다. 국세청(2013), 개정세법해설, 444쪽 ③ 이에 대하여 기관전용(경영참여형) 사모집합투자기구의 유한책임사원인 비거주자가 배분받은 소득에 관하여 집합투자기구 단계의 소득구분을 승계하는 것이 타당하다는 견해가 있었다[이준봉, "현행 동업기업 과세특례상 비거주자 과세의 개선방안에 관한 연구 – 경영참여형 사모집합투자기구 유한책임사원 단계의 소득구분을 중심으로 –", 조세학술논집 제36집 제2호(2020), 77쪽 이하]. ④ 2022. 12. 31. 개정된 조특법은, 기관전용 사모집합투자기구의 수동적 동업자인 모든 비거주자 또는 외국법인을, 소득배분금액이 배당소득으로 간주되는 대상에서 제외하였다.

111) 상세한 것은 제5편 제3장 4 – 2 – 1. (3) (마) 참조

인세를 부당하게 감소시킨 것으로 인정될 때에는, 동업기업이 받는 소득을 기준으로 소득세법 제119조 또는 법인세법 제93조의 소득구분에 따른다(조특법 100조의24 3항 단서).

(6) 세액공제액 등의 배분

동업기업과 관련된 다음 각 금액은 각 과세연도의 종료일에 동업자 간의 손익분배비율에 따라 동업자에게 배분한다(조특법 100조의18 4항 본문). 다만, 아래 ④의 금액은 내국법인 및 외국법인인 동업자에게만 배분한다(조특법 100조의18 4항 단서).

① 법인세법 및 조특법에 따른 세액공제 및 세액감면금액

② 동업기업에서 발생한 소득에 대하여 법인세법에 따라 원천징수된 세액

③ 법인세법 제75조 및 제75조의2부터 제75조의9까지에 따른 가산세 및 조특법 제100조의25에 따른 가산세

④ 토지 등 양도소득에 대한 법인세

동업자가 위와 같은 배분받은 금액 중 위 ①의 세액공제 및 세액감면금액은 해당 동업자의 소득세 또는 법인세('소득세 등')의 산출세액에서 공제하고, 위 ②의 금액(원천징수세액)은 소득세 등의 기납부세액으로 공제하며,[112] 위 ③의 가산세, ④의 토지 등 양도소득에 대한 법인세[113]의 금액은 해당 동업자의 소득세 또는 법인세의 산출세액에 합산한다(조특법 100조의18 5항 본문, 조특법 시행령 100조의19 2항).

(7) 동업기업의 소득에 대한 원천징수

법인인 동업기업에 원천징수대상 소득을 지급하는 자는 원천징수의무가 있다(법 73조 1항). 법인이 아닌 동업기업도 원천징수에 관하여 하나의 내국법인[114]으로 간주되므로(조특법 100조의26, 조특법 시행령 100조의27 5호), 법인이 아닌 동업기업에 법인세법상 원천징수대상 소득을 지급하는 자는 원천징수의무가 있다.

---

112) 다만, 다음의 어느 하나에 해당하는 경우에는, 동업기업이 조특법 제100조의24 또는 소득세법 제127조에 따라 해당 동업자가 배분받은 소득에 대한 소득세 또는 법인세를 원천징수할 때 해당 세액에서 공제하되, 해당 세액을 초과하는 금액은 없는 것으로 본다(조특법 시행령 100조의19 2항 2호 단서).
　① 거주자·비거주자·외국법인인 수동적 동업자의 경우
　② 거주자인 동업자(수동적 동업자는 제외한다)로서 배분받은 소득이 조특법 시행령 제100조의18 제6항 제1호에 따라 소득세법 제16조, 제17조 또는 제21조의 소득에 대한 수입금액으로 구분되는 경우

113) 이 경우 토지 등 양도소득에 대한 법인세에 상당하는 세액은, 동업기업을 하나의 내국법인으로 보아 산출한 금액에 내국법인 및 외국법인인 동업자의 손익배분비율의 합계를 곱한 금액으로 한다(조특법 시행령 100조의19 2항 4호 단서).

114) 조특법 제100조의15 제1항 제5호의 동업기업의 경우에는 외국법인

(8) 동업기업 소득의 계산 및 배분명세 신고

동업기업은, 각 과세연도의 종료일이 속하는 달의 말일부터 3개월이 되는 날이 속하는 달의 15일까지 대통령령으로 정하는 바에 따라 해당 과세연도의 소득의 계산 및 배분명세를 관할 세무서장에게 신고하여야 한다(조특법 100조의23 1항).[115] 각 과세연도의 소득금액이 없거나 결손금이 있는 동업기업의 경우에도 같다(조특법 100조의23 2항).

(9) 외국법인 등인 동업자에 대한 원천징수와 과세표준확정신고

(가) 원천징수

동업기업은, 비거주자 또는 외국법인인 동업자에게 배분된 소득에 대하여, 다음 각 세율을 적용하여 계산한 금액에 상당하는 소득세 또는 법인세를 징수하여, 동업기업의 소득의 계산 및 배분명세 신고기한[116]까지 관할 세무서장에게 납부하여야 한다(조특법 100조의24 1항).

① 수동적 동업자 : 20%[소득세법 156조 1항 2호(배당소득), 법 98조 1항 2호(배당소득)]. 다만, 수동적 동업자가 분배받은 소득의 구분이, 동업기업이 받는 소득을 기준으로 소득세법 제119조 또는 법인세법 제93조의 소득구분에 따르는 경우(조특법 100조의24 3항 단서),[117] 소득세법 제156조 제1항 각 호 및 법인세법 제98조 제1항 각 호에 따른 세율
② 수동적 동업자 외의 동업자 : 비거주자인 경우 소득세법 제55조의 세율 중 최고세율, 외국법인인 경우 법인세법 제55조의 세율 중 최고세율

(나) 과세표준확정신고

수동적 동업자 외의 동업자인 비거주자 및 외국법인은, 비거주자에 관한 소득세법 규정을 준용하여 소득세의 과세표준확정신고를 하거나, 외국법인에 관한 법인세법 규정을 준용하여 법인세의 과세표준신고를 하여야 한다(조특법 100조의24 4항 본문).[118]

(10) 법인이 아닌 동업기업에 대한 법인세법 등의 준용

법인이 아닌 동업기업의 경우, 과세연도, 납세지, 사업자등록, 세액공제, 세액감면, 원천

---

115) 미국 세법도 파트너십을 납세의무자로 보지 않으면서도(IRC § 701) 파트너십에게 파트너십에서 발생한 소득의 신고의무를 부과한다[IRC § 6031(a)].
116) 신고하지 않은 금액을 분배하는 경우에는 해당 분배일이 속하는 달의 다음 달 10일과 위 신고기한 중 빠른 날
117) 수동적 동업자가 소득을 직접 받지 않고 동업기업을 통하여 받음으로써 소득세 또는 법인세를 부당하게 감소시킨 것으로 인정될 때
118) 다만, 동업기업이 비거주자 또는 외국법인인 동업자에게 배분된 소득에 대한 소득세 또는 법인세를 원천징수하여 납부한 경우에는, 비거주자 또는 외국법인은 과세표준확정신고 또는 과세표준신고를 하지 않을 수 있다(조특법 100조의24 4항 단서).

징수, 가산세, 토지 등 양도소득에 대한 법인세 등 대통령령으로 정하는 사항에 대해서는 그 동업기업을 하나의 내국법인(조특법 제100조의15 제1항 제5호의 동업기업의 경우에는 외국법인)으로 보아 법인세법과 조특법의 해당 규정을 준용한다(조특법 100조의26 4항).

2-3-3. 동업자의 지분가액 및 그 조정

(1) 최초의 지분가액

동업자의 최초 지분가액[119]은, 동업기업 과세특례를 적용받는 최초 과세연도의 직전 과세연도의 종료일(기업의 설립일이 속하는 과세연도부터 적용받는 경우에는 그 과세연도의 개시일) 현재의 동업기업의 출자총액에 해당 동업자의 출자비율을 곱하여 계산한 금액이다(조특법 시행령 100조의21 1항).

(2) 동업기업에 대한 출자

(가) 자산의 출자

동업자가 동업기업에 자산을 현물출자한 경우, 동업자의 지분가액은 출자일 현재의 자산의 시가만큼 증액조정된다(조특법 시행령 100조의21 2항 1호). 따라서 동업자가 현물출자한 자산의 취득가액과 그로 인한 지분가액 증액분(시가)의 차액은 양도소득으로 과세되어야 한다. 이는 동업자의 현물출자에 관하여 전부양도설을 채택한 것이다.

(나) 노무의 출자

동업자가 동업기업에 향후 노무를 출자하기로 하면서 그 대가로 동업기업 지분을 받는 경우 다음과 같이 처리되어야 할 것이다. ① 노무출자 동업자는 일반적으로 동업기업 지분을 받는 시점에 이를 시가로 평가하여 소득으로 인식하여야 할 것이다.[120] ② 노무출자

---

119) 동업기업의 지분가액은, 동업자가 보유하는 동업기업 지분의 세무상 장부가액으로서, 동업기업 지분의 양도 또는 동업기업 자산의 분배 시 과세소득의 계산 등의 기초가 되는 가액을 말한다(조특법 100조의14 7호).
120) ① 법인인 동업자가 장차 동업기업에 제공할 용역의 대가로 동업기업 지분을 받는 경우, 그것이 익금으로 귀속되는 시기에 관하여 인도·완료기준을 적용하기 곤란하므로, 법인세법 제40조의 일반원칙에 따라 익금으로 확정되는 사업연도에 귀속되어야 한다[제1장 제4절 3-2-2. (2) (다) 참조]. ② 노무출자 동업자가 받은 동업지분이 언제 익금으로 확정되는지는 일률적으로 말하기 어렵고, 개별적인 노무출자계약의 내용을 고려하여 판단하여야 한다. ③ 노무출자 계약에서 지분을 부여받는 조건으로 노무출자 외에 일정한 성과의 달성을 추가적 조건으로 붙였거나 그 계약 당시 노무의 계속적 제공이 불확실하다는 등의 특별한 사정이 없는 한, 노무출자계약에 따라 해당 동업자가 동업기업의 지분을 취득하는 시점에 그 시가 상당의 익금(시행령 72조 2항 7호)이 확정되었다고 보고, 이후 동업자가 노무의 제공을 중단하는 등으로 동업기업 지분을 상실한 경우에는, 후발적 경정청구(국세기본법 45조의2 2항)로 처리하는 것이 적절할 것이다. 이는 개인인 동업자의 경우에도 마찬가지이다(소득세법 39조, 소득세법 시행령 89조 1항 3호). ; 이준규·이상도, 동업기업 과세특례(2018), 102쪽도 같은 견해로 보인다. ; 이와 달리 이태로·한만수, 조세법강의(2018), 687쪽은, 동업자가 노무출자로 취득하는 동업기업 재산에 관한 합유지분은, 출자약정에

동업자에게 지분을 이전한 다른 동업자들은 그 지분의 양도에 대한 납세의무를 부담할 뿐(조특법 100조의21 1항), 동업기업의 재산에 관한 양도소득을 인식할 필요는 없을 것이다.[121] ③ 동업기업이 노무출자 동업자에게 부여한 동업기업 지분의 가액에 상당하는 비용은, 그 지분이 이전된 과세연도에 노무출자 동업자를 제외한 나머지 동업자들에 대해서만 배분하는 것이 적절하다.[122]

(3) 소득금액 또는 결손금의 배분

동업자가 동업기업으로부터 ① 소득금액을 배분받는 경우, 그 소득금액만큼 지분가액은 증액조정되고(조특법 시행령 100조의21 2항 3호), ② 결손금을 배분받는 경우, 그 결손금의 금액만큼 지분가액은 감액조정된다(조특법 시행령 100조의21 1항).

(4) 자산의 분배

(가) 지분가액의 감액

동업자가 동업기업으로부터 자산을 분배받는 경우에는, 분배일 현재의 자산의 시가만큼 지분가액은 감액조정된다(조특법 시행령 100조의21 3항 1호). 여기서 분배는, 동업기업의 자산이 동업자에게 실제로 이전되는 것을 말한다(조특법 100조의14 8호).

(나) 자산분배액이 지분가액을 초과하거나 지분가액에 미달하는 경우

동업자가 분배받은 자산의 시가가 분배일의 해당 동업자의 지분가액을 초과하는 경우, 분배받은 자산의 시가 중 ① 지분가액 상당액은 해당 동업자의 출자금액 또는 이미 과세된 금액을 환급받는 것이므로 해당 동업자의 익금에 산입되지 않고(조특법 100조의22 3항), ② 지분가액을 초과하는 금액은 해당 동업자의 배당소득으로 본다(조특법 100조의22 1항).[123] 위 배당소득은 동업기업 단계에서 과세되지 않은 금액이므로, 이중과세조정의 대상이 아니다(시행령 17조의2 4항 2호, 소득세법 시행령 27조의3 1항 1호).

동업기업이 해산에 따른 청산분할, 합병 등으로 소멸하거나 동업자가 동업기업을 탈퇴하는 경우, 동업자가 동업기업으로부터 분배받은 자산의 시가가 분배일의 해당 동업자의 지분가액에 미달하면, 그 미달하는 금액을 자산의 양도손실로 본다(조특법 100조의22 2항, 조

따라 출자하는 때가 아니라, 동업기업으로부터의 탈퇴나 동업기업의 해산에 따라 합유지분의 가액을 상환받는 때 그 상환금액에 대하여 과세함이 타당하다고 본다.

121) 이준규·이상도, 앞의 책, 119쪽 ; 이와 달리 안종석, 앞의 책, 26쪽은, 동업기업의 재산 중 노무출자 동업자가 받은 동업기업 지분에 상당하는 부분을 다른 동업자들이 노무출자 동업자에게 양도하였다가 다시 현물출자받은 것으로 처리하여야 한다고 본다.

122) 이준규·이상도, 앞의 책, 108쪽

123) 거주자인 동업자가 분배받은 자산의 시가 중 분배일의 지분가액을 초과하여 발생하는 소득의 수입시기는 그 분배일이다(소득세법 시행령 50조의2 2항).

특법 시행령 100조의23).[124]

(5) 지분의 양도·양수와 상속·증여

(가) 동업기업 지분의 양도 등

① 지분가액의 감액

동업자가 동업기업의 지분을 양도하거나 상속·증여하는 경우, 지분의 양도일 또는 상속·증여일 현재의 해당 지분의 지분가액만큼 지분가액은 감액조정된다(조특법 시행령 100조의21 3항 2호).

② 지분의 양도소득에 대한 과세

동업자가 동업기업의 지분을 타인에게 양도하는 경우, 그 지분의 양도소득에 대해서는 ㉮ 동업자가 거주자인 경우, 주식 등(소득세법 87조의2 1호) 또는 기타자산(소득세법 94조 1항 4호 다목)을 양도한 것으로 보고, ㉯ 동업자가 비거주자 또는 외국법인인 경우, 부동산주식 등 또는 국내원천 유가증권양도소득의 대상인 주식 등을 양도한 것으로 보아 소득세법에 따른 양도소득세, 금융투자소득세 또는 법인세를 부과한다(조특법 100조의21 1항).[125][126] 이때 지분의 양도소득은 양도일 현재의 해당 지분의 지분가액을 취득가액으로 보아 계산한다(조특법 시행령 100조의22).

(나) 동업기업 지분의 매입 등

동업자가 기존 동업자로부터 동업기업의 지분을 매입하는 경우에는 그 매입가액만큼, 동업기업의 지분을 상속·증여받은 경우에는 상속·증여일 현재의 지분의 시가만큼 지분가액은 증액조정된다(조특법 시행령 100조의21 2항 1, 2호).

> **동업기업의 과세연도 중에 동업기업의 지분이 양도된 경우의 처리**
>
> ① 동업자의 지분의 양도소득은 양도일 현재의 지분의 가액을 취득가액으로 보아 계산하고(조특법 시행령 100조의22), 손익의 배분 및 지분가액의 조정은 그 이후인 동업기업의 과세연도 종료일에 이루어진다(조특법 100조의18, 조특법 시행령 100조의21). 이에 따르면, 동업기업의 과세연도 중에 동업자가 동업기업에서 탈퇴하고 그 대가로 동업기업의 자산을 분배받은 경우, 동업자의 지분 양도소득을 계산할 때, 위 자산의 양도와 관련한 동업기업의 손익의 배분 및 지분가액의 조정은

---

124) 동업자가 분배받은 자산의 가액이 지분가액을 초과하는 금액은 배당으로 보면서, 지분가액에 미달하는 금액은 양도손실로 보는 것에 대하여 일관성이 결여되어 있다고 보는 견해로, 이태로·한만수, 조세법강의(2018), 701쪽

125) 조특법 제100조의21 제1항 중 금융투자소득세에 관한 부분은 2023. 1. 1.부터 시행된다.

126) 동업자인 내국법인이 동업기업의 지분을 타인에게 양도한 경우에는 법인세법에 따라 그 양도가액과 취득가액이 그 법인의 익금과 손금에 각각 산입될 것이다.

고려되지 않는다.

② 한편, 과세연도 중 동업자가 탈퇴하여 손익배분비율이 변경되면 변경 이전과 이후 기간별로 산출한 동업자군별 배분대상 소득금액 또는 결손금을 각각의 해당 손익배분비율에 따라 계산한다(조특법 100조의18 6항, 조특법 시행령 100조의17 5항). 위 규정과 관련하여 손익배분비율의 변경, 즉 동업자의 탈퇴(지분의 양도) 전에 발생한 배분대상 소득금액 등을 어떻게 처리하여야 하는지 다소 불분명하지만, 지분양도시점까지 발생한 배분대상 소득금액 등은 동업기업의 과세연도 종료일에 지분을 양도한 동업자에게 배분된다고 해석하는 것이 합리적이다.[127]

③ 위 ①, ②를 종합하면 동업자가 지분을 양도한 시점까지 발생한 배분대상 소득금액(탈퇴의 대가로 받은 자산에 관한 양도손익 포함) 또는 결손금은, 지분의 양도 시를 기준으로 한 지분양도소득의 계산에는 고려되지 않지만, 그 이후 동업기업의 과세연도 종료일에 해당 동업자에게 배분될 것이다. 다만, 그 결과 위 배분대상 소득금액 등의 배분액의 소득구분이 달라질 수 있다.

④ 미국 세법은 파트너가 보유하는 파트너십 지분 전부를 양도하는 경우 파트너십의 과세연도는 그 파트너에 관하여는 종료한다고 규정하므로[미국 재무부 규칙 § 1.706-1(c)(2)], 위 과세연도에 실현된 파트너십의 손익 중 지분을 양도한 파트너의 지분율에 해당하는 부분이 지분을 양도한 파트너에게 배분되어 그 지분가액이 조정된다. 그러나 조특법에는 위와 같은 규정이 없다.[128]

 ## 동업자의 지분가액과 동업기업의 자산가액의 관계

동업자의 지분가액(outside basis)과 동업기업의 소득계산상 자산가액(inside basis)은 다음의 경우 불일치할 수 있다.[129]

① 동업자가 동업기업 지분을 양도하거나 증여하는 경우
② 동업자에게 배분된 결손금 중 해당 동업자의 지분가액을 초과하는 금액이 10년이 경과할 때까지 그 지분가액에서 감액조정되지 못하는 경우
③ 동업기업이 동업자에게 배분하는 자산의 시가가 해당 동업자의 지분가액을 초과한 경우

동업기업의 자산에 관하여 미실현이익이 발생한 상태에서 동업자가 동업기업 지분을 양도한 경우, 지분 양수자의 지분가액을 반영한 지분가액의 합계와 동업기업의 자산가액이 불일치하게 되는데, 이를 조정하지 않으면 지분을 양도한 동업자에게 양도소득세가 과세된 소득에 대하여 지분을 양수한 동업자에게 다시 과세하게 되는 문제점이 있다.[130]

---

127) 이준규·이상도, 앞의 책, 224쪽
128) 이준규·이상도, 앞의 책, 232쪽은, 우리나라 세법에서도 동업기업 지분 전부를 양도하는 동업자에 대해서만 동업기업 지분의 양도 시 동업기업의 사업연도가 종료하는 것으로 의제하는 것을 검토할 수 있다고 한다.
129) 이준규·이상도, 앞의 책, 167쪽
130) 이준규·이상도, 앞의 책, 165쪽 ; 반대로 동업기업의 자산에 미실현손실이 발생한 상태에서 동업자가 지분을 양도한 경우에는, 동업기업 지분을 양도한 동업자와 이를 양수한 동업자에게 모두 위 손실의 공제를 허용하게 되는 문제점이 있다. 이준규·이상도, 앞의 책, 166쪽

신탁과 집합투자기구

1 간접투자의 방법

법인은 자금을 직접 운용하여 투자함으로써 이익을 얻을 수 있지만, 일정한 투자기구 (vehicle)를 통하여 간접적으로 투자할 경우 더 큰 이익이나 효용을 얻을 수도 있다. 대표적인 예로, 법인이 자신의 자금과 다른 투자자들의 자금을 합쳐서 투자기구를 설립하고 여러 가지 자산에 분산투자하여 자산의 조합(portfolio)을 구성할 경우, 자신의 자금만으로 한 가지 자산에 투자할 경우에 비하여, 동일한 기대수익률을 얻으면서도 위험을 낮출 수 있다. 간접투자 중에서 위와 같이 다수인의 자금을 모아서 하는 투자를 집합투자(collective investment)라고 한다. 자본시장법은 그러한 집합투자기구(collective investment vehicle) 를 법적 형식에 따라 신탁, 회사, 조합의 세 가지로 구분하여 규정한다.

납세자가 집합투자기구를 통한 간접투자로 얻은 소득이 직접 투자하여 얻은 것보다 더 무겁게 과세된다면 납세자는 간접투자를 꺼릴 것이다. 그리고 간접투자의 방식들 사이에 조세부담의 차이가 있다면 조세가 투자방식의 선택에 영향을 미치게 된다. 따라서 직접투자와 간접투자 사이뿐만 아니라 간접투자를 위한 집합투자기구들 사이에도 조세부담의 차이가 발생하지 않거나 크지 않게 함으로써 가급적 조세의 중립성이 유지되도록 할 필요가 있다.

2 신탁소득의 과세

2-1. 신탁과세의 일반론

2-1-1. 신탁의 의의와 성질

신탁(信託. trust)은, 위탁자가 신탁재산을 수탁자에게 이전하는 등의 방법으로 자신의 다른 재산 및 수탁자의 고유재산으로부터 독립한 지위에 있게 한 후 수익자에 대한 급부 등 신탁목적에 사용되도록 하는 법률관계를 말한다(신탁법 2조).[131]

신탁에 따라 신탁재산은 위탁자로부터 수탁자에게 이전되지만, 수탁자의 고유재산과 구별된다. 신탁재산은 위탁자의 재산과 수탁자의 고유재산으로부터 분리되므로(독립성), 위탁자 또는 수탁자의 일반채권자가 이에 대하여 강제집행을 할 수 없고(신탁법 22조 1항 본문),[132] 위탁자 또는 수탁자가 파산하는 경우 파산재단을 구성하지 않는다(신탁법 24조).[133]

신탁은 회사 또는 재단법인과 유사한 기능을 하지만, 회사와 재단법인의 경우 그 법률관계의 상당한 부분이 강행규정으로 정해져 있음에 비하여, 신탁은 위탁자에 의하여 결정될 수 있는 범위가 상대적으로 넓기 때문에 더 유연한 제도이다. 한편, 자본시장법은 신탁법의 특칙으로서 투자신탁의 법률관계 중 상당한 부분을 강행법적으로 규정한다.[134]

2-1-2. 신탁세제의 개요

(1) 신탁도관설과 신탁실체설

신탁에서 생기는 소득을 과세하는 방법에는 크게 두 가지가 있다.[135]

신탁도관설은, 신탁재산을 독립한 과세단위로 보지 않기 때문에 신탁의 소득이 수익자 또는 위탁자에게 귀속하는 것으로 처리한다. 따라서 ① 수익자 등이 받는 신탁소득의 유형은 신탁 단계에서 생기는 소득의 종류에 따라 정해지고, ② 수익자 등이 받는 신탁소득의 귀속시점은 신탁재산에 소득이 귀속되는 시점이 되며, ③ 수탁자에게 신탁재산에 관한 소득을 지급하는 자는, 그 소득의 귀속자인 수익자 등을 원천징수의무자로 삼아 원천징수를

---

131) 신탁의 징표로는, ① 독립하지만 법인격을 갖지 않는 신탁재산이 존재하고, 그 귀속주체는 수탁자이며, ② 수탁자는 위탁자의 의사나 법률이 정한 범위에서 신탁목적을 달성하기 위한 행위를 할 권능을 가지고 의무를 부담하며, ③ 수익자는 그에 상응하는 권리는 가지는 것을 들 수 있다. 최수정, 신탁법, 박영사 (2016), 3쪽

132) 다만, 신탁 전의 원인으로 발생한 권리 또는 신탁사무의 처리상 발생한 권리에 기한 경우에는 예외적으로 신탁재산에 대한 강제집행 등을 할 수 있다. 신탁법 제21조 제1항 단서에서 예외적으로 신탁재산에 대하여 강제집행 또는 경매할 수 있다고 규정한 '신탁사무의 처리상 발생한 권리'에는 수탁자를 채무자로 하는 것만이 포함되며, 위탁자를 채무자로 하는 것은 포함되지 않는다(대법원 2012. 4. 12. 선고 2010두 4612 판결).

133) 대법원 2001. 7. 13. 선고 2001다9267 판결. 이를 도산격리(bankruptcy remote)라고 부른다.

134) 신탁의 유연성은 개개의 신탁마다 그 계약조항 및 법률효과를 검토하여야 하는 결과에 이를 수 있으므로, 회사 제도에 비하여 거래비용을 높이고 투자수단으로서의 안정성을 떨어뜨리는 측면이 있다. 자본시장법 상이 투자신탁을 강행법적으로 규율하는 것은, 당사자의 자유로운 법률관계 형성을 제한하지만, 한편으로 투자신탁의 법적 안정성을 높이고 거래비용을 낮추는 기능도 한다.

135) 아래의 신탁도관설과 신탁실체설의 비교에 관하여는 김재진·홍용식, 신탁과세제도의 합리화방안, 한국 조세연구원(1998. 7.), 100~106쪽 및 이중교, 신탁법상의 신탁에 관한 과세상 논점, 법조 제639호(2009. 12.), 327~332쪽

하여야 한다.

신탁실체설은, 신탁재산 자체를 독립한 과세단위로 본다. 이에 의하면, ① 수익자가 받는 신탁소득의 유형은, 신탁재산의 관리·처분과정에서 생기는 개개 소득의 종류와 관계없이, 신탁재산으로부터 분배받는 소득으로 정해지고(소득유형의 전환), ② 수익자가 받는 신탁소득의 귀속시점은, 수익자가 수탁자로부터 신탁소득을 분배받는 시점이 되며, ③ 신탁재산에 귀속하는 소득에 관한 원천징수의무자는 그 소득을 신탁재산에 지급하는 자가 되고, 수탁자는 수익자에게 신탁의 소득을 지급할 때 원천징수를 하여야 한다.

신탁세제가 신탁도관설과 신탁실체설 중 어느 것을 어떤 경우에 채택할 것인지는, 신탁의 경제적 실질, 소득귀속자의 협력의무 이행가능성 및 다른 투자수단과의 조세 중립성 등을 종합하여 결정되어야 한다.[136]

(2) 신탁세제의 개요

세법은, ① 원칙적으로 신탁을 독립적인 과세단위로 인정하지 않고(신탁도관설), 신탁의 소득이 수익자에게 귀속하는 것으로 보면서(법 5조 1항, 소득세법 2조의3 1항), 일정한 투자신탁의 경우 그로부터의 이익을 배당으로 과세하고(소득세법 17조 1항 5호)[137] 소득의 귀속 및 원천징수의 시기를 수익자가 신탁의 이익을 지급받는 시점으로 정함으로써 부분적으로 신탁실체설을 가미한다. ② 수익자가 존재하지 않거나 위탁자가 신탁재산을 실질적으로 지배·통제하는 경우에는, 위탁자에게 신탁의 소득이 귀속된 것으로 취급된다(법 5조 3항, 소득세법 2조의3 2항). ③ 신탁재산이 법인과 유사한 실체를 갖는 경우, 수탁자의 선택에 따라 신탁재산 자체가 독립한 납세의무자로 취급될 수 있다(법 5조 2항).

2-2. 수익자과세신탁

2-2-1. 일반적인 수익자과세신탁

(1) 신탁의 설정 단계 : 신탁재산의 이전

위탁자가 **자익신탁**의 설정을 위하여 수탁자에게 신탁재산을 이전한 경우, 신탁재산을 '타인에게 유상으로 사실상 이전'한 것으로 보기 어려우므로,[138] 일반적으로 양도소득세

---

136) 송동진, 신탁과 세법(2021), 128~129쪽
137) 2023. 1. 1.부터는 적격투자신탁으로부터 금융투자소득에 해당하지 않는 금액을 분배받은 금액만이 배당소득으로 과세된다.
138) 일반적 수익자과세신탁에서 수탁자는 세법상 신탁재산의 소유자로 취급되지 않고 무시되므로, 자익신탁의 경우 위탁자가 신탁재산을 세법상 양도할 수 있는 상대방, 즉 위탁자와 별개로 그 신탁재산을 세법상 소유할 수 있는 자는 존재하지 않는다. 따라서 위탁자가 자익신탁을 설정한 경우, 신탁재산을 타인에게

과세대상인 '양도'(소득세법 88조 1호)에 해당하지 않는다.[139)140)] 그리고 자익신탁의 종료에 따라 수탁자가 수익자인 위탁자에게 신탁재산을 이전하는 것도 양도로 보기 어렵다.

위탁자가 타인을 수익자로 하는 **타익신탁**을 설정하면서 그 타인으로부터 대가를 받은 경우, 양도소득세 과세대상인 양도에 해당할 수 있다. 다만, 위탁자가 신탁의 해지권 또는 수익자의 변경권을 가지는 등 신탁재산을 실질적으로 지배·소유하는 경우에는, 양도로 보지 않는다(소득세법 88조 1호 다목).

(2) 신탁의 운용단계 : 신탁소득의 발생

(가) 소득의 귀속자 : 수익자

신탁재산에 귀속되는 소득에 대해서는, 그 신탁의 이익을 받을 수익자가 그 신탁재산을 가진 것으로 보고 법인세법을 적용한다(법 5조 1항).[141)] 신탁재산에 귀속되는 소득은, 그 신탁의 수익자(수익자가 사망하는 경우에는 그 상속인)에게 귀속되는 것으로 본다(소득세법 2조의2 6항). 주식에 관한 신탁의 수익자인 법인이 그 주식의 발행법인으로부터 배당금을 지급받은 경우, 수입배당금액의 익금불산입 규정을 적용받을 수 있다.[142)]

자본시장법의 적용을 받는 법인의 신탁재산(보험회사의 특별계정은 제외한다)에 귀속되는 수입과 지출은, 그 법인에 귀속되는 수입과 지출로 보지 않는다(법 5조 4항). 자본시장법의 적용을 받는 법인(수탁자)은, 각 사업연도의 소득금액을 계산할 때, 신탁재산에 귀속되는 소득과 그 밖의 소득(고유재산에 귀속되는 소득)을 각각 다른 회계로 구분하여 기록하여야 한다(법 113조 2항).

(나) 소득의 구분

일반적인 수익자과세신탁의 이익은, 신탁재산에서 발생하는 소득의 내용별로 구분된다(소득세법 4조 2항).[143)]

사실상 이전한 것으로 보기 어렵다. 그리고 자익신탁의 수익권을, 위탁자가 거래상대방으로부터 신탁설정의 대가를 받은 것(유상)으로 보기도 어렵다.

139) 이중교, 앞의 글, 339쪽 ; 행정해석도 같은 취지이다. 재산세과-1963, 2008. 7. 28.

140) 다만, 자익신탁이 공동사업을 위한 출자의 수단인 때에는, 신탁재산의 이전은 공동사업에 대한 현물출자의 성격을 가지므로, 양도소득세 과세대상인 양도에 해당할 수 있다. 재산세과-1963, 2008. 7. 28.

141) 다만, 수익자가 신탁재산을 세법상 자산으로 인식할 수 있는 요건이 충족되지 않은 경우에는, 신탁재산에서 생긴 소득이 직접 수익자에게 귀속하는 것이 아니라, 그 소득이 일단 위탁자 또는 수탁자에게 귀속하였다가 수익자에게 이전되는 것으로 볼 여지가 있다. 송동진, 신탁과 세법(2021), 158~160쪽

142) 서울행정법원 2020. 1. 23. 선고 2019구합57350 판결, 서울고등법원 2020. 10. 23. 선고 2020누34843 판결(항소기각), 대법원 2021. 2. 25. 선고 2020두53938 판결(심리불속행)

143) 특정금전신탁(자본시장법 103조 1호)으로서 소득세법 제4조 제2항을 적용받는 신탁은, 소득세법 시행령 제26조의2 제6항을 준용하여 신탁의 이익을 계산한다(소득세법 시행령 4조의2 3항).

(다) 소득의 귀속시기

신탁재산에서 생기는 소득의 귀속시기는, 원칙적으로 '신탁재산으로 인한 소득이 신탁재산에 귀속된 때'이고, 소득이 수익자인 법인 또는 개인에게 지급된 때가 아니다. 다만, 자본시장법에 따른 신탁업자가 운용하는 신탁재산(투자신탁재산은 제외한다)에 귀속되는 원천징수대상 소득금액의 귀속사업연도는, 법인세법 시행령 제111조 제6항의 원천징수일(소득세법 시행령 190조 각 호에 따른 날)이 속하는 사업연도로 한다(시행령 70조 5항).

(라) 원천징수

수익자과세신탁의 신탁재산에 속하는 소득을 지급하는 자는, 수익자를 원천징수대상자로 하여 법인세 또는 소득세의 원천징수의무가 있다(법 73조 1항, 소득세법 127조 1항). 다만, 자본시장법에 따른 신탁업자가 신탁재산을 운용하거나 보관·관리하는 경우, 그 신탁업자와 그 신탁재산에 귀속되는 원천징수대상 소득을 지급하는 자 간에 원천징수의무의 대리 또는 위임의 관계가 있는 것으로 본다(소득세법 127조 4항, 시행령 111조 7항).[144]

2-2-2. 투자신탁

(1) 개요

자본시장법상 집합투자기구인 투자신탁에는 다수의 수익자가 존재하므로, 일반적 수익자과세신탁의 규정을 그대로 적용하기 어려운 면이 있다. 이러한 점을 고려하여 ① 2020. 12. 29. 개정되기 전의 소득세법은, 투자신탁에 관하여 기본적으로 신탁도관설을 채택하여 투자신탁 자체에 대하여 법인세를 과세하지 않는 한편, 부분적으로 신탁실체설을 가미하여 수익자가 투자신탁으로부터 분배받는 금액과 집합투자증권의 양도차익을 모두 배당소득으로 취급하였다. 이후 ② 2020. 12. 29. 개정된 소득세법과 조특법은 ㉮ 적격투자신탁으로부터의 이익 중 금융투자소득이 배분된 것은 수익자의 금융투자소득으로, 그 외의 부분은 배당소득으로 과세하는 한편, ㉯ 비적격투자신탁의 소득에 대하여는 신탁실체설에 따라 신탁재산 자체를 법인세 납부의무자로 규정하였다. ③ 위 개정된 소득세법 등이 시행되기 전에 2022. 12. 31. 재차 개정된 소득세법은, 투자신탁으로부터의 이익을 원칙적으로 모두 배당소득으로 과세하는 것으로 변경되었고, 관련 규정들은 2025. 1. 1.부터 시행된다. 이하의 내용은 2025. 1. 1.부터 시행되는 소득세법과 조특법을 기준으로 한 것이다.

---

144) 특정금전신탁 등의 경우, 원천징수의무자가 이자소득 또는 배당소득을 지급할 때 소득세를 원천징수하는 것이 아니라('제130조에도 불구하고'), 원천징수를 대리하거나 위임을 받은 자가, 이자소득 또는 배당소득이 신탁에 귀속된 날부터 3개월 이내의 특정일(동일 귀속연도 이내로 한정한다)에 소득세를 원천징수하여야 한다(소득세법 155조의2). 신탁업자가 운용하는 신탁재산에 귀속되는 소득금액은, 소득세법 제155조의2에 따른 특정일에 지급하는 것으로 보아 원천징수한다(시행령 111조 6항 단서).

(2) 적격투자신탁과 비적격투자신탁

(가) 적격투자신탁

적격투자신탁은 다음의 요건을 모두 갖춘 투자신탁을 말한다(조특법 소득세법 시행령 150조의26 1항[145]).

① 해당 집합투자기구의 설정일부터 매년 1회 이상 결산·분배할 것[146]

② 금전으로 위탁받아 금전으로 환급할 것[147]

③ 집합투자기구 이익금과 ①의 분배금 및 유보금 내역 등을, 기획재정부령으로 정하는 바에 따라 관할 세무서장에게 신고할 것

적격투자신탁의 신탁재산에서 발생한 소득에 대하여는 투자신탁 자체를 과세단위로 하는 법인세가 과세되지 않는다.[148]

(나) 비적격투자신탁

적격집합투자기구가 아닌 비적격투자신탁의 신탁재산은 하나의 내국법인으로 간주되고, 해당 투자신탁은 그 신탁재산에 귀속되는 소득에 대하여 법인세를 납부하여야 한다(조특법 91조의2 2항, 조특법 시행령 84조). 따라서 비적격투자신탁은 수익자과세신탁에 속하지 않고, 법인과세 신탁재산과 유사하다.[149]

비적격투자신탁이 수익자에게 배당한 금액은, 그 배당을 결의한 잉여금 처분의 대상이 되는 사업연도의 소득금액에서 공제된다(조특법 91조의2 3항, 법 75조의14 1항).

---

145) 2023. 3. 8. 현재 조특법 시행령 제84조는 2023. 2. 28. 개정되기 전의 구 소득세법 제150조의7 제2항에 따른 적격집합투자기구가 아닌 집합투자기구를 비적격집합투자기구로 규정하지만, 향후 소득세법 시행령 제150조의26 제1항의 요건을 갖추지 못한 집합투자기구가 비적격집합투자기구인 것으로 해당 규정이 정비될 것으로 보인다.

146) 다만, 집합투자규약에서 정하는 바에 따라 집합투자기구 이익금 중 금융투자소득에 해당하는 금액과 집합투자재산의 평가이익(자본시장법 238조)은 분배를 유보할 수 있고, 집합투자기구 이익금이 0보다 적은 경우에도 분배를 유보할 수 있다(소득세법 150조의26 1항 1호 단서).

147) 금전 외의 자산으로 위탁받아 환급하는 경우로서 해당 위탁가액과 환급가액이 모두 금전으로 표시된 것을 포함한다.

148) 적격투자신탁은 그 신탁재산이 별도로 납세의무를 부담하지 않는 수익자과세신탁에 속하지만, 그 요건으로 매년 1회 이상 분배할 것이 필요하므로, 법인과세 신탁재산이 소득 전부를 배당하여 소득공제를 받음으로써 과세되지 않는 경우와 유사하다.

149) 비적격투자신탁은, ① 법인으로 취급되는지 여부가 수탁자의 선택에 따라 정해지는 것이 아니고, ② 집합투자업자(위탁자)가 법인세의 신고·납부를 담당하는 점에서, 법인과세 신탁재산과 구별된다.

(가) 집합투자기구인 투자신탁으로부터의 이익 : 배당소득

① 배당소득과세의 요건 : 집합투자기구로부터의 이익

다음에 해당하는 투자신탁으로부터의 이익은 '집합투자기구로부터의 이익'으로서 거주자의 배당소득으로 과세된다(소득세법 17조 1항 5호, 소득세법 시행령 26조의2 1항).

㉮ 자본시장법에 따른 집합투자기구인 투자신탁 : 여기에는 적격투자신탁과 비적격투자신탁이 모두 포함된다. 다만, 사실상 단독투자기구인 신탁은 여기에서 제외된다(소득세법 시행령 26조의2 2항).

㉯ 국외에서 설정된 집합투자기구인 신탁[150)]

② 배당소득의 수입시기와 원천징수

배당소득의 수입시기는 원칙적으로 이익을 지급받은 날이고, 원본에 전입하는 뜻의 특약이 있는 분배금은 그 특약에 따라 원본에 전입되는 날이다(소득세법 시행령 46조 7호).

거주자에게 배당소득에 해당하는 집합투자기구로부터의 이익을 지급하는 자는 연 14%의 세율에 의한 원천징수의무가 있다(소득세법 127조 1항 2호, 129조 1항 2호 나목).

③ 이중과세의 조정

적격투자신탁이든 비적격투자신탁이든, 투자신탁 및 수익자 단계에서의 이중과세는 발생하지 않으므로,[151)] 집합투자기구로부터의 이익이 수익자의 배당소득으로 과세되는 경우, 이중과세 조정을 위한 배당세액공제는 인정되지 않는다(소득세법 17조 3항 단서, 56조 1항).

한편, 거주자의 종합소득금액에 투자신탁이 거주자에게 지급한 소득이 합산되어 있고, 위 소득에 대하여 투자신탁이 간접투자외국법인세액[152)]을 납부한 경우에는, 원천징수할 세액에서 일정한 금액을 차감하거나, 세액공제를 하는 방법으로 이중과세가 조정된다(소득세법 57조의2 1항 2호, 소득세법 시행령 117조의2, 소득세법 129조 5항 2호, 소득세법 시행령 189조의2).

---

150) 국외에 설정된 신탁이 집합투자기구에 해당하지 않는 경우(가령, 투자자가 1인인 경우), 소득세법 제17조 제1항 제5호의 적용대상이 아니고, 그로부터 받은 이익의 과세는 일반적인 외국신탁의 수익자에 대한 과세의 문제로 처리된다.

151) 적격투자신탁의 경우 투자신탁 단계에서 법인세가 과세되지 않고, 비적격투자신탁의 경우 수익자에게 배당으로 지급한 금액이 과세대상 소득금액에서 공제된다(조특법 91조의2 3항, 법 75조의14 1항).

152) 간접투자외국법인세액은, 투자신탁을 비롯한 간접투자회사 등이 그 소득에 대하여 납부한 외국법인세액으로서 법인세법 제57조 제1항 및 제6항에 해당하는 것을 말하고, 간접투자회사 등이 다른 간접투자회사 등이 발행하는 증권을 취득하는 구조로 투자한 경우로서 그 다른 간접투자회사 등이 납부한 법인세법 제57조 제1항 및 제6항에 따른 외국법인세액이 있는 경우 해당 세액을 포함한다(소득세법 57조의2 1항 2호).

(나) 수익증권의 환매 등으로 인한 소득 : 금융투자소득

투자신탁 수익증권의 환매·양도 및 적격투자신탁의 해지('환매 등')로 발생한 이익은 금융투자소득으로 과세된다(소득세법 87조의6 1항 본문 및 4호, 소득세법 시행령 150조의7, 150조의2 1항 1호). 거주자에게 대통령령으로 정하는 금융투자소득을 지급하는 자는 원천징수의무가 있다(소득세법 127조 1항 9호, 소득세법 시행령 184조의5 2항).

(4) 내국법인이 투자신탁의 수익자인 경우

내국법인이 투자신탁으로부터 분배(배당)받은 금액 및 투자신탁의 수익증권의 환매 등으로 얻은 이익은 모두 익금에 산입된다(법 15조 1항). 내국법인이 투자신탁으로부터 분배(배당)받은 이익은 익금에 불산입되는 수입배당금액에 해당하지 않는다.[153]

내국법인(대통령령으로 정하는 금융회사 등은 제외한다)에게 투자신탁의 이익(소득세법 17조 1항 5호)을 지급하는 자는 원천징수의무가 있다(법 73조 1항 2호).[154]

내국법인이 투자신탁의 수익증권을 투자신탁의 이익계산기간 중도에 타인에게 매도하는 경우, 그 수익증권의 보유기간에 따른 투자신탁이익의 금액에 14%의 세율을 적용하여 계산한 금액에 상당하는 법인세[155]를 원천징수할 의무가 있다(법 73조의2 1항 1문, 시행령 113조 5항).[156]

내국법인에게 지급된 투자신탁이익에 대하여 투자신탁이 간접투자외국법인세액을 납부한 경우, 원천징수할 세액에서 일정한 금액을 차감하거나, 세액공제를 하는 방법으로 이중과세가 조정된다(법 73조 2항, 57조의2).

(5) 비거주자 또는 외국법인이 투자신탁과 관련하여 얻은 소득의 과세

자본시장법상 집합투자기구인 투자신탁으로부터의 이익은, 집합투자기구로부터의 이익(소득세법 17조 1항 5호)으로서 국내원천배당소득에 해당한다(소득세법 119조 2호 나목, 소득세법

---

153) 적격투자신탁의 소득은 그 신탁 단계에서 별도로 과세되지 않고, 비적격투자신탁은 내국법인으로 취급되지만, 배당의 소득공제를 적용받기 때문에 실제로 법인세가 과세되지 않으므로, 위 두 경우 모두 경제적 이중과세가 발생하지 않기 때문이다. 법인세법 제18조의2 제2항 제3호의 '소득공제를 적용받는 법인'에는 비적격투자신탁이 포함되어 있지 않지만, 위 규정은 익금불산입대상에서 제외되는 배당의 지급법인을 예시한 것으로 보아야 한다.

154) 자본시장법에 따른 신탁업자가 신탁재산을 운용하거나 보관·관리하는 경우, 그 신탁업자와 원천징수대상 소득을 그 신탁재산에 지급하는 자 간에 원천징수의무의 대리 또는 위임의 관계가 있는 것으로 본다(시행령 111조 7항). 투자신탁이익의 소득금액이 투자신탁재산에 귀속되는 시점에는 그 소득금액이 지급되지 않은 것으로 보아 원천징수를 하지 않는다(법 73조 3항).

155) 1,000원 이상인 경우만 해당한다.

156) 이 경우 해당 내국법인을 원천징수의무자로 보아 법인세법을 적용한다(법 73조의2 1항 2문).

17조 1항 5호, 소득세법 시행령 26조의2 1항 본문, 법 93조 2호 나목).[157]

투자신탁 수익증권의 환매·양도 또는 투자신탁의 해지로 발생한 이익은 국내원천 배당소득에 해당한다(소득세법 119조 2호 다목, 소득세법 시행령 178조의13 1항 본문, 150조의7, 법 93조 2호 다목, 시행령 131조의3 1항 1호 본문). 다만, 상장된 투자신탁의 수익증권을 양도하여 발생한 이익 등은 제외한다(소득세법 시행령 178조의13 1항 단서, 시행령 131조의3 1항 단서).

비거주자 또는 외국법인에게 국내원천 배당소득에 해당하는 투자신탁의 이익을 지급하는 자는 원천징수의무가 있다(소득세법 127조 1항 2호, 법 98조 1항 2호).[158]

2-3. 위탁자과세신탁

세법은, 신탁의 소득을 귀속시킬 수익자가 존재하지 않거나 위탁자가 신탁의 지배·통제권을 가지는 경우, 그 신탁의 소득이 위탁자에게 귀속하는 것으로 취급한다(법 5조 3항, 소득세법 2조의3 2항).

2-3-1. 위탁자과세신탁의 요건

위탁자과세신탁은 다음의 어느 하나에 해당하는 신탁을 말한다(법 5조 3항, 소득세법 2조의3 2항).

① 수익자가 특별히 정해지지 않거나 존재하지 않는 신탁 : 수익자의 특정 여부 또는 존재 여부는 신탁재산과 관련되는 수입 및 지출이 있는 때의 상황에 따른다(소득세법 시행령 4조의2 2항). 목적신탁은 법인과세 신탁재산의 한 유형으로 규정되어 있지만(법 5조 2항 1호), 법인세법 제5조 제3항의 '수익자가 존재하지 않는 경우'에 해당하고, 위 조항이 우선 적용되므로('제2항에도 불구하고'), 위탁자과세신탁으로 취급된다.[159] 공익신탁[160]도 수익자가 없는 목적신탁의 일종으로서 위탁자과세신탁에 해당하지만, 공익신탁의 소득에 대하여는 법인세 또는 소득세가 과세되지 않는다(법 51조, 소득세법 12조 1호).

---

157) 상세한 것은 제5편 제3장 4-1. (2) 참조
158) 자본시장법에 따른 신탁업자가 신탁재산을 운용하거나 보관·관리하는 경우, 그 신탁업자와 그 신탁재산에 귀속되는 원천징수대상 소득을 지급하는 자 간에 원천징수의무의 대리 또는 위임의 관계가 있는 것으로 본다(소득세법 127조 4항).
159) 입법론으로 목적신탁으로서 위탁자의 지배·통제가 없는 것은은 법인과세 신탁재산으로 취급하는 것이 합리적이다. 송동진, 신탁과 세법(2021), 180쪽
160) 공익신탁은, 공익사업을 목적으로 하는 신탁법에 따른 신탁으로서, 법무부장관의 인가를 받은 것을 말한다(공익신탁법 2조 2호).

② 위탁자가 신탁재산을 실질적으로 통제하는 등 대통령령으로 정하는 요건을 충족하는 신탁[161]

2-3-2. 위탁자과세신탁의 세법상 효과

(1) 위탁자의 납세의무

(가) 위탁자에 대한 소득의 귀속

위탁자과세신탁의 경우, ① 위탁자가 개인인 때에는 신탁재산에 귀속하는 소득은 그 위탁자에게 귀속하는 것으로 보고(소득세법 2조의3 2항), ② 위탁자가 법인인 때에는 그 법인이 신탁재산에 귀속되는 소득에 대한 법인세를 납부할 의무가 있다(법 5조 3항).

위탁자과세신탁의 신탁재산에서 생긴 소득은, 세법상 일단 위탁자에게 귀속되었다가 수익자에게 지급되는 것으로 보아야 하고, 위탁자에게 귀속되는 소득은 신탁 단계의 소득구분을 따라야 할 것이다.

(나) 원천징수

위탁자과세신탁에 소득을 지급하는 자는, 위탁자를 원천징수의무자로 보아 원천징수를 하여야 할 것이다. 자본시장법에 따른 신탁재산에 속한 원천징수대상 채권 등을 매도하는 경우, 그 신탁이 위탁자과세신탁에 해당하는 때에는, 자본시장법에 따른 신탁업자와 위탁자 간에 대리 또는 위임의 관계가 있는 것으로 본다(법 73조의2 4항 2호).

(2) 수익자에 대한 과세

위탁자과세신탁의 수익자는, 신탁의 소득을 직접 취득하지 않고 위탁자로부터 이전받는 것으로 취급된다. 따라서 수익자가 신탁으로부터 받는 소득의 종류 및 귀속시기는, 신탁 단계의 소득구분을 따르지 않고, 신탁 외에서 위탁자와 수익자 사이에 존재하는, 수익자가 그 신탁의 수익자로 정해진 원인관계에 따라 정해질 것이다.

---

161) 이는 다음의 어느 하나에 해당하는 신탁을 말한다(시행령 3조의2 2항, 소득세법 시행령 4조의2 4항).
　① 위탁자가 신탁을 해지할 수 있는 권리, 수익자를 지정하거나 변경할 수 있는 권리, 신탁 종료 후 잔여재산을 귀속받을 권리를 보유하는 등 신탁재산을 실질적으로 지배·통제할 것
　② 신탁재산 원본을 받을 권리에 대한 수익자는 위탁자로, 수익을 받을 권리에 대한 수익자는 ㉮ 위탁자가 개인인 경우, 그 배우자 또는 같은 주소 또는 거소에서 생계를 같이 하는 직계존비속(배우자의 직계존비속을 포함한다)('배우자 등'), ㉯ 위탁자가 법인인 경우, 위탁자의 지배주주 등의 배우자 등으로 설정하였을 것

2-4. 법인과세 신탁재산

2-4-1. 개요

세법은, 신탁의 소득을 귀속시킬 수익자가 존재하지 않거나, 신탁이 그 사업수행의 방법 또는 효과 측면에서 법인과 유사한 법적·경제적 실질을 가지는 경우, 신탁재산에서 발생한 소득에 관하여 그 신탁재산 자체를 하나의 법인세 납세의무자인 내국법인으로 취급하고, 이를 법인과세 신탁재산이라 한다.

법인과세 신탁재산의 수탁자는, 그 신탁재산에서 발생한 소득에 관하여 고유재산에서 생긴 소득과 별도로 납세의무를 부담하고, 다수의 신탁에 기하여 여러 법인과세 신탁재산을 보유하는 경우에는, 각 법인과세 신탁재산별로 구분하여 납세의무를 부담한다.

2-4-2. 법인과세 신탁재산의 요건

법인과세 신탁재산으로 취급되려면 다음의 요건이 모두 충족되어야 한다(법 5조 2항).
① 다음의 어느 하나에 해당하는 신탁일 것(투자신탁은 제외한다) : ㉮ 목적신탁(신탁법 3조 1항 단서), ㉯ 수익증권발행신탁(신탁법 78조), ㉰ 유한책임신탁(신탁법 114조)
② 추가적 요건(시행령 3조의2 1항) : ㉮ 수익자가 둘 이상일 것,[162] ㉯ 위탁자가 신탁재산을 실질적으로 지배·통제하는 경우(시행령 3조의2 2항 1호)에 해당하지 않을 것[163]
③ 수탁자(내국법인 또는 거주자에 한정한다)가 법인과세 신탁재산의 적용을 선택하여야 한다.[164]

2-4-3. 법인과세 신탁재산의 세법상 취급

법인과세 신탁재산은 하나의 내국법인으로 간주된다(법 5조 2항 2문). 법인과세 신탁재산 및 그 수탁자('법인과세 수탁자')에 대하여는, 법인세법 제2장의2의 규정이 같은 법 제1장 및 제2장의 규정에 우선하여 적용된다(법 75조의10).

---

162) 다만, 어느 하나의 수익자를 기준으로 특수관계인(시행령 2조 5항, 소득세법 시행령 98조 1항)에 해당하는 자는 수익자 수를 계산할 때 포함하지 않는다.
163) 위탁자과세신탁에 해당하는 신탁에 대하여는 법인과세 신탁재산의 규정이 적용될 수 없다["제2항에도 불구하고"(법 5조 3항)].
164) 일본 법인세법에서는 신탁이 법인과세신탁의 요건을 충족하면 수탁자의 신청이 없어도 당연히 법인과세 신탁으로 취급된다.

(1) 법인과세 신탁재산의 설립과 해산 등

(가) 설립

법인과세 신탁재산은, 신탁법 제3조에 따라 그 신탁이 설정된 날에 설립된 것으로 본다 (법 75조의12 1항). 법인과세 수탁자는, 그 설립일부터 2개월 이내에 법인과세 수탁자의 명칭 등을 적은 법인설립신고서에 대통령령으로 정하는 사업자등록 서류 등을 첨부하여 관할 세무서장에게 신고하여야 한다(법 109조 1항 1문).

(나) 사업연도와 납세지

법인과세 수탁자는, 법인과세 신탁재산에 대한 사업연도를 따로 정하여 법인설립신고 또는 사업자등록과 함께 관할 세무서장에게 신고하여야 한다(법 75조의12 3항 1문).[165] 법인과세 신탁재산의 최초 사업연도의 개시일은 신탁법 제3조에 따라 그 신탁이 설정된 날로 한다(시행령 120조의2). 법인과세 신탁재산의 법인세 납세지는 법인과세 수탁자의 납세지로 한다(법 75조의12 4항).[166]

(다) 해산

법인과세 신탁재산은, 신탁법 제98조부터 제100조까지에 따라 그 신탁이 종료한 날(신탁이 종료한 날이 분명하지 않은 경우에는 부가가치세법 제5조 제3항의 폐업일)에 해산된 것으로 본다(법 75조의12 2항).

(라) 법인과세 신탁재산의 요건을 충족하지 못하게 된 경우

신탁계약의 변경 등으로 법인과세 신탁재산이 그 요건(법 5조 2항)을 충족하지 못하게 되는 경우, 그 사유가 발생한 날이 속하는 사업연도분부터 법인세법 제5조 제2항을 적용하지 않는다(법 75조의11 4항).

(2) 법인과세 신탁재산의 소득에 대한 납세의무

(가) 배당액의 소득공제 : pay-through

① 개요

세법은, 법인과세 신탁재산이 수익자에게 분배하는 이익을 배당으로 보고(법 75조의11 3

---

165) 법인과세 신탁재산에 관한 사업연도의 기간은 1년을 초과하지 못한다(법 75조의12 3항 2문).
166) 다음의 어느 하나에 해당하는 경우로서, 법인과세 수탁자의 납세지가 법인과세 신탁재산의 납세지로 부적당하다고 인정되는 경우에는, 관할 지방국세청장이나 국세청장은 그 납세지를 지정할 수 있다(시행령 120조의3).
　① 법인과세 수탁자의 본점 등의 소재지가 등기된 주소와 동일하지 않은 경우
　② 법인과세 수탁자의 본점 등의 소재지가 자산 또는 사업장과 분리되어 있어 조세포탈의 우려가 있다고 인정되는 경우

항), 법인과세 신탁재산이 수익자에게 배당한 금액을 그 신탁의 소득에서 공제한다(법 75조의14 1항). 이는, 법인과세 신탁의 소득 중 수익자에게 배당한 금액에 한하여 과세대상에서 제외하는 방식(pay-through)으로서, 수익자과세신탁의 소득이 수익자에 대한 분배 여부에 관계없이 수익자에게 귀속되는 것(pass-through)과 구별된다.

② 요건

법인과세 신탁재산으로부터 배당을 받은 수익자에 대하여 법인세법 또는 조특법에 따라 그 배당에 대한 소득세 또는 법인세가 비과세되는 경우에는, 배당액의 소득공제가 인정되지 않는다(법 75조의14 2항 본문).[167]

배당의 소득공제를 적용받으려는 법인과세 수탁자는, 과세표준신고(법 60조)와 함께 기획재정부령으로 정하는 소득공제신청서를 관할 세무서장에게 제출하여 소득공제 신청을 하여야 한다(법 75조의14 3항, 시행령 120조의4 2항).

③ 효과

법인과세 신탁재산이 수익자에게 배당한 금액은, 그 배당을 결의한 잉여금 처분의 대상이 되는 사업연도의 소득금액에서 공제된다(법 75조의14 1항).[168]

(나) 간접투자회사 등의 외국납부세액공제 등 특례

법인과세 신탁재산은, 국외의 자산에 투자하여 얻은 소득에 대하여 납부한 외국법인세액이 있는 경우, 그 소득이 발생한 사업연도의 법인세액에서 그 외국납부세액[169]을 빼고 납부하여야 한다(법 57조의2 1항).

(다) 법인세의 신고와 납부

법인과세 수탁자는, 법인과세 신탁재산에 귀속되는 소득에 대하여 그 밖의 소득과 구분하여 법인세를 납부하여야 한다(법 75조의11 1항).[170][171] 이를 위하여 법인과세 수탁자는,

---

167) 다만, 수익자가 동업기업 과세특례를 적용받는 동업기업이고, 그 동업자들에 대하여 배분된 배당에 해당하는 소득에 대한 소득세 또는 법인세가 전부 과세되는 경우에는, 법인과세 신탁재산이 수익자에게 배당한 금액은 법인과세 신탁재산의 소득금액에서 공제된다(법 75조의14 2항 단서).

168) 공제대상 배당금액이 그 배당을 결의한 잉여금 처분의 대상이 되는 사업연도의 소득금액을 초과하는 경우, 그 초과금액은 없는 것으로 본다(시행령 120조의4 1항).

169) 외국 납부세액은, 국외자산에 투자하여 얻은 소득에 대하여 소득세법 제129조 제1항 제2호에 따른 세율을 곱하여 계산한 세액을 한도로 하고, 이를 초과하는 금액은 없는 것으로 본다.

170) 하나의 법인과세 신탁재산에 둘 이상의 수탁자가 있는 경우, ① 법인세법 제109조 또는 제109조의2에 따라 수탁자들 중 신탁사무를 주로 처리하는 수탁자로 신고한 자('대표수탁자')가 법인과세 신탁재산에 귀속되는 소득에 대한 법인세를 납부하여야 하고(법 75조의13 1항), ② 주수탁자 외의 수탁자는 법인과세 신탁재산에 관계되는 법인세에 대하여 연대하여 납부할 의무가 있다(법 75조의13 2항).

171) 법인과세 신탁재산에 대하여는 성실신고확인서의 제출(법 60조의2) 및 중간예납의무(법 63조)에 관한 규정이 적용되지 않는다(법 75조의17).

법인과세 신탁재산별로 신탁재산에 귀속되는 소득을 각각 다른 회계로 구분하여 기록하여야 한다(법 113조 6항).

(다) 원천징수

법인세법 제73조 제1항을 적용할 때, 대통령령으로 정하는 금융회사 등에 해당하는 법인과세 수탁자에게 대통령령으로 정하는 소득(시행령 120조의5 1항)을 지급하는 자는, 원천징수를 하지 않는다(법 75조의18 1항). 법인과세 수탁자가 법인과세 신탁재산에 속한 원천징수대상채권 등을 매도하는 경우, 채권 등의 보유기간 이자 상당액에 대한 원천징수와 관련하여, 법인과세 수탁자를 원천징수의무자로 본다(법 75조의18 2항).

(라) 제2차 납세의무

재산의 처분 등에 따라 법인과세 수탁자가 법인과세 신탁재산으로 그 법인과세 신탁재산에 부과되거나 그 법인과세 신탁재산이 납부할 법인세 및 강제징수비를 충당하여도 부족한 경우에는, 그 신탁의 수익자[172]는, 분배받은 재산가액 및 이익을 한도로 그 부족한 금액에 대하여 제2차 납세의무를 진다(법 75조의11 2항).

(마) 법인지방소득세

법인과세 신탁재산에 대한 법인지방소득세에 관하여는 법인세법의 법인과세 신탁재산 관련 규정이 준용된다(지방세법 103조의58 4항).

(3) 법인과세 신탁재산의 수익자에 대한 분배

(가) 법인인 수익자

법인과세 신탁재산이 그 이익을 수익자에게 분배하는 경우 법인세법상 **배당**으로 본다(법 75조의11 3항). 내국법인이 배당의 소득공제를 적용받는 법인과세 신탁재산으로부터 받은 수입배당금액에 대하여는, 익금불산입 규정이 적용되지 않는다(법 18조의2 2항 5호).

(나) 개인인 수익자

개인인 수익자가 법인과세 신탁재산으로부터 받는 배당금 또는 분배금은, 소득세법상 **배당소득**에 해당하지만(소득세법 17조 1항 2호의2), 배당세액공제의 대상이 아니다(소득세법 56조 1항, 17조 3항 단서). 법인과세 신탁재산의 이익을 개인 수익자에게 지급하는 법인과세 수탁자는, 원천징수를 하여야 한다(소득세법 127조 1항 2호).

---

172) 신탁이 종료한 경우 신탁법 제101조에 따라 잔여재산이 귀속되는 자를 포함한다.

(4) 신탁의 합병, 분할 및 변경 등

(가) 신탁의 합병과 분할

법인과세 신탁재산에 대한 **신탁의 합병**(신탁법 90조)은 법인의 합병으로 보고, 신탁이 합병되기 전의 법인과세 신탁재산은 피합병법인으로, 신탁이 합병된 후의 법인과세 신탁재산은 합병법인으로 각각 본다(법 75조의15 1항). 법인과세 신탁재산에 대한 **신탁의 분할**(신탁법 94조)은 법인의 분할로 보고, 신탁의 분할에 따라 새로운 신탁으로 이전하는 법인과세 신탁재산은 분할법인 등으로, 신탁의 분할에 따라 그 법인과세 신탁재산을 이전받은 법인과세 신탁재산은 분할신설법인 등으로 각각 본다(법 75조의15 2항).

(나) 수탁자의 변경

수탁자의 변경에 따라 법인과세 신탁재산의 수탁자가 신탁재산에 대한 자산과 부채를 변경 후 수탁자에게 이전하는 경우, 그 자산과 부채의 이전가액을 수탁자 변경일 현재의 장부가액으로 보아 이전에 따른 손익은 없는 것으로 한다(법 75조의16 1항).[173]

---

3 ▷ **투자회사 등에 관한 특칙**

자본시장법은 회사형 집합투자기구로 투자회사(주식회사), 투자유한회사, 투자합자회사, 투자유한책임회사를 규정한다(자본시장법 9조 18항 2호 내지 4호의2). 그중에서 기관전용 사모 집합투자기구를 제외한 나머지 회사들(이하 '투자회사 등', 법 51조의2 1항 2호, 시행령 14조 1항 1호 가목)에 관하여 법인세법상 여러 가지 특칙이 규정되어 있다.

3-1. 투자회사 등의 소득계산

법인세법은, 투자회사 등이 보유하는 일정한 자산에 관하여 실현주의에 대한 예외로 시가평가를 인정함으로써 그 회계상 가액[174]과 세법상 가액이 일치하도록 규정한다.[175]

---

173) 법인과세 신탁재산에 관하여 선임된 새로운 수탁자 및 임무가 종료한 전수탁자는 일정 기간 내에 관할 세무서장에게 신고하여야 한다(법 109조의2).

174) 투자회사의 회계처리는 '투자신탁의 회계처리와 공시'에 관한 회계기준을 적절히 수정하여 적용하여야 하고, 후자의 회계기준에 의하면, 운용자산은 공정가치로 평가하고 공정가치 변동은 당기손익으로 인식한다(기업회계기준서 제5003호 문단 49, 46).

175) 그 이유로, 기업회계기준의 발생주의와 법인세법의 권리의무확정주의 간의 차이를 조정하는 작업은 결산기에 행해지는데, 투자회사 등이 위와 같은 세무조정을 해야 하는 경우 결산이 확정될 때까지 환매요구에 응할 수 없어서 자본시장법의 수시환매제도와 배치된다는 점 등을 드는 견해로, 안경봉·손영철, "사

(1) 유가증권의 시가평가

투자회사 등이 보유한 집합투자재산에 속하는 유가증권은 시가법에 따라 평가된다(시행령 75조 3항 본문, 73조 2호 다목). 다만, 환매금지형 집합투자기구(자본시장법 230조)가 보유한 시장성 없는 자산(자본시장법 시행령 240조 2항)은 개별법(채권의 경우에 한한다), 총평균법, 이동평균법 또는 시가법 중 관할 세무서장에게 신고한 방법에 따라 평가한다(시행령 75조 3항 단서).

(2) 잉여금의 자본금전입 등으로 취득한 주식의 취득가액

투자회사 등이 보유한 주식이 소각되거나, 그 주식을 발행한 법인이 잉여금을 자본금에 전입하거나 합병·분할하는 경우, 그로 인한 의제배당소득을 계산할 때, 그 주식의 취득가액은 다음과 같다.

(가) 투자회사 등이 보유하는 주식이 다음에 해당하는 경우에는 그 취득가액은 영(0) (시행령 14조 1항 1호 가목 내지 다목)

① 법인이 이익준비금의 자본금전입을 하면서 발행한 주식이거나, 자기주식을 보유한 상태에서 자본준비금 또는 재평가적립금을 자본금전입을 하면서 발행한 주식인 경우

② 합병대가로 받은 주식으로서, 법인세법 제44조 제2항 제1호 및 제2호(주식의 보유와 관련된 부분은 제외한다) 또는 제44조 제3항의 요건을 모두 갖춘 것이거나, 분할대가로 받은 주식으로서, 법인세법 제46조 제2항 제1호 및 제2호(주식의 보유와 관련된 부분은 제외한다) 또는 제46조 제3항의 요건을 모두 갖춘 것[176]

③ 주식배당

(나) 그 외의 경우, 주식의 취득가액은 취득 당시의 시가에서 특수관계인으로부터 분여받은 이익을 차감한 금액(시행령 14조 1항 1호 라목)

모펀드 과세제도의 문제점 및 개선방안", 세무와 회계 연구 제9권 제3호(2020), 157쪽

176) ① 합병법인 주식이 시가로 평가되는 집합투자재산에 해당하는 경우에는(시행령 75조 3항 본문), 투자회사 등이 합병대가로 받은 합병법인 주식의 취득가액을 영(0)으로 하더라도, 합병법인 주식의 취득가액을 피합병법인 주식의 장부가액으로 인식하는 경우와 차이가 없다. 위의 경우, 투자회사 등이 상실한 피합병법인 주식의 장부가액은 손금에 산입되지만, 그 금액만큼 의제배당소득을 계산할 때 덜 차감되거나(합병으로 인한 피합병법인의 소멸과 합병대가로 받은 합병법인 주식의 소각 등이 투자회사 등의 동일한 사업연도에 발생하는 경우) 사업연도 말에 합병법인 주식의 시가평가를 할 때 익금에 포함되기 때문이다(합병으로 인한 피합병법인의 소멸과 합병대가로 받은 합병법인 주식의 소각 등이 투자회사 등의 서로 다른 사업연도에 각각 발생하는 경우). ② 한편, 투자회사 등이 자본시장법 제230조의 환매금지형 집합투자기구에 해당하고, 합병대가인 합병법인 주식이 집합투자재산에 속하는 경우에는, 합병법인 주식은 시가로 평가되지 않으므로(시행령 75조 3항 단서), 그 취득가액은 계속 영(0)으로 남아 있게 되고, 그 취득가액을 피합병법인 주식의 장부가액으로 한 경우와 차이가 생긴다.

(3) 경과한 기간에 대응하여 계상된 이자수익의 익금산입

투자회사 등이 결산을 확정할 때 증권 등의 투자와 관련한 수익 중 이미 경과한 기간에 대응하는 이자 및 할인액과 배당소득을 해당 사업연도의 수익으로 계상한 경우에는 그 계상한 사업연도의 익금으로 한다(시행령 70조 4항).[177]

(4) 결손금의 공제

투자회사 등의 이월결손금은 각 사업연도 소득에서 제한 없이 공제된다(법 13조 1항 단서, 시행령 10조 1항 5호). 이월결손금 공제의 한도는, 이월결손금 공제가 특정 사업연도에 집중되어 조세수입이 불안정해지지 않도록 하기 위한 것인데,[178] 법인 단계의 법인세 부담을 제거함으로써 이중과세의 해소를 지향하는 투자회사 등에 관한 세제와 부합하지 않기 때문이다.[179]

3-2. 배당액의 소득공제

3-2-1. 제도의 취지

유동화전문회사나 투자회사 등이 소득을 얻은 후 그 대부분을 단기간 내에 주주 등에게 배당하는 경우에는, 사실상 도관(conduit)으로 기능하므로,[180] 그러한 법인을 과세할 필요는 크지 않다. 그리고 투자회사의 경우, 별도로 납세의무를 부담하지 않는 투자신탁과 사이에 조세의 중립성이 유지될 필요가 있다.[181] 이를 고려하여 법인세법은, 위와 같은 경우 투자회사 등의 배당을 그 소득금액에서 공제(손금산입)하는 방식으로 법인 단계에서 법인

---

177) 투자회사에게 지급되는 원천징수대상채권 등의 이자는 원천징수대상에서 제외된다(법 73조 1항, 시행령 111조 1항).

178) 2015. 9. 11.자 법인세법 일부개정법률안(정부) 1쪽 ; 헌법재판소 2022. 5. 26. 2020헌바240·272 결정

179) 2017. 12. 19. 개정되기 전의 구 법인세법 제13조 단서는, 대통령령으로 정하는 법인을 제외한 내국법인의 이월결손금 공제범위를 각 사업연도 소득의 80%로 제한하였고, 2017. 2. 3. 개정되기 전의 구 법인세법 시행령 제10조 제1항은 이월결손금 공제범위의 제한을 받지 않는 법인에 투자회사 등을 포함시키지 않았다. 그러나 헌법재판소는 위 구 법인세법 제13조 단서에 대하여 합헌결정을 하였다(헌법재판소 2022. 5. 26. 2020헌바240·272 결정).

180) 법인이 세법적 의미의 '도관'에 해당한다고 평가되기 위해서는, 단지 별도의 인적·물적 시설을 갖추지 못한 법인이라는 것만으로 족하지 않고, 그 법인의 소득이 발생한 직후 주주 등에게 분배되어 그 주주 등의 소득으로 과세됨으로써 마치 세법상 그 법인이 존재하지 않는 것과 같은 결과가 되어야 할 것이다.

181) 투자회사의 소득 중 주주에게 배당된 금액에 한하여 소득에서 공제되고(pay-through), 투자회사는 그 나머지 부분에 관하여 과세된다. 이에 비하여, 적격투자신탁의 소득은, 수익자에 대한 분배 여부와 관계 없이 신탁 단계에서 과세되지 않고 수익자에게 귀속되므로(pass-through), 양자의 세법적 취급이 다르다. 유사한 기능을 하는 투자기구들 사이에는 조세의 중립성이 유지될 필요가 있으므로, 입법론으로는 양자를 통일적으로 규율하는 것이 바람직하다.

세의 부담을 제거한다.[182] 한편, 이는, 투자회사 등의 주주에 대한 배당을 사채권자에 대한 이자와 동일하게 손금에 산입(소득공제)함으로써, 투자회사 등의 자금조달방법에 대한 세법상 중립성을 유지하는 기능도 한다.[183]

3-2-2. 소득공제의 요건

(1) 배당금을 지급하는 법인

(가) 법인의 범위 : 유동화전문회사, 투자회사 등

배당액의 소득공제가 인정되기 위해서는 배당을 지급하는 회사가 다음의 어느 하나에 해당하여야 한다(법 51조의2 1항).

① 자산유동화에 관한 법률에 따른 유동화전문회사

② 자본시장법에 따른 투자회사, 투자목적회사, 투자유한회사, 투자합자회사(기관전용 사모집합투자기구[184]는 제외한다) 및 투자유한책임회사

③ 기업구조조정투자회사법에 따른 기업구조조정투자회사

④ 부동산투자회사법에 따른 기업구조조정 부동산투자회사 및 위탁관리 부동산투자회사 : 자기관리 부동산투자회사는 적용대상에서 제외된다.

⑤ 선박투자회사법에 따른 선박투자회사

⑥ 민간임대주택에 관한 특별법 또는 공공주택 특별법에 따른 특수 목적 법인 등으로서 대통령령으로 정하는 법인

⑦ 문화산업진흥 기본법에 따른 문화산업전문회사

⑧ 해외자원개발 사업법에 따른 해외자원개발투자회사

(나) 사모방식으로 설립되고 개인 등이 주식 대부분을 보유하는 법인이 아닐 것

배당금을 지급하는 법인이 다음의 요건을 모두 갖춘 경우에는 배당액의 소득공제가 배제된다(법 51조의2 2항 2호, 시행령 86조의3 10항).

---

182) 배당의 소득공제 제도와 같이 법인과 주주 간 이중과세를 법인 단계에서 해소하는 것의 효과는 비거주자나 외국법인인 주주에 대하여도 미친다[제3편 제3장 2-2-2. (2) 참조]. 그리고 법인주주의 수입배당금액 익금불산입률이 배당지급법인에 대한 지분율에 따라 달라지는 것에 비하여, 배당의 소득공제의 경우 법인 단계의 과세가 이루어지지 않으므로, 주주의 지분비율에 관계없이 소득공제대상인 배당액의 범위에서는 이중과세의 부담이 완전히 해소된다. 정부는 1999. 9. 29.자 구 법인세법 개정안에서 유동화전문회사 등의 배당에 대한 소득공제를 제안하는 이유로 '외자유치와 금융기관 부실채권 정리의 촉진'을 제안하였고, 이는 위 두 가지와 관련된 것으로 보인다.

183) 이준봉, "법인인 유동화기구와 이중과세의 조정", 성균관법학 제24권 제3호(2012. 9.), 812쪽

184) 기관전용 사모집합투자기구는 그 소득에 대한 법인세와 그 사원에 대한 세금의 이중 부담을 해소하기 위하여 동업기업 과세특례를 적용받을 수 있다(조특법 100조의15 1항 2호).

① 사모방식으로 설립되었을 것

② 개인 2인 이하 또는 개인 1인 및 그 친족이 발행주식총수 등의 95% 이상의 주식 등을 소유할 것[185]

(다) 프로젝트금융투자회사

위 (가)의 ①부터 ⑧까지의 투자회사와 유사한 투자회사로서 일정한 요건을 갖춘 법인이 2025. 12. 31. 이전에 끝나는 사업연도에 관하여 배당가능이익의 90% 이상을 배당한 경우, 배당액의 소득공제가 인정된다(조특법 104조의31).[186]

(2) 배당가능이익과 배당

투자회사 등은 배당가능이익의 90% 이상을 배당하여야 한다(법 51조의2 1항).

① **배당가능이익**은, 기업회계기준에 따라 작성한 재무제표상의 법인세비용 차감 후 당기순이익에 이월이익잉여금을 가산하거나 이월결손금을 공제하고, 상법 제458조에 의하여 적립한 이익준비금을 차감한 금액을 말한다(시행령 86조의3 1항 1문). 배당가능이익에서 ㉮ 자본준비금의 감액에 따라 받은 배당(법 18조 8호), ㉯ 당기순이익·이월이익잉여금·이월결손금 중 「주식 등, 채권과 집합투자재산(시행령 73조 2호 가목 내지 다목)의 평가손익」은 제외되지만(시행령 86조의3 1항 2문, 1호 및 2호 본문), ㉰ 위 당기순이익 등 중 「투자회사 등이 보유한 집합투자재산의 시가법에 의한 평가손익」은 포함된다(시행령 86조의3 1항 2호 단서).

② **배당**은 잉여금처분에 의한 **배당의 결의**를 말하고, 배당이 실제로 지급되었을 필요는 없다. 따라서 유동화전문회사가 배당결의를 하였으나 현실적 지급을 하지 못하고 있는 경우에도[187] 소득공제의 요건이 충족된다.[188] 소득에서 공제되는 배당액은 배당가능이익의 범위 내로 제한되지 않으므로, 배당액이 **배당가능이익을 초과**하는 경우[189][190] 그 초과하는 금액도 소득공제의 대상이 된다.[191] 즉, 법인세법 제51조의2

---

185) 다만, 개인 등에게 배당 및 잔여재산의 분배에 관한 청구권이 없는 경우를 제외한다.

186) 본래 위 내용은 법인세법 제51조의2 제1항 제9호로 규정되어 있었으나, 2020. 12. 22. 개정된 법인세법에서 삭제되면서 조특법에 한시적 규정으로 도입되었다.

187) 가령, 유동화전문회사의 자산유동화계획 및 정관에서 유동화증권 원리금을 전부 상환한 후 배당금을 지급하도록 규정하는 경우(대법원 2015. 12. 23. 선고 2012두16299 판결) ; 유동화전문회사는 각 사업연도 소득금액이 발생한 경우 배당재원이 없더라도 법인세 절감을 위하여 그 소득금액 전액을 배당하여 소득공제하는 것이 일반적 실무로 보인다[서미영·윤성수, "유동화전문회사의 과세제도의 실무적 문제점과 개선방안", 세무학연구 제23권 제1호, 한국세무학회(2006), 16쪽].

188) 행정해석도 같다(법인 46012-720, 2000. 3. 16).

189) 가령, 법인이 이익준비금으로 적립하여야 할 금액을 배당한 경우

190) 유동화전문회사와 투자회사 등에 관하여는 관련 법령에 이익을 초과한 배당을 허용하는 규정이 있다. ① 유동화전문회사는 정관이 정하는 바에 따라 이익(대차대조표의 자산에서 부채·자본금 및 준비금을

제1항의 배당가능이익은, 소득공제요건인 최소한의 배당액을 계산하기 위한 기준일 뿐이고, 소득공제대상인 배당액의 범위를 제한하는 것이 아니다. 다만, 법인세법이 소득공제의 요건으로 배당이 '잉여금 처분'에 해당함을 전제로 규정하는 점을 고려 하면, 소득공제의 대상인 배당은, 투자회사 등의 순자산 중 자본(자본금 및 자본잉여 금)을 제외한 **이익잉여금**의 범위에서만 인정된다고 볼 여지가 있다.[192)193)]

③ **배당결의의 시기** : 어느 사업연도에 관한 배당결의가 그 사업연도로부터 상당한 기 간이 지난 후 이루어진 경우에도 그 사업연도의 소득공제가 인정될 것인지 문제된다. 대법원은, 문제되는 사업연도에 대한 법인세 신고기간이 속하는 사업연도 이후의 사 업연도에 배당결의가 있었던 사안에서 당초 이익잉여금이 발생한 사업연도로 소급 하여 소득공제를 인정하였다.[194)] 그러나 이는 투자회사 등의 소득에 관하여 과세이 연의 효과를 인정하는 것이므로,[195)] 그 타당성은 의문스럽다. 배당의 소득공제 제도 는, 소득공제된 소득이 투자회사 등 단계에서 과세되지 않는 대신 그 소득의 발생시

공제한 금액)을 초과하여 배당을 할 수 있다(자산유동화에 관한 법률 30조 3항). 이는 사실상 자본의 감 소를 용인하는 것인데, 일반 회사의 경우 자본이 채권자들에 대한 담보로서 중요한 기능을 하는 것에 비하여, 유동화증권의 투자자들은 유동화전문회사의 자본에는 별다른 관심이 없고 유동화되는 자산 및 신용보강에 관심을 기울이는 점[김연미, "유동화전문회사(SPC)의 법리" BFL 제31조, 서울대학교 금융법 센터(2008), 96쪽]을 고려한 것으로 보인다. ② 투자회사 등은 이익금을 초과하여 금전으로 분배할 수 있다(자본시장법 242조 2항 본문). 다만, 투자회사는 순자산액에서 최저순자산액(자본시장법 194조 2항 7호)을 뺀 금액을 초과하여 분배할 수 없다(자본시장법 242조 2항 단서).

191) 서울고등법원 2010. 4. 2. 선고 2009누5147 판결, 대법원 2012. 11. 29. 선고 2010두7796 판결 ; 기본통칙 51의2-86의2…1 ②

192) 법원은, 2020. 12. 22. 개정되기 전의 구 법인세법하에서는, 투자회사 등이 그 순자산 중 이익잉여금을 초과하는 자본의 환급도 소득공제의 대상이 된다는 취지로 판단하였다. 서울고등법원 2010. 4. 2. 선고 2009누5147 판결, 대법원 2012. 11. 29. 선고 2010두7796 판결

193) 미국 세법의 경우, 규제되는 투자회사(regulated investment company)는 일정한 요건을 충족하면 소득을 계산할 때 지급배당공제(dividends paid deduction)를 적용받을 수 있는데[§§ 852(b)(2)(D), 561], 여기서 '배당(dividend)'은 오로지 제316조에 서술된 배당, 즉 세법상 이익잉여금(earnings and surplus)을 재원으 로 한 분배만을 의미한다[§§ 562(a), 316(a)].

194) 대법원 2012. 11. 29. 선고 2010두7796 판결은, 유동화전문회사의 2003 사업연도 정기사원총회에서 배당 가능이익의 90% 이상을 배당하는 결의가 이루어진 후, 2003 사업연도의 소득계산 시 손금에 산입되었던 허위 용역비가 회수되자, 2005. 9. 30. 추가 배당결의를 하는 한편, 유동화전문회사가 위 회수한 금액에 관한 과세표준 수정신고 및 추가 배당금에 대한 소득공제신청을 한 사건에서, 위 추가 배당결의에 따른 배당은 2003 사업연도의 소득에서 공제되어야 한다고 판시하였다.

195) 가령, 투자회사가 20×1 사업연도에 이익잉여금이 발생하여 그에 대한 법인세를 신고·납부한 후 20×5. 3. 1. 위 이익잉여금의 배당결의를 한 경우, 주주에 대한 배당소득에 대한 납세의무는 실제로 배당결의가 있었던 20×5. 3. 1. 성립한다(시행령 70조 2항 본문, 소득세법 시행령 46조 2호). 그런데 대법원 판례에 따르면 위 투자회사는 위 20×5. 3. 1.자 배당결의금액을 기초로 20×1 사업연도의 소득에 대한 공제신청 을 할 수 있다. 위 경우 배당된 이익잉여금에 해당하는 소득은, 그 발생시점인 20×1 사업연도에 투자회사 의 소득으로 과세되지 않고, 20×5. 3. 1.에 가서야 비로소 그 주주의 소득으로 과세되므로, 일종의 과세 이연이 발생한다. 위 경우 양 시점의 중간기간에는 누구도 해당 소득에 대한 납세의무를 부담하지 않는 상태에 있게 된다.

점으로부터 근접한 시점에 그 주주 등의 단계에서 과세되는 것을 전제로 하므로, 소득공제신청은 그 대상이 되는 사업연도 소득에 대한 통상적 과세표준 신고기간 내에 제출되어야 하고, 그 이후 수정신고 또는 경정청구에 의한 소득공제신청은 불허하는 것이 합리적이다.

대법원 2012. 11. 29. 선고 2010두7796 판결의 검토

대법원 2012. 11. 29. 선고 2010두7796 판결에 따르면, 투자회사 등이 이익잉여금의 발생 후 이를 상당한 기간 유보하다가 뒤늦게 주주에게 배당한 경우 그 이익잉여금이 발생한 사업연도로 소급하여 소득공제를 적용받을 수 있게 되고, 그 경우 투자회사 등의 소득이 발생한 시점부터 주주에게 배당될 때까지 누구도 과세되지 않는 과세이연의 효과가 생긴다.

그러나 ① 투자회사 등의 주주 등이 직접 투자하였다면 소득의 발생시점에 곧바로 과세되었을 것인 점을 고려할 때, 투자회사 등의 소득에 대한 과세이연의 허용은 그 주주 등이 직접 투자한 경우와의 조세 중립성을 깨뜨리고, ② 소득을 전부 분배해야만 법인세 납세의무를 부담하지 않는 적격투자신탁보다 유리한 과세상 취급을 하는 것이므로, 간접투자기구들 간의 조세 중립성도 훼손시킨다. ③ 세법은 소득공제의 요건으로 '배당가능이익의 90% 이상 배당'을 요구하는데, 어차피 투자회사 등의 소득은 청산에 이르기까지 언젠가는 그 주주 등에게 배분되기 때문에 위 판결에 따를 경우 '배당가능이익의 90% 이상 배당'의 요건은 항상 충족되게 되므로, 위 요건이 무의미하게 되는 문제점이 있다. ④ 한편, 투자회사 등은 인적·물적 시설이 없는 도관이므로, 배당이 행해진 시점에 관계없이 배당된 이익잉여금이 존재한 시점으로 소급하여 해당 사업연도의 소득을 공제해주어야 한다는 견해가 있을 수 있다. 그러나 투자회사 등이 세법적 의미의 '도관'에 해당한다고 보기 위해서는, 단지 별도의 인적·물적 시설을 갖추지 못한 것만으로 족하지 않고, 투자회사 등의 소득이 발생한 직후 주주 등에게 분배되어 그 주주 등의 소득으로 과세됨으로써 마치 세법상 그 법인이 존재하지 않는 것과 같은 결과가 되어야 할 것이다. 만일 투자회사 등이 획득한 소득을 곧바로 배당하지 않고 상당한 기간 유보함으로써 그 주주 등이 과세되지 않게 하고, 사후적 배당결의 및 소득공제신청에 의하여 자신도 과세되지 않게 한다면, 그러한 투자회사 등을 세법상 도관으로 보기 어렵다.

따라서 투자회사 등의 배당에 대한 소득공제시기는, 과세이연의 효과가 생기지 않거나 최소화되도록 주주의 배당소득이 과세되는 시점과 최대한 근접하게 정하는 것이 합리적이다. 대법원 2015. 12. 23. 선고 2012두16299 판결도, 유동화전문회사의 사원에 대한 배당소득의 귀속시기를 판단할 때, 유동화전문회사 단계의 소득공제 시점과 구성원 단계의 소득과세 시점을 일치시킬 필요가 있다는 점을 고려하였다.

그러므로 해석론 또는 입법론으로, 투자회사 등이 소득공제를 적용받고자 하는 사업연도의 통상적 법인세 신고기간에 소득공제신청서를 제출하도록 함으로써, 배당이 소득공제신청서가 제출된 직전 사업연도의 소득에서 공제되도록 할 필요가 있다. 그리고 배당 및 소득공제신청서의 제출이 나중에 행해져서 투자회사 등이 그 소득이 발생한 사업연도에 소득공제를 적용받지 못하고 과세된 경우, 그 주주 등의 단계에서 수입배당금액의 익금불산입 등 이중과세 조정을 해주어야 할 것이다.

(3) 주주가 배당에 대하여 과세될 것

투자회사 등의 배당액 소득공제는 그 배당액이 장차 주주 단계에서 과세될 것을 전제로 하므로, 그 주주 등에 대한 소득세 또는 법인세가 법인세법 또는 조특법에 따라 비과세되는 경우에는, 배당액의 소득공제가 인정되지 않는다(법 51조의2 2항 1호).[196]

(4) 소득공제의 신청

배당액의 소득공제를 적용받으려는 법인은 과세표준신고와 함께 소득공제신청서에 해당 배당소득에 대한 실질귀속자별 명세를 첨부하여 관할 세무서장에게 제출하여야 한다(법 51조의2 3항, 시행령 86조의3 9항 본문).

3-2-3. 소득공제의 효과

(1) 소득공제의 시기

투자회사 등이 지급한 배당액은, 해당 배당을 결의한 잉여금 처분의 대상이 되는 사업연도의 소득에서 공제된다(법 51조의2 1항).[197]

(2) 초과배당금액의 이월공제

배당의 소득공제는 그 대상이 되는 사업연도에 관하여는 소득금액의 범위에서 인정된다. 배당금액이 해당 사업연도의 소득금액을 초과하는 경우, 그 초과하는 금액(초과배당금액)은, 해당 사업연도의 다음 사업연도 개시일부터 5년 이내에 끝나는 각 사업연도로 이월하여 그 이월된 사업연도의 소득금액에서 공제될 수 있다(법 51조의2 4항).[198][199]

3-3. 원천징수 등

투자회사 등이 국외의 자산에 투자하여 얻은 소득에 대하여 납부한 외국법인세액에 관

---

196) 다만, 배당을 받은 주주 등이 동업기업 과세특례를 적용받는 동업기업이고 그 동업자들에 대하여 조특법 제100조의18 제1항에 따라 배분받은 배당에 해당하는 소득에 대한 소득세 또는 법인세가 전부 과세되는 경우는, 그렇지 않다(법 51조의2 2항 1호 단서).

197) 가령 법인이 20×2. 3.에 20×1 사업연도(20×1. 1. 1.~20×1. 12. 31.)를 결산하는 주주총회를 개최하여 배당을 결의한 경우, 그 배당액은 20×1 사업연도의 소득금액에서 공제되어야 한다.

198) 종전의 법인세법은, 법인의 배당액 중 해당 사업연도의 소득금액을 초과하는 금액은 없는 것으로 간주하였으나(시행령 86조의3 8항), 2022. 12. 31. 개정된 법인세법은 초과배당금액의 이월공제를 인정하였다.

199) 위 경우 이월된 초과배당금액은 다음의 방법에 따라 공제된다(법 51조의2 5항).
① 이월된 초과배당금액을 해당 사업연도의 배당금액보다 먼저 공제할 것
② 이월된 초과배당금액이 둘 이상인 경우 먼저 발생한 초과배당금액부터 공제할 것

하여는 별도의 특칙이 있다(법 57조의2, 시행령 94조의2).[200] 다만, 자본시장법상 기관전용 사모집합투자기구와 부동산투자회사법상 자기관리 부동산투자회사는 그 적용대상에 포함되지 않는다.

(1) 원천징수

투자회사 등(기관전용 집합투자기구는 제외한다)에게 이자 등을 지급하는 자는 원천징수의무를 부담하지 않는다(법 73조 1항, 시행령 111조 1항 4호). 소득세법 제46조 제1항에 따른 채권 등 또는 투자신탁의 수익증권('원천징수대상채권 등')을 타인에게 매도하는 경우, 투자회사 등의 원천징수대상채권 등에 대한 보유기간 이자 상당액은 원천징수대상이 아니다(법 73조의2 2항, 시행령 113조 4항 2호). 이는 투자회사 등의 소득에 대한 이중과세를 제거해주기 위한 것이다.

투자회사 등이 내국법인인 주주 등에게 배당을 지급하는 경우에는 원천징수의무가 없고(법 73조 1항의 반대해석),[201] 외국법인, 거주자 또는 비거주자인 주주 등에게 배당을 지급하는 경우에는 원천징수의무가 있다(법 98조 1항 2호, 소득세법 127조 1항 2호).[202]

(2) 연결납세방식의 적용제외

투자회사 등은 연결납세방식을 적용받을 수 있는 연결가능모법인 또는 연결가능자법인에서 제외된다(법 76조의8 1항 1문, 시행령 120조의12 1항 3호, 2항).

(3) 성실신고확인서 등 제출의무의 배제

투자회사 등은 성실신고확인서 등의 제출의무를 부담하지 않는다(법 60조의2 1항 1호, 시행령 97조의4 2항).

---

200) 위 규정은 2024. 12. 31.까지 발생한 소득분에 대하여만 적용된다.

201) 이와 달리 투자신탁의 이익으로서 법인에게 귀속되는 것은 원천징수의 대상이다(법 73조 1항 2호).

202) 투자회사 등이 잉여금의 처분에 의한 배당을 결정한 날부터 3개월이 되는 날까지 개인 또는 외국법인인 주주 등에게 지급하지 않은 경우, 그 3개월이 되는 날에 배당소득을 지급한 것으로 간주되어 원천징수의무를 진다(소득세법 131조 1항, 시행령 137조 2항). 대법원 2015. 12. 23. 선고 2012두3255 판결은, 법인세법 시행령 제137조 제2항의 '이익 또는 잉여금의 처분에 의한 배당'에는 '재무제표상 배당가능이익을 초과하는 이익 또는 잉여금의 처분에 의한 배당'도 포함된다고 보아야 한다고 판단하였다. 1심 판결문에 의하면, 후자는 '세무조정에 따른 익금'의 배당을 의미한다(서울행정법원 2011. 4. 15. 선고 2010구합 12637 판결).

3-4. 투자회사 등의 주주 등에 대한 과세

3-4-1. 소득의 분류

(1) 투자회사로부터 배당받은 금액

거주자·비거주자 또는 내국법인·외국법인이 투자회사 등으로부터 배당받는 금액은 모두 배당소득으로 과세된다(소득세법 17조 1항 1호, 119조 2호 나목, 시행령 11조 11호, 법 93조 2호 나목).[203]

(2) 투자회사 주식 등의 양도소득

거주자가 투자회사 등의 주식 등으로서 ① 소득세법 제94조 제1항 제3호에 해당하는 것을 양도하여 얻은 소득은 양도소득으로 과세되고(소득세법 94조 1항 3호, 소득세법 시행령 26조의2 5항 1호), ② 소득세법 시행령 제26조의2 제5항에 해당하는 것을 양도하여 얻은 소득은 배당소득으로 과세된다(소득세법 시행령 26조의2 5항).[204]

비거주자 또는 **외국법인**이 투자회사 등의 주식 등으로서 ① 증권시장에 상장되지 않은 부동산주식 등을 양도하여 얻은 소득은 국내원천 부동산등양도소득에 해당하고(소득세법 119조 9호 나목, 법 93조 7호 나목), ② 소득세법 시행령 제26조의2 제5항에 해당하는 것을 양도하여 얻은 소득은 국내원천 배당소득으로 과세되며(소득세법 119조 2호, 17조 1항 5호, 소득세법 시행령 26조의2 5항, 법 93조 2호),[205] ③ 그 외의 일정한 주식 등을 양도하여 얻은 소득은 국내원천 유가증권양도소득에 해당할 수 있다(소득세법 119조 11호, 법 93조 11호).

3-4-2. 주주 등의 배당소득에 대한 과세

(1) 배당의 귀속시기

투자회사 등의 주주 등이 받은 배당은, 투자회사 등의 잉여금처분결의일이 속하는 사업연도의 익금에 속한다(시행령 70조 2항 본문, 소득세법 시행령 46조 2호).[206] 유동화전문회사가

---

203) 거주자가 투자회사 등으로부터 배당을 받은 경우, 투자회사 등은 법인이므로, 투자회사 등으로부터의 이익은 ① 투자회사 등이 소득세법 시행령 제26조의2 제1항의 요건을 갖춘 경우, 배당소득으로 과세되고(소득세법 17조 1항 5호), ② 그러한 요건을 갖추지 못한 경우에도 배당소득으로 과세된다(소득세법 시행령 26조의2 3항 2호).

204) 2025. 1. 1.부터는, 개인이 투자회사 등의 주식 등을 환매·양도하여 발생한 소득은, 그 주식 등이 소득세법 제94조 제1항 제4호의 기타 자산에 해당하지 않는 한, 금융투자소득으로 과세된다(소득세법 87조의6 1항 1호).

205) 2025. 1. 1.부터는 비거주자 또는 외국법인이 투자회사 등의 주식 등을 환매·양도하여 발생한 소득은 국내원천 배당소득으로 과세된다(소득세법 119조 2호 다목, 87조의6 1항 4호, 법 93조 2호 다목).

206) 금융회사 등이 금융채무불이행자의 신용회복 지원과 채권의 공동추심을 위하여 공동으로 출자하여 설

사원에 대한 잉여금처분에 의한 배당결의를 하였으나, 정관상 유동화증권 원리금을 상환한 후 배당금을 지급하도록 정해져 있어서 잉여금처분결의일이 속하는 사원의 사업연도에 현실적 지급을 하지 못한 경우에도, 그 사원이 가지는 배당금채권의 수입시기는 유동화전문회사의 잉여금 처분결의일이다.[207)208)] 한편, 위 경우 사원인 법인이 유동화전문회사의 배당결의에 따른 배당금을 즉시 지급받지 않은 것은 정당한 사유가 있으므로, 인정이자의 계산대상에 해당하지 않는다.[209)]

(2) 이중과세조정의 배제

투자회사 등이 지급하는 배당금액에 대한 소득공제가 인정되어 투자회사 등 단계에서 과세되지 않는 경우, 주주에게 배당금액을 과세하더라도 이중과세가 발생하지 않으므로, ① 개인 주주의 배당세액공제가 인정되지 않고(소득세법 17조 3항, 56조), ② 법인 주주의 수입배당금액의 익금불산입도 인정되지 않는다(법 18조의2 2항 3호).

3-4-3. 투자회사·투자신탁 등이 외국에 납부한 세액의 처리

투자회사나 투자신탁 등이 국외자산에 투자하여 얻은 소득에 관하여 외국에 납부한 세액이 있는 경우, 외국납부세액공제를 활용하기 어렵거나 적용받을 수 없는 문제점이 있다. 이를 해소하기 위하여, 종래의 법인세법은 투자회사와 투자신탁 등에 대하여 외국에 납부한 세액을 일정한 범위에서 환급해주는 특례를 인정하였다(법 57조의2).[210)]

그런데 위 제도에도 여러 문제점이 있었기 때문에 2025. 1. 1.부터 시행되는 법인세법은,

립한 유동화전문회사로부터 수입하는 배당금은 실제 지급받은 날이 속하는 사업연도의 익금에 산입된다(시행령 70조 2항 단서).

207) 대법원 2015. 12. 23. 선고 2012두16299 판결 : "구 법인세법 제51조의2 제1항 제1호는 자산유동화에 관한 법률에 따른 유동화전문회사가 배당가능이익의 100분의 90 이상을 배당하는 등 일정한 요건을 갖춘 경우 소득공제의 특례를 정함으로써 유동화전문회사 단계에서 법인세를 부과하지 않는 대신 주주 등의 구성원 단계에서 소득과세를 하도록 규정하므로, 유동화전문회사 단계의 소득공제 시점과 구성원 단계의 소득과세 시점을 일치시킬 필요가 있다. 만약 유동화전문회사의 구성원이 유동화자산을 직접 취득하였을 경우 그에 관한 소득이 귀속되는 시점에 과세될 것임에도 유동화전문회사를 통하였다는 이유만으로 배당금을 현실로 수령하는 시점에 과세하여야 한다고 본다면, 소득의 인식시기를 과도하게 이연시키는 결과를 초래하게 된다."

208) 이준봉, "유동화거래의 과세에 관한 연구", 서울대학교 법과대학원 박사학위논문(2012), 324쪽 ; 정광진, 유동화전문회사에 대한 미수배당금의 법인세법상 익금귀속시기, 대법원판례해설 제106호(2016), 91~108쪽 ; 위 사건에서 만일 유동화전문회사에 대하여는 배당결의가 있었던 사업연도에 배당결의금액의 소득공제를 인정하고 그 사원에 대하여는 실제로 배당을 지급받은 과세기간에 비로소 과세한다면 위 두 기간의 사이에는 배당금액에 대하여 누구도 과세되지 않는 상황이 발생할 것이다.

209) 대법원 2013. 7. 11. 선고 2011두16971 판결

210) 상세한 내용에 관하여는 제5장 제2절 2-1-4. 참조

투자회사나 투자신탁 등의 간접투자외국법인세액을 투자회사나 투자신탁 등이 내국법인에게 투자신탁이익을 지급할 때 원천징수할 세액 및 내국법인의 소득금액에 대한 산출세액에서 각각 빼도록 규정한다(2025. 1. 1.부터 시행되는 법 73조 2항, 57조의2).

보칙

제8장

법인설립신고와 주주등에 관한 자료의 제출

(1) 법인설립신고와 사업자등록

법인은, 그 설립등기일(법인과세 신탁재산의 경우에는 설립일)부터 2개월 이내에, 법인설립신고서에 주주등의 명세서, 본점 등의 등기에 관한 서류, 정관 등을 첨부하여 관할 세무서장에게 신고하여야 한다(법 109조 1항 전문).[1][2] 법인이 법인세법 제111조에 따라 사업자등록을 한 때에는 법인설립신고를 한 것으로 본다(법 109조 1항 후문).

신규로 사업을 시작하는 법인은, 사업장마다 당해 사업의 개시일부터 20일 내에 사업자등록신청서를 관할 세무서장에게 제출하여야 한다(법 111조 1항 1문, 시행령 154조 1항).[3] 부가가치세법에 따라 사업자등록을 한 사업자는 그 사업에 관하여 위 등록을 한 것으로 본다(법 111조 2항). 따라서 법인세법에 의한 사업자등록은 사실상 부가가치세 면세사업을 하는 법인에 국한될 것으로 보인다. 법인세법에 따라 사업자등록을 하는 법인에 대하여는 부가가치세법 제8조를 준용한다(법 111조 3항). 법인이 법인 설립신고를 한 경우에는 위 사업자등록신청을 한 것으로 본다(법 111조 4항).

(2) 주주명부 등의 작성 · 비치

주식회사와 유한회사는, 주주나 사원의 성명 · 주소 및 주민등록번호(법인인 주주나 사원은 법인명과 법인 본점 소재지 및 사업자등록번호) 등 대통령령으로 정하는 사항이 적

---

1) 주주등의 명세서를 제출하여야 하는 법인이 이를 제출하지 않거나, 주주등의 명세의 전부 또는 일부를 누락한 명세서를 제출한 경우 또는 제출한 명세서가 대통령령으로 정하는 불분명한 경우에 해당하는 경우에는, 일정한 가산세를 설립일이 속하는 사업연도의 법인세액에 더하여 납부하여야 한다(법 75조의2 1항).
2) 위와 같이 신고한 법인설립신고서 및 그 첨부서류의 내용이 변경된 경우, 법인은 그 변경사항이 발생한 날부터 15일 이내에 그 변경된 사항을 관할 세무서장에게 신고하여야 한다(법 109조 3항).
3) 법인이 법인 설립신고를 하기 전에 등록하는 때에는 주주등의 명세서를 제출하여야 한다(법 111조 1항 2문).

힌 주주명부나 사원명부를 작성하여 갖추어 두어야 한다(법 118조).[4]

(3) 주식등변동상황명세서의 제출

사업연도 중에 주식등의 변동사항이 있는 법인은 과세표준 신고기한까지 주식등변동상황명세서를 관할 세무서장에게 제출하여야 한다(법 119조 1항).[5][6][7] 합명회사·합자회사도 그 사원이 변경된 경우 주식등변동상황명세서의 제출의무가 있다.

다음의 주식 등에 대하여는 주식등변동상황명세서의 제출에 관한 규정이 적용되지 않는다(법 119조 2항).

①　주권상장법인으로서 해당 사업연도 중 주식의 명의개서 또는 변경을 취급하는 자를 통하여 1회 이상 주주명부를 작성하는 법인(시행령 161조 2항) : 지배주주(그 특수관계인을 포함한다) 외의 주주 등이 소유하는 주식 등

②　그 외의 법인 : 해당 법인의 소액주주가 소유하는 주식 등

2 ▶ 장부의 비치 · 기장과 구분경리

(1) 장부의 비치 · 기장

법인은 장부를 갖추고 복식부기 방식[8]으로 장부를 기장하여야 하며, 장부와 관계있는 중요한 증명서류를 비치·보존하여야 한다(법 112조 본문). 법인은, 모든 거래에 관한 장부 및 증거서류를, 그 거래에 대한 과세표준 신고기한이 지난 날부터 5년간 보존하여야 한다(국세기본법 85조의3 2항 본문).[9][10]

---

4) 합명회사와 합자회사의 경우에는 사원의 성명 등이 정관의 절대적 기재사항이고 등기사항이고(상법 179조 3호, 180조 1호, 270조, 271조 1항), 누가 사원인지를 정관과 등기에 의하여 확인할 수 있으므로, 별도로 사원명부를 작성·비치하게 할 필요가 없다.

5) 주식등변동상황명세서에는 주식등의 실제소유자를 기준으로 주주등의 성명 등을 적어야 한다(시행령 161조 6항).

6) 다만, 조합법인 등[농업협동조합법에 따라 설립된 조합 등, 자본시장법에 따른 투자회사, 투자유한회사, 투자합자회사(기관전용 사모집합투자기구는 제외한다) 등]은 주식등변동상황명세서를 제출할 의무가 없다(법 119조 1항의 괄호 안, 시행령 161조 1항).

7) 주식등변동상황명세서를 제출하여야 하는 법인이 이를 제출하지 않거나 주식등의 변동사항을 누락한 명세서를 제출한 경우 또는 제출한 명세서가 대통령령으로 정하는 불분명한 경우에 해당하는 경우, 일정한 가산세를 해당 사업연도의 법인세액에 더하여 납부하여야 한다(법 75조의2 2항).

8) 복식부기에 의한 기장은, 법인의 재산과 자본의 변동을 빠짐없이 이중기록하여 계산하는 정규의 부기형식에 의하여 기장하는 것으로 한다(시행령 155조).

9) 다만, 국세기본법 제26조의2 제1항 제5호에 해당하는 경우에는 같은 호에 규정한 날까지 보존하여야 한다

법인이 장부의 비치·기장의무를 이행하지 않은 경우, ① 해당 사업연도의 법인세액에 일정한 가산세를 더하여 납부하여야 하고(법 75조의3 1항), ② 관할 세무서장 등은 법인의 소득금액을 추계할 수 있으며(법 66조 3항 단서), ③ 고의적으로 장부를 작성하지 않거나 비치하지 않는 행위는, 조세의 부과와 징수를 불가능 또는 현저하게 곤란하게 하는 적극적 행위로 평가되는 경우에는, 조세포탈죄를 구성할 수 있다(조세범 처벌법 3조 6항 5호).[11]

(2) 구분경리

(가) 구분경리의 의미

구분경리는 자산·부채 및 손익을 사업별로 각각 별개의 회계로 구분하여 기록하는 것을 말한다(법 113조).[12]

(나) 구분경리의 대상

① 자본시장법의 적용을 받는 법인

자본시장법의 적용을 받는 법인은, 각 사업연도의 소득금액을 계산할 때, 신탁재산에 속하는 소득과 그 밖의 소득을 각각 다른 회계로 구분하여 기록하여야 한다(법 113조 2항).

② 합병법인 및 분할신설법인 등

㉮ 다른 법인을 합병하는 법인 또는 분할합병의 분할신설법인 등은, 일정한 기간[13] 동안, 자산·부채 및 손익을 피합병법인 또는 분할법인으로부터 승계받은 사업에 속하는 것과 그 밖의 사업에 속하는 것으로 구분하여 각각 다른 회계로 기록하여야 한다(법 113조 3항 본문, 4항 본문).[14] 결손금이 있는 법인이 다른 법인의 사업을

(국세기본법 85조의3 2항 단서).

10) 법인은 장부와 증거서류의 전부 또는 일부를 전산조직을 이용하여 작성할 수 있다. 이 경우 그 처리과정 등을 대통령령으로 정하는 기준에 따라 자기테이프, 디스켓 또는 그 밖의 정보보존 장치에 보존하여야 한다(국세기본법 85조의3 3항).

11) 과세대상의 미신고나 과소신고와 아울러 수입이나 매출 등을 고의로 장부에 기재하지 아니하는 행위 등 적극적 은닉의도가 나타나는 사정이 덧붙여진 경우에는 조세의 부과와 징수를 불능 또는 현저히 곤란하게 만든 것으로 인정할 수 있다(대법원 2013. 9. 12. 선고 2013도865 판결).

12) 대법원 2002. 12. 10. 선고 2000두5968 판결은, 자산·부채 및 손익을 사업별로 구분경리하고 있다고 보기 위해서는, 자산·부채 및 손익을 그 용도나 발생원천 등에 따라 귀속되는 사업을 명백히 하고, 그에 따라 독립된 계정과목으로 구분하여 기장하는 등의 방법으로 어느 사업과 관련된 자산·부채 및 손익이 다른 사업과 명확히 구별되어 인식할 수 있는 정도에 이르러야 한다고 판단하였다.

13) 다음의 각 구분에 따른 기간을 말한다.
① 합병등기일 현재 결손금이 있는 경우 또는 피합병법인 또는 분할법인 등의 이월결손금을 공제받으려는 경우 : 그 결손금 또는 이월결손금을 공제받는 기간
② 그 밖의 경우 : 합병 또는 분할 후 5년간

14) 다만, 중소기업 간 또는 동일사업을 하는 법인 간에 합병 또는 분할합병하는 경우에는 회계를 구분하여 기록하지 않을 수 있다(법 113조 3항 단서, 4항 단서).

양수한 경우, 그 결손금을 공제받는 기간 동안 자산·부채 및 손익을, 양수한 사업에 속하는 것과 그 밖의 사업에 속하는 것으로 구분하여 각각 다른 회계로 기록하여야 한다(법 113조 7항 본문).[15]

㉯ 연결모법인이 연결법인이 아닌 다른 법인을 합병[16]한 경우에는, 일정한 기간[17] 동안, 자산·부채 및 손익을 피합병법인 또는 분할법인으로부터 승계받은 사업에 속하는 것과 그 밖의 사업에 속하는 것으로 각각 다른 회계로 구분하여 기록하여야 한다(법 113조 5항 본문).

㉰ 구분경리의 구체적 방법은 법인세법 시행규칙 제77조에 규정되어 있다. 구분경리 의무가 있는 법인은 법인세 신고 시에 소득구분계산서(시행규칙 별지 48호)를 제출하여야 한다.[18]

③ 법인세의 감면을 받는 법인

법률에 의하여 법인세가 감면되는 사업과 기타의 사업을 겸영하는 법인은, 법인세법 시행규칙 제76조 제6항 및 제7항을 준용하여 구분경리하여야 한다(시행규칙 75조 2항). 내국법인이 조특법에 따라 세액감면을 적용받는 사업과 그 밖의 사업을 겸영하는 경우, 대통령령으로 정하는 바에 따라 구분하여 경리하여야 한다(조특법 143조 1항).

④ 조특법상 세액공제 등을 적용받는 법인

조특법상 일정한 비용 등에 대한 세액공제 등을 적용받는 법인은 해당 항목을 구분경리하여야 한다(조특법 10조 4항).

---

15) 다만, 중소기업 간 또는 동일사업을 하는 법인 간에 사업을 양수한 경우에는 회계를 구분하여 기록하지 않을 수 있다(법 113조 7항 단서).
16) 연결모법인을 분할합병의 상대방 법인으로 하는 분할합병을 포함한다.
17) 다음의 각 구분에 따른 기간을 말한다.
　① 합병등기일 현재 결손금이 있는 경우 또는 피합병법인 또는 분할법인 등의 이월결손금을 공제받으려는 경우 : 그 결손금 또는 이월결손금을 공제받는 기간
　② 그 밖의 경우 : 합병 또는 분할 후 5년간
18) K-IFRS를 적용받는 법인은 보고부문(reportable segment)별로 당기손익을 보고하여야 하고[K-IFRS 1108호(IFRS 8) 영업부문 문단 23], 위와 같은 영업부문별 손익의 보고는 세법상 구분경리가 필요한 법인에 한정되지 않는다.

3 ▷ **기부금영수증의 발급명세의 작성 · 보관**

기부금영수증을 발급하는 법인[19]은, ① 기부자별 발급명세를 작성하여 발급한 날부터 5년간 보관하고, 관할 세무서장 등이 요청하는 경우 이를 제출하여야 하며(법 112조의2 1항, 2항 본문), ② 해당 사업연도의 기부금영수증 총 발급 건수 및 금액 등이 적힌 기부금영수증 발급합계표를, 일정한 기간 내에 관할 세무서장에게 제출하여야 한다(법 112조의2 3항). 다만, 법인이 전자기부금영수증을 발급한 경우에는, 위의 각 의무를 부담하지 않는다(법 112조의2 1항 내지 3항의 각 단서).

4 ▷ **지출증명서류의 작성 · 수취와 보관**

(1) 거래에 관한 증명서류의 보관

법인은 각 사업연도에 그 사업과 관련된 모든 거래에 관한 증명서류를 작성하거나 받아서 과세표준 신고기한이 지난 날부터 5년간 보관하여야 한다(법 116조 1항 본문).[20]

(2) 적격증명서류의 수취 · 보관 의무

법인이 일정한 사업자와 거래하는 경우에는 신용카드 매출전표 등 적격증명서류를 받아 보관하여야 한다(법 116조 2항 본문).[21]

(가) 적격증명서류를 수취하여야 하는 거래

법인이 ① 법인,[22] ② 부가가치세법상 사업자,[23] ③ 소득세법상 사업자 및 국내원천 부

---

19) 법인이 기부금영수증을 사실과 다르게 적어 발급(기부금액 또는 기부자의 인적사항 등 주요사항을 적지 않고 발급하는 경우를 포함한다)하거나, 기부금영수증의 발급일부터 5년간 기부자별 발급명세를 작성 · 보관하지 않은 경우, 일정한 가산세를 해당 사업연도의 법인세액에 더하여 납부하여야 한다(법 75조의4).

20) 다만, 각 사업연도 개시일 전 5년이 되는 날 이전에 개시한 사업연도에서 발생한 결손금을 각 사업연도의 소득에서 공제하려는 법인은, 해당 결손금이 발생한 사업연도의 증명서류를, 공제되는 소득의 귀속사업연도의 과세표준 신고기한부터 1년이 되는 날까지 보관하여야 한다(법 116조 1항 단서).

21) 법인이 사업과 관련하여 대통령령으로 정하는 사업자로부터 재화 또는 용역을 공급받고 증명서류를 받지 않거나 사실과 다른 증명서류를 받은 경우에는, 그 받지 않은 금액 또는 사실과 다르게 받은 금액(건별로 받아야 할 금액과의 차액을 말한다)의 100분의 2를 가산세로 해당 사업연도의 법인세액에 더하여 납부한다(법 75조의5 1항). 다만, 적격증명서류를 받지 않은 금액이 ① 기업업무추진비로서 손금불산입되는 경우, ② 적격증명서류의 수취대상이 아닌 경우에는 가산세가 적용되지 않는다(법 75조의5 2항).

22) 다만, 비영리법인(수익사업과 관련된 부분은 제외한다), 국가 및 지방자치단체, 금융보험업을 영위하는 법

동산소득 및 사업소득이 있는 비거주자[24]로부터 재화나 용역을 공급받고 그 대가를 지급하는 경우이어야 한다(시행령 158조 1항). 다만, 법인이 위와 같은 사업자와 거래하는 때에도 대통령령으로 정하는 경우에는 적격증명서류의 수취·보관의무가 없다(법 116조 2항 단서).

(나) 적격증명서류

적격증명서류는 ① 신용카드 매출전표(신용카드와 유사한 것으로서 대통령령으로 정하는 것을 사용하여 거래하는 경우 그 증명서류를 포함한다),[25] ② 현금영수증, ③ 세금계산서(부가가치세법 32조) 또는 ④ 계산서(법 121조, 소득세법 163조)를 말한다(법 116조 2항).[26]

(다) 가산세

법인이 사업과 관련하여 대통령령으로 정하는 사업자로부터 재화 또는 용역을 공급받고 증명서류를 받지 않거나 사실과 다른 증명서류를 받은 경우에는, 일정한 가산세를 해당 사업연도의 법인세액에 더하여 납부한다(법 75조의5 1항).[27]

---

5 현금영수증가맹점 가입·발급 의무 등

(1) 신용카드가맹점

신용카드가맹점은, 사업과 관련하여 신용카드에 의한 거래를 이유로 재화나 용역을 공급하고 그 사실과 다르게 신용카드 매출전표를 발급하여서는 안 된다(법 117조 2항 본문).[28]

인(금융·보험용역을 제공하는 경우에 한한다), 국내사업장이 없는 외국법인은 제외한다.
23) 다만, 읍·면지역에 소재하는 부가가치세법상 간이과세자로서 신용카드가맹점 또는 현금영수증가맹점이 아닌 사업자를 제외한다.
24) 다만, 국내사업장이 없는 비거주자를 제외한다.
25) 법인이 ① 신용카드업자로부터 교부받은 신용카드 및 직불카드 등의 월별이용대금명세서를 보관하고 있는 경우, ② 신용카드업자로부터 신용카드 및 직불카드 등의 거래정보를 전송받아 전사적자원관리시스템에 보관하고 있는 경우에는 신용카드매출전표를 수취하여 보관하고 있는 것으로 본다(시행령 158조 4항).
26) 법인이 현금영수증, 신용카드 매출전표, 국세청장에게 전송된 전자세금계산서 또는 계산서를 받은 경우에는, 이를 보관한 것으로 보아 별도로 보관하지 않을 수 있다(시행령 158조 5항).
27) 다만, 적격증명서류를 받지 않은 금액이 ① 기업업무추진비로서 손금불산입되는 경우, ② 적격증명서류의 수취대상이 아닌 경우에는 가산세가 적용되지 않는다(법 75조의5 2항).
28) 신용카드가맹점으로 가입한 법인이 신용카드에 의한 거래를 거부하거나, 신용카드 매출전표를 사실과 다르게 발급하여 관할 세무서장으로부터 통보받은 경우에는, 통보받은 건별 거부 금액 또는 신용카드 매출전표를 사실과 다르게 발급한 금액(건별로 발급하여야 할 금액과의 차액을 말한다)의 100분의 5(건별로 계산한 금액이 5,000원 미만이면 5,000원)를 가산세로 해당 사업연도의 법인세액에 더하여 납부하여야 한다(법 75조의6 1항).

신용카드가맹점으로 가입한 법인이 신용카드에 의한 거래를 거부하거나, 신용카드 매출전표를 사실과 다르게 발급하여 관할 세무서장으로부터 통보받은 경우에는, 일정한 가산세를 해당 사업연도의 법인세액에 더하여 납부하여야 한다(법 75조의6 1항).

(2) 현금영수증가맹점

주로 사업자가 아닌 소비자에게 재화나 용역을 공급하는 사업자로서 업종 등을 고려하여 대통령령으로 정하는 요건에 해당하는 법인은, 그 요건에 해당하는 날이 속하는 달의 말일부터 3개월 이내에 현금영수증가맹점으로 가입하여야 한다(법 117조의2 1항).

현금영수증가맹점은, 사업과 관련하여 재화와 용역을 공급하고 그 상대방이 대금을 현금으로 지급한 후 현금영수증 발급을 요청하는 경우, 이를 거부하거나 사실과 다르게 발급하여서는 안 된다(법 117조의2 3항 본문).[29] 대통령령으로 정하는 업종을 경영하는 법인은, 건당 거래금액(부가가치세액을 포함한다)이 10만 원 이상인 재화 또는 용역을 공급하고 그 대금을 현금으로 받은 경우에는, 상대방이 현금영수증 발급을 요청하지 않더라도, 대통령령으로 정하는 바에 따라 현금영수증을 발급하여야 한다(법 117조의2 4항 본문).[30]

현금영수증가맹점에 가입할 의무가 있는 법인이 현금영수증가맹점에 가입하지 않거나 그 가입기간이 지나서 가입한 경우, 현금영수증의 발급의무가 있는 법인이 현금영수증을 발급하지 않거나 사실과 다르게 발급한 경우에는, 일정한 가산세를 해당 사업연도의 법인세액에 더하여 납부하여야 한다(법 75조의6 2항).[31]

---

29) 다만, 현금영수증 발급이 곤란한 경우로서 대통령령으로 정하는 사유에 해당하는 경우에는 현금영수증을 발급하지 아니할 수 있고, 대규모점포 등 대통령령으로 정하는 사업자가 판매시점 정보관리시스템을 설치·운영하는 등 대통령령으로 정하는 방법으로 다른 사업자의 매출과 합산하여 현금영수증을 발급하는 경우에는 사실과 다르게 발급한 것으로 보지 않는다(법 117조의2 3항 단서).

30) 다만, 사업자등록을 한 자에게 재화나 용역을 공급하고 계산서·세금계산서를 발급한 경우에는 현금영수증을 발급하지 않을 수 있다(법 117조의2 4항 단서).

31) ① 종전에는 2018. 12. 31. 개정 전의 구 조세범 처벌법 제15조는 현금영수증의 발급의무 위반에 대하여 그 거래대금의 50%에 상당하는 과태료의 제재를 규정하였다.
   ② 이에 대하여 헌법재판소는 합헌결정을 하였다(2015. 7. 30. 2014헌바26 결정, 2017. 5. 25. 2017헌바57 결정, 2019. 8. 29. 2018헌바265 결정). 한편, 2014헌바26 및 2018헌바265 결정의 반대의견은, ㉮ 위 조항이 현금영수증 발급의무 위반과 관련한 구체적·개별적 사정을 고려하지 않고 오로지 미발급액만을 기준으로 일률적으로 정해진 액수의 과태료만을 부과하는바, 이는 질서위반행위규제법의 취지에 배치될 뿐만 아니라 책임원칙에 상응한 제재가 되기도 어려운 점, ㉯ 위 조항이 현금영수증 발급지연에 정당한 사유가 있는 경우에도 감면의 여지를 두지 않아서 필요 이상의 과잉제재로서 직업수행의 자유를 침해하는 점을 이유로, 위 조항을 위헌이라고 보았다.
   ③ 2018. 12. 31. 개정된 법인세법은 현금영수증 발급의무 위반에 대한 제재를 가산세로 규정하면서 그 산정비율을 종전의 구 조세범 처벌법 제15조에 규정된 비율보다 낮게 하였다.

6 　**지급명세서의 작성ㆍ발급 등**

　　법인에 이자소득 또는 배당소득을 지급하는 자는, 소득세법 제164조, 소득세법 시행령 제213조, 제214조를 준용하여 관할 세무서장에게 지급명세서를 제출하여야 한다(법 120조 1항 전문, 시행령 162조 본문).[32)33)] 이 경우 자본시장법의 적용을 받는 법인의 신탁재산에 귀속되는 소득은, 그 법인에 소득이 지급된 것으로 보아 해당 소득을 지급하는 자는 지급명세서를 지출하여야 한다(법 120조 1항 후문). 내국법인에게 이자소득 또는 배당소득을 지급하는 자는, 법인세법 시행령 제162조 단서에 해당하지 않는 한, 그 지급의 상대방이 법인세 납세의무를 지는지 여부에 관계없이, 지급명세서를 제출할 의무가 있다.[34)]

7 　**매입처별 세금계산서합계표 등의 제출**

　　부가가치세법 및 조특법에 따라 부가가치세가 면제되는 사업을 하는 법인은, 재화나 용역을 공급받고 세금계산서를 발급받은 경우에는, 대통령령으로 정하는 기한까지 매입처별 세금계산서합계표를 관할 세무서장에게 제출하여야 한다(법 120조의3 1항 본문).[35)]

　　법인이 재화나 용역을 공급하면 대통령령으로 정하는 바에 따라 계산서나 영수증을 작성하여 공급받는 자에게 발급하여야 한다(법 121조 1항 전문). 법인은 발급하였거나 발급받은 계산서의 매출ㆍ매입처별 합계표를 대통령령으로 정하는 기한까지 관할 세무서장에게 제출하여야 한다(법 121조 5항 본문).[36)37)]

---

32) 다만, 다음 각 소득에 대하여는 지급명세서를 제출하지 않을 수 있다(시행령 162조 단서).
　① 법인세법 시행령 제111조 제1항 각 호의 금융회사 등에 지급하는 이자소득(같은 항에 따라 원천징수대상이 되는 경우는 제외한다)
　② 한국예탁결제원이 증권회사 등 예탁자에게 지급하는 법인세법 제16조 제1항에 따른 소득
33) 지급명세서의 제출의무가 있는 자가 그 명세서를 기한까지 제출하지 않거나, 제출된 명세서가 대통령령으로 정하는 불분명한 경우에 해당하거나 제출된 명세서에 기재된 지급금액이 사실과 다른 경우에는, 일정한 가산세를 해당 사업연도의 법인세액에 더하여 납부하여야 한다(법 75조의7).
34) 법원은, 경남개발공사가 주주인 경상남도에게 배당금을 지급하고, 지급명세서를 제출하지 않은 사건에서, 경상남도는 지방자치단체로서 법인세 납세의무가 없지만(구 법인세법 2조 3항), 경남개발공사는 지급명세서 제출의무가 있다고 판단하였다. 부산고등법원(창원) 2018. 10. 31. 선고 2018누10821 판결, 대법원 2019. 2. 28. 선고 2018두62997 판결(심리불속행)
35) 법인이 매입처별 세금계산서합계표를 그 제출기한까지 제출하지 않은 경우 또는 제출한 매입처별 세금계산서합계표에 대통령령으로 적어야 할 사항을 적지 않았거나 사실과 다르게 적은 경우, 일정한 가산세를 해당 사업연도의 법인세액에 더하여 납부하여야 한다(법 75조의8 1항 1호).
36) 법인이 발급한 계산서에 대통령령으로 정하는 적어야 할 사항을 적지 않거나 사실과 다르게 적은 경우,

해외법인 및 해외투자 등에 관한 자료의 제출

(1) 해외직접투자 등에 관한 자료의 제출

해외직접투자(외국환거래법 3조 1항 18호)를 한 법인은, 사업연도 종료일이 속하는 달의 말일부터 6개월 이내에, 해외직접투자명세 등을 대통령령으로 정하는 바에 따라 관할 세무서장에게 제출하여야 한다(국조법 58조 1항 1문).[38]

자본거래(외국환거래법 3조 1항 19호) 중 외국에 있는 부동산이나 이에 관한 권리("**해외부동산 등**")를 취득하여 보유하거나 처분한[39] 법인은, 사업연도 종료일이 속하는 달의 말일부터 6개월 이내에, 해외부동산 등 명세를 대통령령으로 정하는 바에 따라 관할 세무서장에게 제출하여야 한다(국조법 58조 2항).

해외직접투자명세 등 또는 해외부동산 등 명세를 제출할 의무가 있는 법인이 이를 제출하지 않거나 거짓된 해외직접투자 명세 등 또는 해외부동산 등 명세를 제출한 경우 과태료에 처해진다(국조법 91조 1항, 2항).

(2) 국제거래명세서 등의 제출

대통령령으로 정하는 요건에 해당하는 법인은 일정 기간 내에 관할 세무서장에게 통합기업보고서, 개별기업보고서 또는 국가별보고서를 제출하여야 한다(국조법 16조 1항).[40]

국외특수관계인과 국제거래를 하는 법인[41]은, 국제거래명세서·요약손익계산서·정상가격 산출방법 신고서를, 사업연도 종료일이 속하는 달의 말일부터 6개월 이내에 관할 세

매출·매입처별 계산서합계표를 그 제출기한까지 제출하지 않은 경우 또는 그 합계표에 대통령령으로 정하는 적어야 할 사항을 적지 않거나 사실과 다르게 적은 경우 등에는, 일정한 가산세를 해당 사업연도의 법인세액에 더하여 납부하여야 한다(법 75조의8 1항 2 내지 4호).

37) 법인이 다른 법인 또는 소득세법 제168조에 따라 사업자등록을 한 사업자로부터 재화 또는 용역을 공급받았으나, 그 다른 법인 또는 사업자의 부도·폐업, 공급 계약의 해제·변경 또는 그 밖에 대통령령으로 정하는 사유로 계산서를 발급받지 못한 경우, 관할 세무서장의 확인을 받아 계산서(매입자발행계산서)를 발행할 수 있다(법 121조의2). 위 규정은 2023. 7. 1.부터 시행된다.

38) 내국법인이 사업연도 중 해외직접투자의 대상인 외국법인의 주식 또는 출자지분을 양도하거나 외국법인이 청산하여 해외직접투자에 해당하지 않게 되는 경우에도 같다(국조법 58조 1항 2문).

39) 해외부동산 등의 취득가액 또는 처분가액이 2억 원 이상인 경우이어야 한다.

40) 과세당국은 대통령령으로 정하는 바에 따라 정상가격조정 규정을 적용하기 위하여 필요한 거래가격 산정 방법 등의 관련 자료를 제출할 것을 법인에게 요구할 수 있다(국조법 16조 4항). 국제거래명세서 또는 국제거래정보통합보고서를 제출할 의무가 있는 자 또는 과세당국으로부터 자료제출을 요구받은 자가, 정당한 사유 없이 자료를 기한까지 제출하지 않거나 거짓의 자료를 제출하는 경우에는, 1억 원 이하의 과태료를 부과한다(국조법 87조 1항).

41) 통합기업보고서 및 개별기업보고서를 제출하여야 하는 납세의무자는 제외한다.

무서장에게 제출하여야 한다(국조법 16조 2항).[42]

(3) 특정외국법인에 대한 자료의 제출

특정외국법인 유보소득의 배당간주규정의 적용대상인 법인은, 대통령령으로 정하는 바에 따라 특정외국법인의 재무제표, 법인세 신고서 및 부속서류, 유보소득 계산 명세서, 그밖에 대통령령으로 정하는 서류를 관할 세무서장에게 제출하여야 한다(국조법 34조).[43]

(4) 해외금융계좌의 신고의무

해외금융회사에 개설된 해외금융계좌를 보유한 법인 중에서 해당 연도의 매월 말일 중어느 하루의 보유계좌잔액(보유계좌가 복수인 경우에는 각 계좌잔액을 합산한다)이 대통령령으로 정하는 금액을 초과하는 자는, 해외금융계좌정보를 다음 연도 6월 1일부터 30일까지 관할 세무서장에게 신고하여야 한다(국조법 53조 1항). 해외금융계좌 관련자(실지명의에 의하지 않은 계좌 등 그 계좌의 명의자와 실질적 소유자가 다른 경우에는 명의자 및 실질적 소유자를, 공동명의 계좌인 경우에는 공동명의자 각각을 말한다)는 해당 계좌를 각각 보유한 것으로 본다(국조법 53조 2항).[44]

해외금융계좌정보의 신고의무자가 신고기한 내에 해외금융계좌정보를 신고하지 않거나 과소 신고한 경우에는, ① 위반금액[45]의 20% 이하에 상당하는 과태료가 부과되고(국조법 90조 1항), ② 위반금액이 50억 원을 초과하는 때에는, 2년 이하의 징역 또는 신고의무 위반금액의 13% 이상 20% 이하에 상당하는 벌금에 처해진다(조세범 처벌법 16조 1항 본문).

---

42) 다만, 대통령령으로 정하는 요건에 해당하는 경우 국제거래명세서, 국외특수관계인의 요약손익계산서 및 정상가격 산출방법 신고서의 제출이 면제된다(국조법 16조 2항 단서).

43) 특정외국법인의 유보소득 계산 명세서를 제출하여야 하는 법인이 이를 제출하지 않거나 제출한 명세서가 대통령령으로 정하는 불분명한 경우에 해당하는 경우에는, 해당 특정외국법인의 배당가능한 유보소득금액의 0.5%를 가산세로 납부하여야 한다(법 75조의9 1항).

44) 국조법 제34조 제4항의 실질적 소유자는, 해당 계좌의 명의와 관계없이 해당 계좌와 관련한 거래에서 경제적 위험을 부담하거나 이자·배당 등의 수익을 획득하거나 해당 계좌를 처분할 권한을 가지는 등 해당 계좌를 사실상 관리하는 자[내국인이 외국법인의 의결권 있는 주식의 100%를 직접 또는 간접으로 소유(내국인과 국세기본법 제20호 가목 또는 나목의 관계에 있는 자가 직접 또는 간접으로 소유한 주식을 포함한다)한 경우 그 내국인을 포함하되, 조세조약의 체결 여부 등을 고려하여 기획재정부장관이 정하는 경우에는 그렇지 않다]로 한다(국조법 시행령 50조 5항 본문). 대법원 2020. 3. 12. 선고 2019도11381 판결은, 위 괄호 안의 내용 중 완전자회사인 외국법인에 관한 부분이 구 국조법 제34조 제6항의 위임범위를 일탈하지 않았다고 보았다.

45) 신고를 하지 않은 경우에는 미신고 금액, 과소 신고한 경우에는 실제 신고한 금액과 신고하여야 할 금액의 차액

9　질문·조사 등

　법인세에 관한 사무에 종사하는 공무원은, 그 직무수행에 필요한 경우에는, ① 납세의무자 또는 납세의무가 있다고 인정되는 자, ② 원천징수의무자, ③ 지급명세서 제출의무자 및 매출·매입처별 계산서합계표 제출의무자, ④ 위 ①에 해당하는 자와 거래가 있다고 인정되는 자, ⑤ 납세의무자가 조직한 동업조합과 이에 준하는 단체, ⑥ 기부금영수증을 발급한 법인에 대하여 질문하거나 해당 장부·서류 또는 그 밖의 물건을 조사하거나 그 제출을 명할 수 있다(법 122조 전문).

　국세청장은, 특수관계인 및 지배주주 등의 판단을 위하여 필요한 경우에는 법원행정처장에게 가족관계의 등록 등에 관한 법률 제11조 제4항에 따른 등록전산정보자료를 요청할 수 있다(법 122조의2 전문).

제 **3** 편

내국영리법인의 자본거래

제1장

자본거래 총론

1 　자본 및 자본거래의 정의

1-1. 회계기준

(1) K-IFRS

자본(equity)은 기업의 자산에서 모든 부채를 차감한 후의 잔여지분(residual interest)이다[개념체계 문단 4.4(3)]. 납입자본과 적립금(equity capital and reserves)은 자본금(paid-in capital), 주식발행초과금(share premium), 적립금(reserves) 등과 같이 다양한 분류로 세분된다.[1] 자산의 유입이나 증가 또는 부채의 감소에 따른 자본의 증가 중 지분참여자의 출연(contributions)과 관련된 것은 수익(income)에서 제외된다.[2]

(2) 일반기업회계기준

자본은 기업실체의 자산 총액에서 부채 총액을 차감한 잔여액 또는 순자산으로서 기업실체의 자산에 대한 소유주의 잔여청구권이다.[3] 자본은 자본금, 자본잉여금, 자본조정, 기타포괄손익누계액, 이익잉여금으로 분류된다.[4] 자본금은 법정자본금(발행주식의 액면총액, 상법 451조 1항)이다. 자본잉여금은 주주와의 자본거래에서 발생하여 자본을 증가시키는 잉여금이고, 주식발행초과금, 자기주식처분이익, 감자차익 등이 포함된다. 자본조정은 최종 납입된 자본으로 볼 수 없거나 자본의 가감 성격으로 자본금이나 자본잉여금으로 분류할 수 없는 항목으로서, 주식할인발행차금, 주식선택권, 감자차손 등이 포함된다.

---

1) K-IFRS 1001호 문단 78(5)
2) K-IFRS 1115호 부록 A. 용어의 정의
3) 일반기업회계기준 재무회계개념체계 문단 104, 15장(자본) 문단 15.2
4) 일반기업회계기준 2장(재무제표의 작성과 표시 Ⅰ) 문단 2.29~2.33

자본거래는 소유주의 투자와 소유주에 대한 분배로 구성되고,[5] 일정 기간 동안 인식한 자본의 변동 중 포괄이익[6]을 제외한 것이다.[7]

1-2. 상법

주식회사의 자본금은 원칙적으로 발행주식의 액면총액이다(상법 451조 1항).[8] 액면주식의 금액은 균일하여야 하고, 1주의 금액은 100원 이상이어야 한다(상법 329조 2, 3항).[9] 회사는 자본잉여금을 K-IFRS, 일반기업회계기준 등에 따라 자본준비금으로 적립하여야 한다(상법 459조 1항, 상법 시행령 18조, 15조). 자본금과 자본준비금 등은 배당가능이익을 계산할 때 회사의 순자산액에서 공제됨으로써(상법 462조 1항) 회사의 재산을 회사 내에 유보하여 채권자를 보호하는 기능을 한다.

1-3. 세법

세법상 자본거래는 ① 주주 등 출자자의 법인에 대한 출자와 ② 법인의 출자자에 대한 재산의 분배를 의미한다(법 15조, 17조, 19조, 20조).[10] 법인에 대한 출자의 방법으로는, 주주가 법인의 주식을 인수하여 직접 출자하는 것도 있고, 주주가 주식을 보유한 법인과 다른 법인 간의 합병 등을 통하여 그 다른 법인에 출자하는 것도 있다. 출자자에 대한 재산의 분배는 자본 또는 출자의 환급과 이익의 배분을 포함한다.

---

5) 일반기업회계기준 재무회계개념체계 문단 108, 110, 112
6) 포괄이익은, 자본의 변동 중 소유주와의 자본거래를 제외한 것으로서, 수익의 합계에서 비용의 합계를 차감하여 측정한다(일반기준 재무회계개념체계 문단 113).
7) 일반기업회계기준 재무회계개념체계 문단 107, 112
8) 회사가 무액면주식을 발행한 경우에는, 주식 발행가액의 2분의 1 이상의 금액으로서 이사회(상법 416조 단서에서 정한 주식발행의 경우에는 주주총회)에서 자본금으로 계상하기로 한 금액의 총액이다(상법 451조 2항).
9) 2009. 5. 개정 전의 구 상법은 주식회사의 최저 자본금을 5,000만 원으로 규정하였다(구 상법 329조 1항). 그러나 현행 상법에 의하면, 액면주식 1주의 금액은 100원 이상이면 되고(상법 329조 3항), 그 외에 자본금에 관한 규제는 없으며, 발기인은 1인이어도 되므로(상법 289조 1항), 1인의 발기인이 주식을 인수하여 자본금 100원인 회사를 설립하는 것도 가능하다[이철송, 회사법강의(2019), 46, 220, 228쪽].
10) 일본 법인세법 제22조 제5항은 '자본 등 거래'를 '법인의 자본금 등의 액의 증가 또는 감소를 생기게 하는 거래 및 법인이 실시하는 이익이나 잉여금의 분배 및 잔여 재산의 분배 또는 인도'로 정의한다.

2-1. 일반론

법인의 대표격인 주식회사는 주주들의 자본을 모아 집합적 투자를 수행하기 위하여 고안된 도구(vehicle)로서, 주주들을 대신하여 사업을 수행할 수 있도록 사법상 권리의무주체의 지위(법인격)가 부여된 것이다. 법인의 사업성과는 결국 주주들에게 이전되기 때문에 사업에 관한 종국적인 계산의 주체는 주주들이 된다. 따라서 주주와 법인 간의 출자 등 자본거래를 굳이 별개의 과세단위 간에 손익을 발생시키는 거래로 파악할 필요는 없다. 그리고 법인에 대한 출자를 법인의 익금으로, 법인의 배당을 그 손금으로 취급할 경우 다른 투자수단인 개인기업이나 동업체(조합)에 대한 세법상 취급과의 괴리가 커져 조세중립성의 관점에서 바람직하지 않다.

이러한 점을 고려하여 법인세법은 주주 등에 의한 자본 또는 출자의 납입을 법인의 익금으로 보지 않고(법 15조, 17조), 주주 등에 대한 자본 또는 출자의 환급, 잉여금의 처분을 법인의 손금으로 취급하지 않는다(법 19조 1항, 20조). 미국 세법[11]과 독일 세법[12] 및 일본 법인세법[13]도 출자를 법인의 수익으로 인식하지 않는다. 이러한 점에서 법인과 주주 간의 관계는 세법상 완전한 타인 간의 관계는 아니고, 법인의 독자적 과세실체로서의 성격은 주주에 대한 관계에서는 부분적으로 제한된다.

한편, 법인과 주주 간의 자본거래는 그 주주에 대하여는 손익을 발생시킬 수 있다.[14]

---

11) 미국 세법 제118조(a)는 자본에 대한 출자(contribution to the capital)를 법인의 총소득에 포함시키지 않고, 제1032조(a)는 회사가 주식[(기발행) 자기주식 포함]과 교환하여 받은 돈이나 다른 재산에 대하여 이익 또는 손실이 인식되지 않는다고 규정한다.

12) 독일 세법에 따르면, 주주 등의 출자(Einlage)로 인한 회사의 자산증가는 회사의 소득에서 제외된다[독일 소득세법 제4조 제1항 제1문("Gewinn ist der Unterschiedsbetrag zwischen dem Betriebsvermögen am Schluss des Wirtschaftsjahres und dem Betriebsvermögen am Schluss des vorangegangenen Wirtschaftsjahres, vermehrt um den Wert der Entnahmen und *vermindert um den Wert der Einlagen*.")]. 이는 회사의 사업활동을 통하여 얻어진 것이 아니기 때문이다. Tipke/Lang, 11장 문단 46, p.634

13) 일본 법인세법에 따르면, 자본 등 거래로 인한 수익은 법인의 익금에서 제외되고(일본 법인세법 22조 2항), 자본 등 거래로 인한 손실은 법인의 손금에서 제외된다(일본 법인세법 22조 3항 3호). '자본 등 거래'는 ① 법인의 자본금 등의 액의 증가 또는 감소를 일으키는 거래 및 ② 법인이 하는 이익 또는 잉여금의 분배 및 잔여재산의 분배 또는 인도를 말한다(일본 법인세법 22조 5항). '자본금 등'은 법인이 주주 등으로부터 출자받은 금액으로서 정령에 정하는 금액을 말하고(일본 법인세법 2조 16호), 이는 ① 법인이 주식의 발행 또는 자기주식의 양도로 납입받은 금액, 신주예약권의 행사에 따른 자기주식의 양도대금으로 납입된 금액 등의 합계액에서 ② 자본의 반환 및 자기주식의 취득대가 등을 뺀 금액이다(일본 법인세법 시행령 8조 1항).

14) 가령, 주주가 법인에게 자산의 현물출자를 한 경우 양도손익을 인식하여야 하고, 법인이 주주에게 지급하

따라서 자본거래로 인한 손익의 미인식은 법인에 대하여만 편면적으로 적용된다.

2-2. 익금불산입

2-2-1. 자본 또는 출자의 납입

법인에 대한 자본 또는 출자의 납입은 법인의 익금에 해당하지 않는다(법 15조, 17조[15]).
주식발행액면초과액은, 주식의 발행가액(납입된 주금액)이 주식의 액면가액(자본금증가액)을 초과하는 금액[16]을 뜻하고, 자본잉여금이므로 자본준비금으로 적립되어야 한다(상법 459조, 상법 시행령 18조, 15조[17]). 주주의 출자금액 중 주식발행액면초과액은 출자의 원본에 해당하므로, 법인의 익금에 산입되지 않는다(법 17조 1항 1호 본문).

채무의 **출자전환**으로 발행되는 주식의 시가와 액면가액의 차액은 주식발행액면초과액이다. 그리고 출자전환 시 주식의 발행가액(소멸하는 채무의 가액)과 주식의 시가의 차액은 채무면제익이지만[18](법 17조 1항 1호 단서, 시행령 11조 6호) 익금에 산입되지 않고 이월결손금 또는 이후에 발생할 결손금의 보전에 충당할 수 있다(법 18조 6호, 시행령 18조, 법 17조 2항, 시행령 15조 4항).

2-2-2. 주식의 포괄적 교환차익, 포괄적 이전차익

주식의 포괄적 교환차익은, 상법상 주식의 포괄적 교환에 따른 완전모회사의 자본금 증가의 한도액(상법 360조의7)[19]이 완전모회사의 자본금 증가액을 초과하는 경우 그 초과액을

는 배당은 법인의 손금이 아니지만, 주주의 배당소득에 해당한다.

15) 기업회계기준에서 수익은 개념상 자본거래로 인한 것을 포함하지 않는다(K-IFRS 개념체계 문단 4.25, 일반기준 개념체계 문단 113). 이러한 '수익'의 정의는 법인세법상 다른 규정이 없는 한 법인세법에서도 그대로 적용되어야 한다(법 43조). 법인세법 제17조 제1항은 종전에 자본거래로 인한 순자산증가를 '수익'이라고 표현하다가 2018. 12. 24. 개정되면서 '금액'으로 변경하였는데, 이는 위와 같은 사항을 고려한 것으로 보인다. 다만, 법인세법 제17조는 여전히 '자본거래로 인한 수익의 익금불산입'이라는 제목을 붙이고 있는데, 이를 '자본거래로 인한 순자산증가의 익금불산입'으로 고치는 것이 바람직하다. 이와 비슷한 취지의 견해로 한만수, "자본거래의 부당행위계산부인에 관한 연구", 저스티스 제91호(2006. 6.), 171쪽

16) 무액면주식의 경우에는 발행가액 중 자본금으로 계상한 금액(상법 451조 2항)을 초과하는 금액

17) K-IFRS는 납입자본과 적립금을 '자본금, 주식발행초과금, 적립금 등'과 같이 세분화하는 것으로 정할 뿐[1001호 재무제표 표시 문단 78(5)] 자본잉여금의 구체적 내용에 관하여 정하지 않는다. 일반기업회계기준은 자본잉여금은 '증자나 감자 등 주주와의 거래에서 발생하여 자본을 증가시키는 잉여금'이고, 주식발행초과금, 자기주식처분이익 등이 포함된다고 규정한다(2장 재무제표의 작성과 표시 문단 2.30).

18) 가령 주식의 발행가액(소멸하는 채무의 가액)이 150원이고, 발행주식의 액면금액이 100원, 시가가 120원인 경우, ① 주식의 액면금액 100원은 자본금, ② 주식의 시가와 액면금액의 차액 20원은 주식발행액면초과액, ③ 주식의 발행가액과 시가의 차액 30원은 채무면제익이다.

19) 완전모회사의 자본금 증가의 한도액은, '주식교환의 날에 완전자회사가 되는 회사에 현존하는 순자산액'

말한다(법 17조 1항 2호). 그리고 주식의 포괄적 이전차익은, 상법상 주식의 포괄적 이전을 한 경우 완전모회사의 자본금의 한도액(상법 360조의18)[20]이 완전모회사의 자본금을 초과 하는 경우 그 초과액을 말한다(법 17조 1항 3호). 주식의 포괄적 교환차익 및 이전차익은 실질적으로 주식발행액면초과액에 해당하므로, 법인세법은 이를 익금에서 제외한다.

2-2-3. 감자차익

감자차익은, 자본금 감소액이 주식의 소각, 주금(株金)의 반환에 든 금액 또는 결손의 보전(補塡)에 충당한 금액을 초과하는 경우 그 초과금액을 말한다(법 17조 1항 4호).[21]

자본금의 감소는, 법인의 재산을 주주에게 환급하기 위하여 하는 것(실질적 감자 또는 유상감자)과 재산의 환급을 수반하지 않는 것(형식적 감자 또는 무상감자)으로 나눌 수 있다. 후자는 주로 결손의 보전을 위하여 행해진다. 액면주식의 경우 자본금 감소의 방법으로는 ① 주식수를 감소시키는 방법(주식의 병합, 소각), ② 주식의 액면금액을 낮추는 방법이 있는데, 구체적 방법은 주주총회 결의[22]에 의하여 정해진다.

감자차익은 자본준비금으로 적립하여야 한다(상법 459조, 상법 시행령 18조, 15조, 일반기준 2장 문단 2.30). 감자차익은 자본계정 내에서 자본금이 자본준비금으로 대체된 것에 불과하고 법인의 순자산을 증가시키지 않으므로 익금이 아니다(법 17조 1항 4호).

에서 '그 회사의 주주에게 제공할 금전 등 및 주식교환계약서에 따라 이전하는 자기주식의 장부금액의 합계액'을 뺀 금액을 말한다(상법 360조의7 1항).

20) 완전모회사의 자본금의 한도액은, '주식이전의 날에 완전자회사가 되는 회사에 현존하는 순자산액'에서 '그 회사의 주주에게 제공할 금전 등의 가액'을 뺀 금액을 말한다(상법 360조의18).

21) ① 유상감자로 주주에게 80원을 지급하고 자본금 100원을 감소시키는 경우

(차)	자 본 금	100원	(대)	현 금	80원
				감자차익	20원

② 주주에게 80원을 지급하고 자기주식을 취득한 후 소각하여 자본금 100원을 감소시키는 경우

(차)	자기주식	80원	(대)	현 금	80원
(차)	자 본 금	100원	(대)	자기주식	80원
				감자차익	20원

③ 결손금 80원을 보전하면서 자본금 100원을 감소시키는 경우

(차)	자 본 금	100원	(대)	결 손 금	80원
				감자차익	20원

22) 결손의 보전을 위한 감자는 주주총회 보통결의에 의하고, 그 외의 감자는 주주총회 특별결의에 의한다(상법 438조). 주식의 액면금액은 정관의 기재사항이므로(상법 289조 1항 4호) 주식의 액면금액을 낮추기 위해서는 정관의 변경을 요한다.

2-2-4. 합병차익, 분할차익

(1) 합병차익

합병차익은, 피합병법인으로부터 승계한 재산의 가액이 그 법인으로부터 승계한 채무액, 그 법인의 주주에게 지급한 금액과 합병 후 존속하는 법인의 자본금증가액 또는 합병으로 인하여 설립된 법인의 자본금을 초과한 경우의 그 초과금액을 말한다(법 17조 1항 5호 본문). 합병차익은 주식발행액면초과액의 성질을 가지므로,[23] 익금에 산입되지 않는다.[24] 다만, 예외적으로 피합병법인으로부터 승계한 재산의 가액이 그 법인으로부터 승계한 채무액, 그 법인의 주주에게 지급한 금액과 주식가액을 초과하는 경우로서 법인세법에서 익금으로 규정한 금액(법 44조의2 2항의 합병매수차익)은, 익금에 산입된다(법 17조 1항 5호 단서). 따라서 피합병법인으로부터 승계한 순자산의 가액에서 합병교부금을 뺀 금액 중에서 ① 합병신주의 액면금액을 초과하여 합병신주의 가액에 달할 때까지의 부분은 자본잉여금이므로 익금에 산입되지 않고, ② 합병신주의 가액을 초과하는 부분인 합병매수차익은 익금에 산입된다.[25] 이는 자본거래로 인한 순자산증가의 익금불산입에 대한 예외에 해당하고, 입법론상 재검토할 필요가 있다.[26]

(2) 분할차익

분할차익은, 분할 또는 분할합병으로 설립된 법인 또는 존속하는 법인에 출자된 재산의

---

23) 합병차익은 일반기업회계기준 제2장 재무제표의 작성과 표시 문단 2.30의 '주주와의 거래에서 발생하여 자본을 증가시키는 자본잉여금'으로 볼 수 있으므로, 자본준비금으로 적립되어야 한다. 김건식 · 노혁준 · 천경훈, 회사법(2020), 572쪽

24) 대법원 2022. 6. 30. 선고 2018두54323 판결 : ① 원고 법인은 2012. 11. 30. A 회사를 흡수하는 적격합병을 하면서 A가 보유하던 원고의 주식을 승계한 후 2014. 8. 6. 위 자기주식 중 일부를 양도하였다. 원고는 위 자기주식의 양도금액을 익금에 산입하여 법인세 신고를 하였다가 이후 위 자기주식의 양도가 자본거래이므로, 그 양도차익은 익금에서 제외된다는 이유로 경정청구를 하였으나, 거부처분을 받았다. ② 원고는 위 경정거부처분에 대한 취소소송에서 '위 자기주식의 당초 취득가액과 합병기일 당시 시가의 차액은 익금불산입대상인 합병차익이므로, 익금에 산입되는 금액은 위 주식의 양도차익 중 양도가액과 합병기일 당시 시가의 차액에 한정되어야 한다'고 주장하였다. ③ 대법원은, ㉮ 위 자기주식의 처분이익은 합병차익에 해당한다고 볼 수 없고, ㉯ 원고는 위 자기주식을 A의 기존 장부가액으로 승계하였으므로, 위 자기주식의 양도로 익금에 산입될 금액은 과세이연된 부분을 포함한 위 자기주식의 양도금액에서 원고가 승계한 위 자기주식의 장부가액을 차감한 금액 전체라고 판단하였다.

25) 합병법인이 피합병법인의 시가 150원인 순자산[자산 250원, 부채 100원]을 승계하고 합병대가로 합병법인의 시가 120원인 주식(액면금액 50원)을 발행한 경우, 합병차익은 50원이고, 그중에서 20원은 주식발행액면초과액, 30원은 합병매수차익이다. 만일 위 경우에 합병대가로 합병교부금 10원이 추가로 교부되었다면 합병차익은 40원이고, 그중에서 20원은 주식발행액면초과액, 20원은 합병매수차익이다.

26) 제4장 제1절 2-3-4. 글상자 '현물출자와 합병의 비교-영업권, 합병매수차손 그리고 합병매수차익의 관계-' 참조 ; 이와 달리 합병매수차손은 합병법인이 합병으로 취득한 자산인 영업권이 비용화된 효과이므로, 법인이 자본거래로 인한 손익을 인식하지 않는다는 원칙을 벗어나지 않는다.

가액이 출자한 법인으로부터 승계한 채무액, 출자한 법인의 주주에게 지급한 금액과 설립된 법인의 자본금 또는 존속하는 법인의 자본금증가액을 초과한 경우의 그 초과액을 말한다(법 17조 1항 6호). 분할차익은 주식발행액면초과액의 성질을 가지므로, 익금에 산입되지 않는다. 다만, 예외적으로, 분할 또는 분할합병으로 설립된 법인 또는 존속하는 법인에 출자된 재산의 가액이 출자한 법인으로부터 승계한 채무액, 출자한 법인의 주주에게 지급한 금액과 설립된 법인의 자본금 또는 존속하는 법인의 자본금증가액을 초과하는 경우로서 법인세법에서 익금으로 규정한 금액(법 46조의2 2항의 분할매수차익)은 익금에 산입된다(법 17조 1항 5호 단서).

2-3. 손금불산입

2-3-1. 주식할인발행차금

주식할인발행차금은, 주주총회의 특별결의와 법원의 인가를 얻어서 주식을 액면미달의 가액으로 발행하는 경우(상법 417조),[27] 그 미달하는 금액과 신주발행비의 합계액을 말한다(법 20조 2호). 주식의 액면금액은 상법이 회사의 자본충실을 위하여 납입되어야 할 원칙적 최소한의 주금액을 정해놓은 것이다. 주식의 납입금액이 그 액면금액에 미달하는 경우, 그 미달하는 금액은 법인의 현실적 순자산 감소와 무관하므로, 주식할인발행차금은 법인의 손금에 산입되지 않는다(법 20조 3호).

2-3-2. 자본 또는 출자의 환급

자본 또는 출자의 환급은 손금에 해당하지 않는다(법 19조 1항). 법인세법 제19조 제1항의 자본은 자본금(상법 451조 1항)을 의미하는 것으로 볼 수 있다.[28] 따라서 유상감자의 경우 감소되는 자본금에 상당하는 지급금액은 손금에 불산입된다.[29]

---

27) 주권상장법인은 주주총회의 특별결의만으로 법원의 인가 없이 주식의 액면미달발행을 할 수 있다(자본시장법 165조의8 1항).

28) 이창희, 세법강의(2020), 597쪽. 현행 상법은 발행주식의 액면총액을 '자본금'으로 규정하므로(상법 451조), 현행 상법의 문언만을 중심으로 본다면 법인세법 제19조 제1항의 자본을 상법상 자본금과 자본잉여금을 포함하는 광의의 것으로 해석할 여지도 있다. 그러나 상법은 1962. 1. 20. 제정된 후 발행주식의 액면총액을 '자본'으로 규정하여 오던 중 2011. 4. 14. 개정되면서 그 표현을 '자본금'으로 변경하였고, 법인세법은 1962. 12. 8. 폐지·제정된 이래 '자본'의 환불 또는 환급이라는 표현을 계속 사용하여 왔다. 이러한 입법의 경위를 고려해 보면, 법인세법 제19조 제1항의 자본은 상법 제451조의 자본금을 뜻한다고 해석하는 것이 합리적이다.

29) 독일 세법의 경우, 출자의 환급(Rückzahlung von Einlagen)은 회사의 소득에 영향을 미치지 않고(독일 소득세법 4조 1항 1문), 그 주주에 있어서는 자본재산으로부터의 소득을 구성하지 않는다(독일 소득세법 20

2-3-3. 잉여금의 처분

잉여금은 법인의 순자산이 자본금을 초과하는 금액을 말하고, 자본잉여금과 이익잉여금으로 나눌 수 있다.

(1) 자본잉여금의 감소

자본잉여금은 주주의 법인에 대한 출자 및 그 감소 과정에서 발생한 잉여금을 말하고, 여기에는 주식발행초과금, 자기주식처분이익, 감자차익 등이 포함된다.[30] 회사는 자본잉여금을 회계기준에 따라 **자본준비금**으로 적립하여야 한다(상법 459조 1항, 상법 시행령 18조). 자본준비금은 결손의 보전[31]에 사용되거나(상법 460조) 자본금에 전입될 수 있다(상법 461조).

자본잉여금을 결손의 보전에 사용하거나 자본금에 전입하는 것은, 법인의 순자산을 감소시키지 않으므로, 손금에 산입되지 않는다(법 19조 1항). 법인세법은 자기주식처분이익을 익금으로 취급하므로(시행령 11조 2호의2) 법인의 순자산 중 그에 상당하는 금액은 세법상 이익잉여금에 해당하지만, 그 금액의 처분은 이익잉여금의 처분이므로 법인의 손금에 산입되지 않는다.

한편, 적립된 자본준비금과 이익준비금의 총액이 자본금의 1.5배를 초과하는 경우 주주총회의 결의에 따라 그 초과한 금액 범위에서 자본준비금과 이익준비금을 감액할 수 있다(상법 461조의2). 이러한 **자본준비금**의 **감액**에 따라 주주에게 환급되는 금액은 법인의 순자산을 감소시키지만 자본의 환급에 해당하므로, 손금에 산입되지 않는다(법 19조 1항).[32]

(2) 이익잉여금의 감소

이익잉여금은 이익준비금과 임의적립금 등으로 나눌 수 있다. 법인이 주주에게 지급하는 배당은 이익잉여금의 처분이므로, 손금에 산입되지 않는다(법 19조 1항). 그리고 상환주식(상법 345조)은 배당가능이익으로만 소각(상환)할 수 있으므로[33] 상환주식이 소각되는 경우 그 주식의 취득원가에 해당하는 이익잉여금을 감소시킨다(일반기준 15장 문단 15.11).

조 1항 1호 3문).

[30] 일반기업회계기준은, 자본잉여금을 '증자나 감자 등 주주와의 거래에서 발생하여 자본을 증가시키는 잉여금'으로 규정하고(일반기준 2장 재무제표의 작성과 표시 1 문단 2.30), 그 예로 주식발행초과금, 자기주식처분이익, 감자차익 등을 든다(일반기준 15장 자본의 문단 15.3, 15.9, 15.11).

[31] 자본금의 결손은, 사업연도 말 현재 회사의 순자산액이 자본금 및 법정준비금의 합계액에 미달하는 것을 의미하고, 결손의 보전은 결손을 법정준비금과 상계하여 제거하는 것을 말한다. 회계상 결손금이 법정준비금과 상계되어 소멸하거나 감소하더라도, 세법상 이월결손금에 영향을 미치지 않는다.

[32] 자본준비금의 감액분을 배당받는 주주의 세법상 처리에 관하여는 제3장 제1절 2-1-2. 참조

[33] 김건식·노혁준·천경훈, 회사법(2020), 167쪽 ; 이철송, 회사법강의(2019), 300쪽

2-3-4. 감자차손

감자차손은 법인이 감자와 관련하여 주주에게 지급하는 대가가 자본금감소액보다 더 큰 경우 발생한다.[34] 일반기업회계기준에 의하면, 감자차손은 먼저 감자차익과 상계되고, 그 잔액은 이익잉여금으로 상각되며, 상각되지 않은 감자차손은 향후 발생하는 감자차익과 우선적으로 상계된다(일반기준 15장 문단 15.11).

감자차손은 자본거래로부터 발생한 것으로서 자본잉여금 또는 이익잉여금[35]을 실질적 재원으로 하므로, 출자의 반환 또는 이익잉여금의 처분에 해당하고, 손금에 속하지 않는다.

---

34) 자본금 100원을 감소시키면서 주주에게 현금 150원을 지급한 경우를 분개로 나타내면 다음과 같다.

    (차)   자 본 금   100원   (대)   현   금   150원
           감자차손   50원

35) 이익잉여금과 상계되는 경우

제2장

법인에 대한 출자

1 출자자

1-1. 법인주주

(1) 주식의 취득가액

법인이 금전을 출자하여 다른 법인의 신주를 인수한 경우[1] 그 주식의 취득가액에 관하여 법인세법 시행령 제72조는 명시적으로 규정하지 않는다. 따라서 이 경우 주식의 취득가액을 납입금액으로 보아야 하는지, 아니면 같은 조 제1항 제7호에 따라 취득 당시의 시가로 보아야 하는지가 문제된다. 세법의 관련 규정을 종합적으로 고려하면, 법인이 금전을 출자하여 취득한 다른 법인 주식의 취득가액은, 그 주식의 납입금액이라고 보는 것이 합리적이다.[2][3][4]

---

1) 대법원은 신주인수행위는 상법상 사원관계의 발생을 목적으로 하는 입사계약이라고 한다(대법원 2004. 2. 13. 선고 2002두7005 판결).

2) 대법원 2020. 12. 10. 선고 2018두56602 판결은, 원고 법인이 다른 법인의 유상증자에 참여하여 취득한 주식의 취득가액은 법인세법 시행령 제72조 제1항 제1호에 따라 그 유상증자금액(납입금액)이 된다고 판시하였다.

3) 그 이유는 다음과 같다. ① 시가보다 높은 가액으로 신주를 인수하는 등의 행위가 부당행위계산에 해당하는 경우 그 주식의 취득가액을 시가로 감액조정하는데(시행령 72조 4항 3호), 이는 주식의 취득가액이 시가와 다를 수 있음을 전제로 한다. ② 법인세법 시행령 제72조 제2항 중 현물출자로 취득한 주식(4호), 출자전환으로 취득한 주식(4호의2) 등에 관한 규정은, 주식의 취득가액이 원칙적으로 그 납입금액임을 전제로 그 특칙을 규정한 것으로 볼 수 있다. ③ 개인주주의 주식양도차익을 계산할 때 실제 납입한 금액이 주식의 취득가액으로 되는 점(소득세법 97조 1항 1호 가목)과의 균형도 고려할 필요가 있다.

법인이 다른 법인의 주식을 취득하여 그 과점주주가 됨으로써 부과된 취득세는 부대비용으로서 주식의 취득가액에 가산된다.[5]

(2) 자본거래에 의한 부당행위계산의 부인

(가) 이익을 분여한 법인

법인주주가 자본거래를 통하여 특수관계인인 주주에게 이익을 분여한 경우(시행령 88조 1항 8호 나목), 법인주주의 주식의 취득가액은 분여한 이익만큼 감액된다[(-)유보, 시행령 72조 4항 3호]. 법인세법 제72조 제4항 제3호는, 부당행위계산에 의한 이익분여금액이 손금에 산입되지 않음을 확인한 규정으로 보아야 하므로, 법인 주주가 법인세법 시행령 제88조 제1항 제8호 나목 외의 자본거래(불공정한 비율의 합병 등)를 통하여 이익을 분여한 경우에도, 그 이익분여금액은 주식의 취득가액에서 감액되어야 한다.[6]

(나) 이익을 분여받은 법인

법인주주가 부당행위계산에 해당하는 자본거래로 인하여 특수관계인으로부터 이익을 분여받은 경우 법인주주의 주식의 취득가액은 분여받은 이익만큼 증액된다(유보, 시행규칙 37조 2항, 시행령 11조 8호 나목, 다목). 자본거래를 통한 부당행위계산에 따라 이익을 분여받은 법인은 그 거래시점에 곧바로 익금을 인식하여야 하므로(시행령 11조 8호), 그에 대응하여 자산의 취득가액도 그 시점에 시가로 증액되는 것이다.[7]

1-2. 개인주주

(1) 주식의 취득가액

개인주주의 주식의 취득가액은 주식의 취득에 든 실지거래가액이고(소득세법 97조 1항 1호 가목),[8] 따라서 주식의 납입금액이 된다.

---

4) 법인세법 시행령 제72조 제1항 제1호('매입한')는 손익거래로 취득한 자산의 취득가액을 규정한 것이므로 자본거래인 신주의 인수로 인한 주식의 취득가액까지 포함하는 것으로 보기 어려운 면이 있다. 따라서 입법론으로는 금전의 납입에 의한 주식의 취득가액에 관하여 별도의 규정을 두는 것이 바람직하다. 김완석·황남석, 법인세법론(2021), 512쪽 주) 3 ; 일본 세법은, 금전의 납입에 의하여 취득한 유가증권의 취득가액은 그 납입한 금전의 액으로 한다고 규정한다(일본 법인세법 시행령 119조 1항 2호).

5) 법인 22601-84, 1991. 1. 14.

6) 제2편 제3장 4-1-2. 참조

7) 이는, 법인의 부당행위계산 중 손익거래인 자산의 저가양도로 인하여 거래상대방이 이익을 분여받은 경우, 그 상대방의 자산의 취득가액은 그 시가가 아니라 매입가액이고, 시가와 거래가액의 차액은 거래시점이 아니라 나중에 자산의 처분시점에 익금으로 인식되는 것과 대비된다.

8) 소득세법 제97조 제1항 제1호 가목의 '취득'은 승계취득뿐만 아니라 원시취득(신주인수)도 포함한다고 보아야 한다.

(2) 자본거래와 관련한 증여세

신주가 시가보다 낮은 가액으로 발행되는 경우 실권주를 배정받은 자 등과, 신주가 시가보다 높은 가액으로 발행되는 경우 신주인수를 포기한 자 등은, 증여세 납부의무를 진다(상증세법 39조 1항).

개인주주가 자본거래와 관련하여 증여세가 과세된 주식을 양도한 경우, 그 양도차익을 계산할 때 증여재산가액을 주식의 취득가액에 더하거나 뺀다(소득세법 시행령 163조 10항 1호). 따라서 ① 개인주주가 자본거래로 인하여 특수관계인으로부터 얻은 이익에 대하여 증여세가 과세된 경우에는, 증여재산가액이 개인주주의 주식의 취득가액에 가산된다. 반대로 ② 개인주주가 자본거래로 인하여 특수관계인에게 준 이익에 대하여 증여세가 과세된 경우에는, 개인주주의 주식의 취득가액에서 증여재산가액이 차감된다.

1-3. 실질적 출자

(1) 국조법

내국법인과 국외특수관계인 간의 국제거래의 거래가격이 정상가격과 달라서 내국법인의 익금에 산입되는 금액으로서 내국법인에 대한 반환이 확인되지 않는 것은, 내국법인이 국외특수관계인의 출자자인 경우에는 그 국외특수관계인에 대한 출자(出資)의 증가로 조정한다(국조법 13조, 국조법 시행령 23조 1항 1호).[9] 즉, 모회사인 내국법인이 자회사인 국외특수관계인에 분여한 이익만큼 실질적으로 출자를 한 것으로 처리하는 것이다.

(2) 국내거래의 경우

주주가 법인에 이익을 분여한 것이 상법상 출자절차를 거치지 않았더라도, 주주의 지위와 관련된 것으로서 세법상 출자와 동일하게 평가될 수 있다면,[10] 이는 실질적 출자(出資)로 취급하는 것이 타당하다.[11] 미국과 독일 세법도 법인이 주주로부터 이익을 분여받은 경우를 출자로 처리한다.[12][13] 그리고 국조법이 주주의 법인에 대한 소득의 이전을 출자의

---

9) 제2편 제4장 제1절 5-1. (4) 참조

10) 법인으로부터 받는 이익이 실질적 배당으로 평가될 수 있는 지위에 있는 주주가 별다른 대가를 받지 않고 법인에 이익을 분여하는 경우가 이에 해당할 것이다.

11) 송동진·박훈, "사외유출소득의 과세 및 반환에 관한 연구", 조세법연구 [23-3](2017), 39쪽 참조. 이는 주주가 법인으로부터 주주의 지위와 관련하여 분여받은 이익을 배당으로 보는 것에 대응한다.

12) Bittker & Eustice, 8-48. 주주가 회사의 재산을 시가보다 높은 가액에 매수하는 경우 그 재산의 취득가액은 공정시장가치가 되고 그것을 초과하여 지급한 가액은 회사에 대한 출자(contribution to capital)로 처리된다.

13) 독일 세법에서는 주주 또는 그 특수관계인이 회사에 재산적 이익을 귀속시키고 그것이 회사관계를 통하여

증가로 조정하도록 규정하므로, 이미 우리 세법체계 내에는 실질적 출자가 도입되어 있다. 이러한 점을 감안하면, 현행세법의 해석상 국내거래의 경우에도 실질적 출자를 인정할 여지가 있다.[14] 이에 관한 해석론상 불확실성을 제거하기 위해서 입법론상 실질적 출자의 요건[15] 및 주식취득가액의 증액에 관한 규정을 도입하는 것이 바람직하다.

(3) 실질적 출자의 세법상 효과

(가) 출자를 받은 법인

주주의 재산이 법인에 유입되는 것을 실질적 출자로 보는 경우, 이는 주주와 법인 간의 자본거래(資本去來)이므로 그 출자받은 법인의 익금에 산입하지 않아야 한다.[16][17]

(나) 출자를 한 주주

실질적 출자를 한 주주가 보유하는 주식의 취득가액을 증액하는 규정을 둘 필요가 있다. 그와 같이 증액된 취득가액은, 이후 주주가 그 주식을 양도하거나 법인의 청산으로 잔여재산을 분배받을 때, 양도차익 또는 의제배당소득의 계산상 손금 또는 필요경비에 산입된다.[18] 한편, 실질적 출자는 주주가 보유하는 주식의 1주당 취득가액을 증액시킬 뿐, 주식의 수에는 영향을 미치지 않는다고 보아야 한다.[19]

야기된(durch das Gesellschaftverhältnis veranlasst) 경우 숨은 출자(verdeckte Einlage)로 취급된다. 다만, 독일 세법상 숨은 출자(verdeckte Einlagen)는 숨은 이익처분(verdeckten Gewinnausschüttung)의 대칭적 이미지(Spiegelbild)는 아니다. 따라서 재산의 사용수익(가령 무이자 또는 저율의 대부 또는 저가의 임대)의 이익은 숨은 이익처분의 대상이 될 수 있지만, 숨은 출자의 대상은 될 수 없다. Tipke/Lang, 11장 문단 92, p.654

14) 실질적 출자가 인정되면 그에 대응하여 주식의 취득가액을 증액시키는 것이 필수적이다. 이와 관련하여 현행세법상 실질적 출자를 원인으로 주식의 취득가액을 증액시킬 수 있는 규정이 없으므로 현행세법의 해석상 실질적 출자가 인정될 수 없다고 보는 견해가 있을 수 있다. 그러나 국조법상 출자의 증가로 조정하는 경우, 비록 국외특수관계법인 주식의 취득가액을 증액시키는 명시적 규정은 없으나, 그 주식의 취득가액은 증액되는 것으로 해석하여야 할 것이다. 이에 비추어 보면, 실질적 출자가 인정되는 경우 주식 취득가액의 증액에 관한 규정이 없더라도, 주식의 취득가액을 증액시킬 수 있다고 해석할 여지가 있다.

15) 법인에 대한 재산의 유입을 출자로 보기 위한 요건으로 법인에 재산을 유입시킨 주주는 법인에 대한 지배력 또는 지배관계를 가질 것이 요구된다고 보아야 한다. 그리고 조세법률관계의 안정을 위하여 일정한 비율의 지분보유 등 객관적 사실이 있는 경우 그러한 지배관계 등이 존재하는 것으로 추정하는 규정을 두는 것이 바람직하다. 송동진·박훈, 앞의 글, 39쪽 참조

16) 법인세법 제15조 제1항

17) 독일 세법상 숨은 출자(verdeckte Einlagen)는 독일 법인세법 제27조의 세법상 출자계정(steuerliche Einlagekonto)에 집계된다. 세법상 출자계정은 상법상 기장의 밖에 있는 것이다(außerhalb der handelsrechtlichen Buchführung). Dietmar Gosch, Körperschaftsteuergesetz, 2. Auflage, Verlag C. H. Beck, p.1445

18) 국조법 기본통칙 9-15…2

19) 따라서 국세기본법상 제2차납세의무자인 과점주주(국세기본법 39조 2호), 지방세법상 간주취득세의 요건인 과점주주(지방세법 7조 5항, 지방세기본법 46조 2호) 및 양도소득과세대상 주식의 보유자인 주권상장법인 대주주(소득세법 94조 1항 3호 가목 1))의 계산근거인 주식의 수, 대표자 귀속 의제의 요건인 '주주 등'(시행령 106조 1항 1호 단서) 등은 위와 같은 출자로 인하여 영향을 받지 않는다고 하여야 한다.

(1) 출자금액의 익금불산입

법인이 주주로부터 납입받은 금액은 출자의 원본이므로 익금에 해당하지 않는다(법 15조 1항).[20]

(2) 액면초과 발행과 액면미달 발행

법인이 납입받은 주금액(株金額)이 주식의 액면금액보다 큰 경우, 그 차액은 주식발행액면초과액으로서 자본거래로 인한 것이므로 익금에 산입하지 않는다(법 17조 1항 1호). 반대로 법인이 납입받은 주금액이 주식의 액면금액보다 적은 경우, 그 차액은 주식할인발행차금으로서 자본거래로 인한 것이므로 손금에 산입하지 않는다(법 20조 3호).

(3) 시가초과 발행과 시가미달 발행

주주가 주식발행대가로 납입한 금액이 주식의 시가보다 높거나 낮더라도, 출자는 자본거래이므로 법인은 손익을 인식하지 않는다.[21]

---

20) ① 미국 세법은 회사의 자본에 대한 출자(contribution to the capital)는 회사의 총소득에 포함되지 않는다고 규정한다[§ 108(a)]. ② 일본 세법은 법인의 자본금 등의 증가 또는 감소를 일으키는 '자본 등 거래로 인한 수익을 법인의 익금에서 제외한다(법인세법 22조 2항, 5항). ③ 독일의 경우 주주 등의 출자(Einlage)로 인한 회사의 자산증가는 회사의 사업활동에서 얻어진 것이 아니기 때문에 회사의 소득에서 제외된다(법인세법 8조 1항 1문, 소득세법 4조 1항 1문). Tipke/Lang, Steuerrecht, 21. Auflage, 2013, 11장 46문단, p.634

21) 법인 46012-2542, 1999. 7. 6.

제 2 절
현물출자

1 일반론

현물출자는, 개인의 영업을 법인으로 전환하는 경우 또는 법인에 출자하려는 자가 그 법인이 필요로 하는 자산을 가지고 있는 경우, 금전출자 후 영업 또는 자산의 양수라는 번거로운 절차를 거치지 않고 곧바로 현물을 출자하는 제도이다(상법 290조 2호, 416조 4호). 현물출자는, 민법상 전형계약에 해당하지 않고, 상법이 정하는 출자의 한 형태이다.

현물출자의 목적물은 개개의 자산뿐만 아니라 영업의 전부 또는 일부도 포함한다.[22] 회사는 자기가 발행한 전환사채도 현물출자의 목적물로 받을 수 있다.[23][24] 현물출자는, 출자재산의 과대평가로 인하여 법인의 자본충실을 해할 우려가 있기 때문에 원칙적으로 법원에 의하여 선임된 검사인의 조사를 거친다(상법 298조, 299조, 422조).[25]

---

[22] 주석 상법 회사(2)(290조), 146쪽 ; 이철송, 회사법강의(2019), 244쪽 ; 대법원의 상업등기선례는, '현물출자의 목적물은 경제적 가치를 확정할 수 있고 양도가 가능한 대차대조표의 자산으로 계상할 수 있는 재산으로서, 영업의 전부나 일부도 그 적극재산이 소극재산보다 많은 경우에는 현물출자의 목적물이 될 수 있으므로 사채도 영업의 일부로 이전되는 채무에 포함될 수 있을 것'이라고 한다(제정 2003. 5. 2. 상업등기선례 제1-209호, 공탁법인 3402-105 질의회답).

[23] 대법원 2018. 7. 24. 선고 2015두46239 판결 : 원고 법인이 자신이 발행한 전환사채를 현물출자받은 사안에서, 원심은 위 현물출자의 실질이 사채권자의 전환권 행사와 동일하므로 위 전환사채의 현물출자가액과 장부가액의 차액은 손금에 산입될 수 없다고 판단하였으나, 대법원은 원고가 위 전환사채를 현물출자받은 것으로 보아야 하고 위 차액은 손금에 산입되어야 한다고 판시하였다.

[24] 회사는 자신에 대한 채권을 현물출자의 목적물로 받을 수 있다[주석 상법 회사(4)(416조), 54쪽]. ; 회사는 자기가 발행한 전환사채를 취득할 수 있지만, 그 전환권은 행사할 수 없다고 보아야 한다[박준·한민, 금융거래와 법, 박영사(2018), 393쪽].

[25] 다만, 공인된 감정인의 감정으로 검사인의 조사에 갈음할 수 있다(상법 422조 1항 후단). ; 한편, 검사인의 조사 등 현물출자절차로 인한 번거로움을 피하기 위하여 법인의 사업에 필요한 재산을 현물출자하는 대신 법인에 양도하는 경우도 있다. 회사가 설립 중인 단계에서 그러한 계약을 체결한 경우에는 재산인수(상법 290조 3호)에 해당하므로 정관에 기재되어야 효력이 있고, 회사의 성립 후 2년 내에 그러한 계약을 한 경우로서 일정한 요건에 해당하는 때에는 사후설립(상법 375조)에 해당하므로 주주총회의 특별결의가 필요하다.

2-1. 회계기준

(1) K-IFRS

금융자산은 최초 인식시점에 공정가치로 측정하며, 최초 인식시점에 금융상품 공정가치의 최선의 증거는 일반적으로 거래가격(제공하거나 수취한 대가의 공정가치)이다(K-IFRS 1109호 문단 5.1.1, B5.1.2A). 따라서 현물출자자가 취득한 주식은 일반적으로 법인에 제공한 현물의 공정가치로 측정된다.

(2) 일반기업회계기준

현물출자자가 취득하는 주식은 최초인식 시 공정가치로 측정하고, 주식의 공정가치는 일반적으로 거래가격(제공한 현물의 공정가치)이다(일반기준 6장 문단 6.12, 6.13).

2-2. 법인주주

(1) 현물출자로 인한 양도손익

현물출자를 하는 법인은 그 현물출자에 따라 피출자법인에 자산 또는 영업을 양도하므로, 그에 관한 양도손익이 발생한다.[26][27] 이때 기존 자산 또는 영업의 양도가액은 현물출자로 취득하는 주식의 시가이다.[28] 현물출자되는 자산 등의 가액이 발행되는 주식의 가액보다 높거나 낮은 경우에는 부당행위계산부인에 해당할 수 있다(시행령 88조 1항).

내국법인이 적격현물출자를 하는 경우, 그 현물출자로 취득한 주식의 가액 중 현물출자로 발생한 자산의 양도차익에 상당하는 금액은, 현물출자일이 속하는 사업연도에 압축기장충당금으로 계상하여 손금에 산입할 수 있다(법 47조의2 1항, 시행령 84조의2). 조특법은 현

---

26) 미국 세법에서는 주주가 회사에 현물을 출자하고 주식을 받은 경우(contribution in kind) IRC § 1001(a)에서 규정하는 재산의 판매 또는 기타 처분(sale or other disposition)에 해당하고, 주주는 현물출자한 재산의 장부가액과 그 대가로 받은 주식의 가액의 차액을 이득 또는 손실로 인식한다. 여기에는 두 가지 예외가 있다. ① 현물출자를 한 주주가 현물출자를 받은 회사로부터 그 주식만을 받는 대가로(solely in exchange for its stock) 재산을 이전하고, 출자 직후 그 회사의 지배권(control)을 가지는 경우[IRC § 351(a)], ② 회사 재조직(reorganization)의 당사자인 회사가 그 재산을 그 재조직의 당사자인 다른 회사에 그 회사의 주식 또는 증권만을 받는 대가로 이전하는 경우[IRC § 361(a)]

27) 현물출자에 따른 재화의 양도는 부가가치세법상 재화의 공급에 해당한다(부가가치세법 시행령 18조 1항 4호).

28) 기획재정부 법인세제과-85, 2018. 2. 2. ; 사전-2017-법령해석법인-0186, 2018. 2. 6.

물출자로 인한 양도차익의 과세에 대하여 여러 가지 특례를 규정한다(조특법 38조의3, 85조의3, 85조의4, 97조의6, 97조의8).[29]

한편, 현물출자로 취득하는 주식의 시가가 현물출자대상 자산의 장부가액에 미달하는 경우에는 양도손실이 발생한다.[30]

(2) 현물출자로 취득하는 주식 등의 취득가액

출자법인이 현물출자로 인하여 취득하는 주식 등의 취득가액은 ① 출자법인이 현물출자로 인하여 피출자법인을 새로 설립하면서 그 대가로 주식 등만 취득하는 경우에는 현물출자한 순자산의 시가이고, ② 그 밖의 경우에는 해당 주식 등의 시가이다(시행령 72조 2항 4호).

2-3. 개인주주

(1) 현물출자로 인한 양도소득

(가) 자산의 양도소득 등

소득세법상 현물출자는 자산의 유상(有償)이전으로서 양도(讓渡)에 해당하므로(소득세법 88조 1호), 양도소득 과세대상인 자산의 현물출자는 양도소득세의 과세대상이다.[31] 양도가액은 실지거래가액에 따르고(소득세법 96조 1항), 현물출자의 경우 실지거래가액(소득세법 88조 5호)은 그로 인하여 취득한 주식의 가액으로 보아야 할 것이다.[32] 사업에 사용하는 토지 및 건물 등과 함께 영업권을 양도하는 경우 그 양도가액 중 영업권의 양도대가 부분도 양도소득세의 과세대상이다(소득세법 94조 1항 4호 가목).[33] 개인이 특수관계자인 법인에게 자산 또는 사업을 시가보다 낮은 가액으로 현물출자한 것이 조세부담을 부당하게 감소시킨 것으로 인정되는 경우에는 부당행위계산에 해당할 수 있다(소득세법 101조 1항).

---

29) 적격현물출자에 관하여는 제4장 제3절 1. 참조
30) 조세심판원은, 법인이 세법상 인정되지 않는 주식의 평가손실을 양도손실로 반영하기 위한 목적만을 위하여 다른 사업목적이나 실체가 없는 회사를 설립하고 주식을 현물출자한 사안에서 주식의 현물출자가 조세회피목적의 거래라는 이유로 그에 따른 주식의 처분손실을 손금으로 인정하지 않았다(조심 2012서3686, 2013. 12. 23. 결정).
31) 대법원 1986. 6. 24. 선고 86누111 판결은, 원고가 합자회사에 토지를 현물출자하고 그 회사의 유한책임사원이 되었다가 그 회사를 퇴사하면서 그 지분의 환급으로 위 토지를 그대로 찾아가지고 나왔다면 위 토지는 출자자에게 원상회복이 되었다 할 것이므로 유상양도를 전제로 한 양도소득세부과처분은 위법하다고 판단하였다. 그러나 당초의 현물출자는 양도로서 유효하고, 퇴사를 원인으로 출자목적물을 돌려받은 것은 별도의 원인에 기한 재취득으로 보아야 할 것이다. 같은 견해로 이태로·한만수, 조세법강의(2018), 328쪽
32) 서면인터넷방문상담4팀-1271, 2005. 7. 21. ; 양도, 재산세과-1091, 2009. 6. 2.
33) 양도대가 중 영업권에 대한 부분이 별도로 기타소득(소득세법 21조 1항 7호)으로 과세되지 않는다.

한편, 개인이 산업재산권, 상표권, 영업권[34] 등을 현물출자한 경우에는 기타소득으로 과세된다(소득세법 21조 7호).

(나) 고가 현물출자의 양도가액

개인이 특수관계자인 법인에게 자산을 그 시가보다 높은 가액으로 현물출자를 한 경우(현물출자자산 < 주식), 그 법인의 관점에서 경제적 합리성이 인정되지 않으면 **부당행위계산**에 해당하고(시행령 88조 1항 1호), 그로 인하여 그 개인이 분여받은 이익(= 주식의 시가 - 현물출자한 자산의 시가)은 배당·상여·기타소득으로 처분된다(시행령 106조 1항 1호).[35] 위 경우 개인의 양도가액은 현물출자한 자산의 시가가 된다(소득세법 96조 3항 1호). 이에 따라 개인이 현물출자로 받은 주식의 가액 중 ① 현물출자한 자산의 시가에 상당하는 금액은 양도소득으로 과세되고, ② 이를 초과하는 금액은 배당·상여·기타소득으로 과세된다.

개인이 특수관계자가 아닌 법인에게 거래의 관행상 정당한 사유 없이 재산을 그 시가보다 현저히 높은 가액으로 현물출자(양도)를 한 경우(현물출자자산 < 주식), 그 대가와 시가의 차액에서 대통령령으로 정하는 금액을 뺀 금액은 그 개인의 증여재산가액이 된다(상증세법 35조 1항). 이 경우 그 개인의 양도가액은 현물출자로 받은 주식의 가액 중 위 증여재산가액을 뺀 금액이 된다(소득세법 96조 3항 2호).

(다) 조특법상 이월과세

조특법은 현물출자로 인한 양도차익의 과세에 대하여 여러 가지 특례를 규정한다. 그중 하나는, 사업용 고정자산의 현물출자에 의한 양도소득에 대한 이월과세(移越課稅)이다(조특법 32조, 2조 6호). 이에 의하면, 개인이 사업에 사용되는 사업용 고정자산 등을 현물출자 등을 통하여 법인에 양도하는 경우, 그 개인에 대해서는 양도소득세를 과세하지 않고, 법인이 그 사업용 고정자산을 양도하는 경우 개인이 그 사업용 고정자산을 그 법인에 양도한 날이 속하는 과세기간에 다른 양도자산이 없다고 보아 계산한 양도소득 산출세액 상당액을 법인세로 납부한다.[36]

---

34) 영업권만을 현물출자하거나(가령, 노하우, 고객목록), 특허권, 상표권 또는 그 밖의 양도소득세 과세대상이 아닌 법적 지위의 이전(가령, 등기되지 않은 부동산임차권)과 함께 영업권을 현물출자하는 경우

35) 현물출자를 통한 이익분여는 기타사외유출로 처분되는 법인세법 시행령 제106조 제1항 제3호 자목의 적용대상에 포함되지 않는다. 따라서 출자목적물보다 높은 가액의 주식을 발행받은 현물출자자가 받은 이익은 법인세법 시행령 제106조 제1항 제1호에 따라 배당, 상여, 기타소득 등으로 처분되고, 이 경우 상증세법 제39조의3에 따른 증여세는 부과되지 않는다(상증세법 4조의2 3항).

36) 대법원 2014. 12. 24. 선고 2014두40661 판결 : 사업용 고정자산의 양도인이 이월과세적용신청을 한 이상 양도소득 과세표준이나 양도소득세액을 적게 신고하였다고 하더라도, 그 사업용 고정자산의 양도에 따른 양도소득세 전부에 대하여 이월과세가 적용된다.

(2) 현물출자로 취득한 주식 등의 취득가액

개인주주가 현물출자로 취득한 주식 등을 양도하는 경우, 그 주식 등의 취득가액은 그 취득에 든 실지거래가액이고(소득세법 97조 1항 1호 가목), 주식의 취득에 든 실지거래가액은 현물출자한 자산의 가액인데, 이는 위에서 본 바와 같이 원칙적으로 그 주식의 취득 당시 시가이다. 결국 위 경우 주식 등의 취득가액은 그 취득 당시의 시가이다.

한편, ① 현물출자자가 주식 등을 시가보다 낮은 가액으로 인수함으로써(현물출자자산 < 주식) 이익을 얻은 경우, ② 현물출자자가 주식 등을 시가보다 높은 가액으로 인수함으로써(현물출자자산 > 주식) 그 특수관계인에 해당하는 주주 등이 이익을 얻은 경우, 각각 그 이익을 증여재산가액으로 하여 증여세 납부의무가 있다(상증세법 39조의3 1항 1, 2호). 현물출자자가 위와 같이 취득한 주식을 양도하는 경우, 그 양도소득을 계산할 때 위 증여재산가액은 그 주식의 취득가액에 더하거나 뺀다(소득세법 시행령 163조 10항 1호).

---

3   **법인**

3-1. 회계기준

K-IFRS에 의하면, 출자를 받는 법인의 관점에서 현물출자는 주식결제형 주식기준보상거래로 볼 수 있다.[37)38)] 주식결제형 주식기준보상거래의 경우 제공받는 재화나 용역과 그에 상응하는 자본의 증가를 제공받는 재화나 용역의 공정가치로 직접 측정하고, 그 공정가치를 신뢰성 있게 측정할 수 없다면 부여한 지분상품의 공정가치에 기초하여 간접 측정한다(K-IFRS 1102호 문단 10). 따라서 법인은 출자받은 현물의 공정가치로 그 취득원가 및 자본의 증가를 인식하고, 그 공정가치를 신뢰성 있게 측정할 수 없다면 주식의 공정가치로 현물의 취득원가 및 자본의 증가를 인식한다.

일반기업회계기준에 의하면, 현물을 출자받은 법인은 현물의 공정가치를 주식의 발행금액으로 하고(일반기준 15장 문단 15.4), 현물출자로 취득한 유형자산은 공정가치를 취득원가로 한다(일반기준 10장 문단 10.8).

---

37) 주식기준보상거래에 관한 국제회계기준 제1102호는 기업이 재화나 용역을 취득하거나 제공받는 주식기준보상거래에 적용되고, 이 경우에 기업이 제공받는 재화에는 재고자산, 소모품, 유형자산, 무형자산, 그 밖의 비금융자산 등이 있다(K-IFRS 1102호 문단 5).
38) 신현걸·최창규·김현식, IFRS 중급회계(2018), 575쪽

한편, 법인이 사업을 현물출자받는 것은 사업결합에 해당할 수 있다(K-IFRS 1103호 B6 (2)[39], 일반기준 12장 사업결합 문단 12.3). 그 경우 법인이 취득한 자산과 인수한 부채는 공정 가치로 인식하고(K-IFRS 1103호 문단 18, 일반기준 12장 문단 12.20), 이전대가의 공정가치 등 에서 순자산의 공정가치를 초과하는 금액은 영업권으로 인식한다(K-IFRS 1103호 문단 32, 일반기준 12장 문단 12.32).

3-2. 세법

(1) 현물출자로 취득한 자산의 취득가액 등

(가) 자산의 취득가액 및 주식의 발행가액

법인이 현물출자를 받아 취득한 자산의 취득가액은 그 **자산의 시가**이다(시행령 72조 2항 3호 나목). 위 자산의 취득가액은 법인이 현물출자의 대가로 발행한 주식의 시가와 관련이 없다. 세법은, 법인이 현물출자받은 자산의 시가보다 높은 가액의 주식을 발행한 것이 부 당행위계산에 해당하는 경우, 그 초과금액이 취득가액에 포함되지 않는다고 규정하지만(시 행령 72조 4항 3호, 88조 1항 1호), 이는 부당행위계산에 해당하지 않는 경우에도 마찬가지이 다(시행령 72조 2항 3호 나목).

또한, 세법상 현물출자로 인한 주식의 발행가액(자본금 및 주식발행액면초과액)도 현물 출자된 자산의 시가가 될 것이다. 따라서 법인이 현물출자받은 자산의 시가보다 큰 금액을 납입된 자본으로 회계처리하였다면, 그 차액만큼 세법상 자본을 감액하여야 할 것이다.[40]

(나) 부당행위계산의 부인

현물출자자가 취득한 주식의 취득가액(주식의 시가)과 현물출자를 받은 법인이 취득한 자산의 취득가액(자산의 시가)은 불일치할 수 있다.[41]

현물출자자가 현물출자대상 자산의 시가보다 낮은 가액의 주식을 발행받은 것(저가양 도)이 경제적 합리성을 결여한 경우, 부당행위계산에 해당한다(시행령 88조 1항 3호).

한편, 세법은, 법인이 현물출자자로부터 현물출자받은 자산의 시가보다 높은 가액의 주 식을 발행한 경우, 고가매입의 부당행위계산으로 취급한다(시행령 88조 1항 1호). 그러나 위 경우를 법인의 소득을 감소시킨 부당행위계산으로 보는 것은 부적절하고, 입법론으로는,

---

39) 결합참여기업이 자신의 순자산을 다른 결합참여기업에게 이전하는 방법
40) 양자의 차액은, 자본금과 적립금조정명세서(갑), (을)(시행규칙 별지 50호 서식)에 자본잉여금의 감소 등으 로 기재되어야 할 것이다.
41) 이에 비하여 법인이 자산의 소유자로부터 그 자산을 매입한 경우에는, 그 자산의 매도인이 받은 대금은 그 법인의 매입가액이 되므로, 매입부대비용을 제외하면 매도인이 받은 금액(법인이 지급한 금액)과 법인 이 취득한 자산의 취득가액이 일치하게 된다.

법인의 기존 주주와 현물출자자 간의 이익분여로 파악하는 것이 합리적이다.[42]

(2) 영업권

법인세법 시행규칙 제12조 제1항 제1호는 영업권의 발생원인으로 '사업의 양도·양수'를 규정하는데, 여기의 '양도'에는 현물출자도 포함된다. 따라서 법인이 출자자로부터 사업을 현물출자받은 경우, 그 사업에 포함된 영업권은 위 규정의 요건을 충족하면 감가상각 자산에 포함될 수 있다.

---

42) 제2편 제3장 3-1-3. 참조

채권의 출자전환

1 상법

(1) 출자전환의 의의와 방식

채권의 출자전환(debt/equity swap)은, 법인에 대한 채권자가 그 채권에 갈음하여 그 법인의 주식을 발행받아 주주로 되는 것을 말한다.[43] 출자전환에는 ① 법인에 대한 채권을 **현물출자**하는 방식, ② 일반적인 주식발행절차를 취하되 주금의 납입 단계에서 채권과 주금납입채무를 **상계**하는 방식[44]이 있다. 이외에 ③ 채권자가 채무자 법인에 현금을 출자하여 주식을 인수한 후 그 출자금으로 기존채권을 변제받는 우회적 방식도 있다.[45]

(2) 출자전환으로 소멸하는 채권액

현물출자 방식의 출자전환이 이루어지는 경우에는, 채권이 법인에 출자되어 원칙적으로 혼동으로 소멸하므로(민법 507조), 채권의 소멸범위는 그 채권액 중 어느 범위까지가 현물출자의 대상으로 되는지에 달려 있다. 상법상 현물출자의 목적인 재산의 가액 등은 이사회가 결정하므로(상법 416조 4호),[46] 원칙적으로 이사회의 결정사항을 중심으로 하되, 현물출자자인 채권자와 채무자인 법인의 의사 등을 종합하여 판단하여야 할 것이다.

상계 방식 출자전환[47]의 경우, 기존 채권은 신주인수대금 중 상계의사표시 또는 상계계약에서 정해지는 금액만큼 소멸한다.[48]

---

43) 일반기업회계기준은 출자전환을 '채무자가 채무를 변제하기 위하여 채권자에게 지분증권을 발행'하는 것으로 규정한다(일반기준 6장 문단 6.87).

44) 상계방식은 다시, ① 채권자가 법인의 동의를 얻어 단독행위인 상계로 하는 것(상법 421조 2항)과, ② 채권자와 법인 간의 상계계약에 의하는 것으로 나누어진다.

45) 대법원 2010. 12. 23. 선고 2009두11270 판결은, 그러한 우회적 방식의 출자전환도 법인세법상 출자전환에 해당함을 전제로, 주식의 발행가액(채무의 소멸금액)과 액면금액의 차액을 익금불산입 대상인 주식의 액면초과발행액으로 인정하였다(출자금의 납입 및 채무의 변제일이 2005. 12. 31. 개정된 법인세법 제17조 제1호 단서가 시행되기 전이었음).

46) 다만, 정관으로 주주총회에서 결정하기로 한 경우에는 그러하지 아니하다(상법 416조 단서).

47) 기업개선작업에서의 출자전환은 일반적으로 상계방식으로 이루어진다.

48) 대법원 2010. 9. 16. 선고 2008다97218 전원합의체 판결은, 기업개선작업절차에서 상계계약방식의 출자전환이 이루어진 사안에서, 기존 채무는 상계계약에서 합의된 바에 따라 신주인수대금채무만큼 소멸하는 것

대법원은, 채권자와 채무자 사이에 출자전환으로 소멸하는 기존채권의 가액에 관한 약정 또는 합의가 없는 경우, 신주발행의 효력발생일을 기준으로 신주의 가액을 평가하여 그 평가액 상당의 기존채권이 변제된 것으로 보아야 한다고 판시하였다.[49]

회생계획에 따른 채권의 출자전환[50]으로 신주가 발행되는 경우, 그 채권은 회생계획의 내용에 따라 회생계획인가결정 시 또는 회생계획에서 정한 시점에 소멸한다(채무자회생법 252조 1항).[51] 회생채권이 회생계획에 따른 출자전환에 의하여 소멸한 경우, 그 채무소멸의 효과는 신주발행의 효력발생일을 기준으로 한 그 신주의 시가 평가액만큼 보증인에게 미친다.[52][53]

이지, '주식의 시가 평가액만큼만 기존 채무가 변제되고 나머지 금액은 면제된 것'으로 볼 것이 아니라고 판단하였다.

49) 대법원 2008. 7. 24. 선고 2008다18376 판결 : 기업구조조정협약에 따라 기존채권의 출자전환이 이루어졌는데, 기존채권 중 소멸하는 금액에 대한 합의가 없었던 사안이다. 위 사건의 출자전환이 현물출자방식 또는 상계방식 중 어느 것에 의하여 이루어졌는지는 판결문상 확인되지 않는다. 어느 경우이든 소멸하는 채권금액에 대한 합의가 없었다는 것은 상당히 이례적으로 보인다.

50) 채무자회생법 제206조 제1항은 회생계획으로 회생채권자 등에 대한 신주발행(출자전환)을 정할 수 있음을 명시적으로 규정한다. 회생계획에 따른 출자전환의 법적 성격에 관하여는, 현물출자설, 대물변제설, 회생 절차상의 특수한 채무소멸원인으로 보는 견해가 있다. 서울회생법원 재판실무연구회, 회생사건실무(상) 제 5판(2022), 박영사, 828쪽

51) 회생계획에 따라 회생채권의 변제에 갈음하는 출자전환이 이루어진 경우, 해당 채무는 채무자회생법 제 252조 제1항에 따라 소멸하고, 이는 채무는 계속 존재하고 책임만 소멸하는 채무자회생법 제251조의 효과와 구별된다. 대법원 2003. 4. 14. 선고 2002다20964 판결은, 정리채권을 출자전환하는 정리계획의 인가결정이 있으면 구 회사정리법 제242조 제1항에 따라 정리채권자 등의 권리는 인가결정 시 또는 정리계획에서 정하는 시점에서 소멸하고, 이는 구 회사정리법 제241조 제1항의 면책과 성질을 달리하여 채무 자체는 존속하고 책임만 소멸하는 것이 아니므로, 출자전환에 따라 소멸된 채권은 다른 채권과 상계될 수 없다고 판시하였다.

52) 대법원 2005. 1. 27. 선고 2004다27143 판결 : 채무자회생법 제250조 제2항은 '정리계획은 회생채권자가 채무자의 보증인 그 밖에 채무자와 함께 채무를 부담하는 자에 대하여 가지는 권리에 영향을 미치지 않는다'고 규정하고, 구 회사정리법 제240조 제2항은 위 채무자회생법 규정과 거의 동일한 내용을 규정하였다. 대법원은, 정리채권자가 출자전환을 통하여 발행된 신주의 평가액만큼 채권의 실질적 만족을 얻었다고 보아, 그 범위에서는 보증인의 채무가 소멸하였다고 판시함으로써 구 회사정리법 제240조 제2항의 예외를 인정하였다. 이는, 정리계획에 따른 정리채권의 권리변경의 효력이 보증인에게 미치지 않는 것으로 규정한 구 회사정리법 제240조 제2항에 대하여, 채권자에게 실질적 채권의 만족을 가져오는 범위 내에서 예외를 인정한 것으로서, 정리채권자와 보증인 간의 관계에 대한 것이다. 임수연, "회생계획에서 출자전환 후 무상소각하기로 정한 회생채권의 대손세액 공제 여부", 대법원판례해설 제116호(2018), 224쪽

53) 기업개선작업절차에 관하여는 채무자회생법 제250조 제2항과 같은 규정이 없으므로, 기업개선작업절차에서의 출자전환에 따라 주채무가 소멸한 경우, 보증채무는 부종성의 일반원칙에 따라 소멸한다. 대법원 2010. 9. 16. 선고 2008다97218 전원합의체 판결은, 기업개선작업절차에서 부진정연대채무자 중 1인의 채무에 관하여 상계계약 방식의 출자전환이 이루어진 사안에서, ① 채무자의 기존 채무는 상계계약에서 정한 금액만큼 소멸하고, 그와 달리 주식의 시가를 평가하여 그 평가액만큼만 기존의 채무가 변제되고 나머지 채무는 면제되는 것은 아니며, ② 위 상계로 인한 채무소멸의 효력은 다른 부진정연대채무자에게 미친다고 판시하였다.

2-1. 회계기준

채권자는 출자전환으로 받은 채무자의 주식을 공정가치로 회계처리한다. 채권자가 받은 주식의 공정가치가 채권의 대손충당금 차감 전 장부금액보다 적은 경우에는 채권의 대손 충당금 차감 전 장부금액을 대손충당금과 우선상계하고 부족한 경우에는 대손상각비로 인 식한다(일반기준 6장 문단 6.95).[54)55)]

2-2. 법인주주

2-2-1. 주식의 취득가액

채권자 법인이 출자전환으로 취득한 주식 등의 취득가액은 원칙적으로 그 취득 당시의 시가이다(시행령 72조 2항 4호의2 본문).[56)] 다만, 회생계획인가결정 등에 따른 출자전환으로 서 주식 등이 시가를 초과하여 발행되는 경우(시행령 15조 1항)에는, 그 출자전환된 채권(채 무보증으로 인한 구상채권 및 특수관계인에 대한 업무무관 가지급금은 제외한다)의 장부 가액이 그 주식 등의 취득가액이다(시행령 72조 1항 4호의2 단서).[57)]

---

54) 채권의 장부금액이 150원, 주식의 1주당 시가가 120원, 대손충당금이 20원인 경우 출자전환의 분개는 다 음과 같다.

   (차)　주　　　식　　120원　(대)　채　　　권　　　150원
         대손충당금　　20원
         대손상각비　　10원

55) 출자전환의 합의로 출자전환으로 발행될 주식수가 결정된 경우에는 채권의 대손충당금 차감 전 장부가액 을 출자전환채권으로 대체하고, 출자전환채권의 대손충당금 차감 전 장부가액과 출자전환으로 발행될 주 식의 공정가치 중 낮은 가액으로 평가하며, 이로 인한 평가손익은 대손충당금과 대손상각비에 반영한다 (일반기준 문단 6.96). 채권자와 채무자의 개별 합의로 출자전환이 이루어지는 경우에는 출자전환의 합의 일과 실제로 출자전환이 이루어지는 날이 같거나 거의 차이나지 않을 수 있다. 그러나 법원의 회생계획인 가 등을 통하여 출자전환이 결정되는 경우에는 출자전환의 합의일과 실제 출자전환일 사이에 상당한 간격 이 있을 수 있다. 출자전환 합의일과 실제 출자전환일이 다른 경우의 회계처리는 일반기업회계기준 제6장 (금융자산·금융부채) 중 적용사례 22 출자전환(1) 참조

56) 과세당국은 당초 출자전환으로 취득하는 주식의 취득가액을 그 주식의 발행가액으로 해석하였다가(제도 46012-10832, 2001. 4. 26., 서이 46012-10233, 2002. 2. 8.) 2003. 3. 5. 그 주식의 시가로 해석을 변경하 였다(재법인46012-37, 2003. 3. 5). 이후 2006. 2. 3. 개정으로 법인세법 시행령 제72조 제1항 제4호에 현물출자로 취득한 주식의 취득가액에 관한 규정이 도입되었다.

57) 채권자 법인이 회생계획에 따른 출자전환으로 취득한 주식이 주식병합으로 무상감자되는 경우 법인세법 제42조 제3항에 의하여 감액손실의 손금산입이 허용되는지에 관하여 행정해석은 부정적 태도를 취한다 (서면-2016-법인-4777, 2016. 11. 9.).

2-2-2. 채권의 처분손익

(1) 주식의 취득가액이 채권의 장부가액에 미달하는 경우

채권자가 출자전환으로 취득한 주식의 취득가액(원칙적으로 시가)이 소멸한 채권의 장부가액에 미달하는 경우, 그 차액은 채권처분손실에 해당한다.

(가) 처분손실의 손금산입이 금지된 채권

출자전환된 채권이 **채무보증**으로 인한 **구상채권**이거나 **특수관계인**에 대한 **업무무관 가지급금**인 경우(법 19조의2 2항)에는, 그 채권의 처분손실은 손금에 산입되지 않는다(시행령 50조 3항). 위와 같은 채권의 출자전환의 경우, 부당행위계산에 해당하는지 여부를 따지지 않고, 그로 인한 채권처분손실은 손금에 산입되지 않는다고 보아야 한다.[58]

(나) 처분손실의 손금산입이 금지되지 않은 채권

처분손실의 손금산입이 금지되지 않은 채권[특수관계인에 대한 업무관련 채권(통상의 매출채권 등) 포함]의 경우에는 다음과 같이 처리되어야 한다.

① 위 채권에 **대손사유**가 존재하면 채권의 장부가액과 주식의 시가의 차액을 대손금으로 인정할 수 있다.

② 위 채권에 대손사유가 존재하지 않는 경우에도, 출자전환에 의한 장래의 회수가능금액이 현재의 회수가능금액보다 클 것으로 기대되는 등 합리적 사유가 있으면, **손금의 일반적 요건**(법 19조 2항)이 충족된 것으로 보아 손금으로 인정할 여지가 있다.[59]

---

58) 청구법인이 특수관계 법인에 대한 업무무관 가지급금 채권을 가지고 있던 중 2012. 7. 40억 원, 2014. 10. 110억 원 합계 150억 원을 출자전환하여 특수관계 법인의 주식을 취득한 후, 2015. 2. 8. 위 주식을 다른 법인에 대금 8억 원에 매각하고 그 주식처분손실 142억 원을 2016. 3. 2015 사업연도 법인세 신고 시 손금불산입하였다가 이후 위 채권이 대손사유에 해당하고 업무무관 가지급금이 아니라는 이유로 2015 사업연도 법인세의 경정청구를 하였으나 거부된 사안에서, 국세청은 업무무관 가지급금으로 판단하여 심사청구를 기각하였다(심사법인 2017-0001, 2017. 11. 30.). 위 사안에서는 법인세법 시행령 제15조 제4항이 규정하는 회생계획인가결정 등의 사유가 없었던 것으로 보이므로, 주식의 취득가액은 주식의 시가이다. 따라서 먼저 2012년 및 2014년에 출자전환으로 소멸한 채권의 장부가액과 취득한 주식의 시가를 비교하여 후자가 전자에 미달하는 차액이 대손금 또는 그에 준하는 손금으로 인정될 수 있는지를 따져야 할 것이다. 그리고 2015 사업연도의 주식처분손실은 주식의 출자전환시점인 2012 및 2014 사업연도의 시가를 기준으로 한 취득가액과 비교하여 산정하여야 한다. 따라서 설령 청구법인의 주장과 같이 특수관계 법인에 대한 채권이 업무무관 가지급금이 아니라고 하더라도, 그것을 이유로 과세표준이 경정되어야 하는 과세기간은 2015 사업연도가 아니라 2012 및 2014 사업연도가 될 것이다.

59) ① ㉮ 행정해석은, 법인이 특수관계 있는 법인에 대한 채권(법인세법 제34조 제3항에 해당하지 않는 것)을 출자전환하여 취득하는 주식의 시가가 채권가액에 미달하는 경우, 그 차액에 대하여 부당행위계산에 해당하는 경우를 제외하고는 법인세법 기본통칙 34-62…5의 단서를 적용할 수 있다고 보았다(서면2팀-811, 2005. 6. 13.). ㉯ 구 법인세법 기본통칙 34-62…5의 단서는, 특수관계자 외의 자와의 거래에서 발생한 채권으로서 채무자의 부도발생 등으로 장래에 회수가 불확실한 어음·수표상의 채권 등을 "조기에 회수하기 위하여" 당해 채권의 일부를 불가피하게 포기한 경우 동 채권의 일부를 포기하거나

③ 특수관계인에 대한 업무관련 채권의 출자전환에 경제적 합리성이 인정되지 않는 경우, 그로 인한 채권처분손실은 **부당행위계산**(시행령 88조 1항 3호 또는 9호)에 해당하므로 손금산입이 부인되어야 할 것이다.[60]

④ 채권의 출자전환에 거래관계의 원활한 진행을 도모하기 위한 목적이 있는 경우에는, 채권처분손실은 **기업업무추진비**(접대비)에 해당한다(법 25조).[61]

⑤ 특수관계 아닌 자에 대한 채권이 출자전환되는 경우에는 기부금이 문제되고, 특히 현물출자 방식의 출자전환이 이루어진 경우에는 **현물기부금**(시행령 35조 2호)이 문제된다. 채권자가 정당한 사유 없이 채권을 현물출자하여 그 정상가액보다 낮은 가액의 주식을 취득하는 출자전환을 한다면, 그 차액 중 증여한 것으로 인정되는 금액은 기부금에 해당한다(시행령 35조 2호). 이때 채권의 정상가액의 기초가 되는 시가는, 채권의 장부가액이 아니라 출자전환 당시 회수가능한 금액을 근거로 판단되어야 할 것이다.[62]

(2) 회생계획 등에 따른 출자전환

회생계획 등에 따른 출자전환의 경우에는 채권의 장부가액이 주식의 취득가액이 되므로 (시행령 72조 2항 4호의2 단서, 15조 1항), 채권자는 채권의 장부가액과 주식의 시가와의 차액을 즉시 손금에 산입할 수 없고, 그 차액은 이후 그 주식의 처분시점에 가서 비로소 손금

면제한 행위에 객관적으로 정당한 사유가 있는 때에는 동 채권포기액을 손금에 산입한다고 정하였고, 위 규정은 2019년 삭제되었으나, 같은 내용이 법인세법 기본통칙 19의2 – 19의2…5 단서에 남아 있다.

② 그러나 출자전환은, 채권의 "조기회수"보다는 현재 회수하기 곤란한 채권을 자본화하여 중장기적으로 더 많은 금액을 회수하기 위한 것이라는 점을 고려할 때, 출자전환 채권의 손금산입요건으로 반드시 채권의 조기회수를 위한 것이어야 한다고 볼 필요는 없고, 출자전환의 경제적 합리성이 인정되면 족하다고 보아야 할 것이다.

60) ① 서울행정법원 2016. 5. 12. 선고 2015구합72115 판결은, 원고가 자본잠식 상태에 있던 특수관계자인 주식회사 A에게 2006. 8. 14.부터 2010. 8. 10.까지 수회에 걸쳐 합계 약 165억 원의 자금을 대여한 후 A의 재정상황이 계속 악화되자, 2010. 8. 24. 위 대여금을 A에 대한 주식 3,084,110주(1주당 발행가 5,350원)로 출자전환한 다음 2011. 5. 30. 제3자에게 위 주식을 주당 1원에 매각하고 이와 관련한 주식처분손실 약 165억 원을 손금에 산입하여 법인세 과세표준 및 세액의 신고를 한 사안에서, 법인세법 시행령 제88조 제1항 제1호, 제8호의2는 적용될 수 없다고 하면서, 법인세법 시행령 제72조 제2항 제4호의2를 근거로, 위 주식처분손실의 손금산입을 부인한 피고의 과세처분이 적법하다고 판단하였다.

② 그러나 법인세법 시행령 제72조 제2항 제4호의2는 출자전환으로 취득한 주식의 취득가액에 관한 규정일 뿐이고, 출자전환으로 소멸한 채권의 장부가액과 주식의 취득가액 간의 차액의 손금산입 여부를 결정하는 규정이 아니다. 특수관계인에 대한 업무관련 채권의 경우 그 장부가액과 주식의 취득가액의 차액을 손금에 산입할 것인지 여부는 그 출자전환이 경제적 합리성을 흠결하여 부당행위계산에 해당하는지 여부에 따라 결정될 것이다.

61) 다만, 이는 종래의 대법원 판결과 같이 접대비의 범위를 넓게 보는 경우를 전제로 한다.

62) 출자전환을 현물출자 방식으로 한 경우, 금전이 아닌 채권을 출자하는 것이기 때문에 채권의 권면액을 기초로 정상가액을 산출할 수 없고, 채권의 실질적 가치를 근거로 그 정상가액을 산정하여야 할 것이다.

에 산입된다.[63][64] 입법론으로는, 회생계획 등에 따른 출자전환의 경우, 굳이 주식의 처분시점까지 기다릴 필요 없이 출자전환시점에 곧바로 위 차액을 손금산입할 수 있도록 하는 것이 타당하다.[65]

한편, 회생계획에서 회생채권의 출자전환 후 발행된 주식 전부를 곧바로 소각하기로 정한 경우에는, 그 회생채권은 회생계획인가결정 시점에 회수불능으로 확정되었다고 보아야 한다.[66] 그러나 ① 회생계획에 따른 출자전환 후 발행된 주식 중 일부에 대하여만 감자가 이루어진 경우,[67] ② 최초의 회생계획에서는 채권의 출자전환만 정해졌는데, 이후 변경된 회생계획에서 그 출자전환으로 발행된 신주의 무상소각이 정해진 경우[68]는 달리 보아야 할 것이다.

회생계획 등에 따른 출자전환의 경우, 채권자는 채권의 장부가액과 주식의 시가의 차액에 대한 매출세액에 관하여 부가가치세법상 대손세액 공제를 받을 수 있다(부가가치세법 시행령 87조 1항 2호).[69]

---

63) 다만, 조특법 제44조 제3항, 제1항은, 금융채권자가 일정한 시한까지 회생계획인가결정 등에 따른 채무의 출자전환으로 채무를 면제한 경우에는 그 면제한 채무에 상당하는 금액을 해당 사업연도의 손금에 산입한다고 규정한다.

64) 소득세법상 사업소득자가 법인에 대하여 가지는 채권이 그 법인의 주식으로 출자전환된 경우 그 주식의 취득가액은 시가로 정해지고(소득세법 39조 2항, 소득세법 시행령 89조 2항 3호, 소득세법 시행규칙 48조), 법인세법 시행령과 달리 회생계획에 따른 출자전환에 대한 특칙이 없으므로, 위 경우 채권의 장부가액과 주식의 시가의 차액은 대손금으로 필요경비에 산입된다(소득세법 27조, 소득세법 시행령 55조 16호). 기획재정부 소득세제과-279, 2016. 7. 4.

65) 제2편 제2장 제1절 2-2-2. (2) (나) 참조

66) 대법원 2018. 6. 28. 선고 2017두68295 판결, 대법원 2018. 7. 11. 선고 2016두65565 판결 ; 제2편 제2장 제1절 3-2-2. (2) (나) 참조

67) 서울고등법원 2018. 12. 5. 선고 2015누60657 판결(대법원 2019. 5. 10. 선고 2019두31853 판결 : 심리불속행)

68) 수원고등법원 2020. 7. 22. 선고 2019누12940 판결(대법원 2020. 12. 10. 선고 2020두47045 판결 : 심리불속행)

69) [1] 조세심판원은 당초에는, 회생계획인가결정에 따라 채권이 출자전환된 경우 채권의 장부가액과 주식의 시가의 차액에 대한 부가가치세 매출세액의 대손세액공제를 부정하였다가(조심 2012서1853, 2012. 6. 29.) 이후 대손세액공제를 인정하는 것으로 태도를 변경하였다(조심 2012서1842, 2013. 9. 11.).
　　[2] 대법원 2018. 6. 28. 선고 2017두68295 판결은, 회생계획에서 출자전환으로 기존 회생채권의 변제에 갈음하기로 하면서 그에 따라 발행된 주식을 무상소각하기로 정한 경우에는, 그 회생채권은 회생계획인가결정에 따라 회수불능으로 확정되었다고 보아 대손세액공제를 인정하였다. 그 주된 이유는, ① 법인세의 경우에는 소멸하는 채권의 장부가액과 주식의 시가의 차액에 대하여 출자전환시에 대손금으로 인정해주지 않더라도 나중에 주식의 처분 시 손금으로 산입되지만, ② 부가가치세의 경우에는 매출채권이 모두 주식으로 (대물)변제되어 소멸하는 것으로 본다면 이후 위 차액을 부가가치세액에 반영해줄 기회가 없게 된다는 점 등이다(임수연, "회생계획에서 출자전환 후 무상소각하기로 정한 회생채권의 대손세액 공제 여부", 대법원판례해설 제116호(2018), 232쪽).
　　[3] 2019. 2. 12. 개정된 부가가치세법 시행령 제87조 제1항 제2호는, 회생계획인가결정에 따른 출자전환의 경우, 그 주식의 무상소각 등 여부에 관계없이 곧바로 위 차액에 대하여 대손세액공제를 인정한다.

(3) 주식의 취득가액이 채권의 장부가액을 초과하는 경우

채권자가 출자전환으로 취득한 주식 등의 취득가액이 소멸한 채권의 장부가액을 초과하는 경우, 그 차액은 채권처분이익으로서 익금에 산입된다.[70]

2-3. 개인주주

2-3-1. 주식의 취득가액

개인 채권자가 출자전환으로 취득하는 주식을 이후 양도하는 경우, 그 양도소득을 계산할 때 주식의 취득가액은 원칙적으로 그 취득 당시의 시가(시행령 89조) 및 부대비용의 합계액이다(소득세법 시행령 89조 1항 3호, 소득세법 시행규칙 48조).

2-3-2. 채권의 처분손익

개인이 사업의 일환으로 법인에 대한 채권(매출채권 등)을 가지는 경우에, 출자전환으로 취득한 주식의 취득가액이 소멸한 채권의 장부가액에 미달하는 때에는, 그 차액은 사업소득의 필요경비에 산입될 수 있을 것이다.[71] 그리고 회생계획 등에 따른 출자전환의 경우, 소득세법에는 주식의 취득가액을 채권의 장부가액으로 하는 규정이 없으므로, 주식의 취득가액과 소멸한 채권의 장부가액의 차액을 출자전환시점에 필요경비로 인정하는데 장애가 없다.[72] 반대로 출자전환 주식의 취득가액이 소멸한 채권의 장부가액보다 큰 경우에는 사업소득으로 총수입금액에 포함될 것이다.

한편, 개인의 법인에 대한 채권이 사업소득과의 관련성을 갖지 못하고, 그 채권의 출자전환으로 취득한 주식의 시가가 소멸한 채권액에 미달하거나 초과하는 경우, 그로 인한

---

70) 그러한 사례로 조심 2020서2807, 2021. 11. 8. 결정
71) 소득세법 기본통칙 27-55…38【약정에 의한 채권포기액의 대손처리】
     사업자가 약정에 의하여 채권의 전부 또는 일부를 포기한 경우에는 이를 대손금으로 보지 아니하며 기부금 또는 접대비로 본다. 다만, 특수관계자 외의 자와의 거래에서 발생한 채권으로서 채무자의 부도발생 등으로 장래에 회수가 불확실한 어음수표상의 채권 등을 조기에 회수하기 위하여 당해 채권의 일부를 불가피하게 포기한 경우 동 채권의 일부를 포기하거나 면제한 행위에 객관적으로 정당한 사유가 있는 때에는 동 채권포기액을 필요경비에 산입한다.
72) 행정해석은, 거주자가 사업상 매출채권의 회생계획에 따른 출자전환으로 취득한 주식의 양도손실이 사업소득의 계산 시 필요경비에 산입되지 않는다고 본다(소득세과-375, 2010. 3. 25.). 그리고 거주자가 거래처에 대한 매출채권이 회생계획에 따라 출자전환되어 주식을 교부받은 후 무상감자가 된 경우 그 감소금액은 대손금으로 필요경비에 산입할 수 없다고 한다(서면-2015-소득-22324, 2015. 3. 5.). 그러나 채권자가 법인인 경우와 마찬가지로, 대손사유가 존재하거나, 출자전환에 의한 장래의 회수가능금액이 현재의 회수가능금액보다 클 것으로 기대되는 등 합리적 사유가 있으면, 출자전환시점의 채권의 장부가액과 주식의 시가의 차액은 손금으로 인정될 수 있어야 할 것이다.

채권의 처분손익은, 그 채권이 금융투자소득의 과세대상에 해당하고, 출자전환이 채권의 양도를 수반하는 현물출자의 방식으로 이루어진 경우에는, 금융투자소득으로 과세될 수 있다(소득세법 87조의6 1항 2호, 87조의7 1항).[73]

3-1. 회계기준

기업회계기준해석서에 따르면, 금융부채를 소멸시키기 위하여 채권자에게 발행한 지분상품은 원칙적으로 그 공정가치로 측정되고,[74] 그 금액과 소멸한 금융부채의 장부금액의 차이는 당기손익으로 인식한다.[75] 이에 의하면, 출자전환으로 인한 자본(자본금 + 자본잉여금) 증가액은, 출자전환으로 발행한 지분상품의 공정가치가 될 것이다.

일반기업회계기준에 따르면, 채무자는 출자전환으로 발행한 지분증권의 공정가치와 채무의 장부금액과의 차이를 채무조정이익으로 인식한다(일반기준 6장 문단 6.87).[76]

3-2. 세법

3-2-1. 입법의 경위 및 출자전환에 따른 채무면제익의 과세

(1) 법인세법의 개정 경위

① 과세당국은 당초 주식의 발행가액(채무소멸금액) 중 주식의 액면가액을 초과하는 금액을 주식발행초과금으로 해석하였으나,[77] 2003. 3. 5. 주식의 발행가액과 시가의

---

73) 개인의 채권양도소득을 금융투자소득으로 과세하는 소득세법 규정은 2020. 12. 29. 신설되었고, 2025. 1. 1.부터 시행된다. 위 개정 전의 소득세법은 개인의 채권양도로 인한 손익을 과세하지 않았다.

74) 기업회계기준해석서 제2119호 문단 6 : 발행된 지분상품의 공정가치를 신뢰성 있게 측정할 수 없다면 소멸한 부채의 공정가치를 반영하여 지분상품을 측정한다(같은 해석서 문단 7).

75) 기업회계기준해석서 제2119호 문단 9 ; 소멸하거나 제3자에게 양도한 금융부채(또는 금융부채의 일부)의 장부금액과 지급한 대가(양도한 비현금자산이나 부담한 부채를 포함)의 차액은 당기손익으로 인식한다. K-IFRS 제1109호(금융상품) 문단 3.3.3

76) 채무의 장부금액이 150원, 주식의 액면금액이 100원, 주식의 1주당 시가가 120원인 경우,

  (차) 채   무   150원   (대) 자   본   금   100원
                                   주식발행초과금   20원
                                   채 무 조 정 이 익   30원

77) 재법인 46012-191, 1999. 12. 6.(법정관리계획에 따른 출자전환), 법인 46012-302, 2002. 5. 23.

차액은 채무면제익에 해당하고, 주식의 시가와 액면가액의 차액은 주식발행액면초과
액(또는 주식할인발행차금)에 해당한다고 해석을 변경하였다.[78]

② 이후 2003. 12. 30. 개정된 법인세법 시행령 제15조 제1항은 위 변경된 해석을 입법
화하여, 주식의 발행가액과 시가의 차액을 익금불산입 대상인 주식발행액면초과액이
아닌 것으로 규정하였으나, 납세자에게 불리한 방향으로 법인세 과세대상을 확장하
였다는 이유로 무효판결을 받았다.[79]

③ 2005. 12. 31. 개정된 법인세법 제17조 제1항 제1호 단서는 위 내용을 법률에 명문화
하여, 주식의 발행가액 중 시가를 초과하는 금액을 익금불산입 대상인 주식발행액면
초과액에서 제외하여 과세대상으로 규정하였다.[80]

(2) 출자전환에 따른 채무면제익의 과세방법

출자전환에 따라 채무자인 법인에게 채무면제익이 발생하는지는, 주식의 발행가액, 즉
출자전환으로 인한 자본의 증가액을 얼마로 인식할 것인가와 관련된다. 채무의 출자전환
이 이루어진 경우 ① 채무의 장부금액을 주식의 발행가액으로 보아 그 금액만큼 자본의
증가를 인식하여 채무면제익이 발생하지 않은 것으로 보는 방법,[81] ② 출자전환된 채권의
시가 상당 금액이 출자된 것으로 보아 채권의 장부가액과 그 시가의 차액만큼 채무면제익
이 발생하는 것으로 보는 방법,[82] ③ 출자전환으로 발행된 신주의 시가만큼 자본이 증가
한 것으로 보는 방법[83]이 있다.

세법은, 출자전환된 채무의 장부금액이 발행주식의 시가 및 액면가액 중 큰 것을 초과

---

78) 재법인 46012-37, 2003. 3. 5.(법정관리계획에 따른 출자전환)
79) 대법원 2012. 11. 22. 선고 2010두17564 전원합의체 판결 : ① 위 판결의 다수의견은 출자전환되는 채무
   전부가 주식에 대한 인수가액으로 납입된 것으로 인정되어야만 발행예정주식 전부에 대하여 신주발행의
   효력이 발생하는 것이므로, 출자전환되는 채무 전부가 주식에 대한 납입금으로서의 실질을 가지고, 명문
   의 규정이 없는 한 출자전환으로 인한 주식의 발행가액 중 액면금액을 초과하는 금액 전부가 주식발행액
   면초과액에 해당한다고 판단하였다. ② 이에 대하여 반대의견(대법관 신영철)은 출자전환되는 채무 중 발
   행 주식 시가 초과 부분은 그 실질이 자본의 납입금과 같다고 볼 수는 없고 채무면제이익에 해당하여 구
   법인세법 제17조 제1항 제1호의 주식발행액면초과액에 해당한다고 볼 수 없다고 보았다. ③ 주식의 발행
   가액 중 시가를 초과하는 부분을 과세대상으로 규정한 현행 법인세법 제17조 제1항 제1호 단서는, 다수의
   견에 의하면 창설적 규정에 해당하고, 반대의견에 의하면 확인적 규정에 해당한다. 박정수, "구 법인세법
   시행령(2003. 12. 30. 대통령령 제18174호로 개정되고 2006. 2. 9. 대통령령 제19328호로 개정되기 전의
   것) 제15조 제1항 후문이 조세법률주의 원칙에 반하여 무효인지 여부", 대법원판례해설 제93호(2013),
   1103쪽 이하 참조
80) 2006. 2. 9. 개정된 법인세법 시행령 제11조 제6호는 법인세법 제17조 제1항 단서의 금액을 익금으로 명시
   한다.
81) 이는 2003. 12. 30. 개정되기 전의 구 법인세법 시행령이 취한 입장이다.
82) 일본 법인세법이 이러한 태도를 취한다.
83) 기업회계기준해석서 제2119호 문단 6, 일반기업회계기준 6장 문단 6.87

하는 금액을 채무면제익으로 정한다(법 17조 1항 1호 단서, 시행령 11조 6호).[84][85] 출자전환으로 발행된 주식의 시가는 채무소멸의 실질적 대가에 해당하므로, 현행세법의 채무면제익 판단기준 중 **발행주식의 시가**를 기준으로 한 부분은 합리성을 가진다. 그러나 세법이 발행주식의 **액면금액**을 채무면제익의 판단기준으로 삼는 부분은 적절한 이유를 찾기 어려우므로, 입법론으로는, 발행주식의 액면금액을 제외하고 그 시가만을 기준으로 채무면제익을 판단하는 것이 합리적이다.[86][87]

한편, 세법의 채무면제익 판단기준은 출자전환의 법적 형식과 관계없이 적용된다. 이는 법적 형식에 따라 세법적 효과를 부여할 경우 조세회피의 우려가 있는 점[88]을 고려하여, 출자전환을 그 법적 형식과 관계없이 통일적으로 처리하겠다는 취지로 보인다.[89]

3-2-2. 채무면제익

(1) 채무면제익의 인식요건

출자전환에 따른 주식의 발행가액(채무소멸금액)이 그 액면금액 및 시가를 모두 초과하는 경우, 주식의 발행가액과 그 액면금액 및 시가 중 큰 것과의 차액은 채무면제익으로서 익금에 해당한다(법 17조 1항 1호, 시행령 11조 6호).[90] 이때 주식의 시가가 액면금액에 미달

---

84) 가령, 법인이 150원의 채무를 출자전환하여 시가 120원(자본금 100원)인 주식을 발행하는 경우, 채권자의 주식의 취득가액은 그 시가인 120원이고, 채무자인 법인의 주식의 발행가액도 위 120원(자본금 100원, 주식발행액면초과액 20원)이며, 채무 150원과 주식의 시가 120원의 차액 30원이 채무면제익에 해당한다.

85) 헌법재판소 2021. 11. 25. 2017헌바280 결정은, 구 법인세법(2018. 12. 24. 개정되기 전의 것) 제17조 제1항 제1호 단서가 채무의 출자전환으로 주식 등을 발행하는 경우 그 주식 등의 시가를 초과하여 발행한 금액을 익금불산입 대상에서 제외하는 것은, 헌법에 위반되지 않는다고 판단하였다.

86) 오문성·이중교·이재우·이태규, "채무의 출자전환 과세제도에 관한 연구", 한국공인회계사회(2020), 128쪽 ; 헌법재판소 2021. 11. 25. 2017헌바280 결정은, 액면발행의 경우에는 출자되는 채권의 액면가와 발행되는 주식의 액면가가 등가교환되므로 채무면제익이 발생할 여지가 없다고 보지만(판례집 28-1하, 572, 581쪽), 동의하기 어렵다.

87) 일본 법인세법도 출자전환에 따른 채무면제익을 판단할 때 발행주식의 액면가액을 고려하지 않는다. 뒤의 "일본 세법상 출자전환(Debt Equity Swap ; DES)의 처리" 참조

88) 채무자가 채권자에게 출자전환으로 발행한 주식의 시가가 채무의 장부가액에 미달하는 경우에, ① 채무 중 일부를 면제받는 경우와 ② 그렇지 않은 경우는 경제적 실질이 동일하다. 그런데 만일 거래의 사법상 형식을 기준으로 주식의 발행가액을 인식한다면 위 각 경우의 세법상 결과는 다를 수 있다. 가령 ① 채무자가 150원의 채무 중 30원은 면제받고 나머지 120원은 출자전환하여 채권자에게 시가 120원, 액면금액 100원인 주식을 발행하는 경우, 30원은 채무면제이익으로 처리되고, 위 주식의 발행가액은 120원으로 인식되므로, 출자전환에 따른 채무소멸금액 120원 중 주식의 액면금액을 초과하는 20원은 주식발행액면초과액으로 처리된다. 이에 비하여 ② 채무자가 채무액 150원을 전액 출자전환하여 채권자에게 시가 120원, 액면금액 100원인 주식을 발행하는 경우에는, 위 주식의 발행가액이 150원으로 인식되고, 위 금액 중 주식의 액면금액을 초과하는 50원이 주식발행액면초과액으로 처리되며, 채무면제익은 발생하지 않는다.

89) 이중교, "채무의 출자전환에 따른 과세문제", 조세법연구 [20-2], 한국세법학회(2014), 292쪽

90) ① '주식의 액면금액 < 시가 < 발행가액(채무소멸금액)'인 경우, 가령 주식의 액면금액이 100원, 시가가

하는 경우에는, 법인세법상 채무면제익[주식의 장부가액(채무소멸금액)과 액면금액의 차이]이 기업회계상 채무조정이익(채무의 장부가액과 지분증권의 공정가치의 차이)과 다르게 되므로, 세무조정이 필요하다.[91] 법인세법 제17조 제1항 제1호 단서의 '채무의 출자전환'에는 주금납입채무의 상계 방식과 채권의 현물출자 방식이 모두 포함된다.[92]

한편, 주식의 발행가액이 그 액면금액 또는 시가 중 하나에라도 미달하는 경우에는 채무면제익이 생기지 않는다.[93]

회생절차에서 출자전환을 하는 경우, 채무면제익의 과세문제를 발생시키지 않기 위하여 실무상 주로 액면발행의 방식이 활용되고,[94] 대부분 출자전환 후 주식병합에 의한 무상감자가 이루어진다.[95][96] 회생계획에 따른 채무의 출자전환 직후 회생계획에 따라 발행된 주식 전부를 소각하는 것[97]은 실질적으로 채무면제에 해당한다고 볼 여지가 있다.[98]

(2) 채무면제익의 이월결손금 충당

출자전환으로 인한 법인(채무자)의 채무면제익은 대통령령으로 정하는 이월결손금의 보전에 충당될 수 있다(법 18조 6호). 채무면제익으로 보전될 수 있는 이월결손금은, 해당 사

120원, 발행가액이 150원인 경우 채무면제익은 30원(=150원-120원)이고, 액면금액과 시가의 차액 20원은 주식발행액면초과액이다. ② '주식의 시가 < 액면금액 < 발행가액(채무소멸금액)'인 경우, 가령 주식의 시가가 80원, 액면금액이 100원, 발행가액이 150원인 경우 채무면제익은 50원(=150원-100원)이다.

91) 가령 주식의 시가가 80원, 액면금액이 100원, 발행가액이 150원인 경우, 회계상 채무면제익은 70원(= 150원 -80원)이지만, 세법상 채무면제익은 50원(= 150원-100원)이므로, 차액인 20원은 익금불산입되어야 한다.

92) 서울고등법원 2018. 11. 21. 선고 2018누39043 판결, 대법원 2019. 4. 25. 선고 2019두30546 판결(심리불속행)

93) '주식의 시가 < 발행가액(채무소멸금액) < 액면금액'인 경우, 가령 주식의 액면금액이 100원, 시가가 50원, 발행가액이 70원인 경우, 액면금액과 발행가액의 차액 30원은 주식할인발행차금이다. 국세청, 2006 개정세법 해설(법인세법) 263쪽 ; '주식의 발행가액 < 시가'인 경우에 대하여는 3-2-2. 참조

94) 서울회생법원 재판실무연구회, 회생사건실무(상) 제5판, 박영사(2019), 832쪽 ; 액면발행의 방식을 취하는 이유로, 액면발행의 경우 채무면제익이 발생하지 않으므로, 이월결손금을 그대로 남겨두어 회생계획의 수행기간 중 발생하는 소득에서 공제함으로써 법인세 산출세액이 거의 없게 만듦으로써 회생법인의 영업이익을 채권자에 대한 변제의 재원으로 대부분 사용할 수 있고, 이월결손금의 존재는 M&A로 그 회생법인을 인수하려는 자에게 매력을 줄 수 있는 점이 제시된다. 한편, 액면발행은 실제로 회생법인에 존재하는 자본에 비하여 과다한 자본금을 표시하여 자본충실을 해할 우려가 있고, 이러한 이유로 회생절차의 실무상 액면발행의 방식에 의한 출자전환 직후 자본금을 감소시키는 방법이 활용된다. 서울회생법원 재판실무연구회, 위의 책, 833쪽

95) 서울회생법원 재판실무연구회, 위의 책, 833쪽 ; 이는 회생절차의 실무상 법인세법상 채무면제익의 발생을 피하기 위하여 행해진다[전대규, 채무자회생법, 법문사(2020), 630쪽].

96) 위 경우 채권자의 대손금에 관하여는 제2편 제2장 3-2-2. (2) (나) 참조

97) 대법원 2018. 6. 28. 선고 2017두68295 판결, 대법원 2018. 7. 11. 선고 2016두65565 판결의 사안

98) 다만, 회생계획에 따른 출자전환 후 발행주식 전부의 소각을 채무면제익으로 재구성한다고 하더라도, 회생법인은 그 채무면제익을 일단 해당 사업연도의 익금에 산입하지 않고 장래의 결손금의 보전에 충당할 수 있다고(법 17조 2항) 볼 여지가 있고, 이 경우 그 채무면제익은 이후 회생절차가 폐지되어 파산절차로 이행하는 등의 경우에 비로소 익금에 산입된다(시행령 15조 2항).

업연도의 개시일 전 15년 이내에 개시한 사업연도에서 발생한 것에 국한되지 않고, 그 전에 발생한 것도 포함한다.[99)]

(3) 채무면제익의 장래 결손금 충당

회생법인 등은 채무의 출자전환으로 얻은 채무면제익 중 이월결손금의 보전에 충당되지 않은 금액을 해당 사업연도의 익금에 산입하지 않고 그 이후의 사업연도에 발생하는 결손금의 보전에 충당할 수 있다(법 17조 2항, 시행령 15조 1항).[100)] 이는 아직 재정상태가 취약한 회생법인 등에 대한 과세를 이연하여 회생법인 등의 정상화를 돕기 위한 것이다. 이 경우 회생법인 등은 출자전환으로 인한 채무면제익을, 그것이 발생한 사업연도의 익금에 산입하지 않고[익금불산입, (−)유보] 기간의 제한 없이 장래에 발생하는 결손금의 보전에 충당할 수 있다(익금산입, 유보).[101)] 한편, 회생법인 등이 익금불산입한 채무면제익을 결손금의 보전에 충당하기 전에 사업을 폐지·해산하는 경우에는, 결손금에 충당하지 않은 금액 전액을 그 사유가 발생한 날이 속하는 사업연도의 익금에 산입한다(시행령 15조 2항).[102)]

(4) 채무상환손익

출자전환에 따라 소멸한 채무의 출자전환 당시 가액(상환금액)이 장부금액보다 큰 경우, 그 차액은 채무상환손익으로서 출자전환에 따른 채무면제익 여부와 별개로 채무자인 법인의 익금 또는 손금에 산입된다.[103)]

---

99) 기본통칙 18-18…1

100) 이는 2005. 12. 31.까지 한시적으로 적용된 조특법 제44조 제2항의 특례를 2005. 12. 31. 법인세법에 도입한 것이다.

101) 조특법 제44조 제1항은, 회생법인이나 부실징후기업 등이 회생계획인가결정 또는 경영정상화계획 등에 따라 금융채권자로부터 채무의 일부를 면제받은 경우에는 채무면제익 중 결손금을 초과하는 금액에 대하여 3년 거치 3년 분할의 방법으로 익금에 산입하도록 규정한다. 이에 비하여 법인세법 제17조 제2항은, 법인으로 하여금 기간의 제한 없이 채무면제익의 익금산입을 보류할 수 있도록 규정한다.

102) 따라서 법인에 대한 회생계획이 인가된 후 이를 수행할 수 없는 것이 명백하게 되어 회생절차가 폐지되고 파산절차로 이행된 경우 익금불산입된 채무면제익은 일시에 익금에 산입된다.

103) 대법원 2018. 7. 24. 선고 2015두46239 판결 : ① 원고 법인은 자신이 발행한 엔화표시 전환사채를 보유한 소외 회사와 사이에 그 전환사채를 현물출자받기로 하는 계약을 체결하고, 이에 따라 신주를 발행하였다. 위 전환사채의 기준환율에 따른 현물출자가액 188억여 원과 장부가액 135억여 원(= 액면가액 152억여 원−전환권조정 9억여 원−사채할인발행차금 7억여 원)의 차액인 53억여 원을 사채상환손실로서 손금에 산입할 수 있는지 여부가 문제되었다. ② 원심은 위 현물출자의 실질이 사채권자의 전환권 행사와 동일하므로 위 사채상환손실은 손금에 산입될 수 없다고 보았다. 그러나 대법원은, ㉮ 전환사채도 현물출자의 목적물이 될 수 있는 점, ㉯ 위 현물출자 계약은 특수관계에 있지 않은 원고와 소외 회사 간에 체결되었고, 원고는 당시 엔화 환율의 급격한 상승에 따라 향후 전환사채를 현금으로 상환하거나 전환권이 행사될 경우 손실이 확대될 수 있으므로 위 전환사채를 조기에 현물출자받은 것으로서, 경영상황 등을 고려한 합리적인 거래의 일환으로 보이는 점 등을 고려하여, 원고는 소외 회사로부터 위 전환사채를 현물출자받은 것으로 봄이 타당하고, 그렇게 본다면 위 차액은 전부 세법상 손금으로 인정될 수 있다고 판단하였다. 위 사건에서 전환사채는 현물출자되는 시점에 기준환율에 따라 평가되어야 하고, 그 평가액

3-2-3. 출자전환 주식의 시가가 채무의 소멸금액보다 더 큰 경우

출자전환에 따라 발행된 주식의 시가가 그 발행가액(채무소멸금액)보다 큰 경우, 그 차액은 주식발행법인의 순자산을 감소시키지 않으므로, 손금에 해당하지 않는다.[104] 이 경우 법인의 자본증가액(자본 + 자본잉여금 − 자본조정)은 주식의 발행가액이 된다.[105][106]

한편, 특수관계에 있는 채권자와 채무자인 법인 간에 위와 같은 출자전환이 행해졌다면, 현물출자방식의 경우 고가매입에 준하는 현물출자로서 부당행위계산에 해당할 수 있고(시행령 88조 1항 1호), 상계방식의 경우 법인세법 시행령 제88조 제1항 제9호에 따른 부당행위계산에 해당할 여지가 있다.[107]

미국 세법상 채무소멸익에 대한 과세

1. 채권자
채권자가 채권액을 회수할 수 없게 된(worthless) 경우, 미국 세법 제166조의 대손금 공제(bad debt deduction)를 받을 수 있다.
2. 채무자
① 미국 법원은 1931년 Kirby Lumber 사건에서 채무소멸익에 대한 과세를 인정하였다.[108] 미국

188억여 원과 장부금액 135억여 원의 차액은 사채상환손실에 해당한다. 위 사건의 상세한 내용에 대하여는 조성권·김동욱, "자기발행 외화표시 전환사채를 현물출자하여 발생한 사채상환손실의 손금 여부", 조세실무연구 10권(2019), 김·장 법률사무소, 231쪽 참조

104) 가령 법인이 70원의 채무를 출자전환하여 시가 100원인 주식을 발행한 경우, 주식의 시가 중 채권의 가액을 초과하는 30원 부분은 법인의 순자산을 감소시키지 않는다. 법인이 소멸한 70원의 채무에 상응하는 가액의 주식을 발행한 상태에서 추가로 시가 30원 상당의 주식을 발행하더라도, 법인의 순자산에 영향을 미치지 않고, 단지 기존 주주의 지분율에 영향을 미칠 뿐이다. 한편, 반대로 출자전환에서 채무의 소멸금액이 그 주식의 시가보다 큰 경우, 가령 법인이 채무 120원을 출자전환하여 시가 100원인 주식을 발행한 경우, 그 차액 20원은 법인의 부채가 소멸한 것이므로, 순자산 증가에 해당하고, 익금으로 될 수 있다(다만, 법인세법상 채무면제익이 되려면 채무의 소멸금액이 주식의 액면금액보다도 커야 한다).

105) 주식의 발행가액(채무소멸금액)이 시가보다 적은 경우(발행가액 < 시가) 다음과 같이 처리된다(국세청, 2006 개정세법 해설, 263쪽).
① 액면금액 < 발행가액 < 시가 : 발행가액 − 액면금액 = 주식발행액면초과액
② 발행가액 < 액면금액 < 시가 : 액면금액 − 발행가액 = 주식할인발행차금
③ 발행가액 < 시가 < 액면금액 : 액면금액 − 발행가액 = 주식할인발행차금

106) 채권자가 출자전환에 따라 취득한 주식의 취득가액은 원칙적으로 시가이므로(시행령 72조 2항 4호의2), 채권자가 인식하는 주식의 취득가액과 주식의 발행법인이 인식하는 자본(자본금 + 자본잉여금 − 자본조정)의 증가액이 다르게 된다. 가령, A 법인이 B 법인에 대한 70원의 채권을 출자로 전환하여 시가 100원의 주식을 취득한 경우, A 법인이 인식하는 B 법인 주식의 취득가액은 100원이지만, B 법인은 위 출자전환에 따라 장부상 70원의 채무를 제거하고, 그 금액만큼 자본을 증액시키게 될 것이다.

107) 제2편 제3장 3 − 3 − 7. (2) 참조

108) U.S. v. Kirby Lumber Co., 284 U.S. 1 (1931) : 원고인 Kirby Lumber Company가 1923년 액면금 12,126,800달러의 사채를 그 액면가에 발행한 후 같은 해에 그 사채를 공개시장에서 액면가보다 낮은 금액에 매입하였고 그 차액이 137,521.3달러인 사건에서, 연방대법원은 그 차액이 1921년 세법상 총소득

세법은 이를 조문화하여 채무소멸익(Income from discharge of indebtedness)을 과세대상으로 명시한다[§ 61(a)(12)].

② 다만, 도산사건(title 11 case) 및 채무자가 지급불능(insolvent)인 경우 등의 채무소멸익은 총소득(gross income)에서 제외된다[§ 108(a)(1)].[109] 위와 같이 총소득에서 제외된 채무소멸익은, 총소득이나 세액을 감소시킬 수 있는 항목들(tax attributes)을 감소시키고, 그러한 감액은 ㉮ 결손금(net operating loss), ㉯ 일반사업세액공제(general business credit, § 38), ㉰ 최저한세 공제(minimum tax credit) 등의 순서로 이루어진다[§ 108(b)]. 위 규정은 장래의 조세절감을 감소시키므로, 채무소멸익의 과세제외는 비과세가 아니라 과세이연의 의미를 가진다.[110]

③ 한편, 도산사건 또는 지급불능에 해당하지 않는 채무자 법인이 채권자에게 채무의 변제로 주식을 이전한 경우, 주식의 공정시장가치(fair market value) 만큼 채무를 변제한 것으로 취급되므로[§ 108(e)(8)], 소멸한 채무액 중 주식의 공정시장가치를 초과하는 금액은 채무소멸익으로 과세된다.

 일본 세법상 출자전환(Debt-Equity Swap ; DES)의 처리[111]

1. 비적격 현물출자에 의한 출자전환

① 채권자가 채권의 현물출자로 취득한 주식의 취득가액은 「급부를 한 금전 이외의 자산의 가액의 합계액」, 즉 출자의 목적물인 채권의 시가이고(일본 법인세법 시행령 119조 1항 2호), 채권을 시가로 양도된 것으로서, 소멸한 채권의 장부가액과 시가의 차액은 양도손익으로 인식된다.

② 채무자인 법인의 자본금 등의 액은 「급부를 받은 금전 이외의 자산의 가액」(일본 법인세법 시행령 8조 1항 1호), 즉 채권의 시가만큼 증가하고, 출자전환으로 소멸한 채권의 금액 중 위 채권의 시가(증가한 자본금 등의 액)를 초과하는 금액은, 그것이 자본등거래에 해당하지 않는 한 채무소멸익으로 인식된다.

2. 적격 현물출자에 의한 출자전환

① 적격현물출자에 의하여 채권자는 채권을 장부가액으로 이전한 것으로 취급되므로(일본 법인세법 62조의4 1항), 현물출자에 관한 양도손익은 발생하지 않고, 주식의 취득가액은 채권의 장부가액을 바꾸어놓은 것이 된다(일본 법인세법 시행령 119조 1항 7호).

② 채무자인 법인은 현물출자 목적물인 채권을 장부가액으로 인계받고(일본 법인세법 62조의4 2항, 일본 법인세법 시행령 123조의5), 그 금액만큼 자본금 등의 액이 증가한다(일본 법인세법 시행령 8조 1항 8호).

에 포함된다고 판시하였다.

109) 채무의 출자전환으로 인한 채무소멸익에 대하여는 채무대체이론 또는 주식인수가격이론에 근거하여 오랫동안 비과세 혜택이 부여되었다. 그러나 변제자력이 있는 채무자 법인들이 출자전환으로 인한 채무소멸익의 과세제외를 남용하자, 이를 규제하기 위하여 1984년 미국 세법이 개정되었다. 이러한 미국 세법의 개정경위에 관하여는 이중교, 앞의 글, 296쪽

110) Karrie Bercik, The Tax Consequences of Stock for Debt Exchange, 11 J. L. & Com, p.206

111) 小林 則子, DES에서의 채무소멸익 과세의 방식에 대하여, 와세다(早稻田)대학 2012 전문직학위논문, pp.21~23

주식매수선택권

1 상법

회사는, 정관으로 정하는 바에 따라 주주총회 특별결의로 회사의 이사, 집행임원, 감사 또는 피용자에게 미리 정한 행사가액으로 신주를 인수하거나 자기의 주식을 매수할 수 있는 권리를 부여할 수 있고(상법 340조의2), 이를 주식매수선택권(stock option)이라 한다. 상장회사는 관계 회사의 이사 등에 대하여도 주식매수선택권을 부여할 수 있다(상법 542조의2). 법인의 임직원에게 부여된 주식매수선택권은 법인과 임직원의 이해관계를 일치시켜 대리인비용(agency cost)을 줄이는 기능을 한다.

회계기준은, 주식매수선택권이 '재화 또는 용역의 제공'의 대가로 부여될 수 있는 것으로 정함으로써, 회사 외부의 거래상대방도 이를 부여받을 수 있다는 태도를 취한다. 그러나 상법은, 회사 또는 관계회사의 임직원에 대하여만 주식매수선택권을 부여할 수 있는 것으로 규정한다.[112]

상법은 주식매수선택권의 기본적 유형으로 자기주식양도형과 신주발행형을 규정하면서 (상법 340조의2 1항 본문), 주식의 실질가액이 주식매수선택권의 행사가액보다 높은 경우, 회사가 그 차액을 금전으로 지급하거나 자기주식을 양도할 수 있는 것으로 정한다(상법 340조의2 1항 단서). 따라서 상법상 차액지급형은 회사가 선택할 수 있는 정산방법의 하나(대용급부)로 규정되어 있다.[113]

---

112) 회사는 상법상 특별한 근거가 없이는 주식매수선택권만을 따로 발행할 수 없다는 것이 일반적인 견해이다(김건식 · 노혁준 · 천경훈, 회사법(2020), 469쪽). 주식매수선택권이 주주의 신주인수권을 희생시키는 제도[이철송, 회사법강의(2019), 685쪽]라는 점을 중시한다면, 주식매수선택권 중 신주발행형은 기존 주주의 신주인수권을 배제하는 면이 있으므로, 상법에서 정하는 요건에 따라서만 부여할 수 있다고 볼 여지가 있다. 그러나 자기주식양도형은 기존 주주의 신주인수권에 직접적 영향을 미치지 않고, 상법상 회사가 자기주식을 누구에게 처분할 것인지는 이사회의 결정에 맡겨져 있으므로(상법 342조), 임직원 외의 제3자에게 회사의 자기주식을 양수할 수 있는 주식매수선택권을 부여하는 것을 부정할 이유가 없다. 따라서 자기주식양도형 주식매수선택권까지 상법에 정해진 요건에 따라 상법이 정한 상대방에 대해서만 가능하다고 보아야 할 것인지는 의문이다.

113) 상법학계에서는, 차액지급형은 상법상 근거규정이 없어도 부여될 수 있으므로, 처음부터 차액지급형으로 부여하는 것도 허용된다는 견해가 상당수 있다. 김건식 · 노혁준 · 천경훈, 회사법(2020), 470쪽 ; 주석 상법 회사(2)(340조의2), 444쪽

주식매수선택권의 행사가격은 그 부여일의 주식의 '실질가액' 이상[114]이어야 하고(상법 340조의2 4항), 여기의 '실질가액'은 시가를 의미하는 것으로 보아야 한다.[115] 주식매수선택권은 그것을 부여하는 주주총회 결의일부터 2년 이상 재임 또는 재직하여야 행사할 수 있다(상법 340조의4 1항).[116][117]

2 **주식매수선택권을 부여받은 자**

주식매수선택권을 부여받은 자가 그 권리를 행사하여 주식을 취득하고 그 주식을 다시 양도하는 경우, 주식매수선택권의 행사이익(주식의 시가와 행사가액의 차액)은 주식의 양도가액에 포함될 수 있다. 여기서 주식매수선택권의 행사이익을 어느 시점에 어떤 소득으로 분류하여 과세할 것인지가 문제된다.[118]

2-1. 주식매수선택권의 행사로 얻은 이익

(1) 근로소득 또는 기타소득

법인의 임원 또는 종업원이, 당해 법인 또는 당해 법인과 특수관계에 있는 법인으로부터 부여받은 주식매수선택권을, 당해 법인 등에서 근무하는 기간 중 행사하여 얻은 이익

---

114) 다만, 신주발행형의 경우 주식매수선택권의 부여일을 기준으로 주식의 권면액이 그 실질가액보다 높은 경우에는 권면액에 의하고, 무액면주식을 발행한 경우에는 자본으로 계상되는 금액 중 1주에 해당하는 금액을 권면액으로 본다.

115) 이철송, 회사법강의(2019), 688쪽은, 주식의 '실질가액'은, 상장주식의 경우에는 주식의 시가, 비상장주식의 경우에는 주식의 순자산가치와 수익력을 반영한 평가액을 뜻하는 것으로 본다.

116) 다만, 상장회사의 경우에는 '주식매수선택권을 부여받은 자가 사망하거나 그 밖에 본인의 책임이 아닌 사유로 퇴임하거나 퇴직한 경우'에는 주식매수선택권을 부여하기로 한 주주총회 또는 이사회의 결의일부터 2년 미만 재임하였거나 재직하였더라도 주식매수선택권을 행사할 수 있다(상법 542조의3 4항, 상법 시행령 30조 5항). 대법원은 비상장회사의 경우 위 특례규정이 적용되지 않는다고 본다(대법원 2011. 3. 24. 선고 2010다85027 판결).

117) 상법은 주식매수청구권을 행사할 수 있는 시기(始期)만을 규정할 뿐이고, 주식매수선택권을 언제까지 행사할 수 있는지는 회사의 자율적 결정에 맡겨져 있으므로, 회사는 정관의 기본 취지나 핵심 내용을 해치지 않는 범위에서 주주총회와 개별 계약을 통하여 임직원이 주식매수청구권을 행사할 수 있는 종기(終期)를 자유롭게 정할 수 있다. 대법원 2018. 7. 26. 선고 2016다237714 판결

118) 가령, 개인이 주식매수선택권을 행사하여 행사가액 100원을 납입하고 시가 150원의 주식을 취득한 후 그 주식을 대금 170원에 매도한 경우, 주식매수선택권의 행사이익 50원(150원-100원)은 주식의 취득 단계에서 과세할 수도 있고, 주식의 양도가액 170원에 포함시켜 주식의 양도 단계에서 양도소득으로 과세할 수도 있다.

[주식매수선택권 행사 당시 주식(신주인수권을 포함한다)의 시가와 실제 매수가액의 차액]
은 근로소득으로 과세된다(소득세법 20조, 소득세법 시행령 38조 1항 17호).[119][120] 그리고 법인
의 임원 또는 종업원이 퇴직 전에 부여받은 주식매수선택권을 퇴직 후에 행사하거나, 고용
관계 없이 주식매수선택권을 부여받아 이를 행사하여 얻는 이익은 기타소득이다(소득세법
21조 22호).

법인은, 임직원 등의 주식매수선택권 행사로 신주를 발행하거나 자기주식을 양도하는
때에, 그 행사이익에 대한 소득세를 원천징수하여야 한다.[121]

(2) 벤처기업 임원 등에 대한 양도소득 과세의 특례

조특법은 벤처기업 임원 등이 부여받은 주식매수선택권의 행사이익에 대하여 여러 가지
과세특례를 인정한다(조특법 16조의2 내지 16조의4). 벤처기업의 임원 또는 종업원은, 일정한
요건을 갖춘 적격주식매수선택권의 행사이익에 대하여 양도소득세(금융투자소득세)[122]
과세를 신청할 수 있고, 이 경우 주식매수선택권의 행사이익은 그 행사 시에 근로소득으로
과세되지 않고 그 행사로 취득한 주식의 양도 시에 양도소득(금융투자소득)으로 과세된다
(조특법 16조의4).[123]

2-2. 주식매수선택권의 행사로 취득한 주식의 취득가액

주식매수선택권을 행사하여 취득한 주식을 양도한 경우, 양도소득을 계산할 때 그 주식
의 취득가액은 그 주식매수선택권 행사 당시의 시가이다(소득세법 시행령 163조 13항).

---

119) 2002. 12. 30. 소득세법 시행령 제38조 제1항 제17호에 처음으로 주식매수선택권의 행사이익이 근로소득
으로 규정되었다. 그 이전의 사안에 관하여 대법원은, 권리의무확정주의를 설시한 다음, 주식매수선택권
은 그 행사 여부가 전적으로 이를 부여받은 임직원의 선택에 맡겨져 있으므로 단순히 주식매수선택권의
부여 자체만으로는 어떠한 소득이 발생되었다고 볼 수 없고, 주식매수선택권을 행사하여 주식을 취득함
으로써 비로소 해당주식의 시가와 주식매수선택권 행사가액의 차액에 상당하는 경제적 이익이 확정 내지
현실화된다고 할 것이므로 위 행사 시점에 그로 인한 소득이 발생한 것으로 보아야 할 것이라고 판시하
였다(대법원 2007. 11. 15. 선고 2007두5172 판결).
120) 소득세법 시행령 제51조 제5항 제4호는 '신주인수권에 의하여 납입한 날의 신주가액에서 당해 신주의
발행가액을 공제한 금액'을, 같은 조 제6항은 '신주가액이 그 납입한 날의 다음 날 이후 1월 내에 하락한
때에는 그 최저가액'을 각각 수입금액으로 규정한다. 그러나 위 규정들은 법인으로부터 신주의 제3자 배
정을 받는 경우에 대한 것이므로, 법인의 임원 또는 종업원이 법인으로부터 부여받은 주식매수선택권을
행사하여 신주를 인수하는 경우에는 적용되지 않는다(대법원 2021. 6. 10. 선고 2020두55954 판결).
121) 서면1팀-431, 2008. 3. 28.(근로소득의 경우)
122) 과세특례가 적용되는 경우, 적격주식매수선택권의 행사이익은 2024. 12. 31.까지는 양도소득으로, 2025.
1. 1.부터는 금융투자소득으로 과세된다.
123) 행정해석은, 법인이 주식매수선택권을 부여할 당시 벤처기업이었다면, 이후 그 행사 당시 벤처기업에 해
당하지 않더라도, 조특법상 과세특례가 적용될 수 있다고 본다. 서면-2021-법령해석소득-3480, 2021.
8. 31.

미국 세법상 스톡옵션(stock option)의 과세

1. CIR v. Lo Bue 판결

미국 법원은, CIR v. Lo Bue 사건에서, 회사의 피용자인 원고가 부여받은 스톡옵션(stock option)을 총소득에서 제외되는 증여(gift)가 아닌 인적용역에 대한 보상(compensation for personal services)으로 보면서, 옵션의 즉시 확인가능한 시장가격이 있고 옵션의 수령자가 이를 자유로이 매각할 수 있으면 옵션의 수령시점에 바로 과세소득을 실현한 것으로 보는 것도 가능하지만, 위 사건은 그에 해당하지 않으므로, 과세소득은 옵션이 부여된(granted) 시점이 아니라 행사된(exercised) 시점에 측정되어야 한다고 판시하였다[CIR v. Lo Bue, 351 U.S. 243 (1956)].

2. 미국 세법

미국 세법은 스톡옵션을 다음의 두 가지로 구분하여 다르게 취급한다.

① 비적격 스톡옵션(non-qualified stock option) : 비적격 스톡옵션은 원칙적으로 이를 양도할 수 있게 되거나 상실할 실질적 위험이 없게 된(transferable or are not subject to a substantial risk of forfeiture) 연도의 총소득에 산입하고, 스톡옵션의 즉시 확인가능한(readily ascertainable) 공정시장가격이 없는 경우에는 예외가 인정된다[IRC § 83(a), (e)(3)]. 비적격 스톡옵션을 부여한 법인은 이를 부여받은 자의 통상소득으로 과세되는 금액만큼 손금으로 인정된다[IRC § 83(h)].

② 인센티브 스톡옵션(incentive stock option, IRC § 422) : 일정한 요건을 충족하는 인센티브 스톡옵션을 부여받은 개인은, 그 스톡옵션을 행사하여 주식을 이전받은 시점에는 과세되지 않고 [IRC § 421(a)(1)], 그 주식을 양도한 시점에 과세되며, 일정한 요건을 충족하면 장기자본이득에 대한 자본이득세율을 적용받을 수 있다[IRC § 1001(a)]. 인센티브 스톡옵션을 부여한 법인은 스톡옵션의 행사로 인한 주식발행과 관련한 손금산입을 할 수 없다[IRC § 421(a)(2)].

<table>
<tr><td>3</td><td>법인</td></tr>
</table>

3-1. 회계기준

(1) 주식결제형 주식기준보상거래

주식결제형 주식기준보상거래는, 기업이 재화나 용역을 제공받는 대가로 주식, 주식선택권 등을 부여하는 거래를 말한다.[124]

기업이 주식결제형 주식기준보상거래로 재화나 용역을 제공받은 경우에는, 그에 상응한 (보상원가만큼) 자본의 증가(자본조정)를 인식한다.[125] 이 경우 기업이 제공받는 재화 또

---

124) K-IFRS 1102호 부록 A, 일반기업회계기준 19장 문단 19.2
125) K-IFRS 1102호 문단 7, 일반기업회계기준 19장 문단 19.7

는 용역(보상원가)과 그에 상응하는 자본의 증가는 ① 제공받는 재화나 용역의 공정가치를 신뢰성 있게 추정할 수 있는 경우에는 그 공정가치로 직접 측정하고, ② 그렇지 않은 경우에는 부여한 분상품의 공정가치에 기초하여 간접 측정한다.[126] **종업원**에게 용역제공의 대가로 지분상품을 부여하는 경우에는, 그 용역의 공정가치는 일반적으로 신뢰성 있게 추정할 수 없기 때문에 부여한 **지분상품의 공정가치**에 기초하여 측정하고, 부여한 지분상품의 공정가치는 부여일 기준으로 측정한다.[127]

주식결제형 주식기준보상거래로 기업이 제공받는 재화나 용역(보상원가)이 자산의 인식요건을 충족하지 못하는 경우에는 비용으로 인식한다.[128][129] 이 경우 기업은 용역이라는 자원을 제공받는 즉시 소비한 것(비용)으로 볼 수 있다.[130]

(2) 현금결제형 주식기준보상거래

현금결제형 주식기준보상거래는, 기업이 재화나 용역을 제공받는 대가로 기업(또는 연결실체 내 다른 기업)의 지분상품의 가격(가치)에 기초한 금액만큼 현금이나 기타자산으로 결제하는 거래를 말한다.[131]

현금결제형 주식기준보상거래로 재화나 용역을 공급받은 경우에는, 그에 상응한(보상원가만큼) 부채를 인식한다.[132] 현금결제형 주식기준보상거래의 경우 제공받는 재화나 용역과 그 대가로 부담하는 부채를 **부채의 공정가치**로 측정한다.[133] 기업이 제공받는 재화나 용역(보상원가)이 자산의 인식요건을 충족하지 못하는 경우에는 비용으로 인식한다.[134]

(3) 선택형 주식기준보상거래

기업이나 거래상대방이 결제방식으로서 현금결제방식이나 주식결제방식을 선택할 수 있는 선택형 주식기준보상거래[135]의 경우, 기업이 현금이나 기타자산을 지급해야 하는 부채를 부담하는 부분은 현금결제형 주식기준보상거래로 회계처리하고, 그러한 부채를 부담

---

126) K-IFRS 1102호 문단 10, 일반기업회계기준 19장 문단 19.9
127) K-IFRS 1102호 문단 11, 12, 일반기업회계기준 19장 문단 19.10
128) K-IFRS 1102호 문단 8, 일반기업회계기준 19장 문단 19.8
129) 주식결제형 주식기준보상거래에 관한 사례에 대하여는 일반기업회계기준 제19장 주식기준보상의 실 19.11 참조
130) 신현걸·최창규·김현식, IFRS 중급회계(2018), 796쪽
131) K-IFRS 1102호 부록 A, 일반기업회계기준 19장 문단 19.2
132) K-IFRS 1102호 문단 7, 일반기업회계기준 19장 문단 19.7
133) K-IFRS 1102호 문단 30, 일반기업회계기준 19장 문단 26
134) K-IFRS 1102호 문단 8, 일반기업회계기준 19장 문단 19.8
135) 상법은 회사에게 주식매수선택권의 행사시점에 가서 주식매수선택권의 행사가액과 주식의 시가의 차액을 금전으로 지급하거나 자기의 주식을 양도할 수 있는 선택권을 부여한다(상법 제340조의2). 따라서 상법의 주식매수선택권은 '법률에 의하여 기업이 결제방식의 선택권을 가지는 주식기준보상거래'에 해당한다.

하지 않는 부분은 주식결제형 주식기준보상거래로 회계처리한다.[136]

3-2. 세법

3-2-1. 손금산입

(1) 법인이 주식매수선택권 등을 부여·지급한 경우

법인이, 상법 제340조의2, 벤처기업육성에 관한 특별법 제16조의3, 소재·부품·장비산업 경쟁력강화를 위한 특별조치법 제15조에 따른 주식매수선택권, 근로복지기본법 제35조에 따른 우리사주매수선택권[137]을 부여하거나 금전을 지급하는 경우, 다음의 금액은 손금으로 인정된다(시행령 19조 19호의2).[138] 다만, 발행주식총수의 10% 범위에서 부여하거나 지급한 경우로 한정한다.

① 주식매수선택권 또는 우리사주매수선택권을 부여하는 경우로서 다음의 어느 하나에 해당하는 경우 해당 금액

㉮ 약정된 주식매수시기에 약정된 주식의 매수가액과 시가의 차액을 금전 또는 해당 법인의 주식으로 지급하는 경우의 해당 금액

㉯ 약정된 주식매수시기에 주식매수선택권 또는 우리사주매수선택권 행사에 따라 주식을 시가보다 낮게 발행하는 경우 그 주식의 실제 매수가액과 시가의 차액

② 주식기준보상[139]으로 금전을 지급하는 경우 해당 금액

---

136) K-IFRS 1102호 문단 34, 일반기업회계기준 19장 문단 19.29

137) 우리사주매수선택권은 당초 손금산입의 대상에 포함되지 않았으나(수원지방법원 2022. 6. 16. 선고 2021구합64404 판결), 2022. 2. 15. 법인세법 시행령의 개정으로 손금산입의 대상에 포함되게 되었다.

138) ① 2018. 2. 13. 개정되기 전의 구 법인세법 시행령은, 내국법인이 그 임직원이 금융지주회사 또는 일정한 해외모법인으로부터 주식매수선택권 또는 주식기준보상을 부여받거나 지급받은 경우 금융지주회사 등에게 그 행사 또는 지급비용으로서 보전하는 금액만을 손금으로 규정하였다(구 시행령 19조 19호). ② 2018. 2. 13. 개정된 구 법인세법 시행령은 당해 법인이 임직원에게 부여하거나 지급하는 주식매수선택권 또는 주식기준보상의 손금산입을 추가로 규정하였다(시행령 19조 19호의2). ③ 2018. 2. 13. 개정으로 법인세법 시행령 제19조 제19호의2가 도입되기 전의 사안으로서 신주발행형 주식매수선택권 행사차익의 손금산입 여부가 문제된 사건에서, 법원은, '자기주식교부형 및 차액보상형 주식매수선택권이 행사된 경우에는 법인에게 자기주식과 보상차익만큼 순자산의 감소가 발생하지만, 신주발행형 주식매수선택권이 행사된 경우에는 순자산의 감소가 발생하지 않고, 법인이 제3자에게 신주를 시가로 발행하였다면 받을 수 있었던 자본금을 받을 수 없게 된 것은 기회비용 또는 기대이익의 상실로서 손금에 해당하지 않으며, 법인세법 시행령 제19조 제19호의2는 확인적 규정이 아닌 창설적 규정'이라는 이유로, 신주발행형 주식매수선택권 행사차익의 손금산입을 부인하였다. 서울행정법원 2018. 12. 7. 선고 2018구합57636 판결, 서울고등법원 2019. 11. 6. 선고 2019누31589 판결, 대법원 2020. 3. 26. 선고 2019두60813 판결

139) 주식기준보상은 주식가치에 상당하는 금전으로 지급하는 상여금으로서 기획재정부령(시행규칙 10조의2 1항)으로 정하는 것을 말한다(시행령 19조 19호).

주식매수선택권 등의 행사차액 또는 주식기준보상이 손금에 산입되기 위해서는, 주식매수선택권 등의 부여 또는 금전의 지급이 법인세법 시행령 제19조 제19호의2에 규정된 법률에 근거한 것이어야 한다. 법인이 상법 제340조의2 등에 규정된 요건을 충족하지 못한 채 주식매수선택권을 부여하거나 금전을 지급한 경우에는, 그 금액은 원칙적으로 손금에 산입될 수 없을 것이다.[140] 주식매수선택권이 발행주식총수의 10% 내인지 여부는, 주식매수선택권의 부여시점에 그 부여주체인 법인을 기준으로 판단되어야 한다.[141] 법원은, 신주발행형 주식매수선택권이 발행주식총수의 10%를 초과하여 부여된 경우, 그 초과 부분에 해당하는 주식매수선택권의 행사차익은 손금에 산입되지 않는다고 판단하였다.[142]

법인세법 시행령 제19조 제19호의2는 자기주식양도형 주식매수선택권 중 차액지급형이 아닌 기본유형에 관하여는 명시적으로 규정하지 않지만, 기본유형에 관한 행사차익의 손금산입을 부인할 이유는 없을 것이다.[143] 한편, 법인이 임직원의 주식매수선택권 행사에 따라 해당 임직원에게 자기주식을 양도한 경우, 그 행사 당시의 시가로 계산한 금액이 자기주식의 양도금액으로 계산된다(시행령 11조 2호의2 2문).

세법이 주식매수선택권의 행사차액을 법인의 손금에 산입하는 한편, 임직원의 소득으로 과세하는 것은, 법인이 위 행사차액을 임직원에게 급여로 지급함과 동시에 주식의 시가에 상당하는 금액을 납입받은 것으로 취급하는 태도로 볼 수 있다.[144]

---

140) 조세심판원은, 청구법인이 상법상 주식매수선택권 부여의 요건인 주주총회 특별결의를 거치지 않고 임직원들에게 주식매수선택권을 부여한 사건에서 손금산입대상인 주식매수선택권의 행사 등으로 볼 수 없다고 판단하였다(조심 2021중0820, 2021. 4. 2.).

141) 제주지방법원 2020. 5. 26. 선고 2018구합6083 판결(카카오 사건) : 주식매수선택권의 부여주체인 원고 법인은, 주식매수선택권이 발행주식총수의 10% 이내인지 여부는, 그 주식매수선택권을 부여받은 각 임직원별로, 주식매수선택권의 행사 시점을 기준으로 판단되어야 한다고 주장하였으나, 법원은 이를 배척하였다. 광주고등법원(제주) 2020. 10. 28. 선고 2020누1287 판결(항소기각), 대법원 2021. 2. 25. 선고 2020두54203 판결(심리불속행)

142) 제주지방법원 2020. 5. 26. 선고 2018구합6083 판결, 광주고등법원(제주) 2020. 10. 28. 선고 2020누1287 판결(항소기각), 대법원 2021. 2. 25. 선고 2020두54203 판결(심리불속행). 1심 및 2심 판결은 그 근거로 주식매수선택권의 행사는 법인의 순자산을 감소시키지 않으므로, 그 행사차익은 순자산 감소를 전제로 한 법인세법 제19조 제1항의 손금에 해당하지 않는다고 보았다. 이에 의하면, 법인세법 시행령 제19조 제19호의2는 본래 손금에 해당하지 않는 것을 손금으로 인정하는 특칙에 해당하게 된다. 그러나 주식매수선택권을 임직원에게 부여한 법인은 그 임직원으로부터 용역을 제공받음과 동시에 이를 소비한 것(순자산 감소)이고, 기업회계는 이를 전제로 비용을 인식하는 것으로 볼 수 있으므로, 주식매수선택권과 관련하여 순자산의 감소가 없다고 보기 어렵다. 그리고 법인세법 시행령 제19조 제19호의2는 주식매수선택권의 행사차액에 대한 손금산입 범위를 한정하는 규정이라고 보는 것이 더 적절할 것이다.

143) 자기주식양도형 중 차액지급형이 아닌 기본유형의 경우에도, 주식매수선택권의 행사에 따라 양도되는 자기주식 중 행사차액에 대응하는 부분은 법인세법 시행령 제19조 제19호의2 가목 2)의 '… 차액을 … 주식으로 지급하는 경우'에 해당하는 것으로 해석할 여지도 일부 있다.

144) 윤지현, "주식매수선택권 행사가 신주발행 법인에 미치는 세법상 법률효과 – 손금 발생 여부를 중심으로", 법학 51권 2–1호(155호)(2010), 서울대학교 법학연구소, 172~174쪽에 의하면, 스톡옵션의 거래를 ① ㉮ 옵션부여법인이 임직원에게 스톡옵션의 행사차익 상당 이익을 급여로서 부여하는 거래와 ㉯ 옵션

(2) 법인의 금융지주회사·해외모법인이 주식매수선택권 등을 부여·지급하고 법인이 그 행사·지급비용을 보전한 경우

법인의 임직원이 다음의 어느 하나에 해당하는 주식매수선택권을 행사하거나, 주식기준 보상을 지급받는 경우, 법인이 그 주식매수선택권 또는 주식기준보상('주식매수선택권 등')을 부여하거나 지급한 법인에 그 행사 또는 지급비용으로서 보전하는 금액은 손금으로 인정된다(시행령 19조 19호).[145]

① 금융지주회사법에 따른 금융지주회사로부터 부여받거나 지급받은 주식매수선택권 등(주식매수선택권은 상법 제542조의3에 따라 부여받은 경우만 해당한다)

② 기획재정부령으로 정하는 해외모법인으로부터 부여받거나 지급받은 주식매수선택권 등으로서 기획재정부령으로 정하는 것

(3) 회계처리 및 세무조정

법인의 임직원에게 주식매수선택권이 부여된 경우에 관한 회계처리와 세무조정은 다음과 같다.

(가) 신주발행형과 자기주식양도형

① 주식매수선택권의 부여시점부터 행사 직전까지

㉮ 회계기준 : 주식매수선택권의 부여 당시 공정가치[146] 만큼 비용 및 자본증가[주식매수선택권(자본조정)]를 인식한다.

㉯ 세법 : 주식매수선택권 관련 비용은 손금에 불산입된다(기타[147]).

부여법인이 임직원으로부터 해당 주식의 시가에 상당하는 금액을 납입받는 거래로 분해하여 재구성하는 방법(혼합거래적 이해), ② 기존 주주 아닌 제3자인 임직원이 신주를 저가인수하는 거래로 보는 방법(자본거래적 이해)이 있다. 위 ①의 방법에 따르면, 옵션부여법인에게 급여 또는 인건비의 성격을 갖는 행사비용이 발생하고, 그 크기는 행사차액과 동일하다. 한편, 위 ②의 방법에 따르면, 옵션부여법인에 관하여 행사비용이 발생할 여지가 없고, 기존 주주가 제3자인 임직원에게 이익을 이전시켜주는 것이 되며, 그 이익의 크기는 희석효과를 고려하여 행사차익보다 적은 금액이 된다. 위 구분에 따르면, 현행세법은 위 ①의 방법을 취한 것으로 볼 수 있다.

145) 법인의 임직원이 금융지주회사 주식에 대한 차액정산방식의 주식매수선택권을 행사한 경우, 법인이 해당 임직원에게 직접 정산대상 차액을 지급하였더라도, 이는 단축된 급부에 해당하므로, 그 지급금액은 손금에 산입될 수 있다. 서울행정법원 2016. 5. 20. 선고 2012구합42687 판결, 서울고등법원 2017. 2. 15. 선고 2016누621 판결, 대법원 2017. 10. 12. 선고 2017두169 판결

146) 주식결제형 주식기준보상거래에서, 기업이 제공받는 용역과 그에 상응하는 자본의 증가는 본래 그 용역의 공정가치로 직접 측정하여야 하지만, 종업원으로부터 제공받는 용역의 공정가치는 일반적으로 신뢰성 있게 추정할 수 없기 때문에, 종업원으로부터 제공받는 용역과 그에 상응하는 자본의 증가는 부여한 지분상품의 공정가치에 기초하여 측정하고, 부여한 지분상품의 공정가치는 부여일 기준으로 측정한다(K-IFRS 1102호 문단 10, 11, 12, 일반기준 19장 문단 19.9, 19.10).

147) 손금불산입액이 사외로 유출되지 않고 사내에 유보되어 있으나, 자산과 부채의 회계상 장부가액이 세법상 그것과 불일치하지 않으므로, 자산과 부채의 회계상 장부가액에 대하여 세무조정을 할 필요가 없다.

② 주식매수선택권의 행사시점

‘주식의 실제 매수가액(행사가액)과 약정된 매수시기의 시가의 차액’은 세법상 손금
으로 인정된다[시행령 19조 19호의2 가목 2)]. 회계기준에 따라 인식된 주식매수선택권
관련 비용(장부가액)은 주식매수선택권의 부여 당시 공정가치를 기준으로 한 것이므
로, 위 차액과 불일치할 수 있고,[148] 그 경우 회계상 비용(장부가액) 중 일부만 손금
산입되거나 회계상 비용을 초과하는 금액이 추가로 손금산입될 수 있다.

신주발행형과 자기주식양도형의 회계처리 및 세무조정

1. 주식매수선택권의 부여시점부터 행사 직전까지
   ① 회계처리

   (차) 주식보상비용　　　×××원　　　(대) 주식선택권　　　　×××원

   ② 세무조정 : 손금불산입 ×××원(기타)

2. 주식매수선택권의 행사시점
   ① 신주발행형
   ㉮ 회계처리

   (차) 현금(행사가격)　　　×××원　　(대) 자본금　　　　　×××원
   　　 주식선택권　　　　×××원　　　　　주식발행초과금　×××원

   ㉯ 세무조정 : 손금산입 ×××원(기타)

   ② 자기주식양도형
   ㉮ 회계처리

   (차) 현금(행사가격)　　　×××원　　(대) 자기주식　　　　×××원
   　　 주식선택권　　　　×××원　　　　　자기주식처분이익[149] ×××원

   ㉯ 세무조정 : 손금산입 ×××원, 익금산입(자기주식처분이익) ×××원(기타)[150]

(나) 현금결제형

① 주식매수선택권의 부여시점부터 행사 직전까지

　㉮ 회계기준 : 부채의 공정가치만큼 비용 및 부채를 인식한다.[151]

---

148) 내국법인이 임직원의 주식매수선택권 행사에 따라 주식을 시가보다 낮게 발행하는 경우, 손금에 산입되
　　는 금액은, 회계상 주식보상비용의 누적액이 아니라 위 행사시점의 주식의 시가와 행사가액의 차액이다.
　　기획재정부 법인세제과-1204, 2020. 9. 4.
149) 행사가격으로 지급받은 현금 및 주식매수선택권의 장부가액이 자기주식의 장부금액보다 적은 경우에는
　　차변에 자기주식처분손실이 계상된다.
150) 자기주식처분손실이 발생한 경우에는 그 금액만큼 ‘손금산입 ×××원(기타)’
151) K-IFRS 1102호 문단 30, 일반회계기준 19장 문단 19.26

㉯ 세법 : 주식매수선택권 관련 비용은 손금에 불산입되고, 부채는 미인식된다(유보).

② 주식매수선택권의 행사시점

주식기준보상으로 지급하는 금액은 세법상 손금으로 인정된다(시행령 19조 19호의2 나목). 회계기준상 인식된 부채(장기미지급비용)의 장부가액이 위 금액과 불일치하는 경우, 그 장부가액 중 일부만 손금산입되거나 그 장부가액을 초과하는 금액이 추가로 손금산입될 수 있다.

현금결제형의 회계처리 및 세무조정

1. 주식매수선택권의 부여시점부터 행사 직전까지
   ① 회계처리
   　(차) 주식보상비용　　×××원　　　　(대) 장기미지급비용　×××원
   ② 세무조정 : 손금불산입 ×××원(유보)
2. 주식매수선택권의 행사시점
   ① 회계처리
   　(차) 장기미지급비용　×××원　　　　(대) 현　　　금　　×××원
   ② 세무조정 : 손금산입 ×××원[(-)유보]

3-2-2. 부당행위계산의 제외

법인세법 시행령 제19조 제19호의2에 해당하는 주식매수선택권 등의 행사에 따라 법인이 ① 그 행사차액을 현금 또는 주식으로 지급하거나(차액지급형 중 현금결제형·자기주식양도형), ② 주식을 발행하는 것(신주발행형)은 부당행위계산에서 제외된다(시행령 88조 1항 3호 단서, 6호 단서 및 가목, 8호의2 단서).

법인세법 시행령은 자기주식양도형 주식매수선택권 중 차액지급형이 아닌 기본유형에 관하여는 부당행위계산에서 제외되는지 여부를 별도로 규정하지 않지만, 위 유형을 차액지급형과 달리 취급할 이유는 없으므로, 위 유형도 부당행위계산에서 제외된다고 보아야 할 것이다.[152] 자기주식양도형 주식매수선택권 중 기본유형의 경우, 자기주식처분손익은 주식매수선택권의 행사가액을 양도가액으로 하여 계산된다(시행령 11조 2호의2).[153] 자기주

---

152) 자기주식양도형 중 차액지급형이 아닌 기본유형의 주식매수선택권의 행사에 따라 양도되는 자기주식 중 행사차액에 대응하는 부분이 법인세법 시행령 제19조 제19호의2 가목 2)의 '… 차액을 … 주식으로 지급하는 경우'에 해당한다고 해석할 여지도 있다. 조세심판원도 차액지급형이 아닌 자기주식양도형 주식매수선택권의 행사가 부당행위계산에서 제외되는 것으로 보았다(조심 2020중2462, 2021. 12. 20. 결정).

153) 기획재정부 법인세제과-387, 2021. 8. 26.(상법 340조의2) 및 조심 2020중2462, 2021. 12. 20.(벤처기업)

식양도형 주식매수선택권 중 차액지급형의 경우, 부당행위계산에서 제외되는 것은 주식매수선택권의 행사차액에 한정되므로, 교부된 자기주식의 시가가 행사차액을 초과하는 경우에는 부당행위계산이 문제될 수 있다.[154][155]

그 외에 법인세법 시행령 제19조 제19호의2에 해당하지 않는 주식매수선택권 등에 관하여는 부당행위계산이 문제될 수 있다.

---

154) 가령 법인이 임직원에게 장래의 일정시점에 '1주당 행사가액 100원에 그 법인의 주식을 매수할 수 있는 권리'를 부여하고, 이후 그 임직원이 해당 권리를 6주만큼 행사한 시점에 그 법인의 주식의 시가가 150원인 경우, 그 법인은 해당 임직원에게 ① 그 행사가액을 납입받는 한편, 자기주식 6주를 교부할 수도 있고, ② 그 행사가액을 납입받지 않는 대신 행사차액 300원[= 6×(150-100)]에 상당하는 자기주식 2주를 교부할 수도 있다. 그런데 만일 위 ②의 경우 법인이 자기주식 3주(시가 450원)를 교부하여 행사차익 300원을 초과하는 이익을 임직원에게 제공한다면 이는 당초 정해진 주식매수선택권의 행사조건을 벗어나므로, 부당행위계산에 해당할 수 있다.

155) 조세심판원은, 청구법인이 주식매수선택권을 행사한 임직원에게 주식매수선택권의 행사차액(= 주식의 시가-행사가액)을 자기주식으로 보상하고, 위 자기주식은 무상으로 교부된 것이므로 자기주식 처분손익을 재계산하여야 한다고 주장한 사건에서, 자기주식의 양도금액은 위 행사차액에 상응하여 교부한 자기주식의 시가로 산정하여야 한다고 보았다(조심 2020중2343, 2021. 7. 1.). 위 사건에서 자기주식의 양도금액은 행사차액인데, 그 금액이 자기주식의 시가와 일치하였던 것으로 보이고, 위 경우 부당행위계산의 문제는 생기지 않는다. 그러나 만일 행사차액이 자기주식의 시가보다 낮았다면 저가양도로서 부당행위계산이 문제될 수 있었을 것이다.

제3장

이익의 분배와 자본의 환급

제 1 절

배당의 일반론

1 상법

(1) 합명회사, 합자회사

합명회사의 사원과 합자회사의 유한책임사원은 각각 회사의 채무에 대하여 보충적으로 무한책임을 지므로(상법 212조 1항, 269조), 회사의 재산을 출자자에게 분배하는 것을 규제할 필요가 적다. 따라서 합명회사와 합자회사는 배당가능이익에 관계없이 재산을 사원에게 분배할 수 있다.[1]

(2) 주식회사 · 유한회사

주식회사와 유한회사는 배당가능금액[2]의 한도 내에서 주주총회 또는 이사회의 결정에 따라 주주 등 출자자에게 배당을 할 수 있다(상법 462조, 583조 1항).

배당가능금액은 대차대조표의 순자산액으로부터 ① 자본금의 액, ② 그 결산기까지 적립된 자본준비금과 이익준비금의 합계액, ③ 그 결산기에 적립하여야 할 이익준비금의 액, ④ 대통령령으로 정하는 미실현이익[3]을 공제한 액을 말한다(상법 462조 1항).

---

1) 권기범, 현대회사법론 제7판, 삼영사(2017), 312, 361쪽 ; 다만, 합자회사의 유한책임사원이 회사에 이익이 없음에도 불구하고 배당을 받은 금액은, 회사채권자에 대한 변제책임을 정할 때 가산된다(상법 279조 2항).
2) 통상 배당가능이익이라고 칭하나, 자본준비금의 감액분이 포함된다는 점에서 배당가능금액이라고 하는 것이 더 적절할 것이다. 배당가능이익은 배당가능금액 중 자본준비금의 감액분을 제외한 것을 말한다.
3) 상법 제446조의2의 회계 원칙에 따른 자산 및 부채에 대한 평가로 인하여 증가한 대차대조표상의 순자산액

자본준비금은 자본거래에서 발생한 잉여금 중 대통령령으로 정하는 것을 의미한다(상법 459조 1항). 상법 시행령 제18조는 자본준비금으로 적립될 자본잉여금의 구체적 범위를 기업회계기준에 위임한다. 일반기업회계기준에 의하면, 자본잉여금은 '증자나 감자 등 주주와의 거래에서 발생하여 자본을 증가시키는 잉여금'이고, 주식발행초과금, 자기주식처분이익, 감자차익 등이 포함된다.[4)5)] **이익준비금**은 회사가 매 결산기 이익배당액의 10분의 1 이상을 자본금의 2분의 1이 될 때까지 적립한 준비금이다(상법 458조 본문).

회사는 적립된 법정준비금(자본준비금 및 이익준비금)의 총액이 자본금의 1.5배를 초과하는 경우에 주주총회의 결의에 따라 그 초과한 금액 범위에서 **법정준비금**을 **감액**할 수 있다(상법 461조의2). 감소된 법정준비금은 배당가능금액에 포함될 수 있다.[6)]

연 1회의 결산기를 정한 회사는, 정관에 정함이 있는 경우, 영업연도 중 1회에 한하여[7)] 이사회의 결의로 **중간배당**[8)]을 할 수 있다(상법 462조의3 1항).[9)] 중간배당은, 직전 결산기의 대차대조표상의 순자산액에서 '직전 결산기의 자본금의 액, 직전 결산기까지 적립된 자본준비금과 이익준비금의 합계액 등'을 공제한 금액을 한도로 한다(상법 462조의3 2항).[10)]

배당가능금액이 없음에도 또는 배당가능금액을 초과하여 배당이 이루어진 경우, 회사는 배당을 받은 주주에게 배당금의 반환을 청구할 수 있고(민법 741조), 회사채권자도 배당을 받은 주주에 대하여 그 이익을 회사에 반환할 것을 청구할 수 있다(상법 462조 3항).[11)]

으로서, 미실현손실과 상계하지 아니한 금액을 말한다(상법 시행령 19조 1항).

4) 일반기업회계기준 2장 문단 2.30

5) 한국채택국제회계기준 제1001호는, 재무상태표에는 '자본에 표시된 비지배지분, 지배기업의 소유주에게 귀속되는 납입자본과 적립금'을 표시하고[문단 53(17), (18)], 납입자본과 적립금은 '자본금, 주식발행초과금, 적립금 등'과 같이 세분화하며[문단 78(5)], 자본변동표에는 자본의 각 구성요소별로 당기순손익, 기타포괄손익, 소유주로서의 자격을 행사하는 소유주와의 거래 등을 표시하며(문단 106), 자본변동표에 표시되는 자본의 구성요소는 각 분류별 납입자본, 각 분류별 기타포괄손익의 누계액과 이익잉여금의 누계액 등을 포함한다고(문단 108) 규정한다. 이와 같이 국제회계기준은 자본준비금으로 적립될 자본잉여금에 관한 규정을 두고 있지 않으므로, 특별한 사정이 없는 한 국제회계기준에 의하는 경우에도 일반기업회계기준의 자본잉여금에 해당하는 항목을 자본준비금으로 적립하도록 하는 것이 타당할 것이다.

6) 김건식 · 노혁준 · 천경훈, 회사법(2020), 582쪽

7) 주권상장법인은 자본시장법에 따라 연 4회의 분기배당을 할 수 있다(자본시장법 165조의12 1항).

8) 중간배당은, 일반적으로 정기주주총회에서 재무제표의 승인을 하면서 결의된 배당이 아닌 배당을 의미한다. 서울행정법원 2020. 7. 3. 선고 2019구합52652 판결, 서울고등법원 2021. 4. 30. 선고 2020누50234 판결(항소기각), 대법원 2021. 9. 30. 선고 2021두41396 판결(심리불속행).

9) 회사가 중간배당에 관한 정관상 근거나 이사회결의가 없음에도 임시주주총회에서 중간배당 결의를 한 경우 무효이다. 서울행정법원 2020. 7. 3. 선고 2019구합52652 판결, 서울고등법원 2021. 4. 30. 선고 2020누50234 판결(항소기각), 대법원 2021. 9. 30. 선고 2021두41396 판결(심리불속행)

10) 회사는, 당해 결산기의 대차대조표상의 순자산액이 상법 제462조 제1항 각 호의 금액의 합계액에 미치지 못할 우려가 있는 때에는, 중간배당을 하여서는 아니 된다(상법 462조의3 3항).

11) 회사가 무자력인 경우, 회사채권자는 회사를 대위하여 위법배당을 받은 주주에 대하여 자신에게 그 배당금을 반환할 것을 청구할 수 있다(대법원 2021. 6. 24. 선고 2020다208621 판결 : 조세채권자인 국가가

2-1. 세법상 배당의 요건

2-1-1. 주주의 지위와 관련한 재산의 이전

법인의 주주에 대한 재산의 이전이 세법상 배당에 해당하기 위해서는 주주의 지위와 관련된 것이어야 한다.[12] 여기서 **주주의 지위**와의 **관련성**은, 주주의 지위가 법인의 그 주주에 대한 재산 이전의 이유 또는 원인이 된 것을 의미하고, 회사법상 배당절차를 통한 재산의 이전에 국한되지 않으며, 주주의 법인에 대한 법률상 또는 사실상 지배력을 이용한 경우를 포함한다. 따라서 법인의 재산이 회사법상 배당절차를 거치지 않고 주주에게 이전된 경우에도, 주주의 지위와의 관련성이 인정되면 세법상 **실질적 배당**으로 취급될 수 있다. 미국과 독일의 세법도 회사법상 배당절차를 거치지 않은 실질적 배분 또는 배당을 인정한다.[13] 대법원은, 법인의 출자자가 사외유출된 법인의 소득을 확정적으로 자신에게 귀속시켰다면, 특별한 사정이 없는 한 이러한 소득은 주주총회의 결의 여부, 배당가능이익의 존부, 출자비율에 따라 지급된 것인지 여부 등과 관계없이 출자자에 대한 배당소득에 해당하는 것으로 추인할 수 있다고 한다.[14]

주주에 대한 재산의 이전이 반드시 주주의 지분비율에 따르지 않더라도, 지배주주의 회사에 대한 영향력을 이용하여 이루어진 경우에는, 주주의 지위와 관련된 것으로서 세법상 배당에 해당한다고 볼 수 있다. 다만, 법인이 주주의 지분비율에 따라 주주에게 재산을 이전한 경우에는, 주주의 지위와의 관련성을 더 쉽게 인정할 수 있을 것이다.[15][16] 또한, 법인이 모든 주주들에게 재산을 이전한 경우에는, 그 금액이 주주들의 각 지분비율에 따르지

조세채무자인 회사를 대위하여 주주에게 위법배당의 반환을 청구한 사례).

12) 미국과 독일의 세법도 주주에 대한 재산이전에 관하여 주주의 지위와의 관련성을 배당의 요건으로 본다. 2-1-1. 중 글상자 '미국 세법상 배분과 배당' 및 '독일 세법상 배당' 참조

13) 2-1-2. 중 글상자 '미국 세법상 배분과 배당' 및 '독일 세법상 배당' 참조

14) 대법원 2004. 7. 9. 선고 2003두1059, 1066 판결. 대법원은 위 사건에서 원고 회사가 원고의 주주들 명의로 골프장 건설에 필요한 토지들을 매수한 후 그 주주들로부터 그 토지들을 시가보다 높은 가액으로 매수한 사안에서 원고의 주주들이 원고로부터 배당소득을 지급받은 것으로 판단하였다.

15) 대법원은, 원고 법인이 주주들에게 각 지분비율에 따라 성과상여금, 기부금 및 광고선전비 명목으로 지급한 사안에서, 원고 법인의 이사인 주주에게 성과상여금으로 지급한 금액을 실질적으로 잉여금 처분을 위한 분배금이고 명목상으로만 손금산입대상이 되는 상여금의 형식을 갖춘 것으로 판단하였다(대법원 2017. 4. 27. 선고 2014두6562 판결). 위 사건에서 다른 법인 주주에게 지급된 금액은 배당에 해당하는 것으로 볼 여지가 있다.

16) Bittker & Eustice, 8-40

않은 경우에도 실질적 배당으로 인정되기 쉽다.[17]

법인세법 시행령은, 사외유출소득이 주주에게 귀속된 경우 주주의 지위와 관련된 것인지를 묻지 않고 배당으로 처분하도록 규정한다(시행령 106조 1항 1호 가목). 그러나 법인에서 유출된 소득이 주주에게 '귀속'되는 경우는 일반적으로 주주의 지위와 관련되므로,[18] 위 규정이 적용되는 경우는 대체로 주주의 지위와 관련된 것으로 볼 수 있다. 입법론으로는 주주에게 귀속된 것이 주주의 지위와 관련된 경우에 한하여 배당으로 처분하는 것이 합리적이다.

한편, 법인세법 시행령은, 사외유출소득이 귀속된 개인 주주가 임원 또는 직원인 경우 배당이 아닌 상여(근로소득)로 처분하도록 규정한다(시행령 106조 1항 1호 가목, 나목). 이는, 법인의 소득이 주주에게 그 주주의 지위와 관련되어 이전된 경우에도 배당이 아닌 것으로 취급한다는 점에서, 실질적 배당에 대한 예외에 해당하지만, 입법론상 문제가 있다.[19] 자회사의 모회사에 대한 이익분여가 모회사의 주주 지위와 관련된 경우에는, 위와 같은 특칙이 없으므로, 이를 실질적 배당으로 취급할 여지가 있다.[20][21]

---

17) 수원지방법원 2016. 12. 6. 선고 2016구합62048 판결은, ○○새마을금고가 2009, 2010 사업연도에 모든 회원들에게 납입출자좌수에 관계없이 경영성과 기념품 명목으로 액면가액 20만 원의 상품권을 지급한 것을 배당으로 판단하였다[서울고등법원 2017. 5. 26. 선고 2016누82128 판결(항소기각), 대법원 2017. 9. 29. 선고 2017두50508 판결(상고기각)].

18) 주주가 법인에서 유출된 소득을 자신에게 귀속시키기 위해서는, 일반적으로 법인으로 하여금 소득의 유출 및 그 주주에 대한 귀속을 사실상 시인하게 할 수 있는 힘을 가지고 있어야 하는데, 그러한 힘은 일반적으로 지배주주가 보유한다. 법인의 경영에 영향을 미칠 수 없는 소액주주가 법인의 재산을 절취 또는 횡령한 경우, 법인은 그 소액주주에 대하여 불법행위로 인한 손해배상채권을 취득하고, 그 소액주주를 상대로 민·형사상 조치를 취할 것이므로, 법인의 피해금액은 사내유보 상태에 있게 된다. 따라서 위 경우 소액주주는 법인에서 유출된 소득을 온전히 자신의 것으로 귀속시킬 수 없다. 한편, 법인이 위 소액주주에 대한 손해배상청구를 사실상 포기하는 경우에는, 주주의 지위와 관계없는 사외유출이 발생할 수 있다. 다만, 위 경우에도 그 소액주주가 지배주주의 특수관계인인 때에는, 법인의 손해배상채권이 지배주주에게 사외유출된 후 다시 그 소액주주에게 증여된 것으로 재구성될 여지가 일부 있다. ; 주주의 지위와 관계없이 주주에게 귀속된 사외유출금액은 기타소득으로 과세하는 것이 입법론상 합리적이다(송동진·박훈, "사외유출소득의 과세 및 반환에 관한 연구", 조세법연구 [23-3], 한국세법학회(2017. 11.), 41쪽).

19) 지배주주인 임직원에게 사외유출된 금액을 상여로 취급하는 것은 징세의 편의를 위한 것으로서 불합리하므로, 입법론으로는 배당으로 과세하는 것이 타당하다. 제2편 제6장 4-1-1. (1) 참조 ; 법인의 소득이 주주에게 귀속되었지만, 주주의 지위와 관련이 없고 근로의 제공과 관련된 경우(가령, 임직원인 소액주주)에 한하여 근로소득으로 취급되어야 할 것이다.

20) 제2편 제3장 4-2-3. 참조

21) 그러나 현재까지 대법원이 자회사가 모회사에게 분여한 이익을 실질적 배당으로 인정한 예는 없는 것으로 보인다. 대법원 1990. 11. 27. 선고 90누5504 판결은, 1984. 7. 6. 설립되어 치안본부 소속 차량의 보험업무를 일괄 처리하여 온 원고 법인이, 1985 사업연도부터 1987 사업연도까지 해당 기간 중의 당기순이익은 물론 그 자본금의 액수조차 상회하는 규모의 기부금을, 원고 법인 발행주식의 98% 이상을 소유한 대주주인 대한민국 재향경우회('경우회')의 활성화기금 등의 명목으로 치안본부장에게 기탁하고, 치안본부장은 위 기부금을 출납공무원에게 입금시키는 등 소정의 절차를 거치지 않은 채 바로 위 경우회에 교부한 사안에서, 위 기부금 중 적어도 지정기부금에 대한 법정의 한도액을 초과하는 금액은 구 법인세법 시행령 제46

2-1-2. 배당의 재원과 한도 : 이익잉여금

법인이 주주에게 지급한 금액이 세법상 배당에 해당하기 위해서는 **이익잉여금**의 범위 내이어야 한다. 상법상 주주에 대한 배당은 배당가능이익[22]을 한도로 하지만, 배당가능이익을 초과하더라도, 이익잉여금의 범위 내라면 세법상 배당으로 볼 수 있다. 세법상 배당의 한도인 이익잉여금에 관하여 별도의 계산규정이 없으므로, 법인이 주주에게 지급한 금액이 세법상 배당인지 여부는, 그 법인의 회사법상 이익잉여금에서 지급된 것인지에 따라 정할 수밖에 없다.[23] 입법론으로는 세법상 이익잉여금의 계산 규정을 별도로 두는 것을 검토할 필요가 있다.[24]

한편, 법인의 주주에 대한 지급금액이 법인의 **이익잉여금**을 **초과**한다면, 이는 자본금과 자본준비금을 재원으로 하여 지급한 것으로서 실질적으로 자본(資本)의 환급(還給)이기 때문에 원칙적으로 이익배당으로 볼 수 없다.[25] 이익잉여금을 초과하는 법인의 주주에 대한 지급을 배당으로 과세하는 것은, 이익준비금과 자본준비금을 구별하여 전자를 재원으로 한 것만을 의제배당으로 과세하는 세법의 체계와 맞지 않는다. 그리고 이러한 경우 굳이 배당으로 과세하려면, 나중에 주식의 소각 또는 법인의 청산 시 주주의 의제배당금액을 산정할 때 정산을 해주어야 하는데, 현행법에는 그러한 제도가 없다.[26]

대법원은, 법인의 출자자가 사외유출된 법인의 소득을 확정적으로 자신에게 귀속시켰다면, 특별한 사정이 없는 한 이러한 소득은 배당가능이익의 존부 등과 관계없이 출자자에 대한 배당소득에 해당하는 것으로 추인할 수 있다고 하고,[27] '재무제표상 배당가능이익을 초과하는 이익 또는 잉여금의 처분에 의한 배당'도 원천징수의 대상인 배당에 포함된다고 본다.[28] 그러나 대법원이 법인의 주주에 대한 재산이전이 이익잉여금의 범위 내인지 여부

조 제2항 소정의 거래형태를 빙자하여 원고의 소득에 대한 조세의 부담을 부당하게 회피하거나 감경시킬 의도로 기부된 것으로 판단하였다. 위 사건을 원고 법인이 치안본부장을 통하여 우회적으로 기부금을 경우회에 지급한 것으로 재구성할 경우, ① 원고 법인이 지급한 금액 중 이익잉여금의 범위 내인 부분은 배당으로, ② 나머지는 실질적 자본의 환급으로 볼 여지가 있다. 그렇게 볼 경우 원고 법인이 지급한 금액은 모두 자본거래에 속하므로 손금에 해당하지 않는다.

22) 배당가능금액(상법 462조 2항) 중 자본준비금의 감액분(상법 461조의2)을 제외한 것
23) 이창희, 세법강의(2020), 651쪽 ; 일본에서는 주주에게 교부된 잉여금이 기타이익잉여금과 기타자본잉여금 중 어느 것을 재원으로 한 것인지는 법인의 회계처리에 따라 결정된다. 뒤의 글상자 '일본의 회사법상 잉여금의 배당과 세법상 취급' 참조
24) 미국 세법은 세법상 이익잉여금(earnings and profits)의 계산방법을 별도로 규정한다(IRC § 312).
25) 미국과 독일의 세법도 같다. 뒤의 글상자 '미국 세법상 배분과 배당' 및 '독일 세법상 배당' 참조
26) 송동진, "사외유출소득의 과세에 관한 연구", 서울시립대학교 세무전문대학원 박사학위논문(2017), 80쪽
27) 대법원 2004. 7. 9. 선고 2003두1059, 1066 판결
28) 대법원 2015. 12. 23. 선고 2012두3255 판결 : 원심(서울고등법원 2011누14304)은 외국법인의 원천징수대상 (지급의제)배당소득(법인세법 시행령 137조 2항)에 '재무제표상 배당가능이익을 초과하는 이익 또는

를 따지지 않고 배당에 해당한다고 판단한 부분의 타당성은 의문이다.

　　자본준비금의 감액분(상법 461조의2)은 이익잉여금에 포함되지 않으므로, 그로부터 주주에게 지급되는 배당은, 주주가 보유한 주식의 장부가액을 한도로, 익금에 산입되지 않는다(법 18조 8호 본문, 소득세법 시행령 26조의3 6항).[29)30)] 주주가 법인으로부터 자본준비금의 감액분을 배당받은 경우, 그 금액은 주식의 장부가액에서 차감[31)]되는 한편 익금불산입되고, 주식의 장부가액을 초과하는 금액은 배당에 포함될 것이다.

　　법인세법은 법인의 이익잉여금과 주주의 배당 간의 연계를 확고하게 관철하지 못하고 때로는 법인의 자본준비금을 재원으로 하여 주주에게 배분된 금액도 배당으로 과세한다. 가령, ① 자본준비금의 감액분이 주식의 장부가액을 초과하는 경우와 ② 주식의 소각 또는 합병 등으로 인한 의제배당소득이 그러하다. 법인은 기본적으로 주주의 투자를 위한 수단인 점,[32)] 법인의 자본잉여금 배분금액을 주주의 이익으로 과세할 경우 주주가 직접 사업활동을 한 경우와의 조세중립성이 깨지는 점을 고려하면, 법인의 주주에 대한 배분금액 중 이익잉여금을 재원으로 부분만을 주주의 배당으로 과세하는 것이 타당하다. 한편, 법인의 주주에 대한 배분금액 중 주주가 보유한 주식의 취득가액을 초과하는 금액에 법인의 자본잉여금이 포함되는 현상은, 주주들 간의 납입금액이 다를 때 발생한다.[33)] 법인의 배

잉여금의 처분에 의한 배당'도 포함된다고 판단하였고, 대법원은 이를 적법한 것으로 수긍하였다.

29) ① ㉮ 종전의 구 법인세법은 자본준비금 감액분의 배당을 한도의 제한 없이 익금에서 불산입하였고, 행정해석은 자본준비금 감액분의 배당금 중 주식의 장부가액을 초과하는 부분도 익금에 산입되지 않는다고 보았다(기획재정부 법인세제과-740, 2018. 6. 22.). ㉯ 한편, ㉠ 기획재정부는, 내국법인이 발행주식의 100%를 보유하는 일본자회사가 주식발행액면초과액을 감액하여 내국법인에게 배당을 지급하는 경우, 법인세법 제18조 제8호에 따른 익금불산입대상이 아니고 익금에 해당한다고 보았다(기획재정부 법인세제과-993, 2016. 10. 24.). 그러나 ㉡ 조세심판원은 내국법인이 외국자회사의 자본준비금 감액에 따라 지급받은 금액은 익금불산입대상이라고 판단하였다(조심 2021인1896, 2022. 3. 7. 결정). ② 종전 세법의 문제점 및 개선방안에 관하여는, 전병목·박수진·서동연, "회사재산 유출에 대한 과세제도 연구-주주 과세효과-", 한국조세재정연구원(2021. 9.), 125~131쪽 참조. ③ 2022. 12. 31. 개정된 법인세법은 자본준비금 감액분의 배당액은 '내국법인이 보유한 주식의 장부가액을 한도로' 익금불산입하는 것으로 변경되었다.

30) 자본준비금을 감액하여 배당하는 법인의 세법상 처리에 관하여는 3-1. (1) 참조

31) 기획재정부 법인세제과-740, 2018. 6. 22.

32) 제1장 2-1. 참조

33) 모든 주주가 신주의 인수대가로 동일한 납입금액(자본금 + 자본잉여금)을 납입하였다면 법인으로부터 배분받는 금액은 언제나 이익잉여금을 한도로 하고 자본잉여금을 포함할 수 없게 된다. 가령 ① 법인의 총발행주식수가 2주이고(A, B가 각 500원씩 납입하여 1주씩 보유) 자본이 1,400원(자본금 200원, 자본잉여금 800원, 이익잉여금 400원)인 경우, 법인이 주주 A, B에게 배분하는 금액은 언제나 이익잉여금 400원의 범위에서만 A, B의 배당으로 과세되고, A, B의 배당에는 자본잉여금이 포함되지 않는다(법인이 이익잉여금 400원 및 자본잉여금 감액분 500원의 합계액 900원의 1/2인 450원씩을 A, B에게 배분하더라도, 위 금액 중 이익잉여금에 해당하는 250원 부분은 A, B의 각 배당소득으로 과세되고, 나머지 250원은 A, B의 각 주식의 취득가액을 감소시킨다). 한편, ② 위 사례에서 A가 100원, B가 900원을 납입하였다면, 법인이 이익잉여금 400원 및 자본잉여금 감액분 500원의 합계액 900원의 1/2인 450원씩을 A, B에게 배분한 경우, A가 배분받은 450원 중 법인의 이익잉여금에서 유래한 100원은 일단 배당에 해당하고, 100원은 주식

분금액 중 자본잉여금을 재원으로 한 부분에 관하여는, 신주인수대금을 더 많이 납입한 주주와 더 적게 납입한 주주 간의 거래로 볼 여지가 있으므로, 위 부분은 주주의 양도차손익으로 처리하는 것이 합리적이다.[34]

미국 세법상 배분과 배당

회사가 주주에게 그 주식과 관련하여 재산[35]의 배분을 한 경우, 그 금액 중 ① 세법상 이익잉여금(earnings and profits)으로부터 유래한 금액은 제316조의 배당(dividend)으로 과세되고, ② 나머지 금액은 주식의 취득가액(adjusted basis)을 감소시키며(자본의 환급 : 과세제외), ③ 그 이후 남는 금액은 양도차익(gain from the sale or exchange of property)으로 취급된다[IRC § 301(c)].[36] 미국의 회사법은 각 주(州)의 법에 따라 정해지는데, 미국 세법 제316조(a)에 의하여 세법목적으로 정의된 배당은 주법(州法)상 배당의 개념과 일치하지 않는다. 따라서 주법상 위법한 재산배분도 미국 세법 제316조(a)의 배당이 될 수 있다.[37] 미국 세법 제301조는 회사법적 형식을 갖추지 못한 의제배분(constructive distribution)에 대하여도 적용되고, 의제배분은 회사로부터 주주에게 동등한 대가의 수수 없이 가치가 이전되는 것을 말한다.[38]

독일 세법상 배당

독일 세법에서 회사의 배당절차를 거치지 않은 숨은 이익처분(versteckte Gewinnausschüttung)은 우리 세법의 배당소득에 해당하는 자본재산(Kapitalvermögen)으로부터의 수입에 포함된다(소득세법 20조 1항 1문, 2문).
독일 연방재정법원은, 숨은 이익처분을 '회사의 자산감소 또는 회피된 자산증가로서, 회사-출자자 관계를 통하여 야기되고(durch Gesellschaftverhältnis veranlasst) 소득금액에 영향을 미치며 공개적인 배당과 관련이 없는 것'으로 판시한다(BFH vom 22.02.1989 I R 44/85, BStBl. 1989 II 475).[39]

의 취득가액을 감소시키지만, 나머지 250원은 법인의 자본잉여금에서 유래한 것이지만 A의 배당으로 처리된다.

34) 제3장 제4절 2-2-4. (2) 참조
35) 배분을 하는 회사의 주식은 배분대상인 재산에 포함되지 않는다[IRC § 317(a)].
36) 미국 법원은, 원고가 1949년 법인의 주식 중 52%를 1,040달러에 취득하고, 1954년 나머지 주식 48%를 144,500달러에 매입한 후 1963년 법인의 이사회에서 169,000달러의 배당이 결의된 사건에서, 원고와 피고(국가) 간에 위 금액 중 13,564.7달러가 배당이라는 것에 관하여는 다툼이 없었고, 나머지 155,435.3달러를 어떻게 취급할 것인지가 문제되었는데, 위 금액을 먼저 취득된 주식과 나중에 취득된 주식에 각각 그 비율대로 안분하여 그 취득가액을 감액한 후, 먼저 취득된 주식에 안분된 금액 중 그 주식의 취득가액을 초과하는 금액인 79,786달러(= 155,435.3×0.52)를 양도차익으로 판단하였다(Johnson v. U.S., 435 F2d 1257).
37) Bittker & Eustice, ¶ 8.02 [1]
38) Bittker & Eustice, ¶ 8.05 [1]
39) 송동진·박훈, 앞의 글, 17쪽

회사의 주주에 대한 급부는, 세법상 배당가능이익(ausschüttbaren Gewinn)을 초과하는 한에서 세법상 출자계정(steuerliche Einlagekonto)을 감소시키고(독일 법인세법 27조 1항 3문) 과세되지 않는 출자의 환급을 일으킨다. 세법상 배당가능이익(ausschüttbaren Gewinn)은 이익준비금(Gewinnrücklage), 이익잉여금(Gewinnvortrag), 당기순이익(Jahresüberschuss)으로 구성된다.[40]

일본 회사법상 잉여금의 배당과 세법상 취급

1. 일본 회사법

   일본 회사법은 {「① 자산액, ② 자기주식의 장부가액의 합계액」의 합계액에서 「③ 부채의 금액, ④ 자본금 및 준비금의 합계액, ⑤ ③ 및 ④에 정한 것 외에 법무성령으로 정한 각 계산과목에 계상한 금액」의 합계액을 뺀 금액 등에, 최종 사업연도의 말일 후에 이루어진 자기주식처분, 자본금의 감소액 등을 반영한 금액}을 잉여금으로 정의한다(일본 회사법 제446조).

   잉여금은 이익잉여금(이익준비금과 기타이익잉여금)과 자본잉여금(자본준비금과 기타자본잉여금)으로 구성된다. 기타이익잉여금은 회사법상 이익잉여금에서 이익준비금을 뺀 것이고, 기타자본잉여금은 자본잉여금에서 자본준비금을 빼고 자기주식처분이익을 더한 것이다.

2. 일본 세법

   잉여금의 배당 중 기타자본잉여금의 감소에 수반한 것은, 소득세법 제24조 제1항이 적용되는 배당으로 취급되지 않고, 자본의 환급으로 취급되어 소득세법 제25조 제1항 제3호가 적용된다. 주주에게 교부된 잉여금이 기타이익잉여금과 기타자본잉여금 중 어느 것을 재원으로 한 것인지는 법인의 회계처리에 따라 결정된다.[41]

   법인이 배당가능이익을 초과하여 주주에게 지급한 금액이 세법상 배당인지에 관하여, 일본 세법은 명시적으로 규정하지 않는다. 최고재판소는, 구 일본 상법 제290조에 위반하여 배당가능이익이 없음에도 행해진 이른바 낙지배당(蛸配当)도 소득세법상 이익배당에 포함된다고 해석하였다.[42]

   다만, 최고재판소는, 위 사건에서 문제된 주주우대금(株主優待金)은 손익계산상 이익의 유무에 관계없이 지급되는 것이어서 주금액의 출자에 대한 이익금으로 지급되는 것으로 단정하기 어려워서, 이익배당과 같은 성질의 것이라고 인정하기 어렵다고 판단하였다.

2-1-3. 배당결의와 배당간주

(1) 배당의 결의

세법상 법인과 주주는 구별되는 실체이므로, 법인의 소득이 주주에게 배당되지 않고 법인 내에 유보되어 있는 상태에서는 그 소득에 관한 주주의 법인세 또는 소득세 납부의무

---

40) Tipke/Lang, 11장 문단 46 p.634
41) 김종근, "세법상 배당소득의 범위에 관한 연구", 서울시립대학교 세무학박사학위논문(2016), 137쪽 이하
42) 最高裁 昭和 35年 10月 7日, 昭35(オ)54号

가 생기지 않는다. 법인의 소득에 관하여 주주가 과세되려면, 원칙적으로 법인의 소득을 주주에게 배당으로 지급하기 위한 잉여금처분결의 등이 있어야 한다(법 70조 2항 본문, 소득세법 시행령 46조 2호).

법원은, 법인의 중간배당 결의가 상법상 절차를 위반하여 무효인 경우, 법인의 주주에 대한 배당지급액은 업무무관 가지급금에 해당한다고 판단하였다.[43][44] 그러나 법인의 배당절차를 거치지 않고 사외유출되어 주주에게 귀속된 소득도 배당으로 처분되는 이상,[45] 외관상 배당절차를 통하여 지급된 금액은, 비록 상법상 절차에 흠결이 있더라도, 세법상 배당으로 볼 여지가 더 크다. 그러한 위법배당으로 지급된 금액에 관하여 법인이 주주에게 사실상 반환청구를 할 의사나 가망이 없는 경우, 위법소득에 대한 지배·관리가 주주에게 귀속되었으므로,[46] 세법상 배당으로 취급하는 것이 합리적이다.

(2) 국조법상 유보소득의 배당간주

내국인이 저세율 국가에 설립한 외국법인이 소득을 주주에게 배당하지 않고 유보하는 경우, 내국인 주주는 과세이연의 혜택을 누리게 되는 반면, 우리나라의 외국법인에 대한 과세는 곤란하기 때문에, 부당한 조세회피가 생길 수 있다. 이를 고려하여 세법은, 내국인이 출자한 외국법인이 저세율 국가 등에 본점 등을 두고 내국인과 특수관계가 있는 경우, 그 외국법인(특정외국법인)의 각 사업연도 말 현재 배당가능한 유보소득 중 내국인에게 귀속될 금액은 내국인이 배당받은 것으로 본다(국조법 27조 1항).[47][48]

---

43) 서울행정법원 2020. 7. 3. 선고 2019구합52652 판결은, 원고 법인이 중간배당에 관한 정관상 근거나 이사회결의가 없음에도 임시주주총회 결의를 거쳐 주주인 대표이사(지분율 85%) 및 이사(지분율 15%)에게 배당을 지급한 사안에서, 이는 상법상 무효인 중간배당이므로, 원고가 주주들에게 배당으로 지급한 금액은 업무무관 가지급금에 해당한다고 판단하였다[서울고등법원 2021. 4. 30. 선고 2020누50234 판결(항소기각), 대법원 2021. 9. 30. 선고 2021두41396 판결(심리불속행)].

44) 대전고등법원 2017. 1. 19. 선고 2016누12057 판결은, A가 2008. 10. 7. 이사회에서 배당기준일(상법 462조의3 1항)을 정하지 않은 채 완전모회사인 A에 대한 중간배당의 결의를 하고 2008. 11. 5. A에게 중간배당을 지급한 사안에서, 위 이사회결의일이나 중간배당지급일을 배당기준일로 보아 주주를 특정할 수 있고, 1인 주주인 A의 동의가 있었으므로, 위 중간배당은 유효하다고 판단하였다(대법원 2017. 5. 31. 선고 2017두36748 판결 : 심리불속행).

45) 대법원 2004. 7. 9. 선고 2003두1059 판결은, 법인으로부터 배당절차를 거치지 않고 사외유출되어 주주에게 귀속된 소득에 대하여 주주총회 결의 등에 관계없이 배당에 해당한다고 판단하였다.

46) 위법소득의 귀속시기는 그 소득을 현실적으로 지배·관리하는 시점이다. 제2편 제1항 제4절 2-2-2. (3) (나) 참조

47) 특정외국법인의 유보소득에 대한 배당간주에 관하여는 제2편 제4장 제3절 참조

48) 2020년 하반기에 개인 유사법인에 일정한 비율 이상 유보된 소득을 그 주주에게 배당된 것으로 간주하는 조특법 개정안(정부)이 국회에 제출되었으나, 국회를 통과하지 못하였다.

2-2. 경제적 이중과세의 조정

2-2-1. 조정의 필요성

법인과 주주 등 출자자는 사법(私法)상 별개의 권리의무주체이지만 경제적으로는 동일한 실체이다. 법인과 출자자를 그 사법상 존재형식에 따라 완전히 별개로 보아, 법인이 얻은 소득을 법인 단계에서 한번 과세하고, 그 법인으로부터 출자자에게 지급되는 소득을 출자자 단계에서 다시 과세할 경우, 경제적으로는 동일한 실체의 소득에 대하여 이중으로 과세하는 결과가 된다. 이렇게 할 경우, 개인사업체 방식과 법인 방식 간의 조세부담이 다르게 되어 조세의 중립성이 훼손되고, 출자자들은 조세부담이 무거운 법인 형식의 투자를 꺼리게 되므로,[49] 법인을 통한 자본의 집적이 저해될 수 있다. 이러한 문제점을 감안하여 세법은 법인소득에 대한 경제적 이중과세를 해소·완화하기 위한 여러 가지 제도를 두고 있다. 한편, 법인 주주에 관한 이중과세의 조정은 다층적 지배구조를 취하는 법인 조직의 조세부담에 큰 영향을 미치므로,[50] 그러한 법인 조직에 대한 산업정책적 고려를 상당한 정도로 반영한다.[51]

2-2-2. 이중과세 조정의 방법

(1) 법인 단계의 조정

법인 단계의 이중과세 조정방법으로는 조합과세 방식과 지급배당의 손금산입(소득공제) 방식이 있다.

조합과세 방식(partnership method)은, 법인이 얻은 소득을 법인 단계에서 과세하지 않

---

49) 이것이 미국에서 과거에 사업체의 형태로 다른 국가들에 비하여 회사(corporation)의 비중이 낮고 유한파트너십 등의 비중이 높았던 것의 한 이유로 보인다. 미국 세법은, 법인이 다른 법인으로부터 받은 배당에 대하여는 일정한 공제를 인정하지만(IRC § 243), 개인 주주가 법인으로부터 받은 배당에 대하여는 공제를 인정하지 않는다.

50) 법인 주주에 관하여 이중과세조정이 인정되지 않을 경우, 여러 층위(層位)로 구성되는 모·자회사 또는 지주회사 체제의 법인세 부담이 증가하므로, 그 이용이 저해된다.

51) 법인세법은 법인 주주에 관하여 ① 당초 이중과세조정을 인정하지 않다가 ② 1971. 12. 28. 개정된 구 법인세법 제24조의4에서 수입배당금에 대한 세액공제 제도를 채택하였다. ③ 그러나 1978. 12. 5. 개정된 구 법인세법은, 경제력집중과 문어발식 기업확장을 억제하기 위하여 위 제도를 폐지함으로써 법인 주주에 대한 이중과세조정을 배제하였다. 그리고 1986. 12. 31. 개정된 구 공정거래법은 지주회사의 설립을 정면으로 금지하였다(구 공정거래법 7조의2 1항). ④ 이후 외환위기에 따른 IMF 관리체제 중 1999. 2. 5. 개정된 구 공정거래법은 지주회사의 설립을 인정하되, 일정한 행위제한 등을 규정하는 것으로 방향을 전환하였다(구 공정거래법 8조, 8조의2). 이러한 흐름을 반영하여 ㉮ 1999. 12. 28. 개정된 구 법인세법 제18조의2는 지주회사가 받은 수입배당금액에 관하여, ㉯ 2000. 12. 29. 개정된 구 법인세법 제18조의3은 일반 내국법인이 받은 수입배당금액에 관하여 순차로 각 익금불산입 제도를 도입하였다. 위 제도는 조문의 위치만을 바꾼 채 현재까지 계속 유지되고 있다.

고 출자자에게 배당으로 지급하였는지 여부에 관계없이 그 소득을 출자자에게 안분·귀속시켜 출자자의 소득으로 과세하는 방식을 말한다. 조특법은 동업기업의 소득을 별도로 과세하지 않고 동업자에게 배분하여 계산되는 각 동업자의 소득에 대하여 소득세나 법인세를 과세한다(조특법 100조의16, 100조의18).

지급배당의 손금산입(소득공제) 방식은, 법인이 출자자에게 배당으로 지급한 금액을 법인의 손금에 산입(소득에서 공제)함으로써 법인 단계의 과세대상에서 배제하는 것을 말한다. 법인세법 제51조의2는, 유동화전문회사 등이 어느 사업연도의 배당가능이익의 90% 이상을 배당한 경우 그 금액을 해당 사업연도의 소득금액에서 공제하는 것으로 규정한다.

이와 같이 법인의 소득이 법인 단계에서 과세되지 않는 경우, 그로 인한 이중과세 배제의 효과는 모든 주주, 즉 종합과세되는 주주뿐만 아니라, 외국법인 및 비거주자인 주주를 포함한 분리과세되는 주주에 대하여도 미친다.

(2) 주주 단계의 조정

법인세법은, 내국법인이 다른 법인으로부터 수령한 **수입배당금액**의 전부 또는 일부를 **익금에 불산입**한다(법 18조의2, 18조의3). 이 방법에 의하면 주주에 대하여 누진세율이 적용되기 전의 소득금액 계산 단계에서 이중과세조정이 이루어진다. 한편, 소득세법은, 종합과세되는 거주자인 주주가 받은 배당소득에 대하여 누진세율을 적용하면서 증액환원(gross-up)을 통한 **배당세액공제**를 인정한다(소득세법 17조 3항, 56조, 122조 1항[52]).

외국법인 또는 비거주자인 주주가 내국법인으로부터 받은 배당소득에 대한 이중과세의 조정은 국내세법에 규정되어 있지 않다. 이는 해당 외국의 세법에 따라 처리되어야 할 문제이다.

---

3 > **법인**

3-1. 일반적인 경우

(1) 배당액의 손금불산입

법인이 출자자에게 배당금을 지급하는 것은 '잉여금의 처분'으로서 자본거래이므로 손금에 해당하지 않는다(법 19조 1항). 따라서 법인이 출자자에게 지급하는 금액으로서 결산

---

52) 비거주자에게 종합과세되는 배당소득이 있는 경우 거주자의 과세표준 계산에 관한 규정이 준용된다.

확정 시 손비로 계상한 것이 실질적으로 잉여금의 처분에 해당하는 경우에는 손금에 불산입된다(법 20조 1호).

적립된 자본준비금과 이익준비금의 총액이 자본금의 1.5배를 초과하는 경우 주주총회의 결의에 따라 그 초과한 금액 범위에서 자본준비금과 이익준비금을 감액할 수 있다(상법 461 조의2). 이러한 **자본준비금의 감액**에 따라 주주에게 환급되는 금액은 법인의 순자산을 감소시키지만 자본의 환급에 해당하므로, 손금에 산입되지 않는다(법 19조 1항). 법인이 주주에게 반환할 수 있는 자본준비금, 이익준비금 및 이익잉여금이 있는 경우, 그 사용순서를 선택할 수 있다.[53]

(2) 원천징수

법인은 출자자에게 배당을 지급할 때 지급금액의 14%에 상당하는 법인세 또는 소득세를 원천징수하여야 한다(법 73조 1항 2호, 소득세법 127조 1항 2호, 129조 1항 2호 나목). 이는 현물배당이나 주식배당을 하는 경우에도 마찬가지이다.

3-2. 유동화전문회사 등 : 배당액의 소득공제

유동화전문회사 등[54]이 대통령령으로 정하는 배당가능이익[55]의 90% 이상을 배당한 경우 그 금액은 해당 사업연도의 소득금액에서 공제된다(법 51조의2 1항). 이는 실질적으로 유동화전문회사 등의 배당을 소득금액이 범위에서 손금에 산입해주는 것과 같다.

유동화전문회사 등의 배당에 대한 소득공제는 법인과 주주에 대한 경제적 이중과세를 해소하기 위한 것이다. 따라서 배당을 받은 주주에 대하여 법인세법 또는 조특법에 따라 배당에 대한 소득세 또는 법인세가 비과세되는 경우에는 이중과세의 문제가 생기지 않으므로, 위 규정이 적용되지 않는다(법 51조의2 2항 1호 본문).[56]

---

53) 기획재정부 법인세제과-676, 2016. 7. 12. ; 일본 법인세법의 해석도 같다. 2-1-2. 중 글상자 '일본 회사법상 잉여금의 배당과 세법상 취급' 참조

54) 지급배당의 소득공제가 인정되는 법인은 자산유동화법에 따른 유동화전문회사, 자본시장법에 따른 투자회사 등, 「기업구조조정투자회사법」에 따른 기업구조조정투자회사, 「부동산투자회사법」에 따른 기업구조조정 부동산투자회사 등이다(법 51조의2 1항).

55) 기업회계기준에 따라 작성한 재무제표상의 법인세비용 차감 후 당기순이익에 이월이익잉여금을 가산하거나 이월결손금을 공제하고, 상법 제458조의 이익준비금을 차감한 금액을 말한다(법인세법 시행령 86조의2 1문). 이 경우 자본준비금을 감액하여 지급하는 배당(법 18조 8호), 당기순이익·이월이익잉여금 및 이월결손금 중 자산의 평가손익(자본시장법상 투자회사 등 제외)은 제외한다(시행령 86조의2 2문).

56) 다만, 배당을 받은 주주 등이 동업기업 과세특례를 적용받는 동업기업이고 그 동업자들이 배분받은 배당에 해당하는 소득에 대하여 소득세 또는 법인세가 전부 과세되는 경우에는 이중과세의 문제가 생기므로, 배당지급액의 소득공제가 인정된다(법 51조의2 2항 1호 단서).

한편, 법인이 2인 이하의 개인 주주에 의하여 지배되는 등 대통령령으로 정하는 기준[57]에 해당하는 경우에는 배당지급액의 소득공제가 인정되지 않는다(법 51조의2 2항 2호).

4-1. 법인주주

4-1-1. 배당금의 귀속시기

법인의 잉여금처분결의에 따라 주주의 구체적 이익배당금지급청구권이 발생한다. 잉여금의 처분에 의하여 법인주주가 받는 배당은, 배당금을 지급하는 법인(피출자법인)의 잉여금 처분결의일이 속하는 법인주주의 사업연도의 익금에 산입된다(시행령 70조 2항 본문, 소득세법 시행령 46조 2호). 주주인 법인이 잉여금처분결의에 따른 배당을 실제로 수령하였는지 여부는 배당금의 귀속시기에 영향을 미치지 못한다.[58]

4-1-2. 수입배당금액의 익금불산입

(1) 법인이 내국법인으로부터 받는 수입배당금액

(가) 익금불산입의 요건(법 18조의2)

수입배당금액의 익금불산입이 적용되려면, 법인이 내국법인으로부터 법인세가 과세된 소득을 원천으로 한 수입배당금액을 받아야 한다.

① 배당을 지급하는 법인이 **내국법인**이어야 한다. 법인이 외국법인으로부터 배당을 받은 경우에 대하여는 별도의 익금불산입 규정이 있다(법 18조의4).

② 배당을 지급하는 법인이 배당의 원천인 소득에 대한 **법인세**를 부담하여야 한다. 따라서 다음의 어느 하나에 해당하는 법인 등으로부터 받은 수입배당금액은 익금불산입의 대상이 아니다(법 18조의2 2항 3호, 4호, 5호).

---

57) 사모방식으로 설립되고, 개인 2인 이하 또는 개인 1인 및 그 친족이 발행주식총수 또는 출자총액의 95% 이상의 주식 등을 소유하는 법인(개인 등에게 배당 및 잔여재산의 분배에 관한 청구권이 없는 경우를 제외)을 말한다(시행령 86조의2 10항).

58) 대법원 2015. 12. 13. 선고 2012두16299 판결(유동화전문회사) ; 다만, 소득세법 시행령 제61조 제2항 각 호의 금융회사 등이 금융채무등불이행자의 신용회복 지원과 채권의 공동추심을 위하여 공동으로 출자하여 설립한 자산유동화법에 따른 유동화전문회사로부터 수입하는 배당금은 실제로 지급받은 날이 속하는 사업연도의 익금에 산입한다(시행령 70조 2항 단서).

㉠ 지급한 배당에 대하여 소득공제를 적용받는 유동화전문회사 등(법 51조의2) 및 프로젝트금융투자회사(조특법 104조의31)

㉡ 조특법 제63조의2,[59] 제121조의8[60] 및 제121조의9[61]를 적용받는 법인(감면율이 100%인 사업연도에 한정한다)(시행령 17조의2 4항 1호)

㉢ 동업기업 과세특례(조특법 100조의15)를 적용받는 법인(시행령 17조의2 4항 2호)

㉣ 지급한 배당에 대하여 소득공제를 적용받는 법인과세 신탁재산

익명조합은 세법상 독립한 납세의무자가 아니고, 익명조합의 영업자가 익명조합원에게 분배하는 이익은 익금에 불산입되거나 손금에 산입되어 영업자 단계에서 과세되지 않으므로, 익명조합원인 법인이 영업자인 법인으로부터 지급받는 금액은 익금불산입대상인 수입배당금액이 아니다.[62]

이익잉여금이 없는 법인이 유상감자 대가로 주주에게 지급한 금액이 소멸한 주식의 취득가액을 초과하여 그 차액이 의제배당에 해당하더라도, 그 지급금액의 재원이 해당 법인의 소득으로 과세된 적이 없다면[63] 경제적 이중과세가 발생하지 않으므로, 그 의제배당금액은 익금불산입 대상으로 보기 어려울 것이다.[64]

③ 법인세법은 익금불산입의 대상을 법인이 **출자한** 다른 법인으로부터 받는 수입배당금액으로 규정한다. 여기의 '출자한'은, 최초에 발행되는 주식을 원시주주로서 인수한

---

59) 수도권 밖으로 본사를 이전하는 법인에 대한 세액감면 등
60) 제주첨단과학기술단지 입주기업에 대한 법인세 등의 감면
61) 제주투자진흥지구 또는 제주자유무역지역 입주기업에 대한 법인세 등의 감면
62) 대법원 2017. 1. 12. 선고 2015두48693 판결 : "구 법인세법 제18조의3 제1항에 따라 익금불산입 대상이 되는 '내국법인이 출자한 다른 내국법인으로부터 받은 수입배당금'은 내국법인이 다른 내국법인에 출자를 함으로써 그 법인의 주식 등을 취득하고 그 주주 등의 지위에서 다른 내국법인에 대한 출자지분 등에 비례하여 받는 '이익의 배당액이나 잉여금의 분배액과 제16조의 규정에 따른 배당금 또는 분배금의 의제액'을 의미한다고 보아야 한다. (···중략···) 내국법인이 익명조합계약을 체결하여 다른 내국법인의 영업을 위하여 출자하고 다른 내국법인은 영업으로 인한 이익을 분배하기로 약정한 다음 이에 따라 익명조합원의 지위에 있는 내국법인이 영업자의 지위에 있는 다른 내국법인에 출자를 하는 경우에, 내국법인이 출자를 통하여 다른 내국법인의 주식 등을 취득하거나 주주 등의 지위에 있게 되는 것이 아니므로, 출자를 한 내국법인이 영업자의 지위에 있는 다른 내국법인으로부터 지급받는 돈은 익명조합원의 지위에서 출자 당시 정한 손익분배약정에 따라 지급받는 것에 불과할 뿐 주주 등이 받는 배당액이나 구 법인세법 제16조의 의제배당금 등에 해당할 여지가 없다." ; 실질적 이유로는, 익명조합은 독립한 납세의무자가 아니어서 익명조합 자체가 그 구성원과 별개로 납세의무를 부담하지 않으므로, 익명조합원 단계에서 익금불산입을 통하여 이중과세조정을 할 필요가 없다는 점을 들 수 있다. 위 사건의 1심 판결에 의하면, 위 익명조합의 영업자인 법인은 익명조합원인 원고의 출자금을 부채로 보고 원고에게 지급한 분배금을 이자비용으로 손금에 산입하였다(수원지방법원 2014. 12. 19. 선고 2014구합52986 판결).
63) 위 경우 결손법인이 지급하는 유상감자대가는 자본금 및 자본잉여금을 재원으로 한 것이다.
64) 그러나 행정해석은, 결손법인이 유상감자를 하면서 그 대가로 주주에게 지급한 금액이 주주의 주식 취득가액을 초과한 금액도 수입배당금액 익금불산입의 대상이라고 본다(사전-2020-법령해석법인-0204, 2020. 3. 12.).

것뿐만 아니라, 이미 발행된 주식을 취득하여 보유하는 것도 포함한다. 그리고 배당을 지급하는 법인의 주식은 그 배당기준일부터 **3개월 전에 취득**한 것이어야 한다(법 18조의2 2항 1호). 주식에 관한 신탁의 수익자인 법인이 그 주식의 발행법인으로부터 배당금을 지급받은 경우, 수입배당금액의 익금불산입 규정을 적용받을 수 있다.[65]

④ **수입배당금액**은 금전배당, 현물배당, 주식배당 및 의제배당을 포함한다(법 18조의2 1항). 법인이 배당가능금액의 범위 내에서 주주에게 지급한 배당이 상법상 절차를 위반하여 무효이더라도,[66] 사실상 그 주주에게 반환청구를 할 가망이 없어서 세법상 배당으로 보아야 할 경우에는, 그 지급액은 익금불산입 대상인 수입배당금액으로 보아야 할 것이다.[67] 모회사가 자회사의 부당행위계산을 통하여 받은 이익도, 실질적 배당에 해당하는 경우에는, 익금불산입 대상으로 보는 것을 검토할 필요가 있다.[68]

(나) 익금불산입액의 계산

수입배당금 중 익금불산입되는 금액은 아래 ①의 금액에서 ②의 금액을 뺀 금액이고, 그 금액이 0보다 적은 경우에는 없는 것으로 본다(법 18조의2 1항).

① 피출자법인 별로 수입배당금액에 다음 표의 구분에 따른 **익금불산입률**을 곱한 금액의 합계액

피출자법인에 대한 출자비율	익금불산입률[69]
50% 이상	100%
20% 이상 50% 미만	80%
20% 미만	30%

---

65) 서울행정법원 2020. 1. 23. 선고 2019구합57350 판결[서울고등법원 2020. 10. 23. 선고 2020누34843 판결(항소기각), 대법원 2021. 2. 25. 선고 2020두53958 판결(심리불속행)]

66) 대전고등법원 2017. 1. 19. 선고 2016누12057 판결은, A 법인이 주식 100%를 보유하는 자회사인 B 법인 주식을 제3자에게 양도하는 과정에서 B로부터 중간배당을 받았는데, B가 2008. 10. 7. 이사회에서 중간배당을 위한 결의를 하면서 배당기준일(상법 462조의3 1항)을 정하지 않았고 2008. 11. 5. A에게 중간배당을 지급한 사안에서, 위 이사회결의일이나 중간배당지급일을 배당기준일로 보아 주주를 특정할 수 있으므로, 위 중간배당은 유효하다고 판단하였다(대법원 2017. 5. 31. 선고 2017두36748 판결 심리불속행 상고기각).

67) 서울행정법원 2020. 7. 3. 선고 2019구합52652 판결은, 원고 법인이 중간배당에 관한 정관상 근거나 이사회결의가 없음에도 임시주주총회 결의를 거쳐 주주인 대표이사(지분율 85%) 및 이사(지분율 15%)에게 배당을 지급한 사안에서, 이는 상법상 무효인 중간배당이므로, 원고가 주주들에게 배당으로 지급한 금액은 업무무관 가지급금에 해당한다고 판단하였다[서울고등법원 2021. 4. 30. 선고 2020누50234 판결(항소기각), 대법원 2021. 9. 30. 선고 2021두41396 판결(심리불속행)]. 그러나 그 타당성은 의문이다.

68) 제2편 제3장 4-2-4. 참조. 다만, 외국의 입법례 중에는 이러한 편법적 방식의 배당을 사회경제적으로 바람직하지 못한 것으로 보아 이중과세조정을 배제하는 것도 있다.

69) 2022. 12. 31. 개정되기 전의 구 법인세법은 수입배당금액을 받은 법인이 지주회사인 경우와 그 외의 법인인 경우를 구별하여 전자에 대하여 더 높은 익금불산입률을 규정하였다. 구 법인세법의 문제점에 관하여는 이중교 · 황남석, "수입배당금 익금불산입제도의 개선방안 연구 - 비교법적 검토를 중심으로-", 세무

피출자법인에 대한 출자비율은 피출자법인의 배당기준일 현재 3개월 이상 계속하여 보유하고 있는 주식 등을 기준으로 계산한다(시행령 17조의2 1항 1문).[70]

② **차입금의 이자** 중 다음 산식에 따라 계산한 금액(시행령 17조의2 3항)

$$차감금액 = A \times \frac{B}{C} \times D$$

A : 내국법인의 차입금 이자[71]
B : 해당 피출자법인의 주식 등[72]의 장부가액 적수(積數 : 일별 잔액의 합계액)
C : 내국법인의 사업연도 종료일 현재 재무상태표상 자산총액의 적수
D : 익금불산입률(법 16조의2 1항 1호)

위 산식에서 '**차입금 이자**'는, 주식의 취득이나 보유에 직접 사용된 차입금의 이자일 필요가 없다.[73] 그리고 위 차입금 이자는, 원칙적으로 법인세법 시행령 제19조 제7호의 '차입금 이자'를 의미하고, 민법상 금전소비대차계약에 따른 채무의 이자에 한정되지 않는다.[74] 금융회사가 예금계약 등에 근거하여 고객으로부터 예금을 맡아 관리하면서 지출하는 예수금 이자는, 예금 유치에 따른 영업비용이므로 차입금 이자와 동일시할 수 없다. 그러나 금융회사가 환매조건부 채권매도, 매출어음 할인, 금융채의 발행, 신탁계정으로부터 자금차입 등의 방식으로 운영자금을 조달하면서 지출하는 비용들은, 법인세법 시행령 제19조 제7호의 차입금 이자로 보아야 하므로 법인세법 제18조의2(구 법인세법 18조의3) 제1항의 차입금 이자에 포함된다.[75]

이와 같이 수입배당금액의 익금불산입액을 계산할 때 차입금 이자를 제외하는 이유는,

와 회계 연구 제25호(제10집 제2호)(2021), 한국세무사회 부설 한국조세연구소, 263~270쪽

70) 행정해석은, 내국법인이 다른 내국법인(출자대상법인)의 발행주식총수 중 그 출자대상법인이 보유한 자기주식을 제외한 나머지 주식 전부를 보유하면서 출자대상법인으로부터 현금배당을 받은 경우, 법인세법 제18조의2 제1항 단서(2018. 12. 24. 개정되기 전의 구 법인세법 제18조의3 제1항 단서)에 따라 수입배당금액 전액을 익금에 산입하지 않는다고 본다. 서면 - 법령해석법인 - 2886, 2019. 12. 18.

71) 법인세법 제55조에 의하여 이미 손금불산입된 금액(채권자가 불분명한 사채의 이자 등)은 차입금 및 그 이자에서 제외된다(시행령 17조의2 2항).

72) 국가 및 지방자치단체로부터 현물출자받은 주식 등은 제외한다.

73) 대법원은 차입금의 이자 중 손금불산입되는 금액의 계산과 관련하여 구 법인세법 시행령(1990. 12. 31. 대통령령 제13195호로 개정되기 전의 것) 제43조의2 제1항, 제3항 및 구 법인세법 시행령(1992. 12. 31. 대통령령 제13803호로 개정되기 전의 것) 제43조의2 제6항, 제9항이 손금불산입 지급이자를 다른 법인 주식의 취득이나 보유에 직접 소요된 차입금의 지급이자의 범위 내로 제한하지 않았다고 하여 위 법인세법 규정 취지에 배치되는 무효의 규정이라고 할 수 없다고 판시하였다(대법원 2000. 1. 18. 선고 98두13102 판결).

74) 대법원 2017. 7. 11. 선고 2015두49115 판결

75) 대법원 2017. 7. 11. 선고 2015두49115 판결

필요경비로서의 차입금 이자액을 공제한 후의 순배당소득을 기초로 익금불산입액을 계산하기 위한 것이다.[76] 이는 법인세법상 수익·비용 대응의 원칙에 따른 차감 조정으로서, 수입배당금액을 익금에 불산입하는 이상 그에 대응하는 비용도 손금에서 제외(익금불산입 대상에서 제외)되어야 하기 때문이다.[77]

(2) 외국자회사 등으로부터 받은 배당의 익금불산입

(가) 개요

법인세법은 종래 거주지주의(속인주의)를 기초로 내국법인의 전세계소득을 과세하되, 내국법인의 국외원천소득에 대한 외국납부세액을 세액공제함으로써 국제적 이중과세를 조정하는 체제를 취하였다.[78] 그러나 최근, 내국법인이 외국자회사에 유보한 소득을 배당받아 국내로 환류시키고, 내국법인의 국외 사업으로 인한 조세부담을 해당 외국에서 사업을 하는 다른 기업들과 동일하게 만들기 위한[79] 목적에서, 내국법인이 외국자회사로부터 받은 배당소득을 과세대상에서 제외하는 원천지주의 세제가 지배적인 세계적 추세로 되었다.[80] 이를 고려하여 2022. 12. 31. 개정된 법인세법은 내국법인이 외국자회사의 수입배당금액을 익금불산입하도록 함으로써 원천지주의(속지주의)를 부분적으로 받아들이는 전환을 하였다.

(나) 외국자회사로부터 받은 배당 등

① 익금불산입의 요건

간접투자회사 등(법 57조의2 1항)을 제외한 내국법인이 그 법인이 출자한 외국자회사로부터 받은 이익의 배당금 또는 잉여금의 분배금과 의제배당금액(법 16조)의 95%[81]에 해당하

---

76) 渡辺淑夫, 법인세법(2012), 중앙경제사, 199쪽

77) 이의영, "법인주주 수입배당금 중 익금불산입 산정의 취지와 방법"(대법원 2017. 7. 11. 선고 2015두49115 판결), 대법원판례해설 제114호(2018), 112쪽 ; 그렇기 때문에 법인세법의 다른 규정에 의하여 손금불산입된 차입금 이자는 수입배당금액의 익금불산입액에서 제외되는 것에 포함되지 않는다(시행령 17조의2 2항).

78) 거주지주의 과세는, 내국법인이 국내와 국외 중 어디에 투자하든 동일한 조세부담을 지움으로써, 조세가 투자의 배분에 영향을 주지 않는 자본수출중립성(Capital Export Neutrality)을 지향한다. 안종석·정재호, "해외직접투자소득에 관한 과세제도의 재검토 : 거주지주의 대 원천지주의", 한국조세연구원(2009. 12.), 32쪽

79) 자본수입국인 원천지국에서 사업을 영위하는 모든 기업들의 조세부담율이 동일한 것을 자본수입중립성(Capital Import Neutrality)이라고 하고, 원천지주의 과세는 자본수입중립성을 확보할 수 있다. 또한, 원천지주의 과세는 국내 기업의 해외 경쟁력을 증진시키는 효과를 갖는다. 황남석, "원천지국 과세원칙으로의 전환 필요성에 관한 고찰", 외법논집 제43권 제3호(2019. 8.), 194쪽 ; 안종석·정재호, 앞의 책, 28쪽

80) 주요 국가들의 국외배당소득 과세면제에 관하여는, 전병목·김준현·장우용, 내국법인의 국외원천소득 과세제도에 대한 국제비교 연구－이중과세배제 및 CFC 세제를 중심으로－, 한국조세재정연구원(2018), 23~100쪽

81) 외국자회사의 수입배당금액 중 익금불산입되는 부분을 위 금액의 95%로 정한 것은, 나머지 5%를 내국법

는 금액은 익금에 산입되지 않는다(법 18조의4 1항).

여기서 '외국자회사'는 내국법인이 직접 외국법인의 의결권 있는 발행주식총수 또는 출자총액의 10%[82] 이상을 그 외국법인의 배당기준일 현재 6개월 이상 계속하여 보유[83]하고 있는 법인을 말한다(시행령 18조 1항).

외국자회사의 수입배당금액 중 내국법인이 그 외국자회사 지분의 10%를 보유하기 전에 생긴 이익잉여금을 재원으로 한 것도 익금에 불산입되지만, 그 금액은 외국자회사 주식의 취득가액에서 차감되므로(법 41조 1항 1호의2, 시행령 72조 2항 1호의2), 과세가 완전히 면제되는 것은 아니고, 과세시기가 외국자회사 주식의 처분 시로 미루어질 뿐이다.[84]

② 특정외국법인의 유보소득 등에 대한 익금불산입의 배제

특정외국법인의 유보소득에 대하여 내국법인이 배당받은 것으로 보는 금액 및 해당 유보소득이 실제 배당된 경우의 수입배당금액에 대해서는 법인세법 제18조의4 제1항의 익금불산입 규정이 적용되지 않는다(법 18조의4 3항).

다음의 어느 하나에 해당하는 금액은 법인세법 제18조의4 제1항에도 불구하고 익금에 산입된다(법 18조의4 4항).

㉮ 특정외국법인으로부터 받은 것으로서 대통령령으로 정하는 수입배당금액[85]

㉯ 혼성금융상품(자본 및 부채의 성격을 동시에 가지고 있는 금융상품으로서 대통령령으로 정하는 금융상품[86])의 거래에 따라 내국법인이 지급받는 수입배당금액

㉰ 위 ㉮ 및 ㉯와 유사한 것으로서 대통령령으로 정하는 수입배당금액

③ 익금불산입과 외국납부세액공제의 배제

법인이 외국자회사로부터 받은 배당이 익금불산입되는 경우, 그 금액은 국내에서 과세

인이 배당소득을 창출하는데 소요된 비용으로 간주하여 위 익금불산입액에 대응하여 손금불산입(익금산입)하는 것으로 보인다. 전병목·김준현·장우용, 앞의 책, 57쪽

82) 해외자원개발사업(조특법 22조)을 하는 외국법인의 경우에는 5%

83) 내국법인이 적격합병, 적격분할, 적격물적분할, 적격현물출자에 따라 다른 내국법인이 보유하고 있던 외국자회사의 주식 등을 승계한 때에는, 그 승계 전 다른 내국법인이 외국자회사의 주식 등을 취득한 때부터 해당 주식 등을 보유한 것으로 본다.

84) 제2편 제1장 제2절 1-1-1. (5) 참조

85) '대통령령으로 정하는 수입배당금액'은 실제부담세액이 실제발생소득의 15% 이하인 특정외국법인의 해당 사업연도에 대한 이익의 배당금 등을 말한다(시행령 18조 2항).

86) '대통령령으로 정하는 금융상품'은 다음 각 구분에 따른 요건을 모두 갖춘 금융상품을 말한다(시행령 18조 3항).
① 우리나라 : 우리나라의 세법에 따라 해당 금융상품을 자본으로 보아 내국법인이 해당 금융상품의 거래에 따라 거래상대방인 외국자회사로부터 지급받는 이자 및 할인료를 배당소득으로 취급할 것
② 외국자회사가 소재한 국가 : 그 국가의 세법에 따라 해당 금융상품을 부채로 보아 외국자회사가 해당 금융상품의 거래에 따라 거래상대방인 내국법인에게 지급하는 이자 및 할인료를 이자비용으로 취급할 것

되지 않으므로, 그와 관련하여 해당 법인 및 외국자회사가 외국에 납부한 세액은 외국납부세액공제의 대상에서 제외되고(법 57조 7항), 손금에도 불산입된다(법 21조 1호).

(다) 외국자회사 외의 외국법인의 자본준비금의 감액에 따른 배당

내국법인이 해당 법인이 출자한 외국법인(외국자회사는 제외한다)으로부터 자본준비금을 감액하여 받는 배당으로서 법인세법 제18조 제8호에 따라 익금불산입되는 배당에 준하는 성격의 수입배당금액을 받는 경우, 그 금액의 95%에 해당하는 금액은 익금에 산입되지 않는다(법 18조의4 2항, 18조 8호).

(3) 외국자회사로부터 받는 배당에 관한 외국납부세액공제

내국법인이 수입배당금액 익금불산입의 대상이 아닌 외국자회사로부터 받은 배당금액은 익금에 포함되고, 그와 관련하여 내국법인 또는 외국자회사가 납부한 외국법인세액에 대하여는 세액공제가 인정된다(법 57조 1항, 4항, 6항).[87]

4-2. 개인주주

4-2-1. 배당소득

잉여금의 처분에 의한 배당소득의 수입시기는 배당을 지급하는 법인의 잉여금 처분결의 일이다(소득세법 시행령 46조).

배당소득금액은 해당 과세기간의 총수입금액으로 한다(법 17조 3항 본문). 주식의 취득자금을 차입하여 지출한 이자 등의 비용은 필요경비로 공제되지 않는다.[88]

4-2-2. 배당의 증액환원(gross-up) 및 배당세액공제

개인 주주가 **내국법인**으로부터 지급받는 배당 등이 종합과세대상인 경우,[89] 그 총수입

---

87) 법인이 간접 외국납부세액에 대하여 세액공제를 선택하는 경우 먼저 간접 외국납부세액을 법인의 익금에 포함시켜(법 15조 2항 2호) 법인의 소득금액을 증액환원(gross-up)한 후 산출세액에서 간접 납부세액을 공제한다. 이러한 공제방식은 개인 주주의 배당세액 공제와 기본적으로 같은 것이다.

88) 헌법재판소는 이자소득금액의 계산에서 필요경비의 공제를 인정하지 않는 구 소득세법(1994. 12. 22. 개정되기 전의 것) 제17조 제2항이 조세평등주의를 위반하거나 재산권을 침해하지 않는다고 판단하였는데(헌법재판소 2001. 12. 20. 2000헌바54 결정), 그 이유 중 주요 부분은 다음과 같다. "이자소득자는 그 수가 매우 많고, 원천징수를 원칙으로 하고 있는바, 각자의 신고에 기하여 이자를 지급하는 원천징수자(종합소득과세의 경우에는 과세관청)가 이자소득자 주장의 필요경비의 내용 및 진위 여부를 일일이 심사하여 필요경비의 액을 결정하는 것은 기술적·양적으로 사실상 불가능할 뿐만 아니라, 그로 인한 조세징수비용의 증가를 면할 수 없고, 세무행정상 적지 아니한 혼란을 초래할 우려가 있다." 이는 이자소득과 마찬가지로 필요경비의 공제를 인정하지 않는 배당소득의 경우에도 참고가 될 수 있다.

89) 비거주자인 개인 주주도 종합과세되는 경우(국내사업장 또는 국내원천 부동산소득이 있는 비거주자 등)에

금액에 100분의 11[증액환원(gross-up)금액]을 더한 금액을 배당소득금액으로 하고(소득세법 17조 3항 단서), 이를 기초로 계산된 종합소득세 산출세액에서 증액환원금액을 공제한다(소득세법 56조). 소득세법은, 개인 주주의 배당금액에 증액환원금액을 더하여 법인세가 과세되지 않았을 경우의 상태로 환원시킨 후 증액환원금액을 법인 단계에서 선납(先納)된 소득세로 보아, 종합소득세 산출세액에서 증액환원금액을 공제한다. 소득세법이 증액환원금액을 일률적으로 배당소득금액의 11%로 정하기 때문에, 법인의 소득 중 11%의 법인세율이 적용되는 구간에서는 법인세의 부담이 모두 해소되지만, 더 높은 법인세율이 적용되는 소득 구간에서는 부분적으로만 해소된다.

한편, 개인 주주가 **외국법인**으로부터 받은 배당은 배당세액공제에 의한 이중과세조정의 대상에서 제외된다(소득세법 17조 3항 단서). 개인 주주가 외국법인으로부터 배당을 받으면서 외국에서 원천징수당한 세액은 외국납부세액으로 공제된다(소득세법 57조). 그러나 그 이전의 단계에서 외국법인이 그 소득에 대하여 부담한 외국법인세액을 개인 주주의 소득계산에 반영할 장치는 마련되어 있지 않다.[90]

제 2 절

현물배당

1 상법

회사는, 정관에 정함이 있는 경우 금전 외의 재산으로 배당을 할 수 있다(상법 462조의4). 자회사의 주식[91]이나 당해 회사의 사채도 현물배당의 목적물에 포함된다. 주식배당에 대하여는 별도의 규정(상법 462조의2)이 있으므로, 주식배당에 따라 발행되는 주식은 현물배당의 목적물인 '금전 외의 재산'에 포함되지 않는다. 자기주식을 현물배당할 수 있는지에

는 거주자의 과세표준 계산에 관한 규정이 준용된다(소득세법 122조 1항).

90) 다만, 예외적으로, 외국법인의 소득에 대하여 그 외국법인이 아니라 개인 주주가 직접 납세의무를 부담하는 등 대통령령으로 정하는 요건을 갖춘 경우에는, 외국소득세액으로서 세액공제의 대상이 된다(소득세법 57조 4항).

91) 회사가 특정한 사업부문을 현물출자하거나 물적분할하여 자회사를 설립한 후 그 자회사 주식을 현물배당하는 경우 회사분할의 효과를 얻을 수 있다(spin-off).

관하여는 견해의 대립이 있다.[92] 현물배당은 애초부터 배당의 목적물이 현물로 정해지는 것을 말하고, 일단 배당의 목적물이 금전으로 결정되었다가 이후 회사와 주주의 합의로 금전에 갈음하여 현물을 교부하는 것은 대물변제[93](민법 466조)이지 현물배당이 아니다.[94] 현물배당도 배당가능이익의 범위 내에서만 가능하고, 그 배당액의 10%를 이익준비금으로 적립하여야 한다.

2 법인

2-1. 회계기준

회계기준에는 현물배당을 하는 법인의 회계처리에 관한 규정이 없다. 다만, 기업회계기준해석서 제2117호는, 기업이 배당으로 비현금자산을 분배해야 하는 부채는 분배될 자산의 공정가치로 측정하고(문단 11), 미지급배당을 결제할 때 분배된 자산의 장부금액과 미지급배당의 장부금액의 차이를 당기손익으로 인식한다고(문단 14) 규정한다.

2-2. 세법

현물배당을 하는 법인이 현물의 시가와 장부가액의 차액을 손익으로 인식하여야 하는지에 대하여는 세법에 규정이 없다. ① 주주가 현물배당으로 받은 자산의 취득가액은 그 시가이므로(시행령 72조 2항 7호, 소득세법 시행령 51조 5항), 현물배당을 한 법인 단계에서 그 자산의 취득가액과 시가의 차액이 과세되지 못하면 이를 과세할 수 있는 계기가 없게 된다. ② 세법은 회사의 청산에 따라 잔여재산을 주주에게 현물로 분배하는 경우 시가로 평가하도록 규정하여(법 79조 1항, 시행령 121조 2항 2호) 그 시가와 장부가액의 차액을 과세한다. 이러한 점을 고려하면, 법인이 현물배당을 하는 경우 현물의 시가와 장부가액의 차액을

---

92) ① 전면적 허용설 : 김건식·노혁준·천경훈, 회사법(2020), 603쪽 및 이철송, 회사법강의(2019), 996쪽 ② 제한적 허용설 : 배당가능이익으로 취득한 자기주식은 현물배당의 대상이 되나, 특정목적을 위하여 취득한 자기주식은 현물배당의 대상이 되지 않는다는 견해로 이재찬, "현물배당에 관한 연구-이익배당, 기업조직재편(Spin-Off 분할) 및 세법적 관점을 중심으로-", 서울대학교 법과대학원 박사학위논문(2016. 8.), 33쪽. ③ 부정설 : 황남석, "상법상 배당가능이이에 의한 자기주식 취득의 쟁점", 상사법연구 동권 76호(2012), 71쪽

93) 회사의 정관에 현물배당에 관한 정함이 없는 경우에도 일단 금전배당을 결의한 후 회사와 주주가 대물변제의 합의를 하는 방법으로 사실상 현물배당의 효과를 거둘 수 있을 것이다.

94) 이철송, 회사법강의(2019), 996쪽

손익으로 인식하여야 한다고 보는 것이 타당하다.[95][96][97]

3   출자자

　주주가 현물배당으로 받은 자산의 취득가액은 그 시가이다(법 41조 1항 3호, 시행령 72조 2항 7호, 소득세법 시행령 51조 5항). 그리고 주주의 수입배당금액(배당소득금액)도 현물배당 자산의 시가로 보아야 할 것이다(소득세법 24조 2항).

---

95) 이창희, 세법강의(2020), 597쪽 ; 법인이 청산절차에서 잔여재산을 환가하지 않고 현물로 주주에게 분배한 경우 그 가액은 청산소득의 계산 시 분배일의 시가로 평가된다(시행령 121조 2항).

96) 미국의 경우, ① 연방대법원은 1935년 General Utilities & Operating Co. v. Helvering 사건에서, 원고 법인이 주주에게 자산을 현물로 배분한 경우 이는 주주에 대한 양도가 아니므로 원고 법인에게 과세가능한 차익이 발생하지 않았다고 판시하였고, 이후 위 판례는 1954년 미국 세법 제311조(a)(2)로 조문화되었다. 이에 대하여는 법인이 현물배분한 자산에 관하여 주주가 그 법인의 취득가액을 승계하지 않음에도, 그 자산의 가치증가분을 법인 단계에서 과세하지 않는 것은 불합리하다는 비판이 있었다. ② 이에 따라 1986년 개정된 미국 세법 제311조(b)는, 회사가 주주에게 재산(property)을 분배하고 그 재산의 공정시장가치(fair market value)가 그 자산의 장부가액(adjusted basis)을 초과하는 경우 그 재산이 공정시장가치에 매각된 것처럼 그 차액을 수익으로 인식한다[IRC § 311(b)]. 이에 따라 법인이 주주에게 자산을 현물분배한 경우 법인은 양도차익이 발생한 경우에는 이를 인식하여야 하지만, 양도차손이 발생한 경우에는 이를 인식할 수 없다. 그리고 미국 세법은 회사의 주주에 대한 배분금액을 수령된 현금과 재산의 공정시장가치를 더한 금액으로 보고, 배분된 재산의 취득가액(basis)은 그 재산의 공정시장가치로 하도록 규정한다[IRC § 301(a),(b),(d)].

97) 일본 세법에서는 ① 잉여금의 배당 등으로 현물분배를 하는 법인은 자산의 무상양도를 한 것에 해당하므로, 시가상당액을 익금에 산입한다[金子 宏, 조세법(2013), 426쪽]. ② 적격현물분배[현물분배의 직전에 현물분배로 자산을 이전받는 자와 현물분배를 하는 법인 사이에 완전지배관계가 있는 경우(일본 법인세법 제2조 제12호의15)]의 경우에는 현물분배 직전의 장부가액에 의하여 양도된 것으로 보아 현물분배를 한 법인의 소득금액을 계산한다(일본 법인세법 62조의5 3항). 이에 따라 적격현물분배의 대상인 자산에 관한 미실현손익의 과세가 이연된다. 이 경우 적격현물분배에 의하여 자산을 이전받은 법인은 그로 인한 수익을 익금에 산입하고(일본 법인세법 62조의5 4항), 그 자산의 취득가액은 분배법인의 분배 직전의 장부가액이다(일본 법인세법 시행령 123조의6 1항).

주식배당과 준비금의 자본금전입

1 주식배당

1-1. 상법

주식배당은 회사가 이익배당을 새로이 발행하는 주식으로 하는 것을 말한다(상법 462조의2).[98] 주식배당은, 회사의 순자산에 변동이 없이 주식의 수만 증가한다는 점에서 주식분할과 같으나, 자본금이 증가한다는 점에서 주식분할과 구별된다. 주식배당은 금전배당과 마찬가지로 배당가능이익을 요건으로 하고, 이익배당총액의 2분의 1에 상당하는 금액을 초과하지 못한다(상법 462조의2 1항 단서).[99] 주식배당은 주식의 권면액으로 하므로(상법 462조의2 2항) 주식배당으로 발행된 주식의 액면금액만큼 이익잉여금이 감소한다.

1-2. 법인

1-2-1. 회계기준

법인은 발행주식의 액면금액을 배당액으로 하여 자본금의 증가와 이익잉여금의 감소로 회계처리한다(일반기준 15장 문단 15.16).[100]

1-2-2. 세법

주식배당은 법인의 자본항목 내에서 이익잉여금을 자본금으로 대체시킬 뿐이고, 손금의 요건인 '법인의 순자산을 감소시키는 거래'(법 19조 1항)에 해당하지 않으므로, 손금에 산입되지 않는다.

---

98) 법인이 보유하는 자기주식으로 하는 배당은 주식배당이 아니라 현물배당이다.
99) 다만, 주권상장법인은 주식의 시가가 액면액 이상인 한 이익배당총액에 상당하는 금액에 대하여 주식배당을 할 수 있다(자본시장법 165조의13 1항).
100) 주식분할의 경우에는 자본금의 변동이 없으므로 아무런 회계처리를 할 필요가 없고, 주식의 수를 증가시키고 1주당 취득가액을 감소시키면 될 것이다.

1-3. 출자자

1-3-1. 회계기준

주식배당을 받은 법인은 회계처리를 하지 않고, 주식의 수만을 증가시켜 주식별 취득원가를 감소시키면 된다.

1-3-2. 세법

주식배당을 과세할 것인지 여부는 입법정책의 문제이다.[101] 우리나라 세법은 주식배당을 과세하는 태도를 취한다.

법인 또는 개인 주주가 주식배당으로 받은 주식의 취득원가는 주식의 발행금액이다(시행령 14조 1항 1호 다목, 소득세법 시행령 27조 1항 1호 다목[102]). 따라서 법인 또는 개인 주주의 수입배당금액 또는 배당소득금액은 주식의 발행금액, 즉 액면금액의 합계액이 된다. 다만, 투자회사 등이 취득하는 주식 등의 취득원가는 영(0)으로 하므로(시행령 14조 1항 1호 다목), 투자회사 등의 수입배당금액도 영(0)이 될 것이다.

---

2 ▶ **준비금의 자본금전입**

2-1. 상법

회사는 준비금(이익준비금·자본준비금)[103]의 전부 또는 일부를 자본금에 전입할 수 있

---

101) 미국 법원은 Eisner v. Macomber, 252 U.S. 189 (1920) 판결에서 위 사건의 주식배당(stock dividend)이 기존의 비율적 이해관계를 변경하거나 보유주식의 내재가치를 증가시키지 않고(it does not alter the pre-existing proportionate interest of any stockholder or increase the intrinsic value of his holding) 주식의 숫자만을 증가시킬 뿐이므로 주주들의 이익실현이 아니라 그것을 이연한 것이라는 이유로 헌법상 과세 가능한 소득이 아니라고 판단하였다. 현행 미국 세법은 주식배당은 원칙적으로 주주의 총소득에 포함되지 않는 것으로 규정하면서[IRC § 305(a)], 그 예외로 (1) 주주가 주식 또는 금전을 받을 수 있는 선택권 (election)을 가지는 경우, (2) 일부 주주에 대하여 재산을 배분하고, 다른 주주의 법인재산에 대한 비율적 이해관계가 증가하는 경우, (3) 일부 보통주주에 대하여는 우선주를, 다른 보통주주에 대하여는 보통주를 배분하는 경우 등을 규정한다[IRC § 305(b)].

102) 대법원은, 주식배당으로 교부되는 주식의 가액을 액면금액에 의하여 계산하도록 규정한 구 소득세법 시행령(1998. 12. 31. 대통령령 제15969호로 개정되기 전의 것) 제27조 제1항 제1호는 조세법률주의에 반하는 내용이라고 볼 수 없고, 실질과세원칙을 침해하거나 헌법상 재산권을 침해하는 규정이라고 볼 수 없다고 판시하였다(대법원 2003. 11. 28. 선고 2002두4587 판결).

103) 법정준비금이 아닌 임의적립금 등의 이익잉여금은 자본금전입 대상이 아니고, 주식배당은 가능하다.

다(상법 461조 1항 본문). 회사는 준비금을 자본금에 전입하는 경우 주주에게 그가 가진 주식의 수에 따라 주식을 발행하여야 한다(상법 461조 2항).[104]

2-2. 법인

2-2-1. 회계기준

자본잉여금 또는 이익잉여금을 자본금에 전입하여 기존의 주주에게 무상으로 신주를 발행하는 경우에는 주식의 액면금액을 주식의 발행금액으로 한다(일반기준 15장 15.7).

2-2-2. 세법

준비금의 자본금전입은 법인의 자본항목 내에서 준비금을 자본금으로 대체시킬 뿐이고, 법인의 순자산을 감소시키는 거래에 해당하지 않으므로, 손금에 산입되지 않는다.

2-3. 출자자

2-3-1. 이익준비금의 자본금전입

이익준비금의 자본금전입으로 주주가 주식을 취득하는 경우 의제배당으로 과세된다(법 16조 1항 2호 본문, 소득세법 17조 1항 3호, 2항 2호).[105] 주주가 받은 의제배당의 가액 및 주식의 취득원가는 액면가액이다(시행령 14조 1항 1호 가목, 법 16조 1항 2호, 소득세법 시행령 27조 1항 가목, 소득세법 17조 2항 2호).

2-3-2. 자본준비금의 자본금전입

법인의 자본거래로 인한 수익은 자본준비금으로 적립되고(상법 459조 1항), 원칙적으로 익금에 산입되지 않는다(법 17조 1항). 그리고 그러한 자본준비금의 자본금전입으로 주주가 취득하는 주식은 의제배당에 해당하지 않는다(법 16조 1항 2호 단서 및 가목, 시행령 12조 1항,

---

104) 발행되는 주식의 수는 자본금에 전입되는 준비금의 액을 주식의 액면금액으로 나눈 숫자가 될 것이고, 무액면주식을 발행한 회사의 경우에는 자본금전입을 결정하는 이사회나 주주총회가 발행되는 주식의 수까지 정하여야 할 것이다[김건식·노혁준·천경훈, 회사법(2020), 579쪽].

105) 행정해석에 따르면, ① 내국법인이 주주인 외국법인이 이익잉여금을 자본에 전입하면서 해당 외국의 회사법에 따라 신주를 발행하지 않은 경우, 의제배당에 해당하지 않고(서면-2020-법령해석법인-4385, 2021. 6. 16.), ② 내국법인의 외국자회사가 주식회사에서 유한회사로 조직변경을 하면서 해당 외국의 상법에 따라 자본금을 증액한 경우 의제배당에 해당하지 않는다(서면-2020-법인-4852, 2021. 11. 1.).

소득세법 17조 1항 3호, 2항 2호 단서 및 가목, 소득세법 시행령 22조 4항). 즉, 법인 단계에서 과세되지 않는 자본거래로 인한 수익은, 자본금전입으로 주식이 발행되는 경우, 주주 단계에서도 과세되지 않는다.

(1) 주식발행액면초과액 등

주식발행액면초과액의 자본금전입으로 발행되는 주식은 의제배당에 해당하지 않는다(법 16조 1항 2호 가목, 시행령 12조 1항 본문, 법 17조 1항 1호).[106] 그러나 채무의 출자전환으로 발행된 주식의 발행가액이 시가를 초과하는 경우 그 초과금액이 자본금에 전입된 경우는 제외한다(시행령 12조 1항 단서 및 1호).

주식의 포괄적 교환차익 및 이전차익, 감자차익을 자본금전입하여 발행되는 주식은 의제배당에 해당하지 않는다(법 16조 1항 2호 가목, 시행령 12조 1항 본문, 법 17조 1항 2호 내지 4호).

(2) 자기주식 등의 소각이익

자기주식의 소각이익을 자본금에 전입하여 발행한 주식은 의제배당에 포함된다(시행령 12조 1항 단서 및 2호). 그러나 소각 당시 자기주식의 시가가 취득가액을 초과하지 않는 경우로서 소각일부터 2년이 지난 후 자본금에 전입하는 금액은 의제배당에서 제외된다.

(3) 적격합병의 합병차익

비적격합병의 경우에는 합병차익 중 피합병법인의 이익잉여금 및 미실현이익 등에 해당하는 부분은 불완전하나마 피합병법인의 주주에 대한 의제배당으로 과세된다.[107] 이에 비하여 **적격합병**의 경우, 피합병법인의 이익잉여금 등이 그 주주에 대한 의제배당으로 과세됨이 없이 합병법인의 자본준비금으로 넘어가기 때문에,[108] 피합병법인의 이익잉여금 등

---

106) 대전고등법원 2013. 1. 24. 선고 2012누605 판결은, 원고 법인이 2004. 1. 운영자금을 조달하기 위하여 A로부터 돈을 차입하는 금전소비대차약정을 체결하는 한편, 그 담보로 A에게 유상증자로 신주를 발행하면서 그 발행가액과 액면가액의 차액을 주식발행초과금으로 계상한 후 2005. 6.경 위 주식을 소각하면서 A에게 지급한 금액과 감소한 자본금의 차액(감자차손)을 이익잉여금을 보전한 다음(위 주식이 발행되지 않았을 경우와 비교하면, 주식발행초과금이 증가하고 그 금액만큼 이익잉여금이 감소하였음), 2008. 8.경 위 주식발행초과금을 자본금에 전입하여 무상주를 기존 주주들에게 각 보유주식 수에 비례하여 배정하자, 과세관청인 피고가 위 무상증자의 재원은 감자차손을 보전한 이익잉여금이므로, 국세기본법 제14조의 실질과세원칙에 따라 주식발행초과금이 아닌 이익잉여금이 자본금에 전입된 것으로 재구성되어야 한다는 취지로 주장한 사건에서, 원고 법인의 A에 대한 신주발행 및 그 소각에는 자금난을 해결하기 위한 목적이 있었음 등을 이유로 피고의 거래재구성 주장을 배척하였다. 대법원 2013. 6. 13. 선고 2013두3962 판결(심리불속행)

107) 엄밀하게 하자면, 피합병법인의 주주가 받은 합병대가에서 피합병법인 주식에 상당하는 자본(자본금 및 자본잉여금)을 차감한 금액을 의제배당으로 과세하여야 하지만, 현행세법은 합병대가에서 피합병법인 주식의 취득에 소요된 금액을 빼는 것으로 규정하여 피합병법인의 주주가 그 주식을 다른 주주로부터 양수한 경우 그 주식의 취득가액과 그에 상당하는 자본이 괴리될 여지를 용인하고 있다.

108) 회사는 합병으로 발생한 자본잉여금을 자본준비금으로 적립하여야 하므로(상법 459조 1항), 상법상 피합

이었던 부분이 합병법인 단계에서 자본금에 전입되는 경우 주주를 과세할 필요가 있다.

양도손익이 없는 것으로 하는 **적격합병**을 한 경우, 합병차익(법 17조 1항 5호)을 한도로 아래 각 금액을 합계한 금액으로서 **자본금에 전입**되는 것은 의제배당에 포함된다(시행령 12조 1항 단서 및 3호, 2항, 3항[109]).

① 합병법인이 승계한 재산의 가액이 그 재산의 피합병법인 장부가액을 초과하는 경우 그 초과하는 금액 : 자산조정계정의 합계액

② 피합병법인의 「상법 제459조 제1항에 따른 자본준비금[110]과 재평가적립금」(시행규칙 8조) 중 의제배당대상 자본잉여금(법 16조 1항 2호 본문)에 상당하는 금액

③ 피합병법인의 이익잉여금에 상당하는 금액

(4) 적격분할의 분할차익

적격분할의 경우, 분할차익(법 17조 1항 6호)을 한도로 다음 각 금액을 합계한 금액으로서 자본금에 전입되는 경우는 의제배당에 포함된다(시행령 12조 1항 단서 및 4호).

① 자산조정계정의 합계액 : 분할신설법인 등이 승계한 재산의 가액이 그 재산의 분할법인 장부가액을 초과하는 경우 그 초과하는 금액

② 분할에 따른 분할법인의 자본금 및 자본준비금과 재평가적립금 중 의제배당대상 자본잉여금 외의 잉여금의 감소액이 분할한 사업부문의 분할등기일 현재 순자산 장부가액에 미달하는 경우 그 미달하는 금액. 이 경우 분할법인의 분할등기일 현재의 분할 전 이익잉여금과 의제배당대상 자본잉여금에 상당하는 금액의 합계액을 한도로 한다.

(5) 자기주식처분이익의 자본금전입

자기주식처분이익은, 상법상으로는 자본잉여금으로서 자본준비금에 포함되지만, 세법상으로는 이익잉여금에 해당하고 의제배당에서 제외되는 '대통령령으로 정하는 자본준비금'(시행령 12조 1항 본문)에 포함되지 않는다. 따라서 자기주식처분이익의 자본금전입으로 무상주가 발행되는 경우는 의제배당으로서 과세대상이다.

병법인의 순자산 중 자본을 초과한 이익잉여금에 해당하는 부분도 합병법인 단계에서는 자본준비금으로 바뀌게 된다.

109) 이 경우 합병법인이 상법 제459조 제2항에 따라 피합병법인의 이익준비금 등을 승계한 경우에도 그 승계가 없는 것으로 본다.

110) 회사는 자본거래에서 발생한 잉여금을 대통령령으로 정하는 바에 따라 자본준비금으로 적립하여야 한다(상법 459조 1항). 회사는 상법 시행령 제15조에서 정한 회계기준에 따라 자본잉여금을 자본준비금으로 적립하여야 한다(상법 시행령 18조).

2-3-3. 재평가적립금의 자본금전입

자산재평가법에 따른 재평가적립금[111]의 자본금전입은 의제배당에 해당하지 않는다(법 16조 1항 2호 단서 및 나목, 소득세법 17조 1항 3호, 2항 2호 단서 및 나목). 다만, 자산재평가법 제13조 제1항 제1호에 따른 토지[112]의 재평가차액의 자본금전입은 의제배당으로 과세된다.[113]

2-3-4. 자기주식을 보유한 법인의 자본금전입

법인이 자기주식 또는 자기출자지분을 보유한 상태에서 제2호 각 목에 따른 자본금전입을 함에 따라 그 법인 외의 주주 등의 지분비율이 증가한 경우 증가한 지분비율에 상당하는 주식 등의 가액은 의제배당에 해당한다(법 16조 1항 3호).

2-3-5. 발행주식의 취득가액

이익준비금 등의 자본금전입으로 발행된 주식(의제배당)의 취득가액은 액면가액이다(시행령 14조 1항 1호 가목).

자본준비금 등의 자본금전입으로 발행되어 의제배당에 해당하지 않는 주식의 취득가액은 본래 0이지만, 세법은 다음의 산식에 따라 신·구 주식의 취득가액을 합산하여 안분하도록 규정한다(시행령 14조 2항).

$$1주당 \text{ 또는 } 1좌당 \text{ 장부가액} = \frac{구 \text{ 주식 등 } 1주당 \text{ 또는 } 1좌당 \text{ 장부가액}}{1 + 구 \text{ 주식 등 } 1주 \text{ 또는 } 1좌당 \text{ 신 주식 등 배정수}}$$

---

111) 자산재평가법에 의하여 법인이 재평가를 한 경우 그 재평가차액에서 이월결손금을 공제한 잔액을 재평가적립금으로 적립하여야 하고, 재평가적립금으로 계상한 금액에서 납부할 재평가세액 등을 공제한 잔액은 자본에 전입할 수 있다(자산재평가법 28조, 30조).

112) 1997. 12. 31. 이전에 취득한 토지로서 재평가세율이 1%인 것

113) 재평가적립금의 일부를 자본금에 전입하는 경우에는 자산재평가법 제13조 제1항 제1호를 적용받은 금액과 그 밖의 금액의 비율에 따라 각각 전입한 것으로 한다(시행령 12조 4항).

1 일반론

액면주식이 발행된 경우 자본금은 발행주식의 액면총액이므로(상법 451조 1항), **자본금을 감소시키려면** 주식수를 줄이거나 액면금액을 낮추어야 한다.[114] 감자의 방법으로는 주식수를 줄이는 것이 일반적이고, 여기에는 주식의 소각(消却, 상법 343조 1항)과 주식의 병합(倂合, 상법 440조)이 있다. 일반적으로 유상감자의 방법으로는 주식소각이, 무상감자의 방법으로는 주식병합이 많이 이용된다.

주식의 소각은 회사의 존속 중에 발행주식의 일부를 절대적으로 소멸시키는 회사의 행위를 말한다.[115] 주식소각의 방법에는 ① 주주의 동의를 얻어서 하는 임의소각과 주주의 동의 없이 하는 강제소각, ② 주주에게 대가를 지급하는 유상소각과 그렇지 않은 무상소각으로 나누어진다. 자본금감소를 어떤 방법으로 할 것인지는 주주총회의 자본금감소결의에서 정해진다(상법 439조 1항). 주식의 소각은 원칙적으로 자본금감소에 관한 규정을 따라야 하지만, 회사가 이사회 결의로 자기주식을 소각하는 경우에는 그렇지 않고(상법 343조 1항),[116] 자본금감소를 수반하지 않는다.[117] 상환주식의 소각(상환)은 이익으로써만 가능하고(상법 345조 1항) 자본금감소를 수반하지 않는다.

주식의 병합은 여러 주식을 합쳐 그보다 적은 수의 주식으로 만드는 것을 말한다.[118]

---

114) 자본금의 감소를 위해서는 원칙적으로 주주총회의 특별결의(상법 438조 1항, 434조)와 채권자보호절차(상법 439조 2항, 232조)가 필요하다. 다만, 결손의 보전을 위한 자본금감소의 경우에는 주주총회의 보통결의로 족하고(상법 438조 2항, 368조 1항) 채권자보호절차가 요구되지 않는다(상법 439조 2항 단서).

115) 주석 상법, 회사(2)(343조), 491쪽

116) 자본금감소에 관한 규정에 따르지 않고 이사회결의로 소각할 수 있는 자기주식의 범위에 관하여는 ① 무액면주식에 한한다는 견해, ② 자본금감소를 수반하지 않는, 즉 배당가능이익을 재원으로 취득한 자기주식에 한한다는 견해(특정목적을 위하여 취득한 자기주식은 자본금감소 규정에 따른다), ③ 무액면주식과 배당가능이익을 재원으로 취득한 액면주식에 한한다는 견해, ④ 회사가 보유한 모든 자기주식을 포함한다는 견해가 대립한다. 주석 상법, 회사(2)(343조), 495쪽

117) 김건식·노혁준·천경훈, 회사법(2020), 234쪽

118) 가령 액면금액 1,000원인 10주를 합쳐 5주로 하는 주식병합이 이루어지는 경우 자본금은 10,000원에서 5,000원으로 감소하게 된다. 주식병합을 하면서 액면금액을 증가시킬 수 있는지에 관하여는 견해가 대립

법원의 회생절차에서 행해지는 무상감자는 주로 주식의 병합에 의한다.[119]

2 유상(有償) 소각, 감자

2-1. 법인

2-1-1. 상법

자본금감소에 관한 규정에 따라 주식이 소각된 경우(상법 343조 1항 본문) 소각된 주식의 액면가액의 합계액만큼 자본금이 감소한다.

회사가 자기주식을 자본금감소에 관한 규정에 의하지 않고 이사회의 결의로 소각한 경우(상법 343조 1항 단서), 자본금은 감소하지 않고 자기주식의 취득가액만큼 이익잉여금이 소멸한다.[120][121] 상환주식의 소각도 마찬가지이다.

2-1-2. 회계기준

자기주식의 취득원가는 자본조정으로 회계처리한다.[122]

기업이 자기주식을 유상으로 재취득하여 소각하는 경우(**자본금감소**)에 ① 주식의 취득원가가 액면금액보다 적다면 그 차액을 감자차익(자본잉여금)으로 회계처리하고,[123] ② 주식의 취득원가가 액면금액보다 크다면 그 차액을 감자차익의 범위 내에서 상계처리하

한다[김건식·노혁준·천경훈, 회사법(2020), 234쪽].

119) 회생계획에 의하여 회사의 자본금을 감소시킬 경우 상법 제343조(주식의 소각) 제2항, 제439조(자본감소의 방법, 절차) 제2항·제3항, 제441조(주식병합의 절차) 등은 적용되지 않는다(채무자회생법 264조 1항).

120) 신현걸·최창규·김현식, IFRS 중급회계(2018), 589쪽

121) 실무상 상장법인의 경우 유상감자 또는 주식소각을 하는 예는 매우 드문 것으로 보이고, 비상장법인의 경우 주식소각은 많은 경우 간편한 이익소각의 방법으로 행해지는 것으로 보인다.

122) 일반기업회계기준 15장 문단 15.8

123) 법인이 주주로부터 자기주식(액면금액 100원)을 80원에 매입하여 소각하고 자본금 100원을 감소시키는 경우
　① 자기주식의 취득단계
　　(차)　자기주식　　　80원　　(대)　현　　금　　　80원
　　　　　(자본조정)
　② 자기주식의 소각단계
　　(차)　자　본　금　　100원　　(대)　자기주식　　　80원
　　　　　　　　　　　　　　　　　　　감자차익　　　20원

며, 미상계된 잔액이 있는 경우에는 감자차손(자본조정)으로 회계처리한다.[124] 이익잉여금(결손금) 처분(처리)으로 상각되지 않은 감자차손은 향후 발생하는 감자차익과 우선적으로 상계한다.[125]

기업이 주식을 **이익**으로 **소각**하는 경우에는 소각하는 주식의 취득원가에 해당하는 이익잉여금을 감소시킨다(일반기준 15장 문단 15.12).

2-1-3. 세법

법인이 자본감소절차의 일환으로서 자기주식을 취득하여 소각하는 것은 자본의 증감에 관련된 자본거래이므로, 주식소각의 목적으로 자기주식 취득의 대가로 지급한 금액은, 자본의 환급에 해당할 뿐 손익거래로 인하여 발생하는 손금에 해당하지 않는다.[126] 그리고 법인의 감자차익 또는 감자차손은 자본거래로 인하여 발생한 것이므로 법인의 익금 또는 손금에 속하지 않는다(법 17조 1항 4호, 19조 1항). 한편, 법인이 자본금감소 등의 대가로 주주에게 금전 외의 자산을 양도하는 경우에는 그 자산의 양도금액과 장부가액의 차액은 익금에 산입된다.[127]

법인이 배당가능이익의 범위 내에서 자기주식을 취득하여 소각하거나 상환주식을 소각하는 것은 모두 이익잉여금의 처분이므로 자본거래에 해당하고, 따라서 그 대가로 지급한 금액은 손금에 해당하지 않는다.

법인이 자본금감소의 대가로 주주에게 금전 외의 자산을 이전한 경우(현물감자), 그 자산의 취득가액과 시가의 차액은 법인의 손익에 산입되어야 한다.

---

124) 법인이 주주로부터 자기주식(액면금액 100원)을 120원에 매입하여 소각하고 자본금 100원을 감소시키는 경우
　① 자기주식의 취득단계
　　(차)　자기주식　　　120원　　　(대)　현　　금　　　120원
　　　　(자본조정)
　② 자기주식의 소각단계
　　(차)　자 본 금　　　100원　　　(대)　자기주식　　　120원
　　　　감자차손　　　 20원
125) 일반기업회계기준 15장 문단 15.11
126) 대법원 2013. 5. 25. 선고 2013두673 판결
127) 행정해석(서이46012-11138, 2002. 5. 31.)은, 법인이 자본금을 감자하면서 그 대가로 보유 중인 부동산을 양도하는 경우 그 부동산이 시가로 유상양도된 것으로 보아 그 부동산의 양도금액과 장부가액을 각각 익금과 손금에 산입하고, 감자대가로 그 부동산을 양도받은 주주는 그 부동산의 시가가 소멸한 주식의 취득가액을 초과하는 금액에 대하여 의제배당규정을 적용한다고 한다. 거래실무상, 자본금감소와 감자대가인 부동산의 양도가 동시에 일어나지 않는 것이 아니라, 자본금 감소 이전에 법인의 자기주식취득을 위한 부동산의 양도가 선행하는 경우에는 위 행정해석과 같이 처리될 것이다.

2-2. 출자자

2-2-1. 의제배당

주주가 주식의 소각, 자본의 감소, 출자의 감소로 인하여 취득하는 금전과 그 밖의 재산가액의 합계액이, 해당 주식 등을 취득하기 위하여 사용한 금액을 초과하는 금액은, 의제배당으로 과세된다(법 16조 1항 1호, 소득세법 17조 1항 3호, 2항 1호).

대법원은, 회사의 자기주식 취득, 즉 주주의 회사에 대한 주식의 양도가 자산거래인 **주식의 양도**에 해당하는지 또는 자본거래인 **자본의 환급**에 해당하는가는, 법률행위 해석의 문제로서, 실질과세의 원칙상 단순히 당해 계약서의 내용이나 형식에만 의존할 것이 아니라, 당사자의 의사와 계약체결의 경위, 대금의 결정방법, 거래의 경과 등 거래의 전체과정을 실질적으로 파악하여 판단하여야 한다고 본다.[128] 판례는 구체적으로 ① 이사회 및 주주총회에서 감자결의를 하였는지 여부 및 그 결의에 나타난 주식취득의 목적, ② 주식매매계약서의 기재 내용, ③ 회사가 취득한 자기주식을 제3자에게 처분하는 것이 가능하였고 이를 처분하기 위한 노력을 하였는지,[129] ④ 실제로 주식소각이 이루어졌는지, ⑤ 자기주식의 취득시점과 주주총회 자본감소결의 시점의 간격[130] 등을 고려하여 자기주식취득의 성격을 판단한다.[131]

이에 따라 대법원은, 법인의 주주가 그 법인을 운영하려는 자에게 포괄적으로 영업양도를 하기 위한 방법으로 그 영업양수인 및 법인에게 각각 그 법인의 주식을 양도하였는데, 임시주주총회 의사록과 주식양수도계약서에 법인이 취득한 자기주식의 소각과 관련된 내용이 없고, 주식양수도계약이 체결된 날부터 상당한 시간이 경과한 후 주식소각이 이루어

---

128) 대법원 2002. 12. 26. 선고 2001두6227 판결

129) 대법원 2010. 10. 28. 선고 2008두19628 판결은, 원고 법인의 주주가 원고 주식을 제3자에게 매각하려는 시도가 실패하여 제3자에 대한 매각 전망이 사라진 상태에서 원고 법인이 위 주식을 매입하여 소각함으로써 출자금을 환급할 수밖에 없는 상황이었다는 점 등을 근거로 자기주식취득을 주식소각에 의한 출자금환급의 목적으로 이루어진 것이라고 판단하였다.

130) 대전고등법원 2011. 12. 1. 선고 2011누1571 판결은, 원고 법인이 코스닥 상장을 추진하다가 상장이 무산됨에 따라 주주인 A가 원고의 대표이사에게 투자금을 반환을 요구하자 2008. 9. 9. 원고가 A로부터 자기주식을 매입하는 계약을 체결하였는데, 이와 관련한 원고 법인의 이사회회의록에는 '재매각 또는 주식소각 목적으로 이 사건 주식을 취득함'이라고 기재되었고, 원고는 과세관청으로부터 위 주식의 취득에 관한 소명자료 제출을 요구받은 후 2010. 4. 20. 자본감소를 위한 임시주주총회를 개최하여 주식소각 결의를 한 후 2010. 4. 6. 자본감소 변경등기를 한 사안에서, 원고가 위 주식을 재매각하는 방법으로 다시 투자를 유치하려고 기회를 엿보다가 피고의 과세처분이 예상되자 뒤늦게 과세처분을 피하기 위해 자본감소를 위한 주식소각절차를 밟은 것으로서, '주식소각을 위하여' 자기주식을 취득한 경우에 해당하지 않는다고 판단하였고, 대법원 2012. 4. 2. 선고 2011두32119 판결은 상고기각판결(심리불속행)을 하였다.

131) 엄상섭, "법인에 대한 주식매도가 주식양도에 해당하는지 주식소각에 해당하는지 여부의 판단기준"(2013두1843), 대법원판례해설 제96호(2013), 102~103쪽

진 사안에서, 자기주식취득이 자본감소절차의 일환으로 이루어진 것에 해당하지 않는다고 판단하였다.[132)]

한편, 대법원 판례 중에는, 자기주식의 매입시점부터 소각시점까지 상당한 기간이 소요되었음에도 주식소각 또는 자본환급 목적의 자기주식 취득으로 판단한 것도 있다. 그러한 사례로는, ① 회사가 그 공동운영자인 주주들 중 회사의 운영에서 탈퇴하려는 자에게 출자금을 반환하기 위하여 수년에 걸쳐 그 보유 주식을 분할매입한 후 매입이 종료되는 시점에 소각하기로 결의한 사건,[133)] ② 부동산임대업을 영위하는 법인이 사업원천인 토지의 약 절반을 주식양도인들 중 1명이 최대주주인 다른 회사에게 양도하여 마련한 돈으로 전체 주식의 49.8%나 되는 자기주식을 매입하고 그 처분을 위한 상당한 노력을 하지 않은 사건[134)]이 있다.

주주가 우회적 · 다단계 거래를 통하여 실질적으로 법인에게 주식을 양도한 경우, 국세기본법 제14조의 실질과세원칙에 의하여 그 거래는 자본감소절차에 따른 법인의 자기주식 취득으로 취급될 수 있다. ① 법인의 주주가 1차로 특수관계에 있는 제3자에게 주식을 양도하고, 2차로 그 제3자가 다시 법인에게 주식을 양도한 직후 그 주식이 소각된 사건에서, 법원은, 당초의 주주가 법인에게 주식을 직접 양도할 경우 의제배당에 따른 통상의 소득세율이 적용되는 것을 회피하기 위하여 중간에 다른 제3자를 개입시킨 것으로 보아 1차 주식양도의 대금을 실질적으로 법인의 자본감소를 통한 배당에 해당하는 것으로 판단하였다.[135)136)] ② 법인의 주주인 원고들이 그 법인의 주식을 다른 법인들에게 매도한 직후 그

---

132) 대법원 2013. 5. 24. 선고 2013두1843 판결

133) 대법원 2013. 5. 9. 선고 2012두27091 판결 : 원고 법인이 2004. 5. 6. 임시주주총회에서 주주인 소외 1로부터 원고의 주식 33,350주(지분율 35.68%)를 분할 매입하고 그 매입이 종료되는 시점에 위 주식을 소각하기로 결의하고, 이에 따라 소외 1로부터 2004. 5. 31.부터 2008. 4. 30.까지 4회에 걸쳐 총 29,181주를 대금 합계 1,000,005,872원에 취득하였는데, 이후 과세관청이 2010. 8. 2. 위 주식취득대금을 업무무관 가지급금으로 보아 지급이자를 손금불산입하고 인정이자를 익금산입하여 원고에게 2005 내지 2009 사업연도의 법인세를 증액하는 처분을 하자, 원고 법인이 그 취소를 구하는 소를 제기한 후 소송계속 중인 2012. 2. 17. 임시주주총회를 개최하여 위 주식의 감자결의를 하고 2012. 4. 5. 자본감소의 변경등기를 한 사안

134) 대법원 2019. 6. 27. 선고 2016두49525 판결

135) 대법원 2014. 1. 23. 선고 2013두17343 판결 : 1심 및 원심은 국세기본법 제14조 제3항을 근거로 주주인 원고들이 법인에게 주식을 양도한 것으로 거래를 재구성하였으나, 대법원은 그 판결이유에서 중간에 개재된 제3자의 거래행위를 '가장행위'로 보는 이상 국세기본법 제14조 제3항의 적용 여부는 별도로 따져 볼 필요가 없다고 보았다. 그러나 요건과 효과가 불분명하고 세법상 근거가 박약한 이른바 '가장행위' 개념에 기하여 판단하는 것보다는 국세기본법 제14조 제3항의 적용 여부를 판단하는 것이 옳다. 위 판결 이후에는 가장행위 개념을 근거로 한 대법원 판결을 찾기 어렵다.

136) 수원고등법원 2021. 4. 7. 선고 2020누11981 판결은, A개발 주식회사의 사내이사인 원고가 2015. 7. 1. 아들인 최○○과 사이에 원고가 보유한 A개발 주식회사 주식 234,545주와 최○○가 보유한 B건설의 주식 90,000주를 교환하는 계약을 체결한 후 2015. 6. 7. A개발의 임시주주총회에서 주식소각을 목적으로 자사주 120,000주를 취득하는 결의가 이루어졌고, A개발이 2015. 8. 10. 최○○로부터 위 자기주식

매수자인 법인들이 위 주식의 발행법인에 흡수합병됨에 따라, 합병법인이 위 주식양도대금의 조달을 위한 피합병법인의 대출금채무를 승계하는 한편, 피합병법인이 보유하던 자기주식을 취득한 후 무상소각한 사건에서, 법원은, 위 거래는 원고들이 법인의 주식을 직접 그 법인에게 양도하여 유상감자의 대가를 수령한 거래로 재구성되어야 한다고 판단하였다.[137]

법인의 자기주식 취득이 의제배당에 해당하는 경우 개인주주에게 그 대금을 지급하는 법인은 원천징수의무가 있다(소득세법 127조 1항 2호). 행정해석은, 주권상장법인이 소각목적으로 자기주식을 한국거래소에서 불특정다수의 주주로부터 장내매수하여 소각한 경우, 의제배당의 지급에 해당하지 않는다고 본다.[138] 입법론으로 위 경우를 의제배당 및 원천징수대상에서 제외할 필요가 있다.[139]

자본금감소를 수반하지 않는 **이익처분**에 의한 **주식소각**도 의제배당의 원인에 포함되므로, 그로 인한 소득은 배당이 아닌 의제배당의 계산방법에 따라야 한다. 이는, 자본금감소를 수반하지 않는 이익처분에 의한 주식소각이 주주의 주식보유비율에 비례하여 이루어져 종전의 주식보유비율이 그대로 유지되는 때에도 마찬가지이다.[140]

234,545주를 매수하는 계약을 체결한 다음, 이를 2016. 3. 15. 이익잉여금과 상계하여 소각한 사건에서, 국세기본법 제14조 제3항에 의한 거래재구성을 부인하였다[대법원 2021. 9. 9. 선고 2021두38925 판결(심리불속행)]. 그러나 위 사건의 경제적 실질은, 원고가 보유하던 A개발의 주식을 A개발에게 매도하고 그 대가로 받은 대금으로 최○○로부터 B건설 주식을 매수한 것으로 볼 여지가 있으므로, 위 판결의 타당성은 의문스럽다.

137) 서울행정법원 2020. 4. 23. 선고 2019구합59806 판결, 서울고등법원 2021. 4. 8. 선고 2020누41377 판결(항소기각), 대법원 2021. 8. 26. 선고 2021두38505 판결(심리불속행) : 위 사건에서 원고들(A, B)을 비롯한 C 법인의 주주들은 F, G, H 법인들에게 C의 주식(그 중 원고들이 양도한 부분을 '이 사건 주식'이라 한다)을 양도하였고, 그 직후 C가 주주인 F, G H 법인을 흡수합병하여 이 사건 주식을 승계하는 한편, 소멸한 F, G H 법인의 주주들에게 C의 합병신주를 발행하였다. 이후 C는 자기주식인 이 사건 주식을 무상소각하였다. 이에 따라 실질적으로 C는 주주인 원고들로부터 자기주식을 상법 제341조 제1항에 따른 한도의 제한 없이 취득하는 결과에 이르렀고, 원고들은 의제배당소득에 대한 종합과세를 피하게 되었다. 법원은 위 거래가 부당한 조세회피목적으로 이루어진 것으로 보아 국세기본법 제14조 제3항에 따라 원고들이 C에 이 사건 주식을 직접 양도한 것으로 재구성되어야 한다고 판단하였다.

138) 소득46011—21368, 2000. 11. 27. ; 기획재정부 금융세제과—85, 2020. 3. 19.

139) 주식의 발행법인이 한국거래소의 장내거래를 통하여 자기주식을 소각목적으로 매수하고 이에 응하여 기존 주주가 주식을 매도한 경우, 한국거래소의 거래구조상 기존 주주는 누가 어떤 목적으로 주식을 매수하였는지 알기 어렵고, 주식의 매수인인 법인도 그 주식의 매도자가 누구인지(그 지급액을 의제배당으로 본다면, 주식의 매도자가 개인이거나 외국법인이면 원천징수대상이지만, 매도자가 내국법인인 경우 원천징수대상이 아니다)를 확인하기 곤란하기 때문이다. 따라서 입법론으로 위 경우는 의제배당 및 원천징수대상에서 제외할 필요가 있다. 일본 세법은 위 경우를 의제배당에서 제외한다(일본 법인세법 24조 1항 5호).

140) 자본금감소를 초래하지 않는 이익소각의 방법에 의한 주식소각이 주주들의 주식보유비율에 따라 이루어져 주식소각 전후의 주식보유비율이 동일하게 유지된 사건에서, 과세관청은 소각대가가 이익잉여금을 원천으로 하므로 사실상 배당소득에 해당한다고 보았고, 1심(서울행정법원 2015. 10. 29. 선고 2015구합61580 판결)은 이를 지지하였다. 그러나 항소심인 서울고등법원 2016. 10. 15. 선고 2015누67474 판결은,

2-2-2. 의제배당금액의 계산

의제배당금액은, 주주 등이 주식의 소각 등으로 인하여 취득하는 금전 기타 재산가액에서 해당 주식을 취득하기 위하여 사용한 금액을 뺀 금액이다(법 16조 1항 1호, 소득세법 17조 1항 3호, 2항 1호).

(1) 주식의 소각 등으로 취득하는 금액

주주 등이 주식의 소각 등으로 취득하는 '금전 외의 재산'의 가액은 그 취득 당시의 시가이다[시행령 14조 1호 라목(주식인 경우[141]), 2호(주식 등 외의 경우)].[142]

(2) 주식을 취득하기 위하여 사용한 금액

(가) 유상으로 취득한 주식

주주가 유상으로 취득한 주식의 취득가액은 그 주식을 취득하기 위하여 실제로 지출한 금액이다. ① 법인 주주가 보유한 주식의 취득가액은 총평균법 또는 이동평균법 중 신고한 방법에 따라 정해진다(시행령 75조 1항, 73조 2호 가목). ② 개인 주주의 주식 취득가액이 불분명한 경우[143] 주식의 액면가액을 주식의 취득에 사용한 금액으로 본다(소득세법 17조 4항).

(나) 의제배당으로 과세된 무상주

이익준비금 등의 자본금전입에 따라 발행되어 의제배당으로 과세된 주식의 취득가액은 액면가액이고, 주식배당으로 발행된 주식의 취득가액은 발행금액이다(시행령 14조 1항 1호 가목, 다목).

(다) 의제배당으로 과세되지 않은 무상주

자본준비금 등의 자본금전입에 따라 발행되어 의제배당으로 과세되지 않은 주식의 취득가액은 본래 "0"이지만, 세법은 신주와 구주의 취득가액을 구분하지 않고 합산하여 안분한다(시행령 14조 2항).[144] 다만, 의제배당으로 과세되지 않은 무상주의 발행 후 2년 내에

이익소각의 방법으로 주식을 소각하는 대가로 지급한 금원은 의제배당에 관한 구 소득세법 제17조 제2항 제1호의 적용을 받으므로, 주식의 소각대가 중 주식의 취득가액을 초과하는 금액만을 의제배당소득으로 보아야 한다고 판단하였고, 대법원은 상고를 기각하였다[2016두56998(심리불속행)].

141) 법인세법 시행령 제88조 제1항 제8호에 의하여 특수관계인으로부터 분여받은 이익이 있는 경우에는 그 금액을 차감한 금액으로 한다.

142) 서이46012-11138, 2002. 5. 31. : 법인이 자본금감소를 하면서 그 대가로 주주에게 부동산을 양도한 사안

143) 서울고등법원 2020. 8. 14. 선고 2019누49320 판결은, 개인 주주가 보유한 주식 중 어느 것을 유상소각할 것인지는, 사적자치에 따른 개인 주주의 선택에 달려 있지만, 특정한 주식이 유상소각대상으로 선택되지 않은 경우, 개인 주주가 보유한 전체 주식의 취득가액의 평균액을 유상소각대상 주식의 취득가액으로 산정하여야 한다고 판단하였다(대법원 2020. 12. 24. 선고 2020두47809 판결 : 심리불속행).

144) 신·구 주식의 1주당 장부가액 = $\dfrac{\text{구주식의 1주당 장부가액}}{1+\text{구주식 1주당 신주식 배정수}}$

주식의 소각 등이 있은 경우에는 그 무상주를 먼저 소각한 것으로 보고, 그 취득가액은 법인세법 시행령 제14조 제2항에도 불구하고 "0"으로 한다(시행령 14조 3항 본문).[145]

(3) 음(-)의 의제배당금액

주주가 주식소각 등의 대가로 취득한 재산의 가액이 소멸한 주식 등의 취득가액에 미달하는 경우, 행정해석은 그 차액을 즉시 법인의 손금에 산입하지 않고 나머지 주식의 취득가액에 포함하여야 한다고 보지만,[146] 법인 주주의 경우 위 차액이 곧바로 손금에 산입된다고 보는데 별다른 문제가 없다.[147] 개인 주주의 경우 위 차액을 양도차손(금융투자손실[148])으로 보기 어렵지만,[149] 법인의 청산 시 의제배당소득을 계산할 때 주식의 취득가액에 포함될 수 있다.[150]

2-2-3. 의제배당의 귀속시기

의제배당의 귀속시기는 법인이 주식의 소각, 자본금의 감소를 결정한 날이다(법 40조 1, 2항, 시행령 70조 2항 본문, 소득세법 시행령 46조 4호). 그 귀속시기는, ① 법인이 이사회의 결의에 의하여 자기주식을 소각하는 경우에는(상법 343조 1항 단서) 이사회의 결의일이 되고, ② 자본금감소 규정에 의하여 주식을 소각하는 경우에는 주주총회의 특별결의일이 된다(상법 438조 1항, 434조).[151] 이는 주식소각 결의일이 속하는 사업연도의 이전에 자기주식의 취득

---

145) 주주가 보유하는 주식의 일부를 위 2년의 기간 내에 처분한 경우에는, 무상주로 교부받은 주식과 다른 주식을 그 각각의 수에 비례하여 처분한 것으로 보고, 그 주식의 소각 후 1주당 장부가액은, 소각 후 장부가액의 합계액을 소각 후 주식의 총수로 나누어 계산한 금액으로 한다(시행령 14조 3항 단서).

146) 법인, 서이46012-11492, 2002. 8. 7. : 이에 의할 경우 자본금감소로 소멸한 주식의 취득가액과 감자대가의 차액은 이후 주주가 나머지 주식을 양도하는 시점에 손금 또는 필요경비에 산입될 것이다.

147) 이창희, 세법강의(2020), 617쪽 ; 제4장 제1절 2-2-2. (2) 참조

148) 2025. 1. 1.부터 시행되는 소득세법에 의할 경우

149) 이창희, 세법강의(2020), 617쪽은 위 차액을 주식의 양도차손으로 본다. 그러나 개인 주주에게 지급된 유상감자대가에서 소멸한 주식의 취득가액을 뺀 금액이 양수(+)인 경우에는 배당소득으로 과세하면서, 음수(-)인 경우에는 배당과 다른 소득군에 속하는 양도차손(금융투자손실)으로 구분하려면, 명시적 규정이 필요할 것이다. 동업자가 동업기업의 해산에 따라 분배받은 자산의 시가가 그의 지분가액에 미달하여 입은 손실에 관하여는 자산양도손실로 취급하는 특칙이 있다(조특법 100조의22 2항). 입법론으로는 유상감자의 대가가 주식의 취득가액에 미달하는 금액을 개인 주주의 양도차손(금융투자손실)으로 인정하는 것이 바람직하다.

150) 부산지방법원 2022. 1. 20. 선고 2021구합21010 판결, 부산고등법원 2022. 6. 15. 선고 2022누20327 판결(항소기각), 대법원 2022. 11. 3. 선고 2022두48929 판결(심리불속행).

151) 입법론으로는 주식소각, 자본금감소의 결의시점보다 자기주식취득대금의 지급이 선행하는 경우에는 그 대금지급일에 의제배당소득이 귀속되도록 하는 것도 고려할 수 있다. 이 경우 주식소각목적인지 여부가 불분명한 상태로 법인이 자기주식을 취득하여 그 대금을 지급하고 양도인인 주주는 주식양도소득으로 신고납부한 후 부과제척기간이 경과한 뒤에 법인이 주식소각결의를 함으로써 의제배당소득으로 과세하는 것이 곤란하게 되는 문제점이 있다. 현행세법은 주식소각이 외부적으로 공식화되는 주식소각 결의의

대금이 주주에게 지급된 경우에도 마찬가지이다.[152]

대법원은, 법인이 주식소각 결의가 있었던 사업연도의 이전에 자기주식을 취득하면서 그 대금을 지급한 사건에서, 먼저 지급된 자기주식취득대금은 특수관계인에 대한 업무무관 가지급금으로서 인정이자의 계산대상이라고 판단하였다.[153] 그러나 상법상 유효한 자기주식양도계약[154]에 따라 적법하게 지급되어(유효한 변제) 반환청구할 수 없는 주식매매대금을, 주식소각결의가 있기 전에 지급되었다는 이유로 세법상 가지급금(대여금)[155]이라고 보기는 어려우므로,[156] 위 판례의 타당성은 의문이다.

2-2-4. 의제배당의 문제점

(1) 의제배당 여부의 기준

현행세법은 자기주식을 취득한 법인이 주식소각 또는 감자를 한 경우에만 그 취득대가를 의제배당으로 취급하고, 그 외의 경우에는 양도소득(금융투자소득[157])으로 과세한다. 그러나 자기주식의 취득은 실질적으로 자본거래로서 주주에 대한 자본의 환급에 해당하는 점,[158] 상법은 법인이 배당가능이익의 범위 내에서 자기주식을 취득할 수 있도록 규정하여(상법 341조 1항) 배당에 준하는 것으로 취급하는 점을 고려하면, 입법론으로는 법인이 자기주식의 취득을 위하여 주주에게 지급한 대금은 주식소각·감자 여부와 관계없이 의제배당으로 과세하는 것이 합리적이다.[159]

(2) 의제배당의 재원 및 계산방식의 문제점

(가) 유상감자

회사가 유상감자를 위한 자기주식 취득의 대가로 주주에게 지급한 금액은 자본조정으로 인식되고, 그 금액과 자본금 감소액의 차액은 감자차익 또는 감자차손[160]으로 처리되며,

---

시점을 의제배당시기로 함으로써 위와 같은 문제점을 방지하는 면이 있다.

152) 대법원 2019. 6. 25. 선고 2016두49525 판결
153) 대법원 2019. 6. 25. 선고 2016두49525 판결
154) 위 판례 사안은 2011. 4. 14. 개정되기 전의 구 상법 제341조 제1호의 "주식을 소각하기 위한 때"에 해당할 것으로 보인다.
155) 업무무관 가지급금(법 28조 1항 4호 나목)은 명칭 여하에 불구하고 당해 법인의 업무와 관련이 없는 자금의 대여액을 말한다(시행령 53조 1항).
156) 위 경우 주주는 해당 주식의 양도 이후 도래하는 기준일을 기초로 한 배당을 받지 못하므로, 주식을 보유하면서 단순히 사실상 자금차입의 효과만을 얻은 것으로 보기도 어렵다.
157) 2025. 1. 1.부터 시행되는 소득세법에 의할 경우
158) 회계기준과 상법에 의하면 자기주식은 자본조정(자본의 차감)에 해당한다.
159) 제5절 6. 참조
160) 자기주식의 취득원가가 그 액면금액(감소한 자본금)보다 큰 경우 그 차액은 감자차익과 상계되고, 상계되

감자차손은 이익잉여금의 처분으로 상각되어야 한다.[161]

따라서 ① 유상감자 당시 법인에 이익잉여금이 존재하여 감자차손과 상계된 경우에는, 그 금액의 범위에서 주주에게 법인의 이익잉여금이 분배된 것으로 볼 수 있지만, ② 유상감자 당시 법인에 이익잉여금이 존재하지 않은 경우에는, 주주에게 지급된 금액은 전부 자본의 환급일 뿐이고 이익잉여금의 분배로 볼 수 없다.[162]

그리고 법인이 주주에게 유상감자의 대가로 지급한 금액 중 ① 감자차손과 상계된 이익잉여금에 상당하는 부분은 이미 법인 단계에서 과세를 거친 금액이므로, 주주 단계의 의제배당 과세에서 이중과세조정을 해줄 필요가 있지만, ② 그렇지 않은 부분, 즉 실질적으로 자본금 또는 자본잉여금을 재원으로 하여 지급된 부분(자본의 환급)은 법인 단계에서 과세된 적이 없으므로, 이를 주주 단계의 의제배당 과세에서 이중과세조정을 해줄 필요가 없다.

그런데 현행세법은, 유상감자 대가의 재원이 이익잉여금인지 여부에 관계없이, 유상감자 대가와 주주의 주식 취득가액의 차액을 의제배당으로 과세하고(법 16조 1항 1호, 소득세법 17조 2항 1호), 그 전액을 이중과세조정의 대상으로 규정한다(법 18조의2, 18조의3, 소득세법 56조).[163] 그러나 이는, 법인의 주주에 대한 자본의 환급을 주주의 소득으로 과세하고, 나

지 않은 잔액은 자본조정의 감자차손으로 처리된다.
161) 일반기업회계기준 15장 문단 15.3
162) 가령 법인이 주주로부터 자기주식 1주(액면금액 100원)를 현금 130원에 매입하여 소각(유상감자)한 후 기말에 이익잉여금 20원과 상계하는 경우의 분개는 다음과 같다.
　① 자기주식의 매입 시점

(차)	자기주식(자본조정)	130	(대)	현　금	130

　② 자기주식의 소각 시점

(차)	자　본　금	100	(대)	자기주식(자본조정)	130
	감자차손	30			

　③ 기말 : 감자차손과 이익잉여금의 상계

(차)	이익잉여금	20	(대)	감자차손	20

위 경우에 이익잉여금과 상계되지 못한 감자차손 10원은 장래에 발생할 이익잉여금과 상계될 수 있을 것으로 보이나(일반기준 15장 문단 15.3), 이는 이익잉여금에 의한 자본의 사후적 보충에 불과하고, 위 감자차손의 발생시점을 기준으로 보면 실질적으로 자본(자본금 또는 자본잉여금)의 반환에 해당한다.
163) 대법원 2010. 10. 28. 선고 2008두19628 판결은, 구 소득세법 제17조 제2항 제1호가 규정하는 의제배당 소득(주식의 소각 또는 자본의 감소로 인하여 주주가 받은 재산의 가액에서 그 주주가 당해 주식을 취득하기 위하여 소요된 금액을 초과하는 금액)에는 ① 기업경영의 성과인 잉여금 중 사외에 유출되지 않고 사내에 유보된 이익뿐만 아니라 ② 그와 무관한 당해 주식의 보유기간 중의 가치증가분도 포함되어 있을 수 있으나, 이를 별도로 구분하지 않고 모두 배당소득으로 과세하는 것은 입법정책의 문제이고, 조세평등주의를 규정한 헌법 제11조에 위반된다거나 재산권보장을 규정한 헌법 제23조에 위반된다고 볼 수 없다고 판단하였다.

아가 법인 단계에서 과세된 적이 없어서 이중과세가 발생하지 않는 금액에 관하여 이중과세조정을 해주는 것이므로, 불합리하다.

입법론으로는, 유상감자에 따른 의제배당과세 및 이중과세조정의 대상과 범위를 정하는 방안으로 다음과 같은 것들을 고려할 수 있다.

① 첫 번째는, 의제배당과세 및 이중과세 조정의 대상을 이익잉여금의 처분금액과 연계하여, 유상감자 대가와 주식 취득가액의 차액 중 당해 사업연도의 결산시점까지 **이익잉여금과 상계된 금액을 한도로** 의제배당으로 과세하고[164] 이중과세 조정을 해주는 방법이다.[165] 위 방법을 적용할 경우, 유상감자의 대가 중 의제배당을 제외한 나머지 금액과 주식 취득가액의 차액은 주식의 양도손익으로 처리할 수 있다.[166] 다만, 위 방법에 의하면, 법인 단계에서 과세된 소득에 대한 주주 단계의 이중과세조정이 과다하게 되는 것은 피할 수 있지만, 그것이 과소하게 되는 결과는 막지 못한다.[167]

② 두 번째는, 주주가 받은 유상감자 대가를 소멸한 주식에 대응하는 **자본의 구성항목에**

---

164) 법인이 주주로부터 자기주식 1주(액면금액 100원)를 현금 130원에 매입하여 소각(유상감자)한 후 기말에 이익잉여금 20원과 상계하는 경우 ① 만일 주주의 주식 취득가액이 120원이라면 유상감자 대가와 주식 취득가액의 차액은 10원(= 130원 - 120원)이고, 이는 감소된 이익잉여금 20원의 범위 내에 있으므로, 이익잉여금으로 지급된 것으로 볼 수 있다. 이에 비하여 ② 만일 주주의 주식 취득가액이 100원이라면 유상감자 대가와 주식 취득가액의 차액은 30원(= 130원 - 100원)이고, 그중 감소된 이익잉여금인 20원을 초과하는 10원 부분은 이익잉여금으로 지급된 것으로 볼 수 없고, 이는 자본잉여금으로 지급된 것이다. 결국 후자의 경우 유상감자 대가 130원 중 110원이 자본(자본금 및 자본잉여금)을 재원으로 한 것이다.

165) 김의석, "의제배당 과세에 있어서 적정 배당세액공제", 조세법연구 [22 - 1], 세경사(2016), 83~88쪽도 이중과세조정의 범위에 관하여는 같은 취지로 보인다. ; 이창희, 세법강의(2020), 617쪽은, 유상감자의 경우 유보이익으로 인한 가치증가 부분은 배당소득으로, 나머지 외부적 사정에 의한 주식가치의 변동은 양도소득으로 과세하는 것이 바른 입법이라고 본다.

166) 위 방법에 의하면, [1] 감자로 감소한 자본금 및 자본잉여금이 주주의 주식 취득가액보다 더 큰 경우(자본조정 금액 > 이익잉여금), 가령 앞의 각주의 사례 ②의 경우 주주가 유상감자 대가로 받은 130원 중 의제배당 20원 부분을 제외하고 본다면, 주주가 100원에 주식을 매입하여 주식의 처분대가로 110원을 받은 것이므로, 그 차액인 10원은 양도소득으로 과세된다. 반면에 [2] 주주의 주식 취득가액이 감자로 감소한 자본금 및 자본잉여금보다 더 큰 경우(자본조정 금액 < 이익잉여금), 가령 앞의 각주의 사례 ①의 경우 주주가 유상감자 대가로 받은 130원 중 의제배당 20원 부분을 제외하고 본다면, 주주가 120원에 주식을 매입하여 주식의 처분대가로 110원을 받은 결과가 되지만, 그 부분은 굳이 양도차손으로 처리되지 않고 의제배당의 금액에서 제외된다. 즉, 위 방법은 자본조정의 금액이 이익잉여금보다 큰 경우에 한하여 양도소득을 인식하고, 그 반대의 경우 양도차손을 인식하지는 않는다.

167) 위 방법은, ㉮ 「법인 단계에서 과세된 소득(이익잉여금)을 초과하여 의제배당금액이 계산됨으로써 주주 단계에서 과다한 이중과세조정이 이루어지는 것」을 막을 수 있다. 그러나 위 방법은 의제배당금액을 계산할 때 주식소각으로 감소된 이익잉여금을 '상한'으로, 즉 한 방향으로만 작동하도록 사용하기 때문에, 주주의 주식 취득가액이 주식소각으로 감소한 자본(자본금 및 자본잉여금)보다 디 큰 경우 이중과세조정이 과소하게 이루어지는 것을 막지 못한다. 가령 앞의 각주 사례 ①과 같이 유상감자대가는 130원(자본금 및 자본잉여금은 110원, 이익잉여금은 20), 주식 취득대금은 120원인 경우, 위 ①의 방법에 의하면, 주주에게 지급된 이익잉여금 20원 중 10원만 의제배당으로 되므로, 나머지 10원은 이중과세조정에서 빠지게 된다.

비례하여 **안분·상계**하는 방법이다.[168)169)] 이에 의하면, 주주가 유상감자 대가로 받은 금액에서 소멸한 주식에 대응하는 자본(자본금 및 자본잉여금)의 액을 뺀 금액이 의제배당으로 과세되고,[170)] 유상감자 대가 중 의제배당을 제외한 나머지 금액과 주식 취득가액의 차액은 주식의 양도손익으로 취급된다.[171)] 후자의 차액은 실질적으로 법인을 매개로 한 주주들 간의 거래에서 발생한 것이기 때문이다.[172)] 이 방법에 따르면, 법인 단계에서 과세된 소득에 대한 주주 단계의 이중과세조정이 과대 또는 과소하지 않게 이루어진다. 위 방법은 논리적 일관성이 있고, 합리적이다.

③ 세 번째는, 감자로 인한 의제배당금액을, 유상감자 대가에서 소각된 주식의 납입금액을 빼는 방식으로 계산하는 방법이다. 그러나 이 방법에 의하면 다른 주주가 납입한 자본으로부터 유래한 금액이 의제배당으로 과세될 수 있고,[173)] 주식의 납입금액을 확인하기 곤란한 경우[174)]가 있으므로, 위 방법은 채택되기 어려울 것이다.

(나) 이익소각

주식의 소각이 이익소각(상법 343조 1항 단서)으로 행해지는 경우에는, 현행세법의 계산방

---

168) 이는 일본 세법이 취하는 방법이다(일본 법인세법 24조 1항 4호, 5호). 위 방법을 지지하는 견해로, 임상엽, "의제배당 과세의 구조에 대한 비판적 검토 - 청산분배를 중심으로 - ", 조세와 법 제11권 제1호 (2018), 서울시립대학교 법학연구소, 187쪽

169) 법인의 청산 시 주주가 얻는 소득을 배당소득으로 과세하는 국가에서는 기업의 자기자본을 차감하는 방식으로 소득을 계산하고, 주식양도소득으로 과세하는 국가에서는 주식의 취득가액을 차감하는 방식으로 소득을 계산한다(마영민, "기업의 해산과 세법", 조세법연구 [11 - 2], 세경사(2005), 101~104쪽). 이는 자본감소로 인한 의제배당의 경우에도 참고할 수 있다.

170) 위 방법에 의하면, 법인이 주주로부터 자기주식 1주(액면금액 100원)를 현금 150원에 매입하여 소각(유상감자)한 경우, 당시 법인의 자본잉여금이 1주당 30원이라면, 주주가 받은 150원에서 자본의 액인 130원(= 100원 + 30원)을 뺀 20원이 의제배당금액이 된다. 이 때 위 20원은 소각된 1주에 해당하는 법인의 이익잉여금이 주주에게 지급된 것으로 볼 수 있다. 즉, 유상감자 대가로 지급된 금액과 상계되는 자본잉여금의 순위 및 범위는 유상감자 대가에 포함되는 이익잉여금의 범위에 영향을 미친다.

171) 일본 조세특별조치법 제37조의10 제3항 및 金子 宏, 租稅法(2019) p.228 참조. 가령 주주가 대금 100원에 매입한 주식을 그 소각을 위하여 법인에 양도하면서 그 대가로 130원을 지급받고, 주식소각으로 감소한 법인의 자본 중 위 주식에 대응하는 금액이 110원이라면, 130원과 100원의 차액 중 20원(= 130원 - 110원)은 의제배당, 10원(=110원 - 100원)은 양도소득이 된다.

172) 유상감자의 대가 중 자본(자본금 및 자본잉여금) 부분과 관련하여, 주주들은 각자 납입한 자본의 금액에 관계없이 일률적으로 결정된 금액을 반환받으므로, 다른 주주보다 더 많이 납입한 주주와 더 적게 납입한 주주 사이에 가치이전이 발생한다.

173) 주주들 간에 법인에 주식인수대금으로 납입한 금액이 서로 다르고, 법인이 이익잉여금이 없는 상태에서 유상감자를 하거나 이익잉여금을 초과하여 유상감자대금을 지급하는 경우, 다른 주주에 비하여 낮은 주식인수대금을 납입한 주주가 유상감자대가로 지급받은 금액이 다른 주주가 납입한 자본으로부터 유래한 경우에도 의제배당으로 과세될 수 있다.

174) 가령, 주식발행시점으로부터 많은 시간이 경과하거나, 주식이 여러 차례에 걸쳐 각기 다른 가액으로 발행되거나, 여러 차례 유상증자된 상장법인의 주식이 혼장임치되는 경우에는 소멸되는 주식의 납입가액을 확인하기 어려울 것이다.

식에 의하더라도 의제배당금액은 모두 이익잉여금으로부터 지급된 금액에 해당한다.

이익소각의 경우, (가) ①의 방법에 의하면, 주주가 이익소각 대가로 받은 금액과 주식 취득가액의 차액은 감소된 이익잉여금의 한도 내에 있으므로, 의제배당금액은 현행세법의 계산방식에 따른 것과 같다. 한편, (가) ②의 방법에 의하면, 주주가 이익소각 대가로 받은 금액 전부가 이익잉여금을 재원으로 한 것으로서 의제배당으로 과세되고, 그 주식의 취득가액은 양도차손으로 처리되어야 한다.[175] 이는 개인 납세의무자에게 다소 부자연스럽고 불이익한 결과일 수 있지만,[176] 그럼에도 불구하고 법인 단계에서 과세된 소득에 대한 주주 단계의 이중과세조정을 빠짐없이 할 수 있다는 점에서 선택가능한 방법으로 보인다.

3 무상(無償)감자

3-1. 법인

3-1-1. 회계기준

기업이 주주에게 순자산을 반환하지 않고 주식의 액면금액을 감소시키거나 주식수를 감소시키는 경우에는 감소되는 액면금액 또는 감소되는 주식수에 해당하는 액면금액을 감자차익으로 하여 자본잉여금으로 회계처리한다.[177]

3-1-2. 세법

무상감자로 인한 감자차익은 자본계정 내에서 자본금이 자본잉여금으로 대체된 것에 불과하고 법인의 순자산을 증가시키지 않으므로 익금에 해당하지 않는다(법 17조 1항 4호).

---

175) 이와 달리, (가) ①의 방법은, 주주의 주식 취득가액이 주식소각으로 감소한 자본(자본금 및 자본잉여금) 보다 더 큰 경우[감소한 자본금이 없는 경우(이익소각) 포함] 그 차액을 의제배당에 포함시키지도 않고 양도차손으로 인식하지도 않는다.

176) 가령, ① 법인 주주는 주식의 양도손실을 같은 사업연도에 속하는 이익소각대금(익금)에 통산하여 소득금 액에 반영하면 되지만, ② 개인 주주는 주식의 양도차손(금융투자손실)을 다른 종류의 소득금액에 통산할 수 없으므로, 이익소각이 발생한 과세기간에 다른 양도소득이 없는 경우, 이익소각으로 인한 손실을 그 과세기간의 소득에 반영하지 못하고, 이후의 과세기간으로 이월하여 장차 양도소득(금융투자소득)이 발생하기를 기다려야 한다.

177) 일반기업회계기준 15장 문단 15.14

3-2. 주주

3-2-1. 법인 주주

행정해석은, 주식을 발행한 법인이 결손금의 보전을 위하여 무상감자를 한 경우, 그 주식의 취득가액은 감액되지 않은 채 그대로 유지되고, 그 주식을 소유하는 법인은 그 주식을 처분하는 사업연도에 손익을 인식하여야 한다고 본다.[178] 그러나 유상감자의 대가가 소멸한 주식의 취득가액에 미달하는 경우 그 차액을 유상감자시점에 법인 주주의 손금에 산입할 수 있다고 본다면,[179] 감자대가의 존재 여부에 따라 처분손실의 인식시점을 달리할 이유는 없으므로,[180] 무상감자의 경우에도 무상감자시점에 그로 인한 주식의 처분손실을 곧바로 인식할 수 있게 하는 것이 적절할 것이다.

한편, 회생계획에 의한 채권의 출자전환에 따라 발행된 주식 전부가 무상소각된 경우에는, 그 무상소각 시점에 대손금으로 인정될 수 있다.[181]

3-2-2. 개인 주주

회생계획인가의 결정에 따라 외상매출채권이 채무자의 주식으로 출자전환[182]된 후 주식병합에 의하여 감자가 이루어진 경우, 행정해석에 의하면, 종전의 매출채권 중 감자된 주식에 상당하는 부분은 대손금으로 필요경비에 산입할 수 없지만,[183] 판례에 의하면, 법인의 청산 시 의제배당소득을 계산할 때 주식의 취득가액에 포함될 여지가 있다.[184] 한편,

---

178) 기본통칙 19-19…35, 서면-2015-법인-0861, 2015. 9. 30. ; 이창희, 세법강의(2017), 584쪽은 자본준비금의 자본전입으로 인한 무상주가 주주의 소득이 아니라는 사실과 앞뒤를 맞추려면 무상감자로 인해 주식수가 줄더라도 이는 주주의 손실이 아니라고 한다.

179) 2-2-2. (3) 참조

180) 유상감자이든 무상감자이든, 주식의 병합 또는 소각에 의하는 경우 주식 일부가 절대적으로 소멸하고 주식 수가 감소하는 점에서 공통된다.

181) 대법원 2018. 6. 28. 선고 2017두68295 판결, 제2장 제3절 2-2-2. (2) 참조

182) 소득세법상 사업소득자가 법인에 대하여 가지는 채권이 그 법인의 주식으로 출자전환된 경우 그 주식의 취득가액은 시가로 정해지고(소득세법 39조 2항, 소득세법 시행령 89조 2항 3호, 소득세법 시행규칙 48조), 법인세법 시행령과 달리 회생계획에 따른 출자전환에 대한 특칙이 없으므로, 위 경우 채권의 장부가액과 주식의 시가의 차액은 대손금으로 필요경비에 산입된다(소득세법 27조, 소득세법 시행령 55조 16호). 기획재정부 소득세제과-279, 2016. 7. 4.

183) 기획재정부 소득세제과-279, 2016. 7. 4. ; 사전-2015-법령해석소득-22333, 2016. 7. 5. ; 위 경우 해당 주식의 취득가액에는 영향이 없다고 보아야 할 것이다. 기본통칙 19-19…35

184) 부산지방법원 2022. 1. 20. 선고 2021구합21010 판결, 부산고등법원 2022. 6. 15. 선고 2022누20327 판결(항소기각), 대법원 2022. 11. 3. 선고 2022두48929 판결(심리불속행). 위 판결들은 주주가 법인으로부터 유상감자의 대가로 주식의 취득가액에 미달하는 금액을 지급받은 후 법인이 해산한 사안에 대한 것이지만, 무상감자의 경우에도 적용될 여지가 있다.

회생계획에 따라 매출채권이 출자전환된 후 그 발행주식 전부가 무상소각된 경우에는 대손금으로 인정해주어야 할 것이다.[185]

소득세법상 자산의 '양도'는 자산의 존속을 전제로 그 권리가 사실상 이전되는 것을 말하므로,[186] 주식의 절대적 소멸(주식 수의 감소)을 야기하는 주식의 병합 또는 현행 소득세법의 해석상 주식의 양도로 볼 수 없고,[187] 그로 인한 손실은 다른 주식의 양도소득과 통산될 수 없다.[188][189] 그러나 입법론으로는 주식의 무상소각으로 인한 주주의 손실을 주식의 양도차손에 준하는 것으로서 양도소득과 통산·상계할 수 있도록 하는 것이 바람직하다.[190]

---

185) 대법원 2018. 6. 28. 선고 2017두68295 판결
186) 이러한 점에서 자산의 절대적 소멸(멸실)까지 포함하는 자산의 처분과 구별된다.
187) 유상감자의 경우 감자대가로 지급된 금액이 개인 주주의 주식 취득가액을 초과하였다면, 의제배당소득에 해당할 것인데, 무상감자의 경우 그러한 대가가 지급되지 않는다는 이유로 양도차손(금융투자손실)이라고 본다면, 대가의 지급 여부 및 크기에 따라 소득의 구분이 달라지는 것이 되므로, 이를 위해서는 별도의 규정이 필요할 것이다. 그러한 규정이 없는 상태에서는 무상감자로 인한 개인 주주의 손실을 양도차손(금융투자손실)으로 보기 어렵다.
188) 조심 2012서4382, 2012. 11. 30. 결정
189) 대법원 2013. 11. 18. 선고 2011두16407 판결은, 금융감독위원회로부터 경영개선명령을 받은 甲 저축은행이 주식 전부를 무상감자하고 신주를 유상증자하기로 결의함에 따라 甲 은행의 대주주인 乙이 당초 소유하였던 구 주식이 소각되면서 유상증자에 참여하여 신 주식을 취득하였고 그 후 이를 다시 양도하였는데 과세관청이 乙에게 양도소득세 부과처분을 한 사안에서, 위 신 주식은 위 구 주식의 가치가 이전되어 있다고 볼 수 없는 별개의 주식이라는 이유로, 구 주식의 취득가액 전부를 신 주식의 취득가액에 포함하여 신주식의 양도차익을 산정하여야 한다는 乙의 주장을 배척하였다.
190) 동업자가 동업기업의 해산에 따라 분배받은 자산의 시가가 그의 지분가액에 미달하여 입은 손실에 관하여는 자산양도손실로 취급하는 특칙이 있다(조특법 100조의22 2항).

자기주식

1. 자기주식의 취득

1-1. 상법

(1) 자기주식취득의 요건과 절차

회사는 직전 결산기의 배당가능금액의 한도 내에서 자기의 명의와 계산으로 자기주식을 취득할 수 있다(상법 341조 1항).[191] 이는 자기주식의 취득이 배당과 동일하게 법인의 재산을 주주에게 반환하는 기능을 하는 점을 고려한 것이다. 배당가능금액은, 직전 결산기의 순자산액에서 자본금, 법정준비금 등을 공제한 나머지로서 회사가 당기에 배당할 수 있는 한도를 의미하고,[192] 회사가 보유하는 특정한 현금을 의미하는 것이 아니다.[193] 한편, 회사는 배당가능금액과 무관하게 회사의 합병 등[194] 특정목적을 위하여 자기주식을 취득할

---

[191] 배당가능금액의 산정기준시점은 자기주식을 취득한 영업연도의 결산기가 아니라 그 직전 영업연도의 결산기이므로, 자기주식의 취득대금이 직전 결산기의 배당가능금액의 한도 내에 있다면, 자기주식을 취득한 영업연도의 결산기의 배당가능금액을 초과하더라도, 자기주식의 취득은 무효로 되지 않는다. 상법 제341조 제4항이 자기주식 취득으로 인한 자본 결손액에 관하여 이사의 전보책임을 인정한 것은, 위 경우의 자기주식 취득이 유효함을 전제로 한 것이다. 황남석, "상법상 배당가능이익에 의한 자기주식취득의 쟁점", 상사법연구 제76호(2012), 한국상사법학회, 81쪽

[192] 회사가 자기주식을 취득한 경우, 그 취득대금만큼 회사의 순자산이 감소하므로, 배당가능금액이 자동적으로 감소한다(황남석, 앞의 글, 75쪽). 그러므로 자기주식의 취득이 배당가능금액을 한도로 한다는 것은, 자기주식의 취득대금이 자본금, 법정준비금 등에 상당하는 순자산에 영향을 미치지 않도록 정해져야 함을 의미한다.

[193] 대법원 2021. 7. 29. 선고 2017두63337 판결 : 상법 제341조 제1항 단서는, 자기주식 취득가액의 총액이 배당가능이익을 초과하여서는 안 된다는 것을 의미할 뿐, 차입금으로 자기주식을 취득하는 것이 허용되지 않는다는 것을 의미하지는 않는다.

[194] 회사는 다음의 어느 하나에 해당하는 경우 상법 제341조에도 불구하고 자기의 주식을 취득할 수 있다(상법 341조의2 1항).
1. 회사의 합병 또는 다른 회사의 영업 전부의 양수로 인한 경우
2. 회사의 권리를 실행함에 있어 그 목적을 달성하기 위한 경우
3. 단주(端株)의 처리를 위하여 필요한 경우
4. 주주가 주식매수청구권을 행사한 경우 : 이는 합병 등의 경우에 상법 제522조의3 제1항 등에 따라 주주가 주식매수청구권을 행사하는 경우를 말한다. 회사가 특정 주주와 사이에 특정한 금액으로 주식을 매수하기로 약정함으로써 사실상 매수청구를 할 수 있는 권리를 부여하여 주주가 그 권리를 행사하는 경우는 여기에 포함되지 않는다(대법원 2021. 10. 28. 선고 2020다208058 판결).

수 있다(상법 341조의2).

자기주식의 취득은 ① 거래소에서 시세 있는 주식의 경우는 거래소에서 취득하는 방법, ② 대통령령[195]이 정하는 바에 따라 각 주주가 가진 주식 수에 따라 균등한 방법으로 취득하는 방법을 따라야 한다.

법인이 상법상 자기주식취득의 요건, 절차 및 방법을 위반한 경우 자기주식의 취득은 무효이다.[196][197]

 대법원 2021. 7. 29. 선고 2017두63337 판결

1. 사실관계
   ① 원고는 비상장법인이고, 그 주주로는 대표이사인 A, 그 자녀들인 B·C·D, A의 자녀들이 주식 100%를 소유한 E, 원고의 자회사인 F가 있다.
   ② 원고는 2012. 10. 23.경 이사회에서 자기주식 취득의 결의를 한 후 주주들에게 통지를 하면서 위 이사회 결의사항의 일부를 누락하였고, 마이너스 통장에서 대출받은 11억 원으로 2012. 11. 27. 주주들 중 A로부터만 자기주식 100,000주(총발행주식의 1.85%)를 취득하였다.
   ③ 원고의 2011. 12. 31. 기준 미처분이익잉여금은 약 172억 원이고, 자본금은 270억 원, 자본잉여금은 약 34.8억 원이며, 2012. 12. 31. 기준 미처분이익잉여금은 약 153억 원으로 감소하였다.
   ④ 피고는, 원고의 자기주식 취득이 상법을 위반하여 무효이고 원고가 A에게 지급한 주식매매대금은 업무무관 가지급금에 해당한다고 보아, 지급이자를 손금불산입하고 인정이자를 익금산입하여 원고에게 법인세를 부과하는 처분을 하였다.

2. 법원의 판단
   ① 원심은 다음과 같은 이유로, 원고의 자기주식 취득이 상법을 위반하여 무효이므로, 원고가 A에게 지급한 자기주식 매수대금은 업무무관 가지급금에 해당한다고 판단하였다.
   ㉮ 원고는 자기주식의 매수대금 11억 원을 대출받아 지급하였으므로, 배당가능이익을 재원으로 위 주식을 취득하였다고 보기 어렵고, 위 주식취득은 상법 제341조 제1항 단서를 위반하였다.
   ㉯ 원고는 주주들에게 자기주식 취득의 통지를 하면서 자기주식 취득대금의 산정방법 등을 누락하였고, 처음부터 A가 보유하는 주식만을 취득하려고 한 것으로 볼 수 있으므로, 위 자기주식취득은 상법 제341조 제2호, 상법 시행령 제10조 제1호, 제2호를 위반하였다.

---

195) 다음 각 호의 어느 하나에 해당하는 방법을 말한다(상법 시행령 9조 1항).
   1. 회사가 모든 주주에게 자기주식 취득의 통지 또는 공고를 하여 주식을 취득하는 방법
   2. 자본시장법 제133조부터 제146조까지의 규정에 따른 공개매수의 방법
196) 대법원은, ① 2011. 4. 14. 개정되기 전의 구 상법 제341조 등에 위반하여 회사가 자기주식을 취득하는 것은 무효라고 보았고(대법원 2003. 5. 16. 선고 2001다44109 판결), 2011. 4. 14. 개정된 상법하에서도 개정 상법에서 정한 요건 및 절차에 의하지 않은 자기주식취득은 무효라고 판시하였다(대법원 2021. 10. 28. 선고 2020다208058 판결).
197) 다만, ① 그 자기주식을 회사로부터 전득한 자 등 선의의 제3자에 대하여는 자기주식취득의 무효를 주장할 수 없다는 견해로 이철송, 회사법강의(2019), 416쪽, ② 회사가 타인 명의로 자기주식을 취득한 경우 선의의 양도인에 대하여 무효를 주장할 수 없다는 견해로 김건식·노혁준·천경훈, 회사법(2020), 677쪽

② 그러나 대법원은 다음과 같은 이유로 원고의 자기주식 취득이 유효하다고 판단하였다.

㉮ 배당가능이익은, 직전 결산기상의 순자산액에서 자본금의 액, 법정준비금 등을 공제한 나머지로서 회사가 당기에 배당할 수 있는 한도를 의미하고, 회사가 보유하는 특정한 현금을 의미하는 것이 아니다. 회사가 자기주식을 취득하는 경우, 당기의 순자산이 그 취득가액만큼 감소하고 배당가능이익도 같은 금액만큼 감소하는데, 이는 회사가 자금을 차입하여 자기주식을 취득하더라도 마찬가지이다. 따라서, 상법 제341조 제1항 단서는, 자기주식 취득가액의 총액이 배당가능이익을 초과하여서는 안 된다는 것을 의미할 뿐, 차입금으로 자기주식을 취득하는 것이 허용되지 않는다는 것을 의미하지 않는다.

㉯ 상법 제341조 제1항 제2호, 상법 시행령 제9조 제1항 제1호, 제10조 제1, 2호에서 회사가 자기주식을 취득하는 방법과 절차를 정한 취지는, 주주들에게 공평한 주식양도의 기회를 보장하기 위한 것이다. 위 사건에서 주주들의 관계, 주주들이 이의를 제기한 것으로 보이지 않는 점 등을 고려하면, 원고가 자기주식 취득의 통지를 하면서 이사회 결의사항 중의 일부를 누락하였다는 이유만으로 주주들의 공평한 주식양도의 기회가 침해되었다고 보기 어렵고, 원고가 처음부터 B가 보유하는 주식만을 취득하려고 하였다고 단정할 수 없다.

(2) 자기주식의 성격과 지위

(가) 자본의 차감

외부감사 대상 회사의 회계는 외부감사법에 따른 회계처리기준을 따라야 하는데(상법 446조의2, 시행령 15조 1호), K-IFRS와 일반기업회계기준은 자기주식을 자본에서 차감하도록 규정하여 자산이 아닌 것으로 본다. 자기주식을 자산으로 본다면 아무리 자기주식을 취득하더라도 배당가능이익이 감소하지 않기 때문에[198] 배당가능이익의 한도에 의한 자기주식취득의 규제가 무의미하게 된다.[199] 또한 회사가 자기주식을 취득한 후 결산기에 배당가능이익이 존재하지 않게 된 경우 이사의 결손전보책임(상법 341조 4항)을 인정하는 것도 상법이 자기주식을 자산이 아니라 자본의 차감으로 보고 있음을 뒷받침한다.[200] 결국 상법상 자기주식의 취득은 자본의 차감(환급)이고,[201] 자기주식의 처분은 자본의 증가(납입)를 가져오므로, 모두 자본거래에 해당한다.[202]

---

198) 배당가능이익은 대차대조표의 순자산액에서 자본준비금 등을 공제하여 계산되는데, 자기주식을 자산으로 볼 경우 자기주식취득으로 지급되는 대금만큼 자산이 줄어드는 대신 같은 장부가액의 자기주식이 자산으로 포함되어 순자산액에 변동이 없게 된다.

199) 김건식·노혁준·천경훈, 회사법(2020), 673쪽

200) 황남석, 앞의 글, 74쪽

201) 자기주식은 상법상 자산이 아니므로, 회사가 주주에게 대금을 지급하고 자기주식을 취득한 경우, 그 대금에 해당하는 금액만큼 회사의 순자산이 감소하고, 자기주식의 취득가액만큼 배당가능이익이 자동적으로 감소한다. 황남석, 앞의 글, 75쪽 ; 김동수·이민규·신철민, "자기주식의 회계처리와 세무상 쟁점의 검토", BFL 제87호(2018), 서울대학교 금융법센터, 81쪽

202) 회사가 종전에 발행한 주식을 취득하여 회수함으로써 그 주식은 미발행상태로 돌아간 것으로 볼 수 있다

(나) 자기주식의 지위

회사가 가진 자기주식은 의결권이 없다(상법 369조 2항). 그 외에 자기주식에 관하여 회사법상 주주의 자익권을 인정할 것인지가 문제되는데, 이익배당청구권은 인정되지 않는다는 것이 지배적 견해이다.

1-2. 회계기준

K-IFRS에 의하면, 기업이 자기지분상품(자기주식)을 재취득하는 경우 자기주식은 자본에서 차감하고 그 매입, 매도, 소각하는 경우의 손익은 당기손익으로 인식하지 않는다.[203]

일반기업회계기준에 의하면, 기업이 자기주식을 취득한 경우 그 취득원가를 자본조정으로 회계처리하고,[204] 자기주식의 처분금액이 장부금액보다 큰 경우 그 차액을 자본잉여금인 자기주식처분이익으로, 자기주식의 처분금액이 장부금액보다 작은 경우 그 차액을 자기주식처분이익과 상계하고 미상계된 잔액은 자기주식처분손실(자본조정)로 회계처리한다.[205]

1-3. 세법

1-3-1. 자본거래와 손익거래의 구별

세법은, 법인의 자기주식 취득을 자본의 환급으로 보아 의제배당으로 과세하기도 하고 (법 16조 1항 1호), 손익거래인 자산의 양수로 취급하기도 한다. 따라서 자기주식의 취득이 위 두 가지 중 어느 것인지를 판단할 필요가 있다. 대법원은, 법인의 자기주식 취득이 손익거래인 자산의 양수에 해당하는지 또는 자본거래인 주식소각이나 자본환급절차의 일환으로 행해진 것인지는, 법률행위 해석의 문제로서, 거래의 전체과정을 실질적으로 파악하여 판단하여야 한다고 본다.[206]

(미발행주식설 : 황남석, 앞의 글, 70쪽). 이후 그 자기주식이 제3자에게 처분되면 재발행된 것과 마찬가지로 된다. ; 김건식 · 노혁준 · 천경훈, 회사법(2020), 676쪽

203) K-IFRS 1032호 문단 33. 자기지분상품은 취득한 이유에 관계없이 금융자산으로 인식할 수 없다(K-IFRS 1032호 부록 적용지침 AG36).

204) 일반기업회계기준 15장 문단 15.8 ; ① 1976. 7. 22. 개정된 구 기업회계원칙 제38조는 자기주식을 유동자산으로 취급하였다. ② 1981. 12. 23. 시행된 구 기업회계기준 제20조는, 자기주식 중 주식의 소각을 전제로 취득한 것은 자본의 차감으로, 그 외의 것은 유동자산으로 파악하였다. ③ 1990. 3. 29. 개정된 구 기업회계기준은 제20조를 삭제하고 제62조의2에서 자기주식을 자본의 차감항목으로 취급하였다. 그리고 1996. 3. 30. 개정된 구 기업회계기준 제38조는 자기주식을 자본조정의 한 항목으로 표시하도록 정하였다.

205) 일반기업회계기준 15장 문단 15.9

206) 대법원 2010. 10. 28. 선고 2008두19628 판결. 상세한 것은 제4절 2-2-1. 참조

1-3-2. 법인의 자기주식 취득이 자본거래인 경우

법인의 자기주식 취득이 자본거래인 주식소각, 자본금 감소, 자본환급의 일환으로 행해진 경우, 주주가 법인으로부터 주식소각 등의 대가로 받은 금액 중 주식의 취득가액을 초과하는 금액은 의제배당으로 과세된다(법 16조 1항 1호, 소득세법 17조 1항 2호, 2항 1호).[207]

1-3-3. 법인의 자기주식 취득이 손익거래인 경우

(1) 주식을 양도한 주주

법인의 자기주식 취득이 자본금 감소 등 자본거래에 속하지 않는 경우에는 손익거래에 해당한다. 그 경우 법인 주주의 양도금액은 의제배당이 아닌 자산의 양도금액으로 과세되고(시행령 11조 2호), 개인 주주의 양도차익은 양도소득으로 과세된다(소득세법 94조).

(2) 자기주식을 취득한 법인

법인이 자본금 감소 등 외의 목적으로 자기주식을 매입한 경우, 그 자기주식은 세법상 자산으로 취급되므로, 그 자기주식의 취득가액은 매입가액에 부대비용을 더한 금액이 된다(법 41조 1항 1호).[208]

1-3-4. 법인의 자기주식 취득이 상법상 무효인 경우

(1) 법인에게 주식을 양도한 주주

법인의 자기주식취득이 상법상 무효인 경우 그 주식을 양도한 주주의 양도소득 또는 의제배당소득을 과세할 수 있는지가 문제된다. 대법원은, 양도소득세의 '양도'는 매매계약이 법률상 유효할 것까지 요구하지 않으므로, 부동산 매매계약이 무효이더라도 매도인이 그 매매대금을 수수하고 소유권이전등기를 마쳐주는 등 이행을 완료하였으나 원상회복이 이루어지지 않고 있는 경우에는 매도인에게 양도소득세를 부과할 수 있다고 판시하였다.[209]

---

207) 행정해석은, 주주가 주식의 유상소각을 위하여 회사에 주권을 반환하는 것은 증권거래세법상 주권의 양도(유상의 소유권이전)에 해당하지 않는다고 본다. 서면인터넷방문상담3팀－816, 2006. 5. 2.

208) 기본통칙 15－11⋯7 ②항은 자기주식의 취득가액은 매각목적 자기주식과 소각목적 자기주식으로 구분하여 법인세법 시행령 제75조를 적용한다고 정한다.

209) 대법원 2011. 7. 21. 선고 2010두23644 전원합의체 판결의 다수의견 : 국토계획법이 정한 토지거래허가구역 내 토지를 매도하고 대금을 수수하였으면서도 토지거래허가를 배제하거나 잠탈할 목적으로 매매가 아닌 증여가 이루어진 것처럼 가장하여 매수인 앞으로 증여를 원인으로 한 이전등기까지 마친 경우 또는 토지거래허가구역 내 토지를 매수하였으나 그에 따른 토지거래허가를 받지 않고 이전등기를 마치지도 않은 채 토지를 제3자에게 전매하여 매매대금을 수수하고서도 최초 매도인이 제3자에게 직접 매도한 것처럼 매매계약서를 작성하고 그에 따른 토지거래허가를 받아 이전등기까지 마친 경우, 이전등기가 말소

위 판례에 의하면, 법인의 자기주식취득이 상법상 무효이더라도, 법인이 그 주식을 종전의 주주에게 반환할 의사가 없는 경우에는, 주식양도대금이 그 주주의 지배관리에 속한다고 보아 이를 그 주주의 양도소득 또는 의제배당소득으로 과세할 여지가 있다.[210)211)] 한편, 법인이 자기주식의 취득이 무효임을 이유로 그 매매대금을 종전의 주주에게 반환한 경우에는, 그 주주의 양도소득 또는 의제배당소득이 존재한다고 보기 어려울 것이다.[212)]

(2) 자기주식을 취득한 법인

법인의 자기주식취득이 상법상 요건과 방법을 위반하여 무효인 경우, 하급심 판결과 행정해석은, 법인이 주주에게 지급한 주식매매대금은 업무무관 가지급금(시행령 53조)에 해당하고,[213)] 법인이 주주에게 금전을 무상으로 대부하였거나 그에 준하는 것으로서 인정이자의 가산대상(시행령 88조 1항 6호 본문, 9호)이라고 본다.[214)] 그러나 법인의 자기주식취득이 상법상 무효이더라도, 법인이 그 주식을 종전의 주주에게 반환할 의사가 없는 경우에는, 그 매매대금은 양도인인 주주의 지배관리에 속하는 양도소득 또는 의제배당소득에 해당한다고 볼 수 있으므로, 주주에게 지급한 주식매매대금을 업무무관 가지급금이라고 보기는 어려울 것이다.[215)]

되지 않은 채 남아 있고 매도인 또는 중간 매도인이 수수한 매매대금도 매수인 또는 제3자에게 반환하지 않은 채 그대로 보유하고 있는 때에는 예외적으로 매도인 등에게 자산의 양도로 인한 소득이 있다고 보아 양도소득세 과세대상이 된다고 보는 것이 타당하다.

210) 같은 견해로 엄상섭, "법인에 대한 주식매도가 주식양도에 해당하는지 주식소각에 해당하는지 여부의 판단기준"(2013. 5. 23. 2013두1843 판결), 대법원판례해설 제96호(2013), 106쪽 ; 신기선, "개정상법과 세무문제", 조세법연구 [18 - 1](2012), 376쪽

211) 위법소득에 관하여는 제2편 제1장 제3절 1 - 2 - 10. (2) 참조 ; 대법원 2020. 6. 25. 선고 2017두58991 판결은, 원고가 상대방에게 자금을 대여하고 이자를 수취하자, 피고가 원고에 대하여 종합소득세 과세처분을 하였고, 이후 원고가 상대방의 기망을 이유로 위 대여계약을 취소하는 의사표시를 한 후 후발적 경정청구를 한 사건에서, 원고가 위 이자를 반환하지 않고 계속 보유하고 있다면 원고의 이자소득이 여전히 존재한다고 보아야 한다고 판단하였다.

212) 서울고등법원 2017. 4. 5. 선고 2016누57818 판결 : ① 원고 법인은 주주로부터 원고의 주식을 매입하여 직원에게 매도하였다. 과세관청은 원고의 자기주식 처분을 저가매도의 부당행위계산으로 보아 원고에게 법인세 과세처분을 하였다. 이후 종전 주주가 원고의 자기주식 취득이 무효임을 이유로 원고에 대하여 주주권 확인 및 명의개서절차의 이행을 구하는 소를 제기하였고, 그 승소판결이 확정되었다. 이에 따라 원고는 종전 주주로부터 자기주식의 매매대금을 반환받고 직원에게 반환하는 한편, 종전 주주 앞으로 주식의 명의개서를 해주었다. ② 법원은, 원고의 자기주식 취득이 상법 제341조의 요건을 갖추었다고 볼 증거가 없으므로 법률상 무효이고, 그에 따른 경제적 이익도 환원되었으므로, 원고에 대한 과세처분은 위법하다고 판단하였다. 대법원 2017. 7. 11. 선고 2017두42835 판결(심리불속행)

213) 법인세과 - 389, 2012. 6. 15., 심사법인2010 - 0040, 2010. 8. 30., 조심 2015전0596, 2015. 6. 25.

214) 서울고등법원 2015. 1. 28. 선고 2014누53591 판결(2015. 2. 17. 확정)

215) 신기선, "개정상법과 세무문제", 조세법연구[18 - 1](2012), 한국세법학회, 377쪽은, 자기주식 취득이 무효라면 회사의 주식반환의무와 주주의 주식매매대금반환의무는 동시이행의 관계에 있으므로, 회사가 자신의 채권회수를 정당한 사유 없이 지연시킨 것이라고 보기 어려우므로, 업무무관 가지급금으로 보기 어렵다고 한다.

1-3-5. 자기주식의 취득 및 처분과 부당행위계산

법인이 ① **자본금 감소 등 목적**으로 자기주식을 주주들의 지분비율과 상이하게 시가와 불일치하는 가액으로 취득한 경우, 불균등 감자를 통한 주주들 간의 부당행위계산에 해당할 수 있고(시행령 88조 1항 8호 다목), ② **자본금 감소 등 외의 목적**으로 자기주식을 시가보다 높은 가액으로 취득하거나 시가보다 낮은 가액으로 처분하는 경우 고가매입 또는 저가양도의 부당행위계산에 해당할 수 있다(시행령 88조 1항 1호, 3호).

자기주식의 **시가**는 법인세법 제52조와 법인세법 시행령 제89조에 의하여 정해진다.[216] 법인이 주주로부터 자기주식을 취득한 거래의 가격도, 그 주식의 객관적 교환가치를 적정하게 반영하였다고 볼만한 특별한 사정이 있으면, 시가에 해당할 수 있다.[217]

대법원은, 법인이 제3자 배정에 따라 신주를 인수한 주주에게 그 주식의 풋백옵션을 부여하였다가 행사기간의 만료 후 그 주주로부터 자기주식을 매입한 사건에서, 이를 **무수익자산**의 매입으로 판단하였다.[218]

---

2 ## 자기주식의 보유 : 자본준비금 등의 자본금전입

법인이 자본준비금 등의 자본금전입으로 발행한 신주를 기존의 자기주식에 대하여 배정하지 않거나,[219] 배정한 신주를 다른 주주에게 배정함에 따라 그 법인 외의 주주의 지분비

---

216) ① 상장주식이 증권시장 외에서 거래하는 방법 등으로 거래되고 사실상 경영권의 이전이 수반되는 경우(시행령 89조 1항 단서), ② 비상장주식의 시가가 불분명한 경우, 상증세법 제63조 제3항이 준용되어 가액의 20%가 할증평가된다(시행령 89조 2항 2호). 이와 관련하여 행정해석은, 위 할증계산 규정이 의결권을 통한 지배력을 고려한 것임을 감안하여, 법인의 자기주식이 의결권이 없는 주식이거나 법인이 자기주식을 의결권이 없는 상태로 일시적으로 보유하였다가 다른 주주에게 양도한 경우에는, 그 자기주식에 대하여 최대주주 등에 관한 할증평가가 적용되지 않는다고 보았다(서일46014-10519, 2003. 4. 24. ; 국심 2004서1355, 2004. 10. 2.).

217) 조심 2015중594, 2015. 9. 8. 결정 : 법인의 주주인 대표이사가 다른 주주와의 동업관계를 청산하기 위하여 그 법인에게 주식을 양도하였는데, 과세관청은 상증세법상 보충적 평가방법에 의한 가액을 시가로 보고 위 주주가 법인에 주식을 저가로 양도하였다는 이유로, 법인세법 제15조 제2항 제1호에 따라 위 거래가액과 상증세법상 보충적 평가액의 차액을 위 법인의 익금으로 과세하였다. 조세심판원은, 위 주주가 법인에 주식을 매각함과 동시에 위 법인을 퇴사한 후 별도의 사업체를 운영하는 등 위 법인과 이해관계를 달리하고, 주식의 매각으로써 법인과의 특수관계가 소멸하므로, 위 법인이나 기존 주주들에게 이익을 분여할 이유가 없는 점, 위 주식의 거래가액은 이해관계가 대립하는 거래당사자 간의 협상을 통하여 결정된 것으로 보이는 점에 비추어, 위 거래가액은 정상적인 거래를 통하여 형성된 시가로 보아야 한다고 결정하였다. ; 조심 2015중1027, 2015. 11. 10., 조심 2017서510, 2017. 9. 29. 결정도 유사한 취지이다.

218) 대법원 2020. 8. 20. 선고 2017두44084 판결

율이 증가하는 경우, 그 증가한 지분 비율에 상당하는 주식의 가액은 의제배당으로 과세된다(법 16조 1항 3호, 소득세법 17조 2항 5호).

3 ▷ 자기주식의 소각

(1) 상법

자기주식의 소각은 자본금 감소의 규정에 따르지 않고 이사회 결의만으로 할 수 있다(상법 343조 1항).

(2) 회계기준

자기주식을 소각하는 경우의 손익은 당기손익으로 인식하지 않는다(K-IFRS 1032호 문단 33).

기업이 자기주식을 소각하는 경우 주식의 취득원가가 액면금액보다 작다면 그 차액을 감자차익(자본잉여금)으로 회계처리하고, 취득원가가 액면금액보다 크다면 그 차액을 감자차익의 범위 내에서 상계처리하고, 미상계된 잔액은 자본조정의 감자차손으로 회계처리한다(일반기준 15장 문단 15.11). 기업이 주식을 이익으로 소각하는 경우에는 소각하는 주식의 취득원가에 해당하는 이익잉여금을 감소시킨다(일반기준 15장 문단 15.12).

(3) 세법

(가) 자기주식의 소각으로 인한 손익

현행세법에 따른다면, ① 법인이 자본의 환급 목적으로 취득한 자기주식은 자본의 차감이므로 그 소각손익은 익금 또는 손금에 산입되지 않지만, ② 그 외의 목적으로 취득한 자기주식[220]은 자산이므로 그러한 자기주식이 소각된 경우 그 취득가액은 손금에 산입되어야 한다.[221] 그러나 행정해석은, 자기주식이 소각(자본의 환급) 목적으로 취득한 것인지 여부를 가리지 않고, 자기주식의 소각으로 인한 손익을 익금 또는 손금에 산입하지 않는

---

219) 회사가 자기주식에 대하여 준비금의 자본금전입으로 인한 신주를 배정하여야 하는지 또는 할 수 있는지에 관하여는 상법학계에서 견해의 대립이 있다.
220) 가령, 상장법인이 자본시장법상 거래소를 통하여 불특정 다수의 주주들로부터 소각을 염두에 두지 않고 자기주식을 매입한 경우
221) 자기주식을 자본의 차감항목으로 본다면 그 장부가액을 제거할 때 법인의 손금(비용)산입을 거치지 않고 곧바로 자본에 반영할 수 있지만, 자기주식을 자산으로 본다면 그 장부가액의 제거를 법인의 손금에 반영한 후 비로소 자본에 반영하여야 할 것이다.

것으로 본다.[222]

(나) 자기주식소각이익의 자본준비금 전입

자기주식의 소각 당시 시가가 취득가액을 초과하거나 자기주식소각이익이 소각일부터 2년 내에 자본금에 전입되는 경우, 그에 따라 주주가 취득하는 주식 등의 가액은 의제배당으로 과세된다(시행령 12조 1항 2호).

---

4 자기주식의 처분(양도)

(1) 상법

자기주식을 처분하는 경우 처분할 상대방 및 처분방법 등은 정관에 규정이 없는 한 이사회가 결정한다(상법 342조).[223]

(2) 회계기준

자기주식을 매도하는 경우의 손익은 당기손익으로 인식하지 않는다(K-IFRS 1032호 문단 33).

기업이 자기주식을 처분하는 경우, ① 처분금액이 장부금액보다 크다면 그 차액을 자기주식처분이익으로 하여 자본잉여금으로 회계처리하고, ② 처분금액이 장부금액보다 적다면 그 차액을 자기주식처분이익의 범위 내에서 상계처리하고, 미상계된 잔액이 있는 경우에는 자본조정의 자기주식처분손실로 회계처리한다(일반기준 15장 문단 15.9).

(3) 세법

자기주식의 처분으로 인한 손익은 익금 또는 손금에 산입된다(시행령 11조 2호의2).[224][225]

한편, 자기주식처분손익을 세무조정으로 익금 또는 손금에 산입하는 경우에도, 법인이 회계상 인식하는 순자산의 가액과 세법상 인식하여야 할 순자산의 가액 사이에 차이가 없으므로, 회계상 자산이나 부채의 가액을 조정할 필요는 없다.[226]

---

222) 기본통칙 15-11…7 ①
223) 회사가 자기주식으로 현물배당을 할 수 있는지에 관하여는 견해의 대립이 있다.
224) 기본통칙 15-11…7 ①
225) 미국 세법은 회사의 자기주식처분과 관련하여 손익을 인식하지 않는다[IRC § 1032(a)]. 일본 세법도 같다. 6.의 글상자들 참조
226) 이러한 경우 소득금액조정합계표(시행규칙 별지 15호 서식)의 소득처분란에 '기타'로 기재된다.

(1) 자기주식과 합병에 따른 의제배당

(가) 포합주식에 대하여 합병신주가 교부된 경우

합병법인이 보유하던 피합병법인 주식(포합주식)에 대하여 합병신주(자기주식)를 교부할 수 있는지에 관하여 대법원은 이를 긍정하였다.[227)228)

합병법인이 보유하는 피합병법인 주식(포합주식)에 대하여 합병신주인 자기주식이 교부되는 경우, 합병법인은 피합병법인 주주의 지위에서 합병대가인 자기주식과 피합병법인 주식의 취득가액 간의 차액에 관하여 의제배당으로 과세된다(법 16조 1항 5호).[229)230)

(나) 피합병법인의 자기주식에 대하여 합병신주가 교부된 경우

피합병법인이 보유하는 피합병법인의 자기주식에 대하여는 합병신주를 교부할 수 없다는 것이 일반적 견해이지만,[231)] 실무상 합병신주가 교부된 예가 상당수 있다.[232)]

피합병법인의 자기주식에 대하여 합병신주가 교부된 경우, 자기주식의 취득가액과 합병신주의 가액의 차액은 피합병법인의 의제배당소득이고, 그에 대한 법인세 납세의무를 합병법인이 승계하게 될 것이다.

(2) 합병과 자기주식의 양도

① 합병법인이 합병에 따라 피합병법인으로부터 자기주식을 **취득**한 후 **양도**하는 경우

---

227) 대법원 2004. 12. 9. 선고 2003다69355 판결 ; 상법학자들 간에는 견해가 대립한다[① 긍정설로는 주석 상법, 회사(5)(523조), 344쪽 및 이철송, 회사법강의(2019), 1096쪽, ② 부정설로는 김건식·노혁준·천경훈, 회사법(2020), 789쪽]. ; 실무상 합병법인이 보유한 포합주식에 대하여 일반적으로 합병신주인 자기주식이 발행되는 것으로 보인다.

228) 합병법인이 합병대가로 자기주식을 취득할 경우, ① 지배주주는 자기주식을 자신에게 우호적인 자들에게 양도하거나 스스로 취득하는 방법으로 자신의 지배력을 강화할 수 있고, ② 합병법인은 향후 주가가 상승할 경우 자기주식을 양도하지 않고 소각함으로써(자본거래) 자기주식처분이익에 대한 과세를 피하고, 주가가 하락할 경우 자기주식을 양도함으로써(손익거래) 그 처분손실을 손금에 산입할 수 있는 이점이 있다[이준엽, "합병법인의 포합주식과 … 이익의 산정방법(대법원 2021. 9. 30. 선고 2017두66244 판결)", 대법원판례해설 제130호(2022), 275~276, 278쪽].

229) 사전-법령해석법인-0262, 2015. 9. 9. ; 위 행정해석은 합병법인이 포합주식에 대하여 합병신주를 발행함에 따른 의제배당에 대하여도 수입배당금의 익금불산입이 인정된다고 보았다.

230) 제4장 제1절 2-3-6. (2) 참조

231) 주석 상법, 회사(5)(523조), 344쪽 ; 이철송, 회사법강의(2019), 1096쪽 ; 김건식·노혁준·천경훈, 회사법(2020), 790쪽 ; 이와 달리 긍정하는 견해로 ① 조현덕·박병권, "자기주식의 법적 지위", BFL 제87호, 서울대학교 금융법센터(2018), 15쪽, ② 박선희, "자기주식과 기업구조조정", 같은 책, 59~60쪽

232) 조현덕·박병권, 앞의 글, 16쪽

그 양도손익은 익금 또는 손금에 산입되고(시행령 11조 2호의2 괄호 안),[233] 익금불산입대상인 합병차익(시행령 17조 1항 5호)에 해당하지 않는다.[234] 위 경우 자기주식은 합병차익을 산정하는 요소이지만,[235] 합병 이후 합병법인이 이를 처분하는 행위는 합병과 구별되는 거래이기 때문이다. 위와 같은 자기주식의 양도차익은, 그 주식의 양도금액에서 장부가액(피합병법인의 취득가액)을 차감하는 방식으로 계산하여야 할 것이다.[236]

② 합병법인이 보유하던 피합병법인의 주식(**포합주식**)에 대하여 **합병신주**(자기주식)를 발행하고 이후 이를 **양도**한 경우, 그 양도금액도 익금으로 보아야 할 것이다.[237]

③ 합병법인이 기존의 자기주식을 **합병대가**로 피합병법인의 주주에게 **교부**하는 경우, 행정해석은 이를 자본거래로 보아 자기주식의 처분손익이 익금 또는 손금에 산입되지 않는다고 보지만, 현행세법상 그와 달리 볼 여지도 있다.[238]

(3) 불공정합병에 의한 부당행위계산과 자기주식

대법원은, 합병당사법인들이 피합병법인의 주식을 시가보다 낮게 평가하여 합병비율을 정하고, 그에 따라 합병법인이 자신이 보유하던 피합병법인의 주식(포합주식) 및 피합병법인이 보유하던 피합병법인의 주식(자기주식)에 대하여 각각 합병신주(자기주식)를 시가에 따른 합병비율보다 적게 발행한 사안에서, ① 피합병법인의 주주인 합병법인(포합주식) 및 피합병법인(자기주식)이 합병법인의 주주들에게 각 이익을 분여한 것으로 판단하고, ② 분여이익을 계산할 때 '합병 후 신설 또는 존속하는 법인의 1주당 평가액'을, '합병법인의 합병 직전 주식 가액'과 '피합병법인의 합병 직전 주식 가액'을 합산한 후 '합병법인의 주

---

233) 제4장 제1절 2-3-6. (1) 참조
234) 대법원 2022. 6. 30. 선고 2018두54323 판결(쿠쿠홀딩스 사건)
235) 합병차익에 관하여는 제1장 2-2-4. (1) 참조
236) 대법원 2022. 6. 30. 선고 2018두54323 판결 : ① 합병법인인 원고는 적격합병을 통하여 피합병법인이 보유하던 원고의 주식을 승계한 후 그중 일부를 양도하였다. 원고는 예비적으로 위 양도한 주식의 (피합병법인 단계의) 당초 취득가액과 합병 당시의 시가의 차액은 익금불산입대상인 합병차익에 해당하므로, 익금에서 제외되어야 한다고 주장하였다. ② 그러나 적격합병으로 합병법인의 자기주식이 합병법인에게 승계된 경우, 합병법인은 이를 피합병법인의 장부가액대로 취득하므로(법 44조의3 1항), 합병차익을 계산할 때 '소멸된 회사로부터 승계한 재산의 가액'은 자기주식의 피합병법인 단계 장부가액을 기준으로 산정되어야 하고, 원고의 주장과 같이 자기주식의 피합병법인 단계 취득가액과 합병 당시의 시가의 차액이 합병차익에 포함된다고 보기 어렵다. ③ 대법원은, 위 사건에서 원고의 주장을 받아들이지 않고 자기주식의 양도차익은 '양도금액에서 해당 주식의 합병등기일 당시의 시가를 차감한 가액에 합병 당시 자산조정계정으로 계상되었던 금액을 가감하는 방식' 즉, 해당 주식의 양도금액에서 해당 주식의 장부가액을 차감하는 방식으로 계산된다고 판시하였다.
237) 이 경우 그 자기주식의 장부가액은 손금에 산입될 수 있다[조심 2016중153(2016. 10. 17.)].
238) 합병법인이 보유하던 기존의 자기주식은 소각목적으로 취득한 것이 아닌 한 자산으로 취급되므로(1-3.), 그 자기주식을 합병대가로 교부한 것은 합병교부금의 지급으로서 자본거래에 수반되는 손익거래(자산의 양도)에 해당하고, 그 차익은 익금에 산입된다고 볼 여지가 있다. 제2편 제1장 제3절 1-2-2. (2) 참조

식 수'로 나누는 방법(상증세법 시행령 28조 5항)으로 합병법인의 합병 후 1주당 평가액을 산정하였다.[239] 그러나 위와 같이 이익분여액을 계산할 경우, 합병 직전 합병법인이 보유한 피합병법인 주식(포합주식)의 가액과 '피합병법인의 순자산 가액 중 포합주식의 비율에 해당하는 부분'이 중복하여 계산되므로, 후자의 금액을 제외하여 계산의 중복을 피하도록 하는 것이 합리적이다.[240]

6 자기주식의 세법상 취급의 문제점과 입법론

현행세법은 법인이 주식소각 등 자본금 감소를 위하여 취득한 자기주식은 자본의 환급으로, 그 외의 목적으로 취득한 자기주식은 자산으로 취급한다. 그러나 이는 다음과 같은 이유로 불합리하다.

① 경제적 실질의 관점에서 보면, 자기주식의 취득은 법인의 재산을 주주에게 반환하는 자본의 환급이고, 자기주식의 양도는 주주로부터 재산을 이전받는 주식의 재발행에 해당한다. 회계기준과 상법은 모두 자기주식을 자산이 아닌 자본의 차감으로, 자기주식의 취득을 자본거래로 보고,[241] 회계기준은 자기주식의 처분도 자본거래로 보면서 그에 관하여 손익을 인식하지 않는다. 그런데 굳이 세법이 경제적 실질에서 벗어나 회계기준 및 상법과 달리 자기주식을 자산으로 보아 자기주식의 처분에 관하여 손익을 인식할 필요가 있는지 의문이다.

② 자기주식을 자산으로 판단한 대법원 판례는, 자기주식을 전면적으로 또는 일정한 조건하에 자산으로 취급한 과거의 회계기준에 기초한 것이고,[242] 현행세법은 이를 명문화하였다. 그러나 1996년 이후의 회계기준은 자기주식을 더 이상 자산으로 보지

---

239) 대법원 2021. 9. 30. 선고 2017두66244 판결
240) 제2편 제3장 3 - 3 - 4. (2) (나) 참조
241) 상법은 회사가 원칙적으로 배당가능금액의 범위 내에서 자기주식을 취득할 수 있다고 규정함으로써(상법 341조 1항) 자기주식의 취득을 자본거래인 배당과 동일하게 취급한다. 만일 자기주식이 자산의 성격을 갖는다고 보면 법인이 무제한으로 자기주식을 취득하여도 그 취득대금으로 유출된 금액 대신에 자산인 자기주식이 유입되어 자본충실을 저해하지 않게 되므로, 자기주식의 취득을 배당가능이익의 범위 내로 제한할 이유가 없을 것이다.
242) 대법원 1980. 12. 23. 선고 79누370 판결은 주식회사가 취득한 자기주식이 자산에 해당한다고 판단하였고, 이는 자기주식의 세법상 성격에 관한 최초의 판시로 보인다. 위 판결 당시의 구 기업회계원칙(1976. 7. 22. 개정된 것) 제38조는 자기주식을 유동자산으로 취급하였고, 1981. 12. 23. 시행된 구 기업회계기준은 자기주식 중 주식의 소각을 전제로 취득한 것은 자본의 차감으로, 그 외의 것은 유동자산으로 파악하였다.

않고 자본의 차감으로 파악함에도[243] 현행세법은 이를 반영하지 못하고 있다.

③ 현행세법에 따르면 법인이 자본의 환급 외의 목적으로 취득한 자기주식은 자산으로 취급되므로, 그러한 자기주식이 소각된 경우 그 가액은 손금에 산입되어야 한다. 그러나 이는 다음과 같은 이유로 수긍하기 어렵다. ㉮ 법인이 자신에 대한 권리를 자산으로 보유하다가 그 소멸을 손금(순자산감소)으로 인식한다는 것은 논리적으로 매우 부자연스럽다. ㉯ 법인은 배당을 하는 경우에는 손금에 산입할 수 없는데, 자기주식을 취득하여 소각하는 경우에는 그 취득가액을 손금에 산입할 수 있다고 한다면, 법인이 배당가능이익으로 배당을 하는 대신 자기주식을 취득하여 소각함으로써 조세회피를 하는 것을 용인하게 된다. 이와 같이 자기주식을 자산으로 보는 현행세법의 태도는 자산과 손금에 관한 세법의 전체 구조와 조화되기 어렵다. 그리고 이러한 현행세법의 논리적 모순은, 행정해석이 청산소득의 계산 시 자기주식을 자본에서 차감하지 못하고 자산총액에 포함시키지도 못하는 것[244]으로 연결된다.

④ 자기주식에 자산성을 인정하는 논리가 설득력을 가지려면, 자기주식이 그 자체로 실질적 가치를 가져야 한다. 그러나 법인이 주주에게 대금을 지급하고 자기주식을 취득한 경우, 법인의 자산의 시가는 자기주식의 취득대금만큼 정확히 감소하고, 자기주식은 전혀 법인의 자산의 시가를 증가시키지 못한다.[245] 그리고 자기주식이 소각된 경우 그 소각을 전후하여 법인의 순자산의 시가에는 아무런 변화가 없다. 이러한 사정들은 자기주식이 법인의 내부에 보유된 상태에서는 그 법인의 자산과 구별되는 독자적 가치를 갖지 못한다는 것을 보여준다.[246] 본래 주식은 그 발행 법인의 순자산의 비율적 일부에 해당하는 가치를 표상하지만, 법인의 자기주식은 그 법인 내에서는 그러한 가치를 전혀 나타내지 못한다. 법인의 자기주식이 제3자에게 이전되는 경우 그 대가로 다른 자산이 법인으로 유입될 수 있지만, 이는 자기주식이 자산이어서가 아니라 주식의 실질적 재발행을 통하여 새로운 출자가 납입되었기 때문이다.

---

243) 1996. 3. 30. 개정된 구 기업회계기준은 자기주식을 언제나 자본의 차감인 것으로 취급하였고, K-IFRS와 일반기업회계기준도 같다.

244) 기본통칙 79-0…3

245) 가령 순자산의 시가가 200원이고 발행주식수가 20주인 법인이 주주에게 100원을 주고 자기주식 10주를 취득한 경우, 그 법인의 자기주식취득 후 순자산은 100원(=200-100)이고, 자기주식 자체의 시가는 0이다.

246) 행정해석이 청산소득의 계산 시 자기주식을 자산에 포함시키지 못하는 것(기본통칙 79-0…3)은 이와 관련이 있다. 자기주식이라는 허구의 자산을 자산에 포함시켜 청산소득을 계산할 경우, 법인이 해산 전에 주주로부터 자기주식을 취득함으로써 그 금액만큼 청산소득을 감소시킬 수 있게 되어 조세회피를 할 수 있기 때문이다.

위와 같은 문제점을 해결하려면, 법인의 자기주식 취득을 원칙적으로 주주에 대한 **이익의 분배** 또는 **자본의 환급**으로 보아 다음과 같이 처리하는 것이 입법론상 타당하다.

① 자기주식의 취득이 자본금감소 목적인지 여부와 관계없이, 법인이 자기주식을 취득하면서 주주에게 지급한 대금 중 이익잉여금에 해당하는 부분은 그 주주의 의제배당소득으로 과세되어야 한다.[247] 다만, 법인이 자본시장법상 거래소시장의 장내거래를 통하여 자기주식을 취득한 경우에는, 그 주식거래의 당사자가 거래상대방이 누구인지 확인하기 어려우므로, 예외적으로 의제배당에서 제외할 필요가 있다.[248]

② 법인이 취득한 자기주식은 회계기준 및 상법과 같이 자본조정(자본의 차감)으로 인식한다.

③ 법인이 자기주식을 제3자에게 양도한 경우 그 대금은 출자의 납입으로 보아 익금에서 제외하고, 자기주식의 종전 장부금액과의 차액을 손익으로 인식하지 않는다.

 미국 세법상 자기주식의 취급

법인이 주주로부터 재산과의 교환으로 자기주식을 취득하는 경우, 그 주식은 상환된(redeemed) 것으로 취급되고, 이는 그 주식이 소각되는지 또는 자기주식으로 보유되는지와 관계없다[IRC § 317(b)]. 주식의 상환(redemption)을 세법상, 주주에 의한 주식의 양도로 볼 것인지, 법인에 의한 재산의 배분으로 볼 것인지에 관하여 미국 세법은 다음과 같이 규정한다.

① 주식의 상환이 제302조(b)(Redemptions treated as exchange)의 사유[㉮ 상환이 본질적으로 배당과 동등하지 않은 경우, ㉯ 실질적으로 비례적이지 않은(substantially disproportionate) 주식상환, ㉰ 주주 지위의 종료, ㉱ 부분 청산(partial liquidation) 등]에 해당하는 경우, 주식과 교환된(in exchange for the stock) 배분으로 취급된다[IRC § 302(a)]. 이는 제1001조의 양도(sale or other disposition)에 해당하고, 주주가 받는 상환대가에서 주식의 취득원가를 공제한 차액이 양도손익이 된다[IRC § 1001(a)].

② 주식의 상환이 제302조(b)의 사유에 해당하지 않는 경우에는 제301조의 배분(distribution)으로 취급된다[IRC § 302(d)]. 이 경우 주주가 법인으로부터 받은 재산의 가액 중 ㉮ 세법상 배당가능이익(E&P)으로부터 유래한 금액[§ 316(a)]은 배당(dividend)으로 과세되고, ㉯ 그 나머지 금액은 주식의 취득가액을 감소시키며, ㉰ 그 이후 남는 금액은 양도차익으로 취급된다[IRC § 301(c)]. 한편, 회사는 자기주식과 교환한 대가에 관하여 손익을 인식하지 않는다[IRC § 1032(a)].

---

247) 그 구체적인 방법에 관하여는 제4절 2-2-4. (2) 참조

248) 기존 주주가 한국거래소의 장내거래를 통하여 주식을 그 발행법인에게 매도하였더라도, 기존 주주는 주식의 매수인이 그 발행법인인지, 제3자인지 알기 어렵고, 주식의 매수인인 법인도 그 주식의 매도자가 누구인지(그 지급액을 의제배당으로 본다면, 주식의 매도자가 개인이거나 외국법인이면 원천징수대상이지만, 매도자가 내국법인인 경우 원천징수대상이 아니다)를 확인하기 곤란하다. 일본 세법도 위 경우를 의제배당에서 제외한다(일본 법인세법 24조 1항 5호, 일본 소득세법 25조 1항 5호).

📖 **일본 세법상 자기주식의 취급**

1. 주식의 발행법인

법인이 자기주식을 취득하거나 처분하는 것은 자본금등의 액(일본 법인세법 2조 16호)을 감소시키거나 증가시키는 자본거래이다.[249]

일본 회사법상 자기주식은 주주자본의 항목에서 공제된다. 이에 대응하여 일본 법인세법은, 법인이 주주로부터 자기주식을 취득한 경우, 이를 자산으로 계상하지 않고 취득대가 중 ① 취득자본금액(1주당 자본금등의 액)에 상당하는 금액은 자본금등의 액에서 차감되고(일본 법인세법 2조 16호, 일본 법인세법 시행령 8조 1항 20호), ② 이를 초과하는 부분의 금액[의제배당(みなし配當)]은 이익적립금액(일본 법인세법 2조 18호)에서 차감되는 것(일본 법인세법 시행령 9조 1항 14호)으로 규정한다.

법인이 자기주식을 양도한 경우, 그 주주로 되는 자로부터 양도대가로 받은 금액 중 1주당 자본금등의 액을 상회하는 부분은 자본금등의 액을 증가시킨다(일본 법인세법 시행령 8조 1항 1호).

2. 주주

법인이 주주로부터 자기주식을 취득한 경우(금융상품거래소가 개설한 시장에서의 구입에 의하여 취득하는 경우 등은 제외[250]) 법인이 주주에게 교부한 금전 등 자산가액의 합계액 중 그 주식에 대응하는 자본금등의 액을 초과하는 금액은 그 주주의 의제배당으로 과세된다(일본 법인세법 24조 1항 5호, 일본 소득세법 25조 1항 5호). 주주가 법인에게 주식을 양도하고 수취한 대가 중 배당으로 보는 부분을 제외한 금액과 장부가액(投資簿價)의 차액은 양도손익으로 취급된다.[251]

---

249) 金子 宏, 租税法(2019). p.347

250) 회사가 금융상품거래소의 개설시장에서 자기주식을 취득한 경우 등은 의제배당과세의 적용대상이 아니고, 그 경우 회사에 주식을 양도한 주주가 받은 대가는 양도소득으로 과세된다.

251) 金子 宏, 租税法(2019), p.228

제4장

합병과 분할 등

제 1 절

합병

1 합병의 일반론

1-1. 상법

　합병은, 하나 또는 그 이상의 회사가 별도의 법인격을 상실하고 소멸하면서 그 회사의 자산과 부채가 다른 회사로 포괄적으로 승계되고, 소멸하는 회사의 주주가 후자의 회사로부터 그 회사의 주식 등을 교부받는 것을 말한다. 합병에는 흡수합병(merger)과 신설합병(consolidation)이 있다. 합병으로 소멸하는 회사의 권리·의무는 합병 후 존속하거나 합병으로 신설되는 회사에 포괄적으로 승계되고, 존속·신설회사는 소멸회사의 주주에게 합병대가를 교부한다. 존속·신설회사가 교부하는 합병대가에는 그 회사가 발행하는 주식 외에 금전(합병교부금)이나 모회사의 주식[1] 등도 포함된다. 합병과 관련된 이해관계자인 주주와 채권자 등을 보호하기 위하여, 상법은 주주총회 특별결의, 반대주주의 주식매수청구권, 채권자의 이의절차 등 여러 가지 제도를 두고 있다.

---

1) 상법은 애초에는 합병대가로 존속회사의 주식 또는 금전만을 규정하였으나, 2011. 4. 14. 개정되면서 존속 회사가 합병대가로 "금전이나 그 밖의 재산"을 제공할 수 있고(상법 523조 4호) 이를 위하여 모회사 주식을 취득할 수 있다고 규정하였다(상법 523조의2). 이에 따라 존속회사가 모회사의 주식을 제공하는 3각 합병(triangular merger)이 가능하게 되었다.

1-2. 현행 합병세제의 구조와 형성과정

(1) 합병과 관련한 세법상 문제

합병으로 소멸하는 법인(피합병법인)의 자산·부채가 존속·신설되는 법인(합병법인)에게 이전되는 과정에서 크게 세 가지, 즉 ① 피합병법인의 자산에 관하여 그 취득시점부터 합병시점까지 발생한 가치증가분을 어떻게 과세할 것인지, ② 피합병법인의 주주는 종전에 보유하던 피합병법인의 주식을 상실하는 대신 합병대가로 합병법인의 주식 등을 취득하게 되는데, 이를 어떻게 과세할 것인지, ③ 합병법인이 합병으로 승계한 피합병법인의 자산·부채의 취득가액 및 합병대가와의 차액을 어떻게 인식·처리할 것인지가 문제된다.

피합병법인의 자산이 합병에 의하여 합병법인에게 이전되는 것을 세법상 자산의 양도(讓渡)로 본다면, 합병을 계기로 그 때까지 발생한 피합병법인의 해당 자산에 대한 미실현이익이 과세될 것이다. 한편, 합병 이후에 피합병법인의 종전 사업이 합병법인을 통하여 계속되고, 피합병법인의 종전 주주가 합병법인의 주주로 남아 있다면, 합병을 전후하여 경제적 실질의 변화가 없는 것으로 볼 여지가 있다. 또한, 합병을 미실현이익의 실현계기로 보아 과세하는 것은, 법인세의 부담을 우려하여 합병을 꺼리게 되는 동결효과를 가져올 수 있다. 합병세제는 이와 같은 여러 측면을 고려하여 결정하여야 할 입법정책의 문제이다.

(2) 합병세제의 변천

2009. 12. 31. 개정 전의 구 법인세법[2]은 ① 피합병법인에 관하여는 합병청산소득을 과세하되,[3] 일정한 조건이 충족되는 경우에는 합병대가인 합병법인 주식의 가액을 그 액면가액으로 인식할 수 있도록 하여 과세이연을 인정하고,[4] ② 피합병법인의 주주에 대하여

---

2) 합병과 관련한 과세이연 규정은 1997년 외환위기 이후 기업구조조정을 지원하기 위하여 1998. 12. 31. 전부개정된 구 법인세법에 최초로 도입되었고, 그 기본적 구조는 2009. 12. 31. 구 법인세법이 개정되기 전까지 유지되었다. 구 법인세법에 따른 합병과세에 관하여는, 이의영, "회사합병에 대한 법인세 과세체계의 개선방향", 조세법연구 [11 - 2], 한국세법학회(2005), 22쪽 이하 참조. 이하 이 절에서는 2009. 12. 31. 개정되기 전의 구 법인세법을 '구 법인세법'이라 하고, 2010. 6. 8. 개정되기 전의 법인세법 시행령을 '구 법인세법 시행령'이라 한다.

3) 합병에 의한 청산소득의 금액은, '피합병법인의 주주 등이 합병법인으로부터 받은 합병대가의 총합계액에서 피합병법인의 합병등기일 현재의 자기자본의 총액을 공제한 금액'이다(구 법인세법 80조 1항). 합병대가는 ① 합병법인으로부터 교부받은 합병법인의 주식 등의 가액과 금전 기타 재산가액의 합계액, ② 포합주식 등에 대하여 합병법인의 주식 등을 교부하지 않은 경우 포합주식 등의 취득가액, ③ 합병법인이 납부하는 피합병법인의 청산소득에 대한 법인세 등을 합한 금액이다(구 법인세법 시행령 122조 1항, 구 법인세법 16조 1항 5호). 합병대가로 받은 존속·신설법인의 주식 등의 가액은 원칙적으로 시가에 의하고, 구 법인세법 제44조 제1항 제1호 및 제2호의 요건을 갖춘 경우에는 주식의 시가와 액면가액 중 낮은 가액에 의한다(구 법인세법 시행령 14조 1항 1호).

는 합병대가에서 피합병법인 주식의 취득가액을 뺀 금액을 의제배당으로 과세하며, ③ 합병법인에 관하여는 합병차익[5] 중 합병평가차익[6][7]을 익금에 산입하여 과세하되, 일정한 요건이 충족되는 경우에는 승계한 유형고정자산의 가액 중 그 합병평가차익에 상당하는 금액을 손금에 산입하여 과세이연을 인정하였다.[8]

2009. 12. 31. 개정된 법인세법은, ① 피합병법인에 대하여는 피합병법인이 자산을 합병법인에 시가로 양도한 것으로 보아 양도손익을 과세하고(법 44조 1항 전문), ② 피합병법인의 주주의 주주에 대하여는 피합병법인으로부터 합병법인의 주식 등을 배당받은 것으로 의제하여 의제배당소득을 과세하며(법 16조 1항 5호), ③ 일정한 요건을 갖춘 적격합병의 경우에는, 피합병법인은 양도손익이 없는 것으로 할 수 있고 피합병법인의 주주의 의제배당소득이 발생하지 않도록 규정한다.

(3) 현행세법상 합병의 성격

현행 법인세법은 합병을 「피합병법인이 그 영업을 합병법인에게 양도하고 합병대가를 받은 후 해산하면서 위 합병대가를 주주에게 잔여재산으로 분배하는 것」으로 파악한다.[9]

현행세법상 합병은, ① 합병법인의 관점에서는, 합병대가로 ㉮ 합병법인의 신주를 발행하는 경우에는 자본거래에 해당하지만, ㉯ 합병법인의 모회사의 주식이나 현금을 교부하는 부분은 손익거래의 성질을 가질 수 있다. 한편, ② 피합병법인의 관점에서는, 합병 중 ㉮ 자산 및 부채를 합병법인에게 이전하고 그 대가로 합병법인의 주식 등을 받는 것으로 취급되는 부분은 손익거래[10] 겸 자본거래, 또는 손익거래,[11] ㉯ 합병대가를 그 주주에게

---

4) 구 법인세법 시행령(2010. 6. 8. 대통령령 제22184호로 개정되기 전의 것) 제122조 제1항 제2호 단서
5) 소멸된 회사로부터 승계한 재산의 가액이 그 회사로부터 승계한 채무액, 그 회사의 주주에게 지급한 금액과 합병 후 존속하는 회사의 자본증가액 또는 합병으로 인하여 설립된 회사의 자본액을 초과하는 금액(2011. 4. 14. 개정되기 전의 구 상법 459조 1항 3호)
6) 합병평가차익은 합병차익에 달할 때까지 다음 각 호의 순서에 따라 순차로 계산하여 산출한 제1호·제3호 및 제4호의 금액을 말한다(구 법인세법 시행령 12조 1항).
   1. 피합병법인으로부터 자산을 평가하여 승계한 경우 그 가액 중 피합병법인의 장부가액을 초과하는 금액
   2. 합병대가의 총합계액이 피합병법인의 자본금에 미달하는 경우 그 미달금액
   3. 피합병법인의 자본잉여금 중 구 법인세법 제16조 제1항 제2호 본문에 해당하는 잉여금 외의 잉여금부터 순차로 계산한 금액
   4. 피합병법인의 이익잉여금에 상당하는 금액
7) 구 법인세법은 합병법인이 피합병법인의 자산을 시가로 승계할 수 있음을 전제로 합병평가차익을 과세하면서도(구 법인세법 시행령 12조 1항) 피합병법인의 장부가액으로 승계할 수 있음을 전제로 한 규정(구 법인세법 45조 2항 2호)을 두고 있었고, 이로써 피합병법인의 자산을 피합병법인의 장부가액과 시가 중 어느 것으로 할지에 관하여 합병법인의 선택에 맡겨 놓았다.
8) 구 법인세법 제44조 제1항
9) 일본 법인세법 제62조 제1항 후문은 그러한 내용을 정면으로 규정한다.
10) 피합병법인이 불공정한 비율의 합병을 통하여 자산을 저가로 양도한 것을 부당행위계산으로 규정한 법인

잔여재산으로 분배하는 부분은 자본거래의 성질을 띤다.

2 ▶ 비적격합병

2-1. 피합병법인

2-1-1. 피합병법인의 양도손익

피합병법인[12]은 그 자산을 합병법인[13]에 양도한 것으로 본다. 피합병법인이 합병법인으로부터 받은 양도가액에서 피합병법인의 순자산 장부가액을 뺀 금액(양도손익)은, 피합병법인의 합병등기일[14]이 속하는 사업연도의 익금 또는 손금에 산입한다(법 44조 1항).

피합병법인의 순자산 장부가액은 자기자본총액과 같고, 자기자본총액은 자본금과 잉여금의 합계액이다. 그런데 자본금과 자본잉여금은 출자의 원본으로서 애초부터 과세대상이 아니고, 이익잉여금은 이미 과세를 거친 금액이다. 따라서 법인세법은, 아직 과세된 적이 없는 미실현손익인, 피합병법인의 양도가액과 순자산 장부가액의 차액만을 과세대상으로 삼는다.

(1) 양도가액

피합병법인의 양도가액은 다음 각 금액을 모두 더한 금액이다(시행령 80조 1항 2호).

① 피합병법인의 주주 등이 받는 **합병법인** 또는 그 모회사[15]의 **주식 등**[16](이하 '합병교부주식 등')의 가액 및 **금전** 기타 재산가액의 합계액

세법 시행령 제88조 제1항 제3호의2는, 합병에 따른 피합병법인의 자산이전이 손익거래임을 전제로 한 것이다. 위 규정에 따른 부당행위계산에 관하여는 제2편 제3장 3-3-3. 참조

11) ① 피합병법인이 합병대가로 합병법인의 주식을 교부받은 것으로 취급되는 경우, 이는 피합병법인의 관점에서 일종의 현물출자를 한 것이므로, 손익거래와 자본거래의 성격을 모두 가진다. ② 피합병법인이 합병대가로 합병법인의 주식 외의 재산을 교부받은 것으로 취급되는 경우에는, 단순한 손익거래에 해당한다.

12) "피합병법인"은 합병에 따라 소멸하는 법인을 말한다(법 2조 14호).

13) "합병법인"은 합병에 따라 설립되거나 합병 후 존속하는 법인을 말한다(법 2조 13호).

14) "합병등기일"은 합병 후 존속하는 법인의 변경등기일 또는 합병으로 설립되는 법인의 설립등기일을 말한다(시행령 6조 1항).

15) 합병등기일 현재 합병법인의 발행주식총수 또는 출자총액을 소유하고 있는 법인, 즉 완전모회사를 말한다.

16) 합병법인은 합병대가로 합병신주를 발행하는 대신에 기존에 보유하던 자기주식을 교부할 수도 있다(상법 523조 3호). 나아가 주석 상법, 회사(5)(523조), 344쪽은 피합병법인이 보유하는 합병법인의 주식을 합병대가로 교부하는 것도 가능하다고 한다. 대법원은 과거에도 합병신주를 전혀 발행하지 않는 무증자(無增資) 합병이 허용된다고 판시하였고(대법원 2004. 12. 9. 선고 2003다69355 판결), 현행 상법상 합병대가를 합병신주가 아닌 기존의 자기주식이나 합병교부금의 교부에 의하여 지급할 수 있으므로(상법 523조) 무증자 합병은 당연히 허용된다[주석 상법, 회사(5)(523조), 339쪽].

합병교부주식 등과 금전 기타 재산가액은 합병 시의 시가로 산정된다.[17]

합병법인이 합병 전에 취득한 피합병법인의 주식(**포합주식**) 등에 대하여 합병교부주식 등을 교부하지 않은 경우에는[18] 그 지분비율에 따라 합병교부주식 등을 교부한 것으로 보아 합병교부주식 등의 가액을 계산한다(시행령 80조 1항 2호 가목 단서). 이는 합병법인이 합병 전에 미리 피합병법인의 주식을 취득하는 것은 실질적으로 합병교부금의 지급과 동일함에도[19] 합병대가의 계산에서 제외됨으로써 피합병법인의 합병양도소득이 감소하는 것을 막기 위한 것이다.[20]

② 합병법인이 납부하는 피합병법인의 법인세 및 그에 부과되는 국세와 법인지방소득세의 합계액[21]

특수관계에 있는 법인들 간의 합병에서 합병대가가 피합병법인이 이전한 순자산의 시가에 미달하는 경우, 피합병법인의 저가양도로서 부당행위계산에 해당할 수 있다(시행령 88조 1항 3호의2).[22]

---

17) 세법상 합병은 피합병법인이 합병법인으로부터 합병대가를 교부받아 피합병법인의 주주에게 이전하면서 해산하는 거래와 같다. 그런데 피합병법인의 주주가 받은 합병법인 주식 등 합병대가의 취득가액은 그 시가이므로(시행령 14조 1항 1호 라목, 2호, 72조 2항 5호), 피합병법인은 합병법인으로부터 시가로 평가된 합병대가를 받은 것으로 보아야 한다. ; 이창희, 세법강의(2020), 641쪽 ; 김완석·황남석, 법인세법론(2021), 545쪽

18) 합병법인이 보유하는 피합병법인의 주식에 합병신주를 배정하여 자기주식을 취득할 수 있는지에 관하여 상법학자들 간에 견해가 대립한다. 긍정설로는 이철송, 회사법강의(2019), 1096쪽. 부정설로는 김건식·노혁준·천경훈, 회사법(2020), 789쪽

19) 주주의 입장에서는 합병교부금을 받을 경우에는 의제배당으로 과세되지만, 합병 전에 주식을 양도할 경우에는 소득유형이 양도소득으로 변경된다.

20) 입법론으로는 합병법인이 피합병법인의 주식을 취득한 시기 또는 목적 등을 묻지 않고 일률적으로 합병법인 주식을 교부한 것으로 의제하여 합병대가를 계산하는 것이 적절한지는 좀 더 검토할 여지가 있다고 보인다. 이와 관련하여 피합병법인의 양도소득의 부당한 감소를 요건으로 하지 않을 경우 위헌의 소지가 있으므로 합병법인이 그 포합주식을 합병·분할과 전혀 무관하게 합병·분할시점으로부터 상당히 오래 전에 취득하였음을 입증할 경우 위 규정의 적용을 배제할 여지가 있다는 견해로, 강석규, 조세법 쟁론(2020), 783쪽. 한편, 법인세법 시행령은, 적격합병의 요건인 지분의 연속성의 판단과 관련해서는 포합주식 중 합병등기일 전 2년 내에 취득한 것에 한하여 그에 대하여 교부되거나 교부된 것으로 보는 합병법인의 주식을 고려대상에 넣고 있다(시행령 80조의2 3항).

21) 합병법인은 합병으로 소멸한 피합병법인의 법인세 및 지방세를 납부할 책임을 진다(시행령 85조의2, 국세기본법 23조, 지방세기본법 41조). 한편, 합병법인은 피합병법인이 납부하지 않은 소득세 원천징수분을 납부할 의무도 부담하지만(소득세법 157조 2항), 이는 합병대가에 포함되지 않는다.

22) 다만, 자본시장법 제165조의4에 따라 합병(분할합병)하는 경우를 제외한다.

① 1998. 12. 28. 전부 개정 전의 법인세법 제43조 제3항은 합병에 의한 청산소득의 금액을 규정하였고, 제44조는 그 계산에 관하여 필요한 사항을 대통령령에 위임하였다. 이에 따라 구 법인세법 시행령 (1998. 12. 31. 전부 개정 전의 것) 제117조의2 제1항은, 합병법인이 합병 전에 포합주식을 취득한 것으로 인하여 「피합병법인의 청산소득이 부당히 감소되는」 경우 포합주식취득가액을 합병교부금으로 보아 청산소득을 계산하였다. 여기서 '합병 전 포합주식의 취득으로 인하여 피합병법인의 청산소득이 부당히 감소되었는지'에 관하여, 대법원은, 반드시 주관적 요소로서 청산소득을 부당히 감소시킬 목적이나 의사가 인정되어야 한다는 것은 아니고, 합병법인의 주식취득으로부터 합병에 이르기까지의 일련의 거래와 과정 등을 종합하여 판단될 성질의 것이라고 판시하였다.[23]

② 1998. 12. 28. 전부 개정된 법인세법 제80조 제2항은, 「합병법인이 합병등기일 전 2년 이내에 취득한 피합병법인의 주식 등(포합주식 등)이 있는 경우」 포합주식 등의 취득가액을 합병대가에 포함시키는 것으로 규정하였다. ㉮ 헌법재판소는, 위 법인세법 제80조는, 그 입법목적이 합병법인이 합병 전에 피합병법인의 주식을 미리 취득하여 청산소득에 대한 법인세 부담을 부당하게 회피하는 것을 방지하기 위한 것으로서 정당하고, 조세평등주의(실질과세원칙)에 어긋난다거나 합병법인의 재산권을 과도하게 침해한다고 보기 어렵다고 판시하였다.[24] ㉯ 대법원은, 위 구 법인세법 제80조 제2항이 포합주식의 취득으로 인하여 피합병법인의 청산소득이 부당히 감소되는 것을 적용요건으로 규정하지 않은 이상, 합병법인이 취득한 주식이 포합주식에 해당하는 경우, 그로인하여 피합병법인의 청산소득이 부당히 감소되었는지 여부에 관계없이, 구 법인세법 제80조 제2항의 적용대상이 된다고 판시하였다.[25]

③ 2010. 6. 8. 개정된 법인세법 시행령 제80조 제1항 제2호 가목 단서는, 합병법인이 합병등기일 전 취득한 포합주식이 있는 경우에는 이에 대하여 합병법인의 주식 등을 교부한 것으로 의제하여 피합병법인의 양도가액을 계산하도록 규정하였고, 이는 현재까지 유지되고 있다. 현행 법인세법 은, 합병법인의 포합주식에 대하여 합병법인의 주식 등이 교부되지 않은 경우, 합병법인이 포합주식을 취득한 시점 및 그 취득으로 인하여 피합병법인의 양도가액이 부당하게 감소되었는지 여부에 관계없이 합병법인의 주식 등을 교부한 것으로 의제한다.

(2) 순자산 장부가액

피합병법인의 순자산 장부가액은, 합병등기일 현재의 자산의 장부가액 총액에서 부채의 장부가액 총액을 뺀 가액을 말한다(법 44조 1항 2호). 여기서 자산·부채의 장부가액은 세법 상 유보를 반영한 취득가액을 의미한다. 국세기본법에 따라 환급되는 법인세액이 있는 경우 그 금액을 피합병법인의 순자산 장부가액에 더한다(시행령 80조 2항).

피합병법인이 회수불능인 채권[26]을 합병등기일이 속하는 사업연도까지 손금으로 계상

---

23) 대법원 1992. 5. 26. 선고 91누8449 판결
24) 헌법재판소 2007. 4. 26. 2005헌바83, 2009. 12. 29. 2007헌바78 결정
25) 대법원 2011. 5. 13. 선고 2008두14074 판결
26) 법인세법 시행령 제19조의2 제1항 제8호부터 제13호까지에 해당하는 채권

하지 않은 경우 그 대손금은 그 법인의 합병등기일이 속하는 사업연도의 손금으로 한다(시행령 19조의2 4항).[27] 이는 피합병법인이 회수불능채권을 대손금으로 처리하지 않은 데에 고의 또는 중대한 과실이 없다고 하더라도 마찬가지이다.[28] 위 경우 회수불능인 채권은 합병법인 단계에서 양도손익을 계산할 때 제거되어야 할 것이다.

📖 **일본 법인세법상 합병세제**

내국법인이 합병에 의하여 그 자산과 부채를 합병법인에게 이전한 때에는, 그 이전한 자산과 부채의 합병 시의 가액에 의하여 양도한 것으로 각 사업연도의 소득금액을 계산한다(일본 법인세법 62조 1항 전문). 이 경우, 합병에 의하여 자산 및 부채를 이전한 내국법인은, 합병법인으로부터 신주 등(합병법인이 합병으로 인하여 교부한 합병법인의 주식 기타 자산을 말한다)을 그 때의 가액으로 취득하여 즉시 그 신주 등을 해당 내국법인의 주주 등에게 교부한 것으로 한다(일본 법인세법 62조 1항 후문). 합병에 의한 피합병법인의 자산의 이전에 따른 양도이익 또는 양도손실은 피합병법인의 익금 또는 손금에 산입한다(일본 법인세법 62조 2항). 그리고 합병법인의 신주 등을 교부받은 주주들에 관하여는 의제배당소득이 발생한다(일본 법인세법 24조 1항 1호, 소득세법 25조 1항 1호).

2-1-2. 사업연도의 의제

피합병법인의 사업연도 개시일부터 합병등기일까지의 기간은 1사업연도로 의제된다(법 8조 2항). 따라서 피합병법인(실제로는 그 세법상 지위를 승계한 합병법인[29])은 합병등기일이 속하는 달의 말일부터 3개월 이내에 해당 사업연도에 대한 법인세의 과세표준과 세액을 신고·납부하여야 한다(법 60조 1항).[30] 피합병법인의 1사업연도로 의제되는 기간이 1년 미만인 경우, 그 기간이 1년일 경우로 환산한 과세표준에 법인세율을 적용한 금액이 법인세 산출세액이 된다(법 55조 2항).[31]

---

27) 구 법인세법 시행령(2005. 2. 19. 대통령령 제18706호로 개정되기 전의 것)하에서, 대법원 2015. 1. 15. 선고 2012두4111 판결은, 설령 피합병법인이 대손충당금을 설정하여 결산에 반영하였더라면 손금으로 인식되어 이월결손금이 발생하고, 그 이월결손금을 승계하지 못하는 합병법인이 이를 회피하고자 피합병법인으로 하여금 결산 이전에 대손충당금을 설정하지 아니하게 함으로써 여신전문금융회사의 금전채권을 장부가액으로 승계한 후에 비로소 자신이 대손충당금을 설정하여 합병법인의 손금으로 인식하더라도, 이를 위법행위로서 소득신고에 오류·탈루가 있는 경우에 해당한다거나 신의칙에 반하는 행위에 해당한다고 할 수 없다고 판단하였다.
28) 대법원 2017. 9. 7. 선고 2017두36588 판결
29) 국세기본법 제23조
30) 실무상 합병이 사실상 완료되는 시점인 합병기일(상법 523조 6호)은 상법상 합병의 효력이 발생하는 합병등기일(상법 530조 2항, 234조)과 일치하지 않는 경우가 있다. 이와 관련하여 행정해석은, 회사가 합병등기일 전에 합병한 경우 그 날부터 합병등기일까지 생기는 손익은 실질상 귀속되는 법인에게 과세한다고 정한다(기본통칙 4-0…9).
31) 서울행정법원 2017. 6. 1. 선고 2017구합52658 판결(피합병법인의 1사업연도로 의제되는 기간이 2016. 1.

2-2. 피합병법인의 주주

2-2-1. 합병법인 주식의 취득가액

(1) 법인 주주

피합병법인의 법인 주주가 받은 합병법인 주식의 취득가액은 ① 피합병법인 주식의 종전 장부가액에 의제배당금액(법 16조 1항 5호[32])을 더한 금액, 즉 합병대가에 ② 부당행위계산에 해당하는 합병으로 받은 이익(시행령 11조 9호)을 더한 금액에서 ③ 합병대가 중 '금전이나 그 밖의 재산가액', 즉 합병교부금 등을 뺀 금액이다(시행령 72조 2항 5호). 따라서 합병법인 주식의 취득가액은 그 주식의 **시가**(= ① − ③)에 **부당행위계산**으로 받은 이익(②)을 더한 금액이다.[33] 주주가 합병으로 주식을 취득하는데 소요된 부대비용은, 그 주식의 취득가액에 포함된다.[34]

(2) 개인 주주

피합병법인의 개인 주주가 합병대가로 취득한 합병법인 주식을 양도한 경우, 합병법인 주식의 실지거래가액인 취득원가는, 합병법인 주식의 가액('피합병법인의 주식을 취득하는데 든 총금액'에 의제배당금액을 더하고 합병교부금 등을 뺀 금액)[35]을, 합병으로 교부받은 합병법인의 주식수로 나눈 금액이다(소득세법 시행령 163조 1항 4호).[36] 거주자인 피합병법인의 주주가 부당행위계산에 해당하는 합병으로 받은 이익에 관하여 상속세나 증여세

1.부터 같은 달 6.까지 6일간인 사안), 서울고등법원 2017. 12. 15. 선고 2017누54267 판결, 대법원 2018. 4. 12. 선고 2017두76029 판결(심리불속행) ; 헌법재판소는 법인세법 제55조 제2항이 합헌이라고 결정하였다(헌법재판소 2021. 6. 24. 2018헌바44 결정). 제2편 제5장 제2절 1-1. 참조

32) 의제배당금액 = 합병대가(합병법인 주식의 가액 + 합병교부금 등의 가액) - 피합병법인 주식의 장부가액
위 식을 고치면 '피합병법인 주식의 장부가액 + 의제배당금액 − 합병교부금 = 합병법인 주식의 가액'이고, 의제배당금액을 계산할 때 합병법인 주식의 가액은 시가이다(시행령 14조 1항 1호 라목).

33) 입법론으로는 합병법인 주식의 취득가액은 그 시가로 정하고, 합병으로 분여받은 이익(시행령 11조 8호)과 의제배당의 조정을 통하여 이중과세를 피하는 것이 합리적이다. 제2편 제1항 제3절 1-2-8. 참조

34) 대법원 2014. 3. 27. 선고 2011두1719 판결. 합병으로 주식을 취득하는데 소요되는 부대비용은 법인세법 시행령 제72조 제2항 제5호에 취득가액의 구성요소로 규정되어 있지 않다. 그러나 대법원은 법인세법 제41조의 문언과 수익비용대응의 원칙을 이유로 합병으로 인한 주식취득의 부대비용도 그 주식의 취득가액에 포함된다고 판단하였다.

35) 피합병법인 주식의 취득가액+의제배당금액(= 합병대가 − 피합병법인 주식의 취득가액) − 합병대가 중 '금전이나 그 밖의 재산가액'(합병법인의 주식 외의 부분)을 뺀 금액 : 결국 합병대가가 피합병법인 주식의 취득가액을 초과하는 경우에는 합병법인 주식의 취득가액은 합병대가 중 합병법인 주식의 가액이 된다.

36) 피합병법인의 주주 등이 합병으로 취득한 합병법인의 주식을 양도한 경우 양도소득에 대한 세율의 결정기준이 되는 보유기간과 관련해서는 당초 피합병법인의 주식 등을 취득한 날을 주식의 취득일로 본다(소득세법 104조 2항 3호).

를 과세받은 경우에는,[37] 해당 상속재산가액이나 증여재산가액을 취득가액에 더한다(소득세법 시행령 163조 10항 1호).

2-2-2. 의제배당

(1) 합병대가가 피합병법인 주식 등의 취득가액을 초과하는 경우

피합병법인의 주주 등이 취득하는 합병대가가 피합병법인의 주식 등의 취득가액을 초과하는 경우, 그 초과금액은 의제배당으로 과세된다(법 16조 1항 5호, 소득세법 17조 1항 3호, 2항 4호).[38]

합병대가는, 합병법인으로부터 합병으로 인하여 취득하는 합병법인 또는 그 완전모회사의 주식 등의 가액과 금전, 기타 재산가액의 합계액이다(법 16조 2항 1호). 합병대가인 합병법인 주식 등의 가액은 취득 당시의 **시가**로 계산한다(시행령 14조 1항 1호 라목, 소득세법 시행령 27조 1항 1호 라목).[39] 한편, 피합병법인 주주의 의제배당을 계산할 때의 합병대가에는, 피합병법인의 양도소득을 계산할 때와 달리, ① 합병포합주식 등의 가액(시행령 80조 1항 2호 가목 단서), ② 합병법인이 납부하는 피합병법인의 법인세 등(시행령 80조 1항 2호 나목)이 포함되지 않는다(시행규칙 7조).

피합병법인의 주주는, 합병 전에 피합병법인의 주식을 합병법인 또는 제3자에게 양도함으로써 의제배당과세를 피하고 소득유형을 양도소득으로 전환할 수 있다.[40]

(2) 합병대가가 피합병법인 주식 등의 취득가액에 미달하는 경우

합병대가가 피합병법인 주식 등의 취득가액에 미달하는 경우, ① 법인 주주는, 현행 합병세제에 의하면, 종전 자산인 피합병법인의 주식을 상실하는(절대적 소멸) 대신 새로 합병법인의 주식을 배당받은 것으로 볼 수 있는데, 그 취득가액이 감소하였으므로, 그 차액

---

37) 법인세법 시행령은 부당행위계산에 해당하는 자본거래로 이익이 분여된 경우 상여·배당 등이 아니라 기타 사외유출로 처분하는 것으로 규정한다(시행령 106조 3호 자목). 그리고 상증세법은 자본거래로 받은 이익을 증여세 과세대상으로 규정한다(상증세법 38조 등).

38) 법인세법 시행령은 의제배당금액의 계산에 관한 조문에서 합병법인 주식의 취득가액을 규정하고, 여기에서 피합병법인 주식의 종전 장부가액 등을 차감하는 방법을 규정한 후, 뒤에서 의제배당금액의 계산과정에서 차감된 피합병법인 주식의 종전 장부가액 등을 가산함으로써 합병법인 주식의 취득가액을 환원시키는 구조를 취한다. 이 책에서도 그러한 순서에 따라 서술하기로 한다.

39) 부당행위계산에 해당하는 불공정한 비율에 의한 합병으로 분여받은 이익(시행령 88조 1항 8호)은 의제배당이 아닌 별도의 익금으로 과세되므로, 합병대가의 계산에서 차감된다.

40) 대법원 1991. 12. 24. 선고 91누2458 판결(피합병법인의 주주들이 피합병법인의 주식을 합병법인에 양도한 후 합병법인이 피합병법인을 합병한 사안). 다만, 국세기본법 제14조 제3항에 해당하는 경우에는 그 거래가 부인되어 재구성될 여지가 있다.

을 손금에 산입할 수 있다고 보아야 한다. 그리고 ② 개인 주주의 경우, 피합병법인 주식의 취득가액은, 합병법인 주식의 양도소득 계산 시 그 취득에 든 실지거래가액으로 인정된다 (소득세법 시행령 163조 1항 4호).

> ### 합병신주의 가액이 피합병법인 주식의 취득가액에 미달하는 경우의 처리
>
> 대법원 2011. 2. 10. 선고 2008두2330 판결은, 구 법인세법(1998. 12. 28. 개정 전) 하에서 피합병회사의 주주인 법인이 합병으로 피합병회사의 주식에 갈음하여 존속회사 또는 신설회사의 주식을 취득하는 경우, 그러한 피합병회사의 주식과 존속회사 또는 신설회사의 주식의 교체는 당해 법인이 자신의 의사에 따라 피합병회사의 주식을 처분하고 존속회사 또는 신설회사의 주식을 취득하는 것이 아니라, 피합병회사가 다른 회사와 합병한 결과 당해 법인이 보유하던 자산인 피합병회사의 주식이 존속회사 또는 신설회사의 주식으로 대체되는 것에 불과하므로, 합병교부주식의 시가가 합병구주의 취득가액에 미치지 못한다고 하더라도 그 차액은 자산의 평가차손에 불과하여 손금에 산입할 수 없다고 판시하였다.
>
> ① 1998년 개정 전의 구 법인세법은 합병에 관하여 지분풀링법과 매수법을 모두 허용하였고, 대부분의 합병은 지분풀링법에 따라 행해졌던 것으로 보인다. 이에 따라 구 법인세법하에서는 합병신주를 합병구주의 연속선상에 있는 자산으로 파악할 여지가 있었다. 그러나 현행 법인세법은 전면적으로 매수법(취득법)을 채택하여, 피합병법인이 자산과 부채를 합병법인에 이전하고 그 대가로 합병법인 주식을 받아(현물출자) 피합병법인의 주주에게 잔여재산으로 분배하는 구조를 토대로 합병세제를 구축하고 있다. ② 현행 법인세법은 비적격합병의 경우 합병교부주식의 취득가액을 시가로 인식하도록 규정하므로, 피합병법인의 주주가 새로 취득하는 자산의 가액이 종전에 보유하던 자산의 가액보다 낮게 된다면 그 차액은 손금에 산입되어야 한다. 이는 합병신주와 합병구주의 관계 또는 합병의 자본거래적 성격에 관한 논의와 별개의 문제이다. 자본거래로 인한 순자산감소의 손금불산입은 그 자본거래와 관련된 주식을 발행한 법인에 대한 것이고, 그 주식을 보유한 주주에게까지 적용되는 것이 아니다.[41] ③ 합병신주가 피합병법인 주식의 대체물이라는 논리는, 피합병법인의 청산소득과 피합병법인 주주의 의제배당소득을 계산할 때 합병대가인 합병법인 주식의 가액을 그 액면가액에 의하도록 규정한 1998년 개정 전의 구 법인세법하에서나 성립할 여지가 있고, 합병을 현물출자와 청산분배의 2단계 구조로 파악하는 현행세법에서는 채택하기 어렵다.[42]
>
> 따라서 현행세법상 합병법인 주식은 피합병법인 주식과 절연된 별개의 자산으로 보아야 하고, 합병대가인 합병법인 주식의 가액이 소멸한 피합병법인 주식의 장부가액보다 낮다면 그 차액은 피합병법인 주주의 손금에 산입되어야 한다.[43]

---

41) 어떤 주식과 관련된 자본거래로 인하여 그 발행법인의 순자산의 증감변동은 그 법인의 익금 또는 손금에 산입되지 않지만, 그로 인한 주식의 가액의 증감변동은 그 주주의 익금 또는 손금에 산입되어야 한다. 따라서 자본거래로 인한 손익의 미인식은 법인에 대하여만 편면적으로 적용된다. 제1장의 2 - 1. 참조.. 한편, 상법은 피합병법인의 주식에 대한 질권자에게 그 주식의 소유자가 합병대가로 받은 합병법인 주식에 대한 물상대위를 인정하지만(상법 530조 2항, 339조), 그것이 피합병법인 주주의 손금인식을 방해하는 이유가 될 수는 없다.

(3) 의제배당 계산방식의 문제점

현행세법은, 합병으로 인한 의제배당금액을 계산할 때 그 재원이 피합병법인의 이익잉여금인지 여부를 고려하지 않고, 납입자본의 반환까지 의제배당에 포함시킬 수 있으므로, 불합리하다.[44] 입법론으로는, ① 합병대가와 피합병법인 주식 취득가액의 차액을 피합병법인의 이익잉여금의 범위 내에서만 의제배당으로 과세하거나,[45] ② 합병대가 중 피합병법인의 이익잉여금에 해당하는 금액을 의제배당으로 과세하고, 이를 초과하는 부분은 피합병법인 주식의 양도손익으로 취급하는 것을 고려할 필요가 있다.[46][47]

(4) 합병을 위한 주식의 취득과 의제배당 여부

합병법인이 피합병법인의 주주로부터 그 주식을 매수한 후 피합병법인을 합병한 경우 피합병법인의 주주에게 지급한 금액이 실질적 합병대가의 지급으로서 의제배당에 해당하는지가 문제될 수 있다.[48] 이는 원칙적으로 국세기본법 제14조의 실질과세원칙에 따라 판

---

42) 현행 합병세제하에서 피합병법인의 주주에게 교부된 합병신주는 피합병법인의 청산에 따른 잔여재산 분배의 성격을 가지는데, 잔여재산 분배로 교부된 것이 금전인 경우 합병구주의 대체물이라고 볼 수 없고, 이는 잔여재산 분배로 합병신주가 교부된 경우도 마찬가지로 보아야 한다. 대법원 2013. 8. 23. 선고 2013두5791 판결은, 주식의 포괄적 교환에 따라 완전자회사가 되는 회사의 주주가 받는 완전모회사의 신주는 양도한 주식의 처분대가로 받는 새로운 자산이고, 종전에 보유하던 주식의 대체물이나 변형물이라고 할 수 없다고 판시하였다.

43) 그러나 이창희, 세법강의(2020), 649쪽 주) 91은 현행 법인세법에 관해서도 대법원 2008두2330 판결과 같이 해석하고, 김동수·황남석·이민규, 조직재편세제의 이론과 실무, 29~30쪽도 같은 취지로 보인다.

44) 피합병법인의 주주로 A, B(각 주식 1주씩 보유)가 있고, A, B가 받은 합병대가의 가액이 각각 100원, 합병 당시 피합병법인의 순자산이 200원(자본금 100원, 이익잉여금 100원), A의 피합병법인 주식 취득가액은 60원, B의 피합병법인 주식 취득가액은 40원인 경우, A, B가 받은 합병대가 중 50원씩은 피합병법인의 이익잉여금 중 각자의 몫에 해당하는 것으로 볼 수 있다. 위 경우 ① A에 대한 합병대가 100원과 A의 피합병법인 주식 취득가액 60원의 차액 40원은, 위 이익잉여금 50원의 범위 내에 있으므로, 그것으로부터 지급된 것으로 볼 수 있고, 의제배당소득으로 보더라도 문제가 없다. 이에 비하여 ② B에 대한 합병대가 100원과 B의 피합병법인 주식 취득가액 40원의 차액 60원 중 위 이익잉여금 50원을 초과하는 10원 부분은, 이익잉여금으로부터 유래한 것이 아니라 자본을 반환받은 것으로 보아야 하므로, 의제배당으로 취급하기에 부적합하다. ; 이중과세조정의 범위에 관한 문제점에 대하여는 김의석, "의제배당 과세에 있어서 적정 배당세액공제", 조세법연구 [22-1], 세경사(2016), 95쪽

45) 이창희, 세법강의(2020), 651쪽은 합병을 통하여 소멸하는 법인의 배당가능이익이 줄어드는 만큼 주주에게는 배당소득이 생기도록 해야 한다고 한다.

46) 제3장 제4절 2-2-4. (2) 참조

47) 이창희, 세법강의(2020), 651쪽은 합병을 통하여 소멸하는 법인의 배당가능이익이 줄어드는 만큼 주주에게 배당소득이 생기도록 해야 한다고 본다.

48) 합병법인이 피합병법인의 주식을 취득한 후 피합병법인을 합병한 경우, 피합병법인의 양도소득을 계산할 때, 합병법인이 피합병법인의 주식(포합주식)에 대하여 합병교부주식 등을 교부하지 않았더라도, 그 지분비율에 따라 합병교부주식 등을 교부한 것으로 간주하여 합병교부주식 등의 가액을 계산한다(시행령 80조 1항 2호 가목 단서). 그러나 위 경우 피합병법인의 주주가 합병 전에 피합병법인 주식을 양도하고 받은 금액을 의제배당으로 과세할 것인지에 관하여는 법인세법에 규정이 없다.

단되어야 할 것이다.[49]

2-3. 합병법인

2-3-1. 회계기준

합병은 사업결합의 한 방법에 해당한다.[50] 사업결합은 **취득법(acquisition method)**을 적용하여 회계처리한다.[51] 이에 의하면 결합참여기업 중 하나를 취득자로 식별한 후[52] 취득자는 취득된 자산과 인수된 부채를 취득일의 **공정가치**로 측정한다.[53] 이전대가는 취득자가 이전하는 자산, 피취득자의 이전 소유주에 대하여 부담하는 부채 및 취득자가 발행한 지분의 취득일의 공정가치 합계로 계산한다.[54] 이전대가의 취득일의 공정가치가 취득자산과 인수부채의 순액을 초과한다면 그 초과금액은 영업권(goodwill)으로 인식한다.[55] 후자의 금액이 전자의 금액을 초과한다면 취득 자산과 인수 부채를 정확하게 식별하였는지 재검토하고, 초과금액이 재검토 후에도 남는다면 염가매수차익을 인식한다.[56]

한편, **동일지배하(under common control)**의 사업결합[57]에 대하여는 K-IFRS 제1109호가 적용되지 않고,[58] 위 경우 일반기업회계기준[59]의 적용을 고려할 수 있다.[60]

---

49) ① 거래재구성을 부인한 사안으로 ㉮ 서울행정법원 2017. 10. 27. 선고 2017구합50416 판결), [서울고등법원 2018. 5. 11. 선고 2017누83746 판결(항소기각), 대법원 2018. 9. 13. 선고 2018두47127 판결(심리불속행), ㉯ 서울행정법원 2020. 9. 11. 선고 2019구합64068 판결, ② 거래재구성을 인정한 사안으로 서울행정법원 2020. 4. 23. 선고 2019구합59806 판결, 서울고등법원 2021. 4. 8. 선고 2020누41377 판결(항소기각), 대법원 2021. 8. 26. 선고 2021두38505 판결(심리불속행), ③ 조세심판원의 결정 중 ㉮ 거래재구성을 부인한 것으로 조심 2017중3134, 2017. 12. 4. 결정, ㉯ 거래재구성을 인정한 것으로 조심 2020부7928, 2020. 2. 15. 결정이 있다. 위 ㉯의 결정은, 청구법인이 자회사 주식을 합병법인에게 양도하고 얻은 양도차익이 실질적으로 합병에 따른 의제배당에 해당하므로, 수입배당금액 익금불산입 규정을 적용하여야 한다는 이유로 경정청구를 한 사건에 대한 것이다. 거래의 형식을 스스로 선택한 납세의무자가 경제적 실질에 따른 거래재구성을 주장하는 것은 원칙적으로 허용되지 않는다고 보아야 하는데(송동진·전병욱, "실질과세원칙과 거래의 재구성", 조세법연구 [29-1](2013), 93쪽), 위 결정은 이를 인정한 점에서 다소 이례적이다.

50) K-IFRS 1103호 적용지침 문단 B6, 일반기업회계기준 12장 문단 12.3

51) K-IFRS 1103호 문단 4, 일반기업회계기준 12장 문단 12.7

52) 취득자는 피취득자에 대한 지배력(control)을 획득하는 기업을 말한다(K-IFRS 1103호 문단 7, 일반기준 12장 문단 12.10). 법적 취득자인 지분을 발행하는 기업(합병법인)이 피취득자가 될 수도 있는데 이를 역취득(reverse acquisition)이라 한다.

53) K-IFRS 1103호 문단 18, 일반기업회계기준 12장 문단 12.20

54) K-IFRS 1103호 문단 37, 일반기업회계기준 12장 문단 12.27

55) K-IFRS 1103호 문단 12.32, 일반기업회계기준 12장 문단 32

56) K-IFRS 1103호 문단 12.33, 일반기업회계기준 12장 문단 34

57) 이는 합병의 경우 양 당사자인 법인들이 다른 법인에 의하여 공통적으로 지배되는 것을 말한다.

58) K-IFRS 1103호 문단 2 (3), B1

59) 일반기업회계기준 32장 : 지배·종속기업 간 합병의 경우, 종속기업의 자산·부채에 대하여 연결장부금액으로 인식한다(문단 32.9). 종속기업 간 합병의 경우 피합병기업의 연결장부금액과 그 대가로 지급하는

2-3-2. 피합병법인으로부터 승계한 자산의 취득가액

합병법인은 피합병법인의 자산을 합병등기일의 **시가**로 양도받은 것으로 본다(법 44조의2 1항). 합병법인이 합병으로 취득한 자산의 취득가액은 그 시가이다(시행령 72조 2항 3호 나목). 합병법인이 합병으로 취득한 자산의 취득가액은 피합병법인이 인식하는 합병대가(시행령 80조 1항)와 반드시 일치하지 않고 그보다 크거나 적을 수 있다.[61]

2-3-3. 합병매수차손(영업권)

(1) 합병매수차손의 손금산입

비적격합병(피합병법인의 자산을 시가로 양도받은 것으로 보는 경우)을 한 합병법인이, 피합병법인에게 지급한 **양도가액**이 피합병법인의 **순자산시가**[62]를 초과하는 경우(합병매수차손)로서,[63][64] '합병법인이 피합병법인의 상호·거래관계, 그 밖의 영업상의 비밀 등에 대하여 사업상 가치가 있다고 보아 그 대가를 지급한 경우'에는, 그 차액을 합병등기일부터 5년간 균등하게 나누어 손금에 산입한다(법 44조의2 2항, 시행령 80조의3 2항).[65][66]

금액의 차이는 자본잉여금으로 반영한다(문단 32.10).

60) K-IFRS 1008호 문단 10~12

61) 이는 현물출자의 속성을 포함하는 자본거래에 공통된 문제이다. 현물출자에 관하여는 제2장 제2절 3-2. 참조

62) 피합병법인의 합병등기일 현재의 자산총액에서 부채총액을 뺀 금액

63) 가령 합병법인 A가 피합병법인 B(자산의 장부가액 100원, 시가 150원, 부채의 장부가액 및 시가 50원)를 합병하는 대가로 B의 주주 乙에게 A의 주식 2주(발행주식의 액면금 합계 80원, 발행 당시의 1주당 시가 100원)를 발행한 경우(피합병법인의 법인세 10원)의 세법상 분개는 다음과 같다.

(차)	자 산	150	(대)	부 채	50
	합 병 매 수 차 손	110		미 지 급 법 인 세	10
				자 본 금	80
				주식발행액면초과액	120

64) 합병법인이 피합병법인의 주식 100%를 취득한 후 합병을 하면서 합병신주를 발행하지 않은 경우, 피합병법인에게 지급한 양도가액이 없으므로, 합병매수차손이 생기지 않는다. 법원은, 2009. 12. 31. 개정 이전의 구 법인세법이 적용되는 위와 같은 사안에서 합병법인이 피합병법인의 주식을 취득하면서 지급한 금액은 영업권의 대가로 볼 수 없다는 이유로 합병법인이 계상한 영업권의 감가상각을 부인하였다. 서울행정법원 2016. 10. 7. 선고 2015구합78588 판결, 서울고등법원 2017. 2. 7. 선고 2016누72909 판결(항소기각), 대법원 2017. 7. 11. 선고 2017두39457 판결(심리불속행)

65) 이 경우 합병등기일이 속하는 사업연도부터 합병등기일부터 5년이 되는 날이 속하는 사업연도까지 다음 산식에 따라 계산된 금액이 각 사업연도의 손금에 산입된다(시행령 80조의3 3항, 1항).

$$손금산입금액 = 합병매수차손 \times \frac{해당\ 사업연도의\ 월수}{60}$$

66) 법인세법 시행령은 감가상각 대상인 영업권에서 합병 영업권을 제외하지만(시행령 24조 1항 2호 가목), 감가상각 대상인 영업권의 손금산입기간인 내용연수도 합병매수차손의 손금산입기간과 마찬가지로 5년이

합병매수차손은, 합병법인이 승계한 피합병법인의 사업 중에서 개개의 자산·부채의 가액을 초과하는 금액으로서, 감가상각대상 무형자산인 영업권(시행령 24조 1항 2호 가목)과 실질적으로 그 성질을 같이한다. 다만, 감가상각되는 영업권의 경우 일정한 한도 내에서 손금의 계상 여부 및 계상액의 선택이 가능하지만(임의상각), 합병매수차손은 5년 내에 정해진 기준에 따라 일률적으로 손금산입되는 점에서 차이가 있을 뿐이다.

(2) 영업권의 인정요건 및 범위

(가) 영업권의 인식요건

'합병법인이 피합병법인의 상호·거래관계 등에 대하여 사업상 가치가 있다고 보아 대가를 지급한 경우'(시행령 80조의3 2항)는 실질적으로 세법상 영업권의 인식요건을 의미한다.[67)68)]

대법원은 일찍이, 영업권이란 '동종의 사업을 영위하는 다른 기업이 올리는 수익보다 더 큰 수익을 올릴 수 있는 초과수익력'을 의미하는 것이라고 보았다.[69)] 그리고 대법원은, 2009. 12. 31. 개정 전의 법인세법[70)]이 적용되는 사안에서 '영업권 가액을 합병평가차익으로 과세하기 위해서는 합병법인이 피합병법인의 상호 등을 장차 초과수익을 얻을 수 있는 무형의 가치로 인정하여 그 사업상 가치를 평가하여 대가를 지급한 것'으로 볼 수 있어야 한다고 판시하였다.[71)72)]

다(시행령 28조 1항 1호, 시행규칙 15조 2항 및 별표 3).

67) 미국 세법은 영업권(goodwill)을 감가상각이 가능한 무형자산으로 규정하면서도 영업권에 관한 정의규정을 두지 않고 있다[IRC § 197(d)(1)(A)]. 재무부 규칙은 영업권을 '지속적인 고객의 애호의 기대에 귀착되는 사업의 가치'(the value of a trade or business attributable to the expectancy of continued customer patronage)로 규정한다[Treas. Reg. § 1.197−2.(b)(1)]. 이는 영업권의 정의에 관한 미국 법원의 판례를 반영한 것이다[김현동, "법인세법상 영업권에 관한 문제의 고찰", 세무학연구 제28권 제3호(2011. 9.), 84쪽].

68) 일본 세법은 비적격합병의 경우 합병대가가 합병법인이 승계한 순자산의 시가를 초과하는 때에는 자산조정계정으로 처리하는 것으로 규정하는데(일본 법인세법 62조의8 1항), 이러한 자산조정계정은 영업권에 해당한다. 법인세법 기본통달 7−1−5는 영업권을 '등록, 인가, 허가, 할당 등의 권리를 취득하기 위하여 지출한 비용'으로 규정한다. 영업권의 개념에 관한 일본의 통설은 초과이익설이다[김현동, 앞의 글, 85쪽].

69) 대법원 1985. 4. 23. 선고 84누281 판결

70) 2009. 12. 31. 개정 전의 구 법인세법은, 합병법인이 피합병법인으로부터 자산을 평가하여 승계한 경우 그 자산의 가액 중 피합병법인의 장부가액을 초과하는 부분을 합병평가차익으로 과세하고(구 법인세법 17조 1항 단서, 구 법인세법 시행령 15조 2항, 12조 1항 1호), 합병법인이 계상한 영업권은 「합병법인이 피합병법인의 자산을 평가하여 승계한 경우로서 피합병법인의 상호·거래관계 기타 영업상의 비밀 등으로 사업상의 가치가 있어 대가를 지급한 것」에 한하여 감가상각자산으로 한다고 규정하였다(구 법인세법 시행령 24조 4항).

71) 대법원 2018. 5. 11. 선고 2015두41463 판결

72) 상증세법 제39조 제2항에 따른 영업권의 계산식에서 차감되는 '(평가기준일 현재의 자기자본 × 1년만기정기예금이자율을 감안하여 기획재정부령이 정하는 율)'은, 자기자본의 최소 기회비용으로서, 엄밀하지는 않지만 동종의 영업을 하는 다른 기업의 일반적 수익과 대응하는 것으로 볼 수 있고, 위 계산식은 초과수익

세법상 합병과 관련한 영업권은, ① 피합병법인의 영업의 가액 중에서 개개의 자산·부채의 합계금액을 초과하는 부분{= ㉮ 상호, 고객관계 등 별도의 무형자산으로 인식·측정되지 않은 것(자산 미인식 항목)[73] + ㉯ 피합병법인의 영업의 계속기업가치[피합병법인의 자산들로부터 생기는 **내부적 시너지**(synergy, 통합증분) 등]}과 ② 피합병법인의 영업과 합병법인의 영업의 **결합**으로 인한 **시너지**의 가액 등으로 구성된다고 보는 것이 합리적이다.[74] 위 구성요소들은, 반드시 피합병법인이 동종 사업을 영위하는 다른 기업의 일반적 수익('정상수익')을 초과하는 수익을 올리는 경우에만 존재하는 것이 아니고, 피합병법인이 정상수익만을 올리고 있더라도 존재할 수 있다. 그리고 위 구성요소들은 경제적 합리성을 가진 것이므로, 합병법인이 이를 자산으로 인식하여 손금에 산입할 수 있도록 할 필요가 있다. 그런데 만약 대법원 판례와 같이 영업권을 초과수익력으로 파악한다면, 정상수익만을 올리는 법인과의 합병으로 인한 합병매수차손은 영업권으로 인식될 수 없어 손금산입의 길이 막히게 되므로 매우 불합리하다. 따라서 현행 법인세법의 해석상 영업권은, 초과수익력 여부와 관계없이, 합병매수차손 중에서 위 구성요소(①, ②)에 해당하는 금액으로 보는 것이 타당하다.[75] 그리고 만일 피합병법인이 동종 기업에 비하여 초과수익을 올리고 있다면, 이는 위 ①, ②의 영업권 구성요소의 존재를 인정할 수 있는 유력한 근거가 되므로, 초과수익 여부는 그러한 판단에 활용하면 족하다.

영업권의 요건인 '**사업상 가치**가 있다고 보아 그 대가를 지급한 경우'[76]란, 위 영업권 구성요소(①, ②)의 존재를 전제로 이를 고려하여 거래조건이 결정된 경우를 말한다고 해석하면 족하다. 다만, 기업회계기준에 따라 합병매수차손이 산출된다는 사정만으로 곧바로 그러한 경우에 해당한다고 단정할 수는 없다.[77] 합병 당시 피합병법인이 누적된 결손

력을 기준으로 영업권의 가액을 산정하는 입장으로 보인다. 다만, 위 계산식은 특정한 한 법인의 영업권을 측정하기 위한 것이고, 합병에 따라 복수의 영업이 통합되는 경우의 영업권을 측정하기에는 부적절하다.

73) 합병법인 단계에서 무형자산으로 인식되는 것은 제외된다.

74) K-IFRS 1103호 결론도출근거의 문단 BC 313~316 : 국제회계기준은 위 구성요소들 중에서, ① ㉯ 피합병법인의 영업의 계속기업가치와 ② 사업결합으로 인한 시너지 효과를 핵심 영업권(core goodwill)이라고 본다.

75) 김현동, 앞의 글, 76~86쪽은, ① 종합평가설[영업권은 인식되지 못한 자산(항목화하거나 분리하여 가치를 평가할 수 없는 자산들)과 측정오차로 구성된다]과, ② 시너지효과설[영업권은 피취득회사와 취득회사 간의 상호관계를 통한 시너지효과를 의미한다]의 상호보완으로 영업권의 개념을 설명하는 것이 타당하다고 한다.

76) 위 요건은 1998. 12. 31. 법인세법 시행령의 개정 시에 세법상 영업권을 제한적으로 인정하기 위하여 도입되었다.

77) 대법원은, 구 법인세법에 의한 종전 합병세제가 적용되는 사건에서, "법인 합병의 경우 영업권 가액을 합병평가차익으로 과세하기 위해서는 합병법인이 피합병법인의 상호 등을 장차 초과수익을 얻을 수 있는 무형의 재산적 가치로 인정하여 그 사업상 가치를 평가하여 대가를 지급한 것으로 볼 수 있어야 한다. 이때 사업상 가치의 평가 여부는 합병의 경위와 동기, 합병 무렵 합병법인과 피합병법인의 사업 현황, 합

금으로 인하여 자본잠식 상태에 있고, 향후 사업이 호전될 전망도 보이지 않는 때에는, 영업권을 인정하기 어려운 경우[78]가 많을 것이다.

(나) 영업권의 구체적 가액

합병매수차손 중에 영업권의 요소가 존재하는 경우 영업권의 구체적 가액을 어떻게 측정할 것인지가 문제된다. 이는 당해 사건에 나타난 제반 사정을 종합하여 판단하여야 할 문제이다.[79]

① 상장법인이 합병당사회사인 경우

합병당사회사의 전부 또는 일부가 상장법인이어서 합병비율이 자본시장법 등의 관계규정에 따라 정해진 경우에는, 그 관계규정 자체가 어느 정도 위와 같은 영업권 요소의 존재 여부 및 금액을 합병비율에 반영하는 기능을 하므로, 그 관계규정이 영업권 요소의 존재 여부에 대한 판단을 그르치거나 그 가액을 부당하게 과대평가하는 결과를 야기하게 할 만한 특별한 사정[80][81]이 없는 한, 그 관계규정에 따라 합병매수차손이 산출되는 경우에는 영업권의 존재가 인정될 수 있고, 나아가 그 합병매수차손은 영업권의 금액으로 인정될 수 있을 것이다.[82][83]

② 비상장법인 간의 합병

비상장법인 간의 합병의 경우, 합병비율을 정하는 기준이 되는 주식의 시가로 볼 만한 가액이 없는 때에는, 보충적 평가방법으로 주식의 가액을 산정하여야 한다. 이 경우 주식

병 이후 세무 신고 내용 등 여러 사정을 종합하여 객관적으로 판단하여야 하고, 기업회계기준에 따라 영업권이 산출된다는 것만으로 이를 추단할 수 없다."고 한다(대법원 2018. 5. 11. 선고 2015두41463 판결).

78) 대법원 2018. 5. 11. 선고 2015두41463 판결, 대법원 2018. 5. 11. 선고 2017두43173 판결

79) 대법원은, 영업권을 초과수익력으로 보면서, 구체적 사건에서 일단 영업권의 존재가 인정되는 경우에는 합병법인이 영업권으로 계상한 금액 전부를 영업권으로 인정해왔다(대법원 1993. 12. 14. 선고 93누11395 판결, 대법원 2007. 10. 16. 선고 2007두12316 판결, 대법원 2012. 5. 29. 선고 2012두1044 판결). 이는 합병법인이 계상한 영업권 중 초과수익력과 관련된 금액을 따로 가려내는 것이 곤란하기 때문으로 보인다.

80) 피합병법인의 결손이 누적되어 계속기업가치가 거의 남아 있지 않은 경우에는 관계규정에 의하여 산출된 합병비율이 영업권의 존부 및 가액을 제대로 나타낸다고 보기 어려울 수 있다.

81) 대법원은, 피합병법인이 계속적으로 결손을 기록하여 자본잠식 상태가 지속되고, 도산의 우려가 있는 상태에서 피합병법인의 위기를 넘기기 위하여 재무구조가 건전한 합병법인이 피합병법인을 합병하고 회계상 영업권을 계상하였으나, 영업권의 감가상각을 부인하는 세무조정을 한 사안(동부하이텍 사건)에서 영업권을 인정하지 않았다(대법원 2018. 5. 11. 선고 2015두41463 판결).

82) 대법원 2012. 5. 9. 선고 2012두1044 판결, 대법원 2018. 5. 11. 선고 2017두54791 판결

83) 대법원 2018. 5. 11. 선고 2017두54791 판결은, 코스닥상장법인인 원고가 비상장법인을 흡수합병한 경우, 합병비율에 관하여는 증권거래법 등 관련 규정을 따라야 하고, 무형적 자산에 대한 가치평가액을 전체 합병대가에서 순자산가액을 공제한 가액으로 적절히 정하는 것이 가능하므로, 세법상 영업권으로 인정하기 위해서 반드시 합병대가 산정 시 별도의 적극적인 초과수익력 계산 과정이 수반되어야 하는 것은 아니라고 보았다.

의 가액은 1주당 순손익가치와 1주당 순자산가치의 가중평균금액으로 정해지는데, 순자산 가치의 계산과 관련하여 상증세법 시행령 제59조 제2항의 보충적 평가방법에 의한 영업권 가액[84][85]은 법인의 자산가액에 가산된다(시행령 55조 3항). 위와 같이 정해진 합병비율에 따라 산출되는 합병매수차손이 있는 경우, 그것이 부적당하다는 입증이 없는 한, 그 금액 은 영업권의 금액으로 인정될 여지가 있다. 다만, 상증세법 시행령 제59조 제2항의 계산식 은 피합병법인의 영업에 포함된 기존 영업권만을 산정하는 것일 뿐, 합병당사법인의 영업 의 통합으로 인하여 새로 발생하는 시너지 효과를 반영하지 못하므로, 합병에 따른 영업권 이 반드시 위 계산식에 따라 산정된 금액에 한정된다고 볼 것은 아니다.[86][87]

---

84) 영업권의 평가는 다음 산식에 의하여 계산한 초과이익금액을 평가기준일 이후의 영업권지속연수(원칙적으로 5년으로 한다)를 감안하여 기획재정부령이 정하는 방법에 의하여 환산한 가액에 의한다(상증세법 시행령 59조 2항 본문).
   [최근 3년간*의 순손익액의 가중평균액의 100분의 50에 상당하는 가액 - (평가기준일 현재의 자기자본 ×10%**)]
   * 3년에 미달하는 경우에는 당해 연수로 하고, 제55조 제3항 제2호 각 목에 모두 해당하는 경우에는 개인 사업자로서 사업을 영위한 기간을 포함한다.
   ** 상증세법 시행규칙 제19조 제1항
85) 상증세법 시행령 제59조 제2항에 규정된 영업권의 계산식은, 특정한 한 법인의 영업 내에 존재하는 영업 권을 측정하기 위한 것으로서, 합병으로 인한 시너지 효과를 고려하지 못하므로, 합병에 따라 여러 법인의 복수 영업이 통합되는 경우의 영업권을 측정하기에 적절하지 않다.
86) A 비상장법인과 B 비상장법인의 합병이 합병하는데, B의 총발행주식이 10주이고 1주당 순자산가액이 100원[= (개별적 순자산의 가액 800원 + 영업권 200원)×1/10], 순손익가치가 110원이고, 양자가 3 : 2의 비율로 가중평균되는 경우, B 주식의 1주당 가액은 106원[= (100원×2+110원×3)/5]이 되고, B 주식의 총 가액은 1,060원이 된다. 만일 A가 합병에 따른 양도대가로 1,060원을 지급하였다면 위 금액과 B로부터 승계한 순자산시가 800원의 차액인 260원은 일반적으로 영업권으로 인정될 것이다. 한편, A가 양도대가로 1,100원을 지급하였다면, 그중 B 주식의 시가 1,060원을 초과하는 40원 부분이 합병매수차손(영업권)인지가 문제된다. A가 지급한 양도대가 1,100원 중 B로부터 승계한 순자산의 시가 800원을 초과하는 300원에는 B 법인의 영업(자산·부채)에 결합된 영업권의 가액 200원이 포함되어 있을 것이고, 나머지 100원 부분도 시너지에 따른 가치상승을 반영한 것일 가능성이 있다. 따라서 합병법인 A가 지급한 양도대가가 보충적 평가방법에 따라 산정되는 B 주식의 가액을 초과한다고 하더라도, 그 초과하는 금액이 시너지 효과와 무관한 부분이 포함되어 있다고 볼 정도로 현저히 크지 않는 한, 위 양도대가에 영업권이 아닌 부분이 포함되어 있다고 쉽게 단정하기는 어려울 것이다.
87) 합병과 관련하여 총 3개의 영업권이 등장한다. 첫째로, 합병법인의 영업에 포함된 내부창출 영업권은 합병 법인의 자산으로 인식·표시되지 않지만, 합병으로 생기는 시너지 효과에 기여한다. 둘째로, 피합병법인의 영업권은 합병대가 중 피합병법인의 순자산 가액을 초과하는 부분의 전부 또는 일부를 구성한다. 셋째로, 두 합병당사법인의 영업들의 통합으로 발생한 영업권(시너지)이 있다. 합병법인이 지급하는 양도대가는 일반적으로 둘째와 셋째 영업권의 전부 또는 일부를 반영한다. 합병에 따른 시너지 효과는 합병법인의 영 업과 피합병법인의 영업 모두의 기여로 발생한 것이므로, 그 중 어느 만큼을 피합병법인의 영업의 기여로 인한 것으로 보아 합병대가에 고려할 것인지는 합병당사법인의 합의에 의하여 정해질 것이다.

📖 **구 합병세제에 따른 합병평가차익과 영업권**

2009. 12. 31. 개정 전의 구 법인세법은, 합병법인에 대하여, 합병법인이 피합병법인으로부터 자산을 평가하여 승계한 경우 그 자산의 가액 중 피합병법인의 장부가액을 초과하는 부분을 합병평가차익으로 과세하되(구 법인세법 17조 1항 단서, 구 법인세법 시행령 15조 2항, 12조 1항 1호), 합병평가차익 중 사업용 유형고정자산(토지 및 건물 등)에 대한 부분에 관하여 손금에 산입하는 방법으로 일정한 과세이연을 인정하였다(구 법인세법 44조 1항). 한편, 구 법인세법은 합병법인이 계상한 영업권은 「합병법인이 피합병법인의 자산을 평가하여 승계한 경우로서 피합병법인의 상호·거래관계 기타 영업상의 비밀 등으로 사업상의 가치가 있어 대가를 지급한 것」에 한하여 감가상각자산으로 한다고 규정하였다(구 법인세법 시행령 24조 4항). 여기서 합병법인이 과세이연요건[88]을 충족하는 합병에 따라 회계상 계상한 영업권이 합병평가차익으로서 익금에 해당하는지 여부가 문제되었다.

이와 관련하여 대법원은, "법인 합병의 경우 영업권 가액을 합병평가차익으로 과세하기 위해서는 합병법인이 피합병법인의 상호 등을 장차 초과수익을 얻을 수 있는 무형의 재산적 가치로 인정하여 그 사업상 가치를 평가하여 대가를 지급한 것으로 볼 수 있어야 한다. 이때 사업상 가치의 평가 여부는 합병의 경위와 동기, 합병 무렵 합병법인과 피합병법인의 사업 현황, 합병 이후 세무 신고 내용 등 여러 사정을 종합하여 객관적으로 판단하여야 하고, 기업회계기준에 따라 영업권이 산출된다는 것만으로 이를 추단할 수 없다."고 판시하였다[대법원 2018. 5. 11. 선고 2015두41463 판결(동부하이텍 사건)].

이에 따라 대법원은, ① 합병법인이 거액의 결손을 기록하여 자본잠식에 따른 상장폐지의 가능성이 있었던 반면, 피합병법인이 상당한 당좌자산을 보유하면서 높은 영업이익률을 보였고, 합병법인이 합병 후 회계장부에 계상한 영업권을 세법상으로도 자산으로 처리하여 그에 따른 감가상각비를 손금에 산입한 사건에서는 세법상 영업권이 존재한다고 볼 여지가 크다고 보았으나[대법원 2018. 5. 11. 선고 2017두54791 판결(로켓모바일 사건)], ② 합병법인이 합병에 따라 회계상 계상한 영업권을 세법상 자산으로 보지 않고 감가상각비를 계상하지 않은 사건들에서는 영업권에 해당하지 않는다고 판단하였다(대법원 2018. 5. 11. 선고 2015두41463 판결 등).

이러한 대법원 판례는, 과세이연요건이 충족되는 경우 합병법인에 관하여 합병평가차익인 영업권을 인정하여 과세하는 것은 토지 등과의 형평에 맞지 않고 일관성을 결여하여 바람직하지 않으므로, 구 법인세법 시행령 제24조 제4항의 영업권 요건을 엄격하게 해석한 것으로 보인다.[89]

---

88) 구 법인세법 제44조 제1항 제1호(합병등기일 현재 1년 이상 계속하여 사업을 영위하던 내국법인 간의 합병일 것) 및 제2호(피합병법인의 주주 등이 합병법인으로부터 합병대가를 받는 경우에는 그 합병대가의 총합계액 중 주식 등의 가액이 95% 이상일 것)의 요건 등

89) 대법원 2018. 5. 11. 선고 2015두41463 판결에 대한 해설인 이의영, "구 법인세법상 합병 시 영업권 가액을 합병평가차익으로 과세하기 위한 요건", 대법원판례해설 제116호(2018), 116~121쪽

(3) 합병매수차손의 손금산입금액

합병매수차손이 영업권의 요건을 충족하는 경우, 합병등기일이 속하는 사업연도부터 합병등기일부터 5년이 되는 날이 속하는 사업연도까지, 다음 산식에 따라 계산된 금액이 각 사업연도의 손금에 산입된다(시행령 80조의3 3항, 1항).

$$\text{손금산입금액} = \text{합병매수차손} \times \frac{\text{해당 사업연도의 월수}}{60}$$

2-3-4. 합병매수차익

비적격합병을 한 합병법인이 합병과 관련하여 지급한 양도가액이 피합병법인의 순자산 시가보다 적은 경우, 그 차액은 합병등기일부터 5년간 균등하게 나누어 익금에 산입한다(법 44조의2 2항).[90]

📖 **현물출자와 합병의 비교-영업권, 합병매수차손 그리고 합병매수차익의 관계-**

현물출자에는 개별 자산의 출자와 여러 자산과 부채로 구성된 영업의 출자가 있다. 합병법인이 피합병법인의 자산과 부채를 포괄승계하는 대가로 합병신주를 발행하는 경우, 합병은 현물출자의 요소를 포함하고, 특히 영업의 현물출자에 가깝다.[91]

개별 자산을 현물출자받은 경우 법인은 출자받은 자산의 가액만큼 자본증가를 인식하지만, 영업을 현물출자받은 법인 또는 합병법인은 출자대가 또는 합병대가로 발행한 주식의 가액만큼 자본증가를 인식한다. 이에 따라 법인이 출자받은(승계한) 자산의 가액과 발행한 주식의 가액의 차액 상당의 손익을 인식할 것인지 여부가 달라진다. 이에 관하여 예를 들어 설명하면 다음과 같다.

1. 취득한 자산 또는 순자산의 가액이 120원이고, 발행주식의 가액이 150원(자본금 100원)인 경우
   ① 개별 자산의 현물출자(고가취득)

   | (차) | 자산 | 120 | (대) | 자본금 | 100 |
   | | | | | 주식발행액면초과액 | 20 |

   법인은 현물출자로 받은 자산의 가액만큼 자본의 증가를 인식하고, 자산의 가액과 발행주식의 가액의 차액을 손실로 인식하지 않는다(법 19조). 주식발행액면초과액은 자산의 가액에서 출발하여 자본금을 차감함으로써 산출되고, 현물출자로 발행하는 주식의 가액은 고려되지 않는다.

---

90) 이 경우 합병등기일이 속하는 사업연도부터 합병등기일부터 5년이 되는 날이 속하는 사업연도까지 다음 산식에 따라 계산된 금액이 각 사업연도의 익금에 산입된다(시행령 80조의3 1항).

$$\text{익금산입금액} = \text{합병매수차익} \times \frac{\text{해당 사업연도의 월수}}{60}$$

91) 1 - 2. (3) 참조

② 영업의 현물출자(고가취득) 및 합병(고가취득)

(차)	순자산	120	(대)	자본금	100
	영업권[92]	30		주식발행액면초과액	50

위 경우 영업권은 일반적으로 주식의 가액에서 출발하여 계산된다. 영업의 현물출자로 인하여 법인이 인식한 무형자산인 영업권은 감가상각으로 손금에 산입되고, 합병에 따른 영업권은 이후 합병매수차손으로 손금에 산입된다. 영업권의 감가상각비 또는 합병매수차손은 현물출자 또는 합병 자체로 인하여 발생한 것이라기보다는 현물출자 또는 합병으로 법인이 취득한 영업권이라는 무형자산이 현물출자 또는 합병 이후의 단계에서 손금화한 것이므로, 자본거래로 인하여 법인이 손익을 인식하지 않는다는 원칙을 벗어나지 않는다.

2. 취득한 자산 또는 순자산의 가액이 150원이고, 발행주식의 가액이 120원(자본금 100원)인 경우
   ① 개별 자산의 현물출자(저가취득)

(차)	자 산	150	(대)	자본금	100
				주식발행액면초과액	50

법인은 출자자로부터 출자받은 자산의 가액에 관하여 손익을 인식하지 않는다(법 15조, 17조). 법인은 현물출자받은 자산의 가액만큼 곧바로 자본의 증가를 인식하므로,[93] 법인이 현물출자자에게 발행하는 주식의 가액은 그 법인에 관하여는 별다른 의미를 갖지 않고, 출자자의 양도소득을 계산할 때 고려될 뿐이다.

② 합병(저가취득)

(차)	순자산	150	(대)	자본금	100
				주식발행액면초과액	30
				합병매수차익	20

합병법인이 취득한 순자산의 가액이 발행한 합병신주의 가액보다 큰 경우, 피합병법인의 자산 및 부채에 영업권이 있는지 여부는 고려되지 않는다. 위 경우 합병법인이 피합병법인으로부터 이전받은 자산 중 합병법인이 발행한 주식의 가액을 초과하는 부분은 익금으로 인식된다. 이는 법인이 자본거래로 인한 손익을 인식하지 않는다는 원칙에 대한 예외를 이룬다. 한편, 세법은 합병법인이 교부한 합병대가의 가액이 승계한 피합병법인의 순자산을 초과하는 경우, 합병매수차손을 인정하지만, 이는 합병을 합병법인의 관점에서 손익거래로 본 것이라기보다는, 합병에 따라 인식된 영업권의 비용화 효과에 불과하다. 따라서 합병신주의 가액이 피합병법인으로부터 승계한 순자산의 가액보다 높은 경우 합병매수차손을 인식한다고 하여 그 반대의 경우 당연히 합병매수차익이 인정되어야 한다는 결론이 도출되지는 않는다. 즉, 합병매수차손과 합병매수차익은 그 명칭과 달리 반드시 짝을 이루는 것이 아니다. 입법론으로는 위 사안의 경우 자본거래의 원칙으로 돌아가 합병법인의 주식발행액면초과액을 50으로 처리하여 합병매수차익이 발생하지 않도록 하는 것도 가능하다.

---

92) 영업권이 존재하고 부당행위계산에 해당하지 않는 경우를 가정한다.
93) 제2장 제2절 3-1. 참조

2-3-5. 합병차익

합병차익은, '합병법인이 피합병법인으로부터 승계한 재산의 가액'이, '피합병법인으로부터 승계한 채무액, 피합병법인의 주주에게 지급한 금액과 합병법인의 자본금증가액(흡수합병) 또는 자본금(신설합병)'을 초과하는 금액을 말한다(법 17조 1항 5호). 합병차익은, '합병법인이 승계한 피합병법인의 순자산 가액에서 합병교부금을 뺀 금액'에서 다시 '합병교부주식의 액면금액(존속하는 법인의 자본금증가액 또는 신설된 법인의 자본금)'을 뺀 것이므로, ① 합병교부주식의 시가 중 그 액면금액을 초과하는 금액[주식발행액면초과액(자본잉여금)]과 ② 합병매수차익[94]을 포함한다.[95] 합병차익 중에서 ① 자본잉여금에 해당하는 부분은 자본거래로 인한 것이므로 익금에 속하지 않고(법 17조 1항 5호 본문),[96] ② 합병매수차익에 해당하는 부분은 익금에 해당한다(법 17조 1항 5호 단서).

비적격합병의 경우, 합병차익 중 피합병법인의 이익잉여금 및 미실현이익 등에 해당하는 부분은 불완전하나마 피합병법인의 주주에 대한 의제배당으로 과세된다.[97] 이를 고려하여 법인세법은, 비적격합병에 따른 합병차익이 자본금에 전입되는 경우에는 주주의 의제배당으로 과세하지 않는다.[98]

---

94) 피합병법인으로부터 승계한 순자산의 가액이 합병신주의 시가(액면금액+주식발행액면초과액)에 미달하는 경우에는 합병매수차손이 발생한다(시행령 80조의3 3항).

95) 합병법인이 피합병법인의 시가 150원인 순자산[자산 250원, 부채 100원]을 승계하고 합병대가로 합병법인의 시가 120원인 주식(액면금액 100원)을 발행한 경우, 합병차익은 50원이고, 그중에서 20원은 주식발행액면초과액, 30원은 합병매수차익이다. 만일 위 경우에 합병대가로 합병교부금 10원이 추가로 교부되었다면 합병차익은 40원이고, 그중에서 20원은 주식발행액면초과액, 20원은 합병매수차익이다.

96) 2011. 4. 14. 개정 전의 구 상법 제459조 제1항 제3호는 합병차익('회사합병의 경우에 소멸된 회사로부터 승계한 재산의 가액이 그 회사로부터 승계한 채무액, 그 회사의 주주에게 지급한 금액과 합병 후 존속하는 회사의 자본증가액')을 자본준비금으로 적립하여야 한다고 규정하였다. 이와 달리 현행 상법은 자본준비금으로 적립할 자본잉여금을 직접 규정하지 않고 회계기준에 위임한다(상법 459조 1항, 상법 시행령 18조, 15조). 기업회계기준에 의하면 합병으로 인한 자본잉여금은 합병신주의 시가에서 자본금(액면총액)을 뺀 금액으로 보아야 할 것이다(K-IFRS 1103호 문단 37, 일반기준 12장 문단 12.27). 상법학계의 일반적 견해는 합병차익을 합병법인의 자본준비금으로 적립되어야 하는 자본잉여금으로 본다[주석 상법 회사(4)(459조), 328쪽 ; 김건식 · 노혁준 · 천경훈, 회사법(2020), 572쪽].

97) 엄밀하게 하자면, 피합병법인의 주주가 받은 합병대가에서 피합병법인 주식에 상당하는 자본(자본금 및 자본잉여금)을 차감한 금액을 의제배당으로 과세하여야 하지만, 현행세법은 합병대가에서 피합병법인 주식의 취득에 소요된 금액을 빼는 것으로 규정한다.

98) 적격합병의 경우에만 합병차익에 상당하는 금액이 자본금에 전입될 때 의제배당의 과세대상이 된다(시행령 12조 1항 3호). 3-4-2. 참조

2-3-6. 자기주식과 포합주식에 관한 의제배당 등

(1) 합병과 자기주식

합병법인이 기존의 자기주식을 합병대가로 교부하는 경우(상법 523조 3호), 행정해석은, 합병대가의 지급에 해당하는 자기주식의 처분으로 인한 손익(장부가액과 시가의 차액)은 자본거래로 인한 것이므로,[99] 익금 또는 손금에 산입되지 않는다고 한다.[100] 그러나 현행 세법상 그와 달리 볼 여지도 있다.[101]

합병법인이 합병으로 피합병법인이 보유하던 합병법인의 자기주식을 취득하여 이후 양도한 경우, 그 양도금액은 익금에 해당한다(시행령 11조 2호의2 괄호 안).[102][103]

(2) 합병법인이 합병 당시 보유한 피합병법인 주식(포합주식)

(가) 포합주식에 대하여 합병신주 등이 교부되는 경우

합병법인이 보유하던 피합병법인 주식(포합주식)에 대하여 합병신주 등의 합병대가가 교부되는 경우,[104] 합병법인은 피합병법인 주주의 지위에서 합병대가와 피합병법인 주식의 취득가액 간의 차액에 관하여 의제배당으로 과세된다(법 16조 1항 5호).[105]

합병법인이 보유하던 피합병법인의 주식에 대하여 합병신주(자기주식)를 발행하고 이후 이를 양도한 경우, 그 양도금액은 익금에 해당한다고 보아야 할 것이다.[106]

---

99) 법규법인 2013－471, 2014. 4. 1.

100) 서이46012－10447, 2003. 3. 7. ; 기획재정부 법인세제과－939, 2016. 9. 27.

101) 현행세법상 합병법인이 보유하던 기존의 자기주식은 자산으로 취급되므로, 그 자기주식을 합병대가로 교부한 것은 합병교부금의 지급으로서 자본거래에 수반되는 손익거래에 해당하고, 그 차익은 익금에 산입된다고 볼 여지가 있다. 제2편 제1장 제3절 1－2－2. (2) 참조

102) 대법원은 과거에, 회사합병으로 인하여 피합병회사가 보유하던 합병회사의 발행주식을 합병회사가 승계 취득하여 처분하는 것은 자본의 증감에 관련된 거래로서 자본의 환급 또는 납입의 성질을 가지는 자본거래로 봄이 상당하고 그 처분이익은 구 법인세법 제15조 제1항 제3호에서 말하는 합병차익에 포함되어 익금불산입 항목에 해당된다고 판시하였다(대법원 2000. 5. 12. 선고 2000두1720 판결, 대법원 2005. 6. 10. 선고 2004두3755 판결). 그러나 2009. 2. 4. 개정된 이후의 법인세법 시행령은 위와 같은 자기주식의 양도금액도 익금으로 규정하므로, 현행세법의 해석으로는 위 대법원 판례와 같이 볼 수 없다.

103) 대법원 2022. 6. 30. 선고 2018두54323 판결은, 합병법인이 피합병법인이 보유하던 합병법인의 주식을 합병에 따라 승계한 후 양도한 사안에서, 이에 따른 자기주식의 양도차익은, 법인세법 제15조 제1항이 익금에서 제외되는 것으로 정한 대상이나, 합병차익(법 17조 1항 5호)에 해당한다고 볼 수 없다고 판시하였다.

104) 제3장 제5절 5. (1) (가) 참조

105) 사전－법령해석법인－0262, 2015. 9. 9. ; 위 행정해석은 합병법인이 포합주식에 대하여 합병신주를 발행함에 따른 의제배당에 대하여도 수입배당금의 익금불산입이 인정된다고 보았다.

106) 이 경우 그 자기주식의 장부가액은 손금에 산입될 수 있다[조심 2016중153(2016. 10. 17.)].

(나) 포합주식에 대하여 합병신주 등이 교부되지 않는 경우

포합주식에 대하여 합병신주 등의 교부를 의제하는 규정(시행령 80조 1항 2호 가목 단서)은, 피합병법인 주주의 의제배당을 계산할 때 적용되지 않는다(시행규칙 7조). 따라서 포합주식에 대하여 합병신주 등의 합병대가가 교부되지 않은 경우, 합병법인은 합병대가를 받은 것이 없으므로, 의제배당으로 과세되지 않는다.

(3) 합병 당시 피합병법인이 보유한 피합병법인의 주식

피합병법인이 보유하는 피합병법인의 자기주식에 대하여 합병신주가 교부된 경우,[107] 자기주식의 취득가액과 합병신주의 가액의 차액이 피합병법인의 의제배당소득으로 계산되어야 하고, 그에 대한 법인세 납세의무를 합병법인이 승계하게 될 것이다.

2-3-7. 이월결손금의 공제 등

(1) 합병법인의 이월결손금 등

(가) 합병법인의 이월결손금의 공제

합병법인의 합병등기일 직전 이월결손금[108]은, ① 피합병법인으로부터 승계한 사업에서 발생한 소득금액[중소기업 등 간의 합병(법 113조 3항 단서)에 해당하여 구분경리를 하지 않은 경우에는 대통령령으로 정하는 자산가액 비율[109]로 안분계산한 금액]의 범위에서는 공제되지 않고(법 45조 1항), ② 합병법인의 소득금액에서 피합병법인으로부터 승계한 사업에서 발생한 소득금액을 차감한 금액[110]에서, 그 금액의 80%[111]를 한도로 공제될 수 있다 (법 45조 5항 1호).

합병법인은, 일정한 기간 자산·부채 및 손익을 피합병법인으로부터 승계한 사업에 속

---

107) 상법학계의 다수 견해는 이를 부정하지만[주석 상법, 회사(5)(523조), 344쪽 ; 이철송, 회사법강의(2019), 1096쪽], 이를 긍정하는 견해도 있다[조현덕·박병권, "자기주식의 법적 지위", BFL 제87호, 서울대학교 금융법센터(2018), 15쪽 ; 박선희, "자기주식과 기업구조조정", 같은 책, 59쪽]. 실무상으로는 피합병법인이 보유한 피합병법인의 자기주식에 대하여도 합병신주가 배정된 사례가 상당수 있다(조현덕·박병권, 앞의 글, 16쪽).

108) '합병등기일 현재 이월결손금 중 피합병법인으로부터 승계한 결손금을 제외한 금액'은, 합병법인이 본래 가지고 있던 합병등기일 직전의 이월결손금을 말한다.

109) "대통령령으로 정하는 자산가액 비율"은, 합병등기일 현재 합병법인과 피합병법인의 사업용 자산가액 비율을 말한다(시행령 81조 1항 1문). 이 경우, 합병법인이 승계한 피합병법인의 사업용 자산가액은, 승계 결손금을 공제하는 각 사업연도의 종료일 현재 계속 보유(처분 후 대체하는 경우를 포함한다)·사용하는 자산에 한정하여 그 자산의 합병등기일 현재 가액에 따른다(시행령 81조 1항 2문).

110) 따라서 합병법인의 합병등기일 현재 이월결손금은, 합병법인의 기존 사업 또는 합병 후 새로 개시한 사업에서 발생한 소득에서만 공제될 수 있다[김완석·황남석, 법인세법론(2021), 565쪽].

111) 중소기업과 회생계획을 이행 중인 기업 등 대통령령으로 정하는 법인의 경우에는 100%

하는 것의 회계와 그 밖의 사업에 속하는 것의 회계로 구분하여 기록하여야 한다(법 113조 3항 본문).[112] 다만, 중소기업 간의 합병 또는 동일사업을 영위하는 법인 간의 합병의 경우에는 구분경리를 하지 않을 수 있다(법 113조 3항 단서).

(나) 합병법인의 기부금한도초과액

합병법인의 법정기부금 및 지정기부금의 한도초과액[113]은, 합병 전 합병법인의 사업에서 발생한 소득금액을 기준으로 법인세법 제24조 제2항 및 제3항에 따른 각각의 기부금의 손금산입한도액의 범위에서 손금에 산입된다(법 45조 6항).

(2) 피합병법인의 소득조정항목의 처리

(가) 피합병법인의 이월결손금의 불승계

비적격합병의 경우 합병법인은 피합병법인의 이월결손금을 승계하지 못한다.[114]

피합병법인이 회수불능채권을 합병등기일이 속하는 사업연도까지 대손금으로 계상하지 않은 경우에는, 위 사업연도의 손금에 산입된다(시행령 19조의2 4항). 따라서 합병법인이 피합병법인의 회수불능채권을 장부가액으로 승계하면서 합병한 후 대손금을 계상하는 방법으로 사실상 피합병법인의 결손금을 승계하는 것은 인정되지 않는다.[115]

(나) 피합병법인의 세무조정사항

비적격합병의 경우 합병법인은 원칙적으로 피합병법인의 세무조정사항을 승계하지 않는다.[116] 예외적으로, 합병법인이 피합병법인의 퇴직급여충당금 또는 대손충당금을 승계한 경우 그와 관련된 세무조정사항을 승계한다(시행령 85조 2호).[117]

---

112) 구분경리에 관하여는 제2편 제8장 2. 참조
113) 법정기부금 및 지정기부금 중 손금산입한도액을 초과하여 손금에 불산입된 금액으로서, 그것이 지출된 사업연도의 다음 사업연도 개시일부터 10년 이내에 끝나는 각 사업연도까지 이월된 금액(법 24조 4항)
114) 다만, 피합병법인의 이월결손금은 합병으로 인한 피합병법인의 자산양도차익에서 공제된다(서면 – 법인 – 2193, 2022. 12. 30.).
115) 2019. 2. 12. 법인세법 시행령이 개정되기 전에는, 피합병법인이 회수불능채권을 합병시까지 대손금으로 계상하지 않고 합병법인이 이를 피합병법인의 장부가액으로 승계하여 합병 후에 대손금으로 계상함으로써 사실상 피합병법인의 이월결손금을 승계하는 것과 같은 효과를 거둘 수 있었다(대법원 2015. 1. 15. 선고 2012두4111 판결).
116) 피합병법인의 세무조정사항은 피합병법인의 자산 양도소득을 계산할 때 반영(추인)되어 소멸한다.
117) 퇴직급여충당금 또는 대손충당금을 손금에 산입한 법인이 합병하는 경우, 그 법인의 합병등기일 현재 퇴직급여충당금 또는 대손충당금 중 합병법인이 승계한 금액은, 그 합병법인이 합병등기일에 가지고 있는 퇴직급여충당금 또는 대손충당금으로 본다(법 33조 3항, 34조 6항). 그 경우 합병법인이 승계한 피합병법인의 퇴직급여충당금 등에 관한 유보를 추인할 수 있도록(기본통칙 33 – 60…5) 관련된 세무조정사항을 승계하게 한 것이다.

(3) 피합병법인의 납세의무의 승계

합병법인은, 합병으로 소멸한 피합병법인의 국세[118] 및 지방세를 납부할 의무를 부담하고(국세기본법 23조, 지방세기본법 41조), 피합병법인이 납부하지 않은 소득세 원천징수분을 납부할 의무를 진다(소득세법 157조 2항).

3   적격합병

세법상 합병으로 인한 자산의 승계는 양도에 해당하므로, 그에 따른 양도차익은 원칙적으로 과세된다. 그런데 합병에 따른 자산의 양도차익을 합병등기일이 속하는 사업연도의 익금으로 일시에 과세한다면 막대한 법인세의 부담 때문에 기업들이 합병을 이용한 구조재편을 꺼릴 우려가 있다. 그리고 합병 후에도 피합병법인의 사업이 계속 수행되고 피합병법인의 주주가 합병법인의 주주로 남아 있다면, 경제적 실질에 중요한 변화가 없다고 볼 여지가 있다. 이러한 사정들을 고려하여 법인세법은, 합병을 전후하여 지분의 연속성과 사업의 계속성이 인정되는 경우, 마치 피합병법인이 합병 후에도 여전히 존속하고 자산의 양도가 발생하지 않은 것처럼 취급하여[119] 피합병법인의 자산양도차익과 그 주주의 의제배당에 대한 과세를 이연한다.

3-1. 적격합병의 요건

3-1-1. 일반적 적격합병의 요건

(1) 지분의 연속성(법 44조 2항 2호)

(가) 합병대가 중 합병교부주식의 비율 및 배정

① 합병대가 중 주식의 비율

피합병법인의 주주 등이 합병으로 인하여 받은 합병대가의 총합계액 중, 합병법인의 주식 등의 가액이 80% 이상이거나, 합병법인의 모회사[120]의 주식 등의 가액이 80% 이상이

---

118) 합병법인은 합병으로 소멸한 피합병법인의 각 사업연도의 소득에 대한 법인세(합병에 따른 양도손익에 대한 법인세를 포함한다)를 납부할 책임을 진다(시행령 85조의2).

119) Bittker & Eustice ¶ 12.01[3]은, 합병에 따른 과세이연과 관련하여, 합병법인(Y)이 실질적으로 청산되지 않은 피합병법인(X)의 연속(Y is substiantially a continuation of X, unliquidated)이라고 표현한다.

120) '합병법인의 모회사'는 합병등기일 현재 합병법인의 발행주식총수 또는 출자총액을 소유하고 있는 내국

어야 한다(법 44조 2항 2호).[121]

㉮ 합병포합주식 등에 대하여 교부된 합병교부주식 등

합병대가 중 합병교부주식 등의 가액의 비율을 판정할 때, 합병법인이 합병등기일 전 2년 내에 취득한 합병포합주식 등이 있는 경우, 그 합병포합주식 등에 대하여 교부한 합병교부주식 등[122]의 가액을 금전으로 교부한 것으로 본다(시행령 80조의2 3항).[123] 이는, 합병법인이 합병시점에 근접하여 피합병법인의 주식(포합주식)을 취득하는 경우 사실상 합병교부금을 미리 지급한 것과 같으므로(우회적 합병교부금), 포합주식에 대하여 교부되는 합병법인 주식의 가액을 그 실질에 따라 합병교부금으로 보아 지분의 연속성을 판단하기 위한 것이다.

㉯ 주식매수청구권 행사효과의 고려 여부

합병에 반대하는 주주가 주식매수청구권을 행사하여 지급받은 주식매매대금은, 현행세법의 해석상, 위 비율의 계산에 고려되는 합병대가의 일부로 보기 어렵다.[124] 2005. 12. 31. 개정되기 전의 구 법인세법 제44조 제1항에 따른 합병평가차익의 과세이연 요건과 관련하여 행정해석도 같은 견해를 취하였다.[125]

법인을 말한다.

121) 대구지방법원 2017. 9. 19. 선고 2016구합20557 판결은, 합병법인이 합병을 전후하여 피합병법인의 주주 등에게 지급한 금원의 실질이 합병대가라고 보아, 합병대가의 총합계액 중 주식 등의 가액이 80%에 미달한다는 이유로 적격합병에 해당하지 않는다고 판단하였다[대구고등법원 2018. 9. 14. 선고 2017누7185 판결(항소기각, 확정)].

122) 합병법인이 합병포합주식에 대하여 합병교부주식 등을 교부하지 않더라도 그 지분비율에 따라 합병교부주식 등을 교부한 것으로 간주된다(시행령 80조의2 3항 1호, 2호, 80조 1항 2호 가목 단서).

123) ① 합병법인이 합병등기일 현재 피합병법인의 지배주주 등인 경우에는, 언제나 합병등기일 전 2년 이내에 취득한 합병포합주식 등에 대하여 교부한 합병교부주식 등의 가액을 금전으로 교부한 것으로 보지만(시행령 80조의2 3항 2호), ② 합병법인이 합병등기일 현재 피합병법인의 지배주주 등이 아닌 경우에는, 합병등기일 전 2년 이내에 취득한 합병포합주식 등이 피합병법인의 발행주식총수 등의 20%를 초과하는 경우에 한하여, 그 초과하는 합병포합주식 등에 대하여 교부한 합병교부주식 등의 가액을 금전으로 교부한 것으로 본다(시행령 80조의2 3항 1호).

124) 같은 견해로 ① 황남석·이준규, "개정된 합병세제의 해석·적용상의 문제점", 조세법연구 [16-3], 세경사(2010), 82쪽, ② 김동수·황남석·이민규, 조직재편세제의 이론과 실무, 24쪽 ; 일본 법인세법은 합병반대주주에게 지급되는 주식매수대금을 적격합병요건의 고려대상에서 명시적으로 제외한다(일본 법인세법 2조 12호의8 본문). ; 이와 달리 이창희, 세법강의(2020), 646쪽은, 주주의 구성이 그대로 유지되면서 합병대가의 일부를 현금으로 받는 경우와, 일부 주주가 현금을 받아 나가서 주주의 구성 자체가 바뀌는 경우를 견준다면 후자가 더 큰 변화이고, 전자가 과세대상인 이상 후자를 과세함을 당연하다는 이유로, 피합병법인의 주주가 주식매매대금을 합병법인으로부터 지급받는 경우를 합병대가에 포함시켜 지분의 연속성을 판단하여야 한다고 본다.

125) 서면2팀-1307, 2005. 8. 16.

> **[주식매수청구권 행사에 따른 주식매매대금을 합병대가로 볼 것인지 여부]**
>
> 합병대가는 '피합병법인의 주주 등이 합병법인으로부터 그 합병으로 인하여 취득하는 합병법인 또는 합병법인의 모회사의 주식 등의 가액과 금전이나 그 밖의 재산가액의 합계액'을 의미한다(법 16조 2항 1호).
>
> ① 먼저 합병대가는 「피합병법인의 주주가 합병법인으로부터 받는 재산」이어야 한다. 따라서 ㉮ 피합병법인의 주주가 피합병법인에 주식매수청구를 하여 피합병법인으로부터 받는 주식매매대금이나 ㉯ 합병법인의 주주가 합병법인에 주식매수청구를 하여 합병법인으로부터 받는 주식매매대금은 합병대가에 포함될 수 없다. 한편, ㉰ 합병에 반대하는 피합병법인의 주주가 주식매수청구권을 행사한 경우 합병 시까지 지급되지 않은 피합병법인의 주식매매대금채무는 합병법인에게 승계된다. 그러나 그 경우의 주식매매대금을 합병대가에 포함시킨다면 합병시까지 주식매매대금이 지급되었는지 여부의 우연한 사정에 의하여 적격합병요건의 충족 여부가 달라지므로 조세법률관계의 안정성을 해칠 수 있다.
>
> ② 다음으로 합병대가는 「합병으로 인하여」 취득한 것이어야 한다. 그런데 합병반대주주가 받는 주식매매대금은, 「합병으로 인하여」, 즉 합병의 효과로서 취득한 것이라기보다는, 합병절차에 부수하여 그와 별개의 법률원인인 주식매수청구권 행사의 효과로 취득한 것이라고 보는 것이 타당하다.
>
> 따라서 피합병법인의 합병반대주주에 대한 주식매매대금채무가 합병법인에게 승계되어 피합병법인의 주주가 주식매매대금을 합병법인으로부터 지급받는 경우에도 이를 합병대가로 보기는 어렵다.

② 합병교부주식의 배정방법

합병대가로 발행되는 합병법인의 주식 등은 다음의 방법으로 배정되어야 한다(시행령 80조의2 4항).

$$\begin{bmatrix} \text{합병교부주식 등의} \\ \text{가액의 총합계액} \end{bmatrix} \times \begin{bmatrix} \text{피합병법인의 각 주주 등의} \\ \text{피합병법인에 대한 지분비율} \end{bmatrix}$$

행정해석은, ㉮ 합병법인이 보유하는 피합병법인의 주식(포합주식)에 대하여 합병대가로 합병법인의 주식을 교부하지 않는 경우[126]와, ㉯ 피합병법인이 보유하는 피합병법인의 자기주식[127]에 대하여 합병신주를 교부하지 않는 경우[128]에도, 피합병법인의 다른 주주들에

---

126) 법인세과−1072, 2009. 9. 30. ; 서면법규과−564, 2013. 5. 16.

127) 피합병법인이 보유하는 피합병법인의 자기주식에 대하여는 합병신주를 배정할 수 없다는 것이 상법학자들의 일반적 견해이다. 김건식·노혁준·천경훈, 회사법(2020), 790쪽 ; 이철송, 회사법강의(2019), 1096쪽 ; 주석 상법, 회사(5)(523조), 344쪽

128) 법인세과−1039, 2011. 12. 28. ; 다만, 피합병법인의 자기주식에 대하여 합병신주가 교부되어 합병법인이 이를 보유하게 된 경우에는 법인세법 제44조 제2항 제2호의 '피합병법인의 주주 등'에 해당하고, 그 합병신주를 소각하는 경우는 법인세법 시행령 제80조의2 제1항 제1호의 부득이한 사유에 해당하지 않는다고 한다(법인세과−710, 2011. 9. 28.).

게 그 지분비율에 따라 합병신주를 교부하였다면 지분의 연속성 요건을 충족한다고 보고, ㉰ 합병으로 인하여 발생한 단주의 처리를 위한 대금과 주식 배정 외에 다른 합병대가가 없는 경우에는 적격합병 요건을 충족한 것으로 볼 수 있다고 한다.[129]

합병비율이 불공정한지 여부는, 합병대가 중 합병교부주식의 비율 및 배정방법에 관한 요건과 별개의 문제이고 그에 영향을 미치지 않는다.[130]

(나) 합병교부주식의 보유

① 원칙

피합병법인의 지배주주 등[131] 중에서 일정한 자[132]('일정한 지배주주 등')는 합병등기일이 속하는 사업연도의 종료일까지 합병교부주식 등을 보유하여야 한다(법 44조 2항 2호). 합병법인이 포합주식 또는 피합병법인의 자기주식에 대하여 합병신주를 교부하여 합병법인이 자기주식을 보유하게 되었다면, 합병법인도 과세특례의 유지를 위하여 합병신주를 계속 보유하여야 하는 일정한 지배주주 등에 해당한다.[133]

② 예외 : 부득이한 사유

주식보유 요건이 충족되지 않더라도, 다음과 같은 부득이한 사유가 있는 경우에는 적격합병의 과세특례를 적용받을 수 있다(법 44조 2항 단서, 시행령 80조의2 1항 1호).

㉮ 일정한 지배주주 등이 합병으로 교부받은 전체 주식 등의 2분의 1 미만을 처분한 경우.[134] 일정한 지배주주 등이 합병으로 교부받은 주식 등을 서로 간에 처분하는

---

129) 법인세과−749, 2011. 10. 12.

130) 기획재정부 법인세제과−56, 2016. 1. 21. : 자본잠식 상태인 법인(주식 1주당 보충적 평가액 0원)이 우량한 법인(주식 1주당 보충적 평가액 456,207원)을 '합병비율 1 : 1'로 정하여 합병하고 합병대가로 합병법인 주식을 교부한 경우, 합병대가 중 합병법인 주식의 비율 요건이 충족되었다고 본 사례

131) '지배주주 등'은, '법인의 발행주식총수 또는 출자총액의 100분의 1 이상의 주식 또는 출자지분을 소유한 주주 등으로서 그와 특수관계에 있는 자와의 소유 주식 또는 출자지분의 합계가 해당 법인의 주주 등 중 가장 많은 경우의 해당 주주 등을 말한다(시행령 43조 3항, 7항).

132) 피합병법인의 지배주주 등 중에서 다음 각 호의 어느 하나에 해당하는 자를 제외한 주주 등을 말한다(시행령 80조의2 5항).
① 법인세법 시행령 제43조 제8항 제1호 가목의 친족 중 4촌 이상의 혈족 및 인척
② 합병등기일 현재 피합병법인에 대한 지분비율이 1% 미만이면서 시가로 평가한 그 지분가액이 10억원 미만인 자
③ 기업인수목적회사(시행령 80조의2 2항)와 합병하는 피합병법인의 지배주주 등인 자
④ 피합병법인인 기업인수목적회사(시행령 80조의2 2항)의 지배주주 등인 자

133) 행정해석은, A 법인이 B 법인의 주식 중 75%를, B 법인이 C 법인의 주식 중 72%를 각 보유하는 상황에서 C 법인이 A, B 법인을 흡수합병하면서 A 법인에게 (또 다른 피합병법인인 B 법인의 주식에 대한) 합병신주를 교부한 후 소각하는 경우, 일정한 지배주주 등의 합병교부주식 보유 요건이 흠결된다고 보았다(법인세과−710, 2011. 9. 28.).

134) 2012. 2. 2. 법인세법 시행령의 개정 전에는 해당 주주 중 1인이 자신의 주식 중 2분의 1 이상을 처분한 경우 다른 주주가 주식을 처분하지 않더라도 지분의 연속성이 흠결되는 것으로 규정되어 있었으나, 위

것은 해당 주주 등이 그 주식 등을 처분한 것으로 보지 않는다. 그리고 일정한 지배주주 등이 합병법인 주식 등을 처분한 경우, 합병법인이 선택한 주식 등이 처분된 것으로 본다.[135]

㉯ 일정한 지배주주 등이 사망·파산하여 주식 등을 처분한 경우

㉰ 일정한 지배주주 등이 회생절차에 따라 법원의 허가를 받아 주식을 처분하거나 기업개선계획의 이행을 위한 약정 또는 특별약정에 따라 주식 등을 처분하는 경우

㉱ 일정한 지배주주 등이 적격합병, 적격분할, 적격물적분할 또는 적격현물출자에 따라 주식 등을 처분하거나 조특법 제38조·제38조의2 또는 제121조의30에 따라 과세를 이연받으면서 주식 등을 처분하는 경우

㉲ 일정한 지배주주 등이 법령상 의무를 이행하기 위하여 주식 등을 처분하는 경우[136]

(2) 사업의 계속성

(가) 1년 이상 사업을 계속하던 내국법인 간의 합병(법 44조 2항 1호)

합병등기일 현재 1년 이상 사업을 계속하던 내국법인 간의 합병이어야 한다(법 44조 2항 1호 본문).

① 행정해석은 여기의 "사업"은 법인등기부상의 목적사업을 의미하는 것으로 본다.[137] 그러나 세법에 위 사업이 법인등기부상 목적사업일 것이 적격합병요건으로 규정되지 않은 이상, 위의 사업은 정관 및 법인등기부에 기재된 목적사업 자체뿐만 아니라 그 수행에 직·간접적으로 필요한 행위까지 포함하는 것으로 보아야 할 것이다.

② 사업계속기간의 요건은 합병당사자인 법인에 관하여 충족되어야 한다. 따라서 개인사업자가 사업양도 또는 현물출자를 통하여 법인으로 전환한 후 그 법인이 합병을 하는 경우, 그 개인사업자가 사업을 영위한 기간은 법인의 사업계속기간에 포함되기

개정으로 인하여 전체 주식의 수량을 기준으로 지분의 연속성이 유지되는지 여부를 판정하게 되었다. 따라서 일부 주주가 주식을 처분하였더라도 그 수량이 전체 주식의 2분의 1 미만인 경우에는 부득이한 사유에 해당한다.

135) 따라서 일정한 지배주주 등이, 합병으로 교부받은 합병법인 주식 등과, 합병 외의 다른 방법으로 취득한 합병법인 주식 등을 함께 보유하다가 그중 일부를 처분한 경우, 합병법인은 그중 후자의 주식이 먼저 처분된 것으로 선택할 수 있다.

136) 주주가 이혼에 따른 재산분할에 의하여 보유하던 주식 중 일부를 이전한 것은 '법령상 의무를 이행하기 위하여 주식을 처분한 경우'에 해당한다. 서울고등법원 2020. 12. 10. 선고 2020누39374 판결(적격인적분할에 따라 면제된 취득세의 추징이 문제된 사건), 대법원 2021. 5. 13. 선고 2021두31733 판결(심리불속행)

137) 법인세과-626, 2009. 5. 28. ; 법인세과-666, 2012. 10. 26. ; 행정해석은, 자회사 주식의 보유 등을 법인등기부상 목적사업으로 하는 법인이 별도의 인적·물적시설을 보유하지 않더라도, 실질적으로 당해 자회사에게 영향력을 행사함으로써 한국표준산업분류상 지주회사에 해당하는 사업을 1년 이상 계속하여 영위한 경우에는, 적격합병요건을 갖춘 것으로 본다(기획재정부 법인세제과-100, 2006. 1. 27).

어려울 것이다.[138]

일정한 요건을 갖춘 기업인수목적회사(SPAC)는 사업계속기간의 요건을 갖춘 것으로 본다(법 44조 2항 1호 단서, 시행령 80조의2 2항).

(나) 합병 후 사업의 계속(법 44조 2항 3호)

① 원칙

합병법인은 피합병법인으로부터 승계받은 사업을 합병등기일이 속하는 사업연도의 종료일까지 계속하여야 한다(법 44조 2항 3호 본문).[139]

⑦ 피합병법인으로부터 승계한 자산의 처분

합병법인이 합병등기일이 속하는 사업연도의 종료일 이전에 피합병법인으로부터 승계한 자산가액(유형자산, 무형자산 및 투자자산의 가액)의 2분의 1 이상을 처분하거나 사업에 사용하지 않는 경우에는, 피합병법인으로부터 승계한 사업을 계속하지 않은 것으로 한다(시행령 80조의2 7항 본문). 행정해석은, 2019. 2. 12. 개정 전의 구 법인세법 시행령[140]과 관련하여, 고정자산의 '가액'을 '합병등기일 현재의 세무상 장부가액'으로 보았다.[141]

⑪ 피합병법인으로부터 승계한 자기주식의 소각 등

㉠ 합병법인이 피합병법인으로부터 합병법인의 주식(자기주식)을 승계하여 **소각**하는 경우, 그 합병법인의 주식을 제외하고 피합병법인으로부터 승계받은 자산을 기준으로 사업을 계속하는지 여부를 판정하되, 승계한 자산이 합병법인의 주식만 있

---

138) 행정해석도 같다. ① 서면2팀-1149, 2008. 6. 9.(사업양도 방식의 법인전환 후 합병), ② 서면-2016-법인-4418, 2016. 11. 9.(현물출자 방식의 법인전환 후 합병)

139) 행정해석은, 공급사슬(supply chain)의 전·후 단계에 있는 법인들 간의 합병에 따라 피합병법인의 사업이 합병 후 합병법인의 내부공정으로 되는 경우, 피합병법인의 사업에 해당하는 활동이 계속 수행된다면 사업의 계속성 요건이 충족된다고 본다. ① 제조업을 하는 법인이 자신에게 임가공·하역·운송 용역을 제공하는 다른 법인을 흡수합병한 후 그 다른 법인이 하던 사업을 계속 유지할 예정인 경우(법인세과-1146, 2010. 12. 9.), ② 호텔업을 영위하는 법인이 자신에게 객실청소와 호텔주차장 운영 등 용역을 제공하는 법인을 흡수하병하는 경우(법인세과-457, 2011. 7. 11.), ③ 공장을 임차하여 시멘트 제조업을 영위하는 법인이 그 공장을 임대하는 법인을 합병한 후 그 공장에서 계속하여 시멘트 제조업을 영위할 예정인 경우(법규법인 2012-445, 2012. 11. 30.)

140) 적격합병의 요건에 해당하지 않게 하는 처분대상 자산이 종전에는 '고정자산'으로 규정되었으나(구 시행령 80조의2 7항), 2019. 2. 12. 개정으로 '유형자산, 무형자산 및 투자자산'으로 변경되었다.

141) 법규법인 2013-28, 2013. 8. 1. ; 이에 대하여 이러한 해석은 법령상 근거가 없고, 장부가액은 높으나 실제 가치가 없는 자산은 계속 보유하면서 시가가 높은 자산을 선택적으로 양도하는 방법으로 과세특례를 악용할 가능성이 있다는 점에서 비판하는 견해로, 김동수·이준엽, "법인세법상 합병 및 분할 세제의 최근 쟁점", BFL 제73호(2015. 9.), 서울대학교 금융법센터, 58쪽. ; 한편, 위 행정해석은, 피합병법인으로부터 승계한 장기금융상품, 임차보증금 및 장기미수금은 '승계한 고정자산'에 해당하지 않는다고 한다.

는 경우에는 사업을 계속하는 것으로 본다(시행령 80조의2 8항 단서).[142]

ⓛ 합병법인이 피합병법인으로부터 자기주식을 승계하여 **합병대가**로 교부하는 경우, 합병으로 취득한 자기주식의 양도금액을 익금으로 보는 점(시행령 11조 2호의2)을 고려할 때, 투자자산의 처분에 해당한다고 볼 여지가 있다.[143]

ⓒ 합병법인이 피합병법인으로부터 자기주식을 승계하여 그대로 **보유**하는 경우, 이를 '사업에 사용하지 않는 경우'로 볼 필요는 없을 것이다.[144]

ⓓ 기업인수목적회사

일정한 요건을 갖춘 기업인수목적회사(SPAC)가 피합병법인인 경우, 사업계속 요건을 갖춘 것으로 본다(법 44조 2항 3호 단서).[145]

② 예외 : 부득이한 사유

사업계속 요건이 충족되지 않더라도, 다음과 같은 부득이한 사유가 있는 경우에는, 적격합병의 과세특례를 적용받을 수 있다(법 44조 2항 단서, 시행령 80조의2 1항 2호).

㉮ 합병법인이 파산함에 따라, 기업개선계획의 이행을 위한 약정 또는 특별약정에 따라, 또는 회생절차에 따라 법원의 허가를 받아 승계받은 자산을 처분한 경우

㉯ 합병법인이 적격합병, 적격분할, 적격물적분할 또는 적격현물출자에 따라 사업을 폐지한 경우

---

142) 합병법인이 소각한 자기주식이 피합병법인으로부터 승계한 것이 아니라 합병대가로 발행된 합병신주인 경우에는, 일정한 지배주주 등의 합병교부주식 보유 요건이 문제될 수 있다(법인세과-711, 2011. 9. 28.). 3-1-1. (1) (나) 참조

143) 제2편 제1장 제3절 1-2-2. (2) ; 김동수·황남석·이민규, 조직재편세제의 이론과 실무, 46쪽은, 합병법인이 피합병법인으로부터 합병법인 주식을 승계하는 순간 자산성을 잃고, 이를 합병대가로 교부하는 것은 자본거래에 해당하므로 투자자산의 처분에 해당하지 않는다고 본다. 그러나 그러한 해석은 ① 주식소각 등 외의 목적으로 취득한 자기주식을 자산으로 취급하는 법인세법의 태도와 부합하지 않고, ② 합병법인이 합병으로 피합병법인으로부터 취득한 자기주식을 ㉮ 합병대가로 피합병법인의 주주에게 이전하는 경우와 ㉯ 다른 제3자에게 양도하는 경우를 구별하여, 법인세법 시행령 제11조 제2호의2가 전자에 대하여는 적용되지 않고, 후자의 경우에는 적용된다고 보는 결론에 이르게 되는데, 이는 다소 부자연스러운 것으로 보인다. 다만, 법인의 자기주식을 세법상 자산으로 취급하는 것은 불합리하므로, 법인세법 시행령 제11조 제2호의2는 폐지하는 것이 입법론상 바람직하다.

144) 합병법인이 합병으로 취득한 자기주식을 현행세법상 투자자산으로 본다고 하더라도, 그 보유는 투자자산을 운용하는 방법의 하나에 해당할 수 있기 때문이다. 합병법인이 피합병법인으로부터 합병법인 주식을 승계하여 그대로 보유하는 경우, ① 행정해석은 적격합병 과세특례의 배제사유인 '승계받은 사업의 폐지'(법 44조의3 3항 1호, 시행령 80조의4 8항)에 해당하지 않는다고 보고(사전-2016-법령해석법인-0230, 2016. 7. 13.), ② 김동수·황남석·이민규, 조직재편세제의 이론과 실무, 51쪽은, '사업에 사용하지 아니하는 것'으로 볼 수 없다고 한다.

145) 이는 기업인수목적회사(SPAC)가 흡수·소멸되는 방식의 합병에 대하여 과세이연의 혜택을 인정하기 위한 것이다. 기업인수목적회사의 유일한 사업목적은 다른 법인과 합병하는 것이고, 기업인수목적회사가 인수대상 법인에 흡수합병된 경우, 그것으로 기업인수목적회사의 사업목적은 모두 달성되므로, 합병법인으로 하여금 소멸한 기업인수목적회사의 사업을 계속하도록 할 필요가 없다.

(다) 근로자의 승계(법 44조 2항 4호)

① 원칙

합병등기일 1개월 전 당시 피합병법인에 종사하는 근로자[146] 중 합병법인이 승계한 근로자의 비율이 80% 이상이고, 합병등기일이 속하는 사업연도의 종료일까지 그 비율을 유지하여야 한다(법 44조 2항 4호).

② 예외 : 부득이한 사유

근로자 승계 요건이 충족되지 않더라도, 다음과 같은 부득이한 사유가 있는 경우에는, 적격합병의 과세특례를 적용받을 수 있다(법 44조 2항 단서, 시행령 80조의2 1항 3호).

㉮ 합병법인이 회생계획을 이행 중이거나 파산함에 따라 근로자의 비율을 유지하지 못한 경우

㉯ 합병법인이 적격합병, 적격분할, 적격물적분할 또는 적격현물출자에 따라 근로자의 비율을 유지하지 못한 경우

㉰ 합병등기일 1개월 전 당시 피합병법인에 종사하는 근로기준법에 따라 근로계약을 체결한 내국인 근로자가 5명 미만인 경우

3-1-2. 모법인과 완전자법인 사이 또는 완전자법인들 사이의 합병

다음의 어느 하나에 해당하는 경우에는, 적격합병의 요건과 관계없이 적격합병으로 보아 양도손익이 없는 것으로 할 수 있다(법 44조 3항).

① 내국 모법인이 완전자법인을 합병하거나 완전자법인에 합병되는 경우[147][148]

---

146) 여기의 근로자는, 근로기준법에 따라 근로계약을 체결한 내국인 근로자를 말하고, 임원, 합병등기일이 속하는 사업연도의 종료일 이전에 정년이 도래하여 퇴직이 예정된 근로자 등은 제외한다(시행령 80조의2 6항).

147) 외국법인(F)의 자회사인 내국법인(P)이 그 내국법인의 완전자회사인 다른 내국법인(S)에 합병되는 경우, ① 합병법인인 완전자회사(S)는 피합병법인인 완전모회사(P)의 주주(F)에게 합병신주(S)를 발행하여 교부하는 한편, 완전모회사(P)가 보유하던 완전자회사(S)의 자기주식을 승계하여 소각할 수 있고, ② 완전자회사가 완전모회사(P)가 보유하던 완전자회사(S)의 자기주식을 합병으로 승계하여 완전모회사(P)의 주주(F)에게 합병대가로 교부할 수도 있다. 행정해석은, 위 ①의 경우에 완전자회사 주식에 관하여 완전모회사가 계상한 유보(회계상 장부가액과 세법상 취득가액의 차이)의 승계액은 완전자회사 주식의 소각시점에 익금 또는 손금에 산입되지 않고 소멸하고, 위 ②의 경우 완전자회사 주식에 대한 유보 승계액 및 자산조정계정(합병법인인 완전자회사가 시가와 회계상 장부가액의 차이를 계상한 것)은 익금 또는 손금에 산입되지 않고 소멸한다고 본다(서면법규과-591, 2014. 6. 13.).

148) 실무상 합병법인이 합병에 앞서 피합병법인의 주식 전부를 취득하여 완전모회사로 된 후 피합병법인을 합병하는 경우가 종종 있다. 위와 같은 거래가 국세기본법 제14조 제3항에 따라 교부금합병으로 재구성되므로 비적격합병으로 취급되어야 하는지가 문제될 수 있다. 이는 위 거래에 관하여 부당한 조세회피목적을 인정할 수 있는지에 달려 있고, 개개의 구체적 사안을 토대로 판단하여야 할 것이다. 내국법인인 원고가 다른 내국법인의 주식 전부를 양수한 후 그 내국법인을 합병한 사안에서, 원고가 조세회피목적으

② 동일한 내국 모법인의 완전자법인들 간에 합병하는 경우

이에 따르면, 모법인과 완전자법인 간에 무증자합병을 하여 일반적 적격합병의 요건이 갖추어지지 않은 경우에도 적격합병으로서 피합병법인의 이월결손금의 승계 등이 인정될 수 있다.[149]

미국의 재조직 세제

1. 재조직(reorganization)의 유형
   과세이연이 인정되는 재조직의 유형에는 (A) 흡수합병 또는 신설합병(statutory merger or consolidation), (B) 법인이 자신의 의결권 있는 주식과 교환하여 다른 법인의 주식 또는 증권을 취득하는 것으로서, 그 직후 법인이 그 다른 법인의 지배[150]를 가지는 경우, (C) 법인이 자신의 의결권 있는 주식과 교환하여 다른 법인의 대부분의 자산을 취득하는 경우, (D) 법인이 자산을 다른 법인에 양도한 직후 법인 또는 그 주주가 그 다른 법인의 지배를 가지고, 그 법인의 주식이 제354조, 제355조, 제356조에 따른 거래로 이전되는 경우, (E) 자본구조변경(recapitalization), (F) 동일성, 형식 또는 설립장소의 변경, (G) 도산에 따른 자산양도가 있다[IRC § 368조(a)].

2. 재조직에 의한 과세이연의 요건[151]

   ① 이해관계의 연속성(continuity of interest) : 판례에 의하면, 연속되는 이해관계는 확정적이고 중요한(definite and material) 것이어야 한다.[152] 재무부 규칙에 의하면, 이해관계의 계속성은, 대상 회사(target corporation)의 재산적 권리(proprietary interests)의 가치의 상당한 부분이 실질적으로 재조직에서 유지될 것을 요구한다.[153] 발행회사(issuing corporation)[154]가 대상회사의 재산적 권리를 취득하면서, 발행회사의 주식 외의 것을 대가로 하였거나(consideration other than stock), 그 대가로 교환된 발행회사의 주식이 상환되는(redeemed) 경우에는, 이해관계의 연속성은 유지되지 않는다.[155] 한편, 이해관계의 연속성 요건과 관련하여, 대상회사의 주식

로 비정상적 · 비합리적 거래를 하였다고 단정할 수 없다는 이유로 국세기본법 제14조 제3항의 적용을 인정하지 않은 사례로, 서울행정법원 2020. 9. 11. 선고 2019구합64068 판결

149) 종전에는 완전모자회사 간에 무증자합병을 한 경우 합병신주와 관련한 적격합병 요건을 충족하지 못하여 피합병법인의 이월결손금의 승계가 부정되었다(대법원 2015. 9. 10. 선고 2015두43605 판결).

150) 지배(control)는, 의결권이 있는 모든 종류의 주식의 총의결권 중 최소한 80%와 모든 종류의 주식의 수 중 최소한 80%를 보유한 주식의 소유를 의미한다[IRC § 368(c)].

151) 미국 연방대법원은, 재조직 규정의 취지에 대하여, 실질의 변화가 없고(no change of substance) 단지 회사에 대한 종전의 참여의 새로운 형식(merely a new form of previous participation in an enterprise)에 불과한 경우, 과세의 계기로 간주하지 않는 것이라고 한다[Bazley v. Commissioner, 331 U.S. 737 (1947)].

152) Helvering v. Minnesota Tea Co., 296 U.S. 378 (1935)

153) 미국 재무부 규칙 § 1.368 – 1(e)(1)(i)

154) 발행회사(issuing company)는 인수하는 회사(acquiring company)(삼각합병의 경우에는 인수하는 회사를 지배하는 회사)를 말한다[미국 재무부 규칙 § 1.368 – 1(e)(b)].

155) 미국 재무부 규칙 § 1.368 – 1(e)(1)(i) : 재무부 규칙은 피합병법인의 주주가 합병대가 중 40%만을 합병법인의 주식으로 받은 경우에도 이해관계의 연속성이 유지되는 것으로 본다[§ 1.368 – 1(e)(2)(v) Example 1].

을 재조직이 문제되는 행위 이전에 대상회사와 무관한 자에게 양도하는 것이나, 발행회사의 주식을 재조직이 문제되는 행위 이후에 발행회사와 무관한 자에게 양도하는 것은 고려되지 않는다.[156]

② 사업의 계속성(continuity of business enterprise) : 발행회사가 대상회사의 기존 영업(historic business)을 계속하거나, 대상회사의 기존 영업자산의 상당한 부분(significant portion)을 영업에 사용하여야 한다.[157]

③ 사업목적(business purpose)이 존재하여야 한다.[158]

3. 재조직에 의한 과세이연의 효과

① 회사의 재조직 계획에 따라 재조직의 당사자인 회사의 자산과 또 다른 당사자인 회사의 주식 또는 증권만의 교환(solely for stock or securities)이 있는 경우, 자산을 이전한 회사는 손익을 인식하지 않는다[IRC § 361(a)].[159]

② 재조직의 당사자인 회사의 주식 또는 증권이 재조직 계획에 따라 그러한 회사 또는 그 재조직의 당사자인 다른 회사의 주식 또는 증권으로만 교환된 경우, 차익 또는 차손은 인식되지 않는다[IRC § 354(a)(1)]. 제354조가 적용되는 교환의 경우, 위 조문에서 손익의 인식 없이 수령된 재산의 취득가액은 교환된 재산의 그것과 같다[IRC § 358(a)(1)].

③ 회사가 재조직과 관련하여 재산을 취득한 경우, 그 취득가액은 ㉮ 그것이 양도인의 수중에 있었다면 해당하였을 금액에, ㉯ 그러한 양도에 관하여 양도인이 인식한 차익의 금액을 더한 금액을 더한 것이다[IRC § 362(b)].

 일본 법인세법상 적격합병

일본 법인세법은 적격합병을 ① 피합병법인과 합병법인 간에 완전지배관계 등이 있는 경우, ② 피합병법인과 합병법인 간에 지배관계 등이 있는 경우, ③ 피합병법인과 합병법인이 공동으로 사업을 하기 위한 합병으로 구분하여 각각의 요건을 다르게 규정한다(일본 법인세법 2조 12호의8).

---

156) 미국 재무부 규칙 § 1.368‑1(e)(8)(i) ; Example 1(Sale of stock to third party) (i)(Sale of issuing corporation stock after merger), (ii)(Sale of target corporation before merger) ; 한편, 발행회사의 주식을 상환하거나 발행회사와 관련된 자가 매수하는 사례로는 Example 4

157) 미국 재무부 규칙 § 1.368‑1(d)(1)

158) Gregory v. Helvering, 263 U.S. 465 (1935) : 미국 연방대법원의 위 판결은, spin‑off 형식의 주식 이전(배당형 분할)이 1928년 미국 세법 제112조(g)에 의한 과세이연 대상인지가 문제된 사건에서, 아무런 사업목적이 없이(no business or corporate purpose) 회사의 재산을 주주에게 옮기기 위한 수단으로 이루어진 주식 이전은 위 규정의 재조직(reorganization)에 해당하지 않는다고 판단하였다. 위 판결은 이후 미국 세법의 모든 방면에 침투하였고, 특히 재조직과 관련된 규정에 큰 영향을 미쳤다(Bittker & Eustice ¶ 11.01[2][a]). 재조직 중 자본구조변경에 관한 판결로 Bazley v. Commissioner, 331 U.S. 737 (1947)

159) 회사가 재조직에 따른 교환에서 수취한 것이 다른 회사의 주식 외에 다른 재산이나 금전을 포함한 경우, 그 다른 재산 등을 재조직계획에 따라 분배하였다면 그 교환에 따른 차익(gain)을 인식하지 않지만, 그 다른 재산 등을 재조직계획에 따라 분배하지 않았다면 그 교환에 따른 차익을 인식하여야 한다[§ 361(b)(1)].

적격합병에 해당하는 경우, 피합병법인의 자산 등이 합병법인으로 피합병법인의 최종사업연도 종료 시의 장부가액으로 이전된 것으로 보아 피합병법인의 소득을 계산한다(일본 법인세법 62조의2 1항 전단). 따라서 피합병법인이 자산을 보유하고 있는 동안에 생긴 가치증가분에 대한 과세는 합병법인 이 나중에 그 자산을 양도하는 시점까지 이연된다.

3-1-3. 과세특례의 적용신청

적격합병 요건이 충족된 경우 과세특례의 적용 여부는 피합병법인의 선택에 달려 있다. 적격합병의 과세특례를 적용받으려는 피합병법인은, 과세표준 신고를 할 때[160] 합병법인 과 함께 합병과세특례신청서를 관할 세무서장에게 제출하여야 한다(시행령 80조 3항 1문).[161]

피합병법인이 과세표준 신고기간 내에 합병과세특례신청서를 제출하지 않았더라도 그 에 관하여 정당한 사유가 있는 경우에는, 국세기본법 제45조에 따라 과세표준의 수정신고 를 하면서 합병과세특례신청서를 제출함으로써 과세특례를 적용받을 수 있다(국세기본법 시 행령 25조 2항 3호, 같은 법 시행규칙 12조 1항).[162][163]

반대로, 피합병법인이 과세표준 신고기간 내에 합병과세특례신청서를 제출하여 적격합 병 과세특례를 적용받게 된 이후에는, 합병법인 또는 피합병법인이 과세특례를 적용받지 않는 것으로 경정청구를 하거나 수정신고를 할 수 없다.[164]

---

160) 내국법인이 사업연도 중에 합병에 따라 해산한 경우에는 그 사업연도 개시일부터 합병등기일까지의 기간 을 그 해산한 법인의 1 사업연도로 보므로(법 8조 2항), 합병등기일부터 3개월 이내가 과세표준 등의 신 고기간이 된다. 합병등기일에 피합병법인은 소멸하므로, 실제로는 합병법인이 피합병법인을 대신하여 합 병과세특례신청서를 제출하게 될 것이다.

161) 적격합병의 요건이 충족되었더라도 합병과세특례신청서를 제출하지 않은 경우 양도손익의 과세이연이 인정되지 않는다(대법원 2023. 1. 12. 선고 2018두45084 판결).

162) ① 적격합병 과세특례의 사후적 소급적용은 승계된 자산의 시가를 토대로 이미 성립한 법인세 납세의무 를 뒤집는 효과를 가져올 수 있는 점, ② 적격합병 과세특례의 적용 여부는 피합병법인 외에도 그 주주 및 합병법인의 세법상 지위에 중대한 영향을 미치므로, 가급적 그 적용 여부를 합병 시에 명확하게 할 필요가 있고, 사후에 이를 번복하는 것은 이해관계자에게 예기치 못한 불이익을 가져올 수 있는 점, ③ 위 규정의 수정신고는 당초한 신고한 과세표준 및 세액보다 감액된(양도손익이 없는 것으로) 과세표준 및 세액을 신고하는 것이므로, 수정신고의 일반적 성질과 들어맞지 않는 점을 고려하면, 위 규정은 신중 하게 적용할 필요가 있다.

163) 조세심판원은, 적격합병을 한 피합병법인이 과세표준 신고기한 내에 합병과세특례신청서를 제출하지 않 고, 합병법인도 자산조정계정명세서를 제출하지 않으면서 피합병법인으로부터 승계한 자산을 장부가액 이 공정가액으로 인식하였으며, 합병과세특례신청서의 미제출에 대하여 정당한 사유가 인정되지 않는 사 안에서, 적격합병에 따른 과세이연의 특례를 부정하였다(조심 2022. 8. 23. 2022부5861 결정).

164) 서면법규과-336, 2014. 4. 9.

3-2. 피합병법인

적격합병을 한 피합병법인은, 합병등기일 현재의 순자산 장부가액을 양도가액으로 보아 양도손익이 없는 것으로 할 수 있다(법 44조 1, 2, 3항).

모법인이 완전자법인을 합병하면서 합병신주를 발행하지 않는 경우(무증자합병), 이는 '불공정한 비율로 합병하여 합병에 따른 양도손익을 감소시킨 경우'(시행령 88조 1항 3호의2) 에 해당하지 않는다는 것이 행정해석이다.[165]

3-3. 피합병법인의 주주

3-3-1. 합병법인 주식의 취득가액

피합병법인의 주주가 합병대가로 받은 합병법인 주식의 취득가액은 [① 피합병법인 주식의 종전의 장부가액+② 의제배당금액-③ 합병교부금 등]이다(시행령 72조 2항 5호).

의제배당금액(②)은, [④ 합병대가-피합병법인의 주식 등의 취득가액(① 종전의 장부가액)]이고(법 16조 1항 5호, 소득세법 17조 1항 3호, 2항 4호), **합병대가**는, 합병대가로 받은 합병법인 등의 주식 등의 가액과 금전, 기타 재산가액의 합계액[= ⑤ 합병법인 주식의 가액+⑥ 합병교부금 등]이다(법 16조 2항 1호).

의제배당금액을 계산할 때, 다음 중 어느 하나에 해당하는 경우, 합병법인의 주식 등의 가액은, 피합병법인 주식 등의 **종전의 장부가액**(합병대가 중 일부를 금전이나 그 밖의 재산으로 받은 경우로서, 합병으로 취득한 주식 등의 시가가 종전의 장부가액보다 적은 경우에는, 합병으로 취득한 주식 등의 시가)[166]이다(시행령 14조 1항 1호 나목, 1호의2, 소득세법 시행령 27조 1항 1호 나목).

　① 법인세법 제44조 제2항 제1호(1년 이상 사업을 계속하던 법인 간의 합병) 및 제2호 [지분의 연속성(주식의 보유에 관련된 부분은 제외한다)]의 요건을 갖춘 경우 : 법인세법 제46조 제2항 제3호(합병등기일 이후 사업의 계속), 제4호(근로자의 승계)의 요

---

165) 법인세과-38, 2013. 1. 16. ; 다만, 피합병법인이 적격합병에 따른 과세특례의 적용을 선택한 경우인지는 불분명하다.

166) ① 합병법인 주식의 시가가 피합병법인 주식의 종전 장부가액보다 낮은 경우, 가령 피합병법인 주식의 장부가액이 100원이고, 합병대가로 합병법인 주식(시가 90원)과 현금 20원이 교부된 경우, 합병법인 주식의 취득가액은 그 시가로 인식되므로, 합병대가는 110원(= 90원 + 20원)이 된다. 한편, ② 합병법인 주식의 시가가 피합병법인 주식의 종전 장부가액보다 낮은 경우, 가령 위 사례에서 합병법인 주식의 시가가 110원으로 피합병법인 주식의 종전 장부가액 100원보다 높은 경우, 합병법인 주식의 취득가액은 피합병법인 주식의 종전 장부가액으로 인식되므로, 합병대가는 120원(= 100원 + 20원)이 된다. 위 규정에 의하면, 합병법인 주식의 가액은 시가로 인식하되, 피합병법인 주식의 장부가액을 한도로 하는 것이 된다.

건은 필요하지 않다.

② 모법인과 완전자법인 사이 또는 완전자법인들 사이의 합병(법 44조 3항)

③ 외국법인 간의 합병으로서 다음의 요건을 모두 갖춘 것

　㉮ 외국법인(내국법인의 자회사)이 그 완전자회사인 다른 외국법인에 합병되거나, 내국법인의 완전자회사인 외국법인들 간에 합병이 일어날 것[167)168)169)]

　㉯ 합병법인과 피합병법인이 우리나라와 조세조약이 체결된 동일 국가의 법인일 것

　㉰ 위 ㉯의 국가에서 피합병법인의 주주인 내국법인에 대하여 합병에 따른 법인세의 과세를 하지 않거나 이연할 것[170)]

　㉱ 위 ㉮부터 ㉰까지의 사항을 확인할 수 있는 서류를 관할 세무서장에게 제출할 것

따라서 위 의제배당 과세이연의 요건이 충족되는 경우, 피합병법인의 주주가 받은 합병법인 주식의 취득가액은 ① 합병법인 주식의 시가가 피합병법인 주식의 종전 장부가액보다 높은 경우에는, 피합병법인 주식의 **종전 장부가액**이고,[171)] ② 합병법인 주식의 시가가 피합병법인 주식의 종전 장부가액보다 낮은 경우에는, [㉮ 그 시가 또는 ㉯ 피합병법인 주식의 장부가액에서 합병교부금을 차감한 금액] 중 큰 금액이 된다.[172)]

---

167) 내국법인과 그 내국법인의 완전자회사인 외국법인(A)이 각각 보유하는 다른 외국법인(B)의 주식 등의 합계가 그 다른 외국법인(B)의 발행주식총수 또는 출자총액인 경우로서 그 서로 다른 외국법인들(A–B) 간 합병하는 것을 포함한다.

168) 내국법인의 자회사인 외국법인(P)이 그 완전자회사인 다른 외국법인(S)을 합병하는 경우에는, 내국법인은 피합병법인인 그 다른 외국법인(S)의 주주가 아니어서 합병대가를 받지 않으므로, 의제배당이 문제되지 않는다. 이에 비하여 내국법인의 자회사인 외국법인(P)이 그 완전자회사인 다른 외국법인(S)에 합병되는 경우에는, 내국법인은 피합병법인인 외국법인(P)의 주주의 지위에서 합병대가를 받게 되므로, 의제배당이 문제된다. 그리고 이는 내국법인의 완전자회사인 외국법인들(S1, S2) 간에 합병이 이루어지는 경우에도 마찬가지이다.

169) 이는 내국법인의 해외자회사 구조조정을 지원하기 위한 것이다(국세청, 2016 개정세법 해설, 89쪽).

170) 합병법인과 피합병법인의 거주지국에서 피합병법인의 주주인 내국법인에 대하여 법인세를 과세하는 경우에는 내국법인은 외국납부세액 공제를 받을 수 있다.

171) 합병대가 = 합병법인 주식의 가액(피합병법인 주식의 종전 장부가액[*]) + 합병교부금 등
　　의제배당금액 = 합병대가 – 피합병법인 주식의 취득가액(종전 장부가액) = 합병교부금 등
　　합병법인 주식의 취득가액 = 피합병법인 주식의 종전 장부가액 + 의제배당금액 – 합병교부금 등
　　　　　　　　　　　　　　 = 피합병법인 주식의 종전 장부가액
　* 합병법인 주식의 시가가 피합병법인 주식의 취득가액보다 낮은 경우에는 합병법인 주식의 시가

172) ① 합병법인 주식의 시가가 피합병법인 주식의 종전 장부가액보다 낮지만 그 차액이 합병교부금보다는 적은 경우, 가령 피합병법인 주식의 장부가액이 100원이고, 합병대가로 합병법인 주식(시가 90원)과 현금 20원이 교부된 경우, 의제배당을 계산할 때 합병법인 주식의 취득가액은 그 시가인 90원으로 인식되므로, 합병대가는 110원(= 90원 + 20원)이고, 의제배당금액은 10원(= 110원 – 100원)이 된다. 위 경우 합병법인 주식의 취득가액은 90원(= 100원 + 10원 – 20원)이다.
　② 합병법인 주식의 시가가 피합병법인 주식의 종전 장부가액보다 낮고 그 차액이 합병교부금보다 큰 경우, 가령 피합병법인 주식의 장부가액이 100원이고, 합병대가로 합병법인 주식(시가 70원)과 현금 20원이 교부된 경우, 의제배당을 계산할 때 합병법인 주식의 취득가액은 그 시가인 70원으로 인식되

3-3-2. 의제배당

의제배당금액은, 피합병법인의 주주 등이 취득하는 합병대가가 피합병법인의 주식 등의 취득가액을 초과하는 금액이다(법 16조 1항 5호, 소득세법 17조 1항 3호, 2항 4호).

합병대가는, 합병대가로 받은 합병법인 주식 등의 가액과 금전, 기타 재산가액의 합계액이다(법 16조 2항 1호). 의제배당 과세이연의 요건이 충족된 경우, 합병법인 주식의 시가가 피합병법인 주식의 종전 장부가액보다 낮지 않은 한, 합병법인 주식의 취득가액은 피합병법인 주식의 **종전 장부가액**이므로, 의제배당은 합병교부금에 한정된다. 따라서 만일 합병교부금이 없다면, **의제배당금액은 0**이 된다.

현행세법에 의하면, 적격합병의 요건 중 일부(법 44조 2항 1, 2호)만 충족되고 나머지 요건(법 44조 2항 3, 4호)은 충족되지 않거나, 피합병법인이 적격합병 과세특례를 선택하지 않아서 피합병법인의 양도차익에 대한 적격합병의 과세특례가 적용되지 않는 경우에도, 피합병법인 주주의 의제배당에 대하여 과세이연의 특례가 적용될 수 있다.[173] 그러나 이는 세법체계의 정합성을 훼손하고 바람직하지 않은 결과를 가져올 수 있으므로,[174] 입법론으로는, 적격합병과 관련한 피합병법인의 양도차익과 피합병법인 주주의 의제배당에 대한 과세특례를 통일적으로 처리하는 방향의 개정을 검토할 필요가 있다.[175]

3-4. 합병법인

3-4-1. 자산의 취득가액

(1) 장부가액 및 세무조정사항의 승계

적격합병의 경우 합병법인은 피합병법인의 자산을 장부가액으로 양도받은 것으로 간주된다(법 44조의3 1항 1문). 그리고 합병법인은 피합병법인의 익금 또는 손금에 산입하거나

므로, 합병대가는 90원(= 70원 + 20원)이고, 합병대가에서 피합병법인 주식의 취득가액을 차감한 금액이 음수이지만[(‒)10원(= 90원‒100원)], 의제배당금액은 0보다 적을 수 없으므로, 0원이 된다. 따라서 위 경우 합병법인 주식의 취득가액은 80원(= 100원 + 0원‒20원)이다.

173) 법인세법 제44조 제2항 제2호의 요건 중 주식 등의 보유와 관련된 부분 및 제3호, 제4호의 요건이 제외된 것은, 피합병법인의 주주에게 합병등기일을 기준으로 의제배당소득이 귀속되므로(시행령 70조 2항 본문, 소득세법 시행령 46조 5호 나목), 원칙적으로 그 시점까지의 사정을 기초로 의제배당금액이 결정되어야 한다는 생각에 기초한 것으로 보인다. 김완석·황남석, 법인세법론(2021), 220쪽 주 22)

174) 가령, 피합병법인의 주주가 합병대가로 받은 합병법인의 주식 중 일부를 합병등기일이 속하는 사업연도의 종료일까지 보유하지 않고 처분한 경우, 피합병법인은 적격합병 과세특례로부터 배제되지만, 피합병법인의 주주는 나머지 합병법인 주식에 관하여 여전히 과세이연의 혜택을 누릴 수 있다.

175) 황남석·이준규, 앞의 글, 74~75쪽은 피합병법인이 과세특례의 적용 여부를 선택하면 그 주주도 이에 구속되는 것으로 법인세법 제14조 제1항 제1호를 개정하는 것이 바람직하다고 한다.

산입하지 않은 금액인 세무조정사항을 모두 승계한다(법 44조의3 2항, 시행령 85조 1호).

(2) 자산조정계정

(가) 자산조정계정의 계상액

적격합병의 경우 합병법인은, 피합병법인의 자산 및 부채의 가액을 합병등기일 현재의 시가로 계상하되, 자산별로 시가와 피합병법인 장부가액의 차액을 자산조정계정으로 계상하여야 한다(법 44조의3 1항 2문, 시행령 80조의4 1항).[176] 적격합병의 경우 합병법인은 피합병법인의 자산 및 부채에 대한 세무조정사항을 승계하므로(시행령 85조 1호), 자산조정계정을 계산할 때, 피합병법인의 자산 및 부채의 장부가액은, 회계상 장부가액{세무조정사항 중 익금불산입액[(−)유보]은 더하고 손금불산입액[(+)유보]을 뺀 가액}으로 한다.

과세이연되는 피합병법인의 자산양도차익은 (시가−세법상 취득가액)인데, 이는 '(시가−회계상 장부가액) + (회계상 장부가액−세법상 취득가액)'와 같다. '(시가−회계상 장부가액)'의 과세이연은 자산조정계정에 의하여, '(회계상 장부가액−세법상 취득가액)'의 과세이연은 합병법인이 피합병법인의 세무조정사항을 승계함으로써 이루어진다.[177][178]

합병법인이 자산조정계정을 계상하여야 할 자산에 대하여 자산조정계정을 계상하지 않거나 그 금액을 잘못 계상한 경우, 과세이연 효과의 전부 또는 일부가 배제되어야 하는지는 법인세법상 분명하지 않고,[179] 다툼의 여지가 있다.[180]

---

176) 자산의 시가가 그 취득가액보다 큰 경우에는 그 차액을 익금에 산입하고, 그 금액을 자산조정계정(자산의 증액)으로 손금에 산입하며, 자산의 시가가 그 취득가액보다 적은 경우에는 그 차액을 손금에 산입하고, 그 금액을 자산조정계정(자산의 감액)으로 익금에 산입한다(시행령 80조의4 1항 1문). ; 합병실무상 부동산 등과 같이 그 가액이 일정한 규모 이상이고 객관적 시가산정이 가능한 자산에 관해서만 시가의 감정평가 및 자산조정계정의 계상이 행해지고, 그 외의 자산의 경우에는 피합병법인의 종전 장부가액이 그대로 사용되는 경우가 많은 것으로 보인다.

177) 가령, A 법인이 B 법인을 합병할 당시 B 법인의 자산이 회계장부에 120원으로 계상되어 있고, 그에 관하여 20원의 익금불산입액[(−)유보]이 있으며(세법상 취득가액은 100원), 그 시가가 150원인 경우, A 법인은 그 자산의 장부가액을 B 법인의 회계상 장부가액인 120원(= 100원 + 20원)으로 인식하고, 그에 관한 20원의 세무조정사항[(−)유보]을 승계하며, 시가와 회계상 장부가액의 차액 30원에 대하여 자산조정계정을 계상한다. 이후 A 법인이 위 자산을 양도하는 경우 20원의 (−)유보와 30원의 자산조정계정이 익금에 산입된다.

178) 세무조정사항의 승계와 자산조정계정 계상의 효과를 합치면, 합병법인은 피합병법인의 자산을 피합병법인의 취득가액으로 승계한 것과 같다. 입법론으로, ① 법인세법에서는 적격합병의 경우 '합병법인이 피합병법인의 자산을 피합병법인의 취득가액으로 승계한다'는 것을 원칙으로 선언하고, ② 구체적 방법으로 법인세법 시행령 등에서, '합병법인이 ㉮ 피합병법인의 세무조정사항을 승계하며, ㉯ 해당 자산의 시가와 회계상 장부가액의 차액을 자산조정계정으로 계상한다'고 규정하는 것이 더 간명하고 논리적이다.

179) 법인세법 시행령은, 적격합병 과세특례를 적용받으려는 피합병법인은 과세표준 신고를 할 때 합병법인과 함께 합병과세특례신청서를 제출하여야 하고, 이 경우 합병법인은 자산조정계정명세서를 함께 제출하여야 한다고 규정하지만(시행령 80조 3항 2문), 합병법인이 자산조정계정명세서를 제출하지 않았거나, 제출하였으나 그 내용상 자산조정계정의 계정이 누락되거나 잘못 기재된 경우의 효과에 관하여는 구체적으로 규정하지 않는다.

(나) 자산조정계정의 익금·손금 산입

① 자산조정계정의 계상 시

시가에서 피합병법인의 회계상 장부가액을 뺀 금액이 ㉮ 0보다 큰 경우(시가 > 장부가액)에는 그 차액을 익금에 산입하고 이에 상당하는 금액을 자산조정계정으로 손금에 산입하며, ㉯ 0보다 적은 경우(시가 < 장부가액)에는 시가와 장부가액의 차액을 손금에 산입하고 이에 상당하는 금액을 자산조정계정으로 익금에 산입한다(시행령 80조의4 1항).

② 자산조정계정의 익금 및 손금 산입

자산조정계정은 다음의 구분에 따라 처리한다(시행령 80조의4 1항 1호).

㉮ 감가상각자산에 설정된 자산조정계정

　　㉠ 감가상각비 : 자산조정계정으로 손금에 산입한 경우(시가 > 장부가액)에는 해당 자산의 감가상각비 중 해당 자산조정계정에 상당하는 부분과 상계하고, 자산조정계정으로 익금에 산입한 경우(시가 < 장부가액)에는 감가상각비에 가산

　　㉡ 해당 자산을 처분하는 경우 : 상계 또는 더하고 남은 금액을 그 처분하는 사업연도에 전액 익금 또는 손금에 산입

㉯ 그 외의 자산에 설정된 자산조정계정 : 해당 자산을 처분하는 사업연도에 전액 익금 또는 손금에 산입. 다만, 자기주식을 소각하는 경우에는 익금 또는 손금에 산입하지 않고 소멸한다.

위 각 경우, 합병법인이 피합병법인으로부터 승계한 세무조정사항도 익금 또는 손금에 산입될 것이다.[181]

(3) 적격합병으로 취득한 자산의 감가상각

적격합병에 의하여 취득한 자산의 상각범위액에 관하여는 특칙이 있다(시행령 29조의2 2항 내지 4항).[182]

---

180) 김동수·황남석·이민규, 조직재편세제의 이론과 실무, 61~65쪽은, 자산조정계정은 취득가액의 조정을 위한 것이므로, 자산조정계정의 계상은 과세이연 여부와 직접적 연관성이 없으므로, 자산조정계정명세서에 자산조정계정이 계상되지 않았거나 잘못 계상되었다는 사정만으로, 적격합병에 따른 과세이연 효과의 전부를 부인하거나 해당 자산에 관하여 일부 부인하는 것은 타당하지 않다고 한다.

181) 따라서 전체적으로 보면, 마치 해당 자산이 합병 당시 시가로 회계장부에 기록되고 그 시가와 피합병법인의 취득가액 간의 차액만큼 세무조정사항이 존재하는 것과 같은 상태가 될 것이다.

182) 이에 관하여는 제2편 제2장 제2절 3-3-4. 참조

3-4-2. 영업권 등과 자본준비금의 처리

(1) 영업권과 합병차익

적격합병의 과세특례는, 합병법인이 피합병법인으로부터 승계한 자산의 취득가액을 피합병법인의 장부가액에 따라 인식할 수 있게 할 뿐, 합병대가에 영향을 미치지 않으므로, 합병대가가 피합병법인의 순자산 가액(장부가액)을 초과함에 따라 **영업권**(합병매수차손)이 발생할 수 있다.

합병차익은, 피합병법인으로부터 승계한 재산의 가액(장부가액)[183]이, 그 법인으로부터 승계한 채무액, 그 법인의 주주에게 지급한 금액과 합병 후 존속하는 회사의 자본금증가액 또는 합병에 따라 설립된 회사의 자본금을 초과하는 금액을 말한다(법 17조 1항 5호).[184] 합병차익은 ① 합병교부주식의 시가 중 액면금액을 초과하는 금액[주식발행액면초과액(자본잉여금)]과 ② 합병매수차익[185]으로 구성된다.[186]

(2) 자본준비금의 자본금전입과 의제배당

회사는 합병으로 발생한 자본잉여금을 자본준비금으로 적립하여야 하고(상법 459조 1항),[187] 상법에 따라 자본준비금으로 적립되어야 하는 자본잉여금은 피합병법인의 자산의 시가를 토대로 산정된다.[188] 이에 따라 피합병법인의 순자산(시가) 중 이익잉여금에 해당

---

183) 적격합병의 경우 합병법인은 피합병법인의 자산을 그 장부가액대로 승계한 것으로 간주되므로, 합병차익도 피합병법인의 장부가액을 토대로 계산되어야 할 것이다.

184) 가령, 합병법인이 승계한 피합병법인의 자산이 200, 피합병법인의 부채가 100이고, 합병법인이 발행한 합병신주의 시가가 70, 액면금액이 50인 경우, 이를 분개로 나타내면 다음과 같다.

(차) 자　　산	200	(대) 부　　　　채	100
		자　본　금	50
		자 본 잉 여 금	20
		합 병 매 수 차 익	30

위 경우에 합병차익은 50[= 200(승계한 자산) - 100(승계한 부채) - 50(자본금증가액)]이고, 이는 자본잉여금 20과 합병매수차익 30의 합계액과 일치한다.

185) 피합병법인으로부터 승계한 순자산의 가액이 합병신주의 시가(액면금액+주식발행액면초과액)에 미달하는 경우에는 합병매수차손이 발생한다(시행령 80조의3 3항).

186) 2 - 3 - 5. 참조

187) 따라서 피합병법인의 순자산 중 이익준비금과 임의적립금(임의준비금)에 대응하는 부분도 모두 합병법인의 자본준비금으로 전환된다. 다만, 합병법인은 피합병법인의 이익준비금이나 그 밖의 법정준비금을 승계할 수 있다(상법 459조 2항). 이에 따라 합병법인이 피합병법인의 이익준비금을 승계하는 경우 그 만큼 적립할 이익준비금이 감소하는 효과를 얻을 수 있다.

188) 자본준비금은 자본충실의 복적을 위한 것이므로 세법상 적격합병에 따른 과세이연과 직접 관련이 없다. 따라서 적격합병을 위하여 합병법인이 피합병법인의 장부가액을 승계하는 것은 법인세법 목적에 한정되고, 상법상 자본준비금에 영향을 미치지 않는다. 상법도 적격합병 여부에 따라 자본준비금의 범위를 달리 정하지 않는다(상법 시행령 18조).

하는 부분으로서 합병신주로 인한 자본금증가액을 초과하는 금액은, 합병법인 단계에서 자본준비금으로 바뀌게 된다. 그런데 적격합병의 경우, 피합병법인의 이익잉여금이 그 주주에 대한 의제배당 과세 없이 합병법인의 자본준비금으로 넘어가기 때문에, 이를 피합병법인 단계에서 자본금에 전입하였다면 의제배당으로 과세되었을 것과의 균형상, 피합병법인의 이익잉여금 등에 해당하는 부분이 합병법인 단계에서 자본금에 전입되는 경우 합병법인 주주를 과세할 필요가 있다.[189] 세법은 위 경우 합병법인 주주가 받은 무상주를 의제배당으로 과세하는 규정을 두고 있다.

합병법인이 적격합병으로 인하여 적립한 **자본준비금**이 **자본금에 전입**되어 주식이 발행되는 경우, 다음 각 금액의 합계액은 합병차익을 한도로 합병법인 주주의 의제배당으로 과세된다(법 16조 1항 2호 단서, 시행령 12조 1항 3호, 3항[190]).

① 합병등기일 현재 합병법인이 승계한 재산의 가액이 그 재산의 피합병법인 장부가액[191]을 초과하는 경우 그 초과하는 금액 : 자산조정계정의 합계액[192]

② 피합병법인의 자본준비금(상법 459조 1항)과 재평가적립금 중 의제배당대상 자본잉여금(법 16조 1항 2호 본문)에 상당하는 금액(시행규칙 8조)

③ 피합병법인의 이익잉여금에 상당하는 금액

이에 따라 합병법인의 주주 중 피합병법인의 주주가 아니었던 자도, 피합병법인의 이익잉여금에 해당하는 합병법인의 자본준비금이 자본금에 전입되는 경우 의제배당으로 과세된다. 한편, 피합병법인의 이익잉여금 중 합병신주로 인한 자본금증가액에 포함되는 부분은 위 규정의 적용대상에서 제외된다.[193]

입법론으로는, 위와 같은 합병법인의 **자본준비금**이 감액되어 주주에게 **배당**되는 경우 배당소득으로 과세할 필요가 있다.[194]

---

189) 이와 달리 비적격합병의 경우에는 피합병법인의 이익잉여금이 합병대가에 반영되어 불완전하나마 피합병법인 주주의 의제배당으로 과세되므로, 별도로 합병법인 단계에서 합병으로 인한 자본준비금의 자본금 전입 시에 합병법인 주주의 의제배당으로 과세하는 규정을 둘 필요가 없거나 크지 않다.

190) 이 경우 합병법인이 상법 제459조 제2항에 따라 피합병법인의 이익준비금 등을 승계한 경우에도 그 승계가 없는 것으로 본다.

191) 세무조정사항이 있는 경우에는 그 세무조정사항 중 익금불산입액은 더하고 손금불산입액은 뺀 가액으로 한다.

192) 현행세법상 의제배당 중 자산조정계정의 합계액(시행령 12조 1항 3호 가목)도 이중과세조정의 대상에 포함될 것으로 보이는데(법 18조의2, 18조의3, 소득세법 56조), 이는 피합병법인 단계에서 과세된 적이 없는 것이므로, 이중과세조정의 대상에서 제외할 필요가 있다. 김의석, "의제배당 과세에 있어서 적정배당세액공제", 조세법연구 [22-1], 세경사(2016), 99쪽

193) 그러나 피합병법인의 이익잉여금 중 합병신주로 인한 자본금증가액에 해당하는 부분과 이를 초과하는 부분과 달리 취급할 필요는 없을 것이다. 따라서 입법론으로는 합병신주로 인한 자본금증가액이 주식소각 등으로 감소하는 경우 이를 의제배당으로 취급하는 것을 고려할 필요가 있다.

194) 구체적으로는, 법인세법 제18조 제8호 단서에, 피합병법인의 이익잉여금에 대응하는 합병법인의 자본준

3-4-3. 이월결손금의 승계 등

(1) 합병법인과 피합병법인의 이월결손금

(가) 합병법인의 이월결손금의 공제

합병법인의 합병등기일 직전 이월결손금[195]은, 피합병법인으로부터 승계한 사업에서 발생한 소득금액[중소기업 등 간의 합병(법 113조 3항)에 해당하여 구분경리를 하지 않은 경우에는 대통령령으로 정하는 자산가액 비율로 안분계산한 금액]의 범위에서는 공제할 수 없다(법 45조 1항).[196]

(나) 피합병법인의 이월결손금의 승계

적격합병을 한 합병법인은 피합병법인의 결손금[197]을 승계한다(법 44조의3 2항). 합병법인이 승계한 피합병법인의 이월결손금은 피합병법인으로부터 승계받은 사업에서 발생한 소득금액의 범위에서 공제하되(법 45조 2항),[198] 그 소득금액의 80%[199]를 한도로 한다(법 45조 5항 2호).

(다) 구분경리

합병법인은, 합병등기일 현재 결손금이 있는 경우 그 결손금을 공제받는 기간, 그 밖의 경우에는 합병 후 5년간, 자산·부채 및 손익을 피합병법인에 속하는 것과 그 밖의 사업에 속하는 것을 각각 다른 회계로 구분하여 기록하여야 한다(법 113조 3항 본문).[200][201]

비금을 포함시킬 필요가 있다.

195) '합병등기일 현재 이월결손금 중 피합병법인으로부터 승계한 결손금을 제외한 금액'은, 합병법인이 본래 가지고 있던 합병등기일 직전의 이월결손금을 말한다.

196) 이는 비적격합병과 적격합병에 관하여 공통적으로 적용된다.

197) 합병법인이 승계하는 결손금은, 합병등기일 현재의 피합병법인의 법인세법 제13조 제1항 제1호에 따른 결손금(합병등기일을 사업연도의 개시일로 보아 계산한 금액)으로서, 합병등기일이 속하는 사업연도의 다음 사업연도부터는 매년 순차적으로 1년이 지난 것으로 보아 계산한 금액을 말한다(시행령 81조 2항).

198) 행정해석은, 내국법인이 적격합병으로 피합병법인의 이월결손금을 승계한 후 피합병법인으로부터 승계한 사업부문을 인적분할한 사안(법규과 · 1043, 2011. 8. 10.)과 물적분할한 사안(서면 – 2022 – 법인 – 2190, 2022. 12. 30.)에서 각각 분할한 사업무문의 자산을 분할신설법인에게 양도하여 발생한 양도차익을 피합병법인으로부터 승계한 사업에서 발생한 소득금액으로 판단하였다.

199) 중소기업과 회생계획을 이행 중인 기업 등 대통령령으로 정하는 법인(시행령 10조 1항)의 경우에는 100%

200) 다만, 중소기업 간의 합병 또는 동일사업을 영위하는 법인 간의 합병의 경우에는 구분경리를 하지 않을 수 있다(법 113조 3항 단서).

201) 2008. 12. 26. 개정되기 전의 구 법인세법 제45조 제1항 제3호는, 합병법인이 피합병법인의 이월결손금을 승계하기 위한 요건으로 구분경리를 명시하였으나, 위 개정 이후의 법인세법은 구분경리를 위 요건으로 규정하지 않는다. 조세심판원은, 청구법인이 2006년 종전의 합병세제하에서 다른 법인을 흡수합병하고 구분경리를 하지 않은 사안에서, 피합병법인의 이월결손금을 승계할 수 없다고 판단하였다(조심 2009서 3546, 2010. 6. 28.). 행정해석은, 합병법인이 피합병법인으로부터 승계한 사업에 관한 회계시스템을 유지하면서 그 사업에서 발생한 거래를 별도로 정리하는 경우, 법인세 신고기한까지 소득구분계산서를 제출

(2) 합병 전 보유 자산에 관한 처분손실의 공제 제한

적격합병을 한 합병법인과 피합병법인이 합병 전 보유하던 자산의 합병등기일 현재 시가가 장부가액보다 낮고, 합병등기일 이후 5년 이내에 끝나는 사업연도에 그 자산의 처분손실(내재손실)이 발생한 경우, 그 처분손실은, 합병등기일 현재의 시가와 장부가액의 차액을 한도로, 각각 합병 전 해당 법인의 사업에서 발생한 소득금액(해당 처분손실을 공제하기 전 소득금액)의 범위에서 손금에 산입된다(법 45조 3항 전문). 위 경우 손금에 산입되지 않은 처분손실은, 각각 합병 전 해당 법인의 사업에서 발생한 결손금으로 보아 해당 법인의 사업(해당 법인이 피합병법인인 경우에는 피합병법인으로부터 승계한 사업)에서 발생한 소득금액의 범위에서 과세표준의 계산 시 공제한다(법 45조 3항 후문).

위 규정은, 미실현손실이 내재된 합병법인과 피합병법인의 자산이 합병 전에 처분되었다면 그로 인한 손실을 반영한 결손금은 합병 후 해당 법인의 사업에서 발생한 소득으로부터만 공제되었을 것과의 균형을 고려한 것이다.

(3) 기부금한도초과액

(가) 합병법인의 기부금한도초과액

합병법인의 기부금한도초과액[202]은, 합병법인의 각 사업연도의 소득금액을 계산할 때, 합병 전 합병법인의 사업에서 발생한 소득금액을 기준으로 기부금 각각의 손금산입한도액(법 24조 2항, 3항)의 범위에서 손금에 산입된다(법 45조 6항).

(나) 피합병법인의 기부금한도초과액

피합병법인의 합병등기일 현재 기부금한도초과액으로서 합병법인이 승계한 금액은, 합병법인의 각 사업연도의 소득금액을 계산할 때, 합병법인이 피합병법인으로부터 승계한 사업에서 발생한 소득금액을 기준으로 기부금 각각의 손금산입한도액(법 24조 2항, 3항)의 범위에서 손금에 산입된다(법 45조 7항).

(4) 세액감면·공제의 승계

적격합병을 한 합병법인은 피합병법인의 세액감면·세액공제를 승계하되, 법인세법 또는 다른 법률에 해당 감면 또는 세액공제의 요건 등에 관한 규정이 있는 경우에는 합병법인이 그 요건 등을 모두 갖춘 경우에만 승계가 인정된다(법 44조의3 2항, 시행령 80조의4 2항).

하지 않았더라도, 구 법인세법(2002. 12. 30. 개정되기 전의 것) 제45조 제1항 제3호에 따른 피합병법인 이월결손금의 승계요건인 구분경리에 해당한다고 보았다(서삼46019-10827, 2002. 5. 17.).

202) 특례기부금 및 일반기부금 중 손금산입한도액을 초과하여 손금에 불산입된 금액으로서, 그것이 지출된 사업연도의 다음 사업연도 개시일부터 10년 이내에 끝나는 각 사업연도까지 이월된 금액(법 24조 4항)

합병법인이 승계한 피합병법인의 감면 또는 세액공제는, 피합병법인으로부터 승계받은 사업에서 발생한 소득금액 또는 이에 해당하는 법인세액의 범위에서 대통령령으로 정하는 바에 따라 적용된다(법 45조 4항, 시행령 81조 3항).

3-4-4. 과세특례의 사후배제

적격합병 과세특례의 요건은 합병 이후에도 계속 유지되어야 한다.[203] 만일 합병 이후 적격합병 과세특례의 요건이 결여되는 경우 과세특례의 효과는 사후적으로 배제된다.[204]

(1) 과세특례의 배제사유 : 적격합병요건의 중단

(가) 원칙

적격합병(모법인과 완전자법인 간의 합병 및 동일한 모법인의 완전자법인 간의 합병을 제외한다)을 한 합병법인에 관하여, 합병등기일이 속하는 사업연도의 다음 사업연도의 개시일부터 2년(③의 경우에는 3년) 이내에 다음의 어느 하나에 해당하는 사유가 발생하는 경우에는 적격합병의 과세특례가 배제된다(법 44조의3 3항 본문, 시행령 80조의4 3항).

① 합병법인이 피합병법인으로부터 승계한 사업을 폐지하는 경우 : 합병법인이 위 기간 중 피합병법인으로부터 승계한 자산가액의 2분의 1 이상을 처분하거나 사업에 사용하지 않는 경우에는, 피합병법인으로부터 승계받은 사업을 폐지한 것으로 본다(시행령 80조의4 8항 본문). 다만, 피합병법인이 보유하던 합병법인의 자기주식을 승계하여 소각하는 경우에는, 피합병법인으로부터 승계한 자산 중에서 위 합병법인의 자기주식을 제외한 나머지를 기준으로 사업계속 여부를 판정하되, 승계받은 자산이 합병법인의 주식만 있는 경우에는 사업을 계속하는 것으로 본다(시행령 80조의4 8항).

② 피합병법인의 일정한 지배주주 등이 합병법인으로부터 받은 주식 등을 처분하는 경우(시행령 80조의4 9항)

③ 각 사업연도 종료일 현재 합병법인의 근로자 수가 합병등기일 1개월 전 당시 피합병법인과 합병법인에 각각 종사하는 근로자 수의 합의 80% 미만으로 하락하는 경우

(나) 예외 : 부득이한 사유

다만, 위 각 사유에 관하여 부득이한 사유가 있는 경우에는 예외가 인정되고(법 44조의3 3항 단서), 적격합병요건을 판단할 때의 부득이한 사유는 과세특례 배제사유에 대한 부득이

---

203) 이를 '사후관리'라고 하기도 한다.

204) 미국과 일본의 세법은, 우리나라의 이른바 '사후관리'에 해당하는 규정을 두지 않고, 과세이연의 취지나 요건과 부합하지 않는 일정한 사후적 사유가 있는 경우 당초 과세이연의 요건이 충족되지 않았다고 보아 그 혜택을 배제하는 접근법을 취한다.

한 사유에 해당한다(시행령 80조의4 7항).

과세특례 배제사유 중 합병법인 주식의 처분과 관련하여, 일정한 지배주주 등이 합병으로 교부받은 전체 주식 등 중 2분의 1 미만을 처분한 경우는 부득이한 사유에 해당한다(시행령 80조의2 1항 1호 가목).[205]

(2) 과세특례의 배제효과

적격합병의 과세특례가 사후적으로 배제되는 경우, 처음부터 비적격합병을 한 것과 동일하게 합병법인의 조세법률관계를 조정할 필요가 있다. 이에 따라 세법은 합병법인이 자산조정계정 잔액 등을 익금에 산입하도록 규정한다(법 44조의3 3항 본문).

(가) 피합병법인으로부터 승계한 세무조정사항의 추인

과세특례의 배제사유가 발생한 경우, 합병법인의 소득금액을 계산할 때 피합병법인으로부터 승계한 세무조정사항 중 익금불산입액은 더하고 손금불산입액은 뺀다(시행령 80조의4 6항). 이는, 적격합병에 따라 이연된 피합병법인의 자산 양도차익에 대한 과세를 합병법인 단계에서 실행하기 위하여, 피합병법인의 회계상 장부가액과 세법상 취득가액의 차이인 유보를 추인하는 것이다.

(나) 자산조정계정 잔액의 익금산입

과세특례의 배제사유가 발생한 경우, 합병법인은, 자산조정계정 잔액의 총합계액이 0보다 큰 경우에는 익금에 산입되지만, 0보다 적은 경우에는 손금에 산입되지 않고, 그 자산조정계정은 소멸한다(시행령 80조의4 4항). 따라서 적격합병으로 이연된 양도차익은 익금에 산입되지만, 이연된 양도손실은 손금에 산입되지 않는다.[206]

(다) 합병매수차익 등의 익금산입 등

과세특례의 배제사유가 발생하여 자산조정계정 잔액의 총합계액을 익금에 산입한 합병법인은, 합병매수차익 또는 합병매수차손에 상당하는 금액을 다음과 같이 처리한다(법 44조의3 4항, 시행령 80조의4 5항).

① 합병매수차익 또는 합병매수차손에 상당하는 금액을 과세특례배제사유가 발생한 사업연도의 손금 또는 익금에 산입한다.

---

205) 행정해석은, 합병법인이 합병대가로 포합주식에 대하여는 자기주식을 교부하지 않고 다른 피합병법인의 주주들에게만 자기주식을 교부하였는데, 그 주주들 중 일부가 교부받은 합병법인 주식을 처분한 경우, 합병법인의 포합주식에 대하여도 합병법인의 자기주식을 교부한 것으로 보아 '2분의 1 미만의 처분 여부'를 판단하여야 한다고 보았다. 기획재정부 법인세제과-227, 2014. 4. 2.
206) 이연된 양도차익과 이연된 양도손실을 다르게 취급하는 것의 타당성에 대하여 의문을 제기하는 견해로, 김완석·황남석, 법인세법론(2021), 560쪽

② 같은 금액을 익금 또는 손금에 산입하되, 그중에서 ㉮ 합병매수차익 등에 합병등기일부터 과세특례배제사유가 발생한 사업연도까지의 월수를 60으로 나눈 비율을 곱한 금액은 위 사업연도의 익금 또는 손금에 산입하고,[207] ㉯ 나머지 금액은 통상의 비적격합병과 마찬가지로 위 사업연도 이후의 사업연도부터 합병등기일 후 5년이 되는 날이 속하는 사업연도까지는 합병매수차익 등에 해당 사업연도의 월수를 60으로 나눈 비율을 곱한 금액을 익금 또는 손금에 산입한다.

(라) 피합병법인으로부터 승계한 이월결손금 등

과세특례의 배제사유가 발생한 경우, 합병법인은 피합병법인으로부터 승계한 이월결손금 중 공제한 금액 전액을 과세특례의 배제사유가 발생한 사업연도의 익금에 산입한다(시행령 80조의4 4항).[208] 그리고 합병법인의 소득금액 및 과세표준을 계산할 때 피합병법인으로부터 승계하여 공제한 감면 또는 세액공제액 상당액을 해당 사유가 발생한 사업연도의 법인세에 더하여 납부하고, 그 사업연도부터 적용하지 않는다(시행령 80조의4 6항).

(마) 피합병법인의 주주

과세특례의 배제사유가 발생한 경우에도, 그로 인한 과세특례의 배제효과는 합병법인에만 미치고, 피합병법인의 주주였던 자에게는 미치지 않는다. 따라서 피합병법인의 일정한 지배주주 등이 합병등기일이 속하는 사업연도 이후 2년 내에 합병교부주식 중 2분의 1 이상을 처분한 경우에도, 그 나머지 합병교부주식에 관하여 사후적으로 의제배당 과세가 실행되지 않는다.[209]

---

207) 처음부터 비적격합병으로 취급되었다면 그때까지 익금 또는 손금에 산입되었을 합병매수차익 또는 합병매수차손의 누적액은 과세특례배제사유가 발생한 사업연도의 익금 또는 손금에 산입한다.

208) 행정해석은, 합병법인이 적격합병을 통하여 피합병법인의 이월결손금을 승계한 후 적격합병 과세특례의 배제사유가 발생하여 법인세법 시행령 제80조의4 제4항, 제5항 제2호 및 제6항을 적용하는 경우, 당초 합병 시 피합병법인의 자산양도차익에서 이월결손금을 공제한 금액을 해당 사유가 발생한 사업연도의 소득금액에 합산하고, 공제 후의 나머지 이월결손금은 소멸하는 것으로 처리하여야 한다고 보았다(서면-법인-2193, 2022. 12. 30.). 이는 당초 비적격합병을 하였다면 피합병법인의 이월결손금이 피합병법인의 자산양도차익에서 공제되었을 것인 점을 고려한 것으로 보인다.

209) 이에 비하여, 피합병법인의 일정한 지배주주 등이, 합병등기일 이후 그 날이 속하는 사업연도의 종료일까지 합병교부주식 중 2분의 1 이상을 처분한 경우에는, 당초부터 적격합병의 요건이 충족되지 않은 것이 되므로, 전체 합병교부주식에 관하여 의제배당 과세가 이루어지고, 그 처분된 합병법인 주식의 양도소득을 계산할 때 그 주식의 시가가 취득가액으로 공제될 것이다.

분할

1 회사분할의 일반론

1-1. 상법

(1) 회사분할의 기능 : 영업의 분리 및 법인화

주식회사가 영업을 분리하여 별개의 독립한 법인으로 만드는 방법[210]에는 여러 가지가 있다. 주식회사는 영업을 현물출자하여 자회사를 설립할 수 있고, 자회사에게 영업을 재산 인수 또는 사후설립의 방법으로 양도할 수도 있다. 이러한 방법으로 주식회사는 물적분할과 같은 결과를 얻을 수 있고, 나아가 자회사 주식을 모회사의 주주에게 현물배당할 경우 인적분할의 효과를 거둘 수 있다. 그러나 현물출자나 재산인수의 방법으로 영업을 출자하는 경우, 법원이 선임한 검사인에 의한 조사를 거쳐야 하고(상법 298조 4항, 299조 1항), 영업을 구성하는 개개의 자산·부채에 관하여 일일이 이전절차를 밟아야 하는 번거로움이 있다. 상법은 더 간단한 포괄승계의 방법으로 회사의 영업을 법인화할 수 있도록 회사분할을 규정한다.[211] 회사의 분할은 주식회사에 한하여 인정된다.[212][213]

---

210) 회사를 분할하는 목적으로는 회사의 사업을 효율적으로 하기 위한 것도 있지만, 주주들 간에 회사를 나누어 가지거나 제3자에게 회사의 일부를 매각하려는 것도 있다. Bittker & Eustice 11-4 ; 회사분할이 사업부 매각의 수단으로 사용된 예로는 대법원 2013. 9. 27. 선고 2013두10335 판결

211) 회사의 분할에 따른 사업의 양도는 부가가치세 과세대상에 해당하지 않는다(부가가치세법 10조 9항 2호, 같은 법 시행령 23조).

212) 회사의 합병이 회사법의 통칙에도 규정되어 있는 것(상법 174조)과 달리 회사의 분할은 주식회사에 관한 부분에만 규정되어 있는 점 등에 비추어, 상법상 회사분할제도의 적용대상은 주식회사에 한하고 분할 전 회사와 분할 후 회사는 모두 주식회사이어야 한다는 것이 일반적 견해이다[주석 상법, 회사(5)(530조의2) 428쪽].

213) 모회사가 여러 자회사를 설립한 후 주주들에게 현물배당으로 각각 별개의 자회사의 주식을 교부하거나, 모회사의 일부 주주에게만 자회사의 주식을 유상감자대가로 분배하는 것[불비례적 분할(non-pro rata corporate division)]이 우리 상법상 가능한지가 문제된다. 상법상 이를 금지하는 규정이 없으므로, 주주 전원이 동의한다면 이를 허용하지 않을 이유는 없다고 보인다. 현물배당의 경우 주주 전원의 동의가 있다면 불균일 배당이 가능하고, 유상감자의 경우에도 마찬가지이다. 황남석, 회사분할 과세론, 294~295쪽. 이철송, 회사법강의(2019), 1126쪽도 이를 긍정하는 취지로 보인다.

(2) 회사분할의 종류

① **인적분할과 물적분할** : **인적분할**은, 분할되는 회사(분할법인)의 주주가 분할 또는 분할합병으로 설립되는 회사(분할신설법인)의 주식을 취득하는 형태의 분할(수평적 분할)이고, **물적분할**은 분할법인이 분할신설법인의 주식을 취득하는 형태의 분할(수직적 분할)이다(상법 530조의12). 물적분할을 한 분할법인이 분할신설법인의 주식을 분할법인의 주주에게 현물배당하는 경우 인적분할을 한 것과 같은 결과가 된다.[214]

② **단순분할과 분할합병** : **단순분할**은, 분할대상 재산이 분할신설법인에게 포괄승계되고 그 대가로 분할신설법인의 주식이 분할법인의 주주(인적분할, 상법 530조의2 1항) 또는 분할법인(물적분할, 상법 530조의12)에게 배정되는 형태의 분할을 말한다. 분할합병 중 **흡수분할합병**은, 분할대상 재산이 분할합병의 상대방법인[215]에게 포괄승계되고 그 대가로 분할합병의 상대방법인의 주식이 분할법인의 주주에게 배정되는 형태의 분할을 말한다(상법 530조의6 1항). 그리고 **신설분할합병**은, 분할법인의 분할대상 재산과 분할합병의 상대방법인의 재산이 분할신설법인에게 포괄승계되고, 그 대가로 분할신설법인의 주식이 분할법인 등의 주주에게 배정되는 형태의 분할을 말한다(상법 530조의6 2항). 신설분할합병은 다시, 분할합병의 상대방법인이 분할합병 후 계속 존속하는 경우[216]와 분할합병으로 소멸하는 경우[217]로 나누어진다. 물적분할이 분할합병의 형태로 가능한지에 관하여는 견해의 대립이 있으나,[218] 법원의 등기선례는 물

---

214) 구 일본 상법은 분할의 유형으로 물적분할과 인적분할을 모두 인정하였으나, 2005년 제정된 일본 회사법은 분할되는 회사가 분할신설법인 등의 주식을 취득하는 물적분할의 유형만을 규정한다[신설분할, 흡수분할(일본 회사법 2조 29호, 30호)]. 분할되는 회사는 분할의 효력발생일에 ① 전부취득조항부 종류주식의 취득대가로 또는 ② 잉여금의 배당으로 분할신설법인 등의 주식을 주주에게 교부할 수 있고(일본 회사법 758조 8호, 760조 7호, 763조 1항 12호, 765조 1항 8호), 이로써 인적분할과 같은 효과를 거둘 수 있다. 일본 법인세법은, 인적분할에 해당하는 것을 분할형분할(分割型分割), 물적분할에 해당하는 것을 분사형분할(分社型分割)로 규정한다(일본 법인세법 2조 12호의9 イ, 12호의10 イ).

215) 상법은 "분할합병의 상대방 회사"라고 한다(상법 530조의6 1항).

216) 이는 상법 제530조의2 제6항 중 "분할회사의 일부가 다른 분할회사의 일부와 분할합병을 하여 회사를 설립하는 경우"이다. 가령 甲 회사(A, B 사업부문)와 乙 회사(C, D 사업부문)가 각각 B, D 사업부문을 분리하여 분할신설법인인 丙 회사에 포괄승계시키고, 甲, 乙 회사는 분할합병 후 계속 존속하는 경우이다.

217) 이는 상법 제530조의2 제6항 중 "분할회사의 일부가 다른 회사와 분할합병을 하여 회사를 설립하는 경우"이다. 가령 甲 회사(A, B 사업부문)와 乙 회사(C, D 사업부문)가 甲 회사는 B, D 사업부문을 분리하여, 乙 회사는 전체 사업부문(C, D)을 각각 분할신설법인인 丙 회사에 포괄승계시키고, 乙 회사는 분할합병으로 소멸하는 경우이다.

218) 상법 제530조의12는 물적분할을 "회사가 분할 또는 분할합병으로 인하여 설립되는 회사의 주식의 총수를 취득하는" 것으로 정의한다. 물적흡수분할합병이 상법상 허용되지 않는다고 보는 견해는 상법 제530조의12의 문언을 근거로 든다(권기범, 현대회사법론, 185쪽). 그러나 물적흡수분할합병을 물적분할의 하나로 인정하는 것이 일반적 견해이다(박태현, "회사분할의 유형", 회사분할의 제 문제, BFL 총서 [8], 서울대학교 금융법센터(2014), 78쪽).

적흡수분할합병을 인정하였다.[219]

③ 존속분할과 소멸분할 : 존속분할은 분할회사가 분할 후에도 존속하는 형태의 분할이고, 소멸분할은 분할회사의 모든 재산이 둘 이상의 신설회사에 포괄승계되고 분할회사가 소멸하는 것이다.[220]

(3) 분할로 이전되는 자산, 부채의 범위

분할로 인하여 분할신설법인 등에 이전되는 자산, 부채의 범위는 분할계획서 또는 분할합병계약서에 의하여 정해진다(상법 530조의10).[221] 상법은 분할계획서의 기재사항으로 '이전될 재산'을 규정하므로(상법 530조의5 1항 7호), 영업이 아닌 개별 재산을 분할의 대상으로 할 수 있는지가 문제되는데, 이에 관하여는 상법학계에서 의견이 대립한다.[222]

분할의 효력은 분할신설법인 등이 분할등기를 함으로써 발생하고(상법 530조의11 1항, 234조), 이에 따라 분할대상인 자산과 부채가 별도의 이전절차를 거칠 필요 없이 분할신설법인 등에게 이전된다(포괄승계).

(4) 회사분할과 자본 및 자본금의 감소

(가) 인적분할

인적분할 중 **존속분할**의 경우에는 분할법인의 순자산이 감소하므로, 이에 따라 분할법인은 자본을 감소시켜야 한다. 만일 분할법인이 자본의 감소액을 자본의 구성항목(자본금, 자본잉여금 및 이익잉여금)에 각 해당 비율에 따라 배분한다면, 분할 직전 순자산의 총액 중에서 분할로 감소된 순자산의 가액이 차지하는 비율만큼 자본금을 감소시키게 될 것이다.[223] 그런데 분할법인의 자본이 감소하는 경우에 반드시 자본금감소를 하여야 하는 것은 아니고, 자본금감소 여부 및 그 범위는 분할법인의 선택에 맡겨져 있다.[224]

---

219) 등기선례 제200310-15호, 제정 2003. 10. 8.(공탁법인 3402-239 질의회답)

220) 소멸분할은 실제로는 거의 그 예가 없다. 박태현, 앞의 글, 88쪽 이하. 김건식·노혁준·천경훈, 회사법(2020), 801쪽

221) 다만, 법률상 또는 성질상 이전이 허용되지 않는 일신전속적인 권리의무는, 분할계획서나 분할합병계약서에 기재되었더라도, 분할 또는 분할합병으로 인한 포괄승계대상에서 제외된다. 대법원은, 공동수급체는 기본적으로 민법상 조합의 성질을 가지고, 공동수급체의 구성원들이 구성원 지위를 제3자에게 양도할 수 있는 것으로 약정하지 않은 이상, 공동수급체 구성원의 지위는 다른 구성원들의 동의가 없으면 이전될 수 없는 귀속상의 일신전속적인 권리의무에 해당하므로, 공동수급체의 구성원 지위는 원칙적으로 회사의 분할합병으로 인한 포괄승계의 대상이 아니라고 한다(대법원 2011. 8. 25. 선고 2010다44002 판결).

222) 찬성하는 견해로 권기범, 현대회사법론(2017), 189쪽 및 주석 상법, 회사(5)(530조의2) 429쪽 ; 반대하는 견해로 이철송, 회사법강의(2019), 1129쪽

223) 인적분할의 경우 분할되는 회사는 분할로 인하여 순자산이 감소한다. 이에 따라 분할되는 회사가 자본금 감소를 하는 경우 이를 분할계획서에 기재하여야 한다(상법 530조의5 2항 1호).

224) 분할되는 회사가 감소되는 순자산액만큼 반드시 자본금감소를 할 의무는 없다는 것이 상법학계의 일반적

인적분할 중 **소멸분할**의 경우에는 분할 전의 법인이 분할로 소멸하므로 자본금감소 여부가 문제되지 않는다.

(나) 물적분할

물적분할의 경우 분할되는 순자산은 분할법인 내에서 분할신설법인 등의 주식의 형태로 바뀔 뿐이고 분할법인의 순자산에 변동이 없으므로, 분할법인의 자본은 그대로 유지된다.

미국법상 회사분할과 그 세법상 취급

1. 미국회사법상 회사의 분할

미국의 경우 대부분의 주에서는 회사법상 별도의 회사분할제도가 없기 때문에 자회사 주식의 현물배분 등을 통하여 회사분할의 효과를 얻는다.

① spin-off(배분형) : a_1, a_2 사업부분을 가진 A 회사가 A_2 회사를 설립하고 a_2 사업부를 A_2에 현물출자하거나 양도한 후 A_2의 주식을 A의 주주인 甲, 乙에게 현물로 배분하는 경우, 인적분할(존속분할)과 같은 결과가 된다.

② split-off(주식상환형) : A 회사가 A_2 회사를 설립하고 a_2 사업부를 A_2에 현물출자하거나 양도한 후 주주 乙 소유의 A 주식을 취득하면서 그 대가로 A_2 주식을 교부하는 경우, 甲은 A의 주식만을, 乙은 A_2의 주식만을 가지게 된다.

③ split-up(청산형) : A가 a_1, a_2 사업부를 각각 현물출자하여 두 개의 자회사인 A_1, A_2를 설립한 후 해산하면서 A_1, A_2의 주식을 주주인 甲, 乙에게 잔여재산으로 배분하는 경우, 인적분할(소멸분할)과 같은 결과가 된다.

2. 미국 세법상 회사분할의 과세

2-1. 사업을 출자하거나 양도하는 단계

법인이 사업을 출자하여 회사를 설립하거나 기존 회사에 사업을 양도한 경우, 그 법인의 손익은 원칙적으로 과세되지만, 제351조 또는 제368조(a)(1)(D)의 재조직에 해당하는 경우에는 손익이 인식되지 않는다[§ 361(a)].

2-2. 자회사의 주식을 주주에게 이전하는 단계

(1) 제355조가 적용되는 경우

법인이 자회사의 주식을 법인의 주주에게 배분하는 것이 제355조의 요건을 충족하는 경우, ① 주주는 그 주식이 수령에 관하여 손익을 인식하지 않고[§ 355(a)(1)] ② 그 주식을 배분한 법인도 그 배분대상 주식의 미실현손익을 인식하지 않는다[§ 355(c)].

(2) 제355조가 적용되지 않는 경우[225]

견해이다[김건식·노혁준·천경훈, 회사법(2020), 806쪽. 이철송, 회사법강의(2019), 1137쪽]. 회사는 자본금감소를 하지 않는 대신 감소하는 순자산액만큼 자본잉여금과 이익잉여금을 감소시킬 수 있고, 이 경우 주식의 소각 등은 이루어지지 않는다. 주석 상법, 회사(5)(530조의6), 449쪽은, 분할로 인하여 자본결손(순자산액이 자본금과 법정준비금의 합계액에 미달한 경우)이 발생한 경우에는 자본금감소를 할 의무가 있다는 취지로 본다. 행정해석 중에는, 분할되는 회사가 자본금감소를 하는 대신 자본준비금을 감소시킬 수 있음을 전제로 한 것이 있다(서면인터넷방문상담2팀-1089, 2007. 6. 4.).

225) Bittker & Eustice, ¶11.15 [2]~[4]

① spin-off는, 모회사가 그 주주에게 자회사의 주식을 현물배분(distribution in kind)한 것이므로, 배당가능이익의 한도에서 배당(dividend)으로 취급된다(§ 301).[226]

② split-off는, 모회사가 그 주주에게 자회사의 주식을 받는 대가로 모회사의 주식을 환수하는 것이므로, 주식의 상환(redemption of stock)에 해당하고, 배당 또는 주식의 양도(sale or disposition)로 과세된다(§ 302).

③ split-up는, 모회사가 둘 이상의 자회사의 주식을 배분하고 완전청산을 하는 것이므로, 완전청산(complete liquidation)으로 과세된다(§ 301).

1-2. 회계기준

(1) K-IFRS

국제회계기준 제1103호의 사업결합은 피취득자에 대한 지배력을 획득하는 것이므로, 회사분할도 포함한다. 그리고 국제회계기준 제1103호는 동일 지배하[227]에 있지 않은 기업이나 사업의 결합에 대하여만 적용된다(K-IFRS 1103호 문단 2 ⑶, B1).[228]

한편, 회사분할이 동일 지배하에 있는 기업 간의 거래인 경우[229]에 대하여는 국제회계기준에 규정이 없다.[230] 위 경우 경영진은 판단에 따라 회계정책을 개발 및 적용하여 회계정보를 작성할 수 있으며, 그 판단을 할 때 일반기업회계기준을 고려할 수 있을 것이다.[231]

---

226) 우리나라의 행정해석은, 기존 법인이 존속하고 그 주식이 소각 등으로 감소하지 않는 spin-off 방식에 의한 분할의 경우, 기존 법인의 주주가 받은 자회사 주식은 의제배당에 해당하지 않는다고 보았다. 소득, 서면-2018-법령해석소득-1748 [법령해석과-2727], 2019. 10. 17.

227) 동일 지배하(under common control)에 있는 기업이나 사업에 관련된 사업결합은, 같은 당사자가 모든 결합참여 기업 또는 사업을, 사업결합 전후에 걸쳐, 궁극적으로 지배하고 그 지배력이 일시적이지 않은 사업결합이다(K-IFRS 1103호 B1 후문).

228) 국제회계기준에 의한 회사분할의 회계처리에 관하여는 황남석, "회사분할회계에 관한 소고", 선진상사법률연구 68호(2014), 9~14쪽 참조

229) 황남석, 앞의 글, 9쪽은, 동일지배하에 있는 기업 간의 거래에 해당하는 분할로, ① 인적단순분할 중 ㉮ 안분비례적 단순분할, ㉯ 분할 전후에 지배의 변동이 없는 비안분비례적 단순분할, ② 인적분할합병의 경우에는 분할합병 당사회사가 동일지배하에 있는 경우, ③ 물적단순분할(물적분할합병이 가능하다고 보는 경우 분할합병 당사회사가 동일지배하에 있는 경우)을 든다.

230) 국제회계기준위원회(IASB)은 동일지배하의 사업거래(Business transactions under common control)에 관한 회계기준의 제정작업을 추진하다가 중단한 상태이다. 황남석, 앞의 글, 9~10쪽 참조

231) 거래 등에 대하여 구체적으로 적용할 국제회계기준이 없는 경우 경영진은 판단에 따라 회계정책을 개발 및 적용하여 회계정보를 작성할 수 있으며, 그 판단을 하는 경우 유사한 개념체계를 사용하여 회계기준을 개발하는 그 밖의 회계기준제정기구가 가장 최근에 발표한 회계기준, 그 밖의 회계문헌과 인정된 산업관행을 고려할 수 있다(K-IFRS 1008호 문단 10~12). 일반기업회계기준은 "유사한 개념체계를 사용하여 회계기준을 개발하는 그 밖의 회계기준제정기구가 가장 최근에 발표한 회계기준"에 해당한다. 황남석, 앞의 글, 10쪽은 국제회계기준이 없는 동일지배하의 거래로서의 회사분할에 대하여 일반기업회계기준을

(2) 일반기업회계기준

일반기업회계기준은 동일지배[232] 하에 있는 기업 간 거래인 분할에 관하여 다음과 같이 규정한다.[233]

(가) 분할법인

기업(분할법인)은 자신의 사업 전부나 일부 사업을 분할하여 새로운 기업에 이전할 때 자신의 **장부금액**으로 이전한다(일반기준 32장 문단 32.15 1문).[234] 따라서 분할법인은 분할과 관련한 처분손익을 인식하지 않는다.

기업이 분할대가로 새로운 기업(분할신설법인 등)이 발행한 주식의 총수를 수령하여 자신의 주주에게 배분하는 경우 일반기업회계기준 제15장 '자본'에서 감자의 회계처리를 준용한다(일반기준 32장 문단 32.16). 분할기업의 자본을 감소시키는 형태로 분할신설기업을 설립하고 분할신설기업의 주식을 분할회사의 주주에게 배분하는 경우에 분할기업은 감소된 순자산금액이 감소되는 주식의 액면금액보다 적은 경우에는 그 차액을 감자차익으로 하여 자본잉여금으로 회계처리한다. 감소된 순자산금액이 감소되는 주식의 액면금액보다 큰 경우에는 그 차액을 감자차익의 범위 내에서 상계처리하고, 미상계된 잔액이 있는 경우에는 자본조정의 감자차손으로 회계처리한다(일반기준 15장 문단 15.13).

(나) 분할신설법인 등

새로운 기업(분할신설법인 등)은 이전받은 사업에 대하여 분할한 기업(분할법인)의 **장부금액**으로 인식하고, 이전대가로 발행한 주식의 액면금액과의 차이는 적절한 자본 항목으로 반영한다(일반기준 32장 문단 32.15 2문).

유추적용하는 것이 타당하다고 한다.

232) 동일지배는 둘 이상의 기업에 대한 지배가 동일기업에 귀속되는 경우를 말한다(일반기준 32장 문단 32.3).

233) 동일지배하에 있지 않은 분할에 대한 일반기업회계기준은 아직 제정되어 있지 않다. 위 경우 경영진은 판단에 따라 회계정책을 개발 및 적용하여 회계정보를 작성할 수 있으며, 그 판단을 할 때 보충적으로 국제회계기준을 고려할 수 있을 것이다(일반기준 5장 문단 5.6).

234) 일반기업회계기준은 ① 종전에는 분할에 관한 회계처리를 물적분할과 인적분할로 구분하여 물적분할의 경우 공정가치법, 인적분할의 경우 분할신설회사가 주식을 발행하여 주주에게 지분율에 비례하여 배분하는 경우는 장부금액법으로 회계처리하도록 요구하였다. 그러나 ② 현재는 분할의 법적 형식(물적분할, 인적분할)에 관계없이 기업이 자신의 사업 전부나 일부 사업을 분할하여 새로운 기업에게 이전할 때 자신의 장부금액으로 이전하도록 하고, 새로운 기업도 이전받은 사업을 분할한 기업의 장부금액으로 인식하도록 정한다(일반기준 32장 결32.21, 결32.22).

2-1. 인적분할

2-1-1. 분할법인 등

(1) 분할법인 등의 양도손익

인적분할을 한 분할법인[235] 또는 소멸한 분할합병의 상대방법인[236]('분할법인 등')은, 자산을 분할신설법인[237] 또는 분할합병의 상대방법인('분할신설법인 등')에게 **양도**한 것으로 본다. 분할법인 등의 양도손익은 분할등기일[238]이 속하는 사업연도의 익금 또는 손금에 산입한다[법 46조 1항(소멸분할), 46조의5 1항(존속분할)].[239]

분할법인 등의 **양도손익**은 ① 분할법인 등이 분할신설법인 등으로부터 받은 양도가액에서 ② 분할법인 등의 분할등기일 현재의 순자산 장부가액(소멸분할) 또는 분할한 사업부문의 분할등기일 현재의 순자산 장부가액(존속분할)을 뺀 금액을 말한다(법 46조 1항, 46조의5 1항).

(2) 양도가액

분할법인 등의 양도가액은 ① 분할신설법인 등이 분할법인의 주주에게 지급한 분할신설법인 등의 주식(분할교부주식) 등의 가액 및 금전이나 그 밖의 재산가액과 ② 분할신설법인 등이 납부하는 분할법인의 법인세 등[240]의 합계액을 더한 금액이다(시행령 82조 1항 2호,

---

235) "분할법인"은 분할(분할합병을 포함한다)에 따라 분할되는 법인을 말한다(법 2조 15호). 분할법인은 구체적으로, ① 흡수분할합병의 경우 자신의 재산 중 일부를 분리하여 분할합병의 상대방법인에게 이전한 분할법인, 그리고 ② 신설분할합병에서 각각 자신의 재산을 분할신설법인에게 이전한 후 존속 또는 소멸하는 분할법인 및 존속하는 분할합병의 상대방법인(다른 분할법인)을 의미한다.

236) 분할법인의 일부와 기존의 법인을 합병하여 새로운 법인을 설립하면서 기존의 법인이 소멸하는 경우(신설분할합병) 그 소멸한 기존의 법인을 말한다. 이와 달리 분할법인의 일부를 기존의 법인에 합병시키고 기존의 법인이 계속 존속하는 경우(흡수분할합병)에는 기존의 법인은 분할대상 자산을 양도한 경우에 해당하지 않으므로, 양도손익의 과세가 문제되지 않는다. 신설분할합병의 경우에 소멸하지 않고 존속하는 분할합병의 상대방법인은 법인세법 제46조 제1항의 "분할법인"에 해당한다.

237) "분할신설법인"은 분할에 따라 설립되는 법인을 말한다(법 2조 16호).

238) "분할등기일"은 분할 후 존속하는 법인의 변경등기일 또는 분할로 설립되는 법인의 설립등기일을 말한다(시행령 6조 2항).

239) 법인세법은 소멸분할과 존속분할을 구별하여 별도의 조문으로 규정하지만, 그 실질적 내용은 동일하다. 입법론으로는 하나의 조문으로 규정하되, 양도가액에서 차감되는 분할법인의 순자산 장부가액만을 달리 규정하는 것이 더 간명할 것이다.

240) 분할신설법인 등이 납부하는 분할법인의 법인세 및 그 법인세(감면세액을 포함한다)에 부과되는 국세와 지방세법 제88조 제2항에 따른 법인지방소득세의 합계액

83조의2 1항 2호).

① 분할교부주식 등의 가액 등

분할교부주식 등의 가액은 시가로 산정된다.[241] 분할합병의 경우 분할합병의 상대방법인이 분할등기일 전 취득한 분할법인의 주식(분할합병포합주식)[242]이 있는 경우에는, 그 주식에 대하여 분할신설법인 등의 주식('분할합병교부주식')을 교부하지 않더라도 그 지분비율에 따라 분할합병교부주식을 교부한 것으로 보아 분할합병의 상대방법인의 주식의 가액을 계산한다(시행령 83조의2 1항 2호 가목 단서, 82조 1항 2호 가목 단서).

② 분할신설법인 등이 납부하는 분할법인의 법인세

㉮ 분할법인이 분할 후 존속하는 경우(**존속분할**)에는, 분할신설법인 등은 분할법인의 법인세에 대하여 분할로 승계한 재산가액을 한도로 연대납세의무를 부담하고(국세기본법 25조 2항),[243] 세액을 납부한 경우 그 중 분할법인의 부담부분에 대하여 구상권을 행사할 수 있다(국세기본법 25조의2, 민법 425조 1항). 그런데 분할신설법인 등이 납부한 분할법인의 법인세액 중 분할법인에게 구상할 수 있는 금액은 분할법인의 양도가액에 포함시키는 것이 부적절하다. 따라서 양도가액에 포함되는 '분할신설법인 등이 납부하는 분할법인의 법인세'는, 분할법인의 법인세 중 분할계획서 등에서 분할신설법인 등이 부담하기로 정한 금액을 의미하는 것으로 보아야 한다.[244]

㉯ 분할법인이 분할로 소멸하는 경우(**소멸분할**)에는 분할신설법인 등은 분할법인 등의

---

241) 분할교부주식 등의 시가는 법인세법 제89조 제1항의 가격에 따르는데, 그러한 가격이 없고 시가가 불분명한 경우에는 상증세법 제61조 이하의 규정에 의하여 평가한 가액으로 한다(시행령 89조 2항 2호). 이때 상증세법 제63조 제3항에 따른 최대주주 할증금액을 가산하여야 하는지가 문제되는데, 김동수·황남석·이민규, 조직재편세제의 이론과 실무, 104쪽은 최대주주 할증 규정의 적용이 타당하지 않다고 한다.

242) 신설분할합병 또는 3 이상의 법인이 분할합병하는 경우에는 분할등기일 전 분할법인이 취득한 다른 분할법인의 주식(분할합병으로 분할합병의 상대방법인이 승계하는 것에 한정한다), 분할등기일 전 분할합병의 상대방법인이 취득한 소멸한 분할합병의 상대방법인의 주식 또는 분할등기일 전 소멸한 분할합병의 상대방법인이 취득한 분할법인의 주식과 다른 소멸한 분할합병의 상대방법인의 주식을 포함한다.

243) 상법은, ① 원칙적으로 분할법인 등과 분할신설법인 등이 분할 또는 분할합병 전의 분할법인 채무에 대하여 연대하여 변제할 책임이 있고, ② 분할신설법인 등이 분할법인 등의 채무 중에서 분할계획서 등에서 승계하기로 정한 채무에 대한 책임만을 부담하는 것으로 정할 수 있다고 규정한다(상법 530조의9 1항). 그러나 국세기본법 제25조 제2항은 회사분할의 경우 국세 등 조세채무에 관한 효과에 대한 특칙을 규정한 것으로 보아야 하므로, 분할신설법인 등이 분할계획서 등에서 분할법인 등의 법인세납부의무를 승계하지 않는 것으로 정하였더라도, 국세기본법 제25조 제2항에 따라 분할법인 등의 법인세 등에 관하여 연대납세의무를 부담한다.

244) 따라서 ① 분할계획서 등에서 분할법인의 법인세 중 분할신설법인 등이 부담할 금액에 관하여 정한 경우에는 그 금액만을 '분할신설법인 등이 납부하는 분할법인의 법인세'로 보아야 한다. 그러나 ② 분할계획서 등에서 분할신설법인 등이 부담할 금액을 따로 정하지 않은 경우에는, 원칙으로 돌아가 분할신설법인 등은 납부한 분할법인의 법인세액 전부를 분할법인에 대하여 구상할 수 있으므로, 양도대가에 포함되는 '분할신설법인 등이 납부하는 분할법인의 법인세'가 없는 것으로 처리하여야 할 것이다.

법인세(분할에 따른 양도소득에 대한 법인세를 포함한다)를 납부할 책임을 지므로(시행령 85조의2),[245] 분할신설법인 등이 납부하는 분할법인의 법인세 전액이 분할법인의 양도가액에 포함된다.

(3) 순자산 장부가액

분할법인 등의 순자산 장부가액은, 분할등기일 현재의 자산의 장부가액 총액에서 부채의 장부가액 총액을 뺀 가액이다(법 46조 1항 2호, 46조의5 1항 2호). 분할법인 등의 순자산 장부가액을 계산할 때, 국세기본법에 따라 환급되는 법인세액이 있는 경우 그 금액을 순자산 장부가액에 더한다(시행령 83조의2 2항, 82조 2항).

2-1-2. 분할법인 등의 주주

(1) 의제배당

분할법인 등의 주주가 취득하는 분할대가가, 그 분할법인 등의 주식(분할법인이 존속하는 경우에는 소각 등에 의하여 감소된 주식)의 취득가액을 초과하는 금액은, 의제배당으로 과세된다(법 16조 1항 6호, 소득세법 17조 2항 6호).

① **분할대가**는, 분할신설법인 등으로부터 분할로 인하여 취득하는 분할신설법인 등의 주식[246]의 가액과 금전, 그 밖의 재산가액의 합계액이다(법 16조 2항 2호). 분할대가인 분할신설법인 등의 주식의 가액은 취득 당시의 시가로 계산한다(시행령 14조 1항 1호 라목, 소득세법 시행령 27조 1항 1호 라목).[247]

② 존속분할의 경우, 분할대가에서 차감되는 것은 소각 등에 의하여 **감소된 주식의 취득가액**이다. 그런데 존속분할의 경우 분할법인의 **자본금감소** 여부는 분할법인의 선택에 맡겨져 있으므로, 분할법인은 자본금 감소(주식소각 등)를 하지 않을 수도 있다.

---

245) 국세기본법 제25조 제3항은, 법인이 분할 또는 분할합병한 후 소멸하는 경우(소멸분할) 분할법인에 부과되거나 분할법인이 납부하여야 할 국세 및 체납처분비에 대하여 분할신설법인 등이 분할로 승계한 재산가액을 한도로 연대납세의무를 부담한다고 규정한다. 그러나 소멸분할의 경우, 분할법인은 소멸하고, 분할법인이 납부하지 않은 국세 및 체납처분비에 대하여 분할신설법인 등만이 납세의무를 부담하므로, 양자의 '연대'납세의무가 성립하는 것으로 보기 어렵고, 이는 납세의무의 '승계'로 보아야 할 것이다(국세기본법 제23조는 합병으로 소멸하는 피합병법인이 납부할 국세 및 체납처분비의 납세의무가 합병법인에게 승계되는 것으로 규정한다). 한편, 법인세법 시행령 제85조의2는 국세기본법 제25조 제3항에 대한 특칙에 해당하므로, 분할법인이 납부할 국세 중 법인세에 관하여는 위 규정에 우선하여 적용된다(국세기본법 3조 1항).
246) 분할합병의 경우에는 분할등기일 현재 분할합병의 상대방법인의 발행주식총수 또는 출자총액을 소유하고 있는 내국법인의 주식을 포함한다.
247) 부당행위계산에 해당하는 불공정한 비율에 의한 분할합병으로 분여받은 이익(시행령 88조 1항 8호)은 차감한다.

현행세법은 분할대가에서 차감할 금액을 분할법인의 주식소각 등으로 감소된 주식과 연계하여 규정하기 때문에, 분할법인의 선택에 따라 분할법인 주주의 의제배당금액이 달라지는 문제점이 있다.[248] 행정해석은, 분할대가에서 차감되는 '분할법인의 주식을 취득하기 위하여 사용한 금액'을 「분할법인 주식의 취득가액 중에서 분할 전 분할법인의 자기자본(자본금과 잉여금)의 합계액에서 분할로 인하여 감소한 분할법인의 자기자본이 차지하는 비율에 상당하는 금액」으로 본다.[249][250][251] 그 취지에는 수긍할 점이 있으나, 현행세법의 문언을 벗어나는 해석으로 보이고,[252] 현행세법의 문제점은 입법으로 해결하는 것이 타당하다.[253]

현행세법은, 분할로 인한 의제배당금액을 계산할 때 그 재원이 분할법인의 이익잉여금인지 여부를 고려하지 않고, 납입자본의 반환까지 의제배당에 포함시킬 수 있으므로, 불합리하다.[254] 입법론으로는, ① 분할대가와 분할법인 주식 취득가액의 차액을 분할법인의

---

248) 존속분할의 경우 분할법인이 전체 순자산 중 분할로 이전하는 순자산의 비율을 초과하는 범위의 자본금 감소를 한다면, 위 비율에 상응하여 자본금감소를 한 경우보다 주주의 의제배당소득을 감소시킬 수 있을 것이다. 이 경우 그 감소한 금액만큼 나중에 분할법인의 주주가 분할법인의 주식을 처분할 때 손금 또는 필요경비로 산입되는 금액이 감소하므로, 결국 손금 또는 필요경비로 산입되는 시점이 앞당겨지는 결과가 된다.

249) 서면인터넷방문상담2팀-302, 2006. 2. 6.

250) 기본통칙 16-0…1 【분할 시 의제배당 계산방법】
법 제16조 제1항 제6호의 규정을 적용함에 있어 분할법인이 존속하는 경우 소각 등에 의하여 감소된 "주식을 취득하기 위하여 소요된 금액"은 다음 산식에 의하여 계산한다.

분할 전 법인주식 취득가액	×	분할등기일 현재 감소한 분할법인의 자기자본 (자본금과 잉여금의 합계액 중 분할로 인하여 감소되는 금액)
		분할 전 당해 법인의 자기자본

251) 한편, 소득세 집행기준은, 법인세법 기본통칙과 달리, 분할로 감소되는 주식의 취득가액을 '분할법인 주식의 가액×(분할로 감소한 분할법인의 발행주식 수/분할법인의 발행주식총수)'의 산식으로 계산하도록 정한다(소득세 집행기준 97-163-9).

252) 위 행정해석에 의할 경우 법인의 상법상 잉여금(자본잉여금, 이익잉여금)과 세법상 잉여금이 차이가 나게 되고, 이는 나중에 준비금의 자본전입시 조정을 해야 하는 문제로 이어진다. 가령 2,000원의 순자산을 가진 법인(자본금 500원, 자본준비금 500원, 이익준비금 600원, 배당가능이익 400원)이 분할로 1,000원의 순자산을 분할신설법인에 이전하면서 이익준비금 600원과 배당가능이익 400원의 합계액 1,000원의 감소로만 처리한 후 나중에 자본준비금 500원을 자본금에 전입하는 경우, 행정해석에 따른 일관성을 유지하려면, 세법상으로는 분할 시에 자본준비금 중 250원은 소멸하였고, 나머지 250원만 남아 있으며, 이익준비금 중 300원만 소멸하였고, 나머지 300원은 여전히 남아 있다가 함께 자본금에 전입되는 것으로 처리해야 하는데, 그러한 법적 근거는 없다.

253) 일본 법인세법은, 법인이 보유하는 분할법인의 주식 중 「분할법인이 분할에 의하여 분할신설법인에게 이전한 자산 및 부채에 대응하는 부분」을 양도한 것으로 간주하여 양도손익을 인식하도록 규정하므로(일본 법인세법 61조의2 4항), 이에 따라 분할법인 주식의 기존 장부가액이 감액될 것이다.

254) 이중과세조정의 범위에 관한 문제점에 대하여는 김의석, "의제배당 과세에 있어서 적정 배당세액공제", 조세법연구 [22-1], 세경사(2016), 95~97쪽

이익잉여금(분할로 인한 양도차익 포함)의 범위 내에서만 의제배당으로 과세하거나, ② 분할대가 중 분할법인의 이익잉여금에 해당하는 금액을 의제배당으로 과세하고, 이를 초과하는 부분은 분할법인 주식의 양도손익으로 취급하는 것을 고려할 필요가 있다.[255]

(2) 분할신설법인 등 주식의 취득가액

(가) 법인 주주

분할법인의 법인 주주가 비적격분할로 취득한 분할신설법인 등의 주식의 취득가액은 ① 분할법인 주식의 종전 장부가액에 의제배당금액(법 16조 1항 6호[256])을 더한 금액, 즉 분할대가에 ② 부당행위계산에 해당하는 분할합병으로 받은 이익(시행령 11조 9호)을 더한 금액에서 ③ 분할대가 중 '금전이나 그 밖의 재산가액', 즉 분할신설법인 등의 주식의 가액 외의 부분(분할교부금 등)을 뺀 금액이다(시행령 72조 2항 5호). 따라서 분할신설법인 등의 주식의 취득가액은 그 주식의 **시가**(①-③)에 **부당행위계산**인 분할합병으로 받은 이익(②)을 더한 금액이다.

(나) 개인 주주

분할법인의 개인주주가 분할 등으로 인하여 취득한 분할신설법인 등의 주식을 양도하는 경우, 그 주식의 실지거래가액인 취득원가는 분할 또는 분할합병 당시 '해당 주주가 보유하던 분할법인 등의 주식을 취득하는데 소요된 총금액에 의제배당금액을 더하고 합병교부금 등을 뺀 금액'을 분할로 인하여 취득한 분할신설법인 등의 주식 수로 나눈 금액이다(소득세법 시행령 163조 1항 5호).

2-1-3. 분할신설법인 등

(1) 분할법인 등으로부터 승계한 자산의 취득가액

분할신설법인 등은 분할법인 등으로부터 승계하는 자산을 분할등기일 현재의 **시가**로 양도받은 것으로 본다(법 46조의2 1항). 비적격분할의 경우 분할신설법인 등의 자산의 취득가액은 시가이다(시행령 72조 2항 3호 나목).

(2) 분할매수차손, 분할매수차익

분할신설법인 등이 분할법인 등에 지급한 양도가액이 분할법인 등의 분할등기일 현재의

---

255) 감자로 인한 의제배당에 관한 제3장 제4절 2-2-4. (2) 및 합병에 관한 이 장 제1절 2-2-1. (3) 참조 ; 이창희, 세법강의(2020), 696쪽
256) 의제배당금액＝분할대가(분할신설법인 등의 주식 및 분할교부금 등의 가액)－분할법인 주식의 장부가액

순자산 시가를 초과하고, 그 차액인 **분할매수차손**이 **영업권**의 요건을 갖춘 경우에는, 분할신설법인 등은 이를 세무조정계산서에 계상하고 분할등기일부터 5년간 균등하게 나누어 손금에 산입한다(법 46조의2 3항, 시행령 82조의3 2항). 이 경우 분할등기일이 속하는 사업연도부터 분할등기일부터 5년이 되는 날이 속하는 사업연도까지 다음 산식에 따라 계산한 금액이 각 사업연도의 손금에 산입된다(시행령 82조의3 3항, 80조의3 1항).

$$손금산입액 \ = \ 분할매수차손 \times \frac{해당\ 사업연도의\ 월수}{60}$$

반대로, 분할신설법인 등이 분할법인 등에 지급한 양도가액이 분할법인 등의 분할등기일 현재의 순자산 시가에 미달하는 경우에는, 분할신설법인 등은 그 차액인 **분할매수차익**을 세무조정계산서에 계상하고 분할등기일부터 5년간 균등하게 나누어 익금에 산입한다(법 46조의2 2항).[257] 이 경우 분할매수차익 중 각 사업연도의 익금에 산입하는 금액은, 합병매수차익 중 각 사업연도의 손금에 산입하는 금액에 준하여 계산된다(시행령 82조의3 1항, 80조의3 1항).

(3) 분할법인 등의 세무조정사항의 원칙적 불승계 등

비적격인적분할의 경우 분할신설법인 등은, 원칙적으로 분할법인 등의 세무조정사항(익금산입·불산입, 손금산입·불산입)을 승계하지 않고, 예외적으로, 분할법인 등의 퇴직급여충당금 또는 대손충당금을 승계한 경우(법 33조 3항, 34조 6항) 그와 관련된 세무조정사항을 승계한다(시행령 85조 2호).[258]

비적격인적분할의 경우 분할신설법인 등은 분할법인 등의 결손금과 감면·세액공제 등을 승계하지 못한다(법 46조의3 2항의 반대해석).

---

257) 법인이 자산을 시가보다 낮은 가액으로 매수한 경우, 그 자산의 취득가액은 시가가 아닌 매입가액 등으로 정해지고(시행령 72조 2항 2호), 그 시가와 취득가액의 차액은 이후 그 자산의 처분시점에 익금에 산입된다. 그런데 법인세법은, 분할신설법인 등이 분할로 인하여 분할법인으로부터 자산을 시가보다 낮은 양도가액으로 취득한 경우에는, 그 자산의 취득가액을 양도가액이 아닌 시가로 인식하고(시행령 72조 2항 3호 나목), 시가와 분할신설법인 등이 지급한 양도가액의 차액을 해당 자산의 처분시점 이전에 5년에 걸쳐 익금에 산입하도록 규정한다. 이에 대하여 입법론적 의문을 표하는 견해로 김동수·황남석·이민규, 조직재편세제의 이론과 실무, 107쪽

258) 퇴직급여충당금 또는 대손충당금을 손금에 산입한 법인이 분할하는 경우, 그 법인의 분할등기일 현재 퇴직급여충당금 또는 대손충당금 중 분할신설법인 등이 승계한 금액은, 그 분할신설법인 등이 분할등기일에 가지고 있는 퇴직급여충당금 또는 대손충당금으로 본다(법 33조 3항, 34조 6항). 그 경우 분할신설법인 등이 승계한 퇴직급여충당금 등에 관한 유보를 추인할 수 있도록 관련된 세무조정사항을 승계하게 한 것이다.

(4) 분할기일 이후 분할등기일까지의 손익

분할계획서에 기재되는 '분할을 할 날'[259](분할기일)은, 분할되는 권리의무가 내부적·실질적으로 분할신설법인 등의 것으로 되는 날, 즉 분할등기를 제외한 모든 법정절차가 완료되는 날을 의미한다.[260] 분할기일 이후 분할등기일까지 사이에 분할대상 자산, 부채와 관련하여 발생한 손익으로서 분할신설법인에게 사실상 귀속시킨 것[261]이 있는 경우, 이는 최초사업연도의 개시일[분할신설법인의 설립등기일(시행령 4조 1항 1호 본문)] 전의 것이지만, 조세포탈의 우려가 없는 경우, 최초사업연도의 기간이 1년을 초과하지 않는 범위 내에서 분할신설법인의 최초사업연도의 손익에 산입할 수 있다(시행령 4조 2항 전문).[262]

(5) 분할차익

분할차익은, 분할신설법인 등에 출자된 재산의 가액이, 분할신설법인 등이 분할법인 등으로부터 승계한 채무액, 분할법인 등에게 지급한 금액과 분할신설법인 등의 자본금증가액을 초과하는 금액을 말한다(법 17조 1항 6호). 분할차익은, ① 분할교부주식의 시가 중 그 액면가액을 초과하는 금액(주식발행액면초과액)과 ② 분할매수차익을 포함한다. 분할차익 중 자본잉여금(주식발행액면초과액) 부분은 익금에 산입되지 않지만(법 17조 1항 6호 본문), 분할매수차익 부분은 익금에 산입된다(법 17조 1항 6호 단서).

2-2. 물적분할

2-2-1. 분할법인

(1) 주식의 취득가액

물적분할에 따라 분할법인이 취득하는 분할신설법인 등의 주식의 취득가액은 물적분할한 **순자산의 시가**이다(시행령 72조 2항 3호의2).

(2) 양도손익

분할법인이 물적분할에 따라 분할신설법인에 자산을 양도함으로써 발생하는 손익(분할

---

259) 상법 제530조의5 제1항 제8호의2, 제530조의6 제1항 제9호
260) 주석 상법, 회사(5)(530조의6), 462쪽 ; 기업회계상 분할기일을 기점으로 분할대상 자산과 부채가 분할전 회사의 재무상태표로부터 분리된다.
261) 분할기일 이후 분할대상 자산·부채에서 발생하는 손익은 분할신설법인 등에게 귀속시키려는 것이 분할당사회사의 통상적 의사일 것이다.
262) 이 경우 분할신설법인의 최초사업연도의 개시일은 그 법인에 귀속시킨 손익이 최초로 발생한 날로 된다(시행령 4조 2항 후문).

법인이 받은 분할대가의 가액과 물적분할한 자산·부채의 장부가액의 차액)은, 분할등기일이 속하는 사업연도의 익금 또는 손금에 산입된다(시행령 11조 2호).

2-2-2. 분할신설법인 등

분할신설법인 등이 분할법인으로부터 승계하는 자산의 취득가액은 **시가이다**(시행령 72조 2항 3호 나목).

3 적격분할

적격분할을 한 분할법인은 분할신설법인에게 자산을 장부가액으로 양도한 것으로 보아 양도손익이 없는 것으로 할 수 있고, 그 경우 분할법인 단계에서 발생한 그 자산의 미실현 이익은 이후 분할신설법인이 분할법인으로부터 승계받은 사업을 폐지하는 시점에 분할법인의 소득금액으로 과세된다.[263]

적격분할에 대한 과세이연은, 회사가 기존 사업의 일부를 별도의 회사로 분리하는 조직형태의 변화가 있더라도 지분관계를 비롯하여 기업의 실질적인 이해관계에 변동이 없는 때에는 이를 과세의 계기로 삼지 않음으로써 회사분할을 통한 기업구조조정을 지원하기 위한 것이다.[264]

---

263) 미국 세법은 회사분할에 관하여 일반적 재조직(reorganization)의 과세이연 규정(IRC § 368)과 별개의 과세이연 규정(IRC § 355)을 두고 있다. 이에 의하면, ① 분배하는 회사(distributing corporation, 우리 법의 '분할법인'에 해당한다)가 그 주주 등에게 그 주식과 관련하거나 또는 그 주식 등과 교환하여, 피지배회사(controlled corporation, 우리 법의 '분할신설법인 등'에 해당한다)의 주식 또는 증권만을 배분하고, ② 그 거래가 주로 배당가능이익의 배분을 위한 도구로 이용된 것이 아니며, ③ 적극적 사업[active business, § 355(b)]의 요건이 충족되고, ④ 배분하는 회사가 배분 직전에 보유한 피지배회사의 모든 주식 등을 배분하거나, 지배권[control, § 368(c)]을 구성하는 양의 주식을 배분하고, 배분하는 회사에 의한 피지배회사의 주식의 보유가 연방소득세의 회피를 주된 목적으로 하는 계획이 아닌 것으로 국세청장이 인정한 경우에는 그러한 주식 또는 증권의 수령에 관하여 이득 또는 손실이 인식되지 않는다[§ 355(a)].
264) 대법원 2018. 6. 28. 선고 2016두40986 판결(물적분할의 경우)

3-1. 적격분할의 요건[265)]

3-1-1. 사업과 관련한 요건

(1) 분할법인의 5년 이상 사업계속

분할법인이 분할등기일 현재 5년 이상 사업을 계속하던 내국법인이어야 한다(법 46조 2항 1호 본문). 분할합병의 경우에는 소멸한 분할합병의 상대방법인 및 분할합병의 상대방법인이 분할등기일 현재 1년 이상 사업을 계속하던 내국법인이어야 한다.

5년 이상 사업기간의 요건은, 법문상, 분할대상 사업의 영위기간이 아니라 분할법인이 분할 전에 사업을 영위한 기간을 의미한다.[266)] 따라서 분할대상 사업부문의 계속기간이 5년 미만이더라도, 분할전 법인의 사업기간이 5년 이상이면 위 요건은 충족된다.[267)]

행정해석은, ① 사업계속기간이 5년 미만인 분할 전 법인이 타인이 5년 이상 영위한 사업을 양수하여 분할하는 경우 위 요건이 충족되지 않은 것이고,[268)] ② 개인사업자가 현물출자방식으로 법인전환을 한 경우 법인전환 전의 사업기간은 위 5년의 사업계속기간에 포함되지 않으며,[269)] ③ 인적분할로 분할신설법인이 승계받은 사업부문 중 일부를 다시 인적분할하여 새로운 법인을 설립하는 경우 분할 전 해당 사업부문을 영위하던 분할법인 및 분할신설법인의 사업기간을 포함하여 계산하고,[270)] ④ 분할 전 법인이 분할대상 사업부문을 합병으로 취득한 경우, 위 사업기간요건은 합병 전 분할대상 사업부문을 영위하던 피합병법인의 사업영위기간과 합병 후 합병법인의 사업영위기간을 합산하여 판단하여야 한다고 보았다.[271)]

---

265) 법인세법 제47조 제1항은 법인세법 제46조 제2항에 따른 적격인적분할 요건이 갖추어진 경우 적격물적분할에 해당하는 것으로 규정하므로, 법인세법 제46조 제2항의 적격분할 요건은 인적분할과 물적분할에 공통되는 규정이다.

266) 서울고등법원 2019. 6. 28. 선고 2018누73562 판결(대법원 2019. 11. 14. 선고 2019두47186 판결로 심리불속행 상고기각) ; 행정해석도 같다. 서면2팀-2121(2007. 11. 22.) ; 미국 세법은, 과세이연에 필요한 적극적 사업(active business) 요건이 충족되기 위해서는 분할로 이전되는 사업이 분할 전 법인 단계에서 5년간 적극적으로 수행되었을 것을 요구한다[IRC § 355(b)(2)(B)].

267) 서면2팀-1759, 2005. 11. 3.

268) 서면2팀-1421, 2007. 7. 31.

269) 서면2팀-1149, 2008. 6. 9.

270) 법인세과-904, 2010. 10. 1. ; 다만, 5년 이상 사업을 계속 영위한 법인의 물적분할에 따라 설립된 분할신설법인이 그로부터 5년 이내에 다시 물적분할을 하여 새로운 분할신설법인을 설립한 경우, 중간의 분할신설법인이 새로 추가한 사업을 분할하는 경우에는 1차 분할 전 분할법인의 사업기간은 합산되지 않는다(서면인터넷방문상담2팀-1103, 2006. 6. 14.).

271) 법인세과-140, 2012. 2. 24., 서면-2014-법인-22093, 2015. 7. 21. : 다른 내국법인을 흡수합병한 내국법인이 피합병법인으로부터 승계받은 사업을 다시 분할할 경우 법인세법 제46조 제2항 제1호의 사업영위기간은 흡수합병 전 해당 사업부문을 영위하던 합병당사법인의 사업기간을 포함하여 계산한다(그 사업

(2) 분할대상 사업부문의 독립성

(가) 독립한 사업부문의 의의

분리하여 사업이 가능한 독립된 사업부문을 분할하는 것이어야 한다(법 46조 2항 1호 가목). '독립된 사업부문'의 요건은, 독립된 사업활동이 불가능한 개별 자산만을 이전하여 사실상 양도차익을 실현한 것에 불과한 경우와 구별하기 위한 것이다.[272]

독립적으로 사업이 가능하다면 **사업부문의 일부**를 분할하는 것도 가능하다.[273] ① 동일한 사업부문에 속하는 여러 개의 공장 중 1개의 공장만을 분할하는 것도 적격분할이 될 수 있고, 반드시 동일한 사업부문에 속하는 공장 전체를 분할하여야 하는 것은 아니다.[274] 행정해석도, 수개의 임대사업장을 운영하는 법인이 그 중 일부 사업장과 관련한 자산 및 부채를 포괄적으로 분할신설법인에 이전시키는 경우(인적분할) 독립한 사업부문의 분할에 해당한다고 본다.[275][276] 또한 ② 수개의 공장으로 이루어진 전체 생산공정 중 일부를 인적분할하고, 그에 따라 설립된 분할신설법인이 제품을 생산하여 분할법인에게 전량 판매하는 경우, 분할법인과 별도의 인적·물적 자원을 갖추고 독립적으로 사업을 할 수 있다면, 적격분할 요건을 갖춘 것에 해당한다는 것이 행정해석이다.[277]

'독립된 사업부문'의 요건은 분할의 효력발생일인 분할등기일 현재 충족되어야 한다.[278] 따라서 분할된 자산·부채가 분할 당시에는 아직 분할법인 내에서 독립한 사업부문을 이루지 못하였으나, 분할 후 독립한 사업부문으로 된 경우나, 분할법인이 아직 개시되지 않은 사업부문에 속하는 건설 중인 자산 등을 분할한 경우[279]는 독립한 사업부문에 해당하는 것으로 보기 어렵다.[280]

한편, 분할 후 분할법인에 남은 사업부문의 독립성 여부는 적격분할 여부의 판단에 고

부문이 합병 이후에도 구분가능한 경우에 한한다).

[272] 대법원 2018. 6. 28. 선고 2016두40986 판결(OCI 사건)

[273] 대법원 2018. 6. 28. 선고 2016두40986 판결

[274] 대법원 2018. 6. 28. 선고 2016두40986 판결[1심 판결인 서울행정법원 2015. 2. 6 선고 2013구합61630 판결의 이유 중 2.라.1)가)(2) 부분]

[275] 법인세과-35, 2010. 1. 12., 법인세과-2650, 2008. 9. 27.

[276] 미국 재무부 규칙은, 단일한 사업에 속하는 자산의 절반을 자회사에 이전한 사안과 여러 개의 공장 중 일부 및 그와 관련된 자산을 이전한 사안을 5년간의 적극적 사업요건이 충족되는 사례로 든다[Treas. Reg. § 1.355-3(c) Example 4, 5].

[277] 서면법규과-924, 2014. 8. 25.

[278] 서면2팀-647, 2008. 4. 8. 한편, 황남석, 회사분할 과세론, 372~373쪽은 분할결의일을 기준으로 독립된 사업부문 여부를 판단하여야 한다고 본다. 실제 사례에서는 분할결의일과 분할등기일이 통상 매우 근접하므로 어느 쪽을 기준으로 하는가에 따른 차이가 거의 없을 것이다.

[279] 서이46012-11764, 2003. 10. 14.

[280] 황남석, 회사분할 과세론, 383쪽은, 설립 중인 사업부문의 분할도 설립절차가 진행되면 독립된 사업부문으로 성립될 것으로 예상되는 경우에는 과세특례를 부여하는 것으로 해석하는 것이 타당하다고 한다.

려되지 않는다.[281)282)] 이를 이용하여 분할법인이 그 자산·부채의 대부분을 분할신설법인에게 이전하고 독립한 사업부문을 구성하지 않는 일부 자산(가령, 주식 등)만을 남겨놓음으로써, 실질적으로 독립한 사업부문의 요건을 회피할 수 있으므로, 입법론으로는 적격분할을 위하여 분할 후 분할법인에 남는 사업부문의 독립성이 요구되도록 하는 것을 검토할 필요가 있다.

(나) 주식 등 및 관련 자산·부채만으로 구성된 사업부문에 관한 특칙

주식 등 및 그와 관련된 자산·부채만으로 구성된 사업부문의 분할은, 그 사업부문이 다음의 어느 하나에 해당하는 경우에 한하여 독립된 사업부문의 분할로 본다(시행령 82조의2 3항).

① 분할법인이 분할등기일 전일 현재 **지배주주 등**으로서 3년 이상 보유한 모든 주식 등(시행규칙 41조 3항)과 그와 관련된 자산·부채만으로 구성된 사업부문[283)]

② 공정거래법 및 금융지주회사법에 따른 **지주회사**를 설립하는 사업부문[284)]으로서 그 사업부문이 지배주주 등으로서 보유하는 주식 등과 그와 관련된 자산·부채만을 승계하는 경우 : 이 경우 지배주주 등으로서 보유하는 주식 등 전부를 분할하여야 하는 것은 아니고, 그 일부만을 분할하는 경우에도 독립한 사업부문의 분할에 해당할 수 있다는 것이 행정해석이다.[285)]

③ 위 ②와 유사한 경우로서 기획재정부령(시행규칙 41조 4항)으로 정하는 경우[286)] : 이는

---

281) 따라서 분할 후 분할법인에 남는 자산·부채가 독립적 사업부문을 구성하지 못하는 경우에도 이는 과세이연요건에 영향을 미치지 못한다. 황남석, 회사분할 과세론, 382쪽. 서이46012-10535, 2001. 11. 15.

282) 서면법령법인-1755, 2015. 10. 30. : 물적분할에 따라 분할존속법인은 주식 투자 사업부문을 분할신설법인은 제조업 사업부문을 각각 영위하는 경우 적격물적분할 해당 여부를 판단할 때 분할존속법인에 대하여는 법인세법 제46조 제2항 제1호 가목 및 같은 법 시행령 제82조의2 제2항에 따른 "분리하여 사업이 가능한 독립된 사업부문의 분할" 요건을 적용하지 아니하는 것임.

283) 행정해석은, 내국법인이 다른 법인의 주식을 취득하여 지배주주 등으로서 3년 이상 보유하였다면, 그 법인이 추가로 취득한 그 다른 법인의 주식으로서 보유기간이 2년 미만인 것도 포함하여 내국법인이 보유하는 그 다른 법인의 주식 전부를 분할하여야 독립한 사업부문의 분할로 본다고 한다(서면법규과-967, 2014. 9. 3.).

284) 분할합병하는 경우로서 다음의 어느 하나에 해당하는 경우에는, 지주회사를 설립할 수 있는 사업부문을 포함한다.
① 분할합병의 상대방법인이 분할합병을 통해 지주회사로 전환되는 경우
② 분할합병의 상대방법인이 분할등기일 현재 지주회사인 경우

285) 행정해석은, 분할법인이 지주회사를 설립하기 위하여 자기주식 중 일부를 분할신설법인이 승계하도록 하는 인적분할을 하고, 이에 따라 분할신설법인이 분할법인의 지배주주가 되는 경우, 법인세법 시행령 제82조의2 제3항 제2호에 해당하는 독립된 사업부문의 분할로 본다(서면-2015-법령해석법인-1463, 2015. 11. 13.). 이는 다수의 회사가 발행한 주식이 있을 경우 일부 회사가 발행한 주식만을 이전하는 것을 의미하고, 동일한 회사의 발행 주식 중 일부만을 이전하는 경우까지 독립한 사업부문의 분할로 볼 수 없다는 취지의 견해로, 김동수·황남석·이민규, 조직재편세제의 이론과 실무, 125쪽

286) 분할하는 사업부문이 다음의 각 요건을 모두 갖춘 내국법인을 설립하는 경우를 말한다. 다만, 분할하는

유가증권시장 상장규정 및 코스닥시장 상장규정에 따른 외국기업지배지주회사·국내소재외국지주회사의 설립을 지원하기 위한 것이다.[287]

(3) 분할대상 사업부문에 속하는 자산·부채의 포괄적 승계

분할하는 사업부문의 자산 및 부채가 분할신설법인에 포괄적으로 승계되어야 한다(법 46조 2항 1호 나목 본문).

(가) 포괄적 승계의 의미와 대상

분할신설법인에 포괄적으로 승계되어야 하는 자산·부채의 범위가 문제된다. ① 자산·부채의 포괄적 승계 요건은 분할대상 사업부문의 독립성 요건을 보완하기 위한 것이므로,[288] 분할되는 사업부문의 자산·부채 중 분할신설법인에 승계되어야 하는 범위는 그 **사업부문의 독립성**을 유지시키는 정도에 이르면 족하고, 반드시 그 사업부문의 모든 자산·부채가 승계되어야 한다고 볼 필요는 없을 것이다.[289][290][291][292] ② 법원은, 포괄적으로

사업부문이 지배주주등으로서 보유하는 주식등과 그와 관련된 자산·부채만을 승계하는 경우로 한정한다(시행규칙 41조 4항).
① 해당 내국법인은 외국법인이 발행한 주식 등 외의 다른 주식 등을 보유하지 아니할 것
② 해당 내국법인이 보유한 외국법인 주식 등 가액의 합계액이 해당 내국법인 자산총액의 100분의 50 이상일 것. 이 경우 외국법인 주식 등 가액의 합계액 및 내국법인 자산총액은 분할등기일 현재 재무상태표상의 금액을 기준으로 계산한다.
③ 분할등기일이 속하는 사업연도의 다음 사업연도 개시일부터 2년 이내에 유가증권시장 또는 코스닥시장에 해당 내국법인의 주권을 상장할 것
287) 기획재정부, 2016 간추린 개정세법(2017), 39쪽
288) 대법원 2018. 6. 28. 선고 2016두40986 판결
289) ① 미국 세법은, 회사의 분할과 관련된 조문에서 과세이연의 요건으로, 분할대상 사업부문에 관한 자산과 부채의 포괄적 승계를 규정하지 않는다. ② 독일 조직재편세법(Umwandlungssteuergesetz)은, 인적분할(Spaltung)에 관한 과세특례의 요건으로 사업 일부(Teilbetrieb)의 이전을 규정할 뿐 그 사업에 관한 자산 및 부채의 포괄적 승계를 규정하지 않는다(독일 조직재편세법 15조 1항). ③ 일본 법인세법은, 적격분할의 요건으로, 분할법인과 분할승계법인(분할신설법인 등) 간에 ㉮ 완전지배관계가 있는 경우에는, 이전되는 자산 및 부채의 범위를 묻지 않고, ㉯ 지배관계 그 밖에 정령이 정하는 관계가 있는 경우에는, 분할사업에 관계되는 '주요한' 자산 및 부채가 분할승계법인에 이전되는 것을 규정한다(일본 법인세법 2조 12호의11).
290) 법인세법 시행령 제82조의2 제4항은 일정한 자산·부채를 포괄적 승계대상에서 제외되는 것으로 열거하므로, 위 규정에 해당하지 않는 자산·부채는 모두 승계되어야 하는 것이 아닌지 문제된다. 그러나 위 법인세법 시행령 규정의 적용대상은, 법인세법 제46조 제2항 제1호 나목 본문에 해당함을 전제로 그 단서에 따라 위 본문 규정의 적용대상에서 제외된 것이다. 따라서 법인세법 제46조 제1호 나목 본문의 '사업부문의 자산·부채'에 해당하지 않는 자산·부채는, 위 법인세법 시행령 규정이 적용되기 전의 단계에서 '분할에 따라 승계되어야 하는 자산·부채'에서 제외된다. 그리고 법인세법 시행령 제82조의2 제4항을 이유로 법인세법 제46조 제1호 나목 본문의 '사업부문의 자산·부채'가 반드시 해당 사업부문의 '모든' 자산·부채를 의미한다고 해석하여야 하는 것은 아니라고 보인다.
291) 분할대상 사업부문의 자산 및 부채 중 일부가 승계되지 않는다고 하더라도, 그 사업부문의 독립성이 유지될 수 있다면, 그러한 분할에 대하여 과세이연의 혜택을 부정할 필요는 없고, 승계에서 제외된 자산에 관하여 과세이연의 효과가 발생하지 않으므로, 분할을 통한 조세회피의 우려는 크지 않다. 오히려 더 문

승계되어야 하는 자산·부채는 '분할되는 사업부문에 필수적이거나 그 영업활동과 직접적 관계가 있는 자산·부채'를 의미한다고 판단하였다.[293] ③ 행정해석도, 같은 입장을 취하면서, 적격분할의 포괄적 승계 요건은, 분할하는 사업부문의 모든 자산·부채가 승계되는 것을 의미하지 않는다고 보았다.[294]

어떠한 자산·부채가 분할되는 사업부문에 속하는지가 문제된다. **현금**은 완전한 대체성(代替性)이 인정되고,[295] 가치의 저장·유통 수단일 뿐 공장건물 등과 같이 특유한 사용가치를 가지지 않는 점[296]을 고려할 때, 현금이 분할되는 사업부문에서 획득되었더라도(가령 분할대상 사업부문의 매출대금) 원칙적으로 그 현금은 분할대상 사업부문에 속하는 것으로 보기 어려울 것이다. 따라서 분할대상 사업부문에 속한 토지를 담보로 차입하여 조달된 현금 중 일부가 분할신설법인에게 승계되지 않았다고 하더라도, 그러한 사정만으로 적격분할에 해당하지 않는다고 볼 것은 아니다.[297] 한편, 대법원은, 분할되는 사업부문에서 발생한 받을 어음과 매출채권은 그 사업부문에 속하는 자산으로 보았다.[298]

분할되는 사업부문에 속하는 자산·부채도, 그 사업부문에 필수적인 것이 아니어서 승계되지 않아도 그 사업부문의 독립성을 해하지 않는다면, 반드시 승계되어야 할 필요는 없다. 법원은, 분할법인이 전환사채발행으로 조달한 자금으로 투자한 금융상품 등을 인적분할하면서, 분할신설법인에 전환사채상환의무를 승계시키지 않은 사안에서, 위 전환사채상환의무는 투자사업 부문에 필수적인 부채가 아니므로, 그 승계가 없더라도 적격분할의 요건이 충족될 수 있다고 판단하였다.[299]

제가 되는 것은, 분할대상 사업부문과 무관한 자산이 분할에 따라 분할신설법인 등에 양도되는 경우에도 과세이연의 혜택이 부여되는 것인데, 이에 관하여 세법은 아무런 규제를 하지 않는다.

292) 분할대상 사업부문의 모든 자산·부채가 승계되어야 한다는 견해로, 황남석, "적격분할의 포괄승계요건에 관한 고찰", 세무와 회계 연구 제23호(9권 4호(2020), 123쪽 및 김완석·황남석, 법인세법론(2021), 580~581쪽

293) 서울행정법원 2018. 11. 1. 선고 2017구합86804 판결, 서울고등법원 2019. 6. 28. 선고 2018누73562 판결 (항소기각), 대법원 2019. 11. 14. 선고 2019두47186 판결(심리불속행)

294) 기획재정부 법인세제과-42 2019. 1. 8.

295) 분할되는 사업부문에서 획득한 현금과 다른 사업부문에서 획득한 현금 사이에 거의 아무런 차이가 없다.

296) 따라서 거의 모든 사업부문이 사업을 위하여 현금을 필요로 하고, 여기서 현금을 필요로 한다는 것은 그것을 직접 사업활동에 사용하는 것이 아니라 그 가치를 이용하여 다른 사업상 자원을 획득하기 위한 것이다. 이와 같이 화폐인 현금은 사업에 필요한 자원을 매개하는 기능을 한다.

297) 대법원 2018. 6. 28. 선고 2016두40986 판결의 원심인 서울고등법원 2016. 5. 12. 선고 2015누38414 판결문 21쪽

298) 대법원 2012. 4. 12. 선고 2011두30502 판결은, 분할법인이 2007. 8. 28. 부동산임대와 합성수지 사업부문을 물적분할하여 분할신설법인인 원고를 설립하면서, 분할되는 사업부문에서 발생한 받을 어음과 매출채권을 원고가 승계하지 않은 사건에서, 위 받을 어음과 매출채권이 위 사업부문에 속하는 자산이고 그 성질상 분할하기 어려운 자산에 해당하지 않으므로, 위 물적분할은 적격분할의 요건을 갖추지 못하였다고 판단하였다.

299) 서울행정법원 2018. 11. 1. 선고 2017구합86804 판결 : ① 원고의 완전자회사인 C는 2012. 9. 25. F에게

분할되는 사업부문에 속하지 않는 자산·부채가 분할에 따라 분할신설법인 등에게 이전된 경우에도 적격분할요건에 해당할 수 있다는 것이 행정해석이다.[300] 이에 의하면, 분할되는 사업부문에 속하지 않는 자산·부채에 대하여도 적격분할에 따른 과세이연의 효과가 발생한다.[301]

(나) 승계대상에서 제외되는 자산과 부채

다음의 자산과 부채는, 적격분할의 요건으로 승계되어야 하는 자산과 부채에서 제외된다(법 46조 2항 1호 나목 단서, 시행령 82조의2 4항).

① 분할하기 어려운 자산으로서 대통령령으로 정하는 것[302]

② 분할하기 어려운 부채로서 대통령령으로 정하는것[303]

③ 분할하는 사업부문이 승계하여야 하는 자산·부채로서 분할 당시 시가로 평가하여야 하는 자산·부채로서 분할 당시 시가로 평가한 총자산가액 및 총부채가액의 각각 20% 이하인 자산·부채[304]

400억 원의 전환사채를 발행하였고, 2012. 10. 14. 위 전환사채발행으로 조달한 자금 중 250억 원으로 금융상품에 투자하였다. 원고는 2012. 11. 1. C 중 임대 및 투자사업 부문을 인적분할하여 분할신설법인인 G를 설립하였는데, G는 위 금융상품을 승계하면서 C의 전환사채상환의무는 승계하지 않았다. 원고는 2012. 11. 13. G의 주식 100%를 F에게 대금 583억 원에 양도하였다. 이후 2013. 1. 18.부터 2013. 2. 27.까지 위 사채발행자금 중 나머지 150억 원으로 투자한 금융상품은 G에게 귀속되었다(명확하지는 않지만, 인적분할과정에서 위 150억 원은 G에게 승계된 것으로 보인다). 이로써 사실상 원고와 F가 위 인적분할 및 전환사채발행을 통하여 C 법인에 있던 현금성 자산 일부를 G 법인으로 옮겨 덜어내고 그 금액만큼 C 주식의 매매대금을 감액한 것과 같은 효과가 발생하였다. ② 과세관청은, ㉮ 원고가 C의 전환사채 발행을 통하여 F에 대한 C 주식의 양도차익을 400억 원 만큼 감소시키는 방법으로 부당하게 회피하였으므로, 실질과세원칙에 따라 위 금액을 C 주식 매매대금에 포함시켜야 하고, ㉯ 위 분할이 적격분할의 요건을 갖추지 못하였다는 이유로, 2015. 4. 13. 분할법인 C의 주주인 원고에게 법인세 부과처분을 하였다. ③ 조세심판원은 위 ㉮의 처분사유가 위법하다고 결정하였다. ④ 법원은, 위 전환사채가 G 법인이 승계한 임대 및 투자사업 부문에 필수적인 부채가 아니므로, 이를 승계하지 않더라도 적격분할의 요건이 충족될 수 있다는 이유로, 위 ㉯의 처분사유가 위법하다고 판결하였다(서울고등법원 2019. 6. 28. 선고 2018누73562 판결 항소기각, 대법원 2019. 11. 14. 선고 2019두47186 판결 심리불속행 기각).

300) 서이46012-10148, 2003. 1. 22. ; 법인세과-627, 2009. 5. 28.
301) 김동수·황남석·이민규, 조직재편세제의 이론과 실무, 133~134쪽은 현재의 법문언 해석상 위와 같은 경우가 금지된다고 보기 어렵다고 한다.
302) 이는 다음의 자산을 말한다(시행령 82조의2 4항 1호). ㉮ 변전시설·폐수처리시설·전력시설·용수시설·증기시설, ㉯ 사무실·창고·식당·연수원·사택·사내교육시설, ㉰ 물리적으로 분할이 불가능한 공동의 생산시설, 사업지원시설과 그 부속토지 및 자산, ㉱ 공동으로 사용하는 상표권(시행규칙 41조 6항)
303) 이는 다음의 부채를 말한다(시행령 82조의2 4항 2호). ㉮ 지급어음, ㉯ 차입조건상 차입자의 명의변경이 제한된 차입금, ㉰ 분할로 인하여 약정상 차입자의 차입조건이 불리하게 변경되는 차입금, ㉱ 분할하는 사업부문에 직접 사용되지 않은 공동의 차입금, ㉲ 위 ㉮부터 ㉱까지의 부채와 유사한 부채로서 기획재정부령으로 정하는 부채
304) 이 경우 분할하는 사업부문이 승계하여야 하는 자산·부채, 총자산가액 및 총부채가액은 기획재정부령으로 정하는 바에 따라 계산하되, 주식 등과 위 ①의 자산 및 ②의 부채는 제외한다.

(다) 자산의 승계방법

분할되는 사업부문에 속하는 자산이 분할신설법인 등에 승계되었다고 하기 위해서는, 원칙적으로 분할신설법인 등이 그 자산에 대한 소유권 또는 이에 준하는 이용권원을 획득하여야 할 것이다. 소유권의 이전이 필요한지 여부 또는 이용권원으로 족하다면 어느 정도의 이용권원이 필요한지 등은, 그 자산이 분할대상 사업부문에 필요한 정도 및 비중, 대체가능성 등 제반 사정을 종합적으로 고려하여 판단하여야 할 것이다.[305)306)]

(라) 분할하는 사업부문이 주식 등을 승계하는 경우

분할하는 사업부문이 주식 등을 승계하는 경우에는, 분할하는 사업부문의 자산·부채가 포괄적으로 승계된 것으로 보지 않는다(시행령 82조의2 5항 본문).

다만, 다음의 어느 하나에 해당하는 경우에는 그렇지 않다(시행령 82조의2 5항 단서).[307)]

① 주식 등 및 관련 자산·부채만으로 구성된 사업부문의 분할이 독립된 사업부문의 분할로 취급되는 경우(시행령 82조의2 3항)

② 위 ①과 유사한 경우로서 기획재정부령(시행규칙 41조 8항)으로 정하는 경우[308)]

주식 등이 승계된다는 이유로 분할되는 사업부문의 자산·부채가 포괄적으로 승계되지 않았다고 의제하는 현행세법의 규정방식은 논리적으로 부자연스럽다.[309)] 입법론으로는, 적격분할을 이용한 주식의 이전에 대한 조세 회피를 방지하고자 한다면, 현행세법과 같이 주식 등이 승계되는 경우 그와 함께 승계되는 자산·부채 전체에 대하여 일괄하여 적격분할 과세특례를 부인할 것이 아니라, 주식과 다른 자산·부채를 분리하여 각각 별도로 적격

---

305) 사업부지가 사업에서 차지하는 비중이 크고 그 대체가 어려운 경우, 단순히 그에 관한 임대차계약을 체결한 것만으로는 일반적으로 그 부지를 승계하였고 보기 어려울 것이고(대법원 2012. 5. 24. 선고 2012두2726 판결), 적어도 임대차계약상 분할신설법인의 안정적 사업활동에 필요한 임대차기간이 보장되어야 할 것이다. 황남석, "적격물적분할의 포괄승계 요건-대법원 2012. 5. 24. 선고 2012두2726 판결", 조세법연구 [19-3](2013), 276쪽

306) 분할되는 사업부문에 속하는 토지에 관하여 신탁계약이 체결되고 신탁등기가 되어 있는 경우, 분할신설법인이 분할법인이 가지는 신탁계약상 지위, 즉 위탁자 및 수익자로서의 지위를 이전받는 방법으로 승계가 이루어질 것이다.

307) 행정해석은, 분할법인(외환은행)이 신용카드 사업부문을 인적분할하면서 신용카드 사업과 관련된 주식(사이버결제, 신용카드결제, 스마트카드 관련 회사)을 분할신설법인에 이전하는 경우, 법인세법 시행령 제82조의2 제5항 단서 등의 예외에 해당하지 않는 한, 분할하는 사업부문의 자산·부채가 포괄적으로 승계된 경우로 볼 수 없다고 하였다(서면법규과-788, 2014. 7. 24.).

308) 이는, 분할되는 사업부문이 법인세법 시행령 제82조의2 제3항에 따라 당연히 독립된 사업부문으로 의제되지는 않지만, 일반적인 기준에 의하여 독립된 사업부문으로 판단되는 경우를 의미하는 것으로 보인다.

309) 주식 등을 승계하는 경우 원칙적으로 적격분할로 보지 않는 것은 조세회피의 우려에 따른 것이므로 체계상 적격분할의 소극적 요건으로 규정하는 것이 타당하다는 견해로 김완석·황남석, 법인세법론(2021), 582쪽

분할 과세특례의 요건을 설정하고, 과세이연 여부를 따로 판단하는 것이 합리적이다.[310]

(4) 부동산임대 사업부문 등의 제외

다음의 어느 하나에 해당하는 사업부문을 분할하는 경우에는 적격분할로 보지 않는다 (법 46조 3항, 47조 1항,[311] 시행령 82조의2 2항).

① 기획재정부령으로 정하는 부동산 임대업을 주업으로 하는 사업부문[312]

② 분할법인으로부터 승계한 사업용 자산가액(기획재정부령으로 정하는 사업용 자산의 가액은 제외한다) 중 부동산 등(소득세법 94조 1항 1호 및 2호의 자산)이 80% 이상인 사업부문

(5) 근로자의 승계

(가) 원칙

분할신설법인 등이 분할등기일 1개월 전 당시 분할하는 사업부문에 종사하는 대통령령으로 정하는 근로자[313] 중 80% 이상을 승계하여야 하고, 분할등기일이 속하는 사업연도의 종료일까지 그 비율을 유지하여야 한다(법 46조 2항 4호).

적격분할요건의 충족을 위해서는, 승계되는 근로자의 수가 분할등기일 1개월 전 당시 근로자의 80% 이상이어야 할 뿐만 아니라, 해당 근로자가 위 시점부터 고용되어 있던 사람("근로자 중 100분의 80 이상")이어야 한다(동일성). 다만, '대통령령으로 정하는 근로자'에서 ① 분할 후 존속하는 사업부문과 분할하는 사업부문에 모두 종사하는 근로자, ② 분할하는 사업부분에 종사하는 것으로 볼 수 없는 기획재정부령으로 정하는 업무[314]를 수행하는 근로자는 제외할 수 있다(시행령 82조의2 10항).

(나) 예외 : 부득이한 사유

근로자 승계 요건을 갖추지 못한 경우에도, 다음과 같은 부득이한 사유가 있는 경우에

---

310) 주식 외의 다른 자산·부채에 관하여 독립한 사업부문 및 포괄승계 요건 등이 충족되면 그에 대하여 적격분할 과세특례를 인정하고, 주식 등에 관하여는 그와 별도로 설정된 적격분할 과세특례요건을 심사하여 충족되지 않을 경우, 그 주식 등에 대해서만 적격분할 과세특례를 부인하는 것이 바람직하다. 행정해석은, 분할되는 사업부문에 속하지 않는 자산·부채가 분할에 따라 분할신설법인 등에게 이전된 경우에도 적격분할요건에 해당할 수 있다고 본다(서이46012-10148, 2003. 1. 22. ; 법인세과-627, 2009. 5. 28.).

311) 2022. 12. 31. 개정 전의 구 법인세법 제47조 제1항은 물적분할이 같은 법 제46조 제2항의 요건을 갖추면 적격분할인 것으로 규정하면서 같은 조 제3항의 요건에 관하여 언급하지 않았으나, 위 개정 이후의 법인세법은 물적분할이 같은 법 제2항 및 제3항의 요건을 모두 갖추어야 적격분할인 것으로 명시한다.

312) 분할하는 사업부문(분할법인으로부터 승계하는 부문)이 승계하는 자산총액 중 부동산 임대업에 사용된 자산가액이 50% 이상인 사업부문을 말한다(시행규칙 41조 1항).

313) 근로기준법에 따라 근로계약을 체결한 내국인 근로자(시행령 82조의4 9항)

314) 인사, 재무, 회계, 경영관리 업무 또는 이와 유사한 업무를 말한다(시행규칙 41조 10항).

는 과세특례가 인정될 수 있다(법 46조 2항 단서, 시행령 82조의2 1항 3호, 80조의2 1항 3호 가목 내지 다목, 82조의4 9항).

① 분할신설법인 등이 회생계획을 이행 중인 경우

② 분할신설법인 등이 파산함에 따라 근로자의 비율을 유지하지 못한 경우

③ 분할신설법인 등이 적격합병, 적격분할, 적격물적분할 또는 적격현물출자에 따라 근로자의 비율을 유지하지 못한 경우

④ 분할등기일 1개월 전 당시 분할하는 사업부문(분할법인으로부터 승계하는 부분)에 종사하는, 근로기준법에 따라 근로계약을 체결한 내국인 근로자가 5명 미만인 경우

(6) 승계받은 사업의 계속

(가) 원칙

분할신설법인 등이 분할등기일이 속하는 사업연도의 종료일까지 분할법인 등으로부터 승계받은 사업을 계속하여야 한다(법 46조 2항 3호). 분할신설법인은 분할로 승계한 사업을 스스로 직접 수행할 수도 있지만, 그 사업을 계속하는 방법으로 분할법인 등 제3자에게 위탁할 수도 있다. 대법원은, 분할신설법인이 분할법인으로부터 승계한 고정자산을, 분할법인에 대한 업무위탁을 통하여 분할법인으로부터 승계한 사업에 사용한 사안에서, 위 고정자산을 분할법인으로부터 승계한 사업에 직접 사용한 것으로 판단하였다.[315]

분할신설법인 등이 분할법인 등으로부터 승계한 자산가액의 2분의 1 이상을 처분하거나 사업에 사용하지 않는 경우에는 분할법인 등으로부터 승계받은 사업을 계속하지 않는 것으로 본다(시행령 82조의2 9항, 80조의2 7항 본문[316]).

2010. 6. 8. 개정 전의 구 법인세법 시행령은, 분할신설법인이 분할법인으로부터 승계한 사업용 고정자산의 2분의 1 이상을 승계한 해당 사업에 '직접 사용'하여야만 적격분할요건이 충족될 수 있는 것으로 규정하였으나,[317] 위 개정 이후 현행 법인세법 시행령에서는 그 요건이 '사용'으로 완화되었다. 이러한 점을 고려하면, 여기의 '사용'은, 분할신설법인

---

315) 대법원 2018. 6. 28. 선고 2016두40986 판결

316) 다만, 피합병법인이 보유하던 합병법인의 주식을 승계받아 자기주식을 소각하는 경우에는 해당 합병법인의 주식을 제외하고 피합병법인으로부터 승계받은 자산을 기준으로 사업을 계속하는지 여부를 판정하되, 승계받은 자산이 합병법인의 주식만 있는 경우에는 사업을 계속하는 것으로 본다(시행령 80조의2 7항 단서).

317) 2010. 6. 8. 개정 전의 구 법인세법 시행령 제82조 제4항, 제80조 제3항, 제6항 ; 대법원 2016. 8. 18. 선고 2014두36235 판결은, 위 개정 전의 구 법인세법 시행령하에서, 분할 전 법인의 폐기물최종처리사업부문 등이 분할되어 설립된 분할신설법인인 원고가 분할등기일이 속하는 사업연도의 종료일인 2009. 12. 31.까지 분할대상 사업부문 토지에 관한 토목설계 및 실시계획인가에 관한 용역계약을 체결하고, 해당 관청에 폐기물처리시설 사업시행자 지정 및 실시계획인가신청서만 제출한 사안에서, 원고가 2009. 12. 31.까지 이 사건 토지를 폐기물처리사업에 직접 사용하였다고 볼 수 없다고 판단하였다.

이 분할법인으로부터 승계한 자산을 분할법인으로부터 승계한 사업에 현실적으로 사용하는 경우로 제한할 필요가 없고, 그러한 단계에 이르지 않았더라도 그 사업에 사용하기 위한 활동을 수행한 경우도 포함한다고 보는 것이 합리적이다.[318]

한편, 대법원은, 분할신설법인이 분할법인으로부터 승계한 고정자산을, 분할법인에 대한 업무위탁을 통하여 분할법인으로부터 승계한 사업에 사용한 사안에서, 위 고정자산을 분할법인으로부터 승계한 사업에 직접 사용한 것으로 판단하였다.[319] 이에 의하면, 분할신설법인이 분할법인으로부터 승계한 자산을 분할법인로부터 승계한 사업에 사용하는 이상, 그 사용의 방법이 직접적 사용인지 또는 타인에 대한 위탁을 통한 것인지는 문제되지 않는다.

(나) 예외 : 부득이한 사유

분할신설법인 등이 승계한 사업을 폐지하거나 자산을 처분한 경우에도, 다음과 같은 부득이한 사유가 있는 경우에는 과세특례가 인정될 수 있다(법 46조 2항 단서, 시행령 82조의2 1항 2호, 80조의2 1항 2호).

① 합병법인이 파산함에 따라, 기업개선계획의 이행을 위한 약정 또는 특별약정에 따라, 또는 회생절차에 따라 법원의 허가를 받아 승계받은 자산을 처분한 경우
② 합병법인이 적격합병, 적격분할, 적격물적분할 또는 적격현물출자에 따라 사업을 폐지한 경우

3-1-2. 지분과 관련한 요건

(1) 분할법인 등만의 출자

분할법인 등(분할법인 또는 소멸한 분할합병의 상대방법인)만의 출자에 의하여 분할하는 것이어야 한다(법 46조 2항 1호 다목). 여기서 '출자'는 분할법인 등의 재산을 이전하고

---

318) 이러한 관점에서 현행 법인세법 시행령을 전제로 대법원 2016. 8. 18. 선고 2014두36235 판결의 사안을 다시 검토해보면, 다음과 같다. 원심 판결(부산고등법원 2014. 3. 26. 선고 2013누20325 판결)에 의하면, 분할법인의 폐기물처리사업부문 등을 분할하여 신설된 법인인 원고는 2009. 11.경 부산광역시장에게 분할법인으로부터 승계한 이 사건 토지에 폐기물매립장을 조성하는 내용의 도시계획시설사업(폐기물처리시설) 사업시행자지정 및 실시계획인가신청서를 제출하여 2010. 4. 8. 인가고시일로부터 14일 이내에 공사이행보증금을 현금 또는 이행보증서로 제출할 것을 내용으로 하는 도시계획시설사업(폐기물처리시설) 사업시행자지정 및 실시계획 인가를 받고, 2010. 4. 27.경 부산진해경제자유구역청장에게 서울보증보험 주식회사가 발행한 인허가보증보험증권을 제출한 후, 폐기물처리사업계획서가 적합하다는 내용의 통보를 받았다. 그렇다면 분할신설법인인 원고는 2009. 12. 31.에 이르기까지 이 사건 토지를 분할법인으로부터 승계한 폐기물처리사업 등에 사용하기 위한 활동을 수행하였으므로, 분할법인으로부터 승계한 사업에 사용하였다고 볼 여지가 있다.
319) 대법원 2018. 6. 28. 선고 2016두40986 판결

그 대가로 분할신설법인 또는 분할합병의 상대방법인의 주식을 교부받는 것을 말한다. 흡수분할합병의 경우에도 그 분할합병과 관련해서는 분할법인의 재산만이 출자되므로, 여기에 해당할 수 있다. 다만, 행정해석은 물적흡수분할합병[320]의 경우 적격분할의 과세특례가 인정되지 않는다고 본다.[321]

(2) 지분의 연속성

(가) 분할교부주식의 비율 및 배정

① 단순분할

㉮ 분할대가의 전액이 주식일 것

분할법인 등의 주주가 받은 분할대가의 **전액이 주식**이어야 한다(법 46조 2항 2호). 여기서 분할대가는, 분할신설법인 등이 분할법인 등의 주주에게 지급한 분할신설법인 등의 주식의 가액 및 금전이나 그 밖의 재산가액의 합계액을 말하고(시행령 82조의2 6항, 82조 1항 2호 가목), 분할신설법인 등이 납부하는 분할법인의 법인세 등(시행령 82조 1항 2호 나목)을 포함하지 않는다. 따라서 분할법인 등의 주주가 분할대가의 일부로 분할교부금을 받는 경우 지분의 연속성 요건이 충족되지 않는다. 다만, 인적분할 과정에서 단주가 발생하여 주주에게 단주의 대금을 지급한 경우에도, 단주의 대금과 주식 외에 다른 분할대가가 없으면 적격분할요건이 흠결되지 않는다는 것이 행정해석이다.[322]

㉯ 분할신설법인 등 주식의 배정

분할신설법인 등의 주식은, 분할법인 등의 주주가 소유하던 분할법인 등 주식의 비율에 따라 배정[**안분비례형(pro rata) 분할**]되어야 한다(법 46조 2항 2호). 이는 안분비례형 분할을 통하여 각 주주별로 지분의 연속성이 유지될 것을 요구하는 것으로 보인다.[323] 분할법인의 자기주식에 대하여 분할신설법인의 주식이 교부되지 않은 경우에는, 분할법인의 자기주식을 제외한 나머지 주식을 기준으로 분할신설법인 주식의 배정비율을 판단하여야 할 것이다.[324]

---

320) 대법원의 등기선례(2003. 10. 8. 제정, 제200310－15호)는 물적흡수분할합병을 인정한다.

321) 법인세과－964, 2009. 8. 31. 이는 상법상 물적분할이 물적흡수분할합병의 방식으로 이루어질 수 없음을 전제로 한다(서면2팀－1761, 2006. 9. 12.). 이에 따라 실무상 물적흡수분할합병의 효과를 발생시키기 위하여 물적단순분할을 한 후 다시 합병을 하여야 하기 때문에 상당한 시간과 비용이 소요된다는 비판이 제기된다. 김동수·황남석·이민규, 조직재편세제의 이론과 실무, 151쪽은 물적흡수분할합병에 대하여도 과세이연의 혜택을 부여하도록 입법적 개선이 필요하다고 한다.

322) 법인세과－131, 2009. 1. 12.

323) 비안분비례형 분할을 통한 사원의 분리가 회사분할제도의 대표적 효용이므로, 입법론상 위 요건을 완화할 필요가 있다는 견해로 김완석·황남석, 법인세법론(2021), 584쪽

324) 행정해석도 같다(법인세과－1072, 2009. 9. 30.). 김완석·황남석, 법인세법론(2021), 584쪽

한편, 분할법인의 **자기주식**을 분할대상로 하는 경우 다음과 같은 문제가 있다.

㉠ 분할법인이 자기주식을 분할대상으로 할 수 있는지 : 행정해석은 가능하다고 본다.[325]

㉡ 분할법인이 자기주식 중 일부를 분할대상로 한 경우, 분할법인의 나머지 자기주식에 대하여 분할신설법인이 분할법인에게 분할신주를 배정할 수 있는지[326] : 이에 관하여 상법상 명시적 규정이 없고 판례도 없으나, 실무상 분할신주의 배정을 하고 있는 것으로 보인다.[327][328]

㉢ 분할신설법인이 승계한 분할법인의 주식에 대하여 분할신주를 배정할 수 있는지 : ⓐ 법무부는 분할신설법인에게 분할신주를 배정하는 것은 주주평등의 원칙과 자본충실의 원칙을 침해하지 않는다면 가능하다는 입장이다.[329] ⓑ 행정해석은, 인적분할로 분할법인의 자기주식을 승계한 분할신설법인에게 해당 자기주식의 분할법인에 대한 지분비율에 따라 분할신주를 배정한 것은, 법인세법 제46조 제2항 제2호에 따라 '주식이 분할법인 등의 주주가 소유하던 주식의 비율에 따라 배정'된 경우에 해당한다고 보았다.[330]

② 분할합병

㉮ 분할대가의 전부 또는 80% 이상이 주식일 것

인적분할이 분할합병의 형태로 이루어지는 경우, '분할법인 또는 소멸한 분할합병의

---

325) 서면-2015-법령해석법인-1463, 2015. 11. 13. ; 서면-2016-법령해석법인-3562, 2016. 6. 21. ; 이에 대하여 상법은 자기주식을 자산이 아닌 음의 자본으로 규율하고 있으므로, 자기주식은 분할의 대상에 포함시킬 수 없고, 그에 대하여 분할(합병)교부주식을 배정할 수 없다는 견해로, 황남석, "회사분할과 자기주식", 조세법연구[21-1](2015), 121~122쪽

326) 적격인적분할의 요건과 자기주식에 관한 문제에 대한 소개로는 김동수·이민규·신철민, "자기주식의 회계처리와 세무상 쟁점의 검토", BFL 제87호(2018), 서울대학교 금융법센터, 89~92쪽

327) 김동수·이민규·신철민, 앞의 글, 91쪽

328) 분할법인의 잔존 자기주식에 대한 분할신주의 교부를 인정할 경우, 분할회사의 지배주주는 분할회사로 하여금 회사자금으로 자기주식을 취득하게 한 후 그 자기주식을 분할의 대상으로 함으로써 분할(합병)교부주식을 취득하고, 다시 분할(합병)교부주식을 매개로 분할회사 주식을 지배함으로써 분할회사 및 단순분할신설회사에 대한 지배권을 확대할 수 있게 된다[황남석, 앞의 글, 122쪽]. 황남석, 앞의 글, 135쪽은, 이러한 이유로 분할법인의 나머지 자기주식에 대하여 분할신주를 배정하는 것은 금지하는 것이 타당하다고 한다.

329) 법무부는, 분할신설법인에 분할신주를 배정하는 것이 가능한지 여부에 관한 질의에 대하여, 상법상 명문의 규정이 없다고 하여 금지된다고 할 수는 없고, 주주평등의 원칙과 자본충실의 원칙을 침해하지 않는다면 그와 같은 배정이 무효라고 볼 수는 없다고 회신하였다(법무부 상사법무과-873, 2016. 3. 16.). [김동수·이민규·신철민, 앞의 글, 92쪽에서 재인용]

330) 서면-2016-법령해석법인-3562, 2016. 6. 21. ; 김동수·이민규·신철민, 앞의 글, 92쪽은, 분할계획서에서 분할신설법인이 분할법인의 자기주식을 승계하도록 한 때 자기주식에 대한 주주로서의 지위 역시 승계하였다고 보는 것이 타당하고, 세법상으로도 이를 인정하는 것이 타당하다고 한다.

상대방법인'의 주주가 받은 분할(합병)대가의 80% 이상이 '분할신설법인 또는 분할합병의 상대방법인'의 주식 또는 '분할합병의 상대방법인의 완전모회사인 내국법인'의 주식이어야 한다(법 46조 2항 2호).

여기서 분할대가는, 분할신설법인 등이 분할법인 등의 주주에게 지급한 분할신설법인 등의 주식의 가액 및 금전이나 그 밖의 재산가액의 합계액을 말하고(시행령 82조의2 6항, 82조 1항 2호 가목), 분할신설법인 등이 납부하는 분할법인의 법인세 등(시행령 82조 1항 2호 나목)을 포함하지 않는다.

위 비율을 판정할 때, 분할합병의 상대방법인이 분할등기일 전 2년 내에 취득한 분할법인의 분할합병포합주식이 있는 경우, 다음의 구분에 따른 분할합병교부주식의 가액의 전부 또는 일부를 금전으로 교부한 것으로 본다(시행령 82조의2 6항). 분할합병포합주식은 실질적으로 분할합병에 앞서 미리 지급한 합병교부금으로 볼 수 있기 때문이다.

㉠ 분할합병의 상대방법인이 분할법인의 지배주주 등이 아닌 경우 : 분할등기일 전 2년 이내에 취득한 분할합병포합주식이 분할법인 등의 발행주식총수의 20%를 초과하는 경우 그 초과하는 분할합병포합주식에 대하여 교부하였거나 교부한 것으로 보는[331] 분할합병교부주식의 가액

㉡ 분할합병의 상대방법인이 분할법인의 지배주주 등인 경우 : 분할등기일 전 2년 이내에 취득한 분할합병포합주식에 대하여 교부하였거나 교부한 것으로 보는 분할합병교부주식의 가액

한편, **물적분할**이 분할합병의 형태로 이루어지는 경우,[332] 적격물적분할에 해당하기 위해서는, 분할대가의 전부가 주식 등이어야 한다(법 47조 1항의 괄호 안, 46조 2항).

㉯ 분할신설법인 등 주식의 배정

분할법인 등의 일정한 지배주주 등[333]에게 다음 산식에 따른 가액 이상의 분할합병

---

331) 분할합병의 경우 분할합병의 상대방법인이 분할등기일 전 취득한 분할법인의 주식(분할합병포합주식)에 대하여 분할신설법인 등의 주식(분할합병교부주식)을 교부하지 않더라도 그 지분비율에 따라 분할합병교부주식을 교부한 것으로 보아 분할합병의 상대방법인의 주식을 가액을 계산한다(시행령 82조 1항 2호 가목 단서).

332) 물적분할이 분할합병의 형태로 이루어질 수 있는지에 관하여는 견해의 대립이 있으나, 법원의 등기선례는 이를 인정하였다. 1-1. (2) 참조

333) 분할법인 등의 지배주주 등(시행령 43조 3항) 중에서 다음에 해당하는 자를 제외한 주주를 말한다(시행령 82조의2 8항).
   1. 친족(시행령 43조 8항 1호 가목) 중 4촌 이상의 혈족
   2. 분할등기일 현재 분할법인 등에 대한 지분비율이 100분의 1 미만이면서 시가로 평가한 그 지분가액이 10억 원 미만인 자

교부주식(분할신설법인 등의 주식)을 각각 배정하여야 한다(시행령 82조의2 7항).

$$\boxed{\begin{array}{c}\text{분할신설법인 등의 주주 등이 지급받은}\\\text{분할신설법인 등의 주식의 가액의 총합계액}\end{array}} \times \boxed{\begin{array}{c}\text{각 일정한 지배주주의 분할법인}\\\text{등에 대한 지분비율}\end{array}}$$

(나) 분할신설법인 등 주식의 보유

① 원칙

일정한 지배주주 등이 분할등기일이 속하는 사업연도의 종료일까지 분할신설법인 등의 주식을 보유하여야 한다(법 46조 2항 2호). 분할법인이 자기주식을 보유한 상태에서 인적분할을 하면서 분할대가로 분할신설법인의 주식을 교부받은 경우, 분할법인도 지분의 연속성 요건이 적용되는 일정한 지배주주에 해당한다.[334]

② 예외 : 부득이한 사유

분할신설법인 등 주식의 보유 요건이 충족되지 않더라도, 다음과 같은 부득이한 사유가 있는 경우에는 과세특례가 인정될 수 있다(법 46조의3 3항 단서, 시행령 82조의2 1항 2호, 80조의 2 1항 1호).

㉮ 일정한 지배주주 등이 분할로 교부받은 주식의 2분의 1 미만을 처분한 경우[335]

㉯ 일정한 지배주주 등이 사망·파산하여 주식 등을 처분한 경우

㉰ 일정한 지배주주 등이 적격합병 등에 따라 주식 등을 처분하거나 조특법 제38조[336] 등에 따라 과세를 이연받으면서 주식 등을 처분한 경우

㉱ 일정한 지배주주 등이 회생절차에 따라 법원의 허가를 받거나 기업개선계획의 이행을 위한 약정 등에 따라 주식 등을 처분한 경우

㉲ 일정한 지배주주 등이 법령상 의무의 이행을 위하여 주식 등을 처분하는 경우[337]

---

334) 서면법규과-496, 2014. 5. 19.

335) 이 경우 일정한 지배주주가 합병으로 교부받은 주식을 서로 간에 처분하는 것은 일정한 지배주주가 그 주식을 처분한 것으로 보지 아니하며, 합병으로 교부받은 주식 등과 합병 외의 다른 방법으로 취득한 주식 등을 함께 보유하고 있는 일정한 지배주주가 합병법인 주식 등을 처분하는 경우에는 합병법인이 선택한 주식 등을 먼저 처분하는 것으로 본다(시행령 82조의2 1항 2호, 80조의2 1항 1호 가목 2문).

336) 주식의 포괄적 교환·이전에 대한 과세 특례

337) 주주가 이혼에 따른 재산분할에 의하여 보유하던 주식 중 일부를 이전한 것은 '법령상 의무를 이행하기 위하여 주식을 처분한 경우'에 해당한다. 서울고등법원 2020. 12. 10. 선고 2020누39374 판결(적격인적분할에 따라 면제된 취득세의 추징이 문제된 사건)(대법원 2021. 5. 13. 선고 2021두31733 판결 : 심리불속행)

3-1-3. 과세특례의 적용신청

적격분할의 요건이 충족된 경우 과세특례의 적용 여부는 분할법인 등의 선택에 달려 있다. 적격분할의 과세특례를 적용받으려는 분할법인 등은, 과세표준 신고를 할 때 분할신설법인 등과 함께 분할과세특례신청서를 관할 세무서장에게 제출하여야 한다(시행령 82조 3항 1문).[338]

분할법인 등이 과세표준 신고기간 내에 분할과세특례신청서를 제출하지 않았더라도 그에 관하여 정당한 사유가 있는 경우에는, 국세기본법 제45조에 따라 과세표준의 수정신고를 하면서 분할과세특례신청서를 제출함으로써 과세특례를 적용받을 수 있다(국세기본법 시행령 25조 2항 3호, 같은 법 시행규칙 12조 1항).[339]

3-2. 적격인적분할

3-2-1. 분할법인 등

적격인적분할을 한 분할법인 등은, 분할신설법인 등에 양도한 자산의 양도가액을 **순자산 장부가액**으로 보아 양도손익이 없는 것으로 할 수 있다(법 46조 2항, 46조의5 2항, 시행령 82조 1항 1호). 이 경우 분할대상 자산의 양도차익은 분할시점에 과세되지 않고, 분할신설법인 등이 그 자산을 처분하는 시점으로 과세가 이연된다.

자산의 양도가액을 순자산 장부가액으로 할 것인지 여부의 선택권은 분할법인 등에게 있다. 따라서 자산의 시가가 하락하여 양도차손이 발생한 경우에는, 분할법인 등은 분할로 양도한 자산의 양도가액을 시가로 함으로써 양도차손을 인식할 수도 있다.

3-2-2. 분할법인의 주주

(1) 분할신설법인 등의 주식의 취득가액

분할법인의 주주가 분할대가로 받은 분할신설법인 등의 주식의 취득가액은 원칙적으로 분할법인 주식의 **종전의 장부가액**이고, 다만 분할신설법인 등의 주식의 시가가 분할법인 주식의 종전의 장부가액보다 적은 경우에는 분할신설법인 등의 주식의 시가이다(시행령 72조 2항 5호, 시행령 14조 1항 나목).

---

338) 분할신설법인 등은 자산조정계정에 관한 명세서를 함께 제출하여야 한다(시행령 82조 3항 2문).
339) 분할법인 등이 과세표준 신고기간 내에 분할과세특례신청서를 제출하지 않은 것에 정당한 사유가 없는 경우에는, 사후적 과세특례의 적용이 인정되지 않는다. 적격합병의 경우에 관한 사례로 조심 2022. 8. 23. 2022부5861 결정 참조

(2) 의제배당

분할로 인한 의제배당은, 분할법인 등의 주주가 받은 분할대가가 분할법인 등의 주식(분할법인이 존속하는 경우에는 소각 등에 의하여 감소된 주식) 등의 취득가액을 초과하는 금액이다(법 16조 1항 6호). 그런데 적격인적분할의 경우 분할대가인 분할신설법인 등의 주식의 가액은 분할법인 주식의 종전의 장부가액에 의하므로(시행령 14조 1항 1호 나목),[340] 의제배당은 분할교부금이 없는 한 0이 된다.

3-2-3. 분할신설법인 등

(1) 자산·부채의 취득가액과 세무조정사항의 승계

적격분할을 한 분할신설법인 등은 분할법인 등의 자산을 **장부가액**으로 양도받은 것으로 간주된다(법 46조의3 1항 1문). 이 경우 분할신설법인 등은 분할법인 등의 분할대상 사업부문에 관한 **세무조정사항**(회계상 장부가액과 세법상 취득가액의 차이)을 모두 승계한다(법 46조의3 2항, 시행령 85조 1호). 분할신설법인 등은 분할법인의 자산·부채에 관한 세무상 유보로서 분할 당시 존재하는 것만을 승계하므로, 그 이전에 반대의 세무조정으로 이미 소멸된 부분은 승계하지 않는다.[341]

적격분할을 한 분할신설법인 등은 양도받은 자산 및 부채의 가액을 분할등기일 현재의 시가로 계상하되, (회계상) 장부가액과 시가의 차액을 자산별로 **자산조정계정**으로 계상하여야 한다(법 46조의3 1항 2문).[342] 분할신설법인 등이 자산조정계정을 계상하여야 할 자산에 대하여 자산조정계정을 계상하지 않거나 그 금액을 잘못 계상한 경우, 과세이연 효과가 배제되어야 하는지는 법인세법상 불분명하고, 다툼의 여지가 있다.[343]

분할신설법인 등이 양도받은 자산 및 부채의 시가에서 분할법인 등의 장부가액을 뺀 금액이 ① 0보다 큰 경우에는 그 차액을 익금에 산입하고, 같은 금액을 자산조정계정으로 손금에 산입하며, ② 0보다 적은 경우에는 그 차액을 손금에 산입하고, 같은 금액을 자산조정계정으로 익금에 산입한다(시행령 82조의4 1항 1문). 자산조정계정의 처리에 관하여는

---

340) 다만, 분할대가 중 일부를 금전 등으로 받은 경우로서 분할신설법인 주식의 시가가 분할법인 주식의 종전의 장부가액보다 적은 경우에는 분할신설법인 주식의 시가로 한다.

341) 대법원 2014. 3. 13. 선고 2013두20844 판결

342) ① 분할신설법인이 분할법인으로부터 승계한 자산의 세무상 유보(= 회계상 장부가액 - 세법상 취득가액)와 ② 자산조정계정(= 시가 - 회계상 장부가액)을 합하면 그 자산의 '시가와 세법상 취득가액의 차액'이 된다.

343) 김동수·황남석·이민규, 조직재편세제의 이론과 실무, 142~143쪽은, 자산조정계정은 장차 사후관리의무를 위반하였을 경우 추징대상이 되는 과세표준을 표시해두는 비망계정이므로, 분할신설법인이 이를 계상하지 않았다는 이유로 분할법인에 대한 과세이연 혜택이 부인된다고 해석할 수 없다고 한다.

합병의 예를 준용한다(시행령 82조의4 1항 2문, 80조의4 1항).

적격분할에 의하여 취득한 자산의 상각범위액에 관하여는 특칙이 있다(시행령 29조의2 2항 내지 4항).[344]

(2) 분할차익의 자본금전입과 의제배당

적격분할의 경우, 적격합병의 경우와 마찬가지로, 분할법인의 이익잉여금이 그 주주에 대한 의제배당 과세 없이 분할신설법인에게 넘어가 자본준비금으로 편입되므로, 그 부분이 분할신설법인 단계에서 자본금에 전입되는 경우, 분할신설법인의 주주를 과세할 필요가 있다.

분할신설법인 등이 적격분할로 인하여 적립한 자본준비금이 자본금에 전입되어 주식이 발행되는 경우, 다음 각 금액의 합계액은 분할차익(법 17조 1항 6호)을 한도로 분할신설법인 주주의 의제배당으로 과세된다(법 16조 1항 2호, 시행령 12조 1항 4호, 3항[345]).

① 자산조정계정의 합계액
② 분할에 따른 분할법인의 자본금 및 자본준비금과 재평가적립금 중 의제배당대상 자본잉여금 외의 잉여금의 감소액이, 분할한 사업부문의 분할등기일 현재 순자산 장부가액에 미달하는 경우, 그 미달하는 금액 : 이 경우 분할법인의 분할등기일 현재의 분할 전 이익잉여금과 의제배당대상 자본잉여금에 상당하는 금액의 합계액을 한도로 한다.

(3) 이월결손금의 승계 등

(가) 분할법인 등의 이월결손금의 승계

적격분할을 한 분할신설법인 등은 분할법인 등의 분할등기일 현재 결손금을 승계한다(법 46조의3 2항). 여기서 승계되는 분할법인 등의 결손금은 분할신설법인 등이 승계받은 사업에 속하는 결손금이고(시행령 83조 2항), 이는 분할등기일 현재 분할법인 등의 결손금을, 분할법인 등의 사업용 자산가액 중 분할신설법인 등이 각각 승계한 사업용 자산가액 비율로 안분계산한 금액으로 한다(시행령 83조 3항).

분할신설법인 등이 승계한 분할법인 등의 이월결손금은, 분할법인 등으로부터 승계받은 사업에서 발생한 소득금액의 범위에서 공제하되(법 46조의4 2항), 그 소득금액의 80%[346]를 한도로 한다(법 46조의4 5항 2호).

---

344) 이에 관하여는 제2편 제2장 제2절 3-3-4. 참조
345) 이 경우 합병법인이 상법 제459조 제2항에 따라 피합병법인의 이익준비금 등을 승계한 경우에도 그 승계가 없는 것으로 본다.
346) 중소기업과 회생계획을 이행 중인 기업 등 대통령령으로 정하는 법인(시행령 10조 1항)의 경우는 100%

분할합병을 한 분할신설법인 등은, 분할법인 등의 이월결손금을 공제받으려는 기간 동안, 분할법인 등으로부터 승계받은 사업과 그 밖의 사업에 관한 자산·부채 및 손익을 구분경리하여야 한다(법 113조 4항 1, 2호).

(나) 분할합병의 상대방법인의 이월결손금

분할합병의 상대방법인의 분할등기일 현재 이월결손금은, 분할합병의 상대방법인의 사업연도 과세표준을 계산할 때 분할법인으로부터 승계받은 사업에서 발생한 소득금액의 범위에서는 공제하지 않는다(법 46조의4 1항).[347]

분할합병의 상대방법인은 분할 후 5년간 분할법인으로부터 승계받은 사업과 그 밖의 사업에 관한 자산·부채 및 손익을 구분경리하여야 한다(법 113조 4항 본문 및 2호). 중소기업 간 또는 동일사업을 영위하는 법인 간의 분할합병의 경우에 구분경리를 하지 않은 때에는 (법 113조 4항 단서), 분할합병등기일 현재 분할법인(승계된 사업분만 해당한다)과 분할합병의 상대방법인(소멸하는 경우를 포함한다)의 사업용 자산가액[348] 비율로 안분계산한 금액을 '분할법인으로부터 승계받은 사업에서 발생한 소득금액'으로 한다(법 46조의4 1항 괄호안, 시행령 83조 1항).

(다) 분할합병 전 보유 자산에 관한 처분손실의 공제 제한

적격분할합병을 한 분할신설법인 등은, 분할법인 등이 분할합병 전 보유하던 자산의 분할등기일 현재 시가가 장부가액보다 낮고, 분할등기일부터 5년 이내에 끝나는 사업연도에 발생한 그 자산의 처분손실(내재손실)이 발생한 경우, 그 처분손실을 분할등기일 현재 시가와 장부가액의 차액을 한도로, 각각 분할합병 전 해당 법인의 사업에서 발생한 소득금액 (해당 처분손실을 공제하기 전 소득금액)의 범위에서 해당 사업연도의 소득금액을 계산할 때 손금에 산입한다(법 46조의4 3항 1문). 이 경우 손금에 산입되지 않은 처분손실은, 자산처분 시 각각 분할합병 전 해당 법인의 사업에서 발생한 결손금으로 보아, 결손금의 승계 및 공제에 관한 규정을 적용한다(법 46조의4 3항 2문).

(라) 분할법인 등의 기부금한도초과액

분할법인 등의 분할등기일 현재 기부금한도초과액으로서 분할신설법인 등이 승계한 금

---

347) 분할합병의 상대방법인의 분할등기일 현재 결손금은, '분할합병의 상대방법인의 소득금액에서 분할법인으로부터 승계받은 사업에서 발생한 소득금액을 차감한 금액'의 80%[중소기업과 회생계획을 이행 중인 기업 등 대통령령으로 정하는 법인(시행령 10조 1항)의 경우에는 100%]를 한도로 공제된다(법 46조의4 5항 2호).

348) 이 경우 분할합병의 상대방법인이 승계한 분할법인의 사업용 자산가액은, 승계결손금을 공제하는 각 사업연도의 종료일 현재 계속 보유(처분 후 대체하는 경우를 포함한다)·사용하는 자산에 한정하여 그 자산의 분할합병등기일 현재 가액에 따른다(시행령 81조 1항).

액은, 분할신설법인 등이 분할법인 등으로부터 승계한 사업에서 발생한 소득금액[349]을 기준으로 법인세법 제24조 제2항 및 제3항에 따른 각각의 손금산입한도액의 범위에서 손금에 산입된다(법 46조 7항).

(마) 세액감면·공제의 승계

적격분할을 한 분할신설법인 등은 분할법인 등이 분할 전에 적용받던 법인세의 감면 또는 세액공제를 승계하여 그 적용을 받을 수 있다(법 46조의3 2항, 시행령 82조의4 2항 1문). 법인세법 또는 다른 법률에 해당 감면 또는 세액공제의 요건 등에 관한 규정이 있는 경우에는 분할신설법인 등이 그 요건을 갖춘 경우에만 감면 또는 세액공제의 승계가 인정된다(시행령 82조의4 2항 2문). ① 특정 사업·자산과 관련된 감면·세액공제의 경우에는 그 특정 사업·자산을 승계한 분할신설법인 등이 승계하여 공제하고, ② 그 외의 감면·세액공제는 분할법인 등의 사업용 자산가액 중 분할신설법인 등이 각각 승계한 사업용 자산가액 비율로 안분하여 분할신설법인 등이 각각 승계하여 공제한다(시행령 82조의4 2항 2문).

분할신설법인 등이 승계한 분할법인 등의 감면 또는 세액공제는 분할법인 등으로부터 승계받은 사업에서 발생한 소득금액 또는 이에 해당하는 법인세액의 범위에서 대통령령으로 정하는 바에 따라 적용한다(법 46조의4 4항, 시행령 83조 4항, 81조 3항).

(4) 과세특례의 사후적 배제

(가) 과세특례의 배제사유

① 승계받은 사업의 폐지

적격분할을 한 분할신설법인 등이, 분할법인 등으로부터 승계받은 사업을 분할등기일이 속하는 사업연도의 다음 사업연도의 개시일부터 2년 이내에 폐지하는 경우, 적격분할의 과세특례가 배제된다(법 46조의3 3항 1호, 시행령 82조의4 3항). 분할신설법인 등이 분할법인 등으로부터 승계한 자산가액[350][351]의 2분의 1 이상을 처분하거나 사업에 사용하지 않는

---

349) 분할신설법인 등이 승계받은 사업에 속하는 기부금한도초과액은, 분할등기일 현재 분할법인 등의 기부금한도초과액을 분할법인 등의 사업용 자산가액 중 분할신설법인 등이 각각 승계한 사업용 자산가액의 비율로 안분계산한 금액으로 한다(시행령 83조 5항).

350) ① 2019. 2. 12. 개정되기 전의 구 법인세법 시행령 제80조의4 제8항은 사업폐지의 판단기준이 되는 대상을 '사업용 고정자산가액'으로 규정하였다. 이에 따라 분할신설법인 등이 처분한 자산이 사업용 고정자산이 아닌 경우에는 아무리 그 처분금액이 크더라도 사업폐지로 의제되지 않은 반면, 처분한 자산이 사업용 고정자산인 경우에는 전체 자산가액 중에 사업용 고정자산의 비중이 크지 않더라도, 그중 2분의 1만 처분되면 사업폐지로 의제되었다. ② 2019. 2. 12. 개정되기 전의 구 법인세법 시행령이 적용된 사안에서, 대법원 2017. 1. 25. 선고 2016두51535 판결은, 분할신설법인이 분할법인으로부터 지배목적으로 보유하는 주식과 그와 관련된 자산·부채를 승계받은 경우, 승계받은 사업의 폐지 여부를 판단할 때 지배목적 주식의 가액을 분할법인으로부터 승계한 고정자산가액에 포함시켜야 한다고 판시하였다. ③ 2019. 2. 12. 개정된 법인세법 시행령 제80조의4 제8항은 사업폐지의 판단기준이 되는 대상을 '사업용 자산가액'으로

경우에는, 분할법인으로부터 승계받은 사업을 폐지한 것으로 본다(시행령 82조의4 7항, 80조의4 8항 본문).

다만, 분할합병의 상대방법인이, 분할법인이 보유하던 분할합병의 상대방법인의 주식을 승계받아 자기주식을 소각하는 경우에는, 해당 주식을 제외하고 분할법인으로부터 승계받은 자산을 기준으로 사업을 계속하는지 여부를 판정하되, 승계받은 자산이 해당 주식만 있는 경우에는 사업을 계속하는 것으로 본다(시행령 82조의4 7항, 80조의4 8항 단서).

승계받은 사업의 폐지와 관련한 대법원 판례는 다음과 같다. ㉮ 사업의 폐지 여부는, 개별 사업부문이나 개별 사업장이 아닌 분할신설법인이 승계한 사업 전체를 기준으로 판단하여야 한다.[352] ㉯ 분할신설법인이 승계한 사업을 계속하면서 금융기관 대출채무를 담보하기 위하여 신탁등기를 설정한 것은, 법인세법령상 승계사업의 폐지로 간주되는 고정자산의 처분에 해당한다고 보기 어렵다.[353] ㉰ 분할신설법인이 분할등기일이 속하는 사업연도의 종료일 전에 합병법인에 흡수합병되어 해산하였더라도, 분할신설법인이 분할법인으로부터 승계받은 사업을 합병법인이 다시 승계하여 분할등기일이 속하는 사업연도의 종료일까지 계속 영위한 경우, 법인세법 제46조 제1항 제3호에서 과세이연의 요건 중 하나로 규정한 사업의 계속 요건을 충족한 것으로 볼 수 있다.[354]

한편, 분할신설법인 등이 적격분할, 적격분할, 적격물적분할 또는 적격현물출자에 따라 사업을 폐지하거나 회생절차에서 법원의 허가를 받아 승계받은 자산을 처분하는 경우 등은, 대통령령으로 정하는 부득이한 사유에 해당하므로, 적격분할의 과세특례가 배제되지 않는다(법 46조의3 3항 1호, 시행령 82조의4 6항 1호, 80조의2 1항 2호).

② 분할신설법인 등 주식의 처분

분할법인 등의 일정한 지배주주가 분할신설법인 등의 주식을 분할등기일이 속하는 사업연도의 다음 사업연도의 개시일부터 2년 이내에 처분하는 경우 적격분할의 과세특례가 배제된다(법 46조의3 3항 2호, 시행령 82조의4 3, 8항). 분할법인이 자기주식을 보유한 상태에서 인적분할을 하여 분할신설법인의 주식을 분할대가로 교부받는 경우, 분할법인도 주식보유

변경하였다.

351) 합병과 관련한, 2019. 2. 12. 개정 전의 구 법인세법 시행령에 대한 행정해석(법규법인 2013 – 28, 2013. 8. 1.)에 따른다면, 여기서 자산의 가액은 '분할(분할합병)등기일 현재의 세무상 장부가액'이 될 것이다.
352) 대법원은 2017. 1. 25. 선고 2016두51535 판결 : 인적분할로 신설된 원고가 부동산 매매·임대업, 유가증권투자업 등을 하다가 임대사업에 사용하던 부동산을 처분한 경우 '승계한 고정자산가액의 2분의 1 이상을 처분하였는지'는 원고가 승계한 전체 사업이 아닌 임대사업부문이나 그 사업장만을 기준으로 판단할 수 없다고 판시하였다.
353) 대법원 2018. 6. 28. 선고 2016두40986 판결(물적분할에 관한 사안)
354) 대법원 2018. 10. 25. 선고 2018두42184 판결

요건의 적용대상인 주주에 해당한다.[355]

한편, 분할법인 등의 일정한 지배주주가 분할대가로 교부받은 분할신설법인 등의 전체 주식의 2분의 1 미만을 처분한 경우 등은 부득이한 사유에 해당하므로, 과세특례가 배제되지 않는다(법 46조의3 3항 단서, 시행령 82조의4 6항 2호, 80조의2 1항 1호).

③ 분할대상 사업부문에 종사하는 근로자 수의 하락

분할등기일이 속하는 사업연도의 다음 사업연도의 개시일부터 3년 이내에, 각 사업연도 종료일 현재 분할신설법인에 종사하는 대통령령으로 정하는 근로자 수가, 분할등기일 1개월 전 당시 분할하는 사업부문에 종사하는 근로자 수의 80% 미만으로 하락한 경우[356]에는, 과세특례가 배제된다(법 46조의3 3항 3호, 시행령 82조의4 3항). 적격분할 과세특례의 요건[357]과 달리, 과세특례의 배제사유는 근로자 수의 비율이 기준시점과 비교하여 80%에 미달하는지 여부만을 판단하고, 고용된 근로자가 당초의 근로자와 동일한지 여부는 문제되지 않는다.

다만, 분할신설법인 등이 파산 또는 적격분할 등에 따라 근로자의 비율을 유지하지 못한 경우는 부득이한 사유에 해당하므로, 적격분할의 과세특례가 배제되지 않는다(법 46조의3 3항 단서, 시행령 82조의4 6항 3호, 80조의2 1항 3호 가목 내지 다목).[358]

(나) 과세특례의 배제효과

적격분할 과세특례의 배제사유에 해당하는 경우, 처음부터 비적격분할이 이루어진 경우와 동일하게 분할신설법인 등의 조세법률관계를 조정할 필요가 있다. 그 구체적 내용은 다음과 같다(법 46조의3 3항 본문).

① 자산조정계정 잔액의 총합계액이 ㉮ 0보다 큰 경우에는 이를 익금에 산입하고,[359]

---

355) 서면법규과-496, 2014. 5. 19.
356) 다만, 분할합병의 경우에는 다음의 어느 하나에 해당하는 경우를 말한다(법 46조의3 3항 3호 단서).
　　① 각 사업연도 종료일 현재 분할합병의 상대방법인에 종사하는 근로자 수가 분할등기일 1개월 전 당시 분할하는 사업부문과 분할합병의 상대방법인에 각각 종사하는 근로자 수의 합의 100분의 80 미만으로 하락하는 경우
　　② 각 사업연도 종료일 현재 분할신설법인에 종사하는 근로자 수가 분할등기일 1개월 전 당시 분할하는 사업부문과 소멸한 분할합병의 상대방법인에 각각 종사하는 근로자 수의 합의 100분의 80 미만으로 하락하는 경우
357) 분할신설법인 등이 분할등기일 1개월 전 당시 분할하는 사업부문에 종사하는 근로자 중 100분의 80 이상을 승계하고 분할등기일이 속하는 사업연도의 종료일까지 그 비율을 유지하여야 한다.
358) 적격분할요건을 판단할 때의 부득이한 사유에는 '분할하는 사업부문에 종사하는 근로자가 5명 미만'인 경우가 포함되는 것(시행령 82조의2 1항 3호)과 달리, 과세특례의 배제 여부를 판단할 때의 부득이한 사유에는 위 경우가 포함되지 않는다.
359) 분할신설법인 등이 자산조정계정 잔액의 총합계액을 익금에 산입한 경우, 분할매수차익 또는 분할매수차손에 상당하는 금액을 과세특례 배제사유가 발생한 사업연도의 손금 또는 익금에 산입하는 한편, 같은

④ 0보다 적은 경우에는 손금에 산입하지 않고 자산조정계정은 소멸한다(시행령 82조의4 4항, 80조의4 4항).

② 분할신설법인 등의 소득금액 및 과세표준을 계산할 때, 분할법인 등으로부터 승계한 세무조정사항 중 익금불산입액은 더하고 손금불산입액은 뺀다(시행령 82조의4 5항).

③ 분할신설법인 등이 분할법인 등으로부터 승계한 결손금 중 공제한 금액 전액은 익금에 산입된다(시행령 82조의4 4항, 80조의4 4항). 분할신설법인 등은, 분할법인 등으로부터 승계하여 공제한 감면 또는 세액공제액 상당액을 해당 사유가 발생한 사업연도의 법인세에 더하여 납부하고, 그 사업연도부터 적용하지 않는다(시행령 82조의4 5항).

3-3. 적격물적분할

3-3-1. 분할법인

(1) 자산양도차익의 과세이연

(가) 주식의 취득가액 및 자산의 양도손익

분할법인이 취득하는 분할신설법인 주식의 취득가액은 물적분할한 순자산의 시가이다(시행령 72조 2항 3호의2).[360)361)] 분할법인이 받는 분할대가와 물적분할한 순자산의 장부가액의 차액은 양도손익으로서 익금 또는 손금에 산입된다(시행령 11조 2호).

(나) 양도차익의 과세이연 : 압축기장충당금

적격물적분할을 한 분할법인이 과세이연 특례의 적용을 선택한 경우, 분할신설법인 주

금액을 익금 또는 손금에 일정한 기준에 따라 산입한다(시행령 82조의4 4항, 80조의4 5항).

360) ① 2012. 2. 2. 개정 전의 구 법인세법 시행령 제84조 제4항은, 분할신설법인이 양도차익 상당액을 손금에 산입한 경우 양도받은 분할법인의 자산의 취득가액을 분할등기일 현재의 시가로 계상하되, 그 시가에서 분할법인의 장부가액을 뺀 금액을 자산조정계정으로 계상하고 합병의 경우와 같이 처리하도록 규정하였다. 그리고 당시 적격물적분할에 따라 분할법인이 취득한 주식의 가액은 '물적분할한 순자산의 장부가액'으로 규정되어 있었다(2014. 2. 21. 개정 전의 법인세법 시행령 72조 2항 4호 가목). ② 이에 의하면, 분할법인이 물적분할에 따른 자산의 양도대가로 취득한 분할신설법인의 주식을 양도하는 경우, 분할법인은 과세이연된 양도차익(순자산의 시가와 장부가액의 차액)에 대하여 과세되고, 분할신설법인이 분할법인으로부터 양수한 자산을 양도할 때 동일한 자산의 양도차익이 다시 과세되는 문제점이 있었다. ③ 이를 감안하여 2012. 2. 2. 개정된 법인세법 시행령은 위 규정을 삭제하였다. 위 개정된 내용에 대하여는, 황남석, "개정 물적분할세제에 관한 소고", 세무사(2012년 봄호) 66쪽 이하

361) 2014. 2. 21. 개정 전의 법인세법 시행령 제72조 제2항 제3호의2 가목은, 적격물적분할에 따라 분할법인이 취득한 주식의 가액을 '물적분할한 순자산의 장부가액'이라고 규정하여 애초에 양도차익이 발생할 여지가 없도록 규정하였으나, 이는 장부가액 승계방식에 맞는 것으로서, 양도차익의 발생을 전제로 압축기장충당금의 계상을 규정하는 법인세법 제47조 제1항과 부합하지 않는 것이었다. 이후 2014. 2. 21. 위 법인세법 시행령 규정이 개정되어 물적분할의 경우 적격 여부와 관계없이 분할법인이 취득한 분할신설법인 주식의 가액은 모두 '물적분할한 순자산의 시가'로 되었다.

식의 가액 중 자산의 **양도차익**에 상당하는 금액을 분할등기일이 속하는 사업연도의 **손금**에 산입할 수 있다(법 47조 1항). 여기서 '자산의 양도차익'은, 개개 자산의 양도차익이 아니라 물적분할의 대상인 전체 자산과 부채를 포괄한 순자산의 양도차익을 의미하는 것으로 보아야 한다.[362] 분할법인이 과세이연을 선택한 경우, 손금에 산입하는 금액을 분할신설법인 주식 등의 **압축기장충당금**으로 계상하여야 한다(시행령 84조 2항).[363]

한편, 물적분할로 인하여 **양도차손**이 발생한 경우에는, 위 과세특례의 적용대상이 아니므로, 언제나 분할등기일이 속하는 사업연도의 손금에 산입된다.

 적격인적분할과 적격물적분할의 비교

적격분할에서 분할법인의 자산 양도차익에 대한 과세를 이연하는 수단은 해당 자산의 시가와 장부가액의 차액에 상응하는 반대계정을 설정하여 관리하는 것인데, 그 구체적 방법과 구조는 적격인적분할과 적격물적분할의 경우에 서로 다르다.[364]

① **적격인적분할**의 경우, 분할대상 자산의 시가와 장부가액의 차이인 자산조정계정은 그 자산을 보유하게 된 분할신설법인 등이 계상하고, 과세이연의 배제사유가 발생한 경우 자산조정계정의 금액은 분할신설법인 등의 익금에 산입된다.

② **적격물적분할**의 경우, 분할대상 자산을 양도한 분할법인이, 분할신설법인주식 등에 대하여 압축기장충당금을 계상하고, 과세이연의 배제사유가 발생한 경우 압축기장충당금은 분할법인의 익금에 산입된다.

---

362) 서면2팀-1686(2005. 10. 20.). 법문언상으로는 모든 자산과 부채를 포괄한 순자산이 아니라 개개 자산의 양도차익만이 손금산입대상인 것으로 볼 여지도 있다. 그러나 그렇게 해석할 경우 자산의 양도차손 및 부채의 이전으로 인한 채무면제익을 과세이연대상 금액의 계산 시 고려하지 않게 되는데, 이는 독립된 사업부문의 이전이라는 적격물적분할의 실질에 부합하지 않으므로, 불합리하다. 황남석, 회사분할 과세론, 102쪽

363) 적격인적분할의 경우에는 분할대가의 가액을 분할되는 순자산의 장부가액으로 보아 양도손익 자체가 발생하지 않도록 하면서도, 적격물적분할의 경우에는 일단 분할대가를 시가로 인식하여 양도차익을 발생시킨 후 압축기장충당금을 계상하여 과세이연을 하는 방식이 취해진다. 적격물적분할의 경우에도 적격인적분할과 마찬가지로 양도손익이 발생하지 않도록 하는 것이 간명할 것이라는 견해로 황남석, 회사분할 과세론, 104쪽

364) 이와 같이 차액계정의 귀속·관리주체가 분할의 종류에 따라 다르게 된 이유 중 하나로는, 인적분할의 경우 합병세제와의 정합성을 고려하여야 하는데, 흡수합병의 경우 자산의 양도주체인 피합병법인이 소멸하여 존재하지 않게 되므로, 합병법인이 위와 같은 차액계정을 관리할 수 밖에 없다는 사정을 들 수 있을 것이다.

(2) 과세특례의 사후배제

(가) 주식 또는 자산의 처분비율에 따른 익금산입

① 익금산입의 사유 및 범위

적격물적분할을 한 분할법인의 양도차익에 대한 과세이연의 근거는, 분할법인이 물적분할 후에도 분할신설법인의 주주로서 분할신설법인 소유로 된 물적분할대상 자산에 대하여 간접적 지배를 함으로써 물적분할을 전후하여 이해관계의 연속성이 존재하기 때문이다. 따라서 분할법인이 분할신설법인 주식을 처분하거나, 분할신설법인이 물적분할의 대상인 자산을 처분하는 경우에는, 그 범위에서 이해관계의 연속성이 깨지므로, 당초 과세이연되었던 분할법인의 양도차익을 익금에 산입할 필요가 있다.

다음의 사유가 발생하는 경우, 분할법인이 손금에 산입한 양도차익 상당금액은, 대통령령으로 정하는 금액만큼 분할법인의 익금에 산입한다(법 47조 2항 본문).

　㉠ 분할법인이 분할신설법인으로부터 받은 주식 등을 처분하는 경우 : 여기서 주식의 '처분'에 주식의 소각은 포함될 수 있지만,[365] 유상증자 불참에 따른 지분율의 감소는 포함된다고 보기 어렵다.[366]

　㉡ 분할신설법인이 분할법인으로부터 승계받은 감가상각자산,[367] 토지 및 주식 등(시행령 84조 4항)을 처분하는 경우[368]

위 각 경우 익금에 산입하는 금액은 다음과 같이 계산한다(시행령 84조 3항).

$$\text{익금산입금액} = \frac{\text{직전 사업연도 종료일 현재}}{\text{압축기장충당금 잔액}} \times (① + ② - ① \times ②)$$

　① : 분할법인이 적격물적분할에 따라 취득하여 직전 사업연도 종료일 현재 보유하고 있는 분할신설법인의 주식 등의 장부가액에서, 해당 사업연도에 처분한 분할신설법인의 주식 등의 장부가액이 차지하는 비율

　② : 분할신설법인이 적격물적분할에 따라 승계하여 직전 사업연도 종료일 현재 보유하고 있는 자산(승계자산)의 양도차익(분할등기일 현재의 승계자산의 시가에서 분할등기일 전날 분할법인이 보유한 승계자산의 장부가액을 차감한 금액)에서 해당 사업연도에 처분한 승계자산의 양도차익이 차지하는 비율

---

365) 다만, 행정해석은, 분할신설법인의 유상감자로 분할법인이 소유한 분할신설법인의 주식의 지분율에 변동이 없는 경우, 압축기장충당금의 익금산입사유에 해당하지 않는다고 보았다. 서면2팀 – 1829, 2006. 9. 19.

366) 법규법인 2013 – 482, 2013. 11. 28. : 분할신설법인이 분할법인이 아닌 제3자를 대상으로 유상증자를 함에 따라 분할법인의 지분비율이 감소한 경우

367) 법인세법 시행령 제24조 제3항 제1호의 자산[사업에 사용하지 아니하는 것(유휴설비를 제외한다)]을 포함한다.

368) 이 경우 분할신설법인은 그 자산의 처분사실을 처분일부터 1개월 이내에 분할법인에 알려야 한다(법 47조 2항 2호 2문).

분할법인이 분할신설법인에 출자한 자산에 관하여 가지는 이해관계의 연속성은, ① 분할법인이 보유하는 분할신설법인주식등의 비율과 ② 분할신설법인이 승계한 자산을 보유하는 비율에 의하여 정해진다. 이를 고려하여 위 산식은, 위 두 비율의 감소에 따른 이해관계의 축소에 상응하는 양도차익 상당액이 익금에 산입되도록 정한 것이다.[369]

② 예외 : 적격구조조정

적격구조조정 등[370]에 따라 분할법인이 분할신설법인 주식을 처분하거나 분할신설법인이 분할법인으로부터 승계받은 자산을 처분한 경우에는, 부득이한 사유에 해당하므로, 압축기장충당금을 익금에 산입하지 않는다(법 47조 2항 단서, 시행령 84조 5항).

위 경우 분할법인이 인식한 분할신설법인 주식 등의 압축기장충당금은 다음의 구분에 따라 대체한다(시행령 84조 6항).

㉮ 분할신설법인의 자산이 다른 법인(자산승계법인)[371]에게 이전된 경우, 분할법인이 인식한 분할신설법인 주식 등의 압축기장충당금 잔액에, 승계자산의 처분비율(시행령 84조 3항 2호)[372]을 곱한 금액을, 분할법인 또는 분할신설법인이 새로 취득하는 자산승계법인의 주식 등[373]의 압축기장충당금으로 대체한다.[374][375]

---

369) 분할법인이 적격물적분할에 따라 취득하여 직전 사업연도 종료일 현재 보유하는 분할신설법인의 주식의 비율을 1, 해당 사업연도에 처분한 주식의 비율을 'x'(위 표의 ①)로 각 표시하고, 분할신설법인이 적격물적분할에 따라 취득하여 같은 날 현재 보유하는 승계자산의 비율을 1, 해당 사업연도에 처분한 승계자산의 비율을 'y'(위 표의 ②)로 각 표시해보자. 이 경우 해당 사업연도 종료일 현재 분할법인이 분할신설법인 주식의 보유를 통하여 분할신설법인의 승계자산을 지배하는 비율은 $(1-x) \times (1-y)$가 되고, 직전 사업연도 종료일과 비교할 때 그 지배의 감소분은 $[1 \times 1 - (1-x) \times (1-y)]$가 되며, 위 식을 풀면 다음과 같다. $1 \times 1 - (1-x) \times (1-y) = 1 - (1-x-y+xy) = x+y-xy$ $(= ① + ② - ① \times ②)$

370) 이는 다음의 어느 하나에 해당하는 사유를 말한다(시행령 84조 5항).
① 분할법인 또는 분할신설법인이 최초로 적격합병, 적격분할, 적격물적분할, 적격현물출자, 과세를 이연받은 주식의 포괄적 교환 등(조특법 38조) 또는 주식의 현물출자(조특법 38조의2)('적격구조조정')로 주식 등 및 자산을 처분하는 경우
② 분할법인이 분할신설법인의 발행주식 또는 출자액 전부를 소유하고 있는 경우로서 다음의 어느 하나에 해당하는 경우
  ㉮ 분할법인이 분할신설법인을 적격합병하거나 분할신설법인에 적격합병되는 경우
  ㉯ 분할법인 또는 분할신설법인이 적격합병, 적격분할, 적격물적분할 또는 적격현물출자를 하는 경우 : 해당 적격합병, 적격분할, 적격물적분할 또는 적격현물출자에 따른 합병법인, 분할신설법인 등 또는 피출자법인의 발행주식총수 또는 출자총액을 당초의 분할법인이 직접 또는 기획재정부령에 따라 간접으로 소유하고 있는 경우로 한정한다.
③ 분할법인 또는 분할신설법인이 법인세법 시행령 제82조의2 제3항 각 호의 어느 하나에 해당하는 사업부문의 적격분할 또는 적격물적분할로 주식 등 및 자산을 처분하는 경우
371) 자산승계법인은 적격구조조정으로 분할신설법인으로부터 분할신설법인의 자산을 승계하는 법인을 말한다(시행령 84조 6항 1호 괄호 안).
372) 처분비율을 산정할 때 '처분한 승계자산'은 자산승계법인에 처분한 승계자산을 말한다(시행령 84조 6항 1호 괄호 안).
373) ① 분할신설법인이 적격물적분할을 한 경우에는 그에 따라 신설된 법인의 주식은 분할신설법인이 취득할

㉴ 분할신설법인 주식 등이 이전된 경우,[376] 분할법인이 인식한 분할신설법인 주식 등의 압축기장충당금 잔액에, 취득주식의 처분비율(시행령 83조 3항 1호)을 곱한 금액을, 주식승계법인이 승계한 분할신설법인 주식 등의 압축기장충당금으로 대체한다.

위와 같이 새로 압축기장충당금을 설정한 분할법인, 분할신설법인 또는 주식승계법인은, 다음의 어느 하나에 해당하는 사유가 발생한 경우에는, 그 사유가 발생한 사업연도의 소득금액을 계산할 때, 위 ①의 방식에 따라 압축기장충당금을 익금에 산입한다(시행령 84조 7항 본문).[377]

㉮ 분할법인 또는 분할신설법인이 적격구조조정에 따라 새로 취득한 자산승계법인 주식 등을 처분하거나 주식승계법인이 적격구조조정에 따라 승계한 분할신설법인 주식 등을 처분하는 경우

㉯ 자산승계법인이 적격구조조정으로 분할신설법인으로부터 승계한 감가상각자산 등을 처분하거나 분할신설법인이 승계자산을 처분하는 경우[378]

다만, 적격합병 등(시행령 84조 5항 2호, 3호)의 사유가 있는 경우에는 그렇지 않다(시행령 84조 7항 단서).[379][380]

(나) 전면적 익금산입

① 최초로 설정된 압축기장충당금의 전면적 익금산입

적격물적분할의 과세특례에 따라 양도차익을 손금에 산입한 분할법인은, 분할등기일이

것이고, ② 분할신설법인이 적격인적분할을 하거나 다른 법인에 흡수합병된 경우에는 그에 따른 분할신설법인 또는 합병법인의 신주는 분할법인이 취득할 것이다.

374) 위 경우, 분할법인이 인식한 기존의 분할신설법인 주식 등의 압축기장충당금 중 일정 금액이 감소하는 대신, 그 금액만큼 분할법인 또는 분할신설법인은 새로 취득하는 자산승계법인 주식 등의 압축기장충당금을 인식한다("대체").

375) 다만, 자산승계법인이 분할법인인 경우에는, 분할신설법인주식등의 압축기장충당금 잔액을 분할법인이 승계하는 자산 중 최초 물적분할 당시 양도차익이 발생한 자산의 양도차익에 비례하여 안분계산한 후 그 금액을 해당 자산이 감가상각자산인 경우 그 자산의 일시상각충당금으로, 해당 자산이 감가상각자산이 아닌 경우 그 자산의 압축기장충당금으로 한다(시행령 84조 6항 1호 단서).

376) 가령, 분할법인이 분할신설법인의 주식 등을 포함한 사업부문에 관하여 적격물적분할 또는 적격인적분할을 하는 경우

377) 자산승계법인이 분할법인인 경우에는 법인세법 시행령 제64조 제4항 각 호의 방법으로 익금에 산입한다

378) 이 경우 분할신설법인 및 자산승계법인은, 그 자산의 처분 사실을 처분일부터 1개월 이내에 분할법인·분할신설법인·주식승계법인 또는 자산승계법인에 알려야 한다(시행령 85조 7항 2호 단서).

379) 적격합병 등(시행령 84조 5항 2호, 3호)의 사유가 있어서 압축기장충당금이 익금에 산입되지 않는 경우, 해당 법인이 보유한 분할신설법인 주식 등 또는 자산승계법인 주식 등의 압축기장충당금은 법인세법 시행령 제84조 제6항의 방법을 준용하여 대체한다(시행령 84조 8항).

380) 행정해석은, 분할신설법인이 분할법인으로부터 인적분할된 모법인을 흡수합병한 후 위 합병으로 승계한 자기주식을 소각한 경우, 압축기장충당금을 익금에 산입하여야 한다고 본다(기획재정부 법인세제과-380, 2021. 8. 20.).

속하는 사업연도의 다음 사업연도 개시일부터 2년(근로자 수 하락의 경우에는 3년) 이내에 다음의 어느 하나에 해당하는 사유가 발생하는 경우에는, 그 손금산입액 중 분할신설법인 주식의 처분비율 등에 따라 익금에 산입하고 남은 금액을 그 사유가 발생한 날이 속하는 사업연도의 익금에 산입한다(법 47조 3항 본문, 시행령 84조 10항).

 ㉮ 분할신설법인이 분할법인으로부터 승계받은 **사업**을 **폐지**하는 경우(법 47조 3항 1호) : 분할신설법인이 승계한 사업의 계속 또는 폐지 여부의 판정과 적용에 관하여는 법인세법 시행령 제80조의2 제7항 및 제80조의4 제8항을 준용한다(시행령 84조 14항).[381] 다만, 분할신설법인이 파산함에 따라 자산을 처분하거나, 적격분할 등에 따라 사업을 폐지한 경우 등은 부득이한 사유에 해당하므로, 익금산입의 예외가 인정된다(법 47조 3항 단서, 시행령 84조 9항 2호, 80조의2 1항 2호).

 ㉯ 분할법인이 분할신설법인의 발행주식총수 또는 출자총액 중 **50% 미만의 주식 등**을 보유하게 되는 경우(법 47조 3항 2호)[382] : 여기서 문제되는 것은 주식의 '보유'이므로, 분할법인이 분할신설법인의 주식을 처분하지 않았더라도, 제3자의 유상증자 참여 등으로 인하여 분할법인의 주식보유비율이 50% 미만으로 되는 경우도 포함된다. 다만, 분할법인이 파산하거나 적격합병 등에 따라 분할신설법인 주식을 처분한 경우 등은 부득이한 사유에 해당하므로, 익금산입의 예외가 인정된다(법 47조 3항 단서, 시행령 84조 9항 1호, 80조의2 1항 1호).

 ㉰ 각 사업연도 종료일 현재 분할신설법인에 종사하는 대통령령으로 정하는 **근로자 수**가 분할등기일 1개월 전 당시 분할하는 사업부문에 종사하는 근로자 수의 **80% 미만**으로 하락하는 경우 : 다만, 분할신설법인이 회생계획을 이행 중인 경우 등은 부득이한 사유에 해당하므로, 익금산입의 예외가 인정된다(법 47조 3항 단서, 시행령 84조 9항 3호 나목, 80조의2 1항 3호 가목 내지 다목).[383]

② 적격구조조정에 따라 새로 설정된 압축기장충당금의 전면적 익금산입

적격물적분할 후 적격구조조정에 따라 새로 압축기장충당금을 설정한 분할법인, 분할신

---

381) 물적분할에 의하여 분할신설법인이 분할법인으로부터 2 이상의 사업을 승계한 경우, 분할신설법인이 분할법인으로부터 승계한 고정자산가액의 2분의 1 이상을 처분하였는지 여부는 각 사업별로 판단하지 않고, 승계한 전체 사업을 기준으로 판정하여야 한다는 것이 행정해석이다(서면법령법인−20932, 2015. 5. 7.).
382) 종전에는 이 부분이 '분할법인이 분할신설법인 등으로부터 받은 주식 등의 100분의 50 이상을 처분하는 경우'로 규정되었으나, 유상증자 등으로 분할법인의 지분을 감소시키는 것에 대처하기 위하여 2014. 1. 1. 현재와 같이 '보유'를 기준으로 개정되었다.
383) '분할하는 사업부문에 종사하는 근로자가 5명 미만인 경우'는 ① 적격물적분할 요건을 판단할 때의 부득이한 사유에는 포함되지만(시행령 84조 9항 3호 가목), ② 적격물적분할 과세특례의 배제(사후관리요건의 위반) 여부를 판단할 때의 부득이한 사유에는 포함되지 않는다(시행령 84조 9항 3호 나목).

설법인 또는 주식승계법인은, 다음 중 어느 하나의 사유가 발행하는 경우에는, 압축기장충당금 잔액 전부를 그 사유가 발생한 날이 속하는 사업연도의 익금에 산입한다(시행령 84조 9항).

- ㉮ 자산승계법인이 분할신설법인으로부터 적격구조조정으로 승계받은 사업을 폐지하거나 분할신설법인이 분할법인으로부터 승계받은 사업을 폐지하는 경우
- ㉯ 분할법인 또는 분할신설법인의 자산승계법인지분비율[384]이 자산승계법인주식등 취득일의 자산승계법인지분비율의 50% 미만이 되거나 주식승계법인의 분할신설법인지분비율[385]이 분할신설법인주식등 취득일의 분할신설법인지분비율의 50% 미만이 되는 경우

3-3-2. 분할신설법인

(1) 자산의 취득가액 및 세무조정사항의 비승계

분할신설법인이 분할법인으로부터 승계하는 자산의 취득가액은 시가이다(시행령 72조 2항 3호 나목).[386] 분할신설법인은, 원칙적으로 분할법인의 세무조정사항을 승계하지 않고,[387] 예외적으로, 분할법인의 퇴직급여충당금 또는 대손충당금을 승계한 경우, 그와 관련된 세무조정사항을 승계한다(법 47조 4항, 시행령 85조 2호).

(2) 감가상각대상 자산의 상각범위액

적격물적분할에 의하여 분할신설법인이 취득한 감가상각대상 자산의 상각범위액을 계산할 때, ① 취득가액은 분할법인의 취득가액으로 하고, ② 미상각잔액은 적격물적분할에 의한 양도 당시 분할법인의 장부가액에서 분할신설법인이 이미 감가상각비로 손금에 산입한 금액을 공제한 잔액으로 한다(시행령 29조의2 2항 내지 4항).[388]

---

384) 자산승계법인지분비율은 분할법인 또는 분할신설법인이 보유한 자산승계법인주식등이 자산승계법인의 발행주식총수 또는 출자총액에서 차지하는 비율을 말한다(시행령 84조 8항 2호).
385) 분할신설법인지분비율은 주식승계법인이 보유한 분할신설법인주식등이 분할신설법인의 발행주식총수 또는 출자총액에서 차지하는 비율을 말한다(시행령 84조 8항 2호).
386) 2012. 2. 2. 개정 전의 법인세법 시행령 제84조 제4항은, 분할법인이 적격물적분할의 과세특례에 따라 양도차익 상당액을 손금에 산입한 경우, 분할신설법인 등이 양도받은 분할법인의 자산 및 부채의 시가에서 분할법인의 장부가액을 뺀 금액을 자산조정계정으로 계상하도록 규정하였으나, 2012. 2. 2. 개정으로 위 규정은 삭제되었다.
387) 법인세법 시행령 제85조 제1호의 "적격분할"은 물적분할을 제외한 것이다(시행령 12조 1항 4호, 법 46조 2항, 1항).
388) 이는, 적격물적분할에 따라 양도된 자산에 관하여, 양도자인 분할법인 단계에서 아직 시가를 전제로 한 양도차익이 과세되지 않았음에도, 양수자인 분할신설법인이 시가를 기초로 감가상각비를 손금산입하는 것은 부적절하다는 판단에 따른 것이다. 상세한 내용에 관하여는 제2편 제2장 제2절 3-3-4. 참조

(3) 이월결손금의 비승계

물적분할의 경우, 적격물적분할 여부와 관계없이 분할신설법인은 분할법인의 이월결손금을 승계하지 못한다.

(4) 감면·세액공제의 승계

적격물적분할의 경우 압축기장충당금을 계상한 분할신설법인은, 대통령령으로 정하는 바에 따라 분할법인이 분할 전에 적용받던 감면 또는 세액공제를 승계하여 분할법인으로부터 승계받은 사업에서 발생한 소득금액 또는 이에 해당하는 법인세액의 범위에서 적용받을 수 있다(법 47조 4항, 5항, 시행령 84조 15항 1문). 법인세법 또는 다른 법률에 해당 감면 또는 세액공제의 요건 등에 관한 규정이 있는 경우에는 분할신설법인이 그 요건 등을 갖춘 경우에만 이를 적용하고, ① 해당 감면·공제가 특정 사업·자산과 관련된 경우에는 그 특정 사업·자산을 승계한 분할신설법인이 공제하고, ② 그 외의 경우에는 분할법인의 사업용 고정자산가액 중 분할신설법인이 각각 승계한 사업용 고정자산가액 비율로 안분하여 분할신설법인이 각각 공제한다(시행령 84조 15항 2문).

그 밖의 조직재편

1 ▶ **현물출자로 인한 자산양도차익에 대한 과세이연 특례**[389]

현물출자는, 출자법인이 자산·부채를 피출자법인에 이전하고 그 대가로 피출자법인의 주식을 교부받는다는 점에서 물적분할과 경제적 실질을 같이하고, 다만, 출자 목적물인 자산·부채가 피출자법인에 포괄승계되지 않고 개별적 이전절차를 거쳐야 한다는 점에서 물적분할과 차이를 보일 뿐이다. 이러한 점을 고려하여 법인세법은, 일정한 요건을 갖춘 적격현물출자로 인한 자산양도차익에 대하여 물적분할에 준하는 과세이연 특례를 인정한다(법 47조의2).

1-1. 현물출자를 한 법인

1-1-1. 현물출자로 취득한 주식 등의 취득가액

출자법인이 현물출자로 취득한 주식 등의 취득가액은 ① 현물출자로 인하여 피출자법인을 새로 설립하면서 그 대가로 주식 등만 취득하는 경우에는 현물출자한 순자산의 시가, ② 그 밖의 경우에는 해당 주식 등의 시가이다(시행령 72조 2항 4호).

1-1-2. 적격현물출자로 인한 자산의 양도차익에 대한 과세특례

(1) 과세특례의 요건

과세특례를 적용받기 위한 현물출자의 요건은 다음과 같다.

① 출자법인이 현물출자일 현재 5년 이상 사업을 계속한 법인이어야 한다(법 47조의2 1항 1호).

② 다른 내국인 또는 외국인과 공동으로 출자하는 경우[390] 공동출자자가 출자법인의

---

389) 현물출자 중 법인세법 제47조의2 제1항의 요건을 갖추지 못한 것(비적격 현물출자)에 관하여는 '법인에 대한 출자' 부분에서 서술하고, 이 곳에서는 위 요건을 갖춘 적격현물출자에 대하여 서술하기로 한다.

390) 여기의 '공동으로 출자' 부분과 관련하여 ㉮ '공동으로'가 '동시에' 출자하는 것을 의미하는지, '같은 법

특수관계인이 아니어야 한다(법 47조의2 1항 3호).[391)]

③ 출자법인 및 공동출자자('출자법인 등')가 현물출자일 다음 날 현재 피출자법인의 발행주식총수 등의 80% 이상의 주식 등을 보유하고, 현물출자일이 속하는 사업연도의 종료일까지 그 주식 등을 보유하여야 한다(법 47조의2 1항 4호). : 반드시 현물출자일 이전부터 80% 이상의 주식을 보유하고 있어야 할 필요는 없고, 현물출자일 이전부터 보유하던 주식과 현물출자로 인하여 취득하는 주식을 합산하여 현물출자일 다음 날 현재 80% 이상의 주식을 보유하면 족하다. 한편, 출자법인 등이 현물출자일이 속하는 사업연도 종료일까지 피출자법인의 주식 등을 보유하지 않고 처분하였더라도, 부득이한 사유에 해당하는 경우에는 현물출자의 과세특례가 적용될 수 있다(법 47조의2 단서, 시행령 84조의2 11항 1호, 80조의2 1항 1호).

④ 출자목적물이 독립한 사업부문이어야 하는 것은 아니다.[392)] 그리고 사업부문에 속하는 자산의 포괄승계도 필요하지 않다. 따라서 독립된 사업부문이 아닌 특정 자산만의 현물출자에 대하여도 과세특례를 적용받을 수 있고, 이 점에서 물적분할의 과세특례요건과 다르다.[393)] 그리고 물적분할과 달리, 출자목적물과 관련된 사업부문의 근로관계를 피출자법인이 승계할 것도 요구되지 않는다.

⑤ 피출자법인이 현물출자일이 속하는 사업연도의 종료일까지 출자법인이 현물출자한 자산으로 영위하던 사업을 계속하여야 한다(법 47조의2 1항 2호).[394)] 출자법인 등이 이를 이행하지 못하였더라도, 부득이한 사유에 해당하는 경우에는 현물출자의 과세특례가 적용될 수 있다(법 47조의2 단서, 시행령 84조의2 11항 2호, 80조의2 1항 2호).

위와 같은 과세특례 요건이 충족된 경우 과세특례의 적용 여부는 출자법인의 선택에 달

인에' 출자하는 것을 의미하는지, ㉯ 공동출자자의 '출자'가 현물출자로 제한되는지, 금전출자도 포함하는 것인지를 두고 논의가 있다. 김동수·황남석·이민규, 조직재편세제의 이론과 실무, 170~171쪽은, '공동으로'는 '동시에'를 의미하고 '출자'는 현물출자를 의미하는 것으로 본다.

391) 특수관계인의 공동출자를 일률적으로 과세특례에서 배제하는 것은 지나친 규제라는 견해로 황남석, "법인세법상의 현물출자 시 과세특례에 관한 문제점", 조세법연구 [17-3](2011), 28쪽

392) 종전에는 출자목적물이 「분리하여 사업이 가능한 독립된 사업부문」일 것이 과세특례의 요건이었으나 (2017. 12. 19. 개정되기 전의 구 법인세법 47조의2 1항 5호), 원활한 기업구조조정을 지원하기 위하여 (2018 개정세법 해설, 국세청, 144쪽) 2017. 12. 19. 위 요건은 삭제되었다.

393) 현물출자에 대한 과세이연 요건을 어떻게 정할 것인지는 입법정책의 문제이지만, 현물출자와 물적분할의 경제적 실질이 동일한 점을 고려할 때, 적격현물출자의 요건을 적격물적분할의 요건과 다르게 하는 것은 입법론상 바람직하지 않다.

394) 법인세과-72(2013. 2. 5.) : 부동산임대업을 하던 현물출자법인이 토지상에 신 건물을 신축하기 위하여 구 건물을 철거하던 중 피출자법인에게 구 건물과 토지를 현물출자하고, 피출자법인이 구 건물의 철거를 완료한 후 그 토지상에 건물을 신축하여 임대업에 사용하는 경우, 피출자법인이 출자법인이 현물출자한 자산으로 영위하던 사업을 계속한 것으로 본 사례

려 있다. 과세특례를 적용받으려는 출자법인은 과세표준 신고를 할 때 피출자법인과 함께 현물출자과세특례신청서 및 자산의 양도차익에 관한 명세서를 관할 세무서장에게 제출하여야 한다(시행령 84조의2 16항).

(2) 과세특례의 효과

과세특례의 요건을 갖춘 현물출자를 한 법인(출자법인)은 그 현물출자로 취득한 현물출자를 받은 내국법인(피출자법인)의 주식가액 중 현물출자로 발생한 자산의 **양도차익**에 상당하는 금액을 손금에 산입할 수 있다(법 47조의2 1항, 시행령 84조의2 1항). 출자법인은 위와 같이 손금에 산입하는 금액을 피출자법인주식 등의 **압축기장충당금**으로 계상하여야 한다(시행령 84조의2 2항). 이때 출자법인은, 자산뿐만 아니라 영업권의 양도차익에 대하여도 압축기장충당금을 계상하여 손금에 산입할 수 있다.[395] 양도차익의 손금산입 여부는 출자법인의 선택에 달려있고, 출자법인이 위 과세특례를 적용받으려면 과세표준 신고를 할 때 피출자법인과 함께 현물출자과세특례신청서 및 자산의 양도차익에 관한 명세서를 관할 세무서장에게 제출하여야 한다(시행령 84조의2 16항).

(3) 과세특례의 사후배제

(가) 주식 또는 자산의 처분비율에 따른 익금산입

출자법인이 피출자법인으로부터 받은 주식 등을 처분하거나 피출자법인이 출자법인으로부터 승계한 자산을 처분하는 경우, 물적분할의 경우에 준하여, 압축기장충당금 잔액 중 일정한 금액을 익금에 산입한다(시행령 84조의2 3항).

다만, 피출자법인이 적격합병되거나 적격분할하는 등 대통령령으로 정하는 부득이한 사유(시행령 84조의2 5항)가 있는 경우에는, 압축기장충당금을 익금에 산입하지 않는다(법 47조의2 2항 단서).[396]

(나) 전면적 익금산입

현물출자일이 속하는 사업연도의 다음 사업연도 개시일부터 2년 내에 ① 피출자법인이 출자법인이 현물출자한 자산으로 영위하던 사업을 폐지하는 경우, ② 출자법인 등이 피출자법인의 발행주식총수 또는 출자총액 중 50% 미만의 주식 등을 보유하게 된 경우에는,

---

395) 사전-2015-법령해석법인-0372, 2016. 5. 19.
396) 이 경우 출자법인의 압축기장충당금은 다음의 구분에 따라 대체한다(시행령 84조의2 6항).
① 피출자법인의 압축기장충당금 잔액에 승계자산의 처분비율(시행령 84조의2 3항 2호)을 곱한 금액을 출자법인 또는 피출자법인이 새로 취득하는 자산승계법인의 주식등의 압축기장충당금으로 한다.
② 피출자법인등의 압축기장충당금 잔액에 취득주식처분비율(시행령 84조의2 3항 1호)을 곱한 금액을 주식승계법인이 승계한 분할신설법인주식등의 압축기장충당금으로 한다.

압축기장충당금 잔액이 익금에 산입된다(법 47조의2 3항 본문, 시행령 84조의2 12항). 다만, 대통령령으로 정하는 부득이한 사유가 있는 경우에는 예외가 인정된다(법 47조의2 3항 단서, 시행령 84조의2 11항).

1-2. 피출자법인

1-2-1. 적격현물출자로 취득한 자산의 취득가액

피출자법인이 적격현물출자로 취득한 자산의 취득가액은 그 시가이다(시행령 72조 2항 3호 나목). 피출자법인은 출자법인의 세무조정사항을 승계하지 않는다.

적격현물출자에 의하여 취득한 자산의 감가상각을 위한 상각범위액을 정할 때 취득가액은 시가가 아닌 현물출자자의 취득가액으로 한다(시행령 29조의2 2항).[397]

1-2-2. 이월결손금 등의 비승계

과세특례가 인정되는 현물출자의 경우에도, 피출자법인은 출자법인의 이월결손금을 승계하지 못하고, 적격물적분할과 달리, 감면·세액공제를 승계하지 않는다.

---

2 ▶ 주식의 포괄적 교환 및 이전에 대한 과세 및 그 특례

2-1. 주식의 포괄적 교환 및 이전

주식의 포괄적 교환·이전은, 완전자회사로 되는 회사의 주주들이 보유한 주식 전부가 완전모회사로 되는 회사에 포괄적으로 이전되게 하는 방법으로 완전모자회사(지주회사) 관계를 형성시키는 제도이다.[398] 주식의 포괄적 교환·이전의 절차를 따를 경우, 완전자회사로 되는 회사의 주주에 의한 개별적 주식이전절차를 거칠 필요 없이, 그 회사의 주식 전부가 완전모회사로 되는 회사에게 이전된다(포괄승계). 주식의 포괄적 교환은 완전모회사로 될 회사가 기존의 존속 중인 회사임에 비하여, 주식의 포괄적 이전은 완전모회사로

---

397) 상세한 내용에 관하여는 제2편 제2장 제2절 3-3-4. 참조
398) 주식의 포괄적 교환의 방법으로 지주회사를 설립하는 경우, 그 과정에서 자회사로 될 회사의 주식 전부가 지주회사로 이전되면서 그 주식의 상장이 폐지되어야 하므로(주식분산 요건의 흠결), 자회사로 될 회사가 상장회사인 경우에는 주식의 포괄적 교환이 지주회사 설립의 수단으로 사용되는 범위가 제한적일 것이다 (김동수·황남석·이민규, 조직재편세제의 이론과 실무, 193쪽).

될 회사가 새로 설립되는 점에서 양자는 구별된다.

완전자회사로 되는 회사의 기존 주주에 대하여는 주식의 포괄적 교환·이전의 대가로 ① 완전모회사로 되는 회사의 신주 또는 자기주식이 교부될 수도 있고, ② 금전이나 그 밖의 재산이 제공될 수도 있다(상법 360조의3 3항, 360조의16 1항).[399] 주식의 포괄적 교환의 대가로 완전모회사로 되는 회사의 신주가 교부되는 경우(위 ①), ㉮ 완전모회사가 되는 회사에 완전자회사가 되는 회사의 주식이 이전되는 거래와 ㉯ 완전자회사가 되는 회사의 주주가 완전모회사가 되는 회사로부터 신주를 배정받아 완전모회사가 되는 회사의 주주가 되는 거래가 결합하여 일체로 이루어진다. 위 경우 주식의 포괄적 교환은, 기본적으로 완전모회사의 자본을 증가시키는 자본거래의 성격을 갖지만, 그 자본의 출자가 완전자회사가 되는 회사의 주식이라는 현물에 의하여 이루어지는 점에서 자산의 유상양도라는 손익거래의 성격도 병존한다.[400]

2-2. 주식의 포괄적 교환 및 이전에 대한 과세

2-2-1. 완전자회사의 종전 주주

(1) 양도차익에 대한 과세

완전자회사의 종전 주주는, 완전자회사의 주식을 완전모회사에 이전하는 대가로 완전모회사의 주식 또는 금전이나 그 밖의 재산[401]을 제공받을 수 있다(상법 360조의3 3항 2호, 4호, 360조의16 2호, 4호). 이는 자산의 양도에 해당하므로, 그로 인한 소득은 과세된다(시행령 11조 2호, 소득세법 88조, 94조).

(2) 완전모회사 주식의 취득가액

완전자회사의 종전 주주가 취득한 완전모회사 주식의 취득가액은 그 시가이다(시행령 72조 2항 7호).

(3) 부당행위계산부인과 증여세

주식의 포괄적 교환에 따라 완전모회사로 되는 회사가 완전자회사로 되는 회사의 구 주주에게 이전한 완전모회사 주식의 가액이 이전받은 완전자회사 주식의 가액을 초과하는 경우, 대법원은, 완전모회사가 완전자회사의 기존 주주로부터 완전자회사 주식을 고가로

---

399) 종전에는 주식의 포괄적 교환·이전의 대가로 완전모회사로 되는 회사의 신주를 배정하는 것만 인정되었으나, 2015년 개정된 상법은 위 회사의 자기주식 또는 금전 등의 제공도 인정하였다.
400) 대법원 2014. 11. 27. 선고 2012두25248 판결
401) 완전모회사의 완전모회사의 주식도 가능할 것이다. 이 경우 3각합병과 유사하게 된다.

매입하여 그 주주에게 이익을 분여한 것으로 보아, 부당행위계산부인(시행령 88조 1항 1호)에 의하여 그 시가초과액을 완전모회사의 익금에 산입하여야 하고, 완전자회사의 기존 주주가 얻은 이익에 대하여는 증여세[402]를 과세하여야 한다고 판단하였다.[403] 그러나 위 경우 완전모회사가 완전자회사의 기존 주주에게 이익을 분여한 것으로 취급하는 것은 적절하지 않고, 완전모회사의 기존 주주와 완전자회사의 구 주주 사이에서 이익분여가 이루어진 것으로 파악하는 것이 합리적이다.[404][405]

2-2-2. 완전자회사로 되는 회사

주식의 포괄적 교환·이전으로 인하여 완전자회사에는 아무런 소득금액의 변동이 생기지 않는다.

2-2-3. 완전모회사

(1) 주식의 포괄적 교환차익과 이전차익

주식의 포괄적 교환에 따른 자본금 증가의 한도액(상법 360조의7)[406]이 완전모회사의 증

---

402) 2015. 12. 15. 개정되기 전의 구 상증세법 제42조 제1항 제3호는 "출자·감자 … 등 법인의 자본(출자액을 포함한다)을 증가시키거나 감소시키는 거래로 얻은 이익 … 그 가액의 변동 전·후 재산의 평가차액으로 한다"고 규정하였다. 2015. 12. 15. 개정된 상증세법은 주식의 포괄적 교환에 의하여 주식의 가액이 변동됨에 따라 얻은 이익을 증여세의 과세대상으로 명시한다(상증세법 42조의2 1항).

403) ① 대법원 2014. 4. 24. 선고 2011두23047 판결, ② 대법원 2014. 11. 27. 선고 2012두25248 판결, ③ 대법원 2022. 12. 29. 선고 2019두19 판결[코스닥상장법인인 A 법인이 비상장법인인 B 법인과 B 주식을 전부 인수하면서 B의 기존 주주들에게 A 주식을 발행해주기로 하는 주식의 포괄적 교환계약을 체결한 사안 : 주식의 포괄적 교환에 따라 완전자회사로 된 회사의 기존 주주가 얻은 이익은 구 상증세법 시행령(2008. 2. 22. 개정되기 전의 것) 제31조의9 제2항 제5호 (나)목에 따라 '변동 후 가액'에서 '변동 전 가액'을 차감하여 계산하여야 하고, 완전자회사로 된 B 법인의 기존 주주가 교부받은 A 주식의 가액(변동후 가액)은 상장법인 주식에 관한 구 상증세법 제63조 제1항 제1호 (나)목 및 구 상증세법 시행령 제52조의2 제3호에 따라 산정하며, B 법인의 주주가 당초 보유하던 B 주식(변동전 가액)은 비상장법인 주식에 관한 구 상증세법 시행령 제63조 제1항 제1호 (다)목 및 구 상증세법 시행령 제54조에 따라 산정되는데, 주식의 포괄적 교환의 경제적 실질은 합병과 유사하므로, 합병에 따른 이익의 계산방법 등에 관한 구 상증세법 시행령 제28조 제3항 내지 제6항을 준용하여야 하며, 상장법인이 합병법인인 경우에 대한 구 상증세법 시행령 제28조 제5항에 따라 A 주식 가액의 평가기준일이 대차대조표 공시일 등으로 되는 경우, B 주식 가액의 평가기준일도 그와 일치시켜야 한다]

404) 제2편 제3장 3-1-1. (1) 참조

405) 현행세법에 의하면, 법인이 자본거래를 통하여 개인에게 분여한 이익이 증여세 과세대상인 경우 배당이나 상여 등이 아닌 기타 사외유출로 처분되어야 한다(시행령 106조 1항 3호 자목). 대법원 2014. 11. 27. 선고 2012두25248 판결의 사안은 그에 관한 것이다. 그러나 입법론으로는 주식의 포괄적 교환을 통하여 분여된 이익이 소득세법상 배당 등에 해당하는지 여부를 따져서 그에 해당한다면 증여세보다 소득세의 과세를 우선시킬 필요가 있다[제2편 제6장 제2절 4-1-1. (2) 중 글상자 '자본거래를 통한 증여세 과세대상을 배당 등 소득처분대상에서 제외한 것의 문제점' 참조].

406) 상법 제360조의7(완전모회사의 자본금 증가의 한도액)

가한 자본금을 초과한 경우의 그 초과액(주식의 포괄적 교환차익)과, 주식의 포괄적 이전에 따른 자본금의 한도액(상법 360조의18)[407]이 설립된 완전모회사의 자본금을 초과한 경우의 그 초과액(주식의 포괄적 이전차익)은, 자본거래로 인한 자본잉여금이므로 익금에 산입되지 않는다(법 17조 1항 2호, 3호).

(2) 완전자회사 주식의 취득가액

완전모회사가 취득한 완전자회사 주식의 취득가액은 그 시가이다(시행령 72조 2항 7호).

주식의 포괄적 교환에 의하여 완전모회사로 되는 회사가 완전자회사로 되는 회사의 주식을 시가보다 높은 가액으로 양수한 것이 부당행위계산에 해당하는 경우(시행령 88조 1항 1호) 그 시가 초과액은 취득가액에서 제외되고(시행령 72조 4항 3호) 완전자회사 주식의 처분시에 익금에 산입된다.[408]

2-3. 주식의 포괄적 교환·이전에 관한 조특법상 과세특례

조특법 제38조는, 주식의 포괄적 교환·이전을 통한 구조조정을 지원하기 위하여, 적격합병 등에 준하는 요건이 충족되는 경우 완전자회사 주식의 포괄적 교환·이전으로 인한 종전 주주의 양도차익에 대하여 과세이연을 인정한다.

2-3-1. 과세특례의 요건

과세특례의 요건은 다음과 같다(조특법 38조 1항).

---

① 완전모회사가 되는 회사의 자본금은 주식교환의 날에 완전자회사가 되는 회사에 현존하는 순자산액에서 다음 각 호의 금액을 뺀 금액을 초과하여 증가시킬 수 없다.
  1. 완전자회사가 되는 회사의 주주에게 제공할 금전이나 그 밖의 재산의 가액
  2. 제360조의3 제3항 제2호에 따라 완전자회사가 되는 회사의 주주에게 이전하는 자기주식의 장부가액의 합계액
407) 상법 제360조의18(완전모회사의 자본금의 한도액)
  설립하는 완전모회사의 자본금은 주식이전의 날에 완전자회사가 되는 회사에 현존하는 순자산액에서 그 회사의 주주에게 제공할 금전 및 그 밖의 재산의 가액을 뺀 액을 초과하지 못한다.
408) 2014. 11. 27 선고 2012두25248 판결 : 주식의 포괄적 교환은 기본적으로 '법인의 자본을 증가시키는 거래'의 성격을 가지는 것이지만, 그 자본의 출자가 완전자회사가 되는 회사의 주식이라는 현물에 의하여 이루어지게 되므로 그러한 한도에서 '자산의 유상 양도라는 손익거래'의 성격도 병존한다. 이와 같이 주식의 포괄적 교환은 자산의 유상 양도로서의 성격도 있기 때문에, 주식의 포괄적 교환에 의하여 완전모회사가 되는 회사가 완전자회사가 되는 회사의 주식을 시가보다 높은 가액으로 양수한 경우에는, 법인의 자산이 과대계상되므로, 구 법인세법 시행령 제88조 제1항 제1호의 부당행위계산부인에 의하여 그 시가 초과액을 자산의 취득가액에서 제외하는 한편, 그 금액을 완전모회사인 법인의 익금에 산입하게 되는 것이다.

① 주식의 포괄적 교환·이전일 현재 1년 이상 계속하여 사업을 하던 내국법인 간의 주식의 포괄적 교환·이전일 것. 다만, 주식의 포괄적 이전으로 신설되는 완전모회사는 제외한다.

② 완전자회사의 주주가 완전모회사로부터 교환·이전대가를 받은 경우 그 교환·이전대가의 총합계액 중 완전모회사 주식의 가액이 80% 이상이거나 그 완전모회사의 완전모회사 주식의 가액이 80% 이상으로서 그 주식이 대통령령으로 정하는 바에 따라 배정되고, 완전모회사 및 대통령령으로 정하는 완전자회사의 주주가 주식의 포괄적 교환 등으로 취득한 주식을 교환·이전일이 속하는 사업연도의 종료일까지 보유할 것

③ 완전자회사가 교환·이전일이 속하는 사업연도의 종료일까지 사업을 계속할 것

다만, 대통령령으로 정하는 부득이한 사유가 있는 경우에는, 완전자회사의 주주가 완전모회사 주식을 보유하거나 완전자회사가 사업을 계속하는 것으로 본다(조특법 38조 3항).

2-3-2. 과세특례의 효과

(1) 종전 주주의 양도차익에 대한 과세이연

과세특례가 적용되는 경우, 완전자회사의 종전 주주는 완전자회사 주식의 양도차익에 대한 과세를 완전모회사의 주식 또는 그 완전모회사의 완전모회사의 주식의 처분 시까지 이연받을 수 있다(조특법 38조 1항, 조특법 시행령 35조의2 1항).

(가) 완전자회사의 종전 주주인 내국법인 및 법인세법 제91조 제1항에 해당하는 외국법인은 완전자회사 주식의 양도차익에 상당하는 금액을 손금에 산입할 수 있고, 이 경우 손금에 산입한 금액을 완전모회사 주식 등의 **압축기장충당금**으로 계상하여야 한다(시행령 35조의2 1항). 압축기장충당금을 계산한 법인은 완전모회사 등 주식을 처분하는 사업연도에 다음 계산식에 따른 금액을 익금에 산입한다(조특법 시행령 35조의2 2항).

$$압축기장충당금 \times \frac{처분한\ 주식수}{주식의\ 포괄적\ 교환\ 등으로\ 취득한\ 주식수}$$

(나) 완전자회사의 종전 주주인 거주자, 비거주자 및 법인세법 제91조 제1항에 해당하지 않는 외국법인은, 과세이연된 양도차익에 관하여 완전모회사 등의 주식을 양도할 때 과세된다(조특법 시행령 35조의2 3항, 4항).

(2) 완전자회사 주식의 취득가액

완전자회사의 주식양도차익이 과세이연을 받는 경우, 완전모회사는 완전자회사 주식을 시가로 취득한다(조특법 38조 2항).[409]

2-3-3. 과세특례의 사후배제

주식의 포괄적 교환·이전일이 속하는 사업연도의 다음 사업연도의 개시일부터 2년 이내에, 완전모회사가 사업을 폐지하거나 완전모회사 또는 완전자회사의 일정 지배주주가 주식의 포괄적 교환 등으로 취득한 주식을 처분하는 경우, 완전자회사의 종전 주주는 과세를 이연받은 법인세 또는 양도소득세를 납부하여야 한다(조특법 38조 2항, 조특법 시행령 35조의2 6, 8, 11, 12항). 다만, 대통령령으로 정하는 부득이한 사유가 있는 경우에는 주식을 보유하거나 사업을 계속하는 것으로 본다(조특법 38조 3항).

---

409) 2017. 12. 19. 개정되기 전의 구 조특법 제38조 제2항은 완전모회사가 완전자회사의 주식을 장부가액으로 취득하는 것으로 규정하였고, 이에 따라 완전자회사의 종전 주주가 완전모회사 주식을 처분하고 완전모회사가 완전자회사의 주식을 처분하는 경우 과세이연된 금액이 완전자회사의 종전 주주 단계와 완전모회사 단계에서 이중으로 과세되는 문제점이 있었다. 이러한 문제점을 해결하기 위하여 2017. 12. 19. 완전모회사가 완전자회사 주식을 시가로 취득하는 것으로 조특법을 개정하여, 과세특례 배제사유가 발생한 경우에도 완전모회사 단계에서는 과세되지 않도록 하였다.

제5장

청산

> 1 상법 : 회사의 해산 및 청산

(1) 회사의 해산사유

회사의 해산은, 회사의 법인격을 소멸시키거나 그것을 위한 절차에 들어가는 것을 말한다.[1] 주식회사의 해산사유로는 '존립기간의 만료 기타 정관으로 정한 사유의 발생, 합병, 파산, 법원의 명령 또는 판결, 분할 또는 분할합병, 주주총회의 결의'가 규정되어 있다(상법 517조).[2][3]

(2) 청산절차

회사의 해산에 의하여 회사의 권리능력은 청산의 목적범위 내로 축소된다(상법 542조 1항, 245조). 회사가 해산된 경우, 합병·분할·분할합병 및 파산의 경우를 제외하고는, 청산

---

1) 합병의 피합병법인, 소멸분할(소멸분할합병)의 분할법인은 해산으로 인하여 청산절차를 거침이 없이 곧바로 소멸하지만, 그 외의 경우에는 청산 또는 파산의 절차를 필요로 한다.

2) 합명회사의 해산사유로는 「존립기간의 만료 기타 정관으로 정한 사유의 발생, 총사원의 동의, 사원이 1인으로 된 때, 합병, 파산, 법원의 명령 또는 판결」이 규정되어 있고(상법 227조), 합자회사의 해산사유로는 합명회사의 해산사유 외에 「무한책임사원 또는 유한책임사원 전원이 퇴사한 때」가 추가되어 있으며(상법 285조 1항), 유한회사의 해산사유로는 「존립기간의 만료 기타 정관으로 정한 사유의 발생, 합병, 파산, 법원의 명령 또는 판결 및 사원총회의 결의」가 규정되어 있다(상법 609조 1항).

3) 회사는 해산사유의 발생에 따라 당연히 해산하고, 해산등기는 제3자에 대한 대항요건에 불과하다. 따라서 해산사유가 발생한 회사는 해산등기가 없더라도 청산 중의 회사로 된다(대법원 1981. 9. 8. 선고 80다2511 판결).

절차가 개시된다(상법 531조 1항). 청산사무는, 현존사무의 종결, 채권의 추심과 채무의 변제, 재산의 환가처분, 잔여재산의 분배로 구성된다(상법 542조 1항, 254조 1항). 청산인은 회사의 채무를 완제한 후 각 주주가 가진 주식의 수에 따라 잔여재산을 분배한다(상법 542조 1항, 260조, 538조 전문[4]).[5]

(3) 회사의 계속

주식회사는 '존립기간의 만료 기타 정관에 정한 사유의 발생 또는 주주총회의 결의'에 의하여 해산한 경우에는, 주주총회의 특별결의로 회사를 계속할 수 있다(상법 519조). 주식회사의 계속이 효력을 발생하면, 주식회사는 해산 전의 상태로 복귀한다.

---

2 세법

2-1. 청산기간 중 각 사업연도의 소득에 대한 법인세

(1) 사업연도의 의제

내국법인이 해산[6]한 경우에는, 그 사업연도 개시일부터 해산등기일까지의 기간과 해산등기일 다음 날부터 그 사업연도 종료일까지의 기간을 각각 1 사업연도로 본다(법 8조 1항). 이는 세수를 확보하기 위한 규정이다.[7] 청산 중인 내국법인의 잔여재산가액이 사업연도 중에 확정된 경우, 그 사업연도 개시일부터 잔여재산 확정일까지의 기간을 각각 1 사업연도로 본다(법 8조 4항 1호). 청산 중인 내국법인이 상법상 회사의 계속 규정에 따라 사업을 계속하는 경우에는, 그 사업연도 개시일부터 계속등기일[8]까지의 기간과 계속등기일 다음 날부터 그 사업연도 종료일까지의 기간을 각각 1 사업연도로 본다(법 8조 4항 2호).

---

4) 잔여재산분배에 관하여 내용이 다른 종류주식을 발행한 경우에는 달리할 수 있다(상법 538조 후문).
5) 잔여재산의 분배는 원칙적으로 금전으로 하여야 하지만, 주주 전원의 동의가 있거나 주주평등의 원칙에 반하지 않는 경우 금전 이외의 현물로 할 수 있다는 것이 일반적 견해이다. 주석 상법, 회사(5)(538조), 509쪽. 주주 전원의 동의가 없더라도 현물분배가 허용된다는 견해로 김지평, "주식회사 청산의 실무상 쟁점", 선진상사법률연구 통권 제72호(2015), 81쪽
6) 내국법인의 합병 또는 분할에 따른 해산과 조직변경(법 78조)은 제외된다.
7) 이창희, 세법강의(2020), 622쪽 ; 수시부과사유(시행령 108조 1항)의 경우에는 과세관청이 미리 세액을 부과할 수 있는데 그치고, 해낭 법인이 과세표준 확정신고기한 전에 과세표준 및 세액을 신고·납부할 의무는 없다. 이에 비하여 법인이 해산된 경우에는 일정 기간 내에 과세표준 및 세액을 신고·납부할 의무를 부담한다.
8) 계속등기를 하지 않은 경우에는 사실상의 사업 계속일을 말한다.

(2) 각 사업연도의 소득에 대한 법인세

법인의 청산기간에 생기는 각 사업연도의 소득금액은, 청산소득에 포함되지 않고, 해당 각 사업연도의 소득금액에 산입된다(법 79조 6항). 그러한 예로는, 법인이 해산 전의 사업을 청산기간 중에 계속하여 영위하는 경우 발생한 사업수입이나 임대수입, 공·사채 및 예금의 이자수입 등(시행규칙 61조 단서)을 들 수 있다.[9] 한편, 법인이 해산등기일 현재의 자산을 청산기간 중에 처분한 금액(환가를 위한 재고자산의 처분액을 포함한다)은 청산소득에 포함되므로(시행규칙 61조 본문), 각 사업연도의 소득에서 제외된다. 해산등기일 이후 발생한 각 사업연도의 소득이 청산소득 금액과 겹쳐져서 중복과세되는 것을 피하려면, 해산등기일 이후의 자산의 취득가액의 변동은 각 사업연도의 소득을 계산할 때 고려되지 않는다고 보아야 하고, 해산등기일 이후의 각 사업연도의 소득은 청산소득과 겹치지 않는 범위에서 보충적으로만 인정된다.[10]

청산기간 중 각 사업연도 소득의 계산에 관하여는 각 사업연도 소득의 계산에 관한 일반적인 규정이 준용되지만, 이월결손금의 공제 규정(법 13조 1항)은 준용되지 않는다(법 79조 7항). 법인이 해산에 의하여 퇴직하는 임원 또는 직원에게 지급하는 해산수당 또는 퇴직위로금 등은 최종 사업연도의 손금에 산입된다(시행령 43조 5항).[11]

2-2. 청산소득에 대한 과세

내국영리법인은 청산소득에 대한 법인세 납세의무를 부담한다(법 3조 1항 2호). 다만, 내국법인이 종국적으로 소멸하지 않고 상법 또는 다른 법에 따라 다른 법인으로 조직변경하는 경우에는 청산소득에 대한 법인세를 과세하지 않는다(법 78조). 그리고 법인이 합병 또

---

9) 행정해석은, 기업구조조정투자회사가 청산절차 진행 중에 해산등기일 현재 보유한 자산 중 수익증권(투자신탁)의 일부를 환매함에 따라 발생한 투자신탁의 이익은 법인세법 제79조 제5항에 따라 각 사업연도의 소득에 산입하는 것이라고 한다(법인세과-314, 2011. 4. 28.).

10) 가령, ① 법인의 해산등기일 당시 장부상 유형자산인 부동산 100원, 자기자본(자본금 및 잉여금) 100원이고, 법인이 이후 3개월간 위 부동산을 임대하여 임대료 15원을 얻고 감가상각비 10원을 인식한 후 위 부동산의 가액이 120원으로 확정된 경우, 위 법인의 청산소득은 20원(= 120원 - 100원)이고, 위 부동산의 취득가액은 청산소득의 계산 시 차감되어야 하므로, 각 사업연도의 소득에서 고려될 수 없다. 따라서 위 법인의 3개월간 각 사업연도의 소득금액은 위 감가상각비 10원을 고려함이 없이 15원으로 계산되어야 한다. 이는, 청산소득의 계산방식이 잔여재산의 가액에서 그 확정 당시의 취득가액이 아니라 해산등기일 당시의 취득가액을 빼는 방식으로 되어 있기 때문이다. ② 한편, 법인의 해산등기일 당시 장부상 재고자산 100원이 있었는데, 이후 3개월간 위 재고자산 중 60원 상당 부분이 90원에 판매되고, 나머지 40원 상당 부분의 가액이 60원으로 확정된 경우, 위 재고자산의 판매이익 30원(= 90원 - 60원)은 청산소득에 해당하므로(시행규칙 61조 본문) 각 사업연도의 소득에 포함될 수 없다.

11) 법인 46012-2571, 1993. 8. 30. : 법인이 해산등기 후 지급하는 퇴직위로금은 해산등기일이 속하는 사업연도의 손금에 속한다.

는 분할에 의하여 해산하는 경우도 청산소득의 과세대상에서 제외된다(법 79조 1항).

2-2-1. 청산소득

(1) 청산소득의 계산방법

청산소득은 ① 해산에 의한 잔여재산의 가액에서 ② 해산등기일 현재의 자본금 또는 출자금과 잉여금의 합계액("자기자본의 총액")을 공제한 금액이다(법 79조 1항).

해산으로 인하여 청산 중인 법인이 잔여재산의 일부를 주주 등에게 분배한 후 상법에 따라 사업을 계속하는 경우에는, ① 해산등기일부터 계속등기일까지의 사이에 분배한 잔여재산의 분배액의 총합계액에서 ② 해산등기일 현재의 자기자본의 총액을 공제한 금액을 청산소득의 금액으로 한다(법 79조 2항).

잔여재산의 가액은 순자산의 시가이고, 자기자본의 총액은 이월결손금이 없다면 순자산의 장부가액을 나타내므로, 청산소득의 원천은 청산 시까지 발생한 자산의 미실현이익으로 볼 수 있다.

(2) 잔여재산의 가액

잔여재산의 가액은 자산총액에서 부채총액을 공제한 금액이다(시행령 121조 1항).

(가) 자산총액

자산총액은 해산등기일 현재의 자산의 합계액으로 하되, ① 추심할 채권과 환가처분할 자산에 대하여는 추심 또는 환가처분한 날 현재의 금액, ② 추심 또는 환가처분 전에 분배한 경우에는 그 분배한 날 현재의 시가에 의하여 평가한 금액이다(시행령 121조 2항). 행정해석은, 해산법인의 자기주식을 잔여재산가액의 계산 시 자산총액에 포함시키지 않는다.[12]

법인이 해산등기일 현재의 자산을 청산기간 중에 처분한 금액(환가를 위한 재고자산의 처분액을 포함한다)은 청산소득에 포함된다(시행규칙 61조 본문). 행정해석에 의하면, 법인이 해산등기일 현재 존재하던 채무를 청산기간 중에 면제받은 경우, 그 채무면제이익은 청산소득에 해당하지만,[13] 이월결손금의 보전에 충당될 수 있다(법 79조 7항, 18조 6호).[14] 청산

---

12) 기본통칙 79 - 0…3. 그러나 이는 자기주식이 자본의 차감이 아닌 경우 이를 자산으로 취급하는 현행세법의 태도와 어긋난다.

13) 법인세법 집행기준 79 - 121 - 3 ② ; 법인세과 - 903(2009. 8. 11.)

14) 채무면제이익으로 보전에 충당되는 이월결손금에 관하여는 그 발생시기의 제한이 없으므로, 청산소득 산정의 기준시점(해산등기일)으로부터 15년 이전에 발생한 이월결손금도 포함된다.

과정에서 발생하는 청산인의 보수 등 청산절차 관련비용은 잔여재산의 가액에서 차감되어야 한다.[15)16)]

(나) 부채총액

대법원은, 청산소득에 대한 법인세가 청산소득금액의 산정 시 공제되지 않음을 전제로, 청산법인이 해산일에 보유하는 부동산을 그 이후 양도함에 따라 발생한 양도차익에 대한 미지급 특별부가세는 부채총액에 포함되지 않는다고 판단하였다.[17)]

(3) 자기자본의 총액

(가) 자본금 및 잉여금의 합계액

자기자본의 총액은, 해산등기일 현재의 해산등기일 현재의 자본금 또는 출자금과 잉여금의 합계액을 말한다(법 79조 1항). 여기의 '잉여금'은, 회계기준에 의한 잉여금(자본잉여금 및 이익잉여금)에 세무조정에 의한 유보를 가감한 세법상 잉여금을 의미한다.[18)19)] 청산소득의 계산 시 자본금 및 잉여금을 잔여재산의 가액에서 차감하는 것은, 출자의 원본(자본·자본잉여금)과 이미 과세된 소득(이익잉여금)을 과세대상에서 제외하기 위한 것이다.

행정해석에 따르면, 법인의 자기주식은 자기자본의 총액에서 차감되지 않는다.[20)] 해산한 법인의 청산기간에 국세기본법에 따라 환급되는 법인세액이 있는 경우, 그 금액은 해산등기일 현재의 자기자본의 총액에 가산한다(법 79조 3항).[21)]

---

15) 기본통칙 79-0…2【청산소득금액의 범위】: 해산등기일 현재의 잔여재산의 추심 또는 환가처분과 관련하여 발생한 각종 비용(계약서 작성비용, 공증비용, 인지대, 소개비 및 수수료, 청산인의 보수, 청산사무소의 비용 등)은 청산소득금액을 계산함에 있어서 이를 공제한다.

16) 법인46012-555(2001. 3. 16.) ; 김완석·황남석, 법인세법론(2021), 878쪽

17) 대법원 2001. 5. 8. 선고 98두9363 판결. 위 판결은 그 이유로, 법인세의 손금불산입에 관한 구 법인세법 규정이 청산소득의 계산에 관하여 준용되고, 특별부가세는 그 성질상 각 사업연도의 소득에 대한 법인세와 구별할 필요가 없다는 점을 들었다.

18) 대법원 2011. 5. 13. 선고 2008두14074 판결 ; 김완석·황남석, 법인세법론(2021), 878, 880쪽

19) 자본금과 적립금 조정명세서(갑)(시행규칙 별지 50호 서식) 중「Ⅰ. 자본금과 적립금 계산서」의 1. 내지 5. 및 7.의 합계액에서 8.과 9.를 뺀 금액

20) 기본통칙 79-0…3. 자기주식이 자기자본의 총액, 특히 자본에서 차감되려면 주식의 소각 또는 자본의 환급을 위하여 취득된 것이어야 하는데, 청산 시까지 남아 있는 자기주식은 대부분 그러한 목적이 인정되지 않아서 자본의 차감항목으로 인정되기 어려울 것이다. 다만, 위 행정해석은, 법인의 자기주식을 잔여재산의 가액을 계산할 때 자산총액에도 포함시키지 않는다.

21) 청산기간에 환급되는 법인세액은 일단 자산총액에 포함되지만, 이미 과세된 이익잉여금을 처분하였다가 환급받은 것이므로 익금불산입되어야 하고(법 79조 6항, 18조 3호), 이를 자기자본의 총액에 가산함으로써 청산소득에서 제외하기 위한 것이다.

(나) 이월결손금과 자기자본의 상계

해산등기일 현재 법인에게 세법상 이월결손금(시행령 16조 1항)이 있는 경우, 그 이월결손금은 그날 현재의 자기자본의 총액과 상계한다(법 79조 4항 본문, 시행령 121조 3항 본문). 자기자본의 총액에서 이미 상계되었거나 상계된 것으로 보는 이월결손금은, 법인세법 제79조 제4항 본문에 따라 자기자본의 총액과 상계되는 것에서 제외된다(시행령 121조 3항 단서).[22] 상계하는 이월결손금의 금액은 자기자본의 총액 중 잉여금의 금액을 초과하지 못하며, 초과하는 이월결손금이 있는 경우에는 그 이월결손금은 없는 것으로 본다(법 79조 4항 단서). 청산소득 금액을 계산할 때 해산등기일 전 2년 이내에 자본금 또는 출자금에 전입한 잉여금이 있는 경우에는 그 금액을 자본금 또는 출자금에 전입하지 않은 것으로 본다(법 79조 5항).[23]

세법은, 청산 당시 존재하는 개개 자산의 미실현이익을 직접 측정하는 대신, 전체 잔여재산의 가액에서 자기자본의 총액(= 자본금+잉여금)을 빼는 방식으로 계산한다. 이러한 방식으로 청산소득을 계산하기 위해서는, 잔여재산가액에서 차감되는 잉여금의 금액이 합리적으로 산정되고, 기업회계와 세법 간의 차이가 모두 반영되어야 한다. 기업회계와 세법 간의 차이는 '자본금과 적립금조정명세서(을)'의 유보사항(잔여재산의 취득가액)으로 청산소득의 계산 시 잉여금에 가산되어 고려된다.[24] 그리고 회계상 결손금은 음(−)의 잉여금이므로, 잉여금과 상계(차감)되어야 한다.[25] 이로써 청산소득은 적절하게 계산될 수 있다. 그 외에 현행세법과 같이 청산소득의 계산 시 세법상 이월결손금을 잉여금과 상계하는 것은 불필요하다. 한편, 현행세법에 의하면, 회계상 결손금이 있는 법인이 자본준비금으로 그 결손금을 보전한 경우, 그 금액의 범위에서 세법상 이월결손금은 자기자본의 총액과 상계되지 않으므로(시행령 121조 3항 단서), 세법상 결손금이 회계상 결손금의 보전액보다 큰 경우가 아니라면, 결과적으로 세법상 이월결손금이 추가로 자기자본의 총액에서 차감되지

---

22) 이는, 해산 전에 법인의 회계상 결손금이 잉여금으로 보전(상계)된 경우(상법 460조) 청산소득을 계산할 때 잉여금을 다시 세법상 이월결손금과 상계시킴으로써 청산소득을 과다하게 계산하게 되는 결과를 피하기 위한 것이다(국세청, 2006 개정세법해설, 318쪽). 위 쟁점이 다투어진 사안으로 국심 2001부903, 2002. 12. 26. 결정 ; 회계상 결손금이 법인의 잉여금으로 보전되어 소멸하는 경우에도, 세법상 이월결손금은 소득금액에서 공제되거나 채무면제익 등으로 충당되지 않는 이상 소멸하지 않고 존속한다. 따라서 회계상 결손금의 자본준비금에 의한 보전과 세법상 이월결손금의 공제는 구별된다. 위와 같은 입법취지를 고려하면, 법인세법 시행령 제121조 제3항 단서는 ① 회계상 결손금이 자본준비금으로 보전된 경우 또는 ② 세법상 이월결손금이 소득금액에서 공제되었거나 공제된 것으로 간주되는 경우, 그 금액의 범위에서는 세법상 이월결손금이 자기자본의 총액과 상계되지 않는다는 취지로 해석하여야 할 것이다.

23) 청산을 하려는 법인이 해산등기일 전에 미리 잉여금을 자본금에 전입하는 경우, 이월결손금과 상계되는 잉여금이 감소하는 반면 이월결손금과 상계되지 않는 자본금이 증가하여 청산소득이 감소하게 되므로, 이를 규제하기 위한 것이다.

24) 자기자본 총액의 구성요소인 잉여금은 회계기준에 의한 잉여금에 세무조정에 의한 유보를 가감한 잉여금을 의미한다. 대법원 2011. 5. 13. 선고 2008두14074 판결

25) (회계상 잉여금 + 세무조정 유보) − (회계상 결손금) = (회계상 잉여금 − 회계상 결손금) + 세무조정 유보

않을 것이다. 입법론으로는 법인세법 제79조 제4항에서 자기자본의 총액과 상계되는 결손금을 회계상 결손금으로 규정하는 것이 간명하고 합리적이다.

현행세법은 청산소득에 관하여 이월결손금의 공제를 인정하지 않는다.[26] 그러나 각 사업연도의 소득과 청산소득은 법인의 전체 존속기간의 소득을 과세목적의 편의상 구분한 것에 불과하고, 청산소득의 계산 시 이월결손금의 공제를 인정하지 않는 것은 법인의 전체 존속기간의 순소득을 왜곡시키는 문제점이 있다. 입법론으로는 청산소득에 관하여도 이월결손금의 공제를 인정하는 것이 타당하다.[27]

청산소득에 대한 이월결손금의 공제를 부인하는 현행세법에 따르면, 이월결손금과 상계되는 '잉여금'에 자본잉여금이 포함된다고 볼 경우, 주주가 납입한 자본에 해당하는 순자산이 소실되었다가 회복된 부분까지도 청산소득으로 과세하게 되는 문제점이 생긴다.[28] 헌법재판소와 행정해석은, 자본잉여금인 주식발행초과금을 이월결손금으로 상계할 수 있다고 보았으나,[29] 그 타당성은 의문스럽다.[30][31]

2-2-2. 세율

청산소득에 대한 법인세는, 과세표준에 각 사업연도의 소득에 대한 법인세의 세율과 같은 세율을 적용하여 계산한 금액이다(법 83조).

---

26) 법인세법 제79조 제7항은 청산소득의 금액을 계산할 때 각 사업연도의 소득에 관한 규정을 준용하면서 이월결손금의 공제에 관한 제13조 제1항을 제외한다.

27) 이창희, 세법강의(2020), 625쪽

28) 가령, 법인이 150원의 순자산 및 자본(자본금 100원, 자본잉여금 50원)으로 사업을 개시하여 첫 번째 사업연도 말에 결손금 20원, 순자산 130원으로 된 후 해산하였고, 청산절차에서 순자산의 시가가 140원으로 확정된 경우, 위 법인은 최초의 출자원본을 회복하지 못하였지만, 자본잉여금을 결손금 20원과 상계하면, 청산소득 10원[= 140원 − (150원 − 20원)]이 발생한다. 위 경우 결손금 20원의 상계는, 최초의 출자원본의 가액 아래로 감소한 순자산의 가액 130원에서 이후 청산절차에서 확정된 가액 140원으로 증가한 부분을 청산소득에 포함시키는 기능을 한다. 만일 청산소득의 계산에서 이월결손금의 공제가 인정된다면 위 10원은 이월결손금 중 해당 금액으로 공제될 수 있으므로, 청산소득은 없는 것으로 될 것이다. 그러나 현행세법은 청산소득의 계산 시 이월결손금의 공제를 인정하지 않는다. ② 위 ①의 사례에서 청산절차에서 순자산의 시가가 160원으로 확정되었다고 가정할 경우, 만일 이월결손금의 공제가 인정된다면, 자본잉여금이 이월결손금과 상계되는 것으로 보더라도, 청산소득은 잔여재산가액 160원 중 당초의 출자원본을 초과한 10원[= 160원 − (150원 − 20원) − 20원]이 된다.

29) 헌법재판소 2009. 12. 29. 2007헌바78 결정 ; 재법인−84, 2003. 10. 13.

30) 마영민, "기업의 해산과 세법", 조세법연구 [11−2], 세경사(2005), 96쪽

31) 법인세법 제79조 제4항이 자기자본의 총액 중 잉여금을 초과하는 이월결손금을 없는 것으로 취급하는 취지는 일단 자기자본 중 자본금 부분을 이월결손금의 상계대상에서 제외함으로써 자본금에 대한 청산소득 과세를 방지하기 위한 것으로 보인다. 그런데 자본금과 자본잉여금은 상법상 구별일 뿐 세법상으로는 모두 출자의 원본에 해당하므로, 과세대상소득에서 제외할 필요성은 자본금뿐만 아니라 자본잉여금에도 똑같이 인정된다. 따라서 청산소득의 계산 시 자본금뿐만 아니라 자본잉여금에 대하여도 이월결손금과의 상계를 부정하는 것이 타당하다.

2-2-3. 과세표준 및 세액의 신고와 납부

(1) 중간신고

내국법인은 다음 각 호에 해당하는 경우 다음 각 호에서 정한 날이 속하는 달의 말일부터 1개월 이내에 관할 세무서장에게 신고하여야 한다(법 85조 1항).

1. 해산에 의한 잔여재산가액이 확정되기 전에 그 일부를 주주 등에게 분배한 경우 : 그 분배한 날[32]
2. 해산등기일부터 1년이 되는 날까지 잔여재산가액이 확정되지 않은 경우 : 그 1년이 되는 날[33][34]

(2) 확정신고 및 납부

잔여재산가액이 확정되거나 상법에 따른 사업계속이 이루어진 경우에는, 법인은 그 잔여재산가액확정일[35] 또는 계속등기일이 속하는 달의 말일부터 3개월 이내에 청산소득에 대한 법인세를 관할 세무서장에게 신고하여야 한다(법 84조 1항).

청산소득이 있는 내국법인으로서 확정신고를 한 법인은, 청산소득에 대한 법인세액에서 중간신고와 함께 납부한 세액을 공제한 금액을 신고기한까지 관할 세무서장에게 납부하여야 한다(법 86조 1항).

2-2-4. 결정·경정과 징수

관할 세무서장 등이 내국법인의 청산소득에 대한 법인세의 과세표준과 세액을 결정·경정한 경우 이를 그 법인이나 청산인에게 알려야 한다. 다만, 그 법인이나 청산인에게 알릴 수 없는 경우에는 공시(公示)[36]로써 갈음할 수 있다(법 88조).

---

32) 법인이 잔여재산가액의 확정 전에 주주 등에게 분배한 가액이 해산등기일 현재의 자기자본의 총액을 초과하는 경우, 법인은 그 초과하는 금액에 세율을 적용하여 계산한 세액을 위 신고기한까지 관할 세무서장에게 납부하여야 한다(법 86조 3항).

33) 다만, 국가가 지분증권의 2분의 1 이상을 보유하는 회사 중 대통령령으로 정하는 회사의 청산에 관하여는 위 규정이 적용되지 않는다(법 85조 1항 단서, 국유재산법 80조).

34) 해산등기일부터 1년이 되는 날 현재 잔여재산가액 예정액이 그 해산등기일 현재의 자기자본의 총액을 초과하는 경우, 법인은 그 초과하는 금액에 세율을 적용하여 계산한 세액을 위 신고기한까지 관할 세무서장에게 납부하여야 한다(법 86조 4항).

35) "잔여재산가액확정일"은 다음의 각 날을 말한다(시행령 124조 3항).
   ① 해산등기일 현재의 잔여재산의 추심 또는 환가처분을 완료한 날
   ② 해산등기일 현재의 잔여재산을 그대로 분배하는 경우에는 그 분배를 완료한 날

36) 국세기본법 제11조의 공시송달을 의미하는 것으로 보인다. 김완석·황남석, 법인세법론(2021), 886쪽

법인의 해산은 확정 전 보전압류[37] 및 납기 전 징수[38]의 사유에 해당한다(국세징수법 24조 2항, 14조 1항 6호, 지방세기본법 153조).

내국법인이 청산소득에 대한 법인세를 납부하지 않는 경우 관할 세무서장 등은 국세징수법에 따라 징수하여야 한다(법 89조 1항).

> ### 📖 청산소득 과세에 관한 입법론
>
> 청산소득의 과세이유로, 법인의 청산과정에서 자산에 내재하던 미실현이득이 실현되어 발생한 자본이득을 과세할 필요가 있다는 점이 제시된다. 그러나 청산과정에서 발생하는 자본이득은 각 사업연도의 소득에 포함시켜 과세하는 것도 가능하므로, 그 과세를 위하여 반드시 현행세법과 같이 각 사업연도의 소득과 구별되는 청산소득이라는 별도의 과세항목을 설정할 필요는 없다. 현행세법이 각 사업연도 소득과 청산소득을 구분하는 것은 여러 가지 문제를 일으킨다.[39] 미국과 일본의 세법은 법인의 청산과정에서 발생하는 소득에 대하여 별도로 청산소득의 범주를 만들지 않고 이를 통상적인 소득으로 과세한다.[40][41] 입법론으로는, 청산소득을 각 사업연도의 소득으로 과세하는 것을 검토할 필요가 있다.

---

37) 세무서장은 납기전 징수의 사유에 해당하는 사유가 있어 국세가 확정된 후에는 그 국세를 징수할 수 없다고 인정할 때에는 국세로 확정되리라고 추정되는 금액의 한도에서 납세자의 재산을 압류할 수 있다(국세징수법 24조 2항).

38) 납기 전 징수는 이미 납부할 세액이 확정된 조세에 관하여 납부기한의 이익을 상실시켜 독촉절차 없이 곧바로 체납처분을 집행할 수 있게 하는 제도이다(국세징수법 24조 1항 2호). 조세법총론 Ⅰ, 사법연수원 (2016), 217쪽

39) 성용운, "청산소득 과세제도에 관한 연구", 조세법연구 [18-3], 세경사(2012), 311~327쪽

40) 미국 세법에서는 ① 법인이 청산을 위하여 재산을 제3자에게 처분한 경우 그로 인한 양도차익은 그 법인의 통상소득[IRC § 61(a), 1001(a), (c)] 또는 양도소득[capital gain : IRC § 1221(a) 등]으로 과세된다. 그리고 ② 법인이 완전청산(complete liquidation)에 의하여 주주에게 재산을 현물분배한 경우 그 재산을 공정시장가치에 매도한 것처럼 이익 또는 손실을 인식한다[IRC § 336(a)].

41) 2010년 개정 전의 구 일본 법인세법은, 잔여재산의 가액에서 해산 시의 자본 등의 금액[자본의 금액 또는 출자금액과 자본적립금액의 합계액(2조 17호)]과 이익적립금액(2조 18호) 등의 합계액을 공제한 것을 청산소득의 금액으로 하고, 이를 과세표준으로 하여 각 사업연도의 소득과 별개로 법인세를 과세하였다(구 일본 법인세법 제5조, 제92조, 제93조 제1항). 그러나 2010년 개정된 일본 법인세법은 청산소득을 각 사업연도의 소득과 구별하지 않고 각 사업연도의 소득으로 과세한다.

청산한 법인의 주주에 대한 과세

1 의제배당

해산한 법인의 주주 등이 잔여재산의 분배로 취득하는 재산의 가액이 해당 주식 등을 취득하기 위하여 사용된 금액을 초과하는 경우, 그 초과금액은 의제배당으로 과세된다(법 16조 1항 4호, 소득세법 17조 1항 3호, 2항 3호).[42] 주주의 의제배당금액 계산의 기초가 되는 잔여재산은, 법인의 잔여재산가액 중 청산소득에 대한 법인세 등을 납부하고 남은 금액이므로, 법인의 잔여재산가액과 구별된다.[43] 법인의 청산에 따른 의제배당의 계산 시 개인 주주의 주식의 취득가액에는 유상감자로 인한 손실(= 취득가액 - 감자대가)이 포함된다.[44] 청산으로 인한 의제배당에 대하여도 법인 주주의 경우 수입배당금액의 익금불산입, 개인 주주의 경우 증액환원(gross-up) 및 배당세액공제가 인정된다(법 18조의2, 18조의3, 소득세법 56조).

현행세법은, 잔여재산 분배로 인한 의제배당금액을 계산할 때 그 재원이 청산법인의 이익잉여금인지 여부를 고려하지 않고, 납입자본의 반환까지 의제배당에 포함시킬 수 있으므로, 불합리하다.[45] 입법론으로는, ① 잔여재산 분배금액과 주식 취득가액의 차액을 이익잉여금의 범위 내에서만 의제배당으로 과세하거나, ② 잔여재산 분배금액 중 이익잉여금에 해당하는 금액을 의제배당으로 과세하고, 이를 초과하는 부분은 주식의 양도손익으로

---

42) 의제배당소득의 귀속시기는 잔여재산가액의 확정된 날이다(소득세법 시행령 46조 5호 가목).

43) 따라서 법인의 청산소득에 대한 법인세를 고려하지 않고 법인의 잔여재산가액을 주주의 지분비율로 배분한 금액을 토대로 주주의 의제배당금액을 계산한 것은 위법하다. 국심 2002서2815, 2003. 2. 5. 결정

44) 부산지방법원 2022. 1. 20. 선고 2021구합21010 판결, 부산고등법원 2022. 6. 15. 선고 2022누20327 판결(항소기각), 대법원 2022. 11. 3. 선고 2022두48929 판결(심리불속행). 제3장 2-2-2. (3) 참조

45) 법인의 잔여재산가액이 400원, 납입자본이 200원, 이익잉여금이 200원이고, 주주로 A, B(각 주식 1주씩 보유)가 있으며, A의 주식 취득가액은 120원, B의 주식취득가액은 80원인 경우, A, B에 대한 각 잔여재산 분배금액 200원 중 100원 부분은 법인의 이익잉여금 중 각자의 몫에 해당하는 것으로 볼 수 있다. 위 경우 ① A에 대한 잔여재산 분배금액 200원과 주식의 취득가액 120원의 차액 80원은, 법인의 이익잉여금 중 A에게 할당되는 100원의 범위 내에 있으므로, 그것으로부터 지급된 것으로 볼 수 있고, 의제배당소득으로 보더라도 문제가 없다. 이에 비하여 ② B에 대한 잔여재산 분배금액 200원과 주식의 취득가액 80원의 차액 120원 중 B에게 할당되는 법인의 이익잉여금 100원을 초과하는 20원 부분은, 이익잉여금으로부터 유래한 것이 아니라 자본을 반환받은 것으로서, 실질적으로 법인을 매개로 한 주주들 간의 거래에서 발생한 것이므로, 의제배당으로 취급하기에 부적합하다. ; 이중과세조정의 범위에 관한 문제점에 대하여는 김의석, "의제배당 과세에 있어서 적정 배당세액공제", 조세법연구 [22-1], 세경사(2016), 89~92쪽

취급하는 것을 고려할 필요가 있다.[46]

2 손실의 처리

해산한 법인의 주주 등이 잔여재산의 분배로 취득하는 재산의 가액이 해당 주식 등을
취득하기 위하여 사용된 금액에 미달하는 경우, 그 미달금액은 ① 법인 주주의 경우에는
손금에 산입할 수 있다고 보아야 하고, ② 개인 주주의 경우에는 현행 소득세법상 주식의
양도차손(금융투자손실[47])으로 보기 곤란하지만,[48] 입법론으로는 그에 준하는 사유로 취
급할 필요가 있다.[49]

미국 세법상 완전청산(complete liquidation)의 효과

1. 회사
완전청산으로 재산을 배분하는 회사는 마치 그 재산이 배분된 자에게 공정시장가치로 매각한 것
처럼 이득 또는 손실을 인식한다[IRC § 336(a)]. 다만, 청산하는 회사가 특수관계인(related
person, IRC § 267)에게 분배한 재산에 관하여는, 그 분배가 비례적이지 않거나(not pro rata) 그
재산이 비적격(disqualified property)인 경우 손실의 인식이 인정되지 않는다[IRC § 336(d)].
한편, 모회사에게 재산을 배분한 자회사(subsidiary)가 제1504조(a)(2)의 연결집단(affiliated
group) 요건(의결권 및 가치의 80% 이상 소유)을 충족하고, 그 외에 주식 전부의 완전 소각 또는
상환으로 하는 것 등의 요건을 충족하는 경우에는 손익을 인식하지 않는다(IRC § 332).
2. 주주
주주가 회사의 완전청산에 의한 배분으로 받은 금액은 주식의 교환대가로 받은 것으로 취급된다
[IRC § 331(a)]. 따라서 완전청산에 따라 주주가 배분받은 금액은, 세법상 배당가능이익(E&P)의
존부에 관계없이 배당이 아니라 주식의 양도로 인한 대가로 취급되고, 그 금액에서 취득가액을
뺀 금액이 양도소득으로 과세된다. 완전청산 시의 배분으로 수령된 재산에 관하여 이득 또는 손실
이 인식되는 경우 그 재산의 취득가액은 배분시의 공정시장가치이다[IRC § 334(a)].

---

46) 제3장 제4절 2-2-4. (2) 참조 ; 이창희, 세법강의(2020), 628쪽 ; 마영민, 앞의 글, 103쪽 ; 김의석, 앞의
글, 92쪽 ; 임상엽, "의제배당 과세의 구조에 대한 비판적 검토-청산분배를 중심으로-", 조세와 법 제11
권 제1호(2018), 서울시립대학교 법학연구소, 187쪽
47) 2023. 1. 1.부터 시행되는 소득세법에 의할 경우
48) 소득세법상 양도는 권리의 존속을 전제로 한 이전(상대적 소멸)으로 보아야 하므로, 법인의 해산으로 인한
주식의 절대적 소멸은 그에 해당한다고 보기 어렵다.
49) 동업자가 동업기업의 해산에 따라 분배받은 자산의 시가가 그의 지분가액에 미달하여 입은 손실에 관하여
는 자산양도손실로 취급하는 특칙이 있다(조특법 100조의22 2항).

제 **4** 편

내국비영리법인의
소득에 대한 과세

제1장

비영리법인에 대한 과세제도와 비영리법인의 범위

1 ▶ 비영리법인에 대한 과세제도의 개요

비영리법인은 공익 또는 적어도 영리가 아닌 목적을 가진 법인이다.[1] 이를 고려하여 세법은 영리법인과 다른 여러 가지 특칙을 인정한다.

① 특례기부금 또는 일반기부금의 대상단체인 비영리법인에게 증여(기부)를 한 자는, 일정한 범위에서 손금산입 등을 할 수 있다(법 24조, 소득세법 34조, 59조의4 4항).

② 증여를 받는 비영리법인은 원칙적으로 증여세 납세의무를 지고(상증세법 2조 9호, 4조의2), 예외적으로 상증세법상 공익법인 등[2]에 해당하는 경우 출연된 재산은 증여세 과세가액에서 제외된다(상증세법 16조).

③ 비영리법인이 수익사업에서 얻은 소득은 법인세로 과세된다.[3] 만일 비영리법인의 수익사업에서 생긴 소득을 과세하지 않는다면 동종의 사업을 하는 영리법인과의 공정한 경쟁을 훼손할 수 있기 때문이다. 다만, 비영리법인은, 수익사업소득에 대하여 일정한 범위에서 고유목적사업준비금을 계상하여 손금에 산입함으로써 법인세 납세의무를 부담하지 않을 수 있다(법 29조).[4] 이러한 고유목적사업준비금의 손금산입은 비

---

1) 비영리법인의 과세방법에 관한 일반적 논의에 관하여는 David Gliksberg, "Taxation of non-profit organization", International Fiscal Association Cahiers 1999 84a, General Report, pp.21~59 및 위 글의 번역문인 유진선, "비영리단체의 과세", 조세학술논집 제16집(2000), 한국국제조세협회, 317쪽 이하 참조

2) 상증세법상 공익법인 등은, 법인세법상 특례기부금 단체와 일반기부금 단체인 공익법인 등을 모두 포함하는 넓은 개념이고(상증세법 16조 1항, 상증세법 시행령 12조 1항), 그에 비하여 법인세법상 공익법인 등은 일반기부금의 대상단체로서 특례기부금 단체 등을 포함하지 않는 좁은 개념이다.

3) 비영리법인도 조특법상 중소기업의 요건(조특법 5조 1항, 조특법 시행령 2조 1항)을 충족하면 중소기업에 대한 세법상 특례를 적용받을 수 있다(법인-1206, 2010. 12. 30. : 보유자산 총액이 5,000억 원 이상인 지방자치단체가 100% 출자한 지방공사를 중소기업으로 판단한 사례).

4) 이와 같이 비영리법인의 수익사업소득의 전부 또는 일부를 비과세하는 이유는 분명하지 않다. 비영리법인 중 ① 불특정다수인의 공익을 추구하거나 행정보완적 기능(대법원 1988. 9. 27. 선고 86누827 판결)을 하는 것은 정부의 활동을 대신하는 것으로 볼 여지가 있지만, ② 제한된 특정인들의 사익을 추구하는 것은 그렇

영리법인에 별다른 공익성이 없는 경우에도 인정되고, 이를 통하여 비영리법인은 고 유목적사업에 대한 지출을 특례기부금과 거의 동일하게 손금에 산입할 수 있는 혜택 을 부여받는다.

2 ▶ 비영리법인의 범위

법인세법상 비영리내국법인은 ① 민법 제32조에 따라 설립된 법인, ② 사립학교법이나 그 밖의 특별법에 따라 설립된 법인으로서 민법 제32조에 규정된 목적과 유사한 목적을 가진 법인, ③ 국세기본법 제13조 제4항에 따른 법인으로 보는 단체를 말한다(법 2조 2호).

2-1. 민법 제32조에 따라 설립된 법인

학술, 종교, 자선, 기예, 사교 기타 영리 아닌 사업을 목적으로 하는 사단 또는 재단은 주무관청의 허가를 얻어 법인으로 될 수 있다(민법 32조).[5] 여기서 '영리 아닌 사업'은, 그 사업에서 발생한 이익이 법인의 구성원에게 분배되지 않는 사업을 의미하고, 반드시 사회 전체의 공익을 목적으로 할 필요는 없다. 비영리법인도 그 목적사업을 수행하는 데 필요하 고 그 본질에 반하지 않는 범위에서 영리행위를 할 수 있다.

민법상 비영리법인에는 사단법인과 재단법인이 있다. ① 사단법인은, 사원이 될 자가 정 관(定款)을 작성하여 기명날인하고(민법 40조) 주무관청의 허가[6]를 얻은 후 설립등기를 함 으로써 성립한다(민법 33조). ② 재단법인은, 그 설립자가 재산을 출연(出捐)하고 정관을 작 성하여 기명날인하고(민법 43조) 주무관청의 허가를 얻은 후 설립등기를 함으로써 성립한 다(민법 33조).

민법상 비영리법인이 해산한 경우, 그 법인의 잔여재산은 ① 정관으로 지정한 자에게 귀속하고, ② 정관으로 귀속권리자를 지정하지 않거나 이를 지정하는 방법을 정하지 않은 때에는, 이사 또는 청산인은 주무관청의 허가를 얻어 그 법인의 목적에 유사한 목적을 위

게 보기 어렵기 때문이다[이창희, 세법강의(2020), 539쪽]. 미국 세법상 비영리기관의 소득의 비과세 근거에 관한 논의에 대하여는, 이재호, "비영리법인의 법인세 과세체계에 대한 입법론적 고찰", 조세법연구 [14 - 2](2008), 한국세법학회, 319쪽 이하

5) 법인이 목적 이외의 사업을 하거나 설립허가의 조건에 위반하거나 기타 공익을 해하는 행위를 한 때에는 주무관청은 그 허가를 취소할 수 있다(민법 38조).

6) 비영리법인의 설립허가를 할 것인지 여부는 주무관청의 재량에 속한다(대법원 1996. 9. 10. 선고 95누18437 판결).

하여 그 재산을 처분할 수 있으며, ③ 위 ①, ②에 의하여 처분되지 않은 재산은 국고에 귀속한다(민법 80조).

2-2. 사립학교법이나 그 밖의 특별법에 따라 설립되고 민법 제32조의 목적과 유사한 목적을 가진 법인

(1) 사립학교법이나 그 밖의 특별법에 따라 설립된 법인

사립학교법에 따라 설립된 법인은, 사립학교만을 설치·경영하기 위한 학교법인을 말하고(사립학교법 2조 2호), 사립학교는, 학교법인, 공동단체 외의 법인 또는 그 밖의 사인(私人)이 설치하는 유아교육법 제2조 제2호, 초·중등교육법 제2조 및 고등교육법 제2조에 따른 학교를 말한다(사립학교법 2조 1호).[7)8)]

이외에도 사회의 각 분야별로 공적 목적을 달성하기 위한 여러 가지 법인의 설립근거가 다양한 법률에 규정되어 있다. 그러한 예로 방송법,[9)] 한국토지주택공사법, 인천국제공항공사법, 한국철도공사법, 한국전력공사법, 한국산업은행법 등을 들 수 있다.[10)]

(2) 민법 제32조의 목적과 유사한 목적을 가진 법인

(가) 원칙

① 구성원에 대한 이익분배의 금지

민법 제32조의 "영리 아닌 사업을 목적으로" 하는 것은 수익을 구성원에게 배분하지 않는 것을 의미한다.[11)] 따라서 법인이 "민법 제32조의 목적과 유사한 목적"을 가진다고 하기 위해서는, 법인의 사업에서 생긴 이익을 배당 또는 잔여재산 분배의 방법으로 그 사원 또는 출자자에게 교부하지 않아야 한다(법 2조 2호 나목 괄호 안). '이익을 배당할 수 있는 법인'인지 여부는, 원칙적으로 법인의 설립근거 법령이나 정관에 따라 판단되어야 할 것이다.

---

7) 사립학교를 설립하고자 하는 자는, 일정한 재산을 출연하고 사립학교법에 규정된 사항을 기재한 정관을 작성하여 교육부장관의 허가를 얻어야 하고(사립학교법 10조 1항), 그 이후 설립의 등기를 하면 학교법인이 설립된다(사립학교법 8조). 학교법인은 정관에 해산에 따른 잔여재산의 귀속자를 두고자 할 때에는, 그 귀속자는 학교법인이나 그 밖에 교육사업을 경영하는 자 중에서 선정되도록 하여야 하고(사립학교법 35조 1항), 해산한 학교의 잔여재산은, 합병 및 파산의 경우를 제외하고는, 교육부장관에 대한 청산종결의 신고가 있은 때에 정관으로 지정된 자에게 귀속된다(사립학교법 35조 2항).

8) 국·공립학교를 운영하는 주체인 국가와 지방자치단체는 법인세의 납세의무자가 아니다(법 3조 2항).

9) 방송법 제43조 이하는 한국방송공사의 설치 근거를 규정한다.

10) 특별법에 따라 설립되고 정부가 출자한 법인은 '공공기관의 운영에 관한 법률'에 의하여 공공기관으로 지정된다(공공기관의 운영에 관한 법률 4조 1항 1호). 위와 같은 공공기관의 지정현황에 관하여는 국회예산정책처, 2021 대한민국 공공기관, 224쪽 참조

11) 민법주해 [Ⅰ] 총칙(1), 박영사(2002), 549쪽

비영리법인의 설립근거가 되는 법률 중에는 ① 이익을 배당할 수 없음을 명문으로 규정한 것도 있지만,[12] ② 주주·출자자인 국가 등에 이익을 배당할 수 있는 것으로 규정한 경우도 상당수 있다.[13] 현행세법의 분류기준에 따르면, 후자의 법인은 세법상 영리법인으로 취급되어야 한다.[14]

법인의 설립근거법률에 구성원에 대한 이익배당 등의 금지 여부가 명시되지 않은 경우에는 원칙적으로 그 법인의 정관을 기준으로 판단하여야 할 것이다.[15]

② 구체적 검토

㉑ 건설공제조합과 대한교원공제회

대법원은, ㉠ 건설공제조합은 특별법에 의하여 설립된 법인이지만 민법 제32조의 비영리법인과 유사한 목적을 가진 법인으로 볼 수 없다고 판시하였지만,[16] ㉡ 대한교

---

12) 사회복지사업법에 의하면, 사회복지법인은 수익사업에서 생긴 수익을 그 법인 또는 그 법인이 설치한 사회복지시설의 운영 외의 목적에 사용할 수 없고(사회복지사업법 28조 2항), 해산한 사회복지법인의 남은 재산은 정관으로 정하는 바에 따라 국가 또는 지방자치단체에 귀속된다(사회복지사업법 27조 1항).

13) ① 한국토지주택공사와 한국철도공사의 경우, 그 자본금 전액을 정부가 출자하고, 이익이 생긴 때에는 이월결손금의 보전 등으로 처리한 후 국고에 납입한다(한국토지주택공사법 4조, 11조 1항 5호, 한국철도공사법 4조 1항, 10조 1항 4호).
  ② 한편, 특별법에 따라 정부 또는 지방자치단체 등의 출자로 설립된 법인 중에는 그 자본금이 주식으로 분할되고, 그 이익을 주주에게 배당할 수 있는 것들도 있다. 그 예로는 ㉮ 중소기업은행과 한국산업은행(중소기업은행법 5조 2항, 42조, 한국산업은행법 5조, 31조), ㉯ 한국도로공사(한국도로공사법 4조 2항, 3항, 14조 1항, 19조), ㉰ 한국공항공사 및 인천국제공항공사(한국공항공사법 4조 1항, 19조, 인천국제공항공사법 4조, 18조), ㉱ 한국전력공사(한국전력공사법 5조 1항, 14조 1항 3호) 등이 있다.

14) 다만, 국가 또는 지방자치단체가 지분을 보유하는 법인은, 그 근거법령상 국가 등에 대한 배당을 할 수 있도록 규정된 경우에도, 공적 기능을 수행하는 경우가 많다. 이러한 법인을 세법상 영리법인으로 취급하는 것은, 사인(私人)인 조합원에 대한 배당을 하는 조합법인 등을 세법상 비영리법인으로 취급하는 것과 균형이 맞지 않는 면이 있다. 입법론으로는, 국가 또는 지방자치단체가 지분의 전부 또는 일정비율 이상을 보유한 법인의 경우에는 이익배당을 하더라도 세법상 비영리법인으로 취급하는 것을 검토할 필요가 있다.

15) ① 학교법인은 정관에 해산에 따른 잔여재산의 귀속자를 두고자 할 때에는, 그 귀속자는 학교법인이나 그 밖에 교육사업을 경영하는 자 중에서 선정되도록 하여야 하고(사립학교 35조 1항), 해산한 학교의 잔여재산은, 합병 및 파산의 경우를 제외하고는, 교육부장관에 대한 청산종결의 신고가 있은 때에 정관으로 지정된 자에게 귀속된다(사립학교법 35조 2항).
  ② 의료법에 의하면, 의료법인은 의료법 제49조에 규정된 부대사업 외의 사업을 하는 경우 설립허가가 취소될 수 있고(의료법 51조 5호), 의료법인에 대하여는 의료법에 규정된 것 외에는 민법 중 재단법인에 관한 규정이 준용된다(의료법 50조). 따라서 의료법인의 해산 시 잔여재산의 귀속에 관하여 의료법에는 규정이 없지만, 민법의 재단법인에 관한 규정(민법 50조)에 따라 정관으로 지정한 자 등에게 귀속될 것이다.

16) 대법원 1975. 1. 14. 선고 74누252 판결, 대법원 1983. 12. 13. 선고 80누496 판결 : 그 근거로 ① 건설공제조합의 근거법령인 구 건설공제조합법이 조합원의 자격을 면허를 받은 건설업자로 국한하고, 건설공제조합의 목적은 이러한 특정한 조합들의 경제적 지위의 향상을 위한 것인 점, ② 건설공제조합이 영리사업으로 얻은 잉여금을 배당하지는 못하지만, 누적된 잉여금을 포함한 건설공제조합의 전 재산에 대하여 각 조합원이 지분권을 가지고 종국적으로 위 잉여금도 조합원에게 분배될 성질의 것인 점 등을 들었다. ; 현행 건설산업기본법은, ① 건설공제조합의 조합원이 위 조합의 재산에 대한 지분을 가짐을 전제로 그 양도 등에 관한 규정을 두고 있고(건설산업기본법 59조, 60조), ② 건설공제조합에 관하여 위 법에서 규정한

원공제회는 비영리법인이라고 보았다.[17]

㉯ 정비사업조합

도시 및 주거환경정비법[18]에 따라 설립된 정비사업조합[19]은 법인세법상 비영리법인으로 간주된다(조특법 104조의7 2항).[20] '정비사업조합이 관리처분계획에 따라 조합원에게 종전의 토지를 대신하여 토지 및 건축물을 공급하는 사업'은 수익사업이 아닌 것으로 본다(조특법 시행령 104조의4).[21]

정비사업조합이 조합원의 지분을 초과하여 분양한 아파트와 관련하여 그 조합원으로부터 받은 **청산금**[22]은, 수익사업에서 생긴 소득이 아니므로, 도시정비조합의 익금에 해당하지 않는다.[23]

대법원은, 재건축조합이 일반분양으로 얻은 분양대금수입으로 조합원들이 납부할 건축비에 충당한 사건에서, 일반분양대금수입에서 취득원가인 일반분양분 토지 지분의 장부가액과 공사비 등을 공제한 금액 상당의 소득이 재건축조합에 발생하였고, 이는 비영리법인의 사업소득으로서 법인세 과세대상이 되며, 재건축조합이 조합원들에게 그들의 출자가액을 초과하는 아파트를 분양한 때 분배된다고 판시하였다.[24]

것을 제외하고 민법 중 사단법인에 관한 규정을 준용하면서도 상법 중 주식회사에 관한 규정을 준용한다(건설산업기본법 68조).

17) 대법원 1993. 6. 29. 선고 92누14168 판결 : 위 판결은 법인세법이 아닌 지방세법상 법인의 비업무용 토지에 관한 취득세 중과규정에 관한 것이지만, 법인세에 관하여도 마찬가지로 볼 여지가 있다.

18) 이하 '도시정비법'이라 한다.

19) 2002. 12. 30. 도시정비법이 제정됨에 따라 구 도시개발법에 의한 주택재개량조합과 구 주택건설촉진법에 의한 주택조합 중 재건축을 위한 것이 도시정비법상 정비사업조합으로 통합되었다. 도시정비법상 정비사업조합은 법인이다(도시정비법 38조 1항). ; 대법원 2005. 5. 27. 선고 2004두7214 판결은, 구 도시재개발법에 의한 주택재개량조합을 법인세법상 비영리법인으로 판단하면서, 그 이유로, 원고 조합의 조합원이 법인인 원고 조합의 재산에 대하여 사적 소유 형태인 지분권을 가진다거나, 원고 조합의 이득에 대하여 분배를 받는 것도 생각하기 어려운 점, 보류시설 분양대금의 분배는 원고 조합의 정관에 따른 것이고 결과적으로 과다하게 지급된 청산금을 반환받는 형태로 볼 수 있는 점 등을 들었다.

20) 「빈집 및 소규모주택 정비에 관한 특례법」 제23조에 따라 설립된 조합도 같다.

21) 정비사업조합이 관리처분계획에 따라 조합원에게 종전의 토지를 대신하여 토지 및 건축물을 공급하는 것은 부가가치세법상 재화의 공급으로 보지 않는다(조특법 104조의7 3항).

22) 2017. 2. 8. 구 도시정비법이 전부 개정되기 전에는 같은 법 제57조에 규정되었고, 현행 도시정비법에는 제89조에 규정되어 있다.

23) 부산고등법원 2018. 7. 20. 선고 2018누20238 판결[대법원 2018. 12. 6. 선고 2018두54040 판결(심리불속행)] : 위 판결은, 조합원이 현물출자한 가액에 미달하는 토지와 건물을 공급받고 그 차액에 해당하는 청산금을 정비사업조합('조합')으로부터 수령하는 경우 그 청산금은 출자의 환급에 해당하므로, 반대로 조합원이 현물출자한 가액을 초과하는 토지와 건물을 공급받고 그 차액에 해당하는 청산금을 조합에 지급하는 것은 추가적인 출자의 납입에 해당하고, 조합이 조합원으로부터 받은 청산금은 조합의 법인세 과세대상에서 제외된다고 판단하였다. 한편, 과세관청은 조특법 시행령 제104조의4에서 말하는 조합원 분양사업은 조합원에게 조합원이 종전에 소유한 토지 및 건물과 동일한 가치의 토지 및 건물을 공급하는 경우만을 가리킨다고 주장하였으나, 위 법원은 이를 받아들이지 않았다.

정비사업조합은, 일반적 비영리법인과 달리, 수익사업에서 얻은 소득에 관하여 고유 목적사업준비금을 손금에 산입할 수 없다(조특법 104조의7 2항). 조합원은 정비사업조합의 체납 국세 등에 관하여 제2차 납세의무를 진다(조특법 104조의7 4항).

조합원이 ㉠ 정비사업조합에 토지 등을 이전하고 그 대신 새로운 주택 등을 취득하는 것은 환지로 의제되므로(도시정비법 87조 2항), 소득세법상 양도에 해당하지 않지만(소득세법 88조 1호 가목), ㉡ 조합원 분양권을 제3자에게 유상이전하는 것은 양도소득세 과세대상이다(소득세법 94조 1항 2호 가목).[25]

㉰ 주택조합

주택조합은 시장·군수·구청장의 인가를 받아 설립되지만(주택법 11조 1항), 법인이 아니므로, 법인세법 제2조 제2호 나목의 비영리법인에 해당하지 않는다. 주택조합이 ㉠ 수익을 구성원에게 분배하지 않는 경우에는 국세기본법 제13조 제1항 제1호의 비영리법인에 해당할 수 있지만(법 2조 2호 다목, 국세기본법 13조 1항 1호), ㉡ 수익을 구성원에게 분배하는 경우에는 위 규정의 비영리법인에 해당하지 않고,[26] 1거주자 또는 1비거주자로서 납세의무를 지거나,[27] 그 구성원이 소득세 또는 법인세의 납세의무를 진다(소득세법 2조 3항).

㉱ 중소기업진흥공단 등

대법원은, 중소기업진흥공단을 법인세법상 비영리법인으로 판단하였다.[28] 하급심

---

24) 대법원 2010. 6. 10. 선고 2007두19799 판결, 대법원 2011. 7. 14. 선고 2008두17479 판결

25) 대법원 2004. 6. 11. 선고 2002두6149 판결 : 주택개량재개발조합의 조합원인 원고가 조합에 토지를 제공하고 도시재개발법상의 분양처분에 따라 아파트와 상가를 분양받은 사안에서, 위 상가는 분양가액 범위 안에서 종전에 원고가 소유한 토지의 권리변환의 성질을 가지고 그 권리로서의 동일성이 인정되므로, 위 토지 중 위 상가의 분양가액에 상응하는 부분은 양도소득세 과세대상인 자산의 양도에 해당하지 않는다고 판단하였다.

26) 대법원 2005. 6. 10. 선고 2003두2656 판결은, 구 주택건설촉진법에 의한 주택조합을 비영리법인으로 판단하였다. 그러나 위 판결은 2007. 12. 31. 국세기본법 제13조 제1항 제1호에 법인으로 보는 단체의 요건으로 '수익을 구성원에게 분배하지 아니한 것'이 도입되기 전의 사안에 대한 것이다. 현행 국세기본법 제13조 제1항 제1호 하에서는 위 판례가 그대로 적용되기 어렵다.

27) 서울고등법원 2020. 5. 13. 선고 2019누53725 판결은, 2012. 4. 10. 남양주시장의 인가를 받아 원고를 조합장으로 하여 설립된 ○○지역주택조합이 신축한 공동주택 및 상가 중 일부를 일반인에게 분양하여 조합원들이 분담할 건축비용 등에 충당하는 방법으로 사업을 수행한 사안에서, 위 주택조합은 수익을 구성원에게 분배하는 단체이므로, 법인세법상 비영리법인에 해당하지 않고, 구성원 간 이익의 분배방법이나 분배비율이 정해져 있지 않으므로, 소득세법상 1거주자로 과세되어야 한다고 판단하였다. 한편, 위 판결은, 위 주택조합의 조합장인 원고가 복식부기의무자임에도 사업용계좌의 개설신고를 하지 않았음을 이유로 피고가 원고에 대하여 한 사업용계좌 미신고 가산세의 부과처분을 적법하다고 판단하였다. 그러나 위 주택조합이 1거주자로 과세된다면, 조합장인 원고와 별개의 납세의무자이므로, 위 조합의 사업용계좌의 미신고 가산세는 원고가 아닌 위 주택조합에 대하여 부과되어야 할 것으로 보인다.

28) 대법원 2005. 9. 9. 선고 2003두12455 판결 ; 위 사건 당시 시행 중이었을 것으로 보이는 '중소기업진흥 및 제품구매촉진에 관한 법률'에 따르면, 중소기업진흥공단에 관하여는 민법 중 재단법인에 관한 규정이

판결과 행정해석은, 한국방송공사(KBS)가 그 정관에 이익잉여금 국고납입 조항을 두고 있지만, 비영리법인에 해당한다고 보았으나,[29] 세법의 분류기준에 합치하는 판단인지는 의문스럽다.[30][31]

(나) 조합법인 등에 관한 예외

당초 대법원은, 농업협동조합과 수산업협동조합에 대하여 수익사업을 할 수 있고 그에 따른 잉여금을 조합원에게 배당할 수 있다는 점 등을 이유로 영리법인으로 판단하였다.[32] 그러나 현행 법인세법은, 농업협동조합법에 따라 설립된 조합을 비롯한 일정한 조합법인 등[33]은 출자자에게 이익을 배당하더라도[34] 비영리법인으로 의제한다(법 2조 2호 나목, 시행령 2조 1항).[35]

한편, 위와 같은 조합법인 등으로부터 그 출자자 등이 분배받은 이익은 배당소득이다(소득세법 17조 1항 1호).

준용되었다(위 법률 47조 8항).

29) 서울행정법원 2002. 12. 4. 선고 99구28704 판결(항소심인 서울고등법원 2004. 7. 9. 선고 2003누1044 판결은 본안에 관하여 판단하지 않고 소를 각하하였으며, 상고심인 대법원 2004두8972 판결은 상고를 기각하였다). ; 기획재정부 법인세제과-373, 2007. 5. 22. ; 현재는 방송법 제43조 이하에 규정되어 있다.

30) 다만, 구 한국방송공사법(2000. 1. 12. 폐지되기 전의 것)에는 이익을 국고에 납입하는 규정이 있었으나(위 법 31조 1항 4호), 현행 방송법은 그러한 규정을 두고 있지 않으므로, 현재는 종전과 달리 볼 여지가 있다.

31) 조세심판원은, 한국철도공사법에 따라 설립된 한국철도공사에 관하여, 그 근거법 및 정관에 이익금을 이월결손금 보전 등에 사용한 후 국고에 납입하도록 규정하는 점 등을 근거로 한국철도공사를 연결납세방식의 적용대상으로 판단하였다(조심 2014전2057, 2015. 5. 29.). 다만, 그 취지가 한국철도공사가 영리법인이라는 것인지, 아니면 비영리법인이지만 영리법인의 속성을 많이 가지므로 예외적으로 연결납세방식의 적용대상이라는 것인지는 다소 불분명하다.

32) 대법원 1978. 2. 14. 선고 77누250 판결, 대법원 1978. 3. 14. 선고 77누246 판결

33) 이는 다음의 어느 하나에 해당하는 법인을 말한다(시행령 2조 1항).
① 농업협동조합법에 따라 설립된 조합(조합공동사업법인을 포함한다)과 그 중앙회
② 소비자생활협동조합법에 따라 설립된 조합과 그 연합회 및 전국연합회
③ 수산업협동조합법에 따라 설립된 조합(어촌계 및 조합공동사업법인을 포함한다)과 그 중앙회
④ 산림조합법에 따라 설립된 산림조합(산림계를 포함한다)과 그 중앙회
⑤ 엽연초생산협동조합법에 따라 설립된 엽연초생산협동조합과 그 중앙회
⑥ 중소기업협동조합법에 따라 설립된 조합과 그 연합회 및 중앙회
⑦ 신용협동조합법에 따라 설립된 신용협동조합과 그 연합회 및 중앙회
⑧ 새마을금고법에 따라 설립된 새마을금고와 그 연합회
⑨ 염업조합법에 따라 설립된 대한염업조합

34) 지역농협은 잉여금을 정관으로 정하는 바에 따라 다음의 순서대로 배당한다(농업협동조합법 68조).
① 조합원의 사용이용실적에 대한 배당
② 정관으로 정하는 비율의 한도 이내에서 납입출자액에 대한 배당
③ 준조합원의 사업이용실적에 대한 배당

35) 현행법상 협동조합 등은 민법 제32조에 규정된 목적과 유사한 목적을 가진 법인에 해당하지 않음에도 비영리법인으로 의제하여 법인세법상 우대조치를 적용하는 것은, 과세의 형평을 침해하고 조세중립성을 해치며 공정한 경쟁을 저해하는 문제점을 초래한다고 비판하는 견해로 이병대·김완석·서희열, "협동조합 과세제도에 관한 연구-소득과세를 중심으로-", 조세연구 제15권 제2집(2015. 8.), 64쪽

2-3. 국세기본법 제13조 제4항에 따른 법인으로 보는 단체

(1) 당연의제법인

(가) 당연의제법인의 요건

법인 아닌 사단, 재단, 그 밖의 단체 중 다음의 요건을 모두 충족하는 것은 법인으로 본다(국세기본법 13조 1항).

① 다음의 어느 하나에 해당하는 단체일 것

㉮ 주무관청의 허가 또는 인가를 받아 설립되거나 주무관청에 등록한 사단, 재산, 그 밖의 단체로서 등기되지 않은 것

구 주택건설촉진법에 의한 인가를 받아 설립된 주택조합은 이에 해당한다.[36] 그러나 ㉠ 비법인사단인 종중이 부동산등기용 등록번호를 부여받은 것,[37] ㉡ 아파트 입주자 대표회의가 주택법에 따라 공동주택의 관리방법을 구청장 등에게 신고한 것,[38] ㉢ 종중이 세무서장으로부터 국세기본법 제13조 제2항의 승인을 받아 단체 고유번호를 발급받은 것[39]은 '주무관청에 등록한 경우'에 해당하지 않는다.

㉯ 공익을 목적으로 출연(出捐)된 기본재산이 있는 재단으로서 등기되지 않은 것

공익을 목적으로 출연된 기본재산이 있는 재단은, 주무관청의 허가 등을 받거나 주무관청에 등록하지 않더라도 세법상 법인으로 의제된다. 이에 해당하는 예로는 한국자산관리공사의 부실채권정리기금이 있다.[40] 교회가 법인격 없는 사단이면서 동시에 법인격 없는 재단이라고 볼 수 없다.[41]

---

36) 대법원 2005. 6. 10. 선고 2003두2656 판결
37) 대법원 2010. 12. 23. 선고 2008두19864 판결
38) 서울행정법원 2015. 11. 20. 선고 2014구합74862 판결(서울고등법원 2016. 7. 15. 선고 2015누71206 판결로 항소기각, 대법원 2016. 11. 9. 선고 2016두47574 판결로 심리불속행 상고기각)
39) 수원지방법원 2015. 7. 9. 선고 2014구합5447 판결(서울고등법원 2016. 4. 22. 선고 2015누52939 판결로 항소기각, 대법원 2016. 8. 18. 선고 2016두39795 판결로 심리불속행 상고기각)
40) 2016. 11. 24. 선고 2016두43268 판결 : 관련 법률에 근거하여 설치된 한국자산관리공사(구 성업공사)의 부실채권정리기금('이 사건 기금')은 원고(수협중앙회)를 비롯한 금융기관의 출연금 등을 재원으로 조성되었고, 그 운용기간 종료일 전에 2009년 원고에게 775,244,000원의 분배금을 지급하였다. 원고는 위 분배금을 2009 사업연도 수입배당금으로 익금산입하여 법인세를 신고·납부하였다가 이후 위 분배금의 귀속시기가 2009 사업연도가 아니라 그 이전의 사업연도라는 이유로 경정청구를 하였으나, 과세관청은 이를 거부하였다. 이후 위 경정거부처분에 대한 취소소송에서 원고는 이 사건 기금이 구성원인 금융기관들에게 수익을 분배하는 공동사업장임을 전제로 이 사건 분배금이 2007 사업연도 이전에 익금으로 귀속된 것으로 보아야 한다고 주장하였다. 그러나 대법원은, 이 사건 기금은 국세기본법 제13조 제1항 제2호의 '법인으로 보는 단체'에 해당하므로, 이 사건 분배금의 익금 귀속시기는 원고가 그 분배금을 지급받은 2009 사업연도라는 이유로 위 경정거부처분이 적법하다고 판단하였다.
41) 대법원 1999. 9. 7. 선고 97누17261 판결

② 법인 아닌 단체가 그 수익을 구성원에게 분배하지 않을 것

법인 아닌 단체가 주무관청의 인가를 받아 설립되었더라도 수익을 그 구성원에게 분배하는 경우 법인세법상 비영리법인에 해당하지 않는다.[42] 단체가 수익을 구성원들의 공동이익 또는 단체의 유지·존속을 위한 목적에 사용한 때에는, 수익을 구성원에게 분배한 것으로 보기 어려운 경우가 많을 것이다.[43]

(나) 당연의제법인이 그 요건을 충족하지 못하게 된 경우

당연의제법인의 요건을 충족하는 단체는, 별도의 승인 등을 받지 않고도 당연히 세법상 법인으로 의제되므로, 만일 해당 단체가 당연의제법인의 요건을 충족하지 못하게 되면, 그 때부터 자동적으로 당연의제법인의 지위를 상실한다.[44]

당연의제법인인 단체가 그 구성원에게 수익을 분배하여 당연의제법인의 요건을 갖추지 못하게 된 경우, 그 수익의 분배시점까지 발생한 소득에 관하여는 법인세 납세의무를 부담하므로, 구성원인 거주자가 그러한 소득을 분배받은 금액은 배당소득(소득세법 17조 1항 2호)으로 보는 것이 적절하다.[45]

(2) 승인의제법인

당연의제법인에 해당하지 않는 법인 아닌 단체 중 일정한 요건을 갖추어 세무서장의 승인을 받은 것은 법인으로 본다(국세기본법 13조 2항).

(가) 승인요건

법인 아닌 단체가 세무서장의 승인을 받기 위해서는 다음의 요건을 모두 갖추어야 한다.

① 사단, 재단, 그 밖의 단체의 조직과 운영에 관한 규정(規程)을 가지고 대표자나 관리인을 선임할 것

② 사단, 재단, 그 밖의 단체 자신의 계산과 명의로 수익과 재산을 독립적으로 소유·관리할 것

③ 사단, 재단, 그 밖의 단체의 수익을 구성원에게 분배하지 않을 것 : 단체가 구성원에

---

42) 서울고등법원 2020. 5. 13. 선고 2019누53725 판결(주택조합이 신축한 공동주택 등의 일부를 일반인에게 분양한 대금을 조합원들이 분담할 건축비 등에 사용하는 경우 '수익을 구성원에게 분배하는 단체'이므로, 국세기본법 제13조 제1항 제1호의 '법인으로 보는 단체'에 해당하지 않고, 조합원들 간에 이익의 분배방법이나 분배비율이 정해져 있지 않으므로, 소득세법상 1거주자로 과세되어야 한다고 본 사례) 2-2. (2) (가) ② ㉯ 참조

43) 행정해석도 같은 취지로 보인다(감심98-361, 1998. 12. 8. ; 서면법규과-671, 2014. 6. 27.).

44) 김완석·박종수·이중교·황남석, 국세기본법 주석서(2017), 164쪽

45) 따라서 배당세액공제도 인정된다. 이중교, "세법상 법인격 없는 단체의 고찰", 사법(38호, 2016년 겨울호), 사법발전재단, 103쪽 ; 김완석·박종수·이중교·황남석, 국세기본법 주석서(2017), 171쪽

게 수익을 분배하는 경우에는 소득세법상 거주자 또는 비거주자로 과세된다(소득세법 2조 3항). 종중이 보유하던 부동산을 매각하고 받은 대금을 종중원 일부에게 증여한 것도 수익의 분배에 해당할 수 있다.[46]

(나) 세무서장의 승인

법인 아닌 단체가 세무서장의 승인을 받기 위해서는, 그 법인 아닌 단체의 대표자 또는 관리인은 관할 세무서장에게 승인 신청을 하고, 정관 또는 조직과 운영에 관한 사항 등을 적은 문서를 제출하여야 한다(국세기본법 시행령 8조 1항). 이에 대하여 관할 세무서장은 그 승인 여부를 신청일부터 10일 이내에 신청인에게 통지하여야 한다(국세기본법 시행령 8조 2항).[47] 승인을 받은 법인 아닌 단체에 대하여는 부가가치세법 시행령 제12조 제2항에 따른 고유번호를 부여하여야 한다(국세기본법 시행령 8조 3항 본문).[48]

세무서장의 승인을 받은 법인으로 보는 단체는 그 승인일을 최초사업연도의 개시일로 한다(시행령 4조 1항 1호 라목). 따라서 소득세법상 거주자인 법인 아닌 단체가 세무서장의 승인을 얻은 경우, 그 승인일 전날까지 발생한 소득에 대하여는 소득세 납세의무를, 그 승인일 이후 발생한 소득에 대하여는 법인세 납세의무를 부담한다.[49][50] 세무서장의 승인에 따른 법인으로 보는 단체는, 그 승인을 받은 날이 속하는 과세기간과 그 과세기간이 끝난 날부터 3년이 되는 날이 속하는 과세기간까지는 소득세법에 따른 거주자 또는 비거주자로 변경할 수 없다(국세기본법 13조 3항).

단체가 법인 아닌 사단의 실체를 갖지 않아서 승인의 요건을 충족하지 못한 경우, 세무서장의 승인을 얻었다고 하더라도, 법인으로 의제되는 효과는 발생하지 않는다.[51]

---

46) 수원지방법원 2015. 7. 9. 선고 2014구합5447 판결
47) 세무서장의 승인거부는 항고소송의 대상이 되는 처분에 해당한다[서울행정법원 2016. 10. 13. 선고 2016 구합61078 판결(서울고등법원 2017. 8. 11. 선고 2016누73247 판결 항소기각)].
48) 다만, 해당 단체가 수익사업을 하려는 경우로서 법인세법 제111조에 따라 사업자등록을 하여야 하는 경우 에는 그러하지 아니하다(국세기본법 시행령 8조 3항 단서).
49) 법인세 집행기준 2-0-2 ⑤
50) 서울행정법원 2012. 7. 17. 선고 2012구단3821 판결 : 법인 아닌 단체가 세무서장의 승인을 받기 전에 거주자로서 부동산을 양도한 경우에는 양도소득세 납세의무가 있다.
51) ① 서울고등법원 2014. 11. 28. 선고 2013나2023615 판결은, 원고 교회가 외형상 목적, 명칭, 사무소 및 대표자를 정하고 있으나, 사단의 실체를 인정할 만한 조직, 그 재정적 기초, 총회의 운영, 재산의 관리 기 타 단체로서의 활동에 관한 입증이 없으므로, 비법인사단으로서의 실체를 갖지 않는다고 판단하였다(대법 원 2015. 5. 14. 선고 2015다203837 판결 : 심리불속행). ② 대구고등법원 2014. 12. 12. 선고 2014누22 판결은, 원고 사찰이 대한불교조계종 산하 포교원으로 등록되고 ○○○가 대한불교조계종 총무원장에 의 하여 원고의 주지로 임명되었다고 하더라도, 원고의 운영과 관련하여 신도들이 단체를 조직하거나 규약을 마련하여 단체의사를 결정한 사실이 보이지 않고 ○○○가 원고의 건물 등 일체를 실질적으로 소유하면서 독자적으로 관리 · 운영하였을 뿐이어서, 원고는 국세기본법 제13조 제2항에 따라 법인으로 보는 법인격 없는 사단에 해당하지 않으므로, 당사자능력이 없다는 이유로, 원고의 소를 각하하였다(대법원 2015. 5.

(다) 승인의 취소

승인을 받은 법인 아닌 단체가 승인요건을 갖추지 못하게 되었을 때에는, 관할 세무서 장은 지체 없이 그 승인을 취소하여야 한다(국세기본법 시행령 8조 4항). 여기서 승인의 취소는 승인의 철회를 의미하므로, 소급효를 갖지 않고,[52] 승인의 효력은 장래를 향하여 소멸할 뿐이다. 따라서 승인의제법인인 단체에 대한 승인이 취소된 경우, 그 단체는 승인취소 통지서를 받은 날부터 법인으로 보지 않으므로,[53] 그날까지 수익사업에서 발생한 소득에 대하여는 법인세 납세의무를 부담한다.[54]

승인의제법인인 단체가 구성원에게 수익을 분배하여 승인이 취소된 경우, 그 승인의 취소일까지 발생한 소득에 관하여는 법인세 납세의무를 부담하므로, 구성원인 거주자가 그러한 소득을 분배받은 금액은 배당소득(소득세법 17조 1항 2호)으로 보는 것이 적절하다.[55]

(3) 법인으로 보지 않는 법인 아닌 단체

법인 아닌 단체가 '법인으로 보는 단체'에 해당하지 않는 경우, 다음과 같이 처리된다.

① 구성원 간 이익의 분배비율이 정해져 있고 구성원별로 이익의 분배비율이 확인되거나, 사실상 구성원별로 이익이 분배된 경우에는, 구성원이 소득세법 또는 법인세법에 따라 소득세 또는 법인세를 납부할 의무를 진다(소득세법 2조 3항 단서).

② 위 ①에 해당하지 않는 경우, 법인 아닌 단체 중 ㉮ 국내에 주사무소 또는 사업의 실질적 관리장소를 둔 것은 1거주자로, ㉯ 그 밖의 것은 1비거주자로 보아 소득세법을 적용한다(소득세법 2조 3항 본문).[56][57][58] 소득세법상 1거주자로 취급되는 법인 아

---

14. 선고 2015두684 판결 : 심리불속행).

52) 김완석·박종수·이중교·황남석, 국세기본법 주석서(2017), 167쪽

53) 서면－2015－징세－122, 2015. 5. 18.

54) 법인세 집행기준 2－0－2 ⑥

55) 이중교, 앞의 글, 103쪽 ; 김완석·박종수·이중교·황남석, 국세기본법 주석서(2017), 171쪽

56) ① 서울고등법원 2016. 9. 21. 선고 2016누38916 판결은, 아파트 입주자대표회의인 원고가 아파트의 공용부분을 임대하여 차임을 받는 등으로 수익을 얻은 것에 대하여, 과세관청이 원고의 사업소득으로 보아 원고에게 종합소득세 부과처분을 한 사건에서, 원고가 그 수익을 구성원에게 분배하였다고 보기 어려우므로, 원고는 1거주자로서 종합소득세 납세의무가 있다고 판단하였다(대법원 2017. 2. 15. 선고 2016두56219 판결 : 심리불속행). ② 서울고등법원 2020. 5. 13. 선고 2019누53725 판결은, 주택조합이 신축한 공동주택 등의 일부를 일반인에게 분양한 대금을 조합원들이 분담할 건축비 등에 사용하는 경우 '수익을 구성원에게 분배하는 단체'이므로, 국세기본법 제13조 제1항 제1호의 '법인으로 보는 단체'에 해당하지 않고, 조합원들 간에 이익의 분배방법이나 분배비율이 정해져 있지 않으므로, 소득세법상 1거주자로 과세되어야 한다고 판단하였다.

57) 이 경우 법인 아닌 단체는 그 구성원과 구별되는 독립한 납세의무자이므로, 법인 아닌 단체의 소득을 그 대표자나 관리인의 다른 소득과 합산하여 과세해서는 안 된다.

58) 서울고등법원 2022. 6. 7. 선고 2020누62718 판결은, 구 중소기업창업 지원법(2009. 1. 30. 개정 전) 제20조에 따라 2008. 12.경 설립된 중소기업창업투자조합이 법인격 없는 사단에 해당하므로, 위 투자조합의

닌 단체가 구성원에게 이익을 분배한 경우 이는 그 구성원의 배당소득에 해당하지 않고 증여로 과세될 것이다.[59]

거래에 따른 세법상 효과가 위 투자조합의 유한책임조합원인 원고에게 직접 귀속될 수 없다는 취지로 판단하였다. 그러나 ① 중소기업창업투자조합에 대하여 민법의 조합에 관한 규정이 준용되는 점(구 중소기업창업 지원법 제30조)을 고려하면, 위 투자조합은 기본적으로 민법상 조합에 해당하되(김건식·노혁준·천경훈, 회사법(2020), 8쪽), 구 중소기업창업 지원법에 의하여 일부 특칙이 규정된 것이라고 볼 여지가 크다. 중소기업창업투자조합은 상법에 합자조합에 관한 규정이 도입되기 전에 구 중소기업창업 지원법에 의하여 제한적으로 중소기업창업투자를 목적으로 하는 합자조합이 인정된 것으로 이해할 여지가 있다. 그리고 ② 설령 중소기업창업투자조합을 비법인사단으로 본다고 하더라도, 위 투자조합의 구성원 간 이익의 분배비율이 정해져 있다면 위 투자조합의 소득은 직접 그 구성원에게 귀속될 수 있으므로(소득세법 2조 3항 단서), 이에 관하여 심리가 필요할 것으로 보인다.

59) 서면-2016-상속증여-4192, 2016. 7. 19. ; 이중교, 앞의 글, 106쪽

제2장

비영리법인에 대한 출연

1 ▶ 비영리법인에 출연을 한 자

1-1. 기부금의 손금산입 등

비영리법인에 대한 출연(出捐)이 특례기부금 또는 일반기부금에 해당하는 경우 ① 출연자가 개인(거주자)인 경우에는 사업소득의 필요경비에 산입되거나(소득세법 34조) 일정한 세액공제가 인정되고(소득세법 59조의4), ② 출연자가 법인인 경우에는 손금에 산입된다(법 24조 2항).[1]

1-2. 비영리법인에 대한 출연과 양도소득세

회사에 대한 출자자가 받는 주식이 출자의 대가에 해당하는 것과 달리, 비영리법인에 자산을 출연한 자의 지위는 그 출연에 대한 대가로 보기 어렵다.[2] 따라서 개인이 비영리법인에 자산을 출연(증여)하는 것은 자산의 유상(有償) 이전(소득세법 88조)이 아니므로, 원칙적으로 양도소득세 과세대상에 해당하지 않는다. 다만, 개인이 비영리법인에게 자산을 출연하면서 부채도 인수시키는 경우에는, 그 부채의 금액은 자산의 양도대가(부담부증여)에 해당할 수 있다(소득세법 88조 1항 후문, 소득세법 시행령 151조 3항 본문). 대법원은, 의사인 원고가 의료법인을 설립하면서 그 의료법인에 종전에 운영하던 병원에 관한 부동산 등의 자산과 부채를 포괄적으로 양도한 사건에서, 이월과세[3]를 규정한 조특법 제32조는 재단

---

[1] 기부금의 손금산입에 관한 상세한 내용은 제2편 제2장 제5절 2. 참조

[2] 비영리법인에 대한 출연자가 그 이사로서 비영리법인을 실질적으로 운영하는 경우에도 그러한 지위를 출연에 대한 대가로 취급하기는 곤란하다.

[3] "이월과세(移越課稅)"란, 개인이 해당 사업에 사용되는 사업용 고정자산 등("종전 사업용 고정자산 등")을 현물출자(現物出資) 등을 통하여 법인에 양도하는 경우, 이를 양도하는 개인에 대해서는 소득세법 제94조에 따른 양도소득에 대한 소득세("양도소득세")를 과세하지 아니하고, 그 대신 이를 양수한 법인이 그 사업용

법인(의료법인)에 대한 출연에 적용되지 않는다고 판시하였다.[4]

2 ▸ 출연을 받은 비영리법인

2-1. 증여세 또는 상속세의 납부의무

2-1-1. 원칙

비영리법인이 증여를 받은 경우 수증자(受贈者)로서 증여세 납부의무를 지고(상증세법 2조 9호, 4조의2),[5][6] 유증(遺贈) 또는 사인증여(死因贈與)를 받은 경우 수유자(受遺者)로서 상속세 납부의무를 진다(상증세법 2조 5호, 3조의2).

재단법인의 설립을 위한 최초의 출연이 재단법인에 대한 증여 또는 유증으로서 증여세 또는 상속세 과세대상에 해당하는지가 문제된다. 이러한 최초의 출연은, 아직 재단법인이 성립하기 전의 단계에서 이를 설립하는 절차의 일환이므로, 재단법인이 미리 존재할 것을 전제로 하는 '재단법인에 대한' 증여 등으로 보기 어려운 면이 있다.[7] 그러나 행정해석은 이를 재단법인에 대한 증여 등으로 취급한다.[8] 한편, 재단법인 이외의 비영리법인이 출연

고정자산 등을 양도하는 경우 개인이 종전 사업용 고정자산 등을 그 법인에 양도한 날이 속하는 과세기간에 다른 양도자산이 없다고 보아 계산한 소득세법 제104조에 따른 양도소득 산출세액 상당액을 법인세로 납부하는 것을 말한다(조특법 2조 6호).

4) 대법원 2012. 9. 27. 선고 2012두11607 판결 : 의사인 원고가 재산을 출연하여 의료법인을 설립하고 자신의 개인병원 운영과 관련하여 보유하던 부동산 등 자산과 부채를 위 의료법인에게 포괄적으로 양도한 후 양도소득세의 이월과세를 신청한 사안에서, 대법원은, 조특법 시행령 제29조에서 말하는 '출자'는 법인에 대하여 그 구성원이 자본적 가치가 있는 지출을 하는 것으로서 그에 따라 법인의 이익을 분배받을 권리 등을 가지는 경우를 뜻하므로, 재단법인의 설립자가 재산상 손실로 재단법인의 재산을 구성하되 그로부터 어떠한 이득을 취하지 않는 '출연'과는 본질적으로 다른 개념이고, 원고가 재산을 출연하여 재단법인에 관한 규정이 준용되는 의료법인을 설립하고 개인 사업체인 병원의 운영과 관련하여 보유하던 부동산 등 자산과 부채를 이 사건 의료법인에게 포괄적으로 양도하였다고 하더라도 위 부동산의 양도는 구 조특법 제32조에 의한 이월과세의 적용을 받을 수 없다고 판단하였다.

5) 법인세법 시행령은 무상수증이익을 익금의 하나로 규정하지만(시행령 11조 5호), 이는 비영리법인의 과세대상인 수익사업소득(법인세법 4조 3항)에 포함되지 않는다. 따라서 비영리법인이 증여를 받은 경우 '증여재산에 대하여 수증자에게 법인세가 부여되는 경우'(상증세법 4조 3항)에 해당하지 않는다. 수원지방법원 2022. 7. 6. 선고 2021구합72780 판결(수원고등법원 2022누13042호로 항소심 계속 중)

6) 미국 세법의 경우 증여세의 납세의무자는 비영리법인에 대한 증여자(donor)이므로[IRC § 2502(c)], 증여를 받은 비영리법인은 그 납세의무자가 아니다.

7) 다만, 최초의 출연을 증여 등으로 취급하지 않을 경우, 공익법인 등이 출연받은 재산에 대한 증여세 등 과세가액 불산입 제도가 우회·회피될 수 있는 실제상 문제점이 있다. 이에 관한 논의에 관하여는, 조영재·변영선·박재형·윤예원, 비영리법인의 회계와 세무(2016), 618쪽

8) 행정해석은, 재산의 출연에 따라 재단법인이 설립된 후 지정기부금단체로 지정된 경우, 그 출연받은 재산의 가액은 증여세 과세가액에 불산입된다고 보았는데(재산세과-615, 2009. 2. 23.), 이는 위와 같은 최초의

받은 재산은, 설립절차를 구성하지 않으므로, 설립 직후에 출연받은 것이더라도, 증여 등으로 취급하는 데 별다른 문제가 없다.

2-1-2. 공익법인 등이 출연받은 재산의 과세가액 불산입

공익법인 등[9])에 해당하는 비영리법인에게 출연된 재산의 가액은 증여세 또는 상속세의 과세가액에 산입되지 않는다(상증세법 16조 1항, 48조 1항 본문).[10]) 비영리법인이 공익법인 등에 해당하는지는 재산의 출연 시점을 기준으로 판단된다.[11]) 공익법인 등이 증여세 등 과세가액 불산입을 적용받은 재산을 직접 공익목적사업 등 외의 용도에 사용하는 등의 경우, 대통령령으로 정하는 가액을 공익법인 등이 증여받은 것으로 보아 즉시 증여세를 부과하거나 가산세를 부과한다(상증세법 48조 2항).[12])

출연도 일단 증여세 과세대상에 해당함을 전제로 한다.
9) 공익법인 등은 다음의 어느 하나에 해당하는 사업을 하는 자를 말한다(상증세법 시행령 12조 본문).
　① 종교의 보급 기타 교화에 현저히 기여하는 사업
　② 초·중등교육법 및 고등교육법에 의한 학교, 유아교육법에 따른 유치원을 설립·경영하는 사업
　③ 사회복지사업법의 규정에 의한 사회복지법인이 운영하는 사업
　④ 의료법에 따른 의료법인이 운영하는 사업
　⑤ 특례기부금(법 24조 2항 1호)을 받는 자가 해당 기부금으로 운영하는 사업
　⑥ 법인세법 시행령 제39조 제1항 제1호 각 목에 따른 공익법인 등 및 소득세법 시행령 제80조 제1항 제5호에 따른 공익단체가 운영하는 고유목적사업. 다만, 회원의 친목 또는 이익을 증진시키거나 영리를 목적으로 대가를 수수하는 등 공익성이 있다고 보기 어려운 고유목적사업은 제외한다.
　⑦ 법인세법 시행령 제39조 제1항 제2호 다목에 해당하는 기부금을 받는 자가 해당 기부금으로 운영하는 사업. 다만, 회원의 친목 또는 이익을 증진시키거나 영리를 목적으로 대가를 수수하는 등 공익성이 있다고 보기 어려운 고유목적사업은 제외한다.
　상증세법상 공익법인 등은 법인세법상 특례기부금 단체와 일반기부금 단체인 공익법인 등을 포함하는 넓은 개념이다(상증세법 시행령 12조 8호, 9호).
10) 미국 세법의 경우, 오직 종교, 자산, 과학, 문학, 교육, 아마추어 체육 증진만을 목적으로 설립되고 운영되는 회사, 신탁, 단체 등에 대한 증여는 증여세 과세대상에서 제외된다[IRC § 2522(a)].
11) 따라서 비영리법인이 재산을 출연받을 당시 공익법인 등이 아니었다면 이후 공익법인 등에 해당하게 되더라도 증여세 등 과세가액 불산입 대상이 아니다. 서울행정법원 2009. 4. 3. 선고 2008구합38353 판결은, 비영리법인인 원고 1998. 9. 8. 설립되고 1998. 9. 11. 및 같은 달 12. 각각 토지를 출연받은 후 2000. 4. 3. 개정된 상증세법 시행규칙에 따라 공익법인에 해당하게 된 사건에서, 원고가 위 각 토지를 출연받아서 증여세 납세의무가 성립할 당시 공익법인이 아니었으므로, 증여세 과세가액 불산입을 적용받을 수 없다는 취지로 판단하였다[서울고등법원 2009. 10. 20. 선고 2009누11272 판결(항소기각), 대법원 2010. 2. 25. 선고 2009두20281 판결(심리불속행)]. 다만, 행정해석은, 재산의 출연에 따라 재단법인이 설립된 후 약 2개월만에 지정기부금단체로 지정된 경우, 그 출연받은 재산의 가액은 증여세 과세가액에 불산입된다고 보았다(재산세과-615, 2009. 2. 23.).
12) 대법원 2013. 6. 27. 선고 2011두12580 판결 : 출연받은 재산을 부득이한 사유로 그 출연받은 날부터 3년 이내에 직접 공익목적사업 등에 사용하지 아니한 공익법인 등은, 늦어도 부득이한 사유가 소멸한 날부터 3년 이내에는 출연받은 재산을 직접 공익목적사업 등에 사용하여야 할 것이므로, 공익법인 등이 부득이한 사유가 소멸한 날부터 다시 3년이 경과하도록 출연받은 재산을 직접 공익목적사업 등에 사용하지 아니하거나, 부득이한 사유가 소멸한 날부터 3년이 경과하기 전이라도 출연받은 재산을 직접 공익목적사업 등에

한편, 공익법인 등이 내국법인의 의결권 있는 주식 등을 출연받고, 그 출연받은 주식 등과 출연자 등이 보유하는 동일한 내국법인의 주식 등을 합한 것이 그 내국법인의 발행주식총수 등의 일정 비율을 초과하는 경우, 그 초과하는 비율에 해당하는 가액은 증여세 또는 상속세의 과세가액에 산입된다(상증세법 48조 1항 단서, 16조 2항).[13]

2-2. 증여 등으로 취득한 자산의 취득가액

(1) 일반적인 비영리법인

비영리법인이 증여 또는 유증받은 자산의 취득가액은 **시가**이다(시행령 72조 2항 7호). 이는 비영리법인이 자산을 증여 등으로 취득한 경우 그 시가를 증여재산가액 등으로 하여 증여세 등의 납부의무를 부담하는 것(상증세법 60조 1항)에 대응한다.

(2) 공익법인 등에 관한 특칙

공익법인 등이 특수관계인 외의 자로부터 **일반기부금**으로 받은 자산의 취득가액은, 원칙적으로 기부한 자의 기부 당시 장부가액[14][15]이고, 다만 증여세 과세요인이 발생하여 증여세 전액이 부과되는 경우에는 기부 당시의 시가이다(시행령 72조 2항 5호의3).[16] 공익법인 등이 **특례기부금**으로 받은 자산의 취득가액은 기부 당시의 시가이다(시행령 72조 2항 7호). 이는, 공익법인 등이 기부받은 자산의 취득가액을 기부자 단계 현물기부금의 가액(시행령 36조 1항)을 기준으로 정하되, 특례기부금에 관하여는 공익성이 큰 점을 감안하여 자산의 취득가액을 그 시가로 높여준 것으로 볼 수 있다.[17]

사용할 수 없는 것으로 확정된 때에는, 특별한 사정이 없는 한 상증세법 제48조 제2항 제1호를 적용하여 증여세를 과세할 수 있다고 봄이 타당하다.

13) 공익법인 등이 내국법인의 주식 등을 출연받을 당시에는 그 주식 등과 출연자 등이 보유하는 주식 등의 합계가 내국법인 발행주식총수의 일정 비율을 초과하지 않았더라도, 이후 주식의 감자 등에 따라 공익법인 등이 보유하는 주식 등이 내국법인 발행주식총수의 일정 비율을 초과하게 되는 경우에는, 그 초과 부분은 증여세 과세가액에 산입된다. 서울행정법원 2015. 8. 27. 선고 2014구합71856 판결[서울고등법원 2016. 3. 10. 선고 2015누60671 판결(항소기각), 대법원 2016. 7. 27. 선고 2016두36116 판결(상고기각)]

14) 사업소득과 관련이 없는 자산(개인인 경우만 해당한다)의 경우에는 취득 당시의 소득세법 시행령 제89조에 따른 취득가액을 말한다.

15) 법인이 특수관계 없는 비영리법인에게 금전 외의 자산을 일반기부금으로 제공한 경우, 기부금의 가액은 그 기부 당시의 장부가액이다(시행령 36조 1항 2호).

16) 따라서 공익법인이 일반기부금으로 출연받은 자산을 양도한 경우, 그 자산에 관하여 증여세가 과세되지 않았다면, 그 양도소득을 계산할 때 그 자산의 시가가 아니라 기부자의 장부가액이 손금에 산입된다.

17) 공익법인 등이 특수관계인으로부터 일반기부금을 받을 수 있는지에 관하여는 논의의 여지가 있다(제2편 제2장 제5절 1-3. 참조). 만일 그것이 가능하다고 본다면, 공익법인 등이 일반기부금으로 특수관계인 외의 자로부터 받은 자산의 취득가액은 기부한 자의 기부 당시 장부가액임에 비하여, 특수관계인으로부터 받은 자산의 취득가액은 기부 당시의 시가이므로, 후자의 경우가 전자의 경우보다 더 유리한 취급을 받게

2-3. 입법론

현행세법은 ① 비영리법인이 출연받은 재산[원본(元本)]은 증여세 또는 상속세 과세대상으로, ② 그 운용(수익사업)에서 발생한 소득[과실(果實)]은 법인세 과세대상으로 구별하여 취급한다. 그리고 현행세법상 ① 공익법인 등이 출연받은 재산의 증여세 또는 상속세 과세가액 불산입이 유지되기 위한 요건(상증세법 48조 2항)과, ② 그 재산의 운용 등에서 발생한 소득에 대하여 계상된 고유목적사업준비금의 익금산입 요건(법 29조 5항 4호)은 다르게 규정되어 있다. 그러나 이와 같이 비영리법인이 출연받은 재산(원본)과 그로부터 생긴 소득(과실)을 세법상 다르게 취급할 합리적 이유는 찾기 어렵다. 입법론으로는, 비영리법인이 출연받은 금액을 법인세법상 자산수증이익으로 취급하여 양자의 과세 및 비과세에 관한 내용을 법인세법에서 통일적으로 규정하는 것이 바람직하다.

된다. 현행세법에 따르면, 현물기부금의 가액은 공익법인 등에 대한 기부자가 특수관계 없는 법인인 경우에는 장부가액이지만, 특수관계인인 법인인 경우에는 시가로 될 수 있는데(시행령 36조 1항 2호, 3호), 기부금손금산입 한도를 초과하는 기부금은 이월되어 손금산입되므로, 기부자인 법인 단계에서는 별다른 차이가 없다. 한편, 공익법인 등에 일반기부금으로 현물을 기부한 자가 특수관계 없는 개인인 경우 그 개인의 기부금은 원칙적으로 그 자산의 시가인데(소득세법 시행령 81조 3항), 이는 위 경우 공익법인 등의 자산 취득가액이 그 개인의 장부가액인 것과 부합하지 않는다. 법인 및 개인의 현물기부금 가액 및 공익법인 등의 자산 취득가액에 관한 규정을 통일적으로 정비할 필요가 있다.

제3장

비영리법인의 수익사업소득에 대한 과세

1 ▷ 수익사업에서 생기는 소득

법인세법은, 영리내국법인을 포괄적 소득개념에 기초하여 과세하는 것과 달리, 비영리 내국법인에 대하여는 과세대상으로 열거된 소득에 한하여 과세한다.

비영리내국법인의 각 사업연도의 소득은 다음 각 사업 또는 수입('수익사업')에서 생기는 소득으로 한정된다(법 4조 3항).

① 제조업, 건설업, 도매 및 소매업 등 통계법 제22조에 따라 통계청장이 작성·고시하는 한국표준산업분류에 따른 사업으로서 대통령령으로 정하는 것

② 이자소득(소득세법 16조 1항)

③ 배당소득(소득세법 17조 1항)

④ 주식·신주인수권 또는 출자지분의 양도로 인한 수입

⑤ 유형자산 및 무형자산의 처분으로 인한 수입. 다만, 고유목적사업에 직접 사용하는 자산의 처분으로 인한 대통령령으로 정하는 수입은 제외한다.

⑥ 자산(소득세법 94조 1항 2호, 4호)의 양도로 인한 수입

⑦ 그 밖에 대가(對價)를 얻는 계속적 행위로 인한 수입으로서 대통령령으로 정하는 것

1-1. 사업소득

비영리법인의 사업소득은 한국표준산업분류[1]에 따른 사업 중 일정한 사업을 제외한 것에서 발생한 수입을 말한다(시행령 3조 1항). 여기서 사업은, 그 활동이 각 사업연도의 전기간 동안 계속되는 사업 외에 상당 기간 동안 계속되거나 정기적 또는 부정기적으로 수

---

1) 통계청장은 통계작성기관이 동일한 기준에 따라 통계를 작성할 수 있도록 국제표준분류를 기준으로 산업, 직업, 질병·사인(死因) 등에 관한 표준분류를 작성·고시하여야 한다(통계법 22조).

차례에 걸쳐 행해지는 사업을 포함한다(시행규칙 2조). 법인세법 시행령은 일정한 사업을 수익사업에 포함되는 사업에서 제외한다(시행령 3조 1항).[2]

대법원은, 비영리법인의 사업이 수익사업에 해당하려면, 그 사업 자체가 수익성을 가진 것이거나 수익을 목적으로 영위하는 것이어야 하고, 이때 그 사업에서 얻는 수익이 그 법인의 고유목적을 달성하기 위한 것인지 여부 등 목적사업과의 관련성을 고려할 것이 아니라고 한다.[3][4]

판례가 수익사업 또는 그것에서 발생한 수익으로 보지 않은 사례로는, ① 사단법인 한국저작권협회의 저작권 신탁관리사업,[5] ② 중소기업진흥공단이 중소기업고도화자금의 대출금리가 조달금리보다 낮기 때문에 그 손실을 보전하기 위하여 정부로부터 받은 보전금,[6] ③ 공업단지의 조성 및 운영을 위하여 관련법률에 따라 설립된 비영리법인이 그 회원으로부터 징수하는 실비변상적 성격의 금원[7] 등이 있다.

한편, 법원이 수익사업으로 판단한 사례로는, 중소기업들의 사업장 이전을 위하여 설립된, 법인으로 보는 단체가 사업장 부지를 제3자로부터 매입하여 그 매입가격보다 높은 가격에 조합원 또는 준조합원에게 매각한 경우[8]가 있다.

비영리법인의 사업이 수익사업인지 여부의 판단을 위한 구체적 고려요소로는 ① 그 사

---

2) 수익사업에서 제외되는 사업 중 하나로 '특별법에 의하거나 정부로부터 인가 또는 허가를 받아 설립된 단체가 영위하는 사업(기금조성 및 급여사업에 한한다)'가 있다(시행령 3조 1항 5호 나목). 법원은, '위 규정의 적용대상은 특별법에 근거규정이 있거나(한국교직원공제회법 등) 정부로부터 직접 공제사업에 관한 인·허가를 받은 단체이고, 민법 제32조의 허가를 받아 비영리법인으로 설립되었으나, 정부로부터 직접 공제사업에 관한 인·허가를 받지 않은 단체는 그 적용대상에 해당하지 않는다'고 판단하였다[대구고등법원 2017. 2. 3. 선고 2016누5618 판결, 대법원 2017. 6. 20. 선고 2017두37338 판결(심리불속행)].

3) 대법원 1996. 6. 14. 선고 95누14435 판결, 대법원 2005. 9. 9. 선고 2003두12455 판결

4) 대법원은, 재산세 등의 비과세대상에서 제외되는 수익사업인지 여부의 판단기준에 관하여는, 그 사업이 수익성을 가진 것이거나 수익을 목적으로 하면서 그 규모, 횟수, 태양 등에 비추어 사업활동으로 볼 수 있는 정도의 계속성과 반복성이 있는지의 여부 등을 고려하여 사회통념에 따라 합리적으로 판단하여야 한다고 한다[대법원 1997. 2. 28. 선고 96누14845 판결(사회복지법인이 일반 영리목적의 수영장과 유사한 조건으로 수영장을 운영한 것을 수익사업으로 판단한 사례)].

5) 대법원 1996. 6. 14. 선고 95누14435 판결은, 원고인 사단법인 한국저작권협회가 소속 회원인 음악저작권자들로부터 저작권의 신탁관리를 의뢰받아 저작권의 이용자들에게 저작권을 사용하게 한 후 그들로부터 로부터 사용료를 수령하여 관리수수료와 원천소득세를 제외한 나머지 금액을 저작권자들에게 건네주는 신탁관리사업이 수익성을 가진 것이라고 볼 수 없다고 판단하였다. 다만, 위 경우 신탁된 재산인 저작권으로 인한 손익은 그 위탁자인 저작권자에게 귀속되므로, 원고에게 귀속되는 신탁수수료의 과세만이 문제될 것이고, 만일 별도의 신탁수수료가 없다면 원고를 영리법인으로 본다고 하더라도 과세대상 소득이 없게 될 것이다.

6) 대법원 2005. 9. 9. 선고 2003두12455 판결 : 중소기업진흥공단이 이차손실(利差損失)의 보전을 위하여 정부로부터 받은 이차손실보전금이 '수익사업에서 생긴 소득'에 해당하지 않는다고 한 사례

7) 서울행정법원 2006. 8. 10. 선고 2006구합10078 판결(서울고등법원 2007. 3. 28. 선고 2006누21308 판결 항소기각, 대법원 2007. 6. 28. 선고 2007두8546 판결 심리불속행 상고기각)

8) 서울고등법원 2018. 7. 5. 선고 2018누30459 판결(대법원 2019. 6. 27. 선고 2018두52518 판결 상고기각)

업의 주된 부분이 그 사원 또는 수혜대상자와의 내부적 거래이거나 사원 등의 업무를 대행해주는 것인지, ② 수령한 대가 중 상당 부분이 실비변상적 성질이거나, 비용을 초과한 이익이 있다고 하더라도 장래의 운영비용에 충당될 수준의 것인지, ③ 법령에 의하여 설립된 비영리법인이 법에 따라 위탁받은 업무의 수행에 필요한 비용인지 등을 들 수 있다.[9]

1-2. 이자소득

소득세법 제16조 제1항에 따른 이자소득은 비영리법인의 수익사업소득에 해당한다(법 4조 3항 2호).

1-3. 배당소득

소득세법 제17조 제1항에 따른 배당소득은 비영리법인의 수익사업소득에 해당한다(법 4조 3항 3호).

1-4. 주식·신주인수권 또는 출자지분의 양도로 인한 수입

주식·신주인수권 또는 출자지분의 양도로 인한 수입은 비영리법인의 수익사업소득에 해당한다(법 4조 3항 4호).[10]

1-5. 유형자산 및 무형자산의 처분으로 인한 수입

(1) 원칙

유형자산 및 무형자산의 처분으로 인한 수입은 비영리법인의 수익사업소득에 해당한다(법 4조 3항 5호). 처분대상인 유형자산 및 무형자산('유형자산 등')은, 법인세법 제4조 제3항 제5호 단서를 고려하면, 수익사업뿐만 아니라 비수익사업에 사용되는 것까지 포함하는 의미로 보아야 할 것이다.[11] 유형자산 등의 '처분'은 별개의 권리주체 사이에 재산권이 이

---

9) 법인세법 기본통칙 3-2…3은 비영리법인의 수익사업과 비수익사업에 속하는 항목을 예시한다.

10) 대전고등법원 2022. 12. 15. 선고 2022누10649 판결은, 원고 교회가 소속 교인 甲으로부터 유증받은 A 법인의 주식을 甲의 자인 乙의 자인 丙이 주주인 B 법인에게 시가보다 낮은 가액으로 양도하자, 과세관청이 시가와 거래가액의 차액을 법인세법 시행령 제35조 제2호의 기타 기부금으로 보아 법인세 부과처분을 한 사건에서, 정당한 사유가 인정되지 않는다는 이유로, 위 과세처분이 적법하다고 판단하였다.

11) 유형자산과 무형자산은 일반적으로 수익사업의 소득을 계산할 때 감가상각과 관련되는 개념이다. 그러나 법인세법 시행령 제3조 제2항은, 유형자산 등의 처분일 현재 수익사업이 아닌 고유목적사업에 사용되고 있는 것도 원칙적으로 수익사업소득에 해당함을 전제로, 해당 유형자산 등의 처분일 현재 3년 이상 계

전되는 것을 의미하므로, 유형자산 등이 학교법인 내의 수익사업회계와 비수익사업회계 간에 이전된 것은 '처분'에 해당하지 않는다.[12]

유형자산 등의 처분수입을 계산할 때 손금에 산입되는 장부가액은, 그 취득 당시 매입가액 등을 기초로 한 세법상 취득가액을 의미하고, 자산의 취득 후 기업회계상 평가이익이 발생하였더라도 그 장부가액에 반영할 수 없다(법 42조 1항 본문).

대법원은, 비영리법인이 비영리사업회계에 속하는 고정자산인 토지를 수익사업회계에 전입하면서 법인세법 시행규칙 제76조 제3항에 따라 그 토지의 시가를 장부가액으로 계상한 후 제3자에게 처분한 사건에서, 고정자산의 처분수익을 계산할 때 차감되는 취득가액은, 시가로 계상된 장부가액이 아니라 최초의 매입가액에 부대비용을 더한 금액이라고 판시하였다.[13] 이에 의하면, 비영리법인이 부동산을 3년 이상 고유목적사업에 직접 사용한 후 수익사업회계에 전입시켜 수익사업에 사용하다가 처분한 경우, 고유목적사업에 사용한 기간에 발생한 부동산의 시가상승액도 과세되는 결과가 된다. 그러나 수익사업에 속하는 자산을 고유목적사업에 전입한 후 처분하는 경우 수익사업에 속하는 기간 동안 발생한 자산의 시가상승액이 수익사업소득에 포함되는 점(시행령 3조 2항 후문)과의 균형을 고려하면, 3년 이상 고유목적사업에 직접 사용된 기간에 발생한 시가상승분은 수익사업소득에서 제외하는 것이 합리적이다.

(2) 예외 : 3년 이상 고유목적사업에 직접 사용한 유형자산 및 무형자산

유형자산 등의 처분일[14] 현재 3년 이상 계속하여 법령 또는 정관에 규정된 고유목적사업(수익사업은 제외한다)에 직접 사용한 유형자산 등의 처분으로 인하여 생기는 수입은, 수익사업소득에서 제외된다(법 4조 3항 5호 단서, 시행령 3조 2항 1문).[15]

비영리법인이 수익사업에 속하는 자산을 고유목적사업에 전입한 후 처분하는 경우에는, 전입 시 시가로 평가한 가액을 그 자산의 취득가액으로 하여 '처분으로 인하여 생기는 수

속하여 고유목적사업에 직접 사용된 경우, 그 처분수입을 수익사업소득에서 제외한다. 만일 법인세법 제4조 제3항 제5호 본문의 '유형자산 및 무형자산'을 수익사업에 속하는 것으로 한정한다면, 비영리법인이 수익사업용 부동산을 비수익사업에 전입하여 고유목적사업에 3년 미만의 기간 사용하다가 처분한 경우에도 수익사업소득에서 제외되므로, 법인세법 시행령 제3조 제2항의 요건이 사실상 무의미하게 될 것이다.

12) 대법원 2016. 8. 18. 선고 2016두31173 판결 : 학교법인이 임대사업에 사용하던 부동산을 학교 운영시설로 사용하기 위하여 고유목적사업에 전입하면서 시가로 계상하고 그 시가와 장부가액의 평가차익을 자산의 임의평가차익으로서 익금불산입하였는데, 과세관청이 법인세법 시행규칙 제76조 제4항을 근거로 위 평가차익을 부동산의 처분이익으로 보아 과세한 사건에서, 대법원은, 위 조항 후문의 '지출'은 손익거래와 관계없는 자본원입액의 반환 등으로 보아야 한다는 이유로, 위 과세처분을 위법하다고 판단하였다.

13) 대법원 2017. 7. 11. 선고 2016두64722 판결

14) 국가균형발전 특별법 제18조에 따라 이전하는 공공기관의 경우에는 공공기관 이전일을 말한다.

15) 이 경우 해당 자산의 유지·관리 등을 위한 관람료·입장료수입 등 부수수익이 있는 경우에도 이를 고유목적사업에 직접 사용한 자산으로 본다(시행령 3조 2항 2문 전단).

입'(비과세대상)을 계산한다(시행령 3조 2항 2문 후단). 이에 따라 유형자산 등의 처분수입 중 고유목적사업에 전입되기 전에 발생한 시가상승분은 비과세대상에서 제외된다.

법인으로 보는 단체로 승인받은 법인 아닌 단체가, 처분일 현재 3년 이상 계속하여 법령 또는 정관상 고유목적사업에 직접 사용한 토지를 양도하는 경우, 그 승인 이후의 직접 사용기간이 3년 미만이더라도, 그 승인 전의 직접 사용기간까지 합산하면 3년 이상이 되는 경우, 그 처분수입은 수익사업소득에서 제외되는 것으로 보아야 한다.[16]

유형자산 등의 처분수입이 수익사업소득에서 제외되는 예외에 해당하기 위해서는, 유형자산 등을 비영리법인이 처분일 현재 3년 이상 고유목적사업에 직접 사용하여야 한다.[17] 비영리법인이 유형자산 등을 임대업 등 수익사업에 사용하지 않고 보유하였더라도 고유목적사업에 직접 사용하지 않았다면, 예외가 적용되기 어려울 것이다.[18] 그리고 비영리법인이 유형자산 등을 제3자에게 무상 임대하는 등으로 사용하게 한 경우에도, 그것 자체가 고유목적사업에 해당하는 경우가 아닌 한, 마찬가지이다.[19] 유형자산 등의 처분대금이 비영리법인의 수익사업소득에 해당하는지를 결정할 때, 비영리법인이 그 자산을 고유목적사업에 직접 사용하지 못한 데 정당한 사유가 있는지 여부는 고려되지 않는다.[20]

한편, 3년 이상 고유목적사업에 직접 사용한 토지 등의 처분으로 인한 수입이 각 사업연도의 소득에서 제외되더라도, 그 토지 등이 비사업용 토지 등에 해당하는 경우에는, 비영리법인은 토지 등 양도소득에 대한 법인세 납부의무를 부담한다(법 4조 1항 3호, 55조의2).[21]

1-6. 부동산에 관한 권리와 기타 자산의 양도로 인한 수입

소득세법 제94조 제1항 제2호 및 제4호에 따른 자산의 양도로 인한 수입은 수익사업소

---

16) 법규법인 2013-172, 2013. 5. 27. ; 조심2017서1226, 2017. 7. 3.

17) 조세심판원은, ① 종중이 보유한 분묘가 있는 임야에서 장기간 제사를 지내고 선산으로 사용하다가 위 임야를 양도한 사안에서 이를 고유목적사업에 직접 사용한 것으로 판단하였고(조심 2021. 5. 6. 2020광8698 결정), ② 분묘가 있는 임야를 제사 이외에 다른 목적으로 사용하지 않은 경우 그 임야 전체를 고유목적사업에 사용한 것으로 보았다(조심 2021. 3. 30. 2019광3203 결정).

18) 광주지방법원 2022. 4. 7. 선고 2021구합12565 판결(확정) ; 서울행정법원 2014. 7. 25. 선고 2013구합31554 판결은, 종교단체인 원고가 사용하던 건물이 노후화하여 철거한 후 3년 이상 경과한 뒤 그 부지인 토지를 매각한 사안에서, 처분일 현재 3년간 고유목적사업에 직접 사용한 것으로 볼 수 없다고 판단하였다. 위 사건에서 원고는 위 건물의 철거 이후 위 토지에 교회의 비품을 보관하여 고유목적사업에 사용하였다고 주장하였으나, 법원은 이를 배척하였다[서울고등법원 2015. 4. 2. 선고 2014누61318 판결(항소기각), 대법원 2015. 7. 23. 선고 2015두41494 판결(심리불속행)].

19) 서면2팀-1434, 2007. 8. 1.

20) 대법원 2017. 7. 11. 선고 2016두64722 판결

21) 다만, ① 재산세가 비과세·면제되는 토지, ② 재산세 별도합산과세대상 또는 분리과세대상이 되는 토지(지방세법 106조 1항 2호 및 3호), ③ 법인의 업무와 직접 관련이 있다고 인정할 만한 상당한 이유가 있는 토지로서 대통령령으로 정하는 것은 비사업용 토지에서 제외된다(법 55조의2 2항 4호).

득이다(법 4조 3항 6호).

1-7. 채권 등의 매매익

비영리법인이 계속적으로 소득세법 제46조 제1항의 채권 또는 증권(그 이자소득에 대하여 법인세가 비과세되는 것은 제외한다)을 매도함에 따른 매매익(채권 등의 매각익에서 매각손을 차감한 금액)은 수익사업소득에 해당한다(법 4조 3항 7호, 시행령 3조 3항 본문). 다만, 예금보험제도 등을 운영하는 사업에 귀속되는 채권 등의 매매익은 수익사업소득에서 제외된다(시행령 3조 3항 단서, 3조 1항 8호).

1-8. 부당행위계산의 부인

(1) 수익사업에 관한 거래

부당행위계산의 부인 규정은 비영리법인의 수익사업에 관한 거래에 대하여만 적용된다.[22] 부당행위계산은 법인의 조세를 감소시키는 거래이므로, 그 거래로 인한 손익이 과세대상 소득금액에 포함될 수 있어야 하는데, 비영리법인의 수익사업에 속하지 않는 거래는 애초에 법인세 과세대상이 아니기 때문이다. 대법원은, 비영리법인이 고유목적사업에 사용하기 위하여 수익사업에 속하는 자금을 특수관계자에게 무상으로 대여한 경우, 그것을 수익사업에 관한 거래로 보기 어려우므로, 부당행위계산부인 규정을 적용할 수 없다고 판단하였다.[23] 위 사건에서 비영리법인이 자금을 수익사업회계에 둔 채로 고유목적사업을 위하여 그 특수관계자에게 무상 대여하였다고 하여, 그 자금을 비수익사업회계로 옮긴 후 무상 대여한 경우와 다르게 취급할 필요는 없을 것이다.

비영리법인이 고유목적사업에 직접 사용한 기간이 3년 미만인 유형자산 등을 양도하여 얻은 수입은 수익사업소득에 해당하므로, 부당행위계산부인 규정의 적용대상이 된다.

비영리법인이 수익사업에 관하여 한 거래 또는 비용의 지출이 경제적 합리성을 가진 경우에는, 부당행위계산에 해당하지 않는다.[24]

---

22) 대법원 2013. 11. 28. 선고 2013두12645 판결
23) 대법원 2013. 11. 28. 선고 2013두12645 판결 : 대법원 2013. 11. 28. 선고 2013두12645 판결 : 원고 수산업협동조합중앙회가 소속 조합원 44개 조합에 37억 원을 무이자로 대여한 사안에서, 과세관청인 피고는 위 자금대여를 업무무관 가지급금으로 보아 업무무관 자산에 대한 지급이자를 손금불산입하고 인정이자를 익금산입하여 원고에게 과세처분을 하였다. 대법원은, 부당행위계산부인이나 업무무관 가지급금 관련 지급이자의 손금불산입 규정은 비영리법인의 수익사업에 관한 거래에 대하여만 적용되고, 비영리법인이 고유목적사업에 사용하기 위하여 수익사업에 속하는 차입금을 특수관계자에게 무상으로 대여한 경우에는 그것을 수익사업에 관한 거래로 보기 어려우므로 이에 대하여는 부당행위계산부인이나 업무무관 가지급금의 손금불산입 관련 규정을 적용할 수 없다고 판단하였다.

(2) 수익사업에 속하지 않는 거래

비영리법인의 수익사업에 속하지 않는 거래는 부당행위계산부인 규정의 적용대상이 아니다. 따라서 비영리법인이 3년 이상 고유목적사업에 직접 사용한 부동산을 특수관계인에게 저가로 매도한 경우, 부당행위계산부인 규정이 적용되지 않는다. 다만, 그 경우 거래상대방인 특수관계인은 저가양수로 인한 증여세(상증세법 35조) 납부의무를 질 수 있다.

한편, 비영리법인의 **비수익사업**에 속하는 재산이 **횡령**에 의하여 사외유출된 경우(가령, 비영리법인의 운영자가 가공비용 계상 등을 통하여 비수익사업의 자금을 횡령한 경우), 비수익사업은 과세대상 사업부문이 아니어서 익금산입이 인정되지 않으므로, 익금산입을 전제로 한 법인세법 시행령 제106조 제1항이 적용되지 않고, 따라서 횡령행위자에 대한 소득처분이 불가능하게 된다. 그리고 위와 같이 횡령한 금액을 소득처분 없이 곧바로 근로소득이나 기타소득으로 취급하기는 어렵다. 따라서 이 부분은 현행세법상 과세의 공백상태로 남아 있다.

---

2 ▶ 비영리법인의 손금

2-1. 법인세법상 손금에 관한 규정의 원칙적 적용

법인세법의 손금과 관련한 규정은 비영리법인의 수익사업에 대하여 원칙적으로 적용된다. 비영리법인의 수익사업소득과 관련하여 발생한 손실 또는 비용으로서 일반적으로 인정되는 통상적인 것이거나 수익과 직접 관련된 것은 손금에 산입된다(법 19조 2항).

(1) 고유목적사업에 지출된 금액과 손금의 요건

대법원은, 대한지방행정공제회가 회원들로부터 부담금을 수취한 후 회원들에게 일정한 사유가 발생하면 위 부담금에 일정한 **부가금**을 합한 금액을 지급한 사건에서, 고유목적사

---

24) ① 대법원 2010. 5. 27. 선고 2007두26711 판결 : 국제적 의사소통능력의 개발 및 평가 등을 목적으로 하여 설립된 공익재단법인이 토익시험 등의 한국 내 독점사용 및 관리의 권한을 갖는 특수관계자인 甲 회사와 토익시험 등의 시행·관리 권한의 위임 및 그 시험자료의 공급에 관한 계약을 체결하고 거래보증금으로 100억 원을 지급한 행위와, 위 공익재단법인이 자신이 입주하여 사용하고 있는 건물의 1층 공용부분에 예술품을 설치하여 또 다른 특수관계자인 乙 회사에 혜택을 준 행위가, 특수관계자 사이의 경제적 합리성이 없는 비정상적인 거래라고 단정하기 어려워 부당행위계산부인의 대상이 될 수 없다고 본 사례
② 대법원 2022. 7. 28. 선고 2019두58346 판결 : 농업협동조합중앙회가 공과금수납기를 금융리스방식으로 취득하여 지역조합에 설치한 후 공과금수납에 사용하게 한 것이 지방자치단체의 금고를 유치하기 위한 필수적 조건이었으므로, 위 리스료의 지급이 경제적 합리성을 가진다고 본 사례

업 등에 지출하기 위한 고유목적사업준비금을 일정 한도액의 범위 안에서 수익사업의 손금에 산입할 수 있도록 한 취지를 고려하면, 비영리법인이 수익사업에서 얻은 소득을 **고유목적사업 등에 지출**한 경우, 수익사업의 소득을 얻기 위하여 지출한 비용으로 볼 수 없고, 고유목적사업준비금의 손금산입한도액 범위 안에서 손금에 산입할 수 있을 뿐, 별도로 수익사업의 비용으로 보아 손금에 산입할 수 없으며, 위 부가금은 고유목적사업에 지출된 것이므로, 손금에 산입할 수 없다고 판단하였다.[25]

그러나 고유목적사업준비금은 비영리법인에 대하여 일반적 손금의 요건과 관계없이 별도로 손금산입을 인정한 것일 뿐, 일반적 손금의 범위를 제한하는 것으로 보기 어려우므로, 비영리법인이 고유목적사업에 지출한 금액도 손금의 요건을 충족하는 경우 손금으로 인정되어야 할 것이다. 따라서 위 판결의 타당성은 의문스럽다.[26] 위 사건의 부가금은 고유목적사업에 지출된 것이지만, 손금의 요건을 충족한다고 볼 여지가 있다.[27]

(2) 잉여금 처분의 손금불산입

비영리법인이 손비로 계상한 금액이 잉여금의 처분에 해당하는 경우 손금에 불산입된다 (법 20조 1호, 19조 1항). 비영리법인의 지급금액이 잉여금의 처분으로 판단된 사례로는, ① 새마을금고가 회원들에게 경영성과 기념품 명목으로 **상품권**을 지급한 사건,[28] ② 농업협동조합이 회원인 지역조합과 품목조합('회원조합')으로부터 회원조합이 소속 조합원 등과의 공제계약에 따라 부담하는 공제책임을 인수하는 재공제사업을 영위하면서 얻은 이익금 중 일부를 **재공제이익수수료**로 회원조합에게 지급한 사건[29]이 있다.

---

25) 대법원 2020. 5. 28. 선고 2018두32330 판결

26) 이정원, "2020년 조세 분야 주요 판례", 특별법연구 제18권(2022), 사법발전재단, 655쪽은, 위 판결이 법인세법이 비영리법인의 수익사업과 기타의 사업을 별개의 회계로 구분경리하도록 규정한 점을 고려한 것이라고 한다. 그러나 비영리법인의 구분경리 규정이 고유목적사업에 지출된 금액의 손금성을 부인할 근거가 된다고 보기 어렵다.

27) 원심은 다음과 같은 이유로 위 부가금이 이자비용으로서 수익사업의 손금에 산입될 수 있다고 판단하였다. ① 원고(대한지방행정공제회)는 회원이 부담금을 예치한 데 대한 대가로서 그 운용실적과 관계없이 사전약정에 따라 그 부담금에 일정한 지급률에 의하여 산정한 금액을 이 사건 부가금으로 설정하였으므로, 이 사건 부가금의 지급은 차입금에 대한 이자의 지급과 본질적으로 유사하다. ② 이 사건 부가금은 금전의 사용에 따른 대가로서 지급받는 회원들의 입장에서는 소득세법상 이자소득세의 과세대상이 되므로, 이를 지출하는 원고의 입장에서는 이자비용에 해당한다고 보는 것이 논리적이다.

28) 수원지방법원 2016. 12. 6. 선고 2016구합62048 판결은, ○○새마을금고가 2009, 2010 사업연도에 모든 회원들에게 납입출자좌수에 관계없이 경영성과 기념품 명목으로 액면가액 20만 원의 상품권을 지급한 것을 배당으로 판단하였다[서울고등법원 2017. 5. 26. 선고 2016누82128 판결(항소기각), 대법원 2017. 9. 29.자 2017두50508 판결(상고기각)].

29) 대법원 2022. 7. 28. 선고 2019두58346 판결 : 그 이유는 다음과 같다. ① 원고인 농업협동조합은 회원조합에 공제상품 판매의 대가로 판매수수료를 지급하였는데, 원고는 전체 공제사업에서 이익이 발생하는 경우에 한하여 재공제이익수수료를 별도로 지급하였고, 그 지급 상대방은 출자자인 회원조합에 국한된다. ② 사업이용실적에 따른 잉여금의 배분이라는 측면에서 이용고배당과 재공제이익수수료의 배분 사이에 아무

2-2. 고유목적사업준비금의 손금산입

(1) 개요

비영리법인은, 수익사업소득을 얻은 경우에도 일정한 범위에서 고유목적사업준비금을 손금에 산입할 수 있고, 이후 5년 내에 고유목적사업 또는 일반기부금에 지출한 금액이 있는 경우에는, 그 금액을 고유목적사업준비금과 상계할 수 있다. 이에 따라 비영리법인의 수익사업소득 중 일정 기간 내에 고유목적사업 등에 사용된 금액은 실질적으로 과세대상에서 제외된다.

특례기부금 또는 일반기부금 단체가 아닌 비영리법인의 고유목적사업은, 일반적으로 특례기부금 또는 일반기부금 단체의 사업보다 그 공익성의 정도가 낮은 것으로 볼 수 있다. 그런데 법인세법은, 비영리법인에 대하여 그 공익성의 여부 및 정도에 관계없이 일률적으로 고유목적사업준비금을 손금에 산입할 수 있도록 하면서, 그 손금산입한도를 특례기부금과 거의 동일하게 인정한다.[30] 이는, 특례기부금 또는 일반기부금 단체에 한하여 기부금공제(법 24조 2항, 3항) 및 증여세 등 과세가액의 제외(상증세법 16조 1항, 48조 1항)가 인정되는 것과 일관되지 않은 면이 있다. 비영리법인의 수익사업소득를 과세하는 주요한 이유는 영리법인과의 경쟁중립성인데, 고유목적사업준비금의 손금산입은 이를 저해하는 면이 있으므로, 그 인정 여부 및 범위를 신중하게 정할 필요가 있다. 입법론으로는, 공익성을 갖춘 비영리법인에 한하여 고유목적사업준비금을 계상할 수 있도록 하는 것이 합리적이다.[31]

(2) 고유목적사업준비금의 계상주체

(가) 법인격이 있는 비영리법인

세법상 비영리법인 중에서 법인격을 가진 것은 원칙적으로 고유목적사업준비금을 손비로 계상할 수 있다(법 29조 1항).

다만, 다음의 비영리법인에 관하여는 고유목적사업준비금의 손금산입이 인정되지 않는다.

① 비영리법인이 법인세법 또는 조특법에 따른 비과세·면제, 준비금의 손금산입, 소득공

런 차이가 없다. ③ 원고와 회원조합이 체결한 재공제계약과 민영 재보험사와 민영 보험사가 체결한 재보험계약은 그 성격이 본질적으로 다르다. 민영 재보험사는 재보험사업을 영위하면서 손실을 입더라도 개별 재보험계약별로 이익이 발생하는 경우 정해진 요율에 따라 재보험이익수수료를 지급하는 반면에, 원고는 공제사업에서 손실을 입을 경우 개별 재공제계약별로 이익이 발생하더라도 재공제이익수수료를 지급하지 않는다. 따라서 원고가 지급한 재공제이익수수료는 매출에누리나 판매부대비용으로 볼 수 없다. ; 같은 날 선고된 대법원 2019두53235 판결(수산업협동조합중앙회)도 같은 취지이다.

30) 이자·배당 외의 사업소득의 경우 원칙적으로 50%의 금액만큼 고유목적사업준비금을 계상할 수 있다(법 29조 1항 1호 다목). 한편, 이자소득, 배당소득의 경우 그 전액에 관하여 고유목적사업준비금을 손금에 산입할 수 있기 때문에(법 29조 1항 1호 가, 나목) 특례기부금보다 손금산입한도가 더 높다.

31) 이중교, "고유목적사업준비금에 대한 소고", 세무와 회계 연구 제18호(제8권 제1호(2018), 336쪽

제 또는 세액감면(세액공제를 제외한다)을 적용받는 경우에는, 고유목적사업준비금의 손금산입 규정을 적용받을 수 없다(법 29조 8항, 시행령 56조 8항 본문). 다만, 고유목적사업준비금만을 적용받는 것으로 수정신고한 경우는 제외한다(시행령 56조 8항 단서).

② 도시정비법상 정비사업조합은, 수익사업소득(일반분양분)에 관하여 고유목적사업준비금을 손비로 계상할 수 없다(조특법 104조의7 2항).

③ 조특법 제72조 제1항의 당기순이익과세를 적용받는 조합법인은, 과세표준 및 세액의 계산방법을 고려할 때, 고유목적사업준비금을 손금에 산입할 수 없다고 보아야 할 것이다(기본통칙 29-56…1).

(나) 법인으로 보는 단체 중 공익법인 등

법인으로 보는 단체는 다음에 해당하는 것에 한하여 고유목적사업준비금을 손비로 계상할 수 있다(법 29조 1항, 시행령 56조 1항).

① 공익법인 등(일반기부금 단체)(시행령 39조 1항 1호)

② 법령에 의하여 설치된 기금

③ 공동주택의 입주자대표회의·임차인대표회의 또는 이와 유사한 관리기구

법인으로 보는 단체 중 위의 '고유목적사업준비금을 손비로 계상할 수 있는 단체'에 해당하지 않는 단체가, 수익사업에서 발생한 소득을 고유목적사업비[32]로 지출한 금액은, 일반기부금으로 본다(시행령 39조 2항).

법인 아닌 단체가 법인으로 보는 단체에 해당하지 않는 경우에는 고유목적사업준비금을 손비로 계상할 수 없다.[33]

(3) 고유목적사업준비금의 설정한도

고유목적사업준비금의 설정한도는 ① 이자소득금액, ② 배당소득금액, ③ 특별법에 따른 복지사업인 대출금의 이자금액, ④ 기타 수익사업에서 발생한 소득에 50%(일정한 공익법인의 경우에는 80%)를 곱하여 산출한 금액의 합계액이다(법 29조 1항). 이는, 비영리법인의 수익사업의 각 부문이 영리법인과의 경쟁에 미치는 영향의 정도 등을 고려하여, 수동적 소득인 이자·배당소득과, 사업성이 강한 기타 수익사업에서 발생한 소득 사이에 고유목적사업준비금의 설정범위에 차등을 둔 것으로 보인다.

---

32) "고유목적사업비"란 해당 비영리법인 또는 단체에 관한 법령 또는 정관에 규정된 설립목적을 수행하는 사업으로서 법인세법 시행령 제3조 제1항에 해당하는 수익사업(보건업 및 사회복지 서비스업 중 보건업은 제외한다) 외의 사업에 사용하기 위한 금액을 말한다(시행령 39조 3항).

33) 대법원 2012. 5. 24. 선고 2010두17784 판결

(가) 이자소득

이자소득[소득세법 16조 1항 각 호(11호의 비영업대금의 이익은 제외한다)]의 경우, 그 전액이 고유목적사업준비금의 설정대상이다(법 29조 1항 1호 가목). 만일 비영리법인이 계속·반복적으로 사업성이 인정되는 방법으로 이자소득을 얻은 경우에는, 그 이자소득은 법인세법 제29조 제1항 제2호의 '그 밖의 수익사업에서 발생한 소득'에 포함되므로, 그중 일부만이 고유목적사업준비금의 설정대상이 된다. 다만, 일정한 이자소득금액[34]은, 그 계속·반복성으로 인하여 사업소득에 해당할 여지가 있더라도, 고유목적사업준비금 설정한도와 관련해서는 이자소득으로 본다(시행령 56조 2항).

한편, 비영리법인은 원천징수된 이자소득에 대하여 과세표준 신고를 하지 않을 수 있고, 과세표준 신고를 하지 않은 원천징수된 이자소득은 각 사업연도의 소득금액을 계산할 때 포함되지 않으며(법 62조 1항), 과세표준 신고를 하지 않은 이자소득을 수정신고, 기한 후 신고, 경정 등에 의하여 과세표준에 포함시킬 수 없다(시행령 99조 2항). 따라서 비영리법인의 이자소득에 대한 고유목적사업준비금의 설정은, 그 이자소득을 과세표준 신고기한 내에 각 사업연도의 소득금액에 포함시켜 과세표준 신고를 한 경우에 한하여 가능하다.

(나) 배당소득

소득세법 제17조 제1항 각 호의 배당소득의 경우, 그 전액이 고유목적사업준비금의 설정대상이다(법 29조 1항 1호 나목). 다만, 상증세법 제16조 또는 제48조에 따라 상속세 또는 증여세의 과세가액에 산입되거나 증여세가 부과되는 주식 등으로부터 발생한 배당소득의 금액은 제외된다.

비영리법인이 배당소득에 대하여 고유목적사업준비금을 손금에 산입한 경우, 수입배당금액의 익금불산입 규정은 적용되지 않는다(법 18조의2 1항). 두 제도를 중복하여 적용하는 경우 비영리법인에게 과도한 세제혜택이 부여되기 때문이다.[35] 법원은, ① 비영리법인이 고유목적사업준비금을 설정하지 않고 수입배당금액을 직접 고유목적사업 등에 지출하여 손금산입한 경우에도 익금불산입 규정의 적용대상에서 제외되고, ② 수입배당금 중 일부

---

34) 다음의 어느 하나에 해당하는 이자소득을 말한다(시행령 56조 2항).
  ① 금융보험업을 영위하는 비영리법인이, 한국표준산업분류상 금융보험업을 하는 법인의 계약기간이 3개월 이하인 금융상품(계약기간이 없는 요구불 예금을 포함한다)에 자금을 예치함에 따라 발생하는 이자소득금액
  ② 특별법에 의하거나 정부로부터 인가 또는 허가를 받아 설립된 단체가 영위하는 연금 및 공제업 중 기금조성 및 급여 사업(시행령 3조 1항 5호 나목)
  ③ 주택금융신용보증기금이 보증료의 수입을 운용함에 따라 발생하는 이자소득금액
35) 비영리법인이 보유하는 주식의 발행법인으로부터 100원의 배당을 받은 경우 그 전액(100%)을 고유목적사업준비금으로 설정할 수 있는데, 여기에 법인세법상 수입배당금액의 익금불산입(가령, 50%)까지 인정된다면 익금을 초과하는(150%) 소득금액의 제외를 허용하게 된다.

에 관하여 고유목적사업준비금을 손금산입하였더라도, 나머지 수입배당금액에 대하여 익금불산입 규정이 적용되지 않지만, ③ 수입배당금액으로 고유목적사업 등에 지출한 금액을 손금산입하지 않은 경우에는 익금불산입 규정을 적용받을 수 있다고 판단하였다.[36]

> **서울고등법원(춘천) 2022. 2. 9. 선고 2020누904 판결**
>
> ① 비영리법인인 원고는 2011 및 2012 사업연도에 각 배당받은 금액 중 일부를 고유목적사업준비금으로 지출하고 이를 손금산입하여 법인세를 신고·납부하였다가 이후 위 각 사업연도에 '고유목적사업준비금으로 손금산입된 금액과 수입배당금액 익금불산입액의 합계액이 수입배당금액을 초과하지 않는 범위에서 익금불산입 규정이 적용되어야 한다'는 이유로 경정청구를 하였다.
>
> ② 위 판결은 다음과 같이 판단하였다. ㉮ 고유목적사업준비금을 설정하지 않고 수입배당금액 등 수익사업에서 발생한 수입을 직접 고유목적사업 등에 지출한 비영리법인도 구 법인세법 제18조의3 제1항의 '제29조에 따라 고유목적사업준비금을 손금에 산입하는 비영리법인'에 해당한다. ㉯ 비영리법인이 수입배당금액 중 일부에 관하여만 고유목적사업준비금을 손금산입한 경우 나머지 수입배당금액에 대하여도 구 법인세법 제18조의3에 의한 익금불산입이 인정되지 않는다. ㉰ 원고가 고유목적사업 등에 지출한 금액을 손금산입하지 않았다면 구 법인세법 제18조의3에 따라 수입배당금액 중 일정 부분을 익금불산입할 수 있다. ㉱ 원고가 종전에 신고한 고유목적사업준비금의 손금산입에 따른 과세표준 및 세액을, 수입배당금액의 익금불산입에 따른 과세표준 및 세액으로 경정하는 것을 청구하는 것도 허용된다.
>
> ③ 위 판결은, 위 ㉯의 이유로, 구 법인세법 및 그 시행령이 수입배당금액 익금불산입의 적용에서 제외되는 '주체'(고유목적사업준비금을 손금에 산입하는 비영리법인)에 관하여만 규정할 뿐, 익금불산입의 구체적인 '금액 범위'에 관하여 규정하지 않는다는 점을 든다. 그러나 수입배당금액의 익금불산입 규정은 우리 세법상 일반적으로 인정되는 법인과 그 주주인 법인 간 이중과세의 조정을 위한 제도라는 점에서 반드시 위 판결과 같이 보아야 할 것인지는 의문스럽다.
>
> ④ 고유목적사업준비금은 결산서에 손비로 계상되어야만 손금에 산입될 수 있으므로(결산확정사항, 법 29조 1항), 결산서에 고유목적사업준비금을 손비로 계상하지 않았음에도 사후에 경정청구의 방법으로 손금에 산입할 수 없다. 그렇다면, 반대로 일단 결산서에 고유목적사업준비금이 손비로 계상되어 손금에 산입되었다면 사후적으로 그 손비의 계상이 없었던 것으로 취급하여 경정청구를 하는 것도 허용되지 않는다고 보아야 하고, 이는 이 사건과 같이 고유목적사업준비금의 지출금액이 손비로 계상된 경우와 동일하게 취급되어 손금에 산입된 경우에도 마찬가지라고 볼 여지가 있다. 따라서 위 ㉱의 판단은 다소 의문스럽다.

(다) 특별법에 따른 복지사업인 대출금의 이자금액

특별법에 따라 설립된 비영리법인이, 해당 법률에 따른 복지사업으로서 그 회원이나 조합원에게 대출한 융자금액에서 발생한 이자금액은, 고유복적사업준비금의 설정대상이다

---

36) 서울고등법원(춘천) 2022. 2. 9. 선고 2020누904 판결(대법원 2022두38199호로 상고심 계속 중)

(법 29조 1항 1호 다목). 그 대표적인 예로는, 근로복지기본법에 의하여 설립된 사내복지기금이 근로자에게 자금을 대부하는 것(근로복지기본법 62조 3항)을 들 수 있다.

(라) 기타 수익사업소득에 일정한 비율을 곱한 금액

법인세법 제29조 제1항 제1호 각 목 외의 수익사업('기타 수익사업')에서 발생한 소득의 경우에는, 그 금액에 50%(일정한 공익법인[37]의 경우에는 80%)를 곱하여 산출한 금액이 고유목적사업준비금의 설정대상이다(법 29조 1항 2호).

기타 수익사업에서 발생한 소득은 아래 ①에서 ②, ③, ④를 뺀 금액을 말한다(시행령 56조 3항).

① 해당 사업연도의 수익사업에서 발생한 소득금액[38](고유목적사업준비금과 특례기부금을 손금에 산입하기 전의 소득금액[39])
② 법인세법 제29조 제1항 제1호(이자소득·배당소득·복지사업이자)의 금액
③ 이월결손금(법 13조 1항 1호)[40]
④ 특례기부금 : 대법원은, 여기의 특례기부금은 특례기부금의 손금산입한도액(손금에 산입된 금액)이 아니라 특례기부금으로 지출된 금액을 의미한다고 본다.[41][42]

당초 손금에 산입된 고유목적사업준비금 잔액이 익금에 산입된 경우, 그 금액은 고유목적사업준비금의 설정대상인 기타 수익사업에서 발생한 소득에 포함되지 않는다.[43]

기타 수익사업에서 결손금이 발생한 경우에는, 고유목적사업준비금의 설정한도액을 계산할 때, 법인세법 제29조 제1항 제1호의 합계액에서 기타 수익사업의 결손금을 차감한다.

---

37) 고유목적사업 등에 대한 지출액 중 50% 이상을 장학금으로 지출하는 법인
38) 비영리법인이 3년 이상 고유목적사업에 직접 사용하지 않은 유형자산 및 무형자산을 처분하여 얻은 수입도 여기에 해당한다. 법인-3316, 2008. 11. 7.
39) 과세표준의 경정(법 66조 2항)으로 인하여 증가된 소득금액 중 법인세법 시행령 제106조에 따라 해당 법인의 특수관계인에게 상여 및 기타소득으로 처분된 금액은 제외한다.
40) 법인세법 제13조 제1항 단서에 따라 각 사업연도의 소득의 80%를 이월결손금 공제한도로 적용받는 법인은 그 공제한도 적용으로 인하여 공제받지 못하고 이월된 결손금을 차감한 금액을 말한다.
41) 대법원 2019. 12. 27. 선고 2018두37472 판결 : 원심(서울고등법원 2017누75967)은, 수익사업에서 차감할 법정기부금(특례기부금)이 법정기부금으로 손금에 산입한 금액을 의미하는 것으로 보았으나, 대법원은 법인세법 시행령 제56조 제2항을 그 법문대로 해석하여 원심판결을 파기환송하였다.
42) 이에 대하여, 수익사업에서 발생한 소득을 산정할 때 법정기부금(특례기부금)을 차감하는 것은, 법정기부금으로 손금산입된 금액이 다시 고유목적사업준비금의 손금산입에서도 이중혜택을 누리는 것을 방지하기 위한 것이므로, 여기서 차감되는 법정기부금은 그 손금산입액으로 보아야 한다는 견해로, 이중교, "고유목적사업준비금에 관한 소고", 세무와 회계 연구 제17호(제8권 제1호), 2018, 327~330쪽
43) 법인세법 기본통칙 29-56…2는 당초 고유목적사업준비금의 익금산입액도 고유목적사업준비금의 설정대상인 "수익사업에서 발생한 소득"에 포함되는 것으로 보았으나, 2009. 11. 10. 삭제되었다.

(마) 조특법상의 특례

조특법은, 일정한 법인에 대하여 일정한 사업연도까지에 관하여 그 수익사업에서 발생한 소득의 전부 또는 일부를 고유목적사업준비금으로 손금에 산입할 수 있는 특례를 인정한다(조특법 74조). 학교법인 등은, 일정한 사업연도까지 법인세법 제29조를 적용하는 경우, 해당 법인의 수익사업[44]에서 발생한 소득 전액을 고유목적사업준비금으로 손금에 산입할 수 있다(조특법 74조 1항).

(4) 고유목적사업 등에 지출하기 위하여 결산서에 손비로 계상할 것

비영리법인이 고유목적사업준비금을 손금에 산입하기 위해서는 고유목적사업 또는 일반기부금(법 24조 3항 1호)에 지출하기 위하여 결산서에 손비로 계상하여야 한다(법 29조 1항)[결산확정(조정)사항].

① 고유목적사업준비금은 결산서에 **손비로 계상**되어야만 손금에 산입되는 결산확정(조정)사항이므로, 결산서에 계상하지 않았거나 설정한도액에 미달하게 계상한 고유목적사업준비금을 나중에 경정청구의 방법으로 손금에 산입할 수 없다.[45]

다만, 예외적으로, 외부감사법에 따른 감사인의 회계감사를 받는 비영리법인은, 고유목적사업준비금을 결산서에 계상하지 않았더라도 세무조정계산서에 계상하고(신고조정) 그 금액을 해당 사업연도의 이익처분을 할 때 고유목적사업준비금으로 적립한 경우에는, 결산을 확정할 때 손비로 계상한 것으로 본다(법 29조 2항).[46] 행정해석은, 외부감사법의 적용대상이 아닌 비영리법인이 외부감사인의 감사를 받는 경우에도 신고조정을 할 수 있다고 본다.[47][48]

② 비영리법인이 고유목적사업준비금을 결산서에 계상하지 않고 **고유목적사업 등에 지출**한 금액은, 사업연도 중에 고유목적사업준비금을 계상함과 동시에 지출한 것으로 볼 수 있으므로,[49] 손금산입이 인정된다(법 29조 3항 후문).[50] 이 경우는, 어느 사업연

---

44) 도서관법에 따라 등록한 도서관, 박물관 및 미술관 진흥법에 따라 등록한 박물관 또는 미술관을 운영하는 법인의 경우에는 해당 사업과 해당 사업 시설에서 그 시설을 이용하는 자를 대상으로 하는 수익사업만 해당한다.

45) 법인 46012-46, 1998. 1. 8. ; 법인-494, 2009. 4. 24. ; 기획재정부 법인세제과-24, 2016. 1. 4.

46) 법인세법 제61조 제1항은, 내국법인이 조특법에 따른 준비금에 관하여 세무조정계산서에 계상하고 그 금액 상당액을 해당 사업연도의 이익처분을 할 때 그 준비금으로 적립한 경우, 그 금액을 결산을 확정할 때 손비로 계상한 것으로 본다. 따라서 학교법인 등은, 고유목적사업준비금을 결산서에 손비로 계상하지 않은 경우, 위 규정을 근거로 해서도 신고조정으로 고유목적사업준비금의 손금산입을 할 수 있을 것이다(법 61조 1항, 조특법 74조 1항).

47) 서이 46012-11844, 2003. 10. 23.

48) 이중교, 앞의 글, 341쪽은 외부회계감사를 받지 않는 비영리법인에 대하여도 결산조정과 신고조정 중 선택할 수 있도록 제도화할 필요가 있다고 한다.

도에 고유목적사업준비금을 계상하였다가 이후의 사업연도에 고유목적사업에 지출하는 경우보다 손금산입을 인정해줄 필요성이 더욱 크다.

학교법인 등(조특법 74조 1항 1호)이 수익사업에 속하는 자산을 비영리사업회계에 **전입**한 경우에는 비영리사업에 지출한 것으로 한다(시행규칙 76조 4항). 다만, 대법원은, 학교법인이 수익사업회계에 속하는 자산을 비영리사업회계에 전입하였더라도, 그 전입 당시 그 전입금의 대부분을 수익사업에 사용하도록 그 용도가 예정되어 있었고, 그 후 실제로 위 전입금 중 대부분이 수익사업에 사용된 경우에는 손금에 산입할 수 없다고 판시하였다.[51][52][53]

---

49) 비영리법인이 어떤 사업연도의 수익사업소득으로 그 사업연도 중에 고유목적사업에 지출하는 경우 그 사업연도 중에 고유목적사업준비금을 계상하였더라도 고유목적사업에 대한 지출로 상계되어 없어지므로, 어차피 사업연도 말을 기준으로 한 결산서에 고유목적사업준비금이 계상된 채로 남아 있을 수 없다. 이를 고려하여 법인세법 제29조 제3항은, 고유목적사업준비금의 지출금액이 직전 사업연도 종료일의 고유목적사업준비금 잔액을 초과한 경우, 그 초과금액에 대한 손금산입을 인정한 것으로 보인다. 위 경우 비영리법인의 재무상태표에서는 고유목적사업에 지출된 금액이 곧바로 자본원입액 및 잉여금에서 차감되지만, 소득계산상으로는 위 금액만큼 손금에 산입될 것이다.

50) 조심 2015서0572, 2015. 3. 23. 결정 ; 법인 46012－2758, 1998. 9. 25. ; 서이 46012－10111, 2003. 1. 16.

51) 대법원 2013. 3. 28. 선고 2012두690 판결 : 학교법인인 원고는 부동산을 보유하면서 수익사업인 임대사업에 제공하던 중 2005. 8. 29. 교육인적자원부장관으로부터 처분허가[처분금 용도 : 대체 수익용 기본재산(임대건물) 취득]를 받은 후 위 부동산을 대금 약 260억 원에 처분하고, 2005 사업연도(2005. 3. 1.~2006. 2. 28.)에 위 처분대금 등이 포함된 수익사업회계의 약 266억 원을 비영리사업회계에 전입하면서 고유목적사업준비금에서 지출한 것으로 보아 손금에 산입하였다. 원고는 이후 부동산임대업을 재개하기로 하고 2006. 12. 22. 위 비영리사업회계 전입금 중 약 59억 원은 고유목적사업에 지출하였으나 나머지는 다른 토지를 취득하여 그 지상에 건물을 신축하는 용도로 사용하였다. 대법원은, 위 266억 원이 비영리사업회계로 전입될 당시부터 그 전입금의 대부분이 수익사업에 사용하도록 그 용도가 예정되어 있었고, 그 후 실제로 그 전입금 중 대부분이 수익사업에 사용되었다는 이유로 손금산입을 부인하였다. 위 판결을 비판하는 견해로, 정지선·김정국·권형기, "조세법상 가장행위와 고유목적사업준비금 전출행위", 조세연구 제15권 제3집(2005. 12.), 한국조세연구포함, 39쪽

52) 대법원 2013. 3. 28. 선고 2012두690 판결에 따른 환송 후의 원심인 서울고등법원 2013. 7. 5. 선고 2013누10399 판결은, 비영리법인이 고유목적사업 등에 금원을 지출하더라도 고유목적사업준비금을 설정하지 않았으면, 손금에 산입할 수 없음을 전제로, 학교법인이 수익사업회계에 속하는 자산을 비영리사업회계에 전입할 당시 및 그 후 고유목적사업준비금을 설정하지 않은 이상, 위 전입금을 손금에 산입할 수 없다고 판단하였으나, 이는 법인세법 시행규칙 제76조 제4항, 법인세법 제29조 제3항 2문에 반하는 것으로 보인다. 대법원은 위 판결에 대한 상고를 기각하였으나(대법원 2013. 11. 28. 선고 2013두15996 판결 : 심리불속행), 원심의 위 판단이 정당하다고 본 것인지, 아니면 고유목적사업준비금의 손금산입이 인정되지 않는다는 결론이 정당한 이상 그 이유는 문제되지 않는다고 본 것인지는 불분명하다.

53) 대법원 2016. 4. 15. 선고 2015두52784 판결은, 학교법인인 원고가 2009. 5. 7. 수익용 기본재산을 매도하여 수령한 매매대금에서 종전 자산의 취득원가를 뺀 차액인 약 138억 원을 2009 사업연도의 비영리사업회계로 전입하였다가 같은 사업연도 중에 그중 약 70억 원(전출금)을 수익사업용 대체자산을 취득하는데 사용한 사안에서, 원고가 위 70억 원의 전출금을 비영리사업회계로 전입할 당시부터 수익사업용 대체자산을 취득하는 데 사용할 목적이 있었고, 이후 실제로 그러한 용도로 사용하였으므로, 원고가 위 전출금을 비영리사업회계로 전입한 것이 명목에 불과하다고 보아 이에 대한 고유목적사업준비금을 손금에 산입할 수 없다고 판단하였다.

③ 비영리법인이 결산서에 계상한 준비금이 수익사업에 지출하기 위한 목적으로 인정되는 경우, 고유목적사업준비금으로 볼 수 없으므로 손금에 산입될 수 없다.[54]

④ 어느 사업연도에 고유사업준비금이 그 설정한도를 초과하여 계상된 경우, 그 초과금액(손금불산입액)은 그 이후의 사업연도에 해당 사업연도의 고유목적사업준비금과 설정한도액의 차액만큼 추인되지 않는다.[55]

(5) 고유목적사업준비금의 사용

비영리법인은 고유목적사업준비금을 손금에 산입한 사업연도의 종료일 이후 5년 내에 고유목적사업 또는 일반기부금("고유목적사업 등")에 사용하여야 한다(법 29조 5항 4호).

(가) 고유목적사업에 대한 지출

고유목적사업은, 비영리법인의 법령 또는 정관에 따른 설립목적을 직접 수행하는 사업으로서 수익사업(시행령 3항 1호) 외의 사업을 말한다(시행령 56조 5항). 비영리법인이 해당 고유목적사업의 수행에 직접 소요되는 유형자산 및 무형자산의 취득비용(자본적 지출을 포함한다)[56] 및 인건비[57] 등 필요경비로 사용되는 금액 등 일정한 금액은 고유목적사업에 지출한 것으로 본다(시행령 56조 6항 본문).

학교법인 등(조특법 74조 1항 1호)이 수익사업에 속하는 자산을 비영리사업회계에 전입한 경우에는 비영리사업에 지출한 것으로 한다(시행규칙 76조 4항).

---

54) 대구고등법원 2019. 4. 12. 선고 2018누4657 판결은, 한국사학진흥재단법에 따라 설립된 재단법인인 원고가 사학기관을 상대로 사학기관의 재산과 교육용 설비·기자재의 개수·보수 및 확충에 필요한 자금을 융자하는 사업을 하면서 위 융자사업에서 발생한 이자소득에 관하여 준비금을 설정하여 손금에 산입하고 위 준비금을 융자사업의 재원으로 편입하여 재융자에 사용하였는데, 과세관청인 피고가 원고가 설정한 준비금이 고유목적사업준비금에 해당하지 않는 것으로 보아 손금불산입하여 과세한 사안에서(고유목적사업준비금에는 해당하지만 그것이 고유목적사업 등에 사용되지 않았음을 이유로 손금산입 사업연도의 종료일부터 5년이 지난 사업연도의 익금에 산입한 것이 아니라), 위 융자사업은 수익사업에 해당하므로, 위 융자사업에 지출하기 위하여 적립한 준비금을 고유목적사업 등에 지출하기 위한 것으로 볼 수 없다고 판단하였다(대법원 2019. 8. 30. 선고 2019두40529 판결 : 심리불속행).

55) 기본통칙 29-56···3 : 다만, 고유목적사업준비금설정한도액을 초과한 금액을 그 이후의 사업연도에 환입하여 수익으로 계상한 경우에는 이를 이월익금으로 보아 익금에 산입하지 아니한다.

56) 법인으로 보는 단체인 교회가 분양받은 종교부지를 처분하고 그 대금을 다른 토지상에서 교회건물을 신축하는데 사용한 경우 고유목적사업에 지출한 것으로 본 사례로, 서면2팀-1444, 2007. 8. 1.

57) 수익사업소득의 50%를 초과하여 고유목적사업준비금을 손금산입하는 공익법인 등(법 29조 1항 2호, 조특법 74조 1항 2호, 8호)이 임원 및 직원에게 지급한 총급여가 8,000만 원을 초과하는 경우, 그 초과 금액은 위 인건비로 보지 않는다(시행령 56조 11항 본문). 다만, 해당 법인이 해당 사업연도의 과세표준을 신고하기 전에 해당 임원 및 종업원의 인건비 지급규정에 대하여 주무관청의 승인을 받은 경우에는 그렇지 않다(시행령 56조 11항 단서).

(나) 고유목적사업 등에 지출된 금액의 처리

고유목적사업준비금을 고유목적사업 등에 지출한 금액은 다음의 순서에 따라 처리된다.

① 고유목적사업 등에 지출한 금액은 먼저 계상한 사업연도의 고유목적사업준비금부터 차례로 상계(相計)된다(법 29조 3항 1문).

② 고유목적사업 등에 지출한 금액이 직전 사업연도 종료일 현재의 고유목적사업준비금의 잔액을 초과하는 경우, 그 초과하는 금액은 그 사업연도에 계상할 고유목적사업준비금에서 지출한 것으로 본다(법 29조 3항 2문).[58]

③ 고유목적사업 등에 지출한 금액이 직전 사업연도 종료일 현재의 고유목적사업준비금의 잔액과 당해 사업연도의 설정한도액을 초과하는 경우, 그 초과금액은 (법인세 과세 후의) 수익사업의 소득금액(잉여금 포함)과 상계되고, 그 이후 남은 금액은 자본원입액의 반환(상계)으로 한다(시행규칙 76조 4항).[59]

(6) 고유목적사업준비금의 익금산입

비영리법인이 손금에 산입한 고유목적사업준비금의 잔액은, 다음의 각 사유가 있는 경우 해당 사유가 발생한 사업연도의 익금에 산입된다(법 29조 5항).

① 해산한 경우. 다만, 비영리법인이 사업에 관한 모든 권리와 의무를 다른 비영리법인에게 포괄적으로 양도하고 해산하는 경우에는, 해산등기일 현재의 고유목적사업준비금 잔액을 그 다른 비영리법인이 승계할 수 있고(법 29조 4항), 이 경우는 고유목적사업준비금의 익금산입 사유에서 제외된다.

② 고유목적사업을 전부 폐지한 경우

③ 세무서장의 승인을 받은 법인으로 보는 단체가 승인요건을 갖추지 못하게 되어 승인이 취소되거나 거주자로 변경된 경우

④ 고유목적사업준비금을 손금에 산입한 사업연도의 종료일 이후 5년이 되는 날까지 고유목적사업 등에 사용하지 않은 경우(5년 내에 사용하지 않은 금액에 한정한다)

⑤ 고유목적사업준비금을 고유목적사업 등이 아닌 용도에 사용한 경우[60] : 이는 대법원 2017. 3. 9. 선고 2016두59249 판결을 입법에 반영한 것으로 보인다.[61]

---

58) 위 경우 고유목적사업에 지출된 금액만큼 잉여금 및 자본원입액 계정이 차감될 것이다.

59) 기본통칙 113 - 156…3

60) 위 경우 익금에 산입되는 고유목적사업준비금의 잔액은 고유목적사업 등이 아닌 용도로 사용한 금액을 말한다.

61) ① 대법원 2017. 3. 9. 선고 2016두59249 판결은, 비영리법인이 5년의 유예기간 중 고유목적사업준비금을 고유목적사업 등이 아닌 다른 용도에 사용하여 고유목적사업에 지출할 수 없다는 점이 분명하게 드러난 경우, 5년의 유예기간에도 불구하고 사용금액을 그 사유가 발생한 사업연도의 익금에 곧바로 산입할 수 있다고 판시하고, 학교법인이 보유하던 토지를 2005. 4. 1. 대금 약 163억 원에 매도하고 그 대금을 포함한

손금에 산입한 고유목적사업준비금의 잔액이 있는 비영리법인은, 위 5년의 유예기간 내에 그 잔액 중 일부를 감소시켜 익금에 산입할 수 있다(법 29조 6항).[62] 이 경우 먼저 손금에 산입한 사업연도의 잔액부터 차례로 감소시킨 것으로 본다.

(7) 고유목적사업준비금과 기부금의 관계

(가) 고유목적사업준비금과 특례기부금

법인세법 제24조 제2항은, 특례기부금에 관한 손금산입한도액을 계산할 때 특례기부금과 일반기부금의 손금산입효과만을 제거하여 기준소득금액을 계산하도록 규정한다. 따라서 특례기부금 손금산입한도액의 기준소득금액(법 24조 2항)은, 특례기부금과 일반기부금만을 손금에 산입하기 전의 소득금액을 의미하고, 특례기부금과 일반기부금 외에 고유목적사업준비금까지 손금에 산입하기 전의 소득금액으로 해석할 수는 없다.[63] 그러므로 고유목적사업준비금 중 일반기부금이 아닌 부분은 위 기준소득금액을 계산할 때 가산(제거)되지 않는다.

비영리법인이 특례기부금을 지출한 경우, 그 금액은 고유목적사업준비금에서 지출한 것으로 볼 수 없고, 고유목적사업준비금과 별개로 특례기부금의 손금한도액 범위에서 손금에 산입된다.[64]

(나) 고유목적사업준비금과 일반기부금

비영리법인이 일반기부금(법 24조 3항 1호)을 지출한 경우 고유목적사업준비금에서 지출한 것으로 간주되므로, 고유목적사업준비금과 상계된다(법 29조 3항 전문). 이 경우 그와 별도로 일반기부금 손금산입한도 범위의 손금산입은 인정되지 않는다.[65]

약 168억 원을 고유목적사업준비금으로 손금산입하여 2005 사업연도 법인세 신고를 한 후 위 금액을 정기예금으로 예치하여 오다가 2007. 11.~12.경 임대사업 목적으로 아파트를 매입하는 데 사용하였으며, 5년의 유예기간이 지나도록 위 금액을 고유목적사업에 지출하지 않은 사안에서, 고유목적사업준비금의 익금산입을 인정하였다. ② 그러나 위 판결의 타당성은 다소 의문스럽다. 송동진, 법인세법(2019), 830~831쪽 참조

62) 5년 내에 고유목적사업 등에 사용하지 않거나 고유목적사업 외의 용도로 사용한 고유목적사업준비금의 잔액이 익금에 산입되거나, 비영리법인이 그 잔액 중 일부를 감소시켜 익금에 산입한 경우에는, 대통령령으로 정하는 이자상당액을 해당 사업연도의 법인세에 더하여 납부하여야 한다(법 29조 7항).

63) 대법원 2019. 12. 27. 선고 2018두37472 판결

64) 법인세과-138, 2009. 1. 12. ; 법인세과-711, 2010. 7. 27.

65) 법인세과-1033, 2009. 9. 21.

(1) 구분경리

(가) 수익사업회계와 비수익사업회계의 구분

수익사업을 하는 비영리법인은, 자산·부채 및 손익을 그 수익사업에 속하는 것과 그 밖의 사업에 속하는 것을 각각 다른 회계로 구분하여 기록하여야 한다(법 113조 1항).[66][67] 학교법인, 사회복지법인, 공익법인 등에 관하여는 각각 관계법령에 회계의 구분에 관한 별도의 규정이 있다(사립학교법 29조, 사회복지법인 재무·회계규칙 6조, 공익법인법 시행령 23조).

(나) 자본의 원입과 반환

① 자본의 원입

수익사업의 자산의 합계액에서 부채(충당금을 포함한다)의 합계액을 공제한 금액을 수익사업의 자본금으로 한다(시행규칙 76조 2항). 비영리법인이 기타의 사업에 속하는 자산을 수익사업에 지출 또는 전입한 경우, 그 자산가액은 자본의 원입으로 경리하고, 시가에 의한다(시행규칙 76조 3항). 비영리법인의 비수익사업회계의 자산이 수익사업회계로 전입되는 것은, 영리법인의 자본거래(출자)에 준하고 동일한 법인 내에서 소속 회계가 변경된 것에 불과하므로, 과세대상인 수익사업소득에 해당하지 않는다.

② 자본원입액의 반환

비영리법인이 수익사업에 속하는 자산을 고유목적사업에 지출한 경우, 그 지출금액은 ㉮ 손금산입된 고유목적사업준비금의 잔액과 상계되고, ㉯ 고유목적사업준비금의 계상금액이 손금산입한도액에 미달하는 경우 그 미달금액(전혀 손금으로 계상되지 않은 경우에는 손금산입한도액)만큼 손금에 산입되며(법 29조 3항), 이후 ㉰ 법인세 과세 후의 수익사업의 소득금액(잉여금[68] 포함), ㉱ 자본의 원입액과 차례대로 상계된다(시행규칙 76조 4항 1문).[69]

---

66) 비영리사업인 고유목적사업에서 발생한 이월결손금은 수익사업소득에서 공제될 수 없다(대법원 1991. 8. 27. 선고 88누7248 판결).

67) 비영리법인이 구분경리하는 경우, 수익사업과 기타의 사업에 공통되는 자산과 부채는 이를 수익사업에 속하는 것으로 한다(시행규칙 76조 1항). 그리고 수익사업과 기타의 사업에 공통되는 익금과 손익은 일정한 기준에 따라서 구분계산하여야 한다(시행규칙 76조 6항).

68) "잉여금"은 이미 법인세가 과세된 금액(법인세법 및 조특법에 의하여 비과세되거나 익금불산입된 금액을 포함한다)으로서 수익사업부문에 유보되어 있는 금액을 말한다(기본통칙 113－156…3 ①).

69) 법인세법 기본통칙 113－156…3 ②에서 상계대상으로 규정하는 '고유목적사업준비금 중 손금부인된 금액'은 수익사업의 소득금액(잉여금)에 해당하므로, 손금부인된 고유목적사업준비금과 상계하는 것은 실질적으로 수익사업의 소득금액(잉여금)과 상계하는 것과 같다.

학교법인 등(조특법 74조 1항 1호)이 수익사업회계에 속하는 자산을 비영리사업회계에 전입한 경우에는, 이를 비영리사업에 지출한 것으로 한다(시행규칙 76조 4항 2문). 기타의 사업에 속하는 자산이 수익사업에 전입된 경우 이를 익금으로 인식하지 않는 것에 대응하여, 수익사업에 속하는 자산을 기타의 사업에 지출한 경우 잉여금 등의 처분으로 보아야 하므로, 수익사업의 손금에 산입되지 않는다.[70]

(2) 장부의 기장

비영리법인이 법인세법 제3조 제3항 제1호 및 제7호의 수익사업을 하는 경우에는 장부를 갖추어 두고 복식부기 방식으로 장부를 기장하여야 하며, 장부와 관계있는 중요한 증명서류를 비치·기장하여야 한다(법 112조 단서).

---

4 > **세액계산의 특례 : 조합법인 등에 대한 당기순이익과세**

일정한 조합법인 등에 대하여는 조특법에 따라 당기순이익과세 방식에 의한 세액계산이 인정된다(조특법 72조).

(1) 적용대상

당기순이익과세의 적용대상은 신용협동조합, 새마을금고, 농업협동조합법에 따라 설립된 조합 및 조합공동사업법인을 비롯한 조합법인 등이다(조특법 72조 1항).[71]

---

70) 대법원 1991. 8. 27. 선고 88누7248 판결은, 학교법인이 수익사업에서 생긴 소득인 무상주를 비영리사업의 고유목적사업의 계정으로 전출한 경우 이는 기부금으로서 그 시가 상당액을 손금산입하여야 한다고 판단하였다. 그러나 비수익사업에 속하는 자산이 수익사업회계로 전입되는 것을 손익거래가 아닌 자본원입액으로 처리하는 현행 법인세법하에서는 위 판례와 같이 볼 수 없을 것이다.

71) 당기순이익과세의 적용대상은 다음과 같다(조특법 72조 1항).
  ① 신용협동조합법에 따라 설립된 신용협동조합
  ② 새마을금고법에 따라 설립된 새마을금고
  ③ 농업협동조합법에 따라 설립된 조합 및 조합공동사업법인
  ④ 수산업협동조합법에 따라 설립된 조합(어촌계를 포함한다) 및 조합공동사업법인
  ⑤ 중소기업협동조합법에 따라 설립된 협동조합·사업협동조합 및 협동조합연합회
  ⑥ 산림조합법에 따라 설립된 산림조합(산림계를 포함한다) 및 조합공동사업법인
  ⑦ 엽연초생산협동조합법에 따라 설립된 엽연초생산협동조합
  ⑧ 소비자생활협동조합법에 따라 설립된 소비자생활협동조합

(2) 당기순이익과세

(가) 과세표준의 계산

당해 조합법인 등의 설립에 관한 법령 또는 정관에 규정된 설립목적을 직접 수행하는 사업(수익사업 외의 사업에 한한다)을 위하여 지출하는 금액은 기부금 또는 접대비로 보지 않으며, 당해 조합법인 등에 출자한 조합원 또는 회원과의 거래에서 발생한 수입금액에 대하여는 접대비의 손금불산입 규정을 적용하지 않는다(조특법 72조 3항).

조합법인 등의 기부금의 손금불산입액을 계산할 때, 법인세법 제24조 제2항의 소득금액은 해당 조합법인 등의 결산재무제표상 당기순이익에 ① 특례기부금, ② 일반기부금과 ③ 조특법 제76조의 기부금을 합한 금액으로 한다(조특법 72조 4항).

당기순이익과세를 적용받는 조합법인은, 그 과세표준 및 세액을 계산방식을 고려할 때, 고유목적사업준비금을 손금에 산입할 수 없다.[72]

(나) 세액의 계산

당기순이익과세를 적용받는 조합법인 등에 대하여는 ① 그 법인의 결산재무제표상 당기순이익(법인세 등을 공제하지 않은 당기순이익)에 ② 법인세법 제19조의2 제2항, 제24조부터 제28조까지, 제33조 및 제34조 제2항에 따른 손금불산입액(해당 법인의 수익사업과 관련한 것만 해당한다)을 합한 금액에 9%(해당 금액이 20억 원을 초과하는 경우 그 초과분에 대해서는 12%)의 세율을 적용하여 과세한다(조특법 72조 1항 본문).

당기순이익과세를 적용받는 조합법인에 대하여는 최저한세 규정이 적용되지 않는다(조특법 132조 1항).

(3) 당기순이익과세의 포기

당기순이익과세를 포기하고자 하는 조합법인 등은, 당기순이익과세를 적용받지 않으려는 사업연도의 직전 사업연도 종료일까지 당기순이익과세 포기신청서를 관할 세무서장에게 제출하여야 한다(조특법 시행령 69조 2항). 당기순이익과세를 포기한 조합법인 등은 그 이후의 사업연도부터는 당기순이익과세를 적용받지 않는다(조특법 72조 1항 단서).

(4) 문제점과 입법론

조특법의 조합법인 과세특례는, ① 조세지원이 조합법인과 비조합원 간 거래에서 생긴 이익에 대하여도 인정되고, 조합원의 개별적 사정을 고려하지 않은 채 조합법인 단계에서 일률적으로 부여되는 점, ② 대규모 조합법인을 일반법인보다 유리하게 과세함으로써 시

---

72) 기본통칙 29-56…1

장의 경쟁구조를 왜곡하는 점에서 문제가 있다.[73] 입법론으로 현재의 조합법인 과세특례를 폐지하고 이용실적 배당[74]의 손금산입을 통한 과세제외를 고려할 필요가 있다.[75]

5 과세표준 및 세액의 신고 및 납부

5-1. 과세표준 신고 시 첨부할 서류

비영리법인은 과세표준 신고기한까지 각 사업연도의 소득에 대한 법인세의 과세표준 및 세액을 신고할 의무가 있고, 그 신고서에 재무상태표 등의 서류를 첨부하여야 한다(법 60조 1, 2항). 비영리법인이 위 신고서에 재무상태표 등의 서류를 첨부하지 않은 경우에는 법인세법에 따른 신고로 보지 않지만, 법인세법 제4조 제3항 제1호 및 제7호에 따른 수익사업을 하지 않는 비영리법인은 그렇지 않다(법 60조 5항).

5-2. 이자소득에 대한 신고 특례

비영리법인은, 원천징수된 이자소득(비영업대금의 이익을 제외하고, 투자신탁의 이익을 포함한다)의 전부 또는 일부에 대하여 과세표준 신고를 하지 않을 수 있다(법 62조 1항 전문, 시행령 99조 1항). 이 경우 과세표준 신고를 하지 않은 이자소득은 각 사업연도의 소득금액을 계산할 때 포함되지 않는다(법 62조 1항 후문).

이에 따라 비영리법인은 원천징수된 이자소득에 대하여 ① 각 사업연도의 소득에 포함시켜 신고하면서 고유목적사업준비금을 손금에 산입할 수도 있고,[76] ② 각 사업연도의 소득에 포함시키지 않을 수도 있는(분리과세) 선택권이 있다. 비영리법인이 법인세법 제62조 제1항에 따라 과세표준 신고를 하지 않은 이자소득에 대하여는 수정신고, 기한 후 신고

---

73) 당기순이익 과세특례에 따른 조세감면액은 2022년 기준으로 3,693억 원에 이른다. 2022 대한민국 조세, 국회예산정책처(2022. 4.), 149쪽

74) 이용실적 배당은 조합원이 해당 조합과 수행한 거래량 또는 금액을 기준으로 배당하는 순이익을 의미한다. 미국 세법은 협동조합의 과세소득을 계산할 때 조합원에 대한 이용실적 배당(patronage dividend)[IRC § 1388(a)]과 단위당 자본적립금(per-unit retain allocation)[IRC § 1388(f)]은 고려되지 않는다고 규정한다 [IRC § 1382(b)].

75) 이병대·김완석·서희열, "협동조합 과세제도에 관한 연구", 조세연구 제15권 제2집, 한국조세연구포럼 (2015. 8.), 59쪽 ; 전병목·권성준, 2020 조세특례 심층평가(Ⅳ) 조합법인 등에 대한 법인세 과세특례, 한국조세재정연구원(2020), 155~161쪽

76) 이 경우 법인세 산출세액(비영리법인의 소득이 이자·배당소득뿐이고 전액 고유목적사업에 지출되었다면 산출세액은 0이 된다)이 원천징수된 이자소득에 대한 기납부세액에 미달하면 그 차액을 환급받을 수 있다.

또는 경정 등에 의하여 이를 과세표준에 포함시킬 수 없다(시행령 99조 2항). 한편, 반대로 비영리법인이 원천징수된 이자소득을 각 사업연도의 과세표준에 포함시켜 신고한 경우, 이를 경정 등에 의하여 분리과세방법으로 변경할 수 없다고 보아야 할 것이다.[77]

5-3. 세액의 납부

사업연도의 기간이 6개월을 초과하는 비영리법인은 각 사업연도 중 중간예납기간에 대한 중간예납세액을 납부할 의무가 있다(법 63조 1항 본문). 다만, 일정한 학교법인 등은 중간예납세액을 납부할 의무가 없다(법 63조 1항 단서).

비영리법인은 각 사업연도의 소득에 대한 법인세 산출세액에서 '해당 사업연도의 감면세액·세액공제액, 중간예납세액, 수시부과세액, 원천징수된 세액'(가산세는 제외한다)을 공제한 금액을 과세표준 신고기한까지 관할 세무서 등에 납부하여야 한다(법 64조 1항).

<blockquote>

6   **자산양도소득에 대한 과세특례 등**

</blockquote>

(1) 토지 등 양도소득에 대한 법인세

비영리법인은 비사업용 토지 등을 양도한 경우, 토지 등 양도소득에 대한 법인세 납부의무를 부담한다(법 4조 1항 3호).[78][79] 비영리법인이 3년 이상 고유목적사업에 직접 사용한 토지 등을 처분한 경우, 그 수입은 각 사업연도의 소득에서 제외되지만(법 4조 3항 5호 단서, 시행령 3조 2항), 비영리법인은 토지 등 양도소득에 대한 법인세 납부의무를 부담한다.

한편, 비영리법인이 자산양도소득에 대한 신고 특례(법 62조의2)에 따라 소득세법 제104조 제4항에 따라 가중된 세율을 적용받는 경우에는 토지 등 양도소득에 대한 법인세의 납부의무가 없다(법 62조의2 2항 2문).

(2) 자산양도소득에 관한 과세특례

사업소득이 발생하는 수익사업을 하지 않는 비영리법인이 일정한 자산의 양도로 인하여

---

77) 법인46012-638, 1998. 3. 14.
78) 서면2팀-994, 2006. 5. 30.
79) 학교법인이 기부(출연을 포함한다)받은 토지는, 토지등 양도소득의 과세대상인 비사업용 토지(법 55조의2 1항 3호)로 보지 않는다(시행령 92조의11 3항 4호).

발생하는 소득이 있는 경우에는, 소득세법상 양도소득세 규정에 따라 계산한 세액을 법인세로 신고·납부할 수 있다(법 62조의2). 그 입법취지는, ① 사업을 영위하지 않는 비영리법인의 자산양도소득에 대한 법인세 부담이 양도소득세보다 과중해지지 않도록 하고,[80] ② 장부의 기장을 토대로 한 과세표준 신고가 아니라 양도소득과세표준 예정신고 및 자진납부로써 간편하게 납세의무를 이행할 수 있도록 하기 위한 것이다.

(가) 적용요건

① 비영리법인이 사업소득이 발생하는 수익사업(법 4조 3항 1호)을 하지 않아야 한다.[81] 대법원은, 비영리법인이 수익사업을 하는지 여부는 양도소득의 발생시점을 기준으로 판단하여야 함을 전제로, 비영리법인인 원고가 수익사업을 하지 않은 상태에서 토지를 양도하고 이후 같은 사업연도 내에 수익사업인 부동산임대업을 개시한 사건에서, 위 양도소득에 대하여 과세특례를 적용할 수 있다고 판단하였다.[82]

사업소득이 있는 비영리법인이 수익사업용 토지를 양도한 경우뿐만 아니라 비수익사업용 토지를 양도한 경우에도 자산양도소득에 대한 과세특례가 적용되지 않는다.[83] 다만, 그 양도된 토지가 3년 이상 고유목적사업에 직접 사용된 것인 경우에는 수익사업소득에서 제외된다(법 4조 3항 5호 단서, 시행령 3조 2항).

② 비영리법인이 다음의 어느 하나에 해당하는 자산을 양도하여 발생한 소득이 있어야 한다(법 62조의2 1항).

㉠ 토지 또는 건물(건물에 부속된 시설물과 구축물을 포함한다)(소득세법 94조 1항 1호)(법 62조의2 1항 2호)

㉡ 소득세법 제94조 제1항 제2호의 부동산에 관한 권리(법 62조의2 1항 3호)

㉢ 소득세법 제94조 제1항 제3호의 주식 등(법 62조의2 1항 1호)[84]

㉣ 소득세법 제94조 제1항 제4호의 기타자산(법 62조의2 1항 4호)[85]

---

80) 대법원 2012. 1. 26. 선고 2010두3763 판결

81) 의료법인은 법인세법 제4조 제3항 제1호(구 법인세법 제3조 제2항 제1호)의 사업을 하는 비영리법인이므로, 자산양도소득에 대한 과세특례를 적용받을 수 없다는 것이 행정해석이다. 서이46012-10683, 2003. 4. 1.

82) 대법원 2012. 1. 26. 선고 2010두3763 판결. 원심인 서울고등법원 2010. 1. 21. 선고 2009누18396 판결은, 위와 같이 보아야 하는 이유로, 만일 비영리법인이 사업연도의 종료 당시 수익사업을 영위하는지에 따라 위 과세특례의 적용 여부를 결정한다면, 수익사업을 영위하던 비영리법인이 자산을 양도한 후 사업연도의 종료 당시 수익사업을 영위하지 않게 된 경우에도, 위 과세특례의 적용을 주장할 수 있게 되는 부당한 결론에 이르게 되기 때문이라고 한다.

83) 서면2팀-1399, 2006. 7. 27.

84) 2023. 1. 1.부터 소득세법 제94조 제1항 제3호의 주식 등의 양도소득이 소득세법상 금융투자소득으로 과세되는 것을 고려하여, 2021. 12. 21. 주식 등의 양도소득이 비영리법인의 자산양도소득 과세특례에서 제외되는 것으로 개정되었고, 위 개정된 규정은 2025. 1. 1.부터 적용된다.

③ 비영리법인이 자산양도소득에 대한 과세특례를 선택하여야 한다.

(나) 적용효과

비영리법인이 과세표준 신고를 하지 않은 자산양도소득은 각 사업연도의 소득금액에 포함되지 않는다(법 62조의2 1항 2문). 그 대신, 비영리법인은 해당 자산양도소득에 대하여 소득세법 제92조를 준용하여 계산한 과세표준에 소득세법 제104조 제1항 각 호의 세율을 적용하여 계산한 금액을 법인세로 납부하여야 한다(법 62조의2 2항 전문).

① 과세표준의 계산

과세표준은, 자산의 양도로 인하여 발생한 총수입금액(양도가액)에서 ㉮ 필요경비를 공제하고, 공제한 후의 금액(양도차익)에서 ㉯ 장기보유특별공제액(소득세법 95조 2항) 및 양도소득 기본공제액(소득세법 103조)을 공제하여 계산한다(법 62조의2 3항).

양도가액, 필요경비 및 양도차익의 계산에 관하여는 소득세법 제96조부터 제98조까지 및 제100조를 준용한다(법 62조의2 3항 본문).

㉮ 양도가액, 필요경비는 원칙적으로 실지거래가액에 의하여 산정된다(소득세법 96조 1항, 97조 1항 1호 가목).

㉯ 여기에는 다음과 같은 예외가 있다.

㉠ 상증세법에 따라 상속세 또는 증여세 과세가액에 산입되지 않은 자산을 출연받은 비영리법인이 출연받은 날부터 3년 이내에 그 자산[86]을 양도하는 경우에는, 그 자산을 출연한 자의 취득가액을 그 법인의 취득가액으로 한다(법 62조의2 4항 단서, 시행령 99조의2 3항 본문).[87]

㉡ 법인으로 보는 단체의 경우, 국세기본법 제13조 제2항에 따라 승인을 받기 전의 당초 취득한 가액을 취득가액으로 한다(법 62조의2 4항 단서).

---

85) 법인세법 시행령 제99조의2 제1항은 법인세법 제62조의2 제1항 제1호의 "대통령령으로 정하는 주식 등"을 "소득세법 시행령 제158조 제1항 제1호·제5호"에 규정된 자산이라고 규정하나, 위 소득세법 시행령 규정은 2016. 12. 20. 개정된 소득세법 제94조 제1항 제4호 다목 및 라목으로 옮겨졌으므로, 위 법인세법 시행령은 개정을 요한다.

86) 다만, 1년 이상 다음 각 호의 어느 하나에 해당하는 사업(보건업 외에 법인세법 시행령 99조의2 3조 1항에 해당하는 수익사업은 제외한다)에 직접 사용한 자산을 제외한다(시행령 99조의2 4항).
1. 법령에서 직접 사업을 정한 경우에는 그 법령에 규정된 사업
2. 행정관청으로부터 허가·인가 등을 받은 경우에는 그 허가·인가 등을 받은 사업
3. 제1호 및 제2호 외의 경우에는 법인등기부상 목적사업으로 정하여진 사업

87) 출연재산이 상속세 또는 증여세 과세가액에 산입되지 않은 후 과세요인이 발생하여 그 과세가액에 산입되지 않은 상속세 또는 증여세의 전액 상당액이 부과되는 경우에는, 출연한 자의 취득가액을 해당 자산의 취득가액으로 보는 규정(시행령 99조의2 4항)이 적용되지 않는다. 위 경우, 과세사유가 발생하는 시점이 상속 또는 증여로 의제되는 시점이고, 그 시점의 시가에 따라 상속재산가액 또는 증여재산가액이 정해지므로(대법원 2017. 8. 18. 선고 2015두50696 판결), 위와 같이 산정된 상속재산가액 또는 증여재산가액이 취득가액으로 될 것이다.

자산양도소득의 과세표준을 계산할 때 양도소득의 부당행위계산 규정(소득세법 101조) 및 양도소득의 구분계산 등 규정(소득세법 102조)을 준용한다(법 62조의2 5항).

② 세액의 계산

비영리법인은, 위와 같이 계산된 과세표준에 소득세법 제104조 제1항 각 호의 세율을 적용하여 계산한 금액을 법인세로 납부하여야 한다(법 62조의2 2항 전문). 자산양도소득에 대한 세액계산의 순서에 관하여는 소득세법 제93조를 준용한다(법 62조의2 5항).

③ 과세표준 및 세액의 신고·납부

위와 같은 방법에 따른 법인세의 과세표준에 대한 신고·납부·결정·경정 및 징수에 관하여는 자산 양도일이 속하는 각 사업연도의 소득에 대한 법인세의 과세표준의 신고·납부·결정·경정 및 징수에 관한 규정을 준용하되, 그 밖의 법인세액에 합산하여 신고·납부·결정·경정 및 징수한다(법 62조의2 6항 1문).

비영리법인은, 위와 같이 계산한 법인세를 소득세법 제105조부터 제107조까지의 규정을 준용하여 양도소득과세표준 예정신고 및 자진납부를 하여야 한다(법 62조의2 7항 1문). 비영리법인이 양도소득과세표준 예정신고 및 자진납부를 한 경우에는, 법인세 과세표준의 신고를 한 것으로 본다(법 62조의2 8항 본문).[88]

비영리법인은 양도소득과세표준 예정신고 및 자진납부를 한 경우에도 자산양도소득의 과세특례를 적용하지 않고, 법인세법 제60조에 의한 과세표준 신고를 할 수 있고, 그 경우 예정신고납부세액은 납부할 세액에서 기납부세액으로 공제된다(시행령 99조의2 5항).

④ 과세특례의 적용단위

자산의 양도소득에 관한 과세특례는 자산의 양도일이 속하는 각 사업연도 단위별로 적용한다. 이 경우 각 사업연도 단위별로 이를 적용하지 않은 때에는 당해 사업연도의 양도소득에 대하여는 위 특례를 적용하지 않는다(시행령 99조의2 2항). 따라서 비영리법인은 각 사업연도마다 자산양도소득 과세특례의 적용 여부를 선택할 수 있지만, 어느 사업연도에 다수의 자산을 양도한 경우 그 중 일부 자산에 대하여만 위 특례를 적용하고, 나머지에 대하여는 일반적인 법인세 과세표준 신고를 하는 것으로 할 수는 없다.

---

88) 다만, 해당 과세기간에 누진세율 적용대상 자산에 대한 예정신고를 2회 이상 하는 경우 등으로서 대통령령으로 정하는 경우에는 그렇지 않다(법 62조의2 8항 단서, 소득세법 110조 4항 단서).

비영리법인의 청산과 관련된 과세

제**4**장

1 비영리법인의 해산과 청산

1-1. 비영리법인의 해산사유

비영리법인은, 존립기간의 만료, 법인의 목적의 달성 또는 달성의 불능 기타 정관에 정한 해산사유의 발생, 파산 또는 설립허가의 취소로 해산한다(민법 77조 1항). 사단법인은 사원이 없게 되거나 총회의 결의[1]로도 해산한다(민법 77조 2항).

1-2. 비영리법인의 청산

(1) 청산절차

청산인은, 파산의 경우를 제외하고는, 그 취임 후 3주간 내에 해산사유 등을 등기하고 주무관청에 신고하여야 한다(민법 85조 1항, 86조 1항). 청산인의 직무는 ① 현존사무의 종결, ② 채권의 추심 및 채무의 변제, ③ 잔여재산의 인도이다(민법 87조 1항).

(2) 잔여재산의 귀속

비영리법인이 해산한 경우, 잔여재산의 귀속은 ① 그 법인의 설립근거법령에 규정이 있는 경우에는 그에 의하고,[2] ② 그러한 규정이 없으면 일반법인 민법에 따라야 할 것이다.

---

1) 해산결의는, 정관에 규정이 있는 때에는 그 규정에 의하고, 그 규정이 없는 때에는 총사원 4분의 3 이상의 동의로 이루어져야 한다(민법 78조).

2) 가령, 학교법인이 해산한 경우의 잔여귀속에 관한 사립학교법의 규정은 다음과 같다. 학교법인은 정관에 해산에 따른 잔여재산의 귀속자를 두고자 할 때에는, 그 귀속자는 학교법인이나 그 밖에 교육사업을 경영하는 자 중에서 선정되도록 하여야 하고(사립학교 35조 1항), 해산한 학교의 잔여재산은, 합병 및 파산의 경우를 제외하고는, 교육부장관에 대한 청산종결의 신고가 있은 때에 정관으로 지정된 자에게 귀속된다(사립학교법 35조 2항).

민법에 의하면, 해산한 비영리법인의 잔여재산은 정관으로 지정한 자[3]에게 귀속한다(민법 80조 1항). 정관으로 잔여재산의 귀속권리자를 지정하지 않거나, 이를 지정하는 방법을 정하지 않은 때에는, 이사 또는 청산인은 주무관청의 허가를 얻어 그 법인의 목적에 유사한 목적을 위하여 그 재산을 처분할 수 있다(민법 80조 2항 전문).[4] 위 규정들에 의하여 처분되지 않은 잔여재산은 국고에 귀속한다(민법 80조 3항).

2 | 비영리법인의 청산과 관련된 과세

2-1. 사업연도의 의제

비영리법인이 사업연도 중에 해산한 경우, 사업연도 개시일부터 해산등기일까지의 기간과 그 다음 날부터 그 사업연도 종료일까지의 기간을 각각 1사업연도로 본다(법 8조 1항).

2-2. 유형자산 등의 처분손익에 대한 과세

비영리법인은 청산소득에 대한 법인세 납부의무가 없다(법 4조 1항 단서). 한편, 비영리법인이 청산과정에서 ① 유형자산 및 무형자산을 처분하거나(처분일 현재 3년 이상 계속하고 고유목적사업에 직접 사용한 유형자산 및 무형자산의 처분은 제외), ② 소득세법 제94조 제1항 제2호 및 제4호에 따른 자산을 양도한 경우, 그로 인한 수입은 각 사업연도의 소득으로 과세된다(법 4조 3항 5호, 6호). 그리고 비영리법인이 청산과정에서 토지 등 양도소득의 과세대상인 부동산을 양도한 경우에는 토지 등 양도소득에 대한 법인세를 부담한다(법 55조의2 1항).

2-3. 잔여재산의 귀속

(1) 비영리법인

출연받은 재산의 가액이 증여세 과세가액에 불산입된 공익법인 등이, 잔여재산을 국가·지방자치단체 또는 해당 공익법인 등과 동일하거나 주무부장관이 유사한 것으로 인정

---

3) 정관에 의한 귀속자의 지정은, 직접적 지정뿐만 아니라 사원총회나 이사에게 귀속자의 지정권을 수여하는 방법에 의한 간접적 지정도 포함한다. 민법주해(1), 박영사(1992), 746쪽(제80조)
4) 사단법인에서는 총회의 결의가 있어야 한다(민법 80조 2항 후문).

하는 공익법인 등에 귀속시킨 경우에는, 일반적으로 당초의 증여세 과세가액 불산입의 효과는 계속 유지된다고 보아야 할 것이다(상증세법 시행령 38조 8항 1호, 2항 단서).[5]

한편, 비영리법인이 잔여재산을 위의 경우에 해당하지 않는 자(가령, 그 출연자나 특수관계인)에게 인도하는 경우에는, 증여세 과세사유인 '대통령령으로 정하는 바에 따라 운용하지 아니하는 경우'에 해당하므로(상증세법 48조 2항 8호, 상증세법 시행령 38조 8항 1호), 비영리법인에 대하여 증여세가 부과되고(상증세법 48조 2항 본문), 잔여재산을 인도받은 자는 제2차 납세의무를 부담한다(국세기본법 38조 2항 2호).[6]

(2) 잔여재산의 귀속자

비영리법인으로부터 잔여재산을 인도받은 자는 원칙적으로 증여세 납부의무가 있다(상증세법 4조의2).[7] 다만, 잔여재산의 귀속자가 공익법인 등인 경우에는 그 재산의 가액은 증여세 과세가액에 산입되지 않는다(상증세법 48조 1항 본문).

---

3 ▶ 비영리법인 운영권의 양도

비영리법인의 대표자가 타인에게 그 대표자 지위를 물려주는 방식으로 비영리법인의 운영권을 넘겨주고 대가를 받은 경우, 이는 소득세법상 기타소득인 사례금(소득세법 21조 1항 17호)에 해당한다.[8] 대법원은, 비영리법인의 운영권을 양도하고 대가를 받은 것이 배임수재죄(형법 357조 1항)를 구성하지 않는다고 판시하였고,[9] 이후 일부 비영리법인의 근거법령에 임원 선임을 통한 운영권의 유상양도를 처벌하는 규정이 신설되었다.[10] 비영리법인 운

---

5) 위 경우는 일단 상증세법 제48조 제2항 제8호의 "대통령령으로 정하는 바에 따라 운용하지 아니한 경우"에 해당하지 않는다(상증세법 시행령 38조 8항 1호). 그리고 공익법인 등이 출연받은 재산을 직접 그 공익목적사업에 효율적으로 사용하기 위하여 주무관청의 허가를 받아 다른 공익법인 등에게 출연하는 것은 직접 공익목적사업에 사용하는 경우에 해당한다(상증세법 시행령 38조 2항 단서).

6) 국세기본법 제38조 제1항의 '인도'는 비영리법인이 청산하는 경우 잔여재산을 민법 제80조 등에 따라 처분하는 것을 말한다(기본통칙 38 - 0…4). 김완석·박종수·이중교·황남석, 국세기본법 주석서(2017), 622쪽

7) 비영리법인이 부동산을 출연받아 고유목적사업에 사용하다가 청산되면서 그 부동산을 출연자에게 인도한 경우, 그 출연자는 ① 당초 비영리법인이 그 부동산을 출연받은 것과 관련하여 그 출연 당시 과세되지 않았다가 그 부동산의 인도로 인하여 과세되는 비영리법인의 증여세에 대한 제2차 납세의무와 ② 그 부동산의 취득으로 인한 증여세를 중복하여 부담할 수 있다.

8) 대법원 1999. 1. 15. 선고 97누20304 판결(재단법인), 대법원 2013. 9. 13. 선고 2010두27288 판결(학교법인)

9) 대법원 2013. 12. 26. 선고 2010도16681 판결, 대법원 2014. 1. 23. 선고 2013도11735 판결

10) 가령, 사회복지사업법 제18조의2, 의료법 제51조의2 등. 그러나 여전히 상당수 비영리법인의 근거법령에는 그러한 처벌규정이 없는 것으로 보인다.

영권의 유상양도가 위와 같은 처벌규정에 반하는 경우, 그 대가는 위법소득이지만, 여전히 기타소득인 사례금에 해당한다고 보아야 할 것이다.[11]

---

11) 이창희, 세법강의(2020), 540쪽

보칙

법인세법 제6장의 규정(109조 내지 122조의2)은, 비영리법인의 성질에 반하지 않는 한 비영리법인에 대하여 원칙적으로 적용된다. 수익사업을 하는 비영리법인에 관하여는 수익사업의 개시신고, 장부의 비치·기장 등에 관하여 다음과 같은 특칙이 있다.

(1) 수익사업개시신고

비영리법인이 새로 법인세법 제4조 제1항 제3호 및 제7호의 수익사업을 시작한 경우에는 그 개시일부터 2개월 이내에 수익사업의 종류, 개시일, 사업장 등을 적은 신고서에 그 사업개시일 현재의 그 수익사업과 관련된 재무상태표와 그 밖에 대통령령으로 정하는 서류를 첨부하여 관할 세무서장에게 신고하여야 한다(법 110조).

(2) 장부의 비치·기장

법인세법 제4조 제1항 제3호 및 제7호의 수익사업을 하는 비영리법인은, 장부를 갖추어 두고 복식부기 방식으로 장부를 기장하여야 하며, 장부와 관계있는 중요한 증명서류를 비치·보존하여야 한다(법 112조 단서). 그 외의 비영리법인은 그러한 의무가 없다.

(3) 구분경리

비영리법인이 수익사업을 하는 경우에는, 자산·부채 및 손익을 수익사업에 속하는 것과 그 밖의 사업에 속하는 것으로 각각 다른 회계로 구분하여 기록하여야 한다(법 113조 1항).

제 **5** 편

외국법인의
국내원천소득에 대한 과세

제1장

외국법인

1 ### '외국'법인

1-1. 국내에 본점 또는 실질적 관리장소가 없는 법인

외국법인은, 본점 또는 주사무소가 외국에 있고, 그 실질적 관리장소가 국내에 있지 않은 법인을 말한다(법 2조 3호).[1]

대법원은, ① '실질적 관리장소'는, 법인의 사업 수행에 필요한 중요한 관리 및 상업적 결정이 실제로 이루어지는 장소를 뜻하고, ② '법인의 사업수행에 필요한 중요한 관리 및 상업적 결정'이란, 법인의 장기적인 경영전략, 기본 정책, 기업재무와 투자, 주요 재산의 관리·처분, 핵심적인 소득창출 활동 등을 결정하고 관리하는 것을 말하며, ③ 법인의 실질적 관리장소가 어디인지는, 이사회 또는 그에 상당하는 의사결정기관의 회의가 통상 개최되는 장소, 최고경영자 및 다른 중요 임원들이 통상 업무를 수행하는 장소, 고위 관리자의 일상적 관리가 수행되는 장소, 회계서류가 일상적으로 기록·보관되는 장소 등의 제반 사정을 종합적으로 고려하여 구체적 사안에 따라 개별적으로 판단하여야 한다고 판시하였다.[2][3]

---

1) 상법상 내국회사와 외국회사의 구별은 그 설립준거법에 따른다는 것이 상법학계의 통설이다[이철송, 회사법강의(2019), 1225쪽]. 다만, 외국에서 설립된 회사라도, 대한민국에 그 본점을 설치하거나 대한민국에서 영업할 것을 주된 목적으로 하는 때에는, 대한민국에서 설립된 회사와 같은 규정에 따라야 한다(상법 617조).

2) 대법원 2016. 1. 14. 선고 2014두8896 판결(매지링크 사건) : 이는 거주지국 경합의 해소기준인 OECD 모델조약 제4조 제3항에 관한 주석의 내용을 상당 부분 참조한 것으로 보인다(OECD 모델조약 제4조의 주석 문단 24.1).

3) 조세심판원 결정 중에서 외국에 설립된 법인의 실질적 관리장소가 ① 국내에 있다고 본 사안으로는 조심 2015중1663, 2017. 6. 15. 결정(내국법인이 국외에 설립한 자회사들을 지배·관리하기 위하여 설립한 중간 지주회사인 청구법인을 내국법인으로 보고, 나아가 청구법인의 외국 자회사로서 인적·물적 실체가 전혀 없는 회사들의 소득을 청구법인에게 귀속되는 것으로 본 사례), 조심 2017서0464, 2017. 7. 11. 결정, ② 국내에 있지 않다고 본 사안으로는 조심 2016서2555, 2017. 6. 22. 결정이 있다.

1-2. 조세조약상 경합해소조항에 따라 외국 거주자로 결정된 법인

법인이 법인세법상 내국법인에 해당함과 동시에 외국의 거주자에도 해당하는 이중거주자이고, 조세조약의 경합해소조항(tie-breaker clause)[4]에 따라 외국 거주자로 결정되는 경우, 법인세법상 외국법인으로 되는 것은 아니다.[5] 따라서 위 경우 해당 법인이 발행한 주식 등의 양도소득이 국내원천소득인 '내국법인이 발행한 주식 등의 양도소득(법 93조 9호 가목)'에 해당하지 않게 되는 것은 아니다.[6] 다만, 위와 같은 법인에 대하여 법인세법의 내국법인에 관한 규정 중 전세계소득에 대한 포괄적 납세의무를 전제로 한 것은 적용될 수 없거나 수정되어야 하므로, 그 법인은 사실상 외국법인과 거의 같게 취급될 것이다.[7]

---

2 **외국 '법인' : 법인성의 판단기준**

2-1. 일반론

외국단체의 분류기준에는 ① 외국단체에 관하여 해당 외국에서 법인격이 인정되거나 그 사법상 지위가 내국법상 법인에 해당하는 단체와 유사한지 등 사법적(私法的) 성질을 기준으로 하는 방법,[8] ② 외국단체가 해당 외국에서 법인과세를 적용받는지, 즉 외국세법상 지위를 기준으로 하는 방법,[9] ③ 외국단체로 하여금 법인과세의 적용 여부를 선택하게 하는 방법[10]이 있다.

위 분류기준들은 각기 서로 다른 장단점을 가진다.[11]

---

4) 이에 관하여는 제2장 2-1-3. 참조
5) Vogel/Ismer · Blank, p.265, 문단 5
6) 조심 2022서6723, 2022. 12. 8. 결정
7) 영국, 프랑스, 캐나다는 위와 같은 법인을 내국세법상 외국법인으로 취급하는 것으로 보인다. Vogel/Ismer · Blank, p.265, 문단 5
8) 사법적 성질을 기준으로 한 방법을 채택한 국가로는, 벨기에, 프랑스, 독일, 일본, 네덜란드, 호주, 캐나다, 영국 등이 있다. 김범준, "국내투자 혼성단체(hybrid entity)의 과세 문제", 서울대학교 법학박사학위논문, 2016, 37~68쪽
9) 외국세법상 지위를 기준으로 하는 방법을 지지하는 견해로는 이창희, "파트너십과 국제조세", 조세학술논집 제21집 제1호(2005), 국제조세협회, 288~289쪽
10) 미국의 이른바 "check-the-box rule"이 이에 해당한다[재무부 규칙 § 301.7701-3(a)].
11) 김범준, 앞의 글, 37~42, 69~70, 78쪽 ; 이재호, "법인세법상 외국단체의 법인판단방법에 관한 고찰", 조세법연구 [18-3](2012), 222~249쪽 ; 김석환, "해외 혼성사업체 과세방식에 관한 소고", 조세학술논집 제29집 제1호(2013), 70~73쪽

① 사법적 성질에 따른 분류기준의 경우 ㉮ 장점은 우리나라의 법인과 유사한 외국단체를 법인세법상 법인으로 취급하므로 단체의 실질에 따른 조세중립성이 유지된다는 것이고, ㉯ 단점으로는 ㉠ 사법적 성질에 의한 기준에 따른 분류결과의 예측가능성이 낮은 점, ㉡ 외국단체의 취급에 관하여 원천지국인 우리나라의 세법과 그 본국의 세법, 그리고 조세조약 사이에 차이가 생길 수 있고, 이에 따라 국제적 이중과세가 발생하거나 조세조약의 적용이 곤란하게 될 수 있는 점이 있다.

② 외국세법상 지위에 따른 분류기준의 경우 ㉮ 장점으로는 ㉠ 분류기준이 명확하여 예측가능성이 보장되는 점, ㉡ 원천지국과 본국 사이에 외국단체의 취급이 일관되게 이루어지고 조세조약의 적용과 관련한 문제가 발생하지 않는 점이 있고, ㉯ 단점으로는 ㉠ 우리나라의 법인과 유사한 사법적 성질을 가지는 외국단체가 세법상 법인이 아닌 것으로 취급되어 조세중립성이 깨질 수 있는 점, ㉡ 본국인 외국에서 투과과세단체에 해당하는 외국단체의 경우, 우리나라 과세관청이 그 단체의 구성원을 일일이 파악하여 법인세 또는 소득세로 과세하여야 하는데, 그에 필요한 과세자료를 확보할 수 없거나 확보하는데 상당한 시간과 비용이 소요될 수 있으므로, 세무행정의 부담이 무거운 점이 있다.

③ 외국단체에게 법인과세 여부의 선택권을 주는 방법의 경우 ㉮ 장점은 외국단체가 스스로 국제적 이중과세가 발생하지 않는 방향으로 선택권을 행사할 수 있다는 것이고, ㉯ 단점은 조세회피에 이용되기 쉽고 그에 대한 남용방지규정으로 인하여 세제가 복잡해진다는 것이다.

2-2. 2013. 1. 1. 개정 전의 구 법인세법 및 대법원 판례

2013. 1. 1. 개정 전의 구 법인세법 제1조 제3호는, 외국법인을 '본점 또는 주사무소가 외국에 있고 사업의 실질적 관리장소가 국내에 있지 않은 법인'으로만 정의하고, 외국단체 중 법인세법상 '법인'에 해당하기 위한 요건을 규정하지 않았다. 이에 따라 외국단체 (foreign entity)의 거주지국 또는 본국에 '법인'의 개념이 존재하지 않거나 존재하더라도 그에 해당하지 않는 경우, 특히 본국에서 독립적 권리의무의 주체로 인정되지 않는 영미법계의 파트너십 또는 유한 파트너십을 법인세법상 법인으로 인정할 것인지가 문제되었다.

대법원 2012. 1. 27. 선고 2010두5950 판결은, 외국의 단체를 법인세법상 외국법인으로 볼 수 있는지에 관하여 '단체가 설립된 국가의 법령 내용과 단체의 실질에 비추어 우리나라의 사법(私法)상 단체의 구성원으로부터 독립된 별개의 권리·의무의 귀속주체로 볼 수 있는지에 따라 판단하여야 할 것'이라고 판시하였다(론스타 사건).[12] 이는 외국단체의 분류방법 중 사법적 성질에 따른 분류기준을 채택한 것이다.[13]

이에 따라 대법원은, 미국 델라웨어주의 유한 파트너십(Limited Partnership),[14] 영국의 유한 파트너십,[15] 케이맨 군도의 유한 파트너십,[16] 버뮤다의 유한 파트너십,[17] 미국의 유한책임회사(Limited Liability Company),[18] 독일의 유한합자회사(GmbH & Co. KG)[19]를 모두 법인세법상 외국법인에 해당하는 것으로 판단하였다.

2-3. 현행 법인세법

(1) 외국법인의 요건

(가) 법인세법 시행령 제2조 제2항

법인세법의 위임(법 2조 3호)에 따라 법인세법 시행령 제2조 제2항은 외국법인의 요건으로 다음의 어느 하나에 해당하는 단체일 것을 규정한다.

① 설립된 국가의 법에 따라 법인격이 부여된 단체(1호) : 이는 설립된 국가의 법체계상

---

12) 이에 관한 평석으로는 김석환, "미국 델라웨어주 유한파트너십이 법인세법상 '외국법인'에 해당하는지 여부 – 대법원 2012. 1. 27. 선고 2010두5950 판결 –", BFL 제57호(2013. 1.), 서울대학교 금융법센터, 34쪽 이하 ; 위 글은, 동일한 경제적 실질(사법적 성질)을 가진 단체에 대하여 거주지국의 세법상 취급이 다르다는 이유로 원천지국에서 세법상 취급을 달리하는 경우, 실질과 괴리되는 과세효과가 나타남으로써 원천지국에서의 공평의 가치를 훼손할 우려가 크다고 본다(45쪽).

13) ① 원심인 서울고등법원 2010. 2. 12. 선고 2009누8016 판결은, '외국의 단체가 법인세법상 외국법인에 해당하는지 여부는 그 단체의 사법적 성질을 살펴 그것이 국내법의 어느 단체에 가장 가까운 것인가를 따져보아 국내세법을 적용하는 것이 타당하다'고 하면서, 미국의 유한파트너십인 론스타펀드는 우리 법상 합자회사와 가장 유사하므로 법인세법상 외국법인에 해당한다고 판단하였다. ② 그런데 이후 2011. 4. 14. 상법에 합자조합에 관한 규정(상법 86조의2 이하)이 신설되었다. ③ 대법원은, 위 사건에서 원심이 제시한 판단기준인 '외국 단체의 사법적 성질이 국내법의 어느 단체에 가장 가까운 것인지'가 적절한지 여부에 관하여는 언급하지 않고, 론스타펀드가 구성원들과는 별개로 권리·의무의 주체가 될 수 있는 독자적 존재로서의 성격을 가진다는 이유로 우리 법인세법상 외국법인으로 판단하였다. 그 이유에 관하여 김범준, 앞의 글, 89쪽은, 대법원이 2011년 상법 개정으로 합자조합이 도입된 점을 고려하였기 때문이라고 본다.

14) 대법원 2012. 1. 27. 선고 2010두5950 판결

15) 대법원 2012. 4. 26. 선고 2010두11948 판결

16) 대법원 2013. 4. 11. 선고 2011두3159 판결

17) 대법원 2016. 12. 15. 선고 2015두2611 판결

18) 대법원 2014. 6. 26. 선고 2012두11836 판결 ; 그 상세한 이유에 관하여는 그 판례해설인, 정광진, "법인세법상 외국법인에 해당하는 미국의 단체가 미국에서 납세의무를 부담하지 않는 경우, 미국의 거주자로서 한·미 조세조약을 적용받을 수 있는 범위", 대법원판례해설 제100호(2014), 145쪽

19) 대법원 2015. 3. 26. 선고 2013두7711 판결 : 독일법상 유한합자회사는 유한회사(Gesellschaft mit beschränkter Haftung, GmbH)를 무한책임사원으로 두고 있는 합자회사(Kommanditgesellschaft, KG)를 말한다. 독일 주식법(Aktiengesetz) 제1조 제1항 제1문이 정면으로 주식회사의 법인성("Rechtspersönlichkeit")을 인정하고, 유한회사법(Gesetz betreffend die Gesellschaften mit beschränkter Haftung, GmbHG) 제13조의 표제가 유한회사의 법인성("Juristische Person")을 규정하고 같은 조 제1항이 독립적 권리능력을 인정한다. 이와 달리 독일 상법(HGB)에는 합자회사를 법인으로 인정하는 규정이 없다.

일반적으로 법인격이 인정되는 단체를 의미하고, 세법상으로만 법인으로 취급되는 단체는 이에 해당하는 것으로 보기 어렵다.[20] 대법원 판례도 같은 취지로 보인다.[21] 실질과세원칙(국세기본법 14조)에 따른 실질귀속자의 결정 및 국외투자기구의 실질귀속자 특례(법 93조의2)에 의하여 다단계 투자구조를 이용한 조세회피를 상당한 정도로 방지할 수 있는 이상, 외국법인의 범위를 반드시 현행세법과 같이 좁게 정할 필요는 없다. 입법론으로 '거주지국의 세법상 납세의무를 부담하는 단체'도 외국법인에 포함시키는 것을 고려할 필요가 있다.

② 구성원이 유한책임사원으로만 구성된 단체(2호)

③ 그 밖에 해당 외국단체와 동종 또는 유사한 국내의 단체가 상법 등 국내의 법률에 따른 법인인 경우의 그 외국단체(4호)[22][23]

이는 외국단체의 사법적 성질을 기준으로 법인세법상 외국법인의 요건을 정한 것이다. 국세청장은 법인세법 시행령 제2조 제2항 각 호에 따른 외국법인의 유형별 목록을 고시할 수 있다(시행령 2조 3항). 법인세법 시행령 제2조 제2항 각 호에 따른 외국법인 기준의 적용은 조세조약 적용대상의 판정에 영향을 미치지 않는다(시행령 2조 4항).[24]

---

20) 외국법인의 정의 규정은 2013. 2. 15. 개정된 구 법인세법 시행령 제1조 제2항에 처음 도입되었다. 만일 구 법인세법 시행령 제1조 제2항 제1호(현행 법인세법 시행령 2조 2항 1호)의 '설립된 국가의 법에 따라 법인격이 부여된 단체'가 '설립지국의 세법상 법인으로 취급되는 단체'를 포함하는 의미라면, 이는 사법적 (私法的) 성질을 기준으로 외국법인 여부를 판단한 대법원 판례로부터 탈피하여, 설립지국의 세법상(稅法上) 지위를 기준으로 외국법인 여부를 판단하는 방향으로 대전환을 하는 것이다. 따라서 법인세법 시행령의 문언상 그러한 취지가 분명하게 드러나거나 입법자의 의사가 그러하였음이 확인되어야 할 것이다. 그러나 법인세법 시행령의 문언은 오히려 사법적 성질을 기준으로 하는 쪽에 가깝고, 입법자의 의사가 그러한 것이었음을 확인할 자료도 없다(국세청, 2013 개정세법해설, 192쪽). 법인세법 제93조의2 제1항 제1호 가목은 '설립지국에서 납세의무를 부담하는 단체'를 외국법인으로 취급하고자 한 것으로 볼 여지가 일부 있지만, 법인세법 시행령 제2조 제2항과의 관계가 분명하지 않다. 결국, 법인세법 시행령 제2조 제2항은, 외국단체의 설립지국상 세법적 지위를 외국법인의 판단기준으로 도입한 것이라기보다는, 기존 대법원 판례를 정리하여 명확화한 것으로 보아야 할 것이다.

21) 대법원 2019. 12. 24. 선고 2016두30132 판결, 대법원 2019. 12. 24. 선고 2016두35212 판결 ; 김범준, "외국 공모집합투자기구와 조세조약의 수익적 소유자-룩셈부르크 회사형 펀드와 독일 계약형 펀드에 관한 대법원판결을 중심으로", 사법 54호(2020 겨울호), 사법발전재단, 522쪽

22) 서울고등법원 2010. 2. 12. 선고 2009누8016 판결 이후, 정부는 2010. 10. 1. '외국단체로서 그 성격이 국내에서 성립된 법인에 해당하거나 준하는 등 대통령령으로 정하는 기준에 해당하는 단체'를 법인세법 외국법인으로 규정하는 법인세법 개정안을 제출하였으나, 위 개정안은, 당시 대법원에 계속 중이던 재판의 결과에 영향을 미칠 수 있다는 이유로, 18대 국회의 임기만료로 폐기되었다[기획재정위원회, 법인세법 일부 개정법률한 심사보고서, 2012. 12., 14쪽 주) 7]. 이후 2013. 2. 15. 그와 유사한 내용이 법인세법 시행령 제1조 제2항에 규정되었고, 위 규정은 2019. 2. 12. 법인세법 시행령 제2조 제2항으로 이동하였다.

23) 2013. 2. 15. 개정된 구 법인세법 시행령 제1조 제2항 제3호는, '구성원과 독립하여 자산을 소유하거나 소송의 당사자가 되는 등 직접 권리·의무의 주체가 되는 단체'를 외국법인의 하나로 규정하였다. 위 규정에 따르면, 외국의 파트너십 등 단체가 그 설립지국에서 법인으로 취급되지 않음에도 법인세법상 외국법인에 해당하게 될 여지가 있었다. 그러나 2019. 2. 12. 개정된 구 법인세법 시행령에서는, 법인성이 낮은 외국단체에 대해서 그 구성원별로 과세되도록 위 규정이 삭제되었다(국세청, 2019 개정세법 해설, 152쪽).

(나) 구체적 검토

① 미국의 **유한 파트너십**(LP)은, 미국법상 법인격을 갖지 않고, 유한책임사원으로만 구성된 단체가 아니며, 우리 상법상 합자조합(상법 86조의2)과 가장 유사하므로, 법인세법상 외국법인에 해당하지 않는다.[25]

② 미국의 **유한책임회사**(LLC)는, 미국 회사법상 그 구성원과 구별되는 독자적 실체로서 독자적 권리의무의 주체가 될 수 있고,[26] 그 사원은 원칙적으로 회사의 채무에 대한 책임을 지지 않으며,[27] 우리 상법상 유한책임회사와 가장 유사하므로, 법인세법상 외국법인에 해당한다.[28]

③ **외국의 신탁**은 그 설립지국에서 납세의무자이더라도 법인세법상 외국법인으로 보기 어렵다. 대법원은, 독일 유한회사인 원고에 의하여 설정된 계약형 펀드가 보유하는 내국법인 주식에서 생긴 배당소득에 관하여 과세관청이 위 펀드가 외국법인으로서 수익적 소유자임을 전제로 원고에게 한·독 조세조약상 높은 제한세율을 적용하여 과세한 사건에서, 위 펀드의 재산은 독일 세법상 법인세 납세의무자로 취급되고,[29] 원고와 투자자들 간의 관계는 신탁(Treuhand)에 해당할 여지가 있었지만,[30] 위 펀드가 법인세법상 외국법인에 해당하지 않음을 전제로, 원고가 위 배당소득의 수익적 소유자라고 판단하였다.[31]

---

24) 이경근, 국제조세의 이해와 실무(2016), 502쪽은, 법인세법 시행령 제2조 제4항이, 외국단체가 법인세법상 외국법인인지 여부와 국내원천소득의 실질귀속자 또는 수익적 소유자인지 여부는 서로 다른 문제라는 것을 의미하는 조문으로 이해한다. 만일 그렇다면 그 내용은 당연한 것이므로 굳이 규정할 필요는 없을 것으로 보인다.

25) 기획재정부, 2018년 세법개정안 문답 자료(2018. 7. 30.), 57쪽

26) Uniform Limited Liability Company Act (2006)에 의하면, 유한책임회사(Limited Liability Company)는 그 구성원으로부터 구별되는 실체(entity distinct from its members)이고[Section 104(a)], 그 명의로 소를 제기하거나 제기당할 능력(capacity to sue and be sued in its own name) 및 그 활동을 수행하기에 필요하거나 편리한 모든 것을 할 수 있는 권한을 갖는다(Section 105).

27) Uniform Limited Liability Company Act (2006) Section 304. (a)

28) 미국의 유한책임회사(LLC)가 ① 조세조약상 거주자에 해당하는지에 관하여는 제2장 2-1-2. (2) (나), ② 조세조약상 법인에 해당하는지에 관하여는 4-2-2. (1) (다) 참조

29) 독일 투자법(Investmentgesetz)에 따르면, 위 법 및 투자자들이 반환청구권과 지분을 가지는 계약조건에 따라 투자자들을 위한 계좌를 통하여 자본투자회사에 의하여 관리되는 국내 투자자산은 특별재산(Sondervermögen)에 해당한다[독일 투자법 제2조(2)]. 독일 법인세법에 따르면, '사법에 따른 목적재산(Zweckvermögen des privaten Rechts)'은, 그 관리장소 또는 주소가 독일 내에 있으면 무제한적 법인세 납세의무를 진다[독일 법인세법 제1조(1)].

30) 독일법에서 신탁은 크게 완전권 신탁(Vollrechttreuhand)과 수권신탁(Ermächtigungstreuhand)로 구분되는데, 우리 신탁법에 따른 신탁에 대응하는 것은 전자이다. 완전권 신탁은 당사자 간 계약관계의 형태를 띠고, 수익자는 제3자를 위한 계약에 기하여 채권적 청구권을 갖는다. 다만, 수탁자의 고유채권자는 신탁재산에 대하여 강제집행을 할 수 없다. 이계정, 신탁의 기본 법리에 관한 연구-본질과 독립재산성, 경인문화사(2017), 86~88쪽 ; 김해마중, "독일 펀드 투자에 대한 조세조약 적용에 관한 연구", 조세실무연구 12집(2021), 김·장 법률사무소, 145쪽

31) 대법원 2019. 12. 24. 선고 2016두30132 판결(데카 펀드), 대법원 2019. 12. 24. 선고 2016두35212 판결 ; 김범준, 앞의 글, 522쪽

(2) 외국법인에 해당하지 않는 외국단체의 세법상 취급

(가) 법인세법 제93조의2와 외국법인의 요건

법인세법 제93조의2는, 일정한 요건을 충족하는 국외투자기구를 소득의 실질적 귀속자로 간주한다. 국외투자기구가 법인세 납세의무를 부담할 수 있는 외국법인인지 여부는, 소득의 실질귀속자인지의 문제와 구별되고, 그에 선행한다. 법인세법 제93조의2는, 외국법인의 요건을 충족하지 못하는 국외투자기구를 외국법인으로 의제하는 규정으로 보기는 어렵고, 국외투자기구가 외국법인에 해당함을 전제로 소득의 실질귀속자에 관한 특례를 규정한 것으로 보아야 한다.[32]

(나) 소득세법상 비거주자 여부

법인세법상 외국법인이 아닌 외국단체가, '법인 아닌 단체'에 해당하고, 국내에 주사무소 또는 사업의 실질적 관리장소를 두지 않은 경우에는, 1비거주자로서 소득세 납세의무를 진다(소득세법 2조 3항).

'법인 아닌 단체'는 '법인이 아닌 사단(社團), 재산, 그 밖의 단체[33]'를 말한다(국세기본법 13조 1항). 조합(組合)에 해당하는 외국단체는 '법인 아닌 단체'에 속하지 않으므로, 비거주자로 취급될 수 없고, 소득세 목적상 투시된다. 그러한 외국단체가 구성원인 투자자를 밝히지 않아서 그 외국단체에 지급된 소득의 귀속자가 비거주자 또는 외국법인임을 확인할 수 없다면, 현행세법상 그 소득을 과세하기 어려울 것이다.[34]

한편, 구성원 간 이익의 분배비율이 정해져 있고 구성원별 이익의 분배비율이 확인되거나, 사실상 구성원별로 이익이 분배되는 경우에는, 외국단체의 구성원별로 소득세 또는 법인세 납부의무를 진다(소득세법 2조 3항 단서).[35]

---

32) 제2장 2-2-3. (1) 참조

33) 국세기본법 제13조 제1항의 '법인 아닌 단체' 중 '법인이 아닌 사단, 재산' 외의 '그 밖의 단체'는 현행법상 그 유형을 찾기 어렵다. 김완석·박종수·이중교·황남석, 국세기본법 주석서(2017), 158쪽

34) 위 경우 원천징수의 요건, 즉 '국내원천소득이 비거주자 또는 외국법인에게 귀속되었을 것'이 확인되지 않는다. 입법론으로, 조합에 해당하는 외국단체가 일정한 시점까지 그 구성원을 입증하지 못하는 경우, 그 외국단체를 납세의무자로 간주하는 규정을 둘 필요가 있다.

35) 다만, 그러한 경우에도 다음의 2가지 예외가 있다. ① 해당 외국단체의 전체 구성원 중 일부 구성원의 분배비율만 확인되거나 일부 구성원에게만 이익이 분배되는 것으로 확인된 경우에는, ㉮ 그 확인된 부분에 관하여는 해당 구성원별로 소득세 또는 법인세 납세의무를 부담하고, ㉯ 확인되지 않은 부분에 관하여는 해당 외국단체가 1비거주자로서 소득세 납세의무를 부담한다(소득세법 2조 4항). ② 외국단체가 소득세법 제119조의2 제1항 제2호에 해당하는 국외투자기구인 경우, 1비거주자로서 소득세 납부의무를 진다(소득세법 2조 5항).

제2장

조세조약

1 조세조약 일반론

1-1. 조세조약의 기능

1-1-1. 국제적 이중과세의 방지

일반적으로 각국은, 일정한 요건에 해당하는 자국의 거주자인 법인에 대하여는 그 전세계 소득(worldwide income)을 과세하고, 거주자가 아닌 법인에 대하여는 자국 내의 원천에서 발생한 소득만을 과세한다. 이에 따라 한 국가의 거주자인 법인이 다른 국가(원천지국)에서 소득을 얻은 경우 거주지국의 과세권과 원천지국의 과세권이 경합하게 되고, 그 법인의 소득이 1차로 원천지국에 의하여 과세된 후, 다시 거주지국에서 과세되는 국제적 이중과세(international double taxation)가 발생한다(거주지국과 원천지국의 경합). 그리고 양 국가가 동일한 납세자를 각기 자신의 거주자로 보아 과세하거나(거주지국의 경합) 동일한 소득에 대하여 각기 자신에게 원천이 있다고 보아 과세하는(원천지국의 경합) 경우에도 국제적 이중과세가 생긴다. 그러한 경우 기업은 국외투자를 꺼리게 되고 자본의 국제적 이동이 크게 저해된다.

이러한 문제를 해결하기 위한 국제적 요청에 따라, OECD는 1963년 표준적 조세조약의 모델을 만들었고, 이후 계속적으로 이를 수정·보완하여 오고 있다. 한편, UN도 1980년 후진국의 이익을 보호하기 위하여 조세조약 모델을 만들었는데, 그 내용은 많은 부분에서 OECD 모델과 같거나 유사하다. 많은 국가들은 위 두 모델 특히 OECD 모델을 참조하여 양자조약(bilateral treaty)을 체결하였고, 그 결과 현재 전 세계적인 규모의 조세조약의 망(網)이 형성되어 있다. 그리고 지역적으로 근접하고 경제적으로 밀접한 국가들 사이에서는 다자 간에 조세조약이 체결되기도 한다.[1]

---

1) 다자조약(multilateral treaty)으로는 1996년 덴마크, 핀란드, 아이슬란드, 노르웨이, 스웨덴 사이에 체결된 이른바 Nordic Treaty 등이 있다.

조세조약의 주된 내용은, 법인이 거주지국 외의 국가에서 소득을 얻은 경우에, 원천지국은 그 과세권의 전부 또는 일부를 포기(제한)하고, 거주지국은 법인이 원천지국에서 납부한 세액을 거주지국의 법인세액에서 공제하거나 해당 소득을 과세대상 소득에서 제외함으로써 국제적 이중과세를 제거하는 것이다.

1-1-2. 부당한 조세회피의 방지

조세조약은 당초 체약국들 간의 이중과세를 제거하기 위하여 고안되었지만, 조세조약을 이용한 조세회피 사례가 늘어나면서 부당한 조세회피[이중비과세(double non-taxation)]의 방지도 조세조약의 목적에 포함되게 되었다.[2] 그 대표적 사례로는, 소득의 원천지국과 조세조약이 체결된 국가에 도관회사를 설립함으로써 조세조약에 의한 원천지국 과세 배제의 혜택을 누리려고 하는 것을 들 수 있다.[3] 이에 따라 최근에는 조세조약에 의한 국제적 이중과세의 제거 못지않게 국제적 이중비과세의 방지에도 많은 국제적 관심이 기울여지고 있다.

1-2. 조세조약과 국내세법

1-2-1. 조세조약의 국내법상 효력

헌법 제6조에 의하면, 헌법에 따라 체결·공포된 조약은 국내법(國內法)과 같은 효력을 가진다. 조약에 관한 헌법규정은 다음과 같다. 조약안은 국무회의의 심의를 거쳐야 하고(헌법 89조 3호), 대통령은 조약을 체결·비준한다(헌법 73조).[4] 조세의 종목과 세율은 법률로 정해야 한다(헌법 59조). 국회는 주권의 제약 또는 입법사항 등에 관한 조약의 체결·비준에 대한 동의권을 가진다(헌법 60조 1항). 조세조약은 과세권이라는 주권의 제약 또는 입법사항에 관한 조약이므로, 헌법에 따라 체결·공포된 조세조약은 법률(法律)과 동일한 효력을 가진다.

그리고 대부분의 조세조약 조항은 개개의 사건에 적용될 수 있는 구체적 내용으로 이루어져 있으므로, 이른바 자기집행적 효력(self-executing effect)[5]을 가지는 것[6]으로서 개별

---

2) OECD 2017년 모델조약(Model convention with respect to taxes on income and on capital, 이하 "OECD 모델조약"이라 한다) 제1조의 주석 문단 54

3) OECD 2017년 모델조약 제1조의 주석 문단 56

4) 조약이 국내법과 같은 효력을 갖기 위해서는 공포되어야 한다(헌법 6조 1항). 조약의 공포는 관보에 게재함으로써 이루어지고, 그 관보의 발행일은 조약의 공포일이 된다(법령 등 공포에 관한 법률 11조 1항, 12조).

5) 자기집행적 조약의 개념은 미국 판례를 통하여 발전된 것이고, EU 법에서는 직접적 적용가능성(direct applicability)이라는 개념이 주로 사용된다. 안국현, "조약의 국내법적 수용에 관한 연구", 연세대학교 법학

적 사건에 직접 적용될 수 있다. 우리나라가 체결한 조세조약에 우리나라의 과세권을 배제하거나 제한세율을 규정하는 조항이 있는 경우, 별도로 그 조세조약의 이행을 위한 국내법의 입법을 기다릴 필요 없이 곧바로 우리나라의 과세권이 배제되거나 제한된다. 따라서 국가의 과세처분이 조세조약을 위반한 경우, 납세의무자는 조세조약위반을 그 과세처분의 위법사유로 쟁송절차에서 주장할 수 있다.

1-2-2. 조세조약과 국내세법의 관계

(1) 과세권의 창설과 제한

국가의 과세권은 주권(主權)의 일부로서 헌법과 법률에 의하여 창설되고, 조세조약은 일반적으로 그러한 과세권을 배제 또는 제한하는 기능을 한다.[7] 따라서 과세권을 배제·제한하는 조세조약 규정은 과세권에 대한 장애사유이므로, 그 적용요건의 증명책임은 원칙적으로 그 적용을 주장하는 납세의무자에게 있다.[8] 한편, 국가는, 조세조약에 의하여 배제·제한되지 않는 한, 내국세법을 근거로 과세권을 행사할 수 있고, 반드시 조세조약에 의하여 적극적 수권(授權)을 받아야 하는 것은 아니다.

조세조약이 당초 양 체약국의 중복과세를 조정하기 위하여 고안된 점을 고려하면, 조세조약에서 어느 체약국의 과세권을 인정하는 규정은, 일반적으로 그 국가의 과세가 가능한 영역을 배분(할당)하는 것일 뿐이고, 그러한 조세조약 규정만으로 곧바로 그 국가의 내국세법상 근거 없이 구체적 과세권이 발생한다고 보기는 어렵다.[9][10][11] 따라서 조세조약상

과 법학박사논문(2016), 122쪽

6) 이재호, 국내세법과 조세조약, 경인문화사(2007), 207~212쪽

7) 이러한 이유로 조세조약은 제한규범(rule of limitation of law, Grenznormen)이라거나 부인적 효과(negativen Wirkung)만을 가지는 것으로 표현된다. Vogel/Haslener, p.32 문단 54, p.33 문단 58

8) 대법원 1994. 4. 15. 선고 93누13162 판결, 대법원 2008. 12. 11. 선고 2006두3964 판결

9) Vogel/Haslehner는 조세조약을 'classification and assignment rule' 또는 'distributive rule'이라고 부르고 (p.33, 문단 57), 조세조약은 국내세법상 존재하지 않는 납세의무를 만들어내거나 존재하는 납세의무의 범위를 확장하거나 그 종류를 변경할 수 없다고 본다(p.33, 문단 58).

10) OECD 모델조약의 주석은 이 점에 관하여 분명하지는 않지만 같은 견해를 취하는 것으로 보인다. OECD 모델조약 제7조의 주석 문단 29는, 체약국이 OECD 모델조약 제7조 제2항의 '분리되고 독립적인 기업의 가정'을 다른 규정에도 확장하여, 조세조약에 기업의 내부거래 대가를 위 모델조약 제6조(부동산소득), 제11조(이자소득)의 적용대상으로 하는 규정을 둔 경우에도, 그에 기한 과세는 오로지 내국법에 따라 규정되는 한도 내에서만(only to the extent provided for by domestic law) 가능하다고 한다.

11) 미국의 2016년 모델조약 제1조 제2항은 조약이 양 체약국 중 하나의 법 또는 기타 합의에 의한 혜택을 어떤 방법으로도 제한하지 못한다고 규정하고(preservation clause), 이는 조약이 체약국의 세법에 의한 과세제외, 비과세, 공제, 세액공제 또는 다른 혜택을 제한할 수 없음을 의미한다(Technical Explanation p.2). 그 이유는, 미국 헌법상 국회는 상원과 하원으로 구성되고(1조 1항 1문) 세금을 징수하는 모든 법안은 하원에서 제정되어야 하므로(1조 7항, "origination clause"), 하원의 관여 없이 상원의 동의만으로 비준되는

외국법인의 소득에 관하여 우리나라의 과세권이 인정되더라도, 그 소득이 국내세법상 과세대상으로 규정되지 않은 경우에는, 원칙적으로 우리나라에서 과세될 수 없다.[12)13)] 이와 관련하여 법인세법은, 조세조약상 우리나라에서 과세될 수 있는 사업소득 및 인적용역소득을 국내원천소득으로 규정한다(법 93조 5호, 6호).

(2) 일반법 – 특별법 관계 여부

국내세법과 조세조약이 일반법 – 특별법(lex specialis) 관계에 있는지 여부는, 일률적으로 논하기 어렵고, 국내세법과 조세조약의 관련 조항의 구체적 내용을 검토하여 판단하여야 한다.[14)] ① 일반적으로 조세조약 중 원천지국의 과세권을 배제 또는 제한하는 규정은 법인세법에 대한 특별법의 지위에 있다고 볼 수 있다. 한편, ② 소득의 구분 및 원천지와 관련하여 법인세법과 조세조약은 별개의 단계 및 영역에서 적용되므로, 별도의 규정이 없는 한 원칙적으로 서로 영향을 미치지 않는다.[15)] 또한 ③ 국내세법에 의하여 조세조약이 배제되는 경우[16)]에도 양자가 일반법 – 특별법 관계에 있다고 볼 수 없다.

(3) 법률에 의한 조세조약의 배제(treaty override)

조세조약이 우리나라 헌법에 따라 국내법상 법률의 효력을 가지는 이상, 국내법상으로

(2조 2항 2문) 조세조약으로는 내국세법상 인정되는 범위를 초과하는 납세의무를 부과하는 것이 불가능하기 때문이다. 이창희, 국제조세법(2020), 97쪽 및 Vogel/Haslehner, p.33, 문단 58. 미·일 조세조약 제1조 제2항도 유사한 내용을 규정한다.

12) 대부분의 국가들에서는 내국세법상 과세대상이 아닌 항목은 조세조약과 관계없이 과세될 수 없고, 이와 달리 프랑스와 이를 따르는 몇몇 아프리카 국가들은 내국세법에 과세의 근거규정이 없더라도 조세조약을 근거로 과세를 할 수 있다는 입장을 취한다. Brian J. Arnold, International Tax Primer 제4판(2019), p.146

13) 다만, 우리나라의 경우 헌법에 의하여 체결·공포된 조약이 국내법과 같은 효력을 가지므로(헌법 6조), 조세조약으로 과세권을 창설하는 것이 논리적으로 불가능하지는 않다. 따라서 우리나라가 체결한 조세조약의 문언상 체약국의 국내세법에서 인정되는 것보다 과세대상의 범위를 넓히려는 의사가 명확하고 과세에 필요한 구체적 내용이 규정된 때에는, 예외적으로 조세조약에 의하여 국내세법상 과세대상을 초과하는 과세권이 발생한 것으로 인정할 수 있는 경우도 존재할 수 있다.

14) 대법원 2019. 6. 27. 선고 2016두841 판결은, 한·독 조세조약 제27조 제2항이 한·독 조세조약의 해석과 적용에서 실질과세원칙을 배제하는 특별한 규정에 해당하지 않는다고 판시하였다.

15) 대법원 2018. 2. 28. 선고 2015두2710 판결 ; 위 판결에 대한 해설인 곽상민, "과소자본세제에 따른 본·지점 간 초과이자에 대한 배당간주와 조세조약상 소득구분", 대법원판례해설 제116호(2018), 100쪽 ; 정광진, "국내 미등록 특허의 사용대가와 한미 조세조약상 국내원천 사용료소득", 대법원판례해설 제102호(2015), 73~74쪽은, 일반적으로 조약은 국내법에 대한 특별법의 지위에 있으므로, 구 국조법 제28조가 국내원천소득의 구분에 관하여 조세조약이 우선 적용된다고 규정한 것은 명문의 규정이 없더라도 해석론상 인정될 수 있는 내용이라고 한다. 그러나 조약과 국내세법의 구체적 내용을 따지지 않은 채 일반적으로 조약이 국내법에 대한 특별법의 지위에 있다고 보기는 어렵고, 내국세법과 조세조약에 별도의 규정이 있지 않는 한, 원칙적으로 조세조약의 소득구분은 국내세법의 소득구분에 영향을 미치지 않는다고 보아야 한다.

16) 이창희, 국제조세법(2020), 753쪽은, 구 법인세법(2019. 12. 31. 법률 16833호로 개정되기 전의 것) 제93조 제8호 단서 2문이 한·미 조세조약에 대한 특별규정이라고 본다.

는, 조세조약으로 기존 법률에 대한 특칙을 규정할 수 있고, 반대로 새로운 법률로써 기존 조세조약을 배제하는 것도 가능하다.[17] 법률에 의한 조세조약의 배제는 '조약은 준수되어야 한다(Pacta sunt servanda)'는 비엔나협약 제26조의 위반이 될 수 있으나,[18] 이는 조세조약을 배제하는 법률의 국내법적 효력에 영향을 미치지는 못한다.[19] 비엔나협약 제1조에 의하면 조약은 국가 간에만 효력을 미칠 뿐이기 때문이다.[20] 다만, 나중에 제정된 법률이 언제나 먼저 체결된 조세조약에 우선하는 것은 아니다.[21]

미국의 경우, 연방대법원은 Taylor v. Morton 판결[22](1862), The Cherokee Tobacco 판결[23](1870) 이래로 법률이 그 이전에 체결된 조세조약과 충돌하는 경우 법률을 재판규범으로 삼는 태도를 취하여 왔다[신법우선(lex posterior derogat legi priori)].[24] 미국 의회는 여러 차례 조세조약을 배제하기 위한 법률을 제정하였고,[25] 미국 세법은 '조약과 법률의 어느 것도 조약 또는 법률이라는 이유로 우선적 지위를 갖지 않는다'고 정면으로 규정한

---

17) OECD의 Tax Treaty Override (adopted by OECD Council on 2 October 1989, 이하 'Treaty Override 보고서') R(8)-8, 문단 18 ; 국회가 조약을 배제하는 법률을 제정하는 것은 실질적으로 조약을 변경하는 것과 같고, 이 경우 대통령의 조약개정권한을 침해하는 것으로서 위헌무효가 아닌지가 문제될 수 있으나, 대통령이 그러한 법률안에 대한 거부권을 행사하지 않고 공포함으로써 법률의 효력발생에 참여한 경우에는 대통령의 권한을 침해한 것으로 보기 어려울 것이다. 이재호, 앞의 책, 226쪽

18) 조약의 중대한 위반(material breach)이 있는 경우, 상대방 체약국은 그 조약을 종료(terminating)시키거나 그 시행을 정지(suspending its operation)시킬 수 있다(비엔나협약 60조 1항). 그러나 조약의 중대한 위반이 있다고 하여 자동적으로 위와 같은 효과가 발생하는 것은 아니고, 그러한 효과를 발생시킬 것인지 여부는 상대방 체약국의 선택에 달려 있다. 그리고 법률에 의한 조세조약의 배제가 조약의 중대한 위반에 해당하는지 여부는 개개 사안의 구체적 상황에 달려 있다[Treaty Override 보고서 R(8)-10, 문단 23].

19) Treaty Override 보고서 R(8)-8, 문단 18

20) Treary Override 보고서 R(8)-7, 문단 13

21) 이창희, 국제조세법(2020), 104쪽 ; Vogel/Haslehner에 의하면, 나중에 성립한 일반법(later general law)은, 그것이 먼저 성립한 특별법(earlier special one)에 우선한다고 명시하지 않고 그러한 의도가 추론될 수 없다면, 먼저 성립한 특별법에 우선하지 않는다는 것이 모든 국가들에서 인정된다고 한다(위의 책, p.77 문단 171).

22) Taylor v. Morton 67 U.S. 481 (1862)

23) The Cherokee Tobacco, 78 U.S. 616 (1870)

24) 미국 법원 판결의 상세한 내용에 관하여는 이재호, "미국의 Treaty Override에 관한 연방대법원 주요 판결의 분석", 조세학술논집 제22집 제1호(2006. 2.), 한국국제조세협회, 273~298쪽

25) 그 대표적인 예로, 1980년 외국인 비거주자나 외국법인이 일정 기준 이상의 미국 부동산을 보유하는 법인의 주식을 양도하여 얻은 손익을, 미국 내 거래 또는 사업과 실질적으로 관련된 것으로 간주하여 과세하는 규정(FIRPTA)을 도입하면서 조약배제 의사를 표명한 것을 들 수 있다[Foreign Investment in Real Property Tax Act (Public Law 96-499) Section 1122(a) (94 STAT. 2682), Section 1125(c)(1) (94 STAT. 2690) ; IRC § 897]. 미국 내 원천소득이 있는 외국인인 비거주자 또는 외국법인이 미국에서 거래 또는 사업에 종사하는 경우, 미국 내 거래 또는 사업과 실질적으로 관련된 소득에 대하여 미국인 또는 미국법인과 같은 누진세율로 과세된다[IRC §§ 871(b), 882(a)]. 조약과 충돌하는 미국 세법 규정의 상세에 관하여는 이재호, 국내세법과 조세조약, 경인문화사(2007), 69~134쪽 ; 그에 대한 옹호론의 근거로는 조약체결 이후의 사정변경, 조세조약 남용에 대응하는 도구가 될 수 있다는 점 등이 거론된다. 이재호, 앞의 책, 139~141쪽

다.[26] 독일 연방헌법재판소도 의회는 조약을 법률로 배제할 헌법상 권한을 갖는다는 취지로 판단하였다.[27] 한편, OECD는 법률에 의한 조세조약의 배제가 국제법위반이라는 입장을 취한다.[28]

1-3. 조세조약의 해석

1-3-1. 비엔나협약

(1) 비엔나협약의 해석기준

조약법에 관한 비엔나 협약('비엔나협약')[29]은 조약의 해석기준을 제시한다. 비엔나협약은 헌법에 따라 체결·공포된 조약에 해당하므로, 국내법과 같은 효력을 가진다(헌법 6조 1항). 대법원은 비엔나협약의 해석기준을 일반 조약의 해석에 적용하였고,[30] 하급심 법원도 비엔나협약을 조세조약의 해석근거로 원용하였다.[31] 비엔나협약의 상당 부분은 이미 존재하는 국제관습법(customary international law)을 조문화한 것이므로,[32] 이를 비준하지 않은 국가[33]와 체결된 조세조약의 해석에 대하여도 적용될 수 있다.

비엔나협약에 의하면, 조약은 다음과 같이 해석되어야 한다.

---

26) 미국 세법 제7852조 (d) : "For purpose of determining the relationship between a provision of a treaty and any law of the United States affecting revenue, neither the treaty nor the the law shall have preferential status by reason of its being a treaty or law." ; ① 1933년의 Cook v. nited States 판결(288 U.S. 102)은, '조약은 이후의 법률에 의하여 폐지 또는 개정된 것으로 간주되지 않는다, 의회의 그러한 목적이 명백하게 표시되지 않는 한(unless such purpose on the part of Congress has been clearly expressed)'이라고 판시함으로써, 법률이 조약을 배제하기 위해서는 의회의 조약배제 목적이 명백하게 표시될 것을 요구하였다. ② 그러나 미국 의회는 1988년 헌법상 조약과 법률이 동등한 지위를 갖는다는 연방대법원 판례를 명문화하여 미국 세법 제7852조 (d)를 제정하였고, 1933년 Cook 판결을 따를 수 없다는 입장을 취한다고 한다[이재호, "국내세법의 적용과 Treaty Override", 조세학술논집 제22집 제2호(2006. 8.), 한국국제조세협회, 122쪽].
27) Bundesverfassungsgericht 15. Dezember 2015, 2 BvL 1/12 ; Vogel/Haslehner, p.77 주) 329
28) OECD의 Treaty Override 보고서 R(8)-14 ; 이에 대하여 이재호, 앞의 책, 198쪽은 ① Treaty Shopping의 규제방법으로 미국의 (개별규정에 의한) Treaty Override는 입법부 통제모델로서 국제법위반의 문제를 야기하지만 규제의 효과가 명확한 반면, ② OECD가 제시하는 실질과세원칙(일반규정)에 의한 Treaty Shopping의 규제는 사법부 통제모델로서 그 효과가 사안별로 사법부의 판단에 달려있어 불확실하므로, 규제효과의 관점에서는 미국의 입법부 통제모델이 더 낫다고 한다.
29) Vienna Convention on the law of treaties (Concluded at Vienna on 23 May 1969) ; 우리나라에서 1980. 1. 27. 효력을 발생하였다.
30) 대법원 2018. 10. 30. 선고 2013다61381 전원합의체 판결(한·일 청구권협정 사건)
31) 서울고등법원 2010. 2. 12. 선고 2009누8016 판결(대법원 2012. 1. 27. 선고 2010두5950 판결로 상고기각)
32) 정인섭, 조약법 강의, 박영사(2016), 14쪽 ; 대법원 2018. 10. 30. 선고 2013다61381 전원합의체 판결 중 대법관 권순일, 조재연의 반대의견 ; Anthony Aust, Modern Treaty Law and Practice 3rd Edition(2013), Cambridge, p.5
33) 대표적으로 미국은 비엔나협약에 서명하였으나 상원의 동의를 얻지 못하여 이를 비준하지 않았다.

① 조약은, 조약문의 문맥 및 조약의 대상과 목적에 비추어, 그 조약의 용어에 부여되는 **통상적 의미**(ordinary meaning)에 따라 신의에 맞게(in good faith) 해석되어야 한다(비엔나 협약 31조 1항).[34]

② 조약해석의 목적상 **문맥**(context)은, 조약문(text), 전문(preamble) 및 부속서(annexes)를 포함하여, 조약의 체결과 관련하여 ㉮ 체약국들 간에 이루어진 합의(agreement),[35][36] ㉯ 일방 체약국에 의하여 작성되고 상대방 체약국에 의하여 수락된 문서(instrument)[37]로 구성된다(비엔나협약 31조 2항). 한·미 조세조약에 관한 미국 재무부의 기술적 설명서는 우리나라에 의하여 수락된 바 없으므로, '맥락'을 구성하는 문서에 해당하지 않는다.[38] 조약 체결 시의 사정은 해석의 보충적 수단(비엔나협약 32조)에 해당하므로, 여기의 문맥에 포함되지 않는다.[39]

③ 문맥과 함께 ㉮ 조약의 해석 또는 그 규정의 적용에 관한 당사자들 간의 **후속합의**(subsequent agreement), ㉯ 조약의 적용에서 그 해석에 관한 당사자들의 합의를 입증하는 **후속실행**(subsequent practice), ㉰ 당사자들 간의 관계에 적용되는 **관련 국제법의 규칙**(relevant rules of international law)도 고려되어야 한다(비엔나협약 31조 3항).

㉮ 제31조 제3항 (a)호의 **후속합의**는, 조약의 해석 또는 그 규정의 적용과 관련하여 조약의 체결 후 행해지는 당사자들 간 합의를 말한다.[40] 제31조 제3항 (a), (b)호의 합

---

34) "A treaty shall be interpreted in good faith in accordance with the ordinary meaning to be given to the terms of the treaty in their context and in the light of its object and purpose."

35) 이는 'Protocol of Signature' 등을 가리키는 것으로 보인다. UN의 인터넷 사이트(United Nations Treaty Collection/Overview)에 따르면, Protocol은 조약 또는 협약보다 덜 격식을 차린(less formal) 합의를 의미하고, Protocol of Signature는, 조약에 부수하여 당사자들에 의하여 작성되고(조약의 서명 시 작성되는 protocol), 조약의 특정 조항의 해석 등과 같은 부수적 쟁점(ancillary matters)을 다루는 문서를 말한다. https://treaties.un.org/Pages/overview.aspx?path=overview/definition/page1_en.xml#protocols

36) 우리나라와 싱가포르는 2019. 5. 13. 종전 조세조약에 대신하여 새로 조세조약을 체결하면서 같은 날 작성한 의정서(protocol)에서 위 의정서가 위 조약의 불가분의 일부(integral part)를 구성한다고 합의하였다. 위 의정서는 비엔나협약 제31조 제2항의 부속서 또는 (a)호의 합의에 해당할 것으로 보인다.

37) 미국·캐나다 조세조약에 대한 미국의 기술적 설명서에 대하여 캐나다는 공식적으로 이를 수락하였으므로 [Brian J. Arnold, International Tax Primer 제4판(2019), p.156], 위 문서는 비엔나협약 제31조 제2항의 문서로서 맥락에 포함될 수 있을 것이다.

38) 조세조약의 해석에 관하여 일방 체약국이 작성한 기술적 설명서가 상대방 체약국에 의하여 수락된 경우, 비엔나협약 제31조 제2항 (b)호의 문서(조세조약의 체결일부터 근접한 시점에 작성된 경우) 또는 제31조 제3항의 후속합의 또는 후속실행에 해당할 수 있다. 캐나다 항소법원은, 캐나다와 미국이 1980년 체결한 조세조약이 1984년 효력을 발생하였고, 그로부터 4개월 후 캐나다가 미국 재무부의 기술적 설명서를 수락한 사건에서, 위 기술적 설명서가 비엔나협약 제32조에 해당하지 않는 것은 분명하지만, 제31조 제2항 또는 제3항에 해당하는지 여부는 논란의 여지가 있다고 하면서, 위 기술적 설명서를 해석의 근거로 인정하였다[Coblentz v Canada [1997] 1 FC 368, (1996) CanLII 4091 (Federal Court of Appeal)]. Richard K. Gardiner, Treaty Interpretation 2nd Edition, Oxford University Press, 2017, p.229

39) 정인섭, 앞의 책, 179쪽

의(agreement)는, 당사자들이 인식하고 수락하는 조약의 해석에 관한 공통의 이해 (common understanding)를 요구한다.[41] 그러한 합의는 고려되어야 하는 법적 구속력 있는 것일 수 있지만, 반드시 그럴 필요는 없다.[42] 제31조 제3항 (a)호의 후속합의는 다양한 형식을 띨 수 있고,[43] 조세조약과 관련하여 의정서,[44] 교환각서,[45] 양해각서[46] 등 다양한 명칭으로 이루어진다. 조세조약의 해석에 관한 권한있는 당국 간의 상호합의도 위 규정의 후속합의에 해당할 여지가 있다.[47]

㉯ 제31조 제3항 (b)호의 진정한 해석수단(authentic means)[48]인 **후속실행**[49]은, 조약의 해석에 관한 당사자들의 합의를 입증하는 것을 말한다. 후속실행 중 그렇지 않은 것은 제32조의 보충적 해석수단(supplementary means)에 해당할 수 있다.[50] 제31조와 제32조의 후속실행은, 행정적, 입법적, 사법적 또는 다른 기능의 행사이든, 조약의 적용에서의 당사자의 모든 행위로 구성된다.[51] 조세조약의 차별금지 규정에도 불구하고 많은 체약국들이 과소자본세제를 도입한 것은, 그것이 차별금지 규정에 위반하지 않는다는 후속실행으로 볼 여지가 일부 있다.[52] 또한, 조세조약의 적용에 관한 법원

---

40) UN 국제법위원회(International Law Commission ; ILC)의 '조약의 해석과 관련한 후속합의 및 후속실행 (Subsequent agreements and subsequent practice in relation to the interpretation of treaties)'에 관한 2018 년 70th session의 결론초안(draft conclusions), Yearbook of the International Law Commission, 2018, Vol. Ⅱ. Part Two(이하 'ILC 결론초안') 4.의 제1항

41) ILC 결론초안 10.의 제1항 1문

42) ILC 결론초안 10.의 제1항 2문

43) ILC 결론초안 6.의 제2항

44) 한·일 조세조약에 관한 1999. 11. 22.자 의정서, 한·독 조세조약에 관한 2002. 10. 31.자 의정서, 한·중 조세조약에 관한 1994. 9. 28.자 의정서

45) 한·일 조세조약에 관한 1999. 12. 27.자 교환각서

46) 한·중 조세조약에 관한 2007. 7. 13.자 양해각서

47) 상세한 내용은 뒤의 (2) (가) 참조

48) ILC 결론초안의 주석은, 비엔나협약 제31조 제3항의 후속합의와 후속실행이 반드시 결정적이지는 않지만, 권위적인 성격(not necessarily conclusive, but authoritative character)을 묘사하기 위하여 '해석의 진정한 수단(authentic means of interpretation)'이라는 용어를 사용한다(ILC 결론초안 3.의 주석 p.11, 문단 7).

49) 비엔나협약 제31조의 후속합의가 약간의 빈도를 가지고 반복되는 행위를 요구하는지, 아니면 조약의 1회 적 적용으로도 가능한지와 관련하여, ILC는, 빈도(frequency)는 넓은 의미의(제32조하에서) 후속실행의 개념의 필요한 요소가 아니고, 해석에 관한 합의를 입증하는 당사자의 1회적 실행(one-time practice)도 제31조 제3항 (b)호 하에서 고려될 필요가 있다고 본다(ILC 결론초안 9.의 주석 p.58, 문단 12). 따라서 "subsequent practice"는 후속실행으로 번역하는 것이 더 적절하다. 다만, 후속실행이 빈번하게 행해진 경우 이는 후속실행의 해석적 가치를 높일 수 있다(ILC 결론초안 9.의 주석 p.56, 문단 6).

50) ILC 결론초안 2.의 제4항

51) ILC 결론초안 5.의 제1항 ; 다른 행위-비국가적 행위자(non-State actors)에 의한 것을 포함하여-는 제31조와 제32조의 후속실행을 구성하지 않지만, 조약의 당사자들의 후속실행을 평가할 때 의미를 가질 수 있다(ILC 결론초안 5.의 제2항).

52) 국제적 차원의 후속실행은 반드시 공동행위(joint conduct)일 필요가 없고, 당사자들의 병행적 행위(parallel conduct)로 족하다((ILC 결론초안 6.의 주석 p.35, 문단 23).

의 판결 또는 과세당국의 행정해석[53]은 제31조 제3항 (b)호 또는 제32조의 후속실행을 구성할 수 있다.

㉰ 조약은 당사자들의 합의에 의하여 개정될 수 있다(비엔나협약 39조).[54][55] 다만, 조약의 당사자들은 조약의 적용에서의 합의 또는 실행에 의하여 그 조약을 해석하려고 의도한 것이지, 이를 개정하거나 변경하려고 한 것이 아니라고 추정된다.[56]

④ 만일 당사자들이 의도하였다는 것이 인정되면 용어에 대하여 **특별한 의미**(special meaning)가 부여되어야 한다(비엔나협약 31조 4항).[57]

⑤ 비엔나협약 제31조의 적용으로부터 나오는 의미를 확인하기 위하여, 또는 제31조에 따라 해석하면 의미가 불확실하거나 모호해지는 경우 또는 명백하게 불합리하거나 부당한 결과를 초래하는 경우 그 의미를 결정하기 위하여, 조약의 교섭기록(preparatory work) 및 조약 체결 시의 사정을 포함한 해석의 **보충적 수단**(supplementary means)에 의존할 수 있다(비엔나협약 32조). 여기에는 당사자들의 후속실행 중 제31조 제3항 (b)호의 요건을 갖추지 못한 것이 포함된다. 한·미 조세조약에 관한 미국 재무부의 기술적 설명서, 한·일 조세조약에 관한 일본 과세당국의 해석[58]은 이에 해당할 수 있다.

⑥ 조약의 정본이 **2 이상의 언어**로 작성된 경우, 조약에 그중 우선하는 것에 관한 정함이 있으면 그에 따르고,[59] 그러한 정함이 없는 경우에는 각 언어로 된 정본은 동등한 효력을 가진다(비엔나협약 33조 1항).[60] 다만, 여러 국가의 언어로 작성된 정본 사이에 의미의

---

53) 가령, 한·일 조세조약 제10조 제2항 (가)목에 규정된 '이윤배분이 발생한 회계기간'의 의미에 관한 일본 국세청의 해석[대법원 2021. 7. 21. 선고 2018두54408 판결에 대한 판례해설 제130호(2022), 321쪽]

54) 한·중 조세조약에 관한 2006. 7. 4.자 의정서 제5조 제2항은 위 조세조약 제23조 제4항을 삭제한다고 규정한다. 위 의정서에는 조약번호(제1793호)가 붙어있고, 외교부 인터넷 사이트(조약정보)에 따르면, 이에 대하여 국회는 2006. 3. 30. 동의하였으며, 위 의정서는 2006. 7. 10. 효력을 발휘하였다. 따라서 위 의정서는 한·중 조세조약을 개정하기 위한 후속합의에 해당한다.

55) 외교실무에서는 후속합의를 통하여 조약의 내용이 사실상 개정되기도 한다. 정인섭, 앞의 책, 181쪽

56) ILC 결론초안 7.의 제3항 1문

57) 조약상 용어에 대하여 특별한 의미를 부여하였다는 점에 관하여는 이를 주장하는 자가 증명책임을 진다. Legal Status of Eastern Greenland, PCIJ Report Series A/B, No.53(1933), p.49 ; 정인섭, 앞의 책, 185쪽 ; Aust, 앞의 책, p.217 ; 당사자들이 조약의 용어에 대하여 특별한 의미를 부여하였다는 점은 후속합의 또는 후속실행에 의하여 뒷받침될 수 있다. ILC 결론초안 6.의 주석 p.36, 문단 3

58) 대법원 2021. 7. 21. 선고 2018두54408 판결

59) ① 한·독 조세조약의 정본(text being authentic)은 한국어, 독일어 및 영어의 3 언어로 작성되었다. 한·독 조세조약은 끝부분에서 한국어본 및 독일어본의 해석상 차이가 있는 경우 영어본이 우선한다고 정하였다. ② 한·중 조세조약도 같다.

60) ① 한·미 조세조약의 정본은 한국어 및 영어로 작성되었다. 미국은 비엔나협약에 서명하였으나 그 비준을 하지 못하였지만, 비엔나협약 제33조가 국제관습법을 조문화한 것으로 볼 여지가 있다. 그렇게 본다면 위 조세조약의 한국어본과 영어본은 동등한 효력을 가진다. ② 한·영 조세조약의 정본은 한국어 및 영어로 작성되었고, 어느 것이 우선한다는 정함이 없다.

차이가 있고, 비엔나협약 제31조와 제32조에 의하여 제거될 수 없는 경우에는, 조약의 대상과 목적에 비추어 조약문과 가장 조화되는 의미가 채택되어야 한다(비엔나협약 33조 4항). 한편, 조약의 정본이 양 체약국이 아닌 **제3국의 언어**로만 작성되는 경우도 있고,[61] 그러한 경우 각 체약국의 언어로 된 조약문은 정본의 번역문으로서 그 해석의 참고자료가 될 수 있을 뿐이다.[62]

(2) 상호합의

(가) 상호합의의 법적 성격과 효력

대부분의 조세조약은, 조세조약과 관련한 분쟁해결방법으로 권한 있는 당국의 상호합의 절차(Mutual Agreement Procedure)를 규정한다.[63] 상호합의는 ① 체약국의 거주자에 대하여 조세조약의 규정에 부합하지 않는 과세상 결과가 초래되거나 초래될 것이라고 생각되는 경우 그 개별적 사안을 해결하기 위한 것과 ② 조세조약의 해석 또는 적용에 관한 곤란이나 의문을 해결하기 위한 것으로 구분된다(국조법 42조 1항).[64]

조세조약의 해석에 관한 과세당국 간 상호합의는, 법원에 대한 구속력을 갖는 것은 아니지만,[65] 비엔나협약 제31조 제3항 (a)호의 후속합의,[66] 또는 같은 항 (b)호의 후속실행에 해당한다고 볼 여지가 있고, 그 경우 반드시 다른 해석요소와 함께 조세조약의 해석에 고려되어야 한다. 상호합의가 조세조약의 가능한 해석범위를 넘었다는 특별한 사정[67]이 없는 한, 법원은 원칙적으로 이를 존중할 필요가 있다.[68]

---

61) 한·일 조세조약, 한·네덜란드의 정본은 영어로만 작성되었다(위 조약들의 끝부분). 한·일 조세조약의 해석이 문제된 사례로 대법원 2021. 7. 21. 선고 2018두54408 판결

62) 그러한 경우 정본이 아닌 양 체약국의 언어로 된 조약문은 조약체결 시 해당 체약국의 의사 및 영어 표현에 부여하고자 한 의미 등을 파악하는데 참고될 수 있을 것이다.

63) 한·일 조세조약 제25조, 한·독 조세조약 제25조

64) 상호합의절차에 관하여는 제3편 제4장 제1절 4-3-3. 참조

65) 상호합의의 법규성 여부에 대한 논의에 관하여는 김정홍, "조세조약상 일반적 상호합의의 법적 성질과 제도적 개선방안", 조세학술논집 제37집 제2호(2021), 한국국제조세협회, 61쪽 이하 ; 미국 법원은, 조약의 당사자들이 조약 규정의 의미에 관하여 합의하고, 그러한 해석이 조약의 명백한 문언에서 나오는 경우, 매우 강한 반대의 입증이 없는 한 그 해석에 따라야 한다고(deference) 본다. Sumitomo Shoji America, Inc. v. Avagliano, 457 US 176 (1982) ; Xerox Corp. v. US, 14 Cl. Ct. 455 (1988) ; Vogel/Rust, p.237, 문단 135 ; 김정홍, 앞의 글, 65, 79쪽은, 상호합의가 법규명령의 효력을 가진다고 본다.

66) 비엔나협약 제31조 제3항 (a)호의 후속합의는 법적 구속력 있는 것일 필요가 없으므로(ILC 결론초안 10.의 제1항 2문), 조약의 체결권한[full powers, 비엔나협약 2조 1항 (c)]이 있는 기관에 의하여 행해져야 하는 것은 아니다. 따라서 조약의 체결권한이 없는 과세당국들의 상호합의라도 양 체약국의 조약해석에 관한 공동의 이해(common understanding)를 나타낸다면 위 규정의 상호합의 해당할 수 있다.

67) 권한 있는 당국이 조세조약의 해석에 관한 상호합의를 할 때 반드시 양 체약국의 법에 따른 개념의 의미를 따라야 할 필요는 없다[이창희, 국제조세(2020), 138쪽 ; 2006 U.S. Model Technical Explanation p.12]. 다만, 이는 개별적으로 납세의무가 다투어지는 사안의 경우이고, 조약의 해석 또는 적용에 관한 상호합의는 조세조약의 가능한 해석범위를 고려하여 행해지는 것이 일반적일 것이다.

상호합의가 비엔나협약 제31조 제3항 (b)호의 후속실행에 해당하는 경우, 조세조약을 개정하는 효력이 없으므로,[69] 상호합의는 조세조약의 가능한 해석을 벗어나지 않는 범위에서만 유효하다. 조세조약의 해석 또는 적용에 관한 상호합의가 그 조세조약의 내용을 실질적으로 변경하는 것이 아니라면 조약개정절차를 밟지 않았더라도 유효하다.[70]

OECD 2017년 모델조약은, 조세조약상 정의되지 않은 용어에 관하여 권한 있는 당국의 상호합의가 있는 경우, 체약국의 국내법이 적용되지 않는다고 정한다.[71] 위 규정의 성격이 확인적인 것인지, 창설적인 것인지에 대하여는 견해가 대립한다.[72][73]

(나) 상호합의에 관한 대법원 판례

대법원은, 한국과 미국 사이에 한국 소재 부동산을 과다보유한 법인 주식의 양도소득에

---

68) OECD 모델조약의 주석은, 조약의 해석 또는 적용에 관한 일반적 곤란을 해결하기 위한 상호합의는, 수정되거나 철회되지 않는 한 과세당국을 구속한다고 보지만(OECD 모델조약 제25조의 주석 문단 54) 그것이 법원을 구속하는지에 관하여는 언급하지 않는다.

69) ILC 결론초안 7. 제3항 2문

70) 대법원 2016. 12. 15. 선고 2015두2611 판결은, 한국과 미국이 한국 소재 부동산을 과다보유한 법인 주식의 양도소득을 한국 원천소득으로 합의한 것이 기존 한·미 조세조약을 실질적으로 변경하는 조약개정이라고 볼 수 없다고 판단하였다. 그러나 위 상호합의는, 한·미 조세조약 제16조 제1항 (a)호의 부동산 양도소득의 문언에 포함된다고 보기 어려운 부동산 주식의 양도소득을 위 규정의 적용대상에 포함시켰으므로, 기존의 한·미 조세조약을 실질적으로 변경하는 것이라고 볼 여지가 있다. 위 판결에 대한 판례해설은 '미국의 treaty override에 따라 조약의 적용이 사실상 무력화된 상태에서 부동산 주식의 양도소득에 대한 과세관계를 명확히 하기 위한 것'이라고 하지만[김정홍, "한·미 조세조약상 부동산 주식의 양도소득에 대한 과세권", 대법원판례해설 제110호(2017), 465~466쪽], 그러한 사정만으로 달리 보기는 어렵다. 위 판결은 미국의 국내세법에 의한 일방적 조약배제에 따라 양 체약국 간 이해관계(과세권)의 균형이 깨진 상황을 고려한 예외적인 것으로 보인다.

71) Vogel/Rust에 의하면, ① 법원이 상호합의가 조약의 문언을 벗어나서 무효라고 결론짓는 경우, 법원이 국내법에 의존하는 것은 금지되지 않지만, ② 법원이 상호합의가 조약의 문언 내에 있지만 다른 해석을 뒷받침하는 더 좋은 논거가 있다는 결론에 이른 경우에는, 현존하는 상호합의는 법원이 국내법에 의존하는 것을 금지한다. Vogel/Rust, p.237, 문단 137

72) ① OECD 2017년 모델조약 3조 2항 중 상호합의 부분은 2017년 개정으로 추가된 것인데, OECD 모델조약의 주석은, 위 개정이 권한있는 당국이 조세조약상 정의되지 않은 개념의 공통적 의미에 관하여 합의한 경우 그 개념의 국내법상 의미가 적용되지 않는다는 것의 의문을 제거(to remove any doubt)하기 위한 것이라고 본다(3조의 주석 문단 13.2). 이는 위 상호합의 부분의 추가를 확인적 성격으로 보는 입장이다. ② 이에 대하여 Vogel/Rust는 그렇게 볼 수 있는지에 대하여 의문을 제기한다(Vogel/Rust, p.237, 문단 136). ③ OECD 2017년 모델조약에 의하든, 그 이전의 모델조약에 의하든, 법원은 상호합의를 조세조약의 해석에 고려하면 족할 뿐 반드시 상호합의대로 조세조약을 해석하여야 하는 것은 아니다. 따라서 상호합의가 법원에 대한 구속력을 갖지 않는 국가들의 경우, OECD 2017년 모델조약 제3조 제2항에 상호합의를 추가한 것은, 상호합의의 비구속적 성격을 바꾸지 못한다(Vogel/Rust, p.237, 문단 137). 다만, OECD 2017년 모델조약에 의하면, 상호합의가 있는 경우 그것이 조세조약에 부합하지 않거나 그 문언을 벗어나서 무효인 경우가 아니라면 체약국의 국내법에 대한 참조가 배제되므로, 그 범위 내에서는 종전과 다른 내용을 창설한 것으로 보아야 할 것이다.

73) OECD 모델조약의 주석은, 조약의 해석 또는 적용에 관한 일반적 곤란을 해결하기 위한 상호합의는, 수정되거나 철회되지 않는 한 과세당국을 구속한다고 보지만(OECD 모델조약 제25조의 주석 문단 54) 그것이 법원을 구속하는지에 관하여는 언급하지 않는다.

대한 한국의 과세권 행사에 관한 상호합의절차에서 양국의 권한 있는 당국이 한국 원천소 득으로 합의한 사안[74]에서, 위 합의는 한·미 조세조약 제27조 제2항 (C)호가 정한 '특정 소득항목의 원천을 동일하게 결정하는 것'에 관하여 발생하는 곤란 또는 의문을 해결하기 위한 상호합의에 해당하므로 유효하고, 한국은 별도로 국내에서 조약 개정에 준하는 절차 를 밟지 않더라도 위 합의에 따라 과세할 수 있다고 판시하였다.[75]

대법원은, 한국과 미국의 과세당국이 '① 개인이 과세기간 동안 각 체약국의 항구적 주 거에서 한 명 이상의 가족구성원과 함께 거주한 경우 양 체약국에 항구적 주거가 있고, ② 1999 및 2000 과세기간에 원고의 중대한 이해관계중심지는 한국'이라고 상호합의[76]한 사건에서, 위 ①의 내용에 따르더라도 원고는 주거는 미국에만 있고, 원고의 주거가 미국 에 있다고 보는 이상 위 ② 부분은 법률적 효력이 없다는 취지로 판시하였다.[77]

---

74) ① 1976년 체결된 한·미 조세조약 제16조에 따르면, 한 체약국의 거주자가 상대방 체약국의 부동산을 양도 하여 소득을 얻은 경우에는 그 상대방 체약국에 의하여 과세될 수 있지만, 상대방 체약국의 법인의 주식을 양도하여 소득을 얻은 경우, 일정한 예외에 해당하지 않는 한 그 상대방 체약국의 과세로부터 면제된다. ② 미국 의회는 1980년 FIRPTA 법을 제정하여 외국인 비거주자가 미국 내 부동산을 보유하는 법인의 주식을 양도한 경우 미국 내 거래 또는 사업과 실질적으로 관련된 것으로 간주하여 과세하는 규정을 제정하면서 조 세조약을 배제할 의사를 표명하였다(treaty override). ③ 한국과 미국은 1999. 6. 23. '한·미 조세조약 제6조 제9항과 제27조 제2항 씨(C)호의 목적상 이중과세 방지를 위하여 한국 소재 부동산을 과다보유한 법인의 주 식 양도소득의 원천이 부동산 소재지국에 있다'고 합의하였다(https://www.irs.gov/pub/irs-drop/a-01-34.pdf).
75) 대법원 2016. 12. 15. 선고 2015두2611 판결 : ① 원고는, 부동산 과다법인 주식의 양도에 관한 한국과 미국 간의 합의가 한·미 조세조약 제16조의 내용을 실질적으로 변경하는 조약 개정에 해당하므로, 헌법 제60조 제1항에 따라 그 체결, 비준에 대하여 국회의 동의가 필요함에도 이러한 절차가 진행된 바 없으므 로, 위헌적인 조약 개정이라는 취지로 주장하였다. ② 원심인 서울고등법원 2015. 5. 27. 선고 2014누1712 판결은 1심 판결을 인용하여, 위 합의는 한·미 조세조약이 이미 예정한 상호합의절차를 거친 것에 불과 할 뿐 기존 조약 내용의 범위와 한계를 벗어나 이를 실질적으로 변경하는 조약 개정이라고 볼 수 없다고 판단하였고, 대법원은 이러한 원심의 판단을 정당하다고 판시하였다. ③ 이는 ㉮ 미국이 1980년 FIRPTA 법을 통하여 한·미 조세조약을 배제함으로써 일정기준에 달하는 미국 내 부동산을 보유하는 법인의 주식 의 양도소득에 대한 과세권을 확보하였고, 이에 따라 위 조세조약 중 위와 같은 주식의 양도에 적용될 조문이 불분명해진 상태를 해소하기 위하여 상호합의가 이루어진 점, ㉯ 미국의 일방적 조약배제(treaty override)에 의하여 부동산 주식의 양도소득에 관하여 한·미 간에 과세권의 불균형이 발생하는데, 이는 상호주의 관점에서 용인되기 어려운 점 등을 고려한 것으로 보인다. 김정홍, "한·미 조세조약상 부동산 주식의 양도소득에 대한 과세권"(2015두2611) 대법원판례해설 제110호(2017), 466~467쪽
76) https://www.irs.gov/pub/irs-utl/us-korea-competent-authority-residency-arrangement.pdf : 미국 국세청의 인 터넷 사이트에는 위 상호합의 내용 중 한·미 조세조약 제3조의 해석에 관한 ① 부분만이 게시되어 있다.
77) 대법원 2018. 12. 31. 선고 2018두128 판결(완구왕 사건) ; 원심(서울고등법원 2018. 1. 24. 선고 2014누 6236 판결)은, 위 상호합의 중 한·미 조세조약상 거주자의 해석기준에 관한 부분(㉮)과 관련하여 위 상호 합의가 2017년 이루어졌으므로, 위 ① 부분은 그 이전에 성립한 1999년 및 2000년의 납세의무에 대하여 소급하여 적용된다고 볼 수 없다고 판단하였다. 그러나 위 ① 부분은 한·미 조세조약 제27조 제2항 (e)에 따라 행해진 것으로 볼 여지가 있고, 그 경우 비록 문제된 과세기간 이후 이루어졌다고 하더라도, 비엔나 협약 제31조 제3항 (b)호에 따라 한·미 조세조약 제3조 제2항 2문의 해석에 고려되어야 한다. 따라서 위 판단의 내용은 적절하지 않다.

(3) OECD 모델조약의 주석

OECD 모델조약의 주석은 OECD 이사회의 권고 형식으로 채택되고,[78] 조세조약의 해석에 관하여 상당한 국제적 권위를 인정받지만, 비엔나협약 제31조 제1항의 통상적 의미 또는 제4항의 특별한 의미로 보기는 어렵고,[79] 제32조의 **해석의 보충적 수단**으로 볼 여지가 있다.[80][81] 다만, 그렇게 보는 경우에도 OECD 모델조약 주석을 조세조약의 해석에 원용할 것인지 여부는 체약국의 선택에 속하므로("may") 이를 반드시 원용하여야 하는 것은 아니다.[82] 대법원은 OECD 모델조약 주석의 성격에 관하여 명시적 판단을 보류하고 있지만, 조세조약을 해석할 때 OECD 모델조약의 주석을 상당한 정도로 참고하고 있고,[83] 하급심 법원은 위 주석이 법적인 구속력을 갖지는 않지만 조세조약의 해석에 관한 참고자료

---

78) OECD 모델조약 및 그 주석은 OECD 이사회(Council)의 권고(recommendation)의 형식으로 채택된다. OECD 이사회의 권고에 대하여 회원국은 그것이 적절하다고(opportune) 여기는 경우 실시를 고려하면 족하고[OECD 절차 규정(Rules of Procedure of the Organization) Rule 18 b)], 회원국에 대한 법적 구속력은 없다. 김정홍, "차별과세의 금지에 관한 국제법 규범의 연구", 서울대학교 법학전문대학원 박사학위논문(2014), 17쪽

79) Vogel/Haslehner는 OECD 모델조약의 주석이 조세조약에 관하여 비엔나협약 제31조 제1항의 '통상적 의미' 또는 제31조 제4항의 '특별한 의미'에 해당하므로 구속력을 가진다고 주장하는데(p.55 문단 118, p.57 문단 122), 이는 '체약국이 양 체약국에서 가장 받아들여질 가능성이 큰 조약의 해석을 추구하여야 한다'는 이른바 공통해석의 원칙(principle of common interpretation, Vogel/Haslehner p.50 문단 106)을 관철시키기 위한 것으로 보인다. 그러나 조세조약의 해석 시 상대방 체약국의 해석을 참고하여 양 체약국의 조약해석이 통일적으로 이루어지도록 하는 것이 바람직하지만, 그러한 필요성은 조세조약의 해석에 관한 여러 고려사항 중 일부로 보면 족하고, 이를 하나의 '원칙'으로 보아 그 중요성을 과도하게 강조할 필요는 없을 것이다.

80) OECD 모델조약 주석의 지위나 성격에 관하여는 ① 비엔나협약 제31조 제1항의 통상적 의미(ordinary meaning)를 밝힌 것이라는 견해, ② 그 문맥(context)이라는 견해, ③ 위 협약 제31조 제3항의 조약 해석에 관한 후속적 합의에 해당한다는 견해 등이 있다. 그 상세한 내용에 관하여는 이창희, 국제조세법(2020), 125쪽 및 이의영, "조세조약의 해석", 조세학술논집 제35집 제2호(2019), 181쪽

81) 호주 법원은 Thiel v. Federal Commission of Taxation 사건에서 OECD 주석이 비엔나협약 제32조에 따른 해석의 보충적 수단에 해당한다고 보았다[High Court of Austrailia, 94 A.L.R. 647 (April 3, 1990)]. 일본 最高裁判所 平成21年10月29日 20(行ヒ)91 판결도 이른바 글락소 사건에서 같은 견해를 취하였다(増井良啓·宮崎裕子, 국제조세법, 42쪽). 이의영, 앞의 글, 182쪽도 같다. 한편, 이창희, 국제조세법(2020), 125~133쪽은 이에 반대하는 취지로 보인다.

82) 가장 대표적인 해석의 보충적 수단인 교섭기록(preparatory work)도 조약 해석에서 반드시 절대적 역할을 하는 것은 아니다. 그리고 비엔나협약 제31조에서는 'shall'이 사용되는 것과 달리, 제32조에서는 'may'가 사용되므로, 보충적 수단의 이용은 필수적인 것이 아니고 선택 사항이다. 정인섭, 앞의 책, 199쪽. 특히, OECD 모델조약의 주석 자체가 법적 구속력이 부여될 정도의 충분한 안정성을 가진다고 보기 어려운 점(당초에는 내국법에 의한 조세조약의 배제를 강력하게 반대하다가 2003년 주석에서는 사실상 입장을 변경하였다) 등을 고려하면, 더욱 그렇다.

83) 대표적으로 수익적 소유자의 정의에 관한 대법원 2018. 11. 5. 선고 2017두33008 판결. 다만, 대법원은 ① TMW 사건에서 독일의 투과과세 단체의 한·독 조세조약상 취급에 대하여 분명하게 2014년 OECD 모델조약의 주석과 다른 입장을 취하였고(대법원 2015. 5. 28. 선고 2013두7704 판결), ② 외국은행 국내 지점이 그 본점에 이자 명목으로 지급한 금액이 조세조약상 이자소득에 해당한다고 보았는데(대법원 2018. 2. 28. 선고 2015두2710 판결, 대법원 2022. 5. 12. 선고 58332 판결), 이는 위 모델조약의 주석과 다른 견해를 취한 것으로 보인다.

가 될 수 있다고 본다.[84] 한편, OECD 모델조약 주석의 법적 성격과 별개로, 우리나라와 다른 국가의 법원들은 조세조약을 해석·적용할 때 일반적으로 위 주석의 내용을 따르는 경향을 보인다.[85]

OECD 모델조약 **주석**의 내용이 **변경**된 경우, 그 변경 후의 내용이 그 변경 전에 체결된 조세조약의 해석에도 적용되는지가 문제된다. 이는 위 주석의 성격과 관련되는데, 변경된 OECD 모델조약 주석의 내용이 종전 모델조약의 조문 또는 주석의 내용과 실질적으로 충돌하지 않는 경우에는, 그 변경 전에 체결된 조세조약의 해석에 참고할 수 있을 것이다.[86][87]

1-3-2. OECD 모델조약 제3조 : 맥락과 체약국의 국내법

(1) OECD 모델조약 제3조의 내용과 성격

(가) 제3조 제1항

OECD 모델조약 제3조 제1항은 위 모델조약상 용어를 정의하면서 '맥락이 달리 요구하지 않는 한(unless context otherwise requires)'이라는 유보를 붙인다. OECD 모델조약 제3

---

84) 서울고등법원 2010. 2. 12. 선고 2009누8016 판결 등. 다만, 그 취지가 OECD 모델조약의 주석을 조세조약 해석의 보충적 수단으로 볼 수 있다는 것인지는 불분명하다.

85) Brian J. Arnold, International Tax Primer 제4판(2019), p.157 ; 이는, ① OECD 모델조약의 주석에 따라 이루어지는 관련국들 간의 과세권 배분이 호환적(互換的) 성질(reciprocity)을 가지는 점(체약국은 사안에 따라 거주지국이 될 수도, 원천지국이 될 수도 있다), ② 회원국들은 OECD 모델조약의 주석에 관하여 유보를 하거나 의견을 개진할 수 있고, 그러한 과정을 통하여 성립된 위 주석에 관하여 회원국들 간에 암묵적 지지 또는 양해가 존재하므로(위 주석을 법적인 합의나 규범으로 보기는 어렵더라도), 다른 회원국들도 위 주석을 따를 가능성이 크다는 점이 고려된 것으로 보인다.

86) OECD 모델조약 주석은, ① 모델조약의 조문의 개정과 그 직접적 결과인 주석의 변경은, 종전에 체결된 조세조약의 조문으로서 개정된 조문과 실질적으로 다른 것의 해석과 관련이 없지만, ② 모델조약 주석에 대한 다른 변경이나 추가는, 조세조약 조문의 적절한 해석에 관한 회원국들의 합의(consensus)를 반영하는 것이기 때문에, 통상적으로 그 이전에 체결된 조세조약의 해석에 적용될 수 있다는 입장을 취한다[OECD 모델조약 주석의 서론(Introduction) 문단 35]. 변경된 OECD 모델조약의 주석을 그 이전에 체결된 조세조약의 해석에 적용하는 것을 동(태)적 접근법(ambulatory approach), 그렇지 않는 것을 정(태)적 접근법(static approach)이라고 한다. 두 접근법의 소개에 관하여는 이의영, 앞의 글, 183~184쪽 참조 ; Vogel/Haslehner 는, OECD 모델조약의 주석에 구속력이 있다고(binding) 보고, 조세조약의 체결 시 적용된 OECD 모델조약의 주석만이 그 조세조약의 해석에 적용된다고 주장한다(pp.56~57). 그러나 OECD 모델조약의 주석에 법적 구속력이 인정된다고 보기는 어렵다.

87) 대법원 2011. 2. 24. 선고 2007두21587 판결은, 내국법인(MBC)의 외국납부세액공제액을 계산할 때, 본사가 미국지사에게 방송프로그램의 사용을 허락한 것에 대한 사용료가 미국지사의 국외원천소득에 포함되어야 하는지의 문제에 관하여, 2010년 개정된 OECD 모델조약의 주석은 위와 같은 기업 내부의 거래를 인식하여 그에 따른 비용을 고정사업장의 소득을 결정하는데 고려하는 입장을 취하지만, 위 사건에 적용되는 한·미 조세조약은 그 이전까지 통용되던 해석(본사와 고정사업장 사이에서 무형자산의 사용료가 수수되더라도 고정사업장의 손금이나 익금에 산입할 수 없다)을 토대로 체결된 것이라는 이유로, OECD 2010년 모델조약의 주석을 따르지 않았다. ; 위 판결은 조세조약의 해석에 대한 것은 아니지만, OECD 모델조약 주석의 성격에 관한 정(태)적 접근법에 가까운 것으로 보인다.

조(일반적 정의) 제1항에 정의된 용어가 위 모델조약 전체의 기초를 이루는 점[88]을 고려하면, 위 규정의 '맥락이 달리 요구하지 않는 한' 부분은, 위 규정에서 정의된 용어뿐만 아니라 다른 개별규정에서 정의되는 용어 또는 그 규정 내용에 대하여도 공통적으로 적용되는 것이라고 볼 여지가 있다.[89] 그렇게 본다면, OECD 모델조약 제3조 제1항은, 맥락에 조세조약상 용어를 일반적 정의 규정과 다르게 해석할 수 있게 하는 기능을 부여하는 점에서, 비엔나협약에 대한 특칙에 해당할 여지가 있다.[90]

(나) 제3조 제2항

OECD 모델조약 제3조 제2항에 따르면, 조세조약에 정의되지 않은 용어는, 맥락이 달리 요구하지 않는 한 체약국이 조세조약을 적용하는 시점의 내국법이 가지는 의미를 갖는다. 조세조약상 정의되지 않은 용어에 대하여 맥락이 체약국의 국내법에 우선하여 적용되려면, 맥락의 존재가 증명되어야 하므로, 그러한 증명이 없다면(존재 여부가 불분명한 경우를 포함하여) 체약국의 국내법에 의한 해석이 인정되어야 할 것이다.[91] OECD 모델조약 제3조 제2항은 비엔나협약에 대한 특별규정에 해당한다.[92]

(2) 맥락

OECD 모델조약상 맥락은 위 모델조약상 정의된 용어를 다르게 해석하게 하거나 위 모델조약에서 정의되지 않은 용어에 대하여 체약국의 내국법에 대한 참조를 배제하는 기능을 한다(OECD 모델조약 3조 1항, 2항).

OECD 모델조약의 주석에 따르면, 맥락(context)은 '체약국의 체약 당시 의도, 체약국의 법에서 문제된 용어에 부여된 의미'에 의하여 결정될 수 있다.[93] 이는 조약체결 시의 사정

---

88) OECD 모델조약에는 거주자(4조 1항), 부동산(6조 2항), 배당(10조 3항)과 같이 개별 규정에서 정의되는 개념도 있는데, 위 개념들은 주로 해당 규정을 중심으로 사용된다. 이와 비교하여 제3조 제1항에서 정의되는 개념들은 위 조세조약 전체에 걸쳐 더 빈번하게 사용된다. 그리고 제3조 제2항은 위 모델조약 전반에 걸쳐 정의되지 않은 규정들에 대한 해석의 일반규정에 해당한다.

89) Vogel/Rust는, '맥락이 달리 요구하지 않는 한'의 유보가 OECD 모델조약 제4조와 제5조에는 명백하게 언급되어 있지 않지만, 위 규정들에 대하여 적용된다고 본다[p.205(Art. 3, 문단 15)].

90) 비엔나협약에서는 맥락은 용어의 통상적 의미를 정하는 해석수단의 하나일 뿐이다(비엔나협약 31조 1항). 한편, Vogel/Rust는 OECD 모델조약 제3조 제1항이 비엔나협약 제31조의 일반원칙을 반영하는 확인적 규정이라는 취지로 본다[p.204(Art. 3, 문단 15)].

91) Vogel/Rust는, OECD 모델조약 제3조 제2항에서 맥락에 의한 해석이 체약국의 국내법에 의한 해석보다 체계적 우선성(systematic preference)을 가지는 것이 도출될 수 없다고 보는데(p.235, 문단 128), 이는 본문의 내용을 말하는 것으로 선해할 여지가 있다(p.235, 문단 129).

92) Vogel/Rust, p.230, 문단 117

93) OECD 모델조약 제3조의 주석 문단 12 : 맥락의 결정요소인 '체약국의 법에서 문제된 용어에 대하여 부여된 의미'는 조세조약이 근거한 상호성의 원칙에 대한 묵시적 참조(implicit reference to the principle of reciprocity)이다.

을 포함하는, 비엔나협약 제31조의 '문맥'보다 더 넓은 개념으로 보인다.[94] 맥락은 원칙적으로 조세조약의 체결 당시 존재하는 사정이어야 할 것이다. 조세조약의 체결 당시 존재한 OECD 모델조약의 주석은, 일반적으로 그 조세조약의 해석에 참고되는 맥락에 해당할 수 있다. 조세조약을 적용하는 국가의 관점에서 조세조약 체결시점의 상대방 체약국의 국내법도 맥락에 포함된다.[95]

(3) 체약국의 국내법

(가) 적용대상

OECD 모델조약 제3조 제2항에 따라 체약국의 국내법에 따라 해석되어야 하는 대상은 조세조약에서 정의되지 않은 용어이다.[96] 조세조약에 용어의 정의가 있지만 추상적이거나 그 적용범위가 불분명하여 추가적 해석이 필요한 경우에도, 위 제3조 제2항에 따라 체약국의 국내세법을 토대로 조세조약상 용어를 해석할 수 있을 것이다.[97][98]

(나) 조세조약을 '적용'하는 체약국

OECD 모델조약 제3조 제2항에 의하면, 조세조약에 정의되지 않은 용어에 대하여는 원칙적으로 그 조약을 적용하는 체약국의 내국법이 참조된다. OECD 모델조약 제3조 제2항

---

94) 비엔나협약 제31조 제1항의 문맥(context)은 제32조의 '조약체결 시의 사정(circumstances of its conclusion)'을 포함하지 않는다. 전자는 조약의 해석에 반드시 고려되어야 하는(shall be interpretated) 사항임(authentic means)에 비하여, 후자는 제31조에 따른 해석이 불분명한 의미에 이르는 경우 등에 한하여 고려될 수 있을 (may be) 뿐이다(supplementary means). 따라서 비엔나협약 제31조의 context는 '조약체결 시의 사정'을 제외한 해당 조약 자체의 문언 등과 관련된 좁은 의미의 '문맥'이라고 표현하는 것이 적절하다.

95) OECD 모델조약 제3조의 주석 문단 12 ; 한·미 조세조약 제16조의 자본적 자산(capital asset)과 관련하여 미국 세법상 자본적 자산에 관한 규정은 위 조세조약 제2조 제2항 1문의 문맥(context)에 해당할 여지가 있다. 9-2-1-1. 제3장 (2) (나) 참조. 이와 관련한 사건으로는 서울행정법원 2021. 4. 8. 선고 2020구합 57417 판결, 서울고등법원 2021. 12. 29. 선고 2021누42131 판결(대법원 2022두33507호로 상고심 계속 중)

96) 가령 ① OECD 모델조약 제3조 제1항 a)는 인(person)의 하나로 개인(individual)을 규정하는데, 개인이 무엇인지에 대한 정의 규정은 위 모델조약에 없다. 따라서 자연인이 언제부터 권리능력을 가지고 언제 상실하는지는 체약국의 법에 따라 정해져야 한다. 독일과 프랑스 간의 권리능력 부여시기의 차이에 관하여는 Vogel/Rust, p.207(Art. 3 문단 26) ② OECD 모델조약 4조 2항은 체약국의 거주자를 그의 주소(domicile) 등의 이유로 그 국가의 법에 의하여 납세의무를 지는 자로 규정하는데, '주소'의 정의는 모델조약에 없으므로, 체약국의 법에 따라 해석되어야 한다.

97) 대법원 2016. 6. 10. 선고 2014두39784 판결은, 한·미 조세조약 제13조 제6항에 따른 이자의 정의 중 '모든 종류의 채권으로부터 발생하는 소득'에 관하여 특별한 정의 규정이 없고, 문맥상 문언의 의미가 명확하게 드러난다고 할 수 없다는 이유로, OECD 모델조약 제3조 제2항에 대응하는 한·미 조세조약 제2조 제2항 1문에 따라 우리나라 세법을 토대로 '금전채무의 이행지체로 인하여 발생하는 지연손해금'은 한·미 조세조약 제13조의 '이자'에 해당하지 않는다고 판단하였다.

98) 1983년 제정된 캐나다의 조세조약 해석법(Income Tax Conventions Interpretation Act)도, 조세조약에 충분하게 정의되지 않은(not fully defined) 용어는 때때로 개정된 대로의 캐나다 소득세법 목적상 의미를 갖는다고 규정한다[조세조약 해석법 3조 (b)].

에서 규정하는 조약의 '적용'은 원천지국과 거주지국에서 모두 행해질 수 있으므로,[99] 위 규정에 따르면, 원천지국과 거주지국은 각자의 내국법에 따라 조세조약에 정의되지 않은 용어를 해석할 권한을 갖는다고 보아야 할 것이다. 따라서 원천지국이 OECD 모델조약 제3조 제2항에 따라 그 국내법을 기초로 조세조약상 용어를 해석하여 과세한 경우 이는 '조약의 규정에 부합하게' 이루어진 것이므로, 위 모델조약 제29조A, B에 따라 거주지국은 이중과세제거조치를 할 의무가 있고, 이는 거주지국의 내국법에 따라 조세조약상 용어를 해석할 경우 원천지국에 과세권이 없는 경우에도 마찬가지이다.[100]

한편, OECD 모델조약의 주석은, OECD 모델조약 제29조A, B와 관련하여, 거주지국이 원천지국의 법에 따른 조세조약 적용을 따르는 접근법을, 제3조 제2항의 적용대상(조세조약상 정의되지 않은 용어)보다 더 넓혀서 '양 체약국의 국내법의 차이로 인하여 조세조약 적용의 차이'가 있는 경우에 대하여 일반적으로 적용하려 하지만,[101] 제3조 제2항의 적용대상이 아닌 부분에 대한 근거는 의문스럽다.[102]

(나) 체약국의 '법'

조세조약에 정의되지 않은 용어에 관하여, 체약국의 법 중에서 세법상 의미가 다른 법상 의미보다 더 우선하여 적용된다(OECD 모델조약 3조 2항).

체약국의 법이 의회에서 제정된 법률과 대외적 구속력이 있는 행정부의 법규명령 외에 행정규칙[103]이나 행정해석[104]도 포함하는지 문제된다. 상대방 체약국의 세법이 OECD 모델조약 제3조 제2항을 통하여 조세조약의 내용으로 편입될 경우, 우리나라의 국내법상 법률과 같은 효력 및 과세권을 제한하는 효과를 가지는 점을 고려하면, 조세조약상 용어의

---

99) Vogel/Rust에 의하면, 조약의 '적용'은 조약이 고려되거나 고려되어야 하는 조세문제에 관한 과세당국 또는 법원에 의한 모든 법의 결정이므로, 조세조약에 따른 소득의 과세면제(exemption)도 조약의 적용을 구성한다. 이에 비하여 Avery Jones는 조약은 그것이 체약국의 국내법 적용을 제한하는 경우에만 '적용'된다고 본다. Vogel/Rust, p.232, 문단 123

100) 다만, Klaus Vogel은, OECD 모델조약 제23조A, B는 소득이 원천지국에서 조세조약의 규정에 부합하게 과세될 수 있는("may be taxed") 경우에 적용되므로, 조세조약상 소득의 분배규칙이 원천지국에 의하여 '과세될 수 있다(may be taxed)'고 규정된 경우(open distributive rule) 그에 따라 행해진 원천지국의 과세에 대하여는 OECD 모델조약 제23조A, B가 적용되어야 하지만, 조세조약상 소득의 분배규칙이 한 체약국에서만 과세될 수 있다고("shall be taxable only") 규정된 경우(complete distributive rule)에는, OECD 모델조약 제23조A, B이 적용될 수 없다고 주장하였다(Klaus Vogel, Klaus Vogel on Double Taxation Conventions : A Commentary to the OECD, UN and US Model Conventions for the Avoidance of Double Taxation of Income and Capital with Particular Reference to German Treaty Practice, pp.212~213). 그리고 독일 연방재정법원(BFH)도 같은 입장을 취한다[BFH, I R 95/10 (25 May 2011), BStBl Ⅱ 2014, 문단 18].

101) OECD 모델조약 제23조의 문단 32.3, 32.4

102) 제2편 제5장 제2절 2-1-2. (3) 참조

103) 가령, 일본 국세청의 세법에 관한 기본통달

104) 가령, 미국 국세청의 해석들(IRS rulings)

해석기초로 되는 체약국의 세법은 원칙적으로 대외적 구속력이 있는 법규명령이어야 할 것이다.[105] 한편, 체약국 법원의 판례가 체약국의 법에 포함되는지 문제되는데,[106] 이는 일률적으로 판단하기 어렵고 판례의 구체적 내용을 살펴보아야 할 것이다.

(다) 체약국의 법의 기준시점

① 1995년 개정된 OECD 모델조약

1995년 개정된 이후의 OECD 모델조약 제3호 제2항은 조세조약상 정의되지 않은 용어는 그 '조세조약의 적용시점'의 체약국의 국내법상 의미를 가진다고 규정한다.[107] 여기서 조세조약의 적용시점은 일반적으로 납세의무의 성립시점을 의미한다고 보아야 할 것이다. 위 개정된 OECD 모델조약을 반영하여 체결된 조세조약은 그에 따라 처리될 것이다.[108]

OECD 모델조약의 주석은, 제3조 제2항이 조약체결 시에 한 약속의 지속성[체약국이 조약의 체결 후 그 조약에서 정의되지 않은 용어의 국내법상 범위를 개정함으로써 조약을 편파적인 작동불능(partially inoperative) 상태로 만드는 것은 허용되지 않는다] 및 시간의 경과에 따라 조약을 편리하고 실용적인 방법으로 적용할 필요(시대에 뒤떨어진 개념을 참조할 필요는 회피되어야 한다)를 보장하여야 한다고 본다.[109]

② 1995년 개정된 OECD 모델조약을 따르지 않은 조세조약

한·미 조세조약과 한·중 조세조약은, 조세조약상 용어의 해석에 사용되는 체약국 법의 기준시점을 규정하지 않으므로, 그것이 '조세조약 체결시점'의 법인지, 아니면 '조세조약 적용시점'의 법인지 문제된다. OECD 모델조약의 주석은 1995년 개정된 위 모델조약 제3조 제2항이 확인적 규정이라고 보므로,[110] 이에 의하면 위 조세조약들에서 정의되지

---

105) 행정규칙 또는 행정해석은 법원의 판결에 의하여 기존 법령을 구체화한 것 등에 해당하여 실질적으로 법규성을 갖는 것이어야 할 것이다.

106) Vogel/Rust, p.231, 문단 120은, OECD 모델조약 영문본의 'law'는 판례법(case law)을 포함한다는 취지로 주장한다. 그러나 OECD 모델조약 불어본의 'droit'는 판례법(case law)을 포함하지 않는다(Vogel/Rust, p.231, 문단 120).

107) "As regards the application of the Convention … by a Contracting State … at that time under the law of that State …" : OECD 모델조약 제3조의 주석 문단 11 ; 2006년 미국 모델조약 제3조 제2항도 같은 표현을 사용한다. 그에 대한 설명으로는 2006 U.S. Model Technical Explanation p.12

108) 한·일 조세조약 제3조 제2항, 한·독 조세조약 제3조 제2항

109) OECD 모델조약 제3조의 주석 문단 13

110) ① OECD 모델조약 제3조의 주석은, 제3조 제2항이 1995년 개정된 것은, 그 문언을 회원국들의 일반적이고 일관된 이해(general and consistent understanding)에 더 가깝게 만들기 위한 것이라고 본다(문단 13.1). ② 이와 달리 캐나다 법원은, 조세조약의 체결 후 내국법이 개정된 경우 조세조약의 해석에 적용될 내국법은 조세조약의 체결 당시의 내국법이라고 보았는데(The Queen v. Melford Developments Inc [1982] 2 S.C.R. 504), 이는 조세조약 자체의 해석원리에서 도출된 것이라기보다는 당시 캐나다의 조세조약 집행법에 근거한 것이었다. 뒤의 글상자 참조. ③ 조세조약 체결 시의 내국법이 적용되어야 한다는 견해(static interpretation)와 조세조약 적용 시의 내국법이 적용되어야 한다는 견해(ambulatory interpretation)

않은 용어에 대하여 일반적으로 조세조약 적용시점의 체약국 법이 적용될 것이다. 그러나 이는 사실상 조세조약 체결시점의 국내법에 의하여 보충된 상태의 조세조약을 그 이후 개정된 국내법으로 배제하는 측면이 있으므로, 신중하게 판단할 필요가 있다.[111]

한편, 2019. 12. 31. 개정된 국조법은, 조세조약에서 정의하지 않은 용어는, 세법에서 정의하거나 사용하는 의미에 따라 해석한다고 규정한다(국조법 5조). 이는 조세조약상 정의되지 않은 용어를 조약적용 시의 국내세법상 의미에 따라 해석하는 동적 접근법을 채택한 입법으로 볼 여지가 있다.[112] 다만, 위 규정에 따라 조세조약의 체결 이후 개정된 국내세법을 토대로 조세조약상 용어를 해석할 경우, OECD 주석에서 말하는 '편파적 작동불능'[113]에 해당하게 되는지 문제될 수 있는데, 이는 일률적으로 말하기 어렵고, 양 체약국의 내국세법 등을 종합적으로 고려하여 판단하여야 할 것이다.

캐나다 법원의 Melford Developments 판결[114]

① 1956년 체결된 캐나다·독일 조세조약은 이자에 관하여 적극적 정의 규정을 두지 않았고, 같은 해 제정된 캐나다·독일 조세조약 집행법('집행법') 제3조는 집행법 및 조세조약과 다른 법률 간에 모순이 있을 경우 집행법 및 조세조약이 우선한다고 규정하였다.

② 캐나다 법인(Melford Developments)은 1973년 독일 은행의 지급보증하에 캐나다 은행으로부터 돈을 대출받고 독일 은행에 지급보증수수료를 지급하면서 원천징수를 하지 않았는데, 이후 1974년 개정된 캐나다 소득세법은 지급보증수수료를 원천징수대상인 이자로 간주하는 규정을 두었다.

③ 캐나다 대법원은, 집행법 제3조의 효과로 캐나다 소득세법의 적용은 집행법과 위 조세조약에 종속되고, (집행법이 개정되지 않는 한) 이자의 정의의 변경 또는 확장을 야기하는 입법적 조치는 집행법 제3조로 인하여 집행법의 개념보다 우선할 수 없다고 판단하였다(pp. 512~514). 위 판결은 그 결론을 조세조약 자체의 해석원리에서가 아니라 캐나다의 조약 집행법에서 도출하였다.

④ 이후 1983년 제정된 캐나다의 조세조약 해석법(Income Tax Conventions Interpretation Act) 제3조는 동적 접근법을 취하였고, 이에 따르면, 조세조약에 충분하게 정의되지 않은(not fully defined) 용어는 조약의 체결일 또는 효력발생일의 소득세법 목적상 의미가 아니라 때때로 개정된 대로의(as amended from time to time) 캐나다 소득세법 목적상 의미를 갖는다[조세조약 해석법 3조 (b)].

의 소개에 관하여는 Vogel/Rust, pp.72~73

111) 조세조약에 정의규정이 없는 용어의 해석을 위하여 조세조약의 체결 후 개정된 국내법을 적용하는 것은 조세조약 체결 당시 체약국의 의사와 다른 결과에 이를 수 있다(2006 U.S. Model Technical Explanation p.12). 이창희, 국제조세법(2020), 137쪽은, 조약을 염두에 둔 것이 아닌 개정법상 의미를 조약해석에 적용하지 않아야 옳다고 한다.

112) 동적 접근법을 취한 입법례로는 1983년 제정된 캐나다의 조세조약 해석법(Income Tax Conventions Interpretation Act)을 들 수 있다. 그 상세한 내용에 관하여는 아래의 글상자 참조

113) OECD 모델조약 제3조의 주석 문단 13

114) The Queen v. Melford Developments Inc [1982] 2 S.C.R. 504

1-3-3. 조세조약의 남용과 실질과세원칙

(1) 조세조약의 남용

(가) 문제의 소재

조세조약은 본래 거주지국 외의 국가에서 소득을 얻은 납세자에 대하여 그 거주지국과 원천지국에 의한 이중의 과세를 조정해주기 위한 목적으로 만들어졌다. 그러나 일단 여러 국가들 사이에 조세조약의 망이 형성되자, 납세자들이 유리한 조세조약의 혜택을 얻을 수 있으면서도 소득이 과세되지 않거나 낮은 세율로 과세되는 국가에 형식적인 도관회사(conduit)를 설립하여 원천지국의 소득을 그 도관회사로 통과시킴(channeling)으로써 조세조약의 혜택을 사례가 많이 발생하였다. 이에 따라 위와 같은 조세조약의 부적절한 이용, 즉 남용에 대한 규제가 문제되었다.

(나) 조세조약의 남용에 관한 OECD의 입장

① OECD는 1986년 도관회사(Conduit companies) 보고서에서 '조약에 그 조약의 부적절한 이용에 대한 규제조항(safeguards)이 없는 경우에는, 조약혜택의 부여가 부적절하게 여겨지더라도 계약은 준수되어야 한다는(pacta sunt servanda) 원칙에 따라 조약혜택이 부여되어야 한다'는 입장[115]을 취하는 한편, 도관회사를 이용한 조약의 부적절한 이용에 대처하기 위한 4가지 특별조항[116]을 제안하였다.

 OECD 도관회사 보고서가 제안한 4가지 특별조항 등[117]

1. The "look through" approach
   이는 원천지국에서 소득을 얻은 법인이 그 거주지국의 거주자에 의하여 소유되는(owned by the resident of the State) 한도에서만 조세조약의 혜택을 부여하는 방법이다. 이 방법은 소득이 과세되지 않거나 매우 낮은 세율로 과세되고 실질적 사업활동이 거의 수행되지 않는 국가와 체결할 조세조약에 적합하다.

2. The exclusion approach
   이는 거주지국에서 비과세 등 조세혜택[tax exempt (or nearly tax exempt)]을 누리지만 사실상

---

115) Double Taxation Conventions and the Use of Conduit Companies('OECD 도관회사 보고서'), R(6)-24, 문단 43 : 위 보고서는, ① 인위적인 조세회피계획에 의한 법의 남용(abuse of law)에 대하여 체약국이 국내세법상 일반 조항을 적용하여 조세조약의 혜택을 부인하는 것이 조약상 의무를 위반하는지에 관하여 체약국들 간에 견해가 불일치한다고만 언급하면서 판단을 유보하였고[R(6)-24, 문단 44], ② 다만, 특정 자산의 형식적 소유자가 이해관계자의 계산으로 행하는 단순한 수탁자 또는 관리자(fiduciary or administrator)에 불과한 매우 좁은 권한을 가진 것에 불과한 경우 수익적 소유자로 볼 수 없다는 견해를 취하였다[같은 글 R(6)-10].
116) OECD 도관회사 보고서, R(6)-14~21, 문단 23~41
117) OECD 도관회사 보고서, R(6)-14~23, 문단 21~42

비거주자와 비슷한 지위를 갖는 법인에 대하여 조세조약의 적용대상에서 제외하거나 규제조항을 두는 방법이다.

3. The subject-to-tax approach

이는 소득을 얻은 법인이 그 거주지국에서 그 소득에 대하여 과세되는(subject to tax in the State of residence) 경우에 한하여 원천지국에서 조세조약의 혜택이 부여되는 방법이다.[118]

4. The channel approach

이는, 소득을 수취한 법인이, 그 거주지국의 거주자가 아닌 자로서 그 법인의 지분을 직·간접적으로 소유하고, 그 법인의 경영 또는 지배권을 직·간접적으로 행사하는 자에게, 그 법인이 수취한 소득의 일정 비율(50%) 이상을 이자, 사용료 등으로 그 자에게 지급한 경우, 조세조약의 혜택을 부여하지 않는 방법이다.

5. 선의 조항(Bona Fide provisions)

OECD 도관회사 보고서는, 위와 같은 일반적 성격의 방안이 채택되는 경우, 선의의 사안에(in bona fide cases) 조세조약의 혜택이 부여되도록 하는 특별규정이 필요하다고 본다.

② OECD는 1987년 Treaty Override 보고서에서도, 조약남용에 대응하기 위하여 국내법으로 조세조약을 배제하는 것에 대하여, 양 체약국 간의 이익균형을 파괴하는 것이라는 이유로 강력하게 반대하면서, 국내세법과 조세조약의 충돌은 조세조약의 개정으로 해결되어야 한다는 견해를 밝혔다.[119]

③ 그러나 이후 미국을 비롯한 회원국들 사이에서 지속적으로 조약편승에 대한 우려가 증가하자, 결국 2003년 개정된 OECD 모델조약 주석은, ㉮ 조세조약의 남용을 방지하기 위한 국내법의 규정은 조세조약에서 언급되지 않아서 조세조약의 영향을 받지 않으므로, 조세조약과 충돌하지 않고, ㉯ 조세조약의 남용이 있는 경우 조세조약 자체의 해석으로 조약혜택을 부여하지 않을 수 있으며, 조세조약의 규정을 남용하는 거래가 이루어진 경우 조세조약의 혜택을 부여할 필요가 없다는 것으로 입장을 크게 전환하였다.[120][121]

④ 나아가 OECD는 BEPS(base erosion and profit shifting) 프로젝트의 일환으로 조약남용을 규제하기 위하여 2017년 조약혜택의 제한(limitation of benefit, LOB)과 주요목적기준(principal purpose test, PPT)을 도입한 모델조약과 BEPS 다자조약안을 만드는 데까

---

118) 한·미 조세조약 제17조(a)는 subject-to-tax 접근법에 따른 것으로 볼 수 있다. 이는, 제3국의 거주자가 일방 체약국의 법인을 통하여 타방 체약국에 원천이 있는 소득을 얻음으로써 일방 체약국에서 세제혜택을 얻는 한편, 위 조세조약의 혜택을 얻는 것을 방지하기 위한 것이다.

119) Tax Treaty Override (1989. 10. 2.) 문단 34~36

120) OECD 2003 모델조약 제1조의 주석 문단 9.1~9.4

121) OECD 2017년 모델조약 주석도, 비엔나협약 제31조 내지 제33조는 법원의 내국세법에 대한 판례를 조세조약의 해석에 적용하는 것을 막지 않고, 일반원칙으로 조세조약과 법원의 조세조약 남용금지 판례(judicial anti-abuse doctrines) 또는 일반적 조세조약 남용금지 규정(general anti-abuse rule) 사이에 아무런 충돌이 없다고 한다(제1조의 주석 문단 78, 79).

지 이르렀다. 이에 따라 OECD 회원국들 간에, 조약남용에 대처하기 위한 범위에서 내국세법 또는 판례에 의한 조세조약의 적용 배제가 가능하다는 공통의 인식이 형성되었다.

(2) 조세조약과 실질과세원칙

조세조약의 적용이 문제되는 소득의 명의인과 실질귀속자가 다르거나 소득의 종류나 형식이 그 실질과 다른 경우, 특히 조약편승(treaty shopping)을 비롯한 조약남용이 있는 경우, 이를 방지하기 위하여 실질과세원칙을 적용할 수 있는지가 문제된다.

대법원은, 국세기본법 제14조 제1항의 실질과세 원칙은 법률과 같은 효력을 가지는 조세조약의 해석과 적용에 관하여도 적용된다고 판시하였다.[122] 국세기본법 제14조 제2항 및 제3항도 제1항과 마찬가지로 조세조약의 해석과 적용에 관하여 적용된다고 보아야 할 것이다. 국조법 제3조는 국제거래에 대한 조세조약의 적용에 관하여 실질과세원칙을 규정하는데,[123] 이는 창설적 규정이 아니라 국세기본법 제14조의 실질과세원칙이 국제거래에 적용됨을 확인하는 규정이다.[124]

한편, 조세조약의 적용이 문제되는 거래에 관하여 실질과세원칙이 적용된 결과 소득의 성격 또는 귀속자가 변경되는 경우에는, 그러한 변경을 고려하여 조세조약 조항을 적용할 필요가 있다.[125]

---

122) 대법원 2012. 4. 26. 선고 2010두11948 판결(라살레 사건) : 대법원은, 위 사건에서 영국 유한 파트너십인 원고들이 한 · 벨기에 조세조약을 적용받아 조세를 회피할 목적으로 벨기에 법인을 설립하고 이를 통하여 국내원천소득을 얻은 사건에서, 위 벨기에 법인들과 조세회피의 목적이 없는 소득의 귀속자인 국내의 자산유동화회사는 동일한 상황에 있다고 볼 수 없으므로, 위 벨기에 법인들을 소득의 귀속자로 보지 않고 원고들을 그 실질적 귀속자로 보는 것이 한 · 벨기에 조세조약의 무차별원칙(국적에 따른 차별의 금지)에 반한다고 할 수 없다고 판단하였다.

123) 우회거래를 통하여 우리나라에 납부할 조세의 부담이 일정한 비율 이상 감소하는 경우, 납세의무자가 조세회피의도가 없음을 입증하지 않으면, 조세조약의 혜택을 부당하게 받기 위한 것으로 추정된다(국조법 3조 4항).

124) 서울고등법원 2012. 4. 27. 선고 2011누11336 판결(대법원 2014. 6. 26. 선고 2012두11836 판결의 원심)

125) OECD 모델조약 제1조의 주석 문단 79. 대법원도, 실질과세원칙에 따라 소득의 귀속자가 형식적 명의인에서 실질귀속자로 변경된 경우, 그 실질귀속자를 기준으로 조세조약을 적용한다. 대법원 2014. 6. 26. 선고 2012두11836 판결 등

2-1. 체약국의 거주자(resident)

조세조약은 원칙적으로 체약국의 거주자(resident)[126]에 대하여 적용된다(OECD 모델조약 1조 1항).[127] 법인 또는 개인 등이 체약국의 거주자이기 위해서는 ① 조세조약상 인(person)에 해당하고, ② 그 체약국에서 주소 등에 기초하여 원칙적으로 포괄적 납세의무를 부담하여야 한다. 납세의무자가 조세조약을 체결한 국가의 거주자라는 점의 증명책임은 그 조세조약의 적용을 주장하는 납세의무자에게 있다.[128]

2-1-1. 조세조약상 거주자의 요건

(1) 인(person)

(가) 조세조약의 규정

OECD 모델조약은 '인(person)'을 적극적으로 정의하지 않고, 개인(individual), 법인(company) 및 기타 인의 단체(any other body of persons)를 포함한다고 정한다[OECD 모델조약 3조 1항 a)].[129]

우리나라가 체결한 조세조약의 경우, '인'을 규정하는 방식에는 ① 개인 및 법인을 말한

---

126) OECD 모델조약 제1조 제1항, 한·일 조세조약 제1조, 한·중 조세조약 제1조 ; 조세조약이 등장한 초기에는 조세조약은 체약국의 국민(nationals)에 대하여만 적용되었다. 이후 나타난 조세조약들은 조세조약의 일부 혜택을 국민이 아닌 자에게도 확대하였고, 1943년 멕시코 초안 모델과 1946년 런던 초안 모델은, 그 적용범위를 체약국들 중 하나에 재정적 주소(fiscal domicile)를 가진 납세자로 제한하였다. 1963년 OECD 모델조약은 인적 적용범위의 기준으로 거주자(resident) 개념을 도입하였다. Vogel/Rust, pp. 115~116

127) 예외적으로 조세조약의 일부 규정은 체약국의 거주자가 아닌 자에게도 적용된다. 가령, OECD 모델조약 제24조 제1항의 차별금지(non-discrimination) 규정은 체약국의 거주자인지에 관계없이 체약국의 국민(nationals)에 대하여 적용된다.

128) ① 대법원 1994. 4. 15. 선고 93누13162 판결은, 외국법인에게 주식양도소득을 지급한 원고가 그 외국법인이 네덜란드 거주자이므로 한·네덜란드 조세조약이 적용되어야 한다고 주장한 사건에서, 그에 대한 증명책임이 원고에게 있음을 전제로, 위 외국법인이 네덜란드국 거주자임을 인정할 증거가 없다는 이유로, 원고의 주장을 받아들이지 않았다. 위 판결에 대한 평석으로는, 윤지현, "조세조약에 있어서 거주자 개념 - 대법원 1994. 4. 15. 선고 93누13162 판결 -", 기업법연구 제21권 제3호(30호), 2007, 509~530쪽. ② 이후 대법원은, 소득세법상 국내 거주자가 동시에 외국 거주자에도 해당하여 해당 외국과 우리나라 사이에 체결된 조세조약이 적용되어야 한다는 점에 대하여는, 이를 주장하는 납세의무자에게 그 증명책임이 있다고 명시적으로 판시하였다(대법원 2008. 12. 11. 선고 2006두3964 판결).

129) OECD 모델조약의 주석은, OECD 모델조약 제4조 제1항 a)에 규정된 '인'의 정의는 완결적이지 않고(not exhaustive), 매우 넓은 의미로 사용되는 것으로 읽어야 한다고 본다(제3조의 주석 문단 2).

다고 규정하는 경우,[130] ② 개인, 법인 및 기타 인의 단체를 포함한다고 규정하는 경우,[131] ③ 개인, 법인 및 기타 인의 단체를 포함하지만 조합은 포함하지 않는다고 규정하는 경우,[132] ④ 개인, 조합, 법인, 유산재단, 신탁재단 또는 기타 인의 단체를 포함한다고 규정하는 경우[133] 등이 있다.

OECD 모델조약은, **법인**(company)은 '법인격이 있는 단체(body corporate)'[134] 또는 '조세목적상 법인격이 있는 단체로 취급되는 실체'를 말한다고 정하고[OECD 모델조약 3조 1항 b)], 우리나라가 체결한 대부분의 조세조약도 같다.[135] 그런데 어떤 단체가 '조세목적상 법인격이 있는 단체로 취급되는 실체'에 해당하는지 여부가, 그 단체가 얻은 소득의 원천지국과 그 단체의 거주지국(또는 본국)에서 다르다면, 어느 국가의 법에 따라야 하는지가 문제된다. 즉, 외국단체가 우리나라 법인세법상 외국법인으로 취급되지만 그 거주지국에서는 법인과세를 적용받지 않는 투과과세 단체(혼성단체)인 경우, '조세목적상 법인격이 있는 단체로 취급되는 실체'라고 볼 수 있는가?[136] 이는, 외국단체가 조세조약상 법인에 해당하기 위하여 '어느 체약국의 조세목적상' 법인격이 있는 단체로 취급되는 실체이어야 하는지에 관하여 조세조약이 침묵하기 때문에 생기는 문제이다.[137] 이에 관하여 OECD 모델조약 주석은, 그 외국단체의 거주지국의 세법 목적상 법인으로 취급되는 단체라고 본다.[138] 그러나 조세조약상 그렇게 해석하여야 할 근거는 분명하지 않다.

(나) 파트너십

OECD 1999년 파트너십 보고서는, 파트너십이 당시의 OECD 모델조약 제3조의 인

---

130) 한·독 조세조약 제3조

131) 한·일 조세조약 제3조, 한·프랑스 조세조약 제3조, 한·중 조세조약 제3조(국문본은 법인 대신 '회사'라는 용어를 사용한다)

132) 한·영 조세조약 제3조

133) 한·미 조세조약은 '인'이 고 함으로써 매우 넓게 규정한다[한·미 조세조약 제2조 제1항 (d)].

134) 영미법에서 ① 'body corporate'은, 법령에 따라 법적 인(legal or juristic person)으로 설립된 인들의 단체로서, 그 설립자인 자연인들과 구별되는 법인격(legal personality)을 가지고, 그들과 관계없이 존속하며, 정관에 따른 권한을 가지는 것을 의미하고, ② 'corporation'은 통상적으로 사업적 실체로서 법에 따라 그 주주와 구별되는 하나의 인으로 행동할 수 있는 자격을 가지는 것 등을 말하며, ③ 'company'는 때로는 corporation을, 때로는 company 외에 partnership, association 등을 가리킨다. Black's law dictionary 9th edition, 2009, p.198(body corporate), 318(company), 391(corporation)

135) 한·독 조세조약 제3조, 한·영 조세조약 제3조, 한·일 조세조약 제3조, 한·프랑스 조세조약 제3조, 한·중 조세조약 제3조

136) 이는, 그러한 단체가 일부 조세조약에 규정되어 있는 '기타 인의 단체'에 해당할 수 있는지에 관하여도 마찬가지로 문제된다.

137) 조세조약의 다른 규정들에서는 관련된 국가의 범위를 "양 체약국" 또는 "일방 체약국"으로 명시하는 것이 일반적인데, 정작 해당 국가의 특정이 매우 중요한 용어의 정의에 관한 규정에서는 그것이 누락되어 있다.

138) OECD 2017년 모델조약 제3조의 주석 문단 3

(person)에 해당한다고 보았고,[139] OECD 모델조약 주석은, 파트너십이 모델조약 제3조의 법인(company) 또는 기타 인의 단체(other bodies of persons)에 해당하기 때문에 '인'이라고 본다.[140] 이에 관한 상세한 내용은 뒤에서 다루기로 한다.

(다) 신탁과 집합투자기구 등

우리나라가 체결한 대부분의 조세조약에서는 '조세목적상 법인으로 취급되는 실체(단체)'가 법인에 포함되므로,[141] **신탁**(trust)이 체약국에서 독립적 납세의무를 부담하여 세법상 법인으로 취급되는 경우 위와 같은 조세조약상 인에 해당할 수 있다. 한·미 조세조약 제2조 제1항 (d)는 위 조약상 인이 신탁을 포함한다고 명시적으로 규정한다.

집합투자기구(collective investment vehicle ; CIV)는, 그 지분이 다수인에 의하여 보유되고(widely-held), 다양한 증권의 포트폴리오(diversified portfolio)를 보유하며, 투자자 보호규정(investor-protection regulation)의 적용을 받는 투자기구를 의미한다.[142] 집합투자기구는 회사, 신탁, 계약관계 등 다양한 법적 형식을 갖지만, OECD 모델조약 제3조의 '인'에 포함될 수 있다.[143]

(라) 고정사업장

외국법인의 고정사업장은 OECD 모델조약상 외국법인과 분리된 별개의 인(person)이 아니므로, 그 자체로는 거주자가 될 수 없다.[144] 법인세법은 외국법인의 국내사업장을 내국법인에 준하여 취급하지만(법 92조 1항), 이는 조세조약상 차별금지로 인한 것일 뿐이다.

따라서 ① 외국법인의 국내 고정사업장(지점)이 그 거주지인 외국의 다른 거주자로부터 지급받은 이자소득은, 그 외국의 거주자들 간에 지급된 것에 불과하므로, 그 외국과 우리나라 간의 조세조약상 이자소득 조항의 적용대상이 아니다.[145] ② 외국법인의 국내 고정사업장이 제3국의 거주자로부터 이자소득을 지급받은 경우, 우리나라와 제3국과 간의 조세조약은 적용되지 않고, 외국법인의 거주지국과 제3국 간의 조세조약이 적용된다.[146]

---

139) OECD의 1999년 파트너십 보고서(The Application of the OECD Model Tax Convention to Partnerships)의 R(15)-11
140) OECD 모델조약 제3조의 주석 문단 2
141) 한·일 조세조약 제3조 제1항 바., 한·중 조세조약 제3조 제1항 바., 한·독 조세조약 제3조 제1항 마.
142) OECD 2017년 모델조약 제1조의 주석 문단 22
143) OECD 2017년 모델조약 제1조의 주석 문단 24
144) OECD 모델조약 제24조의 주석 문단 68 ; 행정해석으로 재국조 46017-3, 2002. 1. 4.
145) 조세조약의 이자소득 조항이 적용되려면 한 체약국의 거주자로부터 다른 체약국의 거주자에게 이자가 지급되어야 하기 때문이다. 다만, 위 이자소득은 국내 고정사업장에 귀속된 것으로서 위 조세조약상 사업소득 조항에 따라 우리나라에 과세권이 인정된다. 제4장 3-4-1. (5) 참조
146) 외국법인의 국내 고정사업장은 제3국과 우리나라 간의 조세조약상 국내 거주자에 해당하지 않기 때문이다. 제3장 2-2-3-1. (5) 참조

(2) 주소 등에 기초한 포괄적 납세의무

일반적 조세조약상 체약국의 '거주자'가 되기 위해서는, '주소, 거소, 본점이나 주사무소의 소재지 또는 이와 유사한 성질의 다른 기준에 의하여 그 국가의 법에 따라 그 국가 안에서 납세의무가 있는(liable to tax) 인'이어야 한다(OECD 모델조약 4조 1항 1문). 여기서 주소 등의 기준에 따른 납세의무는, 일반적으로 체약국에 원천을 둔 것에 한정되지 않는 소득에 대한 **포괄적 납세의무(comprehensive liability to tax)**를 의미한다.[147] 체약국에서 포괄적 납세의무를 지는 인이 면세혜택 등에 따라 실제로 과세되지 않더라도 그 인을 그 체약국의 거주자가 아니라고 할 수 없다.[148][149]

조세조약상 체약국의 거주자는 그 국가 내의 원천에서 발생한 소득에 대하여만 납세의무를 지는 인을 포함하지 않는다(OECD 모델조약 4조 1항 2문).[150] 다만, 속지주의(원천지주의, territorial principle)를 채택한 국가[151]의 세법에 따라 오로지 그 국내에서 발생한 소득에 대하여만 납세의무를 지는 인은 조세조약상 거주자에 포함될 수 있다.[152][153]

신탁이 조세조약상 거주자로 되기 위해서는 체약국의 세법상 그 신탁 자체가 소득에 대한 납세의무를 부담하여야 한다.[154] **집합투자기구(CIV)**가 그 설립지국에서 포괄적 납세의

---

147) OECD 2017 모델조약 제4조의 주석 문단 3, 8.1 ; "full tax liability"라고도 표현된다. ; Vogel/Ismer · Blank는 거주자의 요건을 'fully liable to tax'라고 정할 경우 전반적으로 낮은 과세상한에 의한 특별한 과세체계를 향유하는 납세자들에 대한 조세조약 혜택을 제한하게 될 것이라고 본다(Vogel/Ismer · Blank, p.270 문단 20).

148) 대법원 2020. 1. 16. 선고 2016두35854 판결

149) OECD 모델조약의 주석은, 많은 국가들에서 실제로 과세되지 않는 자도 포괄적인 납세의무를 지는 자로 간주된다고 하고, 그 예로 자선 및 기타 단체(charities and other organisations)가 세법에 규정된 모든 면세요건을 충족하면 면세되지만, 그 요건을 충족하지 못할 경우 세금을 납부하여야 하므로, 체약국의 세법의 적용대상(subject to the tax laws)이라고 한다(OECD 모델조약 4조의 주석 문단 8.11). 이에 의하면, 현실적 납세의무를 부담하지 않더라도 일반적 · 추상적 · 잠재적 납세의무를 부담하는 자는 거주자에 해당한다.

150) OECD 모델조약 제4조 제1항 2문은, 도관회사를 유치하기 위한 특례에 따라 외국소득에 대한 과세를 면제받는 외국인 소유 회사들(foreign held companies exempted from tax on their foreign income)을 거주자에서 제외한다(OECD 모델조약 제4조의 주석 문단 8.2). OECD의 1986년 도관회사 보고서는, 도관회사가 특정한 특례에 따라 전적으로 과세에서 면제된(fully exempt from tax) 경우에도 위 규정이 적용되어야 한다고 보았다[R(6)‒10]. 이에 대하여 Vogel/Ismer · Blank는 반대한다(p284 문단 51).

151) 원천지주의를 채택한 예로 홍콩과 파나마를 들 수 있다(Vogel/Ismer · Blank, p.281 문단 46).

152) OECD 모델조약 제4조의 주석 문단 8.3[OECD 모델조약 제1항 2문에는 내재적 곤란함과 제한(inherent difficulties and limitations)이 있다] ; Vogel/Ismer · Blank, p.281 문단 46

153) 다만, 홍콩의 경우, 2014년 체결된 한 · 홍콩 조세조약은 2014년 개정 전의 OECD 모델조약 제4조 제1항을 따르지 않고, 별도로 홍콩의 거주자를 규정하므로, 그에 의하여 거주자가 결정된다. 가령, 한 · 홍콩 조세조약에 따르면, '홍콩특별행정구에 설립된 회사 또는 홍콩특별행정구 밖에 설립되었으나 홍콩특별행정구에서 중점적으로 관리 및 통제되는 회사'도 홍콩 거주자에 포함된다[제4조 제1항 가. 4)].

154) ① 미국 세법의 경우, 신탁재산의 보호 또는 유지를 목적으로 설정되는 통상의 신탁(ordinary trust)은 미국 세법상 신탁에 관한 규정(subchapter J)의 적용을 받고, 독립한 과세실체로서 납세의무를 부담한다

무를 부담하는 경우에는 그 국가의 거주자에 해당한다.[155] 대법원은, 룩셈부르크의 법에 따라 설립된 회사형태의 집합투자기구인 SICAV 및 SICAF는 룩셈부르크에서 포괄적 납세의무를 부담하는 거주자에 해당한다고 판시하였다.[156]

2-1-2. 혼성단체인 투과과세 단체의 조세조약상 거주자 여부

(1) 2017년 개정 전의 OECD 모델조약

(가) 혼성단체의 취급에 관한 문제

어떤 단체가 독립된 납세의무자(과세실체)로 취급되는지 여부가, 소득의 원천지국, 그 단체의 설립지국이나 거주지국, 또는 그 구성원의 거주지국의 세법 목적상 다르게 취급되는 경우, 그러한 단체를 혼성단체라고 한다. 그 대표적인 예는 영미의 파트너십이다.

개개의 조세조약상 파트너십을 '인'으로 볼 여지가 있다고 하더라도, 파트너십이 조세조약의 적용대상인 거주자에 해당하기 위해서는 독립적 납세의무자로서 포괄적 납세의무를 부담하여야 한다. 독립적 납세의무자가 아닌 단체에 대하여는 과세대상 소득이 귀속될 수 없으므로, 파트너십이 독립적 납세의무자인지 여부는, 파트너십을 통하여 얻은 소득의 귀속자가 그 파트너십인지, 아니면 파트너인지의 문제와 직결된다. 이와 관련하여 파트너십이 얻은 소득의 원천지국, 파트너십의 소재지국, 파트너들의 거주지국 사이에 파트너십의 독립적 납세의무자 여부가 다른 경우, 어떻게 취급할 것인지가 문제된다.

(나) OECD 1999년 파트너십 보고서

OECD 1999년 파트너십 보고서[157]는, 파트너십을 통하여 얻어진 소득의 원천지국이 조세조약 적용의 전제로 그 소득이 파트너십과 파트너 중 누구에게 귀속하는지를 정할 때, 그 소득이 파트너십의 설립지국과 파트너의 거주지국에서 각각 누구에게 귀속되는 것으로

[IRC § 641(a)]. ② 일본 세법의 경우, 법인과세신탁의 수탁법인은 그 신탁재산에서 발생한 소득에 대하여 그 고유재산에서 발생한 소득과 별개로 납세의무를 부담한다(일본 법인세법 4조의7). 송동진, 신탁과세법(2021), 130쪽 이하 및 147쪽 이하 참조

155) OECD 모델조약 제1조의 주석 문단 25, 26 : 집합투자기구가 그 설립지국에서 포괄적 납세의무를 부담하지 않는 경우에는(fiscally transparent) 그 국가의 거주자에 해당하지 않는다.

156) 대법원 2020. 1. 16. 선고 2016두35854 판결 : 룩셈부르크의 집합투자기구에 관한 법에 의하여 설립된 회사 형태의 집합투자기구인 SICAV(société d'investissement à capital variable, 가변자본형 투자회사), SICAF(société d'investissement à capital fixe, 불변자본형 투자회사)는 룩셈부르크의 관계법령에 따르면 법인세 납세의무자이나 룩셈부르크의 집합투자기구에 관한 법에 의하면 법인세가 면제된다. 대법원은 SICAV와 SICAF가 룩셈부르크 법에 의하여 포괄적 납세의무를 부담하므로 한·룩셈부르크 조세조약상 룩셈부르크의 거주자에 해당하고, 그러한 납세의무가 인정되는 이상 법정 요건을 갖춘 면세 혜택 등에 따라 실제로 과세되지 않았더라도 납세의무가 없다고 할 수 없다고 판단하였다.

157) The Application of the OECD Model Tax Convention to Partnerships (adopted by the OECD Committee an Fiscal Affairs on 20 January 1999)(이하 'OECD 파트너십 보고서')

취급되는지를 고려하는 방법을 제안하였다.[158] 이에 따르면, 원천지국은 자국법과 관계없이 ① 파트너십의 소득에 관하여 파트너십의 설립지국(P)과 파트너의 거주지국(R)이 귀속자를 동일하게 취급하는 경우에는 그에 따라, 즉 ㉮ 양국이 파트너를 소득의 귀속자로 보는 경우(TTT,[159] OTT[160]) 원천지국과 파트너의 거주지국 간 조세조약(S-R)을 적용하고, ㉯ 양국이 파트너십을 소득의 귀속자로 보는 경우(TOO, OOO) 원천지국과 파트너십의 설립지국 간 조세조약(S-P)을 적용하며, ② 파트너십의 설립지국(P)은 파트너십을, 파트너의 거주지국(R)은 파트너를 각각 소득의 귀속자로 취급하는 경우(TOT, OOT) 원천지국과 위 두 국가 간에 각각 체결된 양 조세조약(S-P, S-R)을 경합적으로 적용하고,[161] ③ 파트너십의 설립지국(P)은 파트너를, 파트너의 거주지국(R)은 파트너십을 각각 소득의 귀속자로 취급하는 경우(TTO,[162] OTO[163]) 조세조약은 적용되지 않는다.

(다) OECD 2014년 모델조약의 주석

OECD 2014년 모델조약의 주석은 1999년 파트너십 보고서를 반영하여 다음과 같은 입장을 취하였다.

① 원천지국이 그 국가의 파트너십을 투과과세로 취급하여(T) 파트너십의 소득에 관하여 파트너를 과세하는 경우, 파트너십을 회사로 과세하는 국가(O)의 거주자인 파트너는 양국 간 조세조약의 혜택을 주장할 수 없다.[164] 이는, 원천지국의 세법상 파트

158) OECD 파트너십 보고서에 관하여는 ① 윤지현, "'단체 분류(Entity Classification)'에 관한 대법원 판례와 경제협력개발기구(OECD)의 '파트너십 보고서(Partnership Report)'의 조화(調和) 가능성에 관한 검토 – 해석론과 문제점을 중심으로 –", 조세학술논집 제30집 제1호(2014), 한국국제조세협회, 262~281쪽, ② 김범준, "국내투자 혼성단체(hybrid entity)의 과세문제", 서울대학교 대학원 법학박사학위논문(2016), 189~196쪽

159) OECD 파트너십 보고서 사례 2, 문단 49 ; 이하 OECD 파트너십 보고서와 관련하여 "T"는 투과과세(transparent), "O"는 법인과세(opaque)를 뜻하고, 3개의 영문자 중 첫 번째는 원천지국(S), 두 번째는 파트너십의 설립지국(P), 세 번째는 파트너의 거주지국(R)이 각각 파트너십을 세법상 취급하는 방식을 가리킨다. 이는 윤지현, 앞의 글, 250쪽의 표기방법을 참고한 것이다.

160) 원천지국(S)의 법에 따르면 파트너십은 과세실체이지만, 원천지국은 자국법을 따르지 않고 파트너십 설립지국의 법과 파트너의 거주지국의 법을 고려하여 S-R 조약을 적용한다. 윤지현, 앞의 글, 263쪽

161) OECD 파트너십 보고서 사례 9(OOT) 및 문단 73, 74 : 위 경우 원천지국과 파트너십의 설립지국(P) 간 조세조약은 제한세율을 15%로, 원천지국과 파트너의 거주지국 간 조세조약은 제한세율을 10%로 각각 규정한 경우, 원천지국의 과세는 10%를 초과할 수 없다고 본다. ; 윤지현, 앞의 글, 267쪽은, 원천지국이 파트너십의 설립지국과 체결한 조세조약 및 파트너의 거주지국과 체결한 조세조약을 동시에 적용하는 것은, 국내세법과 조화시켜 이해하는 것이 불가능하므로, 논리적으로 정당화되기 어렵다고 본다.

162) OECD 파트너십 보고서 사례 3, 문단 51 : 위 경우 파트너십의 소득이 파트너의 거주지국에서 파트너의 소득으로 과세되지 않으므로, 조세조약을 적용하기 위한 사실적 전제(원천지국과 거주지국의 이중과세)가 존재하지 않기 때문이다(문단 53).

163) OECD 파트너십 보고서 사례 7, 문단 69, 70

164) OECD 2014년 모델조약 제1조의 주석 문단 6.2 : 그 이유로 그 소득이 원천지국의 세법상으로는 조세조약의 혜택을 주장하는 자에게 귀속되지만, 그 자의 거주지국에서는 그 소득에 대한 과세목적상 유사하게

너십이 투과과세가 아닌 독립한 납세의무자로 취급되는 경우에도(O), 그 파트너십이 원천지국의 거주자로 취급되지 않는다면, 마찬가지이다.[165]

② 파트너가 한 국가의 거주자이고, 파트너십은 다른 국가에 설립되었으며, 파트너십의 소득은 제3국에서 발생한 경우(triangular case),[166] 파트너는 그의 거주지국과 소득의 원천지국 사이에 체결된 조세조약의 혜택을 주장할 수 있고, 만일 파트너십이 그 설립지국에서 거주자로 과세되는 경우(O) 파트너십도 그 국가와 소득의 원천지국 간 조세조약의 혜택을 주장할 수 있다.[167] 이와 같이 원천지국의 과세에 대하여 파트너와 파트너십이 각기 조세조약의 혜택을 주장할 수 있는 경우(double benefits) 위 두 조세조약의 제한세율이 다르다면 낮은 세율이 적용될 것이다.

③ 한 체약국이 파트너십을 투과과세로 취급하면서(T) 그 파트너를 파트너십 소득에 대한 지분만큼 과세하는 경우, 파트너십은 그 국가의 거주자로 취급되지 않는다. 이 경우 파트너들은 그들의 거주지국에 의하여 체결된 조세조약의 혜택을 주장할 수 있는 적절한 자이고, 이러한 결과는 원천지국의 세법상 그 소득이 독립적 납세의무자로 취급되는 파트너십에게 귀속되는 경우(O)에도 같다.[168]

그러나 소득 귀속자는 원천지국의 국내법에 따라 결정된다는 것이 대법원 판례인데,[169] OECD 파트너십 보고서와 2014년 모델조약 주석의 해석은 대법원 판례와 합치되지 않고, OECD 2014년 모델조약까지는 위와 같이 해석할 수 있는 근거를 찾기도 어렵다.[170]

(그 자에게) 귀속되지 않는다는 것을 든다. ; OECD 파트너십 보고서는, 위 경우 '원천지국은 문제된 소득이 체약상대국의 거주자의 소득으로서[수중에서(in the hands of)] 잠재적으로 과세대상인 경우인 경우에만 그 원천지국의 세법상 청구권을 감소시킨다'는 기초적 사실적 전제가 존재하지 않는다고 본다(문단 53의 5문). 이는 위 경우 파트너십의 소득이 파트너의 거주지국에서 직접 파트너에게 귀속하는 것으로 취급되어 과세되지 않으므로, 조세조약의 전제인 이중과세가 발생하지 않는다는 취지로 보인다.

165) OECD 2014년 모델조약 제1조의 주석 문단 6.3

166) 이에 관한 사례에 관하여는 OECD 파트너십 보고서 R(15)-28~33 참조

167) OECD 2014년 모델조약 제1조의 주석 문단 6.5

168) OECD 2014년 모델조약 제4조의 주석 문단 8.8 : 이 부분은 OECD 1999년 파트너십 보고서 중 문단 53의 1, 2문과 같은 취지이다.

169) 대법원 2015. 5. 28. 선고 2013두7704 판결 ; OECD 2017년 모델조약 제1조의 주석 문단 14 ; Vogel/Rust, p. 124 문단 30 및 주) 46

170) 원천지국이 위와 같이 조세조약을 해석하여야 하는 이유에 관하여 OECD 2014년 모델조약은 명문의 근거를 제공하지 않는다. OECD 파트너십 보고서는, 소득의 원천지국이 조세조약이 적용되는 사실적 맥락의 일부로(as part of the factual context) 그 국가에서 발생한 소득이 조세조약상 혜택을 주장하는 자의 거주지국에서 어떻게 취급되는지를 고려하여야 한다는 원칙이 조세조약의 구조에 내포되어 있다고 (implicit) 보는 것을 'broadly based approach'라고 표현한다[R(15)-20, 문단 52, 53].

(2) 한·미 조세조약

(가) 관련 조항

한·미 조세조약 제2조 제1항 (d)호는, '인(person)'은 개인, 조합,[171] 법인, 유산재단, 신탁재산 또는 기타 인의 단체(an individual, a partnership, a corporation, and estate, a trust, or any body of persons)를 포함한다고 함으로써 광범위하게 규정하고, 같은 항 (e)호 (ii)목은 미국법인을 '미국 또는 미국의 제 주 또는 콜럼비아특별구의 법에 따라 설립되거나 또는 조직되는 법인(corporation), 또는 미국의 조세목적상 미국법인으로 취급되는 법인격 없는 단체(unincorporated entity)'를 의미한다고 규정한다.[172] 여기의 '법인' 또는 '법인격 없는 단체'[173]는 미국 법인에 관한 것이므로, 미국 회사법의 개념 및 그 해석을 존중할 필요가 있다.

한·미 조세조약 제3조 제1항 (b)호는 미국 거주자를 (i) 미국법인(A United States corporation), (ii) 미국의 조세목적상 미국에 거주하는 기타의 인(법인 또는 미국의 법에 따라 법인으로 취급되는 단체를 제외한다)으로 규정하면서, 같은 호 (ii)목 단서에서 '다만, 조합원 또는 수탁자로서 행동하는 인(a person acting as a partner or fiduciary)의 경우에, 그러한 인에 의하여 발생되는 소득은 거주자의 소득으로서 미국의 조세에 따라야 하는 범위에 한한다.'고 규정한다.[174]

한·미 조세조약 제2조 제1항 (d)호 및 제3조 제1항 (b)호 (ii)목 단서의 취지는, 미국 세법에 따라 어떤 단체의 활동으로 얻은 소득에 관하여 단체가 아니라 그 구성원이 납세

---

171) 한·미 조세조약 제3조 제1항 (c)호는, 지불을 행하는 조합의 거주지를 결정함에 있어서 조합은 조합의 설립 또는 조직에 적용된 국가의 법에 따라 그 국가의 거주자로 간주된다고 규정한다.

172) 한미조세조약 제2조 제1항 (e)호 (ii)목 : The term "United States corporation" or "corporation of the United States" means a corporation which is created or organized under the laws of the United States or any state thereof or the District of Columbia, or any unincorporated entity treated as a United States corporation for United States tax purpose

173) 미국 주 회사법의 'corporation'은 우리나라의 법인 중에서도 주식회사(유한회사 포함)를 의미하는 것으로 볼 수 있으므로 이에 대응하는 국문본의 용어인 '법인'은 지나치게 넓은 개념이고, 한편, '법인격 없는 단체'는 'unincorporated entity'에 대응하는 것인데 이는 정확하게는 '회사로 설립되지 않은 단체'라고 하는 것이 적절할 것이다. 비엔나협약 제33조 제4항은, 2 또는 그 이상의 언어가 정본인 조약의 해석과 관련하여, 정본들 간의 의미 차이가 제31조 및 제32조의 적용에 의하여 제거되지 않는 경우에는, 조약의 대상과 목적을 고려하여 조약의 문언을 가장 조화시키는 의미가 채택되어야 한다고 규정한다. 따라서 한·미 조세조약과 관련하여 국문본의 부적절한 용어의 해석이 문제되는 경우에는 영문본의 의미를 참고하여 해석하는 것도 가능할 것이다.

174) 한·미 조세조약 제3조 제1항 (b)호 (ii)목 단서는 미국의 1981년 모델조약 제4조 제1항 (b)호와 유사하다. 후자의 내용은 다음과 같다[김범준, 앞의 글, 170쪽 주) 403]. "In the case of income derived or paid by a partnership, estate, or trust, the term "resident of a contracting State" applies to the extent that the income derived by such partnership, estate, or trust is subject to tax in that State as the income of a resident, either in its hands or in the hands or its partners or beneficiaries."

의무를 부담하는 투과과세 단체(fiscally transparent entity)도 일단 위 조약의 적용대상인 인(person)으로 인정하되, 조세조약의 혜택이 부여되는 효과는 그 단체의 구성원 중 미국 거주자에게 귀속되는 소득의 범위로 제한하겠다는 의미로 볼 수 있다.[175]

  (나) 대법원 2014. 6. 26. 선고 2012두11836 판결

  대법원은, 미국의 유한책임회사(Limited Liability Company, LLC)가 한·미 조세조약상 거주자가 될 수 있는지가 문제된 사건에서, 다음과 같이 판단하였다.[176]

  ① 한·미 조세조약 제3조 제1항 (b)호 (ii)목 단서가 규정한 '미국의 조세 목적상 미국에 거주하는 기타의 인' 중 '조합원으로서 행동하는 인'은, 미국 세법상 조합원 등의 구성원으로 이루어진 단체의 활동으로 얻은 소득에 대하여 구성원이 미국에서 납세의무를 부담하는 단체를 뜻하고, 위 사건의 유한책임회사는 조합의 형식을 취하지 않지만 미국 세법상 구성원과세를 선택하여 조합과 같이 투과과세 단체로 취급되므로, 위 단서의 적용대상에서 배제할 이유가 없다.

  ② 한·미 조세조약 제3조 제1항 (b)호 (ii)목 단서의 '그러한 인에 의하여 발생되는 소득은 거주자의 소득으로서 미국의 조세에 따라야 하는 범위에 한한다'는 의미는, 그러한 단체의 소득에 대하여 구성원이 미국에서 납세의무를 부담하는 범위에서 단체를 한·미 조세조약상 미국의 거주자로 취급한다는 뜻으로 해석하여야 한다.

  ③ 우리나라의 사법(私法)상 외국법인에 해당하지만 미국에서 납세의무를 부담하지 않는 미국의 단체가 우리나라에서 소득을 얻은 경우, 그 소득 중 ㉮ 구성원이 미국 거주자로서 납세의무를 부담하는 범위에서만 한·미 조세조약상 미국의 거주자에 해당하여 한·미 조세조약을 적용받을 수 있고, ㉯ 구성원이 미국의 거주자로 취급되지 않는 범위에서는 한·미 조세조약을 적용할 수 없다.

  그리고 대법원은, '구성원이 미국에서 납세의무를 부담하는지'는 현실적으로 과세되는지가 아니라 추상적·포괄적 납세의무가 성립하는지에 따라 판단하여야 한다고 본다.[177]

---

175) 한·미 조세조약에 관한 미국의 Technical Explanation 중 위 조약 제3조에 관한 부분에 위와 관련된 내용이 기재되어 있다("To the extent the partners are subject to United States tax as residents of the United States, the partnership will be treated as a resident of the United States."). 한편, 한·미 조세조약이 체결된 후 만들어진 미국의 1996년 모델조약 제4조 제1항 (d)호 및 2006년 모델조약 제1조 제6항은, 투과과세 단체의 활동으로 얻은 소득 중 그 구성원이 체약국에서 납세의무를 부담하는 부분을 투과과세 단체의 구성원이 얻은 것으로 본다("… shall be considered to be derived by a resident of a State …").

176) 대법원 2014. 6. 26. 선고 2012두11836 판결

177) 대법원 2017. 7. 11. 선고 2015두55134, 55141 판결 : 원심인 서울고등법원 2015. 9. 23. 선고 2014누74178, 2014누74185(병합) 판결에 의하면, 이는 구체적으로 파트너십의 구성원이 미국에서 비과세·감면에 의하여 실제로 세금의 납부의무를 부담하지 않은 경우에도 한·미 조세조약 제3조 제1항 (b)호 (ii)목 단서의 "구성원이 미국에서 납세의무를 부담하는" 경우에 해당한다는 취지로 보인다.

① 한·미 조세조약상 인(person)은 '개인, 조합, 법인, 유산재단, 신탁재단 또는 기타 인의 단체를 포함하고[제2조 제1항 (d)호], **미국 거주자는** (i) 미국법인, (ii) 미국의 조세 목적상 미국에 거주하는 기타의 인을 의미하며[제3조 제1항 (b)호], **미국법인은** (i) 미국 또는 미국의 제 주 또는 콜럼비아 특별구의 법에 따라 설립되거나 또는 조직되는 법인(corporation), (ii) 미국의 조세목적상 미국법인으로 취급되는 법인격 없는 단체를 의미한다[제2조 제1항 (e)호 (ii)목].

② 미국 LLC가 한·미 조세조약상 미국법인(United States corporation)에 해당하는지 여부

㉮ LLC는 미국 회사법상 'corporation'이 아니므로, 한·미 조세조약 제2조 제1항 (e)호 (ii)목의 'corporation'에 해당하지 않고, 'unincorporated body'에 포함된다.

㉯ LLC는 미국 세법상 법인과세 여부의 선택권을 갖는데(check-the-box rule) 대부분 구성원 과세를 선택하고, 그 경우 위 조세조약 제2조 제1항 (e)호 (ii)목의 '미국의 조세목적상 미국법인으로 취급되는' 요건이 충족되지 않는다. 따라서 구성원과세를 선택한 미국 LLC는 한·미 조세조약의 미국법인(United States corporation)에 해당하지 않는다.

③ 미국 LLC는 구성원과세를 선택한 경우에도 한·미 조세조약 제2조 제1항 (d)호의 '기타 인의 단체(any body of persons)'로서 인(person)에 해당하고, 한·미 조세조약 제3조 제1항 (b)호의 '미국의 조세 목적상 미국에 거주하는 기타의 인'에 포함될 수 있다. 다만, 위 대법원 2012두11836 판결에 따르면, 한·미 조세조약에 따른 혜택의 부여는 미국 LLC의 소득 중 미국 거주자인 구성원에게 귀속되는 범위로 제한될 것이다.

④ 한편, 한·미 조세조약 제12조 제2항 (b)호는 배당소득에 대한 낮은 제한세율의 요건으로 그 수취인이 '법인(corporation)'일 것을 규정하는데, 위 ②에서 본 바와 같이 미국 LLC가 위 조항의 '법인'에 해당한다고 보기는 어려울 것이다.

(3) TMW 사건(대법원 2015. 5. 28. 선고 2013두7704 판결)

　우리나라가 체결한 대부분의 조세조약에는, 한·미 조세조약 제3조 제1항 (b)호 (ii)목 단서와 같이 체약상대국에서 투과과세로 취급되는 단체를 조세조약상 거주자로 인정하는 조항이 없다.

　대법원 2015. 5. 28. 선고 2013두7704 판결(TMW 사건)은, 우리나라의 법인세법상 '외국법인'에 해당하지만 독일에서 포괄적 납세의무를 부담하지 않는 투과과세 단체(Fiscally Transparent Entity)인 독일의 유한합자회사(GmbH & Co. KG)[178]는, 우리나라에서 얻은

---

178) 독일 법인세법은 법인세의 납세의무자를 자본회사(Kapitalgesellschaften)로 규정하고, 자본회사에는 주식회사(Aktiengesellschaften), 주식형 합자회사(Kommanditgesellshaften auf Aktien), 유한회사(GmbH)가 포함되는 것으로 정한다(독일 법인세법 제1조 제1항). 독일 상법상 합자회사(Kommanditgesellschaft)는 무한책임사원(persönlich haftende Gesellschafter, Komplementär)과 유한책임사원(Kommanditisten)으로 구성된다(독일 상법 제161조). 유한합자회사[Gesellschaft mit beschränkter Haftung (GmbH) & Compagnie Kommanditgesellschaft]는 합자회사 중 유한회사(GmbH)를 무한책임사원으로 하는 것을 말한다. 유한합자회사는 그 유일한 무한책임사원이 유한회사이기 때문에 관련된 자연인의 완전한 책임제한이 인정되므

소득에 관하여 그 구성원이 독일에서 포괄적인 납세의무를 부담하는 범위에서, 한·독 조세조약상 '거주자'로서 위 조세조약의 적용을 받을 수 있다고 판단하였다.[179] 위 판결은, 외국단체의 분류 및 소득귀속에 관한 종전 판례와, 체약상대국이 자국 거주자들에 대하여 부여될 것으로 기대하는 조세조약 혜택의 범위를 절충적으로 고려한 것으로 평가할 수 있다.[180] 위 판결에 따르면, 조세조약에 한·미 조세조약 제3조 제1항 (b)호 (ii)목 단서와 같은 규정이 없는 경우에도 상대방 체약국의 투과과세 단체는 그 구성원이 해당 국가에서 거주자로 과세되는 범위에서 해당 조세조약상 거주자로 취급될 수 있을 것이다.

한편, 대법원은, 위 사건에서 TMW의 소득 중 독일(우리나라 세법의 관점에서 TMW의 거주지국) 외의 국가의 거주자인 구성원에게 귀속되는 부분에 관하여는 해당 국가의 조세조약이 적용될 수 없다고 함으로써, OECD 파트너십 보고서 및 2014년 OECD 모델조약의 주석과 다른 입장을 취하였다.[181][182]

로, 상법상 인적회사(Personengesellschaft)이다(Tipke/Lang, p.696, 문단 71). 연방재정법원은, 유한합자회사가 이른바 Publikums-KG로 조직되고 회사적 구조를 갖는 경우 법인세 납세의무자가 아니라고 판시하였다(Tipke/Lang, p.697, 문단 73). 이에 따라 독일법상 유한합자회사는 소득에 대한 법인세 납세의무를 지지 않고, 영업세(Gewerbersteuer)를 부담할 뿐이다. 영업세는 법인세와 달리 인적회사(Personengesellschaft)에 대하여도 부과된다.

179) 윤지현, "혼성단체에 대한 조세조약 적용과 '가분적 거주자 이론', 조세학술논집 제32집 제3호(2016), 한국국제조세협회, 2쪽은, 위 판결과 같은 날 같은 취지로 선고된 대법원 2015. 3. 26. 선고 2013두7711 판결의 내용을 '가분적 거주자 이론'으로 표현한다.

180) ① 위 판결에 대하여 윤지현, 앞의 글, 47~56쪽은, ㉮ TMW의 소득 중 독일 외의 오스트리아 등 국가의 거주자에게 귀속되는 부분에 관하여 우리나라와 오스트리아 등 사이의 조세조약이 적용되지 않을 여지가 있고, 이로 인하여 독일 외의 국가의 거주자인 투자자들은 자신의 거주지국에 최초의 단체를 설립해야 하게 되어 조세중립성 위반의 문제가 생기며, ㉯ TMW가 TMW Hansol을 통하여 소득을 얻음으로써 낮은 제한세율을 적용받는 것을 규제하기 위한 목적이라면, TMW의 소득에 대하여 한·독 조세조약상 법인에게 인정되는 낮은 제한세율을 적용하지 않는 것으로 충분함에도, 위 대법원 판결이 더 나아가 독일 외 국가의 거주자인 최종 투자자들로 하여금 한·독 조세조약의 혜택을 받지 못하게 한 것은 부당하다는 점 등을 이유로 비판한다. ② 위 판결은 다소 법창조적(法創造的) 해석의 성격을 갖지만, 현존하는 조세조약의 문언도, 2014년 OECD 모델조약의 주석도 만족할만한 해법을 제시하기 어려운 상황에서 일정한 합리성을 가지는 결과를 도출한 것으로서 수긍할 만한 측면이 있다.

181) 대법원 2015. 5. 28. 선고 2013두7704 판결 : "원천지국이 과세권을 행사함에 있어서 조세조약을 적용할 경우 소득이 귀속되는 주체는 조세조약에 다른 정함이 없는 이상 원천지국의 국내법에 따라야 하므로 원천지국의 국내법에 의하면 투과과세 단체를 소득 귀속의 주체로 보아야 하는 경우에 이를 무시한 채 그 구성원들을 소득 귀속의 주체로 보아 원천지국과 그 구성원들의 거주지국 사이에 체결된 조세조약을 적용할 수는 없는 것이다."

182) 위 판결에 따른 환송 후 원심에서, 원고는 TMW의 구성원 중 룩셈부르크 거주자에 대하여는 한·룩셈부르크 조세조약, 오스트리아 거주자에 대하여는 한·오스트리아 조세조약에 따라 각 15%의 제한세율을 적용하여야 한다고 주장하였으나, 법원은, 위 룩셈부르크 및 오스트리아 거주자가 독일에서 포괄적 납세의무를 부담하지 않는다는 이유로, 위 룩셈부르크 및 오스트리아 거주자에 대하여 한·룩셈부르크 조세조약 및 한·오스트리아 조세조약이 적용될 수 없고, 법인세법상 25%의 세율이 적용된다고 판단하였으며(서울고등법원 2016. 6. 9. 선고 2015누1269 판결), 대법원은 이에 대한 원고의 상고를 기각하였다(대법원 2019. 6. 27. 선고 2016두841 판결). OECD 파트너십 보고서와 2017년 모델조약의 주석에 따르면,

① 독일의 유한합자회사(GmbH & Co. KG)인 TMW Asia Property Fund I GmbH & Co. KG('TMW')는 2003. 8. 13. 독일의 유한회사(GmbH)인 TMW Seoul City Property GmbH ('GmbH 1')와 TMW Seoul City Real Estate GmbH('GmbH 2')를 각 설립하여 그 발행주식 전부를 보유하였고, GmbH 1, 2는 2003. 8. 28.경 서울시티타워빌딩을 보유한 원고의 발행주식 전부를 50%씩 취득하였다. 원고는 2006년부터 2008년까지 GmbH 1, 2에게 5차례에 걸쳐 배당금을 지급하면서 한·독 조세조약 제10조 제2항 (가)목에 따른 5%의 제한세율을 적용하여 원천징수한 법인세를 과세관청에 납부하였다.

② 과세관청은, 위 배당소득의 실질적 귀속자가 TMW라고 보아 구 법인세법 제93조 제1항 제3호에 따른 25%의 세율을 적용하여 원고에게 법인세 징수처분을 하였다.

③ 원심은, GmbH 1, 2가 위 배당소득의 실질적 귀속자이고 원고의 발행주식 100%를 보유하였으므로 한·독 조세조약 제10조 제2항 (가)호의 요건이 충족되었다고 보았다.

④ 대법원은 다음과 같이 판단하였다.

㉮ 위 배당소득의 실질적 귀속자는 그 귀속명의자인 GmbH 1, 2가 아니라 TMW이다.

㉯ 원천지국이 과세권을 행사함에 있어서 조세조약을 적용할 경우 소득이 귀속되는 주체는 조세조약에 다른 정함이 없는 한 원천지국의 국내법에 따라야 하므로, 원천지국의 국내법에 의하면 투과과세 단체를 소득 귀속의 주체로 보아야 하는 경우에 이를 무시한 채 그 구성원을 소득 귀속의 주체로 보아 원천지국과 그 구성원들의 거주지국 사이에 체결된 조세조약을 적용할 수는 없다.

㉰ TMW는 독일에서 포괄적 납세의무를 부담하지 않는 투과과세 단체이지만, 그 구성원이 독일에서 포괄적 납세의무를 부담하는 범위에서 한·독 조세조약상 '거주자'로서 한·독 조세조약의 적용을 받을 수 있다.

㉱ 배당소득의 수익적 소유자인 TMW는 독일에서 포괄적 납세의무를 부담하지 않으므로, 한·독 조세조약 제3조 제1항 (마)목의 '법인'으로 볼 수 없고, TMW가 원천지국인 우리나라에서 얻은 배당소득에 대하여는 그 구성원이 독일에서 포괄적인 납세의무를 부담하는 범위에서 한·독 조세조약 제10조 제2항 (나)목에 따른 15%의 제한세율이 적용될 수 있을 뿐이다.

⑤ 대법원이 위와 같이 판단한 이유는, 국내세법상 외국단체의 유형분류 및 소득귀속의 법리를 유지하면서(법인세법상 외국법인인 TMW에게 배당소득을 귀속시킴) TMW의 구성원의 거주지를 고려하여 조세조약 혜택의 부여 여부를 결정함으로써 일률적으로 조세조약의 적용을 배제하는 불합리한 결과를 피하기 위한 것으로 보인다.[183]

⑥ 한편, 위 판결에는 다음과 같은 문제점이 있다.

㉮ TMW가 한·독 조세조약상 거주자로 되기 위해서는 '인'에 해당하여야 한다. 한·독 조세조약상 인은 '개인 및 법인'으로 국한되고 '기타 인의 단체'를 포함하지 않는데,[184] TMW는 위

위 사건에서 TMW의 구성원 중 룩셈부르크 및 오스트리아 거주자의 경우 해당 국가가 TMW를 투과과세 단체로 취급하는지 여부를 심리하여 만일 그렇게 취급하는 경우 해당 국가의 거주자에게 우리나라와 해당 국가 간 조세조약의 혜택을 부여하였어야 하지만, 대법원은 그렇게 하지 않았다.

183) 위 대법원 판결의 평석인 정광진, "외국의 혼성단체(Hybrid Entity)에 대한 조세조약의 적용", 사법 제33호(2015. 9.), 사법발전재단, 402쪽

184) 한·독 조세조약 제3조 제1항 (마)호

조세조약상 개인 또는 법인에 해당하지 않는다. 그럼에도 불구하고 대법원은, TMW가 한·독 조세조약상 일정한 범위에서 거주자로 될 수 있다고 판단하였다.[185]

㉯ 설령 TMW가 한·독 조세조약상 '인'에 해당한다고 보더라도, 위 조세조약상 '거주자'에 해당하려면 독일에서 소득에 대한 납세의무를 부담하여야 하는데,[186] TMW는 독일에서 법인세 납세의무를 부담하지 않는다. 그리고 한·독 조세조약에는, 한·미 조세조약 제3조 제1항 (b)호 (ii)목 단서와 같이 거주지국에서 납세의무를 부담하지 않는 단체도 거주자에 포함될 수 있게 하는 규정이 없다.[187]

(4) OECD 2017년 모델조약

OECD 2017년 모델조약 제1조 제2항은, 어느 체약국의 세법상 투과과세[188]로 취급되는 단체 또는 계약에 의하여 얻어진 소득은, 한 체약국의 세법목적상 그 국가의 거주자의 소득으로 취급되는 한도에서, 그 국가의 거주자의 소득으로 취급되어야 한다고 정한다.[189] 위 규정은, OECD 파트너십 보고서의 결론을 확인할 뿐만 아니라, 그 결론을 위 보고서에서 직접 다루어지지 않은 상황들에 대해서까지 확장하기 위한 것이다.[190] 따라서 OECD 파트너십 보고서의 내용은 OECD 2017년 모델조약 제1조 제2항의 해석에 그대로 적용될 수 있다.

위 규정의 적용대상인 '단체 또는 계약(entity or arrangement)'은 넓은 의미를 가지므로, 법인격을 갖거나 OECD 모델조약 제3조 제1항 a)의 인을 구성하는지 여부에 관계없이 그것을 통하여 소득이 얻어지는 모든 단체 또는 계약(파트너십, 신탁 등)을 포함한다.[191]

---

185) 대법원은, 한·독 조세조약상 '인'에는 '기타 인의 단체'도 포함되고, 독일의 유한합자회사인 TMW가 '기타 인의 단체'에 해당하므로 한·독 조세조약상 '인'에 포함된다고 판단한 것으로 보인다(정광진, 앞의 글, 382~383쪽).

186) 한·독 조세조약 제4조 제1항 1문

187) 대법원은, '법인이 아닌 기타 인들의 단체'도 한·독 조세조약상 '인'에 포함된다고 판단한 것으로 보인다(정광진, 앞의 글, 382쪽).

188) '투과과세'(fiscally transparent)는, 단체 또는 계약에 의하여 발생한 소득이 그 단체 등의 단계에서 과세되지 않고, 그 단체 등에 관하여 지분을 가지는 인의 단계에서 과세되는 것을 말한다. OECD 2017년 모델조약 제1조의 주석 문단 9

189) 이는 OECD의 BEPS Action 2 보고서의 제안에 따라 OECD 1999년 파트너십 보고서를 반영한 것이고, 미국의 1996년 제4조 제1항 (d)호 및 2006년 모델조약 제1조 제6항과 상당히 유사하다. OECD 모델조약의 주석은, 위 파트너십 보고서가 OECD 모델조약 제1조 제2항의 해석에 지침을 제공한다고 본다(OECD 모델조약 제1조의 주석 문단 2).

190) OECD 2017년 모델조약 제1조의 주석 문단 4 ; OECD 모델조약의 주석은 OECD 파트너십 보고서가 위 모델조약 제1조 제2항의 해석에 지침을 제공한다고 본다(OECD 모델조약 제1조의 주석 문단 2). ; Vogel/Rust는, OECD 2017년 모델조약 제1조 제2항의 목적은, OECD 파트너십 보고서가 세계적으로 널리 채택되지 않자 그 내용이 체약국들에 대하여 구속력을 갖도록 하기 위한 것이라고 본다(p.123, 문단 26).

191) OECD 2017년 모델조약 제1조의 주석 문단 7

체약국이 파트너십을 세법목적상 무시하고 투과과세로 취급하면서 파트너를 파트너십의 소득에 대한 지분에 따라 과세하는 경우, 파트너십 자체는 그 국가에서 납세의무를지지 않으므로 그 국가의 거주자에 해당하지 않지만, OECD 2017년 모델조약 제1조 제2항에 따라, 그 파트너십의 소득이 그 국가의 세법목적상 파트너의 소득으로 취급되는 한도에서, 파트너십의 소득에 대하여 조세조약이 적용된다.[192)193)]

이에 따르면, 원천지국의 세법상 법인으로 취급되는 외국단체가 그 설립지국의 세법상 투과과세되는 경우, 조세조약의 혜택은 그 단체의 구성원이 그 단체의 설립지국의 거주자인 범위로 제한되지 않고,[194)] 그 설립지국이 아닌 다른 국가의 거주자도 그 국가의 세법상 자신에게 소득이 귀속되는 것으로 인정된다면 그 국가와 원천지국 간 조세조약의 적용을 주장할 수 있을 것이다.[195)]

한편, BEPS 다자조약 제3조 제1항은 OECD 2017년 모델조약 제1조 제2항과 거의 같은 내용을 규정하지만, 우리나라는 그 적용을 유보하였다.

 미국의 2006년 모델조약상 투과과세 단체를 통한 소득과 조세조약의 적용

OECD 모델조약 제1조 제2항의 내용은 미국의 2006년 모델조약 제1조 제6항과 매우 유사하므로, 미국 모델조약에 관한 내용은 OECD 모델조약 제1조 제2항의 해석에 참고될 수 있다.

미국의 2006년 모델조약 제1조 제6항은, 양 체약국 중 어느 하나의 법에 의하여 투과과세되는 단체를 통하여 얻은 소득, 이득 또는 차익은, 그것이 그 체약국의 세법목적상 거주자의 소득, 이득 또는 차익으로 취급되는 한도에서, 그 국가의 거주자에 의하여 얻어진 것으로 본다("··· shall be considered to be derived by a resident of a State ···")고 규정한다.[196)]

2006년 모델조약 제1조 제6항의 기술적 설명서(technical explanation)는 다음과 같이 설명한다.

---

192) OECD 2017년 모델조약 제4조의 주석 문단 8.13 ; OECD 모델조약의 주석은, 투과과세 단체에 관한 OECD 모델조약 제1조 제2항이 체약국의 국내법상 소득을 귀속시키는 방식을 변경하지 않는다고 본다 (OECD 모델조약 제1조의 주석 문단 14).

193) OECD 2017년 모델조약 제1조의 주석 문단 6은 제1조 제2항의 적용례를 다음과 같이 설명한다. "A국은 B국에 설립된 단체를 법인으로 취급하고, 그 단체가 A국의 거주자인 채무자로부터 받은 이자를 과세하고, B국은 그 국내법상 그 단체를 파트너십으로 취급한다. 그 단체의 두 구성원 중 하나는 B국의 거주자이고, 다른 하나는 A국 또는 B국과 조세조약을 체결하지 않은 국가의 거주자인 경우, 제1조 제2항은 위 이자 중 1/2은 제11조와 관련하여 B국 거주자의 소득으로 취급되어야 함을 규정한다."

194) 이와 달리 대법원은, TMW 사건에서, 독일의 투과과세 단체인 TMW가 우리나라에서 얻은 배당소득 중 오스트리아 및 룩셈부르크 거주자인 구성원에게 귀속되는 소득에 대하여 해당 국가와 우리나라 간의 조세조약이 적용될 수 없다고 본 원심의 판단을 수긍하였다(서울고등법원 2016. 6. 9. 선고 2015누1269 판결, 대법원 2019. 6. 27. 선고 2016두841 판결).

195) OECD 2017년 모델조약 제1조 제2항과 유사한 내용을 규정한 미국의 2006년 모델조약 제1조 제6항에 대한 기술적 설명서에도 이러한 취지의 내용이 있다(p.6). OECD 모델조약 제1조 제2항의 해석론에 관하여는 이창희, 국제조세법(2020), 169~173쪽

196) ① 1976년 서명된 한·미 조세조약 제2조 제1항 (d) 및 제3조 제1항 (b)(ii)은, 투과과세 단체의 활동으로

① 체약상대국의 거주자인 법인이 미국 세법의 목적상 투과과세로 취급되는 단체에 이자를 지급하는 경우, 미국 세법이 그 단체의 구성원을 미국 거주자로 취급하는 한도 내에서는, 그 미국 거주자가 그 이자를 얻은 것으로 본다.

② 이자를 지급받은 단체가 파트너십인 경우, 미국 세법상 파트너로 취급되지만 미국 거주자가 아닌 자는 조세조약의 혜택을 주장할 수 없다(다만, 그 자를 세법 목적상 거주자로 취급하는 국가가 체약상대국과 조세조약을 체결하였다면 그 조세조약의 혜택을 주장할 수 있다).

③ 위와 같은 결과는 그 단체의 설립지(즉, 미국, 체약상대국 또는 제3국)에 관계없이 인정되고, 그 단체가 제3국에서 설립된 경우에도 그 단체가 제3국에서 어떻게 분류되는지는 상관없다.

④ 미국법에 따라 조직된 단체가 미국 내 원천소득을 얻은 경우, 체약상대국의 세법상 그 단체가 회사로 분류되고 그 주주가 체약상대국의 거주자인 때에는, 그 단체가 미국 세법상 투과과세되는 경우에도, 그 소득은 조약목적상 그 주주가 아닌 그 미국 단체에 의하여 얻어진 것으로 취급된다.

2-1-3. 이중거주자와 조세조약상 경합해소조항

(1) 이중거주자인 개인

OECD 2017년 모델조약에 따르면, 개인이 양 체약국의 거주자에 해당하는 경우 다음의 순서에 따른 기준에 의하여 그 거주지국이 결정된다(OECD 모델조약 3조 2항).

① 항구적 주거(permanent home)[197] : 한·미 조세조약은, 양 체약국의 거주자는 그가 주거를 두고 있는 체약국의 거주자로 간주되고, 주거는 개인이 그 가족과 함께 거주하는 장소를 말한다고 규정한다(한·미 조세조약 3조 2항).[198]

② 이해관계의 중심지(centre of vital interest) : 이는 인적 및 경제적 관계가 더 긴밀한

얻은 소득 중 그 구성원이 체약국에서 납세의무를 부담하는 부분에 관하여 투과과세 단체 자체를 체약국의 거주자로 취급한다(한·미 조세조약에 대한 Technical Explanation 중 제3조에 대한 부분).

② 미국의 1981년 모델조약 제4조 제1항 (d)는 파트너십 등 투과과세 단체의 구성원이 미국 거주자로서 미국에서 납세의무를 지는 범위에서 투과과세 단체 자체를 조세조약상 거주자로 인정하였다.

③ 이에 대하여는 ㉮ 파트너십이 미국 세법상 납세의무자가 아님에도 파트너십에 대하여 거주자와 같이 보아 조세조약을 적용하는 것은 일관성이 없고, ㉯ 파트너십의 거구지국을 결정하기도 어렵다는 비판이 있었다(김범준, 앞의 글, 205쪽).

④ 이에 따라 미국의 1996년 모델조약 제4조 제1항 (d)는, 파트너십 등 투과과세 단체를 통하여 얻은 소득은, 체약국의 세법목적상 거주자의 것으로 취급되는 한도에서, 그 체약국의 거주자가 얻은 것으로 본다고 정하였고, 이는 이후 2006년 미국 모델조약 제1조 제6항에 계승되었다.

197) 대법원 2019. 3. 14. 선고 2018두60847 판결 : 항구적 주거는, 개인이 여행 또는 출장 등과 같은 단기체류를 위하여 마련한 것이 아니라 그 이외의 목적으로 계속 머물기 위한 주거장소로서 언제든지 계속 사용할 수 있는 모든 형태의 주거를 의미하는 것이므로, 그 개인이 주거를 소유하거나 임차하는 등의 사정은 항구적 주거를 판단하는데 고려할 사항이 아니다(OECD 모델조약 제4조의 주석 문단 12, 13).

198) 대법원 2018. 12. 13. 선고 2018두128 판결(원고는 1999년·2000년에 우리나라 세법상 거주자인 동시에 미국 세법상 거주자에 해당하지만, 1992년경 미국으로 이주하여 그 가족과 함께 항구적 주거를 형성하여 생활하였으므로, 원고가 가족과 함께 거주한 항구적 주거는 미국에 있었다고 판단한 사안)

체약국을 말한다.[199]

③ 일상적 거소(habitual abode)[200]

④ 국적(nationality)

위 기준들에 의하여 이중거주자인 개인의 거주지국이 결정되지 않을 경우, 체약국의 권한 있는 당국은 상호합의로 해당 문제를 해결하여야 한다.

(2) 이중거주자인 법인

(가) 조세조약에 경합해소기준(tie-breaker)이 있는 경우

OECD 2014년 모델조약은, 법인이 양 체약국의 세법상 거주자에 모두 해당하는 경우 실질적 관리장소(place of effective management)가 있는 국가의 거주자로 본다.[201]

OECD 모델조약의 주석에 따르면, 실질적 관리장소는, 법인의 전체 사업의 수행에 필요한 핵심적 경영 및 상업적 결정이 실제로 행해지는 장소를 말한다.[202] 실질적 관리장소의 판단을 위하여, 법인의 이사회 또는 그와 동등한 기구가 통상적으로 개최되는 장소, 대표이사 등이 직무를 수행하는 장소, 법인의 고위급 일상적 관리가 행해지는 장소, 법인의 본점이 소재한 장소, 회계기록이 보관되는 장소 등이 고려될 수 있다.[203]

한편, ① 한·미 조세조약은 미국법에 따라 설립된 미국법인을 미국 거주자로 정하는 한편, 미국법인을 한국법인에서 제외함으로써[204] 양국의 이중거주자인 법인이 생기지 않도록 규정한다. 그리고 ② 한·일 조세조약은 이중거주자인 법인의 본점 또는 주사무소 소재지를 기준으로 그 거주지국을 결정한다.[205]

(나) OECD 2017년 모델조약

OECD 2017년 모델조약 제4조 제3항은, 이중거주자인 법인의 거주지국에 관하여 실질

---

199) 이는 가족관계, 사회관계, 직업, 정치·문화 활동, 사업장소, 재산의 관리장소 등을 종합적으로 고려할 때 양 체약국 중 그 개인의 관련성의 정도가 더 깊은 체약국을 의미한다(대법원 2019. 3. 14. 선고 2018두 60847 판결). ; ① 대법원 2014. 11. 27. 선고 2013두16876 판결(원고의 항구적 주거가 한국과 일본에 모두 있지만, 중대한 이해관계의 중심지가 한국이라고 판단한 사안), ② 대법원 2019. 3. 14. 선고 2018두 60847 판결(원고의 항구적 주거가 한국과 일본에 모두 있지만, 중대한 이해관계의 중심지가 일본이라고 판단한 사안)

200) 서울고등법원 2021. 9. 16. 선고 2018누64025 판결(원고가 한국과 인도네시아에 모두 항구적 주거를 가지고 있고, 중대한 이해관계의 중심지가 결정될 수 없으며, 원고의 일상적 거소는 인도네시아였다고 본 사안), 대법원 2022. 1. 27. 선고 2021두53034 판결(심리불속행)

201) OECD 모델조약 제4조 제3항 ; 우리나라가 체결한 대부분의 조세조약도 같다.

202) OECD 2014년 모델조약 제4조의 주석 문단 24 : 법인이 여러 개의 관리장소를 가질 수 있지만, 어느 때이든 오직 하나의 실질적 관리장소만을 가질 수 있다고 한다.

203) OECD 2017년 모델조약 제4조의 주석 문단 24.1

204) 한·미 조세조약 제2조 제1항 (e), 제3조 제1항 (a), (b)

205) 한·일 조세조약 제4조 제3항

적 관리장소의 기준을 포기하고,[206) 양 체약국이 실질적 관리장소, 설립장소 또는 기타 관련된 요소들과 관련하여[207) 그 법인의 거주지국을 상호합의로 결정하기 위하여 노력하여야 한다고 정한다.[208)209)

(다) 법인의 이중거주자 지위가 해소된 경우

① 제3국과의 관계

A국과 B국의 세법상 이중거주자인 법인이 A-B 조세조약상 경합해소조항에 따라 B국 거주자로 결정되고, C국에 원천을 둔 소득을 얻은 경우, 위 법인은 A국에서 포괄적 납세의무를 부담하지 않아서 A-C 조세조약상 A국 거주자에 해당하지 않으므로, 위 조세조약을 적용받을 수 없고,[210) B국의 거주자로서 B-C 조세조약을 적용받을 수 있을 뿐이다.

위 경우, A-B 조세조약상 기타소득 규정(OECD 모델조약 21조)이 있으면, 해당 규정의 적용범위는 제3국에서 발생한 소득까지 포함하므로,[211) 위 법인이 C국에 원천을 둔 소득에 대하여 과세권은 B국에 속하고, A국은 위 법인을 거주자로 취급하여 과세할 수 없다. 조세조약상 기타소득 규정이 없는 경우에는, 위 경우 A국이 위 법인의 C국 내 원천소득을 과세하는데 조세조약상 장애는 없지만, 이를 과세하려면 A국의 세법상 그러한 소득에 대한 과세규정이 있어야 할 것이다.[212)

---

206) 이는 이중거주자인 법인들과 관련한 조세회피의 사례들이 일부 있음을 고려하여 그러한 법인들의 문제는 개별사안별로(on a case-by-case basis) 취급하는 것이 더 좋은 해결책이라는 판단에 따른 것이다. OECD 모델조약 제4조의 주석 문단 23 및 OECD BEPS Action 6 : 2015 Final Report, p.72 문단 47 ; 한편, 국가 간 이동이 용이해지고 정보통신의 발달로 인하여 장소의 중요성이 낮아짐에 따라 실질적 관리장소 기준의 불안정성이 커지는 측면도 있다. 이창희, 국제조세법(2020), 258쪽

207) 2017년 모델조약 제4조 제3항 하에서 실질적 관리장소는 상호합의를 할 때 고려되어야 할 여러 요소들 중 하나에 불과하므로, 반드시 다른 요소들보다 우선적으로 고려되어야 하는 것은 아니다. Vogel/Ismer·Blank, p.316, 문단 134, p.319, 문단 144

208) 한·중 조세조약 제4조 제3항, 한·캐나다 조세조약 제4조 제3항

209) BEPS 다자조약 제4조 제1항은 이중거주자인 법인의 거주지국을 권한 있는 당국의 상호합의에 의하여 정하도록 규정하고, 같은 제2항은 위 제1항이 기존 조세조약에 규정된 실질적 관리장소 등의 기준을 대체하는 것으로 규정한다. 그러나 우리나라는 BEPS 다자조약의 비준 시 제4조의 적용을 유보하였다.

210) OECD 모델조약 제4조의 주석 문단 8.2의 2문 ; 이창희, 국제조세법(2020), 269쪽 ; Vogel/Ismer·Blank, p.281, 문단 47 ; 미국의 Rev. Rul. 2004-76

211) OECD 모델조약 제21조의 주석 문단 1, 2

212) 서울행정법원 2014. 6. 13. 선고 2012구합29028 판결은, 원고가 한국 세법상 거주자이지만 한·미 조세조약상 거주자에 해당하고, 홍콩에 원천을 둔 소득을 얻은 사건에서, 한·미 조세조약 제6조 제1항 내지 제8항이 타방 체약국이 과세할 수 있는 국내원천소득을 열거하는데, 거기에 제3국 원천소득은 포함되어 있지 않고, 우리 소득세법은 비거주자의 제3국 원천소득을 과세대상으로 규정하지 않은 점 등을 고려할 때, 우리나라 과세관청은 원고의 국내원천소득에 대하여만 과세할 수 있다고 판단하였다. 서울고등법원 2018. 1. 24. 선고 2014누6236 판결(위 쟁점은 상고이유가 아니었기 때문에 상고심인 대법원 2018. 12. 13. 선고 2018두128 판결은 이에 대하여 판단하지 않았다)

② 내국법인의 지위에 대한 영향

우리나라와 외국의 이중거주자인 법인이 조세조약상 경합해소조항에 따라 외국거주자로 결정되는 경우에도, 그 효과는 해당 법인을 내국법인으로 과세할 수 없게 되는 범위에 그치고, 그 법인이 법인세법상 외국법인으로 되는 것은 아니다.[213)]

(라) 법인의 이중거주자 지위가 해소되지 않은 경우

법인의 이중거주자 지위가 경합해소기준 또는 상호합의로 해소되지 않는 경우, 조세조약의 개별 조항의 문언상으로는, 소득 원천지국의 거주자인 법인도 상대방체약국의 거주자로서 조세조약을 적용받을 수 있다고 볼 여지가 있지만,[214)] 소득의 귀속자가 원천지국의 거주자가 아니라는 것은 조세조약의 개별 조항을 적용하기 위한 묵시적 전제이므로, 위 경우 조세조약의 개별 조항은 적용되지 않는다고 보아야 할 것이다.[215)] OECD 2017년 모델조약 제4조 제3항 2문은 이러한 취지를 명시적으로 정한다.[216)217)]

2-2. 소득의 귀속자

2-2-1. 소득 귀속자의 판단기준

어떤 소득에 대하여 조세조약이 적용되기 위해서는 그 소득이 체약국의 거주자에게 귀속하여야 한다. 따라서 소득 귀속자의 판단은 일반적으로 조세조약에서 언급되지 않지만, 실제로는 조세조약의 적용을 위한 출발점으로서 그 핵심적 요건을 구성한다.

소득의 귀속자는, 조세조약에 별도의 정함이 없는 이상, 각 체약국의 국내법에 따라 정해진다.[218)] 따라서 조세조약 적용의 전제로서 소득의 귀속자를 판단할 때 국내법인 국세

---

213) 제1장 1-2. 참조

214) 일반적 조세조약의 개별 조항(가령 이자소득, 양도소득)은 그 적용요건으로 소득의 귀속자가 상대방체약국의 거주자일 것만을 규정하고, 소득의 원천지국의 거주자가 아닐 것을 요구하지 않기 때문이다. 이에 따라 조세조약의 문언만을 기준으로 보면, 소득의 원천지국의 거주자인 법인도 체약상대국의 거주자에 해당한다면 조세조약 조항의 적용요건이 충족된다고 볼 여지가 생긴다.

215) 그렇게 보지 않으면 두 국가의 이중거주자가 양국에 대하여 각각 상대방체약국의 거주자임을 주장하여 어느 국가에 의해서도 거주자로서 과세되지 않거나 자신을 거주자로서 과세할 국가를 선택할 수 있게 될 것인데, 이는 체약국의 의사와 동떨어진 결과이기 때문이다. 이창희, 국제조세법(2020), 268쪽은, 두 나라 법이 모두 거주자로 보는 경우 그런 자를 다른 국가의 거주자로 보는 것은 주권의 양보이므로, 있을 수 없는 일이라고 본다.

216) '그러한 합의가 없는 경우, 그 법인은, 권한 있는 당국 간에 합의되는 한도와 방법을 제외하고는, 조세조약에 따른 조세의 감면을 누리지 못한다.'

217) 미국의 2016년 모델조약 제1조 제4항 1문은 '이 조약은 체약국의 거주자와 그 시민에 대한 과세에 영향을 미치지 못한다'고 정한다(saving clause).

218) 대법원 2015. 5. 28. 선고 2013두7704 판결은, "원천지국이 과세권을 행사함에 있어서 조세조약을 적용할 경우 소득이 귀속되는 주체는 조세조약에 다른 정함이 없는 이상 원천지국의 국내법에 따라야" 한다고

기본법 제14조의 실질과세원칙이 적용될 수 있다.[219]

소득의 귀속자가 아닌 원천징수의무자는 조세조약 중 과세권의 분배 및 이를 전제로 한 규정의 적용대상이 아니다.[220]

2-2-2. 소득의 실질귀속자

(1) 실질과세원칙의 적용요건

(가) 국세기본법 제14조 제1항

대법원은, 국세기본법 제14조 제1항의 실질과세 원칙은 조세조약의 해석과 적용에도 적용되고, 이에 의하면, 재산의 귀속 명의자는 이를 지배·관리할 능력이 없고, 명의자에 대한 지배권 등을 통하여 실질적으로 이를 지배·관리하는 자가 따로 있으며, 그러한 명의와 실질의 괴리가 조세를 회피할 목적에서 비롯된 경우에는, 그 재산에 관한 소득은 그 재산을 실질적으로 지배·관리하는 자에게 귀속된 것으로 보아야 한다고 판시하였다.[221] 위 판결이 설시한 국세기본법 제14조 제1항의 요건은 같은 조 제3항의 그것과 사실상 같다.[222]

조세조약과 관련하여 실질과세원칙이 적용되기 위한 요건은 다음과 같다.

첫째로, **명의와 실질의 괴리**가 있어야 한다. 그 판단기준인 소득에 대한 지배·관리는, 법적·형식적 사항(계약의 명의인 또는 배당의 원인이 된 주식에 기한 주주권의 행사 등)보다는, 경제적 실질, 즉 소득을 발생시킨 재산의 취득자금을 누가 제공하였는지, 소득이 궁극적으로 누구에게 귀속되었는지 등을 토대로 판단되어야 할 것이다.

둘째로, 거래에 **조세회피**의 목적과 효과가 있어야 한다.[223] ① 소득의 귀속자에 대하여

판시하였다. ; OECD 모델조약의 주석도, 소득의 귀속은 체약국의 국내법에 따라 결정됨을 전제로, 투과과세 단체에 관한 OECD 모델조약 제1조 제2항은 체약국의 국내법상 소득을 귀속시키는 방식을 변경하지 않는다고 본다(OECD 모델조약 제1조의 주석 문단 14). ; Vogel/Rust는, 소득 귀속은 조세조약에서 다루어지지 않고 전속적으로 국내법의 문제(a matter of domestic law)로 남아 있으며, 조세조약의 적용에 선행한다고 본다[p.124 문단 30 및 주) 46].

219) 대법원 2012. 4. 26. 선고 2010두11948 판결

220) 따라서 우리나라 법인이 발행한 주식을 A국 법인이 보유하다가 B국 법인에게 양도하는 경우, A국 법인은 B국 법인의 국내원천 유가증권양도소득에 대한 원천징수의무를 지지만(대법원 2013. 7. 11. 선고 2010두20966 판결), 위 소득의 귀속자가 아니므로, 우리나라와 A국 간의 조세조약은 적용되지 않는다. 또한, 주소 등이 아니라 소득의 지급자라는 사정에 기초하여 원천징수의무만을 지는 자는 OECD 모델조약 제4조 제1항 1문의 거주자에 해당하지 않는다(Vogel/Ismer·Blank, p.273, 문단 27).

221) 대법원 2012. 4. 26. 선고 2010두11948 판결(라살레 사건)

222) 대법원 2012. 4. 26. 선고 2010두11948 판결이 국세기본법 제14조 제1항의 적용요건에 관하여 사실상 같은 조 제3항과 같은 내용으로 판단한 것은, 같은 조 제1항의 실질을 '경제적 실질'에 따라 판단하여야 하고, 같은 조 제3항은 위 제1항의 내용을 확인한 것임을 시사한다.

223) ① 이와 달리 대법원은, 국내거래의 경우 소득의 명의인과 다른 실질귀속자를 인정하기 위한 요건으로 조세회피목적을 요구하지 않는다[대법원 2010. 11. 25. 선고 2009두19564 판결, 대법원 2014. 9. 4. 선고

실질과세원칙이 적용되기 위해서는 '소득에 대한 조세'를 회피할 목적이 있어야 한다. 내국법인의 주식을 취득하면서 간주취득세를 회피할 목적으로 지배구조의 중간에 그 주식의 취득자로 외국법인을 개입시켰더라도, 소득에 대한 조세의 회피효과가 없다면, 그 외국법인의 실질귀속자 지위는 부인되지 않는다.[224] ② 조세회피목적이 있는지는, 원칙적으로 조세조약의 **개별 규정**별로 판단되어야 한다. 중간지주회사가 자회사로부터 수령한 배당소득에 관하여 적용되는 조세조약상 제한세율과 비교대상 조세조약[225]상 제한세율이 같다면, 양 조세조약 사이에 주식의 양도소득에 대한 과세권에 차이가 있더라도, 향후 내국 자회사 주식의 양도 시 조세조약상 양도소득 관련 규정의 적용 여부가 문제되는 것은 별론으로 하고, 적어도 배당에 관하여는 조세회피목적이 존재한다고 보기 어려울 것이다.[226] 한편, 문제된 거래의 형식에 따라 적용되는 조세조약상 제한세율과 그 거래를 실질적으로 파악할 경우 적용되는 조세조약상 제한세율 간의 차이가 크지 않더라도, 그 거래를 통하여 자산의 취득가액을 높임으로써 세액을 상당한 정도로 감소시킨 경우, 조세회피목적이 인정될 수 있다.[227] ③ 조세회피목적의 '조세'는 원칙적으로 **우리나라의 조세**를 의미하므로, 외국의 조세를 회피하기 위한 목적은 실질과세원칙의 요건인 조세회피목적에 해당하지 않고, 광의의 사업목적에 포함된다고 볼 여지가 있지만,[228] 조세절감 외의 고유한 사업목적

2012두10710 판결(명의신탁), 대법원 2015. 9. 10. 선고 2010두1385 판결]. ② 이에 대하여 국제거래의 경우에도 국내거래와 마찬가지로 실질귀속자의 인정요건으로 명의와 실질의 괴리 외에 조세회피목적은 필요하지 않다고 보아야 한다는 견해도 있다[유철형, "조세조약상 실질과세의 원칙에 관한 연구" 조세학술논집 제34집 제2호(2018), 24~28쪽]. ③ 대법원이 국제거래에서 소득 명의인의 실질귀속자 지위를 부인하기 위하여 조세회피목적을 요구하는 것은, 국제거래에 대한 실질과세원칙의 적용이 소득 명의인에 대한 조세조약의 혜택을 박탈하게 되는 점을 고려하여, 더 신중하게 실질과세원칙을 적용하기 위한 것으로 보인다. '더 중대한 효과를 부여하기 위하여 더 엄격한 요건이 필요하다'는 것은 법의 일반원리이므로, 대법원의 태도가 불합리하다고 보기는 어렵다.

224) 서울고등법원 2020. 12. 18. 선고 2020누30667 판결 : ① 싱가포르 법인인 A는, 한국 소재 부동산을 소유한 내국법인인 원고의 주식을 직접 취득할 경우 부담할 간주취득세를 회피하기 위하여 2004. 12. 10. 싱가포르 법인인 B_1, B_2를 설립한 후, B_1, B_2로 하여금 2004. 12. 28. 원고의 주식 중 50.01%, 49.99%를 각각 취득하게 하였다(대법원 2012. 2. 9. 선고 2008두13293 판결). ② 원고는 2011년부터 2016년까지 사이에 주주인 B_1, B_2에게 배당금을 지급하면서 한·싱가포르 조세조약 제10조 제2항 가목에 따라 10%의 제한세율을 적용하여 법인세를 원천징수하였다. ③ 법원은, B_1, B_2에게 과점주주의 간주취득세를 회피할 목적이 있었다는 사정만으로 배당소득에 대한 조세회피 목적까지 인정하기는 어렵다는 등의 이유로, B_1, B_2가 위 배당소득의 실질적 귀속자이자 수익적 소유자에 해당한다고 판단하였다[대법원 2021. 4. 29. 선고 2021두31139 판결(심리불속행)]. 대구고등법원 2021. 1. 29. 선고 2019누5466 판결도 캐나다 법인이 내국법인 주식의 취득에 따른 간주취득세를 피하기 위하여 캐나다 법인 1, 2를 설립하여 그 회사들 명의로 내국법인의 주식을 취득한 사안에서 유사한 취지로 판단하였다.

225) 이는, 가령, 어느 다국적 기업군에 속하는 중간지주회사가 보유하는 국내 자회사의 주식을, 그 중간지주회사가 취득하기 전에 보유하였던 다른 계열사가 계속 보유하거나, 같은 다국적 기업군에 속하는 다른 계열사가 취득하여 보유하였을 경우 적용되었을 조세조약을 말한다.

226) 서울고등법원 2020. 8. 21. 선고 2018누63466 판결(파카 사건) 14쪽

227) 대법원 2022. 3. 31. 선고 2017두31347 판결(다우코닝 사건)

보다는 덜 고려되어야 할 것이다.[229] ④ 소득의 실질귀속자는 자신의 거주지국 외의 국가의 거주자를 소득 명의인으로 내세워 그 국가와 소득 원천지국 간의 조세조약을 적용받으려고 하는 경우가 많다. 그러나 때로는 소득의 실질귀속자가 동일한 조세조약 내에서 더 유리한 조항을 적용받기 위하여 명의자를 거래의 주체로 내세우기도 한다. 그 예로는, 조세조약상 법인에 해당하지 않는 외국법인이 해당 외국에 자회사를 설립하여 그 명의로 거래함으로써 조세조약상 법인에게 인정되는 낮은 제한세율을 적용받고자 한 경우를 들 수 있다.[230]

한편, 문제된 거래에 **사업목적**이 존재하는 경우 조세회피목적이 상쇄될 수 있다. 거래의 사업목적이 인정되기 위해서는, 그 거래가 사업상 효율의 증가(시너지 등)를 통하여 비교 대상 거래보다 더 큰 수익의 증가 또는 비용의 감소를 가져올 수 있는 것이어야 한다.

대법원은, 실질과세원칙의 요건으로 명의와 실질의 괴리가 조세회피목적에서 비롯된 것이어야 한다고 판시할 뿐, 거래의 목적 중 조세회피목적의 비중에 관하여 명시적으로 언급하지 않는다.[231] 조세조약 남용의 방지와 납세자의 예측가능성 및 법적 안정성의 조화,

---

228) ① 서울고등법원 2018. 4. 24. 선고 2018누54981 판결(유코카캐리어스 사건)에서 노르웨이 모회사가 몰타에 내국법인의 주식을 보유하기 위한 중간지주회사를 설립한 이유에는 노르웨이의 톤세 제도 변경 등에 따른 과세상 불이익을 피하기 위한 것도 있었던 것으로 보이는데, 이는 우리나라의 조세와 직접 관련이 없으므로, 광의의 사업목적에 포함될 여지가 있다. ② 서울고등법원 2019. 2. 8. 선고 2018누38996 판결(유한킴벌리 사건)에서는 영국 세법상 과소자본세제의 적용을 피하기 위한 거래목적이 문제되었다.

229) 대법원 2016. 2. 18. 선고 2015두55011 판결(타이코 사건)은, 미국 세법의 개정으로 2006년부터 미국 주주의 피지배외국법인이 특수관계 외국법인으로부터 받은 배당은 미국 세법상 피지배외국법인(CFC) 세제에 따른 미국 주주의 배당간주 소득에서 제외되자[Tax Increase and Reconcillation Act of 2005 SECTION 103(b)(1) ; IRC § 954(c)(6)], 내국법인인 원고의 주식을 보유하던 미국법인이 이를 이용하여 자회사인 원고에게 유보된 소득에 관한 위 미국 세법상 피지배외국법인 세제의 적용을 피하는 한편, 한·몰타 조세조약상 낮은 제한세율을 비롯한 몰타의 과세상 이점을 이용하기 위하여, 몰타에 중간지주회사인 법인을 설립하고 그 법인에게 내국법인의 주식을 이전한 후, 위 몰타 법인이 원고로부터 배당을 받은 사안에서, 위 몰타 법인은 위 배당소득의 실질적 귀속자에 해당하지 않으므로, 한·몰타 조세조약이 적용될 수 없다고 판단하였다.

230) 대법원 2015. 3. 26. 선고 2013두7704 판결(TMW 사건)은, 독일 세법상 법인세 납부의무를 부담하지 않아서 한·독 조세조약상 '법인'에 해당하지 않는 독일의 유한합자회사(GmbH & Co. KG)인 TMW가 독일 세법상 법인세 납부의무를 부담하고 한·독 조세조약상 '법인'에 해당하는 독일의 유한회사(GmbH 1, 2)를 설립한 후 그 명의로 내국법인인 원고의 주식을 취득하여 원고로부터 배당을 받은 사안에서, 위 거래가 조세회피목적에서 비롯된 것이라고 인정하였는데, 이는 TMW가 GmbH 1, 2를 통하여 원고의 주식을 취득한 거래의 목적이, 한·독 조세조약상 배당의 수취인이 '법인'인 경우 인정되는 낮은 제한세율을 적용받기 위한 것이었다고 판단한 것으로 보인다.

231) 대법원 판결 중에는 명의와 실질의 괴리가 ① '오로지' 조세회피 목적에서 비롯되었다는 이유로 소득의 실질적 지배관리자에 대한 귀속자를 인정한 예(대법원 2012. 10. 25. 선고 2010두25466 판결 등)가 있는가 하면, 반대로 ② '오로지' 조세회피 목적에서 비롯된 것으로 볼 수 없다고 판단한 예(대법원 2013. 7. 11. 선고 2010두20966 판결)도 있다. 대법원은, 위 판결들의 법리설시 부분에서 '명의와 실질의 괴리가 조세회피목적에서 비롯된 것이어야 한다'고만 밝혔고, 조세회피가 거래의 유일한 목적이어야 하는지에 관하여는 명시적 판시를 보류하였다.

OECD 모델조약의 주석[232][233]을 종합적으로 고려하면, 실질과세원칙의 요건으로 조세회피가 거래의 주된 목적이면 족하다고 보는 것이 합리적이다. 거래로 인한 조세회피 효과가 없었더라도 사업목적을 위하여 그 거래가 행해졌을 것으로 보이는 경우에는, 그 거래의 주된 목적이 조세회피라고 하기 어려울 것이다. 한편, 국조법에 따르면, 우회거래를 통하여 우리나라에서 납부할 조세부담이 그 거래의 경제적 실질에 따라 계산한 조세부담의 50% 이하가 되는 경우, 납세의무자가 그 거래에 정당한 사업 목적이 있다는 사실 등 조세를 회피할 의도가 없음을 입증하지 않으면, 조세조약의 혜택을 부당하게 받기 위하여 거래한 것으로 추정된다(국조법 3조 4항, 국조법 시행령 3조 1항).[234]

실질과세원칙의 객관적 요건인 명의와 실질의 괴리와 주관적 요건인 조세회피목적은 상관적(相關的) 또는 상호보완적으로 고려되어야 한다.[235] 따라서 조세회피목적이 분명하게 인정되는 경우에는, 명의와 실질의 괴리의 기초가 되는 사정들이 일반적 기준보다 약하더라도 실질과세원칙의 요건이 충족된 것으로 판단될 수 있다.[236] 반대로 명의와 실질의 괴리가 강한 경우에는 조세회피목적이 사실상 추정되므로, 이를 상쇄하는 사업목적에 대한 더 엄격한 심사가 이루어져야 하고, 사업목적이 더 구체적으로 입증될 필요가 있다.[237]

실질과세원칙에 따라 소득의 명의인이 아닌 자를 그 실질귀속자로 보아 명의인에 대한 조세조약의 적용을 부인하기 위해서는, 과세관청이 실질과세원칙의 적용요건을 증명하여야 할 것이다.[238]

---

232) OECD 모델조약 주석은, 어떤 거래 또는 방안을 실행한 주된 목적(main purpose)이 더 유리한 조세상 지위를 확보하고 그러한 상황에서 더 유리한 취급을 받는 것이 관련 조항의 목적에 반하는 경우에는 조세조약의 혜택이 허용되어서는 안 된다는 것이 지도적 원리(guiding principle)라고 한다(제1조의 주석 문단 61).

233) BEPS 다자조약 제7조 제1항은, 조세조약의 혜택을 부인하기 위한 요건으로 조세조약의 혜택을 얻는 것이 거래 또는 계약의 주요목적들 중 하나이면 족한 것으로 규정한다.

234) 위 규정은 2022. 1. 1.부터 시행된다.

235) 송동진, "중간지주회사와 관련한 수익적 소유자, 실질귀속자 및 주요목적기준의 판단에 관한 고찰", 조세법연구 [28 – 1], 한국세법학회(2022), 425, 437쪽

236) 대법원 2016. 2. 18. 선고 2015두55011 판결(타이코 사건)은, 내국법인 주식을 보유하던 미국 법인이 미국 세법의 피지배외국법인 세제의 적용을 피하고 한・몰타 조세조약을 적용받을 목적으로 몰타에 법인('몰타 법인')을 설립하고 몰타 법인에게 내국법인 주식을 이전한 후 몰타 법인이 내국법인으로부터 배당을 받은 사건에서 몰타 법인이 배당받은 금액을 다시 모회사인 미국 법인에게 배당하지 않고 이자부로 운용하였음에도 몰타 법인이 인적・물적 시설을 갖추지 않고 별도의 사업을 영위하지 않았다는 사정 등을 근거로, 위 배당에 대한 실질적 지배・관리를 위 몰타 법인이 아닌 미국 법인이 하였다고 판단하였다. 뒤의 '중간지주회사와 배당의 실질귀속자' 부분[(2) (나)] 참조

237) 뒤의 (2) (다) 참조

238) 대법원은, 세금부과처분의 취소소송에서 과세요건 사실의 증명책임은 원칙적으로 과세관청에게 있고, 이는 소득의 귀속명의와 실질귀속의 괴리 여부가 다투어지는 경우에도 마찬가지라고 판시하였다(대법원 2014. 5. 16. 선고 2011두9935 판결, 대법원 2018. 6. 28. 선고 2018두35025 판결). ; 대법원 2017. 10. 26. 선고 2015두53084 판결

소득의 실질귀속자는 중간지주회사의 배당소득과 관련하여 자주 문제되지만, 다단계구조의 중간단계에서 지식재산권을 소유한 법인의 사용료에 관하여 문제되기도 한다.[239]

(나) 국조법 제3조(국제거래에 관한 실질과세)

국제거래에서 조세조약 및 국조법의 혜택을 부당하게 받기 위하여 제3자를 통한 간접적인 방법으로 거래(우회거래)한 경우, 그 경제적 실질에 따라 당사자가 직접 거래한 것으로 보아 조세조약과 국조법을 적용한다(국조법 3조 3항). 우회거래를 통하여 우리나라에 납부할 조세부담이 그 거래의 경제적 실질에 따라 계산한 조세부담의 50% 이하로 되는 경우,[240] 납세의무자가 해당 우회거래에 정당한 사업목적이 있다는 사실 등 조세를 회피할 의도가 없음을 입증하지 않으면 조세조약 및 국조법의 혜택을 부당하게 받기 위하여 거래한 것으로 추정한다(국조법 3조 4항, 국조법 시행령 3조 1항).[241] 이에 따라 우회거래로 인하여 우리나라에서의 조세부담이 일정한 수준 이하로 감소한 경우, 납세의무자는 그 거래의 사업목적에 대한 입증책임을 진다.[242] 국조법 제3조 제4항에 의한 추정은, 납세의무자가 사업목적을 입증하지 못한 경우에 이루어지는데, 반대사실의 증명을 통하여 위 추정을 번복하기는 매우 어려울 것이므로, 사실상 간주에 가까운 효과를 가진다.

(2) 중간지주회사와 배당의 실질귀속자

(가) 중간지주회사와 조약편승

중간지주회사에는, ① 별다른 사업목적 없이 오로지 자회사로부터 받은 배당을 자신의 모회사에게 전달하기 위한 순수한 도관적 성격을 가진 것부터 ② 독자적 사업성을 가진 것까지 다양한 유형이 있다. 특히 위 ①과 같이 순수한 도관적 기능을 하는 중간지주회사는 조약편승(treaty shopping)을 통한 조약남용의 수단으로 사용되는 경우가 많다. 중간지주회사가 자회사로부터 받은 배당의 실질귀속자에 해당하는지는 거래의 경제적 실질을 토대로 판단되어야 한다.[243]

---

239) 사용료소득을 수취한 중간단계 법인에 관하여 ① 실질귀속자 지위를 인정한 사례로 대법원 2018. 11. 15. 선고 2017두33008 판결(헝가리 Viacom 사건), ② 실질귀속자 지위를 부인한 사례로 대법원 2018. 12. 27. 선고 2016두42883 판결(Intellectual Ventures 사건)

240) 우회거래의 금액이 10억 원 이하이고, 우회거래를 통한 조세부담 감소액이 1억 원 이하인 경우는 제외된다(국조법 시행령 3조 2항).

241) 위 규정의 입법취지는 '국제적 조세회피 대응강화'를 위하여 과세당국의 입증책임을 완화한 것이다. 기획재정부, 2019 간추린 개정세법(2020), 375~376쪽

242) 이는 BEPS 다자조약 제7조 제1항의 주요목적기준과 유사한 면이 있다. 송동진, 앞의 글, 451~453쪽

243) 송동진, 앞의 글, 421~425쪽

(나) 배당에 대한 실질적 지배·관리

중간지주회사가 자회사로부터 받은 배당에 대한 실질적 지배·관리를 하였는지와 관련하여, 가장 중요한 것은 ① 중간지주회사가 자회사 주식의 취득자금을 모회사로부터 조달하였고, ② 자회사로부터 받은 배당을 모회사에게 다시 배당하였는지 여부이다.

중간지주회사가 자신의 사업을 통하여 마련한 자금으로 자회사 주식을 취득하거나, 자회사로부터 받은 배당을 모회사에게 배당하지 않고 보유하면서 재투자 등에 사용한 경우, 원칙적으로 그 중간지주회사가 배당에 대한 실질적 지배·관리를 하였다고 보아야 할 것이다.[244][245] 중간지주회사가 자회사로부터 받은 배당을 모회사나 다른 계열사에게 이자부로 대여한 경우에는 재투자한 것으로 인정될 수 있지만,[246] 모회사에게 무이자로 대여한 경우에는 사실상 배당을 한 것으로 평가될 여지가 있다.[247] 다만, 중간지주회사의 자회사 주식 보유가 조세회피목적을 위한 것임이 분명한 경우에는, 자회사로부터 받은 배당을 모회사에게 재배당하지 않고 운용한 경우에도 예외적으로 배당에 대한 지배·관리가 부인될 수 있다.[248][249][250]

---

244) 대법원 2014. 7. 10. 선고 2012두16466 판결(까르푸 사건), 대법원 2016. 7. 14. 선고 2015두2541 판결(Total 사건)

245) 다만, 중간지주회사가 자회사로부터 받은 배당 중 재투자한 부분의 비중이 크지 않은 경우에는 배당에 대한 실질적 지배·관리를 하지 않은 것으로 판단될 수도 있다. 대법원 2015. 3. 26. 선고 2013두7711 판결(TMW 사건)

246) 서울고등법원 2016. 12. 21. 선고 2016누21794 판결(악조노벨 사건), 대법원 2017. 4. 28. 선고 2017두32135 판결(심리불속행)

247) 중간지주회사가 자회사로부터 받은 배당을 모회사에 무이자로 대여하였다가 이후 모회사에게 배당하면서 대여금반환채권과 배당금지급채무를 상계하면 해당 금액을 당초부터 모회사에게 대여한 시점에 배당한 경우와 실질적으로 같게 된다. 그러나 법원은, 위 경우에도 중간지주회사가 자회사로부터 받은 배당에 대한 실질적 지배·관리를 하였다고 보았다. 서울고등법원 2020. 9. 18. 선고 2017누46457 판결(머크일렉트로닉 사건), 대법원 2021. 1. 14. 선고 2020두50898 판결(심리불속행)

248) 실질과세원칙의 객관적 요건인 명의와 실질의 괴리와 주관적 요건인 조세회피목적은 상관적(相關的) 또는 상호보완적으로 고려되어야 하기 때문이다. 앞의 (1) (가) 참조

249) 대법원 2016. 2. 18. 선고 2015두55011 판결(타이코 사건)은, 미국 법인이 내국법인인 원고의 주식을 보유하던 중 미국의 피지배외국법인(CFC) 세제의 적용을 피하고 한·몰타 조세조약을 적용받을 목적으로 몰타에 법인('몰타 법인')을 설립하고 몰타 법인에게 원고의 주식을 이전한 후 몰타 법인이 내국법인으로부터 배당을 받은 사건에서, 몰타 법인이 원고로부터 배당받은 금액을 계열회사인 룩셈부르크 법인에게 이자부로 예탁하는 약정을 하고, 약 2년 후 위 자금을 계열회사로부터 다른 자회사 주식을 취득하는데 사용하였음에도, 몰타 법인이 인적·물적 시설을 갖추지 않고 별도의 사업을 영위하지 않았다는 사정 등을 근거로, 위 배당에 대한 실질적 지배·관리를 위 몰타 법인이 아닌 미국 법인이 하였다고 판단하였다. 위 판결은 실질과세원칙의 주관적 요건인 조세회피목적이 분명한 경우 객관적 요건인 명의와 실질의 괴리를 일반적인 경우에 비하여 용이하게 인정한 것으로 볼 여지가 있다.

250) 서울행정법원 2016. 5. 13. 선고 2014구합75148 판결(다우코닝 사건)은, 미국법인 A가 내국법인인 원고 1의 주식 전부를 보유하던 중, 2009. 3. 24. 네덜란드 법인인 원고 2를 설립한 후 원고 1의 주식 전부를 원고 2에게 현물출자하고, 같은 날 네덜란드에 있는 완전자회사인 B에게 원고 2의 주식을 양도함으로써 「A → B → 원고 2 → 원고 1」의 지배구조를 형성한 다음, 원고 1이 2009. 9. 14. 그 발행주식 중 40만 주

한편, 중간지주회사가 자회사 주식의 취득자금을 모회사로부터 제공받고, 자회사로부터 받은 배당의 대부분을 단기간 내에 모회사에게 다시 배당하여 사실상 도관[251]의 기능, 즉 자회사로부터 배당을 받아서 모회사로 전달하는 통로의 역할을 한 경우, 그 배당에 대한 실질적 지배·관리를 모회사가 하였다고 볼 여지가 크다.[252][253] 법원은, 위와 같은 사안에서 중간지주회사가 배당에 대한 실질적 지배·관리를 하였다고 판단하였지만,[254] 그 타당성은 의문스럽다.

그 외에 추가적으로 배당에 대한 실질적 지배·관리 여부의 판단에 고려될 수 있는 사정으로는 ③ 해당 법인의 설립 시기 및 목적,[255] ④ 독자적 사업활동을 할 수 있는 인적·물적 설비를 갖추었는지, ⑤ 거래조건의 협상 및 결정의 주체, ⑥ 법인이 문제된 거래 외에도 다른 자산을 보유하고 거래를 하였는지[256] 등이 있다.[257] 한편, 중간지주회사가 설립

에 대한 유상감자를 실시하여 주주인 원고 2에게 감자대가 930억여 원을 지급하고, 2012. 10. 4. 원고 1에게 배당금 700억 원을 지급하였으며, 위 유상감자대가는 원고 1로부터 A의 거주지국인 미국 씨티은행으로 송금되었고, A의 영국 계열회사에 출자된 후 계열회사에 대여되거나 브라질 법인을 인수하기 위한 자금 등으로 사용된 사건에서, 명의와 실질의 괴리가 있다고 판단하였다. 위 사건의 항소심은 항소를 기각하였고(서울고등법원 2016. 12. 6. 선고 2016누50510 판결), 대법원은 상고를 기각하였다(대법원 2022. 3. 31. 선고 2017두31347 판결). 위 사건에서 원고 1이 미국 씨티은행에 송금한 유상감자대금과 관련하여 원고 2가 이를 다시 상위모회사인 네덜란드 법인 B에게 배당하였는지, 아니면 위 자금의 출자로 인하여 영국 계열회사에 대한 주식을 취득하였는지 등이 판결문상 분명하지 않다. 설령 원고 2가 위 유상감자대금을 다시 B에게 배당하지 않은 경우에도, 조세회피목적이 분명한 반면 사업목적이 존재하지 않는 경우로서 명의와 실질의 괴리(배당에 대한 실질적 지배·관리)가 더 용이하게 인정되었을 여지도 있다.

251) OECD의 조세용어사전(Glossary of Tax Terms)에 따르면, 도관회사(CONDUIT COMPANY)는, 조세회피계획(tax avoidance scheme)과 관련하여 설립되고, 소득을 지급받아 그 주주에게 다시 배당, 이자, 사용료 등으로 배분하는 회사를 의미한다. https://www.oecd.org/fr/ctp/glossaryoftaxterms.htm

252) 대법원 2012. 10. 25. 선고 2010두25466 판결(CVC Asia 사건), 대법원 2015. 3. 26. 선고 2013두7711 판결(TMW 사건), 대법원 2016. 12. 15. 선고 2015두2611 판결(론스타 스타타워 사건)

253) 이는, 중간지주회사가 자회사로부터 받은 배당을 모회사에게 배당으로 지급할 계약상 또는 법률상 의무가 없다고 하더라도 마찬가지이다. 대법원 2015. 3. 26. 선고 2013두7711 판결(TMW 사건)

254) 서울고등법원 2018. 4. 24. 선고 2018누54981 판결(유코카캐리어스 사건), 서울고등법원 2019. 2. 8. 선고 2018누38996 판결(유한킴벌리 사건). 대법원은, 위 사건들에서 심리불속행 상고기각판결을 하였기 때문에, 원심과 같이 중간지주회사가 배당에 대한 실질적 지배·관리를 하였다고 본 것인지, 아니면 중간지주회사가 배당에 대한 실질적 지배·관리를 하지 않았지만 사업목적이 인정된다고 보아 실질귀속자 지위가 부인되지 않는다고 본 원심의 결론을 수긍한 것인지는 불분명하다.

255) 거래의 주체인 법인이 조세계획(tax planning)에 따라 조세조약의 혜택을 얻기 위하여 오로지 그 거래를 위하여 그 거래 직전에 설립되었다가 거래 후 단기간 내에 청산·소멸하였다면 소득의 실질귀속자 지위가 부인될 가능성이 높다. 대법원 2016. 12. 15. 선고 2015두2611 판결(론스타 스타타워 사건)

256) 거래당사자인 법인이 문제된 거래가 있기 상당한 기간 이전에 설립되었고, 그 거래 이후에도 계속 존속하면서 사업활동을 한 경우에는 소득의 실질귀속자로 인정될 가능성이 높아질 것이다. 대법원 2014. 7. 10. 선고 2012두16466 판결(까르푸 사건), 대법원 2016. 7. 14. 선고 2015두2541 판결(Total 사건)

257) 대법원 2015. 3. 26. 선고 2013두7711 판결(TMW 사건)에서 TMW Hansol는 자회사인 내국법인으로부터 수취한 배당에 관하여 실질귀속자 귀속자 지위가 부인되었는데, 그 이유는 다음과 같다. ① TMW Hansol은 TMW가 투자건별로 아시아 각국에 설립한 독일의 유한회사의 하나로서 우리나라에 있는 ○○빌딩의

지국의 회사법상 형식과 절차를 준수하고 자회사의 주주로서 그 권한을 행사하였다는 사정은, 법적 형식('명의')의 연장선에 해당하므로, 경제적 실질에 기초한 실질과세원칙의 판단에서는 부수적으로 고려되면 족할 것이다.

(다) 조세회피의 목적과 사업목적

실질과세원칙이 적용되어 소득 명의인의 실질귀속자 지위가 부인되기 위해서는, 명의와 실질의 괴리가 **조세회피목적**에서 비롯된 것이어야 한다. 조세조약과 관련한 조세회피는 거래의 경제적 실질에 따라 적용될 조세조약과 법적 형식에 따라 적용되는 조세조약 간의 차이에서 발생한다.[258]

중간지주회사가 자회사 주식을 보유하는 것에 **사업목적**이 인정되는 경우 실질과세원칙을 적용할 때 조세회피목적과 상쇄될 수 있다. 중간지주회사가 자회사로부터 받은 배당을 다시 모회사에게 배당하여 사실상 도관의 기능을 한 경우에는, 사업목적의 입증이 더 구체적으로 이루어질 필요가 있으므로, 자회사 주식의 보유가 사업목적에서 비롯된 것이라고 하려면, 중간지주회사가 별도의 사업을 영위하고 있다는 것만으로는 족하지 않고, 원칙적으로 그 주식의 보유가 **사업상 효율의 증가**(시너지)[259] 등을 통하여 다른 거래방안, 즉 다른 계열사가 그 주식을 보유하는 경우보다 더 큰 수익의 증가 또는 비용의 감소를 가져올 것이라는 점이 구체적으로 밝혀져야 할 것이다.[260][261] 법원은, 인적·물적 시설을 갖추고 사업을 한 중간지주회사가 조세조약을 통한 조세회피의 목적으로 자회사 주식을 보

취득, 임대, 매각 등으로 인한 소득의 관리를 목적으로 설립되었고, 본점이 있는 독일에서는 아무런 영업 활동을 하지 않았다. ② TMW Hansol은 TMW와 소재지, 연락처, 이사가 동일하고 독립된 인적 구성원이 없으며, 원고의 주식을 취득한 자금도 모두 TMW로부터 제공받았고, 2006. 4.경부터 2008. 12.경까지 원고로부터 받은 배당금 중 독일의 자본이득세를 제외한 금액 전부를 곧바로 TMW에게 지급하였으며, 2008. 7.경 TMW의 의사결정에 따라 곧이어 원고의 주주총회에서 ○○빌딩의 매각결의를 하기도 하였다.

258) 때로는 동일한 조세조약 내에서 거래의 경제적 실질에 따라 적용될 조항보다 더 유리한 다른 조항을 적용받기 위하여 실질적 거래주체인 외국법인이 다른 외국법인을 거래당사자로 내세우기도 한다. 대법원 2015. 3. 26. 선고 2013두7704 판결(TMW 사건)

259) 즉, 중간지주회사 내에서 기존 사업과 자회사 주식의 보유가 공존하는 것만으로 족하지 않고, 양자 사이에 내재적인 사업적 연관이 있어야 한다.

260) 사업은 궁극적으로 수익의 증가 또는 비용의 감소를 통하여 이윤을 얻기 위한 것이기 때문이다. 만일 중간지주회사가 자회사 주식을 보유하는 것이, 다른 계열사가 그 주식을 보유하는 경우에 비하여 별다른 수익의 증가 또는 비용의 감소 효과를 거두지 못한다면, 즉 사업상 효율의 증가가 없다면, 사업적 관점에서는 굳이 그 중간지주회사가 그 주식을 보유하게 할 이유가 없다. 만일 인적·물적 시설을 갖추고 기존의 사업을 영위하는 중간지주회사가 자회사로부터 받은 배당을 곧바로 상위모회사에 지급함으로써 사실상 도관의 기능을 한 경우, '사업을 영위하는 도관'으로서 '단순한 도관'이 아닐 수는 있지만, 그렇다고 하여 '도관'의 성격이 없어지는 것은 아니다.

261) 그러한 사업상 효율의 개선이 발생하는 예로는, 중간지주회사가 지역본부(regional headquarter)로서 자회사들의 주식을 통합적으로 보유·관리함으로써 그 비용이 감소하는(효율의 증가) 경우 등을 들 수 있다. 다만, 그러한 사업상 효율의 개선이 조세회피의 효과에 비하여 크지 않다고 보이는 경우에는 조세회피목적을 상쇄하기 어려울 것이다.

유한 것으로 볼 여지가 있는 사안에서, 그 주식의 보유로 인한 사업상 효율의 향상에 관한 판단 없이 그 중간지주회사를 실질귀속자로 보았으나,[262] 그 타당성은 의문스럽다.

(라) 실질과세원칙의 적용효과

내국법인으로부터 배당을 받은 중간지주회사가 실질귀속자로 인정되지 않는 경우, 그 배당에 대하여 실질적 지배·관리를 한 중간지주회사의 상위 모회사가 그 실질귀속자로 인정될 수 있다. 다단계지배구조를 구성하는 중간지주회사의 실질귀속자 지위가 부인되는 경우, 어느 단계의 외국법인을 실질귀속자로 볼 것인지는 해당 사건의 구체적 사실과 정황을 종합적으로 고려하여 정해진다.[263]

최초로 투자자금이 집적되는 단계의 외국단체는, 그 자금의 모집, 투자의사의 결정 및 손익의 분배 법 등을 정하는 기능을 하는데, 이는 고유한 사업활동으로 평가될 수 있고, 최종 단계 법인의 명의로 얻은 소득에 관하여 그 최종 및 중간 단계 법인의 실질귀속자 지위가 부인되는 경우, 위 법인들을 통하여 소득을 지배·관리하는 것으로 볼 수 있으므로, 소득의 실질귀속자에 해당할 수 있다.[264]

---

262) 서울고등법원 2019. 2. 8. 선고 2018누38996 판결(유한킴벌리 사건)은, 영국법인이 내국법인 주식을 직접 보유하지 않고 헝가리법인을 통하여 보유한 이유에 관하여, 영국 세법상 과소자본세제에 따른 이자비용 손금불산입 문제를 해결하기 위한 것이었다고 보았다. 그러나 위 사건의 1심인 서울행정법원 2018. 2. 9. 선고 2016구합74248 판결에 의하면, 영국 세법상 과소자본세제에 따른 문제를 해결하기 위해서는 영국법인이 내국법인 주식을 직접 보유하는 다른 대안적 거래방법이 있었으므로(판결문 18쪽), 한·영 조세조약보다 낮은 제한세율을 규정한 한·헝가리 조세조약이 없었다면 과연 위 거래를 하였을 것인지는 다소 불분명한 것으로 보인다.

263) ① 대법원 2012. 10. 25. 선고 2010두25466 판결은 케이맨 군도의 유한 파트너십(CVC Asia)을, ② 대법원 2013. 7. 11. 선고 2011두4411 판결은 영국령 버뮤다 및 케이맨 군도에 설립된 유한파트너십들('AIG 모펀드')을, ③ 대법원 2014. 6. 26. 선고 2012두11836 판결은 미국 유한책임회사(Asia Investors L.L.C.)를 각각 소득의 실질귀속자로 인정하였다.

264) 대법원 2013. 7. 11. 선고 2011두4411 판결 : ① 영국령 버뮤다 및 케이맨 군도에 설립된 유한파트너십들('AIG 모펀드')은 말레이시아 라부안에 법인들('AIG 라부안 법인')을 설립하였고, AIG 라부안 법인은 1998. 8. 18. 한솔엠닷컴 주식회사의 주식 21,911,622주를 양수한 후 2000. 7. 25. 원고(주식회사 케이티)에게 양도하는 계약을 체결하였다. 원고는 2000. 7. 26. AIG 라부안 법인에게 위 주식의 양도대금을 지급하면서, 한·말레이시아 조세조약 제13조 제4항에 의하면 '주식의 양도로 인한 소득은 양도소득의 원천지국에서 과세되지 않는다'는 이유로 법인세를 원천징수하지 않았다. ② 과세관청은, 위 주식 양도소득의 귀속자는 AIG 라부안 법인이 아니라 AIG 모펀드의 투자자들이라고 보아, 그 투자자들 중 우리나라와 조세조약을 체결하지 않은 국가 또는 주식양도로 인한 소득에 대하여 원천지국 과세를 규정하는 조세조약을 체결한 국가의 거주자인 출자자들이 얻은 양도소득에 대하여 원고에게 원천징수분 법인세를 고지하는 처분을 하였다. ③ 대법원은 ㉮ AIG 모펀드가 미국 등지의 투자자들로부터 모집한 자금으로 AIG 라부안 법인을 통하여 내국법인 주식을 취득하여 보유하다가 양도하는 등의 고유한 사업활동을 하면서 위 주식 매입자금의 실질적 공급처 역할을 한 점, ㉯ AIG 모펀드가 위 주식에 대한 투자거래 외에도 아시아 지역에서 다수의 투자거래를 한 점 등에 비추어, AIG 모펀드는 뚜렷한 사업목적을 가지고 설립된 단체로서 오로지 조세회피목적으로 설립된 것으로 볼 수 없고, 위 주식을 실질적으로 지배·관리할 능력이 없는 명목상 단체라고 할 수 없으므로, 위 주식양도소득의 귀속자는 AIG 모펀드이고 그 출자자가 아니라고 판단하였다.

실질과세원칙에 따라 소득의 명의인이 아닌 자가 그 실질귀속자로 정해지는 경우, 그 실질귀속자를 기준으로 조세조약이 적용되어야 한다.[265]

2-2-3. 국외투자기구와 실질귀속자

(1) 법인세법 제93조의2의 적용대상 : 국외투자기구

국외투자기구는, '투자권유를 하여 모은 금전 등'으로 투자행위를 하는 기구로서 '국외에서 설립된' 것을 말한다(법 93조의2 1항). 국외투자기구는 적어도 2인 이상의 투자자('모은')를 요건으로 하므로, 투자자가 1인인 것은 제외된다.

국외투자기구가 법인세법 제93조의2에 따라 소득의 실질귀속자로 간주되기 위해서는, 소득에 대한 법인세 납부의무를 지는 **외국법인**(시행령 2조 2항)이어야 한다.[266] 외국법인에 해당하지 않는 국외투자기구는, '법인 아닌 단체'로서 비거주자(소득세법 2조 3항)에 해당하는 경우 소득세법 제119조의2의 적용대상이 될 수 있을 뿐이다.[267]

(2) 법인세법 제93조의2의 적용요건 및 효과

(가) 국외투자기구가 실질귀속자로 간주되는 경우 - ①

국내원천소득을 지급받는 국외투자기구가 다음의 어느 하나에 해당하는 경우, 그 소득의 실질귀속자[268]로 본다(법 93조의2 1항 단서).[269]

---

265) 대법원 2014. 6. 26. 선고 2012두11836 판결 등 ; OECD 모델조약 제1조의 주석 문단 79도 같은 취지이다.

266) 국외투자기구가 법인세 납세의무를 지는 외국법인인지 여부의 판단은, 소득의 실질귀속자인지의 문제와 구별되고, 그에 선행한다. 법인세법 제93조의2는, 외국법인의 요건을 충족하지 못하는 국외투자기구를 외국법인으로 의제하는 규정으로 보기는 어렵고, 국외투자기구가 외국법인에 해당하는 것을 전제로 소득의 실질귀속자에 관한 특례를 규정한 것으로 보아야 할 것이다. 제1장 2-3. (2) (가) 참조

267) 법인세법 제93조의2 제1항 단서는 '소득세법 제2조 제3항에 따른 법인으로 보는 단체 외의 법인 아닌 단체인 국외투자기구는 이 항 제2호 및 제3호에 해당하는 경우에 한정한다'고 규정하므로, 그 문언상으로는 마치 위 제2호 및 제3호에 해당하는 국외투자기구는 법인세법에 따라 국내원천소득의 실질귀속자로 본다는 것처럼 해석될 여지가 있다. 그러나 위 문언은 소득세법 제119조의2 제1항에서도 동일하게 규정되어 있는데, 만일 위 문언을 기계적으로 적용하면 '법인 아닌 단체'인 국외투자기구가 법인세법과 소득세법에 따라 각각 납세의무를 부담하는 이상한 결과에 이르게 된다. 위 문언은 법인세법 제93조의2와 소득세법 제119조의2를 동일한 내용으로 조문화하는 과정에서 착오로 불필요하게 삽입된 것으로 보인다.

268) 소득의 실질귀속자는 '그 국내원천소득과 관련하여 법적 또는 경제적 위험을 부담하고 그 소득을 처분할 수 있는 권리를 가지는 등 그 소득에 대한 소유권을 실질적으로 보유하고 있는 자'를 말한다. 소득의 실질귀속자에 관한 위의 정의는 당초 2006. 2. 9. 개정된 구 법인세법 시행령 제138조의5 제2항 제1호에 규정되었는데, 이는 조세조약상 수익적 소유자의 개념 및 국세청의 행정해석(국총 46017-133, 1999. 2. 27.)을 반영한 것으로 보이고, 위 내용은 이후 2018. 12. 24. 개정된 구 법인세법 제93조의2로 옮겨졌다. 송성권, "수익적 소유자(Beneficial Owner) 과세에 관한 국제적 기준", 계간 세무사(2007년 여름호), 한국세무사회, 14쪽

269) 법인세법 제93조의2가 신설되기 전에도, 국외투자기구가 법인세법상 외국법인에 해당하고 실질과세원칙에 따른 실질귀속자의 요건을 갖추었다면 소득의 실질귀속자로 보아야 할 것이다(대법원 2022. 10. 27.

① 국외투자기구가 다음 각 요건을 모두 충족하는 경우(법 93조의2 1항 1호)

  ⑦ 조세조약에 따라 그 설립된 국가에서 납세의무를 부담하는 자에 해당할 것

  ⑭ 국내원천소득에 대하여 조세조약이 정하는 비과세·면제 또는 제한세율[270]을 적용받을 수 있는 요건을 갖출 것[271]

② 위 ①에 해당하지 않는 국외투자기구가 조세조약에서 국내원천소득의 수익적 소유자로 취급되는 것으로 규정되고,[272] 국내원천소득에 대하여 조세조약이 정하는 비과세·면제 또는 제한세율을 적용받을 수 있는 요건을 갖출 것(법 93조의2 1항 2호)

위 각 요건 중 '국내원천소득에 대하여 조세조약…을 적용받을 수 있는 요건'은 국세기본법 제14조의 **실질과세원칙**에 따른 실질귀속자의 요건을 포함한다고 보는 것이 합리적이다.[273] 그러므로 소득 명의인인 국외투자기구가 국세기본법 제14조의 실질과세원칙에 따른 실질귀속자로 인정되지 않는 경우, 법인세법 제93조 제2항 제1호·제2호에 따른 실질귀속자로 인정되지 않는다고 보아야 한다.

한편, 법인세법 제93조의2 제1항 제1호·제2호가 **외국법인**의 요건(시행령 2조 2항)을 갖추지 못한 국외투자기구에게 외국법인의 지위를 부여하는 규정이라고 보기는 어렵다.[274] 따라서 위 규정에 따라 국외투자기구가 실질귀속자로 간주되는 것은 법인세법상 외국법인의 요건을 갖춘 것을 전제로 한다. 이는 법인세법 제93조의2 제1항 본문 및 제3호에 따라 실질귀속자로 간주되는 국외투자기구 또는 그 투자자도 마찬가지이다.

선고 2020두47397 판결). 따라서 법인세법 제93조의2는, 본래 실질귀속자로 될 수 없는 국외투자기구를 실질귀속자로 될 수 있게 하는 규정이 아니라, 국외투자기구가 실질귀속자로 될 수 있는 요건을 구체화한 것으로 보아야 한다.

270) 제한세율은 조세조약에 따라 체약상대국의 거주자 또는 법인에 대하여 과세할 수 있는 최고세율을 말한다.

271) 2021. 12. 21. 개정 전의 구 법인세법 제93조 제1호 나목은 '국내원천소득에 대한 소득세 또는 법인세를 부당하게 감소시킬 목적으로 그 국외투자기구를 설립한 것이 아닐 것'을 규정하였다.

272) OECD 모델조약의 주석은 조세조약에서 집합투자기구(CIV)를 거주자 및 수익적 소유자로 취급하는 내용을 포함할 수 있음을 제시한다(OECD 모델조약 제1조의 주석 문단 35). 법인세법 제93조의2 제1항 제2호는 위 주석과 같은 내용의 조세조약이 체결된 경우를 염두에 둔 것으로 보인다. 다만, 우리나라가 체결한 조세조약 중 특정한 국외투자기구를 수익적 소유자로 정한 예는 찾기 어렵다.

273) 그렇게 보지 않으면, 실질과세원칙에 따른 실질귀속자의 요건을 갖추지 못한 국외투자기구가 법인세법 제93조의2에 따른 실질귀속자의 요건을 갖춤으로써 조세조약의 적용을 받을 수 있게 하는 불합리한 결과에 이르기 때문이다. 설령 법인세법 제93조의2에 따른 실질귀속자의 요건을 실질과세원칙과 별개로 보고 국외투자기구가 위 규정의 요건을 충족하면 실질귀속자로 간주된다고 보더라도, BEPS 다자조약 제7조 제1항의 주요목적기준은 법인세법 제93조의2의 적용범위 밖에 있으므로[법인세법 제93조의2가 BEPS 다자조약 제7조 제1항의 주요목적기준을 배제할(override) 의도로 제정된 것으로 보기 어렵다], 주요목적기준에 의하여 조세조약의 적용이 배제될 수 있고, 결국 실질과세원칙을 법인세법 제93조의2에 따른 실질귀속자의 요건에 포함시킨 경우와 유사한 결과에 이르게 된다.

274) 제1항 2-3. (2) (가) 참조

(나) 국외투자기구의 투자자가 실질귀속자로 간주되는 경우

위 (가)에 해당하지 않는 국외투자기구가 투자자를 입증한 경우에는, 그 투자자인 외국법인 또는 비거주자를 국내원천소득의 실질귀속자로 본다(법 93조의2 1항 본문, 소득세법 119조의2 1항). 위 경우, 투자자가 국내원천소득의 실질귀속자로 간주되기 위해서는, 우리 세법상 외국법인 또는 비거주자에 해당하여야 한다. 그리고 위 (가)에 해당하지 않는 국외투자기구의 투자자도 역시 국외투자기구에 해당하는 경우에는, 그 투자자인 국외투자기구에 대하여 다시 법인세법 제93조의2 제1항 제1호 내지 제3호의 적용 여부를 검토하여야 할 것이다.

(다) 국외투자기구가 실질귀속자로 간주되는 경우 - ②

위 (가)에 해당하지 않는 국외투자기구[275]가 투자자를 입증하지 못하는 경우,[276] 그 국외투자기구를 국내원천소득의 실질귀속자로 보되(법 93조의2 1항 단서 및 3호), 조세조약에 따른 비과세·면세 및 제한세율의 규정을 적용하지 않는다(법 93조의2 2항).

2-2-4. 수익적 소유자

(1) 수익적 소유자의 개념

(가) 수익적 소유자의 의미

대부분의 조세조약은, 배당·이자·사용료 소득에 대한 원천지국의 세율을 제한하기 위한 요건으로 그 소득을 지급받는 자가 수익적 소유자(beneficial owner)일 것을 규정한다.[277] ① 수익적 소유자의 개념은 1977년 OECD 모델조약에 채택되었고,[278] ② 이후 1986년 OECD의 도관회사 보고서는, 특정 자산의 형식적 소유자가 이해관계자의 계산으로 행하는 단순한 수탁자 또는 관리인(fiduciary or administrator)에 불과한 매우 좁은 권한을 가진 것에 불과한 경우 수익적 소유자로 볼 수 없다는 견해를 취하였다.[279] ③ 2003

---

275) '법인으로 보는 단체' 외의 법인 아닌 단체(소득세법 2조 3항)를 포함한다.

276) 투자자가 둘 이상인 경우로서 투자자 중 일부만 입증하는 경우에는 입증하지 못하는 부분으로 한정한다.

277) 한·일 조세조약 제10조 제2항, 제11조 제2항, 제12조 제2항, 한·독 조세조약 제10조 제2항, 제11조 제2항, 제12조 제2항

278) 수익적 소유자의 개념이 1977년 OECD 모델조약에 들어가게 된 경위는 다음과 같다. 당초 영국 세법은 해외 배당이나 이자소득에 대하여 실제 권리자뿐만 아니라 단순한 수령인도 과세하였고, 이에 따라 실질적 권한이 없는 명의인(nominee)도 조세조약의 해석상 영국 거주자에 포함되어 조세조약의 혜택을 주장할 여지가 있었기 때문에, 제3국의 거주자가 영국에 명의인을 두고 미국 법인으로부터 배당이나 이자를 지급받는 경우 영·미 조세조약의 적용을 받는 것을 배제하기 위하여 1966년 영·미 조세조약의 protocol에 수익적 소유자의 용어가 처음 도입되었고, 이후 1977년 OECD 모델조약에서 채택되었다[이의영, "조세조약에서 수익적 소유자의 의미와 판단방법 등"(2017두33008), 대법원판례해설 제118호(2019), 165~166쪽].

279) OECD 1986 Double Taxation Conventions and the Use of Conduit Companies R(6)-10

년 OECD 모델조약 주석은, 수익적 소유자 개념이 좁은 기술적 의미(가령 common law 국가의 신탁법에서 사용되는 의미)로 사용되지 않고 그 문맥, 이중과세 회피와 조세의 포탈 및 회피 방지를 포함하는 조약의 대상 및 목적의 관점에서 이해되어야 한다고 하였다.[280] 이에 따라 수익적 소유자의 개념은 조약편승을 비롯한 조약남용에 대한 대처방안으로 사용될 여지가 있게 되었다. ④ 한편, 1994년 네덜란드 법원의 Royal Dutch 사건,[281] 2006년 영국 법원의 Indofood 사건,[282] 2009년 캐나다 법원의 Prévost 사건[283]을 거치면서 수익적 소유자 개념의 불명확성으로 인하여 그에 관한 논란이 증폭되었다.[284] 수익적 소유자의 개념이 그 불명확성에도 불구하고 국제적 관심을 크게 불러일으킨 것은, 그 만큼 조세조약 남용의 문제가 중요한 것임을 보여준다.

이러한 논란을 해소하고 수익적 소유자의 개념을 정리하기 위하여 OECD는 회원국들의 의견을 취합하였고,[285] 그 결과를 반영한 2014년 OECD 모델조약의 주석[286]에 따르면, ① 수익적 소유자의 개념은 common law 국가의 신탁법상 의미가 아니고, 이중과세의 회피 및 조세의 포탈과 회피의 방지라는 조세조약의 목적에 비추어 이해되어야 하며,[287] ② 수익적 소유자는 수령한 금액을 타인에게 이전할 계약상 또는 법적 의무에 의하여 제한되지 않고 사용하고 누릴 권리[288]가 있는 수령자이고,[289] ③ 소득의 형식적 소유자가 단지

---

280) OECD 2003 모델조약 제10조의 주석 문단 12

281) 1994년 네덜란드 대법원은, 영국 법인이 네덜란드 법인[Koninklijke Olie (Royal Oil)]의 배당이 선언된 후 아직 지급되지 않은 상태에서 그 배당표(dividend coupon)을 매입하여 배당을 받은 사건에서, 위 영국 법인이 배당의 지급 당시 배당표의 소유자였고 자유롭게 배당표를 이용하거나 처분할 수 있었으며 배당받은 금액을 자유롭게 이용할 수 있고 대리인이나 매개자가 아니었으므로, 영국·네덜란드 조세조약상 배당의 수익적 소유자에 해당한다고 판단하였다(Hoge Raad 06-04-1994, 28.638 BNB 1994/217c).

282) Indofood International Finance Ltd v. JP Morgan Chase Bank NA. [2006] BTC 8003

283) Prévost Car Inc. v. the Queen, 2009 CAF 57, 2009 FCA 57

284) 수익적 소유자에 관한 다양한 견해의 소개에 대하여는 Vogel/Kemmeren, pp.838~841 참조. ① 수익적 소유자는 오로지 법적 관점에서 판단되어야 한다는 견해가 있는가 하면(Martin Jimenéz, Avery Jones, Van Wegeel), ② Klaus Vogel은, 수익적 소유자는 '원본(capital) 또는 다른 자산을 스스로 사용하거나 제3자에게 사용하게 할 것인지, 또는 원본으로부터 생긴 소득(yields)을 어떻게 처분할 것인지' 중 하나 또는 둘 다를 결정하는 자라고 보았고, ③ 위 책의 저자 중 Eric C.C.M. Kemmeren은 소득의 수익적 소유자는 그 경제적 소유자(economic owner)를 의미한다고 본다[Vogel/Kemmeren, p.841 문단 47].

285) ① 최초에 제시된 2011. 4. 29.자 토론초안(discussion draft)에서는 '배당의 수취인이 "배당을 다른 사람에게 넘겨줄 계약적 또는 법적 의무에 의하여 제한되지 않은 채 사용하고 향유할 완전한 권리(full right to use and enjoy the dividend)"를 갖는다면 수익적 소유자이다'라는 내용이 포함되었고(문단 12.4), 이는 상당한 정도로 Indofood 판결의 영향을 받은 것으로 보인다. ② 그런데 이후 회원국들의 의견수렴과정을 거쳐 2012. 10. 19. 제안된 개정안(revised proposals)에서는 위 토론초안의 내용 중 "완전한(full)" 부분이 삭제되고 오히려 Prévost 판결에 가까운 내용이 최종안으로 채택되었다(pp.5~10). ③ 이는, 특히 도관회사를 통한 조세조약의 남용에 관하여 다양한 이해관계를 가지는 회원국들로 구성된 OECD의 한계, 그리고 회원국들의 여러 의견을 절충한 결과물인 OECD 모델조약의 주석의 성격을 잘 보여준다.

286) 이하의 수익적 소유자에 관한 내용은 OECD 2014년 모델조약의 주석부터 채택되었다.

287) OECD 모델조약 제10조의 주석 문단 12.1

도관(conduit)으로 행동하면서 실제로 매우 좁은 권한만을 가지기 때문에 다른 관계자를 위한 수탁자 등으로 되는 경우에는 수익적 소유자에 해당하지 않는다.[290]

대부분의 조세조약들과 마찬가지로 우리나라가 체결한 조세조약들에는 수익적 소유자의 정의가 없고, 국내세법에도 그에 대응하는 개념이 없으므로, 수익적 소유자의 의미는 조세조약의 목적과 기능을 고려하여 조세조약의 조문체계 내에서 독자적으로 해석되어야 하고,[291] 조약편승을 통한 조세조약의 남용을 방지하기 위한 관점도 고려될 수 있다.[292]

대법원은, OECD 모델조약의 주석과 거의 동일하게, 조세조약상 배당소득 또는 사용료 소득의 '수익적 소유자'는, 당해 소득을 지급받은 자가 타인에게 이를 다시 이전할 법적 또는 계약상 의무 등이 없는 사용·수익권을 갖는 경우를 뜻한다고 판시하였다.[293]

소득의 수취인이 그 수익적 소유자라는 것은 해당 조세조약 규정의 적극요건이므로, 수익적 소유자의 증명책임은, 수익적 소유자임을 전제로 한 조세조약 규정의 적용을 주장하는 납세의무자에게 있다.[294]

(나) 수익적 소유자와 실질귀속자의 관계

소득 귀속자의 수익적 소유자 지위가 부인되기 위해서는, 실질과세원칙과 달리 조세회피목적이 요구되지 않고, 수익적 소유자의 객관적 요건이 실질귀속자의 그것과 반드시 일치한다고 보기 어려우므로, 수익적 소유자의 요건은 실질과세원칙에 따른 실질귀속자의 요건과 구별된다. 따라서 조세조약상 수익적 소유자 규정은 국내세법상 소득귀속을 변경하는 것이 아니라 국내세법에 따른 소득의 귀속을 전제로 조세조약의 혜택을 부여하기 위한 별도의 요건으로 보아야 한다. 그러므로 조세조약상 소득의 수익적 소유자이더라도 국

---

288) "recipient's right to use and enjoy the dividend unconstrained by contractual and legal obligations to pass on the amount received to another person"

289) OECD 모델조약 제10조의 주석 문단 12.4 : 그러한 의무(obligation)는 직접적 수취인에 의한 지급액의 수령에 의존하지 않는(not dependent on the receipt) 계약적 또는 법적 의무를 포함하지 않는다.

290) OECD 모델조약 제10조의 주석 문단 12.3 ; 이는 1986년 도관회사 보고서[R(6)-10]를 주석에 반영한 것이다.

291) Vogel/Kemmeren, p.833 문단 25

292) Vogel/Kemmeren, p.830 ; 영국 법원의 Indofood 판결은, 수익적 소유자의 개념이 1977년 OECD 모델조약에 도입된 목적이 조약편승(treaty-shopping) 방식의 조약 남용을 방지하기 위한 것이었다고 보았다 (문단 34).

293) 대법원 2018. 11. 15. 선고 2017두33008 판결(헝가리 Viacom 사건, 사용료소득), 대법원 2018. 11. 29. 선고 2018두38376 판결(헝가리 코닝 사건, 배당소득)

294) 대구고등법원 2015. 9. 25. 선고 2014누6976 판결은, 배당소득을 지급받은 자가 수익적 소유자라는 점은 조세조약상 제한세율의 요건으로서 비과세·면세 요건에 해당하므로, 원천징수의무의 감면을 주장하는 자가 이를 증명하여야 한다고 판단하였다(대법원 2016. 2. 18. 선고 2015두55011 판결 : 상고기각). 이와 달리 수익적 소유자 여부의 증명책임이 과세관청에게 있다고 본 것으로 부산고등법원 2016. 12. 21. 선고 2016누21794 판결(악조노벨 사건)(4쪽)

내세법상 소득의 실질귀속자가 아닌 경우 해당 조세조약 규정은 적용될 수 없다. 한편, 실질귀속자의 요건은 대체로 수익적 소유자의 그것보다 더 엄격하므로, 실질귀속자는 수익적 소유자에 해당하는 경우가 대부분일 것이다.[295]

OECD 모델조약의 주석은, 배당의 수령자가 수익적 소유자에 해당하더라도 당연히 조세조약의 혜택이 부여되어야 하는 것은 아니고, 수익적 소유자 조항이 남용된 경우에는 그러한 혜택이 부여되어서는 안 되며, 조약편승(treaty-shopping)을 포함한 조세조약 남용을 방지하기 위하여 OECD 모델조약 제29조 및 조세조약의 부적절한 이용(남용)을 규제하기 위한 원칙들[296]이 적용될 수 있다고 한다.[297]

대법원은, 배당 또는 사용료 소득을 지급받은 자가 그 수익적 소유자에 해당하더라도, 국세기본법상 실질과세의 원칙에 따라 조약 남용으로 인정되는 경우에는 조세조약의 적용을 부인할 수 있다고 판단하였다.[298]

(2) 구체적 검토

(가) 사실상 도관의 기능을 하는 중간지주회사와 수익적 소유자

외국 중간지주회사가 국내 자회사로부터 받는 배당을 다른 자회사에게 재투자하거나 유보하면서 독자적으로 운용하지 않고, 그 대부분을 외국 모회사에 다시 배당으로 지급함으로써 사실상 도관으로 행동한 경우, 수익적 소유자에서 제외할 수 있는지가 문제된다.

중간지주회사의 모회사는 주주로서 중간지주회사의 법적 의무(배당금지급의무)을 발생시킬 수 있는 지위에 있고, 실제로 그 권한을 행사하여 중간지주회사로부터 그 회사가 자회사로부터 받은 배당을 다시 배당받은 경우에는, 그 중간지주회사는 사실상 도관의 기능

---

295) 이창희, 국제조세법(2020), 229쪽은, 실질귀속자라면 응당 수익적 소유자이므로 수익적 소유자의 개념은 우리나라의 조약해석론에서는 불필요한 개념이라고 한다.

296) OECD 모델조약 제1조의 주석 문단 54~56

297) OECD 모델조약 제10조의 주석 문단 12.5 : 이는 배당의 수령자가 수익적 소유자인 경우에도 조약편승을 위한 도관이 될 수 있음을 의미한다.

298) ① 대법원 2018. 11. 15. 선고 2017두33008 판결(헝가리 Viacom 사건, 사용료소득), 대법원 2018. 11. 29. 선고 2018두38376 판결(헝가리 코닝 사건, 배당소득) ; ② 대법원 2015. 3. 26. 선고 2013두7711 판결(TMW 사건)은, 독일의 유한합자회사인 TMW가 독일의 유한회사인 TMW Hansol을 설립하고 TMW Hansol이 내국법인의 주식을 취득하여 그로부터 배당을 수취한 후 곧바로 TMW에게 다시 배당한 사건에서, TMW Hansol이 TMW에게 위 배당을 지급할 계약상 또는 법률상 의무가 없었다고 하더라도(즉, 수익적 소유자에 해당하더라도), 내국법인으로부터 받은 배당의 실질귀속자에 해당하지 않는다는 취지로 판단하였다. ③ 대법원 2016. 2. 18. 선고 2015두55011 판결(타이코 사건) : 조세회피목적으로 설립된 몰타의 법인이 자회사인 내국법인으로부터 받은 배당과 관련하여, ㉮ 원심은 몰타 법인이 위 배당의 수익적 소유자에 해당하지 않으므로, 위 배당에 대하여 한·몰타 조세조약이 적용되지 않는다고 판단하였는데, ㉯ 대법원은, 위 배당의 실질적 귀속자는 위 몰타 법인이 아니라 그 지배주주인 미국 법인이므로, 한·몰타 조세조약이 적용되지 않는다고 본 원심의 결론은 정당하지만, 원심의 이유 설시에는 부적절한 부분이 있다고 판시함으로써, 여전히 위 몰타 법인이 배당의 수익적 소유자일 수 있음을 시사하였다.

을 한 것이고, 배당소득을 모회사에게 이전할 법적 또는 계약상 의무를 부담하는 것과 사실상 동일한 것으로 평가될 여지가 있다.

그러나 대법원은, 중간지주회사가 내국법인으로부터 받은 배당의 대부분을 단기간 내에 모회사에 배당으로 지급함으로써 사실상 도관의 기능을 하였더라도, 사업목적을 가지는 경우에는, 그 중간지주회사를 배당의 수익적 소유자로 인정한다.[299)300)] OECD 모델조약 주석의 2014년 개정 이후 국제적 추세는, 위와 같은 도관적 기능을 한 중간지주회사도 수익적 소유자에 포함된다고 해석하는 쪽에 가까운 것으로 보인다.[301)302)]

(나) 집합투자기구와 수익적 소유자

OECD 모델조약의 주석에 따르면, 다수인에 의하여 지분이 보유되는(widely-held) 집합투자기구의 운용자가 그 자산을 관리할 재량권(discretionary powers)을 갖는 경우, 그 집합투자기구는 수익적 소유자로 취급될 수 있다.[303)]

대법원은, 독일 회사가 독일 투자법에 따라 데카(Deka) 펀드를 설정한 후, 자신의 명의

---

299) 서울고등법원 2019. 4. 24. 선고 2018누54981 판결(유코카캐리어스 사건)은, 몰타의 중간지주회사가 자회사인 내국법인으로부터 받은 배당소득의 대부분을 상위 모회사인 노르웨이 법인에게 배당으로 지급한 사건에서, 몰타의 중간지주회사가 '배당소득을 타인에게 이전할 법적 또는 계약상 의무를 부담한 바 없이 그에 대한 사용 · 수익권을 향유하고 있었다'고 판단하였다[대법원 2019두41096 판결(심리불속행)].

300) 대법원은, 조세조약상 배당소득 등의 수익적 소유자는, 당해 소득을 지급받은 자가 타인에게 이를 다시 이전할 법적 또는 계약상 의무 "등"이 없는 사용 · 수익권을 갖는 경우를 뜻한다고 판시함으로써(대법원 2018. 11. 15. 선고 2017두33008 판결) 해당 소득을 이전할 법적 또는 계약상 의무가 아니더라도 그와 동일하게 평가할 수 있는 사유가 있으면 수익적 소유자 지위를 부정할 여지를 남겨두었다. 그러나 이후의 사건에서 법원은 수익적 소유자의 요건을 실질과세원칙에 따른 실질귀속자 여부와 사실상 연계시켜 판단하였을 뿐이고, 위 "등"에 해당하는지 여부를 판단한 사례는 찾기 어렵다.

301) OECD의 BEPS Action 6 보고서(2015)는 treaty shopping에 대한 조세조약상 대책으로 ① 조약 혜택의 제한(Limitation-on-benefit) 조항과 ② 조약 혜택을 얻는 것이 주요 목적들(principal purposes) 중 하나인 거래에 관한 조항만을 언급하였다(BEPS Action 6 보고서 pp. 17~69). 이는 treaty shopping의 대표적 사례인 도관회사(conduit arrangements)가 수익적 소유자 조항의 통제대상이 아니라는 이해를 전제로 한 것으로 보인다.

302) 유럽 사법재판소(Court of Justice of the European Union, CJEU)는 2019. 2. 26. Case C 115/16, Case C 118/16, Case C 119/16, Case C 299/16에 대한 예비판결(preliminary ruling)에서 EU 이자 및 사용료 지침[Interest and Royalties Directive (Council Directive 2003/49/EC)] 및 EU 모회사-자회사 지침[Parent-subsidiary Directive (Council Directive 90/435/EEC)]과 관련하여 '수익적 소유자(beneficial owner)는 도관회사를 포함하지 않고 좁은 기술적 의미가 아니라 이중과세를 회피하고 조세의 회피와 포탈을 방지할 수 있는 의미를 가지는 것으로 이해되어야 하고(문단 92), 어떤 회사가 도관회사로 행동한 것은, 그 회사의 유일한 활동(sole activity)이 이자를 수취하여 수익적 소유자 또는 다른 도관회사에게 전달하는 것인 경우 확인된다'고 판단하였다(문단 131). 이에 따르면, 도관적 기능을 하는 회사도 다른 사업을 영위하는 경우 수익적 소유자에 포함될 것이다.

303) OECD 모델조약 제1조의 주석 문단 28 : 집합투자기구의 지분이 다수인에 의하여 보유되고, 집합투자기구가 다양한 증권의 포트폴리오를 보유하며, 투자자보호법제의 적용을 받으며, 그 집합투자기구 또는 그 운용자가 투자와 그 자산의 관리와 관련한 중요한 기능을 하는 경우, 그 집합투자기구의 투자자를 그 집합투자기구에 의하여 수취된 소득의 수익적 소유자로 취급하는 것은 부적절하다.

로 투자자산을 소유하거나 그에 관한 권리를 보유·행사할 수 없는 위 펀드를 대신하여 독일 투자법에 따라 위 펀드의 투자자금으로 내국법인의 주식 100%를 취득하고, 내국법인으로부터 배당을 받으면서 배당금 중 원천징수세액을 제외한 나머지 금액을 위 펀드를 위하여 개설한 계좌로 송금받은 사안에서, 독일 회사는 위 펀드와 함께 하나의 집합투자기구로 기능하였고, 위 배당소득을 위 펀드의 일반투자자 등 타인에게 이전할 법적 또는 계약상의 의무를 부담하지 않은 채 수익적 소유자로서 그에 대한 사용·수익권을 향유하고 있었다고 보아야 하므로, 독일 회사가 지급받은 배당에 대하여 한·독 조세조약 제10조 제2항 (가)목의 5% 제한세율이 적용된다고 판단하였다.[304]

대법원은, 룩셈부르크의 집합투자기구인 SICAV와 SICAF가 국내 상장 주식과 채권 등에 투자하여 배당 등의 투자수익을 얻은 사건에서, 위 각 집합투자기구가 배당 등의 수익적 소유자에 해당한다고 판단하였다.[305]

(다) 총수입스왑 등

OECD 모델조약의 주석에 의하면, 소득의 직접적 수취인이 그 소득을 타인에게 이전할 의무가 그 금액의 수취에 달린(dependent on the receipt of th payment) 경우, 수익적 소유자에서 제외될 수 있다.[306] 이에 따르면, 소득의 직접적 수취인이 그 소득을 총수입스왑(total return swap)에 따라 스왑의 상대방에게 이전하여야 하는 경우 수익적 소유자에게 제외된다고 볼 여지가 크다.[307][308] 주식대여약정에 따른 주식의 차용자가 대여자에게 배

---

304) 대법원 2019. 12. 24. 선고 2016두35212 판결 : 과세관청은, 데카펀드가 위 배당소득의 수익적 귀속자이고, 위 펀드가 한·독 조세조약 제10조 제2항 (가)목의 5% 제한세율의 요건인 '직접 소유' 요건에 해당하지 않는다는 이유로, 같은 항 (나)목의 15% 제한세율을 적용하였다.

305) 대법원 2020. 1. 16. 선고 2016두35854 판결 : 그 기초사실 중 주된 부분은 다음과 같다. ① 위 사건 SICAV와 SICAF('SICAV 등')는 다수의 일반투자자들로부터 투자금을 받아 다양한 투자유가증권에 투자하는 것을 사업목적으로 하는 공모형 투자펀드들이다. ② 위 SICAV 등은 투자자들의 지시 없이 자신의 재량과 명의로 투자계약을 체결하거나 투자자산을 취득하였고, 그 투자자들이 아니라 위 SICAV 등이 배당 등의 지급청구권을 행사하였다. 대법원은 위 SICAV 등이 집합투자기구로서 투자자 모집, 투자, 투자수익 분배 등 고유한 경제적 활동을 하였으므로, 배당 등의 수익적 소유자에 해당한다고 보았다. 다만, 대법원은, 위 SICAV 등이 수익적 소유자의 일반적 요건인 '타인(투자자들)에게 이를 다시 이전할 법적 또는 계약상 의무가 있는지' 여부에 대하여는 명시적 판단을 하지 않았다.

306) OECD 모델조약 제10조의 주석 문단 12.4 3문

307) 미국 세법은 총수익스왑을 이용한 조세회피에 대응하기 위하여 명문의 규정을 두고 있다[재무부 규칙 §§ 1.861-2(a)(7), 1.861-3(a)(6) 등]. 제2편 제2장 제1절 4-3. (1) 참조

308) 스위스 연방대법원은 2012년, 덴마크 은행이 스위스 법인의 주식으로 구성되는 기초자산에서 생기는 수익의 전부를 독일 등에 있는 상대방에게 이전하고, 그 대가로 변동이자(LIBOR rate) 등을 받기로 하는 총수입스왑을 체결한 후, 그로 인한 위험을 회피하기 위하여 기초자산인 스위스 법인 주식을 매입하여 스위스 법인으로부터 배당을 받은 경우, 덴마크 은행에 의한 배당의 수령과 총수익스왑의 상대방에 대한 지급 사이에 상호의존성이 있으므로, 덴마크 은행은 위 배당의 수익적 소유자에 해당하지 않는다고 판결하였다. 위 판결에 대하여는 "The Concept of Beneficial Ownership in Tax Treaty Practice", Benjamin Malek (Master Thesis), University of Lausanne (10 January 2018), pp.32~38

당과 동일한 금액(manufactured payment)을 지급할 의무를 부담하는 경우에도 같다.[309]

2-3. 양자조약 및 BEPS 다자조약에 의한 조세조약 혜택의 배제

2-3-1. 주요목적기준(PPT)

(1) 양자조약

1987년 영국과 벨기에 간 조세조약을 필두로 하여 영국, 이탈리아, 벨기에 등의 조세조약에 '조세조약의 혜택을 받기 위한 것이 거래의 주된 목적인 경우 조세조약의 혜택을 부인한다'는 내용이 포함되었다.[310] 이를 주요목적기준(Principal Purpose Test, PPT)이라고 한다.

우리나라도 1996년 영국과 체결한 조세조약에서 주요목적기준을 배당·이자·사용료·기타소득에 관하여 채택하였고,[311] 2002년 독일과 체결한 조세조약에서는 주요목적기준을 위 조세조약 전반에 적용되는 것으로 규정하였다.[312]

대법원은, ① 영국에 설립된 중간지주회사를 한·영 조세조약 제10조 제1항에 따른 배당소득의 수익적 소유자로 판단하면서, 주요목적기준(PPT)을 규정한 위 조약 제10조 제6항[313]과 관련하여 별도로 판단하지 않았다.[314] 대법원은, ② 독일의 투과과세 단체인 합자회사(TMW)가 독일에 2개의 유한회사들(GmbH 1, 2)을 설립한 후 위 유한회사들로 하여금 내국법인의 주식을 취득하고 위 내국법인으로부터 배당금을 받게 한 사건에서, ㉮ TMW를 배당소득의 실질귀속자로 보고,[315] ㉯ TMW가 GmbH 1, 2를 설립하고 그들을

---

309) Katja Dyppel Weber, "Tax Treatment of Dividend Related Payments under Share Loan Agreements", World Tax Journal, 2014, No.2, IBFD, 4.1. ; 이준봉, "주식대여약정과 조세조약의 적용", 사법 38호 (2016년 겨울호), 사법발전재단, 64쪽

310) 주요목적기준의 전개과정에 관하여는, 김범준, "주요 목적 기준(Principal Purpose Test)의 회고와 전망", 조세학술논집 제33집 제3호(2017), 한국국제조세협회, 43쪽 이하

311) 한·영 조세조약 제10조 제6항, 제11조 제10항, 제12조 제7항, 제22조 제4항

312) 한·독 조세조약 제27조 제2항

313) 이 조의 규정은, 배당의 지급원인이 되는 주식 또는 여타 권리의 창설 또는 양도를 통하여 이 조의 혜택을 누리는 것이 동 창설 또는 양도에 관련된 어떤 인의 주된 목적이거나 주된 목적 중의 하나인 경우에는 적용하지 아니한다.

314) 대법원 2016. 7. 14. 선고 2015두2451 판결(Total 사건) ; 위 대법원 판결의 해설인 김정홍, "한·영 조세조약상 배당소득의 실질귀속자", 대법원판례해설 제110호(2017), 231~232쪽은, 이른바 주된 목적 기준은 대법원의 실질과세원칙에 이미 포섭되어 있으므로, 이를 실질귀속자 판단 요소의 하나로 고려하면 충분하다고 한다.

315) 대법원 2015. 5. 28. 선고 2013두7704 판결 ; 대법원 2019. 6. 27. 선고 2016두841 판결(위 2013두7704 판결에 따른 환송 후 원심에 대한 상고심)은, 한·독 조세조약 제27조 제2항이 한·독 조세조약의 해석과 적용에서 실질과세원칙을 배제하는 특별한 규정에 해당하지 않는다고 판시하였다.

통하여 내국법인의 주식을 취득한 후 배당소득을 얻었더라도, 사업운영에 대한 적정한 경제적 이유 없이 한·독 조세조약 제10조 제2항 (나)목의 15% 제한세율 적용을 주요한 목적으로 삼은 것이라고 보기 어렵다는 이유로, TMW에 대하여 위 조세조약 제27조 제2항을 이유로 15%의 제한세율의 적용을 배제할 수 없다고 판단하였다.[316]

(2) BEPS 다자조약

(가) 제정 및 가입의 경위

OECD 2003년 모델조약 제1조의 주석은 '특정한 거래 또는 계약을 체결하는 주된 목적(main purpose)이 더 유리한 과세상 지위를 확보하고 그러한 상황에서 유리한 취급을 받는 것이 관련된 규정의 목적과 취지에 반하는 경우 조세조약의 혜택은 부여되어서는 안된다는 것이 지도적 원리(guiding principle)'라고 보고, 배당·이자·사용료·기타소득에 관한 주요목적기준을 조문화하여 제시하였다.[317][318]

이후 2015년 OECD의 BEPS(Base Erosion and Profit Shifting) Action 6 보고서는, 조약편승을 비롯한 조약남용(treaty abuse)에 대한 대응방안으로 회원국들에게 ① 조세조약을 체결할 때 조세회피의 방지를 희망하고 조약편승을 위한 기회의 창출을 피하기를 원한다는 명확한 언급을 하는 것, ② OECD 모델조약에 조약혜택제한(Limtation Of Benefit, LOB) 또는 주요목적기준(PPT) 조항을 반영할 것을 권고하였다.[319]

이와 함께 2015년 BEPS Action 15[320]에 따라 양자조약 형태로 체결된 회원국들의 조세조약을 일거에 효과적으로 개정하기 위하여 '세원잠식 및 소득이전 방지 목적의 조세조약 관련 조치 이행을 위한 다자조약'(BEPS 다자조약)[321]이 마련되었고, 위 조약은 그것에

---

316) 대법원 2019. 6. 27. 선고 2016두841 판결 ; 위 판결에서 대법원은, 원심이 「GmbH 1, 2가 한·독 조세조약 제10조 제2항 (가)목의 5%의 제한세율을 적용하여야 한다고 주장하는 것은 같은 조약 제27조 제2항에 의하여 허용될 수 없다」고 판단한 것은 옳다고 하였다. GmbH 1, 2는 배당소득의 실질귀속자가 아니라고 판단되었으므로, 위 조약 제27조 제2항의 적용 여부를 따질 필요 없이 GmbH 1, 2에 대하여는 위 조약이 적용될 수 없을 것이다.

317) OECD 2003년 모델조약 제1조의 주석 문단 9.5, 21.4 : "The provisions of this Article shall not apply if it was the main purpose or one of the main purposes of any person concerned with the creation or assingment of the [Article 10: "shares or other rights", Article 11:"debt-claims"; Article 12 and 21: "rights"] in respect of which the [Article 10: "dividend", Article 11:"interest"; Article 12:"royalties" and Article 21: "income"] is paid to take advantage of this Article by means of that creation or assingment"

318) 주요목적기준의 성립과 전개과정에 관하여는 김범준, "주요 목적 기준(Principal Purpose Test)의 회고와 전망", 조세학술논문집 제33집 제3호(2017), 한국국제조세협회, 29~89쪽

319) OECD/G20 Base Erosion and Profit Shifting Project "Preventing the Granting of Treaty Benefits in Inappropriate Circumstances" Action 6: 2015 Final Report p.18 (문단 19) ; 주요목적기준을 조문화한 것은 BEPS Action 6 p.55에 있다.

320) OECD/G20 Base Erosion and Profit Shifting Project "A Mandate for the Development of a Multilateral Instrument on Tax Treaty Measures to Tackle BEPS" Action 6: 2015 Final Report p.18 (문단 19)

서명하는 회원국들 간에 체결된 양자조약에 조약혜택제한(LOB)과 주요목적기준(PPT)[322] 조항이 추가되도록 수정하는 조항[323]을 두었다. 우리나라는 BEPS 다자조약에 가입하면서[324] 주요목적기준(PPT)에 관하여는 적용을 유보하지 않았다.[325] 이에 따라 BEPS 다자조약에 가입하면서 주요목적기준에 대한 적용을 유보하지 않은 국가와 우리나라 간에 체결된 조세조약은, 주요목적기준을 포함하는 것으로 수정되었다.

BEPS 다자조약은 제3장에서 '조약 남용(TREATY ABUSE)'이라는 제호하에 ① 제6조에서는 대상조세협정의 전문(preamble)이 수정되는 것으로 하였고,[326] ② 제7조부터 제11조까지 구체적인 조약 남용에 대처하기 위한 규정을 두고 있다.

(나) BEPS 다자조약 제7조 제1항

BEPS 다자조약 제7조 제1항(주요목적기준)[327]은, 조세조약의 혜택을 얻는 것이 그 혜택을 직접 또는 간접적으로 발생시킨 계약 또는 거래의 주요 목적들 중 하나인 경우, 그 혜택의 부여가 조세조약의 관련 규정의 목적 및 의도에 부합한다는 입증이 없는 한, 조세조약의 혜택은 부여되지 않는다고 규정한다.[328] OECD 모델조약 제29조 제9항은 BEPS 주요목적기준과 같은 내용을 담고 있으므로, OECD 모델조약의 주석을 BEPS 주요목적기준의 해석에 참고할 필요가 있다.

---

321) MULTILATERAL CONVENTION TO IMPLEMENT TAX TREATY RELATED MEASURES TO PREVENT BASE EROSION AND PROFIT SHIFTING. 이하 "BEPS 다자조약"이라 한다.
322) 그 내용은 BEPS Action 6 p.55에 기재된 것과 거의 같다.
323) BEPS 다자조약 제1조 및 제5조 제1항
324) 우리나라는 2017. 6. 7. BEPS 다자조약에 서명하였고, 2020. 5. 13. 그 비준서를 기탁하였다. BEPS 다자조약은 2020. 9. 1. 우리나라에서 효력을 발생하였다. 외교부 사이트의 조약정보(treatyweb.mofa.go.kr) 참조. 한편, 미국은 BEPS 다자조약에 서명하지 않았다.
325) BEPS 협약 중 비준 시 유보된 조항은 다음과 같다. : 제3조(투과과세 단체), 제4조(이중거주단체), 제5조(이중과세방지 방법의 적용), 제8조(배당 이전 거래), 제9조(부동산에서 주로 가치를 발생시키는 단체의 주식 또는 지분의 양도소득) 제1항, 제10조(제3지역에 소재한 고정사업장 남용방지규칙), 제11조(당사국의 자국 거주자 과세권의 제한을 위한 조세협정의 적용), 제12조(위탁대리인 계약 및 유사 기법을 통한 고정사업장 지위의 인위적 회피), 제13조(특정 활동 면제를 통한 고정사업장 지위의 인위적 회피), 제14조(계약의 분할), 제15조(기업과 긴밀히 관련된 인의 정의)(제12조 제4항, 제13조 제6항 가호 또는 다호, 제14조 제3항 가호에 명시된 유보가 적용되는 대상조세협정에 대하여), 제17조(대응조정)
326) 대상조세협정은 다음의 전문 문안을 포함하도록 수정된다.
"탈세 또는 조세회피(제3지역 거주자의 간접 혜택을 위하여 이 협정에 따른 조세감면의 혜택을 얻기 위한 목적의 조약 남용 계약을 이용하는 경우를 포함한다)를 통한 비과세 또는 조세경감의 기회를 창출하지 않고 이 협정의 대상 조세에 대한 이중과세를 방지하고자 하며,"
327) 이하 'BEPS 다자조약 제7조 제1항'과 'BEPS 주요목적기준'을 혼용한다.
328) BEPS 다자조약 제7조 제1항은, 거래의 주요목적들 중 하나가 조세조약의 혜택을 얻는 것인 경우, 그 혜택을 부인하는 조세조약의 규정을 대체하여, 또는 그러한 규정이 없는 경우에 적용된다(BEPS 다자조약 7조 2항).

OECD 모델조약 제29조 제9항[329)에 관한 주석의 주요 내용은 다음과 같다.

제9항은, 제1조의 주석에 있는 지침, 즉, '어떤 거래 또는 약정의 주된 목적들 중 하나가 조세조약의 혜택을 얻기 위한 것이고, 그러한 상황에서 그 혜택을 얻는 것이 조세조약의 관련 규정의 목적과 취지에 반하는 경우, 조세조약의 혜택이 부여되어서는 안 된다'는 것을 반영한다.[330)331)] "혜택"(benefits)의 용어는, 모델조약 제6조부터 제22조까지에 의하여 원천지국에 부과되는 조세상 모든 제한(감세, 과세제외, 이연 또는 환급), 제23조에 의한 이중과세의 구제, 제24조에 의하여 체약국의 거주자들과 국민들에게 인정되는 보호 또는 그 밖의 유사한 제한들을 포함한다.[332)] "그 혜택을 직접적 또는 간접적으로 야기한"의 문구는 의도적으로 넓게 정해진 것이고, 조세조약의 혜택을 주장하는 자가 조세조약의 혜택을 얻는 것이 주된 목적들 중 하나가 아닌 거래와 관련하게 그렇게 하는 상황을 포함하기 위한 것이다.[333)334)] "약정 또는 거래(arrangement or transaction)"의 용어는 넓게 해석되어야 하고, 법적으로 집행가능하든 아니든, 어떤 약정, 양해, 계획, 거래 또는 일련의 거래들을 포함하며, 소득 자체 또는 소득을 발생시키는 자산의 창조, 양도, 취득 또는 이전을 포함한다.[335)] 약정 또는 거래의 목적들이 무엇인지는 그 약정 또는 거래를 둘러싼 모든

---

329) 이하 "제9항"이라 한다.

330) OECD 모델조약 제29조의 주석 문단 169 : 제9항은 위 문장의 바탕에 있는 원리들을 조세조약에 편입시키는데, 이는 국가들이 내국세법상 그렇게 할 수 없는 경우에도 조약의 부적절한 이용의 사례들을 대처할 수 있게 하기 위한 것이고, 국가들이 그 내국세법상 그렇게 할 수 있는 경우에는 그러한 원리들을 확인하는 것이다.

331) OECD 모델조약 제1조의 주석에 의하면, 어떤 거래 또는 계약의 주된 목적이 더 유리한 과세상 지위를 확보하기 위한 것이고 그러한 취급이 조세조약의 관련규정의 목적에 반하는 경우, 조세조약의 혜택이 주어지지 않아야 한다는 것이 지도적 원리(guiding principle)이며, BEPS 다자조약 제7조 제1항과 같은 내용인 OECD 모델조약 제29조 제9항은 이를 단지 확인하는 것이고, 위 원리는 위 조항과 독립적으로 적용된다(OECD 2017년 모델조약 제1조의 주석 문단 61).

332) OECD 모델조약 제29조의 주석 문단 175 : 이는 가령 한 체약국에서 발생하고 다른 체약국의 거주자(제10조, 제11조 또는 제12조의 수익적 소유자)에게 지급된 배당, 이자 또는 사용료와 관련하여 그 원천지국의 과세권에 대한 제한을 포함한다. 그것은 한 체약국에 있는 동산을 다른 체약국의 거주자가 이전하여 발생한 자본이득에 관하여 앞의 체약국의 과세권에 대한 제한을 포함한다. 조세조약이 간주세액공제(tax sparing) 규정을 포함하는 경우 제9항의 규정은 그러한 혜택에도 역시 적용된다.

333) OECD 모델조약 제29조의 주석 문단 176

334) 이와 관련하여 OECD 모델조약 제29조의 주석은 「T국의 거주자인 TCO가 S국의 거주자인 SCO의 모든 주식과 SCO에 대한 채권[이율 4%의 요구불(on demand) 대여금채권 포함]을 취득한 후(T국과 S국 간에는 조세조약이 체결되지 않아서 S국의 내국법에 따라 25%의 원천징수가 이루어짐) TCO의 자회사로서 R국의 거주자인 RCO에게 위 대여금채권을 이전하는 대가로 RCO로부터 이자율 3.9%인 요구불 약속어음을 받은 경우(R국과 S국 간의 조세조약에 따르면, 한 국가의 거주자이고 다른 체약국의 거주자에 의하여 수익적으로 소유되는 자에 의하여 지급되는 이자에 대하여는 원천징수가 배제됨) RCO는 유효한 상업적 이유로 행해진 대여에 따라 R-S 조세조약의 적용을 구하지만, 그 사례의 사실들이 TCO가 위 대여금채권을 RCO에게 이전한 주된 목적이 RCO로 하여금 위 조세조약의 혜택을 얻도록 하기 위한 것이었음을 보여준다면, 그 혜택은 위 대여금의 이전으로부터 간접적으로 야기된 것이므로, 제9항이 위 혜택을 부인하기 위하여 적용된다고 한다(문단 176의 사례).

상황들을 고려하여 개별사안별로만 답변될 수 있는 사실의 문제이다.[336) 제9항의 "주된 목적들 중 하나(one of the principal purposes)"는 조세조약의 혜택을 얻는 것이 특정한 약정 또는 거래의 유일하거나 지배적(우월한) 목적(sole or dominant purpose)일 필요가 없음을 의미한다. 적어도 그 혜택을 얻는 것이 주된 목적들 중 하나이면 충분하다.[337) 계약이 핵심적 상업활동과 불가분적으로 연계되고, 그 형식이 혜택을 고려하여 정해진 것이 아닌 경우, 그 혜택을 얻는 것이 주된 목적으로 판단되기 어려울 것이다.[338)

한편, 제9항의 후단은 조세조약의 혜택이 부인될 수 있는 자에게 그 혜택을 얻는 것이 조세조약의 관련 규정의 목적과 취지에 부합한다는 것을 증명할 가능성을 부여한다.[339) OECD 모델조약의 주석은, 조세조약의 주된 목적이 '국제적 이중과세의 제거를 통하여 재화 및 용역의 교환과 자본 및 인들의 이동을 촉진하는 것'이라고 본다.[340)

OECD 모델조약 제29조의 주석은 제9항에 따라 조세조약의 혜택이 부인되는 경우로 다음의 사례를 든다.

① T국의 거주자인 TCO가 S국의 거주자인 SCO의 주식을 보유하던 중 SCO에 의하여 배당이 결정되었으나 아직 지급되지 않은 상태에서 그 배당에 관한 권리를 R국의 거주자인 RCO에게 양도함으로써 R-S 조세조약의 적용을 받으려고 하는 경우[341)

② 금융회사인 RCO가 TCO로부터, TCO의 자회사인 SCO의 무의결권부 우선주에 대한 3년간의 수익권(usufruct)[342)을 그 수익권의 현재가치에 상당하는 대가로 취득함으

---

335) OECD 모델조약 제29조의 주석 문단 177
336) OECD 모델조약 제29조의 주석 문단 178 : 조세조약의 혜택을 얻기 위한 것이 약정 또는 거래의 주된 목적이라는 것이 쉽게 추정되어서는 안 되고(should not be lightly assumed), 약정 효과의 단순한 검토 (merely reviewing the effects of an arrangement)가 통상적으로 그 목적에 관하여 결론을 도출하도록 하는 것은 아니다.
337) OECD 모델조약 제29조의 주석 문단 180 : 가령, 재산을 판매한 자가, 그 판매 전에 한 체약국의 거주자로 되고, 그렇게 한 주된 목적들 중 하나가 조세조약의 혜택을 얻으려는 것이라면, 가령 재산의 판매를 용이하게 하거나 그 양도의 대가를 재투자하는 것과 같은, 거주지를 변경한 다른 주된 목적들이 있을 수 있다는 사실에도 불구하고, 제9조는 적용될 수 있다.
338) OECD 모델조약 제29조의 주석 문단 181
339) OECD 모델조약 제29조의 주석 문단 170
340) OECD 모델조약 제1조의 주석 문단 54. 제29조의 주석 문단 174는 조세조약의 목적으로 재화와 용역의 선의의 교환(bona fide exchange of goods and services)과 자본과 인들의 이동(movements of capital and persons)과 관련하여 혜택을 부여하기 위한 것을 든다. 그리고 제29조의 주석 문단 182 Example C, D, K, L은 조세조약의 목적이 국제투자를 장려하는 것(to encourage cross-border investment)이라고 본다.
341) OECD 모델조약 제29조의 주석 문단 182 Example (A) ; 이는 네덜란드 법원의 이른바 Royal Dutch 사건을 예시한 것으로 보인다. 네덜란드 대법원은, 네덜란드 법인(Royal Dutch Shell)의 배당결의가 있은 후 그 배당일에 이르기 전에, 룩셈부르크·네덜란드 조세조약의 적용을 받을 수 없는 룩셈부르크 주주가 위 네덜란드 법인의 배당표를 영국법인인 원고에게 배당결의금액의 80%에 매도하고, 원고가 네덜란드 법인으로부터 배당을 지급받은 사건에서, 원고를 영국·네덜란드 조세조약상 배당의 수익적 소유자라고 판단하였다(Hoge Raad 06-04-1994, 28.638 BNB 1994/217c).

로써 그 배당에 관하여 R-S 조세조약의 적용을 받으려고 하는 경우[343]

③ RCO가 SCO로부터 22개월간 수행될 것으로 예상되는 건설공사를 수주한 후 그 공사 중 11개월 부분을 분할하여 새로 설립한 자회사(SUBCO) 명의로 수행하게 함으로써 OECD 모델조약 제5조 제3항의 건설 관련 고정사업장의 12개월 요건을 피하려고 하는 경우[344]

한편, OECD 모델조약의 주석이 조세조약의 혜택이 부인되지 않는 사례로 든 것으로는, 여러 국가에 있는 자회사들의 모회사가 지역회사(regional company)를 설립하여 그 회사로 하여금 계열회사들에게 회계, 법률자문, 금융 및 재무 등 그룹 내 서비스(intra‐group services)를 제공하게 한 경우[345] 등이 있다.

(다) BEPS 다자조약 제7조 제1항과 수익적 소유자 및 실질과세원칙의 관계

① BEPS 다자조약 제7조 제1항과 수익적 소유자

소득의 수익적 소유자라고 하더라도, 그 소득을 수취한 거래의 주요 목적이 조세조약의 혜택을 얻기 위한 것인 경우에는, BEPS 다자조약의 주요목적기준에 따라 조세조약의 혜택이 배제될 수 있다.[346] OECD 모델조약의 주석도, 수익적 소유자에 대하여 조세조약의 남용이 인정되는 경우 조세조약의 혜택이 배제될 수 있다고 하고,[347] 배당의 수익적 소유

---

342) 여기서 "usufruct"는, RCO가 우선주의 주주인 TCO로부터 그가 발행법인인 SCO으로부터 받은 배당금을 다시 이전받을 권리가 아니라, 마치 물건의 소유권 중 일부를 제한물권으로 설정받는 것처럼, TCO가 가지는 우선주의 권능 중에서 그 발행법인인 SCO에게 배당의 지급을 청구할 수 있는 지위를 말하는 것으로 보인다. 이 경우 TCO는 SCO의 우선주에 관한 권리 중 usufruct를 제외한 나머지 부분만을 보유하고, "bare owner"라고 불린다.

343) OECD 모델조약 제29조의 주석 문단 182 Example (B) ; 이는 프랑스 법원의 Royal Bank of Scotland 사건[Vogel/Kemmeren, p.857 문단 91]을 예시한 것으로 보인다.

344) OECD 모델조약 제29조의 주석 문단 182 Example (J)

345) OECD 모델조약의 주석은, T국의 거주자로서 상장법인인 TCO가 5개의 인접한 국가들에 각각 소재한 자회사들의 지분을 소유하고, 그 자회사들은 해당 지역의 시장에서 TCO 그룹의 사업활동을 수행하는 상황에서, TCO가 위 자회사들에게 비금융적 관련 서비스뿐만 아니라 회계, 법률자문, 인적용역과 같은 관리 서비스 및 환위험과 헤지거래와 같은 금융 및 재무 서비스를 포함한 그룹 서비스를 제공하기 위한 지역 회사(regional company)로 R국에 RCO를 설립한 경우, R국과 자회사들의 거주지국인 5개 국 사이에 체결된 조세조약의 혜택을 부인하는 것은 불합리하다고 본다[OECD 모델조약 제29조의 주석 문단 182의 Example (G)]. OECD 모델조약의 주석은 위 사례에서 RCO가 TCO의 자회사들에 대한 중간지주회사인지에 관하여 언급하지 않는다.

346) 주요목적기준은 BEPS 다자조약에 편입되기 전에는 한·영 조세조약 제10조 제6항, 한·독 조세조약 제27조 제2항 등에 규정되었다. 위 규정들은, 수익적 소유자의 요건이 충족된 상황을 전제로 조세조약의 혜택을 박탈하므로, 수익적 소유자 조항에 대한 특칙에 해당하는 면이 있다. 이에 비하여 BEPS 다자조약 제7조 제1항의 주요목적기준은 소득의 귀속자가 수익적 소유자로 규정되지 않은 경우까지 포함하여 조세조약의 전체 규정에 적용됨으로써 그 적용범위가 확장되었다.

347) OECD 모델조약 제10조의 주석 문단 12.5 ; OECD 모델조약의 주석은, 배당의 수익적 소유자가 조세조약을 남용한 경우에 해당하는 예로, 배당의 수령자인 법인의 자본이 그 법인의 거주지국 외의 거주자인

자로 볼 여지가 있는 사안을 조세조약의 혜택이 부인되는 경우로 예시한다.[348]

② BEPS 다자조약 제7조 제1항과 실질과세원칙

㉮ 조세회피목적의 비중 : BEPS 주요목적기준에 따라 조세조약의 혜택을 배제하기 위해서는, 조세조약의 혜택을 얻는 것이 거래의 주요목적들(principal purposes) 중 하나이면 되고, 그것이 거래의 유일하거나 지배적(dominant)인 목적일 필요는 없다.[349] 한편, 대법원 판례는, 실질과세원칙에 따라 소득명의인의 실질귀속자성을 부인하기 위하여, 일반적 법리로는 명의와 실질의 괴리가 조세회피목적에서 비롯된 것이어야 한다고만 판시할 뿐, 전체 거래의 목적 중 조세회피목적의 비중에 관하여 명시적으로 언급하지 않고 있다.[350] 따라서 조세회피목적의 비중에 관하여는 BEPS 주요목적기준과 실질과세원칙에 따른 실질귀속자의 요건을 비교하기 어렵다.

㉯ 조세회피목적(사업목적 부존재)의 증명책임 : 실질과세원칙에 따라 소득 명의인의 실질귀속자 지위를 부인하기 위한 요건의 증명책임은 과세관청에 있으므로,[351] 과세관청이 문제된 거래의 조세회피목적(사업목적의 부존재)을 입증하여야 한다. 이에 비하여 BEPS 주요목적기준의 경우에는, 조세조약의 혜택을 얻는 것이 거래의 주된 목적 중 하나라는 점이 입증되면, 조세조약의 혜택이 부여되기 위하여 '조세조약에 따른 혜택의 부여가 그 관련 규정의 목적 및 의도에 부합'한다는 점이 입증되어야 하고, 그 증명책임은 조세조약 혜택의 부여를 주장하는 납세의무자에게 있게 된다. 따라서 납세의무자가 문제된 거래의 사업목적을 증명하지 못하고 소명하는데 그친 경우,[352] 증명책임의 차이로 인하여 실질과세원칙에 따른 실질귀속자로 인정될 수는 있지만, BEPS 주요목적기준에 따라 조세조약의 혜택이 배제되는 경우가 있을 수 있다.

주주들에 의하여 보유되는 경우를 든다(제10조의 주석 문단 22).

348) OECD 모델조약 제29조의 주석 문단 182 Example (A) ; 위 사례는 Royal Dutch 사건과 유사한데, 네덜란드 대법원은 위 사건에서, 룩셈부르크·네덜란드 조세조약의 적용을 받을 수 없는 룩셈부르크 주주로부터 네덜란드 법인의 배당표를 매입한 영국 법인을 배당의 수익적 소유자로 판단하였다(Hoge Raad 06-04-1994, 28.638 BNB 1994/217c)[2-3-2.의 (3) 참조]. 그러나 위 사안은 BEPS 다자조약 제7조 제1항에 따라 조세조약의 혜택이 부인되는 경우에 해당할 여지가 있다.

349) OECD 모델조약 제29조의 주석 문단 106, 180

350) 대법원 판결 중에는 명의와 실질의 괴리가 ① '오로지' 조세회피 목적에서 비롯되었다고 판단하거나(대법원 2015. 11. 26. 선고 2013두25399 판결) 반대로 ② '오로지' 조세회피 목적에서 비롯된 것으로 볼 수 없다고 판단한 예(대법원 2013. 7. 11. 선고 2010두20966 판결)가 있다.

351) 대법원 2014. 5. 16. 선고 2011두9935 판결, 대법원 2017. 10. 26. 선고 2015두53084 판결

352) 증명(證明)은 어느 사실의 존부에 관하여 법관으로 하여금 확신을 얻게 하는 입증행위 또는 그로 인하여 법원이 얻은 심증의 확신상태를 말하고, 소명(疎明)은 증명에 비하여 한 단계 낮은 개연성, 즉 대개 그럴 것이라는 추측 정도의 심증을 얻게 하는 입증행위 또는 그로 인하여 법원이 얻은 심증의 상태를 말한다. 법원실무제요 민사소송 Ⅲ. 개정판, 법원행정처(2014), 5쪽

㉡ 그러므로 BEPS 주요목적기준은 실질과세원칙에 따른 실질귀속자의 요건과 상당한 정도로 유사하지만, 반드시 동일하지 않고, 소득 명의인에 대한 조세조약의 적용을 배제하는 효과 면에서 후자보다 더 넓다고 볼 여지가 있다.[353]

한편, 대법원은, BEPS 주요목적기준과 유사한 내용을 규정한 한·독 조세조약 제27조 제2항은, 한·독 조세조약의 해석과 적용에서 실질과세원칙을 배제하는 특별한 규정에 해당하지 않는다고 판시하였다.[354] 이는 위 조항을 근거로 실질과세원칙의 적용을 배제해서는 안 된다는 의미로 보이고, 반대로 실질과세원칙에 따른 실질귀속자에 대하여는 당연히 한·독 조세조약 제27조 제2항에 따른 조세조약 혜택의 부인이 적용되지 않는다는 의미로 보이지는 않는다.

2-3-2. 조약혜택의 제한(LOB)

(1) 양자조약

미국은, 1971년의 Aiken 사건[355] 이후 조약편승(treaty shopping)에 대처하기 위하여 1977년 미국 모델조약에 조약혜택제한(Limitation On Benefits, LOB) 조항을 두고 이를 조세조약에 반영하는 정책을 견지하여 왔다. 이에 따라 한·미 조세조약 제17조는 일정한 요건하에 위 조약의 혜택이 인정되지 않음을 규정한다.[356][357]

---

353) 송동진, 앞의 글, 447~451쪽 ; 이창희, 국제조세법(2020), 196쪽은, OECD 모델조약 제29조 제9항에 따른 조세조약 혜택 부인의 요건이 실질과세와 다른 기준이 아니라고 본다.

354) 대법원 2019. 6. 27. 선고 2016두841 판결

355) Aiken Industries v. C.I.R. [56 T.C. 925 (1971)]

356) 타방 체약국 내의 원천으로부터 배당, 이자, 사용료 또는 양도소득을 발생시키는 일방 체약국의 법인은, (a) 특별조치(special measures)에 의한 이유로, 위 배당 등에 대하여 위 일방 체약국(법인의 거주지국)이 법인에 대하여 부과하는 조세가, 위 일방 체약국이 법인의 소득에 대하여 일반적으로 부과하는 조세보다 실질적으로 적고, (b) 위 법인의 자본의 25% 이상이 위 일방 체약국의 거주자(한국법인의 경우에는 미국시민)가 아닌 1인 이상의 인에 의하여 직접적 또는 간접적으로 소유되는 것으로 등록되어 있거나, 양 체약국의 권한 있는 당국 간의 협의를 거쳐 달리 결정되는 경우에는, 한·미 조세조약 제12조(배당), 제13조(이자), 제14조(사용료) 또는 제16조(양도소득)상의 혜택을 받을 권리를 갖지 않는다(한·미 조세조약 17조).

357) 한·미 조세조약 제17조는 조약편승을 방지하기 위한 것인데, 그 문언상 한국 법인의 주식 25% 이상을 가진 인이 미국 시민(개인)이 아니면 미국 법인인 경우에도 위 조항의 적용대상에 포함되도록 되어 있다. 이에 따라 미국 법인인 Transocean Gulf Oil Company가 ㈜대한석유회사의 주식을 내국법인에게 양도하여 얻은 소득에 대하여, 조약편승과 별다른 관련이 없는 것으로 보임에도, 한·미 조세조약의 혜택이 인정되지 않은 사례(대법원 1984. 2. 14. 선고 82누177 판결)가 있다[이태로·한만수, 조세법강의(2018), 1160쪽 ; 이창희, 국제조세법(2020), 232쪽 주) 205].

(2) BEPS 다자조약

BEPS 다자조약 제7조 제8항 내지 제14항은 간소화된 혜택의 제한(Limitation on Benefits)을 규정한다.[358] 이에 따르면, 체약국의 거주자가 조세조약의 혜택을 받기 위해서는, 개인이나 상장회사 등의 적격인(qualified person)이거나(BEPS 다자조약 7조 8항, 9항), 적격인이 아닌 경우에는 일정한 요건을 충족하여야 한다(BEPS 다자조약 7조 10항 내지 12항). 위 규정이 조세조약에 적용되려면, 양 체약국이 모두 그 적용을 선택하여야 하는데(BEPS 다자조약 7조 6항, 17항 나호), 우리나라는 현재 그 적용을 선택하지 않은 상태이다.

---

358) 그 내용은 미국 모델조약 제22조와 대체로 같다.

제3장

외국법인의 국내원천소득

1 일반론

1-1. 소득의 원천지와 구분

1-1-1. 소득의 원천지 결정 및 구분의 필요성

외국법인은 국내원천소득에 한하여 법인세 납세의무를 진다(법 2조 1항 2호). 따라서 외국법인의 소득을 과세하기 위해서는 그것이 국내에 원천을 둔 것인지 여부의 판단기준, 즉 원천지 규정(source rule)이 필요하다. 그리고 소득의 종류별로 과세방법, 적용세율 및 특례의 적용 여부가 다르기 때문에, 외국법인의 소득이 어떤 소득인지 구분할 필요가 있다.

법인세법 제93조는 외국법인의 국내원천소득과 그 구분에 관하여 규정한다. 이는 단순한 원천지 판단기준 및 소득의 구분에 관한 조문이 아니라, 과세대상소득의 범위를 결정하는 제한적·열거적인 규정으로 해석하여야 한다.[1] 따라서 외국법인의 소득이 우리나라와

---

[1] 김완석·황남석, 법인세법론(2021), 893쪽, 이태로·한만수, 조세법강의(2018), 1084쪽, 임승순, 조세법 (2020), 1231쪽 및 2007. 12. 31. 개정되기 전의 구 법인세법 제93조에 관한 서울고등법원 2012. 5. 2. 선고 2011누40327 판결(대법원 2012. 9. 13. 선고 2012두11737 판결로 상고기각)도 같다. 국세청, "2020 비거주자·외국법인의 국내원천소득 과세제도 해설"(2020. 12.), 31쪽 ; 이에 대하여 이창희, 세법강의(2020), 713쪽은 법인세법 제93조가 국내원천소득의 구분에 관한 조문이고 국내원천소득의 종류를 열거한 것이 아니라고 한다[이창희, 국제조세법(2020), 46쪽도 같다]. ; 법인세법 제92조 제1항이 국내사업장의 소득금액 계산에 관하여 내국법인의 순자산증가설에 의한 소득금액 계산규정인 같은 법 제15조 제1항을 준용하는 점을 고려하면, 국내에 원천이 있는 외국법인의 소득은 법인세법 제93조 각 호에 규정되지 않은 것이라도 국내사업장의 국내원천소득의 총합계액(법 92조 1항)에 포함된다고 생각할 여지가 일부 있다. 그러나 법인세법 제93조에서 규정하는 국내원천소득의 '구분'은 국내원천소득의 '범위'와 무관할 수 없고 오히려 그것을 간접적으로 결정하므로, 위 규정의 문언만으로는 위 규정의 구분에 포함되지 않는 외국법인의 국내원천소득도 과세할 수 있다는 취지로 보기 어렵다. 외국법인의 국내원천소득이 법인세법 제93조 각 호에 규정되지 않은 종류의 소득도 포함하도록 정하는 것도 입법론으로 가능하지만, 이는 국내원천소득의 범위에 관한 우리 세법상 중대한 전환이므로, 그렇게 하려면 더 명확하게 규정할 필요가 있다(가령 '외국법인의 국내원천소득은 법인세법 제93조 각 호에 규정된 것에 한정되지 않는다.').

관련된 것이더라도 법인세법 제93조에 규정된 소득에 해당하지 않으면 법인세 과세대상이 아니다.

1-1-2. 법인세법과 조세조약의 관계

국가의 과세권은 주권(主權)의 일부로서 헌법과 국내세법에 의하여 창설되고, 조세조약은 일반적으로 그러한 과세권을 배제 또는 제한하는 기능을 한다. 조세조약은 기본적으로 체약국의 과세권을 소극적으로 부인(否認)하는 규범이므로, 조세조약에 소득의 범위나 원천지에 관한 규정이 있는 경우에도, 그 규정은 원칙적으로 과세권의 배제·제한을 위한 요건에 불과할 뿐이다.[2]

따라서 문제되는 소득이 조세조약상 개별 규정의 적용대상에 해당하지 않는 경우, ① 조세조약에 그 개별 규정에 포함되지 않은 기타소득에 대한 원천지국의 과세권을 배제하는 규정[3]이 있는 경우에는, 원천지국의 과세권이 배제되지만, ② 한·미 조세조약과 같이 그러한 규정이 없는 경우에는 원천지국의 과세권은 그 조세조약의 영향을 받지 않는다.

한편, 조세조약상 외국법인의 어떤 소득에 관하여 원천지국인 우리나라의 과세권이 인정되더라도, 우리나라 법인세법상 그 소득이 과세대상에 해당하지 않는 경우에는, 그 소득은 우리나라에서 과세되지 않는다. 원칙적으로 조세조약은 이미 존재하는 체약국의 과세권을 배제하거나 제한할 뿐이고, 당초 존재하지 않았던 과세권을 새로 창설하는 것이 아니기 때문이다.

이와 같이 국내세법과 조세조약은 서로 기능을 달리하므로, 조세조약이 국내세법의 특별법 지위에 있게 되는 것은, 원칙적으로 조세조약의 소극적·부인적 기능(과세권의 배제·제한)이 발휘되는 범위 내에 한정된다. 따라서 소득의 구분 및 원천지와 관련하여 법인세법과 조세조약은 별개의 단계 및 영역에서 적용되므로, 별도의 규정이 없는 한 원칙적으로 서로 영향을 미치지 않는다.[4]

대법원은, 싱가포르 법인(DBS 은행)의 국내지점이 싱가포르 본점으로부터 차입한 금액에 대하여 지급한 이자 중 국조법상 과소자본세제에 따라 손금불산입된 금액이 배당으로

---

2) 조세조약과 국내세법의 관계에 관하여는 제2장 1-2-2. 참조
3) OECD 모델조약 제21조 제1항, 한·일 조세조약 제22조 제1항, 한·중 조세조약 제22조 제1항, 한·독 조세조약 제21조 제1항
4) 정광진, "국내 미등록 특허의 사용대가와 한미 조세조약상 국내원천 사용료소득"(2012두18356), 대법원판례해설 제102호(2015), 73~74쪽은, 일반적으로 조약은 국내법에 대한 특별법의 지위에 있으므로, 구 국조법 제28조가 국내원천소득의 구분에 관하여 조세조약이 우선 적용된다고 규정한 것은 명문의 규정이 없더라도 해석론상 인정될 수 있는 내용이라고 한다. 그러나 내국세법과 조세조약에 별도의 규정이 있지 않는 한, 원칙적으로 조세조약의 소득구분은 국내세법의 소득구분에 영향을 미치지 않는다고 보아야 한다.

소득처분된 사건에서, 위 손금불산입된 이자는 국내세법상 국내원천 배당소득이지만 한·싱가포르 조세조약상 이자소득에 해당한다고 판단하였다.[5]

한편, 법인세법과 조세조약이 서로 상대방의 내용을 고려하는 별도의 규정을 두고 있는 경우에는 그에 따라 처리된다. ① 가령 법인세법은, 외국법인의 국내원천 사업소득이 '조세조약에 따라 국내원천사업소득으로 과세할 수 있는 소득을 포함한다'고 규정한다(법 93조 5항). ② 그리고 OECD 모델조약 및 그에 따라 체결된 조세조약들은 '배당을 지급하는 법인이 거주자인 체약국 법에 의하여 주식으로부터 발생하는 소득과 과세상 동일한 취급을 받는 소득'을 배당으로 규정한다.[6]

📖 구 국조법 제28조의 해석

2018. 12. 31. 개정 전의 구 국조법 제28조는 "비거주자 또는 외국법인의 국내원천소득의 구분에 관하여는 「소득세법」 제119조 및 「법인세법」 제93조에도 불구하고 조세조약이 우선하여 적용된다."고 규정하였다. 위 규정은 ① 조세조약상 국내원천소득의 구분은 법인세법상 국내원천소득의 구분과 별개로 행해져야 한다는 의미로 해석하거나[7] ② 국내세법상 소득의 구분과 조세조약상 소득의 구분이 서로 다른 경우 전자는 후자에 따라야 한다는 의미로, 그리고 그 범위로 국한하여 해석하여야 할 것이다.

그런데 대법원 판결 중에는, 위 규정의 의미를 ㉮ 조세조약이 외국법인의 소득의 구분(성질결정)을 넘어서 원천지의 판단기준으로까지 우선 적용되어야 한다는 의미로 해석한 것[8]이 있는가 하면, ㉯ 위 ①과 같이 조세조약상 소득구분이 국내세법상 소득구분에 영향을 미치는 것은 아니라고 본 것[9][10]도 있다.

구 국조법 제28조는 일본 소득세법 제162조 및 법인세법 제139조를 일부 참고한 것으로 보인다. 그런데, 일본 소득세법 제162조 및 법인세법 제139조는 '조세조약에 국내원천소득에 관한 전(前)조(일본 소득세법 제161조, 법인세법 제138조)의 규정과 다른 규정이 있는 경우에는, 그 조약의 적용을 받

---

5) 대법원 2018. 2. 28. 선고 2015두2710 판결 : 위 사건에서 원고 은행의 국내지점이 싱가포르 본점으로부터 차입한 금액 중 출자지분의 6배를 초과한 부분의 지급이자('과소자본 이자')가 조특법 제21조의 국제금융거래에 따른 '이자소득'으로서 법인세 면제의 대상인지가 문제되었다. 대법원은, 조세조약 소득구분이 국내세법상 소득구분에 영향을 미치지 않음을 전제로, 과소자본이자가 한·싱가포르 조세조약상 배당소득이 아닌 이자소득에 해당하지만, 구 법인세법 제93조 제2호의 국내원천 배당소득(국조법 제14조에 따라 배당으로 처분된 금액)에 해당하므로, 조특법 제21조에 따라 법인세가 면제되는 이자소득에 해당하지 않는다고 판단하였다. 위 판결에 대한 해설로는 곽상민, "과소자본세제에 따른 본·지점 간 초과이자에 대한 배당간주와 조세조약상 소득구분", 대법원판례해설 제116호(2018), 85~101쪽

6) OECD 모델조약 제10조 제3항 : 한·일 조세조약 제10조 제3항, 한·캐나다 조세조약 제10조 제3항

7) 이창희, 세법강의(2020), 715쪽 주) 35 ; 황남석, 앞의 글, 236쪽 ; 김정홍, "국제조세조정법 제28조의 삭제에 관한 소고", 계간세무사(2018년 가을호)(158호), 25쪽

8) 대법원 2014. 11. 27. 선고 2012두18356 판결

9) 대법원 2018. 2. 28. 선고 2015두2710 판결 ; 대법원은 위 판결 이후에도 여전히 국조법 제28조를 조세조약이 국내세법상 국내원천소득의 범위까지 결정하는 취지로 해석하였다(2018. 12. 27. 선고 2016두42883 판결).

10) 김정홍, 앞의 글, 27쪽은, 대법원 2018. 2. 28. 선고 2015두2710 판결이 구 국조법 제28조의 바른 해석임을 전제로, 구 국조법 제28조가 불필요한 해석상 논란을 유발하지 않도록 2018. 12. 31. 삭제된 것이라고 한다.

는 법인의 국내원천소득은 그 조약에 정하는 바에 따른다. 이 경우 그 조약이 동(同)조 제2호부터 제10호까지의 규정을 대신하여 국내원천소득을 정하고 있는 때에는, 이 법률 중에 그 호에서 규정하는 사항에 관한 부분의 적용에 관하여는, 그 조약에 의하여 국내원천소득으로 되는 것을 이에 대응하는 이들 호에서 드는 국내원천소득으로 본다.'고 규정한다. 이와 같이 일본 소득세법 제162조 및 법인세법 제139조는 국내원천소득에 관하여 조세조약이 일본 세법을 대체하는 것처럼 정하여, 조세조약의 국내세법에 대한 침투범위를 매우 포괄적으로 넓게 규정한다. 이는 비교법적으로 매우 드문 예인데, 일본의 학자들은 위 규정의 효력이 소득의 원천지결정뿐만 아니라 소득의 정의, 소득의 구분은 물론 과세권 배분에까지 미치는 것으로 해석한다고 한다.[11] 그러나 구 국조법 제28조는 조세조약이 우선 적용되는 범위를 '국내원천소득의 구분'으로 한정함으로써 일본 세법과 다른 입장을 취하므로, 위와 같은 일본 세법의 해석론을 곧바로 우리 구 국조법 제28조의 해석론으로 사용할 수는 없다.[12]

1-2. 외국법인 국내사업장(고정사업장)의 세법상 지위

(1) 국내사업장의 법인세법상 취급

(가) 국내사업장에 귀속하는 소득의 과세

외국법인의 국내사업장은 사법상 독립한 권리·의무의 주체가 아니지만, 세법상 때로는 마치 별개의 법인인 것처럼 취급된다. 외국법인의 국내사업장에 귀속하는 국내원천소득은 합산되어, 내국법인의 소득과 같은 방법으로 종합과세된다(법 92조 1항 본문). 위 경우, 국내사업장과 국외의 본점 및 다른 지점 간 내부거래에 따른 국내원천소득의 금액은 정상가격에 의하여 계산된다(시행령 130조 1항).

(나) 외국법인의 국내지점과 본점 간 내부거래와 본점의 국내원천소득 여부

외국법인의 국내지점이 본점과의 내부거래에 따라 본점에게 이자 등 금액을 이전한 경우, 이는 사법상 단일한 법적 실체 내부의 자금이동이므로, 이를 세법상 본점의 과세대상 소득으로 취급하기 위해서는 원칙적으로 명문의 규정이 있어야 할 것이다.[13] 지점세 규정(법 96조)은 외국법인의 국내지점과 본점 간 자금이동이 본점의 과세대상 소득을 구성하지 않음을 전제로 한 것이다.[14]

---

11) 황남석, 앞의 글, 227~228쪽
12) 대법원 2014. 11. 27. 선고 2012두18356 판결은 구 국조법 제28조를 실질적으로 일본 소득세법 제162조 및 법인세법 제139조과 같이 해석하는 것인데, 이는 구 국조법 제28조의 문언을 넘어서는 해석으로서 그 타당성은 의문스럽다.
13) 대법원 1985. 11. 12. 선고 83누40 판결은, 구 법인세법(1979. 12. 28. 개정되기 전)하에서, 원고인 외국은행의 국내지점과 본점 사이에 내부 이자가 수수된 경우, 이는 대외적 거래에 의하여 발생하는 수익이 아니므로 외국법인의 국내원천소득 계산상 익금 또는 손금으로 볼 수 없다고 판단하였다.
14) 지점세에 관하여는 제4장 2-4. 참조

외국법인의 국내지점이 본점에게 이자 명목으로 이전한 금액 중 과소자본세제에 따라 손금불산입되어 본점에 대한 배당으로 처분된 금액은, 본점의 국내원천 배당소득에 해당한다(법 93조 2호 마목, 국조법 22조, 국조법 시행령 49조).

그러한 명문의 규정이 없는 경우에는 외국법인의 국내지점이 본점에게 이전한 금액을 본점의 국내원천소득으로 취급하기 어렵다. 따라서 외국법인 국내지점이 본점에게 노하우 등의 사용료 명목으로 지급한 금액은 본점의 국내원천 사용료소득에 해당하지 않는다.[15] 한편, 외국은행 국내지점은 본점과의 내부거래에 따라 부담한 이자비용을 국내지점의 손금에 산입할 수 있지만(시행령 130조 2항), 위 규정이 외국은행 본점의 국내원천 이자소득을 인정하는 근거로 될 수 있는지는 불분명하다.[16]

(다) 소득원천지의 기준

외국법인이 지급한 이자소득·선박등임대소득 등이 그 국내사업장과 관련된 경우 국내원천소득에 해당한다(법 93조 1호, 4호). 위 경우 외국법인의 국내사업장은 소득의 원천지를 인정하기 위한 근거로 기능한다.

(2) 고정사업장의 조세조약상 취급

외국법인의 고정사업장은 조세조약상 그 소재지국이 해당 외국법인의 사업소득에 대한 과세권을 행사하기 위한 요건이다.[17] 고정사업장의 소재지국은 그 고정사업장에 귀속하는 외국법인의 소득에 대하여 제한세율을 적용받지 않고 과세권을 행사할 수 있다.

대법원은, 외국은행 국내지점이 본점에 이자 명목으로 교부한 금액이 조세조약상 이자소득에 해당한다고 판단하였으나,[18] 그 타당성은 의문스럽다. 일반적으로 외국법인의 고정사업장이 본점에 지급한 금액은 조세조약상 소득에 해당한다고 보기 어려울 것이다.[19]

외국법인의 고정사업장에 귀속하는 소득 중 그 거주지국의 다른 거주자로부터 지급받은 이자소득 등은, 그 거주지국과 고정사업장의 소재지국 간의 조세조약상 그 거주지국의 원

---

15) 서울행정법원 2021. 5. 14. 선고 2019구합84147, 2020구합67674(병합) 판결, 서울고등법원 2022. 1. 28. 선고 2021누46157, 46164(병합) 판결, 대법원 2022. 6. 30. 선고 2022두38045 판결(심리불속행)

16) 3−1−2. 참조 ; 송동진, "외국은행 국내지점이 본점에게 지급한 이자의 국내세법 및 조세조약상 취급", 조세학술논집 제37집 제3호, 한국국제조세협회(2021), 113~115쪽

17) OECD 모델조약 제7조 제1항

18) 대법원 2018. 2. 28. 선고 2015두2710 판결, 대법원 2022. 5. 12. 선고 58332 판결

19) 송동진, 앞의 글, 124쪽 이하 ; 외국은행 국내지점이 본점에게 교부한 이자비용을 손금으로 인정한다고 하여 반드시 그 이자를 본점의 국내원천소득으로 보아야 하는 것은 아니다. OECD 모델조약의 주석은, '분리되고 독립한 기업의 가정에 따라 기업의 고정사업장과 그 기업의 다른 부분 간의 내부거래로 인한 이자 등이 고정사업장의 소득계산에서 공제될 수 있지만, 이는 조세조약상 소득이 지급된 것을 의미하지 않는다'고 본다(OECD 모델조약 제7조의 주석 문단 28).

천소득으로 취급되지 않는다.[20] 한편, 외국법인이 제3국의 거주자로부터 지급받은 소득이 고정사업장에 귀속하는 경우, 그 고정사업장은 그 거주지국과 제3국 간의 조세조약상 그 거주지국의 거주자에 해당하고, 제3국과 그 소재지국의 조세조약상 그 소재지국의 거주자에 해당하지 않는다.[21] 외국법인의 고정사업장은 그 나머지 부분과 구분되는 별개의 인 (person)이 아니기 때문이다.

고정사업장은 조세조약상 이자소득의 원천지를 결정할 때 지급자로 취급된다.[22]

2 사업소득

2-1. 법인세법상 국내원천 사업소득

2-1-1. 국내의 사업에서 발생하는 소득

외국법인이 국내에서 영위하는 사업(소득세법 19조)[23]에서 발생하는 소득(조세조약에 따라 국내원천 사업소득으로 과세할 수 있는 소득을 포함한다)으로서 법인세법 시행령 제132조 제2항 각 호에 규정된 것은 국내원천 사업소득이다(법 93조 5호 본문, 시행령 132조 2항). 다만, 국내원천 인적용역소득은 국내원천 사업소득에서 제외된다(법 93조 5호 단서).[24]

---

20) 2-2-3-1. (5) (나) 참조
21) 2-2-3-1. (5) (가) 참조
22) OECD 모델조약 제11조 제5항 2문
23) 소득세법 제19조의 사업소득에 해당하기 위해서는, 영리를 목적으로 독립된 지위에서 계속·반복적으로 하는 활동에서 발생한 소득이어야 한다(대법원 2017. 7. 11. 선고 2017두36885 판결). 법원은, A가 C 등 11개 은행으로부터 610억 원을 대출받고 그 원리금채무의 담보를 위하여, 신탁업자인 원고와 사이에 C 등을 1순위 우선수익자로 하는 부동산담보신탁계약을 체결한 후, C 등이 F조합 등에게, F조합 등이 H 회사에게, H 회사 등이 영국령 버진아일랜드 법인인 I에게 순차로 각각 위 대출금채권 및 우선수익권을 631억 1,000만 원에 양도하였고, 원고가 위 부동산을 다른 신탁회사에 700억 원에 매도한 후 위 대금 중 신탁사무처리비용을 제외한 나머지 690억 원을 우선수익자인 I에게 지급한 사건에서, I가 위 대출금채권 및 우선수익권을 취득한 것은 계속적·반복적인 투자활동에 따른 것이라기보다는 일회적 행위에 해당하므로, 원고는 I에게 사업소득이 아니라 이자소득을 지급한 것이고, 법인세법 98조 제1항에 따라 원천징수의무를 부담한다고 판단하였다[서울행정법원 2019. 9. 24. 선고 2018구합68476 판결, 서울고등법원 2021. 7. 21. 선고 2019누62316 판결(항소기각), 대법원 2021. 12. 16. 선고 2021두49505 판결(심리불속행)].
24) 국내원천 인적용역소득에 관하여는 별도로 법인세법 제93조 제6호가 규정한다.

(1) 재고자산의 양도소득

(가) 재고자산을 국내에서 양도하는 경우

외국법인이 재고자산을 국내에서 양도하여 얻은 소득은 국내원천 사업소득이다(시행령 132조 2항 1, 2호). 재고자산의 **양도장소**를 결정할 때, ① 재고자산이 양수자에게 인도되기 직전에 국내에 있거나 또는 양도자인 외국법인의 국내사업장에서 행하는 사업을 통하여 관리되고 있는 경우, ② 재고자산의 양도에 관한 계약이 국내에서 체결된 경우, ③ 재고자산의 양도에 관한 계약을 체결하기 위하여 주문을 받거나 협의 등을 하는 행위 중 중요한 부분이 국내에서 이루어지는 경우, 그 재고자산은 국내에서 양도된 것으로 취급된다(시행령 132조 5항).

외국법인의 재고자산 **양도소득**은 다음과 같이 계산된다(시행령 132조 2항 1, 2호).

① 국외에서 양도받은 재고자산을 국외에서 제조·가공·육성 기타 가치를 증대시키기 위한 행위(제조 등")를 하지 않고 이를 국내에서 양도하는 경우[25] : 그 국내에서의 양도에 의하여 발생하는 모든 소득

② 국외에서 제조 등을 한 재고자산을 국내에서 양도하는 경우[26] : 그 양도에 의하여 발생하는 소득 중 국외에서 제조 등을 행한 타인으로부터 **통상의 거래조건**[27]에 따라 그 재고자산을 취득하였다고 가정할 때 이를 양도하는 경우[28] 그 양도에 의하여 발생하는 소득

(나) 국내에서 제조 등을 한 재고자산을 국외에서 양도하는 경우

외국법인이 국내에서 제조 등을 한 재고자산을 국외에서 양도하는 경우,[29] 그 양도에 의하여 발생하는 소득 중 국내에서 제조한 당해 재고자산을 국외의 타인에게 **통상의 거래조건**에 따라 양도하였다고 가정할 때 그 국내에서 행한 제조 등에 의하여 발생하는 소득은 국내원천 사업소득이다(시행령 132조 2항 3호).

(2) 국외에서 건설·설치·조립 기타 작업에 관하여 계약을 체결하거나 필요한 인원이나 자재를 조달하여 국내에서 작업을 시행하는 경우

외국법인이 국외에서 건설·설치·조립 기타 작업에 관하여 계약을 체결하거나 필요한

---

25) 당해 재고자산에 대하여 국내에서 제조 등을 한 후 양도하는 경우를 포함한다.
26) 당해 재고자산에 대하여 국내에서 제조 등을 한 후 양도하는 경우를 포함한다.
27) 통상의 거래조건은, 해당 외국법인이 재고자산 등을 국조법 제8조 및 국조법 시행령 제5조부터 제16조까지의 규정에 따른 방법을 준용하여 계산한 시가에 의하여 거래하는 것을 말한다(시행규칙 65조 1항).
28) 국내에서 제조 등을 한 후 양도하는 경우를 포함한다.
29) 당해 재고자산에 대하여 국외에서 제조등을 한 후 양도하는 경우를 포함한다.

인원이나 자재를 조달하여 국내에서 작업을 시행하는 경우에는, 당해 작업에 의하여 발생하는 모든 소득이 국내원천 사업소득이다(시행령 132조 2항 4호).

(3) 국내 및 국외에 걸쳐 손해보험 또는 생명보험사업을 영위하는 경우

외국법인이 국내 및 국외에 걸쳐 손해보험 또는 생명보험사업을 영위하는 경우에는, 당해 사업에 의하여 발생하는 소득 중 국내에 있는 당해 사업에 관한 영업소 또는 보험계약의 체결을 대리하는 자를 통하여 체결한 보험계약에 의하여 발생하는 소득이 국내원천 사업소득이다(시행령 132조 2항 5호).

(4) 방송사업 등을 하는 외국법인이 국내 및 국외에 걸쳐 광고사업을 하는 경우

출판사업 또는 방송사업을 영위하는 외국법인이 국내 및 국외에 걸쳐 타인을 위하여 광고에 관한 사업을 행하는 경우에는, 당해 광고에 관한 사업에 의하여 발생하는 소득 중 국내에서 행하는 광고에 의하여 발생한 소득이 국내원천 사업소득이다(시행령 132조 2항 6호).

(5) 국내 및 국외에 걸쳐 선박 또는 항공기에 의한 국제운송업을 하는 경우

(가) 선박 또는 항공기에 의한 국제운송업

외국법인이 국내 및 국외에 걸쳐 선박에 의한 국제운송업을 영위하는 경우, 국내에서 승선한 여객이나 선적한 화물에 관련하여 발생하는 수입금액을 기준으로 하여 판정한 그 법인의 국내업무에서 발생하는 소득이 국내원천 사업소득이다(시행령 132조 2항 7호).[30]

여기의 '선박에 의한 국제운송업'에는, 선원이 승무하고 항해장비를 갖춘 선박을 사용하게 하는 **정기용선계약**(상법 842조)과 **항해용선계약**(상법 827조)이 포함된다. 그러나 선박만을 임대하는 선체용선(나용선)계약(상법 847조)은 그에 포함되지 않고, 선박등임대소득(법 93조 4호)에 해당한다. 행정해석도 같은 취지이다.[31] 정기용선계약의 형식으로 체결된 용선계약이 실질적으로 선체용선계약인 경우, 그 대가는 사업소득이 아닌 선박등임대소득에 해당한다.[32]

---

30) 우리나라가 체결한 대부분의 조세조약에서는 선박에 의한 국제운송에서 발생하는 소득이 사업소득과 별개의 항목인 국제운수소득으로 규정되어 있다.

31) 국제조세 집행기준 93-132-1

32) 서울고등법원 2022. 5. 11. 선고 2021누30374 판결 : 원고 법인(대우조선해양)이 싱가포르 법인으로부터 용선한 선박과 관련하여 선장, 해기사 및 선원에 대한 교체요구권을 행사하는 등의 방법으로 그 지휘·감독권을 선주로부터 이전받아 실질적으로 행사하였다고 보았다(대법원 2022두46046호로 상고심 계속 중).

외국법인이 국내 및 국외에 걸쳐 항공기에 의한 국제운송업을 영위하는 경우, 국내에서 탑승한 여객이나 적재한 화물과 관련하여 발생하는 수입금액과 경비, 국내업무용 유형·무형자산의 가액이나 그 밖에 그 국내업무가 해당 운송업에 대한 소득의 발생에 기여한 정도 등을 고려하여, 기획재정부령(시행규칙 66조)으로 정하는 방법에 따라 계산한 그 법인의 국내업무에서 발생하는 소득이 국내원천 사업소득이다(시행령 132조 2항 8호).[35]

(나) 상호주의 면세

선박이나 항공기의 외국 항행으로 인하여 소득(시행규칙 62조)[36]을 얻은 외국법인의 본점 또는 주사무소가 있는 국가가, 우리나라 법인이 운용하는 선박이나 항공기의 외국항행으로 인하여 얻은 소득에 대하여 과세를 면제하는 경우에는, 그 외국법인의 해당 소득은, 그

---

33) 2007. 8. 3. 개정되기 전의 구 상법은 이른바 나용선(裸傭船)계약에 대하여 "선박임대차"라는 명칭을 사용하였으나(구 상법 765조), 2007. 8. 3. 개정된 이후의 상법은 이를 "선체용선계약"이라는 용어로 규정한다(상법 847조).

34) 대법원 1999. 2. 5. 선고 97다19090 판결, 대법원 2019. 7. 24. 자 2017마1442 결정

35) 우리나라가 체결한 대부분의 조세조약에서는 항공기에 의한 국제운송에서 발생하는 소득이 사업소득과 별개인 국제운수소득으로 규정되어 있다.

36) 법인세법 제91조 제1항 제3호의 외국항행소득은 다음의 어느 하나에 해당하는 소득을 말한다(시행규칙 62조).
   1. 외국항행을 목적으로 하는 정상적인 업무에서 발생하는 소득
   2. 자기 소유 선박을 외국항행을 조건으로 정기용선계약(나용선인 경우를 제외한다)을 체결하고 동 계약에 의하여 자기 소유 선박이 외국항행을 함으로써 지급받는 용선료 수입

외국법인이 국내사업장을 가지고 있는지 여부와 관계없이, 법인세 과세표준의 계산에서 제외된다(법 91조 1항 3호 단서, 4항). 따라서 조세조약에 의하여 외국법인의 외국항행 소득에 대한 우리나라의 과세권이 배제되지 않는 경우에도, 위와 같은 상호주의 면세요건에 해당하면, 그 소득은 과세에서 제외된다.

(6) 국내 및 국외에 걸쳐 위 (1) 내지 (5) 외의 사업을 영위하는 경우

외국법인이 국내 및 국외에 걸쳐 위 (1) 내지 (5) 외의 사업을 영위하는 경우에는, 당해 사업에서 발생하는 소득 중 당해 사업에 관련된 업무를 국내업무와 국외업무로 구분하여, 이들 업무를 각각 다른 독립사업자가 행하고 또한 이들 독립사업자 간에 통상의 거래조건에 의한 거래가격에 따라 거래가 이루어졌다고 가정할 경우, 그 국내업무와 관련하여 발생하는 소득 또는 그 국내업무에 관한 수입금액과 경비, 소득 등을 측정하는데 합리적이라고 판단되는 요인을 고려하여 판정한 그 국내업무와 관련하여 발생하는 소득이 국내원천 사업소득이다(시행령 132조 2항 9호).

(7) 국내 유가증권시장 등에 상장된 외국법인 발행주식 등에 투자하는 경우

외국법인이 발행한 주식 또는 출자증권으로서 유가증권시장 등에 상장 또는 등록된 것에 투자하거나 기타 이와 유사한 행위를 함으로써 발생하는 소득은 국내원천 사업소득이다(시행령 132조 2항 10호).

(8) 산업상·상업상 또는 과학상의 기계 등을 양도하는 경우

외국법인이 산업상·상업상 또는 과학상의 기계·설비·장치·운반구·공구·기구 및 비품을 양도함으로 인하여 발생하는 소득은 국내원천 사업소득이다(시행령 132조 2항 11호).

2-1-2. 국외에서 발생하고 국내사업장에 귀속되는 소득

국외에서 발생하고 국내사업장에 귀속되는 소득은 외국법인의 국내원천 사업소득에 포함된다(시행령 132조 3항). 그 예로는, 외국은행의 국내지점이 국내에서 조달한 자금을 외국거주자에게 예금 또는 대여하고 그 이자를 지급받은 경우[37]를 들 수 있다.

2-1-3. 예비적·보조적 행위의 제외

외국법인이 ① 국내에서 영위하는 사업을 위하여 국외에서 광고, 선전, 정보의 수집과 제공, 시장조사 기타 그 사업수행상 예비적 또는 보조적인 행위를 하는 경우 또는 ② 국외

---

37) 서울고등법원 2021. 6. 24. 선고 2020누43519 판결

에서 영위하는 사업을 위하여 국내에서 위 행위를 하는 경우, 그 행위에서는 소득이 발생하지 않는 것으로 본다(시행령 132조 4항).

2-2. 조세조약상 사업소득

2-2-1. 사업소득의 요건 및 다른 소득과의 관계

(1) 일반적 조세조약

우리나라가 체결한 대부분의 조세조약은 '기업의 사업소득'에 관하여 규정하면서도[38] '기업'(enterprise)[39]과 '사업소득'(business profits)의 구체적 의미와 요건을 정의하지 않는다.[40] OECD 모델조약 주석은, 조세조약에서 사업소득의 개념은 사업의 수행에서 파생되는 모든 소득을 포함하는 넓은 의미를 가지는 것으로 이해되어야 한다고 본다.[41] 일반적 조세조약에서 그 조세조약에 정의되지 않은 용어는 각 체약국의 세법에 따른 의미를 가지는 것으로 규정되어 있으므로,[42] 그러한 조세조약상 사업소득의 요건은 각 체약국의 세법에 따라 해석되어야 한다.[43][44] 따라서 우리나라가 체결한 조세조약에 따른 사업소득의 요건은, 소득세법 제19조의 사업소득을 기준으로 판단하여야 할 것이다. 그리고 소득세법 제19조의 사업소득은, 영리를 목적으로 독립된 지위에서 계속·반복적으로 하는 사회적 활동인 사업에서 발생하는 소득을 뜻한다.[45]

---

38) OECD 모델조약 제7조의 제목, 한·독 조세조약 제7조

39) OECD 모델조약 제3조 제1항 c)는 기업(enterprise)은 모든 사업의 수행(carrying on of any business)에 적용된다고 정한다. OECD 모델조약 제3조의 주석은, 어떤 활동이 기업의 범위 내에서 이루어지거나 기업으로 의제되는지의 문제는 항상 체약국의 국내법(domestic laws)에 따라 해석되어야 하지만, 기업의 개념은 모든 사업의 수행에 적용되고, 사업은 직업적 용역과 독립적 성격의 다른 활동의 수행을 포함하기 때문에[OECD 모델조약 제3조 제1항 h)], 직업적 용역과 독립적 성격의 다른 활동의 수행은 국내법상 사업의 개념과 관계없이 기업으로 해석되어야 한다고 한다(제3조의 주석 문단 4).

40) OECD 모델조약 제3조 제1항 h)는, 사업(business)은 전문적 용역의 수행(performance of professional services)과 다른 독립적 성격의 활동(other activities of independent character)을 포함한다고 정하는데, 이는 당초 OECD 모델조약 제14조에서 별도로 규정되어 있다가 2000년 삭제된 '전문적 용역의 수행 등으로 인한 소득'을 사업소득으로 흡수한 것이다.

41) OECD 모델조약 제7조의 주석 문단 71

42) 한·일 조세조약 제3조 제2항

43) OECD 모델조약 제3조의 주석 문단 12

44) 호주 법원은, 스위스 거주자가 호주 회사의 주식을 1회 양도하여 얻은 차익이 호주·스위스 조세조약상 사업소득인지 여부가 문제된 사건에서, 사업소득은 반드시 계속성이나 반복성을 필요로 하지 않고, 이득을 볼 의사로 한 활동인 경우 1회적인 것이라도 기업(enterprise)의 활동이라고 판단하였다. Thiel v. Federal Commissioner of Taxation, High Court of Australia, 94 A.L.R. 647 (April 3, 1990)

45) 대법원 2017. 7. 11. 선고 2017두36885 판결 : 어떠한 소득이 사업소득에 해당하는지 아니면 일시소득인 기타소득에 해당하는지는 그 소득이 발생한 납세의무자의 활동 내용, 기간, 횟수, 태양 그 밖에 활동 전후의 모든 사정을 고려하여 그것이 수익을 목적으로 하고 있는지, 계속성·반복성이 있는지 등을 사회통념

OECD 모델조약에 따라 체결한 일반적 조세조약에서는, 이윤(profits)이 해당 조세조약의 다른 조에서 별도로 규정된 소득항목을 포함하는 경우, 사업소득 조항은 적용되지 않고 그 별도의 조항이 적용된다(사업소득 조항의 보충성).[46] 따라서 배당, 이자 등 소득에 관하여 조세조약상 사업소득 외의 조항이 별도로 규정되어 있는 경우에는,[47] 그 소득이 사업소득의 요건을 충족하더라도, 사업소득 조항이 아니라 그 별도로 규정된 배당, 이자 등에 관한 조항이 적용된다. 다만, 배당, 이자 등의 수익적 소유자가 그 지급자의 거주지국에 고정사업장을 두고 있고, 그 배당, 이자 등이 그 고정사업장과 실질적으로 관련되어 그에 귀속하는 경우, 그 배당, 이자 등에 대하여는 사업소득에 관한 조항이 적용된다.[48]

(2) 한·미 조세조약

한·미 조세조약 제8조는 사업소득(business profits)인 산업상 또는 상업상 이윤에 관하여 정의규정을 두고 있다. 이에 의하면, '산업상 또는 상업상의 이윤'은, 산업상 또는 상업상의 활동으로 얻는 부동산 및 자연 자원으로부터 얻는 소득, 배당, 이자, 사용료 및 양도소득을 의미하고,[49] '산업상 또는 상업상의 활동'은 상업 또는 사업의 능동적 수행(active conduct of a trade or business)을 의미한다.[50] 다만, 산업상 또는 상업상 이윤이 위 조약에서 별도로 규정된 소득의 항목을 포함하는 경우에는 원칙적으로 후자의 소득으로 취급된다(사업소득 조항의 보충성, 한·미 조세조약 8조 7항). 가령, 해운 및 항공 운수소득에 관하여는 별도의 규정이 있으므로(10조), 그에 따라 처리된다. 독립적 인적용역 소득의 경우, 한·미 조세조약은 개인에 관하여만 규정을 두고 있을 뿐(18조) 법인에 관하여는 별도로 규정하지 않으므로, 법인의 인적용역 소득은 사업소득으로 취급된다.[51]

에 따라 판단하여야 한다.

46) 한·일 조세조약 제7조 제7항 : 이윤이 이 협약의 다른 조에서 별도로 취급되는 소득항목을 포함하는 경우, 그 다른 조의 규정은 이 조의 규정에 의하여 영향을 받지 아니한다. ; OECD 모델조약 제7조의 주석 문단 74

47) OECD 모델조약상 부동산소득(6조), 배당(10조), 이자(11조) 등

48) OECD 모델조약 제10조 제4항, 제11조 제4항, 제12조 제3항 ; 한·독 조세조약 제10조 제5항, 제11조 제7항, 한·일 조세조약 제10조 제4항, 제11조 제6항

49) 다만, 동 소득이 산업상 또는 상업상의 활동으로부터 얻어진 것인가에 관계없이 그러한 소득, 배당, 이자, 사용료 또는 양도소득을 발생시키는 재산 또는 권리가 일방 체약국의 거주자인 수령자가 타방 체약국 내에 두고 있는 고정사업장과 실질적으로 관련된(effectively connected with a permanent establishment) 경우에만 그러하다[한·미 조세조약 제8조 제6항 (a)호 단서].

50) 동 활동에는 제조업, 상업, 보험업, 은행업, 금융업, 농업, 수산업 또는 광업활동의 수행과 선박 또는 항공기의 운행, 용역의 제공 및 유형의 개인재산(선박 또는 항공기를 포함함)의 임대가 포함된다. 피고용인으로서 또는 독립적 자격으로 개인이 인적 용역을 수행하는 것은 동 용역에 포함되지 아니한다(한·미 조세조약 제8조 제5항).

51) 따라서 법인이 인적용역 소득을 얻은 원천지국에 고정사업장이 없거나, 고정사업장이 있더라도 그 인적용역 소득이 고정사업장에 귀속되지 않는 경우에는, 그 인적용역 소득은 원천지국에서 과세될 수 없다.

2-2-2. 사업소득에 대한 과세권의 분배기준 : 고정사업장

(1) 고정사업장

(가) OECD 모델조약 및 조세조약
① 고정사업장의 조세조약상 기능

OECD 모델조약은, 체약국이 외국법인의 사업소득을 과세하기 위해서는 해당 국가에 그 외국법인의 고정사업장(Permanent Establishment)이 있어야 한다고 규정하고,[52] 우리나라가 체결한 대부분의 조세조약도 같다.[53] 이에 의하면 고정사업장의 존재는 원천지국이 다른 체약국의 거주자인 기업의 사업소득을 과세하기 위한 요건이고, 거주지국과 원천지국 간에 사업소득에 대한 과세권을 배분하는 기준이 된다.[54]

고정사업장은, 과거에 조세조약에 도입될 당시에는, 기업이 얻은 소득과 그것을 과세하려는 국가 간의 관련성을 나타내는 징표로서 과세권분배의 기능을 수행하는데 어느 정도의 합리성을 가지고 있었다. 그러나 현대에 이르러, 정보통신기술을 이용한 전자상거래를 통하여 어느 국가의 기업이 다른 국가에 고정사업장을 두지 않고도 그 국가의 고객들에게 재화와 용역을 판매할 수 있게 되었고, 그러한 산업(digital economy)의 비중이 갈수록 커져가는 추세에 있다. 이에 따라 고정사업장 요건이 과세권의 배준기준으로서 가지는 기능과 효용에 대하여 의문이 제기되기도 한다. 그렇지만, 고정사업장 요건은 이미 국제사회에서 조세조약상 일반적 기준으로 자리잡았고, 당장 이를 대체할 마땅한 기준도 찾기 어렵기 때문에, 가까운 미래에 바뀌기는 곤란할 것으로 보인다.

한편, 법인세법 제94조는 외국법인의 국내사업장에 관하여 OECD 모델조약과 매우 유사한 내용을 규정하지만, 그 기능은 조세조약의 고정사업장과 다르다. 조세조약의 고정사업장은 원천지국이 비거주자인 기업의 사업소득에 대하여 과세권을 행사하기 위한 요건이지만, 법인세법의 국내사업장은 종합과세 여부를 좌우하는 기준일 뿐이다.

② 고정사업장의 의의와 요건

OECD 모델조약에 의하면, 고정사업장은 '기업의 사업이 전적으로 또는 부분적으로 수행되는 고정된 사업 장소(a fixed place of business through which the business of an enterprise is wholly or partly carried on)'를 의미한다(5조 1항).

OECD 모델조약상 고정사업장의 존재가 인정되기 위한 요건은 다음과 같다.

---

52) OECD 모델조약 제7조 제1항
53) 한·미 조세조약 제8조 제1항, 한·일 조세조약 제7조 제1항
54) 조세조약에 고정사업장 개념이 채택된 경위에 관하여는 김해마중, 고정사업장 과세의 이론과 쟁점, 경인문화사(2017), 28~42쪽

㉮ 기업의 **사업장소**(place of business)가 있어야 한다. 어떤 장소를 기업의 사업장소로 보려면 그 기업이 그 장소를 임의로 사용할 수 있어야 하고(at its disposal), 이는 반드시 형식적 법적 권리를 요하지 않는다(no formal legal right).[55] 따라서 여기에는 기업이 그 장소에 관하여 ㉠ 배타적 법적 권리를 가지는 경우뿐만 아니라 ㉡ 장기간 계속적으로 사업활동을 하는 것이 허락된 경우도 포함되고,[56] 경우에 따라서는 불법적으로 점유하는(illegally occupied) 장소도 포함될 수 있다.[57]

㉯ 사업장소는 **고정적**(fixed)이어야 한다. 이에 해당하기 위해서는 사업장소와 특정한 지리적 위치 사이에 관련성(link)이 있어야 한다.[58] 다만, 사업장소를 구성하는 시설이 땅에 실제로 고정되어 있을 필요는 없고, 그러한 시설이 특정한 위치에 있으면 족하다.[59] 그리고 사업장소가 순전히 일시적 성격의 것이 아니라 일정한 정도의 지속성(permanency)을 가지는 경우에 한하여 고정사업장으로 간주될 수 있다.[60] 사업이 그 성격상 인접한 여러 장소를 자주 이동하면서 수행되는 것인 경우에는, 그 안에서 사업활동이 이동하는 특정한 지역이 상업적으로, 지리적으로 긴밀한 전체(coherent whole commercially and geographically)를 구성한다면, 단일한 사업장소가 존재하는 것으로 볼 수 있다.[61] 사업이 서버(server) 컴퓨터를 통하여 수행되는 경우에는 서버도 고정사업장에 해당할 수 있다.[62]

---

55) OECD 모델조약 제5조의 주석 문단 11 ; 사업장소에는 사옥이나 공장 등 외에 시장의 자리(pitch in a market), 계속적으로 사용되는 세관 창고의 특정한 구역도 사업장소에 해당할 수 있다(같은 주석 문단 10).

56) OECD 모델조약 제5조의 주석 문단 12 : 한편, 기업이 문제되는 장소에 존재하는 것이 간헐적이거나 부수적(intermittent or incidental)인 경우(가령, 기업의 종업원들이 관계기업의 구내에 들어갈 수 있고 그곳을 자주 방문하지만 그곳에서 장기간 일을 하지 않는 경우) 그 장소는 그 기업의 사업장소로 취급될 수 없다.

57) OECD 모델조약 제5조의 주석 문단 11 ; 기업의 사업장소는 그 기업이 배타적으로 사용하는지 여부와 관계없다(제5조의 주석 문단 10).

58) OECD 모델조약 제5조의 주석 문단 21

59) OECD 모델조약 제5조의 주석 문단 21 ; 그 예로는 도로 등의 건설공사와 같이 공사의 진행에 따라 계속적으로 장소를 옮겨가면서 공사업자의 활동이 이루어지는 경우를 들 수 있다(같은 조의 주석 문단 57).

60) OECD 모델조약 제5조의 주석 문단 28 : 사업의 성격이 단기간에만 수행되는 것인 경우에는 사업장소가 매우 단기간만 존재하는 때에도 고정사업장에 해당할 수 있다. OECD 회원국들의 실무는 일관되지 않지만 사업장소가 6개월 미만 유지된 경우에는 고정사업장이 존재하지 않는 것으로 본 예가 있다고 한다. 이러한 실무에 대한 ① 한 가지 예외는 사업활동이 반복적 성격(recurrent nature)의 것인 경우이고, 그러한 경우 해당 장소가 사용된 각 기간은 다른 기간들과 결합하여 고려되어야 한다. ② 또 다른 예외는 사업활동이 오로지(exclusively) 한 국가에서만 수행되는 경우인데, 그 경우 사업장소의 사용기간이 단기간이더라도 그 사업의 전부가 그 국가에서 수행되기 때문에 그 국가와의 관련이 강하다. ; 특정한 사업장소가 매우 단기간만 사용되더라도 장기간에 걸쳐 정기적으로(regularly) 사용되는 경우 그 사업장소는 순전히 일시적 성격의 것으로 취급되어서는 안 된다(같은 주석 문단 32).

61) OECD 모델조약 제5조의 주석 문단 22

62) OECD 모델조약 제5조의 주석 문단 123 ; 행정해석은, 외국은행 국내지점이 벨기에 법인으로부터 SWIFT (Society for Worldwide Interbank Financial Telecommunication) 서비스를 제공받고 지급한 대가는 사업

④ 해당 사업장소를 **통하여**(through) 기업의 사업활동이 수행되어야 하고, 여기서 "통하여"는 넓은 의미로 해석되어야 한다.[63]

④ 고정사업장을 통하여 수행되는 활동이 예비적 또는 보조적(preparatory or auxiliary) 성격의 것이 아니어야 한다(5조 4항).

⑤ 국가에 따라서는 외국기업이 해당 국가에 고정된 사업장소를 두고 있는지 여부와 관계없이 부가가치세 목적상 등록을 할 수 있게 하거나 이를 하도록 하기도 하는데, 그러한 부가가치세법상 취급은 조세조약상 고정사업장과 관련이 없다.[64]

고정사업장은, 기업이 고정된 사업장소를 통하여 사업을 시작하면서부터 존재하기 시작하고, 기업이 고정된 장소를 처분하거나 활동을 종료함으로써 소멸한다.[65]

고정사업장은, 관리장소, 사무소, 공장, 작업장 및 광산, 유전, 가스정, 채석장 또는 기타 천연자원의 채취장소를 포함한다(5조 2항). 이는 고정사업장이 될 수 있는 장소들을 예시한 것이지만, 위 장소들이 당연히 고정사업장에 해당하는 것은 아니고, 제5조 제1항에 따른 고정사업장의 요건을 충족하고 제5조 제4항의 예외에 해당하지 않는 경우에 한하여 고정사업장에 해당하게 된다.[66]

③ 건설에 관한 고정사업장

OECD 모델조약은 '건축현장, 건설 또는 설치 공사는 12개월[67]을 초과하여 존속하는 경우에만 고정사업장을 구성한다'고 규정한다(5조 3항).

㉮ 적용대상

제5조 제3항의 건축현장, 건설 또는 설치 공사(building site or construction or installation project)는, 건물의 건축뿐만 아니라, 도로, 다리 또는 운하의 건축 또는 개보수

소득에 해당하지만, 국내에 설치된 접속장비(SAP)는 고정사업장에 해당하지 않는다고 보았다(재국조-161, 2004. 3. 17.).

63) OECD 모델조약 제5조의 주석 문단 20 : 따라서 도로포장을 하는 기업은 그 작업을 하는 장소를 통하여 사업을 수행하는 것으로 취급된다.

64) OECD 모델조약 제5조의 주석 문단 5 ; 다만, 부가가치세법은, 사업자가 외국법인인 경우 법인세법상 국내사업장(법 94조)을 사업장으로 보고(부가가치세법 6조 2항, 부가가치세법 시행령 8조 6항), 법인세법상 국내사업장은 많은 경우 조세조약상 고정사업장과 일치하므로, 그 범위에서 조세조약상 고정사업장은 결과적으로 부가가치세법상 사업장과 같게 된다. 이러한 이유로 대법원 2011. 4. 28. 선고 2009두19229 판결은, 부가가치세법상 영세율의 적용 여부를 좌우하는 "국내사업장"과 관련하여 한·미 조세조약의 고정사업장과 동일한 기준으로 판단한 것으로 보인다.

65) OECD 모델조약 제5조의 주석 문단 44 : 활동의 일시적 중단(temporary interruption)은 활동의 종료로 취급되지 않는다.

66) OECD 모델조약 제5조의 주석 문단 45

67) 우리나라가 체결한 조세조약들 중 상당수는 건설 관련 고정사업장의 성립에 필요한 기간을 6개월로 규정한다.

(renovation), 파이프라인의 매설과 발굴, 준설(excavating and dredging)을 포함한 다.[68]

현장 기획 및 감독(감리)(on-site planning and supervision)도 제5조 제3항의 적용대상에 포함된다.[69] 다만, 외국법인이 공사계약을 체결한 주체가 아니라 기획과 감리만을 담당하는 경우는 제5조 제3항의 적용대상 보기 어렵고,[70] 조세조약에 그러한 업무를 건설 관련 고정사업장의 적용대상으로 보는 규정이 있는 경우[71]에 한하여 그 적용대상이 된다고 보아야 한다. 조세조약에 그러한 규정이 있는 경우에는,[72] 법인의 독립적 인적용역소득이 별도로 규정되어 있더라도, 독립적 인적용역소득이 아니라 사업소득에 관한 규정이 적용된다.[73]

㉴ 제5조 제3항과 제5조 제1항의 관계

㉠ 건설 관련 고정사업장이 되기 위하여 제5조 제3항의 요건 외에 추가로 제5조 제1항의 기본적 고정사업장 요건이 충족되어야 하는지에 관한 논의가 있다.[74] OECD 모델조약의 주석은 제5조 제1항의 고정사업장 요건을 완화하여 해석함으로써 그 적용범위를 넓혔기 때문에,[75] 제5조 제3항에 해당하는 건축현장 등은 대부분 제5조 제1항의 고정사업장 요건을 충족할 것이고, 위 논의가 실제로 문제되는 경우는 매우 드물 것으로 보인다.

㉡ 제5조 제3항의 건설 관련 고정사업장의 요건이 충족되지 않더라도, 제5조 제1항의 기본적 고정사업장의 요건이 충족되면 고정사업장이 인정될 수 있는가? 제5조

---

68) OECD 모델조약 제5조의 주석 문단 50 : 설치 프로젝트(installation project)는 건설과 관련된 프로젝트에 국한되지 않고, 기존 건물 또는 옥외에 새로운 장비를 설치하는 것도 포함한다.

69) OECD 모델조약 제5조의 주석 문단 50

70) 김해마중, 앞의 책, 163쪽

71) 한·일 조세조약 제5조 제3항, 한·독 조세조약 제5조 제3항

72) 한·일 조세조약 제5조 제3항은 건축장소, 건설, 설치장소와 관련된 감독활동(supervising activities)을 그 적용대상으로 규정한다. 한·독 조세조약 제5조 제3항도 같다.

73) 대법원 1995. 8. 25. 선고 94누7843 판결 : "… 일본국 법인이 대한민국 내에서 위와 같은 건설관련용역을 제공하고 그에 대한 대가를 받았다고 하더라도 그 용역제공기간이 6개월을 초과하지 아니하는 경우에는 대한민국 내에 항구적 시설을 가지고 있다고 볼 수 없어 그 건설관련용역소득은 한일조세협약 제6조 제1항에 의하여 대한민국에서 면세되어야 할 것이다."

74) 건설 관련 고정사업장이 되기 위해서는 제5조 제3항뿐만 아니라 제5조 제1항의 요건도 충족하여야 한다는 견해로 Brian Arnold, Tax Treaty News, What is coherent whole commercially and geographically? Bulletin for International Taxation, Volume 64, Issue 7 (2010), 355쪽(김해마중, 앞의 책, 156쪽에서 재인용) ; 이에 대하여 김해마중, 앞의 책, 156쪽은 건설 고정사업장은 기본 고정사업장에 대한 특칙으로서 12개월 요건만 충족하면 다른 요건을 요구하지 않음으로써 고정사업장을 확대하는 개념이라고 한다.

75) OECD 모델조약 제5조의 주석 문단 20[도로공사(paving a road)], 22(인접 지역 간에 이동하는 성격의 사업활동)

제3항의 문언("only if")을 고려하면, 제5조 제3항의 요건이 충족되지 않는 경우에는 제5조 제1항의 요건이 충족되더라도 고정사업장이 인정될 수 없다고 보아야 한다.[76][77][78] 한편, 조세조약이 건설 관련 고정사업장을 기본적 고정사업장의 한 예시로서 그에 포함되는 것으로 규정하는 경우[79]에는, 건설 관련 고정사업장의 요건에 해당하지 않더라도 기본적 고정사업장의 요건이 충족되면 고정사업장이 인정될 수 있다.

㉰ 12개월 요건을 판단하는 방법

건설 관련 현장(site)은 계약자(수급인)가 준비작업을 포함한 일을 시작하는 날부터 존재하고,[80] 그 일이 완료되거나 종국적으로 포기되었을 때 소멸한다.[81]

12개월 요건은 원칙적으로 각각의 개별적 공사현장 또는 프로젝트를 단위로 판단되고, 그 공사현장 등이 존속기간을 판단할 때 그 공사와 전적으로 무관한 다른 공사의 수행기간은 고려되지 않는다.[82] 하나의 공사현장이 여러 개의 계약들에 따른 것이더라도, 그 계약들이 상업적·지리적으로 긴밀한 전체를 이루는 경우에는, 하나의 단위로 판단되어야 한다.[83]

건설공사를 종합적으로 도급받은 수급인(general contractor)이 그 공사의 전부 또는 일부를 다른 공사업자[하수급인(subcontractor)]에게 하도급하는 경우, 그 하수급인에 의하여 공사가 수행된 기간은 원수급인의 고정사업장 여부를 판단할 때 원수급인의

---

76) OECD 모델조약의 주석도 같은 취지로 보인다. OECD 모델조약 제5조의 주석은, 제5조 제2항의 사무소 또는 작업장의 시설이 있더라도 12개월 요건을 충족하지 못하면 고정사업장에 해당하지 않는다고 하고(문단 49), 하수급인의 공사장소를 원수급인이 임의로 사용할 수 있는(at the disposal of) 장소로 보기 위한 요건을 설명하는데(문단 54), 이는 제5조 제1항의 요건을 염두에 둔 것으로 보인다. 다만 그러한 지점 또는 사무실이 여러 개의 건설공사에 사용되고 그곳에서 수행된 활동이 제5조 제4항의 예비적·보조적 성격을 넘어서는 경우에는, 그 각 공사의 존속기간이 12개월 미만이더라도, 제5조(1항)의 요건이 충족된다면 고정사업장으로 취급된다고 한다. 한편, 김해마중, 앞의 책, 157쪽은 위 주석의 문단 49를 단일한 건설프로젝트가 12개월 요건을 충족하지 못한 경우로 본다.

77) 한·일 조세조약 제5조 제3항, 한·독 조세조약 제5조 제3항도 OECD 모델조약 제5조 제3항과 유사한 형식으로 되어 있다.

78) 이에 대하여 김해마중, 앞의 책, 156쪽은, 제5조 제3항이 신설된 취지는 고정사업장을 건설공사에도 확대하기 위한 것이었으므로, 이러한 취지를 고려할 때 건설 고정사업장에 해당하지 않더라도 기본적 고정사업장의 요건을 충족한다면 고정사업장을 인정하는 것이 타당하다고 한다.

79) 한·미 조세조약 제9조 제2항 (h), 한·중 조세조약 제5조 제3항

80) OECD 모델조약 제5조의 주석 문단 54

81) OECD 모델조약 제5조의 주석 문단 55 : 건물 또는 그 시설이 수급인 또는 하수급인에 의하여 시험되는 데 걸리는 기간은 건설 현장의 존재기간에 포함되어야 한다. 실무상 건물 또는 시설을 고객에게 인도하는 것은, 수급인 또는 하수급인이 그 인도 후에 현장에서 더 이상 일하지 않는 것을 조건으로, 통상 그 작업시간의 종료를 나타낸다. 일시적 공사중단이 있다고 하여 그 현장이 소멸한 것으로 보아서는 안 된다.

82) OECD 모델조약 제5조의 주석 문단 51

83) OECD 모델조약 제5조의 주석 문단 51

공사수행기간으로 고려되어야 한다.[84]

제5조 제3항의 '12개월 요건'은 남용될 여지가 있다. 가령 기업이 건설 관련 고정사업장에 해당하는 것을 피하기 위하여 공사를 12개월 미만의 여러 공사로 분할하여 그 각 공사를 같은 그룹에 속하는 관계 회사들로 하여금 나누어 맡게 하는 경우가 그것이다[contract splitting(계약 쪼개기)]. 그 경우 체약국의 내국법 또는 판례에 따른 조세회피방지 규칙이 적용될 수 있고, OECD 모델조약 제29조 제9항의 주요목적 기준(principal purpose test) 조항이 적용되어 조세조약의 혜택이 박탈될 수 있다.[85]

④ 고정사업장에서 제외되는 것 : 예비적·보조적 성격의 활동

OECD 모델조약에 의하면, 아래 a) 내지 e)의 활동 또는 f)의 경우 고정된 사업장소의 전반적 활동이 예비적 또는 보조적인 성격(preparatory or auxiliary character)을 가지는 것은 고정사업장에 포함되지 않는 것으로 간주된다(5조 4항).[86]

a) 그 기업에 속하는 재화나 상품의 저장·전시 또는 인도만을 목적으로 하는 시설의 이용

b) 그 기업에 속하는 재화나 상품을 저장·전시 또는 인도만을 목적으로 보관하는 것

c) 다른 기업에 의한 가공만을 목적으로 그 기업에 속하는 재화나 상품을 보관하는 것

d) 그 기업을 위한 재화나 상품의 구입 또는 정보의 수집만을 목적으로 하는 고정된 사업장소의 유지

e) 그 기업을 위한 그 밖의 다른 활동을 수행하는 것을 목적으로 하는 고정된 사업장소의 유지[87]

f) 위 a) 내지 e)에 언급된 활동의 결합만을 위한 고정된 사업장소의 유지

OECD 모델조약 제5조 제4항은 제5조 제1항에 따른 고정사업장의 성립범위를 제한하

---

84) OECD 모델조약 제5조의 주석 문단 54

85) OECD 모델조약 제5조의 주석 문단 52

86) OECD 2014년 모델조약까지는, 제5조 제4항의 문언상 "예비적 또는 보조적 성격"이라는 요건이 f)에만 요구되는 것으로 되어 있었다. 이에 따라 a) 내지 e)의 경우에도 예비적 또는 보조적 성격일 것이 요구되는지 여부가 불확실하였다(김해마중, 앞의 책, 125쪽). 이후 BEPS Action 7 보고서에 따라 OECD 2017년 모델조약에서는 위 a) 내지 e)의 활동도 예비적 또는 보조적 성격을 가지는 경우에 한하여 고정사업장에서 제외되는 것으로 개정되었다. 다만, 2017년 개정 전의 OECD 모델조약에 따라 체결된 조세조약의 경우에는, 제5조 제4항 a) 내지 e)의 경우 예비적 또는 보조적 성격의 것이어야만 고정사업장에서 제외되는지에 관하여, 여전히 해석론상 의문이 남아 있다.

87) OECD 모델조약의 주석은, 국제적 영향력을 가진 기업이 자회사나 고정사업장 등을 설립한 국가에 이를 감독·조정하기 위한 이른바 관리사무소(management office)를 둔 경우, 그러한 관리기능은 사업활동의 필수적 부분이므로, 제5조 제4항 e)에 해당하지 않고, 예비적·보조적 성격의 활동으로 취급되어서는 안 된다고 한다(제5조의 주석 문단 71).

는 기능을 한다.[88] 예비적·보조적 성격의 활동은 기업의 생산성에 기여하지만, 이익의 실현과 멀리 떨어져 있기 때문에, 이익을 그러한 활동이 행해진 고정사업장에 배분·귀속시키는 것이 곤란하다.[89]

OECD 모델조약 주석에 의하면, 예비적·보조적 성격의 활동은 '기업의 전체 활동 중 필수적이고 중요한 부분(essential and significant part of the activity of the enterprise as a whole)'[90] 외의 것을 말한다.[91] 일반적으로, 예비적(preparatory) 성격의 활동은, 기업의 전체 활동 중 필수적이고 중요한 부분을 고려하여 수행되고, 그에 선행하며, 상대적으로 짧은 기간 동안 행해진다. 그리고 보조적(auxiliary) 성격의 활동은, 위의 필수적이고 중요한 활동을 지원하되, 그 일부가 아닌 것을 말한다.[92]

OECD 모델조약 제5조 제4항 a) 내지 e)에 규정된 활동들은 그 활동을 하는 기업 자신을 위한 것을 의미하고, 만일 그러한 활동이 같은 장소에서 다른 기업을 위하여 수행된다면 고정사업장이 존재할 수 있다.[93]

고정사업장에서 제외되는 제5조 제4항의 적용을 받기 위하여 결합된 사업활동을 각각 예비적·보조적 성격에 해당하는 여러 개의 활동으로 분해하려는(fragmenting) 시도가 있을 수 있다. 이를 방지하기 위하여 OECD 모델조약 제5조 제4.1항은, 한 기업과 밀접하게 관련된 기업을 통합하여, 그것을 기준으로 고정사업장이 존재하거나 전체적 활동이 예비적·보조적 성격이 아닌 경우, 제5조 제4항이 적용되지 않는 것으로 규정한다.[94] 위 조항이 신설되기 전의 OECD 모델조약에 따라 체결된 조세조약의 경우 어떻게 처리할 것인지가 문제된다. 비록 조세조약에 명문의 규정이 없다고 하더라도, 고정사업장 과세를 회피하

---

88) OECD 모델조약 제5조의 주석 문단 58
89) OECD 모델조약 제5조의 주석 문단 58
90) 이탈리아 법원은, Philip Morris 사건에서, 계약의 적법한 이행을 감시하고 통제하는 활동은 그 자체로 필수적이고 중요한 부분을 이룬다고 보았다[Ministry of Finance v. Philip Morris, Decision 7682/02, Corte Suprema di Cassazione, Rome 07682/02 (2002. 3. 7.)]. 이창희, 국제조세법(2020), 505~509쪽
91) OECD 모델조약 제5조의 주석 문단 59
92) OECD 모델조약 제5조의 주석 문단 60
93) OECD 모델조약 제5조의 주석 문단 61 : 만일 기업이 자신의 재화나 용역의 광고를 위한 사무소를 유지하면서 그 장소에서 다른 기업을 위한 광고도 한다면 그 사무소는 고정사업장으로 취급될 것이다.
94) 제5조 제4.1항 : "기업에 의하여 사용되거나 관리되는 장소로서, 동일한 기업 또는 밀접하게 관련된 기업이 한 체약국 내의 동일한 또는 다른 장소에서 사업활동을 수행하고, a) 그 장소 또는 다른 장소가 그 기업 또는 밀접하게 관련된 기업의 고정사업장(permanent establishment)을 구성하거나, b) 그 두 기업에 의하여 같은 장소에서 또는, 동일한 기업 또는 밀접하게 관련된 기업에 의하여 두 장소에서 수행되는 활동들의 결합에서 초래되는 전체적 활동이 예비적·보조적 성격이 아닌 경우(overall activity … is not of preparatory), 그 두 기업에 의하여 같은 장소에서 또는, 동일한 기업 또는 밀접하게 관련된 기업에 의하여 두 장소에서 수행되는 활동들이 결합된 사업활동의 부분인 보완적 기능(complementary functions that are part of a cohesive business operation)을 구성한다면, 제4항은 적용되지 않는다."

기 위하여 사업상 합리성이 없음에도 통합된 사업활동의 분할이 이루어진 것으로 평가되는 경우에는 실질과세원칙에 따라 제5조 제4항의 적용이 배제되는 경우가 있을 수 있다.

⑤ 자회사 등 관계회사

OECD 모델조약 제5조 제7항은, "한 체약국의 거주자인 회사가 다른 체약국의 거주자이거나 그 다른 체약국에서 사업을 하는 회사를 지배하거나 그 회사에 의하여 지배된다는 사실 그 자체는 둘 중 어느 회사의 고정사업장도 구성하지 못한다."고 규정한다.[95]

자회사는 모회사로부터 독립한 법적 실체이므로, 자회사의 존재 그 자체만으로는 모회사의 고정사업장을 구성하지 못한다.[96] 이는 자회사가 존재한다는 사실만으로는 제5조 제1항의 요건이 충족되지 않는다는 의미이다. 따라서 모회사가 자회사의 구내 등 공간을 임의로 사용할 수 있어서(at the disposal of) 제5조 제1항의 요건이 충족되는 경우에는, 그 공간은 모회사의 고정사업장을 구성한다.[97] 그리고 자회사가 제5조 제5항의 종속대리인에 해당하는 경우에는, 모회사는 자회사가 모회사를 위한 활동을 하는 국가에 고정사업장을 가진 것으로 간주된다.[98] 그리고 이는 다국적기업을 구성하는 회사의 경우에도 마찬가지이다. 다만, 제5조 제1항 또는 제5항에 따른 고정사업장의 존재 여부는 다국적기업에 속한 각 회사별로 독립적으로 판단되어야 한다.[99]

⑥ 전자상거래(electronic commerce)

전자상거래의 고정사업장에 관하여 OECD 모델조약의 주석은 다음과 같은 입장을 취한다.

㉮ 사업장소 : 인터넷 웹사이트는 서버컴퓨터를 통하여 소프트웨어와 전자정보가 결합됨으로써 구동된다. 서버(server)는 장비(equipment)에 해당하므로, 인터넷 사이트를 구동하는 서버가 있는 장소는 고정된 사업장소를 구성할 수 있다.[100] 기업의 사업이 인터넷서비스 공급자(internet service provider, ISP)의 서버에 의하여 구동되는 인터넷을 통하여 운영되는 경우, 일반적으로 그 서버와 그 소재지는 그 기업이 임의로 사용할 수 있는(at the disposal of) 장소에 해당하지 않고, 그 기업은 웹호스팅 계약

---

95) 한 · 일 조세조약 제5조 제7항
96) OECD 모델조약 제5조의 주석 문단 115 : 자회사가 모회사의 고정사업장이 될 수 있는지 여부의 논의에 관하여는 김해마중, 고정사업장 과세의 이론과 쟁점, 242~269쪽
97) OECD 모델조약 제5조의 주석 문단 116 : 같은 조 제1항의 문단 15는 그러한 예로, 모회사의 직원이 자회사가 모회사와 체결한 계약의 이행을 확보하기 위하여 자회사의 본사 사무실을 사용하도록 허용된 경우, 그 사용기간이 충분히 긴 경우를 든다.
98) OECD 모델조약 제5조의 주석 문단 116
99) OECD 모델조약 제5조의 주석 문단 116 : 따라서 다국적기업의 한 회사가 어느 국가에 고정사업장을 가진다는 사실은, 그 다국적기업의 다른 회사가 그 국가에 고정사업장을 가지는지 여부와 아무런 관련이 없다.
100) OECD 모델조약 제5조의 주석 문단 123

을 통하여 사업장소를 가지는 것으로 취급되지 않는다.[101] 다만, 기업이 인터넷 사이트가 구동되는 서버를 소유하거나 임차하여 운영하는 경우에는 그 서버가 있는 장소는 고정사업장을 구성할 수 있다.[102]

㉯ **고정성** : 전자상거래에 사용되는 컴퓨터 설비가 있는 장소도 고정사업장이 되기 위해서는 고정성 요건을 충족하여야 한다.[103]

㉰ **그 장소를 통하여 사업을 수행할 것** : 컴퓨터 설비가 있는 장소에서 사업을 수행하기 위하여 인력이 요구되지 않는 경우에는, 그 장소를 통하여 사업을 수행한다고 보기 위하여 인력의 존재는 필요하지 않다.[104]

㉱ **예비적 · 보조적 활동** : 전자상거래를 하는 기업이 컴퓨터를 사용하여 하는 활동이 제품의 광고, 정보의 수집 또는 제공 등의 예비적 · 보조적 활동에 그치는 경우 그 컴퓨터가 있는 장소는 고정사업장을 구성하지 못한다.[105] 다만, 그러한 기능들이 전체적으로 그 기업의 사업활동의 필수적이고 중요한 부분을 구성하거나, 그 컴퓨터를 통하여 기업의 다른 핵심 기능들이 수행되는 경우에는, 제5조 제4항의 예비적 · 보조적 활동을 넘어가게 된다.[106]

㉲ **ISP의 종속대리인 여부** : 기업에게 웹호스팅 서비스를 제공하는 ISP를 종속대리인으로 볼 수 있는지가 문제된다. ISP는, 웹호스팅 서비스를 이용하는 기업을 위하여 고객과 계약을 체결하거나 그에 주된 역할을 하지 않으므로, OECD 모델조약 제5조 제5항의 대리인에 해당하지 않는다.[107] 그리고 기업이 사업에 이용하는 웹사이트는 "인(person)"이 아니므로, 웹사이트를 종속대리인으로 인정하는 것도 가능하지 않다.[108]

(나) 대법원 판례

대법원은, 국내에 외국법인의 고정사업장이 존재한다고 하기 위해서는, 그 외국법인이 처분권한 또는 사용권한을 가지는 국내의 건물, 시설 또는 장치 등의 고정된 장소를 통하

---

101) OECD 모델조약 제5조의 주석 문단 124

102) OECD 모델조약 제5조의 주석 문단 124

103) OECD 모델조약 제5조의 주석 문단 125

104) OECD 모델조약 제5조의 주석 문단 127 : 이는 자연자원의 개발에 사용되는 자동 펌핑 설비와 같은 자동으로 작동하는 설비와 관련한 활동에 적용되는 기준과 같은 취지이다.

105) OECD 모델조약 제5조의 주석 문단 128

106) OECD 모델조약 제5조의 주석 문단 129

107) OECD 모델조약 제5조의 주석 문단 131 : ISP가 웹호스팅 서비스를 이용하는 기업의 대리인이라고 본다고 하더라도, ISP가 기업에 웹호스팅 서비스를 제공하는 것은 독립대리인으로서 그의 사업의 통상적 과정에서 한 것이므로, 제5조 제6항에 의하여 고정사업장에 해당하지 않는다.

108) OECD 모델조약 제5조의 주석 문단 131

여 그 외국법인의 직원 또는 그 지시를 받는 자가 예비적이거나 보조적인 사업활동이 아닌 본질적이고 중요한 사업활동을 수행하여야 한다고 판시하였다.[109] 대법원 판례상 고정사업장의 존부가 문제된 사례는 다음과 같다.

① Bloomberg 사건[110] : ㉮ 미국 유한파트너십인 Bloomber Limited Partnership('BLP')의 사업활동은, 세계 각국의 정보수집요원들이 각국의 금융정보 등을 수집하여 BLP의 미국 본사에 송부하면, BLP의 미국 본사가 그 정보의 정확성을 검증한 후 이를 가공·분석하여 미국에 있는 주컴퓨터에 입력하고 그 정보에 대한 판매계약을 체결하여, 주컴퓨터에 입력된 정보를 노드 장비와 블룸버그 수신기 등을 통하여 고객에게 전달하는 과정으로 이루어진다. ㉯ 대법원은, BLP의 사업활동 중 가장 본질적인 부분은 정보를 수집·가공·분석하여 그 부가가치를 극대화하는 부분과 이를 판매하는 부분이고, 국내에 설치된 노드 장비는 미국의 주컴퓨터로부터 가공·분석된 정보를 수신하여 고객에게 전달하는 장치에 불과한 점, 블룸버그 수신기의 주된 기능은 BLP로부터 송부된 정보를 수신하는 장치인 점 등에 비추어, BLP가 위 각 장비를 통하여 국내에서 수행하는 활동은 그 전체 사업활동 중 본질적이고 중요한 부분을 구성한다고 볼 수 없으므로, 노드 장비와 블룸버그 수신기가 소재한 국내에 BLP의 고정사업장이 존재한다고 할 수 없고, 노드 장비와 블룸버그 수신기를 통한 정보의 전달, BLP 홍콩지점 영업직원들에 의하여 BLP의 한국 내 자회사인 원고(블룸버그 코리아 유한회사)의 사무실에서 이루어지는 판촉 및 교육활동 등[111]을 결합하더라도 국내에 BLP의 고정사업장이 존재한다고 볼 수 없다고 판단하였다.[112]

② 매지링크 사건[113] : ㉮ 싱가포르 법인인 원고는, 크레딧 스위스 홍콩지점으로부터 국내 회사가 발행한 사채(CS채권)를 매수한 후 그 채권의 회수업무를 내국법인인 A에

---

109) 대법원 2011. 4. 28. 선고 2009두19229, 19236 판결(Bloomberg 사건) ; 위 판시 내용은 한·미 조세조약상 고정사업장의 요건에 관한 것인데, 이후 한·싱가포르 조세조약상 고정사업장에 관한 대법원 2016. 1. 14. 선고 2014두8896 판결에서도 원용되었다.

110) 대법원 2011. 4. 28. 선고 2009두19229, 19236 판결

111) 위 사건의 1심 및 2심 판결문에 의하면, BLP는 한국 내 자회사인 원고로부터 한국 내 자본시장 및 기업들의 경제정보 등을 전달받았고, BLP의 홍콩지점 직원들이 상당기간 국내에 체류하면서 원고 직원과 함께 원고 또는 고객의 사무실, 호텔에서 BLP의 서비스에 대한 광고·선전 등 판촉 활동을 하고, 원고의 사무실에서 고객에 대한 교육활동 등을 하였다.

112) ① 과세관청이 BLP의 한국 내 자회사인 원고가 BLP에게 제공한 용역에 대하여 부가가치세 부과처분을 하자, 원고는 원고가 국내사업장이 없는 BLP에게 제공한 용역은 외화획득용역에 해당하여[구 부가가치세법(2003. 5. 29. 개정 전) 11조 1항 4호, 같은 법 시행령(2002. 12. 30. 개정 전) 26조 1항 1호] 영세율의 적용을 받아야 한다고 주장하였다. ② 위 구 부가가치세법 제4조 제1항, 같은 법 시행령 제4조 제5항에 의하면, 외국법인의 사업장은 법인세법 제94조에 규정하는 장소이다(현행 부가가치세법 8조 6항도 같다).

113) 대법원 2016. 1. 14. 선고 2014두8896 판결

게 위임하였고, A는 국내에서 위 채권의 회수업무를 수행하였다. ㉯ 대법원은, A가 국내에서 수행한 CS채권의 회수업무는 기계적·반복적인 단순 업무로서 CS채권 투자와 관련한 원고의 본질적이고 중요한 사업활동으로 보기 어렵다는 이유로, 국내에 원고의 고정사업장이 존재한다고 보기 어렵다고 판단하였다.

③ AMEC 사건[114] : 캐나다 법인인 원고(AMEC Inc.)는, 전세계적인 사업관리 및 인프라 구축 서비스를 주된 사업으로 하는 AMEC 그룹의 자회사로서, 인천광역시와 인천대교 건설사업을 추진하기 위하여 51 : 49 지분비율로 특수목적법인인 코다개발 주식회사를 설립하고, 1999. 12.경부터 2003. 3.경까지 코다개발의 본점 사무실에서 원고의 고용인을 통하여 코다개발에 인천대교 건설사업과 관련한 자문, 구조, 기술 및 기타 엔지니어링 서비스 등의 용역을 제공하고 그 결과물로 사업제안서 등을 마련한 사건에서, 대법원은, 코다개발의 본점 사무실은 원고가 고용인을 통하여 용역을 수행한 장소로서 국내사업장에 해당한다고 판단하였다.[115]

④ 외국인 카지노 사건[116] : ㉮ 외국인 전용 카지노를 운영하는 원고(그랜드코리아레저 주식회사)는, 카지노 고객 모집 전문업체로서 홍콩에 본사를 둔 J 그룹의 관계회사인 필리핀 법인과 사이에, 필리핀 법인이 원고에게 카지노 고객을 모집·알선하여 주면 원고가 필리핀 법인에게 고객이 잃은 돈의 70%를 모집수수료로 지급하기로 하는 내용의 정켓 계약을 체결하였다. 이에 따라 필리핀 법인은 중국 등지에서 고객을 모집하여 원고에게 알선하였고, 원고는 카지노 영업장인 서울 강남구 소재 건물 중 일부 사무실을 필리핀 법인에게 무상으로 제공하였으며, 필리핀 법인은 위 사무실에서 고

---

114) 대법원 2016. 2. 18. 선고 2014두13812 판결

115) ① 원고의 자회사인 AMEC E&C Services Limited('AMEC E&C')는 2003. 1. 1. 영국법인인 AMEC Investment Ltd.('AIL')의 자회사인 AMEC Project Investment Ltd.('APIL')에 위 사건 용역의 결과물을 양도하였고, 원고는 2003. 4. 8. AIL에게 코다개발의 지분 전부를 이전하기로 하는 지분양도계약을 체결하였다. 코다개발은 회계법인의 실사를 거쳐 2003. 4. 10. 및 2003. 9. 5. 용역대금을 확정한 후 AIL에 그 대금을 지급하였다. 원고는 이 사건 용역을 수행할 당시 국내사업장을 보유하고 있지 않다고 보아 부가가치세를 신고·납부하지 않았다. ② 과세관청은, 원고가 코다개발의 본점 사무실을 국내사업장으로 하여 용역을 수행하였고 그 공급시기는 용역대금이 확정된 날이 된다는 이유로 2010. 7. 15. 2003년 제1기분 부가가치세를, 2010. 11. 17. 2003년 제2기분 부가가치세를 원고에게 부과하는 처분을 하였다. ③ 위 부가가치세 부과처분의 취소소송에서, 원고는 위 용역의 결과물이 2003. 1. 1.부터 AIL에 귀속되었으므로 코다개발에 위 용역을 공급한 자는 AIL이라고 주장하였다. 이에 대하여 대법원은, 사업자가 역무의 제공을 완료하였으나 그 공급가액이 확정되지 아니한 상태에서 다른 사업자에게 용역대금 채권을 양도하고 그 후 비로소 공급가액이 확정된 경우에는, 역무의 제공을 완료한 것은 당초 사업자이고, 용역대금 채권의 양도로 공급자의 지위에 어떠한 영향을 미치지 못하므로, 당초 사업자를 공급자로 보아야 한다는 이유로, 원고가 위 용역의 공급자라고 판단하였다.

116) 대법원 2016. 7. 7. 선고 2015두44936 판결. 대법원은, 위 필리핀 법인에 대한 법인세 부과처분이 문제된 사건에서도 같은 취지로 판단하였다(대법원 2016. 7. 14. 선고 2015두51415 판결).

용된 약 15명의 직원들을 통하여 고객들을 상대로 호텔, 공항, 카지노 영업장 안내 등과 환전(칩 교환)의 업무 등을 수행하였다. ㉯ 대법원은, 필리핀 법인이 위 사무실에서 수행한 활동이 본질적이고 중요한 활동에 해당하므로, 위 사무실은 필리핀 법인의 국내 고정사업장에 해당한다고 판단하였다.

⑤ 론스타 사건[117]

㉮ 사실관계 : ㉠ 론스타 펀드에 속하는 원고들은 버뮤다국 또는 미국의 법률에 따라 설립된 법인 또는 유한파트너십이고, 원고들의 무한책임사원(General Partner, GP)은 Lone Star Partners Ⅳ(Burmuda) (LSP)이며, LSP의 GP는 소외 1이 100% 지분을 소유한 Lone Star Management Co. Ⅳ Ltd. (Burmuda) (LSMC)이다. ㉡ 원고들은 외환은행 주식 등에 투자할 목적으로 자금을 조성하여 버뮤다국에 KEB Holdings L.P., 벨지움국에 LSF-KEB Holdings. SCA (LKH)를 순차로 설립하여 LKH 명의로 외환은행 주식을 취득하였다.[118] ㉢ 론스타 펀드는 투자대상의 발굴과 가치평가를 위하여 버뮤다에 Lone Star Global Acquisitions Ltd. (LSGA)를 설립하였고, LSGA는 한국 내 자회사로서 론스타 어드바이저스 코리아(LSAK)를 설립하였으며, LSAK는 국내에서 투자대상을 물색하고 본사의 투자가 결정되면 입찰에 참가하여 투자의향서를 접수하고 자산양수도계약을 체결하는 업무를 하였다. ㉣ 각국에 투자된 론스타 펀드의 자산을 관리하는 Hudson Advisors LLC (HAL)은 한국 내 자회사로 허드슨 어드바이저스 코리아(HAK)를 설립하여 국내의 자산관리업무를 담당하도록 하였다. ㉤ LSP의 유한책임파트너(limited partner)인 소외 2 등은 론스타 펀드에 외환은행 주식의 취득을 제안한 후, LSKA의 대표이사로서 외환은행 인수 작업을 하고 외환은행 인수를 위한 협상을 하는 등 실무 작업을 하였다. ㉥ 벨기에 법인인 LKH는 2007. 4.경 외환은행으로부터 배당금 4,167억여 원을 받았고, 당시 외환은행은 한·벨기에 조세조약 제10조에 따라 배당금 중 15%만을 원천징수하였다. ㉦ LKH는 보유 중인 외환은행 주식 중 일부를 크레디트 스위스 증권 서울지점을 통하여 기관투자자 등에게 1조 1,928억여 원에 매각하였고, 당시 크레디트 스위스 증권 서울지점은 매각대금 중 11%만을 원천징수하였다.

㉯ 과세처분 : 과세관청은, 외환은행 주식에 관한 배당소득 및 그 양도소득이 원고들에게 귀속되고, 원고들이 국내에 고정사업장을 가지고 있음을 전제로, 위 배당소득 및

---

117) 대법원 2017. 10. 12. 선고 2014두3044, 3051 판결
118) 위 사건에서 문제된 투자대상에는 외환은행 주식 외에도 극동건설 주식회사, 스타리스 주식회사의 주식이 포함되지만, 사안을 간략하게 하기 위하여 사실관계 중 외환은행 주식을 제외한 나머지 부분은 생략한다.

양도소득이 위 고정사업장에 귀속되는 소득으로 보아 원고들에게 법인세 부과처분을 하였다.

㉴ 법원의 판단 : ㉠ 론스타 펀드의 수익창출과정 중 투자자들로부터 자금을 모집하고 외환은행 주식에 대한 투자를 결정하며 이후 자산을 매각하여 투자금을 회수하는 것에 관한 주요한 결정은 모두 미국에 있는 본사에서 이루어졌고, ㉡ 소외 2 등이 외환은행 주식의 인수과정 등에 관여한 활동은 LSAK 등의 대표이사 자격으로 한 것으로서 LSP나 LSGA의 투자 여부를 결정하기 위한 예비적·보조적 활동에 불과하므로, 원고들이 국내에 고정사업장을 가지고 있다고 보기 어렵다.[119]

(2) 종속대리인

(가) OECD 모델조약 및 조세조약

OECD 모델조약 제5조 제5항, 제6항은 다음과 같다.

> 5. 제1, 2항의 규정에도 불구하고, 제6항의 적용하에, 인이 한 기업을 위하여 한 체약국에서 활동하고, 그렇게 함에 있어서 상시적으로 계약을 체결하거나, 중요한 수정 없이 이루어지는 계약체결에 이르는 주된 역할을 상시적으로 담당하고, 그 계약이
> a) 그 기업의 명의이거나, 또는
> b) 그 기업에 의하여 소유되거나 그 기업이 사용권을 가진 재산의 소유권의 양도 또는 사용권의 부여를 위한 것이거나, 또는
> c) 그 기업에 의한 용역의 제공인 경우에는,
> 그 인의 활동이 제4항에 언급된 것들로서 고정된 사업장소(4.1항이 적용되는 것 제외)를 통하여 수행되었다면 그 사업장소를 고정사업장으로 만들지 않았을 것들에 제한되지 않는 한,
> 그 기업은 그 인이 그 기업을 위하여 담당하는 모든 활동에 대하여 그 체약국에 고정사업장을 가진 것으로 간주된다.
> 6. 제5항은, 한 체약국에서 다른 체약국의 기업을 위하여 활동하는 인이 처음에 언급된 체약국에서 독립적 대리인으로 사업을 수행하고, 그 사업의 통상적 과정에서 그 기업을 위하여 활동하는 경우에는, 적용되지 않는다. 하지만, 인이 오로지 또는 거의 오로지 하나 또는 그 이상의 밀접하게 관련된 기업들을 위하여 활동하는 경우에는, 그 인은 이 항의 목적상 그러한 기업들과 관련하여 독립적 대리인으로 취급되지 않는다.

OECD 모델조약 제5조 제5항, 제6항에 의한 고정사업장이 성립하기 위한 요건은 다음과 같다.[120]

---

119) 그러나 펀드투자에서 투자대상의 물색, 투자의 실행(인수조건의 협상 등), 투자금의 회수(매수인의 물색 등)는 투자의 핵심적 부분이므로, 법원이 이를 예비적·보조적 활동이라고 본 것은 납득하기 어렵고, 위 투자활동은 예비적·보조적 활동이 아니라고 보아야 한다[김해마중, 앞의 책, 146쪽도 같은 견해이다].
120) 제5조 제5항의 종속대리인 규정은 제5조 제1항, 제2항에 의한 물리적 고정사업장이 인정되지 않는 경우

① 대리인[121]이 될 수 있는 자

대리인이 될 수 있는 '인'(person)(5조 5항)은 개인, 회사 기타 인적 조직을 포함한다[3조 1항 a)]. 인이 종속대리인으로 되기 위해서는 문제된 국가에서 기업을 위하여 활동하여야 하지만,[122] 그 국가의 거주자이거나 그곳에 사업장소를 가지고 있을 필요가 없다.[123]

② 대리인이 상시적으로 계약을 체결하거나 계약체결에 주된 역할을 담당하여야 한다

2014년 모델조약까지는 종속대리인은 대리인이 계약체결권한을 행사하는 경우로 제한되었으나,[124] 2017년 모델조약에서는 대리인이 계약체결에 주된 역할을 하는 경우가 종속대리인의 유형으로 추가되었다.[125]

㉮ 대리인이 계약을 체결하는(conclude contracts) 경우

대리인이 기업을 위한 계약의 체결 여부 및 조건의 결정에 관하여 재량권을 가져야 하는지가 문제되는데, 반드시 그러한 재량권이 필요하다고 볼 필요는 없을 것이다.[126] 이에 의하면, 대리인이 상대방과 계약조건에 관하여 협상을 거치지 않고 기업에 의하여 사전적으로 정해진 조건에 따라 계약을 체결한 경우에도 종속대리인이 성립할 수 있다.

에 적용되는 보충적 요건(alternative test)이므로, 제5조 제1항, 제2항에 의한 고정사업장이 존재하는 경우에는 그 장소의 책임자(person in charge)가 제5조 제5항의 요건을 충족할 필요가 없다(OECD 모델조약 제5조의 주석 문단 100).

121) OECD 모델조약의 종속대리인과 관련하여, 대리인(agent)은, ① 본인의 이름으로 계약을 체결하는 자(직접대리)뿐만 아니라 ② 자신의 이름으로 계약을 체결하고 그 경제적 효과가 본인에게 귀속되는 경우(간접대리)도 포함하므로, 영미법상 대리인의 개념에 더 가깝다고 볼 수 있다.

122) 그러한 예로는, 대리인(agent)이 본인(principal)을 위하여, 이사가 회사를 위하여, 피용자가 고용주를 위하여 각각 활동하는 경우를 들 수 있다(OECD 모델조약 제5조의 주석 문단 86).

123) OECD 모델조약 제5조의 주석 문단 83

124) 이는, 기업이 대리인의 활동을 이유로 원천지국에 고정사업장을 가진 것으로 간주되기 위해서는 그 대리인이 그 기업의 활동에 일정한 정도로 관여하여야 하는데[OECD 2014년 모델조약 제5조의 주석 문단 32(OECD 2017년 모델조약 제5조의 주석 문단 83)], 이에 관하여 대리인의 계약체결권한이 납세자와 과세관청에게 용이하게 적용할 수 있는 기준을 제시하였기 때문으로 보인다. ; 계약체결권한 기준은 납세자에게는 예측가능성을 부여하고, 과세관청에게는 세무행정의 편의를 제공하는 면이 있다[김해마중, 앞의 책, 208쪽)].

125) 정보통신기술의 발달에 따라 대리인이 실질적으로 계약의 체결 여부 또는 조건에 관하여 설득·교섭을 담당하고 그 형식적 계약체결은 외국의 본사에서 함으로써 종속대리인에 의한 고정사업장을 회피하는 것이 빈번하게 되자, 계약체결권한을 기초로 한 종속대리인 규정에 대한 비판이 제기되었다. 이를 반영한 BEPS Action 7에 따라 2017년 모델조약이 개정되었다.

126) 김해마중, 앞의 책, 219쪽 ; 종전의 OECD 모델조약 주석은 종속대리인이 되기 위하여 대리인에게 협상권 또는 재량권이 있어야 하는지 여부에 관하여 명시적 입장을 밝히지 않았으나, OECD 2017년 모델조약의 주석은, 계약은 그 조건에 관한 적극적 협상 없이 체결될 수도 있다고 하고, 그 예로 관계법령에 따라 표준계약(standard contract)이 체결되는 경우를 든다. 이는 대리인에게 재량권이 있을 것을 요구하지 않는 취지로 보인다.

대리인이 어느 국가에서 기업을 구속하는 방식으로 계약의 모든 요소와 세부사항을 교섭한 경우에는, 그 계약이 다른 국가에서 다른 사람에 의하여 체결되더라도, 그 대리인이 전자의 국가에서 그 계약을 체결한 것으로 볼 수 있다.[127)128)]

㉯ 대리인이 계약체결에 이르는 주된 역할을 하고, 중요한 수정 없이 계약체결이 이루어지는 경우

이는 대리인이 수행하는 활동의 직접적 결과(direct result)로 계약체결이 이루어지는 경우를 말하고,[129)] 계약의 체결은 대리인이 활동한 국가가 아닌 다른 국가에서 다른 사람에 의하여 행해지더라도 관계없다. 이는 기업의 계약체결에 이르게 하는, 기업의 영업인력(sales force)으로 하는 활동을 포함하기 위한 것이다. '계약체결에 이르게 하는 주된 역할'은 제3자를 설득·확신시켜서 기업과 계약을 체결하도록 하는 것이고,[130)] 단순한 판촉 또는 광고나 마케팅을 넘는 활동이어야 한다.[131)] 가령 외국 모회사의 국내 자회사의 직원이 고객으로 하여금 모회사가 공급하는 제품 또는 용역을 구입하도록 설득하여, 고객이 외국 모회사가 정한 대금 등의 표준적 계약조건(직원이 변경할 수 없음)에 따라 인터넷으로 외국 모회사와 계약을 체결하도록 한 경우, 그 직원은 그 계약체결에 이르는 주된 역할을 한 것으로 볼 수 있다.[132)] 그 경우, 표준적 계약조건을 고객이 받아들이도록 설득하는 것이 그 계약체결에 이르는 핵심적 요소이므로, 그 직원이 그 계약조건을 변경할 수 없다는 사정은 직원의 주된 역할을 인정하는데 방해가 되지 않는다. 한편, 인이 기업과 고객 간의 협상에 참여하거나 관여하였다는 사실은, 주된 역할 여부를 판단할 때 고려할 관련요소일 수 있으나, 그것만으로는 계약체결에 주된 역할을 하였다고 보기에 충분하지 않다.[133)]

---

127) OECD 모델조약 제5조의 주석 문단 87 ; 2017년 개정되기 전의 모델조약에서는 대리인이 계약체결권한을 행사하는 경우에만 종속대리인이 될 수 있는 것으로 규정되어 있었으므로, 위와 같은 사안을 대리인이 "계약을 체결하는(conclude contracts)" 경우로 포함시킬 수 밖에 없었다. 그러나 2017년 모델조약의 개정으로 대리인이 계약체결에 이르는 주된 역할을 하는 경우가 종속대리인의 유형에 추가되었으므로, 현재는 위 사안을 후자의 경우에 포함시키는 것도 가능할 것이다.

128) 이탈리아 법원은, Philip Morris 사건에서 종속대리인의 개념에서 '계약을 체결할 권한'은 계약의 체결에 기여하는 모든 활동을 의미한다고 해석하면서, 과세 여부가 문제되는 Philip Morris 독일 법인의 관계회사인 이탈리아 법인(Intertaba)의 직원이 독일 법인과 이탈리아 전매청 간의 계약협상 시 참여한 것을 그러한 활동으로 보았다[Ministry of Finance v. Philip Morris, Decision 7682/02, Corte Suprema di Cassazione, Rome 07682/02 (2002. 3. 7.)][이창희, 국제조세법(2020), 505쪽].

129) OECD 모델조약 제5조의 주석 문단 88

130) OECD 모델조약 제5조의 주석 문단 88

131) OECD 모델조약 제5조의 주석 문단 83, 88 : 같은 주석의 문단 89는, 제약회사의 대리인이 의사들을 접촉하여 적극적으로 약제를 홍보하고, 그로 인하여 그 약제의 판매가 상당히 증가한 경우에도, 그러한 마케팅 활동은 직접적으로 의사들과 그 기업 사이의 계약체결을 야기하는 것이 아니라고 한다.

132) OECD 모델조약 제5조의 주석 문단 90

'계약이 기업에 의한 중요한 수정 없이 통상적으로 체결되어야 한다'는 요건은, 대리인이 아닌 기업에 의하여 계약이 체결되는 경우를 전제로, 대리인이 고객에게 설명하고 설득한 계약조건이 그 중요한 부분의 변경 없이 기업에 의하여 체결된 계약에서 그대로 반영되어야 함을 의미한다.

㉢ 대리인은 상시적으로(habitually) 기업의 계약체결에 관여하여야 한다

상시성 요건은 물리적 고정사업장의 경우 요구되는 고정성에 대응한다.[134] 상시성은, 대리인의 계약체결 관여가 반복적으로 그리고 몇 개의 동떨어진 사건들에 국한되지 않게(repeatedly and not merely in isolated cases) 행해지는 것을 의미한다.[135] 어느 정도와 빈도의 활동이어야 상시적이라고 볼 수 있는지는 기업의 사업과 계약의 성질에 달려있다.[136] 정확한 빈도의 판단기준을 세우는 것은 곤란하지만, 물리적 사업장소의 고정성에 관한 사례들을 참조할 수 있을 것이다.

③ 계약의 형식, 내용과 성격

대리인의 관여하에 체결된 계약은 다음 중 하나에 해당하여야 한다.

㉮ 기업의 이름으로 체결된 계약

"기업의 이름으로(in the name of the enterprise)" 체결된 계약은, ㉠ 기업과 고객 사이에 법적 권리와 의무를 발생시키는 것과, ㉡ 위탁매매인 등의 대리인에 의하여 체결된 계약에 의하여 기업이 직접 고객에게 법적 의무를 부담하지는 않지만 그 계약의 결과로 고객에게 재산 등을 이전하는 것[137]을 포함한다.[138]

OECD 2014년 모델조약까지는, 기업이 한 체약국 안에서 일반적 위탁매매인(general commission agent)을 통하여 사업을 수행하는 것만으로는, 그 일반적 위탁매매인이 사업의 통상적 과정에서 활동하는 한, 제5조 제5항의 고정사업장에 해당하지 않는다고 보았다(2014년 모델조약 제5조 제6항). 그러나 BEPS Action 7 최종보고서는, 위 조항이 위탁매매인에 의하여 매매계약이 체결된 국가의 세원을 잠식하므로 위 조항을 개정할 필요성이 있다고 보았고,[139] 이에 따라 2017년 개정된 OECD 모델조약 제5조

---

133) OECD 모델조약 제5조의 주석 문단 97
134) OECD 모델조약 제5조의 주석 문단 98
135) OECD 모델조약 제5조의 주석 문단 83
136) OECD 모델조약 제5조의 주석 문단 98
137) 이를 OECD 주석은 '기업의 이름이 계약서상 공개되지 않는(undisclosed) 계약'이라고 한다(OECD 모델조약 제5조의 주석 문단 93).
138) OECD 모델조약 제5조의 주석 문단 92, 93
139) BEPS Action 7 최종보고서 15쪽 문단 8

제6항은 일반적 위탁매매인에 관한 부분을 삭제하였다.[140)

OECD 2017년 모델조약에 의하면, 위탁매매인(commissionare)은 더 이상 종속대리인에서 제외되는 예외에 해당하지 않는다. OECD 모델조약의 주석에 의하면, 기업을 위하여 활동하는 위탁매매인이 자신의 이름으로(on its own name) 제3자와 계약을 체결하고, 그 결과 그 기업이 제3자에게 재산의 소유권 또는 사용권을 직접 이전하는 경우는 OECD 모델조약 제5조 제5항의 적용범위에 포함된다.[141)

위탁매매인(commissionaire)의 법률관계

위탁매매인의 법률관계에 관하여 대륙법계 국가와 영미법계 국가는 서로 다르게 규율한다.
① 우리나라를 비롯한 대륙법계 국가들에서는, 위탁매매인이 자신의 이름으로 상대방과 매매계약을 체결한 경우, 대리인이 본인의 이름으로 계약을 체결하는 경우와 달리, 위탁매매인은 상대방에 대하여 직접 권리를 취득하고 의무를 부담하며(상법 101조, 102조), 그로 인한 경제적 효과를 위탁자에게 이전할 의무가 있다[간접대리(間接代理)].
② 영미법계 국가들에서는, 직접대리와 간접대리의 구별이 없고, 위탁자도 위탁매매인이 한 매매계약의 당사자로 될 수 있다.
  ㉮ 미국법에서는, 대리인(agent)은 본인을 위하여 행동하고(act on the principal's behalf) 본인의 통제에 따르기로 한 자로 정의되고, 대리인과 계약을 체결하는 상대방이 대리인이 본인을 위하여 행동하는 것을 모르는 경우에도, 그 공개되지 않은 본인(undisclosed principal)은 원칙적으로 그 계약의 당사자가 된다[Restatement of the Law, Third, Agency (2006) §§ 1.02, 6.03].
  ㉯ 영국법상 ㉠ 본인으로부터 보험계약 체결의 대리권을 수여받은 대리인이 상대방에게 본인의 신원을 현명하지는 않았으나 본인의 존재를 노출하여 상대방이 본인의 존재를 알고 있는 경우에는 현명되지 않은 본인(unnamed/unidentified principal)이 보험계약상 권리·의무를 부담할 수 있고 ㉡ 대리인과 보험계약을 체결한 상대방이 본인의 존재를 알지 못한 경우에도, 대리인이 그 노출되지 않은 본인(undisclosed principal)으로부터 보험계약 체결에 관한 대리권을 수여받아 보험계약 체결 당시 본인을 위하여 보험계약을 체결한다는 의도를 가지고 있었고, 보험계약의 내용상 노출되지 않은 본인이 계약의 당사자가 되는 것을 금지하는 내용이 없다면 노출되지 않은 본인이 보험계약상 권리·의무를 부담할 수 있다(이른바 '현명되지 않은 본인 또는 노출되지 않은 본인의 법리').[142)

---

140) 다만, 종전의 2014년 모델조약 제5조 제6항에 따라 체결된 조세조약에 따르면, 여전히 위탁매매인은 그 사업의 통상적 과정에서 활동하는 한 종속대리인에 해당하지 않는다.
141) OECD 모델조약 제5조의 주석 문단 92
142) 대법원 2019. 12. 27. 선고 2017다208223 판결

④ 기업이 소유하거나 사용권을 보유하는 재산의 소유권을 이전하거나 사용권을 부여하는 계약[143]

대리인과 제3자 간의 계약체결 시점에 해당 재산이 존재하였거나 기업에 의하여 소유되었는지 여부는 문제되지 않는다.[144] 그리고 여기서 재산은 모든 종류의 유형 및 무형 재산을 포함한다.[145]

④ 기업에 의한 용역의 제공을 위한 계약

④ 예비적·보조적 활동이 아닐 것

예비적 또는 보조적 활동만을 위한 사업장소가 고정사업장을 구성하지 않는 것과 마찬가지로, 그러한 활동만을 하는 자는 제5조 제5항의 고정사업장을 발생시키지 못한다.[146] 대리인의 활동이 예비적 또는 보조적 성격인지 여부는, 대리인의 관여 하에 체결된 계약의 내용(물품의 판매 등 수익을 실현하는 것인지 등)을 중심으로 판단될 것이다. 대리인이 예비적·보조적 활동만을 하는 것의 예로는 오로지 기업의 구매 대리인(buying agent)으로만 활동하는 경우를 들 수 있다.[147]

⑤ 대리인의 종속성

㉮ 독립적 대리인이 그 사업의 통상적 과정에서 활동을 한 경우

OECD 모델조약에 의하면, 기업을 위하여 활동하는 대리인이 독립적 지위에서 그 사업의 통상적 과정에서 그 활동을 하는 경우, 제5조 제5항의 고정사업장은 성립하지 않는다 (OECD 모델조약 5조 6항 1문).

㉠ 독립적 대리인

독립적 대리인(independent agent)에 해당하기 위해서는, ⓐ 대리인이 본인에게 그의 일의 결과에 대한 책임을 지지만, 그 일을 하는 방법에 관하여 중요한 통제를 받지 않아야 한다(**업무수행의 독립성**).[148] 만일 대리인이 기업의 세부적 지시 또는 포괄적 통제를 받는 관계에 있다면 독립적 대리인이 될 수 없다.[149] 대리인과 본인 간의

---

143) OECD 모델조약의 주석이 2017년 모델조약 제5조 제5항 a)의 "기업의 이름으로 체결된" 계약을 위탁매매인에 의한 매매계약까지 포함하는 것으로 확장해놓은 이상, b), c)에 해당하는 유형의 대부분은 a)에 의하여 처리될 수 있을 것으로 보인다.

144) OECD 모델조약 제5조의 주석 문단 95 : 따라서 대리인이 상품을 먼저 판매하고 이후 기업이 그 상품을 제조하여 고객에게 직접 배송하여도 무방하다.

145) OECD 모델조약 제5조의 주석 문단 95

146) OECD 모델조약 제5조의 주석 문단 85

147) OECD 모델조약 제5조의 주석 문단 85

148) OECD 모델조약 제5조의 주석 문단 104

149) OECD 모델조약 제5조의 주석 문단 106

계약에 따라 대리인이 본인에게 중요한 정보를 제공하여야 하는 경우가 있는데, 그 정보의 제공이 사업의 수행방법과 관련하여 본인의 승인을 얻는 과정에서 이루어진 것이 아닌 한, 정보의 제공만으로는 종속성 여부의 판단에 충분한 기준이 아니다.[150] 그리고 ⓑ 독립적 대리인은 스스로 **사업상 위험**(entrepreneurial risk)을 부담하여야 한다.[151] 가령 대리인이 본인으로부터 공급받은 물건을 본인이 정한 가격으로 소비자에게 판매하고, 판매되지 못한 물건을 본인에게 반품할 수 있으며, 그 운송비용도 본인이 부담한다면, 독립적 대리인으로 보기 어렵다.[152]

ⓛ 사업의 통상적 과정에서 기업을 위하여 활동하였을 것

독립적 대리인이 고정사업장을 구성하지 않으려면 그 사업의 통상적 과정에서(in the course of that business) 기업을 위하여 활동하여야 한다. 가령 여러 회사를 위한 판매대리점(distributor)의 역할을 하는 회사가 다른 회사를 위한 대리인으로서 활동한다면, 그 회사의 판매대리점으로서의 활동은 그 회사가 사업의 통상적 과정에서 하는 대리인으로서의 활동의 일부로 고려되지 않는다.[153] 회사가 사업의 통상적 과정에서 수행하는 대리인으로서의 활동은, 그 회사가 특정한 사업분야의 공통된 관행에 따라, 때로는 다른 회사를 위한 대리인으로, 때로는 그 회사의 계산으로 중개 (intermediation)활동을 하고, 그것이 서로 구별될 수 없는 경우를 포함한다.[154]

ⓒ 독립대리인의 예외 : 대리인이 밀접하게 관련된 기업만을 위하여 활동하는 경우

인이 전속적으로 또는 거의 전속적으로 그와 밀접하게 관련된 하나 또는 수개의 기업들을 위하여 활동하는 경우, 그 인은 그 기업과 관련하여 제5조 제6항의 독립적 대리인으로 취급되지 않는다(OECD 모델조약 5조 6항 2문). 만일 대리인이 그 전체 사업활동 기간 또는 장시간에 걸쳐 오로지 한 기업 또는 서로 밀접하게 관련된 기업들만을 위하여 활동한다면 독립적 지위가 인정되기 어렵기 때문이다.[155] 제5조 제6항 후문은 같은 항 전문의 특칙으로 보아야 하므로,[156] 독립적 대리인이 그 사업의 통상적 과정에서 활동을 한 경우에도,

---

150) OECD 모델조약 제5조의 주석 문단 108 : 대리인과 본인 간의 약정의 원만한 이행과 본인과의 좋은 관계를 확보하기 위한 정보의 제공은 종속성의 징표가 아니다.

151) OECD 모델조약 제5조의 주석 문단 104

152) Handfield v. C.I.R., 23 T.C. 633 (1955)

153) OECD 모델조약 제5조의 주석 문단 110

154) OECD 모델조약 제5조의 주석 문단 110 : 그 예로 금융분야에서 중개업자 겸 매매업자(broker-dealer)가 다양한 시장중개활동을 동일한 방법으로, 때로는 다른 회사를 위한 대리인으로서, 때로는 자기를 위하여 하는 경우를 들 수 있다.

155) OECD 모델조약 제5조의 주석 문단 111 : 제5조 제6항 후문은 대리인이 그와 밀접하게 관련된 기업만을 위하여 활동하는 경우 같은 항 전문의 독립적 대리인에서 제외하는데, 이는 대리인이 그와 밀접하게 관련되지 않은 기업만을 위하여 활동하는 경우에는 자동적으로 같은 항 전문의 독립적 대리인이 된다는 것을 의미하지 않는다.

제5조 제6항의 독립적 대리인으로 취급되지 않는다.

대리인이 "전속적으로 또는 거의 전속적으로(exclusively or almost exclusively)" 그와 밀접하게 관련된 기업을 위하여 활동한다는 의미는, 밀접하게 관련되지 않은 기업을 위한 대리인의 활동이 그의 사업 중 중요한 부분을 차지하지 않는다는 것이다.[157]

"밀접하게 관련된(closely related)"은, 한쪽이 다른 쪽을 지배하거나(has control) 양쪽이 같은 인 또는 기업의 지배하에 있는 경우를 의미한다(OECD 모델조약 5조 8항 1문).[158] ① 한쪽이 직접적 또는 간접적으로 다른 쪽의 수익적 지분(beneficiary interest)(회사의 경우에는 발행주식의 총 의결권과 가치) 중 50%를 초과하여 소유하거나 ② 제3자가 인 또는 기업의 수익적 지분의 50%를 초과하여 소유하는 경우에는, 어떤 경우에도 밀접하게 관련된 경우로 취급되어야 한다(OECD 모델조약 5조 8항 2문).

㉮ 자회사가 종속대리인이 될 수 있는지 여부

한 체약국의 거주자인 회사가 다른 체약국에 있는 회사를 지배하거나 그에 의하여 지배된다는 사실 그 자체는 둘 중 어느 회사의 고정사업장도 구성하지 못한다(5조 7항). 따라서 자회사가 모회사의 대리인으로 활동하는 경우, 모회사-자회사 관계만으로 제5조 제5항에 의한 종속대리인의 요건이 충족되는 것은 아니다.[159] 자회사가 종속대리인에 해당하기 위해서는 제5조 제5항의 개별적 요건을 충족하여야 한다. 자회사가 제5조 제6항 전문의 독립대리인에 해당하더라도, 전속적으로 또는 거의 전속적으로 모회사나 관계회사만을 위하여 활동하는 경우에는, 제5조 제6항 후문에 따라 종속대리인이 될 수 있다.

OECD 모델조약의 주석은, 자회사가 전속적으로 관계기업을 위하여 활동하지 않기 때문에 제5조 제6항 후문이 적용되지 않는 경우, 모회사가 주주의 지위에서 자회사에 대하여 행하는 통제는 자회사의 종속대리인 여부의 판단에 고려할 사항이 아니라고 한다.[160]

한편, 자회사의 소유인 공간 등이 모회사가 임의로 사용할 수 있고, 그것을 통하여 모회사가 사업을 수행하는 고정된 장소인 경우에는, 제5조 제1항의 고정사업장에 해당할 수 있다.[161]

---

156) 제5조 제6항 후문은 같은 항 전문의 뒤에서 명시적으로 "however"라고 규정한다.

157) OECD 모델조약 제5조의 주석 문단 112 : 그 예로, 대리인이 밀접하게 관련되지 않은 기업을 위하여 하는 판매가, 다른 기업들을 위하여 하는 전체 판매의 10% 미만인 경우에는, 전속적으로 또는 거의 전속적으로 밀접하게 관련된 기업을 위하여 활동하는 것에 해당한다고 한다.

158) OECD 모델조약 제5조의 주석 문단 120 : 직접적 또는 간접적으로 기업의 수익적 지분의 50%를 초과하여 소유하였다면 보유하였을 권리와 유사한 권리를 행사할 수 있게 하는 특별한 약정을 통한 지배를 포함한다.

159) OECD 모델조약 제5조의 주석 문단 113, 115

160) OECD 모델조약 제5조의 주석 문단 105 : 이에 대하여 자회사의 경제적 독립성을 인정할 수 있는지에 대하여 의문을 표시하는 견해로, 이창희, 국제조세법(2020), 503쪽

(나) 대법원 판례

① **실반 러닝 사건**[162] : ㉮ 원고가 국내에서 IT 관련 국제공인자격시험을 실시하기 위하여 호주 법인(Sylvan Learning Systems Ⅱ B.V.)으로부터 위 시험의 실시에 필요한 소프트웨어와 시험문제를 제공받기로 하는 시험센터 운영계약을 체결한 후, 국내에서 응시자를 모집하여 위 시험을 실시하고, 호주 법인에게 소프트웨어 및 시험문제 등의 제공대가를 지급한 사건에서, 원고가 호주 법인의 종속대리인인지 여부가 문제되었다. ㉯ 대법원은, ㉠ 위 계약은 원고를 호주 법인의 피용인이나 대리인이 아니라 독립된 계약자로 상정한 점, ㉡ 원고가 독자적으로 자기 책임하에 응시자를 모집하고, 그 응시료를 수취한 후 그 응시료 전체를 수익으로 회계처리한 점, ㉢ 원고가 호주 법인으로부터 무효시험 쿠폰(Voucher)을 구입하여 자신의 계산으로 사용한 점 등에 비추어, 원고를 호주 법인의 종속대리인으로 보기 어렵다고 판단하였다.

② **매지링크 사건**[163] : ㉮ 싱가포르 법인인인 원고는, 크레딧 스위스 홍콩지점으로부터 국내 회사가 발행한 사채(CS채권)를 매수한 후 그 채권의 회수업무를 내국법인인 A에게 위임하였고, 원고의 미등기임원인 소외 2가 A로부터 그에 관한 보고를 받고 CS채권의 금융감독원 전자공시 업무를 하였다. ㉯ 대법원은, 원고의 위임을 받은 A가 국내에서 수행한 CS채권의 회수업무와 소외 2 등이 국내에서 수행한 업무는 기계적·반복적인 단순 업무로서 CS채권 투자와 관련한 원고의 본질적이고 중요한 사업활동으로 보기 어렵다는 이유로, A나 소외 2를 원고의 종속대리인으로 보기 어렵다는 취지로 판단하였다.

③ **론스타 사건**[164] : 론스타펀드 Ⅳ가 관계회사인 벨기에 법인을 통하여 내국법인 주식 등을 매수하고 처분하는 과정에서, 론스타펀드 Ⅳ의 국내 관리자인 소외 2와 소외 3 등이 론스타펀드 Ⅳ로부터 내국법인 주식의 인수과정에 협상하고 계약서에 서명할 권한 등을 위임받아 행사한 사건에서, 대법원은, 위 행위는 LSP와 법적으로 별개의 법인으로서 LSGA 등과 업무수탁계약을 체결한 LSAK, HAK의 대표이사나 임원 자격에서 한 것으로 보이고, 소외 2, 3이 원고들의 대리인으로서 국내에서 원고들을 위하여 계약을 체결할 권한을 가지고 이를 반복적으로 행사하였음을 인정할 증거가 없다는 이유로, 종속대리인에 해당하지 않는다는 취지로 판단하였다.[165]

---

161) OECD 모델조약 제5조의 주석 문단 115
162) 대법원 2010. 1. 28. 선고 2007두7574 판결
163) 대법원 2016. 1. 14. 선고 2014두8896 판결
164) 대법원 2017. 10. 12. 선고 2014두3044 판결
165) 자세한 사실관계는 앞의 고정사업장에 관한 대법원 판례 중 론스타 사건 관련 부분 참조

2-2-3. 고정사업장에 귀속되는 소득의 범위 및 계산

2-2-3-1. OECD 모델조약

(1) 고정사업장에 귀속되는 소득의 범위 : 제7조 제1항

OECD 모델조약 제7조 제1항 제1문은, 한 체약국의 기업의 소득은, 다른 체약국에서 그곳에 있는 고정사업장을 통하여 사업을 수행하지 않는 한, 다른 체약국에서 과세되지 않는 것으로 정한다.[166] 그리고 같은 항 제2문은, 한 체약국의 기업이 다른 체약국에 있는 고정사업장을 통하여 사업을 수행하는 경우, 그 고정사업장에 귀속되는 소득은 그 다른 체약국에서 과세될 수 있다고 정한다. 이는, 체약국 내에 비거주자인 기업의 고정사업장이 있으면 그 기업이 그 체약국 내에서 얻는 모든 소득을 과세할 수 있도록 하는 총괄주의(force of attraction)[167]를 배척하고, 귀속주의(attribution principle)를 취한 것이다. 우리나라가 체결한 거의 대부분의 조세조약도 귀속주의를 취한다. 이에 따르면, 어느 체약국의 기업이 다른 체약국에 고정사업장을 가지고 있고, 그 다른 체약국에서 사업소득을 실현하였더라도, 그 소득이 고정사업장에 귀속되지 않는 경우, 그 다른 체약국은 조세조약에 따라 그 소득에 대하여 과세할 수 없다.

기업의 건설 관련 고정사업장이 그 기업의 다른 부분으로부터 물품 또는 서비스를 공급받는 경우, 그 물품 또는 서비스의 공급으로 인한 소득은 그 고정사업장을 통하여 수행되는 활동으로부터 생긴 것이 아니므로 그 고정사업장에 귀속될 수 없다.[168]

(2) 고정사업장에 귀속되는 거래의 인식과 소득의 계산 : 제7조 제2항

(가) 2010년 개정 전의 OECD 모델조약

2010년 개정 전의 OECD 모델조약 제7조 제2항은, 고정사업장이 그것이 속한 기업과 전적으로 독립적으로 거래하는 분리된 기업이었다면 얻었을 소득이 그 고정사업장에 귀속되어야 한다고 정하였다. 이는 제9조의 독립기업 원칙에 부합하는 것으로서,[169] 기업의 고정사업장과 그 본점 등 간의 거래로 인한 소득을 독립기업 원칙에 따라 계산하도록 한

---

166) 이는, 한 체약국의 기업이 다른 체약국에 고정사업장을 갖기까지는, 그 다른 체약국이 그 소득에 대한 과세권을 행사할 정도로 그 다른 체약국의 경제생활에 참여하는 것으로 취급되어서는 안 된다는 국제적 합의를 반영한 것이라고 한다. OECD 모델조약 제7조의 주석 문단 11

167) 총괄주의에는 ① 체약국 내에 고정사업장이 있는 경우, 그 체약국 내에서 발생한 소득이라면 고정사업장에 귀속되지 않는 것까지도 그 체약국에서 과세하는 일반적 총괄주의와, ② 고정사업장에 의하여 수행되는 것과 유사한 활동에서 생기는 소득에 적용되는, 제한적인 조세회피방지 규칙의 기초가 되는 제한적 총괄주의가 있는데, 전자는 현재 조세조약의 실무상 거의 채택되지 않고 있다(OECD 모델조약 제7조의 주석 문단 12). 총괄주의는 '자력(磁力)주의'라고도 한다[이창희, 국제조세법(2020), 439쪽].

168) OECD 모델조약 제7조의 주석 문단 35~37

169) OECD 2003년 모델조약 제7조의 주석 문단 11

것이다.

한편, ① 위 모델조약 제7조 제3항은, 고정사업장을 위하여 발생한, 경영비 및 일반관리비를 포함한 경비는, 그 발생장소에 관계없이 비용공제가 인정되어야 한다고 정하였다. 그런데 위 조문은 독립기업의 원칙과 다르게 해석될 여지가 있었다.[170)171)172)] 그리고 ② 위 모델조약 제7조 제4항은, 기업의 전체 소득을 그 각 부분에 할당하여(apportionment of the total profits) 고정사업장에 귀속되는 소득을 결정하는 것이 일방 체약국에서 관례적인(customary) 경우에는, 그것이 제7조에 포함된 원칙에 합치하는 한, 그러한 할당 방법에 의하여 고정사업장에 귀속되는 소득을 결정할 수 있다고 정하였다.[173)174)] 그리고 2010년 개정 전의 OECD 모델조약의 주석은, 은행과 같은 금융기업을 제외하고는, 본점에 의하여 고정사업장에 청구되는 내부적 이자(internal interest)는 인식될 필요가 없고, 내부적 채무와 채권(internal debts and receivables)에 관한 공제는 금지된다고 보았다.[175)176)]

---

170) OECD 2003년 모델조약의 주석은, 무형적 권리(intangible rights)의 경우에는, 동일한 군(群)에 속하는 기업들 간의 관계와 관련된 규칙이 동일한 기업의 부분들 간의 관계에 대하여 적용되지 않는데, 그 이유는 오직 하나의 법적 실체(only one legal entity)가 있으므로 무형적 권리의 법적 소유권(legal ownership)을 기업의 특정 부분에 배정하는 것이 불가능하고, 실무상(in practical terms) 개발비용을 기업의 한 부분에 배타적으로 배정하는 것이 곤란하기 때문이며, 그러한 무형적 권리의 창조에 든 실제 원가(actual cost)를 이익가산 또는 사용료 없이(without mark-up for profit or royalty) 배분하는 것이 적절하다고 하였다(제7조의 주석 문단 17.4).

171) OECD 2006년 보고서는 그러한 해석의 예로, ① 고정사업장에 배분된 비용이 제7조 제2항의 독립기업 원칙에 따라 발생하였을 금액을 초과하는 경우에도 공제되어야 한다거나, ② 기업의 다른 부분은, 그 비용이 직접 제3자와의 거래와 관련된 것이 아니면, 고정사업장을 위하여 발생된 비용에 관한 원가 이상을 회복할 수 없다고 보는 것을 든다[OECD '2006 Report of the attribution of profits to permanent establishments'의 Part Ⅰ. 문단 289(p.72)].

172) 대법원 2011. 2. 24. 선고 2007두21587 판결은, 내국법인(MBC)의 외국납부세액공제액을 계산할 때, 본사가 미국지사에게 방송프로그램의 사용을 허락한 것에 대한 사용료가 미국지사의 국외원천소득에 포함되어야 하는지가 문제된 사건에서, 2010년 개정 전의 OECD 모델조약 제7조 제3항과 거의 같은 내용의 한·미 조세조약 제8조 제3항 등에 비추어, 위 조세조약 제8조 제2항을 근거로 미주지사가 독립기업일 경우 본사에 지급하였을 것으로 예상되는 사용료 상당 금액을 공제하여 미주지사의 국외원천소득금액을 계산하는 것은 허용될 수 없다고 판시하였다.

173) OECD 2003년 모델조약의 주석에 의하면, 제7조 제4호의 방법은 분리된 기업의 입장에서의 소득 귀속이 아니라 전체 소득의 할당(배분, apportionment)을 고려하는 것이기 때문에, 제7조 제2호의 방법과 다르고, 분리된 회계(separate accounts)에 기초하여 계산되었다면 이르렀을 수치와 다른 결과를 만들어 낼 수 있다고 한다(OECD 2003년 모델조약 제7조의 주석 문단 25).

174) 이창희, 국제조세법(2020), 466쪽은, 외국법인의 고정사업장의 소득을 ① 외국법인의 소득을 고정사업장에 안분하여 계산하는 방법을 일체설(一體說), ② 외국법의 고정사업장을 현지법인으로 생각하여 가상적 매매계약을 상정하는 방법을 개체설(個體說)이라고 부른다.

175) OECD 2003년 모델조약 제7조의 주석 문단 12.2, 17.4, 18.3, OECD 2008년 모델조약 제7조의 주석 문단 41, 42 ; 다만, 은행의 본·지점 간 이자에 관하여는 예외가 인정되었다. OECD 2003년 모델조약 제7조의 주석 문단 19, OECD 2008년 모델조약 제7조의 주석 문단 42, 49

176) UN 모델조약은 현재도 고정사업장의 소득을 계산할 때 원칙적으로 본점과 고정사업장 간의 내부적 사용료 등은 공제되어서는 안 된다고 정하고, 다만 은행기업의 경우 고정사업장에 대여된 돈에 대한 이자에

이와 같이 고정사업장에 귀속되는 소득의 결정기준에 관하여 독립기업의 원칙과 할당의 방법이 혼재됨에 따라, OECD 모델조약을 따라 체결된 조세조약에 관하여 각 체약국별로 그 해석 및 적용이 일관되지 않는 문제점이 있었다. 이를 해결하기 위하여 OECD 2010년 모델조약은 제7조를 개정하여, 할당 방법에 기초하였거나 그렇게 해석될 여지가 있는 종전의 제7조 제2항, 제3항을 삭제하였다.

(나) OECD 2010년 모델조약
① 분리되고 독립한 기업의 가정 및 독립기업의 원칙

OECD 모델조약 제7조 제2항에 의하면, 고정사업장에 귀속되는 소득은, 그 고정사업장과 해당 기업의 다른 부분을 통하여 수행된 기능, 사용된 자산, 인수된 위험을 고려할 때, 그 고정사업장이, 동일하거나 유사한 조건에서 동일하거나 유사한 활동에 종사하는 분리되고 독립한 기업(separate and independent enterprise)이었다면 얻었을 소득을 말한다. 이에 따르면, 고정사업장에 귀속되는 소득은, 고정사업장이 분리되고 기업의 다른 부분으로부터 독립한 기업이라는 가정(fiction)에 기초하여 독립기업의 원칙(arm's length principle)에 따라 정해져야 한다.[177] 그리고 제7조 제2항은, 특히 고정사업장이 해당 기업의 다른 부분과의 내부거래(dealings)[178]에서 얻었을 소득을 고정사업장에 귀속되어야 하는 소득으로 명시한다.[179]

OECD 모델조약 제7조 제2항은, 전체 기업의 총소득을 고정사업장에 할당하려는 것이 아니고, 고정사업장을 분리된 기업인 것처럼 가정하여 고정사업장의 소득을 결정하는 것이기 때문에,[180] 전체 기업이 소득을 얻지 못한 경우에도 고정사업장에 소득이 귀속될 수 있고, 반대로 전체 기업이 소득을 얻은 경우에도 고정사업장에 아무런 소득이 귀속되지 않을 수 있다.[181]

관하여만 예외를 인정한다(UN 모델조약 7조 3항 2문).

177) OECD 모델조약 제7조의 주석 문단 16

178) OECD 고정사업장 소득귀속 보고서(2010)는, 법적으로 독립된 실체인 기업들 간의 거래인 'transaction'과 구별하여, 고정사업장과 그것이 속한 기업의 다른 부분 간의 관념적·가상적 거래를 'dealing'이라고 부른다(위 보고서의 Part I. 문단 40).

179) OECD 2008년 모델조약의 주석은, OECD 모델조약 제7조 제3항과 관련하여, 은행과 같은 금융회사를 제외하고는, 본점과 지점 간의 내부적 이자(internal interest)는 인식되지 않는 것이 일반적으로 합의되었다고 보았다(제7조의 주석 문단 41). 그러나 2010년 이후의 OECD 모델조약의 주석은, OECD 모델조약 제7조 제2항과 관련하여, 외국법인이 은행이 아닌 경우에도 그 국내지점이 본점에 지급한 가상적 이자(nominal interest)를 국내지점의 소득에서 차감하는 것을 인정한다(OECD 2010년 모델조약 제7조의 주석 문단 28).

180) OECD 고정사업장 소득귀속 보고서(2010)의 PART I. B-1.은 이를 "functionally separate entity approach"라고 부른다.

181) OECD 모델조약 제7조의 주석 문단 17 ; OECD 고정사업장 소득귀속 보고서(2010) 문단 8

② 기능적 · 사실적 분석 및 거래가격의 결정

OECD 모델조약 제7조 제2항에 의하면, 고정사업장이 분리되고 독립한 기업이었다면 얻었을 소득을 결정할 때, 해당 고정사업장 및 기업의 다른 부분에 의하여 수행된 기능(functions performed), 사용된 자산(assets used) 및 인수된 위험(risks assumed)[182]이 고려되어야 한다.[183] OECD 모델조약의 주석에 의하면, 고정사업장에 귀속되는 소득의 결정을 위하여 1단계로 기능적 · 사실적 분석(functional and factual analysis)이 이루어져야 하는데, 이는 다음과 같은 것들을 포함한다.[184]

㉠ 자산의 경제적 소유권(economic ownership of assets)의 귀속 : 기업의 자산은 그 기업 전체가 소유하는 것이지만, 그 자산을 고정사업장이 경제적으로 소유하는지와 어떤 자격으로 사용하는지가 확인되어야 한다. 기업의 자산은, 그 기업 중 그 자산의 경제적 소유권의 결정과 관련된 중요한 인적 기능(significant people function)을 수행하는 부분에 귀속된다.[185]

㉡ 위험의 인수(assumption of risk) : 고정사업장 자체의 중요한 인적 기능에 내재하고 그에 의하여 창출된 위험은 그 고정사업장에 귀속되어야 한다.[186] 위험의 인수와 관련된 중요한 인적 기능은 위험의 인수 또는 관리에 관한 적극적 의사결정을 요구하는 것들이다.[187][188]

---

182) 국내 고정사업장이 외국본점으로부터 도입하였으나 정상적으로 판매하지 못한 제품을 그 본점에 반품하는 것은 법적으로 아무런 제약이 없지만, 그로 인하여 발생할 운송비 · 통관비 등의 부담 때문에 실무상 많은 경우 국내 고정사업장은 그러한 제품을 본점 등에 반품하지 않고 적절한 방법으로 처분하는 것으로 보인다(이에 따른 손실은 관리회계와 성과평가의 목적상 그 고정사업장에 반영될 것이다). 위 경우 사실상 그 제품의 재고에 관한 위험은 고정사업장이 부담하는 것으로 볼 수 있다.

183) 이는 미국 2006년 모델조약 제7조 제2항 2문의 영향을 받은 것으로 보인다.

184) OECD 모델조약 제7조의 주석 문단 21 : 이하의 내용을 OECD 고정사업장 소득귀속 보고서(2010)는 "authorised OECD approach (AOA)"라고 부른다(위 보고서 문단 3). ; OECD의 위 접근방법과 영국, 미국 및 우리나라 세법을 비교한 논문으로 이의영, "다국적기업의 고정사업장에 대한 과세에 있어 독립기업의 원칙－OECD 보고서에 대한 비판적 연구를 중심으로－", 재판자료 제126집(2013), 법원도서관, 565~628쪽

185) OECD 고정사업장 소득귀속 보고서(2010) 문단 18 : 자산의 경제적 소유권의 귀속은 고정사업장에 대한 자본과 이자부 채무의 귀속 및 소득의 귀속에도 영향을 미친다.

186) OECD 고정사업장 소득귀속 보고서(2010) 문단 21

187) OECD 고정사업장 소득귀속 보고서(2010) 문단 22

188) OECD 고정사업장 소득귀속 보고서(2010) 문단 66 : 전자상거래(e-commerce) 활동과 관련하여 컴퓨터 서버(server)의 소재지가 고정사업장을 구성하는 경우, 그 장소에서의 기능은 인력 없이(without personnel) 수행될 수 있다. 그 경우에도 기능분석은, 어떤 자동화된 기능(automated functions)이 서버 고정사업장(server PE)에 의하여 수행되고, 그 기능의 수행과 관련하여 어떤 자산이 사용되고 위험이 인수되는지를 결정하여야 한다. 그러한 고정사업장에 의하여 수행되는 기능의 자동화된 성격(automated nature)은 그 고정사업장에 귀속되는 자산 또는 위험은 오로지 그 서버와 직접적으로 관련된 것이라는 것을 의미한다. 그 기업을 위하여 일하는 인력이 없는 경우, 서버 고정사업장은 자산의 경제적 소유권의 귀속 또는 위험

㉳ 자본(capital)의 귀속 : 독립기업의 원칙에 따르면, 고정사업장은 그것이 담당하는 기능, 경제적으로 소유하는 자산과 인수한 위험을 뒷받침하는 자본을 가져야 한다.[189)190)]

㉴ 내부거래(dealings)의 성격의 인식과 결정 : 동일기업 내 고정사업장과 다른 부분 간의 내부거래는 법적 효과를 가지는 것이 아니므로, 실제 거래(transactions)와 동등한 것으로 받아들여지기 위해서는 일정한 요건(threshold)이 충족되어야 하고, 서류화 (documentation)에 대한 고도의 조사(greater scrutiny)가 필요하다.[191)] 내부거래를 나타내는 회계기록 및 그와 동시에 작성되는 서류는 소득귀속을 위한 유용한 출발점이고, 납세자들은 이러한 서면화를 하도록 권장된다.[192)]

2단계로, 고정사업장에 귀속되는 관계기업과의 내부거래의 가격은 OECD 이전가격지침에 따라 정해져야 하고, 위 지침은 고정사업장과 기업의 다른 부분 간의 내부거래에도 유추적용된다(applied by analogy).[193)] 이는 독립기업의 기준에 따른 가격결정과 관련된다.

③ 분리되고 독립한 기업의 가정의 적용범위

OECD 모델조약 제7조 제2항에 따른 분리되고 독립적인 기업의 가정(separate and independent enterprise fiction)은, 고정사업장에 귀속되는 소득의 계산에 국한되고, 위 모델조약의 다른 규정에 해당하는 관념적 소득(notional income)을 창출하는 것은 아니다.[194)] 따라서 위 모델조약 제7조 제2항에 따라 관념적 이자(notional interest charge)가

의 인수와 관련되는 중요한 인적 기능을 수행하지 않기 때문에, OECD 접근법에 따르면 아무런 자산 또는 위험도 그것에 귀속될 수 없고, 이에 따라 소득은 전혀 또는 거의 그 고정사업장에 귀속되지 않는다.

189) OECD 고정사업장 소득귀속 보고서(2010) 문단 28, 29 ; 위 보고서는 고정사업장에 귀속되어야 할 자본에 관하여 "free capital"이라는 용어를 사용하고, 이를 세법상 공제가능한 이자 성격의 수익을 발생시키지 않는 자금으로 정의한다(위 보고서 문단 15).

190) OECD 고정사업장 소득귀속 보고서(2010)은 고정사업장에 자본을 귀속시키는 방법으로 ① 고정사업장에 귀속된 자산 및 위험의 비율을 기초로 기업의 자본을 고정사업장에 할당하는 자본할당 접근법(capital allocation approach), ② 고정사업장이 동일하거나 유사한 조건에서 동일하거나 유사한 활동을 하는 독립적 기업이었다면 보유하였을 자본을 고정사업장에 귀속시키는 과소자본 접근법(thin capitalization approach) 등을 제시한다(위 보고서 문단 115~149).

191) OECD 모델조약 제7조의 주석 문단 21, 25 ; OECD 고정사업장 소득귀속 보고서(2010) 문단 34, 35

192) OECD 모델조약의 주석은, 과세관청이 유효한 것으로 인정하기 위한 서면화의 요건으로 ① 서면이 기능적·사실적 분석에 의하여 나타나는 기업의 활동의 경제적 실체에 부합할 것, ② 거래와 관련하여 서면화된 내용이, 상업적으로 합리적인 방법으로 행동하고 비교가능한 독립기업들이라면 채택하였을 것과 다르지 않거나, 서면에 제시된 구조가 과세관청이 적절한 이전가격을 결정하는 것을 방해하지 않을 것, ③ 서면에 제시된 거래가 OECD 고정사업장 귀속소득 보고서의 접근법의 원칙을 침해하지 않을 것을 든다(제7조의 주석 문단 26).

193) OECD 모델조약 제7조의 주석 문단 22

194) OECD 모델조약 제7조의 주석 문단 28 : 가령, 고정사업장에 의하여 사용되는 건물의 경제적 소유권이 본점에 속하는 경우, 그 고정사업장의 소득을 계산할 때 공제되는 관념적 차임(notional rent)은 OECD 모델조약 제6조의 부동산소득을 만들어내는 것으로 해석되어서는 안 된다.

고정사업장의 소득계산에서 공제될 수 있지만, 이는 위 모델조약 제11조에 따라 이자가 지급되었다는 것을 의미하지 않는다.[195] 한편, 고정사업장과 그것이 속하는 기업의 다른 부분 간의 자산 양도(transfer of assets)가 위 모델조약 제7조 제2항의 내부거래(dealing)로 취급되는 경우에는, 그 고정사업장의 소재지국은 제7조에 따르는 한 그러한 내부거래로 인한 소득을 과세할 수 있다.[196]

④ OECD 접근법의 실행가능성 여부

OECD 모델조약의 주석과 보고서에 제시된 고정사업장 귀속소득의 계산방식(이른바 AOA[197])은 이론적으로는 가능하지만, 그 계산과정에 사용되는 항목의 상당 부분이 추상적이고 모호하다는 한계로 인하여, 현실 세계에서 과다한 시간과 비용이 소요되지 않고 예측가능한 방법으로 적용가능할 것인지는 다소 불분명하고, 이 부분은 향후의 진행추이를 지켜볼 필요가 있다.

⑤ 제7조 제2항의 적용효과와 한계

OECD 모델조약 제7조 제2항은, 제7조 제1항에 따른 과세권의 배분을 위하여 고정사업장에 귀속되는 소득을 결정할 뿐이고, 그에 따라 정해진 고정사업장의 소득이 과세되는지 여부 및 과세의 방법은 체약국의 국내법이 결정한다. OECD 모델조약 제7조 제2항은 기업의 소득을 계산할 때 비용을 공제할 것인지 여부를 다루지 않고, 이는 위 모델조약 제24조 제3항(고정사업장의 차별금지)의 적용하에 체약국의 국내법에 의하여 결정된다.[198]

⑥ 종속대리인 고정사업장에 귀속되는 소득의 범위와 계산

OECD 고정사업장 소득귀속 보고서(2010)는, OECD의 고정사업장 귀속소득 계산방식(AOA)이 종속대리인 고정사업장에도 적용되어야 하고, ㉮ 기능적·사실적 분석에 따라 종속대리인 기업이 그 자체의 계산으로 또는 비거주자인 기업을 위하여 담당한 기능을 결정한 후, ㉯ 종속대리인 기업이 비거주자인 기업에게 제공한 용역에 대하여 보상되는 한편, 종속대리인 기업이 비거주자인 기업을 위하여 수행한 기능과 관련된 비거주자의 자산

---

195) OECD 모델조약 제7조의 주석 문단 28

196) 이 경우 양도소득(capital gains)에 관한 OECD 모델조약 제13조는 그러한 과세를 방해하지 않는다(OECD 모델조약 제7조의 주석 문단 28, 제13조의 주석 문단 10).

197) 'Authorized OECD Approach'

198) OECD 모델조약 제7조의 주석 문단 30 ; 국내법 규정이 OECD 모델조약 제7조 제2항에 따라 인정되는 거래의 인식(recognition of dealings)을 무시하거나 고정사업장의 혜택을 위하여 배타적으로 발생하지 않은 비용의 공제를 부인하는 것은 제7조 제2항의 위반이지만, 접대비(entertainment expenses) 등 일정한 범주의 비용의 공제를 배제하거나 특정한 비용이 공제시기를 정하는 규정은 제7조 제2항의 영향을 받지 않는다고 한다(OECD 모델조약 제7조의 주석 문단 31).

과 위험 및 이를 지원하기 위한 자본이 그 종속대리인에게 귀속될 것이라고 본다.[199]

 종속대리인 고정사업장에 귀속되는 소득의 사례

OECD 고정사업장 소득귀속 보고서(2010)는 종속대리인 고정사업장에 귀속되는 소득에 관하여 다음의 사례를 제시한다.[200] 종속대리인이 비거주자 기업의 이름으로 고객들에게 물품을 판매하는 계약을 체결하되, 그때까지 그 물품의 소유권은 그 비거주자 기업에게 속하고, 종속대리인은 그 물품을 보관하는 경우, 관련된 재고위험(inventory risk)은 그 비거주자 기업이 부담한다. 위 경우 비거주자 기업이 종속대리인에게 지급하는 독립기업 대리수수료(arm's length agency fee)는 재고위험의 부담 – 비거주자 기업에 의하여 부담된 – 을 보상하는 부분을 포함하지 않는다. 위 경우 위 재고위험의 부담 · 후속관리에 관련된 중요한 인적기능(signifcant human function)은, 종속대리인이 소재한 국가 외에 있는 비거주자 기업이 담당할 수도 있고, 종속대리인이 그 비거주자 기업을 위하여 담당할 수도 있다. 위 재고위험의 부담 · 후속관리와 관련된 중요한 인적기능 및 위 재고의 경제적 소유권의 결정과 관련된 인적기능을 담당하는 인들이 종속대리인 기업에서 비거주자 기업을 위하여 고용된 경우, 위 재고의 경제적 소유권 및 관련된 재고위험의 부담에 대한 AOG에 따른 보상은 종속대리인 고정사업장에 귀속될 수 있고, 관련된 손익도 같다.[201][202]

(3) 고정사업장에 귀속되는 소득의 조정과 대응조정 : 제7조 제3항

한 체약국이, 체약국들 중 하나의 기업의 고정사업장에 귀속하는 소득을 조정하여 다른

---

199) OECD 고정사업장 소득귀속 보고서(2010), PART Ⅰ. 문단 47(p.22) ; 위 글의 PART Ⅰ. 문단 235 내지 239(pp.60~61)는, 독립기업 원칙에 따른 종속대리인의 보수가 종속대리인 고정사업장의 소득을 제거한다는 견해를 'single taxpayer approach'라고 부르면서 비판한다. ; OECD 모델조약의 주석은, 종속대리인 고정사업장에 귀속되는 소득의 범위 및 계산에 관하여 별도로 언급하지 않는데, 이는 위 계산방식(AOA)을 적용하여야 한다는 취지로 보인다.

200) OECD 고정사업장 소득귀속 보고서(2010), PART Ⅰ. 문단 240~245(pp.61~62)

201) Harald Moshammer/Michael Tumpel에 따르면, AOA를 종속대리인 고정사업장에 적용할 경우, ① 외국모회사의 자회사가 종속대리인 고정사업장인 경우, OECD 모델조약 제9조에 따른 독립기업 간의 이윤배분과 제7조에 따른 이윤배분이 모두 고려되어야 하므로, 종속대리인이 대리기능 외에 재고관리 등 다른 기능도 수행할 경우, 종속대리인 고정사업장에 제9조에 따라 귀속되는 이윤 외에 제7조에 따라 추가로 이윤이 귀속될 수 있고, ② 외국회사의 종업원이 종속대리인 고정사업장인 경우, 그 종업원이 받는 보수가 독립기업 간에 결정되었을 수수료보다 작은 경우 그 종속대리인 고정사업장에 추가로 이윤이 귀속될 수 있으며, ③ 고정사업장을 구성하는 종속대리인이 본인과 특수관계 없는 법인인 경우, OECD 모델조약 제9조가 적용되지 않지만, 제7조에 따라 추가로 이윤이 귀속될 수 있다. Harald Moshammer/Michael Tumpel, "Attribution of Profits to a Dependent Agent PE", Dependent Agents as Permanent Agents, Linde, 2014, pp.237~244[김명준, 국제조세론(2021), 502~505쪽에서 재인용]

202) 이창희, 국제조세법(2020), 518쪽은, 해외 공급업자와 국내 종속대리인이 개념상 서로 다른 납세의무자라는 당연한 사실에서 해외공급업자에게 소득이 생긴다는 결론이 나오지 않고, 특수관계 없는 자가 해외공급자와 대리상 계약을 맺으면서 자기가 재고를 관리할지 아니면 재고는 해외공급자가 바로 보낼지는 당연히 계약에 반영하게 마련이고, 그에 맞추어 보수를 정하게 마련이라는 이유로, OECD 고정사업장 소득귀속 보고서(2010)의 해석에 대한 의문을 제기한다.

체약국에서 과세된 소득을 과세하는 경우, 그 다른 체약국은 그 소득에 대한 이중과세를 제거하기 위하여 필요한 한도에서 그 소득에 부과된 세액에 대하여 적절한 조정을 하여야 한다(OECD 모델조약 7조 3항 1문). 위 경우 후자의 체약국에 의한 대응조정(corresponding adjustment)은, 전자의 체약국에 의한 최초의 소득조정이 OECD 모델조약 제7조 제2항에 합치하는 경우에만 요구된다.[203)204)] 위 조항은, 최초의 조정을 기업의 고정사업장의 소재지인 체약국이 한 경우뿐만 아니라, 그 거주지국인 체약국이 한 경우에도 적용된다.[205)]

제7조 제2항에 의한 고정사업장의 소득 결정은 오로지 제7조, 제23조A, 제23조B와 관련되고, 다른 조항의 적용에 영향을 미치지 않으므로, 제7조 제3항에 의한 조정의 경우 이른바 2차 조정(secondary adjustment)의 문제는 생기지 않는다.[206)]

(4) 고정사업장의 차별금지 등 : 제24조 제3항, 제23조A, B

한 체약국의 거주자인 기업이 다른 체약국에 가지는 고정사업장에 대한 조세는, 그 다른 체약국에서, 동일한 활동을 하는 그 다른 체약국의 기업에 대한 조세보다 덜 유리하게 부과되어서는 안 된다(OECD 모델조약 24조 3항 1문). 고정사업장의 차별금지에 관한 OECD 모델조약 제24조 제3항은, ① 고정사업장의 활동과 관련하여 발생한 비용(가령, 건설 관련 고정사업장에서 일하는 현지 인력의 급여)의 공제뿐만 아니라, ② 고정사업장을 위하여 기업의 다른 부분이 수행한 기능과 관련하여 발생한 것[가령 본점의 행정적 기능과 관련되는 간접비용(overhead expenses)]의 공제에도 적용된다.[207)]

조세조약상 고정사업장 차별의 금지를 고려하여, 법인세법은 외국법인의 국내사업장의 소득계산에 관하여 내국법인에 관한 규정의 대부분을 준용한다(법 92조 1항 본문). 이에 따라 외국법인의 국내사업장에 대하여, 법인세법 중 내국법인의 소득계산 항목 및 방법[208)]

---

203) OECD 모델조약 제7조의 주석 문단 44~57 ; 한 체약국의 소득조정에 대하여 다른 체약국이 OECD 모델조약 제7조 제2항에 합치하지 않는다고 보는 경우, 위 조항에 의해서는 자동적으로 대응조정이 이루어지지 않는다(위 주석 문단 59).

204) 양 체약국이 OECD 모델조약 제7조 제2항을 다르게 해석하는 경우, 그중 어느 하나의 해석이 위 조항에 합치하지 않는다고 결론을 내리는 것은 불가능하다(위 주석의 문단 49). 즉, 제7조 제2항의 구체적 내용에 관하여는 체약국마다 여러 가지 해석이 가능할 수 있다. 따라서 제7조 제3항은, 후자의 체약국의 관점에서 보았을 때, 최초의 소득조정의 기초가 된 전자의 체약국의 제7조 제2항에 관한 해석이 자신의 해석과 다르지만 가능한 해석 중의 하나라고 판단되었을 때 적용될 수 있을 것으로 보인다.

205) OECD 모델조약 제7조의 주석 문단 58

206) OECD 모델조약 제7조의 주석 문단 61 ; 우리 법인세법에서도 외국법인 국내사업장의 익금에 산입된 금액은 배당이 아닌 기타 사외유출로 처분된다(시행령 106조 1항 3호 차목).

207) OECD 모델조약 제7조의 주석 문단 34, 제24조의 주석 문단 40 a)

208) 기업의 거주지국의 국내법과, 그 기업의 고정사업장이 있는 국가의 국내법 사이에 차이(감가상각률, 소득의 인식시기, 특정한 비용의 공제제한 등)가 있는 경우, 고정사업장의 소재지국에서 과세되는 과세가능 소득의 금액은, 그 기업의 거주지국이 OECD 모델조약 제23조 A, B에 따라 제공하는 이중과세방지 조치

[내국법인 수입배당금액의 익금불산입(법 18조의2)[209] 포함], 적격합병 등에 따른 과세이연 및 외국납부세액공제에 관한 규정 등이 준용된다.

(5) 고정사업장의 소재지국 외에서 발생하고 그 고정사업장에 귀속하는 소득에 대한 과세권의 배분 : 삼각관계

(가) A-B-C 사안

A국의 거주자인 X가 B국에 고정사업장을 가지고, C국 거주자로부터 지급받은 이자소득이 위 고정사업장에 귀속하는 경우, A-B국, B-C국, A-C국 간에 각각 OECD 모델조약과 같은 내용(이중과세제거의 방법으로는 제23조B의 세액공제)의 조세조약이 체결되어 있다면, 다음과 같이 처리된다.[210]

① 위 이자소득의 원천지인 C국은 그에 대한 과세권을 행사할 수 있다. X의 B국 고정사업장은 B국의 거주자가 아니므로, C국의 과세권 행사에 관하여 B-C 조세조약은 적용되지 않고,[211] X의 거주지국인 A국과 C국 간의 조세조약상 제한세율이 적용된다.

② 위 이자소득은 A-B 조세조약 제11조 제4항[212] 또는 제21조 제2항[213][214]에 따라 사

의 대상이 되는 과세가능 소득의 금액과 다를 수 있다(OECD 모델조약 제7조의 주석 문단 32). 이 경우 체약국들의 국내법의 차이가 공제가능한 비용의 종류에 관한 것인 때에는, 소득의 인식시기에 차이가 있는 경우와 달리, 그 차이는 영구적(permanent)이다.

209) 고정사업장의 소재지국이, 고정사업장이 보유하는 주식의 발행법인으로부터 받은 배당에 관하여, 조세조약상 차별금지에 따라 그 국가의 세법상 내국법인에 인정되는 이중과세조정을 인정해주어야 하는지에 대하여는, 국가별로 의견을 달리한다(OECD 모델조약 제24조의 주석 문단 49~50).
① 이에 찬성하는 국가들은, 고정사업장이 보유하는 주식에 기하여 배당을 받은 경우, 그 고정사업장을 가진 기업의 거주지국에서는 그 주식의 보유와 관련한 아무런 활동이 없었던 반면, 그 주식의 보유는 고정사업장의 활동과 유효하게 관련되어 있다는 점을 근거로 한다.
② 이에 반대하는 국가들은, ㉮ 이중과세조정을 위한 특별한 취급의 목적은 배당을 수령한 거주지국 법인의 이중과세를 피하기 위한 것이고, ㉯ 그러한 특별한 취급에 따른 세수의 일실은, 부분적으로 최초의 배당이 재배분될 때 그 배당에 대한 과세에 의하여 상쇄되는데, 고정사업장에게 그러한 특별한 취급을 인정한 국가는 그로 인한 보상을 받을 수 없으며, ㉰ 고정사업장에 위와 같은 특별한 취급을 인정할 경우, 한 체약국의 기업이 그것을 이용하기 위하여 다른 체약국의 고정사업장에 주식을 이전할 위험이 있다는 점 등을 근거로 든다.

210) OECD, Triangular Cases (adopted by the OECD Council on 23 July 1992)(이하 'Triangular Cases 보고서') ; 위 문제의 전반적 소개에 관하여는 김석환, "고정사업장의 외국납부세액공제 - 삼각관계(triangular cases)에서 조세조약 및 국내법의 해석에 관하여 -", 조세학술논집 제36집 제4호(2020), 43쪽 이하

211) B국의 고정사업장은 조세조약상 인(person)에 해당하지 않으므로, 위 사례에서 B국의 거주자(resident)가 될 수 없고, 따라서 B-C국 간의 조세조약은 적용되지 않는다. Triangular Cases 보고서, R(11)-3 ; OECD 모델조약 제24조의 주석 문단 68 ; 행정해석으로 재국조 46017-3, 2002. 1. 4. ; 제2장 2-1-1. 참조

212) OECD 모델조약 제11조 제4항에 해당하는 경우, 제11조 제2항의 적용이 배제되므로, 위 경우 제11조 제2항에 해당하는지 여부는 판단할 필요가 없다.

213) 김석환, 앞의 글, 49~55쪽 ; 위와 같이 해석하기 위해서는, 위 이자소득에 대하여 ① 제11조 제4항에 따라 제7조가 적용되었다가 위 이자소득을 ② 제7조 제4항의 '다른 조항들에서 별도로 취급되는(dealt with separately in other Articles) 소득의 항목'으로 보아 제7조 제1항의 적용대상에서 제외한 후 ③ 제21조

업소득에 관한 제7조 제1항의 적용을 받는다.[215] 따라서 B국은 위 고정사업장의 이자소득에 대하여 제7조 제1항에 따라 과세권을 행사할 수 있다. 다만, B국은, A-B 조세조약 제24조 제3항(고정사업장의 차별금지)에 따라, 국내법상 내국법인에게 외국납부세액의 세액공제를 인정한다면, X가 C국에서 납부한 세액에 대하여 세액공제를 인정해주어야 한다.[216][217]

③ A국은 거주지국으로서 ㉮ A-C 조세조약에 따라 X가 C국에 납부한 세액에 대하여, ㉯ A-B 조세조약에 따라 X가 B국에 납부한 세액[218]에 대하여 각각 세액공제를 인정해줄 의무를 부담한다.

(나) A-B-A 사안

A국의 거주자 X가 B국에 고정사업장을 가지고, A국의 다른 거주자 Y로부터 수취한 이자소득이 위 고정사업장에 귀속하는 경우, 다음과 같이 처리된다.

① 위 이자소득은 A-B 조세조약 제11조 제4항[219] 또는 제21조 제2항[220]에 따라 제7조 제1항의 적용을 받는다. 따라서 B국은 위 고정사업장의 이자소득에 대하여 우선적 과세권을 행사할 수 있고, A국은 제23조B에 따라 이중과세의 제거를 위한 세액공제

제1항의 '앞의 조항들에서 취급되지 않은(not dealt with in the foregoing Articles) 소득의 항목'에 해당하지만, ④ 고정사업장과 실질적으로 관련되므로 제21조 제2항이 적용된다고 보는 과정을 거쳐야 한다. 만일 고정사업장에 귀속되는 이자소득의 과세만을 처리하기 위한 목적이라면, OECD 모델조약 제11조 제4항을 통하여 제7초 제1항이 적용되는 결과를 얻을 수 있으므로, 굳이 위와 같은 복잡한 논리적 과정을 거쳐 제21조 제2항을 적용할 필요는 없을 것이다. 그러나 고정사업장에 귀속되는 배당소득의 과세가 문제되는 경우, OECD 모델조약 제10조 제4항은 배당의 지급자가 고정사업장 소재지국의 거주자인 법인인 경우(A-B-B)만을 규정하므로, 위 규정에 의해서는 A-B-C 및 A-B-A 사안에서 A-B국 간의 과세권 배분 문제를 해결하기 어렵고, 제21조 제2항의 적용이 필요하다.

214) OECD 모델조약의 주석에 따르면, 고정사업장의 소재지국은 제3국에서 발생한 고정사업장의 소득에 관하여도 과세권을 가진다(OECD 모델조약 제21조의 주석 문단 4의 2문).

215) OECD 모델조약 제7조 제4항은 '사업소득이 다른 조항에서 별도로 취급되는 소득의 항목을 포함하는 경우' 그 다른 조항은 제7조에 의한 영향을 받지 않는다고 정한다. 제7조 제4항은, 다른 조항에서 별도로 취급되는 이자소득 등을 종국적으로 사업소득에서 제외한 것이 아니라, 이자소득 등에 대하여 다른 조항이 적용되는 범위에서만 제7조의 적용을 유보할 뿐이므로, 이자소득 등에 대하여 다른 조항의 적용이 없는 경우에는 제7조 제1항이 적용된다고 볼 수 있다. ; 이창희, 국제조세법(2020), 455쪽

216) OECD 모델조약 제23조의 주석 문단 10, 제24조의 문단 67

217) 우리나라가 고정사업장의 소재지국인 경우 외국납부세액공제에 관하여는 제4장 3-3-1. (2) 참조

218) X가 C국에서 납부한 세액에 관하여 B국에서 세액공제를 받고 납부한 세액

219) OECD 모델조약 제11조 제2항의 적용대상은 '한 체약국에서 발생하고 다른 체약국의 거주자인 수익적 소유자에게 지급된 이자'이다. 위 사례에서 이자의 발생지국은 B국이고, 그 이자의 수익적 소유자의 거주지국은 A국이므로, 위 규정의 요건이 충족된다. 그러나 제11조 제4항에 해당하는 경우, 제11조 제2항의 적용은 배제된다.

220) OECD 모델조약 제21조 제2항은, 소득의 지급자와 수취인이 동일한 체약국의 거주자인 경우에도 적용된다. OECD 모델조약 제21조의 주석 문단 5

를 해줄 의무를 부담한다.[221] 위 경우, A국의 거주자 Y가 B국 고정사업장에 이자소득을 지급하면서 원천징수를 하였더라도, B국은 A-B 조세조약상 X가 A국에 납부한 세액에 대하여 세액공제를 해줄 의무가 없다. 이는 위 조세조약상 과세권의 분배에 기초한 것이므로, B국의 세법이 그러한 세액공제를 인정하지 않더라도, 위 조세조약상 차별금지 조항에 위반된다고 할 수 없다.[222][223] 위 경우 B국의 세법이 그러한 세액공제를 인정해주는 것도 가능하지만,[224] 이는 위 조세조약상 의무에 근거한 것은 아니다.

② A국이 위 이자소득에 대한 원천지국으로서 과세권을 행사할 수 있으므로, B국은 A-E 조세조약 제23조B 또는 차별금지 조항에 따라 세액공제를 인정해주어야 하는 것이 아닌지 문제될 수 있다. 그러나 A국이 A-B 조세조약상 원천지국에 해당하려면 B국이 위 고정사업장을 운영하는 X의 거주지국이 되어야 하는데, 위 요건은 충족될 수 없으므로, A국은 위 조세조약상 원천지국의 지위에 있다고 할 수 없고,[225] B국은 A국이 과세한 세액에 대하여 위 조세조약상 세액공제의무를 부담하지 않는다. 다만, A국과 B국은, 위 경우 A국의 과세권 행사가 위 조세조약상 원천지국의 과세권 행사로 취급되도록 합의할 수 있다.[226]

2-2-3-2. 우리나라가 체결한 조세조약

우리나라가 체결한 조세조약의 상당 부분은 2010년 개정 전의 구 OECD 모델조약을 토대로 하고 있으므로, 2010년 개정된 OECD 모델조약의 주석에 따른 고정사업장 귀속소득 계산방식(AOA)은 위와 같은 조세조약의 해석에 곧바로 적용하기는 어렵다. 위 개정된 OECD 모델조약은 장기적으로는 우리나라의 조세조약들에 반영될 것이므로, 그 경우 위

---

221) OECD 모델조약 제21조의 문단 5, 제23조의 주석 문단 9
222) 김석환, 앞의 글, 73~78쪽 ; 조세조약 자체가 규정하는 내용은 그 조세조약의 차별금지 조항에 위반된다고 볼 수 없다.
223) 서울고등법원 2021. 6. 24. 선고 2020누43519 판결은, 원고인 중국은행의 국내지점이 국내에서 조달한 자금을 원고의 중국 내 지점에 예금하거나 중국 내 사업자들('중국 거주자들')에게 대여하고 그 대가로 수취한 이자에 관하여 법인세를 신고하면서 '위 중국 거주자들이 위 이자를 지급할 때 원천징수하여 기업소득세로 중국 과세당국에 납부한 금액'을 구 법인세법 제97조 제1항에 의하여 준용되는 구 법인세법 제57조 제1항에 따른 외국납부세액으로 공제한 사건에서, 위 이자에 대하여 원고 국내지점의 소재지인 한국에 우선적 과세권이 있고, 거주지국인 중국은 이중과세를 회피할 의무를 부담하므로, 고정사업장에 대하여 구 법인세법 제57조 제1항을 적용할 때 위 규정의 '외국'은 외국법인의 고정사업장의 소재지국과 외국법인의 거주지국을 제외한 제3국으로 해석하여야 한다는 이유로, 중국에 납부된 위 원천징수세액은 한국에서 외국납부세액공제의 대상이 될 수 없다고 판단하였다.
224) 미국의 행정해석(Rev. Rul. 76-190)은 위와 같은 세액공제를 인정하였다(김석환, 앞의 글, 60쪽 이하).
225) 오히려 A-B 조세조약상 고정사업장의 소재지인 B국이 그 고정사업장에 귀속되는 소득의 원천지국이고, A국은 그 고정사업장을 운영하는 X의 거주지국에 해당할 뿐이다.
226) OECD 모델조약 제24조의 문단 72

모델조약의 주석은 그러한 조세조약의 해석에 고려될 수 있을 것이다.

2-2-4. 고정사업장의 사업용 재산의 양도소득

OECD 모델조약에 따르면, 고정사업장의 사업용 재산 중 ① 부동산의 양도는 OECD 모델조약 제13조 제1항에 따라, ② 동산의 양도는 위 모델조약 제13조 제2항에 따라 각각 고정사업장의 소재지국에서 과세된다. 여기서 동산(movable property)은 부동산 이외의 모든 재산권을 말하고,[227] 물건에 국한되지 않는다. 한편, ③ 국제운수에 선박 또는 항공기를 운용하는 기업이 그 선박, 항공기 또는 그 선박 등의 운용에 속하는 동산의 양도로부터 얻은 소득은, 그 기업의 거주지국에서만 과세될 수 있다.[228]

2-2-5. 조세조약상 운수소득

(1) OECD 모델조약

OECD 모델조약 제8조에 의하면, 국제운수에서 일방 체약국의 기업에 의하여 수행되는 선박 또는 항공기의 운항으로부터 발생하는 소득은 그 국가(**거주지국**)에서만 과세될 수 있고,[229] 소득이 발생한 원천지국 또는 그 소득과 관련된 고정사업장의 소재지국에서는 과세되지 않는다. 국제운수소득은 그 성질상 사업소득에 속하므로, OECD 모델조약 제8조는 사업소득에 관한 제7조에 대한 특칙에 해당한다.

국제운수(international traffic)는, 선박 또는 항공기에 의한 운송으로서, 선박 또는 항공기가 한 체약국 내에서만 운행되고 그 선박 또는 항공기를 운행하는 기업이 그 체약국의 거주자가 아닌 경우를 제외한 것을 말한다.[230]

국제운수에서 선박 또는 항공기의 운항으로부터 생기는 **소득**은 ① 선박 또는 항공기에 의한 승객 또는 화물의 운송에서 직접 얻은(directly obtained) 소득, ② 선박 또는 항공기에 의한 국제운수 활동과 직접 관련된 활동(directly connected with)에서 얻은 소득, ③ 위와 같은 국제운수 활동과 직접 관련되지는 않지만 그러한 활동에 부수적(ancillary)인 활

---

227) OECD 모델조약 제13조의 주석 문단 24 : 영업권(goodwills), 라이선스, 배출허가권(emissions permits) 등의 무형자산(incorporeal rights)을 포함한다.

228) OECD 모델조약 제13조 제3항

229) OECD 모델조약은 2014년까지는 국제운수소득이 기업의 실질적 관리장소(place of effective management) 가 있는 국가에서만 과세되는 것으로 정하였다. 이에 비하여 미국 모델 조세조약에서는 국제운수소득이 기업의 거주지국에서만 과세되는 것으로 정하였고, OECD 회원국들과 비회원국들의 조세조약을 조사한 결과 국제운수소득에 대한 과세권을 기업의 거주지국에 부여하는 경우가 많이 있었기 때문에, 2017년 OECD 모델조약이 개정되었다(OECD 모델조약 제8조의 주석 문단 2).

230) OECD 모델조약 제3조의 제1항 e)

동에서 얻은 소득을 포함한다.[231] 기업이 code－sharing 또는 slot－chartering 협정에 따라 다른 기업의 선박 또는 항공기를 이용하여 승객 또는 화물을 운송하는 것은 국제운수 활동과 직접 관련되어 있거나 그에 부수적인 활동이고,[232] 항공사들이 국제적 항공사 간 기술적 공동이용 협정(International Airlines Technical Pool Agreement)에 따라 다른 항공사에게 여분의 부품이나 정비 서비스를 제공하는 것은 국제운수 활동에 부수적인 활동에 해당한다.[233]

OECD 모델조약 제8조의 국제운수소득은, 공동이용약정, 합작경영 또는 국제적 운영기구에 대한 참여로부터 발생하는 이익을 포함한다(8조 2항).

장비와 인력이 완비된(fully equipped, crewed and supplied) 선박 또는 항공기를 임대함(**정기용선계약·항해용선계약**)으로써 생기는 소득은 OECD 모델조약 제8조의 국제운수소득으로 취급된다. 그러나 선체용선(나용선)계약(bare boat charter)에 따라 선박 또는 항공기를 임대함으로써 생기는 소득은, 그 임대가 기업의 국제운수에 종사하는 기업의 부수적 활동인 경우[234]를 제외하고는, 위 모델조약 제8조가 아니라 제7조(사업소득)의 적용대상이다.[235]

용선계약의 종류	법인세법상 소득구분	OECD 모델조약	
		소득구분	과세권의 귀속
정기용선·항해용선	국내원천 사업소득	국제운수소득(제8조)	거주지국
선체용선	국내원천 선박등임대소득	사업소득(제7조)[236]	고정사업장 소재지국

(2) 우리나라가 체결한 조세조약

우리나라가 체결한 조세조약에서는, ① 기업의 국제운수소득에 관하여 원천지국의 과세권을 배제하고 그 거주지국의 과세권만을 인정하는 것이 일반적이지만,[237] ② 선박의 등

---

231) OECD 모델조약 제8조의 주석 문단 4
232) OECD 모델조약 제8조의 주석 문단 6
233) OECD 모델조약 제8조의 주석 문단 10.1
234) 한·독 조세조약 제8조 제2항 (나)목은, 나용선계약에 따른 선박 또는 항공기의 일시적 임대가 국제운수에서 선박 또는 항공기의 운항에 부수되는(incidental) 경우, 나용선계약에 따른 임대로부터 발생하는 이윤을 국제운수소득에 포함시킨다.
235) OECD 모델조약 제8조의 주석 문단 5
236) 다만, 우리나라가 체결한 대부분의 조세조약은 산업적·상업적 또는 학술적 장비의 사용대가를 사용료소득으로 규정하고, 그러한 조세조약에서는 선체용선계약의 대가가 사용료 소득에 해당할 수 있다. 8－2－1. 참조
237) 한·미 조세조약 제10조 1문, 한·일 조세조약 제8조 제1항 ; 한·중 조세조약 제8조 제1항은 국제운수소득에 대하여 기업의 본점 또는 실질적 관리장소가 소재하는 체약국에서만 과세하는 것으로 규정한다.

록지국이 과세권을 가지는 것으로 정한 경우도 있고,[238] ③ 원천지국이 제한적으로 과세권을 가지는 것으로 정한 경우도 있다.[239]

3 **이자소득**

3-1. 법인세법상 국내원천 이자소득

3-1-1. 이자소득의 범위

외국법인의 이자소득은, ① 소득세법 제16조 제1항[240]에 따른 이자소득[제2호의2(파생결합사채로부터의 이익)[241] 또는 제7호(국외에서 받는 예금의 이자)의 소득은 제외한다]과 ② 그 밖의 대금의 이자 및 ③ 신탁의 이익을 의미한다(법 93조 1호 본문).

장기할부조건부 판매에서의 이자 상당액은 양도가액에 포함되므로,[242] 이자소득이 아

---

238) 한·그리스 조세조약 제8조 제1항
239) 한·인도 조세조약 제9조 제2항
240) 소득세법 제16조(이자소득)
　① 이자소득은 해당 과세기간에 발생한 다음 각 호의 소득으로 한다.
　1. 국가나 지방자치단체가 발행한 채권 또는 증권의 이자와 할인액
　2. 내국법인이 발행한 채권 또는 증권의 이자와 할인액
　3. 국내에서 받는 예금(적금·부금·예탁금 및 우편대체를 포함한다. 이하 같다)의 이자
　4. 「상호저축은행법」에 따른 신용계(信用契) 또는 신용부금으로 인한 이익
　5. 외국법인의 국내지점 또는 국내영업소에서 발행한 채권 또는 증권의 이자와 할인액
　6. 외국법인이 발행한 채권 또는 증권의 이자와 할인액
　7. 국외에서 받는 예금의 이자
　8. 대통령령으로 정하는 채권 또는 증권의 환매조건부 매매차익
　9. 대통령령으로 정하는 저축성보험의 보험차익. 다만, 다음 각 목의 어느 하나에 해당하는 보험의 보험차익은 제외한다.
　　가. 최초로 보험료를 납입한 날부터 만기일 또는 중도해지일까지의 기간이 10년 이상으로서 대통령령으로 정하는 요건을 갖춘 보험
　　나. 대통령령으로 정하는 요건을 갖춘 종신형 연금보험
　10. 대통령령으로 정하는 직장공제회 초과반환금
　11. 비영업대금(非營業貸金)의 이익
　12. 제1호부터 제11호까지의 소득과 유사한 소득으로서 금전 사용에 따른 대가로서의 성격이 있는 것
　13. 제1호부터 제12호까지의 규정 중 어느 하나에 해당하는 소득을 발생시키는 거래 또는 행위와 「자본시장과 금융투자업에 관한 법률」 제5조에 따른 파생상품(이하 "파생상품"이라 한다)이 대통령령으로 정하는 바에 따라 결합된 경우 해당 파생상품의 거래 또는 행위로부터의 이익
241) 파생결합사채로부터의 이익은 2023. 1. 1.부터 국내원천 배당소득에 포함된다(법 93조 2호 가목).
242) 소득세법 시행령 제48조 제4호, 제10호의2

닌 사업소득 또는 양도소득에 해당한다. 외국법인이 통상적인 무역거래에서 내국법인으로부터 연지급 신용장 방식(Shipper's Usance L/C)으로 지급받는 대금 중 이자 상당액은 이자소득이 아니라 사업소득이지만,[243] 내국법인이 자금조달을 목적으로 해외수출자와 해외수입자 사이의 중계무역에 개입하여 비정상적인 거래를 하는 경우에는 이자소득에 해당할 수 있다.[244] 그리고 주식매매 형식을 통한 외자차입 거래에 따라 지급된 금액도 이자소득에 해당할 수 있다.[245] 외국법인이 내국법인 또는 외국법인의 국내사업장에 원천징수대상채권 등(소득세법 46조 1항)을 매도한 경우, 그 대금 중 보유기간 이자 상당액은 국내원천 이자소득에 해당하고, 나머지는 국내원천 유가증권양도소득에 해당한다(시행령 132조 8항 3호, 4호).[246] 한편, 채무의 이행지체에 따른 지연손해금은 기타소득이고, 이자소득이 아니다.[247]

3-1-2. 국내원천 이자소득

국내원천 이자소득은 소득세법 제16조 제1항에 따른 이자소득[248]으로서 다음의 어느 하나에 해당하는 것을 말한다(법 93조 1호 본문).

---

243) 서면인터넷방문상담2팀-977, 2004. 5. 7.
244) 대법원 2011. 5. 26. 선고 2008두9959 판결 : 원고(쌍용)가 해외수출자와 해외수입자 간에 개입하여 해외수출자로부터 연지급 신용장 방식(Shipper's Usance L/C)으로 재화를 수입하여 해외수입자에게 수출하는 중계무역 형식의 거래를 한 사건에서, 대법원은, ① 종합무역상사인 원고가 IMF 구제금융 사태로 대외신인도가 떨어져 금융기관으로부터 자금회수를 당하게 되자, 자금조달을 목적으로 위 거래를 한 점, ② 위 거래는 해외수출자와 해외수입자 간에 매매대금 등이 이미 정해진 상태에서 원고가 개입하여 이루어졌고, 해외수출자가 원고에게 거래조건을 일괄 제안한 점, ③ 위 거래는 그 대금지급기간이 정상적인 중계무역의 경우보다 길고, 정상적인 중계무역과 달리 오히려 이자 상당액의 손해가 발생한 점, ④ 원고의 직원들이 실제로 수입 및 수출 거래가 없었음에도 허위 선적서류를 이용하여 불법으로 외화를 지급하고 국내로 차입하는 외환거래를 함으로써 외환거래법을 위반하였다는 이유로 형사처벌을 받은 점 등을 이유로, 원고가 해외수출자에게 지급한 유전스(Usance) 이자는 해외수출자의 국내원천 이자소득으로서 법인세 원천징수대상에 해당한다고 판단하였다.
245) 대법원 2013. 11. 28. 선고 2011다105621 판결 ; 상세한 내용은 제2편 제2장 제1절 4-3. (2) (나) 참조
246) 이창희, 국제조세법(2020), 572쪽은, 외국법인 X가 국내사업장이 없는 외국법인 Y에게 내국법인 甲의 발행 채권을 양도한 경우에도, X가 지급받은 양도대금 중 보유기간 이자상당액은 국내사업장이 없는 Y로부터 지급받은 것이지만 내국법인 甲이 지급하는 이자소득 중 일부가 귀속된 것이므로, 국내원천 이자소득에 해당한다고 본다.
247) 대법원 1997. 9. 5. 선고 96누16315 판결 ; 한편, 보증채무를 이행한 수탁보증인이 주채무자에게 청구할 수 있는 면책일 이후의 법정이자(민법 441조, 425조 2항)는, 이자의 일종으로서 채무불이행으로 인하여 발생하는 손해배상과 그 성격을 달리하므로, 기타소득의 하나인 "계약의 위약 또는 해약으로 인하여 받는 위약금과 배상금"에 해당하지 않고, 위 법정이자는 대여금으로 인한 것이 아니므로, 비영업대금의 이익에 해당하지도 않는다(위 판결).
248) 국외에서 받는 예금의 이자(소득세법 16조 1항 7호)는 제외된다. 여기서 '국외에서 받는'은, 그 지급장소가 국외라는 것이라기보다는, 그 지급자가 비거주자 또는 외국법인(국내사업장 제외)임을 의미하는 것으로 보아야 할 것이다.

① 국가, 지방자치단체, 거주자, 내국법인 또는 외국법인이나 비거주자의 국내사업장으로부터 지급받는 소득(가목) : 이는 이자소득의 원천지에 관하여 지급자주의, 즉 지급자의 거주지국 기준(residence of payor rule)을 취한 것이다.[249]

⑦ 이자소득의 지급자가 거주자 또는 내국법인인 경우, 해당 차입금이 그 국외사업장을 위하여 사용되었더라도, 국내원천 이자소득에 포함된다. 다만, 거주자 또는 내국법인의 국외사업장을 위하여 그 국외사업장이 직접 차용한 차입금의 이자는 제외한다(법 93조 1호 단서). 이에 해당하기 위해서는 차입금의 차용 주체와 사용 주체가 모두 국외사업장이어야 한다는 것이 행정해석이다.[250] 그러나 위 이자가 지급자인 내국법인의 손금에 산입되는 이상, 이를 지급받은 외국법인의 국내원천 이자소득으로 취급하는 것이 합리적이므로,[251][252] 법인세법 제93조 제1호 단서를 삭제하는 것을 고려할 필요가 있다.

⑭ 대법원은, 내국법인이 주채무자인 외국 자회사의 보증인으로서 외국 자회사에 대한 채권자에게 이자를 지급한 사건에서, 보증인인 내국법인이 채권자인 비거주자나 외국법인에게 지급하는 이자소득은 국내원천 이자소득에 해당하고, 외국 자회사는 내국법인의 국외사업장으로 볼 수 없으므로, 보증인인 내국법인은 법인세를 원천징수할 의무가 있다고 판단하였다.[253]

---

249) 지급자주의는 이자소득의 지급자, 즉 자금을 차용하여 사용한 자에 대하여 포괄적 과세권을 행사할 수 있는 국가(거주지국)에 이자의 원천이 있다고 보는 것이다. 지급자주의는 ① 지급자가 내국법인이거나 외국법인의 국내사업장인 경우 지급된 소득이 지급자의 과세소득을 계산할 때 손금에 산입된다는 점에서 그 소득과 우리나라 사이의 관련성이 존재하고, ② 소득의 지급자인 내국법인 등에 대하여 원천징수 의무를 부과하는 것이 적절하고 용이하다는 점에서 그 합리성이 인정될 수 있을 것이다.

250) 재국조 22601-847, 1990. 9. 1.

251) 이창희, 국제조세법(2020), 569쪽은, 내국법인의 국외사업장이 직접 차용한 돈의 이자와 관련하여, 이자를 받아가는 자에게 우리나라 세금을 물리지 않으면서 이자를 지급하는 자에게 손금산입을 허용하는 것은 그른 논리라고 한다.

252) OECD 모델조약에도, 소득의 원천지국에서 그 소득을 지급자의 과세대상소득에서 비용으로 공제할 수 있는지를 원천지국 과세권의 배제와 결부시켜 정한 조문이 있다. 가령, OECD 모델조약 제15조 제2항은, 근로소득에 대한 원천지국의 과세를 배제하기 위한 요건으로, 그 소득의 지급자인 고용주가 원천지국의 거주자가 아니고 지급된 보수가 고용주의 원천지국 소재 고정사업장에 의하여 부담되지 않았을 것을 정하는데, 이는 그 보수가 고용주의 원천지국의 과세대상소득에서 비용으로 공제되지 않았을 것을 의미한다(OECD 모델조약 제15조의 주석 문단 6.2, 7).

253) 대법원 2016. 1. 14. 선고 2013두10267 판결(하이트진로 사건) : 그 이유로, ① 구 법인세법 제93조 제1호는 비거주자나 외국법인이 내국법인 등에서 지급받는 이자소득을 원칙적으로 국내원천소득으로 정하면서 거주자 또는 내국법인의 국외사업장이 직접 차용한 차입금의 이자만을 예외적으로 국내원천소득에서 제외하도록 명시하는 점, ② 보증인이 주채무자를 위해 채권자에게 이자소득을 지급하는 경우 지급 이후에는 보증인과 주채무자 간에 구상관계만 존재할 뿐이어서 소득의 원천지는 이자소득의 지급 시점을 기준으로 판단할 필요가 있는 점, ③ 채권자가 이자소득을 지급받는 때에 보증인을 원천징수의무자로 삼는 것이 소득의 발생원천에서 지급 시점에 원천징수를 함으로써 과세편의와 세수확보를 기한다는 원천징수 제도의 본질에도 부합하는 점, ④ 구 법인세법 제93조 제1호 등이 법인과 사업장을 각각 구별하여 규율하

② 외국법인 또는 비거주자로부터 지급받는 소득으로서 그 소득을 지급하는 외국법인 또는 비거주자의 국내사업장과 실질적으로 관련하여 그 국내사업장의 소득금액을 계산할 때 필요경비 또는 손금에 산입되는 것(나목)[254]

㉮ 외국법인의 국외 본점이 자금을 차입하고 그 이자를 지급한 경우에도, 그 이자가 국내지점의 소득금액 계산상 손금에 산입된다면 국내원천 이자소득에 해당한다.

㉯ 외국은행 국내지점이 본점 등과의 내부적 자금거래에 따라 본점 등에게 교부한 이자비용은 국내지점의 손금에 산입되지만(시행령 130조 2항 본문, 시행규칙 64조 1항, 63조의2 2항), 그것이 본점의 국내원천 이자소득에 해당하는지는 명문의 규정이 없으므로, 불분명하다. 위와 같은 이자는 단일한 법적 실체 내의 자금이동으로서 「외국법인 … 로부터 '지급'받는 소득」으로 보기 어려우므로,[255] 본점의 국내원천 이자소득에 해당하지 않는다고 볼 여지도 있다.

3-1-3. 이자소득 등에 대한 법인세 면제

(1) 국채 등의 이자소득

국채, 통화안정증권 및 대통령령으로 정하는 채권('국채 등')에서 발생하는 외국법인의 국내원천 이자소득으로서 원천징수의 대상(법 98조 1항)이 되는 것에 대하여는 법인세를 면제한다(법 93조의3 1항 1호). 위 국채 등은, 대통령령으로 정하는 요건을 갖추어 국세청장의 승인을 받은 적격외국금융회사 등이 취득·보유하는 국채 등을 포함한다(법 93조의3 2항).

자본시장법상 집합투자기구와 유사한 국외투자기구로서 설립지국의 법령 등에 따라 공모(公募)투자기구로 인정되는 국외투자기구 또는 그에 준하는 것으로서 대통령령으로 정하는 국외투자기구에 내국법인이 투자한 경우, 내국법인의 국채 등 이자소득에 대하여는 원천징수 관련 규정(법 73조, 73조의2)이 적용되지 않고, 그 내국법인이 대통령령으로 정하는 바에 따라 직접 신고·납부하여야 한다(법 93조의3 4항).

으므로, 내국법인의 해외 자회사에 대해서까지 구 법인세법 제93조 제1호 단서를 적용하는 것은 구 법인세법 제93조 제1호 본문이 이자소득의 원천지에 관한 원칙적인 판단기준으로 정한 지급지주의를 형해화하는 결과를 초래하는 점 등을 든다.

[254] 이는 미국 세법의 지점이자세[Branch Interest Tax, 제884조(f)]와 유사하다. OECD 모델조약의 주석은, 고정사업장의 소득을 계산할 때 공제된 이자 등의 금액에 대하여 부과되는 세금[가령, 지점단계 이자세(branch level interest tax)]는, 제24조 제3항의 적용범위 밖에 있으므로 그에 위반되지 않는다고 본다(OECD 모델조약 제24조의 주석 문단 61).

[255] "지급"은 법인세법상 국내원천소득에 대한 원천징수의무를 지우기 위한 요건이다(법 98조 1항 1호). ; 국내지점이 본점에게 이자 명목으로 이전한 금액이 '지급'에 해당하는지에 관하여는, 송동진, "외국은행 국내지점이 본점에게 지급한 이자의 국내세법 및 조세조약상 취급", 조세학술논집 제37집 제3호, 한국국제조세협회(2021), 113~115쪽

(2) 조특법

조특법은 ① 공공차관의 도입과 직접 관련하여 대주(貸主)가 부담하여야 할 조세,[256] ② 내국법인이 국외에서 외화표시채권을 발행하는 등 국제금융거래에 따른 이자 등을 받는 자에 대한 소득세 또는 법인세를 감면 또는 면제한다(조특법 20조 1항, 21조).

3-2. 조세조약상 이자소득

3-2-1. 조세조약상 이자소득의 범위

OECD 모델조약에 의하면, 이자는 모든 종류의 채권(debt-claims)으로부터 생기는 소득을 의미하고, 담보가 있는지 여부 또는 채무자의 이익에 참여할 권리가 있는지 여부는 묻지 않는다.[257][258] 그리고 특히 정부의 채권과 사채 또는 무보증사채(bonds or debentures)로부터 생기는 소득과 및 그에 붙어있는 할증금과 상금(premiums and prizes)은 이자이다.

채무자의 이익에 참가할 권리를 가진 채권은, 그 계약이 그 일반적 성격상 명확하게 이자부 대여임을 입증하는 경우에는, 대여로 취급되어야 한다.[259] 이익참가부사채(participating bonds)의 이자는 일반적으로 배당으로 취급되어서는 안 되고, 전환사채(convertible bonds)의 이자도 그 전환사채가 주식으로 전환될 때까지는 그렇다.[260] 주식과 채권의 성격을 모두 가지는 중간적·혼합적 증권에서 생기는 소득을 이자로 볼 것인지의 문제는 자본과 부채의 구별기준에 따라 처리되어야 할 것이다.[261] OECD 모델조약 제10조(배당)와 제11조(이자)의 중복 적용을 피하기 위하여, 제11조의 이자는 제10조가 적용되는 사항을 포함하지 않는다고 보아야 한다.[262]

---

256) 공공차관의 도입과 관련하여 대주가 부담하여야 할 조세·공과금 등은 해당 공공차관협약에서 정하는 바에 따라 감면한다(공공차관의 도입 및 관리에 관한 법률 8조 1항).

257) OECD 모델조약 제11조 제3항 전문 : 저당권부 채권의 이자(mortgage interest)는, 일부 국가는 이를 부동산으로부터 발생한 소득(income from immovable property)에 귀속시키지만, 이동가능한 자본으로부터 발생한 소득의 범주에 포함된다(OECD 모델조약 제11조의 주석 문단 18).

258) 1963년 OECD 모델조약 제11조 제3항은 이자소득을 '소득이 발생하는 국가의 세법상 금전대여로부터 발생하는 소득과 유사한 그 밖의 다른 소득(all other income assimilated to income from money lent)'을 포함하는 것으로 넓게 정하였으나, 1977년 OECD 모델조약은 이를 삭제하였다. OECD 모델조약의 주석은 현재의 모델조약 제11조 제3항에 따른 이자의 정의가 완결적(exhaustive)이므로, 내국법에 대한 부수적 참조가 필요하지 않다고 본다(OECD 모델조약 11조의 주석 문단 21).

259) OECD 모델조약 제11조의 주석 문단 18

260) OECD 모델조약 제11조의 주석 문단 19, 제10조의 주석 문단 24 ; 다만, 이익참가부 사채나 전환사채가 채무자 회사의 위험을 실질적으로 공유하는(effectively shares the risks) 경우에는 그 이자는 배당으로 취급되어야 한다고 한다. OECD 모델조약 주석은, 그 예로 채권액의 상환이 채무자의 사업의 성공 여부에 크게 의존하는 경우를 든다(제10조의 주석 문단 25).

261) 상세한 내용은 이 책의 조세조약상 배당에 관한 서술 중에서 자본과 부채의 구별을 참조

조세조약상 이자소득인지 여부가 문제되는 구체적 사례는 다음과 같다.

① **은행 등 금융기관이 받은 이자** : 금융기관의 자금대여는 사업을 구성하므로, 그 대가로 금융기관이 받은 이자는 사업소득에 해당한다고 볼 여지가 있다. 그러나 OECD 모델조약에 의하면, 사업소득과 별개로 규정된 소득 항목은 사업소득에 포함되지 않고, 이자소득은 사업소득과 별도로 규정되어 있으므로 사업소득에 포함되지 않는다.[263]

② **신용(외상)매매·할부조건부매매의 이자 상당액** : OECD 모델조약은 신용매매·할부조건부매매의 이자 상당액에 관하여 구체적 규정을 두지 않고, 위 금액이 조세조약상 이자소득에 포함되는지 여부는 이자소득에 관한 정의(11조 3항)에 의하여 명확하게 판단되지 않는다. 따라서 그와 동일한 조문구조를 가진 조세조약의 경우 위 문제는 체약국의 국내법에 따라 판단할 수밖에 없다.[264] 우리 세법에서는 할부조건부매매 등의 이자 상당액은 판매대가로서 사업소득에 포함되므로,[265] 조세조약상으로도 이자소득이 아닌 사업소득에 해당하는 것으로 보아야 할 것이다. OECD 모델조약의 주석도 위와 같은 이자 상당액을 판매대가의 요소에 가까운 것으로 본다.[266]

③ **사채의 할인발행·할증발행** : 이자는, 채권의 발행자가 그 인수인으로부터 지급받은 금액보다 초과하여 지급하는 금액을 말한다. 따라서 채권이 액면금액보다 할인발행되는 경우(issued at a discount) 액면금액과 발행금액의 차액(사채할인발행차금, original issue discount)은 이자에 해당하고, 반대로 채권이 액면금액보다 할증발행되는 경우(issued at a premium) 액면금액과 발행금액의 차액은 이자에서 차감되어야 한다.[267]

④ **채권의 양도차익** : 채권의 전 보유자로부터 채권의 발행금액과 다른 금액에 채권을

---

262) OECD 모델조약 제11조의 주석 문단 19

263) 다만, 은행 등의 이자소득이 그 거주지국 외의 체약국에 있는 고정사업장에 귀속하는 경우에는 OECD 모델조약의 사업소득 규정이 적용된다(11조 4항). 은행은 일반적으로 제3자로부터 차용하거나 예금받은 자금을 대여한다. 외국은행이 내국법인으로부터 지급받은 국내원천 이자소득이 OECD 모델조약을 따른 조세조약상 고정사업장에 귀속하는 것인 경우에는 우리나라에서 순소득 기준으로 과세되지만(7조 1항), 고정사업장에 귀속하지 않는 경우에는 이자소득 규정의 적용대상이므로, 10%의 제한세율이 적용된다. 후자의 경우 이자지급금액의 10%{Min[14% 또는 20%(법 98조 1항 1호), 10%(조세조약)]}가 원천징수되고, 해당 자금의 조달비용은 무시되므로, 그러한 거래가 기피되는 문제가 생긴다(OECD 모델조약 제11조의 주석 문단 7.7). 이를 고려하여 조특법은, 내국법인이 국외에서 발행하는 외화표시채권 등 국제금융거래의 이자에 대한 법인세를 면제하는 것(조특법 21조 1항)으로 보인다.

264) 이창희, 국제조세법(2020), 583쪽

265) 소득세법 시행령 제48조 제4호, 제10호의2는, 장기할부조건부 판매의 경우 판매대금과 그 현재가치의 차액이 판매대가에 포함됨을 전제로 규정하고, 이는 신용(외상)판매의 경우에도 마찬가지라고 보아야 할 것이다.

266) OECD 모델조약 제11조의 주석 문단 7.8

267) OECD 모델조약 제11조의 주석 문단 20 : 채권이 액면금액보다 할증발행되는 경우의 액면금액과 발행금액의 차액을 음의 이자(negative interest)로 표현한다.

매입한 자가 다른 사람에게 양도하거나, 채권의 원금을 지급받아서 생기는 손익으로서, 채권의 발행자가 수령한 금액과 지급한 금액의 차이에 해당하지 않는 것은, 이자가 아니다.[268] 한편, 채권의 양도자가 수령하는 대금은 통상적으로 그 양도 시에 발생하였지만 아직 변제기가 도래하지 않은 이자를 포함하고, 그 발생한(accrued) 이자는 OECD 모델조약상 이자에 해당하므로, 그 원천지국에서 과세될 수 있다.[269]

⑤ **파생상품** : 채무에 기초하지 않은(no underlying debt) 비전통적 금융상품(가령, 이자율 스왑)에 따른 지급액은 이자소득에 해당하지 않는다. 그러나 실질과세원칙 등의 적용에 의하여 파생상품이 자금대여로 취급되는 경우에는 조세조약상 이자소득 규정이 적용될 수 있다.[270]

⑥ **지연손해금** : ㉮ OECD 모델조약은 지급지체에 대한 제재금(벌과금, penalty charges)을 명시적으로 이자에서 제외하는 규정을 두고 있다.[271] 그러한 제재금은, 경과된 기간에 따라(pro rata temporis) 계산되는 금액이거나 고정된 금액(fixed sums)일 수 있는데, 경과된 기간에 따라 계산되는 금액인 경우에도 자본으로부터의 소득이라기보다는 채무불이행에 따른 손해의 보상의 특별한 형식에 해당한다.[272] ㉯ 우리나라가 체결한 조세조약 중에도 지급지체에 대한 제재금을 이자소득에서 제외하는 것들이 있다.[273] 그러한 명문의 규정이 없는 조세조약[274]의 경우에도, 지연손해금은 일반적으로 조세조약상 이자소득에 해당하지 않는다고 보아야 할 것이다. 대법원도, 위와 같은 명문의 규정이 없는 한·미 조세조약과 관련하여, 금전채무의 이행지체로 인한 지연손해금이 한·미 조세조약상 이자에 포함되지 않는다고 보았다.[275]

⑦ 대법원은, 외국은행 국내지점이 그 본점에 이자 명목으로 교부한 금액이 조세조약상 이자소득에 해당한다고 판단하였다.[276] 그러나 위 판결의 타당성은 다음과 같은 이

---

268) OECD 모델조약 제11조의 주석 문단 20 : 그러한 소득은 사업소득(7조), 양도소득(13조) 또는 기타소득 (21조)에 해당할 수 있다.
269) OECD 모델조약 제11조의 주석 문단 20.1 ; 따라서 법인세법 제98조의2에 따른 원천징수대상채권 등을 양도한 외국법인의 보유기간 이자 상당액은 OECD 모델조약상 이자소득에 해당한다.
270) OECD 모델조약 제11조의 주석 문단 21.1
271) OECD 모델조약 제11조 제3항 후문
272) OECD 모델조약 제11조의 주석 문단 22
273) 한·독 조세조약 제11조 제5항
274) 한·미 조세조약, 한·중 조세조약
275) 대법원 2016. 6. 10. 선고 2014두39784 판결
276) ① 대법원 2018. 2. 28. 선고 2015두2710 판결은, 싱가포르에 본점을 둔 원고 법인(DBS은행)의 국내 지점이 싱가포르 본점에 지급한 차입금 이자로서 과소자본세제에 따라 손금불산입되어 배당으로 처분된 금액이 한·싱가포르 조세조약상 배당에 해당하는지가 문제된 사건에서, 원고 법인의 국내 지점이 싱가포르 본점에 지급한 이자의 손금불산입액은 한·싱가포르 조세조약상 배당에 해당하지 않고, 위 조세조약상 이자에 해당한다고 판단하였다. ② 대법원 2022. 5. 12. 선고 58332 판결도, 호주 은행의 국내지점이 본점

유로 의문스럽다.[277] ㉮ 조세조약상 이자는 일반적으로 '채권(debt-claims)'으로부터 발생한 것으로 정의되는데,[278] 단일한 법적 실체를 구성하는 지점과 본점 간에 법적인 의미의 '채권'이 성립할 수 없으므로, 지점과 본점 간에 이자 명목으로 수수된 금액은 조세조약상 이자소득으로 보기 어렵다. ㉯ 외국법인의 고정사업장이 본점에 지급한 이자는, OECD 모델조약의 '분리되고 독립한 기업의 가정'에 따르면, 그 고정사업장의 소득계산상 비용으로 인정될 수 있지만, OECD 모델조약의 주석은, 위 가정이 다른 규정의 적용대상인 관념적 소득(notional income)을 창출하는 것이 아니라고 본다.[279] ㉰ 우리나라가 체결한 대부분의 조세조약은 2010년 개정 전의 OECD 모델조약에 따른 것인데, 2010 개정 전의 OECD 모델조약의 주석은 예외적으로 은행의 본점과 지점 간의 내부적 이자에 대한 공제를 인정하였지만,[280] 이는 은행에 한하여 종전부터 '분리되고 독립한 기업의 가정'을 제한적으로 인정하였던 것으로 볼 수 있고, 그 이상의 내용을 정한 것으로 보이지 않는다. 위와 같은 이자는, 조세조약에 기타소득에 관한 규정이 있는 경우 기타소득으로 보는 것이 합리적이다.[281]

⑧ **지급보증수수료** : 우리나라가 체결한 대부분의 조세조약은 OECD 모델조약을 따른 이자의 정의를 채택하고 있는데, 지급보증수수료는 수취인과 지급인 간의 채권 관계를 토대로 발생한 것이 아니므로 그러한 이자의 정의에 포함되지 않고,[282] 사업소득 또는 기타소득에 해당할 것이다.[283] 다만, 조세조약상 이자의 정의가 원천지국의 세법상 취급을 고려하도록 규정된 경우[284]에는, 지급보증수수료가 조세조약상 이자인

에 지급한 이자로서 과소자본세제에 따라 손금불산입되어 배당으로 처분된 금액이 한·호주 조세조약상 이자소득에 해당한다고 보았다.

277) 송동진, "외국은행 국내지점이 본점에게 지급한 이자의 국내세법 및 조세조약상 취급", 조세학술논집 제 37집 제3호(2021), 한국국제조세협회, 124쪽 이하

278) OECD 모델조약 제11조 제3항

279) OECD 모델조약 제7조의 주석 문단 28

280) OECD 2008년 모델조약 제7조의 주석 문단 42, 49

281) 11-2-2-1. (1) (가) 참조

282) 서울고등법원 2020. 12. 18. 선고 2019누53770 판결은, 한·중 조세조약 제11조 제4항에 따른 이자소득의 정의인 '모든 종류의 채권으로부터 발생하는 소득'이 금전채권으로부터 발생하는 소득만을 의미하는 것으로 보기 어렵고, 위 문언의 의미가 명확하지 않으므로, 위 조세조약 제3조 제2항에 따라 한국과 중국의 조세법령이 고려되어야 한다고 판단하였다. 그러나 ① 1963년 OECD 모델조약에서 이자의 정의가 넓게 규정되었다가 1977년의 개정으로 현재와 같이 좁게 규정된 점, ② OECD 모델조약의 주석은, OECD 모델조약 제11조 제3항의 이자소득의 정의가 완결적이므로, 내국법에 대한 참고가 필요하지 않다고 보는 점(OECD 모델조약 11조의 주석 문단 21)을 고려하면, 위 판결은 수긍하기 어렵다.

283) 국조, 국제세원관리담당관실-141, 2014. 4. 16.(금융기관이 아닌 내국법인이 터키 현지법인의 차입금에 대하여 지급보증을 하고 수취한 수수료는 한·터키 조세조약상 기타소득에 해당한다)

284) 한·프랑스 조세조약 제11조 제4항은, 1963년 OECD 모델조약과 유사하게, 이자가 '소득이 발생하는 국가의 세법에 따라 금전의 대부에서 발생되는 소득과 동일하게 취급되는 모든 다른 소득'을 포함하는 것

지 여부는 원천지국의 세법에 따라 정해진다.[285][286]

3-2-2. 과세권의 분배

(1) 원천지국의 과세권

OECD 모델조약에 의하면, 이자가 한 체약국에서 발생하고 다른 체약국의 거주자인 수익적 소유자에게 지급된 경우, 그 이자의 원천지국이 과세할 수 있는 세액은 이자 총액의 10%를 초과하지 못한다(11조 2항 1문).[287]

OECD 모델조약에 의하면, 이자는 그 지급자(payer)의 거주지국에서 발생한 것으로 간주된다(11조 5항 1문).[288] 원천징수대상채권 등이 양도된 경우, 그 양도인의 보유기간 이자 상당액은 양수인에 의하여 지급되지만, 조세조약 목적상으로는 실질적으로 채무자에 의하여 지급된 것으로 볼 여지가 있다.[289]

한편, 이자를 지급하는 자가 한 체약국에 고정사업장을 가지고 있고,[290] 그 고정사업장

으로 규정한다.

285) 우리나라의 세법상 지급보증수수료가 이자에 포함되는 것으로 보기는 어려울 것이다. ① 국조법 시행령 제12조 제4항 및 제5항은, 지급보증을 자금의 대여와 구별되는 용역의 거래로 보아 그 정상가격을 금전 대차거래에 대한 정상이자율의 산출방법(11조)과 다르게 규정한다. ② 대법원은, 법인이 낮은 이율의 정기예금을 예치하여 특수관계인들의 대출금에 대한 담보로 제공한 사안에서, 특수관계인에 대한 자금대여(시행령 88조 1항 6호)로 보기 어려움을 전제로, 법인세법 시행령 제88조 제1항 제9호의 방법에 의한 이익분여로 판단하였다(대법원 2009. 4. 23. 선고 2006두19037 판결).

286) 미국 조세법원은, 멕시코 모회사가 미국 자회사에게 지급보증을 한 대가로 미국 자회사로부터 수취한 수수료(guaranty fees)는 이자가 아니라 용역의 대가와 유사하고(analogous to the payment for a service) 멕시코에서 제공된 용역의 대가로 취급되어야 하고, 미국 내에 원천을 둔 소득이 아니므로, 미국 자회사는 미국 세법 제881조(a)에 따른 원천징수의무가 없다고 판단하였다. Container Corp. v. CIR, 134 TC No. 5 (2010) [5th Circuit No. 10－60515 : 항소기각] 이후 미국 의회는 미국 세법에 미국 거주자 등으로부터 지급보증의 대가로 지급받은 금액을 미국 내 원천소득으로 추가하였다[IRC § 861(a)(9)(A)].

287) 우리나라가 일본, 독일, 영국, 프랑스, 중국과 체결한 조세조약은 OECD 모델조약과 같이 제한세율을 10%로 규정하고, 한・미 조세조약은 제한세율을 12%로 규정한다.

288) 이자가 체약국의 거주자에 의하여 지급되었다는 것은, 그 이자의 원인이 된 차입금이 그 거주자에 의하여 사용되었음을 의미하고, 일반적으로 그 거주자의 소득을 계산할 때 손금에 산입되었음을 뜻한다.

289) 이창희, 국제조세법(2020), 588쪽도 같은 취지이다. ; 가령, 내국법인 甲이 발행한 사채를 외국법인 A가 취득한 후 다른 외국법인 B에게 양도하고, B가 甲으로부터 사채원리금을 지급받은 경우, A가 B로부터 지급받은 사채양도대금에는 A의 취득 후 양도 시까지의 보유기간 이자 상당액이 포함되어 있고, B는 A에게 위 금액을 지급한 후 甲으로부터 사채원리금을 지급받을 때 보전(補塡)받는다. 이는, 결과적으로 甲이 위 사채의 원리금 전체를 만기시점의 권리자인 B에게 지급하고, B이 그중 일부를 A에게 배분한 것과 같고(사건의 순서만 다르다), 甲이 지급한 사채원리금이 B를 통하여 A와 B에게 각자의 보유기간별로 배분된 것으로 볼 수 있다. 따라서 A의 보유기간 이자 상당액은 형식적으로는 B에 의하여 지급되지만, 조세조약 목적상 실질적으로 甲이 B를 통하여 A에게 지급한 것으로 평가할 수 있다. 그렇게 본다면, 위 경우 B가 A에게 지급한 A의 보유기간 이자 상당액에 대한 원천지국은 우리나라이므로, 위 금액에 대하여는 우리나라와 A의 거주지국 간 조세조약이 적용된다.

290) 이자의 지급자가 고정사업장 소재지국의 거주자인지 여부는 상관없다.

과 관련하여 이자의 원인채무가 발생하였으며, 그 이자가 그 고정사업장에 의하여 부담된 (borne) 경우에는, 그러한 이자는 그 고정사업장이 있는 국가에서 발생한 것으로 간주된다 (11조 5항 2문).[291][292]

OECD 모델조약 제11조 제2항이 적용되려면, 이자의 발생지국과 그 수익적 소유자의 거주지국이 서로 다른 체약국이어야 한다. 따라서 ① 이자가 고정사업장의 소재지국에서 발생한 것으로 간주되는 경우(11조 5항 2문), 가령, A국 거주자 X가 A국의 다른 거주자 Y에게 이자를 지급하였는데, 위 이자가 X가 B국에 둔 고정사업장과 관련하여 발생하고 위 고정사업장에 의하여 부담된 경우, X, Y는 모두 A국 거주자이지만 OECD 모델조약 제11조 제2항이 적용된다. 한편, ② A국 거주자 X가 B국의 다른 거주자 Y에게 이자를 지급하였는데, 위 이자가 X가 B국에 둔 고정사업장과 관련하여 발생하고 위 고정사업장에 의하여 부담된 경우, 이자의 발생지국과 그 수익적 소유자의 거주지국이 모두 B국으로 동일하므로, OECD 모델조약 제11조 제2항은 적용되지 않는다.[293]

OECD 모델조약 제11조 제5항 1문과 2문은 각각 별개로 적용되고, 후자가 전자의 특칙인 것은 아니다. 이자를 지급한 자의 거주지국(A), 그 이자를 부담한 고정사업장의 소재지국(B) 및 그 이자를 수령한 자의 거주지국(C)이 각각 다른 경우,[294] A국과 B국은 각각 A-C, B-C 조세조약상 원천지국으로서 이자에 대한 과세권을 행사할 수 있고(원천지국의 경합),[295] C국은 원천지국인 A, B국에 대하여 각각 이중과세를 회피할 의무를 부담한다.

한편, 이자의 수익적 소유자가 한 체약국의 거주자이고, 다른 체약국에 있는 고정사업장을 통하여 이자를 발생시키는 사업을 수행하며, 그 이자의 원인채권이 그 고정사업장과 실질적으로 관련된 경우에는, OECD 모델조약 제11조 제1항 및 제2항이 적용되지 않고,

---

291) OECD 모델조약의 주석은, ① 제11조 제5항 2문이 이자를 발생시키는 채권과 고정사업장 간의 경제적 관련(economic link)에 기초를 둔 것으로 보고, ② ㉮ 외국법인의 고정사업장이 그 고정사업장의 특정한 용도를 위하여 자금을 차용하고 그 이자를 채권자에게 직접 지급한 경우와 ㉯ 외국법인의 본점이 오로지 한 고정사업장을 위한 목적으로 자금을 차용하여 그 이자를 지급하고, 그 이자를 궁극적으로 해당 고정사업장이 부담한 경우는, 제11조 제5항 2문에 포함되지만, ㉰ 외국법인의 본점이 차용한 자금이 여러 국가에 있는 여러 고정사업장을 위하여 사용된 경우는 위 규정에 포함되지 않는다고 한다(OECD 모델조약 제11조의 주석 문단 27).

292) 대법원 2022. 5. 12. 선고 58332 판결은, OECD 모델조약과 거의 동일한 한·호주 조세조약 제11조 제5항 2문의 '이자가 고정사업장에 의하여 부담되는 경우'에 관하여, '고정사업장이 경제적 관점에서 이자에 대한 부담을 지는 경우'를 의미한다고 판단하였다.

293) 木村浩之, "租稅條約 入門－條文の讀み方から適用まで－", 中央經濟社, 2017, p.112의 사례(A, X와 B, Y를 바꾸어 표시하였음). 한편, Y가 X로부터 수령한 이자가 Y가 A국에 둔 고정사업장에 귀속하는 경우(X의 B국 고정사업장이 Y의 A국 고정사업장에 지급한 경우) 그 이자는 A-B 조세조약상 Y의 A국 고정사업장의 사업소득에 해당하므로, A국이 과세권을 행사할 수 있다.

294) 가령, A국 거주자인 X가 C국 거주자인 Z에게 지급한 이자가 X가 B국에 설치한 고정사업장과 관련되고 그에 의하여 부담된 경우

295) OECD 모델조약 제11조의 주석 문단 29의 2문

제7조(사업소득)가 적용된다(11조 4항). 따라서 위 경우 고정사업장의 소재지국은 위 모델조약 제11조 제2항의 제한세율을 적용받지 않는다.[296] 가령, A국 거주자 X가 B국 거주자로부터 이자를 지급받고, 그 이자가 X가 B국에 가지는 고정사업장과 실질적으로 관련된 경우, B국은 OECD 모델조약 제11조 제2항의 제한세율을 적용받지 않고 제7조 제1항(사업소득)에 따라 과세할 수 있다.

(2) 거주지국의 과세권

OECD 모델조약에 의하면, 이자가 한 체약국에서 발생하고 다른 체약국의 거주자에게 지급된 경우, 이자를 수령한 자의 거주지국도 과세권을 갖지만(11조 1항),[297] 이중과세제거 의무를 지므로(23조 A, B), 거주지국의 과세권은 원천지국의 과세권과 경합되지 않는 범위에서 보충적으로 인정된다.

---

4 ▶ 배당소득

4-1. 국내세법상 국내원천 배당소득

외국법인의 국내원천 배당소득은, 내국법인 또는 법인으로 보는 단체나 그 밖에 국내에 소재하는 자로부터 지급받는 다음의 각 소득을 말한다(법 93조 2호).

(1) 파생결합사채로부터의 이익[298]

이는 파생결합사채(상법 469조 2항 3호)[299]로서 자본시장법 제4조 제7항 제1호에 해당하는 증권[300]으로부터 발생한 이익을 말한다(법 93조 2호 가목,[301] 소득세법 16조 1항 2호의2, 소득세법 시행령 23조).

---

296) OECD 모델조약 제11조의 주석 문단 24
297) 이는 조세조약에 규정되지 않더라도 당연히 인정되는 내용을 확인한 것이다.
298) 해당 규정은 2025. 1. 1.부터 시행된다.
299) 유가증권이나 통화 또는 그 밖에 대통령령으로 정하는 자산이나 지표 등의 변동과 연계하여 미리 정해진 방법에 따라 상환 또는 지급금액이 결정되는 사채
300) 이는 '발행과 동시에 투자자가 지급한 금전 등에 대한 이자, 그 밖의 과실(果實)에 대하여만 해당 기초자산의 가격·이자율·지표·단위 또는 이를 기초로 하는 지수 등의 변동과 연계된 증권'을 말한다.
301) 위 규정은 2025. 1. 1.부터 시행되지만, 그 이전에도 파생결합사채로부터의 이익은 국내원천 배당소득으로 과세되었다(2020. 12. 22. 개정 전의 구 법인세법 93조 2호, 2020. 12. 29. 개정 전의 구 소득세법 17조 1항 5호의2, 2021. 2. 17. 개정 전의 구 소득세법 시행령 26조의3 1항 3호).

(2) 소득세법 제17조 제1항(제6호 제외)에 따른 배당소득[303]

이는 다음의 각 소득을 말한다(법 93조 2호 나목, 소득세법 17조 1항).

① 내국법인으로부터 받은 이익의 배당

② 법인으로 보는 단체로부터 받는 배당금 및 법인과세 신탁재산으로부터 받는 배당금

③ 의제배당

④ 법인세법에 따라 배당으로 처분된 금액 : 이는 내국법인에서 사외유출되어 주주인 외국모법인에게 귀속된 금액을 말한다.[304]

⑤ 국내 또는 국외에서 받는 대통령령으로 정하는 집합투자기구로부터의 이익 : 이는 자본시장법상 집합투자기구 및 국외에 설정된 집합투자기구로부터의 이익을 말한다(소득세법 시행령 26조의2 1항 본문).[305] 여기에는 적격투자신탁뿐만 아니라 비적격투자

---

302) 파생결합사채에 관하여는 박준·한민, 금융거래와 법, 박영사(2018), 413~418쪽

303) 해당 규정은 2025. 1. 1.부터 시행된다.

304) 내국법인으로부터 사외유출된 금액이 정상가격 조정의 대상인 경우에 대하여는 별도의 규정이 있다(법 93조 2호 마목, 국조법 13조).

305) 집합투자증권의 환매·양도 및 집합투자기구의 해지·해산으로 발생한 이익(소득세법 87조의6 1항 4호)은 소득세법 제17조 제1항 제5호의 배당소득에서 제외되므로(소득세법 시행령 26조의2 1항 단서) 법인

신탁(조특법 91조의2 2항)으로부터의 이익도 포함된다.[306] 한편, 사실상 단독투자기구인 투자신탁에서 발생한 소득은 집합투자기구로부터의 이익에 포함되지 않고(소득세법 시행령 26조의2 2항), 국내원천 이자소득에 해당한다(법인세법 93조 1호).

⑥ 국조법 제27조(특정외국법인 유보소득의 배당간주)에 따라 배당받은 것으로 간주된 금액

⑦ 익명조합(소득세법 43조)에서 발생한 소득금액 중 익명조합원에게 분배되는 소득

⑧ 위 ① 내지 ⑥에 따른 소득과 유사한 소득으로서 수익분배의 성격이 있는 것

⑨ 위 ① 내지 ⑧ 중 어느 하나에 해당하는 소득을 발생시키는 거래 등과 파생상품이 결합된 경우, 해당 파생상품의 거래 등으로부터의 이익

외국법인이 **주식의 대차**(貸借)거래에 따라 타인에게 주식을 대여하고 그 차입자로부터 지급받는 주식의 배당금 상당액[307]은 국내원천 배당소득이다(법 93조 2호 나목, 소득세법 17조 1항 9호, 소득세법 시행령 26조의3 4항). 다만, 국내사업장이 없는 외국법인이 국내사업장이 없는 비거주자·외국법인과 주식의 대차거래를 하여 그 비거주자 등으로부터 지급받는 배당금 상당액은 국내원천소득에서 제외된다(시행령 132조 15항).

(3) 집합투자증권의 환매 등으로부터 발생한 이익 등[308]

집합투자증권의 환매·양도 및 집합투자기구의 해지·해산으로 발생한 이익(소득세법 87조의6 1항 4호, 소득세법 시행령 150조의7) 중 주식 등의 양도로 인한 소득 등[309]을 제외한 것은 국내원천 배당소득에 해당한다(법 93조 2호 다목, 시행령 131조의3 1항 1호).

세법 제93조 제2호 나목에 해당하지 않지만, 법인세법 제93조 제2호 다목에 따라 국내원천 배당소득으로 취급된다.

306) 비적격투자신탁은 내국법인으로 취급되므로(조특법 91조의2 1항), 외국법인이 비적격투자신탁으로부터 분배받은 금액은 소득세법 제17조 제1항 제1호의 배당으로서도 국내원천 배당소득에 해당할 수 있다(법 93조 2호 나목).

307) 금융투자협회가 정한 증권대차거래약관에 따르면, 증권대차거래의 차입자는 대차기간동안 대차증권으로부터 발생하는 이자, 배당, 신주인수권 등의 수익을 대여자에게 인도하여야 한다(9조 1항).

308) 해당 규정은 2025. 1. 1.부터 시행된다.

309) 제외되는 항목들은 다음과 같다(시행령 131조의3 1항 단서 및 각 호).
① 법인세법 제93조 제7호 나목(부동산주식 등) 또는 같은 조 제9호(국내원천 유가증권양도소득)에 따른 소득 중 주식 및 출자지분의 양도로 발생한 소득(법인세법 시행령 132조 8항 2호 단서, 3호 단서 및 4호 단서에 따라 국내원천 유가증권양도소득에서 제외하는 소득을 포함한다)
② 증권시장에서 거래되는 주식의 가격만을 기반으로 하는 지수의 변화를 그대로 추적하는 것을 목적으로 하는 상장지수집합투자기구(자본시장법 234조)의 집합투자증권을 양도(소득세법 87조의2 3호)하여 발생한 이익
③ 증권시장에 상장된 자본시장법 제9조 제18항 제2호에 따른 집합투자기구(이전 사업연도에 법인세법 제51조의2 제1항에 따른 배당가능이익 전체를 1회 이상 배당하지 않은 집합투자기구는 제외한다)의 집합투자증권을 양도(소득세법 87조의2 3호)하여 발생한 이익

(4) 파생결합증권으로부터의 이익[310]

파생결합증권으로부터의 이익(소득세법 87조의6 1항 5호)[311] 중 대통령령으로 정하는 이익[312]은 국내원천 배당소득이다(법 93조 2호 라목). 그 외에 파생상품거래로 얻은 이익은 사업소득[313]이 아닌 경우 기타소득에 해당할 수 있다.[314]

(5) 국조법상 정상가격조정 또는 과소자본세제에 따라 배당으로 처분된 금액

정상가격조정에 따라 내국법인의 국외특수관계인에 대한 배당으로 처분된 금액(국조법 13조)은 국내원천 배당소득에 해당한다. 다만, 정상가격조정에 따라 외국법인의 국내사업장의 익금에 산입된 금액은 기타 사외유출로 처분되므로(시행령 106조 1항 1호 차목), 여기에 포함되지 않는다.[315]

과소자본세제에 따라 배당으로 처분된 금액(국조법 22조)은, 내국법인이 국외특수관계인에게 지급한 이자의 손금불산입액뿐만 아니라 외국법인의 국내사업장이 본점·국외지점에게 지급한 이자의 손금불산입액도 포함한다(국조법 시행령 49조, 22조 2항 1호, 3조 1항).

한편, 국조법 제24조(소득 대비 과다 지급이자의 손금불산입)에 의한 이자의 손금불산입액은 과소자본세제에 따른 것이 아니고, 기타 사외유출로 처분되므로(국조법 24조 2항), 국내원천

---

310) 해당 규정은 2025. 1. 1.부터 시행된다.

311) ① 소득세법상 거주자의 파생결합증권으로부터의 이익은 2024. 12. 31.까지는 배당소득으로 취급되지만, 2025. 1. 1.부터는 금융투자소득으로 과세된다(2021. 2. 17. 개정 전의 소득세법 17조 1항 5호의2, 2020. 12. 29. 개정된 소득세법 87조의6 1항 5호). ② 외국법인의 파생결합증권으로부터의 이익은 종전에도 국내원천 배당소득에 해당하였고(2020. 12. 22. 개정 전의 구 법인세법 93조 2호, 2020. 12. 29. 개정 전의 구 소득세법 17조 1항 5호의2, 2021. 2. 17. 개정 전의 구 소득세법 시행령 26조의3 1항 1호, 2호), 2025. 1. 1. 이후에도 같지만, 그 근거규정이 변경되었다(법 93조 2호 라목, 시행령 131조의3 2항).

312) 이는 다음의 어느 하나에 해당하는 이익을 말한다(시행령 131조의3 2항).
   ① 파생결합증권으로부터 발생한 이익. 다만, 당사자 일방의 의사표시로, 증권시장 또는 이와 유사한 시장으로서 외국에 있는 시장에서 매매거래되는 특정 주권의 가격이나 주가지수 수치의 변동과 연계하여 미리 정해진 방법에 따라 주권의 매매나 금전을 수수하는 거래를 성립시킬 수 있는 권리를 표시하는 증권 또는 증서로부터 발생한 이익은 제외한다.
   ② 파생결합증권 중 상장지수증권을 계좌간 이체 등으로 거래하여 발생한 이익. 다만, 증권시장에서 거래되는 주식의 가격만을 기반으로 하는 지수의 변화를 그대로 추적하는 것을 목적으로 하는 상장지수증권을 계좌간 이체 등으로 거래하여 발생한 이익은 제외한다.

313) 파생상품거래로 인한 소득은 법인세법 시행령 제132조 제2항 각 호에 사업소득의 하나로 규정되어 있지 않지만(제9호에 해당할 여지는 일부 있다), 그 소득이 외국법인의 국내사업장에 귀속되는 경우 '조세조약에 따라 국내원천 사업소득으로 과세할 수 있는 소득'(법 93조 5호)으로서 국내원천 사업소득에 포함될 수 있다. ; 내국법인이 스왑계약에 따라 외국법인에게 지급한 소득을 국내원천 사업소득으로 본 사례로 서이46017-11743, 2003. 10. 8., 기획재정부 국제조세-620, 2007. 10. 31.

314) 사전-2016-법령해석국조-0206, 2016. 6. 23. : 금융업을 영위하는 외국법인이 투자자이고 외국법인에 해당하는 케이맨 군도 소재 펀드가 외국은행 국내지점과 장외파생상품(FX-forward) 계약을 체결하고 그 거래에서 발생한 이익을 지급받는 경우 그 대가는 국내원천 기타소득에 해당한다고 본 사례

315) 제2편 제4장 제1절 5-1. (5), 제2편 제6장 4-1-1. (1) 참조

배당소득에 포함되지 않는다.

(6) 수동적 동업자가 동업기업으로부터 배분받은 금액

동업기업 과세특례를 적용받는 동업기업의 수동적 동업자(기관전용 사모집합투자기구의 수동적 동업자는 제외된다)인 외국법인이 그 동업기업으로부터 배분받은 소득금액은, 국내원천 배당소득으로 본다(조특법 100조의18 3항 단서).

4-2. 조세조약상 배당소득

4-2-1. 배당소득의 범위

(1) 배당의 정의

OECD 모델조약 제10조 제3항은, 배당을 ① 주식(shares), jouissasnce 주식 또는 jouissasnce 권리, mining shares, founder's shares 또는 채권이 아니면서 이익분배에 참여하는(participating in profits) 다른 권리로부터 생기는 소득과, ② 다른 회사법상 권리로부터 생기는 소득으로서 배당을 지급하는 회사의 거주지국에서 주식으로부터 생기는 소득과 같은 과세상 취급을 받는 것으로 정의한다.[316]

(2) 배당의 지급자 : 법인

OECD 모델조약상 배당의 지급자는 **법인**[317](company)으로 규정되어 있다(OECD 모델조약 10조 1항, 2항). 법인은 법인격 있는 단체(body corporate) 또는 세법목적상 법인격 있는 단체로 취급되는 실체를 말한다[OECD 모델조약 3조 1항 b].[318] OECD 모델조약상 배당은, 세법상 인이 그와 별개의 실체로 취급되는 다른 인으로부터 이익을 분배받는 것을 전제로 한다. 따라서 외국법인의 **국내사업장**이 본점 또는 다른 지점과의 내부거래를 통하여 본점 등에게 이전하는 금액은, OECD 모델조약상 배당소득에 해당하지 않는다.[319] **파트너십**의

---

316) OECD 회원국들 간의 회사법 및 세법의 차이로 인하여 OECD 모델조약상 배당을 열거적으로 정의하는 것은 불가능하기 때문에, OECD 모델조약 제5조 제3항은 단지 회원국들에서 공통적으로 배당으로 취급되는 것들을 그 예로 들 뿐이다(OECD 모델조약 제10조의 주석 문단 23).

317) 배당을 지급하는 주된 주체는 우리 상법의 회사에 해당하는 실체이지만, OECD 모델조약상 company는 세법목적상 법인격 있는 단체로 취급되는 실체도 포함하므로, '회사'보다 더 넓은 의미를 가지는 '법인'으로 표현하는 것이 적절할 것이다.

318) "any body corporate or any entity that is treated as a body corporate for tax purposes"[OECD 모델조약 3조 1항 b]. 여기서 "body corporate"은 구성원과 구별되는 법인격을 가진 단체를 말한다.

319) ① 외국법인의 국내사업장은 OECD 모델조약상 배당의 지급자로 규정된 회사(company)에 해당한다고 보기 어렵다. 대법원 2018. 2. 28. 선고 2015두2710 판결도, 원고인 싱가포르 은행의 국내 지점이 싱가포르 본점에 지급하였으나 과소자본세제에 따라 손금불산입된 이자가 한·싱가포르 조세조약상 배당인지

파트너에 대한 이익의 분배는, 파트너십이 그 실질적 관리장소가 소재한 국가에서 주식회사와 실질적으로 유사한 세법상 취급을 받지 않는 한, 배당이 아니다.[320)]

(3) 구체적 소득의 유형별 검토

(가) 배당과 이자(자본과 부채)의 구별

① 혼합적 성격의 증권

비참가적 · 누적적 우선주나 이익참가부사채(상법 469조 2항 1호)와 같은 중간적 · 혼합적 성격의 증권(hybrid securities)으로부터 지급되는 배당이나 이자를 조세조약상 배당 또는 이자의 어느 것으로 볼 것인지가 문제된다. 그러한 증권에 기초하여 지급되는 금액이 OECD 모델조약 제7조 제2항의 배당에 해당하기 위해서는, '그 금액을 지급하는 회사의 거주지국'에서 주식으로부터 생기는 소득과 같은 과세상 취급을 받아야 한다.[321)] 따라서 내국법인이 혼합적 성격의 증권을 발행하고, 그 증권을 보유한 외국법인에게 일정 금액을 지급한 경우, 그 금액이 조세조약상 배당에 해당하려면, 그 증권이 내국세법상 자본으로 취급되어 그 금액이 내국법인의 손금에 불산입되는 경우라야 할 것이다.[322)323)] 결국 위 문제는 내국세법상 자본과 부채의 구별문제로 귀착된다.[324)] OECD 모델조약의 주석은 이익참가부사채나 전환사채의 이자는 배당이 아니라고 본다.[325)]

② 과소자본세제에 따라 손금불산입된 이자

OECD 모델조약의 주석은, 대여자가 차용 기업의 위험을 실질적으로 공유하는 경우(대여금의 상환 여부가 채무자의 사업의 성공 여부에 크게 의존하는 경우)[326)]의 이자도 OECD

여부가 문제된 사안에서, 한 · 싱가포르 조세조약 제10조 제4항은 배당을 소득의 지급자가 법인(company)인 것을 전제로 하는데, 원고의 국내 지점은 위 조세조약상 '법인'으로 보기 어렵다는 이유로, 위 배당으로 소득처분된 이자는 위 조세조약상 배당에 해당하지 않는다고 판단하였다. 그리고 ② OECD 모델조약 제11조(배당소득) 제2항이 적용되려면, 배당의 지급자와 수령자가 각각 서로 다른 체약국의 거주자이어야 하는데, 고정사업장은 조세조약상 인(person)이 아니어서 고정사업장이 그 본점 등에게 지급한 금액은 위 요건을 충족하지 못한다.

320) OECD 모델조약 제11조의 주석 문단 27
321) OECD 모델조약 제10조 제3항
322) 이창희, 국제조세법(2020), 536쪽
323) 위 경우 외국법인의 거주지국에서 그 금액에 대하여 일반적 배당과 같이 이중과세조정이 인정되는지는 중요하지 않다. 외국법인의 거주지국은 '그 금액을 지급하는 회사의 거주지국'이 아니기 때문이다.
324) 혼합적 성격의 증권을 기초로 지급된 금액이 배당인지 여부는, 국세기본법 제14조의 실질과세원칙과 회계기준을 종합하여 판단하여야 하고, 원칙적으로 그 증권의 법 형식을 존중하여 판단하되, 예외적으로 조세회피목적이 인정되는 경우 등에 한하여 그 경제적 실질에 따라야 할 것이다.
    제1편 제1장 제1절 3-2-2. 참조
325) OECD 모델조약 제10조의 주석 문단 24
326) 그 예로는 대여금이 회사의 자본에 대한 다른 투자를 압도하는 경우, 채권자가 회사의 이익에 참가하는

모델조약 제10조(배당)의 적용대상이고, 그러한 이자를 과소자본세제(thin capitalization)에 따라 배당으로 취급하는 것도 가능하다고 본다.

우리나라 국조법상 지급이자가 과소자본세제에 따라 손금불산입된 경우, 그 이자는 ㉮ 수령자가 지급자의 주주인 때에는 배당으로 소득처분되므로(국조법 시행령 49조), OECD 모델조약상 배당에 해당하겠으나, ㉯ 수령자가 지급자(국내지점)의 본점인 경우에는 배당으로 소득처분되지만 대법원 판례에 따르면 OECD 모델조약상 이자소득에 해당하고,[327] ㉰ 수령자가 제3자인 경우에는 기타사외유출로 소득처분되므로, OECD 모델조약상 여전히 이자소득으로 취급될 것이다.[328]

(나) 파생결합사채

파생결합사채의 지급액은 그 발행법인의 영업성과와 무관하게 주가 등 기초자산의 변동과 연계하여 정해지므로, 파생결합사채는 '이익분배에 참여하는 권리'가 아니다.[329] 그리고 파생결합사채로부터의 이익은 국내원천 배당소득으로 취급되지만(법 93조 2호 가목, 라목), 파생결합사채의 상환은 그 발행법인의 자본거래에 해당하지 않으므로, 그 발행법인의 손금에 불산입되는 '배당의 지급'으로 보기 어렵다. 따라서 파생결합상품이 '주식과 같은 세법상 취급'을 받는다고 보기 곤란하다. 결국, 파생결합사채는 OECD 모델조약 제10조 제3항이 정하는 배당의 개념요소를 갖추고 있지 않으므로, 위 모델조약을 따른 조세조약상 배당소득으로 보기 어렵고,[330] 이자소득으로 보기도 곤란하며,[331] 다만 사업소득 또는 기타소득에 해당할 여지가 있을 뿐이다.

경우, 대여금의 변제가 다른 채권자의 청구 또는 배당의 지급에 달려 있는 경우, 이자의 지급 여부 또는 수준이 회사의 이익에 달려 있는 경우, 대여금 계약이 특정한 변제일에 관한 조항을 포함하지 않은 경우를 든다(OECD 모델조약 제10조의 주석 문단 25).

327) 대법원 2018. 2. 28. 선고 2015두2710 판결, 대법원 2022. 5. 12. 선고 2018두58332 판결 ; 3-2-1. 참조
328) 이창희, 국제조세법(2020), 540쪽
329) 중간적·혼합적 성격을 갖는 증권의 출현에 따라 확정적/불확정적 지급의무 또는 투자위험의 부담 여부를 기준으로 자본과 부채를 구분하는 것이 곤란해지기는 하였으나[제2편 제1장 3-2-2. (2) (나)], 그렇다고 하여 자본의 구분기준이 해당 증권을 발행한 법인의 영업성과로부터 단절된 것은 아니다. 오히려 위와 같은 증권이 자본으로 취급되기 위해서는, 그 발행법인의 영업성과에 기초하여 그 이익을 분배받는 것이어야 하므로, 여전히 발행법인의 영업성과와의 연계성(투자위험의 인수)이 필요하다. 다만, 위와 같은 증권이 발행법인의 영업성과와 연계성을 갖더라도, 경우에 따라서는 자본으로 취급되지 않을 수 있을 뿐이지, 그러한 연계성이 없음에도 자본으로 취급될 수 있다는 것은 아니다.
330) 이와 달리 파생결합사채에서 생기는 소득을 조세조약상 배당으로 보는 견해로, 이창희, 국제조세법(2020), 539쪽
331) 파생결합상품은 파생상품을 증권화한 것인데, 채무에 기초하지 않은 비전통적 금융상품인 파생상품은 조세조약상 이자로 보기 어렵다. OECD 모델조약 제11조의 주석 문단 21.1 및 3-2-1. 참조

(다) 의제배당, 자본의 환급 및 정상가격조정

회사의 청산(liquidation), 주식의 상환(redemption)으로 인한 이익과 가장된 이익분배(disguised distributions of profits)[332]도 배당에 포함될 수 있으나, 자본의 환급(reimbursement of capital)은 배당으로 취급되지 않는다.[333] 정상가격조정에 따라 배당으로 처분된 금액(국조법 13조)은 가장된 이익분배[334]로서 OECD 모델조약상 배당에 해당할 수 있다.

(라) 투자신탁의 이익 등[335]

① 적격투자신탁

적격투자신탁 또는 그 신탁재산은 OECD 모델조약상 배당의 지급자인 '회사'에 해당하지 않고, 그로부터 분배된 금액이 '국내세법상 배당과 같은 세법상 취급'을 받지도 않으므로, 적격투자신탁으로부터 **분배**받은 금액은 OECD 모델조약의 배당으로 보기 어렵다.[336] 적격투자신탁의 **해지**로 발생한 이익도 같다. 적격투자신탁의 **수익증권**을 **양도**하여 얻은 소득은 OECD 모델조약 제13조 제4항의 적용대상이다.[337]

② 비적격투자신탁

비적격투자신탁은 세법상 내국법인으로 간주된다(조특법 91조의2 2항). OECD 모델조약상 배당을 지급하는 회사는 세법상 법인으로 취급되는 실체를 포함하므로[OECD 모델조약 3조 1항 b)], 비적격투자신탁으로부터 **분배**받은 금액은 OECD 모델조약을 따른 조세조약상 배당으로 볼 수 있다. 비적격투자신탁의 **해지**로 발생한 이익도 마찬가지이다. 한편, 비적

---

332) 미국 세법상 주주에 대한 의제배분(constructive distribution), 독일 세법상 주주에 대한 숨은 이익분배(versteckte Gewinnausschüttung) 등을 의미하는 것으로 보인다.

333) OECD 모델조약 제10조의 주석 문단 28, 제13조의 주석 문단 31

334) 가장된 이익분배의 대표적 예는 부당행위계산인데, 정상가격조정은 부당행위계산의 부인과 기본적 성격을 같이한다. 제2편 제4장 제1절 1-2. (1) 및 2-2-2. 참조

335) 이하의 내용은 2025. 1. 1.을 기준으로 한 것이다. 이하의 내용 중 적격투자신탁으로부터 분배받은 금액에 관한 부분은 2024. 12. 31.까지 투자신탁으로부터 받은 이익에 관하여 적용될 수 있을 것이다.

336) ① Vogel/Haslehner, p.978은, ㉮ 일반적으로, 집합투자기구(collective investment vehicle)가 법인이 아닌 경우 그 투자증권의 보유자는 회사법상 권리(corporate right)를 갖지 못하므로, 그 집합투자기구로부터의 소득은 OECD 모델조약 제10조 제3항의 배당에 해당하지 않고[그 경우 회사(수탁자)에 의하여 관리된다는 사정은 소득의 구분에 영향을 미치지 못한다], 위 모델조약 제21조의 기타소득에 해당하지만, ㉯ 그 투자자가 내국세법상 그 집합투자기구로부터의 소득의 직접적 수취인으로 취급되는 경우 지분으로부터의 소득(income from shares)으로 취급될 수 있고, 그 경우 위 모델조약 제10조가 적용될 수 있다고 본다.

② 이창희, 국제조세법(2020), 537쪽은, 개인(비거주자)이 얻은 투자신탁의 이익과 관련하여, 투자신탁을 투시하여 과세하는 것은 현실적으로 불가능하고, 투자신탁의 이익을 조세조약상 기타소득으로 구분하는 경우 원천징수도 할 수 없게 되므로, 소득세법이 투자신탁의 이익을 배당소득으로 구분하는 점을 근거로 조세조약상 배당소득으로 처리하는 것이 현실적인 답이라고 본다.

337) "… alienation of … comparable interests … in trust …"

격투자신탁의 **수익권**을 **양도**하여 얻은 소득은 OECD 모델조약 제13조 제4항의 적용대상("shares")에 해당할 여지가 있다.

(마) 수동적 동업자가 동업기업으로부터 배분받은 소득

수동적 동업자인 외국법인이 동업기업으로부터 배분받은 소득은, 국내세법상 원칙적으로 배당소득으로 취급되므로(조특법 100조의18 3항 본문, 1항 단서), 그러한 한도에서 OECD 모델조약상 배당으로 볼 여지가 있다.[338)339)] 조특법 제100조의18 제3항 단서도 위와 같이 배분된 소득이 조세조약상 배당에 해당함을 전제로 한다. 다만, 기관전용 집합투자기구의 수동적 동업자인 외국법인이 배분받은 소득은, 국내세법상 배당소득으로 간주되지 않으므로(조특법 100조의18 3항 단서 괄호 안), 위 모델조약상 당연히 배당소득에 해당하는 것은 아니고, 그 소득의 구분은 동업기업 단계의 것을 따라야 할 것이다.[340)]

---

338) 한편, 다음과 같은 사정들은 수동적 동업자가 배분받은 소득을 OECD 모델조약상 배당으로 보기 어렵게 하는 측면이 있다. 수동적 동업자에게 배분된 소득은 회사법상 권리(corporate rights)에 기한 것이 아니고, 소득의 배분은 일종의 할당으로서 분배(조특법 100조의14 8호)와 달리 동업기업의 자산이 동업자에게 실제로 이전되는 것을 의미하지 않는다. 그런데 OECD 모델조약 제10조 제1항은 일반적으로 별개의 법적 실체들 간 자산의 이전을 의미하는 '지급되는(paid)'의 표현을 사용하고, 제10조 제3항은 소득의 '귀속(attribution) 또는 할당(apportion)'의 문언을 사용하지 않고 '분배를 하는(making distribution)'이라는 표현을 사용한다. 수동적 동업자에 대한 소득의 배분은 위와 같은 '지급' 개념에 기초한 배당에 반드시 포함된다고 단정하기 어렵다['지급'의 세법상 함의(含意)에 관하여는 송동진, "외국은행 국내지점이 본점에게 지급한 이자의 국내세법 및 조세조약상 취급", 조세학술논집 제37집 제3호(2021), 한국국제조세협회, 113쪽 이하]. 다만, 그럼에도 불구하고, ① 동업기업은 동업기업 소득의 신고 및 원천징수의무 등을 부담하므로 제한적이지만 국내세법상 동업자와 별개의 과세실체로 취급되는 점, ② 법인과세 신탁재산 등과 같이 사법상 권리의무의 주체가 아닌 실체와 그 수익자 등 간의 자산이전도 OECD 모델조약상 배당으로 파악할 필요가 있는 점 등을 고려하면, 수동적 동업자가 배분받은 소득도 위 모델조약상 배당에 해당한다고 보는 것이 적절할 것이다.

339) 이준규·이상도, 동업기업 과세특례(2018), 374쪽은, OECD 모델조약 제3조 제2항을 근거로, 수동적 동업자에게 배분된 소득이 국내세법상 배당소득으로 취급되므로 위 모델조약상 배당소득으로 보면 된다고 주장한다. 그러나 OECD 모델조약 제3조 제2항은 위 모델조약상 용어에 대하여 정의 규정이 없는 경우에 적용되는 것인데, 배당에 관하여는 위 모델조약 제10조 제3항에 정의 규정이 있으므로, 위 모델조약 제3조 제2항은 원칙적으로 적용될 수 없고, 수동적 동업자에게 배분된 소득이 위 모델조약상 배당소득인지 여부는 위 모델조약 제10조 제3항에 따라 판단되어야 한다.

340) 우리나라가 체결한 조세조약 중 상당수는 외국법인의 주식양도소득에 관하여 그 외국법인의 거주지국에만 과세권이 있는 것으로 규정하므로, 그러한 국가의 거주자인 외국법인이 직접 주식을 취득하여 양도하였다면 그 주식양도소득은 우리나라에서 과세되지 않을 수 있다. 그런데 외국법인이 동업기업 과세특례를 적용받는 기관전용 사모집합투자기구(투자합자회사, PEF)에 수동적 동업자로 참여하여, 그 사모집합투자기구의 주식양도소득을 배분받은 경우, 그 소득이 조세조약상 배당으로 취급된다면, 우리나라에서 납세의무를 부담하되, 일정한 제한세율의 혜택을 받을 수 있을 뿐이고, 외국법인은 위와 같은 형태의 투자를 꺼리게 될 것이다. 2013. 1. 1. 개정된 조특법은, 일정한 연금·기금 등이 수동적 동업자인 경우, 그에 대한 소득배분금액을 배당간주대상에서 제외한다(조특법 100조의18 3항 단서의 괄호 안). 그 입법 취지는, 위와 같은 연금·기금 등이 일률적으로 조세조약상 배당소득으로 과세되지 않고 그 소득원천에 따라 주식양도소득 등으로 처리되도록 하기 위한 것이다. 국세청, 2013 개정세법해설, 444쪽

4-2-2. 과세권의 분배

(1) OECD 모델조약 제10조 제1항 및 제2항 : 일반적인 경우

(가) 과세권 분배의 규정

OECD 모델조약에 의하면, 한 체약국의 거주자인 법인이 다른 체약국의 거주자에게 배당을 지급하는 경우,[341] 그 다른 체약국의 거주자가 배당의 수익적 소유자인 때에는, 배당을 지급하는 법인의 거주지국(원천지국)은 과세권을 갖지만, 그 세액은 다음의 비율을 초과할 수 없다(10조 2항).

① 수익적 소유자가 법인으로서, 배당을 지급하는 법인의 자본의 25% 이상을, 배당의 지급일을 포함하여 365일의 기간[342] 동안 직접 소유하는 경우에는, 배당의 총액의 5%[343]

② 그 외의 다른 모든 경우에는, 배당의 총액의 15%

한편, 한 체약국의 거주자인 법인이 다른 체약국의 거주자에게 배당을 지급하는 경우, 배당의 수익적 소유자의 거주지국도 과세권을 갖지만(OECD 모델조약 10조 1항), 이중과세제거의무를 지므로(OECD 모델조약 23조 A, B), 거주지국의 과세권은 원천지국의 과세권을 제외한 범위에서 보충적으로 인정된다.

(나) 제한세율의 공통적 요건 : 수익적 소유자

우리나라가 체결한 조세조약의 대부분은, 제한세율의 적용요건으로 일방 체약국의 거주자가 배당의 수익적 소유자[344]일 것을 규정한다.[345]

OECD 모델조약의 주석은, 수익적 소유자(beneficial owner)의 개념은, 수령한 금액을

---

341) OECD 모델조약 제11조 제2항이 적용되기 위해서는, 배당의 지급자는 한 체약국의 거주자인 법인이고, 그 수취인은 다른 체약국의 거주자이어야 한다. 따라서 체약국이 아닌 제3국의 거주자인 법인이 지급하는 배당에 대하여는 위 규정이 적용되지 않는다(OECD 모델조약 제10조의 주석 문단 8).

342) 기간 계산의 목적상, 배당을 지급하는 법인의 지분을 보유하는 법인의 합병 또는 분할과 같은 법인 재조직(company reorganization)으로부터 야기되는 소유권의 변화는 고려되지 않는다.

343) OECD 모델조약이, 수익적 소유자가 배당을 지급하는 법인의 자본의 25% 이상을 소유하는 경우 그렇지 않은 경우에 비하여 낮은 제한세율을 정하는 것은, 이중과세(recurrent taxation)를 피하고 국제적 투자를 용이하게 하기 위한 것이다(OECD 모델조약 제10조의 주석 문단 10). 그리고 그 규정취지에는 단순한 재무적 투자가 아닌 법인의 경영에 참여하는 투자를 장려하기 위한 목적도 있다고 보인다. 조세조약에서 낮은 세율이 적용되는 경우를, 사업소득과 비교될 수 있는 경우 또는 직접 자신의 사업을 하고 있다고 볼 여지가 있는 경우로 보는 견해로, 윤지현, "조세조약의 배당소득 과세에서 '낮은' 제한세율을 적용받기 위한 요건인 주식 '소유' 또는 '직접 소유'의 개념에 관하여", 조세법연구 [21 - 3], 425, 432쪽

344) 수익적 소유자에 관하여는 제2장 2-2-4. 참조

345) 한·미 조세조약은 배당의 수취인(recipient)을 기준으로 규정한다[한·미 조세조약 제12조 제2항 (b)]. ; 한편, 미국 모델 조세조약 제10조 제2항 (a)는 배당의 수익적 소유자를 기준으로 낮은 제한세율의 적용요건을 규정한다.

타인에게 이전할 계약상 또는 법적 의무에 의하여 제한되지 않고 사용하고 누릴 권리[346)가 있는 수령자라고 보면서, 소득의 형식적 소유자가 단지 도관(conduit)으로 행동하면서 실제로 매우 좁은 권한만을 가기 때문에 다른 관계자를 위한 수탁자 등으로 되는 경우에는 수익적 소유자에 해당하지 않는다고 한다.[347)

대법원도, OECD 모델조약의 주석과 거의 동일하게, 조세조약상 배당소득의 '수익적 소유자'는, 당해 소득을 지급받은 자가 타인에게 이를 다시 이전할 법적 또는 계약상 의무 등이 없는 사용·수익권을 갖는 경우를 뜻한다고 판시하였다.[348)

(다) 낮은 제한세율의 요건
① 배당의 수익적 소유자가 법인(company)일 것

우리나라가 체결한 대부분의 조세조약은, 낮은 제한세율이 적용되기 위한 요건으로 배당의 수익적 소유자[349)가 '법인(또는 회사)'일 것을 요구한다.[350)

㉮ 대법원은, 미국 유한파트너십(LP)은, 법인세법상 외국법인으로 취급되지만, 한·미 조세조약 제12조 제2항 (b)의 법인(corporation)으로 볼 수 없다고 하였다.[351) 그리고 미국 유한책임회사(LLC)가 구성원과세를 선택한 경우는 한·미 조세조약 제12조 제2항 (b)의 법인으로 보기 어렵다.[352)

---

346) "recipient's right to use and enjoy the dividend unconstrained by contractual and legal obligations to pass on the amount received to another person"

347) OECD 모델조약 제10조의 주석 문단 12.1~12.4

348) 대법원 2018. 11. 15. 선고 2017두33008 판결(헝가리 Viacom 사건, 사용료소득), 대법원 2018. 11. 29. 선고 2018두38376 판결(코닝 헝가리 사건), 대법원 2019. 12. 14. 선고 2016두35212 판결(Deka 펀드 사건, 독일 공모펀드를 수익적 소유자로 본 사안), 대법원 2020. 1. 16. 선고 2016두35854 판결(룩셈부르크의 집합투자기구인 SICAV와 SICAF를 수익적 소유자로 본 사안)

349) 한·미 조세조약의 경우에는 수취인[한·미 조세조약 제12조 제2항 (b)]

350) 한·미 조세조약 제12조 제2항 (b), 한·독 조세조약 제10조 제2항 (가)목, 한·중 조세조약 제10조 제2항 (가)목 ; 한편, OECD 모델조약은, 2017년 개정 전에는 낮은 세율의 적용대상을 '법인(파트너십 제외)'[company (other than a partnership)]으로 정하였으나, 2017년 개정되면서 '(파트너십 제외)' 부분이 삭제되었다.

351) 대법원 2013. 10. 24. 선고 2011두22747 판결(Warbug Pincus 사건) ; 다만, 2019. 2. 12. 개정된 법인세법 시행령 제2조 제2항에 따르면, 미국의 유한파트너십(LP)은 외국법인에 해당하지 않게 되었다고 볼 여지가 있고, 그 경우 유한파트너십이 한·미 조세조약 제12조 제2항 (b)의 '법인'인지는 더 이상 문제되지 않을 것이다.

352) 한·미 조세조약의 미국법인(United corporation)은 ㉮ 미국 또는 미국의 제 주 또는 콜럼비아 특별구의 법에 따라 설립되거나 또는 조직되는 법인(corporation), ㉯ 미국의 조세목적상 미국법인으로 취급되는 법인격 없는 단체를 의미한다[제2조 제1항 (e)호 (ii)목]. 그런데 ① 미국 회사법상 LLC는 'corporation'에 해당하지 않고, 'unincorporated body'에 해당하므로, 위 ㉮의 법인(corporation)에 포함되지 않는다. ② 미국 LLC는 세법상 법인과세 여부의 선택권을 갖는데 대부분 구성원과세를 선택하고, 그 경우 위 ㉯의 '미국의 조세목적상 미국법인으로 취급되는' 요건이 충족되지 않는다.

㉯ 대법원은 TMW 사건에서, ㉠ 한·독 조세조약의 '법인'[353]은 어떤 단체가 설립된 국가의 법에 따라 단체 단계에서 법인세와 같은 포괄적인 납세의무를 부담하는 과세단위를 의미하고, ㉡ 독일의 유한합자회사(GmbH)는, 우리나라 법인세법상 '외국법인'에 해당하지만, 독일에서 포괄적인 납세의무를 부담하지 않아서 한·독 조세조약상 '법인'으로 볼 수 없으므로, 유한합자회사가 수익적 소유자인 배당소득에 대하여는 한·독 조세조약 제10조 제2항 (가)목(제한세율 5%)이 적용될 수 없으며, ㉢ 다만, 그 구성원이 위 단체가 얻은 소득에 관하여 독일에서 포괄적 납세의무를 부담하는 범위에서 한·독 조세조약상 '거주자'로서 한·독 조세조약 제10조 제2항 (나)목(제한세율 15%)의 적용을 받을 수 있다고 판시하였다.[354][355]

② 배당을 지급하는 법인의 자본의 25% 이상을 소유할 것

여기서 '자본(capital)'은 일반적으로 회사법상 자본금을 의미하고, 주식의 액면가액의 총액(par value of all shares)으로 나타나며 법인의 대차대조표에 자본금으로 표시되는 것을 말한다.[356] 주식의 종류(보통주, 우선주, 무의결권부 주식 등)는 고려되지 않고, 회사에 대한 자금대여 등이 회사법상 엄격한 의미의 자본에 해당하지 않더라도, 과소자본세제 등에 따라 그로부터 발생하는 소득이 배당으로 취급되는 경우에는, 그 자금대여 등은 OECD 모델조약 제10조 제2항과 관련하여 자본으로 취급될 수 있다.[357]

조세조약 중에는 배당의 수익적 소유자가 낮은 제한세율을 적용받기 위하여 '의결권 있는 주식' 중 일정 비율을 소유하여야 하는 것으로 규정한 예가 있다.[358] 배당을 지급하는 법인이 보유하는 자기주식은 의결권이 없으므로(상법 369조 2항),[359] 자기주식은 위와 같은 조세조약에 따른 주식보유비율을 계산할 때 제외되어야 한다.[360]

---

353) 한·독 조세조약 제3조 제1항 (마)목은, 법인을 '법인격이 있는 단체 또는 조세목적상 법인격이 있는 단체로 취급되는 실체'(any body corporate or any entity which is treated as a body corporate for tax purposes)라고 정의한다.

354) 대법원 2015. 5. 28. 선고 2013두7704 판결(TMW 사건) ; 위 판결에 대한 평석으로 정광진, "외국의 혼성단체(Hybrid Entity)에 대한 조세조약의 적용－독일의 유한합자회사와 한·독 조세조약상 거주자의 의미", 사법 33호(2015), 사법발전재단, 365쪽 이하

355) 위 사건에서 독일 유한합자회사(GmbH)의 사원 중에는 다수의 독일 주식회사(AG)들이 있었던 것으로 보이는데, 그 지분비율은 불분명하다. 만일 독일 법인인 사원들 중 위 유한합자회사의 지분 중 25% 이상을 보유한 사원이 있다면, 그 사원이 위 유한합자회사가 보유한 내국법인의 주식 중 25% 이상을 직접 보유한 것으로 보아 한·독 조세조약 제10조 제2항 가.의 낮은 제한세율(5%)이 적용될 수 있는지가 문제될 수 있는데, 대법원은 이에 대하여는 판단하지 않았다.

356) OECD 모델조약 제10조의 주석 문단 15 a), b)

357) OECD 모델조약 제10조의 주석 문단 15 c), d)

358) 한·미 조세조약 제12조 (2)(b), 한·일 조세조약 제10조 제2항 가.호

359) 의결권이 없는 자기주식은 총회의 정족수 및 출석한 주주의 의결권의 수에 산입되지 않는다(상법 371조).

360) 서울행정법원 2017. 1. 20. 선고 2016구합69970 판결, 서울고등법원 2017. 6. 22. 선고 2017누35846 판결,

③ 주식소유의 방식 : 직접 소유, 간접 소유

OECD 모델조약은 낮은 제한세율이 적용되기 위하여 배당의 수익적 소유자가 그 배당을 지급하는 회사의 자본을 직접 소유(holds directly)하여야 하는 것으로 정한다.[361]

우리나라가 체결한 조세조약 중에는, 배당소득에 대한 낮은 제한세율의 적용요건으로 수익적 소유자가 ㉮ 배당을 지급하는 법인의 주식의 일정 비율을 '소유'할 것으로만 규정한 경우,[362] ㉯ 해당 법인의 의결권의 일정 비율을 '직접 또는 간접으로 지배'하는 것으로 규정한 경우,[363] ㉰ 해당 법인의 자본 중 일정한 비율을 '직접 소유'하는 것을 정하고 있는 경우[364]가 있다.

위 ㉯의 방법은, ㉠ 주식의 간접적·실질적 소유를 낮은 제한세율의 적용요건의 판단에 고려할 수 있어 조세조약의 혜택을 폭넓게 부여하는 장점이 있지만, ㉡ 낮은 제한세율의 적용요건을 불명확하게 하여 법적 안정성과 예측가능성을 떨어뜨리는 단점이 있다. 이에 비하여 위 ㉰의 방법은 그와 반대되는 장점과 단점을 가진다. 한편, 위 ㉮의 방법은 주식의 소유를 판단기준으로 삼는 방법으로 위 ㉯와 ㉰의 중간적 성격을 가진다. 위 방법들 중 어느 방식을 취할 것인지는 조세정책적 선택의 문제이다.

위 ㉮('소유')의 경우와 관련하여, 간접적 소유 또는 실질적 소유도 포함되는지가 문제된다. 대법원은, 일본국 법인(마루베니)이 100% 출자하여 말레이시아 라부안 소재 법인(SKH)을 설립하고, SKH가 100% 출자하여 내국법인인 원고들을 설립하였으며, 원고들이 주주인 SKH에게 배당금을 지급한 사안에서, ㉠ 마루베니가 위 배당소득의 실질귀속자(수익적 소유자)이고, ㉡ 한·일 조세조약 제10조 제2항 (가)목(제한세율 5%)의 적용요건인 '소유'(owns)를 '직접 소유'만으로 축소하여 해석할 수 없으며, ㉢ 배당소득의 수익적 소유자인 마루베니가 원고들의 주식을 25% 이상 '소유'하는 것으로 보아 5%의 제한세율이 적용되어야 한다고 판단하였다.[365] 이는, 위 조항의 '소유'가 간접적·실질적 소유를 포함하는 것으로 해석될 여지가 있는 상황에서, 배당소득의 수익적 소유자가 그 형식적 명의인과 달라지는 사정을 고려하여 위 '소유'의 요건을 넓게 해석하여 간접적·실질적 소유도

대법원 2017. 10. 26. 선고 2017두54043 판결(심리불속행)

361) OECD 모델조약의 주석은, 신설된 모델조약 제1조 제2항에 의하면, A국 거주자인 회사(ACo)가, B국에 의하여 투과과세 단체로 취급되는 파트너십에게 배당을 지급하는 경우, 그 배당 중 B국 세법상 B국 거주자인 파트너의 소득으로 취급하는 부분은, 모델조약 제10조 제2항의 목적상, B국 거주자에게 지급된 배당으로 취급되어야 하고, 그 경우 그 B국 거주자로서 회사인 파트너(BCo)는 A국 거주자인 회사(ACo)의 주식을 직접 소유하는 것으로 보아야 한다고 한다(제10조의 주석 문단 11.1).

362) 한·미 조세조약 제12조 제2항 (b), 한·일 조세조약 제10조 제2항 (가)목

363) 한·영 조세조약 제10조 제2항 (가)목

364) 한·독 조세조약 제10조 제2항 (가)목, 한·프랑스 조세조약 제10조 제2항 (가)목

365) 대법원 2013. 5. 24. 선고 2012두24573 판결(마루베니 사건)

그에 포함시킨 것으로 보인다.[366] 조세심판원도 위 ㉮의 유형에 속하는 한·미 조세조약에 관하여 대법원 판례와 같은 입장을 취한다.[367]

한편, 위 ㉰('직접 소유')의 경우에는, 체약국이 애초부터 배당소득의 수익적 소유자가 그 형식적 명의인과 다르게 결정될 수 있음(변동가능성)을 예상하였거나 예상할 수 있는 상태에서 주식의 직접 소유 요건을 선택한 것으로 볼 여지가 있다. 만일 그렇게 본다면, 배당의 수익적 소유자가 자회사를 통하여 내국법인의 주식을 보유하는 경우 그 주식에 대한 실질적 소유를 이유로 '직접 소유' 요건이 충족된다고 보기는 어려울 것이다.[368][369]

④ 주식소유의 기간

2017년 개정 전의 OECD 모델조약은 낮은 제한세율 적용을 위한 요건으로 주식소유의 기간을 별도로 규정하지 않았고, 이러한 경우 배당을 수취하기 직전에 소유지분을 증가시켜 낮은 제한세율의 적용을 받음으로써 조세조약이 남용될 여지가 있었다.[370] 이를 방지하기 위하여 OECD 2017년 모델조약은, 배당의 수익적 소유자가 낮은 제한세율을 적용받으려면, 배당을 지급하는 법인의 지분 25%를 소유한 기간이 배당의 지급일을 포함하여 365일에 이르러야 한다고 정한다.[371] 우리나라가 체결한 조세조약 중에는 낮은 제한세율의 요건으로 ㉮ 주식의 소유기간을 규정한 것[372]도 있고, ㉯ 그렇지 않은 것[373]도 있다.

---

366) OECD 모델조약의 주석은, 실질과세원칙 등 일반적 조세회피방지규칙의 적용이 소득의 재구성 또는 소득 귀속자의 재결정을 가져오는 경우, 조세조약의 조문들은 그러한 변경을 고려하여 적용되어야 한다고 정한다(OECD 모델조약 제1조의 주석 문단 79). 위 대법원 판결은, 위 OECD 모델조약의 주석

367) 조세심판원 2012구218 결정(2014. 5. 29. 합동회의)

368) OECD 모델조약 제1조의 주석 문단 79는, 실질과세원칙이 적용되는 결과를 조세조약의 조문 해석에 반영할 것을 요구한다. 그런데 이는 실질과세원칙의 적용에 따른 거래재구성을 고려하지 않고 만들어진 조세조약의 조문을 대상으로 한다. 그런데 수익적 소유자 조항은, 배당의 형식적 수령자와 실질적으로 그 이익을 향유하는 자가 불일치하여 배당의 수익적 소유자가 그 형식적 명의인과 다르게 정해질 가능성이 있는 상황을 애초부터 전제로 한다. 조세조약의 체약국들은 조세조약의 체결 당시 그러한 상황을 예상하였거나 예상할 수 있었으므로, 조세조약의 체결과정에서 수익적 소유자와 형식적 명의인이 달라짐으로 인한 이해관계의 변화를 이미 고려한 것으로 볼 여지가 있다. 위 경우 OECD 모델조약 제1조의 주석 문단 79을 적용할 전제가 존재하지 않으므로, 위 주석 부분을 적용하기는 어렵다.

369) 윤지현, 앞의 글, 456쪽은, 실질과세원칙에 따를 때 그 존재가 무시되는 법인을 중간에 끼워넣는 거래유형은, 조세회피와 관련이 있다는 점에서 부정적으로 평가될 여지가 있고, 이러한 경우 '직접 소유'가 아니라는 이유로 낮은 제한세율을 적용하여 주지 않는 것이 정책적으로 반드시 정당화될 수 없는 것은 아니라고 한다.

370) OECD 2014년 모델조약 제10조의 주석 문단 17은, 그와 같이 제10조 제2항 a)가 남용되는 경우 위 조항에 따른 제한세율의 감소는 인정되지 않아야 한다는 입장을 취하였다.

371) 이는 BEPS 프로젝트의 Action 6 보고서에 따른 것이다. OECD 2017년 모델조약 제10조 제2항 a)에 주식 소유기간 요건이 추가된 경위에 관하여는 OECD 2017년 모델조약 제10조의 주석 문단 16 참조

372) 한·일 조세조약 제10조 제2항 (가)목은, 배당의 수익적 소유자가 '이윤배분이 발생한 회계기간(the accounting period for which the distribution of profits takes place)의 종료 직전 6월 동안' 배당을 지급하는 법인의 주식을 적어도 25% 소유하여야 하는 것으로 규정하고, 한·일 조세조약의 정본은 영어로만

(2) 배당이 수익적 소유자의 거주지국 외의 국가의 고정사업장에 귀속하는 경우

배당의 수익적 소유자가 한 체약국의 거주자이고, 배당을 지급하는 회사의 거주지국인 다른 체약국에 있는 고정사업장을 통하여 사업을 수행하며, 배당이 지급된 지분의 보유가 그 고정사업장과 실질적으로 관련된 경우에는, OECD 모델조약 제10조 제4항에 따라 제10조 제2항이 적용되지 않고 제7조(사업소득)가 적용된다(10조 4항).[374] 위 경우 고정사업장이 있는 배당의 원천지국은 위 제10조 제2항에 의한 과세권의 제한을 받지 않는다.[375] 따라서 A국 거주자 X가 B국에 고정사업장을 가지고, B국 거주자인 Y 법인으로부터 지급받은 배당이 위 고정사업장에 귀속하는 경우(A-B-B), B국은 A-B 조세조약 제10조 제2항의 제한을 받지 않고 위 배당을 위 고정사업장의 사업소득으로 과세할 수 있다.

한 체약국의 거주자인 배당의 수익적 소유자가 다른 체약국에 고정사업장을 가지고, 그 배당을 지급한 법인이 그 다른 체약국 외의 국가(수익적 소유자의 거주지국 또는 제3국)의 거주자인 경우, 즉, A국 거주자 X가 B국에 고정사업장을 가지고, A국 거주자인 Y 법인 또는 C국 거주자인 Z 법인으로부터 받은 배당이 위 고정사업장에 귀속하는 경우(A-B-A, A-B-C), 위 배당소득은 OECD 모델조약 제10조 제2항 및 제4항의 적용을 받지 않고[376]

작성되었다. 대법원 2021. 7. 21. 선고 2018두54408 판결은, 내국법인인 원고(강원풍력발전 주식회사)는 2006년경부터 원고의 주식 30%를 보유해온 일본국 법인 마루베니 주식회사에게 2014. 3. 20.자 주주총회의 배당결의에 따라 2014. 3. 24. 배당금을 지급하면서 한·일 조세조약 제10조 제2항 (가)목의 제한세율(5%)에 따른 법인세를 원천징수하여 피고에게 납부하였고, 일본 법인은 2014. 12. 22. 원고의 주식 전부를 매각하였는데, 피고는 위 규정의 '이윤배분이 발생한 회계기간'이 '배당결의일이 속한 회계기간'을 의미한다는 전제에서, 일본 법인이 배당결의일이 속한 회계기간인 2014 사업연도의 종료 직전 6월 동안 주식소유 요건을 충족하지 못하였으므로, 위 배당에 관하여 한·일 조세조약 제10조 제2항 (나)목의 제한세율(15%)이 적용되어야 한다고 보아 원고에게 원천징수분 법인세의 납부고지를 한 사건에서, 한·일 조세조약 제10조 제2항 (가)목이 배당의 수익적 소유자가 배당을 지급하는 법인의 주식을 6월 이상 소유하도록 한 취지는, 낮은 제한세율을 적용받기 위하여 배당 직전에 주식 소유 비율을 일시적으로 높이는 남용행위를 방지하기 위한 것이라는 등의 이유로, 위 규정의 '이윤배분이 발생한 회계기간'은 '배당결의일이 속한 회계기간'이 아니라 '배당의 대상이 되는 회계기간'을 의미한다고 판시하였다. 이는 조세조약의 맥락을 근거로 문언을 그 통상적 의미와 다르게 해석한 예로 볼 수 있다. 제2장 1-3-2. (2) 참조

373) 한·독 조세조약 제10조 제2항

374) OECD 모델조약 제10조 제4항이 적용되려면, 고정사업장에 귀속하는 배당이 그 고정사업장의 소재지국 거주자인 법인에 의하여 지급된 것이어야 한다(A-B-B). 이는, OECD 모델조약 제11조 제4항이 고정사업장에 귀속하는 이자소득에 대하여 사업소득에 관한 제7조를 적용하기 위한 요건으로 그 고정사업장이 원인채권을 보유할 것만을 규정하고, 그 이자의 지급자(채무자)가 그 고정사업장의 소재지국 거주자일 것을 요구하지 않는 것과 구별된다.

375) OECD 모델조약 제10조의 주석 문단 31 ; 배당소득을 유리하게 취급하는 국가의 고정사업장에 회사의 지분을 이전하는 방법으로 제10조 제4항이 남용될 여지가 있다. 제29조와 제1조의 주석에 있는 '조세조약의 부적절한 이용'에 관한 내용이 그러한 남용적 거래를 방지하는 것과 별도로, 특정한 장소가 고정사업장에 해당하려면 그곳에서 사업이 수행되어야 하고, 지분이 그 장소와 '실질적으로 관련된다'는 요건은 단순히 그 지분을 그 고정사업장의 장부에 회계목적상 기록하는 것 이상을 요구한다(OECD 모델조약 제11조의 주석 문단 32).

제21조 제2항에 따라 제7조 제1항의 적용을 받는다.[377]

(3) 역외과세(추적과세)의 금지

한 체약국의 거주자인 법인이 다른 체약국에서 이윤 또는 소득을 얻는 경우, 그 법인의 배당 또는 분배되지 않은 이윤이 전부 또는 부분적으로 그 다른 국가에서 발생한 이윤 또는 소득으로 구성된 때에도, 그 배당이 그 다른 체약국의 거주자에게 지급되거나 그 배당의 원인이 되는 지분이 그 다른 체약국에 있는 고정사업장과 실질적으로 관련된 경우[378]를 제외하고는, 그 다른 체약국은 그 법인에 의하여 지급된 배당을 과세할 수 없고, 그 법인의 분배되지 않은 이윤을 미분배이윤에 대한 세금의 대상으로 할 수 없다(OECD 모델조약 10조 5항). 이는 역외과세(extraterritorial taxation) 또는 추적과세[379]를 금지하기 위한 규정이다.[380]

5   **유가증권양도소득**

5-1. 법인세법상 국내원천 유가증권양도소득

(1) 양도대상 유가증권

국내원천 유가증권양도소득은, 다음의 어느 하나에 해당하는 주식 또는 출자지분('주식

---

376) ① A-B 조세조약 제10조 제2항이 적용되려면 '한 체약국의 거주자가 다른 체약국의 거주자에게 지급하는 배당'에 해당하여야 한다. 그런데 ㉮ 본문 중 A-B-A 사안의 경우, A국 거주자 X의 B국 소재 고정사업장은 B국 거주자가 될 수 없으므로, A국 거주자인 Y 법인이 X에게 지급한 배당은 '한 체약국의 거주자가 다른 체약국의 거주자에게 지급하는 배당'에 해당하지 않는다. OECD 모델조약 제10조의 주석 문단 8의 2문은, 배당의 지급자인 회사와 그 수취인이 동일한 체약국의 거주자이고, 그 배당이 그 수취인이 다른 체약국에 둔 고정사업장에 귀속하는 경우, OECD 모델조약 제10조 제2항이 적용될 수 있다는 취지로 보지만, 그 타당성은 의문스럽다. ㉯ 본문 중 A-B-C 사안의 경우, C국 거주자인 Y 법인이 A국 거주자 X에게 지급한 배당은 A-B 조세조약상 '한 체약국의 거주자가 다른 체약국의 거주자에게 지급하는 배당'에 해당하지 않고, A-C 조세조약이 적용될 여지가 있을 뿐이다. 결국 본문의 A-B-A 및 A-B-C 사안에 대하여 모두 A-B 조세조약 제10조 제2항이 적용될 수 없다. ② OECD 모델조약 제10조 제4항이 적용되려면, 고정사업장에 귀속하는 배당이 그 고정사업장의 소재지국 거주자에 의하여 지급된 것이어야 한다(A-B-B). 그런데 본문의 배당은 고정사업장이 소재한 B국 거주자에 의하여 지급된 것이 아니므로, OECD 모델조약 제10조 제4항이 적용될 수도 없다.

377) 상세한 것은 2-2-3-1. (5) 참조

378) OECD 모델조약 제10조 제4항

379) 추적과세에 관하여는 제4장 3-4-1. 참조

380) OECD 모델조약 제10조의 주석 문단 34

등', 자본시장법에 따른 증권시장에 상장된 부동산주식 등을 포함한다[381]) 또는 그 밖의 유가증권(자본시장법 제4조의 증권[382]을 포함한다)을 양도함으로써 발생하는 소득으로서 대통령령으로 정하는 소득이다(법 93조 9호).

① 내국법인[383]이 발행한 주식 등과 그 밖의 유가증권
② 외국법인이 발행한 주식 등으로서 자본시장법에 따른 증권시장에 상장된 것
③ 외국법인의 국내사업장이 발행한 그 밖의 유가증권

자본시장법상 증권의 종류

자본시장법상 증권은 채무증권, 지분증권, 수익증권, 투자계약증권, 파생결합증권, 증권예탁증권으로 구분된다(자본시장법 4조 2항).

① 채무증권은 국채증권, 지방채증권, 특수채증권,[384] 사채권,[385] 기업어음증권,[386] 그 밖에 이와 유사(類似)한 것으로서 지급청구권이 표시된 것을 말한다(자본시장법 4조 3항).

② 지분증권은, 주권, 신주인수권이 표시된 것, 법률에 의하여 직접 설립된 법인이 발행한 출자증권, 상법에 따른 합자회사·유한책임회사·유한회사·합자조합·익명조합의 출자지분, 그 밖에 이와 유사한 것으로서 출자지분 또는 출자지분을 취득할 권리가 표시된 것을 말한다(자본시장법 4조 4항).

③ 수익증권은 ㉮ 투자신탁이 아닌 신탁의 수탁자인 신탁업자가 발행하는 수익증권(자본시장법 110조), ㉯ 투자신탁의 집합투자업자가 발행하는 수익증권(자본시장법 189조), ㉰ 그 밖에 이와 유사한 것으로서 신탁의 수익권이 표시된 것을 말한다(자본시장법 4조 5항).

④ 투자계약증권은, 특정 투자자가 그 투자자와 타인(다른 투자자를 포함한다) 간의 공동사업에 금전등을 투자하고 주로 타인이 수행한 공동사업의 결과에 따른 손익을 귀속받는 계약상의 권리가 표시된 것을 말한다(자본시장법 4조 6항).

⑤ 파생결합증권은, 기초자산의 가격·이자율·지표·단위 또는 이를 기초로 하는 지수 등의 변동과 연계하여 미리 정하여진 방법에 따라 지급하거나 회수하는 금전등이 결정되는 권리가 표시된 것을 말한다(자본시장법 4조 7항 본문).[387]

⑥ 증권예탁증권은, 자본시장법 제4조 제2항 제1호부터 제5호까지의 증권을 예탁받은 자가 그 증권이 발행된 국가 외의 국가에서 발행한 것으로서 그 예탁받은 증권에 관련된 권리가 표시된 것을 말한다(자본시장법 4조 8항).

---

381) 증권시장에 상장되지 않은 부동산주식 등의 양도소득은 국내원천 부동산등양도소득으로 과세된다(법 93조 7호 나목). 7-1. 참조

382) 자본시장법상 "증권"은, '내국인 또는 외국인이 발행한 금융투자상품으로서 투자자가 취득과 동시에 지급한 금전 등 외에 어떠한 명목으로든지 추가로 지급의무(투자자가 기초자산에 대한 매매를 성립시킬 수 있는 권리를 행사하게 됨으로써 부담하게 되는 지급의무를 제외한다)를 부담하지 아니하는 것'을 말한다(자본시장법 4조 1항).

383) 외국법인이 양도한 주식 등의 발행자인 내국법인이 조세조약의 경합해소조항에 따라 외국 거주자로 결정되는 경우에도, 그 주식 등은 여전히 '내국법인이 발행한 주식 등'에 해당한다. 제1장 1-2. 및 조심 2022서6723, 2022. 12. 8. 결정 참조

(2) 국내원천 유가증권양도소득의 범위

국내원천 유가증권양도소득의 구체적 범위는 다음과 같다(시행령 132조 8항).

① 국내사업장을 가지고 있는 외국법인이 주식 등을 양도함으로써 발생하는 소득

② 국내사업장을 가지고 있지 않은 외국법인이 주식 등을 양도함으로써 발생하는 소득. 다만, 증권시장을 통하여[388] 주식 등을 양도[389]함으로써 발생하는 소득으로서, 해당 양도법인 및 그 특수관계인이 해당 주식 등의 양도일이 속하는 연도와 그 직전 5년의 기간 중 계속하여 그 주식 등을 발행한 법인의 발행주식총수 또는 출자총액[390]의 25% 미만을 소유한 경우를 제외한다.

③ 국내사업장을 가지고 있는 외국법인이 주식 등 외의 유가증권을 양도함으로써 발생하는 소득. 다만, 해당 유가증권의 양도 시에 국내원천 이자소득(법 93조 1호)으로 과세되는 소득을 제외한다. 따라서 외국법인이 내국법인 발행의 원천징수대상채권 등(소득세법 46조 1항)을 매도한 경우, 그 대금 중 보유기간 이자 상당액은 국내원천 이자소득이고, 나머지는 국내원천 유가증권양도소득에 해당한다.

④ 국내사업장을 가지고 있지 않은 외국법인이 내국법인 또는 거주자나 비거주자·외국법인의 국내사업장에 주식 등 외의 유가증권을 양도함으로써 발생하는 소득. 다만, 당해 유가증권의 양도 시에 국내원천 이자소득(법 93조 1호)으로 과세되는 소득을 제외한다.

(3) 유가증권의 '양도'

유가증권의 '양도'는, 합병 또는 분할에 의한 유가증권의 이전을 포함한다. 대법원은, 외국법인의 **분할**에 따라 분할법인이 보유하던 내국법인 주식을 분할신설법인에게 이전한 사건[391] 및 외국법인 간 **합병**에 따라 피합병법인이 보유하던 내국법인 주식을 합병법인에 이전한 사건에서, 각각 법인세법 제93조 제10호 (가)목의 '주식의 양도'에 해당한다고 판시하였다.[392]

---

384) 법률에 의하여 직접 설립된 법인이 발행한 채권을 말한다.

385) 파생결합사채(상법 469조 2항 3호)의 경우에는 원금보장형(자본시장법 4조 7항 1호)으로 한정한다.

386) 기업이 사업에 필요한 자금을 조달하기 위하여 발행한 약속어음으로서 대통령령으로 정하는 요건을 갖춘 것을 말한다.

387) 다만, 원금보장형 파생결합사채 등은 제외한다(자본시장법 4조 7항 단서).

388) 국내사업장이 없는 외국법인이 내국법인의 주식을 시간외대량매매로 양도한 것도 증권시장을 통한 양도에 해당한다. 서면2팀 – 1228, 2007. 6. 26.

389) 자본시장법 제78조에 따른 중개에 따라 주식을 양도하는 경우를 포함한다.

390) 외국법인이 발행한 주식 또는 출자증권의 경우에는 증권시장에 상장된 주식총수 또는 출자총액

391) 대법원 2013. 11. 28. 선고 2009다79736 판결

외국법인이 **청산**되어 보유하던 내국법인의 주식 등을 자신의 주주에게 잔여재산으로 분배하는 것[393]과 유가증권의 **교환**[394]도 유가증권의 양도에 해당한다.

(4) 유가증권양도소득에 대한 법인세의 면제

(가) 국채 등의 양도소득

국채, 통화안정증권 및 대통령령으로 정하는 채권('국채 등')[395]의 양도에서 발생하는 외국법인의 국내원천 유가증권양도소득으로서 원천징수의 대상(법 98조 1항)이 되는 것에 대하여는 법인세를 면제한다(법 93조의3 1항 1호).

(나) 조특법

외국법인이 국가·지방자치단체 또는 내국법인이 발행한 다음의 어느 하나에 해당하는 유가증권을 **국외에서 양도**함으로써 발생하는 소득에 대해서는, 법인세를 면제한다(조특법 21조 3항, 조특법 시행령 18조 4항 2호).

① 국외에서 발행한 유가증권 중 외국통화로 표시된 것 또는 외국에서 지급받을 수 있는 것으로서 기획재정부령이 정하는 것[396]

② 기획재정부령이 정하는 외국의 유가증권시장에 상장 또는 등록된 내국법인의 주식 또는 출자지분으로서 해당 유가증권시장에서 양도되는 것[397]

---

392) 대법원 2013. 11. 28. 선고 2010두7208 판결, 대법원 2017. 12. 13. 선고 2015두1984 판결[독일법인 A가 완전자회사인 독일법인 B를 흡수합병함에 따라 B가 보유하던 내국법인의 상장주식이 A에게 이전된 경우, 위 내국법인 발행주식의 이전은 '주식의 양도'에 해당하고, 합병법인 A가 합병 전에 피합병법인 B의 주식 전부를 보유하고 있었다거나, 합병법인 A가 피합병법인 B의 주주(A)에게 합병신주를 발행하거나 합병대가를 지급하지 않았더라도, 마찬가지이다]

393) 재국조 46017-195, 2001. 11. 22.(내국법인의 주식 97.7%를 보유한 싱가포르 법인이 청산되면서 위 주식을 자신의 완전모회사인 미국법인에게 잔여재산으로 분배한 사안) ; 다만, 위 경우 누가 국내원천 유가증권양도소득의 '지급자'로서 원천징수의무가 있는지 문제될 수 있다.

394) 대법원 2013. 7. 11. 선고 2011두4411 판결

395) 국채 등은, 대통령령으로 정하는 요건을 갖추어 국세청장의 승인을 받은 적격외국금융회사 등이 취득·보유하는 국채 등을 포함한다(법 93조의3 2항).

396) 다만, 주식·출자증권 또는 그 밖의 유가증권("과세대상 주식 등")을 기초로 발행된 예탁증서를 양도하는 경우로서 예탁증서를 발행하기 전 과세대상 주식 등의 소유자가 예탁증서를 발행한 후에도 계속하여 해당 예탁증서를 양도하기 전까지 소유한 경우는 제외한다(조특법 시행규칙 18조 4항 1호 단서). 이는, 내국법인 주식을 보유한 외국법인이 해당 주식을 예탁증서로 전환하여 외국에서 양도할 경우, 전면적으로 법인세를 면제하는 것은 과세형평에 어긋나므로, 최초의 양도행위만은 법인세 면제대상에서 제외한 것이다. 이경근, 국제조세의 이해와 실무(2016), 579쪽

397) 다만, 해당 외국의 유가증권시장에서 취득하지 않은 과세대상 주식 등으로서 해당 외국의 유가증권시장에서 최초로 양도하는 경우는 제외하되, 외국의 유가증권시장의 상장규정상 주식분산요건을 충족하기 위해 모집·매출되는 과세대상 주식 등을 취득하여 양도하는 경우에는 그렇지 않다(조특법 시행령 18조 4항 2호 단서). 이는 내국법인의 주주인 외국법인이 국내에서 취득한 주식을 외국의 유가증권시장에 상장한 후 양도함으로써 주식양도차익 과세를 회피하는 것을 방지하기 위한 것이다. 이경근, 국제조세의 이해와 실무(2016), 579쪽

5-2. 조세조약상 유가증권양도소득

(1) 과세권의 분배 : 양도인의 거주지국

OECD 모델조약에 의하면, ① 동산(movable property)은 부동산 외의 모든 재산을 의미하므로,[398] 주식 또는 채권은 그에 포함된다. ② 주식 또는 채권의 양도로 인한 소득은, 그 주식 등이 양도인의 거주지국 외의 체약국에 있는 고정사업장의 사업용 재산의 일부를 구성하는 경우에는, 그 고정사업장의 소재지국에서 과세될 수 있다(13조 2항). 그리고 ② 주식 또는, 파트너십이나 신탁의 지분과 같이 주식과 비견할 수 있는 지분(comparable interests)[399]의 양도소득은, 그 양도 이전의 365일간 어느 때라도 그 가치의 50%를 초과하는 부분이 부동산으로부터 직접적 또는 간접적으로 유래한 경우에는,[400] 그 부동산의 소재지국에서 과세될 수 있다(13조 4항).[401] ③ 그 외의 경우에는 주식 등 유가증권의 양도소득에 대하여 그 양도인의 거주지국만 과세할 수 있고, 그 주식을 발행한 회사의 거주지국 등 원천지국은 과세권을 행사할 수 없다(13조 5항).

우리나라가 체결한 조세조약 중에는, 법인의 총주식 중 일정 비율 이상을 소유한 자가 주식을 양도한 경우에는, 그 주식을 발행한 법인의 거주지국에 그 주식양도소득에 대한 과세권을 인정하는 경우가 상당수 있다.[402] 한·미 조세조약은, 일방 체약국의 거주자는 자본적 자산(capital assets)의 양도에 대하여, 그 소득이 타방 체약국 소재 부동산 등의 양도에서 발생하거나, 그 소득 수취인의 타방 체약국 내 고정사업장과 실질적으로 관련되는

---

398) OECD 모델조약 제13조의 주석 문단 24

399) 2017년 이전의 OECD 모델조약 제13조 제4항은, 부동산으로부터 가치의 50% 이상이 유래하는 주식에 대하여만 규정하였고, OECD 모델조약의 주석은, 체약국들이 양자조약을 체결할 때 위 조항을 파트너십이나 신탁의 지분으로서 그 가치가 유사하게 부동산으로부터 유래하는 것에 대하여도 확대 적용할 수 있도록 개정할 수 있다고 할 뿐이었다(OECD 2014년 모델조약 제13조의 주석 문단 28.5). OECD 2017년 모델조약에서는 '비견할 수 있는 지분(comparable interests)'이 제13조 제4항의 적용대상으로 추가되었다.

400) OECD 모델조약의 주석은, 주식 또는 그와 비견할 수 있는 지분의 가치 중 50%를 초과하는 부분이 한 체약국의 부동산에서 유래하였는지의 판단은, 통상적으로 그 주식의 발행법인 등의 부채 등을 고려할 필요 없이(관련 부동산에 대한 저당권에 의하여 담보되든, 아니든) 그 법인 등이 소유하는 총재산의 가치와 그러한 부동산의 가치를 비교함으로써 행해질 것이라고 본다(OECD 모델조약 제14조의 주석 문단 28.4).

401) UN 모델조약도, 주식의 양도인이 그 주식을 발행한 법인의 총주식 중 일정한 비율 이상을 보유한 경우, 그 법인의 거주지국의 과세권을 인정한다(UN 모델조약 13조 5항).

402) ① 한·일 조세조약 제13조 제2항 (가)호는, 「양도자와 특수관계인이 획득하거나 소유한 주식이 양도가 발생한 과세연도 중 어느 때라도(at any time) 동 법인이 발행한 총 주식의 최소한 25퍼센트이고, 양도자와 특수관계인이 그 과세연도 중 양도한 총주식이 동 법인이 발행한 총 주식의 최소한 5퍼센트인 경우」 원천지국인 주식발행법인의 거주지국이 과세권을 행사할 수 있는 것으로 규정한다. ② 한·독 조세조약 제13조 제2항 (가)호도 이와 유사하게 규정한다[국문본은 영문본의 "at any time"을 "언제나"로 번역하였으나, 이는 '언제든지' 또는 '어느 때라도'의 의미로 보아야 하고, 한국어본 및 독일어본의 해석상 차이가 있는 경우에는 영어본이 우선한다(한·독 조세조약 30조).].

경우 등을 제외하고는, 타방 체약국의 과세로부터 면제된다고 규정한다.[403]

(2) '양도'의 범위

대법원은, 외국법인의 분할에 따라 분할법인이 자산으로 보유하던 내국법인의 발행주식을 분할신설법인에게 이전한 사건에서, 위 주식의 이전은 한·일 조세조약 제13조 제2항의 '주식의 양도(alienation)'에 해당한다고 판시하였다.[404]

OECD 모델조약의 주석에 의하면, 회사의 청산 또는 주식의 상환과 관련하여 주식이 양도되는 경우, 그 회사의 거주지국은 그 대가와 액면가액의 차액을 주식의 양도소득이 아니라 이익잉여금의 분배로 취급할 수 있고, 위 모델조약 제10조(배당)의 제한세율로 과세할 수 있다.[405]

6 **부동산소득**

6-1. 법인세법상 국내원천 부동산소득

법인세법상 국내원천 부동산소득은, 아래의 자산 또는 권리의 양도·임대 또는 그 밖의 운영으로 인하여 발생하는 소득으로서, 국내원천 부동산등양도소득(법 93조 7호)을 제외한 것을 말한다(법 93조 3호).
  ① 국내에 있는 부동산 또는 부동산상의 권리
  ② 국내에서 취득한 광업권, 조광권(租鑛權), 흙·모래·돌의 채취에 관한 권리
  ③ 지하수의 개발·이용권

6-2. 조세조약상 부동산소득

OECD 모델조약은, 부동산으로부터 생기는 소득은 그 부동산의 소재지국에서 과세되는 것으로 정한다(OECD 모델조약 6조 2항 1문).[406] 우리나라가 체결한 조세조약들도 같은 취지로 규정한다. OECD 모델조약 제6조는, 일방 체약국의 거주자가 타방 체약국에 소재하는

---

403) 한·미 조세조약 제16조 제1항
404) 대법원 2013. 11. 28. 선고 2009다79736 판결
405) OECD 모델조약 제13조의 주석 문단 31, 제10조의 주석 문단 28
406) 이는 부동산으로부터 생기는 소득의 경우 그 소득과 원천지국 사이에 매우 긴밀한 경제적 연관이 있다는 사실 때문이다(OECD 모델조약 제6조의 주석 문단 1).

부동산으로부터 얻은 소득에 대하여 적용되고, 소득의 수령자가 그의 거주지국에 소재한 부동산에서 얻은 소득이나 제3국에 소재한 부동산에서 얻은 소득에 대하여는 적용되지 않는다.[407]

OECD 모델조약에 의하면, "부동산(immovable property)"이라는 용어의 의미는 그 부동산이 소재한 국가의 법에 따라 정해지고, 다만, 부동산의 종물(property accessory), 농업과 임업에 사용되는 가축과 장비, 부동산의 용익권(usufruct) 등[408]은 반드시 포함되어야 하며, 선박과 항공기는 부동산으로 취급되어서는 안 된다(OECD 모델조약 6조 2항).[409] OECD 모델조약 제6조 제1항은, 부동산의 직접적 사용(direct use),[410] 임대 기타 어떤 형식의 사용으로부터 생기는 소득에 대하여도 적용되고(6조 3항), 위 모델조약 제6조 제1항 및 제3항은 기업의 부동산에도 적용된다(6조 4항).[411]

OECD 모델조약 제6조는, 소득을 발생시킨 부동산이 그 소재지국(원천지국)에 있는 고정사업장을 구성하지 않는 경우에도, 부동산소득의 원천지국에게 과세권을 확보해주기 위한 것이다.[412] 그리고 위 조문은, 체약국의 국내법상 부동산으로부터 생기는 소득을 과세하는 방식에 관하여는 규율하지 않으므로,[413] 그 과세방식은 체약국의 국내법에 따라 규율된다.[414] 한편, 부동산에 의하여 담보된 채권으로부터 생기는 소득(이자)은 OECD 모델조약 제6조(부동산소득)가 아닌 제11조(이자소득)의 적용대상이다.[415]

---

407) OECD 모델조약 제6조의 주석 문단 1

408) OECD 모델조약 제6조 제1항의 부동산의 정의 중 "rights to which the provisions of general law respecting landed property apply"에 대하여 이창희, 국제조세법(2020), 689쪽은 지상권(地上權)을 의미하는 것이라고 한다.

409) 선박과 항공기의 임대로부터 발생하는 소득에 대하여는 OECD 모델조약 제8조(국제운수) 또는 제7조(사업소득)가 적용되고, 나용선계약의 대가를 사용료소득에 포함시킨 조세조약의 경우에는 사용료소득에 관한 조문이 적용된다.

410) OECD 모델조약의 부동산소득에는 부동산의 자가사용에 따른 귀속소득(imputed income)도 포함될 수 있다. 이창희, 국제조세법(2020), 694쪽 및 Vogel/Ismer · Blank, p.170(문단 37), Vogel/Reimer, pp.495(문단 37), 521(문단 157), 525(문단 184) ; 다만, 법인세법은, 외국법인이 국내 부동산을 직접 사용하는 것 자체로 인한 귀속소득을 별도의 국내원천소득으로 규정하지 않는다.

411) OECD 모델조약에 따르면, 별도의 항목으로 규정된 소득은 사업소득에 포함되지 않고(7조 4항), 이자 · 배당 · 사용료 소득과 달리, 부동산소득에 관하여는 고정사업장에 귀속하는 경우 사업소득 규정이 적용된다는 규정이 없다. 따라서 OECD 모델조약 제6조 제4항은 단지 확인적 기능(declaratory function)을 하는 규정이다(Vogel/Reimer, p.536, 문단 237).

412) OECD 모델조약 제6조의 주석 문단 4

413) OECD 모델조약 제6조의 주석 문단 4

414) 우리나라 법인세법은 외국법인의 국내원천 부동산소득의 과세표준 계산방법을 외국법인의 국내사업장에 귀속되는 소득과 동일하게 규정한다(법 91조 1항, 92조 1항).

415) OECD 모델조약 제6조의 주석 문단 2, 제10조의 주석 문단 18

7-1. 법인세법상 국내원천 부동산등양도소득

국내원천 부동산등양도소득은, 국내에 있는 다음의 어느 하나에 해당하는 자산·권리를 양도함으로써 발생하는 소득을 말한다(법 93조 7호).

① 소득세법 제94조 제1항 제1호(토지, 건물)·제2호[416] 및 제4호 가목[417]·나목[418]에 따른 자산·권리

② 내국법인의 주식 등(주식 등을 기초로 하여 발행한 예탁증서 및 신주인수권을 포함한다) 중 양도일이 속하는 사업연도 개시일 현재의 그 법인의 자산총액 중 다음의 가액의 합계액이 50% 이상인 법인의 주식 등('부동산주식 등')으로서, 자본시장법에 따른 증권시장에 상장되지 않은 주식 등.[419][420] 이 경우 조세조약의 해석·적용과 관련하여 그 조세조약 상대국과 상호합의에 따라 우리나라에 과세권한이 있는 것으로 인정되는 부동산 주식 등도 위 부동산주식 등에 포함된다.[421]

㉮ 소득세법 제94조 제1항 제1호 및 제2호의 자산가액

㉯ 내국법인이 보유한 다른 부동산 과다보유 법인의 주식가액에 그 다른 법인의 부동산 보유비율을 곱하여 산출한 가액. 부동산 과다보유 법인은, 총 자산가액 중

---

416) 부동산을 취득할 수 있는 권리(건물이 완성되는 때에 그 건물과 이에 딸린 토지를 취득할 수 있는 권리를 포함한다), 지상권, 전세권과 등기된 부동산임차권

417) 사업에 사용하는 토지 및 건물 등과 함께 양도하는 영업권(영업권을 별도로 평가하지 아니하였으나 사회통념상 자산에 포함되어 함께 양도된 것으로 인정되는 영업권과 행정관청으로부터 인가·허가·면허 등을 받음으로써 얻는 경제적 이익을 포함한다)

418) 이용권·회원권, 그 밖에 그 명칭과 관계없이 시설물을 배타적으로 이용하거나 일반이용자보다 유리한 조건으로 이용할 수 있도록 약정한 단체의 구성원이 된 자에게 부여되는 시설물 이용권(법인의 주식등을 소유하는 것만으로 시설물을 배타적으로 이용하거나 일반이용자보다 유리한 조건으로 시설물 이용권을 부여받게 되는 경우 그 주식 등을 포함한다)

419) 증권시장에 상장된 부동산주식 등의 양도소득은 국내원천 유가증권양도소득으로 과세된다(법 93조 9호). 5-1. 참조

420) 소득세법상 거주자의 부동산주식 등 양도소득이 양도소득 과세대상에 해당하기 위해서는, 거주자가 그 부동산주식 등 발행법인의 과점주주로서 그 주식 등의 50% 이상을 해당 과점주주 외의 자에게 양도하여야 한다(소득세법 94조 1항 4호 다목). 이와 달리, 비거주자 또는 외국법인의 부동산주식 등 양도소득이 국내원천 부동산등양도소득에 해당하기 위해서는, 비거주자 또는 외국법인이 부동산주식 등 발행법인의 과점주주일 필요가 없고, 그 주식 등의 50% 이상을 양도하지 않아도 된다(소득세법 119조 9호 나목, 법 93조 7호 나목).

421) 그 예로는, 한·미 조세조약과 관련하여 한국과 미국 사이에 이루어진 '한국 소재 부동산을 과다 보유한 법인의 주식의 양도소득을 한국 원천소득으로' 하는 상호합의를 들 수 있다. 대법원 2016. 12. 15. 선고 2015두2611 판결

소득세법 제94조 제1항 제1호 및 제2호의 자산 가액이 차지하는 비율이 50% 이상인 법인을 말한다(시행령 132조 11항).

7-2. 조세조약상 부동산양도소득

OECD 모델조약에 의하면, 한 체약국의 거주자가 다른 체약국에 있는 부동산을 양도하여 얻은 이득은 그 다른 체약국에서 과세될 수 있다(13조 1항).[422] '부동산(immovable property)'이라는 용어의 의미는 그 부동산이 소재한 국가의 법에 따라 정해지고,[423] 다만, 부동산의 종물, 농업과 임업에 사용되는 가축과 장비, 부동산의 용익권 등은 반드시 포함되어야 하며, 선박과 항공기는 부동산으로 취급되어서는 안 된다(OECD 모델조약 6조 2항).

OECD 모델조약에 따르면, 주식 또는 파트너십이나 신탁의 지분과 같이 주식과 비견할 수 있는 지분(comparable interests)[424]의 양도소득은, 그 양도 이전의 365일간 어느 때라도 그 가치의 50%를 초과하는 부분이 직접적 또는 간접적[425]으로 다른 체약국의 부동산으로부터 유래되었다면, 그 다른 체약국에서 과세될 수 있다(13조 4항).[426]

우리나라가 체결한 조세조약 중에는, ① 주식의 양도소득을 부동산의 양도소득으로 취급하기 위한 요건으로, ㉮ 주식발행 법인 재산의 50% 이상 또는 초과 부분이 그 거주지국 소재 부동산으로 구성될 것으로 정한 경우,[427][428] ㉯ 주식발행 법인의 재산이 주로 그 거

---

422) 한 체약국의 거주자가 그 거주지국 내에 있는 부동산 또는 제3국에 있는 부동산을 양도하여 얻은 소득은 OECD 모델조약 제13조 제1항의 적용대상이 아니고, 제13조 제5항의 적용을 받는다. OECD 모델조약 제13조의 주석 문단 22

423) 행정해석은, 일본법인이 내국법인이 발행한 골프장 회원권을 양도한 경우, 골프장 회원권은 한·일 조세조약 제13조 제1항의 '부동산'에 해당하지 않는다고 보아 같은 조 제6항에 의하여 우리나라에서 과세될 수 없다고 보았다(서이46017-11393, 2002. 7. 19.).

424) 2017년 이전의 OECD 모델조약 제13조 제4항은, 부동산으로부터 가치의 50% 이상이 유래하는 주식에 대하여만 규정하였고, OECD 모델조약의 주석은, 체약국들이 양자조약을 체결할 때 위 조항을 파트너십이나 신탁의 지분으로서 그 가치가 유사하게 부동산으로부터 유래하는 것에 대하여도 확대 적용할 수 있도록 개정할 수 있다고 할 뿐이었다(OECD 2014년 모델조약 제13조의 주석 문단 28.5). OECD 2017년 모델조약에서는 '비견할 수 있는 지분(comparable interests)'이 제13조 제4항의 적용대상으로 추가되었다.

425) 양도된 주식의 발행법인이 중간단계 회사를 통하여 부동산을 소유하는 경우가 이에 해당할 수 있다. 이창희, 국제조세법(2020), 702쪽

426) BEPS 다자조약 제9조 제4항은 OECD 모델조약 제13조 제4항과 거의 동일한 내용을 규정한다. 우리나라가 체결한 조세조약에 BEPS 다자조약 제9조 제4항이 적용되기 위해서는 우리나라가 그 적용의 선택을 기탁처에 통보하여야 하는데(9조 8항), 우리나라는 현재까지 이를 하지 않은 것으로 보인다.

427) 한·독 조세조약 제13조 제2항(50% 이상), 한·홍콩 조세조약(50% 초과)

428) 한·미 조세조약에는 위와 같은 규정이 없지만, 양국 간에 그러한 취지의 상호합의가 이루어졌다. 한국과 미국은 1999. 6. 23.자 상호합의로, 법인의 주식이 양도된 경우, ① 그 법인에 의하여 보유되는 부동산의 가액이 총자산가액의 50% 이상이고, ② 주주와 특수관계자가 그 법인의 주식의 50% 이상을 소유하며, ③ 주주가 그 법인의 주식의 50% 이상을 양도하는 3가지 조건이 충족된 때에는, 그 주식의 양도로 인한 소득의 원천은 부동산 소재지국에 있는 것으로 정하였다(https://www.irs.gov/pub/irs-drop/a-01-34.pdf). 대

주지국 소재 부동산으로 구성될 것으로 정한 경우[429]도 있고, ② 주식발행 법인의 재산이 부동산으로 구성되었다는 점이 과세권의 배분에 고려되지 않는 경우도 있다.[430]

8 **선박등임대소득**

8-1. 법인세법상 국내원천 선박등임대소득

8-1-1. 관련 규정

법인세법상 국내원천 선박등임대소득은, 거주자, 내국법인 또는 외국법인의 국내사업장이나 비거주자의 국내사업장에 「선박, 항공기, 등록된 자동차나 건설기계 또는 산업상·상업상·과학상의 기계·설비·장치, 운반구·공구·기구 및 비품」을 임대함으로써 발생하는 소득을 말한다(법 93조 4호, 시행령 132조 1항).

8-1-2. 임대목적물의 범위

(1) 선박, 항공기, 등록된 자동차나 건설기계

선박의 임대는, 선박소유자가 용선자에게 선박만을 임대하는 **선체용선**(나용선)계약(상법 847조)을 의미하고, 선원이 승무하고 항해장비를 갖춘 선박을 사용하게 하는 정기용선계약(상법 842조)과 항해용선계약(상법 827조)은 포함하지 않는다.[431] 국적취득조건부 선체용선계약(Bare Boat Charter of Hire Purchase, BBCHP)[432]에 대하여, 대법원은 용선계약(임대

법원은, 위 상호합의가 국내에서 따로 조약개정에 준하는 절차를 거치지 않았지만, 한·미 조세조약 제27조 제2항 (C)호에 따른 것이므로 유효하다고 판단하였다(대법원 2016. 12. 15. 선고 2015두2611 판결).

429) 한·일 조세조약 제13조 제3항, 한·중 조세조약 제13조 제4항

430) ① 한·네덜란드 조세조약 제13조(양도소득)에는 일정 기준의 부동산을 보유한 법인의 주식의 양도에 관한 규정이 별도로 없다. ② 한·룩셈부르크 조세조약에는 양도소득에 관한 규정이 없으므로, 한 체약국의 거주자가 다른 체약국의 거주자인 법인의 주식을 양도하여 얻은 소득은 위 조세조약 제21조의 기타소득에 해당하고, 위 주식양도소득이 다른 체약국 내 고정사업장과 관련되지 않는 한 주식양도자의 거주지국에서만 과세될 수 있다.

431) 법인세법 기본통칙 93-132…16, 국제조세 집행기준 93-132-1 ; 정기용선계약과 항해용선계약은 선박 또는 항공기에 의한 국제운송업(시행령 132조 2항 7호)에 해당한다. 2-1-1. (1) (사) 참조

432) 용선자가 편의치적국에 등록된 선박을 선체용선으로 용선하고, 용선료의 지급완료 후 그 선박의 소유권을 취득하는 조건의 선체용선(나용선)계약을 말한다. 상법은, 용선기간이 종료된 후 용선자가 선박을 매수 또는 인수할 권리를 가지는 경우에도 용선기간 중에는 당사자 사이에서는 선체용선에 관한 규정에 따라 권리와 의무가 있다고 규정한다(상법 848조 2항).

차계약)의 형식을 취하고 있으나 실질적으로는 선박의 할부조건부 매매에 해당하는 것으로 본다.[433] 정기용선계약의 형식으로 체결된 용선계약이 실질적으로 선체용선계약인 경우, 그 대가는 선박등임대소득에 해당한다.[434] 한편, 선체용선계약의 대가가 조세조약상 사용료소득에 해당하는 경우에는 법인세법상 국내원천 사용료소득으로 구분된다(법 93조 8호 2문). 자동차나 건설기계의 임대소득이 국내원천소득에 해당하려면, 그 자동차 등이 국내법에 따라 등록된 것이어야 한다.

(2) 산업상 · 상업상 · 과학상의 기계 · 설비 · 장치 등

(가) 선박등임대소득과 사업소득의 구별기준

산업상 · 상업상 · 과학상의 기계 · 설비 · 장치 등의 사용은, 그 사용자가 직접 점유 · 사용하는 방식으로 이루어질 수 있지만, 간접적으로 그 사용의 효과를 제공받는 방식으로도 가능하다. 산업상 · 상업상 · 과학상 장비의 사용대가가 국내원천 선박등임대소득과 사업소득 중 어느 것으로 볼 것인지는, 그 사용자가 사용대상 물건을 점유하거나 통제하는지 등의 계약조건을 종합하여 판단하여야 할 것이다.[435]

---

433) 대법원 2009. 1. 30. 선고 2006두18270 판결. 대법원 2011. 4. 14. 선고 2008두10591 판결도, 국적취득조건부 나용선(선체용선)계약이 지방세법상 연부취득에 해당함을 전제로, 그 실질적 당사자에 대한 판단을 하였다. 다만, 법원은, 일반적인 소유권취득조건부 선체용선계약의 경우 용선료 외에 추가적인 인도금이 없거나 형식적 수준의 금액으로 책정되는 것과 달리, 용선료 총액의 20%에 해당하는 인도금이 정해진 사건에서는, 용선기간 종료 후 소유권취득조건이 부가된 선박임대차라고 판단하였다(서울고등법원 2017. 1. 10. 선고 2015나2029365 판결, 대법원 2019. 12. 27. 선고 2017다208232 판결로 상고기각). 이에 대하여 금융리스계약설을 취하는 견해로 신장현, "국적취득조건부 선체용선계약(BBCHP)에 관한 법적 연구 -선박금융과 관련된 법적문제를 중심으로-", 고려대학교 대학원 법학박사논문, 2018, 159~161쪽
434) 서울고등법원 2022. 5. 11. 선고 2021누30374 판결 : 원고 법인(대우조선해양)이 싱가포르 법인으로부터 용선한 선박과 관련하여 선장, 해기사 및 선원에 대한 교체요구권을 행사하는 등의 방법으로 그 지휘 · 감독권을 선주로부터 이전받아 실질적으로 행사하였다고 보았다(대법원 2022두46046호로 상고심 계속 중).
435) 미국 세법은, 서비스 계약이라고 주장되는 계약이 다음의 6가지를 포함한 모든 관련 요소들을 고려할 때 재산의 임대차(lease of property)로 취급하는 것이 적절한 경우에는, 그 계약은 재산의 임대차로 취급되어야 한다고 규정한다[제7701조 (e)(1)].
① 서비스 수령자가 그 재산의 물리적 점유(physical possession)를 하는지 여부
② 서비스 수령자가 그 재산을 통제하는지(controls) 여부
③ 서비스 수령자가 그 재산에 대한 중요한 경제적 또는 점유적 이해관계(significant economic or possessory interest)를 가지는지 여부
④ 서비스 수령자가 계약이 불이행되었을 경우 상당히 감소한 수령액 또는 상당히 증가한 비용에 대한 위험을 부담하지 않는지 여부
⑤ 서비스 공급자가 서비스 수령자와 관계없는 자에게 중요한 서비스를 제공하기 위하여 동시에 (concurrently) 그 재산을 사용하지 않는지 여부
⑥ 총 계약대금이 그 재산의 계약기간 중 임대가치를 상당히 초과하지 않는지 여부
OECD 기술자문그룹(Technical Advice Group)의 '전자상거래 대금의 조세조약상 소득구분에 관한 보고서'도 위와 같은 미국 세법의 기준이 유용하다고 보았다[Tax Treaty Characterization Issues arising from E-Commerce, 1 February 2001, 문단 28(12쪽)].

(나) 구체적 사례

① 해외 통신위성 및 인터넷망의 이용

국내 통신사업자인 원고(KT)는 ㉮ 해외통신위성사업자들과 사이에 통신위성을 이용하여 방송이나 전화 등을 원거리로 전송하여 주는 서비스를 제공받기로 하는 계약을 체결하고, ㉯ 해외통신사업자들과 사이에 원고의 인터넷망을 외국의 인터넷망과 연결시켜주며, 해저케이블, 육선, 증폭기 등을 통하여 음성데이터를 중계하여 주는 서비스를 제공받기로 하는 계약을 체결하고, 해외통신위성사업자들과 해외통신사업자들(통틀어서 '외국법인들')에게 그 대가를 지급하였다.

대법원은, ㉮ 통신위성이나 해저케이블 등을 점유·관리 및 통제하는 주체는 그 통신위성의 추적관제소를 운용하거나 케이블 등을 수리·유지·관리하는 외국법인들이고, 원고가 통신위성 등을 직접 스스로 사용하는 것이라고 보기는 어려운 점, ㉯ 위 계약의 목적달성은 원고가 외국법인들이 수행하는 통신사업에 관련된 서비스를 전체적으로 제공받음으로써 비로소 가능하고 단순히 중계기의 일부 대역이나 해저케이블망 등만을 임차하여서는 불가능하다고 보이는 점 등을 이유로, 원고가 외국법인들에게 지급한 금액은, 외국법인들이 자신의 통신위성 또는 인터넷망을 가지고 영위하는 통신사업 또는 그 서비스의 일부를 원고에게 제공한 대가(사업소득)이므로, 사용료소득[436]에 해당하지 않는다고 판단하였다.[437]

② 외국방송사의 방송시설 및 장비를 이용하여 화면을 전송받은 경우

원고(MBC)의 특파원이나 취재진이 녹화된 방송테이프를 외국방송사들에 가지고 가서 이를 원고 본사로 전송하여 줄 것을 요청하면, 외국방송사들은 그 직원들로 하여금 보유한 방송시설 및 장비를 이용하여 방송테이프에 수록된 화면을 원고 본사로 전송하게 하였고, 원고는 외국방송사들에게 그 대가를 지급하였다.

대법원은, 원고의 목적은 외국방송사의 방송시설 및 장비를 배타적으로 사용하는 것이 아니라 특파원 등이 취재한 화면을 전송받는데 있었고, 화면전송의 전반적 과정에서 외국방송사가 방송시설 및 장비를 점유관리하며 통제·운용하였다고 보아야 하므로, 원고가 외국방송사로부터 방송시설 및 장비를 임차하여 사용하였다고 단정하기 어렵고, 원고가

---

436) 위 사건에 적용된 구 법인세법(1998. 12. 28. 전부 개정되기 전의 것) 제55조 제1항 제9호는 "산업상·상업상 또는 과학상의 기계·설비·장치 기타 대통령령이 정하는 용구"의 사용대가를 사용료소득에 포함시켜 규정하였다.

437) 대법원 2008. 1. 18. 선고 2005두16475 판결 ; OECD 모델조약의 주석도 같은 입장이다(제12조의 주석 문단 9.1). ; 위 판결에 대한 평석으로는 백제흠, "국내통신사업자의 통신위성 사용대가가 외국법인의 국내원천소득인 사용료소득에 해당하는지 여부", 세법의 논점, 박영사, 345∼353쪽

외국방송사에 지급한 금원은 구 법인세법 제55조 제1항 제9호 (다)목 소정의 사용료 소득이 아니라 외국방송사가 제공하는 화면전송용역에 대한 대가에 해당한다고 볼 여지가 있다고 판단하였다.[438]

8-1-3. 원천지의 판단기준

외국법인의 선박등임대소득이 국내원천소득에 해당하려면, 임대소득의 지급자인 선박 등의 임차인이 거주자 또는 내국법인이거나 외국법인 또는 비거주자의 국내사업장이어야한다. 내국법인이 외국법인으로부터 선박 등을 임차한 이상, 그 선박 등이 국외에서 사용되었더라도, 그 임차료는 국내원천 선박등임대소득에 해당한다.[439]

8-2. 조세조약상 선박등임대소득

8-2-1. 선박·항공기의 임대대가

OECD 모델조약에 따르면, **선체용선**(나용선)계약에 따라 선박 또는 항공기를 임대함으로써 생기는 소득은, 그 임대가 기업의 국제운수에 종사하는 기업의 부수적 활동인 경우를

제외하고는, 제8조(국제운수소득)[440]가 아니라 제7조(**사업소득**)의 적용대상이다.[441]

다만, 대부분의 조세조약은 "산업적·상업적 또는 학술적 장비(industrial, commercial, or scientific equipment)"의 사용대가를 **사용료** 소득으로 규정하므로,[442] 그러한 조세조약이 적용되는 경우에는 나용선계약의 대가가 산업적·상업적 장비의 사용대가로서 사용료에 해당할 수 있다.[443] 그리고 조세조약 중에는 나용선계약의 대가가 사용료 소득에 해당

---

438) 대법원 2011. 2. 24. 선고 2007두21587 판결

439) 서울행정법원 2015. 7. 2. 선고 2015구합52920 판결 : 내국법인인 원고가 현대건설 주식회사로부터 현대건설이 스리랑카국으로부터 도급받은 콜롬보항 확장공사 중 일부를 도급받아 그 공사를 하면서, 싱가포르 법인으로부터 위 공사에 필요한 예인선 등 선박 및 장비를 임차하고 싱가포르법인에게 그 대가를 지급한 사안에서, 위 대가를 싱가포르 법인의 법인세법 제93조 제4호에 의한 국내원천소득으로 판단하였다 [서울고등법원 2016. 6. 23. 선고 2015누52144 판결 : 항소기각(확정)].

440) OECD 모델조약 제8조의 국제운수소득에 관하여는 2-2-5. (1) 참조

441) OECD 모델조약 제8조의 주석 문단 5

442) 한·일 조세조약 제12조 제3항, 한·중 조세조약 제12조 제3항, 한·독 조세조약 제12조 제3항 ; OECD 모델조약은 1992년 개정 전까지는 '산업적·상업적 또는 과학적 장비'의 사용대가를 사용료소득에 포함시켰으나, 1992년 개정되면서 이를 사용료소득에서 제외하였다. 이에 따라 2003. 12. 30. 개정된 구 법인세법도 '산업적·상업적 또는 과학적 장비'의 사용대가를 사용료소득에서 제외하였다.

443) 서울행정법원 2015. 7. 2. 선고 2015구합52920 판결 : 내국법인인 원고가 ○○건설 주식회사로부터 현대건설이 스리랑카국으로부터 도급받은 콜롬보항 확장공사 중 일부를 하도급받아 그 공사를 하면서, 싱가

하는지 여부에 관하여 명시적으로 규정하는 경우도 있다.[444)445)] 한편, 한·미 조세조약은, 선박 또는 항공기의 임대인이 국제운수상의 운행에 종사하지 않는 자인 경우, 그 사용대가를 사용료소득으로 규정한다.[446)]

8-2-2. 산업상·상업상 또는 과학상 장비의 사용대가

우리나라가 체결한 대부분의 조세조약은 산업상·상업상 또는 과학상 장비의 사용대가를 **사용료** 소득으로 규정한다.[447)] 그러한 조세조약이 적용되는 경우, 인공위성(satellite)에 있는 중계기(transpondent)[448)]의 사용대가가 사용료에 해당하는지는 그 사용계약의 관련 조항에 따라 결정된다. 일반적인 중계기 사용계약의 경우, 중계기는 대여자에 의하여 운용되고, 사용자는 그에 대한 직접적 접근권을 갖지 않으며, 그 중계기의 물리적 점유를 취득하지 못하고 그 전송능력(transmission capacity)만을 취할 뿐이다. 따라서 그러한 경우의 사용대가는, 장비의 사용대가(사용료)라기보다는 서비스의 제공에 대한 대가(사업소득)에 해당할 것이다.[449)450)] 그리고 이는, 전력 또는 통신의 전달을 위하여 케이블(cable)의 용

포르 법인으로부터 위 공사에 필요한 예인선 등 선박 및 장비를 임차하고 싱가포르 법인에게 그 대가를 지급하였다. 한·싱가포르 조세조약 제12조 제2항은 산업적·상업적 장비의 사용대가도 사용료로 규정하였다. 원고는, 위 임대차계약은 선박 등의 임차뿐만 아니라 승무원의 사용도 포함하는 용선계약이므로, 한·싱가포르 조세조약 제12조 제1항의 '사용료'에 해당하지 않고, 제8조의 '선박의 국제운수 운행으로부터 발생하는 소득'이라고 주장하였다. 법원은, ① 싱가포르 법인이 원고에게 위 선박 등과 함께 그것을 운행할 승무원 등도 함께 임대하였다는 점을 인정하기 어렵다는 등의 이유로, 원고가 싱가포르법인에게 지급한 선박 등의 사용대가는 한·싱가포르 조세조약 제12조의 사용료에 해당하고, ② 한·싱가포르 조세조약 제12조에 의하여 한국의 과세권이 인정되는 이상 위 조세조약 제7조 제1항에 의하여 사업소득의 과세에 필요한 고정사업장의 존재는 필요하지 않다고 판단하였다[서울고등법원 2016. 6. 23. 선고 2015누52144 판결 : 항소기각(확정)].

444) ① 나용선의 대가가 사용료 소득에 포함된다고 규정한 예로는 한·일 조세조약 제12조 제3항, 한·중 조세조약 제12조 제3항 등이 있고, ② 나용선의 대가가 사용료 소득으로 간주되지 않는다고 한 예로는 한·네덜란드 조세조약에 대한 의정서(1981. 4. 17.) 제5항

445) 나용선계약의 대가가 조세조약상 사용료소득에 해당하는 경우에는 법인세법상 국내원천 사용료소득으로 구분된다(법 93조 8호 2문).

446) 한·미 조세조약 제13조 제4항 (b) ; 정기용선과 항해용선의 경우, 선박소유자가 운수업자일 것이므로, 그 용선료는 위 규정에 해당하지 않고, 위 조세조약 제10조의 국제운수소득에 해당할 것이다. 그리고 선체용선계약의 용선료는, 선박소유자가 운수업자인 경우에는 제10조의 국제운수소득에 해당하지만, 운수업자가 아닌 경우에는 제13조 제4항 (b)의 사용료소득에 해당할 것이다. 이창희, 국제조세법(2020), 714쪽

447) 한·일 조세조약 제12조 제3항, 한·중 조세조약 제12조 제3항, 한·독 조세조약 제12조 제3항

448) 송신기(transmitter)와 응답기(responder)의 합성어로 전파 중계기를 말한다. 중계기는, 통신 시스템의 중간에서 약해진 신호를 받아 증폭하고 재송신하거나, 찌그러진 신호의 파형을 정형하고 타이밍을 조정 또는 재구성해 송신하는 장치를 말한다(네이버 지식백과, 2019. 12. 28.자).

449) OECD 모델조약 제12조의 주석 문단 9.1 : 일반적이지는 않지만, 위성 중계기의 사용자가 그것을 운용하기까지 하는 거래의 경우에는, 그 사용대가는 산업적·상업적 또는 과학적 장비의 사용대가로서 사용료에 해당할 수 있다.

량을, 가스나 유류의 운송을 위하여 파이프라인(pipelines)을 각각 임차하거나 구입하는 경우에도 유사하게 적용될 수 있다.[451]

9 　사용료소득

9-1. 법인세법상 국내원천 사용료소득

9-1-1. 관련 규정

법인세법상 국내원천 사용료소득은, 다음 중 어느 하나의 권리·자산 또는 정보('권리 등')를 국내에서 사용하거나 그 대가를 국내에서 지급하는 경우 그 대가 및 그 권리 등을 양도함으로써 발생하는 소득을 말한다(법 93조 8호 1문).

① 학술 또는 예술상의 저작물(영화필름을 포함한다)의 저작권, 특허권, 상표권, 디자인, 모형, 도면, 비밀스러운 공식 또는 공정(工程), 라디오·텔레비전방송용 필름 및 테이프, 그 밖에 이와 유사한 자산이나 권리

② 산업상·상업상·과학상의 지식·경험에 관한 정보 또는 노하우

③ 사용지(使用地)를 기준으로 하여 국내원천소득 해당 여부를 규정하는 조세조약[452]에서 사용료의 정의에 포함되는 그 밖에 이와 유사한 재산 또는 권리[특허권, 실용신안권, 상표권, 디자인권 등 그 행사에 등록이 필요한 권리가 국내에서 등록되지 않았으나, 그에 포함된 제조방법·기술·정보 등이 국내에서의 제조·생산과 관련되는 등 국내에서 사실상 실시되거나 사용되는 것을 말한다]

법인세법 제93조 제8호 중 '국내에서 지급하는' 부분은 **지급자기준**[453][454]을 채택한 것

---

450) 대법원도 외국 통신위성사업자들이 통신위성을 이용하여 중계서비스를 제공하고 받은 대가에 관하여 국내원천 사용료소득이 아니라 사업소득으로 판단하였다(대법원 2008. 1. 18. 선고 2005두16475 판결).

451) OECD 모델조약 제12조의 주석 문단 9.1

452) 그러한 예로는 한·미 조세조약 제6조 제3항을 들 수 있고, 그 외의 조세조약에서는 사용료소득의 원천지를 규정하는 예를 찾기 어렵다.

453) 이창희, 국제조세법(2020), 750쪽

454) 대법원 1991. 7. 23. 선고 90누6088 판결은, 현행 법인세법과 같이 '국내에서 지급하는'의 문구를 사용하여 국내원천 사용료소득을 규정한 구 법인세법 55조 제1항 제9호와 관련하여, '내국법인이 공개되지 아니한 고도의 산업상 및 과학상의 기술적 지식과 정보가 포함된 설계도면을 그 정보를 사용하기 위하여 국내로 수입하고 이태리 회사에게 그 대금을 지급하였다면 위 이태리 회사가 위 대금을 지급받아 얻은 소득의 발생원천지는 국내라 할 것이고, 위 이태리 회사가 위 설계도면의 제작을 위하여 우리나라에서

으로서 지급자가 내국법인·거주자 또는 비거주자·외국법인의 국내사업장인 경우를 의미한다. 내국법인이 외국법인의 기술 등을 사용하고 그 대가를 지급한 이상, 그 기술 등이 국외사업장에서 사용되었더라도, 국내원천 사용료소득에 해당한다.[455]

외국법인의 **국내지점**이 그 외국법인의 기술·노하우 등을 사용하고 **본점**에게 사용료 명목의 금전을 교부하였더라도, 이는 단일한 법적 실체 내부의 자금이동에 불과하므로, 본점의 국내원천 사용료소득에 해당하지 않는다.[456]

한편, 산업상·상업상·과학상 기계·설비·장치 등의 임대소득(법 93조 4호)이 **조세조약**에서 **사용료소득**으로 구분되는 경우[457] 국내원천 사용료소득에 포함된다(법 93조 8호 2문). 국내에서 영위하는 사업에서 발생한 산업상 기계 등의 양도소득은 국내원천 사업소득에 해당한다(시행령 132조 2항 11호).

9-1-2. 저작권, 특허권 등의 사용 및 양도 대가

(1) 저작권

(가) 외국방송사 뉴스

대법원은, 원고(MBC)가 Turner International Inc.('TII') 등 외국방송사로부터 뉴스화면을 송출받고 지급한 대가가 사용료소득인지 문제된 사건[458]에서, 방송권계약의 내용[459]과 TII에 뉴스화면 사용의 대가로 지급한 금액이 단순히 제작된 뉴스화면을 송출받은 대가로 지급하는 금액으로서는 높은 수준인 점, 원고는 TII가 제공한 서비스를 편집해서는 안 되고 송출받은 대로 사용하여야 하는 점 등을 종합하여 보면, 원고가 지급한 대가는, 외국방송사의 뉴스화면 송출용역에 대한 대가가 아니라, 창작물인 외신뉴스를 원형 그대

일체의 활동을 한 바 없고 같은 활동이 모두 이태리국에서 이루어졌다 하여 위 소득의 발생원천지를 이태리국이라 할 것은 아니다.'라고 판단하였다.

455) 내국법인이 외국법인으로부터 법인세법 제93조 제8호에 규정된 자산, 권리, 정보 등을 도입하여 제3국에 있는 그 내국법인의 해외지점이나 건설공사현장에서 사용하고 그 내국법인이 지급하는 대가는 국내원천 사용료소득에 해당한다(기본통칙 93-132-15).

456) 서울행정법원 2021. 5. 14. 선고 2019구합84147, 2020구합67674(병합) 판결, 서울고등법원 2022. 1. 28. 선고 2021누46157, 46164(병합) 판결, 대법원 2022. 6. 30. 선고 2022두38045 판결(심리불속행) ; 1-2. (1) 참조

457) 한·일 조세조약 제12조 제3항, 한·중 조세조약 제12조 제3항 등

458) 대법원 2011. 2. 24. 선고 2007두21587 판결

459) 1심 판결 이유에 있는 원고와 Tuner International Inc.('TII') 간의 방송권계약(Broadcast License Agreement)에 의하면, ① 원고는 TII로부터 비독점 방송권(non-exclusive license)을 1995. 5.부터 1997. 4. 30.까지 부여받고, ② 원고는 TII에게 월 방송권료로 계약 1차 연도에는 미화 12,500달러, 2차 연도에는 13,333달러를 지급하며, ③ 뉴스는 TII가 지정한 위성을 통하여 송출하고, 원고는 서비스의 수신, 배급, 재현에 필요한 건설, 장비, 통신서비스, 암호해독과 기타 비용을 지불하며, ④ 원고는 서비스를 편집해서는 안 되고 서비스의 속성, 정확성 또는 편집에 관한 기술적인 변형을 시키는 방법으로 달리 사용해서는 안 된다.

로 사용하는 대가이므로 저작권 사용료에 해당한다고 판단하였다.

(나) 테마파크 관련 콘텐츠

내국법인인 원고가 국내에서 테마파크를 건설하기 위하여 미국 법인으로부터 ① 영화 및 텔레비전을 주제로 한 테마 관광지 등의 개발 등에 관한 경험, 전문지식, 노하우, ② 미국 회사 등이 개발하거나 라이선스하는 영업비밀, 상호, 상표, 서비스 마크, 저작권 등을 제공받기로 하는 계약을 체결하고 그 대가를 지급한 사건에서, 법원은, 미국 법인의 테마파크 콘텐츠의 제공을 위 계약의 주된 내용으로 보아 그 대가를 사용료소득으로 판단하였다.[460]

(2) 특허권

(가) 국내에 등록된 특허권(법 93조 8호 가목)

대법원은, 특허권의 속지주의 원칙상 특허권자의 특허실시에 관한 권리는 특허권이 등록된 국가의 영역 내에서만 그 효력이 미치므로, 국내원천 사용료소득의 대상인 특허권은 국내에 등록된 특허권만을 의미한다고 보고, 국내에 등록되지 않은 특허권의 기술 등을 국내에서의 제조·생산에 이용함으로 인하여 지급한 대가는 국내원천 사용료소득에 해당하지 않는다고 판단하였다.[461]

(나) 국내에 등록되지 않은 특허권의 기술 등(법 93조 8호 다목)

2019. 12. 31. 개정된 법인세법은, 국내에 등록되지 않은 특허권의 기술 등을 국내에서의 제조·생산에 이용함으로 인하여 지급한 대가를, 특허권과 별개의 사용료소득의 유형으로 규정한다.[462] 특허권에 포함된 기술 등의 침해로 인한 손해배상금 등은 국내원천 기

---

460) 대법원 2012. 7. 26. 선고 2012두7981 판결(심리불속행) : 1심 법원은 법인세법 기본통칙 93 - 132…③에 규정된 사항을 기준으로, ① 위 계약은 원고의 비밀유지의무만을 정할 뿐 미국 법인의 비밀유지의무는 규정하지 않는 점, ② 위 계약의 대가가 용역수행에 투입되는 비용에 통상이윤을 가산한 금액으로 산정되었다고 볼 만한 자료가 없는 점, ③ 위 계약에는 원고가 콘텐츠를 적용할 때 미국 법인이 그 결과를 보증하는 내용이 없고, 오히려 위 콘텐츠의 소유권은 미국 법인에게 있으며, 위 계약이 종료되는 경우 원고가 그 콘텐츠 등을 원고의 비용으로 미국 법인에게 환원하여야 한다고 되어 있는 점, 미국 법인은 계획단계에서 원고에게 각종 보고서를 제출하는 등의 서비스를 용역을 제공하였으나, 이는 독자적으로 의미 있는 용역수행이라기보다는 원고가 독점적인 라이선스 사업을 하기 위한 준비단계로서 수행한 것인 점 등을 이유로 미국 법인의 콘텐츠 제공이 위 계약의 주된 부분이라고 판단하였고(인천지방법원 2011. 6. 9. 선고 2010구합4920 판결), 그 항소심은 항소를 기각하였다(서울고등법원 2012. 2. 8. 선고 2011누24592 판결). 한편, 위 사업은 원고가 위 테마파크 부지를 확보하지 못하는 등의 사유로 실행되지 못하고 종료하였다.
461) 대법원 2007. 9. 7. 선고 2005두8641 판결, 대법원 2014. 11. 27. 선고 2012두18356 판결 ; 국내에 등록되지 않은 특허권 등에 포함된 제조방법·기술·정보 등이 국내에서의 제조·생산에 사용된 경우에 관하여, 2019. 12. 31. 개정 전의 구 법인세법은 특허권 등이 국내에서 사용된 것으로 간주함으로써, 원천지에 대한 특칙의 형식으로, 위와 같은 경우 지급된 대가를 국내원천 사용료소득으로 규정하였다. 그러나 대법원은, 한·미 조세조약의 해석상 위와 같은 대가를 국내원천소득으로 볼 수 없다고 판단하였다.

타소득에 해당하므로(법 93조 10호 차목), 특허권에 포함된 기술 등의 사용대가가 국내원천 사용료소득에 해당하는 것은 특허권자 등으로부터 사용허락을 받은 경우를 의미한다.

① 대법원은, 특허권의 속지주의 원칙상 특허실시에 관한 권리는 특허권이 등록된 국가의 영역 내에서만 그 효력이 미치는 것이므로, 구 법인세법 제93조 제9호 (가)목 및 한·미 조세조약 제6조 제3항, 제14조 제4항에 따라 한국 내에 원천을 둔 사용료는, 외국법인 또는 미국법인이 한국 내에 특허권을 등록하여 한국 내에서 특허실시권을 가지는 경우에 그 특허실시권의 사용대가로 지급받는 소득을 의미하고, 따라서 내국법인이 미국에서만 등록되고 한국에서는 등록되지 않은 특허권의 특허기술을 사용한 대가로 지급한 금액은 국내에 원천을 둔 사용료로 볼 수 없다고 판단하였다(91누6887, 2005두8641).[463]

② 이후 2008. 12. 26. 법인세법 제93조 제9호 단서 후문에 '특허권이 국외에서 등록되었고 국내에서 제조·판매 등에 사용된 경우에는, 국내 등록 여부에 관계없이 국내에서 사용된 것으로 본다'는 규정이 신설되었다. 그러나 대법원은, 구 국조법 제28조에 의하면 위와 같은 소득을 국내원천소득으로 볼 것인지는 한미조세조약에 따라 판단하여야 하고, 한미조세조약 제6조 제3항, 제14조 제4항은, 미국법인이 국내에 특허권을 등록하여 국내에서 특허실시권을 가지는 경우에 그 특허실시권의 사용대가로 지급받는 소득만을 국내원천소득으로 정하였을 뿐이라는 이유로, 종전과 같이 위와 같은 소득을 국내원천소득으로 볼 수 없다고 판단하였다(2012두18356).[464][465] 그리고 법원은, 우리나라와 미국이 아닌 제3국에만 등록된 특허의 기술 및 특허출원 중인 기술의 사용대가도 한·미 조세조약에 따라 국내원천소득으로 볼 수 없다고 보았다.[466]

---

462) 서울고등법원 2012. 7. 11. 선고 2012누8382 판결(대법원 2014. 11. 27. 선고 2012두18356 판결의 원심)은, 구 법인세법(2010. 12. 30. 개정 전) 제93조 제9호 단서 후문의 '국외에서 등록되었고 국내에서 제조·판매 등에 사용된 국내에는 등록되지 않은 특허권'이란, 특허법상 특허권이 아니고, 국내 제조, 판매에 사실상 이용되는 국외 등록 특허권 내용에 포함되어 있는 제조방법, 기술, 정보 등을 일컫는 것으로 보아야 한다고('사실상 특허') 판단하였다.

463) 대법원 1992. 5. 12. 선고 91누6887 판결(현대자동차 사건), 대법원 2007. 9. 7. 선고 2005두8641 판결(대우전자 사건)

464) 대법원 2014. 11. 27. 선고 2012두18356 판결 ; 위 판례에 대한 해설은, 구 법인세법 제93조 제8조 단서 후문의 신설에 의하여 법인세법상 국내 미등록 특허의 사용대가로 지급받은 소득을 국내원천 사용료소득으로 과세할 수 있다고 가정하더라도, 국내원천 사용료 소득 과세대상 자산의 범위에 관하여 법인세법과 한·미 조세조약의 규정이 다를 경우, 한·미 조세조약이 우선 적용된다고 한다[정광진, "국내 미등록 특허의 사용대가와 한미 조세조약상 국내원천 사용료소득", 대법원판례해설 제102호(2015), 86쪽]. ; 위 판결 이후 선고된 대법원 2018. 12. 27. 선고 2016두42883 판결 및 대법원 2022. 2. 10. 선고 2018두36592 판결, 대법원 2022. 2. 10. 선고 2019두50946 판결도 같은 취지이다.

465) 대법원 판례에 대한 다양한 찬·반 의견을 정리한 글로, 윤지현, "미국에 등록된 특허권을 '사용'하는 대가의 과세 : 한·미 조세조약 하에서 이전가격과 소득 구분의 쟁점을 중심으로", 조세학술논집 제36집 제4호(2020), 한국국제조세협회, 135~138쪽

466) 수원지방법원 2019. 1. 24. 선고 2017구합61332 판결, 서울고등법원 2021. 1. 29. 선고 2019누37013 판결,

③ 그러나 대법원 판례의 타당성은 다음과 같은 이유로 의문스럽다.

㉮ **구 국조법 제28조**는, 조세조약상 소득의 구분이 내국세법상 소득의 구분과 별개로 행해져야 함을 확인하는 규정에 불과한 것으로 볼 여지가 있고,[467] 대법원도 다른 사건에서 그러한 취지로 판단하였다.[468] ㉡ 구 국조법 제28조는 문언상 내국세법상 소득의 구분이 조세조약에 따라 정해져야 한다는 의미로 해석될 여지는 있으나, 더 나아가 내국세법상 소득의 국내원천 여부까지 조세조약에 의하여 정해진다고 해석 하는 것은, 위 규정의 문언을 초과하는 것으로서 허용된다고 보기 어렵다.[469] ㉢ 설령 구 국조법 제28조를 법인세법상 소득의 국내원천 여부까지 조세조약에 의하여 정해진다는 의미로 해석하더라도, 국내에 등록되지 않은 특허를 구성하는 기술의 사용 대가는, 한·미 조세조약 제14조 제4항 (a)의 '특허권 … 기타 이와 유사한 재산 또는 권리'의 사용대가로 볼 여지가 있다. ㉣ 구 국조법 제28조는 2018. 12. 31. 삭제되었 으므로,[470] 적어도 위 시점 이후의 사안에 관하여는 위 대법원 판례와 달리 볼 여지 가 있다.[471]

㉯ **특허의 '사용'에 관한 한·미 조세조약 관점의 독자적(autonomous) 해석** : 한·미 조 세조약상 특허의 '사용'을 특허법이 아닌 위 조세조약의 관점에서 독자적으로 판단할 경우, 특허의 사용대가를 지급하는 법률관계는 특허권의 장소적 효력범위와 별개로 성립할 수 있으므로,[472] 국내 미등록 특허도 위 조세조약의 목적상 우리나라에서 '사 용'될 수 있다.

㉰ **특허의 '사용'에 관한 국내세법상 정의** : 내국법인이 국외에 등록되고 국내에는 등록 되지 않은 특허에 대하여 지급한 사용료에 대하여 우리나라가 과세하는 경우, 특허 의 '사용'은 한·미 조세조약에서 정의되지 않았으므로, 위 조세조약 제2조 제2항에 의하여 원천지국인 우리나라의 법에 따라 정해져야 한다.[473] 2008. 12. 26. 구 법인

대법원 2021. 6. 24. 선고 2021두35391 판결(심리불속행)

467) 구 국조법 제28조의 해석에 관한 상세한 것은 1-1-2. 참조

468) 대법원 2018. 2. 28. 선고 2015두2710 판결 ; 위 판결에 대한 판례해설인 곽상민, 앞의 글, 100쪽

469) 대법원 2012두18356 판결의 구 국조법 제28조에 대한 해석론은 일본 법인세법 제139조의 해석론과 거의 같은 것으로 보인다. 일본 법인세법 제139조는 조세조약에 의하여 내국세법이 대체·변경되는 범위를 구 국조법 제28조보다 훨씬 광범위하게 규정하므로, 일본 법인세법 제139조의 해석론을 구 국조법 제28 조의 해석에 적용하는 것은 부적절하다. 1-1-2. 참조

470) 김정홍, "국제조세조정법 제28조의 삭제에 관한 소고", 계간세무사(2018년 가을호), 158호, 27쪽은, 대법 원 2018. 2. 28. 선고 2015두2710 판결이 구 국조법 제28조의 바른 해석임을 전제로, 구 국조법 제28조가 불필요한 해석상 논란을 유발하지 않도록 2018. 12. 31. 삭제된 것이라고 한다.

471) 다만, 국내 미등록 특허의 사용대가에 관한 최초의 판례인 대법원 1992. 5. 12. 선고 91누6887 판결은 구 국조법 제28조가 1995. 12. 6. 제정되기 전의 사안에 대한 것이다.

472) 9-2-1-1. (1) (다) 참조

세법의 개정 이전에는 우리나라 세법에 그에 대한 정의 규정이 없었으므로, 한·미 조세조약상 특허의 '사용'은 우리나라 특허법상 '사용'의 법리에 따라 정해져야 하였으나, 위 개정으로 구 법인세법 제93조 제9호 단서 후문에 특허의 '사용'에 관한 정의 규정이 생긴 이후에는 그에 따라 위 조세조약상 특허의 '사용'을 판단하여야 한다고 볼 여지가 있다.[474]

㉕ **특허의 '사용'에 관한 특허법상 정의** : 한·미 조세조약상 특허의 '사용'을 특허법의 법리에 따라 판단하더라도, 대법원 판례에는 다음과 같은 문제점이 있다.

㉠ 국내 미등록 특허의 기술을 이용하여 국내에서 제조된 물품이 **미국에 수출**된 경우 : 내국법인이 미국에만 등록되고 국내에는 등록되지 않은 특허('국내 미등록 특허')의 기술을 특허권자의 허락 없이 사용하여 물품을 제조하여 미국에 수출하는 것은, 미국 특허법상 특허의 침해에 해당한다.[475] 위 경우 내국법인이 특허기술의 사용과 관련하여 특허권자인 미국법인에게 지급한 대가는, 한·미 조세조약상 특허권의 사용료로서 미국에 원천이 있다고 볼 여지가 있다. 그런데 위와 같은 **미국법인의 미국 내 원천소득**이 한·미 조세조약의 적용대상인지 의문스럽다. 조세조약은 국경을 넘는 (cross-border) 용역과 거래에 대한 장애를 제거하는 것을 목적으로 하고,[476] 이를 위하여 '일방 체약국의 거주자가 타방 체약국에 원천을 둔 소득'을 주된 규율대상으로 하기 때문이다. OECD 모델조약은 기타소득에 관한 규정을 두고 있으므로, 그에 따라 결과적으로 위 모델조약에서 체약국의 과세권을 인정한 경우에 한하여 체약국은 과세권을 행사할 수 있다. 그러나 한·미 조세조약에는 기타소득 규정이 없고, 위 조세조약 제2조 제2항에 규정된 '문맥'에 따라 그렇게 해석하기도 어렵다. 그럼에도 국내 미등록 특허기술의 사용대가에 대한 우리나라의 과세권을 과세권을 배제하는 것은, 기타소득 규정이 없는 한·미 조세조약에 관하여 사실상 해석으로 기타소득

---

473) 오윤, "조세조약의 해석상 국내세법의 지위 - 조세조약상 특허권의 '사용' 개념의 해석을 중심으로 -", 조세학술논문집 제32집 제2호(2016), 한국국제조세협회, 16쪽

474) OECD 모델조약 제3조 제2항에 의하면, 조세조약상 정의되지 않은 용어에 관하여 조세조약을 적용하는 국가의 세법상 의미가 다른 법상 의미보다 우선한다. OECD 모델조약 제3조의 주석 문단 13.1 ; 다만, 대법원 2014. 11. 27. 선고 2012두18356 판결은,「2008. 12. 26. 구 법인세법 제93조 제9호 단서 후문에 국내 미등록 특허의 사용료가 국내원천 사용료소득으로 규정된 이후로서, 2010. 1. 1. 구 국조법 제28조가 시행되기 전」인 2009. 3. 6.에 체결된, 기존 특허침해소송의 종료 및 특허실시권의 허여를 내용으로 하는 화해계약에 따라, 미국법인인 원고가 삼성전자 주식회사 등으로부터 국내 미등록 특허의 사용료를 지급받은 사건에서, 이를 국내원천소득으로 볼 수 없다고 판단하였다.

475) 미국 특허법 제271조 (a) : "… imports into United States any patented invention …" ; 따라서 그러한 물품을 미국에 수입하는 것은 한·미 조세조약상 특허의 사용료에 해당할 수 있다.
9-2-1-1. (1) (다) 참조

476) OECD 모델조약의 주석 서론(Introduction) 문단 15.2

규정을 창설하는 결과가 되므로, 허용된다고 보기 어렵다. 과세권은 헌법과 법률에 의하여 발생하고, 조세조약은 소극적·부인적 규범이므로, 체약국은 과세권의 행사를 위하여 조세조약의 제한을 받지 않으면 족하고 조세조약의 적극적 수권을 받을 필요는 없다.[477] 따라서 국내 미등록 특허기술의 사용대가가 한·미 조세조약의 적용대상에 해당하지 않는다면, 그러한 소득에 대한 우리나라의 과세권은 제한되지 않는다.[478]

ⓛ 국내 미등록 특허의 기술을 이용하여 제조된 물품이 미국 외의 **제3국에 수출**된 경우 : 미국에만 등록되고 국내에는 등록되지 않은 특허의 기술을 이용하여 제조된 물품이 미국 내로 수입되지 않은 경우, 위 특허기술의 사용은 원칙적으로 미국 특허법상 특허의 침해를 구성하지 않고, 그 사용대가는 한·미 조세조약상 특허의 사용료로 보기 어렵다. 위와 같은 특허기술의 사용대가의 원천지는 한·미 조세조약 제6조 제9항에 따라 체약국인 우리나라의 법에 따라 정해져야 한다.

ⓒ 미국 외의 **제3국에만 등록**된 특허 : 미국 외의 제3국에만 등록된 특허의 기술을 사용하여 국내에서 제조된 물품이 미국으로 수입되더라도, 이는 미국 특허권의 침해에 해당할 수 없다. 위 경우 특허기술 사용대가의 원천지는, 그 수령자가 미국법인이어서 한·미 조세조약이 적용되는 경우, 우리나라의 법에 따라 정해진다(한·미 조세조약 6조 9항). 대법원은, 우리나라와 미국이 아닌 제3국에만 등록된 특허 및 특허출원 중인 기술의 사용대가도 한·미 조세조약에 따라 국내원천소득으로 볼 수 없다고 판단하였으나,[479] 그 타당성은 의문스럽다.

---

477) 1-1-2. 참조

478) 위와 같은 사용료에 대하여 우리나라가 과세할 경우 특허권자인 미국법인이 미국에서 이중과세제거조치를 적용받지 못할 수 있다. 가령, ㉮ 우리나라가 특허기술 사용대가의 원천지를 국내로 보아 과세하였으나, 미국은 그 원천지가 미국이라 판단할 수 있고, ㉯ 우리나라가 특허기술의 사용대가가 한·미 조세조약의 적용대상이 아니라고 보아 과세하였는데, 미국도 위 사용대가가 위 조세조약의 적용대상이 아니므로 이중과세제거의무를 부담하지 않는다고 판단할 수 있다. 그러한 경우 경제적 부담이 내국법인에게 전가되므로, 우리나라의 과세권이 한·미 조세조약에 의하여 제한되는 것으로 해석하여야 한다는 견해가 있을 수 있다[김석환, "사용료소득의 원천지 판단기준", 저스티스 제140호(2014. 2.), 한국법학원, 417쪽은, 2008. 12. 26. 개정으로 신설된 법인세법 제93조 제9호 단서 후문에 대하여, 국내 미등록 특허를 사실상 사용하는 경우에도 국내원천소득으로 본다면 미국 및 일본의 '사용'에 대한 해석기준과 불일치를 야기하여 국제적 이중과세를 불러일으키고 그에 따른 경제적 부담은 결국 국내기업에 전가된다는 이유로 비판하였다]. 그러나 위와 같은 사정은 내국법인의 국제경쟁력 제고를 위한 산업정책적 고려사항일 수는 있지만, 위에서 본 것과 같은 조세조약의 목적으로 보기는 어려울 것이다.

479) 수원지방법원 2019. 1. 24. 선고 2017구합61332 판결, 서울고등법원 2021. 1. 29. 선고 2019누37013 판결, 대법원 2021. 6. 24. 선고 35391 판결(심리불속행) ; 박설아, "2021년 판례(심판례 등 포함) 회고", 2022년도 한국국제조세협회 동계학술대회 자료집, 51쪽은, 특허출원 중인 기술이 미등록 상태라는 이유로 권리행사의 범위를 국내까지 확장한다면 미성숙한 권리에 대한 보호를 더 강하게 인정하여 불합리하다는 이유로, 특허출원 상태에 있는 기술에도 선행 대법원 판례의 법리가 그대로 적용된 것이라고 한다.

④ 대법원은, 내국법인이 외국법인의 ㉮ 국내에 등록되지 않은 특허, ㉯ 발명, 기술 등에 관한 비공개 정보를 사용하고 대가를 지급하기로 하는 계약에 따라 그 외국법인에게 지급한 금액 중 후자의 대가는 국내원천 사용료소득에 해당한다고 판단하였다.[480]

⑤ 내국법인이 국내에 등록되지 않은 외국법인의 특허에 포함된 기술을 국내에서 무단으로 사용하고 그 외국법인에게 특허침해에 따른 손해배상으로 지급한 금액 중 '실제로 발생한 손해의 전보(塡補)'를 초과하는 금액[481]은, 조세조약상 사업소득[482] 또는 기타소득[483]에 해당할 여지가 있다.[484]

(다) 특허권의 창출을 위한 공동연구개발비용

사용료소득은 이미 성립하여 존재하는 권리의 사용 등에 대한 대가로 지급하는 것이다. 따라서 내국법인이 외국법인과 공동으로 연구개발하여 그 성과물의 소유권을 공유하기로 하고 지출하는 분담비용은, 원칙적으로 아직 발생하지 않은 특허권 등을 장차 창출하기 위한 비용일 뿐이고 사용료소득의 지급으로 보기 어려울 것이다.[485]

---

480) 대법원 2022. 2. 10. 선고 2018두36592 판결, 대법원 2022. 2. 10. 선고 2019두50946 판결. 발명의 내용이 공개되는 특허와 달리, 공개되지 않은 발명, 기술 등은 그 발명 등의 주체인 외국법인의 협조가 없이는 그 내용을 다른 법인이 알거나 사용하기 어려우므로, 비공개 발명 등의 사용에 따른 대가는 주로 그 사용계약에 따라 지급되는 경우가 많을 것이다.

481) 가령, 미국 특허법 제284조에 따라 실제 손해액을 초과하는 배상액이 인정된 경우 그 초과하는 부분이 이에 해당할 것이다. 위 규정에 언급된 합리적 실시료(reasonable royalty)는 실제 손해액으로 볼 여지가 있다. 합리적 실시료는, 미국 판례법상 형성된 개념으로서, 특허권자가 침해자와 침해행위 개시 시에 특허권 실시허락의 교섭을 행하였을 경우 그 결과 양자 사이에서 합의가 성립하였을 실시료를 말한다. Trans-World Mfg. Corp. v. Al Nyman & Sons, Inc., 750 F.2d 1552 (Fed. Cir. 1984). 안원모, "특허권 침해로 인한 실시료 상당의 손해 - 대상판결 : 대법원 2006. 4. 27. 선고 2003다15006 판결 -", 법조, 제602호(2006), 한국법조협회, 212쪽.

482) 특허권자인 미국법인이 징벌적 손해배상금을 받는 것이 한·미 조세조약 제8조 제5항의 '상업 또는 산업의 능동적 수행(active conduct of a trade or business)'에 해당하는 경우, 그 손해배상금은 위 조세조약상 사업소득에 해당할 수 있다. 그 예로는, 가령 특허를 이용하여 생산 또는 제조활동을 하지 않고 다른 기업에 대하여 특허침해로 인한 손해배상청구를 하기 위하여 보유하는 경우[이른바 patent troll (non-practicing entity 또는 non-producing entity)]를 들 수 있다.

483) 한·미 조세조약에는 기타소득에 관한 규정이 없으므로, 미국법인이 내국법인으로부터 받은 징벌적 손해배상금액 중 실손해의 전보를 초과하는 부분이 사업소득에 해당하지 않는 경우, 우리나라는 위 조세조약에 따른 제한을 받지 않고 국내세법에 따라 과세할 수 있을 것이다. 2006년 미국 모델조약 제21조는 기타소득에 관하여 규정하고, 위 모델조약에 대한 기술적 설명서는 손해배상 중 실손해의 전보를 초과하는 부분[puintive (not compensatory) damages]을 기타소득의 예로 든다(2006 U.S. Model Technical Explanation p.62).

484) 윤지현, 앞의 글, 124~129쪽. 다만, 미국에서 특허침해로 인한 손해배상 사건은 대부분 판결이 아닌 화해(settlement)로 끝나는데, 그러한 경우 특허침해로 인한 손해배상으로 지급된 금액 중 '손해의 전보'에 해당하는 부분과 나머지 부분을 구분하기는 쉽지 않을 것으로 보인다(윤지현, 앞의 글, 117쪽).

485) 서면2팀-2731, 2004. 12. 24. ; 서면법규과-705, 2013. 6. 19.

9-1-3. 정보 또는 노하우의 사용 및 양도 대가

(1) 정보 또는 노하우

(가) 요건

'산업상·상업상·과학상의 지식·경험에 관한 정보 또는 노하우'는, 지적재산권의 대상이 될 수 있는지 여부에 관계없이, 발명, 기술, 제조방법, 경영방법 등에 관한 비공개(非公開) 정보를 말한다.[486)487)] 따라서 미국에서 특허로 등록되어 공개된 기술은 위와 같은 정보 및 노하우에 해당하지 않는다.[488)]

(나) 사용료소득과 사업소득(또는 인적용역소득)의 구분

사용료소득의 요건인 '정보 또는 노하우의 제공'은 광의의 용역(service)에 포함된다. 용역을 제공하는 기업의 핵심적 자산이 그 기업의 정보 또는 노하우이고, 용역의 제공과정에서 그 기업의 정보 또는 노하우가 사용되는 경우가 많다. 기업이 용역을 제공하는데 정보 또는 노하우를 사용하는 것에서 더 나아가 고객에게 정보 또는 노하우를 이전하는 경우에는, 그로 인한 소득은 일정한 경우 사용료소득에 해당할 수 있다. 이와 같이 조세조약상 사업소득 또는 인적용역소득과, 정보 또는 노하우의 제공으로 인한 사용료소득은, 밀접하게 관련되어 있다.

외국법인이 용역을 제공하는 과정에서 그 노하우의 전부 또는 일부를 상대방에게 이전하는 경우, 그 용역의 대가를 사용료소득과 인적용역소득 중 어느 것으로 볼 것인지 문제된다.[489)] 외국법인이 기술용역을 제공하는 경우에, 그 용역이 공개되지 않은 기술적 정보(know-how)를 전수하는 것이 아니고, 동종의 용역수행자가 통상적으로 보유하는 전문적 지식 또는 특별한 기능으로 수행하는 업무인 경우에는, 인적용역에 해당한다.[490)] 그리고

---

486) 대법원 2000. 1. 21. 선고 97누11065 판결, 대법원 2007. 9. 7. 선고 2005두8641 판결
487) 법인세법 기본통칙 93 – 132…7 【노하우와 독립적인 인적용역의 구분】
　　① 법 제93조 제8호 나목의 "정보 또는 노하우"란 지적재산권의 목적물이 될 수 있는 지 여부와 관계없이 제품 또는 공정의 산업적 재생산을 위하여 필요한 모든 비공개 기술정보로서 동 정보를 제공하기 전에 이미 존재하는 것을 말한다.
　　③ 제1항에서 말하는 정보 또는 노하우 해당 여부는 특히 다음 각 호의 요소를 고려하여 결정한다.
　　　　1. 비밀보호규정이 있거나 제3자에게 공개되지 못하게 하는 특별한 장치가 있는지 여부
　　　　2. 기술용역제공대가가 당해 용역 수행에 투입되는 비용에 통상이윤을 가산한 금액을 상당히 초과하는지 여부
　　　　3. 사용자가 제공된 정보 또는 노하우를 적용함에 있어서, 제공자가 특별한 역할을 수행하도록 요구되는지 또는 제공자가 그 적용결과를 보증하는지 여부
488) 대법원 2007. 9. 7. 선고 2005두8641 판결
489) 적용되는 조세조약에서 법인의 인적용역소득을 별도로 규정하는 경우에는 사용료소득과 인적용역소득의 구분이 문제되고, 그렇지 않은 경우에는 사용료소득과 사업소득의 구분이 문제된다.
490) 대법원 1986. 10. 28. 선고 86누212 판결, 대법원 1987. 3. 10. 86누225 판결, 대법원 1989. 5. 9. 선고

외국법인의 용역제공 과정에서 외국법인의 비공개 기술정보가 일부 내국법인에게 이전되더라도, 다른 주된 용역의 제공에 부수한 것인 경우에는, 그 용역제공의 대가는 사용료소득에 해당하지 않는다.[491)492)]

(2) 구체적 사례

(가) 설계도면의 제공대가

대법원은, 내국법인이 외국법인으로부터 공개되지 않은 고도의 산업상·과학상 기술적 정보가 포함된 설계도면을 제공받은 사건에서 그 대가를 국내원천 사용료소득으로 판단하였다.[493)]

(나) 소프트웨어

내국법인이 외국법인으로부터 소프트웨어를 도입한 경우 상품의 수입에 해당하는지 아니면 노하우 또는 기술의 도입에 해당하는지가 문제된다.

① 대법원 1997. 12. 12. 선고 97누4005 판결은 다음과 같이 판단하였다.

  ㉮ 내국법인이 외국의 소프트웨어 공급자로부터 복제판매권 등을 수여받지 않은 채 외국 공급자가 스스로 복제하여 만든 소프트웨어 복제품을 그대로 수입하여 사용하거나 판매하는 경우에는 소프트웨어를 상품으로 수입하는 것으로 볼 것이다.

  ㉯ 그 밖에 ㉠ 소프트웨어의 비공개 원시코드(source code)가 제공되는 경우, ㉡ 국내 도입자의 개별적인 주문에 의하여 제작·개작된 소프트웨어가 제공된 경우, ㉢ 소프트웨어의 지급대가가 당해 소프트웨어의 사용형태 또는 재생산량의 규모 등 소프트웨어의 사용과 관련된 일정기준에 기초하여 결정되는 경우 등에는 노하우 또는 기술을 도입하는 것으로 볼 수 있다.[494)495)]

87누1050 판결 ; 법인세법 기본통칙 93 - 132…7 ②

491) 대법원 1989. 5. 9. 선고 87누1050 판결, 대법원 2015. 6. 24. 선고 2015두950 판결

492) 주된 용역과 그에 부수하여 제공된 노하우의 각 가액을 특정하여 구분할 수 있다면, 각 항목별로 구분하여 그에 해당하는 조세조약 규정을 적용하는 것도 생각할 수 있으나, 일반적으로 그러한 구분은 상당히 곤란할 것이다.

493) 대법원 1991. 7. 23. 선고 90누6088 판결 : 방위산업체인 내국법인이 외국법인으로부터 한국형 기뢰탐색함의 건조에 필요한 설계도면을 제공받은 사건

494) 법인세법 기본통칙도 같다(기본통칙 93 - 132…8 ②).

495) 대법원 1997. 12. 12. 선고 97누4005 판결 : 대법원은, 위 사건에서 ① 문제된 소프트웨어는 그 기능과 성질상 구입회사들의 토지·건물의 전산화나 설계업무 자동화를 보조하는 역할을 수행하는 것으로 별도의 독립적 기능이 있는 것은 아닌 사실, ② 위 소프트웨어의 구입회사들도 이를 내부업무의 편의를 위한 도구로서 구입하였고 구입하는 과정에서 원고 회사의 직원들로부터 운영방법에 관하여 간단한 설명을 들었을 뿐 별도의 기술지원이나 기술전수는 없었으며, 당해 소프트웨어의 작동원리를 알 수 있는 비공개 원시코드를 제공받은 적도 없는 사실, ③ 위 소프트웨어에 대하여는 이미 많은 경쟁제품들이 있고 가격이 정형화되어 있어서 구입회사들은 소개책자 등을 통하여 제품들을 비교 선택한 후 원고가 인터그래프

② 그러나 이후 대법원 2000. 1. 21. 선고 97누11065 판결은, 소프트웨어의 도입이 노하우 또는 그 기술의 도입인지 여부를 소프트웨어의 기능과 도입가격, 특약내용 기타 제반사정에 비추어 판단하면서, 위 ① ㉯의 각 경우에 해당하지 않는 사안에서 소프트웨어의 도입대가를 사용료소득으로 인정하였다.[496]

③ 최근에 소프트웨어 공급계약의 대가를 사용료소득으로 본 사례로는 서울고등법원 2020. 12. 23. 선고 2020누30681 판결[497]이 있고, 사용료소득이 아닌 사업소득으로

사로부터 수입한 것을 수입 시 현상대로 구입한 것이고, 개별적인 주문에 의하여 제작되거나 개작된 소프트웨어를 제공받은 적이 없는 사실, ④ 위 소프트웨어의 종류별 단위가격이 미화 1,000 내지 2,000불 정도로 도입 당시 일정액으로 확정되었던 사실에 의하면, 위 소프트웨어는 범용 소프트웨어로서 외국의 소프트웨어 공급업자가 스스로 소프트웨어를 복제하여 판매한 상품에 불과하고, 위 소프트웨어의 도입이 노하우의 전수라고 보기 어렵다고 판단하였다.

496) 대법원 2000. 1. 21. 선고 97누11065 판결 : 대법원은, 원고(한국전력공사)가 미국 회사들로부터 CADPAD 및 UNLOAD－PLUS 소프트웨어를 도입하고 지급한 대가가 사용료소득에 해당하는지 여부가 문제된 사건에서, ① CADPAD 소프트웨어 등에 관하여는, ㉮ 비공개 원시코드를 제공받지는 않았으나, 위 소프트웨어의 도입가격이 거액이고, 도입계약에 각 소프트웨어에 들어 있는 비밀 내용을 제3자에게 공개할 수 없다는 내용이 포함되어 있는 사실, ㉯ 위 소프트웨어에 포함된 기술이 당시 국내에서는 개발·공급이 불가능한 고도 수준의 것이었을 뿐만 아니라, 미국 등지에서 다년간 전기회사의 경영 및 관리, 핵발전소 등의 건설사업관리, 원자로의 설계 및 운용 등에 관한 기술·경험·정보가 축적되어 개발된 것들인 사실, ㉰ 불특정 다수인에게 판매된다거나 간단한 사용설명서에 의하여 쉽게 사용방법을 알 수 있는 것이 아니라 제공자가 소프트웨어를 직접 설치하고 사용자에 대한 교육·훈련을 실시하며 일정한 기간 동안 소프트웨어의 유지·관리·오류시정·수준향상 등을 책임지고 관련기술을 지원하여야 하는 사실 등을 이유로, 위 소프트웨어의 도입은 단순히 상품을 수입한 것이 아니라 노하우 또는 그 기술을 도입한 것으로 봄이 상당하다고 판단하였고, ② UNLOAD－PLUS 소프트웨어에 관하여는, 이는 데이터베이스의 재편성 등의 기능을 지원하는 자료처리용 소프트웨어이고, 위 소프트웨어는 아이비엠(IBM)형 컴퓨터 시스템 하에서 데이터베이스의 효율적 운영을 목적으로 개발되어 불특정 다수의 업체에서 범용할 수 있도록 상용화된 소프트웨어로서 그 도입과 관련하여 특별한 교육이나 훈련이 필요하지 아니하고 원고는 이를 별도 주문에 의한 특별한 개작 없이 구입한 사실을 알 수 있으므로, 위 소프트웨어의 도입은 노하우 또는 그 기술을 도입한 것이 아니라 단순히 상품을 수입한 것에 불과하다고 판단하였다.

497) ① 소프트웨어 개발회사인 미국법인의 국내 자회사인 원고는, 미국법인 A와 사이에 A가 개발한 컴퓨터 지원 설계(CAD) 소프트웨어 등에 관한 배급계약을 체결하고, 국내 사용자들에게 위 소프트웨어의 판매, 유지보수, 자문, 교육 등의 용역을 제공하는 한편, A에게 위 소프트웨어의 국내 판매 및 유지보수 용역 수입의 일정 비율에 해당하는 금액을 소프트웨어 도입대가 및 라이선스 수수료 명목으로 지급하였다. 위 소프트웨어 배급계약에는 사용자의 비밀유지의무, 공급자의 컨설팅 및 교육서비스 의무 등이 규정되어 있었다. ② 법원은, ㉮ 위 소프트웨어가 미국법인 A의 장기간에 걸친 3D 설계 및 제품 수명주기 관리 등 관련한 기술·경험·정보가 축적되어 개발된 것이고, 이를 국내에서 새로이 개발·공급하는 것은 사실상 불가능한 점, ㉯ 위 소프트웨어는 다양한 종류와 기능을 지는 여러 개의 모듈 묶음으로 되어 있어서 사용자는 자신의 업무내용 등에 따라 모듈 구성을 달리하여 구입할 수 있고, 사용자의 요청에 따라 소프트웨어의 기능이 추가되기도 하는 점, ㉰ 위 소프트웨어는 불특정다수인에게 판매되거나 간단한 사용설명서에 의하여 쉽게 사용방법을 알 수 있는 것이 아니라, 사용방법 자체가 상당한 기술을 필요로 하여 사용자에 대한 교육이 필요하므로, 범용성이 있다고 보기 어려운 점, ㉱ 원고가 A로부터 원시코드를 제공받지는 않았으나 A로부터 위 소프트웨어에 관한 교육을 제공받고, 내부전산망의 유지보수 관련 데이터베이스를 통하여 전세계적으로 문제된 사례들을 공유한 점, ㉲ 배급계약상 비밀유지조항이 있는 점, ㉳ 원고는 위 배급계약에서 'A에게 위 소프트웨어 판매 및 유지보수 용역 수입의 70%에 해당하는 금액을 지급하되, 원고의 영업이익률이 2% 미만이거나 6%를 초과할 경우 위 지급 비율을 조절하여 영업이익

본 사례로는 서울행정법원 2021. 2. 25. 선고 2019구합70643 판결[498]이 있다.

④ OECD 모델조약 주석은, 대법원 판례와 달리, 소프트웨어의 사용자가 취득하는 권리를 주된 기준으로 그 사용대가가 사용료소득인지를 판단한다.[499]

(다) 국제공인자격시험 운영계약에 따른 대가

원고가 국내에서 IT 관련 국제공인자격시험을 실시하기 위하여 호주 법인으로부터 위 시험의 실시에 필요한 소프트웨어와 시험문제를 제공받기로 하는 시험센터 운영계약을 체결하고, 호주 법인에게 그 대가를 지급한 사건에서, 위 대가가 사용료소득인지 아니면 사업소득인지가 문제되었다. 대법원은, ① 원고가 제공받은 제공받은 소프트웨어 등은 '노하우'에 해당하는 점, ② 호주 법인은 위 시험을 실시할 수 있는 소프트웨어와 시험문제 등을 제공한 것 외에는 광고 등 아무런 수익활동을 하지 않은 점 등을 이유로, 원고가 지급한 대가는 사업소득이 아니라 사용료소득에 해당한다고 판단하였다.[500]

(라) F1 대회 개최권료

원고가 국내에서 국제자동차경주(F1)대회를 개최하기 위하여, F1 대회의 개최 및 운영을 목적으로 설립된 영국법인(FOA)과 사이에, 영국법인이 일정한 경주자동차가 위 대회에 참여하도록 하고 위 대회와 관련한 자문·지원을 하기로 하는 등의 계약을 체결하고, 그 대가(개최권료)를 지급한 사건에서, 법원은 FOA가 제공하는 용역이 FOA만이 제공할 수 있는 점을 중시하여 위 대회의 개최권료를 사용료소득으로 판단하였다.[501]

(마) 국제마케팅비 등 : 상표권 사용료

대법원은, 외국 스포츠용품 브랜드의 계열회사인 내국법인이 모회사 등으로부터 모회사 등이 권리자인 상표가 부착된 상품을 수입·판매하면서 상표권자인 모회사 등에게 상표권 사용계약과 별도로 국제마케팅비 명목의 금액을 지급한 사건에서, 이를 상표권 사용의 대가로 지급한 금액으로 판단하였다.[502]

률을 2~6%로 맞추기로' 약정하였는데, 이는 일반적인 소프트웨어 수입·배급계약과 다른 형태로 보이는 점 등을 이유로, 원고는 단순히 상품을 수입한 것이 아니라 노하우 또는 그 기술을 도입한 것으로 볼 수 있고, 위 소프트웨어 대가 등은 한·미 조세조약상 사용료소득에 해당한다고 판단하였다(서울고등법원 2020. 12. 23. 선고 2020누30681 판결). 그리고 대법원은 상고를 기각하였다[대법원 2021. 5. 13. 선고 2021두32989 판결(심리불속행)].

498) 서울고등법원 2022. 1. 20. 선고 2021누38088 판결(항소기각), 대법원 2022. 6. 16. 선고 2022두36155 판결(심리불속행)

499) OECD 모델조약의 주석에 관하여는 9-2-1-2. (2) 참조 ; 소프트웨어 사용대가의 소득구분에 관한 국제적 동향에 대하여는 김석환, "소프트웨어 사용대가의 소득구분 - 국제적인 동향과 우리나라 판례의 비판적 고찰 -", 저스티스 제188호(2022. 2.), 한국법학원, 308~335쪽

500) 대법원 2010. 1. 28. 선고 2007두7574 판결

501) 대법원 2016. 3. 24. 선고 2015두58362 판결

대법원은, 미국 마스터카드사의 국내 회원사들이 마스터카드 상표를 국내에서 비독점적으로 사용할 권리를 보유하면서 위 상표를 붙인 신용카드를 발급하고, 마스터카드사에 분담금을 지급한 사건에서, 위 분담금 중 마스터카드 소지자의 국내 거래금액을 기준으로 산정되는 발급사분담금은 상표권 사용의 대가로 볼 수 있다는 취지로 판단하였다.[503]

---

502) 대법원 2016. 8. 30. 선고 2015두52098 판결(아디다스코리아 사건), 대법원 2016. 9. 30. 2015두58591 판결(푸마코리아 사건), 대법원 2016. 10. 27. 선고 2016두34059 판결(컬럼비아스포츠웨어 사건), 대법원 2017. 10. 12. 선고 2017두44879 판결(나이키코리아 사건)

503) 대법원 2022. 7. 28. 선고 2019두52706 판결 : 미국법인인 원고 마스터카드 인터내셔널 인코퍼레이티드 ('마스터카드사')는 국내에서 신용카드업을 영위하는 회원사들로부터 ① 마스터카드 소지자의 국내 거래금액 중 일정 비율에 해당하는 금액(발급사분담금)과 ② 마스터카드 소지자가 마스터카드사의 국제결제 네트워크 시스템을 이용한 국외 거래금액 중 일정 비율에 해당하는 금액(발급사일일분담금)을 각각 지급받았다. 대법원은, ① 회원사들이 원고의 상표를 사용하여 마스터카드를 발급하는 등으로 국내에서 원고의 상표권을 사용하고, 그 상표권 사용의 대가는 국내 거래금액을 기준으로 산정되는 발급사분담금과 밀접한 관련을 가지는 점, 마스터카드가 국내에서 사용되는 경우 회원사들이 자체적으로 구축한 전자결제 네트워크 시스템이 이용되고 원고의 국제결제 시스템은 이용되지 않으므로, 국내 거래금액을 기준으로 산정되는 발급사분담금은 원고의 국제결제 시스템을 통하여 제공되는 포괄적 역무의 대가로 보기 어려운 점, ② 이에 비하여 발급사일일분담금은 원고의 국제결제 시스템을 이용한 마스터카드의 국외 결제금액을 기준으로 산정되므로, 원고가 회원사들에게 원고의 국제결제 시스템을 통하여 제공한 포괄적 역무의 대가로 볼 수 있는 점 등을 이유로, 발급사분담금은 원고의 상표권을 사용하는 대가로, 발급사일일분담금은 포괄적 역무 제공의 대가로 볼 여지가 있다고 판단하였다. ; 위 판결과 관련된 것으로 대법원 2022. 7. 28. 선고 2019두33903 판결(마스터카드의 주 회원인 비씨카드 주식회사에 관한 사건), 대법원 2022. 7. 28. 선고 2018두39621 판결(마스터카드의 회원사인 하나카드 주식회사 등에 대한 사건)

대법원 2016. 8. 30. 선고 2015두52098 판결

1. 사실관계
① 독일 법인인 Adidas AG('독일 아디다스')의 한국 자회사인 원고(아디다스 코리아 주식회사)는 네덜란드 법인인 Adidas International Trading BV로부터 아디다스 상표가 부착된 스포츠용 의류, 신발 등을 수입하여 판매하였고, 그 상표권에 관하여 2003. 1. 1. 독일 아디다스와 상표권 사용계약을 체결하고 독일 아디다스에게 상표권 사용료를 지급하였다.
② 원고는 2009. 1. 1. 종전의 상표권 사용계약에 갈음하여 독일 아디다스와 새로운 라이선스 계약을 체결하고, 이에 따라 독일 아디다스에게 권리사용료(royalties)로 매년 순매출액의 10%를 지급하는 한편, 그와 별도로 국제마케팅비 명목으로 순매출액의 4%를 지급하였다.
③ 위 라이선스 계약에 따르면, 위 국제마케팅비는 원고가 위 라이선스 계약하에서 획득한 마케팅 혜택에 대한 보상으로 규정되어 있고, 라이선스 제공자인 독일 아디다스는 ㉮ 범지역적 또는 전세계적 중요성을 가진 운동선수·팀·연맹들과의 계약 체결 등, ㉯ 올림픽·월드컵 등의 후원계약 체결 등, ㉰ 글로벌 및 지역적 광고 캠페인 등, ㉱ 아디다스 웹사이트의 구축과 유지 등의 활동을 위 국제마케팅비로 충당하는 것으로 되어 있다.
④ 원고는, 아디다스 등의 상표가 부착된 스포츠용 의류 등을 수입하면서 위 라이선스 계약에 따른 권리사용료는 위 수입물품의 과세가격에 가간하여 신고하였으나, 위 국제마케팅비를 가산하지 않았다.
⑤ 서울세관장은 위 국제마케팅비가 실질적인 권리사용료라고 보아 이를 위 수입물품의 과세가격에 가산하여 관세, 부가가치세 등의 부과처분을 하였다.
2. 대법원의 판단
다음과 같은 사정을 종합해보면, 위 국제마케팅비는 그 실질이 원고가 독일 아디다스에 상표권 사용의 대가로 지급한 금액이라고 볼 여지가 충분하다.
① 위 국제마케팅비는 원고가 수입하는 물품을 개별적으로 광고함으로써 그 판매를 촉진하기 위한 것이 아니라 주로 독일 아디다스가 유명 운동선수 등을 통하여 자신이 보유하는 상표의 명칭과 로고 등을 대중들에게 지속적으로 노출시키는 데 쓰인 비용의 일부이다.
② 독일 아디다스가 보유하는 상표의 명칭과 로고를 널리 알리는 활동은, 위 수입물품의 국내 판매에 도움이 되는 면도 있겠지만, 독일 아디다스가 보유하는 상표권의 가치를 상승시키는데 직접 기여할 것이다.
③ 위 국제마케팅비에 의한 활동으로써 독일 아디다스가 보유하는 상표권의 가치가 높아지게 되면 상표권자인 독일 아디다스는 상표권 사용자인 원고에게 상표권 사용의 대가를 추가로 요구할 합당한 이유가 있게 된다.
④ 위 활동을 원고가 독일 아디다스 및 다른 해외 현지법인들과 함께 수행하면서 그 비용을 분담한 것이라고 보면, 독일 아디다스는 원고들과 같은 해외 현지법인들의 부담으로 자신이 보유하는 상표권의 가치를 증대시키는 결과가 되어 부당하다.
3. 법인세법상 국내원천 사용료소득 여부
위 대법원 판결은 관세법상 수입물품의 과세가격에 대한 것이지만, 그 판시 내용은 국내원천 사용료소득의 판단에도 적용될 수 있을 것이다.

9-2. 조세조약상 사용료소득

9-2-1. 조세조약상 사용료소득의 범위

9-2-1-1. 저작권·특허권·상표권 등의 사용료

(1) 특허권 등의 사용료

(가) 사용료의 정의와 범위

OECD 모델조약 제12조의 사용료는 '영화필름, 특허, 상표권, 디자인 또는 모델, 계획, 비밀 공식(公式) 또는 공정(工程)을 포함한 문학적, 예술적 또는 과학적 성과의 저작권의 사용 또는 사용권의 대가로, 또는 산업적, 상업적 또는 과학적 경험과 관련된 정보의 사용 또는 사용권의 대가로 받는 모든 종류의 지급'을 의미한다.[504]

위 사용료의 정의는, 사용의 대상인 권리 또는 재산이 공적 등록부에 등록되었거나 등록되어야 하는지 여부와 관계없이 적용되고,[505] 사용허락(license)에 따른 지급액뿐만 아니라 불법적 복사 또는 권리침해에 따른 배상금(compensation)도 포함한다.[506] OECD 모델조약의 주석에 의하면, 아직 존재하지 않는 '디자인 또는 신안, 도면(design or model, plan)'의 개발(development)을 위한 대가가 지급된 경우, 그 대가는 디자인 등의 사용 또는 사용권에 대한 대가에 해당하지 않는다.[507]

(나) 사용허락과 양도의 구분

OECD 모델조약에서는, 특허권 등의 사용 또는 사용권(use of, or the right to use)에 대한 대가만이 사용료에 해당하고, 그 양도의 대가는 사용료에 포함되지 않으므로, '사용허락'과 '양도'의 구분이 중요하다. 권리가 여러 번 사용된 것에 기초하여 지급된 금액이라도, 그 지급을 받은 자가 그 권리를 소유하지 않는 경우에는, OECD 모델조약의 사용료에 해당하지 않는다.[508][509] 지식재산에 관한 전적인 권리를 일정한 기간 또는 일정한 지

---

504) OECD 모델조약 제12조 제2항

505) OECD 모델조약 제12조의 주석 문단 8 ; 국세청, 개정세법해설(2009), 320쪽은, 국내 미등록 특허의 사용대가에 관한 법인세법 제93조 제9호 단서 후문의 근거로, 위 OECD 모델조약의 주석을 든다.

506) OECD 모델조약 제12조의 주석 문단 8

507) OECD 모델조약 제12조의 주석 문단 10.2 : 그러한 경우의 지급액은 디자인 등의 개발을 위한 서비스에 대한 대가이기 때문에 사업소득에 해당한다. 그리고 이는 디자인 등을 한 자가 그에 관한 저작권을 포함한 모든 권리를 보유하는 경우에도 마찬가지이다.

508) OECD 모델조약 제12조의 주석 문단 8.1, 18 : 음악가의 연주녹음에 대한 저작권이 저작권법 또는 계약조건에 따라 그 음악가가 연주용역을 제공하기로 계약한 자 또는 제3자에게 귀속하는 경우, 그 계약하에서 지급된 금액은 그 녹음의 판매량에 연계하여 정해졌더라도 사용료가 아닌 OECD 모델조약 제17조의 사업소득 또는 제17조의 소득에 해당한다(위 주석 문단 18의 4문). ; 저작권의 사용료와 관련된 미국 법원의 판결로 ① Ingram v. Bowers, 47 F.2d 925 (S.D.N.Y. 1931), ② Boulez v. Commissioner, 83 T.C.

역적 범위에 한하여 판매로[as a sale, 양도(alienation)의 형식으로] 배타적으로 부여하는 경우, 그 지급액이 그 재산의 '사용 또는 사용할 권리'에 대가인지가 문제될 수 있다. OECD 모델조약의 주석에 의하면, ① 재산의 배타적 사용권을 확보하기 위한 계약의 대가로 지급된 금액은, 경우에 따라 사용료에 해당하고,[510] ② 일반적으로 권리의 양도가 별도의 특정한 재산(distinct and specific property)을 구성하는 경우, 그 대가는 OECD 모델조약 제12조의 사용료가 아니라 제7조의 사업소득 또는 제13조의 양도소득에 해당한다.[511] 일정 지역 내에서의 제품 또는 서비스의 배타적 판매권(exclusive distribution rights)만을 얻기 위한 대가는 사용료가 아니라 사업소득에 해당한다.[512]

법원은, 이탈리아에 본점을 둔 외국법인인 원고가 내국법인에게 국내 상표권을 양도하는 계약을 체결하였는데, 위 계약에 따르면 내국법인은 위 상표권의 이전이나 사용권의 설정에 관하여 원고와 합의 또는 협의하여야 하고, 위 계약 이후에도 여전히 원고가 해당 상표 브랜드 제품의 디자인, 제조 등을 직접 수행하며, 대금의 지급방식도 순매출액의 6%로 상표권 사용료의 지급방식과 같이 정해진 사건에서, 위 계약은 상표권에 관한 사용권의 설정 계약이고, 위 대금은 한·이탈리아 조세조약상 사용료소득에 해당한다고 판단하였다.[513]

---

584 (1984)

509) ① 우리나라 저작권법에 따르면, 원칙적으로 저작물의 창작자가 그 저작권을 가지고(저작권법 10조 1항), 예외적으로 법인 등의 명의로 공표되는 업무상 저작물의 저작자는 그 법인 등이 되며(저작권법 9조 본문), 업무상 저작물은 법인 등의 기획하에 그 법인 등의 업무에 종사하는 자가 업무상 작성하는 저작물을 말한다(저작권법 2조 31호). ② 대법원 2013. 5. 9. 선고 2011다69725 판결은, 저작권법 제9조와 유사한 내용을 규정한 구 컴퓨터프로그램 보호법(2009. 4. 22. 개정되기 전의 것) 제5조는, 주문자가 전적으로 프로그램에 대한 기획을 하고 자금을 투자하면서 개발업자의 인력만을 빌려 그에게 개발을 위탁하고 개발업자는 그 프로그램을 오로지 주문자만을 위해서 개발·납품하는 것과 같은 예외적인 경우가 아닌 한, 프로그램 제작에 관한 도급계약에는 적용되지 않는다고 판시하였다. ③ 따라서 우리나라 저작권법에 의하면, OECD 모델조약 제12조의 주석 문단 18의 4문과 같은 계약이 체결된 경우, 음악연주에 관한 저작권은 일단 음악가에게 속하였다가 그중 일신전속권인 저작인격권을 제외한 나머지가 음반회사 등에게 이전된 것으로 보아야 할 경우가 있을 수 있다. 이창희, 국제조세법(2020), 727쪽
510) OECD 모델조약 제12조의 주석 문단 8.2
511) OECD 모델조약 제12조의 주석 문단 8.2 : 지역적 제한을 둔 경우가 시간적 제한을 둔 경우보다 더 사업소득 또는 양도소득에 해당할 가능성이 높다고 한다. 이와 관련하여 대가의 지급이 할부(instalments) 또는 불확정적(contingency)인지 여부는 거래의 본질적 성격을 좌우하지 못한다.
512) OECD 모델조약 제12조의 주석 문단 10.1 : 그 예로 한 체약국의 거주자가 다른 체약국의 거주자가 제조한 브랜드 셔츠(branded shirts)를 자신의 거주지국에서 독점적 판매할 권리를 얻기 위한 대가를 지급하는 경우를 든다. 그 경우 그 거주자인 판매자는 그 셔츠와 관련된 상호 또는 상표를 사용할 권리가 아니라 단지 그 셔츠를 자신의 거주지국에서 판매할 권리를 얻는다.
513) 서울행정법원 2013. 8. 13. 선고 2012구합42670 판결(만나리나덕 사건), 서울고등법원 2014. 7. 9. 선고 2013누27403 판결, 대법원 2014. 11. 27. 선고 2014두11151 판결(심리불속행) : 한·이탈리아 조세조약에 따르면, 상표권의 사용료에 대하여는 그 원천지국도 사용료 총액의 10% 범위 내에서 과세할 수 있지만(12조 2항), 사용료의 양도소득에 대하여는 원천지국이 과세할 수 없다(13조 5항).

(다) 국내에 등록되지 않은 특허의 사용료

특허의 '사용'이 무엇인지는 일반적으로 조세조약에 정의되지 않으므로, 다음과 같은 해석이 가능하다.

① 먼저 조세조약의 관점에서 특허의 '사용'에 관한 독자적 해석을 할 여지가 있다. 특허권의 속지주의[514]는 특허법에 의한 배타적 보호가 부여되는 장소적 범위를 정한 것일 뿐이고, 특허를 구성하는 기술이 특허의 등록지국 외에서 사용된 것에 대하여 대가를 지급할 것인지 여부는 사적 자치에 따라 결정되며, 이는 특허권의 장소적 효력범위와 별개의 문제이다. 따라서 특허의 등록지국 외에서도 특허기술의 사용에 관한 사법적 관계가 얼마든지 성립할 수 있다.[515]

② 특허의 '사용'이 조세조약에 정의되지 않은 개념이라고 볼 경우, OECD 모델조약 제3조 제2항에 따라 조세조약을 적용하는 국가의 국내법, 그중에서도 세법상 정의가 우선하여 적용될 것이다.

㉮ 법인세법은 국내 미등록 특허의 사용에 관하여 별도로 규정하고(법 93조 8호 다목, 10호 차목), 그 내용은 한·미 조세조약상 특허의 '사용'에 포함된다고 볼 여지가 있다.[516]

㉯ 특허법의 장소적 효력범위를 기준으로 특허의 '사용'을 판단할 경우 다음과 같이 처리되어야 한다. 국내에는 등록되지 않고 외국에만 등록된 특허의 기술을 이용하여 국내에서 제조된 물품이 그 외국에 수입되는 경우, 그 외국에서 특허권의 침해를 구성할 수 있고,[517] 그 경우 그 외국과 체결된 조세조약상 특허권의 '사용'에 해당할 수 있다. 위 경우 특허기술의 사용은 조세조약상 특허권의 사용의 일환으로 취급되어야 할 것이다. 한편, 위와 같이 제조된 물품이 특허권이 등록된 외국 외의 제3국으로 수출된 경우에는, 일반적으로 특허권의 침해에 해당하지 않으므로,[518] 위 외국과의 조세조약상 특허권의 '사용'에 해당하지 않고, 특허기술의 사용대가는 특허권의 사용료에 포함되지 않으며, 그와 별개로 보아야 할 것이다.

---

514) 이창희, 국제조세법(2020), 752쪽은, 대법원 2012두18356 판결이 특허권의 사용장소를 특허권 속지주의와 연결하는 것에 반대하면서, 그 이유로 ① 한·미 조세조약 제6조 제3항 중 "어느 체약국 내의"라는 말은 "사용 또는 사용할 권리"를 수식하고, ② 우리나라에 등록된 특허권이어야 소득의 원천이 국내라는 생각은 지급자주의와 정면으로 반대되며, ③ 특허를 사용할 권리 및 사용료를 지급할 의무는 민사법적 의무로서 우리나라 안에도 존재하고, ④ 특허권의 사용장소에 관하여 미국 판결 및 행정해석은 특허권 속지주의를 따르지 않으며, ⑤ 구 법인세법 제93조 제8호 단서 2문은 한·미 조세조약에 대한 특별규정이라는 점을 든다.

515) 이창희·양한희, "미등록특허권 침해에 따르는 손해배상금의 과세", 조세법연구 [25-3](2019), 한국세법학회, 65~66쪽에 따르면, 특허권 사용료는 반드시 특허법상 법적 보호의 대가가 아니라고 한다.

516) 9-1-2. (2) (나) 참조

517) 미국 특허법 제271조 (a) : "… imports into United States any patented invention …"

518) 다만, 예외적으로 특허권이 등록된 외국의 특허법상 특허권의 침해로 취급되는 경우에는 특허권의 침해에 해당할 수 있다.

(2) 특허권 등의 양도소득

(가) 일반적 조세조약

특허권 등의 양도소득은, 우리나라가 체결한 일반적인 조세조약에서는 사용료소득에 해당하지 않고,[519] 사업소득 또는 양도소득 등으로 취급된다.[520]

(나) 한 · 미 조세조약

① 특허권 등의 양도대가가 그 사용 등에 상응하는 경우

특허권 · 상표권 등의 양도대가 중 그 권리의 생산성, 사용 등에 상응하는(contingent) 부분은 한 · 미 조세조약 제14조 제4항 (b)의 사용료소득에 해당한다.[521]

② 특허권 등의 양도대가가 그 사용 등에 상응하지 않는 경우

특허권 등의 양도대가가 그 사용 등과 관계없이 확정적으로 정해진 경우 한 · 미 조세조약 제14조 제4항 (b)의 사용료에 해당하지 않는다.[522][523] 위 경우 특허권의 양도대가가 한 · 미 조세조약 제16조 제3항의 '**자본적 자산**(capital asset)'에 해당한다면 미국 거주자의 특허권 양도소득에 대하여 우리나라는 과세할 수 없으므로, 그에 해당하는지가 문제된다.

'자본적 자산'의 의미는 한 · 미 조세조약에서 정의되어 있지 않고, 원천지국인 우리나라에서 위 조세조약의 체결당시는 물론 현재에도 별도로 자본적 자산의 개념에 관한 정의가 없는 반면, 미국 세법에는 그러한 개념이 존재하는 점을 고려하면, 미국 세법상 자본적 자산의 정의는 위 조세조약상 자본적 자산의 해석과 관련한 맥락으로 볼 여지가 있다. 위 경우 맥락은 원칙적으로 한 · 미 조세조약 체결 당시의 미국 세법상 자본적 자산의 정의를

---

519) 한 · 일 조세조약 제12조 제3항, 한 · 중 조세조약 제12조 제3항, 한 · 독 조세조약 제12조 제3항

520) 한 · 룩셈부르크 조세조약에는 양도소득에 관한 조항이 없으므로, 특허권의 양도소득은 사업소득에 해당하지 않는 경우에는 위 조약의 기타소득(21조)에 해당하게 된다. 그러나, 양국은 1986. 12. 26.자 의정서에 의하여, 위 조약 제21조에도 불구하고 위 조약은 재산의 양도소득에 대한 조세에는 적용되지 않는 것으로 합의하였다.

521) 미국 세법은, 비거주자에 의한 특허 등의 양도소득의 금액이 양도된 특허 등의 생산성, 사용 등에 달린 경우(contingent on the productivity, use …) 원천징수대상인 것으로 규정한다[IRC §§ 871(a)(1)(D), 881(a)(4)]. 재무부 규칙은, 여기서 '생산성, 사용 등에 달린'은 제품의 판매가격의 일정 비율에 의하여 측정되거나 제조 또는 판매된 수량에 기초한 계속적인 지급을 포함하지만, 지급할 금액은 특정되었고 그 지급시기만 확정되지 않은 경우나 원금의 분할지급은 포함하지 않는다고 규정한다[재무부 규칙 §§ 1.871 - 11(a), 1.881 - 2(c)(1)(iii)].

522) 한 · 미 조세조약의 기술적 설명서(technical explanation, 1980. 1. 1.) 중 제14조에 관한 부분

523) 이와 달리 서울행정법원 2014. 11. 14. 선고 2014구합62685 판결은, 내국법인이 미국법인들로부터 특허권을 매입하고 지급한 대금이 고정되고 특허권의 사용 등에 따라 변동하지 않은 사안에서, 위 특허권 매입대금을 한 · 미 조세조약 제14조 제4항 (b)의 사용료로 본 후, 위 특허가 우리나라에는 등록되지 않고 미국 등 외국에만 등록된 것이었으므로, 위 특허권 매입대금은 한 · 미 조세조약상 우리나라에 원천이 있는 사용료가 아니라고 판단하였다[서울고등법원 2015. 8. 28. 선고 2014누71520 판결(항소기각), 대법원 2015. 12. 15. 선고 2015두52148 판결(심리불속행)]. 그러나 이는 수긍하기 어렵다.

말한다고 보아야 할 것이다.[524)525)] 법원은, 내국법인이 미국법인으로부터 미국에 등록된 상표권을 양수하고 그 대금을 지급한 사건에서, 상표권은 미국 세법상 자본적 자산이므로, 상표권의 양도소득은 한·미 조세조약 제16조의 자본적 자산에 해당한다고 판단하였다.[526)527)]

9-2-1-2. 산업상·상업상·과학상 정보 또는 노하우의 사용료

(1) 노하우의 사용료

(가) 노하우의 정의

OECD 모델조약 제12조 제2항의 노하우(know-how)는, ① 이전의 경험으로부터 생긴 비공개된 산업적·상업적 또는 과학적 정보로서, ② 특허화되지 않고, 일반적으로 다른 지식재산권의 범주에 속하지 않으며, ③ 기업의 활동에 적용될 경우 경제적 혜택을 가져올 수 있는 것을 말한다.[528)]

(나) 노하우 제공과 서비스 제공의 구분

노하우 제공의 대가는 사용료이지만, 서비스 제공의 대가는 일반적으로 인적용역소득 또는 사업소득에 해당할 것이다. **노하우** 제공계약의 경우, 제공자가 상대방에게 그의 특별한 지식과 경험을 전수하지만, 스스로 그 적용에 관여하거나 그 결과를 보증할 의무가 있는 것은 아니다.[529)] 이에 비하여 **서비스** 제공계약의 경우에는, 제공자는 그의 관례적 기술

---

524) 제2장 1-3-2. (2) 참조 ; 맥락과 함께 조세조약상 용어를 해석하는 기준이 되는 체약국의 국내법이 조세조약의 체결 후 개정된 경우 이를 적용하는데 신중할 필요가 있는 점[제2장 1-3-2. (3) (다) 참조]을 고려하면, 특히 그렇다.

525) 미국 세법에서 자본적 자산은 납세자의 재산 중 재고자산(inventory), 거래 또는 사업에 사용되고 감가상각대상(depreciation)인 자산 등을 제외한 것을 말한다[IRC § 1221(a)].

526) 서울행정법원 2021. 4. 8. 선고 2020구합57417 판결, 서울고등법원 2021. 12. 29. 선고 2021누42131 판결(대법원 2022두33507호로 상고심 계속 중)

527) 미국 세법은 유형자산의 감가상각(depreciation)과 무형자산의 감가상각(amortization)을 구별한다. 상표권은 1993년 미국 세법의 개정 전에는 감가상각대상이 아니었고, 1993년 미국 세법의 개정으로 감가상각(amortization)의 대상으로 되었다[IRC § 197(1)(F)]. 따라서 상표권은 한·미 조세조약의 체결 당시 자본적 자산에서 제외되는 'depreciation'의 대상이 아니었으므로, 자본적 자산에서 제외되지 않는다.

528) OECD 모델조약 제12조의 주석 문단 11 : 위와 같은 노하우의 정의는 이전의 경험(previous experience)에 관한 정보와 관련된 것이므로, 지급자의 요청에 따른 서비스를 수행한 결과 얻어지는 새로운 정보(new information)에 대한 대가에는 적용되지 않는다.

529) OECD 모델조약 제12조의 주석 문단 11.1 : 노하우 제공계약은 ① 이미 존재하는(already exist) 정보 또는 ② 정보의 개발 또는 생성 이후 그 정보에 관한 비밀유지(confidentiality)에 관한 별도의 조항이 있는 경우와 관련된다(같은 주석 문단 11.3). 노하우 제공계약의 경우, 현존하는 정보를 제공하거나 현존하는 물질을 다시 제조하는 것 외에는 제공자가 계약상 더 해야 할 것이 없는 경우가 대부분이다. ; 컴퓨터 프로그래밍과 관련된 정보의 제공과 관련된 계약의 경우, 일반적으로, 그것이 그 프로그램의 바탕을 이루는 논리, 알고리즘 또는 프로그래밍 언어 등을 얻기 위한 것이고, 그 정보가 고객이 그것을 허락 없이

을 사용하여 상대방을 위한 업무를 스스로 수행하여야 하고, 그 경우의 대가는 사업소득에 해당한다.[530] 서비스 제공계약의 경우, 제공자는 특별한 지식과 기술 또는 경험이 필요한 서비스를 수행하지만, 상대방에게 그러한 지식, 기술 또는 경험을 이전하지는 않는다.[531] 노하우의 제공과 기술적 조력의 제공을 모두 포함하는 **혼합적 계약**(mixed contract)[532]의 경우, 그 대가를, 계약상 정보를 토대로 또는 합리적 안분에 따라 여러 부분으로 분해한 후, 각각의 부분에 적합한 과세상 취급을 결정해야 한다.[533]

(다) 대법원 판례

① 사용료소득으로 판단된 사례

㉮ 원고가 국내에서 IT 관련 국제공인자격시험을 실시하기 위하여 호주 법인으로부터 위 시험의 실시에 필요한 소프트웨어와 시험문제를 제공받기로 하는 시험센터 운영 계약을 체결하고, 호주 법인에게 그 대가를 지급한 사건[534]

㉯ F1 대회 개최권료 : 원고가 국내에서 국제자동차경주(F1)대회를 개최하기 위하여, F1 대회의 개최 및 운영을 목적으로 설립된 영국법인(FOA)과 사이에, 영국법인이 일정한 경주자동차가 위 대회에 참여하도록 하고 위 대회와 관련한 자문·지원을 하기로 하는 등의 계약을 체결하고, 그 대가(개최권료)를 지급한 사건[535]

㉰ 대법원은, 내국법인이 외국법인으로부터 공개되지 않은 고도의 산업상·과학상 기술적 정보가 포함된 설계도면을 제공받은 대가를 국내원천 사용료소득으로 판단하였

공개하지 않는 조건하에 제공되며, 영업비밀의 보호를 받는 것인 경우에는, 그러한 정보의 제공대가는 사용료에 해당한다(같은 주석 문단 11.5).

530) OECD 모델조약 제12조의 주석 문단 11.2

531) OECD 모델조약 제12조의 주석 문단 11.3 : 서비스 제공계약의 예로는 판매 후 서비스(after-sale service), 판매자가 구매자에게 제공하는 품질보증(warranty), 일반적으로 이용할 수 있는(generally available) 정보로부터 상대방을 위한 잠재적 고객의 명단을 추출하는 것(다만, 대가의 수령자가 특정한 제품 또는 서비스를 공급한 고객의 비밀 명단을 제공한 것에 대한 대가는, 그 수령자의 상업적 경험과 관련되므로, 사용료에 해당한다) 등이 있다(같은 주석 문단 11.4).

532) 가령 가맹계약(franchising)의 경우, 가맹본부는 가맹사업자에게 그의 지식과 경험을 전수하는 것에 더하여 재정적 지원이나 제품의 공급을 수반한 여러 가지 기술적 협력을 제공한다(OECD 모델조약 제12조의 주석 문단 11.6).

533) OECD 모델조약 제12조의 주석 문단 11.6 : 만일 그 부분들 중 어느 것이 단연 계약의 주된 목적에 해당하고 나머지 부분들은 단지 부수적이고 그다지 중요하지 않은 경우에는, 주된 부분에 대한 과세상 취급은 전체 대가에 적용될 수 있다.

534) 대법원 2010. 1. 28. 선고 2007두7574 판결 : 대법원은, ① 원고가 제공받은 제공받은 소프트웨어 등은 '노하우'에 해당하는 점, ② 호주 법인은 위 시험을 실시할 수 있는 소프트웨어와 시험문제 등을 제공한 것 외에는 광고 등 아무런 수익활동을 하지 않은 점 등을 이유로, 원고가 지급한 사용대가는 사업소득이 아니라 법인세법 및 한·호 조세조약의 사용료소득에 해당한다고 판단하였다.

535) 대법원 2016. 3. 24. 선고 2015두58362 판결

는데,[536] 이는 조세조약상으로도 사용료소득에 해당할 여지가 크다.

 대법원 2016. 3. 24. 선고 2015두58362 판결

1. 사실관계

　① 원고는 Formula One 국제자동차경주대회('F1 대회') 등의 유치 및 개최를 사업목적으로 하여 설립된 내국법인이고, Formula One Administration Limited('FOA')는 영국에 주사무소를 두고 있고, F1 대회의 개최 및 운영을 목적으로 설립된 법인이다.

　② 원고는 F1 대회의 일부로서 국내에서 자동차경주('F1 이벤트')를 개최하기 위하여 2007. 2. 6. FOA와 사이에, ㉮ FOA는 원고에게, 이벤트를 국제자동차연맹(FIA) Formula One 월드 챔피언십 행사로 추진하고 지정할 권리를 부여하고, 이벤트와 관련하여 자문·지원하며, 최소 16대의 경주자동차가 이벤트에 참여하거나 콩코드 협약의 당사자들이 콩코드 협약 제10.4의 규정을 준수하도록 하기 위하여 모든 합리적 노력을 다하기로 하고, ㉯ 원고는 FOA에게 그 대가('개최권료')를 지급하고, ㉰ 쌍방은 상대방 당사자의 비밀정보를 비밀로 유지하기로 하는 프로모션 계약을 체결하였다.

　③ 원고는, ㉮ 위 계약에 따라 FOA에게 지급하는 개최권료가 사용료에 해당한다는 국세청의 질의회신에 따라, FOA에게 개최권료를 지급하면서 법인세를 원천징수하여 납부하였다가, ㉯ 위 개최권료가 국내에 고정사업장이 없는 FOA의 사업소득이므로, 한·영 조세조약에 따라 대한민국의 과세권이 미치지 않는다는 이유로 경정청구를 하였으나, 과세관청은 이를 거부하였다.

2. 법원의 판단

　1심 법원은, ㉮ 위 계약에 따라 FOA가 부담하는 가장 주된 의무는 원고가 개최하는 F1 이벤트마다 2대 이상의 자동차와 레이서를 참가시키는 것인데, 이는 FOA만이 제공할 수 있고, 동종의 용역 수행자가 통상적으로 보유하는 전문지식이나 기능을 활용하여 수행하는 것이 아닌 점, ㉯ F1 이벤트 자동차경주대회의 개최 경험이 없는 원고로서는 FOA의 자문과 지원이 절대적이었을 것으로 보이고, 위와 같은 FOA의 자문 역시 FOA만이 제공할 수 있는 용역으로 보이는 점, ㉰ 원고는 FOA에게 이 사건 계약과 관련하여 중요한 비밀정보인 콩코드 협약의 규정 또는 초록에 대한 비밀유지 의무를 지고, FOA의 서면동의 없이 계약상 권리를 제3자에게 매도·양도할 수 없는 점 등을 근거로, 원고가 지급한 개최권료는, FOA가 전문직업적 용역 등을 제공한 대가인 사업소득이 아니라, 상업적 정보·노하우의 제공에 따른 사용료소득에 해당한다고 판단하였고, 위 판결에 대한 항소 및 상고는 모두 기각되었다.[537]

3. 검토

　위 사건에서 법원이 FOA가 받은 용역제공 대가 전액을 노하우의 제공대가로서 사용료라고 본 것은 수긍하기 어렵다. FOA가 원고의 F1 이벤트에 2대 이상의 자동차와 레이서를 참가하도록 할 의무는, 이는 한·영 조세조약상 사업소득의 발생원인에 해당하고, 1심 판결의 설시에 의하더라도 계약상 가장 주된 의무이므로, 지식, 경험 등 노하우의 제공에 부수한 것으로 보기 어렵다. 그렇다면 ① 오히려 노하우의 제공을 위와 같은 주된 의무(용역)에 부수한 것으로 보아 용역제공 대가 전부를 사업소득으로 취급하거나, ② 자동차와 레이서를 참가하도록 하는 용역의 대가와 노

---

536) 대법원 1991. 7. 23. 선고 90누6088 판결 : 방위산업체인 내국법인이 외국법인으로부터 한국형 기뢰탐색함의 건조에 필요한 설계도면을 제공받은 사건

하우 제공의 대가를 구분하여 적어도 전자(前者)는 사업소득으로 취급하였어야 할 것이다. 그리고 위 ②의 경우 전체 용역대금 중 노하우 제공의 대가가 얼마인지에 관한 증명책임은 과세관청에 있다고 보아야 할 것이다.

② 사용료소득에 해당하지 않는 경우

대법원은, ㉮ 외국법인이 제공하는 기술용역이 공개되지 않은 기술적 정보(know-how)를 전수하는 것이 아니고, 동종의 용역수행자가 통상적으로 보유하는 전문적 지식 또는 특별한 기능으로 수행하는 업무인 경우,[538] ㉯ 외국법인의 용역제공 과정에서 외국법인의 비공개 기술정보가 일부 내국법인에게 이전되더라도, 주된 용역의 제공에 부수한 것인 경우,[539] 그 용역제공의 대가는 조세조약상 사용료소득에 해당하지 않는다고 판단하였다.

 사용료소득이 아닌 것으로 판단된 사례

① 대법원 1986. 10. 28. 선고 86누212 판결 : 원고(재단법인 국토개발연구원)가 제주도지사로부터 "특정지역제주도종합개발계획"의 용역을 위탁받아 그 연구용역 중 "중문단지개발 기본구상" 부분에 관하여 미국 회사와 용역계약을 체결하고, 미국 회사가 위 계약에 따라 "토지이용계획의 수립", "판매 및 경제연구"와 "설계구성 용역"을 수행하는 대가를 미국회사에게 지급한 사건에서, 대법원은, 그 용역에 학술용역이 포함되어 있더라도 이를 학술적 정보의 제공이라고 할 수 없으므로, 위 대가는 사용료소득이 아니라 인적용역소득이고,[540] 국내에 미국 회사의 고정사업장이 없는 이상 원고에게 이에 대한 원천징수의무가 없고 판단하였다.

② 대법원 1987. 3. 10. 선고 86누225 판결 : 종합건설용역 업체인 원고가 교통부로부터 신공항후보지 조사용역을 수주한 후 그 용역 중의 일부인 김포공항의 수요, 용량분석, 신공항의 시설요소 등에 관하여 미국 회사로부터 용역을 제공받고 대가를 지급한 사건에서, 대법원은, 미국 회사가 제공한 용역이 동종의 용역업체들이 통상적으로 수행할 수 있는 것이라면 그 대가는 사용료소득이 아니라 인적용역소득으로서 한·미 조세조약 제8조의 사업소득에 해당한다고 판단하였다.

③ 대법원 1989. 5. 9. 선고 87누1050 판결 : 미8군 군납용역업을 하는 원고가 원격조종 모형항공목표물에 관한 기술전수교육훈련용역을 제공받고 그 대가를 지급한 사건에서, 대법원은, 미국법인이 원고에게 제공한 용역은 동종의 용역수행자가 통상적으로 보유하는 전문적 지식 또는 특별한 기능으로 수행하는 기술용역에 불과하고, 그 기술용역의 제공과정에서 다소의 기술적 정보(know-how)가 전수된다고 하더라도, 전체적으로 보아 기술적 정보의 전수가 주된 목적이 아니고 미8군에 원격조종 모형항공목표물을 군납하는데 필수적으로 부수한 것에 불과하다는 이유로, 한·미 조세조약 제14조 제4항의 사용료가 아니라 구 법인세법 제55조 제1항 제6호의 인적용역소득에

---

537) 광주지방법원 2015. 7. 16. 선고 2014구합335 판결, 광주고등법원 2015. 11. 12. 선고 2015누6292 판결, 대법원 2016. 3. 24. 선고 2015두58362 판결

538) 대법원 1986. 10. 28. 선고 86누212 판결, 대법원 1987. 3. 10. 86누225 판결

539) 대법원 1989. 5. 9. 선고 87누1050 판결, 대법원 2015. 6. 24. 선고 2015두950 판결

540) 위 판결은 문제된 소득을 '인적용역소득'으로 표현하였지만, 한·미 조세조약에는 법인의 인적용역소득

해당한다고 판단하였다.

④ 대법원 2015. 6. 24. 선고 2015두950 판결 : 독일 법인인 원고가 현대제철 주식회사와 체결한 일관 제출소 설비구매계약에 따라 코크오븐 플랜트 및 가스정제 플랜트의 공사를 위한 설비의 공급, 설계 및 엔지니어링, 감리 등의 용역을 제공한 사건에서, 대법원은, 원고가 보유한 비공개 기술정보 등이 용역의 제공과정에서 일부 현대제철에게 공개 또는 이전되었을 가능성이 있으나 이는 용역의 제공과정에서 부수적으로 발생한 것으로 보인다는 등의 이유로, 원고가 제공한 설계 및 엔지니어링 용역의 대금은 한 · 독 조세조약 제12조의 사용료소득이 아닌 같은 조약 제7조의 사업 소득(용역제공의 대가)이라고 판단하였다.[541]

(2) 소프트웨어의 사용 · 구입 대가

(가) OECD 모델조약의 주석

OECD 모델조약의 주석에 의하면, 컴퓨터 소프트웨어[542]의 사용대가는 다음과 같이 처리된다.[543]

에 관한 규정이 없으므로(제18조의 독립적 인적용역의 주체는 거주자에 한정된다), 위 조세조약상 사업 소득으로 판단한 것으로 보인다. 이는 아래의 대법원 1989. 5. 9. 선고 87누1050 판결도 같다.

541) 대법원 2015. 6. 24. 선고 2015두950 판결 : ① 이 사건 계약의 주된 목적은 독일 법인인 원고가 현대제철 에게 특정한 사양의 이 사건 각 플랜트 설비를 공급하는 것이고, 이 사건 각 플랜트의 설비에 관한 설계 및 엔지니어링 용역(이하 '이 사건 용역'이라 한다)은 이 사건 각 플랜트 설비를 공급하는데 필수적으로 수반되는 설계 및 도면작성 작업인 점, ② 이 사건 용역이 고도의 기술력을 필요로 하는 것이라 하더라도 동종의 용역수행자가 통상적으로 보유하는 전문적 지식이나 특별한 기능으로는 수행할 수 없는 수준이라 고 단정할 수 없는 점, ③ 이 사건 계약상 비밀보호 조항은 쌍방에게 동등하게 비밀보호의무를 부과하는 것으로서 일반적인 용역계약 또는 판매계약에서 전형적으로 사용되는 내용인 점, ④ 이 사건 용역이 약 2년 6개월의 장기간에 걸쳐 이행되었고 그 대가인 이 사건 설계대금은 대부분 인건비 등 실비변상적 요 소로 지출되는 등 이 사건 설계대금이 인적 용역의 대가로 보기에 지나치게 높은 금액이라고 보기도 어 려운 점, ⑤ 이 사건 계약에 따라 원고는 이 사건 용역의 이행과 결과를 보증하는 점, ⑥ 원고가 보유한 코크 오븐 플랜트 설비 등 분야에 관한 고도의 기술력 및 비공개 기술정보가 이 사건 용역의 수행과정에 서 일부 현대제철에게 공개 또는 이전되었을 가능성이 있으나 이는 용역의 제공과정에서 부수적으로 발 생한 것으로 보이는 점 등을 종합하여 보면, 국내에 고정사업장이 없는 독일법인인 원고가 지급받은 이 사건 설계대금은 용역의 대가로서 한 · 독 조세조약 제7조에 의하여 국내에서 원천납세의무가 없다는 이 유로, 이와 다른 전제에서 피고가 한 이 사건 처분은 위법하다고 판단하였다.

542) 소프트웨어는, 특정의 결과를 얻기 위하여 컴퓨터 등 정보처리능력을 가진 기계장치 내에 직접 또는 간접 적으로 사용되는 일련의 지시 또는 명령("프로그램") 및 동 프로그램과 관련되어 사용되는 설명서, 기술 서 및 기타 보고서 등을 말한다(기본통칙 93 – 132…8 ①).

543) 미국 재무부 규칙은 컴퓨터 프로그램의 거래를 다음의 4가지 유형으로 분류한다[§ 1.861 – 18 (b)(1)].
① 컴퓨터 프로그램의 저작권(copyright right)의 양도
② 컴퓨터 프로그램의 사본(복제품, copy ; copyrighted article)의 양도
③ 컴퓨터 프로그램의 개발 또는 수정(development or modification)을 위한 서비스의 공급(provision of services)
④ 컴퓨터 프로그래밍 기법을 위한 노하우의 제공(provision of know – how)

① 판단의 기준

컴퓨터 소프트웨어의 이전에 관한 거래의 대가의 성격은, 그 이전받은 자가 특정한 계약하에서 그 소프트웨어의 사용 및 이용에 관하여 취득하는 권리의 성격에 달려있다.[544] 컴퓨터 프로그램을 이전하는 방법(프로그램 사본을 포함한 컴퓨터 디스크를 얻거나, 직접 현대적 접속을 통하여 컴퓨터 하드디스크에 그 사본을 받는지)은 관련이 없다.[545]

② 사업소득에 해당하는 경우

프로그램의 사용자가 그 프로그램을 **운용**할 수 있게 하는데 필요한 **권리**만을 취득하는 거래의 대가는, 사용료가 아니고 사업소득(OECD 모델조약 7조)에 해당한다.[546][547] 그러한 거래의 경우, 프로그램의 사용자는, 그 프로그램을 컴퓨터의 하드디스크, 램(random access memory) 또는 archival copy에 복제하는 것이 허용되지만, 그러한 복제행위는 프로그램의 사용에 필수적인 단계이기 때문에 과세목적상 거래의 성격을 분석할 때 고려되지 않는다. 프로그램의 사용자가 그 자신의 사업 내에서만 사용하기 위하여 여러 개의 사본을 만들 수 있는 경우("site license")에도, 다른 목적의 복제는 허용되지 않는다면, 그 거래대가는 사용료가 아니라 사업소득에 해당한다.[548] 그리고 프로그램의 판매업자(distribution intermediary)가 프로그램의 저작권자와의 계약에 따라 그 프로그램의 사본들(copies)을 배포할(distribute) 권리는 가지지만 그 프로그램을 복제할(reproduce) 권한을 갖지 못하는 경우, 그 계약의 대가는 사업소득에 해당한다.[549]

③ 사용료에 해당하는 경우

프로그램의 **저작권의 일부**를 **양도**받은 경우로서, 그 양수인이 그러한 권리가 없다면 저작권의 침해에 해당하였을 방법으로 그 프로그램을 이용할 수 있는 경우, 그러한 권리의 취득

---

544) OECD 모델조약 제12조의 주석 문단 12.2 ; 2006년 미국 모델조약의 기술적 설명서도 같다(p.43).

545) OECD 모델조약 제12조의 주석 문단 14.1

546) OECD 모델조약 제12조의 주석 문단 14 : 이러한 거래가 통상적인 경우이다.

547) 우리나라는 위 주석 문단 14에 대하여 다음과 같은 견해를 표명하였다(observation). "문단 14에 관하여 한국은, 위 문단이 노하우가 컴퓨터 소프트웨어의 형식으로 이전될 수 있다는 사실을 간과할 수 있다는 의견이다. 그러므로 한국은, 비거주자에 의하여 소프트웨어 또는 컴퓨터 프로그램을 통하여 체화된 (imparted) 노하우는 제12조에 따라 취급되어야 한다고 본다."(OECD 모델조약 제12조의 주석 문단 31.1)

548) OECD 모델조약 제12조의 주석 문단 14.2 : 이러한 거래는 문단 13.1의 '일반 공중에 대한(to the public)' 것이 아니다. 미국 재무부 규칙도, 소프트웨어의 사본을, 오로지 관계인(related persons) 또는 본래의 이 전받은 자와 이름 또는 법적 관계에 의하여 확인되는 자들(identified persons)에게만 배포할 수 있는 경우 에는, 공중에 배포한 것으로 취급되지 않는다고 규정한다[§ 1.861-18(g)(3)(i)].

549) OECD 모델조약 제12조의 주석 문단 14.4 : 이는, 프로그램의 사본이 유형적 매체를 통하여 전달되거나 전자적으로 배포되는지 또는 소프트웨어가 설치되기 위하여 사소한 맞춤수정(minor customisation)이 이 루어져야 하는지와 무관하다.

을 위한 대가는 사용료에 해당한다.[550] 가령 일반 공중에게(to the public) 저작권부 프로그램을 구성하는 소프트웨어를 복제하여 배포하는(reproduce and distribute) 것 또는 그 프로그램을 수정하거나 공개적으로 전시하는(modify or publicly display) 것이 그에 해당한다.

소프트웨어 회사 또는 컴퓨터 프로그래머가, 그 프로그램의 바탕에 깔린 **논리, 알고리즘, 프로그래밍 언어 또는 기법**과 같은 아이디어와 원칙을 제공하는 거래의 경우, 그 제공된 것들이 비밀 공식(secret formula)이거나, 독립하여 저작권으로 될 수 있는 문학적·예술적 또는 과학적 경험에 관한 정보(information)를 표시하는 한도에서는, 그 거래의 대가는 사용료에 해당할 수 있다.[551)552]

④ 저작권 전부를 양도하는 경우

OECD 모델조약에서는 저작권의 사용대가는 사용료에 포함되지만 저작권의 양도대가는 사용료에서 제외된다. 따라서 OECD 모델조약에 의하면, 저작권을 전부 양도하는 것의 대가는 사용료소득이 될 수 없다.[553] 일반적으로, 구별되는 특정한 재산(a distinct and specific property)을 구성하는 권리의 양도대가는, OECD 모델조약 제7조의 사업소득 또는 제12조의 양도소득에 해당하고, 기간으로 제한된 권리보다는 지역적으로 제한된(geographically - limited) 권리가 그에 해당할 개연성이 더 높다.[554]

한·미 조세조약과 한·일 조세조약 등의 경우에는 저작권의 양도대가도 사용료에 포함된다.[555]

⑤ 혼합계약(mixed contract)

소프트웨어가 내장된 컴퓨터 하드웨어를 판매하고, 그 소프트웨어를 사용할 권리와 결합된 서비스의 공급을 내용으로 하는 계약의 경우, 그 전체 대가는 계약에 포함된 정보 또는 합리적 안분방법에 따라 분해되고, 각각의 부분에 대하여 적합한 과세상 취급이 행해

---

550) OECD 모델조약 제12조의 주석 문단 13.1 : 다만, OECD 모델조약 제12조 제2항이 적용되기 위해서는 소프트웨어가 '문학적·예술적 또는 과학적 성과(literary, artistic or scientific work)'에 해당하여야 하기 때문에 위 조항을 소프트웨어 사용대가에 적용하는데 어려움이 있을 수 있다.

551) OECD 모델조약 제12조의 주석 문단 14.3 : 이 경우는, 최종 단계 사용자(end user)가 프로그램의 사본을 사용하기 위하여 취득하는 통상적 경우와 대비된다.

552) 계약의 목적을 달성하기 위하여 소프트웨어가 제공되는 경우, 소프트웨어 자체가 '산업상·상업상·과학상의 지식·경험에 관한 정보'에 해당하지 않더라도, 그러한 정보가 계약의 이행과정에서 제공되는 경우에는 그 소프트웨어는 그 계약의 이행을 위한 수단에 불과하고, 그 계약의 대가는 전체적으로 위와 같은 정보의 사용대가로서 사용료소득에 해당할 수 있다. 가령, 대법원 2010. 1. 28. 선고 2007두7574 판결의 사안이 그렇다.

553) OECD 모델조약 제12조의 주석 문단 15

554) OECD 모델조약 제12조의 주석 문단 16

555) 한·미 조세조약 제14조 제4항 (b), 한·일 조세조약 제12조 제5항

져야 한다.[556)]

(나) 대법원 판례

대법원은, 소프트웨어의 사용대가가 사용료인지 여부를 판단하기 위하여, 그 공급자가 사용자에게 부여하는 권리의 내용 외에도 여러 가지 사정을 종합적으로 고려하는데, 그 내용은 OECD 모델조약 주석의 판단기준과 상당한 차이를 보인다.[557)]

(다) 조세조약의 후속합의

한국과 독일은 2000. 3. 10. 소프트웨어의 사용에 대한 대가를 사용료로 취급하기 위한 기준 등에 관하여 의정서(protocol)를 작성하였다.[558)559)]

9-2-1-3. 산업적·상업적 또는 학술적 장비의 사용대가 등

UN 모델조약은 산업적·상업적 또는 학술적 장비의 사용대가를 사용료에 포함시키지만, OECD 모델조약은 이를 사용료에 포함시키지 않는다.[560)] 우리나라가 체결한 조세조약의 대부분은 산업적·상업적 또는 학술적 장비의 사용대가를 사용료로 규정한다.[561)] 그리고 UN 모델조약은 라디오와 텔레비전 방송용 필름이나 테이프의 사용대가를 사용료에 포함되는 것으로 정하지만,[562)] OECD 모델조약은 그렇지 않다.

9-2-2. 과세권의 배분

(1) OECD 모델조약과 UN 모델조약

OECD 모델조약 제12조는, 사용료소득에 관하여 ① 원칙적으로 그 수익적 소유자의 거주지국에만 과세권이 있고(12조 1항), ② 예외적으로, 사용료소득의 수익적 소유자가 다른

---

556) OECD 모델조약 제12조의 주석 문단 17

557) 9-1-3. (2) (나) 참조 ; 김석환, "소프트웨어 사용대가의 소득구분 -국제적인 동향과 우리나라 판례의 비판적 고찰-", 저스티스 제188호(2022. 2.), 한국법학원, 335~341쪽

558) 이에 따르면, ① 원시코드가 소프트웨어에 부가되어 사용자에게 이전되는 경우, ② 소프트웨어가 특정 최종 사용자의 특수한 요구에 대응하여 개발되었거나 개작된 경우, ③ 소프트웨어의 취득에 대한 지급금이 그러한 소프트웨어의 생산성이나 사용을 참고하는 결정되는 경우에는, 소프트웨어의 사용 또는 사용권의 대가로 받은 지급금은 사용료로 취급된다.

559) 위 의정서는 비엔나협약 제31조 제3항 (a)호의 후속합의에 해당할 것이다. 제2장 1-3-1. 참조

560) 1992년 이전의 OECD 모델조약에서는 산업적·상업적 또는 학술적 장비의 사용대가를 사용료에 포함시켰으나, 1992년 그 성격상 위 모델조약 제5조 및 제7조의 사업소득에 해당한다는 것을 확실히 하기 위해서 삭제되었다(OECD 모델조약 제12조의 주석 문단 9).

561) 한·일 조세조약 제12조 제3항, 한·중 조세조약 제12조 제3항

562) 따라서 UN 모델조약상 방송용 필름의 사용대가는 산업적·상업적 이윤으로 취급되어서는 안 된다(UN 모델조약 제12조의 주석 문단 10).

체약국에 고정사업장을 가지고 그것을 통하여 사용료소득이 발생하며 사용료의 지급대상인 권리 또는 재산이 그 고정사업장과 실질적으로 관련된 경우에는 제7조(사업소득)가 적용된다고(12조 3항)[563] 정한다. 이에 따라 OECD 모델조약에서는 사용료소득의 원천지가 별다른 의미를 갖지 못한다.

이에 비하여 UN 모델조약 제12조 제2항은 사용료소득에 관하여 일정한 범위에서 원천지국의 과세권을 인정한다.

(2) 우리나라가 체결한 조세조약

(가) 일반적인 조세조약

우리나라가 체결한 조세조약들은 일반적으로, 사용료소득에 관하여 원천지국의 과세권을 제한세율의 범위에서 인정하고, 지급자의 거주지국을 사용료소득의 원천지로 규정한다(지급자주의).[564]

(나) 한·미 조세조약

한·미 조세조약 제6조 제3항은, 특허권 등의 사용료는 "어느 체약국 내의 동 재산의 사용 또는 사용할 권리(the use of, or the right to use, such property within that Contracting State)에 대하여 지급되는 경우에만 동 체약국 내에 원천을 둔 소득으로 취급된다"고 함으로써 원천지의 결정기준으로 **사용지 주의**를 규정하고, 제14조 제1항은 사용료에 대한 원천지국의 과세권을 그 사용료 총액의 15%로 제한한다.

---

563) 위 경우 고정사업장의 소재지인 체약국은 OECD 모델조약 제12조 제1항에 의한 과세권의 제한을 받지 않는다. OECD 모델조약 제12조의 주석 문단 20

564) 한·일 조세조약 제12조 제4항, 한·중 조세조약 제12조 제5항, 한·독 조세조약 제12조 제5항 ; 이는 UN 모델조약 제12조 제5항과 같다.

10-1. 법인세법상 국내원천 인적용역소득

10-1-1. 관련 규정

법인세법상 국내원천 인적용역소득은, ① 국내에서 다음의 어느 하나에 해당하는 인적용역을 제공함으로써 발생하는 소득과 ② 국외에서 다음 중 ㉳를 제외한 인적용역을 제공함으로써 발생하는 소득이 조세조약에 따라 국내에서 발생하는 것으로 간주되는 소득을 말한다(법 93조 6호 1문, 시행령 132조 6항).

㉮ 영화·연극의 배우, 음악가 기타 공중연예인이 제공하는 용역

㉯ 직업운동가가 제공하는 용역

㉰ 변호사·공인회계사·건축사·측량사·변리사 기타 자유직업자가 제공하는 용역

㉱ 과학기술·경영관리 기타 분야에 관한 전문적 지식 또는 특별한 기능을 가진 자가 당해 지식 또는 기능을 활용하여 제공하는 용역 : 이는 일반적으로 과학기술 등에 관한 전문적 지식 등을 활용한 용역이 거래의 주된 부분인 경우를 말하고, 이와 달리 거래의 주된 부분이 사업소득을 발생시키는 것이고 위 용역은 그에 부수한 경우에는 (가령, 시행령 132조 2항 4호) 국내원천 사업소득에 포함된다고 볼 여지가 있다.

법인세법상 국내원천 인적용역소득은, 그 인적용역을 제공받는 자가 인적용역의 제공과 관련하여 항공료 등 대통령령으로 정하는 비용[565]을 부담하는 경우에는, 그 비용을 제외한 금액을 말한다(법 93조 6호 2문).

10-1-2. 인적용역소득과 다른 국내원천소득의 관계

(1) 인적용역소득과 사업소득

국내원천 인적용역소득에 해당하는 소득은 국내원천 사업소득에서 제외되므로(법 93조 5호 단서, 6호), 해당 소득이 계속적·반복적 사업성을 가지는 경우에도 국내원천 사업소득이 아닌 국내원천 인적용역소득으로 취급된다.

---

[565] 인적용역을 제공받는 자 또는 인적용역을 제공하는 자가 인적용역의 제공과 관련하여 항공회사·숙박업자 또는 음식업자에게 실제로 지급한 항공료·숙박비 또는 식사대를 말한다(시행령 132조 7항).

(2) 인적용역소득과 사용료소득의 구분

국내원천 인적용역 중 '과학기술 등에 관한 전문적 지식 또는 특별한 기능을 활용하여 제공하는 용역'(시행령 132조 6항 4호)과 국내원천 사용료소득의 구분이 문제된다. 이는 ① 문제된 용역이 비공개된 기술정보를 전수하는 것인지, 아니면 동종의 용역수행자가 통상적으로 보유하는 전문적 지식이나 특별한 기능으로 업무를 수행하였을 뿐인지, ② 용역의 제공과정에서 비공개 기술정보가 전수되었고, 그것이 전체 용역 중에서 중요성을 갖는지 등을 고려하여 판단되어야 할 것이다.[566)567)]

10-2. 조세조약상 인적용역소득

10-2-1. OECD 모델조약과 UN 모델조약

OECD 모델조약은 과거에 제14조에서 독립적 인적용역소득(independent personal services income)을 별도로 규정하였다. 그러나 ① 위 독립적 인적용역소득 조문은, 그 적용대상의 대부분이 사업소득과 중첩됨에도, 독립적 인적용역소득 및 그에 대한 과세권 배분의 기준이 되는 고정시설(fixed base)의 정의에 관하여 명확하게 규정하지 않았기 때문에 독립적 인적용역소득과 사업소득의 구분이 불분명하였다.[568)] 그리고 ② 독립적 인적용역소득을 규정한 제14조는 사업소득에 관한 제7조와 유사하였기 때문에, 구 OECD 모델조약의 주석은 제7조와 그에 관한 주석이 제14조의 해석 및 적용에 관한 지침으로 사용될 수 있다고 하였고,[569)] 이로 인하여 제14조의 독자적 기능에 대한 의문이 제기되었다. 이에 따라 OECD 모델조약은 2000년 해당 조문을 삭제하여[570)] 현재는 독립적 인적용역소득에 관하

---

566) 대법원 1986. 10. 28. 선고 86누212 판결, 대법원 1987. 3. 10. 선고 86누225 판결, 대법원 1989. 5. 9. 선고 87누1050 판결, 대법원 2015. 6. 24. 선고 2015두950 판결 ; 법인세법 기본통칙 93－132…7 ②

567) 인적용역소득(사업소득)과 사용료소득의 구분에 관한 구체적 사례는 9－2－1－2. (1) (다) 참조

568) ① OECD 1998년 모델조약 제14조 제2항은, "전문직업적 용역(professional service)은, 의사, 법률가, 엔지니어, 건축가, 치과의사 및 회계사의 독립적 활동뿐만 아니라, 특히 독립적인 과학적, 문학적, 예술적, 교육적 활동을 포함한다"고 규정하였다. OECD 1998년 모델조약 주석은, 위 모델조약 제14조 제2항에 규정된 전문직업적 용역은 열거적인 것이 아니고(not exhaustive), 구체적 사안에서의 해석상 곤란은 관련된 체약국의 권한 있는 당국 간의 상호 합의에 의하여 해결될 수 있다고 하였다(위 주석 문단 2). 그리고 ② 과세권 배분의 기준이 되는 "고정시설(fixed base)"의 개념에 관하여도 위 모델조약은 명확한 정의 규정을 두지 않았고, 위 모델조약의 주석은, 위 개념을 정의하는 것은 부적절하지만, 그것은 의사의 진료실이나 변호사 또는 건축가의 사무실을 포함한다고 하였다(위 주석 문단 4).

569) OECD 1998년 모델조약 주석에 의하면, ① 고정시설이 있는 원천지국과 거주지국 간의 과세대상 소득의 배분, ② 고정시설에 귀속되는 소득을 계산할 때 공제되는 비용, ③ 컴퓨터 소프트웨어의 대가가 제14조의 독립적 인적용역소득과 제12조의 사용료소득 중 어느 것으로 분류되어야 하는지에 관하여 사업소득에 관한 제7조 및 그 주석이 참고될 수 있다고 하였다(위 주석 문단 3).

570) 이는 ① OECD 모델조약 제7조의 고정사업장(permanent establishment)과 제14조의 고정시설(fixed base)

여 별도로 정하지 않고 이를 사업소득으로 취급한다.[571) 한편, UN 모델조약 제14조는 여전히 독립적 인적용역소득에 관한 조문을 두고 있다.

10-2-2. 우리나라가 체결한 조세조약

(1) 독립적 인적용역소득의 정의 및 범위

조세조약에서, 일반적으로 독립적 인적용역소득은 "전문직업적 용역(professional services) 또는 독립적 성격(independent character)의 기타 활동과 관련하여 취득하는 소득"으로 정의되고, "전문직업적 용역"은 의사·변호사·엔지니어·건축가·치과의사 및 회계사의 독립적인 활동뿐만 아니라 특히 독립적인 학술·문학·예술·교육과 교수활동을 포함하는 (includes) 것으로 규정된다.[572)

(2) 독립적 인적용역소득의 주체

우리나라가 체결한 조세조약 중에는 독립적 인적용역소득의 주체를 ① 개인과 법인을 포함하는 '거주자(resident)'로 규정한 것도 있고, ② '개인(individual)'으로만 규정한 것도 있다.

① 독립적 인적용역소득의 주체로 **법인**을 **포함**시키는 조세조약의 경우,[573) 원천지국이 독립적 인적용역소득을 과세하기 위한 요건으로 ㉮ 그 귀속자가 국내에 정규적으로 이용할 수 있는 고정시설(fixed base)을 가지고 있거나(그 경우 그 고정시설에 귀속되는 부분에 한하여),[574) ㉯ 위 ㉮ 또는 그 귀속자가 당해 연도에 총 183일을 초과하는 기간 동안 국내에 체재하여야 하는 것을 규정하는 경우[575)가 많다.

② 독립적 인적용역소득의 주체에서 **법인**을 **제외**한 조세조약의 경우,[576) 외국법인이 인적용역을 제공하는 대가는 사업소득에 포함된다.[577)

의 개념들 간에, 또는 소득이 제7조 및 제14조에 따라 어떻게 계산되고 귀속되어야 하는지에 관하여, 각각 의도된 차이가 없는 점(no intended differences), ② 어떤 소득이 제7조가 아닌 제14조에 해당하는지가 항상 분명한 것은 아니라는 점을 반영한 것이다(OECD 모델조약 제7조의 주석 문단 2, 제14조의 주석).

571) OECD 모델조약 제3조 제1항 f)는, 제7조의 '사업(business)'이 제14조의 적용대상이었던 독립적 인적용역(independent personal services)을 포함하는 것으로 정하고, 제5조의 고정사업장의 정의는 제14조의 고정시설을 구성하였던 것에 적용될 수 있다(제5조의 주석 문단 2).

572) 한·일 조세조약 제14조

573) 한·일 조세조약 제14조, 한·중 조세조약 제14조

574) 한·영 조세조약 제14조 제1항

575) 한·일 조세조약 제14조, 한·독 조세조약 제14조

576) 한·미 조세조약 제18조, 한·독 조세조약 제14조 등은 개인에 대한 독립적 인적용역소득만을 규정한다.

577) 국일 46017-780, 1995. 12. 23.(경영진단용역) ; 서면2팀-569, 2005. 4. 19.(내국법인이 미국에 진출하기 위하여 미국 전문컨설팅 회사로부터 미국 내 현지법인 설립 등의 지원을 받고 지급하는 대가)

(3) 조세조약상 인적용역소득과 사용료소득의 구분

대법원은, ① 외국법인이 제공하는 기술용역이 공개되지 않은 기술정보를 전수하는 것이 아니고, 동종의 용역수행자가 통상적으로 보유하는 전문적 지식 또는 특별한 기능으로 수행하는 업무인 경우,[578] ② 외국법인의 용역제공 과정에서 외국법인의 비공개 기술정보가 일부 내국법인에게 이전되더라도 주된 용역의 제공에 부수한 것인 경우,[579] 그 용역제공의 대가는 조세조약상 사용료소득이 아니라 사업소득이라고 판단하였다.[580] 위 판결들은 법인의 인적용역소득에 관한 규정이 없는 조세조약에 관한 것인데, 조세조약에 법인의 인적용역소득에 관한 규정이 있는 경우, 위 판결들의 판단 중 사업소득 부분을 인적용역소득으로 바꾸어 적용할 수 있을 것이다.

외국법인이 제공한 용역에 비공개 기술정보의 제공이 포함되고, 전체 용역 중 비공개 기술정보의 제공 부분과 나머지 부분이 각각 중요성을 가지는 경우에는, 전체 대가를 두 요소로 구분하여 각각 사용료소득과 인적용역소득으로 취급하여야 할 것이다.[581]

(4) 건설 관련 용역

건설 관련 용역이 조세조약상 건설 관련 고정사업장에 관한 규정의 적용대상에 포함되는 경우에는,[582] 법인의 독립적 인적용역소득이 별도로 규정되어 있더라도, 독립적 인적용역소득이 아니라 사업소득에 관한 규정이 적용된다. 따라서 위와 같은 조세조약상 고정사업장의 성립에 필요한 기간요건이 충족되지 않은 경우, 그 건설 관련 용역소득은 우리나라에서 과세될 수 없다.[583]

한편, 조세조약에 법인의 독립적 인적용역소득이 별도로 규정되지 않은 경우, 건설 관련 용역소득은 사업소득에 포함되는데, 그것이 건설 관련 고정사업장 규정(OECD 모델조약 5조 3항)의 적용대상으로서 기간요건(6개월 또는 1년)이 충족되지 않는 경우 원천지국의 과세권이 배제되는지 여부가 문제된다. 이는 개별 조세조약의 규정에 따라 결정되어야 할 것이다.[584]

---

578) 대법원 1986. 10. 28. 선고 86누212 판결, 대법원 1987. 3. 10. 선고 86누225 판결 : 각각 한·미 조세조약

579) 대법원 1989. 5. 9. 선고 87누1050 판결(한·미 조세조약), 대법원 2015. 6. 24. 선고 2015두950 판결(한·독 조세조약)

580) 인적용역소득(사업소득)과 사용료소득의 구분에 관한 구체적 사례는 9-2-1-2. (1) (다) 참조

581) OECD 모델조약 제12조의 주석 문단 11.6

582) 한·일 조세조약 제5조 제3항은 건축장소, 건설, 설치장소와 관련된 감독활동(supervising activities)을 그 적용대상으로 규정한다.

583) 대법원 1995. 8. 25. 선고 94누7843 판결 : "… 일본국 법인이 대한민국 내에서 위와 같은 건설관련용역을 제공하고 그에 대한 대가를 받았다고 하더라도 그 용역제공기간이 6개월을 초과하지 아니하는 경우에는 대한민국 내에 항구적 시설을 가지고 있다고 볼 수 없어 그 건설관련용역소득은 한일조세협약 제6조 제1항에 의하여 대한민국에서 면세되어야 할 것이다."

584) 가령 ① 한·독 조세조약 제5조 제3항은 "건축장소 또는 건설·설치공사나 이들과 관련된 감독활동"은

11 > 기타소득

11-1. 법인세법상 국내원천 기타소득

국내 원천 기타소득은, 「법인세법 제93조 제1호부터 제9호까지의 소득」 외의 소득으로서, 다음의 어느 하나에 해당하는 것을 말한다(법 93조 10호).

① 국내에 있는 부동산 및 그 밖의 자산이나 국내에서 경영하는 사업과 관련하여 받은 보험금·보상금 또는 손해배상금

② 국내에서 지급받는, 재산권에 관한 계약의 위약 또는 해약으로 인한 손해배상으로서, 그 명목 여하에 불구하고 본래의 계약 내용이 되는 지급 자체에 대한 손해를 넘어 배상받는 금전 또는 기타 물품의 가액(시행령 132조 10항)

　㉮ 외국법인이 지급받은 금액이 국내원천 기타소득에 해당하기 위해서는, 계약의 위약 또는 해약으로 인한 '손해배상'이어야 하므로, 상대방의 채무불이행을 전제로 한다.[585]

　㉯ 외국법인이 지급받은 금액이 '본래의 계약 내용이 되는 지급 자체에 대한 손해를 넘어' 배상받는 금전 등이어야 한다. 매매계약의 해제 또는 합의해제로 인하여 그 당사자가 급부의 원상회복(원물반환)을 하는 것 외에 별도로 손해배상금을 지급받는 경우, 기타소득에 해당하는지 여부는 일률적으로 판단할 수 없고, 구체적 사안에서 계약금과 실제로 발생한 손해의 금액 등을 비교하여 판단하여야 한다.[586] 이는, 계약위반 시의 위약금 약정에 따라 매수인이 계약금을 몰취당하거나 매도

12월을 초과하여 존속하는 경우에만 고정사업장을 구성한다고 규정하므로, "감독활동" 용역도 그 적용대상에 포함되고, 따라서 기간요건(12개월)이 충족되어야만 그 용역소득에 대한 원천지국의 과세권이 인정될 수 있을 것이다. 이에 비하여 ② 한·미 조세조약 제9조 제2항 (h)는 기간요건(6개월)의 적용대상을 "건축공사 또는 건설 또는 설비공사"만을 규정하므로, 그 적용대상이 아닌 건축 관련 용역은 기간요건을 충족할 필요가 없고, 제9조 제2항 (a) 내지 (g)에 해당하면 원천지국이 과세권을 행사할 수 있다고 볼 여지가 있다.

585) 2014. 12. 13. 개정된 소득세법 제21조 제1항 제1호 (다)목은 '부당이득 반환 시 지급받는 이자'도 기타소득의 하나로 규정하지만(이는 대법원 2003. 7. 22. 선고 2001다76298 판결에 대한 입법적 대응으로 보인다), 법인세법에는 아직 그러한 규정이 없다.

586) 대법원 2007. 4. 13. 선고 2006두12692 판결 : 원고들이 주식회사 아남반도체의 연대보증하에 아남건설 주식회사에게 소외 회사의 주식 118,000주를 주당 130,000원에 매도한 후, 위 매매계약이 아남건설의 귀책사유로 해제됨에 따라, 연대보증인인 아남반도체로부터 위 주식의 매매계약 당시 1주당 주가 130,000원과 해제 당시 1주당 주가 34,418원의 차액에 매도 주식 수를 곱한 금액의 손해배상금을 교부받은 사건에서, 대법원은, 위 손해배상금은 원고들이 입은 현실적인 손해를 전보하기 위하여 지급된 것이므로 구 소득세법 시행령 제41조 제3항의 '본래의 계약의 내용이 되는 지급 자체에 대한 손해를 넘는 손해에 대하여 배상하는 금전'인 기타소득에 해당한다고 볼 수 없다고 판단하였다.

인이 계약금의 배액을 상환하는 경우에도 마찬가지이다.[587]

대법원은, ⑦ 미국법인이 당초의 계약에 따라 가지는 장래의 사업참여권을 포기하는 대가로 배상금을 받은 사안에서 국내원천 기타소득으로 인정하였고,[588] ⓛ 내국법인이 외국법인들에게 선박을 건조·인도하기로 하는 계약을 체결한 후 그 선박을 지연하여 인도하고 선박건조대금 전부를 일단 지급받았다가, 위 계약에서 정한 바에 따라 그 대금 중 지연일수에 따른 조정금액을 감액하여 반환한 사건에서, 위 감액된 금액은 위 선박의 가격에서 차감되는 금액일 뿐 외국법인들의 국내원천소득으로 볼 수 없다고 판단하였으며,[589] ⓒ 외국 선주사들이 국내 조선사들에게 선박건조대금 중 일부를 선지급하였다가 선박건조계약을 해제하면서 선지급 대금 및 그 이자를 지급받은 사건에서, 위 이자는 선지급 대금의 조달을 위한 금융비용의 손해를 회복시키기 위한 것이므로, 국내원천 기타소득에 해당하지 않는다고 판단하였다.[590]

③ 국내에 있는 자산을 증여받아 생기는 소득

④ 국내에서 지급하는 상금·현상금·포상금, 그 밖에 이에 준하는 소득

---

587) 대법원 2019. 7. 4. 선고 2017두38645 판결 : 매수인의 지위를 승계한 원고가 매도인에게 매매 잔금을 지급하지 못하자 위약벌 약정에 따라 당초 매수인이 매도인에게 지급한 계약금이 몰취된 사건에서, 대법원은 위 몰취된 계약금을 국내원천소득으로 보았다. 위 사건에서 만일 매도인에게 실제로 발생한 손해가 인정된다면 그 금액의 범위에서는 국내원천 기타소득이 인정되지 않아야 할 것이다.

588) 대법원 2010. 4. 29. 선고 2007두19447, 19454 판결 : 미국법인인 록히드 마틴('록히드사')이 원고(한국항공우주산업 주식회사)와의 계약에 따라 가지는 고등훈련기 T-50에 대한 양산참여권을 포기하는 대가로 원고로부터 지급받은 금액에 관하여, 대법원은, 이는 재산권에 관한 계약의 위약 또는 해약에 따른 손해배상금으로서, 록히드사에게 현실적으로 발생한 손해의 전보나 원상회복을 위한 배상금이 아니라, 록히드사가 장차 양산사업에 참여하였을 경우 얻을 기대이익에 대한 배상금이므로 본래의 계약내용이 되는 지급 자체에 대한 손해를 넘어 배상받는 금전에 해당하여, 국내원천 기타소득에 해당한다고 판단하였다.

589) 대법원 2016. 11. 24. 선고 2016두47123 판결 ; 위 사건의 원고(대우조선해양 주식회사)는 당초 선박의 인도지연이 원고의 귀책사유로 인한 것이 아니라고 주장하였고, 이에 따라 일단 선주인 외국법인으로부터 선박건조대금 전부를 지급받은 후, 국제중재절차에서 원고의 주장이 받아들여지지 않자, 해당 금액을 선주에게 반환하였다.

590) 대법원 2019. 4. 23. 선고 2017두48482 판결 : 국내 조선사들이 외국 선주사들과 각 선박건조계약을 체결하면서 외국 선주사들로부터 대금 중 일부를 지급받되('선수금') 국내 조선사 측 사유로 계약이 종료하는 경우 국내 조선사들이 외국 선주사들에게 선수금 및 그에 대한 연 6~8%의 이자('liquidated damages')를 환급하기로 약정하고, 원고(한국수출입은행)는 외국 선주사들에게 국내 조선사들의 선수금 및 그 이자의 환급채무를 보증하였으며, 그 환급 사유가 발생하자 외국 선주사들에게 국내 조선사들의 선수금 및 그 이자를 지급한 사안에서, 대법원은, 외국 선주사들이 선수금을 일반적인 선박금융의 자금조달방식에 의하여 조달한 것으로 보고, 위 선수금 이자는 선수금을 조달하기 위한 통상적인 선박금융 비용 등의 범위를 벗어나지 않는 것으로서 외국 선주사들에게 실제로 발생한 순자산 감소를 회복시키는 손해배상금이고 외국 선주사들이 실제로 입은 손해를 넘는 금액에 대한 손해배상금이 아니라고 판단하였다. ; 위 판결에 대한 비판적 평석으로는 우지훈·양인준, "과세대상으로서의 손해배상금의 판단기준과 입증책임-대법원 2019. 4. 23. 선고 2017두48482 판결-", 조세법연구 [25-3](2019), 435쪽 이하

⑤ 국내에서 발견된 매장물로 인한 소득

⑥ 국내법에 따른 면허·허가, 그 밖에 이와 유사한 처분에 의하여 설정된 권리와 부동산 외의 국내자산을 양도함으로써 생기는 소득

⑦ 국내에서 발행된 복권·경품권, 그 밖의 추첨권에 의하여 받는 당첨금품과 승마투표권·승자투표권·소싸움경기투표권·체육진흥투표권의 구매자가 받는 환급금

⑧ 법인세법 제67조에 따라 기타소득으로 처분된 금액 : 내국법인의 손금불산입 금액이 외국법인에 대한 기타소득으로 처분되기 위해서는, ㉮ 그 외국법인의 국내사업장의 소득을 구성하지 않고, ㉯ 법인세법 시행령 제106조 제1항 제3호에 해당하지 않아야 한다(시행령 106조 1항 1호 라목, 다목, 3호).[591]

⑨ 대통령령으로 정하는 특수관계인[592]이 보유하고 있는 내국법인의 주식 등이 대통령령으로 정하는 자본거래로 인하여 그 가치가 증가함으로써 발생하는 소득 : '대통령령으로 정하는 자본거래로 인하여 그 가치가 증가함으로써 발생하는 소득'은, 법인세법 시행령 제88조 제1항 제8호 각 목의 어느 하나 또는 같은 항 제8호의2에 해당하는 거래로 인하여 주주등인 외국법인이 특수관계(시행령 132조 13항)에 있는 다른 주주등으로부터 이익을 분여받아 발생한 소득을 말한다(시행령 132조 14항).[593]

⑩ 사용지 기준 조세조약[594] 상대국의 법인이 소유한 특허권 등으로서, 국내에서 등록되지 않고 국외에서 등록된 특허권 등을 침해하여 발생하는 손해에 대하여, 국내에서 지급하는 손해배상금·보상금·화해금·일실이익 또는 그 밖에 이와 유사한 소

---

591) 서울행정법원 2020. 1. 21. 선고 2018구합79148 판결은, 선박·해양플랜트 등을 설계·제작·판매하는 내국법인이 앙골라에서 조선소 지분을 매입하기 위하여, 앙골라 지역에서 발주하는 선박공사 수주 등에 관한 중개 및 자문 등 사업을 영위하는 파나마 법인 B에게 자문수수료 명목으로 약 117억 원을 지급하였는데, 과세관청이 위 금액을 업무무관비용으로 보아 이를 B에 대한 기타소득으로 처분하고 소득금액변동통지를 한 사건에서, 위 금액은 사업관련성이 인정되고 접대비의 성격을 가지므로, 그 손금불산입 금액은 기타 사외유출로 처분되어야 한다고 판단하였다.

592) "대통령령으로 정하는 특수관계인"은 다음의 어느 하나에 해당하는 관계에 있는 외국법인을 말한다(시행령 132조 13항).
① 거주자 또는 내국법인과 국조법 시행령 제2조 제1항의 규정에 따른 특수관계
② 비거주자 또는 외국법인과 법인세법 시행령 제131조 제2항 제1호 또는 제2호의 규정에 따른 특수관계

593) 대법원 2015. 12. 13. 선고 2015두50085 판결(상증세 플랜 사건) : 홍콩법인 A, B가 내국법인인 원고가 발행하는 신주를 저가로 인수하여 원고의 기존 주주들(소외 1, 3)로부터 이익을 분여받은 사건에서, 대법원은, 상법 제418조 제2항에 따라 법인의 주주가 아닌 자가 그 법인으로부터 신주를 직접 배정받는 경우 그로 인한 이익분여는 구 법인세법 시행령 제88조 제1항 제8호 (나)목에 해당하지 않는다는 이유로, 위와 같이 분여된 이익은 홍콩법인들의 국내원천 기타소득에 해당하지 않는다고 판단하였다. 그러나 위와 같은 이익분여는 법인세법 시행령 제88조 제1항 제8호의2에 해당하므로(대법원 2020. 12. 10. 선고 2018두34350 판결), 위 홍콩법인들이 분여받은 이익은 국내원천 기타소득으로 보아야 할 것이다.

594) 그러한 예로는 한·미 조세조약 제6조 제3항을 들 수 있고, 그 외의 조세조약에서는 사용료소득의 원천지를 규정하는 예를 찾기 어렵다.

득. 이 경우 해당 특허권등에 포함된 제조방법·기술·정보 등이 국내에서의 제조·생산과 관련되는 등 국내에서 사실상 실시되거나 사용되는 것과 관련되어 지급하는 소득으로 한정한다.[595] : 이는 국내 미등록 특허권 등에 관하여 특허권자 등으로부터 사용허락을 받지 않은 경우를 의미하고, 특허권자 등의 사용허락을 받은 경우의 대가는 국내원천 사용료소득에 해당한다(법 93조 8호 다목).

⑪ 가상자산소득(소득세법 21조 1항 27호[596])[597] : 외국법인이 가상자산사업자 등이 보관·관리하는 가상자산을 인출하는 경우 인출시점을 양도시점으로 보아 대통령령으로 정하는 바에 따라 계산한 금액을 포함한다. 국내원천 가상자산소득의 금액은 그 수입금액이지만, 수입금액[598]에서 대통령령으로 정하는 취득가액 등을 공제하여 계산한 금액을 가상자산소득으로 할 수 있다(법 92조 1항 나목).

⑫ ①부터 ⑪까지의 소득 외에 국내에서 하는 사업이나 국내에서 제공하는 인적용역 또는 국내에 있는 자산과 관련하여 제공받은 경제적 이익으로 생긴 소득[599] 또는 이와 유사한 소득으로서 대통령령으로 정하는 소득 : '국내에서 하는 사업'의 주체는 외국법인이고, '국내에 있는 자산'은 외국법인 소유의 자산으로 한정된다.[600] 대법원은, 국내에 등록되지 않고 미국에만 등록된 특허의 사용료가 '국내에 있는 자산 등과 관련하여 제공받은 경제적 이익'에 해당하지 않는다는 취지로 판단하였다.[601] 파생상품거래로 얻은 이익은 사업소득이 아닌 경우 기타소득에 해당할 수 있다.[602][603]

---

595) 이는, 대법원이 국내에 등록되지 않고 미국에만 등록된 외국법인 특허권의 특허기술의 사용으로 인하여 지급한 특허권침해의 손해배상금 등을 국내원천 사용료소득으로 인정하지 않자(대법원 2007. 9. 7. 선고 2005두8641 판결, 대법원 2014. 11. 27. 선고 2012두18356 판결), 위와 같은 손해배상금 등을 입법에 의하여 국내원천 기타소득으로 명시한 것이다.

596) 가상자산(특정 금융거래정보의 보고 및 이용 등에 관한 법률 2조 3호)을 양도하거나 대여함으로써 발생하는 소득

597) 위 규정은 2025. 1. 1.부터 시행된다. 위 규정이 시행되기 전에도, 외국법인의 가상자산소득은, 2020. 12. 22. 개정되기 전의 구 법인세법 제93조 제10호 카목의 국내원천 기타소득에 해당하는 경우, 우리나라의 과세대상에 해당한다.

598) 가상자산사업자 또는 이와 유사한 사업자가 보관·관리하는 가상자산을 인출하는 경우에는, 인출시점의 가상자산 시가로서 대통령령으로 정하는 금액을 말한다.

599) 국가 또는 특별법에 따라 설립된 금융회사 등이 발행한 외화표시채권을 상환함으로써 받은 금액이 그 외화표시채권의 발행가액을 초과하는 경우에는 그 차액을 포함하지 아니한다.

600) 부산지방법원 2018. 11. 2. 선고 2018구합21164 판결(해외 선주의 오너 옵션 수수료), 부산고등법원 2019. 5. 17. 선고 2018누23947 판결(항소기각), 대법원 2018. 9. 29. 선고 2019두43290 판결(심리불속행)

601) 대법원 2022. 2. 10. 선고 2019두50946 판결

602) 사전－2016－법령해석국조－0206, 2016. 6. 23. : 금융업을 영위하는 외국법인이 투자자이고 외국법인에 해당하는 케이맨 군도 소재 펀드가 외국은행 국내지점과 장외파생상품(FX－forward) 계약을 체결하고 그 거래에서 발생한 이익을 지급받는 경우 그 대가는 국내원천 기타소득에 해당한다고 본 사례

603) 다만, 국내사업장을 갖지 않은 외국법인이 장내파생상품(자본시장법 5조 2항) 또는 위험회피 목적의 장외파생상품(자본시장법 5조 3항)의 거래를 통하여 취득한 소득은 국내원천소득으로 보지 않는다(시행령

11-2. 조세조약

11-2-1. 국내원천 기타소득이 조세조약상 별도로 규정된 소득항목에 해당하는 경우

법인세법상 국내원천 기타소득이 조세조약상 별도로 규정된 소득항목에 해당하는 경우 그에 관한 조세조약 규정이 적용된다. 가령, 국제운수에 사용되는 선박 또는 항공기가 '국내자산(법 93조 10호 바목)'에 해당하는 경우, 그 양도소득은 국내원천 기타소득이고, OECD 모델조약 제13조 제3항에 따라 해당 기업의 거주지국에서만 과세된다.

11-2-2. 국내원천 기타소득이 조세조약상 별도로 규정된 소득항목에 해당하지 않는 경우

11-2-2-1. 조세조약에 기타소득에 관한 규정이 있는 경우

(1) OECD 모델조약

기타소득 규정은, 조세조약상 개별적으로 규정된 유형에 해당하지 않는 유형의 소득에 대한 체약국의 국내법에 따른 과세권을 제한하는 최후의 수문장(gatekeeper)이다.

(가) 기타소득의 범위

OECD 모델조약 제21조의 기타소득은, 그 이전의 규정에서 ① 명시적으로 취급되지 않은 종류(class)의 소득뿐만 아니라, ② 명시적으로 언급되지 않은 원천(source)으로부터 생긴 소득까지도 포함한다.[604] 외국법인의 국내사업장이 그 본점에게 교부하는 이자에 대하여 대법원은 조세조약상 이자소득으로 보지만,[605] 조세조약상 기타소득으로 보는 것이 합리적이다.[606]

(나) 거주지국과세원칙

OECD 모델조약 제21조 제1항은, 그 이전의 조문에서 취급되지 않은 일방 체약국 거주자의 소득은, 어디에서 발생하였든, 그 국가(거주지국)에서만 과세되어야 한다고 정한다. OECD 모델조약 제21조 제1항은 거주지국이 실제로 과세권을 행사하는지 여부와 무관하

132조 9항). 한편, 내국법인 등으로부터 지급받는 파생결합사채로부터의 이익 등은 국내원천 배당소득에 해당한다(법 93조 2호 가목).

604) OECD 모델조약 제21조의 주석 문단 1

605) 대법원 2018. 2. 28. 선고 2015두2710 판결, 대법원 2022. 5. 12. 선고 58332 판결

606) 3-2-1. 참조 ; 송동진, "외국은행 국내지점이 본점에게 지급한 이자의 국내세법 및 조세조약상 취급", 조세학술논집 제37집 제3호(2021), 한국국제조세협회, 132쪽 이하

게 적용되므로, 거주지국 외의 타방 체약국에서 발생한 소득에 대하여 거주지국이 과세를 하지 않는 경우에도 원천지국은 과세를 할 수 없다.[607]

OECD 모델조약 제21조의 적용범위는 소득이 체약국에서 발생한 경우에 국한되지 않고, 제3국에서 발생한 경우까지 확대된다[어디에서 발생하였든("wherever arising")].[608] 두 체약국의 거주자인 자가 제3국에서 발생한 소득을 얻은 경우, OECD 모델조약 제4조 제2항, 제3항에 따라 어느 한 체약국의 거주자로만 간주되고, 다른 체약국은 제21조 제1항으로 인하여 제3국에서 발생한 그 자의 소득에 대한 과세를 할 수 없으며, 이는 유일한 거주지국으로 간주되는 국가가 과세를 하지 않는 경우에도 마찬가지이다.[609]

(다) 고정사업장과 실질적으로 관련된 권리 또는 재산으로부터 발생한 소득

소득(부동산으로부터 생긴 소득은 제외)의 수령자가 타방 체약국에 있는 고정사업장을 통하여 사업을 수행하고 소득의 지급원인이 되는 권리 또는 재산이 그 고정사업장과 실질적으로 관련되는 경우에는, OECD 모델조약 제21조 제1항이 적용되지 않고, 제7조(사업소득)가 적용된다(OECD 모델조약 21조 2항). 제3국에서 발생한 소득에 대하여도 고정사업장의 소재지국이 과세권을 가진다.[610] 한 체약국의 거주자인 배당의 수익적 소유자가 다른 체약국에 고정사업장을 가지고, 그 배당을 지급한 법인이 그 다른 체약국 외의 국가(수익적 소유자의 거주지국 또는 제3국)의 거주자인 경우(A-B-A, A-B-C), OECD 모델조약 제10조 제2항 및 제4항은 적용되지 않으므로, 제21조 제2항이 적용된다.[611]

한편, OECD 모델조약 제21조 제2항은 부동산에는 적용되지 않는다.[612] 따라서 한 체약국에 있는 부동산이, 그 체약국의 거주자인 기업의, 다른 체약국에 있는 고정사업장의 사업용 재산의 일부를 구성하는 경우, 그 부동산으로부터 생긴 소득은 그 부동산의 소재지국이자 소득 수령자의 거주지국인 체약국이 과세권을 가진다.[613]

(2) 조세조약에서 거주지국 과세원칙을 규정한 경우

우리나라가 체결한 조세조약 중 상당수는 기타소득에 관한 조문을 두면서 OECD 모델조약과 같이 거주지국 과세원칙을 채택하고 있다.[614] 이러한 조세조약이 적용되는 경우,

---

607) OECD 모델조약 제21조의 주석 문단 3
608) OECD 모델조약 제21조의 주석 문단 1
609) OECD 모델조약 제21조의 주석 문단 1, 2
610) OECD 모델조약 제21조의 주석 문단 4
611) 4-2-2. (2) 참조
612) 부동산에 대하여는 그 소재지국(State of situs)이 우선적 과세권을 가지기 때문이다.
613) OECD 모델조약 제21조의 주석 문단 4
614) 한·일 조세조약 제22조 제1항, 한·중 조세조약 제22조 제1항, 한·독 조세조약 제21조 제1항

그 조세조약상 개별적 조문에 규정되지 않는 소득에 대하여는 원천지국의 과세권이 봉쇄되므로, 원천지국의 과세권은, 원칙적으로 그 조세조약에서 열거되고 그 조세조약에 따라 해당 국가의 원천이 인정되는 소득의 범위로 제한된다. 다만, 고정사업장과 실질적으로 관련된 권리 또는 재산으로부터 발생한 소득의 경우에는, OECD 모델조약 제21조 제2항과 같은 예외가 인정되는 것이 일반적이다.[615]

(3) 조세조약에서 원천지국도 과세할 수 있는 것으로 규정한 경우

조세조약이 원천지국도 기타소득에 대하여 과세할 수 있도록 규정하는 경우에는,[616] 기타소득에 대하여 거주지국뿐만 아니라 원천지국도 과세할 수 있다.

11-2-2-2. 조세조약에 기타소득에 관한 규정이 없는 경우

우리나라가 미국, 네덜란드 등과 각각 체결한 조세조약에는 기타소득에 관한 조문이 없다. 위와 같은 조세조약들이 적용되는 경우, 원천지국은, 조세조약에 규정되지 않은 소득에 관하여는, 원칙적으로 국내법에 따라 과세권을 행사하는데 방해를 받지 않는다. 그러나 법원은, 한국 세법상 거주자이지만 한·미 조세조약상 미국 거주자에 해당하는 원고가 홍콩에 원천을 둔 소득을 얻은 사건에서, 한·미 조세조약 제6조 제1항 내지 제8항이 타방 체약국이 과세할 수 있는 국내원천소득을 열거하는 규정이라고 보아, 거기에 제3국 원천소득은 포함되어 있지 않다는 등의 이유로, 우리나라 과세관청은 원고의 국내원천소득에 대하여만 과세할 수 있다고 판단하였다.[617]

---

615) 한·일 조세조약 제22조 제2항, 한·중 조세조약 제22조 제2항, 한·독 조세조약 제21조 제2항
616) 한·캐나다 조세조약 제21조 제3항, 한·호주 조세조약 제22조 제2항
617) 서울행정법원 2014. 6. 13. 선고 2012구합29028 판결(62~65쪽), 서울고등법원 2018. 1. 24. 선고 2014누6236 판결(위 쟁점은 상고이유가 아니었기 때문에 상고심인 대법원 2018. 12. 13. 선고 2018두128 판결은 이에 대하여 판단하지 않았다)

제4장

외국법인의 국내원천소득에 대한 과세방법

1 ▷ 개요

외국법인의 국내원천소득은 크게 2가지 방법으로 과세된다. 하나는 국내원천소득의 지급시점에 개개의 소득금액을 기준으로 법인세를 원천징수하는 방법이고(분리과세), 다른 하나는 일정한 기간동안 발생한 국내원천소득을 합산하여 과세표준을 계산한 후 거기에 누진세율을 적용하여 계산한 법인세를 신고·납부하도록 하는 방법이다(종합과세). 일반적으로 전자의 경우에는 해당 수입금액 전부을 기준으로, 후자의 경우에는 수익에서 비용을 뺀 순소득을 기준으로 각각 과세가 이루어진다.

① 외국법인의 국내사업장에 귀속되는 국내원천소득은, 일정한 과세기간을 단위로 합산되어 종합과세될 것이 예정되어 있으므로, 원칙적으로 개개 소득의 지급시점에 이루어지는 원천징수의 대상에서 제외된다. ② 외국법인의 국내사업장에 귀속되지 않는 국내원천소득의 경우, 그 지급시점에 법인세의 원천징수가 이루어지고, 원칙적으로 그것으로 과세가 종결되며(분리과세) 이후 외국법인에 의한 별도의 신고·납부는 요구되지 않는다(완납적 원천징수). ③ 다만, 종합과세 대상인 국내원천소득에 대하여도, 예외적으로 그 지급시점에 원천징수가 요구되는 경우가 있고,[1] 그 경우 원천징수된 세액은 이후 외국법인이 납부할 국내원천소득에 대한 법인세액에서 차감된다(예납적 원천징수).

---

1) 가령, 국내사업장에 귀속되는 이자소득 및 투자신탁의 이익 등으로서, 법인세법 제98조의3, 5, 6에 해당하지 않는 것(법 97조 1항 6호, 73조 1항 1, 2호)

2-1. 종합과세의 대상

종합과세의 대상은 국내사업장을 가진 외국법인과 국내원천 부동산소득이 있는 외국법인의 각 사업연도 소득이다(법 91조 1항 본문).

2-1-1. 국내사업장을 가진 외국법인

(1) 국내사업장

(가) 국내사업장의 요건

국내사업장은, 외국법인이 사업의 전부 또는 일부를 수행하는 국내의 고정된 장소를 말한다(법 94조 1항). 국내사업장에 해당하기 위해서는, ① 외국법인이 처분권한 또는 사용권한을 가지는 국내의 건물, 시설 또는 장치 등의 사업상 고정된 장소를 통하여, ② 외국법인의 직원 또는 그 지시를 받는 자가, ③ 예비적이거나 보조적인 사업활동이 아닌 본질적이고 중요한 사업활동을 수행하여야 한다.[2]

(나) 국내사업장의 범위

국내사업장은 다음의 각 장소를 포함한다(법 94조 2항).

① 지점, 사무소 또는 영업소

② 상점, 그 밖의 고정된 판매장소

③ 작업장, 공장 또는 창고

④ 6개월을 초과하여 존속하는 건축 장소, 건설·조립·설치공사의 현장 또는 이와 관련되는 감독 활동을 수행하는 장소

⑤ 고용인을 통하여 용역을 제공하는 경우로서 다음의 어느 하나에 해당하는 장소

  ㉮ 용역의 제공이 계속되는 12개월 중 총 6개월을 초과하는 기간 동안 용역이 수행되는 장소

  ㉯ 용역의 제공이 계속되는 12개월 중 총 6개월을 초과하지 않는 경우로서 유사한 종류의 용역이 2년 이상 계속적·반복적으로 수행되는 장소

---

2) 대법원 2011. 4. 28. 선고 2009두19229 판결(블룸버그 사건), 대법원 2016. 1. 14. 선고 2014두8896 판결(매지링크 사건), 대법원 2016. 7. 7. 선고 2015두44936 판결(카지노 고객 모집 사건), 대법원 2017. 10. 12. 선고 2014두3044, 3051 판결(론스타 사건)

⑥ 광산·채석장 또는 해저천연자원이나 그 밖의 천연자원의 탐사 및 채취장소[국제법에 따라 우리나라가 영해 밖에서 주권을 행사하는 지역으로서 우리나라의 연안에 인접한 해저지역의 해상(海床)과 하층토(下層土)에 있는 것을 포함한다]

외국법인의 본질적이고 중요한 사업활동이 내국법인을 통하여 이루어진 경우, 그 내국법인은 외국법인의 국내사업장에 해당할 수 있다.[3]

(다) 예비적·보조적 성격의 특정 활동 장소

다음의 각 장소('특정 활동 장소')가 외국법인의 사업수행상 예비적 또는 보조적인 성격을 가진 활동을 하기 위하여 사용되는 경우에는, 국내사업장으로 보지 않는다(법 94조 4항).

① 외국법인이 자산의 단순한 구입만을 위하여 사용하는 일정한 장소

② 외국법인이 판매를 목적으로 하지 않는 자산의 저장이나 보관만을 위하여 사용하는 일정한 장소

③ 외국법인이 광고, 선전, 정보의 수집 및 제공, 시장조사, 그 밖에 이와 유사한 활동만을 위하여 사용하는 일정한 장소

④ 외국법인이 자기의 자산을 타인으로 하여금 가공하게 할 목적으로만 사용하는 일정한 장소

그러나 특정 활동 장소가 다음의 어느 하나에 해당하는 경우에는 국내사업장에 포함된다(법 94조 5항).

① 외국법인 또는 대통령령으로 정하는 특수관계가 있는 외국법인(비거주자를 포함한다)이 특정 활동 장소와 같은 장소 또는 국내의 다른 장소에서 사업을 수행하고 다음 각 요건을 모두 충족하는 경우

㉮ 특정 활동 장소와 같은 장소 또는 국내의 다른 장소에 해당 외국법인 또는 특수관계가 있는 자의 국내사업장이 존재할 것

㉯ 특정 활동 장소에서 수행하는 활동과 ㉮의 국내사업장에서 수행하는 활동이 상호 보완적일 것

② 외국법인 또는 특수관계가 있는 자가 특정 활동 장소 또는 국내의 다른 장소에서 상호 보완적인 활동을 수행하고, 각각의 활동을 결합한 전체 활동이 외국법인 또는 특수관계가 있는 자의 사업 활동에 비추어 예비적 또는 보조적인 성격을 가진 활동에 해당하지 않는 경우

---

3) 서울고등법원 2017. 2. 7. 선고 2014누3381 판결, 대법원 2021. 2. 25. 선고 2017두237 판결(상고기각)

(라) 국내사업장과 실질적 관리장소의 관계

외국에 본점을 둔 법인의 국내사업장이 그 법인의 실질적 관리장소에 해당하는 경우, 그 법인은 내국법인이므로(법 2조 1호), 외국법인임을 전제로 하는 국내원천소득의 과세에 관한 규정은 적용되지 않고, 내국법인으로서 법인세 납부의무를 부담한다.[4]

(2) 종속대리인

외국법인이 국내에 사업을 수행하는 고정된 장소를 가지고 있지 않은 경우에도, 다음의 어느 하나에 해당하는 자 또는 이에 준하는 자로서 대통령령으로 정하는 자를 두고 사업을 경영하는 경우에는, 그 자의 사업장 소재지[5]에 국내사업장을 둔 것으로 본다(법 94조 3항).

① 국내에서 그 외국법인을 위하여 다음 각 목의 어느 하나에 해당하는 계약을 체결할 권한을 가지고 그 권한을 반복적으로 행사하는 자

㉮ 외국법인 명의의 계약

㉯ 외국법인이 소유하는 자산의 소유권 이전 또는 소유권이나 사용권을 갖는 자산의 사용권 허락을 위한 계약

㉰ 외국법인의 용역제공을 위한 계약

② 국내에서 그 외국법인을 위하여 외국법인 명의 계약 등을 체결할 권한을 가지고 있지 않더라도, 계약을 체결하는 과정에서 중요한 역할(외국법인이 계약의 중요사항을 변경하지 않고 계약을 체결하는 경우로 한정한다)을 반복적으로 수행하는 자

법인세법 시행령은, 종속대리인에 포함되는 '이에 준하는 자'를 다음과 같이 규정한다(시행령 133조 1항).

① 외국법인의 자산을 상시 보관하고 관례적으로 이를 배달 또는 인도하는 자

② 중개인 · 일반위탁매매인 기타 독립적 지위의 대리인으로서, 주로 특정 외국법인만을 위하여 계약체결 등 사업에 관한 중요한 부분의 행위를 하는 자(이들이 자기사업의 정상적인 과정에서 활동하는 경우를 포함한다)

③ 보험사업(재보험사업을 제외한다)을 영위하는 외국법인을 위하여 보험료를 징수하거나 국내소재 피보험물에 대한 보험을 인수하는 자

대법원은, 외국법인이 종속대리인을 통해 국내에 고정사업장을 가지고 있다고 하기 위

---

4) 서울고등법원 2017. 2. 7. 선고 2014누3381 판결(법인이 외국법인에 해당할 경우 그 국내사업장으로 볼 수 있는 인적 · 물적 시설이 국내에 있다는 사정은, 사업의 실질적 관리장소가 국내에 있다고 인정하는 것을 방해하지 않는다), 대법원 2021. 2. 25. 선고 2017두237 판결(상고기각)
5) 사업장이 없는 경우에는 주소지로 하고, 주소지가 없는 경우에는 거소지로 한다.

해서는, 대리인이 행사하는 권한이 예비적이거나 보조적인 것을 넘어 사업활동에 본질적이고 중요한 것이어야 한다고 판시하였다.[6]

2-1-2. 국내원천 부동산소득이 있는 외국법인

외국법인이 국내원천 부동산소득(법 93조 3호)을 얻기 위하여 상대방에게 제공하는 부동산 등은 그 자체로 사실상 국내사업장과 동일하거나 유사한 기능을 한다. 이를 고려하여 법인세법은, 국내원천 부동산소득이 있는 외국법인에 대하여, 국내사업장이 있는지 여부를 따지지 않고, 언제나 종합과세한다.

2-2. 과세표준의 계산

2-2-1. 계산의 구조

국내사업장을 가진 외국법인과 국내원천 부동산소득이 있는 외국법인('국내사업장 등이 있는 외국법인')의 각 사업연도의 소득에 대한 법인세의 과세표준은, 국내원천소득의 총합계액(법인세법 98조 1항, 98조의3, 98조의5 또는 98조의6[7]에 따라 원천징수되는 국내원천소득 금액은 제외한다)에서 다음의 각 금액을 차례로 공제한 금액으로 한다(법 91조 1항 본문).

① 국내에서 발생한 이월결손금 : 각 사업연도 소득의 80%를 한도로 한다(법 91조 1항 단서).

② 비과세소득

③ 선박이나 항공기의 외국 항행(航行)으로 인하여 발생하는 소득[8](그 외국법인의 본점 또는 주사무소가 있는 국가가 우리나라의 법인이 운용하는 선박이나 항공기에 대하여 동일한 면제를 하는 경우만 해당한다)

---

6) 대법원 2016. 1. 14. 선고 2014두8896 판결(매지링크 사건), 대법원 2017. 10. 12. 선고 2014두3044, 3051 판결(론스타 사건)

7) 법인세법 제98조의6에 따라 원천징수되는 금액은 조세조약에 따른 제한세율의 적용을 받는 소득이고, 그 예로는 이자·배당·사용료 소득이 있다. 그런데 위 소득들은, 외국법인의 국내사업장에 귀속하는 경우, OECD 모델조약을 따른 조세조약상 제한세율의 적용을 받지 않고 사업소득과 같이 취급된다(OECD 모델조약 10조 4항, 11조 4항, 12조 3항). 따라서 외국법인의 국내사업장에 귀속하면서 조세조약상 제한세율의 적용을 받는 소득은 실제로는 찾기 어렵다.

8) 법인세법 시행규칙
제62조(외국항행소득의 범위)
법 제91조 제1항 제3호의 규정에 의한 외국항행소득은 다음 각 호의 1에 해당하는 소득으로 한다.
1. 외국항행을 목적으로 하는 정상적인 업무에서 발생하는 소득
2. 자기소유 선박을 외국항행을 조건으로 정기용선계약(나용선인 경우를 제외한다)을 체결하고 동계약에 의하여 자기소유선박이 외국항행을 함으로써 지급받는 용선료 수입

2-2-2. 국내원천소득의 총합계액

(1) 국내사업장에 귀속되는 국내원천소득

국내사업장을 가진 외국법인의 국내원천소득이, 종합과세되는 국내원천소득의 총합계액에 포함되기 위해서는, 국내사업장과 실질적으로 관련되고 그 국내사업장에 귀속되는 것이어야 한다(법 91조 1항, 98조 1항의 반대해석). 외국법인의 국내원천소득이 국내사업장에 귀속되는지 여부는, ① 해당 소득이 국내사업장의 인력 또는 자산에서 발생하였는지, ② 국내사업장의 사업활동이 그 소득의 획득에 기여한 정도 등을 종합적으로 고려하여 판단되어야 할 것이다.[9][10] OECD 모델조약 제7조 제2항에 따른 기능적·사실적 분석[11]도 국내원천소득의 국내사업장 귀속 여부를 판단할 때 참고될 수 있다.

① 대법원은, 외국은행 국내지점이 국내 고객과 사이에 변동금리에 따른 이자 상당액을 지급하고 고정금리에 따른 이자 상당액을 수취하는 스왑거래를 하고, 본점이나 다른 외국지점과 사이에 위 국내 스왑거래로 인한 손실에 대비하기 위한 커버거래를 한 사건에서, 국내 지점의 수익은 국내 고객으로부터 받은 이자금액에서 커버거래로 인하여 본점 등에 지급한 이자지급액의 차액이고, 본점 등은 커버거래로 인한 이자를 지급받은 이상 국내 지점의 소득에 기여한 바 없으므로, 위 수익은 모두 국내지점에 귀속되어야 한다고 판단하였다.[12]

② 대법원은, 홍콩에 본점을 둔 외국법인인 원고가, 국내에서 판매한 화학제품의 대금을 회수하고 국내 지점에 필요한 영업자금을 지원하기 위하여 홍콩에 원고 본점 명의로 예금계좌를 개설한 후, 국내 지점으로부터 잉여자금을 예치받거나 국내 지점에 부족자금을 대여하는 과정에서 발생한 수입이자와 지급이자가 원고의 국내 지점에 귀속되는지 여부가 문제된 사건에서, 위 수입이자와 지급이자는 원고 본점의 독자적인 자금운용 의사결정에 의하여 발생하였고, 국내 지점의 활동과 직접적 관련이 없다는 점 등을 이유로, 위 수입이자 등이 원고의 본점에 귀속된다고 판단하였다.[13]

③ 대법원은, 국내사업장을 가진 외국법인이 사업활동으로 내국법인에 공급한 용역의 중요하고 본질적인 부분이 국내사업장에서 이루어졌다면, 그 용역으로 얻은 소득은

---

9) 외국법인의 국내원천소득이 국내사업장에 귀속되는 것으로 보기 위한 기준에 관한 논의로 김재승, "고정사업장 과세소득 계산에서 귀속의 의미", 조세법연구 [21-2](2015), 한국세법학회, 127쪽 이하

10) 미국 세법에서 FDAP 소득이 미국 내 사업과 실질적으로 관련되었는지를 결정하기 위하여 자산사용 기준 및 중요요소 기준이 사용된다[IRC § 864(c)(2), 재무부 규칙 § 1.864-4(c)(1)]. 이에 관하여는 뒤의 글상자 '미국 세법상 비거주 외국인 및 외국법인의 소득에 대한 과세' 참조

11) 제3장 2-2-3-1. (2) (나) 참조

12) 대법원 1997. 6. 13. 선고 95누15476 판결

13) 대법원 2014. 9. 4. 선고 2012두1747, 1754 판결(쉘 퍼시픽 사건)

전부 국내사업장에 귀속되는 것으로 보아야 하고, 그 용역의 일부가 국외에서 이루어졌더라도 그 부분만 독립하여 국내사업장에 귀속되지 않는 것으로 볼 것은 아니라고 판시하였다.[14]

④ 대법원은, 필리핀 법인인 원고가 외국인전용 카지노를 운영하는 내국법인에게 카지노 고객을 모집·알선해주면 그 대가로 모집수수료를 받기로 하는 계약을 체결하고, 위 내국법인의 카지노 영업장 중 일부 사무실을 고정사업장으로 사용한 사안에서, 원고의 국내 사무실에서 수행되는 활동보다 더 중요하고 핵심적인 업무가 국외에서 이루어지는 점 등을 고려하여, 위 모집수수료 중 국내 고정사업장에 귀속되는 수입금액은 위 사무실에서 수행한 업무의 대가로 국한되고, 원고가 국외에서 수행한 업무의 대가까지 포함한다고 볼 수 없다고 판시하였다.[15]

외국법인의 국내사업장이 여러 개인 경우, 각 국내사업장별로 그에 귀속되는 국내원천소득만을 종합과세하는 것이 아니라 전체 국내사업장들에 귀속되는 국내원천소득을 합산하여 종합과세하여야 할 것이다.[16]

---

14) 대법원 2016. 2. 18. 선고 2014두13829 판결(AMEC 사건) : ① 영국법인인 원고(AMEC Project Investments Limited)는 인천대교 건설사업을 추진하기 위한 특수목적법인인 코다개발 주식회사와 사이에 Offshore Services Agreement(국외제공용역계약) 및 Onshore Services Agreement(국내제공용역계약)를 체결하고, 이에 따라 코다개발에게 용역을 제공한 후, ㉮ 국내제공용역에 관하여는 원고가 국내에 설치한 지점의 사업소득으로 보아 법인세 및 부가가치세를 신고·납부하였으나, ㉯ 국외제공용역에 관하여는 국외원천소득으로 보아 법인세 및 부가가치세를 신고·납부하지 않았다. ② 과세관청인 피고는 위 국외제공용역도 원고의 국내원천소득에 해당한다고 보아 법인세 및 부가가치세를 부과하였다. ③ 대법원은, ㉮ 위 국내제공용역계약 및 국외제공용역계약에 필요한 원고의 활동이 이루어지는 곳과 결과물이 사용되는 곳은 대부분 국내인 점, ㉯ 국외제공용역은 그 자체로 독자적인 목적을 수행하는 것이라기보다 국내제공용역과 결합하여 제공되어야만 용역 공급의 목적을 달성할 수 있는 점, ㉰ 원고도 단순히 업무수행자의 국내 체류 여부를 주요한 기준으로 삼아 국외제공용역의 대가를 산정한 점 등을 근거로, 위 국외제공용역은 국내제공용역과 유기적으로 결합하여 실질적으로 하나의 용역으로 공급된 것이고, 그 중요하고 본질적인 부분이 원고 지점에서 이루어졌다고 판단하였다. ; 위 대법원 판결은 외국법인이 행한 국내제공용역과 국외제공용역 간의 구분이 세법상 인정되지 못한 경우이다. 양자의 구분이 세법상 인정될 수 있는 경우에는, OECD 모델조약의 주석에 의하면, 기업의 다른 부분에 의한 용역의 제공에서 야기되는 소득은, 고정사업장에 의하여 수행된 활동에서 생긴 것이 아니므로, 그 고정사업장에 귀속되지 않는다(OECD 모델조약 제7조의 주석 문단 35~37).

15) 대법원 2020. 6. 25. 선고 2017두72935 판결(대법원 2016. 7. 14. 선고 2015두51415 판결의 환송 후 원심에 대한 재상고심 판결) : 대법원은, 위 사건에서 ① 원고의 직원들이 국내 고정사업장인 사무실에서 수행하는 활동이 본질적이고 중요한 활동에 해당한다고 하더라도, 더 본질적이고 핵심적인 업무는 국외에서 이루어지고 그 비용도 대부분 국외에서 지출되고 있는 것으로 보이는 점, ② 위 사건의 모집수수료에는 원고의 필리핀 본점에 귀속되어야 할 수입금액이 포함되어 있고, 그 액수도 상당할 것으로 보이는 점 등에 비추어, 위 모집수수료에서 부가가치세를 제외한 금액 전부가 원고의 국내 고정사업장에 귀속되는 수입금액임을 전제로 한 법인세 부과처분을 취소하였다.

16) 이창희, 국제조세법(2020), 462쪽 ; National Westminster Bank, PLC v. U.S, 69 Fed. Cl. 128 (2005) p.141

한편, 다음의 소득들은, 종합과세되는 국내원천소득의 총합계액에서 제외된다(법 91조 1항).

① 외국법인의 국내사업장과 실질적으로 관련되지 않거나 그 국내사업장에 귀속되지 않는 것(법 98조 1항)

② 위 ①의 외국법인에게 지급하는 원천징수대상채권 등의 이자(법 98조의3)

③ 기획재정부장관이 고시하는 특정지역에 있는 외국법인의 국내원천소득 중 법인세법 제93조 제1호, 제2호, 제7호 나목, 제8호 또는 제9호의 소득(법 98조의5)

④ 조세조약에 따른 제한세율이 적용되는 경우(법 98조의6)

 미국 세법상 비거주 외국인 및 외국법인의 소득에 대한 과세

미국 세법상 비거주자인 외국인 및 외국법인의 소득은 다음과 같이 과세된다.

① 미국 내 거래 또는 사업{trade or business within United States [IRC § 884(b)], '미국 내 사업'}에 종사하는 비거주자인 외국인 또는 외국법인은, 그 미국 내 사업의 수행과 실질적으로 관련된(effectively connected with) 순소득에 대하여 미국인 또는 미국법인과 같은 세율로 과세된다 [IRC §§ 871(b), 882(a)].

② 이자, 배당, 임대료 등 확정되었거나 결정될 수 있는 연례적 또는 정기적 소득[fixed or determinable annual or periodical (FDAP) income] 등과 자본자산(capital assets)의 처분에서 생기는 손익이 미국 내 사업과 실질적으로 관련되었는지는 ㉮ 해당 소득이 그 사업의 수행에 사용되었거나 사용되기 위하여 보유된 자산으로부터 발생하였는지(asset-use test), ㉯ 그 사업활동이 그 소득의 실현에서 중요한 요소(material factor)였는지(business-activities test)를 고려하여 판단된다[IRC § 864(c)(2), 재무부 규칙 § 1.864-4(c)(1)].[17]

③ 미국 내 원천소득 중 FDAP 소득 등과 자본자산의 처분손익을 제외한 나머지는, 미국 내 사업과 실질적으로 관련된 것으로 취급된다[IRC § 864(c)(3)]. 이에 해당하는 중요한 유형은 재고자산의 판매에서 생기는 소득이다. 다만, 미국 부동산(United States real property interest)의 처분에서 생기는 외국법인 등의 소득은, 그 외국법인 등이 미국 내 사업에 종사하고 소득이 그 미국 내 사업과 실질적으로 관련된 것처럼 취급된다[IRC § 897(a)(1)].

④ 외국법인 등의 FDAP 소득 등이 미국 내 사업과 실질적으로 관련되지 않은 경우, 30%의 세율로 원천징수된다[IRC §§ 871(a)(1), 881(a), 1441(a), 1442(a)].

⑤ 미국에 원천이 없는 소득(Income from sources without United States)도, ㉮ 외국법인 등이 미국 내에 고정사업장(fixed place of business)을 가지고, ㉯ 그 소득이 미국 내 사업의 적극적 수행(active conduct of such trade or business)에서 발생하거나 미국 내 고정사업장을 통한(through … fixed place of business) 자본자산의 미국 외 판매 또는 교환에서 생긴 것이며, ㉯ 미국 내 고정사업장이 그 소득의 창출에 중요한 요소(material factor)이어서 그 소득이 그 고정사업장에 귀속될 수 있는(attributable) 경우에는, 미국 내 사업과 실질적으로 관련된 것으로 취급된다[IRC §§ 864(c)(4), (5)(B)].

---

17) 미국 내 원천소득과 사업 간의 실질적 관련성의 판단기준에 관하여는, 김재승, 앞의 글, 137쪽 이하

(2) 내국법인에 대한 규정의 준용 및 특례

(가) 내국법인의 소득금액 계산규정의 준용

국내사업장 등이 있는 외국법인의 각 사업연도의 국내원천소득금액의 총합계액은, 해당 사업연도에 속하는 익금의 총액에서 손금의 총액을 **뺀** 금액으로 하며, 각 사업연도의 소득금액의 계산에 관하여는 대통령령으로 정하는 바에 따라 법인세법 제14조부터 제54조까지 중 제18조의3, 제53조의3을 제외한[18] 나머지 규정 및 조특법 제138조(임대보증금 등의 간주익금)를 준용한다(법 92조 1항 본문). 이와 같이 세법은 외국법인의 국내사업장을 사실상 내국법인과 거의 동일하게 취급한다. 이는 조세조약과 관련해서는 고정사업장의 차별금지 규정을 이행하는 의미를 가진다.

(나) 익금과 손금의 계산

법인세법 시행령은 외국법인의 익금과 손금의 계산에 관하여 다음과 같이 규정한다(시행령 129조).

① 손금은 국내원천소득과 관련되는 수입금액·자산가액과 국내원천소득에 합리적으로 배분되는 것에 한한다(1항 1호).

② 퇴직급여충당금을 계상하는 경우에는 해당 외국법인의 임원 또는 직원 중, 해당 외국법인이 국내에서 영위하는 사업을 위하여 국내에서 채용하고 국내사업장에서 상시 근무하거나, 국내원천 부동산소득의 발생지에서 상시 근무하는 임원 또는 직원에 대한 것에 한정한다(1항 2호).

③ 손금에 불산입되는 법인세·법인지방소득세·벌금·과료·과태료·가산금·강제징수비·공과금 등은 외국의 법령에 따라 부과된 것을 포함한다(1항 3호).

④ 감가상각의 대상인 유형자산과 무형자산(개발비·사용수익기부자산가액·주파수이용권·공항시설관리권·항만시설관리권을 제외한다)은 해당 외국법인이 국내사업장에 귀속되는 사업용 자산에 한정한다(1항 4호). 무형자산 중 개발비·사용수익기부자산가액은 해당 외국법인이 국내에서 영위하는 사업에 귀속되거나 국내사업장에 귀속되는 자산과 관련되는 것에 한정한다(1항 6호).

⑤ 장기할부조건부 판매 또는 양도의 장기할부기간 중에 국내사업장을 가지지 않게 된 때에는 회수되지 않은 판매 또는 양도금액과 이에 대응하는 비용은 국내사업장을 가지지 않게 된 날이 속하는 사업연도의 익금과 손금에 각각 산입한다(5호).

⑥ 기획재정부령으로 정하는 외국법인 국내지점의 임직원에게 부여된, 기획재정부령으

---

18) 준용대상에서 제외되는 조문들 중 법인세법 제32조, 제39조, 제48조, 제48조의2, 제49조는 이미 삭제된 것들이다.

로 정하는 주식매수선택권 등이 행사되거나 지급된 경우로서, 국내지점이 외국법인에 그 행사 또는 지급비용으로 보전하는 금액 중 국내 근로제공으로 발생하는 소득에 해당하는 금액은 손금에 산입한다(1항 7호).

⑦ 국내사업장에서 발생한 판매비 및 일반관리비 기타의 경비 중 국내원천소득의 발생과 관련되지 않은 다음의 것은 손금에 산입되지 않는다(시행령 129조 2항, 시행규칙 63조).

㉮ 국내사업장이 약정 등에 따른 대가를 받지 않고 본점 등을 위하여 재고자산을 구입하거나 보관함으로써 발생하는 경비[19]

㉯ 기타 국내원천소득의 발생과 합리적으로 관련되지 않는 경비

(다) 적격합병 등에 대한 과세이연 규정의 준용

국내사업장이 있는 외국법인의 소득금액의 계산에 관하여 법인세법상 합병·분할·현물출자 및 교환에 관한 규정(법 44조 내지 50조)을 준용하되, 법인세법 제44조의3, 제45조, 제46조의3 및 제46조의4를 준용할 때 합병법인 및 분할신설법인 등이 피합병법인 및 분할법인 등의 결손금을 승계하지 않는 것으로 본다(법 92조 1항 단서). 따라서 ① 외국법인 A가 외국법인 B에 합병됨에 따라 A의 국내지점의 자산 및 부채가 B의 국내지점에게 이전되고, A-B 간의 합병이 법인세법상 적격합병 요건을 충족하는 경우, ㉮ 피합병법인 A의 국내지점은 자산의 양도손익을 인식하지 않을 수 있고, 그 경우 합병법인 B의 국내지점은 그 자산을 A의 장부가액으로 승계하지만(법 92조 1항 본문, 44조 2항, 44조의3 1항), ㉯ A의 국내지점의 결손금은 B의 국내지점에 승계되지 않는다. 그리고 ② 외국법인의 국내지점이 내국법인에 현물출자를 하고 적격현물출자의 요건을 충족한 경우, 과세이연이 인정될 수 있다(법 92조 1항 본문, 47조의2 1항).[20]

---

19) 현행세법은 국내사업장이 본점 등을 위하여 재고자산을 구입 또는 보관하기 위하여 지출한 경비를 국내사업장의 소득과 관련되지 않은 것으로 본다. 한편, 국내사업장이 본점 등을 위하여 재고자산을 구입 또는 보관하는 것은, 국내사업장이 본점 등에게 내부거래를 통하여 용역을 제공하는 것으로 볼 수도 있다. 만일 그러한 관점에서 접근한다면, 국내사업장이 본점 등을 위하여 재고자산을 구입 또는 보관함으로써 발생한 경비는 국내사업장의 손금에 산입하고, 그 대신 본점 등에게 제공한 용역의 대가를 정상가격으로 계산하도록 하여야 할 것이다. 다만, 국내사업장의 업무 중 본점 등을 위한 재고자산의 구입·보관이 차지하는 비중이 크지 않다면 현행세법과 같이 처리하는 것도 간명한 방법이 될 것이다.

20) 국조, 서면-2016-국제세원-4771 [국제세원관리담당관실-1344], 2016. 10. 28. : 외국 보험회사의 한국 지사가 그 보험업과 관련된 계약, 자산 및 부채를 포괄적으로 내국법인에게 현물출자하고 받은 주식을 외국 본사에 이전한 경우, 법인세법 제47조의2 제1항 제4호(현물출자일이 속하는 사업연도 말까지 주식의 보유)의 요건이 충족되지 않으므로, 적격현물출자에 해당하지 않는다고 본 사례로 서면-2020-법령해석법인, 2020. 9. 4.

(라) 국내사업장의 부당행위계산과 정상가격조정

외국법인 국내사업장의 소득계산에 관하여 법인세법 제52조가 준용되므로(법 92조 1항), 외국법인 국내사업장과 국내특수관계인(가령, 외국법인의 국내자회사) 간의 거래는 부당행위계산부인 규정의 적용대상이다.[21] 다만, 외국법인 국내사업장의 국내원천 부동산등양도소득의 부당행위계산에 관하여는 소득세법 제101조가 준용된다(법 92조 6항). 한편, 외국법인 국내사업장과 국외특수관계인 간의 거래는 정상가격조정의 대상이다(국조법 6조, 7조, 시행령 130조 1항).

(3) 국내사업장과 본점 등 간의 내부거래

(가) 정상가격에 따른 소득계산

외국법인의 국내사업장의 각 사업연도의 소득금액을 결정함에 있어서, 국내사업장과 국외의 본점 및 지점 간 거래('내부거래')에 따른 국내원천소득의 계산은, 정상가격에 의하여 계산한 금액으로 한다(시행령 130조 1항).

내부거래에 따른 국내원천소득의 계산에 적용하는 정상가격은, 외국법인의 국내사업장이 수행하는 기능[외국법인 국내사업장의 종업원 등이 자산의 소유 및 위험의 부담과 관련하여 중요하게 수행하는 기능('중요한 인적 기능')을 포함한다], 부담하는 위험 및 사용하는 자산 등의 사실을 고려하여 계산한 금액으로 한다(시행규칙 64조 2항).[22]

(나) 내부거래에 따른 비용

① 원칙

내부거래에 따른 비용은, 정상가격의 범위에서 국내사업장에 귀속되는 소득과 필수적 또는 합리적으로 관련된 비용에 한정하여 손금에 산입한다(시행령 130조 2항 본문).

---

21) 제2편 제4장 2-1-2. 참조
22) 국내사업장의 기능 및 사실의 분석은 다음 각 항목을 따른다(시행규칙 64조 3항).
　　① 국내사업장이 속한 본점과 독립된 기업들 간 거래로부터 발생하는 권리 및 의무를 국내사업장에 적절하게 배분
　　② 자산의 경제적 소유권의 배분과 관련된 중요한 인적 기능을 확인하여 국내사업장에 자산의 경제적 소유권을 배분
　　③ 위험의 부담과 관련된 중요한 인적 기능을 확인하여 국내사업장에 위험을 배분
　　④ 국내사업장의 자산 및 위험배분에 기초한 자본의 배분
　　⑤ 국내사업장에 관한 중요한 인적 기능 외의 기능을 확인
　　⑥ 국내사업장과 본점 및 다른 지점 간 거래의 성격에 대한 인식 및 결정
　　이는 OECD 고정사업장의 소득귀속에 대한 보고서(2010 Report on the Attribution of Profits to Permanent Establishments)의 내용 중 일부를 받아들인 것이다.

② 자금거래에 따른 이자비용 등

외국법인의 국내사업장과 본점 등 간의 자금거래에 따른 이자비용(**외국은행 국내지점**의 이자비용은 제외한다) 및 보증거래에서 발생한 수수료 등 비용은 손금에 산입되지 않는다(시행령 130조 2항 본문, 시행규칙 64조 1항). 다만, 자금거래에 따른 이자에 대하여 **조세조약**에 따라 손금에 산입할 수 있는 경우에는 그렇지 않다(시행령 130조 2항 단서). 2010년 이후의 OECD 모델조약 및 그 주석에 의하면, 은행이 아닌 외국법인의 국내지점이 본점에 지급한 이자도 국내지점의 소득계산상 손금에 산입될 수 있다.[23] 따라서 은행이 아닌 외국법인의 국내지점과 본점 간 이자는, ① 2010년 이후의 OECD 모델조약을 따라 체결되거나 그와 유사한 조세조약이 적용되는 경우에는, 국내지점의 손금에 산입될 수 있지만,[24] ② 그렇지 않은 경우에는 그 손금산입이 부정될 것이다.

③ 본점 등의 공통경비의 배분

㉮ 국내사업장에 대한 배분의 요건

외국법인의 국외 본점 및 지점의 경비 중 공통경비로서 국내사업장의 국내원천소득의 발생과 합리적으로 관련된 것은 국내사업장에 배분하여 손금에 산입한다(시행령 130조 3항). 법인세법 시행령 제130조 제1항이 독립기업의 가정(개체설)에 따른 것이라면, 같은 조 제3항은 비용할당 접근법(일체설)에 따른 규정으로 볼 수 있고, 후자는 전자에 대한 특별규정에 해당한다. 따라서 외국법인의 본점 등이 국내사업장을 위한 공통경비를 지출한 경우, 국내사업장에 용역을 제공한 것으로서 내부거래에 해당하지만, 본점 등 경비의 배분에 관한 규정(시행령 130조 3항)이 우선하여 적용된다.

㉯ 본점 등의 경비 중 국내사업장에 배분되지 않는 것

다음에 해당하는 본점 등의 경비는 국내사업장에 배분되지 않는다(시행규칙 64조 5항).

㉠ 본점 등에서 수행하는 업무 중 회계감사, 각종 재무제표의 작성 또는 주식발행 등

---

23) 3-5-1. (2) 참조 ; ① OECD 2008년 모델조약의 주석은, 위 모델조약 제7조 제3항과 관련하여, 은행과 같은 금융회사를 제외하고는, 본점과 지점 간의 내부적 이자(internal interest)는 인식되지 않는 것이 일반적으로 합의되었다(generally agreed)고 보았다(제7조의 주석 문단 41). 그러나 ② 2010년 이후의 OECD 모델조약의 주석은, OECD 모델조약 제7조 제2항과 관련하여, 외국법인이 은행이 아닌 경우에도 그 국내지점이 본점에 지급한 가상적 이자(nominal interest)를 국내지점의 소득에서 차감하는 것을 인정한다(OECD 2010년 모델조약 제7조의 주석 문단 28).

24) OECD 모델조약 제7조 제2항은 기업의 소득을 계산할 때 비용을 공제할 것인지 여부를 다루지 않고, 이는 위 모델조약 제24조 제3항(고정사업장의 차별금지)의 적용 하에 체약국의 국내법에 의하여 결정된다(OECD 모델조약 제7조의 주석 문단 30). 따라서 OECD 모델조약을 따른 조세조약이 적용되는 경우에도 그 조세조약에 따라 곧바로 국내세법상 외국법인의 국내지점과 본점 등 간의 이자를 국내지점의 손금에 산입할 것인지가 정해지지는 않는다. 그런데 우리 세법은 위와 같은 이자를 손금에 산입할 것인지 여부를 조세조약상 손금산입 여부에 연계시키기 때문에, 결과적으로 외국법인 국내지점과 본점 간의 이자의 손금산입 여부는 조세조약에 따라 결정된다.

본점만의 고유업무를 수행함으로써 발생하는 경비

　ⓒ 본점 등의 특정부서나 특정지점만을 위하여 지출한 경비

　ⓒ 다른 법인에 대한 투자와 관련되어 발생하는 경비

　ⓒ 기타 국내원천소득의 발생과 합리적으로 관련되지 않는 경비

　㉮ 본점 등의 경비의 배분방법

대법원은, 국내지점에 배부된 본점 등의 공통경비가 국내사업장에 합리적으로 배부된 것이라면 외국법인의 국내사업장이 본점에 실제로 이를 송금하였는지 여부에 관계없이 손금으로 인정되고,[25] 여기서 '국내원천소득에 합리적으로 배분된 금액'은 국내원천소득에 관련된 실액을 반영할 수 있는 것으로 일반적으로 반영된 방법에 따라서 산출된 금액을 의미한다고 한다.[26]

외국법인의 본점 등의 공통경비를 국내사업장에 배분함에 있어서는, ① 배분의 대상이 되는 경비를 '경비항목별 기준'에 따라 배분하는 **항목별 배분방법**에 의하거나, ② 배분의 대상이 되는 경비를 '국내사업장의 수입금액이 본점 및 그 국내사업장을 관할하는 관련지점 등의 총수입금액에서 차지하는 비율'에 따라 배분하는 **일괄배분방법**[27]에 의할 수 있다(시행규칙 64조 6항).[28]

이에 따라 공통경비를 배분하는 경우 외화의 원화환산은 당해 사업연도의 외국환거래법에 의한 기준환율 또는 재정환율의 평균을 적용한다(시행규칙 64조 7항). 한편, 외국법인 본점의 경비 중 국내지점에 배부된 금액은, 대외적 거래에 의하여 제3자에게 지급의무를 부담하는 부채에 해당하지 않으므로, 화폐성 외화부채로 볼 수 없고, 따라서 외화환산손익 및 외환차손익을 계상할 수 없다.[29] 공통경비의 배분에 관한 구체적인 계산방법, 첨부서

---

25) 대법원 2009. 6. 11. 선고 2006두5175 판결 : 따라서 외국법인의 국내지점이 1997 사업연도 이익잉여금 처분의 일환으로 본점에 송금하기 위하여 미지급금을 계상하였다가, 이후 자기자본금을 늘리기 위해 송금 결의를 취소하고 1998 사업연도의 이익잉여금으로 환입처리하면서 미지급금 계정을 소멸시켰더라도, 송금결의 취소의 효과는 본점경비배부액에 영향을 미치지 못한다. ; OECD 2003년 모델조약의 주석도 같다 (2003년 모델조약 제7조의 주석 문단 16).

26) 대법원 1989. 1. 31. 선고 85누883 판결, 대법원 2009. 6. 11. 선고 2006두5175 판결

27) 대법원 1989. 1. 31. 선고 85누883 판결은, 수입금액의 비례에 의한 경비배분의 회계방법이 한·독 조세조약 제7조 제3항 등에 위반된 것이라고 할 수 없다고 판단하였다.

28) 대법원 1990. 3. 23. 선고 89누7320 판결은, 외국법인이 국내지점에 배분할 본점경비의 계산을 위하여 채택한 항목별 배분방법에 합리성이 인정되는 경우, 과세관청이 일괄배분방법에 따라 계산한 금액과의 차액을 손금불산입한 것은 위법하다고 판단하였다. 그리고 대법원 1991. 1. 29. 선고 90누7852 판결은, 본점경비의 배분방법으로 외국법인은 항목별 배분방법을 채택하고, 과세관청은 일괄배분방법을 주장하는 경우, 위 2가지 방법이 각각 나름대로의 합리성을 갖춘 배분방법으로 인정된다면, 과세관청이 일괄배분방법에 따라 외국법인에게 한 과세처분은 위법하다고 보았다.

29) 대법원 2009. 6. 11. 선고 2006두5175 판결 : 프랑스 은행인 원고의 국내 지점은 ① 각 사업연도 12월경 본점으로부터 청구된 본점 경비 배부액을 화폐성 외화부채로 인식하면서, 그 청구일 현재의 외국환 원화

류의 제출 기타 필요한 사항은 국세청장이 정한다(시행규칙 64조 8항).[30]

(다) 외국은행 국내지점

① 본점 등에게 지급한 이자의 손금산입

외국은행 국내지점이 본점 등과의 자금거래에서 발생한 이자비용은 원칙적으로 손금에 산입된다(시행령 130조 2항, 시행규칙 64조 1항 1호).

② 간주자본 지급이자의 손금불산입

외국은행 국내지점의 자본금 계정상의 금액이 다음의 방법에 따라 산정한 금액('자본금 추산액')에 미달하는 경우에는, 외국은행의 본점 또는 국외지점으로부터 공급받은 총자금 중 그 미달하는 금액에 상당하는 금액에 대한 지급이자('간주자본 지급이자')는 손금에 산입되지 않는다(시행령 129조의3 1항 전문, 시행규칙 63조의2).[31] 이 경우 국내지점은 다음의 어느 하나의 금액을 선택하여 적용할 수 있다(시행령 129조의3 1항 후문).

㉮ 국내지점의 총자산액에 외국법인의 본·지점 전체의 해당 사업연도 말 현재 대차대조표상의 총자산액에서 자기자본금이 차지하는 비율을 곱하여 산정한 금액

㉯ 국내지점의 기능, 소유자산, 부담한 위험 등을 반영하여 기획재정부령[32]으로 정하는 방법으로 산정한 금액

③ 간주자본 지급이자와 과소자본 지급이자의 관계

국조법 제22조에 따라 손금에 산입되지 않는 과소자본 지급이자[33]와 간주자본 지급이 자가 동시에 발생한 경우, ㉮ 간주자본 지급이자가 과소자본 지급이자보다 적은 때에는, 손금에 불산입하는 간주자본 지급이자가 없는 것으로 보고, ㉯ 간주자본 지급이자가 과소 자본 지급이자보다 많은 때에는, 간주자본 지급이자에서 과소자본 지급이자를 뺀 금액만을 손금에 불산입한다(시행령 129조의3 3항).[34]

환산 기준환율로 환산하였고, ② 각 사업연도 말 현재의 외국환 원화 환산 기준환율로 환산하여 외화평가 손익을 계산하였으며, ③ 이후 실제로 지급한 날의 기준환율을 적용하여 발생한 외환차손익을 손금에 산 입하여 1994년부터 1998년까지의 법인세 과세표준 및 세액을 신고하였다.

30) 이에 따라 '외국기업 본점 등의 공통경비 배분방법 및 제출서류에 관한 고시'(국세청고시 제2018-38호, 2018. 9. 1.)가 제정되어 있다.

31) 이는 OECD 2010 Report on the Attribution of Profits to Permanent Establishments[이하 'OECD 고정사업 장 소득귀속 보고서(2010)'라 한다]에서 제안된 이른바 'free capital' 제도를 도입한 것이다(위 보고서 문단 28, 29).

32) "기획재정부령으로 정하는 방법"이란 국제결제은행이 정하는 기준에 따라 국내지점의 위험가중자산에 외국법인 본·지점의 자기자본(영 제129조의3 제1항 제1호의 자기자본금을 말한다)이 위험가중자산에서 차지하는 비율을 곱하여 산정한 방법을 말한다(시행규칙 63조의2).

33) 국조법은, 외국법인의 국내사업장이 그 본점 등으로부터 차입한 금액도 과소자본세제의 적용대상으로 규정한다(국조법 14조 1항, 2조 1항 11호 나목).

과소자본 지급이자의 경우 외국은행의 본점에 대한 배당으로 처분하는 특칙(국조법 시행령 49조)이 있는 것과 달리, 간주자본 지급이자에 관하여는 그러한 규정이 없으므로, 간주자본 지급이자의 손금불산입액은 기타 사외유출로 처리되어야 할 것이다(시행령 106조 1항 1호 차목).

2-3. 세액의 계산과 신고·납부 등

2-3-1. 세액의 계산

(1) 세율

국내사업장을 가진 외국법인과 국내원천 부동산소득이 있는 외국법인의 각 사업연도 소득에 대한 법인세는, 법인세법 제91조의 과세표준에 같은 법 제55조의 세율을 적용하여 계산한 금액[토지 등의 양도소득에 대한 법인세(법 95조의2)가 있는 경우에는 이를 합한 금액]이다(법 95조). 즉, 국내사업장 등이 있는 외국법인의 각 사업연도 소득에 대하여는 내국법인과 동일한 세율이 적용된다.

(2) 외국납부세액공제

(가) 제도의 취지

법인세법은, 외국법인의 국내사업장에 관하여 외국납부세액의 공제 규정을 준용한다(법 97조 1항 1호, 57조 1항). 이는, 조세조약상 고정사업장의 차별금지(OECD 모델조약 24조 3항)를 고려하여, 내국법인에게 인정되는 외국납부세액공제를 외국법인의 국내사업장에도 인정하는 것이다.[35][36]

(나) 외국납부세액공제의 대상

외국납부세액공제의 대상은 국내사업장의 '국외원천소득'에 관하여 외국에 납부한 세액이다(법 57조 1항). 그런데 국외에서 발생한 소득으로서 외국법인의 국내사업장에 귀속되는 것은 '국내원천 사업소득'으로 취급된다(시행령 132조 3항).

---

34) 따라서 손금에 불산입되는 총금액은 둘 중 큰 금액, 즉 Max(간주자본 지급이자, 과소자본 지급이자)이다.
35) OECD 모델조약 제23조의 주석 문단 10, 제24조의 문단 67 ; 그 입법취지에 관하여는 재정경제부, 2000년 간추린 개정세법(2001. 1.), 443쪽
36) 고정사업장의 외국납부세액공제와 조세조약의 관계에 관하여는 제3장 2-2-3-1. (4), (5) 참조

① 우리나라가 조세조약에 따라 이중과세제거의무를 지는 경우

OECD 모델조약에 의하면, 외국법인의 고정사업장에 귀속된 소득의 **원천지**가 **제3국**인 경우, 고정사업장의 소재지국과 해당 외국 간의 조세조약상 고정사업장의 차별금지 규정에 따라 고정사업장의 소재지국은 외국법인이 제3국에 납부한 세액에 관하여 **이중과세제거의무**가 있다. 위 경우, 조세조약의 **특별법적 효력**에 따라, 외국법인의 국내사업장에 귀속되는 소득이 국외원천소득인지에 관계없이, 그 소득과 관련하여 외국에 납부된 세액은 법인세법상 외국납부세액공제의 대상이 된다고 보아야 할 것이다.[37]

② 우리나라가 조세조약에 따른 이중과세제거의무를 지지 않는 경우

OECD 모델조약에 의하면, 외국법인의 고정사업장에 귀속된 소득의 **원천지**가 그 외국법인의 **거주지국**인 경우, 고정사업장 소재지국은 외국법인이 거주지국에 납부한 세액에 대한 이중과세제거의무를 부담하지 않는다.[38] 위 경우, 법인세법 시행령 제132조 제3항이 그대로 적용될 수 있다. 이에 따라 국외에서 발생한 소득으로서 외국법인의 국내사업장에 귀속되는 것은 국내원천 사업소득으로 취급되므로, 그 소득과 관련하여 외국에 납부된 소득은 법인세법상 외국납부세액공제의 대상으로 보기 어려울 것이다.[39] 우리나라가 외국법인의 국내사업장에 귀속하는 소득에 관하여 그 거주지국에서 납부된 세액을 공제해주지 않더라도, 이는 조세조약상 과세권의 분배에 기초한 것이므로, 조세조약의 차별금지에 위반되지 않는다.[40] 위 경우 우리나라가 조세조약상 이중과세제거의무를 부담하지 않더라도 임의로 국내세법에 따라 이중과세제거조치를 취해주는 것은 가능하지만,[41] 법인세법 제97조 제1항 제1호의 입법취지[42]를 고려하면, 그러한 세액까지 세액공제의 대상으로 하였다고 보기는 어렵다.[43] 이는, 국내사업장을 가진 외국법인의 거주지국과 우리나라 간에

---

37) 제2편 제5장 제2절 2-1-2. (나) 참조

38) 제3장 2-2-3-1. (5) 참조

39) 법인세법 시행령 제132조 제3항은, 결과적으로 우리나라가 조세조약상 이중과세제거의무를 부담하지 않는 경우 외국법인 국내사업장의 외국납부세액공제를 차단하는 기능을 하게 된다. 즉, 위 규정은 국내사업장의 외국납부세액공제와 관련하여 우리나라가 조세조약상 이중과세제거의무를 지는 경우에는 잠시 열렸다가 그 외의 경우에는 다시 닫히는 자동문과 같은 작용을 한다.

40) 김석환, "고정사업장의 외국납부세액공제-삼각관계(triangular cases)에서 조세조약 및 국내법의 해석에 관하여-", 조세학술논집 제36집 제4호(2020), 73~78쪽

41) 이는, 법인세법 시행령 제132조 제3항은, 오로지 국내사업장에 귀속되는 국내원천 사업소득의 범위를 정하는데에만 적용될 뿐이고, 법인세법 제97조 제1항, 제57조 제1항에 따른 외국납부세액공제의 목적상 국외원천소득의 범위를 정하는데에는 적용되지 않는다고 해석할 경우 가능할 것이다.

42) 재정경제부, 2000년 간추린 개정세법(2001. 1.), 443쪽에는, 법인세법 제97조 제1항의 개정이유가 국내사업장이 있는 외국법인에게 '제3국에서 납부한 세액'에 대하여 외국납부세액공제 등을 허용하기 위한 것이라고 기재되어 있다.

43) 서울고등법원 2021. 6. 24. 선고 2020누43519 판결은, 원고인 중국은행의 국내지점이 국내에서 조달한 자

조세조약이 체결되지 않은 경우에도 마찬가지이다.[44]

2-3-2. 사업연도와 납세지

(1) 사업연도

국내사업장이 있는 외국법인으로서 법령이나 정관 등에 사업연도에 관한 규정이 없는 법인은, 따로 사업연도를 정하여 국내사업장 설치신고(법 109조 2항)[45] 또는 사업자등록(법 111조)과 함께 납세지 관할 세무서장에게 사업연도를 신고하여야 한다(법 6조 3항). 국내사업장이 없는 외국법인으로서 국내원천 부동산소득 또는 부동산등양도소득이 있는 법인은, 따로 사업연도를 정하여 그 소득이 최초로 발생하게 된 날부터 1개월 이내에 납세지 관할 세무서장에게 사업연도를 신고하여야 한다(법 6조 4항). 위 각 경우 사업연도의 신고를 하여야 할 외국법인이 그 신고를 하지 않은 경우에는 매년 1월 1일부터 12월 31일까지를 그 법인의 사업연도로 한다(법 6조 5항).

국내사업장이 있는 외국법인이 사업연도 중에 그 국내사업장을 가지지 않게 된 경우에는 그 사업연도 개시일부터 그 사업장을 가지지 않게 된 날까지의 기간을 1사업연도로 본다(법 8조 6항).[46] 국내사업장이 없는 외국법인이 사업연도 중에 국내원천 부동산소득 또는 국내원천 부동산등양도소득이 발생하지 않게 되어 납세지 관할 세무서장에게 그 사실을 신고한 경우에는 그 사업연도 개시일부터 신고일까지의 기간을 1사업연도로 본다(법 8조 7항).

(2) 납세지

외국법인의 법인세 납세지는 ① 국내사업장이 있는 경우에는 그 소재지로 하고, ② 국내

금을 원고의 중국 내 지점에 예금하거나 중국 내 사업자들('중국 거주자들')에게 대여하고 그 대가로 수취한 이자에 관하여 법인세를 신고하면서 '위 중국 거주자들이 위 이자를 지급할 때 원천징수하여 기업소득세로 중국 과세당국에 납부한 금액'을 구 법인세법 제97조 제1항에 의하여 준용되는 구 법인세법 제57조 제1항에 따른 외국납부세액으로 공제한 사건에서, 위 이자에 대하여 원고 국내지점의 소재지인 한국에 우선적 과세권이 있고, 거주지국인 중국은 이중과세를 회피할 의무를 부담하므로, 고정사업장에 대하여 구 법인세법 제57조 제1항을 적용할 때 위 규정의 '외국'은 외국법인의 고정사업장의 소재지국과 외국법인의 거주지국을 제외한 제3국으로 해석하여야 한다는 이유로, 중국에 납부된 위 원천징수세액은 한국에서 외국납부세액공제의 대상이 될 수 없다고 판단하였다(대법원 2021두46940호로 상고심 계속 중).

44) 행정해석은, 2016. 9. 27. 한·홍콩 조세조약이 발효하기 전에, 홍콩은행 국내지점이 인도 법인으로부터 이자를 지급받으면서 원천징수되어 인도에 납부된 세액에 대하여 법인세법 제97조, 제57조에 따라 외국납부세액공제가 인정된다고 보았다(기준-2015-법령해석국조-0128, 2015. 8. 25.). 이는, 우리나라와 조세조약을 체결하지 않은 국가의 거주자인 외국법인의 국내사업장의 소득에 관하여 다른 외국에 납부된 세액을 법인세법상 외국납부세액공제의 대상으로 판단한 것이다.

45) 외국법인은, 국내에 사업의 실질적 관리장소를 두게 된 경우, 그날부터 2개월 이내에 관할 세무서장에게 국내사업장 설치신고를 하여야 한다(법 109조 1항 전문).

46) 다만, 국내에 다른 사업장을 계속하여 가지고 있는 경우에는 그렇지 않다.

사업장이 없으면서 국내원천 부동산소득이 있는 경우에는, 그 자산의 소재지로 한다(법 9조 2항). 둘 이상의 국내사업장이 있는 외국법인의 납세지는 대통령령으로 정하는 주된 사업장의 소재지이고, 둘 이상의 자산이 있는 법인의 납세지는 대통령령으로 정하는 장소이다(법 9조 3항).

2-3-3. 법인세의 신고·납부

국내사업장이 있는 외국법인은, 과세표준 확정신고기한 내에 각 사업연도의 부동산등양도소득에 대한 법인세의 과세표준을 신고하여야 하고, 법인세 산출세액에서 원천징수된 세액을 공제한 금액을 납부할 의무가 있다(법 97조 1항 2호, 60조, 64조 1항 4호).

외국법인의 국내사업장에 귀속되는 소득은 원칙적으로 원천징수대상이 아니지만(법 98조 1항의 반대해석),[47] 건축 등에 관한 용역·인적용역의 제공에 따른 국내원천소득, 이자 및 투자신탁의 이익 등은 예외적으로 원천징수의 대상이다(법 98조 8항, 법 97조 1항 6호).

2-4. 지점세

2-4-1. 개요

지점세는, 외국법인의 국내사업장의 법인세 과세 후 소득에 대하여 추가로 과세되는 세금을 말한다. 외국법인이 국내에 자회사를 설립한 경우에는, 자회사의 소득에 대하여 법인세가 부과된 후, 주주인 외국법인에게 지급되는 배당은 국내원천소득으로 과세된다. 이에 비하여 외국법인이 국내에 지점을 설치하고 영업을 하는 경우, 그 국내지점의 소득에 대하여 법인세의 부과 후에 별도의 과세를 하지 않는다면, 자회사 방식으로 국내에 투자한 경우보다 세법상 유리한 취급을 함으로써 조세의 중립성이 훼손된다. 이를 고려하여 법인세법은, 외국법인 지점의 법인세 과세 후 소득 중 본점에 송금되는 금액에 대하여, 국내 자회사가 외국 모회사에 배당을 한 것에 준하여 지점세를 과세함으로써, 외국법인의 지점의 소득과 자회사의 소득을 유사하게 취급한다.

지점세는 이른바 추적과세와 밀접한 관련하에 생겨났다. 미국 세법은, 당초 미국에서 주된 활동을 하는 외국법인(이전 3년간 총소득의 2분의 1이 미국의 거래 또는 사업과 실효적으로 관련된 외국법인)이 그 소득을 그 주주에게 배당할 때 그 외국법인에게 그 소득에 대한 세금의 원천징수의무를 지우는 규정(추적과세)을 두었으나, 실효를 거두지 못하였다.

---

47) 뒤의 3-1-1. 참조

그러자 미국 세법은 그 대안으로 지점이윤세(branch profits tax) 제도를 만들었고,[48] 이후 위 제도는 여러 나라로 퍼져나갔으며, 우리나라도 이를 도입하였다.

한편, OECD 모델조약은 추적과세를 금지하는 규정을 두고 있고,[49] 우리나라가 체결한 대부분의 조세조약도 같다. 지점세는 외국법인의 국내사업장에 대하여만 부과되므로, 국적에 따른 차별에 해당할 수 있다.[50] 그러나 우리나라의 지점세는 조세조약에 규정된 경우에만 과세되고, 조세조약 자체 내에서 허용된 예외이므로, 조세조약 위반의 문제를 일으키지 않는다.

2-4-2. 지점세의 과세대상자

지점세의 과세대상자는, 영리외국법인의 국내사업장으로서, 우리나라가 그 외국법인의 본점 또는 주사무소가 있는 국가('거주지국')와 체결한 조세조약에 지점세를 과세할 수 있도록 한 경우에 한한다(법 96조 1항). 우리나라가 프랑스, 캐나다, 호주 등과 체결한 조세조약에는 지점세에 관한 규정이 있다.[51]

2-4-3. 과세대상 소득금액과 세율

(1) 과세대상 소득금액

(가) 우리나라와 외국법인의 거주지국이 체결한 조세조약에서 이윤의 송금액에 대하여 과세할 수 있다고 규정하는 경우 : 과세대상 소득금액은 ① 각 사업연도 소득 중 실제로 송금된 이윤이고, ② 실제로 송금된 이윤이 직전 사업연도의 과세대상 소득금액을 초과하는 경우 그 초과분 중 직전 사업연도까지의 미과세 누적유보소득을 한도로 한다(시행령 134조 5항).

---

48) 미국 세법 제884조 ; 미국 세법의 종전 추적과세 제도 및 지점이윤세의 도입이유에 관하여는 General Explanation of the Tax Reform Act of 1986 (H.R. 3838, 99th Congress; Public Lasw 99‑514), Prepared by the Staff of the Joint Committee on Taxation (S‑10‑87), pp.1035~1047

49) OECD 모델조약 제10조 제5항. 4‑2‑2. (3) 참조

50) 지점세는, 조세조약에 그에 관한 별도의 정함이 없으면, 조세조약의 차별금지 규정에 위반된다. OECD 모델조약 제24조의 주석 문단 60 ; 한편, OECD 모델조약의 주석은, 고정사업장의 소득을 계산할 때 공제된 이자 등의 금액에 대하여 부과되는 세금[가령 지점단계 이자세(branch level interest tax)]는, 제24조 제3항의 적용범위 밖에 있으므로 그에 위반되지 않는다고 본다(OECD 모델조약 제24조의 주석 문단 61).

51) 한·프랑스 조세조약 제10조 제7항("일방국의 법인 거주자가 타방국내에 고정사업장을 가진 경우 본 고정사업장의 이윤은 법인세를 부담한 후 동 타방국의 법에 의하여 5퍼센트를 초과하지 않는 세율로 과세된다."), 한·캐나다 조세조약 제10조 제6항, 한·호주 조세조약 제10조 제6항

(나) 그 외의 경우 : 과세대상 소득금액은 해당 국내사업장의 각 사업연도의 소득금액에서 다음 각 금액을 뺀 금액이다(법 96조 2항). 이는 국내사업장이 그 소득에 대한 법인세의 과세 후에 본점에 송금할 것으로 예상되는 금액을 의미한다.

① 법인세법 제95조에 따른 법인세에서 아래 ㉮의 금액을 빼고 ㉯의 금액을 더한 금액

  ㉮ 외국납부세액공제, 재해손실에 대한 세액공제와 다른 법률에 의한 감면세액·세액공제액

  ㉯ 가산세와 법인세법 또는 조특법에 따른 추가 납부세액

② 법인지방소득세

③ 해당 국내사업장이 사업을 위하여 재투자할 것으로 인정되는 금액 등 대통령령으로 정하는 금액[52]

④ 국조법 제14조(과소자본세제)에 따라 손금에 산입되지 않는 금액

(2) 세율

지점세의 세율은, ① 우리나라와 외국법인의 거주지국이 체결한 조세조약에서 세율을 따로 정하는 경우에는 그 조약에 따르고,[53] ② 그렇지 않은 경우에는 국내원천 배당소득에 대한 원천징수세율인 20%(법 98조 1항 2호)이다(법 96조 3항).

---

52) 법인세법 시행령 제134조(국내사업장의 과세대상소득금액의 계산)
  ① 법 제96조 제2항 제3호에서 "해당 국내사업장이 사업을 위하여 재투자할 것으로 인정되는 금액 등 대통령령으로 정하는 금액"이란 다음 각 호의 금액 모두를 말하며, 해당 사업연도개시일 현재의 자본금 상당액이 해당 사업연도 종료일 현재의 자본금 상당액을 초과하는 경우에는 그 초과하는 금액(이하 "자본금 상당액 감소액"이라 한다)을 해당 사업연도의 소득금액에 합산한다. 이 경우 합산되는 금액은 직전 사업연도 종료일 현재의 미과세누적유보소득(음수가 아닌 경우만 해당한다)을 초과하지 못한다.
  1. 해당 사업연도 종료일 현재의 자본금상당액이 해당 사업연도 개시일 현재의 자본금상당액을 초과하는 금액(이하 "자본금 상당액 증가액"이라 한다)
  2. 미과세 누적유보소득(음수인 경우만 해당한다)에서 음의 부호를 뗀 금액. 다만, 그 금액은 국내사업장의 각 사업연도의 소득금액에서 법 제96조 제2항제1호, 제2호, 제4호 및 자본금상당액증가액을 뺀 금액을 한도로 한다.
  ② 제1항에서 "자본금 상당액"이라 함은 당해 사업연도 종료일 현재 대차대조표상의 자산의 합계액에서 부채(충당금을 포함하며, 미지급법인세를 제외한다)의 합계액을 공제한 금액을 말한다.
  ③ 제1항에서 "미과세 누적유보소득"이란 각 사업연도의 소득금액 중 법 제96조에 따라 과세되지 아니한 부분으로서 제1호의 금액에서 제2호의 금액을 차감한 금액을 말한다.
  1. 해당 사업연도의 직전 사업연도까지의 각 사업연도 소득금액의 합계액에서 해당 사업연도의 직전 사업연도까지의 각 사업연도 결손금 합계액과 해당 사업연도의 직전 사업연도까지의 각 사업연도의 소득에 대한 법인세 및 법인지방소득세의 합계액을 차감한 금액
  2. 해당 사업연도의 직전 사업연도까지의 각 사업연도의 법 제96조에 따른 과세대상소득금액의 합계액
53) 지점세의 세율에 관하여, 한·프랑스 조세조약과 한·캐나다 조세조약은 5%, 한·인도네시아 조세조약은 10%, 한·호주 조세조약은 15%로 규정한다.

3-1. 법인세법상 원천징수의무

3-1-1. 개요

외국법인의 국내원천소득 중 원천징수의 대상은, 원칙적으로 국내사업장이 없는 외국법인의 국내원천소득 또는 국내사업장에 귀속되지 않는 국내원천소득이지만(법 98조 1항), 국내원천 이자소득, 건축 등 용역 또는 인적용역소득 등의 경우에는 예외적으로 국내사업장에 귀속되는 것도 원천징수대상이다(법 97조 1항 6호, 73조 1항 1, 2호, 법 98조 8항).

외국법인의 국내원천소득에 관하여 법인세가 원천징수된 경우, 일반적으로 그 원천징수로 과세관계가 종결되지만(완납적 원천징수), 예외적으로 그 원천징수 이후 외국법인에 의한 법인세의 신고·납부에 의하여 정산되기도 한다(예납적 원천징수).

예납적 원천징수의 대상으로는 ① 외국인의 국내사업장에 귀속되지 않는 국내원천 부동산등양도소득(법 98조 1항 5호, 97조 1항), ② 외국법인의 건축 등 용역 또는 인적용역의 제공으로 발생하는 국내원천소득(법 98조 8항), ③ 외국법인의 국내사업장에 귀속되는 이자 및 투자신탁의 이익 등(법 97조 1항 6호)이 있다.

3-1-2. 외국법인의 국내사업장에 귀속되지 않는 국내원천소득을 지급하는 자

(1) 원천징수의 대상 및 세액

외국법인의 국내원천소득[국내원천 부동산소득(법 93조 3호)은 제외[54]]으로서, 외국법인의 국내사업장과 실질적으로 관련되지 않거나 그에 귀속되지 않는 소득의 금액(국내사업장이 없는 외국법인에게 지급하는 금액을 포함한다)을 지급하는 자[국내원천 부동산등양도소득을 지급하는 개인(거주자와 비거주자)은 제외한다]는, 다음의 구분에 따른 금액을 외국법인의 각 사업연도 소득에 대한 법인세로서 원천징수할 의무가 있다(법 98조 1항).[55]

---

[54] 외국법인의 국내원천 부동산소득은 국내사업장에 귀속되는지에 관계없이 언제나 종합과세의 대상이므로(법 91조 1항), 원천징수의 대상에서 제외된다.

[55] 원천징수의무자는 원천징수한 법인세를 원천징수일이 속하는 달의 다음 달 10일까지 대통령령으로 정하는 바에 따라 관할 세무서 등에 납부하여야 한다.

(가) 국내원천 이자소득

① 일반적인 경우

국내원천 이자소득에 대한 원천징수세액은 다음과 같다(법 98조 1항 1호).

㉮ 국가·지방자치단체 및 내국법인이 발행하는 채권에서 발생하는 이자소득 : 지급금액의 14%

㉯ 그 외의 이자소득 : 지급금액의 20%

② 원천징수대상채권 등의 보유기간 이자 상당액

법인세법 제98조 제1항을 적용받는 외국법인에게 원천징수대상채권 등(법 73조의2 1항)의 이자 등을 지급하는 자 또는 원천징수대상채권 등의 이자 등이 지급되기 전에 위와 같은 외국법인으로부터 원천징수대상채권 등을 매수하는 자는, 그 지급금액에 대하여 법·조특법 또는 조세조약에 의한 세율("적용세율")을 적용하는 경우 그 지급금액에 다음의 각 세율을 적용하여 계산한 금액을 원천징수하여야 한다(법 98조의3 1항, 시행령 138조의3 1항 1 문).[56]

1. 지급금액 중 당해 외국법인의 보유기간이자 상당액에 대하여는 당해 외국법인에 대한 적용세율

2. 지급금액 중 제1호의 보유기간이자 상당액을 차감한 금액에 대하여는 법인세법 제73조의2 제1항 전단에 따른 세율

여기서 '지급금액'은, 이자지급 시의 원천징수가 문제되는 경우 '원천징수대상채권 등의 이자 등', 즉 보유기간이자 상당액(시행령 113조)을 말하는 것으로 보이므로, 언제나 약정이 자율에 따른 것은 아니고, 유효이자율에 의한 경우도 있을 수 있다.[57] 이는 채권 매수인의 원천징수와 관련해서도 마찬가지로 볼 여지가 있다.

다음으로, 위 제2호의 '제1호의 보유기간이자 상당액'은, 해당 금액을 지급받는 외국법인의 보유기간이자 상당액을 의미하고, 그 외국법인의 전단계 보유자인 외국법인의 보유기간을 포함하지 않는 것으로 보이지만, 전단계 보유자인 외국법인에 대한 보유기간이자

---

56) 다만, 외국법인이 원천징수대상채권 등의 보유기간을 입증하지 못한 경우, ① 그 외국법인에 대한 적용세율이 법인세법 제73조의2 제1항 전단에 따른 세율보다 높은 때에는, 지급금액 전액을 그 외국법인의 보유기간이자 상당액으로 보고, ② 전자의 세율이 후자의 세율보다 낮은 때에는, 그 외국법인의 보유기간이자 상당액은 없는 것으로 본다(시행령 138조의3 1항 2문).

57) 법인세법 시행령 제113조에 따른 적용이자율은 ① 원칙적으로 유효이자율(약정이자율에 발행 시의 할인율을 가산하고 할증률을 차감한 이자율)이지만, ② 공개시장에서 발행되는 채권의 경우에는 약정이자율이고 (발행 시의 할인율과 할증률을 가감하지 않음), ③ 만기상환일에 보장이율을 추가로 지급하는 조건이 있는 전환사채 등의 경우에는 유효이자율에 당해 추가지급이율을 가산한 이자율이다.

상당액이 이미 원천징수된 경우에는 이를 이자 등을 지급하는 자의 원천징수대상에 다시 포함시킬 필요는 없을 것이다.[58]

(나) 국내원천 배당소득

국내원천 배당소득에 대한 원천징수세액은 지급금액의 20%이다(법 98조 1항 2호).

(다) 국내원천 선박등임대소득 및 사업소득

국내원천 선박등임대소득 및 사업소득(조세조약에 따라 국내원천 사업소득으로 과세할 수 있는 소득은 제외한다)에 대한 원천징수세액은 지급금액의 2%이다(법 98조 1항 3호).

(라) 국내원천 인적용역소득

외국법인에게 건축, 건설, 기계장치 등의 설치·조립 그 밖의 작업이나 그 작업의 지휘·감독 등에 관한 용역을 제공함으로써 발생하는 국내원천소득 또는 국내원천 인적용역소득(조세조약에서 사업소득으로 구분되는 경우를 포함한다)은, 국내사업장에 귀속되는 경우에도, 원천징수의 대상이다(법 98조 8항 본문[59]).

국내원천 인적용역소득에 대한 원천징수세액은 지급금액의 20%이다(법 98조 1항 4호 본문). 다만, 국외에서 제공하는 인적용역 중 대통령령으로 정하는 인적용역[60]을 제공함으로써 발생하는 소득이 조세조약에 따라 국내에서 발생하는 것으로 보는 소득에 대해서는 그 지급금액의 3%로 한다(법 98조 1항 4호 단서). 한편, 외국법인에게는 순소득 기준으로 인적용역소득에 대한 법인세를 신고·납부할 수 있는 선택권이 인정된다(법 99조 1항).

(마) 국내원천 부동산등양도소득

국내원천 부동산등양도소득에 대한 원천징수세액은 지급금액의 20%이다(법 98조 1항 5호 본문). 다만, 양도한 자산의 취득가액 및 양도비용이 확인되는 경우에는, 그 지급금액의 10%에 상당하는 금액과 그 자산의 양도차익의 20%에 상당하는 금액 중 적은 금액으로 한다(법 98조 1항 5호 단서). 원천징수하는 금액을 계산할 때, 양도자가 법인세법 제97조 제1항에 따라 법인세를 신고·납부한 후 양수자가 법인세법 제98조 제1항에 따라 원천징수하는 경우에는, 양도자가 신고·납부한 세액을 뺀 금액으로 한다(시행령 137조 9항).[61]

---

58) 이창희, 국제조세법(2020), 571~573쪽은, ① 내국법인 甲이 채권을 외국법인 X에게 발행하고 Y가 X로부터 이를 매수하면서 원천징수를 한 경우에는 甲이 Y에게 이자를 지급할 때 원천징수대상에서 X의 보유기간이자 상당액이 제외되지만, ② 내국법인 甲이 채권을 내국법인 乙에게 발행하고 외국법인 Y가 乙로부터 이를 매수하면서 원천징수를 하지 않은 경우에는, 甲이 Y에게 이자를 지급할 때 전단계 보유자인 乙과 Y의 신원을 각각 확인하여 각 보유자별로 법령을 적용하여 원천징수하여야 한다고 본다. 입법론으로는 위와 같은 내용을 명확하게 규정하는 것이 바람직하다.
59) 다만, 그 국내사업장이 사업자등록을 한 경우는 제외한다(법 98조 8항 단서).
60) '과학기술·경영관리 기타 분야에 관한 전문적 지식 또는 특별한 기능을 가진 자가 당해 지식 또는 기능을 활용하여 제공하는 용역'을 말한다(시행령 137조 8항, 132조 6항 4호).

(바) 국내원천 사용료소득

국내원천 사용료소득에 대한 원천징수세액은 지급금액의 20%이다(법 98조 1항 6호). '지급금액'은 현금의 지급액뿐만 아니라 채무의 인수금액도 포함한다.[62]

(사) 국내원천 유가증권양도소득

① 국내원천 유가증권양도소득의 금액

국내원천 유가증권양도소득의 금액은 그 **수입금액**이고, 다만 그 수입금액에서 '대통령령이 정하는 바에 따라 확인된 해당 유가증권의 취득가액 및 양도비용'을 공제하여 계산한 금액으로 할 수 있다(법 92조 2항[63] 1호).[64]

국내사업장이 없는 외국법인의 국내원천 유가증권양도소득이 다음의 요건을 모두 갖춘 경우에는, **정상가격**(국조법 8조, 국조법 시행령 5조부터 16조까지)[65]을 해당 수입금액으로 한다

---

61) 법인세법 제92조 제6항은 국내원천 부동산등양도소득 금액과 관련하여 부당행위계산에 관한 소득세법 제101조를 준용하도록 규정하는데, 위 규정이 원천징수할 세액을 계산할 때도 준용되는지는 불분명하다.

62) 서울행정법원 2018. 5. 31. 선고 2017구합60581 판결 : ① 내국법인인 원고는 2014. 9. 30. 홍콩법인으로부터 한류스타들의 홀로그램 영상을 포함한 영업과 관련한 자산과 부채를 양수하면서 그 대금을 8,000,000 홍콩달러[= 고정자산인 설비금액 570,000(㉠) + 건설 중인 홀로그램 영상 1,853,619.67(㉡) + 홀로그램 영상 9,763,395.07(㉢) + 선급금 263,165(㉣) - 선수금(㉤, 홍콩법인이 내국법인 C 등과 체결한 홀로그램 영상 자산에 관한 라이선싱 계약에 따라 위 법인들로부터 수령한 라이선싱 선수금 중 라이선싱 기간이 경과하지 않은 부분에 상응하는 금액) 4,440,729.08 + 단수차이 조정을 위한 프리미엄(㉥) 549.34]로 정하였다. ② 위 양수도계약 당시 우리나라와 홍콩 사이에는 조세조약이 체결되지 않은 상태였다. ③ 피고는, 홍콩법인의 무형자산(홀로그램 영상)의 양도금액을 위 ㉡과 ㉢의 합계금액에서 선수금(㉤)을 차감하지 않은 11,617,014.74 홍콩달러로 보고 여기에 세율 20%를 곱하여 계산한 원천징수세액을 원고에게 고지하는 처분을 하였다. ④ 법원은 다음과 같은 취지로 판단하였다. ㉮ 홍콩법인이 위 무형자산을 원고에게 양도하여 양도차익이 발생하였는지 여부에 관계없이, 원고는 홍콩법인에게 위 무형자산의 양수대가로 지급한 총금액의 20%를 원천징수할 의무가 있다. ㉯ 원고가 홍콩법인과 내국법인 간의 라이선싱 계약상 의무를 인수함에 따라 홍콩법인은 선수금 상당의 용역제공부채를 면하는 효과를 얻었고, 위 선수금은 그 가액 상당만큼 양수대가에서 차감되었을 뿐, 위 무형자산의 가치 자체가 차감된 것이라고 볼 수 없다. 서울고등법원 2018. 11. 1. 선고 2018누53391 판결(항소기각), 대법원 2019. 4. 5. 선고 2018두65156 판결(심리불속행). ⑤ 위 사건에서 원고가 홍콩법인의 라이선싱계약상 채무를 인수함에 따라 그 금액만큼 양수대가로 지급할 금액이 감소하므로, 채무의 인수는 대가지급의 한 형태에 불과하고, 그 금액은 '지급금액'에 포함되어야 할 것이다. 한편, 위 사건에서 홍콩법인이 내국법인 C 등에게 부여한 사용권이 전속적인 성질의 것이라면 무형자산의 가치 자체가 감소하였다고 볼 여지도 있으나, 판결문에 그러한 사정은 보이지 않는다.

63) 법인세법 제92조 제2항은, 국내사업장이 없는 외국법인("제91조 제2항 및 제3항에 따른 외국법인")의 국내원천 유가증권양도소득에 대한 원천징수세액을 계산하기 위한 규정이다.

64) 대법원 2013. 7. 11. 선고 2011두4411 판결은, 구 법인세법 제92조 제2항 제2호, 제98조 제1항 제4호에서 말하는 '수입금액'이나 '지급금액' 또는 '취득가액'은 모두 실지거래가액을 의미하므로, 외국법인에 대하여 국내원천 유가증권양도소득을 지급하는 자는, 그 유가증권의 실지양도가액이 확인되는 경우에는, 실지양도가액의 100분의 10에 상당하는 금액과 실지양도가액에서 실지취득가액을 공제하여 계산한 금액의 100분의 25에 상당하는 금액 중 적은 금액을 그 소득에 대한 법인세로 원천징수할 의무가 있고, 외국법인이 유가증권을 교환의 방법으로 양도하였다고 하여 달리 볼 것은 아니라고 판단하였다.

65) 국조법 제8조 및 국조법 시행령 제5조 내지 제16조에 따라 유가증권의 정상가격을 산출할 수 없는 경우, 소득세법 제99조 제1항 제3호 내지 제6호와 상증세법 제63조 제3항을 준용하여 평가한 가액을 정상가격

(법 92조 2항 2호, 시행령 131조 1항).

    ㉮ 국내사업장이 없는 외국법인과 대통령령으로 정하는 특수관계가 있는 외국법인(비거주자를 포함한다) 간의 거래일 것

    ㉯ 거래가격이 정상가격보다 낮은 경우로서, 정상가격과 거래가격의 차액이 3억 원 이상이거나 정상가격의 5%에 상당하는 금액 이상인 경우(시행령 131조 5항)

대법원은, 특수관계에 있는 외국법인들 간의 합병에 따라 피합병법인인 외국법인이 보유하던 내국법인의 상장주식이 합병법인에게 이전된 사건에서 증권거래소의 거래가격을 정상가격으로 판단하였다.[66]

수입금액에서 공제되는 '확인된 해당 유가증권의 **취득가액** 및 양도비용'은, 다음의 각 금액으로서, 일정한 자료[67]에 의하여 그 유가증권의 취득가액 및 양도비용이 확인된 것을 말한다(시행령 129조 3항).

    ㉮ 당해 유가증권의 취득 또는 양도에 실제로 직접 소요된 금액(그 취득 또는 양도에 따라 직접 소요된 조세·공과금 또는 중개수수료를 포함한다)[68]

    ㉯ 수증자, 그 밖에 이에 준하는 자가 양도한 유가증권의 취득가액 : 당초의 증여자, 그 밖에 이에 준하는 자를 해당 유가증권의 양도자로 보고 위 ㉮에 따라 계산한 금액. 다만, 해당 유가증권이 국내원천 기타소득(법 93조 10호 다목)으로 과세된 경우에는 해당 유가증권의 수증 당시의 시가

으로 한다(시행령 131조 3항).

66) 대법원 2017. 12. 13. 선고 2015두1984 판결 : 독일법인이 완전모회사인 다른 독일법인에 흡수합병됨에 따라 피합병법인이 보유하던 내국법인의 상장주식이 합병법인에게 이전되었는데, 합병법인이 위 합병과 관련하여 합병신주를 발행하거나 합병대가를 지급하지 않은 사건(무증자합병)에서, 대법원은, 위 주식이 증권거래소에서 거래된 가격을, 구 국조법 시행령 제4조 제3호의 '기타 거래의 실질 및 관행에 비추어 합리적이라고 인정되는 방법'으로 산정된 정상가격으로 판단하였다. 적격합병에 따른 과세이연은 내국법인 간의 합병에만 적용되므로(법 44조 2항), 특수관계에 있는 외국법인들 간의 합병에 따라 내국법인 주식이 이전된 경우, 합병법인이 피합병법인의 주주에게 신주를 발행하거나 현금을 지급하지 않았더라도, 그 주식의 취득가액을 양도가액으로 할 수 없고, 그 정상가격이 양도가액으로 되어야 한다.

67) 유가증권의 양도자 또는 그 대리인이 원천징수의무자에게 원천징수를 하는 날까지 제출하는 출자금 또는 주금납입영수증·양도증서·대금지급영수증, 그 밖에 출자 또는 취득 및 양도에 소요된 금액을 증명하는 자료를 말한다.

68) 다만, 당해 유가증권이 출자증권 또는 주식으로서 그 출자증권 또는 주식에 법인의 잉여금의 전부 또는 일부를 출자 또는 자본의 금액에 전입함으로써 취득한 것이 포함되어 있는 경우에는 법인세법 시행령 제14조 제2항의 규정을 준용하여 계산한 금액으로 한다(시행령 129조 3항 1호 단서).

① 룩셈부르크 법인(DIS)은 2009. 10. 2. 미국 법인(DASHI)으로부터 내국법인 발행의 비상장 주식 1,913,980주(지분율 49.5%)를 증여받았다는 이유로 안산세무서에 한·룩셈부르크 조세조약 제21조 제1호를 근거로 위 수증 소득에 대한 법인세 비과세·면제 신청을 하였다. 원고는 2010. 12. 13.경 DIS로부터 위 내국법인 주식을 대금 396억 원에 매수하는 계약을 체결하고, 2011. 1. 31. 그 대금을 지급하였다.

② 원고는, DIS의 주식 양도소득에 관하여 한·룩셈부르크 조세조약의 의정서 제3항에 따라 대한민국의 과세권이 배제되지 않는다고 보고, DIS의 주식 양도소득에 대한 법인세를 원천징수하였다. 원고는 DIS의 주식 취득가액을, DIS가 증여받을 당시의 상증세법상 보충적 평가방법에 따른 평가액 36,865,780원으로 산정하고, 위 양도대금 396억 원에서 위 취득가액을 뺀 2,734,831,220원을 DIS의 주식양도소득으로 계산한 후, 구 법인세법 제92조 제2항 제1호, 제98조 제1항 제5호 단서에 따라, 위 양도차익의 20%에 해당하는 546,966,244원을 법인세로 원천징수하였다.

③ 과세관청은, ㉮ DIS가 위 주식을 취득한 가액이 확인되지 않는다는 이유로, 원천징수할 세액을 구 법인세법 제98조 제1항 제5호 본문에 따라 위 주식의 양도가액의 10%인 39억 6,000만 원으로 산정하여 원고에게 미납부된 원천징수세액 등의 징수 및 부과처분을 하였다가 ㉯ 조세심판절차를 거치면서 구 법인세법 시행령 제129조 제3항 제2호 본문에 따라 증여자인 DASHI를 양도자로 보아 DASHI의 위 주식의 매수가액 27,625,521,864원을 취득가액으로 하여 위 주식의 양도차익을 11,974,487,136원으로 산정하고, 구 법인세법 제92조 제2항 제1호, 제98조 제1항 제5호 단서에 따라 위 양도차익의 20%에 해당하는 2,394,897,427원을 원천징수할 세액으로 결정하였다.

④ 원고는 상고이유로, 한·룩 조세조약 제21조 제1호에 따라 원천지국의 과세가 면제된 DIS의 수증이익은 종국적 과세면제 대상이므로, 구 법인세법 제93조 등을 근거로 DIS의 수증이익을 양도소득으로 재분류하여 과세하는 것은 한·룩 조세조약 제21조 및 구 국조법 제28조를 위반한 것이라고 주장하였다.

⑤ 대법원은, ㉮ 구 법인세법 시행령 제129조 제3항 제2호 본문은 증여재산 자체의 가치에 대하여 증여를 과세의 계기로 삼아 수증소득으로 과세하는 규정으로 볼 수 없고, 과세관청이 국내사업장이 없는 룩셈부르크 법인이 증여받은 내국법인 발행주식을 양도함으로써 발생하는 양도소득금액을 계산하면서 위 본문 조항을 적용한 것이 수증소득에 대한 원천지국의 과세권을 제한하는 한·룩 조세조약 제21조 제1호에 위반된다거나 소득구분에서 조세조약의 우선 적용을 규정한 구 국조법 제28조에 반하여 위법하다고 볼 수 없으며, ㉯ 구 법인세법 시행령 제129조 제3항 제2호 단서는 조세조약을 이용한 조세회피 등을 방지하기 위하여 적용 범위를 수증소득이 과세된 경우로 한정하므로, 수증소득이 한·룩 조세조약에 따라 국내에서 비과세되어 실제 과세된 바가 없다면 위 단서 조항이 적용될 수 없다고 판단하였다.[69)]

② 원천징수세액

국내원천 유가증권양도소득에 대한 원천징수세액은 지급금액(법인세법 92조 2항 2호에

---

69) 위 판결에 대한 해설로는 김희철, "외국법인이 증여받은 국내 주식을 양도한 경우 취득가액 산정방법", 대법원판례해설 제110호(2017), 271~288쪽

해당하는 경우에는 대통령령으로 정하는 정상가격으로 한다)의 10%이다(법 98조 1항 7호 본문). 다만, 법인세법 제92조 제2항 제1호 단서에 따라 해당 유가증권의 취득가액 및 양도비용이 확인되는 경우에는, 위 지급금액의 10%와 같은 호 단서에 따라 계산한 금액의 20% 중 적은 금액으로 한다(법 98조 1항 7호 단서).

(아) 국내원천 기타소득

국내원천 기타소득에 대한 원천징수세액은 다음과 같다(법 98조 1항 6호).

① 국내 미등록 특허권 등의 침해로 인한 손해배상금 등(법 93조 10호 차목) : 지급금액의 15%

② 가상자산소득(법 93조 10호 카목)[70][71] : ㉮ 가상자산의 취득가액 등이 확인되는 경우 지급금액의 10%와 법인세법 제92조 제2항 제1호 나목에 따라 계산한 금액의 20% 중 적은 금액, ㉯ 가상자산의 취득가액 등이 확인되지 않는 경우 지급금액의 10%

③ 그 외의 기타소득 : 지급금액[국내에 있는 자산을 증여받아 생기는 소득(법 93조 10호 다목)에 대해서는 대통령령으로 정하는 금액]의 20%

대법원은, 내국법인이 매도인인 외국법인에게 계약금을 지급한 후 매매계약상 채무를 불이행하여 **계약금**을 위약금으로 하는 약정에 따라 계약금이 **몰취**된 경우, 그 몰취된 계약금은 원천징수대상인 국내원천 기타소득에 해당한다고 판단하였으나,[72] 그 타당성은 의문스럽다.[73]

---

70) 위 규정은 2023. 1. 1.부터 시행된다.

71) 가상자산소득은, 외국법인이 가상자산사업자등이 보관·관리하는 가상자산을 인출하는 경우 인출시점을 양도시점으로 보아 대통령령으로 정하는 바에 따라 계산한 금액을 포함한다(법 93조 10호 카목). 여기서 '대통령령으로 정하는 바에 따라 계산한 금액'은, 가상자산을 인출하는 시점에 해당 가상자산을 양도한 것으로 보아 법 제92조 제2항 제1호나목에 따라 계산한 가상자산소득금액을 말한다(시행령 132조 17항). 한편, 가상자산을 교환하거나 인출하는 경우에는 법인세법 제98조 제1항 제8호 나목의 구분에 상당하는 금액으로서 가상자산 단위로 표시한 대통령령으로 정하는 금액으로 한다(법 98조 1항 8호 나.목 단서).

72) 대법원 2019. 7. 4. 선고 2017두38645 판결

73) 위 대법원 판결은 크게 두 가지 면에서 문제가 있다. ① 먼저, 위 사건의 경우 내국법인을 법인세법 제98조 제1항의 '외국법인에게 그 국내원천소득을 지급하는 자'로 보기 어려운 면이 있다. 계약금을 위약금으로 몰취당한 내국법인에게 원천징수의무를 지우려면, 원칙적으로 계약금을 지급할 당시 그 계약금이 외국법인의 국내원천소득에 해당하여야 한다. 그런데, 내국법인이 계약금을 지급하는 시점에는 아직 계약금몰취의 조건, 즉 매매계약상 채무불이행이 발생하지 않아서 그 계약금이 아직 외국법인의 소득에 해당하지 않는 상태였고, 이후 내국법인이 매매계약상 채무불이행을 하는 시점에 비로소 계약금이 위약금으로 전환되어 그 수령자인 외국법인의 소득으로 되었다[예수금(부채) 소멸]. 이와 같이 외국법인에게 아직 그 소득으로 확정되지 않은 계약금을 지급하는 내국법인을, 법인세법 제98조 제1항의 '외국법인에게 그 국내원천소득을 지급하는 자'에 해당한다고 보기 어렵다. ② 다음으로, 위 대법원 판결은 그 이유로, 계약금을 몰취당한 매수인은 특별한 사정이 없는 한 외국법인에 대하여 위약금으로 몰취당한 금원 중 법인세 원천징수 부분에 대한 구상권을 행사할 수 있다는 등의 사정을 든다. 그러나 원천징수의무는 당사자가 국가로부터 아무런 대가를 받지 않고 국가의 과세권행사에 협력하는 것이므로, 그 성질상 당사자가 용이하게 그 의무

(자) 원천징수의무자가 원천징수세액을 부담한 경우

원천징수의무자가 국내사업장이 없는 외국법인과 사이에 원천징수세액을 자신이 부담하기로 약정하고 그 외국법인에게 소득을 지급하면서 유보하지 않은 금액을 원천징수세액으로 납부한 경우, 그 금액은 실질적 대가(비용)의 일부이므로 손금에 산입되고,[74] 원천징수할 세액은 위 금액을 포함한 소득을 기초로 계산되어야 한다.[75]

(차) 원천징수의 제외 : 비과세소득 등

비과세소득(법 51조)과 조특법 등 다른 법률에 의하여 법인세가 전액 면제되는 소득은 법인세법 제98조에 의한 원천징수대상에서 제외된다(시행규칙 68조 1항). 조세조약은 법률과 동일한 효력을 가지므로(헌법 6조 1항), 조세조약에 따라 우리나라의 과세권이 배제된 외국법인의 국내원천소득도 원천징수대상에서 제외된다.

(2) 원천징수의 구체적 내용

(가) 원천징수의무자

외국법인의 국내원천소득에 대한 원천징수의무자는 원칙적으로 그 외국법인에게 해당 소득을 지급하는 자이다(법 98조 1항).[76] 이는 자신의 채무이행으로서 소득을 실제 지급하는 자를 말한다.[77] 국내사업장이 없는 외국법인도 원천징수의무자가 될 수 있다.[78][79]

의 존재를 인식하고 별다른 비용의 지출 없이 이행할 수 있는 경우에 한하여 인정되어야 할 것이다. 위 사건의 경우에 사후에 원천징수세액을 징수당한 매수인이, 계약금을 몰취하여 기타소득을 얻은 외국법인을 상대로 구상금청구의 소송까지 해야 한다면, 이는 매수인에게 원천징수의무를 지우는 것이 부적절한 경우에 해당한다고 보아야 한다. 소득세법은 계약금이 위약금·배상금으로 대체되는 경우를 원천징수대상인 국내원천 기타소득에서 제외한다(소득세법 127조 1항 6호 나목).

74) 기본통칙 19-19…27
75) 국내사업장이 없는 외국법인에게 국내원천소득을 지급할 때 계약조건이 국내세법에 의한 세금을 공제한 금액을 지급하도록 약정된 경우, 과세표준금액은 다음과 같이 계산한다(기본통칙 98-0…2).
지급하기로 약정한 금액 ÷ (1 - 원천징수세율) = 과세표준
76) 미국 세법은 '외국법인의 원천징수대상소득의 통제·수령·보관·처분 또는 지급을 하는 모든 자'를 원천징수의무자로 규정한다[IRC §§ 1442(a), 1441(a)].
77) ① 대법원 2009. 3. 12. 선고 2006두7904 판결(PCGL 사건 : 채무의 보증인인 내국법인이 채권자인 외국법인에게 이자를 지급한 경우, 자신의 채무이행으로서 이자소득을 실제 지급하는 자'로서 원천징수의무자에 해당한다), 대법원 2016. 1. 14. 선고 2013두10267 판결(하이트진로 사건), ② 법원은, 대출금채무의 담보를 위한 신탁의 수탁자인 신탁회사가 수익자인 외국법인에게 위 대출금의 이자의 성질을 갖는 수익금을 지급한 사건에서, 자신의 채무이행으로서 직접 이자소득을 지급한 자에 해당하므로, 원천징수자라고 판단하였다[서울행정법원 2019. 9. 24. 선고 2018구합68476 판결, 서울고등법원 2021. 7. 21. 선고 2019누62316 판결(항소기각), 대법원 2021. 12. 16. 선고 2021두49505 판결(심리불속행)]. ③ 외국법인에게 그 국내원천소득을 지급한 자가 특수목적법인이라는 사정만으로 원천징수의무자에 해당하지 않는다고 보기는 어렵다. 서울행정법원 2021. 9. 27. 선고 2020구합74498 판결, 서울고등법원 2022. 6. 8. 선고 2021누62210 판결(항소기각, 확정)
78) 대법원 2013. 7. 11. 선고 2010두20966 판결(영국법에 따라 설립된 유한책임회사인 원고가 말레이시아 라부안 법에 따라 설립된 법인으로부터 내국법인 주식을 매수하고 그 대금을 지급한 사안)
79) 국내사업장이 없는 외국법인이 원천징수의무자인 경우 납세관리인을 정하여 관할 세무서장에게 신고하여

국내원천소득이 국외에서 지급되더라도, 그 지급자가 국내에 주소, 거소, 본점, 주사무소 또는 국내사업장을 둔 경우에는, 그 국내원천소득을 국내에서 지급하는 것으로 보아 법인세법 제98조 제1항을 적용한다(법 98조 9항). 외국법인이 유가증권을 자본시장법에 따른 투자매매업자 또는 투자중개업자를 통하여 양도하는 경우에는, 그 투자매매업자 또는 투자중개업자가 원천징수를 하여야 한다(법 98조 7항 본문).[80]

원천징수의무자를 대리하거나 그 위임을 받은 자의 행위는, 수권 또는 위임의 범위에서 본인 또는 위임인의 행위로 보아 원천징수 관련 규정을 적용한다(법 98조 11항).[81][82]

대법원은, 내국법인이 매도인인 외국법인에게 계약금을 지급한 후 매매계약상 채무를 불이행하여 계약금을 위약금으로 하는 약정에 따라 계약금이 몰취된 사건에서, 그 몰취된 계약금이 원천징수대상이라고 판단하였으나,[83] 그 타당성은 의문스럽다.[84]

(나) 소득의 귀속 명의자와 실질적 귀속자가 다른 경우

① 소득지급자의 조사의무

외국법인에게 국내원천소득을 지급하는 자는, 그 소득의 귀속 명의와 다른 실질적 귀속자가 따로 있는지를 조사하여 실질적 귀속자를 기준으로 원천징수할 의무가 있다.[85] 그러나, 국내원천소득을 지급하는 자가 거래 또는 소득의 지급과정에서 성실하게 조사하여 확보한 자료 등을 통해서도 그 소득의 실질적 귀속자가 따로 있다는 사실을 알 수 없었던 경우까지 실질적 귀속자를 기준으로 원천징수할 의무가 있다고 볼 수는 없다.[86]

② 처분사유의 변경

원천징수의무자에 대한 징수처분에 관한 불복절차에서 과세관청이 소득의 귀속자(수령

야 하고(시행령 137조 5항), 대통령령으로 정하는 장소가 납세지로 된다(법 9조 4항 단서).

80) 다만, 자본시장법에 따라 주식을 상장하는 경우로서 이미 발행된 주식을 양도하는 경우에는, 그 주식을 발행한 법인이 원천징수하여야 한다(법 98조 7항 단서).

81) 금융회사 등이, 내국인이 발행한 어음이나 채무증서를 인수·매매·중개 또는 대리하는 경우에는 그 금융회사 등과 해당 내국인 간에 대리 또는 위임의 관계가 있는 것으로 보아 법인세법 제98조 제11항을 적용한다(법 98조 12항).

82) 원천징수업무의 위임은 명시적 또는 묵시적으로 이루어질 수 있으나, 묵시적 위임을 인정하기 위해서는 명시적 위임과 동일시할 수 있을 정도의 위임 의사를 추단할 만한 사정이 있어야 한다. 제2편 제5장 제3절 2-3-3. (2) 참조 ; 대법원 2022. 7. 28. 선고 2019두33903 판결은, 원고인 비씨카드 주식회사가 미국 마스터카드사의 제휴회원인 국내 은행들을 대신하여 마스터카드사에 지급한 대행사업분 분담금에 관하여, 원천징수의무자인 위 은행들로부터 원천징수업무를 위임받았다고 보기 어렵다는 취지로 판단하였다.

83) 대법원 2019. 7. 4. 선고 2017두38645 판결

84) 앞의 3-1-2. (8) 참조

85) 대법원 2013. 4. 11. 선고 2011두3159 판결, 대법원 2013. 10. 24. 선고 2011두22747 판결, 대법원 2016. 11. 9. 선고 2013두23317 판결

86) 대법원 2013. 4. 11. 선고 2011두3159 판결, 대법원 2013. 10. 24. 선고 2011두22747 판결, 대법원 2016. 11. 9. 선고 2013두23317 판결

자)인 원천납세의무자를 변경하는 것은, 소득금액 지급의 기초 사실이 달라지지 않는다면, 처분사유의 변경으로서 허용되지만,[87] 원천납세의무자를 변경하면 세목이 달라지는 경우에는 처분의 동일성이 유지되지 않으므로 처분사유의 변경이 허용되지 않는다.[88]

(다) 원천징수의 시기 : 지급시기

원천징수를 할 때 ① 배당소득의 지급시기에 관하여는 소득세법 제131조 제2항 및 같은 법 시행령 제191조(4호는 제외)를 준용하고(시행령 137조 1항),[89] ② 기타소득의 지급시기에 관하여는 소득세법 제145조의2 및 같은 법 시행령 제202조 제3항을 준용한다(시행령 137조 1항).[90]

(라) 원천징수세액의 납부 등

외국법인에게 원천징수대상 국내원천소득을 지급한 자는, 원천징수한 법인세를 그 원천 징수일이 속하는 달의 다음 달 10일까지 관할 세무서 등에 납부하고(법 98조 1항), 그 지급일이 속하는 연도의 다음 연도 2월 말일까지 관할 세무서장에게 지급명세서를 제출하여야 한다(법 120조의2, 시행령 162조의2 1항).[91][92]

---

87) 대법원 2013. 7. 11. 선고 2011두7311 판결(해태제과 사건) : 원천징수하는 법인세에서 소득금액의 수령자가 누구인지는 원칙적으로 납세의무의 단위를 구분하는 본질적인 요소가 아니다(AOF Haitai Cayman('AOF 케이맨')에 의하여 지분 전부가 보유되는 룩셈부르크 법인인 AOF Haitai S.A.R.L.('AOF 룩셈부르크') 등이 컨소시엄을 구성하여 벨기에 법인인 Korea Confectionary Holdings NV('KCH')를 설립하고 KCH가 내국법인인 원고를 설립한 후 그 주식을 양도한 다음 원고가 주식의 양수인을 흡수합병한 사안에서, 피고가 ① 당초 AOF 룩셈부르크를 통하여 지급된 소득의 실질적 귀속자를 AOF 룩셈부르크의 지분을 모두 보유한 AOF 케이맨으로 보지 않고 'AOF 케이맨의 투자자들 중 조세조약이 체결되지 않거나 조세조약상 주식양도소득에 대한 거주지국 과세규정이 없는 국가의 거주자들'로 보아 징수처분을 하였다가, ② 원심에서 AOF 케이맨을 실질적 귀속자로 보아야 한다는 처분사유를 추가한 사안에서, 대법원은 위 처분사유의 추가는 처분의 동일성이 유지되는 범위 내의 것이므로 허용된다고 판단하였다).

88) 대법원 2014. 9. 4. 선고 2014두3068 판결 : 영국법상 유한책임회사인 원고가 말레이시아 라부안 법에 따라 설립된 법인으로부터 내국법인 주식을 양수하고 그 대금을 지급한 사안에서, 과세관청은, 위 주식양도 소득의 실질귀속자를 281명의 투자자들로 보아 그중 우리나라와 조세조약이 체결되지 않은 국가의 거주자들에게 귀속되는 부분에 관하여 원고에게 원천징수세액의 징수처분을 하였다. 이후 그 징수처분에 대한 취소소송에서 과세관청인 피고는, 위 양도소득의 원천납세의무자를 법인세법상 내국법인에 해당하는 KFP LP(케이맨 법인)로, 세목을 소득세에서 법인세로 변경하는 내용의 처분사유 변경을 하고자 하였다. 그러나 법원은, 이는 처분의 동일성을 벗어나는 것으로서 허용되지 않는다고 판단하였고(서울고등법원 2014. 1. 10. 선고 2013누23272 판결), 대법원은 피고의 상고를 기각하였다.

89) 다만, 유동화전문회사 등이 이익 또는 잉여금의 처분에 의한 배당소득을 그 처분을 결정한 날부터 3개월이 되는 날까지 지급하지 않은 경우에는, 그 3개월이 되는 날에 지급한 것으로 본다(시행령 137조 2항).

90) 다만, 법인세법 제93조 제10호 자목(시행령 88조 1항 8호 및 8호의2의 자본거래를 통한 이익분여)에 따른 국내원천소득은, 주식 등을 발행한 내국법인이, 그 주식 등을 보유하고 있는 국외특수관계인으로부터 대통령령으로 정하는 시기(시행령 137조 6항)에 원천징수하여야 한다(시행령 132조 14항).

91) 외국법인의 국내원천소득이 조세조약상 비과세 또는 면제 대상이더라도, 외국법인이 관할 세무서장에게 비과세 또는 면제 신청을 하지 않은 경우에는, 원천징수의무자의 지급명세서 제출의무가 면제되지 않는다(시행령 162조의2 1항 6호). 대법원 2016. 12. 1. 선고 2014두8650 판결(CJCGV 사건) ; 서울고등법원

법인세법 제98조에 따라 원천징수한 법인세의 납세지는, 대통령령(시행령 7조 4항)으로 정하는 원천징수의무자의 소재지이고(법 9조 4항 본문), 다만, 원천징수의무자가 국내에 소재지를 갖지 않은 경우에는 대통령령(시행령 7조 5항)으로 정하는 장소이다(법 9조 4항 단서).

3-1-3. 법인세법 제98조의2에 따라 국내원천소득을 지급받은 외국법인이 원천징수세액의 신고·납부의무를 지는 경우

(1) 개요

법인세법 제98조의2는, 원천징수의무자에 의한 원천징수를 기대하기 어렵다고 보이는 일정한 경우, 일반적 원천징수의무자인 소득의 지급자를 대신하여 원천징수대상자인 외국법인이 원천징수세액을 신고·납부하도록 규정한다. 위 경우 외국법인의 신고가 원천납세의무자인 외국법인의 원천징수세액 납부의무를 발생시키는 확정신고인지, 아니면 원천납세의무자의 원천징수세액 납부의무가 소득의 지급시점에 자동적으로 확정되었음(국세기본법 22조 4항 4호)을 전제로 한 납세협력의무의 이행인지는 다소 불분명하다.[93][94]

2021. 1. 15. 선고 2020누45799 판결 : 내국법인인 원고가 외국법인으로부터 반도체 관련 기계장비를 운용리스 형태로 임차하여 사용하면서 외국법인에게 리스료를 지급하고 그에 대한 지급명세서를 제출하지 않은 사건에서, 외국법인의 리스료 소득이 한·미 조세조약 제8조의 사업소득으로서 법인세의 비과세 또는 면제 대상에 해당하지만, 외국법인이 관할 세무서장에게 비과세 또는 면제 신청을 하지 않은 이상 소득지급자의 지급명세서 제출의무는 면제되지 않으므로, 지급명세서 미제출을 이유로 한 가산세 부과처분이 적법하다고 본 사례[대법원 2021. 5. 27. 선고 2021두33548 판결(심리불속행)]

92) 원천징수대상 소득의 지급자를 대리하거나 그 지급 권한을 위임 또는 위탁을 받은 자는 지급명세서를 제출할 의무가 있다(법 120조의2, 소득세법 164조 1항). 이는 원천징수대상 소득을 지급해야 할 자로부터 원천납세의무자에 대한 소득의 지급, 법인세의 원천징수 및 납부와 지급명세서의 제출 업무('원천징수업무 등')를 수권 또는 위임받은 자를 말한다(대법원 2014. 7. 24. 선고 2010두27479 판결). 대법원 2022. 7. 28. 선고 2019두33903 판결은, 마스터카드의 주 회원인 비씨카드 주식회사가 미국 마스터카드사에게 다른 회원사들이 지급할 분담금(대행사업분)을 지급한 것과 관련하여, 다른 회원사들로부터 원천징수업무 등을 명시적 또는 묵시적으로 위임받았다는 사정이 보이지 않으므로, 지급조서 제출의무가 없다고 판단하였다.

93) 위 경우 외국법인의 원천징수세액 신고를 확정신고를 볼 수 있는 근거는 다음과 같다. ① 일반적으로 원천징수 이후 이루어지는 신고가 세액을 확정하는 기능을 갖는 경우 원천징수세율과 별도로 그 확정신고 시 적용되는 세율이 있는데, 법인세법 제98조의2에는 신고 시 적용되는 별도의 세율이 없다. ② 법인세법 제98조의2는 외국법인의 '신고'·납부의무를 규정할 뿐 '확정신고'라는 용어를 사용하지 않고, 법인세법 시행규칙 별표도 '외국법인유가증권양도소득정산신고서·외국법인유가증권양도소득신고서·외국법인증여소득신고서'의 명칭을 사용한다(별지 제71호의6, 제71조의7, 제72호 서식). 다만, 확정신고에 해당하는 국내원천 인적용역소득에 관한 외국법인의 신고(법 99조 1항)도 '신고'라는 용어를 사용하는 점을 고려하면, 위 ②의 근거는 절대적인 것은 아니다.

94) 외국법인의 신고가 없는 경우 외국법인에 대하여 납부고지가 이루어질 것인데, 일반적으로 납부고지는 부과처분과 국세징수법상 납부고지의 효력을 모두 가지므로(대법원 1993. 12. 21. 선고 93누10316 전원합의체 판결), 외국법인이 해야 할 신고의 성격을 확정신고로 보든 납세협력의무의 이행으로 보든, 과세관청이 취할 조치에는 별다른 차이가 없을 것이다. 다만, 납부고지와 관련하여 국세기본법의 부과제척기간(26조

(2) 2회 이상의 유가증권양도 중 일부가 원천징수대상이 아닌 경우

국내사업장이 없는 외국법인은, 동일한 내국법인의 주식 또는 출자증권을 동일한 사업연도(그 주식 등을 발행한 내국법인의 사업연도를 말한다)에 2회 이상 양도함으로써 조세조약에서 정한 과세기준을 충족하게 된 경우에는, 양도 당시 원천징수되지 않은 소득에 대한 원천징수세액 상당액을, 양도일이 속하는 사업연도의 종료일부터 3개월 이내에 대통령령으로 정하는 바에 따라 관할 세무서장에게 신고·납부하여야 한다(법 98조의2).

조세조약 중에는 외국법인의 유가증권양도소득에 대하여 원칙적으로 거주지국에서만 과세할 수 있지만, 양도자가 일정한 기간 양도한 주식의 수량이 일정한 비율에 이르는 경우 원천지국도 과세할 수 있도록 규정하는 것들이 있다.[95] 외국법인이 수회에 걸쳐 내국법인 주식을 양도하고, 위와 같은 조세조약에 따라 위 주식양도 중 앞부분의 것은 원천지국의 과세대상이 아니었으나 뒷부분의 것은 원천지국의 과세대상에 해당하게 되는 경우, 앞부분 주식양도로 인한 소득의 지급자에게 소급하여 원천징수의무를 지우는 것은 부적절하므로, 위 규정은 위 앞부분 주식양도에 대한 원천징수세액을 외국법인으로 하여금 신고·납부하도록 한 것이다.

(3) 국내사업장이 있으나, 그것과 실질적으로 관련되지 않거나 그에 귀속되지 않는 소득

국내사업장이 있는 외국법인은, 그 국내사업장과 실질적으로 관련되지 않거나 거기에 귀속되지 않는 소득에 대하여 원천징수되지 않은 원천징수세액을 관할 세무서장에게 신고·납부할 의무를 부담한다(법 98조의2 2항, 1항).

(4) 국내사업장이 없는 외국법인이 주식 등을 국내사업장이 없는 외국법인 등에게 양도한 경우

국내사업장이 없는 외국법인이 주식·출자증권 또는 그 밖의 유가증권을 국내사업장이 없는 비거주자나 외국법인에게 양도하는 경우로서 대통령령으로 정하는 경우[96]에는, 그 양도인인 외국법인은, 그 양도로 인하여 발생하는 소득에 대하여 법인세법 제98조 제1항 제7호에 따른 비율을 곱하여 산출한 금액을, 지급받은 날이 속하는 달의 다음다음 달 10일까지 대통령령으로 정하는 바에 따라 관할 세무서장에게 신고·납부하여야 한다(법 98조의2 3항 본문).[97]

의2)이 적용될 것인지, 아니면 소멸시효(27조)가 적용될 것인지가 문제될 것이다.
95) 한·일 조세조약 제13조 제2항 (가)호, 한·독 조세조약 제13조 제2항 (가)호
96) 이는 다음 각 호의 유가증권을 양도하는 경우를 말한다(시행령 138조의2 3항).
　① 조특법 시행령 제18조 제4항 제1호 및 제2호에 따라 과세되는 주식 등 유가증권
　② 외국에서 거래되는 원화표시 유가증권(외국유가증권시장 외에서 거래되는 것을 말한다)

(5) 국내사업장이 없는 외국법인이 국내 자산을 국내자산이 없는 외국법인 등으로부터 증여받은 경우

국내사업장이 없는 외국법인이 국내사업장이 없는 비거주자나 외국법인으로부터 국내에 있는 자산을 증여받아 국내원천 기타소득(법 93조 10호 다목)을 얻은 경우, 취득 당시 시가의 20%(법 98조 1항 8호, 시행령 137조 11항)를, 증여받은 날이 속하는 달의 말일부터 3개월 이내에 대통령령으로 정하는 바에 따라 관할 세무서장에게 신고·납부하여야 한다(법 98조의2 4항 본문).[98]

3-1-4. 국내사업장에 귀속되는 이자소득 및 투자신탁의 이익의 지급자

외국법인의 이자소득 및 투자신탁의 이익으로서, ① 국내사업장에 귀속되고(법 98조 1항 불해당), ② 법인세법 제98조의3, 제98조의 5, 제98조의6에 해당하지 않는 것을 지급하는 자는, 법인세를 원천징수하여야 한다(법 97조 1항 6호, 73조 1항 1, 2호).[99] 다만, 이자소득의 주요한 유형은 대부분 법인세법 제98조 제1항의 적용대상이므로, 그에 해당하지 않고 국내사업장에 귀속되는 이자소득으로서 법인세법 제97조 제1항 제6호에 따라 원천징수 대상이 되는 것의 범위는 매우 좁을 것이다.

3-1-5. 원천징수에 대한 경정청구

(1) 국세기본법에 따른 경정청구

외국법인의 국내원천소득[법 93조 3호(부동산소득), 7호(부동산등양도소득) 제외]에 관하여 ① 그 소득이 원천징수 대상이 아님에도 원천징수가 이루어졌거나, 원천징수하여야 할 세액을 초과하는 금액이 원천징수된 경우로서, ② 원천징수된 세액이 납부되고, 지급명세서[100]가 제출기한까지 제출된 경우에는, 경정청구가 인정된다(국세기본법 45조의2 5항). 위 경우 ㉮ 원천징수의무자는 언제나 경정청구권을 갖지만, ㉯ 원천징수대상자(원천납세의무

---

97) 다만, 주식 등의 양도에 따른 소득의 금액을 지급하는 자가 해당 주식 등의 양도로 인하여 발생한 국내원천소득에 대한 법인세를 원천징수하여 납부한 경우에는 그렇지 않다(법 98조의2 3항 단서).

98) 다만, 국내에 있는 자산을 증여하는 자가 국내원천소득에 대한 법인세를 원천징수하여 납부한 경우에는 그렇지 않다(법 98조의2 4항 단서).

99) 법인세법 제98조 제1항, 제98조의3, 제98조의5, 제98조의6에 해당하는 이자소득에 대하여는 해당 조항이 별도로 원천징수를 규정하고 있으므로, 해당 규정에 의하여 원천징수가 처리된다.

100) 법인세법 제93조에 따른 국내원천소득을 외국법인에 지급하는 자는, 지급명세서를 납세지 관할 세무서장에게 그 지급일이 속하는 연도의 다음 연도 2월 말일(휴업하거나 폐업한 경우에는 휴업일 또는 폐업일이 속하는 달의 다음다음 달 말일)까지 제출하여야 한다(법 120조의2 1항).

자)인 외국법인은, '대통령령으로 정하는 사유[101]가 발생하여 원천징수의무자가 경정을 청구하기 어렵다고 인정되는 경우'에 한하여 예외적으로 경정청구권을 가진다.[102]

경정청구권자인 원천징수대상자에는 소득의 실질적 귀속자[103]인 외국법인과 국내원천소득의 지급명세서 등에 기재된 소득의 형식적 귀속자[104]가 모두 포함된다.

(2) 법인세법에 따른 경정청구

법인세법은, 조세조약상 비과세·면제 또는 제한세율의 적용과 관련하여 소득의 실질귀속자인 외국법인 및 소득지급자의 경정청구권을 인정하는 별도의 규정을 두고 있다(법 98조의4 4항, 98조의6 4항). 이에 의하면, 국세기본법과 달리, 소득의 실질귀속자인 외국법인은 조세조약의 적용과 관련하여 별다른 제한 없이 경정청구권을 행사할 수 있지만, 소득의 형식적 귀속자는 그러한 경정청구권을 행사할 수 없다.[105]

---

101) 이는 '① 원천징수의무자의 부도·폐업 또는 그 밖에 이에 준하는 경우, ② 원천징수대상자가 정당한 사유로 원천징수의무자에게 경정을 청구하도록 요청했으나 원천징수의무자가 이에 응하지 않은 경우'를 말한다(국세기본법 시행령 25조의3 2항).

102) ① 2019. 12. 31. 구 국세기본법의 개정 전에는, 원천징수대상자인 외국법인이 구 국세기본법 제45조의2 제2항에 따라 별다른 제한 없이 경정청구를 할 수 있었고, 그와 관련하여 외국법인에게 증명서류를 제출하도록 하는 규정은 없었다. 이에 따라 원천징수대상자인 외국법인이 조세조약의 적용을 구하는 경정청구를 한 경우 과세관청은 경정 여부의 판단에 필요한 자료를 확보하기 어려웠다. ② 한편, 당시 법인세법은, 소득의 실질귀속자가 조세조약상 비과세·면제를 적용받기 위해서는 실질귀속자 관련 서류를 제출하여야 하고, 비과세·면제의 적용을 받지 못한 경우에는 경정청구를 할 수 있도록 규정하였다(법인세법 98조의4). 그리고 구 법인세법의 경정청구 규정은 구 국세기본법의 경정청구 규정에 대한 특례가 아니었으므로(서울고등법원 2022. 7. 14. 선고 2021누43745 판결), 외국법인은 위 두 규정 중 유리한 것을 선택하여 적용받을 수 있었다. ③ 이에 따라 발생하는 양 제도 간 과세관청의 입증자료의 차이를 해소하기 위하여, 국회는 2019. 12. 31. 구 국세기본법을 개정하여 원천징수대상자인 외국법인은 원칙적으로 구 국세기본법상 경정청구를 할 수 없도록 하는 한편, 법인세법에 후발적 경정청구에 관한 규정을 추가함으로써, 조세조약의 비과세·면제에 관한 경정청구를 법인세법상 경정청구로 사실상 일원화하였다. ④ 구 국세기본법의 개정이유에 관하여는 김정홍, "국세기본법 제45조의2에 따른 국외 원천징수대상자의 경정청구권에 관한 소고 - 대법원 2015두55134 판결 및 2019년 세법개정을 중심으로-", 계간 세무사(2019년 겨울호), 한국세무사회, 10쪽 이하

103) 대법원 2022. 2. 10. 선고 2019두50946 판결(2018. 12. 31. 개정되기 전의 구 국세기본법 제45조의2에 관하여 판단한 사안) : 그 이유로 원천징수의무자가 국내원천소득의 실질귀속자를 기준으로 해당 소득에 대한 법인세를 원천징수할 의무가 있다는 점을 들었다.

104) 대법원 2017. 7. 11. 선고 2015두55134, 55141 판결은, 소득의 실질적인 귀속 여부는 실체적 심리를 거쳐서 비로소 판명되므로, 국내원천소득의 지급명세서와 원천징수영수증에 기재된 소득자가 해당 소득의 실질귀속자임을 전제로 경정청구를 하는 이상 그 청구를 허용할 필요가 있다는 이유로, 지급명세서와 원천징수영수증에 기재된 소득자는, 그가 소득의 형식적 귀속자에 불과하더라도 원천징수대상자로서 경정청구권을 행사할 수 있다고 판단하였다. 다만, 2019. 12. 31. 구 국세기본법의 개정에 따라 원천징수대상자인 외국법인의 경정청구권이 매우 제한적인 경우에만 인정되게 되면서 위 판례의 적용범위는 크게 축소되었다.

105) 그 상세한 내용은 3-2. 참조

(3) 외국법인의 경정청구에 따른 환급청구권의 귀속

원천납세의무자인 외국법인의 경정청구가 받아들여진 경우, 원천징수의무자 명의로 납부된 세액의 환급청구권은 원천납세의무자가 아닌 원천징수의무자에게 귀속된다.[106] 한편, 외국법인이 법인세법 제98조의2에 따라 원천징수세액을 신고·납부한 경우에는, 그 외국법인의 경정청구에 따른 원천징수세액의 환급청구권은 그 외국법인에게 귀속한다고 보아야 할 것이다.

3-1-6. 원천징수가 이루어지지 않은 경우의 처리

(1) 원천징수의무자에 대한 징수처분

원천징수의무자가 외국법인에 대한 법인세로서 원천징수하여야 할 금액을 원천징수하지 않았거나 원천징수한 금액을 정해진 기한[107]까지 납부하지 않는 경우, 관할 세무서장은 지체없이 국세징수의 예에 따라 원천징수의무자로부터 그 징수하는 금액에 가산세(국세기본법 47조의5 1항)를 가산하여 법인세로 징수하여야 한다(법 98조 4항).

(2) 원천납세의무자에 대한 과세처분의 가능 여부

국가가 원천징수되지 않은 세액을 직접 원천납세의무자에게 과세할 수 있는지는, 소득자가 직접 국가에 대하여 납세의무를 부담하는지와 관련되고, 이는 일반적으로 소득자가 과세표준확정신고의무를 지는지와 연계되어 있다(법 66조 1항, 97조 1항 4호, 소득세법 80조 1항, 2항). 따라서 외국법인의 국내원천소득에 대한 원천징수로써 과세가 종결되는 경우(완납적 원천징수)에는, 외국법인에게 소득을 지급하는 자가 원천징수를 하지 않았더라도, 원칙적으로 국가는 원천납세의무자인 외국법인에 대하여 과세할 수 없다고 보아야 한다.[108] 대법원은, 국내사업장이 없는 비거주자가 내국법인의 발행 주식을 양도하여 발생하는 소득에 대하여 원천징수의무자인 양수인이 소득세를 원천징수하지 않은 경우, 과세관청은 원천납세의무자인 비거주자에게 직접 소득세를 부과할 수 없다고 판시하였다.[109]

과세표준확정신고를 요하지 않는 완납적 원천징수의 대상인 소득에 관하여 원천납세의무자에게 직접 과세하기 위해서는, 원칙적으로 구체적 근거 규정이 있어야 할 것이다.[110]

---

106) 대법원 2016. 7. 14. 선고 2014두45246 판결. 이에 따르면, 현행 세법상 원천납세의무자의 경정청구는 사실상 원천징수의무자의 국가에 대한 권리를 대위행사하는 측면이 있다.

107) 원천징수의무자는 외국법인의 국내원천소득에 대하여 원천징수한 법인세를 원천징수한 날이 속하는 달의 다음 달 10일까지 관할 세무서 등에 납부하여야 한다(법 98조 1항). 가상자산사업자 등에 관하여는 별도의 특칙이 있다(법 98조 16항).

108) 이태로·한만수, 조세법강의(2018), 121쪽

109) 대법원 2016. 1. 28. 선고 2015두52050 판결

법인세법 제98조의4, 제98조의6과 국세기본법 제45조의2 제4항은 원천납세의무자인 외국법인의 경정청구권을 인정하지만, 외국법인은 그 경정의 효과로 생기는 환급청구권을 직접 취득하지 못하고, 위 환급청구권은 원천징수의무자에게 귀속하므로,[111] 위 경정청구권은 사실상 외국법인이 원천징수의무자의 권리를 대위행사하는 측면이 있는 점을 고려하면, 위 경정청구권에 관한 규정만을 근거로 직접 외국법인에 대하여 완납적 원천징수의 대상인 소득에 관한 과세처분을 할 수 있다고 보기는 어려울 것이다.[112][113][114]

---

110) 소득세법은, 원천징수대상인 근로소득 등을 얻은 거주자가 과세표준확정신고의무를 부담하지 않는 경우에도 원천징수가 누락된 때에는 원천납세의무자인 거주자에게 과세처분을 할 수 있다는 취지로 규정하면서도(소득세법 80조 2항 2호) 분리과세대상이자소득 등에 대한 원천징수가 누락된 경우에 관하여는 위와 같은 규정을 두지 않고 있다. 소득세법은, ① 이자소득·배당소득·대통령령으로 정하는 사업소득·근로소득·연금소득·기타소득·퇴직소득 등을 원천징수대상으로 규정하고(소득세법 127조 1항), ② 위 소득들 중 근로소득·공적연금소득(연금소득)·대통령령으로 정하는 사업소득·종교인소득(기타소득)에 관하여 연말정산절차를 규정하며(소득세법 137조, 137조의2, 138조, 143조의4, 144조의2, 145조의3), ③ 위 각 소득만이 있는 경우 과세표준확정신고의무를 면제하며(소득세법 73조), ④ 위 연말정산을 통한 원천징수 또는 퇴직소득에 대한 원천징수가 누락된 경우 해당 소득자에게 과세할 수 있다는 취지로 규정한다(소득세법 80조 2항 2호). 거주자와 원천징수의무자와 사이에서 이루어지는 원천징수세액의 연말정산은 원천납세의무자의 종합소득 과세표준확정신고를 대신하는 기능을 한다. 한편, 소득세법 제2조의2 제4항은 과거부터 '원천징수대상 소득으로서 종합소득과세표준에 합산되지 않는 분리과세대상 소득이 있는 자는 원천징수되는 소득세에 대한 납세의무를 진다'고 규정하였다. 위 규정은 문언상으로는 분리과세대상 소득이 원천징수되지 않은 경우 그 소득자에게 직접 과세처분을 할 수 있다고 볼 여지도 일부 있으나, 그렇게 해석되지는 않아 온 것으로 보인다. 김완석·정지선, 소득세법론(2019), 149쪽은, 위 규정이 해당 소득이 귀속하는 자가 실체법상의 납세의무를 지고 있음을 확인하는 것이라고 본다.

111) 대법원 2016. 7. 14. 선고 2014두45246 판결

112) 국가가 원천납세의무자에게 직접 과세처분을 할 수 있도록 할 것인지는 원천징수의무자의 무자력에 따른 위험의 분배와 관련된다. 원천징수의무자가 과다하게 원천징수를 한 세액을 국가에 납부한 후 경정청구를 하여 환급받은 후 원천납세의무자에게 추가로 지급하지 못한 상태에서 무자력으로 된 경우, 원천납세의무자는 그 지급받지 못한 금액(환급세액)을 국가에 청구할 수 없으므로, 원천징수의무자의 무자력 위험을 원천납세의무자가 부담하게 된다. 한편, 만일 원천징수의무자의 무자력으로 원천징수세액이 국가에 납부되지 못한 경우 국가가 원천납세의무자에게 직접 과세처분을 할 수 있게 한다면, 이는 국가로 하여금 원천징수의무자의 무자력 위험을 피할 수 있게 하는 것이다. 이와 같이 원천징수의무자의 무자력 위험을 국가와 원천납세의무자 간에 비대칭적으로 분배하여 국가를 유리하게 취급하는 것은 신중할 필요가 있고, 원칙적으로 명문의 규정이 필요하다고 보아야 할 것이다. 미국 세법의 경우, 원천징수대상 소득에 관하여 원천징수가 이루어지지 않은 때에는, 국가는 원천납세의무자를 직접 과세할 수 있지만, 이에 대응하여 과다하게 원천징수되어 국가에 납부된 세액은 원천납세의무자에게 환급된다. 김원, "원천징수의 법률관계에 있어서 국가와 원천납세의무자의 관계에 관한 고찰", 조세연구 제12권 제1집(2012. 4.), 한국조세연구포럼, 52~57쪽

113) 2019. 12. 31. 개정되기 전의 국세기본법 제45조의2 제4항은, 원천징수대상자 중 분리과세이자소득 등만이 있는 자를 제외한 나머지에 한하여 경정청구권을 인정하였으나, 2019. 12. 31. 개정된 국세기본법 제45조의2 제4항은, 분리과세이자소득 등만이 있는 자도 경정청구를 할 수 있는 것으로 규정하였다. 만일 외국법인의 경정청구에 관한 규정을 근거로 완납적 원천징수의 대상인 소득의 귀속인 외국법인을 직접 과세할 수 있다고 본다면, 분리과세이자소득 등만이 있는 자에 대하여도 직접 과세할 수 있다고 보아야 할 것인데, 그것이 가능할 것인지는 의문이다.

114) 이와 달리 이창희, 국제조세법(2020), 218쪽은, 법인세법 제98조의4 및 제98조의6 제6항이 국가와 원천납세의무자 사이의 직접적 법률관계를 창설하므로, 외국법인이 이른바 완납적 원천징수대상자인 경우에도

한편, 법인세법 제98조의2에 따라 원천징수세액을 신고·납부하여야 하는 외국법인이 이를 납부하지 않은 경우, 그 외국법인에 대하여는 원천징수세액의 징수처분을 할 수 있다고 보아야 할 것이다.[115]

외국법인의 부동산등양도소득에 관하여는 원천징수 후 세액의 확정신고가 필요하고(예납적 원천징수, 법 98조 1항 5호, 97조 1항 2호, 60조), 그 지급시점에 원천징수가 되지 않은 경우, 누락된 원천징수세액은 세액의 확정신고·납부절차에서 정산될 것이다(법 97조 1항 4호, 91조 1항, 64조 1항 4호, 66조).

3-1-7. 인적용역소득 및 부동산등양도소득에 관한 외국법인의 법인세 확정신고·납부

(1) 국내원천 인적용역소득

국내원천 인적용역소득이 외국법인의 국내사업장에 귀속되지 않아서 원천징수된 경우(법 98조 1항 4호), 외국법인은 국내용역 제공기간에 발생한 국내원천 인적용역소득에서 관련성이 입증된 비용을 뺀 금액(순소득)을 과세표준으로 하여 법인세를 신고·납부할 수 있다(법 99조 1항, 시행령 139조).[116] 위 경우 외국법인은 순소득 기준으로 법인세를 신고·납부할 수 있는 선택권을 가진다. 이 때 과세표준에 위와 같이 원천징수된 소득이 포함되어 있으면 원천징수세액은 이미 납부한 세액으로 공제되고(법 99조 2항), 납부된 원천징수세액이 납부할 법인세액을 초과하는 경우 그 초과금액은 환급된다(법 99조 3항, 97조 1항 5호, 71조 4항).

(2) 국내원천 부동산등양도소득

(가) 개요

국내사업장이 없는 외국법인이 국내원천 부동산등양도소득을 얻거나, 외국법인의 국내원천 부동산등양도소득이 국내사업장에 귀속되지 않는 경우,[117] 외국법인에게 부동산등양도소득을 지급하는 자[개인(거주자·비거주자)은 제외]는 그에 대한 법인세를 원천징수하여야 한다(법 98조 1항 5호).[118] 분리과세되는 국내원천소득의 과세가 일반적으로 원천징수

국가는 그 외국법인에 대하여 과세할 수 있다는 취지로 보인다.

115) 법인세법 제98조의2에 따라 외국법인이 납부하는 원천징수세액은 원천징수소득의 지급 시점에 확정되고(국세기본법 22조 4항 4호), 외국법인의 신고는 세액을 확정하는 신고가 아니다[3-1-3. (1)]. 따라서 외국법인이 법인세법 제98조의2에 따른 원천징수세액의 신고를 하지 않은 경우에도 그 세액을 확정하는 과세처분 없이 곧바로 징수처분에 나아갈 수 있을 것이다.

116) 위 경우의 신고는 세액을 변경하는 효력이 있으므로, 그 성질상 확정신고로 보아야 할 것이다.

117) 이하 위와 같은 외국법인을 '국내사업장이 없는 외국법인 등'이라 한다.

에 의하여 종결되는 것(완납적 원천징수)과 달리, 국내사업장에 귀속되지 않는 국내원천 부동산등양도소득을 얻은 외국법인은, 원천징수와 별도로 국내원천 부동산등양도소득에 대한 법인세를 신고·납부하여야 하고(법 97조 1항, 60조), 위와 같이 원천징수된 금액은 납부할 법인세액에서 공제된다(법 97조 1항, 64조 1항 4호). 따라서 위 원천징수는 예납적 성격의 것이다.

국내사업장에 귀속되지 않는 국내원천 부동산등양도소득은 다른 유형의 국내원천소득과 합산되어 종합과세되지는 않고, 같은 유형의 부동산등양도소득과 합산되어 과세된다.

(나) 과세표준

국내원천 부동산등양도소득의 금액은, 토지 등의 양도가액에서 「① 취득가액,[119] ② 토지등을 양도하기 위하여 직접 지출한 비용」을 뺀 금액을 말한다(법 92조 3항).

국내원천 부동산등양도소득을 계산할 때, ① 토지 등의 취득가액과 양도가액은 실지거래가액으로 하되, 실지거래가액이 불분명한 경우에는 소득세법 제99조·제100조 및 제114조 제7항[120]을 준용하여 계산한 가액으로 하고(법 92조 4항), ② 부동산등양도소득의 부당행위계산부인에 관하여는 소득세법 제101조를 준용하며(법 92조 6항), ③ 취득시기 및 양도시기는 소득세법 제98조를 준용한다(법 92조 5항).

국내사업장이 없거나, 국내사업장에 귀속되지 않는 국내원천 부동산등양도소득이 있는 외국법인이 각 사업연도에 법인세법 제93조 제7호의 자산을 2회 이상 양도한 경우, 양도소득금액은 그 사업연도에 양도한 자산별로 법인세법 제92조 제3항에 의하여 계산한 소득금액을 합산한 금액으로 하고, 양도차익과 양도차손은 통산된다(시행령 129조의2 6항).

(다) 세액의 계산

외국법인의 국내사업장에 귀속되지 않는 국내원천 부동산등양도소득의 과세표준은, 국내원천 부동산등양도소득의 금액에 법인세법 제55조의 세율을 적용하여 계산한 금액[토지

---

118) 외국법인의 국내원천 부동산등양도소득이 국내사업장에 귀속되는 경우에는 원천징수의 대상이 아니다(법 98조 1항).

119) 다만, 상속세 과세가액 또는 증여세 과세가액에 산입되지 않은 토지 등을 출연받은 외국법인이 출연받은 날부터 3년 이내에 양도하는 경우에는 그 토지 등을 출연한 출연자의 취득가액을 그 외국법인의 취득가액으로 한다(시행령 129조의2 1항 본문).

120) 소득세법 제114조(양도소득과세표준과 세액의 결정·경정 및 통지)
⑦ 제4항부터 제6항까지의 규정을 적용할 때 양도가액 또는 취득가액을 실지거래가액에 따라 정하는 경우로서 대통령령으로 정하는 사유로 장부나 그 밖의 증명서류에 의하여 해당 자산의 양도 당시 또는 취득 당시의 실지거래가액을 인정 또는 확인할 수 없는 경우에는 대통령령으로 정하는 바에 따라 양도가액 또는 취득가액을 매매사례가액, 감정가액, 환산가액(실지거래가액·매매사례가액 또는 감정가액을 대통령령으로 정하는 방법에 따라 환산한 취득가액을 말한다) 또는 기준시가 등에 따라 추계조사하여 결정 또는 경정할 수 있다.

등의 양도소득에 대한 법인세액(법 95조의2)[121]이 있는 경우 이를 합한 금액]이다(법 95조).

(라) 과세표준 및 세액의 신고·납부

국내사업장에 귀속되지 않는 국내원천 부동산등양도소득이 있는 외국법인은 그 국내원천 부동산등양도소득에 관한 법인세 과세표준 및 세액을 신고·납부하여야 한다(법 97조 1항, 60조, 64조 1항). 외국법인이 국내원천 부동산등양도소득을 지급받을 때 원천징수된 금액은 납부할 법인세액에서 공제된다(법 97조 1항, 64조 1항 4호).

국내원천 부동산등양도소득이 있는 외국법인의 법인세 납세지는, 그 국내사업장의 소재지이고, 국내사업장이 없으면 그 자산의 소재지이다(법 9조 2항).[122]

3-2. 조세조약상 비과세·면제 또는 제한세율의 적용

3-2-1. 소득의 실질귀속자인 외국법인

(1) 원칙

외국법인의 국내원천소득에 대하여 우리나라와 그 외국법인의 거주지국 간 조세조약에 따른 비과세·면제 또는 제한세율이 적용되기 위해서는, 원칙적으로 그 외국법인이 소득의 실질귀속자이어야 한다.[123]

(2) 국외투자기구의 실질귀속자 특례

법인세법 제93조의2[124]는 국외투자기구에 지급된 국내원천소득과 관련하여 일정한 요건하에 국외투자기구 또는 그 투자자를 실질귀속자로 본다.[125]

---

121) 외국법인의 토지등 양도소득에 대한 법인세의 납부에 관하여는 법인세법 제55조의2를 준용한다(법 95조의2).

122) 둘 이상의 국내사업장이 있는 경우 대통령령으로 정하는 주된 사업장의 소재지를 납세지로 하고, 둘 이상의 자산이 있는 경우 대통령령으로 정하는 장소를 납세지로 한다(법 9조 3항).

123) 대법원 2012. 4. 26. 선고 2010두11948 판결 : 재산의 귀속 명의자는 이를 지배·관리할 능력이 없고, 명의자에 대한 지배권 등을 통하여 실질적으로 이를 지배·관리하는 자가 따로 있으며, 그와 같은 명의와 실질의 괴리가 조세를 회피할 목적에서 비롯된 경우에는 그 재산에 관한 소득은 재산을 실질적으로 지배·관리하는 자에게 귀속된 것으로 보아 그를 납세의무자로 삼아야 할 것이고, 이러한 원칙은 법률과 같은 효력을 가지는 조세조약의 해석과 적용에 있어서도 이를 배제하는 특별한 규정이 없는 한 그대로 적용된다고 할 것이다.

124) 소득세법 제119조의2는, 비거주자가 국외투자기구를 통하여 국내원천소득을 지급받는 경우에 관하여 법인세법 제93조의2와 거의 같은 내용을 규정한다.

125) 상세한 내용은 제2장 2-2-3. 참조

① 국외투자기구가 실질귀속자로 간주되는 경우 - (1)

국내원천소득을 지급받는 국외투자기구[126]가 다음의 어느 하나에 해당하는 경우,[127] 그 국외투자기구를 그 소득의 실질귀속자[128]로 본다(법 93조의2 1항 단서, 소득세법 119조의2 1항 단서).[129]

㉮ 국외투자기구가 다음 각 요건을 모두 충족하는 경우

㉠ 국외투자기구가 그 설립된 국가과 우리나라 간에 체결된 조세조약('설립국과의 조세조약')에 따라 그 설립국에서 납세의무를 부담하는 자에 해당할 것

㉡ 국외투자기구가 국내원천소득에 대하여 설립국과의 조세조약이 정하는 비과세·면제 또는 제한세율[130]을 적용받을 수 있는 요건을 충족할 것

㉯ 위 ㉮에 해당하지 않는 국외투자기구가 설립국과의 조세조약에서 국내원천소득에 대한 실질적 소유자로 인정되는 것으로 규정되고, 국내원천소득에 대하여 설립국과의 조세조약이 정하는 비과세·면제 또는 제한세율을 적용받을 수 있는 요건을 충족하는 경우

② 투자자가 실질귀속자로 간주되는 경우

위 ①에 해당하지 않는 국외투자기구가 그 국외투자기구에 투자한 투자자를 입증한 경우에는, 그 투자자인 외국법인 또는 비거주자를 국내원천소득의 실질귀속자로 본다(법 93조의2 1항 본문, 소득세법 119조의2 1항 본문).

③ 국외투자기구가 실질귀속자로 간주되는 경우 - (2)

위 ①에 해당하지 않는 국외투자기구[131]가 그 투자자를 입증하지 못하는 경우(투자자가 둘 이상인 경우로서 투자자 중 일부만 입증하는 경우에는 입증하지 못하는 부분으로 한정한다) ㉮ 그 국외투자기구를 국내원천소득의 실질귀속자로 보고(법 93조의2 1항 단서 및 3호, 소득세법 119조의2 1항 단서 및 3호), ㉯ 국외투자기구에 대하여 조세조약에 따른 비과세·면세 및 제한세율의 규정을 적용하지 않는다(법 93조의2 2항, 소득세법 119조의2 2항).

---

126) 국외투자기구는, '투자권유를 하여 모은 금전 등을 재산적 가치가 있는 투자대상자산을 취득, 처분 또는 그 밖의 방법으로 운용하고 그 결과를 투자자에게 배분하여 귀속시키는 투자행위를 하는 기구로서 국외에서 설립된 것'을 말한다(시행령 138조의7 2항).

127) 국세기본법 제14조 제1항의 '법인 아닌 단체' 중 같은 조 제4항에 따른 '법인으로 보는 단체' 외의 것인 국외투자기구는 ㉯에 해당하는 경우로 한정한다.

128) 소득의 실질귀속자는 '그 국내원천소득과 관련하여 법적 또는 경제적 위험을 부담하고 그 소득을 처분할 수 있는 권리를 가지는 등 그 소득에 대한 소유권을 실질적으로 보유하고 있는 자'를 말한다.

129) 국외투자기구가 '법인으로 보는 단체' 외의 법인 아닌 단체(소득세법 2조 3항)인 경우에는 아래 ㉯에 해당하는 경우에 한정된다.

130) 제한세율은 조세조약에 따라 체약상대국의 거주자 또는 법인에 대하여 과세할 수 있는 최고세율을 말한다.

131) 법인으로 보는 단체 외의 법인 아닌 단체(소득세법 2조 3항)를 포함한다.

3-2-2. 조세조약상 비과세 또는 면제의 적용

(1) 비과세 · 면제신청서 또는 국외투자기구 신고서의 제출

국내원천소득[법 93조 5호(사업소득), 6호(인적용역소득) 제외]의 실질귀속자인 외국법인이 조세조약에 따라 비과세 또는 면제를 적용받으려는 경우에는, 대통령령으로 정하는 바에 따라 비과세 · 면제신청서 및 국내원천소득의 실질귀속자임을 증명하는 서류('신청서 등')를 국내원천소득의 지급자에게 제출하고, 그 소득지급자는 그 신청서 등을 납세지 관할 세무서장에게 제출하여야 한다(법 98조의4 1항).[132]

국내원천소득이 국외투자기구를 통하여 실질귀속자에게 지급되는 경우에는, 그 국외투자기구가 대통령령으로 정하는 바에 따라 실질귀속자로부터 신청서 등을 제출받아, 이를 실질귀속자 명세가 포함된 국외투자기구 신고서와 함께 제출받은 비과세 · 면제신청서를 소득지급자에게 제출하고, 그 소득지급자는 그 신고서와 신청서 등을 납세지 관할 세무서장에게 제출하여야 한다(법 98조의4 2항).

(2) 소득지급자의 비과세 · 면제 적용거부와 외국법인의 경정청구 등

소득지급자는, 실질귀속자 또는 국외투자기구로부터 비과세 · 면제에 관한 신청서 등을 제출받지 못하거나 제출된 서류를 통해서는 실질귀속자를 파악할 수 없는 등 대통령령으로 정하는 사유에 해당하는 경우에는, 비과세 또는 면제를 적용하지 않고, 법인세법 제98조 제1항 각 호의 금액을 원천징수하여야 한다(법 98조의4 3항).

위 경우 실질귀속자가 비과세 또는 면제를 적용받으려는 경우에는, **실질귀속자** 또는 **소득지급자**는, 세액의 원천징수일이 속하는 달의 말일부터 5년 이내에 대통령령으로 정하는 바에 따라 소득지급자의 납세지 관할 세무서장에게 경정을 청구할 수 있다(법 98조의4 5항 본문). 다만, 후발적 경정청구 사유(국세기본법 45조의2 2항)가 발생한 경우에는 그 사유의 발생을 안 날부터 3개월 이내에 경정을 청구할 수 있다(법 98조의4 5항 단서). 경정청구권자인 실질귀속자에는 법인세법 제93조의2 제1항 제1호의 실질귀속자 요건을 갖춘 국외투자기구도 포함된다. 법인세법 제98조의4 제4항에 따른 경정청구권의 주체는 소득의 실질귀속자이므로, 소득의 형식적 귀속자에 불과한 외국법인은 위 경정청구권을 행사할 수 없다.[133]

---

132) 국외투자기구가 법인세법 제93조의2 제1항 제1호에 따라 국내원천소득의 실질귀속자로 간주되는 경우, 투자자의 국가별 현황 등이 포함된 국외투자기구 신고서를 함께 제출하여야 한다(법 98조의4 1항 2문).
133) 이와 달리 국세기본법 제45조의2의 경정청구는 원천징수대상 소득의 형식적 귀속자도 할 수 있다(대법원 2017. 7. 11. 선고 2015두55134 판결).

한편, 실질귀속자 또는 국외투자기구로부터 신청서 등을 제출받은 관할 세무서장은, 비과세·면제 요건이 충족되지 않거나 신청서의 내용이 사실과 다르다고 인정되는 경우, 법인세법 제4항에 따른 세액을 소득지급자로부터 징수하여야 한다(법 98조의4 4항).

3-2-3. 조세조약상 제한세율의 적용

(1) 제한세율 적용신청서 또는 국외투자기구 신고서의 제출

국내원천소득의 실질귀속자인 외국법인이 조세조약에 따른 제한세율을 적용받으려는 경우에는, 대통령령으로 정하는 바에 따라 제한세율 적용신청서 및 국내원천소득의 실질귀속자임을 증명하는 서류('신청서 등')를 원천징수의무자에게 제출하여야 한다(법 98조의6 1항). 위 규정을 적용할 때, 해당 국내원천소득이 국외투자기구를 통하여 실질귀속자에게 지급되는 경우에는, 그 국외투자기구가 대통령령으로 정하는 바에 따라 실질귀속자로부터 제한세율적용에 관한 신청서 등을 제출받아, 이를 그 명세가 포함된 국외투자기구 신고서와 함께 원천징수의무자에게 제출하여야 한다(법 98조의6 2항).[134]

(2) 이자·배당 및 사용료에 대한 적용세율

조세조약의 규정상 외국법인의 국내원천 이자, 배당 또는 사용료소득에 대해서는 ① 조세조약상 제한세율과 ② [㉮ 조세조약의 대상 조세에 지방소득세가 포함되지 않은 경우 법인세법 제98조 제1항 제1호, 제2호 및 제6호에 규정된 세율, ㉯ 조세조약의 대상 조세에 지방소득세가 포함된 경우 법인세법 제98조 제1항 제1호, 제2호 및 제6호에 규정된 세율에 지방세법 103조의52[135]의 '원천징수하는 법인세의 100분의 10'을 반영한 세율] 중 낮은 세율을 적용한다(법 98조의7 1항 본문).[136]

---

134) 다만, 일정한 요건을 갖춘 국외공모집합투자기구는, 그 요건을 확인할 수 있는 서류와 해당 국외투자기구의 국가별 실질귀속자의 수 및 총투자금액 명세를 국외투자기구 신고서에 첨부하면 족하다(시행령 138조의7 3항 단서). 국외공모집합투자기구가 국내원천소득에 대한 실질귀속자 요건(법 93조의2)을 갖춘 경우에는 그 국외공모집합투자기구 자체가 실질귀속자로서 조세조약의 제한세율을 적용받을 수 있으므로, 국외공모집합투자기구가 아닌 그 투자자가 실질귀속자로 간주되는 경우에 비로소 국외공모집합투자기구가 국가별 실질귀속자의 수 및 총투자금액 명세 등을 제출할 필요가 있게 된다.

135) 지방세법 제103조의52(외국법인에 대한 특별징수 또는 징수의 특례)
① 외국법인의 국내원천소득에 대하여 「법인세법」 제98조부터 제98조의6까지의 규정에 따라 법인세를 원천징수하는 경우에는 원천징수하는 법인세의 100분의 10에 해당하는 금액을 법인지방소득세로 특별징수하여야 한다. 이 경우 「법인세법」에 따른 원천징수의무자를 법인지방소득세의 특별징수의무자로 한다.

136) 다만, 법인세법 제98조의5 제1항에 해당하는 경우에는 위 규정에 따라 원천징수하고, 이 경우 같은 조 제3항에 따라 과세표준과 세액을 경정하는 경우에는, 조세조약상의 제한세율과 법인세법 제98조의7 각 호에 규정된 세율 중 낮은 세율을 적용한다(법 98조의7 1항 단서).

(3) 소득지급자의 제한세율 적용거부와 외국법인의 경정청구

원천징수의무자는, 실질귀속자 또는 국외투자기구로부터 제한세율 적용에 관한 신청서 등 또는 국외투자기구 신고서를 제출받지 못하거나 제출된 서류를 통해서는 실질귀속자를 파악할 수 없는 등 대통령령으로 정하는 사유에 해당하는 경우에는, 제한세율을 적용하지 않고, 법인세법 제98조 제1항 각 호의 금액을 원천징수하여야 한다(법 98조의6 3항).

적용된 제한세율에 오류가 있거나 제한세율을 적용받지 못한 실질귀속자가 제한세율을 적용받으려는 경우에는, **실질귀속자** 또는 **원천징수의무자**는, 세액의 원천징수일이 속하는 달의 말일부터 5년 이내에[137] 대통령령으로 정하는 바에 따라 원천징수의무자의 납세지 관할 세무서장에게 경정을 청구할 수 있다(법 98조의6 4항 본문). 다만, 후발적 경정청구 사유(국세기본법 45조의2 2항)가 발생한 경우에는 그 사유의 발생을 안 날부터 3개월 이내에 경정을 청구할 수 있다(법 98조의6 4항 단서). 경정청구권자인 실질귀속자에는 법인세법 제93조의2 제1항 제1호의 실질귀속자 요건을 갖춘 국외투자기구도 포함된다.[138] 법인세법 제98조의6 제4항에 따른 경정청구권의 주체는 소득의 실질귀속자이므로, 소득의 형식적 귀속자에 불과한 외국법인은 위 경정청구권을 행사할 수 없다.[139]

---

137) 2016. 12. 20. 개정되기 전의 구 법인세법 제98조의4 제4항은 경정청구기간을 3년으로 규정하였고, 당시 국세기본법 제45조의2 제1항은 경정청구기간을 5년으로 규정하였다. 외국법인인 원고들이 지급받은 소득과 관련하여 이루어진 원천징수세액에 대한 경정청구를 하였는데, 경정청구 당시 해당 소득 중 일부에 관하여 법정신고기한부터 3년이 경과한 사건에서, 법원은, '구 법인세법 제98조의4 제4항은 국세기본법 제45조의2 제1항에 대한 특례규정이 아니므로, 원고들은 구 법인세법 제98조의4 제4항의 경정청구기간이 경과하였더라도 국세기본법 제45조의2 제1항에 따라 5년의 기간 내에 경정청구를 할 수 있다'고 판단하였다. 서울고등법원 2022. 7. 14. 선고 2021누43745 판결

138) 2018. 12. 24. 신설된 법인세법 제93조의2가 적용되기 전의 사안에서 국외투자기구가 국외원천소득의 실질귀속자로서 구 법인세법 제98조의4 제4항에 따라 경정청구를 할 수 있는지가 문제되었다. ① 서울고등법원 2020. 7. 17. 선고 2019누52944 판결은, 구 법인세법 제98조의4 제4항은, 원칙적으로 경정청구권이 없는 원천납세의무자에 대하여 예외적으로 경정청구권을 인정한 특례규정이므로 엄격하게 해석되어야 하는데, 구 법인세법 제98조의4 제3항 등이 실질귀속자와 국외투자기구를 구별하여 규정하는 이상, 국외투자기구인 원고에게 경정청구권을 인정할 수 없고, 2018. 12. 31. 개정된 법인세법 제93조의2의 실질귀속자특례는 법인세법상 실질귀속자와 국외투자기구가 서로 다른 개념이라는 전제하에 국외투자기구를 법인세법상 실질귀속자로 볼 수 있는 예외를 규정한 것이라고 판단하였다. ② 그러나 대법원 2022. 10. 27. 선고 2020두47397 판결은, ㉮ 국외투자기구도 구 법인세법 제98조의6 제1항에서 정한 '국내원천소득을 실질적으로 귀속받는 외국법인'에 해당하면 같은 조 제4항에 따라 제한세율을 적용받기 위한 경정청구를 할 수 있고, ㉯ 구 법인세법 제98조의6 제2항, 제3항이 국외투자기구와 실질귀속자를 구별하고 있다고 하여 국외투자기구에 같은 조 제4항에 따른 경정청구권이 인정되지 않는다고 볼 수 없다는 이유로, 이와 달리 본 위 원심판결을 파기하였다. ③ 2018. 12. 24. 개정되기 전의 법인세법 제98조 제4항에 따라 실질귀속자인 국외투자기구의 경정청구권을 인정할 수 있는지는, 위 개정에 따라 신설된 법인세법 제93조의2를 어떻게 볼 것인지와도 관련된다. 제2장 2-2-3. (2) 참조

139) 이와 달리 국세기본법 제45조의2의 경정청구는 원천징수대상 소득의 형식적 귀속자도 할 수 있다(대법원 2017. 7. 11. 선고 2015두55134 판결).

3-2-4. 특정지역 외국법인에 대한 원천징수절차 특례

원천징수의무자는, 기획재정부장관이 고시하는 국가나 지역에 있는 외국법인의 국내원천소득 중 법인세법 제93조 제1호, 제2호, 제7호 나목, 제8호 또는 제9호의 소득에 대하여 원천징수하는 경우에는, 법인세법 제98조의4 및 조세조약에 따른 비과세·면제 또는 제한세율 규정에도 불구하고, 법인세법 제98조 제1항 중 해당 세율을 우선 적용하여 원천징수하여야 한다(법 98조의5 1항 본문, 국조법 29조 1항 단서 전문).[140]

위 국내원천소득의 실질귀속자인 법인은, 조세조약에 따른 비과세·면제 또는 제한세율의 적용을 받으려는 경우, 세액의 원천징수일이 속하는 달의 말일부터 5년 이내에 대통령령으로 정하는 바에 따라 원천징수의무자의 납세지 관할 세무서장에게 경정을 청구할 수 있다(법 98조의5 2항).

---

140) 다만, 대통령령으로 정하는 바에 따라 조세조약에 따른 비과세·면제 또는 제한세율을 적용받을 수 있음을 국세청장이 미리 승인한 경우에는 그렇지 않다(법 98조의5 1항 단서).

색 인

서울고등법원

|저|자|소|개|

■ 송 동 진

· 서울대학교 경제학과 졸업(1993)
· 제42회 사법시험 합격
· 청주지방법원 판사
· 인천지방법원 판사
· 서울중앙지방법원 판사
· 네덜란드 Leiden University 법과대학 연수
· 서울남부지방법원 판사
· 서울시립대학교 세무전문대학원 석사(2013)
· 법무법인 바른 조세부문 파트너 변호사
· 서울시립대학교 세무전문대학원 박사(2017)
· 기획재정부 세제발전심의위원회 위원(전)
· 서울지방국세청 조세법률고문(전)
· 국세청 조세법률고문(전)
· 현재) 법무법인 위즈 구성원 변호사

제2판 **법인세법**

2020년 6월 11일 초판 발행
2023년 6월 2일 2판 발행

저　　　자　송　동　진
발　행　인　이　희　태
발　행　처　**삼일인포마인**

저자협의
인지생략

서울특별시 용산구 한강대로 273 용산빌딩 4층
등록번호 : 1995. 6. 26 제3-633호
전　　화 : (02) 3489-3100
F　A　X : (02) 3489-3141
I S B N : 979-11-6784-172-8 93320

정가 100,000원